Michael Zeuske

Handbuch Geschichte der Sklaverei

Michael Zeuske

Handbuch Geschichte der Sklaverei

Eine Globalgeschichte von den Anfängen bis zur Gegenwart

2., überarbeitete und erweiterte Auflage

Band 1

DE GRUYTER
OLDENBOURG

ISBN: 978-3-11-073509-3
e-ISBN (PDF): 978-3-11-056163-0
e-ISBN (EPUB): 978-3-11-055902-6

Library of Congress Cataloging-in-Publication Data
Names: Zeuske, Michael, author
Title: Handbuch Geschichte der Sklaverei : eine Globalgeschichte von den Anfangen bis zur Gegenwart / Michael Zeuske. Description: Zweite Ausgabe. | Berlin ; Boston : Walter de Gruyter GmbH, [2018]. | Series: De Gruyter Reference | Includes bibliographical references.
Identifiers: LCCN 2018017265| ISBN 9783110558845 (print) | ISBN 9783110559026 (e-book (epub) | ISBN 9783110561630 (e-book (pdf)
Subjects: LCSH: Slavery--History. | Slavery--Cross-cultural studies. | Antislavery movements--History.
Classification: LCC HT861 .Z48 2018 | DDC 306.3/6209--dc23 LC record available at https://lccn.loc.gov/2018017265

Bibliografische Information der Deutschen Nationalbibliothek
Die Deutsche Nationalbibliothek verzeichnet diese Publikation in der Deutschen Nationalbibliografie; detaillierte bibliografische Daten sind im Internet über http://dnb.dnb.de abrufbar.

Dieser Band ist text- und seitenidentisch mit der 2019 erschienenen gebundenen Ausgabe.
Bildnachweis Umschlag: Manuel Mendive, „Barco negrero“ (1976; Ausschnitt), Museo de Bellas Artes (Arte Cubano), Havanna
Satz: Meta Systems Publishing & Printservices GmbH, Wustermark
Druck und Bindung: CPI books GmbH, Leck

MIX
Papier aus verantwortungsvollen Quellen
FSC
www.fsc.org
FSC® C083411

www.degruyter.com

Es gibt kein Imperium ohne Sklaven.

Slavery was „universall in the beginnings of society“.
(Adam Smith)

Ohne Zweifel ist die Sklaverei das größte aller Übel, welche die Menschheit gepeinigt haben.
(Alexander Humboldt)

Wenn Sklaverei bedeutet, dass eine (Rechts-)Person das legale Eigentumsrecht über eine andere Person ausübt (*legal ownership*) dann gibt es heute keine Sklaverei mehr, zumindest nicht in Gesellschaften mit geschriebenem Recht“.
(Jean Allain)

Der Diskurs über Sklavenarbeit wird in allen Zeitperioden nicht von den Sklaven, sondern von den Herren bestimmt. Die Vorstellung der Sklaven über ihre Arbeit weicht davon völlig ab.
(Gerd Spittler)

Y siempre el mar.
(George Lamming)

Das Interesse kennt den Selbstverzicht nicht.
(Joseph Vogl)

Das Sklavengeschäft finanzierte Entdeckungsfahrten.
(Richard Konetzke)

Dazu gehörten auch die Sklaven (*bogbol*).
(Karénina Kollmar-Paulenz)

el pais es negrero.
(Dionisio Alcalá Galiano über Kuba, 1858)

the slave is always in some sense an „other" to those who dominate the society.
(Ruth M. Karras)[1]

1 Die Eingangszitate stammen aus: Vorlesungen von Adam Smith in Glasgow (1760er Jahre), siehe: Smith, Adam, Lectures on Jurisprudence, ed. R. L. Meek, D. D. Raphael, and P. G. Stein (Oxford: Clarendon Press, 1978), Bd. III, S. 117; nach: Surwillo, Lisa, „Introduction. Blanco White and Monsters of Coloniality", in: Surwillo, Lisa, Monsters by Trade. Slave Traffickers in Modern Spanish Literature and Culture, Stanford: Stanford University Press, 2014, S. 1–30, hier S. 11; Spittler, Gerd, „Arbeit zur Sprache bringen der ethnographische Zugang", in: Vienna Working Papers in Ethnography, No. 1 (2014)/ Wiener Arbeitspapiere zur Ethnographie, Nr. 1 (2014), S. 1–31, hier S. 24, http://www.ethnologie.uni-bayreuth.de/de/team/Emeriti/Spittler_Gerd/Alle_Publikationen/2014_Arbeit_zur_Sprache_bringen.pdf (letzter Zugriff 19. Juli 2018); Humboldt, Alexander von, Cuba-Werk, Beck, Hanno; Grün, Wolf-Dieter [et al.] (Hrsg.), Darmstadt: Wissenschaftliche Buchgesellschaft, 1992 (Alexander von Humboldt Studienausgabe. Sieben Bände), Bd. III, S. 154; Allain, Jean, „The Definition of Slavery in International Law", in: Howard Law Journal 52 (2008–2009), S. 239–275; Lamming, George, The Pleasures of Exile, Ann Arbor: The University of Michigan Press, 1960; Vogl. Joseph, „Idylle des Marktes I", in: Vogl, Das Gespenst des Kapitals, Zürich: diaphanes, 2010/2011 (4. Auflage), S. 31–52, hier S. 36; Konetzke, Richard, „Die Indianersklaverei", in: Konetzke, Süd- und Mittelamerika I. Die Indianerkulturen Altamerikas und die spanisch-portugiesische Kolonialherrschaft, Frankfurt am Main: Fischer 1965 (Fischer-Weltgeschichte, Bd. 22), S. 165–172, hier S. 166; Kollmar-Paulenz, Karénina, Die Mongolen. Von Dschingis Khan bis heute, München: Beck, 2011, S. 17; Karras, Ruth Mazo, „The Identity of the Slave in Skandinavia", in: Karras, Slavery and Society in Medieval Scandinavia, New Haven/London: Yale University Press, 1988 (Yale Historical Publications; 135), S. 40–68, hier S. 40.

Vorwort zur deutschen Erstauflage 2013

In meiner Leipziger Universitätszeit (1976–1993), die ab 1980 im Wesentlichen Forschungen zur Vergleichenden Revolutionsgeschichte der Neuzeit, speziell der *Independencia* (Unabhängigkeitsrevolution der Kolonien gegen Spanien, 1810–1830) unter Simón Bolívar sowie der Weltgeschichte der Neuzeit 1500–1917 gewidmet war, also im weitesten Sinne Eliteforschung, bin ich durch die Vorlesungen von Clarence J. Munford (University of Guelph, Kanada) auf das Thema Sklaverei und Sklavenhandel in der Neuzeit aufmerksam geworden. 1993, mit meinem Wechsel an die Universität zu Köln, begannen Matthias Röhrig Assunção (heute University of Essex) und ich von der Deutschen Forschungsgemeinschaft (DFG) finanzierte mikrohistorische Feldforschungen zum Thema Postemanzipation und ehemalige Sklaven in Brasilien, Venezuela und Kuba. Dabei ging es für mich vor allem um die in Notariatsprotokollen, Testamenten sowie Armee- und Wahllisten dokumentierten individuellen Schicksale ehemaliger Sklavinnen und Sklaven in Gesellschaften nach der Aufhebung (Abolition, Emanzipation) des jeweiligen Sklavereisystems. Ich arbeitete auf Kuba über viele Jahre zusammen mit Rebecca J. Scott (University of Michigan) und Orlando García Martínez (damals Direktor des Provinzarchivs von Cienfuegos, heute UNEAC Cienfuegos). Angeregte Debatten gab es mit Gabino de la Rosa, Reinaldo Funes, Gloria García, Olga Portuondo, María del Carmen Barcia und Marial Iglesias sowie mit Kollegen in den USA (Marcus Rediker, Ada Ferrer, Alejandro de la Fuente, Jean M. Hébrard (EHESS Paris), Christopher Schmidt-Nowara (†), Matt D. Childs, David Geggus, John K. Thornton, Martha S. Jones, Jane G. Landers, Laurent Dubois, Benjamin N. Lawrance), Senegal (Ibrahima Thioub), Kolumbien (Alfonso Múnera, Adriana Maya), Brasilien (Matthias Röhrig Assução (Essex), Flavio Gomes), Chile/Brasilien (Pablo Diener), Frankreich (Alessandro Stanziani, Frédérique Langue, Alejandro E. Gómez) sowie Spanien und Portugal (Javier Laviña, Juan Andreo (†), Juan Marchena, Martín Rodrigo, José Luis Belmonte, José Antonio Piqueras, Consuelo Naranjo, Josep M. Fradera, Gerhard Seibert, Arlindo Manuel Caldeira, José Andrés-Gallego, Aurelia Martín Casares). Seitdem verfüge ich neben exzellenten Netzwerken über sehr große Datenbanken (von 1995–2018 habe ich viele tausende Notariatsprotokolle und Testamente sowie Namenslisten ausgewertet), in denen Lebensgeschichten und Grunddaten von Menschen verzeichnet sind, die in die Sklaverei verschleppt worden waren oder in ihr geboren wurden – also Versklavte waren. In der zweiten Hälfte des 19. Jahrhunderts wurden sie von Sklaven zu ehemaligen Sklaven sowie, meist verbunden mit erheblichen Konflikten, zu Bürgern in Gesellschaften, die noch von Strukturen, Arbeitsverhältnissen, Statusdegradierungen und Denkweisen der Sklaverei geprägt waren.

Ich hatte vor, eine Geschichte der Versklavten auf Kuba zu schreiben – im Fokus der Globalgeschichte versklavter Menschen –, einem Territorium das bis um 1886 die dynamischste und am höchsten entwickelte „große“ Sklaverei der atlanti-

https://doi.org/10.1515/9783110561630-203

schen Weltgeschichte, wahrscheinlich sogar der Welt überhaupt war (nicht die quantitativ größte!). Flankierend entstand ein zweiter Band, der mit einer Geschichte des Sklavenhandels nach Kuba die dezentrale Entwicklung dessen, was man normalerweise mit dem Konzept der „Nation“ erfasst, darstellt (die Publikation beider Manuskripte steht noch aus). Und die Geschichte von Versklavten ist immer noch eine „Nicht-Geschichte“.[2]

Irgendwann um 2003 stellte ich allerdings fest, dass meine mikrohistorischen Forschungen immer kleinteiliger wurden und ich mich immer weiter von der Welt- und Globalgeschichte entfernte, die ich in Leipzig gelernt hatte. Ich nahm mir eine Weltgeschichte der Sklaverei vor und machte mich munter ans Schreiben. Ich stellte mir das Ziel, eine wirkliche Weltgeschichte der versklavten Menschen, der Sklavereien und der Sklavenhandelssysteme zu schreiben, nicht nur eine Geschichte der „großen“ Sklavereien in der Karibik, im „Westen“,[3] der mehr und mehr zum „Norden“ wird, oder in den Amerikas mit einigen Rückgriffen nach Afrika (weil die Sklaven in den Amerikas aus verschiedenen Teilen Afrikas stammten und über Europa oder durch die Mittelpassage des europäischen Sklavenhandels nach Brasilien, Kuba, Jamaika oder in die USA verschleppt worden waren). Und ich wollte auch keine Geschichte über den „Norden“ (d. h. heute in der Globalgeschichte vor allem Westeuropa inkl. Deutschland, Nordamerika (vor allem USA) und China), sondern wirklich über alle globalen Weltregionen schreiben. Nicht Nord-Süd oder Süd-Süd, sondern umfassend im Sinne von Nord-Süd-Ost-West, weniger im Sinne von Beziehungen, vielmehr räumlich gruppiert in Hemisphären (atlantische Hemisphäre / indisch-pazifisch-ostasiatische Hemisphäre).[4]

Also organisierte ich die Geschichte der Sklaverei nach Kontinenten und auf den Kontinenten chronologisch, nach großen Epochen (Vorgeschichte, Antike, Mit-

---

2 Zeuske, Michael, „Die Nicht-Geschichte von Versklavten als Archiv-Geschichte von „Stimmen“ und Körpern“, in: Jahrbuch für Europäische Überseegeschichte 16 (2016), S. 65–114.

3 Der so genannte „Westen“ setzt als Eigenverständnis der Latinität mit der europäischen Expansion zwischen 1100 und 1450–1500 ein und hat nach der Meta-Geografie sieben Großversionen bis in das 20. Jahrhundert, siehe: Lewis, Martin W.; Wigen, Kären, The Myth of Continents: A Critique of Metageography, Berkeley: University of California Press, 1997, S. 50 (in seiner Version 3 (etwa 1700) umfasst er alle europäischen Sklavenhandelsmächte und ihre Hinterländer, ebd.); siehe auch: Grataloup, Christian, L'invention des continents: comment l'Europe a découpé le monde, Paris: Larousse, 2009; in noch weiterer Perspektive, mit einer m. E. problematischen direkten „Nord“-Linie zwischen „Fruchtbarem Halbmond“ und „Westen“ sowie „Osten“ (China), siehe: Morris, Ian, Wer regiert die Welt? Warum Zivilisationen herrschen oder beherrscht werden. Aus dem Englischen von Klaus Binder, Waltraud Götting und Andreas Simon dos Santos, Frankfurt/New York: Campus Verlag, 2012; siehe auch: Varouxakis, Georgios, „The Godfather of 'Occidentality': Auguste Comte and the Idea of 'the West'“, in: Modern Intellectual History (doi:10.1017/S1479244317000415), S. 1–31 (online: https://www.academia.edu/34887807/ (letzter Zugriff 8. Jan. 2018)).

4 Grandner, Margarete; Sonderegger, Arno (eds.), Nord-Süd-Ost-West-Beziehungen. Eine Einführung in die Globalgeschichte, Wien: madelbaum *verlag*, 2015 (Gesellschaft-Entwicklung-Politik (GEP); Bd. 16).

telalter, Neuzeit, etc., die es allerdings so nur in Europa gibt). Das Ergebnis war großartig – ein Manuskript von rund 1100 Seiten, vielen Parallelentwicklungen und ca. 3000 Fussnoten. Es war in dieser Form unpublizierbar, zumal ich noch nicht einmal alle Sklavereien in der Welt behandelt hatte, vor allem nicht die land- oder seegebundenen Menschenhandelstypen oder die „kleinen“ Sklavereien in der Geschichte Asiens, Europas, Afrikas und der Amerikas sowie in der heutigen Welt. Mir wurde auch immer deutlicher, wie extrem konstruiert und in der Hegemonialgeschichte Europas verankert das spatiale Makroordnungskriterium „Kontinent“ für eine lange Welt- und Globalgeschichte der Sklaverei ist, die es bis mindestens um 1600 mit lokalen Gesellschaften sowie mit der Materialität großer Räume zu tun hat (grade wenn es Imperien waren), die eigene, auch eigene räumliche Ordnungskriterien und Chronologien hatten (heute vielleicht noch am deutlichsten an der „islamischen Zeitrechung“). Ich entsann mich des Konzepts großer Räume, wie es Alexander Humboldt am Beispiel der „Steppen und Wüsten“ exerziert hatte – wollte es aber eben auf Meeres- und Ozeanräume beziehen (da ist auch das Kriterium der Materialität am deutlichsten nachvollziehbar), unter anderem auch, weil Inseln und Schiffe/Boote in der Weltgeschichte des Sklavenhandels sowie der Sklavereien wichtige Rollen spielen.[5] Noch ehe ich den Begriff überhaupt kannte, schlugen gleichsam schon die Riesenwellen der „Transozeanität“[6] über mir zusammen (was unter anderem zeigt, dass auch das Raum-Konzept der „Ozeane“ von Europa geprägt ist[7]).

Dann erschien das Buch von Kevin Bales über heutige Sklavereien (2004), später auch das Buch von Lakshmidar Mishra über heutige Sklaverei aus Perspektive einer Sklavereigesellschaft par excellence (Human Bondage, 2011[8]). Mir wurde endgültig bewusst, dass Sklaverei als historisches Phänomen auch eine Realität unserer Tage ist, selbst wenn Ersatzworte wie *human bondage* dafür verwendet werden:

---

5 Humboldt, Alexander von, „Über Wüsten und Steppen“, in: Humboldt, Ansichten der Natur, mit wissenschaftlichen Erläuterungen und sechs Farbtafeln nach Skizzen des Autors, Frankfurt am Main: Eichborn Verlag, 2004 (Die Andere Bibliothek, hrsg. von Hans Magnus Enzensberger), S. 13–168 (davon Haupttext S. 15–37 und „Erläuterungen und Zusätze“, S. 37–168, insgesamt 131 Fußnoten, d. h., Paratexte, Links und Hyperlinks; geschrieben 1805–1806; Reprint der dritten Auflage von 1849).

6 Müller, Gesine; Ueckmann, Natascha, „Einleitung: Kreolisierung als weltweites Kulturmodell?“, in: Müller; Ueckmann (eds.), Kreolisierung revisited. Debatten um eine weltweites Kulturkonzept, Bielefeld: transcript, 2013, S. 7–42, vor allem S. 22–30: „Nach der Kreolität: Für eine neue Transozeanität?“; siehe auch: Reinhard, Wolfgang, „Seas and Oceans“, in: Reinhard (ed.), Empires and Encounters: 1350–1750, Cambridge; London: The Belknap Press of Harvard University Press, 2015 (Iriya, Akita; Osterhammel (eds.), A History of the World), S. 31–34.

7 Miller, Peter M. (ed.), The Sea: Thalassography and Historiography, Ann Arbor: University of Michigan Press, 2013; Elvert, Jürgen, Europa, das Meer und die Welt: Eine maritime Geschichte der Neuzeit, München: Deutsche Verlags-Anstalt, 2018.

8 Mishra, Lakshmidhar, Human Bondage: Tracing its Roots in India, London: Sage Publications, 2011.

Eine Realität auch ohne Rechtsdefinition und meist ohne praktische legale Sichtbarkeit, nicht nur eine sprachliche und diskursive Konstruktion (aber das auch), ein Anklagewort oder eine Interpretation als Antwort auf die normative Konstruktion von „Freiheit".[9] Und ich las Alencastros und Thorntons bahnbrechende Bücher über Afrika und die atlantische Welt bzw. Brasilien in Afrika (Angola-Brasilien). Ich kam auch in Debatten oder zumindest Kontakt mit Kollegen, die sich bereits lange mit den Problemen einer Globalgeschichte und anderen Problemen der Geschichte der Sklaverei in vielen Teilen der Welt auseinandersetzten (wie Dale W. Tomich, Rafael de Bivar Marquese, Marcel van der Linden, Robin Blackburn, Joseph C. Miller, João José Reis, Luiz Felipe de Alencastro, Jean-Pierre Tardieu, Beatriz G. Mamigonian, Emma Christopher, Alessandro Stanziani, Manuel Barcia, David Eltis, William G. Clarence-Smith, Randy Sparks, Ehud R. Toledano, David Wheat, Gwyn Campbell), ebenso mit Romanisten (Martin Lienhard, der vor allem „Stimmen" von Subalternen erforscht hat) sowie Ottmar Ette und Gesine Müller mit den Konzepten der Transarealität und -insularität sowie globaler Geschichte des mobilen Wissens (auch und gerade visuellen Wissens, hier auch der erwähnte Pablo Diener aus Cuiabá sowie Ana Lucia Araujo), mit Linguisten (Matthias Perl, Armin Schwegler, Arthur Abraham), Anthropologen (Sidney Mintz (†), Richard Price, Stefan Palmié, Beatrix Heintze), Archäologen (Joachim Henning, Detlef Gronenborn) und Historikern sowie Historikerinnen (Norbert Finzsch, Christoph Marx, Michael Mann, Adam Jones, Reinhard Wendt, Klaus-Peter Matschke, Ulrike Schmieder, Matthias Middell, Katja und Claus Füllberg-Stolberg, Christine Hatzky, Hans-Heinrich Nolte, Christian Cwik, Verena Muth, Klaus Weber, Karsten Voss (†), Nikolaus Böttcher, Mark Häberlein, Marc Buggeln, Walter Ameling, Christian Lübke, Matthias Hardt, Stephan Conermann, Ulrike Freitag, Undine Ott, Bruce L. Mouser, Sue Thomas, Michael McCormick; mit letzterem habe ich nicht debattiert oder korrespondiert, kenne aber sein bahnbrechendes Werk über das Karolinger-Reich als Sklavenhandelsimperium sehr gut, gleiches gilt für das Werk von James Walvin), die zu mittelalterlichen Sklavereien oder zu Sklavereien in Afrika, im Indischen Ozean und in den Amerikas arbeiteten. Auch zu Kollegen aus Trier (vor allem Elisabeth Herrmann-Otto und Heinz Heinen (†)) und Mainz (Leonard Schumacher) sowie Bonn (Winfried Schmitz, Stephan Conermann, Bonn Center for Dependency and Slavery Studies), die zu neuen Perspektiven antiker sowie vormoderner Sklavereien (Antike, Mameluken) forschen, ergaben sich gute Kontakte.

Ein neues, weit gefasstes Konzept des Sklaven und ein wirklich globalhistorisches Narrativ wurden notwendig. Ausgangspunkt musste die Realität heutiger Sklavereien sein und das wichtigste räumliche Organisationsprinzip nicht Kontinente, sondern Meere unter dem theoretischen Dach eines Trans-Konzeptes (ich

9 Zu einer historisch-diskursiven Konstruktion der „Freiheit" aller Nicht-Versklavten siehe: Vlassopoulos, Kostas, „What Do We Really Know about Athenian Society?", in: Annales HSS Vol 71:3 (2016), S. 659–681.

bevorzuge Transkulturation). Ich musste mir auch eine historisch-anthropologische Grundchronologie (ca. 10 000 v. u. Z.–heute) sowie eine Grundtypologie („Plateaus") erarbeiten, die es ermöglichten, statt der unflexiblen Definition **einer** Sklaverei (hinter der meist Vorstellungen von der „römischen" Sklaverei oder der Sklaverei im Süden der USA stehen; oft auch nur die Idee „Sklaverei = Eigentum" im Sinne des „römischen" Rechts der Neuzeit) Sklavereien in einem sinnvollen Narrativ durchzukonjugieren. Damit sollte es möglich sein, die unterschiedlichsten Sklavereien und Menschenhandelssysteme weltweit, auf dem ganzen Globus, zu analysieren und darzustellen. Die Welt außerhalb (*beyond*) Europas bestand, mit wenigen Ausnahmen (in den Amerikas) bis in das 19. Jahrundert aus Meeren.[10] Die wichtigste Perspektive sollte nicht mehr die der Institution Sklaverei sein (die implizit meist die Sichtweise und die Diskurse von Sklavenbesitzern und Sklaverei-Gesellschaften reproduziert), sondern eine Globalgeschichte aus Sicht ihrer wichtigsten Akteure – und das waren Sklavinnen und Sklaven auf der einen sowie die direkten Versklaver (Menschenjäger, Sklavenhändler, Hilfspersonal und Sklavenhalter) auf der anderen Seite. Das war mein zentraler Anspruch, um die bisher fast allen Strukturalismen (u. a. auch fast allen Arten von Marxismen) inhärente Reaktivität historischer Menschen zu überwinden (was nicht ganz einfach ist, da harte Strukturen, Landeigentum/Rechtssysteme, Ausbeutung und Herrschaft dazu tendieren, kreative Aktivität von Menschen zu kontrollieren und einzuschränken).

Nominalistische Historiker geben nicht gerne zu, dass sie über vorsichtige Interpretationen des Inhaltlichen ihrer Quellen hinausgehen (und somit etwas mit dem Postmodernismus und Poststrukturalismus Hayden Whites zu tun haben). Ich betone nochmals: die Spannung zwischen mikrohistorischer dezentraler Perspektive der Quellen und interpretativem globalistisch-zentralisierenden Narrativ der Text-Konstruktion ist extrem wichtig. Welt- und Globalgeschichte[11] mit – wenn möglich – individuellen, transkulturellen Körpern im Zentrum. Das führt notgedrungen zu einer fast extremen Verdichtung von ohnehin schon als *big history* angesehener Geschichte der Imperien, Wirtschaftssystemen, Epochen, Nationen, Religionen, Räume (Ozeane und Meere, Flusssysteme und Küsten; Kontinente und Territorien) sowie der Ökumenen/Kulturen sowie Transportstrukturen und -systeme. „Nation" als Analyseraster verschwindet fast ganz – außer in der Historiografie.

---

10 Sachsenmaier, Dominic, „Recent Trends in European History: The World beyond Europe and Alternative Historical Spaces", in: Journal of Modern European History 7, Nr. 1 (2009), S. 5–25.

11 Zu den transkulturellen Schwierigkeiten der Konstruktion des neuen Metanarrativs, siehe: Douki, Caroline; Minard, Philippe, „Histoire globale, histoires connectées: un changement d'échelle historiographique? Introduction", in: Revue d'histoire moderne et contemporaine n° 54–4 (2007), S. 7–21, www.cairn.info/revue-d-histoire-moderne-et-contemporaine-2007-5-page-7.htm (letzter Zugriff 8. Jan. 2018)); siehe auch: Ismard, Paulin, „Écrire l'histoire de l'esclavage: Entre approche globale et perspective comparatiste", in: Annales HSS Vol. 72:1 (Mars 2017), S. 9–43.

Ergebnis ist das vorliegende Buch, eine Globalgeschichte mit mikrohistorischen, translokalen und transkulturellen Ansätzen sowie einem zugrunde liegenden theoretischen Konzept von menschlichen Körpern als Kapital in nicht-nationalen Räumen (bzw. in nationalen Räumen, die auch und gerade durch verschleppte Menschen *from the margins* konstruiert worden sind). Es ist sozusagen eine „kurze" Synthese der Weltgeschichte der Sklaverei, an der ich seit ca. 2003 gearbeitet hatte.[12] Grundlage sind eher anthropologische Feldforschungen, grade auch als Historiker, *und* Arbeiten in großen und kleinen Archiven sowie Nationalbibliotheken dieser Welt (Madrid, London, Lissabon, Havanna, Washington, New Orleans, Paris, Berlin, Caracas, Den Haag, Bogotá, Cartagena, Dakar, Berlin/Leipzig), auch und gerade in sehr vielen kleinen Archiven vor allem auf Kuba (hier vor allem Provinzarchive, in denen Notariatsprotokolle und Testamente aufbewahrt werden) sowie in den USA, in Venezuela, Kolumbien, Spanien, Kapverden, São Tomé und Deutschland.

In vorliegender Globalgeschichte bilden archivalische Quellen zwar den Hintergrund, tauchen aber nicht systematisch im Quellenverzeichnis auf. Welt- und Globalgeschichte lässt sich in dieser Breite nur auf Grundlage publizierter Literatur erzählen. Systematische Auflistungen aller Archivalien finden sich in meinen mikrohistorischen Spezialarbeiten (wie zum Beispiel der Geschichte der Sklavinnen und Sklaven auf Kuba, der Geschichte der atlantischen Sklavenhändler[13] und der Geschichte der Atlantisierung Kubas/Sklavenhandel, die 2019 erscheinen oder in der Quellensammlung „Hidden Atlantic"[14]). Schlicht gesagt, konnte ich nicht die ganze Tiefe der mikrohistorischen Quellen, die meine Basis bilden, hier auflisten (es wären ca. 300 Seiten mehr); im Narrativ habe ich mich auf Autoren gestützt, die ich kenne oder aus deren Quellen hervorgeht, dass sie mit „harten" Quellen arbeiten bzw. ihre Konzepte sowie Perspektiven darauf stützen. Feldforschung als Grundlage bedeutet für mich aber mehr als Archive mit staatlichem oder wirtschaftlichem Schriftgut. Wichtig sind mir immer auch andere Formen der Memoria und des Wissens, z. B. Erinnerungen von Sklaven oder von Nachkommen ehemaliger Sklaven, prozessuale Grundstrukturen (wie Translokalität oder Transkulturation), visuelles Wissens auf Bildern, Skizzen, Fotografien und Filmen oder Gerichtsfälle, heutige Kulturformen in ihrer Historizität, Wege-, Landschafts- und Küstenanalyse („Weltanschauung *on the spot*"; mobiles Wissen) sowie das Sammeln und Auswerten von Literatur vor Ort („graue Literatur").

---

12 Eine „ganz kurze" Synthese von ca. 250 Seiten wurde mir erst auf Basis vorliegenden Buches möglich; siehe: Zeuske, Sklaverei. Eine Menschheitsgeschichte von der Steinzeit bis heute, Stuttgart: Reclam, 2018.

13 Zeuske, Sklavenhändler, Negreros und Atlantikkreolen. Eine Weltgeschichte des Sklavenhandels im atlantischen Raum, Berlin/Boston: De Gruyter Oldenbourg, 2015.

14 Siehe: Zeuske, „The Hidden Atlantic / El Atlántico oculto" (Octubre/October 2017), https://www.academia.edu/35009046/ (letzter Zugriff 27. Nov. 2017).

Ich danke Prof. Dr. em. Wolfgang Reinhard und Prof. Dr. em. Hans-Heinrich Nolte für kritische Lektüre des Manuskripts und hilfreiche Bemerkungen sowie Frau MA Gina Cantarero für Copyediting und technische Bearbeitung.

Mein Dank gilt auch der Deutschen Forschungsgemeinschaft (DFG). Ich hatte zwar nie ein Projekt direkt zum Thema Globalgeschichte der Sklaverei. Aber fast alle Projekte, in denen ich von der DFG unterstützt worden bin (ZE 302/2–2 „Das Erbe Afroamerikas. Regionale Gesellschaften und politische Kultur in Brasilien, Kuba und Venezuela (1880–1930)“ (1994–1997; ZE 302/15–1), „Atlantischer Sklavenhandel als Schmuggel: Ramón Ferrer und die „Amistad“, 1830–1840“ („Amistad I“ - 2007–2011; ZE 302/18–1) und „*Out of the Americas*: Sklavenhändler und *Hidden Atlantic* im 19. Jahrhundert“ („Amistad II“ - 2011–2014; ZE 302/18–1), hatten mit Sklaverei und Sklavenhandel zu tun. Sie haben mir erlaubt, Material zu sammeln, intensive Feldforschungen zu den Landschaften der Sklaverei sowie des Sklavenhandels zu betreiben und in Archiven der atlantischen Welt zu forschen.

Geschrieben 2008–2013 (mit einigen leichten Änderungen 2014–2018)

Vorwort zur zweiten Ausgabe 2019

Geschichte der Sklavereien und ihrer Akteure (Versklavte, Sklavenjäger-, Sklavenhalter/Sklavenhändler und ihr jeweiliges Hilfspersonal) ist Globalgeschichte, besser gesagt, Geschichte der Menschheit. Vorliegende Globalgeschichte ist auch ein Narrativ – sie beschäftigt sich aber weniger mit Narrativen, ist also kein Konzept-Narrativ. Vorliegende Global- und Weltgeschichte beschäftigt sich mit realen Sklavereien in Zeit und Raum; möglichst ohne Binarität zu einer normativ gesetzten „Freiheit" (mit Ausnahme der kritischen Analyse der Abolitionsdiskurse). Analyse von Narrativen oder, wenn man so will, Worten, „Namen" und Konzepten von Sklavereien spielt nicht nur in Bezug auf „westliche" Abolitionsdiskurse und in Bezug auf Benennungen von Sklavereien und von ihr beeinflusste Abhängigkeiten eine wichtige Rolle.

Sklavereien und ihre sozialen Akteure waren und sind global und globalisierend.[15] Diese Globalisierung und Globalität kommt nicht als Segnung daher oder als Heilsversprechen, sondern als ernüchternde Realität – und das weltweit, d. h., lokal, regiohemisphärisch, global und eben globalisierend. Das wird sicherlich vor allem in Bezug auf *African agency*[16] und in der Einbeziehung anderer Räume als der der atlantischen Hemisphäre deutlich.

Die Spannung zwischen mikrogeschichtlichen Ansätzen und Globalität ist mir sehr wichtig. Das ist mir nach Publikation der ersten Auflage dieses Buches (2013) vor allem in China 2015 deutlich geworden. Ich war Ende 2015 als Fellow an der *BeiDa* Universität (Peking University). In Peking und Macao habe ich zu Fragen der Sklaverei-Geschichte Chinas sowie Ostasiens geforscht.

Sklaverei-Historiker und -Historikerinnen, die ich nach Publikation der ersten Auflage 2013 kennengelernt habe und deren Arbeiten vorliegende Neuauflage beeinflusst haben, sind vor allem Stephan Conermann (Universität Bonn), Juliane Schiel (Universität Zürich), Christian de Vito (Universität Bonn) und Reuven Amitai (The Hebrew University of Jerusalem) sowie Ehud R. Toledano (Tel Aviv University).

An der Universität Bonn haben sich seit Ende 2015/Anfang 2016 wichtige neue Entwicklungen ergeben, die zur Gründung des *Bonn Center for Dependency and Slavery Studies* (2017; Exzellenz-Cluster 2018) führten.[17] Der neue Impuls des Bonn

---

15 Pargas, Damian A., „Slavery as a Global and Globalizing Phenomenon. An Editorial Note", in: Journal of Global Slavery 1 (2016), S. 1–4.

16 Keese, Alexander, „Das subsaharische Afrika als globalgeschichtlicher Raum", in: Grandner, Margarete; Sonderegger, Arno (eds.), Nord-Süd-Ost-West-Beziehungen. Eine Einführung in die Globalgeschichte, Wien: madelbaum *verlag*, 2015 (Gesellschaft-Entwicklung-Politik (GEP); Bd. 16), S. 93–120.

17 Conermann, Stephan, „Sklaverei(en) in außereuropäischen vormodernen Gesellschaften – ein paar Vorüberlegungen", in: Dhau. Jahrbuch für außereuropäische Geschichte 2 (2017), S. 9–24; siehe auch: https://www.dependency.uni-bonn.de/en (letzter Zugriff 18. September 2017).

https://doi.org/10.1515/9783110561630-204

Centers, zusammengefasst in einem Projekt mit dem Titel *Beyond Slavery and Freedom*, kommt aus dem Ansatz, „vormoderne" Sklavereien zu erforschen, die nicht oder bisher nur marginal im Rahmen des Feldes der *Atlantic slavery* bzw. der Globalgeschichte von Sklaverei und Arbeit analysiert worden sind. „Vormoderne" ist dabei durchaus im Sinne historiografischer Konvenienz der Zeitleiste vorwiegend europäisch-amerikanischer Geschichtsphilosophie zu verstehen. Viel wichtiger aber ist die räumliche Dimension in ihrer jeweils eigenen Zeitlichkeit, Sprache und ihren eigenen kulturellen Codes. Es handelt sich um alle Gesellschaften, die nicht oder nur marginal im Banne der Binarität von „Sklaverei und Freiheit" stehen – „Freiheit" verstanden als wichtigste Selbstdarstellungs-Kategorie des „Westens". In den Debatten um diese Sklavereien wurde plötzlich deutlich, dass es sich um Sklavereien im Grunde „ohne Abolition und ohne Freiheit" im westlichen Sinne handelt – entweder weil es „Abolition" in unserem heutigen Sinne noch nicht gab (alles vor ca. 1760–1840) oder – und das ist globalhistorisch viel wichtiger – weil Sklavereien als solche für fast alle Gesellschaften der Geschichte nicht deshalb wichtig waren, weil sie aufgehoben wurden, sondern weil sie als solche existierten und weil sie viel stärker als im „Westen" in unterschiedliche Grade von Abhängigkeit (*dependency*) eingefügt waren und diese Abhängigkeiten zugleich Stabilität und Dynamik, aber Statik dieser Gesellschaften (oder Gruppen) prägten.[18]

Der neue Umfang des Buches in der zweiten Auflage ist vor allem der schnell anwachsenden Bibliographie der beiden Felder Geschichte der Sklaverei / des Sklavenhandels sowie Globalgeschichte geschuldet. Inhaltlich neu sind vor allem die Partien, die sich damit beschäftigen, was Abolitions-Diskurse mit der Weiterexistenz von Sklavereien zu tun haben („no end after the end").[19] Neu sind auch die Partien über Sklavereien in der östlichen Hemisphäre und in China. Zu den Sklavereien in China, Macao sowie im südchinesischen Meer/Pazifik bis Manila/Acapulco und zu den Debatten um den Status der Versklavten verdanke ich den Kontakten mit Claude Chevaleyre (EHESS Paris, Centre de Recherches Historiques / IISH Amsterdam), Sucheta Mazumdar (Duke University), Harriet Zurndorfer (Universiteit Leiden), Hans F. Heese (Stellenbosch University) sowie George B. Souza (University of Texas, San Antonio) sehr viel.

Globalgeschichte kann heute nicht mehr ohne die Geschichte Chinas dargestellt werden. Ebenso wenig ohne Afrika, Persien/Iran, Osmanen/Türkei und

18 Begonnen wurde dieser *dependency-turn* im Feld der Südost-Asien-Studien; siehe: Condominas, Georges (ed.), Formes extrêmes de dépendance: contributions à l'étude de l'esclavage en Asie du Sud-Est, Paris: Editions de l'École des Hautes Études en Sciences Sociales, 1998; siehe auch: Eltis, David; Engerman, Stanley L., „Dependence, Servility and Coerced Labor in Time and Space", in: Eltis; Engerman (eds.), The Cambridge World History of Slavery, Vol. 3: AD 1420–AD 1804, Cambridge [etc.]: Cambridge University Press, 2011, S. 1–21.

19 Brahm, Felix; Rosenhaft, Eva, „Differential Chronologies: Abolition, Anti-slavery and Colonialism", in: Brahm; Rosenhaft (eds.), Slavery Hinterland. Transatlantic Slavery and Continental Europe, 1680–1850, Woodbridge: The Boydel Press, 2016, S. 19–23.

Russland oder die Philippinen, Niederländisch-Indien (Indonesien) und die Sulu-Zone, und auch ohne die *Indian Ocean World* und ohne Australien sowie die pazifische Welt nicht. Fokussieren wir uns auf China, wird das schön deutlich an einem kleinen Artikel der China- und Indienspezialistin Sucheta Mazumdar: „China und der globale Atlantik“ am Beispiel der Sklaverei-Ressource Zucker, eingebettet in Forschungsfelder, die zunächst slavereiunverdächtig erscheinen (*food, commodities*).[20]

Diese westliche Version der Zucker/Sklaverei-Globalgeschichte ist – in extremer Vereinfachung – die folgende: Frühe Zuckerproduktion entstand in Indien. Das weltgeschichtliche Narrativ der Zuckerwanderung in den „Westen“ und der Produktion im atlantischen „Westen“ kam von Edmund von Lippmann. Es lautet in seiner zentralen Aussage: „Westwanderung des Zuckers“.[21] Zucker wanderte aber im Gegensatz zu westlichen Narrativ erst mal nicht nach Westen, sondern von Indien nach Norden und Osten. Im Osten verbreitete sich Zucker mit dem Buddhismus (oder umgedreht). Zuckerproduktion hatte auch in den Gebieten des heutigen Chinas mit Versklavten zu tun, vor allem in großen Klöstern und auf den Gütern von Eliten, aber eine systemische Plantagen-Sklaverei-Gesellschaft mit Versklavten einer bestimmten Produktion (Zucker) und eines bestimmten Habitus' (Zuckersklaven), die übers Meer verschleppt wurden, entstand nicht. In den lateinischen Westen kam der Zucker über islamische Kulturen. Er verbreitete sich von *Outremer* (den Kreuzfahrergebieten) an den Nordküsten und verschiedenen Inseln des Mittelmeeres unter christlichem Vorzeichen und an den Südküsten des Mittelmeeres unter islamischem Vorzeichen, im Wesentlichen ohne Latifundien und Massen von Sklaven sondern meist durch Bauern. [22] Erst als die europäische Expansion in den Atlantikraum einsetzte, entstanden zunächst auf kleinen Inseln – Kanaren, Kapver-

---

20 Mazumdar, Sucheta, „China and the Global Atlantic: Sugar from the Age of Columbus to Pepsi-Coke and Ethanol“, in: Food and Foodways Vol. 16:2 (2008) (Special Issue on Sidney Mintz, Sweetness and Power), S. 135–147; siehe auch für die atlantische Weltseite: Moore, Jason W., „Sugar and the Expansion of the Early-Modern World Economy: Commodity Frontiers, Ecological Transformation, and Industrialization“, in: Review: A Journal of the Fernand Braudel Center, Binghamton University XXIII:3 (2000), S. 409–433; Tomich, „Commodity Frontiers, Spatial Economy and Technological Innovation in the Caribbean Sugar Industry, 1783–1878“, in: Leonard, Adrian; Pretel, David (eds.), The Caribbean and the Atlantic World Economy. Circuits of trade, money and knowledge, 1650–1914, London: Palgrave Macmillan, 2015 (Cambridge Imperial and Post-Colonial Studies Series), S. 184–216.

21 Lippmann, Edmund Oskar von, Geschichte des Zuckers, seiner Darstellung und Verwendung, seit den ältesten Zeiten bis zum Beginne der Rübenzuckerfabrikation. Ein Beitrag zur Kulturgeschichte. Leipzig: Verlag Hesse, 1890 [2. Auflage: Berlin: Verlag Julius Springer, 1929; Neudruck der Ausgabe von 1929 mit Ergänzungen und Nachträgen, Niederwalluf bei Wiesbaden: Verlag M. Sändig, 1970].

22 Ouerfelli, Mohamed, „La production du sucre en Méditerranée médiévale. Peut-on parler d'un système esclavagiste?“, in: Rives Méditerranéennes Vol. 53 (2016), S. 41–61 (= L'économie de l'esclavage en Méditerranée médiévale et moderne; coord. Armenteros Martínez; Ouerfelli).

den, Madeira, vor allem aber São Tomé,[23] große Antillen – große, private Landstücke „ohne Bauern" (gemeint sind nichtversklavte Bauern im zeitgenössischen Verständnis). Ab ca. 1650 Plantagen genannt (mit einer agrikulturellen Industrie-Technologie, einer Mühle,[24] im Zentrum). Sie wurden mit Verschleppten aus Afrika bewirtschaftet, die in der Tradition der Mittelmeer-Sklaverei „Sklaven" genannt wurden; schnell bürgerte sich auch *negro* als generischer Sammelbegriff ein. Die wirtschaftlich-kulturelle Grundeinheit der Plantage verband sich mit der Dynamik entstehender globaler Arbeitsmärkte, des weiträumigen Handels / Konsums und Transports und mit den Dynamiken des Wissens, der Hafenstädte und der Hochseeschifffahrt sowie der technischen und technologischen Dynamik, die Europäer (wegen der langen Unterlegenheit gegen asiatische und islamische Kulturen) auf der Basis von Wirklichkeitsphilosophie entwickelt hatten (Nominalismus). In der Tradition des „römischen" Rechts entstand die Institution der atlantisch-afrikanischen Sklaverei (*Atlantic slavery*), die sich seit der Conquista Amerikas in der „Neuen Welt" vor allem auf Inseln und an Flussmündungsgebieten verbreitete, meist in Synergie mit Hafenstädten, die als Sklavenmärkte, Dienstleistungszentren und natürlich auch als Wohn- und Wissenszentren fungierten, oft auch verbunden mit Bergbau-Sklavereigebieten und flankiert von Rinder/Pferde-Expansionssphären (*frontiers*).[25] Erst ab um 1800, nach der ersten erfolgreichen Sklavenrevolution in einer karibischen Insel-Plantagenkolonie (Saint-Domingue/Haiti) und in enger Synergie mit der industriellen Revolution in Europa (eiserne Dampfmaschinen im Gegensatz zu den lange Zeit vor allem hölzernen Maschinen wie Mühlen und Schiffe der atlantischen Sklaverei), stießen Zucker-Sklavereiplantagen und andere Formen von großen Sklaverei-Plantagen (Baumwolle, Kakao, Kaffee, Indigo, Tabak, Sisal, zeitweilig Kautschuk) in das Innere größerer Inseln (Kuba, Java, Sumatra, Madagaskar) und in die kontinentalen Räume der Amerikas (Süden der USA, Brasilien, Guayanas) sowie Südostasiens, Ostafrikas und Indiens vor. Der Westen entwickelte von 1794 bis 1888 eine Massensklaverei-Moderne, Afrika und der Osten jedoch nicht. Im Osten, in der *Indian Ocean World* und darüber hinaus, kam es zwar punktuell zu Plantagenrevolutionen in Teilen Afrikas, vor allem in Ostafrika, auf den Inseln

23 Fábregas García, Adela, „Del cultivo de la caña al establecimiento de las plantaciones", in: Região Autónoma da Madeira (ed.), História e tecnologia do açúcar, Funchal: Centro de Estudos de História do Atlântico, 2000, S. 59–85; siehe auch: Fábregas García, „Azúcar e italianos en el reino nazarí de Granada. Del éxito comercial a la intervención económica / Sugar and Italians in the Nasrid Kingdom of Granada. From commercial success to economic intervention", in: Cuadernos del CEMYR 22, Universidad de la Laguna (2014), S. 133–153.

24 Moscoso, Francisco, Orígenes y cultura del la caña de azúcar. De Nueva Guinea a las islas del Atlántico, Puerto Rico: Publicaciones Gaviota, 2017.

25 Sluyter, Andrew, Black Ranching Frontiers: African Cattle Herders of the Atlantic World, 1500–1900, New Haven: Yale University Press, 2012; Sluyter, „African Arrivals and Transformations", in: Colten, Craig E.; Buckley, Geoffrey L. (eds.), North American Odyssey. Historical Geographies for the Twenty-first Century, Lanham/Plymouth: Rowman & Littlefield, 2014, S. 49–66.

des indischen Ozeans und in Niederländisch-Indien (Indonesien), Südostasien und in den Tee-Anbaugebieten Indiens, teils auf lokalen Grundlagen, teils als europäische Transkulturation innerhalb Asiens. Aber es entstanden nur regional indigene Massensklaverei-Plantagen-Modernen, im Gegensatz zum „Westen" (kontinentale Sklavereien in den Amerikas). Wichtiger blieb die so genannte „Haus"-Sklaverei, über große Migrationen verbunden mit der Welt. Auch in der östlichen Hemisphäre entstand, sozusagen über und mit diesen indigenen Sklavereien, eine „Kriegskapitalismus-Moderne" (Sven Beckert[26]) unter europäischer Hegemonie, die lokale Sklavereien, *coolitude*, Bondage-Sklavereien, maritime Sklavereien, Plantagensklaverei und andere Typen von Zwangsarbeit/Abhängigkeit mit freier Arbeit kombinierte – eine Art *Second Slavery* der weltwirtschaftlichen Globalisierung (am deutlichsten vielleicht erkennbar in individuellen *life histories*). Auch lokale und regionale Sklavereien unter lokalen Eliten, durch die „Weltwirtschaft" des 19. Jahrhunderts in die Globalisierung eingebunden, entstanden, durchaus auch mit eigenständigen Sklaverei-Modernen.

Aber auch im Westen blieben, trotz oder gerade wegen der Abolitionsdiskurse, Sklavenarbeit und „Sklaven"-Status sowie verschiedenste Formen starker Abhängigkeiten an der Tagesordnung. Die Persistenz von Zucker-Plantagen-Strukturen (Latifundien) im Westen zeigt sich vielleicht am deutlichsten im kommunistischen Kuba und im kapitalistischen Brasilien. Erst als die große Zuckerproduktion auf Kuba, auf riesigen Gütern unter Staatskontrolle, 2002 zusammenbrach, erklärte Regierungschef Fidel Castro, dass „Zucker niemals nach Kuba zurückkehren werde", weil Zucker und Plantagen „zu den Zeiten der Sklaverei" gehörten.[27] In Brasilien wird Zuckerrohr weiterhin angebaut, sowohl in extrem technisierten Großplantagen, wie auch in traditionellen Plantagen mit Ernte per Haumesser. Auch auf Kuba gibt es mittlerweilen moderne Plantagen mit maschineller Ernte.

Angesichts dieser Zucker-/Sklaverei-Geschichte (Zucker steht hier für Leit-Ressource bzw. Neudeutsch: *commodity*)[28] liegt es nahe, an einen neuen Materialismus des sozialen Lebens der Produkte/Dinge und der historischen Akteure „ohne Stimme" zu glauben. M. E. ist das besser als eines der „Post"-Konzepte, denn wir

---

26 Beckert, Sven, „Einleitung", in: Beckert, King Cotton: Eine Geschichte des globalen Kapitalismus, München: Beck, 2014, S. 7–18

27 Martínez-Fernández, Luis, „Sugar and Revolution. Cuba 1952–2002", in: Font, Mauricio A.; Tinajero, Araceli (eds.), Handbook on Cuban History, Literature, and the Arts: New Perspectives on Historical and Contemporary Social Change, New York: Routledge, 2014, S. 53–64, hier S. 64.

28 Curry-Machado, Jonathan, „Global Commodity", in: Curry-Machado, Cuban Sugar Industry. Transnational Networks and Engineering Migrants in Mid-Nineteenth Century Cuba, New York: Palgrave Macmillan, 2011, S. 2–5; Wendt, Reinhard, „Zucker – zentrales Leitprodukt der Europäischen Expansion", in: Zeitschrift für Agrargeschichte und Agrarsoziologie Vol. 61 (2013), S. 43–58; zum globalen Ansatz siehe: Follett, Richard; Beckert, Sven; Coclanis, Peter A.; Hahn, Barbara, Plantation Kingdom: The American South and Its Global Commodities, Baltimore: Johns Hopkins University Press, 2016 (The Marcus Cunliffe Lecture Series).

stehen nicht mehr am Ende von Geschichte, sondern mitten drin und vor neuer Geschichte, in einer Art neuer Prähistorie.

Mein Hauptansatz in diesem Buch sind Versklavte als Akteure von Sklavereien geblieben. Ich habe Sklaverei in dieser Neuauflage allerdings, noch konzentrierter als in der ersten Auflage, als „universelles" Konzept und als Oberbegriff für andere Formen von Zwangsarbeit sowie der so genannten Servilität und *bondage* u. a. benutzt.

Einmal, weil das Wort, der „Name" der Institution, aus liberaler und marxistischer Tradition wirklich weltweit und global bekannt ist.

Zweitens, weil die semantische, man muss fast sagen, Inflation des Begriffs durch den Neo-Abolitionismus seit ca. 2000 das Konzept auch in den heutigen Medien fest verankert hat. Das gilt auch für das Wort Sklave. Es ist seit dem Frühmittelalter und der Hedschra zwischen Okzident, Norden (Wikinger/Rus) und Orient entstanden – also schon in seiner Entstehung ziemlich translokal und global. In seiner Fassung als etymologischer Verwandter von *esclavo/escravo/slave/esclave* war und ist es globalisierend.

Drittens, weil das die positive Konsequenz hat, die wirklich nachgerade unheimliche Vielfalt historischer und heutiger Sklavereien und die noch viel umfangreicheren *life histories* versklavter Menschen innerhalb und außerhalb der Tradition des „römischen" Rechts zu erforschen. Ich wiederhole das: die Unbekannten der Geschichte von weltweiten Sklavereien sind ihre Hauptakteure – die Versklavten.[29]

Nochmals Dank an die Deutsche Forschungsgemeinschaft (DFG). Ein neues DFG-Projekt erlaubt es mir, zur Geschichte der Sklaverei zu forschen („Der Mediziner und Sklavenhändler Dr. Daniel Botefeur. Der Übergang zum illegalen Sklavenhandel auf dem Atlantik sowie in den Amerikas und der Menschenhandel in Westafrika. Mikrogeschichten des Wissens" (ZE 302/22-1) (2017–2020)). Dank auch an das Internationale Geisteswissenschaftliche Kolleg „Arbeit und Lebenslauf in globalgeschichtlicher Perspektive" (re:work / Humboldt-Universität Berlin), an dem ich 2018 Fellow sein durfte.

Sevilla/Leipzig/Köln/Bonn/Siena/La Habana, Mai 2016 bis März 2019

29 Zeuske, „Die Nicht-Geschichte von Versklavten als Archiv-Geschichte von „Stimmen" und Körpern", S. 65–114.

Inhalt

Band 1

Band 2

Für Ingrid. Por todo (26. Dezember 1972)

Sklavereien statt Sklaverei: Ein historisch-anthropologischer Essay

> Slavery was the means by which the West emerged to a position of unrivalled economic and political dominance[1]

> Once again, good honest historical research reveals the subjective and objective roots of capitalism's racist foundation. Thomas Jefferson continuously rationalized his accumulation of wealth-without-his-labor by objectifying and dehumanizing his wageless African captives. And one of its most fundamental principles was that an African woman was capital producing capital both with her hands and womb. No other form of servitude ever conceived by humans had that most debased and inhuman notion and practice. We must never forget that these "principles" are at the very root of today's capitalist economic, political and cultural system.[2]

Die Zeit der großen, festgefügten und gut erkennbaren Sklavereien, ich nenne sie „hegemonische Sklavereien", und der meisten sklavereiähnlichen Zwangsarbeitssysteme des 20. Jahrhunderts (KZ, Gulag),[3] ist vorbei. Auch die großen, klar erkennbaren Systeme des Sklavenhandels, wie die atlantische Mittelpassage, die Märkte vor allem für Kinder in China oder die massive Verschleppung von Menschen durch die Sahara beziehungsweise auf Menschenhandelswegen durch Indien für die Sklavenarmeen der Mogul-Sultane sowie von Indien über den Hindukusch nach Zentralasien, sind passé. Aber es gibt in der heutigen Welt in absoluten Zahlen immer mehr Sklaven und Sklavinnen, oft Frauen und Kinder, ohne eine legale Institution der Sklaverei, denn *legal ownership* über Menschen ist weltweit verboten.

---

1 Walvin, James, „Introduction: Slavery and Abolition", in: Walvin, A Short History of Slavery, London: Penguin Books, 2007, S. 1–4, hier S. 2; siehe auch: Acemoglu, Daron; Johnson, Simon; Robinson, James, „The Rise of Europe: Atlantic Trade, Institutional Change, and Economic Growth", in: American Economic Review Vol. 95:3 (2005), S. 546–579.

2 „Note" zur Rezension von Fergus M. Bordewich: Wiencek, Henry, Master of the Mountain, New York: Farrar, Straus & Giroux, 2012, 9. Nov. 2012. ** Note zur Note: A version of this article appeared November 2, 2012, on page A11 in the US edition of The Wall Street Journal, with the headline: Monticello's Slave-Driver).

3 Für Nazi-Deutschland siehe: Buggeln, Marc, „Were KZ-Prisoners Slaves? Possibilities and Limits of Comparisons and Global-Historic Approaches", in: International Review of Social History 53:1 (2008), S. 101–129; zeitlich weiter gefasst: Raphael, Lutz, „Krieg, Diktatur und imperiale Erschließung. Arbeitszwang und Zwangsarbeit 1880 bis 1960", in: Herrmann-Otto, Elisabeth (ed.), Unfreie Arbeits- und Lebensverhältnisse von der Antike bis zur Gegenwart. Eine Einführung, Hildesheim [etc.]: Georg Olms Verlag, 2005, S. 258–280. Zu einem Gulag: Ertz, Simon, Zwangsarbeit im stalinistischen Lagersystem. Eine Untersuchung der Methoden, Strategien und Ziele ihrer Ausnutzung am Beispiel Norilsk, 1935–1953, Berlin: Duncker & Humblot, 2006 (Zeitgeschichtliche Forschungen 31); zusammenfassend: Brass, Tom; Linden, Marcel van der (eds.), Free and unfree labour: the debate continues, Bern [etc.]: Peter Lang Verlag, 1997; siehe auch: Zeuske, Sklaverei. Eine Menschheitsgeschichte, passim.

https://doi.org/10.1515/9783110561630-001

Das ist erstaunlich, denn 2008 beging die westliche Welt den 200. Jahrestag der Abolition des Sklavenhandels im britischen Imperium und in den USA (1808) sowie den 150. Jahrestag der zweiten Aufhebung der Sklaverei im französischen Kolonialreich (1848). Weniger bekannt ist, dass 2016 und 2018 auch die 130. Jahrestage der endgültigen Abolition der Sklaverei in Kuba (1886) und in Brasilien (1888), der damals modernsten und größten Sklavereigesellschaften der Amerikas, sind. Der Amtsantritt Barack Hussein Obamas Anfang 2009 als „erster schwarzer Präsident der USA" inmitten der größten Krise des globalisierten Finanzkapitalismus brachte ebenfalls eine ganze Reihe von Reminiszenzen an Sklaverei, Sklavenhandel und Rassismus hervor. In der Perzeption der Medien, vor allem im Film, hat das Thema „Sklaverei", allerdings wie immer fixiert auf die „hegemonische" Sklaverei des *American South* und auf die USA, auch den Durchbruch geschafft („Django Unchained", aber vor allem „Twelve Years a Slave" (Oscar für den besten Film 2014)).

Die Jubiläen und die Medienpräsenz sind allerdings im besten Falle wichtig, um in unserer Welt voller ungeordneter Informationen und Medienvielfalt (darunter sehr viel Medientrash) Fixpunkte wirklich wichtiger Erinnerung zu setzen.

Sklaverei und Sklavenhandel sowie Menschenjagd, Kidnapping, Sklavenfang, zusammengefasst unter dem Begriff *slaving*, existierten seit Tausenden von Jahren und es gibt sie, trotz der Jahrestags-Feiern der Abolitionen, noch heute.[4]

Sklaverei oder besser, Sklavereien, stellen wichtige Dimensionen eines welthistorischen Prozesses dar mit Entwicklungsepochen, Plateaus, Räumen, Formen und Typen, weniger eine einzige festgefügte Rechts-Institution oder eine eigene Epoche.[5] Gegenwärtig gibt es in absoluten Zahlen sogar mehr Sklavinnen und Sklaven als zu Zeiten der „großen" Sklavereien und Sklavenhandelssysteme. Schätzungen über heutigen Menschenhandel und „moderne Sklaverei" reichen von 12 Millionen über 27 Millionen bis zu 250 Millionen Menschen – da es keine gültige Rechtsdefinition von Sklaverei mehr gibt, die alle Aspekte unter den Kommunikations-, Migrations- und Mobilitätsbedingungen der Gegenwart erfassen würde, ist die Schwankungsbreite so immens.[6] Mehr denn je sind Sklavereien,

---

4 Miller, Joseph C., „Slaving as historical process: examples from the ancient Mediterranean and the modern Atlantic", in: Dal Lago, Enrico; Katsari, Constantina (eds.), Slave Systems. Ancient and Modern, Cambridge, London; CUP, 2008, S. 70–102.

5 Miller, The Problem of Slavery as History. A Global Approach, New Haven: Yale University Press, 2012; Rotman, Youval, „Forms of Slavery", in: Horden, Peregrine; Kinoshita, Sharon (eds.), A Companion to Mediterranean History, Malden/Oxford: Wiley Blackwell (Blackwell Companions to Ancient History), S. 263–279; ich habe die Plateaus konzentriert dargestellt in: Zeuske, „Globale Sklavereien: Geschichte und Gegenwart", in: Aus Politik und Zeitgeschichte 65. Jg., Nr. 50–51 (7. Dezember 2015), S. 7–17 sowie in: Zeuske, Sklaverei. Eine Menschheitsgeschichte, passim.

6 Miers, Suzanne, „Slavery: A Question of Definition", in: Campbell, Gwyn (ed.), The Structure of Slavery in Indian Ocean Africa and Asia, London; Portland: Frank Cass, 2004 (Studies in Slave and Post-Slave Societies and Cultures; Series Editor: Gad Heuman), S. 1–16; Bales, Kevin, Die neue Sklaverei. Aus dem Englischen von Inge Leipold, München: Verlag Antje Kunstmann, 2001, S. 17;

Menschenhandel und unfreie Arbeit informeller Teil unserer heutigen, dynamischen Globalgeschichte. Ein neuer Blick auf die Geschichte der sozialen Abhängigkeiten innerhalb der Ordnungsstrukturen gegebener Staaten, Reiche und Territorien ist notwendig. Globalgeschichte, von der viele Soziologen annehmen, sie existiere erst seit den Segnungen des World Wide Web, der weltweiten Finanzgeschäfte, der Laptops und Handys, bekommt unter der Perspektive weltgeschichtlicher Prozesse der Sklaverei plötzlich eine ganz lange Welt-Geschichte, die bis auf 10 000 v. u. Z. zurückgeht. Wirklich! Denn die heutigen Sklavereien gleichen mehr den „kleinen" Sklavereien und dem Status versklavter Menschen noch ganz „ohne Institution" und geschriebenes Recht, wie sie seit eben jenen lange zurückliegenden Zeiten existierten und auch im Schatten der „hegemonischen" großen Sklaverei- und Sklavenhandelssysteme sozusagen immer „da" waren. Heutige „Unsterbliche" etwa sind meist verschleppte Menschen aus China, Philippinen, Indien, Osteuropa oder Vietnam, die in Industrieländern in *sweat shops* der Mode- oder Fleischbranche und in Küchen schuften. Für sie sind einigermaßen gültige Papiere, oft mit Hilfe konsularischer Institutionen, sozusagen vorgefertigt. Stirbt einer der realen Verschleppten, wird an seine Stelle einfach ein neuer Verschleppter gebracht, der den Namen der vorgefertigten Papiere annimmt. Dieses Prinzip wurde schon von Sklavenschiffskapitänen im 17. Jahrhundert und im 19. Jahrhundert mit Tauflisten auf den Plantagen Kubas oder Brasiliens angesichts der einsetzenden Verfolgung des Menschenhandels angewandt. Diese „Unsterblichkeit" ist eine der heutigen informellen Sklavereien. Sie existieren unter unseren Augen und wir sehen sie nicht. Zugleich ist Sklaverei im Allgemeinen eines der großen und alten Themen der Weltgeschichte. Fast scheint es, als ob Sklaverei oder Sklavereien und Sklavenhandel (Menschenhandel) ihren Aggregatzustand ständig ändern und nur historisch mittelfristig, für sagen wir 300–400 Jahre, festere, größere und strukturierte Komplexe bilden. Fernand Braudel hätte über diese Aussage gejubelt. Neben den allgegenwärtigen „kleinen", flexiblen und nahen Haussklavereien von Frauen, Mädchen und Kindern waren imperiale Expansionen, Krisen, Razzienkonflikte (oft in religiöser Form), Wirtschaftswandel und Kriege immer mit der Opferung oder Vermarktung und Versklavung großer Mengen von Kriegsgefangenen sowie mit Flucht und erzwungenen Migrationen verbunden, die meist auch entsprechende Opfer und Versklavungsformen vor allem von Frauen und Kinder zeitigten

---

Bales kommt auf mindestens 27 Millionen Menschen, die heute unter Sklavereibedingungen existieren, weniger vorsichtige Autoren sprechen von 250 Millionen Menschen. Allein für Menschenhandel kommt Maihold auf 12,3 Millionen, siehe: Maihold, Günther, Der Mensch als Ware. Konzepte und Handlungsansätze zur Bekämpfung des globalen Menschenhandels, Berlin: September 2011 (SPW Studie; S 24); Jan Christoph Marschelke mit den Global Slavery Index (GSI) von 2014 auf 35,8 Millionen Menschen, siehe: Walk Free Foundation (ed.), Global Slavery Index 2014, https://s3-ap-southeast-2.amazonaws.com/walkfreefoundation.org-assets/content/uploads/2017/05/14093942/2014-Global-Slavery-Index.pdf (letzter Zugriff 9. Jan. 2018), S. 1–81, hier S. 5; sowie: Marschelke, Jan-Christoph, „Moderne Sklavereien", in: Aus Politik und Zeitgeschichte (APuZ) 65. Jg., Nr. 50–51 (7. Dezember 2015), S. 15–23.

(manchmal auch von jungen Männern).[7] Für die Bildung von Imperien und ihre schwierigen Herrschaftstechniken waren Sklavinnen und Elitesklaven sowie Menschenhandel und Sklavereien, die sich aus Kriegsgefangenen, Gefangenen sowie Razzienopfern rekrutierten, extrem wichtig.[8] Zwangsarbeiten, Verschleppung von Männern, Frauen und Kindern, Tausch von Arbeitern/Handwerkern und Vermarktung von Besiegten, Kriegsgefangenen sowie von Frauen und Kindern waren zugleich archaische, aber immer wieder (bis heute) angewandte Formen der Kapitalisierung von menschlichen Körpern, menschlicher Energie und Arbeitskraft und sexueller Dienstleistungen, mithin eine Ausbeutung von menschlichen Körpern als Biokapital.

Uruk und sumerische Stadtstaaten (vor allem Kisch, Akkad und Ur zwischen 3000 und 1800 v. u. Z.), die ersten Imperien Alt-Ägypten, Assyrien/Babylon, Alt-Indien, Hethiter, Karthago, die Reiche Nordafrikas, die mesoamerikanischen Reiche, Reiche auf dem Boden des heutigen China, Imperien in Indien und Persien (mit der wahrscheinlich längsten, auf Sumer, das alte Iran und Mesopotamien zurückreichenden Tradition), Rom, Hellenen, Etrusker, Byzanz, Mongolenreich (bzw. Teilreiche), die arabisch-islamischen Reiche sowie islamischen Gesellschaften, Russland, die überseeischen Imperien Westeuropas und deren imperiale (Brasilien) oder quasi-imperiale (USA) Nachfolgeterritorien sowie das Osmanische Reich oder Expansionsgebiete, wie das Küsten-, Insel/Halbinsel-, Fluss- und Seenreich der

7 Miller, „Domiciled and Dominated. Slavery as a History of Women", in: Campbell; Miller (eds.), Women and Slavery, Athens: Ohio University Press, 2007–2008, Bd. II: The Modern Atlantic, S. 284–312.

8 Alcock, Susan E.; D'Altroy, Terence N.; Morrison, Kathleen D.; Sinopoli, Carla M. (eds.), Empires: Perspectives from Archaeology and History, Cambridge: CUP, 2001; Cooper, Frederick, „Empire Multiplied: A Review Essay", in: Comparative Studies in Society and History 46:2 (April 2004), S. 247–272; Gehler, Michael; Rollinger, Robert unter Mitwirkung von Fick, Sabine und Pittl, Simone (eds.), Imperien und Reiche in der Weltgeschichte. Epochenübergreifende und globalhistorische Vergleiche, 2 Bde., Wiesbaden: Harrassowitz Verlag, 2014, (Bd. I: Imperien des Altertums, mittelalterliche und frühneuzeitliche Imperien; Bd. II: Neuzeitliche Imperien, zeitgeschichtliche Imperien, Imperien in Theorie, Geist, Wissenschaft, Recht und Architektur, Wahrnehmung und Vermittlung). Vor allem im Zuge der Konstituierung von Forschungsfeldern zu Sklaverei und Abhängigkeit werden Kriegsgefangene zu einer spezifischen Kategorie innerhalb der allgemeinen Felder der Sklaven und Abhängigen konstruiert. Das sind sie sicherlich auch, aber zeitlich/räumlich und globalhistorisch nur bis einem gewissen Grade – Kriegsgefangenschaft gehört eindeutig fast immer und überall sowie ganz speziell in expansiven Imperien zu den Quellen von Sklaverei und Sklavenhandel; siehe: Fontenay, Michel, „Esclaves et/ou captifs: préciser les concepts", in: Weiss, Wolfgang (ed.), Le commerce des captifs. Les intermédiaires dans l'échange et le rachat des prisonniers en Méditerranée, XVe–XVIIe siècles, Rome: École française de Rome, 2008 (Collection de l'École française de Rome 406), S. 15–24 sowie: Rotman, „Captif ou esclave? La compétition pour le marché d'esclaves en Méditerrané médiévale", in: Guillén, Fabienne P.; Trabelsi, Salah (dir.), Les esclavages en Mediterranée. Espaces et dynamiques économiques (Moyen Âge et Temps Modernes), Madrid: Casa de Velázquez, 2012, S. 25–46; Cameron, M. Catherine, „Captive Taking in Global Perspective", in: Cameron, Captives: How Stolen People Changed the World, Lincoln; London: University of Nebraska Press, 2016, S. 19–42.

Wikinger/Normannen im 8.–11. Jahrhundert – alle zeichneten sich durch hohe Kriegsgefangenenzahlen, Opfer und Handel mit Kriegsgefangenen auf einer relativ stabilen Basis von Frauen- und Kindersklavereien sowie Zwangsarbeit, Razzien- und Schuldsklaverei aus. Sklaven, Sklavinnen und Sklavereien sowie die Anwendung und Kontrolle der Zwangsarbeit stabilisierten Imperien.[9] Mehr noch: imperiale Macht war auch bis in die zweite Hälfte des 19. Jahrhunderts eine Sicherungsgewalt für Sklavereien unterschiedlichster Formen und für Infrastrukturen des Menschenhandels, ganz so, wie Jane Burbank und Fredrick Cooper in ihrem Buch über Imperien hervorheben: „El poder imperial fue fundamental para la creación del sistema de trabajo esclavista [Die imperiale Macht war grundlegend für die Schaffung des Systems der Sklavenarbeit]".[10] Wir können diese Aussage, wie oben angedeutet, auch anders herum sehen: Sklavereien und soziale Abhängigkeiten stabilisieren Imperien. Das gilt als eine historische Konstante nicht nur für Imperien nach 1300. Nicht umsonst sagt Clifford Ando über das römische Imperium und die welthistorisch vorausgegangenen und zur gleichen Zeit existierenden Imperien: „Roman empire were thus universally conditioned by the experience of empire. Indeed, one might go further. All the great literatures of the ancient Mediterranean now available to us in meaningful remains – Egyptian, Jewish, Greek and Roman, and, indeed, those of the Fertile Crescent – were produced by peoples who employed and approved the use of state violence to dominate and exploit other races, even as they universally enslaved both those they deemed other as well as those they deemed kin".[11] Und auch Kolonialismus spielt eine tragende Rolle: „This chapter thus positions colonialism as establishing the material, demographic and epistemic conditions of cultural production under Roman rule".[12] Es kommt ein

9 Über die Schwierigkeiten der Quelleninterpretation für frühe Reiche (hier zur „Schlüsselfunktion" des pharaonischen Ägyptens für die transglobale Epoche früher Staatsbildung) siehe: Bußmann, Richard, „Kriege und Zwangsarbeit im pharaonischen Ägypten", in: Lingen, Kerstin von; Gestwa, Klaus (eds.), Zwangsarbeit als Kriegsressource in Europa und Asien, Paderborn: Schöningh, 2014, S. 58–72; siehe auch: Mendelson, Isaac, Slavery in the Ancient Near East: A Comparative Study of Slavery in Babylonia, Assyria, Syria, and Palestine, from the Middle of the Third Millenium to the End of the First Millenium, New York: OUP, 1949; Gundlach, Rolf, Die Zwangsumsiedlung auswärtiger Bevölkerung als Mittel ägyptischer Politik des Mittleren Reiches, Stuttgart: Steiner, 1994.

10 Burbank, Jane; Cooper, „Tráfico de esclavos, esclavitud e imperio", in: Burbank; Cooper, Imperios. Una nueva visión de la historia universal, Barcelona: Crítica, 2011, S. 247–249 [Original: Burbank; Cooper, Empires in World History: Power and the Politics of Difference, Princeton and Oxford: Princeton University Press, 2010]; siehe auch: Alcock; D'Altroy; Morrison, Kathleen D.; Sinopoli (eds.), Empires.

11 Ando, Clifford, „Colonialism, Colonization: Roman Perspectives", in: Selden, Daniel L.; Vasunia, Phiroze (eds.), The Oxford Handbook of Literatures of the Roman Empire, Oxford: Oxford University Press www.academia.edu/14900561/Colonialism_Colonization_Roman_Perspectives (letzter Zugriff 9. Jan. 2018).

12 Ebd.

weiterer Aspekt hinzu, der mit der Entwicklung oder Expansion von Imperien zusammenhängt, aber die Gegner der Imperien zum Gegenstand hat, die auch gelegentlich als Zulieferer versklavter Menschen in Erscheinung traten. Oft entwickelten sich mehr oder weniger ausgeprägte (institutionalisierte) Sklavereien oder bestimmte Formen von Sklaverei (etwa Militärsklaverei) in Gesellschaften an den Rändern von Imperien und Kolonialgebieten. Bei denen mit stärker ausgeprägten Sklavereien handelt es sich, möglicherweise seit der Bronzezeit (ca. 3000–1000 v. u. Z.), aber einigermaßen sicher seit der Uruk-Zeit im 4. Jahrtausend vor unserer Zeitrechnung, cum grano salis seit Staatsentstehung oder -expansion (z. B. Alt-Ägyptens) auch in anderen Weltregionen, um Gesellschaften, die auf weiträumigen Austausch (Handel) aber auch schlicht auf Raub, Razzien, Plünderung, Menschenjagd und -handel spezialisiert waren (predatorische Gesellschaften oder *militaristic slaving societies*).[13]

Katholisch und formal zentralistisch geprägte Imperien wiedersetzen sich im 19. Jahrhundert am längsten den Abolitionen der atlantischen Sklaverei in hemisphärischen Weltregionen, die später als „Westen" mit seinem „Hinterhof" Lateinamerika und Karibik bezeichnet worden sind.[14] Oft war die imperiale Macht auch durch irgendeine Art von *military slave institution* abgesichert (aber auch gefährdet), eine Institution, die als systematisch organisiertes Herrschaftsinstrument eine weltgeschichtliche Neuerung islamisch-mittelasiatischer Gesellschaften (basierend auf turko-mongolischen Traditionen)[15] darstellte und „an important feature of almost every regime in the Islamic world from the ninth to the nineteenth century".[16]

Die Kapitalisierung von Körpern, meist zunächst innerhalb des Luxusgebrauchs durch Eliten und Imperien, geschah in mehrfacher Hinsicht – Tausch,

---

13 Kienlin, Tobias L.; Zimmermann, Andreas (eds.), Beyond Elites. Alternatives to Hierarchical Systems in Modelling Social Formations, Teil 1, Bonn: Habelt, 2012 (Universitätsforschungen zur prähistorischen Archäologie; Bd. 215); Reséndez, Andrés, „Powerful Nomads", in: Reséndez, The Other Slavery: The Uncovered Story of Indian Enslavement in America, Boston /New York: Houghton Mifflin Harcourt, 2016, S. 172–195; Kristiansen, Kristian; Lindkvist, Thomas; Myrdal, Janken (eds.), Trade and Civilisation. Economic Networks and Cultural Ties, from Prehistory to the Early Modern Era, New York: Cambridge University Press, 2018.

14 Schmidt-Nowara, Christopher, „Empires against Emancipation: Spain, Brazil, and the Abolition of Slavery", in: Tomich, Dale & Zeuske (eds.), The Second Slavery: Mass Slavery, World-Economy, and Comparative Microhistories, 2 Bde., Binghamton: Binghamton University, 2009 (= special issue; Review: A Journal of the Fernand Braudel Center, Binghamton University XXXI, no. 2 & 3, 2008), Bd. 1, S. 101–119.

15 Tor, Deborah G., „The Importance of Khurāsān and Transoxiana in the Classical Islamic World", in: Peacock, Andrew C. S.; Tor (eds.), Medieval Central Asia and the Persianate World: Iranian Tradition and Islamic Civilisation, London: I. B. Tauris, 2015 (British Institute of Persian Studies Series), S. 1–12.

16 Northrup, Linda S., „Military Slavery in the Islamic and Mamluk Context", in: Kabadayi; M. Erdem; Reichardt, Tobias, Unfreie Arbeit. Ökonomische und kulturgeschichtliche Perspektiven, Hildesheim/Zürich/New York 2007 (Sklaverei – Knechtschaft – Zwangsarbeit; 3), S. 115–131.

Geschenk, Kauf/Verkauf, oft mehrfach, Ausbeutung der Arbeitskraft, Produktivität, der Energie sowie der Reproduktionskraft von Sklaven und Sklavinnen, Dienstleistungen (auch sexuelle), militärische Überlegenheit durch Sklavensoldaten und Leibwächter, Status- und Luxus-Präsentation. Gewalt, Statuszerstörung und Zwangsmobilität/Zwangsfixierung und extreme Arbeitszeiten waren immer das Alpha und Omega von Sklavereien. Lokale Nahsklavereien konnten aber auch nur zeitweilig existieren; in vielen Bauerngesellschaften etwa zum Abarbeiten einer Schuld.

Sklaven-Kaufleute und Kontrolle des Fernhandels mit verschleppten Menschen spielten fast überall eine wichtige Rolle in expansiven Kulturen und Wirtschaften seit Herausbildung der ersten imperialen Staatsgebilde (z. B. Sargon von Akkad – erstes zentral verwaltetes Reich). In keinem der frühen zentralisierten Reich entwickelten sich Ansätze der Akkumulation von Kapital in Form versklavter Körper zur herrschenden Wirtschaftsform oder gar zu politischer Herrschaft, weil frühe eurasiatische und nordafrikanische, aber auch amerikanische Reiche meist Land-Tributimperien waren, in denen Krieger-, Aufseher/Verwalter- und oder Priestereliten gegenüber Händlergruppen die Macht behielten und in denen bäuerliche Hauswirtschaften, Viehhaltung oder kleinflächigere Subsistenz- und Gartenkulturen überwogen. Menschenhändler als Kaufleute gelangten nirgends zur politischen Macht oder konnten ihre Wert- und Rechtsauffassungen durchsetzen; im Grunde wurden sie oft an den Rändern, Städten und in den Häfen der großen Landimperien nur geduldet (Enklaven oder Off-Shore-Zentren). Ein Grund dafür mag sein, dass es nur im relativ kleinen und engen Europa eine Papstkirche in Nachfolge des Imperium Romanum gab und es nur dort zu einem bestimmten Zeitpunkt zur Rebellion einer asketischen sowie genussfeindlichen institutionalisierten Religion (Calvinismus, radikaler Protestantismus, etc.) gegen die Papstkirche kam. Im afrikanischen Dahomey jedenfalls hatten die Eliten (16.–19. Jahrhundert) die Gewohnheit entwickelt, Profite und materielle Güter aus dem Sklavenhandel (u. a. Nahrungsmittel, Drogen (Tabak, u. a.)) auf Festen zu konsumieren (auch als Menschenopfer). D. h., die Profite wurden nicht (oder seltener) als in Europa in dauerhaften Institutionen oder Architektur angelegt.[17] Religiöse Krieger-Orden, wie in islamischen Gesellschaften oder in christlichen Ritterorden (z. B. Templer) trugen zur Institutionalisierung von Razzien, Kriegführung, Sklaverei und Akkumulation bei und schufen Übergänge, wenn es ihnen gelang, sich zu territorialisieren und dauerhaft zu institutionalisieren (was den Templern nicht gelang). Sklaverei als massive Akkumulation von Menschenkapital und ein institutionalisertes und schriftliches Finanz-Wertsystem in einer übergreifenden Wirtschaftsweise, wo

17 Monroe, J. Cameron; Janzen, Anneke, „The Dahomean Feast: Royal Women, Private Politics, and Culinary Practices in Atlantic West Africa“, https://www.academia.edu/7207824/The_Dahomean_Feast_Royal_Women_Private_Politics_and_Culinary_Practices_in_Atlantic_West_Africa (letzter Zugriff 9. Jan. 2018).

Kaufleute, Kapitalisten und Finanzen/Geld den Ton in Zentren eines dezentralisierten Staatensystems angaben, gingen erst in protagonistischen Regionen des europäischen „alten" Südens und Westens eine enge Symbiose ein, in Ansätzen beginnend mit Wikingern (9. Jahrhundert), Normannen (vor allem in „beiden" Sizilien; seit um 1100), der Hanse an Nord- und Ostsee (1150) sowie in Norditalien und der iberischen Halbinsel (seit ca. 1200), den Niederlanden (seit 1600) und England (seit 1650). Nach welthistorischer Umstrukturierung der iberischen Zentralität um 1640–1650 (Menschenhandel auf dem Südatlantik und Kontrolle der Edelmetallerouten auf dem Mittel-Atlantik) bildeten die Niederlande und England – trotz Dauerkrieges 1652–1674 – nordwestliche Angelsteine der so genannten „europäischen Banane" von Florenz nach London, in der die wichtigsten Sklavenhändler und Bankiers agierten (mit ein paar Enklaven an den französischen Atlantikküsten, vor allem Bordeaux, Nantes, La Rochelle).[18] Im Hintergrund aber spielten komplizierte und lang andauernde Imperienkonfiguratiomen eine wesentliche Rolle, die alle (auch) auf Basis von Menschenhandel über See und Sklavereien funktionierten.

Eigentlich bildeten Ozeane (Atlantik, Indik) Flächenregionen von Sklavenhandel und Transport-Sklavereien, nicht so sehr Kontinente, die eher „Produktionsgebiete" der Menschenjagd und Arbeitsorte von Versklavten waren. Geoffrey Scammell nennt die folgenden Akteure: Wikinger („Norse"), Hanse (hier ist Menschenhandel am umstrittensten), Venedig, Genua, Portugal, Spanien, Frankreich, Niederlande („Holland") und England – d. h., *merchant empires* in globalhistorischer Perspektive.[19] Überdies müssen vor (und in gewisser Weise auch parallel zu) atlantischen Meeresimperien die großen eurasischen, afrikanischen und amerikanischen Landimperien untersucht werden („merchants without empires"), in denen sich viele Sklavereien sozusagen „verloren" (oder unter Einfluss liberaler Kolonisationshistorien zu „Traditionen" erklärt wurden). Im Falle der Osmanen, Chinas, Mogul-Indiens, Persiens, Tokugawa-Japans, des moskowitischen Russlands und Habsburgs lief die Entwicklung sogar parallel zu den Meeresreichen (mit Öffungsversuchen hin zum Atlantik und anderen Ozeanen/Meeren, wie die Osmanen seit Ende des 14. Jahrhunderts, aber auch Russland).[20] Besonders China war nicht nur ein expandierendes Imperium, sondern auch eine Kolonialmacht – an Land.[21] Skla-

18 Nolte, Hans-Heinrich, „Das Zentrum", in: Nolte, Weltgeschichte. Imperien, Religionen und Systeme, 15–19. Jahrhundert, Wien/Köln/Weimar: Böhlau Verlag, 2005, S. 165–172.

19 Scammell, Geoffrey V., The world emcompassed: the first European maritime empires c. 800–1650, London: Methuen, 1987 (First edition: Berkeley: University of California Press, 1981); zu den Kaufleute-Imperien, siehe: Tracy, James D. (ed.), The Rise of Merchant Empires, 2 Bde., Cambridge: Cambridge University Press, 1990 (Bd. I: Long Distance Trade in the Early Modern World, 1350–1750; Bd. II: The Political Economy of Merchant Empires. State Power and World Trade, 1350–1750).

20 Calic, Marie-Janine, „Weltreiche und Weltwirtschaften 1450–1800", in: Calic, Südosteuropa. Weltgeschichte einer Region, München: Beck, 2016, S. 83–151.

21 Rowe, William T., China's Last Empire. The Great Qing, Cambridge; London: The Belknap Press of the Harvard University Press, 2009.

vereien spielten in diesen Grenz-, Expansions- und Kolonialzonen eine wichtige Rolle. Atlantikbasierte *Merchant Empires* erlangten zwischen 1400 und 1850 die globalhistorische Vorherrschaft – wie John Darwin sagt, seit dem Tode Timur Lenks und dem endgültigen Scheitern des mongolisch-nomadischen Erdreichexperiments, gestützt auf Zentralasien, d. h., „Land" kontinentalen Ausmaßes und nicht „Wasser".[22] Und im 16. Jahrhundert beginnt die eigentliche Geschichte von durch Europäer kontrollierter wirtschaftsorientierter Massensklavereien, Imperien und Merkantil-Kapitalismus, verbunden und vorangetrieben durch Kolonialismus, Wissen, Handel, Schiffbau, Technologien sowie Transkulturationen – gestützt auf die technologieaffinen hölzernen Maschinen der Hochseeschiffe und auf die „Ozeane", d. h., Wasser.[23] Zwischen 1815 und 1840, mehr noch eher um die Mitte des 19. Jahrhunderts (Zäsur 1848–1851), begann die massive Befreiung des Konsums der Mittel- und Unterschichten – vorher waren Kolonialwaren ein aristokratischer Luxus und in Europa hatte man bäuerlichen Gruppen die Kartoffel fast aufzwingen müssen (in China war das etwa in Bezug auf Mais, Tabak, Chili viel schneller verlaufen, ähnlich wie im osmanischen Imperium). Was hat das mit Sklaverei zu tun? Sehr viel, denn seit dieser Zeit waren freie Arbeit und Freihandel die beiden Hauptwerte des Britischen Empires, das überdies militärisch global agieren (Opiumkriege) und sich als „die Zivilisation" schlechthin darstellen konnte. Nach den Erfahrungen mit Biedermeier-Kapitalismus (*romantic capitalism / gothics / capitalismo romántico*) in Mitteleuropa (1815–1860) und mit britischen Mittel- und Unterklassen, die nicht mehr nur Gin, sondern die ganze Palette der tropischen Produkte, vor allem Zucker, incl. chinesischen Tee, zunächst über Portugal sowie Südspanien, wo auch Sherry und Porto herkam, wirklich (auch) haben wollten, entfaltete die Abolition als in den großen politischen Diskursen eher unsichtbare „Befreiung des Konsumenten" ihre ganze Kraft.[24] Vorher gab es exotischen Konsum und – im Vergleich zu den Eliten Chinas eher bescheidenen – Luxus im Wesentlichen für Eliten.[25] Das änderte sich zwar seit dem Siebenjährigen Krieg, aber Export (bzw. Import in Europa), Angebot und Konsum waren noch ziemlich unelastisch.[26] Ich darf das noch

22 Darwin, John, Der imperiale Traum. Globalgeschichte großer Reiche 1400–2000, Frankfurt a. M.: Campus, 2010; May, Timothy, The Mongol Conquests in World History, London: Reaktion Books, 2011.

23 Donoghue, John; Jennings, Evelyn P. (eds.), Building the Atlantic Empires: Unfree Labor and Imperial States in the Political Economy of Capitalism, ca. 1500–1914, Leiden: Brill, 2015.

24 Mintz, Sidney W., Die süße Macht. Kulturgeschichte des Zuckers, Frankfurt am Main; New York: Campus, 1986; Trentmann, Frank, „Dispossession and Repossession", in: Trentmann, Empire of Things, How We Became a World of Consumers, from the Fifteenth Century to the Twenty-first, London [etc.]: Penguin Random House, 2016, S. 122–136.

25 Wimmler, Jutta, „Material Exchange as Cultural Exchange: The example of West African products in late 17th and early 18th century France", in: Hyden-Hanscho, Veronika; Pieper, Renate; Stangl, Werner (eds.), Cultural Exchange and Consumption Patterns in the Age of Enlightenment. Europe and the Atlantic World, Bochum: Verlag Dr. Dieter Winkler, 2013, S. 131–151.

26 Siehe für ein Kernterritorium des Nichtküsten-Mitteleuropas wie Sachsen: Ludwig, Jörg, Amerikanische Kolonialwaren in Sachsen 1700–1850, Leipzig: Leipziger Universitätsverlag, 1994.

einmal in anderen Worten wiederholen: Als direkte Abolition von eher begrenztem Nutzen für die „Befreiten“ (sie machten meist die gleiche Arbeit, erlitten die gleiche Gewalt oder sanken zu Kleinbauern herab, meist ohne formalen Landbesitz), aber auch in ihrer politischen Wirkung (wieviele Sklavenschiffe wurden wirklich aufgebracht?) eher begrenzt, war die eigentliche Wirkung der Abolition der symbolisch-moralische Diskurs eines Weltreiches (des britischen), das seinen Mittel- und Unterschichten den bis dahin eher aristokratischen Konsum und Luxus tropischer Produkte ermöglichte; ehemalige Sklaven waren der unterste Teil dieser Unterschichten, vor allem regional. Es ist eine alte Erkenntnis Werner Sombarts und anderer, dass Luxuskonsum seit ca. 1800 eine Grundbedingung für den Aufstieg der europäischen Variante des Kapitalismus war. Dieser Aufstieg ist eingebettet in eine breite Kultur neuer Institutionen (wie Banken und Versicherungen), des Konsums und neuer Konsumkulturen sowie Konsumentengruppen; in Kontinentaleuropa für breitere bürgerliche Gruppen erst seit ca. 1815 im Biedermeier-Konsumentenkapitalismus, der im deutschsprachigen Raum bezeichnenderweise als Kunst- und Kulturformation wahrgenommen wird.[27] Drogen spielten dabei eine extrem wichtige Rolle, nicht erst im bekannten Beispiel der Opiumkriege (um 1840).[28] Die ehemaligen Perlen-Sklavereiterritorien des atlantischen Raumes (wie Jamaika) wurden zu Armenhäusern des britischen Imperiums – das sich den Reichtümern des Ostens (Indien, China) zuwandte und „andere“ Sklavereien dort wohlweislich tolerierte. Ähnliches gilt für Saint-Domingue/Haiti nach der Sklavenrevolution. In den Zentren wurden die Gewinne dieser Konsumgesellschaften oft in reformerische Projekte gesteckt wie Bildung und Behausungen für Unterschichten.

Sklavereien waren und sind globale Phänomene, die in ihren Grundstrukturen, als soziale Institutionen, vielleicht sogar noch vor Entstehung eines anderen welthistorischen Phänomens, der organisierten Gewalt zwischen Menschengruppen (Krieg), existierten.[29] Unterschiedliche Räume der Welt wiesen unterschiedliche Typen und Formen von Sklaven und von Sklavereien auf. Obwohl ich mir des Problems bewusst bin, dass für eine Globalgeschichte der Sklaverei neue globale Raumkonzepte entwickelt werden müssen, will ich eine Raumgliederung nach Ozeanen, Kontinenten und (europäisch definierten) Großräumen anwenden. Chronologisch habe ich eine Schichtung nach Plateaus aufeinanderfolgender globalhistorischer Sklavereien benutzt (siehe unten unter „Welthistorische Makroprozesse ...“). Asien kannte bis in das 20. Jahrhundert eher Bauerngesellschaften („Agrarreiche“), die

27 North, Michael, Genuss und Glück des Lebens. Kulturkonsum im Zeitalter der Aufklärung, Köln/Wien/Weimar: Böhlau, 2003.

28 Nolte, „Luxus und Drogen“, in: Nolte, Weltgeschichte, S. 252–257.

29 Zur Debatte um „Krieg“ in der Prähistorie, siehe: Armit, Ian; Knüsel, Chris; Robb, John; Schulting, Rick, „Warfare and Violence in Prehistoric Europe: An Introduction“, in: Journal of Conflict Archaeology Vol. 2:1 (Oct. 2006), S. 1–11; Mallory, James P., „Indo-European Warfare“, in: Journal of Conflict Archaeology Vol. 2:1 (Oct. 2006), S. 77–98.

zentral organisiert waren. Sklavereien und Kriegsgefangenenhandel kamen im Wesentlichen an den Rändern der riesigen Steppen- und Wüstenzonen vor sowie, wegen der vielen Räuber, Plünderer, Nomaden und Piraten, an Küsten, Flüssen und in Sumpfgebieten, aber als Haussklaverei, Kinder- und Frauensklaverei und urbane Sklavereien auch periodisch in den Zentren der Reiche. Die wichtigste Sklaverei, Menschenfang und Sklavenhändlern entwickelten sich in den drei Kontinente und mehrere Meere umfassenden islamischen Gebieten, wobei sich unterschiedliche Sklavereien unter islamischem Recht in „römischer" Tradition zu einem ausgeprägten Typus der Palast- und Haussklaverei formierten (*royal slave complex*).[30] Ohne Sklavereien hätte es, wie gesagt, keine Stabilität von Imperien gegeben. Dabei spielten aber auch ganz normale Wirtschaftssklaverei im Sinne von Haussklaven und -sklavinnen eine wichtige Rolle. Die islamische Sklaverei stand wohl am direktesten in der Nachfolge der Sklaverei Roms, zugleich waren die arabisch-islamischen Herrschaftsterritorien universeller, zumindest in der Alten Welt Eurasiens, Indonesiens und Afrikas. Afrika, Asien, Südasien und Südostasien beherbergten gigantische Mosaike unterschiedlichster Sklavereiformen und -typen. In den Expansionswellen über die Jahrtausende, speziell seit der arabisch-islamischen Expansion um 650, während verschiedener Expansionen sowie Reichsbildungen (wie Türken und Kara-Kitai) und der Expansion der Mongolen/Moguln, in und um Byzanz und bei der Expansion des „fränkischen" Europas bildeten sich auch riesige und zugleich alltägliche Menschenhandelsstrukturen. Die Rus sowie die sich herausbildenen Grenzregionen (Ukraine) bis hin zur Wolga und zum Kaukasus auf der einen sowie zu den Donaugebieten und dem Balkan auf der anderen Seite wurde zu einem der größten Razzien-, Menschenjagd- und Sklavenhandelsgebiete der Weltgeschichte. Byzanz befand sich im 9. und 10. Jahrhundert im Zentrum dieses Gebietes. Versklavte vom Balkan, speziell aus den slawischen und bulgarischen Bevölkerungen, bildeten die Masse der Sklaven und Sklavinnen in Byzanz, gefolgt von Versklavten aus Afrika.[31] Eine andere der ganz großen Menschenhandelsstrukturen entstand durch den Kontakt zwischen mongolischen Expansionen und mamelukischer Reaktion auf eine der mongolischen Expansionen (Il-Khanat) vor dem Hintergrund der Kreuzfahrerexpansion und -kolonisation (Outremer). Zwischen 1260 und 1350 entstand einer der großen Sklavenhandelswege „von den Mongolen zu den Mameluken" (eine extreme Verallgemeinerung; im Wesentlichen handelte es sich um die Goldene Horde).[32] Nicht nur wenn die Quellen verschleppter Menschen aus Europa

---

30 Stilwell, Sean, „The Development of ‚Mamlūk' Slavery in the Sokoto Caliphate", in: Lovejoy, Paul E. (ed.), Slavery on the Frontiers of Islam, Princeton: Markus Wiener Publishers, 2004, S. 87–109.

31 Rotman, „The Slave Trade: The New Commercial Map of the Medieval World", in: Rotman, Byzantine Slavery and the Mediterranean World, Cambridge and London: Harvard University Press, 2009, S. 57–81, hier S. 59; Skirda, Alexandre, La traite des Slaves. L'esclavage des Blancs du VIIIe au XVIIIe siècle, Paris: Les Éditions de Paris, 2010.

32 Ciocîltan, Virgil, The Mongols and the Black Sea Trade in the Thirteenth and Fourteenth Centuries, Leiden: Brill, 2012 (East Central and Eastern Europe in the Middle Ages, 450–1450; Vol. 20).

verstopften, griffen arabische, berberische oder auch persische Sklavenhändler auf Afrika (Sudan-Süden, Rote-Meer-Küsten, Äthiopien und Suaheli-Küste – Zanj-Ostafrika) zurück. Selbstverständlich gab es auch immer einen eigenständigen Sklavenhandel und Razzienkriegsgefangenen-Nachschub aus Afrika.

In Altamerika existierten ebenfalls alle Formen von Sklavereien, neben allen Arten von manchmal hoch entwickelter Opfersklaverei, Sklaven- und Kriegsgefangenenhandel sowie Palast- und Tempelsklaverei. Sogar der „Meereskontinent" Ozeanien war durch unterschiedlichste Formen von Razzien-, Opfersklavereien und Kin-Sklavereien geprägt. West-, Süd- und Osteuropa waren bis um 1800 Liefergebiete von Sklaven für Araber sowie islamische Territorien oder im 8.–11. Jahrhundert für nordeuropäische Wikinger/Waräger. Allerdings waren es nicht nur Liefergebiete (*slaving zones*),[33] sondern auch Territorien lokaler Sklaveien. Frühfeudale europäische christliche Monarchien Europas bildeten sich als Kontrollinstanzen der zunächst durch jüdische Kaufleute etablierten Sklavenhandelsrouten[34] in islamische Gebiete; das südliche Osteuropa, die Kaukasusregion und die Balkane blieben bis ins frühe 20. Jahrhundert Sklavenfanggebiet für Kosaken sowie Tataren und Osmanen. Das periphere Europa nördlich der Alpen und westlich des Urals wies zwischen 1000 und 1500 (in Osteuropa bis 1860) Bauerngesellschaften mit regionalen Sklavenpopulationen, vielfältigsten Razziengrenzen und großen Populationen kollektiv unfreier Bauern (*serfs*, Leibeigene, Hörige) auf. Der Begriff *serf* ist etymologisch eine französische Weiterentwicklung des lateinischen *servus* (Sklave). Serfdom ist bei einigen Autoren, mich eingeschlossen, eine europäische Form der Sklaverei.[35] Der Vorteil der Leibeigenschaft für Leibeigene und ihre Eigner, d. h., Großgrundbesitzer, lag darin, dass Leibeigene durch ihre Arbeit für ihren eigenen Unterhalt sorgten – bei Hungersnöten aber eben verhungerten. Freiheit im Sinne von mehr Freiheiten existierte seit dem 12. Jahrhundert nur in Städten. Serfdom/Leibeigenschaft (in England *villainage*) dauerte in Frankreich und Spanien bis ins 14. und 15. Jahrhundert, in England bis ins frühe 16. Jahrhundert (allerdings mit interessanten Formen von Arbeitsverweigerungs-Sklaverei, schriftlich fixiert im *Vagrancy Act* von 1547, 1549 zurückgenommen).[36] In skandinavischen Gebieten gab

33 Fynn-Paul, Jeff; Pargas (eds.), Slaving Zones. Cultural Identities, Ideologies, and Institutions in the Evolution of Global Slavery, Leiden/Boston: Brill, 2018 (Studies in Global Slavery 4).

34 Hoerder, „The weak and the powerful: a longue-durée and comprehensive perspective on diasporas", in: Diasporas 23–24 (2014), S. 30–49, http://diasporas.revues.org/298 (letzter Zugriff 9. Jan. 2018), DOI: 10.4000/diasporas.298).

35 Domar, Evsey, „The Causes of Slavery or Serfdom: A Hypothesis", in: Economic History Review 30:1 (March 1970), S. 18–32.

36 Dominik Nagel, der interessante Sklavereielemente im englischen Armenrecht beschreibt, schwankt zwischen „niemand [scheint] tatsächlich versklavt worden zu sein" (S. 641) und der Aussage: „eine Reihe von Bestimmungen des Vagrancy Act von 1547 [waren] gängige Praktiken im England der Tudor-Zeit" (ebd.); siehe: Nagel, Dominik, „Recht und Praxis der Sklaverei in England, Massachussetts und South Carolina", in: Nagel, No Part of the Mother Country, but Distinct Dominions. Rechtstransfer, Staatsbildung und Governance in England, Massachussetts und South Caroli-

es kaum *serfdom* (aber direkte Sklavereien bis mindestens 1335), außer in Dänemark, wo speziellere Übergangsformen der Leibeigenschaft erst im 18. Jahrhundert entstanden und in Island, wo sie vom 11. bis zum 19. Jahrhundert existierte.[37] Im osmanischen Reich oder in China gab es keine Leibeigenschaft, aber massive Sklavereien (bis hin zur Elitesklaverei), ziemlich formalisiert bei den Osmanen, mit sehr großen informellen Dimensionen in China (ebenso wie in Japan).[38] In ostelbischen Gebieten und Osteuropa bildete sich die sogenannte „Zweite Leibeigenschaft" im 16. Jahrhundert heraus und währte bis ca. 1800 (mit regionalen Ablösungen bzw. Aufhebungen bis Mitte des 19. Jahrhunderts bzw. um 1870, z. T. bis in das 20. Jahrhundert), im Habsburger-Imperium bis 1848 und in Russland bis 1861.[39]

Engländer, so wird immer wieder vor allem in der englischen Nationalgeschichtsschreibung erzählt, waren seit dem 15. Jahrhundert insgesamt der Überzeugung, sie könnten nicht versklavt werden, obwohl es eine massive Politik der Zeitsklaverei und der Deportation/Verbannung gab, die in den konkreten Bedingungen denen von Versklavten und partiell der Sklaverei (vor allem des Sklaven-Transports) glich (*convict labour*).[40]

Europa entwickelte allerdings auch seit dem 10. Jahrhundert entlang der bereits erwähnten „europäischen Banane" (Norditalien, Schweiz, Rheintal und Niederlande bis England um London) neue, dynamischere Abhängigkeitsformen, obwohl auch lange Razzien-Menschenjagd-Traditionen von Krieger-Schwurverbänden sowie lokale Sklaverei-Verhältnisse für Kinder und junge Frauen existierten. Urbane Sklavereien in „römischer" und muslimischer oder lokaler Tradition existierten bis um 1900 in ganz Süd- und Südwesteuropa sowie auf dem Balkan – und in Afrika, in Vorderasien, Arabien, dem Mittleren Orient, Süd-, Südost- und Ostasien noch viel länger.

Vor allem in italischen Städten wie Venedig, Pisa, Florenz, Neapel, Palermo und Genua mit guten Verbindungen nach Granada und Denia sowie katalanischen Städten (Valencia, Barcelona) und südiberischen Gebieten (Andalus und Algarve

---

na, 1630–1769, Münster [etc.]: LIT Verlag, 2013 (Studien zu Geschichte, Politik und Gesellschaft Nordamerikas; 33), S. 635–700, hier S. 641.

37 Karras, „Slavery and Freedom", in: Karras, Slavery and Society in Medieval Scandinavia, S. 122–163.

38 Zeuske, „Versklavte und Sklavereien in der Geschichte Chinas aus global-historischer Sicht. Perspektiven und Probleme", in: Dhau. Jahrbuch für außereuropäische Geschichte 2 (2017), S. 25–51.

39 Bonnassie, Pierre, From Slavery to Feudalism in South-Western Europe, Cambridge: Cambridge University Press, 1991; mittlerweile werden ganze Kongresse abgehalten, um die institutionellen Unterschiede zwischen Serfdom und Sklaverei zu betonen; siehe: Cavaciocchi, Simonetta (a cura di), Schiavitù e servaggio nell'economia europea. Secc. XI–XVIII [Serfdom and Slavery in the European Economy. 11th–18th Centuries]: atti della „Quarantecinquesima settimana di studi", 14–18 aprile 2013, Firenze: Firenze University Press, 2014.

40 Anderson, Clare; Maxwell-Stewart, Hamish, „Convict Labour and the Western Empires, 1415–1954", in: Aldrich, Robert; McKenzie, Kirsten (eds.), The Routledge History of Western Empires, London and New York, Routledge, 2014, S. 102–117.

sowie die Balearen), aber auch Ceuta, gab es sowohl eine lange Tradition der Sklaverei und des Menschenfernhandels, wie auch seit dem 13. Jahrhundert so etwas wie einen beginnenden europäischen Protagonismus in Bezug auf die massive Akkumulation von Menschenkapital aus Sklaven- und Luxusfernhandel. In Norditalien, vor allem in Florenz, verbanden sie sich mit Rechen- und Finanztechniken und neuen Institutionen (arabische Rechenkunst mit indischen Zahlen, Bank, Wechsel). „Neue" Sklaven im Verständnis des 13. Jahrhunderts, im Gegensatz zu ortsfesten Serfs/Leibeigenen und Lokalformen der Haussklaverei von Frauen und Mädchen – die, wie gesagt, am gesamten südlichen und südöstlichen Rand Europas kontinuierlich seit vorantiken Zeiten existierten – waren vor allem über weite Strecken, oft mittels Schiffstransport, gehandelte Massen von Kriegsgefangenen. Darauf bezieht sich der in dieser Zeit aufkommende neue Begriff der *sakaliba*-Slawen-Sklaven (auch saqāliba) als Grundlage des Begriffes „Sklave" den wir heute als „globales Wort" für eine Vielzahl von Sklavereiformen und -typen benutzen. Die Römer hatten Sklaven noch *famulus*, *servus* und *ancilla* genannt (siehe das Kapitel „Tausend Namen der Sklaverei", unten).[41] Bei der relativen Kleinheit und Unelastizität der Märkte und den Schwierigkeiten der „Kapitalisten" (damals vor allem Wechsler und Wucherer) sowie der Monetarisierung überhaupt, bildeten Sklavinnen und Sklaven eine Art „Weltgeld" und multipotentes Humankapital. Mit den Profiten vor allem aus dem Handel mit menschlichen Körpern konnten alle anderen Formen von Kapital erschaffen, ertauscht, erlangt, abgesichert oder erarbeitet werden. Auch Armeen bewaffneter Sklaven entstanden; Kontrolle über Menschen, das heisst auch Kontrolle über das Kapital menschlicher Körper, begründete Status, Macht und Herrschaft.

Zwischen 1100 und 1400 wurden rechtlich definierte Sklavereien sowie großer Sklavenhandel im Innern Zentral- und Westeuropas, mit dem Rückgrat „europäische Banane", nicht direkt abgeschafft, aber sie schwächten sich angesichts von mehr „Freiheiten" zunächst meist in Form bestimmter „Privilegien" ab bzw. wurden an die Ränder und in die Innenräume gedrängt. Europa wurde zur globalhistorischen Peripherie. Europäische Kaufleute, vor allem aus südeuropäischen und italischen Handelszentren (wie Narbonne, Barcelona, die Balearen, Neapel, Amalfi, Palermo, Pisa, Venedig und Genua), betätigten sich aber seit 1200 wieder in wichtigen Territorien der „Sklavenproduktion" und Handelsnetzwerken großflächigen Slavings: im so genannten Sarrazenen-Handel, im Handel mit Wikingersklaven, mit verschleppten Sarden und im „großen" Kriegsgefangenen- und Razzienopfer-

41 Kahane, Henry und Renée, „Notes on the Linguistic History of Sclavus", in: Studi in onore di Ettore Lo Gatto e Giovanni Maver, Firenze: Sansoni, 1962, S. 345–360; Epstein, Steven A., Speaking of Slavery. Color, Ethnicity, and Human Bondage in Italy, Ithaca: Cornell University Press, 2001; Golden, Peter B., „al-Saqâliba", unter: https://www.academia.edu/12226970/al-Saqâliba (letzter Zugriff 9. Jan. 2018); Jankowiak, Marek, „What Does the Slave Trade in the Saqaliba Tell Us about Early Islamic Slavery", in: International Journal of Middle Eastern Studies Vol. 49:1 (2017), S. 169–172.

handel von den Küsten des Schwarzen Meeres (somit quasi „von den Mongolen zu den Mameluken", Umschlaginseln waren hier vor allem Zypern und Kreta mit frühen Zuckerwirtschaften) und vom Balkan nach Venedig und nach Ägypten. Auch an den gesamten Nordküsten des Mittelmeeres von der atlantischen Küste des heutigen Marokko, Ceuta und den Algarves sowie Andalusien über die iberische Levante (Balearen, Barcelona), die provenzalisch-ligurischen Gebiete, über den Veneto und Dalmatien („Slawonien") bis zum Balkan entstanden kleinflächigere Handelsnetze des Menschenhandels. Die verschleppten Menschen stammten meist aus dem Hinterland der Adria-Häfen; die wichtigsten Handelsplätze waren sehr oft befestigte Razzienjäger/Kaufleute-Kommunen auf küstennahen Inseln oder Halbinseln (eine frühe Off-Shore-Struktur und als solche ein globalgeschichtliches Kontinuum).[42]

Im Norden beteiligte sich die Hanse an der europäischen Ostexpansion gegen Pruzzen, Balten, Litauer sowie Esten und Finnen (und viele andere Völker und Stämme). Vor allem die Litauer wehrten sich erfolgreich dagegen und begründeten im Machtvakuum der Mongolenexpanion gegen die Kiewer Rus sowie Osteuropa ein Großreich.

Unter dem Einfluss der genannten Menschenhandelsformen (Fernhandel mit Versklavten) entstand, sehr verkürzt gesagt, der europäische Frühkapitalismus, am deutlichsten zunächst im Zusammenhang der Kreuzzugs-Expansionen in Oberitalien. Dieser Frühkapitalismus, in dem sich Akkumulation von Menschen- und Geldkapital zu neuen Verbindungen institutionalisierter Finanzwirtschaft zu vereinigen begannen, entstand auf einer breiten Grundlage von Menschenhandel aus Überfällen, Raub, Razzienkriegen und imperialen sowie kolonialen Expansionskriegen – dazu kam, vor allem in Bezug auf Genua und Venedig, der Transport Versklavter. Um und in Italien, Neapel und Sizilien, im Grunde aber an allen Mittelmeerküsten am südlichen Rand Europas bis zum Balkan, existierten seit jeher auch Piraten- und Korsarenkleinkriege, die sich oft auch zu großen Kriegen mit vielen Tausenden Geraubten und Gefangenen entwickelten. Ähnliche Razzien- und Kriegswirtschaften gab es im und am Roten Meer, auf der so genannten *mar pequeña* („kleines Meer" – die Meeresfläche zwischen Südportugal, dem westlichen Südspanien und Marokko außerhalb der Meerenge von Gibraltar) sowie auf und am Schwarzen Meer. Ab 1475 wurden Genuesen, aber auch Venezianer, durch die türkisch-osmanische Expansion aus dem besonders lukrativen Transport und

---

42 Hoffmann, Johannes, „Die östliche Adriaküste als Hauptnachschubbasis für den venezianischen Sklavenhandel bis zum Ausgang des 11. Jahrhunderts", in: Vierteljahresschrift für Sozial- und Wirtschaftsgeschichte 55 (1968), S. 165–181; Budak, Neven, „Slavery in Late Medieval Dalmatia / Croatia: Labour, Legal Status, Integration", in: Mélanges de l'École française de Rome. Moyen Age 112:2 (2000), S. 745–760; Gillis, John R., „Islands in the Making of an Atlantic Oceania, 1500–1800", in: Bentley; Bridenthal; Wigen (eds.), Seascapes, S. 21–37; Schiel, Juliane, „Mit zweierlei Maß: Der Adriaraum als Laboratorium spätmittelalterlicher Praktiken des Slaving", in: Südost-Forschungen 73 (2016), S. 155–171.

Handel mit osteuropäischen, kiptschakischen, türkischen, kaukasischen und slawischen Kriegsgefangenen zwischen Mongolen, Tataren und Mameluken gedrängt. Zuvor waren sie rund 250 Jahre lang vor allem durch Mongolen und Türken beliefert worden. Das Florentiner Wucherkapital suchte neue Kapitalschöpfungsmöglichkeiten. Zunächst war Marokko, der Zugang zu Gold und Sklaven aus dem westlichen Nordafrika (Mali-Reich) das Ziel iberischer Mächte und italischer Bankleute sowie Kapitäne (Ende 1578). Parallel dazu und sozusagen an Marokko vorbei suchten und fanden vor allem die nach der Pestepidemie im 14. Jahrhundert in Ägypten nicht mehr sehr erfolgreichen Genuesen Ausgleich im iberischen Atlantik-Ausgriff. Der Anschluss gelang nicht völlig, aber sie erhielten dort Zugang zu den Netzwerken von Razziensklavereien, Kriegsgefangenentransporten und zum Sklavenhandel im nordafrikanischen Raum und im atlantischen Afrika. Ab etwa 1550 wurden sie zunehmend von Iberern verdrängt, blieben aber immer irgendwie dabei. „Der Atlantik lieferte zunehmend“, sagt David Abulafia, „Sklaven für die Sklavenhalter des Mittelmeerraumes: Einwohner der Kanarischen Inseln, Berber von der Westküste Afrikas und zunehmend auch schwarze Sklaven aus Elmina“.[43] Der Genuese Kolumbus mit seinen Sklavenrazzien ab 1493 auf La Hispaniola sowie die Versuche, sich an die Sklavereiformen der Bewohner Amerikas anzudocken oder in der Karibik Sklavenproduktionszonen unter kastilischer Kontrolle zu etablieren, stellten aus dieser Perspektive eine Fortsetzung bereits bekannter atlantisch-afrikanischer Menschenhandelspraktiken dar.[44] Erst als sich Niederländer vor und während der Formierung ihres Staates mit neuen Formen flexibler Kapitalumwandlung und -akkumulation wie Misteln auf die Fernhandelswege und Knotenpunkte des portugiesischen Imperiums setzten, vor allem in Brasilien sowie afrikanischen Sklavenhandelszentren (wie Luanda) sowie in Südostenasien/Niederländisch-Indien, entstand das andere Standbein des Frühkapitalismus; in dieser Version allerdings ohne die Bremse Papsttum und Pflicht zu Almosen und „guten Werken“.[45] In globalhistorischer Draufsicht gelang es den Europäern im Atlantikraum, die un-

43 Abulafia, David, „Heilige Ligen und unheilige Allianzen 1500–1550“, in: Abulafia, Das Mittelmeer. Eine Biografie. Aus dem Englischen von Michael Bischof, Frankfurt am Main: S. Fischer, 2013, S. 529–549, hier S. 529.

44 Unter Kontrolle von Kolumbus wurden 1493–1499 mind. 2020 Bewohner von La Hispaniola nach Spanien verschleppt und dort verkauft (oder an Kapitäne und Funktionäre gegeben), siehe: Wolff, Jennifer, „'Guerra justa' y Real Hacienda: una nueva aproximación a la esclavitud indígena en la isla de San Juan y la Española, 1509–1519“, in: Op. Cit. Revista del Centro del Investigaciones Históricas, núm. 22 (2013–2014), S. 215–257.

45 Vries, Jan de; Woude, Ad van der, The First Modern Economy: Success, Failure and Perseverance of Dutch Economy, 1500–1815, Cambridge: CUP, 1997; Klooster, „The Geopolitical Impact of Dutch Brazil on the Western Hemisphere“, in: Groesen, Michiel van (ed.), The Legacy and Impact of Dutch Brazil, Cambridge: Cambridge University Press, 2014), S. 25–40; Krause, Oliver, „Die niederländische Staats-Formierung in der Statthalterlosen Epoche (1650–1672) aus interkontinentales Perspektive“, in: Jahrbuch für Europäische Überseegeschichte 16 (2016), S. 29–64.

terschiedlichsten Formen der unterschiedlichsten Sklavereien zu einem neuen globalhistorischen Typus zusammengesetzter Sklaverei zu entwickeln, die sich zwischen 1500 und 1880 zu einem Menschenkapitalismus vor allem in Afrika, auf dem Atlantik und in den Amerikas entfaltete. Die jungen USA entwickelten sich regelrecht auf einer Basis von Sklaven als Kapital. Zwischen 1790 und 1860 wurde über eine Million *African Americans* vom Upper South in den Lower South transportiert; etwa zwei Drittel davon als Resultat eines Kaufaktes. Etwa doppelt so viele Kaufakte fanden in einem sehr lokalen Umfeld statt (auch Mehrfachverkäufe). In jeder Stadt und Siedlung des South gab es Käufe und Verkäufe. „Coffles of slaves" (*coffle*: eine Gruppe von Tieren, Gefangenen oder Sklaven, die in einer bestimmten Art von Gruppierung („Menschenkette") zusammen gefesselt sind, von Arabisch: *qāfilah* (Karawane)) sind), schreibt Steven Deyle, waren auf jedem Highway und auf jeder Wasserstraße und in jeder Eisenbahn des *South* zu finden [*Karte 1[46]]. Der *domestic trade* war mit all seinen Komponenten das Lebensblut des Sklavereisystems im South. Ohne diesen internen Menschenhandel wäre die Sklaverei entweder gar nicht erst entstanden oder relativ schnell eingegangen. Modernisierungen und Änderungen der agrikulturellen Produktion, vor allem in der Chesapeake Region, hatten zu einem Überangebot von Sklaven geführt. Die Region entwickelte sich zu einer Sklavenexportregion auf der Basis von *breeding* („Sklavenzucht").[47] Dazu kamen neue technische Erfindungen (wie Cotton Gin 1792) und die Explosion der Baumwollnachfrage im bürgerlichen Biedermeier des frühen 19. Jahrhundert.[48] Eine paradigmatische Modernität mit illegalem Sklavenhandel und neuer Sklaverei auf der Basis einer eigenständigen industriellen Revolution (*Second Slavery*) setzte ein.[49] Für Brasiliens Süden gilt Ähnliches, nur waren dort

46 Karte 1: „Principal Slave-Exporting and Slave-Importing States, 1790s, 1820s, and 1850s", aus: Tadman, Michael, Speculators and Slaves: Masters, Traders, and Slaves in the Old South, Madison: University of Madison Press, 1989, S. 6–7.

47 Sublette, Ned; Sublette, Contance, The American Slave Coast: A History of the Slave-Breeding Industry, Chicago: Lawrence Hill Books, 2016; Sutch, Richard, „The Breeding of Slaves for Sale and the Westward Expansion of Slavery, 1850–1860", in: Engerman; Genovese, Eugene (eds.), Race and Slavery in the Western Hemisphere: Quantitative Studies, Princeton: Princeton University Press, 1975, S. 173–210.

48 Deyle, Steven, „The Domestic Slave Trade in America. The Lifeblood of the Southern Slave System", in: Johnson, Walter (ed.), The Chattel Principle: Internal Slave Trades in the Americas, 1808–1888, New Haven: Yale University Press, 2004, S. 91–116, hier S. 93; Gudmestad, Robert H., A Troublesome Commerce: The Transformation of the Interstate Slave Trade, Baton Rouge: Louisiana State University Press, 2004; Blackburn, Robin, „De la invención del desayuno a la importancia de la ropa interior", in: Piqueras, José Antonio (coord.), Esclavitud y capitalismo histórico en el siglo XIX. Brasil, Cuba y Estados Unidos, Santiago de Cuba: Casa del Caribe, 2016, S. 48–54.

49 Tomich, Dale, „The 'Second Slavery': Bonded Labor and the Transformations of the Nineteenth-century World Economy", in: Ramírez, Francisco O. (ed.), Rethinking the Nineteenth Century: Contradictions and Movement, New York: Greenwood Press, 1988, S. 103–117; Tomich, Through the Prism of Slavery. Labor, Capital, and World Economy, Boulder [etc.]: Rowman & Littlefield Publishers, Inc. 2004; Tomich, Dale & Zeuske (eds.), The Second Slavery: Mass Slavery, World-Economy,

die großen Sklavereioligarchien noch mächtiger als im *South* des Nordens und es gab bedeutend mehr Sklaven (bis 1851 auch aus dem atlantischen Schmuggel). Die Eliten setzten nicht so schnell auf Technik und Technologie wie im Norden. Die deutlichste und sehr eigenständige industrielle Revolution auf dem Zuckersektor und in der Landwirtschaft mit Sklaverei gab es im 19. Jahrhundert auf Kuba (mit Vorläufern vor allem auf Barbados, Jamaika und Saint-Domingue).

In Europa, das selbst unterschiedliche Sklavereien beherbergte, bildete der atlantische Kapitalismus auf Basis menschlicher Körper die jahrhundertealte Grundlage für neue Formen von Kapitalismus – wenn man nur auf die Jahreszahlen schaut: 1450–1840 rund 400 Jahre Sklavenhandel (in den neo-europäischen Territorien Amerikas bis um 1870/80), d. h., Akkumulation auf Basis menschlicher Körper. Dann kam es um 1840 zum breiteren Wandel. Der Manufaktur- und Industriekapitalismus setzte sich nicht nur in England durch, sondern begann auch die USA und Westeuropa zu erfassen – nicht nur die neuen Fabriken (Industrie), sondern auch in Handwerk, Landwirtschaft und globalem Handel. Bis 1865–1888 blieben die großen kapitalistischen Sklavereien in den wichtigsten Ressourcengebieten der Amerikas intakt und modernisierten sich sogar rasant. Ab 1834 wurden einzelne „große" interne Sklavereien in den Kolonialgebieten abgeschafft; viele aber blieben informell intakt, ebenso wie der informelle Menschenhandel über den Atlantik (*hidden Atlantic*). In Afrika und anderen Weltregionen blieben formelle und informelle Sklavereien bis in die zweite Hälfte des 20. Jahrhunderts intakt, zum Teil bis heute.

Aber es war nicht nur der Atlantik. In Afrika sowie im und am Indischen Ozean oder am Roten Meer waren Sklavenhandel und Sklavereien, wie gesagt, ein altes Geschäft. Seit Beginn des 16. Jahrhunderts profitierten die Portugiesen aus der Akkumulation von Menschenkapital sowie Körpern, die aus Ausbeutung und Vermarktung von Kriegsgefangenen und Opfern der Expansion des Mogul-Reiches in Indien stammten. Wieder folgten niederländische, englische und französische Schif-

---

and Comparative Microhistories, 2 Bde., Binghamton: Binghamton University, 2009 (= special issue; Review: A Journal of the Fernand Braudel Center, Binghamton University XXXI, no. 2 & 3, 2008), Bd. 1, S. 101–119; Kaye, Anthony, „The Second Slavery: Modernity in the Nineteenth-Century South and the Atlantic World", in: The Journal of Southern History Vol. LXXV:3 (Aug. 2009), S. 627–650; Zeuske, „Mongos und Negreros: Atlantische Sklavenhändler im 19. Jahrhundert und der iberische Sklavenhandel 1808/1820–1873", in: Periplus. Jahrbuch für außereuropäische Geschichte, 20. Jg. (2010) (= Hatzky, Christine; Schmieder, Ulrike (eds.), Sklaverei und Postemanzipationsgesellschaften in Afrika und in der Karibik), S. 57–116; Laviña, Javier; Zeuske (eds.), The Second Slavery. Mass Slaveries and Modernity in the Americas and in the Atlantic Basin, Berlin; Muenster; New York: LIT Verlag, 2014 (Sklaverei und Postemanzipation / Slavery and Postemancipation / Esclavitud y postemancipación; Vol. 6); Rood, Daniel, The Reinvention of Atlantic Slavery: Technology, Labor, Race, and Capitalism in the Greater Caribbean, New York/Oxford: OUP, 2017; Zeuske, „Out of the Americas: Slave traders and the Hidden Atlantic in the nineteenth century", in: Atlantic Studies Vol. 15:1 (2018), S. 103–135.

fe und Kapitäne. Damit war die neu entstehende „christliche" Sklaverei in „römischer" Rechtstradition (schriftlich fixiertes Eigentum)[50] nicht nur ein atlantisches, sondern ein globales Phänomen. Seefahrer vor allem aus dem extremen Westen (Portugal), Andalusien und aus dem kommunal strukturierten Norditalien nutzten als erste das einzige, was damalige Europäer anderen Kulturen voraus hatten – das Wissen des Hochseeschiffskomplexes (die „Software" der Kartographie, Navigation, Visualisierung, empirische Wissenschaften/Sammlungen und die „Hardware" der Schiffe, aber auch biologischer Austausch (Tiere, Krankheiten, Viren, Bakterien) und naturwissenschaftliche Kenntnisse),[51] Freiheit der Meere (keine Monarchie konnte die Kapitäne auf den Meeren wirklich kontrollieren), Verschriftlichung und Verträge nach „römischem" Recht und Rechensysteme sowie Geographie (Raumwissen), Interesse an anderen Kulturen (Übersetzung/Sammlungen, z.B, von Wissen aus Texten in Arabisch) und nominalistische Philosophie. Auf dem Atlantik waren europäische Schiffe dominant. Aber vor allem in Nähe der afrikanischen Küsten und an Land standen die europäischen Kaufleute und Sklavenhändler immer in Auseinandersetzung mit afrikanischen Eliten (oft, vor allem im Norden, islamisiert) und mit Monopolbrechern wie Atlantikkreolen und Piraten. In Afrika waren sie bis um 1860 bestenfalls Juniorpartner der afrikanischen Eliten, die ihnen die Kriegsgefangenen und Sklaven aus dem Innern des Kontinents lieferten. In einer der Hauptsprachen im Senegal, Wolof, ist das Wort für „Europa" noch heute *tugal* (von Por*tugal*). Nach einer längeren Plünderungs- und Pirateriephase und nachfolgenden Monopolphase des iberischen Kronkapitalismus,[52] der massiv Profite aus dem beginnenden atlantischen Menschenhandel zog, setzte dann um 1650 der nordwesteuropäische „Merkantil"-Kapitalismus, d. h., Händler-Kapitalismus, ein – ebenfalls begleitet von Piraten und Korsaren. Nach einer Monopolkompanienphase wurde die „Freiheit der Meere" (Grotius) zu seiner Basis, besonders unter niederländischen, englischen und später britischen Piraten, Kaufleuten und Sklavenhändlern.[53] Dieser neue Kapitalismus orientierte sich in Europa, zunächst in kleinen Regionen, seit dem 18. Jahrhundert mehr und mehr auf handwerklich, manufakturell und industriell hergestellte Waren. Auf dem atlantischen

50 Chiusi, Tiziana J.; Filip-Fröschl, Johanna; Rainer, J. Michael; Harke, Jan Dirk (eds.), Corpus der römischen Rechtsquellen zur antiken Sklaverei (CRRS) Teil 3.2.: Die Rechtspositionen am Sklaven. Ansprüche aus Delikten am Sklaven, Stuttgart: Franz Steiner Verlag, 2013 (Forschungen zur antiken Sklaverei – Beihefte, Band 3.3.2).

51 Murphy, Kathleen, „Collecting Slave Traders: James Petiver, Natural History, and the British Slave Trade", in: William and Mary Quarterly Vol. 70:4 (2013), S. 637–670.

52 Subrahmanyam, Sanjay, „Holding the World in Balance: The Connected Histories of the Iberian Overseas Empires, 1500–1640", in: The American Historical Review Vol. 112 (2007), S. 1359–1385.

53 Hanna, Mark G., Pirate Nests and the Rise of the British Empire, 1570–1740, Chapel Hill: University of North Carolina Press, 2015; Lincoln, Margarette, British Pirates and Society, 1680–1730, Farnham: Surrey Ashgate, 2014.

Markt beruhte er immer noch auf kosmoplitischem Handel, Krediten[54] sowie der Verdopplung von nominalem Wert auf der Habenseite, d. h., der eigenen Tauschgüter, und von realen Profiten sowie Akkumulation und kolonialer „Anlage" von Menschenkapital. An den Küsten Afrikas, auf dem Atlantik und in den Amerikas bildete sich auf Basis der Verschleppung und Ausbeutung von Menschen ein systematisierter und mit Eigentumsrechten ausgestatteter Menschenkapitalismus in zwei Hauptformen aus: Menschen als Kapital und kommodifizierte Waren zur See (*saltwater slaves*; *bozales*, *boçales*) und Menschen als *chattel* (Arbeitskräfte/Dienstleister, Siedler und Siedlerinnen) in den Kolonien [*Karte 2[55]], d. h., auch als produktives Kapital, Anlagekapital, Erbkapital, Energieressource, Grundlage für Kredite sowie Reproduktionskapital. Der punktuelle Menschen- und Körperkapitalismus der Sklavenrazzien, Kriegsgefangenen- und Menschentribute sowie Sklaven-„Produktion" entwickelten sich vor allem im atlantischen Westafrika zusammen mit den so genannten „westlichen" Kapitalismen, für die sie zugleich, bis in das 19. Jahrhundert, eine, wenn nicht *die*, zusammenfassende atlantische Basis bildeten. Handelskapitalismus von Atlantikern (aus afrikanischer Sicht), transozeanischer Sklavenschmuggel sowie Kronkapitalismen/Unternehmertum bildeten eine atlantisch-afrikanische Symbiose in drei Etappen: 1450–1650 vor allem zwischen Iberern (mit starker Kronkontrolle) und Afrikanern (ich bitte die starke Verallgemeinerung zu entschuldigen). Die zweite Etappe 1600–1750/1790 war eine Phase von Monopolkompanien.[56] Nach einer Krisenzeit kam es zu einer Etappe der Privatisierung des Sklavenhandels (vor allem Niederlande/England-Großbritannien) mit etwas zurückgezogener räumlicher Kron-/Zentralkontrolle) und frühem Industriekapitalismus 1750 und 1880, zwischen 1808/1820 und 1880 auf Basis atlantischen Menschenschmuggels. Diskursiv waren (und werden) die Kapitalismen schön separiert und der Menschenkapitalismus sowie afrikanisches Wissen ganz bewusst missverstanden und marginalisiert (vor allem außerhalb Afrikas) durch den bereits um 1650 einsetzenden Zivilisations- und „Race"-Diskurs. Das verhärtete sich noch mehr mit der um 1730 einsetzenden Aufklärung.[57] Realgeschichtlich umgesetzt wurde der Rassismus insofern, als das Führungspersonal des Meerestransports von Sklaven unter vor allem nordwesteuropäischer Kontrolle (*middle passage*, *trata*, *traite*) – die Kapitalgeber, Kapitäne und Faktoren im Nordatlantik – vorwiegend

54 Hicks, Mary E., „Financing the Luso-Atlantic Slave Trade, 1500–1840", in: Journal of Global Slavery Vol. 2:3 (2017), S. 273–309.

55 Karte 2: „Weltsklavenhandel um 1800", aus: Walvin, James, A Short History of Slavery, London: Penguin Books, 2007, S. 68.

56 García Rodríguez, Mercedes, „La Compañía del Mar del Sur y el Asiento de esclavos de Cuba", in: Santiago 76, Santiago de Cuba (1993), S. 121–170.

57 Siehe die Überlegungen zu Grenzordnung: Steiner, Benjamin, „Missverstandene Unterschiede. Wissen als Träger und Bedingung von Grenzordnungen am Beispiel des Verhältnisses zwischen Frankreich und Westafrika während der Frühen Neuzeit", in: Themenportal Europäische Geschichte (2013), https://www.europa.clio-online.de/2013/Article=618 (letzter Zugriff 9. Jan. 2018).

aus „Weißen“ bestand, deren Status und Geldkapital allerdings oft im Slaving entstanden war; im Südatlantik ergibt sich ein anderes Bild.

Iberer (ich zähle Katalanen dazu) und – mit Abstrichen – Genuesen hatten schon seit dem 13. Jahrhundert den Atlantik befahren. Saharazone und Sudan, die gesamte Zone südlich der Sahara (*sahel*), sowie das atlantische Westafrika und die ostafrikanischen Küsten waren neben dem Schwarzmeer-Ägyptenhandel und dem Menschenhandel in Indien die weltweit wichtigsten Großlandschaften, in deren Hinterländern sowohl traditionelle Formen von kleinen Sklavereien, Razziensklaverei wie auch Kriege mit Massen von Kriegsgefangenen, lokaler Verkauf von Menschen (vor allem Frauen und Kinder) und Menschenhandel über große Entfernungen eine Rolle spielten. Die Frage, ob die Vermarktung und der Transport dieser Kriegsgefangenen über lange Strecken schon Menschenkapitalismus war, lasse ich momentan einmal unbeantwortet. Die Grundlage bestand darin, dass in Afrika, wie überall auf dem Globus mehr oder weniger dicht, weit verbreitete Formen und Typen kleiner Kin- und Schuldsklavereien sowie ein großer Markt für menschliche Körper existierten. Und es gab ein Drittes, das Afrika dazu prädestinierte, im Zentrum einer Weltgeschichte des Sklavenhandels und der Sklaverei zu stehen. Kern eines wie auch immer definierten Eigentums waren im unterbevölkerten Afrika, vor allem im subsaharischen Afrika, nicht Land oder Großvieh. Es waren Menschen. Menschen, Kriegsgefangene, Kin-Sklaven, Sklaven, Frauen und Kinder waren, ich wiederhole das, die Hauptform von Kapital; Sklavenproduktion und Sklavenhandel bildeten die dynamischsten Segmente afrikanischer Wirtschaften. Der Besitz von kriegsgefangenen Sklaven und von Sklavinnen war der effizienteste Weg zu mehr Macht, mehr Nachkommen, zur Kontrolle über Territorien sowie Institutionen und zu mehr Status.[58]

Im damaligen Afrika wurden Kriegsgefangene im Ansatz nicht aus wirtschaftlichen Gründen „produziert“. Es war eher eine politische Frage von Macht und Status. Aber auch symbolisches Kapital ist Kapital. Macht ist ein Wirtschaftsfaktor. „Staat“ in Afrika bedeutet Herrschaft über Menschen, gestützt auf Herrschaftszentren (Städte), nicht in erster Kontrolle über klar definierte Territorien mit klaren Grenzen. Land war in Afrika genug da, nicht aber Menschen, es zu nutzen. In Afrika war Kontrolle über Menschen als Basis von Politik und Gesellschaft immer wichtiger als die Kontrolle über Land. Kriege wurden deshalb um die Kontrolle über Menschen durch Eroberung von besiedelten Regionen und Herrschaftszentren geführt. Historisches Ergebnis waren sehr viele, flexible, sich relativ schnell verändernde politische Herrschaftsgebiete („Staaten“). In den Auseinandersetzungen ergaben sich Massen von Kriegsgefangenen und gefangen genommenen Sklavinnen und Sklaven; oft fanden sich auch Angehörige besiegter Eliten unter den Kriegsgefangenen. Da die Staaten unklare Grenzen hatten und als Nichtterritorialstaaten

58 Drescher, Seymour, „A Perennial Institution“, in: Drescher, Abolition. A History of Slavery and Antislavery, Cambridge: Cambridge University Press, 2009, S. 3–25.

an den Rändern „zerfaserten“, funktionierten in den Randregionenen, zumal den Rändern der Sahara, auch besonders intensiv Raub- und Razzienwirtschaften (oft auch mit Tribut- und Auslösemechanismen), die ebenfalls zur „Produktion“ von Gefangenen beitrugen. Da diese Gefangenen, vielleicht sogar unter Führung der besiegten Elite, ein politisches Problem darstellten und in den Razziengebieten die nicht ausgelösten Gefangenen nicht immer integriert werden konnten, trat das wirtschaftliche Problem des Transports, der Vermarktung und des Verkaufs der Kriegsgefangene in den Vordergrund. Schon in vorislamischen (vor 700) und voratlantischen Zeiten (vor 1460–1500) hatten sich in Afrika einige relativ stabile Imperien herausgebildet, die Nachfragegebiete für Kriegsgefangene waren und eigenständige Wirtschaftssklavereien entwickelt hatten. Die wichtigsten Händler, die die Kriegsgefangenen auch als Sklaven definierten, und Abnehmer von Sklavinnen und Sklaven wurden zunächst die Araber und die seit 650–800 islamisierten Territorien im Osten und Norden Afrikas. Im ganzen Sudan sowie im Saharagebiet existierten deshalb hoch organisierte Karawanenwege vor allem in Nord-Süd-Ausrichtung, oft zugleich Pilgerwege, die sich immer weiter nach Süden ausdehnten, auf denen Kriegsgefangene, Gekidnappte und Geraubte transportiert und verkauft wurden. Ähnliches fand in anderen Teilen Afrikas statt, wobei es immer eine starke Konkurrenz zwischen Kriegereliten, „Königen“ sowie (mit Bestreben auf Monopole) Kaufleuten kam. Diese Zentralität des Sklavenhandels als Teil des Karawanenhandels – eigentlich des Slavings und der Akkumulation von Humankapital, wie oben dargelegt – wird neben dem europäischen Kolonialismus (ab ca. 1880) mehr und mehr als wichtigstes singuläres Element für die Erklärung der heutigen „economic performance“ Afrikas gesehen. Die ist bekanntlich schlecht für die Massen und gut für einige Eliten. Es ist aber mehr und ich wage diese provokative These hier: wenn die oft sehr gute ökonomische Performanz Afrikas (es war meist eine „gute“ Performanz im Interesse afrikanischer Eliten) sich über Jahrhunderte auf Slaving und Menschenkapitalismus gründete, dann bestand die globalhistorische Funktion Afrikas im Rahmen der Geschichte des Kapitalismus darin, die Welt mit einem spezifischen Typ Kapital – vor allem Humankapital und Körperkapital – zu beliefern. Diese Art des translokalen Menschenhandels, der Ausbeutung und direkter Kapitalisierung menschlicher Körper, war seit dem 19. Jahrhundert (Abolition von 1780 bis 1888) in Europa und nach langen Kämpfen zwischen 1850 und 1890 auch in den Amerikas nicht mehr tragbar. Der Kolonialismus europäischer Imperialismen in Afrika wäre dann als eine Allianz zwischen europäischen Eliten und afrikanischen Eliten zu interpretieren, die Sklaven und massive Akkumulation von Menschenkapital, die außerhalb Afrikas (zumindest im amerikanischen und europäischen Westen) so nicht mehr möglich war, vor Ort, in Afrika, an anderen kolonialen Orten und kolonialen sowie postkolonialen Riesenterritorien (vor allem in Indien und Indonesien) zu konzentrieren sowie weitere Formen von Zwangsarbeit (Indenture, Kuli- und Kanaka-Kontraktsklaverei, *corvée*, Sträflingsarbeit, Militärdienst, Schuldsklaverei, Peonage, Lehrlingsausbeutung, aber auch viele andere lokale Formen, spezifische Formen von Menschenhandel, Adoption und sexuelle Dienstbarmachung und vieles andere mehr) auszubeuten. Die britische sowie amerikanische (und europäische) formale Anti-Sklavereipolitik mit ihrer Zurückdrängung von Sklavereien ins Lokale und Verborgene „on the ground", bei gleichzeitiger massiver Hierarchisierung durch transnationale kapitalistische Expansion, moralisch legitimiert durch „Anti-Sklaverei" in den oberen Etagen internationaler Politik seit 200 Jahren, hat paradoxe Folgen. Ich lasse an dieser Stelle die „großen" Sklavereien des 20. Jahrhunderts – Gulag, KZ und andere Sträflings-Systeme – aus. Erstens wurden „kleine" und flexible Sklavereien wieder ubiquitär (oder blieben es und wurden ausgebaut). Zweitens wurde eine neue Stufe des Globalisierung ins Leben gerufen, die, mit Unterbrechungen, bis heute anhält – früher wurde das Ganze Imperialismus genannt. Mit der Mobilität neuer Globalisierungstufen auf allen Ebenen seit ca. 1970/90 brechen die kleinen Formen von Sklavereien sozusagen aus ihren lokalen Verstecken auf und etablieren sich auch im so genannten „Westen" (der erst im Zuge des letzten 60 Jahre in seinem heutigen Sinne konstruiert worden ist).[59]

Zurück zur ferneren Geschichte, in der viele Entscheidungen fielen, deren Konsequenzen noch heute wirksam sind. An den Küsten Westafrikas südlich des Senegal sowie des Gambia-Flusses bekamen iberische Kapitäne zwischen 1460 und 1480 Zugang zur *Guiné*, ein Gebiet das vom heutigen Guinea-Bissau bis zur Calabar-Küste im Osten der Niger-Mündung reichte. Diese gigantische Region, zu der zwischen 1472 und 1484 auch der Kontakt mit Zentralafrika kam, wo das Kongo-Reich seine Macht ausbreitete. Guiné (Guinea), die späteren Gold- und Sklavenküsten sowie Congo (Kongo) waren westafrikanische Großregionen, die bis dahin, anders als die Territorien Amerikas, wohl einige Kontakte zur übrigen Welt gehabt hatten, am dichtesten aber untereinander, auch über Sklavenhandel, verbunden waren. Eine Zentralregion der Imperien, Städte und Wirtschaftssysteme. Dort fanden sich Reiche (Mali-Reich, Akan-Staaten), die die Goldproduktion kontrollierten (und Europäern ihre Wertmaße aufzwingen konnten),[60] unter anderen Alt-Oyo, Ife,

---

59 Nunn, Nathan, „The Long-Term Effects of Africa's Slave Trades", in: The Quarterly Journal of Economics (February 2008), S. 139–176; Zimmermann, Susan, „The Long-Term Trajectory of Anti-Slavery in International Politics: From the Expansion of the European International System to Unequal International Development", in: Linden (ed.), Humanitarian Intervention and Changing Labor Relations. The Long-Term Consequences of the Abolition of the Slave Trade, Leiden/Boston: Brill, 2011 (Studies in Global History, Vol. 7), 435–497.

60 Ehret, Christopher, The Civilisations of Africa: A History to 1800, Charlottesville: University Press of Virginia, 2002; Schaffer, Simon, „Golden means: assay instruments and the geography of precision in the Guinea trade", in: Bourguet, Marie-Noëlle; Licoppe, Christian; Sibum, H. Otto (eds.), Instruments, Travel and Science: Itineraries of Precision from the Seventeenth to the Twentieth Century, London: Routledge, 2002, S. 20–50; Fauvelle, François-Xavier, Das Goldene Rhinozeros. Afrika im Mittelalter. Aus dem Französischen übersetzt von Schultz, Thomas, München: Beck, 2017.

Benin, später das Oyo-Reich und Dahomey sowie das Kongo-Reich, und dynamische staatenlose Gesellschaften (wie im Gebiet der „Tausend Flüsse“ in Senegambien sowie im Aroland hinter den Küsten der Bucht von Biafra),[61] in denen unterschiedlichste Sklavereiformen und Kriegsgefangenenhandel weit verbreitet waren. In Ostafrika hatten sich West-Ost-Handelswege und Exportzentren des Menschenhandels gebildet, die den Indik mit Sklaven belieferten.

Um es kurz zu sagen, im Zusammenhang des oben beschriebenen Handels mit Kriegsgefangenen und Sklaven reduziert sich die „Heldengeschichte“ der portugiesischen Expansion entlang der westafrikanischen Küste (1415–1488) auf eine lange und komplizierte Lehrzeit im Fach tropischer Menschenhandel und Akkumulation aus Kriegsgefangenentransporten sowie der Etablierung von Wirtschafts- und Infrastrukturen sowie *material culture* der Gewalt zu diesem Zweck. Die wichtigsten Plattformen der Portugiesen, zunächst innerhalb afrikanischer Austauschsysteme oder nahe dran, wurden Inseln vor der westafrikanischen Küste, ganz konkret die Kapverdeninseln Santiago (Ribeira Grande), Fogo und São Tomé. Nur auf den Inseln und seit 1575 in der Gegend um die Luanda-Insel (Ilha de Luanda) und den Cuanza-Korridor (Ndongo/Angola) gelang es iberischen Eliten, Transkulturation und Tropen, denen sie in Afrika ausgesetzt waren (tropische Ernährungskulturen, Sexualität, Nahrungs- und Genussmittel, Tiere, Krankheiten, Gebräuche/Religionen, Sprachen, Menschenkapital) einigermaßen unter Kontrolle zu halten. Die Dynamik dieser einigermaßen kontrollierten Übernahmen aus der afrikanischen Zentralität führte in Verbindung mit den Schiffen und Zuckerplantagen, bis ca. 1650 zur Entstehung eines selbsttragenden atlantischen Systems (Lusoatlantik, Iberischer Atlantik [*Karte 3[62]]) in dessen Zentrum menschliche Körper für Arbeit, Dienstleitungen und als Kapital sowie Ware, Schmuggelhandel und Gewalt mit den entsprechenden Denkweisen, Infrastrukturen und *material culture* der Gewalt standen. Die globale Dimensionen und weltgeschichtliche Bedeutung dieses Systems waren um 1500 noch nicht abzusehen. Ganz verknappt gesagt, waren hochseegängige Schiffe und ihre wachsende Transportfähigkeit[63] zugleich Zentrum und Symbol des europäischen Wissenskomplexes der Orientierung, Zeitmessung, Navigation und Schriftlichkeit, neben dem Schiffs-Orientierungs-Komplex (Karten) das einzig wirklich „Andere“, über das die Iberer gegenüber den Afrikanern südlich

---

61 Hawthorne, Walter, „The Production of Slaves Where There Was No State: The Guinea-Bissau Region, 1450–1815“, in: Slavery and Abolition 29:2 (1999), S. 97–124. Hawthorne, Planting rice and harvesting slaves. Transformations along the Guinea-Bissau coast, 1400–1900, Portsmouth: Heinemann, 2003; Nwokeji, G. Ugo, The Slave Trade and Culture in the Bight of Biafra: An African Society in the Atlantic World, New York: Cambridge University Press, 2010.

62 Karte 3: „Spanischer und Portugiesischer Atlantik“, aus: Schmieder; Nolte (eds.), Atlantik. Sozial- und Kulturgeschichte in der Neuzeit, Wien: Promedia, 2010 (Edition Weltregionen), 2. Umschlagseite.

63 Unger, Richard, „The Tonnage of Europe's Merchant Fleets, 1300–1800“, in: American Neptune 52 (1992), S. 247–261.

des Senegal verfügten. Dazu kam etwas für die damalige Zeit sehr Eigentümliches – die Immobilie. Während das einzige gewohnheitsrechtliche Kapital in Afrika Menschen als Sklaven waren, stellte für Europäer eher Landbesitz (und Land- bzw. Grundeigentum)[64] sowie Viehbesitz und Schiffe das wichtigste Kapital dar (auch wenn es verschiedene Kaufleutegruppen vor allem aus Andalusien, Katalonien, Aragón, Marseille, Genua, Florenz, Palermo und Venedig gab, die Sklaven als Handelskapital und Kommodität kannten). Obwohl Portugiesen und Andalusier zunächst eigentlich Gold, Elfenbein und Gewürze sowie Alliierte gegen den Islam suchten, bekamen sie für ihre (in den Augen der afrikanischen Eliten meist minderwertigen) Waren Kriegsgefangene, verurteilte Verbrecher und Sklaven, die sie zunächst oft von einem afrikanischen Küstenort zum anderen transportierten, um sie gegen die gesuchten Luxuswaren und Gold oder Kommoditäten (wie Baumwollstoffe), für die andernorts Gold gegeben wurde, eintauschen zu können. Dabei lernten sie vor allem eines – afrikanische Sklaven stellten mit ihren vielfältigen Potenzialen ein Kapital dar, das in allen Wertsystemen galt und vielfältig ausgebeutet oder profitabel eingesetzt werden konnte. Vor allem dort, wo dieses Kapital auf „freiem" Land, was vor allem bedeutete, „von Bauern freies Land", „angelegt" (Siedlung und Urbarmachung) werden konnte, wie es auf São Tomé und später in der Karibik und an den Küsten des späteren Brasiliens der Fall war, als die Ureinwohner dort vertrieben, versklavt oder vernichtet waren. In Westafrika kämpften Portugiesen als Söldner unter afrikanischem Befehl. Sie bekamen oft Kriegsgefangene (*cativos*) als Sold und Beute. Am Beispiel des Kongoreiches haben Linda Heywood und John Thornton die Vorgänge auf den Punkt gebracht: „Almost from the beginning of their interaction, Portugal and Kongo formed an alliance in which Portuguese soldiers assisted the kings of Kongo in their wars and obtained the captives taken in by them as slaves".[65] Im Kongo, dem mächtigen Reich in Westzentralafrika existierte Sklaverei – solange die Herrscher die Untertanen schützen konnten, meist die von feindlichen Bevölkerungen oder von Menschen im Expansionsbereich des Kongoreiches – seit dem 14. Jahrhundert.[66]

Die Iberer sammelten ihre afrikanischen Kriegsgefangenen auf den atlantischen Inseln, vor allem auf der bereits erwähnten Kapverden-Insel Santiago (Ribeira Grande) und auf São Tomé sowie Príncipe (sowie den Kanaren und Madeira). Auf den Kapverden begannen sie Stoffe, landwirtschaftliche Güter und Zucker (vor

64 Mazumdar, „Rights in people, rights in land: concepts of customary property in late imperial China", in: Extrême-Orient, Extrême-Occident Vol. 23, no. 23 (2001), S. 89–107.

65 Thornton, John K.; Heywood, Linda, „The Treason of Dom Pedro Nkanga a Mvembe against Dom Diogo, King of Kongo, 1550", in: McKnight, Kathryn Joy; Garofalo, Leo (eds.), Afro-Latino Voices: Narratives from the Early Modern Ibero-Atlantic World, 1550–1812, Indianapolis: Hackett, 2009, S. 2–29, hier S. 3.

66 Heywood, „Slavery and its transformation in the kingdom of Kongo: 1491–1800", in: Journal of African History Vol. L:1 (2009), S. 1–22.

allem auf São Tomé)[67] zu produzieren – zunächst für afrikanische Märkte (Tücher – *panos*), Cativos (Razzien- und Kriegsgefangene aus dem Kongo) wurden nach Benin und an Sklavenhändler an der Goldküste verkauft. Sie produzierten auch für europäische Märkte (Zucker und Sklaven), aber zunächst weit weniger als für Afrika. Afrikanische Kriegsgefangene als atlantische Sklaven der Iberer und afrikanische Frauen bekamen vor allem mit der afrikanischen Nachfrage Wert. Allerdings blieben Einfluß und Kontrolle afrikanischer Eliten für die Iberer immer gefährlich. Erst als in Amerika die demographische Katastrophe mit ihren Millionen von toten Bauern, Sammlerinnen und Jägern in der Karibik die spanische Conquista fast zum Erliegen brachte (1530–1550) und riesige tropische Landstriche unbesiedelt zu bleiben drohten, konnten die Iberer den atlantischen Sklavenhandel vor dem für sie gefährlichen Zugriff afrikanischer Eliten mühsam schützen. Dabei kam der iberischen Kontrolle des Atlantiks – die immer durch Atlantikkreolen, atlantische Juden und Monopolbrecher gefährdet war – entgegen, dass sie seit 1500 auch Landepunkte an den atlantischen Küsten Südamerikas kannten.[68] Entlang der langen Transportwege zwischen Westafrika und Südamerika – mit dem Ziel Karibik (wo 1493–1520 das überseeische Zentrum spanischer Macht war und später die wichtigsten Sklavenhäfen) – bekamen auch diese Küstenpunkte seit etwa 1520 Bedeutung. Später sollten sie einmal Brasilien heißen. Auf dem Weg über den Atlantik wurden aus afrikanischen Kriegsgefangenen atlantische Sklaven in Amerika. Die Sprache der Portugiesen (*baixo português*) setzte sich unter Matrosen, Atlantikkreolen und Sklavenhändlern als Handelssprache durch. Aber sie und die Spanier mussten sich bei diesem lukrativen „Transport" von Anfang an der Unterwanderung durch afrikanische Atlantikkreolen, *tangomãos*, *baquianos* sowie Korsaren (Schmuggler), Sepharden und Piraten erwehren. All das waren Spezialisten der Razzien, des Raubes und Sklavenbeschaffung zwischen Afrikanern und Europäern, in der ersten Generation oft Söhne von iberischen Vätern und afrikanischen Frauen. Sie drängten von Afrika in den atlantischen Raum und nach Amerika. Seit etwa 1520 mussten sich die Iberer auch nordwesteuropäischer Konkurrenz erwehren (Franzosen, Normands, Bretonen); seit ca. 1560 auch der Konkurrenz von Engländern, Niederländern und Dänen. Schmuggel in den eigenen Reihen oder durch Genuesen und Neu-Christen, die mit Atlantikkreolen oder afrikanischen Küsteneliten Allianzen geschlossen hatten, spielte eine große Rolle. Die Iberer versuchten es mit Lizenzen, Monopolen, Asientos und der Organisation von *carreras* (Indien-

---

67 Pinheiro, Luís da Cunha, „A produção açucareira em São Tomé ao longo de Quinhentos", in: Roque, Ana Cristina; Seibert; Marques, Vítor Rosado (coords.), Actas do Colóquio Internacional São Tomé e Príncipe numa perspectiva interdisciplinar, diacrónica e sincrónica (2012), Lisboa: Instituto Universitário de Lisboa (ISCTE-IUL); Centro de Estudos Africanos (CEA-IUL); Instituto de Investigação Científica Tropical (IICT), S. 27–46.

68 Siehe Debatte und Evidenzen zum Schmuggel (*contraband*) in Bezug auf historische und archäologische Quellen: Deagan, Kathleen, „Eliciting Contraband through Archaeology: Illicit Trade in Eighteenth-Century St. Augustine", in: Historical Archaeology 41:4 (2007), S. 98–116.

Carreras), d. h., Schiffsverbänden, die teuer und schwerfällig waren sowie extrem korruptionsanfällig. Das verzögerte die Dominanz der Europäer über das atlantische Mittelstück des Sklavenhandels bis ca. 1650. Die Kontrolle über den atlantischen Zentralraum des Slaving, die Mittelpassage, bildete sich erst unter nordwesteuropäischer Hegemonie zwischen 1650 und 1750 heraus (mit Beginn in Amsterdam). In dieser Zeit entstand auch das „freie" Unternehmertum. Die Hegemonie englischer, französischer, bretonischer oder holländischer Kaufleute, Investoren und Kapitäne war nie ganz uneingeschränkt,[69] vor allem wegen der afrikanischen Dominanz in der Sklavenjagd in Afrika sowie der Anlieferung zu den Schiffen und wegen des notwendigen Hilfspersonals vor Ort (in afrikanischen und amerikanischen Sklavenhäfen – oft Nachkommen von Europäern und indigenen Müttern), auf den Schiffen (Matrosen, Übersetzer, Informanten, Lotsen, Barbiere, Heiler, Köche, u. a.)[70] und in den amerikanischen Hafenstädten.

Große Sklavereien und institutionalisiertes Slaving mit den Kernelementen menschliche Körper und Transport auf der Mittelpassage (transatlantischer Sklavenhandel), wie sie sich zwischen 1450 und 1650 im Atlantikraum und seinen Hinterländern entwickelten, haben entscheidend zur Entfaltung dessen beigetragen, was die Merkantilphase und die Industriephase des europäischen „Kapitalismus" im atlantischen Raum genannt werden, der sich schneller als andere globale Produktionszentren (wie Indien und China) von frühneuzeitlichen Beschränkungen und Ressourcenknappheiten befreite. Es war aber mehr, die hier in ganz großen Umrissen beschriebene Akkumulation von Menschenkapital aus Fernhandel mit Kriegsgefangenen war etwas, was Westeuropäer zunächst von afrikanischen Eliten gelernt hatten. Somit erhält Afrika einen festen Platz in der globalen Geschichte kapitalistischer Akkumulation und cum grano salis in der Geschichte des „Westens" – seine Eliten lieferten bis um 1880 das Kapital menschlicher Körper, Versklavte und die Sklavereien, die sich von Afrika über den Atlantik bis in die Amerikas und über den Indik bis nach Indonesien ausbreiteten. Dieser Menschenkapitalismus brachte die Versklavten in eine von Versklavern kontrollierte und strukturierte Mobilität, die als wirtschaftliche Dynamik nachgerade eines der wichtigsten Elemente von Modernität wurde.

Die atlantische Sklaverei entstand, mit Vorläufern seit ca. 1300 unter den Auspizien des so genannten Frühkapitalismus und in Konkurrenz zwischen Atlantikkreolen, Sepharden sowie iberischen Kron-Kapitalismen in Westafrika (1450–1650).[71] Merkantilkapitalismus (seit ca. 1650), Industriekapitalismus (seit ca. 1830)

69 Gómez, Pablo F., „The Circulation of Bodily Knowledge in the Seventeenth-century Black Spanish Caribbean", in: Social History of Medicine Vol. 26:3 (2013), S. 383–402.

70 Soares, Mariza de Carvalho, „African Barbeiros in Brazilian Slave Ports", in: Cañizares Esguerra, Jorge; Childs, Matt D.; Sidbury, James (eds.), The Black Urban Atlantic in the Age of the Slave Trade, Philadelphia: University of Pennsylvania Press, 2013, S. 207–230.

71 Green, Tobias, The Rise of the Trans-Atlantic Slave Trade in Western Africa, 1300–1589, Cambridge: Cambridge University Press, 2011.

und Finanzkapitalismus (seit 1870) waren in dieser Perspektive die zweite, dritte und vierte Phase eines vom atlantischen Raums ausgehenden, globalen Kapitalismus, der seit 1800 nur in Ausnahmegebieten (wie England) oder Peripherien (wie Mittel- und Nordeuropa) nicht mehr oder nur noch indirekt vom atlantischen Slaving abhing. Erst zwischen 1860 und 1890 löste sich der enge Nexus zwischen atlantischem Slaving (*hidden Atlantic*) und nunmehr vor allem europäischen und amerikanischen Kapitalismen in globaler Perspektive, verbunden mit einer Neudefinition von „Westen" (und zunehmend „Norden").Das heißt aber nicht, dass nicht vielfältige andere Typen und Formen von Sklaverei, wie Kontrakt-Sklaverei (Kulis, Kanaka, Kru) und kollektive oder individuelle Schuld-Sklaverei (*peonage*) weiter ausgebeutet wurden (meist außerhalb (*beyond*) des „Westens", aber nicht nur, wie Kontraktsklaverei) und vor allem die absolut „klassischen" Haussklavereien von Frauen, Mädchen und Kindern, auch *im* Westen oft „ohne Institution" weiter existierten und sich bis heute auch weiter entwickelt haben.[72]

Sklavenfang, Sklavenrazzien und Geschäfte mit Transport und Handel mit Sklaven sowie offene und legale Sklavereien auf Plantagen schienen im neuen „Westen" seit Beginn der so genannten engeren Moderne um 1870 zu verschwinden und sich in andere Räume zu verlagern bzw. zurückzuziehen (die Plantagen blieben). In Wirklichkeit aber wandelte die sehr alte Institution Sklaverei in diesem „Westen" ihren Aggregatzustand von kompakt zu flüssig und zu neuen kollektiven Formen von Sklavereien (Lager) sowie „kleinen" Haussklaverei; heute zu (legal) nicht definierten Sklavensituationen und -status (die zum Teil aktiv) genutzt werden, um Krieg, Hunger oder Verlendung zu entgehen. Vor allem in den islamischen Gebieten aber auch in Afrika oder Indien blieben noch lange traditionelle urbane Sklavereitypen sowie klassische Sklavenjagd und Sklaven/Menschenhandel erhalten. Im Westen aber entstanden kleinere, informelle und flexible Sklavereien und sklavereiähnliche Zwangsarbeiten, schneller Menschenschmuggel, vor allem Frauen-, Mädchen- und Kinderhandel sowie alle Typen von Zwangsprostitution. Verborgene Formen von Zwangsarbeiten bildeten sich, die die Globalisierung bis zum heutigen Tag wie Schatten begleiten.

Eine Globalgeschichte der Sklaverei kann also kein Jubelbuch zum Jahrestag sein. Geschichte ist nicht nur eine Kontinuum von „Verbesserung", „Freiheit", „Fortschritt", „Modernisierung" oder mehr „Menschenrechten" oder wie man auch immer eine positive Entwicklung nennen mag, sondern auch ein „Kontinuum exzessiven Gewalthandelns"[73] sowie unterschiedlichster Sklavereien.

72 Campbell; Miers; Miller (eds.), Women and Slavery, passim; Baak, Paul, „About Enslaved Ex-Slaves, Uncaptured Contract Coolies and Unfree Freedmen: Some Notes about 'Free' and 'Unfree' Labour in the Context of Plantation Development in Southwest India, Early Sixteenth Century-Mid 1990s", in: Modern Asian Studies 33 (1999), S. 121–157.

73 Karch, Daniel, „... selbst wenn wir sie dabei auslöschen." Entgrenzte Gewalt in der kolonialen Peripherie", in: Jahrbuch für Europäische Überseegeschichte 10 (2010), S. 93–119.

Sklavinnen und Sklaven litten immer unter der Brutalität von Versklavung, Transport (Verschleppung/Zwangsmobilität) und Sklaverei. Aber sie mussten sich gezwungenermaßen mit Terror, Zwang und Gewalt, Vergewaltigung, schwerer Arbeit und schlechten Lebensbedingungen arrangieren. Ihr Interesse an der Sklaverei und an der Überwindung der Sklaverei ist sehr alt; das von Wissenschaftlern etwas mehr als 250 Jahre.

Heute gibt es paradoxerweise ein neues Interesse an unfreier Arbeit sowie Menschen- und Sklavenhandel. Gut bezahlte Arbeit ist knapp in Zeiten des globalen Finanzkapitalismus; auch und gerade in Zeiten seiner periodischen Krisen nimmt Ungleichheit, die immer auch Ungleichheit zwischen Menschen in verschiedenen Regionen der Welt ist, zu. Vermeintlich „billige", prekäre und „schmutzige" Arbeiten, Zwangsarbeit, Unfreiheit, unehrenhafte Dienstleistungen, Ausnutzung von Körpern und Sklavereien, kennen keine Arbeitslosigkeit, denn Arbeit „an sich" ist immer ausreichend vorhanden. In den reichen Ländern des Westens aber wird die Mär verbreitet, „Arbeit verschwände". Das Gegenteil ist der Fall im globalen Maßstab. Der Anteil von harter und schmutziger Arbeit sowie Körper-Dienstleistungen wächst und es wachsen auch Zwangsarbeiten und Sklavereien, die zugleich immer neue Aggregatformen annehmen. Diese unterschiedlichen Formen haben eine gemeinsame Herkunft – sie stammen von unterschiedlichen Formen und Typen der Sklaverei und Elementen des Slaving ab, die zum Teil schon sehr, sehr alt sind.

Die enge Verbindung zwischen Sklaverei und heutigem globalen Kapitalismus mag weit hergeholt erscheinen. Es gibt aber noch mehr Anzeichen dafür, dass Sklaverei und Kapitalismus wieder engere Bindungen haben beziehungsweise diese nie ganz gelockert worden sind. Heute findet wieder eine rasante Ausweitung sowie Differenzierung von so genannten „prekären" Arbeitsverhältnissen sowie eine extreme Expansion kapitalistischer Eigentumsrechte (Stichworte: „Privatisierung") statt. Privatisierung dehnt sich aber auch auf viele Bereiche aus, so zum Beispiel menschliche Körper, Körperteile, Organe – das ist sozusagen die Deleuze-Variante der Eigentumsrechte, die noch im 19. Jahrhundert als völlig legitim galten: Menschen oder Teile von Menschen können Eigentum anderer Menschen sein. Heute sollen nach dieser Logik auch Körperteile, Organe, Zellen und Gebärmütter von Menschen als „Eigentum" Anderer gelten können; über sie wird verfügt und sie werden verkauft (und gekauft). Das ist Körperkapitalismus, der immer auch mit Gewalt über Körper zu tun hat und als ein solches Verhältnis ebenso sehr alt ist.[74]

Vorliegendes Buch will ein Handbuch zur Einführung in die globale und zeitlich sehr weit zurückreichende Typen- und Formenvielfalt dessen sein, was wir mit dem Meta-Begriff „Sklaverei"[75] bezeichnen. Ein besonderes Anliegen ist die

74 Scheper-Hughes, Nancy, „The global traffic in human organs", in: Current Anthropology 41:2 (2000), S. 191–224; Scheper-Hughes, „Bodies for sale – whole or in parts", in: Scheper-Hughes; Wacquant, Loïc (eds.), Commodifying bodies, London: Sage Publications, 2002, S. 1–8.

75 Zur Definition von „Sklaverei" in welthistorischer Tiefe und globalhistorischer Breite siehe: Zeuske, „Sklaverei – eine sehr alte Schlange", in: Zeuske, Eine Menschheitsgeschichte, S. 7–40.

Darstellung der jeweils zeitgenössischen Perzeption des Phänomens Sklaverei in unterschiedlichen Sprachen, Zeiten und Räumen. Perzeption bedeutet im breitesten Sinne die Auffassungen und Meinungen von Zeitgenossen, auch Sklaven und Sklavinnen, über „ihre" Sklaverei. Ob Sklavinnen und Sklaven als „Subalterne"[76] in eigener Repräsentation über „ihre" Sklaverei sprechen (schreiben, dichten, malen, singen) konnten, ist einer der großen Problemkomplexe von Postkolonialismus. Aus europäischer Perspektive der Neuzeit sind Seeexpansionen Europas, Kolonialismus, Sklaverei und Menschenhandel sowie Wirtschafts-, Stadt- und Staatsentwicklung engstens verbunden. Ich will diese Herrschaftspositionen Europas nicht relativieren (ganz im Gegenteil), aber in welt- und globalgeschichtlicher Perspektive zeigen, dass Sklavereien und Menschenhandelformen immer und weltweit mit Expansionen, Kriegen, Gewalt, Tributen, Mobilitäten, Überlagerungen und Transkulturationen zu tun hatten – in allen im Vorwort genannten globalen Makroregionen und auf den Meeren und Ozeanen. Allerdings in unterschiedlicher Intensität und in unterschiedlichen Chronologien. Dieses Ordnungsmuster habe ich, wie bereits gesagt, mit dem Konzept „welthistorische Plateaus"[77] der Sklaverei zusammengefasst.

Wichtig war mir darzulegen, was es für Sklavinnen und Sklaven bedeutete, Sklave zu sein und unter alltäglichem Terror zu leben. Das ist der Basisansatz dieses Buches. Es mag Leserinnen und Leser erstaunen – die wenigsten Geschichten der Institution Sklaverei gehen auf ihre wichtigsten Akteure, die Versklavten selbst, ein.[78] Ich habe überall, wo es möglich war, versucht, diese „Erlebnisseite" und Akteursseite auf die Geschichte großer Strukturen und Prozesse der Weltsozialgeschichte, Wirtschafts- und Politikformen zurückzuführen. „Akteurschaft" (*agency*) bedeutet zunächst, Sklaven nicht nur als passive Opfer zu sehen. Sklaven hatten *agency* (obwohl das Konzept heute selbst in der Kritik steht).[79] Wie immer man es nennen mag – agency, Handlungsmacht, Handlungsspielräume oder gar Subjekti-

76 Anderson, Clare, Subaltern Lives: Biographies of Colonialism in the Indian Ocean World, 1790–1920, New York: Cambridge University Press, 2012 (Critical Perspectives on Empire).

77 Systematisiert in: Zeuske, „Globalhistorische Sklavereiplateaus", in: Zeuske, Sklaverei. Eine Menschheitsgeschichte von der Steinzeit bis heute, S. 41–140.

78 Vidal Ortega, Antonino; Caro, Jorge Enrique Elías, „La desmemoria impuesta a los hombres que trajeron. Cartagena de Indias en el siglo XVII. Un depósito de esclavos", in: Cuadernos de Historia 37, Universidad de Chile (Diciembre 2012), S. 7–31; Sanz, Vicent; Zeuske, „Microhistoria de esclavos y esclavas", in: Sanz; Zeuske (eds.), Millars. Espai i Història Vol. XLII/1 (2017) (= número monográfico dedicado a 'Microhistoria de esclavas y esclavos'), S. 9–21; Zeuske, „Die Nicht-Geschichte von Versklavten als Archiv-Geschichte von „Stimmen" und „Körpern", S. 65–114.

79 Krause, Kristina; Schramm, Katharina, „Thinking through Political Subjectivity", in: Afrcian Diaspora 4 (2011), S. 115–139; O'Toole, Rachel Sarah, „As Historical Subjects: The African Diaspora in Colonial Latin American History", in: History Compass 11/12 (December 2013), S. 1094–1110; Dunkley, Daive A., Agency of the Enslaved: Jamaica and the Culture of Freedom in the Atlantic World, Lanham: Lexington Books, 2013; Schiel; Schürch, Isabelle; Steinbrecher, Aline, „Von Sklaven, Pferden und Hunden. Trialog über den Nutzen aktueller Agency-Debatten für die Sozialgeschichte", in: Schweizerisches Jahrbuch für Wirtschafts- und Sozialgeschichte 32 (2017), S. 17–48.

vität –, Versklavte waren trotz Gewalt und Terror aktive Mitgestalter ihrer Lebenswelt. Unabhängig davon, wie groß oder klein ihre Gestaltungsspielräume waren. Meist waren sie sehr klein, zumindest in der materiellen Kultur. Andauernd und übergreifend war das Leben von Sklaven und Sklavinnen durch Strukturen, Gewalt und Sachzwänge geprägt. Aber Abhängigkeit oder Abhängigkeiten, manchmal von mehreren Herren, schufen auch Bewegungsmöglichkeiten. Meist waren die Spielräume, wie gesagt, relativ klein und für Außenstehende kaum erkennbar. Allerdings war der Einfluss von Versklavten in Summa und über längere Zeiträume prägend für viele Räume und Gesellschaften, wie es die Prismen-Konzepte von Kreolisierung und Transkulturation deutlich werden lassen.

Ein Text über Sklaven und Sklaverei in der Welt- und Globalgeschichte, die immer nur als Perspektive gelten kann, muss aus all dem Gesagten gezwungenermaßen mit einem Paradox beginnen: „Hegemonische" Sklaverei ist allen bekannt, aber keiner kennt das Leben Versklavter und Sklavereien wirklich (von den Opfern abgesehen). Das liegt vor allem daran, dass es, über die lange Zeit der Weltgeschichte seit der neolithischen Revolution in einigen Gebieten der Welt, von 10 000 v. u. Z. bis heute gesehen, zwar Menschen in Situationen der Gewalt und Unterwerfung gab, aber keine institutionalisierte Sklaverei. Dieser Status traf vor allem Frauen und junge Mädchen sowie Kinder in Familien und Haushalten (Männer wurden zunächst getötet, fielen Opfer- oder Tortur-/Anthropophagieritualen anheim). Unsere historische Erinnerung von Sklaverei bezieht sich aber vor allem auf die spektakuläre Zeit der Symbiose zwischen afrikanisch-atlantischem Menschenkapitalismus, frühem Merkantilkapitalismus (Sklavenhandel) sowie tropischen Exportwirtschaften mit Massensklavereien in den Amerikas zwischen 1650 und 1888 (atlantische Sklaverei). Die meisten Klischees über diese am besten bekannten Sklavereien der *Atlantic Slavery* lauten etwa so: „Sklaven ... waren Neger die Hunger hatten und viel arbeiten mussten und gepeitscht wurden" oder „Sklaverei ... das war doch, harte Arbeit, Gewalt, Aufstand und Rebellion". Meist wird auch nur über Sklaverei als Institution gesprochen. Eine fundamentale Unkenntnis des Lebens der Sklavinnen, Sklaven und Sklavenkinder ist sozusagen eingebaut. Der Sklavenfang in Afrika ist kaum bekannt. Er war für das System der Atlantik Slavery (Afrika-Atlantik-Amerikas; Finanzen/Schiffe bis um 1840 vor allem aus Europa) aber fundamental.

Das Wort Sklaverei dient oftmals heute nur noch als Metapher für Ausbeutung und Unterdrückung. Individuell erkennbare Menschen, Frauen, Kinder und Männer, die wirklich Sklaven sind, kommen in dieser Erinnerung gar nicht vor. Selbstrepräsentationen von Sklaven sind sehr selten.[80] Wenn überhaupt, „sprechen" meist Andere für Menschen, die versklavt sind oder waren. Sklaven und ihre Arbeit werden durch Diskurse von Eliten, die von ihrer Arbeit profitieren, idyllisiert oder

80 Cottias, Myriam; Mattos, Hebe (dir.), Esclavage et subjectivités dans l'Atlantique luso-brésilien et français (XVIIe–XXe siècles), Marseille: OpenEdition Press, 2016.

von ihren Opfern in Furcht und Scham verschwiegen. Oder es entsteht eine eigenartige Mischung von Organisationen, Recht, Akteuren und Diskursen, die – wie im gesamten 20. Jahrhundert – nicht zu einer Definition finden, was heute als „frei" oder „unfrei" gelten soll, nachdem die „alte" Sklaverei des 19. Jahrhunderts in der kapitalistischen Ökonomie Europas und beider Amerikas, spätestens seit 1888 (Aufhebung der Sklaverei in Brasilien) als „abgeschafft" (Abolition) gilt.

Ein zweites Paradox besteht darin, dass europäische Leibeigenschaft oder asiatische und afrikanische Sklavereien nicht mit den Sklavereien Amerikas im 18. und 19. Jahrhundert verglichen werden sollen. Fast scheint es so, als solle der Exotismus des jeweils „Orientalischen" unbedingt erhalten bleiben, um auch den leisesten Gedanken daran zu verschleiern, dass es sich auf Basis von Gewalt über Körper sowie Statusdegradierung in unterschiedlichen legalen Fassungen möglicherweise um Gleiches, Ähnliches oder gar Dasselbe, d. h., Universelles, an unterschiedlichen Orten und in differenten Räumen unter regionalen Namen in anderen Sprachen handelt. Vor allem in seinen Wirkungen auf menschliche Körper. Das sozusagen „westliche" Wort „Sklaverei", und sei es in Portugiesisch, Englisch, Französisch, Schwyzerisch, Sächsisch oder Spanisch ausgesprochen, macht in China, Rußland (und anderen slawischen Sprachen) oder Korea keinen Sinn. Wird in Chinesisch oder Koreanisch oder Hindi beschrieben, dass es sich um von weit her verschleppte Menschen dunkler Hautfarbe auf Zuckerplantagen handelte, weisen Zuhörer empört darauf hin, dass es bei ihnen weder jemals „solche Sklaven" noch große Zuckerplantagen gegeben habe. Beschreibt man allerdings eine andere Sklaverei, sagen wir, die von zwangsadoptierten Mädchen in Haushalten von Eliten, wird die Antwort lauten: ja, das existiere, heiße aber ganz anders und sei seit Jahrhunderten oder Jahrtausenden Teil der lokalen Tradition. Schon die Sklaverei- und Kolonialeliten des 18. und 19. Jahrhunderts manipulierten diese semantischen Sinn-Paradoxien fast bis zur Perfektion. In Indien und anderen Gebieten der östlichen Hemisphäre gab es nach diesem Verständnis gar keine Sklaverei, sondern es handele sich etwa bei der Haussklaverei zwangsadoptierter Mädchen, gekaufter „Ehefrauen" (die nach Kauf oder Tausch auch noch die Kaste wechselten), Sklaven-Sängerinnen und -Tänzerinnen, kollektiven „Sonderformen" von Sklavereien ganzer Dörfer, Altersgruppen, Kasten oder Gebiete/Regionen oder bei der Schuldsklaverei von Kindern um durch lange Traditionen geheiligte Arbeits-, Familien- und Klientelverhältnisse.[81]

Auch galten bestimmte regionale Sklavereien bis noch zum Ende des 19. Jahrhunderts quasi als „Geschenk" für Sklavinnen und Sklaven. Die katholischen und kosmopolitischen Eliten des iberischen Südatlantik, Brasiliens und Kubas, wurden

81 Chatterjee, Indrani, Gender, Slavery and Law in Colonial India, New Delhi: Oxford University Press, 1999; Caswell, F. Matthew, The Slave Girls of Baghdad, London & New York: I. B. Tauris, 2011; Campbell; Stanziani, Alessandro (eds.), Bonded Labour and Debt in the Indian Ocean World, London and Vermont: Pickering & Chatto, 2013.

nicht müde zu behaupten, dass ihre Sklaverei, vor allem wegen der „Richtigkeit und Milde“ ihres Glaubens, etwas ganz anderes darstellte als die „kapitalistische und kalte“ Sklaverei der Engländer, US-Amerikaner sowie Niederländer.[82] Die „armen Afrikaner“ würden durch „guten Sklavenhändler“ nicht nur aus schrecklichen Verhältnissen der Menschenfresserei, der Dauerkriege und Tyranneien in Afrika gerettet, sondern bekämen das Seelenheil des „richtigen Glaubens“ noch als Bonus obendrauf. Die Briten wiederum erfanden speziell für ihr Kronjuwel Indien schnell einen Popanz – die „richtige Sklaverei“, natürlich von „Negern in der Karibik“, dem ihrer Meinung nach die jahrtausendealte Tradition der Kasten- und Schuldsklavereien und unterschiedlichsten Sklavereiformen in Indien so gar nicht entsprach. Das ging so weit, dass die vielfältigen realen Sklavereien auf dem indischen Subkontinent seit der britischen Abolition der Sklaverei im Westen (1838) nicht mal mehr mit dem Wort „Sklaverei“ bezeichnet wurden. Wenn es in diesem Sinne „Sklaverei“ in Indien seit 1843 (Act V of 1843) nicht gab, so die verlogene Interpretation, brauchte sie auch nicht aufgehoben zu werden.[83] Ähnlich funktionierte diese mediale, aber auch sehr reale Strategie der Verschleierung auch später in Afrika, Indonesien oder anderen Kolonialterritorien (*delegalization of slavery*). In der Realität aber existierte Schuldsklaverei schon lange oder die offene Sklaverei wurde seit 1840 durch Schuldsklavereien – monetarisierte Formen der Sklaverei – und viele andere Sklavereien sowie Kontraktarbeit (Kulis – eine Art Zeit-Sklaverei mit Kontrakt) ersetzt. Der Indienhistoriker Michael Mann hat gezeigt, dass in britischen Kolonialakten ab etwa der 1860er systematisch das Wort „Sklaverei“ vermieden wurde. Diese offizielle Haltung internalisierten Kolonialbedienstete so weit, dass sie auch in ihren Autobiografien und Lebenserinnerungen den Begriff Sklaverei nicht mehr benutzten. Diese Texte wiederum lasen kolonialistische Historiker und Geschichtsschreiber. Sie rezipierten unkritisch Archivalien, in denen das Wort „Sklaverei“ in Bezug auf Indien nicht oder äußerst selten vorkam. Der so entstandene koloniale Diskurs ist auch nach Ende der Koloniezeit immer noch so stark, dass noch heute fast immer angenommen wird, es bestünden absolute Unterschiede zwischen der rechtlich relativ klar definierten amerikanischen Sklaverei der großen Plantagen und südasiatischen Typen der kaleidoskopartigen Sklaverei, die viele Namen tragen und rechtlich/kulturell sehr unterschiedlich konnotiert sind. Es bestehen aber nur relative Unterschiede eben konkreter Sklavereien an ihren jeweiligen konkreten Orten. Sklaverei sind alle.[84]

---

82 Holeman, Jamie, „'A Peculiar Character of Mildness': The Image of a Human Slavery in Nineteenth-Century Cuba“, in: González-Ripoll, María Dolores & Álvarez Cuartero, Izaskun (eds.), Francisco de Arango y la invención de la Cuba azucarera, Salamanca: Ediciones de la Universidad de Salamanca, 2009 (Aquilafuente, 158), S. 41–54.

83 Zum „britischen Modell“ der Abolition in Indien und zu seinen globalen Applikationen, siehe: Miers, „The British Indian Model of Emancipation“, in: Miers, Slavery in the twentieth century: the evolution of a global problem, Lanham, MA: Altamira Press, 2003, S. 30–31 und passim; siehe auch: Mishra, „Historical Perspective“, in: Mishra, Human Bondage, S. 19–38.

84 Mishra, „Historical Perspective“, in: Mishra, Human Bondage, S. 19–38.

Ein drittes Paradoxon: Fast immer wird Sklaverei mit Rassismus verwechselt. Statusminderung ist ein Element von Sklavereien; nicht immer standen chromatische und phänotypische Merkmale im Zentrum dieser Statusdegradierung. In heutiger Perzeption von Sklaverei, nota bene der „hegemonischen“ Sklaverei, müssen Sklaven – fast per Definition – immer dunkelhäutige Menschen aus Afrika sein, meist in den Südstaaten der USA im 19. Jahrhundert, im heutigen arabischen nördlichen Westafrika oder im atlantischen Sklavenhandel, so etwa in einer philosophischen „Theorie der Globalisierung“, die in Wirklichkeit eine philosophisch angehauchte Ästhetisierung des heutigen Kapitalismus ist oder in der arabischen Tradition, dass Schwarze „Sklaven par excellence“ seien.[85] Dabei waren „weiße“ und blauäugige Menschen aus Europa im frühen Mittelalter durchaus Sklaven von dunkelhäutigeren Menschen aus Nordafrika oder Arabien – durchaus auch in Massen. Vor allem Osteuropa war zwischen 800 und 1500 eine Art „Afrika“ islamischer Gesellschaften. Und der Raum, der heute als Europa bezeichnet wird, war ein Gebiet der Kin-Sklavereien und zwischen 700 sowie ca. 1800 auch ein Kontinent der formierten Sklavereien und des Sklavenhandels.

Fern und antik oder schwarz und exotisch – das sind heute die Bilder, vielleicht sollte ich besser sagen, die „Gestalt“, der Sklaverei in der Öffentlichkeit in Mitteleuropa. Für Kevin Bales, einen der wichtigsten Autoren über heutige Sklaverei und Aktivisten im Kampf gegen Sklaverei, ist die Definition aller Sklaverei denkbar einfach – es ist „die vollkommene Beherrschung einer Person durch eine andere zum Zwecke wirtschaftlicher Ausbeutung“.[86] Sklaverei im historischen Westen, der sich seit 1450 im Europa der Atlantikanrainer, den Amerikas und Westafrika herausgebildet hat, ist mit Gewalt erzwungene Arbeit in einem Herrschaftsverhältnis, das in „römischer“ Tradition als juristisches Verhältnis zwischen Eigentümer und Sklave gestaltet ist. Mit seiner Kurzdefinition hat Bales natürlich sofort Schwierigkeiten mit all denen, die den Blick auf die unpersonale, weit gefasste Gewalt der Strukturen („der“ Globalisierung zum Beispiel), des verborgenen Frauen- und Kinderhandels im Kapitalismus oder die Konstellationen der Arbeit an oder hinter den Grenzen kapitalistischer Globalwirtschaft richten, in oder an denen die Formen extremer Abhängigkeit ineinander übergehen und neue Sklavereien entstehen. Mit Kennern der römischen Sklaverei hätte Bales auch Schwierigkeiten, die ihn mit mildem Lächeln auf das so genannte „römische“ Recht verweisen würden, das als Beitrag Roms zur Weltgeschichte Sklaverei und Sklaven als legales Eigentum von

85 Sloterdijk, Peter, Im Weltinnenraum des Kapitals. Für eine philosophische Theorie der Globalisierung, Frankfurt am Main: Suhrkamp, 2006; Oßwald, R., „Rassismus und Sklaverei als Rechtsproblem in Nord- und Westafrika“, in: Jokisch, Benjamin; Rebstock, Ulrich; Conrad, Lawrence I (eds.), Fremde, Feinde und Kurisoses, Berlin: De Gruyter, 2009, S. 253–277.

86 Bales, Die neue Sklaverei, S. 13; Martín Casares, Aurelia, „Historia y actualidad de la esclavitud: claves para reflexionar“, in: Gutiérrez Usillos, Andrés et al. (coords.), Laberintos de libertad. Entre la esclavitud del pasado y las nuevas formas de esclavitud del presente, México D.F.: Ministerio de Educación, Cultura y Deporte, 2012, S. 13–24.

Menschen (also ein Rechtsverhältnis, im englisch-amerikanischen Sprachraum auch als *chattel-slavery* bezeichnet) erst wirklich definiert habe. Kulturhistoriker würden auf andere Eigentumskulturen, Traditionen und Grammatiken, sozialen Tod, Selbst- und Fremdrepräsentationen, persönliche, juristische und religiöse Einbindungen oder gar auf die Ungültigkeit „westlicher Kategorien" für Geschichte, Kultur und Gesellschaft Japans, Afrikas, Russlands, Chinas, Südostasiens oder Indiens verweisen – das heißt welthistorische Differenz statt grundlegender globalgeschichtlicher Gemeinsamkeiten und eventuell sogar ein eigenes Bewusstsein, eine eigene Sprache und globale Solidarität der Unterdrückten. Aber in gewisser Weise, bezogen auf direkte, von einer Person gegen eine andere Person ausgeübte körperliche Gewalt, auf die andauernde Furcht vor strukturellem und symbolischem Terror sowie vor Hungertod und mit Blick auf die allumfassende Verfügungsmacht von Sklavenhaltern über Sklaven, hat Bales nicht Unrecht. Sklaven haben nirgendwo freien Willen im Sinne traditioneller Rechtsphilosophie, irgendeine Arbeit ihres Sklavenhalters abzulehnen oder zwischen mehreren Angeboten zu wählen. Die jeweils konkret-historischen Sozialstrukturen, Abhängigkeiten, Begründungssysteme, Kosmologien und kulturellen Repräsentationen sind oft extrem unterschiedlich, wie auch die Spielräume für eigene Aktivitäten von Sklavinnen und Sklaven (*agency*) unterschiedlich sind, fügt der Historiker hinzu. Insofern haben wir es beim *slaving* mit einer globalhistorischen Universalie zu tun – und einer Art Menschheitsgeschichte „von unten".[87]

Wir haben es noch auf eine andere, ganz unvermutet persönliche Art mit einer Universalie zu tun. Unterschiedliche Sklavereitypen und Übergangsformen zwischen Sklaverei und extremer Unfreiheit sowie Arbeitssystemen mit strukturellem Zwang innerhalb vielfältiger Arbeitsverfassungen und Eigentumskulturen haben die Geschichte der übergroßen Mehrheit nicht nur der Menschen in und aus Afrika, der Karibik oder in den Baumwollkulturen des nordamerikanischen Südens geprägt, sondern das alltägliche Leben, die Kultur und Vorstellungswelt aller unserer Vorfahren als Menschheit in *Afroeurasien* (Afrika-Europa-Asien) und den Amerikas sowie der anderen Territorien der Erde, spätestens seit dem Beginn der Neolithisierung vor ca. 12.000 Jahren – ich wage zu behaupten, einschließlich der Leserinnen und Leser, der Verleger und des Autors.

Die ersten sicheren (geschriebenen) Quellen über Sklaven als Handelsgüter stammen in Europa vorwiegend aus der Eisenzeit (seit etwa 700 v. u. Z.); in Westasien bereits aus dem steinzeitlichen Mesopotamien der Uruk-Zeit an der Wende vom 4. zum 3. Jahrtausend v. u. Z., aus der „eminent ersten Zivilisation der Weltgeschichte".[88] Aber Sklavereien „ohne den Namen Sklaverei" und ohne dauerhafte Institutionalisierungen hat es mit Sicherheit schon viel länger gegeben.

---

87 Miller, The Problem of Slavery as History; Zeuske, Sklaverei. Eine Menschheitsgeschichte.

88 Mendelson, Slavery in the Ancient Near East: A Comparative Study of Slavery in Baylonia, Assyria, Syria, and Palestine; Sommer, Michael, „Der Kosmos der großen Institutionen", in: Sommer, Die Phönizier. Handelsherren zwischen Orient und Okzident, Stuttgart: Alfred Kröner Verlag, 2005 (Kröners Taschenausgabe; Bd. 454), S. 18–30, hier S. 18.

Die wenigsten Menschen in Europa können jemals wirklich konkret wissen, ob es Sklaven oder Leibeigene unter ihren entfernteren Vorfahren gegeben hat (was aber fast sicher ist). Menschen in Amerika, einem der jüngeren historischen Siedlungskontinente von Afrikanerinnen und Europäern, oder Afrika, wo Sklavenjagd, Sklaverei und ihre Nachwirkungen noch bis in das 21. Jahrhundert virulent sind, begreifen die über Sklaverei hergestellten Zusammenhänge zwischen heutiger Zeit, Lebensgeschichten und Globalgeschichte besser. Noch jünger als die Forschungen zu den humanen Populationen Amerikas sind die über Australien und den „Ozeankontinent" Pazifik. Dort gab es während des Guanobooms im 19. Jahrhundert massiven Sklavenhandel und Sklavereien, die allerdings nie Dimensionen und Kompaktheit des atlantischen Slavings erreichten, sondern eher schon den heutigen, flexibleren Formen von Sklaverei zwischen Menschenraub und temporärer Zwangsarbeit ähnelten.

Frage und Definition von Sklaverei sind deshalb in den Amerikas und Afrikas auch härter umkämpft. Wie gesagt, waren die Vorfahren fast aller heute Lebenden in den atlantischen Amerikas, in Südostasien und in Afrika von Sklaverei betroffen, unter anderem auch als Menschen, die an Slaving, Transport oder Überwachung partizipierten. In Sklavereigesellschaften vor allem der Amerikas gab es bis um 1860–1888 immer eine sehr kleine Sklavenhalterelite sowie mehr als 30 % Sklavinnen und Sklaven (*Second Slavery*). Dazwischen hatten alle Mitglieder der Gesellschaft, oft auch ehemalige Sklavinnen und Sklaven, wirtschaftlich und sozial in gigantischen Abhängigkeitssystemen etwas mit Sklavenhandel, Sklavenbewachung oder Organisation der Sklaverei zu tun. Oft besaßen sie auch Sklaven. Das gilt auch in dem Sinne, dass viele der in Afrika verbliebenen ferneren Vorfahren der heutigen Afroamerikaner gegenüber denen, die in die Sklaverei verkauft, verurteilt oder als Kriegsgefangene abtransportiert wurden, ein schlechtes Gewissen haben und die Erinnerung daran noch relativ frisch ist.

Auch die Geschichte vor allem der großen Imperien war immer durch Sklavereien und Übergangsformen zur Unfreiheit mit der Gefahr, in Zwangsformen der Arbeit und des Lebens zu geraten, geprägt. Insofern war (vielleicht) die Etappe des Kalten Krieges 1950–1990 in Europa und Nordamerika eine welthistorische Ausnahme (allerdings mit der Folge, dass die Gefängniskomplexe und Gulags im Innern der Imperien massiv anwuchsen).

Waren Sklavereien modern? Ja, wenn man als wesentliche Kriterien der Modernität (und der heutigen Globalisierung) Mobilität, Wirtschaftsdynamik und Profitmöglichkeiten setzt. Das gilt vor allem für die „großen" Sklavereien der Neuzeit, aber cum grano salis auch für die großen Imperien mit ihren Sklavereien. Weil aber Imperien vor 1500 und im Mittelalter eigentlich nicht „modern" sein dürfen (oder lange nicht durften), sollte ich hier lieber so formulieren (*mode* ist eine Art und Weise, ein Konzept, das zunächst aus der Philosophie und dann aus der Architektur abgeleitet worden ist und schließlich bei Kleidung landete): an der Spitze militärischer, politischer, wirtschaftlicher, rechtlicher und sozialer sowie kultureller

Dynamik ihrer jeweiligen Zeit. Die jeweiligen großen, norm- und modesetzenden Kolonial-Imperien der Neuzeit im „Westen“ (Portugal, Spanien, England, Niederlande, Frankreich) waren zugleich die *big five* des atlantischen und globalen Sklavenhandels sowie einer Reihe von kolonialen Sklaverei- und Plantagengesellschaften. Modern waren Sklavereien, immer gefasst als Sklaverei-Gesellschaften (sozusagen Land-gebunden; im Falle der *big five* meist in den Kolonien) und Sklavenhandel (*Atlantic slavery* oder *Atlantic slaving*)[89] nicht nur durch ihre gewaltsame Mobilität für Verschleppte, aber auch für Sklavenhändler, Matrosen und Sklavenhandelspersonal (mit den jeweilig modernsten Technologien, auch denen der Überwachung); modern waren Sklavereien auch, weil sich die Profiteure die jeweilige Modernität (guten Geschmack, Bilder, Kleidung, Lebensstile, Förderung von Bildung, Gesundheit, etc.) auf Basis ihrer Gewinne sowie ihres sozialen Standings überhaupt leisten konnten. Modern waren Sklavereien auch, weil sie Neues, Transkulturiertes, neues Essen, Genussmittel, Exotisches, Wissen, neue Horizonte, Erfahrungen und vieles mehr aus den Tropen, sozusagen als „Rückwirkung“ (nach dem Muster: „das Imperium schlägt zurück“), in die Zentren der jeweiligen Reiche brachten und im 19. Jahrhundert Sklavereimodernen der *Second Slavery* in ehemaligen Kolonien (USA, Brasilien) und Noch-Kolonien (Kuba, Puerto Rico) sowie partiell in weiteren Gebieten (Ägypten, Marokko, Sokoto, Sansibar, Indonesien) begründeten. Und modern waren Sklavereigesellschaften wegen der *agency* der Versklavten, die neue Lebens- und Gemeinschaftsformen erprobten, die Widerstand leisteten und kulturell vieles hervorbrachten (Sport, Musik, Food) oder produzierten (Kaffee; Tabak, Zucker und Rum gelten zwar seit ca. 20 Jahren als nicht mehr so „modern“, gehören aber immer noch zur globalen Kultur) was heute als Weltkultur gilt. Und modern waren die ehemals Versklavten, die an einem welthistorischen Punkt die totale Freiheit erkämpften und Kolonialismus sowie Sklaverei vernichteten. Auf nachgerade geniale Weise hat Simon Gikandi in seinem Buch „Slavery and the Culture of Taste“[90] den vexierenden Zusammenhang zwischen Sklaverei und Modernität für Großbritannien erfasst – am deutlichsten in der realen (Haussklaverei, Leibdiener, Kleidung/Mode, Genussmittel, Tafel-Gegenstände) sowie symbolischen (Malerei) Luxuspräsentation. Im Grunde eine verdeckte Afrikanisierung des Luxus. Ohne Sklavinnen und Sklaven keine Präsentation von Reichtum, Freiheit und Schönheit. Zugleich diente die Gewalt, Schwere, Hässlichkeit und Garstigkeit dazu, Theorien des Schönen, des erwünschten Lebens und der Leichtigkeit des Seins in Geschmacksfragen und Praktiken der Hochkultur zu konzipieren. Picklige und stotternde englische Barone und versoffene amerikanische Pflanzer des Südens als neue Aristokratie – von den wirklich reichen absenten Pflanzern Jamaikas oder den großen atlantischen Merchants, Versicherern und

89 Zeuske, „*Atlantic Slavery* und Wirtschaftskultur in welt- und globalhistorischer Perspektive“, in: Geschichte in Wissenschaft und Unterricht 5/6 (2015), S. 280–301.

90 Gikandi, Simon, Slavery and the Culture of Taste, Princeton: Princeton University Press, 2011.

Bankern nicht zu reden – setzten, auf Basis der Profite aus Sklaverei und Sklavenhandel, Normen für die neue Mittelklasse des 18. und 19. Jahrhunderts. Auf dieser Basis entstanden auch die Großkonzepte von Freiheit und Persönlichkeit; sogar die der Abolition, gemischt aus einer Daueransprache moralisch-religiöser Gefühle sowie mehr und mehr europäischem Zivilisationshochmut.

Das „lange 19. Jahrhundert 1789–1914" ist im Westen (Kern Atlantik, aber auch Ostafrika und Ägypten) nicht nur durch immer mehr Slaving als Schmuggel (Brasilien, Portugal, Spanien und Kuba, USA) sondern auch durch den Kampf von Sklaven gegen die Sklaverei (Widerstand), durch Freiheitsdiskurse, Transkulturationen sowie atlantischen Republikanismus „von unten" und durch die politischen Debatten über sowie Konflikte um Aufhebung und Ächtung des Sklavenhandels und der Sklaverei (Abolition und Emanzipation) geprägt gewesen.[91] *Atlantic Slaving* und Kampf gegen die Sklaverei waren der Kern aller Prozesse. Vor allem deshalb, weil früher entstandene Formen der Globalisierung, die alle mit Expansionismus, Kolonialismus, Abhängigkeit und Sklaverei zu tun hatten und immer noch haben, trotz ihrer wirtschaftlichen Potenzen die politische Integration und die kulturelle Kohärenz westlicher Nationen behinderten oder zu zerstören drohten. Der westlichste aller Werte, die „Freiheit", ist erst durch den Kampf der Sklaven, aber auch der afroamerikanischen und indianischen Bauern Lateinamerikas, der Seeleute (maritimer Radikalismus) und der Abolitionisten gegen die atlantische Sklaverei tief in unserem Denken verankert worden.[92] Aber „Freiheit" hat auch eine Versklavungsseite – in dem vor allem bei der Entstehung des modernen Kapitalismus und des „freien" Marktes oft genutzten Argument von der „Freiheit" von Sklavenhändlern und Versklavern als Wirtschaftssubjekte (auch in der jeweils nationalen Variante – etwa „Freiheit britischer Kaufleute", „Unternehmer" (Sombart und Weber) etc.). Insofern ist Freiheit wirklich ein atlantischer und sogar globaler Wert. In Afrika, Asien und vor allem den islamischen Gebieten dagegen liefen unterschiedlichste Sklavereien weiter. Manche wurden modernisiert, meist mit Unterstützung euro-

91 Die beste Erklärung der britischen Abolition im Rahmen der atlantischen Wirtschaft und eines neuen Imperialismus findet sich bei: Tomich, „Econocide? From Abolition to Emancipation in the British and French Caribbean", in: Palmié, Stefan; Scarano, Francisco A. (eds.), The Caribbean. A History of the Region and Its Peoples, Chicago and London: The University of Chicago Press, 2011, S. 303–316, hier vor allem S. 311–312; aus der Perspektive Afrikas: Rossi, Benedetta, „Freedom Under Scrutiny", in: Journal of Global Slavery Vol. 2:1 (2017), S. 185–194.

92 Osterhammel, Jürgen, Sklaverei und die Zivilisation des Westens, München: Carl Friedrich von Siemens Stiftung, 2000; Christopher, Emma, „The Bloody Rise of Western Freedom", in: Christopher, Slave Ship Sailors and Their Captive Cargoes, 1730–1807, Cambridge [etc.]: 2006, S. 91–121; Frykman, Nyklas; Anderson, Clare; van Voss, Lex Heerma; Rediker, Marcus, „Mutiny and Maritime Radicalism in the Age of Revolution. An Introduction", in: International Review of Social History 58 (2013), S. 1–14 (= Special Issue: Mutiny and Maritime Radicalism in the Age of Revolution: A Global Survey. Ed. Anderson; Frykman; Voss and Rediker); McDonnell, Michael A., „Rethinking the Age of Revolution", in: Atlantic Studies. Global Currents Vol. 13:3 (2016) (= Rethinking the Age of Revolution. Guest Editor: Michael A. McDonnell), S. 301–314.

päischer Kaufleute, Kolonisatoren, Kapitalisten, Militärberater, und Kolonial-„Wissenschaftler", die im Paradigma des Kulturrelativismus eine „Tradition" (die natürlich nicht „Sklaverei" hieß) beschrieben oder erfanden und damit Grundlagen für das „Verständnis" der jeweiligen Kultur legen wollten. Im britischen und französischen Kolonialbereich in Afrika und Amerika (Guyana) und in Niederländisch-Indien (Indonesien) spielten *indenture, convict labor, corvée, military service, dept peonage* und *apprenticeship* sozusagen als „Sklaverei auf Zeit" im 19. und 20. Jahrhundert eine wesentliche Rolle, aber auch direkte rurale Sklaverei und Frauen-Sklaverei. Für den belgischen Kongo oder Niederländisch-Indien werden sie als „neue" Formen unfreier Arbeit (mit Verträgen bzw. mit Hilfe einer der jeweiligen lokalen Rechtsperformanz angepassten Absprache/eines Rituals) beschrieben.[93] Auch im Westen, an den Rändern der Amazonía, in Haiti oder in Brasilien gab es weiterhin direkte Sklaverei sowie Schuldsklaverei, Kinder- und Zwangsarbeiten. Sie sollten nicht mehr in den großen Entwicklungs-Narrativen „von der Sklaverei zur freien Arbeit" als auf „halben Wege" zwischen beiden beschrieben werden, wobei „freie Arbeit" seit den Abolitionsdiskursen des 19. Jahrhunderts implizit immer als „Ziel" gesetzt wurde und wird, sondern von der Sklaverei und von der Ausübung von Gewalt über Körper sowie von der Kapitalisierung von Körpern her definiert werden. Wesentlich sind Form und Mittel der Bindung – und das waren Gewalt und Zwang sowie Status (etwa: Indigenatspolitik). Was ich aus der historischen Realität von Kontraktarbeit von Chinesen auf Kuba oder von Emancipados, die „auf Zeit" an Sklavenhalter kamen, weiß, ist, dass ihre Schicksale fast immer schlechter waren als selbst die „richtiger" Sklaven und, dass die Herren die Zeitbegrenzung der Kontrakte durch Manipulation (Gesetze, Sprache, Verleihung, Einsatz von chinesischen Mittelsmännern, die andere Kulis organisierten und kontrollierten), Bestechung, Fälschung und Korruption aushebelten.[94] Mehr Sklavereien in der Geschichte und weniger Fiktionen der „freien Arbeit"![95]

Und archaische Sklavereien sowie Formen der Zwangsarbeit und Unfreiheit existieren, wie gesagt, noch heute. Es gibt im 21. Jahrhundert in absoluten Zahlen sogar mehr Sklaven als zu Zeiten der Plantagensklaverei im Süden der USA, in der

---

93 Reid, Anthony, „The Decline of Slavery in Nineteenth-Century Indonesia", in: Reid (ed.), Slavery, Bondage, and Dependency in Southeast Asia, St. Lucia; New York: University of Queensland Press, 1983, S. 64–82; Houben, Vicent; Seibert, Julia, „(Un)freedom. Colonial Labour Relations in Belgian Congo and the Dutch East Indies Compared", in: Frankema, Ewout; Buelens, Frans (eds.), Colonial Exploitation and Economic Development. The Belgian Congo and the Netherlands Indies Compared, London; New York: Routledge, 2013, S. 178–192.

94 Knight, Robert, „Indenture, Grand Narratives and Fragmented Histories: The Dutch East Indies, c. 1880–1940", in: Linden (ed.), Humanitarian Intervention and Changing Labor Relations, S. 419–432; Seibert, Julia, „More Continuity than Change? New Forms of Unfree Labor in the Belgian Congo, 1908–1930", in: Ebd., S. 369–386; Kale, Madhavi, Fragments of Empire: Capital, Slavery and Indian Indentured Labor in the British Caribbean, Philadelphia: University of Pennsylvania Press, 1990.

95 Banaji, Jairus, Theory as History. Essays on Modes of Production and Exploitation, Leiden: Brill, 2010.

Karibik oder in Brasilien im 19. Jahrhundert. Aber Sklaverei ist heute nicht mehr akzeptiert und juristisch scharf konturiert wie zu Zeiten der Plantagensklavereien des 19. Jahrhunderts. Und wir leben im Dauergetöse von Diskursen (*grand narratives*), die ca. 1780 begannen, den „freien Markt“ als modern und Sklavereien als unmodern zu konzipieren. Die konkreten historisch-gesellschaftlichen Verhältnisse der heutigen Sklaven sind oft nur ihnen selbst, ihren Versklavern und den jeweiligen lokalen Gemeinschaft bekannt. Das ähnelt Sklaverei-Situationen, wie sie lange vor, während und nach den uns bekannten „großen“ Sklavereien im Süden der USA oder in der Karibik existiert haben.

Menschenhandel wird, sollten sich gegenwärtige Trends fortsetzen, bald Drogen-, Waffen- und Antikenschmuggel von den ersten Plätzen einer Hitliste weltweiter Schwarzgeschäfte ablösen, die, zusammen mit Schattenbanken, nichts anderes als die dunkle, ungeregelte, unkontrollierte und informelle Seite des globalen Kapitalismus darstellen.[96] Um diesen bereits mehrfach genannten „Menschenkapitalismus“ (oder Körperkapitalismus – *corporeal capitalism*) analysieren zu können, brauchen wir freilich einen noch weiteren Kapitalismus-Begriff als ihn sich selbst sehr weit denkende Globalhistorikerinnen und Globalhistoriker vorstellen. Er muss nicht nur in Raum und Zeit weiter gedacht werden, sondern vor allem viele menschliche Körper als Kapital einschließen.[97]

Sklavereien entstehen zwischen diesem Eigenen/Anderen, Innen/Außen, Formellen/Informellen, Opfern/Tätern und Altem/Neuen oder, wenn man es ganz marktwirtschaftlich ausdrücken will: Arbeitsnachfrage und Arbeitsvermittlung des sich globalisierenden Kapitalismus’ ständig neu, buchstäblich unter unseren Augen und sie werden ständig bekämpft – Sklaverei, Arbeitsvermittlung und Migrationen, Zwang und extreme Formen der Abhängigkeit sind Kernprobleme der Debatte um Menschenrechte, Demokratie, Migration und globale Arbeits- und Herrschaftssysteme.

Sklaverei war und ist ein welthistorisches Problem und sogar ein universalhistorisches Problem – universalhistorisch zielt hier auf die historische Tiefendimension der weltweit schon seit Tausenden von Jahren existierenden Sklavereien, deren Realität und Begriff „wie wir sie kennen“, das heißt, als atlantische Sklaverei in „römischer“ Tradition, sich erst seit dem 16. Jahrhundert in transimperialen Großräumen, etwa in den Welten des Atlantiks und des Indiks, und seit der engeren Moderne seit 1880, „globalisiert“ haben.[98]

Zu den Abolitionen von Sklavereien und Sklavenhandelssystemen. In der sehr langen Perspektive von Welt- und Globalgeschichte sind diese Prozesse noch heute

---

96 Maihold, Der Mensch als Ware, passim; siehe auch Fiskesjö, Magnus, „Slavery as the commodification of people: Wa ‘slaves’ and their Chinese ‘sisters’“, in: Focaal: Journal of Global and Historical Anthropology 59 (2011), S. 3–18.

97 Komlosy, Andrea, „Arbeitsverhältnisse aus globalhistorischer Perspektive“, in: Komlosy, Globalgeschichte. Methoden und Theorien, Wien Köln Weimar: Böhlau (UTB 3564), S. 128–145.

98 Bales, Die neue Sklaverei, S. 17.

nicht wirklich beendet, obwohl es nirgends mehr *legal ownership* von Menschen (formal) gibt. Ich will auch deutlich sagen, dass die Abolitionen in der Geschichte oft wichtige juristische und politische Errungenschaften für die ehemals Versklavten darstellten. Aber, genau betrachtet: es gibt kein wirkliches Ende nach dem immer wieder beschworenen „Ende" der großen Sklavereien und des atlantischen Slaving im 19. Jahrhundert. Das Verschwinden der Sklavereien durch die formalen Abolitionen ist in globalhistorischer Perspektive keine Illusion, aber extrem diskursiv, selbst im Falle der formalen Abolitionen in den Imperialismen (1870–1960; vgl. Kern: Großbritannien als liberale Supermacht mit der Strategie eines legalen Wandels).[99] Zunächst hat es formale Emanzipationen und Abolitionsakte gegeben (die Dokumente liegen vor). Grob gesehen wurde zwischen 1803 und 1840 in allen westeuropäischen Sklavenmächten und in den USA der atlantische Sklavenhandel für aufgehoben proklamiert, 1850 auch in Brasilien und – mit Vorläufern – in allen Metropolen Europas (*free soil*, zum Teil schon im 18. Jahrhundert oder früher) und in Einzelstaaten der USA sowie Lateinamerikas. Die einzelnen national-imperialen Sklavereien im „Westen" (Europa und die Amerikas) selbst wurden zwischen 1838 bis 1888 für aufgehoben erklärt. Dabei wird oft übersehen, dass der Prozess im Spanischen Imperium der frühen Neuzeit (1500–1680 Abolition der Sklaverei von „yndios" – worunter auch Filipinos zählten) sowie den ehemaligen spanischen Amerika noch eher begann (1812 in Mexiko, 1816 in Venezuela (1810 Verbot des Sklavenhandels); 1819 Manumisión in Großkolumbien (allerdings ohne wirkliche Abolition der Sklaverei);[100] 1821 endgültig in Mexiko, 1824 in den Vereinigten Provinzen Zentralamerikas, etc.)[101] – auch wenn die endgültige Abolition erst Mitte des 19. Jahrhunderts proklamiert wurde. Grund war der revolutionäre Impuls der Independencia (oder der Kampf dagegen);[102] erst nach dem Sieg der kreolischen

---

99 Kern, Holger Lutz, „Strategies of Legal Change: Great Britain, International Law, and the Abolition of the Transatlantic Slave Trade", in: Journal of the History of International Law Vol. 6 (2004), S. 233–258; Mulligan, William; Bric, Maurice (eds.), A Global History of Anti-Slavery Politics in the Nineteenth Century, New York: Palgrave Macmillan, 2013.

100 Pita Pico, Roger, La manumisión de esclavos en el proceso de independencia de Colombia: realidades, promesas y desilusiones, Bogotá: Editorial Kimpres, 2014.

101 King, James Ferguson, „The Latin-American Republics and the Suppression of the Slave Trade", in: Hispanic-American Historical Review Vol. 24:3 (August 1944), S. 387–411; Zeuske, „Kontinentale Emanzipationswege", in: Zeuske, Sklavereien, Emanzipationen und atlantische Weltgeschichte. Essays über Mikrogeschichten, Sklaven, Globalisierungen und Rassismus, Leipzig: Leipziger Universitätsverlag 2002 (Arbeitsberichte des Instituts für Kultur und Universalgeschichte Leipzig e.V., Bd. 6), S. 202–213; siehe auch: De Vinatea, María Julia, „Las aboliciones de la esclavitud en Iberoamérica: el caso peruano (1812–1854)", in: Revista Historia de la Educación Latinoamericana Vol 16, no. 23 (2014), S. 187–204.

102 Mallo, Silvia C.; Telesca, Ignacio (eds.), „Negros de la patria": Los afrodescendientes en las luchas por la independencia en el antiguo Virreinato del Río de la Plata, Buenos Aires: Editorial SB Paradigma (Serie Historia Americana), 2010; Pita Pico, El reclutamiento de negros esclavos durante las guerras de Independencia de Colombia 1810–1825, Bogotá: Academia Colombiana de Historia, 2012; Echeverri, Marcela, Indian and Slave Royalists in the Age of Revolution: Reform, Revolution

Eliten kam es in Plantagengebieten, Städten und Hafenportalen des zukünftigen Lateinamerika zu verschleierter Rekonstruktion von Sklavereien, deren meiste noch bis in die 1850er oder gar in die 1870er Jahre fortgeführt wurden; Sklavereien von Indigenen (oft von Kindern), gab es sogar noch im 20. Jahrhundert vor allem in marginalen Zonen und Frontiergebieten.[103]

Ich deute die Folgen der Beinflussung der Realitäten für Versklavte durch Diskurse (siehe Abolitions-Proklamationen und Diskurse bis heute) hier nur ganz grob an.

Im Grunde begann das Drama der Diskursivität (für die Versklavten und Verschleppten) schon mit der revolutionären Abolition von 1794 (Nationalversammlung Frankreichs): im Fanfarengetöse dieser Abolition wurde der Sklavenhandel im Gesetz vom 16. Pluviôse An II nicht einmal erwähnt. Die Gesetzgeber erachteten mit der Abolition auch den Sklavenhandel als verboten (der aber selbst ins revolutionäre Saint-Domingue bis 1793 anhielt). Die Gesetzgeber in Paris hielten es deshalb nicht für nötig, den Sklavenhandel zu erwähnen. Trotzdem ergab sich nicht zuletzt durch diese Gesetzeslücke ein großer Handlungsspielraum. So gingen beispielsweise die Sklavenhändler von Saint-Louis de Sénégal auch nach 1794 ihrem Geschäft nach – einfach nicht mehr unter französischer Flagge. Das Thema ist allerdings äußerst schlecht erforscht – ich habe dazu nur widersprüchliche Angaben gefunden. Auch der Sklavenhandel auf La Réunion und Mauritius im Indischen Ozean ging weiter, weil dort, wie auch in Saint-Louis, die Sklaverei nie wirklich abgeschafft wurde und Sklavenhandel sowie Menschenschmuggel einfach weiter betrieben wurden.

Selbst ein Toussaint Louverture auf dem Höhepunkt seiner Macht ermutigte britische Sklavenhändler dazu, ihre „Ware“ in Saint-Domingue zu verkaufen, wo sie zwar rechtlich für frei erklärt wurden, im gleichen Atemzug aber dem harschen Zwangsarbeitsregime unterworfen wurden, d. h., de facto Sklavenarbeit „ohne formale Sklaverei“.[104]

Ähnlich verfuhren die Korsaren Guadeloupes während der Revolutionskriege, wenn sie britische oder niederländische Sklavenschiffe kaperten. Die Sklaven wurden in Guadeloupe als Prise verkauft, dann für „frei“ erklärt und schließlich auf

---

and Royalism in the Northern Andes, 1780–1825, New York: Cambridge University Press, 2016; Cuño, Justo, „Los nuevos estados nacionales y los debates en torno a la abolición de la esclavitud en América Latina: 1815–1860“, in: Naranjo (ed.) Esclavitud y diferencia racial en el Caribe Hispano, Madrid/Aranjuez: Editorial Doce Calles, 2017, S. 147–163.

103 Blanchard, Peter, „Abolition and Anti-Slavery: Latin America“, in: Drescher; Engerman (eds.), A Historical Guide to World Slavery, Oxford/New York OUP, 1998, S. 17–21, siehe auch: Klein, Martin A., „Slavery, the International Slave Market and the Emancipation of Slaves in the Nineteenth Century“, in: Lovejoy; Rogers, Nicholas (eds.), Unfree Labour in the Development of the Atlantic World, London: Frank Cass, 1994, S. 197–220.

104 Girard, Philippe R., „Black Talleyrand. Toussaint Louverture's Diplomacy, 1798–1802“, in: William & Mary Quarterly 66 (2009), S. 87–124.

die Plantagen geschickt, wo ihnen ein Schicksal drohte, das sich kaum von der Sklaverei unterschied. Im Zuge der Wiedereinführung der Sklaverei 1802 vollzogen die Kolonialbehörden mit dem Verkauf dieser Menschen auch rechtlich ihre Versklavung und verdienten nebenbei sehr gut.[105] Das heißt, hier haben wir das Muster, nach dem nach 1808/1820 vor allem Großbritannien und Spanien, aber auch USA, Portugal und Brasilien mit der *emancipated*/*emancipado*-Politik verfuhren.

Die in ihrer Zeit als „realistisch" geltenden Abolitionisten kannten natürlich das Arbeits-Problem des 19. Jahrhunderts (Nachfrage nach lebendiger Arbeit). Oft schlugen sie vor, Menschen durch Tiere zu ersetzen – vor allem Esel, Maultiere und Ochsen, auch mit Kamelen wurde experimentiert. Das Maschinen-Argument (ab ca. 1820, Dampfmaschinen statt lebendiger Arbeit) verschliss bald, da offenbar wurde, dass mit Dampfmaschinen und mehr Technologie in Verarbeitung und Transport auch mehr billige lebendige Arbeit, d. h. brazos/hands (Arme bzw. Hände), durch versklavte menschliche Körper notwendig wurde (Grundlage von *Second Slavery*, 1800–1888). Direkter Sklavenhandel wurde illegaler Menschenschmuggel auf dem Atlantik (*hidden Atlantic* bis um 1880 – meist mit immer mehr verschleppten Kindern).[106] Die globale Expansion Großbritanniens nach 1815 und die Ausschaltung der indischen Konkurrenz der Textilherstellung erodierten die alten Sklavereizonen in den *West Indies*.[107] Auch in islamischen Gebieten kam es seit 1815 zu verstärkten Abolitionen.[108] Parallel entstanden seit ca. 1840 Coolie-Zwangsmigrationen, die beide großen ozeanischen Räume (Atlantik und Indik sowie Randräume des Pazifiks) verbanden, begleitet von einsetzenden Armuts- und Arbeitsmigrationen sowie -diasporas, zunächst von Europäern in die Amerikas, dann von Menschen aus Armuts-, Kriegs- und Krisenregionen nach Nordamerika, Australien, Neuseeland und Europa. Schon die zwangsweise Verschickung von *emancipated slaves* (*emancipados*/*recaptives*) im Namen der Freiheit (die *captives* galten nach Aufbringung der Sklavenschiffe als „frei"), aber unter Transport-, Struktur- und

---

105 E-Mail Flavio Eichmann vom 8. Juni 2015; siehe: Eichmann, Flavio, „Weder Freiheit noch Gleichheit. Terror und Abolition auf Guadeloupe 1794–1801", in: Mittelweg 36:4 (2015), S. 64–85; Eichmann, „Die letzte Schlacht – Guadeloupe 1815: Koloniale Konflikte im Lichte von Napoleons Sklavenhandelsverbot" in: Zeitschrift für Weltgeschichte Vol. 16:2 (2015), S. 93–112 (= Themenheft: Der Wiener Kongress und seine globale Dimension, Cwik; Zeuske (eds.)). Zu Korsaren und Sklavenhandel während der französischen Revolution in den Spanisch-Amerikas siehe; Secreto, María Verônica, „Territorialidades fluidas: corsários franceses e tráfico negreiro no Rio da Prata (1796–1799). Tensões locais-tensões globais", in: Topoi Vol. 17, n. 33 (jul./dez. 2016), S. 419–443.

106 Lawrance, Benjamin N., „'Most Favourite Cargoes': African Child Enslavement in the Nineteenth Century", in: Lawrance, Amistad's Orphans: An Atlantic Story of Children, Slavery, and Smuggling, New Haven and London: Yale University Press, 2014, S. 27–46.

107 Tomich, „Econocide? From Abolition to Emancipation in the British and French Caribbean", S. 303–316.

108 Clarence-Smith, William Gervase, „Islamic abolitionism in the western Indian Ocean from c. 1800", in: Harms, Robert; Freamon, Bernard K.; Blight, David W. (eds.), Indian Ocean slavery in the age of abolition, New Haven: Yale University Press, 2013, S. 81–97.

Ernährungsbedingungen der Mittelpassage hin zu Migrations-Territorien, in denen sie staatlicherseits erwünscht waren (z. B. britische Kolonien in der Karibik, Freetown/Sierra Leone oder Liberia)[109] und die Tatsache, dass im atlantischen Menschenschmuggel des 19. Jahrhunderts immer mehr Kinder verschleppt wurden, stellten Übergangsmomente zu neuen Formen von „kleinen" Sklavereien und Zwangsarbeiten und -diasporas dar. Eventuell war dies auch eine Strategie von Sklavenhändlern/Negreros, Abolitionsdiskurse und -rituale zur Verschleierung des Menschenhandels zu nutzen (ich komme weiter unten auf die Übergangsformen zum Kulitum zurück). Aus den Lager-artigen Ansiedlungen von emanzipierten Versklavten (Faktorei-Barracken – *barracoons/barracones* und *compounds/camps*) ergeben sich auch Traditionslinien zum heutigen Management von Flüchtlingen und Migranten.[110]

Abolitionen von Sklavereien und Sklavenhandelsystemen waren Aufhebungen der Versklavungs-Rechtsformen, mit tiefen Auswirkungen auf Politik, Diskurse, Kultur und Recht, weniger auf Arbeit, Transport (Zwangsmigration), Transportsysteme, Wirtschaften und Mentalitäten. Sklaverei-Wirtschaftsstrukturen blieben (außer auf Haiti) intakt und die ehemaligen Sklaven und Sklavinnen blieben im Wesentlichen in „Sklaverei-Arbeiten" oder kamen in neue Arbeitsverhältnisse ähnlichen Charakters (Dienstleistung, Schuldsklavereien, Prostitution). Dazu entstanden aus der sklavereitypischen Statusminderung und aus Rassenideologien Mechanismen, die „befreite" Sklaven in Situationen sozialer Ausgrenzung und Marginalisierung hielten, in einer Bandbreite zwischen „Rassendemokratie" (lateinamerikanische Länder, Brasilien) und offener staatlicher Segregation (USA, South Africa, Australien). Die formalen Abolitionsproklamationen und die begleitende Politik führten wenigsten in den Amerikas und in West- und Mitteleuropa zur Auflösung der „großen", gut erkennbaren Blöcke der Wirtschafts-Sklavereien (*chattel slavery*). Über den erwähnten Kindersklavenhandel und die Statusbedingungen ehemaliger Sklavinnen kam es aber mehr und mehr zu informellen und punktuellen „kleinen" Sklavereien „next door". Und interner Sklaven- und Menschenhandel lief oft weiter, etwa in Brasilien und in den USA.[111]

So nimmt es auch nicht Wunder, dass Sidney Chalhoub, der führende Sklaverei-Sozialhistoriker Brasiliens, schreibt: „The first half of nineteenth century did not see the weakening of slavery in the Americas at all, but just the partial relocation

109 Fett, Sharla M., „Middle Passages and Forced Migrations: Liberated Africans in Nineteenth-Century US Camps and Ships", in: Slavery and Abolition Vol. 31:1 (March 2010), S. 75–98.

110 Ilcan, Suzan; Rygiel, Kim, „'Resiliency Humanitarianism': Responsibilizing Refugees through Humanitarian Emergency Governance in the Camp", in: International Political Sociology 9 (2015), S. 333–351.

111 Butler, Kim D., „Slavery in the Age of Emancipation: Victims and Rebels in Brazil's Late 19th-Century Domestic Trade", in: Journal of Black Studies Vol. 42, no. 6 (2011), S. 968–992; Pargas, Slavery and Forced Migration in the Antebellum South, New York: Cambridge University Press, 2015.

of it. The institution of slavery gradually disappeared in the British and French Caribbean while it became stronger in Brazil, Cuba, and the US South. In the second half of nineteenth century, as the nightmare of an international order based on slavery was finally defeated in the American Civil War, there emerged extremely aggressive racist ideologies that justified Western imperial expansion and the persistance of forced labor in Africa and elsewhere. Actually, it boggles the mind to think that for so long it seemed possible to conceive of nineteenth century as a time of transition from slavery to freedom, from bondage to contractual and/or free labor. In fact, contract labor, however diverse in its forms, was often thought of as a form of coerced labor, with workers having to submit the debt bondage and various forms of criminal sanction for breach of contract".[112] All das führte, und das zeigt Chalhoub auch, bestenfalls zu sehr unklaren Verhältnissen zu Ungunsten ehemals Versklavter, oft begleitet von den gleichen Gewaltformen wie in der Sklaverei und basierend auf den gleichen Arbeiten wie in der Sklaverei.[113]

Bis weit in das 20. Jahrhundert gab es zwar legale Proklamationen der Abolition in Afrika, aber die Sklavereien und der Sklavenhandel existierten weiter. Oft kamen Abolitionsdekrete als Politik imperialistischer Kolonialmächte daher. Ähnliches passierte in der arabischen Welt, Zentralasien, Indien und Südasien und in Ostasien sowie Südostasien und der pazifischen Welt. Für Australien und Neuseeland sowie Ozeanien gilt Ähnliches wie für die europäisch-amerikanisch-atlantische Welt, allerdings mit stärkeren pazifischen Kanaka- und Coolie-„Sklavereien". Lokale Sklavereien und Sklavenhandelssysteme wurden weiter betrieben, oft unter anderen Bezeichnungen oder „Nichtnennung" bzw. als anerkannte „lokale Tradition".

Die großen westlichen Ideologien (Liberalismus, Marxismus, Religionen) begannen schon vor den formalen Abolitionen „Sklaverei" als Zentralkategorie in ihren Gründungstexten sowie die davon ausgehenden Diskurs-Traditionen als etwas „Unmodernes" zu konstruieren, als etwas, das dem Alten Testament sowie „primitiven" Stufen der vorindustriellen Entwicklung angehörte und nicht den jeweiligen Zentralkategorien der Debatten des 19. Jahrhunderts (Liberale: Freiheit; Marxisten: Gleichheit; Religionen: Volk Gottes).

„More relevantly to the argument here, the nineteenth century became a more variously racialized world in which biological racism and racial hierarchies acquired a new salience alongside the dismantling of slave labour. The legal, cultural, and social institutions that had segregated and created hierarchies based on race did not disappear but were reinforced. Regardless of origin of the migrants and points of entry, the diverse legacies of slavery and apartheid inflected all

112 Chalhoub, Sidney, „The Politics of Ambiguity: Conditional Manumission, Labor Contracts, and Slave Emancipation in Brazil (1850s–1888)", in: International Review of Social History (IRSH) Vol. 60:2 (August 2015), S. 161–191.

113 Chalhoub, A força da escravidão: ilegalidade e costume no Brasil oitocentista, São Paulo: Companhia das Letras, 2015.

labour and social relations. The changes that followed were slow, uneven in impact, and with unanticipated outcomes. Empire followed the end of the slave trade with particular forms of unequal power that were absent in the case of migrations from Europe to other parts of the globe. Above all, new states and institutions marking borders and and passports developed only after the slave trade ended".[114]

Zwischen 1830 und 1880 stießen neue imperialistische Expansionen in Afrika, nach Ost- und Westafrika, Arabien und Asien oder im Raum des Pazifik in Gebiete mit ausgeprägten lokalen Kin- und Schuldsklavereisystemen vor, oft auch in Gebiete mit „großen" Sklavereien (wie in den Grenzgebieten der Amerikas, in islamische Gesellschaften, Sokoto oder Ostafrika/Sansibar)[115] oder Gesellschaften, die von Sklavenjagd und -handel lebten (*slaving zones* – im britischen und französischen Sudan, in Kongo/Angola sowie ihren Hinterländern (Interiors) und in weiten Teilen Ostafrikas). Es gab grundsätzlich zwei Reaktionen der neuen Kolonialmächte – entweder Sklavereien und Sklavenhandel wurden formal verboten (wie bereits 1843 in Britisch-Indien oder 1905 in Französisch-Westafrika) oder nicht verboten (wie in den deutschen Kolonien).[116] Wie auch immer die, sagen wir „legalistische", Reaktion war, de facto wurden Sklavereien und – begrenzt – Sklavenhandel meist geduldet bzw. von den lokalen Eliten weiter geführt. Oft wurde mit Abolitionsrhetoriken und Diskurs-Tricks gearbeitet, wie Nichtbenutzung des Wortes „Sklave" oder „Sklaverei" oder „Hörige" für Haussklaven in offiziellen Dokumenten, Eliminierung als Kategorie aus dem Gerichtswesen oder Umbennung von Sklavereien unter Nutzung von Rhetoriken des anthropologischen Konservatismus in „lokale Traditionen". So wurden und werden oftmals die wahren Verhältnisse verschleiert. Deshalb denke ich, dass nur noch Kolonialhistoriker von „universeller Emanzipation" sprechen können: „For the most part, universal emancipation was achieved [bezogen auf die Abolitionen im 19. Jahrhundert – M. Z.] through codified laws, generally, debated on and approved by politicians and lawmakers in Europe".[117] Der letzte Teil des Zitats beschreibt sehr schön die Richtung der Abolitionen des 19. Jahrhunderts: „von oben" und von Europa in den jeweiligen Kolonialbereich.

114 Mazumdar, Sucheta, „Localities of the Global: Asian Migrations between Slavery and Citizenship", in: International Review of Social History 52 (2007), S. 124–134, hier S. 128

115 Clarence-Smith, William G., Islam and the Abolition of Slavery, London: Hurst & Company, 2006.

116 Deutsch, Jan-Georg, Emancipation without abolition in German East Africa, c. 1844–1914, Oxford: James Currey; Athens: Ohio University Press, 2006; Eckert, Andreas, „Abolitionist Rhetorics, Colonial Conquest, and the Slow Death of Slavery in Germany's African Empire", in: Linden (ed.), Humanitarian Intervention and Changing Labor Relations. The Long-Term Consequences of the Abolition of the Slave Trade, Leiden/Boston: Brill, 2011 (Studies in Global History, Vol. 7), S. 351–368; Haustein, Jörg, „Strategic tangles: Slavery, colonial policy, and religion in German East Africa, 1885–1918", in: Atlantic Studies Vol. 14:4 (2017), S. 497–518.

117 Olatunji, Ojo; Hunt, Nadine, „Defining Slavery", in: Olatunji; Hunt (eds.), Slavery in Africa and the Caribbean: A History of Enslavement and Identity since the 18th Century, London/New York: Tauris, 2012 (International Library of Colonial History), S. 2–4, hier S. 3.

Nach den „großen“ Abolitionen der „großen“ Sklavereien in Europa und in den Amerikas (bis 1888) kam es in den Räumen imperialistischer Expansion zu einer Mixtur aus lokalen Sklavereien, legalistischen Kontraktformen (siehe „Sklavenhalter, Sklavereien und Recht“, unten), Zuchthausarbeiten (oft mit vorangegangener Deportation – *convict labour*) und eher „großen“ kollektiven Sklavereiformen, die vom Kolonial-„Staat“ meist mit Hilfe lokaler Eliten organisiert wurden (*corvée* – unbezahlte Massenarbeit, vor allem im Straßen- und Infrastrukturbau (Eisenbahnen, Häfen, Befestigungen)). Erkennbar sind diese Sklavereien nicht mehr mit dem Hinweis auf geschriebene Eigentumsrechte wie in den großen hegemonischen Sklavereisystemen und oft auch nicht auf der Ebene von Haushalten, sondern eher in Landschaftsanalyse, Transportsystemen oder dem, was auf Märkten wirklich verkauft wird.[118] Schon vorher, mit Expansionen etwa in Nordamerika, Australien und in den großen Ländern Südamerikas kam es zu Vernichtungspolitiken gegenüber lokalen Völkern, zu Deportationen und Zwangsumsiedlungen (Reservationen), die, wie für das östliche Europa im Mittelalter relativ gut erforscht, durchaus zum Themenkreis Sklavereipraktiken gerechnet werden können. Im 20. Jahrhundert kamen stärker auf visuelle Körpermerkmale fixierte Ideologien (Faschismus, Stalinismus und staatlicher Rassismus/Eugenik) auf, die für „unwert“ definiertes Leben entweder gleich töteten (gleichsam als „Opfersklaven auf dem Altar der positivistischen Wissenschaft“)[119] oder über neue Formen von Massensklaverei (Lager, Gefängnissysteme) „Untermenschen“, politische Gegner/Intellektuelle oder „schlechte Rassen“ vernichteten. Über die Internierung von Kriegsgegnern in Camps, bei denen man in bestimmten Fällen darüber streiten kann, welche Rolle Arbeit spielte, kam es in Bezug auf Sklavereien im 20. Jahrhundert zur Entwicklung der neuen „großen“ Lager-Sklavereien. Meist in Großregionen, in denen formale Abolitionen entweder absent waren oder keine Rolle spielten (vor allem GuLags und KZ, aber auch „kleinere“ oder weniger bekannte Exempel in Afrika und Asien).[120]

118 Lane, Paul J.; MacDonald, Kevin C., „Slavery, Social Revolutions and Enduring Memories“, in: Lane; MacDonald (eds.), Slavery in Africa: Archaeology and Memory, Oxford/New York: OUP, 2011 (Proceedings of the British Academy 168), S. 1–23.

119 Schwarcz, Lilia Moritz, The Spectacle of the Races: Scientists, Institutions, and the Race Questions in Brazil, 1870–1930. Translated by Leland Guyer, New York: Hill and Wang, 1999 [O espetáculo das raças: Cientistas, instituições e questão racial no Brasil, 1870–1930, Brazil: Companhia das Letras, 1993]; Naranjo Orovio, Consuelo; García González, Armando, Racismo e Inmigración en Cuba en el siglo XIX, Madrid (Aranjuez): Doce Calles, 1996; Leys Stepan, Nancy, „The Hour of Eugenics“. Race, Gender, and Nation in Latin America, Ithaca and London: Cornell University, 1991.

120 Drescher, „Reversion in Europe“, in: Drescher, Abolition, S. 415–455; Draper, Nicholas, The Price of Emancipation: Slave-Ownership, Compensation and British Society at the End of Slavery, Cambridge: Cambridge University Press, 2010; Schmieder, Ulrike; Füllberg-Stolberg, Katja; Zeuske (eds.), The End of Slavery in Africa and the Americas. A Comparative Approach, Münster-Hamburg-Berlin-Wien-London: LIT Verlag, 2011 (= Sklaverei und Postemanzipation. Esclavitud y Postemancipación. Slavery and Postemancipation, Vol. 4); Schmieder, Nach der Sklaverei. Martinique und Kuba im Vergleich, Münster [etc.]: LIT Verlag, 2014 (Sklaverei und Postemanzipation / Slavery and Postemancipation / Esclavitud y postemancipación; Vol. 7).

Sklavereien gehören vor allem und gerade heute zum global agierenden Kapitalismus beziehungsweise zu Gesellschaften, in denen Eliten versuchen, auf schnellen Pfaden Profite, Verhalten, Mentalität, Wirtschaftsweise und Lebensformen des Kapitalismus für sich in ihren Herrschaftsbereichen durchzusetzen (natürlich ohne Rechtsstaat und Demokratie). Die Frage, ob heutige Sklavereien *im* globalisierten Kapitalismus angesiedelt sind (oder wieder sein werden), das heißt im selbst erklärten Zentrum der globalen Welt und in seinen Erweiterungen (etwa das östliche Europa) sowie in seinen neuen Zentren wie China und den Schwellen-„Länder" (die alle eine koloniale Vorschichte haben), oder auf den Meeren, am Rande oder hinter den Grenzen (*beyond*) der direkten Einflussgebiete der Imperien und des sich globalisierenden „westlichen" Kapitalismus' mit seinen Regularien (*law*), seiner mittlerweile zerfallenden Lohnarbeit und Informationsfreiheit, ist noch nicht ganz klar und wird in den nächsten Jahren weiter in das Zentrum der Auseinandersetzung rücken. Warum das so sein wird und vielleicht schon ist, kann man bei genauer Beobachtung an der konservativen Debatte über „neue Werte" und der immer weiteren Minimierung der Löhne ablesen. Die alten Wert- und Währungssysteme brechen zusammen. Ihre Hüter stehen plötzlich als betrügerische Pferdehändler da. „Freie" Arbeit wird immer mehr entwertet. Neue Werte sollen „real" sein. Was kann in der Logik des Kapitalismus vor allem in Gegenden mit wenig Regulierung realer und multivalenter sein als „Human-Kapital", dass mit Gewalt ausgebeutet, zu Dienstleistungen gezwungen, als Gebärmaschine, Versuchsobjekt eines neuen Körperkapitalismus oder Organspender ausgenutzt oder aber gegen jedes andere Kapital, auch in Form von Geld, eingetauscht und auch noch als abhängige Leibwächter und politische Klientel oder zur Präsentation von Status eingesetzt werden? Aber es gibt auch Gegentendenzen, etwa unter der absolut pragmatischen Frage „für wen ist Abhängigkeit (*dependency*) gut?" – wir wissen alle, dass die schärfste Form von Abhängigkeit einerseits die sogenannte „legale Sklaverei" ist. Und andererseits sind es Menschen in Migration (welcher Art auch immer), die keinerlei staatlichen (oder familiären, klientelistischen, etc.) Schutz mehr genießen.[121]

Die Frage der modernen Sklaverei ist allerdings noch komplexer. Auf mikrohistorischer Ebene wird deutlich, dass moderne Sklavinnen und Sklaven, wie immer in der Geschichte, Akteure sind. Am Beginn heutiger Migrationen (oder auf Teilstrecken, oft unter dem Label *trafficking*), im Umgang mit Schulden (*debt*) bzw. ihrem Körper als Kapital, sind sie deutlich aktiver als in der Geschichte der „großen" historischen Sklavereien.[122]

---

121 Rossi, Benedetta, „Dependence, Unfreedom, and Slavery in Africa: Toward an Integrated Analysis (Review Article)", in: Africa Vol 86:3 (2016), S. 571–590.

122 Davidson, Julia O'Donnell, „Troubling freedom: migration, debt, and modern slavery", in: Migration Studies (2013), S. 1–20; Davidson, Children in the Global Sex Trade, Malden: Polity Press, 2005; Davidson, „New Slavery, Old Binaries: Human Trafficking and the Borders of 'Freedom'", in: Global Networks 10/2 (2010), S. 244–261.

Aus heutiger Perspektive sollte eigentlich auch niemand mehr über vollständige Abolition sprechen. Die Zeit der Postemanzipation hat Etappen, aber sie ist noch nicht vorüber. Und aus globalhistorischer Makroperspektive war der diskursive, rhetorische und mediengerecht inszenierte „Kampf gegen Sklaverei und Sklavenhandel" ein Mittel, um die Gefühle möglichst vieler Menschen an Wirtschafts-, Sozial- und Lebensformen sowie die Kultur von Gesellschaften zu binden, die für sich normativ „Freiheit" als Hauptwert proklamierten und die die direkte Kontrolle des Körpers von Ausgebeuteten als Wirtschaftsform für „alt" und „unmodern" erklärten. Hat sich irgendeiner der (westlichen) „Werte-Historiker" schon einmal gefragt, wieso es einen Bogen großer Emotionen („Moral") von der „ersten" Abolitionsbewegung in Großbritannien Ende des 18. Jahrhunderts bis zu mediengerecht inszenierten Großspektakeln gegen „moderne Sklaverei und Trafficking" gibt (*humanitarian feeling*)? Was, um Himmels willen, frage ich mich als Neuzeithistoriker, hatten Unter- und Mittelschichten in der dritten modernen Klassengesellschaft England (die erste und zweite waren Norditalien und die Niederlande) mit Sklaven und Verschleppten in anderen Weltgegenden wirklich zu tun? Außer, dass sie die Produkte, die von Versklavten hergestellt wurden, konsumieren wollten? In Medienkampagnen wurden ihnen „Exoten" als um Freiheit bittende „Neger" präsentiert. Großbritannien prägte eine neue „moralische Ordnung" der Globalgeschichte. Julia Davidson schreibt über die heutige Zelebration von Viktimisierung: „Slavery occupies a prominent place on the political agenda today. Home Secretary Theresa May's [UK – M. Z.] Modern Slavery Bill was announced in the Queen's Speech in June 2014; in the United States, President Barack Obama proclaimed January 2014 as National Slavery and Human Trafficking Prevention Month. This interlacing of the terms 'trafficking' and 'modern slavery' produces an extremely broad appeal to humanitarian feeling. Those involved in campaigns against trafficking and modern slavery include politicians from across the political spectrum, and religious leaders from across the faiths. Trades unions are there, but so too are big businesses. The Global Business Coalition Against Human Trafficking (gBCAT), includes Coca-Cola, ExxonMobil, Ford, Microsoft and ManpowerGroup amongst its members [...] Famous actors and rock stars are also there 'lovin' it', contributing to what Dina Haynes terms, 'the celebrification of human trafficking', and lending their support to the many NGOs that exhort 'ordinary' folk, especially the young, to join the struggle against modern slavery".[123]

123 Davidson, „The making of modern slavery: Whose interests are served by the new abolitionism?", in: British Academy Review 24 (Summer 2014), S. 28–31, hier S. 28 (online: https://www.academia.edu/8113085/The_making_of_modern_slavery_Whose_interests_are_served_by_the_new_abolitionism_British_Academy_Review_Issue_24_Summer_2014 (30. August 2014)).

Mit Anspruch auf Allgemeines schreibt Norbert Finzsch zur Emanzipation der Sklaven in den USA: „Of all the problems raised by emancipation, none proved more critical than the transition from slave to free labor“.[124]

Und Joseph Miller wird noch deutlicher: „The subject is deeply politicised, and hence inherently ideological – in a neo-abolitionist mode, to be precise – virtually by the genesis of the subject in the nineteenth-century aftermath – or, internationally, ongoing imperialist context – of abolition".[125]

124 Finzsch, „The End of Slavery, the Role of the Freedmen's Bureau and the Introduction of Peonage“, in: Schmieder; Füllberg-Stolberg, Katja; Zeuske (eds.), The End of Slavery in Africa and the Americas, A Comparative Approach. Berlin: Lit 2011, S. 141–164.

125 Miller, „Slavery as Problem in Contemporary Culture“, in: Miller, The Problem of Slavery as History, S. 9–18, hier S. 9.

Historiografie und Forschungsprobleme in globalhistorischer Perspektive

Quem patrem, qui servos est? (Plautus, Captivi, 574)[1]

Institutionalisierte Forschung und nationalhistorische Perspektiven

Welt- und Globalgeschichte der Sklavereien reicht von ca. 10 000 v. u. Z. bis heute. Wenn die logische Frage gestellt wird, wann kann „es" denn begonnen haben, könnte man hypothetisch Formen des Sklavinnenstatus „ohne Institution" als opportunistische Sklavereiform seit dem jeweiligen Mesopaläolithikum mit bereits nach Jagderfolg und Einfluss stratifizierten Gruppen ansetzen. Als lokale, nichtinstitutionalisierte Sklavereiformen, nicht als etwas flächendeckendes wie irgendeine „Sklavereiwirtschaft"! Bis etwa zum 3. Jahrtausend v. u. Z. sind wir auf Vermutungen angewiesen sowie auf Extrapolationen aus Archäologie, Ethnographie/Anthropologie, Sprachwissenschaft und Geschichte von Migrationen sowie Expansionen.[2] Menschen im Sklavenstatus gab es überall auf dem Globus, die meiste Zeit als Sklavinnen „ohne Sklaverei" sowie lokale „kleine" Sklavereien von Frauen und Kindern. Diese Plateaus sind auch heute noch die wichtigsten Existenzformen der Sklaverei. Heutige Sklavereien, heutiger Menschenhandels- und Körperkapitalismus können nicht mehr mit Rekursen auf die Quasi-Formationstheorie „hegemonischer" Sklavereien nach dem Muster „Antike-Plantagensklaverei in den Amerikas (vor allem Süden der USA)" begriffen werden, neuerdings manchmal durch Verweis auf „islamische Sklaverei" aufgebrochen (damit wird das „Mittelalter" in dieser Quasi-Formationstheorie abgedeckt und oft antiislamische Ressentiments

1 Zitiert nach: Finley, Moses I., „The Emergence of a Slave Society", in: Finley, Ancient Slavery and Modern Ideology, New York: Viking Press, 1980, S. 135–160, hier S. 143 (Deutsch: Finley, Die Sklaverei in der Antike. Geschichte und Probleme, München: Verlag C. H. Beck, 1981); siehe einen ersten Entwurf dieses Kapitels: Zeuske, „Historiography and Research Problems of Slavery and the Slave Trade in a Global-Historical Perspective", in: International Review of Social History Vol. 57:1 (April 2012), S. 87–111.

2 Zur archäologischen Debatte über „Eliten", *big men* und „Sklaven", siehe: Kienlin; Zimmermann (eds.), Beyond Elites. Alternatives to Hierarchical Systems in Modelling Social Formations, passim; zu den Debatten um erste Institutionalisierungen und ihre materiellen Quellen siehe: Kristiansen, Kristian; Larsson, Thomas B., The Rise of Bronze Age Society: Travels, Transmissions and Transformations, Oxford: Cambridge University Press, 2005; Kristiansen; Earle, Timothy, „Neolithic versus Bronze Age Social Formations: A Political Economy Approach", in: Kristiansen; Šmejda, Ladislav; Turek, Jan (eds.), Paradigm Found. Archaeological Theory. Present, Past And Future. Essays in Honour of Evžen Neustupný, Oxford: Oxbow Books, 2015, S. 234–247.

https://doi.org/10.1515/9783110561630-002

transportiert). Das ist nicht nur Hegemonialdiskurs, sondern auch die Konstruktion einer nationalistischen oder imperialen Zentralität. Sklavereihistoriker tendieren dazu, „ihre“ Sklaverei nach den Regeln sich entfaltender nationaler Historiografie zu analysieren. Dabei rekonstruieren sie meist die Perspektiven der Versklaver und der Institution, das habe ich schon gesagt. Es kommt aber noch hinzu, dass Versklavte in entwickelten Sklavereigesellschaften, weil diese hegemonisch und zentral gesetzt werden, nicht von ihren realen historischen Herkunftsregionen und Kulturen her betrachtet werden.[3] Oder dass Sklavereien aus heutigen Nationalgeschichten, deren Kern Identität ist, eskamotiert werden; vor allem dann, wenn heutige Nationen, mit extrem komplizierten Nationsbildungsprozessen, über längere Zeit dem Kolonialimperialismus einer oder mehrere anderer Nationen unterworfen waren (wie im Falle der Philippinen).[4]

Heutige Sklavereien und heutiger Menschenhandel gleichen eher den „kleinen“ (selbst wenn sie oft doch recht „groß“ sind), unbekannten, peripheren, marginalen, dezentralen, flexiblen und invisiblen Sklavereien von Kindern sowie Frauen und den überall in der Weltgeschichte ubiquitären Sklavenstatus ohne formierte Institution und ohne geschriebenes Recht bzw. mit sehr lokalen Traditionen und Gebräuchen. Die Genealogie heutiger Sklavereien führt zu den extrem vielfältigen Kaleidoskopen von Kin-Sklavereien und Menschenhandelsformen der Weltgeschichte – mit dem Unterschied, dass heute die Nachfrageseite eine globalisierte Welt ist und die Angebotsseite oft eine Grenzregion der Globalisierung „des Westens“, ein so genannter *failed state*, eine Auswanderungsregion oder ein Gebiet, das sich als „neues“ Zentrum gegen „den Westen“ entwickelt und darstellt (wie Indien oder China). Die heutige Welt verlangt nach Körper-Dienstleistungen und „unsichtbaren“ Arbeitern für schwere und schmutzige Arbeit. Und die Kapitalisierung menschlicher Körper ist heute durch Technologien, Mobilitäten, Migrationen/Fluchten und Infrastrukturen sowie Armuts- und Reichtumshierarchien des globalen Zeitalters extrem einfach geworden.

Welt- und Globalgeschichte sind von der Perspektive des Autors abhängig. Ich schreibe aus einer Perspektive des „erweiterten Westens“[5] (Europa, USA, Lateinamerika, Karibik, Atlantik, Westafrika); ich will diese Perspektive nicht, aber

3 James, Wendy, „Perceptions from an African Slaving Frontier“, in: Archer, Léonie (ed.), Slavery and Other Forms of Unfree Labour, London: Routledge, 1988, S. 130–141.

4 Ruiz Gutiérrez, Ana, „Esclavitud al margen de la ley: Sometimiento de los naturales y sangleyes en Manila. Siglos XVI y XVII“. in: Martín Casares (ed.), Esclavitud, mestizaje y abolicionismo en los mundos hispánicos, Granada: Universidad de Granada 2015, S. 245–261.

5 Lewis; Wigen, The Myth of Continents, passim. Siehe auch: Jones, Eric L., The European Miracle: Environments, Economies and Geopolitics in the History of Europe and Asia, Cambridge: CUP, 1981; Komlosy, „Lokalisierung von Globalgeschichte“, in: Komlosy, Globalgeschichte, S. 165–247; zu einer sehr problemorientierten Sklaverei-Historiografie in dieser Tradition siehe: Weber, Klaus, „Von der Plantage zum ‚working prison‘. Ein kurzer Überblick zur Historiographie der Sklaverei“, in: Graf, Friedrich Wilhelm; Hanke, Edith; Picht, Barbara (eds.), Geschichte intellektuell. Theoriegeschichtliche Perspektiven, Tübingen: Mohr Siebeck, 2015, S. 335–355.

sie ist mir durch Sozialisierung; Systemtransformation 1990 und Räume eigener Archiv- und Feldforschungen vorgegeben. Globale Sklavereiforschung wird in dieser Perspektive seit ca. 1970 von zwei Historiografie- und Memorialkulturen dominiert: USA[6] und Brasilien. Beide werden jedoch in Europa völlig unausgewogen rezipiert, etwa im Verhältnis 80 % (USA) zu 10 % (Brasilien) aller Publikationen und Forschungen (wobei ein sehr wichtiges Forschungsinstitut – das *Harriet Tubman Institute for Research on Africa and its Diasporas* – in Kanada zu finden ist).[7] Ich bin aber entgegen dieser europäischen Perspektive, die auch der Tatsache geschuldet ist, dass eine harte braudelsche Traditionsschiene legaler Sklavereien vom Mittelmeer in die Amerikas reicht, keineswegs der Meinung, dass deshalb ein westlicher Universalismus in Bezug auf Kategorien und Analysekriterien angezeigt ist. Ganz im Gegenteil. Am deutlichsten vielleicht im „Namens"- und Semantik-Kapitel „Tausend Namen der Sklaverei" versuche ich über die Registrierung unterschiedlichster Benennungen und „Namen" von Sklavereien zu zeigen, dass es sehr, sehr viele Sklavereien in zeitlicher Tiefe (Weltgeschichte) und breiter globaler Spatialität (Globalgeschichte) innerhalb regionaler und lokaler Vielfalt von Abhängigkeiten in beiden Hemisphären gegeben hat (und gibt).

Noch weit unter diesen Generalperspektiven liegen Dichotomie-Formeln (z. B.: frei – unfrei), Beschreibungen „anderer" Sklavereien als Fremdheits- und Feindkonstruktionen (oft unter Verschweigen der „eigenen" Sklavereien, z. B.: „muslimische" Sklavereien vor dem Hintergrund der „Werte" westlicher Abolitionspolitiken) sowie anachronistischer Diskurse. Wie der meist aus religiösen Gründen geführte „Mildheits-Diskurs" der „eigenen" Sklaverei – etwa weil Mohammed dazu aufgerufen habe, seine eigenen Sklaven gut zu behandeln oder weil die katholische Kirche bis weit in das 19. Jahrhundert der Meinung war, es sei besser, Menschen aus Afrika in die katholischen Amerikas zu verschleppen als sie ungetauft in Afrika leben zu lassen.[8]

Allerdings sollte nicht ganz übersehen werden, dass Geschichtsschreibung immer auch eine Umschreibung von Diskursen ist, wir sollten uns des Problems nur

---

6 Die Historiografie ist im Grunde unüberschaubar; einen Überblick über die interne Sklaverei sowie die Sklaverei-Debatte bietet: Kolchin, Peter, „Bibliographical Essay", in: Kolchin, American Slavery. 1619–1877, New York: Hill and Wang, 1993, S. 257–291. Die umfangreichste und beste in Deutsch zugängliche Bibliographie zur Geschichte der *African Americans* und der Sklaverei im britischen Nordamerika/USA findet sich bei: Finzsch, Norbert; Horton, James O.; Horton, Lois, Von Benin nach Baltimore. Die Geschichte der African Americans, Hamburg: Hamburger Edition, 1999, S. 581–663.

7 Zeuske, Michael, „Umrisse einer postkolonialen Geschichte der Sklaven und der Sklaverei im Atlantik", in: Zeuske, Sklaven und Sklaverei in den Welten des Atlantiks, 1400–1940. Umrisse, Anfänge, Akteure, Vergleichsfelder und Bibliografien, Münster/Hamburg/London: LIT Verlag, 2006 (Sklaverei und Postemanzipation, ed. Michael Zeuske, Bd. 1); Zeuske, „Sklavenbilder: Visualisierungen, Texte und Vergleich im atlantischen Raum (19. Jahrhundert, Brasilien, Kuba und USA)", in: *zeitenblicke* 7, Nr. 2, (01.10. 2008), www.zeitenblicke.de/2008/2/zeuske (letzter Zugriff 17. 1. 2018).

8 Hanß, Stefan, „Sklaverei im vormodernen Mediterraneum", in: Zeitschrift für Historische Forschung Vol. 40:4 (2013), S. 623–661.

bewusst sein. Die vorherrschende US-amerikanische und die britische Perspektive der Sklaverei- und Sklavenhandelsforschung mit klarem Fokus auf dem so genannten „Britischen Atlantik" jedenfalls sind von Diskurs, Diskursumschreibungen und Mythen der atlantischen Abolitionen seit 1808 geprägt. Allerdings war entweder die Scham über Sklaverei und Sklavenhandel in den jeweils sich am fortgeschrittensten definierenden Gesellschaften (UK, USA) oder die liberale (und marxistische) Definition von Sklaverei und Sklavenhandel als *backward* so stark, dass selbst die britische und die US-amerikanische Historiografie erst seit den 1960er Jahren Sklaverei und Folgethemen, wie Afro-American Studies und Sklavereiforschung an Universitäten und Forschungseinrichtugen zu institutionalisieren begannen.

Verantwortlich für eine langfristige Perspektive des Abolitionismus vor allem in den USA – die vieles auch zugedeckt hat und zudeckt (siehe unten) – ist nicht nur die Stärke der afroamerikanischen Bewegung, sondern vor allem die Prominenz des *Civil War* in den USA als revolutionäre Abolition und sicherlich auch die Kompilation von William O. Blake (Ende 1850er Jahre); ein Werk, welches die US-amerikanische Sklaverei in der direkten Folge der „großen" Sklavereien der Antike sah und auch den atlantischen Sklavenhandel in diese Perspektive einordnete.[9] Noch bis um 1830–50 waren die Imaginationen und auch wirtschaftliche Zukunftserwartungen durch den Fokus von Verfassern englischsprachiger Texte auf den iberischen Kolonialbereich und speziell auf die spanische Conquista Amerikas geprägt (zum Beispiel William Robertsons *History of America* (1777) oder Arthur Helps' *The conquerors of the New world and their bondsmen* (1848–1852)).[10]

Forscher dieser Wissenschaftskulturen sprechen heute in Bezug auf das 19. Jahrhundert meist von einem „Jahrhundert der Abolition". In dieser Perspektive wird erstens übersehen, dass es grade in anderen Großräumen, wie Eurasien, Europa selbst, dem Vorderen und Zentralen Orient mit Arabien, Nordafrika und den Golfgebieten aber auch Ost-, Süd- und Südostasien unter Einbeziehung des heutigen Indonesiens und der Philippinen prä-moderne und frühmoderne eigenständige Sklavereitypen (bei mir „Plateaus") und -formen gab.[11] Diese massiven Sklavereien

---

9 Blake, William O., The history of slavery and the slave trade, ancient and modern. The forms of slavery that prevailed in ancient nations, particularly in Greece and Rome. The African slave trade and the political history of slavery in the United States, Columbus, Ohio: H. Miller, 1857.

10 Helps, Sir Arthur, The conquerors of the New world and their bondsmen; being a narrative of the principal events which led to Negro slavery in the West Indies and America ..., 2 vols., London: W. Pickering, 1848–1852; siehe auch: Almeida, Joselyn M., Reimagining the Transatlantic, 1780–1890, Aldershot: Ashgate, 2011.

11 Witzenrath, Christoph, „Introduction. Slavery in Medieval and Early Modern Eurasia: An Overview of the Russian and Ottoman Empires and Central Asia", in: Witzenrath (ed.), Eurasian Slavery, Ransom and Abolition in World History, 1200–1860, Aldershot: Ashgate, 2015, S. 1–79; Tappe, Oliver, „Variants of Bonded Labour in Precolonial and Colonial Southeast Asia", in: Damir-Geilsdorf, Sabine; Lindner, Ulrike; Müller, Gesine; Tappe, Oliver; Zeuske (eds.), Bonded Labour: Global and Comparative Perspectives (18th–21st Century), Bielefeld: transcript Verlag, 2016, S. 103–131 (siehe darin: „Patterns of Slavery and Servitude in Mainland Southeast Asia", S. 105–109); Zeuske, Sklaverei. Eine Menschheitsgeschichte, passim.

hatten Auswirkungen, die über das 18. und 19. Jahrhundert bis in das Heute reichen. Zweitens wird übersehen, dass das 19. Jahrhundert für Afrika, Brasilien, Kuba und überhaupt den Atlantik sowie den Indik ein Centennium des iberischen *Hidden Atlantic*, der absolut modernen „zweiten Sklavereien" (*Second Slavery*) mit Zentrum Atlantik und Auswirkungen auf andere Ozeane (mit nie gekannter Modernität und Mobilität in die Tiefen der Kontinente sowie Zirkulationen von Menschen, Kapital, Arbeit, Waren, Handelsstoffen, Wissen und Ideen sowie Konnektionen), der Atlantisierung der Amerikas und Westafrikas sowie des massiven Sklavenschmuggels, Kinderhandels und Kulihandels im Indik sowie im Gelben Meer / Pazifik (hier auch Convict-Transport) war.[12] Lokale, bereits lange existierende Sklaverei- und Sklavenhandelssysteme und -traditionen spielten dabei eine höchst wichtige Rolle. Hauptinstrumente und Basisprozesse waren die Kapitalisierung menschlicher Körper sowie massiver Menschenschmuggel, zusammengefasst im Begriff der *Second Slavery* (Zweite Sklaverei).[13] Auch für den Raum des Indischen Ozeans und überhaupt die östliche Hemisphäre bietet es sich an, von „zweiten Sklavereien" in einem Kontinuum unterschiedlichster Slaving- und Unfreiheits-Formen zu sprechen. Nicht umsonst dynamisierten sich atlantische Sklaverei und Menschenschmuggel mit Kindersklavereien und *bonded labor* der Kuli-Sklaverei im 19. Jahrhundert in Zeiten einer Krise der atlantischen Sklaverei (seit der weltweiten Agrarkrise der 1840/50er Jahre).[14] De facto wurden *emancipados* (*recaptives*), Kulis und Kanaka-Arbeiter oder verschleppte Mayas, wie oben gesagt, oft schlechter als Sklaven behandelt und/oder in ihrem Streben um Autonomie oder auch nur Überleben an neue Expanisonsgrenzen gesandt (um nicht zu sagen „verbannt"). Überdies waren sie meist billiger. In Bezug auf Kulis drückt diese Paria-Stellung ein zeitgenössischer Beobachter drastisch aus. Das Zitat soll für hunderte andere ähnliche Beobachtungen stehen:

> Induced to abandon their native land through the stimulus of false promises which they begin to suspect they will never see realized within a few days after they embark, separated from

---

12 Christopher, Emma; Pybus, Cassandra; Rediker (eds.), Many Middle Passages. Forced Migration and the Making of the Modern World, Berkeley [etc.]: University of California Press, 2007; Meagher, Arnold J., The Coolie Trade: The Traffic in Chinese Laborers to Latin America 1847–1874, Philadelphia: Xlibris, 2008.

13 Tomich, „The 'Second Slavery: Bonded Labor and the Transformations of the Nineteenth-century World Economy", S. 103–117; Tomich, Through the Prism of Slavery; Zeuske, „Out of the Americas: Slave traders and the Hidden Atlantic in the Nineteenth Century", S. 103–135; Kaye, „The Second Slavery: Modernity in the Nineteenth-Century South and the Atlantic World", S. 627–650; Rood, Daniel, The Reinvention of Atlantic Slavery: Technology, Labor, Race, and Capitalism in the Greater Caribbean, New York/Oxford: OUP, 2017.

14 Behal, Rana P.; Linden (eds.), Coolies, Capital, and Colonialism: Studies in Indian Labour History, Cambridge/New York [etc.]: CUP, 2006; Yun, Lisa, The Coolie Speaks. Chinese Indentured Laborers and African Slaves in Cuba, Philadelphia: Temple University Press, 2008; Ó'Gráda, Cormac; Paping, Richard; Vanhaute, Eric, When the potato failed. Causes and effects of the 'last' European subsistence crisis, 1845–1850, Turnhout: Brepols Publishers, 2007 (CORN Publication Series 9).

> their native land by a distance which their imagination exaggerates upon recollection of the immense amount of water crossed during the long voyage, exploited by the rapacity of the ship's crew, placed at tasks foreign to their training, subjected to the discipline of a plantation ruled by the criterion and traditions of slavery, walking from deception to deception even to seeing in many cases a lack of religious fulfillment of their contracts, excluded from family life because of a lack of women of their own race, despised by the Whites, hated by the Negroes, separated from their master more than are the slaves in proportion as the time of expiration of their contracts approaches and for the same reason treated with less consideration, real pariahs ..., how can it be questioned that this condition produces crimes and vices?[15]

Lisa Yun sagt es ganz deutlich: „The coolie experience ... exposes the nature of language, historical terms, and legal categories as contingent".[16]

Es ist wohl als ein Ausweis der konkreten Dynamik der brasilianischen Sklavereiforschung anzusehen, dass sie trotz der Dominanz des US-amerikanischen Sklavereidiskurses überhaupt in die Perspektive des „erweiterten Westens" gerückt ist. Die brasilianische Forschung belegt faktisch weltweit den Platz Nr. 1, d. h. nicht in der Perspektive Westeuropas und der USA, aber hinsichtlich Qualität und Quantität der publizierten Forschung, und dominiert so ihrerseits die Geschichte des Südatlantiks zwischen Südamerika und Afrika sowie natürlich die Historiografie Brasiliens.[17]

---

15 Manuel Villanueva 1877, zitiert nach: Corbitt, Duvon C., A Study of the Chinese in Cuba, 1847–1947, Wilmore: Asbury College, 1971, S. 81–82.

16 Yun, „Coolies on Land: Coolie Slavery", in: Yun, The Coolie Speaks, S. 28–35, hier S. 30. Ich habe bewusst „in Cuba" aus dem Zitat entfernt, weil das Gesagte für alle „Indentureds" und „Kontrakte" im 19. und frühen 20. Jahrhundert gilt (siehe auch unter das Kapitel „Tausend Namen der Sklaverei").

17 Der Umfang ist immens; ich kann hier nur ausgewählte Arbeiten nennen. Siehe zum Beispiel: Alencastro, Luiz Felipe de, O Trato dos Viventes. Formacão do Brasil no Atlantico Sul, seculos 16. e 17., São Paulo: Companhia das Letras, 2000; Reis, João José, Slave Rebellion in Brazil, Baltimore: Johns Hopkins University Press, 1993; Reis; Gomes, Flávio dos Santos (eds.), Liberdade por um fio. História dos quilombos no Brasil, São Paulo, Companhia das Letras, 1996; Reis; Silva, Eduardo, Negociação e conflito: a resistência negra no Brasil escravista, São Paulo, Companhia Das Letras, 1989; Reis, „Candomblé in Nineteenth-Century Bahia: Priests, Followers, Clients", in: Mann, Kristin; Bay, Edna G. (eds.), Rethinking the African Diaspora. The Making of a Black Atlantic World in the Bight of Benin and Brazil, London [u. a.]: Cass, 2001 (= Special Issue. Slavery and Abolition: A Journal of Slave and Post-Slave Studies [S&A] 22:1), S. 116–134; Reis, Rebelião escrava no Brasil. A história do levante dos malê em 1835. Edição revista e ampliada, São Paulo: Companhia Das Letras, 2003; Reis; Gomes, Flávio dos Santos; Carvalho, Marcus J.M. de, O Alufá Rufino. Tráfico, escravidão e liberdade no Atlântico negro (c. 1822 – c. 1853), São Paulo: Companhia Das Letras, 2010; Reis; Klein, „Slavery in Brazil", in: Moya, José C., (ed.), The Oxford Handbook of Latin American History, New York: Oxford University Press, 2011, S. 181–211; Klein; Luna, Francisco Vidal, Slavery in Brazil, Cambridge: Cambridge University Press, 2010; Reis; Azevedo, Elciene (eds.), Escravidão e suas sombras, Salvador: EDUFBa (Federal University of Bahia Press), 2012; Klooster, „The Geopolitical Impact of Dutch Brazil on the Western Hemisphere", S. 25–40; Hébrard, „L'esclavage au Brésil: le débat historiographique et ses racines", in: Hébrard (ed.), Brésil: quatre siècles d'esclavage. Nouvelles questions, nouvelles recherches, Paris: Karthala & CIRESC, 2012, S. 7–61 (englische Übersetzung: Thomas Scott-Railton): http://quod.lib.umich.edu/l/lacs/12338892.0001.002/--slavery-in-brazil-brazilian-scholars-in-the-key-

Besonders für die Geschichtsschreibung über Afrika sowie mehr und mehr auch in den Sklaverei- sowie Sklavenhandels-Historiografien Lateinamerikas steht Brasilien an erster Stelle (auch bei transkultureller Geschichte zwischen Brasilien und Afrika, vor allem Angola).[18] In Brasilien existiert die beste, quantitativ umfangreichste und ausgefeilteste Sklaverei-, Sklaven- und Sklavenhandelsforschung sowie nationale Postemanzipationsforschung unter Einschluss lokalhistorischer Forschungen weltweit: „In terms of quantitative studies, the most dynamic and important research on slavery in any American country is probably being done in Brazil".[19]

Das ist bei der größten ehemaligen Sklavereigesellschaft mit Menschen aus Afrika außerhalb Afrikas und zugleich der bedeutendsten atlantischen Sklavenhandelsmacht (mit Portugal, klar) nur natürlich so.[20]

John W. Sweet beschreibt in seiner Studie über „Recent Currents" (2008) der Sklavenhandelsforschung dieses historiographische Wahrnehmungsparadox am Beispiel des in den USA beheimateten wichtigsten quantitativen Forschungsprojektes zum atlantischen Sklavenhandel so:

> the really big new of the bicentennial [der 200. Jahrestage der Abolition 1808 – M. Z.] has been the publication of a second, enlarged, and much improved version of the Trans-Atlantic Slave Trade Database (TSTD).[21]

Sweet geht dann auf die Geschichte der Trans-Atlantic Slave Trade Database (TSTD1: 1999; TSTD2: 2008), der wichtigsten und größten heute existierenden und frei benutzbaren Datenbasis zur Sozialgeschichte, ein:

> From the start the Trans-Atlantic Slave Trade database project was an extraordinary international scholarly collaboration: the team secured funding and brought together a disparate network of researchers. The result, published in 1999 on CD-ROM, included 27,233 voyages, an estimated two thirds of the total. A new edition, spearheaded by Eltis, Richardson, Manolo

---

interpretive?rgn=main;view=fulltext (letzter Zugriff 15. 1. 2018)); Marquese, Rafael de Bivar, „As desventuras de um conceito: capitalismo histórico e historiografia sobre a escravidão brasileira", in: Revista da História, n. 169 (Julho–Dezembro 2013), S. 223–253.

18 Allerdings in Virginia, siehe vor allem: Ferreira, Roquinaldo, „Rebalancing Atlantic History", in: Ferreira, Cross-Cultural Exchange in the Atlantic World. Angola and Brazil during the Era of Slave Trade, Cambridge: CUP, 2012, S. 242–248.

19 Reis; Klein, „Slavery in Brazil", S. 181–211, hier S. 181.

20 Marquese, Feitores do corpo, missionários da mente. Senhores, letrados e o controle dos escravos nas Américas, 1660–1860, São Paulo: Companhia Das Letras, 2004 sowie: Klein, „American Slavery in Recent Brazilian Scholarship, with Emphasis on Quantitative Socio-economic Studies", in: Slavery and Abolition Vol. 30:1 (March 2009), S. 111–133 (Review Essay); Reis; Klein, „Slavery in Brazil", S. 181–211. Siehe die (bescheidene) Bibliografie in: Zeuske, „Sklaven, Sklaverei, Sklavenhandel und Abolitionismus (vor allem Brasilien und die Guayanas)", in: Zeuske, Sklaven und Sklaverei in den Welten des Atlantiks, S. 555–565; Marquese, „A Guerra Civil Dos Estados Unidos E A Crise da Escravidão No Brasil", in: Afro-Ásia Vol. 51 (2015), S. 37–71.

21 Sweet, John W., „The Subject of the Slave Trade. Recent Currents in the Histories of the Atlantic, Great Britain, and Western Africa", in: Early American Studies 7:1 (Spring 2009), S. 1–45.

> Florentino, and Stephen Behrendt and unveiled in late 2008, includes more than 7,700 additional voyages, probably about 80 percent of the total [...] The new data have also enabled the most refined and persuasive estimates to date of the total volume of the trade, which has risen to 12.5 million. For historians of North America, the result can be astonishing – if a bit humbling. Although the slave trade played a crucial role in United States history – and in American historical memory – the number of African captives transported to North America constituted less than 5 percent of the total volume of this trans-Atlantic diaspora. Indeed, in the decades after the British and American abolition acts of 1807 the number of captives transported from Africa to Brazil – over a million [1808–1850, der Autor erwähnt den Menschenhandel nach Kuba 1820–1880 nicht, der möglicherweise auch etwa eine Million betrug – M. Z.] – was twice that sent to North America during the four centuries of the trade. This figure reflects one of the most dramatic additions to the database this time around: newly collected data on the trade from West-Central Africa (which includes Congo and Angola) and Latin America, primarily Brazil and, later, Cuba. These new numbers make it clear that the narrative of abolition that has been so thoroughly ballyhooed in recent years is deeply flawed. Too often, when Anglophone academics think about the "Atlantic world," they consider only its northern half. The result is to ignore the enormous volume of the slave trade in the southern Atlantic and the scale on which it continued in the nineteenth century.[22]

Sweet benennt klar zwei Mythen: den Mythos der erstrangigen Bedeutung Nordamerikas und den Mythos der Abolition (paradigmatisch im Titel „Abolition“[23] von Seymour Drescher), die die oben genannte historiografische hegemonische Perspektive stützen und Sweet hat im Grunde vom Hidden Atlantic und vom Menschenhandel nach Brasilien und nach Kuba und von dort in die USA kaum eine Vorstellung.

Antony Kaye kommt in Bezug auf „Southern exceptionalism“ (eine Version des Paradoxons), Kapitalismus, Modernität und *Second Slavery* zu folgendem Schluss:

> Writing the history of the second slavery poses a variety of conceptual challenges to Southern historians. It requires pushing past the boundaries of time and space that circumscribe antebellum slavery, back to the early republic, outward to Cuba, Brazil, and the Atlantic world. It behooves us to employ a variety of approaches, creolist as well as diasporic, to slave culture. Such a project demands we think carefully about concepts we have long taken for granted, such as capitalism and modernity. And we will have to surrender, at long last, our Southern exceptionalism. If historians no longer argue this case explicitly, it has been a constitutive concept of the field too long for practitioners to let go easily, and it still undergirds much writing on antebellum slavery. Yet the notion that the South was unique during the nineteenth century does not bear up well under even this cursory examination of contemporary slave societies. If the South was modern and capitalist, so were Cuba and Brazil. If slave labor was perhaps unusually mobile in the South, production for markets was apparently more extensive in Brazil. If slavery proved eminently compatible with technical innovation, biological as well

22 Ebd., S. 2f.

23 Drescher, Abolition; siehe auch: Marques, João Pedro, Os Sons do Silêncio. O Portugal de Oitocentos e a Abolição do Tráfico de Escravos, Lisboa, Imprensa de Ciências Sociais, 1999 (engl.: The Sons of Silence: Nineteenth-Century Portugal and the Abolition of the Slave Trade, New York: Berghahn Books, 2006).

> as mechanical, the level of sophistication was higher in Cuban sugar mills. As we reckon with the South of the second slavery, we are likely to find it was neither the most capitalist nor the most modern slave society. We will have to come to terms with a history that was Southern, but not exceptional.[24]

Die Sklavenhalter der großen Sklavereigesellschaften der Amerikas hielten ihre Gesellschaften für gut, christlich, wirtschaftlich (profitabel) und modern. Und sie hatten Recht – es handelte sich um eine Sklaverei*moderne* (mit all ihrer Dynamik, aber auch mit allen hässlichen Seiten, die wir noch kennen lernen werden).

Was das globalgeschichtliche Konzeptionelle betrifft – ich optiere für Sklavereien (Plural) als Oberbegriff, auch wenn „Sklaverei" schon aus Sprachökonomie immer wieder genutzt werden wird. Sklavereien haben einfach die längere Geschichte und sie haben schon viele Diskursumbrüche überstanden, unter anderem die diskursiv recht erfolgreichen Versuche, lokale europäische Sklavereien zu „Leibeigenschaft" umzudefinieren oder Diskursformen des Kontrakts und der „freien" Arbeit realen Versklavungs- und Sklavereisituationen überzustülpen oder distinkte Forschungsfelder abzustecken (wie etwa „mediterrane Sklaverei" oder „Sklaverei und Geschlechtergeschichte"). Allerdings unter der Voraussetzung, dass – allgemein gesprochen – „Wege" oder „Kanäle" (räumlich), wann ein Mensch Sklave wird (in seiner individuellen Lebenszeit und in der geschichtlichen Zeit) sowie die Art und Weise des Eingangs in Sklavereien und des Austritts aus Sklavereien mit unter das Konzept gefasst werden, so wie es im atlantischen Raum mit dem Konzept der *Atlantic Slavery* versucht wird. Dann können auch *bonded labor* (oder *labour*), *forced labor* und *coolie*/ *indenture*-Systeme, *blackbirding* (Transport und Handel mit Menschen aus Melanesien, Polynesien sowie Hawai nach Australien und in europäische Kolonien im Pazifik, nach Mittelamerika und Peru u. a. durch Kapitäne aus den USA)[25] sowie *trafficking* mit unter den Oberbegriff der Sklavereien gefasst werden, speziell im eigentlichen Globalisierungszeitraum der westlichen Moderne 1840–1975. Dass sie in einer Genealogie des Zwanges, der Gewalt und der Ausbeutung stehen, dürfte offensichtlich sein.

---

24 Kaye, „The Second Slavery: Modernity in the Nineteenth-Century South and the Atlantic World", in: Laviña; Zeuske (eds.), The Second Slavery, S. 174–202, hier S. 202.

25 Maude, Henry Evans, Slavers in Paradise. The Peruvian Labour Trade in Polynesia, 1862–1864. Stanford: Stanford University Press; Suva: Institute of Pacific Studies / The University of the South Pacific; Canberra: The Australian National University Press, 1981; Docker, Edward W., The Blackbirders. A Brutal Story of the Kanaka Slave-Trade, London: Angus & Robertson, 1981; Moore, Clive, Kanaka: A History of Melanesian Mackay, Port Moresby: Institute of Papua New Guinea Studies and the University of Papua New Guinea, 1985; Munro, Doug, „The Origins of Labourers in the South Pacific: Commentary and Statistics", in: Moore; Leckie, Jacqueline; Munro (eds.), Labour in the South Pacific, Townsville: James Cook University, 1990, S. XXXIX–LI; Horne, Gerald, The White Pacific: U. S. Imperialism and Black Slavery in the South Seas after the Civil War, Honolulu: University of Hawai'i Press, 2007; Brown, Laurence, „'A Most Irregular Traffic'. The Oceanic Passages of the Melanesian Labor Trade", in: Christopher; Pybus; Rediker (eds.), Many Middle Passages, S. 184–203.

In der Sklavereigeschichte hat es in Bezug auf die globale Semantik des Begriffs „Sklaverei" oft, wie soll ich sagen, „Begriffsbenutzungsanweisungen" gegeben. Am deutlichsten hat Anthony Reid in seiner antistrukturalistischen Studie zu einem von ihm angenommenen „Decline of Slavery" in den 1980er Jahren eine Position in Bezug auf eine Ausweitung des Sklavereibegriffes formuliert (nicht so sehr in Bezug auf Sklavenhandel), indem er seinerseits die weite Verbreitung von Bondageformen, darunter auch die von ihm unter Bondage subsumierten Sklavereien, in Südostasien aufgezeigt hat und damit eine Tradition begründete, die gerade heute sehr wichtige Perspektiven zur globalen Debatte der Sklavereien und Zwangsarbeit beiträgt. Von Anthony Reid stammt auch der bemerkenswerte Satz in Bezug auf Dynamiken und „Modernität" von Sklavereien (1984): „The pejorative connotations given to the term slavery by liberal and Marxist discourse remain, even though the clear-eyed recent literature (Davis 1966, 1984; Fogel and Engerman 1974; Patterson 1982) has made abundantly clear that the conjunction between slavery and periods of economic and intellectual progress in most cultures was not accidental".[26] Und mit Joost Coté kann man für die umstrittene Sklaverei/ Bondage hinzufügen: „Slavery-like conditions had not declined with the decline and formal abolition of slavery".[27]

Ich hab die Phase der Konstruktion distinkter Forschungsfelder hinter mir (das Ergebnis war „Schwarze Karibik").[28] Ich gehe jetzt den Weg der mikrogeschichtlichen Analyse in globalen Räumen *und* des Globalhistorien-Narrativs sowie dem damit zusammenhängenden Verständnis von Kategorien als zeit- und raum- und interessengebundenen Instrumenten (die in ihrer Zeit als „Diskurse" im Sinne Foucaults recht breit anerkannt waren bzw. sind). Sklavereien in ein Umfeld von Bon-

26 Reid, „The Decline of Slavery in Nineteenth-Century Indonesia", S. 64–82, hier S. 64. Der neueste Versuch, in der Tradition südostasiatischer Bauerngesellschaften (und in der anthropologischen Tradition von Anthony Reid) *bonded labour* als Oberbegriff zu definieren, mit sehr vielen guten Argumenten, ist: Derks, Annuska, „Bonded Labour in Southeast Asia: Introduction", in: Asian Journal of Social Science 38 (2010), S. 839–852. Allerdings dürfte der Ausgangspunkt (Karl Marx' Definition des „doppelt freien" Arbeiters) falsch gewählt sein. Marx hat nirgendwo erkennen lassen, dass er Sklavenhandel *itself* als Kapitalbildungsprozess sozusagen „eigenen Rechts" auffasste, sondern immer nur in Bezug auf die Spitze der damaligen Kapitalismusentwicklung (England). „Handel" und „Transport" von menschlichen Körpern sowie Kontrolle der Zulassung (oder Entlassung) von Arbeitskräften in Bezug auf Märkte war Teil von „Sklaven-Produktion" und Menschenhandel für Atlantische Sklavereien (ich verweise nur auf die vielen Sklavereien in Afrika sowie die Castings der Verschleppten durch europäische oder amerikanische Ärzte an den Übergängen zwischen innerafrikanischem zum atlantischen Sklavenhandel, siehe weiter unten). Sie sind heute noch Hauptfunktionen von Agenturen und Sponsoren und Grundlage ihrer Profite und Kapitalien.

27 Coté, Joost, „Slaves, Coolies, and Garrison Whores. A Colonial Discourse of "Unfreedom" in the Dutch East Indies", in: Campbell; Elbourne, Elizabeth (eds.), Sex, Power, and Slavery, Athens: Ohio University Press, 2014, S. 561–582, hier S. 566.

28 Zeuske, Schwarze Karibik. Sklaven, Sklavereikulturen und Emanzipation, Zürich: Rotpunktverlag, o. J. [2004].

dage sowie von „unfreier Arbeit" und Zwangsarbeit als binäre Gegenseite von „freier Arbeit" zu stellen, greift auf eine Dichotomie zurück, die seit den 1920er Jahren aufgekommen ist und auf einem normativen Konzept von „freier Wirtschaft" (gegen den „Sowjet-Kommunismus" und zur Verschleierung der Tatsache, dass die meisten „freien" Wirtschaften des „Westens", speziell die Großbritanniens und Frankreichs, auf kolonialem Zwang und Sklavereien beruhten) fußt.[29] Dieser globalhistorische Diskurs des 20. Jahrhunderts nach 1920, dieses Großnarrativ, übt einen zentralisierenden Sog aus. Mittlerweile erkennen aber sogar Rechtshistoriker, dass in den meist normativ als „frei" gesetzten Gesellschaften des *common law* durch Verträge bzw. in der realgeschichtlichen Tiefe der Arbeits- und Machtverhältnisse, die Rechtstexte in normativer, legaler Sprache abzubilden versuchen, genauso viel Gewalt, auch direkt gegen individuelle Körper, ausgeübt wird wie in Sklavereien oder Servilitäts- und Bondageformen, die mit „römischem" Recht oder anderen historischen Rechts-Korpora begründet worden sind. Robert Steinfeld spricht für England und die USA sogar von „unfree wage labour".[30] Und selbst wenn der Begriff *Human bondage* im Titel eines so eminenten Werkes wie dem von Lakshmidhar Mishra (2011) verwendet wird, ist nach intensiver Lektüre schnell klar, dass es sich hier im historischen und im soziologischen, vor allem aber im anthropologischen Sinne um Sklavereien im Netz von Abhängigkeiten handelt.[31]

Im Grunde kann man mit Nancy van Deusen sagen, wir sollten versuchen, „to bypass the strict juridical and terminological distinctions between a "slave" and a "servant" and investigate the lived experiences and connotations of servile dependency in trans-Atlantic settings. Hierarchical social bonds revolved around expectations of loyalty, service, and dependability between "family" members that included kin and non-kin members".[32] Vieles erklärt sich aus den jeweiligen Kontexten, Benennungen („Namen der Sklavereien") und mit der historischen Entwicklung von unterschiedlichen Sklavereien (vor allem mit Kin-Sklavereien, siehe die entsprechenden Kapitel unten).[33]

---

29 Miller, The Problem of Slavery as History, S. 16 f.

30 Steinfeld, Robert J., Coercion, Contract and Free Labour in the Nineteenth Century, Cambridge: CUP, 2001, S. 39 ff; siehe auch: Keiser, Thorsten, „Between Status and Contract? Coercion in Contractual Labour Relationships in Germany from the 16th to the 20th century", in: Rechtsgeschichte / Legal History 21 (2013), S. 32–47.

31 Mishra, „Introduction", in: Mishra, Human Bondage, S. 3–18.

32 Deusen, Nancy E. van, „Coming to Castile with Cortés: Indigenous "Servitude" in the Sixteenth Century", in: Ethnohistory 62:2 (2015), S. 285–308, hier S. 287; siehe auch: Cottias; Stella, Alessandro; Bernard (coords.), Esclavage et dépendendances serviles. Histoire comparée, Paris: L'Harmattan, 2006, S. 10–11.

33 Stella, „Travail et dépendances au Moyen Age: Une problématique", in: Annequin, Jacques; Geny, Évelyne; Smadja, Élisabeth (eds.), Le Travail: Recherches historiques, Besançon: Presses Universitaires Franc-Comtoises, 1999, S. 227–244.

Zentren des neuzeitlichen Sklaven- und Menschenhandels und Grundlinien der Historiografie

Der große „Rest“ der globalen Sklavereihistoriografie verteilt sich diffus auf andere imperiale Historiographien: die britische, oft mit der US-amerikanischen zur angloamerikanischen Sklavereihistoriografie zusammengefasst, obwohl es starke Unterschiede gibt,[34] sowie vor allem die niederländische (südafrikanische zur Kapkolonie),[35] die französische,[36] die portugiesische,[37] spanische,[38] und italienische.[39] Sklavereihistoriografie (im Rahmen der Mittelmeer-Sklavereigeschichtsschreibung).[40] In der deutsch-brandenburgischen, dänischen, schwedischen oder hamburgischen bzw. bremischen Geschichtsschreibung spielen Sklavenhandel und Sklaverei praktisch keine Rolle, obwohl ihre Bedeutung trotz der geringen Quantitäten oft gar nicht unerheblich war, wie am italienisch-mediterranen, deutschen, dänischen oder Schweizer Beispiel erst kürzlich nachgewiesen worden ist (das

---

34 Wade, Richard C., Slavery in the Cities: The South 1820–1860, New York and London: OUP, 1964; Fisher, Allan G. B.; Fisher, Humphrey J., Slavery and Muslim Society in Africa: the institution in Saharan and Sudanic Africa and the trans-Saharan trade, London: Hurst, 1970; Ransford, Oliver, The Slave Trade. The Story of the Transatlantic Slavery, London: Murray, 1971; Rawley, James A., The Transatlantic Slave Trade: A History, New York/London: W. W. Norton & Company, 1981; Walvin, Britain's Slave Empire, Gloucestershire: Tempus Publishing Ltd., 2000; Rawley, London, Metropolis of the Slave Trade. Foreword by David Eltis, Columbia: University of Missouri Press, 2003. Zum angloamerikanischen Sklavenhandel siehe die grundlegenden Untersuchung: Morgan, Kenneth et als. (eds.), The British Transatlantic Slave Trade, 4 Bde., London: Pickering and Chatto, 2003. Neben den bereits erwähnten Bibliographien von Kolchin (USA) sowie Finzsch, Horton, Horton (Afrika, britischer Sklavenhandel sowie USA) siehe zum britischen Sklavenhandel an der Goldküste: St Clair, William, „Bibliographical Note“, in: St Clair, The Grand Slave Emporium. Cape Code Castle and the British Slave Trade, London: Profile Books, 2007, S. 270–280; für die USA siehe neben den bereits zitierten Arbeiten: Berlin; Morgan, Philip D., Cultivation and Culture: Labor and the Shaping of Slave Life in the Americas, Charlottesville: University Press of Virginia, 1993 (Carter G. Woodson Institute Series in Black Studies); Berlin, Many Thousands Gone. The First Two Centuries of Slavery in North America, Cambridge, Mass.; London, England: The Belknap Press of Harvard University Press, 1998; Menard, Russel R., Migrants, Servants, and Slaves: Unfree Labor in Colonial British America, Aldershot: Ashgate, 2001; Berlin, Generations of Captivity. A History of African-American Slaves, Cambridge and London, England: The Belknap Press of Harvard University Press, 2003; Berlin, The Making of African America. The Four Great Migrations, New York: Viking, 2010; Wilder, Craig S., Ebony and Ivy: Race, Slavery, and the Troubled History of America's Universities, New York, Bloomsbury, 2013; Devine, Tom M. (ed.), Recovering Scotland's Slavery Past: The Caribbean Connection, Edinburgh: Edinburgh University Press, 2015; Woods, Michael E., Bleeding Kansas: Slavery, Sectionalism, and Civil War on the Missouri-Kansas Border, New York: Routledge Press, 2016 (Critical Moments in American History Series); eine kurze Synthese zur Forschung in den USA findet sich bei: Sautter, Udo, „Die Sklaverei in der Forschung“, in: Sautter, Sklaverei in Amerika, Darmstadt: WBG/Theiss, 2014, S. 129–137; Steiner, Benjamin, „Wohlstand dank Sklaverei? Die Bedeutung der atlantischen Sklavereiökonomie in der gegenwärtigen Historiographie“, in: Geschichte in Wissenschaft und Unterricht H. 5/6 (2015), S. 245–261; Vasconcellos, Colleen A., Slavery, Childhood, and Abolition in Jamaica, 1788–1838, Athens: University of Georgia Press, 2015.

35 Ross, Robert, Cape of Torments: Slavery and Resistance in South Africa, London: Routledge and Kegan Paul, 1983; eine Synthese zur „niederländischen Welt" findet sich unter dem Titel „The Dutch World" (ca. 17. Jahrhundert) in: Blakely, Allison, Blacks in the Dutch World. The Evolution of Racial Imaginary in a Modern Society, Bloomington and Indianapolis: Indiana University Press, 1993 (Blacks in Diaspora), S. 1–38; Goslinga, Cornelis Ch., The Dutch in the Caribbean and in the Guianas, 1680–1791, Assen: Van Gorcum, 1985; Goslinga, The Dutch in the Caribbean and in Surinam, 1791/5–1942, Assen: Van Gorcum, 1990; Thompson, Alvin O., Colonialism and Underdevelopment in Guyana, 1580–1803, Bridgetown: Carib Research Publications, 1987; Postma, Johannes Menne, The Dutch in the Atlantic Slave Trade 1600–1815, Cambridge: Cambridge University Press, 1990; Israel, Jonathan I., The Dutch Republic; Its Rise, Greatness, and Fall 1477–1806, Oxford: Clarendon Press, 1995; Oostindie, Gert, „The Economics of Suriname Slavery", in: Economic and Social History in the Netherlands, 5 (1993), S. 1–24; Kooster, Wim & Oostindie, „El Caribe holandés en la época de la esclavitud", in: AEA LI, núm. 2 (1994), S. 233–259; Oostindie, „Same Old Song? Perspectives on Slavery and Slaves in Suriname and Curaçao", in: Oostindie (ed.), Fifty Years Later. Antislavery, Capitalism and Modernity in the Dutch Orbit, Leiden/Pittsburgh: KITLV Press/University of Pittsburgh Press, 1995, S. 143–178; Oostindie; Stipriaan, Alex van, „Slavery and Slave Cultures in a Hydraulic Society: Suriname", in: Palmié (ed.), Slave Cultures and the Cultures, S. 78–99; Emmer, Pieter C., „Jesus Christ Was Good, but Trade Was Better": An Overview of the Transit Trade of the Dutch Antilles, 1634–1795", in: The Lesser Antilles in the Age of European Expansion, ed. by Paquette, Robert L.; Engerman, Gainesville: University Press of Florida, 1996, S. 206–222; Page, Willie F., The Dutch Triangle: The Netherlands and the Atlantic Slave Trade, 1621–1664, New York: Garland Publishing, 1997; Emmer, The Dutch in the Atlantic Economy, 1580–1880. Trade, Slavery and Emancipation, Aldershot [etc.]: Ashgate, 1998; Emmer, De Nederlandse slavenhandel, 1500–1850, Amsterdam: Arbeiderspers, 2000; Emmer, „The Dutch and the Atlantic Challenge, 1600–1800", in: Emmer; Pétré-Grenouilleau, Olivier; Roitman, Jessica V. (eds.), A Deus ex Machina Revisited: Atlantic Colonial Trade and European Economic Development, Leiden: Brill, 2006 (The Atlantic World; 8), S. 151–177; Emmer, „The Dutch and the Slave Americas", in: Eltis; Lewis, Frank; Sokoloff, Kenneth (eds.), Slavery in the development of the Americas, Cambridge: Cambridge University Press, 2004, S. 70–86; Shell, Robert C.-H., Children of Bondage: A Social History of the Slave Society at the Cape of Good Hope, 1652–1838, Hanover: Wesleyan University Press, 1994; Schoeman, Karel, Early Slavery at the Cape of Good Hope, 1652–1717, Pretoria: Protea Book House, 2007; Schoeman, Portrait of a Slave Society. The Cape of Good Hope, 1717–1795, Protea Book House, 2012; Heese, Hans, Amsterdam tot Zeeland – Slawestand tot Middestand? 'n Stellenbosse slawegeskiednis, Stellenbosch: Sun Press, 2016. Spannenderweise wird die Kapkolonie heute zur Geschichte Südafrikas gezählt, aber Schoeman hat die ausführlichsten Kapitel zum niederländischen Sklavenhandel: Schoeman, „The Dutch in the eastern hemisphere", in: Schoeman, Portrait of a Slave Society, S. 21–90; Schoeman, „The Dutch in the western hemisphere", in: Ebd., S. 91–118; Schoeman, „The slave trade", in: Ebd., S. 119–170; Oostindie; Roitman, Jessica V. (eds.), Dutch Atlantic Connections, 1680–1800. Linking Empires, Bridging Borders, Leiden/Boston: Brill, 2014; Brandon, Pepijn, „Dutch capitalism and slavery: new perspectives from American debates", in: Tijdschrift voor Sociale en Economische Geschiedenis Vol. 12:4 (2015), S. 117–137; Brandon, War, Capital, and the Dutch State (1588–1795), Leiden/Boston: Brill, 2015.

36 Wallon, Henri Alexandre, Histoire de l'esclavage dans l'antiquité, 3 Bde [Paris: 1847], Paris: Hachette et cie, 1879 [Ndr. Paris 1988], https://archive.org/details/histoiredelescl12goog (letzter Zugriff 15. 1. 2018)); Martin, Gaston, L'ère des Négriers (1714–1774). Nantes au XVIIIe siècle, d'après des documents inédits, Paris: Félix Alcan, 1931 (Paris : Karthala, 1993); Peytraud, Lucien, L'esclavage aux Antilles françaises avant 1789: D'après des documents inédits des Archives coloniales, Paris: Désormeaux, 1973 (Histoire de l'esclavage aux Antilles); Marchand-Thébault, Marie-Louis, „L'esclavage en Guyane sous l'Ancien regime", in: Bruleaux, Anne-Marie; Calmont, Régine; Mam-

Lam-Fouck, Serge (eds.), Deux Siècles d'Esclavage en Guyane Française 1652–1848, Paris: L'Harmattan, 1986, S. 11–62; Commerce et Plantations dans la Caraïbe. XVIII e et XIXe siècles, coord. Butel, Paul, Bordeaux: Maison des Pays Ibériques, 1992; Martin, Gaston, L'ère des négriers: Nantes au XVIIIe siècle, 1714–1774, Paris: Karthala, 1993; Peabody, Sue, „There are No Slaves in France": The Political Culture of Race and Slavery in the Ancien Régime, Oxford, New York, Oxford: Oxford University Press, 1996; Din, Gilbert C., Spaniards, Planters, and Slaves: the Spanish Regulation of Slavery in Louisiana, 1763–1803, College Station: Texas A & M University Press, 1999; Toth, Stephen A., Beyond Papillon: The French Overseas Penal Colonies, 1854–1952. France Overseas Empire. Lincoln: University of Nebraska Press, 2006; Masseaut, Jean-Marc, „La Franc-Maçonnerie dans la traite atlantique. Un paradox des Lumières", paper presented to the symposium „La experience coloniale: Dynamiques des échanges dans les espaces Atlantiques à l'époque de l'esclavage" (Nantes, 2005); Révauger, Marie-Cécile, The Abolition of Slavery – The British Debate 1787–1840, Vanves: CNED/ Paris: Presses universitaires de France, 2008; Saunier, Éric, „Le Havre, port négrier : de la défense de l'esclavage à l'oubli", in: Cahiers des Anneaux de la Mémoire, n°11 (2007) (= Les ports et la traite négrière : France), S. 23–41; Hrodej, Philippe (ed.), L'esclavage et les plantations. De l'établissement de la servitude à son abolition. Hommage à Pierre Pluchon, Rennes: éditions des Presses Universitaires de Rennes, 2008; Weiss, Gillian, Captives and Corsairs. France and Slavery in the Early Modern Mediterranean, Stanford: Stanford University Press, 2011; Révauger; Saunier, (eds), La Franc-maçonnerie dans les ports, Bordeaux: Presses Universitaires de Bordeaux, 2012; Cauna, Jacques de, La société des plantations esclavagistes: Caraïbes francophone, anglophone, hispanophone: regards croisés, Paris: Indes savantes, 2013; Cauna (dir.), Dynamiques caribéennes. Pour une histoire des circulations dans l'espace atlantique (XVIIIe–XIXe siècles), Bordeaux: Presses Universitaires de Bordeaux, 2014 (Collection de la Maison des Pays Ibériques Série; Amériques), S. 303–316; Cauna, Fleuriau, La Rochelle et l'esclavage: trente-cinq ans de mémoire et d'histoire, Paris: Les Indes savantes; [Saintes]: Le Croît Vif, 2017.

37 Es gibt neben älteren Werken (Heleno, Manuel, Os Escravos em Portugal, Lisboa: AGC, 1933; Brásio, António, Os Pretos em Portugal, Lisboa: AGC, 1944 sowie: Tinhorão, José Ramos, Os Negros em Portugal. Uma Presença Silenciosa, Lisboa: Caminho, 1988) nur selten Überblickswerke zum gesamten portugiesischen Slaving (das schon sehr zeitig wirklich global war) in den drei Imperien („1. Imperium" 1444–1580/1640; „2. Imperium" 1640–1808; „3. Imperium" 1822–1974). Das wichtigste Überblickswerk ist: Caldeira, Arlindo Manuel, Escravos e Traficantes no Império Português: O Comércio Negreiro Português no Atlântico Durante Os Séculos XV a XX, Lisboa: Esfera dos Livros, 2013; siehe auch: Clarence-Smith, William Gervase, The third Portuguese empire, 1825–1975. A study in economic imperialism, Manchester & Dover: Manchester University Press, 1985 sowie zum *hidden Atlantic*: Clarence-Smith, „The Portuguese Contribution to the Cuban Slave Trade and Coolie Trade in the Nineteenth Century", in: Slavery & Abolition 5 (1984), S. 24–33; zum Imperium bis 1808: Russell-Wood, Anthony John R., The Portuguese Empire, 1415–1808. A World on the Move, Baltimore and London: The Johns Hopkins University Press, 1998; (zu Afrika-Goa:) Ali, Shanti Sadiq, „The Portuguese and the Slave Trade", in: Ali, The African Dispersal in the Deccan. From medieval to modern times, Hyderabad: Orient Longman, 1995, S. 203–222; Fonseca, Jorge Manuel Rios da, Os escravos em Évora no século XVI, Évora: Câmara Municipal, 1997; Marques, João Pedro, Portugal e a Escravatura dos Africanos, Lisboa: Imprensa de Ciências Sociais, 2004; Lahon, Didier, O Negro no Coração do Império – Uma Memória a Resgatar. Séc. XV–XIX, Lisboa, 1999; Lahon, „L'esclavage au Portugal: Utopie et Réalité", in: Cahiers des Anneaux de la Mémoire 3, Nantes (2001), S. 147–175; Fonseca, Escravos no sul de Portugal (Séculos XVI e XVII), Lisboa: Vulgata, 2002; Curto, José C.; Soulodre-La France, Renée (eds.) Africa and the Americas: interconnections during the slave trade, Trenton: Africa World Press, 2005; Newson, Linda A.; Minchin, Susie, From Capture to Sale. The Portuguese slave trade to Spanish America in the early seventeenth century, Leiden: Brill, 2007 (The Atlantic World; 12); Seijas, Tatiana, „The Portuguese Slave Trade to Spanish Manila:

1580–1640", in: Itinerario: International Journal on the History of European Expansion and Global Interaction 32 (January 2008), S. 19–38; Fonseca, Escravos e senhores na Lisboa quinhentista, Lisboa: Colibri, 2010; Ribeiro da Silva, Filipa, Dutch and Portuguese in Western Africa. Empires, Merchants and the Atlantic System, 1580–1674, Leiden: Brill, 2011; Green, Tobias, „Building Slavery in the Atlantic World: Atlantic Connections and the Changing Institution of Slavery in Cabo Verde, Fifteenth–Sixteenth Centuries", in: Slavery and Abolition, 32:2 (2011), S. 227–245; Green, The Rise of the Trans-Atlantic Slave Trade in Western Africa, 1300–1589, Cambridge: Cambridge University Press, 2011. Eine Reihe von Überblicksartikeln zum Sklavenhandel finden sich in: Eltis; Richardson, David (eds.), Extending the Frontiers: Essays on the New Transatlantic Slave Trade Database, New Haven: Yale University Press, 2008; zum mittelalterlichen Sklavenhandel mit muslimischen Sklaven seit dem 11. Jahrhundert, siehe: Soyer, François, „El comercio de los esclavos musulmanes en el Portugal medieval: rutas y papel económico", in: Espacio, Tiempo y Forma, Serie III, H.a Medieval, t. 23 (2010), S. 265–275; Vaz do Rego Machado, Margarida; Gregorio, Rute Dias; Silva, Susana Serpa (coords.), Para a história da escravatura insular nos séculos XV a XIX, Lisboa: CHAM, 2013; Caldeira, Escravos em Portugal. Das Origens ao Século XIX. Histórias de Vida de Homens, Mulheres e Crianças sob Cativeiro, Lisboa: A Esfera dos Livros, 2017.

38 Crespo Rodas, Alberto, Esclavos negros en Bolivia, La Paz: Academia Nacional de Ciencias, 1977 (La Paz: Gum, 2009); Lucena Salmoral, Manuel, La esclavitud en la América española, Warszawa: Universidad de Varsovia, Centro de Estudios Latinoamericanos (CESLA), 2002; Vincent, „L'esclavage moderne en Péninsule Ibérique", in: González Lopo, Domingo L.; López López, Roberto Javier (eds.), Balance de la historiografía modernista 1973–2001. Actes del VI coloquio de metodología aplicada. Homenaje al profesor Antonio Eiras Roel, Santiago de Compostela: Xunta de Galicia, 2003, S. 445–452; Lucena Salmoral, Regulación de la esclavitud negra en las colonias de América Española (1503–1886): Documentos para su estudio, Madrid/Murcia: Universidad de Alcalá/Universidad de Murcia, 2005 (Monografías Humanidades 06); Andrés-Gallego, José, „Referencias bibliográficas", in: Andrés-Gallego, La esclavitud en la América española, Madrid: Ediciones Encuentro, S.A.; Fundación Ignacio Larramendi, 2005, S. 323–363. Die Arbeiten von Jean-Pierre Tardieu, konzentriert auf Peru und Ober-Peru (heute Bolivien), erfassen fast alle Aspekte der Sklaverei in Spanisch-Amerika und bilden in ihrer Gesamtheit das am sichersten und kritischsten auf Quellen basierte Werk heutiger Historiografie über Spanisch-Amerika. Ich erwähne hier nur den Artikel, der sich mit Sklaven als Kapital beschäftigt: Tardieu, Jean-Pierre, „El esclavo como valor en las Américas españolas", in: Iberoamericana. América Latina – España – Portugal. Ensayos sobre letras, historia y sociedad, Vol. 7 (2001), S. 59–71 (weitere Arbeiten siehe Bibliographie); Pérez García, Rafael M., „Metodología para el análisis y cuantificación de la trata de esclavos hacia la América Española en el siglo XVI", in: Rey Castelao, Ofelia; Suárez Golán, Fernando (eds.), Los vestidos de Clío. Métodos y tendencias recientes de la historiografía modernista española (1973–2013). VII Coloquio de Metodología Histórica Aplicada, Santiago de Compostela: Universidad de Santiago de Compostela, 2015, S. 823–840; Ferrer Abárzuza, Antoni, Captius i senyors de captius a Eivissa. Una contribució al debat sobre l'*esclavitut* medieval (segles XIII–XVI), Valencia: Publicacions de la Universitat de València, 2015; Rodrigo y Alharilla, Martín; Chaviano Pérez, Lizbeth (eds.), Negreros y esclavos. Barcelona y la esclavitud atlántica (siglos XVI–XIX), Barcelona: Icaria editorial, 2017.

39 Einen guten Überblick über nachantike Sklavereien, Korsarentum und Razzienwirtschaft im Mittelmeerraum aus iberischer und italienischer Perspektive bieten: Barrio Gozalo, Maximiliano, Esclavos y cautivos: conflictos entre la Cristiandad y el Islam en el siglo xviii, Valladolid: Junta de Castilla y León, 2006; Bono, Salvatore, „Literaturverzeichnis", in: Bono, Piraten und Korsaren im Mittelmeer. Seekrieg, Handel und Sklaverei vom 16. bis 19. Jahrhundert, Stuttgart: Klett-Cotta, 2009, S. 284–313; Fiume, Giovanna, Schiavitù mediterranee. Corsari, rinnegati e santi di età moderna, Milano: Bruno Mondadori, 2009; sowie: Schiel; Hanß, „Semantiken, Praktiken und transkulturelle Perspektiven mediterraner Sklaverei", in: Hanß; Schiel (eds.), Mediterranean Slavery Revisited

habe ich 2012 geschrieben – 2018 ist die Forschung bereits weiter).[41] Mittlerweile lösen sich auch die Erstarrungen, die sich wohl aus dem postabolitionistischen Zivilisationsdiskurs des 19. Jahrhunderts (siehe unten) in Bezug auf Europa und andere Gebiete ergeben hatten, die vorgeblich „sklaven- und sklavereifrei" waren; vor allem auch in Bezug auf lokale Sklavereien.[42] Das frühe Russland und später

(500–1800). Neue Perspektiven auf mediterrane Sklaverei (500–1800), Zürich: Chronos Verlag, 2014, S. 25–45; Bono, „Schiavi europei, ottomano-magrhrebini, neri e altri nel mondo mediterraneo. Un confronto (XVI–XIX secolo)", in: Ebd:, S. 445–471; Bono, Schiavi. Una storia mediterranea (XVI–XIX secolo), Bologna: Il Mulino, 2016.

40 Fynn-Paul, Jeffrey, „Empire, Monotheism and Slavery in the Greater Mediterranean Region from Antiquity to the Early Modern Era", in: Past & Present 205 (2009), S. 3–40; Guillén, Fabienne P.; Trabelski, Salah (dir.), Les esclavages en Mediterranée. Espaces et dynamiques économiques, Madrid: Casa de Velázquez, 2012; Hanß, „Sklaverei im vormodernen Mediterraneum", S. 623–661.

41 Degn, Christian, Die Schimmelmanns im atlantischen Dreieckshandel. Gewinn und Gewissen, Neumünster: Wachholtz, 1974 ([3]2000); Hall, Neville T.A., Slave Society in the Danish West Indies: St. Thomas, St. John and St. Croix, Jamaica: The University of West Indies Press 1992; Degn, „Schwarze Fracht – Dokumentation und Interpretation", in: Heinzelmann, Eva et als. (eds.), Der dänische Gesamtstaat – ein unterschätztes Weltreich?, Kiel: Verlag Ludwig, 2006, S. 37–50; Weindl, Andrea, „The Slave Trade of Northern Germany from the Seventeenth to the Nineteenth Centuries", in: Eltis; Richardson (eds.), Extending the Frontiers, S. 250–271; Weber, Klaus, Deutsche Kaufleute im Atlantikhandel 1680–1830. Unternehmen und Familien in Hamburg, Cádiz und Bordeaux, München: C.H.Beck 2004; David, Thomas; Etemad, Bouda; Schaufelbuehl, Janick Marina, Schwarze Geschäfte. Die Beteiligung von Schweizern an Sklaverei und Sklavenhandel im 18. und 19. Jahrhundert. Aus dem Französischen von Birgit Althaler, Zürich: Limmatverlag, 2005; Weber, „Deutschland, der atlantische Sklavenhandel und die Plantagenwirtschaft der Neuen Welt", in: Journal of Modern European History 7, Nr. 1 (2009), S. 37–67; Stamm, Malte, „Die Quellen", in: Stamm, Das koloniale Experiment. Der Sklavenhandel Brandenburgs im transatlantischen Raum 1680–1718, Diss. Universität Düsseldorf, 2011, S. 12–19, d-nb.info/1036727564/34 (letzter Zugriff 15. 1. 2018); Ressel, Magnus, „Hamburg und die Niederelbe im atlantischen Sklavenhandel der Frühen Neuzeit", in: WERKSTATT*GESCHICHTE* Heft 66–67 (2014), S. 75–96; einen guten Überblick zu Dänemark und Virgin Islands bietet: Hüsgen, Jan, „General Buddhoe und Peter von Scholten. Erinnerungen an Sklavenemanzipation auf den U. S. Virgin Islands und in Dänemark", in: Schmieder; Zeuske (eds.), Erinnerungen an Sklaverei, Leipzig: Leipziger Universitätsverlag, 2012 (= Comparativ. Zeitschrift für Globalgeschichte und Vergleichende Gesellschaftsforschung 22, H. 2), S. 112–125. Siehe die fortlaufenden Bibliografien von Miller, Slavery: a worldwide bibliography 1900–1982, White Plains, NY: Krauss Int., 1985; Miller, Slavery and slaving in world history: a bibliography, 2 Bde., Armonk: M. E. Sharpe, 1999, heute als Jahres-Anhangsbände zur Zeitschrift „Slavery & Abolition"; Osterhammel, Jürgen, „Transferanalyse und Vergleich im Fernverhältnis", in: Kaelble, Hartmut; Schriewer, Jürgen (eds.), Vergleich und Transfer. Komparatistik in den Sozial-, Geschichts- und Kulturwissenschaften, Frankfurt am Main/New York: Campus Verlag, 2003, S. 439–466, besonders S. 459–462; sehr treffend deutlich wird das Verhältnis der beiden Historiographien an der Autorenliste von: Curto, José C.; Lovejoy (eds.), Enslaving Connections. Changing Cultures of Africa and Brazil during the Era of Slavery, New York: Humanity Books, 2004.

42 Am deutlichsten: Hardt, Matthias, „Fernhandel und Subsistenzwirtschaft. Überlegungen zur Wirtschaftsgeschichte der frühen Westslawen", in: Nomen et Fraternitas. Festschrift für Dieter Geuenich zum 65. Geburtstag, hg. von Uwe Ludwig und Thomas Schilp, Berlin/New York: De Gruyter, 2008 (Ergänzungsbände zum Reallexikon der Germanischen Altertumskunde Bd. 62), S. 741–763; Hanß; Schiel (eds.), Mediterranean Slavery Revisited (500–1800), passim; Mallinckrodt, Rebek-

die Ukraine, deren südwestliche Gebiete fast nur als Sklavenjagdgebiete dargestellt werden – obwohl über eine regionale Sklavenfigur, die *kholopy* (Kholopen oder Cholopen), meist gesagt wird, es seien keine Sklaven gewesen –, wiesen eine große Lücke zwischen Legislation und Gewaltpraxis auf. Darauf haben Christoph Witzenrath und William Gervase Clarence-Smith hingewiesen. Und Clarence-Smith hat auch hervorgehoben, dass es Sklavenhandel, massive Razziensklavereien und viele andere Formen von Versklavungen gab. Clarence-Smith will mit seinem Artikel die russischen Sklavereien stärker in die Debatten der europäischen und mediterranen Sklavereien integrieren.[43] Am deutlichsten hat Christoph Witzenrath den eigenständigen Charakter vormoderner und frühmoderner Sklavereien im großen eurasischen Raum betont (im Grunde mit einem „Sklavenproduktions"-Zentrum (*slaving zone*) von der südrussischen Steppe bis nach Polen-Litauen und das Baltikum (Finnland) einerseits sowie zur Balkan- und Kaukasusregion andererseits.[44]

Fast alle diese etablierten Historiografien und die Institutionen, die sie betreiben, haben ihren Ort in Zentren und Forschungseinrichtungen von Ländern, die atlantische sowie mehr oder weniger zentralistische Imperien und Sklaverei-/Sklavenhandelsmächte waren (Großbritannien, Niederlande, Frankreich, Portugal, Spanien, Dänemark, Brandenburg-Preußen sowie weitere baltische Gebiete und, in noch tieferer historischer Dimension, eher in der Tradition eines dezentralen Imperiums und mit komplizierter nachantiker Geschichte, Italien/Mittelmeer) oder Teil von Kolonialimperien waren, wie die Vereinigten Staaten bis 1783 und Brasilien bis 1822, die schließlich selbst zu Imperien wurden, wobei Sklaverei und Sklavenhandel eine wichtige Rolle spielten.[45] Aber nicht nur im Sklaven- oder Menschenhandel, sondern auch in der Ausrüstung von Negrero-Expeditionen und Schiffen sowie von atlantischen Hafenwirtschaften und wichtigen Institutionen (z. B. Banken, Steuersystemen und Handelsministerien) spielten diese Imperien und Monarchien eine wichtige Rolle [*Karte 4[46]]. *Negreros* oder *negreiros* wurden populärerweise in Spanisch-Amerika und in Brasilien allgemein Sklavenhändler genannt.

ka von, „There Are No Slaves in Prussia?", in: Brahm, Felix; Rosenhaft, Eva (eds.), Slavery Hinterland. Transatlantic Slavery and Continental Europe, 1680–1850, Woodbridge: The Boydel Press, 2016, S. 109–131; Ott, Undine, „Europas Sklavinnen und Sklaven im Mittelalter. Eine Spurensuche im Osten des Kontinents", in: Bulach, Doris; Schiel (eds.), Europas Sklaven, Essen: Klartext Verlag, 2015 (= WerkstattGeschichte Vol. 66–67), S. 31–53.

43 Clarence-Smith, „Slavery in Early Modern Russia", in: Hanß; Schiel (eds.), Mediterranean Slavery Revisited (500–1800), S. 119–142.

44 Witzenrath, „Slavery and Bondage in Central Asia and Russia: Fourteenth–Nineteenth Centuries", S. 1–77.

45 Burbank; Cooper, „Tráfico de esclavos, esclavitud e imperio", in: Burbank; Cooper, Imperios, S. 247–249.

46 Karte 4: „Regions Where Slave Voyages Were Outfitted, 1501–1867", aus: Eltis; Richardson, Atlas of the Transatlantic Slave Trade. Foreword by Davis, David Brion; Afterword by Blight, David W., New Haven and London: Yale University Press 2010, S. 13

Bei einer Verschiebung der globalhistorischen Perspektive von Europa (oder Nordamerika) auf den Atlantik und auf die Karibik sowie Westafrika wird deutlich, dass Inseln des amerikanischen „Mittelmeeres" mit ihren Sklavereien, ihrem Menschen/Sklavenhandel sowie ihrer Überlagerung imperialer Grenzen (*frontiers*) und kolonialer Interessen der imperialen und lokalen Eliten immer auch eine Art global-imperialer Enklave im Quadrat sowie immer wieder auch Überlappungsgebiet von Imperien waren (ganz deutlich 1580–1640[47] und im Zeitalter des bourbonischen Atlantiks 1715–1800). Die Karibik, verstanden als beide Meere (die engere Karibische See und der Golf von Mexiko) sowie die Zonen des Atlantiks zwischen den Carolinas und den Guayanas, alle Inseln sowie die kontinentalen Küstengebiete der beiden Kontinente Amerika und Mittelamerika, war am längsten dem Kolonialismus Europas unterworfen und hierher wurden die meisten Menschen aus Afrika (wohl etwas mehr als nach Brasilien, nämlich rund 5,6 Millionen) verschleppt.[48] Zugleich war die Karibik Kolonialgebiet aller europäischen Seemächte (mit Ausnahme Portugals – der Status von Barbados vor 1605/27 ist immer noch umstritten) sowie Zankapfel der Imperialkriege zwischen den europäischen Kolonialimperien und den USA, mit einem Höhepunkt nicht von ungefähr im Versuch der Repression der Sklavenrevolution auf Saint-Domingue. Die moderne karibische Sklavereihistoriografie war seit jeher stark und ist bis heute kolonial separiert in die Gebiete britische West-Indies,[49] spanischer *Caribe hispano*, französische *îles Amériques*[50]

47 Wheat, David, „Global Transit Points and Travel in the Iberian Maritime World, 1580–1640", in: Mancall, Peter C., Shammas, Carole (eds.), Governing the Sea in the Early Modern Era: Essays in Honor of Robert C. Ritchie, San Marino: Huntington Library and Botanical Gardens, 2015, S. 253–274; Schultz, „Interwoven", in: Journal of Global Slavery Vol. 2:3 (2017), S. 248–272; Valladares, Rafael, „Por toda la Tierra", España y Portugal: globalización y ruptura (1580–1700), Lisboa: CHAM, 2016.

48 Geggus, David P., „The Caribbean in the Age of Revolution", in: Armitage, David; Subramanyam, Sanjay (eds.), The Age of Revolutions in Global Context, c. 1760–1840, New York: Palgrave Macmillan, 2010, S. 83–100; Morgan, Philip, „Slave Cultures. Systems of Domination and Forms of Resistance", in: Palmié; Scarano (eds.), The Caribbean, S. 245–260.

49 Craton, Michael, Empire, Enslavement and Freedom in the Caribbean, Kingston: Randle; Oxford: Currey, 1997; Higman, Barry W., Slave populations of the British Caribbean, 1807–1834, Baltimore: Johns Hopkins University Press, 1984 (Johns Hopkins studies in Atlantic history and culture); Higman, „The Making of the Sugar Revolution", in: Thompson, Alvin O. (ed.), In the Shadow of the Plantation. Caribbean History and Legacy, Kingston: Ian Randle Publishers, 2002, S. 40–71.

50 Schmieder, „Slavery, Abolition and Post-Emancipation in the French and Spanish Caribbean, especially Martinique and Cuba, in the Network of Global Relations", in: Schmieder; Füllberg-Stolberg; Zeuske (eds.), The End of Slavery in Africa and the Americas, S. 117–140; Schmieder, „Staatliche und katholische ‚Zivilisierungsmissionen' in der französischen Karibik vor und nach Aufhebung der Sklaverei in Martinique", in: Hatzky, Christine/Schmieder (eds.), Sklaverei- und Postemanzipationsgesellschaften in Afrika und der Karibik, in: Periplus, Jahrbuch für außereuropäische Geschichte, 2010, S. 140–177; Schmieder, „Histories Under Construction: Slavery, Emancipation and Post-Emancipation in the French Caribbean", in: Review, A Journal of the Fernand Braudel Center for the Study, of Economies, Historical Systems, and Civilizations, Tomich; Zeuske (eds.), The Second Slavery: Mass Slavery, World Economy and Comparative Microhistories XXXI:2 (2008),

sowie Cayenne, niederländische ABC-Inseln und Suriname,[51] im 19. Jahrhundert auch baltische Mächte wie Dänemark und Schweden. Meist sind Versuche, eine gemeinsame Geschichte von Sklaven, Sklavereien sowie deren Strukturen (Land, Plantagen, Arbeit) von Geographen (wie David Watts) oder Anthropologen bzw. Historikern gemacht worden – oft aus britischer oder angelsächsischer Perspektive als Geschichte der „*West Indies*" (mit Ausnahmen, etwa Herbert Klein).[52] Die Imperial- und Globalgeschichte der Karibik spiegelt, mit Ausnahme Kubas (Kuba war seinerseits ein globaler Akteur von Sklaverei und Sklavenhandel) und in gewisser Weise Puerto Ricos sowie Santo Domingos,[53] seit dem 20. Jahrhundert wie

---

S. 217–242; Marques, Leonardo, „A participação norte-americana no tráfico transatlântico de escravos para os Estados Unidos, Cuba e Brasil", in: Historia: Questões & Debates, Curitiba, no. 52 (jan./jul. 2010), S. 91–111; Schloss, Rebecca H., Sweet Liberty: The Final Days of Slavery in Martinique, Philadelphia: University of Pennsylvania Press, 2009.

51 Costa, Emilia Viotti da, Crowns of Glory, Tears of Blood: The Demerara Slave Rebellion of 1823, New York: Oxford University Press, 1994; Gomes, Flávio dos Santos, „Fronteras e mocambos: o protesto negro na Guiana brasileira", in: Gomes (org.), Nas Terras do Cabo Norte. Fronteiras, colonização e escravidão na Guiana Brasileira – séculos VVIII/XIX, Belém, Pará: Gráfica e Editora Universitária, 1999, S. 225–318; Crespo Solana, Ana, „Las plantaciones del Caribe y el context atlántico holandés", in: Crepo Solana, América desde otra frontera. La Guayana Holandesa (Surinam): 1680–1795, Madrid: CSIC, 2006 (Colección América; 3), S. 25–37; Crespo Solana, „Plantación y sociedad en Surinam", in: Crepo Solana, América desde otra frontera, S. 143–186; Boucher, Philip, „The French and Dutch Caribbean, 1600–1800", in: Palmie; Scarano (eds.), The Caribbean, S. 217–230; Fatah-Black, Karwan, White Lies and Black Markets. Evading Metropolitan Authority in Colonial Suriname, 1650–1800, Leiden: Brill, 2015.

52 Watts, David, The West Indies: Patterns of Development, Culture and Environmental Change since 1492, Cambridge: Cambridge University Press, 1987; Shepherd, Verene; MacDonald Beckles, Hilary (eds.), Caribbean slavery in the Atlantic world, Kingston: Ian Randle Publishers/Oxford: James Currey Publishers/Princeton: Marcus Wiener Publishers, 2000; Palmié; Scarano (eds.), The Caribbean, passim; Naranjo Orovio, Historia minima de las Antillas hispanas y británicas, México, D.F.: El Colegio de México, Centro de Estudios Históricos, 2014; Klein, „La experiencia afroamericana en perspectiva comparada: La cuestión actual del debate sobre la esclavitud en las Américas", in: TEMPUS. Revista en Historia General Medellín (Colombia), núm. 4 (Septiembre–Octubre 2016), S. 308–332.

53 Negrón-Portillo, Mario; Mayo-Santana, Raúl, La esclavitud urbana en San Juan de Puerto Rico: Estudio del Registro de esclavos de 1872, 2 Bde., Río Piedras: Huracán, 1992; Nistral-Moret, Benjamín, Esclavos prófugos y cimarrones: Puerto Rico, 1770–1870, Río Piedras: Universidad de Puerto Rico, 1984; Ramos-Mattei, Andrés, La hacienda azucarera: su surgimiento y crisis en Puerto Rico (siglo XIX), San Juan: CERP, 1981; Ramos-Mattei (ed.), Azúcar y esclavitud, Río Piedras: UPR, 1982; Ramos-Mattei, La sociedad del azúcar en Puerto Rico, San Juan: UPR, 1988; Scarano, Haciendas y barracones: azúcar y esclavitud en Ponce, Puerto Rico, 1800–1850, Río Piedras: Ediciones Huracán, 1992; Fernández Méndez, Eugenio, Las encomiendas y la esclavitud de los indios de Puerto Rico. 1508–1550, San Juan: Ediciones el Cemí, 1995; Figueroa, Luis A., Sugar, Slavery, and Freedom in Nineteenth-Century Puerto Rico, Chapel Hill: University of North Carolina Press, 2005; Cabrera Salcedo, Lizette, De los bueyes al vapor. Caminos de la tecnología del azúcar en Puerto Rico y el Caribe, San Juan: La Editorial, Universidad de Puerto Rico, 2010; Picó, Fernando, Ponce y los rostros rayados. Sociedad y esclavitud 1800–1830, San Juan, Puerto Rico: Ediciones Huracán, 2012.

in einem Prisma auch die kulturelle Hegemonie ehemaliger Versklaver- und Kolonialimperien (siehe aber zum britisch-westindischen Radikalismus, etwa von Eric Williams, unten).[54]

Die unterschiedlichen Zentralitäten in den Kolonial- und Sklavenhandelsimperien und ihre Beziehungen zu heutiger Historiografie-Produktion (und die oben genannten Distorsionen in Bezug auf die Historiografie) werden sehr gut deutlich an der Liste der 20 wichtigsten Ausrüster- und Empfängerstädte von Sklaven-Expeditionen. Kingston auf Jamaika mit seinen rund 900 000 Verschleppten 1692–1808, die nach Ankunft in der Stadt zu amerikanischen Versklavten wurden, kommt in dieser Liste gar nicht vor, es ist unter Liverpool, London und Bristol verborgen – Kingston müsste aber auf Platz 4 rangieren.[55] Zur Historiographie der Sklavenhäfen[56] siehe Tabelle 1.

Aus den quantitativen Informationen kann in einer etwas kruden Operation, ich gebe es zu, leicht die wirkliche globalhistorische Bedeutung erstens der Sklavenhändlerstädte als Portale und Hubs (sowie Hot-Spots oder Enklaven der Akkumulation)[57] des Sklavenhandelsatlantik sowie zweitens der einzelnen Sklavereihistoriografien extrahiert werden (siehe auch die Tabelle der „National Carriers", unten).

Brasilien steht de facto mit Rio, Bahia und Recife (mit über 3 Mio. in die Amerikas Verschleppten) an der Spitze; die „Metropole" Lissabon (bis 1822/25) ist der „Kolonie" nachgeordnet.[58] Dann folgen die englisch-europäischen Sklaven-

54 De Barros, Juanita; Diptee, Andrea; Trotman, David V. (eds.), Beyond Fragmentation. Perspectives on Caribbean History. With a preface by Knight, Franklin, Princeton: Markus Wiener, 2006; Schaub, Jean-Frédéric, „The Case for a Broader Atlantic History", in: Nuevo Mundo Mundos Nuevos [En línea], Coloquios, Puesto en línea el 27 junio 2012, consultado el 23 noviembre 2012. URL: http://nuevomundo.revues.org/63478 ; DOI: 10.4000/nuevomundo.63478.

55 Table 3 „African Captives Carried on Vessels Leaving the Largest Twenty Ports Where Slave Trading Voyages Were Organized, 1501–1867", in: Eltis; Richardson, Atlas of the Transatlantic Slave Trade, S. 39; zu Kingston siehe: Burnard, Trevor; Morgan, Kenneth, „The Dynamics of the Slave Market and Slave Purchasing Patterns in Jamaica, 1655–1788", in: William and Mary Quarterly Vol. LVIII (2001), S. 205–228.

56 Price, Jacob, „Economic function and the growth of American port towns in the eighteenth century", in: Perspectives in American History, Vol. VIII (1974), S. 123–186; Knight, Franklin W.; Liss, Peggy K. (eds), Atlantic Port Cities. Economy, culture and society in the AtlanilC world, 1650–1850, Knoxville: The University of Tennessee Press, 1991; Kuethe, Allan J., „Havana in the eighteenth century", in: Knight; Liss (eds), Atlantic Port Cities, S. 13–39; Price, „Summation: the American panorama of Atlantic port cities", in: Knight; Liss (eds), Atlantic Port Cities, S. 262–276; Eltis; Lovejoy; Richardson, „Slave-Trading Ports: Toward an Atlantic-Wide Perspective", in: Law, Robin; Strickrodt, Silke (eds.), Ports of the Slave Trade (Bights of Benin and Biafra), Stirling: Centre of Commonwealth Studies, University of Stirling, 1999, S. 12–34.

57 Zum Konzept der „Portale", siehe: Middell, Matthias; Naumann, Katja, „Global History and the Spatial Turn: From the Impact of Area Studies to the Study of Critical Junctures of Globalization", in: Journal of Global History 5 (2010), S. 149–170.

58 Fonseca, Escravos e senhores na Lisboa quinhentista, Lisboa: Colibri, 2010.

Tab. 1: „African Captives Carried on Vessels Leaving the Largest Twenty Ports Where Slave Trading Voyages Were Organized, 1501–1867", in: Eltis; Richardson, Atlas of the Transatlantic Slave Trade, S. 39; zu Kingston siehe: Burnard, Trevor; Morgan, Kenneth, „The Dynamics of the Slave Market and Slave Purchasing Patterns in Jamaica, 1655–1788", in: William and Mary Quarterly Vol. LVIII (2001), S. 205–228.

Hafenstadt	Zahl der Captives
Rio de Janeiro	1 507 000
Salvador de Bahia	1 362 000
Liverpool	1 338 000
London	829 000
Bristol	565 000
Nantes	542 000
Recife	437 000
Lissabon	333 000
Havanna[59]	250 000
La Rochelle	166 000
Texel	165 000
Le Havre	142 000
Bordeaux	134 000
Vlissingen	123 000
Rhode Island[60]	111 000
Middelburg	94 000
Sevilla und Sanlúcar de Barrameda	74 000
St.-Malo	73 000
Bridgetown, Barbados	58 000
Cádiz	53 000
Total	8 356 000
Alle bekannten Sklavenschiffs-Ausrüsterstädte zusammen	9 024 000
Top-20 in Prozent aller bekannten Sklavenschiffsausrüster-Städte	93 %

handels-Zentren Liverpool,[61] London und Bristol[62] (rund 2,5 Mio. Verschleppte); mit der Insel Barbados und rund 60 000 Verschleppten liegt eine Sklaverei-Kolonie, wenn auch eine par excellence, im hinteren Feld. Häfen der französischen Atlantikküste belegen den dritten Rang (Nantes, La Rochelle, Le Havre, Bordeaux, St.-Malo,

59 Um die Probleme des *Hidden Atlantic* in Bezug auf eine solche Schätzung anzudeuten: die meisten Captives wurden nach 1835 außerhalb Havannas an der kubanischen Nordküste angelandet.

60 Mit Newport, Providence, Bristol und Warren.

61 Drescher, „The Slaving Capital of the World: Liverpool and National Opinion in the Age of Abolition", in: Manning (ed.), Slave Trades, 1500–1800. Globalisation of Forced Labour, Aldershot: Ashgate, 1996, S. 334–349.

62 Richardson, The Bristol slave traders: A collective portrait, Bristol: Bristol Branch of the Historical Association, 1985; Richardson (ed.), Bristol, Africa, and the Eighteenth-Century Slave Trade to America, 4 Bde., Bristol: Bristol Record Society, 1986–1996.

rund 1,1 Mio. Verschleppte).[63] Havanna ist nach Zahlen die Sklaven-Metropole des spanischen Kolonialreiches (obwohl viele geschmuggelte Verschleppte in der Zahl gar nicht erfasst sind), gefolgt von Sevilla und seinem Hafen sowie Cádiz (rund 380 000 Verschleppte); Mexiko-Stadt mit der größten Sklavenpopulation des spanischen Imperiums im 17. Jahrhundert (größer als Sevilla) ist nicht mal erwähnt.[64] Niederländische Häfen belegen Rang 5: Texel, Vlissingen und Middelburg (rund 370 000 Verschleppte). Ein nordamerikanischer Hafenkomplex, der von Rhode Island, belegt den letzten Platz im Ranking der 20 Städte (111 000 Verschleppte). Der wichtigste Sklavenhandelshafen der Südostküste der Vereinigten Staaten, Charlestown, erscheint unter den 20 Städten gar nicht.

Die globalhistorisch fundamentalen Unterschiede zwischen europäischen Städten und amerikanischen Städten werden in dieser quantitativen Liste kaum

63 Mettas, Jean, Répertoire des expéditions négrières françaises au XVIIIe siècle, 2 Bde., Paris: SFHOM, 1975/84 (Tome I: Nantes, ed. Daget, Serge; Tome II: ports autres que Nantes, ed. Daget; Daget, Michèle); Daget, Serge (éd.), De la traite à l'esclavage, Ve au XIXème siècle: Actes du Colloque International sur la Traite des Noirs (Nantes 1985), 2 Bde., Nantes: Université de Nantes/ Paris: Société Française d'Histoire d'Outre-mer and Centre de Recherche sur l'Histoire du Monde Atlantique: 1988; Daget, Répertoire des Expéditions Négrières Françaises à la Traite Illégale (1814–1850), Nantes: Centre de recherche sur l'histoire du monde atlantique: Comite nantais d'études en sciences humaines, 1988; Deveau, Jean-M., La traite rochelaise, Paris: Karthala, 1990; Martin, Gaston, L'ère des négriers: Nantes au XVIIIe siècle, 1714–1774, Paris: Karthala, 1993; Pétré-Grenouilleau, Moi, Joseph Mosneron, armateur négrier nantais (1748–1833). Portrait culturel d'une bourgeoisie négociante au siècle des Lumières, Rennes: Éditions Apogée, 1995; Pétré-Grenouilleau, Nantes au temps de la traite des Noirs, Paris: Hachette, 1998; Roman, Alain, Saint-Malo au temps des négriers, Paris: Karthala, 2001; Saugera, Éric, Bordeaux, port négrier: chronologie, économie, idéologie XVIIe–XIXe siècles, Paris: Karthala, 2002; Saunier, Éric, „Le Havre, port négrier: de la défense de l'esclavage à l'oubli", in: Cahiers des Anneaux de la Mémoire, n°11 (2007) (= Les ports et la traite négrière : France), S. 23–41. Die beste und kürzeste Zusammenfassung ist: Régent, Frédéric, „Les négociants, les colons, le roi et la traite négrière", in: Régent, La France et ses esclaves: de la colonisation aux abolitions (1620 –1848), Paris: Grasset, 2007, S. 37–57.

64 Franco Silva, Alfonso, „La esclavitud en Andalucía al término de la edad Media", in: Cuadernos de Investigación Medieval no. 3 (1985), S. 1–56; Santos Cabota, María del Rosario, „El mercado de esclavos en la Sevilla de la primera mitad del siglo XVIII", in: Moreno, Isidoro (ed.), La antigua hermandad de los negros de Sevilla. Etnicidad, poder y sociedad en 600 años, Sevilla: Universidad de Sevilla / Consejería de Cultura de la Junta de Andalucía, 1997, S. 501–509; Fracchia, Carmen, „The Urban Slave in Spain and New Spain", in: McGrath, Elizabeth; Massing, Jean Michel (eds.), The Slave in European Art: From Renaissance Trophy to Abolitionist Emblem, London and Turin: The Warburg Institute and Nino Aragno Ed., 2012 (The Warburg Colloquia Series, Vol. 20), S. 195–216; Morgado García, Arturo, „Guerra y esclavitud en el Cádiz de la modernidad", in: Martín Casares; García Barranco, Margarita (coords.), La esclavitud negroafricana en la historia de España, Alborote: Editorial Comares, 2011, S. 55–74; Morgado García, Una metropolí esclavista: el Cádiz de la modernidad, Granada: Editorial Universidad de Granada, 2013; Silva, Pablo Miguel Sierra, „Portuguese Encomenderos de Negros and the Slave Trade within Mexico, 1600–1675", in: Journal of Global Slavery Vol. 2:3 (2017), S. 221–247; Díaz Hernández, Magdalena, „Esclavos/as, cimarrones, monarquía, poder local y negociación en Nueva España", in: Mexican Studies/Estudios Mexicanos Vol. 33:2 (Summer, 2017), S. 296–319.

deutlich. Die Städte Europas fungierten in Bezug auf die Masse der Verschleppten als Vermittler-, Kredit- und Profitzentren in einem mehrheitlich Süd-Süd-Geschäft (auch wenn es eine ganze Reihe von Afrikanern und Afrikanerinnen in ihnen gab bzw. Seeleute, Sepharden und Atlantikkreolen). Die amerikanischen Städte fungierten ebenfalls als Vermittler (etwa in Bezug auf Plantagen- und Bergbau-Gebiete), waren aber zugleich Zentren massiver Sklavereien und Wohnorte von Versklavten und Versklavern.

Auf eine Karte der Atlantikküste Europas umgelegt, unter die wir alle hier aufgeführten europäische Häfen zusammenfassen können, reicht die Landschaft der Portale der Sklavenhandelsatlantiks von Lissabon, Lagos, Cádiz/Sevilla sowie Valencia über die französische Atlantikküste auf der einen, bis Vlissingen/Middelburg (Vlissingen ist im Grunde der Hafen von Middelburg) und Texel (der westfriesischen Sklaveninsel im Norden Amsterdams) sowie Liverpool auf der anderen Seite – sozusagen ein riesiger atlantischer Mündungstrichter der oben erwähnten „europäischen Banane". Die frühen Empfängerstädte des kolonialen Amerika (vor allem Spanisch-Amerika bis um 1640), wie Santo Domingo, Cartagena-Portobelo/Panamá, Quito, Guayaquil, Lima und Mexiko, erscheinen in der Liste gar nicht; auch Grenzregionen mit Razziensklavereien (natürlich) nicht.[65]

Besonderen Schwierigkeiten sieht sich Sklavereiforschung und -historiografie in Afrika gegenüber.[66] Schwierigkeiten nicht so sehr in Bezug auf die afrikanische Seite der atlantischen Sklaverei im Allgemeinen, auf arabische Quellen[67] sowie spezifische Arbeiten über Sklaverei und Sklavenhandel in Afrika (auch über „African voices" zu Sklaverei und Sklavenhandel, vor allem in muslimischen Gebieten Afrikas),[68] sondern vor allem in Bezug auf interne Sklavereien, Sklavenmärkte sowie Profiteure des Sklavenhandels (ich meine afrikanische und innereuropäische Profiteure des atlantischen Handels), Rassismus und Theorien über Sklavenstatus (bis heute).[69] Geschichte über Sklavereien in Afrika ist lange Zeit durch (meist)

---

65 Valenzuela Márquez, Jaime (ed.), América en Diásporas. Esclavitudes y migraciones forzadas en Chile y otras regiones americanas (siglos XVI–XIX), Santiago de Chile: Instituto de Historia UC-RC- RIL, 2017.

66 Miller, „Slavery and History as Problems in Africa", in: Miller, The Problem of Slavery as History, S. 73–118; Stilwell, Slavery and Slaving in African History, New York: Cambridge University Press, 2014.

67 Peukert, Werner, Der atlantische Sklavenhandel von Dahomey 1740–1797. Wirtschaftsanthropologie und Sozialgeschichte, Wiesbaden: Franz Steiner Verlag, 1978; Levtzion, Nehemia (ed.), Medieval West Africa: Views from Arab Scholars and Merchants, Princeton: Markus Wiener Publishers, 2003.

68 Bellagamba, Alice; Greene, Sandra E.; Klein, Martin A. (eds.), African Voices on Slavery and the Slave Trade, Cambridge: CUP, 2013.

69 Ausnahmen bestätigen die Regel; wobei die meisten Sklaverei-Historiker aus Ländern Afrikas eine starke Bindung an Sklavereiforschungen in den USA, in Frankreich oder Großbritannien ha-

Nicht-Afrikaner und (meist) „Atlantiker“ oder Afrikaner im Ausland geschrieben worden: Jan Vansina, Robin Law, Adam Jones, Herbert Klein, Martin Klein, Joseph Miller, Joseph Inikori, Paul Lovejoy, David Richardson, Christoph Marx, Andreas Eckert, Mariana Candido, Roquinaldo Ferreira, Walter Hawthorne, G. Ugo Nwokeji, Tobias Green, Benedetta Rossi, Sandra Greene, Alexander Keese und Sean Stilwell, um nur einige herausragende Arbeiten zu erwähnen. Oder es handelte sich um Geschichten der Sklavereien in Ost- und Südafrika.[70] Es gibt aber ermutigende neue Entwicklungen in Afrika selbst. Mehr und mehr wird das Thema auch an afrikanischen Universitäten bearbeitet.[71]

Die sozusagen „genossenschaftliche“ innereuropäische Perspektive des späten Mittelalters und der frühen Neuzeit „ohne Sklaverei, d.h, in diesem Fall ohne Fernhandel, Menschenhandel und somit frühem Kapitalismus“, ist vielleicht am besten in Peter Blickles Werk über das Alte Europa 1200–1800[72] repräsentiert. Europa ist als Peripherie der großen Fern- und Menschenhandelskulturen dargestellt. Das be-

ben: Boubacar, Barry, La Sénégambie du XVe au XIXe Siècle. Traite Négrière. Islam et Conquête Colonial, Paris: L'Harmattan, 1988; Boubacar, Senegambia and the Atlantic slave trade; transl. from the French by Ayi Kwei Armah, Cambridge [etc.] : Cambridge University Press, 1998 (African studies series; 92); Thioub, Ibrahima, „Regard critique sur les lectures africaines de l'esclavage et de la traite atlantique“, in: Mandé, Issiaka; Stefanson, Blandine (eds.), Les Historiens africains et la Mondialisation, Paris: Karthala, 2005, S. 271–292; Niane, Djibril Tamsir, „La guerre des Mulâtres (1860–1880). Un cas de résistance à la traite négrière au Rio Pongo", in: Rochmann, Marie-Christine (dir.), Esclavage et abolitions: mémoires et systèmes de représentation: actes du colloque internationale de l'université Paul Valéry, Montpellier III (13 au 15 novembre 1998), Paris: Éditions Karthala, 2000, S. 72–82; Lovejoy, Transformations in slavery: a history of slavery in Africa, Cambridge: Cambridge University Press, [3]2000 (African studies; 36); für das arabische West- und Nordafrika, siehe: Oßwald, „Rassismus und Sklaverei als Rechtsproblem in Nord- und Westafrika“, S. 253–277; siehe auch: Diakité, Tidiane, La traite des Noirs et ses acteurs africaines du XVe au XIXe siècle, Paris: Éditions Berg international, 2008; N'Diaye, Tidiane, Der verschleierte Völkermord. Die Geschichte des muslimischen Sklavenhandels in Afrika, Reinbek bei Hamburg: Rowohlt, 2010; Fomin, E.S.D., Trans-Slave Trade Routes and Traders of Africa with Focus on the Bight of Biafra 1600–1930, s.l. [print on demand], 2016.

70 Ich erwähne nur wenige Beispiele: Deutsch, Emancipation without abolition in German East Africa; Cooper, From Slaves to Squatters: Plantation Labor and Agriculture in Zanzibar and Coastal Kenya, 1890–1925, New Haven: Yale University Press, 1980; Cooper, Plantation Slavery on the East Coast of Africa, Portsmouth: Heinemann, 1997; Eldredge, Elizabeth A.; Morton, Fred, Slavery in South Africa: Captive Labor on the Dutch Frontier, Boulder: Westview Press / Pietermaritzburg, University of Natal Press, RSA, 1994 (African modernization and development); Shell, Children of Bondage; Schoeman, Early Slavery at the Cape of Good Hope; Schoeman, Portrait of a Slave Society.

71 Thioub, „Regard critique sur les lectures africaines de l'esclavage et de la traite atlantique“, in: Mandé, Issiaka; Stefanson, Blandine (eds.), Les Historiens africains et la Mondialisation, Paris: Karthala, 2005, S. 271–292; Étou, Komla, „Traite négrière et esclavage en pays éwé (Ghana-Togo): les territoires des Anlo et des Bè-Togo aux XVIIIe et XIXe siècles“, in: Godo Godo, Revue d'Histoire, d'Arts et d'Archéologie africains n° 21, Abidjan (2011), S. 54–71; Fomin, Trans-Slave Trade Routes and and Traders of Africa, passim.

72 Blickle, Peter, Das Alte Europa. Vom Hochmittelalter bis zur Moderne, München: Beck, 2008.

Tab. 2: „Estimated Number of Slaves Carried on Vessels Leaving the Largest Twenty Ports of Embarkation in Africa, 1501–1867", in: Eltis; Richardson, Atlas of the Transatlantic Slave Trade, S. 90.

Verschiffungspunkt	**Zahl der Captives**
Luanda (heutiges Angola)	2 826 000
Oiudah/Whydah (heutiges Benin)	1 004 000
Benguela (heutiges Angola)	764 000
Cabinda (heutiges Angola)	753 000
Bonny (heutiges Nigeria)	672 000
Malembo (im heutigen Cabinda/Angola)	549 000
Anomabu (auch Anomabo; heute Ghana)	466 000
Loango (heutiges Gabun/Rep. Kongo)	418 000
Old Calabar (heutiges Nigeria)	412 000
Cape Coast Castle (heutiges Ghana)	318 000
Mozambique	293 000
Congo River (heutige Dem. Rep. Kongo)	276 000
Gambia River	258 000
El Mina (heutiges Ghana)	255 000
Offra (Jakin; heutiges Benin)	231 000
Lagos (Oni oder Onim; heutiges Nigeria)	230 000
Ambriz (heutiges Angola)	206 000
Quilimane (heutiges Moçambique)	159 000
Sierra Leone-Mündungsgebiet (Bunce Island)	148 000
St.-Louis, Senegal	145 000
Total	10 383 000
Total aller 140 bekannten afrikanischen Sklavenhäfen	12 520 000

deutete eine ziemlich bescheidene wirtschaftlich-kulturelle Performanz (das Realeinkommen in Deutschland wuchs zwischen 1200 und 1800 geschätzt nur um 50 %). Zugleich wird dadurch die Rolle der großen europäischen Atlantikstädte und der Dynamik ihres Kapitalismus', auch der Dynamik des Menschenkapitalismus, u. a. auch von „kleineren" Sklavereien und Sklavenstatus „ohne (direkte, legale) Sklaverei" verdeckt (nicht nur für das atlantische Europa). Nicht umsonst kritisiert das James Tracy, Herausgeber einer Geschichte der Fernhandelsreiche, genau diesen Punkt in einer Rezension.[73] Ganz deutlich wird die Verschleierungs- und Marginalisierungsfunktion von Historiografie am weitgehenden Fehlen genuin afrikanischer Perspektiven an der Liste der afrikanischen Verschiffungshäfen (s. Tabelle 2). Die Liste der Städte und Regionen zeigt vielleicht am deutlichsten, dass Afrika in Bezug auf globales Slaving sehr wohl zum „Westen" gehörte. Hier

73 Siehe: www.perspectivia.net/publikationen/francia/francia-recensio/2010-2/FN/blickle_tracy (letzter Zugriff 15. 1. 2018); zu Tracy siehe: Tracy (ed.), The Rise of Merchant Empires.

könnten arabische Schriftquellen in Mali und dem historischen Sudan Abhilfe leisten, die auch Zeugnis geben „von sonst stummen Gruppen wie den Sklaven".[74]

Portugiesisch dominierte Häfen, die im Wesentlichen Brasilien und Spanisch-Amerika, aber auch englische Kolonien, belieferten, liegen deutlich im Vorderfeld, d. h., heutiges Angola und Moçambique (sowie eine Reihe von Einschiffungspunkten in Guinea-Bissau (wie die Bissau-Insel in der Mündung des Jeba-Flusses), die auf dieser Liste gar nicht gesondert auftauchen): Luanda, Benguela (Alt-Benguela),[75] Cabinda, Malembo, Moçambique-Hafen (Insel) selbst, Ambriz und Quilimane (oder Quelimane), mit rund 6,5 Millionen verschleppter Captives. Englische Handelsstützpunkte, wie Bonny, Old Calabar und Cape Coast Castle sowie Gambia River und Sierra Leone / Bunce Island sind auch sehr prominent in der Liste. Das Fundament des atlantischen Sklavenhandels war aber eine afrikanisch-iberische Symbiose. Und beide hier präsentierte Listen dürften die wichtigsten Städte und städtischen Sklaverei-Gesellschaften des *urban Black Atlantic* erfassen (allerdings unter Hinzufügung von Kingston).[76] Reine afrikanische Zulieferer mit eigenen Interessen und eigener Agency waren Dahomey/Benin (Ouidah/Ajudá, Offra/Jakin, Río Lagos (Oni oder Onim)) mit 1,25 Millionen, die Akanstaaten (Goldküste) (Anomabu,[77] Cape Gold Castle, El Mina) mit rund 1,1 Millionen; Calabar (Bonny, Old Calabar) mit 1,1 Millionen (zusammen rund 3,5 Millionen – alle belieferten ab 1650 vor allem englische und niederländische sowie französische Kolonien, aber auch Bahia) sowie Senegambien (Sierra-Leone-Mündungsgebiet,[78] St.-Louis, Senegal, Gambia) mit rund 560 000. Von Senegambien wurden vor allem französische Kolonien, Brasilien und im 19. Jahrhundert die spanische Karibik beliefert. Von der Kongomündung kamen vor allem Sklaven aus dem Kongoreich, die nach Brasilien

---

74 Stamm, Volker, „Schriftquellen zur westafrikanischen Geschichte", in: Historische Zeitschrift 298:2 (April 2014), S. 326–348, hier S. 333.

75 Candido, Mariana P., An African Slaving Port and the Atlantic World. Benguela and its Hinterland, New York: Cambridge University Press, 2013; zu „slave cities across the Atlantic" siehe: Ferreira, „Slavery in Luanda", in: Ferreira, Cross-Cultural Exchange in the Atlantic World, S. 128–138 sowie: Candido, „Jagas e sobas no 'Reino de Benguela': vassalagem e criação de novas categorias políticas e sociais no contexto da expansão portuguesa na África durante os séculos XVI e XVII", in: Ribeiro, Alexandre Vieira; Gebera, Alexsander Lemos de Almeida; Berthet, Marina (eds.), África. Histórias Conectadas, Niterói: PPGHISTÓRIA-UFF, 2014, S. 39–77.

76 Farias, Juliana Barreto et al., Cidades Negras: Africanos, crioulos e espaços urbanos no Brasil escravista do século XIX, São Paulo: Alameda, 2006; Cañizares-Esguerra, Jorge; Childs, Matt D.; Sidbury, James (eds.), The Black Urban Atlantic in the Age of the Slave Trade, Philadelphia: University of Pennsylvania Press, 2013.

77 Brauner, Christina, „Beim ‚König' von Anomabo. Audienzen an der westafrikanischen Goldküste als Schauplatz afrikanischer Politik und europäischer Konkurrenz (1751/2)", in: Burschel Peter; Vogel Christine (eds.), Die Audienz: Ritualisierter Kulturkontakt in der Frühen Neuzeit, Köln/Weimar/Wien: Böhlau, 2014, S. 269–310.

78 Shaw, Rosalind, „The Atlanticizing of Sierra Leone", in: Shaw, Memories of the Slave Trade, Ritual and the Historical Imagination in Sierra Leone, Chicago and London: University of Chicago Press, 2002, S. 25–45.

und Spanisch-Amerika gingen. Zu keinem dieser Sklavenhandelsprozesse gibt es eine nennenswerte afrikanische nationale Historiografie aus der jeweiligen Binnen-Perspektive (Ausnahmen bestätigen die Regel, wie José Capela für Moçambique, Joseph Inikori für Nigeria oder Adriano Parreira für Angola), schon gar keine ausgeprägte, oder, mit Ausnahme von Mali, Senegal, Nigeria, Ghana und Südafrika, ein afrikanisches institutionalisiertes Forschungszentrum. Es herrscht, wie Anne Bayley sagt, „a deafening silence“ (ebenfalls mit Ausnahmen).[79] Das heißt nicht, dass die, sagen wir „äußere“ afrikanische Perspektive von Afrikanisten aus den USA, Großbritannien oder Europa keine Rolle spielen würde, ganz im Gegenteil; ich erwähne nur nochmals Robin Law, Paul Hair, Jan Vansina, Adam Jones, Beatrix Heintze, John Thornton, Paul Lovejoy, Martin Klein, Joseph Miller, Frederick Cooper, Henri Médard, Christoph Marx, Andreas Eckert, William G. Clarence-Smith, Benedetta Rossi u. v. a. m. Viele Quellen sind da – vor allem seit Adam Jones' Quellenpublikationen zu Westafrika (zum Teil mit Beatrix Heintze), Jan Vansinas Ansatz der Analyse oraler Quellen sowie mit der sich abzeichnenden Aufarbeitung arabischer Quellen (u. a. Levtzion).[80]

Mit dem Buch von Chouki El Hamel liegt eine interne Perspektive zu Sklavereien in einem islamischen Gebiet (Marokko) vor.[81] Zu anderen arabisch-berberisch sowie islamisch geprägten Gebieten sagt Volker Stamm, dass sich neue und andere Sichtweisen aus den neu zugänglichen schriftlichen Quellen (sowie weiteren Quellen, u. a. in den schriftlichen Quellen aufgehobene orale Informationen) aus Mali und aus dem Nigergebiet in atlantischer Perspektive ergeben. Die arabischen Schriftquellen (auch Wirtschaftsschriftgut über Sklaven, Sklaverei und Sklavenhandel sowie Konflikte um Sklaverei und Versklavungspraktiken) in Timbuktu, im mittleren Nigerbereich und in der vom Islam vorangetriebenen Projektion über wei-

---

79 Bailey, Anne C., „From the Middle Passage to Middle Quarters, Jamaica. The Transformation of a Personal Journey“, in: Bailey, African voices of the Atlantic slave trade: beyond the silence and the shame, Boston: Beacon Press, 2006, S. 1–24, hier S. 1.

80 Jones, Adam, German Sources for West African History, Wiesbaden: Franz Steiner, 1983 (Studien zur Kulturkunde; 66); Jones, Brandenburg Sources for West African History 1680–1700, Stuttgart: Franz Steiner Verlag, 1985 (Studien zur Kulturkunde 77); Jones, Zur Quellenproblematik der Geschichte Westafrikas, Stuttgart: Steiner, 1990; Jones; Sebald, Peter, An African Family Archive: The Lawsons of Little Popo / Aneho (Togo) 1841–1938, Oxford: Oxford University Press, 2005 (British Academy Fontes Historiae Africanae, New Series 7); Heintze, Beatrix; Jones (eds.), European Sources for Sub-Saharan Africa before 1900: Use and Abuse, Stuttgart: Steiner 1987 (= Paideuma 33); Vansina, Jan, Oral Tradition as History, London: Currey [etc.], 1985; Stamm, „Schriftquellen zur westafrikanischen Geschichte“, S. 326–348; siehe auch: Iyob, Ruth; Collins, Robert O. (eds.), Problems in African History: The Pre-Colonial Centuries, Princeton: Markus Wiener, 2014 (expanded edition); Domingues, Daniel, „The Early Population Charts of Portuguese Angola, 1776–1830: A Preliminary Assessment“, in: Anais de História de Além-Mar Vol. 16 (2015), S. 107–124; Jones, Afrika bis 1850, Frankfurt am Main: S. Fischer, 2016 (Neue Fischer Weltgeschichte; Bd. 19).

81 El Hamel, Chouki, Black Morocco. A History of Slavery, Race, and Islam, Cambridge: Cambridge University Press 2014; siehe auch: Ennaji, Mohammed, Serving the Master. Slavery and Society in Nineteeth-Century Morocco, New York: St. Martin's Press, 1998.

te Teil des subsaharischen Afrikas: „[reihen] den Kontinent in die Weltgeschichte ein und befreit ihn von seiner Sonderstellung, die zugleich eine Randposition bedeutete".[82] Besonders durch den vertieften Fokus auf die Umfang von Sklavereien. Auch die von Paul Lovejoy neu aufgerissene Perspektive, die Jihad-Revolutionen im Sklaverei-Interior Westafrikas in die Ära der Revolutionen 1776 (oder 1789) bis 1848 (oder 1851) zu integrieren, stärken die welt- und globalgeschichtliche Position Afrikas.[83]

Die Sklaverei-Historiografie des ehemaligen Spanisch-Amerika (heute Lateinamerika) ist sklavereihistoriographisches Entwicklungsgebiet (mit Ausnahmen). Die wichtigste Ausnahme bilden Kuba und – mit einigem Abstand – die kolumbianische,[84] mexikanische[85] sowie argentinische Geschichtsschreibung (siehe unten). Cartagena de Indias war im 16. und 17. Jahrhundert eine globale Sklavenhandels-

---

82 Stamm, „Schriftquellen zur westafrikanischen Geschichte", S. 326–348, S. 347.

83 Lovejoy, „Jihad na África Ocidental durante a "Era das Revoluções": em direção a um diálogo com Eric Hobsbawm e Eugene Genovese", in: Topoi. Revista de História Vol. 15, n. 28 (jan./jun. 2014), S. 22–67. Disponível em: www.revistatopoi.org; siehe auch: Barcia, „An Islamic Atlantic revolution: Dan Fodio's Jihad and slave rebellion in Bahia and Cuba, 1804–1844", in: Journal of African Diaspora, Archaeology, and Heritage Vol. 2:1 (2013), S. 6–18; Barcia, „West African Islam in colonial Cuba", in: Slavery and Abolition Vol. 35:1 (2014), S. 292–305; Lovejoy, Jihad in West Africa during the Age of Revolutions, Athens: Ohio University Press, 2016.

84 Posada, Eduardo; Restrepo Canal, Carlos, La esclavitud en Colombia y leyes de manumisión, Bogotá: Imprenta Nacional, 1935; Friedemann, Nina S. de; Arocha, Jaime, De sol a sol: genesis, transformación y presencia de los negros en Colombia, Bogotá: Planeta, 1986; Rueda Méndez, David. „Introducción a la historia de la esclavitud negra en la provincia de Tunja. Siglo XVIII", in: Nuevas Lecturas de Historia 6 (1989), S. 1–59; Friedemann, La saga del negro: presencia africana en Colombia, Bogotá: Pontificia Universidad Javeriana, 1993; Colmenares, Germán, Popayán: una sociedad esclavista 1680–1800, Bogotá: Tercer Mundo Editores, 1999 (Historia económica y social de Colombia; vol. III); Navarrete, María Cristina, Historia Social del negro en la colonia: Cartagena siglo XVII, Santiago de Cali: Universidad del Valle, 1995; Díaz Díaz, Rafael Antonio, Esclavitud, región y ciudad. El sistema esclavista urbano-regional en Santafé de Bogotá, Bogota: Centro Editorial Javeriano, 2001; Romero, Mario, Sociedades negras en la Costa Pacífica del valle del Cauca durante los siglos XIX y XX, Cali: Gobernación del Valle, 2003; Múnera, Alfonso, „Balance historiográfico de la esclavitud en Colombia", in: Múnera, Fronteras imaginadas. La construcción de las razas y de la geografía en el siglo XIX colombiano, Bogotá: Editorial Planeta Colombiana S.A., 2005, S. 193–225; Navarrete, Génesis y desarrollo de la esclavitud en Colombia, siglos XVI y XVII, Cali: Universidad del Valle, 2005; Maya Restrepo, Luz Adriana, Brujería y reconstrucción de identidades entre los africanos y sus descendientes en la Nueva Granada, siglo XVII, Bogotá: Ministerio de Cultura, 2005; Mejía Velásquez, Karen; Córdoba Ochoa, Luis Miguel, „La manumisión de esclavos por compra y gracia en la Provincia de Antioquía, 1780–1830", in: HiSTOReLo. Revista de Historia Regional y Local Vol 9, No. 17 (Enero–junio de 2017), S. 252–291.

85 Aguirre Beltrán, Gonzalo, La población negra de México 1510–1810: Estudio etnohistórico, México, D.F.: Fondo de Cultura Económica, 1972; Mellafe, Rolando, Breve historia de la esclavitud negra en América Latina, México D.F.: Secretaríade Educación Pública, 1974; zur mexikanischen Forschung siehe etwa: Ulúa. Revista de Historia, Sociedad y Cultura Año 10/Núm. 19 (Enero–junio de 2012) (= Naveda Chávez-Hita, Adriana (coord.), Esclavos Africanos y descendientes en Nueva España: expresiones de lo cotidiano); Martínez Montiel, Luz María, Negros en América, Madrid: Editorial Mapfre, 1992; Martínez Montiel (ed.), Presencia africana en México. México: CONACULTA, 1994.

Stadt und sozusagen das London des Iberischen Atlantiks und das wichtigste Portal des Atlantiks in der Karibik.[86] Nach Cartagena wurden in relativ kurzer Zeit in der Frühzeit des Sklaverei-Atlantiks (1540–1610) immerhin mehr als 100 000 Menschen verschleppt. Nach Buenos Aires, einer Provinzstadt mit 3000–5000 Einwohnern noch in der zweiten Hälfte des 17. Jahrhunderts, wurden in der ersten Hälfte dieses Jahrhunderts rund 25 000 Menschen vor allem aus Angola angelandet (noch zur Zeit der Kronunion zwischen Portugal und Kastilien/Spanien)[87] – in einer Art erlaubten illegalen Handels.[88] Das kommt nicht von ungefähr. Beide Kolonialterritorien mit ihren aus dem zunächst (fast) ganz Südamerika umfassenden Vizekönigreich Peru herausgelösten Verwaltungen und den Häfen (Buenos Aires / Montevideo und Cartagena) waren Sklavenhandels- und Menschenschmuggel-Hauptregionen. Sie bildeten die Haupteingangstür (Cartagena als Zugang zu Peru, über Quito) und die Hintertür (Buenos Aires)[89] des Sklavenhandels (menschliche Körper gegen Silber) nach Lima sowie anderen Städten Perus und Oberperus wie Charcas, Chuquisaca und vor allem Potosí. Alles Kolonialstädte, die auch eine erhebliche Bevölkerung schwarzer Versklavter und ehemaliger Sklaven aufwiesen.[90]

86 Vidal Ortega; Caro, „La desmemoria impuesta a los hombres que trajeron. Cartagena de Indias en el siglo XVII. Un depósito de esclavos", S. 7–31; in der heutigen Geschichtswissenschaft in Kolumbien wird vor allem die schleppende Abolition (trotz Independencia) debattiert: Tovar, Jorge; Tovar, Hermes, El oscuro camino de la libertad. Los esclavos en Colombia, 1821–1851, Bogotá: Universidad de los Andes, 2009; Pita Pico, La manumisión de esclavos en el proceso de independencia de Colombia, passim.

87 Cortés López, „Felipe II, III y IV, reyes de Angola y protectores del reino del Congo (1580–1640)", in: Studia historica. Historia moderna № 9 (1991), S. 223–246.

88 Eltis; Richardson, Atlas of the Transatlantic Slave Trade, S. 224: Map 148; siehe auch: Wheat, „The First Great Waves: African Provenance Zones for the Transatlantic Slave Trade to Cartagena de Indias, 1570–1640", in: The Journal of African History Vol. 52:1 (2011), S. 1–22; Rosal, Miguel Ángel, „Forma y evolución de la trata de esclavos", in: Rosal, Africanos y afrodescendientes en Buenos Aires (siglos XVI–XVII). Esbozo de un estudio sobre fuentes inéditas y publicadas del Archivo General de la Nación, Saarbrücken: Editorial Acádemica Española, 2016, S. 20–105, hier vor allem S. 21 f.

89 Schultz, Kara D., „The Kingdom of Angola is not Very Far From Here: The South Atlantic Slave Port of Buenos Aires, 1585–1640", in: Slavery & Abolition Vol. 36:3 (2015), S. 424–444; siehe auch: Secreto, Negros em Buenos Aires, Rio de Janeiro: Mauad Editora, 2013.

90 Wolff, Inge, „Negersklaverei und Negerhandel in Hochperu. 1545–1640", in: Jahrbuch für Geschichte von Staat, Wirtschaft und Gesellschaft Lateinamerika Vol. 1 (1964), S. 157–186; Sempat Assadourian, Carlos, El tráfico de esclavos en Córdoba. De Angola a Potosí, siglos XVI–XVII, Córdoba: Universidad Nacional de Córdoba, 1966 (= Cuaderno de Historia XXXVI); Blanchard, Peter, Slavery and Abolition in Early Republican Peru, Wilmington: Scholarly Resources Inc., 1992; Klooster, Wim, „Inter-Imperial Smuggling in the Americas, 1600–1800", in: Bailyn, Bernhard; Denault, Patricia L. (eds.), Soundings in Atlantic History: Latent Structures and Intellectual Currents, 1500–1825, Cambridge: Harvard University Press, 2009, S. 141–180; Ragas Rojas, José F., „Afroperuanos: Un acercamiento bibliográfico", in: O'Phelan, Scarlett (ed.), Etnicidad y Discriminación Racial en la Historia del Perú, 2 Bde., Lima: Instituto Riva-Agüero & World Bank, 2003, Bd. II, S. 190–226; Aguirre, Carlos, Breve historia de la esclavitud en el Perú. Una herida que no deja de sangrar, Lima: Fondo Editorial Congreso del Perú, 2005; Bridikhina, Eugenia, „Desafiando los límites del espacio colonial. La población negra en Potosí", in: Rodríguez Márquez, Rosario; Villena Alvarado, Marcelo

Cartagena kombinierte die Funktion eines Haupteinganges noch mit der einer – um im Bild zu bleiben – Drehtür des Karibikhandels sowie des legalen und illegalen Südamerika- und Mittelamerikahandels.[91] Lima zum Beispiel, die vizekönigliche Hauptstadt des wichtigsten Kolonialterritoriums in Spanisch-Amerika (16./17. Jahrhundert) hatte laut Zensus von 1638 eine Bevölkerung von 10 758 *españoles*, 13 620 *negros*, 861 *mulatos*, 1426 *indios* und 377 *mestizos* sowie 22 *asiáticos* (vorwiegend von den Philippinen und aus Goa). Lima war zu dieser Zeit eine „schwarze" Stadt.[92] Noch mehr Versklavte aus Afrika gingen in die damalige Provinz Charcas und nach Potosí.[93]

In Venezuela war Sklavereiforschung immer ein hochpolitisches Thema einer kleinen Gruppe von Historikern des Afro-Venezolanismo, des Sklavenwiderstandes oder der Sozialgeschichte.[94] Insgesamt ist die Perspektive heutiger Institutionen-, Wirtschafts- und Realeinkommen-Historiker eine (fast) „sklavenfreie" Sicht.[95]

(eds.), Espacio urbano andino: escenario de reversiones y reinversiones del orden simbólico colonial, La Paz: Instituto de Estudios Bolivianos, Facultad de Humanidades y Ciencias de la Educación, 2007, S. 169–216; O'Toole, „Within Slavery: Marking Property and Making Men in Colonial Peru", in: Hünefeldt, Christine; Kokotovic, Misha (eds.), Power, Culture, and Violence in the Andes, Brighton: Sussex Academic Press, 2009, S. 29–49; Bryant, Sherwin K.; O'Toole; Vinson III, Ben (eds.), Africans to Spanish America. Expanding the Diaspora, Bloomington: University of Illinois Press, 2012; Bryant, Rivers of Gold, Lives of Bondage. Governing through Slavery in Colonial Quito, Chapel Hill: The University of North Carolina Press, 2013.

91 Córdoba Ochoa, Luis Miguel, „Visiones imperiales desde la cárcel de Cartagena: el conocimiento geográfico y las redes del comercio ilícito", in: Chicangana-Bayona, Yobenj Aucardo (ed.), Historia, Cultura y Sociedad Colonial. Siglos XVI–XVIII. Temas, Problemas y Perspectiva, Medellín: Editorial La Carreta, 2008, S. 363–391; Vidal Ortega; Caro, „La desmemoria impuesta a los hombres que trajeron. Cartagena de Indias en el siglo XVII. Un depósito de esclavos", S. 7–31; Wheat, Atlantic Africa and the Spanish Caribbean, 1570–1640, Chapel Hill: University of North Carolina Press (Omohundro Institute of Early American History and Culture), 2016.

92 Bowser, Frederick P., The African Slave in Colonial Peru, Stanford: Stanford University Press, 1972. 341, siehe auch: Graubart, „Los lazos que unen. Dueñas negras de esclavos negros, Lima, ss. XVI–XVII", in: Nueva corónica 2 (Julio, 2013) S. 625–640, hier S. 628 sowie: Hünefeldt, Paying the Price of Freedom: Family and Labor among Lima's Slaves, 1800–1854, Berkeley and Los Angeles: University of California Press, 1994.

93 Wolff, „Negersklaverei und Negerhandel in Hochperu. 1545–1640", S. 157–186; Bridikhina, Eugenia, „El tráfico de esclavos negros a La Paz en el siglo XVIII", in: Estudios Bolivianos Vol. 1 (1995), S. 183–190; Bridikhina, „Desafiando los límites del espacio colonial. La población negra en Potosí", S. 169–216.

94 Ich zitiere hier nur: Acosta Saignes, Miguel, Vida de los esclavos negros en Venezuela, Valencia, Venezuela: Vadell Hermanos, [3]1984 (erste Auflage: Caracas: Hespérides, 1967); Ramos Guédez, José Marcial, „Bibliografía afrovenezolana 1976–2001", in: Boletín de la Academia Nacional de la Historia, tomo LXXXVI, no. 342 (2003), S. 175–181; Belrose, Maurice, Africa en el corazón de Venezuela, Maracaibo: Universidad del Zulia, 1988; Ortega, Miguel Angel, La esclavitud en el contexto agropecuario colonial: siglo XVIII, Caracas: Editorial APICUM, 1992; Ramos Guédez, Contribución a la historia de las culturas negras en Venezuela colonial, Caracas: Instituto Municipal de Publicaciones; Alcaldía de Caracas, 2001; Pollak-Eltz, Angelina, La esclavitud en Venezuela: un estudio histórico-cultural, Caracas: Universidad Católica Andrés Bello, 2002 (alles andere ist mehr oder weniger in exzellenten regio-

Es war ein Princeton-Historiker, Jeremy Adelman, der die Historiker des kolonialen Spanisch-Amerika darauf verwiesen hat, dass das gesamte gigantische Kolonialreich, auch in den Hinterländern und nicht nur in den atlantischen oder karibischen Hafenstädten (auch) auf Sklavenschmuggel- und -handel und an den Grenzen/Peripherien auf Razzien- sowie Schuldsklavereien/Peonage und alltäglichem Sklavenhandel beruhte. Die lange Monopolisierung der Atlantisierung (Kontrolle der Sklavenanlieferung) durch die spanische Krone zählte zu den Ursachen der Independencia.[96] Und ein Sklavereihistoriker Spanisch-Amerikas, Alex

nalhistorischen Zeitschriften, wie Tierra Firme, verstreut); Brito Figueroa, Federico, „Las rebeliones de esclavos en Venezuela colonial", in: Brito Figueroa, El problema tierra y esclavos en la historia de Venezuela, Caracas: Universidad Central de Venezuela, 1985, S. 205–250; Acuña, Guido, La esclavitud: el negro Guillermo de Barlovento, Caracas: Editorial Pomaire, 1993; Coll y Prat, Narciso, Memoriales sobre la independencia de Venezuela, Caracas: Academia Nacional de la Historia, 1960; Guerra Cedeño, Franklin, Esclavos negros, cimarroneras y cumbes en Barlovento, Caracas: LAGOVEN, 1984; Magallanes, Luchas e insurrecciones en la Venezuela colonial, Caracas: Italgráfica, [3]1983; Ponce Longa, José, Tomás, Barlovento: de los orígenes a la independencia, s.l. [Los Teques]: Gobierno del Estado Miranda, s.a [1994/1995]; Arcaya, Pedro Manuel, Insurrección de los negros de la serranía de Coro en 1795, Caracas: Instituto Panamericano de Geografía e Historia, 1949; Aizpurúa A., Ramón, La insurrección de los negros de la serranía de Coro, 1795: revisión crítica, Caracas: Universidad Central de Venezuela, 1980; Brito Figueroa, Las insurrecciones de los esclavos negros en la sociedad colonial venezolana, Caracas: Editorial Cantaclaro, 1961; Castillo Lara, Lucas Guillermo, Apuntes para la historia colonial de Barlovento, Caracas: Academia Nacional de la Historia, 1981; García, Jesús Chucho, Contra el cepo: Barlovento tiempo de cimarrones, Caracas: Editorial Luca y Trina, 1989; Röhrig Assunção, Matthias, „L'adhésion populaire aux projets révolutionnaires dans les sociétés esclavagistes: le cas du Venezuela et du Brésil (1780–1840)", in: L'Amérique Latine face à la Révolution française, ed. Guerra, François-Xavier, Toulouse : Presses Universitaires Le Mirail, 1990 (= Caravelle. Cahiers du monde hispanique et luso-brésilien 54), S. 291–313; Gil Rivas, Pedro; Dovale Bravo, Luis Osvaldo; Bello, Luzmila, Insurrección de los negros esclavos, libres e indios en la serranía coreana, 10 de mayo de 1795. Mérida: s.n., 1991; Blanco, Jesús, Miguel Guacamaya. Capitán de Cimarrones, Caracas: Asociación para la Investigación Cultural Mirandina; Editorial APIGUM, 1991; Rodríguez, Luis Cipriano y otros, José Leonardo Chirino y la insurrección de la serranía de Coro de 1795: Insurrección de libertad o rebelión de independencia. Memoria del Simposio realizado en Mérida los días 16 y 17 de noviembre de 1995, Mérida: Universidad de Los Andes; Universidad Central de Venezuela; Universidad del Zulia; y Universidad Nacional Experimental Francisco de Miranda, 1996; Gómez, Alejandro E., „Haïti: entre la peur et le besoin. Royalistes et républicains vénézuéliens: relations et repères avec Saint-Domingue et les 'Îles du Vent', 1790–1830", in: Bonacci, Giulia et al. (sous la direction de), La Révolution haïtienne au-delà de ses frontières, Paris: Karthala, 2006, S. 141–163; siehe auch Zeuske, Von Bolívar zu Chávez. Die Geschichte Venezuelas, Zürich: Rotpunkt, 2008; Entin, Gabriel; Gómez; Morelli, Federica; Thibaud, Clément, L'Atlantique révolutionnaire. Une perspective ibéro-américaine, Paris: Les Perséides, 2013; Gómez, Le spectre de la Révolution noire: l'impact de la Révolution haïtienne dans le Monde atlantique, 1790–1886, Rennes: Presses Universitaires de Rennes, 2013.

95 Dobado-González, Rafael; García-Montero, Héctor, „Neither So Low nor So Short: Wages and Heights in Bourbon Spanish America from an International Comparative Perspective", in: Journal of Latin American Studies 46:2 (May 2014), S. 291–321.

96 Adelman, Jeremy, „Capitalism and Slavery on Imperial Hinterlands", in: Adelman, Sovereignty and Revolution in the Iberian Atlantic, Princeton and Oxford: Princeton University Press, 2006, S. 56–100.

Borucki, hat im Zuge der Revision der Zahlen und Wege des Sklavenhandels am Beispiel Venezuelas zeigen können, dass die Minimalzahlen (TSTD2) durch Einbeziehung des Schmuggels und der Verbindungen zu den „Portuguese, Dutch, British, and French Atlantics" etwa zehnmal höher sind.[97]

In Europa und Lateinamerika ergeben sich Schwierigkeiten in Bezug auf Sklaverei und Menschen-/Sklavenhandel immer wieder in und mit Spanien sowie Portugal (d. h., „Iberern"). Im heutigen Portugal mit seinen drei Imperien 1500–1974 hat man manchmal den Eindruck, dass es eine Konsterniertheit angesichts der globalen Rolle von „Portugiesen" in Sklavenhandel und Sklavereien ist, die zum Schweigen führt, kombiniert mit dem Staunen über globale Ausdehnung, kulturelle Disparität und Vielfalt der Sklavereien und der Quellen über Sklavereien, mit denen Portugiesen in Berührung kamen (vor allem in der Neuzeit 1400–1974; in der östlichen Hemisphäre noch länger). Portugal am atlantischen Ende der mittelalterlichen (europäischen) Welt war nicht nur „Erfinder des (europäischen) Kolonialismus im atlantischen Raum"[98] (abgesehen von den vielen Seefahrern und Fischern anderer Küsten vor allem des späteren Spaniens), sondern auch Erfinder der Methode, dass Portugiesen zwar Frauen aus der jeweiligen Regionen nahmen oder „nach Art des Landes" (das bedeutete in der Realität oft zeitweilig) in Familien einheirateten, aber nur die „portugiesische Genealogie (des „weißen", portugiesischen sozusagen „Stammvaters") in die Dokumente eintragen ließen. Die Niederländer hatten ein Wort für diese „Portugiesen": sie nannten sie in der asiatisch-pazifischen Welt *swarte Portugeezen* (cum grano salis ist dieses Wort auch für West- und Ostafrika anwendbar).[99] Spanien (Kastilien) hatte von 1493 bis 1898 das größte Kolonialreich in den Amerikas (seit 1825 nur noch Kuba und Puerto Rico, die Philippinen sowie Territorien in Afrika (Río Muní / Äquatorialguinea (Mbini), Fernando Pó, Ifni, etc.)) und zusammen mit Portugal (das sogenannte „zweite Imperium" Portugals im 17. und 18. Jahrhundert beruhte auf der Kontrolle Brasiliens) die längste globale Sklavereigeschichte der Neuzeit in den Amerikas und im atlantischen Raum. Spanien als Kolonialmacht verfügte zwischen 1640 und dem Ende des 18. Jahrhunderts formal nicht über Sklavenversorgungsgebiete in Afrika. Der von Brasilien und Portugal dominierte *Atlântico Sul* spielte bis zum formalen Ende des großen atlantischen Sklaven- und Menschenhandels aber die wichtigste Rolle – vor allem im Menschenhandel von Angola, der Goldküste und Senegambien in die Amerikas. Im 19. Jahrhundert waren Spanien/Kuba und Portugal/Brasilien die wichtigsten Menschenhändler-Kollektivakteure des *hidden Atlantic*. Die spanische katholische Selbstwahrnehmung war (und ist) geprägt von der vermeintlichen „Güte" und „Sanftheit" katholischer luso- und spanisch-amerikanischer

97 Borucki, Alex, „Trans-imperial History in the Making of the Slave Trade to Venezuela, 1526–1811", in: Itinerario 36:2 (2012), S. 29–54, hier S. 29.

98 Daus, Ronald, Die Erfindung des Kolonialismus, Wuppertal: Peter Hammer Verlag, 1983.

99 Wendt, „Grenzgänger", in: Wendt, Vom Kolonialismus zur Globalisierung, S. 81–84, hier S. 82.

Sklavereiformen (Sklaven waren „Brüder in Christo" ihrer Herrn). Sklaverei von „yndios" wurde von der kastilischen Krone schon am Beginn der Kolonialzeit in Amerika verboten (1495, 1500, 1530 sowie mehrfach bis hin zum Verbot 1574, die asiatischen „yndios" der Philippinen zu versklaven – siehe unten) und in formal andere Formen der Arbeitsorganisation (vor allem *encomiendas* – m. E. eine Art kollektiver Sklaverei (formal in einer Art „Leihe" vom Staat („Anheimgabe")[100]), Tribut und temporäre Zwangsarbeit / *repartimiento*) umgewandelt. Auf die legalistischen Diskurse dieser „Befreiung der Indios" von Sklaverei im Zusammenspiel mit ihrer Christianisierung und den heftigen paternalistischen Debatten um die „Indios als Menschen" beziehen sich viele ältere spanische Geschichten zum Thema – aber die Grundlinien prägen auch die neuere Historiografie.[101] Im 18. Jahrhundert war die Eigensicht Spaniens – selbst wenn sie kritisch zu Sklaverei und Sklavenhandel war – folgende: „España ... dependía [in Bezug auf die Verschleppung von Menschen aus Afrika – M. Z.] de rebeldes y herejes, es decir, de portugueses, ingleses, holandeses y franceses [Spanien hing ab ... von Rebellen und Häretikern, das heißt, von Portugiesen, Engländern, Holländer und Franzosen]".[102] Das stimmte zwar nur formal in Bezug auf den Staat Spanien, nicht aber für iberische Schiffe, denn portugiesische Schiffe hatten fast immer auch Besatzungen aus Spanien und vice versa. Mittlerweile ist Spanien als iberische Macht auf den dritten Platz der großen Sklavenhandelsmächte des Atlantiks vorgerückt – der Sprung ging von etwa einer Million auf etwa zwei Millionen (ohne den britischen Sklavenhandel nach Nordamerika

---

100 Yeager, Timothy J., „Encomienda or Slavery? The Spanish Crown's Choice of Labor Organization in Sixteenth-Century Spanish America", in: The Journal of Economic History Vol. 55:4 (Dec. 1995), S. 842–859, siehe aber das Zitat: „las llamadas encomiendas; las cuales no son otra cosa que una forma encubierta de esclavitud", siehe: Domínguez, Lourdes S.; Funari, Pedro Pablo A., „Arqueología de los esclavos e indígenas en Brasil y Cuba", in: Archivo Cubano (2008), www.archivocubano.org/transcult/lourdes_funari.html (letzter Zugriff 15. 1. 2018).

101 Besonders in der älteren konvervativ-katholischen Historiographie, wie: Alcalá y Henke, Agustín, La esclavitud de los negros en la América española, Madrid: Imprenta de Juan Pelayo, 1919 (Sklaverei in den spanischen Amerikas sei „dulce" (süß) und durch Schutzgesetze für Sklaven geprägt gewesen); siehe auch: Andrés-Gallego, La esclavitud en la América española, passim; Holeman, Jamie, „'A Peculiar Character of Mildness': The Image of a Human Slavery in Nineteenth-Century Cuba", in: González-Ripoll; Álvaerz Cuartero (eds.), Francisco de Arango y la invención de la Cuba azucarera, S. 41–54; Riol Fernández, Noelia, „La esclavitud del indígena en Tierra Firme (1499–1504)", in: Escudero, Antonio Gutiérrez; Laviana, María Luisa (coords.), Estudios sobre América, siglos XVI–XX, Sevilla: Asociación Española de Americanistas, 2005, S. 529–548.

102 Martín Casares; M'bachu, Oluwatoyin, „Memorias de un tratante de Liverpool sobre el comerico esclavista entre Canarias y el África Occidental Subsahariana a finales del siglo XVIII", in: XXI Coloquio de Historia Canario-Americana (2014), XXI–022, S. 1–10, hier S. 3; siehe auch: Herzog, Tamar, „How Did Early-Modern Slaves in Spain Disappear? The Antecedents", in: Republics of Letters: a Journal for the Study of Knowledge, Politics and the Arts Vol 3:1 (2012), S. 1–7, www.academia.edu/29181173 (letzter Zugriff 15. 1. 2018).

liegt Spanien sogar knapp auf Platz zwei).[103] Spanien dominierte im 16. und 17. Jahrhundert auch ein *Empire of Slaves* (von denen viele nicht über See verschifft wurde).[104] „Spanischer" Menschen/Sklavenhandel und „spanische" Sklaverei wurde seit 1810 vor allem von, nach und auf Kuba (und Puerto Rico)[105] betrieben. Sehr viel aus den Körpern Versklavter akkumuliertes Kapital ging seit etwa 1860 von Kuba nach Spanien (etwa Stadtmodernisierung Barcelonas, Sevillas und Madrids, Eisenbahnen, Großfirmen im Transport und Bankensektor). „Spanische" Privatvermögen in der Karibik waren aus Menschenschmuggel und aus der Sklaverei auf Kuba und Puerto Rico im 19. Jahrhundert entstanden. Das Thema ist bis heute extrem heikel, allerdings außerhalb spezialisierter Historiografien kaum bekannt. Dagegen steht die Breite der Forschungen zum europäischen Spanien seit etwa 1964: „La península Ibérica es un observatorio privilegiado para el estudio de la esclavitud", schreibt ein Kollege in einer sehr ausführlichen Rezension zu einem der vielen Bücher über Sklaverei im europäischen Spanien.[106] Die Rolle des Sklavenhandels in das spanische Amerika und seine Erschließung durch spanische Forschung mit den extrem wichtigen Quellen Kastiliens, Portugals, Kataloniens und Sevillas beginnt erst wieder.[107]

Auch in Portugal, über dem wie gesagt in gewisser Weise die Traumata des massiven globalen Sklavenhandels und der im Grunde spät und kaum wirklich greifenden Abolitionen der Sklavereien/Zwangsarbeiten (vor allem in Afrika) hängen: Isabel Castro Henriques spricht von „uma espécie de amnésia geral".[108] Erst

103 Borucki; Eltis; Wheat, „Atlantic History and the Slave Trade to Spanish America", in: The American Historical Review Vol. 120:2 (2015), S. 433–461.

104 Reséndez, „An Empire of Slaves", in: Reséndez, The Other Slavery, S. 131–134.

105 Negrón-Portillo, Mario; Mayo-Santana, Raúl, La esclavitud urbana en San Juan de Puerto Rico: Estudio del Registro de esclavos de 1872, 2 Bde., Río Piedras: Huracán, 1992; Nistral-Moret, Benjamín, Esclavos prófugos y cimarrones: Puerto Rico, 1770–1870, Río Piedras: Universidad de Puerto Rico, 1984; Ramos-Mattei, Andrés, La hacienda azucarera: su surgimiento y crisis en Puerto Rico (siglo XIX), San Juan: CERP, 1981; Ramos-Mattei (ed.), Azúcar y esclavitud, Río Piedras: UPR, 1982; Ramos-Mattei, La sociedad del azúcar en Puerto Rico, San Juan: UPR, 1988; siehe auch: Santamaría García, Antonio, „Las islas españolas del azúcar (1760–1898). Grandes debates en perspectiva comparada y caribeña", in: América Latina en la Historia Económica, núm. 35, México (2011), S. 147–176 (der auch die wichtigste Literatur zur Sklaverei auf Puerto Rico zusammenfasst).

106 Armenteros Martínez, Iván, Rezension zu: González Arévalo, Raúl, La esclavitud en Málaga a fines de la Edad Media, Jaén: Universidad de Jaén, 2005, in: ANUARIO DE ESTUDIOS MEDIEVALES (AEM) 41:1 (enero–junio 2011), S. 460–466, hier S. 460.

107 Pérez García, „Metodología para el análisis y cuantificación de la trata de esclavos hacia la América Española en el siglo XVI", S. 823–840.

108 Der streitbare Historiker João Pedro Gomes Marques aus Lissabon hat das in seinen Arbeiten sehr deutlich gemacht; siehe vor allem: Marques, Os Sons do Silêncio; Marques, Revoltas Escravas. Mistificações e mal-entendidos, Lisboa: Guerra e Paz, 2006; siehe auch: Drescher; Emmer (eds.), Who Abolished Slavery? Slave Revolts and Abolitionism. A debate with João Pedro Marques, New York/Oxford: Berghahn Books, 2010 (European Expansion & Global Interaction; Vol. 8); zur „blockierten Erinnerung" nicht nur zum offenen Sklavenhandel und offenen Sklaverei, sondern auch zu den Quasi-Sklavereien des 20. Jahrhunderts siehe: Keese, „Early limits of local decolonisation:

in jüngster Zeit wurden Analysen und Synthesen publiziert, die vor allem Sklaverei und Sklavenhandel Spaniens (sowie Sklavenhändler und Akkumulation) beleuchten.[109] Allerdings gibt es, wie gesagt, auch eine neue starke Tradition, spanisches

Forced Labour, Decolonisation and the 'Serviçal' Population in São Tomé and Príncipe from Colonial Abuses to Post-Colonial Disappointment, 1945–1976", in: International Journal of African Historical Studies Vol. 44:3 (2011), S. 373–392; Lourenço, Isabel dos Santos; Keese, „Die blockierte Erinnerung: Portugals koloniales Gedächtnis und das Ausbleiben kritischer Diskurse, 1974–2010" ['Blocked remembrance: Portugal's colonial memory and the absence of a critical discourse, 1974–2010'], in: Geschichte & Gesellschaft 37(2) (2011), S. 220–243; Keese, „Searching for the reluctant hands: obsession, ambivalence, and the practice of organizing involuntary labour in colonial Cuanza-Sul and Malange districts, Angola, 1926–1945", in: Journal of Imperial and Commonwealth History Vol. 41:2 (2013), S. 238–258.

109 Als Pionier darf Antonio Domínguez Ortiz mit einem Artikel gleichen Titels von 1952 gelten: Domínguez Ortiz, Antonio, La esclavitud en Castilla en la Edad moderna y otros estudios de marginados, Granada: Comares, 2003; siehe: Periáñez Gómez, Rocio, „La investigación sobre la esclavitud en España en la edad moderna", in: Norba. Revista de Historia Vol. 21 (2008), S. 275–282; siehe auch die Archivarin und Historikerin Vicenta Cortés Alonso, die zunächst zur Sklaverei in Valencia, dann zum frühen Sklavenhandel und später zu Sklaven und Freigelassenen im *mundo ibérico* gearbeitet hat: Cortés Alonso, Vicenta, „La trata de esclavos durante los primeros descubrimientos (1489–1516)", in: Anuario de estudios atlánticos 9 (1963), S. 23–50; Cortés Alonso, La esclavitud en Valencia durante el reinado de los reyes católicos (1479–1516), Valencia: Excilentísimo Ayuntamiento, 1964 (Publicaciones del Archivo Municpal de Valencia. Serie 3: Estudios monográficos, nueva etapa, 1); Vila Vilar, Enriqueta, Hispano-América y el comercio de esclavos, Sevilla: Escuela de Estudios Hispanoamericanos, 1977; Franco Silva, La esclavitud en Sevilla y su tierra a fines de la edad media, Sevilla: Deputación Provincial de Sevilla, 1979; Franco Silva, La esclavitud en Andalucia 1450–1550, Granada: Universidad de Granada, 1992; Cortés López, José Luis, Los orígenes de la esclavitud negra en España, Madrid/Salamanca: Mundo Negro, 1986; Cortés López, La esclavitud negra en la España peninsular del siglo XVI, Salamanca: Ediciones Universidad de Salamanca, 1989 (Acta Salmanticensia. Estudios históricos y geográficos, 60); Blumenthal, Enemies and Familiars: Slavery and Mastery in Fifteenth-Century Valencia, Ithaca: Cornell University Press, 2009; Cortés Alonso, Esclavos y libertos en los mundos ibéricos: Obra completa de Vicenta Cortés Alonso, Madrid: Editorial Mundo Negro, 2011; Phillips Jr., William D., La esclavitud desde la época romana hasta los inicios del comercio transatlántico, Madrid: Siglo Veintiuno de España Editores, S.A., 1989 (Englisch: Phillips, Slavery in Medieval and Early Modern Spain, Philadelphia: University of Pennsylvania Press, 2014); Stella, Alessandro, Histoires d'esclaves dans la Péninsule Ibérique, Paris: Éditions de l'École des Hautes Études en Sciencies Sociales, 2000; Martín Casares; García Barranco, Margarita (coords.), La esclavitud negroafricana en la historia de España, Alborote: Editorial Comares, 2011; Morgado García, Una metropolí esclavista, passim. Aber auch die amerikanisch-spanische Dimension (atlantischer Sklavenhandel und transatlantische Transferierung von Kapitalien) ist präsent: Cayuela Fernández, José Gregorio, „Transferencias de capitales antillanos a Europa. Los patrimonios de Pedro Juan de Zulueta y Ceballos y de Pedro José de Zulueta y Madariaga (1823–1877)", in: España y Cuba en el siglo XIX, Madrid: Ministerio de Trabajo y Cultura, 1988 (= Estudios de Historia Social 44–47 (Enero–Diciembre de 1988)), S. 191–211; siehe auch: Rodrigo y Alharilla, Martín; Castañeda Peirón, Lluís, „Los Vidal Quadras: familia y negocios, 1833–1871", in: Barcelona Quaderns d'Historia 11 (2004), S. 115–144, http://www.raco.cat/index.php/BCNQuaderns-Historia/article/view/105589/ (letzter Zugriff 15. 1. 2018); Rodrigo y Alharilla, „Trasvase de capitales antillanos: azúcar y tranformación urbana en Barcelona en el siglo XIX", in: Santamaría García; Naranjo Orovio (eds.), Más allá del azúcar. Política, diversificación y prácticas económicas en Cuba,

Kolonialreich und europäisches Spanien zu trennen. Seit ca. zwanzig Jahren findet eine Neuinterpration der spanischen und portugiesischen Geschichte (vor allem des europäischen Spaniens in der Neuzeit und Portugals im 15. und 16. Jahrhundert) unter dem Gesichtspunkt der Sklavereien / der Sklavenhandelssysteme statt; auch im Zusammenhang der Sklaverei im und am Mittelmeer.[110]

Eigentlich hätten sich Karl Marx und Eric Williams für ihre Theorien über den Zusammenhang von Sklaverei, „ursprüngliche" Kapitalakkumulation und Wertschöpfung mit Max Weber zusammen tun sollen und besser Spanien (speziell Katalonien[111] und das Baskenland[112]) sowie Kuba im 19. Jahrhundert als Beispiel wählen sollen oder vielleicht Brasilien (1800–2014) und die portugiesischen Imperien 1460–1974; am besten aber die ganze Welt des Atlantiks sowie seiner Hinterländer (u. a. Mitteleuropa) und die Produktivität der Körper versklavter Menschen (und nicht nur die Profite englischer Sklavenhalter und Sklavenhändler) – menschliches Kapital.[113]

Erstaunlicherweise war es ein Literaturwissenschaftler, der 2005 die große Frage des Zusammenhangs zwischen Sklaverei und Menschenhandel sowie Globalgeschichte der Akkumulation von Kapital (wieder) gestellt hat. Die Frage ist richtig gestellt. Solange diese aber auf den angloamerikanischen Bereich und auf Philosophie, Moraltheologie und Geschichte von Gefühlen beschränkt wird, stellt es für mich immer noch so etwas wie historiographische Folklore dar.[114]

1878–1930, Aranjuez (Madrid): Ediciones Doce Calles, 2009, S. 127–158; Rodrigo y Alharilla, Indians a Catalunya: capitals cubans en l'economia catalana, Barcelona: Fundación Noguera, 2007; Piqueras, José Antonio [Arenas], La esclavitud en las Españas. Un lazo transatlántico, Madrid: Catarata, 2011; Martín Casares, Esclavitud, mestizaje y abolicionismo en los mundos hispánicos, Granada: Universidad de Granada 2015.

110 Vorreiter waren: Cortés Cortés, Fernando, Esclavos en la Extremadura meridional en el siglo VXII, Badajoz: Publicaciones de la Exma. Diputación de Badajoz, 1988; Lobo Cabrera, Manuel, „La esclavitud en la España moderna: su investigación en los últimos cincuenta años", in: Hispania 176 (1990), S. 1091–1104; Vincent, „L'esclavage moderne en Péninsule Ibérique", S. 445–452; Vincent; Martín Casares, „Esclavage et domesticité dans l'Espagne moderne", in: Cottias; Stella; Bernard (coords.), Esclavage et dépendendances serviles. Histoire comparée, Paris: L'Harmattan, 2006, S. 127–139 ; Martín Casares; García Barranco (coords.), La esclavitud negroafricana; Guillén; Trabelski (dir.), Les esclavages en Mediterranée. Espaces et dynamiques économiques; Lopes, Edmundo Correia, A Escravatura, subsídios para a sua história, Lisboa: Agência Geral das Colónias, 1944; Fonseca, Escravos no sul de Portugal (Séculos XVI e XVII), Lisboa: Vulgata, 2002; Fonseca, Escravos e senhores na Lisboa quinhentista, Lisboa: Colibri, 2010.

111 Chaviano Pérez; Rodrigo y Alharilla (eds.), Negreros y esclavos. Barcelona y la esclavitud atlántica.

112 Goicoetxea, Ángel, Los vascos y la trata de esclavos, Madrid: ediciones pastor, 2017.

113 Manning, Patrick, „The World and Africa", in: Manning, Slavery and African Life. Occidental, Oriental and African Slave Trades, Cambridge: Cambridge University Press, 1990 (8. Nachdruck 2004), S. 168–176; zu den Rückwirkungen auf Europa siehe: Wendt, „Gewinne, Kapitalakkumulation und Arbeitsplätze", in: Wendt, Vom Kolonialismus zur Globalisierung. Europa und die Welt seit 1500, Paderborn [etc.]: Ferdinand Schöningh, ^{2}2016 (UTB 2889), S. 207–210.

114 William G. Clarence-Smith hatte 1984 einen fulminanten kurzen Artikel über spanischen und portugiesischen Sklavenhandel in Afrika und das Problem der Profite (d. h., eine Version der Akku-

Ein auffallendes Ungleichgewicht herrscht in globaler Perspektive (und Institutionalisierung) zwischen den Sklavereien der westlichen Hemisphäre (Kern Atlantik) und der östlichen Hemisphäre (Kern Indischer Ozean). Realgeschichtlich gab es mehr und über längere Zeit Sklavereien in der östlichen Hemisphäre als in der westlichen Hemisphäre. Im Westen entstand seit 1450 die atlantische Sklaverei. Sie waren zunächst sehr punktuell. Nicht umsonst strebten die Portugiesen das gesamte 16. Jahrhundert aus dem Atlantikgebiet heraus, um sich auch an den Profiten aus Sklaverei, Razzien und Menschenhandel im Indik zu beteiligen – vor allem über Inseln, Festungshubs und seebasierte Netzwerke (*Carreira da Índia*).[115] [*Karte 5[116]]

Im und am Indik waren indigene Schuld-, Haus- und Palastsklavereien („Haus- und Hofsklavereien") sowie Kinder- und Sklavenhandel, im westlichen Indik, im Roten Meer und im Persischen Golf durch Afrikaner, Teil traditioneller, jahrtausendealter Kulturen der Unfreiheit.[117] Allerdings waren die meisten Menschen eben im engeren Umfeld von Häusern, Tempeln und Palästen versklavt worden. Und die bereits erwähnten Hybridformen der Bondage, die Anthony Reid so definiert: „people who work without payment for a patron to whom they feel bound – by tradition, by monetary debt, or in return for a past favor or protection",[118] waren extrem weit verbreitet. James Warren nennt diese Sklavereien *bond-slavery*.[119] Auf

mulation) geschrieben; siehe: Clarence-Smith, „The Portuguese Contribution to the Cuban Slave Trade and Coolie Trade in the Nineteenth Century", in: Slavery & Abolition 5 (1984), S. 25–33; Clarence-Smith, „La traite portugaise et espagnole en Afrique au dix-neuvième siècle", in: Daget (éd.), De la traite à l'esclavage, Bd. II, S. 425–434; Baucom, Ian, „'Madam Death! Madame Death!': Credit, Insurance, and the Atlantic Cycle of Capital Accumulation", in: Baucom, Specters of the Atlantic. Finance Capital, Slavery, and the Philosophy of History, Durham and London: Duke University Press, 2005, S. 80–112. Siehe auch: Eltis; Engerman, „The Importance of Slavery and the Slave Trade to Industrializing Britain", in: Journal of Economic History 60 (2000), S. 123–144; Morgan, Kenneth, Slavery, Atlantic Trade and the British Economy, 1660–1800, Cambridge: Cambridge University Press, 2001.

115 Boxer, Charles R., „Moçambique island and the 'carreira da Ìndia'" [1961], in: Boxer (ed.), From Lisboa to Goa 1500–1750: studies in Portuguese maritime expansion, London: Variorum reprints, 1984, S. 95–132; Newitt, Malyn D. D., „Mozambique Island: The Rise and Decline of a Colonial Port City", in: Brockey, Liam M. (ed.), Portuguese Colonial Cities in the Early Modern World, Burlington: Ashgate, 2008, S. 105–128; Dore, Andrea, Sitiados. Os cercos às fortalezas portuguesas na Índia (1498–1622), São Paulo: Alameda, 2010.

116 Karte 5: „Carreira da Índia", in: google.

117 Tibbets, Gerald A., Arab Navigation in the Indian Ocean before the Coming of the Portuguese, London: Royal Asiatic Society of Great Britain and Ireland, 1971; Alpers, Ivory & Slaves in East Central Africa, Berkeley: University of California Press, 1975; Clarence-Smith (ed.), The Economics of the Indian Ocean Slave Trade in the Nineteenth Century, London: Frank Cass, 1977; Renault, François; Daget, Les traites négrières en Afrique, Paris: Karthala, 1985.

118 Reid, „The Decline of Slavery in Nineteenth-Century Indonesia", S. 64–82, hier S. 64.

119 Warren, James Francis, „The Structure of Slavery in the Sulu Zone in the Late Eighteenth and Nineteeth Centuries", in: Campbell (ed.), The Structure of Slavery in Indian Ocean Africa and Asia, S. 111–128, hier S. 112.

Schiffen des Indiks wurden eventuell auch Sklaven transportiert oder waren an Bord versklavt (Schiffsjungen, Matrosen), kaum jemals aber solch konzentrierte Massen von Verschleppten wie auf dem Atlantik im 18. Jahrhundert. Im 19. Jahrhunderts erreichten verschärfte traditionelle Sklavereien und zusammengesetzte Wirtschaftssklavereien auch im Indik den absoluten Zenith, als auf den Maskarenen, in West- und Südafrika, in Ägypten und entlang der Swahili-Küste neue Kolonien und Imperien entstanden, deren Wirtschaft auf Sklavenarbeit und anderen Formen abgepresster Arbeit sowie Plantagen basierte.[120] Ganz zu schweigen, schreibt Michael Mann, „von der Sklaverei und den sklavereiähnlichen Verhältnissen, wie sie auf der Arabischen Halbinsel, dem indischen Subkontinent und im Malayisch-Indonesischen Archipel existierten".[121] [*Karten 6[122]]

Russland war, wie China und Indien, ein gigantisches Territorium von Sklavereien, die nicht nach „römischem Recht" definiert werden können. Der Logik dieses Buches folgend, Geschichte „von unten" und vom Extremabhängigkeitsverhältnis Sklaverei (oder Sklavereien) her zu interpretieren (und nicht vom anderen Extrem her, der „Freiheit"), kann ich an dieser Stelle gerne Christoph Witzenrath zitieren: „Slavery denotes various forms of bonded labour, a common practice in the early modern [und in der prä-modernen – M. Z.] and in the nineteenth century, both within and outside the spectrum commonly known as slavery".[123]

In Marokko entstanden neue Formen von Sklavereien, u. a. Zuckersklavereien, schon seit dem 16. Jahrhundert. Allerdings gab es nirgends eine so klar formierte Mittelpassage(n), Plantagengesellschaften mit (auch) rechtlich scharf definierten und erkennbaren Sklavinnen und Sklaven aus Afrika wie im amerikanischen und karibischen Westen. Und es gab so viele, auch durch die unterschiedlichen Rechtssysteme, differenzierte Sklavereien, dass kein generischer Name „der Sklaverei" oder „des Sklaven" existierte. Sicherlich aber gab es mehr Sklavinnen sowie Sklaven und mehr Menschenhandel als auf dem Atlantik.[124]

Niederländer in Asien, Deutsche oder Briten in Afrika vermieden in ihrer Kolonialpolitik meist die Anspielung auf die Sklavereien und verbuchten sie unter loka-

---

120 Marx, Christoph, „Plantagenkolonien", in: Marx, Geschichte Afrikas. Von 1800 bis zur Gegenwart, Paderborn [etc.]: Ferdinand Schöningh, 2004, S. 169–171.

121 Siehe vor allem: Mann, Michael, Sahibs, Sklaven und Soldaten. Geschichte des Menschenhandels rund um den Indischen Ozean, Darmstadt: Verlag Philipp von Zabern, 2011.

122 Karten 6: Karte 6a) „Imperien der frühen Neuzeit", in: Cañizares-Esguerra, Jorge; Seemann, Erik R. (eds.), The Atlantic in Global History, 1500–2000, New York: Prentice-Hall, 2006, S. 101; Karte 6b) Karte: „Europäische Kolonialreiche um 1800", in: Wendt, Vom Kolonialismus zur Globalisierung, S. 110 (2016, S. 114).

123 Witzenrath „The Conquest of Kazan' as a Place of Remembering the Liberation of Slaves in the Sixteenth- and Seventeenth-century Russia", in: Witzenrath (ed.), Eurasian Slavery, Ransom and Abolition in World History, S. 295–308, hier S. 295.

124 Campbell, „Slavery in the Indian Ocean World", in: Heuman, Gad; Burnard (eds.), The Routledge History of Slavery, London and New York, Routledge, 2011, S. 52–63, hier S. 57.

le Traditionen von Muslimen oder Hindus (was in der Historiografie wegen der weniger deutlichen Sichtbarkeit zur Konzipierung als „Bondage“ führte). Die Masse der Imperialhistoriografie folgte dieser kolonialen Wahrnehmungspraxis. So kommt es, dass zur Sklaverei in Südasien neben Artikeln im Grunde nur relativ wenige Monographien und Sammelbände existieren.[125] Mit den Arbeiten von Michael Mann verfügt die deutsche Historiografie über eine exzellente Synthese. Dazu kommen einige Arbeiten zur niederländischen Sklaverei in Südostasien nach 2000 sowie wenige, allerdings gewichtige Bücher (sowie eine Reihe von Artikeln) über die globale Region Südostasien. Südoastasien, zusammen mit Indien und Sri Lanka (Südindien), ist eine der dynamischen historiographischen Provinzen der Globalgeschichte.[126] Im Gegensatz zur Sklavereiforschung und -historiografie des atlantischen Raumes ist es allerdings in Bezug auf Indik, Südasien, Ostasien sowie Südostasien noch nicht zur Institutionalisierung eines Forschungsfeldes gekommen (siehe unten unter „Zentrale Themen und Theorien sowie Forschungsfelder“). Ebenso wenig wie die Forschungen zur Sklaverei- und Menschenjagdregion der slawischen Gebiete, des Balkans und der nordpontischen Gebiete am Schwarzen Meer (das gilt, cum grano salis, für ganz Ost- und Nordeuropa, siehe unten).[127]

Eine erstaunliche Kombination unterschiedlicher Marginalisierungsstrategien ergibt sich in Bezug auf die Philippinen – immerhin, ähnlich dem heutigen Indonesien, eine eigenständige globale Kultur. Geschichtsschreibung über Sklavereien im Gebiet der heutigen Philippinen (formal 1565–1898 unter der Herrschaft Spaniens) im engeren Sinne existiert erst seit 1991 (auf Basis eines kurzen Textes eines philippinischen Jesuiten von 1972).[128] Tatiana Seijas hat ein ganzes Buch über asiatische Sklaven (unter ihnen sicherlich viele Versklavte von den Philippinen) geschrie-

---

125 Patnaik, Utsa; Dingwaney, Manjari (eds.), Chains of servitude: bondage and slavery in India, Madras: Sangam Books; Hyderabad, India: Distributed by Orient Longman, 1985; Pinto, Jeanette, Slavery in Portuguese India: 1510–1842, Bombay [etc.]: Himalaya Publishing Home, 1992; Chatterjee, Gender, Slavery and Law in Colonial India, New Delhi: Oxford University Press, 1999; Chatterjee; Eaton, Richard M. (eds.), Slavery and South Asian History, Bloominton and Indianapolis: Indiana University Press, 2006.

126 Campbell (ed.), The Structure of Slavery in Indian Ocean Africa and Asia; Campbell (ed.), Abolition and Its Aftermath in Indian Ocean Africa and Asia, London; Portland: Frank Cass.

127 Skirda, La traite des Slaves, passim; Ott, „Europas Sklavinnen und Sklaven im Mittelalter. Eine Spurensuche im Osten des Kontinents“, S. 31–53.

128 Arcilla, José S., „Slavery, Flogging and Other Moral Cases in 17th Century Philippines“, in: Philippine Studies Vol. 20:3 (1972), S. 399–416; Scott, William Henry, Slavery in the Spanish Philippines, Manila: De La Salle University Press, 1991; Salman, Michael, The Embarrassment of Slavery: Controversies over Bondage and Nationalism in the American Colonial Philippines, Berkeley: University of California Press, 2001; Salman, „Resisting slavery in the Philippines: ambivalent domestication and the reversibility of comparisons“, in: Slavery and Abolition 25 (2004), S. 30–47; zum Problem siehe: Sánchez, Jean-Noël, „Autour d’une source. De l’esclavage aux Philippines, XVIe–XVIIe siècles“, in: Source(s). Arts, Civilisation et Histoire de l’Europe No. 7, second semestre (2015), S. 95–172, hier besonders S. 104–106.

ben – aber das kleine Buch von William Henry Scott ist bis heute die einzige direkte Referenz.[129] All das,

- Obwohl es auf den Philippinen eine Vielzahl indigener Sklavereien vor (z. B.: *aliping sa guiguilir* – Haus- und Hofsklaven der Eigentümer), während und auch nach der spanischen Kolonialzeit gab und gibt. Haussklaverei von Indigenen, *negritos, moros* sowie anderen Ethnien der Großregion sowie aus China und Indien waren bei den Kolonialeliten und in den Mönchsorden (vor allem als persönliche Diener) allgemein gebräuchlich.[130]
- Obwohl vor allem im Süden unter islamischem Einfluss eine ausgeprägte Razziensklaverei-Kultur existierte, die im 19. Jahrhundert nochmals verschärft wurde und in Ansätzen bis heute existiert.[131] Auch die Spanier praktizierten Razziensklaverei gegenüber so genannten *moros*, islamischen Eliten und islamischen Kaufleuten von Cebu.[132]
- Obwohl die iberischen Mächte, Missionare (die Philippinen waren in gewissem Sinne eine Missionarskolonie), Siedler und Kapitäne/Kaufleute, ich sage einmal angesichts der Ausdehnung des Territoriums etwas salopp, „vor Ort“, Haussklaverei, Razziensklavereien, Kinderhandel und halbformellen Sklavenhandel organisierten. Die Kombination dieser *slaving*-Aktivitäten wurde schlagartig deutlich mit der Kaperung des portugiesischen Schiffes *Santa Catarina* aus Macao durch Niederländer mit seiner Ladung von u. a. 100 verschleppten Frauen. Das Ziel des Schiffes war Manila.[133]
- Obwohl ein ziemlich massiver Handel mit *cafres*, Kindern, Frauen und jungen Männern aus Ostafrika sowie Borneo vor allem durch Portugiesen existierte

---

129 Es gibt selbstverständlich Arbeiten, die sich mit dem auffälligen Problem der frühen legalen Abolition der „Indio“-Sklaverei, den Schlupflöchern und geduldeten Sklavereiformen sowie der darauf aufsetzenden Marginalisierung befassen; siehe: Salman, The Embarrassment of Slavery; Salman, „Resisting slavery in the Philippines: ambivalent domestication and the reversibility of comparisons“, S. 30–47.

130 Ruiz Gutiérrez, „Esclavitud al margen de la ley: Sometimiento de los naturales y sangleyes en manila. Siglos XVI y XVII“, S. 245–261.

131 Warren, Transformation of a Southeast Asian Maritime State, Singapore: Singapore University Press, 2007 (3. Auflage; Original 1981); Warren, Iranun and Balangingi: globalization, maritime raiding, and the birth of ethnicity, Singapore: Singapore University Press, National University of Singapore, 2002.

132 Sánchez, „Autour d'une source. De l'esclavage aux Philippines, XVIe–XVIIe siècles“, S. 95–172, hier besonders S. 106–107; Crailsheim, Eberhard, „¿Fortalecer la cohesión interna? El 'peligro moro' en las Filipinas coloniales en la segunda mitad del siglo XVIII“, in: Elizalde, María Dolores; Huetz de Lemps, Xavier (eds.), Filipinas, siglo XIX. Coexistencia e interacción entre comunidades en el imperio español, Madrid: Polifemo 2017, S. 393–425.

133 Borschberg, Peter, „The Seizure of the Santa Catarina Revisited: The Portuguese Empire in Asia, VOC Politics and the Origins of the Dutch-Johor Alliance (c. 1602–1616)“, in: Journal of Southeast Asian Studies no. 33:1 (2002), S. 31–62; siehe auch: Seijas, „The Portuguese Slave Trade to Spanish Manila: 1580–1640“, in: Itinerario: International Journal on the History of European Expansion and Global Interaction Vol. 32 (January 2008), S. 19–38.

und fast jeder Kolonialfunktionär und sicherlich auch die Kolonialinstitutionen einschließlich der Missionare Haussklaven hatte.

- Und obwohl die nach der Abolition (per Gesetz am 7. November 1574)[134] und Christianisierung angewandte *encomienda* sowie andere Formen der kollektiven Arbeitsorganisation in Bezug auf die *yndios* (als neue Verwaltungskategorie 1500 durch Isabel von Kastilien proklamiert,[135] siehe unten unter „Sklavenhalter, Sklavereien und Recht") erstens viele Ausnahmen kannten, wie zum Beispiel die in *justa guerra* gefangengenommenen *indios Mindanao*, und zweitens durchaus, zusammen mit den Zwangsarbeitstypen des *repartimiento* (*polo* auf den Philippinen), unter kollektiven Sklavereien gefasst werden kann.

Jean-Noël Sánchez führt die „Abwesenheit" von Arbeiten über philippinische Sklavereien auf folgende drei Punkte zurück: 1) Das „exzessive Vertrauen" zu den legalistischen Dispositiven des Verbotes der „Indio"-Sklaverei und der religiösen Oberfläche der Debatten um Sklavereien im spanischen Imperium der frühen Neuzeit – am deutlichsten wohl herausgearbeitet in den Arbeiten von Patricio Hidalgo Nuchera.[136] 2) Die exzessive Konzentration auf die islamische Razziensklaverei und kommerziellen Sklavenhandel islamischer Eliten im Süden der Philippinen, in der Sulu-Zone, in und um Sulawesi und in anderen Gebieten. 3) Philippinische Forscher hätten sich nicht mit Fragen der Sklaverei befasst, um das Thema aus der antikolonialen Nationalgeschichte auszuklammern und das hochumstrittene Thema der indigenen Sklavereien nicht zur Debatte zu stellen.[137]

Um den Bogen zum Thema Historiografie und „hegemonische" Sklaverei (siehe unten) zu schlagen: Durch die Dominanz der US-Historiografie, die auf der Geschichte einer marginalen Atlantisierung sowie auf einer bis um 1830 peripheren Sklaverei aufsetzt, kombiniert mit den soeben beschriebenen Marginalisierungsstrategien, droht in der Globalgeschichte insgesamt Kanonisierung auf Basis verzerrter Realitätswahrnehmung. Allein die Masse neuer Enzyklopädien, Handbücher sowie Atlanten zu Sklaverei, Sklavenhandel und Abolition zeigt die angloamerikanische Hegemonie – einschließlich der Beiträge aus anderen Kulturen, die in den USA publizieren.[138] Die Hegemonie wird gefördert von einer theoretisieren-

134 Siehe das Dokument (in französischer Übersetzung): „Document 3: Cédule Royale au gouverneur Francisco de Sande 7 novembre 1574", in: Sánchez, „Autour d'une source. De l'esclavage aux Philippines, XVIe–XVIIe siècles", S. 95–172, hier S. 120–121.

135 Ebd., S. 100.

136 Hidalgo Nuchera, Patricio, „¿Esclavitud o liberación? El fracaso de las actitudes esclavistas de los conquistadores de Filipinas", in: Revista Complutense de Historia de América no. 20 (1994), S. 61–74.

137 Sánchez, „Autour d'une source. De l'esclavage aux Philippines, XVIe–XVIIe siècles", S. 95–172, hier S. 105.

138 Auswahl: Appiah, Kwame Anthony; Gates Jr., Henry Louis (eds.), Africana. The Encyclopedia of the African and African American Experience, New York: Basic Civitas Books, 1999; Drescher; Engerman (eds.), A Historical Guide to World Slavery, New York/Oxford: Oxford University Press, 1998; Falola, Toyin; Warnock, Amanda (eds.), Encyclopedia of the Middle Passage, Westport; Lon-

den und auf die USA fixierten Historiografiegeschichte in Mitteleuropa, die Empirie im Grunde ablehnt. Neue Empirie wird mit dem Doppelargument zurückgedrängt, dass empirische Forschung in globalhistorischen Makrozusammenhängen wie Globalgeschichte der Sklavereien, Plantagensklaverei und atlantischem Sklavenhandel (Atlantisierung)[139] gar nicht leistbar sei. Zusammen mit dem zweiten, implizit „medienwissenschaftlich“ abgestützten Argument einer nahezu ausschließlichen Perzeptionsgeschichte ergibt sich daraus ein schwer angreifbarer Habitus postmoderner Epistemologie des nicht möglichen Zugangs zur historischen Realität (und der immer stärkeren Selbstreflexivität heutiger Gesellschaften). Aus dem Fundus dieser extrem vielfältigen Perspektiven und Distorsionen sowie zerklüfteten Sklaverei- und Sklavenforschung nimmt die offizielle Memorialkultur sowie Identitätspolitiken ihr Material; ihre Drehbuchperspektiven und Plotschreibereien bringen fast zwangsläufig auch einen neuen Historismus[140] hervor.

Skizze der Historiografiegeschichte 16. bis 21. Jahrhundert

Sklavereiforschung ging von Debatten über Sklaverei in der Antike,[141] in Afrika, der Karibik und der Neuen Welt, aber nicht im peripheren Nordamerika, aus. Aus-

don: Greenwood Press, 2007 (Greenwood Milestones in African American History); Finkelman, Paul; Miller, Joseph C. (eds.), Macmillan Encyclopaedia of World Slavery, 2 Bde., New York: Macmillan Reference; Simon & Schuster, Macmillan, 1998; Hoerder, Dirk, Cultures in contact: world migrations in the second millennium, Durham: Duke University Press, 2002 (Comparative and international working-class history); Paquette, Robert L.; Smith, Mark M., The Oxford Handbook of Slavery in the Americas, Oxford: Oxford University Press 2010; Rodriguez, Junius (ed.), The Historical Encyclopedia of World Slavery, 2 Bde., Santa Barbara: ABC-CLIO, 1997; Rodriguez, Chronology of World Slavery, Santa Barbara: ABC-CLIO, 1999: Atlas des esclavages. Traites, sociétés coloniales, abolitions de l'Antiquité à nos jours, Dorigny, Marcel; Gainot, Bernard (eds.), Paris: Éditions Autrement (Collection Atlas/Mémoires, 2006; Eltis; Richardson, Atlas of the Transatlantic Slave Trade; Walvin, Atlas of Slavery, London [etc.]: Pearson/Longman, 2006.

139 Zur Atlantisierung siehe: Zeuske (mit Laviña, Javier), „Failures of Atlantization: First Slaveries in Venezuela and Nueva Granada“, in: Review: A Journal of the Fernand Braudel Center, Binghamton University XXXI, no. 3 (2008), S. 297–343 (= special issue edited by Tomich & Zeuske, eds., The Second Slavery: Mass Slavery, World-Economy, and Comparative Microhistories, Part II).

140 Palmié, „Slavery, Historicism, and the Poverty of Memorialization“, in: Radstone, Susannah; Schwartz, Bill (eds.), Memory: histories, theories, debates, New York: Fordham University Press, 2010, S. 363–375.

141 Wallon, Henri Alexandre, Histoire de l'esclavage dans l'antiquité, 3 Bde [Paris: 1847], Paris: Hachette et cie, 1879 [Ndr. Paris 1988], https://archive.org/details/histoiredelescl12goog (letzter Zugriff 15. 1. 2018); Herrmann-Otto, Elisabeth, „Henri Wallon: Die Rezeption der antiken Sklaverei und ihre Bedeutung für die Menschenrechte“, in: Schmitz, Winfried (ed.), Antike Sklaverei zwischen Verdammung und Beschönigung. Kolloquium zur Rezeption antiker Sklaverei vom 17. bis 20. Jahrhundert, Stuttgart: Franz Steiner Verlag, 2016 (Forschungen zur antiken Sklaverei; Bd. 40), S. 79–101.

gangspunkte der neuzeitlichen Sklavereigeschichtsschreibung sind islamische Debatten um Legitimität von Versklavung und Abolition (z. B. Sayyid Ahmad Khan, 1817–1898, mit seiner Schrift *Ibtal-i ghulami* 1893 (Abolition der Sklaverei)) sowie die spanische Debatte um die Rechtmäßigkeit der Conquista Amerikas (und Versklavung anderer Völker),[142] französische und schottische Aufklärung (aus der auch eine der großen Geschichten Amerikas stammt),[143] Landesbeschreibungen (z. B. *relaciones geográficas* im spanischen Weltreich).[144] Ebenso grundlegend sind Reiseberichte[145] und die älteren Ordens- und Missions-Historiografien (u. a. Sandoval, Labat, Oldendorp)[146] sowie Kolonial/Missionarslinguistiken, karibische Skla-

---

142 El Hamel, „A Critical Exam", in: El Hamel, Black Morocco, S. 42–46, hier S. 43; García Añoveros, Jesús María, El pensamiento y los argumentos sobre la esclavitud en Europa en el siglo XVI y su aplicación a los indios americanos y a los negros africanos, Madrid: CSIC, 2000 (CORPUS HISPANORUM DE PACE, Segunda serie, Vol. VI); Andrés-Gallego, „La consideración de la esclavitud en el mundo hispano", in: Andrés-Gallego, La esclavitud en la América española, Madrid: Ediciones Encuentro, S.A.; Fundación Ignacio Larramendi, 2005, S. 26–70; Lucena Salmoral, La esclavitud en la América española; Lucena Salmoral, Regulación de la esclavitud negra en las colonias de América Española (1503–1886).

143 Als eine der ersten europäischen Analysen mit universalem Anspruch: Montesquieu, Baron de, De l'esprit des loix, Genf: Anonym, 1748 (deutsch: Montesquieu, Vom Geist der Gesetze, I und II (ed. u. transl.) Ernst Forsthoff, Tübingen: Laupp 1951 (UTB 1710); Montesquieu, Charles-Louis de Secondat, Baron de la Brède et de, Vom Geist der Gesetze, Auswahl, Übersetzung und Einleitung von Kurt Weigand, Stuttgart: Reclam, 1993; Grieshaber, Christian, „Forschungen zur antiken Sklaverei im Zeitalter der schottischen Aufklärung – Wurzeln des britischen Abolitionismus?", in: Herrmann-Otto (ed.) Sklaverei und Zwangsarbeit, Hildesheim/Zürich/New York: Olms-Verlag, 2010, S. 164–177; Grieshaber, Frühe Abolitionisten? Die Rezeption der antiken Sklaverei zur Zeit der schottischen Aufklärung und deren Einfluss auf die britische Abolitionsbewegung (1750–1833), Hildesheim/Zürich/New York: Olms-Verlag, 2012; siehe auch: Clarence-Smith, Islam and the Abolition of Slavery, London: Hurst & Company, 2006.

144 Die *relaciones geográficas* stellen eine der wichtigsten Quellengattungen für Landschaften, Ressourcen, Räume/Orte, Menschen und Strukturen der Kolonialzeit Spanisch-Amerikas dar. Sie basieren auf umfangreichen Antworten auf Fragebögen, die vom *Consejo de Indias* (Indienrat) regionalen und lokalen Autoritäten (*corregidores*, *alcaldes mayores*, *párrocos*, *curas de aldeas* usw.) zugeschickt worden waren. Für die Tierra firme (der Norden Südamerikas) und Venezuela sind für das 16. Jahrhundert 11 Relaciones (1530, 1533, 1548, 1563, 1572, 1573, 1577, 1581, 1584 und 1592) bekannt, für das 17. Jahrhundert 4 (1604, 1621, 1635 und 1648), für das 18. Jahrhundert 10 (1730?, 1741, 1751, 1754, 1755, 1765, 1768, 1777, 1784 und 1791) und drei für das 19. Jahrhundert (eine 1807 und zwei 1812); siehe: Relaciones Geográficas de Venezuela. Recopilación, estudio preliminar y notas de Arrellano Moreno, Antonio, Caracas: Academia Nacional de la Historia, 1964 (Biblioteca de la Academia Nacional de la Historia; 70).

145 La Loubère. S. de, Du Royaume de Siam, 2 Bde., Paris : Jean Baptiste Coignard, 1691; Heintze; Jones eds.), European Sources for Sub-Saharan Africa before 1900.

146 Labat, Jean-Baptiste, Noveau Voyage aux Isles d'Amérique, 6 Bde., Paris: Guillaume Cavelier, 1722.

vereiideologen (Edward Long,[147] Bryan Edwards,[148] Arango y Parreño,[149] Moreau de Saint-Mary),[150] die kubanische Historiografie (Saco, Ortiz, Guerra, Le Riverend, Moreno Fraginals), französisch-karibische (vor allen Aimé Césaire, Frantz Fanon und Édourd Glissant)[151] sowie britisch-westindische radikale Denker (C. L. R. James, Eric Williams, Walter Rodney)[152] und brasilianische Kulturanthropologie und -soziologie mit den Übernahmen aus der positivistischen Tradition der Antropologie sowie Kriminalmedizin und Psychatrie (Raimundo Nina Rodrigues, Gilberto Freyre).[153] Diese Forschungen entwickelten sich vor einem breiteren Hintergrund vor allem der Geschichtsschreibung der Karibik: Dominikaner und Jesuiten, aber auch Herrnhuter, Werke karibischer Pflanzer, wie Ligon, Long, Edwards, Moreau de Saint-Méry, Arango und einer stark metropolitan und oft politökonomisch orientierten Geschichtsschreibung des 19. Jahrhunderts wie Merivale, Peytraud, Nieboehr. Die Ordens-Historiografie, vor allem Tomás de Mercado (Dominikaner) mit seinem berühmten Kapitel „Del trato de los negros de Cabo Verde", und Alonso de

---

147 Long, Edward, The History of Jamaica, Or, General Survey of the Antient and Modern State of that Island, 3 Bde., London: T. Lowndes, 1774 (Faksimile: London: Frank Cass 1970).

148 Edwards, Bryan, The history, civil and commercial, of the British colonies in the West Indies ..., 3 Bde., London: Printed for John Stockdale, 1793–1801.

149 Arango y Parreño, Francisco, Obras de D. Francisco de Arango y Parreño, 2 Bde., La Habana: Publicaciones de la Dirección de Cultura del Ministerio de Educación, 1952 (neue Ausgabe: Arango y Parreño, Obras. Ensayo introductorio, compilación y notas García Rodríguez, 2 Bde., La Habana: Imagen Contemporánea, 2005).

150 Moreau de Saint-Méry, Médéric-Louis-Élie, Déscription topographique, physique, civile, politique et historique de la partie française de l'isle Saint-Domingue (1797), ed. Taillemite, Étienne et Maurel, Blanche, 3 Vols., Paris: Société de l'Histoire des Colonies Françaises et Libraire Larose, 1958.

151 Nesbitt, Nick, Caribbean Critique: Antillean Critical Theory from Toussaint to Glissant, Liverpool: Liverpool University Press, 2013 (Contemporary French and Francophone Cultures, 26).

152 Scarano, „Slavery and emancipation in Caribbean history", in: General History of the Caribbean, 6 Bde., vol. VI: Methology and Historiography of the Caribbean, ed. Higman, London and Oxford: UNESCO Publishing, 1999, S. 233–282; James, Winston, Holding Aloft the Banner of Ethiopia: Caribbean Radicalism in Early Twentieth-Century America, London: Verso, 1998.

153 James, Cyril L. R., The Black Jacobins: Toussaint L'Ouverture and the San Domingo Revolution, London: Vintage, 1938 (deutsch: Die schwarzen Jakobiner. Toussaint und die San-Domingo-Revolution, Berlin (Ost): Verlag Neues Leben, 1984); Williams, Eric, Capitalism and Slavery, London: André Deutsch: 1964 [Orig. 1944]; Rodrigues, Nina, Os Africanos no Brasil. Revisão e prefacio de Homero Pires, São Paulo: Companhia Editora Nacional, 1932; Freyre, Gilberto, Casa-Grande & senzala, o.O. [Rio de Janeiro:] , Schmidt-Editor, 1933 (51. Auflage: Casa-grande & senzala. Formação da família brasileira sob o regime da economia patriarcal. Aprensentação de Fernando Henrique Cardoso. Biobibliografia de Edson Nery da Fonseca. Notas bibliográficas, revistas e índices por Gustavo Henrique Tuna, São Paulo: Global Editora, 2006); Freyre, The masters and the slaves: a study in the development of Brazilian civilization; translated from the Portuguese of the fourth and definitive Brazilian edition by Samuel Putnam, New York: Knopf, 1946; Freyre, Herrenhaus und Sklavenhütte. Ein Bild der brasilianischen Gesellschaft. Köln und Berlin. Kiepenheuer & Witsch, 1965.

Sandoval (Jesuit),[154] hatte die Erforschung der Rechtmäßigkeit und der Bedingungen der katholischen Christianisierung zum Ziel; Mercado auch die Legitimität von Verträgen.

Die römische Universalmission dachte und handelte global.[155] Es ist interessant, dass John Kelly Thornton[156] im Rahmen einer neuen afrikazentrierten Weltgeschichtsschreibung ausgiebig auf Alonso de Sandoval und neuerdings auch auf Oldendorp[157] (protestantische Mission) zurückgegriffen hat. Im Zusammenhang von Mission und Universalgeschichte muss auch auf die sowjetisch-marxistische Sklavereiforschung verwiesen werden, die erstaunlich produktiv war im Versuch, vor dem Hintergrund der russischen Geschichte anhand der sozialökonomischen Formation „Sklaverei" die Gültigkeit der stalinschen Formationstheorie nachzuweisen. Heute verblasst leider sogar schon die historiographische Erinnerung daran, worauf der wohl beste Kenner dieser Geschichtsschreibung, Heinz Heinen (†), hinweist.[158]

Die kubanisch-antillianische Sklaverei-Historiografie ist, wie oben angedeutet, seit dem 19. Jahrhundert auch eine Art imperialer Geschichtsschreibung. Sie stellt, beginnend mit den Essays von Francisco de Arango y Parreño, eine zeitliche und in gewissem Sinne auch eine frühe qualitative Nummer eins unter den großen Drei der atlantisch-amerikanischen Sklavereianalysen dar. Die Sklavereikultur der effi-

---

154 Mercado, Tomas, Suma de tratos y contratos. Edicion y estudio preliminar por Nicolás Sánchez-Albornoz; transcripcion de Graciela S. B. de Sánchez-Albornoz, 2 Bde., Madrid: Instituto de Estudios Fiscales, Ministerio de Hacienda, 1977 (Clasicos del pensamiento económico español); Sandoval, Alonso de, Un tratado sobre la esclavitud; introducción, transcripción y traducción de Vila Vilar, Enriqueta, Madrid: Alianza Editorial, 1987 (Alianza Universidad); Beuchot, Mauricio, „Tomás de Mercado y la cuestión de la esclavitud de los negros", in: Revista de Filosofía 75 (1992), S. 342–350.

155 Zu den Debatten am Heilige Stuhl unter Einfluß der Kapuziner (speziell von Lourenço da Silva, einem farbigem Angola-Brasilianer und ev. Exsklave), siehe: Gray, Richard, „The Papacy and the Atlantic Slave Trade: Lourenço da Silva, the Capuchins and the Decisions of the Holy Office", in: Past and Present 115 (May 1987), S. 52–68.

156 Thornton, Africa and the Africans in the Making of the Atlantic World, 1400–1880, Cambridge: Cambridge University Press, 1998 (Studies in Comparative World History); Thornton, A Cultural History of the Atlantic World, 1350–1820, Cambridge: Cambridge University Press, 2012; Olsen, Margaret M., „African Conversion as Jesuit Enterprise", in: Olsen, Slavery and Salvation in Colonial Cartagena de Indias, Gainesville [etc.]: University Press of Florida, 2004, S. 60–91.

157 Oldendorp, Christian Georg Andreas, Historie der karibischen Inseln Sanct Thomas, Sanct Crux und Sanct Jan, insbesondere der dasigen Neger und der evangelischen Brüder unter denselben. Kommentierte Edition des Originalmanuskripts, 4 Vol. in einem Band, Meier, Gudrun; Palmié, Stephan, Stein, Peter und Ulbricht, Horst (eds.), Berlin: Verlag für Wissenschaft und Bildung, 2000.

158 Heinen, Heinz, „Aufstieg und Niedergang der sowjetischen Sklavereiforschung. Eine Studie zur Verbindung von Politik und Wissenschaft", in: Heinen (ed.), Antike Sklaverei: Rückblick und Ausblick. Neue Beiträge zur Forschungsgeschichte und zur Erschließung archäologischer Zeugnisse. Redaktion: Andrea Binsfeld, Stuttgart: Steiner, 2010 (Forschungen zur antiken Sklaverei Bd. 38), S. 95–138.

zientesten und kompaktesten Plantagenwirtschaft des neunzehnten Jahrhunderts brachte auch Sklavereiforschung, Ethnologie, Geschichte und Anthropologie/ Kriminalmedizin (Rassenkunde) sowie Literatur über Sklaven voran: Francisco de Arango y Parreño (1765–1837), der Adam Smith der Plantagenwirtschaft, war zugleich einer der Urväter der Analyse der amerikanischen Massensklaverei und einer Theorie des funktionellen Rassismus; Arango beeinflusste Alexander von Humboldts Essay über Kuba.[159]

Aber es war mehr: der Besitzer des Ingenios „Surinam", Literat und Lateinprofessor von Havanna, Anselmo Suárez y Romero (1818–1878),[160] betrieb eine literarische Sklavenethnologie; José Antonio Saco (1797–1879) aus dem Städtchen Bayamo im Osten Kubas, funktioneller Rassist wie Arango, publizierte eine der ersten umfassenden Weltgeschichten der Sklaverei (er selbst nur bis 1786; sein Editor bis um etwa 1845).[161] Kuba, vor allem die *Cuba grande* der technologisierten Plantagenwirtschaft im Westen der Insel, war die „modernste" Sklaverei des 19. Jahrhunderts. Deshalb findet sich die globalhistorisch erste Visualisierung einer Sklavereiwirtschaft nach den Regeln der Modernität im Werk eines Akteurs der Sklaverei (Cantero/Laplante – aus dem Werk stammen noch heute fast alle „authentischen" Illustrationen in Büchern über Plantagensklaverei).[162]

---

159 Arango y Parreño, „Representación hecha a S.M. con motivo de la sublevación de los esclavos en los dominios de la Isla de Santo Domingo" (20. November 1791), in: Arango y Parreño, Francisco, Obras, Bd. I, S. 111–112; Arango y Parreño, „Discurso sobre la agricultura de La Habana y medios de fomentarla" (1792), in: Documentos para la historia de Cuba, 5 vols. in 4 Bden., Pichardo, Hortensia (ed.), La Habana: Editorial de Ciencias Sociales 1973, Bd. I, S. 162–197 (= Pichardo, Documentos); Tomich, „The Wealth of the Empire: Francisco de Arango y Parreño, Political Economy, and the Second Slavery in Cuba", in: Comparative Studies in Society and History, No. 1 (2003), S. 4–28.

160 Suárez y Romero, Anselmo, Francisco. El ingenio o las delicias del campo (Las escenas pasan antes de 1838). Prólogo de Eduardo Castañeda, La Habana: Editorial de Arte y Literatura, 1974 (Biblioteca Básica de la Literatura Cubana); Lienhard, Martin, „Afro-kubanische Oralität und ihre Darstellung in ethnologischen und literarischen Texten", in: Kuba heute. Politik Wirtschaft Kultur, hrsg. von Ette, Ottmar und Franzbach, Martin, Frankfurt am Main: Vervuert Verlag, 2001 (Bibliotheca Ibero-Americana, Bd. 75), S. 393–410.

161 Saco, José Antonio, Historia de la esclavitud desde los tiempos más remotos hasta nuestros días, 3 Bde., Bde. I und II: Paris: Kugelmann, 1875; Bd. III: Barcelona: Impr. Jaime Jepús, 1877/78; zur Entstehungsgeschichte des Werkes von Saco, siehe: Ortiz, Fernando, „Introducción", in: Saco, Historia de la esclavitud de los indios en el nuevo mundo seguida de la historia de los repartimientos y encomiendas. Introducción de Fernando Ortiz, 2 Bde., La Habana: Cultural S.A., 1932 (Colección de Libros Cubanos, dir. Fernando Ortiz, Vols. XXVIII–XXIX), Bd. I., S. VII–LV, hier S. XIII–XIV.

162 Cantero, Justo G., Los Ingenios. Colección de vistas de los principales ingenios de azúcar de la isla de Cuba. Edición de lujo. El texto redactado por Justo G. Cantero, gentilhombre de la camara de S.M. y alferez real de Trinidad. Las laminas dibujadas del natural y litografiadas por Eduardo Laplante. Dedicado a la Real Junta de Fomento, La Habana: Impreso en la litografía de Luis Marquier, 1857; [Facsimile]: García Mora, Luís Miguel; Santamaría García (eds.), Los Ingenios. Colección de vistas de los principales ingenios de azúcar de la Isla de Cuba. El texto redactado por Cantero, Justo G. Con las láminas dibujadas del natural y litografiadas por Eduardo Laplante, Madrid: CEDEX_CEHOPU; CSIC, Fundación MAPFRE Tavera y EDICIONES Doce Calles, S.L., 2005.

Die erste wirkliche Kulturgeschichte der Sklaven, nicht so sehr der Sklaverei, erwachsen aus fragwürdigen kriminalethnologischen Ansätzen am Beginn des 20. Jahrhunderts (positivistische Kriminalmedizin, Psychatrie und Antropologie, u. a. Cesare Lombroso), und die erste „postkoloniale" Geschichte einer Gesellschaft, die ihren welthistorischen Aufstieg Sklavinnen und Sklaven, Menschenhandel und der Sklaverei verdankt, die Ex-Sklaven allerdings mehr oder weniger alle als illegale Migranten, „Hexer" und Verbrecher verunglimpft, stammt aus der Feder von Fernando Ortiz (1881–1969), dem Schöpfer des heute wieder so wichtigen Konzepts der *transculturación* (Transkulturation).[163]

In einer Linie der verborgenen Transkulturation folgte ihm der Literat Miguel Barnet 1966 mit seinem weltweit erfolgreichen Prototypus der Testimonio-Literatur unter dem Titel „Biografía de un Cimarrón" – ein weißer Literat, der für einen Ex-Sklaven spricht (eine Kulturtechnik der realhistorischen „Transkulturation", die es auch im 19. Jahrhundert schon gegeben hatte; heute würde man das wahrscheinlich im Postkolonialismus als Mimikry-Subjektivierung bezeichnen).[164] Barnets „authentische" Geschichte wurde geschrieben vor dem breiten Hintergrund der Arbeiten von José Luciano Franco, Pedro Deschamps Chapeaux und Juan Pérez de la Riva[165] sowie der überhaupt wichtigsten Struktur- und Sozialgeschichte einer konkreten Sklavereigesellschaft („El Ingenio",[166] im Grunde wird nur die Entstehung um 1790

---

163 Ortiz, Fernando, Los negros brujos (apuntes para un estudio de etnología criminal). Carta prólogo del Dr. C. Lombroso, Madrid: Librería de Fernando Fe, 1906; Ortiz, Hampa afro-cubana: Los negros esclavos. Estudio sociológico y de derecho público, La Habana: Revista Bimestre Cubana, 1916 [Los negros esclavos, La Habana: Ed. de Ciencias Sociales, 1976]; Ortiz, Contrapunteo cubano del tabaco y del azúcar (advertencia de sus contrastes agrarios, económicos, históricos y sociales, su etnografía y su transculturación), Introducción de Bronislaw Malinowski, La Habana: Jesús Montero, 1940 (Biblioteca de Historia, Filosofía y Sociología, v. 8); Ortiz, „El fenómeno social de la transculturación y su importancia en Cuba", in: Revista Bimestre Cubana, La Habana Vol. XLVI (Julio–Dic. 1940), S. 273–278.

164 Barnet, Miguel, Biografia de un cimarrón. La Habana: Instituto de Etnología y Folklore, 1966.

165 Franco, Historia de la Revolución de Haití, La Habana: Acad. de Ciencias de Cuba, 1966 (La batalla por el dominio del Caribe y el golfo de México, 3); Franco, Los Palenques de los esclavos Cimarrones, La Habana: Colección Historia, 1973; Franco, „Piratas, corsarios, filibusteros y contrabandistas, siglo XVIII y XIX", in: Franco, Ensayos históricos, La Habana: Editorial de Ciencias Sociales, 1974, S. 45–92; Franco, Las Minas de Santiago del Prado y la rebelión de los Cobreros, La Habana: Editorial de Ciencias Sociales, 1975; Franco, Las conspiraciones de 1810 y 1812, La Habana: Editorial de Ciencias Sociales, 1977; Franco, La diáspora africana en el Nuevo Mundo, La Habana: Editorial de Ciencias Sociales, 1978; Franco, Comercio clandestino de esclavos, La Habana: Editorial de Ciencias Sociales, 1980 ([3]1996, mit Publikationsliste, S. 283–285); Franco, La presencia negra en el Nuevo Mundo, La Habana: Casa de las Américas, 1981; Deschamps Chapeaux, Pedro, El negro en la economía habanera del siglo XIX, La Habana: UNEAC, 1971; Deschamps Chapeaux; Pérez de la Riva, Juan, Contribución a la historia de gentes sin historia, La Habana: Ed. de Ciencias Sociales, 1974.

166 Moreno Fraginals, Manuel, El Ingenio. Complejo económico social cubano del azúcar, 3 Bde., La Habana: Ed. de Ciencias Sociales, 1978.

bis etwa 1860 behandelt), deren erster Band 1964 von Manuel Moreno Fraginals (1920–2001) publiziert worden war. Moreno Fraginals gehörte einer der Schulen kubanischer Sklavereiforschung an, die im Unterschied zu Fernando Ortiz auf Strukturen und Demographie setzte (vor allem verbunden mit den Namen Ramiro Guerra y Sánchez, der auch das englisch-karibische und französisch-karibische Konzept der „Sugar Revolution" einbrachte, und Raúl Cepero Bonilla; in gewisser Weise gehören auch die Sklavereihistoriografie sowie Wirtschaftsgeschichte Puerto Ricos und der dominikanischen Republik dazu, z. B.: Morales Carrión, Scarano, Picó, Moya Pons, Cabrera Salcedo, García Muñiz, Moscoso).[167] Barnets noch heute lesbare Testimonio-Konstruktion der Biografie eines ehemaligen Sklaven und Cimarróns dagegen gab den Schwarzen einen Platz im nationalen Revolutionszyklus, wie ihn auch die Revolutionsführung goutierte. Insgesamt ist die kubanische Nationalgeschichte immer noch vorwiegend eine „weiße" Geschichte,[168] heute überdeckt von der Dominanz der US-amerikanischen und brasilianischen Sklavereigeschichtsschreibung.[169]

---

167 Guerra y Sánchez, Ramiro, Azúcar y población en las Antillas, La Habana: Ed. de Ciencias Sociales, 1976 (6. Auflage; 1. Auflage: La Habana: Cultural, S.A., 1927); Cepero Bonilla, Raúl, Azúcar y abolición: apuntes para una historia crítica del abolicionismo, La Habana: Ed. Cenit, 1948; Higman, „The Making of the Sugar Revolution", in: Thompson (ed.), In the Shadow of the Plantation, S. 40–71; Morales Carrión, Arturo, Auge y decadencia de la trata negrera en Puerto Rico (1820–1860), San Juan: Centro de Estudios Avanzados de Puerto Rico y el Caribe and Instituto de Cultura Puertorriqueña, 1978; Cabrera Salcedo, De los bueyes al vapor. Caminos de la tecnología del azúcar en Puerto Rico y el Caribe; siehe auch: Ayala, César, „The Twentieth-Century Plantation", in: Ayala, American Sugar Kingdom. The Plantation Economy of the Spanish Caribbean 1898–1934, Chapel Hill and London: The University of North Carolina Press, 1999, S. 183–230.

168 Fuente, Alejandro de la, „Introduction", in: Fuente, „A Nation for All": Race, Inequality, and Politics in Twentieth-Century Cuba, Chapel Hill & London: The University of North Carolina Press, 2001, S. 1–19; Mollin, Volker, „La problemática de la historiografía nacional cubana", in: Mollin, Guerra pequeña, guerra olvidada, Santiago de Cuba: Editorial Oriente, 2002, S. 52–72; García Rodríguez, Gloria, „Los negros y mulatos en la sociedad colonial", in: Rensoli Medina, Rolando Julio (comp.), La historiografía en la Revolución cubana. Reflexiones a 50 años, La Habana: Editora Historia, 2010, S. 297–306.

169 García Rodríguez, La esclavitud desde la esclavitud. La visión de los siervos, México: Centro de Investigación Científica „Ing. Jorge Y. Tamayo", 1996; Barcia Zequeira, María del Carmen, La otra familia. Parientes, redes y descendencia de los esclavos en Cuba, La Habana: Casa de las Américas/Colombia: Ministerio de Cultura, 2003 (Ensayo Histórico-Social); García Rodríguez, „Tecnología y abolición", in: Piqueras (comp.), Azúcar y esclavitud en el final del trabajo forzado. Homenaje a M. Moreno Fraginals, México etc.: Fondo de Cultura Económica, 2002, S. 76–92; García Rodríguez, Conspiraciones y revueltas. La actividad política de los negros en Cuba (1790–1845), Santiago de Cuba: Editorial Oriente, 2003; García Rodríguez, „Los cabildos de nación: organización, vicisitudes y tensiones internas (1789–1868)", in: Del Caribe 43, Santiago de Cuba (2004), S. 65–73; García [Rodríguez], „El despegue azucarero de Cuba: la versión de Arango y Parreño", in: Balboa, Imilcy; Piqueras (eds.), La excepción americana. Cuba en el ocaso del imperio continental, Valencia: Centro Francisco Tomás y Valiente UNED Alzira; Fundación Instituto de Historia Social, 2006, S. 155–175; García Rodríguez, Mercedes, „Ingenios habaneros del siglo XVIII," in: Las raíces históricas del pueblo cubano, Consuelo Naranjo Orovio; Miguel Ángel Puig-Samper (eds.), Madrid: Arbor,

In den USA setzten Forschungen zu einer Sklavereigesellschaft außerhalb Nordamerikas mit dem positivistischen Buch über den Sklavenhandel von Hubert H. S. Aimes über Kuba ein (1907).[170] Aimes hatte auch sehr zeitig begonnen, vergleichend über die Sklaverei in den Amerikas zu arbeiten.[171] Einige ebenso frühe Arbeiten stammen von Irene Aloha Wright,[172] die allerdings nur die frühe Kolonialgeschichte behandelte. In den USA erschienen die Arbeiten von Frederick Douglass[173] und W. D. Burgkhard Dubois sowie die älteste Zeitschrift für „schwarze Geschichte" (The Journal of Negro History, 1916 gegründet). Mit Fernando Ortiz, Nina Rodrigues und Melville J. Herskovits begann in den vierziger Jahren des 20. Jahrhunderts die Analyse des afrikanischen Hintergrunds der Sklaverei und der „schwarzen Familie", der „vergessenen Erinnerungen" der Sklaven sowie des „Myth of the Negro Past";[174] etwas später begann Pierre Verger die Beziehungen Bahias zu Benin und der Goldküste zu erforschen.[175] Aber vorherrschend, auch an den Universitäten, blieb ein von den national-rassistischen Arbeiten Ulrich B.

1991, S. 113–138; García Rodríguez, „El monto de la trata hacia Cuba en siglo XVIII", in: Naranjo Orovio; Mallo Gutiérrez (eds.), Cuba, la perla de la Antillas, S. 297–312; García Rodríguez, „La Compañía del Mar del Sur y el Asiento de esclavos de Cuba", S. 121–170; García Rodríguez, Mercedes, Misticismo y capitales. La Compañía de Jesús en la economía habanera del siglo XVIII, La Habana: Ed. de Ciencias Sociales, 2000; García Rodríguez, La aventura de fundar ingenios. La refacción azucarera en La Habana del siglo XVII, La Habana: Editorial de Ciencias Sociales, 2004; García Rodríguez, Entre Haciendas y Plantaciones. Orígenes de la manufactura azucarera en La Habana, La Habana: Editorial de Ciencias Sociales, 2007.

170 Aimes, Hubert H. S., A History of Slavery in Cuba (1511 to 1868), New York: Putnam's Sons, 1907 [Reprint: New York: Octagon, 1967].

171 Aimes, „African Institutions in America", in: Journal of American Folklore 18 (January–March 1905), S. 15–32.

172 Wright, Irene Aloha, The Early History of Cuba, 1492–1586, New York: Macmillan, 1916; Wright, „El establecimiento de la industria azucarera en Cuba", in: La Reforma social, La Habana (abril–junio 1916), S. 26–42.

173 Douglass, Frederick, Narrative of the Life of Frederick Douglass, An American Slave, Written by Himself [1845], ed. by David W. Blight, Boston: Bedford Books, 1993.

174 Frazier, E. Franklin, „The Negro Family in Bahia, Brazil", in: American Sociological Review, Vol. 7 (1942), S. 465–78; Herskovits, Melville J., „The Negro in Bahia, Brazil: A Problem in Method", in: American Sociological Review, Vol. 8 (1943), S. 394–402; Herskovits, The Myth of Negro Past, New York: Harper, 1941 (Neuauflage: Boston: Beacon Press, 1990); zur Debatte siehe: Mintz & Price, Richard, The Birth of African-American Culture. An Anthropological Perspective, Boston: Beacon Press, 1992.

175 Verger, Pierre, Bahia and the West African Trade, 1549–1851, Nigeria: Published for the Institute of African Studies by Ibadan University Press, 1964; Verger, Flux et reflux de la traite des nègres entre le golfe de Bénin et Bahia de Todos os Santos du XVIIe au XIXe siècle, Paris: Mouton, 1963; Verger, Fluxo e refluxo do tráfico de escravos entre o golfo do Benin e a Bahia de Todos os Santos dos séculos XVII a XIX, São Paulo: Editora Corrupio, 1987; Verger, Os Libertos: sete caminhos na liberdade de escravos da Bahia no século XIX, Salvador, Bahia: Corrupio Fundação Cultural, Estado da Bahia, 1992.

Phillips',[176] Sohn eines Pflanzers aus Georgia, geprägtes Geschichtsbild. Es bezog sich vor allem auf die US-Sklaverei als benigne Zivilisierungsinstitution und verabsolutierte diese im Süden der USA – vor allem auch gegenüber den anderen Sklavereien in den Amerikas – als „*peculiar institution*" (1956).[177]

In der britischen Imperialhistoriografie hatte sich seit dem 19. Jahrhundert eine Tendenz festgesetzt, im Grunde nur noch die Abolition seit 1807 zu erinnern. Der Bruch mit der Dankbarkeitskultur für die Abolition durch weiße Männer kam für die anglophone Welt und darüber hinaus von linken Radikalen aus Trinidad and Tobago – mit den bereits erwähnten C. L. R James (1938) und Eric Williams (1944).[178] Mittlerweilen existiert eine kritische Sklaverei- und Sklavenhandelsgeschichtsschreibung zwischen den Polen globalhistorische Sklavereigeschichten zur Sklaverei im britischen Empire und eher regional orientierte Arbeiten zu einzelnen Städten und Gebieten sowie ihrer Rolle in der britischen Sklavereigeschichte.

Erst mit den extrem einflussreichen und umstrittenen Arbeiten von Frank Tannenbaum sowie Stanley Elkins[179] setzte mit dem Mythos von der „Mildheit der iberoamerikanischen Sklaverei" (im Vergleich zur pathologischen Härte in den USA) eine neue Phase der vergleichenden amerikanischen und globalen Sklavereigeschichte ein, deren Wirkung, auch über die einflussreichen Arbeiten der Genoveses,[180] mit den oben genannten Verzerrungen bis heute anhält.

---

176 Phillips, Ulrich B. „The Economic Cost of Slaveholding in the Cotton Belt", in: Political Science Quarterly 20 (June 1905); 257–275; Phillips, „Slave Crime in Virginia", in: American Historical Review 20 (January 1915), S. 336–340; zur Stellung von Philipps in der Sklavereihistoriographie vor „Time On the Cross", siehe: Littlefield, Daniel C., „From Phillips to Genovese: The Historiography of American Slavery Before Time On The Cross", in: Binder, Wolfgang (ed.), Slavery in the Americas, Erlangen: Königshausen & Neumann, 1993, S. 1–23; Sautter, „Die Sklaverei in der Forschung", S. 129–137; siehe einige Arbeiten der Philipps-Schule: Davis, Charles, The Cotton Kingdom in Alabama, Montgomery: Alabama State Department of archives and history, 1939; Flanders, Ralph Betts, Plantation Slavery in Georgia, Chapel Hill: University of North Carolina Press, 1933; Ramsdell, Charles William, The Natural Limits of Slavery Expansion, Dahlonega: Crown Rights Book Company, 1929; Sydnor, Charles S., Slavery in Mississippi, Baton Rouge: Louisiana State University Press, 1933; Taylor, Rosser Howard, Slaveholding in North Carolina, Chapel Hill: University of North Carolina Press, 1926.

177 Stampp, Kenneth M., The Peculiar Institution in the Ante-Bellum South, New York: Vintage, 1956.

178 James, The Black Jacobins; Williams, Capitalism and Slavery, passim; siehe auch: Carrington, Selwyn H. H., „Capitalism & Slavery and Caribbean Historiography: An Evaluation", in: The Journal of African American History Vol. 88:3 (Summer 2003), S. 304–312.

179 Tannenbaum, Frank, Slave and Citizen: The Negro in the Americas, New York: Alfred A. Knopf, 1946 (Reprint: Boston: Beacon Press, 1992); Elkins, Stanley M., Slavery: A Problem in American Institutional and Intellectual Life, Chicago: University of Chicago Press, 1959; zur Debatte siehe: Parish, Peter J., Slavery: History and Historians, New York: Harper & Row, 1985.

180 Ich erwähne hier die vier Großwerke: Genovese, Eugene D., The Political Economy of Slavery: Studies in the Economy and Society of the Slave South, New York, 1965; Genovese, Roll, Jordan, Roll: The World the Slaves Made, New York: Pantheon Books 1974; Genovese, From Rebellion to Revolution: Afro-American Slave Revolts in the making of the Modern World, Baton Rouge and

Etwas außerhalb des Mainstreams setzten, ebenfalls in den fünfziger Jahren des 20. Jahrhunderts, anthropologische Forschungen in der Karibik ein, deren Protagonisten vor allem Sidney W. Mintz und Eric Wolf waren. Beide betrieben empirische und historische Feldforschungen. Sie untersuchten Probleme ruraler Bevölkerungen (zunächst in Puerto Rico),[181] die in ehemaligen Sklavereigesellschaften lebten. Vor allem aus den Publikationen von Sidney Mintz ergab sich bald eine Fülle von Anregungen, methodologischen Konzepten und theoretischen Überlegungen, die in gewissem Sinne eine Geschichte der Sklaverei „von unten" aus der Sicht von Sklaven und ehemaligen Sklaven als Akteuren einer transnationalen Geschichte der Karibik, vor dem Hintergrund einer ausgeprägten historischen Translokalität (ohne den Begriff zu nutzen), begründeten.[182] Die Werke von Mintz spielen noch heute in der Debatte um Kreolität und Zentralismen vor allem zwischen Amerikanisten und Afrikanisten (Mintz und Price gegen Thornton und Lovejoy u. a.), eine wichtige Rolle.[183] Die empirische und anthropologisch orientierte Forschung nimmt mittlerweile einen vermittelnden Standpunkt ein, indem sie sich der Archäologie der Sklaverei, des Sklavenhandels und der afrikanischen Diaspora auf der Linie Afrika-Atlantik-Amerikas sowie der Sklavenhandelsarchäologie Westafrikas einerseits und der stärkeren Visualisierung (www.slaveryimages.org, letzter Zugriff 15. 1. 2018) sowie der materiellen Kultur der Versklavten andererseits geöffnet

London: Louisiana State University Press, 1979; Fox-Genovese, Elizabeth; Genovese, Eugene D., Fruits of merchant capital: slavery and bourgeois property in the rise and expansion of capitalism, New York: Oxford University Press, 1983.

181 Mintz, Worker in the cane: a Puerto Rican life history, New York [etc.]: W. W. Norton, 1974 (erste Auflage: 1960).

182 Auswahl: Mintz; Wolf, Eric R., „An Analysis of Ritual Co-Parenthood (Compadrazgo)", in: Southwestern Journal of Anthropology 6, no. 4 (Winter 1950), S. 341–365; Mintz, „The Caribbean as a Socio-Cultural Area", in: Journal of World History 9 no. 4 (1966), S. 912–937; Mintz, „Afro-Caribbeana: An Introduction", in: Mintz, Caribbean Transformations, Chicago: Aldine Publishers, 1974, S. 1–42; Mintz; Price, Sally (eds.), Caribbean Contours, Baltimore and London: The Johns Hopkins University Press, 1985; Mintz, Die süße Macht. Kulturgeschichte des Zuckers, Frankfurt am Main; New York: Campus, 1986; Mintz & Price, The birth of African-American culture, passim; Mintz, Tasting food, tasting freedom: excursions into eating, power, and the past, Boston: Beacon Press, 1996; Look Lai, Walton, Indentured Labor, Caribbean Sugar. Chinese and Indian Migrants to the British West Indies, 1838–1918. Introduction by Sidney W. Mintz, Baltimore and London: The Johns Hopkins University Press, 1993; Mintz, „The localization of anthropological practice: from area studies to transnationalism", in: Critique of anthropology Vol. 18:2, London (1998), S. 117–133; Wolf, Peasant Wars in the Twentieth Century, New York: Harper and Row, 1969; Wolf, Europe and the People without History, Los Angeles/Berkeley: University of California Press, 1982; zu E. R. Wolf siehe auch: Lentz, Carola, „Eric Wolf", in: Kohl, Karl-Heinz, Feest, Christian F. (eds.), Hauptwerke der Ethnologie, Stuttgart: Kröner, 2001, S. 514–519.

183 Price, Richard, „The Miracle of Creolization", in: Yelvington, Kevin A. (ed.), Afro-Atlantic Dialogues. Anthropology in the Diaspora, Santa Fe; Oxford: School of American Research Press; James Currey, 2006, S. 115–147.

hat (Jerome S. Handler; Jane G. Landers; Christopher DeCorse u. a.).[184] Dazu kam die kulturalistische Historiografie- und Ideengeschichte der Sklaverei, beginnend vor allem mit den Arbeiten von Elsa W. Govea und David Brion Davis.[185]

Zentrale Themen und Theorien sowie Forschungsfelder

Unter diesen Bedingungen reagierten Forschung, Kriminal-Anthropologie (mit Rassenansatz), Medizingeschichte, Geschichtswissenschaften und historische Sozialwissenschaften in Brasilien, im karibischen Raum und in den Vereinigten Staaten von Amerika auf die Herausforderungen des „Postkolonialismus vor dem Postkolonialimus" (pointiert bei Nina Rodrigues, Fernando Ortiz und besonders bei Eric Williams).[186] Als Hintergrund müssen auch die wirtschaftshistorischen und quantitativen Arbeiten erwähnt werden, die ihren Ausgangspunkt[187] ebenfalls in den Endfünfzigern nahmen und später in „Time on the Cross"[188] kulminierten, wo

184 Handler, Jerome S., „Life Histories of Enslaved Africans in Barbados", in: Slavery and Abolition, 19:1 (1998), S. 129–141; Handler, „Survivors of the Middle Passage: Life Histories of Enslaved Africans in British America", in: Slavery and Abolition 23 (2002), S. 25–56; Handler, „The Middle Passage and the Material Culture of Captive Africans", in: Slavery and Abolition Vol. 30:1 (March 2009), S. 1–26; DeCorse, Christopher, West Africa During the Atlantic Slave Trade. Archaeological Perspectives, London and New York: Leicester University Press, 2001; DeCorse, An archaeology of Elmina: Africans and Europeans on the Gold Coast, 1400–1900, Washington, DC: Smithsonian Institution Press, 2001; Landers, Jane G.; Robinson, Barry (eds.), Slaves, Subjects, and Subversives. Blacks in Colonial Latin America, Albuquerque: University of New Mexico Press, 2006; Agostini, Camilla (org.), Objetos da escravidão: abordagens sobre a cultura material da escravidão e seu legado, Rio de Janeiro: 7Letras, 2013; Singleton, Teresa A., „Slavery and spatial dialectics on Cuban coffee plantations", in: World Archaeology Vol. 33:1 (2001), S. 98–114; Singleton, „Nineteenth Century Built Landscape of Plantation Slavery in Comparative Perspective" in: Marshall, Lydia (ed.), The Archaeology of Slavery: Toward a Comparative Global Framework, Carbondale: Center for Archaeological Investigations, University Press of Southern Illinois, 2014, S. 93–115; Singleton, Slavery Behind The Wall: An Archaeology of a Cuban Coffee Plantation, University Press of Florida, Gainesville, 2015.

185 Goveia, Elsa V., A study on the historiography of the British West Indies to the End of the nineteenth century, México: Instituto Panamericano de Geografía e Historia, 1956; Davis, David Brion, The problem of slavery in Western culture, Ithaca: Cornell Univ. Press, 1966.

186 Williams, Capitalism and Slavery; Rodrigues, Nina, Os africanos no Brasil, São Paulo: Companhia Editora Nacional, ^{4}1976; Solow, Barbara L., „Caribbean Slavery and British Growth: The Eric Williams Hypothesis", in: Journal of Developmental Economics 17 (1985), S. 99–115; Solow, „Capitalism and Slavery in the Exceedingly Long Run", in: Solow; Engerman (eds.), British Capitalism and Caribbean Slavery. The Legacy of Eric Williams, Cambridge: Cambridge University Press, 1987, S. 51–78; Brandon, Pepijn, „From Williams's Thesis to Williams Thesis: An Anti-Colonial Trajectory", in: IRSH Vol. 62 (2017), S. 305–327.

187 Conrad, Alfred H.; Meyer, John R., „The Economics of Slavery in the Ante Bellum South", in: Journal of Political Economy 6 (1958), S. 95–130.

188 Fogel, Robert William; Engerman, Time on the Cross: the Economics of American Negro Slavery, New York; London: W. W. Norton & Company, 1995 (1. Auflage 1974); Fogel, Without Consent or

nachgewiesen wird, dass Sklaven in den USA effizienter arbeiteten als Freie und relativ gut versorgt waren (Diät und Medizin), sonst ließe sich das Anwachsen der Sklavenbevölkerung von rund 400 000 (1808) auf rund 4 Millionen (1865) ohne atlantischen Sklavenhandel nicht erklären (wobei die Spannbreite der Schätzungen zwischen 0 (von Kuba nach Florida),[189] 52 000 (David Eltis), 250 000 (W. E. B. Du Bois), 786 500 (Ernest Obadele-Starks) und mehr als 1 Mio. aus der Karibik (vor allem Kuba) in die USA eingeschmuggelten Sklaven liegt).[190] Den ganz hohen Zahlen widerspricht der für die USA (zu) hohe Preis von Versklavten, die nach 1820 auf Kuba angelandet worden sind und die Konkurrenz um versklavte Arbeit mit den Sklavenhaltern und Zuckerproduzenten auf Kuba (die zudem meist reicher als ihre US-Konterparts waren); die Frage ist aber noch nicht endgültig geklärt.

Die stärkste Linie quantitativ-makrohistorischer Forschung in der Tradition von Philip D. Curtin,[191] ohne eine Reihe von Annahmen Fogels, wird fortgesetzt in der oben genannten wichtigsten sozialhistorischen Datenbasis zum atlantischen Sklavenhandel unter Federführung von David Eltis, Herbert Klein und David Richardson (TSDN2; www.slavevoyages.org, letzter Zugriff 15. 1. 2018).[192] Sklavenhandelsforschung, ab einem gewissen Punkt Menschenhandelsforschung, hat in den letzten Jahre sehr zugenommen und ist aus ihrer quantifizierenden und wirtschaftsgeschichtlichen Eingrenzung ausgebrochen (ebenso wie die Forschungen zum „äußeren" und „inneren" Sklavenhandel).[193]

Contract: The Rise and Fall of American Slavery, 4 Bde., New York: W. W. Norton, 1989; Fogel, The slavery debates, 1952–1990: a retrospective, Baton Rouge: Louisiana State University Press, 2003.

189 Kiple, Kenneth F., „The Case against a Nineteenth-Century Cuba-Florida Slave Trade", in: Florida Historical Quarterly 49:4 (April 1971), S. 346–355.

190 Campbell, Randolph B., An Empire for Slavery. The Peculiar Institution in Texas, 1821–1865, Baton Rouge: Louisiana State University Press, [2]1991; Die beste Zusammenfassung der Debatte und der Schätzungen ist: Marques, „A participação norte-americana no tráfico transatlântico de escravos para os Estados Unidos, Cuba e Brasil", S. 91–111, vor allem S. 103–111, siehe auch Marques, The United States and the Transatlantic Slave Trade to the Americas, 1776–1867, New Haven: Yale University Press, 2016; zum Hintergrund des Sklavenhandels und -schmuggels seitens der Piraten vor allem in den Zeiten der Independencia, u. a. die Brüder Lafitte und Louis Aury u. a., siehe: Franco, „Piratas, corsarios, flibusteros y contrabandistas siglos XVIII y XIX", in: Franco, Ensayos históricos, La Habana: Editorial de Ciencias Sociales, 1974, S. 45–92.

191 Siehe: Curtin, The Atlantic slave trade: a census, Madison: University of Wisconsin Press, 1969 sowie die Widmung in: Eltis; Richardson, Atlas of the Transatlantic Slave Trade, S. VIII: „To the Memory of Philip DeArmond Curtin (1922–2009)".

192 Zum Hintergrund siehe: Zeuske, Schwarze Karibik; Eltis; Richardson (eds.), Extending the Frontiers, passim.

193 Johnson (ed.), The Chattel Principle, S. 91–116; Tadman, „The Reputation of the Slave Trader in Southern History and the Social Memory of the South", in: American Nineteenth Century History Vol. 8:3 (September 2007), S. 247–271, vor allem den Abschnitt „Historians and the Trader", S. 250–252; (auf Basis der Biografien von Versklavten): Pargas, Slavery and Forced Migration in the Antebellum South, passim.

Die intensive, zunächst geistesgeschichliche und vergleichende, dann auch quantifizierende sowie sozialgeschichtliche und anthropologisch-empirische, „Sklavereidebatte“[194] vor allem in den USA brachte, sehr verkürzt gesagt, dem Computer den Durchbruch in den Geschichts- und Sozialwissenschaften; heute steht eher das Problem 4.0 der Präsentation von Sklavereiforschung auf Bildschirmen an.[195] Dazu kam, auf dem Höhepunkt der Auseinandersetzung um Rassismus, Segregation und Postemanzipation (die so noch nicht genannt wurde), das bereits erwähnte Buch von David Brion Davis „The Problem of Slavery in Western Culture“ (1966).[196] Ein globalgeschichtliches Forschungsfeld war entstanden (zunächst beschränkt auf die Amerikas, den atlantischen Raum und den „Westen“), das bis heute nichts an Dynamik eingebüßt hat; seit einigen Jahren kommen immer mehr Forschungsfelder hinzu: Mediterranean slavery, pre-modern slavery, Indian ocean slavery .... Das Forschungsfeld, nennen wir es *Atlantic slavery*, strahlt auf andere Forschungsgebiete und dortige Sklavereien aus und beginnt seit ca. 2000 in einer Linie Braudel *al revés* auf die Konstituierung von distinkten Forschungsfeldern zu wirken, etwa dem der bereits erwähnten „neuen“ mediterranen Sklaverei, den Sklavereien im islamischen Bereich (mit den beiden Prunkstücken osmanische Sklaverei[197] und Mamelu-

---

194 Schmieder, „War die iberoamerikanische Sklaverei mild?“, in: Zeitschrift für Weltgeschichte 4:1, Frankfurt am Main [u. a.] (Frühjahr 2003), S. 115–132; Fuente, „Slave Law and Claims-Making in Cuba: the Tannenbaum Debate Revisited“, in: Law and History Review 22:2 (2004), S. 339–369.

195 Rusert, Britt, „New World: The Impact of Digitization on the Study of Slavery“, in: American Literary History Vol. 29:2 (2017), S. 267–286, https://www.academia.edu/33349255 (letzter Zugriff 15. 1. 2018).

196 Davis, The problem of slavery in Western culture, passim;

197 Fisher, Alan, „Chattel slavery in the Ottoman Empire“, in: Slavery & Abolition, I:1 (1980), S. 25–45; Toledano, Ehud R., „Slave Dealers, Pregnancy, Abortion, and the World of Women: the Story of a Circassian Slave-girl in Mid-Nineteenth-Century Cairo“, in: Slavery and Abolition Vol. 2:1 (1981), S. 53–68. Toledano, The Ottoman slave trade and its suppression, 1840–1890, Princeton: Princeton University, 1982; Bresc, Henri, Un monde méditerranéen. Économie et société en Sicile, 1300–1450, 2 Bde., Palermo-Roma: École française de Rome, 1986; Toledano, State and Society in Mid-Nineteenth-Century Egypt, Cambridge: Cambridge University Press, 1990; Toledano, „Ottoman Concepts of Slavery in the Period of Reform, 1830s–1880s“, in: Klein, Martin A. (ed.), Breaking the chains: Slavery, bondage, and emancipation in modern Africa and Asia, Madison: University of Wisconsin Press, 1993, S. 37–63; Peirce, Leslie, The Imperial Harem: Women and Sovereignty in the Ottoman Empire, Oxford: Oxford University Press, 1993; Philips, John Edward, „Some recent thinking on slavery in Islamic Africa and the Middle East“, in: Middle East Studies Association Bulletin 27 (1993), S. 157–162; Toledano, Slavery and Abolition in the Ottoman Middle East, Seattle: University of Washington Press, 1998; Toru, Miura; Philips, John Edward (eds.), Slave Elites in the Middle East and Africa. A Comparative Study, London/New York: Kegan Paul International, 2000 (Islamic Area Studies, Vol. 1.); Klein, „Sex, power, and family life in the harem. A comparative study“, in: Campbell; Miers; Miller (eds.), Women and Slavery, Bd. I, S. 63–82; Toledano, As if silent and absent: bonds of enslavement in the Islamic Middle East, New Haven: Yale University Press, 2007; Toledano, „Enslavement in the Ottoman Empire in the Early Modern Period“, in: Eltis; Engerman (eds.), The Cambridge World History of Slavery, Vol. 3, S. 25–46; Cluse, Christoph, „Sklaverei im Mittelalter – der Mittelmeerraum“, unter: http://med-slavery.uni-trier.de:9080/minev/MedSlavery/publications/Einfuhrung.pdf (letzter Zugriff 15. 1. 2018), S. 1–18.

ken[198] – führend sind hier u. a. Historiker aus Israel und Bonn), den Sklavereien und Sklavenhandelssystemen in der *Indian Ocean World* oder in der jüngsten Entwicklung auf Basis von Arbeiten indischer Historiker und Historikerinnen) den Forschungsfeldern von Sklavereien / gebundener Arbeit in Indien,[199] in Russ-

---

198 Crone, Patricia, Slaves on horses: the evolution of the Islamic polity, Cambridge: Cambridge University Press, 1980; Conermann, Die Beschreibung Indiens in der „Riḥla" des Ibn-Baṭṭūṭa: Aspekte einer herrschaftssoziologischen Einordnung des Delhi-Sultanates unter Muḥammad Ibn-Tuġluq, Berlin: Schwarz, 1993 (Islamkundliche Untersuchungen; 165); Smith, J.M., „Nomads on Ponies vs. Slaves on Horses" in: Journal of the American Oriental Society 118, no. 1 (1998), S. 54–62; Pipes, Daniel, Slave Soldiers and Islam. The Genesis of a Military System, New Haven and London: Yale University Press, 1981; Petry, Carl F. (ed.), The Cambridge History of Egypt: Volume 1: Islamic Egypt, 640–1517, Cambridge: CUP 1998; Stilwell, „The Development of '*Mamlūk*' Slavery in the Sokoto Caliphate", S. 87–109; Hoffmann, Gerhard, „Der mamlukisch-osmanische Militärsklave. Zu Modifikationen einer historischen Konstante", in: Geschichte und Gesellschaft 29 (2003), S. 191–209; Amitai, Reuven; Biran, Michal (eds.), Turco-Mongol Nomads and Sedentary Societies, Leiden: Brill, 2005; Amitai, „The Mamlūk Institution, or One Thousand Years of Military Slavery in the Islamic World", in: Brown, Christopher L.; Morgan, Philip D. (eds.), Arming Slaves, New Haven: Yale University Press, 2006, S. 40–78; Caswell, F. Matthew, The Slave Girls of Baghdad, London & New York: I. B. Tauris, 2011; Conermann, Mamlukica – Studies on the History and Society during the Mamluk Era / Studien zu Geschichte und Gesellschaft der Mamlukenzeit, Göttingen: V & R Unipress / Bonn Univ. Press, 2013 (= Mamluk Studies. Vol. 4); Tor, „The Importance of Khurāsān and Transoxiana in the Classical Islamic World", in: Peacock; Tor (eds.), Medieval Central Asia and the Persianate World: Iranian Tradition and Islamic Civilisation, London: I. B. Tauris, 2015 (British Institute of Persian Studies Series), S. 1–12; Amitai, „The Early Mamlūks and the End of the Crusaders Presence in Syria (1205–1290)", in: Boas, Adrian J. (ed.), The Crusaders World, London/New York: Routledge, 2016, S. 324–345; siehe auch unten unter „Islam, Sklaverei und Recht".

199 Clarence-Smith (ed.), The Economics of the Indian Ocean Slave Trade in the Nineteenth Century, London: Frank Cass, 1977; Ricks, Thomas M., „Slaves and slave traders in the Persian Gulf. 18th and 19th centuries: an assessment", in: Clarence-Smith (ed.), The Economics of the Indian Ocean Slave Trade, S. 60–70; Chakravarti, Uma, „Of Dasas and Karmakaras: Servile Labour in Ancient India", in: Patnaik; Dingwaney (eds.), Chains of servitude: bondage and slavery in India, S. 35–69; Sheriff, Abdul, Slaves, Spices & Ivory in Zanzibar. The Integration of an East African Commercial Empire into the World Economy, 1770–1872, London: Currey, 1987; Souza, Teotonio R. de, „French slave-trade in Portuguese Goa (1773–1791)", in: Souza (ed.), Essays in Goan History, New Delhi: Concept Publication Co., 1989, S. 119–132; Prakash, Gyan, Bonded histories: genealogies of labor servitude in colonial India, Cambridge; New York: Cambridge University Press, 1990 (Cambridge South Asian Studies; 44); Ewald, Janet J., „Slavery in Africa and the Slave Trades from Africa", in: American Historical Review 97 (April 1992), S. 465–485; Pinto, Slavery in Portuguese India; Chatterjee, Indrani, Gender, Slavery and Law in Colonial India, New Delhi: Oxford University Press, 1999; Chatterjee, „Colouring Subalternity: Slaves, Concubines and Social Orphans in Early Colonial India", in: Subaltern Studies 10 (1999), S. 49–97; Gerbeau, Hubert, „L'Océan Indien n'est pas l'Atlantique: La traite illégale à Bourbon au XIXe siècle" in: Outre mers. Revue d'histoire Vol. 89, no. 336-337 (2002), S. 79-108; Vink, Markus, „'The World's Oldest Trade': Dutch Slavery and Slave Trade in the Indian Ocean in the Seventeenth Century", in: Journal of World History Vol. 14, No. 2 (June 2003), S. 131–177; Vink, „From port-city to world-system: Spatial constructs in Dutch Indian Ocean studies, 1500–1800", in: Itinerario 28:2 (2004), S. 45–116; Vink, „Freedom and slavery: The Dutch Republic, the VOC world, and the debate over the 'world's oldest trade'", in: South African Historical Journal 59 (2007), S. 19–46; Campbell (ed.), The Structure of Slavery in Indian Ocean Africa and

land,[200] in China und im südchinesischen Meer (unter Einschluss der Philippinen, Koreas und Japans)[201] sowie in Südostasien.[202]

Asia, London; Portland: Frank Cass, 2004 (Studies in Slave and Post-Slave Societies and Cultures; Series Editor: Gad Heuman); Sheriff, „The slave trade and its fallout in the Persian Gulf", in: Campbell (ed.), Abolition and its Aftermath in Indian Ocean Africa and Asia, S. 103–119; Chatterjee; Eaton, Richard M. (eds.), Slavery and South Asian History, Bloomington and Indianapolis: Indiana University Press, 2006; Mishra, Human Bondage; Campbell, „Slavery in the Indian Ocean World", in: Heuman; Burnard (eds.), The Routledge History of Slavery, S. 52–63; Major, Andrea, „'To Call a Slave a Slave': Recovering Indian Slavery", in: Major, Slavery, Abolition and Empire in India, 1772–1843, Liverpool: Liverpool University Press, 2012, S. 18–38; Medard, Henri; Derat, Marie-Laure; Vernet, Thomas; Ballarin, Marie Pierre (dir.), Traites et esclavages en Afrique orientale et dans l'océan Indien, Paris: Karthala – CIRESC, 2013; Campbell; Stanziani (eds.), Debt and Slavery in the Mediterranean and Atlantic Worlds, London and Vermont: Pickering & Chatto, 2013; Krieger, Martin, „Der dänische Sklavenhandel auf dem Indischen Ozean im 17. und 18. Jahrhundert", in: Jahrbuch für Europäische Überseegeschichte 12 (2012), S. 9–30; Harms; Freamon; Blight (eds.), Indian Ocean slavery in the age of abolition; Ewald, Janet, „African Bondsmen, Freedmen, and the Maritime Proletariat of the Northwestern Indian Ocean World, c. 1500–1900" in: Harms; Freamon; Blight (eds.), Indian Ocean slavery in the age of abolition, S. 200–222; Campbell; Stanziani (eds.), Bonded Labour and Debt in the Indian Ocean World, London and Vermont: Pickering & Chatto, 2013; Stanziani, Sailors, Slaves, and Immigrants. Bondage in the Indian Ocan World, 1750–1914, New York: Palgrave MacMillan, 2014; Riello, Giorgio; Parthasarathi, Prasannah, „The Indian Ocean in the Long Eighteenth Century", in: Eighteenth-Century Studies Vol. 48:1 (2014), S. 1–19; Conermann, „South Asia and the Indian Ocean", in: Reinhard (ed.), Empires and encounters: 1350–1750, S. 389–552.

200 Hellie, Richard, Enserfment and military change in Muscovy, Chicago: University of Chicago Press, 1971; Hellie, Slavery in Russia 1450–1725, Chicago: University of Chicago Press, 1982; Stanziani, „Serfs, slaves, or wage earners? The legal status of labour in Russia from a comparative perspective, from the sixteenth to the nineteenth century", in: Journal of Global History Vol. 3, 2 (July 2008), S. 183–202; Stanziani (ed.), Labour, Coercion, and Economic Growth in Eurasia, 17th–20th Centuries, Leiden: Brill, 2012 (Studies in Global Social History; Vol. 11); Hellie, „Russian Slavery and Serfdom", in: Eltis; Engerman (eds.), The Cambridge World History of Slavery, Vol. 3, S. 275–295; Backhaus, Jürgen (ed.), The Liberation of the Serfs: The Economics of Unfree Labor, New York: Springer Science and Business Media, 2012; Clarence-Smith, „Slavery in Early Modern Russia", in: Hanß; Schiel (eds.), Mediterranean Slavery Revisited (500–1800), S. 119–142; Nolte, „Iasyry: Non-Orthodox Slaves in Pre-Petrine Russia", in: Witzenrath (ed.), Eurasian Slavery, Ransom and Abolition in World History, S. 247–266.

201 Wilbur, C. Martin, Slavery in China during the Former Han-Dynastie: 206 B.C.–A.D. 25, Chicago: Field Museum of Natural History, 1943; Erkes, Eduard, Das Problem der Sklaverei in China, Berlin: Akademie-Verlag, 1952 (= Berichte über die Verhandlungen der sächsischen Akademie der Wissenschaften zu Leipzig, Philologisch-historische Klasse, Band 100, Heft 1), S. 1–30; Wang, Yi-Tung, „Slaves and other comparable social groups during the Northern Dynasties (386–618)", in: Harvard Journal of Asiatic Studies 16:3/4 (Dec. 1953), S. 293–364; Pulleyblank, Edwin G., „The Origins and Nature of Chattel Slavery in China", in: Journal of the Economic and Social History of the Orient 1, part 2 (April 1958), S. 185–220; People's University (comp.), Chung-kuo nu-li-chih ching-chi hsing-t'ai ti p'ein tuan t'an-t'ao [Preliminary explorations into the economic structure of the Chinese slave system], Peking: San-lien shu-hen, 1958; Ch'ü T'ung-tsu, Law and Society in Traditional China, Paris: Rainbow-Bridge Book Co., 1965 (Le Monde d'Outre-Mer passé et présent. Première Série. Études IV); Ch'ü, „Common People and Slaves", in: Ch'ü, Law and Society in Traditional China, S. 186–188; Ch'ü, „Masters and Slaves", in: Ch'ü, Law and Society in Traditional China ...,

S. 188–200; Watson, James, „Transactions in People: The Chinese Markets in Slaves, Servants, and Heirs“, in: Watson (ed.), Asian and African Systems of Slavery, Oxford: Blackwell, 1980, S. 223–250; Silva, Beatriz Basto da, Emigração de Culés. Dossier Macau 1851–1894, Macau: Fundação Oriente, 1994; Hanson, Anders, Chinese Outcasts: Discrimination and Emancipation in Late Imperial China, Leiden: Brill, 1996; Magnus Fiskesjö, „On the “raw” and the “cooked” barbarians of imperial China“, in: Inner Asia Vol. 1:2 (1999), S. 139–168; Salman, Michael, The Embarrassment of Slavery: Controversies over Bondage and Nationalism in the American Colonial Philippines, Berkeley: University of California Press, 2001; Mazumdar, „Rights in people, rights in land: concepts of customary property in late imperial China“, S. 89–107; Yates, Robert D. S., „Slavery in Early China: A Sociocultural Approach“, in: Journal of East Asian Archaelogy 2:1–2 (2002), S. 283–331; Karl, Rebecca E., „Slavery, Citizenship, and Gender in Late Qing China's Global Context“, in: Karl, Rebecca E.; Zarrow, Peter (eds.), Rethinking the 1898 Reform Period: Political and Cultural Change in Late Qing China, Cambridge & London: Harvard University Press, 2002, S. 212–244; Kim, „Nobi: A Korean System of Slavery“, S. 155–168; Salman, „Resisting slavery in the Philippines: ambivalent domestication and the reversibility of comparisons“, in: Slavery and Abolition 25 (2004), S. 30–47; Nelson, Thomas, „Slavery in Medieval Japan“, in: Monumenta Nipponica Vol 59:4 (Winter 2004), S. 463–492; Schottenhammer, Angela, „Slaves and Forms of Slavery in Late Imperial China (Seventeenth to Early Twentieth Centuries)“, in: Campbell (ed.), The Structure of Slavery in Indian Ocean Africa and Asia, S. 143–154; Mazumdar, „Localities of the Global: Asian Migrations between Slavery and Citizenship“, in: International Review of Social History 52 (2007), S. 124–134; Crossley, Pamela K., „Slavery in Early Modern China“, in: Eltis; Engerman (eds.), The Cambridge World History of Slavery, Vol. 3, S. 186–213; Fiskesjö, „Slavery as the commodification of people: Wa 'slaves' and their Chinese 'sisters'“, in: Focaal: Journal of Global and Historical Anthropology 59 (2011), S. 3–18; Dyke, Paul A. van, Merchants of Canton and Macao: politics and strategies in eighteenth-century Chinese trade, Hong Kong: Hong Kong University Press, 2011; Schottenhammer, „Empire and Periphery? The Qing Empire's Relations with Japan and the Ryūkyūs (1644–c. 1800), a Comparison“, in: The Medieval History Journal Vol. 16:1 (April 2013), S. 139–196; Chevaleyre, Claude, „Acting as Master and Bondservant: Considerations on Status, Identities, and the Nature of Bond-servitude in Late Ming China“ in: Stanziani (ed.), Labour, Coercion, and Economic Growth in, 17th–20th Centuries, Leiden: Brill, 2013, S. 237–272; McCormack, Noah Y., Japan's Outcaste Abolition. The Struggle for National Inclusion and the Making of the Modern State, Abingdon, Oxon/New York: Routledge, 2013; Ransmeier, Johanna, „Body-Price. Ambiguities in the Sale of Women at the End of the Qing Dynasty“, in: Campbell; Elbourne (eds.), Sex, Power, and Slavery, S. 319–344; Schottenhammer (ed.), Tribute, Trade, and Smuggling / Tributo, Comercio y Contrabando, Wiesbaden: Otto Harrasowitz 2014 (East Asian Maritime History, 12); Sánchez, Jean-Noël, „Autour d'une source. De l'esclavage aux Philippines, XVIe–XVIIe siècles“, in: Source(s). Arts, Civilisation et Histoire de l'Europe No. 7, second semestre (2015), S. 95–172; Zöllner, Reinhard, „Menschenraub, Mission und Kulturtransfer“, in: Zöllner, Geschichte der japanisch-koreanischen Beziehungen: Von den Anfängen bis zur Gegenwart, München: iuducium verlag, 2017, S. 161–174; eine ausführliche Bibliographie siehe unter: Zeuske, „Versklavte und Sklavereien in der Geschichte Chinas aus global-historischer Sicht. Perspektiven und Probleme“, in: Dhau. Jahrbuch für außereuropäische Geschichte 2 (2017), S. 25–51; Zeuske, „Andere globale Räume – andere Sklavereien. Fallbeispiel China“, in: Zeuske, Sklaverei. Eine Menschheitsgeschichte, S. 154–171.

202 Cruikshank, R. B., „Slavery in nineteenth Century Siam“, in: Journal of the Siam Society Vol. 63, Part 1 (1975), S. 316–333; Reid, „The Decline of Slavery in Nineteenth-Century Indonesia“, S. 64–82; Reid (ed.), Slavery, Bondage, and Dependency in Southeast Asia; Bowie, Katherine A., „Slavery in nineteenth century northern Thailand: archival anecdotes and village voices“, in: Durrenberger, E. Paul (ed.), State power and culture in Thailand, New Haven: Yale University Press, 1996, S. 100–138; Nagel, Jürgen G., „Zwischen Kommerzialisierung und Autarkie – Sklavereisysteme

Das andere große, etablierte und sehr dynamische Forschungsfeld ist das der so genannten „Antiken Sklaverei".[203] Im und aus dem Feld der antiken Sklaverei kam es zu einer Debatte um die grundlegende Einschätzung à la Finley „Sklavereigesellschaft" oder „Gesellschaft mit Sklaven" – speziell am Thema „Sklaven in der Landwirtschaft des antiken Griechenlandes". Das ist deshalb so wichtig, weil die Sklaverei in und um Athen (Attika – die zur Polis Athen gehörige Landschaft des antiken Griechenlands) sozusagen die Mutter aller hegemonischen Sklavereien des „Westens" (oder eben Davis' „Western Culture") ist und in gewisser Weise auch der Konstruktion der westlichen „Freiheit" in „griechischer" Tradition (die allerdings historisch sehr spezifisch war, wie Kostas Vlassopoulos gezeigt hat).[204] Neben den Forschungen zur Bedeutung von Versklavten im Hauptproduktionssektor spielt

des maritimen Südostasiens im Zeitalter der Ostindienkompanien", in: Menschenhandel und unfreie Arbeit, ed. Mann, Leipzig: Leipziger Universitätsverlag 2003 (= COMPARATIV. Leipziger Beiträge zur Universalgeschichte und zur vergleichenden Gesellschaftsforschung, 13. Jg., H. 4), S. 42–60; Vink, „The world's oldest trade": Dutch slavery and slave trade in the Indian Ocean in the seventeenth century", S. 131–177; Beemer, Bryce, „Southeast Asian Slavery and Slave-Gathering Warfare as a Vector for Culture Transmission: the case of Burma and Thailand", in: Historian Vol. 71:3 (Fall 2009), S. 481–506; Roy, Edward van, „Under duress: Lao war captives at Bangkok in the nineteenth century", in: Journal of the Siam Society 97 (2009), S. 43–65; Bigalke, Terance, Tana Toraja: A Social History of an Indonesian People, Leiden: KITLV Press, 2005; Feeny, David, „The demise of corvée and slavery in Thailand, 1782–1913", in: Klein (ed.), Breaking the Chains, S. 83–111; Ward, Kerry, „Slavery in Southeast Asia, 1420–1804", in: Eltis; Engerman (eds.), The Cambridge World History of Slavery, Vol. 3, S. 163–185; Houben; Seibert, „(Un)freedom. Colonial Labour Relations in Belgian Congo and the Dutch East Indies Compared", S. 178–192; Warren, „The Structure of Slavery in the Sulu Zone in the Late Eighteenth and Nineteeth Centuries", S. 111–128; Beemer, Bryce, „Southeast Asian Slavery and Slave-Gathering Warfare as a Vector for Culture Transmission: the case of Burma and Thailand", in: Historian Vol. 71:3 (Fall 2009), S. 481–506; Derks, Annuska, „Bonded Labour in Southeast Asia: Introduction", in: Asian Journal of Social Science 38 (2010), S. 839–852; Coté, „Slaves, Coolies, and Garrison Whores. A Colonial Discourse of "Unfreedom" in the Dutch East Indies", S. 561–582; Tappe, „Variants of Bonded Labour in Precolonial and Colonial Southeast Asia", S. 103–131.

203 Herrmann-Otto, Sklaverei und Freilassung in der griechisch-römischen Welt, Hildesheim; Zürich [etc.]: Georg Olms Verlag, 2009 (Studienbücher Antike; Bd. 15) (Zweite, überarbeitete und erweiterte Auflage 2017).

204 Ich zitiere hier nur den Überblicksartikel von Andrea Binsfeld und zwei Forschungsartikel, die gegensätzliche Positionen vertreten sowie eine Artikel zur „Freiheit": Ameling, Werner, „Landwirtschaft und Sklaverei im klassischen Attika", in: Historische Zeitschrift 266 (1998), S. 281–31 („keine Sklaven in der Landwirtschaft nachweisbar und möglich"); Binsfeld, Andrea, „Sklaverei als Wirtschaftsform. Sklaven in der Antike – omnipräsent, aber auch rentabel?", in: Geschichte in Wissenschaft und Unterricht 66:5/6 (2015), S. 262–279; Schmitz, Winfried, „Überlegungen zur Verbreitung der Sklaverei in der griechischen Landwirtschaft", in: Mauritsch, Peter; Ulf, Christoph (eds.), Kultur(en) – Formen des Alltäglichen in der Antike. Festschrift für Ingomar Weiler zum 75. Geburtstag, 2 Bde., Graz: Grazer Universitätsverlag, 2013, Bd. II, S. 535–552 (ab einem gewissen Zeitpunkt der Entwicklung der Polis zog freies Gesinde tendenziell in die Städte und Bauern setzten tendenziell Sklaven ein); Vlassopoulos, Kostas, „What Do We Really Know about Athenian Society?", in: Annales HSS Vol 71:3 (2016), S. 659–681.

etwa die Rolle von spezialisierten Versklavten im öffentlichen Dienst, d. h., in der Verwaltung und im Sicherheitssektor (Polizei) von Stadtstaaten eine wichtige Rolle.[205]

Neben diesen Forschungsfeldern sowie den fundamentalen Definitionsfragen der Geschichte von Gesellschaften und Sklavereien ist auch das Problem der Terminologie im Zusammenhang mit Forschungen zu Arbeit sowie Arbeiterinnen und Arbeitern in der östlichen Hemissphäre, speziell Asien und Indonesien, umrissen worden. Es lautet, wie bereits gesagt, soll Sklaverei oder Servilität bzw. Bondage der Oberbegriff sein?

Zusammen mit den Ansätzen von Mintz und anderen führte die Sklaven- und Sklaverei/Bondageforschung zu einer Blüte der empirischen anthropologischen und vergleichenden Forschung, aber auch zu neuen Ansätzen der kulturalistisch ausgerichteten Welt- und Globalgeschichtsschreibung und ebenso zu einer erneuerten Sozial- und Wirtschaftsgeschichte. Dabei sind eine Reihe neuer Forschungsrichtungen entstanden, die das große Potential von Sklavereigeschichte in Bezug auf Welt- und Globalgeschichte demonstrieren, wie etwa „koloniales Landeigentum, Rassismus und Sklaverei",[206] „Transkulturations- und Diasporageschichte, incl. transatlantischer Konstruktion von Ethnizitäten und Atlantikkreolen",[207] „vergleichende Geschichte der Sklaverei und der Plantagengesellschaften",[208]

---

205 Ismard, Paulin, „The Single Body of the City Public Slaves and the Question of the Greek State", in: Annales HSS 69:3 (July–September 2014), S. 505–532; Ismard, La démocratie contre les experts. Les esclaves publics en Grèce ancienne, Paris: Seuil, 2015; Ismard, Democracy's Slaves: A Political History of Ancient Greece, Harvard University Press, 2017.

206 Bhandar, Brenna, Colonial Lives of Property. Law, Land, and Racial Regimes of Ownership, Durham and London: Duke University Press, 2018 (Global and Insurgent Legalities).

207 Thornton, Africa and the Africans in the Making of the Atlantic World, passim; Falola, Toyin; Childs, Matt (eds.), The Yoruba diaspora in the Atlantic world, Bloomington: Indiana University Press, 2004 (Blacks in Diaspora); Heywood, Linda (ed.), Central Africans and Cultural Transformations in the American Diaspora, Cambridge: Cambridge University Press, 2002; Heywood; Thornton, Central Africans, Atlantic Creoles, and the Foundations of the Americas, 1585–1660, Cambridge: CUP, 2007; Hoerder, „The weak and the powerful: a longue-durée and comprehensive perspective on diasporas", S. 30–49.

208 Klein, Herbert S., Slavery in the Americas: A Comparative Study of Virginia and Cuba, Chicago: University of Chicago Press, 1967; Knight, Franklin W., Slave society in Cuba during the nineteenth century, Madison: University of Wisconsin Press, 1970; Moitt, Bernard (ed.), Sugar, slavery and society: perspectives on the Caribbean, India, the Mascarenes and the United States, Gainesville [etc.]: University Press of Florida, 2004; Bergad, Laird W., „American Slave Markets During the 1850s: Slave Price Rises in the United States, Cuba, and Brazil in Comparative Perspective", in: Eltis; Lewis, Frank; Sokoloff, Kenneth (eds.), Slavery in the development of the Americas, Cambridge: Cambridge University Press, 2004, S. 219–235; Bergad, The Comparative Histories of Slavery in Brazil, Cuba, and the United States, Cambridge: Cambridge University Press, 2007; Dal Lago, American Slavery, Atlantic Slavery, and Beyond. The U. S. „Peculiar Institution" in International Perspective, Boulder; London: Paradigm Publishers, 2012; Klein, „The African American Experience in Comparative Perspective: The Current Question of the Debate", in: Bryant, Sherwin K.; O'Toole, Rachel Sarah; Vinson III, Ben (eds.), Africans to Spanish America. Expanding the Diaspora, Bloomington:

„Geschichte von unten / Widerstand" („Maroons amerikaweit"),[209] die Sklavenrevolution auf Saint-Domingue/Haiti 1791–1803 als Revolution globalhistorischen Ranges (weil sie zum ersten Mal Sklaverei, Kolonialismus und Sklavenhandel vernichtete),[210] „Manumission, Abolition und Postemanzipation" (inklusive der Frage, was individuelle Rechtsfälle und Prozesse (Manumission, z. T. vergleichend)[211] aus-

University of Indiana Press, 2012, S. 206–222; Klein, „A experiência Afro-Americana em perspectiva comparada: A questão atual do debate sobre a escravidão nas Américas", in: Afro-Ásia 45 (2012), S. 95–121; Klein, „La experiencia afroamericana en perspectiva comparada: La cuestión actual del debate sobre la esclavitud en las Américas", in: TEMPUS. Revista en Historia General Medellín (Colombia), núm. 4 (Septiembre–Octubre 2016), S. 308–332.

209 Sharp, Slavery on the Spanish Frontier: The Colombian Chocó, 1680–1810, Norman: University of Oklahoma Press, 1976; Thompson, Alvin O., Flight to Freedom. African Runaways and Maroons in the Americas, Kingston: University of the West Indian Press, 2006; Laviña; Ruiz-Peinado, José Luis, Resistencias esclavas en las Américas, Aranjuez (Madrid): Doce Calles, 2006; Tardieu, Resistencia de los negros en la Venezuela colonial. Representaciones y planteamientos semiológicos, Madrid/Frankfurt am Main: Iberoamericana/Vervuert, 2013; Diouf, Slavery's Exiles: The Story of the American Maroons, New York: New York University Press, 2014; Cwik, Christian; Laviña, Javier; Zeuske (eds.), Esclavitud, huida y resistencia en Cuba, Berlin: Wissenschaftlicher Verlag (WVB), 2013; Helg, Plus jamais esclaves!: De l'insoumission à la révolte, le grand récit d'une émancipation (1492–1838), Paris: La Découverte, 2016.

210 Geggus, David P. (ed.), The Impact of the Haitian Revolution in the Atlantic World, Columbia: University of South Carolina Press, 2001; Dubois, Avengers of the New World. The Story of the Haitian Revolution, Cambridge; London: The Belknap Press of Harvard University Press, 2004; Fischer, Sybille, Modernity Disavowed. Haiti and the Culture of Slavery in Age of Revolution, Durham: Duke University Press, 2004; Ferrer, Ada, „Haiti, Free Soil, and Antislavery in the Revolutionary Atlantic", in: The American Historical Review Vol. 117: 1 ((Feb. 2012), S. 40–66; Palmié, Stefan; Scarano, „Introduction: Caribbean Counterpoints", in: Palmié; Scarano (eds.), The Caribbean, S. 1–21; Girard, „The Haitian Revolution, History's New Frontier. State of the Scholarship and Archival Sources", in: Slavery & Abolition, 34/3 (2013), S. 485–507; Gómez, Le spectre de la Révolution noire, passim; Geggus (ed., transl., with introd.), The Haitian Revolution. A Documentary History, Indianapolis/Cambridge: Hackett, 2014; Ferrer, Freedom's Mirror. Cuba and Haiti in the Age of Revolution, New York: CUP, 2014; Gainot, Bernard, La révolution des esclaves. Haiti, 1763–1803, Paris, Vendémiaire, 2017.

211 Scott, Rebecca J., Slave Emancipation in Cuba. The Transition to Free Labor, 1860–1899, Princeton, N.Y.: Princeton University Press, 1985 (Reprint: Pittsburgh: The University of Pittsburgh Press, 2000); Grinberg, Keila, „Freedom Suits and Civil Law in Brazil and the United States", in: Slavery and Abolition Vol. 22:3 (2001), S. 66–82; Peabody; Grinberg, Keila (eds.), Slavery, Freedom, and the Law in the Atlantic World: A Brief History with Documents, Boston and New York: Bedford St. Martin's Press, 2007; García Martínez, Orlando; Zeuske, „Notarios y esclavos en Cuba, siglo XIX", in: Fuente (coord.), Su "único derecho": los esclavos y la ley, Madrid: Fundación Mapfre | Tavera, 2004 (= Debate y perspectivas. Cuadernos de Historia y Ciencias Sociales, No. 4 (Diciembre 2004)), S. 127–170; Scott; Zeuske, „Le ‚droit d'avoir des droits'. Les revendications des ex-esclaves à Cuba (1872–1909)", in: Annales HSS, No. 3 (mai–juin 2004), S. 521–545; Meriño Fuentes, María de los Ángeles; Perera Díaz, Aisnara, Para librarse de lazos, antes buena familia que buenos brazos. Apuntes sobre la manumisión en Cuba, La Habana, Santiago de Cuba: Editorial Oriente, 2009; Fede, Andrew, Roadblocks to Freedom: Slavery and Manumission in the United States, New Orleans: Quid Pro Quo Books, 2011; Meriño Fuentes; Perera Díaz, El universo de Hipólito criollo. Derecho, conflicto y libertad en el ingenio La Sonora. La Habana (1798–1836), Artemisa: Editorial Unicornio, 2011;

richten können und welche Gesellschaften aus Sklaverei entstehen und wie sich Gesellschaften „Nach der Sklaverei" entwickeln), d. h., „neue" Sozialgeschichte des Rechts, incl. Widerstand und *agency* (was, wie oben gesagt, ein kompliziertes Feld ist, da wir die Eigensicht und Repräsentation von Versklavten kaum wirklich kennen),[212] aber auch „Recht und Sklaverei" inklusive der Konstruktion des Staats-

Premo, Bianca, „An Equity against the Law: Slave Rights and Creole Jurisprudence in Spanish America", in: Slavery & Abolition Vol. 32:4 (2011), S. 495–517; Sachs, Honor, „'Freedom by Judgment': The Legal History of an Afro-Indian Family", in: Law and History Review Vol. 30:1 (2012), S. 173–203; Schweninger, Loren, „Freedom Suits, African American Women, and the Genealogy of Slavery", in: William and Mary Quarterly Vol. 71:1 (2014), S. 35–62; Retzlaff, Carolin, „Wont the law give me my freedom". Sklaverei vor Gericht (1750–1800), Paderborn: Ferdinand Schöningh, 2014.

212 Anstey, Roger T., The Atlantic Slave Trade and British Abolition 1760–1810, London: Macmillan; Atlantic Highlands: Humanities Press, 1975 (Cambridge Commonwealth Series); Scott, Slave Emancipation in Cuba; Brana-Shute, Rosemary; Sparks, Randy J. (eds.), Paths to Freedom. Manumission in the Atlantic World, Columbia: University of South Carolina Press, 2009; Meriño Fuentes; Perera Díaz, Para librarse de lazos, antes buena familia que buenos brazos; Drescher, Abolition, passim; Frey, Sylvia; Wood, Betty (eds.), From Slavery to Emancipation in the Atlantic World, London: Frank Cass, 1999; McPherson, James M., Ordeal by Fire: The Civil War, 2nd ed., New York: McGraw-Hill, 1992; David, Herbert Donald, Baker, Jean Harvey; Holt, Michael F., The Civil War and Reconstruction, New York, W. W. Norton, 2001; Perez, Luis A., The War of 1898: The United States and Cuba in History and Historiography, Chapel Hill: University of North Carolina Press, 1998; Holt, Thomas C., The Problem of Freedom: Race, Labor, and Politics in Jamaica and Britain, 1832–1938, Baltimore: The Johns Hopkins University Press, 1992; Rodrigue, John C., Reconstruction in the Cane Fields: From Slavery to Free Labor in Louisiana's Sugar Parishes, 1862–1880, Baton Rouge: Louisiana State University Press, 2001; Helg, Aline, Our Rightful Share: The Afro-Cuban Struggle for Equality, 1886–1912, Chapel Hill: University of North Carolina Press, 1997; Berlin, Ira; Fields, Barbara J.; Miller, Steven F.; Reidy, Joseph P., and Rowland, Leslie S., Slaves No More: Three Essays on Emancipation and the Civil War, Cambridge: Cambridge University Press, 1992; Zeuske (ed.), Nach der Sklaverei. Grundprobleme amerikanischer Postemanzipationsgesellschaften, Leipzig: Leipziger Universitätsverlag, 1997 (= COMPARATIV. Leipziger Beiträge zur Universalgeschichte und zur vergleichenden Gesellschaftsforschung, 7. Jg., Heft 1 (1997)); Cooper; Holt; Scott, Beyond Slavery: Explorations of Race, Labor, and Citizenship in Postemancipation Societies; Chapel Hill: University of North Carolina Press, 2000; Fuente, „A Nation for All"; Societies After Slavery: A Select Annotated Bibliography of Printed Sources on Cuba, Brazil, British Colonial Africa, South Africa, and the British West Indies. Scott; T. C. Holt and F. Cooper, co-editors. Pitt Latin American Series. Pittsburgh: Univ. Pittsburgh Press, 2002; Johnson, „On Agency", in: Journal of Social History 37:1 (2003). S. 113–125; Scott; Degrees of Freedom: Louisiana and Cuba After Slavery. Cambridge, Mass.: Harvard Univ. Press, 2005; Zeuske; Finzsch, „What Came after Emancipation? A Micro-Historical Comparison between Cuba and the United States", in: Linden (ed.), Humanitarian Intervention and Changing Labor Relations. The Long-Term Consequences of the Abolition of the Slave Trade, Leiden/Boston: Brill, 2011 (Studies in Global History, Vol. 7), S. 285–318; Scott; Hébrard, Jean-Michel, Freedom Papers: An Atlantic Odyssey in the Age of Emancipation, Cambridge: Harvard University Press, 2012; Schmieder, Nach der Sklaverei. Martinique und Kuba im Vergleich; zur Manumission im osmanischen Bereich siehe: Faroqhi, Suraiya, „Manumission in 17th-Century Suburban Istanbul", in: Hanß; Schiel (eds.), Mediterranean Slavery Revisited (500–1800), S. 381–401; siehe auch die Debatte „Slave Manumission in the Atlantic World (Topical Guide)", https://networks.h-net.org/node/11465/discussions/114608/slave-manumission-atlantic-world-topical-guide. (letzter Zugriff 16. 1. 2018)); kritisch zum *agency*-Ansatz: Schiel; Schürch; Steinbrecher, „Von Sklaven, Pferden und Hun-

bürgers/der Staatsbürgerin.[213] Ebenso in den Fokus gerückt sind „Sklavereien und Lohnarbeit" (etwa in der Kolonialzeit in Spanisch-Amerika, 1521–1790),[214] „Frauen, Kinder und Sklaverei" (vor allem auch „Kinder und Sklaverei sowie Sklavenfamilien", einer Sklaverei-Großdimension in der gesamten Geschichte der Sklavereien, aber auch eine Übergangssklaverei von „großen" atlantischen Sklavereien des 19. Jahrhunderts zu „kleineren" Sklavereien nach den Abolitionen im 20. und 21. Jahrhundert),[215] „Gender, Sklaverei und Rassismus sowie Sexualität" (wobei

---

den. Trialog über den Nutzen aktueller Agency-Debatten für die Sozialgeschichte", S. 17–48; zum Ansatz der Sklavenkörper und -stimmen siehe: Sanz, Vicent; Zeuske, „Microhistoria de esclavos y esclavas", in Sanz; Zeuske (eds.), Millars. Espai i Història Vol. XLII/1 (2017) (= número monográfico dedicado a 'Microhistoria de esclavas y esclavos'), S. 9–21; Zeuske, „Die Nicht-Geschichte von Versklavten als Archiv-Geschichte von ‚Stimmen' und ‚Körpern'", S. 65–114.

213 Watson, Alan, Roman Slave Law, Baltimore: Johns Hopkins University Press, 1987; Czeguhn, Ignacio, „Sklavereigesetzgebung im Spanien der frühen Neuzeit sowie in den ersten Jahrzehnten der Kolonisierung Amerikas", in: Müßig, Ulrike (ed.), Ungerechtes Recht. Symposium zum 75. Geburtstag von Dietmar Willoweit, Tübingen: Mohr Siebeck, 2013, S. 101–114; Benton, Lauren, „Law in Diaspora: The Legal Regime of the Atlantic World", in: Benton, Law and Colonial Cultures. Legal Regimes in World History, 1400–1900, Cambridge: Cambridge University Press, 2002 (Studies in Comparative World History), S. 31–79 (siehe auch das Kapitel „Sklavenhalter, Sklavereien und Recht", unten); Kerber, Linda K., „The Stateless as the Citizen's Other: A View from the United States", in: The American Historical Review Vol. 112 (February 2007), S. 1–34, speziell S. 16–17.

214 Monteiro, John M., „Labor Systems", in: Bulmer-Thomas, Víctor; Coatsworth, John H.; Cortés, Roberto (eds.), Cambridge Economic History of Slavery Vol. 1, Cambridge: CUP, 2006, 395–422; Dobado-González; García-Montero, „Neither So Low nor So Short: Wages and Heights in Bourbon Spanish America from an International Comparative Perspective", S. 291–321.

215 Robertson, Claire C.; Klein, Martin A. (eds.), Women and Slavery in Africa, Madison: University of Wisconsin Press, 1983; Jones, Jacqueline, Labor of Love, Labor of Sorrow: Black Women, Work, and the Family from Slavery to the Present, New York: Basic Books, 1985; Wright, Marcia, Strategies of slaves and women: Life histories from East/Central Africa, London: James Currey, 1993; Moitt, Women and Slavery in the French Antilles, 1635–1848, Indianapolis & Bloomington: Indiana University Press, 2001 (Blacks in the diaspora); Stubbe, Hannes, „Kindersklaven – Historische und bildliche Zeugnisse europäischer Brasilienreisender (1808–1888)", in: Grossegesse, Orlando; Koller, Erwin; Malheiro da Silva, Armando; Matos, Mário (orgs.), Portugal – Alemanha – Brasil. Actas do VI Encontro Lus-Alemão / 6. Deutsch-Portugiesisches Arbeitsgespräch, Vol. II, Braga: Universidade do Minho / Centro de Estudos Humanísticos, 2003, S. 145–164; Castilla Palma, Norma A., „Mujeres negras y afromestizas en Nueva España", in: Morant Deusa, Isabel (coord.), Historia de las mujeres en España y América Latina, 2 Bde., Madrid: Ed. Cátedra, 2005, Vol. II: El mundo moderno, S. 583–610; Campbell; Miers; Miller (eds.), Women and Slavery, 2 Bde., Athens: Ohio University Press, 2007–2008 (Bd. II: The Modern Atlantic); Campbell; Miers; Miller (eds.), Children in Slavery through the Ages, Athens: Ohio University Press, 2009; Rodrigues, Eugénia, „Escravatura feminina, economia doméstica e estatuto social nos prazos do Zambeze no século XVIII", in Sarmento, Clara (ed.), Condição Feminina no Império Colonial Português, Porto: Edições Politema / Fundação do Instituto Politécnico do Porto, 2008, S. 77–98; Heinen (ed.), Kindersklaven – Sklavenkinder. Schicksale zwischen Zuneigung und Ausbeutung in der Antike und im interkulturellen Vergleich. Beiträge zur Tagung des Akademievorhabens Forschungen zur antiken Sklaverei (Mainz, 14. Oktober 2008). Red. Deißler, Johannes, Stuttgart: Steiner, 2011; Masferrer León, Cristina V., Muleke, negritas y mulatillos. Niñez, familia y redes sociales de los esclavos de origen africano en la ciudad de México,

„weiße" Frauen in Bezug auf Sklaverei und mehr noch Sklavenhandel immer noch ein Schattendasein führen, sieht man von den Arbeiten von Fox-Genovese ab),[216] „Sozialgeschichte der Medizin" (und weiterer Wissenschaften, u. a. am Thema arabische Wissenschaft und Sklavereiaufschwung im Kalifat und – für Europa besonders wichtig – in Al-Andalus)[217] sowie Stadtgeschichte des atlantischen Raumes (Urbanität, Sklavenhandel und Sklavereien),[218] Internationale Geschichte, Mikro-

---

siglo XVII, México: INAH, 2013; Klein, „Sexuality and Slavery in the Western Sudan", in: Campbell; Elbourne (eds.), Sex, Power, and Slavery, S. 61–82; (quantitativ) Joda Esteve, Beatriz, „El comercio de esclavos a Cuba, 1790–1840: Una proporción femenina", in: Anuario Colombiano de Historia Social y de la Cultura Vol. 41:2 (2014), S. 107–130; Stark, David M., Slave Families and the Hato Economy in Puerto Rico, Gainesville: University Press of Florida, 2015; Vasconcellos, Slavery, Childhood, and Abolition in Jamaica; Duane, Anna Mae (ed.), Child Slavery Before & After Emancipation, New York: Cambridge University Press, 2017.

216 Fox-Genovese, Within the Plantation Household: Black and White Women of the Old South, Chapel Hill: University of North Carolina Press, 1988; Paton, Diana, „Decency, Dependence, and the Lash: Gender and the British Debate over Slave Emancipation, 1830–1834", in: Slavery and Abolition 17:3 (1996), S. 162–184; Paton, „Punishment, Crime, and the Bodies of Slaves in Eighteenth-Century Jamaica", in: Journal of Social History 34:4 (2001), S. 923–954; Schmieder, Geschlecht und Ethnizität in Lateinamerika im Spiegel von Reiseberichten: Mexiko, Brasilien und Kuba 1780–1880, Stuttgart: Verlag Hans-Dieter Heinz Akademischer Verlag Stuttgart, 2003 (Historamericana, ed. König, Hans-Joachim und Rinke, Stefan; 15); Dias, Maria Odila L. da Silva; Carvalho, Marcus, J. M. de, „De portas adentro e de portas afora: trabalho doméstico e escravidao no Recife, 1822–1850", in: Afro-Ásia Vol. 29/30 (2003), S. 41–78; Paton; Scully, Pamela, „Introduction: Gender and Slave Emancipation in Comparative Perspective", in: Scully; Paton (eds.), Gender and Slave Emancipation in the Atlantic World, Durham: Duke University Press, 2005, S. 1–34; Altink, Henrice, „Forbidden Fruit. Pro-Slavery Attitudes Towards Enslaved Women's Sexuality and Interracial Sex", in: The Journal of Caribbean History Vol. 39:2 (2005), S. 201–235; Paton, „Bibliographic Essay", in: Scully; Paton (eds.), Gender and Slave Emancipation, S. 328–356; Gautier, Arlette, „Genre et esclavage aux Antilles françaises, Bilan de l'historiographie", in: Hrodej (ed.), L'esclavage et les plantations, S. 161–184; Campbell; Elbourne (eds.), Sex, Power, and Slavery, passim; Glymph, Thavolia, Out of the House of Bondage: The Transformation of the Plantation Household, Cambridge; New York: Cambridge University Press, 2008; Jones, Cecily, „White Women in British Caribbean Plantation Societies (Topical Guide)", Monday, May 2, 2016, online: https://networks.h-net.org/node/11465/discussions/123038/white-women-british-caribbean-plantation-societies-topical-guide (letzter Zugriff 16. 1. 2018)).

217 Palmer, Steven, „From the Plantation to the Academy", in: Wright, David; De Barros, Juanita; Palmer, Steven (eds.), Health and Medicine in the Circum-Caribbean, 1800–1968. New York: Routledge 2009 (Routledge Studies in the Social History of Medicine), S. 53–75; für Jamaika und die Naturalgeschichte Großbritanniens: Brown, Vincent, The Reaper's Garden: Death and Power in the World of Atlantic Slavery, Cambridge: Harvard University Press, 2008; Zeuske, „Doktoren und Sklaven. Sklavereiboom und Medizin als „kreolische Wissenschaft" auf Kuba", in: Saeculum Vol 65:1 (2015), S. 177–205.

218 Neben Ferreira für Atlantikstädte im portugiesisch-brasilianischen Bereich (Ferreira, „Slavery in Luanda", S. 128–138) zitiere ich zum Überblick drei synthetisierende Arbeiten (mit Artikeln zu einzelnen Städten): Anderson, David; Rathbone, Richard (eds.), Africa's Urban Past, London and Portsmouth: James Currey and Heinemann, 2000; Farias, et al., Cidades Negras; Cañizares-Esguerra; Childs; Sidbury (eds.), The Black Urban Atlantic in the Age of the Slave Trade, passim. Im Grunde stützt sich die Darstellung von Sklavereien und Sklavenhandel auf Geschichte von Städten (siehe

geschichte, speziell Atlantische Geschichte (mit Geschichte des „Imperiums der Inseln"),[219] Geschichte der Meere und Migrationen sowie Diasporas,[220] Geschichte der Sklavereien und des Sklavenhandels auf und am Indischen Ozean und in Südasien[221] oder „translokale/transnationale" Kulturgeschichte, auch in Form genera-

---

die beiden Listen oben); Ähnliches gilt für den Indik sowie Indonesien. Zu Städten Hispanoamerikas (einem der am stärksten urbanisierten Gebiet der Welt) siehe zum Beispiel: Bernand, Carmen, Negros esclavos y libres en las ciudades hispanoamericanas, Madrid: Fundación Histórica Tavera, 2001; Díaz Díaz, Esclavitud, región y ciudad; Barcia Zequeira, Los ilustres apellidos: Negros en la Habana Colonial, La Habana: Publicaciones de la Oficina del Historiador de la Ciudad de la Habana/Ediciones Boloña (Colección Raíces), 2009; Masferrer León, Muleke, negritas y mulatillos, passim; Welch, Pedro L., Slave society in the city: Bridgetown, Barbados, 1680–1834, Kingston: Ian Randle Publishers, 2003.

219 Duncan, Thomas B., Atlantic Islands: Madeira, the Azores and the Cape Verdes in Seventeenth-Century Commerce and Navigation, Chicago: University Press of Chicago, 1972; Vieira, Alberto, „La isla de Madeira y el tráfico negrero en el siglo XVI", in: Revista de Indias Vol. 55 , No. 204 (1995), S. 333–356; Scott, „Small-Scale Dynamics of Large-Scale Processes", in: American Historical Review Vol. 105:2 (2000), S. 472–479; Vieira, „The Transatlantic Slave Trade to Bahia, 1582–1851", in: Eltis; Richardson (eds.), Extending the Frontiers, S. 130–154; Vieira, „Canaviais e Açúcar no Espaço Insular Atlântico", in: Centro de Estudos de História do Atlântico (ed.), O Açúcar Antes e Depois de Colombo Seminário Internacional de História do Açúcar, Funchal: Secretaria Regional de Educação e Cultura; Centro de Estudos de História do Atlântico, 2009 (CD-Rom), S. 14–40; Santana Pérez, Germán, „El África Atlántica: la construcción de la historia atlántica desde la aportación africana", in: Vegueta. Anuario de la Facultad de Geografía e Historia, 14, Las Palmas de Gran Canaria (2014), S. 11–25.

220 Segal, Ronald, The Black Diaspora, London; Boston: Faber and Faber, 1995; Segal, Islam's Black Slaves: The Other Diaspora, New York: Farrar, Strauss and Giroux, 2001; Okpewho, Isidore; Davies, Carole Boyce; Mazrui, Ali A. (eds.), African Diaspora. African Origins and New World Identities, Bloomington and Indiana: Indiania University Press, 1999; Eltis (ed.), Coerced and Free Migration: Global Perspectives, Stanford: Stanford University Press, 2002; Hoerder, Cultures in contact; Kleinschmidt, Harald, „Early Forms of Colonialism and Trans-Atlantic Slave Trade", in: Kleinschmidt, People on Move. Attitudes toward and Perception of Migration in Medieval and Modern Europe, Westport: Praeger, 2003, S. 150–159; Rediker, Marcus, The Slave Ship. A Human History, New York: Viking, 2007; Taylor, Eric Robert, If We Must Die. Shipboard Insurrections in the Era of the Atlantic Slave Trade, Baton Rouge: Louisiana State University Press, 2006; Smallwood, Stephanie E., Saltwater Slavery: A Middle Passage from Africa to American Diaspora, Cambridge: Harvard University Press, 2007; Christopher, Slave Ship Sailors and Their Captive Cargoes, 1730–1807, Cambridge [etc.]: Cambridge University Press, 2006; Christopher; Pybus; Rediker (eds.), Many Middle Passages; Klooster, Wim (ed.), Migration, Trade, and Slavery in an Expanding World. Essays in Honor of Pieter Emmer, Leiden [etc.], 2009; Hoerder, „Migration Research in Global Perspective: Recent Developments", in: Sozialgeschichte Online Heft 9 (2012), S. 63–84. In der Geschichte der Meeres-Expansionen, vor allem der so genannten „europäischen Expansion" (seit dem 14. Jahrhundert) spielen Versklavte bislang eine eher marginale Rolle, siehe: Ferreira, „Epilogue. Rebalancing Atlantic History", S. 242–248.

221 Barendse, Rene J., The Arabian Seas. The Indian Ocean of the Seventeenth Century, New York: M. E. Sharpe, 2002; Mann, Sklaverei und Sklavenhandel im Indik, passim; siehe auch: Mann, Sahibs, Sklaven und Soldaten, passim; Allen, Richard B., „Suppressing a Nefarious Traffic. Britain and the Abolition of Slave Trading in India and the Western Indian Ocean, 1770–1830", in: William & Mary Quarterly 66:4 (2009), S. 873–894.

tionsübergreifender *life histories*,[222] mit den Varianten „neue" Imperialgeschichte (die in ihren europäischen Vertretern den Zusammenhang massiver Sklavereien und Imperien meist marginalisiert und die Ordnungsfunktion der Eliten betont, u. a. im Konflikt mit den in der vorangehenden Fußnote genannten Akteuren und Akteurinnen),[223] aber auch als Lebensgeschichten von Versklavten,[224] die sozusagen quer zu allen großen politischen Ereignissen und Formationen verlaufen; Geschichte von Diasporen als mobile Kulturen und translokaler Süd-Südgeschichte von Migrationen.[225] Seit 2006 sind eine Reihe von Ding- sowie Konnektions-Geschichten erschienen zu den Gewaltinfrastrukturen des *slaving*, mit dem Sklavenschiff und den Verhältnissen auf Sklavenschiffen im Kern.[226] Seit einigen Jahren spielen auch „Religion und Sklaven",[227] d. h., vor allem Religion(en) der Versklavten eine wichtige Rolle (ganz im Gegensatz zu dem oben genannten Desinteresse an „Sklaverei und Religion" in Bezug auf formale Institutionen und Religionen). Wenn die meisten Versklaver generell nur an den Körpern interessiert waren, transzendierten die Versklavten die Individualität der vielen Toten und die Allgegenwart des Todes in den Sklavenreligionen. Die Toten spielten aktive Rollen in der Welt der Lebenden; zusammen mit Atlantikkreolen und dem Personal des Sklavenhandels (oft ehemalige Sklaven) wurden sie Schöpfer von Religionen par excellence.[228]

---

222 Scott, Degrees of Freedom. Louisiana and Cuba after Slavery; Scott; Hébrard, „One Woman, Three Revolutions: Rosalie of the Poulard Nation", in: Bender, Thomas; Dubois, Laurent; Rabinowitz, Thomas Richard (eds.), Revolution! The Atlantic World Reborn, London: Antique Collectors Club Ltd, 2011, S. 199–220; Scott; Hébrard, Freedom Papers; siehe auch: Powell, Eve Troutt, Tell This in My Memory: Stories of Enslavement from Egypt, Sudan, and the Ottoman Empire, Stanford: Stanford University Press, 2012.

223 Siehe zusammenfassend: Hirschhausen, Ulrike von, „Diskussionsforum. A New Imperial History?", in: Geschichte und Gesellschaft 41 (2015), S. 718–757; die wichtige Rolle von Sklavereien betonen: Burbank; Cooper, Empires in World History; Donoghue; Jennings (eds.), Building the Atlantic Empires; Leonard, Adrian; Pretel, David (eds.), The Caribbean and the Atlantic World Economy. Circuits of trade, money and knowledge, 1650–1914, London: Palgrave Macmillan, 2015 (Cambridge Imperial and Post-Colonial Studies Series)

224 Sanz; Zeuske, „Microhistoria de esclavos y esclavas", S. 9–21.

225 Freitag, „Translokalität als ein Zugang zur Geschichte globaler Verflechtungen", http://geschichte-transnational.clio-online.net/forum/2005-06-001 (letzter Zugriff 16. 1. 2018); Freitag, „Islamische Netzwerke im Indischen Ozean", in: Rothermund, Dietmar; Weigelin-Schwiedrzik, Susanne (eds.), Der Indische Ozean. Das afro-asiatische Mittelmeer als Kultur- und Wirtschaftsraum, Wien: Verein für Geschichte und Sozialkunde & Promedia Verlag, 2004 (Edition Weltregionen, Band 9), S. 61–82.

226 Mustakeem, Sowande', Slavery at Sea: Terror, Sex, and Sickness in the Middle Passage, Urbana: University of Illinois Press, 2016; Wenzlhuemer, Roland, „The ship, the media, and the world: conceptualizing connections in global history", in: Journal of Global History Vol. 11:2 (July 2016), S. 163–186.

227 Hodkinson, Stephen; Geary, Dick, „Introduction. Slaves and Religions in Graeco-Roman Antiquity and Modern Brazil", in: Hodkinson; Geary (eds.), Slaves and Religions in Graeco-Roman Antiquity and Modern Brazil, Cambridge: Cambridge Scholars Publishing, 2012, S. 1–31.

228 Brown, The Reaper's Garden, passim; James Figarola, Joel, La muerte en Cuba, La Habana: Ediciones Unión, 1999; James Figarola, Los sistemas mágico-religiosos cubanos: principios rectores,

Auch „Gender und Sklaverei" spielen in der Sozialgeschichte eine herausragende Rolle. Ganz wichtig ist der rezente Höhepunkt dieser Forschungen (weil sich damit neue Analysekriterien für ein wirkliche Globalgeschichte der Sklavereien aus heutiger Perspektive ergeben) – die beiden Bände über „Women and Slavery". Nicht von ungefähr ist Joseph Miller mit einem Synthese-Artikel vertreten.[229] In den Geschichten des Widerstandes sind Frauen immer noch unterrepräsentiert.[230]

Relativ neue Großthemata, partiell von den Distorsionen der oben beklagten Perzeptionsgeschichte beeinflusst (aber nicht nur), sind „Virtuelle Hierarchiekonstruktionen (Rassismus) unter Nutzung von Sklaventypen (meist mit „schwarzer" Haut)"[231] sowie das Thema „Sklaverei, Memoria/Erinnerung und Identität"[232] oder das zusammenhängende Großthema „Traumata, Furcht und Ängste" (Geschichte von Gefühlen). Die Furcht, verhext und getötet sowie „weißen" Kannibalen zum

Caracas: UNESCO, 1999; Fernández Olmos, Margerite; Paravisini-Olmos, Lizabeth, Creole Religions of the Caribbean. An Introduction from Vodou and Santería to Obeah and Espiritismo, New York and London: New York University Press, 2003; siehe die gute Zusammenfassung: Frey, Sylvia R., „Remembered Pasts. African Atlantic religions", in: Heuman; Burnard (eds.), The Routledge History of Slavery, S. 153–186.

229 Miller, „Domiciled and Dominated. Slavery as a History of Women", in: Campbell; Miers; Miller (eds.), Women and Slavery, Bd. II: The Modern Atlantic, S. 284–312.

230 Collins, Jane-Marie, „Bearing the Burden of Bastardy: Infanticide, Child Murder, Race and Motherhood in Brazilian SlaveSociety", in: Bechtold, Brigitte; Graves, Donna Cooper (eds.), Killing Infants: Studies in the Worldwide Practice of Infanticide, Lampeter: Edwin Mellen, 2006, S. 199–229; Araujo, „Black Purgatory: Enslaved Women's Resistance in Nineteenth-Century Rio Grande do Sul, Brazil", in: Slavery & Abolition (online: http://dx.doi.org/10.1080/0144039X.2014.1001159 (letzter Zugriff 16. 1. 2018), S. 1–18.

231 Siehe: Ulz, Melanie, „Die schöne Wäscherin. Zum (Berufs-)Bild der *Blanchisseuse* im französischen Kolonialdiskurs um 1800", in: Kabadayi; Reichardt, Unfreie Arbeit. Ökonomische und kulturgeschichtliche Perspektiven, S. 280–301 (besonders; „Kostüm- und Sittengeschichte als virtuelle Weltreise", Ebd., S. 281–285), siehe auch die Bibliografie-Sektion zu Visualisierungen am Ende des Textes.

232 Roach, Joseph, „Circum-Atlantic Memory", in: Roach, Cities of the Dead: Circum-Atlantic Performance, New York: Columbia University Press, 1996, S. 4–7; Berlin, Ira, „American Slavery in History and Memory and the Search for Social Justice", in: The Journal of American History Vol. 90/4 (March 2004), S. 1251–1268; Palmié, „Slavery, Historicism, and the Poverty of Memorialization", S. 363–375; Araujo, Ana Lucia (ed.), Paths of the Atlantic Slave Trade. Interactions, Identities, and Images, Amherst: Cambria Press, 2011; Mosquera, Claudia; Pardo, Mauricio; Hoffmann, Odile (eds.), Afrodescendientes en las Américas. Trayectorias Sociales e Identitarias. 150 años de la Abolición de la Esclavitud en Colombia, Bogotá: Universidad Nacional de Colombia. Instituto Colombiano de Antropología e Historia (ICANH); Institute de Recherche pour le Développement (IRD); Instituto Latinoamericano de Servicios Legales Administrativos (ILSA), 2002. Aus historischer Perspektive (d. h., nicht aus heutiger Perzeption): Hawthorne, „Introduction", in: Hawthorne, From Africa to Brazil. Culture, Identity, and an Atlantic Slave Trade, 1600–1830, Cambridge [etc.]: CUP, 2010, S. 1–22; Kaplan, Cora; Oldfield, John (eds.), Imagining Transatlantic Slavery, New York: Palgrave Macmillan, 2010 ; Frith, Nicola; Hodgson, Kate (eds.), At the Limits of Memory: Legacies of Slavery in the Francophone World, Liverpool: Liverpool University Press, 2015 (Francophone Postcolonial Studies, New Series, Vol. 6).

Opfer zu fallen, war ein Grundgefühl aller Verschleppten der *Atlantic Slavery.*[233] Auch „Sklaverei und Abhängigkeit" bzw. „Sklaverei als assymetrische Abhängigkeit", auch und grade in ihrer Funktion für Zusammenhalt (*belonging*), Herrschaftssicherung, Politik und Wirtschaft von Imperien, spielen mittlerweile ein wichtige Rolle als Untersuchungsfeld.[234] Allerdings steht das immer wieder behauptete Paradigma der „wohlwollenden islamischen Sklaverei" („benign Islamic slavery") als Halo einer *belonging*-Sklaverei mehr und mehr in Kritik.[235]

Eine post-postkoloniale Gegenreaktion findet sich einerseits in der Geschichte von *material culture*, in Bezug auf Sklavenhandel und Sklavereien besonders in der Geschichte von *commodities* (Waren und Lebewesen, hier besonders Menschen und Tiere) und ihre mediale Widerspieglung. Dazu kommt, auch im Zusammenhang mit der massiven Kritik am Finanzkapitalismus in der Historiographie zur Geschichte des Kapitalismus das Forschungsfeld „Sklaverei und Kapitalismus" bzw. „Sklaverei als Kapitalismus". Es wird zum neuen Großthema; u. a. mit den Konzepten des „Kriegskapitalismus"/„Sklavereikapitalismus"/„Atlantischer Kapitalismus"/„Plantagen-Kapitalismus"[236] bzw. des „Kapitalismus' menschlicher Körper".[237]

---

233 Thornton, „Cannibals, Witches and Slave Traders in the Atlantic World", in: WMQ Vol. LX:2 (April 2003), S. 273–293; Green, „Fear and Atlantic history. Some observations derived from Cape Verde Islands and the African Atlantic", in: Atlantic Studies Vol. 3:1 (April 2006), S. 25–42; Zeuske, „Slaving: Traumata und Erinnerungen der Verschleppung", in: Jahrbuch für Europäische Überseegeschichte 13 (2013), S. 69–104.

234 Conermann, „Sklaverei(en) in außereuropäischen vormodernen Gesellschaften – ein paar Vorüberlegungen", S. 9–24.

235 Hutson, Alaine S., „'His Original Name Is ...' – REMAPping the Slave Experience in Saudi Arabia", in: Damir-Geilsdorf; Lindner; Müller; Tappe; Zeuske (eds.), Bonded Labour: Global and Comparative Perspectives, S. 133–161.

236 Zum generellen Zusammenhang von Sklaverei und verschiedenen Dimensionen des Kapitalismus: Mintz, Sidney W., „Slavery and Emergent Capitalisms", in: Slavery in the New World: A Reader in Comparative Perspective, eds. Laura Foner, Laura; Genovese, Englewood Cliffs, N.J.: Prentice-Hall, 1969, S. 23–37; Smith, Mark M., „Time, Slavery and Plantation Capitalism in the Ante-bellum America South", in: Past and Present 150 (1996), S. 142–168; zum „Kriegskapitalismus" in einer von den US-amerikanischen Südstaaten dominierten Perspektive siehe: Beckert, Sven, „Einleitung", in: Beckert, King Cotton: Eine Geschichte des globalen Kapitalismus, München: Beck, 2014, S. 7–18, hier S. 12f; zur vor allem auf England und die Karibik konzentrierten Debatte siehe: Williams, Capitalism and Slavery; zur vor allem auf den Antebellum-South konzentrierten Debatte Anderson, Ralph V.; Gallman, Robert E., „Slaves as Fixed Capital: Slave Labor and Southern Economic Development", in: The Journal of American History Vol. 64:1 (1977), S. 24–46; McMichael, Philip, „Slavery in Capitalism: The Rise and Demise of the U. S. Ante-Bellum Cotton Culture", in: Theory and Society Vol. 20:3 (1991 (= Special Issue on Slavery in the New World)), S. 321–349; Fogel, „American Slavery. A flexible, highly developed form of capitalism", in: Harris, J. William (ed.), Society and Culture in the Slave South, London: Routledge, 1992, S. 77–99; Buchanan, Thomas C., Black Life on the Mississippi: Slaves, Free Blacks, and the Western Steamboat World, Chapel Hill: University of North Carolina Press, 2004; Beckert, The Empire of Cotton, London: Macmillan, 2004; Rockman, Seth, „The Unfree Origins of American Capitalism", in: Cathy Matson (ed.), The Economy of Early America: Historical Perspectives and New Directions, University Park: Pennsylvania State University Press, 2006, S. 335–361; Johnson, „The Pedestal and the Veil: Rethinking the Capitalism/Slavery Question", in: Journal of the Early Republic Vol. 24:2 (2004), S. 299–308; Rockman, „The Unfree Origins of American Capitalism", in: Cathy Matson (ed.), The Economy of Early America: Historical Perspectives and New Directions, University Park: Pennsylvania State University Press, 2006, S. 335–361; Downey, Tom, Planting a Capitalist South. Masters, Merchants, and Manufacturers in the Southern Interior, 1790–1860, Baton Rouge: Louisiana State University Press, 2006; Tomich & Zeuske (eds.), The Second Slavery: Mass Slavery, World-Economy, and Comparative Microhistories, 2 Bde., Binghamton: Binghamton University, 2009 (= special issue; Review: A Journal of the Fernand Braudel Center, Binghamton University XXXI, no. 2 & 3, 2008); Majewski, John D., Modernizing a Slave Economy: The Economic Vision of the Confederate Nation, Chapel Hill: University of North Carolina Press, 2009; Kolchin, „The South and the World", in: The Journal of Southern History Vol. 75:3 (August 2009), S. 565–580; Johnson, River of Dark Dreams: Slavery and Empire in the Cotton Kingdom, Cambridge: The Belknap Press of Harvard University Press, 2013; Follett, Richard, „Slavery and Plantation Capitalism in Louisiana's Sugar Country", in: American Nineteenth Century History Vol. 1:3 (2000), S. 1–27; Baptist, Edward E., The Half Has Never Been Told: Slavery and the Making of American Capitalism, New York: Basis Books, 2014; Grandin, Greg, The Empire of Necessity. Slavery, Freedom, and Deception in the New World, New York: Metropolitan Books, 2014; siehe auch: Gourevitch, Alex, „Capitalism and Slavery: An Interview with Greg Grandin", in: Jacobin (online: https://www.jacobinmag.com/2014/08/capitalism-and-slavery-an-interview-with-greg-grandin/ (10. Dezember 2014); Schermerhorn, Calvin, „Capitalism's Captives: The Maritime United States Slave Trade, 1807–1850", in: Journal of Social History 47:4 (Summer, 2014), S. 897–921; Donoghue; Jennings (eds.), Building the Atlantic Empires: Unfree Labor and Imperial States in the Political Economy of Capitalism, passim; Schermerhorn, „Slave Trading in a Republic of Credit: Financial Architecture of the United States Slave Market, 1815–1840", in: Slavery & Abolition 36:3 (2015); Schermerhorn, The Business of Slavery and the Rise of American Capitalism, 1815–1860, New Haven: Yale University Press, 2015; siehe auch: Nelson, Scott R., „Who Put Their Capitalism in My Slavery?", in: The Journal of the Civil War Era 5:2 (2015), S. 289–310 sowie Topic und Debatte in H-Slavery: https://networks.h-net.org/node/11465/pages/76870/capitalism-and-slavery-united-states-topical-guide (letzter Zugriff 16. 1. 2018); Post, Charles, The American Road to Capitalism, Chicago: Haymarket Books, 2011; Rockman, „The Future of Civil War Era Studies: Slavery and Capitalism", in: The Journal of Civil War Era 2 (March 2012): online supplement https://journalofthecivilwarera.org/wp-content/uploads/2012/02/Final-Rockman.pdf (letzter Zugriff 21. Juli 2018); Beckert; Rockman (eds.), Slavery's Capitalism: A New History of American Economic Development, Philadelphia: University of Pennsylvania Press, 2016; zu Kuba-Spanien: Marrero Cruz, Eduardo, „Traficante de esclavos y chinos", in: Marrero Cruz, Julián de Zulutea y Amondo. Promotor del capitalismo en Cuba, La Habana: Ediciones Unión, 2006, S. 46–79; eine stärker auf die gesamtamerikanische Dimension orientierte Perspektive: Marquese, Rafael; Salles, Ricardo (eds.), Escravidão e Capitalismo Histórico no Século XIX. Brasil, Cuba e Estados Unidos, Rio de Janeiro: Civilização Brasileira, 2015; Muaze, Mariana; Salles (eds.), O Vale do Paraíba e o Império do Brasil nos Quadros da Segunda Escravidão, Rio de Janeiro: 7 Letras, 2015; Piqueras (coord.), Esclavitud y capitalismo histórico en el siglo XIX. Brasil, Cuba y Estados Unidos, Santiago de Cuba: Casa del Caribe, 2016; Rood, The Reinvention of Atlantic Slavery: Technology, Labor, Race, and Capitalism in the Greater Caribbean; Burnard; Garrigus, John D., The Plantation Machine: Atlantic Capitalism in French Saint-Domingue and British Jamaica, Philadelphia: University of Pennsylvania Press, 2016; zu Globalisierungen der US-amerikanischen Perspektive: Brandon, „Dutch capitalism and slavery: new perspectives from American debates", S. 117–137; Follett; Beckert; Coclanis; Hahn, Plantation Kingdom: The American South and Its Global Commodities; zusammenfassend in Bezug auf „New" Labor History: Palmer, Bryan D., „'Mind Forg'd Manacles' and recent Pathways to 'New' Labor History", in: IRSH Vol. 62:2 (August 2017), S. 279–303. Räumlich-historisch waren Barbados, Teile Jamaikas, Saint-Domingues und vor allem Kuba im 19. Jahrhundert eher, konzentrierter sowie sozial und technisch-technolo-

Wie erwähnt, sind die Komplexe „Kirche und Sklaverei" oder „Sklaverei und Religionen", die nach der Rolle von Papsttum, katholischer Kirche, evangelischen Kirchen oder gar der oströmischen Kirche sowie anderer Religionen fragen, deutlich weniger beliebt.[238]

Neben einer übermächtigen Perzeption enstehen bei vielen dieser Themen Probleme durch eine verzerrende Suche nach „Ursprüngen" (besonders deutlich in Diaspora- und Religionsforschungen, partiell aber auch in der Kreolitätsdebatte[239]). Sogar in der Geschichte des Managements spielt Sklaverei mittlerweilen eine Rolle.[240] Und in der Geschichte technologischen Wandels und der Medien, vor allem seit dem 19. Jahrhundert.[241]

In den USA und im angloamerikanischen Sprachraum unter Einschluss Kanadas erscheinen auch immer mehr Arbeiten, die sich dem Atlantik (und anderen Historiografien) sowie dem Mikrokosmos der Schiffe öffnen und eine *histoire croisée* globaler Arbeitergeschichte (Piraten/Matrosen/Sklaven/Walfänger/Atlantikkreolen) betreiben, die die transkulturellen Wurzeln Nordamerikas, auch in den Wasserwelten in und um Nordamerika, und die Bedeutung der haitianischen Revolution (1791–1803) für die Geschichte der Sklaven, der Freiheit und des Atlantiks sowie die Verbindungen zwischen Atlantik, Indik und Pazifik thematisieren.[242] Das

---

gisch kompakter „kapitalistisch" auf Basis von *Atlantic slavery* als der Antebellum-South; sie waren auch territorial kleiner und hatten insgesamt quantitativ absolut weniger Versklavte (nicht relativ per Plantage, die waren in der Mehrzahl größer als in den USA).

237 Zeuske, Sklavenhändler, Negreros und Atlantikkreolen. Eine Weltgeschichte des Sklavenhandels im atlantischen Raum, Berlin/Boston: De Gruyter Oldenbourg, 2015.

238 Gray, „The Papacy and the Atlantic Slave Trade: Lourenço da Silva, the Capuchins and the Decisions of the Holy Office", S. 52–68; Panzer, S. Joel, The Popes and Slavery, New York: Alba House, 1996; Gravatt, Patricia, L'Eglise et l'esclavage, Paris: L'Harmattan, 2003; Priesching, Nicole, „Die Verurteilung der Sklaverei unter Gregor XVI. im Jahr 1839. Ein Traditionsbruch?", in: Saeculum (2008/1), S. 143–162; Priesching, Sklaverei in der Neuzeit, Darmstadt: WGB, 2014; Clarence-Smith, „Timing and Comparisons", in: Clarence-Smith, Islam and the Abolition of Slavery, S. 219–232; Adiele, Pius Onyemechi, The Popes, the Catholic Church and the Transatlantic Enslavement of Black Africans 1418–1839 (Sklaverei. Knechtschaft. Zwangsarbeit, Bd. 16; Hermann-Otto, Elisabeth, ed.).

239 Palmié, „Introduction: on Predications of Africanity", in: Palmié (ed.), Africas of the Amerikas: beyond the search for origins in the study of Afro-Atlantic religions, Leiden: Brill, 2008, S. 1–37.

240 Schwartz, Stuart B., „Brazilian Sugar Planters as Aristocratic Managers. 1550–1825", in: Janssens, Paul; Yun, Bartolomé (eds.), European Aristocracies and Colonial Elites. Patrimonial Management Strategies and Economic Development, 15th–18th Centuries, Aldershot: Ashgate, 2005, S. 233–246.

241 Moore, „Sugar and the Expansion of the Early-Modern World Economy: Commodity Frontiers, Ecological Transformation, and Industrialization", S. 409–433; Delfino, Susanna; Gillespie, Michele, Technology, Innovation, and Southern Industrialization from the Antebellum Era to the Computer Age, Columbia: University of Missouri Press, 2008; Tomich, „Commodity Frontiers, Spatial Economy and Technological Innovation in the Caribbean Sugar Industry, 1783–1878", S. 184–216; Wenzlhuemer, „The ship, the media, and the world: conceptualizing connections in global history", S. 163–186.

242 Bolster, Jeffrey W., Black Jacks: African American Seamen in the Age of Sail, Boston and London: Harvard University Press, 1997; Cecelski, David S., The Waterman's Song: Slavery and Freedom

wiederum führt zu Neubewertungen von Sklavereien, Sklavenhandel und Transkulturation/Kreolisierung nicht nur in Landräumen, sondern auch, wenn ich so sagen darf, auf dem Wasser, sowie von anderen Formen von Sklaverei/Unfreiheit in Afrika und in der Welt- sowie Globalgeschichte auch der östlichen Hemisphäre (vor allem in Asien, Indischer Ozean, Indien, Indonesien sowie im arabisch-islamischen sowie persisch- oder turko-islamischen Bereich,[243] auch und gerade in Bezug auf *indentured labor* / Kulis (*coolies*) mehrheitlich aus China und Indien (darunter auch die rund 2,5 Millionen meist Inder und Chinesen, zwischen 1806/ 1838 und 1940 in die Amerikas kamen),[244] aber auch aus Java) sowie Kanaka-Arbeiter (auch *kanaks*) und *blackbirding*.[245]

---

in Maritime North Carolina, Chapel Hill: University of North Carolina Press, 2001; Buchanan, Thomas C., Black Life on the Mississippi: Slaves, Free Blacks, and the Western Steamboat World, Chapel Hill: University of North Carolina Press, 2004; Tomich, Through the Prism of Slavery. Labor, Capital, and World Economy, Boulder [etc.]: Rowman & Littlefield Publishers, Inc. 2004; Taylor, If We Must Die; Smallwood, Saltwater Slavery; Christopher, Slave Ship Sailors and Their Captive Cargoes, 1730–1807, Cambridge [etc.]: Cambridge University Press, 2006; Tomich, Dale & Zeuske (eds.), The Second Slavery: Mass Slavery, World-Economy, and Comparative Microhistories, 2 Bde., Binghamton: Binghamton University, 2009 (= special issue; Review: A Journal of the Fernand Braudel Center, Binghamton University XXXI, no. 2 & 3, 2008); Dubois; Julius S. Scott (eds.), Origins of the Black Atlantic, New York: Routledge, 2010 (Rewriting histories); Girard, „The Haitian Revolution, History's New Frontier. State of the Scholarship and Archival Sources", S. 485–507; (ohne haitianische Revolution): Schürmann, Felix, Der graue Unterstrom. Walfänger und Küstengesellschaften an den tiefen Stränden Afrikas (1770–1920), Frankfurt am Main: Campus 2017 (Reihe „Globalgeschichte"; Bd. 25).

243 Reid (ed.), Slavery, Bondage, and Dependency in Southeast Asia; Lewis, Bernard, Race and slavery in the Middle East: an historical enquiry, New York: Oxford University Press, 1990; Klein, Martin A. (ed.), Breaking the Chains: Slavery, bondage, and emancipation in modern Africa and Asia, Madison: University of Wisconsin Press, 1993; Nagel, „Zwischen Kommerzialisierung und Autarkie – Sklavereisysteme des maritimen Südostasiens im Zeitalter der Ostindienkompanien", S. 42–60; Campbell (ed.), The Structure of Slavery in Indian Ocean Africa and Asia; Salman, Michael, „Resisting slavery in the Philippines: ambivalent domestication and the reversibility of comparisons", in: Slavery and Abolition 25 (2004), S. 30–47; Mann, Sklaverei und Sklavenhandel im Indik, passim; Baak, „About Enslaved Ex-slaves, Uncaptured Contract Coolies and Unfreed Freedmen: Some Notes about 'Free' and 'Unfree' Labour in the Context of Plantation Development in Southwest India, Early Sixteenth Century – Mid 1990s", S. 121–157.

244 Zum historischen Kontext der *agency* von Kulis sowie des Handels mit indischen und chinesischen Kulisklaven nach Amerika, zunächst in den Ausgangsregionen, siehe: Mazumdar, „Chinese and Indian Migration: A Prospectus for Comparative Research", in: Siu-lun, Wong (ed.), Chinese and Indian Diasporas: Comparative Perspectives, Hong Kong: Centre of Asian Studies / University of Hong Kong, 2004, S. 139–167; McKeown, „The Social Life of Chineses Labor", in: Tagliacozzo, Eric; Chang, Wen-chin (eds.), Chinese Circulations: Capital, Commodities, and Networks in Southeast Asia. With a foreword by Wang Gungwu, Durham and London: Duke University Press, 2011, S. 62–83; Dyke, Paul A. van, „The Trading Environment", in: Dyke, Merchants of Canton and Macao: politics and strategies in eighteenth-century Chinese trade, Hong Kong: Hong Kong University Press, 2011, S. 7–29, hier S. 14–16; Northrup, David, Indentured Labor in the Age of Imperialism, 1834–1922. Cambridge: CUP, 1995; McKeown, Adam, „Global Migration 1846–1940", in: Journal of World History 15:2 (2004), S. 155–190; Yun, „Historical Context of Coolie Traffic to the Americas",

Speziell von Afrikanisten und Brasilianisten gehen neue Impulse für die Welt- und Globalgeschichte unter Einbeziehung der ozeanischen Dimensionen und anderer Kosmologien aus.[246] Auch wird die Passagestruktur und -funktion der atlanti-

in: Yun, The Coolie Speaks, S. 1–35; zur Historiographie siehe: Jiménez Pastrana, Juan, Los chinos en la liberación de Cuba, La Habana: Instituto de Historia, 1963; Jiménez Pastrana, Los Chinos en la historia de Cuba: 1847–1930, La Habana: Editorial de Ciencias Sociales, 1983; Pérez de la Riva, Juan, „El viaje a Cuba de los culiés chinos", in: Chapeaux Deschamps, Pedro; Pérez de la Riva, Contribución a la historia de gentes sin historia, La Habana: Editorial de Ciencias Sociales, 1974, S. 191–213; Pérez de la Riva, „El tráfico de culiés chinos", in: Chapeaux Deschamps; Pérez de la Riva, Contribución a la historia de gentes sin historia, S. 215–232. Siehe auch: „Informe del señor D. Francisco Diago a la Real Junta de Fomento sobre el proyecto de inmigración china", in: Ebd., S. 219–223; Jiménez Pastrana, Los Chinos en la historia de Cuba: 1847–1930, La Habana: Editorial de Ciencias Sociales, 1983; Clarence-Smith, „The Portuguese contribution to the Cuban slave and coolie trades in the nineteenth century", S. 25–33; Hu-DeHart, Evelyn, „Chinese Coolie Labour in Cuba in the Nineteenth Century: Free Labour or Neo-Slavery?", in: Slavery & Abolition 14,1 (1993), S. 67–86; The Cuba Commission Report. A Hidden History of the Chinese in Cuba. The Original English-Language Text (Johns Hopkins Studies in Atlantic History and Culture), introd. by Helly, Denise, Baltimore and London: The Johns Hopkins University Press, 1993; Rodríguez, José Baltar, Los chinos de Cuba. Apuntes etnográficos, La Habana, 1997 (La Fuente Viva); Hu-DeHart, „Chinese in Cuba", in: Wang, Lingchi; Wang, Gungwu (eds.), The Chinese Diaspora, Singapore: Times Academic Press, 1998; Naranjo Orovio; Balboa Navarro, Imilcy, „Colonos asiáticos para una economía en expansión: Cuba, 1847–1880", in: Revista Mexicana del Caribe 8, Año IV, Chetumal, Quintana Roo (1999), S. 32–65; Fernández de Pinedo Echevarría, Nadia, „Chinos y yucatecos", in: Fernández de Pinedo Echevarría, Comercio exterior y fiscalidad: Cuba 1794–1860, Bilbao: Servicio Editorial. Universidad del País Vasco/Euskal Herriko Unibertstatea, 2002, S. 222–224; Du-DeHart, „Opium and Social Control: Coolies on the Plantations of Peru and Cuba", in: Journal of Chinese Overseas, vol. 1, no. 2 (November 2005), S. 169–183; Marrero Cruz, Eduardo, „Traficante de esclavos y chinos", in: Marrero Cruz, Julián de Zulutea y Amondo. Promotor del capitalismo en Cuba, La Habana: Ediciones Unión, 2006, S. 46–79; López, Kathleen, „Afro-Asian: Marriage, Godparentage, and Social Status in Late-Nineteenth Cuba", in: Afro-Hispanic Review Vol. 27, no. 1 (Spring 2008), S. 59–72; Zeuske, „Coolies – Asiáticos and Chinos: Global Dimensions of Second Slavery", in: Damir-Geilsdorf; Lindner; Müller; Tappe; Zeuske (eds.), Bonded Labour: Global and Comparative Perspectives, S. 35–57; Meagher, The Coolie Trade; zum Kulihandel aus makrohistorischer Perspektive, siehe: Christopher; Pybus; Rediker (eds.), Many Middle Passages; Meagher, The Coolie Trade. Zu Indien siehe: Kale, Madhavi, Fragments of Empire: Capital, Slavery and Indian Indentured Labor in the British Caribbean, Philadelphia: University of Pennsylvania Press, 1990; Behal; Linden (eds.), Coolies, Capital, and Colonialism, passim (siehe auch „Expansionen, ‚Sklavereilücken' – São Tomé und die Erfindung der modernen Plantagensklaverei sowie der ‚neuen' Sklavereien", unten).

245 Houben; Lindblad, J. Thomas (eds.), Coolie Labour in Colonial Indonesia. A Study of Labour Relations in the Outer Islands, C. 1900–1940, Wiesbaden: Harrassowitz, 1999; Kanaka (*kanaks*) kommt von Walfischer-Pidgin und dem Word *kanaka* aus Hawai (= Person), siehe: Fischer, Steven Roder, A History of Pacific Islands, New York: Palgrave Macmillan, 2013, S. 162,

246 Lovejoy; Law, Robin, „The Changing Dimensions of African History: Reappropriating the Diaspora", in: McGrath, Simon; Jedrej, Charles; King, Kenneth; Thompson, Jack (eds.), Rethinking African History, Edinburgh, Centre of African Studies, 1997, S. 181–200; Thornton, Africa and the Africans, passim; Alencastro, O Trato dos Viventes; Curto; Lovejoy, Enslaving Connections, passim; Lovejoy (ed.), Identity in the Shadow of Slavery, London: Continuum, 2000; Lovejoy (ed.), Slavery on the Frontiers of Islam, passim.

schen *middle passage* auf andere globale Passagen auf dem Indik oder dem Pazifik übertragen.[247] Von der neuen Arbeitergeschichtsschreibung (Boutang, Linebaugh; Rediker, van der Linden)[248] und vor allem von der indischen marxistisch-postkolonialistischen Historiografie gehen eine Neubewertung globaler Arbeitsverhältnisse unter Einschluss historischer sowie bis heute existierender Sklavereiformen aus.[249] Ergänzt werden die Sklavereigeschichten durch ein Korpus von wirtschafts- und politikwissenschaftlichen sowie soziologischen Studien über „mit Gewalt erzwungene Arbeit (= Sklaverei/Zwangsarbeit/Unfreiheit)" beziehungsweise „freie und unfreie Arbeit unter den Bedingungen der Globalisierung", die bezeichnenderweise etwa parallel zum neuen kulturellen Paradigma des „Black Atlantic" (Paul Gilroy) entstanden.[250] Der war eigentlich ein kosmopolitischer Raum von Zubringerbootsmannschaften (*crews/ kru*), Razzienkanumannschaften, Sklavenhändlern, Atlantikkreolen und Matrosen – Versklavte nur zeitweilig oder, wenn sie auf Schiffen oder Sklavenschiffen arbeiteten, in komplizierten Kombinationen und Varianten der „motley crews".[251]

Eine der wichtigsten Debatten um Sklaverei heute ist die Frage der Definition des Sklaven (der Sklavin).[252] Das klingt theoretisch, ist es aber nicht. Solange Staa-

247 Christopher; Pybus; Rediker (eds.), Many Middle Passages, passim.

248 Moulier-Boutang, Yann, De l'esclavage au salariat. Économie historique du salariat bridé, Paris: Presses Universitaires de France, 1998 (Actuel Marx Confrontation); Linden, „Zur Sozialgeschichte des revolutionären Atlantiks", in: Zeitschrift für Weltgeschichte Jg. 10, Heft 2 (Herbst 2009), S. 159–169.

249 Linebaugh, Peter; Rediker, The many-headed Hydra: sailors, slaves, commoners, and the hidden history of the revolutionary Atlantic, Boston: Beacon Press; London: Verso, 2000 (Linebaugh; Rediker, Die vielköpfige Hydra. Die verborgene Geschichte des revolutionären Atlantiks. Aus dem Englischen von Bartel, Sabine, Berlin und Hamburg: Assoziation A, 2008); Rediker, The Slave Ship. A Human History, New York: Viking, 2007; Linden, Transnational Labour History. Explorations, Aldershot: Ashgate, 2003 (Studies in Labour History); Roth, Karl Heinz; Linden, „Karl Marx und das Problem der Sklavenarbeit", in: Linden; Roth unter Mitarbeit von Henninger, Max (eds.), Über Marx hinaus. Arbeitsgeschichte und Arbeitsbegriff in der Konfrontation in den globalen Arbeitsverhältnisse des 21. Jahrhunderts, Berlin; Hamburg: Assoziation A, 2009, S. 581–586; Rediker, Outlaws of the Atlantic. Sailors, pirates, and motley crews in the age of sail, Boston: Beacon Press, 2014.

250 Gilroy, Paul, The Black Atlantic. Modernity and Double Consciousness, London: Verso 1993; Roach, Cities of the Dead, passim; Mann, „Die Mär von der freien Lohnarbeit. Menschenhandel und erzwungene Arbeit in der Neuzeit. Ein einleitender Essay", in: Ders. (ed.), Menschenhandel und unfreie Arbeit, Leipzig: Leipziger Universitätsverlag, 2003 (= Comparativ, Jg. 13, H. 4), S. 7–22; Chivallon, Christine, „Beyond Gilroy's Black Atlantic: The Experience of African Diaspora", in: Diaspora. A Journal of Transnational Studies 3, Vol. 11 (Winter 2002), S. 359–382; Tomich, „Atlantic History and World Economy: Concepts and Constructions", in: Proto Sociology. An International Journal of Interdisciplinary Research Vol. 20 (2004), S. 102–121 (= World-System Analysis: Contemporary Research and Directions).

251 Rediker, Outlaws of the Atlantic, passim.

252 Borucki, Alex; Pérez Morales, Edgardo, „Presentación", in: TRASHUMANTE | Revista Americana de Historia Social 10 (2017) (= Tráfico de esclavos y esclavitud en las Américas. Siglos XVI–XIX; eds. Borucki; Pérez Morales), S. 5–6; Zeuske, „Definitionen", in: Zeuske, Sklaverei. Eine Menschheitsgeschichte, S. 23–40.

ten Gewaltausübung und Formen „kleiner“ Sklavereien mehrheitlich nur unter dem Label „Migration“ und „Asyl“ oder Polizeiaktionen und Grenzsicherung debattieren, werden die Probleme eher noch zunehmen.

Insgesamt lässt sich die Debatte um Sklavereien im 21. Jahrhundert an den Themen Marginalisierung von Arbeit im Weltmaßstab (die Debatten im „Westen“ sind stärker vom „Verschwinden der Arbeit“ geprägt als von Debatten über Sklavereiarbeit und sklavereiähnliche Arbeiten und Lebensweisen in den vielen „Nicht-Westen“) sowie den Mythen der Abolition von Sklavenhandel sowie Sklavereien – ein Gründungsmythos der liberalen Moderne des „Westens“ festmachen. Insgesamt handelt es sich bei vielen Diskursen, nicht erst seit dem 18. Jahrhundert, um eine grundsätzliche Leerstelle, auch und grade bei Arbeiten über Ästhetik und Emotionen.[253] Die „Moderne“ setzt in europäischer Perzeption erst um 1890 wirklich ein, nachdem alle Sklavereien und die großen Sklavenhandelssysteme formal abgeschafft waren (Abolition, Emanzipation, „Age of Freedom“, etc.). Dazu kommt im 20. und 21. Jahrhundert der Mythos der Abschaffung des Kolonialismus. Der ist, wie die wichtigsten Theorien besagen, erst durch „Globalisierung“ (zwischen 1990 und 2008 ein sehr positiv besetztes Wort) und dann durch *coloniality* im globalen Maßstab ersetzt und ausgebaut worden. Wie immer seit der Zeit um 1500 gehen Kolonialismus und Sklavereien Hand in Hand und die Formänderungen werden von der jeweiligen Modernität vorgegeben. Und Medien verbreiten Marginalisierung und befördern sie. In transmodernen Regionen der Coloniality sind schwere, schmutzige und entehrende Arbeiten, Menschen als Kapital (und Teile von Menschen) sowie translokale und transkulturelle Formen von Sklaverei/Dienstleistungen das Normale und bedürfen weiterer Forschung und Analyse in welt- und globalhistorischer Perspektive – eben deshalb spreche ich von „Sklavereien“ statt „Sklaverei“.[254]

Was fehlt in dieser Historiografiestudie zur Globalgeschichte der Sklaverei? Richtig: es gibt keine oder kaum monografische Welt- oder Globalgeschichten der Sklaverei und solche der Sklaven schon gar nicht (selbst wenn es Bücher mit dem Titel „Weltgeschichte der Sklaverei“ gibt, wie das Buch von Egon Flaig,[255] das aber die gesamte östliche Hemisphäre des Globus fast nicht erfasst). Zu den besser gelungenen Arbeiten mit globalhistorischem Anspruch zählen Bücher wie Dreschers „Abolition“. Alle bisherigen Versuche „Weltgeschichte der Sklaverei“ zu schreiben, scheitern an der Konzentration auf „hegemonische“ Sklavereien, nationalge-

---

253 Gikandi, Simon, Slavery and the Culture of Taste, Princeton: Princeton University Press, 2011.

254 Ndlovu-Gatsheni, Sabelo J., Coloniality of Power in Postcolonial Africa. Myths of Decolonization, Dakar: CODESRIA, 2013; Grosfoguel, Ramón, „World-System Analysis and Postcolonial Studies: A Call for Dialogue from the ‘Coloniality of Power’ Approach“, in: Krishnaswamy, Revathi; Hawley, John C. (eds.), The Postcolonial and the Global. Minneapolis: University of Minnesota Press, 2008, S. 94–104.

255 Flaig, Egon, Weltgeschichte der Sklaverei, München: Beck, 2009.

schichtlich erweiterte Räume („Britischer Atlantik“[256] und alle anderen konstruierten „Atlantike“), auf Profite statt Produktivität sowie auf Sklaverei als Rechtsverhältnis. Es fehlen auch neue, postkoloniale Raumkonzepte sowie Forschungen *beyond* der Schriftlichkeit zur *material culture* (etwa: Gräber, Barracones, Ketten oder Halseisen) der Sklavereien.[257] Und es fehlen Arbeiten zur Stabilisierungsfunktion von Versklavten und Sklavereien für Gesellschaften und politische Territorien (etwa Imperien). Größe und Unübersichtlichkeit des Themas führen dazu, dass, wie oben zitiert, vor allem im anglo-amerikanischen Bereich immer mehr Enzyklopädien der Sklaverei erscheinen.

Meist wurden und werden Sklaven von Zeitgenossen im niedrigsten und unehrenhaftesten Rang der Gesellschaft eingeordnet, besser gesagt, ausgesondert, was sich vor allem in Gewalt gegenüber Körper sowie Verfügung über die Körper der Versklavten manifestierte, die alle Arten von Diensten und Zwangsarbeiten ausführen mussten. Selbst wenn Sklaven ganz hohe Positionen als Hofsklaven, Eunuchen-Verwalter (*aghas*), Militärs oder Luxussklaven einnehmen, war ihre Stellung immer extrem gefährdet und verletzlich; „radikal unsicher“ (*radical uncertainty*), wie es Brent D. Shaw formuliert hat.[258] Das meint im Grunde auch der amerikanische Soziologe Orlando Patterson mit *„ultimative slave“* und *„social death“*.[259] Pattersons kultursoziologisches Konzept des „sozialen Todes“ ist in die-

---

256 Zur Debatte um atlantische Geschichte als *Atlantic History* sowie „atlantisches System“ (im Wesentlichen Wallerstein und atlantischer Sklavenhandel), siehe, basierend auf: Pietschmann, Horst (ed.), Atlantic History. History of the Atlantic System 1580–1830. Papers presented at an International Conference, held 28 August–1 September, 1999, in Hamburg, organized by the Department of History, Hamburg/Göttingen: Vandenhoeck & Rupprecht, 2002, Wiecker, Nils, „Einleitung“, in: Wiecker, Der iberische Atlantikhandel. Schiffsverkehr zwischen Spanien, Portugal und Iberoamerika, 1700–1800, Stuttgart: Steiner (Beiträge zur Europäischen Überseegeschichte 99), S. 9–35, vor allem S. 21–30.

257 Es gibt auch nur wenige monografische Beispiele: Meltzer, Milton, Slavery: A World History, New York: Da Capo Press, 1993; Delacampagne, Christian, Die Geschichte der Sklaverei. Aus dem Französischen von Ursula Vones-Liebenstein, Düsseldorf und Zürich: Artemis & Winkler Verlag, 2004. Als einziger Historiker, der sich wirklich mit einer monografischen Weltgeschichte der Sklaverei unter Einschluss der östlichen Hemisphäre herumschlägt, gilt Joseph C. Miller. Das hat sich 2016 mit den Arbeiten vor allem von Campbell und Stanziani sowie der Gründung der historischen Zeitschrift Journal of Global History etwas verbessert, siehe: Pargas, „Slavery as a Global and Globalizing Phenomenon. An Editorial Note“, S. 1–4.

258 Shaw, Brent D., „'A WOLF BY THE EARS': M. I. Finley's Ancient Slavery and Modern Ideology in Historical Context“, in: Finley, Moses I., Ancient Slavery and Modern Ideology. Expanded Edition, ed. by Brent D. Shaw, Princeton: Markus Wiener Publishers, 1998, S. 3–74, hier S. 12 f. (die neueste Ausgabe mit einer exzellenten Einleitung), siehe auch: Finley, Ancient Slavery and Modern Ideology; für den osmanischen Bereich siehe: Kunt, I. Metin, „Ottoman White Eunuchs as Palace Officials and Statesman (1450–1600)“, in: Hanß; Schiel (eds.), Mediterranean Slavery Revisited (500–1800), S. 325–336.

259 Patterson, Orlando, Slavery and Social Death. A Comparative Study, Cambridge: Harvard University Press, 1982.

sem Zusammenhang besonders interessant und besonders umstritten.[260] Es besagt, dass Sklaven Herausgerissene aus ihrer Herkunftsgemeinschaft, aber auch als Mitglieder der gleichen Gruppe wie ihr Herr oder ihre Herrin, Unpersonen in der versklavenden Gesellschaft sind. Sie haben keine „Ehre“ und sind keine „Person“ (oder nur „halbe Menschen“ bzw. „ewige Kinder“), wie sie die jeweilige Gemeinschaft, in der sie zwangsläufig leben mussten, definierte und in einem niederen Status hielt. Im Sinne des europäischen Mittelalter-Diskurses hatten sie gar keine oder nur ganz wenige „Freiheiten“ (Privilegien) und auch diese waren meist nicht formal festgeschrieben. Sie waren deshalb aus dem normalen Leben ausgeschlossen und stellten eine Art von sozialem Zombie dar, Untote unter den Lebenden.[261] Ihre Stellung war mit Scham, Unehre, Unsicherheit, Mangel an (Bewegungs)-„Freiheiten“ und mit Statusverlust, Abstammungs- und Vaterlosigkeit, degradierenden Kennzeichnungen sowie Sklavennamen[262] verbunden, oft auch mit entehrenden Körpermutilationen oder/und Tätowierungen.[263] In der arabischen, persischen, ägyptischen und türkischen Sklavereigeschichte und in der Geschichte vieler versklavter Eunuchen oder Krieger (wie Mameluken) spielte, vor allem wegen ihrer mitunter sehr hohen Positionen als Elite-Sklaven, weniger die Frage fehlenden Status’ oder fehlender Ehre eine Rolle, sondern eher die Frage fehlender oder bestimmter Herkunftslinien (etwa aus Afrika), fehlender Verwandtschaft und radikale Unsicherheiten der frühen Versklavung als Kind. Und natürlich das Gegenteil, die neue Zugehörigkeit (*belonging*) zu einer Elite. Für Eunuchen und Wächtersklaven (etwa in China) spielte die Verstümmelung eine wichtige Rolle. Mit Ausnahme der Verstümmelung (abgesehen von Kriegsverletzungen) gilt das ausdrücklich auch für Elitekrieger, wie Mameluken, die als *mamālīks* (kleine Jungen türkischer oder mongolischer Herkunft) Sklaverei und militärisches Training begannen und ab einem gewissen Zeitpunkt, wenn ihre „Zugehörigkeit“ zu einer militärischen Einheit feststand, freigelassen wurden. Es gab wohl keinen Mameluken – nach Aussage von Reuven Amitai, des bekannten Mameluken-Spezialisten –, der irgendeine Körpermarkierung, Tätowierung oder einen Marker gehabt hätte, die direkt mit dem Sklavenstatus in Beziehung gebracht werden können. Aber Mameluken in Ägypten und

260 Davis, „The Ancient Foundations of Modern Slavery“, in: Davis, Inhuman Bondage. The Rise and Fall of Slavery in the New World, New York: Oxford University Press, 2006, S. 27–47, bes. S. 30–32.

261 Schumacher, Leonhard, Sklaverei in der Antike. Alltag und Schicksal der Unfreien, München: Verlag C. H. Beck, 2001, S. 59.

262 Zeuske, „The Names of Slavery and Beyond: the Atlantic, the Americas and Cuba“, in: Schmieder; Füllberg-Stolberg; Zeuske (eds.), The End of Slavery in Africa and the Americas, S. 51–80.

263 Siehe u. a.: Gronenborn, Detlef, „Zum (möglichen) Nachweis von Sklaven/Unfreien in prähistorischen Gesellschaften Mitteleuropas“, in: Ethnologisch-Archäologische Zeitschrift 42:1 (2001), S. 1–42, La Rosa Corzo, Gabino, Tatuados. Deformaciones étnicas de los cimarrones en Cuba, La Habana: Fundación Fernando Ortiz, 2011.

partiell in Syrien waren klar durch ihre türkische Alltagssprache, ihre Kleidung, Kopfbedeckungen und Waffen in der Masse der anderen Bevölkerung erkennbar.[264]

Anthropologen, Historiker und Sozialwissenschaftler haben andere Modelle der Sklaverei entworfen (z. B. Herman Jeremias Nieboer, Moses I. Finley, Claude Meillassoux, Paul E. Lovejoy, Albert Wirz, S. Fenoaltea, Martin A. Klein, Joseph E. Inikori, David Eltis, John K. Thornton)[265] oder gar keine expliziten Modelle benutzt (Georges Scelle,[266] Charles Verlinden[267]). Walter Scheidel hat noch einmal deutlich auf die Charakteristiken von „Sklavenwirtschaften" im Unterschied zum Finleyschen Begriff der „Sklavengesellschaft" verwiesen und unterschiedliche Modelle

---

264 Ich danke Reuven Amitai (Jerusalem) für die Information; siehe: Mayer, Leo Aryeh, Mamluk Costume: A Survey, Geneva: Albert Kundig, 1952.

265 Nieboer, Herman J., Slavery as an Industrial System. Ethnological Researches, The Hague: Martinus Nijhoff, 1900 (2., erweiterte Auflage: 1910; Nachdruck: New York: Lenox Hill Publishers, 1971); Meillassoux, Claude, Anthropologie de l'esclavage – le ventre de fer et le argent, Paris: Presses Universitaires de France, 1986, S. 20 (Deutsch: Meillassoux, Claude, Anthropologie der Sklaverei. Aus dem Französischen von Eva Moldenhauer, Frankfurt am Main: Campus Verlag; Paris: Éditions de la Maison des Sciences de L'Homme, 1989 (Theorie und Gesellschaft, eds. Honneth, Axel; Joas, Hans; Offe, Claus, Bd. 9); Meillassoux Arbeit will ein theoretischer (also sehr systematischer) Essay sein über die Institution Sklaverei anhand von Meillassoux' Kenntnissen des historischen Sudans von Afrika (vor allem Westafrikas). Paul E. Lovejoy hat für die Sklaverei in Afrika von „slavery as a marginal feature of society", „slavery as an institution" und von „slavery as a mode of production" im Sinne abgestufter Abhängigkeit verschiedener afrikanischer Gesellschaften von Sklaverei gesprochen. Die afrikanischen Formen von Sklaverei hätten sich dabei unter dem Druck des europäischen Sklavenhandels „transformiert" („Transformationsthese"). Grosso modo gäbe es in Afrika, wo die Versklavung stattfand, Sklaverei als Institution, in Amerika Sklaverei als System, siehe: Lovejoy, Transformations in slavery: a history of slavery in Africa, Cambridge: Cambridge University Press, ³2000 (African studies; 36). Albert Wirz spricht von Plantagensklaverei, Lineage- und Haussklaverei, siehe: Wirz, Albert, Sklaverei und kapitalistisches Weltsystem, Frankfurt am Main: Suhrkamp, 1984 (Neue Historische Bibliothek, ed. Wehler, Hans-Ulrich), S. 14 ff.; Fenoaltea, S., „Slavery and supervision in comparative perspective: a model", in: Journal of Economic History 44 (1984), S. 635–668; Klein, „Introduction: Modern European Expansion and Traditional Servitude in Africa and Asia", S. 3–36; Inikori, Joseph E.; Engerman, Stanley L. (eds.), The Atlantic Slave Trade. Effects on Economies, Societies, and peoples in Africa, the Americas, and Europe, Durham/NC and London: Duke University Press, 1992; Thornton, Africa and the Africans, passim. Thornton ist auf den historischen Kongo und auf die atlantische Dimension afrikanischer Diaspora spezialisiert. Eltis, The Rise of African Slavery in the Americas, passim.

266 Scelle, Georges, La traite négrière aux Indes de Castille: Contrats et traités d'assiento, 2 Bde., Paris: Librairie de la Societé du Recueil J.-B. Sirey & du Journal du Palais, 1905–06.

267 Verlinden, Charles, L'esclavage dans l'Europe médiévale, 2 Bde., Bruges: De Tempel, 1955; Gent : Rijksuniversiteit te Gent, 1977 (Bd. I: Péninsule Ibérique, France; II: Italie, Colonies italiennes du Levant, Levant latin, Empire bysantin); Verlinden, Wo, wann und warum gab es einen Grosshandel mit Sklaven während des Mittelalters?, Köln: Selbstverl. des Forschungsinst. für Sozial- und Wirtschaftsgeschichte an der Universität zu Köln, 1970 (27 S.) (Kölner Vorträge zur Sozial- und Wirtschaftsgeschichte; 11), unter: http://www.digitalis.uni-koeln.de/Verlinden/verlinden_index.html (21. Juni 2014).

des Verhältnisses von Gesellschaften und Sklavereien diskutiert.[268] Mittlerweile dürfte klar sein, dass die starke Entgegensetzung der beiden Gesellschaftstypen „Gesellschaften mit Sklaven" und „Sklavengesellschaften" obsolet ist, weil alle „großen" Sklavereien in Gesellschaften stattfanden, die von Sklavenhaltern geprägt waren. Und – weil *alle* Gesellschaften Sklavereien aufwiesen, selbst wenn es nur „kleine" Sklavereien waren, die kulturell-sozial völlig andere Bedeutungen als die großen hegemonischen Sklavereinen hatten. Die Realitäten der Sklaverei, die Angst und Sklavereiideologie formierten und durchdrangen all diese Gesellschaften zutiefst.[269] Und die wichtige Fragestellung ist eher – wieweit waren Sklavereigesellschaften von Sklaven und ehemaligen Sklaven geprägt (Transkulturation)?

In einigen Fällen gehen Sklavereimodelle von einer großen Anzahl versklavter Menschen aus (die berühmten 20 % oder 30 % von Finley und Patterson) und von deren fundamentaler Bedeutung für Wirtschaft, Sozialstrukturen und soziale Prozesse, zum Teil auch für Mentalität und soziale Psychologie für die meisten Gesellschaften der Weltgeschichte. Und, ich wiederhole es gerne, für die Entwicklung von Wissenschaft, performativen Ritualen (Tanz, Sport) und Religion (soziale Imagination) sowie die Begründung von Religionen und Umdeutungen afrikanischer Götter (und Göttinnen). Das bedeutet unter dem Einfluss afrikanischer Religions- und Ritualformen vor allem die bereits erwähnte Einbeziehung der vielen Toten in die Welt der (Über-)Lebenden. Insofern waren Sklavinnen und Sklaven in Realität nie „sozial Tote", sondern extrem kreative Menschen.[270]

Im wichtigsten neuen globalhistorischen Ansatz hat Joseph C. Miller versucht, all die Aspekte von Sklaverei (Sklavenjagd, -handel, -transport sowie die unterschiedlichen Sektoren der Sklaverei) unter dem uns bereits bekannten Begriff des Slaving zusammenzufassen, auch um die extreme Strukturalisierung der Begriffe „Sklavereisysteme" oder Finleys „slave societies" und „societies with slaves" zu dynamisieren.[271] Miller präsentiert Tabellen über Epochen des Slaving, die von der Vorgeschichte bis in die Zukunft reichen und stellt diesen weltgeschichtlichen Tabellen globalhistorische Tabellen über *Novelties in the Atlantic* zur Seite, die Spezifiken der atlantischen Sklaverei herausstreichen sollen.[272]

Ebenfalls von besonderem Gewicht für eine Welt- und Globalgeschichte der Sklaverei war der Versuch des historischen Soziologen Moses I. Finleys, den ich

268 Scheidel, Walter, „The comparative economics of slavery in Greco-Roman world", in: Dal Lago; Katsari (eds.), Slave Systems, S. 105–126; Vlassopoulos, „Finley's slavery", in: Jew, Daniel; Osborne, Robin; Scott, Michael (eds.), M. I. Finley: An Ancient Historian and his Impact, Cambridge: Cambridge University Press, 2016 (Cambridge Classical Studies), S. 76–99.

269 Siehe am Beispiel der USA: Van Cleve, George, A Slaveholders' Union: Slavery, Politics, and the Constitution in the Early American Republic, Chicago: University of Chicago Press, 2010.

270 Brown, The Reaper's Garden, passim.

271 Miller, „Slaving as historical process: examples from the ancient Mediterranean and the modern Atlantic", in: Dal Lago; Katsari (eds.), Slave Systems, S. 70–102.

272 Ebd., S. 100–102.

wie gesagt sehr verehre, die „hegemonische“ Absolutheit der antiken Sklaverei gegenüber anderen Formen der Zwangsarbeit und unfreiwilliger Arbeit herauszuarbeiten.[273] Viele von Finleys Argumenten sind heute noch bedenkenswert, wie auch Brent D. Shaw in seiner Einleitung der Arbeiten Finleys hervorhebt. Eines aber fällt auf: es sind immer Historiker der Klassischen Antike, die die Idee der Exzeptionalität ihres Untersuchungsgegenstandes betonen. Zwei von Finleys wichtigsten Argumenten sind die der „Individualität“ der Versklavung im römischen Reich und das der fehlenden Reproduktion von Sklavengruppen. Die Realität der Individualität von Versklavung als gemeinsame Basis aller denkbaren Sklavereitypen ist noch nicht zu Ende diskutiert und – vor allem – in der Weltgeschichte analysiert. Ich bin eher ein Vertreter der realen Ähnlichkeit von Grundcharakteristiken aller von der Sklaverei her definierten Zwangsarbeiten (aber ihrer historischen Individualität im eigenen Sprach-, Kultur- und Definitionszusammenhang), vor allem deshalb, weil es uns nur mit diesem Konzept möglich ist, welt- und globalgeschichtliche Typen und Formen von Sklavereien integrativ zu konzeptualisieren – aus der Perspektive des 21. Jahrhunderts. Die „Individualität“ der antiken Sklaverei ist – angesichts der Massenversklavungen von Kriegsgefangenen in Kin-Sklavereien und der Entstehung anderer Sklavereien „ohne den Namen Sklaverei“, angesichts von Sklavenstatus ohne Institution oder „Sonderformen“ und in anderen Rechtskulturen – eher eine Konstruktion, entstanden aus der Beschäftigung mit einer hegemonischen Sklaverei. Es ist das Produkt einerseits des Prozesses der Scharfzeichnung des antiken Sklavenstatus durch das römische Recht sowie andererseits der Neukonstruktion des römischen Rechts vor allem seit dem 13. Jahrhundert vor dem Hintergrund mediterran-italischen Sklavenhandels (Amalfi, Pisa, Palermo, Bari, Genua, Venedig).[274] Die Re-Konstruktion des römischen Rechts geschah vor dem Hintergrund des mediterranen Sklavenhandels „von den Mongolen zu den Mameluken“ (Goldene Horde) einerseits und den Expansionen Aragóns (Eroberung von Menorca 1287) sowie Portugals. Dazu kam die Gründung von Universitäten (Bologna – Recht, Salerno – arabische Medizin, Paris – Theologie; „Universalienstreit“). Globale Breite gewann der Prozeß mit der europäischen Expansion, dem Schock der „Neuen Welt“ und der „neuen“ atlantischen Sklaverei der Iberer zwischen 1450 und 1650.

Afrikanischer und atlantischer Sklavenhandel sowie atlantische Sklavereien in der Neuzeit (Atlantic Slavery) sind aber zugleich viel mehr. In der Entstehung eines „kreolischen Raumes“[275] (Atlantik, Randmeere und Küstenzonen mit Off-Shore-

273 Finley, „The Emergence of a Slave Society“, in: Finley, Ancient Slavery, S. 135–160, hier vor allem, S. 137–145.

274 Haverkamp, Alfred, „Die Erneuerung der Sklaverei im Mittelmeerraum während des hohen Mittelalters. Fremdheit, Herkunft und Funktion“, in: Herrmann-Otto (ed.), Unfreie Arbeits- und Lebensverhältnisse von der Antike bis zur Gegenwart, S. 130–166.

275 Bartens, Angela, Der kreolische Raum: Geschichte und Gegenwart, Helsinki: Suomalainen tiedeakatemia, 1996 (Annales Academiae scientiarum Fennicae. Series B; 281).

Inselhubs, Enklaven, Hafenportalen und Einzugsgebieten) sowie von translokalen und transimperialen Räumen der Sklaverei, sozusagen „vor der Nation", und in den Schicksalen der Betroffenen zeichnen sich Gründungsgewalt, Einflussgebiete, Zeitgeist, Grundstrukturen, Sprachen und Umrisse der Globalisierungen ab; Sklavereien sowie speziell die „neue" atlantische Sklaverei, Conquistas und Globalisierung zeigen auch den „Sinn" der frühen kolonialen Expansionen. Mit Sklavenhandel und Sklavereien entstanden auf und um den Atlantik herum eine gigantische „Sklavenarbeiterzone" (John Darwin)[276] sowie kosmopolitische Diasporas von Menschenhändlern, ihres Personals sowie vor allem afrikanischer Menschen in der atlantischen Welt (und darüber hinaus). In chinesischer Perzeption wurden alle Menschen des atlantischen Beckens (Europäer, Amerikaner und Afrikaner) zum „Volk der Großen westlichen See" (1701).[277] Die „große westliche See" ist der Indik.

Der kreolische Raum der Atlantisierung, versklavter Arbeit und Kapitalisierung menschlicher Körper wird durch unterschiedlichste Kreol-Sprachen markiert, deren gemeinsames Merkmal „afrikanische" Grundstrukturen und europäische Lexik sowie Worte aus dem *baixo português* (selbst eine Art Kreolsprache) sind. Wichtigste atlantische Träger der Kultur des Menschenhandels und der Atlantisierung Afrikas, Europas und der Amerikas auch *beyond the Atlantic* waren Atlantikkreolen (grob: in den ersten Generationen: Nachkommen europäischer Väter und indigener Mütter, deren Familien meist das Sagen hatten). Atlantikkreolen waren in der Frühzeit der Atlantisierung (1350–550) führend im Menschenhandel, auch und gerade in der frühen Verschleppung von Cativos (span.: *cautivos*; engl.: *captives* – Kriegsgefangene) nach Amerika nach 1493.[278] Sie mussten sich schnell mit Gegenreaktionen der Monopolisierung, Kompaniebildung sowie Marginalisierung und Exklusivierungsversuchen von Seiten aller sonstigen – oft imperialen – Profiteure des Sklaven- und Menschenhandels sowohl europa- wie auch afrika- oder amerikabasierter Kronen, Monopolkaufleuten, Spekulanten und Großkaufleuten (Reeder, Armadores, Versicherer) auseinandersetzen. Deshalb fanden sie sich oft auf Seiten von Piraten, Korsaren und anderen Antimonopolisten oder überhaupt Feinden von quasi-staatlichen Kolonial-Ordnungen (*cimarronaje* als karibisch-atlantische Kultur).[279] Im Zuge der Herausbildung des Angloatlantik und einer gezielten Christia-

---

276 Darwin, „Orientierungen", in: Darwin, Der imperiale Traum, S. 18–56, hier S. 33.

277 Pomeranz; Topik, The World That Trade Created: Society, Culture, and the World Economy, 1400 to the Present, Armonk: M. E. Sharpe, ^{2}2006, S. 43.

278 Green, „Beyond an Imperial Atlantic: Trajectories of Africans From Upper Guinea and West-Central Africa in the Early Atlantic World", in: Past and Present 230 (Feb 2016), S. 91–122.

279 Zur Organisation von Monopolen siehe: Phillips, Carla Rahn, „The Organization of Oceanic Empires: The Iberian World in the Habsburg Period", in: Bentley, Jerry H.; Bridenthal, Renate; Wigen (eds.), Seascapes. Maritime Histories, Littoral Cultures, and Transoceanic Exchanges, Honolulu: University of Hawai Press, 2007, S. 71–86; zu den Gegenreaktionen (hier in der Karibik) siehe: Landers, „Cimarrón Ethnicity and Cultural Adaptation in the Spanish Domains of the Circum-Caribbean, 1503–1763", in: Lovejoy (ed.), Identity in the Shadow of Slavery, London; New York: Continuum, 2000, S. 30–54.

nierungs- und Europäisierungspolitik (meist auch noch mit nationalen *exclusifs*) sowie Indigenisierungspolitiken andererseits wurden Atlantikkreolen oft, aber nicht immer, in Dienstfunktionen des europäisch-christlich und „weiß" dominierten Sklavenhandels gedrängt (auch und gerade sephardische Atlantikkreolen).[280] Trotzdem bleiben sie, auch qua Masse oder als Piraten (manchmal auch als von Piraten Geraubte, denen die Flucht gelang),[281] Korsaren, Bukaniere oder Flibustiers, Träger einer noch kaum erforschten atlantischen Kultur und Träger von dynamischen Netzwerken zwischen Amerika und Afrika sowie Träger verschiedenster Lokalkulturen. Im Gegensatz zu Versklavten, unter denen sich zweifellos auch Atlantikkreolen (Ira Berlin) befanden, bewegten sich Piraten/Korsaren, Atlantikkreolen, Sklavenhändler sowie ihr Personal habituell zwischen den Kontinenten auf dem Meer oder auf Flüssen in die Kontinentmassen hinein, also hin und her oder kreuz und quer oder zirkulierten auf und am Atlantik. Sie bewegten sich nicht, wie die meisten Versklavten und Captives, nur in eine Richtung (von Afrika nach Amerika).[282]

Die Verbreitung von Mais,[283] Manioc (Yuca, Kassava), Yams, Reis, Bohnen, europäischem Groß- und Herdenvieh sowie Wachtieren (vor allem Rinder, Maultiere, Pferde, Esel, Ziegen, Schafe und Hunde an vorderster Front) an fast allen atlantischen Küsten, Bananen-Arten, Erdnüssen, Tabak[284] sowie atlantischen Epidemien bildete einen unregelmäßigen biologischen Hintergrund dieser Diasporas. Die Verbreitung von Yuca/Manioc und des haltbaren Tapiocamehls, etwa umreißt das frühe atlantische Sklavenimperium Karibik-Brasilien-Guinea-Benin-Kongo-Angola; die von „black rice", bestimmten Bohnenarten und Erdnüssen das britische Sklavenhandelsimperium.[285] Alkohol (Wein, Branntwein, Rum sowie Palmwein) und

---

280 Schorsch, Jonathan, Swimming the Christian Atlantic: Judeoconversos, Afroiberians and Amerindians in the Seventeenth Century, Leiden: Brill, 2009; Zeuske, Sklavenhändler, Negreros und Atlantikkreolen.

281 Flemming, Gregory N., At the Point of a Cutlass: The Pirate Capture, Bold Escape, and Lonely Exile of Philip Ashton, Lebanon: Foredge, 2014.

282 Zeuske, „Out of the Americas: Slave traders and the Hidden Atlantic in the nineteenth century", S. 103–135; Zeuske, „Mongos und Negreros: Atlantische Sklavenhändler im 19. Jahrhundert und der iberische Sklavenhandel 1808/1820–1873", S. 57–116.

283 Paz-Sánchez, Manuel de, „Wheat of Portugal. The African adventure of maize", in: Culture & History Digital Journal Vol. 2:2 (2013): e028 (online: http://dx.doi.org/10.3989/chdj.2013.028 (29. August 2017)).

284 De Figuerôa-Rêgo, João, „Os Homens da Nação e o Trato Tabaqueiro. Notas sobre Redes e Mobilidade Geográfica no Contexto Europeo e Colonial Moderno", in: Anais de História de Além-Mar, No. XIV, Lisboa (2013), S. 177–199.

285 Brown, The Reaper's Garden, passim; Carney, Judith A.; Rosomoff, Richard N., In the Shadow of Slavery. Africa's Botanical Legacy in the Atlantic World, Berkeley [etc.]: University of California Press, 2009; Gallagher, Daphne, „American plants in Sub-Saharan Africa: a review of the archaeological evidence", in: Azania: Archaeological Research in Africa Vol. 51:1 (= Emerging Trends in African Archaeology) (2016), S. 24–61; Rodrigues, „'De farinha, bendito seja deus, estamos por agora muito bem': uma história da mandioca em perspectiva atlântica / 'Of flour, blessed be God, now

Tabak waren Konsumlaster vor allem des Sklavenhandels und der Versklavten, aber auch Tauschgüter und gesuchte Kommoditäten des Sklaven- und Menschenhandels.[286] Inwieweit neben Alkohol und Tabak auch Opium und Kokain sowie weitere Drogen (wie Kola) eine Rolle spielten, bleibt zu erforschen.[287] Sklavenjagd, Sklavenhandel und Sklavereien waren Teil eines frühen Menschen- und Biokapitalismus, zusammengefasst im *rescate* und grob nachvollziehbar in der Historie des Wortes *razzia* (auch: *ghazzia* – Überfall, Raubzug/Versklavung).[288] Dieser Menschenkapitalismus band Afrika bis zum Beginn der engeren Moderne (ca. 1870) in die aktive, aber in christlichen Atlantikstaaten bewusst marginalisierte (rassistische Zivilisationsargumente, Christentum), neuere Kapitalismusentwicklung ein. Erst durch die Staatsschulden/Kapital/Wert-Fixierung in Geld, neue Waffen, Nachrichtenübermittlung, Schiffs-Wissens-Komplex und Technologie sowie die massiven Exporte von Manufakturwaren und Industrieprodukten (mit Zerstörung anderer Industrien, wie der indischen Textilindustrie und der aggressiven Schaffung von Märkten, wie dem des Opiums) bildete sich im 19. Jahrhundert eine Überlegenheit Europas und eine scheinbar unüberbrückbare „große Differenz" heraus. Eine Hauptdimension war die Überlegenheit in nahezu jeder Form von Mobilität (sowie Kommunikationen und Medien). Die Razzia hatte aber schon eine lange Geschichte in der Sklavenbeschaffung nomadischer Kulturen, die Sklaven als Hirten einsetz-

---

we are very well': A History of manioc in Atlantic perspective", in: Revista Brasileira de História. São Paulo Vol. 37, nº 75 (2017), S. 69–95.

286 Shaw, Thurstan, „Early Smoking Pipes: In Africa, Europe, and America", in: Journal of the Royal Anthropological Institute of Great Britain and Ireland 90 (1960), S. 272–305; De Figuerôa-Rêgo, „Os Homens da Nação e o Trato Tabaqueiro. Notas sobre Redes e Mobilidade Geográfica no Contexto Europeo e Colonial Moderno", S. 177–199; Cosner, Charlotte, The Golden Leaf: How Tobacco Shaped Cuba and the Atlantic World, Nashville: Vanderbilt University Press, 2015; zu Alkohol: Curto, José C., „Alcohol under the Context of the Atlantic Slave Trade", in: Cahiers d'études africaines Vol. 51, no. 201 (2011), S. 51–85.

287 Die beste Übersicht zu Opium findet sich bei: Fradera, Josep María, „Opio y negocio, o las desaventuras de un español en China", in: Fradera, Gobernar colonias, Barcelona: Ediciones Península, 1999, S. 129–152. Opium ist aus dieser Perspektive, wie Alkohol und andere Drogen, nachgrade ein Instrument imperialer und fiskalischer Expansion, die vom safawidischen Persien auf Moghul-Indien, Westindien, Gujarat, die Marathen-Staaten, die malaischen Gebiete und schließlich China ausstrahlt und von Portugiesen, Niederländern und Briten übernommen und intensive für globale Expansionen genutzt wurden; siehe auch: Trocki, Carl A., Opium and Empire: Chinese Society in Colonial Singapore 1800–1910, Ithaca: Cornell University Press, 1990; Trocki, Opium, Empire and the Global Political Economy. A Study of the Asian Opium Trade, 1750–1950, London-New York: Routledge, 1999; siehe auch: Nolte, „Luxus und Drogen", in: Nolte, Weltgeschichte, S. 252–257 sowie: Luna-Fabritius, Adriana, „Modernidad y drogas desde una perspectiva histórica", in: Revista Mexicana de Ciencias Políticas y Sociales Vol. 60, no. 225 (2015), S. 21–43. Zu Kola (auch makasso, gourou, gola oder ombémé) siehe u. a.: Virey, J. J. [Julien-Joseph], „Ueber die Goura- oder Gouru-Nuss, auch Kola genannt, ein geschätztes Kaumittel der Neger", in: Annalen der Pharmacie Vol. 5 (1833), S. 317–319.

288 Peralta Rivera, Germán, Los mecanismos del comercio negrero, Lima: Kuntur Editores, 1990.

ten, wie Skythen, Araber oder frühe Römer. Auch maritime Krieger, vulgo hochmobile Piraten, beschafften sich ihre Opfer durch Razzien.

In der Nachfolge von Michel Foucault ist Körpergeschichte vor allem seit den 1980er Jahren zum Modethema avanciert; Sklaverei ist dabei in Europa meist unter Rassismus- und Hautfarbe-Themen gestreift worden. Oft sind Söldner und Soldaten Gegenstand der Untersuchungen von europäischen Historikern, allerdings mehr als Teile von Truppen und Armeen, weniger als Individuen, Typen und soziale Akteure. Soldaten als transkulturelle Grenzgänger, die vor allem an den Grenzen von Imperien sehr in der Nähe zu Sklavinnen und Sklaven sowie Maroons lebten, sind eher von Anthropologen und weniger Historikerinnen, auch Militärhistorikern, bearbeitet worden.[289] „Körper als Ware" gilt für Versklavte und für Söldner; ähnlich wie die Frage der Sklavereien in Afrika für afrikanische Eliten. Menschliche Körper als Kapital für Eliten und Grundlage ganzer Handelssysteme ist seltener behandelt worden; auch was mit den Körpern von „Lohnarbeitern und Lohnarbeiterinnen" geschieht ist eher selten Gegenstand von historischen Analysen.

Die Handelsrouten der großen Reiche und des frühen Merkantilkapitalismus waren vor allem Routen von Sklavenschiffen und Sklavenkarawanen[290] (oft auch von Söldnern und Matrosen und seit dem späten 18. Jahrhundert auch von wissenschaftlichen „Entdeckern"); die eigentliche Wertsteigerung fand auf den marginalisierten Atlantiklinien der Middle Passage zwischen Afrika und den Amerikas, d. h. in und durch Mobilität, Austausch (Konnektionen), sowie in der „Anlage" menschlicher Körper in den Amerikas statt. Die Sklaverei des Atlantiks sowie die Sklavereien an den Ufern des Indischen Ozeans und im maritimen Südostasien waren der wichtigste und breiteste räumlich-historische Sockel aller Formen unfreier Arbeit in der Weltgeschichte bis in die Neuzeit; die auf atlantischem Sklavenhandel und Sklaverei basierende Ideologieformation des Rassismus ist die globale Exklusionsideologie des Westens schlechthin.

„Hegemonische" Sklavereien

Ein bereits mehrfach genanntes Grundproblem der Diskurse globalhistorisch ausgerichteter Sklaverei- und Sklavenhandelshistoriografie ist ihre Fixierung auf „große" und „hegemonische" Sklavereien. Es ist wirklich so, als existiere nur „a single

289 Groebner, Valentin, „Körper auf dem Markt. Söldner, Organhandel und die Geschichte der Körpergeschichte", in: Mittelweg 36, Heft 6 (14) (2005), S. 69–84; Whitehead, Neil L., „Carib ethnic soldiering in Venezuela, the Guianas, and the Antilles, 1492–1820", in: Ethnohistory 37 (1990), S. 357–385.

290 Für Afrika (und David Livingston), siehe: Rockel, Stephen, „Decentering Exploration in East Africa", in: Kennedy, Dane (ed.), Reinterpreting Exploration: The West in the World, New York: Oxford University Press, 2014, S. 172–194.

archetypal image of slavery",[291] wie Andrea Major in ihrem Buch über Sklavereien, Abolitionen und Empire in Britisch Indien schreibt. Der Status quasi jeden Haushalts, Palastes und jeder Elite-Gruppe hing in Indien von der Anzahl gekaufter Kinder und Frauen ab. Sklaven-Eunuchen und kollektive „Sonder"-Formen von Sklavereien (die anders hießen), waren weit verbreitet.[292] Dazu kamen, massiv seit dem 9. Jahrhundert, islamische Sklavereien sowie Sklavenhandel und, massiv seit dem 16. Jahrhundert, christliche Sklavereien und Sklavenhandel. Selbstverständlich liegt das daran, dass die „großen" Sklavereien, in europäischer Perspektive vor allem die römische Sklaverei, ein eigenes Korpus an Texten, Rechtsdiskursen, Traktaten, Bildern und Historiografien[293] hervorgebracht hat und immer noch – Forschungen zur Antike gehören zur stärksten Legitimation europäischer und neoeuropäischer Zentralität – hervorbringen. Ihre Wissenschafts- und Medienpräsenz ist einfach riesig. Für die andere „große" hegemonische Sklaverei: die islamisch-persisch-ägyptisch-indische bzw. osmanische Sklaverei, die in ihrem eigenen Literatur- und Traditionszusammenhang ähnliche viele Diskurse, Texte und Historiografien hervorgebracht hat, ist das in europäischer oder nordamerikanischer Perspektive schon schwieriger. Und es ist noch mehr: möglicherweise sind urbane Haussklavereien wirklich weit „typischer" für globale Sklavereien bis weit über das 19. Jahrhundert hinaus gewesen als Plantagensklavereien?[294]

In gewissem Sinne haben „hegemonische" Sklavereien auch ein erkenntnistheoretisches/medienhistorisches Grundproblem, eine Art unendlicher Bestätigungsschleife, auf ihrer Seite: „Schreiben war immer in der Hand der Mächtigen und der Versklaver".[295] Weil im Wesentlichen die Versklaverseite der „hegemonischen" Sklavereien Schreiben überhaupt kontrollierte (und andere Versklaver und Menschenhändler andere Memorierungssysteme hatten), existieren unendlich viele geschriebene Quellen (auch wenn sich Historiker immer noch mehr wünschen würden) über eben „hegemonische" Sklavereien. Weil so viele Schrift-Quellen existie-

---

291 Major, „'To Call a Slave a Slave': Recovering Indian Slavery", S. 18–38, hier S. 18.

292 Chatterjee, Gender, Slavery and Law in Colonial India, passim.

293 Herrmann-Otto, „Die Sklaverei in der antiken Theorie", in: Herrmann-Otto, Sklaverei und Freilassung (2009), S. 16–34.

294 Sears, Christine E., „'In Algiers, the City of Bondage': Urban Slavery in Comparative Context", in: Forret, Jeff; Sears (eds.), New Directions in Slavery Studies: Commodification, Community, and Comparison, Baton Rouge: Louisiana State University Press, 2015, S. 201–218.

295 Sinngemäß nach Joachim Henning, der seit Jahren versucht, die Textquellen-Interpretationen durch archäologische Befunde zu Sklavereiformen und Menschenhandel im Übergang vom Römischen Reich zum Mittelalter (inklusive der Versuche, „Rom" in Byzanz und im Karolingischen Reich) wieder erstehen zu lassen, zu ergänzen, siehe: Henning, Joachim, „Strong Rulers – Weak Economy? Rome, the Carolingians and the Archaeology of Slavery in the First Millennium AD", in: Jennifer Davis, Jennifer; McCormick, Michael (eds.), The Long Morning of Medieval Europe. New Directions in Early Medieval Studies, Aldershot: Ashgate 2008, S. 33–53; siehe auch: Fontaine, Janel M., „Early medieval slave-trading in the archaeological record: comparative methodologies", in: Early Medieval Europe 25 (2017), S. 466–488.

ren und weil vor allem in den USA die Auseinandersetzungen um die Erinnerung an die Sklaverei und um die Geschichtspolitik so intensiv sind, wird immer wieder über diese „hegemonischen" Sklavereien des atlantischen Westens gearbeitet … und so weiter.

In Europa gibt es, auch wegen der Prominenz antiker Sklavereien, seit langem intensive Forschungen zu Westeuropa (inklusive Iberische Halbinsel, Italien und Küsten der Adria oder Griechenland); Teile Mitteleuropas, wo die Römer nicht Fuß fassen konnten, und vor allem Osteuropa und Nordeuropa blieben lange „slavenfrei". Erst neuere Forschungen zeigen, dass es vielfältigste Sklavereiformen gab und Osteuropa nicht nur Zuliefergebiet für Sklaven in islamische Gebiete war.[296] Forschungen zur langen Geschichte unterschiedlichster lokaler „kleiner" Sklavereien „ohne den Namen Sklaverei", aber mit einer Vielzahl eigener Benennungen, zu Kin- und Razzien- sowie Opfersklavereien oder Versklavungsformen auf Wegen des Menschenhandels haben sich im Bereich der Mittelalterarchäologie und Wirtschaftsgeschichte des europäischen Mittelalters (vor allem des frühen Mittelalters) u. a. von afrikanischer Geschichte inspirieren lassen. Europa wurde, wie erwähnt, zunächst „provinzialisiert", um dann spezifische Entwicklungen heraus zu arbeiten (Westeuropa unter Einschluss der iberischen Halbinsel, Britische Inseln, Südeuropa, vor allem Italien und das Mittelmeergebiet, partiell der Balkan, Osteuropa und Nordeuropa).[297]

---

296 Ott, „Europas Sklavinnen und Sklaven im Mittelalter. Eine Spurensuche im Osten des Kontinents", S. 31–53.

297 Henning, „Gefangenenfesseln im slawischen Siedlungsraum und der europäische Sklavenhandel im 6. bis 12. Jahrhundert. Archäologisches zum Bedeutungswandel ‚sklābos-sakāliba-sclavus'", in: Germania 70 (1992), S. 403–426; Inikori, „Slavs or Serfs? A Comparative Study of Slavery and Serfdom in Europe and Africa", in: Okpewho; Davies; Mazrui (eds.), African Diaspora, S. 49–75; Miller, „The Historical Contexts of Slavery in Europe", in: Hernæs, Per; Iversen, Tore (eds.), Slavery across Time and Space: Studies in Medieval Europe and Africa, Trondheim: Department of History, NTNU, 2002 (Trondheim Studies in History; 38), S. 1–57; Landau, Peter, „Slavery and Semifreedom in the High Middle Ages – in the Perspective of the Church", in: Hernæs; Iversen (eds.), Slavery across Time and Space, S. 97–104; McCormick, Origins of the European Economy: Communication and Commerce, AD 300–900, Cambridge: Cambridge University Press, 2001; McCormick, „Verkehrswege, Handel und Sklaven zwischen Europa und dem Nahen Osten um 900", in: Henning et al. (eds.), Europa im Aufbruch: Das 10. Jahrhundert, Frankfurt am Main, 2002, S. 171–180; Henning, „Wandel eines Kontinents oder Wende der Geschichte? Das 10. Jahrhundert im Spiegel der Frühmittelalterarchäologie", in: Henning (ed.), Europa im 10. Jahrhundert. Archäologie einer Aufbruchszeit, Mainz: Verlag Philipp von Zabern, 2002, S. 11–17; McCormick, „New Light on the "Dark Ages": How the Slave Trade fuelled the Carolingian Economy", in: Past and Present 177 (2002), S. 17–54; Henning, „Slavery or freedom? The causes of early medieval Europe's economic advancement", in: Early Medieval Europe 12:3 (2003), S. 269–277; Henning, „Neue Burgen im Osten. Handlungsorte und Ereignisgeschichte der Polenzüge Heinrichs II. im archäologischen und dendrochronologischen Befund", in: Hubel, Achim; Schneidmüller, Bernd (eds.), Aufbruch ins zweite Jahrtausend. Innovationen und Kontinuität in der Mitte des Mittelalters, Jan Thorbecke Verlag, 2004, S. 151–181; Fontaine, „Early medieval slave-trading in the archaeological record: comparative methodologies", S. 466–488.

Vor allem sind Forschungen über „andere“ Sklavereien im Bereich der Ethnologie und der außereuropäischen Anthropologie sowie Geschichtsschreibungen zu finden; auch in lokalen Historiografien vieler Kolonialgebiete, vorkolonialer Regionen und Kontaktzonen zwischen Europäern, ihren Nachkommen und Außereuropäern.[298] Die „anderen“ Sklavereien existierten an vielen Orten der Welt nicht nur in ferner Vergangenheit, sondern auch in jenen historischen Zeiten, die in europäisch-nordamerikanischer Perspektive Antike, Mittelalter und Neuzeit (mit den jeweiligen Sonderkapiteln zur Kolonialzeit) genannt werden; in den jeweiligen Gesellschaften aber ganz anders. Berichte und Texte etwa von den Rändern, Frontiers und Grenzen der europäischen Expansion[299] (Conquistadoren, Kapitäne, Razzien, Gefangene, Missionare, Ärzte, Reisende, Forscher), Kolonien im 20. Jahrhundert (etwa Afrika) und anderer Expansionen (arabisch-islamische, persische, chinesische) stellen deshalb eine extrem wichtige Quellengattung zur Erforschung der Sklavereien dar. Die Frage ist immer, ob sich Befunde über „andere“ Sklavereien, sagen wir aus dem 15.–20. Jahrhundert, auf frühere Zeiten der langen Geschichte der „kleinen“ und „anderen“ Sklavereien anwenden lassen (methodisch: wie weit trägt die Analogie bzw. der assymetrische Vergleich?).[300]

Wenn es Ansätze zur Erforschung „prähistorischer“ Sklavereiformen oder zu Sklavereien (auch) außerhalb des antiken Griechenlands und Roms gibt (ich erwähne nur Mendelson, Ameling, Gronenborn, Peschel, Heinen, Fischer, Sommer, Taylor),[301] werden diese meist von „hegemonischen“ Sklavereien, wie ganz stark

298 Stellvertretend seien zitiert: Rodney, Walter, „African Slavery and Other Forms of Social Oppression on the Upper Guinea Coast in the Context of the Atlantic Slave Trade“, in: J.Afr.Hist. Vol. 7 (1966), S. 431–443; Robertson, Claire C.; Klein (eds.), Women and Slavery in Africa (Madison: University of Wisconsin Press, 1983; Miers; Kopytoff, Igor (eds.), Slavery in Africa. Historical and Anthropological Perspectives, Madison: University of Wisconsin Press, 1977; Miers; Roberts, Richard (eds.), The End of Slavery in Africa, Madison: University of Wisconsin Press, 1988; Miers; Klein, Martin A., Slavery and Colonial Rule in Africa, London: Frank Cass, 1998 (= Special issue of Slavery and Abolition, 19, 2 (1998)); Lovejoy, Transformations in slavery; Thornton, „Slavery and African Social Structure“, in: Thornton, Africa and the Africans, S. 72–97; Thornton, „Africa: The Source“, in: Captive Passage. The Transatlantic Slave Trade and the Making of the Americas, Washington and London; Newport News: Smithsonian Institution Press; The Mariner's Museum, 2002, S. 35–51; Brooks, James F., Captives & Cousins: Slavery, Kinship, and Community in the Southwest Borderlands, Chapel Hill: University of North Carolina Press, 2002; Strong, Pauline T., „Transforming Outsiders: Captivity, Adoption, and Slavery Reconsidered“, in: Deloria, Philipp J.; Salisbury, Neil (eds.), A Companion to American Indian History, Malden [etc.]: Blackwell Publishing, 2004, S. 339–356.

299 Prado, Fabricio, „The Fringes of Empires: Recent Scholarship on Colonial Frontiers and Borderlands in Latin America“, in: History Compass Vol. 10:4 (2012), S. 318–333; Reséndez, The Other Slavery, passim.

300 Rossi, „Dependence, Unfreedom, and Slavery in Africa: Toward an Integrated Analysis“, in: Africa Vol 86:3 (2016), S. 571–590.

301 Mendelson, Slavery in the Ancient Near East: A Comparative Study of Slavery in Baylonia, Assyria, Syria, and Palestine, passim; Ameling, Karthago. Studien zu Militär, Staat und Gesellschaft, München: Beck 1993 (Vertigia; Bd. 45) (debattiert den Zusammenhang zwischen Piraterie und Menschenhandel); Gronenborn, „Zum (möglichen) Nachweis von Sklaven/Unfreien in prähis-

eben von der Finleyschen „Individualität" antiker Mittelmeer-Sklaverei und besonders der römischen Sklaverei, überdeckt; wenn man es medientheoretisch ausdrücken will: „überschrieben". Um es noch essentialistischer auszudrücken: vor dem Hintergrund der jeweils am schärfsten konturierten Sklaverei, d. h., zum Beispiel der römischen Sklaverei in der Antike oder der Kolonialsklaverei auf Barbados im 17. Jahrhundert, sind alle anderen Sklavereiformen und -typen „Sonderformen". Sklavereigeschichte wird so immer wieder in einer Art impliziter Formationstheorie („ohne Revolution") nach dem Muster „Alter Orient-Antike-(neuerdings) Islam-amerikanische Plantagensklaverei-Abolition-Ende" kanonisiert. Für die „neue" mittelalterliche Sklaverei Europas, die im 12. Jahrhundert im Windschatten des großen islamischen Sklavenhandels aufkam, aber nie eine wichtige Rolle in marxistischen Formationstheorien spielte, drückt Alfred Haverkamp den Sachverhalt des Anschlusses an die implizite Quasi-Formationstheorie unter Einbeziehung der „Sonderform leibeigene Unfreiheit" so aus: „Vom mitteleuropäischen-nordalpinen Standort aus betrachtet, stellt das Fortwirken der Sklaverei im Mittelalter wegen der unbestrittenen Umwandlung des Sklavenstatus in verschiedenartig geprägte Formen der leibeigenen Unfreiheit im kontinentalen mittel- und westeuropäischen Raum in der Tat auch nur eine Randerscheinung dar, die sich vornehmlich mit der spanischen Halbinsel, den an das Mittelmeer angrenzenden Gebieten Südfrankreichs, den Küstenstreifen Italiens nebst Sizilien und ferner größeren Teilen des byzantinischen Reichs – eben nur auf die Randzonen und die Peripherien Europas – erstreckte".[302]

torischen Gesellschaften Mitteleuropas", S. 1–42; Gronenborn; Scharl, Sylviane, „Das Neolithikum als globales Phänomen", in: Otten, Thomas et al. (eds.), Revolution Jungsteinzeit, Darmstadt: Theiss, 2015 (Schriften zur Bodendenkmalpflege in Nordrhein-Westfalen 11,1), S. 58–71; Heinen, „Sklaverei im nördlichen Schwarzmeerraum: zum Stand der Forschung", in: Bellen, Heinz; Heinen (eds.), Fünfzig Jahre Forschungen zur antiken Sklaverei an der Mainzer Akademie 1950–2000. Miscellanea zum Jubiläum, Stuttgart: Franz Steiner Verlag, 2001, S. 487–503; Fischer, Josef, „Sklaverei und Menschenhandel im mykenischen Griechenland", in: Heinen (ed.), Menschenraub, Menschenhandel und Sklaverei in antiker und moderner Perspektive. Ergebnisse des Mitarbeitertreffens des Akademievorhabens *Forschungen zur antiken Sklaverei* (Mainz, 10. Oktober 2006), Stuttgart: Steiner, 2008 (Forschungen zur antiken Sklaverei 37), S. 45–85; Peschel, Karl, „Archäologisches zur Frage der Unfreiheit bei den Kelten während der vorrömischen Eisenzeit", in: Ethnographisch-Archäologische Zeitschrift 31, 3/4 (1990), S. 370–417; Taylor, Timothy, „Believing the ancients: quantitative and qualitative dimensions of slavery and the slave trade in later prehistoric Eurasia", in: World Archaeology 33/1 (2001), S. 27–43; Sommer, „Der Kosmos der großen Institutionen", in: Sommer, Die Phönizier, S. 18–30.

302 Haverkamp, „Zur Sklaverei in Genua während des 12. Jahrhunderts", in: Haverkamp, Verfassung, Kultur, Lebensform. Beiträge zur italienischen, deutschen und jüdischen Geschichte im europäischen Mittelalter. Dem Autor zur Vollendung des 60. Lebensjahres, Burgard, Friedhelm; Heit, Alfred, Matheus, Michael (eds.), Mainz 1997, S. 1–52; Haverkamp, „Die Erneuerung der Sklaverei im Mittelmeerraum während des hohen Mittelalters. Fremdheit, Herkunft und Funktion", in: Herrmann-Otto (ed.), Unfreie Arbeits- und Lebensverhältnisse von der Antike bis zur Gegenwart, S. 130–166.

Es wird aber noch prinzipieller, wenn die ganze geheimnisvolle „Aufgabe von Freiheit“ aus interner westeuropäisch-karolingisch und angelsächsischer Perspektive betrachtet wird, was ich hier anhand einer Arbeit von Alice Rio tun will. Sie hebt genau das Paradox hervor: „Taken at face value, this could seem curiously at odds with the view that slavery was in decline during this period, but self-sales in the medieval world have been associated less often with slavery than with serfdom. The continued use of the same Latin words to refer to all unfree people throughout this period means that the distinction between these two forms of unfreedom is left entirely to interpretation, and many different chronologies have been proposed for the transition from one to the other. Marc Bloch, whose thinking remains fundamental to all discussions of early medieval servitude, thought it had taken place by the ninth century; the school of thought referred to as "feudal mutationism," partly influenced by Bloch's work and associated with Georges Duby, places it around the year 1000. By this account, only eleventh-century self-sellers would have been entering serfdom, with earlier medieval self-sales involving actual slavery“.[303]

Die in diesen Gebieten fortdauernde „Unfreiheit“ („freiwillige“ Selbstunterordnung, Selbst-„Verkauf“) und seit dem Hochmittelalter sich sogar stärker ausbreitende Sklaverei behält aber schon insofern einen welthistorischen Rang, als sie den „direkten Anknüpfungspunkt für die erneute Ausbreitung der Sklaverei in den europäischen Kolonien in Amerika während der neuzeitlichen Jahrhunderte bietet“.[304] Es ist fast tragisch: ohne Anschluss an eine „hegemonische“ Sklaverei, im vorliegenden Fall die „hegemonische“ Kolonialsklaverei auf den Plantagen Amerikas, keine Legitimität mediävistischer Sklavereiforschung. Im Gegensatz dazu werde ich in vorliegendem Buch versuchen zu beweisen, dass etwa die genannte „Sklaverei in den europäischen Kolonien“ auch „direkten Anknüpfungspunkte“ in der mittelalterlichen Geschichte Europas, aber vor allem in „anderen“ Sklavereien der Geschichte Afrikas und Amerikas hatte. Die Sklaverei in den Kolonien war eine Art welthistorisch zusammengesetzter Sklaverei.[305]Aber selbst für das mittelalterliche Europa, bei dem immer wieder darauf verweisen wird, dass mit Herausbildung

303 Rio, Alice, „Self-sale and voluntary entry into unfreedom, 300–1100“, in: Journal of Social History 45:3 (2012), S. 661–685, hier S. 662.

304 Haverkamp, „Zur Sklaverei in Genua während des 12. Jahrhunderts“, in: Haverkamp, Verfassung, Kultur, Lebensform. Beiträge zur italienischen, deutschen und jüdischen Geschichte im europäischen Mittelalter. Dem Autor zur Vollendung des 60. Lebensjahres, Burgard, Friedhelm; Heit, Alfred, Matheus, Michael (eds.), Mainz 1997, S. 1–52; siehe auch: Davies, Wendy, „On servile status in the early middle ages“ in: Bush, Michael L. (ed.), Serfdom & Slavery. Studies in Legal Bondage, Essex: Addison Wesley Longman, 1996, S. 225–246.

305 Hier sind vor allem von Mittelalter-Archäologie und Archivforschung mikrohistorischen Charakters neue Impulse ausgegangen, siehe zur Einführung: Cluse, „Sklaverei im Mittelalter – der Mittelmeerraum“, unter: http://med-slavery.uni-trier.de/minev/MedSlavery/publications/Einfuhrung.pdf (letzter Zugriff 21. Juli 2018), S. 1–18.

des Reichskirchensystems unter den Ottonen und der Christianiserung „privater“ Sklavenhandel und Sklaverei nicht mehr existierten, gibt es Unsicherheiten. Um 1100 hatten sich überall, paradigmatisch im Frankenreich, aber auch im Norden, Süden und Westen der *Francia* (mit keltischen, islamischen und normannischen Rändern im Westen und Norden), der *Germania* und (bis zum 14. Jahrhundert) in der *Slavia*, Groß-Königtum, christliche Monarchie, Zentralstellung von Landbesitz („Lehen“-Grundherrschaft im Westen / nach 1500 Gutsherrschaft im nördlichen Osten) sowie Vasallität im Sinne „der Unterordnung unter den nächsten Führer“ (Marc Bloch)[306] etabliert. Ihr Charakter war oft mehr ideal und als real, und sie waren oft von anderen Territorien, wie kollektiven Alloden (*commons*), bäuerlichen Hofwirtschaften, *hermandades*, Kaufmanns-Hansen und -kommunen, kommunalen Städten durchsetzt sowie von Grenzterritorien (auch Wälder, Deichgebiete, Moorgebiete, Razziengrenzen und Gebirgszonen) durchzogen oder umringt, in denen sich unmonarchische „Schwurgemeinschaften“ bildeten. Aber noch aus dem frühen 11. Jahrhundert berichtet Thietmar von Merseburg über Sklavenrazzien im Zuge der Kriege zwischen dem Reich und Polen sowie von Sklavenverkauf an einen jüdischen Händler.[307]

Der Kern des mittelalterlichen „Latein-Europa“, das fränkische, karolingische, ottonische und staufische Imperium, stand, zusammen mit anderen Monarchien in seinem Umfeld, im Norden und Westen, Süden, Osten sowie Südwesten und Südosten vor großen Gefahren. Aus dem Osten kamen Hunnen, Goten, Awaren, Sachsen, Slawen, Petschenegen, Chasaren, Protobulgaren und Bulgaren, Chasaren, Ungarn. Aus Norden, Nordosten und Westen kamen über Flüsse und Seen Wikinger/Waräger, Dänen und Nordmänner, sicherlich zusammen mit ein paar Iren und Kelten. In Ostmitteleuropa und im östlichen Europa bildeten sich erst im Frühmittelalter eigentändige christliche Monarchien (das przemyslidische Böhmen, das piastische Polen, das arpadische Ungarn, die Kiever Rus und die Rus unter den Mongolen. Die Rus ihrerseits standen unter dem Druck der Anbindung der westlichen Peripherien der alten Welt an die Abbasiden-Globalisierung der Zeit seit 750 – auch durch die Vernetzung Nord- und Osteuropas mit dem arabischen Wirtschaftsraum durch Sklaven-gegen-Silber-Handel und die Verbindung der Araber über Transoxanien, Baktrien und Sogdien zu Tang- und Sung-China.[308]

---

306 Bloch, Marc, „Comment et pourquoi finit l'esclavage antique?“, in: Annales E.S.C. 2 (1947), S. 30–44 und S. 161–170. Mit „Unterordnung“ ist die Aufgabe persönlicher Freiheit gemeint. Zit. nach: Borgolte, Michael, Europa entdeckt seine Vielfalt 1050–1250, Stuttgart: Verlag Eugen Ulmer, 2002 (UTB 2298) (Handbuch der Geschichte Europas, ed. Peter Blickle, Bd. 3), S. 340.

307 Holzmann, Robert (ed.), Die Chronik des Bischofs Thietmar von Merseburg und ihre Korveier Übertragung, Hannover 1935 (Nachruck 1984) (MGH SS 14), S. 361–486 (Cap. III, S. 377); zum Hintergrund siehe: Verlinden, Wo, wann und warum gab es einen Grosshandel mit Sklaven während des Mittelalters?, Köln: Selbstverl. des Forschungsinst. für Sozial- und Wirtschaftsgeschichte an der Universität zu Köln, 1970 (27 S.) (Kölner Vorträge zur Sozial- und Wirtschaftsgeschichte; 11), www.digitalis.uni-koeln.de/Verlinden/verlinden_index.html (letzter Zugriff 16. 1. 2018).

308 Cosmas von Prag, Die Chronik Böhmens. In Anlehnung an die Übertragung von Georg Grandaur neu übersetzt und eingeleitet von Franz Huf, Heine, Alexander (ed.), 2 Bde., Essen und Stuttgart:

Ähnliche Gefahren kamen von der iberischen Halbinsel im Südwesten sowie über Sizilien, Süditalien und den Balkan im Südosten. Seit 1240, mit dem Fortgang der Mongolenexpansion, standen Osteuropa und Ostmitteleuropa unter noch größerem Druck, als Peripherie Europas ganz an Asien angebunden zu werden. Aber schon vorher, nach der Niederlage gegen germanische Stämme/Völker (vor allem Goten, Burgunder, Franken, Alemannen, Sachsen, Langobarden und Bayern), stand dieses Kern-„Europa“ lange Zeit vor den Gefahren, awarisiert-slawisiert, bulgarisiert, mayarisiert, turkisiert, normannisiert, asianisiert, mongolisiert, orientalisiert oder islamisiert-afrikanisiert zu werden. Von Byzanz ganz zu schweigen.[309] Und auch die Nachfrage aus dem Kalifat war enorm. All das bedeutete immer auch: Kriege und Razziensklavereien, massiven Menschen- und Sklavenhandel und verschiedene andere Sklavereiformen.[310] Die interessante Erwägung einer prozessgeschichtlichen Synthese zur Gründung des frühmittelalterlichen sächsischen Hamburgs angesichts der arabisch-islamischen Expansionen am anderen Ende Europas (Südwest-Europa und Süd-Europa) hebt genau diese Dimension des „es hätte auch anders sein können“ hervor: „Die Bekehrung der sächsischen Siedler zum Islam lag also näher als eine heutige Flugreise nach Rom“.[311] Ich wiederhole noch einmal – überall existierten Razzienkriegsführung, Grenz- und Gefangenen-

Phaidon Verlag, 1987 (Historiker des deutschen Altertums); Abu-Lughod, Janet L., Before European Hegemony. The World System A.D. 1250–1350, Oxford: Oxford University Press, 1989; Schramm, Gottfried, „Fernhandel und frühe Reichsbildung am Ostrand Europas. Zur historischen Einordnung der Kiever Rus“, in: Colberg, Katharina; Nolte; Obenaus, Herbert (eds.), Staat und Gesellschaft in Mittelalter und Früher Neuzeit. Gedenkschrift für Joachim Leuschner, Göttingen: Vandenhoeck & Ruprecht, 1983, S. 15–39; Adamczyk, Dariusz, Silber und Macht. Fernhandel, Tribute und die piastische Herrschaftsbildung in nordosteuropäischer Perspektive (800–1100), Wiesbaden: Harrassowitz, 2014 (Quellen und Studien, Bd. 28); Sutt, Cameron, Slavery in Árpád-era Hungary in a Comparative Context, Leiden and Boston: Brill, 2015; Petráček, Tomáš, Power and Exploitation in the Czech Lands in the 10th–12th Centuries. A Central European Perspective, Leiden and Boston: Brill, 2017.

309 Rotman, „The Slave Trade: The New Commercial Map of the Medieval World“, S. 57–81.

310 Borgolte, Europa entdeckt seine Vielfalt 1050–1250, S. 221 ff; Fehr, Hubert; Rummel, Philipp von, „Völkerwanderungen nach der Völkerwanderung“, in: Die Völkerwanderung, Stuttgart: Theis, 2011, S. 153–162; zur Entstehung Bulgariens siehe: Brüggemann, Thomas, „Die Staatswerdung Bulgariens zwischen Rom und Byzanz. Migration, Christianisierung und Ethnogenese auf der Balkanhalbinsel (6.–11. Jh. n. Chr.)“, in: Furtwängler, Andreas E. et al. (eds.), Pontos Euxeinos. Beiträge zur Archäologie und Geschichte des antiken Schwarzmeer- und Balkanraumes. Manfred Oppermann zum 65. Geburtstag, Langenweißbach: Beier & Beran, 2006, S. 461–472; Ziemann, Daniel, Vom Wandervolk zur Großmacht. Die Entstehung Bulgariens im frühen Mittelalter (7.–9. Jh.), Köln/Weimar/Wien: Böhlau, 2007; Petkov, Kiril, The Voices of Medieval Bulgaria, Seventh–Fifteenth Century. The Records of a Bygone Culture, Leiden/Boston: Brill, 2008; zu arabischem Silber siehe auch: Adas, Michael (ed.), Islamic and European Expansion: The Forging of a Global Order, Philadelphia: Temple University Press, 1993.

311 Kaven, Carsten, „Von der ersten Siedlung bis zur mittelalterlichen Stadt – Die Entstehung Hamburgs im Kontext übergreifender historischer Prozesse“, in: Verein für Geschichte des Weltsystems e.V. (www.vgws.org). Discussion Paper 002, S. 1–44, hier S. 8, www.vgws.org/files/vgws_dp_002.pdf (letzter Zugriff 16. 1. 2018).

ökonomien und Menschenhandel: „in der Karolinger- und Ottonenzeit [hat es] einen lebhaften Handel mit heidnischen Sklaven gegeben [und manchmal auch mit christlichen Sklaven]".[312] In der Karolinger-Zeit im 8. und 9. Jahrhundert hat der europäische Sklavenhandel zugenommen, vor allem wegen der Expansion gegen Osten (Sachsen und Slawen).[313]

Sklaven und Sklavereien wurden in der mediävistischen Forschung lange „systematisch vernachlässigt". Der „Bloch-Sklaverei-Fluch" wirkt lange nach. Insofern ist Alfred Haverkamp ein Pionier. Stefan Hanß schreibt sogar sehr schön, dass vielen Historikern, nachdem sie Marc Bloch gelesen hatten, „die Verwendung des Wortes ‚Sklave' in mediävistischen Studien lange als ‚eine Art Häresie'" erschienen sein muss (weil sie *servus* als „Knecht" und nicht als Sklave übersetzten).[314]

Häresien werden offensichtlich immer weniger gefürchtet, seit die Postmoderne ihr Ende gefunden hat, die reale Geschichte weiter geht und nicht mehr nur Text- und Medienkonstruktion ist. Peter B. Brown schreibt zu Sklaverei und Leibeigenschaft in Russland, einer gigantischen Sklaverei- und Unfreiheitsgesellschaft: „Thanks to the introduction of the head tax (*podushnaia podat'*) slavery (*kholopstvo*) in its overt form within the Russian Empire ceased to exist in 1723. Peter's head tax abolished this institution by merging it with serfdom (*krepostnoe pravo*). Slavery's explicit manifestation in early modern Russia serfdom has long been known, and the well-known convergence of Muscovity slavery and serfdom makes separating the latter from the former moot".[315]

Und jetzt die Unsicherheit: auch in Bezug auf zentralere Gebiete des europäischen Feudalismus, wie in der Francia, Anglia und Germania, sei die Vasallität, die Wechselbeziehung zwischen „Herr und Mann", die regionale europäisch-ideale Feudalität, sowohl von der antiken Sklaverei wie auch von „Formen der freien Abhängigkeit wie in Japan"[316] oder von Verwandtschaftsbindungen der Kin-

---

312 Irsigler, Franz, „Wann wird aus servus = Sklave servus = Knecht?", in: Herrmann-Otto unter Mitarbeit von Simonis, Marcel und Trefz, Alexander (ed.), Sklaverei und Zwangsarbeit zwischen Akzeptanz und Widerstand, Hildesheim; Zürich; New York: Georg Olms Verlag, 2011 (Sklaverei. Knechtschaft. Zwangsarbeit, Bd. 8; Hermann-Otto, Elisabeth, ed.), S. 60–74, hier S. 70.

313 Johanek, Peter, „Der fränkische Handel der Karolingerzeit im Spiegel der Schriftquellen", in: Düwel, Klaus; Jankuhn, Herbert; Timpe, Dieter; Siems, Harald (eds.), Der Handel der Karolinger- und Wikingerzeit. Bericht über die Kolloquien der Kommission für die Altertumskunde Mittel- und Nordeuropas in den Jahren 1980 bis 1983, Göttingen: Vandenhoeck & Ruprecht, 1987 (Abhandlungen der Akademie der Wissenschaften zu Göttingen; Bd. 156), S. 7–68; Riché, Pierre, „Der Sklavenhandel", in: Riché, Die Welt der Karolinger. Aus dem Französischen übersetzt von Dirlmeier, Cornelia und Ulf, Stuttgart: Reclam, 2016 (3. Auflage), S. 140–141.

314 Hanß, „Sklaverei im vormodernen Mediterraneum", S. 623–661, hier S. 628; siehe auch: Hanß; Schiel (eds.), Mediterranean Slavery Revisited (500–1800), passim.

315 Brown, Peter B., „Russian Serfdom's Demise und Russia's Conquest of the Crimean Khanate and the Northern Black Sea Littoral: Was There a Link?", in: Witzenrath (ed.), Eurasian Sllavery, Ransom and Abolition in World History, S. 335–366, hier S. 335, Anm. 2.

316 Borgolte, Europa entdeckt seine Vielfalt 1050–1250, S. 340; zu Japan siehe: Nelson, „Slavery in Medieval Japan", S. 463–492; McCormack, Japan's Outcaste Abolition ...

Gesellschaften (Clansysteme) unterschieden gewesen. Die Frage ist aber, ob nicht Sklavereien, Sklaven-, Gefangenen- und Menschenhandel, Kriegs- und Razziengefangenenansiedlung in Monarchien, Imperien, fürstlichen Einflussgebieten (wie im slawischen bzw. osteuropäischen Raum)[317] oder auf Gütern von Adligen (wie im Wendland Mitte des 12. Jahrhunderts und in Litauen im 14. Jahrhundert)[318] und sklavereiähnliche Verhältnisse eher einen Kontinuitätsstrang in und unterhalb dieser Abhängigkeitsformen (und in Verbindung mit ihnen) bildeten und „Leibeigenschaft“ eben als europäische Lokalform unter vielen anderen Sklavereien debattiert werden sollte.[319] Deshalb weist Rolf Schneider mit Bezug auf Horst Fuhrmann darauf hin, dass Sklaverei bis in das Hochmittelalter auch im Reich „eine unumschränkte Form der menschlichen Knechtschaft“[320] war. Auch macht er die interessante Bemerkung über „Leibeigene, meinethalben Sklaven“.[321]

Die Quasi-Formationstheorie der alten „hegemonischen“ Sklavereien muss zugunsten weltgeschichtlicher Dynamiken, Diskontinuitäten und zugleich Ubiquität unterschiedlichster Sklavereien, oft innerhalb spezifischer Rechts- und Abhängigkeitssysteme, aufgegeben werden. Vor allem, wenn (West- und Mittel-)Europa in weltgeschichtlicher Perspektive als marginal bis etwa in den Zeitraum des 13.–15. Jahrhunderts gesehen wird und die Zentralität bis zum 12. Jahrhundert eher im Schnittpunkt zwischen Europa und Asien, d. h., in Byzanz (im „Lateinischen Kaiserreich“ 1204–1261 unter Dominanz Venedigs), lag. Youval Rotman hat, im Kern auf Basis einer exzellenten Karte und einer exzellenten Chronologie, beides natürlich mittels systematischer Quellenstudien, begründet, und die Zentralität des byzantinischen Imperiums vom 6.–12. Jahrhundert auch in Bezug auf Sklavenhandel und Sklavereien herausgearbeitet.[322] [*Karte 7[323]]

---

317 Ott, „Europas Sklavinnen und Sklaven im Mittelalter. Eine Spurensuche im Osten des Kontinents“, S. 31–53.

318 Lübke, Christian, „Kriegsgefangene im mittelalterlichen Osteuropa. Ein Beitrag zur Frage der Ansiedlung slawischer Gefangener im Wendland in vergleichender Sicht“, in: Jürries, Wolfgang (ed.), Rundlinge und Slawen: Beiträge zur Rundlingsforschung: Begleitband zur Rundlingsausstellung im Rundlingsmuseum Wendlandhof Lübeln, Lüchow: Köhring, 2004 (Band 16 von Schriftenreihe des Heimatkundlichen Arbeitskreises Lüchow-Dannenberg; Band 6 von Veröffentlichungen des Rundlingsvereins, Veröffentlichungen des Rundlingsvereins), S. 77–89; Hardt, „Fernhandel und Subsistenzwirtschaft. Überlegungen zur Wirtschaftsgeschichte der frühen Westslawen“, S. 741–763.

319 Devroey, Jean-Pierre, „Men and Women in Early Medieval Serfdom. The Ninth-Century North Frankish Evidence“, in: Past & Present 166 (2000), S. 3–30.

320 Schneider, Rolf, „Sklaverei“ in: Schneider, Alltag im Mittelalter. Das Leben in Deutschland vor 1000 Jahren, München: Bassermann Verlag, 2006, S. 30–31, hier S. 31.

321 Ebd., S. 31.

322 Rotman, Les esclaves et l’esclavage. De la Méditerranée antique à la Méditerranée médiévale, VIe–XIe siècles, Paris: Les Belles Lettres, 2004 (Engl.: Rotman, Byzantine Slavery and the Mediterranean World, Cambridge and London: Harvard University Press, 2009; Karte 7: Rotman, „The Slave Trade: The New Commercial Map of the Medieval World“, in: Rotman, Byzantine Slavery, S. 57–81; Karte S. 60–61); Rotman, „Captif ou esclave? La compétition pour le marché d’esclaves en Méditerrané médiévale“, in: Guillén; Trabelski (dir.), Les esclavages en Mediterranée. Espaces et dynamiques économiques, S. 25–46; Rotman, „Byzantium and the International Slave Trade in the Central

Globalhistorische Bedeutung hatte die Kontrolle transkontinentalen Handels und der Handelswege nach China: auf der kontinentalen Nordroute („Seidenstrasse“, eigentlich Seiden-Routen): von Konstantinopel nach Syrien oder oder an das Schwarze Meer über Kerman, Tana, Astrachan, dann gab es verschiedene Routen durch Wüsten und Steppen (die meisten sicherlich über Sogdien, Samarkand, Taschkent und Buchara) nach Hangchow oder Kanbalik (Peking).[324] All diese Routen beruhten auf sehr früh (Mitte 3. Jahrtausend vor unserer Zeit) durch Mesopotamien/Persien nach Ost und West sowie Süd und Nord ausgehenden und kontrollierten Routen, die die Extreme Eurasiens – manchmal sehr lose – miteinander verbanden und Vorgänger des von Janet Abu-Lughod beschriebenen mittelalterlichen „Welt-Systems“ waren.[325] Mitteleuropa war entweder über Norditalien, aber im frühen Mittelalter im Grunde über Wege durch Polen (Krákow) und Skandinavien/Kiew sowie Dnepr-Mündung, lose angebunden (siehe unten); die mittlere „Sindbad-Route“ („the oldest water route of mankind“) über Bagdad (von Aleppo, Homs, Damaskus), Basra, den Golf von Persien, die Malabarküsten, Ceylon, die Nikobaren, die malaiische Halbinsel, die Straße von Malakka, die Küsten Kambodschahs und Vietnams (Annam, Dai Viet und die Champa-Territorien, im 15. Jahrhundert unter den Le vereinigt) nach Kanton oder nach Indonesien. Im Zentrum lag der Indische Ozean.[326] Der Pazifik wurde sozusagen nur gekratzt (in Randmee-

Middle Ages“, in: Necipoglu, Sevgi; Magdalino, Paul (eds.), Trade in Byzantium: Papers from the Third International Sevgi Gönül Byzantine Studies Symposium, Istanbul: Koç University Publications, 2016, S. 129–142; siehe auch die.

323 Karte: „The Map of the medieval Slave Trade, 9th–11th c.“, in: Rotman, „Human trafficking in the central Middle Ages: map and data“, S. 1–12, zwischen S. 7 und 8, www.academia.edu/31646676/ (letzter Zugriff 11. 11. 2017) („work in progress“)

324 La Vaissière, Étienne de, „The Commerce Economy in Transoxania“, in: La Vaissière, Sogdian Traders: A History. Translated by James Ward, Leiden: Brill, 2005, S. 299–306.

325 Manning, Joe, „At the limits. Long distance trade in the time of Alexander the Great and the Hellenistic kings“, in: Mair, Victor H.; Hickman, Jane (eds.), Reconfiguring the Silk Road: New Research on East-West Exchange in Antiquity. Foreword by Colin Renfrew, Philadelphia: University of Philadelphia Press, 2014, S. 5–14; Khazanov, Anatoly, „Pastoral nomadic migrations and conquests“, in: Kedar, Benjamin Z.; Wiesner-Hanks, Merry E. (eds.), The Cambridge World History, Cambridge: CUP, 2015 (Vol. V: Expanding Webs of Exchange and Conflict, 500 CE–1500 CE), S. 359–382; Kolb, Ann; Speidel, Michael, „Imperial Rome and China: Communication and Information Transmission“, in: Elizalde, María Dolores; Jianlang, Wang (eds.), China's Development from a Global Perspective, Newcastle upon Tyne: Cambridge Scholar Publishing, 2017, S. 28–56.

326 Goitein, Shlomo D.; Friedman, Mordechai A., India Traders of Middle Ages, Leiden: Brill, 2008; Margariti, Roxane Eleni, „Thieves or Sultans? Dahlak and the Rulers and Merchants of Indian Ocean Port Cities, 11th–13th Centuries AD“, in: Blue, Lucy; Cooper, John; Thomas, Ross; Whitewright, Julian (eds.), Red Sea IV: Connected Hinterlands: The Fourth International conference on the Peoples of the Red Sea Region, Oxford, UK: Archaeopress, 2010, S. 155–163; Margariti, „An Ocean of Islands: Islands, Insularity, and the Historiography of the Indian Ocean“, in: Miller, Peter N. (ed.), The Sea: Thalassography and Historiography, Ann Arbor: The University of Michigan Press, 2012, S. 198–229.

ren). Bagdad kontrollierte einen großen Abschnitt dieser Route 750–1250,[327] wobei von der Mitte des 9. Jahrhunderts bis Mitte des 12. Jahrhunderts das bis dahin marginale Khorasan/Transoxanien sowie die Landrouten (u. a. zu den Rus/Wikingern sowie Osteuropa, siehe unten) immer wichtiger wurde. Deborah Tor schreibt dazu: „from the midninth until the mid-twelfth centuries, during which this part of the Persianate lands became the seat of the leading political and military powers of the Sunni world ... Throughout this era, Khurasan-Transoxiana undoubtedly constituted the heart of the Sunni Islamic world. First of all, the dynasties based here – the Saffarids, Samanids, Ghaznavids and Seljuqs – provided a military and political bulwark against non-Sunni groups, whether Infidel, Kharijite or Shi'ite, of which the biggest challenge throughout most of this era was Shi'ism in its various manifestations, whether in the form of Fatimid anti-caliphate, Buyid amirate, or Zaydī imamate. ... these were also the wealthiest areas of the Sunni lands; in the tenth century, much of this wealth flowed not just from agriculture, manufacturing, and mining within Khurasan and Transoxiana, but also from Samanid control of the entry of slaves into the Islamic world from the Central Asian steppes, and of the northern trade routes with Europe, particularly Viking Europe. Under the Ghaznavids, similarly, enormous wealth flowed in from slaves and plundered treasures from their Indian conquests“.[328]

Von den Meeresrouten war die erwähnte Südroute über Ägypten (Alexandria, Fustat-Cairo), das Rote Meer (Aden), die Malabarküste (Kalikut) bis Kanton sehr wichtig. Hatte Konstantinopel bis ins 12. Jahrhundert noch erhebliche Bedeutung und sicherte die Pax Mongolica die Nordroute zwischen 1250–1350, störte die gleiche mongolische Expansion mit der Einnahme Bagdads 1258 die günstige mittlere Route.[329] Konstantinopel war ab dem 13. Jahrhundert eine zweitrangige Macht; zum Teil wurde der Austausch durch „griechische“ Parallel- und Nachfolgereiche übernommen (wie Trapezunt 13.–15. Jahrhundert) oder eben schon durch Genuesen im Schwarzen Meer und am anderen Ende Ming-China seit dem frühen 15. Jahrhundert.[330] Für Europa übernahmen in den Kreuzzügen, aber auch danach bis um 1500, italische Städte. Sie repräsentierten durchaus eine eigenständige Form

---

327 Abu-Lughod, „Sindbad's Way: Baghdad and the Persian Gulf“, in: Abu-Lughod, Before European Hegemony, S. 185–211; Zitat S. 208; Ciocîltan, The Mongols and the Black Sea Trade, passim.

328 Tor, „The Importance of Khurāsān and Transoxiana in the Classical Islamic World“, S. 1–12; siehe auch: Mitchiner, Michael, „Evidence for Viking-Islamic trade provided by Samanid silver coinage“, in: East and West Vol. XXXVII (1987), S. 139–150 sowie Melanie Michailidis, Melanie, „Samanid silver and trade along the fur route“, in: Medieval Encounters Vol. XVIII (2012), S. 315–338.

329 Zur Debatte um die Pax Mongolica (eher „Frieden“ durch Zerstörung, d. h., „Friedhofsruhe“?), siehe: Hodong Kim, „The Unity of the Mongol Empire and Continental Exchanges over Eurasia“, in: Journal of Central Eurasian Studies Vol. 1 (Dec. 2009), S. 15–42.

330 Karpov, Sergej P., L'impero di Trepisonda. Venezia, Genova e Roma, 1204–1461. Rapporti politici, diplomatici e commerciali. Traduzione di Eleonora Zambelli, Roma: Il Veltro, 1986; zur Kolonialexpansion Ming-Chinas siehe: Wade, Geoff, „The Zheng He voyages: a reassessment“, in: Journal of the Malaysian Branch of the Royal Asiatic Society Vol. 78:1 (2005), S. 37–58.

der Globalisierung, einer Globalisierung nicht durch Territorial-Imperien, sondern durch Städte, Routen, Märkte und Netzwerke.[331] Die Fatimiden (ab Ende 11. Jahrhundert) und die Mameluken (ab Ende 13. Jahrhundert) mit Kern Ägypten und Syrien, die frühen Handelskapitalismus und Sklavenhandel massiv förderten, kontrollierten mit ihrem staatlich-militärischem Zentralismus die Rote-Meer-Route. Auf dieser globalhistorischen Basis konnten die vor allem mit Venedig konkurrierenden Genuesen dank Sultan Baibars potentiell ab 1261 (Kontrolle der Mongolen über die Landrouten aus dem Kaukasus, der heutigen östlichen Türkei, Armeniens und der nördlichen Schwarzmeergebiete) als weitere Lieferer von Sklavennachschub für die Armeen der Mameluken aufsteigen – im Grunde als Sklaventransporteure für mongolische, türkische und islamische Eliten (nach der Pest wurden Reste dieses massiven Sklavenhandels, vor allem wohl Handel mit Frauen, nach Italien umgeleitet).[332] Die Venezianer waren wegen ihrer starken Stellung in den südlicheren Kreuzfahrergebieten sowie ihrer aktiven Rolle im Lateinischen Imperium Byzanz (1204–1261) in Bezug auf den Schwarzmeer-Sklavenhandel zunächst im Hintertreffen: „the slave trade in the Black Sea region was a lucrative source of income for Genoese merchants; despite papal bans, they also supplied slaves to Mamluk-ruled Egypt".[333]

331 Marcocci, Giuseppe, „L'Italia nella prima età globale (ca. 1300–1700)", in: Storica 60, anno XX (2014), S. 7–50.

332 Zum Beginn und zum Hintergrund siehe: Amitai, „Diplomacy and the Slave Trade in the Eastern Mediterranean: A Re-examination of the Mamluk-Byzantine-Genoese Triangle in the Late Thirteenth Century in Light of the Existing Early Correspondence", in: Oriente Moderno. NS Vol. 87:2 (2008), S. 349–368; siehe auch: Balard, Michel, La Romanie génoise: 12e siècle–début du 15e siècle, 2 Bde., Roma: École Française de Rome, 1978; Balard, „Les Génois en Crimée aux XIIIe–XVe siècles", in: Archeio Pontou 35 (1979), S. 201–218; Ehrenkreutz, Andrew S., „Strategic Implications of Slave Trade between Genoa and Mamluk Egypt in the Second Half of the Thirteenth Century", in: Udovitch, Abraham L. (ed.), The Islamic Middle East 700–1900. Studies in Economic and Social History, Princeton: Darwin Press, 1981, S. 335–345. Eine sehr wichtige Darstellung findet sich bei: Ciocîltan, „The Golden Horde and the Black Sea", in: Ciocîltan, The Mongols and the Black Sea Trade, S. 141–279, hier vor allem S. S. 150–152 („Cooperation and Confrontation with the Italian Merchant Republics" und der Sklavenhandel von der Krim nach Alexandria: Ciocîltan, „The Beginnings", in: Ebd., S. 152–157). Zum Sklavenhandel im 15. Jahrhundert bis zum Fall von Konstantinopel siehe: Goodwin, Stefan, Africa in Europe, 2 Bde., Lanham: Lexington Books, 2009 (Bd. I: Antiquity into the Age of Global Expansion), S. 104: „Because Genovese and Venetian merchants in Crimea were greatly involved in the slave trade with the Golden Horde throughout the 15th century [was seit 1470 nicht mehr ganz zutrifft – M. Z.], Slavonic slaves were numerous in the Italian city-states. Probably at least 10 000 Eastern European slaves were sold in Venice alone between 1414 and 1423". Hier löst sich möglicherweise auch das Geheimnis von Leonardo da Vincis Mutter.

333 Faroqhi, „The Encounter with Genoa", in: Reinhard, Wolfgang (ed.), Empires and encounters: 1350–1750, Cambridge; London: The Belknap Press of Harvard University Press, 2015 (Iriya, Akita; Osterhammel, Jürgen (eds.), A History of the World), S. 308–309, hier S. 308; Christ, Georg, „Differentiated Legality: Venetian Slave Trade in Alexandria", in: Amitai; Cluse (eds.), Slavery and the Slave Trade in the Eastern Mediterranean (c. 1000–1500 CE), Turnhout: Brepols, 2016 (Mediterranean Nexus Series) (ich zitiere mit freundlicher Genehmigung der Herausgeber aus dem Manuskript); zur Vorgeschichte siehe: Brüggemann, „From Money-Trade to Barter. Economic Transforma-

Große Sklavereisysteme (zu denen fast immer Menschenhandel gehört) haben immer mit anderen Hauptressourcen zu tun (wie Atlantic Slavery mit Zucker und Zuckerhandel). Im Falle des Sklavenhandels zwischen lateinischem Europa (vor allem Norditalien), Schwarzem Meer, Mittelmeer und Rotem Meer sowie anhängender Territorien mit Weizen- Öl-, Wein-, Gewürz- und Salzhandel, vor allem mit Weizen. Die italischen Schwarzmeer-Comptoirs waren in diesem Sinne möglicherweise nicht in erster Linie Menschenhandels-Hubs (zumal dieser Handel gerne marginalisiert und verschleiert wurde). Die Comptoirs waren vielmehr Endpunkte von großen regionalen Handelsnetzwerken. Es waren Netzwerke des lokalen und regionalen Handels (jeweils spezifisch für die einzelnen Orte): pontischer, südrussischer (*u kraina*), anatolischer, armenischer und kaukasischer Handel. Hauptgüter dieser lokalen Netzwerke waren Weizen und Öl, Weide- und Jagdprodukte wie Felle und Häute (vor allem zur Lederherstellung), Fisch und Kaviar sowie Menschen. Der translokale Handel bestand aus Netzwerken aus Persien, Zentralasien, China und sogar aus Indien; Haupthandelsposten waren Seide, Gewürze, Perlen, Farbstoffe und Edelsteine.[334] Venedig und Genua sicherten sich wegen der Hungersnöte des marginalen lateinischen Europas vor allem den preiswerten Schifftransport von Weizen (und anderen Massengütern wie Öl und Salz) und Luxusgütern für europäische Eliten (wie Gewürze). Der Handel mit Verschleppten, Kriegsgefangenen, Frauen und Kindern (*capita*) war für Kapitäne, Mannschaften, Schreiber/Faktoren und Kaufleute zusätzlich profitabel. Menschenhandel spielte innerhalb dieser Handelsnetze vor allem im Zusammenhang mit der mongolischen Expansion sowie den Kriegs- und Razzienzügen eine Rolle, aber auch als Verkauf von Kindern wegen Hungersnöten: Mongolen (Tataren) ebenso wie spezialisierte italische Menschenhändler lassen sich in diesem Geschäft finden, die Menschen (Türken, Balkanbewohner, Tataren, Russen, Tscherkessen, Ungarn, Georgier – auch die jeweiligen Frauen und Mädchen) an die Märkte des Mittelmeeres, an die Kaufleute-Comptoirs selbst (als Haus- und Transportsklaven), Frauen und Mädchen vor allem als Haussklavinnen nach Italien sowie männliche Kinder und Jugendliche aus Zentralasien (meist aus Turko-Mongolvölkern) nach Ägypten und Westasien an die Mameluken verkauften und transportierten.[335] Insgesamt bildeten Sklaven- und Menschen-

---

tions in Byzantine Crimea (10th–13th Century)“, in: Wołoszyn, Marcin (ed.), Byzantine Coins in Central Europe Between the 5th and 10th Century. Proceedings from the Conference Organised by Polish Academy of Arts and Sciences and Institute of Archaeology University of Rzeszów under the Patronage of Union Académique International (Programme no. 57 Moravia Magna), Kraków, 23–26 IV 2007, Krakau: Polish Academy of Arts and Sciences, Institute of Archaeology University of Rzeszów, 2009 (Moravia Magna. Seria Polona; 3), S. 668–684, hier vor allem FN 21–28 (hebt auf Salz-Nahrungsmittel- und Luxushandel der Chersoniten ab; Sklaven nicht erwähnt; allerdings Konflikte mit Rus u. a.).

334 Cosmo, Nicola di, „Mongols and Merchants on the Black See Frontier in the Thirteenth and Fourteenth Centuries: Convergences and Conflicts“, in: Amitai; Biran (eds.), Turco-Mongol Nomads and Sedentary Societies, S. 391–424, hier vor allem S. 396–398.

335 Ebd. S. 397.

handel noch bis in das 19. Jahrhundert eine Art Motor hinter vielen Handelsgeschäften.[336]

Wenn man so will, war Ägypten noch vor dem Frühkapitalismus in den Stadtstaaten Italiens die wichtigste frühkapitalistische Weltmacht – auf Basis von Massensklaverei.[337] Sicherlich neben China: Hangchow und Kairo waren die größten Städte der Welt im 12. Jahrhundert. Die möglicherweise quantitativ wichtigste hegemonische Sklaverei war 700–1900 die islamische Sklaverei mit einem Pik in der mamelukischen Sklaverei Ägyptens 1250–1450 und in der osmanischen Sklaverei 1300–1920. Alles im Wesentlichen Kinder-, Haus- und Palastsklaverei.

Ähnliches gilt für andere hegemonische Sklavereien, die noch weniger bekannt und untersucht sind als die byzantinische Sklaverei oder die recht bekannte Mameluken-Sklaverei. China war der andere große globalhistorische Pol. In Asien und speziell in China existierten viele Formen von Sklavereien und Zwangsformen der Arbeit; China hatte bis 1949 einige der größten und bedeutendsten Märkte für Versklavte, vor allem für Kinder.[338] Es gab aber, wie in den meisten Teilen der Welt außerhalb der Tradition der Antike, keine absolute Scharfzeichnung der Institution wie unter Einfluss der legalen Kontinuitätskonstruktion des „römischen" Rechts. Deshalb gab und gibt es kein absolutes Ideal von „Freiheit", zumal auch die semantisch-rechtliche Konstruktion von „Eigentum" nicht existiert (die Realität aber wohl).[339] Die vielen, zum Teil sehr alten Sklavereien Chinas beruhten grundlegend auf der ebenfalls sehr alten Unterscheidung in Gemeine („normales gutes Volk") und Niedere, Minderwertige (*jian*), die entwürdigende Arbeiten verrichteten, d. h., eine Art Kasten. Es gab aber auch private Kontraktsklaverei, Selbstverkauf und Auslösung (Schuldsklaverei), staatliche Sex-Sklaverei (für „Unterhaltung", Musik und Tanz zuständig), informelle Sklaverei (durch immer weiteres Absenken des Status von Zwangsarbeitern in staatlichen Infrastrukturarbeiten, durch einen „letzten" Kontrakt vereinbarte Übernahme verschuldeter Bauern durch Private und Kollektivformen härtester Arbeit in der Landwirtschaft), Militärsklaven („Bannermänner"),[340] Familien von Palastsklaven als imperiale Sklaverei

336 Hopkins, Benjamin D., „Race, Sex and Slavery: 'Forced Labour' in Central Asia and Afghanistan in the Early 19th Century", in: Modern Asian Studies Vol. 42:4 (2008), S. 629–671.

337 Abu-Lughod, „Cairo's Monopoly under the Slave Sultanate", in: Abu-Lughod, Before European Hegemony, S. 212–247.

338 Watson, James, „Transactions in People: The Chinese Markets in Slaves, Servants, and Heirs", in: Watson (ed.), Asian and African Systems of Slavery, Oxford: Blackwell, 1980, S. 223–250.

339 Kelly, David, „Freedom – a Eurasian Mosaic", in: Kelly; Reid (eds.), Asian freedoms: the idea of freedom in East and Southeast Asia, Cambridge [etc.]: CUP, 1998, S. 1–17.

340 Xiangyu Hu bezeichnet die Flucht von Bannermänner-Sklaven als fundamentales Problem der Manchu-Eroberer Chinas („fundamental issue of Manchu society: the fugitive law that prohibited bannermen, especially slaves, from escaping"), siehe: Hu, Xiangyu, The Juridical System of the Qing Dynasty in Beijing (1644–1900), PhD dissertation, Graduate School, University of Minnesota, 2011, S. II, https://conservancy.umn.edu/bitstream/handle/11299/107941/Hu_umn_0130E_11938.pdf?sequence=1 (letzter Zugriff 22. 1. 2018).

sowie zivile Sklavereien (oft bestimmter Ethnien). Xiangyu Hu sagt über Sklaven (nu 奴): „Slave was a complicated term in the banner system. It could refer to a high official or a mean people (jianmin 贱民). In theory, all bannermen including high officials could be called "slave" of their banner lords. Similarly, bannermen officials could call themselves "slaves" (nucai 奴才) before the emperor. Second, there was a master-slave or master-servant relation between bondservants and their masters. In fact, many bondservants, especially those of the Upper Three Banners, were more like regular bannermen than slaves, and they could be high officials. Third, the term slave could refer to real slaves as counterpart of Chinese terms *qixia jianu* 旗下家奴 or nupu 奴仆 (slaves and servants under the banner system) or other similar characters like manzhou jiaren (满洲家人 housemen of Manchus). Touchong or touchong [Touchong 投充 bannermen were the Han people who offered themselves to bannermen] bannermen were part of such real slaves. These real slaves were usually mean people. The nominal master-slave or master-servant extensively existed in banner society throughout the whole Qing dynasty. But after the Yongzheng reign, regular bannermen under the Lower Five Banners were also direct subjects of the emperor. Many slaves also became de facto tenants of their masters after the Shunzhi reign".[341] Fast all diese Sklavereien waren und sind für westliche Augen sozusagen unsichtbar.[342]

Ähnliches galt für Mandarin-Vietnam, wo es formale Sklaven vor allem vor 1400 gab. Aber auch danach konnten Kriminelle zu Sklaverei verurteilt werden, es gab den Selbstverkauf in die Sklaverei wie überall in Südostasien und militärische Deserteure, die illegal wie Sklaven gehalten wurden. Für die sogenannten Bergvölker (Tai, Hmong, Jarai u. v. a.) galt weder der ethische Neo-Konfuzianismus noch der buddhistische Egalitarismus, die Sklaverei formal ablehnten. Menschen der Bergvölker konnten Vollsklaven sein. Es existierte ein freier Markt für Verschleppte und Versklavte.[343]

Das gilt auch für harte, geschlossene und schärfer konturierte Sklavereien, wie auf den Nias-Inseln, bei den Melanau von Sarawak auf Borneo (Kalimantan), den Toba Batak von Sumatra und den Sa'dan Toraja von Nordsulawesi. Oder für flexiblere Sklavereisysteme, wie im Stadtstaat und Handels-Entrepôt Melaka (Malacca), der im späten 14. Jahrhundert entstanden war und 1511 von den Portugiesen erobert wurde. In Melaka, wie auch in den seit dem 13. Jahrhundert aufstrebenden muslimischen Herrschaften von Aceh und Makassar, ruhte fast alles auf sehr

341 Hu, Xiangyu, The Juridical System of the Qing Dynasty in Beijing, S. 26 f.

342 Crossley, „Slavery in Early Modern China", S. 186–213; siehe auch: Zeuske, „Versklavte und Sklavereien in der Geschichte Chinas aus global-historischer Sicht. Perspektiven und Probleme", S. 25–51.

343 Woodside, Alexander, „Freedom and Élite Political Theory in Vietnam before the French", in: Kelly; Reid (eds.), Asian freedoms, S. 205–224, hier vor allem S. 219–222.

flexiblen Sklavereien; Sklaven stellten überall die wichtigste individuelle Kommodität der Kaufleute und Eliten dar.[344]

Das gilt ebenso für „kleine" und frühe Sklavereien. All die prähistorischen und historischen „kleinen" Sklavereien waren weniger eine wirtschaftliches und politisches Phänomen wie auf Ebene der Imperien, sondern eher ein kulturelles Problem, Statuswert und Teil von Ritualkökonomien. Diese „kleinen" Sklavereien gehören zum großen Kreis der Kin- und Altersgruppensklavereien. Ohne die Kin-Sklavereistufe der Entwicklung von Sklavereien und ohne Übergangsformen zu größeren und (rechtlich) schärfer konturierten Sklavereien, auch Kollektivformen (wie etwa bei der Helotie oder bei Phöniziern/Karthagern und Etruskern)[345] außerhalb des Gültigkeitsbereiches des Sklavenbegriffs in „römischer" Tradition sind aber weder die vorkolonialen Sklavereien und der Sklavenhandel in Afrika und in den Amerikas „ohne Europäer" oder sonstwo auf dem Globus zu verstehen, auch nicht die Dynamiken des frühen Sklavenaustausches zwischen Afrikanern und Europäern sowie Europäern und indianischen Völkern in den Amerikas. Und, wie mehrfach betont, auch heutige Sklavereien und Menschenhandelsstrukturen nicht. Bereits die Quellen des atlantischen Sklavenhandels und der sich herausbildenden „großen" Sklavereien lagen in „kleinen" Sklavereien, Übergangsformen „zwischen Freien und Unfreien" sowie in den dynamischen Schuld-, Kriegs- und Razziensklavereien Afrikas, Chinas im Übergang der MingQing-Zeit mit einem Staat, der Tributarbeit und Sklavenrazzien organisiert[346] und auch, trotz königlicher Verbote, in den „kleinen" Sklavereien an den Peripherien der europäischen Kolonialreiche in

344 Ward, Kerry, „Slavery in Southeast Asia, 1420–1804", in: Ebd., S. 163–185; Villiers, John, „Makassar: the rise and fall of an East Indonesian maritime state, 1512–1669", in: Kathirithamby-Wells, Jeyamalar; Villiers (eds.), The Southeast Asian port and politiy, Singapore: Singapore University Press, 1990, S. 143–159; Nagel, Der Schlüssel zu den Molukken. Makassar und die Handelsstrukturen des Malaiischen Archipels im 17. und 18. Jahrhundert – eine exemplarische Studie, Hamburg: Kovač, 2003 (Schriften zur Sozial und Wirtschaftsgeschichte, Bd. 3).

345 Herrmann-Otto, „Sonderformen der Unfreiheit", in: Herrmann-Otto, Sklaverei und Freilassung, S. 61–71; Ameling, Karthago. Studien zu Militär, Staat und Gesellschaft ...; Sommer, „Kommentiertes Literaturverzeichnis", in: Sommer, Die Phönizier, S. 249–264; zur schwierigen Abgrenzung zur Deportation, siehe: Kehne, Peter, „Kollektive Zwangsumsiedlungen als Mittel der Außen- und Sicherheitspolitik bei Persern, Griechen, Römern, Karthagern, Sassaniden und Byzantinern – Prolegomena zu einer Typisierung völkerrechtlich relevanter Deportationsfälle", in: Olshausen, Eckart; Sonnabend, Holger (eds.), „Troianer sind wir gewesen" – Migrationen in der antiken Welt, Stuttgart: Steiner, 2006 (Geographica Historica 21), S. 229–243; siehe auch: Welwei, Karl-Wilhelm, Sparta. Aufstieg und Fall einer antiken Großmacht, Stuttgart: Klett-Cotta, 2004; Cartledge, Paul A., „The Helots: a contemporary review", in: Bradley, Keith & Cartledge, Paul (eds.), The Cambridge World History of Slavery, Cambridge: CUP, 2011 (Bd. I: The Ancient Mediterranean World), S. 74–90.

346 Moll-Murata, „Tributary Labour Relations in China During the Ming-Qing Transition (Seventeenth to Eighteenth Centuries)", in: International Review of Social History Vol. 61 (2016), Special Issue 24 (= Hofmeester; Kessler, Gijs; Moll-Murata, Christine (eds.), Conquerors, Employers and Arbiters: States and Shifts in Labour Relations, 1500–2000), S. 27–48.

den Amerikas.[347] Aus griechischer Perspektive zählt Karl-Wilhelm Welwei Übergangstypen auf (nach Pollux): „die Heloten der Spartaner, die Penesten der Thessaler, die Klaroten und Mnoiten der Kreter, die Mariandyner in Heraklaia am Schwarzen Meer, die Gymneten (wörtlich: „Leichtbewaffnete“) der Argiver und die Korynephoroi („Keulenträger“) in Sikyon“.[348]

Atlantische Sklaverei war idealtypisch homogen, aber in Realität ein aus verschiedensten Lokal- und Übergangsformen, aus vielen Sklavereien, zusammengesetzter Sklavereigroßtyp bzw. ein *Plateau* der Entwicklung von Sklavereien, deren Hauptakteure Menschen aus Afrika waren oder besser: im Laufe des 16. und 17. Jahrhunderts wurden (weil zunächst noch Indios in Amerika versklavt wurden[349] und die zeitweilige Sklaverei der *bond servants / engangées* im Schwange war). Der neue Großtyp entstand aus unterschiedlichsten Sklaverei- und Übergangsformen (z. B.: „verteilten Indios“ – *repartimiento*). Durch Gewalt, Handel, Krieg und Recht sowie Wissenstransfers wurde dieses Plateau zu einer translokalen und transkulturellen Großstruktur. Sie reichte von Afrika über den Atlantik bis in die Amerikas und weiter bis nach Europa und im Falle Moçambiques sogar bis in den Indik und nach Ostafrika. Im Falle von Macao, Manila und Melaka auch bis Ostasien und über Manila-Acapulco wieder bis in die Neue Welt und nach Europa.

Kin-Sklavereien existierten auch innerhalb der „großen“ Plantagensklavereien weiter (die ihrerseits Formen des atlantischen Großtyps darstellten), wie Gilberto Freyre eindrucksvoll (und trotz seiner konzeptionellen Fehler) am Beispiel Brasiliens dargelegt hat. Auch in anderen Plantagengesellschaften hatten Sklavenhalter und ihr Hilfspersonal mit Sklavinnen Kinder. Um es zu wiederholen: perspektivisch ist es besonders wichtig darauf hinzuweisen, dass heutige Formen von Sklavereien allein mit den Konzepten der „großen“ Sklavereien nicht mehr zu erfassen sind, sondern nur noch mit den Konzepten der „kleinen“ Sklaverei, der vielen Sklavereien, der Mischformen zwischen Sklavereien und Abhängigkeiten, der „Sonderformen“, die für mich eben einfach „Sklavereien“ (Mehrzahl statt Einzahl) sind, und der verdeckten Schuldsklavereien. Dazu kommt, dass heutige Sklavereien, wie „kleine“ und frühe Sklavereien, kaum rechtlich definiert sind (und Regierungen sich davor scheuen) und auch meist unter anderen Institutionalisierungsformen und „Namen“ verborgen sind.

Es ist für einen Forscher der „hegemonischen“ *Atlantic Slavery* müßig, darauf hinzuweisen, dass es selbstverständlich auf ihren Feldern, d. h., als Plantagensklaverei (etwa auf Jamaika, Kuba, u. a.) oder als römische oder griechische Sklaverei

347 Zeuske, „Sklaven und Kin-Sklavereien“, in: Amerindian Research. Zeitschrift für indianische Kulturen von Alaska bis Feuerland Bd. 5/2 (2010), Nr. 16, S. 92–104.

348 Welwei, „Ursprung, Verbreitung und Formen der Unfreiheit abhängiger Landbewohner im antiken Griechenland“, Herrmann-Otto (ed.), Unfreie und abhängige Landbevölkerung, Hildesheim; Zürich [etc.]: Georg Olms Verlag, 2008, S. 1–52, hier 1.

349 Riol Fernández, „La esclavitud del indígena en Tierra Firme (1499–1504)“, S. 529–548.

noch extrem viel zu untersuchen gibt; mein hier vorgestelltes Konzept der „hegemonischen" Sklavereien soll nicht suggerieren, hier sei die Forschung an ihr Ende gelangt.

Forschungen und Historiografie im deutschen Sprachraum

Forschungen in Europa und Deutschland zur Weltgeschichte der Sklaverei, zur atlantischen Sklaverei und zu anderen Sklavereien können als ein Wechsel von Brillanz und Schweigen beschrieben werden. Brillanz war früher,[350] Schweigen ist heute (das habe ich 2013 geschrieben; mittlerweile holt die deutsche Historiographie doch ziemlich auf in bezüglich Forschungen zum Heiligen Römischen Reich und zur Mittelmeersklaverei);[351] sieht man ab von Forschungen zur antiken Sklaverei, zur mittelalterlichen Sklaverei im Mittelmeergebiet und in Europa sowie dem von Joseph Vogt begründeten großen Akademie-Projekt zur Erforschung der antiken Sklaverei, das bis heute in Mainz und Trier weiter geführt wird und sehr gute Forschungsergebnisse im Rahmen einer europaweiten Akademie-Tradition vorzuweisen hat.[352]

Ansonsten gibt es nur sporadische Forschungen und kaum etwas Theoretisches. Synthesen zur antiken Sklaverei begannen in Europa mit dem Friesen Titus Pompa und dem Italiener Lorenzo Pignoria, die antiquarisch an den Gegenstand

---

350 Siehe die exzellente Skizze zu den protestantischen Gebieten des Alten Reichs: Ressel, Magnus, „Eine Rezeptionsskizze der atlantischen Sklaverei im frühneuzeitlichen protestantischen Deutschland", in: Priesching; Grieser, Heike (eds.), Theologie und Sklaverei von der Antike bis in die frühe Neuzeit, Hildesheim/Zürich/New York 2016, S. 165–205 (Sklaverei, Knechtschaft, Zwangsarbeit. Untersuchungen zur Sozial-, Rechts- und Kulturgeschichte, ed. Herrmann-Otto; Bd. 14).

351 Weber, Deutsche Kaufleute im Atlantikhandel 1680–1830. Unternehmen und Familien in Hamburg, Cádiz und Bordeaux, München: C.H.Beck, 2004; Weber, „Deutschland, der atlantische Sklavenhandel und die Plantagenwirtschaft der Neuen Welt", S. 37–67; Brahm; Rosenhaft (eds.), Slavery Hinterland, passim; Hanß; Schiel (eds.), Mediterranean Slavery Revisited (500–1800), passim; zum Heiligen Römischen Reich siehe besonders: Mallinckrodt, „There Are No Slaves in Prussia?", in: Brahm; Rosenhaft (eds.), Slavery Hinterland, S. 109–131; Mallinckroth, „Verhandelte (Un-)Freiheit Sklaverei, Leibeigenschaft und innereuropäischer Wissenstransfer am Ausgang des 18. Jahrhunderts", in: Geschichte und Gesellschaft 3 (2017), S. 347–380.

352 Heinen (ed.), Menschenraub, Menschenhandel und Sklaverei in antiker und moderner Perspektive; Herrmann-Otto, „Die antike Sklaverei und ihre Rezeption", in: Herrmann-Otto, Sklaverei und Freilassung, S. 43–50; H. Heinen (ed.), Antike Sklaverei: Rückblick und Ausblick. Neue Beiträge zur Forschungsgeschichte und zur Erschließung der archäologischen Zeugnisse, Stuttgart 2010 (Forschungen zur antiken Sklaverei 38); siehe auch das Kapitel: „Die hässlichen Seiten des Lebens – Diskriminierung, Gewalt und Verbrechen", in: Dokumente zur Geschichte der europäischen Expansion, 5 Bde., München: Verlag C. H. Beck, 1986–1888 (Bde. I–IV), ed. Schmitt, Eberhard; Wiesbaden: Harrassowitz, 2003 (Bd. V), ed. Schmitt; Beck, Thomas, Bd. V: Das Leben in den Kolonien, S. 396–477 sowie andere Bände dieser Ausgabe über Sklaverei (im Folgenden: Dokumente).

herangingen.[353] Einige der ersten Synthesewerke über antike Sklaverei und Sklavenhandel kamen aus der Feder deutscher Historiker und Rechtsgelehrter (vor allem Römer, Sell, Sprengel, Reitemeier, Hüne und Häbler).[354] Das wichtigste liberale Manifest des 19. Jahrhunderts gegen die Sklaverei, in Paris geschrieben, ist Alexander von Humboldts *Essay über die Insel Cuba*.[355] Karl Marx hatte, bezeichnenderweise in London, wenigstens einige theoretische Vorstellungen zur Sklaverei (Ano-

---

353 Herrmann-Otto, „Die antike Sklaverei und ihre Rezeption“, S. 43–50, hier S. 35.

354 Siehe: Zeuske, „Sklaven und Globalisierungen. Umrisse einer Geschichte der atlantischen Sklaverei in globaler Perspektive“, in: Sklaverei zwischen Afrika und Amerika, ed. Zeuske, Leipzig: Leipziger Universitätsverlag, 2003 (COMPARATIV. Leipziger Beiträge zur Universalgeschichte und zur vergleichenden Gesellschaftsforschung, 13. Jg. (2003), Heft 2), S. 7–25. Römer, Ludwig Ferdinand, Die Handlung verschiedener Völker auf der Küsten Guinea und in Westindien, Kopenhagen, 1758; Römer, Nachrichten von der Küste Guinea. Mit einer Vorrede v. D. Erich Pontoppidan, aus dem Dänischen übersetzt, Kopenhagen/Leipzig, 1769; Sprengel, Matthias Christian, Vom Ursprung des Negerhandels, ein Antrittsprogramm, Halle: gedruckt bey J. C. Hendel, 1779; Sell, Johann Jakob, Versuch einer Geschichte des Negersclavenhandels, Halle: Gebauer, 1791; Hüne, Albert, Vollständige historisch-philosophische Darstellung aller Veränderungen des Negersclavenhandels von dessen Ursprunge an bis zu seiner gänzlichen Aufhebung, 2 vols., Göttingen: J. F. Roewer, 1820; Riemer, Johann Andreas, Missionsreise nach Surinam und Berbice zu einer am Surinamflusse im dritten Grad der Linie wohnenden Freynegernation: Nebst einigen Nachrichten über die Missionsanstalten der Bruderunität zu Paramaribo (Mit Kuppfern), Zittau/Leipzig, 1801; Häbler, Konrad, „Die Anfänge der Sklaverei in Amerika“, in: Zeitschrift für Social- und Wirtschaftsgeschichte, Bd. IV (1896), S. 176–223, zusammenfassend siehe: Deissler, Johannes, Antike Sklaverei und Deutsche Aufklärung im Spiegel von Johann Friedrich Reitemeiers „Geschichte und Zustand der Sklaverey und Leibeigenschaft in Griechenland“ (1789), Stuttgart: Franz Steiner-Verlag 2000 (Forschungen zur antiken Sklaverei 33); siehe auch: Deissler, „Friedrich Nietzsche und die antike Sklaverei“, in: Bellen, Heinz; Heinen (ed.), Fünfzig Jahre Forschungen zur antiken Sklaverei an der Mainzer Akademie 1950–2000. Stuttgart: Franz Steiner-Verlag 2001 (Forschungen zur antiken Sklaverei 35), S. 447–474; Schüller, Karin, „Deutsche Abolitionisten in Göttingen und Halle: Die ersten Darstellungen des Sklavenhandels und der Antisklavereibewegung in der deutschen Historiographie des ausgehenden 18. und beginnenden 19. Jahrhunderts“, in: Grunwald, Susanne; Hammerschmidt, Claudia; Heinen, Valérie; Nilsson, Gunnar (eds.), Pasajes. Passages. Passagen. Homenaje a / Mélanges offerts à / Festschrift für Christian Wentzlaff-Eggebert, Sevilla: Universidad de Sevilla; Universidad de Cádiz; Universität zu Köln, 2004, S. 529–578.

355 Humboldt, Alexander von, Essai politique sur l'Ile de Cuba, avec une carte et un supplément qui renferme des considérations sur la population, la richesse territoriale et le commerce de l'Archipel des Antilles et de Colombia. 2 vols., Paris: Librairie Gide et fils, 1826; Humboldt, Cuba-Werk. Hrsg. u. komm. von Hanno Beck in Verbindung mit W.-D. Grün et al. Darmstadt: Wissenschaftliche Buchgesellschaft, 1992 (Alexander von Humboldt Studienausgabe. Sieben Bände. Bd. III) (= Humboldt, Cuba-Werk); siehe auch meinen Essay über Humboldt: Zeuske, „Humboldt, Historismus, Humboldteanisierung“, in: Humboldt im Netz (HiN), International Review for Humboldtian Studies, II, 3 (Teil I), (2001; www.unipotsdam.de/romanistik/humboldt/hin/hin3.htm); Zeuske, „Humboldt, Historismus, Humboldteanisierung, in: HiN, III, 4 (Teil II) (2002: www.unipotsdam.de/romanistik/humboldt/hin/hin_4.htm) (letzter Zugriff 22.1. 2018), sowie: Zeuske, „‚Geschichtsschreiber von Amerika‘: Alexander von Humboldt, Kuba und die Humboldteanisierung Lateinamerikas“, in: Comparativ 2 (2001): Humboldt in Amerika, Zeuske (ed.), Leipzig 2001, S. 30–83; Zeuske, „Alexander von Humboldt, die Sklavereien in den Amerikas und das ‚Tagebuch Havanna 1804‘“, in: edition

malität im Kapitalismus)[356] und zum Zusammenhang zwischen „ursprünglicher" Akkumulation, Staatsschuldensystem, englischem Industriekapitalismus, afrikanischen Sklavenjagden, atlantischem Sklavenhandel und amerikanischer Sklaverei.[357] Am nächsten steht der hier vertretenen Auffassung von menschlichen Körpern als Kapital erstaunlicherweise Max Weber,[358] der die antike römische Gesellschaft für eine im höchsten Maße kapitalistische Städtekultur hielt. Der Unterschied zu Weber ist, dass ich nicht so sehr die Sklaven*halter*, sondern eher die Sklaven*händler*, die sich in Rom nicht als herrschende Elite durchsetzen konnten, für Träger eines frühen, alle anderen Epochen durchdringenden Kapitals menschlicher Körper halte.

Heute ist klar, dass diese Art Akkumulation (bisher) kontinuierlich und Sklaverei sehr wohl Kapitalismus ist, dessen Kapital menschliche Körper und Teile menschlicher Körper (Biokapital) sind.[359] Hier tut mehr Pierre Bourdieu[360] und ein wenig mehr Michel Foucault not. Heute zeigt sich auch immer deutlicher, dass „andere" Sklavereien entscheidende Bedeutung in weltgeschichtlichen Räumen außerhalb und innerhalb Europas (siehe das Europa-Kapitel unten) gehabt haben, wie auf und am Indik, in Südostasien (früher „Hinterindien") oder in China – das ist wirklich Globalgeschichte.[361] Im Westen profitierten von Sklaverei und Sklavenhandel vor allem periphere Räume von auf den Atlantik ausgerichteten Wirtschaftssystemen (Nordeuropa und die britischen Inseln), wie in der Neuzeit die

---

humboldt digital, hg. v. Ottmar Ette. Berlin-Brandenburgische Akademie der Wissenschaften, Berlin. Version 1 vom 10. 05. 2017; http://edition-humboldt.de/H0012105 (letztere Zugriff 27. 11. 2017).

356 Marx, Karl, Grundrisse der Kritik der politischen Ökonomie (Rohentwurf) 1857–1858, Berlin: Dietz, 1974, S. 368; Backhaus, Wilhelm, Marx, Engels und die Sklaverei: zur ökonomischen Problematik der Unfreiheit, Düsseldorf: Pädagogischer Verlag Schwann, 1974; Meillassoux, Claude, Antropología de la esclavitud, México, D.F.: Siglo Veintiuno, 1990, S. 20–23; Roth; Linden, „Karl Marx und das Problem der Sklavenarbeit", S. 581–586.

357 Zeuske, „Karl Marx, Sklaverei, Formationstheorie, ursprüngliche Akkumulation und Global South", in: Wemheuer, Felix (ed.), Marx und der globale Süden, Köln: PapyRossa Verlag, 2016, S. 96–144.

358 Weber, Max, „Die sozialen Gründe des Untergangs der antiken Kultur" (1896), in: Weber, Schriften 1894–1922, ausgewählt von Kaesler, Dirk, Stuttgart: Kröner, 2002, S. 47–68.

359 Baucom, „'Madam Death! Madame Death!': Credit, Insurance, and the Atlantic Cycle of Capital Accumulation", S. 80–112; Linden, „Eine einfache und dennoch schwer zu beantwortende Frage: Warum gab (und gibt) es Sklaverei im Kapitalismus?", in: Kabadayi; Reichardt, Unfreie Arbeit. Ökonomische und kulturgeschichtliche Perspektiven, S. 260–279; Linden, „Karl Marx und das Problem der Sklavenarbeit", S. 581–586.

360 Bourdieu, Pierre, Les règles de l'art: genèse et structure du champ littéraire, Paris Seuil, 1992. Siehe auch: Steinmetz, George, „Bourdieu, Historicity, and Historical Sociology", in: Cultural Sociology Vol. 5:1 (2011), S. 45–66; Steinmetz, „Comparative History and its Critics: A Genealogy and a Possible Solution", in: Duara, Prasenjit; Murthy, Viren; Sartori, Andrew (eds.), A Companion to Global Historical Thought, Malden/Oxford: Wiley Blackwell, 2014, S. 412–436.

361 Mann, Sklaverei und Sklavenhandel im Indik, https://home.uni-leipzig.de/~gsgas/fileadmin/Working_Papers/WP_3_Mann.pdf (04. September 2018).

Amerikas (und besonders die USA, aber eben auch die Eliten Brasiliens, Kubas, Venezuelas, Kolumbiens, Westafrikas und viele andere mehr), deren welthistorische Entwicklung von Conquistas, Razzien, Kriegen, Terror, Sklavenhandel, Sklaverei, erzwungener Migration, implantierten Ressourcen und Rassismus geprägt worden sind, auf der Basis von menschlichen Körpern, die mit Gewalt in Kapitalfunktion und Mobilität gezwungen worden waren.[362]

In deutscher Sprache gibt es heute keine moderne wissenschaftliche Synthese zur Weltgeschichte der Sklaverei oder auch nur zur atlantischen Sklaverei und, wie gesagt, bis um 2008 wenig genuine Forschung. Wichtige Arbeiten stammen von den Afrikahistorikern Heinrich Loth, Albert Wirz, Helmut Bley und Jan-Georg Deutsch,[363] vom bereits mehrfach erwähnten Indien-Historiker Michael Mann (durch den es zu dem Paradoxon kommt, dass es in der historischen Literatur eher eine Weltgeschichte der Sklaverei im und am Indik gibt als eine Geschichte der atlantischen Sklaverei)[364] sowie weltgeschichtlich orientierten Historikern wie Wolfgang Reinhard[365] und Jürgen Osterhammel,[366] Lateinamerikahistoriker haben Sklavenhandel und Sklaverei eher in Aufsätzen behandelt. Eine gewisse Ausnahme ist der bereits zitierte Wirtschafts- und Handelshistoriker Klaus Weber mit seinen Arbeiten über deutsche Kaufleute, Sklavenhalter und Sklavenhändler sowie Bankiers im atlantischen Raum.[367] Heinrich Loth publizierte eine Analyse des Sklavenhandels.[368] Das Buch von Albert Wirz ist ein auf den britischen und angloamerika-

---

362 Grandner; Komlosy (eds.), Vom Weltgeist beseelt. Globalgeschichte 1700–1815, Wien, Promedia, 2004 (Edition Weltregionen, Bd. 7); Eltis; Lewis; Sokoloff (eds.), Slavery in the development of the Americas, Cambridge: Cambridge University Press, 2004.

363 Deutsch, „Sklaverei als historischer Prozess", in: Deutsch; Wirz (eds.), Geschichte in Afrika. Einführung in Probleme und Debatten, Berlin: Verlag Das Arabische Buch, 1997, S. 53–74.

364 Mann, Sahibs, Sklaven und Soldaten, passim.

365 Reinhard, Wolfgang, „Frühneuzeitliche Negersklaverei und ihre Bedeutung für Wirtschaft und Gesellschaft", in: Geschichte in Wissenschaft und Unterricht, 37 (1986), S. 660–672. In Reinhards größeren Werken zur Geschichte des Kolonialismus finden sich weitere Ausführungen zur Sklaverei.

366 Osterhammel, Sklaverei und die Zivilisation des Westens, passim.

367 Weber, Deutsche Kaufleute im Atlantikhandel 1680–1830; Weber, „Deutschland, der atlantische Sklavenhandel und die Plantagenwirtschaft der Neuen Welt", S. 37–67.

368 Loth, Heinrich, Sklaverei: die Geschichte des Sklavenhandels zwischen Afrika und Amerika, Wuppertal: Hammer, 1981; Loth, Das Sklavenschiff: die Geschichte des Sklavenhandels Afrika, Westindien, Amerika, Berlin (Ost): Union Verlag, [2]1984; Wirz, Sklaverei und kapitalistisches Weltsystem, sowie: Wirz, „Transatlantischer Sklavenhandel, Industrielle Revolution und die Unterentwicklung Afrikas", in: Geschichte und Gesellschaft, 8 (1982), S. 518–557; Bley, Helmut [et al.] (eds.), Sklaverei in Afrika: afrikanische Gesellschaften im Zusammenhang von europäischer und interner Sklaverei und Sklavenhandel, Pfaffenweiler: Centaurus-Verlagsgesellschaft, 1991 (Bibliothek der historischen Forschung; 2); Pietschmann, „Der atlantische Sklavenhandel bis zum Ausgang des 18. Jahrhunderts – Eine Problemskizze", in: Historisches Jahrbuch, 107 Jg., Erster Halbbd., Freiburg/München (1987), S. 122–133; Geschichte und Gesellschaft. Zeitschrift für Historische Sozialwissenschaft, 16. Jg. (1990), Heft 2: Sklaverei in der modernen Geschichte, ed. Hans-Jürgen Puhle;

nischen Bereich fokussierter Überblick im Stile Wallersteins. Eine vorzügliche Quellenarbeit ist die von Peter Martin über Afrikaner in Geschichte und Bewusstsein der Deutschen. Wolfgang Binder und Rüdiger Zoller haben Protokollbände von Tagungen über die Sklaverei in den Amerikas herausgegeben.[369] Die von Norbert Finzsch und Mitautoren 1999 publizierte Synthese „History of African Americans"[370] stellt die US-amerikanische Sklaverei und die Geschichte der Sklavinnen und Sklaven sowie der ehemaligen Sklaven in Sklaverei, Abolition und Postemanzipation vor allem in den Kontext der „Rasse und Rassismus-Debatte"; Chronologie und Gesamtfassung der Geschichte bis heute waren revolutionär.

Die neueren Zugänge zur Sklaverei als einem transkulturellen Geflecht von Mikroenklaven, Sklavereien und Menschenhandelssystemen unterschiedlicher Reichweite sowie mikrohistorisch verfassten Lebensgeschichten von Sklavinnen und Sklaven („esclavages"),[371] losen ozeanischen, translokalen und globalen Makrostrukturen und dezentralen Landschaften im Grunde fern der Nation und oft nahe dem Imperium in einem globalen Rahmen, sind weder in der deutschen noch in der europäischen Historiografie rezipiert worden. Dagegen gibt es hegemonische Sklavereien und, wie oben dargelegt,Bezüge zur hegemonische Sklavereihistoriografien und Memorialkomplexen (vor allem USA).

Mikrogeschichtliche, spatiale und akteursorientierte Zugänge zur Globalgeschichte

Die kleinste Untersuchungseinheit in diesem Buch sind Körper versklavter Menschen. Angesichts des fast völligen Fehlens von Ego-Dokumenten und Selbstrepräsentationen von Versklavten (mit Ausnahme muslimischer Elite-Sklaven) in der ganzen Menschheitsgeschichte sind „Körper der Sklaverei", respektive „Körper der Abhängigkeit", und „Orte der Versklavten" schon sehr viel. Das betrifft auch die ganz frühen Phasen der Geschichte der Sklaverei, wo die Reste von Körpern von (eventuell) Versklavten und ihre Grablegen die wichtigsten Quellen darstellen. Was aber, wenn der Status der Versklavten so niedrig war, dass sie überhaupt nicht begraben wurden (wie Ibn Fadlan in seinem Reisebericht (10. Jahrhundert) – siehe

Reinhard, Parasit oder Partner?: europäische Wirtschaft und neue Welt 1500–1800, Münster, Hamburg [u. a.]: LIT, 1998.

369 Binder (ed.), Slavery in the Americas; Zoller, Rüdiger (ed.), Amerikaner wider Willen: Beiträge zur Sklaverei in Lateinamerika und ihre Folgen, Frankfurt am Main: Vervuert, 1994 (Lateinamerika-Studien, Bd. 32); Martin, Peter, Schwarze Teufel, edle Mohren. Afrikaner in Geschichte und Bewußtsein der Deutschen, Hamburg: Hamburger Edition, 2001.

370 Finzsch, Norbert; Horton James O., Horton Lois, Von Benin nach Baltimore. Die Geschichte der African Americans, Hamburg: Hamburger Edition, 1999.

371 Mattoso, Katia M. de Queirós, Esclavages. Histoire d'une diversité. De l'Océan Indien à l'Atlantique Sud, Paris: L'Harmattan, 1997.

unten – hervorhebt)?[372] Eine aus dem Postkolonialismus vorgebrachte Kritik, es sei für heutige Historikerinnen und Historiker „vermessen“ im Namen der Versklavten „sprechen“ zu wollen,[373] kann mit einem quantitativ-logischen Argument entkräftet werden: es hält ja niemand für „vermessen“ im Namen der Institution, der Sklavenhalter und Sklavenhändler oder Elite-Berichte-Schreiber zu „sprechen“, indem er oder sie ihre Quellen benutzt. Fast alle bisherigen Geschichten der Sklaverei sind aus der Perspektive der Institution, der Sklavenhalter, des Staates, der Sklavenhändler, etc. geschrieben.

Eine Perspektive der *agency* von Versklavten zu behaupten, ist Eines – der Nachweis von *agency* angesichts des Fehlens der obengenannten Quellen/Texte und „Stimmen“ von Menschen *in* Sklavereien etwas anderes. Alle bisherigen, höchst verdienstvollen Arbeiten über *agency* stützen sich auf legale, juristische Dokumente oder Dokumente der Repression und Verfolgung von Versklavten. Dazu kommen Berichte, Visualisierungen und die so genannten *slave narratives* (die immer nach der Sklaverei verfasst worden sind). Sicherlich kann man, wie Juliane Schiel das anhand von Testamenten und Notariatsprotokollen tut, eventuell affektive und dynamische Sozialbeziehungen zwischen Sklavenhalter und Versklavten herauslesen. Das gilt sogar für einige Testamente vorwiegend der urbanen Sklavereien in den Amerikas der Neuzeit. Es gibt da wirklich herzrührende Formulierungen.[374] Die wichtigste Methode, Versklavte in das Zentrum von Geschichten der Sklaverei zu stellen, betrachtet in einer Kombination von historischen, anthropologischen und archäologischen Methoden, in Verbindung mit Visualisierungen, die „Körper der Versklavten“.[375]

Der globalgeschichtliche Hintergrund der Mikrosysteme verschiedener Sklavereien wird schon für den Zeitraum der sogenannten ersten Globalisierung Europas 1450–1650 höchst unterschiedlich konzeptualisiert. Zum Beispiel als Großstruktur wie „Big Picture“, „Südatlantik“, „atlantisches System“[376] oder „zweites atlanti-

---

372 Ott, „Europas Sklavinnen und Sklaven im Mittelalter. Eine Spurensuche im Osten des Kontinents“, S. 31–53, hier S. 43.

373 Arbeiten die Konzept-Geschichte der *agency* auf: Schiel; Schürch; Steinbrecher, „Von Sklaven, Pferden und Hunden. Trialog über den Nutzen aktueller Agency-Debatten für die Sozialgeschichte“, S. 17–48.

374 Morrison, Karen Y., „Slave Mothers and White Fathers: Defining Family and Status in Late Colonial Cuba“, in: Slavery & Abolition 31:1 (2010), S. 29–55.

375 Zeuske, „Die Nicht-Geschichte von Versklavten als Archiv-Geschichte von ‚Stimmen‘ und ‚Körpern‘“, S. 65–114.

376 Humboldt hat das gesamte 26. Kapitel der *Relation historique*, dem Kapitel über Indendencia und Revolutionstheorie, auch Betrachtungen zum „großen“ Gemälde, zum *Big Picture* der Amerikas im atlantischen Raum gewidmet, siehe: Humboldt, „Sechsundzwanzigstes Kapitel“, in: Humboldt, Reise in die Äquinoktial-Gegenden des Neuen Kontinents, ed. Ottmar Ette, 2 Bde., Frankfurt am Main/Leipzig: Insel Verlag 1991 (2. Auflage 1999), Bd. II, S. 1461–1492 (= Humboldt, Reise in die Äquinoktial-Gegenden), siehe auch: Martínez Shaw, Carlos; Oliva Melgar, José María (eds.), El sistema atlántico español (siglos XVII–XIX), Madrid, Marcial Pons Historia, 2005.

sches System"[377] oder als Grundlage der amerikanischen Kultur und im weiteren Sinne der westlichen Moderne,[378] aber auch als „Plantation America"[379] oder „Afroamerica" (oder „Black Latin America" bzw. „Afro-Latin America"),[380] als dynamisches Netz „freier" Marktwirtschaften im atlantischen Sklavenhandel,[381] das Landschaften der Sklaverei (Enklaven) auf translokale und transkulturelle Weise miteinander verband. Oder Sklaverei wird als „Problem des Westens", als universelles philosophisches, ideengeschichtliches und kulturelles Problem der „Freiheit"[382] begriffen. Neuere Publikationen betonen die systemische Furcht- und Sicherheitsideologie, die sich in allen Sklavereigesellschaften durchsetzte.[383] In einer Art historischer Kulturethnologie und -anthropologie wird die Sklaverei auch zunehmend als empirisch fassbares „Welterbe" konzeptualisiert und von der UNESCO seit Jahren in aufwendigen Projekten zur „Sklavenroute" propagiert.[384]

---

377 Siehe Emmers Argumentation gegen ein atlantisches „System": Emmer, „Die europäische Expansion und ihre Folgen im atlantischen Raum, 1500–1800", in: Jahrbuch für Europäische Überseegeschichte 2 (2002), S. 7–17.

378 Fogel, Robert William; Engerman, Time on the cross, New York; London: W. W. Norton & Company, 1995 (1. Auflage 1974); Palmié, Stephan (ed.), Slave Cultures and the Cultures of Slavery, Knoxville: The University of Tennessee Press, 1997; Clark, Darlene Hine; McLeod, Jacqueline (eds.), Crossing Boundaries. Comparative History of Black People in Diaspora, Bloomington & Indianapolis: Indiana University Press, 1999; Blackburn, Robin, The Making of New World Slavery. From the Baroque to the Modern 1492–1800, London/New York, Verso, 1997; Blackburn, The Overthrow of Colonial Slavery 1776–1848, London: Verso, 1988 (eindeutig aus französischer und britischer Perspektive geschrieben); Globalgeschichte 1450–1620. Anfänge und Perspektiven, Friedrich Edelmayer, Peter Feldbauer, Marija Wakounig (eds.), Wien: Promedia 2002; Lovejoy; Trotman, David V., Trans-Atlantic dimensions of ethnicity in the African diaspora, London: Continuum, 2002 (The Black Atlantic).

379 Wagley, Charles, „Plantation America: A Cultural Sphere" in: Rubin, Vera, Caribbean Studies: A Symposium. Monograph 34 of the American Ethnographic society, Seattle: University of Washington Press, 1957, S. 3–13; Mintz, „Afro-Caribbeana: An Introduction", in: Mintz, Caribbean Transformations, Chicago: Aldine Publishers, 1974, S. 1–42; Thompson, Edgar T., „The Plantation: Background and Definition", in: Plantation Societies, Race Relations, and the South: The Regimentation of Populations: Selected Papers of Edgar T. Thompson, Durham: Duke University Press, 1975, S. 3–40.

380 Mintz; Price, The birth of African-American culture ...; Schwartz, „Black Latin America: Legacies of Slavery, Race, and African Culture", in: Hispanic American Historical Review (HAHR) Vol. 82:3 (August 2002), S. 429–433.

381 Inikori; Engerman (eds.), The Atlantic Slave Trade, passim; Postma, Johannes M., The Atlantic Slave Trade, Westport: Greenwood Press, 2003.

382 Davis, „Looking at Slavery from Broader Perspectives", in: American Historical Review Vol. 105, No. 2 (April 2000), S. 452–484; Patterson, Slavery and Social Death, passim; Patterson, Freedom, 2 Vols, Vol. I: Freedom in the Making of Western Culture, New York: Basic Books/HarperCollinsPublishers, 1991.

383 Marquese, Feitores do corpo, missionários da mente, passim.

384 Zips, Werner, „Welterbe Sklaverei. Gedanken zur ethnohistorischen Dezentrierung der europäischen Moderne am Beispiel Jamaicas", in: Americas. Zeitschrift für Kontinentalamerika und die Karibik, 3. Jg. Nr. 4/99 (2000), S. 67–81.

Paul Gilroys Überschreibung von Braudels Meeresflächenstrukturalismus mit einer anglisierten Intellektuellen-Negritude, als „Black Atlantic",[385] ist zwar als Schlagwort bekannt, wirkt aber (trotz einiger Vorzüge) fast so verzerrend wie die heutige Dominanz der US-amerikanischen Historiografie in der Sklavereiforschung. Transareale Forschungen zu den Sklavereigeschichten vor allem Afrikas, des Indischen Ozeans und des Pazifiks[386] werden kaum zur Kenntnis genommen (auch Mikrogeschichten von Versklavten oder afrikanischen Sklavenhändlern nicht); bei Brasilien ahnen die meisten Historiker (außerhalb Brasiliens und der spezialisierten Forschung), dass es eine größere Rolle in der Weltgeschichte spielen müsste. Die Karibik ist meist auch zentriert auf die englischen Kolonien und der Atlantik ist längst ein Modethema „imperial" ausgeweiteter Nationalhistoriografien. Die Rolle, die Versklavte, Sklavereien und die Menschenhandelssysteme der genannten Gebiete für die Welt- und Globalgeschichte gespielt haben, ist in Europa kaum bekannt. Ausnahmen, die diese Regel bestätigen, stellen die bereits erwähnten Arbeiten von Jürgen Osterhammel dar. Seine historiografiehistorischen Artikel beschreiben die Sklaverei in der Tradition von David Brion Davis und Orlando Patterson als ein intellektuelles Problem des Westens und räumlich als eine vornationale und translokale „atlantische Sphäre".[387]

Die ungebrochene Relevanz von Sklaverei, Zwangsarbeit und sklavereiähnlichen Arbeitsverhältnissen, sozusagen ohne die Rechtsform der klassischen Sklaverei des Westens, unter heutigem Globalisierungsdruck haben Kevin Bales und Suzanne Miers[388] nachgewiesen. Die Problematik ist in vielerlei Hinsicht wichtig, auch mit Blick auf ihre stärkere Thematisierung im Schulunterricht, in der Universität, im modernen Sport, Tourismus und in der Erwachsenenbildung (auch durch Juristen und Exekutivbehörden). Sie gehört darüber hinaus im weiteren Sinne auch in den Traditionskreis „Krieg gegen den Terror" – was zunächst verwundern dürfte. Wenn Christen aus imperialen Kulturen Opfer der Raub- und Versklavungspraktiken wurden, die gegen „Ungläubige" seit Mitte des 15. Jahrhunderts (in der islamischen Expansion, Türken- und Mongolenexpansion, der Reconquista, Kreuzzügen und Ostexpansion noch früher) wie selbstverständlich angewandt wurden, mutierten die Versklaver zu „Barbaresken". Wenn Christen, vor allem aus Europa und den Amerikas, andere Menschen versklavten, war das, zumindest in der zeitgenössischen Ideologie bis um 1770, eine religiöse und zivilisatorische Leistung (das Papsttum brauchte bis 1839, um überhaupt auf eine Formulierung zu kommen,

385 Gilroy, The Black Atlantic, passim.

386 Hellyer, Robert, „The West, the East, and the insular middle: trading systems, demand, and labour in the integration of the Pacific, 1750–1875", in: Journal of Global History Vol. 8:3 (November 2013), S. 391–413.

387 Osterhammel, Sklaverei und die Zivilisation des Westens, passim; Osterhammel, „Transferanalyse und Vergleich im Fernverhältnis", S. 439–466, besonders S. 461.

388 Bales, Die neue Sklaverei, passim; siehe auch: Meltzer, Milton, Slavery: A World History, New York: Da Capo Press, 1993; Miers, Slavery in the twentieth century, passim.

Sklavenhandel könnte schlecht sein).[389] Europa selbst blieb, vor allem an seinen westlich-atlantischen und mediterranen Rändern sowie im Umfeld der großen Hafenökonomien, aber auch in Hauptstädten, bis in die zweite Hälfte des 19. Jahrhunderts ein Territorium der Sklavereien.[390]

Die vom Autor (auf Basis von Feld- und Archivforschungen) vertretene Meinung, dass „Sklaverei"-Geschichte heute nicht mehr so sehr eine Geschichte der Institution (Sklaverei) sein muss, sondern vor allem eine transkulturelle Geschichte der Akteure, in erster Linie der Sklavinnen und Sklaven (weil sie die Hauptakteure der Sklaverei waren und weil es über sie am wenigsten gibt) sowie der Sklavenhalter, Sklavenhändler und ihres Hilfspersonals zwischen Mikro- und Makrogeschichte, hat sich noch nicht durchgesetzt. Es ist keine historische Soziologie sondern eher das, was heute als transnationale und transkulturelle Globalgeschichte mit mikrohistorischen Zugängen diskutiert wird. Aber ich gehe über das Nationale im Anspruch so weit hinaus und zugleich so weit ins quellengestützte Mikrohistorische hinein, dass im Ergebnis eine transareale und transkulturelle Geschichte stehen sollte. In einer solchen Globalgeschichte sollen „Diskurse über hegemonische Sklaverei" durch Geschichte von (vielen) Sklavereien sowie der Akteure dieser Sklavereien in der Tradition der „kleinen" und Kin-Sklavereien ersetzt werden, und zwar bis zur Gegenwart reichend.[391]

Die im Umfeld des Jahrestages 2008 (Abolition des Sklavenhandels durch Großbritannien und USA 1808) publizierten Synthesen sind eher jahrestagsorientierte feuilletonistische Schnellschüsse völlig ohne Forschungsbasis (mit Ausnahme der Atlantikpartien in „Schwarzes Amerika"),[392] was nicht zuletzt an falscher Publikationspolitik (und Unwissen) der Verlage liegen mag, besonders deutlich bei

---

389 Priesching, „Die Verurteilung der Sklaverei unter Gregor XVI. im Jahr 1839. Ein Traditionsbruch?", S. 143–162.

390 Wheelan, Joseph, Jefferson's War. America's First War on Terror 1801–1805, New York: Carroll & Graf, 2003.

391 Zeuske, „Sklaven und Globalisierungen. Umrisse einer Geschichte der atlantischen Sklaverei in globaler Perspektive", in: Sklaverei zwischen Afrika und Amerika, ed. Zeuske, Leipzig: Leipziger Universitätsverlag, 2003 (= COMPARATIV. Leipziger Beiträge zur Universalgeschichte und zur vergleichenden Gesellschaftsforschung, 13. Jg., Heft 2), S. 7–25; Scott, „Small-Scale Dynamics of Large-Scale Processes", S. 472–479; Zeuske, (mit Rebecca J. Scott), „Le 'droit d'avoir des droits'. Les revendications des ex-esclaves à Cuba (1872–1909)", in: Annales HSS, No. 3 (mai–juin 2004), S. 521–545; Zeuske, „Slavery: Caribbean", in: A Historical Companion to Postcolonial Literatures in English, ed. Poddar, Prem; Johnson, David, Edinburgh: Edinburgh University Press, 2005, S. 439–443: Zeuske, „Comparing or interlinking? Economic comparisons of early nineteenth-century slave systems in the Americas in historical perspective", in: Dal Lago; Katsari (eds.), Slave Systems, S. 148–183; Zeuske (mit Laviña), „Failures of Atlantization: First Slaveries in Venezuela and Nueva Granada", S. 297–343; Zeuske; García Martínez, „*La Amistad* de Cuba. Ramón Ferrer, contrabando de esclavos, captividad y modernidad atlántica", in: Caribbean Studies Vol. 37, No. 1 (January–June 2009), S. 97–170.

392 Meissner, Jochen; Mücke, Ulrich; Weber, Schwarzes Amerika. Eine Geschichte der Sklaverei, München: Verlag C. H. Beck, 2008.

einer „Weltgeschichte der Sklaverei", die gegenüber dem, was der Autor als „islamische Sklaverei" bezeichnet, eher ein christlich-globalistisches Pamphlet ist.

Die Geschichte der Sklaven ist, mehr noch als die Geschichte der Wirtschaftsmakrostruktur „atlantischer Sklavenhandel" oder der Gewaltinstitution „Besitzsklaverei" oder die der Großideologie „Rassismus" ein transkulturelles, aber durch Wissenschaftstraditionen, Perspektiven und Professionalisierung der Historiografien national oder regional partialisiertes Thema. Paradigmatisch findet sich diese Partialisierung im Rahmen Spanisch-Amerikas,[393] Ibero-Amerikas,[394] Lateinamerikas,[395] Luso-Amerikas (Brasilien) sowie sogar im Rahmen einer „Nation" in Kolumbien,[396] in Argentinien[397] (motiviert von der starken brasilianischen Forschung) oder in immer noch quasi-kolonial strukturierten Räumen, wie der Karibik oder in der Sklaverei-Historiografie Venezuelas, die sehr stark von Hubert Aimes (1907), der kubanischen Historiografie (Fernando Ortiz 1906) oder der venezolanischen

---

393 Zeuske, „Sklaverei in Spanisch-Amerika", in: Born, Joachim; Folger, Robert; Laferl, Christopher; Pöll, Bernhard (eds.), Handbuch Spanisch. Sprache, Literatur, Kultur, Geschichte in Spanien und Hispanoamerika. Für Studium, Lehre, Praxis, Berlin: Erich Schmidt Verlag, 2012, S. 593–599.

394 Zeuske, „Unfreiheit abhängiger Landbevölkerung im atlantischen Raum und in den Amerikas, 15. bis 18. Jahrhundert – Prolegomena, Typologien der Anfänge, Bedingungen und lange Linien", in: Herrmann-Otto (ed.), Unfreie und abhängige Landbevölkerung, S. 71–157.

395 Díaz Díaz, „Historiografía de la esclavitud negra en América Latina: temas y problemas generales", in: América Negra No 8 (Diciembre 1994), S. 11–29.

396 Sharp, William Frederick, „The Profitability of Slavery in the Colombian Chocó, 1680–1810", in: The Hispanic American Historical Review Vol. 55:3 (1975), S. 468–495; Sharp, Slavery on the Spanish Frontier; Helg, „Esclavos y libres de color, negros y mulatos en la investigación y la historia de Colombia", in: Revista Iberoamericana Vol. LXV, núms.188–189 (Julio–Diciembre 1999), S. 697–712; Colmenares, Popayán: una sociedad esclavista 1680–1800; Mosquera; Pardo; Hoffmann (eds.), Afrodescendientes en las Américas. Trayectorias sociales e identitarias, passim; Múnera, „Balance historiográfico de la esclavitud en Colombia", S. 193–225; Maya Restrepo, Brujería y reconstrucción de identidades entre los africanos y sus descendientes en la Nueva Granada; Navarrete, Génesis y desarrollo de la esclavitud en Colombia; Abello Vives, Alberto; Bassi Arévalo, Ernesto, „Un Caribe por fuera de la ruta de la Plantación", in: Abello Vives (comp.), Un Caribe sin plantación. Memorias de la cátedra del Caribe colombiano. Primera versión virtual, San Andrés: Universidad Nacional de Colombia;Observatorio del Caribe Colombiano, 2006, S. 11–43; Jiménez Meneses, Orián; Pérez Morales, Edgardo, „Estudio preliminar: esclavitud, libertad y voces del pasado", in: Jiménez Meneses; Pérez Morales (Transcripción y Estudio Preliminar), Voces de la esclavitud y libertad. Documentos y testimonios de Colombia, 1701–1833, Popayán: Editorial Universidad Valle del Cauca, 2013, S. 13–33; Landers; Gómez, Pablo; Polo Acuña, José; Campbell, Courtney J., „9. Researching the history of slavery in Colombia and Brazil through ecclesiastical and notarial archives", in: Kominko, Maja (ed.), From Dust to Digital. Ten Years of the Endangered Archives Programme, Cambridge: Open Book Publishers, 2015, S. 259–292, http://dx.doi.org/10.11647/OBP.0052 (letzter Zugriff 22. 1. 2018).

397 Rosal, „Bibliografía Afroargentina" (letzte Aktualisierung: 5. Januar 2012), unter: https://rutadelesclavocba.wordpress.com/bibliografia/bibliografia-general/ (letzter Zugriff 22. Juli 2018); Rosal, Africanos y afrodescendientes en Buenos Aires (siglos XVI–XVII), passim; Schlez, Mariano Martín, „¿Esclavistas versus monopolistas? Las disputas en torno al tráfico de esclavos en el virreinanto rioplatense (1780–1810)", in: Boletín Americanista Vol. LXVI:1, n.º 72 (2016), S. 133–154.

„Nationalisierung des Marxismus" (Miguel Acosta Saignes) geprägt ist.[398] Zugleich kann an diesen entstehenden Sklavereihistoriografien die Entstehung eines neuen historischen Problembewusstseins für die Geschichte der Sklaven und der Sklavereien studiert werden.

Eines der Hauptprobleme der Bücher und Texte über heutige Sklavereien und Menschenhandel ist ihre (meist) neoliberale Ahistorizität. Aber auch hier gibt es kein „Ende der Geschichte". Die meisten Autorinnen und Autoren situieren heutiges Slaving in einen „neu" und „modern" konzipierten Raum von neoliberal konfigurierter Mobilität und Globalität (seltener von Globalgeschichte). Sie sind im Wesentlichen von der Weltgeschichte der Sklavereien und Sklaven abgekoppelt; auch von den unterschiedlichen Versuchen der Globalisierungsgeschichte, die auf die Kontinuität von Sklavereien verweisen. Auf historischer Seite werden „hegemonische" Sklavereien der Vergangenheit in einigen Wissenschaftskulturen wieder und wieder bearbeitet (siehe oben). Aber es gibt diese globalhistorischen Entwicklungsstufen und Typen „großer" Sklavereien heute nicht mehr, zumindest nicht, ich möchte sagen, in demselben Aggregatzustand wie noch in den Amerikas, auf dem Atlantik oder in Afrika im 19. Jahrhundert. Jedoch gibt es heute absolut viel mehr Sklavinnen und Sklaven, verschleppte Kinder und junge Frauen. Heute müssen neue, auch historische Forschungen über die Massen an versklavten Menschen zu einer neuen Meistererzählung führen, deren Subjekte, auch die vielen unterschiedlichen Typen von Sklavenhändlern, nicht mehr die „großen", „hegemonischen" Sklavereien der Quasi-Formationstheorie sind, sondern andere, meist ältere, historische Entwicklungsstufen von Sklavereien und lokale „kleine" Sklavereien in ihren ebenfalls lokalen Sinnzusammenhängen sowie Kosmologien, Kin-Sklavereien und all das, was aus Perspektive der „hegemonischen" Sklavereien als „Sonderformen" bezeichnet wird. Und, allgemeiner ausgedrückt, Körper von Menschen unterliegen in den heute eher noch individualisierteren Umfeldern stärker Gewalten, die die Autonomie eben dieser Körpern einschränken oder ganz beseitigen, sogar stärker als zu Zeiten, als „große" sichtbare Sklavereien existierten und Versklavte kollektive Antworten darauf entwicklen konnten. In der gegenwärtigen Globalisierung haben sich vor allem die Nachfrageseite, die Mobilität, die Information sowie Wege und Techniken (Technologien) des Menschenhandels sowie seine Marginalisierung in den Massenmedien verändert. Auch die Akteure des Menschenhandels sind andere – es sind oftmals Verwandte und, was in der Weltgeschichte zwar schon vorgekommen ist, aber insgesamt eher die Ausnahme war, Frauen.[399]

---

398 Zeuske, Schwarze Karibik; Dávila Mendoza, Dora, „Historiografía y Esclavitud en Venezuela, 1937–2003", in: Dávila Mendoza, La sociedad esclava en la provincia de Venezuela, 1790–1800 (Solicitudes de libertad – Selección documental), Caracas: Universidad Católica Andrés Bello / Montalbán, 2009 (Serie Documentos No. 2), S. 17–60; González, Armando; Chirinos, Daniel, La presencia africana en los llanos (acercamiento al caso en la jurisdicción de la Villa de San Carlos de Austria), Caracas: Centro Simón Bolívar, 2008.

399 Maihold, Der Mensch als Ware, passim.

In der Literatur über heutige Sklavereien und heutigen Menschenhandel herrschen Bücher und Texte vor, die Prostitution sowie Kinder-, Frauen- und Mädchenhandel thematisieren, meist unter dem Label „Migration".[400] Prostitution und sexualisierte Gewalt sind aber immer eine Dimension von Sklavereien gewesen, besonders deutlich in der welthistorischen Etappe des Sklavinnenstatus „ohne (instituionalisierte) Sklaverei", in Kin-Sklavereien oder in der „Knaben-Liebe". Die Bücher über heutige Sklaverei/Prostitution, oft von Journalisten, werden häufig von großen, marktorientierten Verlagen publiziert. Profane, schwere und schmutzige Zwangsarbeiten als heutige Formen von Sklavereien, etwa in der Modeindustrie, in Ernten, Fleischfabriken, auf Fischerbooten oder im Dienstleistungsgewerbe, sind für Recherche-Journalisten weniger erfolgsträchtig. Deshalb gibt es auch viel weniger Bücher über sie. Die akademische Geschichtsschreibung interessiert sich kaum für heutige Sklavereien; in Deutschland – mit einigen Ausnahmen – auch nicht für die Weltgeschichte der Sklaverei; der beste Text ist immer noch der Essay von Jürgen Osterhammel (das ist 2012 geschrieben worden, heute gibt es schon eine ganze Reihe von wissenschaftlichen Arbeiten).[401] Für heutige Sklavereien und heutigen Menschenhandel interessieren sich vor allem Verfolgungsbehörden, Sozialarbeiterinnen und Menschenrechtspraktiker; Verfolgungsbehörden allerdings oft in anderen institutionellen und rechtlichen Zusammenhängen (Migration, Immigration) und ohne Sklaverei zu definieren. Bücher zum historischen Zusammenhang zwischen „alten" und „neuen" Sklavereien, wie das von Kevin Bales,[402] sind eher die Ausnahme. Auch Forschungen und Bücher zur Geschichte von Zwangsarbeiten und Unfreiheit (freiwillige und „unfreiwillige" Migration oder „unfreiwillige" Abschnitte in „freiwilliger" Migration) oder Zwangsarbeitern als Akteure im Zeitraum zwischen den formalen Abolitionen bzw. den Transformationen der „großen" Sklavereien des Westens (1865–1888) und dem Beginn der unmittelbaren Zeit- und Globalisierungsgeschichte seit ca. 1945 oder den 1990ern (die manchmal als Beginn der definitiven Globalgeschichte definiert werden) sind eher selten.[403]

Globalgeschichte der Sklaverei ist Makrogeschichte. Makrogeschichten wie Welt- und Globalgeschichte sind konstruierte Narrative; manchmal auch „Meister-

400 Feingold, David A., „Human Traffiking", in: Foreign Policy 150 (Sep/Oct. 2005), S. 26–32, http://www.bayswan.org/traffick/Hum_Trafficking_Feingold.pdf (letzter Zugriff 22.1. 2018); Davidson, „Troubling freedom: migration, debt, and modern slavery", in: Migration Studies (2013), S. 1–20.

401 Osterhammel, Sklaverei und die Zivilisation des Westens, passim.

402 Bales, Die neue Sklaverei, S. 289–293.

403 Miers, Slavery in the twentieth century, passim; Raphael, „Krieg, Diktatur und imperiale Erschließung. Arbeitszwang und Zwangsarbeit 1880 bis 1960", S. 258–280; Ziegler, Béatrice, „Sklaven und Moderne – eine unerträgliche, aber nicht unverträgliche Kombination", in: Scheuzger, Stephan; Fleer, Peter (eds.), Die Moderne in Lateinamerika. Zentren und Peripherien des Wandels. Hans-Werner Tobler zum 65. Geburtstag, Frankfurt am Main: Vervuert, 2009, S. 139–157; Hoerder, „Migrationen und Zugehörigkeiten", in: Rosenberg, Emily S. (ed.), 1870–1945. Weltmärkte und Weltkriege, München: Beck, 2012 (Geschichte der Welt, eds. Iriye, Akira; Osterhammel, Jürgen), S. 433–588.

erzählungen" genannt. Historiker sind Nominalisten und erforschen, um es ganz generell zu sagen, konkrete Agency von Menschen in bestimmten Situationen sowie klar definierten Räumen mittels Quellen im Modus der Mikrogeschichte. Quellen über Sklaverei als Institution gibt es in der geschriebenen Geschichte seit Verwaltung und Rechtsaufzeichnungen existieren (seit dem Ende des 3. Jahrtausends v. u. Z.). Gibt es noch keine oder überhaupt keine Schrift und keine schriftlichen Rechtsaufzeichnungen, gibt es auch keine oder kaum geschriebene Dokumente und Quellen über Sklaverei oder andere Typen der Unfreiheit/Zwangsarbeit (oder gar von Versklavten). Das gilt für fast die gesamte Zeit der frühen Sklavereiformen „ohne Institution Sklaverei", sagen wir von 10 000 v. u. Z. bis in das 3. Jahrtausend v. u. Z.[404] Das gilt auch für fast alle Kin-Formen der Sklaverei und andere Formen der Sklaverei in Gesellschaften mit anderen Memorierungssystemen im Grunde bis heute. Deshalb setzen auch alle Meistererzählungen der Sklaverei etwa mit Hammurapi (oder dem Codex Ur-Nammu, um 2100 v. u. Z.)[405] ein, behandeln dann die bereits mehrfach genannten „hegemonischen Sklavereien", in denen verschiedene Sklavereiformen rechtlich immer kompakter gefasst wurden, bis ein bestimmter Gesamt-Sklavereitypus formuliert („konstruiert") war. Das war im Wesentlichen in den immer wieder bearbeiteten „hegemonischen" Sklavereien in Rom, den islamischen Gesellschaften (in denen es seit dem 16. Jahrhundert auch Plantagen gab),[406] im atlantischen Sklavenhandel sowie in den amerikanischen, aber auch in afrikanischen Plantagengesellschaften der Fall. In allen anderen nicht schriftlichen Gesellschaften und in Gesellschaften, in denen verschiedenste konkrete Sklavereiformen spezifische, zum Teil sehr unterschiedliche Situationen, Benennungen und Rechtsstatus aufwiesen, wie in der gesamten Welt außerhalb des europäischen oder islamischen Einflusses (die vorkolumbinischen Amerikas, aber auch die noch nicht kolonisierten Amerikas, das zentrale subsaharische Afrika, riesige Teile Asiens, vor allem Mongolei, Sibirien, Südindien, China, Südostasien, Indonesien, Philippinen, Australien, Inselgruppen des Pazifik, der Pazifik als Raum,[407] etc.).

Noch schwieriger sind Quellenforschungen über die Hauptakteure von Sklaverei, d. h., Verschleppte, Gefangene, Ausgesetzte auf den Wegen in die Sklaverei, aber auch Sklavinnen, Sklaven und Sklavenkinder in allen Sklavereitypen, aber

---

404 Stein, Peter, Schriftkultur. Die Geschichte des Schreibens und Lesens, Lüneburg: Primus Verlag, 2006.

405 Wilcke, Claus, „Der Kodex Urnamma (CU): Versuch einer Rekonstruktion", in: Abusch, Tzvi (ed.), Riches hidden in secret places: ancient Near Eastern studies in memory of Thorkild Jacobson, Winona Lake: Eisenbrauns, 2002, S. 291–333.

406 Lovejoy, „Plantations in the Economy of the Sokoto Caliphate", in: J. Afr. H., XIX:3 (1978), S. 341–368; Lovejoy, „The Characteristics of Plantations in the Nineteenth-Century Sokoto Caliphate (Islamic West Africa)", in: AHR 84:5 (1979), S. 1267–1292.

407 Hellyer, Robert, „The West, the East, and the insular middle: trading systems, demand, and labour in the integration of the Pacific, 1750–1875", in: Journal of Global History Vol. 8:3 (November 2013), S. 391–413.

auch in formierten Sklavereien, weil die Technik des Schreibens eben in Hand der Versklaver und ihrer Helfer war und weil über den konkreten Vorgang der gewaltsamen Umwandlung etwa von Kriegsgefangenen in verkaufbare Sklaven nur ungern berichtet wurde. Selbst in Gesellschaften, in denen Sklaverei für völlig legitim gehalten wurde, etwa im antiken Rom, klafft zwischen den Berichten der Kriegssieger, den Rechtstexten und dem Verkauf der Massen von Kriegsgefangenen eine Quellenlücke, es sei denn, das Eigentumsrecht ist so entwickelt und verschriftlicht, dass relativ zeitig nach dem Kriegsereignis und der Rache der Sieger Listen aufgesetzt wurden – und diese überliefert sind. Damit wurden die nicht erschlagenen, nicht verschenkten (oder irgendwie anders „schwarz" versklavten) Kriegsgefangenen zu rechtlichem, schriftlich verzeichnetem Eigentum. Mit der Schriftlichkeit entstand auch so etwas wie die Illusion, Sklaverei sei ein Rechtsverhältnis in „römischer" Tradition. Aber solche Listen waren in der Geschichte der Sklavereien die Ausnahme, selbst da, wo es sie massenhaft gab, ist die Überlieferung der Schicksale von Versklavten spärlich. Drittens wissen wir, dass schriftliche Quellen extrem wichtig für Historiker sind, aber nicht immer das Nonplusultra. Andere Wissenschaften, wie gegenwärtig intensive Forschungen zur Spätantike/Frühmittelalter sowie Mittelalter- und Sklavereiarchäologie vermögen die Geschichte der Sklavereien und des Sklaven-/Menschenhandels in ein neues Licht zu stellen. Im Grunde werfen schriftliche Dokumente neue Fragen auf und bringen uns auf neue Spuren, die auch falsche Spuren sein können. Aber: in der Welt- und Globalgeschichte geschah der eigentliche Akt der Versklavung oft in Gesellschaften ohne Schrift (fast alle Gesellschaften außerhalb der hegemonischen Sklavereien), die Captives wurden dann per Karawane oder per Wasserfahrzeug an Punkte, meist Handels- und/oder Hafenorte (oft Inseln) getrieben, wo sie gecastet, vertauscht, verkauft und eventuell auf Listen gesetzt wurden. Ich fasse unter dem Begriff Captives alle Kategorien der zu Versklavenden zusammen; vor allem um nicht in den Mechanismus zu verfallen, auf dem viele Legitimierungen von Sklavereien beruhen, dass einige Menschen und Völker „Sklaven von Natur" (Aristoteles) waren und sind. Das gilt für die gesamte geschriebene Weltgeschichte bis zur Abolition im 19. Jahrhundert, in vielen Weltregionen auch für die Geschichte des 20. und 21. Jahrhunderts.[408] Historiker, die nicht nur neue Versionen und Palimpseste immer wieder recycelter Meistererzählungen bieten wollen, müssen dann auf Berichte (Missionare, Reisende, Kapitäne, Forscher, zeitweilig Gefangene/Versklavte) zurückgreifen. Diese Berichte gab und gibt es, ich nenne hier nur Herodot, nicht erst, wie oben erwähnt, seit der europäischen Expansion, sondern auch in Zeiten der hellenistischen, islamischen und römischen Expansion sowie auch in China und anderen Großreichen mit Schriftkulturen.

---

408 Pinker, Steven, „Sklaverei", in: Pinker, Gewalt. Eine neue Geschichte der Menschheit, Frankfurt am Main: Fischer, 2011, S. 238–245; Cameron, „Captive Taking in Global Perspective", in: Cameron, Captives: How Stolen People Changed the World, S. 19–42.

Captives, ausgesetzte Kinder und verlassene Frauen und Mädchen, die zu Sklaven gemacht werden, sind – gezwungenermaßen – Hauptakteure von Sklaverei. Die anderen Hauptakteure sind Sklavenhändler und Sklavenhalter sowie ihr Personal.

Globalgeschichte der Sklaverei oder besser, wie ich in vorliegendem Buch vorschlage, der Sklavereien von 12 000 v. u. Z. bis heute, auch als Zeitgeschichte, wird durch zwei weitere Problemkomplexe extrem erschwert. Das erste Problem zeigt sich in einem Satz wie dem folgenden: „Sklaverei muss eine ‚sozial akzeptierte Institution' und von ihrem Umfeld als legal erachtet werden. Nur dann könne sie unter anderen Formen der Unfreiheit als Sklaverei gelten".[409] Würden diese apodiktischen Sätze wirklich gelten, gäbe es weder eine Geschichte der Sklavereien, noch würden heute Sklavereien und Menschenhandel existieren. Das passiert, wenn ein Althistoriker, dessen Modell immer die „hegemonische" Sklaverei Roms sein wird, Weltgeschichte à la Schillers „Universalgeschichte" zu schreiben versucht. Legt man, wie oben zitiert, das Kriterium der schriftlich fixierten *legal ownership* (und der Akzeptanz) an, existierten heute keine Sklavereien mehr. Das dahinterliegende Problem ist eher eines der Legitimität von privatem Eigentum in heutigen „westlichen" Gesellschaften. Sklaverei wird vom Begriff der „Freiheit" her definiert und als Rechtsverhältnis auf der Basis von privatem Eigentum. Sklaverei ist aber nicht nur ein schriftlich definiertes und expressis verbis „Sklaverei" genanntes Rechtsverhältnis, wie in Sklavereien in der griechischen und römischen Antike und in mediterranen sowie atlantisch-amerikanischen Gesellschaften in Tradition des „römischen" Rechts. Das essentielle Merkmal aller Sklavereien ist Gewalt gegen Körper *avant la lettre*.[410] Ich will in diesem Zusammenhang gerne noch einmal auf die Geschichte der Sklaverei im Übergang vom antiken Rom zum Mittelalter verweisen und auf Forschungen zur frühmittelalterlichen Sklaverei (vor allem 7.–10. Jahrhundert).[411] Das Mittelalter war lange sklavereiunverdächtig, wie oben im Zitat von Alfred Haverkamp angedeutet, und es war damit auch unverdächtig, Teil der Quasi-Formationstheorie „hegemonischer" Sklavereien zu sein. Dann kam der Aufschwung der Spätantike-Frühmittelalter-Forschungen. Mittelalter-Archäologen und -historiker wie Joachim Henning in Deutschland sowie Michael McCormick in den USA oder Youval Rotman in Israel gingen an das Problem mit materiellen Evidenzen (Sklavenfesseln und Reiserouten/Itinerare; Karten) und sogar aus einer von der Geschichte Afrikas inspirierten Perspektive heran. Plötzlich erschienen viele Sklaven „ohne Sklaverei". Youval Rotman hat den Gesamtkomplex der byzantinischen Quellen untersucht und, wie gesagt, die Zentrali-

409 Flaig, Weltgeschichte der Sklaverei, S. 15.

410 Brass, „Some observations on unfree labour, capitalist restructuring, and deproletarianization", in: Brass, Tom; Linden; Lucassen, Jan, Free and Unfree Labour, Amsterdam: International Institute for Social History, 1993, S. 31–50.

411 Ott, „Europas Sklavinnen und Sklaven im Mittelalter. Eine Spurensuche im Osten des Kontinents", S. 31–53.

tät Byzanz' in Bezug auf Sklavenhandel und Sklaverei sowie die extreme Dynamik der Sklaverei, der Sprache der Sklaverei und des Sklavenhandels im und um das byzantinische Imperium herausgestellt.[412] Wenn ich einen Artikel Joachim Hennings zum Thema richtig interpretiere, sagt er: egal wie die Bezeichnung in den Quellen ist (*colonus* oder *sclavus*) und egal, wie die Rechtverhältnisse sind, in der Zeit des Karolinger-Imperiums wuchs die Anwendung von Versklavungs-Gewalt wieder an – eben wegen materieller Evidenzen.

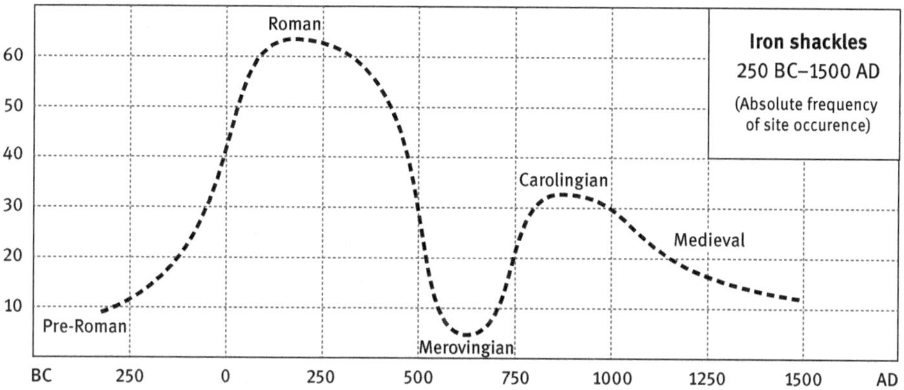

Grafik 1: „[European] Iron shackles, 250 BC–1500 AD".[414]

Übersetzt in Formationstheorie-Sprache, die in ihrem Stalinschen Original gar nicht mehr existiert, heißt das: ebenso wie der Aufschwung von Imperien an sich, wie auch und gerade antiker Gesellschaften im Mittelmeerraum auf Massenversklavungen beruhte, beruhte auch die Entstehung und Formierung mittelalterlicher Gesellschaften auf Massenversklavungen und „großem" Menschenhandel. Der Globalhistoriker kann nur hinzufügen: da es „Mittelalter" sowieso nur für die europäische Geschichte gibt, gilt das cum grano salis weltweit. Diese Versklavungs-Gewalt mit Sklavenfesseln und befestigten Menschenhandelszentren belegt Henning mit Ringburgen (z. B. das dänische Trelleborg (wörtlich „Sklavenburg"), slawischen Wallburgen (z. B. *Knjazha gora* (wörtlich: „Fürstenhügel") in der Ukraine), irischen *crannogs* (befestigte Siedlungszentren lokaler Aristokraten auf Inseln in Seen) und speziell einer Reihe früher Handelszentren, die Proto-Städte oder richtige Städte waren: Dublin (seit 841; Gründung als *das* Zentrum des Sklavenhandels),[414] Win-

412 Rotman, „The Slave Trade: The New Commercial Map of the Medieval World", in: Rotman, Byzantine Slavery and the Mediterranean World, S. 57–81.

413 Aus: Henning, „Strong Rulers – Weak Economy? Rome, the Carolingians and the Archaeology of Slavery in the First Millennium AD", S. 33–53, hier S. 24

414 Holm, Poul, „The slave trade of Dublin, ninth to twelfth centuries", in: Peritia 5 (1986), S. 317–345; Strickland, Matthew, „Slaughter, slavery or ransom: the impact of the Conquest on conduct in

chester, Haithabu, Staré Mesto (das Zentrum Mährens im 9. Jahrhundert), Nitra (Fürstenresidenz im östlichen Mähren) sowie Preslav (die Hauptstadt des bulgarischen Imperiums).[415] Henning hat auch noch einen Artikel zu „neuen Burgen" als Zentren des europäischen Fernhandels (Rheinland – Erfurt – Meissen – Bautzen – Görlitz – Wroclaw – Krakow – Kiev – Itil (Astrachan) – Zentralasien (Choresmien, Chorasan/Khurasan, Sogdien und Transoxanien (*mawarannahr*/*turan*), dem „Gateway to China"))[416] publiziert. Deren zentraleuropäische, aus asiatischer Perspektive marginale, Teilstrecken waren etwa in den polnisch-sächsischen Kriegen 1002–1018 hart umkämpft. Für sie sind zumindest auf polnischer Seite Mengen von *captivi*/*mancipia* nachgewiesen, die in den Menschenhandel nach Osten gingen (Thietmar von Merseburg).[417] Auch das Razzienkriegs-Umfeld der größeren Konflikte sowie Razzien von deutschen, pommerschen und polnischen Eliten gegenüber „slawischen" Heiden und slawischen Christen ist nicht zu übersehen.

Julia M. H. Smith hat für den westeuropäischen und westmitteleuropäischen Raum Sklaven aus Nord- und Osteuropa unter die wichtigsten beweglichen Ressourcen und Habe (Vorform von individuellem Besitz und „Eigentum")[418] eingeordnet, neben persönlichem Schmuck auch Spolien wie Juwelen, Gold, Silber und Tafelgeschirr oder persönliche Waffen.[419] Michael McCormick geht noch viele Schritte weiter und beschreibt Sklavenhandel mit „Europäern", neben Holz, Fellen und Waffenrohlingen als konstitutiv für die europäische Ökonomie zwischen 300 und 900.[420] Besonders wichtig war Sklavenhandel für die Einheit des antiken Mittelmeerraumes, die erst am Ende des 7. Jahrhunderts zerbrach (die Frage ist: wegen des Sklavenhandels oder wegen der Expansion des Islam?). Der „Schatten der Sklaverei" hänge über dem gesamtem Korpus geschriebener Evidenz der Ursprünge

warfare", in: Hicks, Carola (ed.), England in the Eleventh Century: Proceedings of the 1990 Harlaxton Symposium, Stamford: Paul Watkins, 1992, S. 41–59; McCarthy, Denis, Dublin Castle. At the heart of Irish History, Dublin: Stationary Office, 2004.

415 Rotman, „The Slave Trade: The New Commercial Map oft he Medieval World", S. 57–81; siehe auch: Henning, „Slavery or Freedom? The Causes of Early Medieval Europe's Economic Advancement", S. 269–277; McCormick, „Complexity, Chronology and Context in the Early Medieval Economy", in: Early Medieval Europe 12:3 (2003), S. 307–323.

416 Leslie, Donald D., „The Earliest Traces of Jews in China", in: Leslie, The Survival of the Chinese Jews. The Jewish Community of Kaifeng, Leiden: Brill, 1972, S. 5–17, hier S. 7; Tor, „The Importance of Khurāsān and Transoxiana in the Classical Islamic World", S. 1–12.

417 Henning, „Neue Burgen im Osten. Handlungsorte und Ereignisgeschichte der Polenzüge Heinrichs II. im archäologischen und dendrochronologischen Befund", S. 151–181.

418 Eine Tradition seit der Antike, siehe: Müller, Felix, „Beutegut, Opfergaben und Trophäen bei den antiken Kelten", in: Birkhan, Helmut (ed.), Kelten-Einfälle an der Donau, Wien: Verlag der Österreichischen Akademie der Wissenschaften, 2007, S. 361–378.

419 Smith, Julia M. H., Europe after Rome. A New Cultural History 500–1000, New York; Oxford: Oxford University Press, 2005, S. 207.

420 McCormick, „European exports to Africa and Asia", in: McCormick, Origins of the European Economy, S. 729–777, besonders: McCormick, „Europeans", in: Ebd., S. 733–759; McCormick, „Geography of the European slave trade", in: Ebd., S. 759–777.

europäischer Wirtschaft, liest der etwas perplexe Leser ansonsten eher hausbackener Texte über das frühe Mittelalter. McCormick hat sogar entlang der *life history* des Elias (Vita Eliae iunioris, ca. 832–903) das Profil eines europäischen Sklaven in der arabischen Welt rekonstruiert.[421] All das sollte uns aber nicht, wie schon mehrfach gesagt, dazu verführen, Osteuropa nur als *slaving zone* für fernliegende Imperien zu halten.[422]

Sklavereien sind ein vielgesichtiges Gewaltproblem mit einer langen, sehr langen Geschichte. In dieser Geschichte sollten, auch und gerade heute, viele Situationen, Status von Menschen, Sonderformen von Sklaverei, „Pseudo-Leibeigenschaften" oder was man auch noch immer als Ersatzworte suchen mag (Servilität, etc.), diese „Unfreiheiten" nicht von der Freiheit her, sondern von der Gewalt, den menschlichen Körpern und von den Sklavereien her definiert werden. Zweitens: die wichtigsten Arbeiten sind bislang Forschungen zu immer den gleichen „großen" Sklavereien – wie oben gesagt – South der USA, Brasilien, Rom, Griechenland, Kuba, nichtspanische Karibik sowie Sklavenhandel Großbritanniens, Portugals, Frankreichs, etc.

Makrogeschichte aus der Feder von Historikern darf ihre mikrohistorischen Wurzeln und Bewegungsformen nicht verleugnen, muss ihre Forschungsergebnisse aber in Narrative/Diskurse einweben – auch weil kein einzelner Historiker alles mit eigenen Forschungen abdecken kann. Historiker müssen manchmal, wenn auch meist ungern, mit „anachronistischen" Makrobegriffen arbeiten, die aus der Soziologie, Wirtschaft oder der Kulturgeographie beziehungsweise aus älteren Epochendefinitionen (Antike – Mittelalter – Neuzeit) stammen, wie: Kapitalismus, Moderne, Modernisierung (Entwicklung nach europäischem Vorbild), Vormoderne, „Westen" (überhaupt mit Raumbegriffen, die meist aus kolonialen Zeiten stammen),[423] Geld, Kontinente, Gesellschaft oder Welt und Weltgeschichte. Auch neue Makro-Begriffe, die im Grunde aus Wirtschaftstheorie (Institutionengeschichte) und Marketing-Texten stammen, wie Globalisierung (Globalgeschichte)[424] spielen eine Rolle. Als nominalistischer Historiker ist man geneigt, diese Begriffe entweder lieber gar nicht zu benutzen, weil kein Historiker über ein gewisses Maß verallgemeinern darf, das können seine Quellen nicht stützen. Dieser verständliche Wunsch stößt aber an zwei Grenzen. Die eine ist die Ökonomie der Sprache. Im Grunde ist unsere gesamte heutige Sprache, auch und gerade in ihrer jeweiligen

---

421 McCormick, „Slaves", in: Ebd., S. 244–254.

422 Ott, „Europas Sklavinnen und Sklaven im Mittelalter. Eine Spurensuche im Osten des Kontinents", S. 31–53.

423 Coronil, Fernando, „Transculturation and the Politics of Theory. Countering the Center, Cuban Counterpoint" [Einleitung], in: Ortiz, Fernando, Cuban Counterpoint. Tobacco and Sugar, Durham: Duke University Press, 1995, S. IX–LVI.

424 Schwentker, Wolfgang, „Globalisierung und Geschichtswissenschaft. Themen, Methoden und Kritik der Globalgeschichte", in: Osterhammel (ed.), Weltgeschichte, Wiesbaden: Franz Steiner Verlag, 2008 [Basistexte Geschichte, ed. Winterling, Alois], S. 101–118.

Individualität (Englisch, Deutsch, Wolof, Suaheli, Chinesisch, Farsi, etc.), ein für die jeweilige historische Realität ein „anachronistischer" Zugriff. Nur noch selten spricht heute jemand Gotisch, Chazarisch oder Altsächsisch. Manch allgemeinere Begriffe systematischer Wissenschaften erfassen großflächige Phänomene wie Krieg, Wirtschaft, Gesellschaft einfach besser als die jeweiligen Lokalbegriffe (wozu ja noch das Problem der jeweiligen Sprache der Lokalbegriffe käme). Was allerdings „Kapital"[425] „Kapitalismus", „modern" und „global" betrifft, so haben diese Konzepte und Theoretisierungen eine Geschichte, die fest in Sklaverei, Sklavenhandel und etwa massiver Exportproduktion (Zucker) verankert ist und bei behutsamer Verwendung nicht anachronistisch sind oder, wie Stefan Palmié und Francisco A. Scarano, basierend auf Marx, Williams, Walter Rodney, C. L. R. James und Fernando Ortiz schreiben: „All the three qualifiers ... "modern," "capitalist," and "global" – merit emphasis, as all three represent major forces in and characteristics of Caribbean history and social life. Indeed, it is not an overstatement to assert that modernity, capitalism, and the collection of factors that many of us glibly and anachronistically subsume under the label of "globalization" ... first asserted themselves in the post-Columbian Caribbean. As the Cuban scholar Fernando Ortiz put it in 1940 in a marvelously erudite essay on the "contrapuntal" forces exerted by tobacco and sugar in shaping the history and culture of his native island, sugar had always been capitalism's favorite child ... Ortiz was not the first to perceive this connection, but he was responsible for exposing how the fate of the region was shaped by – and in turn helped shape – the global transition from mercantile to industrial capitalism, from European nation-states' groping attempts to establish commercial empires to the emergence of modern imperialism and neocolonial forms of dependency".[426] Aus Perspektive vorliegenden Handbuches müsste dem „Merkantilkapitalismus" der „Kapitalismus menschlicher Körper" von vor den Zeiten des „Frühkapitalismus/Kronkapitalismus" vorgespannt sowie allen anderen Kapitalismusetappen zur Seite gestellt oder vielleicht sollte ich sagen, als bewusst marginalisierte und verschwiegene Basis mitgedacht werden – nicht erst seit Mitte des 18. Jahrhunderts. Unter der Maßgabe, dass auch Sklavereigesellschaften eine eigene Modernisierung und Modernität haben.[427] „Kapitalismus" ist also kein völlig anachronistischer Begriff, wenn menschliche Körper als Kapital und Biokapital begriffen werden. Immer seit seinen Realzeiten, „als die Rose noch nicht so hieß", sind einzelne Elemente, Dimensionen und Bereiche kapitalistischer Akkumulation beschrieben worden. Es gab auch immer wieder Versuche, das Ganze unter Einschluss von Sklaverei, Sklavenhandel und Transkulturation („was bewirken so viele Menschen aus Afrika in einer gegebenen Gesellschaft oder einem gegebenen

---

425 Vogl, Das Gespenst des Kapitals, passim.

426 Palmié; Scarano, „Introduction: Caribbean Counterpoints", S. 1–21, hier S. 9.

427 Tomba, Massimiliano, „Modernisation ... of slavery", in: Tomba, Marx's Temporalities, Leiden/ Boston: Brill, 2013 (Historical Materialism Book Series; 44), S. 150–157.

Raum (Atlantik, Indik, Kontinent)?"), aber auch im Zusammenhang zwischen Kommerzgesellschaft (später Kapitalismus), Humanitarismus, Abolition, Interventionen und neuen Stufen von Kolonialismus begrifflich zu fassen; am deutlichsten sozusagen aus den postabolitionistischen und postkolonialen Prozessen der Karibik heraus durch Fernando Ortiz' „Contrapunteo" (1940) und Eric Williams in „Capitalism and Slavery" (1944).[428] Williams konnte dadurch auch die falsche Marxsche Konzeptionalisierung von Sklaverei „als Anomalie" im aufsteigenden Kapitalismus korrigieren. Aber möglicherweise war Karl Marx einer der Ersten, der die Wirkung von Überarbeitung und schrankenloser Ausdehnung der Arbeitszeit auf menschliche Körper erfasst hat, vor allem in den vom ihm – für meine Begriffe falsch konzipierten – „niedrigren Formen" der Arbeit („niedrigere" ist falsch), d. h., Sklaverei und Fronarbeit, etwa in den rumänischen Donaufürstentümern.

Am wichtigsten singulären Ereignis der karibischen Sklavereigeschichte, der bereits erwähnten haitianischen Revolution 1791–1803, sind immer wieder globale Geschichten von Sklaverei, Freiheit, Revolution, Modernität, Abolition und Welt- oder gar Universalgeschichte abgehandelt worden, so von Sybille Fischer, Ada Ferrer und Susan Buck-Morss.[429] Auch die postkolonialistischen Grund-Probleme der „Stimmen" und der *agency* der Versklavten ist am Beispiel der Sklavenrevolution konzeptualisiert worden.[430] Keiner dieser Versuche, selbst wenn sie „Lohn-

---

428 Williams, Capitalism and Slavery; Solow, „Caribbean Slavery and British Growth: The Eric Williams Hypothesis", S. 99–115; Solow, „Capitalism and Slavery in the Exceedingly Long Run", S. 51–78;.James, Holding Aloft the Banner of Ethiopia; zu Humanitarismus, Abolitionen und Kommerzgesellschaft, siehe: Haskell, Thomas, „Capitalism and the Origins of the Humanitarian Sensibility", in: American Historical Review Vol. 90 (1985), S. 339–361, 547–566; Ashworth, John, „The Relationship between Capitalism and Humanitarianism", in: American Historical Review Vol. 92 (1987), S. 813–828; Davis, „Reflections on Abolitionism and Ideological Hegemony", in: American Historical Review Vol. 92 (1987), S. 797–812; Haskell, „Convention and Hegemonic Interest in the Debate over Antislavery: A Reply to Davis and Ashworth", in: American Historical Review Vol. 92 (1987), S. 829–878; Linden, „Zur Logik einer Nicht-Entscheidung. Der Wiener Kongress und der Sklavenhandel", in: Just, Thomas; Maderthaner, Wolfgang; Maimann, Helene (eds.), Der Wiener Kongress. Die Erfindung Europas, Wien: Carl Gerold's Sohn Verlagsbuchhandlung, 2014, S. 354–373; Krätke, Michael, „Kapitalismus – das Wort und seine Geschichte", in: Fülberth, Georg; Krätke, Neun Fragen zum Kapitalismus, Berlin: Karl Dietz Verlag, 2007, S. 59–61; Klose, Fabian, „‚To maintain the law of nature and of nations'. Der Wiener Kongress und die Ursprünge humanitärer Intervention", in: Geschichte in Wissenschaft und Unterricht, 65:3–4 (2014), S. 217–237.

429 Buck-Morss, Susan, „Hegel and Haiti", in: Critical Inquiry 26 (Summer 2000), S. 821–865; Fischer, Modernity Disavowed; Buck-Morss, Hegel und Haiti, Berlin: Suhrkamp 2011; Ferrer, „Haiti, Free Soil, and Antislavery in the Revolutionary Atlantic", S. 40–66; Girard, „The Haitian Revolution, History's New Frontier. State of the Scholarship and Archival Sources", S. 485–507.

430 Trouillot, Michel-Rolph, „An Unthinkable History: The Haitian Revolution as a Non-Event", in: Trouillot, Silencing the Past: Power and the Production of History, Boston: Beacon Press, 1995, S. 70–107; Girard, The Slaves who defeated Napoléon: Toussaint Louverture and the Haitian War of Independence, 1801–1804, Tuscaloosa: University of Alabama Press, 2011; generell siehe: García Rodríguez, Gloria, La esclavitud desde la esclavitud. La visión de los siervos, México: Centro de Investigación Científica „Ing. Jorge Y. Tamayo", 1996; García Rodríguez, Conspiraciones y revueltas.

arbeit" des Kapitalismus der freien Konkurrenz als „Lohnsklaverei" konzeptualisieren, hat allerdings das Problem der „kleinen" und „nichthegemonischen" Sklavereien und die Formen von Zwangsarbeit und Unfreiheit oder informeller Dienstleistungsarbeit (vor allem in den gigantischen Elendsquartieren heutiger Städte) aus heutiger globalgeschichtlicher Perspektive analysiert. Durchaus auch als Basis neuer Sklavereien. Lohnarbeit wird im Gegensatz zu meiner realistischen Sicht der Globalgeschichte als „progressiver Trend" in der globalen Wirtschaftsgeschichte deklariert („von der Sklaverei zur Freiheit") – was in der Realität ganz bestimmt nicht als solche „Freiheit" empfunden wurde, vor allem nicht in den europäischen Kolonialgebieten (siehe etwa neuere Arbeiten zum Kongo).[431]

Die Analyse der realen Löhne und ihrer Kaufkraft in Bezug auf Kohlehydratnahrung, Proteine und Zucker sowie insgesamt biologische Lebensqualität (festgemacht an Körperhöhen)[432] und Lebensbedingungen in kolonialen Gesellschaften zeigt für den Zeitraum 1550–1780 relativ gute Bedingungen (etwa im internationalen Vergleich des kolonialen Spanisch-Amerika / Bourbonisches Amerika). Sklavenpopulationen und Sklavereitypen im atlantischen Amerika sind mit wenigen Ausnahmen nicht im Fokus.[433] Das hat auch damit zu tun, dass Opfer von Sklavenhändlern zwangsweise mobil waren. Kin-Sklavereien sind schon gar nicht im Fokus. Meere/Ozeane bleiben meist auch unberücksichtigt. Auch das Problem der Räume und ihrer historischen Konzeptualisierungen („Amerika/Amerikas", „Afrika/Afrikas" oder das der Ozeane „Atlantik/Atlantisierung" oder gar „Indik" und

---

La actividad política de los negros en Cuba (1790–1845), Santiago de Cuba: Editorial Oriente, 2003; McKnight; Garofalo (eds.), Afro-Latino Voices: narratives from the early modern Ibero-Atlantic world, 1550–1812, passim; Burnard, „Introduction", in: Burnard, Hearing Slave Speak, Georgetown: The Caribbean Press 2010 (Guyana Classics Series), S. IX–XXIV, http://caribbeanpress.org/wp-content/uploads/2013/01/Trevor-Burnard-Hearing-Slaves-Speak-Complete-Text.pdf (letzter Zugriff 22. 1. 2018); O'Toole, Rachel, „As Historical Subjects: The African Diaspora in Colonial Latin American History", in: History Compass 11/12 (December 2013), S. 1094–1110.

431 Seibert, „More Continuity than Change? New Forms of Unfree Labor in the Belgian Congo, 1908–1930", in: Linden (ed.), Humanitarian Intervention and Changing Labor Relations. The Long-Term Consequences of the Abolition of the Slave Trade, Leiden/Boston: Brill, 2011 (Studies in Global History, Vol. 7), S. 369–386; Seibert, In die globale Wirtschaft gezwungen. Arbeit und kolonialer Kapitalismus im Kongo (1885–1960), Frankfurt am Main: Campus Verlag, 2016.

432 Steckel, Richard H.; Rose, Jerome C. (eds.), The Backbone of History: Health and Nutrition in the Western Hemisphere, Cambridge: CUP, 2002.

433 Dobado-González; García-Montero, „Neither So Low nor So Short: Wages and Heights in Bourbon Spanish America from an International Comparative Perspective", S. 291–321; Ausnahmen in Bezug auf Sklaven: Steckel, „A Peculiar Population: The Nutrition, Health, and Mortality of American Slaves From Childhood to Maturity", in: Journal of Economic History 46:3 (1986), S. 721–741; Baten, Jörg; Stegl, Mojgan; Eng, Pierre van der, „Long-Term Economic Growth and the Standard of Living in Indonesia", in: WORKING PAPERS IN ECONOMICS & ECONOMETRICS, Working Paper no. 15 (February 2010), S. 1–34, https://ideas.repec.org/p/acb/cbeeco/2010-514.html (letzter Zugriff 15. 1. 2018).

„Pazifik"),[434] auch im Gegensatz zu den lokalen Herkunftsbezeichnungen der Versklavten selbst (die es manchmal auch aus ihrem eigenen Munde gibt, wenn wir den Schreibern glauben können), ist noch nicht geklärt. Ebensowenig die Frage, was Mobilität und Zwangsmobilität wirklich mit Kulturen machen (Diasporas, mobile Kulturen, Migrationen, Translokalität und -nationalität, Transkulturation/ Kreolisierung, Hybridisierung?).

Die andere Grenze ist, dass Fragen an die Geschichte immer aus der jeweiligen Gegenwart gestellt werden – ohne, wie ich meine, völlig in Perzeptionsspielereien abkippen zu müssen. Geschichte ist in diesem Sinne immer auch Zeitgeschichte; Geschichtsschreibung ist eine Form der Erinnerung sich entwickelnder Gesellschaften. Aber Geschichte fängt eben am Anfang an und nicht am Ende. Objektivität gibt es nicht. Aber sie muss ein Ziel bleiben (das ist meine ganz subjektive Sicht). Und in der Gegenwart sind die eher ungeliebten Makrobegriffe gängige Instrumente des Verständnisses, die auch Leser verstehen. Daraus resultieren gewisse zugrundeliegende – wie soll man sagen, ohne „Entwicklung" oder wieder „Kultur" zu benutzen – Maßkriterien. Ich nenne ihre Extreme: Absolutierung oder Relativierung. Hat jede lokale Gesellschaft das Recht auf absolute Eigenständigkeit, inklusive der Darstellung in eigenen Zentralbegriffen, und müssen wir das als Historiker oder Sozialwissenschaftler anerkennen – haben sie also ihre „eigene" Sklaverei, ihre oftmals blutigen, entehrenden Gewaltformen und Rituale (und müssen sie diese selbst bestimmen), ihre eigenen Sprachen, Legitimationen und Kosmologien der Sklaverei(en)? Oder gibt es, vor allem mit der Verdichtung der Kontakte und Netzwerke (u. a. durch Sklavenhandel, Migrationen, Diasporas) in einer sich in Schüben globalisierenden Welt allgemeine Tendenzen, Konzepte und Worte in der Entwicklung aller Gruppen, Völker und Gesellschaften, auch durch Diffusion, Transkulturation sowie Übernahme – und damit nur eine Sklaverei?[435]

Sklavereidebatten

Geschichtsschreibung und Historiografie gehören zum Erbe der Sklaverei und zum Machtkomplex in Postemanzipationsgesellschaften. Das zeigt sich deutlich an den Debatten um Sklaverei und Sklavereien (oder am Fehlen dieser Debatten) in nationalen Historiografien, die meist im 19. Jahrhundert oder im frühen 20. Jahrhundert entstanden und institutionalisiert wurden. Es kann als eine Regel gelten, dass star-

434 Palmié, „Introduction: on Predications of Africanity", S. 1–37.

435 John Meyer hat das am Recht untersucht, siehe: Meyer, John W., „Das moderne Recht als säkularisiertes globales Modell: Konsequenzen für die Rechtssoziologie", in: Meyer, Weltkultur. Wie die westlichen Prinzipien die Welt durchdringen, ed. Krücken, Georg, Frankfurt am Main: Suhrkamp, 2005 (Edition Zweite Moderne), S. 179–211; siehe auch: Zeuske, „Geschichtsschreibung, Geschichte der Sklaven, Theorie, Globalisierung und Sprachen", in: Zeuske, Schwarze Karibik, S. 21–41.

ke hegemonische Sklavereien im Zusammenhang mit interner, externer sowie (meist) chromatischer, religiöser oder ethnisch-spatialer Statusdegradierung der Versklavten unter Druck der Strukturen und der Ideologie der Sklavengesellschaften Klassenformationen sowie Statusminderungen hervorbringen.[436] In diesen Formationen legen es Herrschaftsdiskurse darauf an, Sklaven (oder *negros*) als spezifische Klasse darzustellen und sie sozusagen durch Staats-Demographie in dieser „Klasse" auf ewig einzuschließen (siehe die spanische Sklavereigesetzgebung des späten 18. Jahrhunderts und das Werk von Francisco de Arango y Parreño). Diese Gesellschaften bringen Herrschaftswissenschaften hervor, die die Basis für ausgefeilte Historiografien, praktische Wissenschaften (z. B. Medizin, Pharmazie, Epidemiologie, Kriminologie, Psychatrie, Nahrungsmittel) und sogar Literaturen (und andere Arten von Erinnerung (*memoria*) Kunst, etwa Malerei oder Musik) bilden. Im 19. Jahrhundert gilt das vor allem für Kuba, das mit Francisco de Arango y Parreño sogar, wie oben gesagt, eine Art Adam Smith der Sklaverei und Plantagenwirtschaft hervorbrachte, und Brasilien. Massenhafte „kleine", langlebige und urbane Haussklavereien, auch wenn sie breitflächig und langlebig sind, dagegen tendieren oft bis heute dazu, nicht oder wenig historiographisch repräsentiert zu sein.

In den letzten fünfzig Jahren fanden und finden, wie anhand der Distorsionen oben dargelegt, die wichtigsten Kontroversen über Sklaverei und ihre Wirkung in und auf Sklavengesellschaften in der US-amerikanischen Historiografie statt (im weiteren Sinne in der anglophonen Welt,[437] mittlerweile hat die Debatte auch die frankophone Welt erreicht und ist dabei, die deutschsprachige zu erreichen), nach-

---

436 Diese beiden Dimensionen der Statusdegradierung, so wie ich sie hier entwickele, gehören eher in den Bereich der historischen Soziologie. Die empirischen historischen Charakterisierungen der Herkunft (in Spanisch: *naturalidad*) von Verschleppten aus Afrika und ihren Nachkommen waren im 18. und 19. Jahrhundert generell: *bozal* (direkt aus Afrika), *ladino* (schon länger im spanischen Bereich, auch portugiesische Sprachkenntnisse) und *criollo* (auf Kuba oder in Venezuela, Neu-Granada, etc. geboren). Anfangs des 17. Jahrhunderts unterschied der Jesuit Alonso de Sandoval in spatialer Hinsicht Sklaven von den „ríos de Guinea" (mit viele Untergruppen), Sklaven von der „Isla de San Tomé" sowie „Luanda" (Angola); für das 19. Jahrhundert unterschied Fernando Ortiz (Ortiz, „La psicología de los afrocubanos" in: Ortiz, Los negros esclavos, S. 69–76.) auf Basis von Befragungen ehemaliger Sklavinnen und Sklaven bereits viele Gruppe (insgesamt, nach heutigen Forschungen bis ca. 130–150 Gruppierungen): *yolofes*, *fulas*, *mandingas*, *lucumis*, *ararás*, *minas*, *carabalís*, *congos* und *angolas*, die jeweils anders bewertet wurden, siehe: Tardieu, „El esclavo como valor en las Américas españolas", S. 59–71; siehe auch: Zeuske, „Afrokuba und die schwarze Karibik", in: Zeuske, Schwarze Karibik, S. 247–336. Sicherlich spielte dabei das Prinzip „teile und herrsche" eine Rolle, aber die Verschleppten und Versklavten nutzen die als Statusdegradierung gemeinten und angewandten Herkunftsdemarkationen (die oft auch visuell an Ziernarben, Tätowierungen oder Gebissmutilationen erkennbar waren) der *naciones*, um eigenständige Assoziierungen voranzutreiben; siehe: Norman Jr., William C. van, „The Process of Cultural Change among Cuban Bozales during the 19th Century", in: The Americas (TAm) 62:2 (2005), S. 177–207.

437 Fogel, Robert William, The slavery debates, 1952–1990: a retrospective, Baton Rouge: Louisiana State University Press, 2003.

dem im 19. Jahrhundert und im frühen 20. Jahrhundert vor allem die kubanische, karibische und brasilianische Geschichtsschreibung Zentren einer Art erster „postkolonialer" Debatten um Sklaverei und Kultur gewesen waren. Die Debatten um Slaving sowie „schwarze" Kreolisierung und Transkulturation, die im „Postkolonialismus ohne den Namen Postkolonialismus" Kubas und Brasiliens schon im 19. Jahrhundert und in der ersten Hälfte des 20. Jahrhunderts stattfanden (siehe unten), sind vor dem *cultural turn* des späten 20. Jahrhunderts kaum zur Kenntnis genommen worden, ebenso wenig wie historiographische Debatten um Kin-Sklavereien und Sklavereien in europäischen oder nichtamerikanisch-außereuropäischen Kulturen. Mit Ausnahme vielleicht der Debatte um die „Kariben",[438] die allerdings in Europa und Deutschland wenig Widerhall fand.

Bei den Debatten, die am meisten Aufmerksamkeit gefunden haben, handelt es sich seit etwa 1950 um Kontroversen, die vor allem die US-amerikanische Sklaverei mit anderen Sklavereien vergleichen. Für den ersten Typ der historiographischen Kontroverse in den USA steht „Time on the Cross"[439] und in gewissem Sinne der Sklaverei-Süden der USA im Vergleich mit dem „freien" Norden. Noch um 1800 (und später) waren New York und New Jersey abhängig von Sklavenarbeit; regionsweise waren 20 % Sklaven in der Bevölkerung keine Seltenheit. Um diese Zeit wurde jeder dritte Einwohner von Kings County am westlichen Ende von Long Island als „schwarz" bezeichnet. 6 von 10 „weißen" Haushalten in New York besaßen Sklaven. Der Norden war so „frei" nicht. Die Banken und die Handelszentrale New York hatten immer bis um 1865 mit Gewinnen aus Sklaverei und Sklavenhandel zu tun.[440] New York war „the largest slave society outside the plantation South".[441]

Für den zweiten Typ von Kontroversen steht der Vergleich zwischen der Sklaverei im Süden der USA und der Leibeigenschaft in Russland[442] (oder Polen, Livland

---

438 Whitehead, Neil L., Lords of Tiger Spirit. A History of the Caribs in Colonial Venezuela and Guayana 1498–1820, Dordrecht/Providence: Foris Publications, 1988.

439 Fogel, Robert William; Engerman, Stanley, Time on the Cross: the Economics of American Negro Slavery, New York; London: W. W. Norton & Company, 1995 (1. Auflage 1974). Die Autoren weisen mit Hilfe quantifizierender Methoden nach, dass Sklavenarbeit genauso effizient wie freie Arbeit war (oft sogar effizienter) und dass Sklaven ähnlich wie freie Unterschichten lebten, manchmal medizinisch sogar besser versorgt waren als arme Freie.

440 White, Shane, „Introduction", in: White, Somewhat More Independent: The End of Slavery in New York City, 1770–1810, Athens: University of Georgia Press, 1991, S. XIX–XXIV, hier S. XX; Farrow, Anne; Lang, Joel; Frank, Jennifer, Complicity. How the North Promoted, Prolonged, and Profited from Slavery, New York: Ballantine Books, 2005.

441 SenGupta, Gunja, „Subaltern Worlds in Antebellum New York", in: SenGupta, From Slavery to Poverty: The Racial Origins of Welfare in New York, 1840–1918, New York and London: New York University Press, 2009, S. 29–68, hier S. 31; zur Rolle von New York und seiner Banker (vor allem Citibank) zu Sklaverei, Zuckerhandel und Sklavenschmuggel siehe: Varella, Claudia, „A expensas de la esclavitud. La marca también de Moses Taylor & Co", in: Piqueras (ed.), Plantación, espacios agrarios y esclavitud en la Cuba colonial, Castellón de la Plana: Publicacions de la Universitat Jaume I / Casa de las Américas, 2017 (Col·lecció Amèrica, 36), S. 393–412.

442 Kolchin, Peter, Unfree Labor: American Slavery and Russian Serfdom, Cambridge & London, Harvard University Press, 1887.

bzw. dem Baltikum sowie anderen Gesellschaften bzw. im Einzugsgebiet der ostelbischen Gutsherrschaft),[443] aber mehr noch die so genannte Tannenbaum-Debatte über die Sklaverei im iberischen und im englischen Amerika. In der Tannenbaum-Debatte geht es, wie bereits erwähnt, um die Härte oder „Milde" von Sklaverei im englisch-US-amerikanischen Bereich (inklusive des niederländischen Bereichs) im Vergleich zum iberisch-lateinamerikanischen Kulturbereich. Tannenbaum hielt die iberischen Sklavereien für „milder" als die Sklavereien im angloamerikanischen Bereich. Seit etwa 1980 wird auch um die Sklaverei(en) im vorkolonialen Afrika erbittert debattiert. John Thorntons Buch über Afrikaner bei der Schaffung der atlantischen Welt und weitere Werke, etwa über „große" Sklavereien in Afrika (Paul E. Lovejoy), Atlantikkreolen und Kriegsführung in Afrika, haben deutlich gemacht, dass Sklaverei und Sklavenhandel in Afrika weit verbreitet waren und bis in das 20. Jahrhundert höchst dynamische Sektoren bildeten.[444]

Im Fall der Tannenbaum-Debatte ist klar, dass Tannenbaum Sklavereisysteme und Rassenordnungen sowie Rassismus als Ideologie unzulässig vermischt hat. Die Mehrheit von Sklavereien beruhte nicht auf dem Kriterium der „Rasse". Bei der Debatte um die Sklavereien in Afrika ist deutlich geworden, dass es schon im vorkolonialen Afrika (vor 1880) alle Arten von „kleinen" Sklavereien und Sklavenhandel in der Spannbreite zwischen Razziensklavereien, Opfersklavereien, lokalen Kin- und Lineagesklavereien und ziemlich gut ausgeprägten Massensklavereien (etwa im Sokoto-Kalifat, im Kano-Emirat, im Volta- und Benuetal, im Tschad-Bassin, im Nigertal und im Kongo,[445] auf Sansibar und Madagaskar[446]) gab. Zeit-

443 Taterka, Thomas, „Zu Bauernsklaven bekehrt. 700 Jahre deutsche Kolonialgeschichte im Baltikum", in: Auf den Ruinen von Imperien. Geschichte und Gegenwart des Kolonialismus (= Edition Le Monde diplomatique No. 18 (2016)), S. 59–61.

444 Thornton, Africa and the Africans, passim.; Thornton, Warfare in Atlantic Africa 1500–1800 (Warfare and History, ed. Jeremy Black), London: UCL Press, 1999; Thornton; Heywood, „Atlantic Creole Culture: Patterns of Transformation and Adaptation, 1607–1660", in: Heywood; Thornton, Central Africans, Atlantic Creoles, and the Foundations of the Americas, 1585–1660, Cambridge: CUP, 2007, S. 169–235; Lovejoy, Transformations in slavery, passim, Rossi, „Dependence, Unfreedom, and Slavery in Africa: Toward an Integrated Analysis", S. 571–590.

445 Besonders reichliche Schilderungen zu Sklavereiformen und zur Behandlung von Versklavten in Nordafrika, im Sahara-Gebiet und im Sudan finden sich bei Gustav Nachtigal; siehe: Nachtigal, Gustav, Sahărâ und Sûdân. Ergebnisse sechsjähriger Reisen in Afrika, Teile 1–3, Graz: Akademische Druck- und Verlagsanstalt, 1967 [Nachdruck] (Original: 1. Theil. 1.–3. Buch. Tripolis, Fezzân, Tibesti und Bornû, Berlin: Weidmannsche Buchhandlung (Hans Reimer)/ Wiegandt, Hempel & Parey (Paul Parey), 1879; 2. Theil. 4.–6. Buch. Borkû, Kânem, Bornû und Bagirmi, Berlin: Weidmannsche Buchhandlung. Verlagshandlung Paul Parey, 1881; 3. Theil. 7.–8. Buch. Wadâï und Dâr-Fôr. Herausgegeben von E. Groddeck, Leipzig: F. A. Brockhaus, 1889). Lovejoy, „Plantations in the Economy of the Sokoto Caliphate", in: J. Afr. H., XIX:3 (1978), S. 341–368; Lovejoy, „The Characteristics of Plantations in the Nineteenth-Century Sokoto Caliphate (Islamic West Africa)", in: AHR 84:5 (1979), S. 1267–1292; Heywood, „Slavery and its transformation in the kingdom of Kongo: 1491–1800", in: J. Afr. H. L:1 (2009), S. 1–22.

446 Campbell, An Economic History of Imperial Madagascar, 1750–1895: The Rise and Fall of an Island Empire, Cambridge: Cambridge University Press, 2005 (African Studies Series).

genössische afrikanische Eliten, Menschenjäger, Karawanenkaufleute, Sklavenjäger und -händler, aber an den Küsten auch Tangomãos und „Afroportugiesen",[447] die ich Atlantikkreolen nenne, waren die Hauptschuldigen am brutalen Sklavenfang sowie Transport afrikanischer Menschen, die im Laufe des gesamten Slaving-Prozesses zu Opfern des europäisch dominierten Sklavenhandels der *middle passage* und der atlantischen Sklaverei der Amerikas wurden. In Afrika selbst waren afrikanische Eliten, von denen vor allem im Norden bis zur Sahelzone, im Sudan und Osten des Kontinents viele auch Muslime waren (wie die durch *jihads*, Revolutionen, entstandenen Futa-Staaten (Futa Bundu, Futa Toro und Futa Jallon sowie das Sokoto-Kalifat ab ca. 1800), Hauptakteure von Menschenjagd, Sklavenhandel und Sklavereien.[448] Das ist *African agency*, unter Afrikanisten nicht umstritten, aber vor allem in den Amerikas und in Europa immer noch latent verbunden mit dem „Bild einer europäischen Vormachtstellung im Rahmen des atlantischen Sklavenhandels", verbunden mit seiner Rückseite, der Viktimisierung Afrikas.[449]

Hauptursache des Slavings waren das afrikanische Körper/Kapitalkonzept sowie Kriege in Afrika, die es schon vor und auch nach 1500 gab. Oft, aber nicht immer, wurden sie durch steigende europäisch-atlantische Nachfrage und Einmischung europäischer Söldner verschärft. Afrikanische Sklavinnen und Sklaven, aber auch Elitesklaven waren – meist – besiegte Mitglieder lokaler Gemeinschaften. Die unterschiedlichen Razzien- und Kriegsgefangensklavereien können als lokale Kin-Sklavereien oder regional formierte Sklavereien in Afrika angesehen werden.

Debatten um die, sagen wir sozial-spatialen Dimensionen von Sklavereien innerhalb einer territorialen Sklaverei (und Sklavereihistoriografie), wie zum Beispiel die in den Vereinigten Staaten mit Bezug auf urbane und rurale Sklaverei oder Plantagen-Sklaverei im speziellen, sind relativ zeitig geführt worden.[450] Übrigens nicht nur in den USA, sondern auch ganz speziell in Kolumbien.[451] Diese Debatte scheint in Bezug auf die Globalgeschichte von Sklavereien neu aufzukommen mit

---

447 Iliffe, John, „Praxis und Erfahrung", in: Iliffe, Geschichte Afrikas. Aus dem Englischen von Gabriele Gockel und Rita Seuß, München: Verlag C. H. Beck, 2000, S. 179–184.

448 Bobboyi, H.; Yakubu, A. M. (eds.), The Sokoto Caliphate: history and legacies, 1804–2004, 2 Bde., Kaduna: Arewa House, 2006; Kani, Ahmed M.; Gandi, K. A. (eds.). State and society in the Sokoto Caliphate: essays in honour of sultan Ibrahim Dasuki, Sokoto: Usmanu Danfodiyo University, 1990; Chafe, Kabiru S., The State and economy in the Sokoto Caliphate: policies and practices in the metropolitan districts, c. 1804–1903, Zaria: Ahmadu Bello University Press, 1999; Newson, „Africans and Luso-Africans in the Portuguese Slave Trade on the Upper Guinea Coast in the Early Seventeenth Century", in: Journal of African History Vol. 53:1 (2012), S. 1–24; Moumouni, Seyni, Vie et oeuvre du cheik Uthmân Dan Fodio (1754–1817). De l'Islam au soufisme, Paris: L'Harmattan, 2008.

449 Keese, „Das subsaharische Afrika als globalgeschichtlicher Raum", S. 93–120.

450 Wade, Richard C., Slavery in the Cities: The South 1820–1860, New York and London: OUP, 1964.

451 Abello Vives (comp.), Un Caribe sin plantación, passim.

Arbeiten, die davon ausgehen, dass *domestic slavery*, d. h., Haus- oder urbane Sklaverei, länger anhielt und quantitativ „größer" war (mehr Versklavte) als alle ruralen Plantagensklavereien.[452]

Debatten um Sklavenhandel und Sklaverei bis um 2010 hatten eher kulturgeschichtlich-anthropologische Themen und eine neue Rechtsgeschichte zum Inhalt. So hat Ira Berlin in den 1990er Jahren eine neue Runde in der Kreolisierungs- und Transkulturations-Diskussion um die so genannten Atlantikkreolen begonnen, damals noch in der Annahme, dass nur Sklaven Atlantikkreolen sein könnten.[453] Mittlerweile ist klar, dass Atlantikkreolen („Broker") eine atlantische Lebensweise und eigenständige Formen des Menschenhandels begründeten und dort, wo sie unter europäische Kontrolle gerieten, eher das mobile Personal des Sklavenhandels stellten (siehe unten).[454]

Auch der Beginn der Kreolisierung ist Gegenstand heftigen Streits. Es scheinen sich immer deutlicher, auch durch neue historisch-linguistische Studien, ein Beginn des Gesamtprozesses der Kreolisierung in Afrika selbst und sehr intensive Kreolisationsprozesse im und am Indik abzuzeichnen.

Mintz und Price hatten Kreolisierung 1992 auf die Institution der Schiffsgenossenschaft (*carabela*) im Bauch der Sklavenschiffe zurückgeführt. Für Thornton und auch für mich hat die allgemeine Kreolisierung schon in Afrika begonnen und wurde durch die zwischen Afrika und den Amerikas, den Amerikas und Afrika zirkulierenden Sklavenhandelsschiffe, ihre Mannschaften und Atlantikkreolen immer weiter vertieft.[455] Daraufhin hat Richard Price, *der* Fachmann für amerikanische Maroon-Gesellschaften und amerikanische Kreolisierung, noch einmal die Rolle der neuen Gemeinschaftsbildung sowie der *material culture* in den Amerikas für die Kreolisierung unterstrichen.[456] Ich werde unten auf Kreolisierung und Transkulturation zurückkommen.

Die neue Rechtsgeschichte der Sklaverei hat eine Vielfalt von Themen; eines der wichtigsten ist sicherlich heute die rechtliche *und* reale Konstruktion des „Skla-

---

452 Sears, „'In Algiers, the City of Bondage': Urban Slavery in Comparative Context", S. 201–218.

453 Berlin, „From Creole to African: Atlantic Creoles and the Origins of African-American Society in Mainland North America", in: The William and Mary Quarterly, Third Series (WMQ)Vol. LIII, No. 2 (April 1996), S. 251–288 (wieder abgedruckt in: Dubois; Scott (eds.), Origins of the Black Atlantic, S. 116–158); Berlin, Generations of Captivity. A History of African-American Slaves, Cambridge and London, England: The Belknap Press of Harvard University Press, 2003; Price, „The Concept of Creolization", in: Eltis; Engerman (eds.), The Cambridge World History of Slavery, Vol. 3, S. 513–537.

454 Thornton, „The African Experience of the '20 and Odd Negroes' Arriving in Virginia in 1619", in: WMQ LV:3 (July 1998), S. 421–434; Green, Toby, „Beyond an Imperial Atlantic: Trajectories of Africans from Upper Guinea and West-Central Africa in the Early Atlantic World", in: Past and Present no. 230:1 (Feb. 2016), S. 91–122.

455 Zeuske, „Atlantik, Sklaven und Sklaverei – Elemente einer neuen Globalgeschichte", in: Jahrbuch für Geschichte der Europäischen Expansion 6 (2006), S. 9–44.

456 Mintz; Price, „The beginnings of African-American societies and cultures", S. 42–51; Price, „The Miracle of Creolization", S. 115–147.

venstatus“, durch die während des Slaving aus Cativos/Captives in verschiedenen afrikanischen Rechtssystemen Sklaven nach „römischem“ Recht in der atlantisch-amerikanischen Sklaverei wurden.

Afrika war das Territorium der Weltgeschichte, in dem zwischen dem 8. Jahrhundert und dem 21. Jahrhundert die größten Mengen von Menschen Versklavungssituationen erleben mussten und als Sklaven in weit entfernte, meist in „Übersee“ liegende Gebiete im Norden, Westen und Osten verschleppt wurden (2018: das könnte durch Forschungen zur Indian Ocean World, zu China und Südostasien stark relativiert werden). Wie viele Hindus über den Hindukusch verschleppt wurden, wissen wir nicht. „Übersee“ in postkolonialem Verständnis der Weltgeschichte und der maritimen Globalgeschichte kann auch „über den Indischen Ozean“, „über das Mittelmeer“, „über die Nordsee“ (Sklavereien der Angelsachsen, Friesen, Pikten, Sachsen, Iren und Wikinger/Normannen), „über das Schwarze Meer“, „über das Rote Meer“ oder „über das Chinesische Meer“ und „über den Pazifik“ bedeuten.[457]

Andere Debatten, die schon laufen, aber ihren Höhepunkt erst in der Zukunft haben werden: die Debatten um atlantische Geschichte nicht als aufgeblasene nationale Imperialgeschichte (vor allem USA und UK), sondern als wirkliche translokale und transkulturelle Geschichte des Atlantiks (aber als *slaving* und nicht so sehr als „System“) und als Globalgeschichte, die Debatte um Sklavereien in der östlichen Hemisphäre, speziell um Sklavereien und Slavingprozesse im Islam, in Arabien, im Osmanischen Reich, in China, Indien/Südasien und Südostasien oder Japan, Vietnam und Korea sowie am und um den Indischen Ozean.[458] Alle diese Sklavereien und Slavingprozesse sind durchaus in „modernen“ Formen virulent. In ihnen geht es bis zum heutigen Tag um Sklavinnenstatus, Frauen- und Kinderhandel, ganz generell auch um Verfügung über Körper, Produktivität, Energie und Sexualität.[459] Dazu kommen die anhaltenden Debatten um Diasporas (bitte ohne „Ursprünge“), Authentizitätsdebatten sowie um globalisierte Religions- und Sinnmärkte[460] und um Zentralität von Sklavereien in der Weltgeschichte des Kapitalismus und Afrikas

---

457 Christopher; Pybus; Rediker (eds.), Many Middle Passages ... passim.

458 Mabbett, I., „Some remarks on the present state of knowledge about slavery in Angkor“, in: Reid (ed.), Slavery, Bondage, and Dependency in Southeast Asia, S. 44–63; Schottenhammer, „Slaves and Forms of Slavery in Late Imperial China (Seventeenth to Early Twentieth Centuries)“, S. 143–154; Feeny, David, „The demise of corvée and slavery in Thailand, 1782–1913“, in: Klein (ed.), Breaking the Chains, S. 83–111; Eggert, Marion; Plassen, Jörg, Kleine Geschichte Koreas, München: Beck, 2005; Chakravarti, Uma, Everyday Lives, Everyday Histories: Beyond the Kings and Brahmans of ‚Ancient‘ India, New Delhi: Tulika Books, 2006.

459 Altink, „Forbidden Fruit. Pro-Slavery Attitudes Towards Enslaved Women's Sexuality and Interracial Sex“, S. 201–235.

460 Rauhut, Claudia, „Yoruba und Lucumí im transatlantischen Sklavenhandel“, in: Rauhut, Santería und ihre Globalisierung in Kuba. Tradition und Innovation in einer afrokubanischen Religion, Würzburg: Ergon, 2012 (Religion in der Gesellschaft, hrsg.v. Koenig, Matthias; Krech, Volkhard , Laube, Martin; Pollack, Detlev et. al.; Bd. 33), S. 60–63.

in der Weltgeschichte der Sklaverei (Mattoso, Manning, Lovejoy, Thornton). Mittlerweile gibt es wie gesagt auch schon ernsthafte Arbeiten, die auf diachrone Weise die frühmittelalterlichen Sklavereien Europas, einschließlich des Sklavenhandels, mit der Entwicklung des frühneuzeitlichen Afrikas vergleichen.[461] Auch Sklavereien und Sklavenhandel des Indischen Ozeans sowie des Pazifiks werden mehr und mehr mit Instrumentarien untersucht, die aus der Kulturgeschichte der Karibik und des Atlantiks stammen (z. B. Kreolisierung). Damit wird auch thematisiert, dass die neuzeitliche Sklaverei im „Westen" und im globalen Rahmen, viel stärker als angenommen, durch transkulturierte Elemente sowie Konnektivität geprägt worden ist, die aus dem islamischen, afrikanischen, indonesischen oder vorkolumbinischen Bereich kommen und durch unsere „römisch-antike" Winckelmann-Brille verdeckt werden.

Wenn Sklaverei als Struktur, Verhältnis oder Konstellation analysiert wird, zählen im Endeffekt Quantitäten wie Sklavenzahlen, Tote der Sklaventransporte, Transportsysteme, Gewinne, Schiffe und Schiffsbewegungen sowie akkumuliertes Kapital. Wird Sklaverei aus der Perspektive gelebter Leben, als Kultur und als Erfahrung von individuellen Menschen analysiert, ist jede individuelle Sklaverei und jedes Leben einzigartig. Das mag auch für Helena Valero gelten, ein brasilianisches Mädchen, das von Yanomami des Amazonaswaldes gekidnappt worden war und zwanzig Jahre unter ihnen lebte; obwohl man zögern wird, das als Sklaverei im „römischer" Tradition zu bezeichnen. Ein Sklavinnen-Status „ohne Institution" aber war es.

Die Frage der Wirkung des Versklavungsaktes und seiner Rituale und Performanzen, der Verschleppung und der andauernden Sklaverei auf die Versklavten ist Teil der Debatte um „bessere" oder „schlechtere" Sklavereien und um die Vergleichbarkeit von Sklavereien. Eine Position in dieser Debatte geht davon aus, dass alle Sklavereien für Sklaven immer und überall „schlecht" waren, trotz der Passage- und Schutzfunktion, die etwa Kin-Sklavereien oder während einer Migration auch haben sollten und hatten (Aufnahme in eine Gemeinschaft). Und trotz der Tatsache, dass Versklavte in arbeitsteiligen Sklavengesellschaften in ihrem jeweiligen Bereich (grundsätzlich: Stadt – Land) ziemlich genau wussten, in welcher Sklaverei sie lieber sein wollten – typisch ist hier die Furcht von Haussklaven in Zuckergebieten Amerikas, als Bestrafung auf einer ländlichen Zuckerplantage Kubas oder Brasiliens arbeiten zu müssen. Kriegsgefangene in Afrika oder indianische Kin-Sklaven wehrten sich verzweifelt, oft auch mit Selbstmord und alle möglichen Formen von Rebellion, gegen den Übergang in die von Europäern kontrollierten Sklaverei- und Sklavenhandelssysteme. Einer der größten Übergänge war der von afrikanischen Sklaventransporten zur Küste auf die Sklavenschiffe der Europäer, zugleich ein *point of no return* zwischen afrikanischen Transitionen (Ortsverände-

461 McCormick, Origins of the European Economy, passim; Manning, The African Diaspora: A History Through Culture, New York: Columbia University Press, 2009.

rungen) und atlantischen Transformationen/Transkulturationen (Übergang von lokalen afrikanischen Sklavereien zur atlantisch-amerikanischen Sklaverei in „römischer" Tradition). Oder dass Nichteuropäer recht deutlich erkannten, dass „ihre" Sklavereien etwas ziemlich Anderes als die Plantagensklaverei von Menschen aus Afrika in Amerika bedeutete, etwa in Carolina 1690–1730. Und dem Umstand zum Trotz – das ist das letzte trotz in diesem Zusammenhang –, dass in bäuerlichen Gesellschaften Schuldsklavereien aktiv von sich Versklavenden (oder ihre Angehörigen bzw. Kinder Versklavenden) genutzt wurden.

Die andere Position besagt mehr oder weniger klar, dass nur die „großen" Wirtschafts- und Massensklavereien des atlantischen Westens (vor allem als „Zweite Sklavereien" (*Second Slavery*) im 19. Jahrhundert),[462] verbunden mit der Mobilität von Sklavenhändlern sowie Sklavenhaltern und systematischen Mobilitäts-Politiken gegenüber Unterschichten (Deportation, Kulis, Matrosen/Personal, Walfänger, Auswanderer), vor allem in und nach den Amerikas, mit ihren dynamischen und gleichwohl systemischen Handels-, Schiffs- und Sklavereiökonomien als Basis von modernen Wirtschaftskulturen („Kapitalismus") sowie kompetitiven Gesellschaftssystemen, Wissenssystemen, systemischem (philosophischen) Denken und ansteigendem Rassismus, wirklich „schlecht" und „brutal" waren. Zunehmend wurde in diesem Zusammenhang auch das Wissen mobil (Alexander von Humboldt) und eignete sich das Wissen der tropischen Zonen (Äquinoktialgegenden) im globalen Maßstab an.

Für Historiker sind „schlecht" und „brutal" zwar beschreibende Kategorien der Moralphilosophie, helfen aber der Dechiffrierung von Sklavereigeschichte nur begrenzt. Es ging und geht um Interessen, Strukturen, Gewalt, Institutionen und Prozesse. Die Aufmerksamkeit von Historikern und Literaten haben die großen, rechtlich definierten und klar erkennbaren „hegemonischen" Sklavengesellschaften allemal.[463] Das waren eben die Gesellschaften, die mehr oder weniger von der Wirtschaftsform „große" Massensklaverei, von großen Transportsystemen und Sklavenhandel sowie vom Zwang, viele Verschleppte zu kontrollieren, geprägt waren. „Größere Vorhaben", wie Sklavenhandelsschiffe, Überseefahrten und Organisation von Massenproduktion (z. B. auf Plantagen oder im Minensektor, Werkzeuge, Bekleidung, Food, etc.) stehen am Beginn der Geschichte des neuzeitlichen Kapitalismus als Praxis.[464] Gewalt, Repression und Terror waren Mittel zur Erzwin-

---

462 Zeuske, „The Second Slavery: Modernity, mobility, and identity of captives in Nineteenth-Century Cuba and the Atlantic World", in: Laviña, Javier; Zeuske (eds.), The Second Slavery. Mass Slaveries and Modernity in the Americas and in the Atlantic Basin, Berlin; Muenster; New York: LIT Verlag, 2014 (Sklaverei und Postemanzipation / Slavery and Postemancipation / Esclavitud y postemancipación; Vol. 6), S. 113–142.

463 Steiner, „Wohlstand dank Sklaverei? Die Bedeutung der atlantischen Sklavereiökonomie in der gegenwärtigen Historiographie", in: Geschichte in Wissenschaft und Unterricht H. 5/6 (2015), S. 245–261.

464 Ebd., vor allem S. 260 f.

gung von Disziplin, Arbeit und Dienstleistungen. Zweifellos ist unter sozialhistorischem Gesichtspunkt die sich selbst als effizient, modern, zivilisatorisch und „human" definierende Plantagensklaverei der Amerikas zugleich „umfassender und brutaler als alle anderen Formen unfreiwilliger Arbeit" und Zwangsmigration gewesen – und das auch noch weltgeschichtlich für die größte und konzentrierteste Menge an Menschen zwischen 1500 und 1830. Mittlerweile wird auch diskutiert, ob die „islamische Sklaverei" nicht das größte Sklavereisystem der Weltgeschichte gewesen sei; nicht nur als Razzien-, Militär- und Palast- sowie Haussklaverei, d. h., als spezifische breitflächig-territoriale Ausprägung von Kin-Sklaverei, sondern auch mit spezifischen Formen der *Second Sklaverei* im 19. Jahrhundert, wie Marokko, Sokoto, Ägypten oder Sansibar (Schätzungen gehen von einem Umfang zwischen 12 und 17 Millionen verschleppter Menschen zwischen 650 und dem 20. Jahrhundert aus, gegen rund 12,5 Millionen aus Afrika in den Atlantikraum verschleppter Menschen). Das mag bei dem Blick auf die reine Größe der Zahlen so erscheinen. Ließen wir das aber so stehen, müssten wir erstens die 12,5 Millionen als Verschleppte der „christlichen Sklaverei" verstehen und würden zugleich übersehen, dass Zahlen immer auch relativ sind. Die 12,5 Millionen der „christlichen Sklaverei" wurden in dem welthistorisch relativ kurzen Zeitraum zwischen 1500 und 1880 in die Amerikas transportiert, mit den höchsten jährlichen Durchschnittszahlen, viel höher als die der so genannten „islamischen" Sklaverei (allein rund 6 Millionen Menschen im 18. Jahrhundert, siehe unten).[465] Nicht nur europäischen Mächten gelang es zwischen 1500 und 1960, sich Gebiete als Kolonien anzueignen (China und USA, zumindest was Gebiete betrifft, auch). Aber nur europäische Staaten konnten sich in „Übersee" stetig wachsende Territorien schaffen, mit einem Werdegang von Enklaven zu Kolonialstaaten und dann zu Nationalstaaten mit kolonialer Vergangenheit (alle Amerikas, fast alle afrikanischen Staaten, Indonesien, Philippinen, Indien, Südostasien, Südafrika). Und diese Kolonialmächte führen auch die Liste (siehe oben) der Sklavenhandelsmächte an. Mit dem eher unerwarteten Zusammenbruch des Mexikareiches 1521 und dem immer wiederholten Metanarrativ davon bekamen europäische Kolonialisten Appetit und schufen immer größere Kolonialgebiete, auf denen das Kapital menschlicher Körper „angelegt" werden konnte und Exportproduktionsanlagen („Plantagen"), Bergwerke sowie Dienstleistungen für den entstehenden Weltmarkt unter Kontrolle europäischer Staaten und Finanzinstitutionen bereit gestellt werden konnten (z. B. Hafenwirtschaften).

465 Austen, Ralph A., „The Trans-Saharan Slave Trade: A Tentative Census", in: Gemery, Henry A.; Hogendorn, Jan S. (eds.), The Uncommon Market: Essays in the Economic History of the Atlantic Slave Trade, New York, Academic Press, 1979, S. 23–76; Austen, „Marginalization, Stagnation and Growth: The Trans-Saharan Caravan Trade in the Era of European Maritime Expansion, 1500–1900", in: Tracy, James D. (ed.), The Rise of Merchant Empires, 2 Bde., Cambridge: Cambridge University Press, 1990, Bd. I, S. 311–349; Manning, Slavery and Africa, passim 1990; Austen, „The Mediterranean Slave Trade Out of Africa: A Tentative Census", in: Slavery and Abolition 13 (1992), S. 214–248.

Ich kenne das Gegenargument – das gilt nicht für den Silberbergbau im Spanischen Amerika, zumindest nicht für den in Peru. Aber jeder, der dieses Argument benutzt, möge sich die Arbeit von Jeremy Adelman anschauen.[466] Das gab es in anderen Weltregionen in dieser konzentrierten Form nicht; indische, sogdische, arabisch-persische, russische oder chinesische Kaufleute (und Wucherer), die auch Sklavenhandel und Sklavereien betrieben, haben nie in der Weise wie in den schwachen westlichen Staaten Macht und Herrschaft sowie Wissen unter ihre Kontrolle gebracht. Die jeweiligen Staaten oder Imperien, die auch Kolonialexpansion betrieben, waren von Militäreliten und Religionsführern, d. h., salopp gesagt, Soldaten und Priestern/Bürokraten mit Wissen, beherrscht. Und der europäisch-christliche Part des großen Slaving stand immer in Verbindung mit den dynamischsten Sektoren europäischer Wirtschaften: der Mobilität, dem Finanzsektor und Verkehrssystemen (Banken, Hochseeschiffe, Hafenwirtschaften, im 19. Jahrhundert vor allem auf Kuba und in den USA auch mit Dampfern und Eisenbahnen sowie Informationstechnologien, Wissenschaften (Universitäten, Medizin) und Medien (Druck, Zeitungen, Telegraph,[467] Fotografie). Es ist aber – auch und gerade in der Breite des entstehenden Kapitalismus im „Westen" – noch mehr: Ganze Landschaften von Nichtsklaverei-Gebieten (wie die meisten Neu-Englandstaaten der USA) oder viele englische Gebiete des entstehenden Industriekapitalismus lebten – oder sollte ich überlebten sagen – von der Produktion von Hüten, Stoffen, Werkzeugen, Luxusartikeln, Papier u. v. a. m. für den Plantagensklavereisektor. Auch der „demokratische" Kapitalismus „von unten" (bekanntlich die von Karl Marx präferierte Version der Kapitalismus-Genese) hing von Sklaverei ab wie die Geschichte der englisch-britischen Kolonien und der USA zeigt.[468]

Dazu kommt im Sinne unseres „Sklavereien statt Sklaverei-Ansatzes" die Tatsache, dass „islamische" Sklaverei immer eher lokale oder regionale Sklavereien gewesen sind, die heute nur durch den Beisatz „islamisch" zusammengehalten werden. Die „atlantisch-christliche Sklaverei" war, trotz aller Konflikte, immer in höherem Maße „eine" zusammengesetzte Makrosklaverei – eben Atlantische Sklaverei auf Basis von Kolonialterritorien einerseits und höherer technischer Mobilität andererseits – als die Sklavereien im Einzugsbereich des Islam (auch wenn die Mobilität der großen nordafrikanisch-asiatischen Kamel-Karawanen, der Kanus

466 Adelman, „Capitalism and Slavery on Imperial Hinterlands", S. 56–100: siehe auch: Brown, Kendall W., A History of Mining in Latin America. From the Colonial Era to the Present, Albuquerque: University of New Mexico Press, 2012 (Diálogos).

467 Wenzlhuemer, Roland, Connecting the Nineteenth-Century World. The Telegraph and Globalization, Cambridge: CUP 2013.

468 Rockman, „The Unfree Origins of American Capitalism", in: Cathy Matson (ed.), The Economy of Early America: Historical Perspectives and New Directions, University Park: Pennsylvania State University Press, 2006, S. 335–361; Beckert; Rockman (eds.), Slavery's Capitalism, passim.

und Dhaus oder der Träger-Karawanen im subsaharischen Afrika und in Asien nicht unterschätzt werden sollte).[469]

Atlantische Sklaverei, globaler „christlicher" Sklavenhandel sowie lokale Sklavereien in und am Indischen Ozean gingen auch relativ nahtlos in weltweiten Kuli-Handel mit vielen Millionen verschleppter Menschen auf Dampfern und Eisenbahnen zwischen 1840 und 1940 über. Im Slaving generierte Kapitalien verwandelten sich relativ schnell in große europäische Transportflotten der Überseedampfer, in Boden für neue Städte, in Architektur und in moderne Technologien (wie Banken, Telegraphen, Zeitungswesen), überwölbt von den Spekulationen der Börsen. „Große" Plantagensklaverei in den Amerikas war noch auf eine andere Art einmalig: nirgends wurde menschliche Arbeit und menschliches Kapital so intensiv und in solch hohen Quantitäten erst an die biologische Energieressource Tierkraft und dann an diese sowie Maschinenkraft und moderne Infrastrukturen gebunden, wie auf den Plantagen Amerikas. Das heißt, wir haben es nicht nur mit einer räumlichen Kombination von Arbeitsformen, sondern auch mit einer technologischen Kombination von Energie, Antriebskraft, Verbinndungen und Ressourcen zu tun. Das ist keine Verteidigung der Sklavereien im Einzugsraum der islamischen Kulturen.

„Systemisch" kann auch als Modewort missverstanden werden. Ich will es trotzdem benutzen. Vor allem deshalb, weil Sklavereigesellschaften nicht nur auf Denksystemen (à la „System der Natur") beruhten, die grenzüberschreitend zur Kenntnis genommen wurden, sondern auch weil Sklavenhalter und Intellektuelle versuchten, diese Wissens- und Herrschafts-„Systeme" weiterzuentwickeln und weil Sklavereien über Sklavenhandel, Kapitalakkumulation, Transportsysteme, Monetarisierung, Finanzierung und Kontrollinstitutionen wirklich als translokale und transkulturelle Systeme und Verkehrsnetze funktionierten. Ähnliches gilt für systematisches „Auswandern" und Zwangsmigrationen (Deportation und Transport von Kuli-Sklaven über den Erdball).

Der systemische Zwang zur Gewaltausübung und zur Kontrolle konnte sich zur sozialen Manie auswachsen, zum Furchtkomplex, zur sozialen *Angst*. Sklaverei war

---

469 Medard, Henri; Derat, Marie-Laure; Vernet, Thomas; Ballarin, Marie Pierre (dir.), Traites et esclavages en Afrique orientale et dans l'océan Indien, Paris: Karthala – CIRESC, 2013; Coquery-Vidrovitch, Catherine; Lovejoy (eds.), The Workers of African Trade, Beverly Hills: Sage Publications, 1985; Falola, Toyin, „The Yoruba Caravan System of the Nineteenth Century", in: International Journal of African Historical Studies 24 (1991), S. 111–132; Pesek, Michael, „Afrikanische Träger im Ersten Weltkrieg", in: JahrBuch für Forschungen zur Geschichte der Arbeiterbewegung (2014/III), S. 27–53; Rockel, Stephen, Carriers of Culture: Labor on the Road in Nineteenth-Century East Africa, Portsmouth: Heinemann, 2006; Giersch, C. Patterson, „Cotton, Copper, and Caravans: Trade and the Transformation of Southwest China", in: Tagliacozzo, Eric; Chang, Wen-chin (eds.), Chinese Circulations: Capital, Commodities, and Networks in Southeast Asia. With a foreword by Wang Gungwu, Durham and London: Duke University Press, 2011, S. 37–61; Dyke, „The Trading Environment", in: Dyke, Merchants of Canton and Macao, S. 7–29, hier S. 14–16 (siehe auch: „Transportsysteme" unten).

immer gewinnbringend für Versklaver und Herrscher, vor allem in Wirtschaftsweisen, die auf die Ressourcen Expansion/Kolonie, Sklavenhandel/Fernhandel und translokalen Transport, Versklavung sowie Landnahme durch Siedler mit Sklaven zurückgreifen konnten. Die „Herren" holten sich damit aber eben auch Angst und Furcht an den Hals. Auch und gerade dort, wo Sklaverei eine in gewissem Maße „offene" Institution war und weniger eine Institution zur ständigen und gewaltsamen Erzwingung von Sklavenarbeit, viele Elemente von „kleinen" Kin-Sklavereien bewahrte und der kontrollierten Assimilation von „Fremden"[470] diente. Manchmal war Sklaverei – zumindest zeitweilig – in gewisser Weise „nützlich" für die Versklavten oder die Sich-Selbst-Versklavenden, etwa wenn es auf den Philippinen, im heutigen Ghana oder Alt-Mexiko um ein Brautgeld ging oder um Schutz während der Conquista oder in Indien darum, die Kinder als Schutz vor dem Verhungern in Schuld-Sklaverei zu geben. Aber auch dort war Sklaverei sozusagen immer nur die letzte und extremste Möglichkeit. Denn gerade die Klärung der Verschuldungs- und Sklavereiproblematik am Beginn der antiken Sklaverei und etwa die Entwicklung der Schuldproblematik in Indien zeigen, dass sich aus „kleiner" Verschuldung à la longue auch veritable systemische Sklavereitypen entwickeln können.

Einige Positionen gehen davon aus, dass die jeweils „eigene" Sklaverei die schlimmste Form der Unterdrückung gewesen sei – das ist nicht weit entfernt von Ethnozentrismus. Fest steht eines: Wenn Sklaven selbst die Möglichkeit zum Vergleich hatten, wollten sie nicht aus der Haussklaverei, von ihren Inseln (etwa Puerto Rico – Kuba oder Java – Bali) oder aus Dienstleistungsbereichen in die rurale Sklaverei des Zuckers verkauft werden, etwa, ich wiederhole, in die rurale Zucker-Sklaverei der *Cuba grande* oder von großen Inseln mit viel Haussklaverei, wie Sumatra oder Java, nach Bali. Das ist keine Apologie der Haussklaverei.

Eine ebenfalls in den USA laufende Debatte, die wiederum in nur wenigen anderen Sklaverei-Historiografien nachvollzogen wurde und vor allem für den gesamten iberisch-karibischen und iberisch-brasilianischen und iberisch-afrikanischen sowie für afrikanischen oder indischen Menschenhandel sehr notwendig wäre, ist die über Sklavenhändler in der historischen Realität und in der heutigen historischen Erinnerung. Michael Tadman hat hier mit seinem Buch „Speculators and Slaves" (1989) Pionierarbeit geleistet, ebenso wie Walter Johnsons Buch „Soul by Soul" (1999) und sein Band „The Chattel Principle: Internal Slave Trades in the

470 Siehe zur Debatte um Fremde als Sklaven im östlichen Europa 500–1100: Lübke, „Fremde als Sklaven?", in: Lübke, Fremde im östlichen Europa. Von Gesellschaften ohne Staat zu verstaatlichten Gesellschaften (9.–11. Jahrhundert), Köln/Weimar/Wien: Böhlau 2001(= Ostmitteleuropa in Vergangenheit und Gegenwart; Bd. 23), S. 113–123; zur Debatte um Rechte für Fremde, siehe: Coşkun, Altay; Raphael, Lutz (eds.), Fremd und rechtlos? Zugehörigkeitsrechte Fremder von der Antike bis zur Gegenwart. Ein Handbuch, Köln/Weimar/Wien: Böhlau 2014.

Americas“ (2004) sowie Robert H. Gudmestad mit seiner Analyse der regionalen Unterschiede des internen Slavenhandels (2004) und Steven Deyle (2005).[471]

Varianten des Nicht-Vergleichs und der Konstruktion von Eigenständigkeit und Differenz von Sklavereien finden sich in neueren Arbeiten zur mediterranen Sklaverei; das Hauptargument läuft darauf hinaus, dass es im Mittelmeer im Wesentlichen Haussklaverei gegeben hätte, die zugleich als eine „verhandelbare Beziehungskategorie“ definiert werden müsse.[472] Es geht aber auch komparativ im Rahmen von Welt- und Globalgeschichte. Das es in der östlichen Hemisphäre systemische Massen-Plantagensklaverei mit anhängendem fokussiertem Sklavenhandel nur in Ansätzen gab, ist das übergreifende Megaplateau der Sklaverei in der gesamten Geschichte eventuell wirklich Haussklaverei/Dienstleistungssklaverei. Ich wiederhole das gern noch einmal: Im Rahmen von Globalgeschichte der Sklavereien muss möglicherweise urbane Haussklaverei, wie oben bereits erwähnt, als der globale Grundtypus aller Sklavereien seit dem 3. Jahrtausend v. u. Z. debattiert werden.[473] Das ergibt sich als Folgerung aus Arbeiten von Autoren, die sich mit „anderen“ als der atlantischen Sklaverei befassen und dann Komparationen betreiben.[474] Dass Haussklavereien außerhalb der *Atlantic slavery* (die auch einen Gutteil Haussklavereien umfasste) den Haupttypus (Plateau) von Sklaverei darstellte, ist auch aus quantitativen Gründen (siehe unten „Zahlen und Menschen“) zwar nicht besonders „hart“ nachgewiesen, aber eigentlich klar. Die Unsicherheit ergibt sich, vor dem Hintergrund neuer Materialismen vor allem der Migrationsforschung sowie des *commodity*-Ansatzes, aus der Einschätzung der millionenfachen Kuli-Migration seit dem 19. Jahrhundert oder anderer transnationaler und globaler Migrationen, auch von Migrationen, die von Hinterländern in Hafenstädte führen, die wiederum mit Kolonial- und Sklavereigebieten vernetzt sind (wie etwa das so genannte „Nordsee-System“ zwischen Mitteleuropa und vor allem den Niederlanden).[475]

---

471 Tadman, Speculators and Slaves; zur Historiographie in Bezug auf Sklavenhändler und internen Sklavenhandel, siehe auch: Tadman, „The Reputation of the Slave Trader in Southern History and the Social Memory of the South“, S. 247–271; Gudmestad, A Troublesome Commerce, passim; Deyle, Steven, Carry me Back: The Domestic Slave Trade in American Life, New York: Oxford University Press, 2005.

472 Hanß, „Sklaverei im vormodernen Mediterraneum“, S. 623–661, hier S. 631.

473 Forret; Sears (eds.), New Directions in Slavery Studies: Commodification, Community, and Comparison, Baton Rouge: Louisiana State University Press, 2015.

474 Sears, American Slaves and African Masters. Algiers and the Western Sahara, 1776–1820, New York: Palgrave Macmillan, 2012; Sears, „‘In Algiers, the City of Bondage’: Urban Slavery in Comparative Context“, S. 201–218.

475 Hoerder, Cultures in contact; Gabaccia, Donna R.; Hoerder; Mettele, Gisela (eds.), Connecting Seas and Connected Ocean Rims. Indian, Atlantic, and Pacific Oceans and China Seas Migration from the 1830s to the 1930s, Leiden: Brill, 2011 (Studies in Global Social History; Bd. 8); Hoerder, „Migration Research in Global Perspective: Recent Developments“, S. 63–84.

Für mich sind diese Haus- oder Kinsklavereien eindeutig „neue" Sklavereien unter den Bedingungen globaler *Second Slavery* sowie neuer Kommunikation und Mobilität.

Die wichtigste Sklaverei-Debatte, an der auch dieses Buch teilnimmt und teilnehmen will, ist die um das Thema „Sklavereien, Imperien und Kapitalismen" oder noch kürzer *slavery as capitalism* – das wird sicherlich die wichtigste Sklavereidebatte der nächsten Jahre.[476] Natürlich global; nicht nur in den USA.[477] Dazu gehören auch Debatten, ich erwähnte es bereits, welche Gesellschaften unter Einfluss von Slaving-Systemen entstehen und wie sie sich nach Ende der legalen Sklaverei entwickeln. Für die Geschichte Großbritanniens und des europäischen Kapitalismus gehört die „ewige" Debatte um die „sogenannte ursprüngliche Akkumulation" seit Karl Marx und Eric Williams zur historiographischen Folklore.[478] Dabei ging und geht es meist um eine land- und nationsgestützte sowie eurozentrische Perspektive. Der Blick auf den Menschenhandels-Atlantik und seine Zentralsetzung als „dritten Raum" zwischen Sklaverei-Landräumen (Sklavenproduktionsräume in den Afrikas und Sklaven-„Anlage"-Enklaven auf den Inseln des Atlantiks und in den Amerikas) sowie die etwa parallele Methode für den Indischen Ozean ermöglichen eine neue Perspektive der globalen Entwicklung des Kapitalismus der Neuzeit sowie seiner Ungleichzeitigkeiten und Entwicklungsdimensionen. Das größte Forschungsdesiderat für beide Ozeanräume – eines der Hauptergebnisse der Fixierung auf historiographische Abolitionsdiskurse – ist die Forschung zu ozeanischen Sklavereien nach 1808 und insgesamt im „Age of Abolition".[479] Hier beginnt der Bann

476 Brandon, „Dutch capitalism and slavery: new perspectives from American debates", in: Tijdschrift voor Sociale en Economische Geschiedenis Vol. 12:4 (2015), S. 117–137; Brandon, „From Williams's Thesis to Williams Thesis: An Anti-Colonial Trajectory", S. 305–327.

477 Beckert; Rockman (eds.), Slavery's Capitalism, passim.

478 Die beste Zusammenfassung der klassischen Debatte zur „ursprüngliche Akkumulation" findet sich bei Blackburn, „Slavery and Accumulation", in: Blackburn, The Making of New World Slavery, S. 369–580, speziell die Debatte um ursprüngliche Akkumulation (Sklavenhandel, Sklaverei) und Industrialisierung Englands in: Blackburn, „New World Slavery, Primitive Accumulation and British Industrialization", in: Ebd., S. 509–580. Die Argumente zur Bedeutung der Sklaverei-Akkumulation für die Amerikas findet sich bei: Bailey, Ronald, „The Other Side of Slavery: Black Labor, Cotton, and Textile Industrialization in Great Britain and the United States", in: Agricultural History 68:1 (Apr. 1994), S. 35–50; siehe auch: McMichael, Philip, „Slavery in capitalism. The rise and demise of the U. S. ante-bellum cotton culture", in: Theory and Society 20:3 (Jun., 1991) (= Special Issue on Slavery in the New World), S. 321–349; Postma, The Atlantic Slave Trade, S. 52–54; siehe auch: Eltis; Engerman, „The Importance of Slavery and the Slave Trade to Industrializing Britain", in: Journal of Economic History Vol. 60 (2000), S. 123–144; Eltis; Lewis; Sokoloff (eds.), Slavery in the development of the Americas, passim; Rockman, „The Future of Civil War Era Studies: Slavery and Capitalism"; Beckert, King Cotton; zu gegenwärtigen Debatten um den *Global Age*, siehe: Boatcă, Manuela, „Second Slavery versus Second Serfdom: local labor regimes of Global Age", in: Saïd Amir, Arjomand, Social Theory and Regional Studies in the Global Age, Albany: State University of New York, 2014, S. 361–387.

479 Palen, Marc-William, „Free-Trade Ideology and Transatlantic Abolitionism: a historiography", in: Journal of the History of Economic Thought Vol. 37:2 (June 2015), S. 291–304.

gerade zu weichen, etwa in den Forschungen zum arabisch-islamischen Sklavenhandel und zu Sklavereien und Sklavenhandel auf den Indischen Ozean.[480] Aber auch einige exponentielle Wachstumsgebiete heutiger Sozial- und Kulturwissenschaften, wie Wissensgeschichte, Visualisierungsgeschichte (vor allem Geschichte des visuellen Wissens und des Beitrages einzelner Künstler),[481] Geschichte der Gefühle oder globale Food- und Medizingeschichte sind engstens mit der Geschichte globaler Räume der Sklavereien/Kreolisierungen und Transkulturationen verbunden, oft am direktesten über das Personal des Sklaven/Menschenhandels.[482]

Welche Möglichkeiten ergaben sich aus der „Atlantisierung" des europäischen Kolonialismus als globaler Unterbau von Imperienbildung und Kapitalismus in vielen Gebieten Europas (Norditalien, Portugal, Spanien, nördliche Niederlande, England, Katalonien, Italien)? Ich könnte das jeweilige Land als Sklavenhandelsmacht auch symbolisch mit der Nennung von Hafenstädten, Zucker- und Kapitalmärkten sowie religiösen Zentren und Kunstzentren darstellen: Florenz/Genua, Lissabon, Sevilla (Genua), Antwerpen/Amsterdam, London, Barcelona). Das eigentliche Zentrum aber war Meer, die See, hier zunächst der Atlantische Ozean. Oder Territorien in den Amerikas, mit ihren Sklavereien, Mobilitäten sowie ihrem Menschenschmuggel, die alle extrem wichtig waren für amerikanische kolonial entstandene Großstaaten, wie die USA und Brasilien oder für die im 19. Jahrhundert verbleibenden Kolonialreiche Spanien (Kuba/Puerto Rico bis 1898) und Portugal (Brasilien bis 1822/25; Afrika bis 1974), in denen Sklaverei und formeller sowie informeller Sklavenhandel noch lange eine überragende Rolle spielte. Daran könnte ich deren spezifische Übergänge zu anderen Stufen des Kapitalismus, zur Moderne oder gar zu imperialer Macht skizzieren. Die Frage, die ich hier stelle, lautet nicht wie bei Marcel van der Linden „Eine einfache und dennoch schwer zu beantwortende Frage: Warum gab (und gibt) es Sklaverei im Kapitalismus?", sondern für mich lautet die Frage: „Waren Sklaven Kapital und Sklaverei Kapitalismus und sind sie als solche nach einer bereits sehr langen Geschichte, fokussiert auf die Zeit 1650–1970 in Europa und den USA, noch immer Grundlage und Teil des heutigen Finanzkapitalismus und der Modernen"?[483] Neue Antworten auf diese alte Frage

480 Mann, Sahibs, Sklaven und Soldaten, passim; Harms; Freamon; Blight (eds.), Indian Ocean Slavery in the Age of Abolition, passim.

481 Fracchia, „Constructing the Black Slave in Spanish Golden Age Painting", in: Nichols, Tom (ed.), Others and Outcasts in Early Modern Europe: Picturing the Social Margins, Hampshire: Ashgate 2007, S. 179–195; Fracchia, „The Urban Slave in Spain and New Spain", S. 195–216.

482 Maeseneer, Rita de, „En busca de la comida de los esclavos", in: Maeseneer, Devorando a lo cubano. Una aproximación gastrocrítica a textos relacionados con el siglo XIX y el Período Especial, Madrid/Frankfurt am Main: Iberoamerican Vervuert, 2012, S. 123–154.

483 Linden, „Eine einfache und dennoch schwer zu beantwortende Frage: Warum gab (und gibt) es Sklaverei im Kapitalismus?", S. 260–279; Linden, „Karl Marx und das Problem der Sklavenarbeit", S. 581–586; Zeuske, „Karl Marx, Formationstheorie, ursprüngliche Akkumulation, Sklavereien und Global South – eine globalhistorische Skizze", in: Wemheuer, Felix (ed.), Marx und der globale Süden, Köln: PapyRossa Verlag, 2016, S. 96–144.

versucht nicht nur vorliegenes Buch zu geben. Wie bereits oben gesagt („Sklaverei und Kapitalismus“ / „Sklaverei als Kapitalismus“), gibt es vor allem in den USA eine bemerkenswerte Debatte zum Problem „Sklaverei als Kapitalismus“, bei der die alte Dichotomie „Sklaverei vs. Industriekapitalismus“ zunehmend aufgelöst wird.[484]

Eine auf den ersten Blick eher innerwissenschaftliche Debatte, die aber zwischen den Disziplinen verläuft, ist die Suche nach einem Oberbegriff für Sklaverei (siehe auch das Unterkapitel „Institutionalisierte Forschung und nationalhistorische Perspektiven“, oben). Die Debatte hängt erstens eng mit der Dichothomie „Sklaverei–Freiheit“ zusammen und mit der Frage, ob es einen weltgeschichtlichen Sonderweg Europas über die Stationen Sklavenjagdgebiet für Römer und andere Expansionen, Abschaffung durch das Christentum (meist mit „um 1100“ definiert) und der Entstehung von der Sklaverei völlig differenter anderer Abhängigkeitsformen der Arbeit gegeben hat (Kolonat, Leibeigenschaft und Hörigkeit), die sich in Richtung „mehr freie Arbeit“ oder „freie(re) Arbeit“ und überhaupt „Freiheit“ entwickelten. Zweitens hängt diese Debatte mit der juristischen Definition des Sklavenstatus zusammen, was wiederum Auswirkungen auf die quantitative Dimension, also mehr oder weniger Versklavte in einer gegebenen Gesellschaft, hat. Drittens hat sie zu tun mit dem kulturell-historischen und philosophischen Streit, ob es sein kann, dass unterschiedlichste Benennungen/Namen für den niedrigsten Status in einer gegebenen Gesellschaft unterschiedlich benannte Mosaiksteinchen für das universelle Phänomen der Sklaverei bilden; ob es jeweils kulturell kodierte Formen gibt, die im jeweiligen Zusammenhang etwas so Einmaliges darstellen, dass sie *nicht* mit dem Namen Sklave/Sklaverei, der aus einem europäischen Zusammenhang stammt (von der Slawenabwehr im Osten, über die islamisch-arabische Expansion gegen Ost- und Südeuropa bis hin zur europäischen Atlantik- und Globalexpansion, 9.–20. Jahrhundert), benannt werden können, sondern eben eigene „Sklaverei“-Namen (wie „Unfreiheit“, „Bondage“ oder „Servilität“) tragen müssen.

Ich habe die Debatte um „Sklaverei/Freiheit“ sowie Abolitionen und Emanzipationen oben schon ausführlich skizziert. Deshalb will ich sie hier nur nennen. In ihr manifestiert sich ein erwachendes Interesse an neuem Realismus sowie Wirtschaftsgeschichte (*material culture*) und Geschichte der globalen Arbeit in Verbindung mit Geschichte von Kultur, Emotionen, Visualisierungen und mobilem Wissen – und zwar nicht nur auf Objekte, wie *commodities*, fokussiert.

Als Oberbegriff bietet sich *servitude* (etwa: Dienstbarkeit) an; der Konstanzer Globalhistoriker Jürgen Osterhammel subsumiert Sklaverei unter *servitude* (wie es eine ganze Reihe von Historikern tut): „Servitude umfasst neben (1) Sklaverei min-

---

484 Siehe oben unter „Zentrale Themen“ sowie: Murray, David, „Capitalism and Slavery in Cuba“, in: Slavery and Abolition 17:3 (1996), S. 223–237; Adelman, „Capitalism and Slavery on Imperial Hinterlands“, S. 56–100.

destens vier weitere Formen: (2) Leibeigenschaft (*serfdom*), (3) Indentur (*indentured service*), (4) Schuldknechtschaft (*debt bondage*) und (5) Zwangsarbeit im Strafvollzug (*penal servitude*)".[485]

Ich will es noch einmal wiederholen: Keiner kann sagen, warum man für Sklavereiformen die Ersatzworte „servitude" oder „bondage" nutzen soll; die Ablehnung des Wortes Sklaverei als Oberbegriff wird meist mit Rechtsformen begründet. Meist fehlt aber eine detaillierte Analyse der Rechtsformen, des Status und der konkreten Arbeit (mit wenigen Ausnahmen).[486] Aber Sklaverei(en) und Serfdom (bzw. lokale Formen) überlappen sich oft, vor allem in Gebieten ohne „römisches" Recht. Wie wir oben gesehen haben schreibt Peter B. Brown über die Schwierigkeit, Sklaverei und Leibeigenschaft in Russland (ähnlich wie China eine gigantische Sklaverei- und Unfreiheitsgesellschaft) zu trennen – ich wiederhole die wichtigste Aussage auch gern noch einmal: „the well-known convergence of Muscovity slavery and serfdom makes separating the latter from the former moot".[487]

Sklaverei kann auch als Abhängigkeit (*dependency*) definiert werden, wie es Kenneth Morgan, Spezialist für britische Sklaverei und Sklavenhandel, tut. „Slavery was an extreme form of dependency for centuries that coexisted with other forms of institutionalized dependency and servitude such as debt peonage, convict labour, serfdom and indentured labour".[488] In unserem Zusammenhang wäre das auch ein Versuch, ein anderes, über dem Konzept Sklaverei stehendes Großkonzept zu finden, und diese Definition ist für eine Globalgeschichte insofern nicht ganz zureichend, weil sie die für den turk-asiatischen Großraum prägenden Formen von Luxus- und Militärsklavereien als *systems of belonging* nicht erfasst.

Sklaverei und Sklavenhandel als schlimmste Form von Gewalt avant la lettre, Ausbeutung und als Verbrechen gegen die Menschlichkeit (*trafficking*, Zwangsprostitution, Kindersklaverei) breiten sich trotz (oder gerade wegen) der extremen Verbote und der ca. 200-jährigen Abolitionsdiskurse mit der so genannten Globalisierung seit 1990 wieder massiv aus. Angesichts dieser bedrückenden Erkenntnis heute (das bedeutet für Historiker meist innerhalb der letzten 15–20 Jahre) macht es Sinn, aus post-postkolonialer Sicht die „Kolonialität von Arbeit" an den Rändern

---

485 Osterhammel, „Arbeit: Die physischen Grundlagen der Kultur", in: Osterhammel, Die Verwandlung der Welt, S. 958–1009 (hier Osterhammel, „Freie Arbeit", in: Ebd., S. 992–994, hier S. 993); siehe auch die Verwendung des Konzepts für ein und dieselbe Realität: Bénot, Yves, La Modernité de l'esclavage. Essai sur la servitude au cœur du capitalisme, Paris: La Découverte, 2003 sowie: Weber, „Blurred Concepts of Slavery", S. 17–47.

486 Eine Ausnahme ist: Handler; Reilly, Matthew C., „Contesting "White Slavery" in the Caribbean. Enslaved Africans and European Indentured Servants in Seventeenth-Century Barbados", in: New West Indian Guide / Nieuwe West-Indische Gids Vol. 91:1–2 (2017), S. 30–55.

487 Brown, „Russian Serfdom's Demise und Russia's Conquest of the Crimean Khanate and the Northern Black Sea Littoral: Was There a Link?", S. 335–366, hier S. 335, Anm. 2.

488 Morgan, Kenneth, „Introduction", in: Morgan, A Short History of Transatlantic Slavery, London/New York: I. B. Tauris, 2016, S. 1–6, hier S. 1.

des „Westens“ (und in seinen peripheren Einflussgebieten) zu konstatieren:[489] „[...] a world-systems approach in arguing for a conceptualization of slavery and serfdom, alongside tenancy, indentured labor, and other forms of coerced work, as labor regimes of the modern capitalist system’s periphery“.[490]

Die eher anthropologische Körper-Verfügungs-Dimension, die empirisch sehr wohl für einzelne Gruppen und sogar versklavte Individuen weltweit erforscht werden kann, spielt dagegen bei der Definition von extremen Abhängigkeiten, die nur deswegen definiert werden können, weil es Sklaverei(en) gab, kaum eine Rolle. Auch die Betrachtung von Welt- und Globalgeschichte aus der Perspektive „von unten“, von den Rändern oder, wenn man so will, von den „Peripherien“ (denn daher kommen oft Versklavte und Sklavenhändler aus der eher zentralistischen Sicht interner Historiografien gegebener Gesellschaften)[491] und vom Gewalt/Unfreiheitsextrem Sklaverei her ist ungewöhnlich. Dahinter steht gerade ein funktionalistischer Unwillen an der heute gängigen Sklaverei-Rhetorik des Neo-Abolitionismus, der mediengerecht gegen Neo-Slavery vorgeht, als die alles Mögliche verstanden werden kann, denn es gibt eben keine juristische Definition von Sklaverei mehr. Aber die Wirtschaftsformen der direkten Kontrolle des Körpers von Ausgebeuteten („Sklaverei“) sind auch heute nicht „alt“ und „unmodern“, sondern extrem wichtig, aber sehr viel flexibler und weniger erkennbar als zu Zeiten der atlantischen Sklaverei. Und vor allem, wie soll ich es sagen, „schlagen“ auch sie „zurück“ – heute nutzen Menschen „moderne Sklaverei“ entweder zeitlich-räumlich oder als Sklaverei-Dimension (etwa: Transport über Wasser), um ihre speziellen Ziele zu erreichen. Dabei kann es vorkommen, dass sie in langfristigere Typen moderner Sklaverei geraten (etwa Zwangsprostitution oder Kindersklaverei).

Wenn man denn ein übergreifendes Konzept benötigt, ist das der „unfreien Arbeit“ besser. Wir können „unfreie Arbeit“ aus den Erfahrungen der Arbeitslager des 20. und 21. Jahrhunderts mit Julia Heinemann folgendermaßen definieren: „Der Oberbegriff der ‚unfreien Arbeit‘ hat ... den Vorteil, dass er weder eine argumentativ nicht haltbare Grenze zwischen den Begriffen der ‚Sklavenarbeit‘ und der ‚Zwangsarbeit‘ errichtet noch seinen Fokus auf die jüdischen Zwangsarbeiter und Konzentrationslagerhäftlinge unter Vernachlässigung insbesondere der osteuropäischen Zivilarbeiter und Kriegsgefangenen verengt“.[492]

489 Boatcă, Manuela, „Coloniality of Labor in the Global Periphery Latin America and Eastern Europe in the World-System“, in: REVIEW Vol. XXXVI:3/4 (2013), S. 287–314.

490 Ebd., S. 287; siehe auch: Boatcă, Manuela, „Second Slavery versus Second Serfdom: local labor regimes of Global Age“, in: Saïd Amir, Arjomand, Social Theory and Regional Studies in the Global Age, Albany: State University of New York, 2014, S. 361–387.

491 Miller, „Marginality as a Historical Problem“, in: Miller, The Problem of Slavery as History, S. 29–35.

492 Heinemann, Isabel, „Ökonomie der Ungleichheit. Unfreie Arbeit und Rassenideologie in der ethnischen Neuordnung Europas, 1939–1945“, in: Geschichte in Wissenschaft und Unterricht (GWU) Vol. 5/6 (2015), S. 302–322, hier vor allem S. 305–308, Zitat S. 305.

Insgesamt, um das historiografiehistorische Thema abzuschließen: Sklavereien waren global und globalisierend; Sklaverei und Sklavenhandel sowie Versklavte als Akteure haben Globalgeschichte durch ihre übergreifenden Vernetzungen, Zwangsmigrationen/Migrationen sowie Transkulturation geschaffen.[493] Eine solche Globalgeschichte „von ganz unten" ist bislang noch die Ausnahme. Sie wird aber in Geschichten der Kommodifizierungen und in vergleichenden Geschichten, weniger in Gesamtsynthesen, mehr und mehr praktiziert. Slaving war ein globalhistorischer Prozess und sowohl dieser Prozess, wie auch einzelne seiner Epochen, Plateaus oder Instutitutionalisierungen in Form unterschiedlichster Sklavereitypen und -formen können nur mit Makro- und Mikrohistorie erforscht werden, kaum aber mit nationalhistorischen Zugängen. Auch nicht mit nationalhistorischen Zugängen, die sich zu Imperial- oder Globalgeschichte proklamieren oder zur Atlantischen Geschichte.[494] Zweitens: Sklavereiregimes und die von ihnen geprägten Arbeitsformen sowie Menschenkörper als Arbeitskräfte unter Zwang, Energielieferanten und als Kapital menschlicher Körper, gehörten immer zu protagonistischen Gesellschaften, d. h., auf ein sehr allgemeines Sprachniveau heruntergebrochen, immer zu den in ihrer Zeit „modernen" Gesellschaften oder zu Gesellschaften, deren Eliten diese jeweilige „Modernität" und Zentralität unter dem Deckmantel meist imperialer Macht anstrebten (mir gefällt auch nicht, dass das Wort seit seiner Geburt auch mit „Mode" (Kleidung) zu tun hat, aber ganz abwegig ist auch dieser Zusammenhang nicht). Hier werden in der Zukunft Forschungen zur „Vormoderne" nötig, die, wie ich in der Einleitung ausgeführt habe, eher spatial als zeitlich zu verstehen ist, mit Analysen und Forschungen zu dem Problem, welche Funktionen Sklavereien im Netz breiterer Abhängigkeiten für Stabilität und Dynamik gegebener Gesellschaften hatten.

Der Unwillen, heutige Sklaverei und viele extreme Unfreiheitsformen in der Welt- und Globalgeschichte als das zu bezeichnen, was sie sind und waren, hängt, ähnlich wie der Unwillen, Klassen als Klassen zu bezeichnen, unter anderem mit der außerordentlich einflussreichen britischen Geschichtsschreibung seit der Abolition der Sklaverei im Britischen Imperium (bzw. in seiner atlantischen Dimension) zusammen, die den Begriff „Sklaverei" durch andere kulturell kodierte „Namen" zu ersetzen weiß (siehe auch: „Neuzeitliche Sklavereien und Abolitionsdiskurse: kein Ende nach dem Ende", unten).[495]

---

493 Pargas, „Slavery as a Global and Globalizing Phenomenon. An Editorial Note", S. 1–4; Cameron, „Captive Taking in Global Perspective", S. 19–42.

494 Miller, „Slaving as historical process: examples from the ancient Mediterranean and the modern Atlantic", S. 70–102; Miller, The Problem of Slavery as History, passim.

495 Hall, Catherine; Draper, Nicholas; McClelland, Keith, „Introduction", in: Hall; Draper; McClelland et al. (eds.), Legacies of British Slave-ownership. Colonial Slavery and the Formation of Victorian Britain, Cambridge: CUP, 2014 (Paperback 2016), S. 1–32.

Was war Sklaverei und was ist ein Sklave?

La Esclavitud es la hija de las tinieblas [Die Sklaverei ist die Tochter der Finsternis] (Simón Bolívar, 1819).[1]

Es gibt keine Definition aller Sklavereien. Schon gar keine, die mit historischen Elementen arbeitet. Deshalb versuche ich es erst einmal mit einer historischen Herleitung des Status' von Sklaven. Selbst bei den radikalsten Antiglobalisierern kommt in ihren Bemühungen, spätkapitalistische Finanz-Globalisierung zu charakterisieren, Sklaverei meist nur in der Vergangenheit vor. Oder Sklaverei wird als „schlimmstes aller Worte" symbolisch in einer breiten Allianz von Präsidenten, Musikergrößen, Stars, Sternchen, NGOs und vor allem jungen Menschen strapaziert, um moralische Hegemonie herzustellen, Spenden zu sammeln und reale Probleme zu übertünchen. Sklaverei und Menschenhandel sind aber kein Thema für Medien-Events oder ein akademisch-historisches Problem einer fernen Vergangenheit oder exotischer Länder, wie die meisten annehmen. Es ist auch kein Problem nur der transnationalen organisierten Kriminalität oder illegaler Einwanderung („schief gelaufene Migration"). Es gab und gibt nicht nur eine Sklaverei, sondern viele Sklavereien und viele Formen des Menschenhandels. Da eine Definition in dieser Breite schwierig ist (ich versuche weiter unten eine), hängt auch vieles von konkreten Konstellationen und Graden von Abhängigkeiten sowie lokalen Statuszuschreibungen ab. Slaving und Sklavereien waren (und sind), wie bereits mehrfach gesagt, Basisprozesse der Welt- und Globalgeschichte – sozusagen Menschenheitsgeschichte. Sklavereien sind ein politisches, soziales, wirtschaftliches und moralisches Problem der Geschichte *und* der realen heutigen Globalisierung in welthistorischer Tiefendimension. Und Sklavinnen und Sklaven sind immer auch Akteure – allerdings insgesamt weniger im Widerstand, sondern eher in einer langen Perspektive von Transkulturationen innerhalb der Sklavereien.

Buchstäblich unter unseren Augen existieren alte Plateaus, Entwicklungsstufen, Typen und Formen von Sklaverei, starken Abhängigkeitenund Menschenhandel, die sich unter Einfluss neuer Infrastrukturen und Kommunikationsmöglichkeiten, vor allem durch globale Dimensionen der Verkehrssysteme, *material culture*, Vernetzungen und Kapitalakkumulation, Mobilität und Internet zu neuen Sklavereien verändern, die vielfach grausamer sind als die an sich schon sehr brutalen,

---

1 Simón Bolívar im „Discurso de Angostura" [Eröffnungsrede des Kongresses von Angostura], 15. Februar 1819, in deutscher Übersetzung in: König, Hans-Joachim (ed.), Simón Bolívar. Reden und Schriften zu Politik, Wirtschaft und Gesellschaft. Mit einem Vorwort von Belisario Betancourt; Hamburg: Institut für Iberoamerika-Kunde, 1884, S. 47–59, hier S. 49. Ich danke Leonhard Schumacher (Mainz), Elisabeth Herrmann-Otto (Trier) und Marcel van der Linden (Amsterdam) für kritische Lektüren und wertvolle Anregungen.

https://doi.org/10.1515/9783110561630-003

aber wohlbekannten Plantagensklavereien im Süden der USA, in der Karibik, in Brasilien, in Westafrika (Sokoto) oder die Sklaverei im alten Rom.

Die wichtigste Ursache der Umwandlung alter Sklavereien in neue Sklavereien sowie die Entstehung völlig neuer Sklavereiformen ist nicht nur die Gier nach schnellem Profit. Versklaver und Menschenhändler in der globalen Mobilität und Zwangsmobilität bekommen überhaupt Zugriff auf Körper, Kapital und Kapitalschöpfung. Damit werden anhaltende Akkumulationsprozesse in Schattenwirtschaften und Expansion von (heute) informellen Wirtschaften in stark hierarchisierten Gesellschaften mit hoher Dienstleistungsnachfrage in Gang gesetzt (oder transformiert). Mit dem Kapital menschlicher Körper und der Ware Mensch sind in marginalen Regionen, wo Rechtsordnungen zusammengebrochen sind, durch Kriege zerstört werden oder nicht existieren, Profite ohne andere Investitionen als Gewalt gegen Schwächere zu erzielen. Verschleppte, Verkaufte und zu irgend etwas gezwungene Menschen werden in Transitions-Gesellschaften auch direkt als Kapital, als Menschen- und Körperkapital (inklusive der Nutzung von Körperteilen wie Gewebe, Sehnen, Blut und Organe sowie Knochen, konservierten Organen, Köpfen oder der Haut von Toten),[2] genutzt, manchmal auch nur, um an das Geld bereits existierender formierter kapitalistischer Gesellschaften heranzukommen. Versklaver und Versklavte bilden die große globale Unterseite der immer wieder als Grundmerkmal heutiger Globalisierung beschworenen Mobilität und Migration. Sklavenhändler und ihre Hilfskräfte waren auch schon immer Wegekundige des Kosmopolitismus.

Die allgemein bekannten Formen der großen Plantagen-Sklaverei, wie die *Second Slavery* des Südens der USA oder die der Karibik im 19. Jahrhundert, die sich in unser Denken eingebrannt haben, nenne ich, wie gesagt, hegemonische Sklavereien. Sie beherrschen unsere Vorstellungen von Sklaverei. Hegemonische Sklavereien gibt es heute – zumindest im Westen – nicht mehr, aber eine Vielzahl „kleiner“, flexibler Sklavereien sowie kaum erkennbare Sklavereien von Kindern und Frauen, die sehr alten Entwicklungsstufen von Sklavereien vergleichbar sich und die sich vielleicht irgendwann zu einem neuen „großen“ Sklavereiplateau formieren.

Um die Phänomene der flexiblen „kleinen“ Sklavereien und ihres Übergangs in Sklavereien in der Neuzeit und in der Gegenwart zu verstehen, ist nicht die Fokussierung auf eine einzelne hegemonische Sklaverei, sondern ein breites historisches Screening möglichst vieler Sklavereitypen und vieler Sklavereiformen in der Weltgeschichte nötig. Die alte Fixierung, Unfreiheit nur mit massiver Sklaverei und legal scharf gezeichneter Eigentums-Sklaverei im alten Rom, im Süden der

2 Hund, Wolf D. (ed.), Entfremdete Körper. Rassismus als Leichenschändung, Bielefeld: transcript Verlag, 2009 (Postcolonial Studies); Scheper-Hughes, „The global traffic in human organs“, S. 191–224; Scheper-Hughes, „Bodies for sale – whole or in parts“, S. 1–8.

USA, der Karibik und Brasiliens gleichzusetzen, muss korrigiert werden und in ein neues Bild globaler Geschichte der Sklavereien eingepasst werden.

Eine historische Analyse des welt- und globalgeschichtlichen Phänomens Sklaverei beginnt mit der Frage, die nicht so sehr auf Strukturen und Prozesse, sondern eher auf die Akteure abhebt: „was verstehen wir unter einem Sklaven?“ Der zweite Schritt besteht dann darin, die Geschichte von Sklaven sowie Sklavinnen als Opfer und Akteure an Strukturen/Institutionen sowie globale Entwicklungen, Plateaus, Prozesse und Typen zurückzubinden.

Ich bin Historiker. Historiker scheuen normalerweise systematische Definitionen. Sie tun das, weil sie wissen, dass fast alles in der detailreichen Realität eine konkrete Zeit, eine konkrete Bedeutung, konkrete Situationen sowie konkrete Akteure und einen konkreten Ort hat. Geschichte wird von Menschen, nicht von Konzepten oder Systemen gemacht. Eine einzige klare Definition für einen sehr alten historischen Prozess und eine anthropologisch-historische Universalie, die wahrscheinlich schon seit mehr als zehntausend Jahren existiert, gibt es nicht, kann es nicht geben. Es gibt aber viele Aspekte der Sklaverei und viele Sklavereitypen sowie viele Definitionsversuche und konkrete, in Quellen fassbare mikrohistorische und alltagsgeschichtliche Situationen, in denen Sklaven, Sklavenhalter und Sklavereien an historischen Orten nachzuweisen sind. Systematische Definitionen blenden meist die Aspekte der Entstehung, der Entwicklungsstufen, der realen Orte und des zeitlichen Werdens (und Vergehens, auch und gerade von Entwicklungen, die sich nicht durchsetzen oder abgebrochen werden), eben die Historizität, wenn man so will, die Zeitlichkeit und Individualität des Geschehens, aus. Systematik tendiert dazu, historisch Einzigartiges, die Einzigartigkeit jedes Menschen und jeder Kultur, irgendwelchen normativen Ordnungs-Kriterien und generalisierenden Konzepten zu opfern. Systematischen Erklärungen fehlt meist auch die scheinbare Simplizität historischer Erzählung und Sprache. Systematiker haben dagegen aber oft ein schillerndes Begriffssystem.

Also keine reine Systematik. Aber auch historische Erzählungen ohne Systematik haben Probleme. Meist fehlt ihnen theoretische Eleganz. Sie verlieren sich oft im Klein-Klein historischer Ansätze, im Empirischen, in der unvertrauten, sperrigen Sprache der Quellen, im Raunen des Imperfekts, in Besonderheiten, zeitgenössischen Bedeutungen, Individualitäten und Übergängen. Keine Essenz, keine griffigen Formulierungen. Und noch schlimmer, historische Erzählungen geraten trotz des Detailreichtums fast immer in den Sog kausaler Erklärung.

Was ist ein Sklave? – Elemente einer Definition

Ich beginne mit einer enigmatischen Formulierung: eine Definition von Sklaverei ist deshalb so schwierig, weil Sklaverei eine Frage der Definition ist.[3]

3 Miers, „Slavery: A Question of Definition“, S. 1–16.

Für die historische Perspektive ist es einfacher, dem Problem über die Akteure auf die Spur zu kommen. Ich werde eine erste Annäherung an die Frage „was ist ein Sklave/eine Sklavin)?“ in einer Mischung zwischen Historizität und Systematik versuchen. Ich beginne, in leichtem Gegensatz zu meiner Überzeugung von Wahrheit, mit einer simplen systematischen Definition. Das ist so schön kurz, stimmt aber historisch nicht immer. Sklaven/Sklavinnen sind Menschen, die der Gewalt, der ganz konkreten, gegen ihren Körper gerichteten Gewalt Anderer unterliegen.[4] Meist dient Gewalt dazu, die Körper der Versklavten, oft ganz direkt, zu nutzen („körperliche Dienste“), meist aber dazu, die Arbeitsleistungen der Versklavten auszubeuten. In manchen Gesellschaften, oft ausgeprägten Sklavenhaltergesellschaften, ist diese Gewalt rechtlich im Rahmen der Eigentumsrelation („Verfügungsgewalt“, „Befugnis“) geregelt. Globalhistorisch ist das aber eher die Ausnahme, vor allem was „kleine“, informelle und Kin-Sklavereien betrifft. In dieser Situation, die mit Gewalt *avant la lettre* sowie mittels Infrastrukturen und *material culture* der Gewalt prolongiert wird, müssen Menschen in Versklavungssituationen zwei Arten von Statusminderungen erleiden: eine innere (sozial, wirtschaftlich; Gender, Alter, Attraktivität) und eine äußere (systematische Verunglimpfung der Herkunft und ikonische Nennung des Herkunftsgebietes als Status-Marker, Konstruktion von „Andersheit“, Rasse, Farbe, gottgewollte Unterlegenheit).

Youval Rotman hebt deutlich auf diese beiden Status Versklavter ab; allerdings verweist er auch darauf, dass mittelalterlich-mediterrane Quellen selten „Hautfarbe“ erwähnen, sondern als Hauptstatusmarker die regionale „Herkunft“. Rotman sagt auch, dass das Neue am mediterranen Sklavenhandel seit ca. dem 7. Jahrhundert der massive Fernhandel mit Kriegsgefangenen und Verschleppten war.[5]

Jetzt historisch: Sklaven sind ein weltgeschichtlicher Typus der Geschichte der Gattung Mensch. Es gibt mehrere essentielle Fixpunkte jeder Definition von Sklaven. Eigentlich müsste hier immer „Sklavinnen“ stehen, weil Menschen in frühen Sklavereisituationen vor allem weibliche Menschen, Frauen, Mädchen und Kinder waren, die entweder ihre Gemeinschaft verloren hatten oder aus ihr heraus gerissen worden waren. Die wichtigsten Dimensionen waren zunächst Schutz und Gewalt sowie Abhängigkeit. Sklaven waren und sind Schutzlose und oft auch „Fremde“, ausgesetzte Kinder, Findelkinder, Frauen ohne Mann oder etwa Überlebende feindlicher Gruppen in Konflikten – meist Frauen und Kinder; aber auch Besiegte, ganze Gruppen, Ethnien, Verschleppte und Gefangene. So blieb es über Tausende von Jahren. Die Körper der Geschützten unterlagen und unterliegen der Gewalt der sie Schützenden; Gewalt im Sinne von „walten“ und im Sinne der Ausübung von

4 Am deutlichsten in Bezug auf die Sklaverei der römischen Welt analysiert (was auch kein Wunder ist): Lenski, Noel, „Violence and the Roman Slave“, in: Riess, Werner; Fagan, Garrett G. (ed.), The Topography of Violence in the Greco-Roman World, Ann Arbor: University of Michigan Press, 2016, S. 275–298.

5 Rotman, „Forms of Slavery“, S. 263–279, hier vor allem S. 264f „Sources of Slavery“.

Zwang. Wenn es oft Gefangene oder Fremde gibt oder sich Konflikte und Gefangene mehren, wird den Schwachen oft ein Unterlegenheits- sowie Unreinheitsstatus, aber auch ein Status als „Ungläubige" oder schlechte Religionsausüber (Sakralisierung der Sklaverei nach dem Motto „Gott hat's gewollt") zugeschrieben, oft auch schon mit darunter liegenden Grundannahmen, dass dieser Status ihnen „im Blut" oder in ihrer Herkunft (regional und sozial bzw. in einem fremden Kult/Religion) liege oder durch ihre Hautfarbe oder irgendwelche Körpermerkmale erkennbar sei. Das bedeutet Naturalisierung, (räumliche) Degradierung und Chromatisierung des Sklavenstatus – alles Konstanten im Mittelmeerraum und auf dem Atlantik, wobei die Naturalisierung schon von Aristoteles konzeptionalisiert wurde. Eine Weiß-Schwarz-Chromatisierung setzte wohl erst mit Persern und Arabern ein, die sich als „Weiße" und Herren gegenüber den schwarzen „natürlichen" Sklaven des *sūdān* ansahen (und heute noch ansehen).[6] Systematische Typologien der Hautfarben kamen mit dem Rationalismus erst um 1650 auf.[7]

Versklavte unterliegen zunächst mittels Zwangs und körperlicher Gewalt ausgeübter direkter Kontrolle von anderen Menschen, die die Verfügungsgewalt über ihre Körper, sogar ihr Leben, ihren Status, ihre Sexualität, ihren Tauschwert und natürlich ihre Arbeitskraft ausüben und ihre Körper als Kapital benutzen (später: Habe, Besitz und Eigentum). In wenig hierarchisierten Gesellschaften oder Gruppen wird diese Kontrolle über Verwandtschaftsbeziehungen ausgeübt. Dabei spielt zunächst die Frage eine Rolle, wer nach den jeweils lokalen Gebräuchen, Regeln und Kosmologien (= Recht) die grundlegende Wohn- und Sozialeinheit beherrscht und legitimiert ist, Andere in die Gruppe aufzunehmen (und sie dafür arbeiten oder dienen zu lassen) oder aus dem Verband beziehungsweise der Gruppe auszuschließen (oder gar zu töten). Grundlegende Sozialeinheiten, wie Familie oder Verwandtschaft, die historisch und kulturell ganz unterschiedlich definiert werden, heißen bei Anthropologen und Ethnographen „Kin" (nach bestimmten klassifikatorischen Regeln definierte Abstammung, Geburts- und „Bluts"-Verwandtschaft, weitere Verwandtschaft, Familie).

Von welchem dieser Fixpunkte eine konkrete Sklaverei historisch wirklich entsteht und sich im Prozess der realen Geschichte entfaltet, variierte in Zeit und Raum ebenso wie die Verwandtschaftssysteme. Im Allgemeinen entstanden von punktuellen Anfängen einer Unfreiheit „ohne definierte und institutionalisierte Sklaverei" über eine Welt von Versklavten in Verwandtschaftsgruppen, Familien und Clans unterschiedliche Stufen, Typen und Formen von Kin-Sklavereien. Zu-

6 Oßwald, „Rassismus und Sklaverei als Rechtsproblem in Nord- und Westafrika", S. 253–277; siehe auch: Eno, Omar A.; Eno, Mohamed A., „The African Diaspora within Africa and the Impact of Slavery and Stigma in the Islamic Society: A Case Study of Somalia", in: Journal of Somali Studies Vol 1:2 (2014), S. 61–89.

7 Daum, Denise, „Hautfarben historisch", in: Daum, Albert Eckhouts ‚gemalte Kolonie'. Bild- und Wissensproduktion über Niederländisch-Brasilien, Marburg: Jonas Verlag, 2009, S. 129–131.

nächst werden „innere“ (endogene) Formen dieses Status’ wichtiger gewesen sein. Mit der Zunahme von Spannungen im Innern sowie der Ausbreitung von Konflikten, Konflikten um Territorialkontrolle und Kriegen gegen andere Gruppen mögen sich „äußere“ (exogene) Vorformen des Sklavenstatus entwickelt haben, die zusammen mit neuen Formen von Mobilität schnell zu neuen, stärker institutionalisierten Sklavereien führten. Erst als diese äußeren, endogenen Formen einen gewissen Institutionalisierungsgrad erreicht hatten und die Menschen, die die äußeren Formen von Sklaverei (über Tausch, Kommodifizierung, Raub und Verkauf) kapitalisierten, meist Krieger-Händler zwischen Imperien oder zwischen Imperien und Razzienkriegs-Territorien, entstanden Menschen- und Sklavenhandel, die wiederum eine verstärkte Nachfrage nach Versklavten erzeugten.

In Ansätzen existierten Gewalt, Unterjochung, Gefangenschaft, Entehrung und Zwang als Vorformen eines Sklavenstatus seit es Hierarchisierung innerhalb von Menschengruppen sowie Beziehungen zwischen verschiedenen Menschengruppen, Individuen mit Nicht-Status innerhalb der Gruppe („Fremde“, „Andere“, „Gefangene“) gab. Die Entscheidung darüber, was mit Menschen in diesem Status gemacht werden sollte, ist nachgerade eine Voraussetzung für Herrschaftsbildung. Konkrete Ursachen von Sklavenstatus vor der Zeit von Gesellschaften, die Kriegsgefangene als Sklaven eintauschten oder Massen unfreier und rechtloser Sklaven für die Bedienung der Eliten bedurften, dürften im weltgeschichtlichen Neolithikum (seit ca. 10 000 v. u. Z. mit unterschiedlichen Orten, Rhythmen und Perioden in der Weltgeschichte) zunächst einfach die Notwendigkeit des Schutzes für Schwache sowie Kinder ohne Gruppe, Eltern oder nähere Verwandte gewesen sein. Diese Schutzfunktion galt für Jahrtausende. Die Frage nach dem Umgang mit Geraubten und Fremden, aber auch Prestigedenken, Tausch, Herrschaftsentstehung- und festigung, Status, Kult und Machtrepräsentation entstanden beim Übergang zu hierarchisierten Gesellschaften. Noch nicht als Sklaven definierte Menschen in de-facto Situationen – die Schwächsten einer gegebenen Gemeinschaft, Fremde, „Adoptierte“, Gefangene, Kinder, Mädchen, Schuldner – die historische Ausgangspunkte für die Entwicklung des Sklavenstatus bildeten, gab es in größerer Zahl, seit sich sehr frühe Populationen von Menschen räumlich ausbreiteten. In nicht-staatlich organisierten Gesellschaften, sagt Detlef Gronenborn, tritt der „ökonomische Aspekt“ der Sklaverei noch nicht hervor, wichtiger war der soziale Aspekt. Menschen in Sklavereisituationen waren Prestigegüter und begründeten Status (Macht). Sklaverei in dieser frühen Stufe „ist nicht ökonomisch begründet, sondern sozial“.[8]

Frühe Populationen differenzierten sich in bestimmten Räumen, seit lokale egalitäre Organisationsformen menschlichen Zusammenlebens durch erste hierarchische Systeme sozialer Organisation (Clans, „Stämme“, Ranggesellschaften und Häuptlingsherrschaften) abgelöst worden sind. Seit dem Übergang zwischen Meso-

8 Gronenborn, „Zum (möglichen) Nachweis von Sklaven/Unfreien in prähistorischen Gesellschaften Mitteleuropas“, S. 1–42, hier S. 21.

lithikum und Neolithikum kamen mit Landwirtschaft, Sesshaftigkeit, Bevölkerungswachstum, Viehhaltung mit Nomadentum (Mobilität), Konkurrenz um Ressourcen sowie der Entstehung von Sippen und Clans (Gruppenidentitäten) öfter kriegerische Konflikte unter Menschenpopulationen auf.[9]

Die ältesten Typen einer endogenen Sklavin ohne Institution waren sicher Witwen und Kinder; die ältesten Typen des exogenen Quasi-Sklaven und „Anderen“ war sicherlich der „Fremde“, Gefangene und besiegte Feinde, vielleicht auch schon der oder die Angeheiratete.

Das Volk der Yanomami im Süden Venezuelas etwa lebt noch heute in egalitärer Organisation ihrer Siedlungen. Bei ihnen gibt es keine Sklaven nach unseren Vorstellungen, wohl aber manchmal Gefangene und öfter Fremde, die in der Geschichte der Yanomami um 1800, wie bei Alexander von Humboldt nachzulesen (bei Humboldt *Guaharibos* oder *Guajibos*),[10] auch als Unfreie verkauft oder getauscht wurden.

Ähnliches galt für die Aborigines Australiens am Beginn der britischen Kolonisierung. Australien war zu diesem Zeitpunkt der einzige Kontinent, auf dem nur Sammlerinnen und Wildbeutergemeinschaften lebten. Um 1800 handelte es sich um ca. 500 000 Menschen in etwa 600 Sozialverbänden („Stämme“, Clans, Bands). Die sozialen Einheiten der „Stämme“ konnten von weniger als hundert bis zu mehreren Tausend Personen bestehen. Im Alltagsleben war die Lokalgruppe (*band*) die wichtigste Gemeinschaft, bestehend aus mehreren Großfamilien auf einem angestammten Territorium. Nach Begräbnissen nahm man im frühen Australien an, dass sich der Geist des Toten noch in der Nähe der Lebenden aufhalte; es war tabu, ähnlich wie bei den Yanomami, den Namen der oder des Toten zu erwähnen. Das Verhalten von australischen Jägern gegenüber verfeindeten Gruppen sowie Frauen und Mädchen anderer Gruppen wird ähnlich geschildert wie beim Yanomami-Volk der Amazonía. Über die von Humboldt beschriebenen Sklavenjagden gibt es unter den heutigen Yanomami keine direkte Memoria, für sie fließen diese Vergangenheiten in mythologischen Zeiten zusammen, zumal, wie gesagt, auch das Aussprechen individueller Namen Verstorbener tabu ist.

Erst in Konflikt- und Kriegszeiten mussten „Gefangene“ überhaupt als besondere Gruppe definiert werden; „Schuldner“ als dauerhaft Abhängige erst als wirtschaftliche, räumliche und politische Verbindungen und Hierarchisierungen bestimmte Stufen erreicht hatten, d. h., erst als etwa Saatgut, Nutztiere oder land-

---

9 Ferguson, Brian, „Prähistorische Kriege“, in: Souza, Philip de (ed.), Die Kriege des Altertums. Von Ägypten bis zum Inkareich, Leipzig: Koehler & Amelang, 2008, S. 15–27.

10 Humboldt, „Rückblick auf die Reise von San Carlos del Río Negro bis Esmeralda. Von Esmeralda auf dem Orinoco über Angostura und Nueva Barcelona nach Cumaná“ (7. 5.–26. 8. 1800), in: Reise durch Venezuela. Auswahl aus den amerikanischen Reisetagebüchern. Hrsg. u. eingel. v. Margot Faak. Berlin: Akademie Verlag 2000 (Beiträge zur Alexander-von-Humboldt-Forschung, Bd. 12), S. 311–389, hier vor allem S. 318 ff (u. a. mit Sklavenfang, Menschenfresserei und Humboldts Plünderung indianischer Grabstätten).

wirtschaftliche Produkte überhaupt als Schulden existieren konnten. In der Tendenz entwickelte sich der „innere“ frühe Sklaven-Status zu Formen der Schuldsklaverei und der Familien- und Haussklaverei von Frauen und Kindern; der „äußere“ frühe Sklaven-Status zu Formen der Kriegsgefangenensklaverei, Formen absoluter Abhängigkeit oder Opfersklaverei von Männern und „Fremden“, meist in der Tendenz, irgendwann einmal zu Tausch/Handel mit Menschen über weite Entfernungen zu werden. Weil damit hohe Gewinne zu machen waren und Status begründet wurde, überlagerte der zweite Typus oft einen bereits existierenden „inneren“ Sklavenstatus.

Die Übergänge von egalitären Gesellschaften zu hierarchischeren Gesellschaftsformen geschahen in unterschiedlichen Geschichtsräumen der Weltgeschichte zu unterschiedlichen Zeiten. Es kam auch zu lokalen Zusammenbrüchen, Niedergängen und gegenseitigen Beeinflussungen (Diffusion). Auf jeden Fall handelte es sich um lang andauernde Expansions-, Wandlungs- und Diffusionsprozesse, zu denen auch die Entstehung von Staatsgebilden sowie plötzliche Sprünge (Expansionen, Katastrophen, Pandemien, Krisen, Kollapse, Revolutionen) gehörten. In einigen Geschichtsräumen, die ich hier weltgeschichtliche protagonistische Zentren nenne, mögen sich etwa im Zeitraum 11 000 bis 6000 vor unserer Zeitrechnung durch Züchtung bestimmter Pflanzen- und Tierarten sowie Töpfern und Weben, über die so genannte Neolithisierung, bis in die Bronzezeit des 4.–2. Jahrtausends vor unserer Zeitrechnung, wo Zivilisation, überregionaler Austausch, Kriege und Staatsgebilde und Aufzeichnungssysteme hinzukamen, aus der Gewöhnung an Menschen im frühen Sklaven-Status Bedingungen institutionalisierter Sklaverei entwickelt haben. Zu dieser Institutionalisierung und Strukturalisierung von Gewalt gehörten vor allem Instrumente, kodifiziertes Recht, *material culture* und Infrastrukturen, um Menschen in Gefangenschaft zu halten – besonders in Bezug auf Sklaven von außerhalb der eigenen Gruppe und ganz speziell kriegsgefangene Männer. Das gilt auch und gerade in Bezug auf den Handel mit Menschen und ihren Transport. Eine wichtige Rolle spielte überhaupt die Gewöhnung daran, dass Menschen auf diese Weise entwürdigt werden konnten.

Ob man für die langen Übergänge zwischen egalitären und hierarchischen Gesellschaften und für die Zeit seit etwa 9600 vor unserer Zeitrechnung Ansätze zur Sklaverei annimmt, hängt unter anderem damit zusammen, ob man unserer Art (Homo) eine angeborene Aggressivität unterstellt und die Bereitschaft, Artgenossen zu unterjochen. Manche tun das, auch am Beispiel der Yanomami (sogar schon für Affenarten; im Grunde nach Konrad Lorenz). Ich wähle einen anderen Weg der Erkenntnis. Es handelt sich um riesige Zeiträume. Die müssen möglicherweise „nach hinten“ noch bis auf die Höhe um 60 000 vor unserer Zeitrechnung verlängert werden (*homo neanderthalensis*; *homo sapiens*). Zumindest aber bis zurück zum Jungpaläolithikum, der Zeit der hochentwickelten eiszeitlichen Jäger und Sammlerinnen. In diesen Zeiträumen sind viele Kulturelemente, Sprachen, Riten und Ausdrucksformen sowie fast alle grundlegenden Vorstellungen entstanden, die später als Kulte/Religion, Glaube, Kosmologien, Traditionen, Ästhetik (Performanz/Tanz), Gewalt, Sexualität, Ethik sowie Philosophien prägende Kraft als Grundkategorien unseres Denkens, unserer Traditionen, Klischees, Dämonen, Modelle und Stereotype entwickelten. Am Beginn der Entwicklung von Konstanten, die später in der Realität und im Begriff der Sklaverei zusammenflossen, stehen möglicherweise Opferrituale, Schamanismus und Tier- und Schädelkulte, Begräbnisriten, Kannibalismus, Initiations/Aufnahme- und Passagerituale (die auch die Möglichkeit der Nichtaufnahme umfassen) die der Gruppenbildung und -stabilität dienten. Sie umfassten einerseits die Bildung von Altersgruppen sowie die Integration von Fremden in die eigene Gruppe andererseits und Konflikte zwischen Gruppen. Und es gab sicherlich auch opportunistische Versklavungen. Das meiste fand zunächst, wie gesagt, innerhalb von Gruppen statt. Ein Hinweis auf Entstehungsgrundlagen von Status und Ungleichheit, die hinführen zur Sklaverei von „Anderen", ergibt sich aus der Stammesstruktur von Populationen schon der Hominiden.[11]

In Religionen, in Kunst und Psychologie oder Geschichte wurden und werden die oben genannten Kategorien in die Form von Dämonen, wie menschliche Körper mit Tierköpfen, wie etwa der „Ziegendämon" – „kein Gott"!, von Schädelkulten (Schädeljagd), Schamanenzauber, Tanz/Trance, Bild-Traditionen, „Goldene Zeitalter" oder „Archaismen" und „Ur-was-auch-immer" gefasst, zur Ordnung von Gesellschaften eingesetzt und wirkten dann als Traditionen auf nachfolgende Entwicklungen ein. Die in ihrer Zeit bildlich (weit länger: „steinzeitliche Hieroglyphen") sowie schriftlich aufgezeichnete(n) Geschichte(n) waren für jede folgende Generation in gewissem Sinne schon „da".[12]

Genauso hypothetisch könnte auch angenommen werden, dass es, wie angedeutet, erste „Sklavinnen ohne Institution" (siehe weiter unten) schon in der Zeit der Cro-Magnon-Menschen (Jungpaläolithikum), besonders in der Phase des Magdalénien (um 18 000–10700 vor) mit seinen Großwildjagden, Feuerstätten, Lagerplätzen und ersten Siedlungen gab, in denen sich einerseits erfolgreiche Jäger als „große Männer" herauskristallisierten und andererseits Feuererhalt, Abfallbeseitigung, Verletztenpflege sowie andere „schmutzige" und schlechter geachtete Nebenarbeiten anfielen (knüpfen, flechten, Seile drehen, Felle schaben). Möglicherweise hatten auch Frauen als Heilerinnen und Spezialistinnen für Beobachtung und Übersinnliches eine besondere Stellung, so dass neue Mitglieder von Gruppen

11 Wilson, Edward O., „Stammessysteme als grundlegendes menschliches Merkmal", in: Wilson, Die soziale Eroberung der Erde. Eine biologische Geschichte des Menschen. Aus dem Englischen von Elsbeth Ranke, München: Beck, 2013, S. 75–80, sowie: Wilson, „Krieg als angeborenes Übel der Menschheit", in: Ebd., S. 81–98; siehe auch: Molander, Per, „Die Archäologie der Ungleichheit", in: Molander, Die Anatomie der Ungleichheit. Woher sie kommt und wie wir sie beherrschen können. Aus dem Schwedischen von Scherzer, Jörg, Frankfurt am Main: Westend Verlag, 2017, S. 31–63.

12 Schmidt, Klaus, „Zwischen Bedeutung und Deutung – Annäherungen an Bilder und Welt der Steinzeit", in: Schmidt, Sie bauten die ersten Tempel. Das rätselhafte Heiligtum der Steinzeitjäger. Die archäologische Entdeckung am Göbekli Tepe, München: Beck, 2006, S. 191–226.

(meist Frauen und Waisen) entweder unter ihre Kontrolle oder die der „großen Männer" kamen. Möglicherweise existierte eine Art Opfersklaverei schon in den präneolithischen Opferritualen, die über die Zeit von 400 Generationen anhielten.

Anfänge von lokalen, aber weltweiten Sklavereien wegen der Bedeutung für die Arbeit und Vorratshaltung fallen auf die keramische Phase der neolithischen Revolution. Diese begann vor rund 10 000 Jahren in mehreren voneinander unabhängigen Entstehungsgebieten – Vorderer Orient, Ost-Sahara, China, Indus-Tal, Neu-Guinea, Peru und Mittelamerika.[13] Sie unterschieden sich auch chronologisch und breiteten sich von den Entstehungszentren in unterschiedlichen chronologisch-räumlichen Dynamiken aus.

Die besten Quellen existieren für Anfänge an den Gebirgshängen der Fruchtbaren Halbmondes. Auf jeden Fall sollten Opfersklaverei und Menschenopfer um 8000 v. u. Z. bedacht werden, wenn es um die Entstehung von „Zivilisation" (Ackerbau; städtische Siedlungen), Religion (Ahnenkulte), Landbesitz/Herkunft von Ahnen, die „schon immer" dieses Land besessen hatten und Herrschaft von religiösen Spezialisten („Priestern") ging.[14] Das wären chronologische und systematische Fixpunkte hypothetischer Anfänge. Aber Ursprungsdebatten sind immer schwierig und nicht umsonst der Hauptangriffspunkt funktionalistischer Sozialwissenschaften wie der Anthropologie auf historistische Narrative.

Das ist alles keine Empirie, die ich hier vorstelle, sondern es handelt sich um elaborierte Konzepte, Traditionen und Theorien aus Jahrtausende alten Erfahrungen, und um historische Vorbedingungen einer Definition von Sklaven und Sklavereien. Menschen sind nicht „anthropologisch" aggressiv. Aber es gibt Aggressive unter ihnen (aus bestimmten Gründen, die durchaus auch vererbt sein können, wenn es sie lange genug gab) und Aggressionen unter bestimmten Bedingungen. Ansätze, die sich, wenn sie Tradition geworden sind, zu Frühformen des Sklavenstatus entwickeln konnten, mag es schon in sehr frühen Gemeinschaften gegeben haben, wie etwa Vergewaltigung von weiblichen Artgenossen durch junge Männer außerhalb des Schutzes einer Gemeinschaft, das Monopol eines Territorialchefs über Fremde, Gefangene, Normenbrecher, Ausgestoßene, zu Integrierende, Kinder ohne Eltern oder die Macht eines Priesters (Schamanen), Menschen als „unrein" zu definieren oder sie aus der jeweiligen Gruppe, meist Verwandtengruppen (*kin*) zu verstoßen.

Sklaverei als formale Institution bedarf einer bestimmten demographischen Dichtigkeit, Produktionsformen, Rechtsentwicklung, Sesshaftigkeit (auch wenn nicht sesshafte Jäger/Sammlerinnen in opportunistischer Weise schon endogene Quasi-Sklavinnen, siehe oben, gehabt haben mögen), die wiederum bestimmte

---

13 Morris, „Der Westen geht in Führung", in:, S. 88–140; für Eurasien siehe: Cunliffe, Barry, 10 000 Jahre. Geburt und Geschichte Eurasien. Asu dem Englischen von Beitscher, Gina, Darmstadt: WGB; Konrad Theiss Verlag, 2016.

14 Morris, „Das verwandelte Paradies", in: Morris, Wer regiert die Welt?, S. 104–112.

Konflikte um Nahrungsmittel und Ressourcen nach sich ziehen, wie auch bestimmter Wirtschaftsphänomene, wie Differenzierung und Verschuldung, das heißt, Bruch des egalitären Geben-und-Nehmen-Prinzips, Spezialisierungen (Priester, Krieger, Häuptlinge, Schreiber, Staat) sowie der Arbeitsteilung (Bauern, Fischer, Hirten, Handwerker, Händler, Soldaten). Der Typ „Sklavin ohne Sklaverei" als Quasi-Nicht-Mensch, „Halb"-Mensch und Teil der untersten Gruppe in einer bestimmten, durch lokale Regeln, Status, Traditionen, zeitgenössische Bedeutung (und Ängste), Reinheitsregeln und Rechte geregelten Gemeinschaft, geht der Sklaverei voraus – meist ohne dass es schon das Wort oder gar eine rechtliche Definition von „Sklave" gegeben hätte.

Und jede Form von Sklaverei beruht auf dem Gebrauch von personalisierter Gewalt gegen individuelle Körper von Menschen. Diese war vor der Staatlichkeit immer sehr direkt; erst in Städten und Staaten wurden sie durch Gesetze geregelt. Die Gewalt verstärkte sich, je länger Sklaverei anhielt, zu struktureller, oft nach außen gerichteter, aber auch geregelter Gewalt. In Gesellschaften vor dem Staat war das körperliche Gewalt Stärkerer gegen Schwächere; in Gesellschaften mit formalen politischen Strukturen (Staat) waren es auch organisierte Gewalten wie stehende Armeen, Krieger, Polizei, lokale Milizen, Vigilanten-Trupps oder lokale Sklavenhalter mit ihrem Gewalt-Hilfspersonal, die von Staat, Recht, Religion und von der Mehrheitsgesellschaft unterstützt werden. Selbst heutige Sklavenhalter manipulieren Praktiken staatlicher Kontrolle, um Gewalt auszuüben: sie ziehen Pässe ein, um die Versklavten als undokumentierte Personen staatlichen Maßnahmen auszusetzen oder sie schaffen Subkulturen, wo sie ungehindert Gewalt ausüben können (Prostituierte, Sklaven-Fabriken oder -farmen).

In Imperien, die sich weltweit vor allem in Gebieten der Bronzezeit, aber auch in späten neolithischen Zeiten (vor allem in den Amerikas) herausbildeten, war „Unfrei-Sein" ein weit verbreiteter niederer Status vieler Menschen innerhalb von kollektiv geprägten Abhängigkeiten. Dieser niedrige Status ähnelte den weit verbreiteten Formen kollektiver Knechtschaft bäuerlicher Dorfgemeinschaften. Manche Sklavereien entwickelten sich aus Niederlagen solcher Gemeinschaften und aus nachfolgenden Verschlechterungen ihres kollektiven Status. Meist hatten die Menschen im Sklavenstatus nicht den Schutz dörflicher Herkunfts-Gemeinschaften oder hatten als einzelne Schutzlose noch weniger Rechte. Sie waren als Individuen der Gewalt Anderer und der neuen Gemeinschaft ausgeliefert. Die Eliten hätten auch Dorfgemeinden formal versklaven können. Die meisten Eliten wagten es aber nicht, die bäuerlichen Gemeinschaften ihres eigenen Herrschaftsbereiches und deren Bindung an Boden und Territorium aufzusprengen – bei Strafe des Hungertodes. Es gab Ausnahmen, wie die Spartaner und anderer lokale Eliten, die die benachbarten Dorfgemeinschaften der Heloten und die Bauerngemeinschaften von Messenien versklavten. Daneben trat auch bereits die Sklaverei kriegsgefangener Fremder, von Frauen als Tribut oder der Bewohner eroberter Territorien.

In der Genealogie hegemonischer Sklavereien des so genannten „Westens" erscheinen Ansätze und Übergangsformen zur Sklaverei mit ziemlicher Sicherheit, wie erwähnt, im alten Mesopotamien der Uruk-Zeit an der Wende vom 4. zum 3. Jahrtausend v. u. Z. – ich meine die „christliche Zeit" – in Schrift- und Bildquellen von Gesellschaften, die von der heutigen Geschichtsschreibung als „erste frühe Hochkulturen" bezeichnet werden – die imperialen Agrargesellschaften der Nilkultur, Assyriens und Mesopotamiens sowie die frühen Fischer-Oasenkulturen Südamerikas (wie Caral). Sie existierten aber auch in der minoischen Kultur, der Mykene-Kultur, der Induskultur und Jangtse-Kultur seit dem 2. Jahrtausend v. u. Z.[15] Nach und nach kamen auch südostasiatische und amerikanische Kulturen hinzu (manchmal sogar ohne Flüsse und Meere, sondern mit Seen und Karsthöhlensysteme, wie in Mexiko, in den Mayagebieten oder in den Bergen und Tälern der Anden), mit Ursprüngen agrarisch-städtischer Zivilisationen und Staaten.

Systematische und allgemeine Definitionen von Sklaverei oder gar „*der* Sklaverei" sind den meisten Historikern, wie gesagt, ein Gräuel; ich will es im Sinne von grundlegenden Tendenzen und Modalitäten trotzdem versuchen, definitorische Elemente über die oben angeführten Fixpunkte des Sklavenstatus hinaus zu nennen, die mehr oder weniger auf das ganze universalhistorische Feld passen, das wir mit dem Metabegriff Sklaverei bezeichnen.

Menschen, die der Herrschafts- und Wirtschaftsform Sklaverei unterworfen waren, heißen in deutscher Sprache Sklaven. Ähnliche klingende Worte werden in fast allen Sprachen des Westens benutzt, die sich in ihrer Geschichte mit den Phänomen der mediterranen und atlantischen Sklaverei auseinandersetzten. Andere Sklavereiformen in afrikanischen, asiatischen sowie anderen Gesellschaften werden mit anderen Namen benannt, vor allem ihre internen Lokalformen. Im Allgemeinen handelt es sich bei Sklaven um Individuen oder Gruppen von Menschen, die der Gewalt Anderer unterlagen, keine Selbstbestimmung hatten, für andere arbeiten und Dienste aller Art (auch sexuelle) leisten mussten, oft Fremde am Ort ihrer Sklaverei waren und als Individuen den niedrigsten Rang in einer gegebenen Gesellschaft einnahmen („ehrlos"). In unterschiedlichen Stufen und Typen von Sklavereien waren die Grundelemente Gewalt, Arbeit und Dienste, Status und Entfernung aus der Gemeinschaft unterschiedlich gemischt. Versklavte Individuen waren zwar Bestandteil, aber oft nicht Mitglied der jeweiligen Gesellschaft. Die bewusste, nach den Regeln der Zeit gestaltete Unterdrückung und Fremdhaltung, die Entehrung, die Angst vor Unreinheit, der niedere Status, die ganz konkrete Art und Weise der Arbeiten (im Englischen *work* im Gegensatz zum allgemeineren *labor/ labour*)[16] sowie die Verfügung über die Körper sowie „Produkte" und Dienstleistun-

15 Morris, Ian; Scheidel, The dynamics of ancient empires: state power from Assyria to Byzantium, Oxford University Press: New York, 2009.

16 Kuchenbuch, Ludolf; Sokoll, Thomas, „Vom Brauch-Werk zum Tauschwert: Überlegungen zur Arbeit im vorindustriellen Europa", in: König, Helmut; Greiff, Bodo von; Schauer, Helmut (eds.), Sozialphilosophie der industriellen Arbeit, Opladen: Westdeutscher Verlag 1990 (= Leviathan, Sonderheft 11), S. 26–50.

gen der Körper oder gar Körperteile (Köpfe, Haut und Organe – eine alte Tradition von Opfersklavereien)[17] machten die Sklaverei aus. Hunger, Terror und ritualisierte Gewalt, wenn nötig direkt gegen die Körper der Versklavten waren Mittel, um all diese zu erzwingen und zu erhalten.

Sklavereien und andere Formen von Unfreiheit, Gewalt, extreme assymetrische Abhängigkeit sowie Expansionsphasen großer Gruppen oder früher Staaten (Imperien) waren sich immer sehr nahe oder, wie ein Sprichwort aus der afrokubanischen Kultur sagt: „La fuerza siempre tiene esclavo [Die Gewalt hat immer einen Sklaven]".[18]

In einigen Gesellschaften setzten sich zwischen 2000 und 400 v. u. Z. rechtliche Regelungen durch, die in der Tendenz innerhalb der Entwicklungsstufe von Sklavereien am Beginn der Imperienbildung zur Herausbildung unterschiedlicher Sklaventypen führten. Diese Regelungen, die aus unserer globalhistorischen Position oft irgendwo zwischen 900–200 v. u. Z. zu verorten sind, entstehen durch Regelung des Verhältnisses zwischen Verschuldung und Versklavung – besonders deutlich im alten Israel, in Athen, aber auch in Rom. In anderen Regionen der Welt, wie Indien, China, Südostasien und Afrika, mag es Versuche der Trennung zwischen Verschuldung und Versklavung gegeben haben, in vielen aber auch nicht (weil „Tribute" oft zentral regulierte Abgaben in Naturalien oder Arbeit von Schuldnern waren). So blieb Verschuldung immer eine wichtige lokale Quelle von internen Sklavereien. Bei diesen Schuldsklavereien blieben die bäuerliche Gemeinschaft und ihre Bindung an den Boden als Institution erhalten. Den Bauern selbst blieb die Möglichkeit, Menschen (meist eigene Kinder, Verwandte oder sich selbst) zu kapitalisieren. Viele der rechtlichen Normen von Gesellschaften in Bezug auf Schuld und Sklaverei, wie etwa im keltischen, wikingischen oder slawischen Europa, im Sulu-Sultanat, im vorkolonialen Amerika oder im subsaharischen Afrika, kennen wir nur in geringem Maße, weil sie entweder ganz anders sind als wir es aus dem privaten Eigentumsrecht kennen oder weil sie nicht schriftlich aufgezeichnet worden sind, sondern in speziellen Memorierungstechniken eher gesungen, gemalt oder geknüpft wurden.

In historischer Tendenz überlebte Schuldknechtschaft als Quelle spezifischer Sklavereien in vielen Gebieten Afrikas, aber auch vor allem in Indien, Pakistan und Bangladesch, Sri Lanka, Nepal und Bhutan, Südostasien oder auch Lateinamerika, bis heute. Im riesigen Indien überlebte Schuldsklaverei auch und gerade, weil die Briten in der Kolonialzeit nichts dagegen taten. Ein Paradebeispiel ist, wie die Briten, trotz offizieller Verfolgung des atlantischen und westafrikanischen Sklaven-

---

17 Siehe paradigmatisch den Berichts Herodots über die Skythen (gilt cum grano salis auch für andere Opfersklavereien): Herodot, Neun Bücher zur Geschichte. Mit einer Einleitung von Hoffmann, Lars, Wiesbaden: Marixverlag, 2007, Viertes Buch, S. 321–405, hier vor allem 346–351.

18 Refranes de negros viejos, recogidos por Lydia Cabrera, Miami: Editorial C.R, 1970 (Colección del Chicherekú), S. 24.

handels, etwa Nepal als „indisches Fürstentum" behandelten und die tiefverwurzelte Schuldsklaverei mit verkaufbaren, überschriebenen und vererbten Sklaven sowie Sklavenhandel, vor allem mit kleinen Mädchen (4 oder 5 Jahre bis etwa bis zum 15. Lebensjahr (*kamalari*)) bis weit in das 20. Jahrhundert hinein tolerierten.

Auf Verschuldung gründeten auch endogene Sklavereien in Imperien wie China (zu verschiedenen Zeiten, mit verschiedenen Reformen),[19] im Sulu-Archipel, auf Sulawesi (Celebes) und Bali[20] oder im vorspanischen Mexiko, Verschuldung (*peonaje* und andere Formen) war die Hauptbindung lateinamerikanischer Bauern an Latifundienbesitzer (*hacendados / senhores de engenhos*) im 19. und 20. Jahrhundert.[21] Dagegen gab es in der Kolonialzeit in Spanisch-Amerika erstaunlich viel freie Arbeit neben Sklavereien, kollektiven Zwangsarbeiten sowie koloniale Arbeits- und Verschuldungssystemen, die sich territorial und in Bezug auf Art der Arbeit differenzierten.[22] Verschuldete mussten ein Mehrfaches der Schuldsumme (mind. das Doppelte) zurückzahlen, so dass aus einer „Zeit-Sklaverei" schnell eine Art neue Erbsklaverei wurde, unterstützt von Rechtssystemen, die für viele Zivilsachen (Ehebruch etc.) hohe Geldstrafen aussprachen.

Für die Problematik der Verschuldung als gesellschaftsinhärenter Grund der Sklaverei muss das „Losreißen" und Verbringen an einen anderen Ort (und Zeit) nicht unbedingt gelten; wir habe es eher mit Nah- als mit Fernsklavereien zu tun. Aber auch Schuldner als Sklaven wurden in bestimmten Kulturen tauschbar, vererbbar und verkaufbar, vor allem dann, wenn diese Gruppe zu groß wurde. Sie konnten somit potentiell an einen anderen Ort verbracht werden, wie verschuldete Römer nur außerhalb der Grenzen Roms verkauft werden sollten. Sklaverei bedeutete für verschleppte Menschen also oft, aber nicht immer, Herauslösung aus verwandtschaftlichen Beziehungen und erzwungene Eingliederung in neue Sozialbeziehungen (oft unter Bedingungen, die Patterson *alienation* – Entfremdung[23] – genannt hat), die sehr weit von den Orten der eigenen Sozialisierung liegen konnten.

Der andere „exogene" Grundtypus von Versklavungssituationen und Sklaverei entstand durch Fernhandel, Piraterie und Überfälle mobiler Krieger/Sklavenjäger (Razzien/Grenzscharmützel).[24] Möglicherweise gab es bei diesem Typus Nachfrage

---

19 Schottenhammer, „Slaves and Forms of Slavery in Late Imperial China (Seventeenth to Early Twentieth Centuries)", S. 143–154; Zeuske, „Versklavte und Sklavereien in der Geschichte Chinas aus global-historischer Sicht. Perspektiven und Probleme", S. 25–51.

20 Mann, „Sklaverei in Südostasien", in: Mann, Sahibs, Sklaven und Soldaten, S. 101–122.

21 Knight, Alan, „Dept Bondage in Latin America", in: Archer (ed.), Slavery and Other Forms of Unfree Labour, S. 102–117.

22 Monteiro, „Labor System", S:, 395–422; Escobar Ohmstede, Antonio, „Instituciones y trabajo indígena en la América española", in: Revista Mundos do Trabalho Vol. 6, n. 12 (julho–dezembro de 2014), S. 27–53.

23 Patterson, Orlando, Slavery and Social Death. A Comparative Study, Cambridge: Harvard University Press, 1982, S. 9 f.

24 Offensichtlich eine starke Kontinuität im Mittelmeerraum von der Bronzezeit bis um die Mitte des 19. Jahrhunderts, siehe: Ameling, „Phönizische Piraten", in: Ameling, Karthago. Studien zu

und Versklaver sowie Sklavinnen eher als Sklaven, möglicherweise setzte dieser Typus auch auf bereits existierende innere „kleine“ Sklavereien auf. Die „äußere“ Sklaverei beruhte darauf, zunächst vor allem Kinder und Frauen von einem Ort (ganz konkret: Dorf, Siedlung, Stadt, Lager) und aus der engsten Verwandtschaftsgruppe mit Gewalt in Razzien herauszureißen und in eine neue Umgebung (neuer Ort) im niedrigen Status von „Fremden“ ohne Ehre zu halten und zu bestimmten als „niedrig“ oder „unrein“ eingestuften Arbeiten und Dienstleistungen zu zwingen. So mussten Frauen und Mädchen als Verschleppte/Kriegsbeute in fast der gesamten Welt den Siegern körperliche Dienste leisten.

In einem nächsten Schritt wurde auch Transport und Handel von kriegsgefangenen Frauen und schließlich auch Männern organisiert. Expansionen, Kriege, Razzien, Gewalt und Verschleppung waren immer Quellen von Sklavereien und markierten auch den Beginn der Zwangsmobilität von Menschen. Sklavereien dieses Typus' entstanden vor allem dort, wo entweder Razzienkriegergemeinschaften oder Handelskommunen an den Rändern großer Imperien oder zwischen Imperien entstanden waren, die sich auf mobile Razzienkrieger sowie Schiffe und kriegerische Schiffsmannschaften stützten (östliches Mittelmeer, Schwarzes Meer, Rotes Meer, Nord- und Ostsee, Südchinesisches Meer) oder Karawanennetzwerke kontrollierten (auch Kanutransport auf Flüssen und Lagunen spielte eine Rolle). Eine Variante dieses Typus sind Sklavereien, bei denen durch Expansion von Imperien, wie in Ägypten seit 3000 v. u. Z. (vor allem im expansiven Neuen Reich 1552–1070 v. u. Z.)[25] oder in Rom, vor allem zwischen 500 vor und 600 nach der Zeitrechnung, periodisch große Massen von Kriegsgefangenen zu Sklaven gemacht wurden, die neben anderen Formen der Sklaverei (Kinder allgemein, Waisen, Ausgesetzte, Frauen, Verbrecher) traten und in denen eine juristische Tradition der Versklavung in Gang gesetzt wird, mittels derer Kinder von Sklavinnen auch Sklaven blieben („geborene Sklaven“).[26]

Menschen, die von weither an neue Orte verschleppt werden, wurden nicht nur aus ihrem „Raum“, sondern oft auch aus „ihrer Zeit“ (den Zeitrechnungen ihrer Kosmologien, Kulturen und Religionen) gerissen. Meist besteht ein Zwischenschritt zwischen diesen Polen darin, Sklaven als eine Art selbstlaufendes „Warengeld“ (*commodity money*) „tauschbar“ (verkaufbar) zu machen. So entwickelte sich Menschenhandel und Kapital menschlicher Körper; Sklavinnen und Sklaven werden fast immer unter den frühen Tausch-/Handelswaren genannt.

Die durch mobile, meist bewaffnete Händler und Transportorganisationen hergestellten Austausch-Verbindungen, vulgo Fernhandel, zwischen weiträumig aus-

---

Militär, Staat und Gesellschaft, S. 121–127; Bruce, „Piracy as Statecraft: The Mediterranean Policies of the Fifth/Eleventh-Century Taifa of Denia“, S. 235–248; Bono, „Kaperwirtschaft, Seehandel und Sklaverei“, in: Bono, Piraten und Korsaren im Mittelmeer, S. 227–278.

25 Bussmann, „Kriege und Zwangsarbeit im pharaonischen Ägypten“, S. 58–72.

26 Zur späten Republik im ersten Jahrhundert v.u.Z, siehe: Blänsdorf, Jürgen, Das Thema Sklaverei in den Werken Ciceros, Stuttgart: Franz Steiner Verlag, 2016 (Forschungen zur antiken Sklaverei; 42).

einanderliegenden Orten der Versklavung und Orten der Arbeit von Sklaven dürfte ein Hauptkriterium der Definition von klar erkennbaren individuellen Slavingsystemen sein, wie der römischen Sklaverei seit ca. 500 v. u. Z. oder arabisch-islamischen-berberische Sklavereien seit dem siebten Jahrhundert.[27] Erstaunlicherweise entwickelte sich der moderne westliche Begriff „Sklave" (aus dem Wort für „Slawe" – Arabisch: Plural *as-sakāliba*; Singular *siqlabī* oder *saqlabī*) erst im Zusammenhang der Sklavenversorgung der islamischen Welt, damals neben Byzanz und China die am weitesten entwickelte Zivilisation. In der drei Kontinente überspannenden arabisch-islamischen Welt existierten sowohl traditionelle Formen der Familien-, Razzien-, Militär- und Frauensklaverei sowie Kriegsgefangenen-, Kinder- und Fernhandelssklaverei (Maghreb, Arabien, Syrien, Ägypten, Mittelmeer, Rotes Meer, Ostafrika, Persischer Golf, Golf von Bengalen, malaiische Inselwelt). Bereits unter den Omaijaden war das arabisch-islamische Reich der Nachfolger des römischen Imperiums auch in Bezug darauf, dass Sklaverei vor allem urbane Haus-Sklaverei war.

Sklavereien, Leibeigenschaft, „harte" Knechtschaft, Peonaje und Opfersklaverei

Ich fasse gerne zusammen – diesmal in Bezug auf die Institution Sklaverei und ihre Hauptmerkmale in globalhistorischer Breite. Gewalt ist das grundlegende Merkmal – direkter körperlicher Zwang (*coercion*) sowie offene Gewalt (*violence*) gegen individuelle Körper, aber auch symbolische und psychische Gewalt sowie strukturelle Gewalt. Gewalt und ihre Symbolisierung in den Realien von Fesseln/Ketten, Halseisen, Jochen sowie der Peitsche / des Prügelstocks oder der Schläge/Körperverletzungen (Mutilationen), sind das Hauptelement aller Sklavereien und des Sklavenstatus überhaupt – was manchmal, wie wir gesehen haben, auch Sicherheit vor Tod, Hunger oder noch mehr Gewalt bedeuten kann. Das ist ziemlich binär und in den Realitäten der *Atlantic Slavery* gedacht, dürfte aber auch für die diskursiv immer im Vordergrund stehenden Abhängigkeitsverhältnisse (fast immer asymmetrisch; bei Hegel in „Herr und Knecht" etwas zu symmetrisch) aller Sklaverei-Verhältnisse gelten. In vormodernen Sklavereien bzw. Sklavereien außerhalb der „hegemonischen" Sklavereien können eventuell andere Konfigurationen von Sklaverei und Abhängigkeiten angenommen werden; allerdings sollte nicht unter-

27 Savage, Elizabeth, „Berbers and Blacks: Ibadi Slave Traffic in Eighth-Century North Africa", in: Journal of African History Vol. 33:3 (1992), S. 351–368; Adas, Michael (ed.), Islamic and European Expansion: The Forging of a Global Order, Philadelphia: Temple University Press, 1993; Talbi, Mohamed, „Law and Economy in Ifriqiya (Tunisia) in the Third Islamic Century: Agriculture and the Role of Slaves in the Country's Economy", in. Udovitch (ed.), The Islamic Middle East, 700–1900, S. 209–249.

stellt werden, dass dieses Sklavereien „milder" gewesen seien. Das gilt übrigens auch für Territorien, in denen es zwar Versklavte und Unfreie, aber keine *legal ownership*, d. h., rechtlich geregelte Eigentums-Sklaverei gab.[28] Sklavereien sind auch in diesem Sinne Formen sehr starker Abhängigkeit, bei denen es im Hintergrund um Leben und Tod ging. Eigentum schließt in dieser Definition die Befugnis zur Gewalt ein und ist zugleich ihre rechtliche Regelung, die strukturelle Gewalt rechtfertigt und die Zuordnung eines Versklavten/einer Versklavten zu seinem/ihrem Halter(in) und damit Rechtssicherheit ermöglicht. Auf individuellem Niveau Versklavte(r) – Sklavenhalter(in) sowie deren Familien bzw. Lineages/Clans spielt der Zusammenhang von Abhängigkeit/Gewalt und Arbeit (oft auch Land) eine extrem wichtige Rolle.

Mary Prince bemerkt in den Erinnerungen über ihre Zeit als Sklavin zu ihrem ersten Tag bei einer neuen Herrin: „The next morning my mistress set about instructing me in my tasks. She taught me to do all sorts of household work; to wash and bake, pick cotton and wool, and wash floors, and cook. And she taught me (how can I ever forget it!) more things than these; she caused me to know the exact difference between the smart of the rope, the cart-whip, and the cow-skin, when applied to my naked body by her own cruel hand. And there was scarcely any punishment more dreadful than the blows I received on my face and head from her hard heavy fist. She was a fearful woman, and a savage mistress to her slaves".[29]

Eine übergreifende Dimension ist der Gewalt-Pegel von Gesellschaften und Kulturen. Da scheint es so, dass viele kommunitäre Bauerngesellschaften der Welt, wie es Joseph Miller für das subsaharische Afrika[30] hervorgehoben hat, erstens bis weit in das 18. Jahrhundert keine Militarisierung wie in weiten Teilen Eurasiens (Steppe, Nomaden) und speziell in Europa im Kampf gegen und um das Römische Reich bzw. um die Formierung barbarischer Königreiche oder die Abwehr äußerer Angriffe (Araber, Wikinger, Ungarn, Mongolen, etc.) hatten. Auch scheint das periphere lateinische Europa 500–1500 einen besonders hohen Gewalt-Pegel sowie eine hohe Militarisierung gehabt zu haben (Fehlen von dämpfendem Zentralismus, Kriege, Belagerungen und Rebellionsniederschlagungen, Abwehr der bis in das 17. Jahrhundert überlegenen Reiterheere aus Steppe/Wüste sowie aus osmanischen Gebieten), der sich über die atlantische Expansion auf größere globale Räume ausbreitete. Im politischen und demographischen Kollaps („demographische Katastrophe") eigenständiger Imperien und Gesellschaften in der Neuen Welt scheint die alles durchdringende Gewalt einen ersten globalen Höhepunkt gefunden zu haben.

28 Mallinckrodt, „There Are No Slaves in Prussia?", S. 109–131; Mallinckroth, „Verhandelte (Un-)Freiheit Sklaverei, Leibeigenschaft und innereuropäischer Wissenstransfer am Ausgang des 18. Jahrhunderts", in: Geschichte und Gesellschaft 3 (2017), S. 347–380.

29 Salih, Sarah (ed.), The History of Mary Prince. A West Indian Slave [1831], Harmondsworth: Penguin, 2000, S. 14.

30 Miller, The Problem of Slavery as History, passim.

Der andere massive, alles durchdringende zweite Gewaltpol unter Beteiligung an sich schon gewaltbereiter und -gewöhnter Europäer bildete sich gegenüber verschleppten Menschen aus kommunitär verfassten Gesellschaften Afrikas heraus (am Anfang einfach nur *cativos* – afrikanische Kriegsgefangene). Der atlantische Pegel massiver Gewalt gegen große Gruppen von Menschen hatte wiederum Auswirkungen auf die Gewaltintensität der Geschichte Europas 1500–1945.[31] Die Gewaltgeschichte mit den Polen Vermassung von Gewalt geht aber auch einher mit der Geschichte der Individualisierung des „Selbst", der Klassenbildungen und der Globalisierung der Konsumtion Europas – was wiederum stark mit dem „Sinn" von außereuropäischen Massen-Sklavereien zur Produktion von *commodities* zu tun hatte, die in Europa und im weiteren Sinne im „Norden" galten – wir erinnern und an die ersten soziologischen Definitionen von Kapitalismus, die viel mit diesem Luxus-Problem (Sombart, Veblen) zu tun hatten.

Daneben sind es zwei Begründungen, die den Status von Menschen in der Institution Sklaverei definieren. Wie bereits angedeutet, werden Verschleppte, die zu Sklaven gemacht werden, inneren und äußeren Statusdegradierungen unterzogen. Innere Degradierung bedeutet, dass Menschen im Sklavenstatus am unteren Ende der Hierarchie einer gegebenen Gruppe oder eines Haushalts angesiedelt wurden (oftmals Frauen oder Kinder, die ihre Verwandten verloren hatten, neu in die Gruppe gekommen waren oder Schuldner und Fremde). Je länger es diesen Status gab oder wenn es zu massiven Konflikten oder Expansionen kam, wurde die innere Degradierung verschärft, von rechtlichen Fixierungen des Sklavenstatus wie im alten Rom oder in anderen Sklavengesellschaften bis hin zur Negierung der Ehre der jeweiligen normalen Gruppe/Gemeinschaft, so dass die Menschen quasi Ausgeschlossene der eigenen Gruppe waren (am schärfsten wohl in Kastensystemen, wobei dabei meist noch eine oder mehrere Eroberungen von außen eine Rolle spielen).[32] Gab es nur wenige Sklaven von außen, blieb es bei der inneren, sagen wir Nah-Statusdegradierung. Die versklavten Menschen blieben trotz des niedrigen Status de facto immer noch Mitglieder der jeweiligen Gruppe oder Gesellschaft, sie waren keine Fremden und trugen „nur" das zeitweilige Stigma der niederen Hierarchie, das sich wie gesagt in Kasten-Systemen zum dauerhaften Stigma zuspitzen konnte. Sklaverei war nicht oder wenig institutionalisiert und spielte eher als kulturell-psychologische Hierarchisierung, weniger als legale Definition eine Rolle. Als nächste Stufe, meist bei Migrationen, Expansionen, die fast immer mit

---

31 Schaub, Jean-Frédéric, „Violence in the Atlantic: Sixteenth and Seventeenth Centuries", in: Canny, Nicholas; Morgan, Philip (eds.), The Oxford Handbook of the Atlantic World: 1450–1850, Oxford; New York: OUP, 2011, S. 113–129; Kwass, Michael, „The Globalization of European Consumption", in: Kwass, Contraband. Louis Mandrin and the Making of a Global Underground, Cambridge: Harvard University Press, 2014, S. 15–40.

32 Zu Indiens „peculiar institution, the caste-system" und Sklavereien, siehe: Kumar, Dharma, „Colonialism, Bondage, and Caste in British India", in: Reid (ed.), Slavery, Bondage and Dependency in Southeast Asia, S. 112–130, hier S. 112.

Hierarchisierungen verbunden sind, oder Konflikten mit anderen oder weit entfernteren Gruppen, kam es, je länger diese anhielten, zu äußeren Statusdegradierungen. Je mehr Menschen per Zwang und Gewalt von außen in die Gruppe kamen, desto mehr wurden diese Menschen wegen ihrer Herkunft oder wegen bestimmter Merkmale stigmatisiert (visuell, chromatisch, sprachlich, religiös oder biologisch – schließlich auch körperlich-rituell, siehe unten in Bezug auf Grausamkeit, die auf Körpern visualisiert wird). Schon ganz am Anfang der Entwicklung des Homo sapiens, spätestens aber mit der Emigration aus Afrika vor ca. 60 000 Jahren kam es wegen der Gruppenstruktur („Stammessysteme“) der frühen Menschen zu Aggressivität und kleinen Kriegen.[33] Das verschärfte sich mit der Jungsteinzeit und der neolithischen Revolution und der weltweit mindestens achtmaligen „Erfindung“ der Landwirtschaft in unterschiedlichsten Großregionen der Welt, die oft mit aufwändigen Wasserregimes verbunden war (wie etwa am Beginn in Mesopotamien am Indus oder in Alt-Ägypten und altamerikanischen Reichen, auch Kern-China am Gelben Fluß). Etwa durch Opfer versklavter Menschen konnte der notwendige Gruppenzusammenhalt gestärkt werden. Extreme Zunahme von Sklavereien sowie dem Transport/Handel von verschleppten Menschen gab es mit der Formierung von aggressiven Stadtstaaten und Großreichen (oft in Auseinandersetzungen mit mobilen Nomaden), ausgehend von denen in Westasien, Ägypten, China und Nordindien; imperiale Expansionsphasen hat es aber auch auf Meeren gegeben (Mittelmeer) sowie in Europa (Wikinger/Waräger, Rus/Ros, Normannen), Südost- und Ostasien, auf dem Indischen Ozean sowie im pazifischen Raum.

Das sind Merkmale einer historisch-chronologischen Definition von Sklaverei. Eine eher systematisch-anthropologische Definition von Sklavereien (da sich die Elemente eben doch in der Zeit in unterschiedlichen Kontexten unterschiedlich entwickeln), sind die an Körpern von Menschen sichtbar gemachte Gewalt, d. h., die grausamen Verletzungen und Verstümmelungen von menschlichen Körpern. Die waren meist auf der Haut sichtbar. Sie konnten sich aber auch bis auf Knochen und Skelette auswirken und in das biologische Profil eines Menschen eingehen.[34] Zweitens spielen Arbeitszeit und Überarbeitung sowie bestimmte Formen der Ernährung, die sich auf Körper, Gesundheit und Psyche auswirken, eine extrem wichtige Rolle. Sklavenhalter konnten, je mehr Macht sie hatten und je niedriger der Status ihrer Untergebenen war, Tages-, Wochen-, Jahres- und Lebensarbeitszeit der

---

33 Wilson, Edward O., „Stammessysteme als grundlegendes menschliches Merkmal“, in: Wilson, Die soziale Eroberung der Erde. Eine biologische Geschichte des Menschen. Aus dem Englischen von Elsbeth Ranke, München: Beck, 2013, S. 75–80, sowie: Wilson, „Krieg als angeborenes Übel der Menschheit“, in: Ebd., S. 81–98; für das mittelalterliche östliche Europa hat Christian Lübke auf die Rolle von Gewalt und Fremden als Sklaven verwiesen: Lübke, „Fremde als Sklaven?“, in: Lübke, Fremde im östlichen Europa, S. 113–123; siehe auch: Ott, „Europas Sklavinnen und Sklaven im Mittelalter. Eine Spurensuche im Osten des Kontinents“, S. 31–53.

34 Armit; Knüsel; Robb; Schulting, „Warfare and Violence in Prehistoric Europe: An Introduction“, S. 1–11.

Versklavten bestimmen (mit der mutterrechtlichen Regelung „Sklavenbauch gebiert Sklaven“ – legal für immer und ewig). Und sie gaben ihnen Sklavenessen. Das Argument der Sklavenarbeit scheint mir immer noch ein sehr starkes Kriterium zu sein – und natürlich ein extrem umstrittenes (weil Arbeitszeit ein grundlegendes Element jeder Wirtschaft ist – bis heute). Und drittens die schriftliche Fixierung von Status oder eben Nicht-Status in Rechtssystemen. Das ist, weil eben diskursiv und in die Differenz zwischen Geschriebenem und Realität eingeklemmt, kaum jemals wirklich messbar, außer in der weiter zurückliegenden Geschichte vielleicht in Begräbnissen (oft aber eben auch in der Nichtauffindbarkeit von Gräbern Versklavter oder ihrer Deponierung in Massengräbern).

„Äußere“ und „innere“ Versklavungsformen und ihre Status-Begründungen bilden ein Problem bei der Definition, was Sklavereien sind. Als ganz generelle Regel kann vielleicht gelten, dass ganz frühe Versklavungssituationen meist Frauen oder Kinder der lokalen Gruppen betreffen (mit den Ausnahmen Raubehe und Kinderraub/Adoption), also eher „innere“ Nah-Sklavereiformen markieren und eher auf Abhängigkeiten beruhen, die über Leben und Tod entschieden. Entwickelte oder gar hegemonische Typen beruhen meist auf der Versklavung „Fremder“, verdinglichender Definition als Besitz (zunächst nur von Herrschern, dann mehr und mehr von Eliten sowie nach und nach als rechtlich definiertes Eigentum von Einzelnen) sowie massivem Sklavenhandel (auch weil sich Versklavende mehr oder weniger sicher sein mussten, dass sie nicht selbst von ihrer eigenen Gruppe versklavt werden konnten).

Die Frage, ob Versklavung „eigener“ Bauern vor allem aufgrund von Verschuldung, Rechtskonstruktionen oder extremer politischer und militärischer Überlegenheit der Herrschenden wirklich Sklaverei sein kann oder ob nur die Sklaverei verschleppter Fremder Sklaverei genannt werden kann, bildet den Hintergrund für ein wichtiges Problem: Hat es in Europa nach 1100 spezifische Formen „europäischer“ Sklaverei (neben vielen kleineren Lokalformen) gegeben? Anne Kuhlmann-Smirnov hat die Frage schön lapidar als Kapitelüberschrift formuliert: „Sklaverei in Zentraleuropa?“.[35] Das Problem ist noch globaler. Es bildet den Hintergrund des Schwankens in der Beurteilung einerseits etwa von Leibeigenschaft (*egenscap*) durch Eike von Repkow (siehe unten), von „Leibeigenen“ im Moskauer Reich und Russland sowie für osteuropäische Typen der Leibeigenschaft oder amerikanische Formen der *peonaje*, aber auch vieler anderer Kollektivformen von Versklavung / kolonialer Abhängigkeit. Es betrifft auch die lokale oder regionale Tiefe von „Sklavenstatus ohne institutionalisierte Sklaverei“ im (europäischen) Mittelalter oder in der Neuzeit. Die (legalistische) Definition von Leibeigenschaft als „Nicht-Sklaverei“ und als europäische Besonderheit dauerte immerhin etwa 600–700 Jahre und fand erst mit der Professionalisierung der „Geschichte des Mittelalters“ als einer der

35 Kuhlmann-Smirnov, Anne, „Sklaverei in Zentraleuropa?“, in: Kuhlmann-Smirnov, Schwarze Europäer im Alten Reich. Handel, Migration, Hof, Göttingen: Vandenhoeck & Ruprecht, 2013, S. 68–77.

Begründungswissenschaften der Sonderstellung Europas und ihren „Sklaverei-Fluch“ durch Marc Bloch ein gewisses Ende. Dieses „Ende“ galt für etwa 60–70 Jahre. Robert Bartlett bindet, wie viele heutige Mittelalterhistoriker, die „Sklavenhaltung“ im lateinischen Europa in ihrer Entwicklung von „einem wichtigen Wirtschaftsfaktor zu einem Randphänomen“[36] an Kolonisierung und, in Osteuropa, an deutsche Ostsiedlung, deutsches Recht, die „obligatorische Zahlung des Zehnten“:[37] „Einerseits machte es der Burgenbau in Gegenden, die traditionelle Jagdgründe für Sklavenfänger gewesen waren, schwieriger, weiter auf Sklavenjagd zu gehen [...] Die Burgenbauer waren so in der Lage, die Herrschaft über die Landbevölkerung der Umgebung zu erringen, und damit bestand weniger Veranlassung, Sklaven als Arbeitskräfte zu halten [...] Je mehr die Bedeutung der Sklaverei sank, desto wichtiger wurde die Kontrolle über eine seßhafte, nichtsklavische, bäuerliche Bevölkerung“.[38] Das gilt sicherlich, wie gesagt, für den Kernbereich der bäuerlichen Arbeit. Ob es auch für andere Plateaus und Dimensionen der Sklaverei (Kinder, Waisen und Frauen als Haus-„Dienerinnen“, verschleppte Kinder, Hofdienste, Elitesklaven) gilt, steht dahin.

Wie wir sehen werden, war das lokale erste Sklavereiplateau, wenn es überhaupt jemals eine „Urmutter aller Zwangsformen von Arbeit“ gegeben hat, dasjenige wirklich globaler Breite. Andererseits existierten weltweit Systeme von Art der keltischen (gälischen) *tanistry* als Basis von Herrschaftsbildungen, die auf Schwurformen (Blutsbrüderschaft), Eiden und gemeinsamem Besitz (wie bei Warägern),[39] extremer Abhängigkeit von Kriegerklienteln (wie etwa bei Kelten/Germanen (Gefolgschaft), Wikingern, Mongolen (*noker*), Osmanen oder, als Teil bereits entwickelter Sklavereien, Elitesklaven von Kaisern oder Sultanen), auf exogamen Heiraten sowie Sexualpolitiken der Sukzession (Geburt von Nachfolgern durch versklavte Frauen) und kompetitiven Formen der Nachfolge von Herrschern (im Gegensatz zu Mayoratsreglungen oder anderen Nachfolgeregelungen (Erbengemeinschaft), bzw. einer Kombination von Mayorat im Sinne von Zusammenhaltung des ganzen Erbes (= Territorium und Herrschaft) und der Konkurrenz aller Brüder und männlichen Nachkommen darum) beruhten.[40]

Die Kollektiv- und Kinformen sowie Sklavereistatus „ohne legale Sklaverei“ (formalisierte Regeln) sind für Beurteilung von Sklaverei und Zwangsarbeit aus globalhistorischer heutiger Perspektive, ich betone heutiger, wichtiger als die der Elitesklaverei abhängiger Krieger und Frauen (die heute eventuell in Bezug auf

36 Bartlett, Robert, „Der Wandel an der Peripherie“, in: Die Geburt Europas aus dem Geist der Gewalt. Eroberung, Kolonisierung und kultureller Wandel von 950 bis 1350, München: Knaur, 1996, S. 554–564, hier S. 562.

37 Ebd.

38 Ebd., S. 562 f.

39 Simek, Rudolf, „Politische und soziale Organisation der Wikingerfahrten und des Leidang“, in: Simek, Die Schiffe der Wikinger, Stuttgart: Reclam, 2014, S. 88–92, hier S. 91.

40 Burbank; Cooper, Imperios, S. 139, 149, 151, 267, 290 und passim.

die Kontrolle der Körper von Profi-Fußballern und Berufs-Models diskutiert werden könnten). Ich behandele deshalb erst einmal die Kollektivformen von Sklavereien „ohne den Namen Sklaverei" und komme auf die Elitesklaverei noch zurück.

Im Laufe der Expansion und speziell der Ostexpansionen in Europa (Karolinger, Waräger/Schweden, Dänemark, ostfränkisches/sächsisches Reich u. a.; Ritterorden; schließlich auch die litauische und polnisch-litauische Ostexpansion nach Weißrussland, Kiew und an das Schwarze Meer), die von um 800 bis 1400 andauerte, hat es sächsische, pruzzische oder litauische Kriegsgefangene und vor allem Apostaten als „unfreie Kaufsklaven" gegeben. Die Angreifer in den baltischen Gebieten wurden bei Gefangennahme versklavt oder geopfert.[41] Ich denke, dass sowohl die Kaufsklaven, wie auch lokale Formen der livländischen, ostholsteinischen, nordostbrandenburgischen oder russischen Hörigkeit, die so genannte „extreme" oder „harte Leibeigenschaft",[42] in der Tatsächlichkeit des Gewaltverhältnisses über Körper durchaus als spezifische „europäische kollektive Sklavereien" im polykulturellen Stufen- und Typenkreis globaler Sklavereien gefasst werden können. Montesquieu war der Meinung, die Bauern in Russland seien „schollengebundene Sklaven" (*ésclaves attachés aux terres*, was wahrscheinlich auch der Sinn der Figur des *glebae adscriptus* des Codex Iustinianus war).[43] Adam Smith kannte gar kein anderes Wort als „Sklave" für das, was wir heute „Leibeigene" in ostelbischen und osteuropäischen Gebieten nennen. In seiner Argumentation, dass Sklaven letztlich wegen fehlenden Eigeninteresses unproduktiv seien, schreibt Smith: „In the ancient state of Europe, the occupiers of land were all tenants at will. They were all, or almost all, slaves, but their slavery was of a milder kind than that known among the ancient Greeks or Romans, or even in our West Indian colonies. They were supposed to belong more too directly to the land than to their master. They could therefore, be sold with it, but not separately. They could marry, provided it was with the consent of their master; and he could not afterwards dissolve the marriage by selling the man and wife to different persons. [...] This species of slavery still subsists in Russia, Poland, Hungary, Bohemia, Moravia, and other parts of Germany. It is only in the western and southwestern provinces of Europe that it has gradually been abolished altogether".[44]

41 Schmidt, Christoph, „Sozialer Wandel", in: Schmidt, Christoph, Leibeigenschaft im Ostseeraum: Versuch einer Typologie, Köln, Weimar, Wien: Böhlau Verlag, 1997, S. 117–127, hier S. 120–126, siehe auch: Nikzentaitis, Alvydas, „Prisoners of War in Lithuania and the Teutonic Order State (1238–1409", in: Czaja, Roman (ed.), Der Deutsche Orden in der Zeit der Kalmarer Union, 1397–1521, Torún: Nowak, Zenon Hubert, 1999 (Ordines militares; 10), S. 193–208.

42 Schmidt, „Typologie", in: Schmidt, Leibeigenschaft im Ostseeraum, S. 127–144.

43 Zitiert nach: Osterhammel, Die Entzauberung Asiens. Europa und die asiatischen Reiche im 18. Jahrhundert, München: Beck, 1998, S. 46;

44 Smith, Adam, An Inquiry into the Nature and Causes of the Wealth of Nations (Book III, Chapter II: „Of the Discourament of Agriculture in the Ancient State of Europe, after the Fall of the Roman Empire", S. 269–276), in: Lewis, Michael (ed.; introd.), The Real Price of Everything. Rediscovering the Six Classics of Economics, New York/London: Sterling, 2007, S. 22–652, hier S. 271.

Alexander von Humboldt schreibt 1800 in Cumaná, einem Zentrum der Sklaverei Schwarzer in Südamerika, in sein Tagebuch: „und der Deutsche, indem er über den erträglichen Zustand dieser Neger getröstet wird, erinnert sich mit Wehmuth, wie ähnlich der Zustand märkischer, böhmischer, Schlesischer, Liefländischer Leibeigener diesem Zustand [der Sklaven in Cumaná – M. Z.] ist“.[45]

Die kollektive Sklaverei der Cherumar an der Malabar-Küste, die die Briten für eine traditionelle (und „degenerierte“) Kaste Unfreier hielten, Sklaverei in Kurg (Coorg) in Ghats oder Sklaverei an der Koromandel-Küste Indiens weisen ähnliche Merkmale auf, natürlich cum grano salis kultureller Lokalität sowie Legalität. Cherumar-Sklaven hatten, bevor sie mehr und mehr im 19. Jahrhundert von ihrem Land vertrieben wurden, Bezug zum Boden, es gab keinen Sklavenmarkt (aber Verschenkung oder Verpfändung und Raub sowie Umsiedlung ganzer bäuerlicher Gruppen), die „Cherumar-Bauern“ wurden nicht durch Aufseher und Peitsche überwacht und für sie galten formell die gleichen Gesetze wie für die Eliten.[46]

Wie sollen unter dieser globalhistorischen Vergleichsperspektive die Verhältnisse um die Mitte des 18. Jahrhunderts in Ostholstein, Dänemark oder seit dem 16. Jahrhundert in großen Teilen Polens sowie Moldawiens und in der Walachei eingeschätzt werden? Die holsteinische Leibeigenschaft wurde, einem zeitgenössischen Juristen nach, durch Geburt oder Einheirat erworben, Kinder folgten der „ärgeren Hand“, das heißt, selbst wenn ein Elternteil nicht leibeigen war, dem leibeigenen Elternteil. Deren Kinder waren auch leibeigen. Dazu kamen unangemessene Dienste, was nichts Anderes bedeutete als Mehrarbeiten in der Wirtschaft des Besitzers oder harte Transportdienste. Nichts Anderes taten karibische Sklaven (in der Karibik waren die Heiratsregeln anders). Dazu kamen bei den Leibeigenen Gesindezwang (= „Haussklaverei“) und Abzugsverbot (Fixierung am Ort). Heirat sowie Berufswahl unterlagen dem herrschaftlichen Konsensrecht. Cimarrones (geflohene Sklaven) der europäischen Leibeigenschaft hießen Läuflinge. Das *ist* tatsächlich *eine* Sklaverei – eine von vielen in globalhistorischer Breite. Selbst die für „Hörige“ in Anschlag gebrachte Tatsache, dass sie offiziell eine Art „Ehre“ hatten und die jeweilige religiöse Gemeinde in Ostholstein die schlimmsten Auswüchse verhinderte, auch weil die Gemeinden klein und sehr überschaubar waren, kann mit von der Aneignung des „römischen“ Rechts geprägten Gesetzen des *Siete Parti-*

45 Humboldt „Sklaven“ (Herbst 1800, Cumaná), in: Humboldt, Lateinamerika am Vorabend der Unabhängigkeitsrevolution. Eine Anthologie von Impressionen und Urteilen aus den Reisetagebüchern zusammengestellt und erläutert durch Margot Faak. Mit einer einleitenden Studie von Manfred Kossok, Berlin: Akademie-Verlag, 1982 (Beiträge zur Alexander-von-Humboldt-Forschung, Bd. 5), S. 244–247 (Dok. Nr. 164).

46 Mann, „Die Cherumar in Malabar“, in: Mann, Sahibs, Sklaven und Soldaten, S. 89–93; zum Begriff und zu seiner historischen Ausbreitung von „Kaste“ (*casta*), siehe: Xavier, Ângela Barreto, „Languages of Difference in the Early Modern Portuguese Empire. The Spread of ‘caste’ in the Indian World“, in: Anuario Colombiano de Historia Social y de la Cultura Vol. 43:2 (jul.–dic. 2016), S. 89–119.

das und weiteren Sklavengesetzen für afrikanische Sklaven (*bozales*) im Spanischen Amerika in Einklang stehen. Wie bereits oben gesagt, der einzige krasse Unterschied zu Sklaven auf großen Plantagen bestand darin, dass alle davon ausgingen, dass Leibeigene ihr leben lang „am Ort" blieben sowie sich und ihre Familien selbst versorgten (Nah-Sklaverei). Aber selbst dieser Unterschied wird durch die Systeme der Sklavengärten in Plantagengesellschaften konterkariert. Nur waren vor allem Sklavinnen in der Karibik eben stärker marktwirtschaftlich klug – sie versuchten Überschüsse bzw. Tiere oder Spezialkulturen zu verkaufen, um ihre Kinder oder sich individuell frei zu kaufen.

Ähnliche Regeln wie bei den harten Leibeigenschaften galten auf Plantagen in Jamaika 1750 bis 1840 – dort besonders, weil es sich quasi um eine Art Managerverwaltung handelte – und auf den großen brasilianischen Engenhos oder den Zuckeringenios von Kuba. Ansonsten kann man allenfalls über unterschiedliche Orte, den kulturellen Exotismus der Herkunft aus dem weit entfernten Afrika auf Seiten amerikanischer Plantagensklaven (Fern-Sklaverei) und unterschiedliche Relationen zwischen Herren- und Eigenwirtschaft debattieren und um Grade der Zwangsarbeit, aber doch wohl nicht über das Quid. Bei Leibeigenschaft handelte es sich um einen Sklavereityp im globalen Panorama, der auf kollektiver Unterjochung von Bauern in der Nah-Dimension gründete.[47]

Das gilt auch für Typen von Leibeigenschaft (*peonaje*) in Amerika, wie die Bemerkungen Humboldts über Indios im heutigen Ekuador zeigen: „Die Indios der Provinz Quito sind durch das Gesetz Leibeigene, aber in Wirklichkeit werden sie schlechter behandelt als die Schwarzen der Inseln (ich sage die der Haciendas); sie haben kein Eigentum". Und weiter sagt er: „Sie sind Sklaven, ohne Freiheit, ohne Eigentum und ohne eigenes Werkzeug [dazu eine Randbemerkung in Humboldts Tagebuch: „Die Indios werden eingeteilt in Freigelassene, die ihre Abgaben selbst leisten und Hacienda-Indios [für die der Besitzer die Kopf-Steuer zahlt – M. Z.]. Die letzten sind Leibeigene und unter dem Vorwand, daß der Herr oder Hacienda-Besitzer ihre Abgabe von 4–5 Pesos jährlich leiste, fast Sklaven".[48]

Um es auf den globalhistorischen Punkt zu bringen: „harte" Leibeigenschaft und Sklaverei an ihrem Ort mit ihrer lokalen Tiefe und Spezifik (egal ob in Afrika, Amerika, Asien oder Europa) und den zeitlichen Sequenzen in der Weltwirtschaft ähneln sich so sehr wie eine lokale Sklaverei eben einer Sklaverei innerhalb von starken Abhängigkeiten an einem anderen Ort ähneln kann. In Europa waren sie,

47 Schmidt, „Bäuerliche Freiheit gegen Schollenpflicht. Schweden und Polen als konträre Muster auf dem Weg in die Neuzeit", in: Komlosy; Nolte; Sooman, Imbi (eds.), Ostsee 700–2000. Gesellschaft, Wirtschaft, Kultur, Wien: Promedia, 2007, S. 61–70; in einem Band über Weltgeschichte der Sklaverei hat Edgar Melton sehr treffend die Gemeinsamkeiten und Unterschiede herausgearbeitet: Melton, Edgar, „Manorialism and Rural Subjection in East Central Europe, 1500–1800", in: Eltis; Engerman (eds.), The Cambridge World History of Slavery, Vol. 3, S. 297–322.

48 Humboldt „Indiens" (Mai-Juni 1802 und Juni 1802, Quito und Calpi, Ekuador), in: Humboldt, Vorabend, S. 214–216 (Doks. Nr. 142 und 143).

weil es mehrere Herrschaftsdimensionen und kein klares und zentrales „römisches“ Eigentumsrecht gab, eher verhandelbar und oft zog die Staatsgewalt einzelne junge Leibeigene ein, um sie zu Soldaten zu machen.[49] Das ist Komparistik. Die Unterschiede zur „großen“ atlantischen Sklaverei (und anderen Formen des Menschenfernhandels) liegen genau in der Atlantisierung: der Formierung, auch der kulturellen, von weit entfernten Peripherien und Grenzen her, dem institutionalisierten Terror der Verschleppung/Kommodifizierung und des maritimen Fern-Transportes über den riesigen Atlantik und die im Austausch und im „Transport“ entstehenden neuen kreolischen Kulturen und Profite der Sklavenhändler (Ähnliches gilt für Regionen des Indiks im 19. Jahrhundert). Im Menschenhandel über wirklich sehr große Entfernungen entstanden die außerordentlich großen Profite der atlantischen Akkumulation aus Menschenkapital, die neuen Institutionen des westeuropäischen Kapitalismus wie Versicherungen und Banken unter (west)-europäischer und amerikanischer Kontrolle. Dazu kommt eine spezifisch atlantische kulturelle Konstruktion und Kodierung. Die Hautfarbe sowie eine Reihe weiterer visueller Merkmale der über den Atlantik verschleppten „Neger“ wurden zum Symbol für eine dritte Art von Statusgradierung (einer visuellen und visiblen sowie auf Hautpigmentierung beruhenden, die nach und nach zum biologischen und sogar psychopathologischen Status deklariert wurde). Diese dritte, äußere und, wenn man so will, mobile Marginalitätsdimension gab es bei europäischen Leibeigenen oder spartanischen Heloten nicht oder sehr selten.

Aber es gab eben auch autochthone „innere“ Formen der frühen Sklaverei, die zu harscher Gewalt, Unterordnung, Erblichkeit des Status und zu relativ großen Entfernungen der Versklavten von ihren Verwandten führten. So etwa in Gesellschaften an der Nordwestküste Nordamerikas zwischen 1792 und 1830, bevor Malariaepidemien zwischen 55 und 98 % der Bevölkerung dahinrafften.

Die Sklaverei der Völker der Nordwestküste in einem ca. 1500 (Nord–Süd) und 200 Meilen (Ost–West) breiten Streifen in dessen Zentrum der untere Columbia River floss, wie die der Chinook, war nie Teil irgendeines internationalen Sklavenhandels, es sei denn, russische Kapitäne oder englische Pelzhändler tauschten Sklaven ein. Die Nordwestküsten-Sklaverei wird definiert als Ausübung aller lokal definierten Rechte des Besitzertums einer Person über eine andere, so dass der Sklavenstatus permanent und erblich wurde. Gewalt definierte den Ursprung des Sklavenstatus und das Hauptmittel ihrer Aufrechterhaltung. Der oder die Sklavin ist „entfremdet“ (und entfernt) von seinen oder ihren Herkunftsumständen und im Wesentlichen ohne Verwandtschaft. Die Sklaven waren Personen unter Stigma – Menschen ohne Ehre. Der erbliche Status der autochthonen Sklaverei an der Nord-

49 Mallinckroth, „Verhandelte (Un-)Freiheit Sklaverei, Leibeigenschaft und innereuropäischer Wissenstransfer am Ausgang des 18. Jahrhunderts“, S. 347–380.

westküste unterschied diese Sklaverei von anderen Formen lokaler Sklavereien in Nordamerika („ohne Europäer").[50]

„Sclaverei" und „Knechtschaft" wurden auch im frühneuzeitlichen Europa als sehr nah verwandte Arbeits- und Abhängigkeitsformen diskutiert. In der niederländischen Sprache wurden Sklave und Leibeigener synonym gebraucht (siehe unter „Tausend Namen der Sklaverei"). In der *Oekonomischen Encyklopaedie* von Johann Georg Krünitz (242 Bde., Berlin 1773–1858), vor allem deshalb, weil die Artikel dieser Enzyklopädie erst vor Entstehung (oder Bekanntwerdung) der großen Plantagensklaverei in den Amerikas geschrieben worden sind. Michael Mann hebt für Südostasien generell die Nähe von Leibeigenschaften, Schuldknechtschaft, Pfand-Sklaverei und Schuld-Sklaverei hervor.[51]

In der Umkehrung wird das Problem deutlicher. Jede amerikanische Plantage, vor allem die größeren in der Karibik zwischen 1750 und 1886, stellten so etwas wie einen Korb geschriebenen offiziellen Rechts dar. Das oberste Recht war das Eigentumsrecht des Herrn und der Status von Sklavinnen und Sklaven als Kapital. Das regelte sich nach dem „römischen" Recht. Inoffiziell enthielt dieser Korb aber auch verschiedene Stufen der „Hörigkeit" und „Leibeigenschaft" sowie sogar Elemente von Verwandten-Sklavereien. Und der Korb enthielt ungeschriebene Rechte von Versklavten (wenn *slave codes* existierten, oft auch geschriebene Rechte). Je länger ein Sklave auf der Plantage war, desto deutlicher wurde das. Obwohl alle Sklaven per definitionem mit ihrem Körper dem Herrn gehörten, also im Wortsinne „leibeigen" (ihr Körper oder Leib war Eigentum), waren, wurden junge Sklaven sofort über Patenschaften und Initiation in die „Dorfgemeinschaft" der älteren Sklaven aufgenommen (verborgen auch in die Sklavenreligionen und Rituale des Widerstands). Ältere Sklaven und Sklavinnen erhielten für ihre Verdienste nach ungeschriebenen Rechten Haus, etwas Vieh und einen Subsistenz-Garten (*conuco*) *in usufructo* (so die Rechtsregel); sie bildeten eine Art Dorfgemeinschaft und hatten durchaus ähnliche traditionelle Rechte wie Leibeigene. Vor allem bei Besitzer-Verwaltung scheuten die Herren sich, wenn es irgendwie ging, vor einem Verkauf. Bei Tod des alten Herren und testamentarischer Vererbung oder Verkauf der Plantage kam es meist zu Konflikten.[52] Es gab also Grade von „Freiheiten" und auch einen gewissen gewohnheitsrechtlichen Schutz vor krudem Verkauf. Oft nahmen Sklavinnen und Sklaven nach Freilassung den „bürgerlichen" Namen eines ihrer letzten Herren an, meist den eines „guten" Herrn, der die Gewohnheitsrechte nicht

---

50 Donald, Leland, Aboriginal Slavery on the Northwest Coast of North America, Berkeley: University of California Press, 1997.

51 Mann, Sahibs, Sklaven und Soldaten, S. 102.

52 Ein klassischer Konflikt im Falle der testamentarischen Vererbung war der zwischen Testamentslasser, der oft bemühnt war, Versklavte für sein Seelenheil (oder aus anderen Gründen) frei zu lassen sowie Verwaltern und Erben, die darn nicht interessiert waren (vor allem bei jüngeren Versklavten nicht), siehe: Zeuske, „Tod bei Artemisa. Friedrich Ludwig Escher, Atlantic Slavery und die Akkumulation des Kapitals in der Schweiz" (demnächst).

allzu sehr verletzt hatte. In den internen Wirtschaften in und um die Plantagen handelten sie innerhalb des Abhängigkeitssystems „Plantagen-Sklaverei“ Macht-Beziehungen sowie sicherlich auch persönliche Beziehungen aus bzw. neu aus.[53] Sie gingen informelle Hörigkeitsbindungen zu unterschiedlichsten Hierarchien der Kommando-Struktur der Plantage ein. Wenn etwa Sklaven (Männer) patriarchalische Hörigkeitsrechte über Sklavinnen durchsetzen wollten, kam es regelmäßig zu Konflikten. Die großen Plantagen wirkten bis zur Bildung der von Kaufleuten und Verwaltern geschaffenen *Centrales* (große zentralisierte Zuckerfabriken) als eine Art tropischen Grundbesitzes. In deren Kern, der Zuckermühle, funktionierte eine reale Gutswirtschaft. Andere „Hörigkeiten“, etwa die zu kirchlichen Gewalten, wussten die Plantagenherren fast immer abzuwehren, konnten sie aber auch nicht vollständig verhindern. Eingriffe des Staates ebenso – bis die spanischen Liberalen 1842 ein zentrales Sklavereireglement erließen, das durch die Anerkennung von Rechten des Staates über das Verhältnis Sklave-Herr und bestimmten Rechte von Versklavten die klassische „römische“ Situation von Sklaven als absolutem Eigentum à la longue zerstören musste. Die in europäischen Kontexten immer wichtigere „Hörigkeit“ (Zugehörigkeit) zu Herren, zu Territorialherrschaften und Staaten (oder gar „Nationen“) konnte von den Herren im Kolonialbereich, wo der jeweils existierende Staat oft ein euroatlantischer Import war, lange weitgehend abgewehrt werden. Aber eben nicht für immer, vor allem nicht angesichts der erheblich größeren Verwaltungsdichte ab den 1850er Jahren. Sklavinnen und Sklaven verfügten über eigene punktuelle Territorialitäten in Form ihrer Dorfgemeinschaften sowie auf oder bei den Plantagen (*conucos*, religiöse Territorien). Als Staaten in Kolonialterritorien oder ehemaligen Kolonialterritorien den Sklavenhandel aufhoben, auf Sklaven zugriffen und begannen, Rechtshoheit auch mit militärischen Mitteln durchsetzten, brach die Ortwechsel-und-Staat-im-Staate-Sklaverei der Plantagenherren zusammen (USA, Kuba, Brasilien und die meisten Staaten des ehemaligen Spanisch-Amerika, 1842–1888). Nach Abolition der Sklaverei fielen für die ehemaligen Sklaven meist die traditionellen Rechte ihres jeweiligen konkreten Arbeitsortes (etwa Vergünstigungen und kleine Jobs in Haushalten, informeller Landbesitz auf Plantagen) weg: die ehemaligen Sklaven blieben zwar als *share-cropper* und *squatter* in der Nähe der Güter, erhielten aber kaum jemals geschriebene Rechte auf Land. Informelle Hörigkeiten, Gewalt und Klientelschaften bestanden weiter, trotz oder gerade wegen der Arbeits-Kontrakte zu Zeiten der Ernte. Der bald voll einsetzende Rassismus hielt ehemalige Sklaven in einem niederen sozialen Status, der ganz formal und schriftlich auch noch durch „bürgerliche“ Nachnamen des letzten Besitzers oder eines der letzten Besitzer symbolisiert wurde.

Im neuzeitlichen Europa werden regionale Formen extremen Zwangs, die nicht oder weniger durch Mobilität, Ortswechsel und Fremdenstatus charakterisiert sind,

53 Hilliard, Kathleen M., Masters, Slaves, and Exchange: Power's Purchase in the Old South. Cambridge Studies on the American South, Cambridge: Cambridge University Press, 2013.

mit dem Hilfskonzept der „Leibeigenschaft“ (eigentlich „Eigenschaft“, mit einer Vielfalt rechtsgeschichtlicher Quellenbegriffe; in Westeuropa: *serfdom* oder *villainage*, auch „Hörigkeit“) definiert, oft in Gesellschaften, die von der „römischen“ Tradition beeinflusst worden sind und sich deshalb diskursiv von der dort rechtlich hart gezeichneten Sklaverei individuellen Privateigentums an Menschen absetzen. Aber was ist „leibeigen“ in Bezug auf Kontrolle des Körpers? Es ist eine anders benannte Form von Sklaverei. Das Gleiche passiert bei anderen Sklavereitypen. In globaler Perspektive ist die römische Sklaverei, die die Konstruktion unbeschränkter individueller Verfügungsgewalt des Herrn über Sklaven – natürlich idealtypisch – juristisch als Privatverhältnis definierte, und „Freiheit“ als „Eigentum an der eigenen Person“ nur eine von vielen global möglichen Sklavereitypen in einer von vielen möglichen Besitz- und Wirtschaftskulturen, die allerdings durch den Erinnerungsort des im 6. Jahrhundert kodifizierten Rechts und die Tradition der Antike tiefe Spuren in der Weltgeschichte und in allen Formen von Memoria bis heute hinterlassen hat.

Das historische Volk der Sachsen etwa betrieb interne Sklavereien (unterworfene Lokalbevölkerung, Schuldner) und externe Sklaverei (Kriegsgefangene der Razzien- und Raubzüge, u. a. über die Nordsee nach Britannien). Um 800 gab es in der sächsischen Gesellschaft im Nordosten des fränkischen Karolingerreiches sehr viele „Halb“- oder Unfreie (*litus* = *laeten* oder *liten*), Freie (*liber*, *frilinge*) und Edlinge (*nobilis* sowie fränkische Krieger; bei Nithard *edhilingui*, *frilingi*, *lazzi*) sowie romanische Sklaven (*servi*).[54] Im Grunde handelte es sich um ein gentiles Territorium unter Adelsherrschaft. Nicht erst seit den Friesen- und Sachsenkriegen Karls des Großen kamen neue Sklaverei-Kategorien hinzu. Sachsen lernten nach Gefangennahme die Sklavereien anderer germanischer Völker (wie Friesen, Franken oder Alemannen bzw. Wikinger) kennen. Als Gefangene wurden Sachsen zu Sklaven in „römischer“ Tradition (*servi*) im Karolinger-Reich. Sachsen wurden auch als *sakāliba* (Sakaliba), zusammen mit Slawen (die sicherlich seit dem 7.–9. Jahrhundert die Mehrzahl bildeten), in islamische Gebiete in Spanien, Nordafrika oder in den Nahen Osten verkauft (al-Andalus, über Venedig (Rivo Alto) in den östlichen Mittelmeerraum, über die russischen Flüsse auch in das Schwarzmeegebiet, Byzanz, Zweistromland (*al-Dschasira*), Basra und Mittelasien über Samarkand).[55] Zugleich war vor allem Osteuropa sowie Ungarn und die Westküstengebiete des Schwarzen Meeres ein Gebiet

54 Park, Heung-Sik, „Die Stände der Lex Saxonum“, in: Concilium medii aevi 2 (1999), S. 197–210 (unter: http://cma.gbv.de/dr,cma,002,1999,a,11.pdf (letzter Zugriff 24. 1. 2018); Nehlsen, Hermann, „Die Sklaverei bei germanischen Stämmen der Völkerwanderungszeit. Faktoren der Entstehung und Überwindung unfreier Arbeit“, in: Scholler, Heinrich & Tellenbach, Silvia (eds.), Faktoren der Entstehung und Überwindung unfreier Arbeit in Europa und in den afrikanischen Kolonien, Münster: LIT Verlag, 2005, S. 31–55.

55 Capelle, Torsten, Die Sachsen des frühen Mittelalters, Darmstadt: Wissenschaftliche Buchgesellschaft, 1998; Lombard, Maurice, Blütezeit des Islam. Eine Wirtschafts- und Kulturgeschichte 8.–11. Jahrhundert, Frankfurt a. M.: Fischer Taschenbuchverlag, 1992, S. 198–200.

mit vielfältigen eigenen Nah- und Zeit-Sklavereien innerhalb spezifischer Abhängigkeiten und nicht nur eine *slaving-zone* islamischer Gebiete. Mit dem Übertritt zum griechischen oder lateinischen Christentum blieben diese Sklavereien und auch Sklavenhandel in Osteuropa (nicht *aus* Osteuropa) auch nach 1100 im Hochmittelalter existent; wie u. a. Undine Ott anhand einer wenig beachteten Quelle aus dem 12. Jahrhundert nachgewiesen hat, etwa für die Sklaverei in Ungarn.[56]

Die Frage Leibeigenschaft-Sklaverei blieb auch in der frühen Neuzeit schwierig. Im Heiligen Römischen Reich wurde im Umfeld des Dreißigjährigen Krieges Debatten um Leibeigenschaft und Sklaverei geführt; in Ost-Holstein gab es, wie erwähnt, reale Kollektiv-Sklaven und in Mecklenburg wurde Sklaverei in juristischer Theorie bemüht, um harte Formen der Leibeigenschaft abzusichern. Kontrafaktisch weiter gedacht, hätten sich aus solch harten Abhängigkeitsformen der Leibeigenschaft oder einzelner ihrer Elemente (wie Verkaufbarkeit oder Unfreiheit in Bezug auf Mobilität oder das Tötungsrecht der Herren) auch spezifische Formen oder gar Typen visibel-legaler Sklaverei (mit individueller Verkaufbarkeit und voller Gewalt über die Körper der Versklavten) weiter entwickeln können. Der Hauptunterschied zur atlantischen Sklaverei bestand weniger im Personen- und Sachenrecht, sondern darin, dass die Schutzfunktion der Familien und Verwandten im Sklavenhandel zwischen Afrika und Amerika stärker zerstört wurde als jemals in Europa, in den meisten vorkolonialen Gesellschaften (oder Kontaktgesellschaften) Amerikas und Afrikas. Deshalb wurden afrikanische Sklaven und ihre Nachkommen in Amerika zu Fachleuten der Transkulturation und Bildung neuer Gemeinschaften (Kreolisierung, *nación*) und damit zu einer wenig erwähnten Grundlage des Nations-Building. Und die Fachleute sowie das Personal des atlantischen Sklavenhandels, oft ehemalige Sklaven oder Quasi-Sklaven wurden zu Fachleuten der Mobilität und Transkulturation. In der Sklaverei, im Kampf dagegen und im Kampf um Rechte als ehemalige Sklaven wurden Afrikanerinnen und Afrikaner sowie ihre Nachkommen zu Amerikanern.

In Nord- und Osteuropa waren im konkreten Zeitraum des 17. Jahrhunderts bereits drei Vorstellungen „da“, die eine Definition als „römische“ Sklaverei verhinderten und zur Definition als differente „Leibeigenschaft“ führten: erstens die biblische Sklaverei (und die Spuren historischer, lokaler Sklavereien), zweitens die „römische“ Sklaverei und drittens die Sklaverei von Schwarzen irgendwo in Übersee. Dazu kamen „Mohren“ – Menschen aus Nordafrika sowie schwarze Frauen,

56 Dubler, César E. (ed. u. übers.), Abū Ḥāmid el Granadino y su relación de viaje por tierras eurasiáticas, Madrid: Maestre, 1953 (1953 (Franz. Übersetzung und Neuausgabe: Ducène, Jean-Charles (trad.; annot.), De Grenade à Bagdad. La relation de voyage d'Abû Hâmid al-Gharnâtî (1080–1168) ou Al-mu'rib 'an ba'd 'adjâ'ib al-Maghrib (Exposition claire de quelques merveilles de l'Occident), Paris-Budapest-Kinshasa-Turin-Ouagadougou: L'Harmattan, 2006 (Histoire et Perspectives Méditerranéennes; 8).; Ott, „Europas Sklavinnen und Sklaven im Mittelalter. Eine Spurensuche im Osten des Kontinents“, S. 31–53; Sutt, Slavery in Árpád-era Hungary in a Comparative Context, passim.

Kinder und Männer in lokalen Gesellschaften, die vom Atlantik und von Afrika nur vom Hörensagen, wenn überhaupt, wussten, d. h. in – nach heutigen Begriffen – extremen Mehrheitsgesellschaften.[57]

Je nach Ausprägung der Sklaverei (Tradition, Dauer, Intensität, Diskurse, Visualisierung) konnte die Eingliederung eines neuen Sklaven in eine Sklavereigesellschaft Eingliederung in eine Art von Familie, Siedlung oder einen Clan bedeuten; verbunden meist mit Passage- und/oder Initiationsritualen. Ein ganz frühes schriftliches Zeugnis findet sich im Großen Papyrus Harris (col. 77,4–6) von Ramses III. (1182–1151 – der „Seevölker"-Besieger im Nildelta) für die Geschichte des pharaonischen Ägypten: „Ich habe [die besiegten Feind nach Ägypten] gebracht [...] zusammen mit unzähligen Kriegsgefangenen [...] Ihre Frauen und Kinder waren Zehntausende [...] Ich habe ihnen zahlreiche Bogentruppenaufseher gegeben, [...] nachdem sie gestempelt, zu Sklaven (äg. hem) gemacht und mit meinem Namen gekennzeichnet worden sind. Ihre Frauen und Kinder wurden genauso behandelt".[58]

Passagerituale waren auch etwa das Umlegen einer Art von Joch um den Hals des Neuversklavten, Markierungen der Ohren (durchbohren oder aufschlitzen), Brandzeichen oder das Berühren des Kopfes durch den neuen Herren und die Vergabe eines Sklavennamens, was oft mit der Intention verbunden war, die frühere Identität auszulöschen. Oder durch Handauflegen und bestimmte Rechtsformeln (die in Gesellschaften mit römischem Recht von einem Notar unter Zeugen protokolliert wurden) wurde eine Sklavin oder ein Sklave zum *liberto* (Freigelassener), das ganze Ritual nannte sich Manumission (in etwa: Schickung eines vormals versklavten Individuums in die Freiheit mittels Handauflegen und Schubsens in „die Freiheit" unter Zeugen). Ähnliche Rituale existierten bei allen anderen Formen extremer Abhängigkeit, waren aber nirgends so tief im formalen Recht verankert wie im Bereich der Tradition „römischen" Rechts. Im Sinne der oben genannten Statusdegradierungen als Merkmal von Sklavereien und der Visualisierung des Status auf individuellen Körpern von Versklavten kam es aber auch zu grausigen Ritualen (Blendung, Füße verstümmeln oder abhacken, Prügeln bis auf die Knochen am Rücken und Hinterteil, Brandzeichen und Tätowierungen im Gesicht, etc.).

Sklaverei als legales, verkaufbares „Privat"-Eigentum mit Hoheit über Körper (*legal ownership*) ist heute weltweit verboten und geächtet. Es existieren aber, vor unseren Augen, verschleierte temporäre Formen – etwa die Körper von Fussballern und ihr Verkauf, genannt „Transfer". Aber in den beiden älteren Ausgangs- und Übergangsformen „innere" und „äußere" Sklaverei (und Menschenhandel), bei der es sich meist auch noch um die Sklaverei weniger Menschen handelte, sowie Schuldknechtschaft existieren Sklavereiformen ohne diesen Namen und unter anderen Bezeichnungen auch im 21. Jahrhundert. Deshalb ist es für eine Global-

57 Kuhlmann-Smirnov, „Sklaverei in Zentraleuropa?", S. 68–78.

58 Zitiert nach: Bussmann, „Kriege und Zwangsarbeit im pharaonischen Ägypten", S. 58–72, hier S. 59 (Unterstreichungen durch mich – M. Z.).

geschichte der Sklaverei heute so wichtig, nicht so sehr die Unterschiede, wie es noch Moses I. Finley tat, zwischen „großen“ Sklavereien und anderen Formen von Zwangsarbeit zu betonen, sondern ihre Ähnlichkeiten, denn heute gibt es auch keine kategoriale Ideologie der „freien“ Arbeit mehr wie zwischen 1890 und 1970. Neue Sklavereien, prekäre Beschäftigungen sowie andere Arbeitsformen vermischen sich. Arbeit muss in heutigen Zeiten, wo sich immer deutlicher die negativen Seiten einer finanzkapitalistischen Globalisierung zeigen, mehr aus Perspektive der „schlechten“ Sklavereien und Zwangsarbeiten, nicht so sehr vom Ideal der guten und gut bezahlten „freien“ Arbeit her definiert werden.

„Kleine“ Familien- und Schuld-Sklavereien sind kaum quantifizierbar; in Indien, Pakistan, Bangladesch und Nepal gibt es Schätzungen über 15–20 Millionen Schuldsklaven, deren Kinder wie Sklaven arbeiten müssen; die Schuldsklaverei ist zugleich Sklaverei von Angehörigen, also Familien- oder Verwandtschafts-Sklaverei (Kin).

Sklavereivorstellungen und historische Erfahrungen von Sklaven

Geschichte von Versklavten in Sklaverei ist immer noch, wie bereits oben gesagt, eine „Nicht-Geschichte“.[59] Die idealtypischen Vorstellungen, die die meisten von uns mit „Sklave“ verbinden, sind vor allem an Bilder, Erzählungen, Texte und Filme gebunden, deren Grundmuster im Zuge des Kampfes gegen die Sklaverei in Frankreich (Montaigne, Raynal),[60] Großbritannien und den USA im späten 18. und

59 Zeuske, „Die Nicht-Geschichte von Versklavten als Archiv-Geschichte von „Stimmen“ und „Körpern“, S. 65–114.

60 Siehe die „Antisklaverei-Bestseller“ Raynals in den verschiedenen Auflagen (die ersten Auflagen wurden noch anonym publiziert): Raynal, Abbé, Histoire Philosophique et Politique des Isles Françoises dans les Indes Occidentales, par Guillaume Thomas Raynal, A Lausanne: Chez J. Pierre Heubach & Comp., M. DCC. LXXXIV (1784); [Raynal, Abbé] Histoire Philosophique et Politique des Etablissements et du Commerce des Européens dans les Deux Indes. En sept tomes. Une nouvelle Edition, corrigée, A Paris: Chez Lacombe, Librairie, MDCCLXXVIII (2. Auflage 1778); [Raynal, Guillaume-Thomas François], Histoire Philosophique et Politique. Des Etablissements et du Commerce des Européens dans les Deux Indes, 7 Vols., A La Haye: Chez Gosse, Fils, M. DCC. LXXIV (1774) (Erste Auflage: publ. 1770); [Raynal] Histoire Philosophique et Politique des Etablissements et du Commerce des Européens dans les Deux Indes. En sept tomes. Une nouvelle Edition, corrigée, A Paris: Chez Lacombe, Librairie, MDCCLXXVIII (1778) (Autor nicht genannt); Raynal, Abbé, A Philosophical and Political History of the Settlements and Trade of the Europeans in the East and West Indies, Revised, augmented, and published in ten volumes, by the Abbé Raynal. Newly translated from the French, By J. O. Justamond, F.R.S with a new set of maps adapted to the work and a copious index, in eight volumes, London: Printed for A. Strahan; and T. Cadell, MDCCCXXXVIII (1788); Raynal, Histoire Philosophique et Politique des Établissemens & du Commerce des Européens dans les Deux Indes, 15 Bde., par Guillaume-Thomas [François] Raynal, Lausanne: Pierre Heubach & Comp., 1784 (4. Auflage), siehe auch: Lüsebrink, Hans-Jürgen, „‚Bestseller-Transfer‘ – Struktur und Rezeption der Übersetzungen Voltaires und Raynals im deutschen Sprach- und Kul-

19. Jahrhundert entstanden sind (Aufklärungsphilosophie, Kapitalismus der freien Konkurrenz und Abolitionismus). Dazu kommen Auseinandersetzung um Rassismus; heute vor allem in den USA. Heute sind diese Klischees meist in Filmen verarbeitet (wie „Spartacus“, von Stanley Kubrick, „Amistad“ von Steven Spielberg, „Roots“ von Alex Haley oder „Gladiator“ von Ridley Scott, Quentin Taratino, Steve McQueen – „Django Unchained“ und „12 Years a Slave“). Der essentielle Kern der Vorstellung von Sklaverei im Film – eine andere Art von Erinnerung als professionelle Geschichte – besteht in „überharter Arbeit, extremer Gewalt, knallenden Peitschen und fehlendem Essen“ für leidende edle Sklaven, die von gewalttätigen Aufsehern und rassistischen Weißen aus dem Schoße ihrer Familien gerissen wurden. Oder eben aus Widerstand. Rebellionen und Kampf um Freiheit sind immer wichtige Themen. Die alltägliche, man kann durchaus sagen, welthistorische Banalität und Ubiquität von Menschenjagd-Razzien, Sklavenhandel, lokalem Leben der Sklaven und „kleinen“ Sklavereien geben allerdings kaum Stoff für Filme. Manchmal hat es Szenen, wie sie die abolitionistische Propaganda zeichnete und Filme sie aus heutigen Problemlagen nachzeichnen, in der Realität sicherlich gegeben. Auch Grausamkeit, Zwang und Machtasymmetrien zwischen Herren und Sklaven stehen außer Frage. Die realen Lebenskonditionen von Sklavinnen und Sklaven und das Konzept der „Sklaverei“ konnten und können in der Weltgeschichte aber trotz seiner vermeintlichen Klarheit eine unendliche Vielfalt von realen und sehr alltäglichen Situationen bezeichnen. Vor allem wenn zugleich *agency* (hier vielleicht am besten als „Eigenwille“ oder „Handlungsmacht“ definiert)[61] eine wichtige Dimension menschlicher Aktivitäten umschreiben soll. Wichtiger aber ist die Tatsache, auf die Michael Zahrt und andere zu Recht hingewiesen haben: im Gegensatz zu bestimmten Filmen waren Sklavereien in ihrer jeweiligen Realität und in den Quellen über diese Realität vor allem mit den Massengefühlen von Unehrenhaftigkeit, Fremdheit, Schweigen, Pein, Scham und Furcht verbunden, aber auch von Rachedenken, Rebellion und Wut geprägt – und wurden zur Zeit ihrer Existenz deshalb am liebsten verschwiegen. Das funktioniert auch heute so.

Bis um 1890 lebte die Masse aller Menschen auf der Erde in unfreien Verhältnissen. Arthur Young (1741–1820) schätzt für die Zeit um 1772, dass weltweit nur 4 Prozent aller Menschen wirklich „frei“ waren. Young meint mit „Freie“ vor allem seinen eigenen Stand, die englische Oberklasse.[62] Young nimmt eine Weltbevölke-

turraum des 18. Jahrhunderts“, in: Lüsebrink; Reichardt, Rolf (eds.), Kulturtransfer im Epochenumbruch. Frankreich-Deutschland 1770–1815, 2 Bde., Leipzig: Leipziger Universitätsverlag, 1997 (Transfer. Deutsch-Französische Kulturbibliothek, Bd. 9.1 und 9.2), Bd. I, S. 9–26, siehe auch: Dubois, „An enslaved Enlightenment: rethinking the intellectual history of the French Atlantic“, in: Social History Vol. 31:1 (February 2006), S. 1–14.

61 Schiel; Schürch; Steinbrecher, „Von Sklaven, Pferden und Hunden. Trialog über den Nutzen aktueller Agency-Debatten für die Sozialgeschichte“, S. 17–48.

62 Young, Arthur, Political essays concerning the present state of the British Empire: Particularly respecting: I. Natural advantages and disadvantages, II. Constitution, III. Agriculture, IV. Manu-

rung von rund 775 300 000 Menschen an und sagt, dass nur 33 500 000 davon wirklich „frei" seien: die Einwohner von „Britain, Say a fifteenth of Germany, Holland, Switzerland and Geneva, Sweden, British America, Free Indians, suppose". Alle andere 741 800 000 seien „slaves".[63]

„Freiheit" und Individualität sind flammende Utopieworte der Moderne; die ideologische Konstruktion des Elitemannes als „Individuum" und Persönlichkeit begann schon in der Renaissance. Man wird mit Verweis auf das „Janusgesicht der Moderne" auch sagen müssen, dass mehr individuelle Freiheit in einem Teil der Welt meist mehr kollektive Sklaverei und Zwangsarbeit in einem anderen Teil bedeutete; dass das Spannungsverhältnis zwischen Freien und Sklaven, zwischen „Freiheit(en)" und Sklaverei aber auch eine extreme Dynamik entfachte, von den Gewinnen des transatlantischen oder transkontinentalen Sklavenhandels als Akkumulationsquelle der atlantischen Wirtschaft, der Amerikas und Westindiens oder der „Globalisierungen" seit 1880 will ich hier noch gar nicht sprechen. Das Denken in nur eine Richtung („Peripherie" aus Richtung eines selbstdefinierten „Zentrums", wie Europa, und sei es über „Halbperipherien") ist auch hier nicht ganz richtig. Besser ist die Konzeptualisierung der Epoche seit 1870 als atlantische „Moderne" (*modernity*) und nicht nur als europäischer Kapitalismus mit immer breiterer Kapitalakkumulation und Wachstum europäischer und nordamerikanischer Zentralregionen, die schon in ihren Entstehungs- und Expansionsphasen (1450 bis 1650 sowie 1650 bis 1880) ganz erheblich auf die Zentralität der Atlantisierung gründeten, d. h., auf Produktivität von Sklaven, auf Profite und Akkumulation durch Sklavenhandel, Sklaverei und Sklavenschmuggel sowie der damit verbundenen Organisations-, Institutionen-, Produktions- und Wissenskomplexe. Für die Masse der Opfer von Menschenjagd-Razzien und Versklavung dürfte in Bezug auf Freiheit weltweit die Aussage von David Van Reybrouck zum Kongo gelten: „Von jeher wurde Sklaverei in Zentralafrika nicht in erster Linie als Freiheitsberaubung begriffen, sondern Entwurzelung aus dem sozialen Milieu [...], Autonomie des Individuums ist nicht Freiheit, wie sie in Europa seit der Renaissance proklamiert wird, sondern Einsamkeit und Zerrüttung. Du bist der, den andere kennen; und wenn dich keiner kennt, bist du nichts".[64] Auch das Subjekt der Aufklärung schloß Sklaven und Schwarze aus. Die Lösung der Verschleppten lag in kollektiven Kulturen der Kreolisierung und Transkulturationen sowie Ritualen der Initiierung (wie bei alle „Afro"-Religionen) – sie bildeten, als Akteure, neue Gemeinschaften, erst *carabelas* und *naciones*, dann – oft bis heute anhaltend – Nationen (siehe unten).

Und all das bis heute, auch wenn die großflächigen und klar erkennbaren Slavingsysteme nicht mehr existieren. Suzanne Miers, die *grande dame* der Sklaverei-

factures, V. The colonies, and VI. Commerce, London: Printed for W. Strahan and T. Cadell 1772 (6. Ausgabe), (Essay II: Of the Constitution of the British Dominions), S. 20–21.

63 Ebd., S. 21.

64 Van Reybrouck, David, „Neue Geister", in: Van Reybrouck, Kongo. Eine Geschichte, Berlin: Suhrkamp, 2012, S. 43–75, hier S. 63.

forschung († 2016), hat nach mehreren Versuchen zu beweisen, dass Sklaverei in Afrika weniger ausbeuterisch und stärker integrativ war, als Sklaverei im Süden der USA, Sklaverei letztlich als eine „Frage der Definition“[65] bezeichnet. Das ist extrem wichtig und öffnet den Blick darauf, dass letztlich Eliten oft über Rechts-Diskurse entscheiden, was formale Sklaverei ist und wie weit Degradierung und Kommodifizierung der Ware Arbeitskraft reichen und wieweit Arbeitskraft auch Kapital sein soll beziehungsweise wie lange Arbeitszeiten dauern (in allen Dimensionen). Aber sie entscheiden auch darüber, wie man Sklavereiverhältnisse verschleiert. Für Verschleppte und Versklavte, die ja sozusagen dezentral in einen durch die jeweiligen Eliten als zentral definierten Sklaverei- und Rechtsraum kamen, dürfte neben der allgegenwärtigen Gewalt eher das gerade genannte Trauma der sozialen Entwurzelung das wichtigste Kriterium für eine Definition von Sklaverei sein.

Der Afrikahistoriker John K. Thornton hat darauf hingewiesen, dass in Afrika selbst alle Arten von internen und externen (vor allem atlantischen) Sklavereien existierten.[66] Konsequenterweise wird man auch die Konstruktion der so genannten „freien“ Arbeit, vor allem in der Entstehungszeit des merkantilen Kapitalismus zwischen 1650 und 1850 (mit Vorläufern seit ca. 1250 in Norditalien) und in der heutigen Globalisierung kapitalistischer Arbeitsbeziehungen, einer neuen Analyse unterziehen müssen, wie es unter anderem Tom Brass und Marcel van der Linden begonnen haben. Diese Notwendigkeit der neuen Analyse gilt aber nicht nur für die Zeit „nach der Sklaverei“ (gemeint sind die „großen“ Plantagensklavereien Amerikas), sondern auch für die Zeiten der Herausbildung des atlantischen Slaving und der ersten Lebenszyklen des Kapitalismus, der auch in den afrikanischen Praktiken aller Formen von Sklavereien und der Akkumulation von Menschenkapital gesucht werden muss.

Zur Sklaverei als sozialer Prozess und Struktur gehören Sklaven; Versklavte als Akteure (mit *agency*). Deshalb gehört zu einer historisch-anthropologischen Definition von Sklaverei auch die Analyse von direkten Zeugnissen versklavter Menschen, die Aussagen über ihre Erfahrungen mit Sklaverei zulassen.[67] Das wird uns auch erlauben, das schwierige Problem anzugehen, ob es in Bezug auf die verschiedenen Bezeichnungen von Sklaverei, unfreier Arbeit und Formen extremer Abhängigkeit nur der Dekonstruktion bedarf (was schon viel wäre) und ihre Differenzen angesichts globaler Entwicklungen eingeebnet werden können oder ob es sich wirklich um definitiv unterschiedliche Verhältnisse handelt.

Was sind Erfahrungen von Sklaven und von Menschen, die in Sklaverei- und Postsklavereigesellschaften selbst dann, wenn sie formal frei sind, immer wieder

65 Miers, „Slavery: A Question of Definition“, S. 1–16.

66 Thornton, „Slavery and African Social Structure“, in: Thornton, Africa and the Africans, S. 72–97.

67 Wie zum Beispiel die Lebensgeschichte des „Connecticut-Sklaven“ Venture Smith, die er dem Soldaten der amerikanischen Revolution und Schullehrer Elisha Niles diktiert hatte, siehe: Farrow; Lang; Frank, „A Connecticut Slave“, in: Farrow; Lang; Frank, Complicity, S. 95–120, hier S. 60–75.

auf ihre Sklavereiursprünge zurückgeführt und dadurch – in der Neuzeit seit etwa 1800 meist rassistisch – markiert werden?

Sklaven waren (und sind) Menschen, die der direkten körperlichen Gewalt anderer Menschen unterliegen, hinter denen ganze Systeme der Unterjochung stehen (etwa ein Imperium und ein Religionssystem) – diese Definition entspricht einem systemischen Ansatz. Gewalt und niedrigster Status waren und sind die banal-böse Haupterfahrung von Sklaven. Sklaven sind die grundlegenden Individualrechte, wie „Persönlichkeit" oder „Mensch", sozialer Status und Mitgliedschaft in einer bestimmten sozio-politischen Organisation auch immer definiert wurden, und vor allem der freie Wille oder so etwas wie „Ehre" entweder gar nicht erst zugedacht gewesen oder mit Gewalt entzogen worden, wie auch die kulturelle Konnotation dieser Konzepte aussah. Über Sklaven und ihre Körper verfügen der Herr oder die Herrin oder ein Kollektivorgan als Eigentümer. Viele Sklaven wurden aus ihrem sozialen Umfeld gerissen. Sie sind traumatisiert und fremd. Oft haben sie auch die Hoffnung verloren. Vor allem haben sie nicht den kollektiven Schutz ihrer jeweiligen Gemeinschaft („Verwandtschaft", auch Dorfgemeinschaft, Bande, Armee oder Kultgruppe). Aber auch, wenn Sklaven nicht von fern verschleppt worden waren und weiterhin in einer, sagen wir, lokalen Gemeinschaft lebten, kann es sich um Sklaverei handeln. Selbst in den schlimmsten Sklavereigesellschaften der kapitalistischen *Second Slavery* (Tomich)[68] des 19. Jahrhunderts, auf Kuba, in Brasilien und im *South* der USA oder in Suriname, waren Sklavinnen und Sklaven, wie bereits gesagt, Meister und Meisterinnen der Gemeinschaftsbildung – und wenn es fiktive Verwandtschafts-Beziehungen der afroamerikanischen Religionen waren, die sie in erstaunlicher Schnelligkeit und Intensität konstruierten, in der Realität natürlich und nicht in den Diskurs-Konstruktionen, die heute oftmals die Agenden des Text-Postkolonialismus bevölkern. Diese Fähigkeit zu Gemeinschaftsbildung in der Sklaverei markiert den Kern der Kreolisierungs-Debatte (Motto: ist die Kreolisierung Teil der Kultur Afrikas oder Amerikas?). Deshalb auch das starke Interesse von Kolonialstaat, Juristen und Notaren, „Legitimität", Herkunft und sogar Namen (sowie Tätowierungen, „Stammesnarben" und Körpermutilationen) als Statussymbol in Sklavereigesellschaften zum negativen Distinktionsmerkmal zu machen. Deshalb wurde auch die extrem kleine Differenz von geringsten Mengen mehr oder weniger Farbstoff in der Haut im Laufe der Neuzeit zu einem Hauptunterschied, dem der „Rassen", konstruiert.

---

68 Tomich, Through the Prism of Slavery. Labor, Capital, and World Economy, Boulder [etc.]: Rowman & Littlefield Publishers, Inc. 2004; Tomich; Zeuske (eds.), The Second Slavery, passim.

Welthistorische Makroprozesse langer Dauer, Plateaus und Strukturen: Perioden, Typen, Formen und Übergänge

Es gibt nichts Globaleres als Arbeit und Sklavereien – nicht einmal der Kapitalismus ist so global (bis heute zumindest). Schon als Plateau „Sklavinnen ohne Institution Sklaverei“ existierten sie seit undenklichen Zeiten in der Prähistorie, Frühgeschichte, Vormoderne und Moderne – bis heute.[69] Überall wo es menschliche Gruppen gab; global, aber lokal und meist recht opportunistisch. Regionale Sklavereien in der Weltgeschichte entwickelten sich aus lokalen opportunistischen adhoc-Sklavereien und Kin-Sklavereien im Wechselspiel endogener Konflikte und exogener Einflüsse in jeweils translokalen Konfigurationen oder einfach deshalb, weil viele Menschen im Status einer Sklavin „ohne Sklaverei“ waren.

Ich will in diesem Kapitel verschiedene Ordnungsmöglichkeiten von Sklavereien in welthistorischer Tiefe und globalhistorischer Breite darlegen. Da es, wie gesagt, verschiedene Ordnungsmöglichkeiten und Perspektiven gibt, wirkt das sicherlich etwas kompliziert. Die für mich gültige Ordnung, wenn man so will, die wichtigste chronologisch-spatiale Systematik globaler Sklavereien, findet sich am Ende dieses Kapitels.

In spatialer Hinsicht können neben den ausgeprägten römisch-christlichen und arabisch-islamischen Sklavereitypen (und ihren frühen Mischformen in den Gebieten der arabisch-berberischen Expansion im 7. bis 9. Jahrhundert), eine Reihe von asiatischen Typen der großen Landreiche (China, Korea), ein weiterer asiatischer Typus der Nomadengebiete und -reiche von Nordchina bis Vorderasien und Nordafrika (Razziensklaverei) sowie sehr viele und sehr verschiedene indische, südostasiatische sowie nordafrikanische, subsaharische afrikanische Typen und Formen konstatiert werden. Das gleiche gilt für Sklavereien auf dem makrogeographisch „kleinen Balkon“ Asiens – Europa (Wikingersklaverei, römische Sklaverei, Sklaverei bei Franken, Sachsen, Russen, Schotten, etc.). Will man einen afrikanischen Typus der Sklaverei konstatieren, so zeichnete sich dieser vor allem durch große Vielfalt konkreter Entwicklungsstufen, Plateaus, Typen, Dynamiken und Formen[70] aus, ebenso wie ein indischer Typ, der, das ist zumindest deutlich, aus unterschiedlichsten Formen besteht. In allen Typensets von Großräumen stehen Schuldsklavereien, was im Endeffekt auch eine Kapitalfunktion menschlicher Körper darstellt, an prominenter Stelle. Im Kern handelte es um die direkte Kontrolle von Herrschern oder Sklavenhaltern und -halterinnen über Menschen sowie ihre Körper und weniger über Land.

Und will man nicht nur den Gegensatz „Sklaverei-Sklavereien“ oder systematisch-spatiale Typen und Formen, sondern chronologische Grundkriterien in An-

---

69 Zum Konzept und zur Realität der Plateaus in der Welt- und Globalgeschichte siehe: Zeuske, Sklaverei. Eine Menschheitsgeschichte von der Steinzeit bis heute, passim.
70 Rotman, „Forms of Slavery“, S. 263–279.

schlag bringen, müssen wir wohl von groben welthistorischen Entwicklungperioden und regelrechten Sklaverei-Plateaus sprechen, die sich jeweils regional unterschiedlich ausbreiteten. Zu dieser welthistorischen Grundchronologie in eher klassischer Manier – darunter verstehe ich hier die allgemeine Annahme, es habe im 19. Jahrhundert ein „Ende der Sklaverei" wie wir sie zu kennen meinen, gegeben – gehören:

1) Eine sehr, sehr lange Entwicklungsperiode von opportunistischen Sklavereien, deren Hauptakteure im Wesentlichen Frauen und Kinder „ohne Sklaverei" waren (möglicherweise seit ca. 10 000 v. u. Z. oder in Einzelfällen sogar schon eher);

2) ebenfalls relativ lang andauernde Institutionalisierungsphasen von Kin-Sklavereien sowie entwickelte Kin-Sklavereien mit Opfer- und Razziensklavereien (welthistorisch seit dem Spätneolithikum, seit dem Entstehen mobiler Nomaden- und Kriegskulturen bzw. seit den Übergängen zu Metallzeiten, ca. 5000–3000 v. u. Z. oder eher);

3) Eine eigenständig weiter laufende Großdimension der Razziensklavereien (an die möglicherweise der Beginn organisierten Menschenhandels/Fernhandels gebunden werden muss) in den genannten Nomaden- und Kriegskulturen sowie später an den Grenzen expandierender Imperien;

4) Übergangsphasen von Kin-Sklavereien zu übergreifenderen Sklavereien (oft zunächst kollektive/territoriale Sklavereien und/oder Schuldsklavereien von Bauernbevölkerungen) seit ca. 3500 v. u. Z., die im Zusammenhang mit Expansionen, Razziengrenzen, Staats- und Imperialbildungen entstanden und von Razziensklavereien-Systemen gespeist wurden;

5) Formierte Haus-Sklavereien in Stadtstaaten/Imperien mit eigenen Sklaverei-Rechtscodices (punktuell seit Ende des 3. Jahrhtausends v. u. Z.,[71] breiter seit ca. 700 v. u. Z.). All diese Chronologie-Versuche zeigen, dass sich, zumindest in Eurasien 4. Jahrhtausend vor entscheidende Änderungen vollzogen haben: „Indeed, the 4th millennium BCE seems to be a watershed in the development of social inequalities";[72]

6) zusammengesetzte formierte Sklaverei-Typen, die sich schließlich unter dem Einfluss der arabisch-islamischen (besonders wohl in ehemaligen römischen oder byzantinischen Gebieten) sowie der europäisch-christlichen Expansionen (650–1450–1900) vor allem auf dem Atlantik, in den Amerikas, aber auch auf und um den Indik und in Indonesien, Südafrika, verschiedenen Inseln und seit dem 18./19. Jahrhundert auch in Nord- und Ostafrika (Maghreb und Ägypten einbezogen) zu zusammengesetzten Wirtschaftssklavereien des Typs *Second Slavery* mit anhängenden Meereswirtschaften und Transkulturationsräumen (für den Atlantik: Atlantisierung sowie *Atlantic Slavery*) ausbildeten.

71 Klengel, Horst, König Hammurapi und der Alltag Babylons, Düsseldorf/Zürich: Artemis, 1991.

72 Hansen, Svend, „The Iconography of Inequality", in: Hansen; Müller (eds.), Rebellion and Inequality in Archaeology, Bonn: Habelt, 2017, S. 114–133, hier S. 114.

Das ist, vor allem in Bezug auf Haus-Sklavereien sowie ganz speziell in Bezug auf den Typus *Atlantic Slavery*, Kanon in der Sklavereiforschung.

Schlüssel zur Entstehung der jeweils neuen weltgeschichtlichen Plateaus waren Expansionen, Marginalität und Mobilität, vor allem seit dem 19. Jahrhundert auch weltweite Mobilität von Versklavern (Transporteuren) und – gezwungenermaßen – Versklavten. Das ist zugleich eines der Grundmerkmale kapitalistischer Modernität.

Joseph Miller hat es in Bezug auf Versklaver und den eher hypothetischen Beginn von Sklaverei so ausgedrückt: „at first incipiently social late hominids, than military and associated priestly rulers external to the underlying agrarian populations on whom they depended, and eventually commercial and financial interests long kept marginal to military and ecclesiastical authorities at home. All attempted to gain personally by importing human resources [Kapital menschlicher Körper – M. Z.] from outside the contexts of internal politics where they competed at a disadvantage".[73]

Transitorische Prozesse, die zu den jeweiligen Plateaus führen, sind kompliziert. Auf jeden Fall war die ursprüngliche Schutzfunktion eines opportunistischen Abhängigkeitsstatus von Frauen und Kindern (De-Facto-Sklavenstatus „ohne (institutionalisierte) Sklaverei") oft ein transitorischer Prozess in Richtung Kin-Sklavereien. Das Plateau „zusammengesetzte Wirtschaftssklavereien" nahm seinen Ausgang in der Massenversklavung von Männern, der Entstehung von Märkten und im transkulturellen Menschenhandel über große Räume (meist Ozeane und Meere). Im 19. Jahrhundert, welches in Nordamerika und in den Historiografien der europäischen Sklavereimächte als „Jahrhundert der Abolition" gilt, nahmen innerhalb der „großen" Wirtschaftssklavereien Kindersklavereien sowie Kombinationen mit anderen Formen der Unfreiheit wieder extrem zu. Es gibt Anzeichen, dass auch das ein transitorischer Prozess war – hin zu flexibleren Formen kleiner, heutiger Sklavereien. Extrem vereinfacht kann man von weiblichen Sklavereien (incl. Kinder) und männlichen Sklavereien sprechen.

Eine weitere, global-wirtschaftliche Klassifizierungsmöglichkeit bietet die bereits mehrfach genutzte Unterscheidung von „Erster Sklaverei" (bis um 1800; dazu würden die Sklaverei-Plateaus der Vormoderne gehören und die *other Slaveries* (vor allem indigene Sklavereiformen in den Amerikas und auf den Philippinen bis weit in das 20. Jahrhundert).[74] Die *Second Slaveries* (Süden USA, Kuba, Süden Brasiliens, Ägypten, Sokoto, Sansibar, Indonesien, Suriname, Puerto Rico)[75] wären

73 Miller, „The Politics of Historicized Slaving", in: Miller, The Problem of Slavery as History, S. 68–72, hier S. 69.

74 Reséndez, The Other Slavery, passim.

75 González Mendoza, Juan R., „Puerto Rico's Creole Patriots and the Slave Trade after the Haitian Revolution", in: Geggus (ed.), The Impact of the Haitian Revolution in the Atlantic World, Columbia: University of South Carolina Press, 2001, S. 58–71.

dann ein eigenständiger Großtypus, der sich, in Kombination mit anderen lokalen Sklavereien (vor allem bond-slaveries) und trotz oder gerade wegen der westlichen Abolitionsdiskurse seit ca. 1840 über beide Hemisphären verbreitete. Es handelte sich um hochkomplexe, „moderne" zusammengesetzte Sklavereien als im Kern kapitalistische Wirtschaften mit Sklaven/Menschenhandel in Kombinationen mit freier Arbeit und lokalen Formen der Ressourcenmobilisierung – meist innerhalb der Welten der Metall- und Salzgewinnung, des Zuckers, des Kaffees, des Tees, der Kopra, der Tabake, der Gewürze (Nelken, Muskat), der Edelhölzer, der Baumwolle (und anderer Textilien), der Farbstoffe (Indigo, Koschenille) und des Kakaos sowie anhängender Slaving- und Transkulturationsräume mit Razzien-, Technologie- und Commoditygrenzen und komplizierten Ökologien.[76]

Dieses Groß-Plateau der *Second Slaveries*, die zugleich im Wesentlichen die „hegemonischen" Sklavereien der Historiografie bilden, entfaltete sich, wie gesagt, trotz der Tatsache, dass es zwischen 1807 und 1840 zu einer diskursiven und legislativen Abolitionsralley des äußeren atlantischen Sklavenhandels unter britischem Druck kam, beschlossen auf dem Wiener Kongress 1815: mit Vorläufern in Dänemark 1792 (nach einer Zehn-Jahresfrist für 1802);[77] Saint-Domingue/Haiti 1793/1794 und Großbritannien 1807/1808; Niederlande (zum Zeitpunkt der Eroberung niederländischer Kolonien durch die Briten (z. B. Surinam und Karibik 1803, Kapkolonie 1806/1814, Java 1811) 1815/1818; Frankreich 1793–1802 (zeitweilig), 1815/1818/1831, 1848;[78] Spanien 1814, 1817, 1820, 1835, 1845, 1866 und Brasilien (als Kolonie 1810,

---

76 Moore, „Sugar and the Expansion of the Early-Modern World Economy: Commodity Frontiers, Ecological Transformation, and Industrialization", S. 409–433; Engel, Alexander, Farben der Globalisierung: Die Entstehung moderner Märkte für Farbstoffe 1500–1900, Frankfurt am Main/New York: Campus Verlag, 2009 (Globalgeschichte; Bd. 5); Zeuske, „Kaffee statt Zucker: Kaffee und Sklaverei auf Kuba (ca. 1790–1870)" (forthcoming 2018 in Saeculum).

77 Aus Sicht der imperialen Diskurse und Politiken ist die dänische Abolition wichtig, siehe: „why Denmark, a relatively obscure colonial empire on the periphery of Europe, became the first European empire to abolish its slave trade", in: Røge, Pernille, „Why the Danes got there first – a transimperial study of the abolition of the Danish slave trade in 1792", in: Slavery and Abolition Vol. 35:4 (2014), 576–592, hier S. 576; allgemein siehe: Gøbel, Erik, The Danish Slave Trade and Its Abolition, Leiden/Boston: Brill, 2016 (Studies in Global Slavery).

78 Die formale Abolition des atlantischen Sklavenhandels im französischen Imperium fand 1831 statt; danach noch Schmuggel in der Karibik, siehe: Daget, „L'abolition de la traite des noirs en France de 1814 à 1831", in: Cahiers d'études africaines 11 (1971), S. 22–30, 41 ; Kielstra, Paul Michael, The Politics of Slave Trade Suppression in Britain and France, 1814–1848, London: Macmillan Press, 2000; Dubois, Laurent, „The Road to 1848: Interpreting French Antislavery", in: Slavery & Abolition Vol. 22 (2001), S. 150–157; Bénot, Yves; Dorigny (dir.), Rétablissement de l'esclavage dans les colonies françaises. Aux origines de Haïti, Paris; Maisonneuve et Larose, 2003; Belaubre, Christophe; Dym, Jordana; Savage, John (eds.), Napoleon's Atlantic: The Impact of Napoleonic Empire in the Atlantic World, Leiden: Brill, 2010 (= The Atlantic World. Europe, Africa and the Americas, 1500–1830; Vol. 20); Jennings, Lawrence C., French Antislavery: The Movement for the Abolition of Slavery in France, 1802–1848, Cambridge: Cambridge University Press, 2000, S. 32. Die zeitweilige Rückkehr Napoleons 1815 begann in Bezug auf den französischen Sklavenhandel mit dem Paukenschlag des Verbots. Das hatte in Europa keine großen Auswirkungen, weil Napoleon schnell besiegt wurde,

1815 und 1817) 1831,[79] 1845, 1850/1851/52[80] sowie Portugal 1810, 1815, 1817/18 und 1836/42 (äußerer Sklavenhandel sowie Sklavenhandel zwischen portugiesischen und britischen Gebieten), 1854/1871 (Verschärfungen für alle Gebiete der Monarchie);[81] USA 1807/1808 (Texas erst 1840/45); fast alle lateinamerikanische Republiken zwischen 1810 und 1830 sowie, in einer zweiten Welle in den 1850ern; einige neue Republiken des späteren Lateinamerika hatten, wie schon gesagt, 1815–1825 nicht nur den Sklavenhandel, sondern auch die Sklaverei aufgehoben, noch vor Großbritannien.[82] Auch Haiti trat 1839 dem Vertrag über die Unterdrückung des Sklavenhandels zwischen Frankreich und Großbritannien bei.[83]

Um 1840 hatten alle europäischen und amerikanischen Sklavenhandelsnationen formal den äußeren Meeressklavenhandel verboten (zum Teil mehrfach; das Kaiserreich Brasilien endgültig 1851, die Menschenhandels-Ozeane sowie die „Vermögen" der Akteure des Sklavenhandels (hier sind Kaufleute, Ausrüster, Kapitäne und Faktoren gemeint) existierten trotzdem weiter und zirkulierten auf dem *hidden Atlantic* sowie dem *hidden Indian Ocean* der Kuliverschleppung. Die liberale Weltwirtschaft entstand. Die britische Navy wurde zu einem Instrument der imperialen, moralischen und legalistischen Politik der britischen Regierung, um das „zivilisierte" Großbritannien als globale, nicht mehr nur atlantische Macht zu etablieren – hier stehen sich New Imperial History und postkoloniale Geschichte ziemlich

---

zeigt aber, dass der Kaiser noch um die Verbindung zwischen sozialer Revolution, Sklaverei (und seiner) Macht wusste. Die wichtigsten Auswirkungen zeigten sich auf Martinique und Guadeloupe. Ich danke Flavio Eichmann (U Bern) für den Hinweis, siehe seinen Artikel: Eichmann, Flavio, „Die letzte Schlacht – Guadeloupe 1815: Koloniale Konflikte im Lichte von Napoleons Sklavenhandelsverbot" in: Zeitschrift für Weltgeschichte Vol. 16:2 (2015), S. 93–112 (= Themenheft: Der Wiener Kongress und seine globale Dimension, Cwik; Zeuske (eds.)).

79 Zu den legislativen Aktivitäten bis 1830 und zum Problem der *africanos livres* siehe: Pires, Ana Flávia Cicchelli, „A Aboliçao do Comercio Atlântico de Escravos e os Africanos Livres no Brasil", in: Buffa, Diego; Becerra, María José (eds.)/Lechini, Gladys (comp.), Los estudios afroamericanos y africanos en América Latina. Herencia, presencia y visiones del otro, Córdoba: Ferreyra Editor; Centro de Estudios Avanzados: Programa de Estudios Africanos; Buenos Aires: Consejo Latinoamericano de Ciencias Sociales, 2008, S. 89–115.

80 Rodrigues, Jaime, O infame comércio: propostas e experiências no final do tráfico de africanos para o Brasil, 1800–1850, Campinas: Editora da Unicamp, Cecult, 2000.

81 Silva, Susana S., „Do Abolicionismo as novas formas de Escravatura. Portugal e os Açores no século XIX", in: Machado; Gregorio; Silva (coords.), Para a história da escravatura insular nos séculos XV a XIX, S. 97–207 (S. 133–207: „Apêndice Documental" – die Texte der wichtigsten Gesetze und Verträge).

82 King, „The Latin-American Republics and the Suppression of the Slave Trade", S. 387–411; De Vinatea, „Las aboliciones de la esclavitud en Iberoamérica: el caso peruano (1812–1854)", S. 187–204.

83 Convention Between her Majesty and the Republick of Hayti for the More Effectual Suppression of the Slave Trade, signed at Port-au-Price, December 23, 1839, Printed in London, 1841 by T. B. Harrison, siehe: www.haiti.uhhp.com/historical_docs/slave_trade_document.html (letzter Zugriff 20. 2. 2017).

diametral in Bezug auf Versklavte gegenüber, aber ergänzend in Bezug auf lokale Eliten.[84] In den Amerikas dauerte der massive Menschenhandel aus Afrika vor allem nach Brasilien (wie gesagt, bis um 1851)[85] und Kuba (bis etwa 1874) an. Über das Schwarze und Rote Meer sowie den Pazifik wurden weiterhin Massen von Menschen verschleppt und die internen Sklaven- und Menschenhandelssysteme in Afrika und Asien funktionierten bestens.[86] In Afrika und in Indien oder China (formale Abolition 1910 / real 1949)[87] und Südostasien gab es weiterhin Sklavereien. In Europa und in der UdSSR sowie anderen Teilen der Welt entstanden – gegen den Trend in der restlichen Welt („kleine“ Sklavereien, meist von Kindern) im 20. Jahrhundert neue „große“ Sklaverei-Typen (meist von Männern), die man als kollektive Staatssklavereien mit dem Begriff der Vernichtungssklavereien bezeichnen muss.

Diese „Groß-Sklavereien“ erlauben es auch, Sklavereien-Strukturen und ihre legalen Fassungen durch zwei andere Makro-Typen von Sklaverei abzubilden: erstens ein Makro-Typus von Sklaverei nach der legalen Fiktion „ein Herr – ein Sklave“. Diese fiktive Privat-Sklaverei hat es durch die gesamte Geschichte hindurch gegeben – selbst wenn es keine legale Konstruktion eines *pater familias* oder eines privaten Eigentümers nach „römischem“ Recht gab, immer war eine Person in einer Gruppe, einer Familie oder einem Clan rechtlich der „Halter“ oder die „Halterin“ des und der Versklavten (selbst wenn es sich um einen Tempel oder ein Kloster oder einen Palast handelte). Und zweitens kollektive Staats-/Herrschafts-Sklavereien ohne die konstruierte Legalität des Privathalters (oft an einen Herrscher gebunden: Pharao, Zar, Kaiser, jeweilige Lokalherrscher), oft auch verbunden mit massiven Zwangsverschleppungen, Ansiedlungen und/oder Deportationen (siehe: „Kollektive Staats-Sklaverei“, unten). Schon der Codex Justinians benutzte als Bezeichnung für Versklavte noch nicht die Begriffe „Sklave“, sondern „römische“ Namen wie etwa

---

84 Sondhaus, Lawrence, „Ruling the Waves: The British Navy, 1815–1902“, in: Sondhaus, Navies in Modern World History, London: Reaction Books, 2004 (Reaction Books – Globalities), S. 9–48, vor allem S. 30–40; zur weitgehend „sklavenfreien“ New Imperial History siehe: Hirschhausen, „Diskussionsforum. A New Imperial History?“, S. 718–757.

85 Arlindo Caldeira meint, dass nach 1850 wurden in Brasilien noch 5000 Sklaven (1851) eingeschmuggelt und 1000 (1852); insgesamt nach 1850 (bis. ca. 1855) rund 8700, siehe: Caldeira, „Contas de somar: os números do tráfico“, in: Caldeira, Escravos e Traficantes no Império Português, S. 251–255, hier S. 252, 254; die Datenbank www.slavevoyages.org (letzter Zugriff 24.1. 2018) weist folgendes aus: Nach der Lei Eusebio de Queiroz 1850 wurden in den Jahren 1850, 1851, 1852 und 1856 28616, 6596, 984, respektive 320 Verschleppte, insgesamt 36516 Menschen in 81 Fahrten verschleppt (es dürfte sich um Minimalwerte handeln). http://slavevoyages.org (19. Februar 2016).

86 Brown, Christopher Leslie, „Explaining Abolition“, in: Heuman; Burnard (eds.), The Routledge History of Slavery, S. 287–290.

87 Chevaleyre, „Under Pressure and out of Respect for Human Dignity: the 1910 Chinese Abolition“, in: Chevaleyre, „Under Pressure and out of Respect for Human Dignity: the 1910 Chinese Abolition“, in: Cottias; Rossignol, Marie-Jeanne (coords.), Distant Ripples of the British Abolitionist Wave: Africa, Asia and the Americas, Trenton [etc.]: Africa World Press, 2017, S. 147–198.

servus und *ancilla* oder *colonatus*.[88] Ganz genau weiß noch niemand, was die „Halbfreien“ und an „die Scholle Gefesselten“ sein sollen. Sie werden aber fast immer im Zusammenhang mit Sklavenkategorien debattiert, meist aber von „richtigen“ Versklavten differenziert; ich interpretiere den Kolonat und die der Rechtsfigur der *glebae adscripti* Unterworfenen als Subjekte kollektiver Sklavereiformen, auch in Hinsicht auf andere Räume der Globalgeschichte – siehe regelrechte Sklavensiedlungen bei germanischen Gruppen, deren Bewohner schon Tacitus an coloni erinnerten, oder Russland im zweiten Sklaverei-Plateau. Der wohl beste Kenner in Deutschland, Klaus-Peter Johne, beschreibt den Kolonat nach dem 3. Jahrhundert als „Alternative zur Wirtschaft mit Sklaven“.[89] Johne sagt weiter: „Die Fesselung der Kolonen an den von ihnen bearbeiteten Boden steht am Ende eines langen Weges ... Durch die Schollenpflichtigkeit der Arbeitskräfte ließen sich die Einnahmen der Grundherren sicherstellen und über diesen Umweg durch regelmäßige Steuereingänge die Staatsfinanzen zumindest in gewissem Umfange sanieren“.[90] Und es ließen sich in Krisenzeiten höherer Mobilität rurale Arbeitskräfte eben besser fixieren. Der Versuch der Stabilisierung eines „durch Barbareneinfälle und Bürgerkriege zerrütteten Reiches bestand somit auf dem Agrarsektor in einem Arrangement zwischen dem militär-bürokratischen Staatsapparat auf der einen und der Aristokratie der großen Grundeigentümer auf der anderen Seite. Die Lasten dieses Arrangements hatten die kleinbäuerlichen Kolonen zu tragen ... Die Gesetzessprache hat dafür den im Jahre 342 erstmals belegten Ausdruck colonatus geprägt“.[91] Miroslava Mirković sagt, nachdem sie einen ganzen Artikel lang über Kolonen als „Nicht-Sklaven“ argumentiert hat: „Es gibt aber Beispiele, die zeigen, daß die abhängigen coloni sich selbst, im Bewusstsein ihrer realen Lage und ökonomischer Abhängigkeit, als Sklaven des Landbesitzers bezeichneten“.[92]

Privat-Sklaverei und kollektive Sklaverei größerer Gruppen von Menschen, meist in Bindung an ein bestimmtes Territorium, existierten in gewisser Weise parallel.

Damit komme ich zum Ende des Systematisierungs- und Ordnungskapitels. Eine etwas grobere Zusammenfassung, mit der ich arbeite und die meiner Meinung nach die verschiedenen Ordnungsmöglichkeiten zusammenfasst und zugleich konzentriert abbildet, ergibt folgende Liste globalhistorischer Sklaverei-Plateaus:

---

88 Grey, Cam, „Contextualizing Colonatus: The Origo of the Late Roman Empire“, in: Journal of Roman Studies 97 (2007), S. 155–175.

89 Johne, Klaus-Peter, Von der Kolonenwirtschaft zum Kolonat. Ein römisches Abhängigkeitsverhältnis im Spiegel der Forschung. Antrittsvorlesung 20. Oktober 1992. Berlin 1994 (Öffentliche Vorlesungen; 18) (28 S.); http://edoc.hu-berlin.de/humboldt-vl/johne-klaus-peter/PDF/Johne.pdf (letzter Zugriff 24. 1. 2018), S. 5.

90 Ebd., S. 18.

91 Ebd.

92 Mirković, Miroslava, „Der Kolonat und die Freiheit“, in: Herrmann-Otto, Elisabeth (ed.), Unfreie und abhängige Landbevölkerung, Hildesheim; Zürich [etc.]: Georg Olms Verlag, 2008, S. 53–69, hier S. 67, hier S. 67.

1) Erstes Sklaverei-Plateau opportunistischer Versklavungen ohne Menschenhandel (aber mit Verschleppung, ev. Tausch und Opfersklaverei) – Beginn etwa 20 000/8000 v. u. Z.;

2) zweites Sklaverei-Plateau der Kin- und Haussklavereien mit einsetzendem Menschen-Austausch zwischen Eliten/Herrschern sowie Razzien-Sklaverei – Beginn etwa im 5.–3. Jahrtausend v. u. Z. (konzentriert in der Bronzezeit), als Haus- und Kinsklaverei durchgängig bis heute;

3) drittens Sklaverei-Plateau der *Atlantic slavery* mit intensivem Fern/See-Sklavenhandel – Beginn um 1400; formales Ende 1888;

4) viertes Sklaverei-Plateau der Sklavereien während und nach der „westlichen" Abolition, der *Second Slaveries/Bond-Slaveries* und ihrer Kombination mit anderen Zwangsarbeitsformen – Beginn um 1800;

5) fünftes Sklaverei-Plateau der kollektiven Staatssklavereien/Zwangsarbeiten in Kolonialgebieten und in den Diktaturen des 20. Jahrhunderts sowie den USA – Beginn um 1900;

6) sechstes Sklaverei-Plateau der „modernen Sklavereien" und erzwungenen Migrationen – Beginn etwa um 1975 (das ist eine Hypothese).[93]

Alle Plateaus beginnen irgendwann, hören aber, mit formaler Ausnahme des dritten Plateaus, in der Menschheitsgeschichte nicht auf, sondern sind bis heute „da".

Sklavenhalter

Geschichten der Sklaverei werden, wie die eher mittelalterliche Endung „ei" zeigt, fast immer aus Perspektive der Sklavenhalter, der Institution oder der Wirtschaftsform geschrieben. Sklaverei als, sagen wir „System", war und ist aber immer eine soziale Zusammensetzung aus Sklavenhaltern, Sklavenhändlern sowie deren Hilfspersonal und Versklavten (Männern, Frauen und Kindern). Die letzte Gruppe ist immer die größte, gefolgt vom Hilfspersonal, das sich fast immer in der Geschichte (auch) im Status zwischen Versklavten und Freien befand (siehe Atlantikkreolen unten). Es gibt bislang weder eine Geschichte der Versklavten noch kaum eine Geschichte des Hilfspersonals aus ihren eigenen Quellen bzw. Repräsentationen. Geschichten von Versklavten auf Basis ihrer Stimmen (*voices*) ist bis heute, wie oben erwähnt, eine „Nicht-Geschichte"; und nur selten gibt es überhaupt den Versuch, das Leben von Versklavten auch nur auf Basis „äußerer", d. h., nicht von ihnen selbst produzierter Beschreibungen darzustellen.[94]

93 Zeuske, „Globalhistorische Sklavereiplateaus", S. 41–140.

94 Vidal Ortega; Caro, „La desmemoria impuesta a los hombres que trajeron. Cartagena de Indias en el siglo XVII. Un depósito de esclavos", S. 7–31; Sanz; Zeuske, „Microhistoria de esclavos y esclavas", S. 9–21; Zeuske, „Die Nicht-Geschichte von Versklavten als Archiv-Geschichte von „Stimmen" und „Körpern", S. 65–114.

Die Frage „Wer war (wirklich) Sklavenhalter?" ist heute einigermaßen begründet nur in Bezug auf „britische Sklavenhalter" zu beantworten.[95] Sklavenhändler werden kaum jemals in personam dargestellt; ich will deshalb gerne hier die Frage in den Raum stellen: „Wer war Sklavenhändler?"[96] Ich will diese Fragen, um auf die Desiderate hinzuweisen, gerade auch in Bezug auf die Welt- und Globalgeschichte der Sklaverei stellen (zu Sklavenhändlern und ihrer Rolle bei der Akkumulation von Kapital menschlicher Körper, siehe unten „Akteure und Strukturen der Akkumulation: Sklavenhändler und Sklavenmärkte").

Was wissen wir über quantitative Dimensionen der Gruppen von Sklavenhaltern, die meist an Land innerhalb der „nationalen" Grenzen der Seemächte (heute die europäischen National-Staaten) oder deren (ehemaligen) Kolonien einsortiert werden? In Bezug auf den Verbleib der Kapitalien in diesem Sinne (als „Vermögen" realer Akteure) sowie die Zahlen bezüglich der drei wichtigsten Gesellschaften der *Second Slavery* kann ich hier nur kurz auf die äußerst nützlichen Schätzungen von Robin Blackburn verweisen. Er gibt folgende Zahlen für Plantagenbesitzer (*planters, hacendados, fazendeiros*) und Sklavenhalter (Eigentümer) in den drei wichtigsten amerikanischen Plantagengesellschaften: „By 1860, there are six million

95 Untersuchungen zu Sklavenhaltern gibt es – was Wunder – im Wesentlichen zum angloamerikanischen Bereich und zu Brasilien; siehe: Oakes, James, The Ruling Race: A History of American Slaveholders, New York: Vintage Books, 1982; Galenson, David, Traders, Planters and Slaves: Market Behavior in Early America, Cambridge: Cambridge University Press, 2002 (erste Auflage 1986); Parker, Susan R., „Men without God or King: Rural Planters of East Florida, 1784–1790", in: Florida Historical Quarterly 69 (October 1990), S. 135–155; Schwartz, „Brazilian Sugar Planters as Aristocratic Managers. 1550–1825", in: Janssens, Paul; Yun, Bartolomé (eds.), European Aristocracies and Colonial Elites. Patrimonial Management Strategies and Economic Development, 15th–18th Centuries, Aldershot: Ashgate, 2005, S. 233–246; Vlach, John Michael, The Planter's Prospect: Privilege and Power in Plantation Paintings, University of North Carolina, 2002; Din, Gilbert C., Spaniards, Planters, and Slaves: the Spanish Regulation of Slavery in Louisiana, 1763–1803, College Station: Texas A & M University Press, 1999; Burnard, „Et in Arcadia ego: West Indian planters in glory, 1674–1784", in: Atlantic Studies. Global Currents Vol. 9:1 (2012), S. 19–40 (= Rethinking the Fall of the Planter Class); Burnard, „The planter class", in: Heuman; Burnard (eds.), The Routledge History of Slavery, S. 187–203; zur politischen Rolle von Sklavenhaltern: Karp, Matthew, „The World the Slaveholders Craved. Proslavery Internationalism in the 1850s", in: Shankman, Andrew (ed.), The World of the Revolutionary American Republic. Land, Labor, and the Conflict for a Continent, New York/London: Routledge, 2014, S. 414–432, siehe auch: Legacies of British Slave-ownership, https://www.ucl.ac.uk/lbs/ (letzter Zugriff 24.1. 2018) sowie: http://www.nationalarchives.gov.uk/help-with-your-research/research-guides/slavery-or-slave-owners/ (letzter Zugriff 24.1. 2018); sowie: Draper, Nicholas, The Price of Emancipation: Slave-Ownership, Compensation and British Society at the End of Slavery, Cambridge: Cambridge University Press, 2010; Hall; Draper; McClelland, „Introduction", S. 1–32.

96 Tadman, Speculators and Slaves; Tadman, „The Reputation of the Slave Trader in Southern History and the Social Memory of the South", S. 247–271; zusammenfassend für den atlantischen Raum: Zeuske, Sklavenhändler, Negreros und Atlantikkreolen, passim; zu einem afrikanischem Sklavenhändler: Duke, Antera, The Diary of Antera Duke, an 18th-Century African Slave Trader, ed. Behrendt, Stephen D.; Latham, A.J.H.; Northrup, David, New York/Oxford: OUP, 2010.

slaves in the Americas, and the crops they produce comprise over two-thirds of the hemisphere's total exports. There were at least 40,000 slaveholding planters in the United States, ten thousand in Brazil, and over two thousand in Cuba"; später hat er die Zahlen der Versklavten in den Amerikas für 1860 etwas nach unten korrigiert (rund 4,9 Millionen), aber die Zahlen der Plantagenbesitzer beibehalten.[97] Was ein „Plantagenbesitzer" war, zeigt sich sehr schön am Testament eines Onkels von Alfred Escher, dem Gründer der liberalen und modernen Schweiz. Friedrich Wilhelm Escher vermachte 1845 seine Kaffeeplantage Buen Retiro auf Kuba mit fünf Caballerías Land (ca. 70 Ha) und 85 Versklavten (darunter viele Kinder), Wert 40 000 Silberpesos (peso de ocho reales) an seinen Bruder Heinrich Escher in Zürich, dem Vater Alfred Eschers.[98]

Für 1850 hielt die spanische Kolonialverwaltung zum Zweck der Steuererhebung auf Haussklaven eine Zahl von 11 744 Besitzern und Besitzerinnen von Haussklaven fest. Das mögen in vielen Fällen ältere Damen mit einem oder zwei Sklaven gewesen sein – aber die Zahl gibt eine gute Vorstellung von der ansonsten relativ anonymen „Haus"-Sklaverei.[99] Und viele dieser Sklaven und Sklavinnen waren auch Haussklaven bei Plantagenbesitzern.

Für Kuba gibt es sogar Schätzungen über farbige Sklavenbesitzerinnen; auch zu ehemaligen Sklaven bzw. Sklavinnen, die Versklavte hielten. Allerdings waren es relativ wenige. Um 1850 handelte es sich um etwa 200 Personen bei einer Bevölkerung von über einer Million Menschen und etwa 50 000 „weißen" Sklaveneigentümern (inklusive Eigentümer von Haussklaven).[100]

---

97 Blackburn, „¿Por qué ‚Segunda Esclavitud?'", in: Piqueras (coord.), Esclavitud y capitalismo histórico en el siglo XIX. Brasil, Cuba y Estados Unidos, S. 25–64, hier S. 32 f.

98 Zeuske, „Tod bei Artemisa. Friedrich Ludwig Escher, Atlantic Slavery und die Akkumulation des Kapitals in der Schweiz" (demnächst).

99 ANC, RC, leg. 180/8259 (1844): „Comisión de Estadística. Estado general que manifiesta los esclavos de ambos sexos que al servicio doméstico existen en toda la Isla sujetos a la capitación impuesta por Real Orden de 29 de julio de 1844 que establece el pago anual de ocho reales por un solo esclavo y diez por cada uno que exceda de este número, expresándose el número de dueños ..." (geordnet nach Departamento, Jurisdicción und Demarcación pedánea), La Habana, 25 de Septiembre de 1850, siehe auch: ANC, GSC, Esclavitud, leg. 942, no. 33249 (1844): „Estableciendo una capitación de un peso por cada esclavo al servicio doméstico para el fomento de la población blanca"; sowie: GSC, Esclavitud, leg. 945, no. 33308 (1846): „Sobre el cobro de la capitación de esclavos al servicio doméstico del primer semestre del corriente".

100 Piqueras Arenas; Sebastià Domingo, Enric, „La cuestión esclavista cubana", in: Piqueras Arenas; Sebastià, Agiotistas, negreros y partisanos. Dialéctica social en vísperas de la Revolución Gloriosa, Valencia: Edicions Alfons El Magnànim; Institució Valenciana d'Estudis i Investigació, 1991, S. 239–299, hier S. 276f; zu Kuba siehe die Schätzungen: Thomas, Hugh, „The Planters", in: Thomas, Cuba or the Pursuit of Freedom, London: Eyre & Spottiswoode, 1971, S. 136–155 sowie: Thomas, „The Slave Merchants", in: Ebd., S. 156–167; zu einzelnen Ex-Sklavinnen als Sklavenhalterinnen, siehe: Hevia Lanier, Ohilda, „Reconstruyendo la historia de la exesclava Belén Álvarez", in: Rubiera Castillo, Daisy; Martiatu Terry, Inés María (selecc.), Afrocubanas. Historia, pensamiento y prácticas culturales, La Habana: Editorial Ciencias Sociales, 2011, S. 30–53; Hevia Lanier, „Historias ocultas: Mujeres dueñas de esclavos en La Habana colonial (1800–1860)", in: Hevia Lanier; Rubiera Castillo,

In Bezug auf Großbritannien geht es noch genauer. An Großbritannien lässt sich auch nachweisen, dass diese Elite von Sklavenhaltern und später Ex-Sklavenhaltern und -halterinnen die Marginalisierungs- und Verschleierungsdiskurse, insgesamt den Aboltionsdiskurs, extrem beeinflusst haben.

Als 1833 die (britische) Sklaverei im atlantischen und karibischen Raum durch die britische Regierung aufgehoben wurde, kam es zur Gründung der *Slave Compensation Commission*, die die Entschädigungsforderungen der Sklavenhalter aufzunehmen, zu bewerten und die Auszahlung zu organisieren und zu legitimieren hatte – ein Sklaven-, Sklavenhalter- und Wertregister von außerordentlicher Bedeutung. Für die rund 800 000 Versklavten des britischen Sklavereisystems (Zentrum Jamaika; später Trinidad und Demerara/Guyana; partiell Sierra Leone) bekamen rund 46 000 Sklavenhalter, darunter viele heute noch bekannte und zum Teil berühmte Familien, rund 20 Millionen Pfund (in heutigen Werten zwischen 16 und 17 Milliarden Pfund), die größte Summe der britischen Geschichte vor dem Banken-Bailout 2009. Die ehemals Versklavten, nach dem 1. August 1834 noch für rund vier Jahre „Lehrlinge“ (*apprentices*), bekamen nicht nur keine Entschädigung, sie mussten auch 70 Stunden pro Woche ohne Lohn weiter für ihre ehemaligen Besitzer arbeiten – um den Kapitalverlust „abzuarbeiten“.

Größter Empfänger von Entschädigungsgeldern war John Gladstone, Vater des viktorianischen Prime Ministers William Ewart Gladstone. Er erhielt £ 106 769 Entschädigung für 2508 Versklavte, die er auf neun Plantagen besaß (in modernen Werten £ 80 Millionen). George Orwells Ur-Ur-Großvater Charles Blair erhielt die Summe von £ 4442 (heute ca. £ 3 Millionen). Andere Namen auf den Listen betreffen Vorfahren von Graham Greene, von der Dichterin Elizabeth Barrett Browning und vom Architekten Sir George Gilbert Scott, ebenso wie entfernte Vorfahren von David Cameron. Fast noch erstaunlicher ist die Masse von Sklavenbesitzern und -besitzerinnen mit nur einigen wenigen Sklaven, die selber meist keine Plantagen besaßen und ihre Sklaven oft an die großen Plantagenbesitzer vermieteten (das Problem der Mietsklaven). David Olusoga schreibt: „These bit-players were home county vicars, iron manufacturers from the Midlands and lots and lots of widows. About 40 % of the slave owners living in the colonies were women. Then, as now, women tended to outlive their husbands and simply inherited human property through their partner's wills“.[101]

Über die konkreten quantitativen Dimensionen von Sklavenhändler-Gruppen (Negreros-Armadores, Negreros-Capitalistas, Negreros-Kapitäne und Negreros-

Daisy (coords.), Emergiendo del silencio. Mujeres negras en la historia de Cuba, La Habana: Editorial de Ciencias Sociales, 2016, S. 3–55.

101 Olusoga, David, „The history of British slave ownership has been buried: now its scale can be revealed. A new BBC documentary tells how a trove of documents lays bare the names of Britain's 46,000 slave owners, including relatives of Gladstone and Orwell“, in: The Guardian, 11. Juli 2015, www.theguardian.com/world/2015/jul/11(letzter Zugriff 24. 1. 2018).

Faktoren) wissen wir noch weniger. Nur Stephen D. Behrendt hat die Gruppen von „britischen Kapitänen" vor 1808 untersucht.[102]

Die Forschungen zu den *Legacies of British Slave-ownership* zeigen die Kontinuität einer Sklavenhaltergruppe, die zur Elite eines abolitionistischen Imperiums wurde, welches der sich globalisierenden Welt im 19. Jahrhundert Zivilisation predigte. Es gibt auch einige wenige Untersuchungen zum Niedergang lokaler Sklavenhaltergruppen (vor allem für britische und französische Kolonien).[103]

Neuzeitliche Sklavereien und Abolitionsdiskurse: Kein Ende nach dem Ende

„The work of forgetting slavery"[104]

Die große Zeit der westlichen Abolition war das 19. Jahrhundert (1800–1888). Das Subjekt dieser Abolition waren Abolitionisten, manchmal Gruppen freier Farbiger, oft nur einzelne Prominente oder Politiker, in den seltensten Fällen Versklavte oder ehemalige Sklaven, Sklavinnen und Sklavenkinder. Die einzige große Ausnahme war Saint-Domingue/Haiti 1793–1803, aber auch dort gerieten die Akteure der Abolition schnell in Konflikte zwischen den Massen der ehemals Versklavten und den neuen Eliten.

Bis um 1808–1840 war die westliche Moderne in Bezug auf Sklavenhandel und Kontrolle von Menschen sehr fest mit Sklaverei und Menschenschmuggel verbunden. Bis in die 1870er Jahre manchmal direkt, oft aber auch indirekt, waren ebenfalls alle Gesellschaften, grade und besonders der entstehende „westliche" Kapitalismus über Kredit- und Versicherungssysteme, Handel, Landkontrolle, Kontrolle menschlicher Körper, Exportproduktion tropischer Güter bzw. Exportproduktion von Stoffen, Luxusgegenständen oder technischen Gütern für Sklavereigesellschaften, Technologie, Ressourcen, „Vermögen" (in Großbritannien auch durch Entschädigung), allgemeine Finanzgeschäfte, Wissenserwerb und Konsum/Import von Kolonialwaren, engstens mit Sklaverei und – trotz Beginn der formalen Aboliti-

---

102 Behrendt, „The captains in the British slave trade from 1785 to 1809", in: Transactions of the Historic Society for Lancashire and Cheshire, Vol. 140 (1991), S. 79–140; Behrendt, „Human Capital in the British Slave Trade", in: Richardson; Schwarz, Suzanne; Tibbles, Anthony (eds.), Liverpool and Transatlantic Slavery, Liverpool, Liverpool University Press, 2007, S. 66–97.

103 Burnard, „Et in Arcadia ego: West Indian planters in glory, 1674–1784", S. 19–40; Burnard, „The planter class", in: Heuman; Burnard (eds.), The Routledge History of Slavery, S. 187–203; Gliech, Oliver, „L'autodestruction de l'élite blanche de Saint-Domingue. Histoire d'un paradoxe 1789–1794", in: Revue de la Société Haïtienne d'Histoire, de Géographie et de Géologie, Port-au-Prince (2012), S. 77–92; Gliech, „Les colons de Saint-Domingue (1789). Noms des Propriétaires", www.domingino.de/stdomin/index_colons_a_z.html (letzter Zugriff 24. 1. 2018).

104 Hall, Draper; McClelland, „Introduction", S. 1–33, hier S. 17

onen – mit Sklavenhandel als Menschenschmuggel verbunden. In den selbsternannen Zentren der „zivilen“ Gesellschaft des Westens in Europa war das meist verflochten mit der ideologisch-diskursiv-normativen Gegenvorstellung eines „freien Mannes“ im protonationalen/national-imperialen Gewand („freier Engländer“) und der normativen Regel des *free soil*-Territoriums, sozusagen „nach hinten“, d. h., aus so genannten „alten Freiheiten“ abgeleitet, und mit der Ideologie einer „freien Gesellschaft mit freiem Markt“ sowie Freihandel nach vorn.[105] Dazu kamen religiöse Ideen und Netzwerke (Quäker, später auch Baptisten und Methodisten), radikale Demokraten (z. B. Thomas Paine) sowie Ideen der schottischen Aufklärung, die massiv den „freien“ Markt und die „freie“ Arbeit propagierten.[106] Im Zusammenhang mit der schweren Krise der Revolutionskriege/napoleonischen Kriege und der Umorientierung Großbritanniens von der Karibik nach Indien und in die östliche Hemisphäre setzten daran die britische Abolitionskampagnen 1807–1900 an.[107] Und es setzen Verschleierung, Marginalisierung, Euphemismus und Nichtnennen von Tatsachen in Bezug auf den „Erwerb“ von „Vermögen“ aus Sklavenhandel und Sklavenbesitz ein (die engstens mit Abolitionsdiskursen zusammenhingen, siehe unten).[108] Die breite Basis für diese Diskurspolitik war zweifelsfrei das Verschweigen der „Klagen“ – welch schwaches Wort für eine unendliche Geschichte von Grausamkeiten, realen Verletzungen von Körpern, Raub von Lebenschancen, etc. – Versklavter oder ehemals Versklavter.[109] Wenn es nicht so abgegriffen wäre, könnte man den Begriff Abolitions-*Dispositiv* benutzen. Die globale Sklavereientwicklung war geprägt einerseits durch Diskurse vom „Ende der Sklaverei“ (und des Sklavenhandels), vor allem im Britischen Imperium, von Abolition/„Zivilisation“ und andererseits durch reale Sklavereien oder Kombinationen von freien/unfreien Arbeitsverhältnissen – oft unter kolonialen Bedingungen oder un-

---

105 Palen, „Free-Trade Ideology and Transatlantic Abolitionism: a historiography“, S. 291–304.

106 Bender (ed.), The Antislavery Debate: Capitalism and Abolitionism as a Problem in Historical Interpretation, Berkeley: University of California Press, 1992; Grieshaber, „Forschungen zur antiken Sklaverei im Zeitalter der schottischen Aufklärung – Wurzeln des britischen Abolitionismus?“, S. 164–177; Grieshaber, Frühe Abolitionisten?, passim; Rediker, The Fearless Benjamin Lay. The Quaker Dwarf Who Became the First Revolutionary Abolitionist, Boston: Beacon Press, 2017.

107 Linden, „Unanticipated Consequences of ‘Humanitarian Intervention’: The British Campaign to Abolish the Slave Trade, 1807–1900“, in: Theory and Society Vol. 39:3–4 (May 2010), S. 281–298, http://socialhistory.org/sites/default/files/docs/publications/theory_and_society.pdf#overlay-context=en/staff/marcel-van-der-linden (letzter Zugriff 24. 1. 2018); Pearson, Andrew, Distant freedom: St Helena and the abolition of the slave trade, 1840–1872, Liverpool: Liverpool University Press, 2016.

108 Hall; Draper; McClelland, „Introduction“, S. 1–33; siehe auch: Jennings, Judith. The Business of Abolishing the British Slave Trade, 1783–1807, London: Routledge, 1997.

109 Díaz Benítez, Ovidio C., „La realidad cubierta“, in: Díaz Benítez, Verdades ocultas de la esclavitud. El clamor de los cautivos, La Habana: Editorial de Ciencias Sociales, 2012, S. 34–35; Schmieder, „Eine Archäologie ‚subalternen‘ Sprechens: Afrokaribische Frauen und Männer reden über ihre persönlichen und gesellschaftlichen Ziele“, in: Zeitschrift für Weltgeschichte (ZWG), Interdisziplinäre Perspektiven, 15/1 (2014), S. 9–36.

ter Kontrolle lokaler Eliten in von Europäern nichtkolonisierten Regionen. Reale Sklavereien kamen – wenn ich beim britischen Beispiel bleibe – oft in sehr gewinnträchtigen Bergbauaktivitäten vor. Ich zitiere ein paradigmatisches Beispiel: „British capitalists had invested heavily in Latin America in the post-Napoleonic period and mineral exploitation, dominated by joint-stock companies that raised huge sums on the London money markets, was an especially favoured activity. The modus operandi of these speculative ventures was this: a British managerial class, augmented by skilled specialists (usually experienced hard-rock miners from Cornwall), opened up mines at which the bulk of the labouring workforce was local. In several key locations, however, the labouring class was not exactly local. In Brazil, where British companies began mining gold in the 1820s, the auxiliary workforce was composed of freshly imported African slaves, just as in Cuba [vor allem El Cobre bei Santiago de Cuba – M. Z.]“.[110]

Die Kombinationen von klassischen Sklavereien mit massiven „neuen“ Verschleppungssystemen war neben den britischen Kolonien in Ostafrika und Indien sowie französischen/spanischen Einflussgebieten in Südostasien, wo sich, wie gesagt, immer auch lokale Eliten beteiligten, besonders gut ersichtlich an der Verschleppung von *chinos* und Mayas in die *Second Slavery* von mehrheitlich versklavten Afrikanern nach Kuba.[111]

Wie oben gesagt, erhielten 47 000 *slave-owners* in Großbritannien für das, was sie an menschlichen Körpern besaßen (mit Stichtag 1. August 1834) Entschädigung für ihr „verlorenes Eigentum“. Für die ehemaligen Sklaveneigentümer können die Autoren des Buches *British Slave-ownership* zeigen, wie sich für eine neue imperiale britische Reformelite das „afterlife of slavery following Emancipation“,[112] die als imperialer Rechtsakt für die britische Karibik, Mauritius und die Kapkolonie galt, gestaltete. Sklaverei als ein bis um 1880 globales Arbeits- und Kapitalsystem wurde mehr und mehr als eine exotische Besonderheit „unzivilisierter“ Gesellschaften dargestellt.

Besonders deutlich wird die Verdrängungsgeschichte in Bezug auf Haiti. Es sind aber nicht nur die frühen Fehlbewertungen. Zwischen 1800 und 1825 hielten alle atlantischen Eliten die postkoloniale Geschichte Haitis, d. h., die unmittelbare postrevolutionäre Geschichte der ehemals wertvollsten Sklaven-Kolonie Europas (d.h, nach der Sklavenrevolution von Saint-Domingue 1791–1803)[113] noch für lokal

110 Evans, Chris, „Brazilian Gold, Cuban Copper and the Final Frontier of British Anti-Slavery“, Slavery & Abolition Vol. 34:1 (2013), S. 118–134.

111 Álvarez Cuartero, Izaskun, „De españoles, yucatecos e indios: la venta de mayas a Cuba y la construcción imaginada de una nación“, in: Revista de Pesquisa Histórica de la Universidade Federal de Pernambuco Vol. 30:1 (2012), S. 1–20.

112 Hall; Draper; McClelland, „Introduction“, S. 1–33, hier S. 6.

113 Dayan, Joan, „Last Days of Saint-Domingue“, in: Dayan, Haiti, History and the Gods, Berkeley/Los Angeles/London: University of California Press, 1998, S. 143–186; Pestel, Friedemann, „The Impossible *Ancien Régime colonial*: Postcolonial Haiti and the Perils of the French Restoration“, in: Journal of Modern European History 15:2 (2017), S. 261–279.

eingrenzbar. Die Fehlbewertungen der Realität von Abolitionsproklamationen und -diskursen ziehen sich bis in die heutige Wissensgeschichte. Ein Beispiel: „Zumal beides, geographischer Wissenserwerb und Kampf gegen Sklaverei und Sklavenhandel, zu den genuin europäischen Jahrhundertvorhaben gehörten, ist zu vermuten, dass beides miteinander verknüpft war".[114] Zunächst einmal waren alle „Wissenserwerber" an das umstrittene „lokale" Wissen gebunden, das wie im Falle der Negreros und ihres Personals auch sehr viel großräumiger und kosmopolitischer als das von „Entdeckern" sein konnte. Die Infrastrukturen, Wege und Routen ins „Unbekannte" oder im „Unbekannten" (für die „Wissenserwerber") sowie die jeweiligen realen Kontexte kannten Schmuggler und Negreros nun einmal am besten. Selbst wenn „Wissenserwerber" gegen Sklaverei und Sklavenhandel unterwegs waren, nutzten sie das Wissen der Sklavenhändler und ihrer Hilfskräfte und/oder Matrosen, deren Kenntnisse (Krankheiten, Klima, Gebräuche, Waren, Umgangsformen, Kriegsführung, Krankheiten/Heilung,, Nahrungsmittel und -erwerb, etc.) und deren „lokales" Wissen.[115]

Die beiden getrennten Diskursuniversen „Revolution" (im Westen) und „Sklaverei" (irgendwo im Nichtwesten oder in Ausnahmeterritorien) führen dazu, dass eine fundamentale Tatsache in Bezug auf die begründenden Revolutionen der Moderne (Revolution in England einschließlich der Glorious Revolution 1640–1688, Amerikanische Unabhängigkeitsrevolution 1776–1783 und Französische Revolution 1789–1795) bis heute gerne übersehen wird – diese Revolutionen haben Sklaverei und Sklavenhandel *nicht* abgeschafft, sondern im Grunde Eigentum nach „römischem Recht" (auch wenn es in England und USA formell anders begründet wurde), auch das Eigentum an menschlichen Körpern, als „Menschenrecht" begründet. Als erst freie Farbige und dann auch Sklaven die grundlegenden Menschenrechte auf Gleichheit und Freiheit auch für sich forderten und dafür Rebellion, Revolution und Krieg wagten und schließlich gewannen (Saint-Domingue/Haiti 1790–1803), wurde diese fundamentale Tatsache des Widerspruchs zwischen Freiheit und Gleichheit sowie Versklavung in der Realität deutlich – aber schnell marginalisiert.[116] Außer von Félix Varela auf Kuba.[117]

114 Schröder, Iris, „Einleitung", in: Schröder, Das Wissen von der ganzen Welt. Globale Geographien und räumliche Ordnungen Afrikas und Europas 1790–1870, Paderborn [etc.]: Ferdinand Schönigh, 2011, S. 7–25, hier S. 19.

115 Das wird schlaglichtartig immer wieder deutlich an authentischen Informationen über Sklavenhandel in Afrika: Martín Casares; M'bachu, Oluwatoyin, „Memorias de un tratante de Liverpool sobre el comerico esclavista entre Canarias y el África Occidental Subshariana a finales del siglo XVIII", S. 1–10.

116 Trouillot, „An Unthinkable History: The Haitian Revolution as a Non-Event", in: Trouillot, Silencing the Past, S. 70–107; Ferrer, „Haiti, Free Soil, and Antislavery in the Revolutionary Atlantic", S. 40–66; Roth, Rainer, Sklaverei als Menschenrecht. Über die bürgerlichen Revolutionen in England, den USA und Frankreich, Frankfurt am Main: DVS, 2017.

117 „34. Primer proyecto cubano de abolición de la esclavitud [1821]", in: Pichardo, Hortensia (ed.), Documentos para la historia de Cuba, 5 vols. in 4 Bden., La Habana: Editorial de Ciencias

Aber sogar die neue Elite Haitis, die aus dieser globalhistorischen Revolution hervorgegangen war, glaubte wohl an die Abolition der Sklaverei und daran, dass Menschen kein Eigentum sein sollten, aber nicht wirklich an „Nicht-Sklaverei" in Bezug auf Arbeit und Entschädigung für verlorenes Eigentum. Selbst Toussaint Louverture war bereit, ein De-facto-Sklaverei-Arbeitsregime „ohne den Namen Sklaverei" einzuführen und damit die große Exportwirtschaft wieder in Gang zu setzen, als er sich militärisch und politisch stabil glaubte.[118] Das Zustandekommen des Entschädigungsvertrages (gegen die Anerkennung der Unabhängigkeit Haitis seitens Frankreichs) für „verlorenes Eigentum" ist umstritten. Aber der haitianische Präsident Jean-Pierre Boyer (1776–1850) hat ihn abgeschlossen. Er betraf die groteske Summe von 150 Millionen Goldfrancs (später auf 90 Millionen reduziert und bis in das 20. Jahrhundert abbezahlt) und wird meist unter dem Motto „Kauf der Unabhängigkeit" dargestellt. Es war aber vor allem ein Rückkauf der Eigentumsrechte über versklavte Körper und zeigt, wieviel Wert die Zeitgenossen Sklaven und Plantagen als „verlorenem Eigentum" beimaßen.[119]

Erstaunlicherweise war der russische Zar Alexander I. ein großer Unterstützer des unabhängigen Haitis und der britischen Abolitionspolitik (Verfolgung der *Atlantic slavery*). Er spielte sich, mit Millionen von Bauern in Leibeigenschaft in Russland, Polen und den baltischen Gebieten, als christlicher Protektor der Opfer des Sklavenhandels (Kaukasus, Tataren, Osmanen und eben Haiti) auf.[120]

Die osmanischen Eliten ihrerseits stimmten auf britischen Druck notgedrungen dem Handelsverbot für Versklavte aus Afrika zu (1857). Die Beschaffung vor allem weißer Frauen sowie Kindern aus dem Kaukasus und Teilen des Balkans blieb aber bis in das 20. Jahrhundert ein gutes Geschäft. Abnehmer der in Razzien verschleppten oder von ihren Familien verkauften Mädchen waren Zwischenhändler, die sie ausbilden ließen und mit hohen Gewinnen in die Harems der ormanischen Oberschichten verkauften.[121]

Vor allem die „Freiheits"-Norm und -diskurse galten im Wesentlichen für Gebiete, in denen Katholizismus nur (relativ) kurz das gesamte Gebiet erfasst hatte und sich seit dem 16.–17. Jahrhundert Protestantismus ausbreitete (England/Schottland, Niederlande, Skandinavien, USA). Die reale „freie" Arbeit war angesichts von

Sociales 1973, Bd. I, S. 267–275, hier S. 269–275 „Memorias que demuestra la necesidad de extinguir la esclavitud de los negros en la Isla de Cuba, atendiendo á los intereses de sus propietarios, por el Presbítero don Félix Varela, Diputado á Cortes".

118 Geggus, David P., „Toussaint's Labor Decret (Supplement to the Royal Gazette [Jamaica], 15 Nov. 1800)", in: Geggus (ed., transl., with introd.), The Haitian Revolution. A Documentary History, Indianapolis/Cambridge: Hackett, 2014, S. 153–154.

119 Pestel, „The Impossible *Ancien Régime colonial*: Postcolonial Haiti and the Perils of the French Restoration", S. 261–279.

120 Kurtynowa-D'Herlugnan, Liubov, The Tsar's Abolitionists: The Russian Struggle against the Slave Trade in the Caucasus and its Suppression, Leiden: Brill, 2010.

121 Calic, Marie-Janine, „Piraten, Pest und andere globale Herausforderungen", in: Calic, Südosteuropa. Weltgeschichte einer Region, München: Beck, 2016, S. 265–276, hier S. 274.

Kinder- und Frauenüberarbeitung sowie überhaupt Länge des Arbeitstages und Lebensbedingungen noch im gesamten 19. und oft auch im 20. Jahrhundert von schwersten direkten und strukturellen Zwängen geprägt. In katholischen Gebieten war ein Diskurs des „freien Untertanen" bis 1789 schwieriger. Im Kolonialbereich, der konstruierten „Peripherie" dieser „Zentren" und in den unabhängigen Nachfolgestaaten vor allem der Amerikas war Kapitalismus bis 1865 (USA) mit Sklaverei und (internem, aber *interstate*) Sklavenhandel verbunden; in Iberoamerika, auch weil die „freie" kapitalistische Entwicklung kompliziert war, existierten kompliziertere und diffusere Verbindungen zwischen Sklaverei, Sklavenhandel und Kapitalismus (von 1810–1888, auch weil ethnisch anders konnotierte Ausbeutungs- und Zwangsarbeitsformen, kollektive Sklavereien bzw. Grenzformen bis weit nach der politischen Unabhängigkeit die Basis der Gesellschaften bildeten). In der gesamten anderen Welt kam die Abolition seit um 1840 nur ganz zögerlich und oftmals ohne wirklichen Durchschlag auf die reale Arbeit, verbunden mit traditionellen Kin-Sklavereiformen und schnell maskiert mit „neuen" Sklaverei- und Bondageformen sowie formalen Kontrakten (siehe unten: „Alte und neue Sklavereien im 19. und 20. Jahrhundert").

Eliten feierten sich in Reden und Repräsentationen.[122] Aber auch das betraf im Wesentlichen Gebiete, in denen europäische Kolonialmächte direkten Einfluss hatten. In allen anderen Staaten, Imperien und Territorien der Welt kam die Abolition, wenn überhaupt, erst im 20. oder 21. Jahrhundert; in der heute so globalisiert-parademodernen Golfregion in Ansätzen erst Mitte des 20. Jahrhundert;[123] in China, wie eben gesagt, erst 1910 und für verdecktere millionenfache Kin-Sklaverei/Bondageformen wie Kinderhandel und Mädchensklaverei erst 1949. In Äthiopien formal erst 1942 mit den Briten.[124] Kernrussland hat hier eine gewisse Sonderstellung, nicht aber seine Expansionsgebiete im Kaukasus und Sibirien, Zentral- und Ostasien.

Kaum ein westlicher Historiker oder eine Historikerin mit Ausnahmen vielleicht in den USA und Brasilien[125] setzt sich mit den wirklichen Geheimnissen der

---

122 Wood, Marcus, The Horrible Gift of Freedom: Atlantic Slavery and the Representations of Emancipation, Athens: Ohio University Press, 2010.

123 Barth, Fredrik, Sohar: Culture and Society in an Omani Town, Baltimore: Johns Hopkins University Press, 1983; Sheriff, Abdul, „The Twilight of Slavery in the Persian Gulf", in: Zanzibar International Film Festival Journal [ZIFF] Vol. 2 (2005), S. 35–46.

124 Bombe, Bosha, „Reclaiming Lost Identity. Redemption of Slave Descendants among the Ganta", in: Epple, Susanne (ed.), Creating and Crossing Boundaries in Ethiopia: Dynamics of social categorization and differentiation, Münster: LIT Verlag, 2014 (Afrikanische Studien/African Studies; Bd. 53), S. 77–88, hier S. 77.

125 Alonso, Angela, Flores, Votos e Balas: O Movimento Abolicionista Brasileiro (1868–88), São Paulo: Companhia das Letras, 2015; Sinha, Manisha, The Slave's Cause. A History of Abolition, New Haven: Yale University Press, 2016; siehe auch: Finkelman, Paul, „Regulating the African Slave Trade", in: Civil War History Vol. 54:4 (2008), S. 379–405.

Abolition „von oben", ihren Diskursen und Verflechtungen mit Ideologie und Liberalismus auseinander.[126] Das wohl wichtigste Buch einer Analyse der Abolitionen ist über den Zusammenhang zwischen Sklavenrebellionen, Abolition und Ideologie publiziert worden.[127]

Um die Metanarrative der „westlichen" Abolitionsdiskurse[128] kritisch mit der Realität von weiter existierenden unterschiedlichsten formellen, aber vor allem informellen Sklavereien und Menschenhandelssystemen sowie Globalisierungen zu konfrontieren, will ich einen für die Globalgeschichte symptomatischen Prozess der prolongierten Transition quasi ohne wirkliche Abolition außerhalb der hegemonischen britischen Sklaverei und des hegemonischen britischen Abolitionsdiskurses am Beispiel des portugiesischen Imperiums darstellen – immerhin, zusammen mit Brasilien, mit dem größten Anteil Versklavter der *Atlantic slavery* und sicherlich auch mit erheblichen Anteilen an Sklavereien und Sklavenhandel in Afrika und Asien.

Mit James Walvin und William Pettigrew will ich zunächst aber gerne darauf hinweisen, dass das britische Parlament heute nicht nur mit dem Antisklavenhandels-Act identifiziert werden sollte. Das gleiche Parlament hatte Dutzende von Pro-Sklaverei und Pro-Sklavenhandelsgesetzen erlassen: „Parliament was in fact a slave trading legislature, before it became an abolitionist legislature".[129] Meist wird in Artikeln über die „westliche Abolition" darauf hingewiesen, dass schon um 1840, bis zur ersten *World Anti-Slavery Convention* in London, alle europäischen Sklavenhandelsnationen den Sklavenhandel abgeschafft hätten und es bald auch zu Abolitionen der Sklavereien „an Land" gekommen sei. Dabei wird häufig auf den britischen Abolitionsprozess im atlantischen Westen verwiesen: 1808 kein atlantischer Sklavenhandel mehr und 1834/38 Abolition der Sklaverei mit Entschä-

126 Bender (ed.), The Antislavery Debate: Capitalism and Abolitionism as a Problem in Historical Interpretation, passim.

127 Drescher; Emmer (eds.), Who Abolished Slavery? Slave Revolts and Abolitionism. A debate with João Pedro Marques, New York/Oxford: Berghahn Books, 2010 (European Expansion & Global Interaction; Vol. 8); Blackmon, Douglas, Slavery by Another Name: The Re-Enslavement of Black Americans from the Civil War to World War II, New York: Doubleday, 2008 (London: Icon Books, 2012); Berlin, Ira, The Long Emancipation: The Demise of Slavery in the United States, Cambridge: Belknap Press of Harvard University Press, 2015.

128 Gestrich, Andreas, „Die Antisklaverei-Bewegung im ausgehenden 18. und 19. Jahrhundert. Forschungsstand und Forschungsperspektiven", in: Herrmann-Otto, Elisabeth (ed.), Unfreie Arbeits- und Lebensverhältnisse von der Antike bis zur Gegenwart. Eine Einführung, Hildesheim [etc.]: Georg Olms Verlag, 2005, S. 237–257; Hochschild, Adam, Sprengt die Ketten. Der entscheidende Kampf um die Abschaffung der Sklaverei, Stuttgart: Klett-Cotta, 2007; Powell, Jim, Greatest Emancipations. How the West Abolished Slavery, New York/Basingstoke: Palgrave Macmillan, 2008.

129 Walvin, „Commemorating Abolition, 1807–2007", in: Linden (ed.), Humanitarian Intervention and Changing Labor Relations, S. 57–67.

digung der Besitzer.[130] Die anderen Nationen seien gefolgt (was, wie oben gesagt, in Bezug auf Dänemark, das Frankreich der großen Revolution (1794–1802) und die Länder des ehemaligen Spanisch-Amerika nicht ganz richtig ist); Frankreich nach Wiedereinführung durch Napoleon 1802 mit der Revolution von 1848;[131] am deutlichsten die Niederlande (1863/73, auch mit Entschädigung der Eigentümer).[132] Selbst ein deutscher Staat wie Preußen – sonst immer strikt von der Sklaverei-Debatte getrennt – folgte mit dem berühmten Oktoberedikt und der Aufhebung der Leibeigenschaft für die „Bauernsklaven" der ostelbischen Gebiete dem britischen Abolitionsgesetz.[133]

Zunächst noch ein Seitenblick auf das imperiale Spanien in der Krise der französischen Besetzung und der antinapoleonischen liberalen Revolution 1808–1814, d. h., zu einer Zeit als „Restspanien" mit Großbritannien verbündet war: Am 26. März 1811 schlug José Miguel Guridi y Alcocer, Deputierter aus Neu-Spanien (Mexiko) in den berühmten liberalen Cortes von Cádiz die graduelle Abschaffung der Sklaverei in der „spanischen Nation" (darunter verstand man das europäische Spanien und seine Kolonialgebiete in den Amerikas und in der Karibik sowie die Philippinen) vor. Die hysterische Erregung, die seine Worte in der Sklavenhandelsstadt Cádiz verursachten, führten dazu, dass die Sitzung zur Geheimsession erklärt wurde. Der Vorschlag Guridis sah vor, den atlantischen Sklavenhandel zu beenden, die Freiheit der nach der Proklamation des Verbotes geborenen Sklavenkinder zu erklären (auch als „Gesetz über den freien Bauch" bekannt), die Abschaffung der körperlichen Züchtigung sowie die Zahlung geringer Tagessätze an Sklaven, die in der Sklaverei verblieben (eine sofortige Abolition der Sklaverei war es also nicht) sowie die Anerkennung des Rechts für alle Versklavten auf Selbstfreikauf (*coarta-*

---

130 Bader-Zaar, Birgitta, „Abolitionismus im transatlantischen Raum: Organisationen und Interaktionen der Bewegung zur Abschaffung der Sklaverei im späten 18. und 19. Jahrhundert", unter: http://www.ieg-ego.eu/de/threads/transnationale-bewegungen-und-organisationen/internationale-soziale-bewegungen/birgitta-bader-zaar-abolitionismus-im-transatlantischen-raum-abschaffung-der-sklavereiInsertNoteID_72 (letzter Zugriff 24. 1. 2018).

131 Dubois, „The Road to 1848: Interpreting French Antislavery", S. 150–157; Dorigny, Marcel (sous la dir. de), Esclavage, résistance, abolitions, Paris: èditions du C.T.H.S, 1999, siehe auch: Jennings, Lawrence C. „French Policy towards Trading with African and Brazilian Merchants, 1840–1853", in: The Journal of African History Vol. 17:4 (1976), S. 515–528; Jennings, French Antislavery: The Movement for the Abolition of Slavery in France, 1802–1848.

132 Alexandre, Valemtin, „Portugal e a abolição do tráfico de escravos (1834–1851)", in: Análise Social Vol. XXV:3 (1991) (2.º), S. 293–333, http://analisesocial.ics.ul.pt/documentos/1223038698G8jRF9au8Nl18MP8.pdf (letzter Zugriff 24. 1. 2018); siehe auch: Correia, Arlindo, „A ESCRAVATURA", unter: http://www.arlindo-correia.com/200507.html. (letzter Zugriff 24. 1. 2018).

133 Scheuerer, Gerhard, „The Brandenburg Triangle", in: Backhaus(ed.), The Liberation of the Serfs: The Economics of Unfree Labor, S. 7–14; Taterka, „Zu Bauernsklaven bekehrt. 700 Jahre deutsche Kolonialgeschichte im Baltikum", S. 59–61; Moon, David, The Abolition of Serfdom in Russia, 1762–1907, London: Longman, 2001.

ción) zum gleichen Preis, zu dem sie erworben worden waren.[134] Aus Kuba protestierten sofort Arango y Parreño (siehe oben unter Historiografie), Sklavereiökonom und „Stimme" der Hacendados (Sklaven- und Ingeniobesitzer), sowie der Generalkapitän; in Spanien protestierten die Kaufleute von Cádiz und viele andere mehr.[135] Der Abolitionsprozess im spanischen Imperium, seit 1825 „Restimperium" mit Kuba, Puerto Rico und den Philippinen sowie einigen Küstenkolonien in Afrika, wurde erst 1870–1873 in Puerto Rico und 1870–1880–1886 auf Kuba realisiert; auf den Philippinen unter den Spaniern nie, denn dort existierte nach legalistischer Auffassung über die „Freiheit der Indios" Sklaverei nicht. Die Philippinen entwickelten sich zum globalen Arbeitskräfte-Reservoir, das sie heute noch sind.[136]

Jetzt zur anderen iberischen Sklavenhandelsmacht – Portugal, der westlichen Sklavenhandelsnation mit den meisten Verschleppten aus Afrika. Als ein in Realität, unterhalb der Metanarrative, Zivilisationsrhetoriken, Abolitionsdiskurse und -texte, paradigmatisches Gegenbeispiel zu den vorherrschenden Abolitionsrhetoriken und dem britischen „Abolitionsprozess mit Abolitionisten" kann, wie gesagt, in unserem Zusammenhang der Sklavereigeschichte,[137] der Prozess in diesem atlantischen Imperium gelten, wo Sklaverei und Sklavenhandel eine noch größere Rolle als im Britischen Imperium spielten. Ähnliches gilt für Niederländisch-Indien (Indonesien), wo die Briten nach Eroberung Javas zwar schon 1811 formell den Sklavenhandel aufhoben. Aber die Sklavereiformen verschwanden sozusagen unter dem gigantischen Schirm des Indenture-Konzepts und seiner Realitäten.[138] Der Kampf gegen Piraterie und Menschenhandel (vor allem im Sulu-Archipel), mit dem auch die weitere Kolonialisierung legitimiert wurde, dauerte aber noch bis zum Ende des 19. Jahrhunderts.

---

134 „Propuestas de José Miguel Guridi y Alcocer para la abolición del tráfico de esclavos", in: Chust Calero, Manuel (introd. y selección), América en las Cortes de Cádiz, Madrid/Aranjuez: Fundación Mapfre / Doce Calles, 2010, S. 105–106 [Doc. XI]; „Propuestas de Agustín Argüelles y José Mejía Lequerica para la abolición de la tortura y del tráfico de esclavos", in: Chust Calero, Manuel (introd. y selección), América en las Cortes de Cádiz, S. 107–113 [Doc. XII]; Tenorio Adame, Antonio, „La esclavitud en el discurso de José Miguel Guridi y Alcocer", in: López Sánchez, Eduardo Alejandro; Soberanes Fernández, José Luis (coords.), La constitución de Cádiz de 1812 y su impacto en el occidente novohispano, México: Universidad Nacional Autónoma de México, 2015, S. 401–422, http://biblio.juridicas.unam.mx/libros/8/3961/26.pdf (letzter Zugriff 24. 1. 2018); Piqueras [Arenas], La esclavitud en las Españas, S. 221–223.

135 Tomich, „The Wealth of the Empire: Fancisco de Arango y Parreño, Political Economy, and the Second Slavery in Cuba", S. 4–28; Holeman, „'A Peculiar Character of Mildness': The Image of a Human Slavery in Nineteenth-Century Cuba", S. 41–54; Fradera; Schmidt-Nowara, Christopher, Slavery and Antislavery in Spain's Atlantic Empire, New York/Oxford: Berghahn Books, 2010 (European Expansion & Global Interaction; Vol. 9).

136 Wendt, „Überlebensstrategie Migration: das Beispiel der Philippinen", in: Wendt, Vom Kolonialismus zur Globalisierung, S. 373–374.

137 Es ist zweifelsfrei auch der Zusammenhang Emanzipationsgeschichte „von unten" möglich, wie ihn Aline Helg u. a. darstellen, siehe: Helg, Plus jamais esclaves!

138 Termorhuizen, „Indentured Labour in the Dutch Colonial Empire 1800–1940", S. 261–314.

Spanien und seine Imperien vor und nach der *Independencia* der kontinentalen Kolonien in Amerika (1810–1830) rücken nach den neuesten Schätzungen über den atlantischen Sklavenhandel sogar, wie oben gesagt, auf den dritten Platz der Sklaverei-Imperien (vor allem im so genannten *imperio después de un imperio* – Imperium nach einem Imperium, d. h., Kuba, Puerto Rico, Philippinen, Inseln und Plätze in Afrika).[139] In Spanien gab es eine „modest local antislavery tradition" der Personen und Orte (vor allem Barcelona)[140] – aber kein liberales Imperium, das die Moralität der Abolitionsdiskurse für neue globale Expansionen gebraucht und genutzt hätte (wie Großbritannien).

Seymour Drescher hat einmal den niederländischen Abolitionsprozess „The Long Goodbye" genannt.[141] Das kann auch für Spanien gelten, mehr noch aber für Portugal.[142] Im „long, long, long goodbye" des portugiesischen Imperiums handelte es sich gänzlich um „Abolitiondiskurse ohne Abolition und ohne Abolitionisten" und im Grunde um elend lange Prozesse der Transformation hin zu anderen Formen extremer Abhängigkeit (der innerhalb der komplizierten Nationsbildungen ehemaliger Kolonien – wie Angola oder Moçambique – oft heute noch nicht abgeschlossen ist) ohne wirkliche Aufhebung von Sklavereien und Menschenhandel (vor allem in Afrika nicht, speziell in Guinea-Bissau (Cacheu, Bissau), Ajudá (Ouidah), Lagos (Onim), Angola/Kongomündung, Cabinda (Portugiesisch-Kongo) und Moçambique sowie den indischen Kolonien (Goa, Diu und Damão), auf Timor, Flores (Larantuka) und Solor); zusammengefasst im *Estado da Índia*.[143] Eher geschah das Gegenteil: es breiteten sich ältere Sklavereien (oft unter anderer Bezeichnung) wieder aus, meist bezogen auf Kinder und Frauen; oft auch in Branchen wie Transport oder Infrastrukturen. Oder es kam zu neuen Sklaverei-Systemen (mit

---

139 Fradera, „Cuba, Puerto Rico y Filipinas: del Imperio al sistema de tres colonias", in: Fradera, Colonias para después de un imperio, S. 17–59; Delgado Ribas, Josep, „The Slave Trade in the Spanish Empire (1501–1808): The Shift from Periphery to Center", in: Fradera; Schmidt-Nowara, Slavery and Antislavery in Spain's Atlantic Empire, S. 13–42; zu den neuen Zahlen des atlantischen Sklavenhandels nach Spanisch-Amerika, siehe: Borucki; Eltis; Wheat, „Atlantic History and the Slave Trade to Spanish America", S. 433–461.

140 Garcia Balanya, Albert, „Antislavery before abolitionism: Networks and motives in early liberal Barcelona, 1833–1844", in: Fradera; Schmidt-Nowara (eds.), Slavery and Antislavery in Spain's Atlantic Empire, S. 229–255 (Zitat S. 232), zur katalanischen Anti-Sklaverei „ohne Abolitionismus", siehe: Fradera, „Limitaciones históricas del abolicionismo catalán", in: Solano, Francisco; Guimerá, Agustín (eds.), Esclavitud y derechos humanos. La lucha por la libertad del negro en el siglo XIX, Madrid: Consejo Superior de Investigaciones Científicas, 1990, S. 125–133.

141 Drescher, „The Long Goodbye: Dutch Capitalism and Antislavery in Comparative Perspective", in: Oostindie (ed.), Fifty Years Later, S. 25–66.

142 Silva, Cristina Nogueira da; Grinberg, „Soil Free from Slaves: Slave Law in Late Eighteenth- and Early Nineteenth-Century Portugal", in: Slavery and Abolition Vol. 32:3 (2011), S. 431–446.

143 Daus, Ronald, Die Erfindung des Kolonialismus, Wuppertal: Peter Hammer Verlag, 1983; Wendt, „Das interkontinentale Stützpunktsystem der Portugiesen", in: Wendt, Vom Kolonialismus zur Globalisierung, S. 44–48.

Anpassung der Diskurse und Sprachregelungen sowie der praktischen Kolonialpolitik: auch hier war Großbritannien Vorreiter).[144] Sprache ist da schon sehr verräterisch: im Grunde gab es in der Sprache des portugiesischen Imperiums die Worte „Abolition" und „Emanzipation" nicht. Es gab einzelne Rechtsakte, an die sich nicht mal die Eliten hielten, die sie eigentlich durchsetzen sollten. Es ist bezeichnend, dass in einer Stadt wie Luanda, in der es von Sklaven wimmelte, im Laufe des 19. Jahrhunderts von der dortigen *Mixed Commission* nur 137 Versklavte freigesprochen wurden.[145] Und es handelt sich um den welthistorischen Raum des Süd-Atlantiks. Das Wort klingt eher marginal, der Raum ist es nicht: es handelt sich um den eigentlichen Sklavenhandels-Teil der *Atlantic slavery* – alles südlich des Wendeskreises des Krebses/Äquators auf dem Atlantik und seine Zugänge zum Indischen Ozean, zu Küsten und Inseln des Indischen Ozeans sowie des Pazifiks.[146]

Schon 1761 waren durch ein Dekret Pombals alle in das europäische Portugal eingeführten Sklaven für frei erklärt worden. 1773 kam noch ein Gesetz über den „freien Bauch" und die Aufhebung der alten Zwangstrennung in alte und „neue" Christen hinzu. In vielen europäischen Kolonialmetropolen existierte diese *free soil*-Politik („freier Boden") – in Frankreich etwa seit 1538. 1763 wurden Sklavenhandel und Sklaverei auf Madeira und auf den Azoren aufgehoben. All das waren unterhalb der Aufklärungsdiskurse Maßnahmen, um den Luxus in Form von versklavten Dienern in Portugal und auf den atlantischen Inseln einzugrenzen und den Sklavenhandel nach Brasilien zu lenken und dort die rurale Sklaverei zu stimulieren.[147]

1810 verpflichtete der portugiesische König im Freundschaftsvertrag mit Großbritannien seine Untertanen, nur noch Sklavenhandel (auf portugiesischen Schiffen) in portugiesischen Territorien und nicht in den Gebieten der Engländer oder anderer Nationen in Afrika (wie Juda/Ouidah/Whydah) zu betreiben. 1815 unterzeichnete Portugal (als Vereinigtes Königreich Portugal, Brasilien und der Algar-

144 Miers, „The British Indian Model of Emancipation", S. 30–31 und passim; Tinker, Hugh, A New System of Slavery: The Export of Indian Labour Overseas, 1830-1920, London: OUP, 1974 (2nd ed., London: Hansib, 1993).

145 Coghe, Samuël, „The Problem of Freedom in a Mid Nineteenth-Century Atlantic Slave Society: The Liberated Africans of the Anglo-Portuguese Mixed Commission in Luanda (1844–1870)", in: Slavery & Abolition: A Journal of Slave and Post-Slave Studies Vol. 33:3 (2012), S. 479–500.

146 Guizelin, Gilberto da Silva, „A abolição do tráfico de escravos no Atlântico Sul: Portugal, o Brasil e a questão do contrabando de africanos", in: Almanack. Guarulhos, n. 05 (1º semestre de 2013), S. 123–144.

147 Silva, Luiz Geraldo, „Esperança da liberdade. Interpretações populares da abolição ilustrada (1773–1774)", in: Revista de História no. 144 (julho de 2001), S. 107–149; De Almeida Mendes, António, „Esclavage et race au Portugal: une expérience de longue durée", in: Cottias; Mattos (dir.), Esclavage et subjectivités dans l'Atlantique luso-brésilien et français (XVIIe–XXe siècles), Marseille: OpenEdition Press, 2016, S. 67–83; Silva, Cristina Nogueira da; Grinberg, „Soil Free from Slaves: Slave Law in Late Eighteenth- and Early Nineteenth-Century Portugal", in: Slavery and Abolition Vol. 32:3 (2011), S. 431–446.

ves) das Abschlussdokument des Wiener Kongresses (22. Januar 1815). 1817 wurde in London eine Ergänzungsakte des Wiener Vertrages von 1815 unterzeichnet (26. Juli 1817), die die Schaffung der *mixed courts / comissiones mixtas / comissões mistas* – eine Art internationales und bilaterales Gericht zu Verurteilung von Sklavenhändlern – vorsah. In der Akte von 1817 wurde ab 1818 der Sklavenhandel nördlich des Äquators (d. h., Senegambien, Kapverden, Windward-Küsten sowie Gold- und Sklavenküste) verboten. 1822 trennte sich Brasilien rechtlich von Portugal, blieb aber der wichtigste Sklavenmarkt. 1836 erfolgte das Verbot des atlantischen Sklavenhandels für die ganze Monarchie, verbunden mit der Utopie eines „dritten Imperiums" mit Basis in Afrika (linke Liberale unter Sá de Bandeira).[148] Das war, wie portugiesische Historiker, vor allem João Pedro Marques, hervorheben „um projecto de carácter essencialmente colonial". Und Sklavenhändler aus Angola konnten, ganz legal (so sie *fazendas* in Brasilien hatten – und das hatten die meisten), Sklaven nach Brasilien verschiffen lassen.[149] Das Verbot des internationalen Sklavenhandels wurde 1842 durch einen Vertrag mit Großbritannien verschärft, der den Sklavenhandel zwischen den Gebieten beider Mächte untersagte (2. Juli 1842; mit dem auch *comissões mistas / Mixed commissions* auf den Kapverden (Boa Vista), Luanda sowie, auf britischer Seite, in Kapstadt und Spanish Town (Jamaika) eingeführt wurden).[150]

Die Auseinandersetzungen um die reale Abolition der Sklavereien und des Menschenschmuggels kamen erst danach. Der Sklavenhandel innerhalb der portugiesischen Gebiete, d. h., interner Menschenhandel, wurde formal erst 1869 (Gesetz vom 23. Februar 1869), nach schwersten Auseinandersetzungen in den Kolonien aufgehoben.[151]

Im Mai 1843 war ein Gesetz über einen Zensus der Sklaven in Moçambique erlassen worden. Ganze elf Jahre später, am 14. Dezember 1854, folgte die Anweisung (*decreto*), endlich ein Register aller Sklaven im gesamten afrikanischen Kolonialreich zu erheben und alle ehemaligen Sklavinnen und Sklaven als *libertos* (frei-

---

148 Alexandre, „O Império Africano (séculos XIX–XX) – As linhas gerais", in: Alexandre (ed.), O Império Africano – Séculos XIX e XX, Lisboa: Edições Colibri, 2000, S. 11–28.

149 Caldeira, „A pressão britânica sobre Portugal e a legislação para inglês ver", in: Caldeira, Escravos e Traficantes no Império Português, S. 235–244, hier S. 238.

150 Turano, Maria R., „British Abolitionism in Anglo-Portuguese Relations: the case of the Portuguese colony of Cape Verde", in: Cottias; Rossignol (coords.), Distant Ripples of the British Abolitionist Wave, S. 127–143.

151 Capela, José, Escravatura: a empresa de saque; o abolicionismo (1810–1875), Porto: Afrontamento, 1974; Capela, „Abolición y abolicionismo en Portugal y sus colonias", in: Solano; Guimerá (eds.), Esclavitud y derechos humanos, S. 577–603; siehe auch: Alexandre, „Portugal e a abolição do tráfico de escravos (1834–1851)", in: Análise Social Vol. XXV:3 (1991) (2.º), S. 293–333; sowie: Marques, Os Sons do Silêncio, passim; Ferreira, „The suppression of the slave trade and slave departures from Angola, 1830s–1860s", in: Historia Unisinos 15:1 (Jan.–Abril 2011), S. 3–13; Guizelin, „A abolição do tráfico de escravos no Atlântico Sul: Portugal, o Brasil e a questão do contrabando de africanos", S. 123–144.

gelassene Sklaven) zu betrachten, die nicht durch ihre Herren eingeschrieben worden seien.[152] Sicherheitshalber war vorher der „freie“ Transport der Libertos zwischen Angola und Principe (für São Tomé galt Ähnliches) per Gesetz reguliert worden – natürlich im Sinne der Plantagenbesitzer auf der Insel sowie der Agenten in Angola.[153] Der Blick auf die Gesetze Portugals zum Sklavenhandel zeigt zweierlei: schon in Bezug auf den äußeren (Meeres-) Handel war Portugal im Grunde ein Anhängsel britischer Diskurse. In Bezug auf den internen Sklavenhandel gibt es nirgends eine klare Formulierung, die es Staatsanwälten, Richtern oder Anwälten ermöglicht hätte, ein sofortige Freilassung illegal geschmuggelter Menschen zu erwirken.

Sowohl Register wie auch Zensus wurden erheblich kompliziert durch den faktischen Settler-Imperialismus der portugiesischen Eliten in den einzelnen Kolonien (und in ihnen sowie zwischen den einzelnen Städten/Häfen) sowie durch Elite-Sklaven, die in Moçambique (vor allem in Sena und Tete) *botaca* genannt wurden. Das waren versklavte Chefs von Siedlungen (meist Sklavensiedlungen), die oft selbst mehr Sklaven hatten als ihre Besitzer.[154] Sklavenhalter, auch und grade die, die selbst versklavt waren, ließen ihre Sklaven kaum in das Register eintragen. 1859, als der portugiesische Staat 200 Soldaten (*caffirs/cafres/cafrães)* für Indien (Goa) und Macau brauchte, gab es faktisch keine freien jungen Männer in ganz Moçambique. Noch zwischen 1869 und 1879 wurden im Innern des Landes versklavte Menschen formal von afrikanischen Chefs „frei gekauft“ (die Summe mussten die „Freien“ dann „abarbeiten“), an die Küste verschleppt und dort von den Behörden als *libertos* registriert oder gleich an Menschenschmuggler verkauft, die sie nach Kuba, Brasilien oder in den Indik transportierten. Dazu kam in Moçambique und anderen Kolonialgebieten das Problem, dass selbst die Kolonialbehörden, die offiziell den Auftrag hatten, Menschenhandel und Sklavereien zu bekämpfen, Kontraktsklavereien mit dem Hinweis auf die Zivilisierungspotenzen von Arbeit förderten. Unter der Rechtsfiktion des *libre engagement* (eine Art Kontraktsklaverei) wurden Massen von Menschen auf die französischen Plantageninseln im

152 „Decreto“, Paço, Visconde d'Athoguia, Par do Reino, Ministro e Secretario d'Estado dos Negocios Estrangeiros, e dos da Marinha e Ultramar, em quatorze de Dezembro de 1854, in: Arquivo Histórico Ultramarino Lisboa, No. 893, Cód. 1E, Fundo: SEMU, Secçião: DGU, UI tipo: mç, Datas: 1877: Abolição da Escravatura, GEO: STP (ohne Foliierung); siehe auch: Die Gesetze und Dokumente zur Abolition im portugiesischen Imperium finden sich unter: „Apêndice Documental“, in: Silva, „Do Abolicionismo as novas formas de Escravatura. Portugal e os Açores no século XIX“, S. 97–207, hier S. 133–207; das Register-Gesetz, S. 176–185.

153 „Regulamento. Sobre os libertos, que, pelo artifo 8.º do Decreto d'esta data, podem ser transportados da Provincia de Angola para a Ilha do Principe ...“, Secretaria de Estado dos Negocios da Marinha e do Ultramar, em 25 de Outubro de 1853, Visconde d'Athoguia, in: Arquivo Histórico Ultramarino Lisboa, No. 893, Cód. 1E, Fundo: SEMU, Secçião: DGU, UI tipo: mç, Datas: 1877: Abolição da Escravatura, GEO: STP (ohne Foliierung).

154 Capela, „Abolición y abolicionismo en Portugal y sus colonias“, S. 577–603, hier S. 595.

Indischen Ozean transportiert; auch aus Angola gingen Kontraktsklaven sowohl nach São Tomé wie auch in den Indik. In Angola, für das das Registergesetz von 1854 auch galt, gab es kaum einen Sklavenhalter, der sich daranhielt.

Die Menschenhändler selbst und ihre weit verzweigten Netzwerke leisteten massiven Widerstand gegen jegliche Abolition bzw. ignorierten sie einfach oder schickten Sklavenhändler in Kolonialverwaltungen (die die Krone an lokale Honoratioren vergab).

Es gab zwei weitere große Probleme in der riesigen Kolonie Angola, mit denen sich die realhistorischen Sklavereien vor den Kolonialbehörden verschleiern ließen (im übrigen beteiligten sich viele Kolonialbeamte an den Geschäften): einmal die so genannten *serviciais de São Tomé*; Plantagen-Kontraktarbeit im Kakao oder Zucker auf der Insel São Tomé im Golf von Biafra. Die *serviçaes*, die quasi-versklavten Objekte der Serviciais, eine Art Dienstverpflichtete mit Vertrag, waren wirklich De-facto-Sklaven. Viele Kolonialautoritäten gaben das zu, bestritten aber mit Verweis auf die „freiwilligen" Kontrakte den Sklaverei-Charakter.[155] Die Verschleppung von Menschen nach São Tomé dauerte noch bis zum Ende der Kolonialzeit an. Das Sklavenhandelskapital der Eliten (die bis 1869 innerhalb der einzelnen portugiesischen Gebiete Menschenhandel real betrieben) wurde in Kakaoplantagen und Transporte von Zwangsarbeitern nach São Tomé investiert. Die Nachkommen ehemaliger Sklaven auf São Tomé aus den Zeiten vor 1850, *crioulos*, konnten sich wehren. Bis 1910 traten rund 80 000 Menschen aus Angola Transporte nach São Tomé an.[156] Spanien, um das kurz zu erwähnen, folgte dem iberischen Nachbarn in dieser Kolonialpraxis (Produktion von Kolonialressourcen, hier vor allem die neue Leitressource Kakao, mit „vertragsmäßig" versklavten Arbeitskräften in Afrika).[157]

---

155 Siehe: „Informação ácerca dos quesitos [sic; richtig: quisitos] pedídos pelo Deputado Thomas Ribeiro, com relação ao modo como se cumprem as leis sobre a abolição da escravatura", in: AHU Lisboa, No. 893, Cód. 1E, Fundo: SEMU, Secçião: DGU, UI tipo: mç, Datas: 1877: Abolição da Escravatura, GEO: STP (ohne Foliierung).

156 Clarence-Smith, „African and European Cocoa Producers on Fernando Póo, 1880s to 1910s", in: Journal of African History 35:2 (1994), S. 179–199, siehe auch: Marques, „A emancipação nas colónias europeias", in: Marques, Revoltas Escravas, S. 89–99 (mit sehr interessanten Aussagen zu São Tome, S. 96–97); Jéronimo, Miguel; Monteiro, José Pedro, „A emergência das plantações na colónia de São Tomé", in: Jéronimo (org.), O Império Colonial em Questão. Poderes, Saberes e Instituções, Lisboa: Edições 70, 2013, S. 293–295.

157 De Castro, Mariano L.; De la Calle, Mª Luisa, Origen de la colonización española en Guinea Ecuatorial (1777–1860), Valladolid: Universidad de Valladolid, 1992. Díaz Matarranz, Juan José, De la trata de negros al cultivo del cacao. Evolución del modelo colonial español en Guinea Ecuatorial de 1778 a 1914; Barcelona: CEIBA, 2005; De Castro; De la Calle, La colonización española en Guinea Ecuatorial, Vic: CEIBA, 2007; Vilaró i Güell, Miquel, „Las acciones del gobernador José de Barrasa en los litigios territoriales con Francia en Río Muni", in: Documents d'Anàlisi Geogràfica Vol. 58:2 (2012), S. 265–284; Higgs, Catherine, Chocolate Islands: cocoa, slavery and Colonial Africa, Athens: Ohio University Press, 2012.

Das andere große Problem in den afrikanischen Flächenkolonien war das der *cargadores* (Träger). Die Anstellung von Trägern war bereits 1839 verboten worden. Nichts geschah – alle Eliten und Karawanen hielten sich Träger. „Der Unterschied zwischen Trägern und Sklaven bestand in der Tatsache, dass diese schwere Zwangsarbeit durch „freie Neger“ ausgeübt wurde, die in Wirklichkeit versklavt waren“.[158] Sie mussten ihre Körper unter Gewalt wie Sklaven einsetzen – aber zugleich davon lebten. Die Träger- und Rinderkarawanen zogen bis ins 20. Jahrhundert durch Angola und den Kongo (sowie ganz Ost- und Zentralfrika).[159] In den gigantischen Karawanen zogen auch Massen von Trägern als Sklaven durch Angola und sein Hinterland (*sertões*) sowie durch das heutige Moçambique (damals vor allem Quelimane bis Tete (Zambesia); Ilha de Moçambique (mit Fort São Sebastião), Inhambane sowie Lourenço Marques (heute: Maputo) mit ihren Hinterländern). Kamele, Esel und Maultiere konnten sich in Angola und West- wie Ostzentralafrika nicht durchsetzen (Pferde gingen oft ein); Karawanenführer ritten auf Rindern: „Most of the time they went on cows or bulls“ (Casamance).[160]

1856 dekretierte Portugal für seine Kolonien auch ein Gesetz des „freien Bauches“ (ebenfalls Sá de Bandeira, mittlerweile Visconde) – alle seit dem 30. Juli 1856 geborenen Kinder von Sklavinnen sollten frei sein; allerdings den Herren ihrer Mütter für 20 Jahre dienen.[161] Zugleich wurde massiv Indigenatspolitik betrieben, noch ohne formale Gesetze. Die Menschen, die in den Kolonien lebten, waren nicht einfach nur mehr *negros*, *gentios* oder *pretos* (obwohl sie das auch blieben). Sie hatten keine Rechte, sondern als „unzivilisierte“ Indigene (Eingeborene) eigentlich nur Pflichten – vor allem die Pflicht zur Arbeit. Und was „Eingeborenen-Sein“ noch bedeutete, konnten portugiesische Imperial-Eliten in der Genozid-Kolonialgeschichte Australiens, Deutsch-Südwestafrikas, Argentiniens oder des Westens der USA studieren.[162]

Am 29. April 1858 wurde eine 20-Jahres-Frist für die endgültige Abolition aller kolonialen Sklavereien erlassen.[163] Dem folgte am 25. Februar 1859 ein Dekret, dass

158 Capela, „Abolición y abolicionismo en Portugal y sus colonias“, S. 577–603, hier S. 598.

159 Heintze, „Die Karawanen“, in: Heintze, Afrikanische Pioniere. Trägerkarawanen im westlichen Zentralafrika (ca. 1850–1890), Frankfurt am Main: Verlag Otto Lehmbeck, 2002, S. 175–198; Träger waren in ganz Afrika verbreitet, nicht nur im Kongo/Angola-Gebiet; zum Hintergrund siehe: Pesek, Michael, „Afrikanische Träger im Ersten Weltkrieg“, in: JahrBuch für Forschungen zur Geschichte der Arbeiterbewegung (2014/III), S. 27–53.

160 Mark; Horta, „Market Networks and Warfare. A Comparison of the Seventeenth-Century Blade Weapons Trade and the Nineteenth-Century Firearms Trade in Casamance“, in: Knörr, Jacqueline; Kohl, Christoph (eds.), The Upper Guinea Coast in Global Perspective, New York, Berghahn Books, 2016, S. 299–314, hier S. 303.

161 „Apêndice Documental“, S. 133–207, hier: S. 185–186.

162 Jéronimo; Monteiro, „Das ‘Dificultades de Levar Os Indígenas a Trabalhar’: O ‘sistema’ de trabalho nativo no império colonial português“, in: Jéronimo (org.), O Império Colonial em Questão, S. 159–196.

163 „Apêndice Documental“, S. 133–207, hier: S. 193–194.

die Sklavereien im gesamten Territorium Portugals (Europa und Kolonien) umgewandelt (um nicht zu sagen: umbenannt) werden sollten; die ehemaligen Sklaven sollten als Libertos für mindestens zehn Jahre bei ihren jetzigen Herren bleiben müssen. Keinesfalls aber sollten diese Dienste nach der im Gesetz von 1858 festgesetzten Frist (28. April 1878) abverlangt werden können. Niemand überprüfte das wirklich (obwohl es Kommissionen gab). Sklaven blieben Sklaven, auch wenn sie nun *serviçaes* genannt wurden und etwas Geld oder Leistungen bekamen. In Portugiesisch-Indien (im 19. Jahrhundert: Goa, Diu und Damão) gab es massiven Widerstand gegen die Abolition.[164]

In Macao folgte Portugal dem Beispiel Großbritanniens in Indien.[165] Sklaven wurden nicht mehr Sklaven genannt: „a escravidão em Macau se pode hoje considerar de facto extinta, e que aos poucos indivíduos ali registrados [die Besitzer hatten die meisten Haussklaven und versklavten Kinder nicht registrieren lassen – M. Z.] como escravos e libertos mal pode dar-se esse nome".[166] Der Text setzt fort: „por isso que se conservam voluntariamente em casa de seus antigos senhores na qualidade de criados a servir". Dass das weltweit ein wichtiges Problem war, zeigt das Schicksal ehemaliger Haussklavinnen auf Saint-Domingue nach 1794 (oder überhaupt ehemals Versklavter, die wieder ins Sklavenverhältnis gezwungen wurden, wie oft auf der anderen Hälfte der Insel Hispaniola, in Santo Domingo: „características fundamentales del mercado de esclavos dominicano a lo largo de buena parte del siglo XVIII. Dada la incapacidad de las autoridades españolas por establecer instrumentos eficientes para la introducción de esclavos, los dominicanos satisfacieron en parte su demanda adquiriéndolos desde Saint Domingue, bien a través de la compra, legal o ilegal, bien a través de la esclavización de cimarrones fugitivos, o durante el proceso revolucionario, a través de la esclavización de soldados que, habiendo sido esclavos, se habían beneficiado de los decretos abolicionistas jacobinos. La porosidad de la frontera, unida a la existencia de circuitos comerciales que conectaban los dos territorios hicieron posible estas transacciones".[167] Triefend vor Humanitäts-Worten heißt es in dem portugiesischen Gesetz weiter: „se podria declarar de direito, assim como já felizmente o é de facto, extinta a escravidão na Cidade de Macau, adquirindo assim a honra de ser a primeira das Possessões portuguesas onde fosse proclamado este grande acto de civilização".[168] Skla-

164 Walker, Timothy, „Abolishing the slave trade in Portuguese India: Documentary evidence of popular and official resistance to crown policy", in: Slavery and Abolition 25:2 (2004), S. 63–79.

165 Zum britischen Modell, die Abolition von Sklaverei zu dekretieren, sie aber zugleich bestehen zu lassen sowie zur so genannten „benign slavery" (Sklaverei als „Schutz" gegen die Unbilden eines „freien" Lebens (Miete, Nahrungsbeschaffung, Wegfall des Schutzes durch den Herrn)), siehe: Miers, „The British Indian Model of Emancipation", S. 30–31 sowie S. 31–32.

166 „Apêndice Documental", S. 133–207, hier: S. 186–187, hier S. 187.

167 Scott; Hébrard, Freedom Papers, passim; siehe auch: Belmonte Postigo, „Bajo el negro velo de la ilegalidad. Un análisis del mercado de esclavos en Santo Domingo 1746–1821" (forthcoming))

168 Paço, em 25 de Julho de 1856. = Visconde Sá da Bandeira, in: „Apêndice Documental", S. 133–207, hier: S. 186–187.

ven ohne Institution, wie die vielen Geraubten, Geflohenen oder Verschleppten aus Südchina, mussten nicht mehr Sklaven genannt werden – sie wurden zu Kulis. Das Gesetz war eine der Voraussetzungen für den massiven Aufschwung der chinesischen Kuli-Diaspora auf Kuba und in Peru sowie Panama ab 1857.

1865/1866 hatte es schon einmal einen Vorstoß gegeben, ein wirklich endgültiges Abolitionsgesetz schon vor 1878 zu erlassen (u. a. wegen der Abolition in den USA). Die Eliten konnten sich nicht auf einen „endgültigen" Termin einigen. Einig war man sich nur darüber, dass selbst nach dem „Ende" noch nicht Schluss sein sollte, sondern per Gesetz die ehemals Versklavten und jetzt diskursiv „Freien" „Entschädigung" leisten sollten (an die Sklavenhalter). Das zeigt der „Projecto de Lei para a Abolição da Escravidão nas Provincias Ultramarinas". Im Entwurf, der im Arquivo Histórico Ultramarino in Lissabon liegt, heisst es im *Artigo 3º*: „Todos os individuos tornados livres em virtud da presente lei indemnisarão as pessoa que por leis anteriores tinham direito aos seus serviços, da maneira seguinte: 1.º Com o seu serviço por espaço de dez annos [per Hand durchgestrichen und „treze" = dreizehn drüber geschrieben – M. Z.], quando estivessem registrados como escravos: 2.º Com o seu serviço pelo tempo que ainda o devesem prestar, quando se achassem na condição de libertos."[169] Ein noch besseres Beispiel dafür, dass die Abolition eigentlich nur die interessierte, die jeglichen Diskurs darüber verhindern wollten, ist ein schmuckloses Blatt in der Dokumentensammlung des Ministério de Ultramar, auf dem sich ein Beamter darüber klar zu werden versuchte, um wie viele Sklaven es sich denn im portugiesischen Ultramar überhaupt handelte. Das Blatt zeigt eines ganz genau: sie wussten nicht Bescheid.[170]

Sogar *bispo Thomás*, Bischof von *Angola e Congo* war gegen eine „zu schnelle" Abolition und ließ das auch drucken: „Alguns, pouquissimos, querem a emancipação completa já; outros os serviços contratados já, até e alem de 1878; outros, muitissimos, a continuação do estado actual de cousas indefinidamente; a minha opinião é que a lei de 29 de abril de 1858 e de 25 de fevereiro de 1869 se cumpra franca e lealmente, em 29 de abril de 1878 [Einige, sehr wenige, wollen bereits vollständige Emanzipation; andere vertragliche Dienste, bis und nach 1878; andere, viele, die Fortsetzung des gegenwärtigen Zustands der Dinge auf unbestimmte Zeit [d. h., Sklaverei – M.Z.]; ich bin der Meinung, dass das Gesetz vom 29. April 1858 und vom 25. Februar 1869 am 29. April 1878 frank und treu erfüllt werden sollte]".[171]

Die vielen Dekrete und Gesetze (= Abolitionsdiskurse, Narrative, Rhetoriken) zeigen nur eines – die Hilflosigkeit des Gesetzgebers (der allerdings, im Grunde

169 „Projecto de Lei para a Abolição da Escravidão nas Provincias Ultramarinas", s.a [für ein 1866 geplantes Gesetz], in: Ebd.

170 Blatt ohne Datum und Unterschrift [1865, 1866?], in: Ebd.

171 „Officio", Thomás, bispo de Angola e Congo, Loanda, 15 de julho de 1874, in: AHU Lisboa, No. 2761, Cód. 2G, Fundo: SEMU, Secçião: DGU, UI tipo: cx, Datas: 1840–1888: Tráfico de escravatura, GEO: ULT (interne Seitenzählung 1–10, Unterkapitel „Escravidão", S. 4–7, hier S. 4)

ganz bewusst, die Durchführung der Abolitionen bei den einzelnen Gouverneuren und *moradores* (Siedlern mit Sklaven) belassen hatte) und die Tatsache, dass mit juristischen Diskursen, Zivilisationsrhetoriken und Metanarrativen der Abolition, der „Freiheit" und des „Vertrages" versucht wurde, die weiter existierenden kolonialen Sklaverei- sowie Menschenhandelsformen und deren Dynamik zu verschleiern.[172] Noch 1875 wird über Quelimane berichtet, dass die legal eigentlich freien „Neger nur mit Ketten an den Füßen arbeiteten, wenn nicht, würden sie fliehen".[173] Auf der Insel Moçambique hatten die Eliten immer noch Massen von Haussklaven, nicht so sehr, weil sie wirklich brauchten, sondern aus Tradition und aus Gründen der Statusrepräsentation.[174]

Ähnliches geschah auf den Kapverden sowie in Bissau und Cacheu sowie auf der Sandelholz- und Sklavenhandelsinsel Timor (Ost-Timor), wo Sklaverei formal 1854 abgeschafft worden war, real aber bis in das 20. Jahrhundert üblich blieb (inclusive des inner-portugiesischen Sklavenhandels).[175] Am 31. Oktober 1874 wurden alle Sklaven der Kapverden sowie Cacheus und Bissaus zu Libertos dekretiert. Sie blieben aber bei ihren Herren. 1863 war das *morgadio*-System des unseparierten Landbesitzes (*land tenure with inheritance by primogenitur*, d. h. der *mayorazgo*-Status) aufgehoben worden.[176] Die Landeigentümer brauchten viele Arbeitskräfte. Am 28. April 1875 folgte die legale Abolition der Sklaverei; die Zwangsdienste der Libertos sollten ein Jahr nach der legalen Abolition enden (1876). Bis zum 29. April 1878 sollten die Libertos aber noch unter öffentlicher Vormundschaft stehen.[177] Entschädigungen für die Besitzer, die über dieses Datum hinausgingen, wurden immer mal wieder, wie wir gesehen haben, debattiert, aber vor Ort mit Sicherheit praktiziert. In Tete in Moçambique waren 1881 die Gesetze noch nicht einmal proklamiert worden und Sklavereien florierten, auch lokale Sklavereien.[178] Auf dem

---

172 „Apêndice Documental", in: Silva, „Do Abolicionismo as novas formas de Escravatura. Portugal e os Açores no século XIX", S. 97–207, hier S. 133–207.

173 Zit. nach: Capela, „Abolición y abolicionismo en Portugal y sus colonias", S. 577–603, hier S. 600.

174 Ebd., S. 600 f.

175 Bauss, Rudy, „The Portuguese slave trade from Mozambique to Portuguese India and Macau and comments on Timor, 1750–1850", in: Camões Centre Quarterly 6–7 (1997), S. 21–26; Hägerdahl, Hans, „The Slaves of Timor: Life and Death on the Fringes of Early Colonial Society", in: Itinerario 34 (2010), S. 19–44. Hägerdahl, Lords of the land, lords of the sea. Conflict and adaption in early colonial Timor, 1600–1800, Leiden: KITLV Press, 2012; Williams, Daryle, „Cape Verde at the End of Atlantic Slavery", in: Slavery & Abolition Vol. 36:1 (January 2015), S. 160–179.

176 Seibert, Gerhard, „Creolization and Creole Communities in the Portuguese Atlantic: São Tomé, Cape Verde, the Rivers of Guinea and Central Africa in Comparison", in: Proceedings of the British Academy 178 (2012), S. 29–51, hier S. 44.

177 Capela, „Abolición y abolicionismo en Portugal y sus colonias", S. 577–603, S. 600.

178 Zum breiteren Hintergrund siehe: Livingstone, David und Charles, Neue Missionsreisen in Süd=Afrika im Auftrage der englischen Regierung. Forschungen am Zambesi und seinen Nebenflüssen nebst Entdeckung der Seen Shirwa und Nyassa in den Jahren 1858 bis 1864, 2 Bde., Jena und Leipzig: Hermann Costenoble, 1866.

Kontinent gegenüber der Insel Moçambique florierte auch der Menschenhandel unter der Bezeichnung „den Körper verkaufen" in großem Maßstab weiter.[179] In einem Bericht an das Ministério de Ultramar in Lisboa heißt es: „Organizadas duas expedições contra os negreiros nas Terras Firmes, foi capturado em Lehicoma [?] um mujojo chamado Ibraime, em casa de quem foram encontrados 6 pretos com cepos aos pés. Proximo da residencia de Ibraime, havia um deposito de perto de 100 escravos ... Foi tambem realizada a prisão de outros negreiros, que conduziam para a /1v/ Infusse [?] 9 pretos com gargalharas. Ainda foi preso mais outro negreiro, en cujo poder se encontravam 3 ou 4 escravos. A Mouro Mucusse Omar, excapitão mór de Saueul, foi preso e condemnado a degredo perpetuo para Africa occodental por diversos crimes (sedição etc.). Era um dos principaes traficantes de escravos, mas não foi condemnado este crime. Preso Mucusse foram tomados 3 pangaios com 200 escravos, sem effusão de sangue".[180]

Wann endeten die Sklavereien de facto – das heißt wirklich, nicht nur formal in Rechtstexten, Rhetoriken, Narrativen, Politikerreden und Diskursen? Antwort: Wir müssen den Zeitrahmen im Grunde bis in die 1940er/1950er Jahre ziehen. Der Afrikahistoriker Sean Stilwell setzt dort das „Ende" an: „By the World War II, slavery in most parts of the continent had hit a reproductive dead end".[181] Und Stilwell hebt die Rolle Versklavter auch im Kampf gegen Statusdegradierungen hervor: „Many slaves fled or sought to renegotiate the terms of their bondage. All sought the respectability and honor that had largely been denied them".[182] Sklavereien endeten nicht wirklich (bisher), sie gingen in etwas Anderes über, oft in „a harsh and relentless system of labor migrancy".[183] In bestimmten Gebieten eben auch in neue Sklaverei-Plateaus. Im Grunde versickerten die formalen Abolitionsakte im Sand der Sklavereien und der kolonialen Interessen. Die Diskurse trugen bei zum „obscurecimiento pela retórica civilizadora e pela producção legislativa",[184] die ebenfalls verschleierte, dass es sich um Sklavereien handelte. José Capela schreibt, dass, wenn man die Kin- und Stammesformen der Sklaverei in den Bantu-Gesellschaften ins Auge fasst, diese noch heute in subtilen Formen existieren. Die Formen, die Europäer als Sklaverei fassten, dauerten in Angola mindestens bis 1910. Im Sambesiland (*Zâmbesia*), im kontinentalen Innern Moçambiques, dem

179 Capela, „Abolición y abolicionismo en Portugal y sus colonias", S. 577–603, hier S. 601 f.

180 „Moçambique" (Auszüge, Orginalkopien aus anderen Berichten, die in den Jahreszahlen rückläufig angeordnet worden sind (1880–1860; Folienzählung 1–7)), Off.o N.o 115 de 26 de maio e teleg. de 13 e 18 de maio [1880], in: AHU Lisboa, No. 2761, Cód. 2G, Fundo: SEMU, Secção: DGU, UI tipo: cx, Datas: 1840–1888: Tráfico de escravatura, GEO: ULT, f. 1r–v.

181 Stilwell, „The End of Slavery in Africa", in: Stilwell, Slavery and Slaving in African History, S. 176–214, hier S. 213.

182 Ebd.

183 Ebd.

184 Jéronimo; Monteiro, „Das 'Dificultades de Levar Os Indígenas a Trabalhar': O 'sistema' de trabalho nativo no império colonial português", S. 159–196, hier S. 172.

Land der *mosungos* (schwarze oder mulattische „große" Herren), *moleques* (Kindersklaven; Diener), *mujojos* (Sklavenhändler) und *nhanhas* (schwarze Konkubinen von Weißen) dauerten diese Sklavereien noch bis weit in das 20. Jahrhundert an.[185] Das andere iberische Imperium, Spanien, mit dem Portugal immer, aber vor allem 1500–1640 und außerhalb der iberischen Halbinsel auch 1808–1974 stark vernetzt war, hatte einen ähnlichen, noch stärker unter dem Deckmantel religiöser Diskurse laufenden „Abolitionsprozess"

Ein Autor bezeichnet alle formalen Abolitionen des Sklavenhandels sowie die Abolitionspolitiken in der atlantischen Welt als „Erhaltung des (schönen) Scheins.[186] Eine Autorin hält „Abolition *der* Sklaverei" für eine „Kolonialutopie".[187] Schon die Zeitgenossen ahnten, dass die Plateaus „nach der Sklaverei", d. h., nach den großen Abolitionen 1791–1888, in unserem Zusammenhang hier vor allem das vierte Plateau, mit der klassischen Sklaverei des Atlantiks und mit den Praktiken dem *hidden Atlantic* weiterhin verbunden waren. Das zeigt die Äußerung eines nigerianischen Beamten, der im 20. Jahrhundert undercover den Schmuggel von quasi-versklavten Arbeitskräften zwischen Nigeria und dem spanischen Fernando Pó untersuchen sollte: „el español nunca acabará con la esclavitud [Der Spanier wird nie mit der Sklaverei aufhören]".[188] Für „Spanier" können wir auch „Iberer" und sogar „Europäer" sagen.

Die Komplexität der Globalgeschichte und der Slaving-Prozesse besteht nicht nur darin, dass die „alten" Entwicklungsplateaus sich sowohl eigenständig weiterentwickelten (und oft auch heute noch existieren), sondern dass sie auch wichtige Rollen bei der Entstehung anderer Entwicklungsstufen von Sklavereien spielten, wie am Begriff „zusammengesetzte Sklavereien" deutlich wird. Auch Abolitionen komplexerer, legal abgesicherter Sklavereien führen oft zum Weiterleben oder zur Neubelebung älterer, kleinerer oder lokaler Sklavereien. Es änderten sich auch ständig Worte, Diskurse, Begriffe und Gesetze. Ganz abgesehen davon, dass für Freie die Arbeiten die gleichen blieben, die Statusdegradierungen auch kaum wegfielen und die Gewalt gegen ihre Körper weiter ausgeübt wurde. Daneben und zum Teil in Synergie mit den Plateaus, Perioden und Typen „nach der Sklaverei" (womit die Zeit der Abolitionsdiskurse des 19. Jahrhundert gemeint ist) existierten riesige

185 Capela, „Abolición y abolicionismo en Portugal y sus colonias", S. 577–603, hier S. 602 f.; siehe auch: Lane; MacDonald, „Slavery, Social Revolutions and Enduring Memories", S. 1–23, siehe auch: „Database Slavers operating from Mozambique", in: www.eurescl.eu (15. Juli 2015).

186 Mason, Matthew, „Keeping Up Appearances: The International Politics of Slave Trade Abolition in the Nineteenth-Century Atlantic World", in: William and Mary Quarterly, 3rd Ser., LXVI (October 2009), S. 820–828.

187 Vergès, Françoise, Abolir l'esclavage. Une utopie coloniale, les ambiguïtés d'une politique humanitaire, Paris: Albin Michel, 2001.

188 Zitiert nach: Martino Martín, Enrique, „Corrupción y contrabando: funcionarios españoles y traficantes nigerianos en la economía de Fernando Poo (19361968)", in: AYER. Revista de Historia Contemporánea 109:1 (2018), S. 169–196, hier S. 194.

Ergänzungsräume der Menschenjagd und der Opfer- sowie Kin-Sklavereien – Sibirien, Pazifik-Ozeanien, Australien, und die Amerikas außerhalb der so genannten „Hochkulturen" vor und neben den kolonialen Expansionen der Neuzeit.

Und noch etwas unterscheidet Geschichte von systematischen Wissenschaften (wie Soziologie): die „alten" Stufen können nach Zusammen- oder Abbruch von komplexeren Stufen legaler Sklavereien wieder sehr einflussreich werden. Ich war schon immer erstaunt darüber, wie sehr heutige Formen von Sklavereien wieder den „alten" Entwicklungsstufen „Sklavinnen ohne Sklaverei", Kindersklavereien und Kin-Sklavereien oder Luxussklavereien (für die sich Menschen in Castings quasi selbst versklaven) gleichen. Das gilt auch für die (meist) dazu gehörenden Systeme des Sklaven-/Menschenhandels. All das zeigt, dass es keine Binarität zwischen „Freiheit" und „Sklaverei" gab und gibt – obwohl Abolitionsdiskurse und Freiheitsrhetoriken das zu vermitteln versuchten. Eines wird man den Abolitionsdiskursen und -politiken zugutehalten müssen: Großbritannien macht sich dadurch ab etwa 1815 nicht nur zur führenden Supermacht, sondern auch zu einer moralischen Macht, die den „Zivilisationsprozess", wie er von zeitgenössischen Eliten verstanden wurde, anführte.

Es war noch mehr: über ein Zwischenstadium des „guten Sklavenhalters" (vor allem in katholischen Länder und auf Kuba) entstand der „gute" und „moderne" Kapitalist. Seit, sagen wir 1840–1865 wussten europäische Kaufleute und Finanzspekulanten, was als „dunkle Seite" des Kapitalismus galt – zumal Sklaverei und Sklavenhandel auch noch für „unmodern", unzivilisiert und archaisch erklärt wurden (siehe Großbritannien nach 1838). Erst der Sklavenhandel und dann die Sklavereien des „Westens" wurden in informelle Bereiche und in Bereiche der Kriminalität abgedrängt (auch wenn es im 19. Jahrhundert noch relativ wenige Gerichtsverfahren gegen Geschäftsleute und Kapitäne gab). Aber als „gut" und „zivilisiert" galt, ausgehend von England, wer nicht direkt im Sklavenhandel und in Sklavereiwirtschaften sein Geld macht – was im Grunde für die Gebiete Afrikas, Asiens und das pazifische Gebiet mit ihren vielen indigenen Sklavereien und Haussklavereien sowie Kindersklavereien nur sehr bedingt galt – zumal dort auch die neuen Kolonialgebiete lagen. Im Grunde bedeutete diskursive Verurteilung von Sklaverei in Afrika nicht ihre Abschaffung, sondern „humanitäre" Intervention, Kolonialismus und Umstrukturierung von Sklavereien.[189] Es galt auch nicht für die Kombinationen von freier Arbeit, Zwangsarbeiten und Sklavereien, die mehr und

---

189 Cooper, „Conditions Analogous to Slavery: Imperialism and Free Labor Ideology", in: Cooper; Tom C. Holt; Tom C.; Scott, Rebecca J. (eds.), Beyond Slavery: Explorations of Race, Labor, and Citizenship in Post-Emancipation Societies, Chapel Hill: The University of North Carolina Press, 2000, S. 107–150; Eckert, „Der langsame Tod der Sklaverei. Unfreie Arbeit und Kolonialismus in Afrika im späten 19. und im 20. Jahrhundert", in: Hermann-Otto, Elisabeth, Sklaverei und Zwangsarbeit zwischen Akzeptanz und Widerstand, Hildesheim: Olms, 2011, S. 309–324; Forclaz, Amalia Ribi, Humanitarian Imperialism: The Politics of Anti-Slavery Activism, 1880–1940, Oxford: Oxford University Press 2014.

mehr in der „verdichteten" globalisierten Wirtschaft seit der Mitte des 19. Jahrhunderts aktiv genutzt und sogar gefördert wurden.[190] Die normative Freiheit in den „Mutterländern" wurde religiös-theologisch begründet, ebenso wie „freie" Arbeit und „freier" Markt sowie ein paar weitere normative Freiheiten. Der Moralphilosoph Adam Smith lässt grüßen, auch wenn er 1808 lange tot war. Bis dahin waren Unternehmer, vor allem die der West-Indian-Lobby, zwar Wohltäter (wie an vielen Denkmälern, Benennungen, Institutionen noch heute deutlich), aber auch „hässliche" Emporkömmlinge. Seit den moralischen Begründungen der Freiheit und ihrer globalen Abolitionsdiskurse und -politiken durften Kapitalisten „gute", tatkräftige Unternehmer und weltweit agierende Philantropen sowie christliche Kosmopoliten sein. Auch wenn sie sich am Ende ihrer jeweiligen Laufbahnen immer noch mit Landbesitz territorialisierten und Adelstitel annahmen (wie auch viele Bänker). Nicht umsonst war die abolitionistische Bewegung in aufstrebenden Regionen der Industrialisierung (paradigmatisch: Manchester) am stärksten. Insofern waren die Abolitionsdiskurse vor allem für die Eliten der Kolonialreiche und für die Menschen der „Mutterländer" da.

Abolitionen können aber nicht nicht nur aus Perspektive des Staates, der Imperien, der Eliten und Sklavenhalter/Sklavenhändler oder der Rechtstexte bzw. der Konstruktion des „freien" Unternehmertums bewertet werden.

Damit niemand glaubt, ich sei mit dieser Suada gegen Abolition – nein, das bin ich nicht, ganz im Gegenteil. Aber der „Sinn" von Abolitionen erschließt sich aus den *life histories* derer, die Sklavereien und Sklavenhandel sowie die Abolitionspolitik „von oben" erleiden mussten und die sich aktiv damit auseinandersetzten: Sklavinnen und Sklaven / ehemalige Sklavinnen und ehemalige Sklaven sowie ihre Nachkommen. Sie sind in den Geschichten der Abolitionen am wenigsten untersucht worden (was nicht zuletzt ein Quellenproblem ist, das zu den konstitutiven Elementen des historischen Postkolonialismus zählt). Abolitionen waren für sie in vielen Gebieten nicht einmal die Freiheit zu größerer Mobilität. Die durch Schiffe der Briten befreiten Sklaven (*emancipated slaves / emancipados*) wurden in Grenzregionen des entstehenden Britischen Empires im 19. Jahrhundert gegen eine Gebühr „verliehen" – meist für sieben Jahre, d. h., sie kamen in eine Art Zeitsklaverei. In den USA etwa kam es nach dem Ende der *Reconstruction Era* zum legalen *Convict Leasing*, d. h., die „Verleihung" Strafgefangener, die meist schwarze Männer und Jugendliche waren, gegen Zahlung einer Gebühr an Privatpersonen oder Unternehmen. Die Arbeit war Sklavenarbeit.[191]

Das zeigen auch eine Reihe neuer mikrohistorischer Arbeiten zur sozialen Geschichte des Rechts und zu Narrativen ehemaliger Sklaven und Sklavinnen.[192]

---

190 Wendt, „Die ‚Verdichtung' des europäischen Weltsystems", in: Wendt, Vom Kolonialismus zur Globalisierung, S. 259–269.

191 Blackmon, Slavery by Another Name, passim; Zeuske; Finzsch, „What Came after Emancipation? A Micro-Historical Comparison between Cuba and the United States", S. 285–318.

192 Sanz; Zeuske, „Microhistoria de esclavos y esclavas", S. 9–21.

Um einen etwas weiten Sprung zu tun, aber damit zu verdeutlichen, was ich meine: Gewalt und Statusdegradierung sind Bestandteile jeder Sklaverei. Die kompakteste und längste Statusdegradierung innerhalb von Ländern mit formaler Abolition gründet im Rassismus, der äußersten Form von Statusdegradierung, gegenüber Menschen aus Afrika. Von 1877 bis in die 1960er Jahre entwickelten sich offen rassistische Staatssysteme unter dem Begriff Apartheid: vor allem in den USA (mit massiver Bestialisierung von Schwarzen sowie fast formalisierten Lynchmorden) und in Südafrika, aber eher informell auch in Großbritannien und anderen europäischen Staaten. Und jetzt der Sprung ... – und Schwarze sind bis heute die meisten Opfer polizeilicher Willkür in den USA.

Es gibt aber auch das positive Beispiel der *agency* ehemals Versklavter, die sich ihr *standing* und ihren Raum in der Geschichte gesucht haben; sie werden vor allem am Beispiel der Revolution auf Saint-Domingue sowie unter der Lupe der Mikrogeschichte sichtbar und zeigen, dass Abolitionsakte für sie wichtig waren, aber „Freiheit" einen andauernden Prozess darstellte, auch der räumlichen Mobilität, und lange Zeit extrem prekär war.[193]

Es gab auch revolutionäre Abolitionen. Im Falle der Revolution von Saint-Domingue ist eines nicht zu eskamotieren, egal wie man die globalhistorische Reichweite der Revolution und ihres Beispiels einschätzt: „from 1793–1794 onwards, the slave revolt blended in with the body of abolitionist ideas, and that the slaves clearly and consciously fought for the end of slavery, and finally succeeded in abolishing it".[194] Und es gab eine relative breite, noch kaum untersuchte Dimension der Abolition – die „von unten" und von ehemals Versklavten ausging.[195]

Für das 19. und 20. Jahrhundert haben Rebecca Scott und Jean-Michel Hébrard gezeigt, dass sehr mobile und agile ehemalige Versklavte sich nicht innerhalb der

---

193 Ich verweise neben den oben im Historiographie-Kapitel zitierten Arbeiten nochmals ausdrücklich auf: Scott; Hébrard, Freedom Papers, passim. Im Buch wird der über mehrere Generationen reichende Kampf um mehr Freiheit der Nachkommen einer Ende des 18. Jahrhunderts aus dem Hinterland von Senegambien verschleppten Frau beschrieben – sozusagen transversal zu allen großen Themen (und Narrativen), Revolutionen, Nationen, Räumen und Politiken; siehe auch die Dokumentensammlung: Peabody; Grinberg, Keila (eds.), Slavery, Freedom, and the Law in the Atlantic World: A Brief History with Documents, Boston and New York: Bedford St. Martin's Press, 2007; sowie: Fuente (coord.), Su „único derecho": los esclavos y la ley, Madrid: Fundación Mapfre| Tavera, 2004 (= Debate y perspectivas. Cuadernos de Historia y Ciencias Sociales, No. 4 (Diciembre 2004)); Chalhoub, „Illegal Enslavement and the Precariousness of Freedom in Nineteenth-Century Brazil", in: Garrigus; Morris, Christopher (eds.), Assumed Identities: The Meanings of Race in the Atlantic World. Introduction by Knight, Franklin W., College Station: Texas A & M University Press, 2010, S. 88–115.

194 Marques, „Saint-Domingue", in: Drescher; Emmer (eds.), Who Abolished Slavery?, S. 19–27, hier S. 25.

195 Cowling, Conceiving Freedom: Women of Colour, Gender and the Abolition of Slavery in Havana and Rio de Janeiro. Chapel Hill: University of North Carolina Press, 2013; Andrews, Afro-Latin America: Black Lives, 1600–2000, Cambridge: Harvard University Press, 2016 (The Nathan I. Huggins Lectures Series).

großen Narrative/Räume von Sklaverei, Freiheit oder Revolution/Reform bzw. der Geschichte territorialer Räume bewegten, um die „Aufhebung" der Sklaverei wirklich für ihr individuelles Leben und das ihrer Nachkommen abzusichern und in Freiheit sowie Status leben zu können. Sie bewegten sich sozusagen quer zu den Narrativen, Wirtschaftsräumen oder Nationen bzw. politischen Großereignissen (Revolutionen). Sie profitierten vom translokalen Emanzipationspotential der Revolutionen und unterliefen in gewissem Sinne die sich bildenden nationalen Räume und dehnten ihre Mobilität auf den ganzen atlantischen Raum, Nordamerika und Europa aus.[196] Selbst dann aber war die vielberedete „Freiheit" äußerst prekär. Das zeigt auch das Beispiel der abolitionistisch-westlichen Entwicklungspolitik „vor der Entwicklungspolitik" in Afrika. Die britische Kolonie Sierra Leone war mit dem ausdrücklichen Ziel der Ansiedlung „befreiter Sklaven" (*emancipated/liberated slaves*) um 1800 gegründet worden. Offiziell war Sierra Leone eine der ersten Postsklaverei-Gesellschaften der Welt. Der mikrohistorische Blick aber zeigt, dass „befreite" Sklaven in Sierra Leone, wie etwa James Kaweli Covey (später Übersetzer in den Amistad-Prozessen), schon in frühester Jugend aktiv zwischen prekärer „Freiheit" und Welten der weiterexistierenden *Atlantic slavery* hin- und her pendeln mussten, um überhaupt zu überleben. James/Kaweli lernte schon als Kind die gesamte Welt des *Hidden Atlantic* „von ganz ganz unten" kennen. Sein extrem mobiles Leben zwischen „Freiheit", extremster Abhängigkeit und verschiedenen Sklavereiformen sprach den hehren Abolitionsdiskursen Hohn;[197] Lisa Lindsay schreibt zu Recht über: „an Atlantic world in which slavery was nearly ubiquitous and freedom was ambiguous".[198]

Abolition bedeutete viel für Versklavte. Zurück wollte niemand. Aber die ehemals Versklavten gaben dem Prozess „von oben", als langfristig verstandene Emanzipation, eigene Realität und Bedeutung „von unten";[199] oft indem sie „freiwillig" migrierten und, um überhaupt den Transport finanzieren zu können, neue, informelle Sklavereibeziehungen eingingen (etwa mit Kapitänen) und Sklavenarbeiten

196 Scott; Hébrard, Jean-Michel, „Citizen Rosalie", in: Scott; Hébrard, Freedom Papers: An Atlantic Odyssey in the Age of Emancipation, Cambridge 2012, S. 49–64; Scott; Hébrard, „One Woman, Three Revolutions: Rosalie of the Poulard Nation", in: Bender, Thomas; Dubois; Rabinowitz, Thomas Richard (eds.), *Revolution! The Atlantic World Reborn*, London: Antique Collectors Club Ltd, 2011, S. 199–220.

197 Lawrance, „La Amistad's 'Interpreter' Reinterpreted: James Kaweli Covey's Distressed Atlantic Childhood and the Production of Knowledge about Nineteenth-Century Sierra Leone", in: Schwarz, Suzanne; Lovejoy (eds.), Slavery, Abolition and the Transition to Colonialism in Sierra Leone, Trenton: Africa World Press, 2014, S. 215–256; Lawrance; Roberts, Richard L. (eds.), Trafficking in Slavery's Wake. Law and the Experience of Women and Children in Africa, Athens: Ohio University Press, 2012;

198 Lindsay, Lisa A., Atlantic Bonds: A Nineteenth-Century Odyssey from America to Africa, Chapel Hill: University of North Carolina Press, 2017, S. 11

199 Scott, Slave Emancipation in Cuba. The Transition to Free Labor, 1860–1899, Princeton, N.Y.: Princeton University Press, 1985.

machten. Alle „befreiten" Sklaven mussten sehr viel tun für die reale Erweiterung ihrer *agency*-Möglichkeiten. Denn Abolitionen bedeuteten in vielen Gebieten und für sehr viele ehemals Versklavte, wie gesagt, nicht einmal die Freiheit zu größerer Mobilität (vor allem, weil es sehr oft lokale Arbeit nur saisonal in der Exportlandwirtschaft gab und sehr viele andere Abhängigkeiten). Eventuell kam es zu etwas mehr Konsum, wenn Geld oder Produkte übrig waren.[200] Viele der ehemals Versklavten machten sich allerdings auf den Weg, um ihre durch die Sklaverei zerstörten Familien, meist nur einzelne Angehörige davon, zu suchen. Oder sie suchten neue Arbeit und Aufstiegsmöglichkeiten (wie paradigmatisch viele Kulis oder Haitianer und Jamaikaner in der großen Zuckerindustrie Kubas oder im Kanalbau in Panama).

In vielen Gebieten gab es gar keine Abolition – niemals. Deshalb konzenrieren sich, mit ganz wenigen Ausnahmen, alle Geschichten der Abolitionen auf den „Westen". In den abolitionsfreien Gebieten gab es nur individuelle Freilassungen, Anpassungen oder Flucht und Widerstand. In asiatischen und nordafrikanischen Nomadengebieten existierten lokale endogene Formen der Kin-Sklaverei und es existierten auch ganz konkrete Formen des Verständnisses von „Freiheit" – und zwar eines Verständnisses der „Freiheit von unten", im Sinne der Freiheit von Hunger, Freiheit aus der Sicht von Menschen, die ihre persönliche oder kollektive Freiheit verloren haben.[201] Und es gab in den Abhängigkeitssystemen Aufstieg von Versklavten oder ehemals Versklavten in Elitepositionen. Vor allem stellten nomadische Reiter/Krieger auf Pferden, Dromedaren oder schnellen, wendigen Schiffen das Personal der Sklavenjagden und des Menschenhandels (Razziensklaverei; Seeräuberei). Der richtete sich oft gegen religiös Fremde, verheerte aber auch ganze Landstriche entlang von Flüssen und im Innern von Imperien. Bronzezeitliche Griechen sowie Wikinger waren zumindest zeitweilig auch Nomaden – Nomaden der See mit allen strukturellen Merkmalen, die schon für die ganz frühen „Seenomaden" der Levante gelten, und „Nordbarbaren". Das gilt für viele andere Küsten- oder Inselbevölkerungen an den Rändern größerer Imperien; paradigmatisch: „Seenomaden", Phönizier, Kariben, Katalanen, Genuesen, Venezianer, Portugiesen, Kaufleute aus Sogdien, Omanis, Kaufleute aus dem Hadhramaut sowie anderen südarabischen Territorien und Bewohner der britischen, malayischen oder japanischen Inseln und der nordamerikanischen Küsten.

Besonders in indischen, osteuropäischen und südostasiatischen Territorien existierte eine Vielfalt konkreter Sklavereiformen mit ganz spezifischen Zugängen, Bedingungen und Namen. In Nordindien, Afghanistan, Sogdien, Transoxanien,

---

200 Machado, Maria Helena P. T., „Slavery and Social Movements in Nineteenth-Century Brazil: Slave Strategies and Abolition in São Paulo", in: Review: A Journal of the Fernand Braudel Center, Binghamton University XXXIV:1/2 (2011)), S. 163–191; Mamigonian, Beatriz G., Africanos livres. A abolição do tráfico de escravos no Brasil, São Paulo: Companhia das Letras, 2017.

201 Rossi, „Freedom Under Scrutiny", in: Journal of Global Slavery Vol. 2:1 (2017), S. 185–194.

Kasachstan, Kirgisien, Transbaikalien, Sibirien, Jakutien und Mandschurien sowie in den malayischen und philippinischen Gebieten mischten sich lokale Formen der Sklaverei mit mongolischen, russischen, kirgisischen und islamischen, vedischen, ming-chinesischen, chinesisch-mandschurischen, portugiesischen und niederländischen Einflüssen.

Probleme in dieser welthistorischen *Tour d'Horizon* bilden ein oder mehrere eurasische Typen der Sklaverei nach etwa 1100 unter Einbeziehung des bereits erwähnten Leibeigenschafts- und Hörigkeitskomplexes oder besser gesagt, unterschiedlichster Formen von Leibeigenschaften / kollektiver Sklavereien (*serfdom, servitude, slavish servitude*).[202] Zweifellos existierte römisch-christliche Sklaverei vor allem im urbanen Bereich, auch als Kinder-, Frauen- und Eunuchensklaverei, weiter – sowohl auf dem Gebiet Westroms sowie seinen barbarischen Nachfolgereichen wie auch vor allem in Byzanz. In den romanischen Gebieten des mediterranen Südwest- und Südeuropas kam es seit Kreuzzügen, Reconquista und mongolischer Expansion auch zu einer Wiederbelebung der Razziensklaverei, der Haus-Sklaverei und der urbanen Sklaverei; besonders deutlich im Süden der italischen Halbinsel und auf der Iberischen Halbinsel, wo mit den *Siete Partidas* auch geschriebenes Sklavereirecht in formaler Kontinuität des zentralistischen „römischen" Rechts, aber auch christlicher Ablehnung der Sklaverei als „schlecht" sowie islamischer Rechtspraktiken geschaffen worden war, wie wir weiter unten sehen werden.[203] Die Kolonien Genuas und Venedigs im Mittelmeer (auch am Westmittelmeer und dem „grünen Meer" der islamischen Quellen (Atlantik)), am Schwarzen Meer und Kreta brachten Kaufleute und Investoren in Kontakt mit der Verschleppung / dem Fernhandel von bzw. mit Menschen entlang der Küstenhinterländer des Mittelmeeres und dem Handel mit vielen Kriegsgefangenen der osteuropäischen Ströme (von der Donau bis zum Don, Kuban und Terek), der pontischen Steppen und des Kaukasus, wie schon dargelegt – in gewissem Sinne mit einem neuen „großen" mongolisch-kiptschakisch-mamelukischen Slaving, dass man in

202 Engerman, „Slavery, serfdom and other forms of coerced labour: similarities and differences", in: Bush, Michael L. (ed.), Serfdom & Slavery. Studies in Legal Bondage, Essex: Addison Wesley Longman, 1996, S. 18–41; Inikori, „Slavs or Serfs? A Comparative Study of Slavery and Serfdom in Europe and Africa", S. 49–75; Landau, Peter, „Slavery and Semifreedom in the High Middle Ages – in the Perspective of the Church", in: Hernæs, Per; Iversen, Tore (eds.), Slavery across Time and Space: Studies in Medieval Europe and Africa, Trondheim: Department of History, NTNU, 2002 (Trondheim Studies in History; 38), S. 97–104; Backhaus, (ed.), The Liberation of the Serfs: The Economics of Unfree Labor; Witzenrath, „Introduction. Slavery in Medieval and Early Modern Eurasia: An Overview of the Russian and Ottoman Empires and Central Asia", S. 1–79.

203 Signori, Gabriela, „Die Siete partidas", in: Signori, Das 13. Jahrhundert. Einführung in die Geschichte des spätmittelalterlichen Europas, Stuttgart: Kohlhammer, 2007, S. 126–128; Lange, Hermann, Römisches Recht im Mittelalter, München: C. H. Beck 1997 (Bd. I: Die Glossatoren; Lange; Kriechbaum, Maximiliane, Römisches Recht im Mittelalter, München: C. H. Beck, 2007, Bd. II: Die Kommentatoren); Las siete partidas del Don rey Alfonso el Sabio, contejadas con varios códices antiguos por la Real Academia de la Historia, Bde. 4–7, Madrid: Atlas, 1971.

den meisten Teilen und im Innern Europas so nicht mehr kannte und das auch nach der russischen Expansion partiell weiter existierte.[204]

Damit bildeten sich Dispositive der kolonialen Erweiterung West- und Südeuropas heraus, aufgefüllt ab 1440 vor allem mit Massen von Afrikanern sowie Muslimen als Sklaven. In der folgenden Zeit füllte sich der Expansionsraum mit afrikanischen, atlantischen und indianischen Elementen. Iberische Seefahrer und Kapitäne hatten rechtlich mit „großer" Sklaverei kaum Probleme; Nordwesteuropäer schon eher (vor allem radikale Protestanten und Calvinisten).[205] So entstand die „neue" Sklaverei im Atlantikraum sowie auf den westafrikanischen und amerikanischen Inseln und Küstengebieten unter Kontrolle vor allem iberischer Kapitäne, Conquistadoren und Siedler (die auch die ersten Sklaven-Codices für amerikanische Gebiete schufen). Die Entwicklung beschleunigte sich ab ca. 1460 rasant und überholte die rechtlichen Grundlagen allerorten. Es handelte sich einfach um zu viele neue Phänomene, zu große Räume und um zu viele Menschen. Gewalt war Realität und spezifisches Recht gab es nicht und ließ sich auch auf See gar nicht durchsetzen. Was lag näher, als das modernisierte „römische" Recht zu nutzen (Universitäten von Bologna und Padua)? Erst um 1600 zogen protestantische Rechtsgelehrte auf sephardischer Basis nach: so entstand die *Freiheit der Meere* des Hugo Grotius, der auch Sklaverei unter bestimmten Bedingungen für legitim hielt. Das war, wie alles Recht, sowohl Anerkennung der Realität des bereits laufenden transatlantischen Sklavenhandels, wie auch Sollens-Philosophie. „Es gibt doch keine einzige Person auf der Welt", schreibt Grotius innerhalb seiner Rechtsphilosophie sarkastisch, „die nicht weiß, dass ein auf See segelndes Schiff kein anderes legales Recht hinterlässt als seine eigene Spur".[206] Im Grunde geht es in unserer Geschichte, die eine Geschichte menschlicher Körper ist, die mit Gewalt zu Basiskapital gemacht worden waren, vor allem um die See als einen idealen Raum für Kapital an sich, das sich sowieso als nomadisierendes Kapital am besten fühlt – und vor den virtuellen Räumen der Datenozeane (*big data*) waren das nun einmal die realen großen Meere.

---

204 Northrup, „Military Slavery in the Islamic and Mamluk Context", in: Kabadayi; Reichardt, Unfreie Arbeit. Ökonomische und kulturgeschichtliche Perspektiven, S. 115–131; Barrett, Thomas M., At the Edge of Empire. The Terek Cossacks and the North Caucasus Frontier, Boulder: Westview, 1999; Davies, Brian, Warfare, State and Society on the Black Sea Steppe, 1500–1700, Abingdon: Routledge, 2007; Kurtynova-D'Herlugnan [Derlugian], Liubov, The Tzar's Abolitionists. The Slave Trade in the Caucasus and Its Suppression, Leiden: Brill, 2010; Clarence-Smith, „Slavery in Early Modern Russia", S. 119–142.

205 Emmer, „Participer ou non? La traite transatlantique, l'exemple ibérique et les scrupules du peuple néerlandais", in: Emmer, Les Pays-Bas et la traite des Noirs, Paris: Karthala, 2005, S. 9–37.

206 Grotius, Hugo de, The Freedom of the Seas [1609]. Trans. Magoffin, Ralph van Deman, New York: Oxford University Press, 1916, S. 30 f.; zitiert nach: Studnicki-Gizbert, Daviken, A Nation Upon the Ocean Sea: Portugal's Atlantic Diaspora and the Crisis of the Spanish Empire, 1492–1640, New York: Oxford University Press, 2007, S. 7.

Um keinen Zweifel an den quantitativen Verhältnissen aufkommen zu lassen: Sklavereien in der gesamten Welt- und Globalgeschichte endeten für Versklavte in den allermeisten Fällen in der Weltgeschichte mit dem Tod im Sklavenhandel, auf dem Transport, im Umfeld des Slaving oder in der jeweiligen Sklaverei. Deshalb spielten (und spielen) auch der Tod und der Kontakt mit Toten in Kulten und Religionen, an denen Sklaven partizipierten sowie in den Religionen des Slaving-Atlantiks eine so wichtige Rolle. Versklavte entkamen den Sklavereien durch Selbsttötung (Suizid), Tötung (Opfer), Lösegeldzahlung, Flucht (*cimarronaje, marronage*), Rebellionen, Kriege (*bella servilia*) oder Revolution (vor allem Haiti, 1791–1803), Selbstfreikauf mit schriftlichem Dokument (*ahorramiento, coartación, auto-compra, auto-alforria / carta de alforria*), Manumission (individulle Freilassung, oft auch testamentarisch – siehe oben unter „Zentrale Themen und Theorien sowie Forschungsfelder") seitens eines individuellen (Privateigentümer) oder institutionellen Sklavenhalters (Herrscher, Kaiser, Sultan, Staat). Es gab auch zeitweilige Manumission mit schriftlicher Bestätigung (*carta de libertad*), etwa im Falle von versklavten Matrosen und Köchen auf niederländischen Schiffen Curaçaos, die während der Schiffreisen temporär frei gelassen wurden, damit sie nicht als Sklaven Teil der „Prise" im Fall von englischen Korsaren-/Piratenüberfällen wurden.[207]

Im Falle der staatlichen Freilassung bzw. des staatlichen Prozesses der Aufhebung des Sklavenhandels vor allem im 19. Jahrhundert wird für den Prozess der individuellen Freilassung (Manumission – legale Freilassung), ansonsten meist der Begriff Emanzipation gebraucht. Für den gesetzlichen Akt der endgültigen Aufhebung als „Recht" wird der Begriff, wie oben ausführlich dargelegt, Abolition gebraucht.[208] Tod (auch als Opfer oder durch Tod des individuellen Halters) und Widerstand spielten als individuelle oder kollektive Ausgänge aus der Sklaverei für alle welthistorischen Entwicklungsstufen von Sklavereien eine wichtige Rolle.

Heute wird unter Historikern, von wenigen Ausnahmen abgesehen, kaum noch über großstrukturelle Veränderungen in Bezug auf Arbeitskräfte gesprochen, die billiger waren als Versklavte – nicht nur im Kaufpreis (was schnell einleuchtet), sondern vor allem im Transport und im Unterhalt, wie die galizischen Arbeitskräfte der so genannten Schwalbenmigration (*migración golondrina*) zwischen Spanien und Kuba.[209]

---

207 Aizpurúa, „Esclavitud, navegación y fugas de esclavos en el Curazao del siglo XVIII", in: Dalla-Corte, Gabriela; García Jordan, Pilar; Laviña, Javier; Luna, Lola; Ricardo Piqueras, Ricardo; Ruiz-Peinado, José Luis, Tous, Meritxell (eds.), Poder local, poder global en América Latina, Barcelona: Publicacions i edicions de la Universidad de Barcelona, 2008, S. 81–94, Rupert, Linda M., „Marronage, Manumission and Maritime trade in the Early Modern Caribbean", in: Slavery & Abolition, 30:3 (2009), S. 361–382; vor allem S. 372 f.

208 Kleijwegt, Marc (ed.), The Faces of Freedom: The Manumission and Emancipation of Slaves in Old World and New World Slavery, Leiden and Boston, MA: Brill Academic Publishers, 2006 (The Atlantic World 7); Brana-Shute; Sparks (eds.), Paths to Freedom, passim; Drescher, „From Colonial Emancipation to Global Abolition", in: Drescher, Abolition, S. 267–293.

209 García Mora, Luis Miguel; Santamaría, Antonio, „Ingenios por centrales y esclavos por colonos. Mano de obra y cambio tecnológico en la industria azucara cubana, 1860–1877", in: Piqueras

Die Rechts-Rituale der Manumission, Emanzipation und Abolition, als legal definierte Akte mit Zeugen, schriftlichem Notat (Protokoll) und unter Aufsicht einer staatlich bestellten Rechtsperson (Schreiber, Notar, *síndico*) spielten im Wesentlichen in der römischen Sklaverei seit ca. 400 v. u. Z. sowie für die mediterrane Sklaverei und den mediterranen Menschenhandel unter Kontrolle europäischer Kaufleute und Eliten in einer von der Rezeption des „römischen" Rechts geprägten, schriftlich verfassten Wirtschaftskultur eine Rolle. Diese Wirtschaftskultur prägte, trotz vieler Unterschiede im Detail, auch den Prozess des atlantischen Slaving und der atlantischen Sklavereien sowie die europäisch kontrollierten Sklavereien im Raum des Indischen Ozeans entscheidend (siehe das Kapitel „Sklavereien und Recht").

Philosophische und reale Grundlagen von Abolitionen wurden allerdings auch in arabischen Gebieten und Afrika schon vor 1750 entwickelt.[210] Auch in Afrika gab es massiven Widerstand gegen Versklavung und Razzienpraktiken sowie gegen Sklavereien – vor dem 20. Jahrhundert meist allerdings ohne Abolitionismus.[211]

Welthistorische Ursachen der Sklavereien

> „L'esclavage est une période de l'histoire universelle qui a affecté tous les continents, simultanément parfois ou en succession".[212]

Joseph Miller sagt, dass *slaving* und die Dynamik der zunächst eher marginalen Sklaverei-Eliten viele Innovationen der Weltgeschichte ausgelöst und vorangetrieben haben.[213] Etwa so wie das Menschheitsgeschichte-Phänomen des Krieges.[214] Ansonsten wird Sklaverei irgendwie, wenn es sich nicht um spezialisierte Arbeiten der Sklavereiforschung handelt (die meist in der Antike ansetzen), in vielen modernen Kulturgeschichten entweder nicht genannt oder vorausgesetzt. Irgendeine Art Hintergrund-Sklaverei scheint immer schon „da" gewesen zu sein. Menschenhandel wird schon gar nicht erwähnt. Sklavereien und Sklavenhandel scheinen

---

(ed.), Azúcar y esclavitud en el final del trabajo forzado. Homenaje a Manuel Moreno Fraginals, Madrid: Fondo de Cultura Económica, 2002, S. 165–184.

210 Brown, „Abolition of the Atlantic Slave Trade", in: Heuman; Burnard (eds.), The Routledge History of Slavery, S. 281–297; Clarence-Smith, „Islamic abolitionism in the western Indian Ocean from c. 1800", S. 81–97.

211 Rathbone, Richard, „Resistance to Enslavement in West Africa", in: Manning (ed.), Slave Trades, 1500–1800, S. 182–194; Rossi, Benedetta, „Freedom Under Scrutiny", in: Journal of Global Slavery Vol. 2:1 (2017), S. 185–194.

212 Meillassoux, Anthropologie de l'esclavage, S. 20.

213 Miller, The Problem of Slavery as History, passim.

214 Horn, Christian, „Auf Messers Schneide – Gedanken zum Einfluss vorgeschichtlicher Gefechte auf soziale und technologische Veränderung und Stabilität", in: Mitteilungen der Anthropologischen Gesellschaft in Wien (MAGW) Band 143 (2013), S. 73–96.

keine Geschichte zu haben. Oder sie verschwinden unter bestimmten heutigen Diskursen, Performanzen und Medienspektakeln, die die „moderne" Globalisierung (seit 1990) im Postmoderne-Modus von Kolonialisierung, Imperialismus und Sklavenhandel abzukoppeln versuchen, und haben auch keine Geschichte. Unter den „70 großen Erfindungen des Altertums" kommt Sklaverei als Thema gar nicht vor. Wahrscheinlich, weil Sklavereien auch im Altertum schon „da" waren. Nur in der Einleitung zum Thema „Jagd, Krieg und Sport" wird über ägyptische Rudersklaven gesprochen und es wird darauf hingewiesen, dass zu diesem Thema auch das Problem der Galeerensklaven des Mittelmeeres gehört (in vielen Kulturen vor dem Spätmittelalter und der Neuzeit seit dem 15. Jahrhundert waren Ruderer keine Sklaven, wie etwa bei den Schiffsmannschaften der Wikinger).[215]

Bei Niall Ferguson, dem in diesem Zusammenhang nur noch Weber und Landes sowie Kapitalismusapologien einfallen, erscheint Sklaverei in Bezug auf das Thema „Der Westen und der Rest der Welt" nur in den USA und anderen Amerikas.[216]

Trotz der oben dargelegten neuen Forschungen gehört zu den „Erinnerungsorten" des Mittelalters auch kaum Sklaverei (eine Ausnahme bilden die angelsächsischen *vicings* bzw. altnordischen *víkingr*, hier werden die Beutezüge, u. a. auf Sklaven, und anhand des Bildes des Wikingers als Kaufmann auch der „Sklavenhandel [...] mit all seinen brutalen Folgen" erwähnt).[217] Harald Kleinschmidt hat, ohne Sklaven und Sklavereien zu erwähnen, unter dem Titel „Kaufleute und Kämpfer", bewaffnete, kriegerische und verschworene Fernkaufleute als „Friesen" und „Wikinger" bezeichnet.[218]

Gerade Forscher der Reichsbildungen nach dem Erste-Hochkulturen-Typus (was cum grano salis auch für Altindien, das Alte China und Altamerika gilt) weisen oft darauf hin, dass Gewalt und Abhängigkeitsverhältnisse in den Arbeitsbeziehungen „in keiner Weise ... einem Sklaventum gemäß heutiger Vorstellungen"[219] entsprachen. Das mag an der Wendung „gemäß heutiger Vorstellungen" liegen und daran, dass wir nicht wissen, wo und vor allem wann auf dem Globus lokale Kerne

---

215 Fagan, Brian M., Die siebzig großen Erfindungen des Altertums, München: Frederking & Thaler GmbH, 2004, S. 171–173; zu den Galeerensklaven siehe: Scheidel, „Galley slaves", in: Finkelman, Paul; Miller, Joseph C. (eds.), Macmillan Encyclopaedia of World Slavery, 2 Bde., New York: Macmillan Reference; Simon & Schuster, Macmillan, 1998, Bd. I, S. 355–356.

216 Landes, David S., Wohlstand und Armut der Nationen. Warum die einen reich und die anderen arm sind, Berlin: Siedler, 1999; Ferguson, Niall, Der Westen und der Rest der Welt. Geschichte vom Wettstreit der Kulturen, Berlin: Prophyläen, 2011.

217 Fried, Johannes; Rader, Olaf B., „Die Wikinger und ihre Schiffe", in: Fried; Rader, Die Welt des Mittelalters. Erinnerungsorte eines Jahrtausends, München: Beck, 2011, S. 167–179, hier vor allem S. 176.

218 Kleinschmidt, „Kaufleute und Kämpfer", in: Kleinschmidt: Die Angelsachsen, München: Beck, 2011, S. 94–95.

219 Schlögl, Hermann A., Das Alte Ägypten. Geschichte und Kultur von Frühzeit bis Kleopatra, München: Verlag C. H. Beck, 2006, S. 23.

sowie regionale Entwicklungsplateaus unterschiedlichster Sklavereien entstanden sind beziehungsweise, noch wichtiger, seit wann es lokale institutionalisierte Sklavenstatus gibt.[220] Wie oben bereits gesagt, sollten die Entstehung von Ahnenkulten, Herkunft-Landbesitz sowie Opfersklaverei und Menschenopfern vor allem seit um 8000 v. u. Z. (und bei Opferkulten eventuell auch früher) bedacht werden.[221] Erste Stufen von institutionalisierten Massenversklavungen und Zwangsarbeiten, oft als eine Art kollektiver Sklaverei, finden sich schon im pharaonischen Ägypten, dem ersten Territorialstaat.[222] Die Grabbauten der ersten Kaiser Chinas wurden von unvorstellbaren Mengen verschuldeter und zur Arbeit gezwungener Menschen, meist Bauern, errichtet, die systematisch wegen Überarbeitung zu Tode kamen. Die anderen großen Bauten (inklusive ihrer späteren Erneuerung) – wie die großen Kanäle und Mauern – erforderten ebenfalls kollektive Großarbeitsleistungen. Todesopfer von Mengen abhängiger Krieger wurde durch Tonkrieger ersetzt; weibliche Sklaven und eventuell Konkubinen wurden aber durchaus geopfert. Bei den Eliten von Gesellschaften und Reichen seit der Bronze- und Eisenzeit setzte sich die bis in die Sphären von Religion sowie Philosophie deutliche Auffassung durch, das Hand- und Bauernarbeiten nur von Menschen mit extrem niedrigem Status zu machen waren, *menial works* (Haus- und Reinigungsarbeiten, schwere Schanz- und Bauarbeiten, Krankenpflege, Umgang mit Blut, Dreck und Abfällen) sowieso; deutlich etwa in den ägyptischen *usheptis* (sozusagen symbolischen Arbeitsverrichtern für Tote im Jenseits)[223] und in der Auffassung von Aristoteles, dass alle Menschen, die für andere arbeiteten mussten, eigentlich Sklaven seien. Für die Bronzezeit stellt Barry Strauss den niederen Status „einfacher Griechen" dar, unter denen er Sklaven zwar differenziert („Sklaven waren in Lumpen gehüllt und gingen barfuß"[224] – Freie trugen einfache Sandalen), sie aber in Bezug auf niedere Arbeiten, Habe und Essen sowie Abhängigkeit von Eliten offensichtlich zu den „einfachen Griechen" zählt. Was ist das anderes als Sklaverei in einem breiteren Verständnis, vor allem extreme Formen von niederem Status, Schuldsklavereien, kollektiven Sklavereien und Opfersklavereien in realem, aber auch symbolischem Verständnis? Dazu kommt, dass vor allem, wie oben dargelegt, gerade Kollektivformen von Sklavereien gern diskursiv verschleiert und als „marginal" dargestellt werden und viele Sklavereien eben auch nicht gerne bei ihrem „westlichen" Namen genannt werden. Auch Gewaltverhältnisse, die personenrechtlich kodifiziert sind, können unter

220 Morris, „Der Westen geht in Führung", in: Morris, Wer regiert die Welt?, S. 88–140 (Karte S. 122).

221 Morris, „Das verwandelte Paradies", in: Ebd., S. 104–112.

222 Bussmann, „Kriege und Zwangsarbeit im pharaonischen Ägypten", S. 58–72.

223 Kockelmann, Holger, „Uschebti", in: http://www.bibelwissenschaft.de/stichwort/33951/ (letzter Zugriff 24. 1. 2018).

224 Strauss, Barry, „Ein Heer in Schwierigkeiten", in: Strauss, Der Trojanische Krieg. Mythos und Wahrheit. Aus dem Englischen übersetzt von Karin Schuler, Stuttgart: Theiss, 2008, S. 97–109, hier S. 106.

Sklavereien verbucht werden. *Cultural Studies* haben besondere Probleme: sie mögen einerseits „Strukturen“ sowie Sozial- und Wirtschaftsgeschichte nicht, und kulturgeschichtlich orientierte Wirtschaftsgeschichte sucht Gründe für wirtschaftlichen Erfolg weniger in materieller Arbeit oder Gewalt gegenüber realen Körpern oder Profitgier, sondern eher im Denken, in unsichtbaren Händen, in der Macht unzähliger Rituale und Performanzen oder in Religionen.

Sklavereien waren in der atlantischen Welt bis um 1880 und in der restlichen Welt, vor allem in Afrika und Asien, bis weit in das 20. Jahrhundert und oft sogar bis heute, ein ubiquitäres, überall vorhandenes Allerweltsthema.[225] In Teilen der arabisch-islamischen Welt und in Teilen Afrikas, etwa in den Berbergebieten, in Mauretanien, im Sudan, Südsudan, Somalia oder Ghana, oder auf der arabischen Halbinsel, in Nepal und in der östlichen Hemisphäre noch länger; Sklaverei/Bondage-Hybridtypen eigenen Rechts existieren gerade in Indonesien, den Philippinen, Südostasien und Indien.[226]

Wir kennen die „Ursachen“ der Sklavereien in der Weltgeschichte nicht. Wir kennen auch kaum die Quellen und Entstehungsbedingungen der jeweiligen lokalen Sklavereien „ohne den Namen Sklaverei“. Was wir kennen, ist der Streit darum, ob und seit wann der Begriff anwendbar ist. Wir wissen auch nicht, wann es die ersten Sklavinnen oder Sklaven gegeben hat. In Bezug auf die Funktion von Sklaven hat der niederländische Anthropologe Herman Jeremias Nieboehr schon vor mehr als hundert Jahren die These geäußert, dass Sklaverei tendenziell vor allem in Gesellschaften mit offenen Ressourcen – das bedeutet vor allem: viel „freies“ Land sowie viel Arbeit und wenig Arbeitskräften – vorkam. Ich nenne das die „Sklavereilücke“ – erobertes oder besetztes Land ohne Bauern, seien es unbesiedelte Inseln, wie die Kapverden oder São Tomé am Ende des 15. Jahrhunderts,[227] oder die Inseln und Küsten der Amerikas nach der demographischen Katastrophe als Konsequenz der Conquista. Oder nichturbare Gebiete vor allem in Afrika. Gesellschaften mit wenig und geschlossenen Ressourcen dagegen tendieren dazu, andere Formen der Arbeitsbindung zu nutzen.

---

225 Oßwald, „Rassismus und Sklaverei als Rechtsproblem in Nord- und Westafrika“, S. 253–277.

226 Eno; Eno, „The African Diaspora within Africa and the Impact of Slavery and Stigma in the Islamic Society: A Case Study of Somalia“, S. 61–89; Rafael, Vicente L., Contracting Colonialism: translation and Christian conversion in Tagalog society under early Spanish rule, Durhamn and London: Duke University Press, 1993; Linden; Mohapatra, Prabhu P. (eds.), Labour Matters. Towards Global Histories. Studies in Honour of Sabyasachi Bhattacharya, New Delhi: Tulika Books, 2009.

227 Massing, Andreas, „Valentim Fernandes' Five Maps and the Early History and Geography of Sao Tomé“, in: History in Africa Vol. 36:1 (Jan. 2010), S. 367–386.

Jäger gegen Jäger, Bauern/Hirten gegen Jäger, Hirten/Nomaden gegen Bauern

Erste Sklavereien waren opportunistisch. Hypothetisch kann angenommen werden, dass bestimmte Ansätze und Grundkonstellationen eines frühen Sklavenstatus in Konflikten zwischen lokalen Gruppen (Jäger, Beuter, Fischer und Sammlerinnen) sowie verschärft in der konfliktären Parallelexistenz von Jäger/Fischer- und Sammlerkulturen („Wildbeuter")[228] sowie präkeramischen und keramischen agrarischen Lebensweisen im Zuge der „Erfindung der Agrikultur" in weltgeschichtlichen Protagonisten-Kernregionen zwischen 10 000 und 4000 vor unserer Zeitrechnung beim Übergang zum Neolithikum, d. h., in der „neolithischen Revolution" existierten.[229] In Europa blieben, oft bereits z. T. sesshaft, die Lebensweisen von Jägern/Fischern und Sammlerinnen übrigens am längsten in den kühlen und dunklen Wäldern Norddeutschlands (Ostseeraum), Skandinaviens, Finnlands und Russlands erhalten.[230] Detlef Gronenborn hat die östliche Großregion (zu der auch die genannten Waldzonen im Norden gehörten) im Prozess der Neolithisierungen *Hyperborean tradition* mit eigentlichen Wurzeln in den russischen Steppenzonen und (möglicherweise) im russischen Fernen Osten genannt.[231] Möglicherweise entwickelte sich in diesen Gebieten erste Viehhaltungen auf Pferde und begründeten eine Tradition der Razziensklaverei (noch ohne Institution). Damit kommen Hirten und Nomaden ins Spiel, die vom Steppengürtel Eurasiens aus immer wieder Menschen raubten – im Grunde bis in das 19. Jahrhundert.[232] Razzienraub in Form von Piraterie mag es auch seitens der Nutzer früher Wasserfahrzeuge und der Küstenbewohner schon sehr zeitig gegeben haben.[233] In zwei anderen Trends oder Traditi-

---

228 Klimscha, Florian, „Wassernutzung und Innovation in komplexen Jäger-Sammler-Gesellschaften des Mesolithikums", in: Klimscha, Eichmann, Ricardo; Schuler, Christof; Fahlbusch, Henning (eds.), Wasserwirtschaftliche Innovationen im archäologischen Kontext. Von den prähistorischen Anfängen bis zu den Metropolen der Antike, Rahden/Westf.: Leidorf 2012 (Menschen – Kulturen – Traditionen. Studien aus den Forschungsclusterndes Deutschen Archäologischen Institut, Bd. 5), S. 37–56.

229 Armit; Knüsel; Robb; Schulting, „Warfare and Violence in Prehistoric Europe: An Introduction", S. 1–11; Mallory, „Indo-European Warfare", S. 77–98; Morris, „Der Westen geht in Führung", in: Morris, Wer regiert die Welt?, S. 88–140.

230 Gronenborn, „Letzte Jäger – erste Bauern (Thema: Die Anfänge des Neolithikums), in: Archäologie in Deutschland Vol. 3/2006 (2006), S. 18–23; Gronenborn, „Häuptlinge und Sklaven? Anfänge gesellschaftlicher Differenzierung", in: Terberger, Thomas; Gronenborn (eds.), Vom Jäger und Sammler zum Bauern: Die Neolithische Revolution, Darmstadt: Theiss, 2014, S. 39–47.

231 Gronenborn, „Transregional Culture Contacts and the Neolithization Process in Northern Central Europe", in: Jordan, Peter; Zvelebil, Marek (eds.), Ceramics before Farming: The Dispersal of Pottery among prehistoric Eurasian Hunter-Gatherers, Walnut Creek: Left Coast Press, 2009, S. 527–550.

232 Witzenrath, „Introduction. Slavery in Medieval and Early Modern Eurasia: An Overview of the Russian and Ottoman Empires and Central Asia", S. 1–79.

233 Klimscha, „Wassernutzung und Innovation in komplexen Jäger-Sammler-Gesellschaften des Mesolithikums", S. 37–56, hier vor allem S. 39–41 („Wasser als Transportmittel").

onen (*Afroeurasian tradition*; *Atlantic tradition*) habe sich über bestimmte Gebiete West- und Zentraleuropas sowie des Donaugebietes landwirtschaftliche Produktion mit bestimmten Werkzeugen sowie keramischen Aufbewahrungsgefäßen verbreitet (seit 7200–6800 v. u. Z.).[234]

Jäger und Sammlerinnen waren oft auch – vor allem an Flüssen und Meeresküsten Fischer; in der Interaktion zwischen Fischern bzw. Wildbeutern und entstehenden sesshaften Bauerngesellschaften sind sicherlich auch Arbeit und Dienstleistungen und eventuell auch Arbeitende und Dienstleistende ausgetauscht worden.[235] Vor allem die Übergangsgebiete beider oben genannter Traditionen wurden – in sehr langen Linien der Sklavereientwicklung (siehe Plateaus) – in Afroeurasien zu Territorien ganz spezifischer und verbreiteter Sklavereien und Ressourcen-Gebiete der Menschenjagd für Razzienkrieger anderer Kulturen bzw. der Wikinger. Von Osten bis hin zu Arabern, Mongolen, Osmanen und Krim-Tataren; von Westen bis hin zu den Waräger- und Imperialexpansionen des Mittelalters („Ostexpansionen"). Aber auch schon vor den territorialen Herrschaftsbildungen, in egalitären Gesellschaften und Gesellschaften des Übergangs zu Herrschaftsbildungen waren Razzien, Aggressionsgewalt und Krieg mit ersten Sklavereielementen verbunden.[236] Besonders innerhalb der Agrikultur hat die Trennung zwischen Bodenbauern mit Viehhaltung, Gärten, Fischerei oder Fischzucht, also Land (Boden) bzw. Territorien als vererbbares Gut, und eher nomadischen Viehhaltern mit großen Weideflächen an Peripherien eine wichtige Rolle gespielt. Seitdem entstanden an den Razzien-Grenzen der „Agrarreiche"[237] „kleine" Sklavereien vor allem der schwächsten Mitglieder der Bauerngemeinschaften oder Bergbevölkerungen, sicherlich zunächst ohne Institutionalisierung und festen Namen, immer wieder opportunistisch-lokal, aber weltweit, spontan zwischen sesshaften und nomadischen Gesellschaften, aber auch in den Konflikten zwischen Häuptlings-, Kaziken- und *titleholder*-Gesellschaften sowie zwischen diesen und Gruppen ohne ausgeprägte Hierarchien.

Eine der konstitutiven Konfliktlinien dürfte die zwischen Jäger/Sammlern und sesshaften Bauern (mit den jeweiligen Männer- oder Kriegerbünden)[238] sowie spä-

---

234 Gronenborn, „Transregional Culture Contacts and the Neolithization Process in Northern Central Europe", S. 527–550, hier vor allem S. 530–533, 541.

235 Quensel-von Kalben, Lucas, „Zur Interaktion von Wildbeutern und Bauern: ethnographische Beispiele und Möglichkeiten ihrer archäologischen Identifikation", in: Ethnographisch-Archäologische Zeitschrift 35 (1994), S. 341–352.

236 Nielsen, Axel E.; Walker, William H. (eds.), Warfare in cultural context: practice, agency, and the archaeology of violence, Tucson: University of Arizona Press, 2009.

237 Bayly, Christopher A., „Bauern und Herren", in: Bayly, Die Geburt der modernen Welt. Eine Globalgeschichte 1780–1914, Frankfurt am Main/New York: Campus, 2006, S. 43–46.

238 Gronenborn, „Der ‚Jäger/Krieger' aus Schwanfeld. Einige Aspekte der politisch-sozialen Geschichte des mitteleuropäischen Altneolithikums", in: Eckert, Jörg; Eisenhauer, Ursula, Zimmermann, Andreas (eds.), Archäologische Perspektive. Analysen und Interpretationen im Wandel. Festschrift Jens Lüning, Rahden: Marie Leidorf, 2003, S. 35–48.

ter auch Bauern und eher nomadischen Viehhaltern gewesen sein; unter anderem durch Territorialkonflikte, Blutrache und Vergeltung, aber auch wegen Unglücksfällen (Brände, Trockenheit), die normalerweise sesshafte Gruppen zu Überfällen auf andere sesshafte Populationen veranlassten. Nomadische Gruppen oder in Viehhalternomadentum abgedrängte Gruppen (fast immer Ziegen- und Schafhalter) neigen auch wegen ihrer Mobilität dazu, sesshafte Gruppen in Razzien zu überfallen.

Möglicherweise haben auch neue Rituale und entstehende sakrale Formen der Herrschaft eine Rolle gespielt, wie Opfer, Kriegerkulte, „Kriege um die Ehre" und politische Hierarchisierungen (Häuptlingstum, *chiefs*, Kaziken, *titleholder*, d. h. Titelträger in Ranggesellschaften).

Eine andere Konfliktlinie existierte innerhalb der agrarischen Lebensweise zwischen Repräsentanten der Wirtschaftsformen von Garten- und Bodenbau und, allerdings räumlich meist relativ klar getrennt, der sich nach der „Erfindung des Bodenbaus" entwickelnden nomadischen Viehhaltung von Hirten an Grenzen und Frontiers sowie oft auch weit darüber hinaus. Wenn man es aus der afroeurasischen „Zivilisationsperspektive" (Zivilisation bedeutet zunächst Stadtkulturen) einer westlichen Achse von Mesopotamien bis zum zentralen Mittelmeer und einer östlichen Achse bis Nordindien und China betrachtet, entstanden das „nördliche" Reiternomadentum der Arya, Kimmerer, Skythen-Sarmaten, Hunnen, Awaren, Bulgaren, Alanen, Petschenegen, Kumanen/Kiptschaken, Chasaren, Ungarn und Uiguren, Türken, Kara-Kitai, Mongolen, Oiraten oder Mandschu aus dem nördlichen Mittelasien sowie „südliche" Renomadisierungen mit zunehmender Desertifikation im Sahararaum und in Vorderasien bei den Numidiern, Berbern, Beduinen, Tuareg und Arabern.

Eine wichtige Folge weiterer historische Makroarbeitsteilungen war die Entstehung eben von Stadtkulturen (Zivilisationen), frühen Priester-/Militär- und Stadt-Staaten, spezialisierten Händlergruppen und sogar ganzen Völkern – klassisch im Falle von Phöniziern (mit einer spezialisierten Enklaven/Hafenkultur) oder jüdischen Fernhändlern in der spät- und nachrömischen Mittelmeerwelt (Süditalien, Balearen, Epirus, Nordafrika, untere Donau sowie im Merowingerreich) zwischen christlichem Europa und slawischer Welt (mit dem Steppenreiter-Korridor kaspische Nordküsten – pontische Steppen – Nordbalkan und ungarische Ebene und ihren zentralasiatischen Gebieten bis nach Nordchina[239] und der Verbindung über die russischen Flüsse bis nach Skandinavien) sowie der arabisch-islamischen Welt (seit dem 7. Jahrhundert) oder den Armeniern zwischen asiatischer, osteuropäischer und mittelmeerischer Welt.

Vor allem an den Rändern von Imperien und zwischen frühen Imperien kam es seit den Bronzezeiten (4. –2. Jahrtausend v. u. Z.) von Nordafrika und Vorderasien bis Ostasien zur „Erfindung des Krieges" mit Massen von kriegsgefangenen

239 Khazanov, „Pastoral nomadic migrations and conquests", S. 359–382.

Männern. Seit diesen Kriegen und Expansionen wurde die bis dahin typische Figur versklavter weiblicher Menschen und Kinder durch die Figur des kriegsgefangenen Mannes ergänzt, der nach bestimmten Ritualen und nach dem Recht des Siegers versklavt sowie manchmal auch geopfert wurde. Zunächst meist in der Quasi-Freiheit der Hirtensklaven, später möglicherweise schon auf einem Grunddispositiv der Erzwingung von Routinearbeiten (vor allem bei den Bewässerungskulturen der frühen Landwirtschaften des fruchtbaren Halbmondes).[240]

Andere Konfliktlinien: Männer und Frauen, Fremde und Verschuldung

Eine weitere hypothetische Konfliktlinie, die möglicherweise noch älter ist, war wohl bestimmt durch das bereits bekannte Gegensatzpaar „Eigenes/Fremdes", vielleicht mit dem Unterkonflikt zwischen patrilinearer oder matrilinearer Organisation der jeweiligen sozialen Gliederung (Wohngruppe, Familie, Gens, Clan/*lineage*, Bande, Stamm, Horde, Volk) sowie von Frauen und Männern. Es mag aber auch sein, dass die vieldiskutierte Gender-Konfliktlinie, vielleicht sogar das schattenhafte „Patriarchat", einen eigenständigen und konstitutiven Komplex innerhalb der genuinen Ursachen des weltgeschichtlichen Phänomens der Sklaverei bildet, in dem Sinne, dass die ursprüngliche Unterdrückungsform in frühen Gesellschaften in denen sich die Herrschaft „großer Männer" herausbildete, eine Art „weiblicher Sklavenstatus ohne Institution Sklaverei" war. Dieser Komplex ließe sich mit empirischen Befunden abrunden, die besagen, dass weibliche Prostitution, aber auch die von Knaben, Kindern und jungen Männern, in den meisten Sklavereigesellschaften – von Griechenland über Rom bis zur Karibik, aber auch in Japan und weit darüber hinaus – ursächlich mit Sklavereisituationen, „jüngeren Verwandten", Arten ritueller Adoption oder den Situationen von „Kastenlosen"/Unehrenhaften und anderen Quasi-Sklavereisituationen verbunden war.[241]

Sklaverei geht im generellen soziologisch-historischen Ansatz wohl auf vier Figuren oder Sozialtypen zurück: Erstens (meist) eine Frau oder ein Kind (meist Mädchen) ohne engere Verwandte. Zweitens die des oder der von einer Gruppe (Bande) oder einem Stamm (*gens*) in eine andere Gruppe verbrachten oder verschleppten Menschen. Beide Sozialtypen waren wohl, wie gesagt, in großer Mehrzahl weibliche Menschen oder Kinder, die immer im Status eines Quasi-Kindes blieben (auch wenn sie schon 80 Jahre alt waren). Die Herauslösung aus einer

---

240 Atkins, Peter; Simmons, Ian Gordon; Roberts, Brian K., People, Land and Time, London: Hodder Arnold, 1998.

241 Siehe z. B.: Hamel, Debra, Der Fall Neaira. Die wahre Geschichte einer Hetäre im antiken Griechenland, Darmstadt: Primus Verlag, 2004 (für China siehe unten); für Japan: McCormack, Noah Y., Japan's Outcaste Abolition.

Verwandtschaftsgruppe war verbunden mit einer Statusänderung, zunächst dem Verlust der „Herkunftsgruppe" und des Clans und dann eventuell etwa durch „Tausch" (oder Tribut, Geschenk), „Heirat" oder „Adoption", eben eine rituelle Adoption, die Integration über verschiedene Stufen in die neue Gruppe. Drittens die Figur des oder der Besiegten, Gefangenen, Eroberten und Geraubten. Viertens die Figur des Verschuldeten (manchmal eine Art Sklaverei auf Zeit, oft der Beginn eines Sklavereizyklus bzw. eines legalen Übergangsstatus' wie im antiken Griechenland nach den Solonschen Reformen (siehe unten)).

Der eigentliche Sklavenstatus, wenn auch bei unterschiedlichen Gruppen mit unterschiedlicher Dauer, wurde sicherlich durch den Verlust der „Ehre" oder Stufen minderer „Ehre" markiert und durch Rituale visualisiert. Kamen Menschen von weit her, wurde die fehlende Ehre an die räumliche Herkunft gebunden. Typen, die mit Menschen im Status von Gefangenen, Verschleppten, Verurteilten, Adoptierten oder Verschuldeten zu tun hatten, waren der erfolgreiche Krieger/Räuber und der einflussreiche *big man*, der Anführer von bewaffneten Klienteln (oft auch eine Art Sklaverei), der in eigentlich egalitären Gemeinschaften einen Rang wegen seiner Erfolge oder seines Status' einnahm und diesen Rang durch viele Frauen oder Konkubinen sowie Kinder und Abhängige (auch Schuldner, die allerdings oft gesondert markiert wurden – etwa durch ein bestimmtes Halsband) zum Ausdruck brachte und verstärkte. In bereits stärker arbeitsteilig organisierten Gesellschaften war es der erfolgreiche Fernhändler/Seefahrer-Kaufmann (auch Korsar oder Pirat – klassisch etwa in der Familiengeschichte der legendären Surcouf-Familie von Saint-Malo).[242] In dezentralen Gesellschaften auch lokale religiöse Zentren und ihre Priester sowie Schreiber.

Aus diesen lokalen Kernen formten sich in bestimmten Kontexten auf kulturell und historisch unterschiedlich geprägten Wegen zunächst Sklavenstatus „ohne Sklaverei" sowie kleinflächige Kin- und Opfer-Sklavereien oft von Kindern, lokale Sklavereiformen und dann Typen von zusammengesetzten „großen" Sklavereien und Sklavenhandelssystemen. Das verweist, neben dem Hauptzweck „Schutz" für Kinder und Frauen, auf die andere Hauptquelle von unterschiedlichsten Sklavereien – Raub, Entführung, Verschleppung, Opferung, Überfall (Razzia), Krieg sowie Fremdenstatus. Auch hier ist wohl eine theoretische Differenzierung nach Besiegten und Kriegsgefangenen in äußeren Konflikten (Männer) und Gefangenen oder Geraubten in eher inneren Konflikten vorzunehmen – bei letzteren scheinen zunächst Frauenraub, Kinderraub und erzwungenes Konkubinat/Prostitution, aber auch Schutz, auslösende Rollen gespielt zu haben. Überhaupt gibt es zu denken, dass die Masse der Sklaven in der Weltgeschichte Frauen und Mädchen gewesen sind. Ursache innerer Versklavung bildete, wie bereits gesagt, mit wachsender Hierarchisierung von Gesellschaften die Verschuldung.[243]

---

242 Roman, Alain, La saga des Surcouf. Mythes et réalites, Saint-Malo: Cristel, 2006.
243 Cameron, Captives: How Stolen People Changed the World.

Am Beginn der externen Sklaverei von Männern, vor allem als Besiegte und Kriegsgefangene, steht ein anderer Übergang. Der breitere anthropologisch-historische Hintergrund der Entstehung von Männer-Sklavereien ist markiert durch die Konturen der Erweiterung wirtschaftlicher Möglichkeiten (mit der Dimension Schulden) sowie rechtlicher Fixierung des Sklavenstatus von Kriegsgefangenen. Das war ein eingebettet in den Übergang von der Abschlachtung des Gegners und der symbolischen Opferung zum „Lebenlassen" besiegter, kriegsgefangener oder abhängiger männlicher Menschen. Meist hängt dieses Lebenlassen auch mit neuen Möglichkeiten des Transports (ganz speziell Schiffe als schwimmende Gefängnisse und Organisation von Karawanen unter Kontrolle von bewaffneten Männern und der Sklaverei-Technik (Joche, Stricke, Ketten, Hand-, Fuß- und Halseisen)) – d. h., mit Gewaltinfrastrukturen und *material culture* zusammen. Männer konnten sowohl abhängige Krieger (Schwur, Weihe, Leibwächter, Klientel), dressierte Sklavensoldaten oder auch zu ordinären Sklaven (vor allem Träger) und Opfern des Menschenhandels werden. Für versklavte Männer konnte Kriegsdienst allerdings auch einen Kanal des Aufstiegs und der Statusverbesserung darstellen; im islamischen Bereich ist daraus seit dem 9. Jahrhundert eine dauerhafte Institution entstanden. Aber auch die neuzeitlichen Sklavereigesellschaften der Amerikas kannten Sklaven im Militär.[244]

Besiegte, Kriegsgegner und Kriegsgefangene, Geraubte und Fremde gab es schon lange vor dem vierten Jahrtausend vor der christlichen Zeitrechnung und auch in Gesellschaften und Kulturen außerhalb der Alten Welt. Im Grunde handelte es sich um die anthropologische Universalie „Von der Ersetzung des Menschenopfers". Der Übergang von den uns heute als „sinnlos" und extrem grausam erscheinenden Metzeleien, Racheritualen und anderen Ritualen bei und nach Kriegen („Bann") war nicht mehr nur an Vorgaben der Stammesreligionen und Konzepte des „Kriegers" gebunden, sondern an Bevölkerungswachstum, neue Technologien (Rad, Waffen, Ketten, Bodenbearbeitung, Bewässerung und Metallverarbeitung sowie Schiffe), Kultur, Wirtschaft und Staat (Schriftlichkeit, neue Kosmologien, Macht, Recht und Verwaltung). Die oben bereits genannten Systeme von extremen Klientelabhängigkeiten hatten als Formen der Abhängigkeit durchaus das Potential, zu bestimmten Formen der Sklaverei zu mutieren, ganz speziell zur Militär- und Palastsklaverei (inklusive Formen der Harems-Sklaverei und des Eunuchentums)[245] sowie zu Formen der Amtsträger-Sklaverei (Kelten, Rom, Ministeriale,

244 Blanchard, „The Slave Soldiers of Spanish South America: From Independence to Abolition", in: Brown, Christopher Leslie; Morgan, Philipp D. (eds.), Arming Slaves from Classical Times to Modern Age, New Haven & London: Yale University Press, 2006, S. 255–273; Blanchard, Under the Flag of Freedom: Slave Soldiers and the Wars of Independence in Spanish South America, Pittsburgh: University of Pittsburgh Press, 2008; Smith, Gene Allen, The Slaves' Gamble: Choosing Sides in the War of 1812, New York: Palgrave Macmillan, 2013.

245 Vankeerberghen, Griet, „A Sexual Order in the Making. Wives and Slaves in Early Imperial China", in: Campbell; Elbourne (eds.), Sex, Power, and Slavery, S. 121–139, hier besonders der Unterabschnitt „The Imperial Harem", S. 122–124.

Osmanen, Eunuchen). Das sind Formen mit noch ziemlich undeutlichem Rechtsstatus, die oft zur Überwindung familiärer oder clanischer „kleiner" Strukturen bei Imperienbildung entstanden. Mameluken (im Kern junge Militärsklaven aus Turkvölkern Zentralasiens; bis Mitte des 17. Jahrhunderts auch Jungen aus Europa sowie slawischen/russischen Gebieten) und „Sklavenkönige" wurden zu wichtigen Elementen islamischer Staatswesen vom Maghreb, Andalusien, Nordafrika, Ägypten und Sudan über Syrien, Iran/Persien bis nach Nordindien und Zentralasien (das Kerngebiet Eurasiens).[246] Sklavensoldaten wurden nicht nur gegen konkurrierende Eliten sondern oft auch zur Gewaltausübung gegen andere Sklavinnen und Sklaven, etwa Kollektivformen bäuerlicher Sklavereien, genutzt. Ich bringe hier als weiteres Beispiel das der Kelten (gilt, cum grano salis, auch für Germanen und Mongolen sowie Osmanen der Neuzeit). Militärische Gefolgschaft, deren Angehörige auf Kelto-Romanisch als *ambactus* oder *vassus* (Entstehungsformen der Begriffe Amt und Vasall) bezeichnet wurden, stellten eine „kultisch gefestigte Unfreiheit" dar sowie – damit eng zusammenhängend – die kultische Devotion (Weihe) von Kriegsgenossen gegenüber einem Anführer (*dux*, *rex* oder *rich*, auch als „Richter"), einem Gott oder einer Gruppe.[247] Die Schwur-Verbindung zwischen Anführer, Gefolgschaftsherr und Anhängern wurde durch Rituale, gemeinsame Gelage, oft maßloses Trinken, gefestigt, ebenfalls ein soziales Ritual, das bei Kelten und Germanen, als „Festmahl" auch bei Griechen und Römern, sehr beliebt war.[248] Oder gemeinsames Töten. Menschenjäger in Afrika nutzten Krieger-Schwurrituale, um junge Gefangene aus ihren Kins und Lineages herauszulösen und als Sklavensoldaten an sich zu binden. In islamischen Gesellschaften waren Militärsklaven, vor allem Anführer, die Aristokraten unter den Sklaven; noch einflussreicher waren nur Sklavinnen und Sklaven, die Performanzen in den Zentren der Macht beherrschten (Heiler, Tänzer/innen, Musiker, Köche).[249]

---

246 Darwin, „Orientierungen", S. 18–56, hier S. 47; Toru, Miura; Philips, John Edward (eds.), Slave Elites in the Middle East and Africa. A Comparative Study, London/New York: Kegan Paul International, 2000 (Islamic Area Studies, Vol. 1.).

247 Der Rex-Titel wurde eher als Bennenung und Titel der römischen Außenpolitik vergeben, siehe: Dick, Stefanie, Der Mythos vom „germanischen" Königtum. Studien zur Herrschaftsorganisation bei den germanischen Barbaren bis zum Beginn der Völkerwanderungszeit (= Ergänzungsbände zum Reallexikon der Germanischen Altertumskunde; Bd. 60), Berlin: De Gruyter 2008. Die *devotio* wurde von den Römern auch bei den Iberern hervorgehoben, siehe: Barceló, „Iberer und Kelten", in: Kleine Geschichte Spaniens, ed. Schmidt, Peer, Stuttgart: Philipp Reclam jun., 2004, S. 21–23, hier S. 22. Allgemein zur Unfreiheit bei den Kelten siehe: Peschel, Karl, „Archäologisches zur Frage der Unfreiheit bei den Kelten während der vorrömischen Eisenzeit", in: Ethnographisch-Archäologische Zeitschrift 31, 3/4 (1990), S. 370–417; siehe auch Maier, Bernhard, „Gesellschaft", in: Maier, Geschichte und Kultur der Kelten, München: Beck, 2012, S. 249–250; zum „kultischen Tod" bestimmter Jungkrieger-Verbände siehe: Kershaw, Kris, Odin. Der einäugige Gott und die indogermanischen Männerbünde. Aus dem Englischen übertragen Baal Müller, Uhlstädt-Kirchhasel: Arun-Verlag, 2003.

248 Demandt, Die Kelten, München: Verlag C. H. Beck, [5]2005, S. 54 ff.

249 Lewis, Race and slavery in the Middle East, passim.

Am Boden der Kulturen entstanden vor allem bei lang anhaltenden Expansionen demographische, soziale, mentale und wirtschaftliche Strukturen – die „Sklaven-Lücke" – die es ermöglichten, kriegsgefangene Menschen in sie einzufügen, wie in Rom zwischen 200 und 100 v. u. Z., als die Felder der römischen Bauernsoldaten vor allem wegen der langwierigen Kriege gegen die Punier von Rittern und Senatoren aufgekauft und mit kriegsgefangenen Sklavenbauern statt von freien römischen Bürgern mit Landbesitz bewirtschaftet wurden oder in Zonen griechischer Kolonisation (wie Sizilien) die Tradition des Latifundiums entstand. Zugleich diente wohl das sehr langsame Ende der Menschenopfer als positive Legitimierung neuer Herrschaftsformen – in den Bibelerzählungen ganz deutlich.[250] Massive Kinderopfer sind durchaus umstritten (oft als römische Propaganda gegen Karthago) aber vielfach literarisch bezeugt, etwa für Kanaaiter, Karthager und für die Geschichte Jerusalems. Bei den Karthagern sollen 600 Jahre lang Kinder im Tofet von Karthago dem Gott Baal geopfert worden sein. Die Opfer-Kinder sollten eigentlich „eigene" der Elite sein, möglichweise sind aber an ihrer Stelle eher Sklavenkinder, Mädchen und Kinder, die nach Geburt nicht überlebensfähig waren, geopfert worden. Damit hätten, so David Abulafia, die Karthager ihre Identität als Tyrener oder Kanaaiter gestärkt.[251] Auch im frühen Jerusalem soll es Kinderopfer gegeben haben. Und Kinderopfer gehören zum Sklavereikomplex.

Für die antike Sklaverei hat Moses I. Finley den Verzicht auf Abschlachtung der Kriegsgegner als „Herkunft der Sklaven" verworfen und auf Sklavenhandel und Tauschhandel mit geraubten oder ausgesetzten Kindern verwiesen.[252] Das ist sicherlich aus der Perspektive des antiken Griechenlands und der hausgeborenen Sklaven Roms richtig, löst aber das Problem nicht, sondern verschiebt es nur an (oder über – *beyond*) die Grenzen der griechischen oder römischen antiken Welt, so wie viele heutige Analysten des Phänomens Sklaverei geneigt scheinen, die Entstehung neuer Sklaverei nur auf Gebiete außerhalb (nochmals *beyond*) der kapitalistischen Ökumene oder in „Schwellenländer" zu verschieben.

In den Ankunftsgesellschaften, die sich in der Entwicklung zu Imperien der Weltgeschichte befanden, sind die neuen Konzepte der Unfreiheit mit speziellen

---

250 Green, Miranda A., Menschenopfer. Ritualmord von der Eisenzeit bis zum Ende der Antike, Essen: Magnus Verlag, 2003; Pinkner, „Mord aus Aberglauben: Menschenopfer, Hexerei und Blutbeschuldigung", in: Pinkner, Gewalt, S. 211–219; Fisch, Jörg, Tödliche Rituale: die indische Witwenverbrennung und andere Formen der Totenfolge, Frankfurt am Main/New York: Campus, 1998; Gunsenheimer, Antje, „The Study of Human Sacrifice in Pre-Columbian Cultures: A Challenge for Ethnohistorical and Archaeological Research", in: Trotha, Trutz von; Rösel, Jakob (eds.), On Cruelty = Sur la cruauté = Über Grausamkeit, Köln: Rüdiger Köppe Verlag, 2011 (Siegener Beiträge zur Soziologie ; Bd. 11), S. 255–284.

251 Abulafia, „Die Purpurhändler 1000 bis 700 v. Chr.", in: Abulafia, Das Mittelmeer, S. 105–128, hier S. 127 f.

252 Binsfeld, „Sklaverei als Wirtschaftsform. Sklaven in der Antike – omnipräsent, aber auch rentabel?", S. 262–279.

lokalen Elementen, internen Formen der Kin-Sklaverei, gemischt worden. Zugleich existierten die nun schon traditionellen lokalen Situationen des „barbarischen" Opfers, der Kopfjagd und/oder manchmal des Kannibalismus weiter, oft in predatorischen oder militaristischen Gemeinschaften am Rande großer imperialer Kulturen.[253] Durch Kriege und Austausch kamen sie mit technologisch „moderneren" und wirtschaftlich/militärisch stärkeren imperialen Sklavereigesellschaften in Berührung. Oft wurden in diesen Gesellschaften eigene, lokale und performative Opferrituale übernommen oder beibehalten und zugleich Sklaverei und Sklavenhandel als Wirtschaftsform übernommen und ausgebaut – klassisch in Rom mit seiner Massensklaverei in Sizilien, den ritualisierten Tier- und Menschenopfern in den Arenen sowie Munera, Gladiatoren- und Tierkämpfe;[254] klassisch aber auch bei Kelten, Germanen, Slawen und Wikingern sowie im Reich der Azteken, der Inka (auch Moche,[255] Sicán, Chimú – vor allem Kinderopfer), bei den Maya[256] oder an der Goldküste beziehungsweise in Dahomey und Benin. Auch außerhalb von Europa und der Alten Welt existierten expansive Gesellschaften des Fernhandels und des des Opfers, die eine potentielle Basis für den Übergang zu großen Sklavereigesellschaften darstellten. Daran knüpften die europäischen Expansionen seit dem engeren Beginn der aktiven Globalisierung (um 1300) überall an; in den großen Reichen Amerikas 1519–1540.

Im Einzelnen mögen die Gründe für Versklavung vielfältig gewesen sein; in expansiven Imperien (und alle Imperien waren expansiv, auch wenn sie es nicht wollten, wie die Debatten um die Isolierung in den USA zeigen) stellten Kriegsgefangene, Unterworfene und kulturell als „Andere" definierte die Masse der Sklaven.

Sklavereien und Staat

Sklavenstatus und bestimmte Institutionalisierungen von Sklaverei gab es vor den Staaten. Staatsbildung war ohne Kriege, Expansionen, Gefangene und Versklavte

253 Green, Menschenopfer, passim.

254 Baker, Alan, The Gladiators: The Secret History of Rome's Warrior Slaves, New York: St. Martin's Press, 2001; zur Debatte, ob das für die Römer „Opfer" gewesen seien, siehe: Schultz, Celia E. „The Romans and Ritual Murder", in: Journal of the American Academy of Religion 78 (2010), S. 1–26; Grottanelli, Cristiano, „Ideologie del Sacrificio Umano", in: Verger, Stéphane (ed.), Rites et Espaces en Pays Celte et Méditerranéen. Etude comparée à partir du sanctuaire d'Acy-Romance, Roma: École française de Rome, 2000 (CEFRA; 276), S. 279–292.

255 Castillo Butters, Luis Jaime, „Taming the Moche", in: Scherer, Andrew K.; Verano, John W. (eds.), Embattled Bodies, Embattled Places: War in Pre-Columbian Mesoamerica and the Andes, Cambridge: Harvard University Press, 2014, S. 257–282.

256 Helfrich, Klaus, Menschenopfer und Tötungsrituale im Kult der Maya, Berlin: Gebr. Mann Verlag, 1973; Lohse, K. Russell, „Mexico and Central America", in: Paquette, Robert; Smith (eds.), Oxford Handbook of Slavery in the Americas, Oxford: OUP, 2010, S. 46–67; Gunsenheimer, „The Study of Human Sacrifice in Pre-Columbian Cultures: A Challenge for Ethnohistorical and Archaeological

unmöglich; Versklavte trugen zur Stabilität von Staaten bei. Viele Staaten entstanden auch aus den Anstrengungen von Kriegereliten, Sklavenhandel zu kontrollieren. Problematisch sind Expansions- und Unterwerfungsstaaten mit Massen von Kriegsgefangenen und Eroberten, die die Perioden und Rhythmen welthistorischer Entwicklung der Sklavereien und die Ausbildung besonderer Sklavereistufen und -typen in bestimmten historischen Regionen beeinflussten. Einen allgemeinen Schub in der Entwicklung von institutionalisierten Sklavereien scheint es zwischen den welthistorisch-protagonistischen Entstehungen von „Zivilisation" („Hoch-Kulturen"), für die alte Welt 4500–800 vor unserer Zeitrechnung, und der Zeit der immer noch recht mysteriösen „Indoeuropäer"- sowie vedischen Arya-Migrationen (Kurgankultur Südrusslands; 5./4. Jahrtausend v. u. Z.)[257] und der genannten Welle von Marodeuren, genannt „Seevölkersturm" (um 1200 v. u. Z.), gegeben zu haben.[258] In der neuen Welt zwischen 2000 v. u. Z. und 800/900 einerseits (Niedergang der Maya-Kultur) und im 14./15. Jahrhundert andererseits, mit den Expansionen des Inka- und des Mexica-Reiches sowie mit der europäischen, eurokreolischen und transkulturellen Expansion – Conquista (1500–heute).

Der Zusammenhang zwischen Expansion, Staatsbildung mit Sakralisierung des Zentrums (meist in Form eines natürlich immer konkreten „Königtums") und Sklaverei als Opfersklaverei kann anhand Dahomeys (heute in etwa Teil Benins, Togos und Nigerias) dargestellt werden. Werner Peukert legt in seinem Buch dar, dass der „König" theoretisch absolute Verfügung über Land und Gut der Untertanen und damit über Instrumente zur Stärkung der Zentralgewalt und zur Monopolisierung des Sklavenhandels besaß. Als Element des sakralen Königtums, das wie in allen Staaten der Sklaven- und Goldküste existierte, fielen in Dahomey der heili-

Research", S. 255–284; Gunsenheimer, „Doña Marinas Schwestern und Brüder. Sklaverei in der aztekischen Gesellschaft", in: Dhau. Jahrbuch für außereuropäische Geschichte 2 (2017), S. 53–81.

257 Gimbutas, Marija, The Kurgan Culture and the Indo-Europeanization of Europe. Selected Articles From 1952 to 1993, Washington: Institute for the Study of Man, 1997; Eisenhauer, Ursula, „Jüngerbandkeramische Residenzregeln. Patrilokalität in Talheim", in: Eckert, Jörg; Eisenhauer; Zimmermann, Andreas (eds.), Archäologische Perspektiven. Analysen und Interpretationen im Wandel. Festschrift für Jens Lüning zum 65. Geburtstag, Leidorf: Rahden, 2003, S. 562–573; Haarmann, Harald, Die Indoeuropäer. Herkunft, Sprachen, Kulturen, München: Beck, 2010; Haarmann, Auf den Spuren der Indoeuropäer: Von den neolithischen Steppennomaden bis zu den frühen Hochkulturen, München: Beck, 2016.

258 Cline, Eric H., 1177 BC. The Year Civilization Collapsed, Princeton: Princeton University Press, 2014; zu einer sehr differenzierten Interpretation im Rahmen eines *material culture*-Ansatzes (Bronze-Eisen) siehe: Sheratt, Susan, „The Mediterranean economy: 'Globalization' at the end of the second millennium BCE", in: Dever, William G.; Gitin, Seymour (eds.), Symbiosis, Symbolism, and the Power of the Past: Canaan, Ancient Israel, and Their Neighbors from the Late Bronze Age trough Roman Palestina. Proceedings of the Centennial Symposium W. F. Albright Institute of Archaeological Research and American Schools of Oriental Research Jerusalem, May 29–31, 2000, Winona Lake: Eisenbrauns, 2003, S. 37–62; siehe auch: Strauss, „Prolog. Fand der Trojanische Krieg wirklich statt?", in: Strauss, Der Trojanische Krieg, S. 11–21, hier S. 13.

ge Mord bzw. Selbstmord des Königs weg, was Partikulargewalten zusätzlich schwächte.[259] Alle Personen, die sich dem König näherten, einschließlich aller Würdenträger und Ausländer, mussten sich zur Begrüßung vor den König zu Boden werfen und Staub über sich streuen. Nur der König trug Sandalen. Er durfte nicht öffentlich essen. Kulminationspunkt der Feiern und Rituale des sakralen Königtums waren die jährlichen Opferfestlichkeiten in Abomey (*hwetanun*/*hxetanu*; von Europäern *customs*/*coutumes* genannt – Kern: *tanun* – Opfer). Dazu gab es noch „große" Customs Jahre nach dem Tode eines Königs zu dessen geheiligtem Andenken mit *ahosutanun* (Königsopfer). Die Kriege Dahomeys, nicht alle erfolgreich (vor allem die gegen die Reiterarmeen Oyos nicht), lagen vor den Opferfeierlichkeiten. Ihr offizielles Ziel war es, menschliche Körper für die Opfer und „Köpfe" (Kopftrophäen getöteter Feinde) zu beschaffen. Damit sollte die Macht Dahomeys visualisiert werden. Die traditionelle Begründung der nachfolgenden Opferungen von Menschen war es, durch sie Nachrichten an die verstorbenen Könige zu überbringen. Kapitän Norris überliefert erhebliche Zahlen, etwa 200–300 geopferte Personen im Jahr. Alle Eliten und Abgeordnete aller Stände und Berufe sowie Europäer und Amerikaner waren verpflichtet, zu den Feierlichkeiten zu erscheinen und Geschenke, Steuern und Abgaben mitzubringen – deshalb wurde die Veranstaltung Customs genannt.[260]

Aus „Protagonisten-Zivilisationen" der Alten Welt kennen wir die ersten wirklichen „Sklaven" in der geschriebenen und bildlich dargestellten Geschichte. Es waren Palastsklavinnen sowie ihre Kinder, Kriegsgefangene, Deportierte oder Schuldner, bald auch Razziengeraubte. Sie erscheinen in den Quellen des alten Sumers, im fruchtbaren Halbmond zwischen Ägypten, Kreta, Palästina, Anatolien, Nordmesopotamien und den Überschwemmungsgebieten des Euphrat und Tigris, aber auch im Zhou-China. Die ebenfalls notwendigen Routine-Zwangsarbeiten in den fast immer sehr aufwändigen Wasserkulturen der frühen Landwirtschaft werden oft nicht erwähnt.[261] Zwischen 4000 und 1200 v. u. Z. entstanden, oft in Neuerfindung älterer Rituale, neue Kosmologien, Erzählungen und Mythen (Gilgamesch-Epos, Rigveda, älteste Teile der Bibel), Stadt-Staat, der Rad/Pferd-Komplex[262] (Streitwagen: Eurasische Steppenreiter im Übergang vom Neolithikum zur Kupfer- und

---

259 Peukert, „Orientierung. Geschichte und Kultur Danhomes (Anhang IX)", in: Peukert, Der atlantische Sklavenhandel von Dahomey 1740–1797, S. 358–364.

260 Ebd., hier S. 361; siehe auch: Norris, Robert, Memoirs of the reigns of Bossa Ahádee, King of Dahomy, an inland country of Guiney, to which are added the author's journey to Abomey, the capital, and a short account of the Afrcian slave trade, London: Printed for W. Lowndes, 1789 [Reprint 1968]; sowie: Law, „The Slave-Trader as Historian: Robert Norris and the History of Dahomey", in: History in Africa Vol. 16 (1989), S. 219–235.

261 Atkins, Peter; Simmons, Ian Gordon; Roberts, Brian K., People, Land and Time, London: Hodder Arnold, 1998.

262 Anthony, David W., The Horse, the Wheel, and Language. How Bronze Age Riders From the Eurasian Steppes Shaped the Modern World, Princeton: Princeton University Press, 2007.

Bronzezeit, Minoer/Mykener, Hyksos, Mitanni, Hethiter, Assyrer, Ägypter, Perser, Kelten, Bantu), Königtümer auf Seemacht begründet (Thalassokratien), Palast- und Tempelwirtschaften, Schriftlichkeit, Kriegerideal und agrikulturelle Überproduktionsgesellschaft auf Basis der Übernahme von Schmiede-/Metalltechnologien, Schriftzeichen sowie Prestigegegenstände- und Waffenproduktion aus Bergbauregionen Kleinasiens, Palästinas und Mesopotamiens (Kupfer- und Bronzewaffen zwischen 5000 und 1000 v. u. Z.; Übergang zu Eisenwaffen seit ca. 1200 v. u. Z.), „Staat" als Entwicklungsmodell, Politik und Krieg im modernen Sinne. Nie zuvor in der Geschichte der Menschheit hatte es so viele Schlachten, Konflikte und Eroberungen, wie seit der Bronzezeit gegeben (3.–1. Jahrtausend (Mitteleuropa ca. 2200/800 vor), vor allem in der späten Bronzezeit 1500–1100 v. u. Z. im minoisch-mykenischen Mittelmeergebiet und in Westasien sowie in Ostasien 1750–770 v. u. Z.).[263] Insofern ist die mythisch geronnene Erinnerung der frühesten Teile der Bibel über das „Paradies" des Sammlerinnen- und Jägerlebens der späten Steinzeit und die Leiden der neuen urbanen Zivilisation außerhalb des „Paradieses" richtig.[264] Die Gewalt-Tendenzen früher Staatsbildungen und Elitennetzwerke wurden durch den Übergang zur Eisenzeit (Asien seit ca. 1200 v. u. Z.; in Teilen Europas um 700 v. u. Z.; Afrika um 600 v. u. Z.) verstärkt. Das zeichnet die alte große Erzählung des gemeinsamen Entstehens von neuen Technologien (Rad, Pferd, Schiff, Segel- und Steuertechnologien und -wissen, Bronze-, Eisen- und Fernwaffen), Statushierarchisierung durch Prestigegewinn im Krieg, Fernhandel und Razzien, Schrift, Religion, Staatlichkeit, Klassenspaltung, Zivilisation und Frühformen von Sklavereien nach. „Zivilisation" bedeutet in diesem Zusammenhang dauerhaftes Zusammenleben von Menschen in Städten, die manchmal Zentren neuer Macht- und Herrschaftssysteme (Imperien) wurden. In Afrika kennen wir solche „Zivilisationen", die mit denen des Alten Orient vergleichbar waren, wie Ägypten, Nubien, Kusch/Meroe, Aksum, Äthiopien, Zimbabwe und eventuell frühe Reiche der Eisenproduktion und der Bantus auf dem Gebiet des heutigen Nigerias sowie später Ghana-Reich, Mali, Songhay, Oyo oder des Kongoreiches.

In Amerika gilt, wie erwähnt, Ähnliches für Prä-Inka-Kulturen, Maya und Prä-Mexicareiche sowie entstehende Muisca-Staaten. Die Eroberungen der spanischen Conquistadoren waren für Mexica oder Inkas zunächst Teil der vielen Kriege, die diese so genannten „Hochkulturen" führten. Seit Jahrzehnten ist diese Erzählung, meist für Peru, aber auch für Mexiko, verbunden mit der Theorie „hydraulischer" Gesellschaften Karl August Wittfogels,[265] die sich durch Himmelsbeobachtung,

263 Kristiansen; Larsson, Thomas B., The Rise of Bronze Age Society; Kristiansen; Earle, „Neolithic versus Bronze Age Social Formations: A Political Economy Approach", S. 234–247.

264 Schaik, Carel von; Michel, Kai, Das Tagebuch der Menschheit: Was die Bibel über unsere Evolution verrät, Berlin: Rowohlt, 2016.

265 Wittfogel, Karl August, Die orientalische Despotie. Eine vergleichende Untersuchung totaler Macht, Köln; Berlin: Kiepenheuer & Witsch, 1962 (1957).

Arbeitsorganisation über mehrere Klima- oder Höhenzonen (wie im Inkareich), Regulierungsarbeiten an Aquawirtschaften, Kanal- und Flusssystemen sowie zentralistischer Administration durch Gelehrte und Priester verband, denen Zeitmessung, Himmelsbeobachtung, Wahrsagerei (= Politikberatung), Opfer-Rituale sowie der Kontakt zu den himmlischen Mächten oblag. Mittlerweile gibt es auch mehr und mehr Beispiele von „hydraulischen" Gesellschaften ohne Zentralismus. Neue Macht- und Herrschaftskonzepte entstanden, auch neue Konzepte von Ehre, Männlichkeit und Unehre, neue Konzepte von Eigentum und Repräsentation sowie Ökonomien und Märkten. In dieser Zeit entstanden erste Darstellungen und Texte über „Sklaven" in einer noch nicht klar definierten Sklaverei. Die Übergangssklavereien galten als „orientalische Institution" im Übergangsfeld zwischen kollektiver Zwangsarbeit und individuellen Sklavereien bei großen Kriegern oder als Bediensteten in Tempelwirtschaften und bei Bewässerungsarbeiten sowie in speziell angelegten Siedlungen (meist) kriegsgefangener oder deportierter Menschen.[266] Die großen frühen Imperien haben zunächst eher kollektive Formen der Zwangsarbeit von Quasi-Versklavten, weniger Privatsklaverei (die bei Anführern de facto immer auch existierte), eingesetzt. In den großen Imperien waren auch „Kaufleute" unter Kontrolle von Krieger- und Priestereliten. Status hatten Krieger, weniger Kaufleute, es sei denn es waren Krieger-Kaufleute. Oft stellten kriegerische Kaufleute sogar eine spezifische Untergruppe der Kriegerelite dar, wie typologisch wohl am deutlichsten bei den *pochteca*, den Fernhändlern der Mexica/Azteken, deren Imperium durch bäuerliche Haushalte und Märkte, aber auch etwa Austausch mit *currencies* (wie Arbeit oder Menschen, Stoffe, Kakaobohnen, Kupferäxte und Federkiele voller Goldstaub) geprägt war.[267] Für wirkliche individuelle Sklaven mit Fremdenstatus kam erst nach und nach das Eigentumskonzept einer beweglichen Habe auf, im Gegensatz zu dem heute noch verwendeten Konzept der „Immobilie", also des gesonderten Landbesitzes, oft wenn große Kriegsherren nach Eroberungen große Ländereien als Beute bekamen und mit kriegsgefangenen Menschen bearbeiten ließen. Menschen als wichtigste Form von Kapital scheinen sich aber als grundlegendes Konzept in Afrika und Asien entwickelt zu haben.[268] Seit wann, ist unklar.

In welthistorischer Perspektive wird die Zeit zwischen 1200 und 800–750 v. u. Z. geprägt durch das Assyrische Reich, Phönizier, Etrusker, Olmeken, Chavín de Huantar, Herrschaft der Kusch-Dynastien in Ägypten, Herrschaft der Arya-Könige in Nord- und Mittelindien, Shang- und Zhou-China, Beginn der „kämpfenden Rei-

266 Bussmann, „Kriege und Zwangsarbeit im pharaonischen Ägypten", S. 58–72.

267 Gunsenheimer, „Doña Marinas Schwestern und Brüder. Sklaverei in der aztekischen Gesellschaft", S. 53–81; Hirth, Kenneth G., The Aztec economic world: merchants and markets in ancient Mesoamerica, New York: Cambridge University Press, 2016; Nichols, Deborah L.; Berdan, Frances F.; Smith, Michael E. (eds.), Rethinking the Aztec economy, Tucson: University of Arizona Press, 2017.

268 Mazumdar, „Rights in people, rights in land: concepts of customary property in late imperial China", S. 89–107.

che" – die „orientalische" Formierungsetappe der „antiken Sklavereien" (und vieler Religionen), die ihren paradigmatischen Höhepunkt in den Sklavereien Griechenlands seit ca. 800 v. u. Z. und im Römischen Imperium hatte, zwischen 500 v. u. Z. und 500. In Zeiten nach Christus entwickelte sich zwischen 500 und 1400 eine neue Epoche, in Europa oft ex post als „Feudalismus" bezeichnet (Barbarenreiche, Byzanz, Sassaniden, Aksum, Franken-Karolinger, Gupta-Reich, Wikinger/Waräger, Chimú und Tiuhuanaco, Srivijaya, Tang-, Song- und Yüan-Reiche (die oft schon als chinesische „Neuzeit" gesehen werden), die islamischen Kalifate, das Uiguren-Reich, das Mongolen-Reich, Khorasan (auch: Chorasan/Khorāsān/Khurasan), mit Choresmien (Chowaresm) und Transoxanien), das syrisch-ägyptische Mamelukenreich, Äthiopien, Kanem, Songhay, Ghana, Mali).

Gesellschaften mit institutionalisierten Formen perpetuierter Kriegs- und Fremdensklaverei sind in der Weltgeschichte in konzentrierter Form entweder dezentral und relativ parallel entstanden (Sumer, Zweistromland und iranisches Hochland), Ägypten (Nil und Nubien), Assyrien, Indien (Indus sowie Expansionen von Norden nach Süden und Gegenexpansionen) und China (Hwangho / Gelber Fluss, Jangtsekiang), Bantu (vom Niger bis zum historischen Kongo). Oder sie haben sich, von der Wurzel Sumer ausgehend, als „orientalische Institution" in Form von Diffusion und kulturellen Transfers in der Alten Welt verbreitet und ältere Formen lokaler Kin-Sklavereien sowie Schuldsklavereien überlagert, sich mit ihnen vermischt (Transkulturation) beziehungsweise haben sie an die Grenzen der Imperien abgedrängt. In der Neuen Welt sind die Übergänge zur Zivilisation, ähnlich wie in der Alten Welt im zweiten Anlauf unter Aryas und Hethitern (zwischen 2000–1600 v. u. Z.), eher von Steppengebieten, Hochländern und -tälern, aber auch von Flusstalkulturen ausgegangen, wie in den Anden in Peru, Guatemala, heutiges Kolumbien, die Hochebene von Bogotá oder die Sierra Nevada de Santa Marta, Hochtal von Mexiko sowie die Flusstalkulturen des Cauca/Magdalena, des Orinoko/Amazonas und des Mississippi.

Sklaverei, zumal Massensklaverei Besiegter, und Imperium als historische Grundkonstellationen waren sich, wie erwähnt, dabei immer sehr nahe – es gibt kein Imperium ohne Sklaverei(en).[269] Hier wird auch wieder die Nähe zwischen Besiegten und „Gefangenen" der Kriege sowie unterschiedlichen Formen von Sklavereien deutlich, wie oben am Beispiel der Altsachsen dargelegt. Externe Sklavereien gingen meist mit Kriegen, Expansionen, Grenzkonflikten und Kolonialismus einher, aber eben auch mit der Diffusion neuer Organisation, Religionen und neuen Erfindungen, Wirtschaftswachstum, endogener Hierarchisierung und sozialer Dynamik.

269 Burbank; Cooper, „Tráfico de esclavos, esclavitud e imperio", in: Burbank; Cooper, Imperios, S. 247–249; Morris; Scheidel, The dynamics of ancient empires: state power from Assyria to Byzantium, passim.

„Ewige“ Akkumulation I: Menschliche Körper als koloniales Kapital

Im Mittelpunkt heutiger Vorstellungen unfreier Arbeit stehen Sklaven, Sklavereien und Sklavenhandel in den Welten des Atlantiks und in der Tradition des „römischen“ Rechts. Eine neue theoretische Idee ist die vom menschlichen Körper als Kapital sowie Biokapital erwarteter und realer Produktivität (und vielen weiteren Dimensionen). Von diesem Ausgangspunkt gedacht, bestand die Institution atlantische Sklaverei zwischen dem 15. und 19. Jahrhundert, wenn ich das einmal bewusst so quantitativ ausdrücken darf, aus Millionen von durch Gewalt mobilisierten Körpern afrikanischer Menschen sowie aus islamischen und europäisch-mediterranen und amerikanischen Elementen. Ausgangspunkt waren Menschen als Kapital in Imperien und Territorien Afrikas aus den Gebieten: Kongoreich, Loango, Mali, Wolof, Kanem-Bornu, Mossi, Songhay, Äthiopien, Marokko-Mauretanien, vor allem aber die großen Reiche Ghana, Mali und Songhay [*Karten 8[270]]; Ausgangsterritorien im Sinne von *slaving zones* waren auch nicht-imperiale Gesellschaften, wie „staatenlose“ Dorfgesellschaften, etwa Senegambiens und Südostnigerias.[271] Ein in gewisser Weise symbiotisches Gegenstück zu diesem mobilen Menschenkapitalismus war der entstehende Handels-, Geld- und Immobilienkapitalismus der Handels-„Republiken“ Oberitaliens (mit seinen Institutionen des Geld- und Bankwesens) und des östlichen Mittelmeeres (zumal Edelmetalle oft aus Afrika stammten), der in seinen Zentren immer auch koloniale Dimensionen, Fernhandel mit menschlichen Körpern sowie unterschiedlichste lokale Sklavereien aufwies und im östlichen Mittelmeer und im Schwarzen Meer mit islamischen sowie mongolischen imperialen Sklavenhandelssystemen verbunden war. Basierend auf Austauschzyklen der beiden Kapitalformen entstand seit etwa 1400 in mehreren Etappen das, was wir heute als atlantisch-amerikanische Sklavereien und atlantischen Sklavenhandel verstehen, die immer ihre wichtigste Ausgangsbasis in Afrika, in der Mittel-Passage und erste Akkumulationszone auf dem Atlantik sowie ihre eigentlichen Orte in den Amerikas hatten. Vermittelt wurden die beiden Kapitalformen Geld (aus Edelmetallen) und menschliche Körper durch die historische Singularität des „leeren“ Atlantik und Land (Immobilie, Kolonien), zunächst auf einer kleinen Insel, auf der in einer sehr günstigen tropischen Lage „Land ohne Bauern“, die „Sklavenlücke“, existierte. So konnten unter der Nachfrage des Zuckermarktes tropische

---

270 Karten 8: Karte 8a) „Afrikanische Reiche am Niger 8.–16. Jh.“, aus: Walvin, James, Atlas of Slavery, London [etc.]: Pearson/Longman, 2006, S. 69 (Map 32); Karte 8b) „Loango, Kongo u Angola im 16. Und 17. Jh.“, aus: Ebd., S. 55 (Map 32); Karte 8c) „Sklaven- und Goldhandel unter der Almoraviden Dynastie“, aus: Hall, Gwendolyn M., Slavery and African Ethnicies in the Americas. Restoring the Links, Chapel Hill: University of North Carolina Press, 2005, S. 5.

271 Caldeira, „Principais áreas de resgate“, in: Caldeira, Escravos e Traficantes no Império Português, S. 51–98.

Experimente (frühe Plantagen – *engenhos/ingenios* sowie neue Lebens- und Ernährungsformen) erfolgen, die die Europäer dann in Enklavenwirtschaften auf Inseln und an den Küsten der Amerikas erfolgreich zu Boomwirtschaften mit Massensklavereien ausbauten (z. B.: Barbados, Jamaika, Saint-Domingue (Westteil von La Hispaniola), Kuba (Westen um Havanna/Matanzas)). Vor São Tomé gab es in der Weltgeschichte Zuckerproduktion und Zucker- sowie Sklavenhandel, aber keine Plantagen und keine Zuckerproduktion mit Massensklaverei (mit Ausnahme vielleicht von Zypern, den Kanaren und Versuchen auf Madeira, vor allem duch Genuesen) und atlantischem Sklavenhandel, zusammengefasst in einer privaten Betriebsform.[272]

Wirtschaft, Mobilität, Gewinne und Kapitalakkumulation in den Amerikas, als die „atlantische" Sklaverei von Afrikanern einmal etabliert war, hingen direkt von der Rückbindung an Enklaven-Kolonialregime, Razzienkriege, Menschenhandel und „Sklavenproduktion" in Afrika, von Überarbeit vor allem in der Metall- und Silberproduktion in den Amerikas sowie von den Gewinnspannen des atlantischen Sklavenhandels ab.[273] Der Begriff dafür ist Atlantisierung. Ohne Kapitalien, auch und gerade Kapital menschlicher Körper, Mobilität und Profite afrikanischer, europäischer und amerikanischer Sklavenhändler kein Zugang zum Silber und keine Erhaltung sowie Entwicklung der Sklavereien in den Amerikas, die zugleich die wichtigsten Instrumente der Urbarmachung, Besiedlung und Urbanisierung der Kolonien waren.

Die kompaktesten „großen" Sklavereien der Neuzeit in den Amerikas beruhten seit dem Niedergang der antiken Welt um 600–1000 auf vier makrohistorischen Voraussetzungen. Erstens: die Existenz einer langen Tradition der Sklavereien und verschiedener Formen des Menschentributs sowie des Sklavenhandels in Afrika, in Asien und in der Mittelmeer-Welt (Alter Orient, Griechenland, Kreta-Ägypten, Judäa-Griechenland, Rom, Schwarzes Meer). Peter Haider beschreibt erstens unter der Zwischenüberschrift „Ausländer als Zahlungsmittel" eine der sehr frühen Verwendungen von Menschen als Austauschkapital: „ausländische Herrscher [bezahlten] die Goldmengen, die sie vom Pharao erbeten hatten, nicht selten mit der Über-

---

272 Fábregas García, „Del cultivo de la caña al establecimiento de las plantaciones", S. 59–85; Greenfield, Sidney M., „Cyprus and the beginnings of modern sugar cane plantations and plantation slavery", in: Actas del II Segundo Seminario Internacional sobre la Caña de Azúcar. La caña de azúcar en el Mediterráneo, Granada: Diputación Provincial de Granada, 1991, S. 23–42; siehe auch: Fábregas García, „Azúcar e italianos en el reino nazarí de Granada. Del éxito comercial a la intervención económica / Sugar and Italians in the Nasrid Kingdom of Granada. From commercial success to economic intervention", in: Cuadernos del CEMYR 22, Universidad de la Laguna (2014), S. 133–153; Ouerfelli, „La production du sucre en Méditerranée médiévale. Peut-on parler d'un système esclavagiste?", S. 41–61; siehe auch: Moscoso (der São Tomé gar nicht behandelt): Moscoso, Orígenes y cultura del la caña de azúcar, passim.

273 Reyna, Stephen P., Wars without End: The Political Economy of a Precolonial African State, Hanover: University Press of New England: 1990.

sendung einer entsprechenden Anzahl an Menschen. Diese wurden trotzdem „als Geschenk(e)“ deklariert“.[274]

Zweitens: die Existenz einer extremen Vielfalt von lokalen Sklavereiformen, Kin-Sklavereien, in der Alten Welt (Afroeurasien oder Eurasiafrika) sowie im subsaharischen Westafrika sowie in der Neuen Welt der Amerikas. Unter diesen lokalen Sklavereiformationen rückten lokale Sklavereien Nord- und Schwarzafrikas seit dem 7. Jahrhundert mit der arabisch-islamischen Expansion und dem Vorrücken der Razzienkriegs-Frontiers (u. a. Reconquista und Ostexpansion sowie Expansion des Wissens),[275] vor allem seit 1450–1650 (Frühzeit der europäische Expansion), in den Mittelpunkt eines großen Handels-, Mobilitäts- und Akkumulationssystems als der wichtigsten Quelle von versklavten Menschen im atlantischen Raum und wahrscheinlich sogar im globalen Rahmen. Dabei stellte drittens die sogenannte „Westwanderung des Zuckers“ von Indien bis nach Amerika [*Karte 9[276]] keine Kontinuität in dem Sinne dar, dass Zucker immer mit Sklavenarbeit und Latifundien („Plantagen“ in der Form von *engenhos*/*ingenios*) einherging, wie in fast allen Arbeiten über mediterrane/atlantische Sklaverei und die Frühzeit des europäischen Kolonialismus behauptet.[277] Jedenfalls erscheinen im atlantischen Raum – allerdings zunächst punktuell in Enklaven (konzentriert auf Kanaren und São Tomé 1510–1550) – um etwa 1500 die Produktion von Zuckerrohr auf relativ großen Flächen und die Verarbeitung des Zuckerrohrsaftes in protoindustriellen Anlagen, Mühle und Siedehaus, unter Nutzung der Arbeit vieler Verschleppter aus Afrika. Zuerst begann die atlantische „kleine“ Zuckerproduktion auf Madeira (noch ohne Plantagen, aber schon mit Sklaven, die u. a. Zuckermühlen bedienten und die berühmten Levada-Kanäle anlegten) und den Kanaren (zunächst vor allem mit *moriscos* aus Razzien/ *cabalgadas* der Berbergebiete).[278] Nach Madeira wurden

274 Haider, Peter W., „Menschenhandel zwischen dem ägyptischen Hof und der minoisch-mykenischen Welt?“, in: Ägypten und Levante. Internationale Zeitschrift für ägyptische Archäologie und deren Nachbargebiete VI (1996), S. 137–156.

275 Billig, Susanne, Die Karte des Piri Re'is. Das vergessene Wissen der Araber und die Entdeckung Amerikas, München: Beck, 2017.

276 Karte 9: „Westwanderung des Zuckers“, in: Wendt, Vom Kolonialismus zur Globalisierung, S. 23 (2016, S. 25) (7. Jh.–1500).

277 Zucker- und Textilproduktion waren auch die wichtigsten „Industrien“ des ayyubidischen und mamelukischen Herrschaftsbereiches in Ägypten und Syrien. Auch dort ist von „Plantagen“ die Rede für die Produktion von Zuckerrohr sowie von manufaktureller Verarbeitung in Zucker-„Küchen“. Sklaven aber waren für die Zuckerproduktion viel zu wertvoll und wurden vor allem vom Militär nachgefragt; für landwirtschaftliche Arbeiten war eher militärisch organisierte *corvée* massgeblich, siehe: Abu-Lughod, „Sugar and its Refining“, in: Abu-Lughod, Before European Hegemony, S. 232–233.

278 Viña Brito, Ana, „Canarias en el comercio atlántico de esclavos“, in: Archivo Histórico Provincial de Santa Cruz de Tenerife (ed.), Esclavos, Santa Cruz de Tenerife: Gobierno de Canarias. Consejería de Educación, Cultura y Deportes. Dirección General del Libro, Archivos y Bibliotecas, 2006 (Documentos para la Historia de Canarias; Bd. VIII), S. 15–25; Hernández González, „La esclavitud en Canarias y su emigración a América“, in: Ebd., S. 27–39.

schon um 1443 Cativos verschleppt.[279] 1552 waren 15 % der Bevölkerung der Insel Sklaven aus Afrika und sicherlich auch ein paar Guanchen von den Kanaren oder Einwohner der anderen Inseln. Als der Zucker auf Madeira durch Wein (und eventuell auch schon Bananen?) abgelöst wurde, wurden die Sklaven schnell frei gelassen oder auf die Kanaren verkauft. Die ersten wirklichen Zentren der Zuckerproduktion auf großen Flächen und mit vielen Sklaven, die bereits erwähnte „Sklaverei-Lücke", existierten auf São Tomé und, mit dem Sprung über die Breite des Atlantischen Ozeans, La Española (heute Haiti / Dominikanische Republik) und – später – an den brasilianischen Küsten (Pernambuco, São Vicente, dann auch Bahia, Rio und Espirito Santo).[280] Parallel dazu entwickelten sich dynamische Meeres- und Hafenökonomien, die im Wesentlichen auf atlantischem Cativo-Handel sowie Silber- und Zuckertransport mit Hochseeschiffen beruhten.

Viertens: die Eroberung und Besiedlung (Conquista) Amerikas sowie die Entstehung großer menschenleerer Räume an den Ostküsten der Amerikas durch die nachfolgende demographische Katastrophe. Damit wurde im Wortsinne der Boden frei für urbane Siedlungen, die Arbeitskräfte (und unfreie Siedler) brauchten. Ein sehr dynamischer atlantischer Arbeitsmarkt entstand – zunächst konzentriert auf *yndios*, dann auch auf *negros*. Zunächst waren Menschen überhaupt das grundlegenden Problem der Kolonisation – d. h., Siedlung bedarf der „Anlage", der Ansiedlung („Investition") von Siedlern und Siedlerinnen. Egal woher und in welcher Kondition (wobei die spanische Krone nach einigen Versuchen bald von der massenhaften Ansiedlung von Menschen mit islamischen Hintergrund absah): „La colonización de América se hace básicamente con el recurso de los negroafricanos llevados allí como esclavos y empleados poco a poco en todos los sectores productivos [Die Kolonisierung Amerikas erfolgt im Wesentlichen mit der Ressource Schwarzafrikaner, die in allen produktiven Sektoren Stück für Stück als Sklaven und Hausdiener dorthin gebracht werden]".[281] Bald entstanden auch nach den Maßstäben der Neuzeit wirklich „große" Plantagen-Zuckerwirtschaften mit trans-

279 Vieira, Os Escravos no Arquipélago da Madeira. Séculos XV a XVII, Funchal: Região Autónoma da Madeira, 1991; Vieira, „La isla de Madeira y el tráfico negrero en el siglo XVI", S. 333–356; Hancock, David J., „Mix", in: Hancock, Oceans of Wine: Madeira and the Emergence of American Trade and Taste, New Haven: Yale University Press, 2009, S. 10–15, hier S. 11.

280 Den Übergang, zusammen mit der Verbreitung des Zuckerkonsums in Europa, analysiert: Martin, Peter, Zucker für die Welt. Die Anfänge der Sklaverei und der Fabrikgesellschaft in Amerika, ed. Obrich, Hubert, Berlin: Universitätsverlag der TU Berlin, 2012, passim; siehe vor allem: Santana Pérez, Germán, „Encuentros y transformaciones en la construcción histórica de las Antillas y las Islas Canarias. Siglos XV–XVII", in: Anuario de Estudios Atlánticos 53 (2006), S. 57–98; Santana Pérez, „El África Atlántica: la construcción de la historia atlántica desde la aportación africana", in: Vegueta. Anuario de la Facultad de Geografía e Historia, 14, Las Palmas de Gran Canaria (2014), S. 11–25; Pinheiro, „A produção açucareira em São Tomé ao longo de Quinhentos", S. 27–46.

281 Cortés López, „1544–1550: el período más prolífico en la exportación de esclavos durante el siglo XVI: Análisis de un interesante documento extraído del Archivo de Simancas", in: Espacio, Tiempo y Forma, Series IV: Historia Moderna, VIII (1995), S. 63–86, hier S. 63.

atlantischem Menschenhandel, Kommodifizierung von Körpern und Massen von Sklaven. Versklavte wurden unfreie Siedler. Das Muster bildeten die westafrikanischen Off-Shore-Inseln unter Kontrolle der Iberer. Die aus einzelnen Inselpunkten heraus wachsende atlantische Wirtschaft des Menschenkapitalismus institutionalisierte sich zwischen den iberischen Imperien Portugals und der Habsburger (Spanien) als Kombination eines maritimen Systems der Langstrecken-Mobilität von Schiffen sowie von afrikanischen, europäischen und amerikanischen Menschenhandelshäfen, Inseln, sowie kleinerer amerikanischer Siedlungsplätze, viele mit Festungen, die Endpunkte von Handelslinien aus den jeweiligen Hinterländern und ihren Märkten bildeten. Das wichtigste Kapital dieser atlantischen Wirtschaft, sowohl als Arbeitskraft/Siedler, Ware, Kommodität sowie Währung (Tauschwert und Gebrauchswert) wie auch Kapital in vielen anderen Funktionen und Dimensionen, waren Sklavinnen und Sklaven, Kriegsgefangene und Verschleppte. Dieses Kapital menschlicher Körper konnte sehr effizient auf den kolonialen neuen „Immobilien", die formalrechtlich Königsland waren und als königliche „Gnaden" (*mercedes, donatarias*) an Kriegereliten, Siedlungen und Kirche vergeben wurden, in den Kolonialenklaven mit der „Sklavenlücke" in den Amerikas „angelegt" werden (Urbarmachung, Siedlung, Produktion und Reproduktion).[282] Als Kredite (Schulden) aufgenommenes Handels- und Warenkapital stellte von Anfang an eine Art Schlüssel für die Initiierung sowohl des Gesamtsystems, wie auch für jede einzelne Sklavenhandelsfahrt dar. Die auf den Sklavenhandelsfahrten (Razzien, Sklavenjagdzüge) verschleppten menschlichen Körper bildeten dann als eine Art unsichtbare Finanzierungs-Maschine wiederum Sicherheiten für neue Kredite (oder Versicherungen, Waren/Ausrüstungen für den Sklavenhandel).[283] Jede Sklavenhandelsfahrt hing an einer unsichtbaren, auf Papier verzeichneten Kette von Krediten, Sicherheiten, Schuldverschreibungen und -verpflichtungen. Deshalb spielen Wucherer, Bänker und Kaufleute von Anfang an eine prominente Rolle für das atlantische Slaving-System, beginnend mit oberitalischem Kapital (vor allem Genua, aber auch Florenz u. a.).[284] Immer aber war nackte Gewalt wichtig für Erwerb,

---

282 Wheat, Atlantic Africa and the Spanish Caribbean, 1570–1640, passim, siehe besonders die Kapitel über Frauen aus Afrika in der Karibik (vorwiegend in Städten): „Nharas and Morenas Horras", S. 142–180; schwarze Bauern (vorwiegend rural und im Umfeld der Städte): „Black Peasants", S. 181–215; sowie schwarze männliche Bevölkerung (vorwiegend der Hafenstädte): „Becoming 'Latin'", S. 216–252.

283 Martin, Bonnie, „Slavery's Invisible Engine: Mortgaging Human Property", in: Journal of Southern History 76 (November 2010), S. 817–866.

284 Cluse, „Frauen in Sklaverei: Beobachtungen aus genuesischen Notariatsregistern des 14. und 15. Jahrhunderts", in: Hirschmann, Frank G.; Mentgen, Gerd (eds.), Campana pulsante convocati. Festschrift anläßlich der Emeritierung von Prof. Dr. Alfred Haverkamp, Trier: Kliomedia, 2005, S. 85–123; Monica Boni, Monica; Delort, Robert, „Des esclaves toscans, du milieu du XIVe au milieu du XVe siècle", in: Mélanges de l'École française de Rome: Moyen Âge, CXII (2000), S. 1057–1077; González Arévalo, Raúl, „Apuntes para una relación comercial velada: la República de Florencia y el Reino de Granada en la Baja edad Media", in: Investigaciones de Historia Económica 8 (2012), S. 83–93.

Casting, Transport und die „Anlage" (Fixierung, Ansiedlung) sowie Ausbeutung von Menschenkapital; bei der Ausbeutung vor allem in Überarbeitung und fast schrankenloser Ausdehnung der Arbeitszeit; versklavte Frauen wurden wegen der biologischen Reproduktion wichtige Elemente der Akkumulation von Kapital menschlicher Körper.

Um nicht immer nur über Amerika zu sprechen: Auch im siegreichen Sadier-Imperium in Marokko kam es zeitig, seit dem 16. Jahrhundert, zu einer Modernisierung mit den Elementen Sklaven und Zucker (Produktion und Export – vor allem nach Italien, Südfrankreich und England). Nicht ganz klar ist, ob die „Zucker-Raffinerien groß wie Pyramiden" im Süden Marokkos auch mit großen Landstücken (Latifundien, Plantagen) verbunden waren.[285]

In den einzelnen Räumen (*spaces/espacios*) des Slaving repräsentierten die Körper der versklavten Menschen unterschiedliche Wertformen und Kapitaltypen. Auch Kapital kann transkulturiert werden und als Zahlungsmittel dienen. Und Kapital ist nicht nur „tote Arbeit", wie Karl Marx annahm. Obwohl die Figur „menschliche Körper als Kapital" für heutige Menschen in Bezug auf Sklavereien und Menschenhandel eher ungewöhnlich klingen mag, ist dieses Kapital in historischen Quellen vor allem des atlantischen Menschenhandels vielfach nachgewiesen. Dokumentiert hat den „Gegenwert" von Sklaven beziehungsweise, unter unserer Perspektive, den „Gegenwert" von Waren gegen das Kapital menschlicher Körper zum Beispiel der schleswig-holsteinische Landeshistoriker Christian Degn, der schon in den 1970er Jahren ein Buch über die sächsisch-dänische Sklavenhandels-Unternehmerfamilie der Schimmelmanns geschrieben hat. Irgendwann einmal muss das eigentlich „dänische" Lokalthema den Historiker aus den Quellen regelrecht angesprungen haben. Von Christian Degn stammt der bedenkenswerte Satz: „Die Angaben [über menschliche Körper als Kapital und Ware – M. Z.] sind durchweg zuverlässig in den Archiven der Handelsgesellschaften enthalten".[286]

Und noch eine zeitgenössische Stimme zum Thema menschliche Körper als Kapital, die des Missionars Christian Georg A. Oldendorp: „Man pflegt auf den Inseln zu sagen, dass das Negerfleisch unter allem das teuerste sei. Es steckt in diesen Menschen ein großes Capital und der größte Teil des Vermögens ihrer Herren, ohne welchen denselben ihre andern Güter nicht viel helfen würden. Durch sie werden ihre liegenden Gründe [Land; Immobilien] erst nutzbar gemacht, ohne sie würden sie nichts einbringen und weder die nötige Leibesunterhaltung [Subsistenz] noch Überfluss und Reichtum verschaffen."[287]

---

285 El Hamel, „The Trans-Saharan Diaspora", in: El Hamel, Black Morocco, S. 109–154, hier S. 152–154.

286 Degn, Christian, „Schwarze Fracht – Dokumentation und Interpretation", in: Heinzelmann, Eva et al. (eds.), Der dänische Gesamtstaat – ein unterschätztes Weltreich?, Kiel: Verlag Ludwig, 2006, S. 37–50, hier S. 38, sieh auch: Degn, Die Schimmelmanns im atlantischen Dreieckshandel.

287 Oldendorp, „Von der Einrichtung und Anzahl der Schwarzen auf den Inseln", in: Oldendorp, Historie der karibischen Inseln Sanct Thomas, Sanct Crux und Sanct Jan, S. 533–611, hier S. 558.

Für Sklavenjagd, Menschenhandel und Sklaverei im arabisch-islamischen Bereich wird ebenfalls auf die Kapitalfunktion menschlicher Körper verwiesen: „Für Araber war jeder Sklave eine Art Wechsel, der diskontiert oder sogar als Pfand gegeben werden konnte".[288]

Aus heutiger globalgeschichtlicher und postkolonialer Sicht wichtig ist die Bedeutung der amerikanischen Sklavereien (auch als forcierte Migration des menschlichen Kapitals) für das langfristige wirtschaftliche Wachstum Europas, der Amerikas und Westafrikas sowie einer Reihe von Regionen im Indischen Ozean und in Ostafrika in Verbindung mit biologischen Revolutionen 1500–2000 (Großvieh wie Rinder, Pferde, Schweine, Esel, etc. nach Amerika; neue landwirtschaftliche Produkte und Stimulantien, wie Zucker, Kakao, Tabak, Tee und Kaffee). Dazu kommen die mehr oder weniger „freiwillige" Emigration aus der ganzen Welt nach Nordamerika seit ca. 1840 (nach Südamerika seit 1860) sowie kulturelle Faktoren, vor allem auch afroamerikanische Kulturen, die zu nachhaltigen Akkumulationen und zu robusten sozialen Strukturen (auch wenn diese auf den ersten Blick nicht leicht erkennbar sind, siehe die Debatte um die „Sklavenfamilie") in Relation zu Gewinnverstetigung, Verankerung der neuen Gesellschaften in den Amerikas und zu Wachstum führten.

Betrachtet man die wirklichen Räume (oder Orte) dieser erstaunlichen Dynamik der Sklavereien (inklusive der Dynamiken kultureller Resistenz),[289] wird man erstaunt feststellen, dass bis um 1830 die Insel- und Enklavenexistenz die vorherrschende kulturgeografische Erscheinung der Massensklaverei in der atlantischen Welt war, auch wenn es sich oft um Buchten oder andere Küstenpunkte auf dem amerikanischen Doppelkontinent handelte. An Buchten/Flussmündungen existierten alle frühen Zuckersklavereien Brasiliens (wie Pernambuco/Recife, Bahia oder Rio [*Karte 10[290]], auch die Kakaoplantagen mit Massensklaverei an den Küsten Venezuelas (meist in Küstentälern, weil die venezolanische Küste über große Strecken ein Teil der Anden ist) oder Surinams lagen in der Nähe von Flussmündungen. New Orleans ist eine Quasi-Insel im Mississippidelta; seit seiner Gründung 1718 war es der koloniale Großversuch, über die Sklavenplantagen-Kolonien (vor allem Saint-Domingue und Kuba) die Netze der *Atlantic slavery* bis an den sumpfigen Rand des Nordkontinents zu führen.[291] Die Tabakplantagen und die Reisplan-

288 N'Diaye, „Bestialisierung, Razzien und Menschenjagd oder die Erniedrigung Afrikas", in: N'Diaya, Der verschleierte Völkermord, S. 131–150, hier S. 132.

289 Walker, Daniel E., No More, No More. Slavery and Cultural Resistance in Havana and New Orleans, Minnesota: University of Minnesota Press, 2004.

290 Karte 10: „Sugar mills in Brazil in 1629", aus: Botelho, Tarcisio R., „Labour in Colonial Portuguese America, 1500–1700", in: International Review of Social History 56 (2011) (Special Issue 19: The Joy and Pain of Work: Global Attitudes and Valuations, 1500–1650, Hofmeester, Karin; Moll-Murata, Christine (eds.)), S. 275–296, hier S. 279

291 Dessens, Nathalie, „Au carrefour del'espace atlantique: la Nouvelle-Orleans au XIXe siècle", in: Dubesset, Éric; Cauna (dir.), Dynamiques caribéennes. Pour une histoire des circulations dans

tagen Virginias, Marylands oder der Carolinas und Georgias befanden sich auch an sumpfigen Küsten, Flussläufen und Buchten. Barbados, Jamaika, Saint-Domingue, Martinique oder Guadaloupe waren relativ kleine Sklaveninseln. Allerdings fanden sich auf ihnen, in Relation zur „Größe" oder „Kleine" der Inselterritorien sehr viele Sklavinnen und Sklaven (auf der kleinen Insel São Tomé um 1600 ca. 100 000 Menschen, darunter 80 % Versklavte). Barbados war um 1660–1740 die Modell-Insel der Zucker-Karibik mit insgesamt einer halben Million Versklavter. Erst zwischen 1820 und 1860 streifte die wirkliche Massensklaverei im Süden der USA und im Süden Brasiliens diese spatiale Inselexistenz ab. Sie wurden zu kontinentalen Sklavereien. Sklavenhändler und Sklavenhalter sowie ihr Personal nutzten neue Mobilitäten, um das Interior von Kontinenten zu erschließen und noch mehr Menschen mittels wiederum erneuerter Mobilitäten (Dampfschiffe und Eisenflussschiffe, z. B.) über Ozeane, wie etwa den Hidden Atlantic, zu verschleppen. Das heißt, *Second Slaveries* waren nicht nur „groß" weil sich viele Sklaven in ihnen fanden, sie waren auch „groß" wegen der räumlichen Ausdehnung in das Innere der Kontinente hinein (mit Ausnahme des Zuckerrohr-Anbaus auf Sklavenplantagen in Nordamerika).[292] Die beiden Mobilitätsformen (die „kontinentale und interkontinentale" der Versklaver und die Zwangsmobilität der Verschleppten) bildeten eine, vielleicht die Grundlage der modernen Welt. Auch die technologisch entwickeltste Sklaverei des 19. Jahrhunderts, diejenige im westlichen Teil der großen Insel Kuba, mag man mit Blick auf die viel kleineren Inseln Barbados, Jamaika oder die französische Hälfte der Insel La Española (heute Haiti/Dominikanische Republik), Saint-Domingue, schon seit 1830 eher zu den kontinentalen Massensklavereien des 19. Jahrhunderts zählen.[293] Im Licht dieser makrohistorischen Entwicklungen der „modernen" Sklaverei im atlantischen Raum versuche ich in vorliegendem Text, in einer globalhistorischen Perspektive, die weniger bekannten Kin-Sklavereien sowie spezifische Sklavereiplateaus und -typen der anderen Hälfte der Welt, der Welten Asiens, des Indischen Ozeans und des Pazifiks, als Hintergrund sowohl in zeitlicher Tiefe, wie auch räumlicher Breite darzustellen.

Ob wir im Zuge heutiger Globalisierungsprozesse von der Herausbildung einer „globalen" oder „dritten" Sklaverei sprechen sollten oder müssen, die vor allem rechtlich nicht als solche definiert und – sozusagen verdreht-„postkolonial" – nicht bei ihrem westlichen Namen „Sklaverei" genannt wird, soll zunächst dahingestellt bleiben. Von verschiedenen Ansätzen „neuer" Sklavereien aber müssen wir

l'espace atlantique (XVIIIe–XIXe siècles), Bordeaux: Presses Universitaires de Bordeaux, 2014 (Collection de la Maison des Pays Ibériques Série Amériques), S. 303–316.

292 Follett, „Slavery and Plantation Capitalism in Louisiana's Sugar Country", S. 1–27; Follett, The Sugar Masters: Planters and Slaves in Louisiana's Cane World 1820–1860, Baton Rouge: Louisiana State University Press, 2005; Follett; Beckert; Coclanis; Hahn, Barbara, Plantation Kingdom, passim.

293 Gaffield, Julia, „Haiti and Jamaica in the Remaking of the Early Nineteenth-Century Atlantic World", in: William and Mary Quarterly Vol. 69:3 (2012), S. 583–615.

sprechen. Sie entstehen nicht – oder meist nicht – aus bereits existierenden Typen „großer" Sklavereien und aus ihrer Tradition (obwohl es das auch gibt), sondern aus kleinen, flexiblen, ubiquitären, als solche kaum erkennbaren Ansätzen des Sklaven-Status, den ich in seiner welthistorischen Dimension im folgenden Kapitel beschreiben werde.

Sklavinnen ohne institutionalisierte Sklavereien

> Slavery begins, perhaps, with women, and with children. Engels drew attention to what he termed 'the slavery latent in the family'.[1]

Erste Sklavenstatus vor der Kin-Sklaverei

Ein früher Übergangsstatus zum Sklavereiplateau der Kin-Unfreiheit bildete sich im lokalen Umfeld von Wohnorten, Gruppenterritorien und Verwandtschaft heraus. Wir können in Bezug auf Sklavinnen „ohne Sklaverei" und erste Instituitionalisierungen in Kin-Sklavereisystemen durchaus von einer wichtigen historischen Entwicklingsstufe von Sklavereien überhaupt oder von der historischen Basis aller Sklavereien sprechen. Zum Verständnis ist nochmals ein weiter Rückgriff in die fernere Geschichte notwendig und eine Analyse „kleiner" und flexibler Konstellationen der Verhältnisse zwischen Menschen im Rahmen vorstaatlicher Gemeinschaften.

Der unmittelbare Kontext weltweiter, aber lokaler Entstehung von Sklavensituationen war und ist auch noch heute oft die wie auch immer definierte Verwandtschaft. „Verwandtschaft" wird bei Anthropologen und Ethnologen als „Kin" bezeichnet. Definition von Verwandtschaft und „Familie" war schon immer schwierig, nicht erst heute. Vor der Verfestigung von Herrschaft durch Ahnenkulte, vererbte Autorität und der Entstehung von überregionalen Häuptlingsherrschaften, Stadtimperien und Monarchien war die Definition von Verwandtschaft ebenfalls schwierig. Welthistorisch war die Entstehung von Verwandtengruppen und Clans immer mit der Betonung der Abstammung (der Versklaver) sowie mit der Aufnahme (oder dem Raub, der Heirat) Fremder verbunden, auch mit der Adoption fremder Männer oder Frauen beziehungsweise der Aufnahme von Kindern (wie „Ziehkinder" bei den Phrygiern).[2] Will sagen, es gab sehr unterschiedliche Systeme der Außenbeziehungen sowie des Verhältnisses von Inklusion und Exklusion, Exogamie und Endogamie sowie der Behandlung Fremder und Besiegter (die, wie oben angedeutet, in manchen Systemen relativ leicht in die Rolle militärischer Klienten gelangen konnten und damit eine Macht- und Herrrschaftsressource darstellten).

„Verwandtschaft" („Kin") ist ein „soziales Beziehungssystem, das sprachlich dem biotischen angeglichen ist [...] Verwandtschaft ist schwer abzugrenzen; sie wird ausgedrückt in Verwandtschaftsterminologien, bestehend aus einem System von

---

1 Taylor, „Believing the ancients: quantitative and qualitative dimensions of slavery and the slave trade in later prehistoric Eurasia", S. 27–43, hier S. 35.

2 Marek, Christian, „Landbesitz, Familien, Frauen, Kinder, Zöglinge, Sklaven", in: Marek unter Mitarbeit von Frei, Peter, Geschichte Kleinasiens in der Antike, München: Beck, 2010, S. 561–592.

https://doi.org/10.1515/9783110561630-004

Positionen, die man in kulturspezifischer Weise durch Verwandtschaftsterme ... zusammenfasst".[3] Speziell fluid und unbestimmt in diesen jeweils konkreten Verwandtschaftssystemen sind die Positionen von „Onkel" und „Tante", die anstelle der leiblichen Eltern Gewalt über Kinder oder jüngere Verwandte ausüben können. „Onkel" und „Tanten" waren (und sind) aber auch oft keine wirklichen Blutsverwandten, sondern wurden als solche klassifiziert. „Klassifikatorischer Verwandter" ist ein Begriff aus der Anthropologie für Beziehungspersonen in frühen Gesellschaften, deren politische Verhältnisse sich fast nur auf Beziehungen zwischen Verwandten reduzieren. Im Zusammenhang mit Kin-Sklaverei spielten die Institutionen von Altersgruppen, Adoption und Heirat sowie Passageritiuale (Initiation) zur Aufnahme in die jeweilige Gruppe eine wichtige Rolle.

Kriegsgefangene und andere Unterworfene, Adoptierte, Geraubte oder Fremde bildeten vor allem in nichtstaatlichen Gesellschaften und in Rang- oder Häuptlingsgesellschaften (*caziques*, *chiefs*, *big men*, *señores*, ranghohe Krieger oder Jäger) „Sklaven" der im Einzelnen extrem unterschiedlichen Verwandtschaftssysteme. Ranggesellschaften sind ursprünglich egalitäre Gesellschaften, in denen einzelne Anführer oder Anführerinnen, Jäger, Priester oder Kriegsanführer höhere Ränge als die anderen „Gleichen" einnehmen, diese aber meist (noch) nicht vererben können. In Häuptlingsgesellschaften waren Ränge manchmal auch schon vererbbar. Besiegte, Gefangene oder Fremde waren in solchen Gesellschaften oft „Sklaven" des Schwiegervaters oder der Schwiegermutter sowie von Kriegsanführern, Rang- oder Titelträgern (*big men*). Verstärkung von Rang passierte oft durch drei Situationen, die die Entwicklung von Sklavereiformen vorantrieben: Sieg über (männliche) Feinde und ihre Tötung oder Opferung (auch religiöses Moment) sowie Eingliederung von möglichst vielen Frauen in den Vermehrungs- und Dienstleistungspool des Rangträgers und der Versuch der Vererbung von Macht, Status oder Herrschaft außerhalb traditioneller Verwandtengruppen an mit versklavten Frauen gezeugte Nachkommen.

Für die Gesamtheit sowie lokale Formen und Stufen der Verwandten-Sklavereien existiert wie gesagt die allgemeine Bezeichnung „*Kin*"-Sklaverei („Kin" = Verwandtschaft) oder „*Lineage*"-Sklaverei. „Lineages" sind auf dem Glauben an gemeinsame Abstammungslinien basierende Gemeinschaften von Verwandten. Die Linien werden meist mythisch „nach hinten" verlängert im Glauben an ein gemeinsames Totemtier, deifizierte Vorfahren oder einen „Urvater" („Urmutter") bzw. einen Urgott.

Im Verlauf der gesamten Weltgeschichte waren Menschen in solchen Kin-Übergangssituationen sehr wichtig. Im Prozess der Conquista Amerikas durch die Europäer, zu der ich hier auch die Eroberung des Westens im Norden Amerikas und die *Conquista del Desierto* in Argentinien zähle, haben viele Völker Krankheiten und

---

3 Wörterbuch der Völkerkunde. Begründet von Walter Hirschberg, Müller, Wolfgang (red.), Berlin: Reimer, 2005, S. 397.

militärische Niederlagen nur ausgleichen können, weil sie in großem Umfang Adoptionen von Männern und Kindern vornahmen. Oft entwickelte sich aus dem Fremden-Status aber auch ein Status von Kin-Sklaven. Am besten ist dieser Status in Bezug auf Sklaven der nordamerikanischen *Native Americans* definiert worden. In deren Gesellschaften existierte kaum ein Unterschied zwischen „Sklave“, „Adoptierter“ (Schwiegersohn oder -tochter) und „Gefangener“. Die Begriffe und der ihnen zugrundeliegende Status waren im Grunde austauschbar. Sie beschreiben soziale Beziehungen zwischen Stämmen wie auch zwischen Stämmen und nicht-indianischen Personen („Weißen“ und „Schwarzen“). Für das Fluide des Status von Kin-Sklaven spricht, dass oft ein Beobachter einen „Adoptierten“ eines Indianerstammes beschrieb, während ein anderer Beobachter das gleiche Individuum als „Sklave“ darstellt.

Sklavinnen-Status „ohne Sklaverei“ und Kin-Sklavereien existierten global, auf der ganzen Welt, aber immer extrem lokal. Das heißt hier vor allem, ohne die Verbindung durch überregionale Sklavenhandelsnetze, großflächige Rechtsordnungen und formierte Herrschaftsideologien von Sklavenhaltern. Sklaven ohne Institution und Ansätze von Kin-Sklavereien gab es punktuell in allen Gemeinschaften nach Entstehung der Landwirtschaft, möglicherweise auch schon sehr punktuell und opportunistisch unter Sammlerinnen, Wildbeutern und Jägern.

Wir kennen aber keine „erste Kin-Sklavin“, d. h. wir wissen nicht, wie oben dargelegt, wann es die ersten Kin-Sklaven-Situationen in der Geschichte gegeben haben mag. Möglicherweise war es ein „adoptiertes“ Mädchen.

Es lohnt sich aber, Sklavinnen „ohne Sklaverei“ und ersten Kin-Sklaven ein Extrakapitel in einer modernen Globalgeschichte der Sklavereien zu widmen. Vor allem deshalb, weil sich unsere besten Quellen in Bezug auf diesen Sklaven-Prototyp aus der mittlerweile 1200-jährigen Geschichte europäischer Expansionen ergeben unter Einschluss der Wikinger-/Warägerexpansionen und der europäischen Ostexpansionen, vor allem aber aus der Geschichte der globalen Expansionen Westeuropas seit ca. 1300. An allen Expansionsgrenzen und in allen Kolonialgebieten haben Schreiber, Conquistadoren, Expansionisten, Missionare, Forschungsreisende, und Kaufleute zuerst oft die Existenz von Kin-Sklaven und -sklavinnen konstatiert. Ganz am Beginn stand vielleicht der Raub von jüngeren Menschen, um sie als Dolmetscher (*lenguas*) auszubilden. Viele Kapitäne der Seeexpansionen oder Anführer von Conquista-Trupps bekamen bei Vertragsabschlüssen Kin-Sklavinnen „geschenkt“. Überall haben die expandierenden Europäer auch an existierende Kin-Sklavereien angedockt (und lokale Eliten oft an die Nachfrage bei den Europäern). Unter Einfluss der atlantisch-afrikanischen Sklaverei in „römischer“ Tradition, die etwa die Iberer oder Nordwesteuropäer mit in die Amerikas brachten, dynamisierten und veränderten sich die lokalen Kin-Sklavereien, die in sich schon extrem differenziert waren. Ähnliches gilt für die arabisch-islamischen Expansionen vor allem im Sudan, in Ostafrika sowie im und am Indischen Ozean.

Zweitens lohnt sich die Analyse von Sklavinnenstatus „ohne Sklaverei“ und Kin-Sklavereien, weil sich aus den bis heute existierenden Situationen von Kin-

Sklaven unter den Mobilitäts-, Akkumulations- und Kommunikationsmöglichkeiten des 21. Jahrhunderts immer neue Sklavereien entwickeln.

Im welthistorischen Rückblick gab es zuerst Menschen ohne Rechte (oder mit minderen Rechten, zum Beispiel Frauen ohne Schutz, Kinder, Fremde oder Heranwachsende) die der Gewalt Anderer unterworfen waren, der Gewalt eines Siegers oder Entführers sowie auch und gerade sexueller und familiärer Gewalt. Diese unterworfenen Menschen mussten für ihre Beherrscher arbeiten, Dienste leisten, Kinder gebären und oft auch sterben – letzteres vor allem, um den Status des Beherrschers und Verfügers zu stärken oder durch Opferrituale den Gruppenzusammenhalt zu stärken. Möglicherweise gab es für diese Menschen im Übergang zu Kin-Sklavereien und in Situationen von Kin-Sklaven zunächst nicht mal Begriffe in den jeweiligen Sprachen. Erst nach und nach wandelte sich der Zustand von „Sklaven ohne den Namen Sklaverei“ in eine soziale Institution eines Hauses, einer Siedlungsgruppe (oft verwandt) oder Familie. Auch die frühen kollektiven Sklavereien eines vergöttlichten Herrschers waren im Grunde Kin-Sklavereien. Alle Sklavereien haben Geschichte.

Die Basis-Beziehung der Kin-Sklaven, der vor allem Frauen und Kinder unterlagen, waren die wie auch immer konfigurierten Universalien der Verwandtschaft (Kin) und Familie. „Familie“ geht zurück auf *famulus* (Hausdiener oder -sklave) und ist eigentlich eine Ausweitung und Bedeutungsveränderung des Herrschaftsverhältnisses in einem Siedlungsverband („Haushalt“) und speziell des Behausungs- oder Kin-Gruppen-Vorstandes (lateinisch: *pater*) über die von ihm Abhängigen, auch und gerade Sklavinnen und Konkubinen sowie Kinder. Nicht der monogame Familienbegriff der christlichen Bourgeoisie des 19. Jahrhunderts, wohl aber der polygame Familienbegriff des Islam (und des Alten Testaments sowie vieler anderer Kulturen, z. B. China und islamische Gesellschaften), der auch die Rolle von Sklavinnen als Konkubinen für die Fortsetzung der Lineage des Haushaltsvorstandes anerkennt, spiegelt die traditionelle patrialineare Haushalt-Verwandtengruppe unter einem männlichen Vorstand sehr gut wider.

In Zeit und Raum bildeten und bilden Sklavinnenstatus ohne Sklaverei und Kin-Sklavenstatus die globalhistorische Grundlage aller Sklavereien, ihrer Plateaus, Typen, Varietäten und Übergangsformen. Die Prototypen Sklavinnen „ohne Sklaverei“ und Kin-Sklaverei war in einem ganz fundamentalen und ungesagten Sinne ein Sklaven-Status von Frauen, Mädchen und Kindern – über Zehntausende von Jahren, vielleicht sogar länger. Obwohl in unterschiedlichsten und sehr lokalen Kontexten verankert, bestanden diese frühen Sklavereien von Frauen und Mädchen darin, die verwundbarsten und schwächsten Mitglieder der eigenen, einer anderen oder besiegten Gruppe, Geraubte, Waisen, Ausgesetzte oder Verschleppte in eine neue Gruppe und speziell in einen neuen Haushalt zu integrieren (oder durch ihre Opferung den Zusammenhang zu stärken). Diesen Fremdheitsstatus unter Einschluss des noch lange nachwirkenden römischen Rechts, wonach Findelkinder als Sklaven dem Finder zugesprochen wurden, hat Christian Lübke für das frühe Mittelalter in Europa hervorgehoben.[4] Gegen Tribute oder Leistungen in Produktion und Reproduktion, oftmals verbunden mit Ritualen und oft nach der Niederlage, der Folterung und Opferung ihrer früheren männlichen Verwandten und Beschützer (oder von Kindern). Adoption und Riten einerseits, menschliche Sexualität und Fortpflanzung sowie Arbeit als Herrschaftsmittel andererseits, waren Ausgangspunkte dieser „Sklavenstatus ohne den Namen Sklaverei". Am Anfang, um das nochmals zu unterstreichen, ohne Institutionalisierung.

„Kin-Sklaven" sind zunächst und im allgemeinen Ansatz wohl Menschen gewesen, deren Hauptmerkmal es, wie dargelegt, war, keine Verwandten (mehr) und keine (biotische) Familie zu haben und deshalb auch nicht auf deren Schutz, Ressourcen und Netzwerke zurückgreifen zu können. In einer zweiten Stufe bedeutete Kin-Sklaverei die oft oder sogar meist zeitlich begrenzte Sklaverei von Menschen, die aus dieser „Nichtverwandten- oder ‚Nichtmenschen'-Position" (und als solche manchmal Opfer von rituellem Mord) durch Passagerituale herausgelöst wurden, um als „Verwandte" niedrigeren Status' – egal ob leibliche, fiktive oder symbolische beziehungsweise in irgend einer Weise klassifikatorische Verwandte – in einen Haushalt eingegliedert zu werden. Dort mussten sie bestimmte „niedere" Arbeiten oder unehrenhafte Dienste leisten, auch mit ihrem Körper. Sie galten, wie gesagt, lange oder lebenslang als „Jüngere" – quasi ein ewiger „Kinder"-Status.

Es wird noch komplizierter. Sklavinnen „ohne Sklaverei" und Kins existierten verborgen auch in Massensklavereigesellschaften weiter und in vielen Gesellschaften mit unterschiedlichen Sklavereitypen. Sogar in Gesellschaften nach den Abolitionen des 19. Jahrhunderts, die offiziell gar keine Sklavereien mehr kennen. Oft bis heute.

Kin- oder Verwandtschaftssklavereien bildeten einen globalen Prototypus (Plateau), der, die Dopplung sei verziehen, weltweit existierte, aber nicht oder selten über größere zusammenhängende politische und wirtschaftliche Räume oder Handelsaustausch verbunden war. Ausnahmen bildeten Kapitäns- und Karawanenchef-Handel mit Menschen, oft Kindern. Sie existierten lokal, innerhalb von kleineren Gruppen sowie Clans, Lineages, Stämme, Häuptlingstümern, kleineren Adelsherrschaften. Es gab Kin-Sklavereien in patrialinear organisierten Gemeinschaften, aber auch in matrilinearen Gruppen (etwa bei den Naxi und Mosuo in Südchina/Tibet).[5] In ihrer Mehrheit sind Menschen im Status der Kin-Sklaverei in die jeweilige Gruppe oder Gemeinschaft relativ schnell integriert worden – es han-

4 Lübke, „Fremde als Sklaven?", in: Lübke, Fremde im östlichen Europa, S. 113–123, hier S. 114.

5 Knödel, Susanne, Die matrilinearen Mosuo von Yongning. Eine quellenkritische Auswertung moderner chinesischer Ethnographien, Münster: LIT, 1995; Mathieu, Christine, A History and Anthropological Study of the Ancient Kingdoms of the Sino-Tibetan Borderland – Naxi and Mosuo, Lewiston: Edwin Mellen, 2003; Christine Mathieu schreibt auf S. 411 über „slaves brought back from raids or military campaigns, and who were absorbed in the commoner and serf categories during feudal times".

delt sich unter günstigen Umständen also auch um eine bestimmte Form von Integration. Zu einem schwer bestimmbaren Teil sind vor allem Männer und Kinder im Status der Kin-Sklaverei auch radikal aus Gemeinschaften ausgeschlossen worden. Sie wurden Opfer von Tötungsritualen (Menschenopfer[6]), wie bei den Inka, wo diese Opfersklaverei (*capacocha*) ein fester Teil der Kultur war.[7]

In Gesellschaften außerhalb formierter Sklavereitypen, einer Wohngruppe oder vor der neuzeitlichen atlantischen Sklaverei gehörten die meisten Unfreien einer Siedlungsgruppe, die oft verwandschaftlich liiert war, einer Familie oder einer anderen Art von Verwandtschaftsgruppe an. Eine Weiterentwicklung innerhalb einer gegebenen Kin-Sklaverei konnte zu einer spezifischen Art von „Besitz" führen. In dieser Form der Kin-Sklaverei standen Menschen unter Kontrolle von Anführern oder Titelträgern der Verwandtschaftsgruppe bzw. den Ältesten der Lineage, in die Versklavte kamen. Es handelte sich um die oben beschriebenen *big men* („große Männer) – in Europa oft auch Häuptlinge genannt –, wie sehr erfolgreiche Jäger, Kaziken, Richter, Priester oder gar Anführerinnen (*big women*). Die Quellen des europäischen Vordringens in den Amerikas sind hier überreichlich: bei nordamerikanischen Indianervölkern konnten Kriegsgefangene versklavt werden oder Individuen der gleichen Gruppe konnten unter Kontrolle anderer wegen Spielschulden kommen. In den schon vor der Kolonialzeit sehr hierarchisierten Gesellschaften der nordamerikanischen Nordwestküste und des Südostens der heutigen USA existierten bereits soziale Systeme, die auf der Aneignung von Besitz, auch von individuellem Eigentum an Menschen, beruhten. Allerdings förderten die Sklaven, zweifellos immer noch Kin-Sklaven, vor allem durch ihre bloße Existenz als solche und durch ihre Zahl den Status und die Macht der Big Men, ihrer Herren, weniger durch ihre Arbeit (die aber auch vorkam). In der Kolonialzeit wurden geübte Jäger schnell zu Sklavenjägern oder beteiligten sich an Razzien, bei denen schwarze Sklaven, Kinder von Europäern oder andere Native Americans geraubt und versklavt wurden. Auch in Afrika finden sich viele Beispiele, durchaus rezenter Natur, etwa bei den Bobangi im Hinterland von Loango oder bei den Chokwe (Cokwe) im Innern Angolas. Die Chokwe waren Bauern und Jäger (u. a. Elefanten) und kannten Kin-Sklaverei und lokalen Austausch. Als um 1850 die Nachfrage nach Elfenbein, Bienenwachs und Naturkautschuk stieg, beteiligten sich die Chokwe am überregionalen Handel. Als exzellente Jäger versklavten sie auch mehr und mehr Menschen in

6 Green, Menschenopfer, passim; Gunsenheimer, „The Study of Human Sacrifice in Pre-Columbian Cultures: A Challenge for Ethnohistorical and Archaeological Research", S. 255–284.

7 Ceruti, Maria Constanza, „Human Bodies as Objects of Dedication at Inca Mountain Shrines (north-western Argentina)", in: World Archaeology Vol. 36:1 (March 2004), S. 103–122; Reinhard, Johan; Ceruti, Constanza, „Sacred Mountains, Ceremonial Sites, and Human Sacrifice Among the Incas", in: Archaeoastronomy: The Journal of Astronomy in Culture Vol. 19 (June 2005), S. 1–43; Besom, Thomas, Of Summits and Sacrifice: An Ethnohistoric Study of Inka Religious Practices. Texas: University of Texas Press, 2009; Cobo, Bernabe; Hamilton, Roland, Inca Religion and Customs, Austin: University of Texas Press, 2010.

Razzienkonflikten, die sie in ihre Dörfer aufnahmen, aber auch nach und nach in speziellen Orten ansiedelten. Erfolgreiche Elefantenjäger nahmen so viele Frauen und Kinder (die oft für eine Schuld versklavt wurden) wie möglich in ihre Haushalte auf, um diese zu stärken. Sie beteiligten sich als Söldner an Razzienarmeen, die Sklaven fingen. Im frühen 20. Jahrhundert gibt es Berichte über etwa 80 % Sklaven in Chokwe-Dörfern, als solche wurden sowohl gekaufte oder geraubte Frauen, Kinder und Erwachsene, die für eine Schuld versklavt worden waren und Kriegsgefangene verstanden. Entlang der Sklavenhandelskorridore in Ostafrika am Sambesi und einigen Nebenflüssen oder in den Überlandkorridoren zum Tanganjika-See oder zum Malawi-See (und von dort zur Atlantikküste) entstanden unter indigenen oder afro-portugiesischen und afro-muslimischen Sklavenjägern und -haltern sogar Plantagenwirtschaften mit Sklaven, die lokale und zum Teil regionale Bedeutung hatten.[8]

Besonders hart entbrannten Konflikte um Macht und Territorien menschlicher Gruppen bereits im Übergangsstadium zwischen Sesshaftigkeit und nomadisierender Ressourcen- und Wildbeuterei sowie Sesshaftigkeit und Viehhaltung oder während der Expansion kriegerischer Gruppen (vor allem mobile Nomaden) sowie kriegerischer Großreiche. Noch im 21. Jahrhundert betrachten Gartenbauern (d. h., Völker mit einer spezifischen „Land“-Wirtschaft), wie Aruak und Kariben im Norden Südamerikas, Wildbeuter, Fischer und Sammlerinnen, wie Yanomami oder Warao, als eine Art räudige Tiere („Affen“) unterhalb der Stufe des Menschseins. Andererseits existierten in fast allen Übergangsgesellschaften zur Sesshaftigkeit und in vielen Bauerngesellschaften Kinder oder Frauen der eigenen Gruppe, die über bestimmte Mechanismen an *big men*, *titleholders* („Titelhalter“, d. h., Häuptlinge oder Militäranführer) oder andere, erfolgreichere Verwandtengruppen gegeben wurden. Oft wegen Armut oder Verschuldung, zur Erlangung von „Ehre“ und Status, auch in „Heirats-“ und Konkubinatskonstellationen oder als „jüngere Verwandtschaft“, die Dienste leisten muss.

Wohngruppe, *familia* und Vatermacht

Nach dem Vorbild der patrilinearen Gesellschaft Roms wird die männliche Oberkontrolle über einen erweiterten Wohnverband, zu dem Frauen, Kinder, Anhänger (Klienten), Diener und Sklaven (*familia*) gehörten, *patriae potestas* (etwa: „väterliche Gewalt“ oder „Macht“) genannt.

In Rom wurden spezifische Formen der Kin-Sklaverei der Latiner unter etruskischem, samnitischem, phönizischem und griechischem Einfluss durch den Zustrom von Massen von Kriegsgefangenen aus Italien, Iberien, Persien, Gallien, Ger-

8 Lovejoy, „Expansion of an Indigenous Slave Mode of Production“, in: Lovejoy, Transformations of Slavery, S. 240–245, hier S. 241.

manien, Britannien und Afrika zur institutionalisierten und rechtlich geregelten Sklaverei unter der Herrschaft des *pater familias* – der die Rolle eines *big man* der Anthropologie einnahm, wie sie auch in anderen Gesellschaften üblich war. Allerdings erst nachdem die Römer das endogene Verhältnis zwischen Schuldknechtschaft und Sklaverei in der Hinsicht gelöst hatten, dass römische Schuldner zwar ihre Schuld zurückzahlen sollten und eventuell in die Sklaverei geraten konnten, aber ein Schuldner nicht automatisch der „inneren" Nah-Sklaverei verfiel.

Die römische Sklaverei mit ihren Rechtsfiguren des Pater und der Annahme, alle *gentes* (Völker) kennten die Sklaverei, spiegelte ziemlich genau die weite Verbreitung der Kin-Sklavereien wider zu Beginn unserer Zeitrechnung. Spezifische römische Entstehungsformen der Sklaverei, die auch als Kin-Sklaverei interpretiert werden könnten (vor allem bei den *vernae*, den im Haus geborenen Sklaven), wurde wegen der Expansion, aus Staatsinteresse, wegen der wirtschaftlichen Bedeutung der Sklaverei in Haus, Handwerk und Villen-Wirtschaft sowie der wachsenden Massen von Sklaven und der Zentralität der Sklaverei als *ius gentium* sowie *ius civile* (und ius naturale) institutionalisiert[9] und verlor den Anschein des intimen sowie familiären Charakters, der Begriff und (manchmal) Realität der Kin-Sklaverei anhaftet. Im Alten Testament, der Bibel von Juden und Christen, werden Formen patrilinearer Kin-Sklaverei beschrieben. Auch in den relativ egalitären Gesellschaften Palästinas gab es Fremde, angeheiratete Männer oder Nebenfrauen, die gefangen, entführt oder geraubt waren, keine Rechte wie die anderen Freien der jeweiligen „Wir-Gruppe" hatten und zumindest mit temporaler Gewalt in diesem Status gehalten wurden. Meist galten sie als unterste Mitglieder der Kin-Gruppe – so wie verschiedene Sklavereien etwa im Alten Testament beschrieben bzw. vom Nomen *'ævæd* abgedeckt werden.[10]

In patriarchalischer Sklaverei finden sich viele Ähnlichkeiten der Sklavereien im antiken Mittelmeerraum. Es gab aber auch Unterschiede, die Werner Eck so beschreibt: „Ein Athener, der in der Mitte des 1. Jh. v. Chr. nach Rom gekommen ist und dort das Geschehen in einer römischen Volksversammlung beobachtete, war vermutlich mehr als verwundert, dass dort Freigelassene, also ehemalige Sklaven, an den Abstimmungen teilnehmen konnten und so über direkten politischen Einfluss verfügten; in Athen war das in dieser Weise niemals möglich gewesen. Ein Römer seinerseits war sicherlich auch überrascht, wenn er in griechischen Städten feststellen musste, dass es zwar viele Freigelassene gab, von denen aber keiner das Bürgerrecht der Polis besaß, in der er lebte, in der er vielmehr nur Metöke, latei-

---

9 Harke, Jan Dirk, „Slavery in Classical Roman Law", in: Hilgendorf, Eric; Marschelke, Jan-Christoph; Sekora, Karin (eds.), Slavery as a Global and Regional Phenomenon, Heidelberg: Universitätsverlag Winter GmbH, 2015 (Anglistische Forschungen; Bd. 449), S. 49–58, hier S. 57 f.

10 Kessler, Rainer, „Knechtschaft", in: www.wibilex.de, http://www.bibelwissenschaft.de/nc/wibilex/das-bibellexikon/details/quelle/WIBI/referenz/23712/cache/a686d33700e39992a53a2bc9056fd0bb/ (letzter Zugriff 25.1.2018).

nisch incola, also Nicht-Bürger war. Ebenso hätte ein Römer, der in der Mitte des 2. Jh. v. Chr. das Makkabäerreich besucht hätte, mit Erstaunen festgestellt, dass in jedem siebten Jahr Juden ihre jüdischen Sklaven aus der Sklaverei entließen – soweit dieses Gebot nicht in irgendeiner Weise umgangen wurde".[11] Im Grunde handelt es sich um verschiedene Sklavereien unter einem starken gemeinsamen Nenner (patriachalische Herrschaft / Kin-Sklaverei).

Was für den antiken Mittelmeerraum und das frühe Amerika gilt, trifft auch und gerade für Afrika zu. In der Geschichte Afrikas werden besonders viele Abhängigkeiten unter dem Label „Sklaverei" beschrieben. Paul Lovejoy schreibt über Kin-Sklaverei in Afrika: „Slavery was one of many types of dependency, and it was an effective means of controlling people in situations where kinship remained paramount. Slaves lacked ties into the kinship network [of their holders – M. Z.] and only had those rights that were granted on sufferance. [...] While they undoubtly performed many economic functions, their presence was related to the desire of people, either individually or in small groups of related kin, to bypass the customary relationship of society in order to increase their power".[12]

Kin-Sklaven waren in jeder konkreten Gesellschaft mindestens zeitweilig „abstammungslose Andere" in der „normalen" Sozialstruktur, Rang- und Rechtsordnung. Oft wurden sie zumindest zeitweilig auch ganz bewusst außerhalb der Ordnung gehalten, deren soziale Grundelemente Familien, Clans oder eine wie auch immer „flache" Hierarchie mit realen oder fiktiven Verwandtschaftsgraden, aber auch Netzwerke des Austauschs, der Heirat und des Handels oder der Allianzen bildeten.

In Krieger- und Männerbünden gab es Kin-Sklaven, sozusagen außerhalb der normalen Kin-Strukturen, die durch Initiationsrituale von einer Lebensetappe in die andere gelangten (und mehr oder weniger Rechte hatten). Ihre Stellung ähnelt oft heutigen Kindersoldaten. Das gilt für viele historische kriegerische Männerbünde oder Kriegerlager (*kilombos*) unter *warlords*, wie etwa die Imbangala-Allierten der portugiesischen Warlords des siebzehnten Jahrhunderts im Kongo, Ngola, Matamba sowie im Hinterland Luandas, die alles taten, um junge Krieger-Sklaven mit Initiationsritualen aus ihren Verwandtschaftsbeziehungen heraus zu lösen und sie zu Kindersklaven, Klienten und zugleich zu Soldaten zu machen. Sie konnten das nur vor dem Hintergrund der Kin- und lineagebasierten Kongo- und Mbundu-Gesellschaften.

Kin-Sklaverei umfasste auch Sklaverei von Individuen, die bewusst aus dem Kin ausgeschlossen oder von Verwandten in Arbeiten delegiert wurden, wie die

11 Eck, Werner, „Sklaven und Freigelassene von Römern in Iudaea und den angrenzenden Provinzen", in: Novum Testamentum 55 (2013), S. 1–21, hier S. 2; zur Sklaverei in Judäa siehe: Hezser, Catherine, „Slaves and Slavery in Rabbinic and Roman Law", in: Hezser (ed.), Rabbinic Law in Its Roman and Near Eastern Context, Tübingen: Mohr, 2003 (TSAJ 97); Hezser, Jewish Slavery in Antiquity, Oxford: Oxford University Press, 2005.

12 Lovejoy, „The African Setting", in: Lovejoy, Transformations in Slavery, S. 12–15, hier S. 13.

bereits beschriebenen Kindersklaven in lokalen Regimes der Schuldsklaverei. Ein gutes Beispiel für die Umwandlung eines Kindes als Pfand für eine Schuld von einer Kin-Sklavin in eine Sklavin nach islamischem Konzept ist die etwa zehnjährige Swema, ein *Yao*-Mädchen, das 1865 als Pfand für eine Schuld gegeben wurde, die die Mutter nicht zurückzahlen konnte. Der Kreditgeber verkaufte, um sein Geld zu bekommen, Swema an vorbeiziehende „Araber", in Ostafrika eine Bezeichnung für alle Muslime der Küste. Von Kilwa, einem der wichtigsten Sklavenhäfen Ostafrikas, wurde Swema als Sklavin nach Sansibar, dem wichtigsten Sklavenmarkt des Indischen Ozeans verkauft.[13]

Eine nachgerade klassische Variante von Kin-Sklaverei, die quasi bis heute existiert und durch Diskurse über die Nichtexistenz von „richtiger Sklaverei" (gemeint ist dabei, wie oft gesagt, meist die römische Sklaverei oder die Sklaverei im Süden der USA) überdeckt und übertönt wird, ist die der chinesischen *mui tsai* („kleine jüngere Schwester").[14] Das waren Mädchen, die durch Adoption an reichere oder einflussreiche Familien kamen und oft ein Leben lang oder doch einen langen Lebensabschnitt Dienste leisteten.

Massen versklavter Bauern und Kinder in bestimmten Regionen Südasiens leben bis heute in Schuldversklavung – einer Situation interner Sklaverei, meist nach Selbstversklavung mit Kin-Sklaverei. Im indischen Arthashastra-Kodex, der etwa im 3. Jahrhundert verfasst wurde, findet sich die Aussage, dass „Schuld" ein Grund dafür ist, dass ein Schuldner sich oder seine Familie dem Gläubiger als Pfand gibt. In dem Kodex steht nicht, dass das „Pfand" nicht versklavt werden kann. Also sollte man davon ausgehen, dass Schuld im indischen Gewohnheitsrecht eine Quelle für spezifische Formen von Sklaverei war, wie in anderen agrarischen Imperien[15] auch. Im 18. Jahrhundert wurde für Gewohnheitsrecht und geschriebenes Recht diskutiert, dass „Pfandsklaven" nicht an weit entfernte Käufer oder Fremde verkauft werden sollten. Das hat mit Fernhandel kriegsgefangener Menschen oder exogener Sklaverei wenig zu tun, ist aber eine Form der Sklaverei. Die Einschränkung der Mobilitätsrechte, die ungehemmte Ausbeutung und die „ewige" Hoffnungslosigkeit, jemals aus dieser Situation herauszukommen, ist schlimmste Sklaverei.

Die türkisch-osmanische Gesellschaft in einem Agrarreich par excellence kannte neben endogener Schuldsklaverei wegen der viele Kämpfe und Kriegsverluste sehr integrative Formen der Kin-Sklaverei, was nicht heißt, dass die Integration

---

13 Alpers, Edward A., „The Other Middle Passage", in: Christopher; Pybus; Rediker (eds.), Many Middle Passages, S. 20–38.

14 Lim, Janet, Sold for Silver: An Autobiography of a Girl Sold Into Slavery in Southeast Asia, Singapore: Monsoon Books, 2005 [Original: Cleveland and New York: World Publishing Company, 1958; Deutsch: Als Sklavin verkauft: Ein Lebensroman, Zsolnay, 1959], Chander, Harish, „Janet Lim (ca. 1921 –)", in: Huang, Guiyou, Asian American Autobiographers: A Bio-bibliographical Critical Sourcebook, Westport: Greenwood Press, 2001, S. 209–211.

15 Bayly, „Bauern und Herren", S. 43–46.

gewaltfrei war – ganz im Gegenteil. Die Bedeutung der Sklavereien im Osmanischen Reich lag zunächst eher im Kulturellen und Sozialen, wahrscheinlich nicht so sehr im Wirtschaftlichen. Das änderte sich zwischen 16. und 19. Jahrhundert. In der osmanischen Gesellschaft entwickelten sich aus frühen Formen der Kin-Sklaverei bestimmte Formen der Palast-Sklavereien (Pforten-Sklaverei, Harems- und Eunuchensklaverei, Sängersklavinnen, Torsklaven), Schuldsklaverei, Haussklaverei, *Kul*-Militärsklaverei der elitären Janitscharen (wie Mameluken und Siddi) sowie punktuell bestimmte Formen der wirtschaftlichen Massensklaverei und militarisierter Zwangsarbeit (Ähnliches gilt für das imperiale China der Qing-Zeit).[16] Sklavereien reichten durch alle Gruppen, Klassen, Ethnien, Geschlechter, Clans, Altersgruppen, Religionen, Teile und Regionen des zwischen dem 15. Jahrhundert und dem Ersten Weltkrieg größten islamischen Imperiums.[17] Allerdings ohne den individualisierten monogamen Familienbegriff und ohne den legalen Individual-Eigentumsbegriff Westeuropas in dessen Kern „römisches" Recht und in Westeuropa individueller Land- und Viehbesitz stand. Dienstgüter (*timar*; Inhaber: *timariot*) im osmanischen Bereich, vor allem für Reitersoldaten, fielen nach dem Tod des Inhabers an den Herrscher zurück. Die meisten Sklavereien im osmanischen Reich gehörten vielmehr zu den heute viel debattierten *modes of belonging*. In osmanischen Quellen erscheint oft der Begriff als *intisap* (Patronage).[18] Die Rechtskonstruktion des individuellen Landeigentums gab es in osmanischen (bis Mitte des 19. Jahrhunderts) und indischen Gesellschaften formal nicht (auch in China und den meisten nichteuropäischen Gesellschaften nicht), wohl aber realen Grundbesitz; größere Kredite wurden von Sozialinstitutionen (Arab.: *waqf*) vergeben. In Europa haben über den Mechanismus der „Belohnung der Treue" Herren in vielen Gebieten im Laufe des europäischen Mittelalters im Vasallentum Quasi-Eigentumsrechte erlangt (in der Rechtsgeschichte als „Präservation" bekannt), die dann in den bürgerlichen Revolutionen meist in volles „römisches" Eigentum umgewandelt worden

16 Fisher, „Chattel slavery in the Ottoman Empire", S. 25–45; Vankeerberghen, Griet, „A Sexual Order in the Making. Wives and Slaves in Early Imperial China", in: Campbell; Elbourne (eds.), Sex, Power, and Slavery, S. 121–139.

17 Toledano, Ehud R., „Enslavement in the Ottoman Empire in the Early Modern Period", in: Eltis; Engerman (eds.), The Cambridge World History of Slavery, Vol. 3, S. 25–46; Erdem, Y. Hakan, Slavery in the Ottoman Empire and its Demise, 1800–1909, London: Macmillan Press Ltd, 1996; Yilmaz, Gulay, „Becoming a Devşirme. The Training of Conscript Children in the Ottoman Empire", in: Campbell; Miers; Miller (eds.), Children in Slavery, S. 119–134; zur Sozialgeschichte der Harems im osmanischen Imperium im 19. Jahrhundert: Toledano, „Shemsigül: A Circassian Slave in Mid-Nineteenth-Century Cairo", in: Burke, III, Edmund (ed.), Struggle and Survival in the Modern Middle East, Berkley & Los Angeles: University of California Press, 1993, S. 59–74; Krämer, Gudrun, „Fürstendiener und Pfortensklaven", in: Krämer, Der Vordere Orient und Nordafrika ab 1500, Frankfurt am Main: S. Fischer, 2016 (Neue Fischer Weltgeschichte), S. 81–90, hier besonders S. 85–87.

18 Toledano, „Enslavement in the Ottoman Empire in the Early Modern Period", S. 25–46, hier S. 34; siehe auch: Kim, Bok-Rae, „The Third Gender. Palace Eunuchs", in: Campbell; Miers; Miller (eds.), Children in Slavery, S. 135–151.

sind. Die Hauptfunktion der osmanischen Kin-Sklaverei dagegen war es, viele Menschen mit Hilfe von ausgebildeten Versklavten zu kontrollieren, wie Pforten- und Kul-Sklaven, Eunuchen sowie Kinder von Haremssklavinnen und Sklavensoldaten (und später Kinder aus Familien von Sklavensoldaten), um konkurrierende Clans der eigenen Gesellschaft zu schwächen und die möglichst absolute Position des Herrscher-Clans zu stärken; auch seine Verfügungsgewalt über „alles Land" und die patrimonial-vertikale Herrschaft über alle Haushalte. Der soziale, kulturell-religiöse und politische, nicht in erster Linie wirtschaftliche, Ansatz dieser Sklaverei bleibt erkennbar – wenn man nicht das demographische Moment für ein eher wirtschaftliches hält. Aber auch diese Sklaverei wurde im Laufe des Aufstiegs der Osmanen (1300–1640; „klassische Zeit: 1450 bis um 1650) weiter entwickelt, institutionalisiert und verrechtlicht, es entstand so etwas Privatbesitz an Sklaven und vor allem im 16. und 17. Jahrhundert in bestimmten Regionen eine Art Landadel, obwohl patrimonial-verwandtschaftliche Formen, Benennungen und Obereigentum des Monarchen immer erkennbar blieben. Die Besonderheit vor allem bei den Osmanen, allerdings auf einer breiten Basis auch in anderen Gesellschaften Vorder-, Mittelasiens und Nordafrikas (sowie Teilen Ost- und Südosteuropas), bestand darin, dass nach und nach eine militärisch-bürokratische Elitesklaverei entstand, mit der der Staat (Sultan) das Imperium unter Einschluss religiöser Eliten, aber unter Ausschluss der eigenen Familien verwaltete. Im Palast des Sultans, etwa im Osmanischen Reich seit dem 15. Jahrhundert, gab es nur wenige Freie, dafür aber viele Sklavinnen und Sklaven. Sklaven, einschließlich der „Sklaven der Pforte" (osman. Sing. *kapu* oder *kapı kulları*), Gartenwächter (Palastgarde), persönliche Garde oder Eunuchen, konnten höchste Ränge in formalen Institutionen einnehmen und fielen als *askeri* (osm.) oder *lasker* bzw. *lashkar* (Safaviden) unter spezielle Gesetze für den Beamtenapparat. Es handelte sich nur zum Teil um direkte Verwandten-Sklaverei (Mütter), vielmehr um eine spezielle Sklaverei im Rahmen des urbanen Haushalts (Palastes; Kul- und Gilman-Sklaven) und der von der Figur des Sultans (oder Schahs als „Vater") dominierten Gemeinschaft, also immer noch um Kin-Sklaverei, wenn auch sicherlich um „große" Kin- und Haussklaverei.[19]

Das gab es auf Plantagen, sagen wir Kubas oder Puerto Ricos, wo das Obereigentum der Krone an Land bis 1818 auch ein Problem blieb, offiziell nicht. Aber selbst dort, in allen Gebieten, wo Sklaven aus der Bantu-Kultur eine Rolle spielten, werden Respektspersonen in der Familie noch heute mit *tata* angesprochen; ganze politische Klientelschaften sprachen ihren Anführer ebenfalls mit Tata („Vater") an. Der französische Abolitionist Victor Schoelcher (1804–1893) reiste in den vierziger Jahren des 19. Jahrhunderts durch die Karibik, um die Auswirkungen der britischen Aufhebung der Sklaverei (1838) auf die französischen und spanischen Kolonien zu studieren. Auf Puerto Rico stellte er nicht nur fest, dass die Sklaven im Zucker von früh 3.00 bis abends 20.00 oder 21.00 während der Zuckerernte

---

19 Krämer, „Fürstendiener und Pfortensklaven", S. 81–90.

(*zafra*) regelrecht zu Tode gearbeitet wurden, sondern auch, dass sie für die harten Prügelstrafen, mit denen die Disziplin aufrechterhalten wurde, den Aufsehern (*mayorales*) auch noch in klassifikatorischen Verwandtschaftstermini (Vater, Onkel) danken mussten.[20]

Für matrilineare Gesellschaften ist Kin-Sklaverei ebenfalls nachgewiesen, sogar ziemlich häufig. Männer konnten sich in matrilineare Clans oft leichter eingliedern; Kinder dieser Sklaven mit Müttern des entsprechenden Clans hatten meist sofort volle Rechte. Männer hatten oft nur durch die Heirat mit Sklavinnen die Möglichkeit, sich eine persönliche Gefolgschaft aus Männern zu schaffen, die nicht den „alten" Lineages herrschender Mütter angehörten.

Für fast die gesamte Weltgeschichte seit wahrscheinlich mehr als 12 000 Jahren sind kleinere vertikale Varianten der Verwandten (*Kin*)-Sklavereien das Normale. Bestimmte Varianten der Kin-Sklaverei waren eng mit der Negierung oder Verweigerung von Verwandtschaft verbunden. Wenn Kriegsgefangene nicht potentiell als „Verwandte" (manchmal selbst dann, siehe die Chibcha des Caucatales im heutigen Kolumbien) angenommen wurden, verfielen sie und ihr Körper der Opferung oder sie blieben als Kriegsgefangene in einer Art Nicht-Menschen-Zustand, auch wenn sie nicht geopfert wurden. Sie waren Quasi-Menschen und Sklaven. Diese Definition von indianischer Sklaverei eben als Sklaverei (und nichts Romantisches oder gar Milderes als „richtige" Sklaverei (*chattel slavery*)) findet sich bei Christina Snyder: In den Indianer-Gebieten (hier: Nordamerikas) „A slave was a particular sort of captive, one whose labor served to enrich a captor socially or materially [...]. During the colonial era, slaves in Indian communities included individuals of Native, European, and African descent".[21]

Bei den Cherokees oder Creeks im Südosten Nordamerikas stellten versklavte Captives radikal Nichtverwandte (*anti-parents*) dar und wurden in der ersten Stufe der Kin-Sklaverei fixiert. Weil sie keine Familie hatten, waren sie Sklaven und weil sie Sklaven waren, hatten sie keine Familie und keinen Clan oder eine andere Art von Abstammungsgemeinschaft. Kin und Sklaverei sind in gewisser Weise Oppositionen: die Aufnahme als Verwandter der erste Schritt aus diesem Nicht-Zustand hin zu geordneten Verhältnissen mit einer Reihe von sozialen Rechten und Verpflichtungen. Genau dieses dauernde Nichtvorhandensein der schützenden Verwandtschaft, dieser prolongierte und in gewissem Sinne bewusst multiplizierte Outsider-Status der Entfremdung und Rechtlosigkeit, definierte im nicht so leicht sichtbaren Kern spätere „Sklaverei" oder den Verkauf solcher „Nichtverwandter"

---

20 Schoelcher, Victor, Colonies étrangères et Haiti, résultats de l'emancipations anglaise, Paris: Ed. Pagnerre, 1843, S. 329–336.

21 Snyder, Christina, Slavery in Indian Country: The Changing Face of Captivity in Early America, Cambridge: Harvard University Press, 2010, S. 5; siehe auch: Lehmann, Herman with Hunter, J. Marvin, Nine Years among the Indians, Austin: Boeckmann-Jones, 1927 (Nachdruck: 4. Auflage, University of New Mexico Press, Albuquerque 1998).

an fremde Sklavenkäufer. Ihr Zwischen-Status bestand darin, zwar äußerlich wie ein Mensch auszusehen, aber wegen des Fehlens einer Abstammungsgemeinschaft eben kein „richtiger" Mensch zu sein – ein Grundvorgang der Sklavereigeschichte wie der Kolonialgeschichte und der kolonialen Wirtschaftsgeschichte des Sklavenhandels. Die formaljuristische Definition des Fehlens aller Rechte und sogar des Grundrechts als „Mensch" in den jeweiligen kulturellen Definitionen, Traditionen und Konnotationen ist wichtig auch für die Scharfzeichnung der „römischen" Sklaverei. Dieser Sklavereityp und seine Rechtsform werden aber relativiert, wenn man weiß, dass alle Völker ihre Rechtssammlungen hatten, sie aber oft nicht in den für europäische Schriftkulturen gewohnten Formen kodifizierten. Es gab aber auch Fälle der Kin-Sklaverei (Iroquois, Tupí, Chibcha-Muisca, Kwaqiutl, aber auch Skythen, Kelten und Germanen), wo Gefangene erst adoptiert, rituell als „Verwandte" klassifiziert und dann geopfert wurden. Die Creeks zum Beispiel kannten schon vor der Ankunft der Spanier in Florida Sklaverei. Die Spanier kamen und beanspruchten Territorien zur Siedlung. Deshalb waren sie zunächst die Hauptfeinde der Creeks. Die Creeks verstanden sich mit den Franzosen in Louisiana und Engländern in Carolina und Georgia besser, die zunächst nur Handel trieben und nicht sofort auf Land und Immobilien aus waren. So trieben die Creeks Handel mit Engländern, Schotten und Franzosen, auch Handel mit kriegsgefangenen Kin-Sklaven. Die Sklaven der Creek waren eindeutig definiert: es waren Leute ohne Kin in einer Welt der Kins.[22]

Kin-Sklavereien, Menschenjagd/Razziensklaverei und Opfersklavereien

Aus diesem Status konnten Sklaven durch zweierlei Weise entkommen, Flucht oder Befreiung (oder Lösegeldzahlungen) vernachlässige ich hier: durch Opfer, das heißt, grausame Verstümmelung der Körper und ritueller Mord von männlichen Kriegsgefangenen, Opferung von Kindern oder durch rituelle Adoption von (meist) Frauen und Kindern, die dann noch bestimmte Zeit einen Quasi-Sklavenstatus als mindere Verwandte hatten. Sklaverei und Sklavenhandel mit Nichtkins war auch den Völkern der Westo, Yamassee, Tuscarora, Irokesen, Huronen, Pawnees, Apachen, Comanchen, Ute und Sioux (Lakota) bekannt, als Spanier, Franzosen, *métis* oder *mestizos* und Engländer mit ihnen Handel begannen.[23] Viele Völker der

22 Frank, Andrew K., Creeks and Southerners: Biculturalism on the Early American Frontier, Lincoln: University of Nebraska Press, 2005 (Indians of the Southeast Series).

23 Olexer, Barbara J., The Enslavement of the American Indian in Colonial Times, Columbia: Joyous Publishing, 2005; Snyder, Christina, Slavery in Indian Country. The Changing Face of Captivity in Early America, Cambridge/London: Harvard University Press, 2010; Reséndez, „Powerful Nomads", in: Reséndez, The Other Slavery, S. 172–195.

Prärien Nordamerikas, die Kontakt mit europäischen Kolonisten hatten, nannten ihre Sklaven *panis* – ein Wort, das dem ethnischen Begriff *pawnee* zugrunde liegt, die als ein im Innern des Kontinents (vor allem heutiges Nebraska/Kansas) lebendes Volk oft von Apachen-, Comanchen-, Osage- oder Sioux-Kriegern versklavt sowie vertauscht oder verkauft wurden (und umgekehrt).[24]

Pelz-, Leder- und Fellhandel sowie Waffen-, Pferde-, Kriegsgefangenenhandel und Kriege, aber auch Allianzen zwischen Indianern und europäischen Kolonisten gingen seit dem siebzehnten Jahrhundert Hand in Hand. Im Süden Nordamerikas, in den Kontaktzonen mit Spaniern und Missionaren oder französischen Hugenotten geschah das sogar schon im 16. Jahrhundert. Die Pawnees waren von den Razzien der berittenen und besser bewaffneten Feinde so betroffen, dass Pani am oberen Mississippi und östlich des Flusses zum Synonym für extrem niedrigen Status oder „Sklave" wurde; ähnlich wie Sklave für Slawe. Apachen übernahmen Realität sowie Name und verschleppten gefangene und versklavte Panis sowie andere Versklavte als *pananas* bis nach Mexiko.[25] Oft wurden indianische Kriegsgefangene, Panis und Kin-Sklaven, am Beginn der Handelsbeziehungen den europäischen Händlern, die eigentlich Pelze, Felle oder Gold wollten, regelrecht aufgezwungen, wie es auch in den frühen Zeiten des iberisch-afrikanischen Handels in Westafrika (1450–1550) mit Cativos geschehen war. Die indianischen Sklaven wurden dann von Spaniern/Kreolen, Engländern, Mestizos und Franzosen oft auch in die Karibik verkauft, um das Wert-Äquivalent Versklavte in richtiges Geld oder Silber umzuwandeln.[26]

Ähnliche Menschenjagden und Menschenhandel mit Kriegsgefangenen (die es weltweit, allerdings zu unterschiedlichen Zeiten, gab), die im nördlichen Südamerika *poitos* oder *makus* hießen, geschah vor allem in den südamerikanischen Guayanas oder unter anderen Namen in anderen Grenzterritorien Süd- und Mittelamerikas, wie den Miskitoküsten von Südyucatán bis zum Golf von Darién sowie an der Guajira-Halbinsel, die von See aus erreicht werden konnten.

---

24 Trudel, Marcel, L'esclavage au Canada français: Histoire et conditions de l'esclavage, Quebec: Presses Universitaires Laval, 1960; Perdue, Theda, Slavery and the Evolution of Cherokee Society, 1540–1866, Knoxville: University of Tennessee Press, 1979; Rushforth, Brett, „'A Little Flesh We Offer You': The Origins of Indian Slavery in New France", in: William and Mary Quarterly Vol. LX:4 (October 2003), S. 777–808; Starna, William A.; Watkins, Ralph, „Northern Iroquois Slavery", in: Ethnohistory 38 (1991), S. 34–57; Weltfish, Gene, The Universe Lost: Pawnee Life and Culture, New York: Bison Books, 1977 (Original 1965; Feest, Christian, „Im Schatten des Friedensbaumes: Aus der Welt der Irokesen", in: Kunst- und Ausstellungshalle der BRD GmbH (ed.), Auf den Spuren der Irokesen, Katalog, Berlin: Nicolai, 2013, S. 22–29.

25 Hyde, George E., The Pawnee Indians, Norman: The University of Oklahoma Press, 1974 (Original: 1951) (The Civilization of American Indian Series, vol. 128), S. 24; Hämäläinen, Pekka, The Comanche Empire, New Haven und London: Yale University Press, 2008 (The Lamar Series in Western History).

26 Venegas Delgado, Hernán; Valdés Dávila, Carlos, La ruta del horror. Prisioneros Indios del Noreste Novohispano llevados como esclavos a La Habana, Cuba (finales del siglo XVIII a principios del siglo XIX), México DF: Plaza y Valdés, 2013.

An Handelsgrenzen in den Amerikas herrschte auf allen Seiten Pioniergeist. Englische Händler, Kolonisten sowie ihre Sklaven lebten als Pioniere unter vergleichbaren Bedingungen, so dass etwa Creek-Beobachter der Sklaverei der Europäer zunächst keine großen Unterschiede zu ihrer eigenen Sklaverei feststellen konnten, höchsten den, dass die Engländer zum Fesseln ihrer Sklaven „Luxusgegenstände" aus Eisen, wie Ketten und eiserne Handfesseln benutzten, sie selbst aber Leder oder Stricke. Bald kamen aber mehr und mehr Engländer und Schotten. Einige von ihnen waren wegen der akkumulierten Handelsgewinne immer mehr darauf aus, Kapitalien in den indianischen Jagdgebieten, die sie Carolina nannten, in Plantagen anzulegen, afrikanische Sklaven zu „investieren" und ihre Gewinne zu verstetigen. Die Creeks machten so zwischen etwa 1700 und 1730 eine für sie abstoßende und beunruhigende Entdeckung. Die Sklaverei der schwarzen Sklaven im englischen Bereich war etwas ziemlich anderes als „ihre" Kin-Sklaverei. Bald heirateten eine Reihe von Grenzern, Engländern sowie Schotten in Clans der Creeks ein. Die ersten Mestizen führten neue Wirtschaftsprinzipien ein. Eine Reihe von Anführern, wohlhabende Frauen und Big Men, versuchten, den „neuen" Sklavereityp auch bei Creeks heimisch zu machen. Es kam nach und nach – auch weil der Handel mit Hirschfellen und Pelzen an Bedeutung verlor – zu erheblichen wirtschaftlichen und sozialen Differenzierungen, zu neuen Diskursen sowie Attitüden und damit zur Herausbildung einer wirklich sklavenhaltenden Gesellschaft bei den Creeks, sogar mit „atlantischen Sklaven". Die Kin-Sklaverei vorher war nur punktuell gewesen. Das bedeutete zunächst wahrscheinlich nicht, dass diese Sklaverei auch rassistisch in dem Sinne war, dass die Sklavenhalter einen visuell definierten Typus („Weiße") und Sklaven einen anderen Typus („Schwarze") verkörperten. Eine Reihe prominenter Big Men der Creeks, zugleich Sklavenhalter, waren Mestizen, „schwarze" oder „farbige" Creeks. Das Problem der damals „neuen" Sklaverei bestimmte das Schicksal der Creeks im 18. und 19. Jahrhundert. Zwischen 1812 und 1814, normalerweise bekannt als „Zweiter Krieg zwischen USA und Großbritannien" (oder: *War of 1812*), kam es auch zu einem Krieg unter den Creeks: Sklavenhalter der Creeks, die den *white man's way* gingen, kämpften gegen Creek-Jäger und Menschenjäger traditioneller Art, die sich mit Tecumseh und den Spaniern verbündet hatten (*redsticks*). Nach ihrer Niederlage schlossen sich viele den Redsticks und Southern oder Lower Creeks sowie Gruppen anderer Stämme den Seminolen in Florida an; Seminolen waren eigentlich Cimarrones, die im Laufe des 19. Jahrhunderts eine neue koloniale Identität gebildet hatten (Seminolen führten 1835–1840 den härtesten Krieg gegen die Amerikaner).[27] Hier sind unterschiedliche

27 Landers, „A Nation Divided? Blood Seminoles and Black Seminoles on the Florida Frontier", in: Brown, Richmond F. (ed. and introd.), Coastal Encounters. The Transformation of the Gulf South in the Eighteenth Century, Lincoln and London: University of Nebraska Press, 2007, S. 99–116; Landers, „Black Seminoles: A Nation Besieged", in: Landers, Atlantic Creoles in the Age of Revolutions, Cambridge; London: Harvard University Press, 2010, S. 175–203; Buenrostro Rivera, Gerardo, „Black Seminoles. Una perspectiva etnohistórica", in: Afrodescendencia. Aproximaciones contemporáneas desde América Latina y el Caribe, México DF: Centro de Información de las Naciones Unidas para México,

Entwicklungen angedeutet (Verschleppung/Sklaverei sowie koloniale Expansion und Konkurrenz unter Kolonialmächten); zu diesen Entwicklungen gehörte auch die Umwandlung von Kin-Sklavereien zu neuen Sklavereien unter Einfluss des Kolonialismus.

In den amerikanischen Gesellschaften der staatenlosen und nach matrilinearen Clans in Dörfern organisierten Cherokee im Südosten Nordamerikas oder der Wajúu im nördlichen Südamerika gab es exogene Kin-Sklavereien im Sinne von „Raub und Beute" – lange vor der europäischen Expansion und Kolonisation. Über Opfersklaverei will ich jetzt nicht sprechen. Die Gefangenen (oft auch Frauen und Kinder) als Sklaven wurden eingegliedert, blieben aber, wie vielleicht alle Menschen in dieser Situation, immer irgendwo Fremde; in Gesellschaften ohne tiefgehende Institutionalisierung der Sklaverei zumindest in der ersten Generation. Sie selbst, wenn sie zu *beloved men* oder *beloved women* aufstiegen, und ihre Kinder allerdings genossen volle Rechte eines Mitglieds ihrer Gemeinschaft.

Aus Kin-Sklaverei-Perspektive waren die Gesellschaften des archaischen Roms und die amerikanischen Gesellschaften der Creeks, Cherokees und Wajúu (an der Grenze zwischen den heutigen Staaten Venezuela und Kolumbien) ähnlich gleich. Das Problem der Verschuldung (endogene Ansätze zur Verstetigung der Versklavung trotz oder wegen Kin) hat es bei den Cherokee auch schon vor dem Kontakt mit europäischen Kaufleuten und Siedlern gegeben; wirklich virulent wurde es erst, als unter den Indianern durch den Kontakt mit den Europäern eine beschleunigte Hierarchisierung nach wirtschaftlichem Erfolg und sozialem Status einsetzte.

Unter globalhistorischer Perspektive haben wir also cum grano salis durchaus ähnliche und vergleichbare Verhältnisse zwischen dem vorkolonialen Amerika und dem antiken Griechenland vor Solon oder dem Rom des Zwölf-Tafel-Gesetzes. Rom war ja bis in das 7. Jahrhundert v. u. Z. im Grunde ein späturzeitliches Gemeinwesen. Viele Kin-Ansatzpunkte hat es in Amerika wie im Latium der archaischen Zeit gegeben, wie der Raub der Sabinerinnen, „Kaufehe" (*coemptio*), *manus*-Gewalt über die Ehefrau, *patriae potestas* über Söhne und Töchter (auch Adoptierte), der Sklavinnen, Sklaven und Diener, die Stellung des *pater familias* als Chef aller Angehörigen des erweiterten Haushalts, selbst wenn der Verkauf der in Schuldknechtschaft geratenen *nexi* (Schuldner) über die Grenze zu den Etruskern im frühen Rom eine Besonderheit gewesen sein mag (die Schuldner blieben nach dem Zwölf-Tafel-Gesetz um 400 v. u. Z. weiterhin Bürger). Wie in Amerika oder im jüdischen und babylonischen Recht wurde die Versklavung von Schuldnern überhaupt nicht oder selten und prohibitiv praktiziert. Im Falle der Cherokee, obwohl sie nachgewiesenermaßen Sklaverei und im 18./19. Jahrhundert sogar eigene Übergangsformen zur Plantagensklaverei (zeitgenössisch: *negro slavery*) praktizierten, hat es Kin-Sklaverei meist in der Negierung von Verwandtschaft gegeben. Die Gefangenen

Cuba y República Dominicana, 2011, S. 94–101, http://www.cinu.mx/AFRODESCENDENCIA.pdf (letzter Zugriff 25. 1. 2018).

wurden in der ersten Generation nie oder selten in die *familia*, im Sinne eines engen Verwandtschaftsverbandes, aufgenommen. Trotzdem spielte die Verwandtschaft bei der Definition von Cherokee-Sklaverei eine höchst wichtige Rolle. Frauenraub kam auch vor, genau wie in Latium, und Männer hatten Rechte über Frauen. Da die eigenständige Entwicklung der Cherokee-Gesellschaft abgebrochen worden ist, wissen wir nicht, wohin sich der Kin-Status bei ihnen entwickelt hätte. Es gibt aber einige Anzeichen dafür. Vor allem bei den indianischen Völkern im Süden der heutigen USA: an Cherokees, Choctaws, Creeks, Chickasaws, aber auch Shawnees, Delawares und Seminolen kann der beginnende, aber sehr dynamische Übergang von bereits existierenden Kin-Sklavereien zur Übernahme von Elementen der atlantischen Sklaverei von Schwarzen, die auf Plantagen arbeiten, studiert werden.[28] Auch im Norden der heutigen USA, unter den Illinois, gab es Sklaverei von Schwarzen, die im Grunde wie bei den Weißen als Sklaven gehalten wurden. Die Annahme europäischer „Zivilisation" (städtische Lebensweise, Schriftsystem, Rechtsgrundsätze) bei den sogenannten *Five Civilized Tribes* (Cherokees, Choctaws, Creeks, Chickasaws, Seminoles) wurde im 19. Jahrhundert von „weißen" Siedlern und Amerikanern als positiv angesehen. Ein anonymer Autor enthüllt die wirklichen Grundlagen dieser „Zivilisation": „Civilisation among the Indians was the result of their adoption of negro slavery".[29]

Auf einem sehr, sehr allgemeinen Niveau waren das frühe Amerika, vor allem die extrem kriegerischen Maya und Mexica, und andere Gesellschaften mit Kin-Sklavereien dem ganz frühen Rom ähnlich, d. h., vergleichbar. Mehr als die immer wieder zum Vergleich herangezogene entwickelte Plantagensklaverei auf Baumwolle im South der frühen USA (denn im römischen Imperium gab es Latifundiensklaverei nur in bestimmten Gebieten). Die große Bedeutung der Schuldsklaverei, der Verkauf von Frauen und Kindern (*ius mancipationis*, auch in seiner Funktion eines Übergangs von einem Herrschaftsverhältnis ins andere), die Rolle der *vernae* (hausgeborene Sklaven) als *familia*, über die gesamte Zeit der Existenz des römischen Staatswesens im Westen (500 v. u. Z. bis 500), zeigt, dass die römische Sklaverei in ihrem archaischen Ansatz und in unserer globalhistorischen Perspektive eben auch eine lokale Variante von Kin-Sklaverei und ihrer historischen Weiterentwicklung unter Bedingungen der mittelmeerischen Welt sowie des Imperiums und seiner Wechselwirkungen mit anderen Sklavereiformen (etwa denen der Etrusker, Griechen, Kelten, Skythen, Juden und Germanen) gewesen ist, die bereits im typischen Zusammenspiel zwischen Expansion, Opferkulten, Handel, Menschenjagd, kriegerischen Razzien sowie Kriegen seit der Eisenzeit um 700 v. u. Z. existierten.

---

28 Naylor, Celia E., African Cherokees in Indian Territory: From Chattel to Citizens, Chapel Hill: University of North Carolina Press, 2008.

29 C. [Pseudonym], „Slavery among the Indians", in: Southern Literary Messenger 28 (1859), S. 333–335, zitiert nach: Bartl, Renate, „Native American Tribes and Their African Slaves", in: Palmié, Stephan (ed.), Slave Cultures and the Cultures of Slavery, Knoxville: The University of Tennessee Press, ^{2}1997, S. 162–175, hier. S. 165.

Mir geht es dabei nicht um Gleichsetzung im Sinne von Analogie, sondern um historische Entwicklung und um komparatistische Relativierung des im Westen vorherrschenden „römisch-antiken" Modells der weltgeschichtlichen Entwicklung. Das geschieht durch den Verweis auf die Existenz von spezifischen Kin-Sklavereien auch im frühen Latium/Rom. Diese bildeten Ansätze zur Entwicklung und zum Übergang zu einer bestimmten Form von rechtlich definierter Kauf- und Eigentums-Sklaverei („römische" Sklaverei), die bis zu einem gewissen Grade nicht immer nur als „Modell" eine Ausnahme darstellen muss, an dem andere gemessen werden. Historisch etwa bis dahin, wo im Innern andere Formen der Unfreiheit – Haussöhne, Frauen, Schuldner – als von der Sklaverei unterschiedene Unfreiheiten definiert worden sind und extern, als die Macht Roms, zu deren Grundlagen auch die scharf definierte Eigentums-Sklaverei zählte, die Weiterentwicklung bestimmter Kulturen mit ihren ebenfalls spezifischen Sklavereiformen, wie etwa der keltischen Kultur (oder der thrakischen bzw. germanischer Kulturen), beeinflusste.

Kin-Sklavereien, obwohl sie aus Sicht entwickelter Massensklavereien weniger brutal, grausam, weniger ausbeuterisch und weniger rassistisch erscheinen, waren sowohl zeitliche wie auch räumliche globale Basis aller lokalen Sklaverei; sozusagen die Mutter aller Sklavereien als soziale Institution; die Büchse der Pandora. In deren historischem Kern steht, wie mehrfach betont, möglicherweise der fast überall anzutreffende Schutz von alleinstehenden Frauen, Witwen und ihren Kindern durch Männer, sowie die Integration von Fremden in die eigene Gruppe (was in bezug auf Männer immer schwieriger war). Der Vater aller härteren Sklavereien wäre dann der Krieg – und Raub der Onkel, die Tante Handel (die Mischung zwischen beiden waren: *rescate, Razzien,* Plünderung) und Verschuldung eine Art Schwiegervater, weil hier das ökonomische Element stärker war. Menschenopfer sicherlich weltweit ein Bekannter, obwohl eine verschleierte Art Menschenopfer in fremdenfeindlichen und rassistisch verfassten ehemaligen Sklavengesellschaften heute oft noch als solche existiert und hartnäckig beibehalten wird (Todesstrafe).[30] Ich will es gerne noch einmal ganz essentialistisch sagen: die Mutter der Sklavereien war ein sozialer Brauch zum Schutze von Kindern, Frauen und Waisen sowie eventuell von Individuen, die von außen in die eigene Gruppe kamen; in dieser Phase spielte zwar die Angst vor dem Verhungern und vor dem Ausgestoßensein eine wichtige Rolle, aber noch keine Tötungsgewalt zwischen Verfügern und Verfügten – es sei denn Kinder oder Frauen oder männliche Fremde wurden geopfert. Diese ältesten Formen interner Sklavereien wirkte noch lange nach – vor allem in den unterschiedlichsten Formen von Kinder-, Konkubinen- und Haremssklavereien sowie Militärsklaverei und ihren lokalen Formen von Spanien/Nordafrika bis China und Indien; z.B: die Sakaliba-Truppen im Emirat/Kalifat von Córdoba bzw. in den

---

30 Patterson, „Feasts of Blood: 'Race', Religion, and Human Sacrifice in the Postbellum South", in: Patterson, Rituals of Blood: Consequences of Slavery in Two American Centuries, Washington: Basic CivitasBooks/Counterpoint, 1998, S. 169–232.

Nachfolge-Reichen, die manchurischen *nucai* oder die mongolischen *nökör*, die Mameluken (die nach der Ausbildung, meist mit 18 oder 19 Jahren frei gelassen wurden).[31] Interne Kin-Sklavereien beinhalten, je länger sie andauern und je weiter sie um sich greifen, zweifellos auch eine Statusdegradierung, die auf soziale und räumliche Herkunft bzw. Nichtmitgliedschaft in einer Genealogie und einer Verwandtschaft abhob. Aber das ist und war eine Statusminderung, die relativ leicht ausgelöscht werden konnte. Erst wenn äußere Statusgradierung fremder Herkunft von einer ethnischen Gruppe („Sklaven"-Volk wie Sakaliba[32] oder Pawnees als Panis), einer oft chromatisch-ethnisch definierten Gruppe („weiße" Mameluken, „Neger"),[33] einem Territorium des Menschenfangs (pontische Steppen, Balkan, Luanda und Hinterland (Kongo, Kasanje, Matamba, Kuba, Lunda)) hinzukam, potenzierten und verhärteten sich Sklavereistatus und wurden dann oft in Gesetzen und Sklavereiideologien und lokalen Gesetzen institutionalisiert.[34] Direkte Tötungsgewalt kam, von Opferung abgesehen, erst durch organisierte Razzien und Kriege in die Geschichte der Sklavereien, verbunden mit der Sklaverei Fremder „mit schlechter Herkunft" (eine hermetische Schleife: weil die versklavt hatten werden können, waren sie „geborene" oder „von Gott gewollte" Sklaven, weil sie versklavt waren, hatten sie eine schlechte Herkunft). All das waren soziale, kulturelle und politische Funktionen von Sklavenstatusdefinierungen. Ein wirtschaftlich-legales Element kam erst mit der Verschuldung ins Spiel. Hier setzte die in Wertformen gemessene Kapitalisierung der Körper ein.

Bei den Wa, (heute) eine „ethnische Minderheit" im südwestlichen China zwischen Yunnan und Burma, früher eine autonome Gemeinschaft von staatslosen Dörfern, war der Name eines Sklaven *qong* („slave").[35] Als das maoistische China um 1950 seine Grenzen sicherte (und expandierte) wurden sie als *minzu* (Volk) auf „niederer Entwicklungsstufe" in die Volksrepublik integriert. Die Wa fanden sich seit dem 19. Jahrhundert unter Druck mächtiger Nachbarn – vor allem der Chinesen, aber auch der Briten in Birma sowie anderer autonomer Gemeinschaften – sowie intern unter dem Hierarchisierungsdruck, der sich aus dem Übergang von landwirtschaftlicher Subsistenzproduktion zu Silberabbau, Opiumanbau sowie Exporthandel ergab. Die Wa bestanden aus „warrior-farmer patrilineages"[36] und führten Razzienkonflikte besonderer Art, auf denen es zur Kopfjagd kam, auch Menschen aus der Wa-Gemeinschaft (wegen Verfehlungen und Traditionsbrüchen) überfallen wurde und oft nur Kinder übriggelassen wurden. Aus der Geschichte

31 VanKeerberghen, Griet, „A Sexual Order in the Making. Wives and Slaves in Early Imperial China", S. 121–139.

32 Skirda, La traite des Slaves, passim.

33 Daum, „Hautfarben historisch", S. 129–131.

34 James, „Perceptions from an African Slaving Frontier", S. 130–141.

35 Fiskesjö, „Slavery as the commodification of people: Wa 'slaves' and their Chinese 'sisters'", S. 3–18, hier S. 7.

36 Ebd., S. 11.

eines solchen überlebenden Jungen gehen viele Charakteristika und Details der Kin-Sklaverei hervor: „At first he was termed a *qong*, that is, a not-yet-a-person adopted captive, and potential kinsman. At this stage – if he caused trouble – a *qong* could still be killed at any time, as an extension of the same act of war that had killed his parents".[37] Da die egalitäre Gemeinschaft so unter Druck war, sollte kein Wa Sklave sein: „The *qong* children were temporarily like slaves, but in the Wa view they figured in a very temporary "slave-to-kin continuum" where their potential kin status as fellow Wa was emphasized for ideological reasons – outright and permanent slavery was not acceptable for fellow Wa, so as slaves they would no longer be Wa".[38]

Nur unter bestimmten Bedingungen entwickelte sich aus diesen Grundlagen in bestimmten Territorien der Weltgeschichte zunächst individueller Status vor allem von Frauen und Kindern sowie kollektive Arbeits- und Sklavereiformen oder Staatssklavereien (wie in vielen frühen Großreichen wie Ägypten, Hethiter, China, aber auch Inka oder Spartaner), dann formierte Palast/Tempelsklaverei, Schuldsklavereien, private Eigentumssklaverei, Kauf-, Wirtschafts- und Massensklaverei vor dem Hintergrund neuer Wertsysteme (Voraussetzung: Auflösung und schließlich Aufhebung des Zinseszins- und Luxusverbotes) sowie transkontinentaler oder gar transozeanischer Sklavenhandel als Akkumulationsquelle.

Endogene, das heißt lokale und innere, Kin-Sklavereien sind als Sklavereiansätze, Schuldsklaverei oder als Bestandteil von komplexeren Typen der Sklaverei auf den ersten und zweiten Blick oft gar nicht oder schwer erkennbar, weil sie von ethnischen, kulturellen oder religiösen Besonderheiten der jeweiligen Kosmologie, Kultur, Ethnie, Politik, Verfassung, Rechtssystem, und Zeit überlagert sind – und von Elitediskursen sowieso. Profane Probleme sprachlicher Art und das Fehlen von Quellen tun ein Übriges. In frühen Großreichen und in vielen Herrschaftsdiskursen weltweit sind die Herrscher direkt von Gott oder den Göttern eingesetzt (oder sie sind selbst Götter). Dann gelten meist alle Untertanen als eine Art „Sklaven" – das aber schützt sie davor, von den Eliten dieses Herrschaftskonstrukts privat oder in Gruppen real versklavt zu werden. Neben dem Problem, dass real (d. h. in Bezug auf Gewalt, Körper und Arbeit) versklavte Frauen oder Kinder in Elitehaushalten und -wirtschaften gar nicht erkennbar sind und meist nicht erwähnt werden, weil sie lange Zeit keinen definierten Status hatten, sind die ersten realen Sklaven dann Gruppen von Kriegsgefangenen oder Verschleppte der imperialen Kriege, wie im Hethiter-Reich die NAM.RA.[39] Oder Einwohner ganzer Territorien, wie bei den Spartianern und anderen antiken Herrschaften. So sind sich griechische und lateinische Quellen durchaus uneins über die Art der Abhängigkeit der unteren Klassen der

37 Ebd., S. 8.

38 Ebd., S. 10.

39 Klinger, Jörg, „Aspekte der hethitischen Kultur", in: Klinger, Die Hethiter, München: Beck, 2007, S. 62–94, hier S. 89 f.

Etrusker – lateinische Quellen sprechen manchmal von *servi* (im Sinne von Sklaven), griechische Quellen, die insgesamt konkretere sozioökonomische Kategorien genauer erfassen, nie. Bei den Etruskern ist auch von Sklaven in Fest-Ökonomien der Rede.[40] Und die Europäer im Indik stellten oftmals gar nicht fest, dass es sich bei bestimmten Institutionen um Sklavereien handelte. Das dürfte auch vielen heutigen Archäologen so gehen, die an ihr Material mit der „hegemonischen" antiken Sklaverei im Kopf herangehen und Sklavereien nicht historisieren. Für Hattuscha heißt es, dass spezialisierte Handwerker unter den Königen ausgetauscht wurden und als „Unfreie" bezeichnet werden. Dann kommt, wie in fast allen Arbeiten über frühe Großreiche, der Satz: „das waren aber keine Sklaven" (gemeint ist – „nach römischem Recht").[41]

Globalgeschichtliche und regionalgeschichtliche Differenzen scheinen also sehr groß. Aber im Sinne der Suche nach welthistorischen Entstehungsformen der Sklaverei zieht der Historiker Linien von Kin-Sklavereien über verschiedene Formen der Schuldsklaverei und der patrilinearen Sklaverei zur Eigentums-Sklaverei „römischen" Typus und zu den zusammengesetzten Typen systemischer Sklavereien, auch wenn ich damit zugegebenermaßen die evolutive Linearität von Sklaverei überbetone.

Schwer erkennbar waren Sklavereien auch in den Übergangsbereichen zwischen Kin-Abhängigkeitsformen, Schwur- und Eidgefolge, Gefolgschaften, Razzienkriegen (Kriegsgefangene, Schuldknechtschaften und lokale Sklavereien), Leibeigenschaften (Eigenschaft, Halseigenschaft etc., Hörigkeit, *serfs*, *villains*), kollektiver Unfreiheit und Sklaverei sowie zwischen unterschiedlichen Sklavereitypen, vielfältigen polykulturellen Abhängigkeitsformen und bestimmten Aspekten von Kuli-Sklaverei oder früher „Lohnarbeit" vor allem im 19. Jahrhundert (in Flotten schon früher). Unter neuen Rechtsformen, Diskursen und Vertragsschrifttum blieben Gewalt, Überarbeitung, lange Arbeitszeiten und Körpergefährdung für viele ehemalige Sklaven gleich. So ist es auch keineswegs besonders klar, wie oft behauptet wird, dass es Sklavensoldaten nur in islamischen Staaten gab.[42] Viele *ministerialen* des 8. bis 13. Jahrhunderts in Europa, die auch militärische Funktionen hatten, waren unfrei – oft wurden sie als *servi* (Sklaven) oder *servientes* (Diener) bezeichnet.[43]

---

40 Nash Briggs, Daphne, „Servants at a rich man's feast: early Etruscan household slaves and their procurement", in: Etruscan Studies. Journal of the Etruscan Foundation Vol. 9 (2002), S. 153–176.

41 Schachner, Andreas, „Handwerker und Produktion", in: Schachner, Hattuscha. Auf der Suche nach dem sagenhaften Großreich der Hethiter, München: Beck, 2011, S. 251–284, hier S. 278.

42 Pipes, Daniel, Slave Soldiers and Islam. The Genesis of a Military System, New Haven and London: Yale University Press, 1981; Bernand, Carmen; Stella (coords.), D'esclaves à soldats. Miliciens et soldats d'origine servile XIIIe–XXIe siècles, Paris: L'Harmattan, 2006.

43 Zotz, Thomas, „Die Formierung der Ministerialität", in: Weinfurter, Stefan (ed.), Die Salier und das Reich, Sigmaringen: Thorbecke, 1991, Bd. III (Gesellschaftlicher und ideengeschichtlicher Wandel im Reich der Salier), S. 3-50; Andermann, Kurt; Johanek, Peter (eds.), Zwischen Nicht-Adel und Adel, Stuttgart: Thorbecke, 2001 (Vorträge und Forschungen; Bd. 53); Hechberger, Werner, Adel, Ministerialität und Rittertum im Mittelalter, München: Oldenbourg, 2004 (= Enzyklopädie deutscher

In Zambezia und im großen Sklavenrazziengebiet am Malawi-See operierten portugiesische, afroportugiesische Lords (*muzungos*), War-Lords (*prazeros*/*prazeiros*). Musungos und Prazeiros waren Halter (*foreiros*) feudaler Landtitel (Anfang 1830er Jahre aufgehoben und in Privateigentum umgewandelt), Anführer von Privatarmeen versklavter Soldaten (*achikunda* oder *chikunda*), die vor allem zur Menschenjagd und zur Erpressung von Tributen bei lokalen Bauern dienten.[44]

Die großen Flotten Europas, mit ihren Razziatrupp-ähnlichen Press-Gangs zur Rekrutierung, waren ein Staatssystem kollektiver, aber zeitlich begrenzter Quasi-Versklavung, ebenso wie Privatflotillen von Matrosen oder Walfängermannschaften (seit ca. 1760)[45] und Seesoldaten (Marine-Infanterie), die unter der absoluten Herrschaft ihres Kapitäns sowie der Offiziere standen. Marineinfanteristen wurden in militärisch brenzligen Situationen geopfert. Als „lebende Werkzeuge" von Imperien waren Soldaten transkulturelle Grenzgänger (wie *cimarrones*/*maroons*).[46] Diese Art temporärer Staatssklaverei europäischer Soldaten oder von Soldaten im Dienst atlantischer Kolonialmächten unterschied sich vom islamischen System der Sklavensoldaten vor allem dadurch, dass die europäischen Seeleute und Soldaten nicht so gut ausgebildet und versorgt waren wie islamisch-türkische Mameluken, Janitscharen, Siddis und Habshis (äthiopisch-koptische Militärsklaven) an den Höfen der Dekkan-Sultane und der Moguln in Indien oder auch die ostafrikanischen Sklavensoldaten und Seeleute (*caffirs*/*cafres*) der Portugiesen in Goa.[47] Noch schärfer ausgeprägte Formen kollektiver Sklaverei fanden sich auf den Galeeren europäischer Mächte sowie der Osmanen im Mittelalter und in der Neuzeit (während die berberischen Korsaren, Kosaken und Wikinger sowie Venezianer selbst ruderten). In der Schlacht von Lepanto (1571) waren fast alle Schiffe der osmanischen Seite von Galeerensklaven abhängig (vor allem vom Balkan: Griechen, Albaner und

---

Geschichte 72) (2. Auflage 2010); Keupp, Jan Ulrich, Dienst und Verdienst. Die Ministerialen Friedrich Barbarossas und Heinrichs VI., Stuttgart: Hiersemann, 2002, S. 30 ff.

44 Isaacman, Allan F., Mozambique: The Africanization of a European Institution: The Zambesi Prazos, 1750–1902, Madison: University of Wisconsin Press, 1972; Lovejoy, „War-Lords of West-Central Africa", in: Lovejoy, Transformations of Slavery, S. 76–80, hier S. 79; Clarence-Smith, „Illegitimate and legitimate commerce, 1820s–1850", in: Clarence-Smith, The third Portuguese empire, S. 22–60; Stilwell, „Case Study: Slave Soldiers and the *Prazeiros*", in: Stilwell, Slavery and Slaving in African History, S. 118–120.

45 Schürmann, Der graue Unterstrom. Walfänger und Küstengesellschaften an den tiefen Stränden Afrikas (1770–1920), passim.

46 Whitehead, „Carib ethnic soldiering in Venezuela, the Guianas, and the Antilles, 1492–1820", S. 357–385; Kars, Marjoleine, „Policing and Transgressing Borders: Soldiers, Slave Rebels, and the Early Modern Atlantic", in: New West Indian Guide/Nieuwe West Indische Gids 83, 3/4 (December 2009), S. 191–218.

47 Pescatello, Ann M., „The African Presence in Portuguese India", in: Manning (ed.), Slave Trades, 1500–1800, S. 142–165; Mann, „Die Siddi von Janjira und Ostafrikaner in Goa und Sri Lanka", in: Mann, Sahibs, Sklaven und Soldaten, S. 82–86.

Bosnier, aber auch aus Süddeutschland, der Schweiz und Frankreich sowie Spanien).[48]

In Südasien (Malabar, Dekkan-Sultanate, Goa sowie andere portugiesische Enklaven, Assam, Maharashtra, Rajputana, Bengalen, Awadh, Nepal) und Südostasien (Birma, Siam, Thailand sowie auf der Malayischen Halbinsel und im Malayisch-Indonesischen Archipel) existieren vielfältige Kin-Sklaverei-Formen, kollektive Formen ruraler Sklaverei (wie die Cherumar in Malabar), Militärsklavereien sowie andere Formen extremer Abhängigkeit (meist als *bondage* bezeichnet).[49] Diese Sklavereien waren durch eine Vielfalt von allgemeinen Abhängigkeiten, konkreten Benennungen und Statuszuschreibungen gekennzeichnet und oft sogar durch Wechsel von einer Abhängigkeitsgruppe in die andere oder den symbolischen Ausschluss aus einer Abhängigkeitsgruppe – etwa der Untertanen eines Königs oder der Bindung an Organisationen und Institutionen (so der Abhängigkeitsbegriff *kyun* in Birma, dem heutigen Myanmar).[50]

Kin-Sklavereien und Intensivierung traditioneller Menschenjagd waren oft, und auch das global und zugleich lokal, ein „Nebenprodukt" von Krieg, Grenzrazzien, Reichsbildung, Gewalt und Kolonialexpansion, oft sogar außerhalb des direkten Einzugsbereiches eines Territoriums. Humboldt ist da sehr deutlich: „Damals, sag ich, waren Cariven Meister des Orinoco, sie streiften von Berbice und Esquivo durch Carony und Paraguamuci nach R[ío] de Aguas Blancas, wie durch Caura nach Ventuari und Esmeralda; sie reizten kleine Ind[ianische] Fürsten zu Kriegen, kauften mit Waren (Messern, machete [eine Art Kalaschnikow des 16. bis 19. Jahrhunderts – M. Z.], Angelhaken), die sie von Holländern und Portugiesen empfingen, von diesen Fürsten die Sklaven und lieferten sie an Holl[änder] und Portugiesen. So litten die unglücklichen Bewohner dieser Gegend von Europäischer Barbarei, ohne die Europäer selbst mit Augen zu sehen".[51] Wie lokale Sklavereien

48 Schlosser, Hans, „Die infamierende Strafe der Galeere", in: Kroeschell, Karl (ed.): Festschrift für Hans Thieme zu seinem 80. Geburtstag, Sigmaringen: Thorbecke Jan Verlag, 1986, S. 253–263; Scheidel, „Galley slaves", S. 355–356.

49 Mann, „Sklaverei in Südasien", in: Mann, Sahibs, Sklaven und Soldaten, S. 76–101; Mann, „Sklaverei in Südostasien", in: Ebd., S. 101–122; zu Schuld-Bondage oder Schuld-Sklaverei, siehe: Wolters, Willem G., „How Were Labourers Paid in the Philippine Islands During the Nineteenth Century?", in: Lucassen (ed.), Wages and Currency. Global Comparisons from Antiquity to the Twentieth Century, Bern: Peter Lang, 2007, S. 139–167, bes. 159 ff; zu Siam siehe: Trakulhun, Sven, „Formen institutioneller Unfreiheit in Siam. Historische Semantik und gesellschaftliche Praxis (16.–19. Jahrhundert)", in: Hanß; Schiel (eds.), Mediterranean Slavery Revisited (500–1800), S. 163–183.

50 Mann, „Sklaverei in Südostasien", S. 101–122, passim, hier S. 105.

51 Humboldt, „Von San Fernando auf dem Río Apure, Río Orinoco, Río Negro, Río Casiquiare, Río Orinoco bis Esmeralda (30.3.–23.5. 1800), in: Humboldt, Reise durch Venezuela, S. 236–310, hier S. 306. Zu Grenzrazzien an der Biobío-Grenze des spanischen Imperiums in Chile/Südamerika, siehe: Contreras Cruces, Hugo, LA SOLDADESCA EN LA FRONTERA MAPUCHE DEL BIOBÍO DURANTE EL SIGLOŠXVII, 1600–1700. Tesis para optar al grado de Magíster en Historia con mención en Etnohistoria, Santiago de Chile, 2001, S. 12, www.academia.edu/10812618/La_soldadesca_en_la_frontera_mapuche_del_Biob%C3%ADo_durante_el_siglo_XVII_1600-1700 (letzter Zugriff 25. 1. 2018).

in einer Dopplung von Reichsbildung und (europäischer) Kolonialherrschaft zur nahezu explosionsartigen Bildung von Massensklaverei, Wirtschaftsaufschwung, Monetarisierung (mit spanischen Silberpesos/Piaster) und großem Menschenhandel führen können, zeigt die Entwicklung Madagaskars zwischen 1780 und 1820.[52]

In den Kriegerkulturen indianischer Völker wurden Gefangene auf ausgesuchte Weise degradiert und gequält, vor allem um das vorherrschende Kriegerideal stärker hervorzukehren. Die Kaquetíos, ein Aruakvolk aus der Gegend von Coro im heutigen Venezuela, zwangen ihre Gefangenen, das heißt, Kin-Sklaven, aber auch zur Arbeit von Frauen, wie Maiskolben entkernen, kochen oder weben – das war bei der vorherrschenden Erziehung der Jungen zu Kriegern eine besonders tiefe Beleidigung. Ähnliches galt für Sklaven in Senegambien, die weben mussten. Auch wurde Gefangenen das Haar auf degradierende Weise geschoren. Oder sie wurden in religiösen Ritualen geopfert, aber auch gegen Salz und andere Produkte eingetauscht.[53] Es wurden auch Kinder von Anfang dafür bestimmt, Opfer zu sein.

Es gab sehr viele Konstellationen des Übergangs von Kin-Sklavereien zu stärker institutionalisierten Sklavereien und zur Entwicklung neuer Typen der Sklaverei oder zur Konsolidierung existierender Sklavereien und Sklavenhandelssysteme. So befanden sich viele Menschen des Sklavenhandelspersonals in de-facto Kin-Sklavenpositionen in einer „strange world between ... sailor and slave".[54] Ruderer, Matrosen, Lotsen, Übersetzer, Informanten, Heiler, Köche, Wachpersonal, Schiffsjungen und Kabinenjungen (*grumetes, mozos*) oder privilegierte Sklavinnen in den Faktoreien oder auf den Schiffen des atlantischen Menschenhandels, standen oft in einem engen Abhängigkeitsverhältnis zu Faktoren und Kapitänen. Auf niederländischen Schiffen wurden formell „freie" Afrikaner mit guten Sprachkenntnissen als Spione unter die Verschleppten in den Schiffsbäuchen geschickt. Auf portugiesischen Schiffen setzten die Kapitäne afrikanische Heiler als Krankenpfleger und Chirurgen ein, mit dem Nebengedanken, dass sie eventuelle Rebellionen aufdeckten. Kapitän William Snelgrave setzte einen redegewandten und sympathischen Übersetzer dazu ein, den Verschleppten gut zuzureden, sie über ihr Ziel in den Amerikas zu informieren und ihre Ängste in Bezug auf Menschenfresserei zu zerstreuen.[55] In gewissem Sinne sind alle diese Menschen als eine Art Sklaven „ohne Sklaverei" zu interpretieren.

In diesem Zusammenhang stellt sich nicht die Frage, ob wir die Kin-Sklavereien aus heutiger Sicht überhaupt noch unterscheiden müssen – ich denke, wir sollten es unter dem Druck der Erkenntnisse über die „neuen" Sklavereien und aus der historischen Perspektive, dass sich auch aus „fehlgeschlagener Migration" sowie Hunger und Gewalt neue Formen der Sklaverei entwickeln können. Die Fra-

52 Mann, „Madagaskar", in: Mann, Sahibs, Sklaven und Soldaten, S. 142–149.

53 Jiménez G., „La población prehispánica de Venezuela", S. 19–68, hier S. 67 f.

54 Taylor, „Spies and informants", in: Taylor, If We Must Die, S. 76–79.

55 Ebd., S. 77.

ge ist, ob sie auch Ansatzpunkte für entwickelte Sklavereitypen waren (und sind), die durch die Prismen der mediterran-europäischen und afrikanischen Sklaverei oder mit dem Konzept der atlantischen Sklaverei 1450–1888 kaum erfasst werden können.

Kin- und Lineageformen der Sklaverei sind sehr flexibel, ambivalent und vielgestaltig. Sie waren und sind schwer, gerade unter dem Gewicht von Kriegen und Expansionen, auch wirtschaftlichen und kulturellen Expansionen, als „Sklavereien" erkennbar.

Im Schatten der „großen" atlantischen Sklaverei und der Dramatik der Kämpfe um ihre Aufhebung (Abolition, Emanzipation) vor allem in den Amerikas geht oftmals unter, dass auch vor der europäisch-atlantischen Globalisierung, im vorkolumbinischen Amerika und an den Grenzen der jeweiligen Eroberungsetappen 1493–1890, im subsaharischen Afrika und Asien oder in der pazifischen Welt sozusagen „ohne Europäer" unterschiedlichste lokale Kin-Sklavereien, Razziensklavereien, Formen extremer Abhängigkeit und oft formierte Sklavereitypen und sogar Sklavereisysteme unter anderem Namen existierten und zum Teil bis heute existieren – sozusagen weltweit, aber eben als lokale Ansatzpunkte globaler Sklavereiformen, die oft durch die Expansion kolonialer „großer" Sklavereien einen Aufschwung nahmen.

Daraus ergibt sich die Frage: Können aus Kin-Sklaven unter heutigen globalen Bedingungen „neue" und vielleicht sogar „große" Sklavereien entstehen? Unter den heutigen Bedingungen entscheiden transnationale Managements als *gatekeeper* darüber, ob sie Lokales und lokale Ressourcen (u. a. die Ressourcen lokaler Arbeit, die oft von Kin-Sklaverei- und anderen Abhängigkeitsformen geprägt sind) zu globalem Nutzen ihrer Firmen und Organisationen sich aneignen und mit den lokalen Kontrolleuren von Kins, Lineages und Sklavenarbeit, die Zugang zu neuen Gewinnquellen suchen, Allianzen über den Zutritt zu Investitionen, Macht und Status schließen. Noch wichtiger sind die informellen Wirtschaftstypen, die den globalen Kapitalismus in seiner Gier, neue Felder der Akkumulation und Zirkulation zu schaffen, seit jeher begleitet haben: Menschen-, Kinder- und Frauenschmuggel, Drogenhandel, Tierhandel, und Waffenschmuggel.

Verwandtschaftsbeziehungen weisen noch weitere Dimensionen auf, die ebenso wie die Kin-Sklaverei konstitutiv für die atlantische Welt als Teil der Globalgeschichte geworden sind. Es handelt sich um die so genannte *fictive kinship* (fiktive Verwandtschaft), die Verschleppte und Menschen im Bauch von Sklavenschiffen in intensiven Formen menschlicher Solidarität regelrecht erfanden, um kreativen Anpassungs-Widerstand gegen ihre Transformation zu Sklavinnen und Sklaven der Massensklaverei und gegen die Umwandlung ihrer Körper in Kapital, Ware und Eigentum leisten zu können. Aus allen amerikanischen Sklavereisystemen kennen wir die Institution der „Schiffsgenossen". Die Überlebenden der Sklavenhandels-Passagen begründeten neue, kreative und sehr starke Formen der Solidarität bereits auf den afrikanischen Wegen in die Sklaverei, konkrete neue Sozialbeziehungen vor allem aber auf den Schiffen der Atlantikpassage und des amerikanischen Transports zu den Plantagen. Dabei entstanden neue Formen der Verwandtschaft, eben auch *fictive kinship*, neue Rituale und Performanzen. Neben der Suche nach wirklichen Verwandten, Brüdern, Schwestern oder Vätern, Müttern, Onkeln, Tanten, Neffen, etc., bildete diese fiktive Verwandtschaft die Basis aller Kreolisierungen und Gemeinschaftsbildungen in den Amerikas. Fiktive Verwandtschaften sind auch als mikrohistorische Anfänge sowie Grundlage aller Strukturen, Kulte und Religionen unter den Sklaven anzusehen. Sklaven einer Plantage bildeten eine Art Großfamilie, deren Beziehungen durch fiktive Kinship-Formen geprägt waren, die dann von der katholischen Kirche mit der Taufe und den Taufpaten in schriftliche Form überführt wurden. Auf Kuba hießen Schiffsgenossen und symbolisch auch bedingungslose Freundinnen oder Freunde *carabelas*, ein Wort, das von Karavelle abgeleitet ist. Im Bereich des britischen Atlantik unter Einschluss der nordamerikanischen Sklavenhandelszentren Charlestown und Rhode Island, der im Grunde erst um 1700 ins Leben trat, war die Institution der Quasi-Verwandtschaft der *shipmates* jünger. Die Schiffsgenossenschaft stellte aber auch hier eine fiktive Verwandtschaft unter Versklavten dar, ebenso wie *sibbi* in niederländischem Kreol oder *malungo* in brasilianischem Kreol, *malongue* (britisches Trinidad), *máti* Surinam oder *batiment* in Saint Domingue.[56]

Sklavereien waren vor den Arbeitslagern der Nazis und der GULags im 20. Jahrhundert keine Institution zur Tötung von Menschen. Ausnahmen bildeten die Vergeltungs-Opfer-Sklaverei als dunkle Rückseite vieler Kin-Sklavereien, repräsentatives Töten im Sklavenhandel (um Aufstände präventiv zu verhindern), Gladiatorensklaverei sowie ausgeprägte Opfer-Sklaverei-Systeme und Militärsklaverei.

Opfer von Menschen hatten ihren Ursprung in Ritualen und Terror von Herrschaft (Krieger und Priester); eine Art Ritualökonomie entwickelte sich vor allem seit der Bronzezeit.[57] Massenhafte und systematische Tötung kam relativ zeitig nach Siegen in Konflikten, Belagerungen und Schlachten vor, speziell in frühen Zeiten, als Männer noch nicht als Sklaven „aufgenommen“ wurden. In fast allen großen Religionsbüchern, auch in der Bibel, werden massenhafte Blutbäder an Kriegsgegnern dargestellt (Altes Testament: „Bann“); regelrechte Rasereien der Sieger.

Diese gewohnheitsmäßige Tötung von Besiegten, Kriegsgegnern und Bewohnern ganzer Siedlungen oder Landstriche, die harten und langen Widerstand leisteten, hat sich in Kriegergesellschaften oder Gesellschaften unter Razziendruck beziehungsweise expansiven Reichen entwickelt, angefangen von den Opfern der

---

56 Mintz; Price, „The beginnings of African-American societies and cultures“, S. 42–51; Rediker, „From Captives to Shipmates“, in: Rediker, The Slave Ship. A Human History, New York: Viking, 2007, S. 263–307.

57 Kristiansen; Larsson, The Rise of Bronze Age Society; Kristiansen; Earle, „Neolithic versus Bronze Age Social Formations: A Political Economy Approach“, S. 234–247.

Kin-Sklaverei zu erstaunlich kontinuierlichen Opfer-Ritualen oder gar Religionen. In ihnen wurden, wenn Kriegsgefangene ausblieben, auch ausgewählte Versklavte getötet. Die Tötung vieler Sklaven im Rom der späten Republik und der Kaiserzeit hatte zum Beispiel Ursachen in Ritualen bei Leichenfeiern von *big men*. Es handelte sich zunächst um Kämpfe zwischen hochrangigen Kriegsgefangenen. Später waren symbolische ethnische Gruppen (*galli, thraeces, samnites*) sowie ritualisierte Kämpferklassen (*murmillones, retiarii, secutores*) Elemente von Todestheater-Opfer-Ritualen. Die Rituale dienten zugleich zur Demonstration von Macht auf der einen und Statusminderung auf der anderen Seite sowie zu theatralischen Inszenierungen bestimmter „Tugenden", wie alle Opferrituale in Kriegergesellschaften. Auch der Furchtkomplex vor vielen Sklaven wie auch die Profanierung all dessen durch Klientelpolitik spielte eine Rolle.

Die Massenopferungen von Kriegsgefangenen und Sklaven im „Rom Amerikas", dem Reich der Mexica mit Zentrum in Tenochtitlán und in den Städten der Azteken, und die „Blumenkriege" um möglichst viele hochrangige Kriegsgefangene (zur späteren Opferung), dienten den herrschenden Eliten auch zur Machtdemonstration durch gezielten Terror. Zusammengefasst war alles in religiösen Opferkulten und regelrechten Kriegstheatern.[58] Die archäologischen Nachweise sind neben den von Spaniern geschriebenen/kontrollierten Texten und Bildern wichtig. Menschenopfer haben auf jeden Fall stattgefunden. Über Umfang und Zahl der Menschenopfer lässt sich keine Aussage treffen.[59] Das Mexica-Reich war ein extrem expansives politisches Gebilde; dabei spielten Rituale und Religionen immer eine wichtige Rolle, wenn die einzelnen Gründe für die Grausamkeiten auch nicht immer religiöse gewesen sein mögen.

Die reale und symbolische Beibehaltung des Menschenopfers über längere Zeit diente auch als Mittel der Manipulation größerer Gruppen sowie des symbolischen Terrors seitens herrschender Eliten, die sich wirksamer Grausamkeits-Inszenierungen bediente. Bis heute hat dieses Herrschaftsmittel, wie gesagt, in der Todesstrafe und allgemein in der Gewaltverherrlichung seine Gültigkeit in bestimmten Gesellschaften behalten, in denen Kolonialismus, imperiale Hybris, Vernichtung von Nativen und Sklaverei eine wichtige Rolle spielten.

Weitere Gebiete, in denen schon vor der europäischen Expansion mit ihrem „neuen" atlantischen Sklavereitypus, Kin-Sklaven gehalten und oft auch geopfert wurden (oft auch in Totenfolge, d. h., bei Tod und Begräbnis von Rangpersonen

---

58 Scherer; Verano (eds.), Embattled Bodies, Embattled Places: War in Pre-Columbian Mesoamerica and the Andes.

59 Smith, Michael E., „Aztecs", in: Insoll, Timothy (ed.), Oxford Handbook of the Archaeology of Ritual and Religion, Oxford: OUP, 2011, S. 556–570; Gunsenheimer, „The Study of Human Sacrifice in Pre-Columbian Cultures: A Challenge for Ethnohistorical and Archaeological Research", S. 255–284; Gunsenheimer, „Doña Marinas Schwestern und Brüder. Sklaverei in der aztekischen Gesellschaft", S. 53–81.

und Titelhaltern), finden sich an der nordamerikanischen Nordwestküste, bei den Pawnees („Morgensternritual")[60] sowie im bereits vielfach erwähnten nordamerikanischen Südosten. Auch im nordamerikanischen Nordosten gab es Marteropfer von ausgesuchten Kriegsgefangenen auf Initiative der Frauen nach den „Trauerkriegen" der Irokesen und Huronen (Wyandot). Aber auch in vielen Gesellschaften Süd- und Mittelamerikas existierte, wie gesagt, Opfersklaverei, in der Rus der Slawen und Waräger, in Neuseeland sowie – oft bereits im Übergang zu komplexeren Sklavereitypen – in vielen Gebieten Afrikas.[61] Das Problem ist oftmals, ich will es nicht verhehlen, dass schriftliche Aufzeichnungen über diese grausamen Rituale und Sklavereien fast immer von expandierenden Arabern, Europäern oder Eurokreolen stammen, die sich über mangelnde „Zivilisation" erregten. Menschenopfer kamen auch bei Kelten, Galliern, Germanen (Semnonen, Sachsen) und heidnischen Skandinaviern vor.[62] Und im frühen China.

Der menschliche Körper als Gegenstand der Versklavung (und des Opfers) hat noch weitere Bedeutungen. Der gesamte Komplex von Kastration und Eunuchentum als funktionale sowie rituelle Verstümmelung von Menschenkörpern war in allen Sklavereitypen und Sklavengesellschaften zu finden, allerdings in unterschiedlicher regionaler Dichtigkeit.[63] Mary Valante zeigt, dass die mit den Wikinger-Überfällen intensivierten Plünderungen von Klöstern auch darin begründet war, dass sich literate junge Mönche gut als Eunuchen in arabische Gebiete verkaufen ließen.[64] Ausgangspunkt waren Kin-Sklaverei und Übergangsformen der Razzien- und Palastsklaverei (aber nicht immer).[65] Wie die Kastration von Kindern

60 Weltfish, Gene, „The Captive Girl Sacrifice", in: Weltfish, The Universe Lost, S. 106–118.

61 Shadow, Robert D.; Rodríguez Shadow, María J., „Historical Panorama of Antropological Perspectives on Aztec Slavery", in: Dahlgren de Jordán, Barbro; Soto de Arechevaleta, María de los Dolores (eds.), Arqueología del Norte y del Occidente de México: Homenaje al Doctor J. Charles Kelly, México, D.F.: Universidad Nacional Autónoma de México, 1995, S. 299–323; Donald, Aboriginal Slavery on the Northwest Coast of North America ... passim; Val'terovich Grinev, Andrei, The Tlingit Indians in Russian America 1741–1867, Lincoln & London: University of Nebraska Press, 2005; Chacon, Richard J.; Mendoza, Rubén G. (eds.), Latin American Indigenous Warfare and Ritual Violence, Tucson: The University of Arizona Press, 2007; Jones, „'I am all the same as God.' Königliche Körper und Menschenopfer in drei westafrikanischen Staaten (18.–19. Jahrhundert)", in: Erkens, Franz-Reiner (ed.), Die Sakralität von Herrschaft. Herrschaftslegitimierung im Wechsel der Zeiten und Räume (Berlin: Akademie Verlag 2002), S. 201–212; Feest, Christian, „Im Schatten des Friedensbaumes: Aus der Welt der Irokesen", in: Kunst- und Ausstellungshalle der BRD GmbH (ed.), Auf den Spuren der Irokesen, Katalog, Berlin: Nicolai, 2013, S. 22–29; Sioui, Georges E. P., „Ein Neuentwurf amerindianischer Geschichte: Die „huronisch-irokesischen Kriege", in: Ebd., S. 30–33.

62 Dunn, Marilyn, „Did the Anglo-Saxons ever practise human sacrifice?", in: Dunn, The Christianization of the Anglo-Saxons c. 597–c. 700. Discourses of Life, Death and Afterlife, London/New York: Continuum, 2009, S. 71–74.

63 Tracy, Larissa (ed.), Castration and Culture in the Middle Ages, Cambridge: D. S. Brewer, 2013.

64 Valante, Mary A., „Castrating Monks. Vikings, Slave Trade, and the Value of Eunuchs", in: Tracy (ed.), Castration and Culture in the Middle Ages, S. 174–187.

65 Mann, Sahibs, Sklaven und Soldaten, S. 37–39.

formal „freier" Familien in Italien und Südeuropa noch im 18. Jahrhundert zeigt („Kastraten" als gefeierte Sänger), ist eine wesentliche Ausgangsposition immer Gewalt über die Körper von Kindern und Gewalt an Kindern. Im Grunde kann man von der Familie als Versklavungsinstitution für zukünftige Elite-Sklaven sprechen. Sofern es sich um Verwandte, gar Vater und Mutter handelte, war das eine paradigmatische Kin-Sklaven-Situation, nicht als solche erkennbar und auch nicht als solche benannt. Allerdings oft auch mit Körpermutilationen verbunden. Um bei dem Beispiel der Kastraten zu bleiben – einige schafften es und wurden bekannt und reich. Die meisten aber schafften es nicht.

Wie oben erwähnt, wurden Menschen in Kin- und Übergangs-Sklavereien auch in Massen geblendet, wie es für Sklaven der Skythen dokumentiert ist, die Vieh hüteten und melkten. Sklaven wurden auch die Beine gebrochen oder die Füsse verstümmelt. Blendung und Verstümmelung sollten Widerstand und Flucht verhindern – und den Status visualisieren.[66] Die Körper von Dauersklaven werden im Alten Testament auf folgende Weise markiert: „so bringe ihn sein Herr vor Gott und stelle ihn an die Tür oder Pfosten und durchbohre mit einem Pfriemen sein Ohr und er sei Sklave für immer".[67] Abschneiden der Nase, Amputation der Füße oder eines Fußes, Tätowierung (oft auch im Gesicht) oder Abschneiden eines Ohres gehörte zu den Sklavenstrafen in China.[68] Ohrenbeschneiden oder -abschneiden ist auch für Spanisch-Amerika überliefert: In Notariatsprotokollen des 16. Jahrhunderts ist im *Reino de Chile* der Fall von María, Sklavin von Alonso de Escobar, Vecino von Santiago de Chile, überliefert. Maria hat laut Protokoll „Fehler": „tiene tachas de borracha, ladrona e huidora y enferma y endemoniada [y] ha sido castigada por la justicia e azotada e desorejada por las dichas tachas [hat als Fehler besoffen, diebisch, neigt zur Flucht und krank und dämonisiert [und] ist durch die Justiz bestraft worden und gepeitscht und wegen besagter Fehler entohrt [worden – sic; M. Z.]" (26 de febrero 1565). Dem Sklaven Antonio wurden die Spitzen der Ohren abgeschnitten: „tiene cortados los picos de las orejas [er hat die Spitzen der Ohren abgeschnitten [oder beschnitten]]" (17 de julio 1565). Ein anderer Sklave namens Antonio hat „tiene tachas de ladrón, borracho e huidor e [...] ha estado preso por ladrón e ha sido castigado por la justicia e cortado las orejas e desjarretado [er hat Fehler räuberisch, besoffen und Flüchtling und ist durch die Justiz bestraft

66 Herodot, Neun Bücher zur Geschichte, S. 321–405, hier vor allem 321 ff.; Taylor, „Believing the ancients: quantitative and qualitative dimensions of slavery and the slave trade in later prehistoric Eurasia", S. 27–43.

67 Zur Markierung von Sklaven dürften auch besondere Ohrmutilationen und Ohrringe benutzt worden sein. Die Stelle stammt aus Exodus/2. Mose, Kapitel 21, siehe: Kessler, „Knechtschaft".

68 Ch'ü T'ung-tsu, Law and Society in Traditional China, Paris: Rainbow-Bridge Book Co., 1965 (Le Monde d'Outre-Mer passé et présent. Première Série. Études IV); siehe auch: Crossley, „Slavery in Early Modern China", S. 186–213, hier S. 190.

worden und die Ohren abgeschnitten und die Kniesehnen durchgeschnitten]" (26 de febrero 1565).[69]

Eine Verletzung und Markierung von Sklavenkörpern stellte auch die Brandmarkung dar, die nicht nur im atlantischen Slaving gang und gäbe war.[70] Bei den Völkern Mittelamerikas, die sich im Übergang zur Staatsbildung befanden, wurde ein Farbpulver (*tile*) hergestellt, welches in einen Schnitt an einer sichtbaren Körperstelle (oft Gesicht oder Arme) gerieben wurde. Es blieb nach Heilung der Wunde als eine Art Tätowierung erhalten.[71]

Mir ist es auch unangenehm, über solche Themen zu sprechen. So ist es wohl in der Geschichte jedem gegangen, der das Thema berührt hat, weil ja die meisten Gesellschaften in ihrem Selbstbild alles tun, um „gute" Gesellschaften zu sein und viele Mitglieder dieser Gesellschaften glauben an die „Güte" der eigenen Gesellschaft. Kinderprostitution als eine aktuelle Form von Kin-Sklaverei kann heute so weit gehen, dass unsere Stereotypen von kannibalistischen Opfern und Gladiatorenkämpfen wie Comics dagegen wirken. Auch der transatlantische Sklavenhandel tendierte im intensiven 19. Jahrhundert mehr und mehr dazu, Kinder in Afrika zu kaufen, um sie in Amerika besser abrichten zu können. Die Massen von Toten und Verletzten dabei haben durchaus die Todeszahlen der Opfersklaverei überschritten, ebenso wie andererseits die Totenzahlen in europäischen Kriegen oder Weltkriegen größer als die Totenzahlen der Sklavereien waren.

Die Verwendung eines so allgemeinen, vielgestaltigen und von den meisten systematischen Sozialwissenschaften zeitlos behandelten Phänomens wie „Verwandtschafts"-Sklaverei, in der ein Teil des Begriffs, nämlich Verwandtschaft, sich nachgerade auf den Namen des eben verstorbenen Claude Lévi-Strauss reimt, ist für Historiker nicht einfach.[72] Ich habe es trotzdem versucht, auch auf die Gefahr hin, zu große Generalisierungen zu machen und zu viele Differenzierungen einzuebnen.

---

69 Jara, Álvaro; Mellafe, Fuentes para el estudio de la Colonia. Protocolos de los escribanos de Santiago. Primeros fragmentos, 1559 y 1564–1566, 2 Bde., Santiago de Chile: DIBAM – Centro de Investigación Diego Barros Arana. Ediciones de la Dirección de Bibliotecas, Archivos y Museos, 1996 (Bd. I: Legajo 1, 1559, Legajo 2, 1564–1565; Bd. II, Legajo 2, 1565–1566), Bd. I, S. 149, 157, 247.

70 La Rosa Corzo, Tatuados; Fagúndez, José Rafael, „*La carimba*. Sello del comercio de esclavos", in: El desafío de la historia, Año 1, No. 1, Caracas, s. a., S. 35–40; Rosal, „Carimba. Las marcas de los esclavos en el Buenos Aires colonial", in: Estudios Históricos Año V, no. 10 (Julio 2013), S. 1–25.

71 Sherman, William L., Forced Native Labor in Sixteenth-Central America, Lincoln/London: University of Nebraska Press, 1979, S. 16; siehe auch: Ahlert, Regine, „Präkoloniale Sklaverei", in: Ahlert, La Pestilencia más horrible ... Die Geschichte der indigenen und schwarzen Sklaverei in Nikaragua, Berlin: LIT Verlag, 2015, S. 69–81, hier S. 79.

72 Lévi-Strauss, Claude, Traurige Tropen, Leipzig: Verlag Philipp Reclam jun., 1988.

Kin-Sklavereien, „kleine“ und „große“ Sklavereien

Expansion preceded exploitation.[1]

Entwickelte Kin-Sklavereien und Übergänge zu anderen Sklavereiplateaus

Kin-Sklavereien betrafen vor allem Kriegsgefangene, Kinder und Frauen. In manchen Gesellschaften, wie etwa denen des antiken Kleinasiens (Phryger oder Phrygier) existierten Kin-Sklavereien im Rahmen der Familie („Zöglinge“, d. h., Kinder) und Kaufsklaverei parallel. Kinder-Kins wurden nicht verkauft, Kaufsklaven schon.[2] Bei den Skythen wiederum gab es bereits alle Arten von Sklaven, die im Wesentlichen durch Razzien und Kriege beschafft, aber selten gekauft wurden.[3] Kin-Sklaven sind oft kaum erkennbar, auch und gerade wegen der bis weit in das 19. Jahrhundert anerkannten Rolle versklavter und abhängiger Frauen für Sex und Reproduktion (und oft schwerer landwirtschaftlicher Arbeit und Hausarbeit).[4] Sklavereien insgesamt, aber auch Übergänge beziehungsweise Weiterexistenz von Elementen der Kin-Sklaverei innerhalb anderer, ausgedehnterer Sklavereien (wie Razziensklaverei, Familien- oder Haremssklaverei) lassen sich in dem Gegensatz „klein-groß“ darstellen. Für gewöhnlich gab es nur wenige, oft nur einzelne Kin-Sklaven in einer Gruppe. In Familien und kleinen Haushalten auch in Sklavereigesellschaften herrschten in gewissem Sinne Verhältnisse wie in Kin-Sklavereien. Große Palastsklaverei oder die im 16. Jahrhundert entstandenen Plantagensklavereien dagegen rechneten mit Dutzenden oder gar Hunderten von Sklaven. Schon die Bewachung von einem Mann oder zwei versklavten Kriegsgefangenen im Haus, wo Sklavinnen und Sklaven als Hauspersonal oder Transporteure eingesetzt waren, erfordert einen hohen Aufwand. Die Bewachung von Dutzenden, hunderten oder hundertausenden von Sklaven (in Sklavenkolonien wie Brasilien oder Skla-

1 Braude, Benjamin, „How Racism Arose in Europe and Why It Did Not in the Near East“, in: Berg, Manfred; Wendt, Simon (eds.), Racism in the Modern World. Historical Perspectives on Cultural Transfer and Adaption, New York/Oxford: Berghahn Books, 2011, S. 41–64

2 Marek, „Landbesitz, Familien, Frauen, Kinder, Zöglinge, Sklaven“, S. 561–592.

3 Parzinger, Hermann, „Gesellschaftsordnung“, in: Parzinger, Die Skythen, München: Beck, 2007, S. 88–95; Khazanov, „The Scythians and Their Neighbors“, in: Amitai; Biran (eds.), Nomads as Agents of Cultural Change: The Mongols and Their Eurasian Predecessors, Honolulu: University of Hawai'i Press, 2015, S. 32–49.

4 Morgan, Jennifer, Laboring Women: Reproduction and Gender in New World Slavery, Philadelphia: University of Pennsylvania Press, 2004 sowie: Miller, „Domiciled and Dominated: Slaving as a History of Women“, in: Campbell; Miers; Miller (eds.), Women and Slavery: The Modern Atlantic, S. 284–312.

https://doi.org/10.1515/9783110561630-005

venreichen wie Sokoto) setzte ein institutionalisiertes Bewachungssystem, rechtliche Normen, Instrumente (Ketten, feste Baracken (*barracoons/barracones*), Zäune, spezielle Hafenanlagen, Bewachungspersonal, Sklavenschiffe, etc.), Gewöhnung an alltägliche Gewalt sowie offene Gewalt als strukturelles Prinzip ganzer Wirtschaften und Staaten, eine regelrechte Sicherheitsmentalität und meist sogar spezialisierte Sklavenjägermilizen voraus. Das ist wichtig, damit wir uns einerseits über die Dynamik und Flexibilität der „kleinen" Kin-Sklavereien und ihre Überlebensfähigkeit sowie andererseits aber auch über den ganz anderen Umfang, die Kompaktheit und die ganz andere Bedeutung der „großen" Sklavereien klar werden.

Ein sehr konzentrierter, nachgerader explosiver Übergang von spezifischen Kin- und Clanformen kollektiver Sklaverei (die besiegten Reste eines Clans wurden dem siegreichen Clan untergeordnet) sowie Razzien- und Kriegsgefangenen-Sklaverei zu großer Fernhandels-Sklaverei und Menschenhandelssystemen findet sich bei den Mongolen im 13. Jahrhundert. Die Mongolen eroberten im 13. Jahrhundert nicht nur die eurasischen Steppen von Korea bis Ungarn, sondern auch zweieinhalb der wichtigsten Zivilisationen Eurasiens: die zentralen Gebiete der arabischen Zivilisation (Bagdad 1258) und China (1279) sowie die Rus (schon ca. 1240; Byzanz konnte wegen des erfolgreichen Widerstandes der Mameluken nicht erobert werden).[5] Die mongolische Expansion strahlte auf Ost- und Mitteleuropa, China (Yunnan), Südostasien, Japan, Zentralasien (Afghanistan, Persien), Syrien, Indien und insgesamt Westasien und Arabien-Nordafrika aus. Mit Expansion und Reichsbildung unter Dschingis-Khan und den Dschingisiden kam es auch zur extremen Expansion traditioneller kleiner Sklaverei-Formen (die selbst auch intakt blieben) zu neuen kollektiven Sklavereien, Palastsklaverei und zur Ansiedlung versklavter Fremder.[6] Die Mongolen sind kaum als große Sklavenhalter bekannt. In den Palästen der mongolischen Herrscher hat es aber Sklaven – Männer, Frauen und Kinder – gegeben. Und es gab genug Menschen als Beute. Wilhelm von Rubruk traf auf seiner Reise zu Mangu-Khan eine Gruppe versklavter Deutscher.[7] Die Expansion der Mongolen stellte sich zunächst als Massaker-Kriegsführung dar, vor allem bis in die 1270er Jahre.[8] Fast alle, die nicht getötet wurden, wurden als Beute-

5 Biran, „The Mongol Empire and the Inter-Civilizational Exchange", in: Kedar; Wiesner-Hanks (eds.), The Cambridge History of the World, S. 534–558.

6 Biran, „The Mongol transformation: From the Steppe to Eurasian Empire", in: Arnason, Johan P.; Wittrock, Björn (eds.), Eurasian Transformations Tenth to Thirteenth Centuries: Crystallizations, Divergences, Renaissances, Leiden and Boston: Brill, 2004 (Medieval Encounters 10:1–3), S. 338–361.

7 Zitiert nach: Signori, „Wilhelm von Rubruk bei den Tataren und Mongolen", in: Signori, Das 13. Jahrhundert, S. 47–55, hier S. 52.

8 Amitai, „Im Westen nichts Neues? Re-examining Hülegü's Offensive into the Jazīra and Northern Syria in Light of Recent Research", in: Krämer, Frank; Schmidt, Katharina; Singer, Julika (eds.), Historicizing the „Beyond". The Mongolian Invasion as a New Dimension of Violence?, Heidelberg: Springer, 2011, S. 83–96.

Sklaven unter die mongolische Militäraristokratie verteilt bzw. vor den Eroberungen von Städten gab es Listen über Handwerker und Fachleute, die die Mongolen brauchten. Sie wurden bei den Massakern (möglichst) nicht getötet, sondern in kollektiven Sklavereien verschleppt und dort angesiedelt, wo die mongolische Elite es für nötig hielt.[9]

Auch in der Viehhaltung sind wohl Sklaven eingesetzt gewesen, vor allem, wenn die freien Krieger Krieg führen mussten. Die Mongolen mit ihren Eroberungs- und Razzienkriegen passten sich ausgeprägten Sklavereien und Sklavenhandelsökonomien an. Sie wurden zu Menschenjägern und Kriegsgefangenenverkäufern (wie alle Kriegergesellschaften). Die wichtigsten Linien des Kriegsgefangenenhandels liefen vom Norden des Schwarzen Meeres (Goldene Horde) zu den Mameluken in Ägypten.[10] Dazwischen befanden sich türkische Emirate. Das machte es so lukrativ, etwa für Genuesen und Venezianer (und Katalanen), Handelsstützpunkte ihres Massengüter-Ressourcenhandels (vor allem Weizen; Salz, Wein und Öl) quasi als Zapfhähne, im Grenzbereich zu den mongolischen Herrschaftsgebieten und an den Küsten des Schwarzen Meeres sowie auf Inseln des Mittelmeeres (z. B. Zucker auf Zypern) zu etablieren und gleichzeitig auch Versklavte aus den Militäroperationen der Türken (die besonders auch Griechen an Venezianer lieferten), der Kreuzzüge sowie der mamelukischen Gegenoperationen und der Piraterie/Razzienwirtschaften zu transportieren.[11] Nach dem Motto – wir fahren alles. Als Kontore des Menschenhandels fungierten zunächst vor allem Kaffa und Tana, aber auch andere Faktoreien in den Flussmündungen von Donau (Istros), über Dnestr (Tyras, Danastris), Hypanis (südlicher Bug), Dnjestr (Borysthenes) bis Don (Tanaïs) und Kuban (Hypanis). Im 14. und 15. Jahrhundert kamen, zunächst vor allem über Pira-

9 Gernet, „Le régime mongol“, in: Gernet, Le monde chinois, S. 320–226, hier S. 320.

10 Ehrenkreutz, „Strategic Implications of Slave Trade between Genoa and Mamluk Egypt in the Second Half of the Thirteenth Century“, S. 335–345; Weiers, „Die Goldene Horde oder das Khanat Qyiptschaq“, in: Weiers (ed.) unter Mitwirkung von Veit, Veronika u. Heissig, Walther, Die Mongolen. Beiträge zu ihrer Geschichte und Kultur, Darmstadt: Wissenschaftliche Buchgesellschaft, 1986, S. 345–378, hier vor allem S. 349–353; siehe auch: May, Timothy, The Mongol Conquests in World History, London: Reaktion Books, 2011.

11 Balard, „Les Génois en Crimée aux XIIIe–XVe siècles“, S. 201–218; Basso, Enrico, „El sistema de puertos genoveses entre el mediterráneo y el mar negro“, in: Fábregas García (ed.), Navegación y puertos en época medieval y moderna, Granada: Ahulia, 2012, S. 103–161; Rotman, „Forms of Slavery“, S. 263–279, hier S. 271; Cosmo, „Mongols and Merchants on the Black See Frontier in the Thirteenth and Fourteenth Centuries: Convergences and Conflicts“, in: S. 391–424, hier vor allem S. 396–398; Greenfield, „Cyprus and the beginnings of modern sugar cane plantations and plantation slavery“, S. 23–42; siehe auch: Fábregas García, „Azúcar e italianos en el reino nazarí de Granada. Del éxito comercial a la intervención económica / Sugar and Italians in the Nasrid Kingdom of Granada. From commercial success to economic intervention“, S. 133–153; Cosmo, „Connecting Maritime and Continental History: The Black Sea and the Mongol Empire“, in: Miller, Peter M. (ed.), The Sea: Thalassography and Historiography, Ann Arbor: University of Michigan Press, 2013, S. 174–197, vor allem S. 187–189.

terie, dann mehr und mehr auch Militäroperationen, schwarze Sklaven aus Guiné hinzu (siehe oben).[12]

In der traditionellen Lebens- und Wirtschaftsweise der mongolischen Clans und Völker war kein Platz für Massensklaverei nach „römischem“ Modell; „Mongols neither trade nor produced“ (was nicht ganz richtig ist).[13] Aber es gab nicht nur immer mehr Expansion und Kriegesgefangene, sondern endogene Typen hybrider Abhängigkeit, die durchaus in den großen Formenkreis der Kin-Sklavereien im Übergang zu „größeren“ Sklavereitypen passen. Mitglieder agnatischer Verwandtengruppen gemeinsamer patrilinearer Abstammung (*yasun* – Knochen) bildeten Clans. Diese waren zugleich politische Einheiten. Neben den vollberechtigten Clan-Mitgliedern existierten Gruppen der *unayan boyul*, die von Wissenschaftlern, die unter Sklaverei nur den „römischen“ Typ oder den „Plantagentyp“ im Hinterkopf haben, als „Vasallen-Leibeigene“ bezeichnet werden. Es handelte es sich um kriegsgefangene Mitglieder aus anderen Clans, die gewisse Bewegungsfreiheiten hatten. Sie gehörten dem ganzen Clan, der sie erblich zu Dienstleistungen verpflichtet. Im Grunde eine massenhafte Kin-Sklaverei oder vielleicht kollektive Clan-Sklaverei in Vererbung, die sich zur Militärsklaverei entwickelte. Die *Unayan boyul* waren selbst clanmäßig organisiert. Daneben gab es Haussklaven. Ferner existierte, wie bei den Kelten und Germanen, die „freiwillige“ und absolut verstandene Unterordnung von Gefolgsleuten unter einen Clan- oder Militäranführer, eine Art Klientel-Sklaverei (*nökör* oder *noker*). Oft wurden schon Kinder von ihren Eltern erfolgreichen militärischen Anführern anvertraut. Die Gefolgsleute konnten aus anderen Clans oder aus der Gruppe der Unayan Boyul stammen. Clans und Clanföderationen waren noch keine Staaten und Macht konnte nicht direkt vererbt werden, sondern musste errungen werden (auch unter den männlichen Nachkommen eines Herrschers) – so bestand ein Interesse an „sklavischen“ Gefolgsleuten, auch wenn sie aus der Gruppe der Clan-Sklaven stammten. Was zählte, waren vor allem Siege und persönliches Charisma der Anführer sowie ein guter Mythos.[14]

So nimmt es auch nicht Wunder, dass die „Abbasiden-Revolution“ im Gebiete der islamisch-arabischen Herrschaft im 9. Jahrhundert ihren regionalen Ausgang

12 Illiescu, Octavian, „Nouvelles éditions d'actes notariés instrumentés au XIVe siècle dans les colonies Génoises des bourdes du Danube – Actes de Kilia et Licostomo“, in: Revue des Études Sud-Est européens 15 (1977), S. 113–129; Ferrer i Mallol, Maria Teresa; Mutgé i Vives, Josefina (eds.), De l'esclavitud a la llibertat. Esclaus i lliberts a l'edat mitjana. Actes del Col.loqui Internacional celebrat a Barcelona, del 27 al 29 de maig de 1999, Barcelona: Consell Superior d'Investigacions Científiques, Institució Milà i Fontanals, Departament d'Estudis Medievals, 2000 (Anuario de Estudios Medievales, Anejo 38).

13 Abu-Lughod, „Lessons from the Mongol Case“, in: Abu-Lughod, Before European Hegemony, S. 182–184, hier S. 182.

14 Veit, „Von der Clanföderation zur Volksrepublik. Versuch der Analyse wirtschaftlicher und gesellschaftlicher Gegebenheiten eines Hirtenvolkes“, in: Weiers (ed.) unter Mitwirkung von Veit u. Heissig, Die Mongolen, S. 155–180, hier S. 162 ff.

an den iranischen Frontier-Gebieten Khorasans/Khurāzāns nahmen; wohin auch die von Chasaren, Rus und Bolgaren (Bolgar) jeweils (zu unterschiedlichen Zeiten; Rus wohl erst im 10. Jahrhundert) kontrollierten Sklavenhandelswege liefen. Kalif Al-Mutasim (um 840) habe ein „corps of ghilmān or mamālīk – that is, mostly ethnically-Turkish military slaves"[15] geschaffen. Sie wurden mit Gewalt zum Islam bekehrt, als Kinder auf absolute Treue zu einem Herrscher abgerichtet und in die islamischen Herzländer gebracht. Nachdem ihre Ausbildung beendet und ihre Treue nachgewiesen war, wurden sie freigelassen. Diese spezielle Sklaverei-Institution, die zunächst punktuell als Quasi-Kin-Abhängigkeit entstand, prägte dann die expansiven islamischen Reiche für Jahrhunderte.

Die Mongolen bildeten eine spezifische Gesellschaft mit Sklavereien und Leibeigenschaft heraus sowie spezifischen Ordnungs- und Abhängigkeitsformen (*ordo* und *nökör*).[16] Die mongolischen Heere belieferten vor allem während des Vordringens nach Westen, 1230–1270, Ägypter sowie Genuesen und Venezianer mit Kriegsgefangenen als Sklaven – aber das mongolische Weltreich war keine Sklavereigesellschaft wie etwa das römische Reich. Mongolen der Goldenen Horde und Genuesen versorgten die Mameluken mit Sklaven, die diese zu Soldaten machten, die die Mongolen in Persien und Kreuzfahrer bekämpften.[17] „In the Islamic heartlands", sagt Peter Golden, „the Mamlūk regime that took power from the fading Ayyûbids in 1250 was largely derived from Qïpçaq slave / professional soldiers stemming from the Western steppes".[18]

Christoph Witzenrath hat unter Rückgriff auf Ehud Toledano die Spannbreite der Sklavereien in islamischen Gesellschaften beschrieben: „From elite managerial tasks in the highest echelons of government – the medieval and early modern mamluk dynasties of Egypt and Iraq, for example, recruited themselves and their soldiers exclusively from inner Asian Turkic slaves and, later, Georgian and Circassian slaves – to menial labour, from highly skilled contract work in the strategic galley wharfs of Constantinople to the rowers and agricultural slaves, from female slaves providing – in some cases voluntary, as some suggest – sexual service to legal spouses and mothers of scions of Ottoman noble families who, after giving birth, enjoyed full rights as wife there was virtually no sector of society where slaves were absent".[19] All diese Sklavereien waren im Kern auch Kin-Sklavereien.

---

15 Tor, „The Mamlūks in the Military of the Pre-Seljūq Persianate Dynasties", in: Iran: Journal of the British Institute of Persian Studies 46 (2008), S. 213–225, hier S. 213.

16 Gommans, Jos, „Warhorse and post-nomadic empire in Asia, c. 1000–1800", in: Journal of Global History 2 (2007), S. 1–21.

17 Amitai, „Diplomacy and the Slave Trade in the Eastern Mediterranean: A Re-examination of the Mamluk-Byzantine-Genoese Triangle in the Late Thirteenth Century in Light of the Existing Early Correspondence", S. 349–368.

18 Golden, „The Shaping of the Cuman-Qïpčaqs and Their World", in: Golden, Studies on the Peoples and Cultures of the Eurasian Steppes, ed. by Hribans, Cătălin, Bucureşti – Brăila: Editura Academiai Române; Muzeul Brăilei Editura Istros, 2011, S. 303–332, hier S. 331.

19 Toledano, „An Empire of Many Households: The Case of Ottoman Enslavement", in: Culbertson, Laura (ed.), Slaves and Households in the Near East, Chicago: The Oriental Institute, 20111, S. 85–

Die Herausbildung regelmäßiger Handels- und Schifffahrtsverbindungen während der Kreuzzüge zwischen Europa (vor allem italische Städte, Venedig, Genua, Florenz, Bari) und Westasien – im Grunde eine Rekonstruktion der regelmäßigen Verbindungen im Hellenismus und im römischen Reich – bildete die materielle, institutionelle und rechtliche, aber auch soziale Grundvoraussetzung für den „neuen“ Fernhandel mit Menschen im 13. Jahrhundert. Venezianer dominierten zunächst den Handel von Byzanz/Konstantinopel.[20] Beim Sklavenhandel mit den Mongolen hatten allerdings Genuesen die Nase vorn. Seit dem Zusammenbruch des Lateinischen Kaiserreiches 1261 hatten sie eine privilegierte Position als Sklavenhändler des entstehenden Mameluken-Reiches in Syrien und Ägypten unter Baibars und, auf dessen Druck wohl, auch in Konstantinopel; seit 1266 operierten sie in Kaffa, an der Romania (Ghasaria), an den Nordküsten der heutigen Türkei, auf wichtigen Mittelmeerinseln und im heutigen Marokko (Faktoreien in Safi (1253) und Salé (1162)). Youval Rotman drückt es so aus: „The Mediterranean slave trade changed in the late medieval period in view of the loss of the commercial hegemony of Byzantium in favor of the Italian cities. Amalfi, Bari and Venice connected the central and eastern European trade routes to the south-eastern Mediterranean markets already in the central medieval period. In the late medieval period, the Venetian and Genoese commercial monopoly in the eastern Mediterranean and the Black Sea embraced the importation of slaves of Mongol, Tartar, Turkish, Caucasian, Greek, Russian, and Balkan origins“.[21]

Konkurrierende Venezianer gründeten einen Handelsstützpunkt in Tana. Venezianer dominierten, vor allem seit einem Krieg mit den Genuesen, Acco (Akkon), den 1190–1290 prosperierenden Hafen der Kreuzfahrer-Kolonien.[22] Die Masse der von Mongolen kriegsgefangenen Kumanen, Russen und Türken (Kiptschaken/Polowezer), unter ihnen wohl auch Baibars (oder: Baybars – „al-malik al-Zāhir Baybars“), wurde von den Genuesen in Kaffa gekauft und weiter nach Kleinasien sowie zum Teil nach Syrien/Ägypten verschleppt – wo sie, wie gesagt, die Reihen der Mameluken auffüllten.[23] Besonders Tana (das antike Tanais) sowie Kaffa

97; Witzenrath, „Introduction. Slavery in Medieval and Early Modern Eurasia: An Overview of the Russian and Ottoman Empires and Central Asia“, S. 1–79, hier S. 5.

20 Lilie, Ralph-Johannes, Handel und Politik zwischen dem byzantinischen Reich und den italienischen Kommunen Venedig, Pisa und Genua in der Epoche der Komnenen und der Angeloi (1081–1204), Amsterdam: Hakkert, 1984.

21 Rotman, „Forms of Slavery“, S. 263–279, hier S. 271.

22 Abu-Lughod, „Muslim/Christian Trade“, in: Abu-Lughod, Before European Hegemony, S. 186–189.

23 Meyendorff, John, „The Mongols, their Western neighbours and Russian subjects“, in: Meyendorff, Byzantium and the Rise of Russia. A Study of Byzantine-Russian Relations in the Fourteenth Century, New York: St Vladimir's Seminary Press, 1989, S. 48–72, hier vor allem S. 48–53; Borgolte, Christen, Juden, Muselmanen. Die Erben der Antike und der Aufstieg des Abendlandes 300 bis 1400 n. Chr., München: Siedler Verlag, 2006 (Siedler Geschichte Europas), S. 195; Peter Golden sagt, dass die Masse der Versklavten, mit denen die Mameluken von Ägypten und Syrien die Ayyubiden schwächten, Kiptschaken (Qïpčaqs) waren: Golden, „The Shaping of the Cuman-Qïpčaqs and Their

(Caffa) waren fast ideale Orte für den Menschenhandel: „Mit Anbindung sowohl ans westliche Ende der „mongolischen" Seidenstraße als auch an die Landrouten nach Norden in Richtung der russischen Fürstentümer und Polens, zusätzlich zu seinem Hafen, befand sich das spätmittelalterliche Caffa am Schnittpunkt von Land- und Seewegen und bot so einen nahezu idealen Umschlagplatz für Waren sowohl aus China, Indien und Russland als auch aus der Schwarzmeerregion selbst sowie dem Binnenland nördlich der Krim".[24]

Andere Routen waren die über Kleinasien oder Armenien. Die Erben (und später Konkurrenten) der expansiven frühen Araber und Berber wurden Seldschuken[25] und osmanische Türken, Mameluken (vom Irak über Syrien bis Ägypten), Mongolen und Tataren sowie Dschingisiden/Timuriden in Zentralasien (mit Tendenz in Richtung Nordindien und Richtung Moghulistan/Xinjiang (Ost-Turkestan) mit dem Oiraten-/Dschungarenreich).[26]

In den Kulturen im westafrikanischen Gallinas (heutiges südliches Sierra Leone / nördliches Liberia), aus der auch viele der Amistad-Captives stammten, galten Frauen (und Nachkommen), Sklaven und Vieh als statusbegründendes Kapital. Europäisch-amerikanische Sklavenhändler wie Daniel Botefeur oder Pedro Blanco mussten sich, um überhaupt anerkannt zu werden, einen Harem zulegen. Das zeigt die Bedeutung der Akkumulation des Kapitals menschlicher Körper für den Status Mächtiger.

Der Hamburger Schiffsarzt Georg Tams befand sich im November und Dezember 1841 in Luanda im heutigen Angola. Er hat einen Bericht hinterlassen, der uns mit „kleinen" häuslichen Sklavereien im Modus von Kin-Sklaverei in einer Region „großer" Sklaverei und „großen" Sklavenhandels die Dynamiken des größten afri-

World", S. 303–332, hier S. 331; siehe auch: Amitai, „The Early Mamlūks and the End of the Crusaders Presence in Syria (1205–1290)", in: Boas, Adrian J. (ed.), The Crusaders World, London/New York: Routledge, 2016, S. 324–345; Annika Stello hat, vor allem wegen des schwierigen Nachweises aus den Quellen der Verkäufe von *capita* (Versklavten) und aus den Quellen der Schiffstransporte (Kapitäne und Schreiben waren sehr erfinderisch, vor allem wegen der massiven päpstlichen Verbote), die Zahlen zum Teil deutlich nach unten korrigiert, siehe: Stello, „Wirtschaft und Handel unter genuesischer Aufsicht: Der Sklavenhandel", in: Stello, Grenzerfahrung. Interaktion und Kooperation im spätmittelalterlichen Schwarzmeerraum, Diss. Trier 2011, http://ubt.opus.hbz-nrw.de/volltexte/2012/753/pdf/Stello_Diss.pdf (letzter Zugriff 24. Juli 2018), S. 155–206, hier vor allem S. 205 f.

24 Stello, „Die Entwicklung Caffas", in: Stello, Grenzerfahrung. Interaktion und Kooperation im spätmittelalterlichen Schwarzmeerraum, S. 43–54.

25 Dittelbach, Thomas, „Seldschuken und Normannen. Transmediterrane Perspektiven", in: Asutay-Effenberger, Neslihan; Daim, Falko (ed.), Der Doppeladler. Byzanz und die Seldschuken in Anatolien vom späten 11. bis zum 13. Jahrhundert, Mainz: Verlag des Römisch-Germanischen Zentralmuseums 2014 (Byzanz zwischen Orient und Okzident, 1. Veröffentlichungen des Leibniz-WissenschaftsCampus Mainz), S. 111–127.

26 Perdue, Peter C., „Central Asia", in: Reinhard, Wolfgang (ed.), Empires and encounters: 1350–1750, Cambridge; London: The Belknap Press of Harvard University Press, 2015 (Iriya, Akita; Osterhammel, Jürgen (eds.), A History of the World), S. 134–149.

kanischen Sklavenhandelszentrums am Hidden Atlantic vorführt. Tams war beeindruckt von der Stadt Luanda, die fast ausschließlich von der Arbeit schwarzer Sklaven, ehemaliger Sklavinnen und Sklaven sowie Sträflingen abhing.[27] Tams kam im Haus des Stabsarztes von Luanda unter, einem Spanier und seiner Frau Catarina. Der deutsche Arzt war fasziniert, aber vor allem schockiert von der Sklavereiroutine der Stadt und des Menschenhandels. Der spanische Stabsarzt versah seinen Dienst, heute würde das Visite heißen, zwischen 5 und 8 Uhr am Morgen, wegen der Hitze. Der Chef ritt auf seinem Pferd und wurde von einem Sklavenpagen begleitet, der alles im Laufschritt zu absolvieren hatte. Während dieser Zeit überwachte seine Frau, Doña Catarina, die Sklaven ihres wohlhabenden Haushaltes. Wenn sie nicht gerade speiste oder etwas anderes tat, war Doña Catarina von kleinen schwarzen Mädchen umgeben, *negrinhas*, die Stickarbeiten ausführen mussten. Verrichteten die kleinen Näherinnen oder die Sklavenjungen ihre Arbeit nicht richtig und machten auch nur kleine Fehler, wurden sie unter Aufsicht von Doña Catarina nach dem Frühstück durch Prügel bestraft. Mit einem Instrument, das *palmatoria* hieß, eine Art hölzerner Fliegenklatsche mit kegelförmigen Löchern, bekamen die Kinder je sechs Dutzend Schläge auf die Hände. Die Löcher verhinderten, dass sich beim schnellen Schlag ein schützendes Luftpolster bildete. Die Schmerzen müssen furchtbar gewesen sein, zumal die Kinder sofort wieder an die Arbeit mussten. Solcherart „in der Familie“ ausgebildete und disziplinierte Kindersklaven erzielten höhere Preise beim Verkauf. Der Arzthaushalt besserte seine Finanzen durch den Verkauf angelernter Kindersklaven auf. Ein ähnliches Schicksal teilte der angelernte Sklaven-Koch. Nach Sonnenuntergang kamen Gäste ins Haus zum Essen. Gefiel und schmeckte ihnen das Essen, war alles gut und der Koch wurde gelobt. Beim Gegenteil wurde der versklavte Koch sofort verprügelt. Nach dem Essen wurden die Sklaven, die die Folgen ihre Bestrafungen überwunden hatten, vorgeführt. Die Gäste, viele unter ihnen waren Sklavenhändler, debattierten, wie Tams sagt, in „ungeschliffener Redeweise“ den Wert jedes Sklaven und handelten Versteigerungspreise aus. Nachts wurde stundenlang Karten gespielt. Erfrischungen mussten von kleinen Sklavenjungen, die zwischen vier und sechs Jahren alt waren, bis 1 Uhr morgens kredenzt werden. Nickte einer der kleinen Sklaven ein, wurde er sofort ausgepeitscht.[28]

Luanda war im Laufe der Neuzeit nicht nur zum Zentrum einer Sklavereigesellschaft, sondern auch zum wichtigsten Portal des atlantischen Slaving in Westafrika geworden (insgesamt 2,82 Millionen Captives; siehe oben). Der Sog dieses Sklave-

---

27 Ferreira, „Slavery and Society“, in: Ferreira, Cross-Cultural Exchange in the Atlantic World, S. 126–165.

28 Tams, Georg, „Loanda oder Angola“, in: Tams, Die portugiesischen Besitzungen in Süd=West=Afrika: Ein Reisebericht. Mit einem Vorworte von Professor Dr. Carl Ritter, Berlin: Kittler, 1845, S. 85–164; zu Vorgeschichte und Umfeld siehe: Ferreira, „An Expedition to the Kingdom of Holo“, in: Ferreira, Cross-Cultural Exchange in the Atlantic World, S. 20–51.

rei-Hubs wirkte sich auf die Kin-Sklavereien der Hinterland-Gesellschaften aus, ohne dass ich hier nur die atlantische Nachfrage als Grund anführen will; zum Beispiel spielte auch traditionelle Zwangsarbeit (Trägerdienste), die von Eliten und von der Kolonialmacht mit Gewalt eingefordert wurde, oder die Formierung neuer expansiver Reiche im Hinterland (wie das Lunda-Reich), eine wichtige Rolle.[29] Sklavereien und Sklavenhandel in den Ambundu-Gesellschaften des heutigen nördlichen Angola waren älter „than any reliable oral or written information about Ambundu society".[30] Weil nur ab dem 17. Jahrhundert relativ dichte Informationen[31] vorliegen, wählt Vansina diese Zeit, um sie mit den Folgen des Sklavenhandels im 19. Jahrhundert zu vergleichen. Im Interior des heutigen nördlichen Angola verschärften sich Sklavenhandel, Schuldsklaverei und Sklavereien zwischen dem 17. und dem 19. Jahrhundert. Kin-Sklaven und Schuldner-Pfänder (oft Kinder und Verwandte der einflussreichen Mütterbrüder) wurden mehr und mehr in die äußere Sklaverei, d. h., an die Küste und in die atlantische Sklaverei, verkauft. Sie gerieten in die Fänge von Sklavenhändlern, die die Captives an Portugiesen und andere atlantische Negreros verkauften. Die ursprünglichen Zwangsarbeiten (Trägerdienste), Kauf von Frauen sowie Kindern und Razziensklavereien von Fremden, der Fernhandel mit Versklavten, Verurteilten und Verschleppten sowie die eigentlich von der „richtigen" Sklaverei unterschiedene Schuldsklaverei (*nguji*) der Ambundus. All diese Sklavereiformen waren fest eingewebt in Kin-Strukturen von Matri- und Patrilineages, Virilokalität, Großfamilien, aber auch bilateralen Gruppen aus Schwestern und Brüdern sowie Neffen und Nichten (*muijii*), die vom ältesten der Mutterbrüder, dem *lemba*, angeführt wurden. Die Sklavereien verschärften sich so

29 Heintze, „Hundert Jahre danach: Historische Rekonstruktionen und Deutungen", in: Heintze, Afrikanische Pioniere, S. 35–53, hier besonders S. 38.

30 Vansina, „Ambaca Society and the Slave Trade, c. 1760–1845", in: Journal of African History 46 (2005), S. 1–27, hier S. 13; zur Vorgeschichte und zur Verbindung der Conquista Angolas zum iberischen Sklavenhandelsatlantik, siehe: Wheat, „Garcia Mendes Castelo Branco, fidalgo de Angola y mercader de esclavos en Veracruz y el Caribe a principios del siglo XVII", in: Velázquez, María Elisa (coord.), Debates históricos contemporáneos: africanos y afrodescendientes en México y Centroamérica, México, D.F.: INAH; CEMCA; UNAM-CIALC; IRD, 2011, S. 85–107, http://books.openedition.org/cemca/197#ftn3 (letzter Zugriff 26. 1. 2018), sowie, allerdings stärker auf das Kongo-Reich fokussiert: Thornton, „'I am a Subject of the King of Congo': African Political Ideology and the Haitian Revolution", in: Journal of World History 4:2 (Fall 1993), S. 181–214 sowie: Heywood, „Slavery and its transformation in the kingdom of Kongo: 1491–1800", S. 1–22; zu den Fernhandelsbeziehungen, siehe: Vansina, „Long-Distance Trade Routes in Central Africa", in: Journal of African History 3 (1962), S. 375–390; zum Sklavenhandel bis um 1830 siehe: Miller, Way of Death: Merchant Capitalism and the Angolan Slave Trade, 1730–1830, Madison: The University of Wisconsin Press, 1988.

31 Zum „spanischen" Angola siehe: Cortés López, „Felipe II, III y IV, reyes de Angola y protectores del reino del Congo (1580–1640)", S. 223–246; siehe auch: Menz, Maximiliano M., „As "Geometrias" do Tráfico: O Comércio Metropolitano e o Tráfico de Ercravos em Angola (1796–1807)", in: Revista de História, n. 166, São Paulo (jan./jun. 2012), S. 185–222; Menz; Lopes, Gustavo A., „A população do Reino de Angola durante a era do tráfico de escravos: um exercício de estimativa e interpretação (c. 1700–1850)", in: rev. hist. (São Paulo) n.177 (2018), S. 1–35.

sehr, dass auch Schuldsklaven immer mehr zur Sicherung von Krediten (Grundeinheit: „trade goods equivalent to a slave (*banzo*) on credit")[32] eingesetzt wurden. Die Kredite dienten dem Kauf von Kommoditäten, d. h., mehrheitlich durch Portugiesen und atlantische Kapitäne sowie Kaufleute importierte Luxus-Waren (*imported goods*). Anschaffung und Konsum oder Gebrauch dieser Waren, im 17. Jahrhundert im Wesentlichen auf Chefs (*sobas*) und Alliierte der Portugiesen beschränkt, hatte sich im 19. Jahrhundert stark verbreitet. Eine Art afrikanischer Konsumgesellschaft. Nach ca. 200 Jahren Kriegen und Konflikten in und um Angola („major and incessant wars"),[33] d. h., Ndongo, dem unabhängigen Königreich Njinga (mit dem es 1837–1838 zum Krieg kam), in der Endphase des atlantischen Sklavenhandels, hatten Sklavenhandel, Handelskarawanen mit quasi-versklavten Trägern und Verschärfung der Sklavereien nicht nur die wichtigsten sozio-politischen Institutionen der Gesellschaft bis auf das „grass-root level" verändert, sondern alle Facetten des Ambundu-Lebens transformiert, unter Einschluss grundlegender demographischer Muster. Roquinaldo Ferreira fasst diese Veränderungen zusammen: „Were African vassals more affected by enslavement in the eighteenth century [und später – M. Z.] than in earlier times? The answer to this question is yes. Prior to beginning of large-scale military [...], production of slaves was mostly restricted to outsiders and or people already born into slavery. [...] To protect freeborn individuals, institutional mechanisms existed to prevent the enslavement and sale of freeborn people who had been wrongly made into captives .... In fact, those who sold or bought freeborn individuals were punished with the capital penalty. In contrast, as the demand to produce slaves mushroomed in the eighteenth century, these rules collapsed. This process was intimately related to the spread of itinerant trade [vor allem Karawanen – M. Z.] and the attendant rise in debt among African communities".[34]

Um 1850 war nur noch die kleinere Hälfte der Ambundu-Gesellschaft frei.[35] Es wurden auch Vasallen Portugals, d. h., christianisierte Bewohner von Gebieten unter – oft lockerer – portugiesischer Kontrolle versklavt.[36] Die spezielle Unsicherheit versklavt zu werden, erfasste alle, speziell aber junge Männer. Auf zwei Frauen kam nur ein Mann; wahrscheinlich auch wegen des Imports von versklavten Frauen. Wenn junge Männer nicht versklavt waren, mussten sie auf Befehl älterer

32 Vansina, „Ambaca Society and the Slave Trade, c. 1760–1845", S. 1–27, hier S. 14.

33 Ebd., S. 13.

34 Ferreira, „Debt and Enslavement", in: Ferreira, Cross-Cultural Exchange in the Atlantic World, S. 66–71, hier S. 67.

35 Vansina, „Ambaca Society and the Slave Trade, c. 1760–1845", S. 1–27, hier S. 13; zu den Bevölkerungszahlen siehe: Domingues, „The Early Population Charts of Portuguese Angola, 1776–1830: A Preliminary Assessment", S. 107–124.

36 Ferreira, „Can Vassals be Enslaved?", in: Ferreira, Cross-Cultural Exchange in the Atlantic World, S. 52–87.

Verwandter oder Chefs als Razzienkrieger, „porters or as traders“,[37] meist in den Sklavenkarawanen, unterwegs sein. Beatrix Heintze schreibt über die Trägerkarawanen, die Zwangsarbeit und den „Transport“ zwischen Interior und Küste: „Die Hauptimpulse gingen immer noch [in der ersten Hälfte des 19. Jahrhunderts – M. Z.] vom Atlantischen Sklavenhandel aus: die Zielrichtung [in den Interior – M. Z.] galt vor allem dem Lunda-„Commonwealth“ [etwa heutige Provinzen Lunda Norte und Lunda Sul im Nordosten – M. Z.], aus dem damals besonders viele Sklaven an die Küste kamen. In dieser Zeit stellten Sklaven zwar noch das Gros der Träger [was sich im Umfeld der Abolition der Sklaverei änderte, die Träger waren formal „frei“, aber der Sklavereicharakter der Arbeit blieb, siehe oben unter Abolition der Sklaverei im portugiesischen Imperium – M. Z.], doch bildete letztlich die gesamte afrikanische Bevölkerung Portugiesisch-Angolas ein riesiges Zwangsarbeiterreservoir“.[38]

Traditionelle Chefs der Ambundu-Gesellschaft waren *sobas*, die kleinere Territorien (unterschiedlicher Größe) beherrschten und zugleich die Oberkontrolle über Menschen und Land ausübten. Bei den Kimbundu wurden Adlige mit dem Titel *xa* angesprochen (wie „Herr“ oder großer Mann; in Sengambien „mongo“); *xanama* (*sanam*) war der Titel des Lunda-Gouverneurs von Tenga bzw. Tengue.[39] In Wert gesetzt werden konnte die Landkontrolle nur durch möglichst viele Menschen. Neben den Sobas als Territorialchefs der Ambundu existierten im 19. Jahrhundert *kilamba* (oder *quilamba*) deren Vorfahren seit dem 17. Jahrhundert servile Tätigkeit für Europäer gemacht hatten; meist handelte es sich um ehemalige War-Lords und Sklavenhändler, Alliierte der Portugiesen, die ihre Ränge durch Eroberung oder Besetzung territorialisiert hatten.[40] Die Chefs, die meist aus den Reihen einer Verwandschaftsgruppe stammten, die aristokratischen Status für sich beanspruchten („Geburt“; Vorfahren), wurden durch Titelträger (*kota* – Ältere) und Nichttitelträger (*lemba*) beraten und gewählt. Residenzielle Orte waren *bata* oder *libata*, kleinere Orte, Teile von Chiefdoms. Große Städte oder „Hauptstädte“ waren *mbanza*, Residenzen von mehreren Territorialchefs, aber auch von Chefs von Kinship-Gruppen, ihren Klienten und Sklaven. *Sanzala* oder *sanza* schließlich, mittlere Provinzorte, waren Residenzen eines kleineren Soba oder eines mächtigen Patrons (*mwadi*), der von den Portugiesen *morador* (Siedler) genannt wurde. Die in den Sanzalas[41] leben-

37 Vansina, „Ambaca Society and the Slave Trade, c. 1760–1845“, S. 14.

38 Heintze, „Hundert Jahre danach: Historische Rekonstruktionen und Deutungen“, S. 35–53, hier S. 38; Domingues; Bukas-Yakabuul, Badi, „From beyond the Kwango – Tracing the Linguistic Origins of Slaves Leaving Angola, 1811–1848“, in: Almanack no. 12 (2016), S. 34–43.

39 Heintze, „Carvalhos Träger aus Luanda“, in: Ebd., S. 87–94, hier S. 89; siehe auch: Heintze, „Glossar der im Text verwendeten afrikanischen und luso-afrikanischen Begriffe“, in: Ebd., S. 290–295, hier S. 295.

40 Ebd., hier S. 40; siehe auch: Heintze, „Die Karawanen“, in: Ebd., S. 175–198.

41 In Brasilien wurden die Sklavenquartiere der Fazendas *senzala* genannt, die vom ältesten Mann geführt wurden (*nkuluntu* – älteste Person); siehe: Vansina, „Ambaca Society and the Slave Trade, c. 1760–1845“, S. 1–27, hier S. 8.

den Chefs waren entweder Luso-Afrikaner mit großer Verwandtschaftsgruppe (*kinsfolk*) oder Afrikaner, die den portugiesischen *way of life* angenommen hatten. Die Ambundu nannten solche Afrikaner *kamundele* – „kleiner weißer Mann".[42] Unter den Luso-Afrikanern fanden sich nach Beatrix Heintze als „europäische Ahnen"[43] *degregados* (verurteilte Kriminelle, die aus Portugal oder Brasilien verbannt worden waren), zurückgelassene oder desertierte Matrosen, Soldaten, Händler und Konquistadoren. Luso-Afrikaner trugen als Zeichen ihres gehobenen Status' Schuhe und europäische Kleidung (oft abgelegte Kleidung europäischer Eliten oder von afrikanischen Schneidern nachgearbeitete Kleidung). Zu ihren Privilegien gehörte, dass sie keine Trägerdienste stellen mussten. Sie sprachen Portugiesisch, Kimbundu oder Kikongo sowie eventuell weitere Sprachen. Sie verstanden sich als Christen, viele von ihnen konnten lesen und schreiben.[44] Die meisten der Kamundele waren Unternehmer, die in den Fernhandel auf Sklaven involviert waren. Als mobile und itinerante Menschenhändler wurden sie auch *quimbares* (Singular auch: *kimbari*/*quimbari*) genannt. Sie waren aber auch Sekretäre, Dolmetscher und Berater der Chefs und hatten oft Posten in Kolonialmilizen. Mit „sobas und quimbares" wurden rurale Chefs bezeichnet. Nach Heintze waren Quimbares: „Afrikaner, meist kleine Händler, die sich in Kleidung und anderen kulturellen Merkmalen den Ambakisten assimiliert hatten und sich daher auch als „filhos" (Kinder) der Ambakisten bezeichneten".[45]

Sehr stark veränderte sich unter Einfluss des Sklavenhandels, der Nutzung von Verschleppten als Kreditgrundlage und der Veränderung der Kin-Sklavereien die Jurisdiktion. Gerichtshöfe bildeten so, neben Steuerzahlung und Trägerkarawanen, die direktesten Verbindungen zur Außenwelt; zunächst simpel fassbar in der Tatsache, dass Gerichtshöfe viele Menschen zur Sklaverei verurteilten und somit zu Körperkapital machten, das als Gegenwert oder Kreditgrundlage zum Erwerb von Kommoditäten und Luxusgütern und damit Status diente. In Angola gab es zwei Arten von Gerichtshöfen. Einmal der oberste Gerichtshof des *capitão mor*, basierend auf portugiesischem Recht und Kolonialrecht. Dort wurden die Kapitalfälle, wie Mord, verhandelt. Zweitens gab es den Gerichtshof der Sobas, der auf lokalen Gewohnheitsrechten beruhte. Die Fälle erfassten vor allem Eigentumsverletzungen und Schulden (*kongo*). Daneben gab es zwei Arten von „Gottesurteil"-Verfahren, die auf der Nutzung von glühendem Eisen und von Gift (*poison oracle*) beruhten. Das möglicherweise erstaunlichste für europäische Beobachter im lokalen Gewohn-

42 Ebd.

43 Heintze, „Hundert Jahre danach: Historische Rekonstruktionen und Deutungen", S. 35–53, hier S. 40.

44 Heintze, „Os Luso-Africanos no Interior de Angola", in: Heintze, A África centro-occidental no século XIX (c. 1850–1890). Intercâmbio com o Mundo Exterior. Appropriação, Exploração e Documentação. Tradução de Marina Santos, Luanda: Editorial Kilombelombe, 2013, S. 259–307.

45 Heintze, „Glossar der im Text verwendeten afrikanischen und luso-afrikanischen Begriffe", in: Ebd., S. 290–295, hier S. 292.

heitsrecht und seiner Auslegung im Soba-Gerichtshof der Ambundu war die unbedingte „Heiligkeit" des Eigentums – es war extremer und härter als im England des 18. Jahrhunderts oder im Original des napoleonischen *Code Civil.*[46] Hintergrund waren das traditionelle Prinzip kollektiver Verantwortung für Verbrechen und Vergehen, was vor allem Matrilineages traf, sowie eine wuchernde Korruption, die die reichere Partei privilegierte. Hauptanklagepunkte waren fast immer Ehebruch, welch Wunder in einer Gesellschaft, in der alte Männer über viele Frauen und junge Männer über fast nichts verfügten, und Diebstahl. Auch Anklagen wegen Hexerei waren sehr verbreitet. Sie endeten fast immer in Gottesurteilen und Versklavung. Starb der oder die Angeklagte, wurde eine bestimmte Zahl seiner oder ihrer Verwandten zu Sklaverei verurteilt und verkauft. Was „Ehebruch" betraf, so konnte irgendeine Ungehörigkeit oder Ungeschicklichkeit gegenüber jemandes Ehefrau oder weibliche Sklavin als Ehebruch (*adultry*) angesehen werden. Als Strafe wurde die Zahlung von einem oder zwei Sklaven angeordnet. Männliche Schuldige konnten sich der Strafe durch das Angebot entziehen, mit Sklaven zu zahlen (wenn sie welche hatten). Sie konnten sich ebenso einen Sklaven oder den Wert eines Sklaven leihen, indem sie einen oder zwei Mitglieder seiner Lineage verpfändeten. Die Strafe für Diebstahl war unweigerlich Versklavung. Als Diebstahl galt schon die Wegnahme einer einzigen Ähre von einem fremden Feld. Und das in einem Land, in dem es regelmäßig Trockenkeit, Ernteausfälle und Hungersnöte gab, von Kriegen und Epidemien ganz zu schweigen. Auch zogen Trägerkarawanen kreuz und quer durch das Land. Razzientrupps plünderten die Landwirtschaft. Die jungen Träger-Quasi-Sklaven waren oft hungrig – nach Essen, nach Sex und Liebe.

Ein weiteres nicht ungewöhnliches Verbrechen war Kidnapping von Kindern und jungen Menschen, um sie in die Sklaverei zu verkaufen. Die Strafe war Versklavung. Der Soba-Gerichtshof und die Gottesurteile waren die Hauptinstrumente, mit dem die lokale Bevölkerung versklavt wurde.[47] Jan Vansina kommt zum Urteil, dass die Hauptwirkung des Sklavenhandels im 19. Jahrhundert nicht mehr in Razzienüberfällen auf die lokale Bevölkerung begründet lag, sondern in der Ausweitung des Kredithungers, um Kommoditäten erwerben zu können.[48] Menschliche Körper waren zu Kapital geworden. Schuldsklaven und Kinder als Pfänder für Schulden, die vorher klar Teil von Altersgruppen-, Kin- und Lineage-Beziehungen waren und auch visuell sowie rituell eindeutig von verkaufbaren Sklaven unterschieden werden konnten, waren nach bestimmten Urteilen nicht mehr durch ihre Familien oder Lineages auslösbar. Sie wurden in den atlantischen Sklavenhandel verkauft. Auch in der Religion wurden die Änderungen deutlich. Persönliche Geister setzten sich immer mehr durch, speziell ein Gott namens *Kibuku*, ein persönlicher Geist der „guten Fortune, des Schicksals", eine Art Schutzengel und, wenn

46 Vansina, „Ambaca Society and the Slave Trade, c. 1760–1845", S. 1–27, hier S. 12.
47 Ebd.
48 Ebd., S. 26.

ein Individuum erfolgreich gewesen war, ein „Gott des Reichtums“. Ähnliches galt für *Muta Kalombo* (oder einfach Muta), ein persönlicher Geist des Jagderfolgs, der Kriegführung und des Feuers, den besonders die „Büffeljäger“-Soldaten der *guerra preta* (wörtlich: „schwarzer Krieg“ = schwarze Wachen, auch *empacasseiros*) der angolanischen Kolonialtruppen verehrten, von denen sich auch Tams sehr beeindruckt gezeigt hat. Die Gesellschaft der Ambundu individualisierte und atomisierte sich zunehmend. Eine kleine Gruppe mächtiger Männer, Sobas und Quimbares sowie Krieger, Luso-Afrikaner und Afrikaner, befreiten sich zunehmend von sozialer und politischer Kontrolle durch traditionelle Sozialstrukturen. Gleichzeitig nutzten sie die Rechtsgrundlagen kollektiver Güter und kollektiver Verantwortung, um ihre Ziele zu erreichen. Sie transformierten die Ambundu-Gesellschaften, gefördert durch Kolonialismus, Handel/Transport, Kriege und Expansion, und setzten sich selbst als kompetitive Elite an die Spitze der Gesellschaft. Zusammen managten sie sowohl Bevölkerung wie auch Eigentum. Movens und Grundlage der Änderungen war die explosionsartige Ausweitung und Dynamisierung traditioneller Kin-Sklavereien zu „großen“ Sklavereien.[49] Besonders augenfällig waren die Änderungen am Status der Schuldsklaven.

Auch für die zweite Hälfte des 19. Jahrhunderts und für einige Jahrzehnte im 20. Jahrhundert beschreibt Beatrix Heintze die Bedeutung von Karawanen sowie luso-afrikanischer Karawanenhändler in Angola und darüber hinaus in der Erschließung des Interior (und vieler Konflikte). Diese Zeit liegt, um an das Thema Abolition/Emanzipation von Sklavenhandel und Sklavereien anzuknüpfen, etwa parallel zur Endphase der formellen Abolitionen in den Amerikas (1865–1888).

Karawanenhändler in Westzentralafrika waren zugleich große Sklavenkaufleute und Chefs von Razzientrupps. Die biographische Skizze von Paulo Coimbra, genannt *Mussili*, zeigt einen großen Karawanen- und Sklavenhändler Angolas in voller Aktion (siehe auch das Kapitel über Sklavenhändler). Coimbra pflegte eine Ahnentabelle als Nachfahre eines „weißen Portugiesen“ aus Brasilien, der in Brasilien eine farbige Frau, eventuell eine ehemalige Sklavin aus Angola, geheiratet hatte und mit ihr nach Angola und dann ins Hinterland nach Bié gegangen war.[50] Obwohl sich in anderen Gebieten des Sklavenhandels die Schwergewichte der einzelnen Handelswaren (u. a. Sklaven/Elfenbein[51] oder Kautschuk, etc.) verschoben

49 Ebd., S. 25 f.

50 Heintze, „Paulo Coimbra, genannt Mussili, und sein Vorfahren“, in: Afrikanische Pioniere, S. 137–151, hier S. 137; zum Hintergrund siehe auch: Henriques, Isabel Castro, Percursos da modernidade em Angola: dinâmicas comerciais e transformações sociais no século XIX, pref. Jean Devisse, Lisboa: Instituto de Investigação Científica Tropical; Instituto da Cooperação Portuguesa, 1997; Freire, João (compil., análises e notas), Olhares europeus sobre Angola: ocupação do território, operações militares, conhecimentos dos povos, projectos de modernização (1883–1918): (antologia de textos de época), Lisboa: Comissão Cultural de Marinha / Edições Culturais da Marinha, 2011.

51 Speziell für den Elfenbein-Handel von Calabar und der Bucht von Biafra, der bis ins Grass-Hinterland von Kamerun reichte, aber auch als allgemeinen Überblick siehe: Behrendt, Stephen D.; Latham, A. J. H.; Northrup, David, „Ivory Supplies in the Bight of Biafra“, in: Duke, Antera, The

hatten oder wegblieben, dominierten den Lunda-Handel im Hinterland Angolas in den Einzugsgebieten der großen Karawanen des späten 19. und frühen 20. Jahrhunderts „Sklaven, besonders Mädchen, und Elfenbein".[52] Der Karawanenhandel führte durch Gebiete des heutigen Angola, des Kongo und Sambias hin zu den großen Seen (vor allem Malawi-See). Das Interior Westzentralafrikas war zugleich ein Gebiet schwerer Konflikte, die sich aus Pockenepidemien und Kämpfen zwischen Lunda-Fraktionen und Chokwe ergaben. Tauschgüter des Karawanenhandels waren Salz, Textilien (Baumwolle und Flanelle, auch Leinen und Raffia (Raphia)), Tabak, Hanf (es entstand ein Hanf-Kult, d. h., quasi-religiöses Kiffen), Kautschuk, Elfenbein, Honig, Wachs, Palmöl, Felle, Messingdraht, Perlen (weiße und rote – auch als Geld), Kauries eher selten, Steinschlossflinten (wegen Pulvermangel eher als Statussymbol), Gewehre, andere Waffen und Quinquallerie (sowie weitere *miudizas*), 1,5–2 kg schwere Messingkreuze, schnupftuchgroße Gewebe aus Raffiabast (zu Rollen von 20–80 Stück zusammengeschnürt: *mucuta*), aber auch Rinder, Papageien und sogar *zambis* (Einzahl *zambi* – Messingkreuze oder Christusamulette).[53] Von besonderer Bedeutung war im tieferen Interior der Massenhandel von Salz gegen Versklavte. Es kam häufig zum direkten Transfer „Salz gegen Sklaven".[54] Salzlasten bestanden aus Salz-Stangen; 20–40 Salz-Stangen bildeten eine Last (*muxa*). Der Lunda-Fürst Muata (*mwata*) Cumbana ließ das erste Kind einer der Frauen der ihm unterstellten lokalen Chefs bei der Lineage des Pende-Volkes. Die zweiten Kinder kamen in seinen Dienst (d. h., sie wurden eine Art Geiseln und Haussklaven). Das dritte Kind und weitere Kinder waren „Salzkinder". Sie wurden gegen Salzlasten getauscht. Das eingetauschte Salz wurde verbraucht und ein Teil gegen erwachsene Sklaven weiter im Osten eingetauscht.[55] Auch hier und zu dieser aus amerikanistischer Sicht eher späten Zeit – ich wiederhole das: explosionsartige Ausweitung und Dynamisierung von „kleinen" Kin- und Kinder-Sklavereien zu „großen" Sklavereien und Menschenhandel, die im Trend der Globalgeschichte lagen.

Um es ganz essentialistisch auszudrücken: Kin-Sklavereien gibt es seit vielen tausend Jahren. Aber ohne imperiale Expansionen, formierten Kolonialismus oder Imperienbildungen fallen Kin-Sklaven in ihren Gemeinschaften kaum auf. Sklaven in „großen" Sklavereien sind für ihr Umfeld und für Reisende sehr gut sichtbar, sie bilden die Masse der arbeitenden Menschen in Häusern, auf Straßen und Feldern, oft auch in Bergwerken oder Steinbrüchen. Kompakte Wirtschaftsysteme, die

Diary of Antera Duke, an 18th-Century African Slave Trader, ed. Behrendt; Latham; Northrup, New York/Oxford: OUP, 2010, S. 92–94; allgemein siehe: Silva, Nuno Vassalo; Gauvin, Alexander Bailey; Massing, Jean Michel, Ivories in the portugese empire / Marfins no império português, Lisboa: Scribe, 2013.

52 Heintze, „Waren und Wege", in: Ebd., S. 199–232, hier S. 213.

53 Ebd., S. 214–217.

54 Ebd., S. 228.

55 Ebd., S. 228.

auf großen Sklavereien sowie visiblen Infrastrukturen (wie Engenhos/Ingenios/Plantations als kapitalistische Unternehmen seit dem 16./17. Jahrhundert) beruhen und die Basis von Sklavereigesellschaften bilden, existieren im Gegensatz zu den Jahrtausenden „kleiner" Kin-Sklavereien eventuell zwei bis drei Jahrhunderte, oft weniger (wie im South der USA oder auf Kuba im 19. Jahrhundert – 60 bis 80 Jahre). Das gilt durchaus im heutigen relationalen Verständnis von Postkolonialismus und Geschichte: die am konzentriertesten von Eliten repräsentierten Sklavereien (aus welchen Gründen auch immer) sind die „großen" Plantagensklavereien Brasiliens und Kubas.[56] Es ist eine Paradoxon, das gut in dieses Kapitel passt: auf den Bildern sieht man in den allermeisten Fällen Sklaven der „großen" Sklavereien; die durchaus anwesenden Kin-Sklavinnen sind nicht oder nur sehr schattenhaft zu erkennen. Was auch nicht zu erkennen ist, sind die Hierarchie-Ebenen auf einer Plantage oder in einem Haushalt mit Sklaven, bei denen die Kin-Beziehungen (oder Quasi-Kin-Beziehungen) und natürlich Liebes-Beziehungen und andere informelle Abhängigkeiten (auch) eine extrem wichtige Rolle spielten.[57]

„Kleine" Sklavereien in „großen" Sklavereien

„Kleine" Sklavereien blieben wichtig. Da das Bild einer vertikalen Reihung „kleiner" Kin-Sklavereien einerseits und das der horizontalen Blockbildung von „großen" translokalen Wirtschaftssklavereien andererseits etwas statisch ist, will ich gerne auch ein anderes Bild gebrauchen – Kin-Sklavereien strukturieren auch Haushalte in systemisch entwickelten „großen" Sklavereigesellschaften. Gilberto Freyres berühmtes Buch „Casa-Grande & Senzala – Herrenhaus und Sklavenhütte"[58] von 1933 zeichnet das Bild einer Plantagengesellschaft, die von Kin-Sklavereibeziehungen regelrecht umsponnen und durchdrungen ist wie von Schatten, verborgenen Beziehungslinien oder Spinnennetzen.

Und was noch wichtiger ist: in Form der beschriebenen Ansätze sowie extrem vielfältiger Übergangsformen zwischen Sklavenarbeit und Lohnarbeit existieren

---

56 Boogaart, Ernst van den, „Das Land der Zuckermühlen, für die niederländischen und europäischen ‚Curiosi' beschrieben und illustriert. Die Transformation des Bildes von Brasilien nach der Rückkehr Johann Moritz'", in: Brunn; Neutsch (eds.), Sein Feld war die Welt. Johann Moritz von Nassau-Siegen (1604–1679), S. 62–75; Zeuske, „Sklavenbilder: Visualisierungen, Texte und Vergleich im atlantischen Raum (19. Jahrhundert, Brasilien, Kuba und USA)", unter: www.zeitenblicke.de/2008/2/zeuske (letzter Zugriff 26. 1. 2018).

57 Graham, Sandra Lauderdale, Caetana Says No – Women's Stories from a Brazilian Slave Society, Cambridge: Cambridge University Press, 2002; Read, Ian, The Hierarchies of Slavery in Santos, Brazil, 1822–1888, Stanford: Stanford University Press, 2012.

58 Freyre, Gilberto, Casa-Ggrande & senzala, passim (51. Auflage in Brasilien); siehe auch: Braga-Pinto, Cesar, „Sugar Daddy: Gilberto Freyre y el amor entre blancos y negros", in: Cuadernos de Literatura Vol. XXI, no. 42 (Julio-Dic. 2017), S. 79–95.

Quasi-Kin-Sklavereien und endogene Familien-/Schuldsklaverei auch heute, gerade heute, als wirkliche und potentielle Grundlagen neuer Sklavereien.[59] Das wären dann Sklavereien, die zwar solche sind, weil einige der wichtigsten Hauptkriterien, wie mit Gewalt erzwungene Arbeit, Ausbeutung, kein freier Wille, niedrigster Status, Unsicherheit, keine „Ehre“ sowie Kontrolle über den Körper, zutreffen. Aber diese neuen Sklavereien sind eben nicht mehr so leicht „visibel“, erkennbar, wie die scharf umrissene römische Sklaverei oder die Sklaverei von Massen von Schwarzen im Süden der USA. Eine geschriebene Eigentumsurkunde in „römischer“ Rechtstradition ist nicht mehr nötig, ja sogar schädlich, denn „mit Papieren“ wäre Sklaverei juristisch nachweisbar. Die heutigen Sklavereien sind meist nicht rassistisch, oftmals auch nicht nur auf Fremde, sondern eher auf „eigene Leute“ beschränkt. Sie sind nicht legal, nicht in Dokumenten aufgezeichnet und sie finden auch nicht mehr nur in „fernen“ Peripherien der europäischen Welt (Postkolonien) statt, sondern auch in neuen Boomzentren der globalisierten Wirtschaft und sogar in den großen Städten des reichen Westens.[60]

Auch in der so genannten „Dritten Welt“, wo Geburtenraten explodieren und es viele Kinder ärmster Familien gibt, sind längst Bedingungen entstanden, die banal alltägliche Ansatzpunkte für Kin-Sklavereien (Adoption, Heirat, Lehrlinge, Hauspersonal, Prostitution, Passagen, Onkel- oder Tantenverhältnis, Kinderarbeit, Leiharbeit u. a.)[61] zu veritablen Mischformen zwischen lokaler Sklaverei, Zwangsarbeit und Leiharbeit sowie hybriden Ansätzen neuer, weit verbreiteter globaler Sklavereien macht. Auch die Auflösung von Arbeitszeit, Arbeitsort sowie direktem Arbeiter-Unternehmer (Arbeitsgeber)-Kontakt in den Plattform-Ökonomien im Trend der extermen Prekarisierung ist eine Überlegung wert, ob es sich um Ansätze „kleiner“ Sklavereien in einem großen System handelt. Große Sklaverei selbst war eine dynamische Wirtschaftsform, aber darüber hinaus auch so etwas wie ein Nest vie-

---

59 Tinker, A New System of Slavery; Baak, „About Enslaved Ex-slaves, Uncaptured Contract Coolies and Unfreed Freedmen: Some Notes about ‘Free’ and ‘Unfree’ Labour in the Context of Plantation Development in Southwest India, Early Sixteenth Century – Mid 1990s“, S. 121–157.

60 Davidson, Children in the Global Sex Trade, Malden: Polity Press, 2005; Davidson, „New Slavery, Old Binaries: Human Trafficking and the Borders of ‘Freedom’“, S. 244–261; Davidson, „Troubling freedom: migration, debt, and modern slavery“, S. 1–20; Davidson, Julia, Children in the Global Sex Trade, Malden: Polity Press, 2005; Davidson, „New Slavery, Old Binaries: Human Trafficking and the Borders of ‘Freedom’“, in: Global Networks 10/2 (2010), S. 244–261; Davidson, „Troubling freedom: migration, debt, and modern slavery“, in: Migration Studies (2013), S. 1–20; Davidson, „The making of modern slavery: Whose interests are served by the new abolitionism?“, in: British Academy Review 24 (Summer 2014), S. 28–31, hier S. 28, https://www.academia.edu/8113085/The_making_of_modern_slavery_Whose_interests_are_served_by_the_new_abolitionism_British_Academy_Review_Issue_24_Summer_2014 (letzter Zugriff 30. 8. 2014); Davidson, Modern Slavery. The Margins of Freedom, Basingstoke: Palgrave/Macmillan, 2015.

61 Ich sage nicht, dass diese Abhängigkeitsformen immer zu Sklaverei führen müssen, sondern liste sie hier als Mechanismen auf, die unter bestimmten Bedingungen Ansätze für Sklaverei sein können.

ler kleinerer, dynamischer Sklavereisituationen und eine gigantische Transkulturationsmaschine.

Neben den Massensklavereien in den amerikanischen Landwirtschaften existierten, wie erwähnt, auch die so genannte Haussklaverei auf den Plantagen und in den Städten, bei der meist einige wenige Sklaven unter die Herrschaft einer Familie kamen oder auch nur eine Sklavin oder ein Sklave im Haus einer Witwe gehalten wurde. Und es gab viele Handwerker mit Sklaven und Lehrlingen. In Grenz- und Frontierzonen existierten immer Mischformen von „kleinen" Sklavereien – die in der Summe gar nicht mehr so klein sind.[62] Deshalb sind die Grundvarianten der Sklaverei von einigen Forschern in den Hochzeiten der Sozialgeschichte unter quantitativem Aspekt „*small-scale slavery*" (Sklaverei kleinen Umfangs; unter 15–20 Sklaven pro durchschnittlichem Besitzer) und „*large-scale slavery*" (Sklaverei großen Umfangs) genannt worden. Im Grunde existierte innerhalb der großen Sklavereien der Neuen Welt eine Spannung zwischen „großen" translokalen Wirtschafts-/Massenprivatsklavereien und lokalen „kleinen" Haus- und Handwerkssklavereien oder anderen Formen von Unfreiheit, die der Kin-Sklaverei nahe kamen und oft auch als „patriarchalische" Sklaverei bezeichnet wurden. „Handwerks-Sklaverei" konnte auch relativ große Zahlen von Sklaven bedeuten. Ein Brief von einem Antonio Pérez aus der Nähe von Montevideo 1803 beschreibt diese Handwerkssklaverei so: Für seine neue Bäckerei hat Pérez es nötig gehabt „comprar más de quar[en]ta esclavos con algunos capataces q[u]e todos viven en mi compañía, la de mi mug[e]r e hijos [mehr als vierzig Sklaven mit einigen Aufsehern zu kaufen, die alle zusammen mit mir, meiner Frau und meinen Kindern leben]".[63]

Die „großen" Plantagen- und Bergwerkssklavereien in den Amerikas umschlossen oder beinhalteten andere Formen von lokaler Sklaverei und Elemente der Kin-Sklaverei. Besonders deutlich wird die Weiterexistenz von Kin-Sklaven und -Sklavinnen, wie gesagt, in Haussklavereien, im städtischen Bereich, in Grenzgebieten, in Handwerks- und Transportunternehmen, wie auch in den Herrenhäusern der Plantagen. Im kolonialen Amerika und in den unabhängigen Staaten USA und Brasilien wurden offiziell zwar Kin-Sklavereien gesetzlich verboten oder Konkubinate in den Bereich des Informellen zurückgedrängt. Formal und kulturell am schärfsten gelang diese Zurückdrängung unter dem Einfluss des Puritanismus in den USA und im anglo-karibischen Bereich (Jamaika, Barbados, Carolina, Virginia) sowie im niederländisch-karibischen Bereich (Suriname). Konkubinat und Kin-Sklaverei existierten trotzdem weiter in verborgener Form, als „Sklaven in der Familie", das

62 Siehe z. B.: Reséndez, The Other Slavery, passim; Paz, „Free and Unfree Labor in the Nineteenth-Century Brazialian Amazon", S. 23–43.

63 Brief von Antonio Pérez an Joaquín Antonio Pardiño, Montevideo, Uruguay, 15. 6. 1803, in: Stangl, Werner, Zwischen Authentizität und Fiktion Die private Korrespondenz spanischer Emigranten aus Amerika, 1492–1824, Wien/Köln/Weimar: Böhlau, 2012 (Lateinamerikanische Forschungen 41), S. 578–579, hier S. 579.

heißt, Nachkommen von Sklavinnen und Herren oder Administratoren. Das zeigt die Stärke der Kin-Relation auch unter formierten Bedingungen großer Sklavereien.

Kin-Sklavereien spielten aber nicht nur im Innern von „großen" Sklavereien eine wichtige Rolle, sondern gingen darüber hinaus. An den Grenzen von Plantagenregionen und Bergbaugebieten mit Sklavenarbeit spielten auch eher unerwartete Kin-Sklavereien im Rahmen des Cimarrón/Maroon-Komplexes (siehe unten) eine wichtige Rolle. Für die Gemeinschaften geflohener Sklaven (am Beginn meist Männer) spielten einerseits Verhandlungen mit den formalen Institutionen (vor allem Kirche, aber auch Staat und Militär) eine überlebenswichtige Rolle und andererseits der Raub oft indigener Frauen und Arbeitskräfte. Das führte zu spezifischen Razzien- und Kin-Sklavereiformen.[64] Cum grano salis gilt das auch in Bezug auf Sklavereigesellschaften mit komplizierten Küsten wie im Mittelmeer und in der Karibik wo als wichtiger Faktor noch Piraten und später Korsaren ins Spiel kamen.

Selbst bei Revolution und Zusammenbruch von Massensklavereigesellschaften, wie der von Saint-Domingue 1790–1803 spielten Kin-Verhältnisse und Agency vor allem von Sklavinnen eine wichtige Rolle, wie gesagt, sozusagen „quer" zu den Dynamiken großer gesellschaftlicher Prozesse, wie es Rebecca J. Scott und Jean Michel Hébrard am Beispiel von Rosalie, einer Sklavin aus der Fulbe-Nation (*peul, poulard*), dargestellt haben: „The relationships of godparentage, marriage, legal ownership, manumission, and inheritance cut across these categories [the struggle between planters, slaves, and free people of color, or revolutions – M. Z.] and shaped the behaviour of Rosalie and those around her. Although Rosalie first encountered the revolution as a slave, she would, across the decade from 1793 to 1803, become a freedwoman, a conjugal partner, a mother, and then a refugee".[65]

Relativ offen ist das Problem des Konkubinats und der verwandtschaftlichen Verbindung zwischen „Herrenhaus und Sklavenhütte" im Falle Brasiliens, Kubas oder des Sokoto-Kalifats (wo Konkubinat per definitionem und Gesetz zur Sklaverei gehörte)[66] diskutiert worden. Auf Kuba ist erst 2003 wieder ein erfolgreicher Roman zum Thema unter dem Titel *El Harén de Oviedo* (Der Harem von Oviedo)[67]

64 Medina, Charles Beatty, „Caught Between Rivals: The Spanish-American Maroon Competition for Captive Indian Labor in the Region of Esmeraldas During the late Sixteenth and Early Seventeenth Century", in: The Americas Vol. 63:1 (2006), S. 113–136; siehe auch: Drescher, „Border Skirmishes", in: Drescher, Abolition, S. 91–114, hier vor allem S. 92.

65 Scott; Hébrard, „One Woman, Three Revolutions: Rosalie of the Poulard Nation", in: Bender, Thomas; Dubois, Laurent; Rabinowitz, Thomas Richard (eds.), *Revolution! The Atlantic World Reborn*, London: Antique Collectors Club Ltd, 2011, S. 199–220; Scott; Hébrard, „Rosalie ... My Slave", in: Scott; Hébrard, Freedom Papers, S. 20–48, hier S. 21; siehe auch: Popkin, Jeremy D., Facing Racial Revolution: Eyewitness accounts of the Haitian Insurrection, Chicago: University of Chicago Press, 2007.

66 Lovejoy, „Concubinage in the Sokoto Caliphate (1804–1903)", in: Slavery and Abolition 11 (1990), S. 159–189.

67 Rojas, Marta, El harén de Oviedo, La Habana: Editorial de Letras Cubanas, 2004.

entstanden. Der Fall des Ingenio *Oviedo* (*Santisíma Trinidad* in Sabanilla del Encomendador) ist berüchtigt. Esteban José Santa Cruz de Oviedo y Hernández, der Besitzer, hatte mit Sklavinnen 26 Kinder [*Bild 1: *Ingenio Trinidad (a) Vista Hermosa* (Santíssima Trinidad)].[68] Don Esteban hatte zugleich solche Angst vor seinen Sklaven, dass er sie regelmäßig durch regelrechte Überfälle von ruralen Milizen terrorisierte. Das Thema des illegitimen Konkubinats, oftmals sogar mit Inzest, ist ein Grundakkord der kubanischen Literaturgeschichte; Sterne erster Ordnung sind die Romane „Sab" von Gertrudis Gómez de Avellaneda („Tochter der Besitzerfamilie verliebt sich in edlen Sklaven") und „Cecilia Valdés"[69] von Cirilo Villaverde („Mulattin und Weißer, die nicht wissen, dass sie Halbgeschwister sind, haben Sex miteinander"), die alle auf der Grundidee der tabuisierten Liebesbeziehung zwischen Herrschaft und Sklaven beruhen oder auf Liebesbeziehungen zwischen Halbgeschwistern (einer Sklavin, eines Freien oder eine hochstehende Freie und ein Sklave – das Tabu par excellence), die nicht wissen, dass sie Geschwister sind. Im Grunde handelte es sich um eine Art Schattenexistenz von Formen der alten Kin-Sklaverei innerhalb der harten Strukturen der neuen Massen- und Plantagensklaverei; eine Tradition, die vor allem von Sklavinnen auch immer wieder genutzt wurde, um sich und ihren Kindern (trotz oder gerade wegen der extremen Benachteiligung durch das „römische" Recht) ein besseres Leben zu sichern. Die Herren der großen Plantagen mit Massen von Sklavinnen und Sklaven wurden zu Vorstehern erweiterter Familien, von denen der sichtbare Teil die offizielle, christliche Oberschichtenfamilie darstellte und die andere(n) die verborgenen informellen Zweit- und Drittfamilie(n). Mit Sklavinnen selbst war diese Art von formaler „Familie" auf Plantagen kaum möglich, aber Kinder gab es oft. Oft bildeten sich im Umfeld von Plantagensklavereien Zweitfamilien mit ehemaligen Sklavinnen und freien farbigen Frauen. Die Nachkommen der inoffiziellen Familien sollten allerdings keine Konkurrenz für die Erben der Erstfamilie darstellen. Dafür sorgte der alte „römische" Grundsatz „Sklavenbauch gebiert Sklaven" (*partus sequitur ventrem*). In den englischen Kolonien Nordamerikas und später in den USA gab es diese Liebes- und Kinbeziehungen zwischen Sklavinnen, Kindern und ihren Herren auch, wie der oft diskutierte Fall Thomas Jeffersons zeigt.[70] Aber sie waren noch viel verpönter als in Lateinamerika und wurden noch viel stärker skandalisiert als etwa in Brasilien

---

68 Cantero, Justo G., Los Ingenios. Colección de vistas de los principales ingenios de azúcar de la isla de Cuba. Dibujos de Eduardo Laplante, La Habana : Litografía de Luis Marquier, 1857, heutige Prachtausgabe: García Mora, José Luis; Santamaría García (eds.), Los Ingenios. Colección de vistas de los principales ingenios de azúcar de la Isla de Cuba. El texto redactado por Cantero, Justo G. Con las láminas dibujadas del natural y litografiadas por Eduardo Laplante, Madrid 2005, S. 164.

69 Villaverde, Cirilo, Cecilia Valdés o La Loma del Angel, La Habana: Ed. de Letras Cubanas, 2001 (Original: 1839/1879).

70 Finkelman, Paul, „'Treason Against the Hopes of the World'. Thomas Jefferson and Slavery", in: Finkelman, Slavery and the Founders. Race and Liberty in the Age of Jefferson, New York: M. E. Sharpe, Inc., 2001, S. 129–162.

oder auf Saint-Domingue oder Kuba. Das ehrwürdige englische *Common Law* wurde in Bezug auf die Rechtsstellung der Kinder von Sklavinnen auf den Kopf gestellt – es wurde nämlich „römisch“ und folgte schon seit der zweiten Hälfte des 17. Jahrhunderts in Virginia ebenfalls der Regel *partus sequitur ventrem*. Das ist die juristische Konstruktion von „Sklaven durch Geburt“. Caroline Retzlaff verweist zu Recht darauf, dass sich Gerichtsverfahren im 17. Jahrhundert in den englischen Kolonien Nordamerikas noch am Vater des oder der Klägerin in Freiheitsprozessen orientierten und „dabei in erster Linie den ‚weißen Engländer‘ als Inbegriff der Freiheit betrachteten. Die Doktrin des *partus sequitur ventrem* entsprach im 18. Jahrhundert bereits einer atlantisch-europäischen Rechtspraxis“.[71] Die marginalen englisch-britischen Kolonien waren in diesem Punkt so „römisch“ wie die iberisch-katholischen Kolonien.

In der Sex- und Körperfeindlichkeit der protestantischen Sekten wurden Verbindungen zwischen Herren und Sklavinnen oder gar Herrinnen mit Sklaven mit religiösem Hass verfolgt; das Problem hatte aber wohl auch nicht den quantitativen Umfang wie in Brasilien. Und es wurde und wird härter beschwiegen und hatte tiefer gehende psychosoziale Folgen. Das Problem der Verwandtschaft zwischen Sklaven und Herren verweist auf einen wesentlichen Aspekt von Sklaverei und auf die Bedeutung der allgemeinen Aussage, dass Sklaven keine oder eine eingeschränkte Selbstbestimmung hatten und der Gewalt anderer unterlagen. Für alle konkreten Sklavereien gab es Regeln vor allem in Bezug auf die Stellung der Sklavinnen, Sklaven und Sklavenkinder in der Gesellschaft, in Bezug auf ihren Status (Ehre, „Wert“ vor Gericht), Familie („Ehe“), Fortpflanzung sowie Erbfolge. Entwickelte sich eine gegebene Gesellschaft über Jahrhunderte von einer Gesellschaft mit einigen Sklaven und Kin-Sklaverei zu einer Sklavereigesellschaft, wie die antiken Gesellschaften Griechenlands und Roms, die osmanische Gesellschaft oder Brasilien und Kuba, beeinflusste die Sklaverei, eine Sklavereimentalität in Bezug auf Sex und die Furcht vor Sklavenaufständen alle Menschen dieser Gesellschaften, ob sie es wollten oder nicht (im osmanischen und generell islamischen Bereich eher die Furcht vor Putschen der Sklavensoldaten).[72] Es entwickelten sich schnell systemische Denkweisen, Ideologien und Sklavengesellschaftsmentalitäten, die schriftlich zusammengefasst und oft auch in Gesetze gegossen wurden – meist in lokal gültigen Sklavengesetzen (*reglamentos* oder *slave codes*) – der erste „Slave Code“ Amerikas war ein *Reglamento de Esclavos* vom Februar 1521 auf Santo

71 Retzlaff, Carolin, „Wont the law give me my freedom“, S. 23.

72 Zu Sex, Einvernehmen (zum Sex – oder nicht) und Sklaverei auf dem Afro-Atlantik siehe: Burnard, Mastery, Tyranny, and Desire: Thomas Thistlewood and his Slaves in the Anglo-Jamaican World, Chapel Hill: University of North Carolina Press, 2004; Gautier, Les Sœurs de solitude. Femmes et esclavage aux Antilles du XVIIe au XIXe siècle, Rennes: Presses universitaires de Rennes, 2011; Hodes, Martha, Sex Across the Color Line: White Women and Black Men in the Nineteenth-Century American South, Trenton: Princeton University, 1991; Morrison, „Slave Mothers and White Fathers: Defining Family and Status in Late Colonial Cuba“, S. 29–55.

Domingo – vom Columbus-Sohn Diego veranlasst. Reglamentos sind seitdem spezielle Regeln lokaler Sklavenhaltereliten, wie mit Sklaven überhaupt, aber vor allem mit geflohenen Sklaven wie Maroons, Cimarrones, Palenques und aufständigen Sklaven, aber auch mit Kinbeziehungen, umzugehen seien. Die Reglamentos wurden zu einer wichtigen juristischen Textgattung, die sich unter dem Einfluss lokaler Sklavereieliten in Amerika entwickelten. Viele der systemischen Denkweisen wurden nicht zu Gesetzen – aber immer prägten sie, je länger, desto stärker, die politische Kultur und das Alltagsdenken von Gesellschaften, in denen es Sklaven gab (und gibt).[73] Das ist das Geheimnis der in Sklavengesellschaften weit verbreiteten Mentalität zwischen Gewaltausübung sowie Furcht vor Sklaven und Bestialisierung einerseits und verborgener Sexualität anderseits.

Formen der Statusdegradierung und Ideologien der Versklavung

Frühe Stufen der Sklavereien tendierten eher zur Bestialisierung, d. h., sie sprachen Versklavten den Status eines Menschen ab. Jüngere Stufen von Sklavereien bedienen sich eher der „Herkunft" und der „Fremdheit" als Mittel der Statusdegradierung. Zur Bestialisierung und zu den beiden Formen der Statusdegradierung von Menschen (innere –Position in der Gesellschaft / äußere – Herkunfstregion) kam im atlantischen Westen eine weitere ideologisch-kulturelle, wissenschaftliche und mediale Dimension. Seit dem Ende des 18. Jahrhunderts wurde das religiös-juristische systemische Denken im Westen immer stärker auch vom „wissenschaftlichen" Rassismus durchdrungen. Dieser Rassismus ist eine wesentliche und globalhistorische Essenz der rhizomartig ethnozentrischen Auffassung „Andere" seien keine „richtigen" Menschen und das zeige sich in äußeren körperlichen Merkmalen oder einem Mehr oder Weniger an Hautfarbstoff bzw. sei allen Menschen einer bestimmten Versklavunngszone (*slaving zone*) eigen.[74] Elemente dieser Auffassungen sind schon im Altertum entstanden. Sie wurden oft über Religionen weitergeben, verbreitet und zusammengefasst; zugleich verbreiteten vor allem christliche Religionen und der Islam die Auffassung, dass Menschen gleichen Glaubens auch „gleich" seien. Viele Gläubige hielten Sklaven deshalb zumindest nicht für Tiere oder für „Sklaven von Natur" (wie Aristoteles). Je länger große Gruppen von Menschen ähnlicher Herkunft versklavt wurden, desto mehr allerdings verbreiteten sich Auffassungen, die seien für die Sklaverei „geboren" oder der niedere Status liege ihnen im „Blut" oder sei „von Gott gewollt". Besonders in den Amerikas und in Europa verdichteten sich rassistische Denk- und Verhaltensweisen im Laufe des 18. und 19. Jahrhunderts immer mehr und wurden immer mehr systematisiert. Sie wurden in „Systemen der Natur", in entstehenden Fachwissenschaften und „Philo-

73 Marquese, Feitores do corpo, missionários da mente, passim.

74 Fynn-Paul; Pargas (eds.), Slaving Zones.

sophie" institutionalisiert.[75] So entstanden über Grenzen von Epochen, Nationen und Kolonien hinweg translokale Mentalitäten aus unterschiedlichen Erfahrungen, Denkweisen und Beziehungen (Sklavenhandel), die ich in Anlehnung an die atlantische Sklaverei, Sklavenhandel und Sklavereimentalitäten, die Lakoon-Gruppe der westlichen Ideologie-Formation des Rassismus nenne. Die systemischen Denkweisen und die Furcht vor den Sklaven prägten das Leben der Menschen in der atlantischen Welt, auch wenn sie keine Sklaven waren oder hatten, bis in fast jedes Detail des täglichen Lebens. So waren etwa Besucher der Städte Brasiliens im 19. Jahrhundert erstaunt, dass *alle* Arbeiten und alle denkbaren Tätigkeiten oder Dienste, buchstäblich alle, von schwarzen oder farbigen Menschen ausgeführt wurden, die als Sklaven nach Brasilien verschleppt oder dort geboren worden waren. Für die Haushalte von Sklavenhaltern in Havanna, Rio, New Orleans oder Saint-Domingue oder Kingston galt Ähnliches. Auch für Paläste in Songhai oder Dahomey. Die systemische Ehre der Menschen, die keine Sklaven waren, lag darin, diese „Sklavenarbeiten" nicht zu verrichten. Sie konnten sich in den Städten und größeren Siedlungen nur am Leben halten und nach den Statusregeln dieser Gesellschaft „ehrenhaft" sein, wenn sie selbst Sklaven hielten – sonst wären sie verhungert. Zugleich wurde durch Sklaverei-Ideologien Angst geschürt. Fast alle freien Stadtbewohner hielten sich Sklaven – und seien es nur ein oder zwei Sklaven. Das galt auch für ältere, alleinstehende Witwen oder viele ehemalige Sklavinnen und Sklaven; alle Formen von Bank- und Geldgeschäften, Kredit, Schuldverschreibung, Versicherung, Hypothek, Pfand,[76] aber auch Arbeitsorganisation (Management, Schicht- und Nachtarbeit, Frauenarbeit/Kinderarbeit), Vermarktung (Kommodifizierung, Marketing) und vieles andere mehr entwickelte sich mit Sklaven als Sicherheiten beziehungsweise in der Sklaverei. Humboldt hat das sehr gut erfasst, als er in sein Tagebuch schrieb: „Die ärmere Volksklasse läßt ihre Sklaven in den Städten dienen, als Bediente, Träger, Handlanger. Der Sklave verdient 3–4 reales, aber der Herr läßt dem Sklaven nur 1 real, damit er sich selbst nähre!"[77]

Im übergreifenden Sinne galt diese Herausbildung vieler Elemente des Marketings und der Umwandlung von Menschenkapital in Arbeit, Ware und Geldkapital in allen Prozessen des Slaving, auch für den Sklavenfang in Afrika (auch wenn es

---

75 Juterczenka, Sünne, „'Chamber Moors' and Court Physicians. On the Convergence of Aesthetic Consumption and Racial Anthropology at 18th-Century Court in Germany", in: Hock, Klaus; Mackenthun (eds.), Entangled Knowledge. Scientific Discourses and Cultural Difference, Münster: Waxmann, 2012, S. 165–182.

76 Armstrong, Tim, „Slavery, Insurance, and Sacrifice in the Black Atlantic", in: Klein, Bernhard; Mackenthun, Gesa (eds.), Sea Changes. Historicizing the Ocean, London: Routledge, 2004, S. 167–185; Murphy, Sharon Ann, „Securing Human Property. Slavery, Life Insurance, and Industrialization in the Upper South", in: Journal of the Early Republic 25:4 (2005), S. 615–652; Goicoetxea, „Financiación. Seguros. Tecnología", in: Goicoetxea, Los vascos y la trata de esclavos, S. 80–85.

77 Humboldt, Vorabend, S. 246f (Dokument 164).

dort auf Ritual- und Kriegsökonomien, Verschuldungsmechanismen und anderen Arten von Zeitmanagement beruhen konnte).

Aus dem allgemeinen Bild der Sklaverei, wie es heute verbreitet ist, kann leicht die Auffassung entstehen, Sklavengesellschaften seien stationär, rituell und unbeweglich – also „unmodern" gewesen. Das mag auf Seiten der Herrschaft größerer Sklavenkontingente im Laufe der Geschichte auch so gewesen sein, weil das Angebot von Handarbeit in der Kombination mit dem Status, den die Gewalt über viele Sklaven verschaffte, Investitionen seitens der Herren in verbesserte, arbeitssparende Produktion oder Technologien im eigenen Land verhinderte – aus dem Ausland importierten diese Herren sehr wohl neue Technologien.

Vor allem die kleinen, flexiblen Sklavereiformen in ihrer Mischung zwischen Haussklaverei und Elementen von Kin-Sklavereien zeigen ein anderes Bild: Sklavereigesellschaften waren gerade wegen ihrer unterschiedlichen Sklaven dynamische Wirtschafts-, Kultur- und Sozialformationen. In Afrika waren, wie gesagt, Menschen als Kapital mit den effizientesten Wirtschaftssektoren verbunden, auch in islamischen Gebieten schon lange vor dem 19. Jahrhundert, wie Marokko (schon seit dem 17. Jahrhundert), Sokoto, Ägypten oder Sansibar. Vor allem in und um atlantische Sklaverei-Städte wie La Habana, New York, Charleston, New Orleans, Rio de Janeiro, Luanda oder Cartagena de Indias und viele andere mehr (wie Kairo in Ägypten)[78] war die Modernität in Architektur und Stadtsilhouette greifbar. Geldkapital (meist als Schulden) braucht nicht wirklich immer und überall freie Arbeit; oft brachte mehrfacher Kauf- und Verkauf oder Schmuggel von Sklavinnen und Sklaven, auch von Sklavenkindern, weit höhere Akkumulationserfolge und Profite.

Sklaven strebten die Freilassung an und schufteten sich dafür oft regelrecht zu Tode (oder rebellierten). Sie arbeiteten für ihren Selbstfreikauf durchschnittlich zwischen 8 und 25 Jahren. Damit dynamisierten sie die schon an sich recht dynamischen Gesellschaften des kolonialen Fleisses zusätzlich. Mit ihren Leistungen erhielten sie die Herrschaft am Leben; sie beschafften ihren Besitzern Geld, Status, Behausung und Essen, manchmal auch Sex, und leisteten alle Arten von Diensten im Haus – alles, was heute von Haushaltsmaschinen erledigt wird plus Reinigung, Transport, Kochen, Aufwarten, Tisch-, Sozial-, Pflegediensten, Wasserbeschaffung und Abwasserentsorgung. Sie machten Land urbar und pflegten Felder und Vieh. Wie gesagt, fast alle Arten von „modernen" Versicherungs- und Bankmechanismen[79] entwickelten sich im Kauf, Verkauf und Verleih von Menschen, sogar bei der Freilassung auf Raten. Und alle Personenerkennungssysteme. Oder Ernährungs-

---

78 Raymond, André, Cairo. Translated by Wood, Willard, Cambridge and London: Harvard University Press, 2000.

79 Baucom, „'Madam Death! Madame Death!': Credit, Insurance, and the Atlantic Cycle of Capital Accumulation", S. 80–112; Armstrong, „Slavery, Insurance, and Sacrifice in the Black Atlantic", S. 167–185; Murphy, „Securing Human Property. Slavery, Life Insurance, and Industrialization in the Upper South", S. 615–652.

regimes. Auch viele Sportarten (wie „waffenloser" Kampf – etwa Capoeira) und Musikstile. Da Sklaven und Sklavinnen oft auch noch auf der Straße Geld verdienten (u. a. als Koch, Maler oder Musiker), von dem sie nur einen vorher abgemachten Teil an die Herrschaft ablieferten, nahmen sie jede Arbeit an, oft auch verpönte und verbotene – wie Schmuggel oder Prostitution. Dort wo es möglich war, sparten sie das Geld (und deponierten es bei einer dritten, meist freien Person), um sich frei zu kaufen. Befreite Sklaven fanden oft keine Arbeit oder wurden von wild besiedeltem Land vertrieben, so dass sie sich vor allem in den Hafenstädten der atlantischen Welt ansammelten und Transportarbeitergangs in Zeitarbeitssystemen sowie manchmal auch erste Straßenkulturen bildeten.

Grundsätzlich und sehr allgemein unterschieden sich Sklavereisysteme in der Weltgeschichte dadurch, dass in manchen die Mitglieder der eigenen Gruppe oder Gesellschaft versklavt werden durften, in anderen nur „Fremde". Sehr oft gilt unter dem Einfluss unserer Vorstellungen von Sklaverei nur die exogene Sklaverei von fremden „Schwarzen" als „richtige" Sklaverei. Man könnte die eine Form als endogene Frauen- und Verschuldungssklaverei und die andere als exogene Kriegsgefangenen- und Razzien-, Raub-/Kauf-Sklaverei bezeichnen, die vor allem auf militärisch-kolonialer Expansion und auf kriegerischen Konflikten im Versklavungsgebiet („Sklavenraum", „Landschaften der Sklaverei", *slaving zones*) basierte sowie andererseits auf großen Wirtschaftsräumen, wo Sklaven effizient eingesetzt werden konnten. Die „Sklavenräume" waren oft Tausende Kilometer von den Arbeitsorten der Sklaven sowie von den Wohnorten der Versklaver und der Sklavenhalter entfernt.

Für die amerikanischen „großen" Sklavereigesellschaften war der wichtigste Versklavungsraum ein welthistorisches Territorium, das je mehr sich die westlichen Spitzenwissenschaften Geographie und Kartographie entwickelten, immer deutlicher „Afrika" genannt wurde. Im Zusammenhang mit dem atlantischen Slaving und den amerikanischen Sklavereien hielten im atlantischen Afrika afrikanische Eliten über vierhundert Jahre (1450–1850) das Monopol über Sklavenjagd, Sklavenfang, Sklaventransport und Sklavenvermarktung sowie Sklavenverkauf an Europäer und Araber. Die Broker waren Atlantikkreolen (sicherlich gab es auch Indikkreolen). Das heißt auch, aus diesen Gebieten kamen Menschen nach Amerika, die an unterschiedlichste Formen oder gar Typen von Sklaverei gewöhnt waren. Die afrikanischen Sklaverei-Eliten kontrollierten auch Slaving, Menschenhandel und Sklavereien, inklusive Plantagensklavereien, in Afrika, etwa mit der paradigmatischen Plantagen-Sklaverei im mittleren Niger, im Songhay-Reich, wo sie sich mit Gold- und Salzhandel sowie ihrer Produktion mit Sklaven überschnitten.[80]

Nicht gewöhnt waren afrikanische Atlantikkreolen, afrikanische Eliten und Sklaven aus Afrika an den menschenverachtenden Rassismus gegenüber ihrer

80 Lovejoy, „On the Frontiers of Islam", in: Lovejoy, Transformations of Slavery, S. 24–45, hier vor allem S. 31–34.

Hautfarbe. Auf nichtwissenschaftlicher Grundlage existierte Rassismus auch in arabisch-islamischen, afrikanischen und anderen Gebieten. Am schärfsten war das Prinzip translokaler „Fremden“-Sklaverei, markiert als *negros* (was fast zu einem neuen generischen Begriff für Sklave an sich geworden wäre), in den rassistischen „großen“ Sklavengesellschaften des kolonialen Amerikas ausgeprägt, sowohl im spanischen, im portugiesischen, wie auch im englischen, französischen oder niederländischen Amerika. Land existierte im Überfluss, musste aber einerseits erobert und andererseits durch menschliche Körper und ihre Ausbeutung in Wert gesetzt werden. In einer Übergangszeit zwischen 1450 und 1550 sowie 1550 und 1650 stand allerdings noch die Frage, ob in Amerika zuerst die „Indios“ oder dann auch „weiße“ Menschen versklavt werden könnten (*indentured servants, engagées*).[81] Dann setzte sich auf breiter iberisch-afrikanisch-indianischer Basis die exogene Grundform der Versklavung von Menschen aus Afrika und ihrer Nachkommen in Kombination von lokalen Sklavereiformen, Kin-Sklavereien, atlantischem Sklavenhandel und europäischer Sklaverei in „römischer“ Tradition durch; an den Peripherien begleitet von Razzienökonomien des Sklavenfangs unter Indio-Völker (*bandeirantes, entradas, cabalgadas*) bzw. von Mapuche-Kriegern unter spanischen Siedlern und vive versa (*malón/malocas*), Frauensklaverei sowie indianischem Sklavenhandel (*panis, poitos* u. a.).[82]

Visuelle Merkmale (Farbe, Haut, Gestalt, Haare, Gesichtsformen, Körperlichkeit), die immer und immer wieder betont und karikiert wurden, „bewiesen“ jedem Europäer, der in diese Gesellschaft kam, dass „schwarze Sklaven“ anders als sie selbst waren. In diesen Sklavengesellschaften waren Sklaven immer oder fast immer „schwarze“ Menschen aus Afrika und ihre Nachkommen oder andere visuell „Fremde“. Die, die nicht versklavt werden durften, selbst als verurteilte „Verbrecher“, waren, spätestens nach 1650, „Weiße“, auch arme Weiße, die in Amerika geboren worden oder aus Europa gekommen waren. Die wichtige Übergangsform der Sträflings-, Kontrakt- und Zwangsarbeit sowie der Kuli-Sklaverei (*indentured labor, chinos, emancipados, convicts*) fand vor allem nach Abolition der Sklaverei im Britischen Empire (1838) und in den niederländischen Kolonien (1863–1873), des externen Sklavenhandels in England und den USA sowie der offiziellen Verschärfung des Verbots des Sklavenhandels für Kuba (1845/47) Anwendung auf Menschen aus Indien, China, Indonesien, des Pazifiks (*blackbirding*), Japan und

---

81 Drescher, „White Atlantic? The Choice for African Slave Labor in the Plantation Americas“, in: Eltis, David; Lewis, Frank; Sokoloff, Kenneth (eds.), Slavery in the development of the Americas, Cambridge: Cambridge University Press, 2004, S. 31–69; Swingen, Abigail Leslie, Competing Visions of Empire: Labor, Slavery, and the Origins of the British Atlantic Empire, New Haven: Yale University Press, 2015.

82 Deusen, „The Intimacies of Bondage: Female Indigenous Servants and Their Spanish Masters, 1492–1555“, in: Journal of Women's History Vol. 24:1 (2012), S. 13–43; Urbina Carrasco, María Ximena, „Traslados de indigenas de los archipiélagos patagónicos occidentales a Chiloé en los siglos XVI, XVII y XVIII“, in: Valenzuela Márquez (ed.), América en Diásporas, S. 381–411.

Afrika, aber auch auf Verurteilte aus dem Vereinigten Königreich nach Australien zwischen 1788 und 1868. Auch andere europäische Staaten betrieben „Transportation" – so der juristische Terminus für Deportation von politischen Sträflingen in Frankreich und Deutschland.

Die Schwierigkeit einer Definition von Sklaverei in Gesellschaften außerhalb der hegemonischen Sklaverei des klassischen Roms oder außerhalb des Südens der USA, der Karibik und Brasiliens im 19. Jahrhundert sowie einer Reihe weiterer Sklavengesellschaften (wie Suriname und Sokoto), liegt darin, sie einerseits von „kleinen" lokalen Kin-Sklavereien sowie andererseits von anderen Formen gradueller Unfreiheit (wie staatlicher Zwangsarbeit, Deportation und Sträflingsarbeit, *encomienda*, Verschuldung und Kontraktarbeit sowie vielen lokalen Formen der Zwangsarbeit oder Schuldsklaverei) zu unterscheiden. Auch das Problem, Kin- und Übergangsformen (*repartimiento*, *naboría*, *poito*, *panis*) oder Kuli-Vertragssklaverei zu erkennen, ist sehr schwierig. Je weiter unser Blick zurückgeht in die Geschichte, desto schwieriger wird diese Unterscheidung mit einigen kulturell gut dokumentierten Ausnahmen, wie Rom (aber auch da nicht immer). Denn irgendwo „unfrei" oder graduell abhängig waren in antiken, mittelalterlichen, frühneuzeitlichen und außereuropäischen Gesellschaften eigentlich bis zum heutigen Tage fast alle Mitglieder einer gegebenen Gesellschaft. Zwar waren im karolingischen Europa, im mittelalterlichen Skandinavien (Norwegen, Dänemark, Schweden und Island),[83] im sassanidischen Persien oder in Ming-China „große" formelle Massensklaverei kein oder nur selten ein grundlegendes System der Organisation des wichtigsten Produktionssektors, der Landwirtschaft. Es war eher eine Art und Weise, einen Teil der Machtlosen, Normbrecher, Fremden und Schwachen zu kategorisieren und zu definieren und in Beziehungsnetze einzugliedern. Oder Sklaverei war eine Art generelle Ressource für alle Freien in Kin- und Hausgesellschaften.[84] Sklavereien waren lokale Kin-Sklaverei, Mädchen-Sklaverei ohne Sklavenstatus, Razziensklaverei, urbane Dienstsklaverei, Militärsklaverei, Transportsklaverei, Prostitution und Luxus-Palastsklaverei oder Tempelsklaverei. Das heißt aber nicht, dass Sklaverei und Arbeit/Dienstleistungen von Menschen in Sklavereisituationen unbedeutend gewesen wären. Ganz im Gegenteil, bei näherer Analyse zeigt sich, dass Sklaverei und Unfreiheit egal welchen Umfangs, oft unter Einbeziehung der Agency der Versklavten durchaus im Zentrum von Handels- und Arbeitssystemen standen, etwa im Zentrum von urbanen Haus-, Handels- und Dienstleistungswirtschaften, im Bau und im Transport, wie überall in Südamerika auch außerhalb der großen Plantagensklavereien, vor allem in „schwarzen" Hafenstädten (siehe z. B. Rio de Janeiro).[85] Die Gruppen niedrigen Status' konnten in unterschiedlichsten Wirt-

83 Karras, „Slavery and Servitude in Medieval European Society", in: Karras, Slavery and Society in Medieval Scandinavia, S. 5–39.

84 Byock, Jesse L., Viking Age Iceland, London/New York: Penguin Books, 2001.

85 Soares, Luiz Carlos, „Os Escravos de Ganho no Rio de Janeiro do Século XIX", in: Revista Brasileira do Historia Vol. 8,16 (1988), S. 107–142; Reis, „'The Revolution of the Ganhadores': Urban

schaftskonstellationen zu Arbeit und Dienstleistung genötigt werden, oft auch unter institutioneller Kontrolle, etwa eines Clanchefs, eines Haushaltsvorstandes, der Armee oder religiöser Institutionen und Mönchen. Aber Sklavenarbeit prägte in den meisten Gesellschaften außerhalb der *Atlantic slavery* keine Wirtschaftssysteme und Sklavenhandel war eher selten ein privates Geschäft. Meist war in solchen Gesellschaften ohne „große“ Wirtschaftssklaverei Sklaverei kein rechtlich definiertes Privatverhältnis zwischen Herr und Sklaven. So gab es etwa im Alten Orient „nie einen florierenden Sklavenhandel“.[86] Ob das auch für Gefangenentransporte gilt, steht dahin.

Eine gewisse Ausnahme für den Übergang von Kin-Sklavereien zu Massensklavereien, die immer noch von internen Statusdegradierungen geprägt war, bietet Korea, das im gewissen Sinne aber auch paradigmatisch für asiatische Sklavereiformen ist. Vor allem Korea und Nordvietnam, aber auch Japan gehörten zum kulturellen Einflussbereich Chinas. Korea und Nordvietnam waren fast immer, wenn in China gefestigte Staatsstrukturen existierten, Grenz-, Vasallen- und Klientelstaaten des Reichs der Mitte. Das mag auch schon sehr zeitig Entwicklungen ausgelöst haben, die denen in Chinas Grenzgebieten ähnelten. Die Vermittlung chinesischer Kultur nach Japan geschah meist über die chinesischen Klientelreiche auf der koreanischen Halbinsel. In Korea bildete sich eine Sklaverei aus, die entwickelten afrikanischen und europäischen Sklavereien ähnelte.[87] Seit 660 kam es mit Unterstützung und Kolonialisierung durch die chinesischen T'ang zur Einigung der vorher drei Königreiche der koreanischen Halbinsel unter dem Silla-Königreich. Die peripheren Halbinsel-Eliten konnten sich (wie Dänemark mit dem deutschen Reich) der modernsten Militärtechnologie und -organisation des Zentrums bedienen und die Bevölkerung gut gegen die hochmütigen Zentralisten mobilisieren. Allerdings kam es dadurch fast zwangsläufig zur Festigung des Einflusses von Krieger-Aristokratien. Ein sehr eigenartiges, stabiles, in sich ruhendes und ethnisch sehr homogenes System der Sklaverei entstand auf der koreanischen Halbinsel. Da lange Zeiten kriegerischer Staatsbildung unter Einfluss von chinesischen Kommandanturen, Handelsthalassokratien (Handel mit Eisen) und Buddhismus vorangegangen waren und alles auf Verteidigung ausgerichtet war, setzte sich ein Gegenzentralismus durch, mit starken Resten schamanistischer Ahnenkulte (Genealogie, Rangstufen, König

---

Labour, Ethnicity and the African Strike of 1857 in Bahia, Brazil“, in: Journal of Latin American Studies Vol. 29:2 (1997), S. 455–493; Farias, et al., Cidades Negras, passim.

86 Neumann, Hans, „Bemerkungen zur Freilassung von Sklaven im alten Mesopotamien gegen Ende des 3. Jahrtausends v. u. Z.“, in: Altorientalische Forschungen Vol. 16:2 (1989), S. 220–233; Hrouda, Bartel (unter Mitarbeit von Rene Pfeilschifter), Mesopotamien. Die antiken Kulturen zwischen Euphrat und Tigris, München: Verlag C. H. Beck, [3]2002, S. 65.

87 Palais, James B., „A Search for Korean Uniqueness“, in: Harvard Journal of Asiatic Studies 55 (1995), S. 409–425; Peterson, Mark, „Slaves and Owners; or Servants and Masters? A Preliminary Examination of Slavery in Traditional Korea“, in: Transactions of the Royal Asian Society, Korea Branch no. 60 (1985), S. 31–41.

als Ahnherr: *jong*). Schon die Bevölkerung älterer Staatsbildungen hatte sich in Gemeine und Sklaven unterteilt.[88] In der Zeit des Silla-Königreiches gliederte sich die Masse der Bevölkerung in Gemeine und Adlige sowie eine große Zahl von Sklaven. Schon seit dem 6. Jahrhundert wurde ein auf der Abstammung beider Elternteile beruhendes genealogisches Rangsystem etabliert („Knochen-Ränge", wie bei den Mongolen) und seit der Einigung auf ganz Korea ausgedehnt. Der Thronanspruch beschränkte sich auf den „Heiligen Knochen", Mitglieder des Kim-Clans, die seit dem 6. Jahrhundert patrilinear direkt vom Königshaus und matrilinear vom früheren Königshaus Pak abstammten. Eliten und Beamtenapparat, zum Teil mit Anspruch auf Sklaven und Bauerntribute, wurden unterhalb des Königshauses in Rangklassen untergliedert; die Masse der Bevölkerung gehörte zur Gruppe des Volkes (*ch'ŏmin*), die Mehrheit davon waren rurale Sklaven (*nobi*),[89] oft mit Landbesitz, andere Gemeinfreie (*p'yŏngmin*). Sklaven wurden in Korea Kriegsgefangene der Einigungskriege und ihre Nachkommen (6. und 7. Jahrhundert); Bauern, die des Schutzes ihres Herren während dynastischer Konflikte verlustig gingen, Kriminelle oder Schuldner. Der Sklavenstatus wurde, im Grunde wie im antiken Rom, über den Rechtsstatus der Mutter vererbt, unabhängig vom Status des Vaters. Die soziale Identität der Sklaven wurde aber – hier wird der chinesische Einfluss der Kin-Sklaverei erkennbar – nicht so sehr von der Herkunft aus irgendeiner Gruppe geprägt (äußere Statusdegradierung), sondern Sklaven galten als „Menschen ohne Verwandte", denen vertikale Verwandtschaft (Vorfahren) und horizontale Verwandte (Familie) als Schutz fehlten (interne Statusdegradierung). Heirat zwischen Gemeinfreien und Sklaven wurden nicht gerne gesehen und die Heirat von männlichen Sklaven und gemeinfreien Frauen meist ausdrücklich verboten. Trotzdem gab es relativ viel gemischte Ehen von Sklavinnen und Gemeinfreien. Das wurde auch davon beeinflusst, dass Regierungen und Eliten das Problem manipulierten, je nachdem ob sie mehr Sklaven oder mehr Gemeinfreie (als Steuerzahler) brauchten. Sklavinnen waren oft Konkubinen der Elitemänner; die Nachkommen wurden nie Teil der Elite. Allerdings konnten sie nach langen Ritualen „sozialer Reinigung" (Reinheitsprinzipien wie in Japan) eventuell den Status von Gemeinfreien erreichen.[90] In islamischen Gesellschaften mit ihren Formen von Elitesklaverei konnten Nachkommen von Sklavinnen/Konkubinen sehr wohl Teil der Machteliten werden.[91]

---

88 Eggert, Marion; Plassen, Jörg, Kleine Geschichte Koreas, München: Verlag C. H. Beck, 2005, S. 19 ff.

89 Kim, Bok-Rae, „Nobi: A Korean System of Slavery", in: Slavery & Abolition Vol. 24:2 (2003), S. 155–168.

90 Deuchler, Martina, „Korea", in: Drescher; Engerman (eds.), A Historical Guide to World Slavery, S. 385–389, hier S. 244 f.; Unruh, E. S., „The Landowning Slave: A Korean Phenomenon", in: Korea Journal 16:4 (1976), S. 27–34; Peterson, „Slaves and Owners; or Servants and Masters? A Preliminary Examination of Slavery in Traditional Korea", S. 31–41.

91 Croucher, Sarah K., „'A Concubine Is Still a Slave': Sexual Relations and Omani Colonial Identities in Nineteenth-Century East Africa", in: Voss, Barbara L.; Casella, Eleanor Conlin (eds.), The

Im Prinzip war dieses auf Stabilität zielende System undurchdringlich (von unten nach oben); absorbierte Eliten, Erbaristokratien oder Spezialisten unterlegener Territorien aber wurden eingegliedert. Die Reste der Macht der Clans zeigten sich darin, dass wichtige Entscheidungen wie Thronfolge oder Krieg und Frieden von einem Clan-Rat beschlossen wurden.[92]

Das Königshaus belohnte Aristokraten mit Sklavenlatifundien oder großen Gestüten und vergab das erbliche Recht auf Naturalien-Steuern oder Frondienste von „freien“ Bauern.[93] So entstand eine ziemlich festgefügte Erbaristokratie. Das alte Korea hatte somit immer sehr große Sklavenpopulation (*nobi*), von 30 bis 50 % der gesamten Bevölkerung von der Silla-Periode bis in das 18. Jahrhundert, fast alles Menschen aus der gleichen Gruppe wie die Versklaver. Während der Kriege zwischen China, Korea und Japan, etwa im Großen Ostasiatischen Krieg Ende des 16. Jahrhunderts kam es auch zu massiven Verschleppungen und Versklavungen.[94] Das „gemeine Volk“ bestand in Korea mehrheitlich jedenfalls aus Sklaven. Die herrschende Klasse bildete einen Erbadel (*yangban*), die die beiden unteren Volksklassen der „Gemeinen“ (*p'yŏngmin*) und der Sklaven (*nobi*) beherrschte.

Die Sklaven waren legales Eigentum, entweder privates oder öffentliches. Die Besitzer waren das Königshaus, Regierungsämter oder Privatbesitzer. Sklaverei war von sehr großer ökonomischer Bedeutung; aber der Sklavenbesitz war für die Adligen nicht nur von wirtschaftlicher Signifikanz, sondern Grundlage des gesellschaftlichen Status überhaupt. Privatsklaven (*sa nobi*) wurden „Hände und Füße“ der Aristokraten-Elite genannt. Sie waren am ehesten mit individuellen „römischen“ Eigentumssklaven vergleichbar. Der Staat hatte offiziell keinerlei Kontrolle über diese Sklaven, die von Steuern, Kriegsdienst und (staatlicher) Zwangsarbeit befreit waren. Sklavenbesitzer verfügten über wenige Sklaven (ca. ein Dutzend) bis zu Hunderten von Sklaven. Einige der Privatsklaven wurden als Haussklaven (*solgŏ nobi*) eingesetzt oder bebauten Gärten und Felder in der Nähe der Herrensitze. Andere Sklaven waren nicht an den Wohnort oder den Sitz der Herren gebunden (*oegŏ nobi*); meist bearbeiteten sie entfernteres Landeigentum ihrer Besitzer oder waren Wächter traditioneller Begräbnisstätten der Herrenfamilie.[95]

Je nach Vorherrschen mutterrechtlicher oder patriarchalischer Ideologien und Rechtssysteme bedeutete Eingliederung von Sklaven entweder Assimilation, auch und gerade zwangsweise Assimilation, wenn die väterliche Erbfolge der Kinder von Sklavinnen betont wird (auch für Sklaven). Erst wenn die Regel „Sklavenbauch

---

Archaeology of Colonialism: Intimate Encounters and Sexual Effects, Cambridge/New York [u. a.]: CUP, 2012, S. 67–84.

92 Eggert; Plassen, Kleine Geschichte Koreas, S. 34 f.

93 Ebd., S. 32 ff.

94 Zöllner, „Menschenraub, Mission und Kulturtransfer“, S. 161–174.

95 Deuchler, Martina, „Korea“, in: Drescher; Engerman (eds.), A Historical Guide to World Slavery, S. 385–389, hier S. 245.

gebiert Sklaven" galt, wie in Rom, Korea und den amerikanischen Sklavereien, und nur die mütterliche Linie der Abkunft betont wurde, kam es potentiell zur Herausbildung einer Klasse geborener Sklaven. Erst dann gab es auch regelmäßig „geborene" Sklaven mit spezifischer Lebenserfahrung. Die entsprechende Statusdegradation und soziale Hierarchie wurde dann im Bereich des spanischen Kolonialreiches wie folgend definiert: „La esclavitud, al revés que la hidalguía, corría por la línea de hembra [Die Sklaverei, anders als die Adligkeit, lief über die Linie des Weibes]".[96]

Was dachten und sagten Sklaven über all dies? Für Gesellschaften, Kulturen, Staaten, Ökumenen und Wirtschaften hatte die unterschiedlichen Sklavereien sehr unterschiedliche Bedeutung. Keine Definition einer Struktur und eines sozialen Prozesses (und das ist das Wesen des Begriffs „Sklaverei") kann all die Dimensionen des Erlebens von Seiten derer, die Sklavenjagden, Sklavenhandel und -transporte sowie Sklavereien erlitten, die konkreten Sklavereien, Verletzungen und Traumata, die extrem unterschiedlichen Erfahrungen, Stellungen und Situationen der Versklavten, die dezentrale Vielfalt der Übergangsformen oder Ähnlichkeiten von Unfreiheit in Raum und Zeit erfassen. Die Wirkung von Sklaverei in ihren historisch-psychischen Ausformungen auf Versklavte kennen wir noch nicht einmal heute. Für die Zeit formierter Sklavereien, sagen wir von 2300 vor unserer Zeit bis um 1880, tendieren einige Forscher, Mediziner und Psychiater dazu, bestimmte Aspekte heutiger politisch-psychischer Kultur auch auf Sklaverei zurückzuführen. Denn Stimmen von Versklavten oder kritische Auseinandersetzungen mit der Sklaverei gab es in dieser Zeit nicht oder sehr selten. Auch das moderne Konzept der „Person" oder des „Akteurs" war für Unterschichten absolut undenkbar. Und auch solch revolutionäre Thesen des Utilitarismus nach dem Motto „wie ist das Glück Aller unter den Bedingungen von Gesellschaften des Eigennutzes möglich?", waren unvorstellbar. Das hängt grundsätzlich mit der Rolle von (möglicher) Individualität in der Geschichte zusammen. Die von Finley angemahnte „Individualität" der antiken Sklaverei ist vor diesem Hintergrund eine historiographische Fiktion. Abstrakte Willensfreiheit oder politische Freiheit wurde zwar seit den Blütezeiten griechischer oder hinduistischer Philosophie unter Intellektuellen debattiert. Aber im Alltag versklavter und abhängiger oder auch nur bäuerlicher Menschen war individuelle Willensfreiheit keine Denkkategorie oder gar Anleitung zum politischen Handeln. Höchstens als Eigensinn; aber Eigensinnige lebten gefährlich. Ohne Gemeinschaft war Mensch zwar denkbar, aber nicht überlebensfähig. In Quellen des europäischen Mittelalters etwa werden Menschen immer ganz konkret bei ihrem Personennamen genannt und waren zugleich Mitglieder einer Gruppe; es gab keine allgemeine „zivile" Regel, wie etwas so Abstraktes wie ein „Individuum" oder eine „Person der Unterschicht", etwa durch Nennung der Herkunft oder der Familie in

---

96 Busto Duthurburu, José Antonio del, „El esclavo y el amo", in: Busto Duthurburu, Breve historia de los negros del Perú, Lima: Fondo Editorial del Congreso del Perú, 2001, S. 28–30, hier S. 28.

der Art eines „Nachnamens“, näher bestimmt sein sollten. Die Bezeichnung von Individuen war geprägt durch eine Unendlichkeit konkreter Konstellationen, die sich in Spitz- und Nicknamen ausdrückten. „Individuen“ waren Götter, Helden, Könige oder Ritter (meist im Mythos). Etwas übertrieben gesagt, alle Menschen, vor allem Sklaven, waren unterhalb ihrer Rechtsdefinition (eigentlich *avant la lettre*) an ein bestimmtes Niveau kollektiver Abhängigkeits-, Gewalt- und Hierarchiestrukturen gebunden, das sie für gegeben hielten – so wurden sie auch in den Quellen bezeichnet. Die Idee, ein gequälter Einzelmensch könne seine Qualen in schriftlicher Form darlegen oder allgemeine Gruppenrechte oder Rechte als „Individuum“ in einer Gesellschaft formal gleicher Rechte einfordern, war den meisten Männern und Frauen unseres Erdballs vor 1789 fremd (und ist es zum Teil noch heute), zumal Sklaven als Individuen in schriftlichen Quellen nur sehr selten genannt wurden und oft aus illiteraten Kulturen stammten. Musik und Liedgut sind da schon etwas anderes. In dieser Regel des „Verschwindens im Kollektiv“, der Nichtwahrnehmbarkeit des versklavten Individuums und der Nichtkritik an der Sklaverei existieren nur sehr wenige Ausnahmen. Es gibt Höhenkamm-Beispiele in der antiken sowie chinesischen Literatur. Eine der frühen Ausnahmen in Europa war Jean Bodin (1530–1596). Er hielt die Sklaverei für schädlich, weil kein Mann aus dem „politischen Körper“ eines Königreiches ausgeschlossen sein sollte. Deshalb galt ihm die Sklaverei auch als unmoralisch und langfristig nicht nützlich.[97]

All das soll uns aber nicht davon abhalten, nach Quellen zu suchen, die in den jeweiligen bäuerlichen Volkskulturen die Bedeutung von Freiheiten, Freizügigkeit (Mobilität) und Rechten sowie den Kampf um Rechte einerseits, Abhängigkeit und Sklaverei andererseits zum Ausdruck bringen. Jeder Mensch zu jeder Zeit wusste auch, was seine konkreten „Freiheiten“ oder, ab etwa 1789, „Freiheit“ oder „mehr Freiheit“ für ihn bedeuteten. Es ist auch einfach falsch anzunehmen, Sklaven und Sklavinnen hätten nicht auch ein „normales“ Leben mit Momenten der Lebensfreude, des Feierns und des Genusses gehabt – und das als ihre „Freiheiten“ verstanden. Sklaven waren aktive Menschen, nicht nur tumbe Produzenten, anonymes Kapital und leidende Opfer. Das ist aber kein Verdienst der Sklaverei, in den allerwenigsten Fällen ein Verdienst der Herren oder Verwalter oder gar ein relativierendes Entschuldigungsargument à la „die Sklaverei war gar nicht so schlecht“. Sklaven, wie alle Menschen, richteten sich mit vielfältigen Aktivitäten – darauf hebt, zumindest bei mir, das Konzept des „Akteurs“ ab – unter den oft sehr engen, gewaltgeprägten und ungünstigen Bedingungen der Sklaverei ein. Unter Sklaven entstanden Gruppen, Familien und Hierarchien sowie mehr oder weniger privilegierte Teilgruppen. Oder Sklaven rebellierten und flohen. Sie bildeten Quilombos (oder *mocambos*), Cumbes

97 Heller, Henry, „Bodin on Slavery and Primitive Accumulation“, in: The Sixteenth Century Journal Vol. 25:1 (Spring, 1994), S. 53–65; Opitz-Belakhal, Claudia, „Natürliche Freiheit – gottgewollte Ordnung“, in: Opitz-Belakhal, Das Universum des Jean Bodin: Staatsbildung, Macht und Geschlecht im 16. Jahrhundert, Frankfurt am Main/New York: Campus, 2006, S. 85–106.

und Palenques, schlossen sich Piraten oder Räubern an oder begründeten, wie bei Black Seminoles in Nordamerika, bei den „schwarzen Kariben" (*garifuna*), den *miskito* oder *kuna* in Zentralamerika, den *guajiros* (*wayúu*) in Südamerika, zusammen mit indianischen Völkern oder Teilen von ihnen, neue Völker.[98]

Die Mehrzahl aller Sklavinnen und Sklaven allerdings nutzten die Bedingungen, die sie in der jeweiligen Sklaverei vorfanden, um sie vor allem durch kulturelle Anpassung und Umgestaltung (*transculturación*) auf lange Sicht weniger gewalttätig zu gestalten oder um sich aus ihnen zu befreien – etwa durch viel Arbeit, Sparen und Selbstfreikauf. Das oft gebrauchte Klischee vom „faulen Sklaven" ist ein Argument der Gewaltlegitimierung seitens der Herren, der Verwalter und Aufseher – da auch viele Mönchsorden kollektive Besitzer von Sklaven waren, wurde dieses Argument auch noch systematisiert und wissenschaftlich „mit Platon und Aristoteles" verbrämt.

Die atlantisch-amerikanische Sklaverei entstand auf der Basis unterschiedlichster lokaler, kleiner und großer Sklavereien sowie einer neuen Form von Expansion, in der im Grunde von europäischen Kronen privilegierte Kapitäne, die zugleich Militärs, Transportorganisatoren, Navigatoren und Kaufleute waren, in der „Freiheit des Meeres" (Atlantik) die Akkumulationsmöglichkeiten von verschleppten Menschen als multipotentes Kapital erkannten und in diesem langen Prozess zugleich den Begriff des bürgerlichen Eigentums auch auf Privatbesitz an kriegsgefangenen Menschen, Cativos, ausdehnten. Am deutlichsten ausgesprochen und niedergeschrieben unter dem zusammenfassenden Status- und Fahnenwort „Freiheit" (*liberty*) wurde die „Freiheit des Meeres", verstanden als Freiheit von Wirtschaftssubjekten, am Sklavenhandel zu partizipieren, wohl im Umfeld und nach der Glorious Revolution in England (im Kampf gegen Monopole der *Royal African Company* sowie später der *South Sea Company*).[99]

Wie wir gesehen haben, gingen private „große" Massensklavereien die intensivste und am längsten anhaltende Verbindung mit kosmopolitischem Handelskapital, Transportunternehmern und Großproduktion von Genussmitteln (wie Zucker, Tabak und Kaffee oder Kakao) sowie Industrie-Ressourcen (wie Baumwolle oder Indigo) auf den Engenhos/Ingenios sowie Plantations und Habitations im amerikanischen Raum der Neuzeit (1520–1888) ein. Objektiv gesehen, handelte es sich um brutalste Formen der großen Massensklaverei und um hochorganisierte, komplexe Agrar/Industrie-Betriebe. Aber auch um Laboratorien neuer, kreolischer Kulturen, neuen Wissens und um Laboratorien der Organisation des Zusammenwirkens

98 Cwik, „Africanization of Amerindian Tribes in the Greater Caribbean: Case Studies of the Wayuu and Miskito during the 17th and 18th Centuries", in: Knight; Iyob, Ruth (eds.), Dimensions of African and Other Diasporas, Kingston: University of the West Indies Press, 2014, S. 83–104.

99 Pettigrew, William A., Freedom's Debt. The Royal African Company and the Politics of the Atlantic Slave Trade, 1672–1752, Chapel Hill: The University of North Carolina Press, 2014 (Published for the Omohundro Institute of Early American History and Culture).

von Menschen und Tieren. Deshalb sind Plantagen mit Massensklavereien wohl auch zu Strukturkernen hegemonischer Sklavereien geworden, die unsere Vorstellungen von Sklaverei überhaupt prägen. In Europa profitierten von diesen zunächst atlantisch-afrikanischen, dann atlantisch-afrikanisch-amerikanischen Massensklavereien mit ihren Vorformen der Massentierhaltung (Ochsen, Maultiere, Schweine, Hühner) in den Amerikas Großkaufleute und Geldverleiher (Banken) sowie Schiffsausrüster und Textilproduzenten. Die große atlantische Sklaverei hat sich seit ihrem Beginn durch Schöpfung und Akkumulation von Kapital in Form von *human property* (Eigentum an menschlichen Körpern), starke Mobilität (Versklavte idealiter nur einmal über den Atlantik und durch die Amerikas) und Technologisierung, Kommodifizierung, Rationalisierung und Disziplinierung ausgezeichnet. Struktureller Kern dieser atlantisch-amerikanischen Sklaverei war der so genannte *plantation complex*, zunächst im Imperium der Insel-Enklaven des atlantischen Raumes (paradigmatisch São Tomé (halb), Barbados (ganz) und Jamaika (Drittel), seit etwa 1820 auch in kontinentalen Wirtschaften wie im Süden der USA[100] und Brasilien (und Afrika) sowie auf großen Inseln (Kuba, Sansibar, Sumatra). Ein großes Zentrum massiver Sklaverei existierte im brasilianischen Goldbergbau in Minas Gerais schon seit 1720 und ebenso im Goldbergbau im heutigen Kolumbien, dem damaligen Neu-Granada, besonders in Popayán (Cauca), dem Chocó und Antioquía (Nordosten der Provinz, Antioquia sowie in den Tälern von San Nicolás und Valle de los Osos).[101]

Deshalb sprechen viele Forscher von einer besonderen Stufe der privatrechtlich und rassistisch fixierten Massensklaverei – der „großen“ Plantagensklaverei mit anhängenden Sklavengesellschaften von Menschen aus Afrika in Amerika sowie aus Afrika in Afrika (vor allem Sokoto). Einen Großteil ihrer Dynamik zogen die Massensklavereien aber auch aus den vielfältig in ihnen subsumierten „anderen“ Sklavereien und aus dem andauernden Kauf und Verkauf von Sklavinnen, Sklaven und Sklavenkindern sowie Arbeits- und Schlachttieren auch in Hinterländern aller Amerikas. Denn auch an der Wiege (oder den Wiegen) der großen Plantagensklaverei standen unterschiedliche lokale Formen der Kin-Sklaverei und bereits etablierter Handel mit Menschen und Sklaven, der zwar weltweit lokal, manchmal auch überregional, „da“ war, aber erst durch die atlantische Kolonialexpansion der Europäer, die Gewinne der Kaufleutenetzwerke und durch den atlantischen Sklavenhandel zu wirklich global vernetzten und translokalen „atlantischen“ und sogar globalen Phänomen wurden. Diese Problematik ist eng mit Migration, translokalen Netzwerken und weltweiter Expansion von Menschen- und Merkantil-Kapitalismus verbunden.

---

100 Newman, Simon P., A New World of Labor: The Development of Plantation Slavery in the British Atlantic, Philadelphia: University of Pennsylvania Press, 2013.

101 Lenis Ballesteros, César Augusto, Una tierra de oro: minería y sociedad en el nordeste de Antioquia, siglos XVI–XX, Medellín: IDEA, 2007; Mejía Velásquez; Córdoba Ochoa, „La manumisión de esclavos por compra y gracia en la Provincia de Antioquia, 1780–1830“, S. 252–291.

Im 21. Jahrhundert gibt es in absoluten Zahlen die meisten Sklaven; allerdings sind die klaren rechtlichen Konturen der schriftlichen Eigentumsdefinition in „römischer" Tradition aus der Zeit der großen atlantischen Sklaverei weitgehend verschwunden und die im atlantischen Sklaving entwickelte Ideologieformation des Rassismus wirkt übergreifend als Exklusionsideologie, die die Nachkommen von Sklaven stigmatisiert. Die Sklavereiforscherin aus Trier, Elisabeth Herrmann-Otto dazu: „Der Sklaverei als Urmutter aller Formen der Unfreiheit kommt universalhistorische Bedeutung zu".[102] Nur muss dazu gesagt werden, und das macht eben heutige Globalgeschichte aus, dass neben der, sagen wir, anderen hegemonischen und protagonistischen Sklaverei in griechisch-römischer Tradition weltweit, global (meist ohne dass lokale Gesellschaften von der Existenz dieser Zentren wussten) andere Formen und Typen der Sklaverei existierten, die ich hier in ihrer Gesamtheit als Kin-Sklavereien und lokale Sklavereiformen des Übergangs sowie spezifische Typen extremer „großer" Sklavereien bezeichne.

Es gab andere protagonistische Entwicklungen (Afrika, Islam, asiatisch-indische Großreiche und pazifische Handelsnetze), die von einer nur-westlichen Perspektive nicht erfasst worden sind und gerade in die Diskussion gekommen sind. Das ist besonders wichtig, um nicht in den anthropologischen Fehler zu verfallen, jede Art von Sklaverei nur an der „hegemonischen" Sklaverei im Zentrum des jeweiligen Zeithorizonts (etwa Athen–Thrakien oder Rom–Germanien) zu messen und zweitens, damit heutige Beobachter spezifischer Sklavereien (etwa Kinderprostitution, „Knaben-Spiele", oder eben „kleine jüngere Schwestern") nicht in ihrer grausamen Alltäglichkeit für die Betroffenen zu unterschätzen. Sklaverei hat, wie Gewalt, viele Gesichter und solange es Privateigentum, in welcher rechtlichen Form auch immer, gibt, wird es begrenzt werden müssen – denn die logische und historische Konsequenz völliger „Freiheit" des Eigentums sind Menschen als Objekt, als Eigentum anderer Menschen oder „juristischer Personen".

Mit der Abolition des Sklavenhandels und der „großen" Sklaverei des westlichen Typus in „römischer" Tradition, dem Kampf internationaler Organisationen gegen die Sklaverei vor allem im 19. und 20. Jahrhundert sowie dem Aufstieg neuer „imperialer" Akteure in der Globalgeschichte seit 1980 sowie neuer globaler Produktionsformen und Handelsnetze offizieller und inoffizieller Natur ist deutlich geworden, dass in den Arbeitsverfassungen anderer Großregionen und Staaten eine Vielzahl von Zwangsarbeiten, Dienstleistungs- und Arbeitsbeziehungen existieren, die zwar dem Gewaltverhältnis der westlichen Sklaverei gleichen oder ähneln, aber ihre Wurzeln in völlig anderen Sklavereitypen mit kulturell anderen Konzepten und Namen haben.

---

102 Herrmann-Otto, „Einführung", in: Herrmann-Otto (ed.), Unfreie Arbeits- und Lebensverhältnisse von der Antike bis zur Gegenwart. Eine Einführung, Hildesheim [etc.]: Georg Olms Verlag, 2005, S. IX–XVII, hier S. X.

Imperien, die sozial durch die Existenz von Sklavereigesellschaften in ihren wirtschaftlichen Grundlagen sowie transimperiale Handelsnetzwerke charakterisiert waren, entwickelten systemische Denk-Ordnungen zur Kontrolle von Sklaven.[103] Bis um 1500 existierten mehrere solcher imperialen Entwicklungspole in Großregionen oder „Kulturen" der Welt relativ unvermittelt nebeneinander. Um 1750 gab es noch ein rundes Dutzend Zentren mit Imperien: Westeuropa, Indien, Russland, China, das osmanische Reich und Persien. Um 1850 war es eher ein Problem von „Europa und die Welt" – Europa verstanden als England mit seinem *British sonderweg* und eventuell noch Frankreich als Entwicklungsmodell für das kontinentale Europa und den Westen sowie bestimmte Kolonialreiche. Ein neues Imperium entstand mit den USA und im Osten lag das gigantische Russland. In Ostasien galt mit Ausnahme der Periode 1830–1950 die Regel „China und die Welt".[104] Aktive Verbindungen zwischen globalen Entwicklungspolen vor 1250 waren eher die Ausnahme, wie die Schifffahrt auf dem Indischen Ozean und Randmeeren der Pazifik sowie die Überland-Seidenstraßen oder die Karawanenwege im nördlichen Afrika, oder viel früher auch die Kaufleute- und Schiffskulturen der Phönizier (mit Versuchen zur Umschiffung Afrikas), Wikinger/Waräger und Venezianer sowie der Kariben in der Karibik oder der Polynesier im Pazifischen Ozean. Kulturtransfer erfolgte meist per Diffusion; manchmal auch per Menschenhandel über Meere und Ozeane. Nur wo Kulturen, Imperien, Wirtschaftsgebiete, Ökumenen mit Massensklavereien und dynamischen Wirtschaften direkt aneinander grenzten, kam es zu intensivem Austausch durch Handel, Expansion, Ideen, Sex, Wissenschaft, Krieg und Versklavung, wie während der germanischen, hunnischen, arabischen, chinesischen, mongolischen, aztekischen, osmanischen, turkmongolisch-persischen Migrationen und Expansionen oder während der Kreuzzüge. Meist in Aufstiegs- oder Expansionszeiten kam es in diesen Imperialgebilden zur Verfestigung unterschiedlicher Kin-Sklavereiformen zu schärfer gezeichneten Sklavereien, deren Spuren sich auch in Recht- und Besitzsystemen finden lassen. Manche dieser Sklavereien waren kurzlebig und fielen schnell wieder in die Routine von kaum oder wenig formalisierten Kins-Sklavereien zurück, wie im hunnischen und mongolischen Imperium oder in germanischen Imperien. Mit dem Zusammenbruch zerfallen auch „große" Sklavereien in ihre „kleinen" Elemente. Kleine Sklavereien und Kin-Sklavereien werden eventuell als Geschichten erzählt oder besungen; große Sklavereien als große Geschichte geschrieben.

Um die Mitte des 15. Jahrhunderts setzten die Vorstufen der engeren Globalisierung ein, die von 1914 bis 1970 (im „Westen") unterbrochen wurde, um seit 1990 als *global history* zu erscheinen. Von 1400 bis 1900 kam es zu einer Phase der aktiven Ausbreitung einer bis dahin recht peripheren Kultur in einer Art Expansionskonkurrenz (westlicher Schrift- und technologiegestützter Kolonialismus und

103 Marquese, Feitores do corpo, missionários da mente, passim.

104 Burbank; Cooper, Imperios, passim.

Kapitalismus), der Europas – es gab weitere Kolonialexpansionen, wie die russische, amerikanische, malayische, osmanische oder chinesische und japanische. Meist sind „große" Sklavereien genannte oder ungenannte Teile von großer Geschichte. Die Geschichte der Antike ist ewig – bis heute. Der europäische Kolonisations-Prozess ist wegen der bewussten Ausrichtung auf den gesamten Globus, der etwas zeitversetzt als Behaims „Erdapfel" (erster wirklich bekannter Erdglobus) in Repräsentation und Theorie entstand, auch „Globalisierung" genannt worden. Erst seit dieser Zeit gibt es überhaupt profane Weltgeschichte – mit einigen früheren Quellen wie Herodot sowie Ansätzen in der chinesischen Historiografie, im indischen Geschichtsbild sowie in arabischen, persischen und osmanischen Texten – und Periodisierung sowie Konzeptualisierung von Weltgeschichte nach Chronologien und Kriterien, die in den jeweiligen Metropolen entwickelt worden sind und werden.[105] In Bezug auf eine Weltgeschichte der Sklaverei bedeutet dies, dass Verfestigung von Sklavereien auch mit systemischen Konzepten der Unfreiheit/Sklaverei und der Aufnahme älterer Traditionen zu tun hat, auch wenn die Kin-Sklavereien aus denen eine neue Sklaverei entsteht, mit dieser Tradition in der Realität nichts zu tun haben. Nach dem kulturellen Entwicklungsstand im jeweiligen Zentrum wird die neue Sklaverei sozusagen „vorwissenschaftlich", aber mit der ganzen Macht des Imperiums und oft im legitimatorischen Rückgriff auf ältere Traditionen – wie im Westen auf das antike Rom oder im Aztekenreich auf die Tolteken – erkannt, beschrieben, dargestellt, debattiert und definiert. Mit der Entstehung der „großen" atlantischen Sklaverei aus cirkumatlantischen, vor allem afrikanischen Kin-Sklavereien innerhalb einer schriftlichen Kultur, die per Drucktechnik verbreitet werden konnte, hatten diese systemischen Konzepte die Form von legitimatorischen Schriften und Anleitungen, die stillschweigend voraussetzten, dass Massen von Menschen versklavt waren oder als Opfer des Sklavenhandels wie Vieh behandelt wurden. Systemische Sklaverei-Konzepte, sozusagen Anleitungen, wie große Sklaverei zu betreiben sei, finden sich vor allem in den westlichen Theologien (die auch subtile Antisklavereitendenzen aufweisen), Philosophie, Rechtsschrifttum, Geographie und Geschichtsschreibung. Die Werke wurden im „Westen" (aber auch im „Osten") von Standpunkten aus geschrieben, die eigene Kultur/Gesellschaft in der jeweils gültigen Sprache des Imperiums zum wichtigsten, jeweils „modernen" Entwicklungspol zu erklären.

Bei näherem Hinsehen zeigt sich allerdings, dass viele Denkweisen in Bezug auf Sklaverei in unterschiedlichen politischen Konfigurationen sich sehr ähnelten. Die gängige Erzählung aus dieser, sagen wir, westlich-kolonialen Perspektive, erfolgte meist entlang Linien hegemonistischer Welterklärung: antikes Judäa, Griechenland/Rom – ein wenig Mittelalter – atlantische Sklaverei – Süden der USA, beziehungsweise, wie die erste wirklich wissenschaftliche Geschichte der Sklaverei

105 Duara, Prasenjit; Murthy, Viren; Sartori, Andrew (eds.), A Companion to Global Historical Thought, Malden/Oxford: Wiley Blackwell, 2014.

(José Antonio Saco)[106] zeigt, vor dem Hintergrund der im 19. Jahrhundert technologisch modernsten Sklaverei (Kuba). Seit der Entstehung von Vorformen des Orientalismus am Beginn des 19. Jahrhunderts kamen meist noch etwas Ägypten oder Alter Orient hinzu; seit dem 20. Jahrhundert auch ein Quäntchen China und etwas Indien. Amerikanische und afrikanische sowie pazifische Vor-Kontakt-Kulturen oder Sibirien waren eher das Spezialgebiet von historischen Ethnologen und Anthropologen. Deshalb werden auch viele Leserinnen und Leser dieses Buches überrascht sein, dass hier Afrika Protagonist ist.

An diesem Grundkonzept protagonistischer Zentren und hegemonischer Sklavereien, die zugleich in gewisser Weise historiographische Großgefängnisse sind, wurden und werden andere Gesellschaften und Kulturen der Weltgeschichte gemessen und bewertet – im Westen immer auf Basis der so genannten „Klassischen Antike" und des jüdisch-christlichen Historismus, auch wenn das wissenschaftliche Format eher Positivismus heißt.

Heute ist der Standpunkt der Weltgeschichtsschreibung ein globalhistorischer und postkolonialer. Deshalb gehört zu einer heutigen Erzählung (Narratio) der Geschichte der Sklaverei zuerst und vor allem ein Wechsel der Perspektive: weg von den Strukturen, Rechten und Legitimationen der Herren, hin zu den Erlebnissen und Erfahrungen einer Geschichte der Sklaven und Sklavinnen selbst. Das heißt nicht „weg von den Quellen", sondern „hin auch zu anderen Quellen, die alten kennen wir zwar auch nicht völlig, aber eben länger und mehr als die neuen"! Archive bleiben unumgänglich, müssen aber durch den Material-Begriff (damit kommen auch Strukturen wieder zu Ehren – oft unter neuen Bezeichnungen, wie *commodity-lines*, *networks*, etc.) sowie andere Formen der Memoria ergänzt werden. Da Sklaverei und Kolonialismus in der Geschichte der Neuzeit oft Hand in Hand gingen, bedeutet das Kritik an Kolonisatoren sowie Versklavern und an ihren ideologischen Begründungen sowie den systemischen Legitimationen von Sklaverei, Expansion und Kolonialismus (sei er von Europäern, Osmanen, Afrikanern, Inkas, Berbern, Chinesen ausgeübt worden). In einer postkolonialen Geschichte der Sklaverei müssen aber auch ideologische Legitimationen neuer Eliten der Globalisierung, etwa Chinas, Brasiliens, Nigerias oder Indiens, oder gar deren Versuche kritisiert werden, wirtschaftlichen Aufschwung in einer schlechten Kopie westlicher Entwicklungen oder im Rückgriff auf eigene Versklavungs-Traditionen, die eben nicht im Gewande „römischen" Rechts daherkommen und einen anderen Namen haben, mit verschleierten Formen anderer Sklavereitypen, auch und gerade

106 Saco, José Antonio, Historia de la esclavitud desde los tiempos más remotos hasta nuestros días, 3 Bde., Bde. I und II: Paris: Kugelmann, 1875; Bd. III: Barcelona: Impr. Jaime Jepús, 1877/78; Saco, Historia de la esclavitud desde los tiempos más remotos hasta nuestros días, 3 Bde., Habana: Imprenta Alfa, Bd. I, 1936, Bde. II und III, 1937; Saco, Historia de la esclavitud de la raza africana en el Nuevo Mundo y en especial en los países Americo-Hispanos. Prólogo Fernando Ortiz, 4 Bde., La Habana: Cultural S.A., 1938.

Kin-Sklavereien und billigen Arbeitskräften, abzusichern. Aber auch bei der Weiterentwicklung des atlantischen Kapitalismus in den Zentren der westlichen Welt spielen Migration und Sklaverei eine wichtige Rolle. In diesen Zusammenhang ist der Versuch vorliegender Globalgeschichte der Sklavereien einzuordnen, von der Scharfzeichnung „westlicher" Eigentums- und Massensklaverei in „römischer" Tradition nicht eben wegzukommen, aber zu zeigen, dass auch diese aus quasi alltäglichen und lokalen Sklavereiansätzen der Weltgeschichte, die vorwiegend mit dem Konzept „Kin-Sklavereien" beschrieben werden, entstanden sind.

Lokale Sklavereien und Kin-Sklavereien als Gewaltbeziehung gab und gibt es auch in anderen Rechtskulturen, deren Struktur und kulturelle Kodierung manchmal so ist, dass das primäre Gewaltverhältnis nicht so leicht erkennbar ist, die aber in bestimmten Situationen – etwa wenn massenhaft billige Arbeit oder Prostitution als Akkumulationsquelle nützlich wird – in ganz profane Wirtschafts-Sklaverei umschlagen können.

Meist wird für nichtwestliche Gesellschaften oder Gesellschaften, die dem Kolonialismus westlicher Gesellschaften unterlagen (und ihre Vorläufer, wie etwa die präkolumbinischen Kulturen Amerikas oder die vorkolonialen Kulturen Afrikas, Asiens oder Indiens), in einer solchen Perspektive behauptet, es habe in ihnen keine Sklaverei gegeben. Das ist richtig und falsch, denn es gab wenig kompakte und „große" Wirtschafts-/Massensklaverei und schon gar keine Sklaverei nach westlichen Kosmologien „römischen" Rechts, Landeigentums und (Geld)-Kapitals, im Sinne von akkumulierten und verstetigten Kapitalgewinnen, die in einer der jeweils mächtigsten Währungen gezählt und produktiv investiert werden. Und in Indien – das klingt wie ein Widerspruch, ist aber keiner – heißen Sklavereien natürlich nicht „Sklaverei" sondern führen eine Vielzahl anderer Namen (siehe unten).

Aber es gab und gibt viele Ansätze sowie Subtypen von Kin-Sklavereien und Übergangsformen zu eigenständigen „großen" Sklavereien und Massensklavereien. Dabei spielt auch die landläufige Auffassung eine wichtige Rolle, Sklaverei sei eine Angelegenheit der Vergangenheit. Aber wer weiß, ob dem wirklich so ist. Möglicherweise treten „Quasi-Versklavungs-Situationen" immer dann ein, wenn eine wirtschaftlich dynamische und politisch mächtige Elite ideologische Diskurse zur positiven Legitimation („Zivilisation", die „richtige" Rasse, Reinheitsgrad oder Religion, Wirtschaftlichkeit, etc.) von „Unfähigkeit", Unfreiheit und Statusminderung einer Gruppe innerhalb oder außerhalb ihrer jeweiligen Gesellschaft sich zu eigen macht – Eliten verfangen sich für gewöhnlich sehr schnell in den eigenen Überlegenheitsdiskursen und das weltweit – mit heutigen Medienhypes wohl noch eher als früher. Deshalb hat die Kritik von Legitimationen der Unfreiheit und Ungleichheit auch eine sehr heutige und sogar zukünftige Dimension: „the notion that slavery could be a positive good for slaves and slave society appears in proslavery literature of all nations and in nearly all eras".[107] Die ganze Übung zur Kritik dieser *proslavery literature* nennt sich Postkolonialismus.

---

107 Tise, Larry, Proslavery: A History of the Defense of Slavery in America, 1701–1840, Athens: The University of Georgia Press, 1987, S. 97.

Historisch gesehen hat es, wie gesagt, auch in vielen außereuropäischen Gesellschaften Kolonialismus, Migration und Expansion gegeben. Und Sklavereien. Die chinesischen und osmanischen Expansionen sind bereits genannt worden. Vor diesen unterschiedlichen Formen gab es auch spezifische und eigentümliche Formen eines germanisch-barbarischen (fränkischen, sächsischen), arabischen, skandinavischen, aztekischen, inkaischen, mongolischen, hinduistischen, slawischen etc. Expansionismus/Kolonialismus. In all diesen expansiven Gesellschaften gab es auf Basis von bereits existierenden Lokalformen der Sklaverei Kriegsgefangene, Opfer und Außenseitertum sowie Rache, Razzien und Raubehe, wie auch den Status von Abhängigen, Unterworfenen und Eroberten oder von speziellen „Unterschichten" und Menschen minderen Rechts. Die Menschen minderen Status' konnten von militärisch, ethnisch und/oder kulturell-religiös definierten „Herren" innerhalb realer oder fiktiver Verwandtschaftsstrukturen mit Gewalt gezwungen werden, Leistungen zu erbringen. Die meisten durften auch „verkauft" oder vertauscht werden nach den gängigen Wertvorstellungen. Diese Institutionen hießen natürlich nicht „Sklaverei". Ich meine das hier durchaus zweideutig: die jeweilige Gesellschaft hat nicht das deutsche Wort „Sklaverei" oder das englische Wort *slavery* benutzt und es gab auch in der jeweiligen Sprache keine Wort, dessen Übersetzung sinngemäß der Bedeutung des generischen Allgemeinbegriffs „Sklaverei" innerhalb der Kosmologie und dem „römischen" Rechtssystem des Westens entsprochen hätte; in einem ganz empirischen Wortsinne gab es also wirklich keine „Sklaven". Aber im realen Verständnis von Gewalt über Menschen sowie Statusminderung/Unehre von Versklavten gab es Sklaven und oft auch Sklavereien.

Die rechtliche, kulturelle und soziale Position der Sklaven, die Möglichkeiten, in die Sklaverei zu gelangen und aus der Sklaverei zu entkommen, sowie der Status von Sklaven in der jeweiligen Gesellschaft, waren im Laufe der Weltgeschichte höchst unterschiedlich. Es gab für unterschiedliche Situationen auch unterschiedliche Benennungen. Die Traditionen der Institution Sklaverei und Unfreiheit in den nichtwestlichen Kulturen waren andere als in europäischen Gesellschaften in der Tradition der klassischen Antike. Oft findet die Position der „Nichtexistenz" von Sklaverei in Gesellschaften außerhalb der Amerikas Verbündete unter kritischen Intellektuellen im Westen, die auf geistige Verödung durch imperiale Vereinheitlichung verweisen (und damit Recht haben, Tacitus und Rousseau sei Dank), mit den Opfern des europäischen Kolonialismus solidarisch sein wollen, auf der einzigartigen Individualität einzelner Kulturen beharren und manchmal auch Alternativen zum westlichen Kapitalismus mit Klimbimkonsum und Naturzerstörung entwickeln wollten oder die „eigene" Versklavung und Ausbeutung als etwas „völlig Differentes" definieren. Das nennt sich Kulturrelativismus.

Gesellschaften mit Sklaven und Sklavereigesellschaften

Russia was a society with slaves, but not a slave society[1]

„Große“ Sklavereien

Wenn „große“ formierte Sklavereien zwischen den Plateaus entwickelter Kin-Sklavereien, Razzien, Menschenhandel und Imperien entstanden, wie prägten sie Gesellschaften? Orlando Patterson hat, basierend auf den Arbeiten von George Peter Murdock, Sir Moses Finley und Charles Verlinden, die wichtigsten Gesellschaften der Weltgeschichte und ihr Verhältnis zur Sklaverei untersucht. Aus dem prozentualen Anteil von Sklaven in der jeweiligen Gesellschaft hat Patterson versucht, Schlüsse auf die Qualität von Sklavengesellschaften zu ziehen. Seit Finley und Patterson hat sich zur Charakterisierung das soziohistorische Binom „genuine sklavenhaltende Gesellschaften“ und, noch akzentuierter, „Sklavengesellschaft“, sowie „Gesellschaften mit Sklaven“ eingebürgert.[2]

„Sklavengesellschaften“ sind demnach Gesellschaften gewesen, deren Wirtschafts- und Sozialstruktur im Wesentlichen durch Sklaven und Herrn geprägt war. Durch den Aufschwung der Kulturgeschichte wissen wir mittlerweile, dass auch in diesen „Zwei-Klassen“-Gesellschaften dynamische Aushandlungsprozesse/Konflikte, Gruppen sowie Transkulturationen zwischen Sklaven und Herrn existierten, obwohl und gerade, weil es auch andere Formen von Zwangsarbeit, freie Lohnarbeiter und Bauern gab.

In unerreichter Prägnanz hat Frank Tannenbaum die Wirkungen der Sklaverei auf die Gesamtkultur von Gesellschaften beschrieben, die er als *slave societies* klassifizierte. Heute wäre höchstens noch hinzuzufügen, dass es sich bei den Beispielen von Tannenbaum (vor allem USA, Kuba und Brasilien) um *colonial slave societies* gehandelt hat. Nach Tannenbaum habe Sklaverei „die Form des Staates verändert, die Natur des Eigentums, das Rechtssystem, die Organisation der Arbeit, die Rolle der Kirche ebenso wie ihren Charakter, den Begriff der Gerechtigkeit, der Ethik, der Wahrnehmung von Recht und Unrecht. Sklaverei beeinflusste die Architektur, die Kleidung, die Zubereitung von Essen, die Politik, die Literatur, die Moral der gesamten Gruppe – Weiße und Schwarze, Männer und Frauen, Alte und Junge.

1 Stanziani, Alessandro, „Serfs, slaves, or wage earners? The legal status of labour in Russia from a comparative perspective, from the sixteenth to the nineteenth century“, in: Journal of Global History Vol. 3, 2 (July 2008), S. 183–202, hier S. 201.

2 Finley, Ancient Slavery, S. 67.

https://doi.org/10.1515/9783110561630-006

Nichts entflieht" so endet Tannenbaum, dem Einfluss von Sklaven und Sklaverei, „nichts und niemand".[3] Und Eugene Genovese hat, als er noch erklärter Marxist war, mit *Roll, Jordan, Roll*, 1972 eine Debatte angestoßen,[4] die die im Vergleich zu den großen kubanischen oder brasilianischen Zuckerplantagen (relativ) guten Lebensverhältnisse auf den kleineren Plantagen der amerikanischen Südstaaten auf Widerstand und Autonomiestreben (*agency*) der Sklavinnen und Sklaven selbst zurückführte; die neuere Kulturgeschichte, *microstoria* und Historische Anthropologie haben Eigensinn und eben in Wiederbelebung eines Begriffs das Konzept der Transkulturation hinzugefügt, das aus einer Postemanzipationsgesellschaft und Postkolonie (Kuba 1880–1920) selbst stammt, später auch die Nutzung des positiven Rechts durch Sklaven als Akteure.[5]

Sklavinnen, Sklaven und all ihre Nachkommen, die als „Fremde" und „Andere" in amerikanische Sklavengesellschaften kamen, d. h., von Anfang an mit der Statusdegradierung einer „schlechten Herkunft", haben durch ihre Aktivitäten die Entwicklung dieser Gesellschaften, vor allem auch die weiter unten analysierten Grundprozesse der Gemeinschaftsbildung (Kreolisierung, Transkulturation), die schließlich unter dem Konzept der Nation (*nation-building*) zusammengefasst wurden, und vieles andere zutiefst beeinflusst und tun das heute noch.

Orlando Patterson und Philip D. Morgan haben ihrerseits die Bedeutung der Sklaverei sowie ihre sozialen und kulturellen Aus- und Einwirkungen auf eine Sklavengesellschaft zusammengefasst: „Ein Sklavenverhältnis ... erfordert zumindest die stille Unterstützung derer, die nicht direkt involviert sind in ihm, und schafft eine Sklavenkultur, so rudimentär sie auch sein mag".[6] Philip D. Morgan unterstreicht vor allem die Akzeptanz der Sklaverei in den frühen Jahrhunderten nordamerikanischer Kolonialgeschichte: „slavery was a fundamental, acceptable, thoroughly New World institution ... in labor recruitment, British America was the land of the unfree" (Spanisch-Amerika auch).[7] Und es waren nicht nur Sklaven (bis 1775 ca. 310 000 Menschen), sondern auch 54 500 Sträflinge (*convicts*) aus England, Wales, Irland und Schottland sowie ca. 200 000 britische, niederländische, deutsche und französische *indentured servants*, d. h., Sklaven „auf Zeit" und etwa noch einmal die gleiche Anzahl „freier" europäischer Migranten.[8] Zwischen 1776 und

3 Tannenbaum, Frank, Slave and Citizen: The Negro in the Americas, New York: Alfred A. Knopf, 1946 (Reprint: Boston: Beacon Press, 1992), S. 117.

4 Genovese, Eugene, Roll, Jordan, Roll: The World the Slaves Made, New York: Pantheon Books, 1974.

5 Zeuske, Schwarze Karibik. Sklaven, Sklavereikulturen und Emanzipationen, Zürich: Rotpunktverlag, 2004.

6 Patterson, Orlando, Freedom, 2 Bde., New York: Basic Books/HarperCollinsPublishers, 1991, Bd. I: Freedom in the Making of Western Culture, S. 10.

7 Morgan, Philip D., „Rethinking Early American Slavery", in: Pestana, Carla G.; Salinger, Sharon V. (eds.), Inequality in Early America, Hanover and London: Dartmouth College; University Press of New England, 1999, S. 239–266; Reséndez, The Other Slavery.

8 Menard, Migrants, Servants, and Slaves, passim.

1809 kamen nochmals ca. 114600 schwarze Verschleppte aus Afrika oder aus der Karibik.[9]

Pieter Emmer hat die Zweifel und Schwierigkeiten beschrieben, die Niederländer befielen, als ihr Land in großem Stil in den großen atlantischen Menschenhandel einstieg.[10] Das gilt cum grano salis auch für Brasilien, Kuba, Saint-Domingue, Kolumbien oder Venezuela. In all diesen Gesellschaften ist es ein offenes Geheimnis und Teil des „Schweigens über Geschichte“, dass ein großer Teil der Bevölkerung versklavt, aber auch ein ziemlich großer Teil als Wächter, Sklavenjäger, Notare, Pfarrer und Pastoren oder Mayorales am Transport, Sklavenhandel sowie an der Unterdrückung und Überwachung von Sklaven (aber auch an Verhandlungen mit geflohenen Sklaven) beteiligt war. Und im Umfeld oder gar im Innern all dieser Gesellschaften entwickelten sich schnell Cimarrón/Maroon-Flucht- und Konterkulturen. In Plantagengebieten oder Sklavenwirtschaftszonen existierte meist eine komplexe Beziehung zwischen Fluchtgesellschaften und Wirtschaften, speziell mit dem so genannten Plantagen-Komplex. Von einigen Cimarrón/Maroon-Gesellschaften ist bekannt, dass sie eigenstämdige Zwangsarbeitssysteme, gerade auch für Frauen, entwickelten.[11]

Rom war auf dem Höhepunkt seiner Macht 200 vor bis 200 nach Christus eine Sklavenhaltergesellschaft und in bestimmten Aspekten auch eine Sklavengesellschaft (obwohl diese Homogenisierung ihre Probleme hat, ich bin mir dessen durchaus bewusst), die durch imperiale Macht sowie Sklaven und ihre Nachkommen zusammengehalten wurde. Ohne Arbeit der Sklaven und ohne soziale sowie kulturelle Dynamik der Sklaverei kein römisches Imperium; gleiches gilt, ähnlich direkt, für die wichtigsten europäisch-amerikanischen Sklavengesellschaften der Moderne, Spanien/Kuba, die USA und speziell für Brasilien/Portugal. Inwieweit etwa London als zentraler Schnitt- und Kontrollpunkt und Kreditzentrum des Sklaven- und Menschenhandels von Sklaven und Schwarzen geprägt war und ist, wird immer mal wieder debattiert.

Ein Hauptunterschied, der trotz oder gerade wegen des Bezugs der amerikanischen Sklavereigesellschaften auf Rom kaum jemals deutlich ausgesprochen wird ist, dass Sklaverei in Rom sehr viel weniger Sklaverei auf Latifundien als in den amerikanischen Gesellschaften der *Second Slavery* war. Zwar war römische Sklaverei auch und gerade marktwirtschaftlich orientiert, blieb aber im Wesentlichen urbane und häusliche Sklaverei sowie – ebenfalls im Wesentlichen auf Häuser/

9 Burnside, Madeleine; Robotham, Rosemary, Spirits of the Passage: The Transatlantic Slave Trade in the Seventeenth Century, New York: Simon & Shuster, 1997; De Vito, Christian G.; Lichtenstein, Alex, „Writing a Global History of Convict Labour“, in: IRSH 58 (2013), S. 285–325, hier S. 298.

10 Emmer, „Participer ou non? La traite transatlantique, l'exemple ibérique et les scrupules du peuple néerlandais“, S. 9–37.

11 Medina, „Caught Between Rivals: The Spanish-American Maroon Competition for Captive Indian Labor in the Region of Esmeraldas During the late Sixteenth and Early Seventeenth Century“, S. 113–136.

Villen/Paläste konzentrierte – Sklaverei in den *villae rusticae*, den marktwirtschaftlich orientierten landwirtschaftlichen Betrieben mit spezialisierten Sklaven (vor allem auf der zentralen, tyrrhenischen Seite Italiens), von Versklavten in spezialisierten Berufen (Ärzte, Lehrer, Künstler), in Handwerksbetrieben mit Massenproduktion, in Bergwerken und allgemein in der häuslichen Dienstleistung: „Alles in allem ist die Sklaverei auch und gerade in der späten Republik als eine wesentliche Quelle von Arbeit zu sehen".[12] In der Kaiserzeit bis ins 3. Jahrhundert nahm im Imperium Romanum zwar die Tendenz zu Großgrundbesitz in Italien und in den Provinzen zu, aber zugleich war die tragende Agrarwirtschaft in dem riesigen Territorium zu differenziert für allgemeine Aussagen. Sklavenarbeit war mit Sicherheit immer noch eine tragende Säule der römischen Wirtschaft, eingebunden in eine erstaunliche Performanz der Wirtschaft und der sozialen Mobilität – auch für Versklavte.[13]

Die ehemaligen amerikanischen Sklavereigesellschaften haben bis heute als Länder, Staaten und Wirtschaften die imperiale Größe (sowie „römische" Architektur- und Ästhetik-Zitate) beibehalten, sogar Kuba (das erst seit 1990 als eine „Insel allein" wahrgenommen wird). Kuba war lange atlantisch-karibischer Schnittpunkt des Atlantiks, der Karibik und des spanischen Imperiums. Es sind seit dem Verbot legaler Sklaverei in diesen imperialen Ländern erst 120–150 Jahre vergangen.

In Sklavereigesellschaften gab es meist mehr als 30 % Sklaven. Es konnte sich aber auch nur um größere regionale Konzentrationen handeln, die insgesamt im Verhältnis zur jeweiligen Gesamtbevölkerung nur 15 % bis 20 % ausmachten. Orlando Patterson hat, basierend auf George P. Murdock, Listen von 66 „Sklaverei-Gesellschaften" und von „*Large-Scale Slave Systems*" in der Weltgeschichte erstellt. Ähnlich ist Sir Moses Finley vorgegangen: er hat nur fünf wirkliche Sklavengesellschaften (*genuine slave societies*) in der Weltgeschichte konstatiert: zwei in der Antike (Griechenland und Italien) sowie drei in den Amerikas (Brasilien, USA, Karibik). In der neueren Forschung vermeiden Historiker meist, aber nicht immer, die Frage „Sklaverei-Gesellschaft ja oder nein" (oder „Sklaven-Gesellschaft") und sprechen, etwa in Bezug auf die frühe Republik USA ganz klar von Sklavenhalter-Staat.[14]

So problematisch diese klare Quantifizierung auch heute wirken mag, es wird deutlich, dass in diesen Gesellschaften ein erheblicher Teil der Aktivitäten darauf verwandt werden musste, Sklaven zur Arbeit zu zwingen, zu kontrollieren und Auf-

---

12 Ruffing,, „XI. Die Wirtschaft im republikanischen Rom", in: Ruffing, Wirtschaft in der griechichrömischen Antike, Darmstadt: WBG, 2012, S. 85–99, hier S. 94.

13 Ruffing, „Die Wirtschaft des Imperium Romanum", in: Ebd., S. 100–126, hier S. 104f; Harper, Kyle, Slavery in the late Roman World, AD 275–425, Cambridge: Cambridge University Press, 2011.

14 Siehe u. a.: Van Cleve, A Slaveholders' Union, passim; siehe Autoren, die auch heute von Sklavengesellschaft sprechen: Andreau, Jean; Descat, Raymond, The Slave in Greece and Rome. Translated by Marion Leopold, Madison: University of Wisconsin Press, 2011.

stände zu verhindern. Gewalt, Terror und Furcht sowie Recht und eben Sklavendemographie dienten dazu, die extreme Asymmetrie der Abhängigkeit und Macht zwischen Herren und Sklaven aufrecht zu erhalten. Die amerikanischen Gesellschaften der Second Slavery waren Gesellschaften mit Massen von Sklaven sowie ungeheurer Gewalt, Furcht und Angst.

Die Gewöhnung an Sklaverei, Terror, Furcht und Machtasymmetrien verfestigten sich in diesen Gesellschaften zu systemischen Denkweisen. Am besten hat vielleicht José Antonio Saco, Verfasser der ersten wirklich modernen Weltgeschichte der Sklaverei, Sklavenbesitzer, und Zeitgenosse einer der „großen“ Sklavereien im 19. Jahrhundert, das systemische Denken der Sklaverei zusammengefasst, schon getränkt von den Rassentheorien des späten 19. Jahrhunderts: „Die Zivilisation der weißen Rasse, die Ignoranz der schwarzen [Rasse], die starke Organisation jener [der weißen Rasse] gegen diese [die schwarze Rasse] und die Vorkehrungen, die sie nahm, um sie [die schwarze Rasse] unterworfen zu halten, erklären leicht die Herrschaft der Weißen über die Schwarzen“.[15] Der Sklavenhalter Saco hat eine Geschichte der kubanischen Sklavengesellschaft im 19. Jahrhundert im Rahmen einer Weltgeschichte der Sklaverei geschrieben. Er schreibt über sich selbst: „Geboren und erzogen auf Kuba, das heißt, dass ich unter Sklaven geboren wurde und mich fortbildete. Wenn auch in geringer Zahl, besaßen sie meine Eltern und von ihnen habe ich sie geerbt: ich behandele also einen Gegenstand, den ich nicht nur aus Büchern, sondern aus meiner eigenen Erfahrung kenne“.[16] Sacos Geschichte der Sklaverei kam allerdings nur bis zum Jahr 1786; erst Antonio Vidal Morales stellte aus dem Nachlass eine mehrbändige Geschichte der Sklaverei (Historia de la esclavitud) zusammen, die etwa bis 1845 reichte).[17] Es spricht für den Realismus Sacos, dass ihm die eigenen Sklaven, für die Masse der Sklavenbesitzer „unzivilisierte Afrikaner“ auf Kuba und keine „edlen Römer“, immerhin, zusammen mit der indianischen Sklaverei einer eingehenden Analyse wert waren. Ansonsten hatte die rassistische, relativistische und in gewissem Sinne im 19. Jahrhundert „modische“ Herrschaftsideologie tiefe Auswirkungen auf die soziale Psyche, Sprache, Mentalität, Ideen und Emotionen von Sklaverei-Gesellschaften.

Herman J. Nieboer hat 1900 das Schweigen der europäischen Wirtschaftswissenschaften über „große“ Sklaverei durchbrochen. Claude Meillassoux' Arbeiten wollten theoretische, also sehr systematische, Essays sein über die Institution Sklaverei anhand seiner Kenntnisse des historischen Sudans von Afrika (vor allem

15 Saco, Historia de la esclavitud desde los tiempos más remotos, hier Bd. I, S. 225.

16 Ebd., Bd. I, S. 29.

17 Siehe: Fernando Ortiz am 24. Februar 1932 in Miami/Florida: Ortiz, Fernando, „Introducción“, in: Saco, Historia de la esclavitud de los indios en el nuevo mundo seguida de la historia de los repartimientos y encomiendas. Introducción de Fernando Ortiz, 2 Bde., La Habana: Cultural S.A., 1932 (Colección de Libros Cubanos, dir. Fernando Ortiz, Vols. XXVIII–XXIX), Bd. I., S. VII–LV, hier S. XIII–XIV.

Westafrikas). Paul E. Lovejoy hat für die Sklaverei in Afrika von „slavery as a marginal feature of society“ (Sklaverei als eine marginale Erscheinung der Gesellschaft), „slavery as an institution“ (Sklaverei als Institution) und von „slavery as a mode of production“ (Sklaverei als Produktionsweise) im Sinne abgestufter Abhängigkeit verschiedener afrikanischer Gesellschaften von Sklaverei gesprochen, die sich auch auf die Struktur der Versklavung ausgewirkt hätten. Die afrikanischen Formen von Sklaverei hätten sich dabei unter dem Druck des europäischen Sklavenhandels „transformiert“ („Transformationsthese“). Grosso modo gäbe es in Afrika, wo die Versklavung stattfand, Sklaverei als Institution, in Amerika Sklaverei als Produktionsweise.[18] John K. Thornton vertritt durch Verweis auf afrikanische Rechtssysteme eine diametral andere These, nämlich die oben genannte von der Zentralität von Menschen, Sklaven, als Kapital in Afrika.[19] Das Problem ist schon ziemlich vertrackt: wo von „Marginalität“ die Rede ist, geht es oft um etwas in Wirklichkeit gar nicht so Marginales, sondern Zentrales, was aber vertuscht werden soll. Der früh verstorbene Albert Wirz spricht von Plantagensklaverei in Amerika, Lineage- und Haussklaverei vor allem in Afrika.[20]

Sklavengesellschaften, wir haben es in anderen Zusammenhängen bereits gesehen, waren extrem dynamische Gesellschaften. Einen neuralgischen Punkt allerdings stellte die Reproduktion der Sklaven und Sklavinnen dar. In den Tropen und vor allem in Zuckerplantagen-Gesellschaften überwogen die Tode immer die Geburten (trotzdem war Reproduktion eine wichtiger Aspekt der Sklavereien allgemein und der Kapitalisierung von Körpern – junge Frauen mit Kindern erzielten fast immer höhere Preise).[21] Deshalb war die „Atlantisierung“, das bedeutet der freie Zugang zum atlantischen Sklavenhandel und Menschenschmuggel, fundamental für die Sklavereigesellschaften Brasiliens, des nördlichen Südamerikas, der Karibik und speziell Kubas.[22] Von außergewöhnlicher Selbstreproduktion der Sklaven hat vor allem der Süden der USA profitiert (und die Besitzer der Sklavinnen und Sklaven), von 400 000 (um 1808) auf rund 4 Millionen (um 1860); allerdings ist nicht klar, wie viele Menschen zwischen 1808 und 1865 in die USA eingeschmuggelt wurden (siehe die Zahlen zum Schmuggel oben unter Historiografie).[23]

In Sklavengesellschaften zwangen Herren und im Konkreten die Aufseher Sklaven mit Gewalt zu ganz bestimmten Arbeiten oder zu körperlichen Dienstleistun-

18 Lovejoy, Transformations in slavery, passim.

19 Thornton, „Slavery and African Social Structure“, S. 72–97.

20 Wirz, Sklaverei und kapitalistisches Weltsystem.

21 Tadman, „The Demographic Coast of Sugar: Debates on Slave Societies and Natural Increase in the Americas“, in: American Historical Review Vol. 105, Number 5 (Dec. 2000), S. 1534–1575; siehe: Morgan, Laboring Women: Reproduction and Gender in New World Slavery.

22 Zeuske (mit Laviña), „Failures of Atlantization: First Slaveries in Venezuela and Nueva Granada“, S. 297–343.

23 Zeuske, „Out of the Americas: Slave traders and the Hidden Atlantic in the nineteenth century“, S. 103–135.

gen in den unterschiedlichsten Bereichen und Sektoren. Das konnten Herren in Gesellschaften mit Sklaven auch tun. Deshalb haben einige Forscher versucht, etwa den Unterschied zwischen verschiedenen Graden von Sklavengesellschaften oder den Unterschied zwischen Kin-Sklavereien und Plantagensklaverei neben dem räumlichen Aspekt der Entfernung und Entfremdung – frisch verschleppte Menschen aus Afrika waren in Amerika „transatlantische Sklaven“ (*saltwater slaves, bozales*) mit dem Status-Makel der Herkunft aus „Afrika“, Kin-Sklaven waren meist „lokale Sklaven“ – in der Dauer und Intensität der Arbeit zu suchen, zu der Sklaven gezwungen wurden. Das lässt sich im selben Zeit- und Raumhorizont etwa bei den Creeks, ein Volk im Südosten der heutigen USA, einerseits und den Kolonisten in South Carolina im frühen 18. Jahrhundert andererseits schön demonstrieren. Die schwarzen Sklaven auf den Reisplantagen von Carolina, die „transatlantische Sklaven“ waren, arbeiteten solange der Tag Licht hatte und waren de iure und de facto Sklaven auf unbegrenzte Zeit; die „lokalen“ Kin-Sklaven der Creeks zur gleichen Zeit versorgten vor allem sich und ihre Familien und gaben ihrem Herrn einen kleinen Teil ihrer Erzeugnisse. Ansonsten lebten sie wie die anderen Creeks.

Um einen anderen fundamentalen Aspekt hervorzuheben – Sklaven aus Afrika in Amerika wurden gezwungen, Sklavenkost zu konsumieren; indianische Kin-Sklaven aßen ihre gewohnte Kost. Das hört sich alltäglich an – ist es auch, aber stellen wir uns nur die Klagen von Urlaubern (oder unsere eigenen) über „fremdes Essen“ im Ausland vor. Die anthropologische Bedeutung des alltäglichen Essens auf den Körper und die Psyche der versklavten Menschen, die das andere, fremde und meist schlechtere Essen ihr weiteres Leben lang ertragen mussten, wird dann besser deutlich. Wenn sich „lokale“ Gefangene durch Rituale der Adoption oder Heirat mit einer Stammesangehörigen assimilierten, waren sie keine Sklaven mehr, obwohl ihnen der Sklavenstatus der Vorfahren in Witzen und Nachreden sicherlich anhing. Ich will damit keinesfalls sagen, dass das Leben der „lokalen“ Sklaven oder ehemaligen Sklaven bei den Creeks „besser“ gewesen wäre als das Dasein der Afrikaner in South Carolina. Das ist mit anthropologischen Ansätzen kaum zu erfassen. Aber das Leben der Creek-Sklaven war stärker in egalitäre Sozialbeziehungen und Gewohnheiten (zum Beispiel Essen) eingebettet und es bestand mehr soziale Mobilität für diese Sklaven. Vergleiche dieser Art werfen notwendig auch die Frage nach der Inkommensurabilität auf: Wie illustriert man den Unterschied zwischen Plantagensklaverei und etwa der chinesischen Kin-Sklaverei der *mui tsai* (obwohl der Unterschied visuell erkennbar ist) in Bezug auf Intensität und Dauer, denn diese Art Haussklavinnen in China standen Tag und Nacht sowie lebenslang unter intensivster Kontrolle ihres „Vaters“ oder „Onkels“.

Sklavenhalter müssen ihre Sklaven unter Kontrolle halten. Dazu bedürfen sie der Gewalt, der Macht und des Rechts, Gewalt auszuüben. Sie bedürfen auch der Menschen, die die konkrete Gewalt gegen die Körper der Versklavten ausüben. Oder sie üben diese Gewalt selbst aus, wie auf vielen der im Vergleich zu kubanischen oder brasilianischen Plantagen relativ „kleinen" Plantagen des US-amerikanischen Südens (das ist hier wirklich relativ gemeint, die Sklaverei des Südens der USA zählt in globaler Perspektive zu den „großen" Sklavereien).

Expansionen, „Sklavereilücken" – São Tomé und die Erfindung der modernen Plantagensklavereien sowie der „neuen" Sklavereien

Die wichtigsten „großen" Sklavereien im Plateau der Massensklavereien auf der Basis von Engenhos/Ingenios (Plantagen) entstanden mit der iberischen Atlantik-Expansion. Mit der Arbeit von Sklaven existierten sie insgesamt für ca. vierhundert Jahre in den Amerikas (während einzelne Plantagen an einem Ort selten länger als ca. 100 Jahre funktionierten) und meist für kürzere Zeit oder diskontinuierlicher in und bei Afrika (São Tomé, Wolof, Niger-Tal, Songhay, Fulbe-Staaten/Sokoto-Kalifat, Sansibar und Pemba, Ostafrika, Komoren, Maskarenen). Ich will hier, auch weil die amerikanischen Plantagensklavereien als hegemonische Sklavereien so bekannt erscheinen, aber kaum jemand weiß, dass sie bis um 1800 nur sehr punktuell existierten, und weil über Plantagensklavereien in Afrika im breiteren Publikum nahezu überhaupt nichts bekannt ist, einen Abriss der Geschichte dieser „großen Sklavereien" und Plantagengesellschaften unter globalhistorischem Aspekt geben, d. h. hier vor allem unter Einschluss Afrikas und des Indiks.[24]

Experimentierräume für neue Formen von Sklaverei und unfreier Arbeit waren meist Inseln. Der Ingenio als agrikultureller Manufaktur- und Maschineriekomplex zur Organisation großer Landwirtschaft und zur Kontrolle sowie Inwertsetzung massenhaften Kapitals menschlicher Körper auf der Basis großer Landstücke entstand auf atlantischen Inseln.[25] Das Ganze stellte eine agro-industrielle und kulturelle Revolution vor der westafrikanischen Küste dar. Die kapitalistische Plantage in der konkreten Form des *engenho* (oder *ingenio*, auch lokal *roça*) bildete sich 1485–1517 auf São Tomé im Golf von Guinea (mit frühen Experimenten auf Madeira und parallel, aber nicht so kompakt, auf den Kanaren). Vor allem der Nordteil von São Tomé war zunächst ein Sammelpunkt und Verteilerzentrum des entstehenden atlantischen Sklavenhandels für Versklavte aus Benin und dem Kongoreich. Die wichtigsten von São Tomé aus belieferten Gebiete waren: El Mina (meist Tausch gegen Gold), die Karibik (seit 1525) und Portugal/Kastilien.[26] Hans Staden

24 Siehe auch: Zeuske, „Europäischer Sklavenhandel global – Plantagen und Sklavereimoderne weltweit", in: Zeuske, Sklavenhändler, Negreros und Atlantikkreolen, S. 270–295.

25 Martin, „Nach Amerika", in: Martin, Zucker für die Welt, S. 52–61.

26 De Almeida Mendes, „Portugal e o Tráfico de Escravos na Primeira Metade Do Século XVI", in: AFRICANA STUDIA No. 7 (2004), S. 13–30; siehe S. 23: „Os escravos desembarcados em São Tomé destinavam-se a 3 áreas principais: Portugal, São Jorge da Mina e as Antilhas (Jamaica, Porto Rico e Santo Domingo)" und S. 22–24; S. 24 Tabelle „Primeiras viagens negreiras entre Sao Tomé e as Antilhas".

(ca. 1525–1576), der 1549 bei Überfahrt nach Braslien auf São Tomé Station machte, schreibt, dass die Insel „ein zuckerreich Eilandt, aber ungesunt“[27] sei. Er meinte vor allem die meist unter „Fieber“ gefasste endemische Malaria.[28] Die Portugiesen, so Staden hätten dort „viel schwarzer Mohren“[29] und – sehr wichtig –, dass „das ihre eigene leut sein“.[30] „Portugiesen“ eben.[31]

Nach einer fast parallelen Inselexistenz auf São Tomé und vor allem Gran Canaria vor der westafrikanischen Küste und auf Santo Domingo (Española / La Hispaniola, heute Haiti / Dominikanische Republik, dort existierten um 1525 bereits ca. 20 Zuckerplantagen in der Nähe der Stadt Santo Domingo)[32] in der Karibik sowie auf Puerto Rico, Jamaika und Ostkuba wurde die neue Betriebs- und Unternehmensstruktur sowie die atlantische, in ihren Grundelementen afrikanische Sklaverei, durch transatlantischen Menschenhandel auch an Küstenpunkte des heutigen Brasiliens sowie an die Küsten des Reiches der Kariben zwischen Amazonas und Orinoko (Guayanas) und Venezuelas transferiert.[33] Dort wurde die „große“ Sklaverei auf Plantagen zusammen mit urbanen Sklavereien, Sklaverei im Transport und im Bergbau (vor allem in Brasilien (Minas Gerais, Ouro Preto, seit Ende des 17. Jahrhunderts) und Neu-Granada/Kolumbien (Chocó, Cauca, Antioquía)) sowie eben als rurale Sklaverei, vor allem im Zucker, zwischen 1580/1630 endgültig fixiert, speziell in Küstenenklaven Brasiliens (Rio, Bahia, Pernambuco/Recife, São Vicente) und Venezuelas (Kakao: Sur del Lago de Maracaibo / San Antonio de Gibraltar, Valles

27 Staden, Warhafftig Historia und Beschreibung einer Landtschafft der Wilden, ed. Klüpfel, Karl, Stuttgart: Bibliothek des Litterarischen Vereins in Stuttgart, 1859 (N. Federmanns und H. Stadens Reisen in Südamerika, 1529 bis 1555), S. 87–197, hier S. 107.

28 Zu Malaria in Afrika aus englisch-britischer Perspektive, siehe: Palmer, Colin, „The slave trade, African slavers and the demography of the Caribbean to 1750“, in: Knight, Franklin W. (ed.), General History of the Caribbean, Bd. III: The Slave Societies of the Caribbean, London and Basingstoke: UNESCO Publishing, 1997, S. 9–44, vor allem S. 22–25 (hier auch Rolle „afrikanischer Medizin“).

29 Staden, Warhafftig Historia, S. 87–197, hier S. 107.

30 Ebd.

31 Garfield, Robert, A history of São Tomé Island 1470–1655. The Key to Guinea, San Francisco: Mellen Research University Press, 1992; Seibert, „São Tomé & Príncipe. The first plantation economy in the tropics“, in: Law; Schwarz, Susanne; Strickrodt, Silke (eds.), Commercial Agriculture & Slavery in Atlantic Africa, London: James Currey, 2013 (Western Africa Series), S. 54–78.

32 Otte, Enrique, „Die Welser in Santo Domingo“, in: Otte, Von Bankiers und Kaufleuten, Räten, Reedern und Piraten, Hintermännern und Strohmännern. Aufsätze zur atlantischen Expansion Spaniens, Vollmer, Günter; Pietschmann (eds.), Stuttgart: Franz Steiner Verlag, 2004 (Studien zur modernen Geschichte, Bd. 58), S. 117–159, hier S. 126 f.

33 Ferry, Robert J., „Encomienda, African Slavery, and Agriculture in Seventeenth-Century Caracas“, in: HAHR, 61 (4), (1981), S. 609–635; Ferry, „Cacao in the Seventeenth Century: The First Boom“, in: Ferry, The colonial elite of early Caracas: formation & crisis, 1567–1767, Berkeley; London: University of California Press, 1989; S. 45–71. Die venezolanischen Sklavenhalter und Plantagenbesitzer, *mantuanos* genannt, hatten beste Schmuggelverbindungen nach Mexiko (damals Neu-Spanien), siehe: Ferry, „Trading Cacao: a View from Veracruz, 1629–1645“, in: Nuevo Mundo Mundos Nuevos 6 (2006), http://nuevomundo.revues.org/document1430.html (letzter Zugriff 26. 1. 2018).

de Aragua, Valles del Tuy / Barlovento), in Yaracuy, an der zentralen Küste (Guarenas und Guatire), um Cumaná, bei Coro).[34]

Die wichtigsten Verbindungselemente, die diese übergreifende Slaving-Akkumulationsmaschine des Atlantiks zwischen Afrika und Amerika zusammenhielten und vorantrieben, waren die Holz-/Metall-Industrie der Maschine „Schiff" sowie die „Maschine" *engenho/ingenio* mit Mühle im Zentrum (seit etwa 1650 auch Plantage)[35] und Infrastrukturen / *material culture* des atlantischen Slaving. Frühformen in Gestalt von Sklaven-Textilproduktion (*panos*), Pferde-, Rinder- und Ziegenhaltung sowie Frühformen der Plantage. Afrikanisch-atlantische Sklavereien unter iberischer Kontrolle funktionierten auf den Kanaren, Madeira, Kapverden und São Tomé noch bis ca. 1600 im Wesentlichen innerhalb afrikanischer Wirtschafts- und Austauschkreisläufe (neben Sklaven und *panos* auch Farbstoffe (*pães de tintas*) sowie Kola-Nuss).[36]

---

34 Die erste, relativ kleine Plantagen-Plattform der *Tierra firme* (Kakao- und Zuckerplantagen mit indianischen Arbeitskräften, Encomendados, freien Arbeitern und schwarzen Sklaven) existierte seit ca. 1580 am Südufer des Maracaibosees im Hinterland des Hafens San Antonio de Gibraltar, auf einer Ebene zwischen Estanques, der Mündung des Río Escalante, Santa Bárbara und Río Poco, in der Jurisdiktion von Mérida. In den 1670er Jahren kam es zu schweren Erdbeben sowie schon vorher zu massiven Plünderungen durch Piraten, so Jean-David Nau alias El Olonés (1667 – es wurden auch über 1000 Sklaven verschleppt) und Henry Morgan (1669); siehe: Ramírez Méndez, Luis Alberto, „Las haciendas en el sur del Lago de Maracaibo (siglos XVI–XVII)", in: Boletín de la Academia Nacional de la Historia, tomo XCII, no. 66, Caracas (2009), S. 121–164; Ramírez Méndez, „Los esclavos negros en el sur del Lago de Maracaibo (siglos XVI–XVII)", in: Boletín de la Academia Nacional de la Historia, tomo XCIV, no. 373 (2011), S. 83–106; Ramírez Méndez, La tierra prometida del sur del Lago de Maracaibo y la villa y puerto de San Antonio de Gibraltar (siglos XVI–XVII), 2 Bde., Caracas, Editorial el perro y la rana, 2011, passim; Ramírez Méndez, „Las haciendas cañeras en el sur del Lago de Maracaibo – Venezuela. (Siglos XVI–XVII)", in: Revista de Indias Vol. LXXIV, no. 260 (2014), S. 9–34. Humboldt hat die Plantagen-Plattform der Valles de Aragua und Valle del Tuy um 1800 durchreist und beschrieben, siehe: Humboldt, „Von Caracas an den See von Valencia und nach Puerto Cabello (8. 2.–5. 3. 1800)", in: Humboldt, Reise durch Venezuela. Auswahl aus den amerikanischen Reisetagebüchern. Ed. and introd. Faak. Berlin: Akademie Verlag 2000 (Beiträge zur Alexander-von-Humboldt-Forschung, Bd. 12), S. 185–222. In dieser Gegend kam es nach Ausbruch der Unabhängigkeitsrevolution zu massiven Sklavenrebellionen, siehe: Coll y Prat, Narciso, Memoriales sobre la Independencia de Venezuela, Caracas: Academia Nacional de la Historia, 1960, S. 181; sowie: Castillo Lara, Lucas Guillermo, „La candente disputa por la supremacia entre los negros criollos y los loangos o de Curazao", in: Castillo Lara, Apuntes para la historia colonial de Barlovento, Caracas: Academia Nacional de la Historia, 1981 (Biblioteca de la Academia Nacional de la Historia; 151), S. 479–499; Banko, Catalina, „Las haciendas azucareras en la Venezuela del siglo XIX", in: Bolivarium. Anuario de Estudios Bolivarianos Año X,11 (2004), S. 145–167; Ferdinand Bellermann, der „Tropenmaler", hat die Plantagenregion 44 Jahre nach Humboldt besucht und gemalt (visualisiert); siehe: Achenbach, Sigrid, „Ferdinand Bellermann (1814–1868) in Venezuela", in: Achenbach, Kunst um Humboldt. Reisestudien aus Mittel- und Südamerika von Rugendas, Bellermann und Hildebrandt im Berliner Kupferstichkabinett, München: Hirmer, 2009, S. 133–210.

35 *Plantation* ist ein Begriff (und eine Realität, die Gefangene in *chain gangs* einsetzte) aus der englisch-irischen Kolonialgeschichte.

36 Torrão, Maria Manuel Ferraz, „Mercadorias transaccionadas no 'circuito africano'", in: Santos, Maria Emilia Madeira; Torrão; Soares, Maria João (coord. e org.), História Concisa de Cabo Verde,

Mit Vorläufern seit Beginn der Conquista Amerikas, verband das Schiff Prozesse und Räume der afrikanischen Slaving-Akkumulation seit ca. 1530 mit den anderen breiten Akkumulationsprozessen des Handels und der Kolonisierung (Nachschub aus Europa, Monopolhandel, Abtransport der Edelmetalle, Personentransport), der Plünderung von Küstenstädten und des Schmuggels / der Piraterie. Zwischen 1570 und 1650 kam es zu einer großflächigen globalen Arbeitsteilung: Amerika, zunächst vor allem Neu-Spanien und Städte im Vizekönigreich Peru („große" Wirtschaftssklavereien auf kleinen Inseln und Küstenebenen, erste kapitalistische Plantagengesellschaften, interner Sklavenhandel, Bergbau-Sklaverei, urbane Haus-, Status- und Transportsklaverei) – Afrika (Razzienwirtschaften, Menschen- und Sklavenhandel, verschiedenste Formen der Kin- und Lineage-Sklaverei sowie Export eines großen Teiles der Versklavten). Erstaunlicherweise existierten schon in Senegambien, im Wolof-Reich, Unternehmen, die Plantagen in Amerika glichen (Sorghum, Hirse, Indigo, Baumwolle, Gemüse und Baumkulturen), deren Produkte gegen Gold oder Salz getauscht wurden oder zur Versorgung der Armeen dienten. Sklavenhalter waren Kaufleute, Bauern und Staatsbedienstete. Die Masse der Razzienkrieger und Sklavenhändler, auch im christlichen Äthiopien, waren Muslime.[37] Sklavinnen und Sklaven wurden in Sklavenorten angesiedelt, unter Kontrolle von Aufsehern, die oft ebenfalls Sklaven waren. Auch in Ostafrika existierten bereits Plantagensklavereien unter anderem um Mombasa, Malindi und an der Nordwest-Küste Madagaskars, wo keine islamischen Territorialstaaten existierten.[38]

„Große" Sklavereien existierten auch in Westzentralafrika, als die Portugiesen Kontakt zum Kongoreich aufnahmen (Ende 15. Jahrhundert). Kongolesische Nobilitäten hatten Sklaven in Siedlungen in der Nähe der Hauptstadt São Salvador (Mbanza Kongo, heute im Norden Angolas),[39] in der Provinz Mbanza Sonyo (Nsoyo) und in der Nähe des Hafens Mpinda angesiedelt. Es ist noch nicht ganz klar, ob schon Plantagen existierten, jedenfalls gab es keine, die für den Export produzierten. Die kongolesischen Eliten investierten in die Plantagen auf São Tomé (nicht zuletzt Sklaven). Eine portugiesische Quelle von 1550 weist darauf hin, dass es neben Portugiesen eine Reihe von schwarzen Plantagenbesitzern und Sklavenhaltern aus dem Kongo auf São Tomé gäbe, deren Töchter mit portugiesi-

---

Bd. I, Lisboa-Praia: IICT/IIPC, 2007, S. 111–122, hier S. 111, 116–119; zu Gemeinsamkeiten und Unterschieden zwischen den Kapverden (vor allem zunächst Fogo und Santiago) sowie São Tomé und Príncipe, siehe: Seibert, Gerhard, „Crioulização em Cabo Verde e São Tomé e Príncipe: divergências históricas e identitárias", in: Afro-Ásia 49 (2014), S. 41–70.

37 Lovejoy, „The Institution of Slavery in Muslim Africa", in: Lovejoy, Transformations in Slavery, S. 29–45, hier S. 32.

38 Ebd., S. 34.

39 Thornton, „Mbanza Kongo/São Salvador: Kongo's Holy City", in: Anderson; Rathbone (eds.), Africa's Urban Past, S. 67–84.

schen Residenten verheiratet seien.[40] Die Kapverden waren, ebenso wie São Tomé, aber mit weit weniger Einsatz von Sklaven in der Landwirtschaft, sozusagen ein Flotte unsinkbarer Sklavenschiffs-/Gefängnis-Inseln (besonders Santiago und Fogo).[41]

Zwischen 1510 und 1520 gründeten Portugiesen, vor allem Neuchristen (*cristãos novos*), immer mehr Roças (Zuckerplantagen) mit Engenhos (Zuckermühlen) auf den Nordebenen der Insel São Tomé. Mehr und mehr Cativos aus Kongo und Ndongo (Angola) wurden als Arbeitskräfte eingesetzt. Der Menschenhandel aus Benin, dem Kongo und aus Guinea (später auch aus Ndongo/Angola) brachte über sephardisch-iberisch-kongolesische Netzwerke immer mehr Sklaven nach São Tomé. Zwischen 1515 und 1530 landeten jährlich 3–4000 Verschleppte an den grünen Küsten der Insel; 1530 bis ca. 1550 erhöhte sich diese Zahl auf ca. 8–10 000 Sklaven pro Jahr. 1535 war die Zuckerproduktion von São Tomé dreimal so hoch wie die von Madeira (200 000 Arrobas gegen 68 000 Arrobas).[42] Etwa dreißig Schiffe pro Jahr verließen São Tomé Richtung Lissabon. Wieviel Zucker nach Afrika ging wissen wir nicht (ich nehme an, es war am Anfang mehr als nach Europa). Parallel dazu wurden im Nordatlantik die Fischbänke Neufundlands (Terranova) ausgebeutet.[43]

Zucker war Sklaverei und Sklaverei bedeutete in der westlichen Hemisphäre meist auch Sklavenhandel durch Zuckerhändler.[44] Der Zuckerhandel ernährte in Europa große Netzwerke zwischen iberischen Städten (Lissabon, Porto, Sevilla),[45] flämischen (vor allem Antwerpen und Amsterdam, aber auch Rotterdam mit seinen

40 Thornton, „Early Kongo-Portuguese Relations“, in: History in Africa 8 (1981), S. 183–204; Lovejoy, „Slavery Along the Guinea Coast“, in: Lovejoy, Transfomations of Slavery, S. 41–45, hier S. 42.

41 Reséndez, „The Trafficker and his Network“, in: Reséndez, The Other Slavery, S. 76–99 (über die beiden Neuchristen und Sklavenhändler Duarte de León und Luis de Carvajal y de la Cueva).

42 Seibert, „São Tomé & Príncipe. The first plantation economy in the tropics“, S. 54–78.

43 Abreu-Ferreira, Darlene; „The Portuguese in Newfoundland: Documentary Evidence Examined“, in: Portuguese Studies Review Vol. 4:2 (1995–1996), S. 11–33; Abreu-Ferreira, „Terra Nova through the Iberian Looking Glass: The Portuguese-Newfoundland Cod Fishery in the Sixteenth Century“, in: Canadian Historical Review Vol. 79:1 (1998), S. 100–115; Teixeira, Carlos; Da Rosa, Victor M.P. (eds.), The Portuguese in Canada: diasporic challenges and adjustment, Toronto; Buffalo; London: University of Toronto Press, 2009.

44 Zu den Unterschieden in Bezug auf Zucker/Sklaverei zwischen westlicher und östlicher Hemisphäre siehe: Mazumdar, „The Iberian Impact on the Trading World of Asia“, in: Mazumdar, Sugar and Society in China: Peasants, Technology and the World Market, Cambridge: Harvard University Press, 1998, S. 75–78; Mazumdar, „China and the Global Atlantic: Sugar from the Age of Columbus to Pepsi-Coke and Ethanol“, in: Food and Foodways Vol. 16:2 (2008) (Special Issue on Sidney Mintz, Sweetness and Power), S. 135–147.

45 Barros, Amândio Jorge Morais, „O negócio atlântico: as redes comerciais portugeneses e as novas geografias do trato internacional (séculos XVI–XVII)“, in: Revista da Fac. de Letras HISTÓRIA, Porto, III Série, vol. 8 (2007), S. 29–47; O'Flanagan, Patrick, Port Cities of Atlantic Iberia, c. 1500–1900, Aldershot: Ashgate Publishing, 2008.

Verbindungen nach Virginia und in die Karibik seit den 1620er Jahren)[46] und italienischen Entrepôts (vor allem Genua, Mailand und Florenz).[47] Vor der Entstehung der großen atlantischen Zuckerproduktion auf den Inseln hatte der Zuckerpreis in Antwerpen bei dreißig Gramm Silber für ein Kilo Zucker gelegen; bis um 1500 fiel der Preis auf ca. 5 Gramm Silber, womit er noch etwa fünfunddreißig Mal teurer war als Weizen.[48] Sephardische und neuchristliche Kaufleute kontrollieren diese afrikanisch-brasilianischen Zucker-und-Sklaven-Netzwerke in Allianz mit Schiffausrüstern im Norden Portugals sowie italienischen, flämisch-niederländischen und oberdeutschen, später auch niederländischen, Kreditgebern.[49] „Zuckerhandel" meint seit São Tomé vor allem Zuckerproduktion auf Plantagen und Menschenhandel mit kriegsgefangenen Menschen, besonders als die Netze, die über Lançados und Tangomãos sowie afrikanische Eliten schon in die Hinterländer Afrikas reichten, auch über den Atlantik nach Amerika ausgeweitet wurden (seit um 1570 vor allem an die Küsten des heutigen Brasiliens).[50]

Im Metanarrativ kann man in Bezug auf Zucker sagen, dass die Europäer tausende Tonnen Fisch (*codfish/bacalao*), Tonnen von Silber und Gold sowie Millionen von Sklaven mobilisiert haben in der Neuzeit, dazu proto-industrielle Formen der Kultivierung, Verarbeitung und Raffinierung des Zuckers und seines Transports, um ihrem Speiseplan etwas Süße hinzuzufügen. Aber nicht nur das, sie ließen nach dem punktuellen Erfolg auf São Tomé auch mittels vorrückender Expansionsgrenzen (mit Millionen von Tieren) noch hunderttausende von Flächenkilometern Kolonien erschließen (durch die Kraft der Körper ihrer Sklavinnen und Sklaven – *brazos*/Arme, die den Rindern folgten), bearbeiten und beherrschen, um

46 Vries; Woude, The First Modern Economy, passim.

47 Alessandrini, Nunziatella; Mateus, Susana Bastos, „Italianos e cristãos-novos entre Lisboa e o império português em finais do século XVI: vínculos e parcerias comerciais / Italians and New Christians between Lisbon and the Portuguese Empire in the late 16th century: ties and commercial partnerships", in: Ammentu. Bollettino Storico e Archivistico del Mediterraneo e delle Americhe No. 7 (luglio-dicembre 2015), S. 29–48.

48 Strum, Daniel T., The Sugar Trade. Brazil, Portugal, and the Netherlands, 1595–1630, Stanford: Stanford University Press, 2013; siehe auch: Weber, „Deutschland, der atlantische Sklavenhandel und die Plantagenwirtschaft der Neuen Welt", S. 37–67, hier S. 40 f.

49 Rau, Virgínia, „O açúcar de S. Tomé no segundo quartel do século XVI", in: VV.AA., Elementos da História da ilha de S. Tomé, Lisboa: Centro de Estudos da Marinha, 1971, S. 7–43; Vieira, „Sugar Islands. The Sugar Economy of Madeira and the Canaries, 1450–1650", in: Schwartz (ed.), Tropical Babylons: Sugar and the Making of the Atlantic World, 1450–1680, Chapel Hill: University of North Carolina Press, 2004, S. 42–84; Stols, Eddy, „The Expansion of Sugar Market in Western Europe", in: Schwartz (ed.), Tropical Babylons, S. 237–288; Pérez García, „Las ciudades de Sevilla y Toledo en la conexión de las redes económicas judeoconversas entre Castilla y América a mediados del siglo XVI" in: Iglesias Rodríguez, Juan José; Pérez García; Fernández Chaves, Manuel F. (coords.), Comercio y cultura en la Edad Moderna. Actas de la XIII reunión científica de la fundación de Historia Moderna, 3 vols., Universidad de Sevilla: 2015, T. II, S. 539–552, https://www.academia.edu/16288325 (letzter Zugriff 26. 1. 2018).

50 Strum, The Sugar Trade, passim.

Zucker zu produzieren und damit andere tropische Produkte zu süßen, wie Tee, Kaffee und Kakao, die sie sonst gar nicht hätten genießen können.[51]

São Tomé wurde Geburtsstätte der atlantischen Plantagenwirtschaft und zu einer paradigmatischen Insel des Zusammenhangs zwischen Zuckerkultur, entstehenden Kolonialgesellschaften, Menschenhandel und Atlantisierung. São Tomé wurde, wie gesagt, zugleich zu einer unsinkbaren Plattform des atlantischen Sklavenhandels und „großer" Sklaverei auf Basis von Plantagen, mit einem ersten Höhepunkt 1493–1600 und einem neuen Boom durch Kaffee- und Kakaoanbau im 19. Jahrhundert (Sklaverei, *indenture, serviciais*).[52] Die Plantagen auf der kleinen, grünen Tropeninsel wurden auch zur Geburtsstätte dessen, was heute mit dem Konzept der *tropicality* erfasst wird („tropisches Leben") und des ersten *idioma negreiro*, der ersten Negrerosprache auf Basis des *baixo português*, der kreolischen *língua de São Tomé* (heute *forro*).[53] In Bezug auf die Kreolisierung der Sprachen (*forro*), der Kleidungsstile, der Anpassung an das Klima (neue Architektur- und Baumuster),[54] der Diät, der Stoffe und der Musik oder gar der afrikanischen Religionen und Götter in ihrem Verhältnis zur christlichen Religion ist die Rolle der Insel noch lange nicht ausreichend erforscht. Das gilt auch in Bezug auf die Bedeutung, die die Insel unter portugiesischer Kontrolle (was immer auch konkrete Kontrolle über Vergabe von Land bedeutete, das nur mit Versklavten in Wert gesetzt werden konnte) für afrikanische Eliten und Atlantikkreolen hatte, die selbst in den Sklavenhandel einstiegen.[55] Auf einer Kartenlegende des Cantino-Atlasses von 1502

---

51 Turgeon, Laurier, „Codfish, Consumption, and Colonization: The Creation of the French Atlantic World During the Sixteenth Century", in: Williams, Caroline A. (ed.), Bridging the Early Modern Atlantic World. People, Products, and Practices on the Move, Surrey/Burlington: Ashgate, 2009, S. 33–56; siehe auch: Chavarría Múgica, Fernando, „Velas, cañones y pescado: notas para una investigación sobre el dominio de los caladeros de Terranova en el contexto de la expansión atlántica europea del siglo XVI", in: García Hurtado, Manuel-Reyes; González Lopo, Domingo L.; Martínez Rodríguez, Enrique (eds.), El mar en los siglos modernos: Actas de la X Reunión Científica de la Fundación Española de Historia Moderna, 2 vols., Santiago de Compostela: Xunta de Galicia-Universidad de Santiago–Universidad de La Coruña–FEHM, 2009, Vol. 1, S. 115–126.

52 Coelho, Margarida et als., „Human Microevolution and the Atlantic Slave Trade. A Case Study from São Tomé", in: Current Anthropology Vol. 49:1 (Feb. 2008), S. 134–143.

53 Alencastro, „São Tomé – Laboratório tropical", in: Alencastro, O Trato dos Viventes, S. 63–7, S. 65; Alencastro, „Gulf of Guinea and São Tomé: A Laboratory for Tropical Slavery", in: Bethencourt; Curto (eds), Portuguese Oceanic Expansion 1400–1800, S. 110–112; Caldeira, „Aprender os Trópicos: Plantações e trabalho escravo na ilha de São Tomé", in: Vaz do Rego Machado; Gregorio; Silva (coords.), Para a história da escravatura insular nos séculos XV a XIX, S. 25–54.

54 Segre, Roberto, „Architecture and City in the Caribbean: The Reinvention of Paradise", in: Tzonis, Alexander; Lefaivre, Liane; Stagno, Bruno (eds.), Tropical Architecture. Critical Regionalism in the Age of Globalization, London: Wiley-Academy. 2001, S. 113–153 (bezieht sich auf Karibik; dort werden Muster aus Afrika übernommen und vice versa).

55 Garfield, „Public Christians, Secret Jews: Religion and Political Conflict on Sao Tome Island in the Sixteenth and Seventeenth Centuries", in: The Sixteenth Century Journal. The Journal of Early Modern Studies Vol. 21:4 (Winter 1990), S. 645–654; De Almeida Mendes, „Portugal e o Tráfico de Escravos na Primeira Metade Do Século XVI", S. 13–30; Rüther, Kirsten, „Christentum im Span-

steht, dass der Kongo Sklaven nach São Tomé verkaufte gegen „Dinge von wenig Wert".[56] Vielleicht war es eine Forderung vor allem der Kongoelite, die Massen von afrikanischen Kriegsgefangenen unter iberischer Kontrolle nicht in ihren Häfen zu sammeln, wie etwa in Pinda (Mpinda, heute Santo António do Zaire, damals Hafen der Kongo-Provinz Soyo (Mbanza Sonyo)). Vielleicht versuchte die Kongoelite die Insel São Tomé und die wenigen weißen, portugiesischen Bewohner für den Einstieg in größeren Sklavenhandel zu nutzen, der aus heutiger Sicht den Beginn des atlantischen Slavings markiert? Wir wissen es nicht, noch nicht.

Das meine ich, wenn ich vom entstehenden Sklavenhandelsatlantik als einem kreolischen Raum spreche. Sowohl die Elite São Tomés, wie auch Atlantikkreolen und Sklaven und ehemalige Sklaven wurden oder waren tropische Kreolen. Die bereits kreolisierten schwarzen Sklaven von São Tomé und Ribeira Grande waren gemeint, wenn Siedler und Conquistadoren in der Karibik und an den Küsten des späteren Brasilien im 16. Jahrhundert von Stärke, Arbeitskraft und Gesundheit der *negros* aus Guiné im Gegensatz zu den faulen, kranken und nicht an christliche Arbeit sowie Werte gewohnten *indios* sprachen. Die Sklaven von São Tomé waren bereits an europäische Viren und Krankheitskeime gewohnt, an afrikanische sowieso; sie kannten die *lingua franca* des Menschenhandels und praktizierten religiöse Mischformen zwischen afrikanischen Kulten, christlicher und jüdischer Religion (*cristãos novos*).[57] Und sie waren oftmals schon in den harschen Arbeitsregimes des Zuckersektors (*roças/engenhos*) trainiert. Zudem stammten sie aus tropischen bäuerlichen Kulturen,[58] kannten sich also auch in den amerikanischen Tropen besser aus als viele ihrer neuen Herren.

Im und am Indik außerhalb Ostafrikas waren „große" Sklavereien die Ausnahme und Plantagen gab es in den dicht von Bauern besiedelten Territorien nicht. Kolonialismus und Gewalt schufen die Lücke für Plantagen und Sklavenarbeit. Plantagen gab es im 17. Jahrhundert nach Vernichtung beziehungsweise Versklavung der indigenen Bauern durch niederländische Intervention schon in Form der *perken* auf den Banda-Inseln (Muskatnuss und Macis): „Die fast menschenleere

---

nungsfeld atlantischer Bezüge. Versuche der Annäherung", in: Schmieder; Nolte (eds.), Atlantik. Sozial- und Kulturgeschichte in der Neuzeit, Wien: Promedia, 2010 (Edition Weltregionen), S. 138–153; Seibert, Gerhard, „Creolization and Creole Communities in the Portuguese Atlantic: São Tomé, Cape Verde, the Rivers of Guinea and Central Africa in Comparison", in: Proceedings of the British Academy 178 (2012), S. 29–51; Seibert, „São Tomé & Príncipe. The first plantation economy in the tropics", S. 54–78.

56 Cortesão, Armando; Mota, Avelino Teixera da (eds.), Portugaliae monumenta cartographica, 6 Bde., Lisboa: (Comissão das) Comemorações do V Centenário da Morte do Infante D. Henrique, 1960 [–1962], Bd.I, S. 12 (Karten 4–5) (2. Auflage 1987), siehe: Heywood, „Slavery and its transformation in the kingdom of Kongo: 1491–1800", S. 1–22.

57 Garfield, „Public Christians, Secret Jews: Religion and Political Conflict on Sao Tome Island in the Sixteenth and Seventeenth Centuries", S. 645–654.

58 Bayly, „Bauern und Herren", S. 43–46.

Insel [Lonthor oder „Groß-Banda“ – die „Sklaverei-Lücke“ – M. Z.] wurde als erste Insel im Indik in eine reine Plantagenwirtschaft umgewandelt“.[59] Im späten 18. Jahrhundert kamen Inseln und Inselgruppen (paradigmatisch Mauritius) im Indischen Ozean mit Plantagen hinzu.[60]

Engenho (Ingenio) ist ein Wort, dass auf *ingenium*, also Erfindungsgabe abhebt (wie Ingenieur), die sich in den komplizierten Zuckermühlen und fabrikartigen Zuckerproduktionshallen, aber auch im organisierten Zusammenwirken von Gewalt, Agrarzyklen, Ernten, Sklaven und Maschinen manifestierte. Ingenios, ich wiederhole das, waren zu dieser Zeit neben Segelschiffen und Bergbautechnik die größten und komplexesten Maschinen der Welt. Es kam zur Umgestaltung von Subsistenzwirtschaften in Exportlandwirtschaften (Enklaven) unter Nutzung geeigneter „bauernfreier“ Böden („Sklaven-Lücke“ – weil indigene Bauern sowie Eliten ausgerottet oder vertrieben waren). In den Kolonial-Enklaven existierte Manufaktur-Technologie und -technik mit Sklaven-Geldwirtschaften, Holzwirtschaften (oft auch in Peripherien, wie Nordamerika), neuen Pflanzen (Zuckerrohr, Tabak und Kakao, später Kaffee, Indigo und Baumwolle, aber auch viele Arten von Getreide, Reis, Bananen, Datteln, Erdnüsse, Mais, Yuca/Manioc (als Nahrung vor allem derer, die Cash Crops produzierten)) und Tieren (europäisches Großvieh, vor allem Rinder und Schweine, afrikanisches Großvieh und Hühner) sowie Dienstleistungswirtschaften und Ernährungsimporten (*tasajo*/*bacalao*) in und um Hafenstädte und Bergbauzonen; im portugiesisch-brasilianischen Bereich mit sehr direkten Beziehungen zu afrikanischen Gebieten (Senegambien, Guinea, Bissau, Sklavenküste, Bucht von Benin, Saõ Tomé, Kongo/Angola, Benguela).

Im Zentrum des großen afrikanisch-iberisch-atlantischen Slavings entstanden auf karibischen Sklaverei-Plattformen Amerikas, nach Vorläufern auf La Hispaniola (Kuba, Puerto Rico, seit 1520) sowie an Küstenpunkten im heutigen Brasilien (Bahia, Pernambuco,[61] São Vicente, seit den 1530ern; eigtl. erst ab 1560/70), an den Mündungen der Flüsse eines von Kariben dominierten Territoriums (Caribana), in europäischen Worten, den Guayanas oder *wild coast* und Venezuela (Kakao),

59 Loth, Vincent C., „Pioneers and Perkeniers: The Banda Islands in the 17. Century“, in: CAKALELE Vol. 6 (1995), S. 13–35, http://scholarspace.manoa.hawaii.edu/bitstream/handle/10125/4207/UHM.CSEAS.Cakalele.v6.Loth.pdf?sequence=1 (letzter Zugriff 26. 1. 2018); Ittersum, Martine Julia van, (2016) „Debating Natural Law in the Banda Islands: A Case Study in Anglo–Dutch Imperial Competition in the East Indies, 1609–1621“, in: History of European Ideas Vol. 42:4 (2016), S. 459–501, DOI: 10.1080/01916599.2015.1101216; zusammenfassend siehe: Mann, „Sklaverei in Südostasien“, S. 101–122, hier S. 120.

60 Allen, „Creating a garden of sugar: land, labor, and capital, 1721–1936“, in: Allen, Slaves, Freedmen and Indentured Laborers in Colonial Mauritius, Cambridge; New York: Cambridge University Press, 1999 (African Studies), S. 9–31; Vaughan, Megan, Creating the Creole Island: Slavery in Eighteenth-Century Mauritius, Durham, NC: Duke University Press, 2005; Allen, European Slave Trading in the Indian Ocean, 1500–1850, Athens: Ohio University Press, 2014.

61 Domingues; Eltis, „The Slave Trade to Pernambuco, 1561–1851“, in: Eltis; Richardson (eds.), Extending the Frontiers, S. 95–129.

zwischen 1650 und 1800 die eigentlich ersten „großen“ atlantisch-kapitalistischen Sklavereien auf Basis des *plantation-complex* mit *gang-work*.

Der eigentliche Ausgangspunkt der radikal neuen Organisation der Arbeit als *plantation* mit rassialisierter Gang-Work-Dynamik war Barbados. Die Eliten von Barbados, auf ihrer kleinen, gut kontrollierbaren Insel, nahmen iberische Erfahrungen des Atlantiks auf und exportierten dann den new-fashion-Typ Plantage in die Kolonien der Karibik und der Amerikas.[62] In der Karibik, insofern eine globaler Sklaverei-Verdichtungsraum des atlantischen Imperiums der Inseln par excellence, entstanden nach dem Niedergang auf den spanischen Inseln oder Inselteilen (wie Santo Domingo) Enklaven-Plantagenwirtschaften auf Inseln, an Flussmündungen oder auf Küstenebenen unter englischer, französischer, dänischer und niederländischer Kontrolle: die englischen *West-Indies* (vor allem Barbados, auf der es schon um 1670 keine freies Land mehr gab,[63] und Jamaika sowie kleinere Inseln (Bahamas, St. Lucia, St. Vincent und seit 1797 bzw. 1815 Trinidad and Tobago und Guyana)) mit karibischen und nordamerikanischen Randgebieten; die französischen *Amériques* mit Saint-Domingue, Guadeloupe, Martinique und dem peripheren Cayenne und nordamerikanischen Karibik-Randgebieten (Louisiana, wo es zunächst nicht gelang, Plantagensklavereien zu etablieren); die dänische Karibik mit Saint Thomas und einigen kleineren Inseln (zeitweilig mit kurländischer und brandenburgischer Beteiligung) sowie nach Niederlagen im Westen (Neu-Amsterdam und Pernambuco), eine niederländische Karibik-Plattform mit Surinam (zunächst eine englische Ansiedlung; es bedurfte auch hier mehrerer Versuche, Plantagen zu etablieren) und kleineren Inseln. Es handelte sich um vor allem Curaçao sowie St. Eutatius, die, ähnlich wie das dänische Saint Thomas und das französisch-schwedische Saint Bartolomé (schwedisch 1785–1878; Saint-Barthélemy),[64] als „unsinkbare Sklavenschiffe“, auch und gerade im innerkaribischen Sklavenhandel und sonstigen Konnektivitäten genutzt wurden (etwa Suriname-Saint-Domingue oder Curaçao-Jamaika). In einigen Gebieten gelang es nie, Plantagensklaverei zu etablieren (wie Panamá oder die karibischen Küsten des heutigen Kolumbiens); es kam zu einem regelrechten Niedergang der, wenn man so will, „ersten Kolonialsklaverei“ im 17. Jahrhundert. Dort, wo sie erfolgreich war,

62 Newman, A New World of Labor: The Development of Plantation Slavery in the British Atlantic, passim.

63 Birr, Christiane, „Sharing the plunder, pitying the men? Normative Regelungen der Sklaverei im britischen Kolonialreich. Das Beispiel Barbados“, in: Müßig, Ulrike (ed.), Ungerechtes Recht. Symposium zum 75.jährigen Geburtstag von Dietmar Willoweit, Tübingen: Mohr Siebeck, 2013, S. 115–145.

64 Vidal, Carlos, „Un siglo de dominación sueca, 1785–1878”, in: Crespo Solana; González-Ripoll-Dolores (coords.), Historia de las Antillas no hispanas, Madrid: CSIC / Ediciones Doce Calles, 2011 (Historia de Las Antillas, vol. III, ed. Naranjo Orovio, Consuelo), S. 367–377; Stamm, „Der Schmuggelhandel“, in: Stamm, Das koloniale Experiment, S. 297–312 (online: d-nb.info/1036727564/34 (01. Juli 2016)).

begründete und prägte die karibische Sklaverei als kolonialer Plantagen-Kapitalismus menschlicher Körper zusammen mit dem afrikanisch-atlantischen Slaving eine lange Phase der Atlantisierung Amerikas und der Globalisierung Europas sowie die Durchsetzung des Merkantil-, Manufaktur- und Industriekapitalismus in Europa (1650–1880) und den Amerikas 1800–1900.

Erst als der „Eisen und Geld"-Industriekapitalismus in Großbritannien und weiteren Territorien Europas sowie Nordamerikas seinen Siegeszug angetreten hatte, entwickelten sich in den Sklavenhaltergesellschaften im Süden der USA, in Brasilien und in der Karibik/Kuba sowie im niederländischen Surinam Grundformen der *Second Slavery* – technisierte Plantagenwirtschaften mit Massensklaverei und neuen Transport- sowie Kiommunikationssystemen bereits in der ersten Hälfte des 19. Jahrhunderts (Brasilien war zunächst am geringsten technisiert, weil Sklaven alle Transportarbeiten übernahmen), die mit den Errungenschaften der industriellen Revolution (vor allem Eisenbahn und Dampfer) die Enklaven der Plantagensklaverei mit ihren Massen von Sklaven in kontinentale Räume ausweiteten. Sie stellten als protagonistische „große" Sklavereien sozusagen die koloniale Basis und „Nachtseite" – nicht Anomalie, „Anomalien" waren im frühen 19. Jahrhundert eher England und Belgien – des Merkantil- und des Freihandels-Industriekapitalismus' sowie der Übergänge zur direkt imperialistischen Kapitalismusetappe dar. Die amerikanischen „zweiten Sklavereien" haben insofern eine Sonderrolle unter den Sklavereien in der Weltgeschichte. Die Plantagensklavereien schon ihrer insularen Phase (bis 1800), speziell die kontinentalen *Second Slaveries* der Plantagen und der atlantisch-amerikanische Sklavenhandel in der Neuzeit sind von Menschen (und Tieren) sowie Wind- und Strömungsenergie angetriebene Motoren der Akkumulation im westlichen Kapitalismus geworden, dessen Portale/Emporien auf der Liste der 20 Sklavenhandelsstädte (siehe oben) zu finden sind. Nur auf Basis dieser Sklavereien ist Kapitalismus wirklich als ein „globales" Wirtschaftssystem vielleicht nicht entstanden, aber in der Breite (vor allem in und durch die USA, aber auch in Brasilien und Mexiko oder Kolumbien) zum Durchbruch gebracht worden. Noch deutlicher wird es, wenn wir nicht mehr auf einzelne Ländern schauen, sondern auf die Welten des Zuckers, des Kaffees, der Baumwolle und des Kakaos oder auf das Imperium der Rinder (wie zum Beispiel in Bezug auf Kakao und „moderne" Sklaverei). Dann werden die globalen Dimensionen deutlicher.[65] Die Debatte um die Silberströme und die Rolle der traditionellen Akkumulation Europas (Adam Smith, Karl Marx, Eric Williams) und der Verweis auf endogene Grundlagen des Kapitalismus in England (Patrick Karl O'Brien, Emmer, Grénouilleau) ist partiell eine Scheindebatte. Vor allem deshalb, weil England (und andere Landgebiete *beyond the Atlantic*) nicht losgelöst von der atlantischen Welt, von den Amerikas und

65 Beckert, The Empire of Cotton; Manzo, Kate, „Modern Slavery, Global Capitalism & Deproletarianisation in West Africa", in: Review of African Political Economy No. 106 (2005), S. 521–534.

Afrika, betrachtet werden kann (auch das Interior Afrikas oder Amerikas nicht).[66] Die Exzeptionalitätsthese Englands und Europas ist seit etwa 200 Jahren eine Art *European Disease*.[67] Auch nach der viel gerühmten Abolition von Sklavenhandel und Sklaverei durch Großbritannien in seinen atlantischen Kolonien (1808–1838) und des atlantischen Sklavenhandels in den USA und Dänemark blieben die genannten *Second-Slavery*-Boom-Wirtschaften beziehungsweise entwickelten sich erst zu Boomwirtschaften. Speziell die USA wurden in der Welt der Baumwolle von einer Peripherie zu dem neuen Export-Zentrum, das bis in die 1860er Jahre mit Cotton Kingdom, Sklavenhalterwirtschaft, der englischen Baumwollweltindustrie von Lancashire sowie der britischen Herrschaft in Indien (und den Baumwolltextilexporten dorthin und nach China) eine immer noch sklavereibasierte Symbiose globaler Ausdehnung darstellte.[68] Brasilien wurde von einer Kolonie zu einem unabhängigen Kaiserreich mit der weltgrößten Kaffee-Plantagenwirtschaft mit Massensklaverei im Valle do Paraíba[69] zwischen Rio und São Paulo (dazu noch Zucker, Kakao und Indigo um Bahia sowie Kautschuk im Amazonasgebiet, 1840–1910). Ähnlich wie in der technologisch weltweit fortgeschrittensten Zuckersklaverei-Region um Cienfuegos (um 1870) in Zentralkuba war die *Second Slavery* in São Paulo eine Entwicklung, die erst um 1830 einsetzte (etwa mit Biedermaier-Kapitalismus-Nachfrage): „it was only the slow expansion of coffee production down the Paraíba Valley – which spanned most of the province of Rio de Janeiro and terminated in the northwestern end of the São Paulo province – which finally brought coffee production to what until then had been a minor sugar-production zone with mixed farming activities“.[70]

Afrika wurde, wie oben gesagt, nach ähnlichen Inselphasen der Inkubation von Plantagensklaverei (Malediven, Maskarenen, Komoren, die gigantische Insel Madagaskar, Sansibar, Pemba und auf der westlichen Seite São Tomé, wo es auf Basis von Zuckerrohr, Kaffee und Kakao sowie angolanischen Sklaven-Kontraktarbeitern zu einem schnellen Wiederaufschwung der Plantagenwirtschaft im 19. Jahrhundert kam) nach 1815 wieder Ort „großer“ Sklavereien.

---

66 Zum Problem der „Grenzen der atlantischen Welt“, siehe: Bushnell, Amy Turner, „Indigenous America and the Limits of Atlantic World, 1493–1825“, in: Greene, Jack; Morgan (eds.), Atlantic History. A Critical Appraisal, Oxford: OUP, 2009, S. 191–221.

67 Emmer, Pieter C.; Pétré-Grenouilleau, Olivier; Roitman, Jessica (eds.), A Deus ex Machina Revisited: Atlantic Colonial Trade and European Economic Development, Leiden: Brill, 2006 (The Atlantic World; 8).

68 Beckert, The Empire of Cotton, passim.

69 Tomich; Marquese, „O Vale de Paraíba escravista e a formação do mercado mundial do café no século XIX“, in: Grinberg, Keila; Salles, Ricardo (eds.), O Brasil Império (1808–1889), Rio de Janeiro: Civilização Brasileira, 2009, Vol. II, S. 341–383; Parron, Tâmis; El Youssef, Alain; Estefanes, Bruno, „Vale expandido: contrabando negreiro e a construção de uma dinâmica política nacional no Império do Brasil“, in: Almanack. Guarulhos, n. 7 (mai. 2014), S. 130–157.

70 Luna; Klein, „Slaves and Masters in Early Nineteenth-Century Brazil: São Paulo“, in: Journal of Interdisciplinary History Vol. XXI:4 (Spring 1991), S. 549–573, hier S. 549.

Die Abolitionspolitik Großbritanniens, die seit 1815 einsetzende „humanitäre" Intervention der britischen Flotte gegen den Sklavenhandel und die Expansion britischen Einflusses beschleunigten in Afrika vier Prozesse, die, neben formaler Anerkennung ungleicher Verträge, zur Herausbildung von „zweiten Sklavereien" führten.

Erstens, die Razzienmaschinerien der afrikanischen „Sklavenproduktionsgebiete" liefen weiter, aber jetzt stauten sich Verschleppte und Versklavte in Afrika. Zugleich wurde der Imam von Maskat und Sansibar vom britischen Verbot des Sklavenhandels zur See ausgenommen;

Zweitens erweiterten sich afro-europäische Enklaven, vor allem afro-portugiesische, niederländisch-britische und französische an der Senegalmündung (Saint-Louis), im osmanischen Algerien, auf Gorée, bei Luanda (Ilha de Luanda / Ilha do Cabo), Cacheu, Bissau, in der Nähe von Capetown, Freetown sowie Bunce Island (Sierra Leone) und im Sambesi-Tal (Zambezia) und bekamen neue Bedeutung, vor allem für den so genannten *legitimate trade* dessen Exportprodukte (wie Erdnüsse, Palmöl, etc.) mit lokalen Sklaven produziert wurden.

Drittens kam es parallel, aber etwas zeitversetzt zu den „atlantischen Revolutionen", zu „islamischen Revolutionen",[71] Erneuerungsbewegungen und Jihads in einem breiten Streifen von Senegambien über die Haussa-Staaten des westlichen und zentralen Sudan bis nach Adamawa im heutigen Kamerun.[72] Jihads setzten sich in der zweiten Hälfte des 19. Jahrhunderts in der Mahdi-Bewegung im heutigen Sudan fort, auch in Auseinandersetzungen mit der ägyptisch-britischen Expansion sowie Anti-Sklavenhandelspolitik und verstärkten christlichen Mission. Sklavenrazzien und Menschenhandel muslimisch-afrikanischer sowie lokaler Warlords, Kaufleute und Razzienkrieger nahmen seit der zweiten Hälfte der 19. Jahrhunderts zu und erreichten Zentralafrika. Vor allem Menschenjäger aus Khartum und aus

---

71 Loimeier, Roman, „Die islamischen Revolutionen in Westafrika", in: Grau, Inge; Mährdel, Christian; Schicho, Walter (eds.), Afrika. Geschichte und Gesellschaft im 19. und 20. Jahrhundert, Wien: Promedia, 2000, S. 53–73; Marx, „Umwälzungen am Wendekreis: Die Jihad-Reiche des Sudan", in: Marx, Geschichte Afrikas, S. 60–74; siehe auch: Lovejoy, „Jihad na África Ocidental durante a „Era das Revoluções": em direção a um diálogo com Eric Hobsbawm e Eugene Genovese", S. 22–67; Lovejoy, Jihad in West Africa during the Age of Revolutions, passim.

72 Eckert, „Abolitionist Rhetorics, Colonial Conquest, and the Slow Death of Slavery in Germany's African Empire", S. 351–368; zum historischen Kamerun selbst siehe: Austen; Derrick, Middlemen of the Cameroons Rivers; Michels, Stefanie, „Schutzherrschaft revisited: Kolonialismus aus afrikanischer Perspektive", in: Fahrmeir, Andreas; Imhausen, Annette (eds.), Die Vielfalt der normativen Ordnungen. Konflikte und Dynamik in historischer Perspektive, Frankfurt am Main/New York: Campus, 2013, S. 243–274; Hiskett, Mervyn, The Sword of Truth: the Life and Times of the Shehu Usuman dan Fodio, New York/London: OUP, 1973; zu Adamawa: VerEecke, Catherine, „The Slave Experience in Adamawa: Past and Present Perspectives from Yola (Nigeria)", in: Cahiers d'Études Africaines Vol. 34:1–3, Cahier 133/135 (1994), S. 23–53; Burnham, Philip, „Raiders and Traders in Adamawa: Slavery as a Regional System", in: Paideuma. Mitteilungen zur Kulturkunde 41 (1995), S. 153–176.

dem Kalifat von Omdurman stützten sich dabei auf versklavte Jungen und junge Erwachsene aus nichtmuslismischen Bevölkerungen, die in den Militärdienst und zur Konversion gezwungen wurden. Die Sklavenjägertrupps nannten sich *bazingir*.[73]

Und viertens kam es, oft in Verbindung mit den vorgenannten Prozessen, aber durchaus auch eigenständig, zur Entwicklung von Plantagenwirtschaften sowie zur Ausbeutung neuer Ressourcen. Auch durch lokale Eliten. In Senegambien, in Sokoto, auf Pemba und Sansibar sowie in Ostafrika kam es, etwa parallel zu den Entwicklungen in den Amerikas, zur Herausbildung „zweiten Sklavereien" auf Basis von Plantagen. Im Sokoto-Kalifat waren Sklavinnen und Sklaven, die aus Razzien gegen Feinde und Nichtmuslime von den Grenzen der Jihad-Expansion stammten, vor allem für die Herrschaft der neuen Fulbe-Aristokratie sowie für Haussa-Kaufleute und Handwerker (Textilien, Leder- und Metallproduktion, Elfenbeinbearbeitung) wichtig. Die Aristokraten behielten auch Kin- und Haussklaverei bei; Sklavinnen und Sklaven waren Diener, Boten, Träger, Gärtner, Wachen, Konkubinen, Sängerinnen, Administratoren, Küchen- und Dienstpersonal, zum Teil in großen Zahlen. Sklaven stellten die meisten Soldaten und Sklavinnen füllten die Harems. Die Kaufleute-Karawanen der Haussa verbanden das Tal des Benue, das mittlere und obere Voltatal mit dem Bassin des Tschadsees (und von dort in alle Richtungen). In den Karawanen liefen nicht nur Sklaven mit, sie wurden auch von Sklaven organisiert, verteidigt, beherbergt und verköstigt (inklusive der vielen Tiere). Oft waren Sklaven auch das Verkaufs- und Lagerpersonal. Besondere Bedeutung hatten Sklaven in der Textilherstellung und in der Färberei. Spinnerinnen waren Sklavinnen; Männer meist Weber und Färber. Handwerker hatten fast immer einige Sklaven, auch Schneider. Handwerks-Sklaven arbeiteten in den Städten oft auch auf eigene Rechnung und gaben ihren Herren einen Teil des Verdienstes. In Kano gab es Ende des 19. Jahrhundert ca. 50 000 Färbersklaven. Obwohl auch sehr viele freie muslimische Bauern einige wenige Sklaven hatten, waren „große" Sklavereien in der Landwirtschaft auf der Basis von Plantagen im Vormarsch. Hirse, Sorghum, Indigo und Baumwolle wurde auf Plantagen angebaut; es gab für Zwiebeln, Tabak, Gemüse und Indigo Bewässerungssysteme. Wie in Senegambien, vor allem in Futa-Jallon (am oberen Senegal) sowie in den Maraka- und Juula-Städten am mittleren Niger (Masina),[74] waren Plantagen mit großen Zahlen von Sklaven üblich, wenn auch Landwirtschaft freier Bauern existierte. Meist hatten die Sklaven auf den Plantagen, wie auf den amerikanischen Plantagen, Sklaven-Gärten zur Selbstversorgung. Plantagen setzen sich in der ersten Hälfte des 19. Jahrhunderts vor allem in der nördlichen Savanne durch (in der Nähe der Städte Kano, Katsina,

73 Cordell, Dennis D., „Warlords and Enslavement: A Sample of Slave Raiders from Eastern Ubangi-Shari, 1870–1920", in: Lovejoy (ed.), Africans in Bondage. Studies in Slavery and the Slave Trade, Madison; London: The University of Wisconsin Press, 1986, S. 335–361.

74 Lovejoy, „The Western Sudan", in: Lovejoy, Transformations of Slavery, S. 194–201.

Sokoto, Gwandu und Zaria). In der zweiten Hälfte expandierte der insgesamt wachsende Plantagensektor auch in die südliche Savanne (Benue-Tal (Yola) und Regionen, die zwischen Benue und Niger lagen (vor allem Nupe und Ilorin)). Die Plantagen der Aristokratie fielen in drei Kategorien. Erstens gab es Individuen mit privatem Besitz an Plantagen. Zweitens gab es Plantagen, die an bestimmte Ämter oder Institutionen (zur Versorgung – wie im atlantischen Raum Klöster, Krankenhäuser und Universitäten) gebunden waren und drittens gab es aristokratische Lineages, die kollektiv Plantagen besaßen.[75]

Und trotz oder gerade wegen der globalen Abolitionspolitik und ihrer Folgen[76] entstanden im und am Indik 1830–1880 sozusagen explosiv große Plantagenwirtschaften, z. T. unter der Hegemonie regionaler, nicht-westlicher Eliten, auf Nelken (Sansibar und Pemba), inspiriert von der französischen Plantagenwirtschaft auf den Seychellen und Maskarenen, Île de France (1715–1815, heute Mauritius)[77] und Île Bourbon (Réunion, zwischen 1806 und 1815: Île Bonaparte) sowie Rodrigues. Um 1870 hatte der Sultan von Sansibar (Imam von Maskat) 4000 Sklaven auf seinen Plantagen; andere reiche Pflanzer hatten 1000 oder 2000 Sklaven. Die Sklaven wurden durch (oft versklavte) Aufseher überwacht. Ebenfalls auf explosive Weise entstanden Plantagensklavereien im kontinentalen Ostafrika gegenüber den Sklaveninseln Sansibar und Pemba von Mtwapa bis Mambrui, aber auch an Punkten bis Banadir im Norden und Moçambique im Süden sowie überhaupt an den Küsten des Indischen Ozeans. Angebaut wurden Getreide, Kokosnüsse/Kopra, Palmöl, Gummi und Kaffee, Zucker (Java, Mauritius), Pfeffer und Tabak (Ost-Sumatra), Tee (Nordindien, Ceylon / Sri Lanka), Naturkautschuk (seit ca. 1880, Kongo, Indonesien, Ceylon). Java wurde im 19. Jahrhundert zum weltweit zweitgrößten quasiindustriellen Zuckerproduzenten auf der Basis großer Plantagen, die meist mit Zwangsarbeit javanesischer und sundanesischer Bauern funktionierten, ebenso wie Kaffee.[78]

Viele Plantagenwirtschaften funktionierten in den Amerikas bis 1865/1888 weiter mit Sklaven, ansonsten vor allem in Ostafrika bis 1940, im Indik viele mit sklavereiähnlichen Zwangsarbeiten (Indenture, Kulis). In Niederländisch-Indien mussten Bauern einen Teil ihres Bodens für von der Regierung vorgegebene Produkte bereit stellen und ihn bearbeiten (*cultuurstelsel*); auch *perken* (Plantagen) auf Groß-Banda (Lonthor) funktionierten bis 1860 mit Sklaven und danach mit

---

75 Lovejoy, „The Central Sudan“, in: Ebd., S. 201–208.

76 Zimmermann, „The Long-Term Trajectory of Anti-Slavery in International Politics: From the Expansion of the European International System to Unequal International Development“, S. 435–497.

77 Allen, „Creating a garden of sugar: land, labor, and capital, 1721–1936“, S. 9–31; Vaughan, Creating the Creole Island.

78 Knight, G. Roger, Sugar, Steam and Steel: The Industrial Project in Colonial Java, 1830–1885, Adelaide: University of Adelaide Press, 2014; Breman, Jan, Mobilizing Labour for the Global Coffee Market. Profits From an Unfree Work Regime in Colonial Java, Amsterdam: Amsterdam University Press, 2015.

Kulis.[79] Auf Java und Sumatra gab es so viele Bauern, dass es keine „Lücke" für externe Sklaverei gab. Die amerikanischen Plantagengebiete in den USA und Brasilien arbeiteten mit Sklavinnen und Sklaven aus dem internen Sklavenhandel. Brasilien griff noch bis in die 1850er auf Massen von Verschleppten aus dem atlantischen Menschenschmuggel zurück. Der atlantische Menschenhandel Kubas und der Sklavenschmuggel in die USA währten sogar bis um 1880. Auf Kuba ergänzten ca. 125 000 chinesische Kulis die „großen" Sklavereien (ca. 200 000–300 000 in den relativ kleinen Regionen der *Cuba grande* um Havanna und Matanzas sowie Cienfuegos), die sich im Wesentlichen aus dem genannten atlantischem Menschenschmuggel und aus *emancipados* (30–40 000 von Briten „befreite" Sklaven) speisten. Millionen von Kulis wurden, wie oben erwähnt, aus Indien und Indonesien (vor allem in britische und niederländische Kolonien) sowie aus China in die Amerikas verfrachtet. Das Element der Kontinuität, das dem weltweiten Kapitalismus Stabilität von Körperkapital und Arbeitskraft verlieh, waren versklavte Menschen (Spanisch/Portugiesisch: *brazos* / Englisch: *hands*), Plantagen, lange Zeit und oft mit „großen" Sklavereien sowie Slaving-Prozesse und Transkulturationen (auch mit Kulis sowie Kindersklaven). Dazu kam das Element der Pluralisierung von Bondage-Formen, deren Analyse nicht ein Mehr von „Freiheit", sondern lediglich ein geringeres Maß an „formaler Sklaverei" ergibt. Die harten Strukturen der Plantagen funktionierten auch nach Abolitionen der rechtlich definierten und durch spezifische Bindungsformen geprägten Sklavereien weiter. Gewalt und Ausbeutung menschlicher Körper war immer im Spiel. Daher auch die Debatte um die Arbeitssysteme (Indenture, Kulis), die bestimmten rechtlich definierten Sklavereien vorhergingen, ihnen folgten, sich mit ihnen mischten oder sie ergänzten und hinsichtlich der Arbeit und der Gewalt das Gleiche waren wie Sklaverei und zudem oft noch einen schlechteren Status hatten als viele Sklaven von Privatbesitzern.[80]

---

79 Bosma, Ulbe; Giusti-Cordero, Juan; Knight, G. Rogers (eds.), Sugarlandia Revisited. Sugar and Colonialism in Asia and the Americas, 1800 to 1940, New York; Oxford: Berghahn Books, 2007; Bosma; Raben, Remco, „Lordly Traditions and Plantation Industrialism", in: Bosma; Raben, Being „Dutch" in the Indies. A History of Creolisation and Empire, 1500–1920, Athens: Ohio University Press, 2008, S. 104–141; Coté, „Slaves, Coolies, and Garrison Whores. A Colonial Discourse of „Unfreedom" in the Dutch East Indies", S. 561–582 (S. 564–566: „The Cultuurstelsel").

80 Engerman, „Servants to Slaves to Servants: Contract Labour and European Expansion", in: Emmer (ed.), Colonialism and Migration: Indentured Labour before and after Slavery, Dordrecht: M. Nijhoff, 1986, S. 263–294; Northrup, Indentured Labor in the Age of Imperialism; Emmer (ed.), Colonialism and Migration: Indentured Labour before and after Slavery, Leiden: Comparative Studies in Overseas History, 1987; Archer, Léonie (ed.), Slavery and Other Forms of Unfree Labour, London: Routledge, 1988; McKeown, „Global Migration 1846–1940", S. 155–190; Knight, „Indenture, Grand Narratives and Fragmented Histories: The Dutch East Indies, c. 1880–1940", S. 419–432; Seibert, „More Continuity than Change? New Forms of Unfree Labor in the Belgian Congo, 1908–1930", S. 369–386; Palmer (ed.), The Worlds of Unfree Labour: From Indentured Servitude to Slavery, Brookfield, VT: Variorum, 1998; Tomlins, Christopher, „Reconsidering Indenture Servitude. European Migrations and the Early American Labor Force, 1600–1775", in: Labor History 42 (2001), S. 5–43; Kale, Fragments of Empire: Capital, Slavery and Indian Indentured Labor in the British Carib-

Nachdem die „großen“ zusammengesetzten Sklavereien und Plantagenwirtschaften als konstitutiv für alle europäischen Kolonien in den Amerikas, aber auch für Kolonien im und am Indik sowie (noch ohne direkte bzw. nur punktuelle europäische Kolonien) in Afrika definiert worden sind, lautet die Frage des Historikers: wo befanden sich diese „großen“ Sklavereien wirklich, wo waren ihre Orte (oder Landschaften), wo sind diese strukturellen Grundelemente des weltweiten Kapitalismus zu verorten und wie „groß“ waren sie auf einer Weltkarte? Die generelle Regel lautet: Bis 1800 existierten sie nur sehr punktuell, auf Inseln und Küstenenklaven (mit wenigen Ausnahmen von Bergwerksgebieten). Auf Weltkarten fast nicht sichtbar (und darstellbar). Erst nach 1800–1820 kam es, wie bereits gesagt, zur Expansion der Enklaven in die Fläche der Kontinente hinein. *Making space for slaveries* im Sinne „großer“ Wirtschaftssklavereien in kontinentalen Hinterländern *beyond the Atlantic and beyond the Indian Ocean* gelang, mit wenigen Ausnahmen (Brasilien), in der ersten Hälfte des 19. Jahrhunderts nur in einer Symbiose mit dem Industriekapitalismus.

Aber von Beginn an. Nach dem Niedergang der punktuellen Plantagen-Zuckersklavereien auf São Tomé und La Española im 16. Jahrhundert (bis um 1570–80) starteten nach amerikanischen Anfängen in den Enklaven Recife, Pernambuco, Bahia im heutigen Brasilien sowie Cumaná, Maracaibo und Caracas in Venezuela die nächsten Stufen der „Plantagen-Revolution“ und der Massensklaverei der Amerikas mit der Eroberung Pernambucos (Recife) durch die Niederländer (1630–1654). Die frühen amerikanischen Sklavereien in Neuspanien (Mexiko) und in Peru verloren an Bedeutung.

Nach 1650 verlagerte sich die Dynamik des Zuckers und der Massensklaverei wieder in die große Karibik. Nach und nach entstanden eine britische Sklaven-Karibik mit Plantagenkomplexen (1650–1838, Abolition der Sklaverei – nicht der Plantagen) mit den kleinen Sugar-Islands Barbados, Jamaika, Nevis, Antigua und Montserrat, eine spanische Karibik (1740–1886), mit Kuba und Puerto Rico, eine französische Karibik (1715–1791 Haiti; 1730–1850 Martinique/Guadaloupe), eine niederländische Sklaverei-Karibik mit Plantagen vor allem in Essequibo und Suriname (1667–1870) sowie eine dänische Karibik mit den Inseln Saint Thomas und Sainte Croix.

Die Engländer komplettierten auf den kleinen Antillen, vor allem Barbados, die Zuckerrevolution, indem sie eine effizientere Form der Zucker- und Plantagenarbeit in der Verbindung zwischen der Sklaverei afrikanischer Menschen und europäischer Traditionen der Sträflingsarbeit schufen (*gang-work*). Die West-Indies mit ihren Sklavereien wurden zum Zentrum des britischen Kolonialreiches (bis 1790). Die effiziente Plantagensklaverei schwarzer Menschen wurde auf Peripherien des britischen kontinentalen Kolonialreiches, nach Virginia (Chesapeake) sowie South

bean; Zeuske, „Coolies – Asiáticos and Chinos: Global Dimensions of Second Slavery“, S. 35–57 (siehe auch: „Zentrale Themen und Theorien sowie Forschungsfelder“, oben).

Carolina (Reis) und später Georgia übertragen (heute USA), aber auch nach Suriname, Demerara und Essequibo. In einer Reihe von Enklaven entwickelte sich Massensklaverei auf Basis anderer Produkte wie Kakao, Tabak oder Indigo. In Louisiana und den Floridas scheiterten mehrere Anläufe, funktionierende Sklaven-Plantagenwirtschaften unter europäischer Kontrolle zu gründen.

Nach der Aufhebung der Sklaverei in der britischen und französischen Karibik (1838/1848)[81] beherbergte die spanische Karibik die paradigmatische „große" Sklaverei des 19. Jahrhunderts auf Basis von Plantagen, neben denen in Afrika, vor allem, wie oben dargelegt, auf Inseln (São Tomé um 1908 weltgrößter Kakaoexporteur), im Sudan und in Ostafrika. Von den kleineren „großen" Sklavereigesellschaften der Karibik funktionierte nur die niederländische Plantagensklaverei in Suriname bis 1863–1873 (mit zehn Jahren *apprenticeship* (*Staatstoezicht*) nach 1863 und Entschädigung der Besitzer; dann setzte *bondage labor* von Kulis vor allem aus Indonesien ein).[82]

Es gab auch allerdings amerikanische Sklavereigesellschaften mit vielen Sklaven, aber ohne Plantagen, wie die Haciendasklavereien in Städten und Regionen Neu-Granadas (heute Kolumbien) oder die Gold- und Bergbausklavereien des brasilianischen Minas Gerais und des neugranadinischen Chocó. Massen von Sklavinnen und Sklaven gab es in fast allen großen Metropolen und Hafenstädten Amerikas und ihren Hinterländern. Jeremy Adelman spricht nicht ganz zu Unrecht von *slave production* in südamerikanischen Hinterländern (und Reséndez, wie mehrfach gesagt, von einem „Empire of Slaves").[83]

Cartagena de Indias [*Karte 11[84]] und Mompóx im heutigen Kolumbien bieten ein besonders gutes Beispiel für eine Landwirtschafts-, Dienstleistungs-, Fluss-, und Hafenökonomie mit Kern Sklavenhandel und Sklavenkulturen und Verbindungen zum Bergbau in einem ruralen Umfeld, in dem zwar Schmuggel (Vieh und Sklaven), Goldextraktion und eine boomende Rindergrenze funktionierten (sowie eine Reihe eher feudaler Haciendas), es den Eliten aber nie gelungen war, die ländliche Bevölkerung ihrer lokalen Autonomien zu berauben und Plantagenwirtschaften zu gründen. Und all das, obwohl die Böden der karibischen Küstenebenen des heutigen Kolumbien exzellent für Zucker und andere Exportprodukte waren und sind. Es gelang im Gebiet der neogranadinischen Küstenstädte Cartagena, Porto-

81 Kielstra, Paul Michael, The Politics of Slave Trade Suppression in Britain and France, 1814–1848, London: Macmillan Press, 2000.

82 Drescher, „The Long Goodbye: Dutch Capitalism and Antislavery in Comparative Perspective", S. 25–66.

83 Adelman, „Capitalism and Slavery on Imperial Hinterlands", S. 56–100; Reséndez, „An Empire of Slaves", in: Reséndez, The Other Slavery, S. 131–135.

84 Karte 11: „Cartagena", aus Dorigny; Gainot (eds.), Atlas des esclavages. Traites, sociétés coloniales, abolitions de l'Antiquité à nos jours, Paris: Éditions Autrement (Collection Atlas/Mémoires), 2006, S. 18.

bello, Santa Marta und Ríohacha nie, den Widerstand indianischer Völker (Wayúu/ Guajiros, Motilones, Cimilas, Kuna/Cunas) sowie den Widerstand geflohener und freier afroamerikanischer Palenques zu brechen oder indianische Ethnien zu versklaven. Was gelang, war großer atlantischer Sklaven- und Menschenhandel in den Städten Cartagena sowie Mompóx und die Verknüpfung mit Vieh- und Edelmetallschmuggel.

Große, meist imperiale Sklavereien setzen weiträumige, oft transkontinentale und globalisierende Strukturen voraus, in denen sich Sklaven schnell transportieren, halten sowie gewinnbringend einsetzen, „anlegen" lassen. Massensklavereien in der Landwirtschaft konnten nur dort entstehen, wo sich unter massiver Gewalt in relativ kurzer Zeit lokale und regionale Arbeitsteilungen entwickelten, Menschen als Kriegsgefangene, von Piraten[85] und Sklavenjägern Geraubte durch massiven Sklavenhandel im Dauer-Angebot waren, „freies Land" (Eroberungen, Expansionen, „Sklaverei-Lücke") vorhanden war und die Nachfrage großer, quasi unbegrenzter Märkte nach einem bestimmten Produkt wirksam werden konnte, wie Getreide aus Sizilien für Rom, Baumwolle aus den USA in Großbritannien, Muskatnüsse und -schalen (*macis*) von den Banda-Inseln oder Zucker, Kakao und Kaffee aus Kuba, Nelken aus Sansibar, Kakao aus Venezuela oder Zucker und Kaffee aus Brasilien für Nordamerika und Europa. Ausnahmen bildeten Gebiete mit unterworfenen Bauern und hohem Arbeitskräfteangebot, wie Sisalplantagen mit versklavten Bauern in Yucatán oder Teeplantagen in Nordindien.[86]

Perzeptionen der Sklaverei

Ich möchte dieses Kapitel gerne mit einer Beobachtung über den Umgang mit Sklaverei und ihrer Darstellung außerhalb spezialisierter Sklavereigeschichte abschließen. In der übergroßen Mehrheit aller historischen und soziologischen Bücher über Probleme von Sklavengesellschaften und in den meisten Reden über Arbeits- und Wirtschaftsprobleme wird mit wenigen Ausnahmen (die meist kanonisiert sind, vor allem die „römische" Tradition und durch Filme über Sklaverei) heute so getan, als sei Sklaverei ein Nebenaspekt oder ein Randproblem der Geschichte (im deutschen Feuilleton ein Standarttopos – das hat sich seit 2012/2014 mit *Django Unchained*

85 Eine Quelle zur Gewalt und zum Menschenraub durch Piraten: Flemming, At the Point of a Cutlass, passim.

86 Katz, Friedrich, „Plantagenwirtschaft und Sklaverei. Der Sisalanbau auf der Halbinsel Yucatán bis 1910", in: Zeitschrift für Geschichtswissenschaft 7. Jg, No. 5 (1959), S. 1002–1027; Sinha, Nitin, „For the Drink of the Nation: Drink, Labour, and Plantation Capitalism in the Colonial Tea Gardens of Assam in the Late Nineteenth and Early Twentieth Century", in: Linden; Mohapatra (eds.), Labour Matters. Towards Global Histories, S. 295–317; Varma, Nitin, Coolies of Capitalism. Assam Tea and the Making of Coolie Labour, Berlin/Boston: DeGruyter, 2016 (Work in Global and Historical Perspective 2).

und *Twelve Years A Slave* etwas geändert, aber die Fixierung auf die USA gilt weiter). Sklaverei und Sklavenhandel wurden und werden bewusst und gezielt marginalisiert (oder ganz verschwiegen), obwohl oder gerade, weil sie etwa für das atlantische Weltsystem zentral waren. Besonders gilt das bis vor kurzem für die europäische Geschichte des Mittelalters, aber auch der Neuzeit soweit kein Zugang zur atlantischen Geschichte besteht, besonders der deutschen und osteuropäischen Geschichte der Neuzeit, aber es gilt cum grano salis auch für die indische, russische, chinesische, afrikanische, südostasiatische, sibirische und für die gesamte pazifische Geschichte – kurzum, fast für die gesamte Weltgeschichte, oft auch für die Migrationsgeschichte. Man schaue in einer gut sortierten wissenschaftlichen Buchhandlung die Register der neuen Schwemme historischer, vor allem perzeptionsgeschichtlicher, Literatur an. Diese Marginalisierung in Perzeption und Darstellung von Sklaverei hat Tradition, vor allem in den Zentren von Sklavengesellschaften und in ehemaligen „Mutterländern" des europäischen Sklavenhandels, aber auch in arabischen Ländern. W. E. B. Dubois hat die Verschleierung und bewusste Marginalisierung aller Themen, die mit Sklaverei und Sklavenhandel zusammenhängen, *veil* (Schleier) genannt, sozusagen *a long black veil.*[87] Ich bin der Meinung, dass der Schleier über Sklavereien und Menschen/Sklavenhandel schon zur Zeit ihrer Existenz und auch heute eine wichtige Rolle spielt (eben, weil Sklavereien und Menschenhandel weiter existieren). Zur Illustration dessen, was ich damit meine, möchte ich auf frappante Ähnlichkeiten zwischen den Texten Alexander von Humboldts und Kevin Bales' verweisen. Liest man die Aussagen von Humboldt über seinen Aufenthalt im damals weltweit modernsten Zuckerplantagenkomplex mit Massensklaverei, dem *Valle de Güines*, südöstlich von Havanna, im ersten Teil seines Essays über die Insel Kuba (in Realzeit im Februar 1801, der Essay wurde aber erst 1826 publiziert), so wird deutlich, dass er und die kreolischen Sklavenhalter, „Eliten unter sich", im persönlichen Kontakt vor allem Debatten über Infrastrukturen, Technologie, Kosten und Ressourcen sowie Verbesserung der Landwirtschaft führten. Über die realen Sklaven und Sklaverei als Problem scheinen sich die Herrschaften nicht direkt unterhalten zu haben. Humboldt hat seine Tagebuchnotizen über diese Gespräche erst eine knappe Generation später publiziert,[88] als klar war, dass es zu einem neuen Aufschwung der Sklaverei in Verbindung mit der industriellen Revolution kommen würde. Kevin Bales hält über seine Versuche, mit indischen Sklavenhaltern über ihre versklavten Arbeiter zu sprechen, fest: „sie steuerten die Gespräche". „Die meisten Grundherren unterhiel-

---

87 Sens, Angelie, „The "Veil" in Post-Slavery Society. New Challenges for Historians: The case of Surinam, 1808–2008", in: Linden (ed.), Humanitarian Intervention and Changing Labor Relations, S. 46–54.

88 Humboldt, Alexander von, Cuba-Werk, S. 154–169 (das Kapitel gegen die Sklaverei), die Debatten siehe auf S. 108 ff und S. 121 ff; Zeuske, „Alexander von Humboldt in Cuba, 1800/01 and 1804: traces of an enigma", in: Studies in Travel Writing Vol. 15, No. 4 (December 2011), S. 347–358.

ten sich äußerst bereitwillig mit uns über die wirtschaftlichen Aspekte der Landbestellung [...] Sie schienen Wert darauf zu legen, ihre Art der Bewirtschaftung des Guts offen zu legen und klar zu stellen, dass Sklavenarbeit nur einen kleinen Ausschnitt des Gesamtbildes darstelle. Sie wollten als Landwirte betrachtet werden, die auf dem neuesten Stand waren und eher zufällig dazu beitrugen, ein paar Familien unwissender und ungebildeter Arbeiter ihre Arbeitsplätze zu erhalten. In Wirklichkeit war die Sklavenarbeit jedoch der Schlüssel für ihren Profit."[89] Natürlich gibt es viele historische Unterschiede zwischen beiden Situationen, auch den, dass um 1800 die Sklaverei in „römischer" Tradition ein anerkanntes Eigentums- und Rechtsverhältnis darstellte und heute aus dem „Recht auf Sklaverei" weltweit ein Nicht-Recht geworden ist, zugleich aber Ausbeutung, Eigennutz und Luxus auf psychologisch höchst subtile Weise einerseits, mit bemerkenswerter Offenheit und Gewalt andererseits in Medienwelt und Realität stattfinden. Zu dieser heutigen Ausbeutung gehören auch unterschiedlichste Stufen, Typen, Formen und Hybridformen von „kleinen" und „großen" Sklavereien. Kontinuitäten der Sklaverei und die Kontinuität des Sklavenhalterdiskurses sowie des Abolitionismus' sind unverkennbar – bei Humboldt und Bales.

Weltgeschichtlich gesehen, ist Sklaverei nirgends und niemals aus wirtschaftlichen Gründen aufgegeben worden, obwohl es wirtschaftliche Krisen in Sklavereigesellschaften gab. Globalgeschichtlich gesehen, existieren „kleine" Sklavereien bis heute. „Große" Sklaverei ist im engeren „Westen" des 19. Jahrhunderts, unter Ausschluss Afrikas und „der Kolonien", aus politischen Gründen abgeschafft worden – unter Druck beziehungsweise Zuhilfenahme von drei generellen Diskursen. Im 19. Jahrhundert war erstens die Botschaft des *Liberté ou la mort* (Unabhängigkeitserklärung Haitis 1804), das heißt der atlantische Freiheits- und Gleichheitsdiskurs (*liberty, free soil*) der einzigen erfolgreichen Sklavenrevolution der Weltgeschichte, als Beispiel so wirkungsmächtig, dass die imperialen Eliten Großbritanniens sowie einige Eliten Amerikas, die mehr oder weniger alle mit der Sklaverei verbunden waren, nach dem Mißerfolg der Versuche Großbritanniens, Spaniens und Frankreichs, die Revolutionäre militärisch zu besiegen, den äußeren Sklavenhandel abschafften. Sie brauchten den Mythos der Abolition sowie zwei weitere Gegenmythen – die Furchtikone „Haiti" – aufständische Sklaven, die alle Weißen töten, und den Mythos der antikolonialen Revolutionen. In Realität blieben britische und US-amerikanische Handelshäuser sowie Unternehmer mit den Sklaverei- und Sklavenhandelsboomzonen sowie dem Hidden Atlantic des Menschenhandels und dessen Zentren (Brasilien, Kuba, Westafrika) verbunden.[90] Auch in

89 Bales, „Die Grundherren", in: Bales, Die neue Sklaverei, S. 289–293, hier S. 289 und S. 289–293, hier S. 291.

90 Horne, The Deepest South. The United States, Brazil, and the African Slave Trade, New York and Landon: The New York University Press, 2007; Sherwood, Marika, After Abolition: Britain and the Slave Trade since 1807, London: I. B. Tauris, 2007; Weber, „Deutschland, der atlantische Skla-

den ruralen Arbeitsverhältnissen in Lateinamerika waren Arbeitsrenten-, Gewalt- und Schuldarbeitsverhältnisse, das heißt, wichtigste typologische „Sonderformen" von kollektiver Sklaverei, entweder vor der Abolition bereits durchgesetzt oder nach der Abolition war Sklaverei auf Schuldknechtschaft und Hörigkeit zurückgeschnitten worden, die Gewaltrelation aber blieb. Kontraktarbeit, die in der Praxis (nicht im Diskurs und in Rechtskonzepten) und der substantiellen Gewalt der Sklaverei glichen, breitete sich immer mehr aus. In den kolonialen und halbkolonialen Gebieten Asiens und Afrikas existierten unterschiedlichste Formen der Sklaverei, oft unter anderem Namen.

Der dritte Diskurs ist der der Nation. Mit dem Konzept der Nation wurde ein Diskursfeld entwickelt, in dem rhetorisch die „Freiheit" und die Mythen der Gleichheit ihr Zuhause fanden – de facto meist für weiße Oberschichten sowie Bewohner und Arbeiter der Städte und unter Ausschluss ehemaliger Sklaven, der Arbeiterinnen und Arbeiter in Zwangssystemen und/oder Kolonialterritorien sowie unterworfenen Ethnien (Wahl- und Bildungssysteme).

Gestützt wurde die jeweilige Konstruktion der Nation durch die seit dem späten 18. Jahrhundert neue „Wissenschaft" des Rassismus. Sie systematisierte äußere und innere Statusdegradierungen neuzeitlicher Sklavereien vor allem in den Amerikas und brachte sie in die Philosophien der Neuzeit ein. In den USA erfolgte die Manifestation als offener Staatsrassismus zwischen 1900 und 1970, in Lateinamerika durch einen kulturellen Rassismus, der ehemalige Sklaven und Indios etwa seit 1850 aus „Latinität" der „weißen", „spanischen" Eliten ausschloss (deshalb „Latein"-Amerika) – zwar nicht völlig (Religion), aber aus weiten Teilen der Bildung, der Sprache, des Bürgerstatus, des Staatsapparates und allgemein der urbanen Lebensweise. In Afrika und in Asien setzten ähnliche Diskurse erst im späteren 20. Jahrhundert ein.

venhandel und die Plantagenwirtschaft der Neuen Welt", S. 37–67; Marques, „A participação norte-americana no tráfico transatlântico de escravos para os Estados Unidos, Cuba e Brasil", S. 91–111.

Sklavenhalter, Sklavereien und Recht

> [...] alle universalhistorischen Modelle [sind] von den höher und höchstentwickelten Kulturen, Staaten, Ökonomien usw. fasziniert ... und [Historiker schreiben] dem höchstentwickelten universalhistorischen Faktor ein höchstes universalhistorisches Recht [zu][1]

„Hegemonische" Sklavereien und Recht

Die Ursache von Bekanntheit und Wirkungsmacht „hegemonischer" Sklavereien liegt, neben Mengen von Versklavten, Dynamik von Sklavereigesellschaften, Gewaltstrukturen, Mobilität und Visibilität durch äußere Statusdegradierungen und deren Konfessionalisierung/Chromatisierung, in kompakter rechtlicher Legitimierung und Normierung (und der Überlieferung als Brauch/Quelle). Allerdings sind Sklavereien auf expliziter Grundlage von Gesetzen in der Welt- und Globalgeschichte eher die Ausnahme. Trotzdem griffen seit dem Entstehen von Staaten – vor allem Imperien – Herrscher, Verwaltung und Gesetze (oral oder geschrieben) in die Relation zwischen Sklavenhaltern und Versklavten ein, indem sie definierten, mehr oder weniger deutlich, was ein Sklave und was Sklaverei war. Rechtsstatus von Sklavereien ist, wie soll ich es formulieren, wie eine Art durch lokale normative Ordnungen (natürlich unterschiedlich) geformtes Nest, das Gewalt gegen Körper, Besitz/Kontrolle (in der „römischen" Fokussierung – Eigentum[2] und „Befugnis", zu seiner Sicherung Gewalt auszuüben), Erzwingung von produktiver Disziplin durch enge Körperkontrolle,[3] Verhinderung von Flucht und die beiden realen Statusdegradierungen (innere und äußere), definiert, sichert, stabilisiert und oft auch verbirgt. Als solches wird Recht von Sklavenhaltern gemacht, die die meisten jeweiligen Gesellschaften und Staaten zumindest bis zu den formalen Abolitionen dominieren oder sehr massiv beeinflussten – am deutlichsten über die koloniale Kontrolle von Land, Territorien und Besitz/Eigentum (Spanien hatte eine spezifische Prätorial-Institution dafür, die *audiencia pretorial*).[4] Eine der besten, wenn auch anekdotischen Formulierungen über Sklavenhalter stammt aus dem Bereich

1 Weber, Wolfgang E. J., „Universalgeschichte", in: Maurer, Michael, Aufriß der Historischen Wissenschaften in sieben Bänden, Stuttgart: Reclam, 2001, Bd. II: Räume, S. 15–93, hier S. 93.

2 Lagerlof, Nils-Petter, „Slavery and Other Property Rights", in: Review of Economic Studies Vol. 76 (2009), S. 319–342.

3 Marquese, Feitores do corpo, missionários da mente; Ferraro, Marcelo, „As Práticas de Controle e Punição na Sociedade Escravista Cafeicultora do Brasil Oitocentista: Uma Análise à Luz do Pensamento de Michel Foucault", in: Epígrafe, São Paulo (2013), S. 7–42.

4 Burnard, „Et in Arcadia ego: West Indian planters in glory, 1674–1784", S. 19–40; Burnard, „The planter class", in: Heuman; Burnard (eds.), The Routledge History of Slavery, S. 187–203; zur politischen Rolle von Sklavenhaltern: Karp, „The World the Slaveholders Craved. Proslavery Internationalism in the 1850s", S. 414–432.

https://doi.org/10.1515/9783110561630-007

der osmanischen Sklaverei: „Not so surprisingly, many of the slaveholders themselves realized that slavery was not warmly embraced by the enslaved“.[5]

Aber Recht ist eine eigenständige Dimension von Geschichte und Gesellschaft, vor allem dann, wenn Rechtskonflikte und -fälle nicht legalistisch-theoretisch interpretiert, sondern historisch-sozial sowie anthropologisch analysiert werden. In mikrohistorischer Konkretheit wird dann klar, dass juristische Konfrontationen Versklavten (fast) immer auch Räume boten, die von ihnen für sich und ihre Angehörigen ausgenutzt werden konnten.[6] Natürlich mit Gewalt *avant la lettre*. Um wie viele Versklavte es sich jeweils in einem Territorium der Gültigkeit eines bestimmten Rechts handelte (die das Recht für sich ausnutzen konnten), ist eine extrem schwierige Problematik – wir wissen es nicht und ich muss wohl sagen: es war eher eine Minderheit.

Recht beruht immer auch auf älteren und breiteren Auffassungen und Traditionen bzw. ritualisierten *customs* (und hat oft mit „Religion/Gebräuchen“[7] zu tun). Damit meine ich, dass in größeren Gesellschaften Recht zwar im Interesse der Sklavenhalter als einer herrschenden Gruppe angepasst, aber kaum jemals nur von Sklavenhaltern (wie etwa auf Barbados) „gemacht“ worden ist; selbst auf der Sklavereiinsel Barbados mussten die Eliten auf ältere englische (angelsächsische) Traditionen achten. In vielen größeren Expansionsgebieten auch auf Gebräuche von Menschen, die schon dort lebten und, meist eher diskret, auf Gebräuche, die Versklavte aus ihren Herkunftsregionen kannten.

Selbstverständlich gab und gibt es, ich will diesen Ausgangsgedanken gerne noch einmal formulieren, sehr unterschiedliche normative Ordnungen.[8] Meist gründen sie in Religionen oder Ordnungs-Philosophien, fast muss ich sagen Ordnungs-Kosmographien.[9] Es gab formal geregelte Sklavereien („Recht“; „legale Sklaverei“), aber sicherlich unendlich viel mehr informelle, ungeregelte Sklavereien und starke an Sklavereien anliegende oder mit ihnen vermischte Abhängigkeiten in der Welt- und Globalgeschichte; Sklaverei und Versklavungen waren in der Weltgeschichte, wie gesagt, mehr durch Gewalt *avant la lettre*, assymetrische Abhängigkeit, Instabilität und Rechtssituationen geprägt, die selbst im relativ klaren

5 Toledano, „Enslavement in the Ottoman Empire in the Early Modern Period“, in: Eltis; Engerman, Stanley L. (eds.), The Cambridge World History of Slavery, Vol. 3, S. 25–46, hier S. 32.

6 Siehe z. B.: Grinberg, „Freedom Suits and Civil Law in Brazil and the United States“, S. 66–82; Peabody; Grinberg (eds.), Slavery, Freedom, and the Law in the Atlantic World, passim; Vlassopoulos, Kostas, „Slavery, freedom and citizenship in classical Athens: beyond a legalistic approach“, in: European Review of History: Revue européenne d'histoire Vol. 16:3 (2009) (= Slavery, Citizenship and the State in Classical Antiquity and the Modern Americas), S. 347–363.

7 Nongbri, Brent, Before Religion. A History of a Modern Concept, New Haven and London: Yale University Press, 2013.

8 Fahrmeir, Andreas; Imhausen, Annette (eds.), Die Vielfalt der normativen Ordnungen. Konflikte und Dynamik in historischer Perspektive, Frankfurt am Main/New York: Campus, 2013.

9 Clarence-Smith, „Timing and Comparisons“, S. 219–232.

„römischen" Recht eher unklar waren. Und es gab – nachgewiesen für China – relativ zeitig Verträge in Schriftform für den Eintritt in die Sklaverei (was auch für Russland gilt).[10]

Rebecca J. Scott sagt für die atlantische Sklaverei in den Amerikas, für die die Rechtsnachfolge des „römischen" Rechts reklamiert wird, dass es nie eine „konsistente Theorie über die Rechtsquelle gegeben [hat], die es erlaubte, Menschen zu besitzen".[11]

Sklavenhalter sahen Besitz/Eigentum von Menschen als „normal" an und sich selbstverständlich an der Spitze einer solchen Ordnung. Ihre Kultur war von Herrschafts-Ideologie à la „soziale Ordnung" geprägt.[12] Da das sehr allgemein ist, will ich auch die konkrete Verflechtung erwähnen. Söhne aus Sklavenhalterfamilien waren Schreiber/Notare (*literati*/Beamte in China), Advokaten, Richter, Priester, Rechtsgelehrte sowie Politiker/Gesetzgeber und vieles andere mehr. Jedenfalls prägten sie die normativen Ordnungen (in China etwa durch massiven Rückgriff auf konfuzianische Ordnungsvorstellungen). Und es gab, eigenartigerweise, grade in den Phasen der Intensivierung und Dynamisierung von großen Sklavereiformationen (wie der *Second Slavery*), lange Phasen ganz ohne (neue) rechtliche Normierung/Kontrolle. Paradebeispiel dafür ist Brasilien im 19. Jahrhundert: „During the nineteenth century, there was no civil code in Brazil, nor was there a „black code" or any other specific body of laws pertaining to slavery. Ordinary laws, Portuguese ordinances dating from colonial times, and different legal codes pertaining to ancient Rome regulated legal issues in relating to bondage". Das Gleiche gilt für das Spanische Imperium und Kuba 1789–1842 (siehe weiter unten).[13]

Diese allgemeineren Zusammenhänge gelten cum grano salis auch für einen der ersten großen nachrömischen „Slave-Codes" Osteuropas, die *Russkaja Pravda* (*Русская Правда*).[14] Die Gesetzessammlung wird dem Rurikiden Jaroslaw, genannt „der Weise" (um 980–1054), zugeschrieben, Großfürst von Kiew, Besieger der

10 Zeuske, „Versklavte und Sklavereien in der Geschichte Chinas aus global-historischer Sicht. Perspektiven und Probleme", S. 25–51.

11 Scott, Rebecca J., „Slavery and the Law in Atlantic Perspective: Jurisdiction, Jurisprudence, and Justice", in: Law and History Review Vol. 29:4 (2011), S. 915–924, hier S. 922–923.

12 Oakes, James, The Ruling Race: A History of American Slaveholders, New York: Vintage Books, 1982 (neue Edition: New York and London: W. W. Norton & Company, 1998); Johnson, „Making a World out of Slaves", in: Johnson: Soul by Soul. Life inside the Antebellum Slave Market, Cambridge u. London: Harvard University Press, 2000, S. 78–116; Premo, Bianca, „An Equity against the Law: Slave Rights and Creole Jurisprudence in Spanish America", in: Slavery & Abolition Vol. 32:4 (2011), S. 495–517.

13 Chalhoub, „The Politics of Ambiguity: Conditional Manumission, Labor Contracts, and Slave Emancipation in Brazil (1850s–1888)", S. 161–191, hier S. 169.

14 Goetz, Leopold Karl, Das russische Recht, Bde. 1–4, Stuttgart: Verlag Ferdinand Enke, 1910–1913; neue Ausgabe: Baranowski, Günter, Die Russkaja Pravda – ein mittelalterliches Rechtsdenkmal, Frankfurt a. M. [usw.]: Peter Lang, Europäischer Verlag der Wissenschaften, 2005 (= Rechtshistorische Reihe, 321).

Petschenegen und Dauergegner der Polen (gegen die er in Absprache mit dem sächsischen Kaiser Heinrich II. Krieg führte). Diese Gesetzessammlung, im Rahmen der russischen Geschichte fortgesetzt 1113 vom *Statut* Wladimir Monomachs und im 15./16. Jahrhundert vom *Domostroj* Iwans „des Schrecklichen", ist insofern wichtig, als sie einen Bruch in der slawischen Sklaverei- und Rechtspraxis und möglicherweise einen Wikinger-Import darstellte. Es sind im Wesentlichen drei Hauptredaktionen bekannt: „1. Das „Kurze Recht" (*Kratkaja Pravda*), das neben dem Recht Jaroslavs des Weisen (*978, †1054) und dem Statut seiner Söhne aus dem letzten Viertel des 11. Jahrhunderts auch Abschnitte über Wergeld und Brückenzölle beinhaltet; 2. Das „Ausführliche Recht" (*Prostrannaja Pravda*) aus dem frühen 12. Jahrhundert mit dem Recht Jaroslavs und dem Statut Vladimir Monomachs (*1053, †1125); 3. Das „Verkürzte Recht" (*Sokraščennaja Pravda*), das eine Zusammenfassung des „Ausführlichen Rechts" aus dem 15. Jahrhundert darstellt, verfasst vor Herausgabe der Gerichtsurkunde von Beloozero im Jahre 1488 und des ersten Sudebnik von 1497".[15] Die *Russkaja Pravda* schuf eine Verbindung zwischen oralen Traditionen der slawischen und warägischen Kin- und Razzien-Sklavereien sowie den Traditionen der „großen" Sklavereien Roms (über Byzanz) und der Praxis islamischener Grenz-Gebiete. Die *Russkaja Pravda* legitimierte die durch slawische Eliten und skandinawisch-schwedische Waräger (ein paar Norweger waren auch dabei), den Wikingern des Ostens, praktizierte Razziensklaverei und den Übergang von Kin-Sklavereien zu rechtlich definierten „großen" Sklavereien und zum massiven Handel mit menschlichen Körpern. Rudolf Simek schreibt sehr treffend, die Expansion der „Wikinger in Europa" zusammenfassend: „die Waräger im Osten und die Wikinger rund um die Britischen Inseln [hatten] ein gemeinsames Interesse ...: den die ganze Nord- und Ostsee überziehenden Sklavenhandel, der via das Kiewer Reich der Rus' die stehenden Heere der Abbasiden im 9. Jahrhundert in Arabien und Ägypten versorgte".[16]

Sklaven sind in der *Russkaja Prawda* Kriegsgefangene (die ausgelöst werden können, also reines Kapital des Siegers darstellten, abzüglich der Unterhaltskos-

15 Zu den Redaktionen und Teilen siehe: Schorkowitz, Dittmar, „Günter Baranowski , Die Russkaja Pravda – ein mittelalterliches Rechtsdenkmal. Peter Lang, Europäischer Verlag der Wissenschaften Frankfurt a. M. [usw.] 2005 (= Rechtshistorische Reihe, 321)", in: Jahrbücher für Geschichte Osteuropas. Neue Folge 57:2 (2009), S. 262–263, www.dokumente.ios-regensburg.de/JGO/Rez/Schorkowitz_Baranowski_Russkaja_Pravda.html (letzter Zugriff 29. 1. 2018); zu den Sklaven- und Unferienkategorien, siehe: Schmidt, Knud R., „Die Terminologie in ‚Jaroslavs Pravda, P I'", in: Schmidt, Soziale Terminologie in russischen Texten des frühen Mittelalters (bis zum Jahre 1240). Aus dem Dänischen übersetzt von Wilhelm Krämer, Kopenhagen: Munksgaard, 1964, S. 351–358; zum Hintergrund siehe die „Nestorchronik" (Povest vremennych let): Lind, John H., „Problems of Ethnicity in the Interpretation of Written Sources on Early Rus'", in: Juhani Nuorluoto (ed.), The Slavicization of the Russian North. Mechanisms and Chronology, Helsinki: Helsinki University Press, 2006 (Slavica Helsingiensia, 27), S. 246–258.

16 Simek, „Die Expansion der Wikinger in Europa", in: Simek, Vinland! Wie die Wikinger Amerika entdeckten, München: Beck, 2016, S. 19–34, hier S. 34.

ten), Findelkinder und Waisen, Fremde, Sklaven von Geburt, Schuldsklaven und Menschen, die sich selbst in den Sklavenstatus begeben hatten. Sklaven werden als Dauereigentum ihrer Herren und als vererbbare Güter definiert. Jeder Freie darf Sklaven halten, schlagen oder ungestraft körperlich verletzen: „mit ihm machen, was er will", d. h., *usus et abusus* in der „römischen" Rechtstradition. Es gab Elitesklaven, die ihren Herren den Haushalt führten oder Leibwächter waren. Sie durften selbst Sklaven halten und Güter besitzen.[17] Dieser frühe russische Kodex hält im Wesentlichen die Rechte der Kaufleute von Nowgorod und der warägischen Eliten von Kiew sowie anderer befestigter Enklaven an russischen Flüssen fest. Die Gesetzestexte werden als „alte slawische Traditionen" gefeiert, kaum aber in ihrem Inhalt als Sklaverei-Gesetze zur Kenntnis genommen. Europäische Sklavereien und Menschenhandel, der für die sich zwischen 500, 800 und 1100 herausbildenden europäischen christlichen Monarchien (von den Merowingern über die Karolinger bis zur Kiewer Rus) konstitutiv war, sind – von Ausnahmen immer abgesehen – eigentlich nur dort etwas ausführlicher bekannt, wo sie arabisch-islamische Abnehmer, mongolisch-tatarische Sklavenjäger oder jüdische Sklavenhändler betrifft.

Die Sklaverei von „weißen" Menschen aus den slawischen Gebieten 600–1880 war realgeschichtlich eine der ganz großen globalgeschichtlichen Sklavereien. Auch Selbst-Versklavung war weit verbreitet. Undine Ott sagt allgemein zu den Sklavereien in Osteuropa, d. h., auch zu slawischen Sklaven und zu den Sklaven der Rus: „Sklavinnen und Sklaven wurden in der Landwirtschaft eingesetzt oder im Haushalt. Frauen und Mädchen mussten ihren Besitzern zudem häufig sexuell zu Diensten sein und waren mitunter Konkubinen ihrer Herren. Auch Opfersklaverei war im östlichen Europa nicht unbekannt. Versklavt wurden Gentilreligiöse ebenso wie Christen und, so steht zu vermuten, auch Juden und Muslime. Sklavinnen und Sklaven waren im ländlichen Raum zu finden und an den Höfen der Herrschenden, wo sie unterschiedliche Funktionen ausfüllten, möglicherweise auch jene der Militärsklaven, doch sind die Quellen in dieser Hinsicht uneindeutig. Die herrschenden Eliten profitierten auch durch Zölle vom Sklavenhandel. Der Handel mit Menschen ist vielfach belegt und war auch im 12. Jahrhundert noch nicht zum Erliegen gekommen, wobei jüdische Kaufleute darin keine herausragende Rolle spielten. Auch endeten bei Weitem nicht alle Menschen, die während des Früh- und Hochmittelalters im östlichen Europa geraubt, verkauft, verschleppt und versklavt wurden, in der islamisch beherrschten Welt. Viele blieben in der Region und für nicht wenige scheint das Dasein als Sklavin oder Sklave nur eine vorübergehende Phase in ihrem Leben gewesen zu sein, die mit der Freilassung oder der Tilgung der Schulden endete".[18]

---

17 Skirda, „Un 'code' de l'esclavage : la *Justice russe* de Iaroslaw", in: Skirda, La traite des Slaves, S. 160–161.

18 Ott, „Europas Sklavinnen und Sklaven im Mittelalter. Eine Spurensuche im Osten des Kontinents", S. 31–53, hier S. 51 f.

Slawen wurden auch – sicherlich zusammen mit Menschen aus Turk-Völkern – zu Sklaven verschiedener zusammengesetzer „großer“ Sklavereien, besonders in mittelasiatischen Grenz- und Oasen-Gesellschaften (wie Chorasan/Khurāsān-Transoxanien),[19] in der arabisch-islamischen sowie der osmanischen Sklaverei und der Sklavereien in Marokko und Ägyptens (u. a. basierend auf Sklavereien trans-saharischer Afrikaner und Afrikanerinnen).[20] Von der Menschenjagd auf bäuerliche Dorfgemeinschaften der Slawen profitierten auch europäische Eliten, die das Christentum übernommen hatten – im Osten lange Zeit als Juniorpartner warägischer Rus und seit dem 13. Jahrhundert wieder als Juniorpartner nomadischer Razzienkrieger. Alle waren Menschenjäger und Sklavenhalter großen Stils und profitierten vom Kapital menschlicher Körper.

Bagdad, Samarkand, Byzanz/Istanbul in Asien waren lange sehr prominente Hauptplätze des Sklavenhandels;[21] hinzu kam die, wenn auch untergeordnete, Teilhabe europäischer Händler am Sklavengeschäft des mongolischen Imperiums und dem Handelsweg von China bis Magdeburg (und weiter bis Al-Andalus). Der Norden brachte Pelze, Roheisen (da Eisenerz in jedem Moor und nassen Rasen zu finden ist und Energie, also Holzkohle, im Süden teuer war), über Jahrtausende hinweg aber immer auch Arbeitskräfte in der Form von Sklaven.[22]

Wer brachte die aus Russland stammenden Sklaven auf die Märkte zwischen Byzanz/Istanbul und Chiwa? Den Russen war es als Christen untersagt, andere Christen zu verkaufen. Sie konnten aber Sklaven anderer Völker und Religionen verkaufen. Und die Sklavenjagden nomadischer Völker haben die Geschichte russischer Bauern über Jahrhunderte mitbestimmt.[23]

Das gilt auch für die weitere Geschichte der russischen Gebiete unter den Mongolen (1240–1480) sowie für das Moskauer Russland der Neuzeit (die meist ab ca. 1550 angesetzt wird). Die Sklavereien in Russland reichen zeitlich (nicht oder sehr selten räumlich) weit in das hier weiter oben beschriebene welthistorische Plateau der atlantischen Sklavereien hinein.

---

19 Tor, „The Importance of Khurāsān and Transoxiana in the Classical Islamic World“, S. 1–12; Tor, „The Mamlūks in the Military of the Pre-Seljūq Persianate Dynasties“, in: Iran: Journal of the British Institute of Persian Studies 46 (2008), S. 213–225.

20 Walz, Terence; Cuno, Kenneth M. (ed.), Race and Slavery in the Middle East. Histories of Trans-Saharan Africans in Nineteenth-Century Egypt, Sudan, and the Ottoman Mediterranean, Cairo/New York: The American University in Cairo Press, 2010; El Hamel, „The Trans-Saharan Diaspora“, in: El Hamel, Black Morocco, S. 109–154.

21 Einführend: Adamczyk: Friesen, Wikinger, Araber. Die Ostseewelt zwischen Dorestad und Samarkand, in: Andrea Komlosy, Hans-Heinrich Nolte, Imbi Sooman Hg.: Ostsee 700–2000, Wien 2008 (Pro Media) S. 32–48.

22 Witzenrath, Eurasian Slavery, Ransom and Abolition in World History, passim.

23 Nolte, „Russische Bauern zwischen Waldeinsamkeit, Kommune und Kapitalismus. Unterdrückung und Emanzipation“, in: Gumblies, Florian; Weise, Anton (eds.), Unterdrückung und Emanzipation in der Weltgeschichte. Zum Ringen um Freiheit; Kaffee und Deutungshoheit, Hannover: Verlag Jens Bolm, 2014, S. 62–97.

Hans-Heinrich Nolte sagt zur Begründung des „neuen“ Russland: Der *ulozhenie*, das Grundgesetz des russischen Zarismus, auf den sich 1649 die Reichsstände einigten, zeichnet ein symbolisches Bild einer Gesellschaft in Russland, die mit Gott beginnt, sich mit der Ehre des Zaren fortsetzt und mit den Kosaken an den Grenzen endet. Es gibt ein ganzes Kapitel über Bauern, die im Jahre 1649 endgültig „dem Boden zugeordnet“ wurden [d. h., an den Boden gebunden wie Kolonen oder kollektiv Versklavte – M. Z.] zugeteilt wurden, aber „persönlich frei“ blieben. Es war nicht legal, sie zu verkaufen, aber der Boden konnte zusammen mit den „gebundenen“ Bauern verkauft werden. Da orthodoxe Menschen nicht unter Muslimen dienen sollten, was den langen Prozess der Erniedrigung der Bauern im 17. Jahrhundert einleitete, der formal im Jahre 1713 endete, verloren muslimische Herren in Russland die Kontrolle über ihre orthodoxen Bauern.[24] Im Russland des 16. und 17. Jahrhunderts, fährt Nolte fort, gab es aber auch eine soziale Gruppe, deren Angehörige individuell verkauft werden konnten – Nolte nennt sie *serfs* oder *indentured servants* – die *kholopy* (sing. *kholop*; auch *cholop*). Es gab Statusunterschiede innerhalb der Gruppe, aber alle mussten im *kholopii prikaz* registriert werden. Richard Hellie nennt diese Menschen Sklaven. In Hellies Worten waren die meisten der Sklaven im Moskauer Reich Einheimische. Wir haben es also mit einer Nah-Sklaverei zu tun.

Bei anderen Gruppen wird der Sklavenstatus noch deutlicher. Menschen nicht-orthodoxen Glaubens bildeten einen Großteil der neuzeitlichen Bevölkerung Russlands. Solche Menschen werden im *ulozhenie* u. a. unter Kholopen erwähnt. Nicht-orthodoxen Herren war es allerdings formal nicht erlaubt, orthodoxe Kholopen als Sklaven zu halten. Nach dem *ulozhenie* waren Sklaven/Diener in nicht-orthodoxen Haushalten gefährdet, ein Leben ohne spirituelle Führung und ohne Beichte zu führen – noch schlimmer sei das im Falle von verbotetem Essen während der Fastenzeiten oder im Falle des Todes eines oder einer Versklavten.[25] Hans-Heinrich Nolte verweist darauf, dass es „wirkliche“ Sklaven in Russland gegeben hat, die keinen legalen Status und keinen religiösen Schutz hatten. In der Alltagssprache hießen sie mit einem aus Turk-Sprache kommenden Wort *iasyry* (das im *ulozhenie* nicht benutzt wird). Im *ulozhenie* heißen sie *polonianiki*.[26] Nicht-Christen wurden in Schlachten und Razzien vor allem an den südlichen und östlichen Grenzen Russlands, in den Steppen, in Persien, im Osmanischen Imperium oder in Sibierien gefangengenommen und verschleppt. Solange sie nicht getauft waren, waren sie *iasyry* oder *iasyrki* (weibliche Verschleppte/Gefangene). Das bedeutet, sagt Hans-Heinrich Nolte, dass es im Moskau des 17. Jahrhunderts einen ziemlich großen Handel mit nicht-christlichen versklavten Gefangene gab und dass es auch viele nicht-orthodoxe Menschen gab, die sich oder ihre Kinder verkauften. Das Phänomen

24 Nolte, „Iasyry: Non-Orthodox Slaves in Pre-Petrine Russia“, S. 247–266.
25 Ebd.
26 Ebd.

muss so massiv gewesen sein, dass das Grundgesetz Russlands sich damit befassen musste. Im kolonialen Expansionsgebiet Sibiriens muss das Problem des Handels mit Versklavten so groß gewesen sein, dass sowohl männliche wie weibliche *iasysry* zu ihren Völkern zurückgesandt werden sollten. Es war schwer für die Staatsdiener, dieses Gesetz durchzusetzen gegen mächtige Kaufleute und Kosaken, die jemanden suchen, der Haushalt und Essen machte und das Feuer am Brennen hielt. Deshalb wurden sie getauft, oft sicherlich nicht ganz freiwillig, aber hier trafen sich die Interessen der Kirche und der Kosaken. Wenn diese Versklavten getauft waren, durften sie bleiben und die getauften Frauen wurden offizielle Ehegattinnen und nahmen den sozialen Rang ihres Ehemannes an.[27]

Heute gibt es kein gültiges Rechtssystem mehr, das Sklaverei erlaubt. Aber lange Zeit waren Sklavenstatus und Sklaverei nicht nur nicht verboten, sondern legal und legitim (und sie sind es für „Sklavereien unter anderem Namen“, siehe unten).[28] Sklaven hatten in fast allen Rechtssystemen qua definitionem keine Rechte und fielen in einigen Systemen formal unter Sachen-Recht (bei den anderen informell), in anderen Rechtssystemen haben sie unterschiedliche minimale Rechte. Übergangs-Sklavereien wie Selbstversklavung verschafften zumindest der ersten Generation oft eine beträchtliche Verhandlungsposition.[29] Andere Übergangs-Sklavereien, die eher Strafsysteme, Friedenserhaltung („Versklavung für Blut“) und lokale Siedlungen betrafen (Sträflings-Sklaverei / *penal enslavement*) verhärteten dagegen die Unterordnung von direkt Versklavten in zweierlei Form – einer von expansiven imperialen Herrschaftsgebilden in besetzten Territorien (manchmal auch mit Umsiedlung verbunden) und einer eher nicht- oder wenig staatlichen Ordnung in bzw. zwischen Kin-Gruppen.[30] Das auch als Rechtsmittel angewandte Exil (statt Sträflings-Sklaverei), in den Sagas gern als heroisches Abenteuer dargestellt, hatte wahrscheinlich oft sehr drastische Folgen: Tod durch Verhungern, Erfrieren, Selbstmord oder Streit der Exilierten bzw. Mischungen aus all dem.[31]

Meist legen Gesetze und Rechtsvorschriften in Bezug auf Versklavte fest, wie weit Herrengewalt gehen darf (Strafmaß), welche Arbeiten (und wie diese gemes-

---

27 Nolte, „Iasyry: Non-Orthodox Slaves in Pre-Petrine Russia“, S. 247–266.

28 Allain, Jean (ed.), The Legal Understanding of Slavery: From the Historical to the Contemporary, Oxford: OUP, 2012.

29 Selbstversklavung war in diesem Sinne offensichtlich ein sehr weit verbreitetes Problem (ich kenne die Schwierigkeiten der Überlieferung antiker und mittelalterlicher Quellen). Deshalb mussten sich Gesetze und Gesetzessammlungen meist damit beschäftigen, obwohl das römische und byzantinische Recht versuchten, Selbstversklavung eher als marginal zu sehen; siehe: Rio, „Self-sale and voluntary entry into unfreedom, 300–1100“, S. 661–685; sowie: Rio, Legal Practice and the Written Word in the Early Middle Ages: Frankish Formulae, c. 500–1000, Cambridge: CUP, 2009.

30 Rio, „Penal enslavement in the early middle ages“, in: De Vito; Lichtenstein (eds.), Global Convict Labour, Leiden: Brill, 2015, S. 79–107.

31 Miller, William I, Bloodtaking and Peacemaking: Feud, Law, and Society in Saga Iceland, Chicago: The University of *Chicago* Press, 1990.

sen werden: Zeit oder Aufgabe/Stück) und Dauer der Arbeit, d. h., Arbeitszeit (extrem wichtig!), sowie welche Strafen für Sklaven vorgesehen sind, ob Sklaven heiraten dürfen sowie was mit Kindern von Sklavinnen geschehen soll, ob Sklaven Geschäfte betreiben sowie Geld verdienen und behalten dürfen und inwieweit Sklaven rechtsfähig sein können. In der Realität der Weltgeschichte entschieden Gerichte, wie die Rechtsstellung eines Sklaven war – und da zählten lokale Machtverhältnisse, Abhängigkeiten und lokale Rechtstraditionen auch da, wo zentrale Codices vorlagen.

Sklaven unterliegen überall der Gewalt von Eroberern oder Herren und erleiden – zumal in den großen Sklavereien und den Razziensklavereien wegen der Verschleppung aus ihrem normalen Umfeld – mehrfache Statusdegradierungen (definitorisch vor allem die oben genannten inneren und äußeren Degradierungen des Status), die ihre Psychen brechen sollen. Orlando Patterson hat deshalb eine vereinheitlichende Theorie der Sklaverei nicht unter dem Aspekt des Rechtes, sondern unter dem psychologisierenden Konzept des „sozialen Todes" der Sklaven erarbeitet. Pulitzer-Preisträger David Brion Davis hat versucht, diese Theorie weiterzuentwickeln und zugleich wieder mehr auf den „römischen" Weg der juristisch-legalistischen Definition von Sklaverei zu drängen, indem er die Bedeutung des juristisch fixierten kapitalistischen Eigentumsverhältnisses stärker in den Mittelpunkt rückt. *Chattel* ist bei David Brion Davis vor allem „bewegliches Eigentum". Damit beruft er sich im Grunde auf die *Slavery Convention* von 1926, die vor allem „Rechte" und „Befugnis" (der Herren), aber nicht Gewalt in den Mittelpunkt stellt: „Slavery is the status or condition of a person over whom any or all of the powers attaching to the right of ownership are exercised".[32]

Positives Recht, Gerichtsurteile und Sklaverei spielen eine wichtige Rolle, nicht nur für die bereits genannten Sklavenhalter (und ihre Rechtsvertreter), sondern auch für Sklaven.[33] „Recht setzen" (und dieses Recht durchsetzen) ist eine der fundamentalen Funktionen von Staat. Existierte eine Art zentrales Zivilrecht, griff die Zentralgewalt nolens volens in Herrenrechte ein. Existierte ein dezentrales Fallrecht wie das englische *common law* und war der jeweilige Staat vor allem von Sklavenhaltern geprägt, veränderten sie auch das Rechtssystem im Interesse der Sklavenkontrolle (wie oben im Falle des *partibus sequitur ventrem*) und vermieden jeglichen positiven Hinweis auf Beschränkungen der Herrengewalt, der Strafmaße, der Arbeitszeit, etc. „Chattel Slavery" meint das absolute legale und individuell-private Eigentumsrecht (*legal ownership*) über eine andere Person, einschließlich des Rechtes, die Person zu kaufen, verkaufen und ihren Körper einer Nutzung zuzuführen. Im englisch-britischen Imperium, vor allem in den Kolonien, wo Chattel-Sklaverei unter der Tradition des Fallrechts besonders harsche Formen annahm, wurde Skla-

---

32 Archer (ed.), Slavery and Other Forms of Unfree Labour, S. 21 f.

33 Retzlaff, „Freiheit als Erbe – die genealogische Argumentation für Freiheit", in: Retzlaff, „Wont the laws give me my freedom", S. 27–79.

verei aus und mit der Bibel legitimiert (vor allem Genesis 9,25 f. und Exodus 1,11–14; 2,21; 5,5–19);[34] eine Art Abolition und Besserbehandlung „eigener Menschen“ (wie idealiter in vielen Sklavereigesellschaften) in 3. Mose 25 (Lev 25)).[35]

Auch die Gesetzgebung eines anderen Sklavereiimperiums, des Kongoreiches, bemühte sich vor allem um die Unterscheidung zwischen Fremden, die vorrangig als Sklaven fungieren sollten und eigenen Untertanen, die nur unter bestimmten Bedingungen nach einem Rechtsbruch versklavt werden durften. Einheimische waren häufiger lokale Haussklaven. Fremde wurden oft ins Ausland oder an atlantische Sklavenhändler verkauft.[36]

Die Theorie von Patterson hat den Vorteil, das Problem der „Fremdheit“, der „Nicht-Verwandtschaft“ (Nicht-Kin), d. h., der äußeren Statusdegradierung, der Nichtanerkennung der Humanität des Anderen und der gewaltsamen Passage von einer Kultur in die andere in eine materialistische Interpretation der Konstellationen, Rechtskonstruktionen und Wirtschaftsstrukturen (= Sklavereien), in denen Sklaven leben mussten, einzubeziehen. Der Nachteil des Konzepts vom „sozialen Tod“ besteht darin, dass es einen fast stationären und unbeweglichen Opferstatus des Sklaven konstituiert, der vielleicht für Neuversklavte, aber für in der jeweiligen Sklavengesellschaft geborene Sklaven (*vernae*, *criollos*, aber auch Schuldsklaven) und für die Endzeit der modernen atlantisch-amerikanischen Sklaverei (zwischen 1791–1888) einfach nicht mehr richtig greift. Unter anderem darum, weil reale Sklavinnen und Sklaven als Akteure in allen Lebensbereichen und im Kampf um individuelle Freiheit und Gleichheit, auch mit den Mitteln des existierenden Rechts, eben sehr aktive und lebendige Menschen waren. Das mag daran liegen, dass sie zum Glück von dieser Definition nichts wussten.

Menschen, die Gewalt über andere Menschen ausüben, die sie als ihren Besitz und oft sogar als ihr individuelles rechtmäßiges Eigentum definieren und in Abhängigkeit halten (und zugleich von ihnen abhängen), werden im Rahmen bereits formierter Sklavengesellschaften verkürzt „Herren“ genannt oder „Sklavenbesitzer“ beziehungsweise „Sklavenhalter“ (Spanisch: *amos*; Englisch: *masters*) Sklaven wurden aber auch gehalten von Herrinnen, Körperschaften und Kollektivakteuren – „Tempel“, „Heiligtum“, „Gemeinde“, „Staat“, „Haus“, „Krone“,

---

34 Zu den „Korrelaten“ des alttestamentarischen Berichtes (wie wir wissen, eine „umstrittene Geschichtsquelle“) mit der Erwähnung von Tausenden von Kriegsgefangenen, Versklavten (ägyptische *hem*), die markiert waren, siehe: Bussmann, „Kriege und Zwangsarbeit im pharaonischen Ägypten“, S. 58–72, hier S. 58–61.

35 Franke, Bernd, Sklaverei und Unfreiheit im Naturrecht des 17. Jahrhunderts, Hildesheim: Georg Olms Verlag – Weidmannsche Verlagsbuchhandlung 2009 (Sklaverei, Knechtschaft, Zwangsarbeit. Untersuchungen zur Sozial-, Rechts- und Kulturgeschichte; Bd. 5); Whitford, David M., The Curse of Ham in the Early Modern Era. The Bible and the Justifications for Slavery, Aldershot: Ashgate 2009.

36 Heywood; Thornton, Central Africans, Atlantic Creoles, and the Foundations of the Americas, 1585–1660, Cambridge: CUP, 2007, S. 70.

„Herrscher" oder „Palast", sogar „Stamm" (oder Clan) sowie Häuptlingen oder *big men* (Kaziken) und Aktiengesellschaften. Das Verb „halten" umschreibt sowohl den Inhalt dieser Beziehung: die Gewalt, wie auch die Form der Erniedrigung – Menschen überhaupt festzuhalten, oft auch wie Vieh zu „halten" sowie zu degradieren und sie, sehr oft mittels der „Befugnisse des Eigentumsrechts", an Orten zu fixieren, wo der oder die Halter sie haben möchten. Dieses „Halten", das „Festhalten", das heißt, die Gewalt, kommt vor Recht und leitet über in einen Status der immer potentiell sowie oft real ausgeübten Gewalt. Das konkrete Geschäft des „Haltens" und der Ausübung von Gewalt überließen Sklavenhalter gerne spezialisierten Hilfskräften, Managern, oft ausgemusterten Soldaten, versklavten Aufsehern, ehemaligen Sklaven oder Bootsleuten. Im Rahmen von Sklavengesellschaften, die lange genug etabliert waren, bildeten die Sklavenbesitzer meist die Elite einer Sklavenhaltergesellschaft, ihre Spitze. Insgesamt taten sie das wirtschaftlich recht erfolgreich.[37] Ich bringe Sklavenhalter hier im Kapitel über „Sklavereien und Recht", weil in der Welt- und Globalgeschichte die meisten Sklaven und Sklavinnen in institutionellen Verhältnissen gehalten wurden, bei denen Staat, Recht und Normen eine wichtige Rolle spielten (Sklavenhändler werden vor allem im Kapitel „Akteure und Strukturen der Akkumulation" analysiert, siehe unten). Analysen über Sklavenhalter gibt es vor allem im Bereich der Geschichte der USA sowie Großbritanniens und – was Wunder – für andere „hegemonische" Sklavereien (Brasilien, Kuba).[38] Im Versuch, die Rechtsdimension auch quantitativ mit der ungefähren Größe der Gruppe der jeweiligen Sklavenhalter zu unterlegen, gibt es wie immer erhebliche Schwierigkeiten – wer kennt schon die Anzahl von Sklavenhaltern in gegebenen Gesellschaften, zumal sie sich oft nur als honorige Mitglieder ihrer Gesellschaften präsentierten und keiner sie vor dem 19. Jahrhundert zählte (siehe im Kapitel „Zahlen und Menschen")?

Unter den Sklavenhaltern gruppierten sich Hierarchien ganzer Hilfsheere der Unterdrückung und der Aufrechterhaltung assymetrischer Abhängigkeitsverhältnisse: Aufseher, Verwalter, Vorarbeiter, Wächter, Ärzte, Dolmetscher, Heiler, Priester und Kaplane, aber auch Schreiber, Intellektuelle, Techniker, Notare und Anwälte. Dazu gehörten auch die Familien der Sklavenbesitzer, die die „Ordnung" der „Haltung" aufrecht erhielt, die Produktion am Laufen (wie Zuckermeister und Skla-

37 Für Brasilien siehe: Schwartz, „Brazilian Sugar Planters as Aristocratic Managers. 1550–1825", S. 233–246.

38 Ely, Ron, Cuando reinaba su majestad el azúcar. Estudio histórico-sociológico de una tragedia latinoamericana: el monocultivo en Cuba, Buenos Aires: Ed. Sudamericana, 1963 (Neuauflage: La Habana: Imagen Contemporánea, 2001); Follett, The Sugar Masters: Planters and Slaves in Louisiana's Cane World 1820–1860, Baton Rouge: Louisiana State University Press, 2005; Burnard, „The Planter Class", in: Heuman; Burnard (eds.), The Routledge History of Slavery, London and New York: Routledge, 2011, S. 187–203; Burnard, „Et in Arcadia ego: West Indian planters in glory, 1674–1784", S. 19–40; Burnard, Planters, Merchants, and Slaves: Plantation Societies in British America, 1650–1820, Chicago: University of Chicago Press, 2015.

venantreiber – *drivers, mayorales, capataces*) oder einfach die Lebensweise ermöglichten und das Familienleben der Sklavenbesitzer ermöglichten. Sklavenhändler, Kapitäne (und Karawanenführer) spielten eine Sonderrolle in der Sicherung des Sklavennachschubs. Sie ermöglichten Produktion sowie Lebensweise der Sklavenhalter sozusagen im Vorfeld. Ohne aus Afrika verschleppte Sklaven oder von Sklavenhändlern angebotete Versklavte wäre die Existenz der Sklavenhalter in den Amerikas nicht möglich gewesen. Und diese Existenz war abhängig vom dauernden Neuzustrom von Versklavten bzw. wenigsten von der Möglichkeit, neue Versklavte (fast) immer und überall kaufen zu können.

Sklaven haben im Rahmen des für ihre Zeit und ihren Ort gültigen Herrschafts-, Ordnungs- und Rechtssystems immer – vor allem *avant la lettre* – eine schlechtere, eine schwächere und unehrenhaftere Stellung als ihre Herren. Dazu kommt in etablierten Slaving-Systemen eine ikonenhafte Verankerung äußerer Statusgradierung. Das bedeutet: wurde die Herkunft eines Menschen genannt (meist ausgedrückt in Stereotypen über ein Territorium, wie „Afrika“, Gemeinschaftsbezeichnungen (wie Sakaliba), Sklavennamen oder ethnische Stereotypen), kam darin zum Ausdruck, dass dieser Mensch nicht zu dieser Gesellschaft oder Gruppe gehörte und deshalb nicht recht als Mensch anzusehen seien. Sklaven lebten ohne die für die normalen Mitglieder der Gesellschaft gültigen Rechte. Sie waren meist keine Rechtssubjekte, sondern Gewalt- und Willkürobjekte mit besonders schlechtem Rechtsstatus in Gesellschaften, die Fallrecht hatten und nur munizipale Vorschriften oder territoriale *slave codes* erließen (wie in den USA).[39] Auf kleinen Inseln, wie São Tomé oder Barbados, schufen Sklavenhalter, Sklavenhändler und Hilfspersonal, das von Sklavenhandel und Sklaverei lebte, modellhafte Rechts- und Sozialsysteme, zugleich Enklaven des Zwanges und der Sklaverei.[40] Das funktionierte in dezentralen Systemen, wie Barbados oder Jamaika im britischen Kolonialreich, besser als in zentralistischen Systemen.

Der wahrscheinlich bekannteste Fall eines regelrecht soziopathischen Aufsehers und Sklavenbesitzers ist der von Thomas Thistlewood auf Jamaika (1750–1786). Thistlewood hat ein ausführliches Tagebuch hinterlassen.[41] Sein Fall zeigt, dass dem Recht (und dem Sex) Gewalt voranging, Gewalt das Recht begleitete und dass das Sklaverei-Recht Gewalttäter hervorbrachte.

---

39 Nagel, „Recht und Praxis der Sklaverei in England, Massachussetts und South Carolina“, in: Nagel, No Part of the Mother Country, but Distinct Dominions, S. 635–700; Retzlaff, „Freiheit als Erbe – die genealogische Argumentation für Freiheit“, in: Retzlaff, „Wont the law give me my freedom“, S. 27–79.

40 Birr, „Sharing the plunder, pitying the men? Normative Regelungen der Sklaverei im britischen Kolonialreich. Das Beispiel Barbados“, S. 115–145.

41 Burnard, Mastery, Tyranny, and Desire, passim.

Gewalt *avant la lettre*, geschriebenes Recht und Versklavte als Akteure

Gewalt war allgemein, spezielles (geschriebenes) Sklaven- und Sklavereirecht eher die Ausnahme in der Geschichte der Sklavereien. Auch privates Eigentum, in Bezug auf Menschen nach dem Grundsatz „ein Herr – ein Sklave" konstruiert, war eher die Ausnahme in der Globalgeschichte. Versklavte Menschen in den meisten Gesellschaften unterlagen zuerst und vor allem dem Recht des Herrschers – inwieweit das wirklich durchgesetzt werden konnte und durchgesetzt wurde, steht auf einem anderen Blatt.

Wenn Menschen unter der Gewalt anderer Menschen stehen, fragt sich, wie weit darf Gewalt wirklich angewendet werden? In einigen Sklavenhalter-Gesellschaften ging die „erlaubte Gewalt" (als beim Versklavten ankommende Verfügungsgewalt), auch die, die in Gesetzen kodifiziert war, gegenüber Sklaven so weit, dass Menschen nicht nur verkauft, sondern auch getötet werden durften – in der Praxis sowieso, aber in manchen Gesellschaften, wie der des römischen Imperiums und in einigen Gesellschaften, die die Rechtstradition des „römischen" Rechts angenommen hatten (u. a. in der Russkaja Prawda), auch in der (juristischen) Theorie (*ius vitae necisque*, was in Rom bis in die hohe Kaiserzeit selbstverständlich war). In vielen Gesellschaften ohne geschriebenes Recht wurden, wie bereits dargestellt, Besiegte, Kriegsgefangene oder Unfreie geopfert, lebendig begraben (Skythen, Kelten, Germanen, Etrusker, frühes Griechenland, frühes China oder Japan, viele Völker Amerikas und Afrikas sowie Ozeaniens) und oft sogar rituell verspeist (Kelten, Kwakiutl, Chibcha, Mexica, Kariben, Polynesier und viele andere Gesellschaften).

Das jeweilige Recht und die Gerichte waren (und sind) in allen Gesellschaften ausgesprochen wichtige Modi der Entwicklung bestimmter Typen von Versklavung und Sklaverei. Recht kommt nach Gewalt, das gilt. Aber: Herrschaft und Macht sind in Bezug auf Gewaltausübung gegenüber Versklavten grundsätzlich anders organisiert, je nachdem, ob es sich um Krieg (Schlacht, Belagerung), Razzien, Sklavenfang, -transport oder Kin, Haushalt und Plantage oder Bergwerk handelte. Nach Niederlagen, in Razzien, Menschenjagd und beim Transport standen, egal wie die Rechtsvorschriften waren, Tötungsgewalt, Gewaltrituale, Hunger, Durst und Erniedrigung im Vordergrund. Und bei Recht gegen Recht entschied meist Gewalt – „Zwischen gleichen Rechten entscheidet Gewalt".[42] Im 19. Jahrhundert wurde das noch offen ausgesprochen.

Imperien und Staaten bedürfen einer gewissen Verrechtlichung, sonst können sie nicht verwaltet werden. Aber auch kleine Gruppen und Banden haben Recht und versuchen, Territorien zu dominieren. Und in dieser Beziehung wird welthisto-

42 Marx, „Der Arbeitstag", in: Marx, Das Kapital. Kritik der politischen Ökonomie, in: Marx-Engels-Werke (MEW), Bd. XXIII [Das Kapital, Bd. I], Berlin, 1977, S. 245–320, hier S. 249.

rische Forschung sehr schwierig, da auch Rechtsordnungen dazu tendieren, sich selbst als zentral zu verstehen. Oft wurden sie auch nicht aufgeschrieben, sondern eher gesungen (oder in Ritualen und Performanzen dargestellt), wie bei den Kelten, den Wikingern und vielen indianischen sowie afrikanischen Völkern.

Unser Verständnis von Sklaverei und Recht basiert auf Kategorien des „römischen" Rechts. Dazu kommt seit ca. dem 11. Jahrhundert im christlichen Europa die *opinio communis*, dass es unter Christen gemeinsamer Brauch sei, sich nicht gegenseitig zu Sklaven zu nehmen (das sogenannte „Christenprivileg").[43] In Wirklichkeit handelte es sich im Wesentlichen um den Unwillen mitanzusehen, wie versklavte Christen von Sklavenhändlern durch christliche Gebiete Kerneuropas getrieben wurden (siehe die folgenden Bemerkungen zum Sachsenspiegel Eike von Repkows). Dieses „Christenprivileg" hatte eine lange kanonische Tradition, die, wie Hartmut Hoffmann sagt, weit in das frühe Mittelalter zurückreicht.[44] Die Realität sah anders aus. In der Perspektive globaler Sklavereien, raum-zeitlich im zweiten Plateau, wies das periphere Europa nördlich der Alpen, südlich der skandinavischen Gebiete und westlich des Urals zwischen 1000 und 1500 (in Osteuropa bis um 1860) Bauerngesellschaften mit regionalen legal definierten Sklavenpopulationen (wie die der *tigani* und Roma in Moldau und in der Walachei)[45] sowie informelle Sklaven „ohne Sklaverei", vielfältigsten Kriegs- und Razziengrenzen und große Populationen unfreier Bauern (*serfs*, Leibeigene, Hörige) auf. Der Begriff *serf* ist etymologisch eine französische Weiterentwicklung des lateinischen *servus* (Sklave). Wie oben bemerkt, wird meist gesagt, dass unter Einfluss von Christentum und Kirche Sklaverei in Westeuropa um 1000 durch *serfdom* ersetzt worden sei, allerdings nicht, wie das geschehen sein soll. Das Rechtsbuch *Sachsenspiegel* des Eike von Repkow (um 1220–1235) wird oft zum Beweis für „Freiheit" im Sinne von mehr Freiheiten für abhängige Bauern in Mitteleuropa und im Reich als Teil der elbischen Gebiete herangezogen. Meist wird dabei auf Teil 2 des *Sachsenspiegels* über das Landrecht verwiesen (SspLR. III 42 – Buch III, Kapitel 42, Paragrafen 1–6).[46] Was

43 Nach: Birr, „Rebellische Väter, versklavte Kinder: Der Aufstand der Morisken von Granada (1568–1570) in der juristisch-theologischen Diskussion der Schule von Salamanca", in: De Benedictis, Angela; Härter, Hans (eds.), Revolten und politische Verbrechen zwischen dem 12. und dem 19. Jahrhundert, Frankfurt am Main: Vittorio Klostermann, 2013 (Studien zur europäischen Rechtsgeschichte. Veröffentlichungen des Max-Plank-Instituts für europäische Rechtsgeschichte Frankfurt am Main, Band 285), S. 283–317, hier S. 301.

44 Hoffmann, Hartmut, „Kirche und Sklaverei im frühen Mittelalter", in: Deutsches Archiv für Erforschung des Mittelalters 42 (1986), S. 1–24, hier S. 4.

45 Achim, Viorel, The Roma in Romanian History, Budapest: Central European University Press, 2004; Achim, „The Gypsies in the Romanian Principalities: The Emancipation Laws, 1831–1856", in: Historical Yearbook Vol. I (2004), S. 109–120.

46 Ich danke Hans-Heinrich Nolte für den Hinweis auf den *Sachsenspiegel*. Ich übernehme den hier zitierten Text des *Sachsenspiegels* von der Website zum Deutschen Rechtswörterbuch der Universität Heidelberg (online: http://digi.ub.uni-heidelberg.de/diglit/cpg164/ (25. Juli 2018)); siehe auch: https://www.saw-leipzig.de/de/projekte/monumenta-germaniae-historica-sachsenspiegel-glossen (letzter Zugriff 30. 1. 2018).

sagt Eike von Repkow? Ich ziehe seine Aussagen als Beweis für meine These heran, dass es sich bei den im *Sachsenspiegel* erwähnten „Unfreiheiten" um mitteleuropäische Versionen globalhistorischer Sklavereien handelt und dass die Zeitgenossen noch im 13. Jahrhundert nicht klar zwischen Sklaverei und Leibeigenschaft unterschieden haben.[47] In Paragraf 1 betreibt der Autor christliche Sollens-Philosophie: alle Menschen sind vor Gott gleich. Das war als allgemeiner Grundsatz, etwa in allen iberischen Imperien, die bis Ende des 19. Jahrhunderts offene Sklavereien als Plantagen- und Massensklaverei erlaubten, gültig. In Paragraf 2 kommt Eike von Repkow gleich zu einer Sklavereiform, der der „Dienstmannen" („dienstlüde": Ministeriale; Elitesklaven, Amts-Exekutoren)[48] und sagt im Wesentlichen, dass es davon sehr viele mit sehr vielen und unterschiedlichen Rechtsstatus gibt. Dann wird es wirklich spannend. Eike von Repkow behandelt in § 3–6 den „Ursprung der Unfreiheit". Er beginnt mit einer Geschichtskonstruktion, die die Sollens-Philosophie mit der historischen Zeit der Sachsen („unse vorderen") verbindet, in der Eike von Repkow sich auch selbst verortet – er war möglicherweise ein „Dienstmann", d. h., Sklave. Früher seien alle Sachsen frei gewesen und es habe in dem Gebiet, in dem sich Eike von Repkow aufhielt (an der mittleren Elbe bei den heutigen Orten Aken und Dessau) „keine Sklaven" (Eike meint hier „nach römischem Recht") gegeben: „ne was nen dienstman unde waren al die lude vri, do unse vorderen her to lande quamen. An minen sinnen ne kan ik is nicht upgenemen na der warheit, dat ieman des anderen sole sin; ok ne hebbe wie's nen orkünde".[49] Vor allem dieses „dat ieman des anderen sole sin" ist ein regelrechter Bannersatz der „Freiheit". Eike von Repkow lässt dann die Bibel-Geschichten der „Unfreiheit" Revue passieren: „dat sik egenscap irhüve [„dass Eigenschaft sich beginne"; im Sinne von „wann beginnt Eigenschaft/Sklaverei?" – M. Z.]"[50] – und listet im Folgenden die Möglichkeiten von Kain über Noahs Söhne (mit einer schon recht ausgeprägten Geschichte des Ham). Das wirklich Erstaunliche bei einer intensiven Lektüre ist, dass Eike von Repkow zwar das Wort *egenscap* (oder *êgenscap* = Eigenschaft) benutzt, das fast immer und überall als „Hörigkeit" oder „Leibeigenschaft" übersetzt wird (eher selten als „Unfreiheit" oder gar „Sklaverei").[51] Was Eike von Repkow

47 Köhn, Rolf, „Wahrnehmung und Bezeichnung von Leibeigenschaft in Mittel- und Westeuropa vor dem 14. Jahrhundert", in: Miethke, Jürgen; Schreiner, Klaus (eds.), Sozialer Wandel im Mittelalter, Wahrnehmungsformen, Erklärungsmuster, Regelungsmechanismen, Sigmaringen: Thorbecke, 1994, S. 301–334.

48 Zotz, „Die Formierung der Ministerialität", S. 3–50.

49 Website zum Deutschen Rechtswörterbuch der Universität Heidelberg (online: http://digi.ub.uni-heidelberg.de/diglit/cpg164/ (25. Juli 2018)).

50 Ebd.

51 Siehe: „Glossar der Wortbedeutungen", in: Eckhardt, Karl August (ed.), Sachsenspiegel, 2 Teile, Göttingen [etc.]: Musterschmidt-Verlag, 1956 (Teil 1: Landrecht; Teil 2: Lehnrecht), Teil 2, S. 220–250, hier S. 226, http://www.dmgh.de/de/fs1/object/display/bsb00000672_00226.html?sortIndex=020 %3A070 %3A0001 %3A010 %3A02 %3A00&zoom=0.75 (letzter Zugriff 30. 1. 2018); als „Unfreiheit" bei: Dorn, Franz, „Der Unfreiheitsdiskurs in deutschen Rechtsbüchern des Hoch- und Spätmit-

aber wirklich beschreibt und – vermittelt durch die Bibel – darstellt, ist Eigentum an Menschen, d. h., Sklavereiformen des ersten und zweiten Plateaus (u. a. „Zeitsklaverei" im historischen Israel und Judäa). Dann kommt wieder Sollens-Philosophie, die aber nicht in Dogmatik mündet, sondern sehr zeit- und geschichtsbezogen im Paragraf 6 mit der Darstellung von Eigenschaft (Unfreiheit/Sklaverei)[52] als legalisierter Zwang endet (siehe der Definition von Sklaverei, oben): „Na rechter warheit so hevet egenscap begin von gedvange unde von vengnisse unde von unrechter walt, die man von aldere in unrechte wonheit getogen hevet, unde nu vore recht hebben wel[53] [Nach rechter Wahrheit hat Eigenschaft Beginn vom Zwange und von Gefängnis und von unrechter Gewalt, die man von Alters her zu unrechter Gewohnheit gebracht hat und für Recht ausgeben will]".[54]

Vermeintliche „anthropologische" Universalkategorien sind mit Blick auf dieses spezielle Rechtssystem in der Welt- und Globalgeschichte deshalb nur mit Vorsicht einzusetzen, ebenso etwa die oftmals von diesem Verständnis geprägte Feststellung, ab etwa 1000 gäbe es in Europa „keine Sklaverei mehr" (mittlerweile wird der Zeitraum unter Einfluss der Herausbildung der Grundherrschaft und des Christentums auch schon weit vorverlegt, auf das 7. Jahrhundert).[55] Konkret bezieht sich diese Aussage, wie bereits diskutiert, darauf, dass es möglicherweise keine Sklaverei mehr nach der Definition des „römischen" Rechts gab – aber noch Sklaven und vor allem Haussklaven sowie lokale Definitionen und kulturelle Codes von Unfreiheit und Rechten. Es gab aber nach 1000 auch noch massiven Menschenhandel in Europa: Verdun wurde trotz häufiger Verbote durch Sklaven- und Eunuchenhandel reich und ein Konzil in London musste im Jahr 1102 folgenden Beschluss fassen: „Niemand soll künftig jenen ruchlosen Handel betreiben, durch den bislang in England Menschen wie vernunftlose Tiere verkauft zu werden pflegten".[56]

telalters", in: Herrmann-Otto, Elisabeth (ed.), Unfreie Arbeits- und Lebensverhältnisse von der Antike bis zur Gegenwart. Eine Einführung, Hildesheim [etc.]: Georg Olms Verlag, 2005, S. 167–205.

52 Siehe neben Franz Dorn auch: Seybold, Steffen, „Dass jemand des anderen solle sein: Unfreiheit im Sachsenspiegel", in: Zeitschrift der Savigny-Stiftung für Rechtsgeschichte: Germanistische Abteilung. Band 132, Heft 1 (Juli 2015), S. 479–494, DOI: https://doi.org/10.7767/zrgga-2015-0116 (letzter Zugriff 30. 1. 2018).

53 Vgl.: Deutsches Rechtswörterbuch der Universität Heidelberg (online: http://digi.ub.uni-heidelberg.de/diglit/cpg164/ (27. Jan. 2017)).

54 Übersetzung nach: Sachsse, Carl Robert (ed.), Sachsenspiegel oder Sächsisches Landrecht: Mit Uebersetzung und reichhaltigem Repertorium, Heidelberg: Winter, 1848, Kapitel 42, S. 248–252, hier S. 251 f.

55 Verhulst, Adriaan, „The Decline of Slavery and the Economic Expansion of the Early Middle Ages", in: Past and Present 133 (1991), S. 195–203; Irsigler, „Wann wird aus *servus* = Sklave *servus* = Knecht?", in: Herrmann-Otto unter Mitarbeit von Simonis und Trefz (ed.), Sklaverei und Zwangsarbeit zwischen Akzeptanz und Widerstand, S. 60–74.

56 Zit. nach: Hoffmann, „Kirche und Sklaverei im frühen Mittelalter", S. 1–24, hier S. 3.; siehe auch: Lombard, Blütezeit des Islam, S. 200 sowie: Hardt, „Fernhandel und Subsistenzwirtschaft. Überlegungen zur Wirtschaftsgeschichte der frühen Westslawen", S. 741–763, hier S. 747, der auf Münzen mit arabischen Inschriften verweist, die in Mainz oder Verdun für den Sakaliba-Handel geprägt wurden.

Ähnliche, sicherlich meist nicht ganz so religiös überhöhte Gebote, Menschen aus der eigenen Gruppe nicht in die Sklaverei zu geben oder zu verkaufen, gab es in sehr vielen Gruppen, Konzilien, Gesellschaften und Reichen. Wir können davon ausgehen, dass auch in anderen Rechtssystemen Verschuldete und Verbrecher zur Sklaverei verurteilt wurden, im Grunde basierend auf dem Ausstoß von Menschen oder der Umsiedlung aus ihrer wie auch immer definierten „Gruppe" (Lineage, Gens, Clan, Stamm, Familie, Königreich, Volk, Ethnie, Nation/Staat). Beides setzt im Grunde schon richterliche Autoritäten innerhalb einer Sozial- und Kultgruppe, die es auch in vor- und nichtstaatlichen Gesellschaften gab, meist sogar eine Art Staat und eine gewisse Entwicklung systemischen Denkens über Sklaverei voraus. Und beides ist nicht dasselbe, weil „Verschuldung" sehr komplexe soziale und wirtschaftliche oder sogar kulturelle Ursachen haben kann. Der Begriff „Verurteilte Verbrecher" deutet schon stärker in Richtung Normverletzung und Ahndung durch eine Exekutive, aber auch auf Widerstand gegen Herrschaft, Versklavung und auf Versuche von Herrschenden (oder einer expansiven Macht), diesen Widerstand zu brechen. Einen besonderen Komplex stellte in demographisch dichten Gemeinschaften mit entsprechenden Autoritätsvorstellungen und Traditionen – was für die meisten Agrargesellschaften gilt – seit jeher Versklavung von Kindern durch Weggabe oder Verkauf seitens der Eltern dar, begleitet vom Phänomen des Kindsraubs und der rituellen Adoption. Verschuldung führte überall schnell zur Versklavung großer Gruppen von Bauern. Im Grunde beruhte der große Komplex von Sklavereien/Bondageformen in Südostasien auf unterschiedlichsten Pfand- und Schuldsklavereien und ihrer rechtlichen Fixierung in Codices (wie die der Bugi auf der südwestlichen Halbinsel von Sulawesi). Mit arabischen Kaufleuten, vor allem aus dem Hadhramaut, hielten seit dem 12. Jahrhundert mehr und mehr islamische Rechtsvorstellungen in Sulawesi Einzug. Die Bugi transkulturierten ihr Sklavenrecht. Islamische Vorschriften proklamierten, dass Schweinefleisch, Ehebruch, Weingenuss und Geldverleih gegen Zins verboten seien. Es sei auch gottgefällig, Sklaven frei zu lassen. Um die neue, religiös legitimierte Rechtsauffassung mit dem Sklavereisystem der Bugi und ihrer traditionellen Rechtsauffassung in Einklang zu bringen, wiesen die Muslime darauf hin, dass das nur für Erbsklaven gelte, nicht aber für Schuldsklaven. Da „freie" Arbeit im Grunde nicht existierte und die Masse der urbanen Arbeiten und Dienstleistungen von Schuldsklavinnen und Schuldsklaven sowie verpfändeten Kindern ausgeübt wurde und außerdem alles, was wir heute als Bankgeschäfte (Kredite, Schulden, Raten, Hypotheken) bezeichnen würden, auch und oft über Sklaven-Kapital abgewickelt wurde, kam es unter dem Einfluss indischer und arabisch-persischer Kaufleute zu einem „vedisch-islamisch geprägten Verständnis von Sklaverei".[57] Ähnliches dürfte mit *Adat*-Rechtssystemen (Ge-

57 Mann, „Sklaverei in Südostasien", S. 101–122, besonders: „Rechtliche Hintergründe und soziale Verhältnisse", S. 101–105, hier S. 104; Mishra, „Historical Perspective", in: Mishra, Human Bondage, S. 19–38.

wohnheitsrecht) auf Sumatra und weiteren Orten passiert sein. Europäer hielten Sklavinnen und Sklaven im urbanen Bereich für Leute vom Status europäischer Hausdiener. Etwas anderes waren für Europäer schlecht einsehbare Bereiche, wie etwa rurale Zonen, Berggebiet, See- oder Minensklaverei. Dort wurde auch auf Sulawesi und Borneo, auf Bali oder auf den Philippinen schwere Gewalt gegen Sklaven ausgeübt, sie wurden verkauft (wenn balinesische Sklaven auf andere Inseln verkauft wurden, liefen viele von ihnen Amok) und in einigen Fällen auch rituell geopfert; Menschenrazzien und Sklavenjagd entvölkerten ganze Regionen.[58]

Seit der Existenz von Städten, Stadt-Staaten, Imperien und Schriftlichkeit gab es Besiegte, Kriegsgefangene, Geraubte, Kinder, Frauen ohne Schutz, Verschuldete und Verurteilte. Allerdings ist die Unterscheidung zwischen Kriegsgefangenen / verurteilten Verbrechern / Zwangsarbeitern und Sklaven, wie wir gesehen haben, nicht immer leicht. Bei Zwangsarbeit großen Stils haben wir es möglicherweise mit einer Art kollektiver Staatssklaverei vor allem expandierender Reiche zu tun, die es allerdings per se auch oft darauf anlegten, ganze Dorfgemeinschaften, Bewohner eroberter Territorien oder ethnisch/kulturell definierte Gruppen nach traditionellen Tributvorstellungen arbeiten zu lassen, eventuell zu deportieren und zugleich große Infrastrukturprojekte (Bewässerungsanlagen, Paläste, Tempelanlagen, Festungen, Häfen, Mauern, Straßen, Wachdienst, auch Nahrungsmittelproduktion) imperialen Zuschnitts zu fertigen. Oft wurden ganze Bauerngemeinschaften oder Siedlungsgruppen, auch Unterworfene von Grenzterritorien, zur Arbeit umgesiedelt, wie etwa im achaimenidischen Persien, in China, im alten Peru oder im alten Ägypten. Der Unterschied zwischen bürokratisierter Zwangsarbeit, Massenaushebung und Sklaverei liegt unter anderem darin, dass in Sklavereien – jeweils unterschiedlich stark ausgeprägt in Anfängen, Ansätzen, globalen Entwicklungsetappen, Klein-Groß und unterschiedlichen Typen sowie voll entwickelter „großen" Sklavereien des Westens (und Afrikas) – das Verhältnis zwischen Herr und Sklave ein Besitz- und Kapitalverhältnis war, in dem der Sklave als *chattel* einen erheblichen Wert (Kapital) für individuellen oder kollektive Besitzer darstellte (wenn Besitzer als Rechtsperson – und Eigentümer – definiert waren). Aber es war immer auch ein Rechtsverhältnis. Vor allem konkrete Auseinandersetzungen vor Gericht gaben Versklavten immer auch Spielraum – egal wie ihr Status theoretisch definiert war (in Sklavereigesetzen in „römischer" Tradition waren Sklaven oft keine Rechtsperson oder hatten nur sektorale „mindere" Rechte). Neuere Arbeiten zur Sozial- und Politikgeschichte des Rechts zeigen, dass Versklavte ihre Spielräume durchaus zu nutzen wussten.[59]

---

58 Reid, „'Closed' and 'open' slave systems in pre-colonial Southeast Asia", in: Reid (ed.), Slavery, Bondage and Dependency in Southeast Asia, S. 156–182; Sutherland, H., „Slavery and slave trade in South Sulawesi, 1660–1800", in: Reid (ed.), Slavery, Bondage and Dependency in Southwest Asia, S. 263–285; Kraan van den, Alfons, „Bali: Slavery and slave trade", in: Reid (ed.), Slavery, Bondage and Dependency in Southwest Asia, S. 315–340, hier S. 335 f.

59 Owensby, Brian P., „Slavery, Citizenship and the State in Classical Antiquity and the Modern Americas", in: European Review of History: Revue européenne d'histoire Vol. 16:3 (2009) (= Slavery,

In früheren und anderen Typen von Sklavereien, in denen es andere Hierarchien von Werten gab, mag das auch anders gewesen sein – etwa erhöhte die Gefangennahme eines berühmten Kriegers als Opfersklave den Status des siegreichen Kriegers. Diese äußere Sklaverei war deutlicher erkennbar und wurde schärfer als Sklaverei konturiert, als interne Formen der Versklavung von Schuldnern, Frauen und Kindern. Die Macht eines Stadtstaatherrschers in Sumer oder in Mexiko hing eben auch von der Formiertheit gemeinschaftlicher Organisation ab. Wie schon mehrfach gesagt – nur wenige Herrscher hätten es sich leisten können, die gemeinschaftliche Organisation auf einen Schlag durch massenhaftes Ausgliedern von Individuen als Privatsklaven zu gefährden. Die eigenen Herrschaftsgrundlagen wären zusammengebrochen. Individuelle Kriegsgefangene waren daher am ehesten in Opferzeremonien oder im Palast oder beim Tempelbau einzusetzen. Aber Aspekte der Sklaverei als „Privat"-Verhältnis zwischen erfolgreichen Eliten, die sich zu Herren und Big Men (oft über Erfolge im Krieg) aufschwangen, und „fremden" Sklaven hat es in nuce in allen schriftlichen Gesellschaften gegeben und in den meisten nichtschriftlichen Gesellschaften.

Alle Sklavenhalter und Sklavenhändler der Neuzeit, vor allem die der fünf „großen" Sklavenhandelsnationen des europäischen „Westens" (Portugal, Großbritannien, Frankreich, Niederlande und Dänemark), lebten in Gemeinwesen, die sich als Rechts- und Vertragsstaaten begriffen. Aber, so hält Steven A. Epstein zu Recht fest: „Behind every sale, there was an act of enslavement not ratified by contract. [...] Capturing people into slavery, while sanctioned by civil and canon law, was essentially an extra legal act for which no paper trail usually existed" (siehe weiter unten die Kritiken einiger Juristen und Kanoniker von Salamanca daran).[60]

Zweitens, für Versklavte, die in die sich bildenden Nationalstaaten des späten 18. und vor allem des 19. Jahrhunderts kamen, war Sklaverei gleichbedeutend mit Staatenlosigkeit; sie waren nicht Teil der Nation und mussten sich (im besten Falle für sie), den Titel der Nation und des Staatsbürgers (*citizen*) erst erkämpfen.[61]

Privates Eigentum, „römisches" Recht und Sklavereien

Neben der Herrschaft lokaler Sklavenhalter (und ihrem direkten Einfluss auf die Legislation) wurde die Herausbildung privater Habe/Verfügung und später „Eigentums-Sklavereien" durch die Entstehung und Entwicklung von Handelsenklaven,

Citizenship and the State in Classical Antiquity and the Modern Americas), S. 365–382; Retzlaff, „Wont the law give me my freedom", passim.

60 Epstein, Speaking of Slavery, S. 71.

61 Kerber, „The Stateless as the Citizen's Other: A View from the United States", S. 1–34, speziell S. 16–17.

Schwurgemeinschaften und auf Handel spezialisierte Wirtschaftszweige (Kaufleuteverbände) mit spezifischen Kulten an den Rändern großer Agrargesellschafts-Imperien begünstigt (die selbst meist eher auf *possession* von Land ausgerichtet waren).[62] In gewissem Sinne handelte es sich um „Republiken“ (oder Quasi-Republiken), was in diesem Zusammenhang zunächst „Herrschaft von Mehreren“ bedeutet, wie bei den Phöniziern, Römern oder den Samales von Balangingi, in Genua oder Venedig, Ouidah, Lagos, London, Antwerpen, Amsterdam oder Hamburg.

Auch in der modernen Kolonialgeschichte ist Eigentum fundamental – zwar beeinflusst von der staatlichen Form der kolonialen Landnahme, aber basierend auf der Grundform des Eigentums an menschlichen Körper, d. h., Sklaverei, und einem mehr oder weniger möglichen Zugang für Siedler zu dieser Art von Eigentum.[63] Im Rahmen einer Geschichte von Recht und Sklavereien ist die Betonung von Schriftlichkeit/Registration deshalb so wichtig, weil erst die symbolische Dopplung zwischen Realität und Texten in Form von Zeichen auf haltbaren Materialien (Keilschrift auf Tontafeln oder Hieroglyphen auf Papyros und karolingische Minuskeln auf Pergament, arabische oder andere Schriften auf Papier (Papier war, neben Moschus und Sklaven, das Haupthandelsgut sogdischer Kaufleute aus Samarkand),[64] „lateinische“ Schrift auf Papier) die überhaupt erst nachprüfbare Textfiguren wie „Herr“ sowie „Sklave“ schuf – frühe Schreiber auf Kreta hießen übrigens „Phönizisten“ (*poinikistas*). Phönizier gehörten auch zu den ersten „großen“ Sklavenhändlern. Die Masse der Kin-Sklaven und gar Sklavinnen „ohne Institution Sklaverei“ oder Schuldsklaven kommen nicht in Texten vor. Nur mit Schrift und Archivierung konnten die Kontinuität und Überprüfbarkeit der Rechtskonstruktion „Eigentum“ dauerhaft gesichert werden und Kopien gefertigt werden. Phönizische Kaufleute und Schiffskapitäne waren auch Menschenjäger und -händler, die sich mit dem Problem der Gewalt über individuelle Menschen und der Rechtskodierung auseinandersetzen mussten. Und die Entwicklung von quasiautonomen Orten zu Städten mit einer Art Bürgergemeinde führte zur Entwicklung der klassischen Polis,[65] in phönizischen Städten oder in mittelalterlichen Kommunen in Westeuropa – oft eine Art Kaufleutefestung – als Modell einer politischen Entität mit Rechtsordnung für alle freien Vollbürger und schriftlichen Notaten über

62 Bandar, Brenna, „Possession, Occupation and Registration: Recombinant Ownership in the Settler Colony“, in: Journal of Law and Society Vol. 42:2 (June 2015), S. 253–282.

63 Roper, Louis H.; Van Ruymbeke, Bertrand (eds.), Constructing Early Modern Empires: Proprietary Ventures in the Atlantic World, 1500–1750, Leiden: Brill, 2007 (The Atlantic World; vol. 11).

64 La Vaissière, „The Commerce Economy in Transoxania“, in: La Vaissière, Sogdian Traders, S. 299–306, hier S. 305.

65 Zum Zusammenhang bzw. Nichtzusammenhang zwischen ruraler Sklaverei und attischer Demokratie, siehe: Ameling, „Landwirtschaft und Sklaverei im klassischen Attika“, S. 281–315 sowie: Eich, Armin, Die politische Ökonomie des antiken Griechenland (6.–3. Jahrhundert v. Chr.), Köln/Weimar/Wien: Böhlau, 2006.

Kauf und Verkauf von Sklaven, die zugleich Kapital, Ware, Tauschmittel und Arbeitskraft waren – und oft sogar eine Art Währung. In Bezug auf die sich entwickelnde breitere Eigentumssklaverei im Ostmittelmeer und in den griechischen Poleis hatte Aristoteles erkannt, dass diese Eigentumssklaverei sich von anderen Typen der Unfreiheit unterschied, eben weil hier das individuelle Verhältnis von „Herr" und „Sklave" deutlicher hervortrat.

Private „Eigentums"-Sklaverei ist mit Vorläufern im jüdischen Bundesbuch (mit Weiterentwicklungen wie dem abessinischen Rechtskodex *Fetha Nagast*) und in den Reformen Solons in Athen sowie der Expansionsepoche (West-) Roms (um 200 vor bis 200 nach unserer Zeitrechnung) sowie (Ost-) Roms (400–1000) schriftlich fixiert worden.

Eigentum war zunächst auch in Rom magisch-animistisch begründet, als Teil eines von Dämonen „reinen" Raumes sowie einer radikalen (geometrischen) Formbildung allen Handelns. Sklaven wurden als Quasi-Sachen Teil dieses okkupierten, magisch geschützten und angeeigneten Raumes. Erst unter Einfluss der griechischen Philosophie, vor allem des Platonismus, und der imperialen Expansion entstand die Tradition, einzelnen Personen (und nicht nur Göttern, Priestern oder vergöttlichten Königen und aristokratischen Erobererkasten) Besitz als individuelles Eigentum zuzugestehen (*usus, fructus et abusus*). Der Schwulst der Rechtsformeln in „römischen" Eigentumsurkunden ist ein ferner Abglanz der Berührungs- und Bewegungsgesten der magisch-animistischen Aneignung von Besitz und Eigentum in besonderen Räumen, auch dem Eigentum an Sklaven.[66] Auch Anerkennung von Leistungen im Kriege sowie das Recht auf Eroberung und das Recht auf Gewaltausübung (Tötung) durch einen Familienvorstand spielten eine wichtige Rolle.

Sklaverei war in diesen Rechts- und Schriftsystemen ein Besitz-Verfügungs-Verhältnis, das aus sehr archaischen und lokalen Familien- und Zivilrechten heraus entstanden ist – das ist eine Hypothese, wie Leonard Schumacher es am Problemkomplex des „Schuldners" und des Verkaufs von Familienangehörigen in Rom und Griechenland darlegt.[67] Bei der römischen Sklaverei kam auf jeden Fall noch ein äußeres, exogenes Moment hinzu. Das war das Problem von vielen Kriegsgefangenen (seit den Latiner- und Samnitenkriegen im 5. und 4. Jahrhundert; massiv seit den Punischen Kriegen am Ende des 3. Jahrhunderts v. u. Z.), wie es viele expansive Großreiche hatten. Inwieweit Fernhandels-„Funktionsethnien", wie Seeräubervölker oder Phönizier, in der Frühzeit eine vermittelnde Stellung zwischen Menschenhandel und endogenen Ansätzen von Sklaverei in den Randkulturen des

66 Damler, Daniel, „Pars pro toto. Die juristische Erfindung der Entdeckung Amerikas", in: Zeitsprünge 3–4 (2006), S. 424–471, hier besonders S. 444–453.

67 Schumacher, „Quellen der antiken Sklaverei und Distribution", in: Schumacher, Sklaverei in der Antike, S. 25–90, besonders S. 25–32; das eigentliche Problem der Kin-Sklaverei ist, wie „Fremde" in die Familie und Gemeinschaft assimiliert werden, aber gleichzeitig lange (oder immer) „Andere" bleiben.

Alten Orients, etwa in Etrurien, Griechenland, Rom und anderswo hatten, kann ich an dieser Stelle nicht klären. Auch nicht die Frage nach einer entsprechenden Funktion der noch früheren „Seenomaden“ um 1200 v. u. Z.

Kaufleute und Sklavenhändler belegten in den Kriegergesellschaften Roms und Arabiens eher untere Ränge des Sozialprestiges oder galten als Abenteurer (wie Sindbad), wie in allen aristokratischen Kriegerkulturen Persiens, Chinas und Japans, Indiens und Mexikos sowie vieler anderer mehr – in Byzanz galt Ähnliches. Kaufleute / Seefahrer-Enklaven gab es ganz früh in Phönizien und Karthago: Aber in der Weltgeschichte verbreitete sich eigentlich erst mit dem Erfolg der oberitalischen Städte und ihrer Kaufleute-Oligarchien sowie der doppelten Buchführung mit arabischen Zahlen, Seeexpansion, Geldwirtschaft und empirischen Wissenschaften sowie Menschen als Kapital ein neues welthistorisches Herrschaftsmodell, welches dann in den Niederlanden und England politisch zum Durchbruch kam.

Sklaverei „römischen“ Typs entwickelte sich auf der Grundlage phönizisch-griechischer Individualisierung und der Herrenmoral des Platonismus im Rahmen eines „heidnischen Republikanismus“ (mit dem Waffenstillstand der *pax romana*, wenn Fremde unterworfen und versklavt waren). Für die schriftliche Fixierung und deren Bedeutung für die Macht über Sklaven waren römische Juristen wichtig, die geschriebene Sklavereirechtsfälle zu einer visiblen, legalen und systemischen Institution machten. „Systemisch“ war diese Institution in dem Sinne, dass mit der Realität von immer mehr Sklaven auch mehr und mehr Texte und Narrative über die Sklaverei als Teil der Gesellschaft, über Prinzipien der Sklavenhaltung, Rechtsfälle, Theaterstücke und Agrarliteratur und Diskurse über Haltung von Sklaven sowie über Verhinderung von Aufständen und Rebellionen entstanden; eine Art Sklaverei-Schrifttum. Schließlich entstanden auch geschriebenes und gesammeltes positives Fall-Recht, Verfahrens-Ordnungen. Alles in allem bildeten sie einen regelrechten Sklavereirechtskomplex, der freien Menschen in Sklavereigesellschaften zusammen mit der Furcht vor Sklavenaufständen in Fleisch und Blut überging.

Recht ist, wie gesagt, eine der großen Aufgaben von Staat. Das „römische Recht“ auf Menschen-Eigentum ist erst relativ spät systematisch kodifiziert worden – nach dem Ende Westroms um 550 unter Justinian. Im 11. und 12. Jahrhundert wurde dieses Recht in Oberitalien wieder entdeckt und durch Glossatoren vor allem aus Bologna kommentiert und von Naturrechtlern der Neuzeit, meist auf Basis des Zivil- und Vertragsrechts, in unterschiedliche Richtungen weiterentwickelt.[68] Das „westliche“ Verständnis von Sklaverei als einem Eigentumstyp (Menschen als Eigentum) beruht auf der Tradition des „römischen“ Rechts und ihrer Re-Konstruktion. Diese Conditio galt und gilt für expansive Gesellschaften, die mit Massen von Kriegsgefangenen fertig werden mussten und sich religiös nicht oder nicht mehr monotheistisch definierten, also sozusagen die Götter der Eroberten mit in das bereits existierende Pan-

68 Haverkamp, „Die Erneuerung der Sklaverei im Mittelmeerraum während des hohen Mittelalters. Fremdheit, Herkunft und Funktion“, S. 130–166.

theon einbezogen beziehungsweise den Prozess der Erweiterung oder Verteidigung des Reiches nur mit Hilfe unterworfener Eliten (Barbaren-Hilfstruppen, gallische Elite, römisches Bürgerrecht) sowie der Mitanerkennung ihrer Götter führen konnten. In gewissem Sinne gilt das auch für die sogenannten „synkretistischen" Religionen der aus Afrika in die Amerikas verschleppten Menschen (siehe das Kapitel zur Transkulturation) und für die „Hilfstruppen" der afrikanischen Eliten, die Militärsklaven sudanesischer Sklavenjäger (*bazingir*), Sklavensoldaten (*siddi*) in Indien oder *cafres* (*caffares*) der Portugiesen in Goa, Diu und Macau (*caffirs/cafres*) sowie atlantikkreolischen „Hilfstruppen" der euro-amerikanischen Sklavenhändler (*caboceers*, *grumetes*, *pumbeiros*). Eigentum konnte nicht oder nicht mehr nur religiös definiert werden. Es musste einen rational erkennbaren Sonderbereich (Sachenrecht) des antiken Völkergemeinrechts (*ius gentium*) und des Zivilrechts (in Rechts-Begriffen der römischen hegemonischen Sklaverei ausgedrückt: *ius civile*) darstellen.

Trotz der Vertrautheit dieser Rechtsbegriffe für europäische Ohren lassen sich die Realitäten von Rechtsentwicklungen auch in anderen expansiven Gesellschaften, etwa im Inka- oder Mexica-Imperium beziehungsweise in den afrikanischen Reichen mit Rom vergleichen (wenn wir den Exotismus weglassen).[69] Allerdings spielt hier der Aspekt der Zeit eine wichtige Rolle, abgesehen von den kulturellen Codierungen (und oft dem Fehlen von schriftlichen Quellen). Das antike Rom existierte mehr als tausend Jahre und war über mehr als die Hälfte dieses Zeitraums führendes Imperium zwischen Europa, Vorderasien und Nordafrika. Die Vereinheitlichung und Sammlung von Gesetzen, mit der auch Sklaverei rechtlich legitimiert wurde (*Codex Iustinianus*, *Digesten* oder *Pandekten*, *Institutionen*, *Novellen*, 6. Jahrhundert, im 16. Jahrhundert zum *Corpus Iuris Civilis* zusammengefasst) entstand, wie gesagt, erst nach dem faktischen Ende Westroms. Natürlich gab es vorher das Zwölf-Tafel-Gesetz und Rechtsfälle.[70] Insofern gibt es nur in der Rückschau eine auf einem einheitlichen Sklaverei-Recht beruhende „römische Sklaverei".[71] Für deren Spätzeit gibt es auch klare Untersuchungen, die den Mythos der „Verbesserung" des Loses der Sklaven durch das Christentum nicht nur kritisch hinterfragen, sondern ganz klar in Abrede stellen.[72]

---

69 Benton, „Law in Diaspora: The Legal Regime of the Atlantic World", in: Benton, Law and Colonial Cultures, S. 31–79.

70 Leppin, Hartmut, „Die Gesetzgebung Iustinians – der Kaiser und sein Recht", in: Stein-Hölkeskamp, Elke; Hölkeskamp, Karl-Joachim (eds.), Erinnerungsorte der Antike. Die römische Welt, München: Beck, 2006, S. 457–466; Watson, Roman Slave Law; Bretone, Mario, Geschichte des Römischen Rechts. Von den Anfängen bis zu Justinian, München: Verlag C. H. Beck, 1999.

71 Harper, Slavery in the late Roman World, AD 275–425, passim.

72 Glancy, Jennifer A., Slavery in Early Christianity, New York: Oxford University Press, 2002.

Sklavereien und Recht in den iberischen Imperien

Eine historische Analogie zu den alten Reichen bietet der Neuaufbau des spanischen Imperiums in Amerika ab 1493. Zunächst Realgeschichte und Vernetzungen: Das Imperium existierte realgeschichtlich von 1521 bis 1898; formalrechtlich wuchs es aus der bereits vorher sowie parallel existierenden *monarquía compuesta* heraus. Auf seinem Höhepunkt im 17. Jahrhundert war die spanische Monarchie, wie oben bereits gesagt, auch ein „Empire of Slaves"[73] [*Karte 12[74]]. Das hatte selbstverständlich „amerikanische" Vorgeschichten (präkolumbinische Sklavereien), iberische Vorgeschichten in Europa und auf dem Mittelmeer (auf die ich im Buch eingehe) und iberisch-afrikanische Vorgeschichten in Afrika unter Einschluss sephardischer Vorgeschichten – hier kommt auch das andere große iberische Imperium der Sklaverei – Portugal – ins Spiel.

Vor allem portugiesische und andalusische Kapitäne und Adlige (und zu Adligen geschlagene Kapitäne) partizipierten an der Expansion in Richtung Nordafrika und atlantisches Afrika; formal sicherte sich Portugal mit dem Vertrag von Alcáçovas (1479), dass Kastilien vom Guineahandel, d. h., Afrikahandel, und von den Sklavenrazzien südlich der Kanaren ausgeschlossen wurde.[75] Daran hielten sich zwar die wenigsten Kapitäne; das wusste auch Kolumbus. Aber formal war Spanien damit aus dem Geschäft der Sklavenbeschaffung an den Küsten Afrikas südlich der Kanaren ausgeschlossen. In gängigen Geschichten der frühen Neuzeit, der atlantischen Geschichte und der Geschichte der europäischen Expansion wird immer wieder die Bedeutung der „Weltteilungs-Verträge" zwischen Portugal und Kastilien/ Spanien hervorgehoben. Deren verborgener Wert (darüber redete man auch damals nicht so sehr gerne) lag für Portugal im potentiellen Monopol des atlantischen Sklavenhandels. Die Realitäten des ganz frühen atlantischen Sklavenhandels waren kein Abbild der späteren *Atlantic Slavery in nuce*, sondern wuchsen aus Handelsstrukturen und -routen heraus, die bereits im südwesteuropäischen Raum, im Westmittelmeer und im atlantischen Nordafrika sowie in angrenzenden Meeres- und Küstenzonen angelegt waren. Die Potenzen dieses formellen Monopols wurden erst im Laufe des 16. Jahrhunderts erkennbar. Das kommt sehr gut durch folgendes Zitat zum Ausdruck: „Este comercio era controlado, en gran medida, por el reino de Portugal, que tras la firma de los tratados de Alcaçovas (1478) y Tordesillas (1494), prácticamente monopolizaba la importación de negros que se traían desde sus numerosas factorías africanas, especialmente desde São Tomé y Príncipe, San Jorge da Mina y San Yago (Cabo Verde), los más importantes depósitos lusos en África. Por tanto, los portugueses eran quienes dominaban la red de distribución

73 Reséndez, „An Empire of Slaves", in: Reséndez, The Other Slavery, S. 131–135.

74 Karte 12: „Major Slaving Grounds of the Spanish Empire in the Seventeenth Century", aus: Ebd., S. 133.

75 Bernecker, Walther L.; Pietschmann, Geschichte Spaniens. Von der frühen Neuzeit bis zur Gegenwart, Stuttgart: Kohlhammer, [4]2005, S. 44.

de negros en la Península Ibérica, por lo que era habitual encontrar intermediarios lusitanos en los principales mercados españoles [Dieser Handel wurde weitgehend durch das Königreich Portugal kontrolliert, welches nach der Unterzeichnung von Verträgen Alcaçovas (1478) und Tordesillas (1494) praktisch die Einfuhr von Schwarzen aus seinen zahlreichen afrikanischen Faktoreien monopolisierte, speziell aus São Tomé und Principe, São Jorge da Mina und St. Jago (Santiago/Kapverden), die wichtigsten lusitanischen Sklaven-Deposite in Afrika. Daher waren die Portugiesen diejenigen, die die Verteilung von Schwarzen auf der Iberischen Halbinsel dominierten. So war es üblich, lusitanische Vermittler [Kaufleute bzw. deren Agenten – M. Z.] auf den wichtigsten spanischen Märkten zu finden]".[76] Die ersten Konzepte und Erfahrungen mit „moderner" Sklaverei, Menschenhandel sowie Razziensklavereien an den Küsten des Atlantiks – sozusagen erste Erfahrungen mit den Triple A (AAA: Afrika, Atlantik, Amerika) der *Atlantic Slavery* – bilden eine gemeinsame iberische Geschichte.[77] Das war – ich werde dieses Argument noch mehrfach wiederholen – der Hintergrund für die so genannte Vereinigung von Kastilien/Spanien und Portugal 1580 sowie der iberischen Halbinsel als „grenzenloser" Raum in der atlantischen Hemisphäre bzw. auf dem Globus.[78]

Das Zitat bezieht sich zwar auf Europa, gilt aber cum grano salis auch für portugiesische Exporte von *negros* in die Índias de Castela (bis um 1550 fast nur die Karibik, noch kaum Brasilien).[79]

Es gab noch andere Ausgangspunkte. In Europa finanzierten die katholischen Könige den Krieg um Granada mehr und mehr mit dem Verkauf von Kriegsgefangenen aus Razzien und der Bevölkerung eroberter Gebiete. Das kannten die Kapitäne (wie Kolumbus) und die ersten Conquistadoren. Sie versklavten feindliche Indios bzw. boten sie (schnell auch nichtfeindliche, wie wieder Kolumbus), den Königen zur Deckung der Kosten an. Der Beginn einer atlantischen Sklaverei als Notlösung zur Deckung der Kosten.[80]

---

76 Periáñez Gómez, Rocío, „La introducción de los negros por la frontera extremeña y su distribución posterior", in: Martín Casares, Aurelia; García Barranco, Margarita (coords.), La esclavitud negroafricana en la historia de España, Alborote: Editorial Comares, 2011, S. 35–53, hier S. 35.

77 Pérez García, „El laboratorio ibérico de conceptos y prácticas sobre la esclavitud y los mestizajes: diversidad de experiencias, pueblos y cultura", in: Paiva, Eduardo França; Fernández Chaves; Pérez García (orgs.), De que estamos falando? Antigos conceitos e modernos anacronismos – escravidão e mestiçagens, Rio de Janeiro: Garamond, 2016, S. 11–38.

78 Castaño, Javier, „The Peninsula as a Borderless Space: Towards a Mobility 'Turn' in the Study of Fifteenth-Century Iberian Jewries", in: Buc, Philippe; Keil, Martha; Tolan (eds.), Jews and Christians in Medieval Europe: The Historiographical Legacy of Bernhard Blumenkranz, Turnhout: Brepols Publishers, 2015 (Religion and Law in Medieval Christian and Muslim Societies; 7), S. 315–332.

79 Ventura, Maria da Graça Mateus, Negreiros Portugueses na Rota das Índias de Castela (1541–1555), Lisboa: Edições Colibri, 1999.

80 Escobar Ohmstede, Antonio, „Instituciones y trabajo indígena en la América española", in: Revista Mundos do Trabalho Vol. 6, n. 12 (julho–dezembro de 2014), S. 27–53; Riol Fernández, „La esclavitud del indígena en Tierra Firme (1499–1504)", S. 529–548.

Der juristische Ausgangspunkt wurde (auch) in der Schule von Salamanca, der ältesten Universität Spaniens (in León) entwickelt: Nach dem *ius gentium* (Völkerrecht) darf ein in einem gerechten Krieg (*bellum justum / justa guerra*) Besiegter vom Sieger getötet oder verschont und zum Sklaven gemacht werden. Das stellte im weltlichen und kanonischen Recht einen Traditionssatz dar, dessen Pseudo-Etymologie, wie Christiane Birr sagt, im ganzen europäischen Mittelalter unter dem Grundsatz „*servus a servare*" tradiert worden war.[81] In Spanien existierte eine sehr lange Tradition des „römischen", des kastilischen (sowie anderer Rechte) und des kanonischen Rechts, auch des Sklavereirechts (das merkt man noch heute an der überwiegend auf juristische Quellen konzentrierten traditionellen spanischen Historiographie).[82] Allerdings existierte auch eine lange Tradition der Razzienversklavung, vor allem von Keltiberern, dann von *moros* (Mauren), aber auch von *mudejares* (Muslimen unter christlicher Herrschaft), wie eine seltene portugiesische Quelle aus dem 14. Jahrhundert zeigt – „[un] contrato de venta de una esclava musulmana muy particular de 1368. En marzo de este año, una monja del convento de Chelas, cerca de Lisboa, compró en Lisboa "una mora blanca, natural de Aragón y llamada Murayma". El vendedor era un comerciante judío de Sevilla cuyo nombre era Juça Abeator. El contracto de venta ofrece bastantes detalles que son muy interesantes. Juça Abeator había comprado a la musulmana de otro comerciante judío en Sevilla. El comerciante judío certificó en el contrato que la esclava estaba sana de cuerpo y no era poseída por el diablo (probablemente una referencia a cualquier tipo de enfermedad mental). Además, el contrato especificaba con mucho cuidado que Murayma había sido "legítimamente" esclavizada durante un periodo de guerra y no en tiempos de paz. En mi opinión, tenemos aquí el caso de una mudéjar aragonesa que fue capturada (y esclavizada) por tropas castellanas durante la guerra entre los reinos de Castilla y Aragón – mejor conocida actualmente con el nombre de la "Guerra de los dos Pedros" – que tuvo lugar durante la década que se extiende entre 1356 y 1366 [ein Kaufvertrag einer sehr speziellen muslimischen Sklavin von 1368. Im März dieses Jahres, kaufte eine Nonne des Klosters von Chelas, in der Nähe von Lissabon, in Lissabon „eine weiße Maurin, aus Aragon und genannt Murayma". Der Verkäufer war ein jüdischer Kaufmann aus Sevilla, der Juça Abeator hieß. Der Kaufvertrag bietet viele Details, die sehr interessant sind. Juça Abeator hatte die Muslimin von einem anderen jüdischen Kaufmann in Sevilla gekauft. Der jüdische Kaufmann bestätigte im Vertrag, dass die Sklavin gesund am

81 Birr, „Rebellische Väter, versklavte Kinder: Der Aufstand der Morisken von Granada (1568–1570) in der juristisch-theologischen Diskussion der Schule von Salamanca", S. 283–317, hier S. 300; siehe auch: Kaufmann, Matthias, „Slavery between Law, Morality, and Economy", in: Kaufmann; Aichele, Alexander (eds.), Companion to Luis de Molina (1535–1600), Leiden/Boston: Brill, 2015 (Brill's Companions to Christian Tradition; 50), S. 183–225.

82 Am deutlichsten bei: Alcalá y Henke, La esclavitud de los negros en la América española, passim.

Körper war und nicht vom Teufel (vermutlich ein Hinweis auf jede Art von Geisteskrankheit) besessen. Außerdem wurde in dem Vertrag mit großer Sorgfalt festgelegt, dass Murayma während einer Kriegsperiode und nicht in Friedenszeiten „rechtmäßig" versklavt worden war. Meiner Meinung nach haben wir hier den Fall einer aragonesischen Mudejarin, die von kastilischen Truppen während des Krieges zwischen den Königreichen von Kastilien und Aragon gefangen genommen (und versklavt) worden war – [der Krieg ist] besser bekannt als der „Krieg der beiden Pedros" – er fand während der Dekade statt, die sich zwischen 1356 und 1366 erstreckt]".[83]

Auf dem Atlantik, zunächst an den seinen Küsten, und in Amerika war alles anders und neu für die Iberer – auch die Sklavereien. Nur aus Sicht heute historiografisch „hegemonischer Sklavereien", die auch besser erforscht sind als die präkolumbischen Sklavereien in den „Amerikas ohne den Namen Amerika" sowie die iberischen Sklavereien und die iberischen Sklavenhandelssysteme (vor allem die der Indigenen), scheint es eine kulturelle Kontinuität zu geben. Auch weil es im spanischen Imperium in der frühen Neuzeit keine klar rechtlich geregelte *indentured servitude* gab, existierten in den Amerikas und in Westafrika zweifelsfrei Übergangsformen. Die kastilisch-spanische Krone musste alles tun, um die mehr oder weniger „private" Eigentumssklaverei, die Razziensklaverei und den Menschenhandel sowie den Raub von Jungen (*lenguas*), an die Kapitäne und Conquistadoren gewohnt waren – wie im Falle des Kolumbus seit 1493 und der berüchtigten *repartimientos* (Verteilung von Razziengefangenen) – zurückzudrängen und die kollektive Anheimgabe (*encomienda*)[84] und koloniale Massenarbeitsaushebungen (wie *mita*), d. h., unter unserer Perspektive kollektive und bürokratisch kontrollierte Sklavereiformen, auch Staatssklaverei (vor allem im Infrastrukturbau, Bergbau und Militär) durchzusetzen – sie hätte sonst kein Imperium auf agrarischer Grundlage gründen können.[85] Ganz verdrängen konnte die Krone die Mischung aus fünf traditionellen (realen) Sklavereien nicht – die Sklaverei von Cativos wie in Guinea, die auch Kolumbus kannte, die Razziensklaverei (*rescate/entradas/repartimientos* sowie *lenguas*) und die mediterrane Haus- und Hafensklaverei. Sklaverei war eine

---

83 Zit. nach: Soyer, „El comercio de los esclavos musulmanes en el Portugal medieval: rutas y papel económico", S. 265–275, hier S. 271.

84 Die Arbeit der „geliehenen" kollektiv versklavten Indios galt den früher Siedlern als viel weniger wert als die von privaten Sklaven: „el trabajo de un negro equivalía al de cuatro indios", siehe: Saco, „Libro II", in: Saco, Historia de la esclavitud de la raza africana en el Nuevo Mundo y en especial en los países américo – hispanos, tomo 1, Barcelona: Imprenta de Jaime Jepús, 1879, S. 49–109, hier S. 101 (online: https://archive.org/stream/historiadelaesc00sacogoog#page/n0/mode/2up (26. August 2017)).

85 Wolff, „'Guerra justa' y Real Hacienda: una nueva aproximación a la esclavitud indígena en la isla de San Juan y la Española, 1509–1519", S. 215–257; Domínguez; Funari, „Arqueología de los esclavos e indígenas en Brasil y Cuba", in: Archivo Cubano (2008) unter: http://www.archivocubano.org/transcult/lourdes_funari.html (26. 08. 2017)).

legitime Institution in Spanien, nur Christen sollten verschont werden, was auch und gerade bei den versklavten Neu-Christen (*moriscos*) von Granada oder versklavten „Griechen" (Orthodoxen) nicht eingehalten wurde.[86] Dazu kam ab 1492 die karibische Kin-Sklaverei (*naboría*) und der Sklavenstatus von Frauen „ohne Sklaverei"[87] in den Häusern der Conquistadoren und ersten Siedler (heute oft *servitude* genannt).[88]

Ich habe die Sklavereien hier gerade nach Dimensionen geordnet, man kann sie auch nach Räumen in den Amerikas ordnen (wie es Andrés Reséndez macht: Chile; Paraguay/Tucumán; *llanos* der *tierra firme* in Venezuela und Neu-Granada/Kolumbien; Nordmexiko sowie Philippinen).[89]

Allerdings gab es auch sehr zeitig einen starken Gegentrend, konzentriert im und um den Bergbau (vor allem Silber, aber auch Gold in Neu-Granada) sowie gestützt auf Städte (bis um 1830 war Spanisch-Amerika die am stärksten urbanisierte Großregion der Welt).[90] Mexiko-Stadt etwa hatte, wie gesagt, im 17. Jahrhundert eine der größten Populationen schwarzer Sklaven im atlantischen Raum.[91] Manila in der anderen Hemisphäre hatte, obwohl es relativ wenig Versklavte aus Afrika gab (nur wenige *cafres* – die oft auch aus Borneo stammen konnten),[92] trotz wiederholter Verbote der Krone ein breites Spektrum indigener Versklavter (vor allem *negritos* und *moros*, aber auch *tagalog*), versklavter *sangleyes* (im weitesten Sinne Chinesen bzw. Mestizen zwischen Chinesen und Filipinas auf den Philippinen) sowie Versklavter von anderen Inseln und Küsten zwischen Indischem Ozean und Pazifik (*buquis*, *malabares*, *macassares* – d. h. viele Versklavte aus Indien und

86 González Arévalo, Raúl, „Ansias de libertad: fuga y esclavos fugitivos en el Reino de Granada a fines de la Edad Media", in: Martín Casares, Esclavitudes hispánicas (siglos XV al XXI): horizontes socioculturales, Granada: Universidad de Granada, 2014, S. 105–131; Birr, „Rebellische Väter, versklavte Kinder: Der Aufstand der Morisken von Granada (1568–1570) in der juristisch-theologischen Diskussion der Schule von Salamanca", S. 283–317, hier S. 300; García Fitz, Francisco, „Captives in Mediaeval Spain: The Castilian-Leonese and Muslim Experience (XI–XIII Centuries)", in: e-Strategica Vol. 1 (2017), S. 205–221.

87 Cave, Scott, „Madalena: The Entangled History of One Indigenous Floridan Woman in the Atlantic World", in: The Americas Vol. 74:2 (April 2017), S. 171–200.

88 Deusen, „Coming to Castile with Cortés: Indigenous "Servitude" in the Sixteenth Century", S. 285–308.

89 Reséndez, „The Spanish Campaign", in: Reséndez, The Other Slavery, S. 125–148, hier vor allem 132–135.

90 Monteiro, „Labor System", S. 395–422; Dobado-González; García-Montero, „Neither So Low nor So Short: Wages and Heights in Bourbon Spanish America from an International Comparative Perspective", S. 291–321.

91 Fracchia, „The Urban Slave in Spain and New Spain", S. 195–216; Silva, „Portuguese Encomenderos de Negros and the Slave Trade within Mexico, 1600–1675", S. 221 –247.

92 Sales-Colín Kortajarena, „Aetas y Mozambiques: ¿Cristianización y sincretismo en Filipinas?, 1565–1650", in: Martín Casares (ed.), Esclavitud, mestizaje y abolicionismo en los mundos hispánicos, Granada: Universidad de Granada 2015, S. 221–243, hier S. 226.

Celebes/Sulawesi).[93] Trotz formalem Verbot sprechen vor allem die Quellen der *bienes de difuntos* (Inventarlisten des Besitzes von Verstorbenen der kolonialen Oberschicht) eine deutliche Sprache. All diese, sagen wir im weitesten Sinne, kolonial-europäischen Sklavereien existierten auf der Basis endemischer indigener Sklavereien und Sklaverei-Praktiken von Chinesen sowie Japanern.

An den Grenzen der Conquista und auf den Vorstößen in noch nicht eroberte Gebiete (*entradas, cabalgadas*, Razzien) in den Amerikas, aber auch im Inselgewirr der Philippinen, war juristische oder legale Eindeutigkeit – zumal im Kontext der extremen Gewalt – ohnehin nicht herstellbar.[94]

Legalistisch zusammengefasst wurden Sklavereien von den Conquistadoren in den Conquistas als *esclavos de rescate* und *esclavos de guerra*. Beide stammten aus Razzien; unter *esclavos de rescate* verstand man in vielen Gebieten Versklavte, die schon bei den Indigenen im Sklavenstatus gewesen waren[95] und Sklaven von Conquistadoren wurden; *esclavos de guerra* waren Gefangene und nach den eigentlichen Eroberungen, Indigene, die sich mit Rebellionen, Waffen, Aufständen und Flucht (sowie „Abfall vom Glauben") gegen Conquistadoren und frühe Siedler zur Wehr setzten. Die Sklavenjagden (Razzien) der Conquistadoren waren, vor allem von 1493 bis in die 1540er Jahre, unkontrollierbar.[96] Für besonders widerständige Indigene wurden im Laufe der Expansion und der Conquistas einzelner Räume nochmals Extrakategorien konstruiert – wie etwa *caribe*, worunter besonders starker, kulturell kodifizierter Widerstand erfasst wurde und als Wildheit, Grausamkeit und (oft) Menschenfresserei diffamiert werden konnte. In Wirklichkeit waren Kariben eigenständige Sklavenjäger und -händler, die an den Grenzen der europäischen Einflussbereiche vor allem mit den Spaniern in Konkurrenz standen.

Zunächst bezog sich die Versklavung, vor allem in der Karibik und den Küsten der Kontinente, auf Indigene, die, wie oben gesagt, bereits 1500 durch Königin Isabella von Kastilien in einer neuen Verwaltungskategorie der *yndios* zusammengefasst worden waren.[97] Ihre Versklavung (mit Ausnahmen für Rebellen und Apostaten) verboten war; bereits versklavte Indios sollten frei gelassen werden. Das galt

---

93 Ruiz Gutiérrez, „Esclavitud al margen de la ley: Sometimiento de los naturales y sangleyes en Manila. Siglos XVI y XVII", S. 245–261.

94 Olsen, „'Negros Horros' and 'Cimarrones' on the Legal Frontiers of the Caribbean: Accessing the African Voice in Colonial Spanish American Texts", in: Research in African Literatures Vol. 29:4 (1998), S. 52–72; Restall, Matthew, Beyond Black and Red: African-native Relations in Colonial Latin America, Albuquerque: University of. New Mexico Press, 2005.

95 Spanien erkannte indigene Rechte formal an, natürlich in iberisch-europäischer Tradition von Rechten sowie ihren Diskursen, Kosmologien und in spanischer Prozessordnung. Das ist speziell in Bezug auf Landeigentum untersucht worden: Herzog, „Colonial Law and "Native Customs". Indigenous Land Rights in Colonial Spanish America", in: The Americas 69:3 (January 2013), S. 303–321.

96 Ahlert, „Indigene Sklaverei in Nicaragua", in: Ahlert, La Pestilencia más horrible, S. 109–240, hier vor allem S. 109–122.

97 AGI, Indiferente, 418, leg. 1, f. 39r–42r; siehe auch: Mira Caballos, Esteban, El indio antillano: repartimiento, encomienda y esclavitud (1492–1542), Sevilla: Muñoz Moya editor, 1997.

auch noch für die 1565–1574 besetzten Gebiete der Philippinen und dort umso mehr, als König Philipp II. sowohl der massiv einsetzenden Kritik an der Vernichtung der indianischen Völker in „Westindien" begegnen wie auch den Universalitätsanspruch der spanischen katholischen Monarchie durchsetzen wollte.[98] De facto setzte sich die Rechtsposition von der Nichtversklavung der „yndios" weltweit im spanischen Einflussbereich mit einer massiven Kampagne des Imperiums unter Philipp IV. und Carlos II. 1655–1680 durch, konzentriert in der Real Cédula „of continental scope" vom 12. Juni 1679 (Madrid) durch, kodifiziert in Buch 6, Titel 2 der Recopilación de las Leyes de Indias (1680).[99] Damit war formal die wirklich erste große reformerische Abolitionsbewegung gegen die Versklavung einer ganzen sozialen Gruppe, den „yndios" formal abgeschlossen.[100] Gegen schärfste Widerstände. Eine weitere Folge, neben dem weiteren Aufstieg der Portugiesen in Verbindung mit anderen Europäern in Bezug auf die Verbindung zu Afrika und der Anlieferung Versklavter von dort, war der Aufstieg nichtspanischer Sklavenjäger und -händler (wie der Kariben oder der Komantschen) in den Amerikas.[101]

Von Anfang an war es dabei noch schwieriger, die Position der thomistischen Spanier abzuschwächen, deren Theologen und Kronjuristen mit Aristoteles – φύσει δοῦλος („Sklave von Natur" / *servus natura* – theoretisch-legalistisch und religiös-zivilisatorisch argumentierten (vor allen Juan Ginés de Sepúlveda).[102] Debattiert wurde immer um „gerechten Krieg" und Versklavung.[103]

Die Karibik und die Küstengebiete des heutigen Brasiliens und Venezuelas, vor allem die oben genannten *llanos*, wurden aber durch de-facto-Sklavereien und Razzien (*cabalgadas, entradas, montería*) entvölkert. Die Lösung, die „neue" atlantische Sklaverei ganz „Fremder", kriegsgefangener Schwarzer aus Afrika als „richtige" und „neue" Sklaverei zu setzen, war in gewisser Weise genial. Die Versklavung in Afrika wurde pauschal mit dem legalistischen Hinweis gerechtfertigt, es handele sich um Gefangene „gerechter Kriege"; die Kaufleute und Käufer, so Francisco de

98 Hidalgo Nuchera, Patricio, „¿Esclavitud o liberación? El fracaso de las actitudes esclavistas de los conquistadores de Filipinas", in: Revista Complutense de Historia de América no. 20 (1994), S. 61–74; Sánchez, „Autour d'une source. De l'esclavage aux Philippines, XVIe–XVIIe siècles", S. 95–172.

99 Reséndez, The Other Slavery, S. 137 sowie S. 369, FN 21.

100 Deusen, Global Indios: The Indigenous Struggle for Justice in Sixteenth-Century Spain, Durham: Duke University Press, 2015.

101 Reséndez, „The Spanish Campaign", in: Reséndez, The Other Slavery, S. 125–148.

102 Nippel, Wilfried. „Aristoteles und die Indios: ‚Gerechter Krieg' und ‚Sklaven von Natur' in der spanischen Diskussion des 16. Jahrhunderts", in: Dipper, Christof; Vogt, Martin (eds.), Entdeckungen und frühe Kolonisation, Darmstadt: Technische Hochschule, 1993, S. 69–90; Gillner, Matthias, „Entwicklungen und Defizite der Menschenrechte", in: Jahrbuch für Christliche Sozialwissenschaften 39 (1998), S. 143–160.

103 Cook, Karoline P., „Muslims and Chichimeca in New Spain: The Debates over Just War and Slavery", in: Anuario de Estudios Americanos 70 (2013), S. 15–38; Reséndez, „The Chichimec Wars", in: Reséndez, The Other Slavery, S. 87–93.

Vitoria, seien aber nicht wirklich verpflichtet, „sich über das Vorliegen eines bellum iustum" zu vergewissern".[104]

Es gab aber auch Kritik an dem hinter oder besser vor den schriftlichen Kauf- und Verkaufsakten (*avant la lettre*) liegenden Razzienraub bzw. an Entführung oder nicht einschätzbaren Kriegshandlungen, die zur massiven Versklavung der Menschen in Afrika (oder anderen Gebieten, wie den nichtkolonisierten Interiors der Amerikas oder der Philippinen) führten, etwa, ebenfalls in salamantinischer Tradition, durch den Dominikaner und Beichtvater Karls V., Domingo de Soto in De *Iustitia et Iure* (1556), oder Tomás de Mercado in seiner *Suma de tratos y contratos* (1569/71 – ein Handbuch für Kaufleute) und damit – theoretisch – der Beteiligung der iberischen Monarchien am atlantischen Sklavenhandel mit Menschen aus Afrika.[105] Trotz dieser theoretischen Positionen und Debatten haben Kleriker und vor allem Mönchsorden und ganz speziell die Jesuiten selber Sklaven gehalten und den Handel mit versklavten Menschen aus Afrika nach Amerika (und anderswo – etwa in Asien und im pazifischen Raum) aktiv gefördert.[106] In ihren Häusern gab es lange sowohl „rotes Gold" (Indios/Indigene, auch *negros da terra* – „Neger des Landes" in Brasilien genannt), farbige Sklaven wie vor allem sehr viele Afrikanerinnen und Afrikaner aus Guiné (auch in São Tomé, Luanda und im Kongo). Die Jesuiten waren ein Lehr- und Modernisierungsorden, vor allem der Agrikultur und des Wissens. Auf den Jesuiten-Plantagen in Brasilien, Peru (Küste, Nasca), Neu-Granada (Kolumbien), Venezuela und Kuba (bis 1767) gab es Massen von Sklaven aus Afrika.[107] Nur um die historische Tendenz anzudeuten – noch 1841 plagten den

---

104 Birr, „Rebellische Väter, versklavte Kinder: Der Aufstand der Morisken von Granada (1568–1570) in der juristisch-theologischen Diskussion der Schule von Salamanca", S. 283–317, hier S. 296.

105 Mercado, Tomás de (Fray), Suma de Tratos y Contratos (edición a cargo de Nicolás Sánchez Albornoz), 2 Bde., Madrid, Instituto de Estudios Fiscales, Ministerio de Hacienda, 1977 [1a. ed. 1569; 2a. ed. corregida y aumentada, 1571]; siehe zusammenfassend: Gray, „The Papacy and the Atlantic Slave Trade: Lourenço da Silva, the Capuchins and the Decisions of the Holy Office", S. 52–68; Obregón, Liliana, „Críticas tempranas á la esclavización de los africanos", in: Mosquera; Pardo; Hoffmann (eds.), Afrodescendientes en las Américas. Trayectorias Sociales e Identitarias, S. 423–452.

106 Coello de la Rosa, Alexandre; Burieza Sánchez, Javier; Moreno Martínez, Doris (eds.), Jesuitas e imperios de ultramar, siglos XVI–XX, Madrid: Sílex, 2012.

107 Zeron, Carlos Alberto, „Les Jésuites et le commerce d'esclaves entre le Brésil et l'Angola à la fin du XVIe siècle", in: Traverse: Zeitschrift für Geschichte = Revue d'historie 1 (1996), S. 34–50; Samudio A., Edda O., „La cotidianidad esclava en las haciendas del Colegio San Francisco Javier de Mérida", in: Procesos Históricos Nº 001, Año I, Mérida (enero 2002), www.saber.ula.ve/bitstream/123456789/23078/1/articulo1-1.pdf (letzter Zugriff 30. 1. 2018); Tardieu, Los negros y la Iglesia en el Perú. Siglos XVI–XVII, Quito: Ediciones Afroamérica / Centro Cultural Afroecuatoriano, 1997; Tardieu, Los negros y la Iglesia en el Perú. Siglos XVI–XVII, Quito: Ediciones Afroamérica / Centro Cultural Afroecuatoriano, 1997; García Rodríguez, Misticismo y capitales; Gareis, Iris, „La evangelización de la población indígena y afro, y las haciendas jesuitas de la América española: logros y desencuentros", in: Marzal, Manuel M.; Negro, Sandra (comps.), Esclavitud, economía y evangelización: las haciendas jesuitas en la América virreinal, Lima: Fondo Editorial Pontificia Universidad Católica del Perú, 2005, S. 43–66; Tardieu, „La esclavitud de los negros y el plan de Dios: la dialecti-

Generalkapitän von Kuba, Géronimo Valdés, Zweifel. Er ventilierte die Idee „declarar libres á los [negros] que resulten introducidos desde 30 de Octubre de 1820".[108] Darüber ließ Valdés in einem Zirkularschreiben „Corporaciones y personas notables" befragen. Valdés hält auch fest: „Los Españoles no han hecho ni hacen esclavos á los Africanos: cuando los que ecsisten en la Ysla de Cuba fueron introducidos en el territorio de esta antes ó despues del 30 de Octubre de 1820 lo eran ya [d. h., sie waren schon Sklaven in Afrika], porqué lo son en su propio pais donde son vendidos á los primeros traficantes [Die Spanier haben die Afrikaner nicht zu Sklaven gemacht, noch machen sie sie [zur Zeit – 1840] dazu: Wenn diejenigen [Sklaven], die auf der Insel von Kuba sind, vor oder nach dem 30. Oktober 1820 [Datum der Gültigkeit des formalen Abolition des atlantischen Sklavenhandels durch Spanien] in dieses Territorium eingeführt wurden, waren sie es bereits [d. h., sie waren schon Sklaven in Afrika] in ihrem eigenen Land, wo sie an die ersten Menschenhändler verkauft werden]"[109] Der Generalkapitän verweist auf Zensus von 1841 und die (für ihn) gefährlich hohen Zahlen von *negros* und *esclavos* – „*Blancos* 440 000; *negros* 660 000 und davon *esclavos* 498 000".[110]

Rechtlich gesehen gibt es kaum Imperien mit so kompakter Entwicklung zentraler Rechtsbücher wie die iberischen Reiche Kastilien[111] und Portugal, mit einem so guten Überlieferungsstatus. Für Portugal verweise ich hier auf die *Ordenações Afonsinas* sowie die *Ordenações Manuelinas* (1512)[112] und auf die von den *Siete Partidas* beeinflussten *Ordenações Filipinas* (auch: *Codigo Philippino*; 1595/1603),[113] Gleichwohl war die Rechtspraxis in den portugiesischen Kolonien immer stärker durch den Mangel an Menschen („Portugiesen" aus Portugal) hohe Mobilität kleinerer Gruppen (wie Sepharden), lokale Institutionen und das Fehlen neuer Gesetze und Eliten geprägt.[114] Deshalb musste Portugal nolens volens eine aktive imperiale

---

ca de los jesuitas del virreinato del Perú", in: Marzal; Negro (comps.), Esclavitud, economía y evangelización, S. 67–81; Weaver, Brendan J.M., „Fruit of the Vine, Work of Human Hands": An Archaeology and Ethnohistory of Slavery on the on the Jesuit Wine Haciendas of Nasca, Peru. PhD dissertation, Department of Anthropology, Vanderbilt University, 2015.

108 Archivo Histórico Nacional (ANC), Madrid, Estado, Trata de Negros Leg. 8052/1, no. 1: Schreiben von Geronimo Valdés, Cap.gral an Primer Secretario de Estado, Habana, 3 de Noviembre de 1841 (ohne Foliierung).

109 Ebd.

110 Ebd.

111 Czeguhn, Ignacio, „Sklavereigesetzgebung im Spanien der frühen Neuzeit sowie in den ersten Jahrzehnten der Kolonisierung Amerikas", in: Müßig, Ulrike (ed.), Ungerechtes Recht. Symposium zum 75.jährigen Geburtstag von Dietmar Willoweit, Tübingen: Mohr Siebeck, 2013, S. 101–114.

112 Siehe unter: www.ci.uc.pt/ihti/proj/manuelinas// (letzter Zugriff 30. 1. 2018); siehe auch: Ordenações Afonsinas, 3 vols., Lisboa: Fundação Calouste Gulbenkian, 1984; Ordenações Manuelinas, 5 vols., Lisboa: Fundação Calouste Gulbenkian, 1984.

113 http://books.google.com.br/ebooks/reader?id=56dCAAAAIAAJ&hl=pt-BR&printsec=frontcover&output=reader (letzter Zugriff 30. 1. 2018).

114 Roitman, The Same but Different? Inter-cultural Trade and the Sephardim, 1595–1640, Leiden: Brill (Series in Jewish Studies), 2011; Ribeiro da Silva, „Between Iberia, the Dutch Republic and

Sexualpolitik tolerieren (siehe unter Atlantikkreolen und „schwarze Portugiesen“). Portugal hatte um 1500 nur eine relativ kleine Bevölkerung. Und Portugal hatte, im Gegensatz zu Kastilien/Spanien, nie ein spezielles Sklavenrecht für seine Kolonien.[115]

Sklavenrecht in Kastilien war in den *Siete Partidas* des Alfonso X. geregelt (1256–1263 verfasst, 1348 in Kraft gesetzt, gültiges Recht für Kastilien 1505).[116] Als Kastilien die „überseeischen Königreiche“ in den Amerikas kolonisierte, erließ die Krone viele neue Gesetze. Die Regeln der Siete Partidas hatten im Mittelalter im Wesentlichen für die sogenannten *moros* beziehungsweise *sarracenos*, Mauren und Sarrazenen, das heißt, Muslime, vor allem Araber und Berber sowie zum Islam Konvertierte in christlicher Sklaverei, gegolten. Wenn es keine oder keine neuen Gesetze gab, galten die Siete Partidas auch für Spanisch-Amerika. Zwischen 1493 und 1512 (Leyes de Burgos (*encomienda*) und Nuevas Leyes (1549: Verbot Encomienda) wurde aber mit individueller und kollektiver Sklaverei der Indios regelrecht experimentiert – die Folge war die Ausrottung der Völker der großen Antillen. Weiterhin galten für Sklaven viele neue Festlegungen, die in der grandiosen *Recopilación de las Leyes de los Reinos de las Indias* (Indiengesetze, 1680)[117] zusammengefasst wurden. In der *Recopilación* wurde, wie oben gesagt, die Sklaverei von „yndios“ weltweit verboten.

Da die „neue“ Sklaverei des spanischen Imperiums aus verschiedenen realen Sklavereien zusammengesetzt war, hatten Sklaven und Sklavinnen traditionell gewisse ungeschriebene und unterschiedliche Rechte, sozusagen Schatten der lokalen, traditionellen Rechtssysteme. Sklaverei im Spanischen Imperium war lange Zeit ausgeprägte urbane Sklaverei, oft mit der entsprechenden Nähe zwischen Skla-

---

Western Africa: Portuguese Sephardic long- and short-term mobility in the seventeenth century“, in: Jewish Culture and History (2015), http://dx.doi.org/10.1080/1462169X.2015.1032011; academia.edu (letzter Zugriff 30. 1. 2018).

115 Silva Júnior, Waldomiro Lourenço da, Entre a escrita e a prática: direito e escravidão no Brasil e em Cuba, c.1760–1871, São Paulo: Faculdade de Filosofia, Letras e Ciências Humanas, Universidade de São Paulo, 2015 (Tese de Doutorado em História Social (online: doi:10.11606/T.8.2015.tde-21102015-124324 (18. 12. 2017)).

116 Las Siete Partidas, Madrid: Lex Nova, 1989; siehe auch: http://bdh.bne.es/bnesearch/detalle/bdh0000005119 (letzter Zugriff 30. 1. 2018); Las siete partidas del rey D. Alfonso el Sabio, glossadas por el Sr. D. Gregorio Lopez del Consejo Real de las Indias, Valencia: Imprenta de Benito Monfort, 1797; Burns, Robert I.; Scott, Samuel P. (ed./transl.), [Alfonso X el Sabio], Las Siete Partidas, 5 Bde., Philadelphia: University of Pennsylavania Press [1931], 2001/2015; siehe auch: Lucena Salmoral, „La esclavitud americana y las siete partidas de Alfonso X“, in: Indagación: Revista de Historia y Arte, no. 1 (1995), S. 33–44. Das westgotische Spanien, die mythische (und in vielen Aspekten reale) Vorgängergesellschaft des Spaniens der Katholischen Könige, war eine Sklavereigesellschaft par excellence gewesen, siehe: Verlinden, L'esclavage dans l'Europe médiévale, Bd. I, S. 61–101.

117 „Recopilación de Leyes de Indias“, in: Torres-Cuevas, Eduardo; Reyes, Eusebio, Esclavitud y sociedad. Notas y documentos para la esclavitud negra en Cuba, La Habana: Ed. de Ciencias Sociales, 1986, S. 44–50 (Selección de las leyes acerca de la esclavitud).

venbesitzern und Versklavten und entsprechenden Folgen (etwa in Geburt von Kindern und Freilassungen).[118] Die legalistischen Routinen waren im spanischen Bereich vor allem im urbanen Bereich weit verbreitet und ausgeprägt (listen- und formulararartige Rechtsquellen wie Notariatsprotokolle und Testamente). Auch ehemalige Sklaven, schriftlich in den Routinequellen (Testamente) vor allem nachgewiesen für ehemalige Sklavinnen, vererbten Besitz und besaßen Sklaven.[119]

Dazu kam eine lang zurückreichende Tradition spanischer Asylgesetzgebung, die beispielsweise vorschrieb, geflohenen Sklaven aus den Territorien anderer Kolonialmächte die Freiheit zu geben – wenn die Geflohenen sich zum Katholizismus bekannten und dem spanischen König die Treue schworen. In Venezuela etwa führte das zur Entstehung einer lokalen Gruppe von *negros loangos* – aus dem niederländischen Kolonialbereich, vor allem vom nahen Curaçao nach Venezuela (Coro), geflüchtete ehemalige Sklaven.[120] Dabei handelte es sich um eine spezielle Form der Legitimierung und Eingliederung von Cimarrón-Gesellschaften, die zugleich den Grenzschutz verbesserte. Das spanische Imperium war an seinen Außengrenzen erstaunlich flexibel. Auf Grund dieser Rechtstradition bildeten sich vor allem an den umkämpften Peripherien des spanischen Imperiums Wehrsiedlungen ehemaliger Sklaven. So etwa in Florida in der 1738 gegründeten Siedlung *Gracia Real de Santa Teresa de Mose*, nördlich von San Agustín,[121] die bis zur Übergabe Floridas an Großbritannien 1763–1783 als Fluchtsiedlung funktionierte. Einige der ehemaligen Cimarrones wurden dann bei Matanzas auf Kuba angesiedelt, aber auch an der Grenze zur französischen Kolonie Saint-Domingue, in Puerto Rico (und auf der Insel Trinidad), einem alten Sanktuarium geflohener Sklaven, sowie in den Guayanas.[122] Die Asylgesetzgebung wurde allerdings durch zweiseitige Auslieferungs-Verträge mit Dänemark (1767) und den Vereinigten Provinzen (1791) durchlöchert, 1789 noch einmal erneuert und seit 1791 faktisch abgeschafft. Eine ähnliche Funktion von Maroons ergab sich auf Jamaika und wurde im niederländischen Suriname ausgekämpft. 1769 liess Alejandro O'Reilly im Namen der Krone das Ver-

118 Birocco, Carlos M., „Fermín de Pesoa, liberto", in: Apuntes. Estudios Histórico-Sociales de Buenos Aires (2014), S. 1–21.

119 Graubart, „Los lazos que unen. Dueñas negras de esclavos negros, Lima, ss. XVI–XVII", S. 625–640; Archivo Nacional de Cuba (ANC), Intestado de la morena Belén Álvarez, Escribanía de Gobierno, (legajo) leg. 864, (expediente) exp. 9; siehe auch: Deschamps Chapeaux; Pérez de la Riva, Juan, Contribución a la historia de gentes sin historia, La Habana: Ed. de Ciencias Sociales, 1974 sowie: Hevia Lanier, „Reconstruyendo la historia de la exesclava Belén Álvarez", S. 30–53.

120 „R. C. Ratificando la libertad de los esclavos fugitivos procedentes de otros dominios extranjeros", in: Lucena Salmoral, Regulación de la esclavitud negra en las colonias de América Española (1503–1886), S. 248–251 (Dok. 304).

121 Landers, „Gracia Real de Santa Teresa de Mose: A Free Black Town in Spanish Colonial Florida", in: AHR Vol. 95 (February 1990), S. 9–30.

122 Nistral-Moret, Esclavos, prófugos y cimarrones, Thompson, „Establisment of Maroon Communities", in: Thompson, Flight to Freedom, S. 109–143, hier S. 122.

bot der Neuversklavung von Indios im neu übernommenen Luisiana (Louisiana) proklamieren, was die Sklaverei-Situation der bereits Versklavten erheblich verschärfte.[123]

Mit dem Modell „Saint-Domingue", der extrem dynamischen französischen Sklaverei-Musterkolonie im heutigen Haiti mit ihrem Verhältnis von 9 Teilen Sklaven zu einem Teil Freie und Sklavenhalter bei rund 500 000 Menschen, dem Spanien nacheifern wollte, sowie mehr und mehr Profiten aus Sklavenhandel und Exportwirtschaften nahm im 18. Jahrhundert (zunächst vor allem durch Tabakanbau) auch die Ausbeutung der Sklaven zu. Die Sklavinnen und Sklaven wehrten sich gegen die „Verletzung" ihrer alten Rechte. Die spanische Krone musste reagieren. Der *Código Negro Carolino* von 1784 („*Extracto del Código Negro Carolino, formado por la Audiencia de Santo Domingo ... para el gobierno moral, político y económico de los negros*")[124] sollte zunächst für die am wenigsten entwickelte spanische Kolonie Santo Domingo gelten, um die Sklaverei und Plantagenwirtschaft nach dem Modell der Musterkolonie Saint-Domingue auf der gleichen Insel zu reformieren. Dieses Sklavengesetz war nur für zehn Jahre, von 1785 bis zur Übergabe von Santo Domingo an Frankreich im Vertrag von Basel (1795) im spanischen Teil von Santo Domingo gültig. In diesem Codex sollten vor allem die Räume eingeengt werden, in denen sich Sklaven ohne Erlaubnis ihres Herrn bewegen durften. Zugleich sollte es für Sklaven schwerer werden, die Freiheit (*libertad*) zu erlangen. Sklaven und Sklavinnen sollten untereinander heiraten und Nachkommen haben, um so eine *clase negra* („schwarze Klasse" von Arbeitern in der Landwirtschaft) zu bilden.[125] Der Gesetzgeber in Madrid erließ 1789 einen zentralen *Código Negro* für alle Kolonien, auch für Kuba und die Philippinen. Der *Código Negro Español* von 1789,[126] wörtlich die *Real Cédula de Su Magestad sobre Educación, Trato y Occupa-*

123 Webre, Stephen, „The Problem of Indian Slavery in Spanish Louisiana, 1769–1803", in: Louisiana History 25:2 (1984), S. 117–135; Din, Spaniards, Planters, and Slaves, passim.

124 Santo Domingo, 14 de marzo de 1785, in: Konetzke, Colección de documentos para la historia de la formación social de Hispanoamérica, 3 Bde./5 Teilbde., (Madrid 1959/62, III/2, S. 553–573 (Dok. Nr. 280); siehe den eher mikrohistorischen Ansatz bei: Andrés-Gallego, „La realidad de una situación límite: la esclavitud", in: Andrés-Gallego, Derecho y justicia en España y la América prerrevolucionarias, Madrid: Fundación Mapfre Tavery y Funcación Ignacio Larramendi, 2005, S. 24–36 (http://www.joseandresgallego.com/docs/DerechoYJusticiaAmYEspPrerrevol.pdf (11. Mai 2013)).

125 Siehe zum Beispiel: Wisnoski III, Alexander, „It is Unjust for the Law of Marriage to be broken by the Law of Slavery. Married slaves and their Masters in Early Colonial Lima", in: Slavery & Abolition. A Journal of Slave and Post-Slave Studies Vol 35:2 (2014), S. 234–252.

126 „R. Instrucción sobre educación, trato y ocupación de los esclavos, Aranjuez, 31 de mayo de 1789", in: Konetzke, Colección de documentos para la historia de la formación social de Hispanoamérica, 3 Bde./5 Teilbde., (Madrid 1959/62, III/2, S. 643–652 (Dok. Nr. 308); Lucena Salmoral, „El original de la R.C. circular sobre la educación, trato y ocupaciones de los esclavos en todos los dominios de Indias e islas Filipinas", in: Estudios de Historia Social y Económica de América, Nr. 13 (1995), Alcalá de Henares, S. 311–317. Der Begriff „Código" für diesen Gesetzestext ist umstritten; ich benutze ihn hier, weil er traditionell so genannt wird.

ciones de los Esclavos, en Todos sus Dominios de Indias e Islas Filipinas, baxo las Reglas que se Expresan (volkstümlich auch *Código de Grimaldi*) lässt sich im Wesentlichen so zusammenfassen: die Sklaverei nach dem Vorbild von Barbados, Jamaika und Saint-Domingue ausweiten, intensivieren sowie zugleich „humanisieren" (Brandmarkung wurde verboten und Höchststrafen festgelegt) sowie Versklavte besser durch Staat und lokale Institutionen (*cabildos*) kontrollieren.[127] Mit dem Verweis auf den besseren Schutz von *indios, esclavos, negros* und Arme im spanischen Imperium einerseits (und der Meinung vieler europäischer Spanier, das sei ein „koloniales Problem")[128] und auf die Sklavenrevolution auf Saint-Domingue (1791–1803), die französische Revolution und die Revolutionskriege andererseits, erhoben Sklavenhalter massive Proteste, worauf die Krone den Código zurückzog (speziell als Spanien 1795 seinen Teil der ältesten Kolonie in den Amerikas, Santo Domingo, im Frieden von Basel an Frankreich abtreten musste).[129] Das Misslingen der Kontrolle durch den imperialen Staat zeigt im Falle der Sklavengesetze vielleicht am deutlichsten das Zurückweichen der zentralen Eliten und ihres „Rechtsstaates" vor mächtigen lokalen Sklaverei-Oligarchien. Die lokalen Oligarchien nahmen das Sklavenrecht unter ihre Kontrolle. Unter der Federführung von Francisco de Arango y Parreño entstand der *slave code* des *Nuevo Reglamento de Cimarrones* von 1796 (von Humboldt positiv erwähnt), der die Sklavenflucht im Raum Havanna und Matanzas regulierte.[130] In den Zeiten der napoleonischen Imperialkriege, die zugleich Zeiten der Herausbildung einer Gesellschaft der *Second Slavery* in Westkuba und des ungehinderten Sklavenhandels und Menschenschmuggels waren, existierte auf Kuba de facto keine positives zentrales Sklaverei-Recht und in Bezug auf Sklaverei sehr unterschiedliche konkrete Rechtsordnungen auf dem Atlantik

---

127 Belmonte Postigo, „Tratando de gobernar lo ingobernable. Leyes y proyectos esclavistas en Santo Domingo durante la centuria ilustrada", in: O'Phelan, Scarlett; Rodríguez, Margarita (coords.), El Ocaso del Antiguo Régimen en los Imperios Ibéricos, Lima: PUCP, Lima, 2017, S. 205–230.

128 Herzog, „How Did Early-Modern Slaves in Spain Disappear? The Antecedents", S. 1–7; Díaz Hernández, „Esclavos y la imagen de la justicia paternalista del rey y del virrey en el Veracruz colonial", in: Nuevo Mundo Mundos Nuevos, http://nuevomundo.revues.org/68121; DOI: 10.4000/nuevomundo.68121 (letzter Zugriff 30. 1. 2018).

129 Belmonte Postigo, „Tratando de gobernar lo ingobernable. Leyes y proyectos esclavistas en Santo Domingo durante la centuria ilustrada", S. 205–230.

130 Real Consulado/Junta de Fomento (eds.), Nuevo reglamento y arancel que debe gobernar en la captura de los esclavos cimarrones, La Habana: Imprenta de la Capitanía General, 1796; Ortiz, Fernando, Los negros esclavos, La Habana: Ed. de Ciencias Sociales, 1975, S. 416–422 (20. Dezember 1796, reformiert 1820 und 1822), siehe auch: Humboldt, Cuba-Werk. Hrsg. u. komm. von Hanno Beck in Verbindung mit W.-D. Grün et al. Darmstadt: Wissenschaftliche Buchgesellschaft, 1992 (Alexander von Humboldt Studienausgabe. Sieben Bände. Bd. III) (im Folgenden: Cuba-Werk), S. 163: „Die Ortsbehörden oder, richtiger gesagt, die reichen Eigentümer, welche das Ayuntamiento [Magistrat] von Havanna, das Consulado und die Patriotische Gesellschaft bilden, haben bei mehreren Gelegenheiten eine günstige Gesinnung für die Verbesserung des Schicksals der Sklaven gezeigt." [Fußnoten sind bei Humboldt mit * gekennzeichnet, in dieser steht:] „Reglamento sobre los Negros Cimmarrones d. 20 de Dec. de 1796".

und in der Karibik (obwohl ein Verbot des Sklavenhandels auf den Cortes von Cádiz für das Spanische Imperium debattiert wurde).[131] In gewisser Weise entstand für die kreolischen Patricios so etwas wie die Illusion eines *settler imperialism* – deshalb verglichen sie Kuba auch oft mit England oder Kanada.[132]

Dass lokale Eliten die Sklavereigesetzgebung in ihre Hände nahmen zeigt sich, trotz anders lautender Abolitionsdiskurse auch – und trotz oder gerade wegen der Revolution – in der Sklavereigesetzgebung des von Simón Bolívar geschaffenen Großstaates „Gran"-Colombia (1819–1830). Sklavenhandel war nicht so sehr das Problem; er wurde mehr oder weniger überall in den rebellierenden Kolonien schon relativ zeitig verboten (1810–1812; obwohl die lokalen Eliten liebend gerne an der Akkumulationsmaschinerie Atlantisierung (*hidden Atlantic slavery*) partizipiert hätten, aber da waren schon Spanier/Kubaner sowie Portugiesen/Brasilianer und US-Amerikaner). Die Sklaverei wurde in „Groß"-Kolumbien nach den Debatten der Gründungskongresse *manumissión* genannt (eigtl. das juristische Fachwort für Freilassung) und blieb im Stand von 1819; die „Freiheit des Bauches" (neugeborene Kinder von Sklavinnen sollten ab 1821 „frei" sein) wurde verkündet, aber die „freien" Kinder blieben bei ihren Müttern und mussten gegen Verköstigung, Bekleidung und Behausung bei ihren ehemaligen Herren arbeiten. *Manumisos* (Quasi-Sklaven) und ihre Angehörigen sollten nicht ins Ausland verkauft werden dürfen.[133] Es war offenkundig, dass die in der Independencia siegreichen Eliten (die Masse der loyalen Eliten schloss sich den Siegern schnell an) die Sklaverei unter anderem Namen rekonstruierten und sie mindesten bis in 1850er Jahre verlängerten.

---

131 „Propuestas de José Miguel Guridi y Alcocer para la abalición del tráfico de esclavos", in: Chust Calero, Manuel (introd. y selección), América en las Cortes de Cádiz, Madrid/Aranjuez: Fundación Mapfre / Doce Calles, 2010, S. 105–106 [Doc. XI]; „Propuestas de Agustín Argüelles y José Mejía Lequerica para la abolición de la tortura y del tráfico de esclavos", in: Chust Calero, Manuel (introd. y selección), América en las Cortes de Cádiz, S. 107–113 [Doc. XII]; siehe auch: Scott, „Slavery and the Law in Atlantic Perspective: Jurisdiction, Jurisprudence, and Justice", S. 915–924; siehe auch: Berquist, Emily, „Early Antislavery Sentiment in the Spanish Atlantic World, 1765–1817", in: Slavery & Abolition Vol. 31:2 (June 2010), S. 181–205.

132 Zum Settler Imperialism siehe: Bickers, Robert (ed.), Settlers and Expatriates. Britons Over the Seas, Oxford: Oxford University Press 2010; Bateman, Fiona; Pilkington, Lionel (eds.), Studies in Settler Colonialism. Politics, Identity and Culture, Basingstoke: Palgrave Macmillan 2011; Veracini, Lorenzo, Settler Colonialism. A Theoretical Overview, Basingstoke: Palgrave Macmillan 2010; Belich, James, Replenishing the Earth. The Settler Revolution and the Rise of the Anglo-World, 1783–1939, Oxford: Oxford University Press 2009; Ford, Lisa, Settler Sovereignty. Jurisdiction and Indigenous People in America and Australia, 1788–1836, Cambridge: Harvard University Press 2010; zum Fehlen von rechtsverbindlichen Regelungen in Brasilien siehe: Chalhoub, „The Politics of Ambiguity: Conditional Manumission, Labor Contracts, and Slave Emancipation in Brazil (1850s–1888)", S. 161–191.

133 Hoyos Körbel, Pedro Felipe, „Bolívar y la legislación esclavista", in: Hoyo Körbel, Bolívar y las negritudes. Momentos históricos de una minoría étnica en la Gran Colombia, Bogotá: Hoyos Editores, 2007, S. 228–239 (Lit.: S. 383–394); siehe auch Zeuske, Simón Bolívar. History and Myth, Princeton: Markus Wiener, 2013.

In der übrig gebliebenen „Kron"-Kolonie Kuba gab es im Grunde Sonderreglungen für den formal illegalen atlantischen Sklavenhandel.[134] Erst um 1840 zog der liberale Staat auf Kuba die Zügel wieder an und erließ unter dem bereits oben genannten Generalkapitän Gerónimo Valdés für die Insel des Zuckers und der Sklaven, die mittlerweile zusammen mit Puerto Rico die letzte Kolonie Spaniens in den Amerikas war (mit Ausnahme des Intermezzos 1861–1865 in Santo Domingo), den *Bando de Gobernación y Policia de la Isla de Cuba*[135] und machte eine Art Ombudsman oder Armenanwalt, den *síndico*, für alle Kommunen verbindlich, der zwischen Herren und Sklaven, besonders in Fragen der Preisfestlegung bei Selbstfreikauf (*coartación*) von Sklavinnen und Sklaven, vermitteln sollte.[136] Zugleich wurde 1844 durch *circulares* (Erlasse der Kolonialregierung) die Mobilität ehemaliger Sklaven und freier Farbiger stark eingeschränkt (Kutscher, Maultierführer und Boten sollten nur Weiße sein und Farbige mussten einen Ausweis vorweisen können). Farbige von anderen Karibikinseln sowie Atlantikkreolen wurden ausgewiesen.[137] Mit dem Bando von 1842 war der private Charakter der Eigentumsrelation zwischen Sklave und Herr im geschriebenen Recht quasi aufgehoben – auch und gerade wegen der Brechung der „römischen" Eigentumsmacht der Sklavenhalter durch das staatlich garantierte Recht auf Selbstfreikauf und die staatlich kontrollierte Festlegung der Geldsumme (*tasación*) für den Freikauf (*coartación*). „Spanische" Sklaverei auf Kuba oder in Spanisch-Amerika ist lange nach dieser rechtlichen Oberkontrolle des Staates beurteilt worden.[138] In einem langen Prozess zwischen 1836 sowie 1861–

134 Perera Díaz; Meriño Pérez, „De la libertad encubierta para el tráfico de esclavos al liberalismo económico para la explotación de la colonia", in: Perera Díaz; Meriño Pérez, Estrategias de libertad. Un acercamiento a las acciones legales de los esclavos en Cuba (1762–1872), 2 Bde., La Habana: Editorial de Ciencias Sociales, 2015, Bd. I, S. 64–88.

135 Valdés, Geronimo, „Bando de Gobernación y Policia de la Isla de Cuba/Reglamento de esclavos" [1842], in: Pichardo, Documentos, Bd. I, S. 316–326 (nur Reglamento); zu Puerto Rico siehe: Altieri, Gerardo A. Carlo, „Derecho y Esclavitud en el Puerto Rico del siglo XIX", in: Inicio Vol. 6, núm. 7 (2009), S. 91–127 (unter: http://revistas.ucr.ac.cr/index.php/intercambio/article/view/3217 (23. März 2014)).

136 Mojarrieta, José Serapio, Esposición sobre origen, utilidad prerogativas, derechos y deberes de los síndicos procuradores generales de los pueblos, Puerto Príncipe: Imprenta del Gobierno, s. a. [1830]; Cano, Bienvenido, El libro de los síndicos de ayuntamiento y de las juntas protectoras de libertos. Recopilación cronológica de las disposiciones legales a que deben sujetarse los actos de unos y otras por Bienvenido Cano y Federico de Zalba, Habana, Impr. del Gobierno y Capitanía General por S.M., 1875; Fuente (coord.), Su „único derecho": los esclavos y la ley, passim; zum „Überleben" hispanischer Rechtsformen in überseeischen Gebieten und in den unabhängigen Staaten des späteren Lateinamerika siehe: Castañeda y Granados, Daniel H., La supervivencia del derecho español en Hispanoamérica durante la época independiente, México: UNAM, 1998.

137 „Circulares impresas del Gobierno Superior Civil de la Isla de Cuba", in: Tardieu, „Morir o dominar". En torno al reglamento de esclavos en Cuba (1841–1866), Madrid: Iberoamericana; Frankfurt am Main: Vervuert Verlag, 2003 (Acta Coloniensia. Estudios Ibéricos y Latinoamericanos, eds. Hans Jürgen Prien y Michael Zeuske, VII), S. 272–277.

138 Zu Sklavenehe und Sexualität siehe: Schmieder, „Sklaverei und Sexualität im Kuba der Massensklaverei des 19. Jahrhunderts", in: Fischer, Josef; Ulz, Melanie unter Mitarbeit von Simonis,

1866 wurde auch das imperiale Mutterland sozusagen von der Sklaverei-„Kolonie" Kuba abgegrenzt: das europäische Spanien war seit den 1860er Jahren *free soil*.[139]

Das Problem mit der Ausweitung der Sklaverei, etwa auf Kuba zur Massensklaverei zwischen 1800 und 1886, war, dass diese Rechte in den Kolonien und schon gar nicht auf den großen Plantagen (*ingenios*) vor allem im Interior der Insel nicht durchgesetzt wurden. Und im atlantischen oder karibischen Menschenschmuggel schon gar nicht.

Der beste Vergleich zu anderen Sklaverei-Rechtskulturen in den Amerikas findet sich bei José Andrés-Gallego.[140] Demnach war die portugiesische Gesetzgebung dem spanischen Zivilrecht in der Tradition des Corpus Iuris Civilis am ähnlichsten, auch wenn die portugiesischen *Ordenações* nicht so deutlich wie die spanischen von „guter Behandlung" der Sklaven sprachen und, wie gesagt, lokale Eliten und Institutionen stärker waren, vor allem in den Hinterländern des heutigen Brasiliens und der afrikanischen Atlantik-Hubs (Bissau, Cacheu, El Mina, Ouidah/Whydah, Luanda) oder Moçambique. Dort war der portugiesische Kronkolonialismus (Theorie) in der Praxis eher eine iberisch-lokale Variante von *Settler Imperialism* (Siedler-Imperialismus) mit der sexualpolitischen Lizenz (die die *colonos* nicht unbedingt brauchten – siehe Atlantikkreolen sowie *lançados/tangomãos*), mit indigenen Frauen unabhängig von deren Status so viele Nachkommen wie möglich zu zeugen.[141]

Die französische Gesetzgebung des *Code noir* von 1685 war ebenfalls eine Anwendung des „römischen Rechts", allerdings als eine Art Neuschöpfung in Versailles und nicht begründet in einer langen Tradition der Sklaverei-Legislation wie auf der iberischen Halbinsel.[142] Im Code Noir von 1685 wurde ein fast absolut herrschender Eigentümer konstituiert. Die schwersten Strafen waren schriftlich erlaubt.

Marcel (eds.), Unfreiheit und Sexualität von der Antike bis zur Gegenwart, Unfreiheit und Sexualität von der Antike bis zur Gegenwart, Hildesheim/Zürich, New York: Georg Olms Verlag, 2010, S. 162–187.

139 Martín Casares; García Barranco, Margarita, „Legislation on Free Soil in Nineteenth-Century Spain: The Case of the Slave Rufino and Its Consequences", in: Slavery & Abolition Vol. 32:3 (Sept. 2011), S. 461–476; siehe auch: Perera Díaz; Meriño Pérez, „Tierra libre", in: Perera Díaz; Meriño Pérez, Estrategias de libertad, Bd. II, S. 141–167, vor allem S. 159–162.

140 Andrés-Gallego, „Algunas consideraciones con otros territorios", in: Andrés-Gallego, La esclavitud en la América española, S. 241–289.

141 Ebd., S. 46f; zum Konzept des Siedler-Imperialismus (und der Konsequenzen, auch für das jeweilige Recht), siehe: Finzsch, „Siedlerimperialismus und Genozid in den Vereinigten Staaten und Australien", in: Lehmann, Hartmut; Schnurmann, Claudia (eds.), Atlantic Understandings: Essays on European and American History in Honor of Hermann Wellenreuther, Münster: LIT Verlag, 2006, S. 271–285; Belich, James, Replenishing the Earth. The Settler Revolution and the Rise of the Anglo-world, 1783–1939, Oxford: Oxford University Press, 2011.

142 Andrés-Gallego, „Algunas consideraciones con otros territorios", S. 241–289, hier S. 247–249; Navarro Azcué, Concepción, La abolición de la esclavitud negra en la legislación española, Madrid: Cultura Hispánica, 1987.

Der Zugang der Versklavten zu den Rechtstribunalen war quasi unmöglich. Auch die Sklavenehe war im Grunde nicht vorgesehen. Der Zugang der Sklavinnen und Sklaven zur Manumission wurde extrem erschwert.[143] Allerdings ergab sich aus der Präponderanz des Eigentumsrechts auch eine bestimmte Form der Gleichheit. Der Code Noir legte zwar fest, freie Farbige (*gens de couleur*, unter ihnen auch frei gelassene Sklaven) sollten „einen singulären Respekt für ihre ehemaligen weißen Herren" bewahren, zugleich wurden ihnen in Bezug auf Eigentum die gleichen „Rechte, Privilegien und Immunitäten [wie] den Weißen" gewährt.[144]

Die niederländische Gesetzgebung hatte weder Vorläufer noch eine gemeinsame Quelle. Die Kolonialterritorien in den Amerikas wurden formal durch die West-Indische Compagnie kontrolliert, die einzelne *placaaten* (konkrete legale Regulierungen) in den unterschiedlichen Territorien zuließ. Einheitlich war, dass Ehen von Sklaven formal nicht erlaubt waren, die Sklaven *peculium* („Sparpfenning") haben und christianisiert werden durften. Ab 1795 gab es für Curaçao auch die Anordnung, Sklaven nicht exzessiv zu bestrafen.[145]

Die größten Unterschiede gab es zum englisch-britischen Recht, nicht nur allgemein, sondern konkret – so entstanden auf Barbados und Jamaika sowie South Carolina (bei allen Unterschieden) sozusagen Sklaverei-Gesellschaften der Sklaveneigner.[146] In den europäischen Territorien Englands und des Britischen Reiches (1169–1603 Irland; 1536 Wales; 1603–1707 Schottland) gab es vor 1650 keine schwarzen Sklaven (als Rechtsfigur), sondern nur die Rechtsfigur einer zweijährigen Schuldknechtschaft (wie oben im einleitenden Essay beschrieben – bei Irland ist das umstritten). Auch im *common law* war Sklaverei nicht vorgesehen; es stellt im Grunde auch keine legale Tradition für die Sklaverei in den englischen Kolonien

---

143 Lucena Salmoral, Leyes para esclavos: el ordenamiento jurídico sobre la condición, tratamiento, defensa y represión de los esclavos en las colonias de la América española, Editorial Tavera, Madrid, 2000; Wood, Laurie, „Across Oceans and Revolutions: Law and Slavery in French Saint-Domingue and Beyond", in: Law & Social Inquiry Vol. 39:3 (September, 2014), S. 758–782.

144 „Code Noir" (1685), Artikel 58 und 59; siehe: Trésor de la langue française au Québec (online unter: http://www.tlfq.ulaval.ca/axl/amsudant/guyanefr1685.htm (16. August 2014)); Gómez, „¿Ciudadanos de color? El problema de la ciudadanía de los esclavos y gente de color durante las revoluciones franco-antillanas, 1788–1804", in: Bolivarium. Anuario de Estudios Bolivarianos XI:12 (2005), S. 117–157.

145 Andrés-Gallego, „Algunas consideraciones con otros territorios", S. 241–289, hier S. 249.

146 Nicholson, Bradlay, „Legal Borrowing and the Origins of Slave Law in the British Colonies", in: American Journal of Legal History 38:1 (1994), S. 50–70; Van Cleve, George, „Somerset's Case and its Antecedents in Imperial Perspective" in: Law and History Review 24 (2006), S. 601–645; Petley, Christer, Slaveholders in Jamaica: Colonial Society and Culture during the Era of Abolition, London: Pickering & Chatto, 2009; siehe auch: Nelson, William E., The Americanization of the Common Law. The Impact of Legal Change on Massachusetts Society, 1760–1830, Cambridge: CUP, 1975 (Studies in Legal History); Jobs, Sebastian, „*An Act for the Better Ordering of Negroes and Slaves* (1712)", in: Stieglitz, Olaf / Martschukat, Jürgen (eds.): race & sex: Eine Geschichte der Neuzeit. 49 Schlüsseltexte aus vier Jahrhunderten neu gelesen, Berlin: Neofelis Verlag 2016, S. 383–389.

dar. Am nächsten kam offener Sklaverei die *villainage* in England.[147] Das Parlament in London hat kein Gesetz erlassen, das Sklaverei in Großbritannien legalisierte. Im einflussreichen Somerset-Case 1772 fällte *chief justice* Mansfield kein Grundsatzurteil über die Legalität der Sklaverei im Allgemeinen, sondern untersagte die Deportation des Sklaven Somerset aus England (gewohnheitsrechtlich *free soil*) nach Jamaika (ein koloniales Sklavereigebiet mit eigenen Gesetzen). Wichtig ist, dass nach Somerset wegen Propaganda und Diskursen der Abolitionisten sich Unsicherheit hinsichtlich der Legalität der Sklaverei breit machte. In England anwesende Sklavenbesitzer legten in dieser Situation vor Gerichten die „von ihren Sklaven unwissentlich oder zwangsweise unterzeichneten *apprenticeship agreements*“[148] vor nach dem „Muster von Lehrlingsverträgen und *indentures* [die sie] (allerdings lebenslang) an ihre Herren banden“.[149] Das ist nicht nur wichtig für die Debatten um „Sklaverei und Freiheit“, sondern auch für Vertragsformen von Zwangsarbeit/Sklaverei – auch wegen der Prominenz des britischen Falles, der im Grund nur bestätigte, dass England *free soil* war.

Sklaven-Gesetze in britischen Kolonien (*slave codes*) waren Neuschöpfungen, allerdings basierend auf der drakonischen englischen Armengesetzgebung, die schon von Marx als Blutgesetze charakterisiert wurden. Bei der Entwicklung der Sklavengesetzgebung können nach Dominik Nagel zwei Hauptlinien unterschieden werden. Einige Kolonien hatten autonomen Status, d. h., Gesetze wurden von Kolonistenversammlungen (auf Barbados die großen Besitzer/Sklavenhalter) vor Ort ohne Rückgriff auf andere englische/britische *slave codes* erlassen (Barbados,[150] Virginia oder Massachussetts); allerdings mussten Rechtstraditionen beachtet werden. Anders war es der Fall in den Kolonien Jamaika, Antigua, South Carolina (wohin viele verdrängte Pflanzer aus Barbados einwanderten) oder Georgia. Auf sie hatte der *slave code* von Barbados einen prägenden Einfluss (erster umfassender *slave code* mit unbekannten Vorläufern bereits 1661).[151] Barbados war bis zur Übernahme durch England 1626 formell von Spanien beanspruchter Kolonial-Besitz, der allerdings nicht von Spaniern besiedelt war und von Portugiesen als Zwischenstation nach Brasilien genutzt wurde. Barbados war nach der Übernahme durch die Engländer auch die erste vollständig kommodifizierte Gesellschaft der Welt.

---

147 Shilliam, Robbie, „Forget English Freedom, Remember Atlantic Slavery: Common Law, Commercial Law, and the Significance of Slavery for Classical Political Economy“, in: New Political Economy 17:5 (2012), S. 591–609.

148 Nagel, „Recht und Praxis der Sklaverei in England, Massachussetts und South Carolina“, in: Nagel, No Part of the Mother Country, S. 635–700, hier S. 639.

149 Ebd.

150 Birr, „Sharing the plunder, pitying the men? Normative Regelungen der Sklaverei im britischen Kolonialreich. Das Beispiel Barbados“, S. 115–145.

151 Nagel, „Recht und Praxis der Sklaverei in England, Massachussetts und South Carolina“, S. 635–700, hier S. 641–643, Jennison, Watson, Cultivating Race: The Expansion of Slavery in Georgia, 1750–1860, Lexington: University Press of Kentucky, 2012.

Im englischen/britischen Einflussbereich und Rechtsfeld gab es im Grunde keine allgemeinen Gesetze für Sklaven oder für die Legalität von Sklaverei, so dass vor allem Richter zu konkreten Fällen Recht sprechen (Jurisprudenz). Im Grunde war das keine Rechtsfrage, sondern ein Problem des Rechts in einer globalhistorischen Makrostruktur – der einer europäischen Randmonarchie, die zum Herzen eines fulminanten *Settler Imperialism* mit vielen Sklaven geworden war. Das führte in der Konseqenz zu vielen Unterschieden. Ich erwähne hier nur, dass jeder Angelsachse avant la lettre eine höhere Position als ein Sklave zugesprochen bekam. Jeder geflohene Sklave durfte (und sollte) von jedem Freien gejagt werden. Es existierten rigide Kleidungsordnungen für Sklaven. Für Sklavinnen und Sklaven war Bildung (Lesen und Schreiben) verboten und im Grunde auch die Zugehörigkeit zu Kirche und Religion der Sklavenhalter. Sklaven gehörten nicht, wie im islamischen oder iberischen Recht sowie den meisten afrikanischen Rechtsordnungen, zur erweiterten Familie.[152] Individuelle Freilassungen (*manumission*) waren meist verboten bzw. die Besitzer durften darüber nicht frei und selbständig entscheiden. Freilassung bedeutete darüber hinaus nicht den Eintritt in zivile oder politische Rechte, sondern eigentlich nur etwas mehr individuelle Mobilität. Sklavenehen (die es de facto gab) waren formal verboten, ebenso wie interrassiale Ehen.[153] Am Beginn der Kolonialentwicklung, etwa auf Barbados oder in South Carolina, wurden Sklaven eine zeitlang als nicht pfändbares Grundeigentum behandelt (wie im Falle Spaniens als *mayorazgo*). Das änderte sich allerdings mit der Dynamik der Plantagenwirtschaft (auf Barbados seit 1640, in South Carolina seit ca. 1700) schnell – Sklaven waren nun generell *chattels personal*.[154] Im Grunde war es Siedlern englischer Kolonien egal (mit Ausnahme einiger Quäker seit der 2. Hälfte des 18. Jahrhunderts), ob sie die lokale Bevölkerung versklavten oder ob sie atlantische Sklaven ausbeuteten. In South Carolina und anderen Gebieten wurden auch sehr viele indianische Sklaven eingesetzt. Afrikanische Sklaven hießen schwarze Knechte, deren Knechtschaft lebenslang gelten sollte.[155] Wer sich der Versklavung entzog, wurde ausgerottet.

Das härteste Strafrecht gegenüber Sklaven existierte in den dänischen Kolonien. Das lokale Sklaven-Recht wurde durch Disposition des Gouverneurs (*placat*) erlassen. Sklaven stellten volles Eigentum ihrer Besitzer dar und hatten keinerlei Persönlichkeitsrechte. Strafen waren drakonisch, etwa 150 Stockschläge sowie Amputation von Füßen und Händen. Ab 1755 gab es königliche Gesetze (*Reglement*

152 Peabody, Sue, „Slavery, Freedom, and the Law in the Atlantic World, 1420–1807“, in: Eltis; Engerman (eds.), The Cambridge World History of Slavery, Vol. 3, S. 594–630.

153 Andrés-Gallego, „Algunas consideraciones con otros territorios“, S. 249–252.

154 Nagel, „Recht und Praxis der Sklaverei in England, Massachussetts und South Carolina“, S. 635–700, hier S. 644–648; zum Rechtsstatus im kontinentalen Europa; siehe: Kuhlmann-Smirnov, „Sklaverei in Zentraleuropa?“, S. 68–77.

155 Nagel, „Recht und Praxis der Sklaverei in England, Massachussetts und South Carolina“, S. 635–700, hier S. 644–648.

for Slaverne), die den Sklaven freiwillige Taufe (zum Luthertum) empfahlen und Sklavenehen schützte. Verheiratete durften auf keinen Fall getrennt werden. Aber weiterhin hatten Sklaven keinerlei juristische Person. Bei Raubverbrechen wurden sie gebrandmarkt oder kastriert. Auf Flucht stand automatisch Tod.[156]

Islam, Sklavereien und Rechte

> [...] in his native country Foutha Yalloo, they had two codes of law, one taken directly from the Koran and adapted solely to born Mahometans, the other, made on the occasion by the head men of his father's [Ama-De-Bella war zweiter Sohn von Ali Mami von Futa Jallon – M. Z.] counselors, was applied to the unbelievers and slaves.[157]

> Seyyid Said told the British consul, "Arabs won't work; they must have slaves and concubines."[158]

Eine einheitliche „islamische Sklaverei", die allein auf Texten des Koran und des Hadith (*hadīth*, Pl. *ahādīth*: orale Erzählung über Aussagen, Aktionen, Lebensweise und Anweisungen des Propheten Mohammed), sowie islamische Jurisprudenz (*fiqh*) oder Scharia (Sunna) oder Regelungen der osmanischen Sultane (*kaṇun*)[159] beruht, gab und gibt es nicht. Obwohl es seit der Frühzeit, bald nach dem Beginn der islamischen Zeitrechung, Versuche gab, auf Basis der Lehren des Korans, eine „uniform legal institution of slavery"[160] zu schaffen. Grundsätzlich gilt zweierlei:

156 Andrés-Gallego, „Algunas consideraciones con otros territorios", S., S. 251–254.

157 Conneau, Theophilus, „Chapter 12th. Ama-De-Bella Visits Our Factory", in: Conneau, A Slaver's Log Book, or 20 Years Residence in Africa. The Original 1853 Manuscript by Captain Theophilus Conneau, Englewood Cliffs: Prentice Hall, 1976, S. 62–70, hier S. 68 (Originalmanuskript: Captain Canot; or Twenty Years of an African Slaver being an Account of His Career and Adventures on the Coast, in the Interior, on Shipboard, and in the West Indies. Written out and Edited from the Captain's Journals, Memoranda and Conversations, by Brantz Mayer, New York: D. Appleton and Company; London: George Routledge and Co., M.DCCC.LIV [1854]).

158 Zitiert nach: Sheriff, „*Suria*: Concubine or Secondary Wife? The Case of Zanzibar in the Nineteenth Century", in: Campbell; Elbourne (eds.), Sex, Power, and Slavery, S. 99–120, hier. 103.

159 Zu Rechten und spezifischen spezifischen Reglungen im osmanischen Imperium, siehe: Özkoray, Hayri G., „Une 'culture de résistance'? Stratégies et moyens d'émancipation des esclaves dans l'Empire ottoman au XVIe siècle", in: Hanß; Schiel (eds.), Mediterranean Slavery Revisited (500–1800), S. 403–418 (zu den Rechtsgrundlagen siehe vor allem S. 405–408); siehe auch: Chebel, Malek, L'esclavage en terre d'islam. Un tabou bien gardé, Paris: Fayard, 2007 sowie demnächst: Franz, Kurt, „Slavery in Islam. Legal Norms and Social Practice", in: Amitai; Cluse (eds.), Slavery and the Slave Trade in the Eastern Mediterranean (Zitat mit freundlicher Genehmigung der Herausgeber aus dem Manuskript).

160 El Hamel, „The Notion of Slavery and the Justification of Concubinage as an Institution of Slavery in Islam", in: El Hamel, Black Morocco, S. 17–59, hier S. 20; siehe auch: Northrup, „Military Slavery in the Islamic and Mamluk Context", S. 115–131, zur Essentialisierungstendenz in Bezug auf „den Islam" in welthistorischer Perspektive hat Ehud Toledano eigentlich alles gesagt, siehe: Islam

globalhistorisch waren Sklavereien in islamisch geprägten Gesellschaften im Wesentlichen Ausprägungen von Kin-Sklaverei und als solche quantitativ gigantisch (was auch für Sklavenhandel bzw. -erwerb gilt, vor allem in den Expansionsphasen).[161] Andererseits waren Sklavereien in islamisch geprägten Gesellschaften viel weniger starr als *Atlantic slavery* und viel weniger an die Blöcke Herrschaft, (Land-)Eigentum, Stand/Kaste/Klasse oder Hautfarbe (*race*) gebunden. Es gab sicherlich viel mehr Versklavte als im christlichen Europa und auch mehr als in der atlantischen Sklaverei. Sklavereien waren zugleich durchlässiger; Sklaven und auch Sklavinnen konnten sozial aufsteigen oder relativ lautlos frei gelassen werden (was für die *frontiers* und bestimmte Gebiete, etwa Ostafrikas, nicht gelten muss).[162] Daraus ist in gewisser Weise eine Theorie der „besseren Sklaverei" gemacht worden: „Islam did not invent slavery, nor did it try to abolish it outright. What it tried to do was to humanize the institution trough regulations and exhortations on the treatment of slaves. A slave was not merely chattel but also a human being with certain religious and legal rights and social status".[163]

In Afrika, einem der Hauptexpansionsgebiete des Islam, akzeptierten „Muslim legal authorities ... Sub-Saharan Africa as a legitimate source of slaves because its inhabitants were defined as *kafirun* (pagans [siehe auch: *kafr* oder *cafres* – M. Z.]) and therefore not under protection of Islam".[164] Weltweit reputierte Pferde („Araber"; „Berber") wurden in Nordafrika gezüchtet und waren zugleich das Fortbewegungsmittel vieler Sklavenjäger und -händler sowie ein sehr gesuchter Tauschwert für Sklavinnen und Sklaven.[165]

Dazu kommt eine Besonderheit der Überlieferungsgeschichte von Archivalien in der islamischen Welt vor etwa 1500 (vor der Suprematie der Osmanen) – ich zitiere Jürgen Paul: „First, Islamic law does not accept documentary evidence as proof of a past action and insists on witnessesof the act being questioned. Second,

---

and the Abolition of Slavery by William Gervase Clarence-Smith. Review by: Ehud R. Toledano, in: The Journal of African History, Vol. 48, No. 3 (2007), S. 481–485.

161 Müller, Hans, Die Kunst des Sklavenkaufs: Nach arabischen, persischen und türkischen Ratgebern vom 10. bis zum 19. Jahrhundert, Freiburg i. Br.: Schwarz, 1980 (Islamkundliche Untersuchungen; 57).

162 Sheriff, „*Suria*: Concubine or Secondary Wife? The Case of Zanzibar in the Nineteenth Century", S. 99–120; Sheriff, Dhow Cultures of the Indian Ocean: Cosmopolitanism, Commerce and Islam, New York: Columbia University Press, 2010, S. 218–222.

163 Ebd., S. 99; siehe auch: Brown, Jonathan, „Slavery and Islam – Part 1: The Problem of Slavery", https://yaqeeninstitute.org/en/jonathan-brown/the-problem-of-slavery/ (letzter Zugriff 30. 1. 2018); sowie: Mathews, Nathaniel, „Slavery, Abolition and the Moral Horizon of Prophet Muhammad: A Response to Jonathan Brown", https://www.academia.edu/31739080/Slavery_Abolition_and_the_Moral_Horizon_of_Prophet_Muhammad_A_Response_to_Jonathan_Brown (letzter Zugriff 30. 1. 2018), S. 1–25; siehe auch: Clarence-Smith, „The nature of slavery in Islam", S. 2–6.

164 Austen, „Caravan Commerce and African Economies", in: Austen, Trans-Saharan Africa in World History, New York/Oxford: Oxford University Press, 2010, S. 23–48, hier S. 32.

165 Ebd.

Islamic law does not recognise legal persons and insists on natural persons as legal agents".[166]

Die Ausgangsbedingungen der islamischen Expansion waren, wie vieles andere auch, durch die hellenistisch-römische, die jüdische, jüdisch-christliche und um 650 ziemlich stark christianisierte, Kultur geprägt.[167] Im präislamischen Arabien kam die Masse der Versklavten einerseits aus lokalen Sklavereien bzw. Bevölkerungen, andererseits aus dem historischen Sudan sowie aus Äthiopien (sowie den heutigen Staaten Erithrea und Somalia)[168] und aus Razzien. Es gab aber auch „weiße" Sklaven, vor allem aus Byzanz, aus Persien sowie versklavte Kiptschaken-Türker (Polowezer – „die Bleichen/Blonden, auch: Kumanen), Cirkassier („Tscherkessen") sowie andere Versklavte aus der Kaukasus-Region oder Araber, meist Kriegsgefangene, aber auch Kaufsklaven. Der Freikauf von Razziensklaven war ein lukratives Geschäft unter Nomaden und Karawanen-Kaufleuten.[169] Vom Anfang der Kriegszüge islamischer Truppen an gab es massive Praktiken zur Versklavung von kriegsgefangenen „Ungläubigen", deren Versklavung als legitim im Sinne der Zivilisierung zu Gläubigen galt. Der dritte Kalif in Medina, Uthman, befahl 647 die erste arabisch-islamische Attacke auf „Afrika"-*Ifriqiya* (Tunesien, Tripolitanien und Ost-Algerien), d. h., die massive Expansion. „The first means by which slaves were acquired in North Africa at the beginning of Islamic conquest", schreibt Chouki El Hamel, „was through the conquest itself or *as-saby* ... *As-Saby* was a state affair".[170] Im Grunde kann die frühe Kriegs- und Razzien-Versklavung aber auch als gewaltsame Integration in die Gemeinschaft der Gläubigen verstanden werden. Allerdings scheint es während der Regierung der ersten vier Kalifen noch keine klar geregelte Kaufsklaverei und keine Eunuchen, die Frauen bewachen, gegeben zu haben (das wurde damals als byzantinischer Brauch angesehen). Alles Schlechte habe mit dem Omayaden begonnen.[171] Es gab aber, wie gesagt, viele Lokalformen der Sklaverei und des Sklavenhandels und viele kleinflächige rechtliche Kodifizierungen in Ge-

---

166 Paul, Jürgen, „Archival Practices in the Muslim World prior to 1500", in: Bausi, Alessandro et al (eds.), Manuscripts and Archives. Comparative Views on Record-Keeping, Berlin: De Gruyter, 2018, S. 339–360, hier S. 352.

167 Al-Ani, Ayad, „Orientalistische Wurzeln: Arabien als Teil der hellenistisch-römischen und christlichen Welt und aktuelle Auswirkungen", in: Zeitschrift für Weltgeschichte Jg. 12:2 (Herbst 2011), S. 213–237.

168 Smidt, Wolbert, „Slavery", in: Uhlig, Siegbert (ed.), Encyclopedia Aethiopica, 5 Bde., Wiesbaden: Harrassowitz, 2010, Bd. IV, S. 673–681; Jok, Jok Madut, War and Slavery in Sudan, Philadelphia: University of Pennsylvania Press, 2011.

169 El Hamel, „The Notion of Slavery and the Justification of Concubinage as an Institution of Slavery in Islam", S. 17–59, hier S. 18; allgemein zum Sklavenkauf siehe: Müller, Die Kunst des Sklavenkaufs, passim.

170 El Hamel, „The Arab Conquest and Black Africans", in: El Hamel, Black Morocco, S. 113–132, hier S. 113.

171 El Hamel, „A Critical Exam", in: Black Morocco, S. 42–46, hier S. 43 f.

sellschaften, die den Islam übernahmen und die Übernahme von bereits versklavten Menschen in eroberten Gebieten (vor allem auch im muslimischen Afrika).[172] Haussklaverei war bald weit verbreitet.[173]

Gehen wir sozialwissenschaftlich-strukturell an das Rechtsproblem heran, zeigt sich am Landbesitz (*large estates*), dass es wahrscheinlich eine Kontinuität im urbanen Bereich, inclusive des großen Landbesitzes (mit Sklaven) zwischen römisch-byzantinischer und arabisch-berberischer Zeit in Gebieten Nordafrikas gab: „landholding pattern of large landed estates in the north formed by land grants to the Arab conquerors and their Berber allies in the early eighth century ... The settlement pattern in northern Tunisia appears to be dominated by large estates until at least the seventh century, and it would not be surprising if this landholding pattern continued into the medieval period with the seizure of already-existing estates by the Arabs".[174] Wichtiger als Sklavereien in großen Landwirtschaften waren Haussklavereien. Craig Perry hat auf die vielen Dokumente verwiesen, die für die Forschung mehr und mehr nutzbar sind, u. a. aus Geniza-Funden (Geniza oder Genisa – pl. *genizoth*: etwa Lager, Speicher, Depot für lithurgische jüdische Schrift oder Schriften, die das Kürzel JHWH (Jahweh) oder andere schriftliche Bezeichnungen Gottes enthielten. Sie durften nicht einfach weggeworfen werden, sondern wurden in schwer zugänglichen Kammern oder Schächten aufbewahrt). Sie zeigten zum Beispiel, dass sehr viele freie jüdische und muslimische Frauen in islamischen Gebieten Sklavinnen besaßen und stehen damit im Gegensatz zur allgemeinen Darstellung von Sklaverei in Gebieten unter Einfluss islamischer Gesellschaften.[175]

Die Lehre Mohammeds akzeptierte Sklaverei und Sklavenerwerb. Allerdings muss ganz klar zwischen Theorie und Praxis unterschieden werden; vor allem auch was die Macht der patrimonialen Herrschafts- und Verwaltungssysteme und der Stellung von Versklavten darin, betraf. In Summe blieben bis ins 19. Jahrhundert, wie Gudrun Krämer zu Recht hervorhebt, Rechtsstatus, Eigentum und Herrschaft, oder Teilhabe an der Herrschaft, weitgehend entkoppelt. Es entstand kein Kasten-, Stände- oder Klassensystem. Die patrimoniale Ordnung verwandelte sich nicht in

---

172 Willis, John Ralph (ed.), Slaves and Slavery in Muslim Africa, 2 Bde., London: Frank Cass, 1985 (Bd.1: Islam and the Ideology of Slavery; Bd. 2 The Servile Estate); Walz; Cuno (ed.), Race and Slavery in the Middle East, passim; Schneider, Irene, Kinderverkauf und Schuldknechtschaft. Untersuchungen zur frühen Phase des islamischen Rechts, Stuttgart: Steiner, 1999 (Abhandlungen für die Kunde des Morgenlandes 52,1).

173 Gordon, Matthew, „Preliminary Remarks on Slaves and Slave Labor in the Third/Ninth Century 'Abbasid Empire", in: Culbertson, Laura (ed.), Slaves and Households in the Near East, Chicago: Oriental Institute/University of Chicago, 2011, S. 71–84.

174 Fenwick, Corisande, „From Africa to Ifrīqiya: Settlement and Society in Early Medieval North Africa (650–800)", in: Al-Masāq Vol. 25:1 (2013), S. 9–33, hier S. 19; siehe auch: Talbi, „Law and Economy in Ifriqiya (Tunisia) in the Third Islamic Century: Agriculture and the Role of Slaves in the Country's Economy", S. 209–249.

175 Perry, Craig, „Historicizing Slavery in the Medieval Islamic World", in: International Journal of Middle East Studies Vol. 49 (2017), S. 133–138, hier S. 136.

eine auf Geburt, Amt (oft Unfreie) und Beruf gestützte Ordnung, in der soziale Privilegien mit politischen Rechten korrespondieren. Vor allem entstand kein rechtlich und politisch anerkannter und privilegierter Adel. Eher eine militärisch-bürokratisch-religiöse Elite und eine zu verwaltende „Masse". Anders als im zeitgenössischen China, Japan, Korea und Europa unternahm der Staat auch keine Anstrengungen, die Zugehörigkeit zu einer Berufsgruppe per Geburt festzuschreiben und gegebenenfalls zu erzwingen.[176]

Mohammed selbst besaß Sklaven; zum Beispiel war Mariya al-Qibtiyya seine christliche Sklavin (Maria) und Konkubine.[177] Die islamische Tradition spricht dem Propheten besondere Fürsorge für Sklaven zu. Mohammed sagte den Sklavenbesitzern, dass Gott mehr Gewalt über sie hätte, als sie über ihre Sklaven; Sklavenhalter sollten ihren Sklaven „siebzig Mal am Tag verzeihen". In der Realgeschichte zeigt all dies, dass es in den Entstehungsgebieten des Korans viele Sklaven gab und dass Sklaverei eine traditionelle und legitime Institution darstellte.[178] Der Koran (*qur'ān*) und der Hadith empfehlen aber wirklich eine gute Behandlung der Sklaven (wie die *Siete Partidas* auch).[179] Es galt als gute Tat, Sklaven freizulassen (oft testamentarisch fixiert), besonders, wenn Sklaven zum Islam übergetreten waren.[180] El Hamel geht so weit, zu sagen: „the Qur'an itself, which promotes a structure of social life aimed at a socially just environment in service to God rather than condoning relations of servitude among people?".[181] Und noch stärker: „the Qur'an not only does not support this practice [of using slaves as concubines] but actually places high priority on manumitting slaves with the ultimate objective of abolishing slavery".[182] Grundsätzlich historisch und nicht ganz so positiv formuliert gilt: „Nur äußerst eingeschränkte Rechte haben Sklaven [im Islam], im Wesentlichen sind sie der Willkür ihrer Eigentümer ausgeliefert. Immerhin herrscht im Islam das Gebot, in bestimmten Situationen als Buße Sklaven freizulassen; zudem können Vereinbarungen über den Freikauf getroffen werden".[183] Die Regeln der Sklaverei

---

176 Krämer, Der Vordere Orient und Nordafrika ab 1500, passim.

177 Öhrnberg, Kaj, „Mariya al-Qibtiyya unveiled", in: Studia orientalia. Finnish Oriental Society Vol XI/14 (1984), S. 297–303.

178 Segal, „The Practice of Slavery", in: Segal, Islam's Black Slaves, S. 35–65.

179 Betont die Ähnlichkeiten zwischen Siete Partidas und islamischen Positionen zur Sklaverei: El Hamel, „Introduction", in: El Hamel, Black Morocco, S. 1–14, hier S. 12.

180 Brunschvig, Robert, „Abd", in: Encyclopedia of Islam, new edition, Leiden: E. J. Brill, 1960, Vol. I, S. 24–40; Lewis, Bernard, Race and Slavery in the Middle East: An Historical Inquiry, New York; Oxford: Oxford University Press, 1990.

181 El Hamel, „The Notion of Slavery and the Justification of Concubinage as an Institution of Slavery in Islam", S. 17–59, hier S. 18.

182 Ebd., hier S. 17.

183 Rohe, „Wesentliche Inhalte des klassischen islamischen Rechts", in: Rohe, Das islamische Recht. Eine Einführung, S. 22–53, hier S. 23.

waren patrilinear und gehörten – wie die frühen Gesetze Roms – in den Bereich der Familiengesetzgebung.[184]

Gudrum Krämer sagt, „dass Kinder von Sklaven nach der Auffassung der meisten Ulama unfrei geboren wurden. Nach schiitischem Recht mussten in diesem Fall beide Eltern Sklaven sein, nach sunnitischer Mehrheitsmeinung war der Status der Mutter ausschlaggebend (in Herrscherhäuser konnten andere Regelungen gelten). Dies reflektierte zum einen die auch den römischen Juristen bekannte Tatsache, dass – mit der bedeutsamen Ausnahme von Findelkindern, die nach islamischem Recht als freie Muslime gelten (in antiken Gesellschaften des Mittelmeerraumes waren Findelkinder quasi „natürliche" Sklaven) – die Mutter eines Kindes leichter zu bestimmen ist als der Kindsvater (*pater incertus, mater semper certa*), und zum anderen den Tatbestand, dass Sklaven nur selten in konventionellen Ehe- und Familienverhältnissen lebten, in der sich die Vaterschaft eindeutig nachweisen ließ".[185] Für die sunnitische Mehrheit war Sklaverei ein Erbe der weibliche Linie; allerdings bekamen Sklavinnen, die Kinder gebahren, die der freie Vater anerkannte (Arab.: *umm walad*) einen Sonderstatus, die Kinder waren frei. Sklaven hatten im Osmanischen Reich „grundsätzlich Zugang zu den Kadi-Gerichten und zum Oberhaupt der jeweiligen Sklavenhalterzunft".[186]

In Bezug auf Verschuldung und Selbstversklavung haben islamisch geprägte Sklavereien ebenfalls eine sicherlich welthistorische Sonderstellung – Sklavereien waren auch Arbeits- und Wirtschaftssklavereien, die weniger gut erforscht sind. Auf jeden Fall kann mit Gudrun Krämer festgehalten werden: „Schuldknechtschaft ist kaum belegt".[187]

Bei allem, was Herrschaft betraf, war islamische Sklaverei vor allem *belonging*-Sklaverei: „Selbstversklavung oder der Verkauf eigener Kinder aus Armut waren islam-rechtlich nicht zulässig, wurden in Zeiten extremer Not aber bis ins beginnende 20. Jahrhundert praktiziert. Schuldknechtschaft war in Westasien und in Nordafrika eher selten". In fast allen anderen Gesellschaften waren Selbstversklavung und Verkauf von Kindern in dem halben Jahrtausend nach Entstehung des Islam (bei vielen auch später) eher verbreitet.[188] In den neueren Forschungen aus der Sicht von Versklavten, wird, wie oben angedeutet, das Paradigma der „benign Islamic slavery" mehr und mehr in Frage gestellt.[189]

---

184 Schacht, Joseph, An Introduction to Islamic Law, Oxford and New York: Oxford University Press, 1964.

185 Krämer, „Fürstendiener und Pfortensklaven", S. 81–90.

186 Ebd., S. 130.

187 Ebd., S. 130.

188 Rio, „Self-sale and voluntary entry into unfreedom, 300–1100", S. 661–685; siehe auch: Krämer, „Fürstendiener und Pfortensklaven", S. 81–90.

189 Hutson, „'His Original Name Is ...' – REMAPping the Slave Experience in Saudi Arabia", S. 133–161, hier S. 136; zur durchaus harschen Haussklaverei siehe: Clarence-Smith, „The nature of slavery in Islam", S. 2–6.

Die meisten Versklavungen waren Folgen von Kriegshandlungen, Razzienzügen oder Piraterie und die Bestimmungen über Sklaven stehen im graphischen Raum der jeweiligen Gesetzestexte in der Nähe von Rechten, die mit Verkauf im Zusammenhang stehen: „slavery issues are usually classified in or next to the section dealing with sales activities in books of Islamic law".[190] Im Grunde kann man sich auf die Aussage von Chouki El Hamel einigen: „Hadith, like the Qur'an, has thus left this decision [zur guten Behandlung und Freilassung der Sklaven – M. Z.] open and dependent upon the slaveholder's moral conscience and man-made laws articulated in the Shari'a".[191] Nun wissen wir, dass Sklavenhalter-Moral sehr von den Zeitumständen, von ihrer Macht, ihrer Sexualität und ihren Profiten abhängt.[192] Und Sklavenjäger oder Krieger/Kämpfer, die es auf Beute anlegen, nutzen Kriege, Konflikte und Razzien, um Menschen zu versklaven. Nicht umsonst weist Richard Fletcher unter dem Label *convivencia* (Zusammenleben) darauf hin, dass es für alle drei Religionen des Mittelmeerraumes erlaubt war, Sex mit Sklaven zu haben (er meint vor allem Männer mit versklavten Frauen und Mädchen).[193]

In den Versen des Korans werden vor allem die Termini *fata* (Junge – Pl.: *fatayat*) und *fatat* (Mädchen – Pl.: *fatayat*) sowie *raqaba* (so etwas wie „Nacken", ein Synonym für Menschen, hier eventuell auch gefesselt am Hals – Pl.: *riqab*), d. h., Verweise auf Kindersklaverei und Razziensklaverei. Außerdem gibt es den Ausdruck *ma malakat aymanukum*, was soviel bedeutet wie „das, was deine oder ihre rechte Hand besitzt" – ein Verweis auf persönliches Eigentum. Der Text des Korans vermeidet es, versklavte Menschen *abd* (Pl.: *'abid*) oder *ama* (weibliche Form; Pl.: *ima'*) zu nennen. Diese Worte sind für Gläubige und Bekenner Gottes und die Anhänger seines Propheten vorgesehen.[194] Auch *asir* (Kriegsgefangener; Pl.: *asra*) wird benutzt.[195]

Der Koran gibt keine Erklärung dafür, unter welchen Bedingungen eine Person versklavt werden kann. Aussagen über Rechte von Sklaven, mögliche Versorgung kranker Sklaven und über Post-Freilassungsbeziehungen zwischen ehemaligen Sklaven und Herren fehlen. Freilassungskontraktformen (*mukataba*) dagegen gibt es.[196]

---

190 El Hamel, „Slavery in Islamic Law", in: El Hamel, Black Morocco, S. 46–56, hier S. 54.

191 El Hamel, „What Does the Hadith Say about Slavery?", in: El Hamel, Black Morocco, S. 36–42, hier S. 42.

192 Rohe, Martin, Das islamische Recht: Geschichte und Gegenwart, 3. überarbeitete und erweiterte Auflage, München: Beck, 2011; Rohe, Das islamische Recht. Eine Einführung, München: Beck, 2013.

193 Fletcher, Richard, „Handel, Koexistenz und kultureller Austausch", in: Fletcher, Ein Elephant für Karl den Großen. Christen und Muslime im Mittelalter, Darmstadt: Primus Verlag, 2005, S. 109–132, hier S. 122. Zur heutigen Bedeutung dieses Problems siehe: Haupt, Friederike, „Ist es das, was Allah für uns vorgesehen hat?", in: Frankfurter Allgemeine Sonntagszeitung Nr. 47 (23. November 2014), S. 5 (ich verweise auf den Artikel, weil es hier genau um das Problem El Hamels geht).

194 El Hamel, „What Exactly Does the Qur'an Say about Slavery?", in: El Hamel, Black Morocco, S. 20–22, hier S. 21.

195 Zum Nachweis all dieser Termini; siehe: El Hamel, Black Morocco, S. 20–36.

196 El Hamel, „What Does the Hadith Say about Slavery?", in Ebd., S. 41.

Die Hoch-Zeit der islamischen Sklaverei kam erst nach der Lebenszeit Muhammads. Die islamische Welt wuchs explosionsartig von einer kleinen Kaufleutegemeinde zu einem Riesenimperium. Rechtsschulen entstanden, z. B. die sunnitische Maliki-Schule.[197] Sklaverei-Fragen wurden im 9. und 10. Jahrhundert von islamischen Rechtsgelehrten erarbeitet und noch lange danach debattiert. Sie stützten sich, wie gesagt, auf Praktiken und Aussagen, die dem Propheten Mohammed sowie der frühen Islam-Gemeinde von Medina zugeschrieben wurden und auf Fälle der Rechtspraxis sowie Aussagen des Propheten (*hadīth*) – allgemein auf Mohammed und die *sunna* (der von ihm „gewiesene Weg"). Chouki El Hamel verweist darauf, dass es in der Schia (und bei den Fatimiden in Ägypten) radikalere Interpretationen über eine notwendige Abolition der Sklaverei gab (verbunden mit Ablehnung der Konkubinage, der Polygynie und des Schleiers) und dass der Gründer der Qarmati-Bewegung, Hamdan Qarmat, sogar in Verbindung mit der großen Rebellion schwarzer Sklaven im Südirak im 10. Jahrhundert stand.[198]

Zum Unterschied zwischen sunnitischen und schiitischen Rechtsschulen sagt Chouki El Hamel: „The Schi'i school is generally similiar to the Sunni schools but there are striking differences. The best example is that the Shi'i legal school recommended that the Muslim slave should be set free after seven years of service".[199] Erstaunlicherweise sind die Termini, die der Koran für die Bezeichnung versklavter Menschen vermeidet, 'abd und ama (Pl.: 'abid und ima'), „the most common words for slaves in Islamic law".[200] In der Maliki-Rechtsschule des Maghrebs, sehr stark verbunden mit dem Genius Ibn Khalduns, wurden Sklaven als Personen mit Rechten und Pflichten konzipiert, die als solche nicht denen einer freien Person glichen. Diese Rechte und Pflichten waren: Die Möglichkeit eines formalen Kontraktes zur Freilassung mit dem Eigentümer (*mukataba*); das Recht auf menschenwürdige Lebensumstände in Bezug auf Unterkunft, Ernährung und Bekleidung; grausame Behandlung der oder des Sklaven konnte dazu führen, dass der oder die so Behandelte weiter verkauft oder frei gelassen werden musste; Sklaven hatten das Recht zu heiraten, natürlich nur mit Einverständnis des Eigentümers; Sklaven durften keine Konkubine haben (weil sie keine „Sklavin" besitzen durften). Eine Sklavin, die dem Eigentümer Kinder gebar, hatte Sonderrechte (siehe weiter unten); bei Rechtsverletzungen bekamen Sklaven oft nur die Hälfte der Strafe einer freien Person (etwa bei Peitschenhieben). Sklaven hatten auch gewisse Eigentumsrechte. Die Einschränkungen sind auch deutlich: Sklaven hatten keine legale Gewalt – sind konnten ihre Rechte nicht vor Gericht durchsetzen und sie konnten nicht als Zeugen auftreten; für Strafzahlungen waren immer die Herren zuständig. Ein Sklave darf kein öffentliches oder privates Amt, wie etwa das Amt eines Richters, ausüben,

197 El Hamel, „Slavery in Islamic Law", in: Ebd., S. 46–56, hier S. 47.
198 El Hamel, „A Critical Exam", S. 42–46, hier S. 43.
199 El Hamel, „Slavery in Islamic Law", S. 46–56, hier S. 47.
200 Ebd., S. 48.

und er unterliegt nicht den religiösen Pflichten eines freien Muslims.[201] Die Termini islamischen Rechts kann man mit Ehud Toledano so formulieren: „grants one persons ownership over another person, which means that the owner has right to the slave's labor, property, and sexuality, and that the slave's freedoms were strictly limited".[202]

Generell wurden im imperialen Islam zwei Typen von Sklaven unterschieden: gekaufte Eigentums-Sklaven (*abd mamluk*),[203] zu denen auch der Neuerwerb von kriegsgefangenen Menschen gezählt wurde, und im Haushalt geborene Sklaven (*abd kinn*) sowie Sklavinnen. Letzteres schloss fast völlig aus, verkauft zu werden. Solche Sklaven waren nicht nur personelle Bestandteile des Haushaltes, sondern gehörten wie in Rom zur weiteren Familie. Aus diesen personenrechtlichen Verbindungen ergaben sich auch Pflichten für den Sklaveneigentümer. So durften Sklaven grundsätzlich heiraten, mussten allerdings zuvor die Einwilligung ihres Besitzers einholen. Eine Sklavin sollte zu ihrer Hochzeit mit einer ordentlichen Mitgift ausgestattet werden. Auch die Heirat mit Freigelassenen war möglich. Kinder aus einer solchen Ehe gehörten dann dem Eigentümer der Mutter.[204]

Einem Muslim war es theoretisch verboten, eine Sklavin zu heiraten. Die „Sache" und die „Person" der Sklavin oder des Sklaven gehörten zwei verschiedenen Rechtsbereichen an. Hingegen stand es einem Herrn in der Praxis frei, so viele Sklavinnen als Konkubinen zu halten, wie er ernähren konnte. Kein rechtlicher oder gar moralischer Unterschied bestand in der Praxis aus patrilinearer Perspektive in der sexuellen Beziehung zu legitimen Frauen und Konkubinen (das ist der Punkt, der von Chouki El Hamel am intensivsten diskutiert wird).[205] Kinder, die aus der Beziehung mit einer Sklavin hervorgingen, erhielten die Freiheit, vorausgesetzt der Eigentümer bezeugte seine Vaterschaft. Sie waren rechtlich allen anderen Kindern im Haushalt gleichgestellt. Die Sklavin-Mutter erhielt überdies den Status *umm-walad*, „Mutter des Kindes", wonach sie weder verkauft noch aus dem Haushalt entfernt werden konnte. Einen Ausweg in der Praxis stellte die Verheiratung dar. Beim Tod des Vater-Besitzers musste sie zudem freigelassen werden.[206] Islamisches Frauen-, Abstammungs- und Ehekonzept sowie Sklaverei ergänzten sich. Ein Muslim durfte, wie gesagt, keine Sklavin heiraten, aber Sklavinnen als Konkubinen

---

201 Ebd., S. 55.

202 Toledano, Slavery and Abolition in the Ottoman Middle East, Seattle: University of Washington Press, 1998, S. 3.

203 Im Arabischen bedeutet *mamluk* „Eigentum, das zum Herrscher gehört", siehe: Ayalon, David, L'esclavage du Mamelouk, Jerusalem: Israel Oriental Society, 1951 (= Oriental Notes and Studies, No. 1).

204 Murray, Gordon, Slavery in the Arab World, New York: New Amsterdam, 1989, S. 36–37.

205 El Hamel, „The Justification of Concubinage", in: El Hamel, Black Morocco, S. 22–29; siehe auch: Croucher, „'A Concubine Is Still a Slave': Sexual Relations and Omani Colonial Identities in Nineteenth-Century East Africa", S. 67–84.

206 Murray, Slavery in the Arab World, S. 43.

halten, deren Kinder er als seine eigenen legitimieren konnte. Die Institutionen der arabischen Kin-Sklaverei waren flexibel genug, Herrschern und Machtprätendenten Massenanhang, Soldaten und Nachkommen außerhalb der traditionellen Familien- und Clanstrukturen zu verschaffen. Im Grunde begann hier die Entwicklung zu einer Art Kin-Massensklaverei und zur Militärsklaverei sowie zur Sklaverei von Eunuchen. Nach 800 (178 islamischer Zeitrechnung) gab es im Grunde keinen einzigen Kalifen mehr, der Sohn einer Freien gewesen wäre. Im neunten und zehnten Jahrhundert waren die Mütter meist geraubte Byzantinerinnen;[207] einer der berühmtesten Sultane und Begründer des Mamelukenreiches wurde der allerdings möglicherweise frei geborene Kiptschak-Türke Baibars (der als Junge und junger Mann in der Ausbildung Sklave gewesen war), der Sieger über die Mongolen 1260.[208] Als Kind war er während der mongolischen Expansion gegen die Kiewer Rus aus den Steppen nördlich des Schwarzen Meeres verschleppt worden. Über Sivas, Aleppo, Damaskus gelangte Baibars nach Kairo zu den Bahri-Mameluken.[209] Die Heere ehemaliger Sklaven retteten islamische Herrschaftsbereiche gegen die Expansion der Mongolen (und Kreuzritter). Die Niederlage des christlichen Türken im Dienste der Mongolen, Kitbuga Noyan, bei Ain Dschalut (Ain Jalut / Goliathsquelle (1260)) gegen die Mameluken, die Syrien dominierten und Ägypten beherrschten, sicherte auch die Herrschaft der Hafsiden in Tunis sowie die der Meriniden in Marokko. Dazu kamen noch das Sultanat von Delhi, wo ebenfalls Nachkommen ehemals versklavter türkischer und afghanischer Soldaten herrschten, und die Reste islamischer Herrschaft im Süden Spaniens (wo Algeciras 1344 an die Kastilier gefallen war).[210] Sultan Baibars trat 1261 mit Berke Khan von der Goldenen Horde in Bezie-

207 Kennedy, Hugh, „The Harem“, in: Kennedy, When Bagdhad Ruled the Muslim World. The Rise and Fall of Islam's Greatest Dynasty, Cambridge, MA: Da Capo Press, 2005, S. 160–199, hier bes. S. 173 (Namen von Kalifenmüttern, die sich vor allem aus Frauen aus dem Herrschaftsbereich von Byzanz rekrutierten).

208 Asbridge, Thomas, „Die Schlacht von Ain Dschalut“, in: Asbridge, Die Kreuzzüge. Aus dem Englischen von Held, Susanne, Stuttgart: Klett-Cotta, ³2015, S. 660–665.

209 Abu-Lughod, „Cairo's Monopoly under the Slave Sultanate“, in: Abu-Lughod, Before European Hegemony, S. 212–247; Phillips Jr., La esclavitud desde la época romana hasta los inicios del comercio transatlántico, S. 109 f.; Thorau, Peter, „Sultan Baybars“, in: Wieczoreck, Alfried; Fansa, Mamoun, Meller, Harald (eds.), Saladin und die Kreuzfahrer. Begleitband zur Sonderausstellung „Saladin und die Kreuzfahrer“ im Landesmuseum für Vorgeschichte Halle/Saale), Mannheim: Reiss-Engelhorn-Museen; Mainz am Rhein: Verlag Philipp von Zabern, 2005, S. 171–173; Amitai-Preiss, Mongols and Mamluks: The Mamluk-Ilkhanid War, 1260–1281, Cambridge: Cambridge University Press, 1998.

210 Im Gegensatz zu Francis Fukuyama halte ich aber nicht nur Sklavensoldaten für konstitutiv für islamisch geprägte staatliche Ordnungen, sondern auch Haus- und Frauen-Sklavereien sowie Eunuchen-Sklaverei und – als eine Art dynamischer Antrieb – Razziensklavereien, siehe: Fukuyama, Francis, Origins of the Political Order. From Prehuman Times to the French Revolution, London: Profile Books, 2011; siehe auch: Conermann, Die Beschreibung Indiens in der „Riḥla“ des Ibn-Baṭṭūṭa: Aspekte einer herrschaftssoziologischen Einordnung des Delhi-Sultanates unter Muḥammad Ibn-Tuġluq, Berlin: Schwarz, 1993 (Islamkundliche Untersuchungen; 165); Amitai, „The Mamlūk In-

hungen; Berke war zum Islam übergetreten. Das sicherte den Mameluken den „Zugang zu den Märkten innerhalb der Goldenen Horde [siehe oben zum genuesischen Sklavenhandel auf der Krim – M. Z.], wo die Sklaven aus der sibirischen Steppe verkauft wurden".[211] Natürlich auch aus den Grenzgebieten zur Rus (u kraina). Um den Transport der Versklavten und Verschleppten aus den Kriegen und Razzien zu gewährleisten, schloss Baibars Verträge mit Genuesen ab, den „wichtigsten Beförderern von Sklaven im Mittelmeerraum".[212] Die Genuesen hatten gerade in einer Auseinandersetzung mit den Venezianern um Einfluss im Osten verloren und traten gerne in Kontakt mit den Mameluken. Baibars sorgte auch bei Kaiser Michael VIII. Palaiologos dafür, dass die genuesischen Schiffe Zufahrt zum Bosporus hatten.[213]

Heiliger Krieg (*jihad*, *ǧihād*), die Suche nach Beute, Land und Sklaven sowie Gegnern, aber auch die Sklavenarmeen selbst, hielten den arabisch-berberisch-persischen Islam bis um 1100 sehr expansiv (u. a. bei Osmanen und Mameluken sowie im Kampf gegen die Kreuzzüge auch weit darüber hinaus). Die Quasi-Pflicht zur Freilassung und die Stellung vieler Sklavinnen als Mütter wichtiger Eliten führten dazu, dass Sklaverei in islamischen Gesellschaften eine „halboffene Institution"[214] mit recht stark assimilatorischem Charakter blieb, wie es Albert Wirz mit Verweis auf Jack Goody bezeichnet hat. Sklaven, die zum Islam übertraten, waren ihren Herren in religiöser Hinsicht zumindest theoretisch gleichgestellt. Das gilt in ähnlicher Weise für Sklaven im mittelalterlichen christlichen Spanien – dem Gebiet mit dem längsten arabisch-islamischen Einfluss in Westeuropa. Nach den *Siete Partidas* von Alfonso el Sabio (Alfons „der Weise") waren christliche Herren und christliche Sklaven Brüder in Christo – was durch die thomistische Schule von Salamanca im 16. Jahrhundert insofern bestätigt und verfestigt wurde, dass Vitoria, Mariana und andere den „natürlichen Sklaven" des Aristoteles als legitimes Konzept verabschiedeten und Freiheit als den „natürlichen" Stand des Menschen anerkannten.[215] Der sozial-historische Hintergrund findet sich sicherlich in der Tatsache, dass kaum ein andalusischer Bauer bereit war, einen christlichen Herrn anzuerkennen, der ihm schlechtere Konditionen als der Religionsfeind par excellence bot.

---

stitution, or One Thousand Years of Military Slavery in the Islamic World", S. 40–78; Sheriff, „*Suria*: Concubine or Secondary Wife? The Case of Zanzibar in the Nineteenth Century", S. 99–120.

211 Asbridge, „Baibars und das Mamlukensultanat", in: Asbridge, Die Kreuzzüge, S. 665–675, hier S. 672.

212 Ebd.

213 Ebd.

214 Wirz, Sklaverei und kapitalistisches Weltsystem, S. 49.

215 Reinhard, „Francisco de Vitoria und die Schule von Salamanca", in: Fenske, Hans; Mertens, Dieter; Reinhard; Rosen, Klaus, Geschichte der politischen Ideen. Von der Antike bis zur Gegenwart, Frankfurt am Main: Fischer Taschenbuch Verlag, 2004, S. 282–285, hier S. 284 f.

Muslimische Sklaven im Islam mussten bestimmte Steuern, wie den *zakat* (Armutssteuer), nicht zahlen. Das Kind einer Sklavin mit ihrem Herrn war frei und erbberechtigt; Sklavinnen erhielten, wie gesagt, nach Geburten bestimmte Vorrechte. Freigelassene waren voll geschäftsfähig, blieben aber meist in einem Klientelverhältnis zu ihrem ehemaligen Besitzer. Nach islamischer Rechtstradition durften weder muslimische noch nichtmuslimische freie Untertanen des Dar al-islam versklavt werden. Das war im Zusammenhang mit der Debatte, was ein „richtiger“ Muslim sein sollte sowie der Praxis der Menschentribute à la osmanische *devşirme* hart umstritten und führte vor allem in den afrikanischen Einflussgebieten oft zu Rebellionen. Besondere Dynamik zeigte der Islam (oder das Verbot, den Islam zu predigen), wenn er sich in Regionen traditioneller Menschenjagd und Razziensklavereien unter Sklaven verbreitete, die von andersgläubigen Menschenhändlern (*brokers*) verkauft und/oder von Herren beherrscht wurden, an deren Glaubensreinheit gezweifelt wurde. Einerseits wurde der Islam zu einer Befreiungsreligion, die Rebellion und Aufstand von Versklavten legitimierte und sich der Sklaverei von Muslimen instrumentell bediente. Andererseits führten militärische Siege, mit dem Islam begründet, zu Verboten des Exportes muslimischer Sklaven in den atlantischen Menschenhandel einerseits (wie unter dem Almady von Futo Toro, Abdulkadir Kan nach der „Revolution der Toorobe“ 1785)[216] sowie zu neuen Massenversklavungen von ethnisch und religiös Anderen andererseits, wie es besonders an der Entwicklung der Fulbe- (Peul-) Staaten (Futa Toro, Futa Jallon, Massina und Sokoto [*Karte 13[217]] in der Sahel-Zone (Zentralsudan) im 19. Jahrhundert deutlich wird.[218] Die Jihads führten zur Vernichtung des alten Regimes. Sie richteten sich gegen die Versklavung von Muslimen. Nach 1800 kam es zur Bildung der Fuuta-Staaten (Fulbe) sowie des Sokoto-Kalifats. Paul Lovejoy interpretiert diese Jihads auch als soziale und politische Revolutionen, die zur „Ära der Revolutionen 1776–1851“ gehörig sind.[219]

Massensklaverei in der Landwirtschaft (mit den oben genannten Ausnahmen in Nordafrika und Arabien) und im Bergbau war im Islam allgemein eher unüblich (Ausnahmen im Bergbau vor allem im Osmanischen Reich). Arabische „Land“-Wirtschaft war eine Garten- und Wasserwirtschaft sowie nomadisch-familiäre Vieh- und Weide- sowie Dattelpalmenwirtschaft. In beide Wirtschaftsformen waren Sklaven und Sklavinnen gut integrierbar. Ausnahmen bildeten die Massenproduktion

216 Scott, Hébrard, „Rosalie, Black Woman of the Poulard Nation“, in: Scott; Hébrard, Freedom Papers, S. 6–19.

217 Karte 13: „Futa-Staaten in der Sahel-Zone im 19. Jahrhundert“, in: de.wikipedia.org/w/index.php?title=Datei:Fula_jihad_states_map_general_c1830.png&filetimestamp=20071221155024 (letzter Zugriff 30.1.2018)

218 Hock, Klaus, „Jihad-Mahaidismus-Sklaverei. Eine islamische Tradition der Gewalt im Zentralsudan?“, in: Heyden, Ulrich van der; Becker, Jürgen (eds.), Mission und Gewalt, Stuttgart: Steiner: 2000 (Missionsgeschichtliches Archiv; 6), S. 67–77.

219 Lovejoy, Jihad in West Africa during the Age of Revolutions, passim.

von Salz in Salzsümpfen, Urbarmachung oder die Herstellung von agrarischen Massen-Produkten (Reis, Gerste, Hirse, Sorghum, Gemüse, Melonen) in den *dead lands* der Deltasümpfe von Euphrat und Tigris in der Nähe von Basra und Bandar Abbas.[220] Dort fanden mehrere Aufstände, u. a. 869–883 der große Aufstand ostafrikanischer Sklaven (*zandj*) unter Ali Muhammad az-Zandji statt.[221] Es gab auch große Güter muslimischer Aristokraten im Hedschas mit ruralen Sklaven, Güter der Qarmaten und Perlenfischerei mit afrikanischen Sklaven auf Bahrein und an der ganzen Küste des persischen Golfes sowie Sklavengüter in *ifriqiya* (nach dem Namen der römischen Provinz Africa, das heutige Tunesien und Teile des heutigen Algeriens).[222] Auch im Osten der Arabischen Halbinsel arbeiteten zeitweilig größere Mengen Sklaven, vor allem in Städten und als Perlenfischer an den Küsten des Golfs.[223] Zuckerplantagen gab es in Marokko (Zuckerexporteur im 16./17. Jahrhundert), in Ägypten sowie im muslimischen Ostafrika (und auf Sansibar) und im Osmanischen Reich Latifundien wie Krondomänen. Auf und an der arabischen Halbinsel und in den Golfterritorien und Städtenim Sokoto-Kalifat im Haussa-Land existierte, wie oben bereits gesagt, auf Basis von traditionellen und regelmäßigen Menschenjagden sowie Razzien eine sehr komplexe Sklavereigesellschaft mit „großer" Sklaverei in einer Art Plantagen-Landwirtschaft (Hirse, Sorghum, Spezialkulturen), im Handels- und Transportsektor (Lastenträger), als Haussklaverei (Konkubinen, Dienerinnen), Sklaverei im Handwerk sowie im Militärsektor. Sklaven und Sklavinnen siedelten in Sklavendörfern.[224]

Sklavinnen und Sklaven kamen, im Überblick gesehen, in der Expansionsphase (bis um 1100) vor allem von außen in den islamischen Bereich. Für mittel-

220 Powels, Sylvia, „Zur Etymologie des Wortes Zucker", in: Mediterranean Language Review 4–5 (1989), S. 1–21; Fábregas García, „Del cultivo de la caña al establecimiento de las plantaciones", S. 59–85 stellt in Abrede, dass es sich in den Euphratsümpfen um große Zuckerplantagen gehandelt habe; Popovic erwähnt ebenfalls nur Reis, „barley, yellow corn, sorghum, millet, lentils, melons, watermelons, and onions", siehe: Popovic, The Revolt of African Slaves in Iraq, S. 11.

221 Heers, Jacques, „Les marais de l'Euphrate: grande misère et révoltes des Zendjs", in: Heers, Les négriers en terres d'islam. La première traite des Noirs viie–xvie siècle, Paris: Perrin, 2003, S. 228–237; Popovic, Alexandre, The Revolt of African Slaves in Iraq in the 3rd/9th Century. Introduction by Henry Gates, Jr., Princeton: Markus Wiener Publishers, 1999.

222 Brett, Michael, „Ifrīqiya as a market for Saharan trade from the tenth to the twelfth century a.D.", in: Journal of African History 10 (1969), S. 347–364; Talbi, „Law and Economy in Ifriqiya (Tunisia) in the Third Islamic Century: Agriculture and the Role of Slaves in the Country's Economy", S. 209–249.

223 Barthel, Günter; Stock, Kristina, Lexikon arabische Welt. Kultur, Lebensweise, Wirtschaft, Politik und Natur im Nahen Osten und Nordafrika, Wiesbaden: Dr. Ludwig Reichert Verlag, 1994, S. 551–552; Phillips Jr., La esclavitud, S. 113; zur Sklaverei im persischen Golf: Sheriff, „The slave trade and its fallout in the Persian Gulf", in: Campbell (ed.), Abolition and its Aftermath in Indian Ocean Africa and Asia, S. 103–119.

224 Lovejoy, „Plantations in the Economy of the Sokoto Caliphate", S. 341–368; siehe auch: Hiskett, „Enslavement, slavery and attitudes towards the legally enslavable in Hausa Islamic literature", in: Willis (ed.), Slaves and Slavery in Muslim Africa, Bd. 1, S. 106–124.

alterliche islamische Gesellschaften hebt Craig Perry hervor: „Slavery in medieval Jewish and Islamic societies was a licit, socially acceptable, and culturally prestigious institution, as it was throughout much of the premodern world".[225] Sklaven wurden nach einer Art Pseudoethnographie der angel-sächsischen, italischen (Byzantiner, Nord- und Südlombarden, Venezianer, Neapolitaner, Genuesen und Römer), chasarischen, jüdischen, bulgarischen, kumanischen, normannisch-warägischen, christlichen und arabischen Sklavenhändler bewertet. Sklaven aus nördlichen Gebieten Europas, die „weiß", blond oder rothaarig waren, wurden als Sakaliba bezeichnet. Ihrer ethnischen Herkunft nach waren es meist Slawen oder Germanen; die Razzien und der Menschenhandel führten unter anderem zur Formierung des Ethnos der „Slawen" (bekanntlich bei Jordanes als eine Art Fußkrieger-Hilfstruppe awarischer Reiternomaden erwähnt, Mitte des 6. Jahrhunderts (siehe „Tausend Namen der Sklaverei", unten)).[226]

China, informelle und formelle Versklavungen sowie Recht

In Ostasien und speziell in China sind all die oben genannten Plateaus und viele spezielle Sklaverei-Formen (Militärsklaverei, Razziensklaverei/Piraterie, Frauen- und Kindersklaverei, Schuldsklaverei, Konkubinen) ebenfalls deutlich auszumachen. Spezifisch ist allerdings das weitgehende Fehlen des oben genannten dritten Sklaverei-Plateaus der *Atlantic Slavery* (das allerdings durch den iberischen Sklavenhandel vor allem über Macau und Manila sowie Malacca und durch „neue" Sklavereiformen (Kulis) durchaus präsent war).[227] Atlantisch-karibische Sklaverei kam punktuell als Export aus der Karibik in den Indischen Ozean und in die südostasiatische Inselwelt.

Die Sklaverei-Plateaus und die unterschiedlichen Sklavereiformen auf dem Gebiet des heutigen China dürften ebenso alt sein wie die in der atlantischen Welthälfte. Kern der Sklavereigeschichte Chinas und cum grano salis Ostasiens sind die beiden ersten Plateaus, speziell im Innern dessen, was jeweils als „chinesisches Reich" gefasst wurde (*heartland* China) – grob das Einzugsgebiet des Gelben Flusses und Südchina mit Jangtse-Einzugsgebiet bis Sichuan und Yunnan sowie den südchinesischen Küsten. Im Laufe der langen Geschichte Chinas hat es eine intensive Mischung der beiden Plateaus mit einem deutlichen Gewicht auf dem Kin-

225 Perry, „Conversion as an aspect of master-slave relations in the medieval Egyptian Jewish Community", in: Fox, Yaniv; Yisraeli, Yosi (eds.), Contesting Inter-Religious Conversion in the Medieval World, London and New York: Routledge, 2017, S. 135–159, hier S. 138.

226 Fehr; Rummel, „Völkerwanderungen nach der Völkerwanderung", S. 153–162.

227 Martínez Shaw, Carlos; Alfonso Mola, Marina, „The Philippine Islands: a vital crossroads during the first globalization period", in: Culture & History Digital Journal Vol. 3:1 (2014): e004, http://dx.doi.org/10.3989/chdj.2014.004 (letzter Zugriff 30. 1. 2018).

Plateau der Sklavereigeschichte gegeben, wobei Frauen- und Mädchen-Sklaverei immer sehr virulent war und mit formell definierten/legitimierten Formen der Staatssklaverei und der Prostitution gemischt waren.[228] Dazu kamen deutliche Dimensionen des vierten Sklaverei-Plateaus – Misch- und Übergangsformen zu anderen Typen von Zwangsarbeit/*bondservitude*.[229] Im Grunde waren alle Sklavereien im Innern Chinas Nahsklavereien; im Gegensatz zum dritten Plateau globaler Sklavereien in der atlantischen Hemisphäre. An den Rändern und in den Expansionsräumen (die etwa mit den Mongolen/Yuan (13./14. Jahrhundert) und den Jurchen/Manchu (1644–1911) auch weit ins Innere Chinas reichen konnten) gab es auch Fern-Sklavereien der frühen Globalisierung, die mit den Portugiesen in Macau oder den Spaniern in Manila auch bis Europa oder Amerika reichten.[230]

Die Formulierung Claude Chevaleyres „transnational trade in human beings based on race"[231] markiert die Kluft, die die *Atlantic slavery* (drittes Plateau) von den Kin-Formen der Nah-Sklaverei innerhalb Chinas abhob. Wir können festhalten, wie bereits oben gesagt, dass es sich bei den Sklavereien in China um zwei globalhistorische Sklaverei-Plateaus handelte: das Plateau des Sklavinnen-Status „ohne Institution" (bzw. im Falle informeller Sklavereien „verborgen unter anderen Institutionen" mit ihren jeweiligen legalen Regeln und „Namen") und das Plateau der Kin-Sklaverei in ihrer vollen Spannbreite mit den meisten der möglichen Konstellationen und Status-Definitionen/Zuschreibungen.

In der historischen Realität gibt es keine reinen Plateaus, sondern Mischformen. Folgt man einer linguistisch-kulturellen Interpretation, also einer historischen, dann war das erste Plateau in China geprägt von Kindern und Frauen, meist Mädchen (aber auch Jungen), als Sklaven „ohne Institution". Bald kamen weitere weibliche Individuen hinzu sowie Verschuldete und Verkaufte. Wirklich formal definierte Sklaven waren Verurteilte oder Kriegsgefangene, die in staatlichen Institutionen eingesetzt waren oder vom Staat an adlige Beamte gegeben wurden. Das waren im Wesentlichen Staatssklaven und Haussklaven, mit Ausnahme von Sklaven auf großen Gütern und in Klöstern. Eine große Gruppe von Verschleppten und

228 Zeuske, „Versklavte und Sklavereien in der Geschichte Chinas aus global-historischer Sicht. Perspektiven und Probleme", S. 25–51.

229 Zeuske, „Coolies – Asiáticos and Chinos: Global Dimensions of Second Slavery", S. 35–57

230 Borschberg (ed.), Iberians in the Singapore-Melaka Area and Adjacent Regions; Tremml-Werner, Birgit. Spain, China and Japan in Manila; Flynn, Dennis O.; Giráldez, Arturo, „China and the Spanish Empire", in: Revista de Historia Economica – Journal of Iberian and Latin American Economic History Vol. 14:2 (September 1996), S. 309–338; Flynn; Giráldez, „Cycles of Silver. Global Economic Unity through the Mid-Eighteenth Century", in: Journal of World History Vol. 13:2 (2002), S. 391–427; Flynn; Giráldez, „Born Again: Globalization's Sixteenth Century Origins (Asian/Global versus European Dynamics)", in: Pacific Economic Review 13:3 (August 2008), S. 359–387; Giráldez, The age of trade: Manila galleons and the dawn of the global economy, Lanham: Rowman & Littlefield, 2015.

231 Chevaleyre, „Acting as Master and Bondservant: Considerations on Status, Identities, and the Nature of Bond-servitude in Late Ming China", S. 237–272, hier S. 238.

Versklavten bildete den riesigen Bereich informeller Sklavereien, die ebenfalls im oder am Haus unter Kontrolle ihrer Besitzer lebten und in der Landwirtschaft und im Transport arbeiteten. In peripherien Gebieten entstanden auch klientelistisch-militärische Sklavereiformen (Milizen) und andere Sklavereien. Es existierte ein großes Übergangsfeld zu *hired laborers*, vor allem auch, weil Städte sehr intensiv mit ihrem ruralen Umfeld verflochten waren und weil viele Bauern so hoch verschuldet waren, dass niemand sie mehr nahm – nicht einmal als Sklaven.[232]

Zwangsarbeiten und Statusminderung beruhten in China (auch noch im China des 19./20. Jahrhunderts) auf sehr alten, traditionellen Hierarchieebenen der sozialen Organisation. Schon im sehr frühen China im 3. und 2. Jahrtausend vor unserer Zeitrechnung gab es servile Gruppen in der Landwirtschaft und in öffentlichen Arbeiten; allerdings wenig Evidenz einer rigiden, formalisierten, erblichen Stratifikation in Sklaven und Freie (wie später im republikanischen und kaiserlichen Rom).[233] Staatliche Zwangsarbeit, deren Opfer in der Landwirtschaft, im Militär[234] und im öffentlichen (Infrastruktur- und Dienstleistungs-) Sektor zu finden waren, scheint es allerdings es von den ganz frühen Anfängen an gegeben zu haben. Inwieweit das als kollektive informelle Sklaverei definiert werden könnte, muss offen bleiben. Die Gliederung in zwei großen Gruppen von erblichen „guten" Freien (commoners/*liang*) und ebenso erblichen „Verdorbenen" (mean/*jiang*) ist, wie erwähnt, sehr alt (siehe auch „Sklaverei, Recht und „Unreinheit"", unten).[235]

Darüber legten sich, wie lange, dicke Mäntel, die patrilinearen-legalistischen Diskurse des Konfuzianismus. Konfuzius lebte bekanntlich um 500 v. u. Z. und seine Lehren waren um das Jahr 1000 so weit verbreitet, dass sie von Kaisern verehrt wurden und das Bürokratie-System konfuzianisch war. Nach dieser Ideologie einer Ordnungs-Harmonie waren Sklaven entweder Brecher der Ordnung und damit Verbrecher oder immer in einer Art „Kind"-Status gegenüber dem Oberhaupt der Familie. In ihren Performanzen, Ritualen und Benennungen mögen das chinesische Besonderheiten gewesen sein. In ihren Ursachen, Strukturen, Formen, Zeiten und Folgen lassen sie sich in die Gemeinsamkeiten globalhistorischer Sklaverei-Plateaus einfügen.

Dazu kam, dass China nach den Mongolen (Yuan-Dynastie), d. h., seit Beginn der Ming-Zeit um 1380, ein stetiges Bevölkerungswachstum hatte, abgeschwächt, aber nie wirklich unterbrochen durch Krisen (vor allem Hungerkrisen). Eine

---

232 Ma, Keyao, „Is the City in Feudal Society a Capitalist Island?", in: Ma, Asian and European Feudalism. Three Studies in Comparative History. Edited with an introduction by Littrup, Leif, Copenhagen: East Asian Institute / University of Copenhagen, 1990 (East Asian Institute Occasional Papers, 7), S. 19–31.

233 Scheidel, „Slavery and forced labor in early China and the Roman world", in: Princeton/Stanford Working Papers in Classics, April 2013 (https://www.academia.edu/3166641/Slavery_and_forced_labor_in_early_China_and_the_Roman_world (letzter Zugriff 19. 8. 2014)).

234 Robinson, „Military Labor in China, ca. 1500", S. 43–80.

235 Crossley, „Slavery in Early Modern China", S. 186–213, hier S. 189 f.

der Hauptfolgen in Bezug auf menschliche Arbeit und formale Versklavung war: „China had labor – lots of it".[236]

Bei der Definition von Sklaverei in China spielen selbstverständlich auch die legale Konstruktion von „Kontrolle/Besitz/Eigentum" eine wichtige Rolle und die soziale Konstruktion von „Familie".

Zunächst zum „Eigentum". In China waren die Rechte in Bezug auf Nutzung oder Besitz von Land, Dingen und Menschen relativ und konditional. Die Worte des Tang-Codes aus dem 7. Jahrhundert – Modell für alle anderen Gesetzesbücher – unterscheiden nicht zwischen „Besitz" und „Kontrolle". Das Gesetz dieses Codes und der darauf basierenden weiteren Gesetze zum Besitz (und Eigentum) machten die Veräußerung eines Besitzes (Alienation – Weggabe oder Verkauf des Rechtes auf Kontrolle von Landbesitz oder anderer Habe an Fremde), dessen Gebrauch und Einkommen von einer Person erworben worden waren, an eine andere Person zu einer kriminellen Handlung. Der Erwerb dieser Rechte war juristisch und in der Praxis kompliziert, aber sie waren immer klar auf eine Person bezogen (nicht auf eine Korporation und im Grunde nicht übertragbar (verkaufbar)).[237] Obwohl in chinesischem Recht und chinesischen sozialen Institutionen die vollständige Kontrolle von „some people over others to whom they had no family relationsship"[238] durchaus vorgesehen war, gab es in den Gesetzestexten keine Figur der *res* (ein Ding oder Sache – zu der im römischen Recht auch Sklaven zählten) – etwas wie diese *res* des „römischen" Rechts war in chinesischen Gesetzestexten nicht definiert.[239] Wir haben es also im weiteren Sinne mit Besitz durch eine konkrete Person zu tun und nicht mit Eigentum, mit dem der Eigentümer „usus et abusus" treiben durfte, d. h., es auch an Fremde weggeben oder verkaufen.

Ein großer Unterschied zu Gesellschaften, die in Bezug auf Sklaven von der Tradition des „römischen" Rechts geprägt waren, stellt auch der Bereich „Familie" dar. Theorie und Praxis von „Familien-Institutionen" sind in China zunächst so diffus, dass es schwierig ist, zwischen „familiär" und „nicht-familiär" zu unterscheiden.[240] Ein ganz großes Problem in Bezug auf den Kauf von Kindern und die Adoption von männlichen Kindern stellt die „prohibition of class trespass"[241] dar, d. h. das strikte Verbot für männliche adoptierte Kinder (d. h., oft gekaufte Kinder), die den gleichen Namen wie ihr Adoptivvater trugen, von einer der unteren Klassen

236 Hansen, Valerie, „The Effects of China's Population Increase", in: Hansen, The Open Empire. A History of China to 1600, New York: W. W. Norton Company, 2000, S. 412–414, hier S. 412.

237 Crossley, „Slavery in Early Modern China", S. 186–213, hier S. 187.

238 Ebd.

239 Ebd. Siehe: „Being a slave in ancient Rome meant, first of all, being a thing (*res*)" – Harke, Jan Dirk, „Slavery in Classical Roman Law", in: Hilgendorf, Eric; Marschelke, Jan-Christoph; Sekora, Karin (eds.), Slavery as a Global and Regional Phenomenon, Heidelberg: Universitätsverlag Winter GmbH, 2015 (Anglistische Forschungen; Bd. 449), S. 49–58, hier S. 58.

240 Crossley, „Slavery in Early Modern China", S. 186–213, hier S. 188.

241 Ebd.

der Gesellschaft (Sklaven, *jian* – „mean people") in die Klasse des normalen „guten Volkes", der *commoners* (und höher) zu wechseln. Generell war es erlaubt, Jungen gleichen Namens zu adoptieren, um die Vaterlinie fortzusetzen. Aber die Kinder sollten keine (wirkliche) Sklavenherkunft oder eine Herkunft aus der Schicht des „mean people" haben. Genau das scheint sich aber unter dem Einfluss von „commercialization of agriculture, urbanization, and massive migration across the expanse of the Qing Empire"[242] vermehrt abgespielt zu haben: „familial relationships in the mitigation of slavery".[243]

All das fand in einer Gesellschaft statt, die – wie auch immer legal definiert – realen Kauf und Verkauf von Menschen praktizierte. In Bezug auf den Verkauf und den Handel mit Menschen, die zugleich Besitz waren, kommt Joanna Ransmeier in Bezug auf die späte Imperialzeit zum Schluss: „The possession, buying and selling of persons, though limited by the Great Qing Code, was indeed licit and tolerated in Qing China, especially when people had been sold by their own parents, had sold themselves because of poverty, or belonged to officials. Only the abduction of free persons, weddings between ordinary subjects and bondservants or other "mean groups", or the selling of distant and superior relatives were condemned – at least in theory – by the law."[244]

In China spielte neben dem Kauf und Verkauf von Jungen zwecks Adoption auch der Kauf und Erwerb von Frauen oder Mädchen eine extrem wichtige Rolle (in europäischen Augen – Menschenhandel). Sie alle, selbst als legitime Ehefrauen, waren „part of her husband's estate".[245] Die Spannung existierte also nicht zwischen einem Nichtsklaverei- und einem Sklavereiraum, sondern zwischen einem legalen Kinder-, Frauen- und Heiratsmarkt und einem illegalen, aber sehr realen Raum der Sklaverei und des Sklavenhandels. Oder anders, mehr mit Bezug zu den Ambiguitäten des Status' von Kindern, Frauen, Mädchen und Sklaven ausgedrückt: „Purchased people could be fully integrated into family life. Yet in other ways, they remained property. In practice, serving maids were sexually available to their masters, and men frequently traded concubines among themselves".[246]

Trotz Verbot wurden, wie bereits oben gesagt, Frauen real als Eigentum behandelt und das wurde auch in schriftlicher Form fixiert (Verfügungsgewalt). Frauen und Kinder wurden auch als Schuldpfand (*dian* – Vergabegewalt) vergeben.[247] In

242 Ebd.

243 Ebd.

244 Chevaleyre, „Under Pressure and out of Respect for Human Dignity: the 1910 Chinese Abolition", S. 147–198.

245 Ransmeier, „Body-Price. Ambiguities in the Sale of Women at the End of the Qing Dynasty", S. 319–344, hier S. 322.

246 Ebd., S. 336.

247 Glück, Ulrike, „Das Dian an Personen", in: Glück, Das Dian. Ein traditionelles chinesisches Rechtsinstitut in Gegenwart und Vergangenheit, Berlin: Duncker & Humblot, 1999, S. 62–63, sowie: Ransmeier, „Body-Price. Ambiguities in the Sale of Women at the End of the Qing Dynasty", S. 319–344 hier, S. 333.

den Kontrakten wurde die Schuldaufnahme meist mit Armut begründet. Es konnte auch sein, dass ein Gläubiger zur Schuldsicherung die Ehefrau eines Schuldners für eine gewisse Zeit übernahm (normalerweise drei Jahre). „Any children born during this time became part of the family of the dian-holder“,[248] schreibt Johanna Ransmeier, „and bore his surname“ (siehe oben über Adoption).[249] Die Frauen hatten im Zweithaushalt einen niedrigeren Status als Ehefrauen, Konkubinen, die schon Kinder geboren hatten und Konkubinen.

Wenn Frauenkauf als „common practices used to acquire wives as part of an overall societal context“[250] anerkannt ist, werden unter diesem legalen Schild auch „more coercive sales“,[251] d. h., Gewalt und „legale Befugnisse“ zur Ausübung von Gewalt (Verfügungsgewalt), erstens eben ausgeübt, aber auch toleriert werden. Johanna Ransmeier kommt zum Schluss: „Throughout the Qing dynasty and well into Republican period, widespread social acceptance of the trafficking of women and children persisted despite a general awareness of the violence that sometimes accompanied the trade“.[252]

Sklavereien in China beruhen auf zwei realen Hauptunterschieden zur oben skizzierten Hemisphäre des *Atlantic slavery* sowie auf einem rechtlich-diskursiven Unterschied.[253] Letzterer ist schnell dargelegt: Der legalistisch-diskursive und kulturelle Hauptunterschied zwischen Sklaverei im atlantischen Raum und China lässt sich am besten in den Worten von Pamela Crossley ausdrücken: „In China the absolute legal definition of slave status, or the associations with race and culture that might have inspired an equally absolute ideal of personal or national freedom, never emerged“[254] und „there is no precise parallel to the Roman legal construction of slavery“.[255]

Die realen Unterschiede scheinen mir wichtiger: Es waren, wie gesagt, im Wesentlichen landbasierte Sklavereien in Nahdistanz (mit Ausnahme von Grenzregionen, Deportationsgebieten und der südchinesischen Küste). Das bedeutet, dass Versklavte im Han-Herzland Chinas im Wesentlichen aus dem engeren lokalen Umfeld der Versklaver/Sklavenhalter kamen. Es gab zwar, wie oben schon angedeutet, see- und schiffsbasierte Fern-Sklavereien vor allem in und an den Meeresprovinzen Südchinas (Guangshou, Fujian, Quanzhou (Zaitun) und Jiangnan/

---

248 Ebd.
249 Ebd.
250 Ebd., S. 322.
251 Ebd.
252 Ebd., S. 334.
253 Chevaleyre, „Acting as Master and Bondservant: Considerations on Status, Identities, and the Nature of Bond-servitude in Late Ming China“, S. 237–272, hier S. 238; Zeuske, „*Atlantic Slavery* und Wirtschaftskultur in welt- und globalhistorischer Perspektive“, S. 280–301.
254 Crossley, „Slavery in Early Modern China“, S. 186–213, hier S. 186.
255 Ebd.

Zhejiang – Gelbes Meer, Jangtse-Delta, Südchinesisches Meer.[256] Zaitun war zu Song- und Yuanzeiten wohl die wichtigste Hafenstadt der Welt.[257] Sklavereien standen hier im Zusammenhang mit Krieg, Handel, Piraterie, Handelspolitik, Ausbreitung des Christentums (über Macau, Nagasaki und später Hong Kong), konfliktiven Beziehungen zu Japan und Taiwan sowie Kontrolle von Inseln (speziell virulent beim Wechsel von Ming zu Qing und in der zweiten Hälfte des 17. Jahrhunderts mit der Eroberung und dem Aufstieg Kantons sowie der extremen Ausweitung des Handels in und mit China).[258] Die erste Hälfte der Ming-Zeit (ca. 1370 bis 1550) war auch durch extreme wirtschaftliche Dynamik zur See (bis um 1440) und an Land geprägt. Vor allem handelte es sich um die Kommerzialisierung des Jangtse-Flusssystems (inkl. des Sichuan-Beckens) und -deltas sowie die Spezialisierung und Kommerzialisierung der Landwirtschaft in Jiangnan sowie an den südchinesischen Küsten (Fujian, Guangdong). Es kam zu einer internen Migration in die Flussdeltas des Jangste sowie des Perlflusses, in die reichen Küstenstädte und zum Aufstieg von Kaufleuten (siehe unten). Agrarrevolutionen zogen eine Kommerzialisierung nach sich. Die Kommerzialisierung Chinas führte auch zu Migrationen von lokalen Kaufleuten und Händlern (vor allem aus Indien, Persien, Hadramaut (Arabien)) sowie europäischen und später amerikanischen Kaufleuten und Händlern in Kolonialenklaven bzw. Kolonialterritorien.[259] Und es kam zur Migration von chinesi-

256 Wills, Jr., John E., „Contingent Connections: Fujian, the Empire, and the Early Modern World", in: Struve, Lynn A. (ed.), The Qing Formation in World-Historical Time, Cambridge and London: Harvard University Press, 2004, S. 167–203.

257 Schottenhammer (ed.), The Emporium of the World: Maritime Quanzhou, 1000–1400, Leiden/Boston/Köln: Brill, 2001 (Sinica Leidensia series, vol. 49).

258 Costa Oliveira e, João Paulo, „A route under pressure. Communication between Nagasaki and Macao (1597–1617)", in: Bulletin of Portuguese – Japanese Studies núm. 1 (Decembro 2000), S. 75–95; Andrade, Tonio, Lost Colony: The Untold Story of China's First Great Victory over the West, Princeton: Princeton University Press, 2011; Dyke, Merchants of Canton and Macao; Grant, Jr., Frederic Delano, „Sources of the Canton Guaranty System", in: Grant Jr., The Chinese cornerstone of modern banking: the Canton guaranty system and the origins of bank deposit insurance 1780–1933, PhD dissertation, University of Leiden 2012, S. 15–46, hier S. 16, https://openaccess.leidenuniv.nl/bitstream/handle/1887/20013/02.pdf?sequence=7 (letzter Zugriff 30.1. 2018); Cheng Wie-chung, War, Trade and Piracy in the China Seas 1622–1683, Leiden: Brill, 2013; Rowe, William T., „Commerce", in: Rowe, China's Last Empire, S. 122–148; Schottenhammer, „Japan – the tiny Dwarf? Sino-Japanese Relations from the Kangxi to the Early Qianlong Reigns", in: Schottenhammer (ed.), The East Asian Mediterranean – Maritime Crossroads of Culture, Commerce, and Human Migration, Wiesbaden: Otto Harrassowitz, 2008 (East Asian Maritime History, 6), S. 331–388; Seijas, „The Portuguese Slave Trade to Spanish Manila: 1580–1640", S. 19–38; Seijas, Asian slaves in colonial Mexico, mit Schwerpunkt auf den Beziehungen zwischen Japan und Korea siehe: Zöllner, „Menschenraub, Mission und Kulturtransfer", S. 161–161–174.

259 Mazumdar, „Localities of the Global: Asian Migrations between Slavery and Citizenship", S. 125–134; Hoerder, „Historical Perspectives on Domestic and Worker's Migrations: A Global Approach", in: Hoerder; van Nederveen Meerkerk, Elise; Neusinger, Silke, (eds.), Towards a Global History of Domestic and Caregiving Workers, Leiden/Boston: Brill, 2015, S. 91–111.

schen Kaufleuten und Händlern nach Malacca, Manila und Batavia.[260] In der Ming-Zeit kam es auch zur starken Hierarchisierung der Gesellschaft vor allem in den Zonen der kommerzialisierten Agrikultur und in den boomenden Städten und zum Anwachsen der Gruppen informell und formell versklaveter Menschen.

In der chinesischen Historiografie und Literatur gibt es sehr, sehr viele „Namen" für Sklaverei und Sklaven (siehe unten unter „Tausend Namen der Sklaverei". Um schon mal die Hauptnamen von Sklaven seit der prä-imperialen Zeit zu erwähnen: *nu* für Sklaven, *bi* für Sklavinnen. Die vielen, zum Teil sehr alten Sklavereien Chinas beruhten grundlegend auf der bereits mehrfach genannten, ebenfalls sehr alten Unterscheidung in freie Gemeine (*liang*/commoners – „normales gutes Volk", „Gute") und Niedere, Minderwertige (*jian* – „Entehrte"), die entwürdigende Arbeiten sowie Nebenarbeiten in der Landwirtschaft (Wasser- und Fäkalientransport, Holzsammeln, Feuerunterhalten, Kleinvieh hüten) verrichteten, d. h. eine Art Kasten (tätowierte Kriminelle, Prostituierte, „female adulterers, the penetrated party of homosexual male unions ... certains hereditary groups, most of them occupation-specific ... These included the professional musician-dancer families of Shanxi, the beggars of Suzhou, and various boat-dwelling fisherman households along the southern coast").[261] Auch *buqi* waren in gewissem Sinnen Sklaven. Das waren meist Männer, die sich selbst verkauft hatten – z. B. um als Ersatz für die Arbeits-Steuer- und Kriegspflichten der Käufer eingesetzt zu werden, aber vor allem, um persönlich abhängige Garden reicher Männer oder lokaler *strong men* zu bilden (Miliz-Militärsklaverei): „Their masters treated them as slaves".[262] *Buqi* hatten aber das Recht auf eigenen Besitz.[263] Es gab aber auch private Kontraktsklaverei, Selbstverkauf und Auslösung (Schuldsklaverei), Staatssklaven, staatliche Sex-Sklaverei (für „Unterhaltung", Musik und Tanz (*yuehu*) zuständig, wie die oben genannten „Sängerinnen"),[264] informelle Sklaverei (durch immer weiteres Absenken des Status von Zwangsarbeitern in staatlichen Infrastrukturarbeiten und Kollektivformen informeller Sklaverei in der Landwirtschaft (*pu* und *nupu*), Militärsklaven („Bannermänner") sowie Familien von Palastsklaven als imperiale Sklaverei und zivile Sklavereien (oft bestimmter Ethnien oder Minderheiten („Bergvölker", z. B. Qiang)).[265]

---

260 Vries, Peer, „The Qing and foreign trade", in: Vries, State, Economy and the Great Divergence. Great Britain and China, 1680s–1850s, London; New Delhi [etc.]: Bloomsbury, 2015, S. 351–359.

261 Pulleyblank, „The Origins and Nature of Chattel Slavery in China", S. 185–220, hier S. 204 f.; siehe auch: Yates, „Slavery in Early China: A Socio-cultural Approach", S. 283–331, hier S. 299, 316; Rowe, „Land and Labor, Debasement and Servitude", in: Rowe, China's Last Empire, S. 96–99, hier S. 98.

262 Ma, „The Feudal Peasant Class and the Development of Feudal Society", in: Ma, Asian and European Feudalism, S. 7–18, hier, S. 13.

263 Ebd.

264 Crossley, „Slavery in Early Modern China", S. 186–213, hier S. 194–196.

265 Wang Ming-ke, „From the Qiang Barbarians to the Qiang Nationality: The Making of a New Chinese Boundary", in: Wang, Shu-min Huang; Cheng-kuang Hsu (eds.), Imaging China: Regional Division and National Unity, Taipei: Institute of Ethnology, 2000, S. 43–80.

Traditionell gab es in China, basierend auf Strafrechts-Kodifizierungen (*Lü Xing*) vor der Han-Zeit, die bereits genannten fünf „Sklaven"-Bestrafungen – alles schwere Strafen, wie etwa Körpermutilationen (u. a. Kastrierung oder Abschneiden der Nase oder eines Ohres).[266] Die leichteste Strafe war Tätowierung (im Gesicht, auf der Schulter).[267] Sklaven-Tätowierungen scheinen so verbreitet gewesen zu sein, dass in Song- und Yuan-Zeiten die Tätowierung per Gesetz verboten wurde.[268] Noch zu Qing-Zeiten wurden geflohene und wieder eingefangene Sklaven im Gesicht tätowiert.[269] Gefasste Verbrecher selbst, vor allem Mörder, Räuber oder Verräter/Überläufer, wurden hingerichtet. Ihre Familien verfielen der Versklavung (Väter, Brüder; auch eine Art „Verwandtschafts-Sklaverei"), mit Ausnahme von ganz Alten und Kindern bis zum Alter von 7–8 Jahren (oft mit Deportation oder Kastrierung).[270] Verurteilte und Sklaven sowie von Geburt an körperlich deformierte Menschen wurden mit Unmenschlichkeits-Begriffen beschrieben (Namenlose – *wu minghao* oder Nicht-Menschlich – *feiren*).[271] Diese Familien-Staatssklaverei betraf die unmittelbare Verwandtschaft, es war keine erbliche Institution. Seit Han-Zeiten wurden weibliche und männliche Sklaven, d. h., als Sklaven Verurteilte, an Adlige und verdienstvolle Beamte vergeben.[272] Auch Angehörige eines verurteilten Kriminellen konnten als Sklaven an Beamte gegeben werden: „This was the only authorized means in Ming dynasty for a family to possess slaves, and thus, legally speaking, a commoner was not allowed to have a slave".[273]

An den Grenzen Chinas gab es Razziensklavereien sowie Umsiedlungen. Und es gab massiven Handel mit Frauen und Kindern (Jungen und Mädchen) sowie Verkauf und Vererbung von landwirtschaftlichen Arbeitern. Fast all diese Sklavereien waren und sind für westliche Augen sozusagen unsichtbar – vor allem auch,

---

266 Zu den weiteren Gesetzes-Codices siehe Ch'ü, „Introduction", in: Ch'ü, Law and Society in Traditional China, S. 9–14, hier S. 12–13; Crossley, „Slavery in Early Modern China", S. 186–213, hier S. 190.

267 Zu den „Sklaven"-Strafen siehe: Simon, Karla W., Civil Society in China: The Legal Framework from Ancient Times to the „New Reform Era", Oxford/New York: Oxford University Press, 2013, S. 22; siehe auch: Sommer, Matthew, „The 1723 Edict", in: Sommer, Sex, Love and Society in Late Imperial China, Stanford: Stanford University Press, 2000, S. 265–267.

268 Ch'ü, „Injury and Homicide", in: Ch'ü, Law and Society in Traditional China, S. 190–198, hier S. 191.

269 Ch'ü, „Masters and Slaves", in: Ebd., S. 188–200, hier S. 190.

270 Waley-Cohen, Joanna, „Collective Responsibility in Qing Criminal Law", in: Turner, Karen G.; Feinerman, James V.; Guy, R. Kent (eds.), The Limits of the Rule of Law in China, Seattle and London: University of Washington Press, 2000, S. 112–131. Zum Beispiel: Wenn ein Mitglied kämpfender Truppen kampflos floh, kapitulierte oder gar überlief, wurden sein Vater und seine Söhne im Alter über 16 Jahre stranguliert und sämtliche Familienmitglieder „konfisziert", d. h., in staatliche Sklaverei genommen, siehe auch: Weggel, Oskar, Chinesische Rechtsgeschichte, Leiden/Köln: Brill, 1980, S. 81.

271 Crossley, „Slavery in Early Modern China", S. 186–213, hier S. 190.

272 Wilbur, Slavery in China, S. 120 f.

273 Ch'ü, „Masters and Slaves", S. 188–200, hier S. 188 f., FN 93.

weil eben nur ein geringer Teil unter dem Namen Sklaverei oder Sklave legal definiert war.[274] Ähnliches galt für Mandarin-Vietnam (als Teil Chinas vom 1. Jahrhundert v. u. Z. bis Ende des 10. Jahrhunderts, kurzzeitig nochmals in Ming-Zeiten), wo es formelle Sklaverei vor allem vor 1400 gab. Formal war der Besitz von *nupu* durch die Ming 1397 unterhalb des dritten Ranges der Beamten verboten worden (d. h., erlaubt nur für hohe, meist aristokratische, Beamte).[275] Aber auch danach konnten einerseits Kriminelle zu Sklaverei verurteilt werden, es gab den Selbstverkauf in die Sklaverei wie überall in Südostasien und militärische Deserteure, die legal zu Staats-Sklaven verurteilt wurden. Und der informelle Besitz von Sklaven (*nupu*) war faktisch unkontrollierbar – das Gesetz von 1397 (im Zusammenhang mit den Abolitionsbemühungen von Kaiser Hongwu 1368–1398) erwies sich als ebenso wenig durchsetzbar. Etwas erfolgreicher waren die Versuche der Qing im 18. Jahrhundert, die Zahl der freien Bauern wieder (wie schon einmal in der frühen Ming-Zeit) zu erhöhen. Unter der Ming wurde die formelle Militarisierung der Gesellschaft vorangetrieben und die Dynamik von Versklavungen nahm zu: „a dramatic increase in coerced agricultural labor occured during the late Ming".[276] Zu den Anfangszeiten der Qing war China ein „conquest state", der von 1636 bis um 1681 Zug um Zug Ming-China und Gebiete von Warlords sowie weitere Gebiete eroberte (wie Taiwan 1683).[277] Die Eliten dieses Staates und die Wirtschaft hingen sehr stark von Zwangsarbeitern, oft Kriegsgefangenen, und anderen Formen von unfreier Arbeit ab. Sie bauten auch die bereits in der Jurchen-/Manchu-Gesellschaft existierende Sklaverei in der Landwirtschaft aus. Dazu kam die zentralasiatische Tradition der Militär-Sklaverei, die einherging mit einem Ideal persönlicher Bindung (bis in die höchsten Schichten der Manchu-Gesellschaft). Zu den bereits in der längeren chinesischen Traditionen verankerten Formen der Unfreiheit kamen also durch die Qing-Eroberung zentralasiatische (vor allem Militärsklaverei – *nucai*) und nordostasiatische (Sklaverei in der Landwirtschaft, Razziensklaverei, Ansiedlung von Sklaven) Institutionen der Sklaverei.[278] Noch während der großen Qing-Expansionen bis nach Ost-Turkestan (Xinjiang), Mongolei und Tibet begann die stärkere Kommerzialisierung und Globalisierung der chinesischen Gesellschaft vor allem im Süden und an den Küsten des Landes. Diese ging einerseits mit Versuchen einher, die Zahl der freien Bauern anzuheben, die Produktion von Exportgütern zu stimulieren sowie die Steuereinnahmen zu erhöhen (vor allem Yongsheng-Reformen), und andererseits mit einer steigenden Verschuldung von Bauern und

274 Crossley, „Slavery in Early Modern China", S. 186–213.
275 Rowe, „In the Tiger's Mouth", in: Rowe, Crimson Rain. Seven Centuries of Violence in a Chinese County, Stanford: Stanford University Press, 2007, S. 109–135, hier S. 111.
276 Crossley, „Slavery in Early Modern China", S. 186–213, hier S. 204.
277 Ebd., hier vor allem 186 f.; Andrade, Lost Colony, passim.
278 Crossley, „Slavery in Early Modern China", S. 186–213, hier vor allem 186 f.

Ausbreitung informeller Sklavereien, die entweder nicht in Dokumenten als solche erschienen oder einen anderen legalen „Namen“ trugen. Der Staat verzichtete im Grunde auf den Obereigentumsanspruch auf das Bauernland, stärkte aber die patrilineare Erbfolge (Adoption männlicher Erben); 90 % des Bodens im Qing-China des 18. Jahrhunderts waren frei verkäuflich (von Chinesen an Chinesen).[279] Diese Entwicklung und auch die Adoption und der Frauenkauf (Konkubinat) sowie die Übernahme landloser Bauern per Vertrag stärkten informelle Sklavereien. Wenn also, so schreibt Pamela Crossley, „the essential core of slavery is its physical coercion of labor from individuals who are invisible as legal persons“ war, dann folgt: „a good deal of China's social history will come under the “slavery rubric”.[280]

China war und ist ein also großer Pool in der Globalgeschichte der Sklaverei(en). Die Frage ist – welche Formen/Typen von Sklaverei? In Asien und speziell in China existierten viele Formen von Sklavereien und Zwangsformen der Arbeit. Unterscheidet man Typen, gab es mindestens drei Sklavereiformen in der Qing-Zeit (1644–1911): Militärsklaverei, Landwirtschaftssklaverei und Haussklaverei, all das auf einer gigantischen Basis informeller Sklavereien. Beginnen können wir mit der *military servitude* der Qing im 17. Jahrhundert (mit Vorläufern unter den Jurchen/Manchu). Diese Sklaverei „was qualitatively a different experience from its agricultural and domestic parallels“.[281] Dieser Sklavereityp stand in einer „Mongolian tradition“ im Nordosten Chinas seit den Yuan-Zeiten: „all enrolled and the Banners considered themselves slaves of the emperor and called themselves so (*aha, nucai*) ... the personal relationship of the Manchu soldier to his ruler was ... a model of slave to owner. The Turco-Mongolian institution of hereditary military slavery was clearly the guiding image in the state's elaboration of banner institutions and Manchu identity in the middle seventeenth century“. Fast all diese Sklavereien waren und sind, ich wiederhole das, für westliche Augen sozusagen unsichtbar.[282] Das Problem dieser wirklichen Sklaverei, einer Elitesklaverei, die die ethnische Differenz als Extraherrschaftsdimension kreativ verarbeitet, war, dass die Bannermänner-Sklaven in sich nach militärischen Rängen und Status differenziert waren, dass sie selbst Sklaven hielten (für die „zivilen“ Aufgaben ihrer Militärbereiche – darunter viele Chinesen und andere Razzien-Sklaven (Koreaner, Japaner)), dass ihr Clan eventuell auch noch die oben genannten ruralen Sklaven kontrollierte und dass Bannermänner sich ethnischen Han-Chinesen gegenüber als herrschende Kaste aufführten (eine Stellung ähnlich der Mameluken und der Janitscharen).[283]

---

279 Nolte, „Erben“, in: Nolte, Weltgeschichte, S. 250–252.

280 Crossley, „Slavery in Early Modern China“, S. 187.

281 Crossley, „Peace and Crisis“, in: Crossley, Orphan Warriors. Three Manchu Generations and the End of the Qing World, Princeton: Princeton University Press, 1990, S. 13–30, hier S. 15.

282 Crossley, „Slavery in Early Modern China“, S. 186–213.

283 Zeuske, „Versklavte und Sklavereien in der Geschichte Chinas aus global-historischer Sicht. Perspektiven und Probleme“, S. 25–51.

China hatte, wie gesagt, bis 1949 einige der größten und bedeutendsten Märkte für Versklavte, vor allem für Frauen und Kinder in den Städten und für Jungen und junge Arbeiter auf dem Land.[284] Die meisten Versklavten waren Mädchen und Frauen in urbanen Bereichen, die meist aus Familien/Wohngemeinschaften in der Nähe ihrer Verkäufer oder Sklavenhalter und Sklavenhalterinnen stammten. Sklavereien im *heartland* Chinas waren, ich wiederhole das, Nah-Sklavereien. Hier gilt die Aussage von Feng Li: „In the Han empire the great majority of slaves were ethnic Han who were sold by their families or by themselves into slavery".[285] Sklaverei war im legalistischen Imperium Chinas allerdings nur im „konfuzianisierten" Strafrecht eine wirklich systemische Struktur.[286] Wie bereits gesagt, gab es, wie in den meisten Teilen der Welt außerhalb der Tradition der Antike, zwar Realität und praktizierte Performanzen von persönlichem Eigentum, aber keine absolute bzw. nur eine sehr partielle Scharfzeichnung der Institution wie in der legalen Kontinuitätskonstruktion des „römischen" Rechts.[287] Es gab und gibt auch kein Ideal von „Freiheit", zumal auch Zivilrecht und die Rechtsfigur der „Rechtsperson" sowie die Konstruktion der freien Verfügbarkeit von „Eigentum" nicht existierten (was sich auch im immer wieder hervorgehobenen legalen Schutz der Sklaven in China vor willkürlicher Tötung / schwerer Verletzung manifestierte).[288]

In den 1920er Jahren kam es vor allem unter Marxisten und in der kommunistischen Partei Chinas (sowie ihren meist nichtmarxistischen Gegnern) zu einer Reorganisation der historischen Narrative. Chinesische linke Intellektuelle und Parteikader waren auf der Suche vor allem nach der Gesellschaftsformation des Feudalismus (*fēngjiàn*) und nach den Feudalherren gegen die sich eine „bürgerliche Revolution" richtete (die Bildung der Republik 1911), damit danach nach den Regeln der Formationstheorie die kommunistische Revolution siegen konnte.[289] Die Debatte um die Sklaverei-Formation war im Grunde ein Beiprodukt dieser Debatte. Die Analyse der Sklaverei in China richtete sich zunächst auf das „römische" Modell der antiken Privatsklaverei einerseits und damit insgesamt auf die darauf

---

284 Watson, „Transactions in People: The Chinese Markets in Slaves, Servants, and Heirs", S. 223–250.

285 Li, „State and society: bureaucracy and social orders under the Han Empire", in: Li, Early China, S. 282- 302, hier S. 291.

286 Ch'ü T'ung-tsu, Law and Society in Traditional China.

287 Crossley, „Slavery in Early Modern China", S. 186–213, hier S. 187 f.

288 Schurmann, „Traditional Property Concepts in China", S. 507–516; Kelly, David, „Freedom – a Eurasian Mosaic", in: Kelly; Reid (eds.), Asian freedoms: the idea of freedom in East and Southeast Asia, Cambridge [etc.]: CUP, 1998, S. 1–17; Scogin, Hugh T., „'Civil Law' in Traditional China: History and Theory", in: Bernhardt, Kathryn; Huang, Philip (eds.), Civil Justice in Qing and Republican China, Stanford: Stanford University Press, 1994, S. 13–41.

289 Pilz, Erich, „‚Feudalismus' und Theoriebildung in der Volksrepublik China: Zur Debatte der 50er Jahre über die feudale Grundeigentumsform", in: Oriens Extremus Vol. 30 (1983–1986), S. 36–84; Xiaorong Han, „The Nature of Rural Society", in: Xiaorong, Chinese Discourses on the Peasant, 1900–1949, Albany: SUNY Press, 2005, S. 73–116. Han Xiaorong erwähnt Sklaverei nicht einmal.

beruhende Theorie der Gesellschaftsformationen („Urgemeinschaft – Sklaverei – Feudalismus – Kapitalismus – Sozialismus/Kommunismus").[290] Die Gesellschaftsformation der Sklaverei wurde innerhalb dieser Interpretationskosmologie vor allem in der Han-Periode der Geschichte Chinas verortet (Han-Dynastie: 漢朝 / 汉朝 Hàn cháo – 206 v. u. Z. bis 220), d. h., zu Zeiten der Begründung der imperialen Tradition Chinas (was allerdings erst in Song-Zeiten (960–1279) kodifiziert worden ist). Im Verlauf der frühen Han-Zeit (westliche Han-Dynastie) ist es wohl, wie in vielen antiken Territorien und Imperien sehr schnell zu Verschuldungs- und Versklavungskrisen lokaler Bauernbevölkerungen gegenüber reichen Kaufleuten und Geld-Verleihern gekommen (ein Versklavungskomplex, der in der europäisch-westlichen Geschichte im klassischen Griechenland oder in der Sklavereigeschichte Israels nachvollzogen werden kann).[291]

Der bereits genannte Eduard Erkes betont in seiner Auseinandersetzung mit Vertretern der Theorie von der Sklavenhalter-Gesellschaftsformation, dass die Sklaverei in China (*heartland*) sich nicht aus Kriegsgefangenschaft entwickelte. Genauer muss es wohl heißen: in der inneren Geschichte; an Expansionsgrenzen hat es sicherlich relativ viele Kriegsgefangene gegeben, die auch Sklaven wurden. Das entspricht klar der Theorie der Plateaus: Sklaverei in China entwickelte sich aus dem Sklavinnen-Status „ohne Institution" (und eventuell aus Opfersklavereien). Erkes verweist aber auch auf verschiedene Formen, die im Laufe der Geschichte potentiell zur Sklaverei tendieren, wie den Einsatz von kriegsgefangenen *man-li* („Südbarbaren") in militärischen Funktionen. Ähnlich wie in Japan gab es Tendenzen, „Barbaren", wie etwa die Mongolen, im Bereich der als unrein betrachteten Tier- und Vogelhaltung sowie Tierbändigung und des Umgangs mit toten Körpern als eine Art dauerhafter und religiös fundierte Sklavenkaste einzuordnen. Man nahm an, dass Barbaren mit Tieren (und Toten) reden konnten. Die wichtigste Entwicklung hinsichtlich eines Phänomens, das nicht als Übergangsfeld zur mediterran-westlichen Eigentumssklaverei, sondern als eigenständige Sklavereiform interpretiert werden sollte, war die Kin-Sklaverei von (meist) Mädchen und Frauen in Familien oder Clans und Sklavereien von Jungen und jungen Männern in ruralen Haushalten.

Die Geschichte Chinas ist die Geschichte verschiedener ostasiatischer Bauerngesellschaften, eines seit dem Ende des ersten Jahrtausends, vor allem aber seit dem 17. und 18. Jahrhundert, ethnisch-„national" aufgeladenen imperialen Ordnungsgedankens (Kaiser, Konfuzianismus, Bürokratie und Bauern) und einer Kultur, die sich als Zentrum sieht („Han-Kultur"). In der Han-Zeit (bis Anfang 3. Jahrhundert) gliederten sich die niedrigsten Ränge der Gesellschaft noch in 1) „Wall

---

290 Zeuske, „Karl Marx, Sklaverei, Formationstheorie, ursprüngliche Akkumulation und Global South", S. 96–144.

291 Wilbur, Slavery in China during the Former Han-Dynastie: 206 B.C.–A.D. 25, passim; Cotterell, Arthur, The Imperial Capitals of China – An Inside View of the Celestial Empire, London: Pimlico, 2007.

Builder“ und „Grain Pounder“; 2) „Gatherer of Fuel for the Spirits“ (Männer) und „White-Rice Sorter“ (Frauen) – beides Gruppen von Verurteilten; 3) Sklaven und Sklavinnen sowie 4) Gemeine.[292] Robin Yates hat Sklaven und Sklavinnen im frühen China als soziale Nichtpersonen (innere Statusdegradierung) definiert, die weder Eigentum noch Besitz haben durften, auch nicht an den eigenen Kindern. Alles habe ihrem Besitzer gehört, der auch die Verfügungsgewalt über die Kinder hatte.[293]

Wie wir wissen, gliederte sich schon zu pre-imperialen Zeiten die Gesellschaft in „gute“ Freie (*liang*) und „verdorbenes“, „entehrtes“ sowie niederes Volk (*jian*). Eine genauere soziale Stratifikation sah unter dem Kaiser Literati (gentry/Beamte) verschiedener Ränge, Bauern, Handwerker und Kaufleute.[294] Auch eine soziale Gruppe der legal definierten Sklaven gibt es, wie oben gesagt, seit über 2000 Jahren in chinesischen Quellen: „The cognates of many forms of European slavery persisted in China for millenia“.[295] Sicherlich kann man grob verallgemeinern, was zur sozialen Struktur der Han-Gesellschaft gesagt worden ist: Die breiteste „gute“ Basis der Gesellschaft bildeten, wie oben gesagt, freie Bauern, die ihr eigenes Land besaßen und bearbeiten. Im Idealfall sichert das Kaisertum diese Grundordnung. Das Wirken der Bauern unterlag – im Gegensatz etwa zu Kaufleuten[296] – kaum der Kontrolle, sofern sie ausreichend produzierten. Bei Kaufleuten gilt aber auch, dass sie bis in die zweite Hälfte des 19. Jahrhundert kaum Steuern und Abgaben auf Handelsgüter zahlen mussten (vor allem im viel wichtigeren internen Handel nicht).[297] „In practice ... he [the merchant] and his role were very clearly accepted and even appreciated“.[298] Bauern in China waren grundsätzlich „frei“,[299] mussten aber Steuern zahlen, die im Wesentlichen an Land und Arbeit (*corvée*) gebunden

292 Li, „State and society: bureaucracy and social orders under the Han Empire“, S. 282- 302, hier S. 290 f.

293 Yates, „Slavery in Early China: A Socio-cultural Approach“, S. 283–331, hier S. 297–300.

294 Zu Ende der Ming-Zeit, zwischen 1580 und 1640, wurden Kaufleute der Küstenstädte vor allem Südchinas so schnell reich durch das über den Japan- und Manila (Mexiko)-Handel einströmende Silber, dass folgendes passierte: „The old fourfold status ranking that put the gentry on the top and the merchants at the bottom was being inverted“, siehe: Brook, Timothy, „The South China Sea World Economy“, in: Brook, The Troubled Empire: China in the Yuan and Ming Dynasties, Cambridge and London: Belknap Press of Harvard University Press, 2010 (History of Imperial China), S. 225–237, hier S. 231.

295 Crossley, „Slavery in Early Modern China“, S. 186–213, hier S. 186; Schottenhammer, „Slaves and Forms of Slavery in Late Imperial China (Seventeenth to Early Twentieth Centuries)“, in: Campbell (ed.), The Structure of Slavery in Indian Ocean, S. 143–154.

296 Ma, „Is the City in Feudal Society a Capitalist Island?“, in: Ma, Asian and European Feudalism, S. 19–31, hier S. 27 f.

297 Vries, „Chinese economic policy: Agrarian paternalism at home and when it comes to foreign trade“, in: Vries, State, Economy and the Great Divergence, S. 347–350, hier S. 348.

298 Ebd.

299 Ebd., S. 350.

waren. Das führte zusammen mit Knappheit an pflügbarem Land sowie Intensivierung der landwirtschaftlichen Produktion (mit Hauswirtschaften, etwa Seidenproduktion) zur wirtschaftlichen und sozialen Hierarchisierung, besonders dann, wenn Geldverleiher und Kaufleute ins Spiel kamen (Schulden) oder die so genannte *gentry* (Großgrundbesitzer) mit erheblichem Steuervermeidungspotential (vor allem, wenn sie mit der Beamtenschaft in Verbindung standen). Arme Pächter und Landarbeiter ohne eigenen Landbesitz besserten notdürftig ihre Existenz auf und mussten oft Kinder oder Mädchen/Frauen verkaufen. An der Unterseite der Gesellschaft existierten Verurteilte und formale Sklaven, die allerdings nur einen kleinen Prozentsatz der Bevölkerung ausmachten. Das Problem ist, dass dabei nur die Sklaven erfasst werden, die nicht den „kleinen" Sklavereien angehören und deren Rechtsstatus einigermaßen deutlich wird und dem Status „westlicher" Sklaven in Sklavereigesellschaften vergleichbar ist. Wir wissen nicht wirklich, wie hoch der Prozentsatz von Versklavten in der Nichtsichtbarkeit der Zugehörigkeit zu bäuerlichen Familien oder der Nichtsichtbarkeit im Innern der urbanen Hofhäuser gewesen sein mag.

Direkte Sklaverei im „römischen" Verständnis von Sklaverei in China war, wie gesagt, eher eine juristisch-soziale Einrichtung des Staates. Kriminelle wurden als Sklaven angesehen und behandelt was meist körperliche Mutilationen einschloss; nicht nur eine chinesische Tradition sondern auch in anderen Teilen der Welt und in Europa zwischen 1550 und 1750 sowie später in Teilen üblich.[300] Sklaverei in der Übergangsform zu staatlicher Zwangsarbeit galt den „Verbrechern" selbst sowie der Entmündigung und Kontrolle der durch Verbrecher „verdorbenen" Familienangehörigen.[301] Da die Staatssklaven aus Abgaben und Steuern erhalten werden mussten, gab es immer wieder Klagen wegen des „Nichtstuns" der Sklaven. Das führte schließlich dazu, dass diese Staatssklaverei seit der Sung-Zeit weitgehend eingeschränkt wurde (die Tradition der fünf entehrenden „Sklavenstrafen" blieb aber formal intakt bis ins 18. Jahrhundert).[302] Basierend auf früheren legalistischen Gesetzen waren schon in der Han-Dynastie Regeln aufgestellt worden, nach denen Kriminelle (meist) getötet und ihr Eigentum eingezogen wurde. Die Familien von Kriminellen wurden zu drei Jahren harter Arbeit oder zur Kastration (Söhne, Männer) verurteilt; ihre Familien wurden sozusagen beschlagnahmt und als Eigentum der Regierung gehalten.

300 Turner, Karen G.; Feinerman, James V.; Guy, R. Kent (eds.), The Limits of the Rule of Law in China, Seattle and London: University of Washington Press, 2000; zu anderen Teilen der Welt siehe die „Analogien aus außereuropäischen Gesellschaften" in: Gronenborn, „Zum (möglichen) Nachweis von Sklaven/Unfreien in prähistorischen Gesellschaften Mitteleuropas", S. 1–42.
301 Schafer, Edward H., The Golden Peaches of Samarkand: A Study of T'ang Exotics, Berkeley: University of California Press, 1963, S. 15, 44 ff; Waley-Cohen, „Collective Responsibility in Qing Criminal Law", S. 112–131; Weggel, Chinesische Rechtsgeschichte, passim.
302 Erkes, Das Problem der Sklaverei, S. 22 f.

Im Grunde kann auch als Regel gelten, dass Sklaven in der stark patrilinearen Bauerngesellschaft Chinas nach den Regeln des Konfuzius immer und vor allem fiktive Verwandte waren, meist symbolische „Kinder“ oder Mädchen und Frauen für die ein Preis (*shenjia*) bezahlt werden musste, ehe sie in eine patrilineare Familie integriert werden konnten. Das war in vielen Gesellschaften der Kin-Sklaverei der Fall. Die engen patrilinearen Bindungen in einer Art vertikaler Abhängigkeit, die in Familiensklaverei überging, blieben auch erhalten, wenn Räume durch Expansion entstanden, beispielsweise große Güter durch Vernichtung einer Elite, Palast- oder Tempelgüter, auf denen es sich lohnte, größere Gruppen von versklavten Kriegsgefangenen außerhalb der bäuerlichen Wirtschaften und Gemeinschaften einzusetzen beziehungsweise Verbrecher aus internen bäuerlichen Gruppen. Dazu waren auch „ideologische Freiräume“ nötig, etwa die Asymmetrien zwischen Eroberer und Unterworfenen und ihren religiösen Kosmologien oder zwischen kaiserlicher Zentrale und Provinzen – etwa zwischen Tang oder Mongolen und Han-Chinesen (mit ihren Eliten) bzw. Manchu und Han-Chinesen.

Seit der Tang-Zeit und ihrem Code (*T'ang lü su-i*) waren Status-Gruppen der Gesellschaft, sowohl aristokratische Gruppen wie auch unfreie Gruppen (servile) definiert: „a variety of so-called “base people” were legally defined as being below free commoners. These servile classes were divided into those belonging to the state and those who belonged to individuals, and they included hereditary service households, musicians, personal retainers, bondsmen, and slaves“.[303]

Zu den Realitäten der Sklaverei in der Geschichte Chinas gehörte der Verkauf von Kindern, in der Mehrzahl weiblichen Geschlechts. Dieser Sklavenhandel bildete, wie oben angedeutet, die Grundlage chinesischer Sklavenmärkte, der Praxis des Frauenkaufs (oder -raubs), des konfuzianischen Patriarchalismus' und des Konkubinats.[304] Dazu kamen massive Formen der Kriegs- und Razziensklaverei bei Expansionen (oder Aufständen) sowie illegale Praktiken der Menschenjägerei, der Piraterie und des Sklavenhandels mit geraubten Reisenden durch Banden am Rande oder in den *no-go-areas* der zentralistischen Gesellschaft. Geraubten Männern wurden von den Sklavenfängern oft die Füße abgehauen (amputiert). Als Sklaven fanden diese dann als Türhüter in privaten vornehmen Häusern Verwendung (Wächter als Haussklaven). Amtsgebäude und Paläste wurden dagegen von Verurteilten bewacht, Staatssklaven (siehe oben), denen manchmal als Strafe ebenfalls die Füße abgehackt worden waren. Das war ein deutliches Symbol fehlender Selbstbestimmung sowie fehlender Mobilität und der Verachtung für Sklaven. Agrarische Sklaven (*nuli*) spielten im 14. Jahrhundert (Übergang Yuan-Ming) eine

---

303 Lewis, Mark Edward, „The Tang Legal Code“, in: Lewis, China's Cosmopolitan Empire. The Tang Dynasty, Cambridge/London: The Belknap Press of Harvard University Press, 2009, S. 50–54, hier S. 53.

304 Erkes, Das Problem der Sklaverei, S. 16 f.; Watson, Rubie S.; Ebrey, Patricia B. (eds.), Marriage and Inequality in Chinese Society, Berkeley: University of California Press, 1991.

wichtige Rolle in den „former Jin domains of northern China and active in the mid-fourteenth-century rebellion in Jianxi and Jiangnan".[305] Neben den Staatssklaven gab es Sklaven von Privatbesitzern. Besitz von Sklaven war legal eigentlich ein Vorrecht des Staates und adliger Beamten (siehe dazu weiter unten). Kinder von Sklavinnen erbten den Status der Mutter – sie waren ebenfalls Sklaven (es sei denn, der Familienvorstand bestimmte etwas Anderes: „Slaves and their children could only be free if manumitted by their masters" und: „children born of a male slave and a female slave inherited slave status from their parents and were owned by the family of the master").[306] In Qin- und Han-Zeiten scheinen sich erste Ideen der „imperiale Regel" (dieses Denken gab es in vielen Imperien) gebildet zu haben, dass das „gute Volk" des Imperiums nicht versklavt werden sollte; nur die „schlechten Elemente".

Es gibt weitere Kontinuitäten. Schon beim Übergang von der Bronzezeit zur Eisenzeit nach dem Tode von Konfuzius (479 v. u. Z.) in der Periode der sog. „Kämpfenden Reiche" (403–221 v. u. Z.) ist zusätzlich ein erhöhter Anfall von Kriegsgefangenen und das Aufkommen einer reichen Kaufleuteschicht zu beobachten, die großen Landbesitz erwarb. Die neureichen Kaufleute ließen ihre Latifundien von kriegsgefangenen Sklaven und Mietarbeitern (hired laborers) bestellen. Unter den sieben „kämpfenden Reichen", die sich aus Stadtstaaten in Königreiche verwandelt hatten, kristallisierten sich bald Ch'in im Westen, Ch'i im Osten und Ch'u im Süden heraus. Unter ihnen setze sich Ch'in durch und bildeten einen neuen Staat mit imperialem Anspruch – eben einen der Kerne des historischen China.[307]

Insgesamt kommt Erkes zu folgendem Schluss: „Die chinesische [legale] Privatsklaverei war immer reine Haus- und Luxussklaverei. Die Sklaven waren, wie bis in die Gegenwart hinein, Mitglieder der Familie, die kaum tiefer standen als Kinder".[308] Solche Familiensklaven (und Konkubinen/Nebenfrauen) waren gegen allzu harte (und sichtbare) Misshandlungen gesetzlich geschützt; Tötung eines Sklaven wurde genauso bestraft wie die Tötung eines Freien. Allerdings wurden Konkubinen, gekaufte Kinder und Frauen hinter Mauern im Innern der Häuser verborgen. Grausame Herrinnen begingen „chronic abuse of slave girls" Sie wurden oft geschlagen oder mit heißen Wasser verbrüht.[309] Luxussklaverei bedeutet auch, dass sich bei den imperialen Eliten und im Palast des Herrschers die Tradition der Harems etablierte: „the imperial palace, situated in the capital, became the main focal point for families who sought to boost their social capital by placing a daugh-

305 Rowe, „Kings of Light", in: Rowe, Crimson Rain, S. 43–60, hier S. 43 f.

306 Ch'ü, „Masters and Slaves", in: Ch'ü, Law and Society in Traditional China, S. 188–200, hier S. 189, 190; siehe auch: Dull (ed.), Ch'ü T'ung-tsu, Han Social Structure, S. 156.

307 Ch'ĕn, Shou-yi, Chinese Literature. A Historical Introduction, New York: The Ronald Press Company, 1961, S. 82; Yates, „Slavery in Early China: A Socio-cultural Approach", S. 283–331.

308 Erkes, Das Problem der Sklaverei, S. 16–22.

309 Ransmeier, „Body-Price. Ambiguities in the Sale of Women at the End of the Qing Dynasty", S. 319–344, hier S. 336.

ter in the harem".[310] Es bildete sich ein explizit polygamisches System von Rängen heraus.[311]

Auf Wunsch mussten Sklaven verheiratet werden. Sie und ihre Kinder wurden innerhalb der Besitzerfamilie vererbt. Sie wurden nie mündig; es sei denn, sie wurden formell freigelassen, was auch als eine Art Verstoßung interpretiert werden konnte. Sie blieben aber selbst dann Teil des Familien- und Klientelverbandes, was als Zeichen von Prestige eines reichen und vornehmen Hauses immer geschätzt wurde. Hier gleichen sich chinesische Privatsklaverei und die sogenannte „Haussklaverei" der reichen Plantagenbesitzer in Brasilien und Kuba, deren Klientelstrukturen zum Teil bis heute fortleben.

In den achtziger Jahren des 20. Jahrhunderts wurde, wie oben gesagt, die Debatte um die Sklaverei in China durch Martin C. Wilbur und James E. Watson neu belebt.[312] Danach scheint fest zu stehen, dass es vom dritten Jahrhundert an klare Evidenzen für die Existenz einer Gruppe von Menschen in China gibt, die sich von Freien (*liang*) unterschieden, *nuli*, *nubi* oder *nupu* (奴仆) und *shipu* genannt wurden, verkauf- oder vertauschbaren Besitz (*property*) anderer darstellten sowie frei gekauft und verkauft werden konnten. Ein klares Zeichen dafür, dass die Gesellschaft stark hierarchisiert war und die Zeitgenossen die Ärmsten und Schwächsten als Gruppe definierten.[313] Allerdings war, wie gesagt, die Eigentums-Dimension der vollen Verfügbarkeit („usus et abusus") durch den Staat eingeschränkt.

In der ersten Periode Han-Chinas (206 v. u. Z.–220 nach Chr.) soll rund 1 % der Bevölkerung versklavt gewesen sein.[314] Gesellschaften, die wirklich auf ruraler Wirtschaftssklaverei (siehe „große" Sklaverei, oben) beruhen, weisen mindestens 20–30 % Sklaven auf. Die Frage ist allerdings die Verteilung. Für Han-Zeit und Song-Zeit gibt es nämlich auch Quellen über große Landbesitzer/Kaufleute, die mehrere tausend Sklaven besaßen. Die Familie Zhuo von Chengdu (Sichuan) soll in Eisenmanukturen 800 Sklaven beschäftigt haben.[315] Handwerksbetriebe hatten oft mehrere Hundert Sklaven. In den ersten Jahrhunderten entstand durch den Rückzug/Flucht von den bedrängten Grenzen Chinas im Norden und Nordwesten nach *heartland*-China (zentrale Ebenen) aber auch ins rote Bassin von Sichuan eine neue Klasse von Abhängigen und Versklavten: „'hôtes' (*ke*), c'est-à-dire fermiers à

310 Vankeerbergen, Griet, „A Sexual Order in Making: Wives and Slaves in Early Imperial China", in: Campbell; Elbourne (eds.), Sex, Power, and Slavery, S. 121–139, hier S. 122.

311 Ebd., S. 123.

312 Wilbur, Slavery in China; Pulleyblank, „The Origins and Nature of Chattel Slavery in China", S. 185–220; Watson, „Chattel Slavery in Chinese Peasent Society: A Comparative Analysis", S. 361–375; Mejer, „Slavery at the End of the Ch'ing Dynasty", S 327–358.

313 Watson, „Transactions in people: the Chinese market in slaves, servants and heirs", S. 223–250.

314 Wilbur, Slavery in China during the Former Han Dynasty, passim.

315 Gernet, „Riches marchands et notables", in: Gernet, Le monde chinois, S. 128–130, hier S. 129.

demeure, gardes personelles connues plus tard sous le nom de *buqu* [*buqi*], domestiques ou esclaves (*nubi*)" (zu *ke* siehe unter „Namen der Sklavereien").[316]

Im 9. Jahrhundert sollen buddhistische Institutionen bis zu 150 000 Sklaven beschäftigt haben. Prominente Beamte der Song-Dynastie (960–1279) und Teile der *gentry* sowie der Kaufmannschaft haben ebenfalls Tausende von Sklaven besessen.[317] Dabei handelt sich aber sozusagen um „Lücken" im normalen bäuerlichen Wirtschaftssystem (vor allem, was formale Sklaven betraf, im staatlich verteilten Land, wie auch auf privatem Land),[318] die nach militärischen Invasionen, Bürgerkriegen und/oder Dynastiewechseln oder großen imperialen Bestrafungsaktionen aufgerissen worden waren; sie wurden aus einem Überschuss an Kriegsgefangenen/Kriminellen und Land, das an hohe Beamte vergeben wurde, aus Statusdenken und/oder Fehlen anderer Energieressourcen eben mit Sklaven bewirtschaftet.

In Tang- und Sung-Zeiten waren *kuan-hu* und *tsa-hu* Staats-Sklaven-Bondservants (siehe unter „Namen der Sklavereien"). Ihnen war es bei Strafe nicht erlaubt war, eine freie Person zu heiraten. Die Endogamitäts-Regeln stellen, wie in vielen Imperien, den Versuch dar, eine „geborene" Sklavenkaste zu züchten.[319] Es gab auch weibliche und männliche Privat-Sklaven (*pu-ch'ü*).[320] Um neues Land zu erschließen und vor allem buddhistischen Klöstern Arbeitskräfte zur Verfügung zu stellen, wurden kollektive Sklavereien (Umsiedlungen) angewandt.[321] Kriminelle und Staatssklaven wurden als „Familien der Gemeinschaft" (*sengqihu*) in Grenzregionen angesiedelt; Zahlen gehen in die Hunderttausende (460 000).[322]

Han-China breitete sich, vor allem durch bäuerliche Kolonisation in Tang- und Song-Zeiten (die Yuan-Dynastie vollendete das Ganze militärisch), nach Süden aus (mit einer agrikulturellen Revolution – vor allem basierend auf dem Anbau von Champa-Reis), nach *Kiang-nan* (*Jiangnan*: „Südlich des Stroms (Jangtse)"), entlang des Unterlaufs des Jangtse. Die Expansion erfasste auch das Sichuan-Becken am Mittellauf des Jangtse. Punktuell gab es ein Vordringen bis Kanton (Panyu/Guangdong) und in die südlichen Küstenzonen (mit Nassreiskulturen, Teekulturen, Seidenkulturen (*sericulture*; Maulbeerbäume und Seidenraupen), Spezialisierung der

---

316 Gernet, „Les nouvelles bases de l'empire restauré", in: Ebd., S. 134–135, hier S. 134.

317 Schottenhammer, „Slaves and Forms of Slavery in Late Imperial China (Seventeenth to Early Twentieth Centuries)", S. 143–154, hier S. 143.

318 Adshead, S.A.M., „The management of Chinese economic growth, 500–1000", in: Adshead, T'ang China. The Rise of the East in World History, Houndmill/New York: Palgrave Macmillan, 2004, S. 88–93.

319 Ch'ü, „Class Endogamy", in: Ch'ü, Law and Society in Traditional China, S. 154–161, hier S. 158 f.

320 Ebd., FN 197.

321 Lewis, Mark Edward, „The Emergence of a Chinese Buddhism", in: Lewis, China's Cosmopolitan Empire. The Tang Dynasty, Cambridge/London: The Belknap Press of Harvard University Press, 2009, S. 214–225, hier S. 217.

322 Gernet, „Royaumes et Empires de Barbares sinisés en Chine du Nord", in: Gernet, Le monde chinois, S. 164–173, hier S. 170.

regionalen Agri- und Wasserkulturen (u. a. auch Holz, Lack und Tintenproduktion bzw. der Rohstoffe dafür), Import von Baumwoll- und Zuckerlandwirtschaft; „Sugar, its imagery and its reality, came with Buddhism“:[323] Der Buddhismus kam mit dem Zucker. Es war eher Zucker, der aussah wie Haufen feuchter brauner Sand oder wie „Stein-Honig“ – noch ohne Raffinierung (erst 17. Jh.). Zucker kam zunächst über das Perlflussdelta und über die Wege des Buddhismus nach China (speziell: Tan-huanh-Landweg und Yang-chou-Seeweg; Zentren der Zuckerproduktion wurden Sui-ning am Fu-Fluss östlich von Chengdu und Kuang-tung in der Kanton-Region).[324] Im Zuge der bäuerlichen Expansion verzehnfachte sich in Südost-Anhui die Bevölkerung zwischen 600 und 750 (25 000–250 000); die Clans der lokalen Gentry kontrollierten die spezialisierte Holz- und Lackproduktion sowie die Tintenproduktion, ohne die die geistige und schriftliche Kultur ganz Chinas nicht funktionieren konnte (zu Anhui siehe unten unter „Shipu und nupu“).[325] Im Norden erschien China zu Tang-Zeiten in Zentralasien. Insgesamt verlagerte sich das wirtschaftliche Zentrum Chinas allerdings nach Süden.[326] Dieser gewaltige, aber langsame Prozess, genannt „conquest of China by the Chinese“,[327] brachte nicht nur eine ungeheure wirtschaftliche und technologische Dynamik mit sich, sondern auch, als Teil dieser Dynamik, mehr Land und mehr Unfreiheit für bestimmte Gruppen.

Auf dem Höhepunkt der Tang-Zeit, Mitte des 8. Jahrhunderts, war die chinesische Kultur kosmopolitisch: Massen von Ausländern siedeln sich in Handelsstädten in Gansu, in Shaanxi oder Henan und entlang des großen Kanals an, auch in Kanton (Panyu – zeitweilig 200 000 Menschen Bevölkerung mit Ausländervierteln);[328] indische und zentralasiatische Musik drang, ebenso wie Zucker, über Kuchâ ein und über die Seidenstraßen nach China; Türken, Uiguren, Tibeter, Koreaner, Menschen aus Khotan und aus Kuchâ, Sogden aus Transoxanien, Leute aus Kaschmir, Perser, Araber, Inder und Singhalesen trafen sich in Chang'an, der Hauptstadt der Tang. Sie brachten als *material culture* der „gifts and tribute“ (und Handelswaren) Sklaven, Tiere, Pflanzen, Nahrungsmittel, Parfüms, Medizinen, Gewürze, Farbstoffe, Textilien, Schmuck und Metallgegenstände.[329] Und sie brach-

---

323 Adshead, „Imported physical technology“, in: Adshead, T'ang China, S. 83–84, hier S. 84.
324 Ebd., S. 83–84.
325 Adshead, „Territory“, in: Ebd., S. 75–77, hier S. 77.
326 Wang Xiaofu, „Economic prosperity and the shift of the economic center of gravity to the south“, in: Yuan Xingpei; Yan Wenming; Zhang Chaunxi; Lou Yulie (eds.), The History of Chinese Civilization. English Text edited by Knechtges, David R., 4 Bde., Cambridge; New York [u. a.]: CUP, 2012 (Vol. III: Yuan Xingpei (ed.); Deng Xiaonan (ass. ed.), Sui and Tang to mid-Ming Dynasties (581–1525), Cambridge: CUP, 2012, S. 143–212
327 Adshead, „Territory“, S. 75–77, hier S. 77.
328 Lewis, „Foreigners in Tang China“, in: Lewis, China's Cosmopolitan Empire, S. 163–177.
329 Gernet, „Les influences étrangères“, in: Gernet, Le monde chinois, S. 246–251, hier S. 247; Wang Xiaofu, „The Silk Road and cultural exchange between China and foreign lands“, in: Yuan Xingpei; Yan Wenming; Zhang Chaunxi; Lou Yulie (eds.), The History of Chinese Civilization. English Text edited by Knechtges, David R., 4 Bde., Cambridge; New York [u. a.]: CUP, 2012 (Vol. III:

ten, zuammen mit dem Buddhismus Nordwestindiens und Zentralasiens (und später dem Islam der arabisch-persisch-baktrischen Transporte) über die Landwege des Nordwestens die Netzwerke aus Kamel-Karawanen und das Kamel selbst nach China. Im Süden kam es zu einer noch bedeutenderen Aneignung sozialer Technologien: „China entred more deeply ... [in] the circuit of cross-Indian ocean and double-monsoon navigation which linked the West and China". Seehauptstadt des Indischen Ozeans in China wurde Panyu/Kanton; zentrale Hafenplätze waren Srivijaya auf Sumatra und Ceylon.[330] Mit der Gründung von Bagdad (762) und der strategischen Abgrenzung der islamischen und der chinesischen Sphären an den Grenzen Transoxaniens und Kashgars (751) kam es zum verstärkten Luxushandel über die See-Seidenstraße zwischen Basra (Bassora) und Kanton sowie den Küsten dazwischen (Malacca): Elfenbein, Nashorn-Hörner, Gewürze, schwarze Sklaven gegen Seide, Lackwaren, Gewürze, Porzellan).[331]

Die Rebellen und Reichsgründer nach dem Zusammenbruch der Tang waren oft Menschen aus Unterklassen, in einem Fall sogar ein ehemaliger Sklave, die zunächst Banden oder Milizen anführen und militärische Erfolge erzielen: „les frère Wang qui règneront au Fujian, d'anciens bandits du Henan. Tel autre fondateur de royaume – celui du Jingnan, sur le moyen Yangzi – est l'ancien esclave d'un marchand de Kaifeng".[332]

Sklaverei in China hinterließ weitere Spuren, die umso deutlicher sind, je auffälliger die Sklaven als Fremde waren. In Tang-China waren Sklaven ein häufiger Tribut aus „fremden Ländern" und aus bestimmten Gebieten vor allem im Süden und Südwesten Chinas.[333] Um 880 finden sich in der Prosa-Literatur Tang-Chinas auch schwarze Sklaven (*kunlun nu*), die wahrscheinlich aus Ostafrika stammten und über Indien oder Persien nach China geraten waren. Sklaven aus Ostafrika wurden in China generisch als *kunlun* bezeichnet, was einfach „Schwarze" bedeutet. Es gab auch Schwarze von Pazifik-Inseln, sogenannte *negritos*.[334] Der Schreiber einer Sammlung von Romanen, deren einflussreichster den Titel *Kunlun Nu* (Der schwarze Sklave) trug, namens P'ei Hsing, benutzte einen in China wohl wegen ihrer Hautfarbe, des Physiognomie und der geringen Größe als exotisch

---

Yuan Xingpei (ed.); Deng Xiaonan (ass. ed.), Sui and Tang to mid-Ming Dynasties (581–1525), Cambridge: CUP, 2012, S. 105–142.

330 Adshead, „Imported social technology", in: Adshead, T'ang China, S. 84–86; Wang, „The Silk Road and cultural exchange between China and foreign lands", S. 105–142.

331 Gernet, „Chine et islam", in: Gernet, Le monde chinois, S. 249–251, hier S. 250 f.

332 Gernet, „Une nouvelle forme de pouvoir", in: Gernet, Le monde chinois, S. 234–237, hier S. 235 f.

333 Abramson, Marc Samuel, Ethnic identity in Tang China, Pittsburgh: University of Pennsylvania Press, 2008, S. 136.

334 Henry Tsai verweist darauf, dass 1381 und 1382 insgesamt 400 „black slaves" aus Java als Tribut an den Ming-Kaiser geschickt wurden, siehe: Tsai, Shih-shan Henry, The eunuchs in the Ming dynasty, S. 152.

angesehenen schwarzen Menschen aus Ostafrika als literarische Figur, um die Liebeskomplikationen seines Herren zu lösen. Der Schwarze trägt den Namen *Moleh*. Die Fähigkeiten des Sklaven in Zeichensprache (was zugleich bedeutete, dass er Chinesisch schlecht sprach), retten seinem Herrn das Leben.[335] Roderich Ptak allerdings bindet den Begriff *Kunlun ren* (Kunlun-Menschen – schwarze Menschen) und Kunlun-Schiffe eher an dunkelhäutige Seefahrende, was Sklaven auch gewesen sein mögen, aus der malaiischen Welt oder vermutet einen generellen Überbegriff für Menschen und Schiffe aus dem Süden, erwähnt *kunlun nu* aber auch im Zusammenhang mit äthiopischem sowie arabischem Sklavenhandel aus Afrika.[336]

Weitere Spuren in der Literaturgeschichte zeigen die Bedeutung der Haus- und Kin-Sklaverei; so soll ein Literat und Politiker der Tang-Zeit, Liu Tsung-yüan (773–819) während seiner Magistratszeit in der Stadt Liuchou eine „korrupte Praxis" im südlichen Teil des Tang-Imperiums ausrottet haben, die darin bestand, Kinder zu kaufen und zu verkaufen (*young slaves*). Er ließ fast Tausend dieser Kindersklaven befreien.[337]

Die meisten westlichen Sinologen halten das Konzept der *chattel slavery* (Menschen als bewegliches und verkäufliches Ding, ihre Körper als Eigentum, als *mancipia*), obwohl es einige Bedeutung in der Hanperiode (206 v. u. Z. bis 220) und der Tangperiode (618–906) gehabt haben mag, für die chinesische Kultur nicht für zentral.[338] Interessant sind die Übereinstimmungen zwischen Aufschwung in der Tangperiode und in der ersten europäischen Ökonomie des fränkischen Karolingerreiches 700–880. Auch in Japan gab es im 7.–10. Jahrhundert verkaufbare Sklaven (*nuhi*; die Ähnlichkeiten zu China sind nicht zu übersehen). *Nu* (oder *yacco*) bezeichnete einen männlichen Sklaven; *hi* (oder *menoyakko*) eine Sklavin; in Korea *nobi*.[339] Sklaven machten insgesamt etwa 30 % der Bevölkerung Koreas aus; im Süden sogar ca. 50 %.[340] Sie konnten gekauft sowie verkauft werden und durften normalerweise keine eigenen Familien gründen.

---

335 Balázs, S., „Beiträge zur Wirtschaftsgeschichte der T'ang-Zeit (618–906)", in: Ostasiatische Studien. Mitteilungen des Seminars für Orientalische Sprachen 35 (1932), S. 1–73; Ch'ën, Shou-yi, Chinese Literature, S. 282.

336 Ptak, Roderich, Die maritime Seidenstrasse. Küstenräume, Seefahrt und Handel in vorkolonialer Zeit, München: Beck, 2007, S. 65; Ptak, „Zwischen Tang-Reich und Kalifat", in: Ebd., S. 109–147, hier S. 144.

337 Ch'ën, Shou-yi, Chinese Literature, S. 303 f.

338 Klassisch formuliert ist diese Unsicherheit angesichts der Eigenmacht chinesischer Kultur bei Griet Vankeerbergen (als eine Bemerkung am Beginn der ersten Fußnote: „Im not using the word slave in an analytically rigorous way. The Chinese terms are bi ... and nu ..., and they are often – especially for later periods – translated as 'maid' or 'servant'", siehe: Vankeerbergen, „A Sexual Order in Making: Wives and Slaves in Early Imperial China", S. 121–139, hier S. 135, FN 1.

339 Seth, Michael J., „Slaves and Outcasts", in: Seth, A History of Korea. From the Antiquity to the Present, Lanham/Boulder [etc.]: Rowman & Littlefield, 2011, S. 167–171.

340 Perdue, Peter, „Korea", in: Reinhard (ed.), Empires and encounters: 1350–1750, S. 178–193, hier S. 183.

In der Tang-Zeit (7.–10. Jh.) und in den Wudeiperioden (907–960) kamen „Perser und andere Anhänger des Islam“ sowie Kaufleute aus dem Hadramaut nach China (siehe oben zur See-Seidenstraße).[341]

Was ist das anderes als Sklaverei, vor allem extreme Formen von Kin- und Haussklavereien, Schuldsklavereien, kollektiven Sklavereien sowie Razzien- und Opfersklavereien? Dazu kommt, dass vor allem, wie oben dargelegt, gerade Kollektivformen von Sklavereien gern diskursiv verschleiert und als „marginal“ dargestellt werden und viele Sklavereien eben auch nicht gerne bei ihrem „westlichen“ Namen genannt werden. Auch Gewaltverhältnisse, die familien- oder personenrechtlich „anders“ kodifiziert sind, können unter Sklavereien verbucht werden. Vor der und am Beginn der Ming-Zeit spielte Sklaverei in legalen Quellen eine Rolle als Bestrafung für Verbrechen und als Strafe. Privatsklaverei und reale Staats-Sklavereien waren da, gerade und vor allem zu Kriegs- und Expansionszeiten, aber sie erscheinen kaum im Diskurs oder in legalen Texten. Die Expansion der Mongolen stellte sich zunächst als Massaker-Kriegsführung dar, vor allem bis in die 1270er Jahre. Fast alle, die nicht getötet wurden, wurden als Sklaven unter die mongolische Militäraristokratie verteilt.[342]

Auch in Ming-China (1368–1644), obwohl es insgesamt wohl zu einem Anstieg der Militarisierung, der Intensivierung von Zwangsabhängigkeiten, Sklaverei und des Menschenhandels kam, war „große“ systematische und formelle Massensklaverei kein sichtbarer Teil der Organisation des wichtigsten Produktionssektors, der Landwirtschaft (mit Ausnahme von Klöstern).[343] Aber Kauf und Verkauf von Menschen war ubiquitär: „buying and selling of slaves became commonplace“.[344] Die Ming haben die Probleme der Globalisierung im 16. Jahrhundert, die bestimmte Kaufleute und Eliten im Silber schwimmen ließen, nicht bewältigt.[345] Vor allem nicht die Silberfluten aus Amerika/Japan/Annam/Vietnam und Burma (oft über Portugiesen bzw. das spanische Weltreich 1580–1640) sowie die neuen Ressourcen (Zucker hatte sich von Indien ausgehend schon seit dem 9. Jahrhundert verbreitet; hinzu kamen amerikanische Nutzpflanzen: Mais, Batate, Tabak, Chili, Sonnenblu-

---

341 Ptak, „Chinesische Wahrnehmungen des Seeraumes vom Südchinesischen Meer bis zur Küste Ostafrikas ca. 1000–1500“, in: Rothermund, Dietmar; Weigelin-Schwiedrzik (ed.), Der Indische Ozean. Das afro-asiatische Mittelmeer als Kultur- und Wirtschaftsraum, Wien: Verein für Geschichte und Sozialkunde & Promedia Verlag, 2004 (Edition Weltregionen, Band 9), S. 37–59, hier S. 44; Freitag, Ulrike, „Islamische Netzwerke im Indischen Ozean“, in: Ebd., S. 61–82.

342 Gernet, „Le régime mongol“, in: Gernet, Le monde chinois, S. 320–226, hier S. 320.

343 Robinson, „Military Labor in China, ca. 1500“, in: Zürcher (ed.), Fighting for a Living, S. 43–80.

344 Tsai, The eunuchs in the Ming dynasty, S. 27; siehe auch: Niida Noboru, TōSō hōritsu monjo no kenkyū (A study of legal documents of the Tang and Song eras), Tokyo: Tōkyō daigaku shuppankai [1937] (Reprint 1983).

345 Nelson, „Slavery in Medieval Japan“, S. 463–492; Perdue, „Commercialization and its Discontents, 1550–1650“, in: Reinhard (ed.), Empires and Encounters: 1350–1750, S. 72–76.

me, Kartoffeln, Tomate).[346] Timothy Brook schreibt in seinem Kapitel zur Weltökonomie des südchinesischen Meeres über die Silberströme aus Manila (Mexiko, Peru), Macau und Japan: „the Ming by late in Wanli era was literally awash in money. As this commercial wealth outstripped other sources of income, merchant families were able to surpass the gentry in conspiciuos consumption, if not exactly in actual attainment. The old fourfold status ranking that put the gentry [viele Beamte stammten aus dieser Gruppe – M. Z.] on the top and the merchants at the bottom was being inverted".[347] Noch ein Widerspruch – der zwischen Beamten/*gentry* und Kaufleuten, der sich in bestimmten Gebieten bis in den lokalen Bereich der Unfreiheit/Sklaverei auswirkte. David Robinson schreibt zum Reichtum der Ming: „Hongwu and his descendants enjoyed greater wealth than perhaps any previous imperial family".[348] Allein einige Zahlen beeindrucken: der Hof unter Management der Palast-Eunuchen hatte ca. 15 000 Dienstkräfte, Arbeiter und Handwerker; im 15. Jahrhundert verfügte die Kaiserfamilie über ca. eine Million Unzen Silber, im 16. Jahrhundert bereits über 6 Millionen Unzen Silber.[349] Als Maßeinheit für Silber setzte sich im Laufe der Neuzeit, speziell in der Qing-Zeit das *tael* (ein malaiisches Wort – *tahil* –, das mit dem realen Silber über das Portugiesische nach China kam) durch: „Unminted silver measured in taels (one tael equalled 37 grams) was a universal medium of exchange in China in this period [18. und 19. Jahrhundert – M. Z.]".[350] China hatte nie irgendwelche Silbermünzen, aber eben sehr viel ungemünztes Silber (sowie europäische und spanisch-amerikanische Silbermünzen).[351] Silber war, im Sinne von Wert, die wichtigste Handelsware

346 Guo Runtao, „Introduction and promotion of American crops" (Tabak u. Chili nicht erwähnt), in: Yuan Xingpei; Yan Wenming; Zhang Chaunxi; Lou Yulie (eds.), The History of Chinese Civilization. English Text edited by Knechtges, David R., 4 Bde., Cambridge; New York [u. a.]: CUP, 2012 (Vol. IV: Lou Yulie (ed.); Liu Yongqiang (ass. ed.), Late Ming and Qing Dynasties (1525–1911), Cambridge: CUP, 2012, S. 44–47 (warum etwa Tabak und Chili/Paprika unten den *American crops* nicht erwähnt werden, bleibt mir ein Rätsel); Mazumdar, „The Impact of New World Food Crops on the Diet and Economy of China and India, ca. 1600–1900", in: Grew, Raymond (ed.), Food in Global History, Boulder: Westview, 1999, S. 58–78.

347 Brook, „The South China Sea World Economy", S. 225–237, hier S. 231; siehe auch: Cheng Wiechung, „The Tributary System Challenged", in: Cheng, War, Trade and Piracy in the China Seas 1622–1683, Leiden: Brill, 2013, S. 11–25; zur Anbindung an die Weltökonomie Portugals / der iberischen Reiche siehe: Souza, George Bryan, „Early Global Encounters with Beauty: The Pacific and Indo-Atlantic Exchanges between Asia and America", in: Review-literature and Arts of The Americas Vol. 39:1 (2006), S. 13–29.

348 Robinson, David M. (ed.), Culture, Courtiers, and Competition. The Ming Court (1368–1644), Cambridge: Harvard University Asia Center, 2008 (Harvard East Asian Monographs, 301), S. 2.

349 Ebd., S. 2, FN 2.

350 Allen, Robert C.; Bassino, Jean-Pascal; Ma, Debin; Moll-Murata, Christine, van Zanden, Jan L., „Wages, prices, and living standards in China, 1738–1925: in comparison with Europe, Japan, and India", in: The Economic History Review Vol. 64 (February 2011) (Special Issue: Asia in the Great Divergence, Supplement S1), S. 8–38, hier S. 9.

351 Vries, Peer, „A note on money and silver", in: Vries, State, Economy and the Great Divergence, S. 60–64.

(*commodity*) im globalen Handel der frühneuzeitlichen Welt. China war nicht nur Partner in diesem Handel, sondern bis um 1820 möglicherweise ein „global silver sink", d. h., eine Art Becken, in dem vor allem das Silber aus Spanisch-Amerika, blieb.[352] Die ökonomistische Theorie vom „Silberbecken" ist nicht ganz unumstritten,[353] vor allem vor dem Hintergrund, dass China, vor allem Qing-China, eine Art statistisch „geschlossenes System" bildete – trotz einer Reihe von Handelskontakten, die erst in den letzten Jahren aufgearbeitet worden sind. Um 1820, als die Briten begannen, Opium aus Bengalen und die Portugiesen/Spanier Opium aus anderen Gebieten nach China einzuführen, setzte auf jeden Fall ein Abzug von Silber aus China ein.[354]

Das Steuersystem, trotz eindrucksvoller Reformen, begünstigte urbane Gruppen, die Zugriff auf Silber hatten und war negativ für ärmere Bauern (die Mehrheit):

> Taxation and labor service were two means of collecting social resources in ancient China. This was also the case during the Ming and Qing dynasties. The target of the tax was agricultural land ... called land tax (itian fu); the target of labor service was adult males. ... Between 16 and 60 years of age, all men were obligated to serve as forced labor. In the early years of the Ming dynasty, the land tax was collected in kind, and labor service was performed by the person himself. However, in the mid-Ming [um 1560–1580], silver became commonly used. Silver was collected in lieu of labor service and the land tax. The former [labor] was called "service to be communted into silver" (*yinchai*), and the latter [land tax] was called "commutation silver" (*zhese yin*).[355]

Die Ming setzten in vielem die Yuan-Zeit fort. Formale Sklaverei war auch unter den Ming – trotz Reformbemühungen – eher eine Art und Weise, einen Teil der Machtlosen, Normbrecher und Schwachen zu kategorisieren und legal zu definieren und in soziale Hierarchien und Beziehungsnetze einzugliedern.[356] Dazu kam, dass, wie erwähnt, die Ming Steuern nur aus der Landwirtschaft, auf Land und

352 Ebd., S. 61.

353 Vries, Jan, „Connecting Europe and Asia. A Quantitative Analysis of the Cape Route Trade, 1497–1795", in: Flynn; Giraldo; Glahn, Richard von (eds.), Global Connections and Monetary History, 1470–1800, London: Ashgate, 2003), S. 35–106.

354 Fradera, „Opio y negocio, o las desaventuras de un español en China", in: Fradera, Gobernar colonias, S. 129–152 und Permanyer-Ugartemendia, Ander, „Opium after the Manila Galleon: The Spanish involvement in the opium economy in East Asia (1815–1830)", in: Investigaciones de Historia Económica – Economic History Research 10 (2014), S. 155–164; allgemein: Marks, Robert, „Opium and Global Capitalism", in: Marks, The Origins of Modern World. A Global and Ecological Narrative, Lanham [etc.]: Rowman & Littlefield, 2002, S. 127–128.

355 Guo, „Reform of the tax and labor service system, and increase of people's freedom", in: Yuan; Yan; Zhang; Lou (eds.), The History of Chinese Civilization (Vol. IV: Lou Yulie (ed.); Liu Yongqiang (ass. ed.), Late Ming and Qing Dynasties (1525–1911), Cambridge: CUP, 2012, S. 222–233; hier S. 222.

356 Siehe die Stichworte zu „bondservant" (genau ein Mal) und „Sklaven" (etwa 10 Mal), in: Jiang Yonglin (transl. and ed.), The Great Ming Code Da Ming lü, Seattle and London: University of Washington Press, 2005 (Asian Law Series, No. 17).

auf persönliche Arbeitsleistungen (eine Art *corvée* als Steuer) legten. Sklavenarbeit prägte nur selten Wirtschaftssysteme außerhalb der Hauswirtschaften (selbst bei sehr großen Gütern dürften sie ans Haus der Besitzer gebunden gewesen sein bzw. Häuser auf dem Land des jeweiligen Klosters gehabt haben). Innerhalb der Häuser- und Hofwirtschaften spielten Sklavinnen eine sehr wichtige Rolle. Nimmt man den Zufluss von Silber und neuen Ressourcen als sichtbaren und materiellen Ausdruck der Globalisierung, verschärften sich dadurch die sozialen, wirtschaftlichen und sozialen Widersprüche (vor allem für Arbeitende ohne Land oder mit wenig Land im ruralen Bereich). Die letzten Mingkaiser, beschäftigt mit den strukturellen Schwierigkeiten sowie Bauernrebellionen und den Problemen, die sich daraus für die Regierung und den Hof sowie die Verteidigung im Norden ergaben, zeigten sich nunmehr unfähig und unwillens zur Reform.[357]

Direkter Handel mit formalen Sklaven war eher selten ein privates Geschäft – Frauen-, Mädchen- und Kinderhandel schon. Meist war in solchen Gesellschaften ohne „große“ Wirtschaftssklaverei Sklaverei kein rechtlich benanntes und definiertes Privatverhältnis zwischen Herr und Sklaven. So gab es etwa im Alten Orient „nie einen florierenden Sklavenhandel“.[358] Ob das auch für Gefangenentransporte gilt, steht dahin.

Die gewaltsame Eroberung durch die Quing in langen Kriegen (1630–1683) mit Massakern und Razzien hatte auf das System eine vernichtende Wirkung vergleichbar mit der einer Flächenbombardierung. Die Manchu etablieren sich in China zunächst „comme une race des seigneurs destinée à régner sur une population d’esclaves, ainsi que l’avaient fait les Mongols“.[359] Am Beginn der Eroberung töteten die Manchu die chinesischen Landbesitzer sowie die Bauern und verteilten das Land neu (vor allem als Weide); die großen Ming-Landbesitzer und Sklavenhalter, Hauptträger des Widerstands, wurden auch vernichtet. Aus den großen Ländereien wurden Domainen (*quan*); die Landarbeiter auf diesen Ländereien fielen unter ein „statut de véritables esclaves“.[360] Allerdings ließ der Steuerdruck nach: „aux Qing ... la Chine doit d’avoir connu au XVIIIe siècle la fiscalité agraire la plus douce de toute son histoire“.[361]

Wahrscheinlich aus politisch-militärischen Gründen konnten die Qing den bereits bei den Ming angelegten Globalisierungswandel besser managen: die Qing schufen viel mehr als nur eine neue Dynastie. Zwar erhielten sie viele Ming-Institutionen, verbesserten sie aber unter der Aufsicht von Bannermen, intensivier-

357 Dardess, John W., „Outlaws“, in: Dardess, Ming China 1368–1644. A Concise History of a Resilient Empire, Lanham/Boulder/New York: Rowman & Littlefield, 2012, S. 113–135.

358 Hrouda, Bartel (unter Mitarbeit von Rene Pfeilschifter), Mesopotamien. Die antiken Kulturen zwischen Euphrat und Tigris, München: Verlag C. H. Beck, [3]2002, S. 65.

359 Gernet, „La conquête el l’instauration de l’ordre mandchou“, in: Gernet, Le monde chinois, S. 405–412, hier S. 407.

360 Ebd., S. 408.

361 Ebd.

ten die persönliche Herrschaft des Kaisers und reformierten das Militär und und den kaiserlichen Haushalt.[362] Noch wichtiger:

> Qing conquest fostered dramatic change in the social and economic structure of the most important areas of southern China, leading to the collapse of huge estates farmed by bondservants and subservient tenants and the development of a largely free and independent peasantry ... The settling of new territories, the freeing of the peasantry, the expansion of international trade, the colonization of new lands in the northeast and far west, all created opportunities for economic expansion. The introduction of New World crops and new tropical products in the south and southwest (especially Yunnan and Guangdong) provided additional new resources.[363]

> By 1800, cotton cloth was China's second most important trade commodity after grain. The center of the cotton industry was Jiangnan 江南, also known as the Lower Yangzi region, one of China's richest and most productive farming areas, occupying what is currently the municipality of Shanghai, and parts of Jiangsu, Anhui, Jiangxi, and Zhejiang Provinces. It is also the site of some of China's most important cities both now and in the imperial era, including Suzhou, Hangzhou, and Nanjing. Although constituting only five percent of China's total area, Jiangnan became the focal point for the most advanced forms of agricultural production and rural handicraft industries since the Song dynasty (960–1279), and earned a reputation by the Ming dynasty as the center of sophisticated consumption and intellectual dynamism.[364]

Insgesamt und quantitativ scheint als solche erkennbare Sklaverei in China jedenfalls nie viel mehr als 5 %, meist nicht mehr als 1 % der Gesamtbevölkerung ausgemacht zu haben. Weibliche Sklaverei als Konkubinage ist wohl vor allem ein urbanes Phänomen und ein Phänomen der Luxus- und Palastsklaverei der oberen Eliten gewesen. Über männliche Konkubinen ist weniger bekannt. Verbreitung fanden hybride Formen der Kin-Sklaverei in verschiedenen Arten der Adoption vor allem von Mädchen und als Staatssklaverei/Zwangsarbeit. An der Sklaverei vor allem von Chinesinnen, meist Mädchen änderte auch das Verbot der chinesischen Behörden im Jahr 1624 nichts, das den Kauf und die Ausfuhr von Chinesinnen und Chinesen etwa in der portugiesischen Enklave Macau untersagte. Gerade der europäisch-indische Einfluss des *Estado da Índia* schuf auch für den Sklavenhandel aus China ein neuartiges Distributionssystem, wenn junge Chinesinnen, oft Mädchen, aus dem südchinesischen Stützpunkt Macau nach Goa verschleppt wurden.[365]

---

362 Goldstone, Jack A., „Neither Late Imperial nor Early Modern: Efflorenscences and the Qing Formation in World History", in: Struve (ed.), The Qing Formation in World-Historical Time, Cambridge and London: Harvard University Press, 2004, S. 242–302, hier S. 258.

363 Ebd., S. 258 f.; siehe auch: Marks, Robert, Tigers, Silk, and Silt: Environment and Economy in Guangdong, 1250–1850, Cambridge: CUP, 1997.

364 Zurndorfer, Harriet T., „Cotton Textile Manufacture and Marketing in Late Imperial China and the 'Great Divergence'", in: Journal of the Economic and Social History of the Orient 54 (2011) 701–738, hier S. 703.

365 Jayasuriya, Shihan de Silva, The Portuguese in the East. The Cultural History of an Maritime Empire, London: Tauris, 2008; Jayasuriya; Angenot, Jean-Pierre (eds.), Uncovering the History of

In Südchina war Fujian traditionell eine Region der Piraterie, des Sklavenhandels und des Schmuggels: „The ranges of the Wu-i Mountains ... particularly in the south ... had long been infamous for their lairs of fierce bandits, salt smugglers, and She tribesmen. ... the bandit princes of the mountains dealt in all kind of contraband, from South Seas exotica to slaves".[366] Weitere Sklaven, oft von Banden geraubte Menschen, waren über chinesische Piraten und Wokou, illegale und mächtige Händler/Schmugglerorganisationen, gerade in Macau jederzeit zu erhalten.[367] Auch im kaiserlichen China florierte der Handel mit Sklaven, so dass es an Nachschub nie mangelte.[368]

Kin-Sklavereiformen und verschiedene Formen des Sklavenhandels waren zwar eine Kontinuität in China bis in das 20. Jahrhundert, vor allem als Konkubinat und Kinderhandel; als scharfkonturierte sowie systemische Institution war Sklaverei allerdings immer ein peripheres Phänomen. Sklaverei blieb unter Verwandtschaftsbeziehungen sowie Kin-Ideologie verborgen und war keine offizielle Massensklaverei – weitverbreitet, aber wenig sichtbar, kann wohl die Regel lauten. Der Grund lag auch darin, dass die chinesischen Bauern immer formell frei waren. Herrschende Eliten mussten das bei Strafe von gigantischen Hungersnöten auch begreifen; komplizierte Kanalbauten und Nassreiskulturen sind trotz der Bevölkerungsdichte sich selbst versorgender Menschen mit Privat-Sklaven nicht zu leisten gewesen. Die großen Bauten sind eher, wie bei den Bauten im Alten Ägypten, von Menschen in kollektiven Sklavereien geschaffen worden. Große formale Privat-Sklavenpopulationen hatten einfach keine Nischen zwischen so vielen Bauern und einem zentralisierenden Kaisertum. Obwohl die chinesischen Bauern immer auch Abgaben leisten mussten, gab es nie eine durchgehende Sklaverei, Schollengebundenheit, Hörigkeit oder Leibeigenschaft wie in Europa oder Russland. Ganz im Gegenteil, Triebkräfte der chinesischen Sozial- und Politikgeschichte waren bäuerliche Migrationen und Expansionen sowie Agrarrevolutionen. Nur als Anhängsel, in der ziemlich undeutlichen Kin-Dimension, gab es eine Versklavungsbasis dieser Agrargesellschaften.

Africans in Asia, Leiden/Boston: Brill, 2008; Rosa, Fernando, The Portuguese in the Creole Indian Ocean: Essays in Historical Cosmopolitism, Basingstoke/New York: Palgrave Macmillan, 2015.

366 Glahn, Richard von, „Community and Welfare: Chu Hsi's Community Granary in Theory and Practice", in: Hymes, Robert P.; Schirokauer, Conrad (eds.), Ordering the World. Approaches to State and Society in Sung Dynasty China, Berkeley/Los Angeles/Oxford: University of California Press, 1993, S. 221–254, hier S. 227.

367 Walker, Timothy, „Abolishing the slave trade in Portuguese India: Documentary evidence of popular and official resistance to crown policy, 1842–60", in: Slavery and Abolition Vol. 25:2 (2004), S. 63–79, hier S. 71 f.

368 Watson, „Transactions in people: the Chinese market in slaves, servants and heirs", S. 223–250; Schottenhammer, „Slaves and forms of slavery in late imperial China (seventeenth to early twentieth centuries)", S. 143–54.

Andere Sklavereien, andere Rechte

Alle Sklavereien ab dem Plateau der Kin-Sklaverei wurden durch Bräuche und Regeln legitimiert. Sklavenhandel, Menschenjagd, imperiale Expansion und unterschiedliche Sklavereiformen führten auch in anderen Kulturen außerhalb der römischen und muslimischen oder jüdischen Tradition zu neuen Rechtspraktiken und -kodifizierungen. Die sogenannte Jassa (*Yāsa*) Tschinggis Khans verweist auf die große Bedeutung der bereits erwähnten Razziensklaverei im Übergang zur Imperienbildung unter den Mongolen: „(6) Wer einem Gefangenen, ohne Erlaubnis dessen, der ihn gefangen genommen hat, Nahrung oder Kleidung gibt, wird mit dem Tode bestraft. (7) Wer einen entlaufenen Sklaven oder flüchtigen Gefangenen findet und ihm dem, in dessen Händen er war, nicht zurückerstattet, wird mit dem Tode bestraft".[369] Sicherlich kann man folgern, dass es andere Sklavereien gab, auch wenn Kin-Formen der Sklaverei oder kollektive Formen der Kin-Sklaverei (eine unterlegene Sippe wird durch die siegreiche Sippe versklavt) ebenso nicht erwähnt werden wie der massive Kriegsgefangenen-Fernhandel (der über den Schwarzmeerhandel und Hafenwirtschaften der Genuesen und Venezianer als Übernahme aus dem islamisch-ägyptischen Bereich im so genannten Frühkapitalismus konstitutiv für die europäische Geschichte wird).[370] Allerdings gibt es bekanntlich kein schriftliches Original der Gesetzessammlung Tschinggis Khans, wir wissen nicht einmal, ob es eine Sammlung war. „Jassa" ist ein türkisches Wort, auf das sich vor allem arabische und persische Werke sowie chinesische und westliche Berichte beziehen, wenn sie über Gesetze bei den Mongolen und über andere Rechtsregeln sprechen.

Auch in Mogul-Indien wurden in koranischer Tradition neue Rechtskompilationen erstellt: *Hidaya* und *Alamgiriyya*, die in speziellen Fällen als Richtlinien herangezogen wurden. Erbliche Sklaverei konnte formalrechtlich nur aus Kriegsgefangenschaft nicht-muslimischer Feinde oder durch Geburt entstehen.[371] In Indien existierten ältere vedische Rechtsvorstellungen, die schon in dem, was in der christlichen Zeitrechung das 4. Jahrhundert v. u. Z. ist, unter Sklaven (*dāsa*) und Sklavinnen (*dāsi*) neun Formen unterschieden: 1. Kriegsgefangene, 2. Magen-Sklaven (Selbstversklavung wegen Hungersnöten), 3. Selbstverkauf, 4. Kinder einer

369 Ich danke Michael Weiers für Informationen zur Überlieferungslage, zu den Sprachen, zur Literatur und zu den „Sklavereifragmenten", siehe: Alinge, Curt, Mongolische Gesetze. Darstellung des geschriebenen mongolischen Rechts (Privatrecht, Strafrecht u. Prozeß), Leipzig: Verlag Theodor Weicher, 1934, S. 27–33; speziell zur Yasa und anderen Quellen aus dem 13. und 14. Jahrhundert sowie die zitierten Fragmente: S. 119–120.

370 Abu-Lughod, „Islam and Business", in: Abu-Lughod, Before European Hegemony, S. 216–224; Fábregas García (ed.), Navegación y puertos en época medieval y moderna, passim (siehe die Bibliogafien zu Häfen, auch Flusshäfen).

371 Mann, „Altindische Rechtsvorstellungen und neuzeitliche Praxis", in: Mann, Sahibs, Sklaven und Soldaten, S. 78–82.

Sklavin, 5. Kaufsklaven, 6. Vererbte Sklaven, 7. Überlassene Sklaven, 8. Schuldsklaven, 9. Versklavung durch Gerichtsurteil".[372]

Ähnliches gilt für Siam/Thailand und in gewisser Weise für Südostasien. Das Fachwort für „Sklave" im Thailändischen ist *that*, das auf das Pāli-Wort *dāsa* zurückgeht. Das 1805 aus älteren Quellen kompilierte Rechtsbuch *Kotmai tra sam duang* („Gesetz der drei Siegel") listet sieben Arten von Sklaven auf:

1. wer für geliehenes Geld verpfändet ist;
2. wer als Kind von Sklaven im Haus des Besitzers geboren ist;
3. wer vererbt oder als Kind von den Eltern als Sklave gegeben wurde;
4. wer als Sklave verschenkt worden ist;
5. wer aus unmittelbarer Gefahr oder vor gerichtlicher Verurteilung gerettet wurde;
6. wer während einer Hungersnot von einem anderen ernährt und am Leben erhalten worden ist;
7. wer während einer Schlacht zum Sklaven gemacht worden ist [auch Razziensklavereien – M. Z.].[373]

Jedes Recht hat seine Geschichte, auch wenn Richter oder Staatsanwälte manchmal den Eindruck zu erwecken versuchen, Recht sei immer ewig und göttlich. Will sagen, andererseits gab es auch in weniger hierarchisierten Gesellschaften außerhalb der klassischen Kanons (Rom, Indien, Islam) rechtlich definierte Übergangsstatus von einer Abstammungs- oder Blutsverwandtengruppe und Sippen- und Siedlungsgruppe sowie Religionsgemeinschaft (beziehungsweise deren symbolischer Repräsentationen und rechtlicher Regeln) zur anderen, so dass geraubte oder kriegsgefangene Menschen, meist zeitweilig, in die Gewalt einer Autorität kamen. Auch deren Agieren war an Regeln („Recht"), an Machtrituale und Gewaltperformanzen gebunden und meist religiös sanktioniert. Sklavereien stellten in frühen Gesellschaften oft einen Übergangsstatus dar, wie oben mehrfach erwähnt. Oft galt der zeitweilige Übergangsstatus für Kinder und Frauen, später auch für gefangene Männer, die sich auf der Passage in eine andere Familie, Blutsverwandten-Gruppe oder Abstammungsgemeinschaft befanden, etwa wenn sie geraubt waren oder wenn sie „heirateten", das heißt, im Grunde die Eltern wechselten beziehungsweise die eigene Gruppe um symbolische Verwandte erweitert wurde.

Als Prozess im Gehäuse sich erweiternder Staatsgebilde oder in Reichsbildungen, also Übergangszeiten, wurden Sklaverei und Unfreiheit institutionalisiert, in Gesellschaften mit Buchreligionen und Schrift kodifiziert und damit in den langsam, aber sicher mahlenden Mühlen eines schriftlichen Rechtssystems verankert. Gesetze und Rechte existierten in allen Imperien und Gesellschaften, auch in nichtschriftlichen, wie der keltischen Kultur und vielen anderen Kulturen.

---

372 Ebd., S. 78; Mishra, „Historical Perspective", in: Mishra, Human Bondage, S. 19–38.

373 Trakulhun, „Formen institutioneller Unfreiheit in Siam. Historische Semantik und gesellschaftliche Praxis (16.–19. Jahrhundert)", S. 163–183, hier S. 172.

Der Kern des Rechtssystems in der griechisch-römischen Kultur war einerseits die Definition des Sklaven als bewegliches und individuelles Sach-Eigentum eines Kriegers, eines Herren oder einer Herrin. Andererseits bildeten sich anthropologisch-kulturell und juristisch Tabus heraus, die sich erst mit den großen asiatisch-nordafrikanisch-europäischen Religionssystemen vor allem bei Römern und Griechen sowie in den drei „Buchreligionen“, Judentum, Christentum und Islam voll ausprägten. Sklaven sollten möglichst nicht aus der eigenen Abstammungsgruppe, dem Clan oder – später – der eigenen religiösen Gruppe stammen.

Seit dem 6.–7. Jahrhundert wurden Tabus und Legitimation der Versklavung erweitert. Sklaverei traf nun meist religiös „Andere“ – zumindest in der Theorie. Das war, wenn man so will, eine grundlegende religiös-rechtliche Neuerung großen Stils, die der Islam, der Koran und die islamische Jurisprudenz (*fiqh*) in die Weltgeschichte der Sklaverei brachten, sicherlich schon auf älterer jüdischer Grundlage, von der es auch das Christentum im 9. und 10. Jahrhundert übernahm. Vor allem weil ein Ergebnis der islamischen Expansion so viele gefangene Nicht-Mohammedaner waren (die Massen-Versklavung von Schwarzen wurde seit dem 15. Jahrhundert in den islamischen Rechtsschulen intensiv debattiert) – ansonsten waren sich römische, byzantinische und arabische Sklaverei in ihrem vorwiegend urbanen Charakter ziemlich ähnlich. Das ist auch kein Wunder, denn von ca. 300 v. u. Z. bis zur Schlacht von Jarmûk (Hieromax) 636 und dem Sieg der Araber war die gesamte Großregion der arabischen Welt weitgehend in die hellenistisch-römische Kultur integriert.[374] Im Islam wurde auch Militärsklaverei als Typ und Paradigma organisiert (*mamluk* und *veni çeri* („Neue Truppe“ – Janitscharen) als Bekannteste; siehe unten unter „Tausend Namen der Sklaverei“).[375] Der Beginn von Militärsklaverei an sich – d. h., vor allem Training, Ausbildung und Einsatz von versklavten Jungen und/oder jungen Männer als Krieger – im eurasischen Steppengürtel ist allerdings älter. Militärsklaverei auf Treue abgerichteter Jungen in *belonging*-Sklaverei-Formen dürfte schon von frühen Türken (z. B. im Khaganat von 682–742; eventuell schon von Hunnen und Awaren) ausgeübt worden sein und wurde vor allem unter den Tahiriden und Samaniden mit ihren turkmenischen Kriegerverbänden (aus speziell trainierten Sklaven) sowie durch „Schenkungen“ türkischer Kriegsgefangener an die Abbasiden übertragen.[376] Die zentrale Bedeutung Chorasans/Transoxaniens nach dem Niedergang der Abbasiden (Mitte des 9. Jahrhunderts bis Mitte des

---

374 Al-Ani, „Orientalistische Wurzeln: Arabien als Teil der hellenistisch-römischen und christlichen Welt und aktuelle Auswirkungen“, S. 213–237.

375 Northrup, „Military Slavery in the Islamic and Mamluk Context“, S. 115–131; Amitai, „The Mamlūk Institution, or One Thousand Years of Military Slavery in the Islamic World“, S. 40–78.

376 Tor, „The Mamlūks in the Military of the Pre-Seljūq Persianate Dynasties“, S. 213–225, hier S. 213; Golden, „War and Warfare in the Pre-Čínggisid Western Steppes of Eurasia“, in: Golden, Studies on the Peoples and Cultures of the Eurasian Steppes, S. 65–133, hier S. 76.

12. Jahrhunderts), beruhte u. a. auf Sklavensoldaten, aber auch auf Versklavten und Razzienbeute als Handelskapitel.[377]

Im europäischen Christentum, vor allem im frühen West-Christentum, ist zunächst partiell (in den Kontaktgesellschaften zum Islam und zu den „Heiden" des Ostens), seit 1650 generell, ebenfalls eine starke Dichotomie zwischen universalem Befreiungsanspruch im Versklavungsverbot für Angehörige der eigenen religiösen Gruppe, die mehr und mehr als „Weiße" definiert wurden, und Legitimation der Versklavung angelegt, seit dem Hochmittelalter auch von Menschen anderer Kulturen.

Bewegliches und schriftlich fixiertes Eigentum sowie Freilassung (Manumission) und Quasi-Neugeburt als freier Mensch sind weitere Voraussetzungen für eine scharfe Definition von Sklaverei in der Tradition des „römischen" Rechts.[378] Noch im 19. Jahrhundert heißt es in „römischer" Tradition in einem beliebig ausgewählten Notariatsprotokoll in der kubanischen Provinz: „Recht des Besitzes, des Eigentums und der Herrschaft"[379] und diese Formel wird hunderttausendfach wiederholt in Verkaufs- und Freilassungsurkunden (soweit die diskursiv-legalistische Theorie, die Gerichte und Tribunale richteten meist nach lokalen Rechtstraditionen). Zugleich war die Kontrolle und rechtlich begründete Verfügung über Sklaven in dieser Tradition an die Figur des *pater familias* und und über ihn in eine extrem patrilinear konfigurierte Familia und Gesellschaft eingebunden, die durch die Institution des Kaisertums und des Konkubinats noch verstärkt wurde (was in Rom auch und gerade für die Familie des Kaisers galt). All dies natürlich vor dem Hintergrund der Herausbildung einer distinkten Elite einer landesitzenden Senats- und Ritteraristokratie, die ihren Status aus der Tradition, vor allem aber aus Krieg, Eroberung sowie Verwaltung eroberter Territorien zog. Ohne die Wirtschaftsstruktur der Latifundien und Villen sowie der Oberschichten-Haushalte keine römische Massensklaverei; auch Bergwerke hatten erst „Raum" für Sklaven, als Investoren technische und technologische Anlagen finanzierten, die den Einsatz von größeren Menschengruppen überhaupt möglich machte. Im Grunde kann die strukturalistisch-sozialgeschichtliche Regel durchaus lauten: ohne große Landflächen und Bergwerke („Sklaverei-Lücke"), ohne Slaving von Massen von Männern, ohne aristokratische Haushalte, großen Bedarf an Ressourcen und Produktivität, imperiale Bauten und Massennachfrage nach Gütern) keine „große" Massensklaverei. „Groß" ist hier relativ und symbolisch. Weil ich den Einwand von seiten der Kollegen der

377 Tor, „The Islamization of Central Asia in the Sāmānid era and the reshaping of the Muslim world", in: Bulletin of SOAS Vol. 72:2 (2009), S. 279–299; Tor, „The Importance of Khurāsān and Transoxiana in the Classical Islamic World", S. 1–12.

378 Herrmann-Otto, Sklaverei und Freilassung, passim.

379 Archivo Histórico Provincial de Santiago de Cuba (AHPStC), Protocolos de Giró (Escribanía Real Pública de Gobierno y de Guerra), leg. 312, a cargo de Orestes Ferro y Domingo, 1880, fols. 257r.–258r., escritura no. 116 „Carta de Libertad", Santiago de Cuba, 1. Mai 1880.

römischen Sklaverei kenne: mir ist klar, dass es in Rom wenige große Latifundienwirtschaften wie die „großen“ Plantagensklavereien in den Amerikas gab (aber es gab sie, etwa auf Sizilien, in Spanien oder Ostgallien), ebensowenig wie in einigen arabisch-islamischen Gebieten. Ausnahmen im Rahmen islamischen Rechts bildeten neben den oben genannten Gebieten im 19. Jahrhundert vor allem das Sultanat Sansibar (Inseln, heutiges Kenia und Tansania mit Gewürznelkenplantagen), Ägypten und das Sulu-Sultanat.[380]

Fassen wir verschiedene regionale Sklavereien statt einer „hegemonischen“ Sklaverei ins Auge, gibt es zweifelsohne viele Typen, Transitionen und Übergangsformen („Sonderformen“) mit Besonderheiten gegenüber dem „römischen“ Sklavereitypus und seiner Scharfzeichnung der Rechtsfigur „des Sklaven“ und des individuellen Eigentums sowie der Verfügungsgewalt des Herrn. Die conditio sine qua non für grundsätzlich andere – oft auch religiös überhöhte – Arten der Definition von Sklaverei ist die des „Fremden“-Status außerhalb der eigenen Gruppe (oder einer niederen „Kaste“) oder die eines Schuldners (bzw. Selbstversklavers, auch der eigenen Kinder) innerhalb der eigenen Gruppe. Besonders relevant wurden die kulturell markierten Fremdendefinitionen dort, wo egalitäre, oft matrilineare, Gesellschaften sich in historisch kurzer Zeit in expansive Prozesse eingespannt sahen, wie die arabischen Stämme im 7. Jahrundert oder etwa das Osmanische Reich zwischen 1300 und 1600. Dazu kam, dass in vielen Kriegergesellschaften der Sieg und seine andere Seite, die Niederlage, religiös oder naturalistisch codiert waren: der besiegte Feind oder Fremde hatte den Sklavenstatus „im Blut“. Besiegten- und Fremdenstatus wurde mit bereits vorhandenen Formen von lokaler Kin-Sklaverei und Religion ins Quadrat gesetzt – so entstand die Herrschaft von Kriegern, die ihre Legitimation aus dem Krieg gegen fremde Ungläubige zogen. Je mehr Siege, desto mehr Status sowie Recht und desto mehr versklavte Gefangene, die wiederum die militärische Macht vergrößerten und die Rechtsstellung des Siegers stärkten. Die Sieger ließen den theoretisch gleichberechtigten oder überlegenen matrilinearen Bereich quasi „zu Hause zurück“ und verschlossen ihn institutionell immer stärker. Die „Fremden“-Sklaverei, auch und gerade von Frauen und kastrierten Bewachern (Eunuchen) von verbotenen und/oder heiligen Bereichen (Arab.: *haram/harim*) diente neben der Stärkung des militärisch-expansiven Potentials vor allem der Herausbildung sowie Absicherung von männlichen Führungspositionen gegen konkurrierende Eliten der eigenen Kultur. In dreierlei Hinsicht: Sklavensoldaten als Elitesoldaten und -wachen; (meist) fremde Frauen als Vermehrungspool (im Serail, Harem, Terem, innerer Bereich der „verbotenen Stadt“ in China, etc., Mogul-Residenzen von Lahore, Delhi und Agra, Sitze afrikanischer Eliten), generell

380 Baer, Gabriel, „Slavery in Nineteenth Century Egypt“ in: JAfrH, Vol. 8:3 (1967), S. 417–441; Lovejoy, „Plantations in the Economy of the Sokoto Caliphate“, S. 341–368; Lovejoy, „The Characteristics of Plantations in the Nineteenth-Century Sokoto Caliphate (Islamic West Africa)“, S. 1267–1292; Cooper, From Slaves to Squatters; Cooper, Plantation Slavery on the East Coast of Africa.

ein System von versklavten Nebenfrauen –, um gleichberechtigten Elitefamilien über Ehefrauen keinen Einfluss einzuräumen sowie die Kontinuität der Erbfolge zu sichern und zu stärken. Das gelang oft nicht, gerade wegen der Masse an Nachkommen. Ein Harem war rechtlich ein Heiligtum und ein für Andere verbotener eingehegter Bezirk, zu dem auch der Herrscherpalast gehört (und darin der Frauenbereich). Harem war mehr als „orientalischer" Sex – „they were more than sex" („sons, sons, sons, not sex, sex, sex").[381] Eunuchensklaven als Haremswachen waren als nicht zeugungs- und vermehrungsfähige Vertrauenspersonen vor allem in arabisch-islamischen, osmanischen und chinesischen Kulturen wichtig. Eunuchen konnten keine eigenen Clans oder Familien bilden – aber Netzwerke![382]

Alle grundlegenden Sklavereiformen im vorderasiatisch-mediterranen-nordost-afrikanischen Raum, versklavte Krieggefangene, Eigentumssklaverei, Frauensklaverei mit versklavten und kastrierten Wächtern sowie Fremden-/Passage-/Militär-Sklaverei haben sich auf gemeinsamen historischen Wurzeln herausgebildet, deren strukturelle Essenz die meisten Historiker ebenfalls in den sumerischen Stadtstaaten, ihren akkadischen, assyrischen, persischen sowie babylonischen oder hethitischen Nachfolge- und Nachbarreichen und im Ägypten der Pharaonen oder ihren Peripherien gesucht haben, wo sich kleinere Völker und Stämme, wie die Nubiens [*Bild 2: „Zählung schwarzer Kriegsgefangener in der XVIII. Dynastie (16. Jh. v. u. Z.)"[383]], der südarabischen Königreiche, Judäas und Israels, zu predatorischen Staaten formierten. Über Griechenland und Rom setzte aus dieser Richtung eine Sonderentwicklung ein, wie oben gesagt, hin zur individuellen, rechtlich abgesicherten Eigentums- und Wirtschaftssklaverei, die auf Städte gründete und auf Trennung des potentiellen Sklavenstatus (Verkauf nach außerhalb) vom Schuldnerstatus (Reformen Solons – Verschuldete blieben aber eine Art „Leibeigene", die zwar ihr Land zurückbekamen, aber mit ihrem Leib für Schulden haften mussten),[384] mit (spätem) geschriebenem und vereinheitlichtem Recht als Teil des *Corpus Iuris Civilis*.

Zusammengefügt worden sind all diese Formen mit wieder stärkerer Betonung der Integrationsfunktion von Sklaverei wohl zuerst in der Welt des expansiven

381 Klein, „Sexuality and Slavery in the Western Sudan", in: Campbell; Elbourne (eds.), Sex, Power, and Slavery, S. 61–82, hier S. 66.

382 Peirce, The Imperial Harem; vergleichend: Klein, „Sex, power, and family life in the harem. A comparative study", in: Campbell; Miers; Miller (eds.), Women and Slavery, Bd. I, S. 63–82; Mann, „Sklaverei auf der Arabischen Halbinsel sowie im östlichen und südlichen Afrika", in: Mann, Sahibs, Sklaven und Soldaten, S. 34–73, hier besonders S. 26–43: „Sklaverei als normativ-rechtliche Institution"; El-Cheikh, Nadia Maria, „Revisiting the Abbasid Harems", in: Journal of Middle East Women's Studies 1:3 (2005), S. 1–19; VanKeerberghen, „A Sexual Order in the Making. Wives and Slaves in Early Imperial China", S. 121–139, besonders der Unterabschnitt „The Imperial Harem", S. 122–124.

383 Renault; Daget, Les traites négrières en Afrique, S. 9.

384 Harris, Edward M., „Did Solon Abolish Debt-Bondage?", in: Classical Quarterly 52 (2002), S. 415–430; Schubert, Charlotte, Solon, Tübingen und Basel: A. Francke Verlag, 2012 (UTB Profile).

Islam seit der Mitte des 7. Jahrhunderts. Die welthistorische Fortsetzung findet sich im sunnitischen Osmanenreich (ohne dass es ein geschlossenes Sklavenrecht gegeben hätte). Im vollentfalteten Sklavereityp islamischer Kulturen standen noch lange Razziensklaverei, Haremssklaverei und Militärsklaverei sowie Palastsklaverei im Vordergrund; Privatsklaverei war vorwiegend Haussklaverei. Im ländlichen Bereich überwogen Schuldsklaverei und das Belassen der Bauern in Gemeinschaften (wie auch in Mexiko, Peru, China, Japan, Indonesien, den Philippinen und Indien).

Unter stärkerer Betonung der „römischen" Tradition entwickelte sich der atlantisch-amerikanische Sklavereityp 1450–1888, mit kompakten Sklavenrechtsbüchern im hispanischen Bereich und im französischen Kolonialreich, aber beispielsweise nicht in den USA oder Brasilien, unter Einbeziehung verborgener Elemente der afrikanischen Sklaverei und mit vielen versklavten Menschen aus Afrika – was heute auch in der Debatte um die Kreolisierung zur Verhandlung steht. Im atlantischen Westen traten wegen der Zerstörung der indianischen Sozialformen mehr und mehr Sklavenhandel mit „Anderen" (erst „Indios" und später „Negros") und private Eigentumssklaverei unter dem Symbol kapitalistischen Kaufs und Verkaufs (Akkumulation) von menschlichen Körpern (Menschenkapital) als Funktion des Landbesitzes in das Zentrum von Gesellschaften und bildete den inneren Kern ungeschriebener sowie geschriebener Rechts-Verfassungen: „both in western Europe and America it was above all land that underlay the very definition of property".[385]

Sklaverei, Leibeigenschaft, Kontraktarbeit sowie Elitesklaverei; Matrilinearität und Recht

Die wichtigere Frage im Zusammenhang diese Kapitels ist: kann es die Hauptmerkmale von Sklavereien, sprich Gewalt über Körper und Statusdegradierungen sowie (symbolische) Nichtbegrenzung der Arbeitszeit, auch unter anderen Narrativen, Diskursen, Namen und sogar Rechtssystemen geben, die sich klar als „Nicht-Sklaverei" bezeichnen, aber oft auch als „new forms of ..." bezeichnet werden beziehungsweise auf Unterschiede zwischen Sachenrecht und Personenrecht verweisen? Konkret gefragt: stellten Leibeigenschaft und Hörigkeit spezifische Formen eines europäischen Sklavereityps dar und keine „Individualität" oder Übergangsform zur freien Arbeit, auch wenn es sich meist um personenrechtliche Abhängigkeiten und nicht um Sklaven als „Sachen" handelte? Die Frage ist in vorliegendem Text schon in verschiedenen Zusammenhängen diskutiert worden (siehe vor allem die Passagen zum Sachsenspiegel Eike von Repkows, oben), unter Verweis darauf,

---

385 Mazumdar, „Rights in people, rights in land: concepts of customary property in late imperial China", S. 89–107, hier S. 89; siehe auch: Penningroth, Dylan C., The Claims of Kinfolk: African American Property and Community in the Nineteenth-Century South, Chapel Hill: University of North Carolina Press, 2003.

dass die Schulddimension anderer Sklaverei-Typen, vor allem kollektiver Sklavereien, und die Gemeinschaftsbildung unter den nach Amerika verschleppten Menschen aus Afrika durchaus europäischen Formen der Hörigkeit und Leibeigenschaft ähnelten.[386] Aber es gab auch, speziell in West- und Mitteleuropa, das heißt *Lateineuropa*, seit dem 11./12. Jahrhundert Dynamiken und Kontexte, wie Städte, Aufnahme von Kultur vor allem aus dem arabisch-islamischen Raum, Wissen und Technologie aus dem arabisch-islamischen Bereich, Philosophie und Wissenschaft, konkurrierende Herrschaften, zentrale Stellung von Landeigentum und relative Autonomie bäuerlicher Produktion sowie ein relativ starkes Freibauerntum, die es schwer machen, von einem spezifischen europäischen Sklavereitypus in Form unterschiedlicher Leibeigenschaften neben der Sklaverei in „römischer" Tradition zu sprechen.[387]

Anders stellt sich das Problem vor (Angelsachsen, Friesen, Sachsen) und außerhalb der „fränkischen" und angelsächsischen Expansion/Kolonisation im Westen (Westgotengebiete, England, Schottland, Wales, Cornwall, Irland, Normannen), im Norden (Dänen, Wikinger, Nordmänner), im südlichen und östlichen Ostseeraum (Wikinger/Dänen, Sachsen), d. h., im historischen Wendland[388] oder auch im heutigen Wendland westlich der Elbe bei Lüneburg, Ost-Holstein und den Lausitzen sowie, je weiter, desto stärker, im östlichen und südöstlichen orthodoxen Europa, dar. In den Fürstentümern Walachei und Moldau etwa, klassische Grenzterritorien, wurden *tigani* (*roma*; „Zigeuner" ist eine Sklavenbezeichnung) von vor 1400 bis 1860 versklavt. Ganz rechtmäßig, nach geschriebenem Recht.[389] Hier glichen die Realität von Hörigkeiten und Leibeigenschaften viel mehr der Staats- und Schuldsklaverei vieler asiatischer Sklavereitypen, ohne dass ich hier die „asiatische Produktionsweise" in irgendeiner Form wieder auferstehen lassen möchte – obwohl das angesichts heutiger chinesischer Produktionserfolge und Arbeitsverhältnisse durchaus seinen Reiz hätte. Aber die „zweite Leibeigenschaft" war doch der „zweiten Sklaverei" in den Amerikas recht ähnlich, wenn auch nicht so modern und sozusagen „ohne Atlantik und ohne Rassismus gegenüber Schwarzen" (aber Bestialisierung der Versklavten). Oder die Iberische Halbinsel der Reconquistas, wo zwar der fränkische Einfluss über Septimanien (Narbonne/Perpignan) bis nach Barcelona reichte, aber Kastilier und Portugiesen recht schnell eigenständig agierten. Wenn wir Gewalt und Kontrolle der Körper in den harten Formen der

386 Testart, Alain, L'Esclave, la Dette et le Pouvoir: Études de Sociologie Comparative, Paris: Errance, 2001.

387 Cavaciocchi, Simonetta (ed.), Schiavitù e servaggio nell'economia europea secc. XI–XVIII / Serfdom and Slavery in the European Economy 11th–18th Centuries, Firenze: Firenze University Press, 2014.

388 Lencek, Rado L., „The Terms Wende-Winde, Wendisch-Windisch in the Historiographic Tradition of the Slovene Lands", in: Slovene Studies Journal Vol. 12:1 (1990), S. 93–97.

389 Achim, Viorel, The Roma in Romanian History, Budapest: Central European University Press, 2004.

Leibeigenschaft (*serfdom*) und die „zweite Leibeigenschaft“ in Teilen Europas als europäische Sklaverei oder die Kontraktarbeit von Chinesen auf Kuba als Plantagensklaverei betrachten, wird die Debatte „Sklaverei oder Leibeigenschaft“ (oder Kontraktarbeit) zu einer Scheindebatte, einer Art welthistorischem Exorzismus. In nur sehr wenigen west- und mitteleuropäischen Monarchien gab es in der Neuzeit ein Gesetz, in dem das Wort Sklaverei (oder eine seiner Formen in europäischen Sprachen) stand und diese als erlaubt definierte; in Spanien und Portugal hingegen schon (Sklaven hießen *siervos/servos* oder Cautivos/Cativos). Es gab aber vor allem im Osten der Elbe, in Holstein und – westlich und östlich der Elbe – im Wendland und in der Altmark (westlichste slawische Stammesgebiete) sowie weiter östlich Leibeigene, die mit Gewalt wie Sklaven in einer kollektiven Sklaverei gehalten wurden. Menschen, die als (rechtlich definierte) Sklaven oder Verschleppte (kriegsgefangene Kinder oder Frauen) außerhalb des Gültigkeitsraumes von Leibeigenschaft in Gegenden gekauft oder beschafft worden waren, in denen Sklaverei nicht nur erlaubt, sondern positiv gestattet und gefördert war, wurden in West- und Mitteleuropa nicht als „Sklaven“ geführt, sondern als Leibdiener, Leibpagen, „Hofmohren“ („Mohren“ als Mauren müssen nicht immer schwarz oder farbig sein) oder Mätressen (Konkubinen). Sie blieben aber, manchmal zeitweilig, Sklaven „ohne Sklaverei“ (formale Institution in „römischer“ Tradition); all das mit einer ganzen Traditionsschleppe, diese Menschen im faktischen Sklavenstatus nicht „Sklaven“ zu nennen.[390] Und der Kontrakt der Kontraktarbeit von Chinesen im 19. Jahrhundert wurde zwar von zwei formalrechtlich „gleichen“ Subjekten unterschrieben, die einen Vertrag schlossen. Aber das Rechtsverhältnis war durch die reale Position der einen Seite, den Status der Kontraktarbeiters, die Manipulation des verschrifteten Rechts (nicht ein Kontrakt, sondern verwirrend viele) und der Sprache (alle Nachfolgekontrakte und Rechtsänderungen auf Spanisch für Menschen, die meist Kantonchinesisch sprachen), die enormen Kosten des Transports und die Sklaverei- und Gewaltbedingungen des Einsatzortes eindeutig zugunsten der einen Seite, der Seite derer, die die Kontrakte vorgaben, verschoben.[391] Wir sollten also weiterhin von Sklaverei unter dem Einfluss der im 19. Jahrhundert immer stärker werdenden „Sprache der freien Arbeit“, der immer deutlicheren Durchsetzung von schriftlichen Vertragsverhältnissen und der Abolitionsnarrative sprechen, die das archaische Gewaltverhältnis sprachlich abbildeten.[392] Ich komme weiter unten auf das Problem zurück.

---

390 Sadji, Uta, „‚Unverbesserlich ausschweifende‘ oder ‚brauchbare Subjekte‘? Mohren als ‚befreite‘ Sklaven im Deutschland des 18. Jahrhunderts“, in: Komparatistische Hefte 2 (1980), S. 42–52; Mallinckrodt, „There Are No Slaves in Prussia?“, S. 109–131, hier vor allem S. 111.

391 Yun, „Chasing Freedom: ‘It Is Like a Circle without Any End’“, in: Yun, The Coolie Speaks, S. 111–137.

392 Hu-DeHart, „Chinese Coolie Labour in Cuba in the Nineteenth Century: Free Labour or Neo-Slavery?“, S. 67–86; siehe auch: Peabody; Grinberg (eds.), Slavery, Freedom, and the Law in the Atlantic World, passim.

Allerdings reichen weder regionale Typenbildung noch juristisch-strukturelle Definitionen der Sklaverei in „römischer" Tradition (grob: Trennung vom Schuldnerbereich, „Chattel" und Fixierung der weiblichen Sklavenerbfolge, klare Regelung des Eigentums an menschlichen Körpern („Besitz", volle Verfügbarkeit und Recht auf Alienation) sowie der Manumission im geschriebenen Recht), Schuldsklaverei mit Erhaltung von Kollektivformen oder eine Definition als Fremden/Passagesklaverei, Kin-Sklaverei, Razziensklaverei und Frauensklaverei in islamischen oder anderen Typen aus. Es ist eine historisch-anthropologische Hypothese notwendig, was die Gewaltrelationen und Dynamisierungen spezifischer Sklavereitypen und der Kampf gegen sie in Bezug auf Hierarchisierung und Transformation in menschlichen Gesellschaften bewirkt haben (und wo). Sagen wir von der Entstehung bis um 10 000 v. u. Z., zwischen 10 000 und etwa 4500 v. u. Z. und zwischen 4000 v. u. Z. bis ca. 1950 unter der Voraussetzung passierte, dass seit 10 000 v. u. Z. und ganz deutlich seit etwa 4500 v. u. Z. eine Reihe von Zentren existierten, in denen sich hierarchisierte Gesellschaften mit klassenartigen Großgruppen (Krieger, Priester, Händler, Bauern, Unfreie) und Stadtstaaten formten, von denen sich einige zu frühen Imperien entwickelten. In ihnen prägten sich bestimmte Plateaus von Sklavereien aus, die die Kulturen anderer Gesellschaften per Handel beeinflussten oder ihnen per Expansion Normen aufzwangen. In vierfacher Hinsicht: die systemische gemeinsame Basis universeller Sklaverei, wenn man denn dieses Konzept nutzen will, ist ihre Definition als ein „privates" Gewaltverhältnis zwischen Halter (auch Institutionen) und Gehaltenem (oder Gehaltener) sowie erzwungener Tätigkeiten / Arbeit / erzwungenen Diensten von Schwachen, Unterworfenen, Fremden oder Menschen in Passage (Übergängen) und niedrigem Status. Hier müssen auch religiöser Austausch – Opfer – unter bestimmte „Dienste" und Arbeit subsumiert werden. Wir fügen hier den Körper der Sklaven als Kapital hinzu, auch für lange Zeiträume als symbolisches Kapital. Das sind grundlegende strukturelle Merkmale, in Bezug auf den zeitlichen Aspekt der Entstehung voll ausgeprägter Sklavereitypen und in Bezug auf kulturelle Transfers zwischen den sechs grundsätzlichen Rechts-Typen von Sklavereien: die des rechtlich fixierten beweglichen Eigentums in „römischer" Tradition (*mancipia/chattel* = Eigentumssklaverei), Staatssklaverei, die Tradition des Sklavenstatus als eines von verwandtschaftlichen Beziehungen idealerweise „freien" Einzelnen, Schuldsklaverei mit Erhaltung von kollektiven Formen bäuerlichen Lebens, Personen im Sklavenstatus „ohne Institution Sklaverei" sowie Kin-, Razzien-, Kriegsgefangenen- und Übergangs-Status in kleineren, noch nicht als Staat entwickelten Häuptlingstümern, wie bei den Natchez, den Creeks, den Calusa in Florida oder auch den Taínos der Karibik. In diesen Häuptlingstümern spielten Familien sowie Lineages/Clans zwar oft eine übermächtige, aber noch keine im Sinne von „Dynastie" verstetigte Rolle. Kriegsgefangene oder geraubte Menschen kamen bei der Passage von einer Abstammungsgruppe zur anderen zeitweilig unter die Fast-Herren-Gewalt eines Häuptlings, Kaziken oder einfach unter die Gewalt eines Clans oder eines *big man*, etwa eines erfolgreichen

Kriegsanführers. Aus diesem zeitweiligen Status schieden Kriegsgefangene eben nicht immer nur als Opfer religiöser, oft kannibalistischer, Zeremonien und Rituale aus (was meist das Schicksal symbolischer Gefangener war – meist das von Männern, *big men* und gefährlichen Kriegern), sondern sie wurden auch Sklaven ihrer neuen Verwandtschaft.

Die qualitativen Konzepte der Definition von Sklaven („römisches" Eigentum oder Fremde/Fremder, nach Geschlecht, Altersgruppe sowie nach und nach auch als religiös „Andere") sowie Sklavereiformen und -typen führen im Allgemeinen zu einer weiteren grundsätzlichen Unterscheidung. Diese Unterscheidung könnte in theoretischer Konsequenz so weit geführt werden, von einer „richtigen" und von einer Pseudosklaverei zu sprechen. Zugleich geht es um den Gender-Aspekt von Sklaverei, das heißt, die Rolle von Sex und Fortpflanzung als „Dienst" versklavter Frauen (im Sinne des oben erwähnten eher „weiblichen" Kin-Plateaus und des „männlichen" Plateaus zusammengesetzter Wirtschaftssklavereien). Ich meine das absolut grundsätzliche Problem, von wessen Status eine rechtlich-institutionelle Kontinuität der jeweiligen Sklaverei abgeleitet wird (und ob es diese überhaupt gibt): nach dem Status der Mutter oder nach dem Status des Vaters.

Die „römische" Eigentumssklaverei war hier ziemlich schnell sehr deutlich: in einem von männlichen Vaterrechten (*pater*) dominierten Haushalt wurde ein femininer Bereich ausgenommen (in Griechenland schon im 5.–3. Jahrhundert v. u. Z.), ein Rechtsraum mit theoretischem Ewigkeitsanspruch, in den Kinder von Sklavinnen hineingeboren wurden (im Gegensatz zur sozialen Integration von Sklavinnen- oder Konkubinenkindern im Alten Testament, im Islam oder vielen anderen Gesellschaften). Die Möglichkeit der Matrilinearität nach der Formel „Mutterbruder (Onkel) – Neffe" wurde damit verhindert beziehungsweise in der Sklaverei fixiert und das auch noch auf durch Gesetze nicht begrenzte Dauer, abhängig nur von der Willensentscheidung des Herren (oder einer Institution) oder bestimmten reproduktiven Leistungen der Sklavinnen, deren Regeln allerdings von den Herren festgelegt worden waren. Sklave war und blieb, unabhängig vom Status des Vaters, wer von einer Sklavin geboren worden war (es gab natürlich rechtliche und von der Herrschaft abhängige Einflussmöglichkeiten). Das ist eine besondere Form von Matrilinearität. Die Dauer der Sklaverei, mit der eine Sklavin oder ein Sklave rechnen musste, war auf alle seine Nachfolger ausgedehnt und theoretisch unbegrenzt und ewig. Das musste schlichtweg gigantische Auswirkungen auf den Charakter der Sklaverei haben und zwangsläufig die Gruppe der *vernae* oder *criollos* (erbliche hausgeborene Sklaven) oder Erbsklaverei hervorbringen sowie Sklaverei und Nicht-Sklaverei durch ein deutlich erkennbares und schriftlich fixiertes Rechts-Ritual (Manumission/Freilassung) voneinander trennen.

Die arabisch-türkische Fremden-Elite-Sklaverei der Paläste sowie der Haushalte (und die alttestamentarische Sklaverei, symbolisiert in der Josefsgeschichte)[393]

393 Lux, Rüdiger, „Josef/Josefsgeschichte", in: www.bibelwissenschaft.de/stichwort/22800/ (letzter Zugriff 31. 1. 2018); siehe auch die Debatten um Diener/Sklaverei (bzw. diskursive Absetzung

und die meisten Kin-Sklavereien agierten zunächst ähnlich, ab einem gewissen Punkt aber genau entgegengesetzt: wenn der Herr sich als Vater des Kindes einer versklavten Frau oder einer Konkubine erklärte, folgte der Status des Nachkommen dem Status des Vaters. Oder das Kind einer Sklavin wurde das, was ein männliches Familienoberhaupt oder Clanchef bestimmte und war erbberechtigt. Eine versklavte, allerdings eben „fremde", Mutter konnte also freie und/oder versklavte Nachkommen haben; die Mutter kam in einen speziellen Status. Die Vater-Sohn-Formel blieb erhalten. Die Rückseite dieses Problems hat erhebliche Konsequenzen für das Konzept der Sklaverei an sich: osmanische Sklaverei (und Sklavereien im Islam überhaupt) war nicht in erster Linie Wirtschaftssklaverei und wirtschaftliche Kapitalakkumulation (aber auch). In der Wirtschaftssklaverei mit rechtlich „ewiger Sklaverei" in „römischer" Tradition gründete die Macht des Paters, des Eigentümers (und „Gewalthabers"), die rituelle und rechtliche Bedeutung der „Freilassung" (*manumissio*) sowie die mit dem Streben nach Manumission verbundene Wirtschaftsdynamik im Bereich der „römisch-westlichen" Sklavereien vom antiken Griechenland bis zu den neuzeitlichen Amerikas. Die Erlangung des Liberto-Status stellte für Sklavinnen und Sklaven eine Motivation zur Extraselbstausbeutung dar, derer sich viele für durchschnittlich 8–20 Jahre unterwarfen, Frauen vor allem, um ihren Kindern die Freiheit zu kaufen.

In der alttestamentarischen sowie in der vorderasiatisch-nordafrikanischen Sklaverei von Fremden, die assimiliert werden sollten, war juristisch geregelte „Freilassung" nicht so wichtig. Sie war vom Koran gewünscht und lief als religiöses Gebot jahrhundertelang nahezu geräuschlos ab. Sklaverei stellte meist in gewissem Sinne qua definitionem einen Übergangsstatus dar, hing stärker vom Status der Herren ab und befand sich selbst auch in sehr dynamischer Entwicklung. In der osmanisch-islamischen Sklaverei reichte die Spannbreite von den Aushebungen von männlichen Sklaven (*ghulām*) unter den Unterworfenen und von der Kul (*qul*)-Elite-Staatsklaverei (Sklaven der Sultane bzw. der Pforte) über die geregelte *devşirme* [*Bild 3: „Devshirme" (*devşirme*[394])] bis zu Mameluken-, Harems-, Leibwächter-, Eunuchen- und Janitscharensysteme seit der zweiten Hälfte des 14. Jahrhunderts. Eunuchen hatten keine Nachkommen, Haremssklavinnen konnten Sultane gebären und Mameluken (eigentlich zunächst Kauf-Eigentumssklaven – Arabisch *abd mamluka*, später „weiße" Kriegersklaven aus Turkvölkern Innerasiens bzw. Kaukasusvölkern; Zentralasien, Persien, Syrien-Ägypten, Sudan, Sul-

---

davon) sowie Entstehung einer „neuen" Gesellschaft im 18./19. Jahrhundert: Steedman, Carolyn, „Prologue: The servant's dream", in: Steedman, Labours Lost: Domestic Service and the Making of Modern England, 2009, S. 1–9, Hezser, Jewish Slavery in Antiquity.

394 Aus: Suleymanname: The Illustrated History of Suleiman the Magnificent, Topkapı-Palast Museum (Bridgeman Art Library), in: Burbank; Cooper, Imperios, S. 193; siehe auch: Yilmaz, „Becoming a Devshirme: The Training of Conscripted Children in the Ottoman Empire", S. 119–134; Krämer, „Fürstendiener und Pfortensklaven", S. 81–90, hier besonders S. 81–85.

tanat von Delhi) sowie versklavte Administratoren eroberten sich den Status eines Freien durch Leistung, nahmen den aber nicht an, weil der Status eines Sultanssklaven („Pfortensklaven", d. h., in der Ausgangsfunktion Türsteher) besser war und Vertrautheit sowie mehr Schutz (und die Möglichkeit zum Auftsieg und zur Korruption) gewährte. Die Großmoguln in Nordindien hielten zwar auch Sklavensoldaten, setzten sie aber nicht in der Verwaltung ein. Wegen der Besonderheiten der Erbfolge im osmanischen und im safawidischen Reich kam es sogar, im Grunde institutionell, zu besonders engen Bindungen zwischen Herrschern und Leibsklaven. In Idealform sah das so aus: die Mutter des Sohnes eines Herrschers war eine Konkubine seines Vaters, die nach seiner Geburt in die Provinz geschickt worden war. Seine männlichen Verwandten (Brüder, Söhne, Enkel) waren Machtkonkurrenten – also blieb für affektive Beziehungen nur der Leibwächter oder versklavte Verwalter, die an der langen Macht und am langen Leben ihres Herrn (Beschützer) interessiert sein mussten. Die Besonderheiten bestanden darin, dass männliche Nachkommen von exogamen und konkurrierenden Müttern unter mehreren Ehefrauen und Konkubinen/Sklavinnen geboren wurden; in der Erbfolge setzte sich unter allen Brüdern und anerkannten Söhnen, bei Osmanen und Safawiden einer, der Stärkste/Geschickteste/Glücklichste, durch. So wie einst Josef „vom Sklaven zum Hausverweser"[395] und Landwirtschaftsminister werden konnte, konnten aber Mameluken, d. h., ehemalige Sklaven, unter bestimmten Konstellationen sogar selbst Sultan werden. Mameluken- und Kul-Sklaverei war zunächst ein Monopol des Herrschers oder eines Palastes, also eher zentralisiert. Kulları waren „for centuries ... the backbone of the Ottoman imperial elite";[396] für Mameluken in Ägypten und Syrien gilt Ähnliches. Seit der Mitte des 17. Jahrhunderts war das Monopol des Sultanspalastes auf Sklaven mehr und mehr aufgebrochen worden, und vor allem cirkassische, georgische, slawische sowie andere hellhäutige Jungen wurde von Oberschichten-Haushalten gekauft, um sie als Mitglieder der osmanischen militärbürokratischen Elite trainieren zu lassen. Mitte des 19. Jahrhunderts wurden diese Elite-Miltärsklaven, sowohl in den Provinzen, wie auch in der Hauptstadt *kuls of the kuls* (*kulların kulları*)[397] genannt. Toledano nennt sie „kul-type slaves", d. h., eine Form der *belonging*-Sklaverei.[398] Das bedeutet in globalhistorischen Zusammenhängen: Elitesklaven, aus denen sich Herrschaftseliten rekrutierten, auch im direkten biologischen Sinne, wenn versklavte Mädchen und Frauen in das Konzept der Elitesklaverei einbezogen werden. Für sie wird hoher Status reklamiert.

---

395 Lux, „Josef/Josefsgeschichte", in: www.bibelwissenschaft.de/stichwort/22800/ (letzter Zugriff 31. 1. 2018).

396 Toledano, „Understanding Enslavement as a Human Bond", in: Toledano, As if silent and absent: bonds of enslavement in the Islamic Middle East, New Haven: Yale University Press, 2007, S. 9–59, hier S. 13.

397 Ebd.

398 Ebd.

An dieser Stelle lässt sich auch leicht die Beobachtung des reisenden westfälischen Freiherren August von Haxthausen einordnen: Haxthausen hatte die Aufbringung eines osmanischen Schiffes durch ein russisches Kriegsschiff auf dem Schwarzen Meer um 1850 beobachtet. Der russische Kapitän bot sechs tscherkessischen jungen Frauen, die als Sklavinnen auf dem Schiff waren, an, entweder mit einem Tscherkessen-Prinzen in ihre Heimat zurückzukehren, Russen- oder Kosakenmänner ihrer freien Wahl zu heiraten oder weiter beim türkischen Kapitän zu bleiben, um auf dem Sklavenmarkt von Konstantinopel verkauft zu werden. Die sechs Frauen hätten ohne einen Moment zu überlegen ausgerufen „Nach Konstantinopel – um verkauft zu werden".[399] Das ist sicherlich verkürzt. Aber die logische Schlussfolgerung ist, dass Elite-Sklaverei etwa in der arabisch-islamischen Welt (bis heute) als Sklavereityp eine sozial schmiegsamere und durchlässigere Institution war und ist, das gilt insbesondere für den vorderorientalischen und nord- sowie ostafrikanischen Kontext, aber cum grano salis überall außerhalb des Geltungs- und Einflussbereiches der Traditionen und Horizontalität des „römischen" Rechts, die die Konstrukte Stand, Kaste, Klasse/Rasse oder des „Eigentums an sich" scharf zeichnen.[400] Diese „halboffene" Sklaverei fällt auch in den Abermillionen lokalen und sehr punktuellen Orten der Weltgeschichte weniger auf als in den definierten Territorien, Schiffslinien, Plantagen und Strukturen des „atlantischen Westens", wo Sklavenhandel (Menschenhandel) und Sklaverei, aber vor allem eben sichtbare „Menschen als Eigentum" und als Kapital sowie sogar Währung, schon im späten 18. Jahrhundert soviel moralische Entrüstung hervorriefen, dass die globalhistorisch entscheidende Abolitions*bewegung* aus religiösen und wirtschaftsethischen Gründen hier einsetzte.[401] Die welthistorische Einzigartigkeit dieser Bewegung wird sicherlich bestehen bleiben. Aber die Begründung der Einmaligkeit mit religiöser Entrüstung (und „Werten"), die es nur bei christlichen Sekten gegeben habe, wird mittlerweile bezweifelt, weil die Entrüstung über die Versklavung von Gläubigen im Islam seit dem 9. Jahrhundert debattiert worden ist und als besonders starke Triebkraft sozialreligiöser Erweckungsbewegungen in der Neuzeit im Bereich der Grenzen des Islam im Sudan und in den sogenannten *jihād*-Reichen wirkte. Auf jeden Fall entstand, wie oben gesagt, mit der religiösen Abolitionsbewegung der „gute" Kapitalist – ebenso wie „freier" Markt und „freie" Arbeit theologisch begründet wurden. Aber mit dem abolistischen Freiheits-Denken des Westens, besonders in seinen Mischungen mit der europäischen Aufklärung (Philosophie), entwickelten sich auch die Grundlagen des modernen theoretischen Rassismus. Und die Abolition durch die Supermacht Großbritannien: Verbot von Sklavenhandel auf

399 Haxthausen, August von, Transcaucasia: Sketches of the Nations and Races between the Black Sea and the Caspian, London: Chapman and Hall, 1854, S. 8.

400 Sheriff, „*Suria*: Concubine or Secondary Wife? The Case of Zanzibar in the Nineteenth Century", S. 99–120.

401 Drescher, Abolition. A History of Slavery and Antislavery, passim.

britischen Schiffen 1808, von Sklaverei im atlantischen Raum 1838, nicht aber in Afrika und Indien, wo 1843 zwar der *Act V of 1843* (*An Act for Declaring and Amending the Law Regarding the Condition of Slavery within the Territories of the East India Company*) galt. Act V of 1843 schrieb de facto nur Einschränkungen und eine Fixierung „traditioneller" Sklavereien fest und war begleitet durch exzellente Geschäfte der Briten mit anderen Sklavengesellschaften und einem schwunghaften Handel sowie Transport von „neuen" Kuli-Sklaven aus China und Indien – ein noch globaleres Geschäft als atlantischer Sklavenhandel.

Das Argument der „Halboffenheit" der osmanisch-islamischen Sklavereien anders gewendet, zeigt sich im Licht historischer Analyse, dass es eben die Schmiegsamkeit der Sklaverei im Militär-Politikbereich war, wie sie die Militärkasten hervorbrachte, die die islamische Welt vom 9. bis in das 19., 20. und 21. Jahrhundert dominierten (noch wissen wir nach dem arabischen Frühling 2011 (2012 geschrieben) nicht, wie es weitergehen wird (2018: für Ägypten wissen wir es – es geht weiter)). Die Stellung von „fremden" Frauen als Nebenfrauen stärkte Clansysteme, die Macht von *big men* und den religiös verbrämten Patriarchalismus außerhalb der von Frauen kontrollierten Bereiche.

Der Sklaven-Status konnte in Gesellschaften mit Sklaverei und in Sklavereigesellschaften ein weites Panorama von Tätigkeiten, Professionen, Stellungen, Ämtern und Rängen abdecken. Nicht zuletzt hatte der Status vor allem einer Sklavin oft auch eine gewisse Schutzfunktion. Im mittelalterlichen Ägypten, im Sudan, im muslimischen Nordindien und im Osmanischen Reich etwa wurden, wie erwähnt, aus Sklavensoldaten Sultane.

Sklavereien, Recht und „Unreinheit"

Das Verhältnis zwischen „Herren" und „Sklaven", das ursprünglich auf Schutzgewährung, Konstruktion von niederem Status oder „Andersheit" sowie direkter körperlicher Gewalt beruhte, ist in den jeweiligen geschriebenen oder ungeschriebenen Rechtssystemen verankert und wurde von der jeweiligen politischen Macht geschützt sowie von einem doppelten oder dreifachen Gewaltausübungssystem gestützt. Sklavengesetze wurden damit Teil des symbolischen Macht- und Gewaltsystems einer gegebenen Gesellschaft. „Rechtlich fixiert" bedeutet, dass die jeweilige Zentralmacht oder die eine Ordnung aufrechterhaltenden Mächte die Sklaverei als (nicht immer ganz klar schriftlich definiertes) Herrschaftsmittel zur Erzwingung von Zusammenhalt, Gewinnen, Arbeit und/oder Dienstleistungen anerkannten und stützten. Niederer Status oder Fremdenstatus wurde meist auch noch religiös und nach degradierenden „Reinheits"-Kriterien definiert. Nach der Regel: „wir sauberen und reinen Menschen tun das nicht, das tun nur schmutzige Fremde"; etwa Nahrungs-, Blut- oder Berührungs- oder Bekleidungstabus. Sklaven, aber auch Randgruppen, erfuhren Stigmatisierung („Ensemble statusdegradierender Zeremonien").[402] Die asiatischen Sklaverei-Typen der großen Agrar-Reiche bestanden im Wesentlichen aus Schuldsklaverei an der ruralen Basis, überlagert von Kastensystemen (Indien, Japan[403] und Südostasien, auch Sudan, wo galt: „Die Ausdrücke *nuba* und *abiid*, Sklaven, sind im Sudanarabischen beinahe Synonyme ... Nuba sind ... im kolonialen und postkolonialen Sudan eine Art Pariakaste"),[404] Krieger- und Schmiedekasten im Senegal oder Königs- und Staatssklaverei mit stärkeren Relikten von Lineage- sowie internen Kin- und Frauensklavereien (China und Korea). Oft kann noch heute am Namen erkannt werden, welcher Kaste die Vorfahren eines Menschen angehörten; so sind Angehörige der Soldaten-Kaste meist Nachkommen von Versklavten. Aber: Sklavereien durchschneiden Kastensysteme.[405]

Fremden- und Unreinheits-Status konnte sich bei Menschen unterworfener Gruppen zu unterschiedlichen Formen von „Kasten" verhärten. Meist werden die indischen „Kasten" und altindische Rechtstexte hier angeführt, wie *Arthasāstra*, *Nāradasmriti* und *Katyāna*. Die vedischen Texte und Rechtssammlungen konstatieren eine Vielfalt von konkreten Sklavereiformen, aber keine einheitliche Rechtsfigur des „Sklaven". Nach ihnen können die Schöpfer der Texte, Bramahnen, nicht versklavt oder getötet werden.[406] Aber es gab (und gibt), ich wiederhole das, auch Kasten in Japan und in Senegambien; das römische Recht nahm seinen Ausgang in magisch-animistischer Reinheit – *ius* bedeutet ursprünglich „Reinheit" im Sinne der Abwesenheit von Dämonen und hatte auch in Rom einen rituellen Hintergrund, der, wie bereits gesagt, mit Berührungs-, Abwehr- und Bewegungsgesten symbolisiert wurde. Und die so genannten Markt-Kriterien Herkunft, Bildung, Beruf, Wohnort, Konsum, Einkommen, Kleidungsmarke wirken kastenbildend, wie auch die islamische Durchdringung des westlichen Sudan im 14. und 15. Jahrhundert die bereits erwähnten Kasten hervorbrachte. Schmiede und andere Handwerker, die oft den Widerstand gegen die Islamisierung trugen, wurden zunehmend stigmatisiert (auch als Kasten).[407]

Rassistisch definierte Sklaverei tendiert in expansiven Gesellschaften ebenfalls in die Richtung der Kastenbildung. Zum Glück ist keine speziell definierte Gruppe von Menschen in der Weltgeschichte lange genug im doppelten Sklavenstatus (in-

402 Grundlegend zur Stigmatisierung in Mitteleuropa siehe: Hergemöller, Bernd-Ulrich, „Randgruppen der spätmittelalterlichen Gesellschaft. Wege und Ziele der Forschung", in: Hergemöller (ed.), Randgruppen der spätmittelalterlichen Gesellschaft. Neu bearbeitete Ausgabe, Warendorf: Fahlbusch Verlag, 2001, S. 1–57, hier S. 18.

403 Nelson, „Slavery in Medieval Japan", S. 463–492.

404 Kramer, Fritz W., „Krieg in den Nubabergen. Über Loyalität, Religion und Gewalt", in: Historische Anthropologie. Kultur. Gesellschaft. Alltag, 12. Jg., H. 2 (2004), S. 243–263, hier S. 251.

405 Mishra, „Historical Perspective", in: Mishra, Human Bondage, S. 19–38.

406 Mann, „Sklaverei in Südasien", in: Mann, Sahibs, Sklaven und Soldaten, S. 76–101, hier vor allem S. 78 f.

407 Diouf, Mamadou, „Le problème des castes dans la société wolof", in: Revue Sénégalaise d'Histoire, Nr. 1, (Ancienne Série) 2, 1 (1981), S. 25–37.

nerer und äußerer) gewesen, dass es zu genetischen Veränderungen gekommen wäre, obwohl Sklavenhalter das durchaus anstrebten und unzählige literarische Werke es thematisieren.

In asiatischen Kulturen haben religiöses Überlegenheitsdenken, Reinheitsrituale und historistische Diskurse (vor allem der Allianzen zwischen Briten und Brahmanen im 19. Jahrhundert) oft, besonders deutlich in Indien, aber auf eigener Grundlage auch in Japan, zu einer kulturell-religiösen Verkrustung von Kin-Sklavereien oder sklavereiähnlichen Verhältnissen in Kastensystemen geführt, bei denen der ursprüngliche Gewaltansatz und einzelne Akte von Versklavung kaum noch erkennbar sind. Die Reinheitsgebote, die immer auch an Tabus und bestimmte als „unrein" angesehene Tätigkeiten gebunden waren, konnten Statusgliederungen, wie Eroberer/Unterworfene unter dem Einfluss von Ideologien zu Kastensystemen und rassistischen Apartheitsgesellschaften versteinern. Die Kastensysteme haben wegen des Fehlens ausgeprägter Massensklavenwirtschaften oder ausgeprägten Sklavenhandels sowie von individualisierten Rechtsregelungen (Eigentum an Menschen) zunächst weniger mit der klassischen Dichotomie Herr–Sklave zu tun, sondern eher mit Grundherr–Schuldsklaven in Dorfgemeinschaften oder Kasten in unterschiedlichen lokalen Kombinationen mit Tätigkeiten, Reinheitsregeln und erblichem Status, wie im drawidischen Indien oder Japan. Im ökonomisch-sozialen Sinne entstanden hybride Mischungen von territorialisierter Leibeigenschaft und Unreinheits-Sklaverei, in die man zwar durch Geburt und Kastentradition geriet, aber die zunehmend auch die Verschuldung als Ursache kannten. Vor allem weil Arbeitsrente/Tribute im Vordergrund standen und Land formell (real je nach Macht der Zentralgewalt) Eigentum der Zentrale blieb und Bauern Geld für Prestigezwecke (z. B. Heirat) oder Heilung borgen mussten. Dadurch wird einer der Hauptunterschiede zur westlichen Sklaverei aufgehoben – Bauern in Japan und Indien wurden auch „gekauft". Nicht auf einem „freien" Sklavenmarkt, aber durch eine Schuldsumme oder den Gegenwert in materiellen Gegenständen (die Schuldsumme wurde oft verdoppelt). Sie bleiben dann immer in der Verfügung von Grundherren – eine Art regionale Leibeigenen-Schuld-Sklaverei.

Sklaven-Kasten entstanden auch durch Kategorisierung in Eroberer/Unterworfene, Reine/Unreine, Gebildete/Ungebildete, Gläubige/Heiden oder Weiße/Schwarze in der Spätzeit des spanischen Kolonialsystems im kontinentalen Amerika (1750–1800) gegenüber freien Farbigen beziehungsweise in den extrem rassistischen Gesellschaften im Süden der USA (1870–1960) oder in Südafrika bis 1990. Die Kreolisierungsdebatte widerspiegelt im Grunde die andere Seite der Medaille und überdeckt zugleich das „Geheimnis" der Transformation afrikanischer Formen der Akkumulation von Menschenkapital und Macht über Körper in den von Europäern dominierten atlantischen Slaving- und Merkantilkapitalismus. In der globalhistorischen Tendenz ist der westliche Rassismus mit seinen Ängsten vor „schmutzigen, Krankheiten verbreitenden, sexuell überpotenten oder Menschen fressenden Fremden" („Anderen") auch eine Art lang wirkendes Kastensystem.

Globalhistorisch waren „kleine“ Kin-Sklavereien – Verschuldung und endogene (innerhalb einer Gruppe oder lokalen Gesellschaft ablaufende) Mechanismen der Versklavung – Grundlagen und Vorläufer sowohl der integrativeren Palastsklaverei „arabisch-türkischen“ Typs wie auch der privaten Eigentumssklaverei, lokaler Razziensklaverei, Schuldsklaverei, Wirtschaftssklaverei und „großen“ Massensklaverei „römischen“ Typs. Besonders deutlich werden komplizierte Mischungen und unterschiedliche Sklavereiformen auf der Malayischen Halbinsel. Die Vielzahl von Sultanaten, Stadtstaaten, Fürstentümern und Königreichen produzierten nach Michael Mann reichhaltige Rechtstexte und Codices. Dabei machten sich auch enge Kontakte sowie dauerhafte Residenz hadramischer und anderer arabischer oder persischer Kaufleute bemerkbar. Es existierte das Malakka-Recht, die Pahang-Rechte, die so genannten „Neunundzwanzig Gesetze von Perak“ sowie die Kutai-Gesetze des östlichen Kalimantan. In Brunei und Aceh, beides Sultanate, galt seit dem 14. Jahrhundert der Codex *Undang-Undank-Melaka* und der europäisch beeinflusste *Benkulen*-Codex. In all den Texten werden Sklavereiformen definiert.[408]

Im ersten größeren Rechtskodex in Vietnam (*Lê*-Codex) fielen Zwangsarbeit und Versklavung unter die „Fünf Kapitalstrafen“ (zusammen mit körperlicher Züchtigung, Exil sowie verschiedenen Arten von Tötung).[409] Auch auf den Philippinen, im *Keliatntiaw*-Codex (1433) des Panay-Staates, galt Sklaverei als Strafe für die Verletzungen des Rechts.[410]

Sklavereien entstanden weltweit spontan/opportunistisch und in unterschiedlichen Kontexten, Entstehungszyklen sowie mit kulturell und historisch unterschiedlicher Gewichtung von Recht. Spontan heißt nicht, dass Sklaverei voraussetzungslos entsteht, sondern es bedeutet, dass Sklaverei unter gewissen Voraussetzungen ungeplant entsteht und nicht etwa – wie Aristoteles annahm – zur „Natur“ des Menschen gehört. Darauf berief sich noch die „maßgebliche Theorie der Mission“: „Es besteht kein Zweifel: Die Erfahrung bestätigt die Sklavennatur der Barbaren, und wenn man nicht Furcht als Mittel einsetzt und sie mit Gewalt zwingt wie Kinder, widersetzen sie sich und gehorchen nicht“.[411] Das ist ein in positive Worte gekleideter, sozusagen aristotelischer, Angstkomplex.

Ob lange Zeiten der Versklavung von Menschen aus bestimmten lokalen und regionalen Gruppen wirklich Einfluss auf das Genmaterial menschlicher Populatio-

408 Mann, „Sklaverei in Birma, Siam und auf der Malayischen Halbinsel“, in: Mann, Sahibs, Sklaven und Soldaten, S. 105–110; zum besonders ausgeprägten Rechtspluralismus in Südostasien siehe auch: Harding, Andrew J., „Legal Traditions in Southeast Asia“, in: Wright, James D., (ed.), International Encyclopedia of the Social and Behavioural Sciences, Oxford: Elsevier, 2015, S. 812–217.

409 Ngoc Huy, Nguyen; Van Tai, Ta (eds.), The Le-Code: law in traditional Vietnam, Athens: Ohio University Press, 1987.

410 Ward, „Slavery in Southeast Asia, 1420–1804“, in: Eltis; Engerman (eds.), The Cambridge World History of Slavery, Vol. 3, S. 163–185.

411 Jacoby, Karl, „Slaves by Nature? Domestic Animals and Human Slaves“, in: Slavery & Abolition. A Journal of Slave and Post Slave Studies 15 (April 1994), S. 89–97.

nen genommen haben, wie heute immer wieder auch von sich seriös gebenden Zeitungen[412] verbreitet wird, bleibt sicherlich im Einzelnen zu erforschen. Mein Standpunkt, dass auch Menschen aus Sklavenfanggebieten versklavt haben und Akteure des Sklavenhandels gewesen sind, widerspricht der sehr mechanistisch-unhistorischen Annahme. Generell aber hat die „ideologiefreie" Gen-Ideologie die Stelle anderer Theorien eingenommen, die unbedingt beweisen wollten, dass es „natürliche" Sklaven gab und gibt.

Meist wird über Sklaven gesagt, sie seien eine Quasi-Sache gewesen, dem „Vieh" gleichgestellt, und auch so behandelt worden – das ist das Konzept der *mancipia* oder *chattel slavery.* Sicherlich wurden versklavte Menschen in Erblisten dem Vieh gleichgestellt. Erst mit solchen Konstruktionen gelang es Rechtssetzern, Menschen den Subjektstatus zu entziehen. Grundsätzlich aber wussten alle Versklaver immer, dass sie ihresgleichen versklavten. Um einen Sklaven zum Arbeiten zu bringen, musste man seine menschliche Natur in der Praxis anerkennen. Eben deshalb „bestialisierten" viele der Versklaver (vor allem die Verwalter, hofiert von systematisierenden Intellektuellen) die Versklavten, um sich für „besser" halten zu können, Überlegenheitsmentalitäten zu erzeugen und die Gewalt-Institution Sklaverei zu legitimieren. Für Vieh muss man keine Gesetze schreiben (oder singen).

Gewalt, Schriftlichkeit und Rechtskonstruktionen der Versklavung und der „Freiheit"

Für „klassische" westliche Sklavinnen und Sklaven (1550–1888) galt auch die „strukturelle Gewalt" oder besser die Furcht vor potentieller Gewalt gegen ihre Körper, die in den Strukturen von Kolonialstaaten (Razzientrupps, Soldaten), Milizen, Kirche (Pfarrer, die gegen „Sklaven-Barbaren" predigen, Anrufung von Höllenstrafen) und Kommunen (Sklavenbesitzer und ihr Personal, professionelle Sklavenjäger – Rancheadores – und allgemein alle „Weißen") angelegt war.

Gegen diese rechtlich legitimierte Gewalt und die Sklavereimentalität half nur eine welthistorische Durchbruchs-Revolution, um ein neues Rechtsbewusstsein zu kreieren. Das transatlantische reziproke Gleichheits-Denken, das im Grunde mit der Haitianischen Revolution (1791–1803) erstmals in grundlegenden Texten kodifiziert wurde, deren Säulen absolute Abolition, freier Boden (*free soil*) und Unabhängigkeit waren, stellte eine mächtige Triebkraft zur Durchsetzung des Wertes „Freiheit" (*liberty*) im „langen" 19. Jahrhundert im Westen dar. Und der Menschen- und Bürgerrechte, des Free-Soil-Prinzips sowie des Verfassungs- und Rechtsstaates.[413]

---

412 Wade, Nicholas, „Is an Evolving Genome Shaping Human Nature?", in: The New York Times. International Weekly, Mo., March 27, 2006, S. 6 (Beilage der „Süddeutschen Zeitung").

413 Garraway, Doris (ed.), Tree of liberty: Cultural legacies of the Haitian Revolution in the Atlantic world, Charlottesville and London: University of Virginia Press, 2008; Ferrer, „Haiti, Free Soil, and Antislavery in the Revolutionary Atlantic", S. 40–66.

Saint-Domingue, auch und gerade das nachrevolutionäre Haiti, bedeutete in der Globalgeschichte der Sklavereien die aktive Zerstörung der zusammengesetzten Wirtschaftssklaverei (drittes Plateau, siehe oben) vom Typ *Second Slavery* in einem Land und die sich daraus für die Geschichte des atlantischen Raumes ergebenden Dynamiken und neuen Prinzipien. Die neuen Eliten Haitis hatten Schwierigkeiten bei der Entwicklung eines neuen Wirtschaftsmodells und zogen sich (bis um 1844, vor allem aber aus Angst vor Interventionen) aus allen internationalen Konsequenzen des radikalen Ansatzes zurück. In welcher Revolution hätte es diese Probleme nicht gegeben?! Dass aus fehlender Entwicklungsdynamik und Abfall vom revolutionären Radikalismus sowie Armut und Umweltzerstörung auch neue Sklavereien auf Basis von „kleinen" Kinder-, Schuld- und Kin-Sklavereien entstehen können, zeigt die Geschichte Haitis bis heute.

Die Voraussetzung von Sklavereien sowie Handel mit menschlichen Körpern und ihr letzter Grund waren präjuristische und präsemiotische, reale Gewalt *avant la lettre*, die ebenso wie Landkontrolle, Eigentum und Staat unendlich viele Formen in historisch konkreten Gestalten annehmen kann. Viele Formen der Gewalt sind nicht leicht erkennbar und die sozusagen rechtsprechende, also semiotische, schriftliche und juristische, potentiell-strukturelle Gewalt der Eigentumsrelation in der „römischen" Sklaverei ist nur ein Ausdruck, wenn auch sehr bedeutender Ausdruck dieser Gewalt gegen menschliche Körper. Schriftlichkeit und Recht spielten, waren Sklavereitypen einmal rechtlich formiert (was für den atlantischen Sklavereitypus zwischen 1500 und 1700 der Fall war), auch sehr aktive Rollen bei der Legalisierung und Legitimierung von Gewalt und völliger Kontrolle über die Körper von Versklavten („Eigentum", Körper als Kapital vor allem, um koloniales „Land" (Immobilien) in „Wert setzen" zu können).[414] Ich will das idealtypisch an der Folge von legalen Dokumenten darlegen, die einen in Afrika gefangenen, geraubten oder verurteilten und über den Atlantik verschleppten Menschen von einem Individuum innerhalb anderer Rechtssysteme zu einem Sklaven nach „römischem" Recht eines neoeuropäischen Kolonialterritoriums in den Amerikas verwandelten – auch das bedeutet „zusammengesetzte" Sklaverei. Im Grunde wurde der Eigentumsstatus eines Sklaven nach „römischem" Recht durch eine Folge sich überlappender Listen und Dokumente schriftlich konstruiert, denen man die Gewalt *avant la lettre* nicht mehr ansah.

Wenn Razziengefangene, Verurteilte, Geraubte oder Kriegsgefangene aus dem Inneren Afrikas zu den Sklavenfaktoreien der Küste Westafrikas oder andere Handelsplätze kamen, existierten über ihren Status zwar orales Wissen und Erfahrungswissen, aber entweder keine schriftlichen Dokumente oder Texte in arabischer Schrift. Die ersten Dokumente (Listen, Formulare) europäischen oder amerikanischen Wirtschaftsschrifttums waren Listen von Schiffschirurgen/Schreibern, wenn die aus dem Innern verschleppten Menschen die *castings* (genauer siehe unten) auf Aussehen, Alter, Gesundheit und Gebrechen überstanden hatten. War der

414 Bhandar, Colonial Lives of Property. Law, Land, and Racial Regimes of Ownership.

Tausch- und Verkaufsakt in Afrika vorbei, erhielten die Verschleppten in einem Gewalt-Ritual bis in das späte 18. Jahrhundert eine Körper-Markierung, das berüchtigte Brandzeichen (*calimbo/carimba* oder *carimbo*; eine Art „Ausweis" des Sklavenhandels, fast flächendeckend in der atlantischen Sklaverei vorhanden bis um 1780, dann wieder im Menschenschmuggel des 19. Jahrhunderts – allerdings kleiner und nur noch selten auf der Schulter).[415] Dann wurde bei iberischen und französischen, d. h., katholischen, Kapitänen/Kaufleuten oft eine Liste mit „christlichen Namen" aus dem Fundus der Bibel erstellt, zugleich oft auch eine Taufliste. Eine Taufliste war es allerdings nur, wenn ein Priester oder Mönch vor Ort in Afrika war (meist nur in Luanda, Cacheu oder Saint-Louis bzw. Gorée unter französischer Kontrolle). Die wichtigste Liste als Vorform der legalen Eigentums-Notierung war die bei Beladung von den Kapitänen erstellte Ladungsliste des Sklavenschiffes (*registro, cargo*). Auf ihr wurden in numerischer Abfolge (1, 2, 3, 4 ... etc.) die wichtigsten Daten über den gekauften Körper verzeichnet, z. B.: „1. Mann, Alter 20, lucumí"; „2. Frau, Alter 24, carabalí", „3. Mädchen, Alter 10, mina" und „4. Junge, 8 Jahre, gangá" ... Statt Mann oder Frau konnte auch „Neger" oder „Negerin" in den Listen stehen. Wichtig waren allein der Typ Körper (Geschlecht, erwachsen oder noch Kind), etwaiges Alter, die vorhergegangene Aussehens- und Gesundheits-Prüfung (Casting – ohne die kein Verschleppter überhaupt auf die Schiffsliste kam) sowie die *nación* – das heisst das kulturell-ethnische Herkunftsgebiet (oder der Hafen, in dem der Körper gekauft worden war, wie Mina (El Mina) oder Loango). Katholische Sklavenhändler schrieben, wie gesagt, oft auch Sklavennamen (María, José, etc.) mit auf die Liste. Einmal auf dieser Liste des Sklavenschiffes, waren die Verschleppten im System der legalen Schriftlichkeit und die große Mehrheit ging dann nach Verkauf in Amerika über ein Kauf-Notariatsprotokoll (*protocolo notarial* oder *escritura*), dessen Original in den iberischen Gebieten im Archiv der jeweiligen *escribanía* (Notariat) blieb (in angloamerikanischen Rechtssystemen gibt es Rechtsanwälte, aber keine Notariate), in privates Eigentum, in Staatseigentum oder in das Eigentum einer Institution (z. B. Mönchsorden) über. Die Käufer bekamen im Spanischen Imperium nach 1820 beim Kauf eines Sklaven eine *papeleta de armazón* (wörtlich: Zettel des Sklaventransportes) als Kaufnachweis und als Nachweis des legalen Erwerbs. Vom Kapitänsschmuggel (siehe unten) einmal abge-

---

415 Nach partiellen Verboten der Calimbos in Spanien 1784 (auf Schulter oder Brust, relativ groß) wurden im Menschenschmuggel des 19. Jahrhunderts (nach 1808/20) kleinere Calimbos (an den Ellenbogen, oberhalb des Bauchnabels oder an den Seiten der Kniee, relativ klein) sozusagen wieder erfunden und ersetzen seit ca. 1835/40 völlig das Schreiben auf Papier; zur formalen Abschaffung der Calimbos als Einfuhr- und Steuermarkierung, siehe: „Real Orden aboliendo la práctica de marcar a los negros esclavos en rostro o espalda [el Carimbo]", San Lorenzo, 4 de noviembre de 1784, in: Lucena Salmoral, Regulación de la esclavitud negra en las colonias de América Española (1503–1886), S. 240 (Dok. 297); siehe: La Rosa Corzo, Gabino, Tatuados. Deformaciones étnicas de los cimarrones en Cuba, La Habana: Fundación Fernando Ortiz, 2011; Fagúndez, „*La carimba*. Sello del comercio de esclavos", S. 35–40.

sehen, blieben die aus Afrika Verschleppten, solange sie Sklaven waren und eventuell wieder und wieder verkauft wurden, im System dieser legalen Schriftlichkeit. Entkommen konnten sie aus diesem System nur durch Tod, Flucht, Rebellion oder Freilassungsprotokoll (*manumisión*). Erst als der äußere Sklavenhandel im 19. Jahrhundert illegaler Menschenhandel geworden war (formal ab 1808 für die USA, 1818 für Suriname und die niederländischen Kolonien, 1815 und 1818 für die französischen Karibikkolonien, 1820 für Spanisch-Amerika, 1831 für Brasilien und 1836 für Portugal und seine afrikanischen Kolonien, um nur die wichtigsten zu nennen), änderte sich das System. Basierend vor allem auf Erfahrungen von „Portugiesen" führten Kapitäne des Menschenschmuggels keine schriftlichen Listen mehr. Sie markierten die Körper der Verschleppten ohne den Umweg über Papier direkt mit einem neuen, kleineren Eigentums-Brandzeichen (*calimbo*) an Ellenbogen, Bauch oder Knien. Die Einführung in das legale Schrifttum der „westlichen" Rechtskultur geschah dann über die Taufe in den Amerikas. In die Tauflisten und -bücher (*bautismos*) der Kaplane und Pfarrer wurden die Menschen aus Afrika als im jeweiligen Territorium Amerikas Geborene (*criollos*) mit einem Sklavennamen eingetragen (zur Verschleierung gab es oft mehrere Marias, Antonios oder Manuels, etc.).

Seit der Zeit der Emanzipation und Abolitionen, d. h., etwa ab 1810, drangen allerdings die „Sprache der freien Arbeit", ein neues Rechtsdenken, das auf Verträge zwischen formal gleichen Subjekten abhob, und überhaupt neue Diskurse und Mentalitäten der „Freiheit" in geschriebene Texte und Gesetze ein; die meisten ab ca. 1840. Mit der Illegalisierung des Sklavenhandels und sukzessiven Abolitionen der Sklavereien breiteten sich immer mehr Kontraktformen der Arbeit aus: Aus Indien und China kamen die bereits erwähnten Kulis; allein 125 000 *asiáticos* direkt nach Kuba.[416] Zwischen Kindern von Sklavinnen, die nach den entprechenden Gesetzen des „freien Bauches" (z. B.: Kuba 1868/70, Brasilien 1871) frei sein sollten, und Unternehmern wurden mehr und mehr Lehrlingsverträge geschlossen. Staatliche Stellen gaben eingeschmuggelte Sklaven, die als *emancipados* und *africanos libres* (meist) von Engländern aus den Bäuchen der Sklavenschiffe befreit worden waren, mit Verträgen an „ehrenwerte Personen" weiter, die ihnen Lebensweise und Arbeitsdisziplin sowie eventuell eine spezifische Tätigkeit (Koch, Wäscherin) beibringen sollten und für die „Kontraktarbeiter" (die im Falle der Emancipados den Kontrakt nie gesehen hatten) bezahlten. Oft sind diese Kontraktformen als „Übergänge zur freien Arbeit" interpretiert worden. In Brasilien, wo sich mehr und mehr formale Freilassungen von Sklavinnen und Sklaven im urbanen Bereich finden, die dann Kontrakte mit ihren Herrn und Herrinnen (oft Witwen) oder Personen schlossen, die ihnen das Geld für den Freikauf geliehen hatten, wird allerdings mehr und mehr von „Prekarität der Freiheit" gesprochen – auch gegen die Freiheits-Mythen der Abolitionisten-Rhetoriken und die Rechtsstaats-Mythen. Diese „Freiheit" war

416 Hu-DeHart, „Chinese Coolie Labour in Cuba in the Nineteenth Century: Free Labour or Neo-Slavery?", S. 67–83.

nicht nur juristisch prekär, sondern die „freie Arbeit" in Kontraktform wies auch keinen oder kaum einen Unterschied zur Sklavenarbeit auf, gegen die Arbeitenden wurde körperliche Gewalt ausgeübt wie zur Sklavereizeit, staatliche oder parastaatliche Kontrolle (*rural codes* (gegen „Vagabundentum") und Milizen) wurde verschärft, Arbeitszeiten waren endlos und der Besitz, den sich ehemalige Sklaven oder Sklavinnen erarbeitet hatten, war prekär.[417] Und der niedere Status blieb niedrig. Durch Abmachung zwischen Sklaven und Herren oder Geldleiher wurde der Kaufpreis des jeweiligen Sklaven in eine „Schuld" umgewandelt und festgeschrieben. Diese „Schuld" hatte der neue Kontraktarbeiter per Vertrag abzuarbeiten. Hohe Schulden wegen langer Transporte spielten auch bei Kulis eine wichtige Rolle. Die andere Rechtsform und der Subjektstatus (oder Quasi-Subjektstatus der Emancipados) der Ex-Sklaven führten aber nicht, ich wiederhole das, zur Abnahme von Gewalt, Kontrolle und Bestrafung oder zu Verbesserungen der Arbeitsbedingungen oder Verkürzung der Arbeitszeit. Der Sklavereicharakter der Arbeit und des Status blieb erhalten. In vielen Gegenden der Welt bis heute. So etwa in dem der Massensklaverei unverdächtigen Hinterlands-Ort Higüey auf Santo Domingo (heute Dominikanische Republik). Die revolutionären Haitianer rückten 1821/22 ein. Die Sklaverei wurde aufgehoben. Die neuen Behörden hielten revolutionäre Reden (Republik, Revolution, Freiheit). Der Rassendiskurs verschwand zwar, aber die ehemaligen Sklavinnen und Sklaven mussten Kontrakte schließen (die meisten mit ihren Herren oder Herrinnen) und das Ganze wurde durch einen *código rural* kontrolliert.[418] Andere Übergangsformen im atlantischen Menschenschmuggel beschreibt Alex Borucki in seiner Analyse der Rolle von Montevideo (Uruguay, damals Banda Oriental) als Sklavenhandelsportal nach 1830:

> Antes de la liquidación formal de la trata en Brasil (1830), los traficantes de esclavos brasileños se apuraron a traer tantos esclavos como fuera posible al Imperio. Estos mercaderes también comenzaron a desarrollar nuevas estrategias para evadir las patrullas británicas en el Atlántico. Algunos traficantes planearon introducir „colonos africanos libres" al Brasil inmediatamente después el final de la trata establecido para 1830. Estos comerciantes se proponían comprar esclavos en África, luego liberarlos, y embarcarlos hacia Brasil, en donde los africanos tendrían que trabajar para pagar su manumisión y el costo del pasaje transatlántico. El término „colono" designaba una especie de inmigrante contratado que trabajaba en su lugar de destino para pagar su transporte. [Vor der formalen Abolition des Sklavenhandels in Brasilien (1830) beeilten sich die brasilianischen Sklavenhändler, so viele Sklaven wie möglich ins Imperium [Kaiserreich Brasilien – M. Z.] zu bringen. Diese Händler begannen auch, neue Strategien zu entwickeln, um die britischen Patrouillen auf dem Atlantik zu vermeiden. Einige Sklavenhändler planten „freie afrikanische Kolonisten" unmittelbar nach dem auf 1830 festge-

---

417 Für Virginia siehe: Wolf, Eva Sheppard, Almost Free: A Story about Family and Race in Antebellum Virginia, Athens and London: University of Georgia Press, 2012; methodisch siehe: Keiser, „Between Status and Contract? Coercion in Contractual Labour Relationships in Germany from the 16th to the 20th century", S. 32–47.

418 Lora H., Quisqueya, Transición de la esclavitud al trabajo libre en Santo Domingo: El caso de Higüey (1822–1827), Santo Domingo: Academias Dominicana de la Historia, 2012.

> setzten Ende des Sklavenhandels nach Brasilien zu bringen. Diese Händler nahmen sich vor, Sklaven in Afrika zu kaufen, sie danach frei zu lassen [mit den entsprechenden Papieren – M. Z.] und sie nach Brasilien einzuschiffen, wo die Afrikaner arbeiten mussten, um ihre Manumission [notarielle Freilassung – M. Z.] und die Kosten der transatlantischen Passage zu bezahlen. Der Begriff *colono* bezeichnete eine Art vertraglich gebundenen Immigranten, der am Ankunftsort arbeitete, um die Kosten seiner Passage zu bezahlen.][419]

Hier ist ganz klar die Tendenz zu globalem Kulitum als verschleierte Sklaverei erkennbar. Und es kam noch etwas hinzu, was auch die Übergänge zu flexibleren Formen der Versklavung charakterisierte: die brasilianischen (und andere) Sklavenhändler verschleppten immer mehr und immer jüngere Kinder.[420] Verschleppte Kinder wurden sogar zu einer Grundvoraussetzung des *hidden Atlantic*. Benjamin Lawrance schreibt sehr richtig: „children are more "malleable" – or as I prefer, more coercible. A quest for increased *coercibility* is a defining supra-characteristic of the shift from legal to illegal slave trading in societies and economies undergoing abolition".[421]

Nicht von ungefähr gibt es heute in Brasilien Programme zur *Erradicacão do Trabalho Escravo* (Ausmerzung der Arbeiten, die immer noch Sklavereicharakter haben).[422] Auch die Gewalt-Kontrolle über die Körper der Kontraktarbeiter, die über weite Strecken an Arbeitsorte verschleppt wurden, blieb die gleiche oder verschärfte sich sogar, meist durch massive Verschuldung. Im Falle der Kulis und der Emancipados handelte es sich eindeutig um eine andere Form von Sklaverei; eventuell gewannen Einzelpersonen im urbanen Bereich mehr Mobilität. Aus Perspektive heutiger Sklavereiformen sind die Kontraktsklavereien kaum „Übergänge zur freien Arbeit", sondern im Allgemeinen Prolongierungen von Sklavereien unter Diskursen der „freien Arbeit", des Vertragsrechts und der Idee des „freien Marktes" im selbst ernannten Westen, dessen „Regime-Charakter" Harald Kleinschmidt her-

---

419 Borucki, „El Estado Oriental participa del tráfico: los "colonos" africanos (1832–1842)", in: Borucki, Abolicionismo y tráfico de esclavos en Montevideo tras la fundación republicana, 1829–1853, Montevideo: Biblioteca Nacional, 2009, S. 79–107, hier S. 79, www.academia.edu/992289/Abolicionismo_y_trafico_de_esclavos_en_Montevideo_tras_la_fundacion_republicana_1829-1853 (letzter Zugriff 31. 1. 2018).

420 Siehe auch: Lovejoy, „The Children of Slavery – The Transatlantic phase", in: Slavery & Abolition 27:2 (Aug. 2006), S. 197–217; zu einem Einzelschicksal siehe den Übersetzer und Zeugen im Amistad-Fall, James Covey: Lawrance, „La Amistad's 'Interpreter' Reinterpreted: James Kaweli Covey's Distressed Atlantic Childhood and the Production of Knowledge about Nineteenth-Century Sierra Leone", S. 215–256.

421 Lawrance, „'Most Favourite Cargoes': African Child Enslavement in the Nineteenth Century", in: Lawrance, Amistad's Orphans, S. 27–46, hier S. 36.

422 Scott; Barbosa, Leonardo Augusto de Andrade; Haddad, Carlos Henrique Borlido, „How Does the Law Put a Historical Analogy to Work?: Defining the Imposition of "A Condition Analogous to that of a Slave" in Modern Brazil", in: Duke Journal of Constitutional Law & Public Policy, Vol. 13:1 (2017)/ U of Michigan Public Law Research Paper No. 568, https://papers.ssrn.com/sol3/papers.cfm?abstract_id=3058191 (letzter Zugriff 31. 1. 2018).

vorgehoben hat.[423] Diese Kontraktformen von Sklavereien, wie auch Kindersklavereien und Kindersklavenhandel, die sich im 19. Jahrhundert ausbreiteten, reichen aus der Zeit von vor über 200 Jahren bis ins Heute.

Die Frage, ob heutige Versklavte „Sklaven" sind und ob im 20. und 21. Jahrhundert, d. h., heute, Sklaven und Sklaverei auch so genannt werden sollten, wird oft mit dem entrüsteten Verweis darauf verneint, dass es kein Eigentumsrecht auf Menschen (*legal ownership*) mehr gäbe. Das ist richtig – es gibt nirgendwo mehr geschriebenes Recht, das ein wie auch immer geartetes Eigentum an Personen zuließe. Zugleich ist die Entrüstung über „Sklaven und Sklaverei in unserer heutigen, so modernen Zeit" falsch. Zwar hat eine neue *material culture* der Elektronik, Kleinmaschinen (Autos, Haushaltsmaschinen), Massentransport, Infrastrukturen (Wasserver- und -entsorgung, Müllentsorgung) das übernommen, was Sklavinnen und Sklaven gemacht haben – aber es gibt noch Sklaven und Sklavereien. Alain Testart hat eine sehr passende Artikelüberschrift für das Phänomen gefunden: „Slave [sic] that are not slaves, yet really are".[424] Denn, schreibt Janet Abu-Lughod zu Recht: „Law books, however, are an imperfect source".[425]

Das *Law book* des Sklavereiabkommens von 1926 hat allerdings den Vorteil, auf eine anthropologisch-historische Mikrodimension im interpersonalen Verhältnis abzuheben, die als serielles Verhältnis im Grunde die gesamte Geschichte durchzieht. Die Definition von 1926 nimmt Bezug auf die mit dem Eigentumsrecht verbundene legitimierte Gewalt von Menschen gegen Menschen. Das Sklavereiabkommen des Völkerbundes (1926) besagt folgendes:

1. Sklaverei ist der Zustand oder die Stellung einer Person, an der die mit dem Eigentumsrechte verbundenen Befugnisse oder einzelne davon ausgeübt werden.
2. Sklavenhandel umfasst jeden Akt der Festnahme, des Erwerbes und der Abtretung einer Person, in der Absicht, sie in den Zustand der Sklaverei zu versetzen; jede Handlung zum

423 Siehe die interessanten Überlegungen von Harald Kleinschmidt zur Schriftlichkeit als Grundlage dieses Regime-Charakters (der meiner Meinung nach noch weitere Dimensionen hat): Kleinschmidt, „Die ungleichen völkerrechtlichen Verträge des 19. Jahrhunderts und der europäische Kolonialismus", in: Zeitschrift für Weltgeschichte. Interdisziplinäre Perspektiven Jg. 13, H. 1 (Frühjahr 2012), S. 113–160; siehe auch: Espada Lima, Henrique, „Freedom, Precariousness, and the Law: Freed Persons Contracting out their Labour in Nineteenth-Century Brazil", in: International Review of Social History (IRSH) 54 (2009), S. 391–416; Chalhoub, „The Precariousness of Freedom in a Slave Society (Brazil in the Nineteenth Century)", S. 405–439.

424 Testart, „Slave that are not slaves, yet really are" (extended Summary in English of: Testart, L'Esclave, la Dette et le Pouvoir: Études de Sociologie Comparative, Paris: Errance, 2001, www.alaintestart.com/UK/documents/engslaves2011.pdf (letzter Zugriff 31. 1. 2018). Alain Testart hat sich wohl am umfassendsten mit dem Phänomen von Schuldsklavereien weltweit und in welthistorischer Tiefe auseinandergesetzt, siehe: Testart; Jacobs, Amy, „The Extent and Significance of Debt Slavery", in: Revue Française de Sociologie (2002, suppl.), S. 173–204, www.persee.fr/web/revues/home/prescript/article/rfsoc_0035-2969_2002_sup_43_1_5570 (letzter Zugriff 31. 1. 2018).

425 Abu-Lughod, „Islam and Business", in: Abu-Lughod, Before European Hegemony, S. 216–224, hier. S. 218.

> Erwerb eines Sklaven, in der Absicht, ihn zu verkaufen oder zu vertauschen; jede Handlung zur Abtretung eines zum Verkauf oder Tausch erworbenen Sklaven durch Verkauf oder Tausch und überhaupt jede Handlung des Handels mit Sklaven oder der Beförderung von Sklaven.[426]

Nimmt man vor allem den ersten Teil der Definition (und ich glaube, dass das die kürzeste und adäquateste Definition von Sklaverei im Geltungsbereich des „römischen" Rechts ist), dann beschreibt sie einen sozialen Zustand bzw. ein soziales Verhältnis (kein Rechtsverhältnis). Die Definition sagt vor allem etwas über Gewalt (euphemistisch „Befugnis" genannt), nämlich darüber, dass Versklavte eben zu solchen werden nicht durch Rechtsakte, sondern dadurch, dass Gewalt avant la lettre und dass an ihnen „die mit dem Eigentumsrechte verbundenen Befugnisse oder einzelne davon ausgeübt werden". Das lässt sich historisch mit den Arbeiten der Sozial- und Rechtshistorikerin Rebecca J. Scott beweisen. Sie hat über Wiederversklavungen zwischen einem Raum ohne Sklaverei (*no legal ownership*) und Räumen mit Sklaverei (*slavery spaces*) gearbeitet. Es geht vor allem darum, wie durch Emigration und Ausübung von „mit dem Eigentumsrecht verbundenen Befugnisse[n] oder einzelne[n] davon" über Personen Menschen zu Sklaven werden. Die Migration fand statt zwischen dem revolutionären Saint-Domingue/Haiti (wo seit 1794 eine von der französischen Nationalversammlung beschlossene und ratifizierte Abschaffung (Abolition) der Sklaverei galt) und der spanischen Kolonie Kuba (*Cuba grande*) sowie Louisiana als Teil des neuentstehenden Sklaverei-South der USA. Alle ehemals Versklavten auf Saint-Domingue waren seit 1794 „Freie", es gab keine *legal ownership* mehr. Und alle ehemaligen Sklavenbesitzer wussten das. Weil es eine Beseitigung der Institution Sklaverei durch den Staat war, mit einer entsprechenden Proklamation, existierten auch keine individuellen Manumissionspapiere. Ehemalige Eigentümer gaben zur Not, wie im Falle der von Rebecca Scott erforschten mikrogeschichtlichen *life history* der Akteurin Adélaïde Métayer, auch um sich die Weiterarbeit der ehemaligen Haussklavin zu sichern, schriftliche Bestätigungen aus, dass die betreffende Person frei sei. Wegen der Militärinvasion Napoleons auf Haiti 1802–1804 (mit illegaler Wiederherstellung der Sklaverei) und den Schrecken des von der französischen Intervention ausgelösten Exterminationskrieges flohen viele Menschen, vor allem viele ehemalige Sklavinnen und Kinder sowie ehemalige Sklavenbesitzer, nach Ost-Kuba. In dem Sklaverei-Umfeld Kubas (und im Laufe der weiteren Migration in den USA/Louisiana) begannen viele ehemalige Eigentümer „die mit dem Eigentumsrechte verbundenen Befugnisse oder einzelne davon" wieder ausüben. Das heißt, sie wandten direkte und legale Gewalt gegenüber ehemaligen Skla-

426 „Sklavereiabkommen", www.admin.ch/opc/de/classified-compilation/19260034/index.html (letzter Zugriff 31. 1. 2018); siehe auch: Bales; Robbins, Peter, „No One Shall Be Held in Slavery or Servitude: A critical analysis of international slavery conventions", in: Human Rights Review Vol. 2:2 (2001), S. 18–45; Allain, Jean, „The Definition of Slavery in International Law", in: Howard Law Journal 52 (2008–2009), S. 239–275.

vinnen und ihren Kindern an. In ihrer Diktion übten sie die „Befugnisse" ihres Eigentumsrechtes aus, erst möglicherweise unkontrollierte Grausamkeiten (Schläge im Haus; Überfälle auf nächtlicher Straße, etc.). Dann schleppten sie ihre oder überhaupt ehemalige Sklavinnen und/oder ehemalige Sklaven vor lokale Richter oder Polizeibehörden (es handelte sich meist um Frauen und ihre Kinder). So kam es, dass von den rund 9000 „Franzosen", die nach der Expulsion durch Spanien aus Kuba nach Louisiana, vor allem nach New Orleans, und andere Orte der USA kamen, exakt 3226 als *slaves* registriert wurden (und zwar genau in dem Moment als sie als erschöpfte Immigranten die Fluchtschiffe im Hafen von New Orleans verließen), obwohl, wie gesagt, die Abolition der Sklaverei 1794 von der französischen Nationalversammlung ratifiziert worden war. Adélaïde Métayer hatte wegen der schriftlichen Bestätigung ihrer Emanzipation Glück im Unglück. Die Bestätigung hatte bereits eine schriftlich nachweisbare Spur hinterlassen. Adélaïde Métayer legte das Papier immer bei Geburt ihrer Kinder vor. Für ihren Sohn, der bereits lebte, als sie dass Papier von ihrem ehemaligen Besitzer erhielt, gab es aus irgendeinem Grunde kein Papier. Er wurde nach dem Versuch eines Weißen, Adélaïde zu versklaven (was sie für sich und die anderen Kinder, eben wegen der schriftlichen Bestätigung abwenden konnte) und einem nachfolgenden Gerichtsverfahren wieder als Sklave verkauft.[427]

427 Scott, „Under Color of Law: Siliadin v. France and the Dynamics of Enslavement in Historical Perspective", in: Allain, Jean (ed.), The Legal Understanding of Slavery: From the Historical to the Contemporary, Oxford: OUP, 2012, S. 152–164, http://papers.ssrn.com/sol3/papers.cfm?abstract_id=2292681 (letzter Zugriff 31. 1. 2018);Scott, „O Trabalho Escravo Contemporâneo e os Usos da História", in: Mundos do Trabalho 5, Florianópolis, Brazil (2013), S. 129–137, http://papers.ssrn.com/sol3/papers.cfm?abstract_id=2292162 (letzter Zugriff 31. 1. 2018).

Razzien, Menschenhandel und Sklavereien

No slavery without the slave trade[1]

Anfänge des Menschenhandels

Sklavereihistoriker stehen vor einem Dilemma. Sklavenstatus „ohne Sklaverei" (erstes Plateau, siehe oben) kann über Jahrtausende bestehen, ohne dass sich eine definierte Institution Sklaverei ausbildet oder gar sehr verhärtet. Erst durch Austausch wurde Eliten so richtig klar, dass viele Menschen im Sklavenstatus Wert haben, zunächst meist als „Geschenk", auch und gerade außerhalb der Wohngemeinschaften, Familienwirtschaften, Haushalte oder Paläste (Tempel). Eigentlich müsste jede Geschichte der Sklavereien mit dem Austausch von Menschen beginnen. Aber, und das ist das Dilemma für chronologisch operierende Historiker, der setzte eindeutig nachweisbar erst ein, als „kleine" Sklavereien und Sklavenhalter (auch als Institution, etwa Palast oder Tempel) schon über Jahrtausende existierten. Ohne Gewalt, Kriege, Razzien, Expansionen und Menschenhandel keine großen und ausgeformten Sklavereien. Auch keine Palastsklavereien. Und auch keine kollektiven Sklavereien von Frauen und Kindern, nachdem in oft extrem grausamen Eroberungen die männliche Bevölkerung eines Gebietes durch Razzien- und Vernichtungskriegsführung vernichtet bzw. zwangsmissioniert worden war (und als Volk „verschwand" – wie Awaren, Pruzzen / baltische Stämme/Völker und fast auch Esten).[2]

Nicht im kleinen Austausch, sondern eher im Fernhandel, zunächst wohl vor allem im Austausch von Menschen als Prestigeobjekte (oft auch mit bestimmten Fähigkeiten), zeigte sich der Wert von menschlichen Körpern und wurde zu einer Art Währung. Lokale und kleine „weibliche" Kin-Sklavereien verbleiben unter bestimmten Bedingungen als solche über Jahrtausende bestehen und nur lokal verankert. Es gab keinen oder kaum großflächigen Austausch von Menschen niederen Status', höchstens wiederum als „Geschenke".[3] Manchmal überstehen Kin-Sklavereien sogar die Inklusionsgewalt von großen Sklavenhandelssystemen und Mas-

---

1 Goody, Jack, „Slavery in time and space", in: Watson, James L. (ed.), Asian and African Systems of Slavery, Oxford: Basil Blackwell, 1980, S. 16–42, hier S. 41.

2 Auf Basis der Chronik Heinrichs von Lettland (oder Livland): Gillingham, John, „A Strategy of Total War? Henry of Livonia and the Conquest of Estonia, 1208–1227", in: Journal of Medieval Military History Vol. XV (2017) (= Strategies, ed. by Petersen, Leif; Rojas Gabriel, Manuel), S. 186–214.

3 Zur Debatte des Konzeptes von Marcel Mauss und zu den komplexen sowie oft ungeklärten Bedeutungen und zeitgenössischen Interpretationen der „Gaben", siehe: Carlà, Filippo; Gori, Maja (eds.), Gift Giving and the „Embedded" Economy in the Ancient World, Heidelberg: Universitätsverlag Winter 2014 (= Akademiekonferenzen 17).

https://doi.org/10.1515/9783110561630-008

sensklavereien. Sie verfestigen sich zu rituellen Traditionen und bilden die breite Basis von lokalen Opfer- und Wirtschaftskulturen sowie Kasten, ohne sich zu ausgeprägten und dynamischen Typen juristisch scharfgezeichneter Wirtschafts- oder Massensklavereien, wie in den etwa 20 größeren Plantagengesellschaften der atlantischen Welt, zu chronologischen Stufen oder räumlichen Plateaus großer Sklavereien zu entwickeln, wie im Kapitel über Recht und Sklaverei dargelegt.

Dazu kommt, dass die drei ikonischen Dimensionen von Sklaverei: Sklavenmarkt, Sklaventransportmittel (vor allem Schiff oder Karawane) und Sklavenplantage keine oder kaum eigenständige materielle Überresttypen generiert haben. Neben der generellen Schwierigkeit, mit archäologischen punktuellen Funden komplexe soziale Formationen zu erklären, betrifft das aber vor allem die Multifunktionalität von Marktgebäuden (siehe weiter unten zu Sklavenmärkten) und Schiffen. Bei Sklavenplantagen – ohnehin im Wesentlichen ein Phänomen der *Atlantic slavery* – liegt die Sache etwas anders. Oft sind Wohn- und Funktionsgebäude noch erkennbar. Hier lassen sich über die archäologische Erschließung von Plantagenfriedhöfen manchmal auch recht wertvolle Aussagen über die Versklavten treffen. Historische Quellen über Plantagengröße, Gestalt, Nutzung, Gebäude und Feldformen finden sich in Testamenten oder Landvermesser-Quellen. In der Realität ist die Nutzung des Landes durch Plantagen respektive Sklaven aber auch nur sehr schwierig darzustellen – blieb das Land in Nutzung durch Großbetriebe, hat sich die Bearbeitung, Größe, Düngung, Technikeinsatz, etc. so sehr gewandelt, dass von den Plantagen nichts mehr oder nur einige Elemente (wie in den USA die Herrenhäuser und Zugangswege) zu erkennen ist. Wurden Plantagen zerschlagen (aufgeteilt) oder einfach aufgegeben, ist (meist) auch das nicht mehr vorhanden.[4]

„Sklaverei war ... weit verbreitet im alten Israel".[5] Im alten Israel ist sogar der Versuch gemacht worden, bereits etablierte Sklaverei als Dauerinstitution wieder auf Kin-Dimensionen ohne ausgeprägten Sklavenhandel zurückzuschneiden. Der „Bund" ist eigentlich eine Allianz ehemaliger Sklaven, die aus einer der „Sonderformen" kollektiver Sklaverei des Pharaos (Bauarbeiten, Ziegeleien), d. h., sicherlich der Beherrschung Kanaans (Palästinas bzw. der südwestlichen Gebiete Syriens) durch Ägypten, entkamen (darüber wird heftig debattiert).[6] In den Texten

4 Curet, L. Antonio; Dawdy, Shannon Lee; La Rosa Corzo; Gabino (eds.), Dialogues in Cuban Archaeology, Tuscaloosa: The University of Alabama Press, 2005; Funari, Pedro Paulo A.; Senatore, María Ximena (eds.), Archaelogy of Culture Contact and Colonialism in Spanish and Portuguese America, Cham [etc.]: Springer, 2015; Lane, Paul J.; MacDonald, Kevin C. (eds.), Slavery in Africa: Archaeology and Memory, Oxford/New York: OUP, 2011 (Proceedings of the British Academy 168); siehe auch: Trümper, Monika, Graeco-Roman Slave Markets. Fact or Fiction?, Oxford: Oxbow Books 2009.

5 Schaik, Carel van: Michael, Kai, „Schutz vor Gewalt", in: Schaik; Michel, Das Tagebuch der Menschheit. was die Bibel über Evolution verrät, Reinbek bei Hamburg: Rowohlt, 2016, S. 172–176, hier S. 173.

6 Assmann, Jan, „Die ägyptische Fron", in: Assmann, Exodus. Die Revolution der Alten Welt, München: Beck, [3]2015, S. 123–138.

der Thora war der Schutz verschuldeter Viehhalter und Gartenbauer vor imperialen Funktionseliten und vor der Verschuldung bei Kaufleuten festgeschrieben; das Buch Exodus gilt als „Geschichte eines erfolgreichen Sklavenaufstandes" eines Volkes, das selbst keinesfalls bereit war, auf Kin-Sklaverei zu verzichten, aber die Sklaverei eigener Leute in den Sklaverei-Institutionen benachbarter Großreiche aus der Perspektive einer „Sklavenmoral" – was hier vorrangig Solidarität und Empathie mit den Versklavten der eigenen Gruppe bedeutet – betrachtete.[7]

Die Frage nach dem Verhältnis von Menschenjagd als Beschaffung von Sklaven und Menschenhandel in mehreren Tausch-, Kauf- und Verkaufsoperationen – im Idealfall zwei – sowie Transport über größere Entfernungen (als Kapital, Währung und Kommodität sui generis) hin zu einem Ort der Sklaverei (Arbeit und Dienstleistung) ist verbunden mit der Frage nach der Rolle des Austausches und der Mobilität in der Weltgeschichte und der Entstehung einigermaßen stabiler Wertsysteme; Geldwirtschaft war eines von vielen möglichen Wertsystemen.

Menschenhandel, sicherlich bereits ohne ausgeformte Sklavereiinstitutionen, begann zunächst dort, wo Krieger menschliche Beute als Geschenke verteilten, opferten und später dort, wo Feldherren, Machthaber oder von ihnen eingesetzte Verantwortliche, noch später auch spezialisierte Händler, den Wert menschlicher Körper im Austausch entdeckten. Der „Austausch" kann direkt Gut gegen Gut sein, aber auch Prestige-Geschenke, Tribute und Opfergaben oder eben Kauf umfassen. Bei Menschen als Geschenken oder als Tauschgut handelte es sich in vielen Menschenhandelssystemen sowie im atlantischen Menschenhandel in Afrika bis weit in das 19. Jahrhundert nicht um die Formel „Mensch gegen Geld". Unter bestimmten Bedingungen können Ansätze von Kin-Sklavereien in Verbindung mit Kriegen, bewaffnetem Handel, Razzien (Land- und Seeräuberei), Expansionen und Mobilität oder ungünstigen Schuldgesetzen aber auch sehr schnell zu banal-alltäglichen Grundlagen großflächiger Kommodifizierung von Menschen, Reichtum und imperialen Aufschwüngen mutieren, die sich für Historiker und Archäologen in neuen Imperien, Palästen, Tempeln und Stadtkulturen manifestieren.

Ursprünglicher Menschenaustausch setzte zwar kleinflächige Organisation (Razzienkrieger, Gewalt, Kontrolle, Bewachung, Transport, eventuell sehr spezifische und lokale Formen der Kin-Sklaverei) voraus, aber nicht unbedingt systemische Sklaverei, Mobilität von Razzienkriegern und Sklavenhändlern oder Wirtschaftsstrukturen „großen" Sklavenhandels (Häfen, spezialisierte Schiffe oder organisierte Karawanen, große Güter, Bergbau, Paläste, Ketten, Gesetzgebung) in Sklaven haltenden Gesellschaften, die in Beziehung zu Menschen produzierenden Gesellschaften standen.

Gefangene, verschleppte oder verkaufte Menschen fungierten aber in diesem ursprünglichen „Menschen-Austausch", den frühen Ansätzen einer Akkumulation

7 Herrmann-Otto, „Judentum, Christentum und Sklaverei", in: Herrmann, Sklaverei und Freilassung, S. 203–215.

von Prestige-Kapital und Status aus der Kontrolle über Menschen und ihre Körper, immer als Wert, der gegen andere Werte eingetauscht wurde. Allerdings waren einerseits Menschen eine „verderbliche Ware" (Tod war immer präsent), andererseits ein Kapital, das selbst neues Kapital produzierte (Status, Produkte, Sicherheit, Macht, Energie, Arbeit, Sex, Nachkommen) und sich meist auch noch auf eigenen Beinen zu den Orten bewegte, an denen der „Halter" sie haben wollte. Die Profite hingen davon ab, Körper und Mobilität zu kontrollieren und versklavte Menschen optimal zu transportieren, zu verkaufen oder einzutauschen (oder arbeiten zu lassen), bevor sie starben oder in der Nähe ihrer Heimatorte flohen. Oder aus ihrem Tod Status zu ziehen (Opfer-Sklaverei; Sklavensoldaten).

Im Grunde handelt es sich um eine globalhistorische Genealogie des Tauschs (Schenken/Opfer), Handels und Fernhandels sowie ihrer Wertsysteme. Menschen als Tauschkapital gingen, noch völlig ohne systemische Großstruktur, aber eventuell schon im „kleinen", opportunistischen Austausch der Kin- und Clanstrukturen, an Abnehmer wie Big Men, Kultzentren-, Opfer-, Tempel- oder Hoforganisationen, die sie als Ersatz für gefallene Krieger, aber auch in Haus oder Landwirtschaft als Träger, Wächter, Diener, Soldaten, Gärtner, Gebärerinnen, Prostituierte, Landarbeiter, Reinigungskräfte, Totengräber, vielleicht auch als Opfer oder Hilfskräfte bei religiösen Ritualen brauchten. Zugleich wurde begonnen, ihren Status zu bestialisieren, um sie verfügbar zu machen und zu halten. Im Laufe welthistorischer Verdichtung menschlicher Populationen bildeten sich dann mehrere solcher Räume des Austausches, auch im Sinne von *contact zones* oder *contact enclaves* (Inseln, Hubs), heraus, die nach und nach über Menschenhandelsenklaven (oft Inseln oder Oasen) miteinander verbunden wurden. Das sind die Ausgangspunkte von Menschenhandelsnetzen.

Die Tätigkeiten, die Sklaven ausführten, waren in den kleinen Kin-Sklavereien nicht systemisch zusammengeführt. Es existierten noch keine fixierten Typen und keine strukturierten Orte oder dauerhafte Infrastrukturen / *material culture* des Menschenhandels. Die Ansätze des Menschenhandels mögen, auch wegen vielerlei Problemen mit der „Verderblichkeit" des Kapitals menschlicher Körper und der Schrecklichkeit realer Menschenopfer zunächst eher sporadisch stattgefunden haben. Kin-Sklaverei in Gebieten von Gesellschaften des Kin-Plateaus bedurfte noch keines systematischen Handels und keiner Mobilität über große Entfernungen. Allerdings war Kriegsgefangenen- oder Frauenaustausch als eine Art ritueller Menschenhandel, etwa zur Bekräftigung von Allianzen, unter fast allen Völkern etwa des vorkolumbinischen Amerikas verbreitet. Kin-Sklavereien lokalen Zuschnitts „ohne Staat" kannten wohl Menschenjagd, Menschenopfer sowie relativ zeitig auch Kindersklaverei, aber nur selten großflächig organisierten Handel mit Kriegsgefangenen als Basis einer Wirtschaftsweise. Es sei denn, Gebiete der Kins grenzten an Nachfrageregionen, wie die staatenlosen Gesellschaften Westafrikas an große afrikanische Imperien und an den Atlantik beziehungsweise Kelten und Germanen an das Imperium Romanum, frühe fränkische Europäer an islamische Gebiete oder staatenlose, oft auch matrilineare und -lokale Dorfgesellschaften Sumatras an islamische Sultanate und niederländische Kolonialenklaven bzw. das Territorium der Mosuo in Südchina an die Gebiete anderer Stämme.

Als die frühen Kkulturen mit ihren Ansätzen von Zivilisation, Kulten und Staatlichkeit auf globaler Ebene zwischen dem dritten und ersten Jahrtausend v. u. Z. entstanden waren, wurde auch systematisch Krieg geführt; ab etwa dem einsetzenden 3. Jahrtausend übernahmen Priester, die Schamanen ablösten und Krieger in (protagonistischen) altorientalischen Kulturen vom Typ Uruk die Herrschaft – sie konnten oft nur mühsam durch religiöse Führer (Richter) in entstehende Gesamtsysteme eingebunden werden.[8] Auch der „erste Territorial-Staat" der Weltgeschichte, das Alte Ägypten, spielte in diesem frühen Austausch von Menschen und bei der Entstehung von Sklaverei eine wichtige Rolle.[9] Jetzt kam es sicherlich auch zur Organisation entweder von Aktionen nach Art des Banns im Alten Testament oder zu großen Kriegsgefangenentransporte – die eher von Wächtern und Verwaltern/Schreibern sowie ehemaligen Sklaven oder Militärs zweiter Reihe organisiert worden sein mögen. Aber auch profanen Austausch muss es gegeben haben – von Textilien, Nahrungsmitteln, Salz, Erzen und aus verderblichen Materialien gefertigten Erzeugnissen sowie Menschen als „Geschenke". Ob das schon Handel war, ist umstritten.[10] Es entstanden überregionale Palast- und Tempelwirtschaften, in denen die Routinearbeit versklavter und kollektiv zwangsarbeitender Menschen gebraucht und zusammengefasst wurde. Und es kam zu großen Völkerexpansionen und Kollapsen, die dem Sklavenhandel, der Flucht/Migration und der Versklavung Vorschub leisteten, wie die umstrittenen Arya-Expansionen gegen Europa und gegen Persien sowie Indien oder der Niedergang Teotihuacáns in Zentralmexiko zwischen dem 6. und 8. Jahrhundert (Expansion der Tolteken).

In globalhistorischer Perspektive reicht die Geschichte des Menschen- und Sklavenhandels noch weiter zurück. Schon in der Bronzezeit hatten sich Gruppen gebildet, die den Wert geraubter Menschen erkannt hatten, oft wahrscheinlich auf der Basis von Schiffsbesitz und Raub (und Beute). Der Krieg um Troja mag im Sinne von Kristiansen als paradigmatisch für die Bronzezeit seit dem 4. Jahrtausend v. u. Z. stehen. Aus Anlass des Krieges um Troja sagt Barry Strauss: „In der Bronzezeit galten vor allem Frauen oft als Handelsware" – nachdem sie geraubt, verschleppt oder nach Kriegen und nach der Einnahme belagerter Städte als Beute verkauft worden waren.[11] Zu den Menschenräubern gehörten auch die so genannten „Seenomaden"; in ägyptischer Perspektive die „Seevölker" im östlichen Mittel-

8 Schmidt, „Zwischen Bedeutung und Deutung – Annäherungen an Bilder und Welt der Steinzeit", S. 191–226, hier vor allem 213–220.

9 Bussmann, „Kriege und Zwangsarbeit im pharaonischen Ägypten", S. 58–72.

10 Abulafia, „Kupfer und Bronze 3000 bis 1500 v. Chr.", in: Abulafia, Das Mittelmeer, S. 46–63, hier S. 47.

11 Strauss, „Krieg um Helena", in: Strauss, Der Trojanische Krieg, S. 22–36, hier S. 35.

meer; die wohl meist per Schiff kamen, aber auch an Land kämpften.[12] Das Ende der Zeit der großen Bronzezeit-Reiche im Ostmittelmeer (Mykene, Theben, Minoer, Hatti) und der Rückzug der Bevölkerung ins Landesinnere[13] kam mit den Kriegen der „Seevölker"-Infanterie-Söldner gegen die elitären Streitwagenkrieger. Das bildete die Voraussetzung für neue urban-staatliche Gebilde wie die der Griechen (*graikoi, Dorer, Hellenen*), Philister, Phönizier, Israeliten/Juden, sowie das Neu-Assyrische Reich. Große Mengen von Kriegsgefangenen waren ein Problem für archaische Gesellschaften, vor allem seit den großen Kriegen der jeweiligen Bronzezeit. Möglicherweise wird deshalb im Alten Testament der Bibel so oft vom „Bann" gegen andere Völker oder eroberte Städte gesprochen: im Gegensatz zu seinem heute zwar nicht eben freundlichen, aber vergleichsweise zivilisierten Beiklang, war der „Bann" des Alten Testaments ein religiöser und ritualisierter Massenmord an männlichen Unterlegenen des jeweiligen Krieges/Konfliktes. Es waren erst die großen Reiche, wie das Neue Reich in Ägypten (1552–1070 v. u. Z.), das durch erfolgreichen Krieg auf dem Wasser mühsam die „Seevölker" überstanden hatte, die mit der kontrollierten Verschleppung von Kriegsgefangenen und anderen Versklavten aus Nubien, Kusch und dem heutigen Palästina (Asien) begannen. Sie hatten wirtschaftliche und organisatorische Voraussetzungen, um die notwendigen Infrastrukturen für die Haltung größerer Mengen versklavter Männer zu schaffen, auch die *material culture* der Gewalt (Waffen, Seile und Joche, befestigte Räume und Lager (compounds)). Für die ägyptische Wirtschaft hatten formale Sklaven immer nur eine sekundäre Bedeutung, wie in vielen Imperien, die auf bäuerlichen Gemeinwesen gründeten. Die Soldaten der Pharaonen erhielten aber als Sold ausländische Sklaven – die Kapitalfunktion menschlicher Körper war bekannt.[14]

Für minoisch/mykenische Zeiten der Haus-/Palastwirtschaften (18./17.–12. Jh. v. u. Z.) sind rituell getötete Menschen, Sklaven und Unfreie nachgewiesen; die Masse waren Frauen. Die Frauen scheinen auf Kriegs- und Raubzügen erbeutet worden zu sein; auch bei den anderen privaten Sklaven und Sklaven von Göttern (Tempeln) handelt es sich wahrscheinlich um Raubsklaven.[15] Es gab bereits in der

---

12 Artzy, Michal, Los nómadas del mar, Barcelona: Edicions Bellaterra, 2007. „Seevölker" ist eine Hilfsübersetzung, es handelte sich um Krieger an Land ohne Bindung an ein politisches Territorium oder Herrschaft, siehe: Ben-Dor Evian, Shirley, „'They were thr on land, others at sea …'. The Etymology of the Egyptian Term for 'Sea-Peoples'", in: Semitica 57 (2015), S. 57–75.

13 Nowicki, Krzysztof, Defensible Sites in Crete c. 1200–800 B.C. (LM IIIB/IIIC Through Early Geometric), Liège: Université de Liège, Histoire de l'art et archéologie de la Grèce antique, 2000.

14 Loprieno, Antonio, „Slaves", in: Donadoni, Sergio (ed.), The Egyptians, Chicago: University of Chicago Press, 1997, S. 185–217; Rachet, Guy, „Sklaverei", in: Rachet, Lexikon des Alten Ägypten. Übersetzt und überarbeitet von Heyne, Alice, Berlin: Artemis & Winkler, 2013, S. 336; Bussmann, „Kriege und Zwangsarbeit im pharaonischen Ägypten", S. 58–72.

15 Herrmann-Otto, „Die Ursprünge: von der mykenischen Palastwirtschaft zu den homerischen Fürstenhöfen", in: Hermann-Otto, Sklaverei und Freilassung, S. 51–60.

18. und 19. Dynastie des Neuen Reiches von Ägypten privaten Menschenhandel. Die Menschenhändler bleiben allerdings im Dunkeln.[16]

Das Ilias-Epos als eine der frühesten historischen Quellen zur Sklaverei im antiken Griechenland widerspiegelt unterschiedliche Schichten der mykenischen Zeit und der dorischen Wanderung. Die Handlung ist Krieg, der durch adlige Anführer und ihre Anhänger geführt wird. Es kommt zur Eroberung von Städten, deren Männer, teilweise auch Kinder, getötet werden. Zwölf trojanische Jünglinge werden bei der Totenfeier des Patroklos geopfert.[17] Hochrangige Frauen kommen als Raubgut unter Verfügungsgewalt der Sieger. In der zweiten Phase – mykenische Städte gegen Troja um 1200 v. u. Z. – geht es auch um (Rück-) Eroberung von Frauen, jedoch meist als Beute neben anderen Formen von Beute. Männer werden weiterhin getötet; Kinder und Frauen der Besiegten werden bei Bedarf an Arbeitskräften versklavt und als Beute verschenkt. Das Los adliger Frauen, wie Andromache, Frau des Trojaners Hector, die ihres Ehemannes, seiner Brüder, ihrer Eltern und eigener Brüder beraubt werden, ist Sklaverei. Sklavenhandel im eigentlichen Sinne gibt es nur in Ausnahmefällen (bei Homer in der Episode des Lykaon); Sklavenhandel „ist höchstens als Tauschhandel von Beute bekannt".[18] Direkte Quellen der Sklaverei sind Niederlage und Kriegsgefangenschaft. Hausgeburt von Sklaven wird nicht erwähnt; „von männlichen Sklaven ist keine Rede" (außer von männlichen Kindern von Sklavinnen und von Hirtensklaven). All die hier dargestellten Szenen gehören in den welthistorischen Typus „Sklavinnen ohne Sklaverei" sowie frühe Kin-Formen der Sklaverei.

Frühe Männersklaven wurden manchmal als Hirten eingesetzt. Aber in der Illias sind Adlige und Krieger noch selbst Hirten, wie die Brüder von Andromache.[19] Erst später wurden männliche Sklaven bevorzugt Hirten, wie etwa bei süditalischen Griechen, Römern, Skythen oder Mongolen und überhaupt bei nomadisch lebenden Völkern.

Das Problem des Status von Kriegsgefangenen verschärfte sich, neben dem Problem der Verschuldung bäuerlicher Produzenten an den Rändern der großen Imperien in Westasien und Nordafrika. Die ersten systemischen Menschenjäger und Sklavenhändler gehörten nicht den Eliten der herrschenden „Hoch"-Kulturen

16 Haider, „Menschenhandel zwischen dem ägyptischen Hof und der minoisch-mykenischen Welt?", S. 137–156; Fischer, „Sklaverei und Menschenhandel im mykenischen Griechenland", in: Heinen (ed.), Menschenraub, Menschenhandel und Sklaverei in antiker und moderner Perspektive, S. 45–84.

17 Fischer, „Sklavenhandel", in: Handwörterbuch der antiken Sklaverei (HAS). Im Auftrag der Akademie der Wissenschaften und der Literatur, Mainz, Heinen Heinz u. a. (eds.), CD-ROM-Lieferung I–II. Stuttgart: Franz Steiner, 2008, s. v.; unter: http://oeaw.academia.edu/JosefFischer/Papers/460105/Sklavenhandel (letzter Zugriff 31. 1. 2018).

18 Herrmann-Otto, „Die Ursprünge: von der mykenischen Palastwirtschaft zu den homerischen Fürstenhöfen", S. 51–60, hier S. 56.

19 Ebd., S. 54–56.

an. Menschenjäger und -lieferer waren Piraten, Nomaden oder Kaufleute-Räuber. Sklavenhändler lebten in speziellen Handelsstädten wie Tyros, Byblos und Sidon an den Rändern großer Imperien oder waren Mitglieder von Diasporen zwischen den frühen Großreichen, wie Aramäer und Phönizier. Sie breiteten sich nicht zuletzt mit den ersten funktionalen Schriftsystemen aus, wie die Randkulturen der Phönizier (die Schriftzeichen gehen eventuell sogar auf Kanaaiter zurück), Etrusker, Griechen und Italiker (um 600 v. u. Z.). Erstaunlicherweise entstand auch Geld zu dieser Zeit (Lyder).[20]

Auf dem Mittelmeer der Odyssee Homers waren besonders die „schiffsberühmten Phönizier" und die Schiffsmannschaften der Griechen auf ihren „wohlgerundeten" Schiffen als organisierte Razzien-Räuber, „geübte und geduldige Plünderer"[21] und „Wikinger der Bronzezeit"[22] gefürchtet, aber auch Kreter, Etrusker, Kilikier und Illyrer.[23] Sklavenraubzüge im und am Tyrrhenischen Meer waren eine weitere Profitquelle, schreibt David Abulafia über die Etrusker, als der Handel in der Region erblühte. Daneben wurden Salz und Wein gehandelt.[24] Frühe Seefahrt war weltweit immer auch Raub, Razzia und Menschenraub – ab einer gewissen Größe, technologischen Ausstattung und „Software" (Orientierung) der Wasserfahrzeuge, könnte man etwas salopp sagen. Auch Schiffsmannschaften wurden gerne durch Menschenraub ergänzt. Bei den Phöniziern und Karthagern (Puniern) stellten besonders „individuelle Entführung(en)" eine Quelle des Sklavenhandels und der Sklaverei dar.[25] Der Erwerb von geraubten Menschen als Sklaven scheint im Wesentlichen direkt zwischen „Räubern" (Lieferern) und Abnehmern, wie dem Vater des Odysseus, stattgefunden zu haben. Leonard Schumacher spricht von einem „regen Austausch" versklavter Menschen.[26] Raubzüge und Kriege der Bronzezeit (und später) waren auch Kriege zur Beschaffung von Versklavten.

---

20 Marek, „Die Lyder und das Lyderreich (7./6. Jh. v. Chr.)", in: Marek unter Mitarbeit von Frei, Geschichte Kleinasiens in der Antike, München: Beck, 2010, S. 152–160.

21 Strauss, „Prolog. Fand der Trojanische Krieg wirklich statt?", in: Strauss, Der Trojanische Krieg, S. 11–21, hier S. 19.

22 Ebd., S. 19.

23 Ameling, „Phönizische Piraten", in: Ameling, Karthago. Studien zu Militär, Staat und Gesellschaft, S. 121–127; Schumacher, „Quellen der antiken Sklaverei und Distribution", in: Schumacher, Sklaverei in der Antike, S. 25–90, hier S. 36.

24 Abulafia, „Der Triumph der Tyrrhener 800 bis 400 v. Chr.", in: Abulafia, Das Mittelmeer, S. 150–172, hier S. 162.

25 Schumacher, „Quellen der antiken Sklaverei und Distribution", S. 25–90, hier besonders S. 36 f.

26 Schumacher, „Sklavenmarkt und Sklavenverkauf", in: Ebd., S. 44–65, hier S. 44.

Kaufsklaverei und früher Sklavenhandel sowie Preise für menschliche Körper

„More work on the long-term history of slave prices is a desideratum“[27] – ich übernehme hier die Aussage eines Wirtschaftshistorikers, der mit quantitativen und qualitativen Methoden arbeitet (Kyle Harper).

Preise sind eine komplizierte Angelegenheit.[28] Ich kann hier nur, ausgehend von der sicherlich globalhistorischen allgemeine Frage „was waren Versklavte in ihrer jeweiligen Zeit wert und wie drückt sich das in zeitgenössischen Werten und Preisen aus?“, das Problem „menschliche Körper und ihr Wert sowie Preis“ hier nur skizzieren. Und als meinen Ausgangspunkt nenne ich: der wirkliche Wert war fast immer höher als in der jeweiligen Währung oder anderen Tauschmitteln ausgedrückte Preis (siehe oben unter „Sklavereidebatten“).

Es gibt, wie gesagt, Nachrichten über privaten Menschenhandel und über Tribute von Menschen an das Neue Reich in Ägypten schon seit Mitte des 2. Jahrtausends v. u. Z.[29] Griechische Autoren schreiben den Beginn der „Kaufsklaverei“ im Mittelmeer (institutionalisierter Menschenhandel) den Chiern auf der Insel Chios zu.[30] In raumstruktureller Hinsicht unterstreicht das meine Theorie von Inseln als Offshore-Schnittstellen von größeren Slavingsystemen in der Weltgeschichte. Nicht umsonst hat Thukydides die Chier als die „reichsten unter den Griechen“ bezeichnet.[31] Menschenhandel brachte „immense Profite“.[32] Etrusker, Römer und Gallier sowie andere Küstenbewohner hielten bald mit den Phöniziern und

---

27 Harper, „Slave Prices in Late Antiquity (and in the Very Long Term)“, in: Historia: Zeitschrift für alte Geschichte Vol. 59:2 (2010), S. 206–238, hier S. 234.

28 Ebd., S. 206–238; siehe auch: Preisigke, Friedrich, „Ein Sklavenkauf des 6. Jahrhunderts (P.gr.Str.Inv. Nr. 1404)“, in: Archiv für Papyrusforschung 3 (1906), S. 415–424 sowie (im Grunde der Beginn der wirklichen Wert-Forschung in den USA): Conrad; Meyer, „The Economics of Slavery in the Ante Bellum South“, S. 95–130; Scheidel, „Real Slave Prices and the Relative Cost of Slave Labor in the Greco-Roman World“, in: Ancient Society 35 (2005), S. 1–17; Ruffing; Drexhage, Hans-Joachim, „Antike Sklavenpreise“, in: Mauritsch, Peter; Petermandl, Werner; Rollinger, Rolf; Ulf, Christoph (eds.), Antike Lebenswelten; Konstanz, Wandel, Wirkungsmacht: Festschrift für Ingomar Weiler zum 70. Geburtstag, Wiesbaden: Harrassowitz, 2008 (Philippika. Marburger altertumskundliche Abhandlungen; 25), S. 321–351; Rotman, „Captif ou esclave? La compétition pour le marché d'esclaves en Méditerrané médiévale“, S. 25–46.

29 Haider, „Menschenhandel zwischen dem ägyptischen Hof und der minoisch-mykenischen Welt?“, S. 137–156, hier S. 137.

30 Schumacher, „Sklavenmarkt und Sklavenverkauf“, in: Ebd., S. 44–65, hier S. 46.

31 Ebd.

32 Sommer, „Die phönizische Expansion im Mittelmeerraum“, in: Sommer, Die Phönizier, S. 113–143; zur Debatte um Rentabilität, das heisst, vor allem Profite des Sklavenhandels in der Neuzeit, siehe: Pétré-Grenouilleau, „La rentabilité de la traite“, in: Pétré-Grenouilleau, Les traites négrières. Essai d'histoire globale, Paris, Gallimard, 2004, S. 315–335; siehe auch: Manning (ed.), Slave Trades, 1500–1800.

Griechen mit. Hermann Parzinger spricht von schwunghaftem Sklavenhandel zwischen Skythen und Festlands-Griechenland sowie Ionien über die griechischen Kolonien an der Nordschwarzmeer-Küste.[33] David Lewis hat die Bedeutung der Donau-Mündungsgebiete und Persiens sowie andere antike Sklaverei-Systeme als Herkunftsgebiete von Sklaven im klassischen Attika herausgearbeitet.[34] Aus dem Artikel wird auch deutlich, dass Sklavereilandschaften zwischen Inseln und Küsten (oder in Flüssen) eine lange Tradition haben, die Schwarzmeergebiete blieben einer der großen Menschenhandelshubs bis in das 19. Jahrhundert und sind es eventuell noch heute.

Insgesamt hat Sklavenhandel auch in der Antike, sowohl in Griechenland und bei seinen von Herodot beschriebenen Nachbarn, wie auch in Rom eine größere Rolle gespielt als selbst Fachleute annehmen. Um nicht immer eine Kopie von Braudel abzugeben: Ähnliches dürfte auch für andere Randmeere der großen Ozeane gelten durch die wichtige Transportrouten liefen (Golf von Persien, Golf von Bengalen, Südchinesisches Meer, Gelbe See, Sulu-See, Rotes Meer, Schwarzes Meer, Nord- und Ostsee, Irische See, aber auch Karibik, der Golf von Mexiko, etc.). Es scheint für Tausende von Jahren auch relativ stabile Werte für Sklaven gegeben zu haben (von temporalen Schwankungen abgesehen, etwa beim Überangebot von Versklavten – dem so genannten *supply shock*);[35] ich drücke es mit Leonhard Schumacher in griechischen Wertrelationen des 5. Jahrhunderts v. u. Z. aus: ein durchschnittlicher Sklave kostete 200 Drachmen, ausgebildete Sklavinnen und Sklaven konnten auch einen Wert von 300–600 Drachmen repräsentieren. Ein Rind kostete 50–70 Drachmen.[36] Die Wertrelationen von Sklaven bewegten sich also zwischen 3 und rund 10 Rindern. In Gebieten mit Pferdehaltung (besonders in Arabien und Nordafrika) waren Pferde der Wertmaßstab. Eduard Rüppell sagt über Kordofan (Kurdufan) in den 1820er Jahren zum Beispiel, dass ein männlicher Sklave „früher“ acht Taler gekostet habe, „jetzt“ aber kaufe ihn die Regierung für 25 Taler; ein sehr gutes Kordafan-Pferd bringe dagegen bis zu 500 Talern ein.[37] Durchschnittliche Pferde werden um die 300 Taler gekostet haben – d. h., bei 25 Taler pro versklavtem Mann ein Verhältnis von 1:12.

33 Parzinger, „Gesellschaftsordnung“, in: Parzinger, Die Skythen, S. 88–95, hier S. 93.

34 Lewis, David, „Near Eastern Slaves in Classical Attica and the Slave Trade with Persian Territories“, in: Classical Quarterly 61.1 (2011), S. 91–113; Lewis, David M., Greek Slave Systems in their Eastern Mediterranean Context, c. 800–146 BC, Oxford: OUP, 2018.

35 Kyle Harper, „After a major battle, or when one of the empire's largest slave-owners decided to liquidate her property, low slave prices resulted“; siehe: Harper, „Slave Prices in Late Antiquity (and in the Very Long Term)“, S. 206–238, hier S. 232.

36 Schumacher, „Sklavenmarkt und Sklavenverkauf“, S. 44–65, hier S. 46.

37 Rüppell, Eduard, „Ueber die verschiedenen Bewohner des Kordofans, ausschließlich der freien Nuba“, in: Rüppell, Reisen in Nubien, Kordofan, und dem Peträischen Arabien, vorzüglich in geographisch-statistischer Hinsicht, Frankfurt am Main: F. Wilmans, 1829, S. 141–149, hier S. 141 FN.

Youval Rotman sagt über Sklavenpreise im Mittelmeeraum zwischen dem 7. und 15. Jahrhundert, dass diese seit der späten Antike vor allem zwischen Byzanz und Ägypten relativ stabil (und hoch) waren:

> Prices of European male slaves varied between 20 gold coins in Constantinople and 33 gold dinars in Fatimid Egypt. The difference in prices marks the difference in trade routes: in comparison, the price of an African woman in Egypt was about a half of the price of a European man. Medieval sources rarely designate slaves according to their „color", but mostly denote slaves according to their origin (hence sklabos–Slav became sklabos–slave). The price of a slave was equivalent to the price of a house in the Byzantine province, or the average price of three shops in Constantinople, a year's wage for a Byzantine civil servant, or up to six years of work for a daily worker. While in Fatimid Egypt the prices of European slaves were 50 % higher, the purchasing power there was double that in Byzantium.[38]

Großer Sprung in das 19. Jahrhundert: Dale Graden gibt an, dass 200 000 Dollar von 1839 im Jahr 2013 cirka einen Geldwert von acht Millionen Dollar hätten.[39] Graden kommentiert weiter, dass ein Dollar von 1860 einen heutigen Wert irgendwo zwischen „$ 30 and $ 60 in 2013" hätte.[40] Kevin Bales und Becky Cornell geben den durchschnittlichen Geldwert eines Sklaven in Euro für 1856 an – 26 000 Euro.[41] Um das ganz unwissenschaftlich in heutige Wert-Vorstellungen zu übersetzen: bis um 1888 hatten Sklaven in Plantagengesellschaften einen Wert, der sich heute zwischen einem guten Kleinwagen (ca. 15 000 Euro) und einem guten Mittelklassewagen (ca. 40 000 Euro) bewegt. Da auch die Kaufpreise für Sklaven relativ hoch waren, mussten, nach quantitativen Schätzungen, Sklaven ca. 20 Jahre arbeiten, um ihren Käufern formal etwa den gleichen Geldwert zurück „zu erstatten". Der Wert, vor allem der Wert des Sklaven-Kapitals für den Status des Käufers und die Wertfunktion des Sklaven für Sklavenhalter waren aber höher.[42] Auch die Grundinformationen bei Verkäufen versklavter menschlicher Körper sind über Jahrtausende ähnlich: Herkunft (Gruppe/Ethnie), etwaiges Alter (sehr wichtig für die Leistungsfähigkeit des Körpers, bei Frauen auch für die Reproduktionsfähigkeit), Merkmale und Verletzungen des Körpers, Krankheiten, Wert (in Geld, in Tauschwaren, in anderen Kapitalformen), (Sklaven-) Name, sowie (oft) psycho- und sozio-

38 Rotman, „Forms of Slavery", S. 263–279, hier S. 269.

39 Graden, Dale T., „U. S. Involvement in the Transatlantic Slave Trade to Cuba and Brazil", in: Graden, Disease, Resistance, and Lies. The Demise of the Transatlantic Slave Trade to Brazil and Cuba, Baton Rouge: Louisiana State University Press, 2014, S. 12–39, hier S. 19.

40 Ebd., S. 279, FN 125; Marcus Rediker schätzt einen Dollar von 1839 auf 24 Dollar 2012; siehe: Rediker, The Amistad Rebellion, S. 111; allgemein zu Menschenpreisen: Exenberger, Andreas; Nussbaumer, Josef (eds.), Von Menschenhandel und Menschenpreisen. Wert und Bewertung von Menschen im Spiegel der Zeit, Innsbruck: innsbruck university press, 2007.

41 Bales; Cornell, Becky, Moderne Sklaverei, Hildesheim: Gerstenberg Verlag, 2008, S. 8 f.

42 Es gibt unterschiedliche Schätzungen, siehe zum Beispiel: Williamson, Samuel H.; Cain, Louis P., „Measuring Slavery in 20 160 Dollars", unter: http://www.measuringworth.com/slavery.php (letzter Zugriff 31. 1. 2018).

kulturelle Zuschreibungen, um den Wert der „Ware“ seitens der Sklavenhändler prognostizieren und anpreisen zu können.[43]

Der „heilige Ort“ und (deshalb) Freihafen Delos, auch eine Insel, verfügte im 2. Jahrhundert v. u. Z. wohl schon über Menschenhandels-Infrastrukturen. Die Insel der Heiligtümer gibt ein gutes Beispiel für den Übergang zum großen Menschenhandel mit versklavten Menschen. Einerseits lag Delos günstig zwischen Griechenland und Kleinasien (ein Sklaven-„Liefer“-Gebiet par excellence). Viele Versklavte und Verschleppte wurden von Seeräubern geliefert. Frauen und Kinder stammten auch aus Massenversklavungen der Imperial-Expansion Roms (wie Korinth 146 v. u. Z.).[44]

Das mittelalterliche West- und Mitteleuropa 700–1100 lieferte als „underdeveloped Europe“ seine „most valuable commodities“ (menschliche Körper) an die entwickelteren Gebiete des islamischen Afrikas, Spaniens sowie asiatischer Gebiete.[45] Britannia unter angel-sächsischer und wikingischer Expansion wurde „Produktionszone“ (*slaving zone*) von Kriegsgefangenen und Razzien-Sklaven für Westeuropa und den ganzen Nordatlantik – ich habe es schon einmal gesagt, wiederhole es aber hier gerne – Island war eine Kolonialinsel mit einer Bevölkerung aus keltischen versklavten Frauen und Wikinger-/Normannen-Kriegern (im Wesentlichen aus Norwegen), die von der Thor/Odin-Religion zum Christentum übergingen (was die Diskurse prägte).[46]

Historische Hauptbedingungen für die Entfaltung von lokalen Kin-Sklavereien zu scharf gezeichneten Typen von Sklavereien dürften im Falle Roms, der Araber oder Osmanen die Verbindung zwischen imperialer Expansion mit dem Ziel der Bekehrung von „Ungläubigen“, überregionale Mobilität, andauernde Konflikte und Kriege, Formierung von Staaten sowie dem Interesse siegreicher Generäle sowie Händlergruppen sein. Im Falle der afrikanisch-atlantischen Sklaverei und ihrer Expansion in die Amerikas haben wir es eher mit einer dynamischen Konkurrenzsituation von Kriegereliten, Staaten, Ökumenen, Kaufleutegruppen, Monopolansprüchen und Netzwerken in der atlantischen Welt inklusive Afrikas zu tun.

Zur entwickelten Form der Sklaverei Besiegter und Fremder, vor allem im neuzeitlichen Sklavereitypus in römisch-atlantischer Tradition gehörten Slaving und Sklaventransport (mit zirkulierenden materiellen Gütern, Handelsketten und -netzwerken, Transportmitteln und Personal) sowie Sklavenhandel über weite Entfernungen, Mobilität der Sklavenhändler, Zwangsmobilität sowie totale Kommodifizierung von Menschen unter kolonialen Bedingungen und Akkumulation von Kapital aus dem Handel mit menschlichen Körpern (Atlantisierung). Grundlage

43 Schumacher, „Sklavenmarkt und Sklavenverkauf“, S. 44–65, hier S. 62.

44 Ebd., S. 50.

45 Drescher, „A Perennial Institution“, S. 3–25, hier S. 4.

46 Pelteret, David, „Slave Raiding and Slave Trading in Early England“, in: Anglo-Saxon England 9 (1981), S. 99–114; Byock, „Slavery and the Rent of Land and Livestock“, in: Viking Age Iceland, S. 268–271.

war die Existenz von Wirtschaftsakteuren, die Mobilität (z. B. Schiffe, Kapitäne oder Karawanen) kontrollierten und an Kommodifizierung sowie am Kauf und Verkauf anderer Menschen interessiert waren. Und es gehörten Staat und Funktionäre dazu, die Gewinne und Steuern abschöpften sowie an Spekulationsgewinnen partizipierten. Zwischen 1493 und 1520 war noch relativ leicht zu erkennen, dass menschliche Körper die potentielle Grundlage vieler anderer Kapitalformen bilden konnte. Vor allem in den Gebieten der demographischen Katastrophe in den Amerikas (Zentrum Karibik) wurden „angelegte", d. h., lokal versklavte Körper die Grundlage für die weitere Etablierung und Festigung europäischer Kolonialherrschaft. Ohne sie war die Verwandlung von Land in Kolonialterritorien (Städtebau, Häfen, Urbarmachung von Land) und Landbesitz (Eigentum) nicht möglich. Ohne versklavte Menschen als Siedler, Arbeiter und Eltern von Kindern war das reichlich vorhandene Land an den tropischen Küsten-Zonen und auf den Inseln der amerikanischen Kolonien nicht in Wert zu setzen. Profiteure und Gewinner waren zunächst Menschenjäger, Anführer von Söldnern, Conquista-Anführer, Reeder, Kapitäne-Kaufleute und Sklavenhändler sowie Kolonialbeamte, aber auch viele Schmuggler, Lançados und Korsaren. Mit Ausnahme der Beamten durchweg Akteure von hoher Beweglichkeit. Vor allem Korsaren und Schmuggler, d. h., informell auch Kaufleute, kannten sowohl das Angebot, oft sogar Überangebot kriegsgefangener Menschen in Afrika und die extreme Nachfrage nach versklavten Menschen als Arbeiter und Siedler in den tropischen Zonen Amerikas. Dazu kamen Kreditgeber mit Zugang zu zentralen Informationsnetzen; Kredit wird hier im weitesten Sinne verstanden, auch als schuldenfinanzierter Bau und Ausrüstung von Schiffen, Kauf von Lebensmitteln, Besoldung von Männern und Mannschaften, Handelswaren und Waffen, aber auch als Geldkredit in monetären Wirtschaften.[47] Wichtig ist, dass diese „Kredite" meist Schulden waren, die mit dem realen Wert sowie der Arbeit menschlicher Körper gedeckt wurden. Oft wurden eben auch menschliche Körper mit ihrer Multifunktionalität als Kapital als Bezahlung („Geld") eingesetzt. Das funktionierte von 1440 bis 1880 durch die Doppelstrategie Monopolisierung „zur See" (und in Häfen) durch zentrale Eliten der sogenannten Sklavenhandelsmächte (siehe Historiografie-Kapitel, oben) und Versuchen zur Brechung des Monopols in den Händen von Korsaren/Piraten, Atlantikkreolen, Kaufleute und Sklavenjäger, die ebenfalls Profite machen wollten. Kapitäne, die immer auch Schmuggel trieben, bewegten sich zwischen beiden Welten, waren aber tendenziell Agenten des „freien" Unternehmertums. Dabei gibt es zwei zentrale Punkte: Erstens, die europäischen Sklavenhandels- und Seemächte gaben nie die Kontrolle über, ich sage das jetzt mal in dieser Generalisierung, das Hochseeschiff auf bzw. stellten sie nach mehr oder weniger langen Korsaren- und Piratenphasen immer wieder her (das verhinderte auch die Kontrolle afrikanischer Eliten und von ihnen abhängiger Atlantikkreolen über die Atlantisierung). Zweitens: Nach 1688, dem Jahr der *Glorious*

47 Martin, „Slavery's Invisible Engine: Mortgaging Human Property", S. 817–866.

Revolution in England, setzte sich (nach niederländischen Vorläufern 1663–1688) im britischen Imperium einerseits mehr und mehr die Erkenntnis durch – bzw. wurde durchgesetzt durch die Schwächung der zentralen Eliten des Königtums –, dass Staatsmonopole im Handel meist schlecht sind. Vielmehr habe der Staat die Aufgabe, Rahmenbedingungen für Privatinitiative auch im transatlantischen Sklavenhandel zu schaffen. Frankreich zog nach bis 1730, Portugal und Spanien bis um 1790. Die wichtigsten Akteure des „freien" Kapitalismus auf dem Atlantik waren Kaufleute/Reeder sowie Banker/Versicherer, Kapitäne und Lançados/Tangomãos. Diese Zeit markierte zugleich eine Hochphase englischen Korsaren- und Piratentums. Gleichzeitig griffen nach 1650 immer mehr die Marginalisierung Afrikas sowie rassistische Konstruktionen von Afrikanern als „negros/negroes" afrikanischer Territorien um sich.

Der historische Kapitalismus im Westen, in globalgeschichtlicher Perspektive (mit Kern Atlantik), ist zwischen 1650 und 1880, mit Anfängen seit 1450, eine, vielleicht die, Hauptepoche der Akkumulation durch Menschenhandel und Sklavereien im Weltmaßstab gewesen. Diese Akkumulation war nicht „ursprünglich", wie Karl Marx annahm, sondern sie hatte schon um 1650 eine sehr lange Geschichte. Und es gab Vorläufer. Aus globalhistorischer Sicht dürfte die Perspektive vorliegenden Buches auf Afrika als wichtigsten Großakteur von Slaving sowie Akkumulation von Menschenkapital, als Lehrmeister der Europäer in Bezug auf die Kapitalisierung der Körper von Kriegsgefangenen und Geraubten, die wichtigste Erkenntnis über die Vorstufen, Grundlagen und Ebenen dieses atlantischen Kapitalismus im Hinblick auf die Entwicklung der *Second Slavery* sein (deren punktuelle Anfänge sich auf São Tomé und Kanaren/La Hispaniola im 16. und auf Barbados im 17. Jahrhundert finden; Curaçao ist als Depot- und Schmuggelinsel wichtiger in Bezug auf Sklavenhandel).[48] Afrikanischer Handel mit menschlichen Körpern, vermittelt vor allem von Portugiesen und deren Sprache *baixo português*, das auch jeder andalusische Seemann sprach (und viele Kreolvarianten),[49] d. h. Kreolisierung, war in meiner Perspektive eine Dimension des globalhistorischen Phänomens „Kapitalismus". Mobilität der Sklavenhändler und ihrer Hilfskräfte sowie Kontrolle der Mobilität der Versklavten war die andere grundlegende Dimension. Afrikanische Eliten und ihre atlantikkreolischen Nachkommen, die sich in manchen Regionen Westafrikas und Ostafrikas sowie des Atlantiks „Portugiesen" nannten, bewahrten das Slaving-Monopol der Anlieferung menschlicher Körper auf europäische Schiffe etwa 400 Jahre lang.

48 Cwik, „Sklaverei, Sklavenhandel und Abolition auf Curaçao", in: Zeitschrift für Weltgeschichte. Interdisziplinäre Perspektiven Jg. 15:1 (Frühjahr 2014), S. 117–140.

49 Kramer, Johannes, „Pidgin- und Kreolsprachen auf spanischer Basis", in: Born, Joachim; Folger, Robert; Laferl, Christopher; Pöll, Bernhard (eds.), Handbuch Spanisch. Sprache, Literatur, Kultur, Geschichte in Spanien und Hispanoamerika. Für Studium, Lehre, Praxis, Berlin: Erich Schmidt Verlag, 2012, S. 131–137.

Menschenjäger und Razzien

In der Struktur der Versklavung (und des Slavings überhaupt) geht dem Handel mit Menschen meist der Akt der Versklavung (Gefangennahme, Raub, Verurteilung) voraus. Er wird, wie oben gesagt, durch den Verweis auf „Kauf" (wie oft für die Geschichte der Sklaverei im römischen Reich oder in afrikanischen Staaten) nicht aus der Welt geschafft. Irgendjemand musste verschleppte Menschen in den Handel einspeisen. Vorläufer des Sklavenhandels der Neuzeit waren deshalb immer auch direkte Menschenjagd (Razzien) und diskontinuierliche Verschleppungen – wie phönizischer, skythischer, griechischer oder arabischer Raubhandel, Bürgerkriege, Lösegeldzüge während der Reconquista,[50] Plünderungszüge von Wikingern[51] und Ritterorden, Razzien, Rescate, Plünderung, Pogrome, „Renner- und Brenner"-Überfälle osmanischer Reiterscharen, Jagas, *prazo*-Krieger, Kariben-überfälle, Kriegszüge Dahomeys oder Oyos, *bazingir*-Razzienkriege, Tataren-Razzien, Kosakenheerfahrten zu Land und zu Wasser, Grenzscharmützel, *cabalgadas*, Frauenraub, *entradas*, *malocas* (Razzien-Überfälle an den Südgrenzen Chiles),[52] *trekboer*-Raubzüge an den mobilen und offenen Grenzen Niederländisch-Südafrikas, Piraterie, Korsaren, Guerillakriege, Entführung, Frauen- und Kinderraub. Besonders ausgeprägt waren Razzien und Handel mit geraubten Kindern etwa in Indien (Bengalen, Nepal, Malabar-Küste, Delhi-Agra-Bharatpur-Region).[53] Eine klassische Razziengrenze stellte für Jahrhunderte die zwischen Schottland und England dar. Im späten 11. Jahrhundert etwa zogen leicht bewaffnete schottische Razzienkrieger Malcolms III. mit dem Ziel, Menschen zu rauben und zu plündern: „Die jungen Männer und Frauen [in Nordengland und im Grenzgebiet – M. Z.] und wer sonst noch arbeitstauglich schien, wurden gefesselt ins Feindesland getrieben ... Schottland war voll englischer Sklaven und Mägde".[54] Auch noch im 12. Jahrhundert führten Schotten Razzienkriege und Plünderungen (Engländer auch, aber die hatten bereits begonnen, Burgen zu bauen, die die Bevölkerung schützten): „Die Männer [in Nordengland – M. Z.] wurden alle getötet, die Mädchen und Witwen nackt und mit Stricken gefesselt nach Schottland getrieben, wo das Joch der

50 García Fitz, „Captives in Mediaeval Spain: The Castilian-Leonese and Muslim Experience (XI–XIII Centuries)", S. 205–221.

51 Ellmers, Detlev, „Die Wikinger und ihre Schiffe", in: Grieb, Volker; Todt, Sabine (eds.), Piraterie von der Antike bis zur Gegenwart, Stuttgart: Franz Steiner Verlag, 2012, S. 93–113.

52 Contreras Cruces, „La Guerra de Chile en el siglo XVII. Entre alzamientos generales y malocas esclavistas", in: Desperta Ferro No. XI (mayo de 2017), S. 48–54 (= Especial: Los tercios (IV) América ss. XVI–XVII).

53 Mann, „Sklavenhandel in Südasien", in: Mann, Sahibs, Sklaven und Soldaten, S. 149–154.

54 Bartlett, Robert, „Die Verbreitung fränkischer Waffen", in: Bartlett, Die Geburt Europas aus dem Geist der Gewalt. Eroberung, Kolonisierung und kultureller Wandel von 950 bis 1350, München: Knaur, 1996, S. 133–159, hier S. 148.

Sklaverei auf sie wartete".[55] Im gesamten Hochmittelalter (vor allem 1303–1410) bildeten das Baltikum, die Auseinandersetzungen zwischen Litauern, Liven, Esten sowie Dänen, Schweden, Polen, Deutschem Orden und Schwertbrüderorden sowie seinen „Gästen" (Ritter aus dem lateinisch-christlichen Mittel- und Westeuropa) das Paradebeispiel für Razzienkriege; die Gebiete des heutigen Finnlands und finnisch- oder baltischsprachiger Völker waren vor allem zwischen dem 11.–14. Jahrhundert neben den Konflikten mit Deutschen und Dänen auch Razzienkonflikten mit Russen und Schweden ausgesetzt.[56] Im Grunde kann am Beispiel der Razzien gegen finnische und baltische Gebiete sehr treffend der Übergang von Vernichtungskriegsführung, Lösegeld-Razzien, Razziensklaverei zu Massensklaverei von Frauen und Kindern sowie Sklavenfernhandel analysiert werden, wie Jukka Korpela am Beispiel vor allem Novgorods und des russischen Sklavenhandels mit Finnen und Balten gezeigt hat und John Gillingham am Beispiel des Vernichtungskrieges gegen die Esten (was auch für andere baltische Völker gilt).[57]

Auch am anderen Ende Europas, in Andalusien, der Algarve sowie in Murcia bildete – mit Fortgang der Auseinandersetzungen zwischen christlichen und islamischen Gebieten im westlichen Mittelmeer sowie im Maghreb – sich eine Razziengrenze, die die Geschichte der Region prägte.[58]

Hauptzweck der Kriegs- und Raubzüge „irischer Könige oder litauischer Stammensfürsten war es ..., Rinder, Pferde und Sklaven zu erbeuten".[59] Auch am Beispiel der Wikinger lässt sich das Hauptziel von Razzien und Überfällen deutlich darstellen: „Viele Wikingerzüge dienten denn auch eigentlich keinem anderen Zweck, als ... Knechte oder Sklaven [als *trælle*, weibliche Form *ambátt*, bezeichnet, eine regionale Sklaverei – M. Z.] zu bekommen – sei es bei den benachbarten skandinavischen Stämmen oder anderswo".[60] Diese mussten dann für den neuen Herrn arbeiten, oder sie wurden als Handelsgut weiterverkauft – meist letzteres. Verkauft wurden sie überallhin. Der Handel mit Sklaven erfolgte sowohl im Norden unter

55 Ebd., S. 151.

56 Korpela, Jukka, „'... And They Took Countless Captives': Finnic Captives and the East European Slave Trade during the Middle Ages", in: Witzenrath (ed.), Eurasian Slavery, Ransom and Abolition in World History, S. 171–190; Taterka, „Zu Bauernsklaven bekehrt. 700 Jahre deutsche Kolonialgeschichte im Baltikum", S. 59–61;

57 Korpela, „'... And They Took Countless Captives': Finnic Captives and the East European Slave Trade during the Middle Ages", S. 171–190, hier vor allem S. 189f; Gillingham, „A Strategy of Total War? Henry of Livonia and the Conquest of Estonia, 1208–1227", S. 186–214.

58 Martín Casares, „Magrebian Slaves in Spain. Human Trafficking and Insecurity in the Early Modern Western Mediterranean", in: Hanß; Schiel (eds.), Mediterranean Slavery Revisited (500–1800), S. 97–117.

59 Bartlett, „Der Wandel an der Peripherie", in: Bartlett, Die Geburt Europas aus dem Geist der Gewalt, S. 554–564, hier S. 560.

60 Bohn, Robert, „Gesellschaft und Wirtschaft im Mittelalter", in: Bohn, Dänische Geschichte, München: Beck, [2]2010, S. 12–20, hier S. 13; Karras, „The Identity of the Slave in Skandinavia", S. 40–68.

den Wikingern (Skandinaviern) selbst als auch mit ‚Abnehmern' außerhalb der nordischen Welt, die zu den Nordleuten Verbindung hatten. Vieles deutet darauf hin, dass die Menschen, vor allem Frauen und Kinder, die wichtigste Handelsware der Wikinger waren und dass insbesondere arabische Händler ihretwegen in den Norden fuhren".[61] Am Südrand der Ostsee gab es Wikinger-Sklavenhandelsenklaven, wie Wolin (Jumne).[62] Auch Pommern beiderseits der Odermündung, mit der Sklaveninsel Usedom im Zentrum, war im 11. Jahrhundert „Heimat eines leicht bewaffneten, auf Sklavenjagd ausgehenden und politisch dezentralisierten Volkes".[63]

Spezialisierte Gruppen von Menschenjägern, Sklaventransporteuren und -bewachern waren auch die Krieger-Händler der *rūs* oder Ros/Waräger im Wolga- und Dneprgebiet oder Razzientrupps aus Irland, Wales oder Schottland des 11./12. Jahrhunderts, osmanische Soldaten, die Besatzungen der Sklavenjäger-Kriegskanus der Bijagos in Westafrika, die Bobangis im Hinterland von Loango, die Garay-Besatzungen von der Sulu-Insel Balangingi, Bazingir im Südwesten des (heutigen) Sudan, Prazeiros mit ihren Menschenjägerklienteltrupps in Sambesia und ihren *chikunda*-Soldaten, litauische, krimtatarische, kalmykische oder kasachische (kirgisische) leichte Reiter (*kazaks* – Kosaken), Karawanenführer und -kaufleute Angolas, Dhau-*sidis* der Swahili-Küste, Kriegskanus der Kariben in der Karibik oder auf den Flüssen Guayanas. Alle Razzienkrieger, aber auch Quäker, Efik-Sklavenhändler mit ihren Leopardengesellschaften, East India Company (EIC)-Kaufleute, Baniya, *chulia* von der Koromandelküste, die „portugiesische Nation", die jüdischen Kaufleute Hamburgs oder die Liverpooler Sklavenhändler pflegten ihren Zusammenhalt in gemeinsamen Kulten (was sich nicht immer auf ihr Wirtschaftsverhalten auswirken musste),[64] eventuell auch in spezifischer Sprache und Habitus.

Europäer, mit relativer Ausnahme von portugiesischen Gebieten, vor allem in Bissau und Cacheu sowie Angola (und dem Interior) hatten keinen Zugang zu den Razziengebieten (slaving zones) im Interior Afrikas. Die Gebiete, zu denen Europäer Zugang hatten, waren sehr schnell kreolisiert – in dem Sinne, dass sich auch verbannte „weiße" Portugiesen und ihre Nachkommen mit afrikanischen Frauen sowie farbige Portugiesen aus anderen Gebieten des Imperiums im Hinterland be-

61 Bohn, „Gesellschaft und Wirtschaft im Mittelalter", S. 12–20, hier S. 13.

62 Duczko, Władyław, „Viking-Age Wolin (Wollin) in the Norse Context of the Southern Coast of the Baltic Sea", in: Scripta Islandica Vol. 65 (2014), S. 143–151.

63 Bartlett, „Die Verbreitung fränkischer Waffen", S. 133–159, hier S. 157.

64 Für das Wirtschaftsgebaren von Quäkern und jüdischen Kaufleuten, siehe: Schnurmann, Claudia, Atlantische Welten. Engländer und Niederländer im amerikanisch-atlantischen Raum 1648–1713, Köln Weimar Wien: Böhlau, 1998, S. 229–252; zur geschlossenen Gruppe jüdischer Kaufleute in Hamburg („ohne Sklavenhandel"): Poettering, „The Economic Activities of Hamburg's Portuguese Jews in the Early Seventeenth Century", in: Transversal. Zeitschrift für Jüdische Studien Vol. 14:2 (2013 [2014]), S. 11–22; zu den Chulia, die auch Sklaven- und Tierhandel betrieben: Raja Mohamad, J., Maritime History of the Coromandel Muslims: A Socio-Historical Study on the Tamil Muslims 1750–1900, Chennai: Director of Museums-Government Museum, 2004.

fanden, oft als *degredados* (Verbannte). Europäische Stimmen über die Menschenjagd im afrikanischen Hinterland sind eher selten (siehe aber die transkulturellen Stimmen zu Angola und dem Hinterland Westzentralafrikas unten unter „Akteure und Strukturen"). Neben frühen Berichten von John Hawkins über Sklavenjagden durch seine Mannschaften[65] stammt einer der wenigen direkten Augenzeugenberichte von Isaac Parker, einem englischen Seemann, der 1765 auf dem Slaver *Latham* aus Liverpool nach Old Calabar in der Calabar- und Cross-River-Mündung kam. Aus Angst vor seinem tyrannischen Kapitän floh Parker zum Geschäftspartner der Engländer, Dick Ebro, einem der großen Efik-Sklavenhändler von New Town. Ebro gehörte zu den ersten Kapitalisten der Region.[66] Parker blieb fünf Monate bei Ebro. Eines Tages fragte Dick Ebro Parker „wollt Ihr mit mir in den Krieg ziehen?" Parker sagte zu und erlebte Razziensklaverei, wie sie überall auf der Welt vorkam. Ich zitiere aus dem exzellenten Buch von Randy Sparks: „Die Kanus wurden ausgerüstet mit Pistolen und Munition, mit Säbeln, Schießpulver und Kanonenkugeln. An Bug und Heck der Boote befestigte man je eine leichte Kanone auf einem Holzbock".[67] Tagsüber trieben die Paddler die Kriegskanus über den Fluss, nachts begannen die Hinterhalte, das Kidnapping und Überfälle auf Siedlungen; zwei bis drei Razzienkrieger blieben als Wachen, die anderen überfielen die Ansiedlungen. Die Gefangenen wurden gefesselt zu den Kanus verschleppt. Als 45 Gekidnappte (*captives*) zusammen waren, kehrte die Expedition nach New Town zurück; die Verschleppten wurden auf Handelshäuser verteilt und den Europäern oder Amerikanern angeboten. Parker nahm nochmals an einer Razzienexpedition ins Hinterland teil.[68] Sie lief genauso ab wie die erste und wie hunderttausend andere Razzien auf der ganzen Welt.

Der schottische Botanist und Reisende Mungo Park wurde in Kamalia in der mittleren Nigerregion im Hause eines Sklavenhändlers namens Karfa Taura gesund gepflegt. Er begleitete eine Sklavenkarawane Karfas zum Gambia und beobachtete die alltäglichen Routinen des Transports von Verschleppten.[69]

Selbst für portugiesische Einflussgebiete hält Beatrix Heintze fest: „Tirando a chefia de campanhas militares o contacto diplomático e a actividade de missioná-

---

65 Zit.in: Rathbone, Richard, „Resistance to Enslavement in West Africa", in: Manning (ed.), Slave Trades, 1500–1800. Globalisation of Forced Labour, Aldershot: Ashgate, 1996, S. 182–194, hier S. 184.

66 Fomin, „Economic impact", in: Fomin, Trans-Slave Trade Routes and and Traders of Africa, S. 132–133, hier S. 132.

67 Sparks, „'Nichts als edle Gesinnung und ehrbarer Handel'. Old Calabar und die Auswirkungen des Sklavenhandels auf die afrikanischen Gesellschaften", in: Sparks, Die Prinzen von Calabar. Eine atlantische Odyssee, Berlin: Rogner & Bernhard bei Zweitausendundeins, 2004, S. 49–84, hier S. 68 f.

68 Ebd.

69 Park, Mungo, „Chapter XIX", in: Park, Travels in the Interior Districts of Africa Performed under the Direction and Patronage of the African Association, in the Years 1795, 1796, and 1797, London: Printed by W. Bulmer and Company, 1800 (4th edition), S. 227–238.

ria, os portugueses ou outros europeos raramente foram, durante os primeiros dois séculos [17. und 18. Jahrhundert – M. Z.] da sua permanência em Angola, os actores principais dos avanços em direcção ao interior [Abgesehen von der Führung von Feldzügen, diplomatischen Kontakten und missionarischen Aktivitäten waren die Portugiesen oder andere Europäer in den ersten zwei Jahrhunderten ihrer Permanenz in Angola selten [17. und 18. Jahrhundert – M. Z.] die Hauptakteure des Vordringens [der Expansion] ins Innere [Interior]".[70] Die Akteure der Mobilität, der Razzien, des Transportes, des Menschen- und Sklavenhandels und der Expansion ins Interior waren: „os filhos de pais portugueses, nascidos em Angola (os "filhos da terra"), e sobretudo os seus descendentes [die Söhne portugiesischer Väter [und angolanischer Mütter – M. Z.], in Angola geboren (die „Söhne des Landes"), und insbesondere ihre Nachkommen]".[71] Das entspricht der Geschichte der Lançados und Tangomãos in Senegambien (siehe auch unter „Atlantikkreolen").

Besondere Aufmerksamkeit verdienen im Zusammenhang einer globalen Geschichte von Menschen-Razzien die muslimischen Seerazzien-Menschenjäger, „Piraten" und Plünderer der Iranun und Balangingi (Samal) in der Sulu-See. Die *slave-raider*-Kultur der Iranun (oder *lanun*) breitete sich seit dem Ende des 18. Jahrhunderts zwischen den christlichen Kolonial- und Sklavereiterritorien Philippinen (*Filipinas*) im Norden (katholische Spanier), Timor (katholische Portugiesen) und Indonesien (kalvinistische Niederländer) im Süden aus, Neu-Guinea, Malakka und dem südostasiatischen Festland aus. Die muslimischen Krieger auf ihren extrem schnellen (und leisen) *lanongs*, *garays* oder *prahus* aus Teakholz mit (oft) zwei Rümpfen, asymmetrischen Segeln, Bronzekanonen und bis zu 100 versklavten Ruderern hatten ihre Basis in der Kette von Sulu-Inseln (Span.: Islas de Joló, Bewohner *moros* = Mauren, für Muslime), Mindanao und Nord-Borneo.[72] Wie die Kriegskanus der Efik hatten die Ruderschiffe der Iranun und Samales eben den Vorteil, sich leise, im Gegensatz zu Dampfern, annähern zu können. Die Insel-Gruppe der Balangingi (*islas de Samales*) zwischen den Inseln Joló im Westen und Basilan (La Isabela) im Nordosten war „the best island natural fortification and large-scale maritime base in the Malay-Muslim world" [*Karte 14[73]]. Die Insel-Gruppe erinnert im Kleinen an das frühe Venedig des 8. Jahrhunderts. Allerdings hatte die Insel-Sandbank-Mangrovensumpf-Gruppe der Balangingi noch mehr Probleme als die Inselgruppe in der Adria. Es gab kein Oberflächenwasser, nur Kokospalmen. Nahrungsmittel, vor allem Reis und Sago sowie Wasser mussten importiert werden. Die lokalen Samal integrierten Unmengen von Menschen mittels Heirat nach Menschen-Razzien. Es entstanden, wie etwa parallel dazu auf Jamaika oder Saint-

70 Heintze, „Os Luso-Africanos no Interior de Angola", S. 259–307, hier S. 266.

71 Ebd., S. 266–267.

72 Warren, „The Iranum Age", in: Warren, Iranun and Balangingi, S. 1–24.

73 Karte 14: „Sulu- und Celebes-See zur Zeit der Iranun und Sama", aus: Warren, Iranun and Balangingi, S. 29.

Domingue, 1:9-Gesellschaften sui generis: Auf einen Teil „wahrer“ Samal kamen 9 Teile *renegados* („Renegaten“: meist Tagalog und Visayan sowie Malay sprechende Menschen). Samales waren Iranun mit Basis auf Balangingi. 1848 zerstörten spanische Kanonen-Dampfboote die Sklavenraider-Infrastrukturen, aber der Kampf der sich ausbreitenden europäischen Kolonialmächte gegen Piraterie und Menschenhandel zog sich noch bis zum Beginn des 20. Jahrhunderts hin. Der Kampf gegen Sklavenhandel und Menschenraub diente zur Legitimation des Kolonialismus.[74]

Weltgeschichtliche Ursachen von Menschenjäger-Praktiken „ohne systemische Sklaverei“ finden sich im Opfer-, Razzien-, Pogrom-, Schuld- und Tributsystemen sowie Kin-Sklavereien eurasischer, afrikanischer, pazifischer und amerikanischer Nomaden. Es gab Landnomaden und Wassernomaden. Sklavenfangende und Menschen verschleppende „Nordbarbaren“ lebten als (meist) Nomaden von den pontischen Steppen bis zu den östlichen Ausläufern der Gobi-Wüsten; mit traditionellem Expansions- und Fluchtwegen nach Westen bis nach Ungarn (und Angriffswellen gegen sesshafte Bauernvölker Osteuropas und Asiens).[75] Die Liste der Clans, Stämme und größeren politisch-sozialen Formationen ist lang: angefangen von den Kimmerern und Skythen im 8./7. Jahrhundert v. u. Z., über Sarmaten, Alanen, Hunnen, Goten, Awaren, Chasaren, Bulgaren, Ungarn, Petschenegen, Kumanen, Turkmenen, Mongolen/Tataren, Osmanen-Türken und Kasachen.[76] Ikonische Visualisierungen von Tataren/Kasachen (leichte mobile Reiter) finden sich in der Kunst Polens, Russland und ganz Osteuropas.[77] Besondere Aufschwünge erlangten solch lokale Systeme, wenn sie Teil einer imperialen Expansion wurden oder aus irgendeinem Grunde Zugang zu den Eliten, der Grenze sowie zum Territo-

---

74 Warren, „Burias and Balangingi“, in: Ebd., S. 143–154; Warren, „The Captives“, in: Ebd., S. 309–342.

75 Cunliffe, „Der Steppenkorridor“, in: Cunliffe, 10 000 Jahre, S. 418–422.

76 Parzinger, Die Skythen; Parzinger, „Reiternomadentum“, in: Parzinger, Die frühen Völker Eurasiens. Vom Neolithikum bis zum Mittelalter, München: C. H. Beck, 2006 (Historische Bibliothek der Gerda Henkel Stiftung), S. 862–869; Schmieder, Felicitas, „Nomaden zwischen Asien, Europa und dem Mittleren Osten“, in: Fried, Johannes; Hehl, Ernst-Dieter (eds.), Weltgeschichte in 6 Bänden, Darmstadt: WBG, 2010 (Bd. 3: Weltdeutung und Weltreligionen 600–1500), S. 179–202; Golden, Nomads and their Neighbours in the Russian Steppe. Turks, Khazars and Qipchaqs, Aldershot: Ashgate Publishing, 2003 (Variorum Collected Studies); Golden, „Ethnogenesis in the Tribal Zone: The Shaping of the Türks“, in: Golden, Studies on the Peoples and Cultures of the Eurasian Steppes, ed. by Hribans, Cătălin, Bucureşti – Brăila: Editura Academiai Române; Muzeul Brăilei Editura Istros, 2011, S. 17–63; Golden, „The Shaping of the Cuman-Qïpčaqs and Their World“, in: Ebd., S. 303–332; Cosmo, „China-Steppe Relations in Historical Perspective“, in: Bemmann, Jan; Schmauder, Michael (eds.), Complexity of Interaction along the Eurasian Steppe Zone in the First Millenium CE, Bonn: Rheinische Friedrich-Wilhelms-Universität Bonn, 2015, S. 49–72; Cunliffe, „Die Sarmaten in und jenseits der pontischen Steppe“, in: Cunliffe, 10 000 Jahre, S. 314–319.

77 Siehe zum Beispiel: Brant, Józef, „Cossacks fighting Tatars from the Crimean Khanate“, 1890, unter: http://www.inwestycje.pl/resources/File/439.jpg (letzter Zugriff 31. 1. 2018).

rium eines (oder mehrerer Imperien) fanden. Weltgeschichtliche Höhepunkte erreichte diese Form der Razziensklavereien im Mongolenreich und seinen Nachfolgeterritorien (Horden)[78] und in den großen Reichen Asiens (Tamerlan, Osmanen, Turkmenen, Mogulreich, Yuan-China). Auch die Grenzen (*frontiers*) entstehender Kolonialreiche europäischer Monarchien innerhalb Eurasiens (Russland mit der Eroberung Kasans 1552) und außerhalb Eurasien, in den Amerikas, waren Tummelplätze von Razzienkriegern und Menschenjägern (mit recht fluiden Formen der *captivity*/Sklaverei – siehe oben unter „Kin-Sklaverei).[79] Erst Bolgar und dann Kasan waren Zentren der Razziensklaverei und des Sklavenhandels, auch des warägisch-russischen Sklavenhandels, auf der Wolga (meist Richtung Zentralasien, in das Kalifat und ins Persische Reich). Die Osmanen versuchten 1569 einen Kanal zwischen Wolga und Don zu graben, u. a. sicherlich, um den lukrativen Wolgahandel (mit Sklavenhandel) in das Schwarze Meer umzuleiten.[80]

Es gab auch „Nordbarbaren" in Amerika. Das war aus Sicht des Hochtals von Mexiko fast der ganze Norden, aus dem die Azteken, wie die Türken in Eurasien, gekommen waren. „Südbarbaren" existierten vor allem von der Arabischen Halbinsel über Teile Palästinas über ganz Nordafrika an den Rändern der Sahara sowie die Sklaven-Razzien-Staaten des historischen Sudan. Alle betrieben Menschenraub, Razzien und Sklavenjagd, um Beute oder Lösegeld zu machen und ihren Status zu erhöhen. Viele Gefangene wurden getötet und große Wirtschaftssklaverei im Feldbau spielte kaum eine Rolle. Eine strukturell vorgegebene Grundvoraussetzung der Menschenjagd und des Sklavenhandels ergab sich aus dem Luxus- und Prestigewarenbedarf nomadischer Herrschaft – sie bedurften des Fernhandels. Das Kapital menschlicher Körper war oft das einzige Kapital und einzige Kreditgrundlage. Reine Menschenjäger, wie warägische Rus, fränkische Kriegerverbände, Iren, Friesen, Schotten, chasarische, kumanische, ungarische, kasachische, tatarische und mongolische Reiter, Karibenkrieger, *pombeiros*, *kamundele*, *quimbares*, Lançados, *grumetes*, Krus/*crumanos* (die an den afrikanischen Küsten von Senegambien bis nach Angola operierten), Baquianos, *cabessaires*, *caboceers*, *panyarrs*, *prazeiros*, *bazingir*, *bandeirantes*, *capitães do mato* und *rancheadores*, *llaneros* oder *gauchos* und Männer aus Indio-Völkern sowie professionelle Menschenjäger von der kleinen Insel Balangingi zwischen Nordborneo, Nordcelebes und Südmindanao (*iranun*), Kosaken oder Imbangala-Jagas im Kongogebiet können zwar räumlich

78 Lech, Klaus, „Al-'Umarī's Bericht über die Reiche der Mongolen in seinem Werk Masālik al-absār fī mamālik al-amsār", in: Asiatische Forschungen 22, Wiesbaden (1968), S. 69–70, S. 72–73 (Übersetzung ins Deutsche, S. 137–138, S. 140–141), unter: http://med-slavery.uni-trier.de/minev/MedSlavery/sources/Umari.pdf/view. (letzter Zugriff 31. 1. 2018).

79 Prado, „The Fringes of Empires: Recent Scholarship on Colonial Frontiers and Borderlands in Latin America", S. 318–333; Snyder, Christina, Slavery in Indian Country. The Changing Faces of Captivity in Early America, Cambridge, Mass.; London: Harvard University Press, 2010.

80 Witzenrath, „The Conquest of Kazan' as a Place of Remembering the Liberation of Slaves in the Sixteenth- and Seventeenth-century Russia", S. 295–308.

und kulturell weit entfernt von Sklavenhändlern (Kaufleuten), Sklaventransportlinien und Einsatzorten sein, standen aber im symbiotischen Verhältnis zu Menschenhändlern, waren oft selbst im Sklaventransport engagiert oder kontrollierten die Übergänge zwischen Lokal- und Fernhandel (wie *tropeiros* in Brasilien). Eine globalhistorische Ikone eines Menschenjägers zu Pferd im Hinterland/Interior Brasiliens ist Johann Moritz Rugendas Bild *Capitao do matto* aus den 1820er Jahren [*Bild 4: „Capitao do matto" (Sklavenjäger in Brasilien)[81]]. Hauptmerkmale von Menschenjägern, die sich auch unter lokalen Scouts, Jägern und Maultierführern verbergen können, waren extreme Mobilität, leichte Bewaffung und Transkulturation, in gewissem Sinne eine globalhistorische Kreolisierung. Dazu kommen alle möglichen Typen von Korsaren/Piraten. Menschenjäger organisierten, oft auf Inseln oder in Oasen, auch Zulieferungstransporte auf bestimmten Teilstrecken der großen Transportnetzwerke oder kontrollierten Schnittpunkte der Menschenhandelsnetze (wie Samarkand/Sogdien zwischen dem Kaspischen Meer, Persien, der Nomadengrenze, Nordindien und Westchina).[82] Oder Transporteure (Kapitäne), Unterkarawanenführer oder Träger verschleppten zwischenzeitlich Menschen bzw. ließen sie verschleppen.

Als paradigmatische Inseln und Sklavendepots können Chios, Delos, Kreta, Zypern (und viele kleine Inseln der Ägais), viele Flussmündungen des Schwarzen Meeres sowie die Krim, die Balearen, Gorée, die Kapverden, São Tomé (seit 1500), Curaçao (1634) im Atlantik sowie Taiwan (und weitere Punkte an der südchinesischen Küste), Balangingi sowie weitere Inseln im Westpazifik in der Sulu-See und in der Nähe der Sulu-Kette oder etwa die Komoren (17. Jahrhundert), Sansibar (seit dem 18. Jahrhundert) und die Maskarenen sowie Seychellen (seit 1790) gelten. Dazu kommen viele küstennahe Off-Shore-Inseln oder Halbinseln (siehe unten).

Die Kontrolle eines Transportabschnitts für Menschenhandel und Verschleppung von Razziengefangenen gilt, wie gesagt, auch für Korsaren – wie etwa dem legendären Robert Surcouf (1773–1827), der das Geschäft aus der Geschichte seiner Familie kannte (erst Fischer, dann auch Kaufleute/Reeder und Versicherer sowie Sklavenhändler). Surcouf machte schon als Offiziersanwärter Erfahrungen in der Verschleppung von Menschen aus Ostafrika. Bei einem Schiffbruch des Schiffes *L'Aurore* im Kanal von Madagarskar starben 400 angekettete Versklavte (1789). Surcouf diente auch auf den Sklavenschiffen (*bateaus nègriers*) *Courier d'Afrique* sowie *Navigateur*, die sowohl Soldaten wie auch Verschleppte zwischen Indien (Pondycherry), Ostafrika, Madagaskar und Mauritius / Île de France, Réunion, Seychellen) transportierten. Surcoufs erster Kapitänsposten war das Sklavenschiff *La Créole*.[83]

---

81 Diener; Costa, Maria de Fátima, Rugendas e o Brasil, São Paulo: Capivara, 2012, S. 458 f.

82 La Vaissière, „The Commerce Economy in Transoxania", in: La Vaissière, Sogdian Traders, S. 299–306, hier S. 305.

83 Cunat, Charles, Histoire de Robert Surcouf, capitaine de corsaire: publiée d'après des documents authentiques, Rennes: La Découvrance, 1994 (1re éd. 1842); Granier, Hubert, Histoire des

Große Menschenhandelsstrukturen beruhten auf Routen/Netzwerken und Enklaven sowie menschlichen und tierischen Akteuren, Schiffen und vielen anderen Transportmitteln (siehe auch „Transportsysteme“, unten). Im Grunde waren die meisten befestigten Handelsenklaven und Menschenhandelshubs, in denen Menschen in Karawanen und/oder auf Schiffen an- oder abtransportiert wurden, Inseln oder inselartige Gebilde in Flussdeltas (wie New Orleans im Mississippi bzw. die Barataria-Bucht mit den Inseln Grand Terre und Grand Isle).[84] Wirft man einen spatial geschulten Blick auf die Sklavenhäfen etwa Ostafrikas, wird schnell klar, dass sie, wie die westafrikanischen Sklaven-Faktoreien, alle auf direkt den Küsten vorgelagerten Inseln (Suakin, Moçambique),[85] Inselgruppen, wie alle frühen iberischen Gebiete (Kanaren, Madeira, Arguim – im Grunde eine größere Sandbank mit Sklavenmarkt –, Kapverden, São Tomé / Príncipe)[86] oder auf Inseln in Flussmündungen (wie die Inseln Saint-Louis, die Bissau-Insel und Gorée im Senegal)[87] beziehungsweise Lagunen (Lagos (Oni/Onim)) lagen oder auf Halbinseln (Axim, El Mina). Diese Offshore-Raumstruktur funktioniert sogar für Cartagena (die Altstadt mit dem Sklavenmarkt liegt auf einer Insel), das frühe Luanda mit der *Ilha de Luanda*,[88] die Insel Moçambique (*Ilha Moçambique* mit der alten Stadt und dem Fort São Sebastião), New York (Long Island), Gwadar (einst Überseestützpunkt Omans) in Belutschistan im heutigen Pakistan, Singapur oder für die portugiesisch-arkanesische Piraten- und Sklavenjägerinsel Sandwip im Golf von Bengalen.[89]

---

marins français, 1789–1815: les prémices de la République, Nantes: Marines éditions, 1998; Roman, La saga des Surcouf, passim; Roman, Robert Surcouf et ses frères, Saint-Malo: Cristel, 2007.

84 Franco, „Piratas, corsarios, flibusteros y contrabandistas siglos XVIII y XIX“, S. 45–92; Boelhower, William (ed.), New Orleans in the Atlantic: Between Land and Sea, London and New York: Routledge, 2010.

85 Boxer, „Moçambique island and the ‘carreira da Índia’“, S. 95–132.

86 Ribeiro da Silva, „African islands and the formation of the Dutch Atlantic economy: Arguin, Gorée, Cape Verde and São Tomé, 1590–1670“, in: The International Journal of Maritime History Vol.26:3 (2014), S. 549–567; Wheat, „The Early Iberian Slave Trade to the Spanish Caribbean, 1500–1580“, in: Borucki; Eltis, Wheat (eds.), From the Galleons to the Highlands: Slave Trade Routes in the Spanish Americas, Albuquerque: Univ. of New Mexico Press (forthcoming).

87 Ternant, Victor de, Les colonies portugaises, Paris: Société des études coloniales et maritimes, 1890, gallica.bnf.fr/ark:/12148/bpt6k201047p/f1.image (letzter Zugriff 31. 1. 2018), S. 26; Becker, Charles, La place de la Sénégambie et de Gorée dans la traite atlantique francaise du XVIIIe siècle; Dakar Avril 1997, http://horizon.documentation.ird.fr/exl-doc/pleins_textes/num-dakar-02/010013428.pdf (letzter Zugriff 31. 1. 2018).

88 Bei Luanda handelte es sich zunächst im die zwischen dem Kongoreich und lokalen Machthabern umstrittene *Ilha de Luanda*, eigentlich eine Landzunge, extrem wichtig wegen ihrer Kauri-Muscheln (*nzimbu*), siehe: Millet, José, „Aspectos de la religiosidad popular angolana“, in: África: Revista de Centro de Estudios Africanos, 12–13: 1 (1989/1990), S. 159–180.

89 Mukherjee, Rila, „The struggle for the Bay: The life and times of Sandwip, an almost unknown Portuguese port in the Bay of Bengal in the sixteenth and seventeenth Centuries“, in: Revista da Faculdade de Letras. HISTÓRIA, Porto, III Série, vol. 9 (2008), S. 67–88, http://ler.letras.up.pt/uploads/ficheiros/6732.pdf (letzter Zugriff 31. 1. 2018).

Ein gutes Beispiel des Verhältnisses zwischen Expansion und Sklavenhandel inklusive der Herausbildung von prädatorischen Symbiosen zwischen Razzienkriegsführung/Piraterie, Sklavenjägern sowie ideologisierten Sklaven-Händlergruppen bietet die Formierung der „barbarischen" Königreiche (400–700), der frühen christlichen Monarchien in Europa 700 bis 1000 und der Wikinger-/Normannenreiche zwischen 800 und 1100, die Formierung von Herrschaftsterritorien im Schwarzmeergebiet (Goten, Hunnen, Alanen, Byzantiner, Bulgaren, Chasaren, Rus, Osmanen, Mongolen, Krimtataren), die bereits erwähnten Razzienkriege auf der Iberischen Halbinsel und im Baltikum oder die Entwicklung der arabisch-islamischen Kalifate zwischen 650 und 1200. In den hochdynamischen Kulturen des expansiven Islam bestand riesiger Bedarf an Sklaven, nicht in erster Linie für eine Massensklaverei in Großwirtschaften (wie sie jeder und jede Reisende in der Karibik zur Kenntnis nahm), sondern eher, wie bereits dargelegt, alle Arten von Militär-, Haus-, Harems- und Palastsklaverei als höchste Formen entwickelter Kin-Sklavereien, die weniger visibel und erkennbar waren, aber extrem wichtig, auch als Energielieferanten und – wie soll ich sagen – Menschenlieferanten (Reproduktion). Wie weiter unten an der Entstehung von Menschenjäger- und Sklavenhandelsreichen (Sultanate und Emirate), Netzen und Punkten (Oasen, Hafenstädte) in Nord- und Ostafrika demonstriert, wurde ein Großteil der Sudanzone (inklusive des heutigen Darfur (Westsudan), Sudans und Südsudans selbst, aber auch Ostafrikas vom arabisch-berberischen Menschenfang, Razzienzügen und Sklavenhandel nachgerade geschaffen. Zwischen dem heutigen Sudan (damals Nordsudan) und den Gebieten des heutigen Südsudan bewegten sich viele arabisch-sudanesische Sklavenjäger und -händler. Sie hatten eine Art mobiler Gefängnisse und ambulante Aufbewahrungsgehege für Verschleppte entwickelt – einen Dornenkral (*zaraib*).[90]

Was im globalhistorischen Zusammenhang noch erstaunlicher ist: auch der Aufschwung und in gewisser Weise die Formierung des „lateinischen" Europas (siehe unten) zwischen dem 8. und dem 14. Jahrhundert verdankt sich der Sklavenjagd und dem Menschenhandel für arabisch-islamische Gebiete – natürlich auf der Basis lokaler Sklavereien und Abhängigkeiten.[91]

Andere gute Beispiele geben die Bobangi im Hinterland des Königreiches Loango im Norden des Kongo, die *manyema* des östlichen Kongo bzw. des nordwestlichen Tanganjika-Gebietes oder die bereits erwähnten Samal der kleinen Insel Balangingi, muslimische Fischer, Razzienkrieger, Schmuggler und Händler, die auf

90 Prunier, Gérard, Darfur. Der „uneindeutige" Genozid, Hamburg: Hamburger Edition, 2006.

91 Heers, Les négriers en terres d'islam, passim; Bartlett, „Die Expansion der lateinische Christenheit", in: Bartlett, Die Geburt Europas aus dem Geist der Gewalt, S. 17–50; Heck, Gene W., Charlemagne, Muhammad, and the Arab Roots of Capitalism, Berlin: De Gruyter, 2006; McCormick, The Origins of European Economy, passim; Ott, Undine, „Europas Sklavinnen und Sklaven im Mittelalter. Eine Spurensuche im Osten des Kontinents", in: Bulach, Doris; Schiel (eds.), Europas Sklaven, S. 31–53.

ihren *balangingi garays, lanongs* und *prahus* (oder *proas* – spezialisierte, sehr schnelle Boote; Sulu-Proas waren generell kleiner (30–40 Mann Besatzung); Illanu-Proas größer (40–100 Mann Besetzung)) Menschenrazzien sowie lokalen und regionalen Sklavenhandel (meist über den Hafen auf der Insel Jolo) im Sulu-Archipel betrieben [*Karte 15[92]]. Die Versuche Spaniens im 19. Jahrhundert, die Südgrenze des Kolonialterritoriums der Philippinen durch die Eroberung von Jolo und Unterdrückung der islamischen Sklavenjäger zu arrondieren, wurden, wie gesagt, mit der Unterdrückung von Piratentum und Menschenhandel gerechtfertigt [*Bild 5: „Iranun Seerazzienkrieger (Sulu-See), 19. Jahrhundert" (mit Baumwollweste, Speer, Kris sowie einem mit Menschenhaaren geschmückten *kampilan* (Schwert))].[93]

In Bezug auf von Missionaren geförderte Razziensklaverei im tiefen Interior des Orinoko-Oberlaufes im Grenzgebiet zwischen Venezuela und Brasilien sagt Humboldt: „[Die] Indianer [...] [sind] sehr begierig, Menschen zu fangen, um Sklaven zu haben; denn der Indianer, der einfängt, behält meist den Gefangenen [obwohl er Missionsindianer ist – M. Z.], der ihm einige Jahre lang dient, bis der Padre [der Mission] erklärt, er sei humanisirt [sic – Humboldt meint „zivilisiert" – M. Z.], um selbst [eine] Wirtschaft zu führen. Alles will [bei der Menschenjagd] mitziehen, selbst Weiber, theils aus Reiselust und weil Weiber besonders solche Sklaven wünschen. Man sucht besonders Knaben zu fangen, dann dauert [der] Dienst [die Sklaverei – M. Z.] lange. [...] Die Padres, da sie eigentlich keine entradas ohne Erlaubnis des Gouv[erneurs] vornehmen können, geben vor, es sei, um entlaufene Indianer zu suchen".[94]

All diese unschönen Gewalttätigkeiten können unter dem Begriff Razziensklavereien, Plünderungen, Menschenraub und Razzienkriegsführung sowie Piraterie zusammengefasst werden; Soziologen sprechen von „Strukturen der Versklavung". Razzien und Menschenraub dienten der „Produktion" des Kapitals menschlicher Körper, der Erlangung von Dienstleitungen und der Akkumulation von Macht, Reichtum und Status.

Klassische Formen von Razzien- und Sklavenökonomien finden sich auch in den Fortsetzungen der Wikingerexpansion, in der dänischen und schwedischen, aber auch in der deutschen und polnischen Ostexpansion zur Eroberung der baltischen Gebiete, Litauens und Finnlands im 13. und 14. Jahrhundert, bei den so genannten Kariben und bei den Conquistadoren in der Eroberung Amerikas (die in diesem Zusammenhang an den Grenzperipherien bis weit in das 19. Jahrhundert

---

92 Karte 15: „Routen der Sklavenzüge in Südost-Asien", aus: Mann, „Sklavenhandel in Südostasien", S. 154–160, hier S. 159.

93 Warren, Iranun and Balangingi, 2. Umschlagseite; siehe auch: Warren, „Slave markets and exchange in the Malay world. The Sulu Sultanate, 1770–1878", in: Journal of Southeast Asian Studies 8 (1977), S. 162–175; Warren, „Who were the Balangingi Samal? Slave raiding and ethnogenesis in nineteenth-century Sulu", in: Journal of Asian Studies 37 (1978), S. 477–490.

94 Humboldt, „Rückblick auf die Reise von San Carlos del Río Negro bis Esmeralda. Von Esmeralda auf dem Orinoco über Angostura und Nueva Barcelona nach Cumaná" (7. 5.–26. 8. 1800), S. 311–389, hier S. 311.

und zum Teil bis in das 20. Jahrhundert anhielt) sowie bei den Tuareg oder Fulbe, bei vielen Viehhaltervölkern, Reiternomaden,[95] im Sudan, zwischen Kilwa und Malawi-See, auf Madagaskar, am Sambesi und seinen Nebenflüssen, am Kuanza-Fluss, im Einzugsgebiet des Kongo, an den Küsten Afrikas, bei Ambakisten, Pumbeiros (*pumbos* oder *feiras* = lokale Sklavenmärkte im Interior des Kongo-/Angolagebietes) sowie *Prazos*. Die Orte dieser Gruppen von Akteuren finden sie in Razzien- und Pogrom-Grenzwirtschaften. Neben den oben genannten gab es solche frontiers in Wales, Wallonien, der Walachei sowie in vielen Marken und Regionen mit der slawischen Grenzbezeichnung (*krajin*(*a*)), wie Ukraina, Orte mit „wart" (ungarisch: *őrség*) oder *de la frontera* in Iberien).[96] Heute finden sich Razzien- und Geißelökonomien im Umfeld „asymmetrischer" Kriege.

In Schuld-Systemen und Sklavereitypen, die sich durch Verschuldung und/oder Beschneidung der Mobilität „eigener" Bauern auszeichnen, wechseln eher die Herren, als dass individueller Handel mit gebundenen, versklavten und unfreien Bauern betrieben wurde – obwohl dieser je nach Hierarchie der Unfreien auch vorkam, aber wie im Russischen Reich eher als „Schenkung".

Kriegsgefangene, Kinder, Frauen und Sklaven waren beweglicher Besitz und individuelle Beute, die auf eigenen Beinen an die Orte der Wertrealisierung getrieben wurden. Bewegliches Eigentum konnte von den Eliten, meist aber von deren Beauftragten beziehungsweise angeheuerten professionellen Krieger-Menschenjägern und Menschen-Kaufleuten physisch zu den Orten verschleppt und gebracht oder eben getrieben werden, wo es für lokale Herrn Arbeit oder Dienste zu vollbringen galt.

Oft waren Verschleppung und Transport Aufgabe von Militärs und von ihnen bestimmter Verantwortlicher, die zunächst wohl wirklich eher einem Typus des „Schiffsnomaden" oder, wenn Landaustausch vorherrschte „Wüstennomaden", bald auch spezialisierter Kaufleute, die zu Sklavenhändlern wurden (in Rom: *cargo*, *mango*) – oft Kenner der alltäglichen Sklaverei, das heißt ehemalige Sklaven.

Die Anwesenheit von Sklavenhändlern mit geschriebenen Eigentumsansprüchen an ihrem Kapital und ihrer „Ware" sowie sich formierende Finanzwirtschaften (Banken, Versicherungen) sind wichtige Aspekte,[97] um klassische Sklaverei und

---

95 Gladkow, Sabine A., „Die Ära der kriegerischen Reiternomaden", in: Gladkow, Geschichte Sibiriens, Regensburg: Verlag Friedrich Pustet, 2003, S. 21–26; siehe auch: Parzinger, „Reiternomadentum", in: Parzinger, Die frühen Völker Eurasiens, S. 862–869.

96 Komlosy, „Grenzen", in: Komlosy, Globalgeschichte, S. 179–182; zu Grenzüberschreitern in Richtung Interior Westzentralafrikas (*quissongos*, *guenzes*, *pumbeiros*, *funantes*, *funidores*), siehe: Caldeira, „Do interior para a costa", in: Caldeira, Escravos e Traficantes no Império Português, S. 99–103; Köstlbauer, Josef, „Ohne Gott, Gesetz und König – Wahrnehmung kolonialer Grenzräume im britischen und spanischen Nordamerika", in: Breitenfellner, Helene; Crailsheim; Köstlbauer; Pfister, Eugen (eds.), Grenzen – kulturhistorische Annäherungen, Wien: Mandelbaum Verlag, 2016 (Expansion · Interaktion · Akkulturation. Globalhistorische Skizzen; Bd. 30), S. 71–88.

97 Ich habe die grundlegende Bedeutung der Schriftlichkeit für die Eigentumskonstruktion in der Atlantisierung und in amerikanischen Sklavereien unter europäischer und neoeuropäischer Kon-

kolonial-kapitalistische Massensklaverei (*Second Slavery*) von anderen Typen wie Kin-Sklavereien, Razziensklavereien, lokale Sklaverei/Zwangsarbeit oder von der Hörigkeit/Leibeigenschaft als kollektive Sklavereien sowie weiterlaufende Sklaverei von Frauen im europäischen Mittelalter zu unterscheiden.[98] Das gilt cum grano salis auch für die Masse der Luxussklaven – früher Gladiatoren sowie hochrangige Militärsklaven, heute wird Ähnliches für Profisportler und Models diskutiert.

Ehe wir den Zusammenhang Sklaverei-Sklavenhändler nochmals genauer betrachten, will ich auf Menschenhandel als solchen verweisen. Existierten geschriebene Gesetze, wird Menschenhandel meist als Sklavenhandel bezeichnet. Besser sollte es zunächst wohl Menschenraub und -handel (Kinderraub) ohne formierte und systemische Sklaverei und sogar „ohne die Namen Sklave oder Sklaverei" heißen. Zunächst hat es sich in vielen Gesellschaften um Tausch, Tribute, Raub und Verschenkung von Frauen und Kindern aus den erwähnten Razzienökonomien gehandelt. Eine der berühmten Gestalten der Weltgeschichte, *Malinche* – ein Geschenk an Hernán Cortés vor der Conquista Mexikos – war eine solche Sklavin. Malinche war ein Geschenk; eine Schuldsklavin als Tribut-Geschenk.

In gewisser Weise standen auch die amerikanischen Kulturen, vor allem die expansiven Kriegerreiche der Inka, Chibcha und Mexica, um 1450 am Beginn einer „Bronzezeit", natürlich im Rahmen eigenständiger Entwicklungspotenzen und Kosmologien. In der historischen Tendenz führten Razzien und kriegerische Konflikte zur Bildung von Krieger- und Kaufleutekasten, bzw. sogar Krieger-Kaufleuten wie bei den Assyrern oder Azteken, mit translokalen Netzwerkwirtschaften, die zugleich Zugriff auf zentrale Ressourcen hatten, aber auch monarchischer, militärischer oder sakraler Zentralisierung oft zuwiderliefen. Der Kompromiss waren meist Reiche als Imperien mit einem mächtigen Zentrum über bäuerlichen Haushalten sowie unklaren Grenzen und Dauerkonflikten sowie Razzien, um Ressourcen der Peripherien zu sichern; manchmal wurden Ressourcen-Peripherien in Krisensituationen selbst zu Zentren. Michael Sommer beschreibt eine solche Konstellation als Entstehungsbedingung von Handelsenklaven der Levante und der Kultur der Phönizier, zu der alle Arten von Menschenraub, Razzien, Menschen- und Sklavenhandel, meist zur See, gehörte – nicht einfach nur als „schlechte Seite", sondern nachgerade als konstituierende Basis von Imperienbildung.[99]

---

trolle in der Einleitung des Buches über die Geschichte der Sklavinnen und Sklaven auf Kuba ausführlich behandelt: Zeuske, „Sklavinnen, Sklaven und Archive; Stimmen und Körper", in: Zeuske, *Cuba grande*. Geschichte der Sklaven und Sklavinnen auf Kuba, 15.–20. Jahrhundert (demnächst), S. 10–44; siehe auch: Martin, „Slavery's Invisible Engine: Mortgaging Human Property", S. 817–866.

98 Herlihy, David, Opera Muliebria: Women and Work in Medieval Europe, Philadelphia: Temple University Press, 1990; Stuard, Susan Mosher, „Ancillary Evidence for the Decline of Medieval Slavery", in: Past & Present Vol. 149:1 (spring 1995), S. 3–28.

99 Sommer, „Die Entwicklung des mediterranen Fernhandels", in: Sommer, Die Phönizier, S. 72–112 und passim.

Ähnlich wie Atlantisierung durch Menschenhandel in durch Netzwerke konstituierten Räumen, eben dem Sklaverei-Atlantik, zur konstruierenden Basis weiterer Etappen des Kapitalismus im Westen wurde, waren unterschiedlichste Typen und Formen von Sklaverei und Menschenhandel im globalen Maßstab ein wichtiger Sektor von Akkumulation, Status- und Kapitalbildung sowie Wirtschaft und Kultur überhaupt. In Afrika, in islamischen, indischen, persischen und chinesischen Territorien, die auf Basis auch von Sklavereien bis um 1750–1860 den westlichen Entwicklungen gleich oder noch überlegen waren, entwickelten sich, auch wegen der Tradition der lokalen Sklavereien und wegen des aggressiven europäischen Kolonialismus, neue Formen internen Kapitalismus' im 19. Jahrhundert sehr verlangsamt. Sie dynamisierten sich, oft nach Sozialismus-Intermezzi, erst wieder seit der jüngsten Stufe der Globalisierung. Auch (wieder) auf der Basis von Sklavereien, Menschenhandel und anderen Formen der Unfreiheit und des Arbeitszwanges.

Menschenjagd und -handel, auch Handel mit Sklaven, war keine Erfindung Europas, wie schon Fernand Braudel in *Grammaire des civilisations* (1993) geschrieben hat. Alan Galley schreibt über *native American slavers*: „Slave trading in North America ... was more akin to the trade in Africa than to the Iberian slaving against native peoples in South and Central America and the Caribbean ... in Africa as in much of North America slaving usually was conducted against inland communities, where the Europeans lacked the skills and military power to conduct slave raids".[100] Afrika war seit jeher Territorium vieler Sklavereien und vieler Kriege sowie vieler Krieger- und Razzienmaschinerien, die weit über Staatlichkeiten hinausgingen, auch weil sie nicht durch Institutionen des Bodenbesitzes tendenziell sedentarisch wurden. Kontrolle von Menschen war wichtiger als Kontrolle von Land (Boden). Kusch, Nubien, Meröe und Aksum stellten frühe Sklavenhandelsstaaten dar, die den antiken Mittelmeerraum und die hellenisierten Gebiete Vorderasiens und Arabiens mit Kriegsgefangenen und Sklaven versorgten. In Reichsbildungen, Kriegen, Razzien und Expansionen fielen Mengen von Kriegsgefangenen an. Afrikanische Eliten kannten in verschiedensten Sklavereiformen den Wert von Menschen und menschlichen Körpern als Kapital und Machtbasis. Die meisten Reiche und Völker Afrikas, des Sudan, des Loango-Kongo-Ndongo-Gebietes, Zentralafrikas, etwa Bugandas, und Ostafrikas betrieben Menschenjagd sowie aktiven Menschen- und Sklavenhandel,[101] ebenso wie germanische Reiche nach 400 u. Z. und speziell das fränkische Karolingerreich in Europa. Slaving, Akkumulation von Sta-

---

100 Galley, Alan, „Indian Slavery", in: Paquette, Robert L.; Smith, Mark M., The Oxford Handbook of Slavery in the Americas, Oxford: Oxford University Press, 2010, S. 312–335, hier S. 321.

101 Twaddle, Michael, „Slaves and Peasants in Buganda", in: Archer (ed.), Slavery and Other Forms of Unfree Labour, S. 118–129; siehe auch: Médard, Henri; Doyle, Shane (eds.), Slavery in the Great Lakes Region of East Africa, Oxford: James Currey; Kampala: Fountain Publishers; Nairobi: EAEP; Athens: Ohio University Press, 2007 (Eastern African Studies); Reid, Richard, „Human Booty: some observations on the seizure of people in war, Buganda c. 1700–1890", in: Ebd., S. 145–160.

tus auf der Basis von Menschenkapital sowie Menschen als Tausch-„Güter" und Ware in ihren ursprünglichsten Formen, war in Afrika weit verbreitet.

Wie gesagt, spielten Menschenjagd und Sklavenhandel im Europa der Nachvölkerwanderungszeit (seit 7./8. Jahrhundert) und der frühen Reichsbildungen im Westen eine ähnliche Rolle wie in Afrika.[102] Im Bereich des indischen Ozeans und der islamisch-persischen sowie indischen Weltwirtschaften hatten lokale Sklavereien und Menschenhandel eine starke Tradition und bildeten die Basis für wirtschaftliche Blüten und Reichtum von Eliten. Nicht von ungefähr stürzten sich die Plünderungs-Armeen der Mongolen auf diese Zentren von Sklaverei, Kultur, Wirtschaft, Gesellschaft und Wissenschaft. Auch Il-Mongolen und ihre Gegner, die Mameluken, kannten Sklavereien und betrieben massiven Menschenhandel. Im 11.–13. Jahrhundert entdeckten Italiener, Griechen und Katalanen durch Partizipation an eben diesem Menschenhandel im Schwarzen Meer und im Mittelmeer, befördert durch die nie abgerissenen Haussklavereien in Süd- und Südwesteuropa, die „römische" Tradition der Sklaverei wieder, während in West- und Mitteleuropa neue Formen der „freien" Siedlung und Migration (vor allem in und auf der iberischen Halbinsel) aber auch des Menschenhandels und der Zwangsarbeit Ostelbien entstanden, die, wie wir gesehen haben, durchaus als eine Form von Sklaverei diskutiert werden können.[103]

Lösegeld-Razzienzüge auf Menschen als Kapital (*ransoming*) waren im Osmanischen Reich immer bedeutende Sektoren des Sklavenfangs. Die Gefangennahme reicher Europäer und Russen sowie Verschleppung von Frauen und Kindern blieben lange Zeit, auch als die Osmanen schon in Defensive waren, eine lukrative Möglichkeit für osmanische Soldaten an den österreichischen oder russischen Fronten. Razzien versprachen schnellen Reichtum.[104] Geiselnahme (*hostage*) und Raub von Menschen, die auf Schiffen auf und um das Mittelmeer fuhren, wurde stärker durch christliche sowie osmanische und marokkanische Piraten/Korsaren systematisiert. Für Algier, Tunis und Tripolis im Westen, aber auch für das Malta des Johanniter-Ordens, waren Piraterie/Korsarentum, Geisel- und Razzienwirtschaften sowie anhängende Sklavereien Pfeiler von Wirtschaft, Politik, Identität und Kultur (vor allem im 17.–18. Jahrhundert).[105] Grundlage der Versklavungen

---

102 McCormick, The Origins of European Economy, passim.

103 Haverkamp, „Die Erneuerung der Sklaverei im Mittelmeerraum während des hohen Mittelalters. Fremdheit, Herkunft und Funktion", S. 130–166; zum Vergleich Nigeria, England und Russland in diesem Zusammenhang, siehe: Inikori, „Slavs or Serfs? A Comparative Study of Slavery and Serfdom in Europe and Africa", S. 49–75.

104 Hess, Andrew, The Forgotten Frontier: A History of the Sixteenth Century Ibero-African Frontier, Chicago: University of Chicago Press, 1978; Gürkan, Emrah Safa, „The centre and the frontier: Ottoman cooperation with the North African corsairs in the sixteenth century", in: Turkish Historical Review 1/2 (2010), S. 125–163; Dávid, Géza; Foder, Pál (eds.), Ransom Slavery along the Ottoman Borders. Early Fifteenth – Early Eighteenth Centuries, Leiden; Boston [etc.]: Brill, 2007.

105 Zilfi, Madeline C., „Feminizing Slavery", in: Zilfi, Women and Slavery in the Late Ottoman Empire. The Design of Difference, New York [u. a.]: Cambridge University Press, 2010, S. 189–215, hier S. 191.

waren nicht Rasse oder Hautfarbe, sondern Religion, Kriege sowie andersgeartete Rechtsordnungen.[106]

Im 11. und 12. Jahrhundert lief eine Hauptachse des europäischen Sklavenhandels zwischen Barcelona, den Balearen und Genua. In der europäischen frühen „Neuzeit", zwischen 1300 und 1650 lernten Europäer, zunächst vor allem Iberer, Sepharden und einige Italiener (die schon Erfahrungen im West- und Ostmittelmeer, an den Küsten Marokkos sowie allgemein in Nordafrika und im Schwarzen Meer hatten), dann auch Nordwesteuropäer (oft mit Hilfe von Sepharden), sozusagen im globalen, zunächst atlantischen Maßstab, die vielfachen Kapitalisierungsmöglichkeiten von Razzienopfern sowie von Lösegeldern kennen. Sie begannen alle, nach Vorläufern in der Reconquista sowie Austausch, Handel und Kriegszügen nach Marokko, als Razzienmenschenjäger im atlantischen Raum (Kanaren, Nordafrika). Im subsaharischen Afrika war das nicht mehr möglich; zunächst schlicht deshalb, weil die Sklavenjägerhochseeschiffe nicht an die westafrikanischen Küsten herankamen. Und weil die militärische Verteidigung der lokalen Eliten auf den Flussmündungen zu schnell, zu flexibel und zu stark war. Ab 1460 transportierten portugiesische Schiffe afrikanische Sklaven für afrikanische Eliten. Ihre Razzienkriegstrupps unterstellten sich afrikanischen Eliten. Zuerst klinkten sich iberische Eliten von den Insel-Plattformen Kapverden und São Tomé in afrikanische Slaving- und Handels-Netze vor allem an der Senegalmündung und südlich davon bis zur Region der Tausend Flüsse, auch kurz *rios* (Flüsse) genannt, im heutigen Senegal, Gambia, Guinea, Guinea-Bissau sowie Sierra Leone und Liberia,[107] an der Nigermündung und an der Kongomündung (sowie einige anderen Ästuaren) ein. Sie lernten afrikanisches Slaving kennen, erhielten Cativos, entwickelten zusammen mit Atlantikkreolen erste Kerne der „neuen", atlantischen Sklaverei und unterliefen Transkulturations- und Kreolisierungsprozesse.[108] Nicht wenige iberische Monopolbrecher wurden selbst Atlantikkreolen (*lançados*). Vor allem über den Schmuggel und Tauschhandel von versklavten Menschen zunächst sowohl nördlich (Arguim[109]), vor allem aber zwischen den Landschaften südlich des Senegal-Flusses, von den Iberern schon ganz in der Frühzeit (1450–1530) „Guiné" („*rios de Guiné*" oder *Guiné de Cabo Verde*), nach einer Berberbezeichnung für „Land der

---

106 Fontenay, „Corsaires de la foi ou rentiers du sol? Les chevaliers de Malte dans le "corso" méditerranéen au XVIIe siècle", in: Revue d'histoire moderne et contemporaine 35 (1988), S. 361–384; Fontenay, „Routes et modalités du commerce des esclaves dans la Méditerranée des Temps Modernes (XVIe, XVIIe et XVIIIe siècles)", in: Revue Historique 108 (2006), S. 813–830.

107 Shaw, „The Atlanticizing of Sierra Leone", S. 25–45.

108 Green, The Rise of the Trans-Atlantic Slave Trade in Western Africa, 1300–1589, passim; Machado, Margarida; Gregorio, Rute; Silva, Susana (coords.), Para a história da escravatura insular nos séculos XV a XIX, passim.

109 Wheat, „The Early Iberian Slave Trade to the Spanish Caribbean, 1500–1580".

Schwarzen" [*Karte 16[110]], genannt, und den Kapverdischen Inseln, lernten Europäer die hohe Bedeutung menschlicher Körper als Kapital in afrikanischen Gesellschaften kennen.[111] Am Beginn mussten sich Europäer dabei in afrikanische Handelskreisläufe integrieren, bei dem kriegsgefangene Männer als Sklaven Tauschprodukte (*panos* = Tuche) schufen, die es erlaubten, noch mehr Sklaven einzutauschen.[112] Seit den 1520er Jahren setzten offiziell erlaubte Menschentransporte direkt über den Atlantik ein, vor allem von den Kapverden ohne Umweg über die iberische Halbinsel. In den Amerikas erfuhren Kapitäne und Kaufleute noch mehr über die oben genannten Produktivitäts- und Profit-Potenzen der Kapitalisierung menschlicher Körper. Nur auf Madeira, den Azoren,[113] den Kanaren, den Kapverden (hier entstand in westafrikanisch-iberischen Allianzen und Handelsnetzen der atlantische Menschenhandel) und später auf São Tomé („Erfindung" des Engenhos/Ingenios) konnten Europäer durch ihre Dominanz auf hoher See notdürftig die Kontrolle über Kriegsgefangenenhandel, Sklaven und Territorien bewahren. Aus dieser zunächst punktuellen räumlichen Dominanz, die als Muster noch bis 1800 nachwirkte (Slaving-Imperium der Inseln), ergab sich nach und nach die Herrschaft über den Atlantik und die Expansion der großen Sklavereien in das Innere der Amerikas (*Second Slavery*).

Menschenrazzien und Sklavenjagd, bei John Atkins, der Anfang des 18. Jahrhundert als Schiffsarzt von Dakar nach Benin reiste, *panyarring* (von portugiesisch *apanhar* = fangen/rauben (bei William O. Blake Mitte des 19. Jahrhunderts schon *panyaring* für „procuring slaves") genannt, wurden vor allem von afrikanischen oder afroportugiesischen Cabessaires/Caboceers (die jeweils französische bzw. niederländische Version von *cabeça* = Haupt, Anführer (von Razzientrupps)), die bereits genannten Prazeiros (Territorialherrn und Anführer von versklavten Sklavenjäger-Soldaten (*chikunda*) in Ostafrika und im Sambesigebiet)[114] und Panyarrs (Menschenräuber), aber auch von *rimadoors* (von Port.: remadores-

110 Karte 16: „Ethnic Groups on the Upper Guinea Coast in the Early Seventeenth Century", aus: Newson, Linda A.; Minchin, Susie, From Capture to Sale. The Portuguese slave trade to Spanish America in the early seventeenth century, Leiden: Brill, 2007 (The Atlantic World; 12), S. 53

111 Vom Berberwort *aguinaou* für alle südlich der Sahara lebenden „Schwarzen", siehe: Urmes, Dietmar, Handbuch der geographischen Namen. Ihre Herkunft, Entwicklung und Bedeutung, Wiesbaden: Marixverlag, 2004, S. 173; Côrtes de Oliveira, Maria Inês, „Quem eram os "Negros da Guiné"? A origem dos africanos na Bahia", in: Afro-Asia 19/20 (1997), S. 37–73.

112 Carreira, António, Panaria caboverdiano guineense: aspectos históricos e socio-económicos, Lisboa: Junta de investigacões do ultramar, 1969; Carreira, Cabo Verde: formação e extinção de una sociedade escravocrata (1460–1878), Porto: Centro de Estudos da Guiné Portuguesa, 1972 (Praia: Instituto da Promoção Cultural, 2000, 3. Reedition).

113 Machado; Gregorio; Silva (coords.), Para a história da escravatura insular nos séculos XV a XIX, passim.

114 Stilwell, „Case Study: Slave Soldiers and the *Prazeiros*", S. 118–120.

Ruderer),[115] Grumetes (in Geba, Farim, Cacheu, Zinguinchor und Bissau),[116] *barkers* (Theophilus Conneau),[117] Cabessaires/Caboceers/Kaffiziere (vor allem Gold- und Sklavenküste), Pombeiros (Kongo), Kamundele, Ambakisten und Quimbares (Warlords und Sklavenhändler im Fernhandel in Angola; Ambaca) oder Neu-Christen (bzw. Sepharden) sowie Lançados (Petite Côte bis Cacheu) betrieben.[118] Bis zur europäischen Kolonialzeit in Afrika (ca. 1880; in Westzentralafrika auch länger) behielten, wie gesagt, afrikanische Eliten die Kontrolle über den land-, fluss- und küstengestützten Menschenkapitalismus in Afrika, vor allem über die „Produktion" des Kapitals menschlicher Körper (Menschenjagd), manchmal mit Hilfe von Kriegstrupps der Portugiesen; Ausnahmen im subsaharischen Afrika bildeten in gewisser Weise nur Saint-Louis im Senegal (1659), die Insel Gorée, das Kongomündungsgebiet sowie Ndongo-Angola (vor allem Luanda, ab ca. 1575), wo portugiesisch-brasilianische-afrikanische Allianzen von Negreros, Jagas, Sobas, Ambakisten, afrikanischen Händlern (*guenzes*) und Pombeiros (*pumbeiros*), oft ehemalige Sklaven, als Sklavenbeschaffer und -bewacher[119] operierten, und die südafrikanische Kapkolo-

---

115 Kok, Gerhard de; Feinberg, Harvey M., „Captured on the Gold Coast. 'Illegal' Enslavement, Freedom and the Pursuit of Justice in Dutch Courts, 1746–1750", in: Journal of Global Slavery Vol. 1:2–3 (2016), S. 274–295.

116 Lopes, Carlos (ed.), Mansas, Escravos, Grumetes e Gentio: Cacheu na encruzilhada de Civilizações, Bissau, Guinea-Bissau: Instituto Nacional de Estudos e Pesquisa, 1993; Esteves, Maria Luísa, Gonçalo de Gambôa de Aiala. Capitão-mor de Cacheu e o comércio negreiro espanhol: 1640/1650: Cacheu cidade antiga, Lisboa: Centro de Estudos de História e Cartografia Antiga, 1988.

117 Conneau, „Chapter 12th. Ama-De-Bella Visits Our Factory", in: Conneau, A Slaver's Log Book, S. 63–70, hier S. 63.

118 „Panyarring, is a Term for Man-stealing along the whole coast", siehe: Atkins, John, A Voyage to Guinea, Brazil and the West Indies in His Majesty's Ships, the 'Swallow' and 'Weymouth'. London: C. Ward and R. Chandler, 1735 (reprinted, London: Frank Cass, 1970), S. 53 (Panyarr – S. 168); Blake, The History of slavery, S. 112; Green, „Introduction. Rethinkinking the Trans-Atlantic Slave Trade from a Cultural Perspective", in: Green, The Rise of the Trans-Atlantic Slave Trade in Western Africa, S. 1–29, hier S. 1 f.; zu Kilamba und Quimbares, siehe: Vansina, „Ambaca Society and the Slave Trade, c. 1760–1845", S. 1–27; Brauner, Kompanien, Könige und caboceers. Interkulturelle Diplomatie an Gold- und Sklavenküste, 17.–18. Jahrhundert, Köln/Weimar/Wien: Böhlau, 2015; siehe auch: Austen, Ralph A.; Derrick, Jonathan, Middlemen of the Cameroons Rivers. The Duala and their Hinterland, c. 1600 – c. 1960, Cambridge: Cambridge University Press, 1999; Green, „Os Cristãos-Novos e a Crioulização em Cabo Verde e nos Rios da Guiné, Séculos XVI–XVII",http://www2.iict.pt/?idc=102&idi=13327 (letzter Zugriff 2. 2. 2018).

119 Bal, Willy, „Portugais Pombeiro 'Commerçant Ambulant du 'Sertão''", in: Annali: Instituto Universitario Orientale, Sezione Roma 7:2 (1965), S. 123–161; Santos, „Em Busca dos Sitíos do Poder na África Centro Ocidental. Homens e Caminos, Exércitos e Entradas (1483–1915)", in: Heintze; Oppen (eds.), Angola on the Move. Transport Routes, Communications and History/Angola em Movimento. Vias de Transporte, Comunicação e Histórica, Frankfurt am Main: Verlag Otto Lembeck, 2008, S. 26–40; Heintze, „The Extraordinary Journey of the Jaga through the Centuries: Critical Approaches to Precolonial Angolan Historical Sources", in: History in Africa Vol. 34 (2007), S. 67–101; Caldeira, „Do interior para a costa", S. 99–103.

nie (seit 1660).[120] Atlantikkreolen waren Broker. Europäer und Neoeuropäer, in Selbstbezeichnung „Weiße" oder „Christen", dagegen behielten die Kontrolle über die Hochseeschifffahrt, die im 17. Jahrhundert zeitweilig massiv von Piraten, Atlantikkreolen und Korsaren bedroht war – wie in Westafrika am Beginn des 18. Jahrhunderts, als England seine früheren Verbündeten, die Piraten, aus der Karibik vertrieben hatte; der Schiffschirurg John Atkins beschreibt die Expedition gegen die Konkurrenten.[121]

Im Anfang übernahmen die bereits an Razzien- und Haussklavereien gewöhnten iberischen Kapitäne und Kaufleute den afrikanischen Menschenkapitalismus und passten ihre Vorstellungen von Sklaverei und Wirtschaften auf Basis menschlicher Körper als Kapital den afrikanischen Realien des Slavings an, auch denen im Indischen Ozean. Portugiesen hatten seit 1500 auch Handelsenklaven am Indik besetzt (bei denen sich Schiffe und Schiffsartillerie besser einsetzen ließen als in Westafrika), die auch immer Schnittpunkte des Menschenhandels waren. Die Systematisierung von Transport, Passage, Kommodifizierung, Preisen, staatlichen Monopolen (wie nationaler *exclusifs* (nicht nur französischer), Kontinentalsperre),[122] Arbeitserpressung auf Plantagen, in Schiffs- und Hafenwirtschaften sowie Exporten im atlantischen System im Laufe der Neuzeit bis in die 1880er Jahre, das bis tief ins kontinentale Europa, zum Beispiel in die Schweiz oder nach Dänemark, Schweden und Kurland reichte, war, ich wiederhole das gerne, am Beginn, zwischen 1400 und 1650, an die Übernahme des afrikanischen Menschenkapitalismus als der Grundlage anderer Aggregatzustände des Kapitalismus gebunden. Dies geschah im Wesentlichen auf dem sogenannten Iberischen Atlantik 1450–1650 (und übergreifend auf Basis des iberisch-afrikanischen Südatlantiks 1500–1900) und wurde dann von nordwesteuropäischen Mächten 1630–1800 sowie amerikanischen Mächten 1800–1890 übernommen, die, wie Kuba, selbst noch Kolonie waren. Im 19. Jahrhundert kam es vor allem zu Transkulturation und gegenseitiger Potenzierung zwischen Finanz-, Industriekapitalismus und Menschenkapitalismus sowie traditionellen Herrschaftsformen, die sich modernisierten. Für atlantische Gebiete und die großen Reiche Amerikas, inklusive das Spanische Restreich, ist das mehr oder weniger bekannt. Es gilt aber auch für Afrika und den Indik. Der sich globalisierende liberale Kapitalismus des 19. Jahrhunderts griff auf lokale Ressourcen und

---

120 Delcourt, André, La France et les établissements français au Sénégal, 1713–1769, Dakar: IFAN, 1952; Shell, Children of Bondage; Campbell, „Introduction: Slavery and other forms of Unfree Labour in the Indian Ocean World", in: Campbell (ed.), The Structure of Slavery in Indian Ocean Africa and Asia, S. vii–xxxii.

121 Atkins, A Voyage to Guinea, passim.

122 Marzagalli, Silvia, „The Continental System: a view from the sea", in: Joor, Johan; Aaslestad, Katherine (eds.), Revisiting Napoleon's Continental System: Local, Regional, and European Experiences, Basingstoke: Palgrave, 2014, S. 83–97; García Montón, „The cost of the Asiento. Private merchants, royal monopolies, and the making of the trans-atlantic slave trade in the Spanish empire", S. 11–34.

lokale Sklavereiformen zurück, oft nur partiell, etwa auf Formen von Razziensklaverei und bestimmten lokalen Formen des Menschenhandels, wie z. B. die Weiterexistenz von „Sklavereien nach der Sklaverei" in Angola oder dem Südosten des heutigen Nigeria, an der Calabarküsten. Von dort wurden (meist) geraubte Menschen aus küstenferneren Orten unter dem diskursiven Vorwand der Kontraktarbeit in die neuen Ressourcenproduktions-Inseln wie São Tomé (portugiesisch) oder Fernando Pó (spanisch) verschleppt.[123]

Razziengrenzen, Sklaven-/Menschenhandel und Sklavereien in Ägypten und Ostafrika

Razziengrenzen waren oft Rindergrenzen (Interior von Süd-, Mittel- und Nordamerika, Westzentralafrika und Südägypten/Sudan); manchmal auch Kamelgrenzen. In Afrika kam es, auch durch Razzien, zur regionalen Weiterentwicklung der Sklaverei bis hin zur „großen" Plantagensklaverei.[124] Grundlage waren auch hier „kleine" Sklavereien, Razzienkriege und Menschenhandel. Ein Beispiel, neben den bereits mehrfach erwähnten Sokoto und Sansibar, war die Modernisierung Ägyptens. Ägypten war eine traditionelle Sklavengesellschaft und ein Zentrum lokalen, osteuropäischen, pontischen und afrikanischen Slavings (nachdem die Vorherrschaft Äthiopiens/Abessiniens im 16. Jahrhundert gebrochen worden war).[125] Zusammen mit der Rolle der Sklaverei in Marokko, an der Swahili-Küsten, dem Sokoto-Kalifat im Norden des heutigen Nigeria, und Inseln im Indik, ist Ägypten ein gutes globalgeschichtliches Beispiel für die Bedeutung von Sklaverei und Menschenkapital für die Exportproduktion von Ressourcen, mit der Eliten im 19. Jahrhundert die Eingliederung eines Territoriums in den Weltmarkt vorantrieben, das ihrer Meinung nach vor der Gefahr stand, in den Rang einer Peripherie zurückzufallen. Fast noch deutlicher wird diese Eingliederung, auch in Bezug auf Expansion, im Sadier-Imperium

---

123 Nerín, Guinea Ecuatorial, historia en blanco y negro (hombres blancos y mujeres negras en Guinea Ecuatorial [1843–1968]), Barcelona: Ediciones Península, 1997; Martino, Enrique, „PANYA. Economies of Deception and the Discontinuities of Indentured Labour Recruitment and the Slave Trade, Nigeria and Fernando Pó, 1890s–1940s", in: African Economic History Vol. 44 (2016), S. 91–129.

124 Thornton, „Slavery and African Social Structure", S. 72–97; Lovejoy, „Foreword", in: Meillassoux, The Anthropology of Slavery, Chicago: University of Chicago Press, 1991, S. 7–8; Fisher, Humphrey J., Slavery in the History of Muslim Black Africa, London: Hurst & Company, 2001; Ewald, Soldiers, Traders, and Slaves: State Formation and Economic Transformation in the Greater Nile Valley, 1700–1885. Madison: University of Wisconsin Press, 1990; Ewald, „Slavery in Africa and the Slave Trades from Africa", S. 465–485; Law; Strickrodt (eds.), Ports of the Slave Trade (Bights of Benin and Biafra), Stirling: Centre of Commonwealth Studies, University of Stirling, 1999.

125 Kurt, Andrew, „The search for Prester John, a projected crusade and the eroding prestige of Ethiopian kings, c. 1200–c. 1540", in: Journal of Medieval History Vol. 39:3 (2013), S. 297–320.

Marokkos, auch und gerade im Zucker- und Sklavensektor sowie in den Transkulturationen Nordafrika–Europa (zunächst vor allem protestantisches Europa, oft vermittelt von „Portugiesen" – die aus Spanien geflohene Juden sein konnten).[126] Die Eingliederung in den Weltmarkt, der im 19. Jahrhundert seit ca. 1830 mehr und mehr vom Industrie-Kapitalismus geprägt wurde, erlaubte es den Eliten zugleich, Ergebnisse der industriellen Revolution zur Modernisierung der Sklavereien und des Sklavenhandels zu nutzen und neue Razziengrenzen des Menschenhandels zu erschließen.

Das Mamelukenreich Syrien-Ägypten war von 1260 bis 1811 neben dem Sultanat von Delhi (bis 16. Jahrhundert) eines der paradigmatischen Herrschaftsgebiete von ehemals versklavten Soldaten (Mameluken) – im weiteren Umfeld des oben genannten eurasisch-nordafrikanischen Kernterritoriums vom Maghreb bis Nordindien. Schon zu Beginn der Mamelukenzeit war Ägypten und das Einzugsgebiet des Nils traditionelles Nachfragegebiet für unfreie Menschen gewesen (Pharaonen, Greco-Ägypten, römisches und islamisches Ägypten).[127]

Im 19. Jahrhundert, als sich osmanische Führungskräfte unter Muhammad Ali nach einem Massaker gegen die Mamelukenelite in Ägypten durchgesetzt hatten, kam es dort zu einer Modernisierung nach den Vorstellungen der Zeit: u. a. durch Exportwirtschaft von Ressourcen für industrielle Produktion (vor allem Baumwolle, aber auch Zucker und allgemein Landwirtschaft), aber auch die Gründung einer neuen Armee. Auch in Marokko und Tunesien fanden Modernisierungen statt, u. a. wurden christlische Sklaven frei gelassen oder der Sklavenhandel wurde aus Furcht vor europäischer Kolonialexpansion (wie gegen Algerien) formal aufgehoben (Tunesien 1846). Im Gegensatz zu den meisten Darstellungen der Sklavereien in Afrika und in den islamischen Gebieten war Ägypten eines der wenigen islamischen Länder in dem massive „non-domestic slavery" (Gabriel Baer) existierte und zwar vor allem auf Zuckerplantagen in Oberägypten, in der Bewässerung vor allem in der Isnā-Provinz sowie auf Baumwoll-Plantagen in Unterägypten (die zu Zeiten Said Paschas in den 1860er Jahren ca. 40 % allen fruchtbaren Landes ausmachten).[128] Darüber hinaus wurden vor allem Sklaven aus Griechenland bei öffentli-

126 El Hamel, „The Trans-Saharan Diaspora", in: El Hamel, Black Morocco, S. 109–154, hier vor allem S. 152–154; siehe auch: García-Arenal, Mercedes, „Conexiones entre los judíos marroquíes y la comunidad de Amsterdam", in: Madrid: Fundación Carlos de Amberes y Ministerio de Asuntos Exteriores, 2002, S. 173–205.

127 Northrup, „Military Slavery in the Islamic and Mamluk Context", S. 115–131; Arnold, David, „Sultane und Sklaven", in: Arnold, Südasien, Frankfurt am Main: S. Fischer, 2012 (Neue Fischer Weltgeschichte, Bd. 11; Fisch, Jörg; Nippel, Wilfried; Schwentker, Wolfgang (eds.)), S. 205–233.

128 Beckert, „Emancipation and Empire: Reconstructing of the Worldwide Web of Cotton Production in the Age of the American Civil War" in: American Historical Review Vol. 109:5 (Dec 2004), S. 1405–1438, hier S. 1414.

chen Arbeiten eingesetzt und allgemein männliche Sklaven in der Suez-Küstenschifffahrt.[129]

„Weiße" Captives, Kinder und Frauen wurden während des „griechischen Krieges" (1822–1827) aus Griechenland (nach der Schlacht von Navarino allein 3000–4000 Männer), sonst vor allem von der Ostküste des Schwarzen Meeres (Georgien, Armenien, Tscherkessien) über Trapezunt und Istanbul nach Ägypten verschleppt. Tscherkessische, armenische und georgische („circassische") Versklavte waren vor allem junge Frauen und Kinder, die von ihren Angehörigen verkauft wurden, aber auch Opfer von Razzienkriegen unter verfeindeten Clans sowie Opfer der russischen Expansion gegen den Kaukasus.[130] Die Sklavenhändler, viele von ihnen Abhängige oder Diener der lokalen Beys der Provinz Trapezunt, heirateten die jungen Frauen und ließen sie in Haus- und Handarbeit unterweisen, brachten sie nach Instanbul und verkauften sie dort (in der zweiten Hälfte des 19. Jahrhunderts heimlich).

„Farbige" Sklaven und Sklavinnen Ägyptens stammten aus fünf Gebieten. Erstens: Regionen im Süden und Westen Dar Furs. Am Beginn des 19. Jahrhunderts war die jährliche Karawane von Dar Fur nach Ägypten die größte aller Karawanen. Ihre Hauptware und ihr Hauptkapital waren männliche und weibliche schwarze Sklaven, die aus den konstanten Razzienkriegen Dar Furs mit Nachbarn stammten. Sie wurden vor allem in Kairo verkauft. Die ägyptische Regierung hatte in Kairo, vor allem wegen Sicherheitsproblemen und Quarantäne (Pocken, Cholera), große Sklaven-Barracoons errichten lassen. Eine Schätzung für den gesamten Menschenhandel besagt, dass für zehn Sklaven, die den Sklavenmarkt Kairos erreichten, ca. fünfzig auf den Wegen in die Sklaverei elend verreckt waren.[131] In der zweiten Hälfte des 19. Jahrhunderts verlegten neue Sklavenhändlereliten einen Karawanenweg über Kordofan (El Obeid).[132] Dort kamen zu den Sklaven aus Dar Fur, die schon lange Märsche hinter sich hatten, aus dem Hochland im Süden von Kordafan Nuba-Sklaven.

Zweitens kamen, vor allem nach der Eroberung von Kordofan 1820/22 (*turkiyya*), Sklaven-Karawanen aus dem sudanischen Sennar nach Ägypten, das zur Provinz an der Grenze zu den Nuba-Bergen und Abessinien (Äthiopien) geworden war. An den Grenzen Sennars operierten die „mächtigsten arabischen Menschenjägernomaden, die Baggars" auf Rassepferden oder Rindern, erkennbar an ihren

129 Baer, „Slavery in Nineteenth Century Egypt", S. 417–441, hier S. 421. Zu Marokko siehe: Ennají, Mohammed, Serving the Master. Slavery and Society in Nineteeth-Century Morocco, New York: St. Martin's Press, 1998.

130 Baer, „Slavery in Nineteenth Century Egypt", S. 423.

131 Segal, „The Terrible Century", in: Segal, Islam's Black Slaves ..., S. 145–176, hier S. 151; siehe auch: Holsinger, Daniel, „Trade Routes in the Algerian Sahara in the 19th Century", in: Revue de l'Occident musulman et de la Méditerranée Vol. 30:1 (1980), S. 57–70.

132 Baer, „Slavery in Nineteenth Century Egypt", S. 417–441, hier S. 424.

geflochtenen Haaren, sowie die Kababash.[133] Diese tollkühnen Menschen-Räuber zahlten Brautpreise oft in Sklaven. Nuba-Sklaven bildeten neben Oromo-Sklaven (*galla*, auch *shangalla* oder *shankalla* von den Sklavenmärkten Gondar und Gallabat in Äthiopien – eine verletzende Bezeichnung der Amhara-Sklavenhalter, wie *donkor*, *nigger* oder *kaffir*/*caffers* (*cafr*) – siehe das Namenkapitel unten) die Mehrzahl der Verschleppten.[134] Hermann von Pückler-Muskau kaufte 1837 auf dem Sklavenmarkt von Kairo eine Oromo-Sklavin namens Machbuba (ca. 1823–1840) als Mätresse („Dienstleistung").[135]

Zwischen diesen beiden Regionen versklavten alle Typen von Sklavenjägern und Menschenhändlern (unter ihnen die Danāqla des nördlichen Sudans) drittens Menschen, meist Kinder und Frauen, aus Völkern, die im Sudan entlang des weißen und blauen Nils lebten. Einige der auf Menschenjagd spezialisierten Völker der äthiopisch-sudanesischen Razziengrenzen und *slaving zones*, wie die Dinka in der Bar-El-Ghazal-Region und die Shilluk, zahlten Tribute in Sklaven (vor allem Mädchen). Zunächst gingen die Verschleppten auf den offenen Sklavenmarkt von Khartum. Als dieser verboten wurde, diente eine Siedlung im Gebiet der Shilluk als Umschlagplatz des Menschenhandels (Kaka). Ein individuelles Schicksal ist das des Jungen Ali, der von dem rassistischen Abolitionisten und Arzt William Holt Yates beschrieben und freigekauft wurde.[136]

Eine vierte Region der Sklavenversorgung bildeten neben dem bereits erwähnten Dar Fur die Sultanate Bornu (südwestlich des Tschad-Sees) und Wadāy (auch Wadei; östlicher Teil des heutigen Tschad) sowie eine Reihe weiterer Sklavenjäger-Emirate. Die Versklavten wurden über Lybien oder die westliche Wüste nach Ägypten getrieben. Es existierten verschiedene Routen, entweder über Fezzān, ein traditionelles Sklavenhandelszentrum, die Cyrenaica, Benghasi, dann direkt nach Kairo, oder erst über Alexandria. Wenn der Wüstenlandweg gewählt wurde, waren

---

133 N'Diaye, „Bestialisierung, Razzien und Menschenjagd oder die Erniedrigung Afrikas", S. 131–150, hier S. 136; zu anderen Regionen Äthiopiens siehe: Bombe, „Reclaiming Lost Identity. Redemption of Slave Descendants among the Ganta", S. 77–88; siehe auch: Rüppell, „Ueber die verschiedenen Bewohner des Kordofans, ausschließlich der freien Nuba", in: Rüppell, Reisen in Nubien, Kordofan, und dem Peträischen Arabien, S. 141–149.

134 Pankhurst, Richard, „The History of Bareya, Šanqella and other Ethiopian slaves from the borderlands of the Sudan", in: Sudan Notes and Records 58 (1977), S. 1–43; Baer, „Slavery in Nineteenth Century Egypt", S. 417–441, hier S. 424 f.; Segal, „The Terrible Century", in: Segal, Islam's Black Slaves, S. 145–176, hier S. 154.

135 Kleßmann, Eckart, Fürst Pückler und Machbuba, Berlin: Rowohlt, 1998.

136 La Rue, George Michael, „The Brief Life of 'Ali, the Orphan of Kordofan. The Egyptian Slave Trade in Sudan, 1820–35", in: Campbell; Miers; Miller (eds.), Children in Slavery, S. 71–87; Baer, „Slavery in Nineteenth Century Egypt", S. 417–441, hier S. 425, siehe auch: Collins, Robert O., „Slavery in the Sudan in History", in: Slavery & Abolition 20:3 (1999), S. 69–95 sowie: Lane, Paul J.; Johnson, Douglas, „The archaeology and history of slavery in South Sudan in the 19th century", in: Peacock (ed.), The Frontiers of the Ottoman World, Oxford: Oxford University Press, 2009 (Proceedings of the British Academy 156), S. 509–537.

die Oasen Kufra und Jalo wichtige Zwischenstationen. Die Jalo-Oase war eine Zeit lang das wichtigste Slaving-Zentrum in der lybischen Wüste. In Jalo wurden die von den langen Wüstenmärschen erschöpften Menschen gewaschen sowie eingeölt, eingekleidet. Man brachte ihnen einige Worte Arabisch bei. Auch die Siwa-Oase war ein wichtiger Schnittpunkt des Wüsten-Karawanenwegs nach Ägypten und Arabien. Der Menschenhandel all dieser Regionen basierte auf sehr alten Sklavenhandelstraditionen, die schon seit Nubien, Meroe und Kusch (bis um 300 u. Z.) existierten.Vom 7. Jahrhundert bis zum 13. Jahrhundert formierten sich, von Arabien und der afrikanischen Küste des Roten Meers (Aksum, Sawakin/Suakin) ausgehend, eine Reihe von islamischen Emiraten und Sultanaten in Ost-West-Richtung (z. B. Funj, die alten sudanesischen Königreiche Sennar, Dar Fur, Bar El-Ghazal, Wadai bis hin nach Kanem-Bornu[137] und später die Futa- (oder Fuuta-) Staaten sowie die Haussa-Staaten). Ihre Hauptwirtschaft waren Menschenjagd und Sklavenhandel. Seit dem 16. Jahrhundert erneuerten die Osmanen, auch in Auseinandersetzung mit syrisch-ägyptischen Mameluken und Portugiesen, den islamischen Einfluss [*Karte 17[138]].

Über den Süden Ägyptens und Nubiens, vor allem über die klassische Sklavenhandels-Inselstadt Sawakin/Suakin, und den Norden Äthiopiens (Aksum, Massawa – auch eine Insel)[139] und Aden (eine Fast-Insel) auf der arabischen Halbinsel wurde Ägypten und Arabien mit einer fünften, nord-südlichen Menschenjagd- und Sklavenhandelsregion verbunden. Diese Region war eigentlich eine Makrosklavereiregion und umfasste die Sklavenhaltergesellschaft Abessinien (Äthiopien)[140] sowie die ostafrikanische Küste (Eritrea, Djibuti, Harar, Somalia, Kenia und Tansania), die alle selbst auch lokale Sklaverei- und Menschenhandelsgebiete waren. Seit die Portugiesen im 16. Jahrhundert eindrangen und Enklaven übernahmen oder neu gründeten, kam es im Zuge der Auseinandersetzungen zwischen Abessinien, islamischen Emiraten, Osmanen und Portugiesen zur Herausbildung einer Reihe von Sklavenhandelshäfen, die „abessinische" Sklaven, Geraubte und Kriegsgefangene aus dem Interior Ostafrikas bezogen. Diese Entwicklung hatte, wie gesagt, eine lange Vorgeschichte. Durch die arabische Invasion (seit dem 7. Jahrhundert – auch eine „Völkerwanderung", wenn auch keine im „herkömmlichen

---

137 Gronenborn, „Kanem-Bornu: a brief summary of the history and archaeology of an empire in the central *bilad al-sudan*", in: DeCorse (ed.), Westafrica, S. 101–130.

138 Karte 17: „Routen der ostafrikanischen Sklavenkarawanen und die Kontrolllinien nach dem britisch-omanischen Verträgen von 1822 und 1839", aus: Mann, Sahibs, Sklaven und Soldaten, S. 139.

139 Miran, Jonathan, „From Bondage to Freedom on the Red Sea Coast: Manumitted Slaves in Egyptian Massawa, 1873–1885", in: Slavery & Abolition 34/1 (2013), S. 135–157.

140 Fernyhough, Timothy, „Slave and the slave trade in southern Ethiopia in the 19th century", in: Clarence-Smith (ed.), The Economics of the Indian Ocean Slave Trade, S. 102–130; Smidt, Wolbert, „Slavery", in: Uhlig, Siegbert (ed.), Encyclopedia Aethiopica, 5 Bde., Wiesbaden: Harrassowitz, 2010, Bd. IV, S. 673–681; Bombe, „Reclaiming Lost Identity. Redemption of Slave Descendants among the Ganta", S. 77–88.

Sinne"),[141] die Niederlage der Kreuzfahrer und die Expansion der Mameluken (13. Jahrhundert) war das koptisch-christliche Äthiopien, eine alte Menschenjagd- und Sklavereigesellschaft, wie sie in vorislamischen Zeiten überall in Nordafrika, Arabien und in Westasien existiert hatten, isoliert worden. Sowohl im Norden, wie oben dargestellt, wie auch im Westen und Osten war das koptische Reich von einer Reihe von islamischen Emiraten und Sultanaten umgeben, die oft Häfen, Küstenabschnitte oder Inseln mit Häfen, d. h., Enklaven, kontrollierten. Die Versklavten, darunter sehr viele christliche Oromo sowie Galla, wurden per Boot oder Dhau über das Rote Meer via die Häfen Massawa, Berbera und Zayla (Saylac/Zeila, mit vorgelagerter Insel), nach Mokka und Aden oder über Sawakin/Suakin (im heutigen Sudan, eine Insel), Jidda, den Hafen Mekkas, nach Suez und Kairo gebracht. Oromo-Mädchen wurden in den Markt-Konventionen der Sklavenhändler besondere Eleganz sowie Schönheit und Oromo-Jungen besondere Intelligenz zugeschrieben. Als die ägyptisch-britische Regierung Ende des 19. Jahrhunderts den sudanesischen Sklavenhandel über El Obeid und Kordofan unterdrückte, wurden die Rote-Meer-Route auf kleinen, 15- bis 30-Tonnen-Dhaus sowie allgemein die Küstenrouten Ostafrikas zur Alternative für den internen Sudanhandel (zweite und dritte Region) [*Karte 18[142]].

Generell waren Preise für unterschiedliche Sklavinnen und Sklaven auf den ägyptischen Sklavenmärkten sehr differenziert: schwarze Mädchen waren teurer als schwarze Jungen; Eunuchen waren zwei- bis dreimal teurer als schwarze männliche Sklaven. Ägyptische Eunuchen waren meist schwarze Jungen von ca. 8–10 Jahren, die vor allem im Herrscherhaushalt und in Häusern der türkischen Oberschicht dienten, ebenso wie *mamlūks* (1839 noch 2000).[143] Die Kastration wurde auf den Sudan-Routen vor allem in Dayr al-Jandala, meist von koptischen Priestern vorgenommen; nach Verbot wurden später „fertige" Eunuchen aus Kordofan und Dar Fur importiert.[144] Der Sklavenhandel Äthiopiens war im Wesentlichen Mädchen- und Kinderhandel. Sklaverei und Sklavenhandel hatten aber insgesamt seit jeher hohe Bedeutung und weiteten sich mit der Modernisierung und Expansion Äthiopiens unter Menelik II. [*Karte 19[145]] in der zweiten Hälfte des 19. Jahrhunderts aus. Abessinische Mädchen, vor allem Oromo-Sklavinnen, waren teurer als schwarze Mädchen. Die höchsten Preise (ca. 10-mal so viel wie abessinische Mädchen) erzielten in Ägypten „weiße" Mädchen (Georgierinnen, Armenierinnen, Tscherkessinnen und Griechinnen).[146]

---

141 Fehr; Rummel, „Völkerwanderungen nach der Völkerwanderung", S. 153–162.

142 Karte 18: „Türkisch-Ägyptischer Sudan", unter: https://de.wikipedia.org/wiki/T%C3%BCrkisch-%C3%84gyptischer_Sudan#/media/File:Egypt_under_Muhammad_Ali_Dynasty_map_de.png (30. Mai 2018).

143 Baer, „Slavery in Nineteenth Century Egypt", S. 417–441, hier S. 417.

144 Ebd., S. 419.

145 Karte 19: „Äthiopien im 19. Jahrhundert", aus: Marx, Geschichte Afrikas, S. 126.

146 Baer, „Slavery in Nineteenth Century Egypt", S. 417–441, hier S. 427.

Die Zahlen der von Sklavenhändlern im 19. Jahrhundert nach Ägypten importierten Menschen oszillierten zwischen 10 000 und 12 000 für Dar Fur-Karawanen und einige Hundert für Sennar-Karawanen. Bei den imperialen Expansionen Muhammad Alis gegen den Sudan zwischen 1821 und 1825 gerieten ca. 80 000 sudanische Sklaven-Soldaten in ägyptische Gefangenschaft. Das sind alles Schätzungen, genaue Zahlen gibt es nicht. Besonders der Rote-Meer-Schmuggel muss riesig gewesen sein. In Minimalzeiten, etwa den 1840er–1850er Jahren, fielen die Zahlen auf insgesamt 3000–5000 Verschleppte pro Jahr, um in den Baumwoll-Boom-Zeiten der 1860er Jahre (Bürgerkrieg in den USA) auf 25 000–30 000 im Jahr anzusteigen (allein 10 000–15 000 nur von den Razziengrenzen der Nilgebiete).[147] Viele der Sklavenjäger und -bewacher waren selbst Sklavensoldaten in der islamisch-sudanischen Tradition der Militärsklaverei (*bazingir*); von ihnen wiederum fanden sich seit 1881 viele unter den Truppen des Muhammad Ahmad, dem Führer des Mahdi-Aufstandes, der sich vor allem in den Menschenjagdterritorien Dar Fur im Westen, Suakin (Insel-Stadt und Hafen nicht), Dongola und Bar al-Ghazal im Süden ausbreitete. Zwischen 1869 und 1880 fielen die Zahlen des atlantischen Menschenhandels kontinuierlich. Aber erst als am Beginn der 20. Jahrhunderts militärische Kontrollen in El Obeid und Bahr al-Ghazal (Gazellenfluß), an der Grenze zum französischen Äquatorial-Afrika etabliert worden waren, konnte der große Menschenhandel aus dem Innern Afrikas etwas eingedämmt werden.

Farbige Sklavinnen und Sklaven wurden in die Türkei, nach Syrien und Indien (vor allem männliche christliche Sklaven, die in Indien oft Militärsklaven wurden – Siddi und Habshi (nach Arab.: *Al-Habsh* für Abessinien) reexportiert. Wichtig für eine globale Geschichte des Slaving ist, dass die Perspektive vom regionalen Zentrum Ägypten aus, einer sklavenhaltenden Gesellschaft, hier durch Perspektiven von den „slave raiding areas of Africa" (slaving zones) ergänzt wird, vor allem von den äthiopisch-sudanischen Slaving-Grenzen und von der ostafrikanischen Küste. Wichtig ist auch, dass diese Perspektive auch für alle anderen bis um 1800 relativ kleinen Plantagengesellschaften und danach für die großen Gesellschaften der zweiten Sklaverei bemüht werden sollte.[148] Die *enslavement frontiers* mit den entsprechenden Menschenhandelslinien muslimischer Razzienkrieger und Kaufleute aus den genannten Regionen des südwestlichen Sudan und aus Wadei, Bornu sowie aus dem Sokoto-Reich, aber auch lokaler Jallaba und Warlords, verlagerten sich zwischen 1870 und 1920 bis nach Ubangi-Shari, der heutigen Zentralafrikanischen Republik. Die Infrastrukturen der Gewalt, man könnte auch sagen, Strukturen und *material culture* der Versklavung, stützten sich auf *zariba* (bei Georg

147 Beckert, „Emancipation and Empire: Reconstructing the Worldwide Web of Cotton Production in the Age of the American Civil War", S. 1405–1438.
148 James, „Perceptions from an African Slaving Frontier", S. 130–141.

Schweinfurth *seriba, seriben*), kleine befestigte Handelsforts, zwischen denen sich Karawanen bewegten.[149]

Viel weiter im Süden war Kilwa an der Swahili-Küste Ostafrikas im 18. Jahrhundert der wichtigste Exporthafen für verschleppte Menschen; zwischen Kilwa und dem Malawi-See verlief einer der wichtigsten Menschenhandelskorridore, oft umstritten zwischen indigenen, afro-arabischen und afro-portugiesischen Sklavenjägern und Razzienarmeen. Die Verschleppten kamen aus dem östlichen Tanganjika-Gebiet sowie mehr und mehr auch aus der Region des Njassa-Sees (heute Malawi-See), hier vor allem von *yaos* verschleppte Menschen vom Volk der *makuas*.[150] Zunächst traten die Portugiesen in massive Konkurrenz mit islamischen Sklavenhändlern, wurden aber im 17. und 18. Jahrhundert durch die Truppen oder Flotten von Sultanen aus vielen Handelsenklaven nach Süden in das Hinterland von Moçambique (Ilha de Moçambique) und in das Sambesi-Limpopo-Gebiet verdrängt. Es traten auch neue europäische Akteure auf den Plan (Niederländer, Briten und Franzosen). Den Portugiesen blieb in Moçambique im Grunde nur massiver Sklavenhandel. Versklavungen und Razzien breiteten sich aus. Dazu kamen Einführung von Mais sowie die militärischen Revolutionen der Zulu und die nachfolgenden Expansionen der Nguni in der ersten Hälfte des 19. Jahrhunderts (*mfecane*) sowie die Burenexpansion mit schwersten Konflikten, Razziensklavereien und Ethnogenesen.[151] In den Grenzgebieten zwischen Cape und Highveld nördlich des Orange River (heute Transorangia) bildeten sich im 19. Jahrhundert halb-nomadische Banden von „Coloureds“, nominell christlich, genannt *drosters* (Oorlams, Bergenaars u. a.), die von „cattle-raiding and slave-taking“ lebten.[152] Für die Burenrepublik gilt: „slavery remained an established feature of Boer society long after its official abolition“.[153] Hinter der Abolitionsdiskurs-Fassade gab es afrikanische „indentured“ (*inboekelinge*), die formal nach einer bestimmten Zeit frei gelassen werden sollten. Es gibt wenig Evidenz, dass das geschah. Und es existierte die „seizure of African children who were deemed to be „orphans“. In practice, the Boers usually captured these children in raids against African communities. Or they might de-

---

149 Cordell, „Warlords and Enslavement: A Sample of Slave Raiders from Eastern Ubangi-Shari, 1870–1920“, S. 335–361; siehe auch: Schweinfurth, Georg, „Fünftes Kapitel [„Einzug in die grosse Seriba Ghattas' und Empfang“]“, in: Schweinfurth, Im Herzen von Afrika. Reisen und Entdeckungen im zentralen Äquatorial-Afrika während der Jahre 1868–1871. Ein Beitrag zur Entdeckungsgeschichte von Afrika, Leipzig: F. A. Brockhaus, 1918 (3. Auflage), S. 90–112, hier vor allem S. 90–93.

150 Johnson, Douglas H., „Sudanese Military Slavery from the Eighteenth to the Twentieth Century“, in: Archer (ed.), Slavery and Other Forms of Unfree Labour, S. 142–156.

151 Siehe: Livingstone, David, „Zweites Kapitel“, in: Livingstone, Missionsreisen und Forschungen in Südafrika, 2 Bde., Leipzig: Verlag Hermann Costenoble, 1858, Bd. I, S. 38–68 und passim.

152 Laband, John, „A 'Hideous and Disgusting Place'“, in: Laband, Zulu-Warriors. The Battle for the South African Frontier, New Haven and London: Yale University Press, 2014, S. 153–165, hier S. 158.

153 Laband, „Sobhuza's Dream“, in: Ebd., S. 46–58, hier S. 53.

mand them as tribute ... or trade them for hunting dogs, cattle, blankets, guns and horses".[154] Im 18. und 19. Jahrhundert expandierte das Luba/Lunda-Reich mit seinen Tributärterritorien, das zugleich enge Handels- und Karawanenkontakte ins portugiesische Angola hatte, bis zum Tanganjika-See. Die arabischen Sklavenhändler-Eliten Omans, neben Hadhramaut[155] schon seit Unzeiten südarabisches Zentrum des Menschenhandels und der Sklaverei, hatten die Portugiesen im 18. Jahrhundert von der mittleren Swahili-Küste zwischen Kap Delgado, Mombasa und Mogadischu vertrieben. Sie übernahmen Mitte der 1780er Jahre von Sansibar aus die Kontrolle über den Menschenhandel bis in den Norden des heutigen Moçambique. Jährlich wurden Tausende Menschen „exportiert"; einige auch für die Sklavenmärkte Asiens. Die Mehrzahl der Sklaven aus Kilwa blieb auf Sansibar oder wurde auf den Dattelpalmen- und Kokosnuss-Plantagen der Omanis eingesetzt. Mit der steigenden Nachfrage nach Sklaven auf Sansibar selbst, aber auch im Merina-Reich auf Madagaskar, auf den französischen Maskarenen (Mauritius / Île de France, Réunion, Seychellen, vor allem mit Sklaven aus Madagaskar), in Süd- und Ostafrika und in den arabischen Ländern sowie in Indien wurde die Stadt Sansibar zum prominentesten Umschlagplatz für Sklaven im Arabischen Meer und im Indischen Ozean.[156] Auf der Insel wurde unter Oberkontrolle der Omanis eine Plantagenwirtschaft etabliert, die mit Nelken ein ähnliches Welt-Monopol wie Kuba mit seinem Weißzucker ausübte. Als Sayyid Said ibn Sultan, der Herrscher der Omanis, 1840 seinen Hof nach Sansibar verlegte, war die Insel nicht nur der wertvollste Teil seiner Herrschaftsgebiete, sondern auch der wichtigste Hafen auf der Westseite des Indischen Ozeans und zugleich der wichtigste Sklavenmarkt – ein Havanna des Indiks. Auf der Insel schufteten um 1850 ca. 60 000 Sklavinnen und Sklaven und jährlich kamen zwischen 13 000 und 15 000 verschleppte Menschen, vor allem Yao und Makua-Sklaven über den Malawi-Kilwa-Korridor, hinzu [*Karte 20[157]].[158]

Indischer Ozean und Niederländisch-Indien (Indonesien)

Als portugiesische Schiffe 1488 das Kap (der „Guten Hoffnung") umrundet hatten, fanden sie an allen Küsten und auf (fast) allen Inseln des Indischen Ozeans ver-

154 Ebd.

155 Lekon, Christian, Time, Space and Globalization. Hadhramaut and the Indian Ocean Rim, 1863–1967, Gleichen: Musterschmidt, 2014 (Zur Kritik der Geschichtsschreibung Bd. 12).

156 Mann, „Sklavenhandel im Arabischen Meer, im östlichen und südlichen Afrika", in: Mann, Sahibs, Sklaven und Soldaten, S. 124–149, hier S. 136–140.

157 Karte 20: „Herkunftsregionen der Sklaven aus dem zentralen Ostafrika", aus: Mann, „Sklavenhandel im Arabischen Meer, im östlichen und südlichen Afrika", S. 124–149, hier S. 134.

158 Segal, „The Terrible Century", in: Segal, Islam's Black Slaves, S. 145–176, hier, S. 146.

schiedenste Sklavereiformen vor. Die Versklavten waren Opfer von Verschuldung, Raub, Razzien und Kriegen. Sie wurden in Hunger- und Krisenzeiten von Verwandten verkauft oder waren Schuldsklaven. In den Territorien Indiens waren Sklavinnen und Sklaven eher Menschen aus der jeweiligen Nachbarschaft. Im indonesischen Archipel war auch Fernhandel bzw. -transport von Verschleppten üblich.[159] Zunächst bezogen vor allem portugiesische Kapitäne *caffirs* von arabischen und muslimischen Sklavenjägern/-händlern. Das waren meist aus den Hinterländern der Küsten Afrikas geraubte und versklavte Jungen (*caffir* oder *kafr* bedeutet „Ungläubiger" – bereits mehrfach erwähnt). Die Portugiesen übernahmen *caffir* als Fachwort des Menschenhandels – *cafre* (*cafrães*). Überall im portugiesischen Handelsimperium fanden sich im 16. und 17. Jahrhundert, aber auch später, Cafres – von der westafrikanischen Küste (Pongo/Bagalang), über die ostafrikanische Küste und die Westküsten Indiens (Malabar) mit Zentrum Goa sowie Diu an den Ostküsten Indiens (Koromandel), über Bengalen bis Macao (Macau).[160]

Speziell Goa war eine opulente Stadt mit vielen Sklaven sowie Sklavinnen (viele aus Afrika und einige aus China/Ostasien) – „a showplace of exquisite homes, retinues of servants, elegant churches, and bustling, flower-bedecked *praças* – a city of beauty!".[161] Der portugiesische *Estado* hing fast völlig von Versklavten aus Afrika ab. Sowohl in Goa, wie auch in Ceylon sowie z. T. sogar in Macao waren versklavte junge Männer aus Afrika Soldaten in Hilfstruppen.[162]

Am östlichen Rand des Indischen Ozeans wurde 1619 Batavia von der niederländischen Ostindischen Kompanie (VOC = *Vereenigde Oostindische Compagnie* 1602–1798) gegründet, heute Jakarta, Hauptstadt der niederländischen Kolonie „Indien" (Indonesien). Neben Goa, dem Hauptportal des portugiesischen Handelsemporiums, war Batavia lange Zeit *das* Zentrum europäischen Kolonialismus in der östlichen Hemisphäre [*Karte 21[163]]. Die Stadt ist ein gutes Beispiel für eine durch Verschleppte kreolisierte Stadt im Indik, die ihre transkulturelle Bevölkerungsentwicklung unterschiedlichen Menschenhandelsströmen sowie unterschiedlichen Sklavereien verdankt. Die Stadt unter niederländischer (*dutch*) Kontrolle wurde durch zwei entgegengesetzte Immigrationsströme geschaffen. Erstens europäische Immigranten, viele von ihnen Soldaten (die nicht heiraten durften und in Garniso-

159 Schoeman, „Beginnings", in: Schoeman, Early Slavery at the Cape of Good Hope, S. 11–49, hier S. 12.

160 Ebd. Für die Verwendung in Westafrika in keinem spanischen sowie englischen Sprachzusammenhang siehe: Conneau, „Chapter 12th. Ama-De-Bella Visits Our Factory", S. 62–70, hier vor allem S. 68.

161 Pescatello, „The African Presence in Portuguese India", S. 142–165, hier S. 150.

162 Ebd., S. 151.

163 Karte 21: „VOC-Orte am Indik und in Asien", aus: Bosma, Ulbe; Raben, Remco, Being „Dutch" in the Indies. A History of Creolisation and Empire, 1500–1920, Athens: Ohio University Press, 2008, S. 2.

nen lebten), vor allem aber Eliten der VOC[164] sowie der Kolonialverwaltung und zweitens Sklaven. Im 16. Jahrhundert dominierten „Portugiesen" in Allianz, aber auch in Konkurrenz mit birmanischen Mags und Arakanesen den Menschenhandel im Golf von Bengalen.[165] Menschen wurden vor allem von lokalen Piraten und portugiesischen Lançados aus Nordostindien und Arakan (dem heutigen Bangladesh) verschleppt. Der Raja von Arakan lieferte aus dem Grenzgebiet zu Birma/Burma (heute Myanmar) jährlich ca. 10 000 verschleppte Menschen in portugiesisch kontrollierte Häfen (wie Chitaagong und Dianga).[166] Auch aus Rangun (zugleich Zentrum des Reis- und Holzhandels sowie Zwischenstation des überregionalen Handels zwischen Indien und China) sowie aus den portugiesischen Enklaven Indiens (vor allem Goa und Diu) und die bereits erwähnten *caffirs* aus Afrika wurden Sklaven in die malayische Inselwelt verbracht. Dafür waren die Malakka-Straße und Malakka, vorher quasi eine chinesische Kolonie, extrem wichtig.[167] Nach 1666 wurden vor allem Menschen von den Koromandel-Küsten nach Ceylon, Batavia, Kapstadt und Malaka verschleppt.[168] Seit dem späten 17. Jahrhundert kamen auch Makassar auf Celebes (Sulawesi), Bali, Sumbawa, Timor, Roti und die Nias-Insel an der Westküste Sumatras als Menschen-Liefergebiete hinzu.[169] Vor allem Menschen aus staatenlosen Bergvölkern (*hill peoples*), wie Orang Asli von Malaya, Batak von Sumatra, Toraja von Sulawesi sowie Dayak von Borneo wurden Opfer von Razzien der Küstenbevölkerung (oft muslimisch).[170] Im 17. und 18. Jahrhundert verschleppten Sklavenhändler zwischen 200 000 und 300 000 Menschen nach

---

164 „Der Handel von Indien nach Indien: François Valentyn beschreibt das innerasiatische Handelsnetz der VOC (1725)", in: Dokumente zur Geschichte der europäischen Expansion, ed. Schmitt, Eberhard, 5 Bde., München: Verlag C. H. Beck, 1986–1888 (Bde. I–IV); ed. Schmitt; Beck, Thomas, Wiesbaden: Harrassowitz, 2003 (Bd. V), Bd. IV: Wirtschaft und Handel der Kolonialreiche, eds. Emmer, Piet C. et als., München: Verlag C. H. Beck, 1988, S. 276–287 (im Folgenden: Dokumente). Nur im Abschnitt „Der Handel mit Arakan" werden Sklaven überhaupt erwähnt, Ebd., S. 283 f.

165 Winius, George, „The 'Shadow Empire' of Goa in the Bay of Bengal", in: Itinerario 7:2 (July 1983), S. 83–101.

166 Mann, „Sklavenhandel in Südostasien", in: Mann, Sahibs, Sklaven und Soldaten, S. 154–160, hier S. 150; die Zahlen differieren; Vink gibt für die Zeit 1626–1662 jährlich 150–400 Versklavte an: Vink, „'The World's Oldest Trade': Dutch Slavery and Slave Trade in the Indian Ocean in the Seventeenth Century", S. 131–177, hier S. 140.

167 Borschberg, Peter (ed.), Iberians in the Singapore-Melaka Area and Adjacent Regions, 16th–18th Century, Wiesbaden: Harrassowitz, 2004 (South China and Maritime Asia Series 14).

168 Böeseken, Anna Jacoba, Slaves and Free Blacks at the Cape, 1658–1700, Cape Town: Tafelberg, 1997.

169 Schoeman, „Beginnings", S. 11–49, hier S. 14–15; siehe auch: Arasaratnam, Sinnappah, Merchants, Companies and Commerce on the Coromandel Coast, 1650–1740, Delhi: Oxford University Press, 1986; Arasaratnam, „Slave Trade in the Indian Ocean in the Seventeenth Century" in: Mathew, Kuzhippalli Skaria (ed.), Mariners, Merchants and Oceans: Studies in Maritime History, New Delhi: Manohar, 1995, S. 195–208.

170 Reid, „The Decline of Slavery in Nineteenth-Century Indonesia", in: Reid (ed.), Slavery, Bondage and Dependency in Southeast Asia, S. 64–82, hier S. 69.

Batavia.[171] Die Wirtschaft und das soziale Leben der Hafenstadt – von den Docks, über Haushalte, Transport und Botensysteme, Orchester und Landwirtschaft, beruhten auf Sklavinnen und Sklaven sowie ihren Nachkommen (*mardijkers*); Christensklaven von der Malabar-Küste galten als geschickte und gebildete Handwerker. Ein gewisser Isaac Jansz, Schreiber, ist einer der wenigen Mardijker, der ausführliche autobiographische Notizen hinterlassen hat. Sein Großvater war als Sklave von Bali nach Batavia in einen christlichen Haushalt verschleppt worden. Er hatte den christlichen Sklaven-Namen Jan Thomaszon bekommen (der Patronym war wohl der seines Eigentümers). Er heiratete eine gewisse Anna Cardozo, deren portugiesischer Name darauf hindeutet, dass sie eine von „Portugiesen" verschleppte Sklavin aus Indien war. Möglicherweise hatten beide einen kulturellen Hindu-Hintergrund.[172]

Sklavereien in einem Mix unterschiedlichster Abhängigkeitsformen (*bondage*) waren traditionell weit verbreitet. Im 17. und 18. Jahrhundert waren Sklaven auf den Inseln des heutigen Indonesien sowie Borneo in nahezu in jedem Bereich und in jeder Funktion zu finden: Landarbeiter (Reis, Pfeffer, Nahrungsmittel), Bergleute, große und kleine Händler, Textilarbeiter und Färber, Hausdiener, Konkubinen, Prostituierte, Bauarbeiter, Dock- und Hafenarbeiter, Soldaten und Wachen, sogar Ärzte und Musiker. Die charakteristische Rolle des Sklaven – in ganz Südostasien, sagt Anthony Reid – war die eines Faktotums eines urbanen Aristokraten, d. h., Statussklave (Schirmträger, Betelträger, Luftfächler), aber auch bewaffnete Wächter und Produktionsüberwacher.[173]

Die niederländische Ostindien-Kompanie (VOC), die seit Mitte des 17. Jahrhunderts der Fernhandel dominierte, brachte neue Rigidität in die Sklaverei.[174] Die Mehrheit der Bewohner Batavias hatte einen Sklaverei-Hintergrund. Innerhalb der Stadtmauern, wo rund 20 000 Menschen und die gesamte niederländisch-europäische Elite lebte, bestand die Hälfte aus Sklaven und 10 % aus Mardijkers (getaufte ehemalige Sklaven); viele Sklavinnen und Sklaven waren auch Kinder von Sklavinnen und europäischen Vätern. Zwischen 1619 und 1660/1670 kamen die meisten Sklaven aus portugiesischen Enklaven Indiens (vor allem Malabar-Küste, Cochin, Nagapatnam und Goa über Colombo oder Jaffna auf Ceylon), aus Bali und aus Pegu (Burma).[175] Sie sprachen meist Portugiesisch, das lange Zeit auch die Lingua franca in den Haushalten mit Sklaven gewesen sein mag. 1669 eroberte die

---

171 Vink, „'The World's Oldest Trade': Dutch Slavery and Slave Trade in the Indian Ocean in the Seventeenth Century", S. 131–177.

172 Bosma; Raben, „Asian Burgers", in: Bosma; Raben, Being „Dutch" in the Indies, S. 51–54, hier S. 51 f.

173 Reid, „The Decline of Slavery in Nineteenth-Century Indonesia", S. 64–82, hier S. 68.

174 Ebd.

175 Ménard, Caroline, „'Un esclavo que se llama Antonio': Venta de dos esclavos asiáticos en Galicia a inicios del siglo XVII" in: Cuadernos de Estudios Gallegos Vol. LIX, núm. 125 (enero–diciembre 2012), S. 233–244.

VOC Südsulawesi, ließ alle Portugiesen ausweisen und kanalisierte den massiven Menschenhandel von Borneo, Sulawesi und dem Sulu-Archipel über Makassar nach Batavia. Sklaven indischer Herkunft wurden schnell zu einer Minderheit in Batavia. Das bereits erwähnte Makassar auf Sulawesi wurde zu einem überregionalen Sklavenmarkt (mit Ausnahme der Zeit zwischen 1610 und 1669 als die Sultane von Makassar Bugis und Makassar vereinigt hatten und Sklavenausfuhr weitgehend unterbanden).[176] Im globalisierten Europa des 19. Jahrhunderts war die Stadt wegen des fetten pflanzlichen Makassaröls (mit 0,05 % Blausäure) bekannt – ein Haaröl und -wuchsmittel. Die Masse der Sklaven im 18. Jahrhundert waren Malayen; sie kamen aus Flores, Solor, Timor, dem ganzen Sulu-Archipel, wo ausgeprägtes Slaving und lokale Sklaverei existierten und von den Philippinen (vor allem Mindanao). Die größten Einzelgruppen waren Bugis und Leute von Sulawesi.[177] Eine strikte Trennung zwischen malayisch-indonesischem und europäischem Sklavenhandel gab es nicht.[178] Batavia und Makassar wurden durch Migration, Sklavenhandel und Sklaverei endgültig zu „kreolischen" Städten (auch wenn Sklaven weiterhin ihre Muttersprachen gesprochen haben können). Trotzdem blieb ein grundlegendes Kriterium in der Sozial- und Kulturgeschichte Batavias bis in das 20. Jahrhundert erhalten: hatte ein Bewohner „portugiesische" Vorfahren, bedeutete das, dass diese meist indische Sklaven gewesen waren. Als 1813 der Sklavenhandel formal aufgehoben wurde, stagnierte die Bevölkerungsentwicklung Batavias lange Zeit.[179]

Als die Briten im Interregnum 1811–1816 Batavia besetzt hatten, führten sie zum Zwecke der Abolition eine Steuer für Sklavenbesitzer ein, für die eine Reihe von Daten erhoben wurde. Aus diesem Datensatz von 1816 (insgesamt 12 480 Sklaven) sind viele interessante Informationen ersichtlich, unter anderem die der Herkunft (Ort des Erwerbs) und die der Körperhöhe von Sklaven und Sklavinnen, ein sonst selten überlieferter Wert, der in der Anthropologie biologischer Lebensqualität als Ausweis für die Qualität von Ernährung sowie Lebensumständen genutzt wird. Für Versklavte, die zwischen den 1770er und 1790er Jahren geboren worden waren, weist der Zensus Durchschnittsgrößen von 157,4 cm für Männer und 144,1 cm für Frauen aus. Unter den Frauen waren unter anderem die aus Bali die Kleinsten und unter den Männern die aus Aceh.[180] Nur zum Vergleich: die Amistad-Captives wa-

176 Reid, „The Decline of Slavery in Nineteenth-Century Indonesia", S. 64–82, hier S. 71.

177 Nagel, Der Schlüssel zu den Molukken. Makassar und die Handelsstrukturen des Malaiischen Archipels im 17. und 18. Jahrhundert – eine exemplarische Studie, Hamburg: Kovač, 2003 (Schriften zur Sozial und Wirtschaftsgeschichte, Bd. 3).

178 Mann, „Sklavenhandel in Südostasien", in: Mann, Sahibs, Sklaven und Soldaten, S. 154–160, hier S. 155.

179 Bosma; Raben, „Slave Children", in: Ebd., S. 46–51, hier S. 46f und S. 49.

180 Baten; Stegl; Eng, „Long-Term Economic Growth and the Standard of Living in Indonesia", S. 1–34, hier S. 5; unter: https://ideas.repec.org/p/acb/cbeeco/2010-514.html (letzter Zugriff 15. 1. 2018); siehe oben zu Lohnarbeit, Kaufkraft von Reallöhnen und Körperhöhen.

ren kleiner als Menschen europäischer Abstammung in den USA. Als John Pitkin Morton die Amistad-Leute im März 1841 sah, notierte er in sein Tagebuch, dass sie „kleine Männer“ seien, aber stolz, fit sowie athletisch und ungebeugt von der Erfahrung der Verschleppung. Ndzhagnwawni sei mit 5′ 9″ (5 Fuss, 9 inches = 175 cm) der Größte, während Grabeau, ein muskulöser Akrobat, mit 4′ 11″ (150 cm) der Kürzeste gewesen sei. Die Durchschnittsgröße der Amistad-Männer betrug rund 5′ 4″ (162,5 cm), zu einer Zeit, als die Durchschnittsgröße amerikanischer Männer europäischer Abstammung 5′ 6″ (167,5 cm) betrug.[181]

Vor allem gegen Textilien aus Südindien und Bengalen tauschten Chinesen, Malayen und Europäer in Makassar und Batavia sowie anderen Plätzen Sklavinnen und Sklaven. Die Versklavten gingen nicht nur in Haushalte, sondern auch auf die seit dem 17. Jahrhundert entstehenden Plantagen auf den Banda-Inseln, Ambon (Monopol von Gewürznelken bis Ende 18. Jahrhundert in den Molukken) oder Aceh auf Sumatra sowie nach Johor und Melaka (Malakka). Die Banda-Inseln wurden auch „Gewürzinseln“ genannt – wegen der Produktion von Nelken, Muskatnüssen und Macis (Muskatblüte). Die Insel Lontor im molukkischen Banda-Archipel wurde zur ersten Plantagen-Insel im Indik. Eine Insel der Sklaverei [*Karte 22[182]].

Die Niederlande verboten den Sklavenhandel zwischen ihren Kolonialterritorien 1818. Sklavenkauf und -transporte von Bali, Nias, den Batakgebieten Sumatras, von Flores, Timor und natürlich aus und mit den oben erwähnten Menschenrazziengebieten der Sulu-See aber liefen weiter. Die Menschenexporte von Nias kamen erst nach den Sklavenhandelsverboten richtig in Fahrt; sie versorgten die niederländischen Häfen Padang und Priaman sowie die britischen Häfen Bengkulen und Penang, aber auch Aceh mit Arbeitskräften und chinesische Männer mit Frauen. Ebenso wurden Batak von der Ostküste Sumatras, Balinesen und Balinesinnen, Bugis und Ostindonesier vor allem zu den Chinesen von Penang und Singapur verschleppt. Die Niederländer rechtfertigten diesen Menschenhandel damit, dass es keine Sklaverei sei. Sie hatten die Lektion der Briten gelernt. Die Verschleppten seien *pandelingen* (*debt bondsmen* – an ihre Herren gebundene Zwangsschuldner).[183] Kollektive Sklaverei, die nicht so genannt wurde, sondern *cultuurstelsel* (cultivation system) wurde zur Grundvoraussetzung kolonialer Exportproduktion, vor allem zwischen 1830 und 1860. Auf Niederländisch trägt Corvée den prosaischen Namen *herendiensten*. Cultuurstelsen war nach Anthony Reid „probably the most systematic exploitation of labor as tribute ever imposed by a colonial

---

181 John Pitkin Norton Papers, Diaries, Volume III: Eintrag Donnerstag, 18. März 1841, Box No. 3, Folder 18MS 367, Manuscript and Archives, Sterling Memorial Library, Yale University; siehe auch: Eltis, „Nutritional Trends in Africa and the Americas: Heights of Africans, 1819–1839“, in: Journal of Interdisciplinary History Vol. 12 (1982), S. 453–475.

182 Karte 22: „Gruppe der Banda-Inseln“, aus: Mann, „Sklaverei in Südostasien“, S. 101–122, hier S. 120.

183 Reid, „The Decline of Slavery in Nineteenth-Century Indonesia“, S. 64–82, hier S. 70 f.

power".[184] Und das ist im Vergleich zu den Mitasystemen des kolonialen Südamerikas oder den kollektiven Zwangsarbeiten im Belgischen Kongo beträchtlich.

Der Menschenhandel wurde dadurch erleichtert, dass im 19. Jahrhundert in ganz Südostasien, speziell in Burma, Siam (Angkor – Thailand/Kambodscha), in den islamisch beeinflussten Fürstentümern, Sultanaten, Stadtstaaten und Königreichen der Malayischen Halbinsel, auf Java, Sumatra, Bali, Sumba (zwischen Bali und Timor), Sulawesi, im bereits erwähnten Sultanat von Sulu, auf den Molukken und auf den Banda-Inseln ausgeprägte lokale Sklavereien, bäuerliche Schuldarbeitssysteme sowie Razzienkriegführung mit Kopfjagd zwischen Dörfern bis hin zu veritablen „zweite Sklavereien" (*Second Slavery*: Plantagen mit Massensklaverei) existierten.[185]

Die Niederländer hoben die Sklaverei formell erst 1860 in Indonesien auf (in Surinam 1863/73), lange nach Großbritannien und Frankreich. Der Realprozess der Abolitionen „ohne Ende", der „long goodbye", verlief ähnlich schleppend wie im portugiesischen Imperium.[186] Insgesamt war Abolition von Sklavenhandel und Sklavereien, wie Reid schreibt, nur möglich: „in the sense of denying it any legal validity in the eyes of the state"[187] – immerhin.

Wie in allen Gebieten mit starker Sklavereitradition und starker Arbeitskräftenachfrage gab es im 19. und 20. Jahrhundert weiterhin lokale Kin- und Schuldsklavereien sowie eine große Diaspora von javanesischen Kulis (*coolies*).[188]

---

184 Ebd., S. 73.

185 Mann, „Sklaverei in Südostasien", S. 101–122; Trakulhun, „Formen institutioneller Unfreiheit in Siam. Historische Semantik und gesellschaftliche Praxis (16.–19. Jahrhundert)", S. 163–183.

186 Drescher, „The Long Goodbye: Dutch Capitalism and Antislavery in Comparative Perspective", in: Oostindie (ed.), Fifty Years Later, S. 25–66.

187 Reid, „The Decline of Slavery in Nineteenth-Century Indonesia", S. 64–82, hier S. 79.

188 Houben; Lindblad (eds.), Coolie Labour in Colonial Indonesia, passim; siehe auch: Houben; Seibert, „(Un)freedom. Colonial Labour Relations in Belgian Congo and the Dutch East Indies Compared", in: Frankema; Buelens (eds.), Colonial Exploitation and Economic Development, S. 178–192.

Akteure und Strukturen der Akkumulation: Sklavenhändler und Sklavenmärkte

> Au XIXe siècle, les métis *lançados* n'hésitent pas à commanditer eux-mêmes des expéditions [négrières].[1]

> Africans, as labor, capital, and currency, shaped the terms of integration over four hundred years.[2]

> En los países esclavistas cuando muere un esclavo muere el capital (nach José Antonio Saco).[3]

Sklavenhändler, Negreros, Faktoren (Agenten) und menschliche Körper als Kapital

Sklavenhändler wurden im Ägypten des 19. Jahrhunderts als *jallāba* (auch: *gellaba*) bezeichnet. Sie galten als itinerante „Händler mit Waren aus dem Sudan".[4] Unter ihnen fanden sich auch Frauen. Generell waren Jallaba über Generationen als „dunkelhäutige Typen von den Oasen-Regionen, Aswān (Assuan) und Ibrīm"[5] bekannt. Ronald Segal bezeichnet sie als muslimische „Afro-Arabs", die vor allem aus dem unteren Nubien und Ostafrika stammten. Sklavenhändler, die Gabriel Baer für das späte 19. Jahrhundert individuell identifiziert hat, stammten aus Oberägypten (vor allem aus Darāw und Umgebung, nördlich von Assuan) oder aus dem nördlichen Sudan (Nubien). Sie residierten meist in Kairo. Dazu kamen Beduinen, Einwohner der Buhayra-Provinz und Maghrebis. Als in den 1880er Jahren der Sklavenhandel aktiv vom Staat unterdrückt wurde, meinte einer der Inspektoren, dass es zur Durchsetzung eines wirksamen Verbots notwendig sei, alle Einwohner von vier großen Dörfern um Darāw, auch Dorf-Vorsteher (Scheichs) und lokale Regierungsbeamten, zu verhaften.[6]

Einer der mächtigsten ägyptischen Sklavenhändler der Jahrhundertmitte, al-Zubair Rahma Mansur, eroberte mit Truppen aus Sklaven 1874 das Sultanat Dar

1 Pétré-Grenouilleau, Les traites négrières, S. 335.

2 Drayton, Richard, „The Collaboration of Labor: Slaves, Empires, and Globalizations in the Atlantic World, ca. 1600–1850", in: Hopkins, Antony G. (ed.), Globalizations in World History, New York: W. W. Norton, 2002, S. 99–115, hier S. 100.

3 Goicoetxea, Ángel, „Financiación. Seguros. Tecnología", in: Goicoetxea, Los vascos y la trata de esclavos, S. 80–85, hier S. 81.

4 Baer, „Slavery in Nineteenth Century Egypt", S. 417–441, hier S. 427; siehe auch: Hesse, Gerhard, Die Jallaba und die Nuba Nordkordofans: Händler, Soziale Distinktion und Sudanisierung, Münster [etc.]: Lit, 2003 (Beiträge zur Afrikaforschung; Bd. 16).

5 Ebd.

6 Ebd.

https://doi.org/10.1515/9783110561630-009

Fur. Erst eine ägyptische Militärintervention, die Dar Fur okkupierte, vertrieb ihn. Sein Sohn, Rabih el-Zubair, wurde auch zum Menschenhändler (*ja'alī*). Er sammelte andere Sklavenhändler um sich, bewaffnete Sklaven als Soldaten, besetzte die Menschenjagdregion südlich von Wadāy und betrieb Menschenhandel großen Stils bis 1893. Erst als er versuchte, auch Bornu zu erobern, wurde er von einer französischen Truppe geschlagen und getötet.[7]

Die Sklavenhändler Kilwas und Sansibars waren vor allem Araber und Muslime; Geldgeber oft in Sansibar residierende Inder. Omanis bildeten die Elite der großen Sklavenhalter.[8] Die Mehrheit der Menschenjäger/Negreros waren, wie im südlichen Ägypten und Nubien „Afro-Arabs", wie Ronald Segal festhält, eine Art Indik-Kreolen, *beyond the Indian ocean*, „progeny of inter-ethnic unions",[9] wie *tangomãos* in Westafrika. Im 19. Jahrhundert wurde der große Fern-Menschenhandel in Zentral-Ostafrika mehr und mehr ein Geschäft von Residenten Kilwas und Sansibars. Zusammen mit den lokalen Sklaven-Dealern und lokalen Sklavenhaltern waren die meisten Sklavenhändler „as black as their victims".[10] Ein notorischer Menschenhändler und Sklavenhalter Ostafrikas war Hamed bin Muhammed el Mujerbi (um 1835–1905), besser bekannt als Tippu Tip, der Menschenjagdrazzien und Karawanen von den Küstenorten Bagamoyo oder Kilwa über den Zentralort des Elfenbein- und Sklavenhandels Ujiji im heutigen westlichen Tansania bis in den Ostkongo organisierte.[11] Tippu Tip beherrschte im Ostkongo ein Gebiet, das halb so groß wie Europa war. Südlich davon kontrollierte Msiri, ebenfalls ein Sklavenhändler von der Ostküste, das alte Königreich Lunda (südöstlich von Katanga). Nicht nur Henry Morton Stanley auf seiner Zentralafrika-Expedition 1874–1877 zwischen Ostküste (Bagamoyo) und Kongomündung (Boma) im Westen, auch der Missionar Alfred J. Swann trafen westlich des Tanganjika-Sees auf Tippu Tips Sklavenkarawanen, die sich Richtung Bagamoyo und Sansibar bewegten. Die Verschleppten Tippu Tips hatten schon einen Marsch von 1000 Meilen aus dem Raum des oberen Kongo hinter sich und vor ihnen lagen noch 250 Meilen schwerster Fußmärsche. Die Männer waren entweder mit Nackenringen und Ketten in langen Reihen gefesselt oder jeweils zu zweit in 1,80 Meter langen, schweren Holzgabeljochen. Frauen trugen Neugeborene oder Kleinkinder. Die Mannschaften Tippu Tips trieben die Versklavten mit Nilpferdlederpeitschen voran [*Karte 23[12]]. Hermann von Wissmann, kaiserlich-deutscher Major, traf 1886/87 eine Razzientruppe Tippu Tips bei seiner zweiten

---

7 Segal, „The Terrible Century", in: Segal, Islam's Black Slaves, S. 145–176, hier S. 151.

8 Hazell, Alastair, The Last Slave Market. Dr John Kirk and the Struggle to End the East African Slave, London: Constable, 2012.

9 Segal, „The Terrible Century", in: Segal, Islam's Black Slaves, S. 145–176, hier S. 146.

10 Ebd.

11 Beachey, R. W., The Slave Trade of Eastern Africa, London: Rex Collins, 1976, S. 54.

12 Karte 23: „Zentral- und Ostafrika", aus: Marx, Christoph, Geschichte Afrikas, S. 38.

Reise vom Kongo zum Sambesi.[13] Wissmann beschäftigte einen Ambakisten (siehe unten) als Übersetzer, den er „Kaschavalla" (Joanne Bezerra, genannt Caxavala) nannte und für den „gebildetsten Ambakisten aus Angola"[14] hielt. In der Autobiographie Disasi Makulos aus dem Urwalddorf Bandio am Unterlauf des Kongo haben wir das Zeugnis eines der Versklavten (Makulo gehörte zu den Kindern, die von Stanley freigekauft wurden).[15] Tippu Tip soll auf zahlreichen Plantagen auch etwa 10 000 Sklaven ausgebeutet haben.

In der engeren Geschichte der Menschenverschleppung und des Sklavenhandels spielen nicht nur bestimmte Landschaften, Herrschaftsgebiete und Großräume eine Rolle, wie wir am Beispiel Ägyptens, des Sudans sowie Zentral- und Ostafrikas oder etwa Dar Furs oder Fezzans (Murzuk – Sklaven- und Salzhandel zwischen u. a. Tripolis und Bornu) gesehen haben. Ebenso sind nicht nur Prozesse und Strukturen, d. h., Gewalt, Kriege, Schiffe, Karawanen, Piraterie, Pferde, Wege und Seefahrt wichtig, sondern auch und gerade individuelle Akteure. Symbolisiert werden sie in Typen-Figuren des Razzienkrieger-Anführers, des Piraten, des Wucherers-Menschenhändlers, des Räuber-Kaufmannes (und Karawanenchefs), des Kapitäns und des Negrero-Faktoren. Über individuelle Käufer wissen wir weniger gut Bescheid (aber es gibt Beispiele).[16]

Einer der großen Sklavenhändler in Westzentralafrika war – neben den ebenfalls in biographischen Skizzen Beatrix Heintzes dargestellten Paulo Mujingá Congo[17] sowie Lourenço Bezerra Correia Pinto (Spitzname Lufuma) aus der Bezerra-Familie[18] – der oben bereits erwähnte Paulo Coimbra (siehe oben unter „kleine" und „große" Sklavereien). Einer der Sklavenhändler und Karawanenchefs war sogar selbst als Kind und junger Mann in Moçambique Sklave eines portugiesischen Marineoffiziers gewesen. Er hatte seine Freiheit erlangt, als sein Herr mit ihm nach Lissabon gekommen war (free soil!).[19]

Im Grunde handelte es sich bei allen Karawanenkaufleuten, Trägern und Sklavenhändlern, die bei Heintze beschrieben werden, um Atlantikkreolen *beyond the Atlantic*. Über Paulo Coimbras Menschenhandelsaktivitäten heißt es bei Beatrix Heintze: „Zwischen 1895 und 1912 [d. h., lange nach der formellen Abolition von

---

13 Beachey, The Slave Trade of Eastern Africa, S. 190 und S. 201; Mann, „Sklavenhandel im Arabischen Meer, im östlichen und südlichen Afrika", in: Mann, Sahibs, Sklaven und Soldaten, S. 124–149; Heintze, „Waren und Wege", in: Heintze, Afrikanische Pioniere, S. 199–232, hier S. 223–225.

14 Heintze, „Die Bezerra-Familie", in: Ibid., S. 56–77, hier S. 73–74.

15 Makulo, Akambu, La vie de Disasi Makulo: ancien esclave de Tippo Tip et catéchiste de Grenfell, par son fils Makulo Akambu, Kinshasa: Éditions Saint Paul Afrique, 1983.

16 Burnard, „Who Bought Slaves in Early America? Purchases of Slaves from the Royal African Company in Jamaica, 1674–1708", in: Slavery and Abolition 17:2 (1996), S. 68–92.

17 Heintze, „Paulo Mujingá Congo und seine Karawanen", in: Heintze, Afrikanische Pioniere, S. 95–102.

18 Heintze, „Die Bezerra-Familie", in: Ebd., S. 56–77.

19 Heintze, „Germano José Maria", in: Ebd., S. 78–86.

Sklavenhandel und Sklaverei – M. Z.] hat auch Paulo Coimbra verschiedene große Karawanen der Chiaka geführt, nachdem er vorher schon, vielleicht zunächst als Träger, seinen Vater begleitet, sich von ihm die entsprechenden Kenntnisse angeeignet sowie das für diese weiten und aufwendigen Reisen benötigte eigene Kapital erworben hatte. Eine dieser Karawanen führte er zusammen mit zwei anderen nach Katanga, wo sie Sklaven für die Pflanzungen auf S. Tomé und Príncipe [= São Tomé mit seinem Boom der Kakao- und Zuckerpflanzungen im späten 19. Jahrhundert. Sklaverei war dort ebenso bereits verboten – M. Z.] kaufen wollten. Am Cuanza hatte sich ihnen noch ein Europäer mit fünfzig Mann angeschlossen, so daß die gut ausgerüstete Karawane schließlich dreihundert Mann umfaßte. Obwohl sie häufig angegriffen wurden, gelangten sie heil bis zu den Lunda. Dort kamen sie einem Weißen zu Hilfe, der hier in Kämpfe verwickelt worden war. Auch er schloß sich ihnen zu seiner Sicherheit an, so daß die Karawane schließlich aus vierhundert Personen bestand. Vier Tage vor der Grenze zu Katanga, erfuhren sie, daß die belgische Regierung das Land besetzt, den Sklavenhandel verboten und deshalb allen portugiesischen Kaufleuten die Einreise untersagt habe. Wer dennoch käme und Waffen bei sich führte, dem würden alle Waren beschlagnahmt. Paulo Coimbra und seine Leute beschlossen, sich an das Verbot zu halten, sich zu verteilen und ihre Geschäfte im Grenzgebiet zu tätigen [d. h., sich stärker auf den lokalen Menschenhandel des Interior zu konzentrieren – M. Z.]. Schon nach einem Monat hatten sie neben Elfenbein und Kautschuk sechshundert Sklaven beisammen. Die Rückreise verlief ohne Zwischenfälle. Wegen der Sklaven machten sie zu Hause nur einen kurzen Zwischenstop, bevor sie ihre Reise nach Catumbela fortsetzten".[20] Coimbra und andere Sklavenhändler waren Männer mit großem Einfluss und Standing, die oft auch sehr kreativ und gebildet waren, lesen und schreiben konnten und die komplizierten Territorien sowie Verhältnisse im Westzentralafrika der Epoche des Hochimperialismus kannten.

Zum Terminus Sklavenhändler ist zu sagen, dass „Händler" oder „Kaufmann" sehr allgemeine Begriffe sind. Kein Kaufmann hat sich zur Zeit der Legalität des Sklavenhandels „Sklavenhändler" genannt, in keiner der regionalen Kulturen im Atlantikraum oder in Nordafrika. „Sklavenhändler" (*slave merchant*) sei ein „misnomer, popularized by the British abolitionists, which was later adopted by historians".[21] Auch „Negrero" ist eher eine zeitgenössische abfällige Bezeichnung, die offiziell niemand in den Mund nahm. „Spanische" oder „kubanische" Sklavenhändler – „Spanier" waren es eher auf dem Atlantik und Afrika, „Kubaner" eher, wenn sie in der zweiten oder mehr Generationen auf Kuba lebten – nannten sich selbst immer *comerciantes* (*merchants*), d. h., Großkaufleute, die Import-Export-

20 Heintze, „Paulo Coimbra, genannt Mussili, und sein Vorfahren", in: Ebd., S. 137–151, hier S. 148–149.

21 Ortega, José Guadalupe, „Cuban Merchants, Slave Trade Knowledge, and the Atlantic World, 1790s–1820s", in: Colonial Latin American Historical Review Vol. 15:3 (2006), S. 225–251.

Handel betrieben (auch Importeure von Sklaven und Exporteure von Zucker). Oder sie wurden, in ihrer Funktion als Finanziers der Plantagenproduktion und der Sklavenhandelsfahrten nach Afrika, einfach *capitalistas* genannt.[22] Denn von ihnen betätigten sich auch viele als *refaccionistas*, d. h., Kaufleute-Wucherer-Banker, die die Landbesitzer (*hacendados*) mit den jährlichen Krediten und finanziellen Diensten für Operationen der Ingenios versorgten und dafür die Jahres-Ernte überschrieben bekamen. *Mercaderes* wurden Detailhändler genannt. Erfolgreiche Comerciantes kauften sich, als der spanisch-kubanische Sklavenhandel als Menschenschuggel des *hidden Atlantic* gut etabliert war (seit ca. 1825) und sie Profite akkumuliert hatten, Plantagen und investierten sowohl Geldkapital wie auch menschliches Kapital.[23] Sie kauften sich damit auch in die „anständige" Gesellschaft ein, nachdem sie 15 bis 20 Jahre sozusagen unsichtbar auf dem Atlantik und an Afrikas Küsten operiert hatten (oder operieren hatten lassen – durch Kapitäne und Faktoren). Wie weiland der Graf von Monte Christo erschienen sie plötzlich als steinreiche Menschen. Es gibt allerdings eine wichtige Grenzlinie in der zeitgenössischen Gruppe der Sklavenhändler oder „Kapitalisten" (*capitalistas*), gerade im aufsteigenden „spanischen" Sklavenhandel des 19. Jahrhunderts. Es ist die zwischen Mongo und Finanzier oder *capitalista*. Sie gilt, cum grano salis, auch für den „portugiesischen" Sklavenhandel zwischen Brasilien und Afrika. Mongos waren atlantik- und afrikabasiert, also eher Kapitäne und Faktoren; Finanziers und Capitalistas waren eher havanna- oder amerikabasierte Comerciantes. Ähnlich wie in der nachfolgend analysierten narrativen Strategie, geht es um Hierarchien unter Versklavern.[24]

In globalhistorischer Perspektive möchte ich gerne am Beispiel des amerikanischen *South* eine allgemeine Strategie von Sklaverei-Profiteuren in Bezug auf Sklavenhändler anführen. Sklaverei-Profiteure und -Verteidiger gab es in der Geschichte mehr als Abolitionisten. Die Standard-Linie der Sklaverei-Propagandisten bestand darin, Sklavenhändler nicht als Teil einer ansonsten „gesunden" Institution aufzufassen, die darauf angelegt war, unglücklichen Afrikanern (oder überhaupt Versklavten) „Zivilisation" und die richtige Religion beizubringen (das letztere Argument war besonders unter Katholiken verbreitet). Sklavenhandel, der

---

22 Ebd., S. 229.

23 Lockhart, James, „The Merchants of Early Spanish America", in: Lockhart, Of Things of the Indies: Essays Old and New in Early Latin American History, Stanford: Stanford University Press, 2000, S. 158–182; Ortega, „Cuban Merchants, Slave Trade Knowledge, and the Atlantic World, 1790s–1820s", S. 225–251, hier S. 229; Rodrigo y Alharilla, Martín, „Spanish Merchants and the Slave Trade. From Legality to Illegality, 1814–1870", in: Fradera; Schmidt-Nowara (eds.), Slavery and Antislavery in Spain's Atlantic Empire, S. 176–199.

24 Zeuske, „Die Upper Class des transatlantischen Sklaverei: Faktoren, Kapitäne und Negreros", in: Zeuske, Sklavenhändler, Negreros und Atlantikkreolen, S. 206–239 sowie: Zeuske: „In den Amerikas. Sklavenmärkte und Sklavenhändler – Profiteure, Großkaufleute, Schiffsausrüster und Negreros", in: Ebd., S. 240–269.

immer Menschenhandel war, wird in dieser zeitgenössischen Wahrnehmungs- und Marginalisierungsstrategie immer als eine „kleine“, relativ unbedeutende Sache dargestellt. In diesen Diskurs-Strategien, und das gilt cum grano salis für Welt- und Globalgeschichte der Sklaverei und des Menschenhandels, wurden Sklavenhändler zu *outcasts* der „normalen“ Sklavenhaltergesellschaft konstruiert. Eine Ausnahme in dieser Regel bildeten vielleicht die großen Slaver im England des 18. Jahrhunderts, spanisch-kubanische Negreros des 19. Jahrhunderts (die sogar Hochadelstitel vom König bekamen), brasilianische Negreiros (die meist in enger Symbiose zum Kaiser standen, ebenfalls Adelstitel und Milizränge trugen (oft im Rang eines *coronel* – Oberst) und Mitglieder des Christus-Ordens waren) und eine Reihe von afrikanischen Handelsprinzen. Auf jeden Fall gilt diese Negativ-Perzeption noch für die heutige Erinnerung an Menschen- und Sklavenhandel. Im South der USA erfasste der innere Sklavenhandel auch nach Verbot der Atlantisierung 1807 aber rund 1,2 Millionen versklavter Menschen (oft auseinander gerissene Familien), mehr als dreimal soviel wie der transatlantische Menschenhandel der 13 britischen Kolonien / USA bis Ende 1807. Und, ich zitiere Michael Tadman, „the white South was comfortable with the domestic slave trade, and ... the trader was not an outcast“.[25] Tadman legt zum Beweis seiner Thesen Analysen von zeitgenössischen *Grand Jury Presentments* und Petitionen dar, die sich auf Attituden und Standing von *slave traders* beziehen sowie Aussagen einer Kreditanstalt über Kreditwürdigkeit und Status von Sklavenhändlern. Die damalige und heutige Darstellung der „schlechten“ Traders entlarvt Tadman als das, was sie sind und waren – aktive Marginalisierungsstrategien. Für Tadman waren Traders generell „men of wealth and standing“.[26] Der Virginier Francis Everod Rives etwa verkaufte von 1817 bis 1820 und möglicherweise noch viel länger als itineranter Sklaven-Trader Menschen zwischen Virginia und Natchez (darunter sicherlich auch Babies und Kleinkinder). Das hielt seine Mitbürger nicht davon ab, ihn von 1821 bis 1831 ins *Virginia House of Delegates* zu wählen. 1831 bis 1836 sowie 1848–1851 war er Mitglied des Senats von Virginia und 1837–1841 Mitglied des U. S.-House of Representatives.[27] Sklavenhändler wie Isaac Franklin werden in Nachrufen als „wahre Christen“, gute und ehrbare Kaufleute sowie Manager mit großer Reputation bezeichnet. Bei Petitionen, die zu zeitweiligen Verboten des Sklavenhandels führten, ging es nicht etwa um Verbrecher der Trader, sondern um die Verluste, die Einzelstaaten der Ostküste durch den Export „ihrer“ Sklaven erlitten oder um die Sicherheit der Weißen und die Angst vor den Sklaven, die auf Transporten des *transit trade* durch ihre Orte

25 Tadman, Speculators and Slaves; passim; das Zitat stammt aus: Tadman, „The Reputation of the Slave Trader in Southern History and the Social Memory of the South“, S. 247–271, hier S. 248.

26 Ebd., S. 251.

27 Ebd., S. 253; siehe auch: O'Donovan, Susan Eva, „Traded Babies. Enslaved Children in America's Domestic Migration, 1820–60“, in: Campbell; Miers; Miller (eds.), Children in Slavery, S. 88–103.

kamen.[28] In den Beurteilungen über Kreditwürdigkeit kommen keine Trader als „schlechte Menschen", „Monster" oder Outcasts vor. Nicht umsonst war die Bezeichnung der Traders *speculator* – sie spekulierten mit dem Kapital menschlicher Körper und machten hohe Gewinne. Danach spekulierten sie eventuell mit Geldkapital. Sie hatten Standing und waren kreditwürdig, selbst wenn sie tranken und spielten. Bei einem jüdischen Speculator, Benjamin Mordecai aus Charleston, wurde über Jahre hinweg sein Judentum als „Auffälligkeit" kolportiert, nicht etwa seine Rolle als Sklavenhändler.[29] Saul S. Friedman hat sich einer weiteren Diskursstrategie angenommen, die da lautet: „Sklavenhändler waren vor allem Juden". Es gab jüdische Sklavenhändler. Aber generell gilt, was Friedman für die Carolinas und Charleston sagt, bekanntlich Zentren von Sklaverei und Sklavenhandel in den USA: „The entire Levy clan of South Carolina (including 48 persons listed under Levey, Levi, and Levy) bought or sold 150 slaves in the period 1783–1858. By way of contrast, General James Hamilton, from Charleston's elite aristocracy, bought 173 on a single day, May 2, 1837. Catherine Verdier, a Christian lady of some esteem, disposed of 161 slaves on April 26, 1855".[30]

Im iberischen Amerika und in der Karibik wurden Sklavenhändler und Großkaufleute, aber auch Kapitäne von Sklavenschiffen, wie wir wissen, Negreros oder Negreiros genannt (hinter ihrem Rücken selbstverständlich). Im portugiesisch-brasilianischen Bereich hießen die Schiffe der Negreiros *tumbeiros* – schwimmende Särge.[31] Auch Europäer waren Negreros. Unter diesen Negreros haben wir es bis Ende des 18. Jahrhunderts wohl vor allem mit Typen wie Philipp Allwood, der britische Sklavenhändlerfirmen in Havanna vertrat oder Joaquín Power y Morgan, Faktor der *Compañía Gaditana de Negros* in Puerto Rico (und Vater des portorikanischen Nationalisten Ramón Power)[32] zu tun, aber auch angloamerikanischen Sklavenhändlern und Kapitänen wie Captain Jim aus Bristol in Rhode Island oder mit jungen Männern aus dem Fischer- und Seefahrermilieu, die bei den neuen Reichen Anstellung fanden. 1803 versuchte die Munizipaloligarchie von Havanna eine eigene Handelskompagnie, die *Compañía Africana de la Habana*, zu gründen, um den erst 1789 von der spanischen Krone liberalisierten Sklavenhandel zwischen Afrika und Kuba gleich wieder zu monopolisieren.

---

28 Tadman, „The Reputation of the Slave Trader in Southern History and the Social Memory of the South", S. 247–271, hier S. 256 f.

29 Ebd., S. 261.

30 Friedman, Saul R., „The Carolinas", in: Friedman, Jews and the American slave trade, New Brunswick: Transaction Publishers, 1998, S. 145–173, hier S. 152f; siehe auch: Gudmestad, A Troublesome Commerce, passim.

31 Conrad, Robert Edgar, Tumbeiros. O Tráfico Escravista para o Brasil, São Paulo: Editora Brasilense, 1985.

32 Piqueras, „Ramón Power y la potestad de las autoridades electas", in: Piqueras, Bicentenarios de Libertad. La fragua de la política en España y las Américas. Prólogo de Herbert S. Klein, Barcelona: Ediciones Península, 2010, S. 251–289.

Klassische Sklavenhändler-Negreros der amerikanischen Ostküste stellte die D'Wolf (oder deWolf)-Familie aus Bristol im kleinen Staat Rhode Island dar. Rhode Island wies von allen Nordstaaten den umfangreichsten Sklavenhandel auf: „In 1770 a hundred and fifty Rhode Island vessels, outnumbering those of all the other [British] colonies [in North America] together, engaged in the slave trade, and thirty distilleries manufactured the rum which was the currency".[33] In den Destillen arbeiteten viele Sklaven. Die Sklavenschiffe der deWolfs führten zwischen 1784 und 1807 88 Fahrten nach Westafrika durch; sie verschleppten sehr viele von den ca. 100 000 afrikanischen Sklaven, die Rhode Islanders nach Amerika transportierten – oft auch nach Havanna. Rhode Islanders waren Meisterschmuggler. Auf ihren Schiffen segelten auch viele versklavte Matrosen.[34] George deWolf investierte auch auf Kuba, wo er eine Plantage kaufte, die er *Noah's Ark* nannte. Auch sein Bischof Griswold erbte eine Plantage mit Sklaven auf Kuba. Nicht an der Geschichte des Bischofs, aber an der deWolf-Geschichte wird deutlich, wie sich die spanisch-kubanischen Negrero-Familien durch Heirat mit naturalisierten Ausländern, wie den deWolfs, internationalisierten. Es kamen aber auch immer mal wieder deutsche Kapitäne und Mannschaften vor (sogar österreichische), wie etwas später die Hamburgische Brigg „Margarete", Kapitän Peter Blohm, die am 29. Mai 1839 von Havanna nach der *Isla del Príncipe* segelte.[35]

Einige der großen amerikanischen Sklavenhändler agierten im 19. Jahrhundert selbst als Negrero-Faktoren in Afrika; die bekanntesten sind die bereits genannten Chacha Francisco Félix de Souza, der Hannoveraner Daniel Botefeur oder „the Rothschild of slavery"[36] Pedro Blanco; Souza war zunächst Schreiber und Faktor gewesen, Blanco und Botefeur Kapitäne.[37] Negrero-Faktoren und einige Kapitäne wurden in Senegambien auch *mongos* („große Männer" – *big men*) genannt. Die Faktoren in Afrika und die großen Negreros in Amerika stellten erfahrene brasilianische, englische, amerikanische, dänische oder portugiesische Kapitäne ein. Sie mieteten oder kauften deren Schiffe. Oder sie rüsteten sie gleich ganz aus. Seit der Liberalisierung des Sklavenhandels durch die spanische Krone 1789–1804 und seit dem Verbot des Sklavenhandels in Großbritannien und USA (ab 1808) wurde das Sklavenhandelsgeschäft immer mehr zu einem Start-Up-Unternehmen für „Spanier" in einer neuen Stufe der atlantischen Globalisierung. Wagemutige Kapitäne,

33 Howe, „The Slave Trade", S. 97–133, hier S. 103.

34 Clark-Pujara, Christy, Dark Work: The Business of Slavery in Rhode Island, New York: New York University Press, 2016 (Early American Places Series).

35 TNA, FO 313/17 (1839–1840), S. 31–32, Schreiben Nr. 17/1839 von Kennedy und Dalrymple an Palmerston, Havanna, 24. Juni 1839, hier S. 31.

36 Conneau, „I return to Africa", in: Conneau, A Slaver's Log Book, S. 243–245; sowie: Conneau, „Description of Gallinas", in: Ebd., S. 246–248.

37 Silva, Alberto da Costa e, Francisco Félix de Souza. Mercador de escravos, Rio de Janeiro: Editora Nova Fronteira/Ed. Uerj, [3]2004; Law, „Francisco Felix de Souza in West Africa, 1820–1849", S. 189–213, www.yorku.ca/nhp/jccurto/enslaving_connections/ch9.pdf (letzter Zugriff 2. 2. 2018).

Faktoren und Kaufleute kamen ins Geschäft. Sie begannen oft bei Null, mit geliehenem Kapital (Kredit). Sie waren Schuldner; die Aussicht auf Entschuldung und Gewinn sowie Kapital gaben ihnen Verschleppte. Es handelte sich wohl zunächst vor allem um arme junge Männer aus Florida, Rhode Island, Cap Français und aus New Orleans sowie Kapitäne mit eigenen Schiffen und um Schmuggler an den Grenzen der Imperien. Es fand sich auch eine Reihe von Briten und Amerikanern unter den Sklavenschmugglern. Oft benutzten Sklavenhändler auch die US-amerikanische Flagge, weil sie die einzige „neutrale" Flagge in den Wirren des französisch-britischen Konflikts der Napoleonzeit war. Nach einigen Anfangsschwierigkeiten kamen auch junge Männer aus Katalonien, den Balearen, dem Baskenland und Andalusien oder anderen Regionen Spaniens ins Spiel, die von Engländern lernten; nach Verbot des Sklavenhandels in den USA und dem Jefferson-Embargo 1809 dominierten sie seit etwa 1810 das atlantische Geschäft.

Marcus Rediker präsentiert eine ganze Reihe von „weißen" britischen und amerikanischen Kapitänen, die die verbindende Gruppe zwischen dem Terror auf See, „Handel" und Transport sowie Auftraggebern und Gewinnern des Sklavenhandels, den eigentlichen Menschenkörper-Kaufleuten im Wertsystem des angloamerikanischen Kapitalismus darstellten. Als Vertreter der Kaufleute (*merchants*) finden wir die oben bereits genannte berüchtigte D'Wolf-Familie aus Rhode Island (zu der mehrere Kapitäne gehörten) oder Henry Laurens, „one of early America's wealthiest merchants", der später „planter, a land speculator, and politician" wurde. Viele der Kapitäne und einige der Kaufleute zeigen das Muster einer *life history*, in der sie von *negreros* (*adventurers*) nach einiger Zeit auf der marginalen – das heisst hier nicht zur jeweiligen wirtschaftlichen Elite gehörig (und bewusst marginalisierten) – Terrorseite des atlantischen Kapitalismus plötzlich wie weiland der Graf von Monte Christo zu honorigen Kaufleuten, Landbesitzern, Stiftern und Politikern in der Öffentlichkeit wurden.[38] Über Methoden der Sklavenschiffskapitäne und -faktoren, wie afrikanische Gefangene zu relativ schnell bewegbaren (und in den Laderäumen verstaubaren) Kommoditäten wurden und auf amerikanischer Seite zu verkaufbaren, gesund aussehenden Sklaven in den Welten des Zuckers, des Kakaos oder der Baumwolle, liegen Arbeiten vor. Auch erste sozialgeschichtliche Profile der „Ladungen" (*cargoes*) sowie der Matrosen von Sklavenschiffen gibt es.[39] Was fehlt? Richtig – Europäer, die Hauptprofiteure des atlantischen Menschenhandels bis um 1810. Die habe ich aus Gründen der Struktur dieses Handbuches im Kapitel über „Europa – Kontinent der Sklavereien und der Profiteure globalen Menschenhandels" platziert.

Ich habe hier mit den Übergangstypen zwischen Menschenjägern und Sklavenhändlern begonnen, bei denen verschleppte Menschen und ihre Körper noch selbst

38 Rediker, „Life, Death, and Terror in the Slave Trade", in: Rediker, The Slave Ship, S. 14–40.

39 Christopher, Slave Ship Sailors and Their Captive Cargoes; Rediker, „A Social Portrait of the Captives", in: Rediker, The Slave Ship, S. 98–101.

das wichtigste Kapital darstellten, und mit Sklavenhändlern in den Amerikas, die bis um 1780–1810 fast immer Juniorpartner von Europäern waren. Ich will darauf hinweisen, dass die so genannten „Seemächte" (vor allem England, Portugal, Spanien, Frankreich, Dänemark), in der Sprache heutiger Kulturgeschichte Portale der Atlantisierung, die entwickelsten Finanzwirtschaften (Versicherung/Kredit/Schulden, wo trotz des Prinzips „Papiergeld ist Schuldengeld, Schuldengeld ist Kriegsgeld" Papiergeld durch einen starken und geschickten Staat durchgesetzt wurde) sowie Menschenhandel- und Sklavereiakkumulationssysteme auf Basis von ca. 40 000 Schiffen, die den Atlantik zu Sklavenfahrten überquerten, aufgebaut hatten. Riesige transkulturierte Kapitalmengen, denen man das Basiskapital menschlicher Körper nicht mehr ansah, wurden in die Metropolen-Portale (und einige Städte mehr sowie in Infrastrukturen und Kriegführung in Europa) transferiert (siehe die Liste der „Top 20" der Sklavenhandelsstädte im Kapitel über Historiografie (oben)).

Sklavenhändler lassen zunächst meist die traditionellen Wirtschaftsformen in den Gebieten intakt (auch, weil Razzienkriegsführung und Menschenjagd meist dazugehörten), die von ihnen heimgesucht werden und sie investieren Gewinne in sichere Städte, Inseln oder Kolonien, um feste Enklaven zu haben; es sei denn, die von ihnen beauftragten Razzienkrieger und Menschenjäger rauben zu oft bestimmte Territorien aus oder verwandeln sie gezielt in Kriegsgebiete. Meist lassen Sklavenhändler auch die traditionellen politischen Verhältnisse intakt, verschärfen durch ihre Razzien und ihren Raub-Handel aber immer die Konflikte sowohl politischer (Kriege, Konflikte, auch so genannte „Religionskonflikte"), wirtschaftlicher (Verschuldung) wie sozialer Natur (Raub, Rescate, Reichtums- und Statusanhäufung). Unmittelbare Verkäufer von frisch verschleppten Sklaven und Sklavinnen oder wieder versklavten Menschen, die geraubt wurden, waren manchmal selbst Marginalisierte, wie sie Jean Baptiste Debret für Brasilien in den 1820er Jahren am Beispiel reich gewordener *cigannas* („Zigeunerinnen") dargestellt hat.

Für die Funktionsweise von Menschenhandel und Akkumulation von Statuskapital an den Grenzen europäisch kontrollierter Kolonialterritorien mag die Beschreibung von indianischer Sklaverei und indianischem Sklavenhandel im Süden der heutigen USA ein Beispiel geben. In gewisser Weise gilt sie für jede Art Sklaven- und Menschenhandel zwischen protagonistischen Weltwirtschaften und lokalen Grenzkulturen mit ihren jeweiligen Eliten. Sowohl bei den Stämmen, wie in den Kazikentümern, aber auch bei kleinen Banden im Umfeld der Mississippikultur gab es Sklavinnen und Sklaven. Für Banden und kleinere Stämme von Jägern hatten Sklaven keine oder kaum wirtschaftliche Bedeutung, aber eben möglicherweise soziale, kulturelle oder religiöse Bedeutungen, wie Rache, Status, Opfer oder Integration neuer Gruppenmitglieder, oder als Geschenk und Tribut. Bei Banden und Stämmen sowie eventuell in den Chiefdoms war Sklavenhaltung ein Zeichen von Status und Anhang (Klientelen) sowie Ausdruck der Anstrengungen, die Gruppen zu vergrößern (mehr Nachkommen). Es war auch eine Demonstration der Stärke und Geschicklichkeit ihrer Fänger und Halter. Es gibt aber auch einige Evidenzen, dass in den *chiefdoms* des nordamerikanischen Südens schon Sklaven bei Feldarbeiten eingesetzt worden sind oder dass es spezialisierte Sklavenjäger gegeben hat.[40] Sklaverei hatte auch den Nutzen, den freien Indianern eine alternative, nicht wünschenswerte Existenz als ein „Anderer" (oder „Andere") zu zeigen, als ein Mensch ohne substantielle Identität – und damit im Umkehrschluss auf die riesige Bedeutung der Kin, der Familie, des Clans, der Lineage, des Stammes oder Volkes hinzuweisen.

Europäer haben Sklaverei, Akkumulation und Investition von Humankapital oder das Konzept des Sklaven als Opfer, Unfreie und Ehrlose oder Nicht-Ganz-Gruppenmitglied nicht in den amerikanischen Süden eingeführt – sie waren, wie überall auf der Welt, schon da. Sie haben aber Innovationen in das schon alte Geschäft gebracht, vor allem starke Finanzinstitutionen. Europäer aber waren für die Stimulierung eines neuen translokalen und massiven Sklavenhandels mit menschlichen Körpern nach den Regeln eines – wie minimal auch immer – christlich geprägten Rechtsstaates sowie staatlich initiierter und oft auch kontrollierter Finanzwirtschaften (Geldleihe, Versicherungen, Aktiengesellschaften, Banken) verantwortlich (auch wenn dabei viel von Privateigentum die Rede ist), bei dem Menschen als Kapital (Eigentum eines Einzelnen) und Ware behandelt und in sublimiertere Kapitalformen umgewandelt oder getauscht werden konnte.[41] Lokale Sklaven gerieten oft lebenslang in ein wirtschaftlich verfasstes System von Sklaverei, das ihren Subsistenzlebensweisen, Sklavereitypen und Verhaltensformen (Zeit, Mobilität) widersprach.[42] Und hinter den Europäern stand eine atlantische und transimperiale Weltwirtschaft mit sich etablierenden Geld-Kapitalformen.

Wegen der indianischen Vorgeschichte bei Kin-Sklavereien und Sklavenrazzien haben viele Indianer ganz Nordamerikas den europäischen Sklavenhandel faktisch über Nacht angenommen und oft sogar versucht, den Menschen-Austausch in Form von Status-Geschenken zu initiieren und vom ersten Kontakt an für ihre Interessen nutzbar zu machen. Gerade im Fortgang der Kolonialzeit registrierten Chiefs und Kaziken aber auch recht schnell, dass der Kolonial-Handel mit Menschen bald die Grundlagen ihrer Gemeinschaften untergrub und zogen sich manchmal aus dem Kontakt mit Europäern zurück und formten neue Völker (Ethnogenese), oft mit Hilfe von geflohenen Sklaven, Atlantikkreolen oder marginalisierten Europäern

---

40 Anderson, David G., Savannah River Chiefdoms: Political Change in the Late Prehistoric Southeast, Tuscaloosa: University of Alabama Press, 1994, S. 101; siehe auch: Galley, The Indian Slave Trade. The Rise of the English Empire in the American South, 1670–1717, New Haven and London: Yale University Press, 2002.

41 Martin, „Slavery's Invisible Engine: Mortgaging Human Property", S. 817–866.

42 Chaplin, Joyce E., „Enslavement of Indians in Early America. Captivity Without the Narrative", in: Mancke, Elizabeth; Shammas, Carole (eds.), The creation of the British Atlantic world, Baltimore: Johns Hopkins University Press, 2005 (Anglo-America in the transatlantic world), S. 45–70.

(wie Mikasuki / Lower Creeks / Seminolen) – wenn ihnen noch Zeit und Raum blieb.[43]

Wo Menschenjagd und stetiger Sklavenhandel sind, ist auch Akkumulation in unterschiedlichen Kapitalformen (wie zum Beispiel Status und Macht) auf der Basis einer „Produktion von Versklavten" sowie der gewaltsamen Kommodifizierung von Menschen (die im Konkreten gar nicht so leicht nachweisbar ist). Auch und gerade in Makroregionen der Welt, die wir normalerweise nicht im Zusammenhang mit Kapitalismus sehen – Robert Harms hat das z. B. für Zentral-Afrika dargestellt.[44] Sklavenhandel und Sklaverei als Menschenkapitalismus repräsentieren mehrere Grundformen von Akkumulation, ich will das gerne noch einmal unterstreichen: Einmal die Akkumulation von Status und Macht über Menschenkörper (ihr Leben, ihre Körperteile, ihre Zeit, Arbeit, Energie, Dienste, Sexualität, Reproduktion), ihre Produktivität und die Produkte ihrer Arbeit und/oder ihres Lebens, wie auch über das Leben von Sklaven-Kindern oder Opfersklaven. Sehr deutlich wird das allgemeine und alltägliche Bewusstsein, dass es sich bei den Körpern von Sklaven, in diesem Fall einer Sklavin, um Kapital handelte, bei der Beschwerde einer mulattischen Sklavin von vierzehn Jahren auf Kuba 1834, ihr Herr wolle, dass sie „le prestaba su cuerpo [ihm ihren Körper leihe]".[45] Neben der Arbeit zur Erzeugung von Exportgütern und der Produktivität von Sklaven stand vor allem im South der USA sowie in islamischen, asiatischen und afrikanischen Gesellschaften sowie Kin-Sklavereien allgemein die Reproduktion von Sklavinnen im Zentrum der Akkumulation.

Zum Zweiten Verschleppung, Zwangsumsiedlung und Ansiedlung von besiegten und/oder kriegsgefangenen Menschen zur Gewinnung neuen urbaren Landes. Christian Lübke, der Leipziger Spezialist für vergleichende Geschichte Osteuropas, macht eine sehr interessante Bemerkung zu Zwangskolonisationen (die cum grano salis für alle Kolonisationsprozesse und das dabei eingesetzte Kapital menschlicher Körper gelten): „Gezielte und durch Krieg erzwungene Umsiedlungsaktionen und Maßnahmen zur Zwangskolonisation waren ... im Byzantinischen Reich, wo man sich des Wertes der Menschen im Hinblick auf Ansiedlung und Gewinnung neuen urbaren Landes bewusst war, wiederholt seit dem 6. Jahrhundert üblich".[46]

---

43 Galley, The Indian Slave Trade, S. 23–39.

44 Harms, Competition and capitalism: the Bobangi role in Equatorial Africa's trade revolution, ca. 1750–1900, Madison: University of Wisconsin Press, 1978; Harms, River of Wealth, River of Sorrow: The Central Zaire Bassin in the Era of the Slave and Ivory Trade, 1500–1851, New Haven: Yale University Press, 1981.

45 ANC, Gobierno Superior Civil, leg. 936, no. 33047, zit. nach: Castañeda Fuertes, Digna, „Demandas judiciales de las esclavas en el siglo XIX cubano", in: Rubiera Castillo, Daisy; Martiatu Terry, Inés María (selecc.), Afrocubanas. Historia, pensamiento y prácticas culturales, La Habana: Editorial Ciencias Sociales, 2011, S. 17–29, hier S. 19.

46 Lübke, „Kriegsgefangene im mittelalterlichen Osteuropa. Ein Beitrag zur Frage der Ansiedlung slawischer Gefangener im Wendland in vergleichender Sicht", S. 77–89.

Drittens Sklaven als Energielieferanten. Im Grunde müssen wir uns hier nur fast alle Antriebsformen, Maschinen (vor allem auch Haushaltsmaschinen) und Motoren wegdenken, die unsere heutige Welt prägen, all das, was mit Öl, Kohle, Strom, Wasserkraft oder Sonnen- und Windenergie betrieben wird. Natürlich ist vieles nach 1870 erfunden worden, was vorher noch keine Rolle spielte, aber die Energie für Transport (Kriege, Handel), Mobilität, Nahrungsmittelproduktion, Wasserbeschaffung, Dienstleistungen, Haushalte sowie Paläste, etc., wurde in Sklavengesellschaften von Menschen erbracht.[47]

Viertens der Wert der Produkte und der Dienstleistungen von Sklavinnen und Sklaven sowie fünftens der Verkauf von Sklavenkörpern zu einem höheren Preis, als sie gekauft worden waren, in Systemen mit funktionierender Geldwirtschaft, aber auch schon in Gesellschaften mit Tauschhandel (oft mehrfach). Und schließlich dienten Sklaven der Akkumulation von Status, Ehre, Einfluss und Macht/Herrschaft für die Sklavenhalter sowie als Statusgeschenke unter Eliten. Die Akkumulation von Kapital im Rahmen von Handels-, Konsum- und Geldsystemen, in der wie in Teilen Europas, Luxus- und Zinsbegrenzungen abgeschafft wurden (formal im 18. Jahrhundert), und damit zugleich größere Konsumentengruppen von von Sklaven produzierten „Kolonialprodukten" (wie Zucker, Kakao, Baumwolle, Tabak, Nelken, Muskatnüsse, etc.; auch asiatische Produkte, wie Tee, Porzellan und Seide (wo eher Kulis und so genannte *bondservants* eine Rolle spielten)) entstanden, stellt in diesem Zusammenhang Akkumulation in Potenz dar.[48]

Da muss schon die Frage erlaubt sein, ob die „Revolutionen des Fleißes" (*industrious revolutions* – Jan de Vries)[49] in atlantiknahen und -intensiven Regionen Europas nicht Folge und Reaktionen auf massive Sklaverei-Körper-Akkumulation, Sklavenarbeit der Werterzeugung unter Zwang sowie Luxusgüter-Produktion (sowie -Konsumtion) anderswo auf der Welt waren. Und die Konsequenzen der Akkumulation der Gewinne aus Transport, „Anlage" und Ausbeutung von Menschenkörpern formten größere Strukturen sowie Netzwerke mit einer Vielzahl von Akteuren, egal ob man es mit „archaischer" oder „moderner" Globalisierung zu hat.[50]

Ein ausgeprägtes Akkumulationssystem mit Massen von Kriegsgefangenen und geraubten Mädchen, Kindern und Frauen bestand schon im 12. bis 15. Jahrhundert am Schwarzen Meer und im westlichen sowie östlichen Mittelmeer (mit langer Vor-

47 Heck, Charlemagne, Muhammad, and the Arab Roots of Capitalism, passim. Der Autor wird nicht müde, die Bedeutung von Sklaven als energetische Basis zu unterstreichen.

48 Für Amerika-Europa: Carmagnani, Marcello, Le isole del lusso. Prodotti esotici, nuovo consume e cultura economica europea, 1650–1800, Milano: UTET Libreria, 2010.

49 Vries, Jan de, The Industrious Revolution. Consumer Behavior and the Household Economy, 1650 to the Present, Cambridge: Cambridge University Press, 2008.

50 Bayly, „‚Archaische' und ‚moderne' Globalisierung in Eurasien und Afrika, ca. 1750–1850", in: Conrad, Sebastian; Eckert; Freitag (eds.), Globalgeschichte. Theorie, Ansätze, Themen, Frankfurt am Main: Campus, 2007, S. 81–108; Dyke, Merchants of Canton and Macao, passim.

geschichte).[51] In Palermo agierten zwischen 1280 und 1460 Genuesen, Katalanen und Kastilier, Venezianer, Toskaner, Sklavenhändler aus der Provençe und Südfrankreich sowie Sizilianer.[52] Der intensive Menschenhandel, oft aus Korsarenraub, führte unter anderem zum Aufstieg Genuas und zur Festigung der Stellung Venedigs. Auch wenn Steven E. Epstein sagt, dass Sklaverei und Sklavenhandel eine sekundäre Rolle in Venedig und Genua spielten, so muss das ja nicht für alle Zeiten gelten.[53] Eine Hoch-Zeit der Razziensklaverei und des Sklavenhandels war, wie wir wissen, die Zeit der lateinischen Kreuzfahrer-Kolonien (Ende 11. bis Ende 13. Jahrhundert),[54] der Ostexpansions-Kreuzzüge (bis in das 14. Jahrhundert)[55] sowie die Zeit der mongolischen Expansion im 13./14. Jahrhundert. Seit dem 14./15. Jahrhundert schnitten Mameluken und Osmanen die Europäer mehr und mehr von diesem lukrativen Razzien- und Kriegsgefangenen-Menschenhandel des Schwarzmeergebietes sowie des östlichen Mittelmeeres ab. Und sie verhinderten den Zugang nach Ägypten und zum Roten Meer (Europäer mussten in Monopolhäfen in Quarantäne). Den lukrativen Gewürzhandel zwischen Indischem Ozean, Jemen (Aden) und Ägypten monopolisierten im 12.–14. Jahrhundert muslimische (und eventuell jüdische) Karimi-Kaufleute (zugleich Handel mit Seide, Sklaven, Textilien, Porzellan, Diamanten und Sklaven; auch Geldverleiher und Schiffseigner).[56] Die wichtigsten Sklaven- und Zuckerhandelsnetze wurden nach Ägypten (und später ins Osmanische Reich) umgeleitet. In Ägypten überlappten diese Netze in Kairo (als Fustat gegründet, neben Basra und Kufa zunächst von Sklaven angelegtes Militärlager einer von Mauern umgebenen Enklave – *al-Qahira*)[57] mit Sklavenhandelsnetzen aus Syrien, über die Sahara, Lybien, aus Arabien, dem Roten Meer, dem Nilgebiet und aus Abessinien/Äthiopien (das als Sklaven- und Eunuchenhandelszentrum seit dem 16. Jahrhundert ebenfalls etwas abgedrängt wurde, aber weiter Versklavte lieferte).

---

51 Skirda, La traite des Slaves, passim; Liedl, Gottfried, „Seefahrt im islamischen Westen", in: Marboe, Alexander; Obenaus, Andreas (eds.), Seefahrt und die frühe europäische Expansion, Wien: Mandelbaum, 2009, S. 61–92.

52 Bresc, „A – Le marché des esclaves", in: Bresc, Un monde méditerranéen, Bd. I, S. 439–475, hier S. 470.

53 Siehe vor allem: McKee, Sally, „Domestic Slavery in Renaissance Italy", in: Slavery & Abolition 29:3 (2008), S. 305–326.

54 Gillingham, „Crusading Warfare, Chivalry, and the Enslavement of Women and Children", in: Halfond, Gregory (ed.), The Medieval Way of War. Studies in Medieval Military History in Honor of Bernard S. Bachrach, Aldershot: Ashgate: 2015, S. 133–151.

55 Gillingham, „A Strategy of Total War? Henry of Livonia and the Conquest of Estonia, 1208–1227", in: Journal of Medieval Military History Vol. XV (2017) (= Strategies, ed. by Petersen, Leif; Rojas Gabriel, Manuel), S. 187–214.

56 Abu-Lughod, „The Karimi Merchants", in: Abu-Lughod, Before European Hegemony, S. 227–230.

57 Abu-Lughod, „Cairo's Monopoly under the Slave Sultanate", in: Abu-Lughod, Before European Hegemony, S. 212–247; siehe auch: Raymond, Cairo, passim.

Genuesische Sklavenhändler versorgten sich nun zunehmend direkt bei den Osmanen ((vom Balkan, vor allem albanische Verschleppte, die traditionell auch nach Venedig, Sizilien und andere Gebiete Italiens kamen)[58] oder kauften gefangene Türken aus den Kriegsbeuten des Konflikts mit dem osmanischen Reich. Sie wandten sich auch verstärkt nach Westen; so kamen viele Opfer der Eroberung von Granada und der Conquista der Kanaren sowie jüdische und muslimische Flüchtlinge aus Spanien als Sklaven auf italienische Märkte (auch wenn mit der Kapitulation von Granada 1492 zunächst viele maurische Sklaven regelrecht in die kapitulierende Stadt flohen, um dort von den großzügigen Kapitulationsbedingungen zu profitieren).[59]

Im 15. Jahrhundert wurden neue globalhistorische Netze des Fern-Menschenhandels (Slaving) von Iberern und ein paar Italienern von den Küsten des atlantischen Afrikas nördlich und südlich des Senegals in den Raum der westafrikanischen Inseln und Küstenenklaven, nach Südeuropa sowie seit den 1520er Jahren nach Amerika ausgedeht. Iberische Kapitäne, oft mit italischem Kapital (meist Schulden), und Kaufleute dockten an afrikanische Systeme der Akkumulation von Menschenkapital an. Die afrikanischen Netze hatten in Süd-Nord-Richtung als Karawanenhandel bereits lange funktioniert und hatten partiell auch maritime Vorläufer. Europäer und Atlantikkreolen formten die neuen Netze, unter dem Zug der transatlantischen Nachfrage in den Amerikas und der europäischen Hochseedominanz partiell in atlantikbasierte Ost-West-Netze um. Im Sudangebiet und in bestimmten Reichen Westafrikas (Ghana, Mali, Kanem) sowie Ostafrikas (Oasen, Nileinzug), in Äthiopien und an der Swahili-Küste existierten eigenständige größere Akkumulationssysteme auf Menschen schon über Jahrhunderte. Ebenso in Südostasien, wo urbane Sklaverei und Menschenhandel als Handel mit „Luxuswaren" schon seit dem 13. Jahrhundert nachgewiesen sind. An den Hauptorten solcher Netze, etwa mit Zentrum Schwarzes Meer, einige Inseln, Ägypten und Syrien, lernten Genuesen, Katalanen und Venezianer zwischen 1100 und 1330 oder die Iberer zwischen 1400 und 1650, die den Handel mit Haussklaven nie ganz verlernt hatten, Menschenkapitalismus in ganz neuen Dimensionen kennen. Auch die Niederländer, die in Europa mit modernsten Militärtechnologien, Textilproduktion (Gent und Brügge) sowie der intensivsten Landwirtschaft, frei von Sklaven und Leibeigenen brillierten, lernten in Westafrika, Brasilien und in Südostasien im 17. Jahrhundert wieder großen Menschenhandel kennen und profitierten sehr davon. Erst mit die-

58 Muhaj, Ardian, „Skllavëria ndër shqiptarë gjatë Mesjetës [Slavery among the Albanians during the Middle Ages]", in: Studime Historike, nos. 1–2, Tirana (2017), S. 61–81.

59 Malowist, Marian, „Kaffa: The Genoese Colony in the Crimea and the Eastern Question (1453–1475)", in: Batou, Jean; Szlajfer, Henryk (ed.), Western Europe, Eastern Europe and World Development, 13th–18th Centuries. Collection of Essays of Marian Malowist, Leiden: Brill, 2010, S. 101–132; zur Flucht von maurischen Sklaven siehe: González Arévalo, „Ansias de libertad: fuga y esclavos fugitivos en el Reino de Granada a fines de la Edad Media", S. 105–131, bes. S. 108.

sem Vorlauf (wie oben dargelegt) verdichteten sich in Europa seit 1600 – im welthistorischen Maßstab – unterschiedliche Kapitalformen unter der Kontrolle erst von Familien (Spanien-Genua, Florenz, Mailand), dann von Kaufleutegesellschaften und Staaten (Niederlande, England) und materialisierten sich nach und nach in instituionalisierten Kredit- und Monetärsystemen sowie staatlich garantierten Banken in bestimmten Metropolitan-Portalen (Antwerpen, Amsterdam, London). Das ist andere Seite der Institutionen-Geschichte der Moderne. Aus dieser Perspektive ist der Kampf gegen Sklavenhandel und Sklavereien, die um 1808 von der vormals wichtigsten Sklavenhandelsmacht Europas begonnen wurde, eher ein Kampf gegen andere Kapitalismen und Sklaverei-Modernen.[60]

Der sich aus der afrikanisch-iberischen Transkulturation entwickelnde atlantische Sklavenhandel der Neuzeit unter Kontrolle von europäisch-christlichen Kaufleuten/Kapitänen sowie Atlantikkreolen und Piraten/Korsaren verband mehrere Kulturen und Wirtschaftssysteme miteinander. Deutlich wird das schon am ganz frühen afrikanisch-iberischen Sklavenhandel, bei dem versklavte Menschen noch deutlich als *commodity money* erkennbar sind. In Bezug auf einen der vielen Briefe, die Dom Afonso I., „König" des Kongoreiches (1509–1543), an König Manuel I. von Portugal schrieb, heißt es bei Linda Heywood: „In the many references to slaves, Afonso noted that he had brought slaves back from his wars and had sent some to Portugal to cover various expenses. Afonso was using these slaves as commodity exports because they had money value in Portugal [als *peça/pieza* – M. Z.]. In one case he referred to 50 slaves he sent to Lisbon 'to buy the succor we need'".[61] Im günstigen Falle kam es zur Potenzierung mehrerer Wert- und Kapitalakkumulationssysteme. Am profitabelsten war dies für Sklavenhändler, die menschliche Körper von den westafrikanischen Enklaven und Inseln an die sich seit 1520 herausbildenden Plantagen (Ingenios/Engenhos) der Amerikas verkauften sowie sie schließlich ganz übernahmen und ihr menschliches Kapital auf kolonialem Boden „anlegten". Die von den fixierten Sklaven hergestellten Exportprodukte verkauften Sklavenhalter-Kaufleute an europäische Märkte mit den festesten Währungen und sichersten Geldsicherungs-Institutionen (später: Banken). Profite in Geldform wurden schließlich in stabilen Währungen dargestellt, was dazu führte, dass ihre Entstehung im Sklaven- und Menschenhandel marginalisiert wurde (nicht mehr er-

---

60 Janet Abu-Lughod sagt in Bezug auf das fatimidische Ägypten: „The Fatimid administration gave free reign to capitalist tendencies of its subjects, Muslims and Jews alike" – allerdings hatten Militärs die Macht und der Staat war größter Monopolist; siehe: Abu-Lughod, „Fustat-Cairo and the Process of Production and Trade", in: Abu-Lughod, Before European Hegemony, S. 224–236, hier S. 226. Im Ansatz und vor allem in Bezug auf vorläufige Kapitalismushindernisse: Kathirithamby-Wells, Jayamalar, „Restraints on the Development of Merchant Capitalism in Southeast Asia before c. 1800", in: Reid (ed.), Southeast Asia in the Early Modern Era. Trade, Power, and Belief, Ithaca: Cornell University, 1993, S. 123–148.

61 Heywood, „Slavery and its transformation in the kingdom of Kongo: 1491–1800", S. 1–22, hier S. 5.

kennbar war). Auf Basis von Menschenhandel, Slaving und Kolonialhandel mit hochwertigen Produkten der Sklaverei, speziell Zucker und andere Luxusprodukte, kam es zur Stabilisierung lokaler Werte in Wirtschaftskreisläufen. Grundwährung in bestimmten Regionen Westafrikas waren, wie oben gesagt, Sklaven; auch im spanischen Imperium galt die Recheneinheit *pieza de Indias* (etwa: Indien-Stück, damit ist ein gesunder versklavter Mann zwischen 18 und 30 Jahren gemeint), die in der Weltwährung Silberpeso (*peso de ocho, piaster*) dargestellt wurde.[62] In den meisten Formen des Sklavenhandels und der Sklaverei standen lokale Austauschsysteme und direkter Tausch sowie die Akkumulation von Macht/Status über Menschen und ihre Erzeugnisse sowie Nachkommen im Vordergrund. Auf den afrikanischen Pfaden zur Mittelpassage existierten direkte Tauschbeziehungen (zum Teil auch gegen Goldstaub, Elfenbein, Stoffe/Textilien, Eisen/Kupfer, Bronzeringe, Nahrungsmittel, Rum/Wein oder Tabak). Beim Wechsel in die Anfangsabschnitte der von Europäern kontrollierten Sklavenhandelswege meist ebenfalls. Manchmal schon in Afrika, aber meist erst in Amerika oder gar erst beim Verkauf von Plantagenprodukten in Europa, kam einigermaßen stabil Edelmetall (oder sichere Geld-Währung) als Gegenwert in die Hände der Sklavenhändler. In Europa wurden von Sklaven produzierte Cash-Crops und Kommoditäten (Zucker, Tabak, Kakao, Kaffee, Indigo, Baumwolle) oder unbearbeitetes Edelmetall gegen Wechsel oder in geprägtes und vom Staat garantierte Edelmetallmünzen („Geld") oder Banknoten in einer im atlantischen Wirtschaftssystem anerkannten Währung umgetauscht. Auf dieser Basis wurden „spanischer" Silberpeso, englische Gold-„Guinea" (und ungemünzte Edelmetalle), englische Pfund (auch als seit 1797 nicht mehr durch Edelmetall-Münzgeld gedeckte Banknoten der *Bank of England*) und später Dollar zu Weltwährungen. Das staatlich geschützte Horten dieser Währungen, Staatsschuldensysteme (am Anfang oft schlicht Schulden der Monarchen, oft Kriegsschulden) sowie die Sicherung des Kredits in vom Staat garantierten privaten Institutionen war die Grundlage für die Bildung erster Banken. Wirklich funktionierende Banken des 19. Jahrhunderts standen am Ende langer Prozesse der so genannten *financial revolution* des späten 17. und des 18. Jahrhunderts (dem Höhepunkt nordwesteuropäischen atlantischen Sklavenhandels) an deren Anfang das Vertrauen (*trust*) in die Profite des atlantischen Sklavenhandels wie ein Fels aufragt.[63] Bei Finanzhistori-

---

62 Marichal, Carlos, „The Spanish-American Silver Peso: Export Commodity and Global Money of the Ancien Regime, 1500–1800", in: Topik, Steven; Marichal, Carlos; Zephyr, Frank (eds.), From Silver to Cocaine: Latin American Commodity Chains and the Building of the World Economy, 1500–2000, Durham: Duke University Press, 2006 (American Encounters/Global Interactions Series), S. 25–52; Harding, Leonhard, „Markt und Märkte", in: Harding, Das Königreich Benin. Geschichte – Kultur – Wirtschaft, München: Oldenbourg, 2010, S. 146–153.

63 Dickson, P. G. M., The Financial Revolution in England. A Study in the Development of Public Credit, 1688–1756, London: Macmillan, 1967; Roseveare, Henry, The Financial Revolution 1660–1750, New York: Routledge, 2013 (Original: Longman 1991); Neal, Larry, „How it All Began: The Monetary and Financial Architecture of Europe during the First Global Capital Markets, 1648–1815",

kern, die meist viel über Finanzgeschichte und eventuell etwas über die jeweilige nationale Wirtschaftsgeschichte wissen (die meisten sind im englischsprachigen Bereich zu Hause) findet sich manchmal etwas über die Rolle von Gewalt und nur sehr selten etwas über das globale Hintergrundgeschäft Akkumulation aus menschenlichen Körpern (*Atlantic slavery*). Einer der wenigen, die das explizit erwähnen, ist Carl Wennerlind in den *Casualities of credit*: „Facing a situation of rapidly deteriorating public credit in 1710, the state [England – M. Z.] dedicated all of the anticipated profits from ist newly acquired monopoly on the slave trade to Spanish America in support of the national debt. Hence, in as much as the modern state was fundamentally based on authority and violence – the power to tax, to fight, punish, and colonize – so too was the Financial Revolution".[64] Den „power to enslave" überließ „the state" gerne afrikanischen/arabischen Sklavenjägern sowie privaten Unternehmern (Faktoren, Kapitänen, Kaufleuten und ihren Hilfskräften), deren Profite in den offiziellen Abrechnungen (wenn überhaupt – siehe Kapitänsgeschäfte) eher unter „ferner liefen" erschienen.

Im Einzelnen waren die Transformationen – fast sollte ich von Transsubstationen sprechen – des ursprünglichen Körperkapitals sehr komplizierte Operationen. Bei diesen spielten transatlantische Netzwerke (meist von religiös verbandelten Gruppen),[65] oft bedroht von Monopolen einerseits und Atlantikkreolen (Piraten) andererseits, und Tauschpunkte der Akkumulation im Modus Körper gegen Edelmetalle (oder allgemein Metalle, wie Eisen[66] und Kupfer) oder Legierungen, wie Bronze und Messingwaren, sozusagen die Hauptportale, eine extrem wichtige Rolle. Wichtig aus globalgeschichtlicher Perspektive ist es, einen atlantischen Standpunkt einzunehmen und nicht einen europäischen, denn Ausgangpunkte und Grundlagen bildeten menschliche Körper sowie die breiten atlantischen Prozesse der Akkumulation durch Handel (Monopole und Schmuggel), Kolonisierung und Plünderung/Piraterie[67] sowie Slaving in Sklavenhandelsnetzen und -linien auf dem Atlantik (oder dem Indik). An einigen Punkten außerhalb Europas kam es zu Versuchen, sich überlappende Transkulturierungsräume und Akkumulationsprozesse zu kanalisieren und diese Kontrolle in Portalen, räumlich meist in einer Art Off-Shore-Position, zu institutionalisieren. Wichtige dieser Kontrollportale größeren Ausmaßes im atlantischen System waren auf amerikanischer Seite im 16. Jahrhun-

---

in: Financial History Review 7:2 (2000), S. 117–140; Wennerlind, Carl, Casualities of credit: the English financial revolution, Harvard: Harvard University Press, 2011.

64 Wennerlind, „Introduction", in: Wennerlind, Casualities of credit, S. 1–15, hier S. 5.

65 In folgendem Buch geht es eher um Verbindungen und Cross-Cultural-Kontakte zwischen Islam und Christentum, aber mir kommt es hier auf die Methode an: Trivellato, Francesca; Halevi, Leor; Antunes, Cátia (eds.), Religion and Trade: Cross-Cultural Exchanges in World History, 1000–1900, New York: OUP, 2014.

66 Zu Eisen siehe: Evans, Chris; Rydén, „Göran, 'Voyage Iron': An Atlantic Slave Trade Currency, its European Origins, and West African Impact", in: Past & Present Vol. 239:1 (May 2018), S. 41–70.

67 Bialuschewski, Arne. „Black People under the Black Flag: Piracy and the Slave Trade on the West Coast of Africa, 1718–1723", in: Slavery & Abolition Vol. 29:4 (2008), S. 461–475.

dert die karibischen Sklavenhandelsstadt Cartagena[68] zwischen 1580 und 1620 sowie verschiedene Häfenenklaven an der brasilianischen Küste. Cartagena hatte einige Zeit lang die Chance, *das* wichtigste Akkumulations-Portal zu werden – ein London des Iberischen Atlantik. Erst als die spanische Inquisition das Akkumulationsportal Cartagena mit seiner Formel Edelmetalle gegen menschliche Körper (und weniger die immer wieder genannten europäischen Waren) mit Kreuz und Feuer wieder unter Kontrolle des – immer lückenhaften – Monopols gebracht hatten, setzten sich nordwesteuropäische Kolonialmächte mit Hilfe von sephardischen oder „portugiesischen" Kaufleutenetzwerken seit den 1620er Jahren auf karibischen Insel fest oder nutzten diese verstärkt. Das betraf besonders Barbados und Jamaika sowie ab 1700 Saint-Domingue. Im Grunde müssten die Retouren „amerikanischer Schätze", d. h. von Edelmetallen, mit den Zahlen der über den Atlantik Verschleppten korreliert sowie die Stellung und der Anteil der jeweiligen Hubs in diesem atlantischen System ermittelt werden (Morineau – TSTD2).[69] Jamaika, bis 1655 das Feudum der Colón-Familie, war schon seit dem frühen 16. Jahrhundert eine Schmuggelhochburg von Neu-Christen. Barbados war bis zur englischen Übernahme eine Zwischenstation nach Brasilien unter portugiesischer Kontrolle. Natürlich gab es auf beiden Inseln viele „Portugiesen" (auf Barbados eher zeitweilig). Die Inseln wurden zu neuen Hubs der Atlantisierung und Schnittpunkten von Menschenhandel, Piraterie, Schmuggel und Plantagensklavereien. Nach der Übernahme wiederholte sich auf Barbados und Jamaika das São-Tomé-Muster, allerdings mit Zusatzkapital aus Piraterie, Vieh-, Holz-, Elfenbein-, Leder- und Tabakschmuggel sowie Plünderungen. Massen von geschmuggelten Menschenkörpern wurden das wichtigste Investitionskapital der Plantagensklavereien.

Das übermächtige spanische Imperium hatte um 1600 verschiedene Inseln oder Inselteile der Karibik wegen des allgegenwärtigen Schmuggels räumen lassen (*devastaciones*). Schmuggler hießen *corsarios*. Andere karibische Inseln, wie Jamaika, Puerto Rico, die ABC-Inseln und Teile Kubas, konnte Spanien nie richtig kontrollieren. In Pernambuco und Recife an der Küste des heutigen Brasiliens versuch-

---

68 Drescher, „Jews and New Christians in the Atlantic Slave Trade", in: Bernardini, Paolo; Fiering, Norman (eds.), The Jews and the Expansion of Europe to the West, 1400–1800, New York: Berghahn Books, 2001, S. 439–470; Böttcher, Aufstieg und Fall eines atlantischen Handelsimperiums, passim; Studnicki-Gizbert, A Nation Upon the Ocean Sea: Portugal's Atlantic Diaspora and the Crisis of the Spanish Empire, 1492–1640, New York: Oxford University Press, 2007; Vidal Ortega, Cartagena de Indias y la region histórica del Caribe, 1580–1640, Sevilla: Escuela de Estudios Hispanoamericanos, 2002; Wheat, „The First Great Waves: African Provenance Zones for the Transatlantic Slave Trade to Cartagena de Indias, 1570–1640", S. 1–22.

69 Morineau, Michael, Incroyables gazettes et fabuleux métaux. Les retours des trésors américains d'après les gazettes hollandaises (XVIe–XVIIIe siècles), Paris/Cambridge: Cambridge University Press/Éditions de la Maison des Sciences de l'Homme, 1985; heute müsste das Ganze noch mit der Entstehung von Konsumgewohnheiten und Food-Geschichte des Atlantiks, Europas und der Amerikas in Beziehung gesetzt werden; siehe: Brewer, John; Porter, Roy (eds.), Consumption and the World of Goods, New York and London: Routledge, 1993.

te zwischen 1630 und 1650 eine niederländische Kaufleutekompagnie (WIC) eine Sklaverei-Kolonie, einschließlich afrikanischer Sklavenhandels-Ausgangshäfen (El Mina, Luanda), zu erobern; ein fürstlicher Sklavenhändler, Johann Moritz von Nassau-Siegen, spielte dabei eine wichtige Rolle.[70] Auf Inseln wie Jamaika, Barbados, Tortuga/Saint-Domingue und Curaçao, um nur die wichtigsten zu nennen, entstanden im Laufe des 17. Jahrhunderts neue Kontrollpunkte der Kapital-Akkumulation, auf denen, wie zwischen 1510 und 1560 auf São Tomé, auch Plantagen gegründet wurden. In diese Plantagen wurden vor allem von England zunächst auch die oben genannten „weißen Sklaven" deportiert (*indentured servants, engagées*).[71] Dort fanden sich alle Formen der Slaving-Akkumulation, wie Menschenschmuggel, Indenture, Sträflinge, Razzien, illegaler Menschenhandel, Raub und Piraterie, *maroons*, sowie Schmuggel von Waren, Tabak, Holz, Vieh, Häuten, Metalle, Trockenfleisch, Alkohol und Zucker. Sobald größere Mengen von menschlichen Körpern auf den Inseln waren und die mächtigsten Piraten und Schmuggler neue Anlagemöglichkeiten sowie Offizialisierung suchten, entstanden auf den Inseln auch Plantagen mit Massensklaverei (z. B. Barbados, Jamaika, Saint-Domingue).[72] Das ist eine im Schnelldurchlauf erzählte Geschichte einiger karibischer Piraten als Akteure der Akkumulation auf Grundlage des Kapitals menschlicher Körper, nämlich der von der englischen Krone geförderten erfolgreichen Anführer, die man heute wahrscheinlich als Terroristen verurteilen würde. Die Korsaren- und Piratenmannschaften und viele Unteranführer dürften vor allem farbige ehemalige Sklaven gewesen sein oder geflohene Dienstknechte, die die verschworenen Widerstandskulturen der Cimarrones, Bukanier und Flibustier begründeten und Teil der Kultur der Atlantikkreolen waren.

Im Mikrobereich der Schiffe profitierten Kapitäne am meisten von mehreren Grundmustern des Handels mit menschlichen Körpern: sie bekamen einen Teil der Heuer sowie Prämien (oft in Sklaven, die sie verkaufen konnten) für den sicheren Transport der Verschleppten. Zweitens betrieben Kapitäne, wie bereits angedeutet, fast immer einen privaten Sklavenhandel, wie Pierre Mary, Kapitän des Sklavenschiffes *Diligent*, der 1731/32 in Jakin (in der Nähe Ouidahs) Verschleppte für den Warengegenwert von ca. 200 Livres pro Person erworben hatte und seine 26 Privat-Sklaven für je 950 Livres in Martinique verkaufte. Auf dem Schiff war sogar ein französischer Akkordeonspieler. Er war für 195 Livres für die ganze Fahrt fest ange-

---

70 Alencastro, „Johann Moritz und der Sklavenhandel", in: Brunn, Gerhard; Neutsch, Cornelius (eds.), Sein Feld war die Welt. Johann Moritz von Nassau-Siegen (1604–1679). Von Siegen über die Niederlande nach Brasilien und Brandenburg, Münster [etc.]: Waxmann, 2008 (Studien zur Geschichte und Kultur Nordeuropas; Bd. 14), S. 123–144.

71 Emmer (ed.), Colonialism and Migration; Drescher, „White Atlantic? The Choice for African Slave Labor in the Plantation Americas", S. 31–69.

72 Appleby, John C., „English Settlements in the Lesser Antilles during War and Peace, 1603–1660", in: The Lesser Antilles in the Age of European Expansion, ed. by Paquette, Robert L., Engerman, Stanley L., Gainesville: University Press of Florida, 1996, S. 86–104.

stellt. Bei Ankunft in Martinique trugen aber nur 24 das Brandzeichen des Kapitäns. Einer der Kapitänssklaven war gestorben und einer hatte auf der Passage einen Tobsuchtsanfall erlitten; sie wurden ausgetauscht gegen Sklaven mit dem Brandzeichen der Schiffseigner. Kommentar des Negrero Jean Barbot zu dieser frühen Form der „Unsterblichkeit“ von Versklavten: „Die Sklaven des Kapitäns sterben nie“ [„the captain's slaves never die“].[73]

Kapitäne machten aufgrund ihrer privilegierten Stellung und ihrer quasi absoluten Herrschaft über den Transport sowie den Mikroraum „Schiff“ (zumal auf See und in fremden Häfen) Handel unterhalb der existierenden Monopole, Gebote und Verbote und erlaubten ausgesuchten Offizieren und Mannschaftsmitgliedern es ebenfalls zu tun, auch als Komplizen. Vielleicht sollte man das Muster einfach Kapitänshandel nennen? Kapitänshandel war es auch dann, wenn Offiziere oder Mitglieder oder der Cargo der Mannschaft einzelne Sklaven (oder geraubte Kinder) aus „Übersee“ nach Europa oder Nordamerika brachten. Im spanischen Sprachbereich heißt diese Geschäftsform *flete* (Fracht bzw. Bezahlung für Fracht) oder *pacotilla* („kleinere“ Nebengeschäfte). Anne Kuhlmann-Smirnow präsentiert das Problem des Kapitänshandels unter der Frage: wie kamen „Mohren“[74] („Hofmohren“) an Höfe in Territorien, die keine formelle Sklaverei mehr kannten, Sklaven aber auch nicht formal verboten waren. Sie kommt zum Ergebnis, dass Kinder aus Afrika oder einzelne Verschleppte auf Grund von „persönlichen Absprachen mit einzelnen Reedern oder Seeleuten“[75] als Bezahlung dienten. Hier wirkt das Muster „Kapitänshandel“. „Es waren oft Seeleute, die auf ihrer Rückreise nach Europa Sklaven mitbrachten“,[76] fährt Kuhlmann-Smirnov fort. Dafür war aber das Einverständnis des Kapitäns nötig (als Regel). Sie verweist auf einen Artikel,[77] nach dem die Provision für Kapitäne der RAC (*Royal African Company*) ausschließlich in „Fracht“ (d. h., *flete*) ausgeglichen worden seien. Auf gut Deutsch – als Provisionen und Boni erhielten Kapitäne, Cargos und Offiziere im Wesentlichen Sklaven, Sklavenkinder und Sklavinnen. Das war überall und immer Praxis im Menschenhandel. Ich weiß natürlich, dass die Kontexte und kulturellen Codes unterschiedlich waren. Dann kommt die für mich im Zusammenhang der Globalgeschichte wichtigste Aus-

---

73 Hair, Paul E.H.; Jones; Law (eds.), Barbot on Guinea. The Writings of Jean Barbot on West Africa 1678–1712, 2 Bde., London: Hakluyt Society, 1992, Bd. II, S. 783; Harms, Das Sklavenschiff. Eine Reise in die Welt des Sklavenhandels, München: Goldmann, 2007, S. 376 und S. 419.

74 Zum Begriff „Mohren“, siehe: Heyden, Ulrich van der, „Der Mohr hat seine Schuldigkeit getan. Der sträfliche Umgang mit der Geschichte in der deutschen Hauptstadt“, in: Jahrbuch des Landesarchivs Berlin (2014), S. 247–266.

75 Kuhlmann-Smirnov, „Hof und Handel im atlantischen Kontext“, in: Kuhlmann-Smirnov, Schwarze Europäer im Alten Reich, S. 60–68, hier S. 66.

76 Ebd.

77 Eltis; Lewis; McIntyre, Kimberley, „Transport Coasts and the Slave Trade to the Caribbean“, unter: http://qed.econ.queensu.ca/pub/faculty/lewis/slavepaper-032509.pdf (letzter Zugriff 2.2. 2018).

sage: „Gerade die Kapitäne hatten ... wichtige Mittlerfunktionen für die höfische Nachfrage nach schwarzen Bediensteten".[78] Menschliche Körper „ohne (formale) Sklaverei" als Boni, Status- und Luxukapital. So konnte es – über Höfe hinausgehend – auch dazu kommen, dass im Jahr 1684 ein „Mohr" namens Rudolf auf der Leipziger Ostermesse zum Verkauf angeboten wurde.[79] Als Leipziger ist mir dieser Hinweis besonders, nun, nicht eben angenehm, aber interessant. „Mohr Rudolf August" schreibt Ingeborg Kittel, wurde „im Jahre 1684 ... auf der Ostermesse in Leipzig von einem portugiesischen Juden für 50 Reichstaler an einen anderen Juden verkauft".[80] Rudolf flüchtete hinter den Altar der Nikolaikirche (oder Thomaskirche?) und schrie die Leute zusammen. Herzog Rudolf August von Braunschweig habe den „Sklaven ohne Sklaverei" dann dem Juden abgehandelt (also gekauft) und taufen lassen. Als Fürstendiener über mehrere Generationen nannte er sich meist „Rudolf August Mohr".[81] Hofmohren waren – wieder in der Globalgeschichte der Sklavereien – statusbegründendes, -stabilisierendes und -repräsentierendes Kapital. Mit Namen, Ruf und Körper (dessen visuelle Funktion als „schwarzer" Körper wohl für den Luxusstatus am wichtigsten war), mit ihrer Arbeit auch. Das gilt im Wesentlichen auch für Versklavte, die von Religionsgemeinschaften (wie den Herrnhutern) nach Europa gebracht wurden – sie blieben „Sklaven ohne Sklaverei".[82]

Zurück aufs Meer, zum Kapitänshandel. Drittens setzten die Kapitäne gefangene oder geflohene Afrikaner oder in Afrika geraubte Menschen als versklavte Matrosen ein, Köche, Kabinenboys und Schiffsjungen (*cafres*, *moços*, *grumetes*) ein. Als *grumetes* wurden auch freie Afrikaner bezeichnet, die in der Nähe portugiesischer und euroafrikanischer Entrepôts in Westafrika lebten und als Matrosen, auch Schiffsjungen, Faktoren, Handelsagenten, Übersetzer, Ruderer, Dienstboten und Soldaten, allgemein Hilfskräfte, für westafrikanische Lançados eingesetzt wurden. Sie waren aber auch die Verbindungsleute zu Kapitänen und europäischen Sklavenhändlern auf der anderen Seite.[83] An der Arbeit dieser formal oft „freien" Afri-

---

78 Kuhlmann-Smirnov, „Hof und Handel im atlantischen Kontext", S. 60–68, hier S. 64.

79 Kittel, Ingeborg, „Mohren als Hofbedienstete und Soldaten im Herzogtum Braunschweig-Wolfenbüttel", in: Braunschweigisches Jahrbuch 46 (1965), S. 78–103, hier S. 80–82; zitiert nach: Kuhlmann-Smirnov, „Hof und Handel im atlantischen Kontext", S. 60–68, hier S. 64, FN 135.

80 Kittel, „Mohren als Hofbedienstete und Soldaten im Herzogtum Braunschweig-Wolfenbüttel", S. 78–103, hier S. 80. Nach Ulrich van der Heyden kann dieser „Mohr" ein Muslim aus Nordafrika oder osmanischen Gebieten gewesen sein: Heyden, „Der Mohr hat seine Schuldigkeit getan. Der sträfliche Umgang mit der Geschichte in der deutschen Hauptstadt", S. 247–266.

81 Kittel, „Mohren als Hofbedienstete und Soldaten im Herzogtum Braunschweig-Wolfenbüttel", S. 78–103, hier S. 80.

82 Peucker, Paul, „Aus allen Nationen: Nichteuropäer in den deutschen Brüdergemeinden des 18. Jahrhunderts", in: Unitas Fratrum 59–60 (2007), S. 1–35; siehe auch: Raphael-Hernandez, Heike, „Deutsche Verwicklungen in den transatlantischen Sklavenhandel", in: Aus Politik und Zeitgeschichte (APuZ) 65. Jg., Nr. 50–51 (7. Dezember 2015), S. 35–40.

83 Ribeiro da Silva, „Shaping Colonial Societies", in: Ribeiro da Silva, Dutch and Portuguese in Western Africa, S. 139–160, hier vor allem S. 154.

kaner bereicherten sich Kapitäne, Sklavenhändler und Lançados, waren aber auch von ihnen abhängig in ihrer Verbindungsfunktion zu afrikanischen Hinterlandsmärkten. Die Kapitäne konnten die Schiffsjungen in einem der Häfen, die sie anliefen, gegen Produkte eintauschen, sie verkaufen oder, auch gegen Geld, an andere Kapitäne weitergeben. Meist wurde dabei das Wort Sklave nicht benutzt. Dieser frühe Kapitänskinderhandel und Handel mit einzelnen Sklaven, denn das war, führte auf der frühen direkten Atlantikroute zwischen Afrika und Amerika im Grunde zur Entstehung der bereits genannten Küstenpunkte im heutigen Brasilien und an der *tierra firme* (Kakaoanbau). Einige Spuren dieser spezifischen Form des Menschenhandels finden sich in Arbeiten über Kinderarbeit in Portugal und Brasilien: „The earliest mention of children working comes from ship logs that report children being an important part of vessel's crews during the sixteenth century".[84] Der Anteil von Jungen an den Schiffsmannschaften betrug im Durchschnitt 22 %. Auch für versklavte Mädchen im Alter von 12–15 Jahren (dann galten sie als heiratsfähig) hatten Kapitäne auf den Routen zwischen Afrika und Brasilien Verwendung.[85] Auch auf den transozeanischen Routen von und nach Indien (auf Inseln und vor allem Goa) entstanden Menschenhandelsenklaven mit Meeres-Portalen, wie auf der Insel Mosambik/Moçambique (1507).[86] Die Kapitäne konnten, wie gesagt, Quasi-Sklaven/Schiffsjungen auch gegen Geld oder Gold verkaufen – und das galt (und gilt) weltweit und über die gesamte Geschichte, für alle Kapitäne in allen Handelssystemen des Atlantiks, des Indik (und für den transozeanischen Handel zwischen Atlantik und Indik) und auch des Pazifischen Ozeans sowie ihrer vielen Nebenmeere, in den „Many Middle Passages", auch wenn der große Pazifik, vor allem die tropische Südsee östlich von Papua-Neu-Guinea, trotz Manila-Galeone bis in das 19. Jahrhundert extrem peripher für globalisierte Formen des Menschenhandels blieb.

Östlich des Kaps der Guten Hoffnung hießen oft versklavte Matrosen aus lokalen Kulturen, vor allem aus Indien, auf europäischen Schiffen *lascarim* oder *lascars* (von *lashkar* (Farsi) oder *al-askar* (Arabisch) = Kriegerlager bzw. Wache/Soldat). Offiziere von Sklavenschiffen nahmen oft Handelswaren-Beilast (*pacotille*) mit, um ebenfalls privat Sklaven zu kaufen und Gewinne zu machen. Und selbst Bootsleute und (oft versklavte) Köche schmuggelten ein Fass Schnaps (meist *geribita* (auch *jeribita* = *cachaça*) oder *aguardiente* – junger Rum aus Recife oder Kuba bzw. etwa schwarzen Tabak aus Bahia[87] oder überhaupt Tabak aus Kuba, um afrikanische

84 Goulart, Pedro; Bedi, Arjun S., „A History of Child Labour in Portugal", in: Lieten, Kristoffel; Nederveen Meerkerk, Elisa van (eds.), Child Labour's Global Past 1650–2000, Bern [etc.]: Peter Lang, 2011 (International and Comparative Social History), S. 257–278.

85 Kassouf, Ana Lúcia; Santos, Marcelo Justus dos, „Child Labour in Brazil: More than 500 Years of National Shame", in: Lieten; Nederveen (eds.), Child Labour's Global Past, S. 417–433.

86 Mann, „Sklavenhandel im Arabischen Meer, im östlichen und südlichen Afrika", in: Mann, Sahibs, Sklaven und Soldaten, S. 124–149, hier S. 126.

87 Nardi, Jean Baptiste, O fumo brasileiro no período colonial: lavoura, comércio e administração, São Paulo: Brasiliense, 1996.

Stoffe, Nahrungsmittel, Pflanzensamen oder Öle einzutauschen. Die Kapitäne-Kaufleute nutzten innerhalb von Monopolstrukturen auch die Tatsache aus, dass sie Buch darüber führten, wie viele versklavte Menschen unter Deck ihrer Schiffe über den Atlantik transportiert wurden und wie viele wirklich die Middle Passage überlebt hatten. So erschien eine gewisse Anzahl der Verschleppten auf den endgültigen Verkaufslisten bei Ankunft in den amerikanischen Häfen gar nicht, sondern wurden zu Vorzugspreisen verkauft. Der Gewinn floss auch in die Tasche der Kapitäne und der Beamten, die damit bestochen wurden.[88] Zusammenfassend kann man sagen, dass auch Matrosen oder Walfänger-Mannschaften eine Art Zeitsklaven und menschliche Körper von Verschleppten, die sie mit Hilfe der Matrosen unter Kontrolle hielten, Kapital für Kapitäne waren. Das Kapital menschlicher Körper vergrößerte nicht nur ihre Mannschaften oder ihre Gewinne, sondern auch und vor allem ihren Status. Nicht umsonst waren es Piraten und Korsaren, die diese Grundform der Kapitalakkumulation auf Mikroebene am deutlichsten und am „freiesten" repräsentierten. Im 19. Jahrhundert wurden oft Walfänger-Mannschaften durch Ausrüster und Kapitäne getäuscht und im Menschenschmuggel des *Hidden Atlantic* eingesetzt.[89]

Kapitäne als Grundtypus stellten eine Mischung zwischen aristokratischen Anführern einer Mannschaft und Sklavenjägern, Negrero-Kaufleuten und Fachleuten des Transports, der Organisation (auch von Gewalt) sowie der Orientierung dar. Sklavenjäger dagegen waren in erster Linie Militäranführer und Razzienkrieger zu Pferd, zu Fuß oder zu Boot, manchmal auch, je nach Situation, aller drei Arten von Mobilität (Wikinger, Kariben, Beduinen, Tuareg, Kosaken, Kasachen, Khorasanis, Kalmyken, Nogaier, Krim-Tataren, Piraten, Bobangi, Iranun, Prazeiros, Cabessaires, Caboceers, Panyarrs, Chokwe, Bazingir, etc.); die wirklichen Sklavenhändler (Kaufleute; Faktoren, Negreros/Kapitäne) waren zugleich oft Schiffsausrüster, Krediteure, Geldverleiher und Wucherer. Sklavenhändler dieses Typs, sozusagen Schreibtischtäter ohne Schreibtische, hat es wohl seit Sumer und Ur an imperialen Peripherien immer gegeben, nicht umsonst hießen Sklavenhändler im amerikanischen South *Speculators* und im spanischen Imperium (19. Jahrhundert) *capitalistas*, wie oben dargelegt. Eine ganze Wirtschaftsweise, die auf der freien Investition des auch bei den Arabern schon gewonnenen (aber nicht oder nicht nur von den Kaufleuten akkumulierten) „Kapitals" aus dem Sklavenhandel (Menschenkapitalismus) beruhte, entstand im arabisch-islamischen Raum nur in Ansätzen, weil tendenziell immer geistige Führer (und Institutionen) und Kriegereliten sowie vom Koran vorgeschrie-

---

88 Zu konkreten Fällen siehe: Newson; Minchin, From Capture to Sale, passim.

89 „A 'Last' Slaving Voyage", in: Howard, Thomas (ed.), Black Voyage. Eyewitness Accounts of the Atlantic Slave Trade, Boston/Toronto: Little, Brown and Company, 1971, S. 153–177; „A 'Last' Slaving Voyage", in: Howard, Thomas (ed.), Black Voyage. Eyewitness Accounts of the Atlantic Slave Trade, Boston/Toronto: Little, Brown and Company, 1971, S. 153–177; Schürmann, Der graue Unterstrom.

bene Solidarität der Gläubigen („periodisch verteilen oder in Prunk anlegen statt sparen und auf Banken unter Kontrolle von unmilitärischen Kaufleuten horten") dominierten.

Wege und Räume sowie Gewaltinfrastrukturen

Weltgeschichtliche Bedingungen der Handelsnetze und Transportsysteme als Grundlage der globalen Akkumulation von Kapitalien zwischen großen Wirtschaften, Räumen und Kulturen Eurasiens und Afrikas entstanden erst wieder mit der islamischen Expansion.[90] Erst im Kontakt mit dem Islam bildeten sich auch im zurückgebliebenen Europa Kreditinstitutionen heraus (z. B. Ritterorden, wie die Templer, oder Wucherer-Kaufleute in Italien), immer in Nähe zu gewaltsamer Expansion sowie zu Menschen- und Kriegsgefangenhandelslinien. Neben Afrika südlich der Sahara sowie Ostafrika wurde das andere große Sklavenversorgungsgebiet für die arabisch-islamische Zivilisation bis zum 10./11. Jahrhundert ganz Europa (mit Ausnahme der Kerngebiete der beiden großen Imperien der Byzantiner und Franken-Karolinger). Der Osten Europas blieb, wie wir gleich sehen werden, Menschenjagdgebiet bis in das 19. Jahrhundert.[91] Der Süden der Francia, Sizilien und Teile von al-Andalus wurden vom 11.–15. Jahrhundert von christlichen Razzientrupps und Heeren dauerhaft zurückerobert (Granada endgültig 1492); das Baltikum gewaltsam christianisiert. Teil der Kriege waren Menschenjagd, Plünderungen und Razziensklaverei. Sklaverei, Razzienüberfälle, Piraterie und Seeraub blieben lange an der Tagesordnung und im Süden Europas existierten, wie auf dem Mittelmeer, in der Karibik/Südamerika,[92] an den osmanischen Mittelmeerküsten und in Nordafrika, bis in das 19. Jahrhundert Seeraub und Razziensklaverei – ein Versklavungsraum mit dynamischen Grenzen und intensivem Menschenhandel (für illegalen Sklavenhandel, Sklavenjagd und Sklavereien gilt Ähnliches für die „vergessenen Grenzen" der iberischen Territorien in Amerika, wie Neu-Granada/Chocó, Llanos, Texas und die La-Plata-Region).[93] Die Barbaresken im Mittelmeer wurden

---

90 Chaudhuri, Trade and Civilisation in the Indian Ocean, passim.

91 Ott, „Europas Sklavinnen und Sklaven im Mittelalter. Eine Spurensuche im Osten des Kontinents", S. 31–53.

92 McCarthy, Matthew, Privateering, Piracy and British Policy in Spanish America, 1810–1830, Woodbridge: The Boydell Press, 2013.

93 Bono, „Kaperwirtschaft, Seehandel und Sklaverei", in: Bono, Piraten und Korsaren im Mittelmeer, S. 227–278; Greene, Molly, Catholic Pirates and Greek Merchants. A Maritime History of the Mediterranean, Princeton: Princeton University Press, 2010; Vatin, Nicolas, Une affaire interne: Le sort et la libération des personnes de condition libre illégalement retenues en esclavage sur le territoire ottoman", in : Turcica 33 (2001), S. 149–189; Hess, Andrew C., The Forgotten Frontier. A History of the Sixteenth-Century Ibero-African Frontier, Chicago-London: The University of Chicago Press, 1978. Zur La-Plata-Region siehe: Borucki; Chagas, Karla; Stalla, Natalia, Esclavitud y trabajo. Un estudio sobre los afrodescendientes en la frontera uruguaya, 1835–1855, Montevideo: Pulmón, 2009; Sharp, William Fre-

seit 1700 mehr und mehr durch europäische Staaten in Verträge eingebunden und Algerien seit 1830 durch Frankreich erobert.

Im Osten Europas konzentrierten sich Menschenjagd und Menschenhandel seit dem 9. Jahrhundert vor allem auf die baltischen Küsten und die „russischen Flüsse" [*Karte 24[94]] sowie auf die Nordküste des Schwarzen Meeres, die Expansionsgrenzen der Chasaren, Kumanen, Bulgaren und Petschenegen sowie den Kaukasus. Dazu kam Zentralasien als arabisch-islamisches und persisch-islamisches Sklavenjagd- und -Rekrutierungsreservoir sowie Transoxanien/Sogdien, Ostafrika, der Sudan und eventuell auch Teile Sibiriens (wo natürlich immer auch Lokalformen der Sklaverei existierten). Aus arabischer Sicht lebten dort „Barbaren". Aber es waren meist „weiße" Barbaren, sehr oft Menschen aus Turk-Völkern.[95] Im Gegensatz zum heute weitverbreiteten Bild, dass Opfer des Sklavenhandels immer „Schwarze" oder „Neger" sein müssen. Dieses Bild ist im Westen ebenfalls durch die Propaganda des Abolitionismus, durch die behauptete „Sklavenfreiheit" Europas seit dem 11. Jahrhundert und durch die Dominanz des Rassen/Sklaverei-Diskurses in den USA gefestigt. Viele der Opfer des systematischen Sklavenhandels in der Weltgeschichte waren aber „Weiße"; Menschen aus Osteuropa, dem Balkan und aus den Turkstämmen Zentralasiens.

Neben „Osteuropäern", „Afrikanern" und „Türken" kamen schon vorher viele Sklaven aus dem Innern der Landmasse, die in der *Geschichte der Langobarden* (um 780) des Paulus Diaconus als *Germania* (wo bis in das 12. Jahrhundert in Kernregionen Sklaven[96] gehalten wurden, in Grenzzonen wie dem südlichen Baltikum

derick, Slavery on the Spanish Frontier: The Colombian Chocó, 1680–1810, Norman: University of Oklahoma Press, 1976; Abello Vives, Alberto (comp.), Un Caribe sin plantación. Memorias de la cátedra del Caribe colombiano. Primera versión virtual, San Andrés: Universidad Nacional de Colombia; Observatorio del Caribe Colombiano, 2006; Campbell, Randolph B., An Empire for Slavery. The Peculiar Institution in Texas, 1821–1865, Baton Rouge: Louisiana State University Press, ^{2}1991; Sluyter, Black Ranching Frontiers; Prado, „The Fringes of Empires: Borderlands and Frontiers in Colonial Latin America", S. 318–333; Barragan, Yesenia, „Death, Slavery, and Spiritual Justice on the Colombian Black Pacific (1837)", in: Nuevo Mundo Mundos Nuevos [En ligne], Débats, mis en ligne le 11 juin 2015 (consulté le 29 juillet 2015). URL: http://nuevomundo.revues.org/68186; DOI: 10.4000/nuevomundo.68186; Kelley, Sean M., Los Brazos de Díos: A Plantation Society in the Texas Borderlands, 1821–1865, Baton Rouge: Louisiana State University Press, 2011.

94 Karte 24: „Handel und Einflussgebiete der Wikinger um 900", aus: Ehrensvärd, Ulla; Kokkonen, Pellervo; Nurminen, Juha, Die Ostsee. 2000 Jahre Seefahrt, Handel und Kultur, Hamburg: National Geographic Deutschland, 2010, S. 35; siehe auch: Adamczyk, „Friesen, Wikinger, Araber. Die Ostseewelt zwischen Dorestad und Samarkand", in: Komlosy; Nolte; Sooman(eds.), Ostsee 700–2000, S. 32–48, hier S. 34, sowie: Krause, Arnulf, Die Welt der Wikinger, Hamburg: Nikol, 2012.

95 Amitai, „The Mamlūk Institution, or One Thousand Years of Military Slavery in the Islamic World", S. 40–78.

96 Nehlsen, „Die Sklaverei bei germanischen Stämmen der Völkerwanderungszeit. Faktoren der Entstehung und Überwindung unfreier Arbeit", S. 31–55; siehe auch: Verlinden, Wo, wann und warum gab es einen Grosshandel mit Sklaven während des Mittelalters?

länger) bezeichnet wurde – weil dort so viele Menschen „produziert" wurden. Archäologische Reste der Sklaverei und des gigantischen Menschenhandels sind Eisenfesseln, Burgen, Silber- und Glasperlenfunde sowie die erwähnten Depotfunde arabischer Silbermünzen (*dirham*) quer durch Europa (vor allem in Nordeuropa sowie im Baltikum, in Ostmittel- und Osteuropa) sowie die Raumdenkmäler der Handelswege unter Einschluss bestimmter Orte, die ihre Entstehung dem Handel, das heißt, gerade dem Sklaven-, Fell- und Viehhandel sowie imperialen Zöllen verdanken, wie Regensburg, Völkermarkt in Österreich oder Raffelstetten (und die oben bereits erwähnten), neben vielen anderen.[97] Jüdische Händler wurden noch in der Raffelstetter Zollordnung (903–906) mit einem eigenen Abschnitt als „Juden und andere Kaufleute" bedacht. Juden mit Sklaven sind auch auf der berühmten Bronzetür des Doms von Gniezno (Gnesen) aus dem 12. Jahrhundert dargestellt. In der hagiografischen Darstellung ist die ganze Verächtlichkeit, mit der jüdische Sklavenbesitzer/Sklavenhändler (und Sklavenhändler im Allgemeinen) seitens der ritterlich-religiösen Kultur des feudalen Europa dargestellt wurden, deutlich herausgearbeitet [*Bild 6: „Adalbert befreit Christensklaven / Jüdische Sklavenhändler"].[98] Auch das war eine Marginalisierungsstrategie, denn die Fürsten und Eliten benötigten die Kredite und Bestechungssummen der Raubkrieger, Menschenhändler/Wucherer.[99] Und die slawischen Fürsten ließen auch selbst intensiven Sklavenhandel betreiben.[100]

In der Nähe mittel- und osteuropäischer Handelswege finden sich Reste von Pferchen für Kriegsgefangene, Sakaliba/Slawen, die als Sklaven an reisende Kaufleute und Sklavenhändler verkauft wurden – die primitiven Barracones des atlantischen Sklavenhandels werden ähnlich beschrieben wie diese Pferche – als rohe Terrorinstallationen (Erdwälle, Planken und feste Holzpalisaden aus ganzen Stämmen). Sklavenkontore im frühmittelalterlichen Europa und auf den alpinen Wegen aus dem Donauraum nach Venedig haben neuere archäologische Forschungen in

---

97 Johanek, „Der fränkische Handel der Karolingerzeit im Spiegel der Schriftquellen", S. 7–68; Jankowiak, Marek, „Two systems of trade in the Western Slavic lands in the 10th century", in: Bogucki, Mateusz; Rębkowski, Marian (eds.), Economies, Monetisation and Society in the Western Slavic Lands 800–1200 AD, Szczecin: Institute of Archaeology and Ethnology Polish Academy of Sciences; Szczecin University, 2013, S. 137–148.

98 Dobrzeniecki, Tadeusz, Die Bronzetür von Gniezno, Warzawa: Pánstwowy Instytut Wydawniczy, 1954, S. 39 (Tafel 8).

99 Cerny, Pavol, „Das Leben des hl. Adalbert von Prag auf der Bronzetür von Gnesen", in: Hofmann, P. Johannes (ed.), Tausend Jahre Benediktiner in den Klöstern Brevnov, Braunau und Rohr, St. Ottilien: EOS-Verlag, 1993, S. 157–216; Toch, „Was There a Jewish Slave Trade (or Commercial Monopoly) in the Early Middle Ages?", in: Hanß; Schiel (eds.), Mediterranean Slavery Revisited (500–1800), S. 421–444, hier S. 425 f.

100 Hardt, „The Importance of the Slave Trade for the Slavic Princes of the Early and High Middle Ages", in: Loré, Vito; Bührer-Thierry, Geneviève; Le Jan, Régine (dirs.), Acquérir, prélever, contrôler: Les ressources en compétition (400–1100), Turnhout: Brepols, 2017, S. 81–93.

Ring- und Burgwällen oder gar Fürstensitzen gefunden, mit denen vom 8. bis 11. Jahrhundert vor allem das westslawische Gebiet übersät war.[101]

Das frühe Europa hatte als Gegenwert für südliche und östliche Edelmetalle, Luxuswaren (Seide, Stoffe, Waffen, Farb- und Duftstoffe, Wissen) und Gewürze fast nur Menschen, Felle, Holz, Erze und Waffenrohlinge zu bieten; manchmal auch fertige Waffen, wie „fränkische Schwerter". Marseille, neben Aquileia/Venedig (und den Lagunen der Nordadria) das andere Tor des Frankenreiches nach Byzanz, war vom 6. bis 9. Jahrhundert ein Umschlagplatz im Mittelmeersklavenhandel vor allem mit Verschleppten aus England und aus den Randgebieten des Frankenreiches. St. Denis in der Nähe von Paris war auch ein Umschlagplatz für angelsächsische Sklaven (vor allem wohl aus Nordhumbrien). Verdun an der Grenze zwischen den beiden Hälften des Frankenreiches wurde der große europäische Markt für Sklaven und Eunuchen aus Nordost-, Mittel- und Osteuropa. Venedig und Genua waren große Umschlagplätze zwischen West- und Mitteleuropa sowie Byzanz und dem östlichen Mittelmeer (Kern Ägypten) sowie dem Schwarzen Meer. Zunächst das langobardisch-arabische Handelszentrum Amalfi, dann auch Genua und Pisa (sowie Almería Denia an der spanischen Levante) waren überregionale Zentren des Handels mit Piraterie- und Razzienopfern, Sarrazenen, Sarden und vielen anderen Verschleppten (Geniza-Handel).[102]

In Verdun und Venedig wurden Kriegsgefangene kastriert, um als Eunuchen im islamischen Bereich versklavt zu werden (weil es Muslimen verboten war, Männer zu kastrieren); es wurden aber auch, wie oben gesagt, viele Mönche kastriert.[103] Magdeburg und Prag[104] (ebenfalls Kastrationsort) waren Sklavenhandelsplätze und Missionszentralen (Delos und verschiedene Orakel in Afrika lassen grüßen) direkt in Slawengebieten, die auch Razzienkriegs- und Sklavenfangregionen darstellten. Der Ort Raffelstetten etwa bildete einen wichtigen Übergang über die Donau und war Grenz-Marktort, der das Fränkische Reich mit slawischen Gebieten zwischen der Mündung der Enns und der Traun in die Donau verband. Die Donau

---

101 Henning, „Gefangenenfesseln im slawischen Siedlungsraum und der europäische Sklavenhandel im 6. bis 12. Jahrhundert. Archäologisches zum Bedeutungswandel ‚sklābos-sakāliba-sclavus'", S. 403–426; McCormick, „Verkehrswege, Handel und Sklaven zwischen Europa und dem Nahen Osten um 900", S. 171–180; Stella; Vincent, „Europe marché aux esclaves", in: L'Histoire 202 (septembre 1996), S. 64–70; Henning, „Strong Rulers – Weak Economy? Rome, the Carolingians and the Archaeology of Slavery in the First Millennium AD", S. 33–53.

102 Zum Geniza-Handel siehe: Abu-Lughod, „Islam and Business", S. 216–224; zum Geniza-Handel und dem Aufstieg Amalfis siehe: Abulafia, „Überschreitung der Grenzen zwischen Christentum und Islam 900–1050", in: Abulafia, Das Mittelmeer, S. 344–359; Cohen, Mark R., Jewish Self-Government in Medieval Egypt: the Origins of the Office of Head of the Jews, ca. 1065–1126, Princeton: Princeton University Press, 1980.

103 Valante, „Castrating Monks. Vikings, Slave Trade, and the Value of Eunuchs", S. 174–187.

104 Zu Prag als Sklavenhandelsort siehe: Třeštík, Dušan, „Eine große Stadt der Slawen namens Prag", in: Sommer, Petr (ed.), Boleslav II. Der tschechische Staat um das Jahr 1000, Praha: Filosofia, 2001 (Colloquia mediaevalia Pragensia 2), S. 93–138, hier S. 112 ff.

war auch ein Hauptstrang des mittelalterlichen Verkehrsnetzes in Europa: „Die frühmittelalterliche Bedeutung der Donau als Handelsstraße bezeugt eine für die damalige Zeit singuläre Quelle, der Zolltarif zu Raffelstetten ...: Handel mit Salz und Rindern, ja auch mit Sklaven aus dem Slawenland".[105] In der Raffelstetter Zollurkunde (903/06) sind nicht nur Juden, sondern auch die *mancipia perigrina* erwähnt, heidnische Slawen-Sklaven (sicherlich auch Kumanen, Ungarn und Bulgaren). In der Urkunde heißt es, dass alle den normalen Zoll auf Sklaven und alle übrigen Güter zahlen müssten, Juden und andere konzessionierte Kaufleute. Slawen (und Sachsen) als Sklaven waren das wichtigste Gut, das über die Donau nach dem Süden und dann nach dem Westen, Osten und Süden gebracht wurde.[106] Von Verdun aus über Maas, Saone und Rhône sowie Narbonne und Barcelona vor allem nach al-Andalus, in den Maghreb und nach Ägypten. Ibn Ḥawqal befand sich im muslimischen Sizilien in einer zentralen mediterranen Beobachtersituation. Er sagt in seiner Beschreibung von al-Andalus über die Exporte des muslimischen Spaniens: „One of the famous items of their merchandise are slaves (raqīq), handsome girls and boys, captured in the land of the Franks and in Galicia, as well as Ṣaqāliba eunuchs (khadam). All the Ṣaqāliba eunuchs on the surface of the earth are imported from al-Andalus, because they are castrated near that country, and this is done by Jewish merchants. The Slavs are a tribe descending from Japhet, and their country is long and broad. Raiders from Khurasan [Khorasan] get to them from the side of the Bulgars, and when they [sc. the Ṣaqāliba] are led into captivity there they are left unemasculated and their bodies remain unimpaired. (...) The sea-arm stretching from the Surrounding Sea in the area of Gog and Magog traverses their country and extends westwards to the area of Trebizond and then to Constantinople and cuts it into two halves. Thus half of their country, along its whole length, is raided by the Khurasanis who border on it, while the northern half is raided by the Andalusians from the side of Galicia, France, Lombardia and Calabria. In these areas, many captives can still be obtained".[107] Dass muslimische Raider (Razzienkrieger) aus Andalusien bis ins Ostfrankenreich gekommen wären, ist übertrieben. Und den Meeresarm gab es auch nicht (es sei denn das Schwarze Meer). Das andere stimmt: sowohl von Norden und Westen sowie von Südosten (über das Kaspi-Meer) und von Osten (Bulgaren) wurden Slawengebiete zwecks Menschenjagd überfallen und es gab zwei Handelssysteme; ein östliches und ein

---

105 Schubert, Ernst, „Flüsse als Hauptstränge des mittelalterlichen Verkehrsnetzes", in: Schubert, Alltag im Mittelalter. Natürliches Lebensumfeld und menschliches Miteinander, Darmstadt: Primus Verlag, 2012, S. 73–80, hier S. 73.

106 Johanek, „Der fränkische Handel der Karolingerzeit im Spiegel der Schriftquellen", S. 7–68.

107 Goeje, Michael Jan de (ed.), Ibn Hawqal, Abu l-Qasim, Kitāb surat al-ard, Leiden: Brill 1873 (Bibliotheca Geographorum Arabicorum; 3) (Ibn Ḥawqal – Ibn Ḥauḳal, Opus geographicum, ed. J. H. Kramers, Lugduni Batavorum: Brill 1938–1939 (2nd edition); hier zitiert nach: Ibn Hauqal, Configuration de la terre (Kitab surat al-Ard), trad. J. H. Kramers, rev. G. Wiet, Paris-Beyrouth: Maisonneuve, 1964, S. 109.

westliches. Ibn Ḥawqal sagt auch: „Khwarizmians [aus Choresmien – M. Z.] often enter the [lands of the] Bulgars and Slaws, raid them, plunder and bring captives".[108]

Auch auf fränkischer und sächsischer Seite bestand eine ganz erhebliche Nachfrage nach Sklaven aus dem slawischen Raum, speziell aus Gebieten rechts der Elbe („Wenden"), Böhmen und Mähren beziehungsweise nach slawischen Kriegsgefangenen der Piasten- und Przemysliden-Heere. Ein männlicher Sklave repräsentierte den Wert einer Stute; eine Sklavin den Wert eines Hengstes. Junge Mädchen und Frauen waren seltener in den Kriegsgebieten und hatten als Gebärerinnen einen höheren Wert, wie in fast allen *leges barbarorum* (außer dem Lex Frisionum) festgehalten.[109] Sklavenhändler waren, wie oben gesagt, auch Juden. Ein Jude durfte allerdings aufgrund des Codex Theodosianus und des christlich-römischen Judenrechts nicht Herr über einen Christen sein. Das heißt natürlich, dass es sich um heidnische Sklaven handelte, die aus den slawischen Gebieten in die christlichen Länder gebracht wurden. Solange sie im Besitz der Juden waren, konnten sie nicht christlich getauft werden.[110] „Rechtlich" (und religiös) fremde Händler, wie Juden, schreibt Christian Lübke, hatten den Vorteil, nicht an all die Vorschriften wie die einheimische Bevölkerung des Karolingerreiches gebunden zu sein. „Deswegen dominierten Nicht-Christen (Juden) in dem vielleicht lukrativsten Bereich des Handels, nämlich in dem mit Sklaven".[111] Diese zeitweilig herrschende Stellung von Juden im Handel fand in der Raffelstettener Zollordnung deutlich Repräsentanz. 839 war sogar der Franke und kaiserliche Beichtvater Bodo zum Judentum übergetreten und betätigte sich, ins Kalifat von Saragossa ausweichend, im lukrativen Sklavenhandel.[112]

Hamburg an der Grenze sowie Haithabu in Dänemark und Mecklenburg im Obodritenland (oder: Abodriten)[113] erfüllten ähnliche Funktionen zwischen Fran-

108 Ebd., S. 392; siehe auch: Jankowiak, „Two systems of trade in the Western Slavic lands in the 10th century", S. 137–148.

109 Mohr, Andreas, Das Wissen über die Anderen. Zur Darstellung fremder Völker in den fränkischen Quellen der Karolinger-Zeit, Münster [etc.]: Waxmann Verlag GmbH, 2005 (Studien und Texte zum Mittelalter und zur frühen Neuzeit; 7), S. 94 f.; Dopsch, Heinz, „Raffelstettener Zollordnung", in: Lexikon des Mittelalters, Bd. VII: Planudes bis Stadt, München, 1995, S. 397; Koller, Heinrich, „Die Raffelstetter Zollordnung und die mährischen Zentren", in: Brachmann, Hansjürgen (ed.), Burg-Burgstadt-Stadt. Zur Genese mittelalterlicher nichtagrarischer Zentren in Ostmitteleuropa, Berlin: Akademie Verlag, 1995 (Forschungen zur Geschichte und Kultur des östlichen Mitteleuropa), S. 282–295.

110 Cohen, Mark R., „Das christlich-römische ‚Judenrecht'", in: Cohen, Unter Kreuz und Halbmond. Die Juden im Mittelalter, München: Verlag C. H. Beck, 2005, S. 49–56.

111 Lübke, „Formen der rechtlichen Sicherheit", in: Lübke, Fremde im östlichen Europa, S. 164–173, hier S. 166 f.

112 Ebd., S. 167; siehe auch: Riché, „Die Kaufleute", in: Riché, Die Welt der Karolinger, S. 132–150 sowie: Riché, „Die Juden", in: Ebd., S. 150–155.

113 Müller-Wille, Michael, Zwischen Starigard/Oldenburg und Novgorod. Beiträge zur Archäologie west- und ostslawischer Gebiete im frühen Mittelalter, Neumünster: Wachholtz, Neumünster 2011 (Studien zur Siedlungsgeschichte und Archäologie der Ostseegebiete. Bd. 10).

kenreich, Sachsen, Dänemark-Skandinavien (Wikinger) und den slawischen Gebieten. Zusammen mit Groß-Strömkendorf (Reric) an der Wismarer Bucht, Dierkow bei Rostock, Ralswiek auf Rügen, Menzlin an der Peene, Wollin und Truso bei Elbing erschlossen diese Seehandels- und Grenzorte das fränkisch-sächsische Binnenland dem Ostseehandel nach den langen Sachsenkriegen der Karolinger.[114] Auch an einem sumpfigen Ort namens Lipzi (Lindenort), später Leipzig, wurden Tribute gesammelt, darunter sicher auch Sklaven, für den Transport ins Frankenreich, möglicherweise über das Saalekastell Halle.[115] Das frühe Leipzig hat auch Transporte kriegsgefangener Bewohner des Reiches und kriegsgefangener Slawen in den großen Konflikten zwischen dem Reich und Polen (Anfang 11. Jahrhundert) gesehen: Beim „Austausch von Waffen, Pelzen, Wein und Sklaven auch auf einem anzunehmenden Leipziger Markt“[116] spielte Silber eine Hauptrolle, „das bis in die Zeit um das Jahr 1000 hauptsächlich aus dem islamischen Mittelasien nach Europa kam und seit dem 11. Jahrhundert durch Edelmetall aus westlicher Produktion, wohl vor allem aus den Silberadern des Harzes, ersetzt wurde“.[117] Das frühe Leipzig war noch ein ziemlich unbedeutender Etappenort einer Sklaven-Silberroute.

Ribe, Haithabu (Verbindung zwischen Nord- und Ostsee), Helgö im Malärsee, Birka und Gotland, die nördlich-baltischen Handelsemporien, wo die meisten Silberfunde arabischen Silbers gemacht wurden, bildeten Endpunkte beziehungsweise Verteilerzentren von Sklaven und Geraubten der „Wikingerbanden“ im skandinavisch-baltischen Raum, die auch zwischen Ost- und Westbindung (zwischen 880 und 970 stärker nach Osten) wechselten oder, wie Birka, der Veränderung der Schiffstechnologien (größere Schiffe, Koggen mit größerem Tiefgang) oder dem warägischen Sperrriegel am Dnepr (Kiew, Swjatoslaw) zum Opfer fielen.[118] Gerade

---

114 Hardt, „Erfurt im Frühmittelalter. Überlegungen zu Topographie, Handel und Verkehr eines karolingerzeitlichen Zentrums anlässlich der 1200sten Wiederkehr seiner Erwähnung im Diedenhofener Kapitular Karls des Großen im Jahr 805“, in: Mitteilungen des Vereins für Geschichte und Altertumskunde von Erfurt 66, NF 13 (2005), S. 9–39 hier S. 35; zu Hamburg siehe die Übersicht: Kaven, „Von der ersten Siedlung bis zur mittelalterlichen Stadt – Die Entstehung Hamburgs im Kontext übergreifender historischer Prozesse“, S. 1–44, hier S. 15. Sklaven, Sklaverei und Sklavenhandel sind eigentlich nicht Thema dieses Diskussionspapiers – sie sind aber realhistorisch so mächtig, dass sie als Deportation ganzer Bevölkerungsruppen (zeitweilige kollektive Sklaverei?) und Sklavenhandel im Text durchschlagen.

115 Henning, „Das Kastell ‚contra Magadaburg‘ von 806 AD und die karolingischen Kastelle an der Elbe-Saale-Grenze: Ausgrabungen auf dem Weinberg von Hohenwarthe“, in: Archäologie in Sachsen-Anhalt, Sonderband 16 (2012), S. 133–144.

116 Hardt, „III. Leipzig in der Zeit der Burgwarde“, in: Bünz, Enno unter Mitwirkung von John, Uwe (ed.), Geschichte der Stadt LEIPZIG, 2 Bde., Leipzig: Leipziger Universitätsverlag, 2015, Bd. 1: Von den Anfängen bis zur Reformation, S. 110–122, Anm. S. 801–804, hier S. 122.

117 Ebd.

118 Ambrosiani, Björn, „Birka im 10. Jahrhundert unter besonderer Berücksichtigung der Ostverbindungen“, in: Henning (ed.), Europa im 10. Jahrhundert, S. 227–235; Hårdh, Birgitta, „Silber im 10. Jahrhundert. Ökonomie, Politik und Fernbeziehungen“, in: Henning (ed.), Europa im 10. Jahrhundert, S. 181–193; Banck, Claudia; Die Wikinger, Stuttgart: Theis, 2009.

für das berühmte Haithabu an den Grenzen des Reiches gilt die Aussage von Anders Winroth: „ein weiteres Handelsgut ... die Sklaven".[119] Einzige Korrektur: es war nicht *weiteres* Handelsgut" – es *das* Handelsgut und Kapital menschlicher Körper. Im 10. Jahrhundert wurde in Haithabu für eine Sklavin meist 200 Gramm Silber bezahlt.[120] Pierre Riché bestätigt diese Aussage für das Karolinger-Reich – das heißt, damit wird gesagt, dass der Handel mit Versklavten, wie es auch aus dem Buch von Michael McCormick[121] hervorgeht, ganz Europa dominierte (auch wenn die Kapitel darüber in den gängigen Imperiums- und Elitengeschichten eher kurz oder überhaupt nicht vorhanden sind).[122]

In Prag[123] und Regensburg blühte der Sklavenhandel auf der Route Kiew–Verdun, wie wir aus dem Bericht des jüdisch-arabischen Reisenden Ibrāhīm ibn Ya^ckūb (Ibrahim ibn Yaqub al-Turtushi) über die „Länder der Slawen" sowie Sklavereien und Versklavte im östlichen Europa wissen, der eventuell selbst mit Versklavten handelte und 965, 966 oder 973 auch durch das Gebiet der Abodriten im heutigen Norddeutschland (u. a. Burg Mecklenburg) sowie Städte Sachsens, wie Magdeburg, Halle/Saale sowie Böhmen (Prag) gereist war.[124] Aus dem Land des Königs Bolesław (könnte Bolesław I. oder II. sein) mit dem Haupthandelsplatz Prag wurden vor allem „Sklaven, Zinn und verschiedene Felle"[125] ausgeführt. Ibn Jakub kannte auch weitere Routen, die in seiner Zeit sehr wichtige Teilstrecken zwischen

119 Winroth, Anders, „Münzen, Seide, Heringe. Nordeuropäischer Handel in der Wikingerzeit", in: Winroth, Die Wikinger. Das Zeitalter des Nordens, Stuttgart: Klett-Cotta, 2016, S. 135–176, hier S. 146.

120 Telgenbüscher, Joachim, „*Haithabu.* Metropole zwischen den Meeren", in: *GeoEpoche: Die Wikinger* Heft 53 (2012), S. 82–97, hier S. 92 f.

121 McCormick, Origins of the European Economy, passim.

122 Riché, „Der Sklavenhandel", S. 140–141.; siehe auch – sozugen als Anschluss nach Osten: Frankopan, Peter, „Was Ost und West verbindet – der lange Weg der Sklaven", in: Frankopan, Licht aus dem Osten. Eine neue Geschichte der Welt. Aus dem Englischen von Bayer, Michael und Juraschitz, Norbert, Berlin: Rowohlt, 2016, S. 176–202.

123 Třeštík, „Eine große Stadt der Slawen namens Prag", S. 93–138.

124 Hermann, Joachim, „Handelstransport und Warenstruktur der Ostsee-Ökonomie", in: Hermann, Joachim [et al.], Wikinger und Slawen. Zur Frühgeschichte der Ostseevölker, Berlin: Akademie Verlag, 1982, S. 113–142, bes. 134; Jacob, Georg, Arabische Berichte von Gesandten an germanische Fürstenhöfe aus dem 9. und 10. Jahrhundert, Berlin-Leipzig: Walter de Gruyter, 1927 (Quellen zur deutschen Volkskunde I), S. 11–18; Kowalski, Tadeusz (ed. u übers.), Relacja Ibrāhīma ibn Ja'kūba z podróży do krajów słowiańskich w przekazie al-Bekrīego, Krakau: Polska Akademia Umiejętności, 1946 (Monumenta Poloniae Historica, N. S., Bd. 1); Frolík, Jan, „Prag und die Prager Burg im 10. Jahrhundert", in: Henning (ed.), Europa im 10. Jahrhundert, S. 161–169; Engels, Peter, „Der Reisebericht des Ibrāhīm ibn Ya'qūb (961/966)", in: Euw, Anton von; Schreiner, Peter (eds.), Kaiserin Theophanu. Begegnung des Ostens und des Westens um die Wende des ersten Jahrtausends. Gedenkschrift des Kölner Schnütgen-Museums zum 1000. Todestag der Kaiserin, 2 Bde., Köln: Das Museum, 1991, Bd. I, S. 413–422; Hardt, „The Importance of the Slave Trade for the Slavic Princes of the Early and High Middle Ages", S. 81–93.

125 Jacob, Arabische Berichte von Gesandten an germanische Fürstenhöfe, S. 12.

Andalusien und Transoxanien (Samaniden)[126] sowie dem Kalifat in Bagdad verliefen. Undine Ott hat als Erste aus mitteleuropäischer Perspektive die arabischen Quellen über das östliche Europa zwischen Elbe und Ural, Ostsee und Kaukasus systematisch ausgewertet.[127]

Ähnliches hat Thorir Jonsson Hraundal in Bezug auf östliche Wikinger/Waräger, Slawen und „Rus“ geleistet. Er sagt, dass es zwei große Gruppen von Rus gab: einmal die Kiewer Rus und zweitens eine Gruppe, die Hraundal „Volga-Caspian Rus“ (Wolga-Kaspi-Rus) nennt.[128] Thorir Hraundal schlägt vor, das Gebiet der Rus in und um Kiew als überwiegend slawisch anzusehen, obwohl dieses Gebiet auch ein bedeutendes skandinavisches Element einbezog, welches sich im Laufe des zehnten Jahrhunderts allmählich verringerte: „The largest concentrations of Scandinavians were in Gnezdovo, Shestovitsa, Chernigov and Kiev. From the very beginning, these were considered as 'Rus' because they were under the jurisdiction of the ruler of Kiev“.[129] Das bedeutet, dass Waräger als Dienstleister der slawischen Eilten Razziensklaverei, Kriegsdienste und Steuereintreibung betrieben. Im Gegensatz dazu waren die „Wolga-Kaspischen Rus“ überwiegend skandinavisch, d. h., Wikinger/Waräger, Kaufleute und Krieger, die schließlich nach der Mitte des 11. Jahrhunderts mit den örtlichen Völkern verschwanden oder integriert wurden. Die Wolga-Kaspi-Rus „probably lived north and east of the Caspian Sea where the trade route to the Samanids lay“.[130] Samaniden gelten als die Erfinder des Sklaven-Soldatentums für persisch-muslimische Territorien.

Über den Umgang mit Kranken allgemein und Sklaven im Besonderen heißt es nach den von Hraundal ausgewerteten Quellen: „When one of them falls ill, they pitch a tent far away and lay him down inside, with some bread and water. They do not approach him or speak to him. Indeed, they have no contact with him for as long as he is ill, especially if he is a social inferior or a slave. If he recovers and gets back on his feet, he rejoins them. If he dies, they set fire to him. They do not bury dead slaves but leave them as food for the dogs and the birds“.[131] Während

126 Tor, „The Importance of Khurāsān and Transoxiana in the Classical Islamic World“, S. 1–12.

127 Ott, „Europas Sklavinnen und Sklaven im Mittelalter. Eine Spurensuche im Osten des Kontinents“, S. 31–53.

128 Hraundal, Thorir Jonsson, „New Perspectives on Eastern Vikings/Rus in Arabic Sources“, in: Viking and Medieval Scandinavias 10 (2014), S. 65–97.

129 Androshchuk, Fedir, „What does material evidence tell us about contacts between Byzantium and the Viking world c. 800–1000?“, in: Androshchuk; Shepard, Jonathan; White, Monica (eds.), Byzantium and the Viking World. Acta Universitatis Upsaliensis, Uppsala: Uppsala Universitet, 2015 (Studia Byzantina Upsaliensia; 16), S. 91–116, hier S. 113.

130 Hraundal, „New Perspectives on Eastern Vikings/Rus in Arabic Sources“, S. 65–97, S. 87 f.

131 Ebd., S. 88; nach: Montgomery, James E., , „Ạhmad Ibn Faḍlān: Mission to the Volga“, in: Kennedy, Philip F.; Toorawa, Shawkat M. (eds.), Two Arabic Travel Books: Abū Zayd al-Sīrāfī. Accounts of China and India. Ed. and tr. by Mackintosh-Smith, Tim; Aḥmad ibn Faḍlān. Mission to the Volga. Ed. and tr. by Montgomery, New York; London: New York University Press, 2014, S. 190–260; hier S. 208–209, hier S. 244–245.

die Wolga-Kaspi-Rus stärkere Beziehungen nach Osten hatten und sicherlich Kontakt mit dem Sklavenhandel der Samaniden hatten, spielten die Kiewer Waräger/Rus in Europa eine stärkere Rolle.

Wikinger spielten auch an den Rändern der Ostsee eine Rolle. Wir wissen allerdings nicht, ob auch in folgendem Fall. In Reric im heutigen Mecklenburg-Vorpommern etwa standen 1168 nach einem siegreichen obodritischen Feldzug 700 Dänen zum Verkauf. Ob auch in der Frühzeit Lübecks (gegründet 1159, davor elbslawisches Liubice, seit Mitte 11. Jahrhundert Ausbau unter den Nakoniden) noch Sklaven gehandelt wurden, wissen wir nicht.[132] Aber Sklavenhandel an den Rändern und durch das mittelalterliche Europa ist als sicher anzunehmen. Die Ostexpansionen christlicher Adliger aus Gegenden, deren Handelsmetropole Lübeck darstellte, liefen noch bis in das 14. Jahrhundert. Kriegsgefangene Elbslawen (Wenden), Esten/Finnen, Pruzzen oder Litauer kamen nach siegreichen Schlachten oder erfolgreichen Razzienzügen sicherlich nicht nur nach Dänemark oder in das entstehende schwedische Reich, sondern auch in das „deutsche" Zentrum des Ostseehandels.[133]

Arabische Texte des Mittelalters bezeichnen alle Menschen, die nördlich der von ihnen eroberten Gebiete von Spanien, über Mittel- und Osteuropa bis zu den südrussischen und zentralasiatischen Steppen lebten, als „Slawen" oder „Sklawenen" (*as-saqāliba*). In europäischer Perspektive kamen versklavte junge Männer aus dem heutigen Mittel- und Osteuropa („Deutsche" – was in historischer Perspektive seit den Imperien der Karolinger und dem Reich der sächsischen Ottonen vor allem „Sachsen" waren, aber auch Franken, Alemannen, Baiern und „Slawen") auf drei kontinentalen Hauptwegenetzen. Dazu kam das zwischen dem 9. und der Mitte des 11. Jahrhunderts kontrollierte Meeresrazzien-, Transport- und Sklavenhandelsnetzwerk (mit vielen Inseln) der Wikinger und Rus (oder Ros). Die beiden wichtigsten internen Wege durch den späteren Kontinent liefen durch das Frankenreich der Karolinger[134] (später auch durch das ostfränkische Reich): 1. Ein Geflecht von Sklavenwegen überzog Mitteleuropa. Ost-West-Wege führten von den Kontroll- und Handelsorten sowie Grenzzonen der slawischen Siedlungsgebiete an der Elbe (wie Bardowick und Schezla an der Elbe (wohl bei Hitzacker, es werden auch andere Orte debattiert)) über die westsächsischen, d. h., westfälischen Hellwege bis Köln oder Duisburg, Xanten, Aachen. Am oder auf dem Rhein ging es Richtung Verdun. Der Hellweg war ein Fernweg, der die Mittel- und Niederrheinregionen (Zentrum des Karolingerreiches) über Magdeburg und Posen mit Nowgo-

132 Froese, Wolfgang, „Der Wendenkreuzzug von 1147 und die Anfänge Lübecks", in: Froese, Geschichte der Ostsee. Völker und Staaten am Baltischen Meer, Gernsbach: Casimir Katz Verlag, 2002, S. 109–111; Ruchhöft, Fred, Vom slawischen Stammesgebiet zur deutschen Vogtei. Die Entwicklung der Territorien in Ostholstein, Lauenburg, Mecklenburg und Vorpommern im Mittelalter, Rahden: Leidorf, 2008 (= Archäologie und Geschichte im Ostseeraum. Bd. 4).

133 Bartlett, „Die deutschen Handelsverbindungen", in: Bartlett, Die Geburt Europas aus dem Geist der Gewalt, S. 358–366.

134 Riché, „Der Sklavenhandel", S. 140–141.

rod verband.[135] Es gab auch einen Abzweig nach Krákow und in die Handelsknotenpunkte Kiew (und sicherlich nach Sarkel und Itil im Chasarenreich und über das Kaspimeer nach Chorasan-Chowaresm und Persien). Aus globalhistorischer Sicht waren das alles Teil-Landwege (mit Flusstransporten bzw. Seetransporten), die an die oben genannten Hauptwege nach China angebunden waren (hier vor allem die Nordroute Krákow–Kiew–Itil/Astrachan und weiter nach Osten (ca. 775–900 von Chasaren dominiert, die selbst wohl keine Händler hatten, aber an der mittleren sowie südlichen Wolga und am mittleren und südlichen Don nördlich des Kaukasus die Verbindung zwischen der islamischen Welt (und Choresmien/Sogdien), den Rus, Bulgar und Konstantinopel kontrollierten).[136] Rinder, Schafe und Sklaven galten als Hauptexportgüter der Chasaren.[137]

„Der Sklavenhandel war ein wichtiger Faktor der Herrschaftsbildung bei den Slawen. [...] Ein großer Sklavenmarkt war Prag, das sich an einem internationalen Handelsweg von Kiev über Krakau“[138] Richtung Westen befand.

Möglicherweise noch größere Umschlagplätze für Kriegsgefangene, Verschleppte und Versklavte waren die bereits erwähnten Städte Kiew am Dnepr und Bolgar an der Wolga.[139]

Der westliche Teil des Handelsweges – von Mitteleuropa aus gesehen – der Sklaven-Route, in dessen Zentren im sich bildenden christlichen Europa des Ostens

135 Seibt, Ferdinand (ed.), Transit Brügge-Novgorod: eine Straße durch die europäische Geschichte, Ausstellungskatalog, Bottrop/Essen: Pomp, 1997; siehe auch: Ettel, Peter, „Frankish and Slavic Fortifications and Castles in Germany in the Time between the 7–10/11 Centuries“, in: Baker, John; Brookes, Stuart; Reynolds, Andrew (eds.), Landscapes of Defence in Early Medieval Europe, Turnhout: Brepols, 2013 (Studies in the Early Middle Ages, 28), S. 261–284 (Karte, S. 262, 265); Hardt, „Zwischen Bardowick und Erfurt – Handel und Verkehr an den nördlichen Grenzkontrollorten des Diedenhofener Kapitulars Karls des Großen von 805“, in: Beier, Hans-Jürgen; Sachenbacher, Peter in Zusammenarbeit mit Schimpff, Volker (eds.) Auf dem Wege zur mittelalterlichen Stadt in Thüringen, Langenweissbach: Beier & Beran. Archäologische Fachliteratur 2014 (= Beiträge zur Frühgeschichte und zum Mittelalter Ostthüringens 5), S. 71–82.

136 Golden; Ben-Shammai, Haggai; Róna-Tas, András (eds.), The World of the Khazars: New Perspectives: Selected Papers from the Jerusalem 1999 International Khazar Colloquium, Leiden: Brill, 2007 (Handbook of Oriental Studies, Section 8 Uralic & Central Asian Studies, vol. 17); Ciocîltan, Virgil, „Preliminary Remarks“, in: Ciocîltan, The Mongols and the Black Sea Trade in the Thirteenth and Fourteenth Centuries, Leiden: Brill, 2012 (East Central and Eastern Europe in the Middle Ages, 450–1450; Vol. 20), S. 1–36, hier S. 14–15; Preiser-Kapeller, Johannes, „Ein jüdisches Großreich. Religion und Mission im Reich der Chasaren“ [A Jewish Empire: Religion and Mission in the Empire of the Khazars], Working Paper, Graz 2010, http://www.academia.edu/699593/ (letzter Zugriff 2. 2. 2018).

137 Golden, „War and Warfare in the Pre-Činggisid Western Steppes of Eurasia“, S. 65–133, hier S. 156.

138 Gawlas, Slavomir, „Die Anfänge der Monetarisierung im mittelalterlichen Polen“, in: Mühle, Eduard (ed.), Rechtsstadt-Gründungen im mittelalterlichen Polen, Köln Weimar Wien: Böhlau, 2011, S. 30–55, hier S. 32.

139 Montgomery, James E., „Travelling Autopsies: Ibn Fadlan and the Bulghar“, in: Middle-Eastern Literatures Vol 7:1 (2004), S. 3–32.

Krákow und Kiew standen, führte über das Rhein-Main-Gebiet durch das heutige Frankreich bis nach Spanien, vor allem Al-Andalus. Aus Prag kamen Kriegsgefangene und Versklavte aus Mähren, Pannonien und Gebieten weiter östlich über Böhmen, Meissen und Magdeburg nach Mainz, Koblenz, Köln und Verdun. Es gab auch einen Weg von Prag über Leipzig, Halle und Erfurt durch den Thüringer Wald und das Maintal nach Mainz, wo vor allem nach den Kriegen Karls des Großen sowie den Kriegen in und um das Großmährische Reich (9. Jahrhundert) Gruppen von kriegsgefangenen Menschen entlanggetrieben wurden. Auch Köln war ein Vermittlungszentrum. Von Köln ging es an die Maas bis zum großen Sklavenmarkt von Verdun.[140]

Das Diedenhofener Kapitular Karls (805) enthält genaue Regeln für den Sklavenhandel.[141] Neben Bardowiek und Schezla wurde in den Grenzorten Magdeburg, Halle, Erfurt, Hallstatt am Main nahe Bamberg, Fohheim, Premberg, Regensburg und Lorch an der Enns der Handel, auch und grade der Menschenhandel mit Awaren und Sakaliba, betrieben (letzte direkte Erwähnung von Sklaven in Zollregistern: Koblenzer Zollrolle 1104).[142]

Der wichtige Oberdonau-Weg des Ostfrankenreiches durchquerte Bayern über Passau, Regensburg, Raffelstetten und Völkermarkt. Über Schwaben und Franken sowie Worms ging es nach Verdun. Im Zentrum fast aller Menschenhandelswege Zentraleuropas zwischen 700 und 1200 befand sich Verdun. Nicht zuletzt deswegen sagt Pierre Riché, dass der Sklavenhandel, den „weitaus wichtigsten Teil des Warenaustausches [des Karolinger-Reiches] mit dem Orient" bildete.[143] Verdun war, wie bereits gesagt, Sklaven-Sammlungs-, Sklavenhändler- und Kastrationsort. Von dort ging es über Land bis in das Saône-Tal, dann per Schiff weiter über die Rhône bis Arles (oder Marseille). Dann kam ein Landmarsch bis nach Septimanien und dem privilegierten Sklavenhandelszentrum Narbonne. Von Arles war auch die Verschiffung über Narbonne, Barcelona, Tortosa, Valencia und Almería möglich. Oder später über die Balearen, die seit dem 1. Drittel des 13. Jahrhunderts vorgeschobene

---

140 Třeštík, „Eine große Stadt der Slawen namens Prag", S. 93–138; zum Hintergrund siehe: Jankowiak, Marek, „Two systems of trade in the Western Slavic lands in the 10th century", S. 137–148.

141 Adam, Das Zollwesen im Fränkischen Reich, S. 169; Hardt, „Erfurt im Frühmittelalter. Überlegungen zu Topographie, Handel und Verkehr eines karolingerzeitlichen Zentrums anlässlich der 1200sten Wiederkehr seiner Erwähnung im Diedenhofener Kapitular Karls des Großen im Jahr 805", S. 9–39; Hardt, „Zwischen Bardowick und Erfurt – Handel und Verkehr an den nördlichen Grenzkontrollorten des Diedenhofener Kapitulars Karls des Großen von 805", S. 71–82, hier vor allem S. 74–75.

142 Hardt, „Fernhandel und Subsistenzwirtschaft. Überlegungen zur Wirtschaftsgeschichte der frühen Westslawen", S. 741–763, hier S. 749; Kloft, J., „Die Koblenzer Zollrolle", in: Zeugnisse Rheinischer Geschichte. Urkunden, Akten und Bilder aus der Geschichte der Rheinlande, Neuss: Veröffentlichungen der Landesarchivverwaltung Rheinland-Pfalz, 1982, S. 178–180.

143 Riché, „Der Sklavenhandel", S. 140–141, hier S. 140.

christliche Bastion waren und weiterhin wichtige Sklavenmärkte sowie Sklaveninseln darstellten.[144]

Die Sklavenhändler waren im 9.–11. Jahrhundert Wikinger, slawische Kaufleute, Sachsen, Friesen, fränkische Kaufleute und, was den Handel nach al-Andalus und in andere islamische oder chasarisch/bulgarische und russische Territorien sowie den Fernhandel betraf, arabisch-jüdische Kaufleute und Radhaniten (*radaniya, radanites* oder *radhaniten* – wohl „Wegkundige"; persisch: *rāhdān*)[145] [*Karten 25[146]], die möglicherweise schon vor der islamischen Einigung des arabischen, nordafrikanischen, west- und zentralasiatischen Raumes durch Zentralasien nach China zogen.[147] Michael Toch nimmt, basierend auf Moshe Gil an, dass Radhaniten aus Persien stammten.[148] Das ist nicht mehr als Spekulation; wahrscheinlich handelte es sich um einen jüdischen Kaufleute-Familienclan aus dem Süden des Frankenreichen oder dem westgotischen Spanien.[149] Begünstigt worden waren Radhaniten-Sklavenhändler in Zentral- und Westeuropa durch Judenprivilegien Ludwigs des Frommen um 825. So durfte Abraham von Saragossa, ein spanischer Jude, unter dem Schutz Ludwigs des Frommen fremde Sklaven kaufen und im Frankenreich verkaufen.[150] Die Raffelstetter Zollordnung lässt erkennen, dass es Sklavenhandel schon lange Zeit gab.[151]

---

144 Abulafia, „Kaufleute, Söldner, Missionare 1220–1300", in: Abulafia, Das Mittelmeer, S. 436–460, hier S. 451.

145 Verlinden, „Les Radaniya et Verdun: À propos de la traite des esclaves slaves vers l'Espagne musulmane aux IXe et Xe siècles", in: Estudios en homenaje a don Claudio Sánchez Albornoz en sus 90 años, Vol. II, Buenos Aires, 1983, S. 105–132; Lombard, Blütezeit des Islam, S. 211 führt die Bezeichnung auf die Herkunft jüdischer Händler aus Südgallien, vor allem im Rhônetal und Narbonne zurück (*rūdānū*).

146 Karten 25: a) „Das Karolinger-Imperium", aus: Burbank; Cooper, Imperios, S. 121; Karte b) „Le trajet ouest européen des marchands radhânites", aus: Skirda, „Les Radhânites entre l'Occident el le monde musulman, X^{e} – XIIe siècles", in: Skirda, La traite des Slaves, S. 101–109, hier S. 103; Karte c) „Itinéraires internationaux des marchands radhânites, VIIIe–XIe siècles", aus: Skirda, „Les itinéraires", in: Skirda, La traite des Slaves, S. 114–120, S. 116.

147 Gil, Moshe, „The Rădhănite Merchants and the Land of Rădhăn", in: Journal of Economic and Social History of the Orient (JESHO) Vol. 17 (1974), S. 299–328; Abu-Lughod, „The Physical and Social Environment of the Central Asian Steppes", in: Abu-Lughod, Before European Hegemony, S. 154–159; zu den Radhaniten siehe auch: Toch, „Was There a Jewish Slave Trade (or Commercial Monopoly) in the Early Middle Ages?", S. 421–444, hier S. 435, Riché, „Die Kaufleute", S. 132–150 sowie: Riché, „Die Juden", in: Ebd., S. 150–155 sowie Rotman, „The Slave Trade: The New Commercial Map of the Medieval World", in: Rotman, Byzantine Slavery, S. 57–81.

148 Gil, Jews in Islamic Countries in the Middle Ages, Leiden: Brill, 2004; Toch, „Was There a Jewish Slave Trade (or Commercial Monopoly) in the Early Middle Ages?", S. 421–444, hier S. 427 und 435.

149 Gerber, Jane S., „Im Osten weilt mein Herz ...", in: Lange, Nicholas de (ed.), Illustrierte Geschichte des Judentums, Frankfurt a M. und New York: Campus, 2000, S. 161–221, hier S. 174.

150 Abulafia, „Mediterrane Wellentäler 600–900", in: Abulafia, Das Mittelmeer, S. 323–343, hier S. 332; zu den Radhaniten siehe: Ebd., S. 331–335.

151 Adam, Das Zollwesen im Fränkischen Reich, S. 175–179.

Die Spuren dieses transeurasischen Ost-West-Handels (und West-Ost-Handels), dessen Sklaven hohen Wert aufwiesen im Sinne von Kapital menschlicher Körper, finden sich auch in archäologischen Artefakten, wie eiserne Halsringe und Ketten oder das eiserne Joch aus Staré Zámky, einer Festung in den westlichen Karpaten, wie auch Burgwälle selbst.

In der ersten Hälfte des 10. Jahrhunderts plünderten madyarische Reiterheere Osteuropa, mährische, bayerische, sächsische und ostfränkische Gebiete. Die Menschenbeute wurde auf Sklavenmärkten, u. a. in Kertsch am Schwarzen Meer (Ibn Rustah) und im byzantinischen Umfeld Bulgariens verkauft.[152] Bischof Luitprand von Cremona (920–972) wurde nicht müde, die skandalösen Gewinne der Sklavenhändler von Verdun anzuklagen. Adalbert von Prag (um 956–997) konnte sich nicht gegen den Sklavenhandel der böhmischen, mährischen und polnischen Eliten durchsetzen.

Kürzere Wege mögen auch in Nord-Süd-Richtung gelaufen sein. Joachim Henning und Felix Biermann schreiben über Burgen der Westslawen: „Gewaltopfer und [orientalisches] Silber [in den Ausgrabungen der westslawischen Burg Potzlow – M. Z.] deuten an, dass letzteres für Sklaven bezahlt wurde, die die Häuptlinge in kriegerischen Auseinandersetzungen mit benachbarten Gruppen gefangen nahmen und an die Skandinavier in den Seehandelsplätzen verkauften. Der an der Küste entstandene Sklavenmarkt mag insofern den Burgenbau, aber auch die soziale und herrschaftliche Entfaltung bei den nördlichen Westslawen, angeregt haben“.[153]

2. Ein zweites Wegenetz führte in strategischer Nord-Süd-Richtung aus den Randgebieten der damaligen Germania, aus den „slawischen Ländern“,[154] darunter dem Mähren[155] und Polen, zur Donau, über den Donauraum (u. a. Regensburg, Passau, Raffelstetten, Völkermarkt), die Alpen und die Lombardei nach Venedig oder

---

152 Henning, „Frühmittelalterliche Burgwälle an der mittleren Donau im ostmitteleuropäischen Kontext“, in: Machaček, Jiří; Ungerman, Šimon (eds.), Frühgeschichtliche Zentralorte in Mitteleuropa, Bonn: Habelt 2011 (Studien zur Archäologie Europas 14), S. 259–288, hier S. 284; Brüggemann, „Die Staatswerdung Bulgariens zwischen Rom und Byzanz. Migration, Christianisierung und Ethnogenese auf der Balkanhalbinsel (6.–11. Jh. n. Chr.)“, S. 461–472.

153 Biermann, Felix; Henning, „Orientalisches Silber in der Uckermark – der frühmittelalterliche Burgwall auf dem Werderberg von Potzlow“, in: Heimatkalender Prenzlau 2013, Jg. 56 (Prenzlau 2012), S. 32–41, hier S. 38 f.

154 Eggers, „Samo – ‚Der erste König der Slawen‘. Eine kritische Forschungsübersicht“, in: Bohemia Bad 42 (2001), S. 62–83, https://www.bohemia-online.de/index.php/bohemia/article/viewFile/1949/2967 (letzter Zugriff 09. 12. 2017).

155 Engels, „Der Reisebericht des Ibrāhīm ibn Ya’qūb (961/966)“, S. 413–422; Eggers, Martin, Das ‚Grossmährische Reich‘: Realität oder Fiktion?, Stuttgart, 1995; Adamczyk, „Silberströme und die Einbeziehung Osteuropas in das islamische Handelssystem“, in: Hauptmeyer, Carl-Hans; Adamczyk; Eschment, Beate; Obal, Udo (eds.), Die Welt querdenken. Festschrift für Hans-Heinrich Nolte zum 65. Geburtstag, Frankfurt am Main [etc.]: Peter Lang, 2003, S. 107–123; Petráček, Power and Exploitation in the Czech Lands in the 10th–12th Centuries, passim.

weiter nach Süditalien, vor allem Neapel und Palermo bzw. das Adriatische Meer oder die Ionische See-Golf von Patras-Korinth sowie über Land bzw. See nach Konstantinopel. Oder die Donau abwärts entweder in Schwarzmeerhäfen oder nach Thessaloniki in das Bulgarische oder Byzantinische Reich. Genuesen und Venezianer oder Armenier, deren Herrschafts- und Einflussgebiete zeitweise Mittelmeer, Schwarzes Meer und Kaspi-See (mit Zugang nach Chorasan/Khorasan (Khurāsān),[156] Choresmien (Großoase – Unterlauf und Mündungsgebiet des Amudarja (Oxus) und Sogdien/Transoxanien) verband, verteilten die Sklaven auf Häfen und Territorien, die von Arabern, Türken, Mameluken, Mongolen und Chinesen beherrscht wurden.

3. Kehren wir die Perspektive um, führte ein dritter Typ Handelsnetz mit Wegen, die auch wechselten, von Chorasan/Khorasan (bis um 950 z. T. von den Chasaren kontrolliert) und Sogdien sowie der Großoase Choresmien/Chowaresmien und Transoxanien (das wiederum vor allem über sogdische Kaufleute Verbindungen nach China hatte),[157] mit Verzweigungen über das Chasaren-, Bulgaren- und Ungarnreich sowie einem nördlichen Zweig in das Pelz- und Sklavenreich von Bolgar (Wolga-Kaspi-Rus, türkische Wolgabulgaren/Slawen, z. T. Finnen mit engen Bindungen an Mittelasien)[158] sowie in das Reich der Kiewer Rus. Von dort begann dneprabwärts ein Sklavenhandelsweg über das Schwarze Meer (bzw. ostwärts über den Don) und über die Wolga sowie Itil zum Kaspischen Meer und nach Zentralasien. Von Kiew führten zwei Wegenetze, erstens über die „russischen Flüsse" („Nordbogen") in die Ost- und Nordsee (Wikingergebiete) sowie, besonders seit den Ungarneinfällen, der bereits erwähnte Weg über Kraków und Prag, der, wie oben gezeigt, entweder über Regensburg und andere Orte in den Donauraum oder in den Rheinraum nach Verdun lief.

Mittelasien mit Chorasan/Khorasan sowie Transoxanien/Sogdien im Osten war, wie bereits erwähnt, der „Gateway to China" sowie nach Bagdad und in das Samanidenreich, welches an den Steppengrenzen Innerasiens Fang, Handel und Ausbildung von vor allem türkischen Kriegersklaven kontrollierte.[159] Die Wegenetze hatten, wie erwähnt, im Westen über Orte im Rhein-Maingebiet und Verdun Anbindung an Westeuropa und über den Donau- und Alpenraum Anbindung an das Sklavenhandelszentrum Venedig.[160]

---

156 Tor, „The Importance of Khurāsān and Transoxiana in the Classical Islamic World", S. 1–12.

157 La Vaissière, „The Commerce Economy in Transoxania", in: La Vaissière, Sogdian Traders, S. 299–306.

158 Togan, Ahmed Zeki Validi, Ibn Fadlans Reisebericht (Rihlat Ibn Fadlān), Leipzig: Deutsche Morgenländische Gesellschaft, 1939 (Abhandlungen für die Kunde des Morgenlandes, Bd. XXIV, 3) (Neudruck: Nendeln/Liechtenstein 1966), passim.

159 Verlinden, Wo, wann und warum gab es einen Grosshandel mit Sklaven während des Mittelalters?; sowie Ebd.

160 Zu den fünf übergreifenden Wegen, siehe: McCormick, „New Light on the "Dark Ages": How the Slave Trade fuelled the Carolingian Economy", S. 17–54, hier S. 31 f.

Zentral aber für den gesamten mittelalterlichen Handel und den Menschenhandel zwischen dem peripheren Europa und den dynamischen Zentren der islamischen Welt in Asien sowie Nordafrika waren, wie Youval Rotman auch am Beispiel der Radhaniten (Radhaniyya) gezeigt hat, das byzantinische Imperium und Byzanz/Konstantinopel.[161] Auf den Fernhandelswegen durch Europa machten Radhaniten, die auch in Persien, China und Indien zu finden waren, den Awaren, Normannen, Waräger-Rus, den Franken, Polen, Böhmen, Masowiern, Pruzzen, Griechen, Bulgaren, Venezianern und Armeniern Konkurrenz. Wichtige Seitenlinien ergaben sich zwischen Balkan und Venedig mit Slawen-Sklaven. Venedig bezog Massen von verschleppten Kindern aus Slawonien (Teil des heutigen Kroatiens) und Albanien. Sie wurden in der Lagunenstadt auf dem Kai der *sclavones* (Slawen-Kinder) angelandet.[162]

Aus Sicht des omayadischen al-Andalus (Hochzeit 912–1031, danach Teilreiche) stellt sich die Herkunft der Sklaven (*saqaliba*) etwas differenzierter, aber durchaus komplentär dar – die Masse der Versklavten und Eunuchen kam aus dem Frankenreich. Im Wesentlichen handelte es sich Sakaliba/Slawen.

Im 18. und 19. Jahrhundert war aus dem welthistorisch alten Menschenhandelsgeschäft im Rahmen zusammengesetzter Sklavereien auf und um den Atlantik (*Atlantic slavery*) über die massive Nachfrage aus den Plantagenenklaven (siehe unten) und vor allem den iberischen Städten ein systematisches Geschäft mit allen Formen der Akkumulation (auch extrem korruptiver Akkumulation) entstanden. Sklavenschmuggler, die zugleich Kapitäne, Sklavenhalter und (manchmal) Plantagenbesitzer waren, entwickelten reale Akkumulation mittels direkter Ausbeutung der körperlichen Dienste von Sklaven sowie ihrer Arbeitsergebnisse, Akkumulation durch Tausch gegen andere Realia und Akkumulation durch Verkauf von realen Körpern gegen eine Summe von Wertsymbolen (Geld oder Schuldverschreibungen). Einer der wichtigsten Menschenhändler war der bereits genannte Nordamerikaner mit dem *nom de guerre* Captain Jim aus der berüchtigten DeWolf-Familie von Rhode Island,[163] die drei Ingenios *Mary Ann*, *Mount Hope* und *Esperanza* in der Nähe von Havanna auf Kuba besaß. Die Ingenios bildeten so etwas wie Depots für den Menschenschmuggel; sehr produktive Depots, auf denen vom dort eingepferchten Menschenkapital zugleich Zucker und Melasse oder Kaffee hergestellt wurde. Wenn die Preise in South-Carolina stark anstiegen, konnten Sklaven aus Kuba leicht mit kleineren Schiffen nach Georgia oder Charleston geschmuggelt werden.[164] Wenn die Preise in Havanna sehr hoch waren oder die Verwalter schnell

---

161 Rotman, Les esclaves et l'esclavage, passim.

162 Skirda, „La traite des Slaves par Venise et les cités italiennes", in: Ebd., S. 121–124 ; Muhaj, „Skllavëria ndër shqiptarë gjatë Mesjetës [Slavery among the Albanians during the Middle Ages]", S. 61–81.

163 Lin, Rachel Chernos, „The Rhode Island Slave-Traders: Butchers, Bakers and Candlestick-Makers", in: Slavery & Abolition 23:3 (2002), S. 21–38.

164 Howe, „The Slave Trade", in: Howe, Mount Hope, S. 97–133.

Geld brauchten, wurden Sklaven auf Kuba verkauft oder bei anderen Kaufleuten Kredite auf die Versklavten aufgenommen. Sklaven wurden auch gegen Geld vermietet. Die wichtigste Sicherheit für alle Kredite waren – Sklaven, menschliche Körper. Noch größere Gewinne machten katholische Negreros, die auch noch Ämter im spanischen Kolonialapparat innehatten, wie der zeitweilig reichste Mann des Atlantiks, Tomás Terry, oder der notorische Don Francisco de Santiago Aguirre. Die Aguirres waren eine Kolonialbeamtenfamilie, die sich nach dem Dienst zu Landbesitzern aufgeschwungen hatten und dann in das Negrero-Geschäft einstiegen. Francisco de Santiago Aguirre ließ in Boomzeiten des Kaffees in der Nähe von Havanna, in Banes, den *Cafetal Salvador de Aguirre* anlegen. Auf dem riesigen Cafetal (Kaffeeplantage mit Sklaven) wurden überdurchschnittlich viele Sklaven gehalten. Sie arbeiten auch im Kaffee. In erster Linie aber wurden hier aus Afrika nach Amerika geschmuggelte Sklaven nach der traumatischen Überfahrt im Sklavenschiff aufgepäppelt, um „legal" verkauft zu werden; möglichst zu Zeiten, wenn keine Anlieferungen von Sklavenschmuggelschiffen den Markt überschwemmten. Dabei sollten sie während der „Aufpäppelung" nicht nur Kosten verursachen, sondern dem Sklavenschmuggler auch noch Gewinne durch Arbeit einbringen. Der militärische Rang eines *alférez de fragata* (Fregattenfähnrich) wies Aguirre als Mitglied der hispano-kubanischen Elite aus. Aguirre war auch Eigentümer von drei weiteren Ingenios in der Jurisdiktion von Cabañas mit Namen *Manuelita*, *San Carlos* und *San Agustín*. Die Aguirres gehörten zu einer bekannten Kaufleute-, Bankiers- und Negrerofamilie mit Ursprüngen in Bilbao, Santander, Cádiz und Havanna.

Akkumulation von Handels-, Wucher- und Spekulationsgewinnen, auch Profiten aus Menschenhandel und Sklavenarbeit, kann in gewisser Weise nur durch Vorherrschen von Kriegereliten, Priestern, starkes Brauchtum, staatlichen Zentralismus, massiven Widerstand oder Solidaritätsgebot von Religion unter Kontrolle gehalten werden – wie vom Ansatz her im Wucherverbot (Zinseszins; Unterlaufen der Schwierigkeiten des Münztransportes durch Geld-„Wechsel" oder doppelte Schuldrückzahlung) oder im Prinzip im Islam, wo es zwischen 700 und 1400 zu massiver Akkumulation auf Basis des Kapitals und der Energie menschlicher Körper kam (aber nur punktuell zum Durchbruch zu anderen Kapital-Formen oder gar eines Kapitalismus mit systemischer Institutionen- und Industriebasis oder eigenständiger Geld-/Finanzwirtschaft)[165] und sich wohl gerade heute eine breitflächige Umorientierung vollzieht.

Normalerweise gehört an diese Stelle eine Definition des welthistorischen Sklavenhandels, wie sie Olivier Grenouilleau für die *traite* formuliert hat. Sklavenhandel ist, wie wir wissen, sehr wichtig, auch und gerade für die Weiterentwicklung von Sklavereien. Aber die vielen Sklavenhandelssysteme sind, wie Sklavereien auch, kaum unter einer Definition zu fassen.

---

165 Zu islamischen Kreditsystemen bereits im 11. und 12. Jahrhundert (auf Basis der Geniza-Dokumente) siehe: Abu-Lughod, „Islam and Business", S. 216–224.

Im Innern großer früher Agrar-Imperien, die auf Bauernkulturen und oft auf Schuldsklavereien bei Kaufleuten und Eliten beruhen, wie die altorientalischen Gesellschaften, das Inkareich oder China, hatte privater Menschenhandel kaum eine wirklich wichtige (quantitative) Bedeutung. Das änderte sich mit der Zeit. In China existierten seit der Tang-Zeit für mehr als tausend Jahre (bis 1949) sehr viele interne Sklavenmärkte – vor allem seit der Song-Zeit im Süden auf Kinder; für Bauern in einer agrarischen Gesellschaft (Kinder beiderlei Geschlechts, meist unter 10 Jahren) und für urbane Eliten auf Konkubinen („Sängerinnen"), die den Kauf von Sklavinnen fast als eine Art Sport betrieben. Die Kinder wurden entweder von den Eltern oder von Kidnappern (auch eine Razziensklaverei) an professionelle Sklavenhändler verkauft. Der Verkauf wurde schriftlich festgehalten und dokumentiert.[166]

Offensichtlich haben Kaufleute als organisierte Gruppe auch weder in Griechenland noch in Rom (von Crassus abgesehen), Tenochtítlan oder in Byzanz genügend Macht und Einfluss erlangt, um das Wirtschaftssystem ganz nach ihren Notwendigkeiten zu gestalten. In Afrika, vor allem im Sudan, an den Küsten West- und Ostafrikas sowie auf Wegen dorthin gab es allerdings schon lange Ansätze eines frühen Kapitalismus auf Menschen, der meist von Eliten aus Militäraristokraten, Priestern und königlichen Monopol-Kaufleuten kontrolliert wurde. Afrikanischer Menschenkapitalismus traf seit dem 16. Jahrhundert auf merkantilen Kronkapitalismus der Iberer, später auf den „freieren" Merkantilkapitalismus der Niederländer und Engländer. „Markt" als konkreter Ort für Austausch von Produkten, auch mit Kredit und Geld als Bezahlung, gab es seit dem ersten Jahrtausend vor unserer Zeitrechung; für Europa war entscheidend, dass sich im 15./16. Jahrhundert parallel zu diesen Formen von Kapitalismus in peripheren Gebieten, wie England, eine gewaltsame und massenhafte Vertreibung von Bauern von ihrem Landbesitz vollzog. Boden und Menschen wurden etwa in der gleichen Zeit Eigentum im „römischen" Sinne. Vor allem die Kapitäne, die auf dem „freien Meer" nicht kontrolliert werden konnten (wie es die iberischen Kronen versuchten), übernahmen in der Tendenz eher den afrikanischen Menschenkapitalismus, auch wenn sie diskursiv und ideologisch den Eindruck aufrecht zu erhalten versuchten, dass die „barbarischen" Afrikaner die Lernenden gewesen seien.

Ein guter Vergleich zwischen dem Sklavenhandel Europas und dem Sklavenhandel Afrikas aus weltgeschichtlicher Tiefenperspektive ergibt sich beim Blick auf die „Seerepublik" Venedig. Die Stadt entstand nach dem Langobardeneinfall und löste Aquileia als Handels- und Sklavenhub ab. Die Fischer- und Salzmacherinseln lagen zwischen Meer, Lagune und Pomündung. Venedig hatte über die *terra ferma* Zugang zur Poebene und zu den Alpenrouten sowie zu alten Handelsstraßen und -netzen in den Donauraum. Sie führten von den Slawengrenzen in die „Germania" sowie aus den Handelsorten am östlichen Rand Europas in die Stadt an der Adria.

166 Watson, James, „Transactions in People: The Chinese Markets in Slaves, Servants, and Heirs", in: Watson (ed.), Asian and African Systems of Slavery, Oxford: Blackwell, 1980, S. 223–250.

Eventuell war das Gros der frühen Venediger eben Venedi („Slawen"). In Venedig selbst begannen um 800 die neuen europäischen Seefernrouten des östlichen Mittelmeeres. In südöstlicher Richtung lag das Hinterland des Balkans – aus venezianischer Sicht „Dalmatien" (Slawonien), eine bewaldete und dazu noch gebirgige Landmasse, auf der expansive Slawen mit Byzantinern, Venezianern, Griechen, Proto-Albanern und Ungarn kämpften und viele kriegsgefangene „Slawen" anfielen.[167] Die noch heute in der Tourismuswerbung erkennbare paradigmatische Raum-Struktur der Küstenenklaven war geprägt durch Inselstädte, die zugleich Sklavenhandelszentren darstellten (schon seit griechischen und römischen Zeiten). Deutlich wird eines – das Muster Venedigs war eine Off-Shore-Raumstruktur der „isla(s) y tierras firmes [Inseln und Festländer]" – im Sinne von gut zu verteidigenden Inseln und großer Festlandsgebiete in der Nähe, in denen Razzien versklavte „produzierten". Diese Raumstruktur wird noch den Atlantik prägen wird und prägt als Off-Shore-Struktur heute die Globalgeschichte (Staaten, die wie „Inseln" in großen politischen Gebilden sind; etwa Schweiz und Luxemburg oder London bzw. Panamá-Stadt als „Finanzinsel" bzw. wirkliche Inseln wie die Cayman-Inseln). Der Handel mit Menschen bildete neben Salzhandel eine frühe Quelle venezianischen Reichtums (im historischen Mali, wo noch Gold hinzukam, ebenfalls). Venedig stellte funktional und strukturell, bei sehr vielen Unterschieden in Essenz und Zeit, etwa das Gleiche dar wie die Sklavenhandlungssiedlungen der Lagunenvölker des heutigen Ghana zwischen 1480 und 1880 oder das Cartagena de Indias der Iberer, Atlantikkreolen und Sephardim zwischen amerikanischer Karibikfassade, Lagune und Zugang zum Río Magdalena sowie der Landbrücke nach Panamá andererseits. Auch New York auf der Insel Long Island hat räumlich eine ähnliche spatiale Bedeutung als Schnittpunkt der atlantischen und amerikanischen Landschaften der Sklaverei. Venedigs „Imperium der Inseln" war zunächst so etwas wie ein byzantinischer Zapfhahn im äußeren Unterbauch des entstehenden karolingischen Europa. Seit 840 aber war Venedig als „Republik" (Kommune) praktisch unabhängig und profitierte von seiner Lage zwischen den großen Imperien. Nur in solchen geschützten Orten, oder befestigten Off-Shore-Handelsenklaven, konnten sich Kaufleute zur Macht aufschwingen. Venedig wurde zu einer Metropole des Sklavenhandels. Die dalmatinischen Küsten-Inselstädte waren zwar keine Metropolen wie Venedig, aber ebenso wichtig für den Sklavenhandel (vor allem Ragusa). Venedig war, wie gesagt, auch Zentrum der Eunuchen-„Produktion". Kastriert wurden vor allem jungen Slawen, Sachsen und Franken. Aus arabischer Sicht hieß die adriatische See wegen der Prominenz Venedigs für die Sklavenversorgung Ägyptens einfach „Golf von Venedig". Zwischen dem 10. und dem 15. Jahrhundert war Sklaven-

167 Muhaj, „Skllavëria ndër shqiptarë gjatë Mesjetës [Slavery among the Albanians during the Middle Ages]", S. 61–81.

handel in Venedig Staatsmonopol; zu Ende des 15. Jahrhunderts gab es in der Seerepublik noch etwa 3000 islamische Sklaven.[168]

Eunuchen stellten in den islamischen Gebieten eine heiß gesuchte „Ware" dar; auch in Byzanz.[169] Das wird deutlich aus frühen Verträgen zwischen dem Frankenreich und Venedig und aus arabischen Quellen über auf Eunuchenhandel, männliche und weibliche Sklaven, Pelz- und Waffenhandel („eunuques, des esclaves femelles, des garçons, de la soie [aus Südspanien], des pelleteries et des épées" (vor allem „fränkische Schwerter")[170]) spezialisierte jüdische Händler, die bereits mehrfach genannten Radhaniten. Nicht nur arabisches Silber und andere Metalle, auch die für den afrikanischen Tauschhandel fast sprichwörtlichen Glasperlen spielten ihren Part im Handel zwischen Europa und den islamischen Gebieten (da kamen sie her). Aus der Perspektive des entwickelten Persien wird die strukturelle und funktionelle Ähnlichkeit von Venedig mit, sagen wir, El Mina, New York oder Cartagena als Sklavenhandels-Zentren im Insel-Tierra-firme-Modus sehr deutlich. Es gab nur einen Unterschied – Europa oder das „fränkische Abendland" war um 800 weit unterentwickelter im Vergleich zu seinen arabischen, ägyptischen oder jüdischen Handelspartnern aus dem islamischen „Morgenland", als die Akan, die das Gold kontrollierten, im Vergleich zu den Iberern um 1500.

All das erlaubte es Venedig, um auf die Akkumulation von Reichtum und Kultur aus dem Menschenhandel des Mittelmeeres zurückzukommen, nach 1000 in „römischer" und langobardisch-gotischer Tradition mehr Kirchen zu bauen als andere Städte des damaligen Europa.

Globalgeschichte in der Perspektive ubiquitäter lokaler Sklavereien, krimineller Razzien und banaler Tragik allgegenwärtigen Menschenraubs- und Menschenhandels rückt viele Mythen gerade. Einer dieser Mythen betrifft die Leerstelle zwischen schwieriger Organisation des europäischen Feudalismus in den Kerngebieten der gotischen Kathedralen, Mangel an exportfähigen Waren sowie mehr und mehr Evidenz (auch archäologischer Evidenz) von Waren, Luxusgütern, Medikamenten und Edelmetallen aus der arabisch-islamischen Welt. Die „Leerstelle" wird mehr und mehr ausgefüllt mit Menschenjagd, Ketten des Menschenhandels, arabischem Silber sowie Informationen über Expansionen, Razzien, Sklaverei und Menschenhandel. Gerade in Europa.[171] Auch das gehört zur „Vielfalt Europas" (siehe

168 Seidlmayer, Michael, Geschichte Italiens. Vom Zusammenbruch des Römischen Reiches bis zum ersten Weltkrieg, Stuttgart: Alfred Kröner Verlag, ^{2}1989, S. 161.

169 Krämer, „Fürstendiener und Pfortensklaven", S. 81–90, hier besonders S. 81–85, hier besonders S. 87–88.

170 Ibd-Khordadhbeh, „Itinéraire des marchands juifs, dits Radanites", in: Ibd-Khordadhbeh, Le livre des routes et des Provinces. Traduction française: C. Barbier de Meynard (Original 847, wahrsch. In Baghdad; Original der Übersetzung: Journal Asiatique (Janvier-Février 1865)), http://remacle.org/bloodwolf/arabe/khordadheh/routes.htm (letzter Zugriff 5. 2. 2018).

171 Heers, „Les premiers grands marchés d'esclaves (IXe–Xe siècles)", in: Heers, Les négriers en terres d'islam, S. 16–25; Adamczyk, Silber und Macht. Fernhandel, Tribute und die piastische Herrschaftsbildung in nordosteuropäischer Perspektive (800–1100), Wiesbaden: Harrassowitz, 2014 (Quellen und Studien, Bd. 28).

das Kapitel „Europa 400–2010: Kontinent der Sklavereien und der Profiteure des Sklavenhandels“, unten).[172]

Sklaven verbreiteten aber auch das Christentum. Sklavenfang, Überfälle, Razzien und Kriege waren *cross-border*-Unternehmen und markierten die Ränder aller politischen Entitäten des frühen Mittelalters. So fand der fränkische Bischof Askar (gest. 865) im skandinavischen Birka eine ganze Reihe von christlichen Sklaven vor, die ihren Glauben eventuell auch unter ihren Fängern verbreiteten. Ein weiteres Beispiel ist der „Apostel der Iren“, Patrick, der zunächst als römisch-britischer Sklave bei einer Sklaven-Razzia nach Irland verschleppt worden war. Er kehrte nach seiner Befreiung nach Irland zurück und predigte seinen ehemaligen Herrn (er soll auch keltische Schriften verbrannt haben).[173] Dublin (seit 841) und Limerick (seit 922) waren bekannte Sklavenhandelsplätze und Knotenpunkte der atlantischen Routen zwischen dem Mittelmeer, der westeuropäischen Atlantikküste, den britischen Inseln, dem Nordatlantik, Faröer, Orkneys, Island und Skandinavien.[174]

Insgesamt wird man von einer Kontinuität der Sklaverei im Nordatlantik sowie im Nord-/Ostseeraum bis um 1300, im Mittelmeerraum beim Übergang zwischen Antike und Mittelalter sowie verstärkt von ca. 1200 bis in die Neuzeit sprechen müssen, nur zeitweilig unterbrochen durch den Niedergang Roms und die Ethnogenesen verschiedenster Völker. Allerdings wandelte sich der Typus der Sklaverei. Der neue Typus wurde eher von der arabischen und byzantinischen Haus-, Palast- und Militärsklaverei (Eunuchen, Harem und Sklavensoldaten) geprägt. Die großen Städte als das Rückgrat der „römischen“ Sklaverei existierten nicht mehr – Haussklaverei aber war geblieben. Schon die karolingische Imperienbildung und die „erste europäische Ökonomie“ waren stark mit dem Sklavenhandel in das islamisch-arabische Gebiet befasst und auf den großen Gütern gab es weiterhin Sklaven. Etwas vereinfacht gesagt, waren die primitiven Peripherien des islamischen Kulturraums Sklavenfangs- und -produktionsgebiete sowie Ausgangspunkte des Sklavenhandels mit Saqaliba/Slawen (*slaving zones*). Islamische Territorien und Städte waren bei weitem die größten und wichtigsten Nachfrage- und Aufnahmeregionen des frühen Mittelalters, vor allem seit die arabisch-berberischen Expansionen am Beginn des 8. Jahrhunderts vor Konstantinopel sowie bei Tours und

---

172 Henning, „Wandel eines Kontinents oder Wende der Geschichte? Das 10. Jahrhundert im Spiegel der Frühmittelalterarchäologie“, in: Henning (ed.), Europa im 10. Jahrhundert, S. 11–17; Henning, „Der slawische Siedlungsraum und die ottonische Expansion östlich der Elbe: Ereignisgeschichte – Archäologie – Dendrochronologie“, in: Henning (ed.), Ebd., S. 131–145; Henning, „Slavery or freedom? The causes of early medieval Europe's economic advancement“, in: Early Medieval Europe 12:3 (2003), S. 269–277; McCormick, „New Light on the “Dark Ages”: How the Slave Trade fuelled the Carolingian Economy“, S. 17–54.

173 Smith, Europe after Rome, S. 225; Guyonvarch, Christian J.; Le Roux, Françoise, Los Druidas, Madrid: Abada Editores, 2009.

174 Forte, Angelo; Oram, Richard; Pedersen, Frederik, Viking Empires, Cambridge [etc.]: Cambridge University Press, 2005, S. 105.

Poitiers zum Stehen gekommen und das westgotische Spanien mehr oder weniger erobert war. Sklavinnen, vor allem junge Mädchen, erzielten Spitzenpreise.

Sklaven wurden von Menschen aller Regionen verschleppt und verkauft. Viele Menschenhändler, die Sklaven aus dem frühen Europa vermittelten, gehörten Eliten an, die in die Diaspora gedrängt worden waren. Wie wir wissen, waren einige Sklavenhändler nach vorliegenden Quellen, die nicht sehr zahlreich sind, Juden. Unter dieser Perspektive wird deutlich, warum Teile der Sklavenjäger- und -händlerelite des Chasarenreiches (7.–10. Jahrhundert),[175] das Menschenhandelswege zwischen Zentralasien (Choresmien, Transoxanien und Chorasan, zu dem auch das heutige Afghanistan mit den Zugängen nach Nordindien und China gehörte), Osteuropa sowie Schwarzem und Kaspischen Meer kontrollierte, den mosaischen Glauben annahmen. Aber auch ohne Staat bildeten jüdische Kaufleutefamilien und Glaubensgruppen wichtige Handelsnetzwerke. Die bereits erwähnten Radaniya verbanden als transkontinentale Fernkaufleute „ohne Kontinente" (die wurden erst im 16. Jahrhundert erfunden) das muslimische und karolingische Westeuropa mit Nordafrika und Persien, Indien und über Transoxanien sogar mit China.[176] Seit dem 12. Jahrhundert unterhielten jüdische Familien, die in den Städten des Maghreb lebten, Handelskontakte bis zum Senegal und oberen Nigergebiet (nach 1492 kam der Mythos auf, im Süden der Sahara wären die zehn verlorenen Stämme) einerseits und über den Sudan bis Alexandria und Kairo in das Rote Meer und weiter bis in das Arabische Meer andererseits. Persien war seit 600 v. u. Z. ein Zentrum jüdischer Netzwerke. Alteingesessene jüdische Kaufleute im indischen Kozikhode (Calicut) organisierten wiederum den Handel in den indischen Küstengewässern bis zum Persischen Golf und ins Landesinnere.[177]

Sakaliba/Slawen war für Sklavenhändler die Bezeichnung für versklavbare Menschen außerhalb der arabisch-islamischen und der expandierenden christlichen Territorien nördlich, östlich und westlich des Schwarzen Meeres sowie östlich der Grenzen christlicher Reiche, manchmal auch zwischen christlichen Reichen. Das aus dem Begriff Sakaliba stammende Wort *sclavus* ist eine Schöpfung des Mittelalters. Aus dem Zusammenprall der arabischen, warägischen, slawisch-bulgarischen Expansion mit dem fränkischen und dem byzantinischen Imperium entstand das, was wir konzeptionell heute als „Sklaverei" verstehen – gewaltsamer

---

175 Skirda, „Les Khazars, IXe–Xe siècles", in: Skirda, La traite des Slaves, S. 147–151.

176 Leslie, „The Earliest Traces of Jews in China", S. 5–17.

177 King, Charles, „Mare Maggiore, 500–1500", in: King, The Black Sea. A History, Oxford: Oxford University Press, 2004, S. 65–87; Verlinden, „Les Radaniya et Verdun: À propos de la traite des esclaves slaves vers l'Espagne musulmane aux IXe et Xe siècles", S. 105–132. Smith, Europe after Rome, S. 47 ff.; Borgolte, Michael, Europa entdeckt seine Vielfalt 1050–1250; Borgolte, „Wachsen und Wandern der europäischen Judenheit", in: Borgolte, Christen, Juden, Muselmanen. Die Erben der Antike und der Aufstieg des Abendlandes 300 bis 1400 n. Chr., München: Siedler Verlag, 2006 (Siedler Geschichte Europas), S. 67–84; Halm, Heinz, Die Kalifen von Kairo. Die Fatimiden in Ägypten 973–1074, München: Beck, 2003.

Fernhandel mit Kriegsgefangenen und Razzienopfern, die in ihrer Ankunftsregion als „Fremde" galten. Was im frühen „Europa" des 8. Jahrhunderts begann, wurde im östlichen Mittelmeer zwischen 1250 und 1450 fortgesetzt, in Oberitalien mit der Tradition des „römischen" Rechts verbunden, und im atlantisch-amerikanischen Raum vollendet.[178] Allerdings zeichnet dieser Prozess keine gerade Linie und schon gar keine „aufsteigende" Linie des „Fortschritts" in die Annalen der Weltgeschichte, sondern bewegte sich eher wie das Schwingungsfeld einer Erdbebenaufzeichnung mit vielen „Oben" und „Unten" sowie Diskontinuitäten, aber auch einigen Kontinuitäten, die vor allem durch Ausbeutung menschlicher Körper und harte Ausbeutung, aber auch durch Traditionen, Ängste, Diskurse, Mythen, auch Herrschaftsmythen und Erinnerung hergestellt wurden.

Zwischen 1100 und 1600 ging großer Menschenfernhandel im kontinentalen West- und Mitteleuropa zurück. Slawische Gebiete im Osten und im Norden sowie Westen des Schwarzen Meeres hatten sich christianisiert, ebenso wie Ostgebiete des Reiches, Böhmen-Mähren, Polen-Litauen, Ungarn oder waren mit Gewalt christianisiert worden. Ausnahmen blieben die Krim am wilden Schwarzen Meer bis in das 19. Jahrhundert, die Kaukasusgebiete (Tscherkessien, Armenien und Georgien sowie Ossetien/Alanien, Tschetschenien, u. a.) und große Teile des Balkans zwischen dem 15. und dem 19. Jahrhundert, wo Tataren und Türken in Sklavenjagd und Sklavenhandel vor allem das Erbe von Genua und Venedig, Griechen, sowie Abgesandten der Mamelukensultane Syrien-Ägyptens angetreten hatten. Aber es existierten immer auch lokale Sklavereien, wie die der tigani („Zigeuner" – siehe „Lokale Sklavereien in einem Kontinent „ohne Sklavere"", unten). Mächtige Staaten, geführt von Kriegereliten, entstanden (wie Polen-Litauen, die deutschen Ordensgebiete – später Preußen –, das Habsburgerreich und Russland vor und nach dem Mongoleneinfall). Diese Staaten schützten ihre Bevölkerung vor der direkten Verschleppung durch fremde Eliten beziehungsweise mussten, wie Russland, das Habsburgerreich und Polen-Litauen oder die Ukraine einen breiten transkulturellen Gürtel von Grenz- und Gegenkulturen geflohener Bauern, Leibeigener, Sklaven oder Gefangener (Kosaken, Panduren, Haiducken, Szekler) zulassen (zur Frontier zwischen den europäischen christlichen Staaten und den Osmanen sowie ihren muslimischen Vasallen von Spanien über das Mittelmeer bis nach Belgorod in Russland/Ukraine).[179] Die einheimische Elite machte in den größeren Imperien die „eigene" Bauern-Bevölkerung zu Leibeigenen oder Hörigen, die damit einen spezifischen europäischen Sklavereityp bildeten, ließ aber meist nicht mehr zu, dass sie von (kulturell und religiös) Fremden geraubt, in die Ferne verschleppt und nach

178 Haverkamp, „Die Erneuerung der Sklaverei im Mittelmeerraum während des hohen Mittelalters. Fremdheit, Herkunft und Funktion", S. 130–166.

179 Ágoston, Gábor, „Defending and administering the frontier: The case of Ottoman Hungary", in: Woodhead, Christine (ed.), The Ottoman World, Milton Park, Abingdon, Oxon: Routledge, 2012, S. 220–236.

„römischem" Muster versklavt wurde. Es gab Ausnahmen, etwa das besonders exponiert liegende Georgien in seiner Hochzeit im 11.–13. Jahrhundert und danach (siehe oben), als der Druck von Byzanz nachließ, aber dafür der Druck der osmanischen Expansion stieg. Ich zitiere aus einer älteren Publikation, um zu zeigen, dass über Sklaverei und Sklavenhandel, wie immer, nicht gerne gesprochen wird. Zweitens will ich Aussagen über Sklaverei und Sklavenhandel in landeskundlicher Literatur zeigen, die ein frühes Beispiel für die „Volks-Forschung" ist (ansonsten macht Georgien in der europäischen historischen Literatur ja fast nur mit Stalin Furore). Der deutsche Journalist Arthur Leist schreibt in seinem Buch „Das georgische Volk"[180] vom Anfang des 20. Jahrhunderts: „Die [georgischen] Bauern, „Glechi", welche die gesamte Ackerbestellung als Fron verrichteten, waren leibeigen und konnten verkauft, verschenkt und für frei erklärt werden. Obgleich das Gesetz ... nur ihr Leben schützte [d. h., sie durften immerhin nicht getötet werden – M. Z.] und sie ... der Willkür ihrer Herren überlassen waren, unterscheiden sie sich doch von den eigentlichen Sklaven (Aque), welche als Kriegsgefangene in den Besitz eines Grundherrn gelangten. Dass der Verkauf von Leibeigenen und Sklaven von Zeit zu Zeit stattfand, bezeugen zahlreiche alte Urkunden, aber als gesetzlich anerkannte Institution hat der Sklavenhandel in Georgien niemals bestanden [das könnte auch in einem Buch über China um 1900 stehen – M. Z.], und die Kirche bedrohte sogar jeden, welcher Sklaven veräußerte, mit dem Kirchenbann. Trotzdem kamen Überschreitungen dieses Verbotes sehr häufig vor, und in Imeretien und Mingrelien [die wichtigsten Territorien, in den denen das Christentum überlebte – M. Z.] wurde Sklavenhandel sogar offen betrieben".[181] Für die Zeit des 13. bis 17. Jahrhunderts, als sich im Osmanischen Reich, in Ägypten und auch in Europa der Sklaventypus „Cirkassier" bzw. „Cirkassierin" herausbildete, schreibt Leist: In Imeretien „blühte der Sklavenhandel, obgleich er verboten war. Tausende von Mädchen und Knaben wurden von ihren eigenen Landsleuten und oft von ihren eigenen Eltern an die Türken verkauft und nach Konstantinopel und in andere Städte des osmanischen Reiches verkauft".[182] Der Begriff „Cirkassier-Sklaven" wird heute noch oft für alle Versklavten aus der Kaukasus-Region gebraucht, auch wenn es sich in Wirklichkeit um Georgier (Georgierinnen), Osseten oder Tschetschenen handelte (siehe unter „Tausend Namen der Sklaverei"). Zusammenfassend kann man mit Marie-Janine Calic sagen: „Für die Kaukasusvölker bildete der Sklavenhandel eine wichtige Einnahmequelle".[183]

In Afrika verstärkten sich mit der arabisch-islamischen Expansion Menschenjagd und Sklavenhandel. Seit dem Entstehen des arabisch-sudanischen Transsaha-

180 Leist, Arthur, Das georgische Volk, Dresden: E. Pierson, 1903.

181 Leist, „Die Urzeit", in: Leist, Das georgische Volk, S. 83–92, hier S. 88 f.

182 Leist, „Die Verfallszeit vom 13. bis ins 17. Jahrhundert", in: Ebd., S. 137–156, hier S. 147; zur Geschichte Georgiens siehe: Fähnrich, Heinz, Geschichte Georgiens, Leiden/Boston: Brill, 2010 (Handbuch der Orientalistik. Section 8. Central Asia).

183 Calic, „Piraten, Pest und andere globale Herausforderungen", S. 265–276, hier S. 272.

rahandels kam es zur Spezialisierung und Professionalisierung der Sklavenjäger und -händler. Als Figuren des Sklavenhandels kamen nun neben regelrechten Sklavenjagd-Staaten (wie Dahomey und viele andere) [*Karte 26[184]] sowie Monopolkaufleuten auch einzelne Razzien-Kriegsunternehmer sowie einzelne Kaufleute mit ein oder maximal zwei Kriegsgefangenen oder Verschleppten, Karawanenführer, Galeerenkapitäne, professionalisierte Sklavenkapitäne sowie schließlich investierende Höflinge, privilegierte Großkaufleute und Wucherer-Bänker (im Sinne des 13. Jahrhunderts) ins Spiel.

Aus Sicht von Afrikahistorikern und lokalen Opfern der „Produktion von Sklaven" in Afrika spielten Europäer, wie bereits gesagt, bei Versklavung und Sklavenhandel im Innern des Kontinents eine sehr limitierte oder gar keine Rolle. Vielmehr war beides eine der vielen Konsequenzen von lokalen Kriegen in afrikanischen Regionen. Sklavenfang und -handel im Hinterland des südlichen Mauretaniens, des Senegal- und Gambiagebietes etwa wurden von berittenen Soninke betrieben, nicht umsonst war eines ihrer Worte für Sklave *kaccinto* (mit Stricken gebundener Mensch). Die Soninke gelten als die mythischen Gründer des mittelalterlichen Ghana-Reiches, das sich durch seinen Goldreichtum auszeichnete (wie auch das Soninke-Reich Galam; *galam* bedeutet auf Wolof noch heute „Gold"). Kaccinto oder *komo-kocinto* war ein Wort zur Bezeichnung von Kriegsgefangenen, die zu Sklaven gemacht wurden.[185] Eine andere Kategorie waren gekaufte Sklaven (*komo xobonto*). Wenn diese „neuen Sklaven" bei dem neuen Besitzer ankamen, wurden sie einer rituellen Zeremonie unterworfen, deren Kern Treueschwüre bildeten. Unter den Soninke, die noch heute in einer extrem hierachisierten und paternalistischen Gesellschaft leben, existierten auch so genannte „Grands Esclaves", die sich im Wesentlichen aus zwei Gruppen speisten: einmal hausgeborene *saridas*, deren Treue zu ihrem Herren als bewiesen galt, und aus *wanukunko*, die ihre Treue erst beweisen mussten. In einigen Regionen der Soninke wurden diese beiden Gruppen streng getrennt. Grands Esclaves mit von ihren Herren anerkannter Treue operierten und lebten weitgehend autonom. Sie organisierten selbst Razzientrupps zum Menschenfang. Die neuen Gefangenen wurden dann „esclaves d'esclaves" (*komo-dun-komo*). Das Wort war fast ein Tabu und durfte nur leise ausgesprochen werden. Grands Esclaves bildeten das Rückgrat des Militärapparates der Soninke-Gesellschaft: „En règle générale, en pays soninké, les Grands Esclaves constituent l'ossature militaire des armées aristocratiques", die durch *mangu* (oder *mangue*, sing.: *mange*), eine Gruppe aristokratischer Militäranführer, organisiert wurden.[186] Grands Esclaves übten auch Polizeifunktionen aus, sie waren Herolde des Königs

---

184 Karte 26: „Les États fondés sur l'esclavage (XVIIe–XVIIIe siècle)", in: Dorigny; Gainot (eds.), Atlas des esclavages, S. 14.

185 Sy, Yaya, „Les catégories esclaves chez les Soninkés du Sahel", in: Yaya, Les légitimations de l'esclavage et la colonisation des Nègres, Paris: L'Harmattan, 2009, S. 185–192.

186 Ebd., S. 190.

(*tunka-nûgo*) und sie überwachten die Tribut- und Steuerzahlungen (ähnlich dem keltischen *ambactus* – eine Art versklavter Amtmann). Noch heute dürfen z. B. junge Männer, die aus Familien der Grands Esclaves stammen, wenn sie aus dem Ausland heimkehren, ihre Koffer nur im Beisein ihrer „alten" Besitzer öffnen, die dann die besten „Geschenke" und Geld bekommen.[187] Eine andere Kategorie sind *komo xalifanto* (*esclaves confiés*) – eine Art Selbstversklavung, bei der sich Individuen oder Gruppen nach Seuchen, Kriegen oder Hungersnöten dem Schutz eines Herrn unterstellen. Sie werden meist als Grands Esclaves klassifiziert. Bei Sklavinnen wird meist ein Unterschied zwischen einer *gaada* (Sklavin des königlichen Palastes) und einer *tumbare* (Sklavin eines aristokratischen Haushalts) gemacht.[188] Alle Sklaven waren (und sind) einer rigiden Hierarchie unterworfen: an der Spitze stehen Sklaven der regierenden Elite (*tunka-komo* = Königssklaven), die vor allem aus Grands Esclaves und speziell aus Saridas bestehen. Gleichen Rang nehmen die Sklaven der *mangue*-Gruppe ein (*manguin-komo*). Dann kommen die Sklaven der *marabouts* (*modin-komo*). Die unterste Gruppe der relativ autonomen Sklaven ist die der Sklaven von Handwerkern (*niaxamalan-komo*). Ganz unten in der Hierarchie stehen die „esclaves d'esclaves", die *komo-dun-komo* (ein praktisch unsagbares Wort). Die Sklaven der Sklaven werden gezwungen, endogam zu leben; alle anderen dürfen untereinander heiraten.

Im Sklavenhandel zwischen Igboland, den Ibibio, den Efik der Küste und Nigerdelta sowie den relativ ungünstig gelegenen Häfen der Kalabarküste galten die Krieger-Kaufleute der Aro als gefährliche Menschenfänger und Sklavenhändler; die Aro kontrollierten auch das am Beginn des 17. Jahrhunderts begündete Orakel in Arochukwu beim Cross-River, eine religiös-wirtschaftliche Institution.[189] Die Aro waren eine „peculiar group", sagt Ugo Nwokeji, die durch ihre Organisation und religiösen Praktiken eine Art Staat in staatenlosen Gesellschaften schufen. Sie bildeten sich als Gruppe seit dem späten 16. Jahrhundert als transkulturierte und kreolisierte Gemeinschaft aus Igbo-, Ibidio- und Akpaelementen (auch sprachlich). Strukturierende Elemente waren der Austausch von Kola, Yams, Palmöl und Menschen (lokal und atlantisch in symbiotischem Verhältnis).[190] Dem Orakel wurde nachgesagt, es „fresse" Menschen, die der Zauberei überführt worden seien. Nachdem die schuldig Gesprochenen in den Schrein hineingeführt worden waren, wurde eine rote Pulverfarbe in den Fluss geworfen [*Karten 27[191]]. Das trug zur Verbreitung der religiös ausformbaren Idee bei, Menschenfang und Sklavenhandel hätten

187 Ebd.

188 Ebd., S. 191.

189 Nwokeji, „The Aro in the Atlantic Context", in: Nwokeji, The slave trade and culture in the Bight of Biafra, S. 22–52.

190 Nwokeji, „Preface", in: Ebd., S. XIII–XXI.

191 Karten 27: Karte a) „The Bight of Biafra and its Hinterland", aus: Nwokeji, The slave trade and its culture, S. XI; Karte b) „Routen des Menschenhandels in Zentralafrika", aus: Hall, Slavery and African Ethnicies in the Americas, S. 145.

mit Hexerei, Kannibalismus und Zauberei zu tun. Varianten dieser Hexen-, Zauberer- und Kannibalismusangst waren in ganz Westafrika, möglicherweise in ganz Afrika verbreitet – und auch in anderen Großregionen der Welt. Dieser Glauben übertrug sich mit den massiven Sklaventransporten der *middle passage* übers Meer nach Amerika und ist schließlich auch in allen Volksideologien in amerikanischen Gesellschaften zu finden, in denen Sklaverei und Sklavenhandel eine wichtige Rolle spielten.

Bekannt sind auch die *Ijaw*-Sklavenhändler des Nigerdeltas. Sie befuhren mit riesigen Kanu-„Häusern" den Niger. Das so genannte „Kanuhaus" war eine Institution aus Abstammungsgruppe, Handelskompanie und politischer Organisation unter der Führung von Schiffshäuptlingen, die zugleich Anführer von Razzientrupps und Geheimgesellschaften darstellten. Insgesamt gelten die Sklavenhändler der Calabar-Küste, wie gesagt, als „some of the first capitalists".[192]

Im Norden des heutigen Gabun und bei Cap López setzte massiver atlantischer Sklavenhandel erst im späten 18. Jahrhundert ein – was nicht heisst, dass es nicht schon lokalen oder regionalen Sklavenhandel gab.[193] Im riesigen Einzugsgebiet des Kongo betrieben Kanuführer, Fischer, Piraten und Kaufleute der Bobangi Menschenhandel als Flusstransport; sie transportierten die armen Opfer zu den professionellen Vili-Sklavenhändlern von Loango im heutigen Gabun / Republik Kongo. Die berüchtigten Imbagala-Banden im Kongo bildeten einen Kriegerkult von Söldnern (wie vor ihnen Gallier-Söldner in der antiken Welt), bei dem Gefangenen-Abschlachtung, Kannibalismus, Zauber und Hexerei ganz bewusst eingesetzt wurden. Die Imbangala wurden von den Portugiesen Jagas (oder Yacas) genannt, nannten sich selbst aber *Imbangala* oder *Isinde*. Diese Imbangala oder Jagas waren „substantial contributors to the slave trade".[194] Afroportugiesische Pombeiros, Sobas, Tangomaõs und Lançados (Atlantikkreolen) sowie später Ambakisten, vor allem in Senegambia und Oberguinea sowie im Kongo, in Luanda und Angola, kontrollierten den Sklaven-Zwischenhandel, zogen aber in Angola, oft mit Kriegsentradas sowie riesigen Karawanen, auch tiefer in das Hinterland, um Sklavennachschub zu jagen und zur Küste zu bringen. Der Begriff Pombo, Pombeiro war offensichtlich so verbreitet, dass die von den Kapitänen ernannten Vormänner unter den Sklaven *pumbas* (von Pombo oder in englischer Korruption *bumboy*) oder *profosse* genannt wurden. In Cape Coast Castle nannten englische Sklavenhändler Sklaven des Handelsforts, deren Aufgabe das Management anderer Sklaven war, Bumboys. Bei den Niederländern in El Mina und allgemein an der Küste bis nach

192 Fomin, „Economic impact", in: Fomin, Trans-Slave Trade Routes and and Traders of Africa, S. 132–133, hier S. 132.

193 Patterson, K. David, The Northern Gabon Coast to 1875, Oxford: Clarendon Press, 1975.

194 Miller, „Requiem for the Jagas", in: Cahiers d'études africaines 13, no. 49 (1973), S. 121- 149; siehe auch: Candido, „Jagas e sobas no 'Reino de Benguela': vassalagem e criação de novas categorias políticas e sociais no contexto da expansão portuguesa na África durante os séculos XVI e XVII", S. 39–77.

Dakar hießen Sklavenjäger und afrikanische Broker, wie oben bereits erwähnt, *caboceers* (von portugiesich *cabeça* = Haupt, Anführer). Oft verbreiteten Broker, Fortsklaven oder Zwischenhändler Warnungen bei ihren Geschäftspartnern, die jeweils Anderen seien Menschenfresser. An der Goldküste glaubte allerdings kaum noch jemand an diese Ammenmärchen.

Britische Seeoffiziere, die in der ersten Hälfte des 19. Jahrhunderts, nach der Abolition des britischen Sklavenhandels (1808), zur Verfolgung des Sklavenhandels nach Westafrika abkommandiert waren, zeichneten in ihren Berichten (auch) eindrucksvolle Darstellungen afrikanischer Sklavenjäger und -händler (caboceers, pombeiros), die vom britischen Botschafter in Lissabon so zusammengefasst wurden: „The Notorious slave dealer Kytaneo of Bissao arrived at the end of last year to pay his respects to the Governor General, and has been received with the greatest attention and consideration. He presents himself everywhere in the uniform of a Portuguese Field Officer and was received in it by the Governor General [...]. Kytaneo made a similar visit to the former Governor and was received in the same manner, and it was there that he entered into arrangements with that authority, which enabled him during the Governorship of Fontes de Mello to carry on a very extensive trade in slaves from Bissao without interruption" [Der notorische Sklavenhändler Kytaneo von Bissau kam am Ende des letzten Jahres hier an, um dem [portugiesischen] Generalgouverneur seinen Respekt zu bezeugen und er ist mit der größten Aufmerksamkeit und Ehrerbietung empfangen worden. Er zeigte sich hier überall in der Uniform eines portugiesischen Feld-Offziers und wurde in ihr vom Generalgouverneur empfangen [...]. Kytaneo machte einen ähnlichen Besuch beim früheren Gouverneur und wurde in der gleichen Weise empfangen, und es war zu dieser Gelegenheit, dass er in Arrangements eingetreten ist mit dieser Autorität, die es ihm während der Regierungszeit von Fontes de Mello [ein Gouverneur] erlaubt haben, einen sehr umfangreichen Sklavenhandel von Bissau ohne Unterbrechung zu führen].[195]

Etwa zur gleichen Zeit, 1844, gibt einer der wenigen Augenzeugenberichte eines Angestellten eines Sklavenhändlers aus Matanzas, Kuba, die Beschreibung eines „afrikanischen Königs", der den Sklavenhandel am Río Pongo kontrollierte:

> Inmediatamente llegamos al fondeadero, salieron infinidad de canoas de todos tamaños de todas las abras, y brazos del Rio, y cercaron al buque, pero ninguna se arrimó abordo, hasta que llegó la canoa que conducia al Rey de aquella provincia ... Luego que ésta canoa atracó abordo, y subió el Rey; llegaron los demas ..., y tambien vino el bote de nuestro consignatario Mr. Paul Faber, Americano de Nacion.
>
> El Rey (llamado en su pais Mungo Yanyi) estaba vestido enteramente á la europea, y hablaba el Ynglés perfectamente, como que desde chico, lo habia mandado su padre á Liverpool a

195 Originalkopie und Übersetzung (aus dem Englischen) eines Briefes von Botschafter Howard de Walden aus Lissabon an den portugiesischen Außenminister vom 14. März 1843, in: Arquivo Histórico Ultramarino, Lisboa, C. Verde, 1840–1843, Maço 2, (781).

educarse, y apenas contaba en la época de que hablo 30 años. Regularmente, todos los que habitan estas costas hablan el Yngles, y el Mandinga Sosó, que es como un arábigo corrompido. Su religion, es la Mahometana adulterada con algunas otras sectas idolatras, y el trage [traje – M. Z.] que usan los individuos de la comitiva del Rey, es morisco, sin olvidar los talismanes que del cuello llevan colgados en abundancia, metidos en bolsitas de cuero fino, á imitacion de escapularios [...]. Despues que el Rey, su comitiva, y nuestro consignatario, con los demas factores, hubieron acabado el ambigú que se sirvio de recibimiento, se entablaron las negociaciones acerca de nuestro contrato para la venta de los efectos q.e llevabamos. Nosotros llevabamos 200 fusiles ingleses, 200 arrobas de polvora; unos cuantos tercios de guinea azul y blanca, 8. bocoyes de tabaco de la Virginia en rama; 12 pipas de aguardiente de caña superior, y alguna que otra friolera. En consecuencia, tanto el Rey, como los demas hacendados del pais, se hicieron cargo de parte de éstos articulos, para entregar en cambio á cierto plazo, el numero de esclavos que bastasen por su valor á cubrir el precio de aquellas mercancias, y unanimemente, fijaron el de 45 dias, en cuyo tiempo debia estar listo nuestro cargamento

[Unmittelbar nachdem wir am Anlegeplatz angekommen waren, kam eine Unmenge von Kanus aller Größen aus allen Flussläufen, aber keines machte an Bord [des Sklavenschiffes *La Gazeta* aus Matanzas – M. Z.] fest, bis das Kanu kam, das den König dieser Provinz transportierte ... Gleich nachdem dieses Kanu an Bord lag und der König heraufstieg, kamen auch die anderen ... und es kam auch das Boot unseres Konsignatars Mr. Paul Faber, von Nation Amerikaner.

Der König (in seinem Land Mungo [Mongo – M. Z.] Yanyi genannt) war vollständig à la Europa gekleidet und sprach das Englische perfekt, denn von klein auf hatte sein Vater ihn zur Erziehung nach Liverpool geschickt, und er zählte in der Zeit, von der ich berichte, 30 Jahre. In der Regel sprechen alle, die an diesen Küsten wohnen, das Englische und Mandinga Sosó, das wie ein korrumpiertes Arabisch ist. Seine Religion ist die Mahometanische, verfälscht mit einigen anderen idolatrischen Sekten, und die Tracht, die die Individuen im Hofstaat des Königs tragen, ist maurisch, ohne die Talismane zu vergessen, die sie im Überfluss am Hals hängen haben, gehüllt in Beutelchen aus feinem Leder, in Imitation von Skapulieren. Nachdem der König, sein Hofstaat und unser Konsignatar mit den anderen Faktoren den Umtrunk beendet hatten, der als Empfang serviert wurde, begannen die Verhandlungen über unseren Vertrag für den Verkauf der Waren, die wir mitführten. Wir führten 200 englische Gewehre, 200 Pfund Pulver, einige Rollen von blauer und weißer Guinea [Tuche – M. Z.], 8 Fässchen Virginiatabak im Blatt; 12 Pipen besten Zuckerrrohrschnapses sowie diese und jene Kleinigkeit mit. In der Konsequenz übernahmen sowohl der König wie die Wirtschaftsleute [Kaufleute] des Landes eines Teiles dieser Artikel, um im Laufe einer gewissen Zeit, die Anzahl an Sklaven zu liefern, die dem Preise dieser Handelswaren abzudecken und einheitlich fixierten sie [die Frist] auf 45 Tage, in der unsere Ladung [Sklaven] fertig sein sollte].[196]

In Afrika war, wie gesagt, das Sklavengeschäft aus Menschenfang und Land-Transport fast immer eine rein afrikanische Angelegenheit (wenn man Tangomãos,

196 Biblioteca Nacional de Cuba, La Habana (BNC), Colección Cubana (CC), Colección Manuscrito (CM) Bachiller: „Estrada, R.B., Geografía. Relación de un viaje a las islas de Cabo Verde, y algunos puntos del y Río Pongo“. Esta relacion de un negrero se presento a la censura suprimiéndole todos los ... [ilegible] y hasta pliegos que se creyeron impasables ... y no logró el pase ..., s.l., s. a., S. 3, 5. Bogen – S. 1, 6. Bogen (27 Blatt; C. M. Bachiller No. 417). Das Dokument ist nach Bögen (pliegos) nummeriert und im Original recht kompliziert, da vieles durchgestrichen ist und oftmals Textteile überschrieben worden sind.

Baquianos und Pombeiros als „Afrikaner“ betrachtet). Akteure waren vor allem Karawanenführer und Kaufherren, die oft auch politische sowie religiöse Chefs darstellten, und lokale Könige, die Razzientrupps ausschickten. Könige hatten im Exporthandel mit Sklaven viele Privilegien (vor allem Abgaben und „Geschenke“). In Ashante und Dahomey existierte eine gemischte Sklavenfang- und Sklavenwirtschaft, an der Clanoberhäupter, Priester, Agenten des Staates und private Händler partizipierten.

Menschenraub und Sklaverei in vor- und frühkapitalistischen Gesellschaften bedeuteten zwar auch Akkumulation von Profiten und Kapital, allerdings war dieses Kapital eher im Sinne von Pierre Bourdieu Status- und Machtkapital zur Festigung von sozialer Herrschaft über Familien und Haushalte. In eher auf Gewinn orientierten Handels- und Wertsystemen, wie den arabisch-islamischen Handelskulturen, den Ansätzen des afrikanischen Menschenkapitalismus oder dem frühen europäisch-atlantischen Kapitalismus wurden Sklavinnen und Sklaven meist auf Grund sichtbarer körperlicher, somatischer und physiognomischer Merkmale gekauft (Stärke, Jugend, Fähigkeiten, Hautfarbe, Gesundheit, Schönheit, Kampfkraft, Unversehrtheit, Kastrierung, Kriterien für Opferung etc.) oder wegen ihrer Erfahrung beziehungsweise weil sie bestimmten Gruppen oder Kulturen angehörten, die als „gute Sklaven“ galten. Im Zentrum stand der Körper. Deshalb ist der Aspekt der Kommodifizierung so wichtig, was bedeutet, dass der Körper als Ganzes und visuelle, sichtbare Merkmale ebenfalls Kapital darstellten und Teil der „Austauschbarkeit“ der „Ware“, der „Personen mit einem Preis“ (in Geld und europäischen Währungen)[197] wurden.

Die Gewinne der Vermarktung von menschlichen Körpern, wurden als Status-Kapital in Armeen gesammelt, in Schatzbildungen gehortet oder in den Bau von Kultzentren investiert, wie Moscheen, Medresen, Kirchen, Paläste, Universitäten, Stadtzentren. Dazu tendieren religiöse Gemeinschaften, Völker mit Opferpraktiken, aber auch Kaufleute, die wegen ihrer „Sünden“ oft Geld spendeten. Die Gewinne aus Menschenhandel, aus der „Anlage“ des menschlichen Kapitals in Sklavereien wurden auch in andere rentable Wirtschaftsformen transferiert, über direkte Investition, meist zunächst aber über Wechsel. Die recht bescheidenen Anfänge des italischen sowie nordwesteuropäischen Kapitalismus entwickelten Mechanismen zur vollen Kommodifizierung menschlicher Körper, einschließlich ihrer Verwertung in Wirtschaften mit Massensklavereien (Plantagen und Bergwerke). Ohne Sklavenhandel und Kapital menschlicher Körper keine Plantagenwirtschaft einerseits und Kreditwirtschaft andererseits

Die meisten Europäer mussten „großen“ Sklavenhandel mit kriegsgefangenen Männern und mit langen Transportwegen sowie Gewaltinfrastrukturen in gewissem Sinne erst wieder von den mongolischen, mamelukischen, arabischen und afrikanischen Eliten lernen. Oft halfen ihnen Genuesen, Venezianer oder Katalanen

197 Johnson, „Introduction: A Person with a Price“, in: Johnson: Soul by Soul, S. 1–18.

dabei.[198] Sie lernten aber schnell. Das erste wirklich globale Handelsnetz über mehrere Ozeane hinweg, rund um die Küsten Afrikas, das mehrere lokale Sklavenhandelsnetze durchschnitt, schufen nach malayischen, chinesischen, indischen und arabischen Vorläufern (die allerdings den Atlantik nicht in der Tiefe befuhren) die Portugiesen seit etwa 1498 mit der *Carreira da Índia*. Ab 1571 reichte sie bis Manila und erreichte 1573 auch Acapulco. Die *Carreira* darf nicht nur als eine Linie von Punkt A nach Punkt B und zurück vorgestellt werden, sondern als ein riesiges, lang gezogenes, lokale Netze vernetzendes und raumkonstituierendes globales Handelsnetz (zur gleichen Zeit entstand Amerika und die osmanische imperiale Macht über die Meerengen zum Schwarzen Meer und zum Roten Meer). Mit der Carreira wurde auch der swahilisch-arabische Sklavenhandel mit den genannten afrikanischen *kafirs* oder *cafres*, Jungen oder junge Männer, – Arabisch *kufr* oder *kafr* = Ungläubiger (*kufr* auch „Unglaube“ oder „Gottlosigkeit“; *dar al-kufr* = Gebiet des Unglaubens, dessen Bewohner als potentielle Sklaven von Muslimen galten) an den atlantischen Sklavenhandel angebunden.[199] Cafres gingen auch in den Sklavenhandel am Roten Meer (wo Pilgerfahrten nach Mekka und Medina eine bedeutende Rolle bei der Versklavung und im Sklavenhandel Arabiens sowie des Sudans spielten).[200] Über das Rote Meer, die Küsten Somalias und den Indik kam es zur Bindung dieser Systeme an die portugiesische Carreira; auf der Rückfahrt wurden oft Kinder aus Ostasien als Sklaven der Kapitäne verkauft.[201] Aber auch die Häfen, Inseln und Hafenfestungen am Persischen Golf, Goa, Ormuz und Malak-

198 Heers, Jacques, Gênes au XVe siècle: Activité économique et problèmes sociaux, Paris, 1961; Heers, „Aspectos de la trata italiana en Oriente“, in: Heers, Esclavos y sirvientes en las sociedades mediterráneas durante la Edad Media, Valencia: Edicions Alfons el Magnànim, 1989, S. 81–89; Prinzing, Günther, „Tana“, in: Lexikon des Mittelalters, München: LexMA-Verlag, 1980 ff., Bd. 8 (1996), S. 453–454; Heers, Les négriers en terres d'islam. La première traite des Noirs viie–xvie siècle, Paris: Perrin, 2003; Heers, Les Barbaresques, Paris: Perrin, 2006; Renault, „La traite des esclaves en Libye au XVIIIe siècle“, in: Journal of African History (1982), S. 163–181; Renault, La Traite des Noirs au Proche-Orient médiéval, VIIe–XIVe siècle, Paris: Geuthner, 1989; Savage (ed.), The Human Commodity. Perspectives on the Trans-Saharan Slave Trade (= Spezialnummer von Slavery and Abolition 13:1 (1992)); Ascherson, Neal, Black Sea: the Birthplace of Civilisation and Barbarism, London: Vintage, 1995; Prinzing, „Sklaverei/Byzanz“, in: Der Neue Pauly, Stuttgart: Metzler, 2001, Bd. 11, Sp. 630–632; Feldbauer; Liedl; Morrissey (eds.), Mediterraner Kolonialismus. Expansion und Kulturaustausch im Mittelalter, Wien: Magnus Verlag, 2005 (Expansion. Interaktion. Akkulturation. Historische Skizzen zur Europäisierung Europas und der Welt).

199 Pearson, Port Cities and Intruders: The Swahili Coast, India, and Portugal in the Early Modern Era, Baltimore: The Johns Hopkins University Press, 1998; Prestholdt, Jeremy, „Portuguese Conceptual Categories and the 'Other' Encounter on the Swahili Coast“, in: Journal of Asian and African Studies Vol. 36:4 (2001), S. 383–406; Vernet, Thomas, „Slave trade and slavery on the Swahili Coast (1500–1750)“, in: Mirza-i, Benhaz; Montana, Ibrahim Musah; Lovejoy (eds.), Slavery, Islam and Diaspora, Trenton: Africa World Press, 2009, S. 37–76; Medard; Derat; Vernet; Ballarin (dir.), Traites et esclavages en Afrique orientale et dans l'océan Indien.

200 Hutson, „'His Original Name Is ...' – REMAPping the Slave Experience in Saudi Arabia“, S. 133–161.

201 Nelson, „Slavery in Medieval Japan“, S. 463–492.

ka und Macassar entwickelten sich zu Sklavenhandelsmärkten par excellence, sozusagen am Wege. Auf der Westseite Afrikas mussten die Portugiesen sehr stark mit anderen Eliten konkurrieren und oft afrikanische Sklaven an Afrikaner liefern. Mit *kafri* oder *cafre* wurden im Wesentlichen schwarze Sklaven, meist Jungen oder junge Männer, aus Ostafrika bezeichnet (Arabisch: *zandj*). Genauer gesagt, die Portugiesen handelten schon auf der sogenannten *rua direita* (Hinfahrt) der Carreira von Portugal über Bahia nach Indien mit allem möglichen, auch mit Sklaven und Schiffsjungen. Gelegentlich kam es auch zu Massentransporten von Sklaven, vor allem aus Moçambique, die in Goa und anderen portugiesischen Enklaven oft als Sklavensoldaten (*cafres*) eingesetzt wurden (siehe oben). Cafre kann also durchaus der Ursprung für das Wort und die Institution der bewaffneten Sklavensoldaten (*kaffer*/*caffers*) in Südafrika sein.[202] Auf den Rückfahrten der Carreira bildeten Männer aus Indien (die als jüngere Menschen auch Schuldsklaven oder als *lascars* ganze Mannschaften sein konnten) und unterwegs gefangene oder eingehandelte Sklavinnen, Kinder und Sklaven, auch schwarze Sklaven, oft einen Teil der Mannschaften portugiesischer Schiffe, häufig auch Kinder aus Japan und anderen ost- und südasiatischen Gebieten (etwa von den Küsten des Golfs von Bengalen oder aus der malaiischen Inselwelt).[203] Diese versklavten Matrosen wurden von den Kapitänen in Häfen manchmal auch noch als Handwerker gegen Bezahlung verliehen – Menschenhandel war sehr oft das Mittel für schnelle Finanzierungen, Sklaven beziehungsweise ihre Arbeit also die bereits erwähnte „Weltwährung". Und Sklaven, oft oder sogar meist schwarze Sklaven und Mulattensklaven, wurden Mitglieder der portugiesischen *terços* (Infanterie) von Goa und Macao oder in Siedlungen des heutigen Brasilien. Ziemlich schnell stellte sich heraus, dass Portugiesen den Strapazen und Krankheiten des Soldatendienstes in den Tropen nicht gewachsen waren oder einfach deshalb, weil es in Portugal nicht genug Männer gab. Sklaven und Matrosen allenthalben, die hier die wesentlichen Elemente des afrikanischen Menschenkapitalismus darstellten, die von den Portugiesen übernommen worden waren.

„Großer" Sklavenhandel wurde in und von den iberischen Reichen entweder als lizensiert oder als Auftrag in der Form unterschiedlicher Privilegien-Verträge (u. a. *asientos*) vergeben. Die Lizenzen gingen zunächst an Höflinge, die die Aufträge an Großhändler weiterverkauften; die Asientos als eine Art Public-Private-Partnership an Kaufleute-Konsortien und Staaten.[204] Das eigentliche, ganz konkrete Geschäft des Sklavenfangs und Sklavenhandels kontrollierten in Afrika Afrika-

---

202 Mann, „Sklavengesellschaft am südafrikanisch-holländischen Kap, 1653–1828", in: Mann, Sahibs, Sklaven und Soldaten, S. 44–53.

203 Nelson, „Slavery in Medieval Japan", S. 463–492; Caldeira, „Os escravos japões", in: Caldeira, Escravos em Portugal, S. 47–49; Caldeira, „Os escravos chinas", in: Ebd., S. 49–58; Caldeira, „Os 'escravos índios'", in: Ebd., S. 59–65 (auch aus Pegu).

204 García Montón, „The cost of the Asiento. Private merchants, royal monopolies, and the making of the trans-atlantic slave trade in the Spanish empire", in: Polónia, Amélia; Antunes, Cátia (eds.), Mechanisms of Global Empire Building, Porto: CITCEM / Edições Afrontamento, 2017, S. 11–34.

ner sowie Atlantikkreolen und im Norden und Osten Araber oder islamisierte afrikanische Eliten. Die Vermittlung zwischen afrikanischen Eliten und Sklavenjägern sowie europäischen Händler-Kapitänen besorgten bald nach 1450 die Nachkommen von Portugiesen und afrikanischen Frauen (Lançados, Tangomaus, Pombeiros, Caboceers) der jeweiligen Region vor allem Westafrikas.

Waren die Akteure des Sklavenhandels auf dem frühen Atlantik also Atlantiker oder Atlantiden? Für traditionelle Geschichten ist die Erzählung ziemlich einfach: auf dem Atlantik gab es Versklavte und Versklaver sowie ziemlich viele Seeleute. Die Forschungen zum Sklavenhandel haben sich im Westen auf Kapitalgeber, ihre nationale Einbindung, die Schiffsausrüster und Schiffe sowie die Städte im Rahmen der entstehenden Nationen konzentriert.

Die neuesten quantitativen Forschungen über „nationale Beteiligung" am translokalen und transnationalen Sklavenhandelsgeschäft präsentieren folgende Zahlen, die natürlich vor allem Aussagen über die Stärke der Meereswirtschaften zulassen, wobei das südatlantische Sklavenhandelssystem der „Portugiesen" im 19. Jahrhundert eigentlich von Sklavenhändlern aus Brasilien kontrolliert wurde [*Karte 28[205]].

Tab. 3: Tabelle unter Verwendung von: Eltis, „National Participation in the Transatlantic Slave Trade: New Evidence", in: Curto, José C.; Renée Soulodre-La France (eds.) Africa and the Americas: interconnections during the slave trade, Trenton: Africa World Press, 2005, S. 13–41 sowie: „National Carriers", in: http://www.slavevoyages.org/assessment/estimates (31. 08. 2018); sowie: Vos, Jelmer; Eltis; Richardson, „The Dutch in the Atlantic World: New Perspectives from the Slave Trade with Particular Reference to the African Origins of the Traffic", in: Eltis; Richardson (eds.), Extending the Frontiers, S. 228–249.

Nation (Flagge) / Flagge unklar, zuzuordnen / ohne Flagge	In Afrika abgehende Schiffe 1526–1866	Prozent
Nation nachgewiesen (Flagge unklar, aber zuzuordnen)	26 055 (7364); zusammen: 33 419	75,0 95,6
Ohne Flagge		4,4
Portugal/Brasilien	11 426	34,2
Spanien (Kuba)/Uruguay	1579	4,7
Frankreich	4192	12,5
Niederlande	1577	4,7
Skandinavien/Dänemark und baltische Staaten	404	1,2
Großbritannien (Britisch-Amerikas (auch USA))	12 014 (2175)[206]	36,0 (6,5)
Total	34 948	100,0

205 Karte 28: „Tratos portugueses e brasílicos", aus: Alencastro, Luiz Felipe de, O Trato dos Viventes. Formacão do Brasil no Atlantico Sul, seculos 16. e 17., São Paulo: Companhia das Letras, 2000, S. 250.

206 Davon etwa 5000 Schiffe allein aus Liverpool: Walvin, „Slave Ships", S. 68–89.

In welthistorischer Perspektive entstanden spezialisierte Handels- und Hafenzentren (siehe die Liste im Historiografie-Kapitel), die sowohl das Mittelmeergebiet, wie mehr und mehr auch den Osten, Afrika selbst und die Amerikas belieferten oder Sklaven empfingen (Oasen, aber vor allem Städte wie Genua, Lissabon, Nantes, Valencia, Marseille, Bordeaux, Luanda, Lagos, St. Louis (Afrika), Charleston, New Orleans, Rio, Bahia, Panamá, Cartagena, Veracruz, Havanna, Matanzas, Liverpool, Bordeaux, Middelburg, Amsterdam, London und New York), meist mit Schreibern, Geldverleihern und -wechslern, später auch Bänkern – und Kultzentren. Es waren eben nicht nur Gold und Gewürze, die den Kaufmann hervorbrachten. Es waren seit ca. 1700 im Atlantikraum vor allem Sklaven. Sklaven begannen andere Waren und Commodities aus Afrika zu überrunden, als der Sklavenhandel privatisiert und individualisiert wurde. In New England, Rhode Island und New York waren es auch Rum, Kabeljau als Stockfisch (*cod, bacalao*), Melasse, Reis, Bau-Holz (Zulieferungen für karibische Plantagensklavereien, auch für die Transportkisten und -fässer), Farb- und Edel-Holz (vor allem Mahagony aus Mittelamerika und aus der Karibik für Eliten-Interieurs)[207] sowie Tierhandel (vor allem Esel) und Sklavenhandel, die die ersten Gewinne brachten (ganz abgesehen von Piraterie); New Haven, wo heute die Yale University steht, war Zentrum der Kutschenproduktion für reiche Südstaatenplantagenbesitzer – und der Gewehrproduktion.

Rum-Produktion stellte so etwas wie ein Elixier für die Entstehung von Kapitalismus mit Sklaverei oder Kapitalismus als Sklaverei dar. Zucker-Melasse (*molasses*), ein Nebenprodukt der großen Zuckersklaverei wurde von zunächst sehr peripheren Kaufleuten aufgekauft und nach Norden (vor allem Rhode Island) transportiert. Dort wurde Rum destilliert und es enstanden weitere Handwerke (Wachs, Schiffszubehör). Die Produkte wurden gegen mehr Melasse und Sklaven eingetauscht und die Profite auch in Schiffe und andere Produkte (wie Holz, Trockenfisch) sowie Produktionsanlagen investiert. So trieben ein Nebenprodukt und seine Veredlung zu Rum die atlantische Sklaverei voran.[208]

Plantagensklaverei, Sklavenhandel, aber auch Produktion von *commodities* sowie Nahrungsmitteln (wie Reis), Tabak und Rum sowie weitere Sklavereien waren die großen Motoren der atlantischen Wirtschaft in ihrer Entstehung unter Kontrolle europäischer Monarchien und ihrer imperialen Kolonien, dann unter Kontrolle privater Kaufleute (18. Jahrhundert) und seit dem 19. Jahrhundert auch unter Kontrolle amerikanischer Republiken [*Karte 29[209]].

Menschenhandel war eine, wenn nicht *die* Wiege des Kapitals, gerade in den frühen Zeiten der atlantischen Globalisierung (1400–1650) mit seinem vor allem

---

207 Anderson, Jennifer L., Mahogany: The Costs of Luxury in Early America, Cambridge; London: Harvard Univ Press, 2012.

208 Clark-Pujara, Christy, Dark Work: The Business of Slavery in Rhode Island, passim.

209 Karte 29: „The Triangle Trade (Mid-Eighteenth Century)“, aus: Farrow; Lang; Frank, Complicity. How the North Promoted, Prolonged, and Profited from Slavery, New York: Ballantine Books, 2005, S. 50.

von afrikanischen Eliten kontrollierten Körperkapitalismus und dem ozeanischen Freiraum für nomadisierendes Kapital sowie in der Frühzeit des westlichen Kapitalismus (1650–1800), aber auch des amerikanischen Kapitalismus' seit dem 19. Jahrhundert – gerade da. Im Sinne der Globalgeschichte ist Sklaven- und Menschenhandel aber auch ein Teil unendlicher Kapitalakkumulation im Weltmaßstab – allerdings in unterschiedlichen symbolischen und räumlichen Dimensionen, die von Kin-Sklavereien sind kleiner (aber breiter) als die formierter Sklavereien. Auch unterschiedliche rechtliche Fixierungen spielen eine Rolle, in dem sie Sklavenhandel befördern oder zu verhindern suchen (seit 1888 sind Sklaverei und Menschenhandel überall in den Amerikas und Europa illegal). Wenn man denn dem Ansatz folgt, Sklaven können, wie oben analysiert, eine Art „Weltgeld" oder „Weltwährung" sein, bildeten menschliche Körper ein allgemeines Äquivalent in Wirtschaftskulturen, in denen noch keine institutionalisierte Kredit- und Geldwirtschaft existierte, sich herausbildete (wie im Europa der Neuzeit) oder nicht beziehungsweise nur lokal und schlecht funktionierte, wie zwischen sowie an Grenzen verschiedener Wirtschaftskulturen oder im Innern großer Raumkomplexe (wie dem gigantischen Spanisch-Amerika oder im subsaharischen Afrika). Besonders natürlich an kolonialen Expansionsgrenzen, aber heute auch an den so genannten „Kulturgrenzen" und an den Grenzen zwischen Legalität und Illegalität.

Wie am Beginn des Kapitels gesagt, wird Sklavenhändlern, meist in der historischen Erinnerung, in vielen Kulturen (Ausnahmen stellten das klassische Griechenland[210] und Afrika dar) ein dubioser Ruf zugeschrieben, wie im Falle der oben genannten Speculators im amerikanischen South, eben weil sie mit Menschen handelten. In der aristokratischen Mentalität des spanischen Imperiums galten die direkt im Menschenhandel engagierten Negreros nicht als ehrbare *comerciantes* oder *mercaderes* (Groß- und Detailkaufleute), sondern als verächtliche *regatones* oder *traficantes* (Kleinhändler und Wiederverkäufer). Eine öffentliche Bezeichnung als *regatón*, *negrero* oder *mongo* aber hätte im ganzen 19. Jahrhundert zu einer Klage des so Bezeichneten vor Gericht geführt. Das alles hielt aber kaum jemanden vor dem 19. Jahrhundert von Sklavenhandel sowie dem Versuch der damit verbundenen Kapitalakkumulation und sozialem Aufstieg ab. Und die Realität des 19. Jahrhunderts widerspricht im Falle der großen Negrero-Kaufleute des 19. Jahrhundert den nachträglichen Zuschreibungen und Marginalisierungen: viele der Negreros im spanischen Imperium im 19. Jahrhundert bekamen (nach Geldzahlungen), wie bereits erwähnt, vom König Hochadelstitel verliehen.

Die wichtigsten, kompaktesten und effizientesten Akkumulationsmaschinen der Weltgeschichte, die auf Sklavenhandel mit Atlantisierung, Sklaverei und Rassismus basierten, waren die drei karibischen Plantagensklaven-Gesellschaften auf Jamaika (bis 1820), Saint-Domingue (bis 1791), vorwiegend im 18. Jahrhundert, und

210 Fischer, „Sklavenhandel", in: Handwörterbuch der antiken Sklaverei ...; unter: http://oeaw.academia.edu/JosefFischer/Papers/460105/Sklavenhandel (letzter Zugriff 5. 2. 2018).

Kuba (*Cuba grande*) im 19. Jahrhundert. Zwei der größten heute noch existierenden Imperien, die an der Sklavereifrage und Sklavenhandel entweder fast zerbrachen oder wegen ihr zusammenhielten, sind – in dieser Reihenfolge – Brasilien und die USA.[211] Zu den wichtigen Akkumulationsmaschinen müssen in globalhistorischer Perspektive auch die Kapkolonie, Niederländisch-Indien mit den Zentren Batavia und Makassar (17.–19. Jahrhundert) sowie Kilwa-Sansibar (19. Jahrhundert) unter den Omanis gerechnet werden.

Auf Kuba, der kompaktesten und am meisten technologisierten Sklavereigesellschaft der *Second Slavery*, stiegen denn auch die größten Sklavenhalter, Negreros und Wucherer nicht von ungefähr im 19. Jahrhundert in die höchste kosmopolitische Elite Spaniens und Kubas sowie überhaupt zu Krösussen des atlantischen Raumes auf (Drake, Terry, Zulueta, Moré, Castaño u. v. a. m.). Kuba hatte einen sehr prominenten Platz in der Atlantisierung. In den 1830er Jahren begannen Sklavenhändler und Menschenhändler, ihre Profite aus dem Kapital menschlicher Körper in Eisenbahnen, Agrarindustrien, Dampfern, Telegrafen, Zeitungen (wie überhaupt neuen Technologien),[212] neuen Palästen sowie Städten (Bodenspekulation) und Stadtsilhouetten anzulegen. So löst sich das aus weltgeschichtlicher Perspektive unverständliche Rätsel, wieso es auf Kuba 1837–1856 zu dem nachgerade explosiven Ausbau eines Eisenbahnnetzes kam, das relativ gesehen, mit Eisenbahnen in Industrialisierungsregionen „ohne Sklaverei" mithielt oder sie überflügelte.[213] Auch auf See war eher der Menschenschmuggel und nicht so sehr die Abolition mit modernsten Technologien und Kommunkationsmitteln verbunden.[214] Die Negrero-Modernisierer trieben an Land eine rasante Industrialisierung und Verwissenschaftlichung der Zuckerwirtschaft mit Massensklaverei und neuen Technologien voran; zugleich kam es zur „Ruralisierung" der Sklaverei und der neuen Technolo-

---

211 Marquese, Feitores do corpo, missionários da mente ...; Zeuske, Sklaven und Sklaverei in den Welten des Atlantiks, 1400–1940. Umrisse, Anfänge, Akteure, Vergleichsfelder und Bibliografien, Münster/Hamburg/London: LIT Verlag, 2006 (Sklaverei und Postemanzipation, ed. Michael Zeuske, Bd. 1); Marquese, „Espacio y poder en la caficultura esclavista de las Américas: el Vale do Paraíba en perspectiva comparada", in: Piqueras (ed.), Trabajo libre y coactivo en sociedades de plantación, Madrid: Siglo XXI de España Editores, S.A., 2009, S. 215–251.

212 Garrido, Santiago; Lalouf, Alberto; Thomas, Hernán, „Veleros y vapores, velocidad y engaño. Análisis socio-técnico de las transformaciones en la navegación marítima en el proceso de abolición del comercio atlántico de esclavos (siglo XIX)", in: Historia Crítica núm. 44 (mayo-agosto, 2011), S. 32–54.

213 Zanetti Lecuona, Oscar; García Álvarez, Alejandro, Caminos para el azúcar, La Habana: Ed. de Ciencias Sociales, 1987; Zanetti Lecuona; García Álvarez, Sugar and Railroads. A Cuban History; 1837–1959, Chapel Hill & London: The University of North Carolina Press, 1998; Roth, Ralf, „Die Eisenbahnen – formten sie wirklich ein world wide web?", in: Zeitschrift für Weltgeschichte Jg. 12:2 (Herbst 2011), S. 77–106.

214 Garrido; Lalouf; Thomas, „Veleros y vapores, velocidad y engaño. Análisis socio-técnico de las transformaciones en la navegación marítima en el proceso de abolición del comercio atlántico de esclavos (siglo XIX)", S. 32–54.

gien, weil sich die versklavten Arbeitskräfte in den Plantagengebieten außerhalb der großen Städte drängten, wo auch die modernsten Fabriken entstanden.

Die eigentlichen Akteure des Menschen- und Sklavenhandels gehörten nicht zur traditionellen Elite und die konservativen Landbesitzer-Oligarchien wollten sich nicht die Finger schmutzig machen (sie konnten es auch nicht). Menschenhandel war, auch wegen der Agency der Versklavten, gefährlich. So waren etwa die atlantischen Sklavereisysteme vor allem in den Dimensionen der konkreten Kommodifizierung, des Menschentransports und der Bewachung sehr schnell atlantikkreolische und multirassiale Unternehmungen; die Spitzenprofiteure in den Amerikas aber definierten sich als „Weiße" und waren, wie im Falle der kubanischen Sklaverei- und Menschenhandelseliten, stockkatholisch. Ende des 18. Jahrhunderts waren diejenigen, die sich als Kaufleute diesem Geschäft verweigerten, meist Mitglieder protestantischenr Sekten und – Versklavte natürlich.

Nochmals Körperkapital: Menschliche Körper und Sklavenhandel

Makrostrukturen spielten eine sehr wichtige Rolle. Die weltgeschichtliche Entwicklung von Menschenhandel und neuen Sklavereien läuft auf erstaunliche Weise parallel zum so genannten „Pferde-Zeitalter" der großen kontinentalen euroasiatischen und nordafrikanischen Landmassen – etwa 5000 v. u. Z. bis 1900, mit Verlängerungen der Pferdefixierung und der „alten" Sklaverei, in Westafrika seit 1450 und etwa im arabischen Raum bis 1960. Manchmal wurden Pferde, die eher Statustiere waren, durch andere Transporttiere, wie Kamele oder Rinder (Reitstiere), ersetzt.

Andererseits entwickelten sich formierter Sklavenhandel und Menschenjagd auch parallel zur Entwicklung von spezialisierten Fluss- und Lagunenkanus sowie Segelschifffahrt ab ca. 600 (die die spezialisierten Ruderer der Wikinger- oder Kosakenrazzienmannschaften erst nach einiger Zeit annahmen), Waffen, Handel, Kapital und Geld. Kapitäne, die zugleich Militäranführer, Organisatoren und Sklavenhändler waren, und Mannschaften verschworener Krieger, wie bereit ab ca. 800 vor bei Phöniziern,[215] Achäer-Griechen (Odysseus),[216] Kariben und Wikingern, frühen russischen Kosaken (die zunächst Ruder-Kähne benutzten und deren Gemeinschaften alle nach Flüssen benannt sind),[217] Krus an der Windward-Küste Westafrikas Kru (bis hinunter nach Cabinda – dort als *crumanos* bekannt), *rimadoors*

215 Ameling, „Phönizische Piraten", in: Ameling, Karthago, S. 121–127.

216 Herrmann-Otto, „Die Ursprünge: von der mykenischen Palastwirtschaft zu den homerischen Fürstenhöfen", S. 51–60.

217 Skirda, „Les cosaques", in: Skirda, La traite des Slaves, S. 179–184 ; Witzenrath, Christoph, Cossacks and the Russian Empire 1598–1725. Manipulation, Rebellion, and Expansion into Siberia, London/New York: Routledge ²2009.

(*remadores*) von der Goldküste, Bugis (*buquis*) von Sulawesi, Iranun, Prazos (oder *prazeiros*) und Achikunda am Sambesi, Polynesiern und Wikingern oder Piraten/ Seeräuber weltweit, waren, wie oben dargelegt, perfekte Razzien-Sklavenfänger, Kapitäne und Menschenhändler. Wie bereits mehrfach betont, spielten auch imperiale Expansionen eine wichtige Rolle, vor allem bei der Versklavung von größeren Massen von Kriegsgefangenen. Insofern kann man von einer universalhistorischen Interaktion zwischen Fernhandel, Tauschsystemen (Wert/Kapital) sowie gigantischen Transportmaschinerien (Heerestrosse, Karawanen mit Tieren, Karawanen zu Fuß, Transportsystemen auf Basis von Kanus sowie Kähnen sowie schließlich Handelsflotten) sprechen, oft, aber nicht immer unter dem Dach und im Umfeld beziehungsweise an den Grenzen von Imperien. Orlando Patterson sagt zur Entstehung von „großen" Sklavereitypen, die über die soziale, kulturelle und rituelle Stufe von Kin-Sklavereien hinausgingen: „slavery was intrincately tied up with origins of trade itself, especially long-distance trade".[218] Welthistorischer Gipfelpunkt dieser Handels-Sklaverei war die gigantische europäische Flotte von bislang nachgewiesenen rund 25 000 Schiffen mit ihren ca. 35 000–40 000 Fahrten des Atlantik-Menschentransports 1502–1878.[219]

Der überseeische Menschenhandel im 19. Jahrhundert profitierte von der Modernisierung/Technisierung der Schiffe allgemein (Metalle, Stahl) sowie der Schiffsantriebe in der industriellen Revolution oder von den Verbesserungen der Medizin (Wund- und Epidemiebekämpfung, Hygiene). Massen von Versklavten wurden weltweit zwischen 1840 und 1880 auf Dampfern transportiert (Kulis noch bis 1940; siehe „Transportsysteme", unten). Schiffe waren auch das Grundelement globalen Slavings und globaler Passagen, auf denen sich Versklavte, Kulis, Sträflinge und Auswanderer/Migranten trafen; das Kapital zur Gründung der Flotten kam oft aus dem Menschenhandel. Klar, dass zu diesen Interaktionen auch Kriege, Waffen, Technologien, Hafenwirtschaften (und Monopolsysteme), Antriebskräfte, Wirtschaftskulturen (Tausch/Geldwirtschaft), Konsumhabita sowie ganze Staaten und Imperien, Massen von versklavten Menschen und andere Zwangsformen der Arbeit bis zum Übergang in die Moderne, die in diesem Sinne bis heute anhält, zählen.

Ohne Individuen und mikrohistorische *life histories* keine Makrostrukturen. Kern und Basis all dieser Wirtschaftssysteme waren menschliche Körper und ihr Tauschwert, ihre Arbeitskraft, Energie, Dienstleistungen (vor allem Transport) sowie Sexualitäts- und Fortpflanzungspotenz sowie die reale Reproduktion. Das griechische Wort *somata* bedeutet zwar „unbelebte Körper".[220] Das Wort bezeichnet einen menschlichen Körper, der keinen sozialen Status mehr hatte und sozial un-

218 Patterson, Slavery and Social Death, S. 149.

219 www.slavevoyages.org.

220 Schmidt, Martin, „Die Welt des Eumaios", in: Luther, Andreas (ed.), Geschichte und Fiktion in der homerischen Odyssee, München: Beck, 2006 (= Zetemata; Bd. 125), S. 117–138.

belebt war. Deshalb wurde er zu allem gezwungen, was ein Mensch mit Status nicht macht. Ein Sklavenhändler war ein *somatemporos*. Trainierte Körper von Kriegern wurden geopfert und wirklich getötet; ihre Haltung in schwersten Routinen oder als Soldaten (Ruderer, Matrosen, Razzienkrieger, Mameluken), wenn sie einmal den Krieg als Kriegsgefangene überlebt hatten, setzte Installationen und Institutionen sowie systematische Organisation von Gewalt voraus. Körper von Frauen und Kindern wurden zur Prostitution und Reproduktion sowie allen Arten schmutziger, ekliger und entehrender Arbeit gezwungen. Neben diesem Gebrauch menschlicher Körper, zu denen auch noch symbolische Dimensionen gehören – wie Status-, Macht- und Luxuspräsentation (und Kastensysteme), waren Körper immer transkulturierbares und transkulturiertes Kapital, auch und gerade soziales Kapital für Sklavenjäger, Versklaver und Sklavenhalter und Tauschwerte, deren Preis von Angebot und Nachfrage bestimmt wurde.

So, wie aus Stammzellen alle anderen Formen von Zellen gebildet werden können, bildete dieses Körper-Kapital eine wenig differenzierte Kapitalform und Grundlage anderer Kapitalformen sowie eines Menschenkapitalismus mit seinen Makrostrukturen, im Sinne von Köpfen einer Viehherde (nach dem ursprünglichen Sinn des Wortes *caput* (*capita* = Köpfe)[221] oder eben großen Gruppen verklavter Menschen. Die rechnerische Bezeichnung für Sklaven im atlantischen Sklavenhandel blieben, wie gesagt, noch lange „Stück" (*pieza/peça*) oder „Köpfe" (*cabezas/cabeças*), mit der Körper als Kapital, Humankapital zur „Anlage" (*fomento*) von Kolonien, oftmals in Kombination mit tierischer Arbeitskraft, gezählt wurden.

Für Diskursive und Begriffshistoriker – mir ist klar, dass das heute benutzte Konzept „Kapitalismus" erst mit Werner Sombart (1863–1941) in seiner auf Thorstein Veblen beruhenden Luxuskritik auf den Begriff gebracht worden ist.[222] Es ist sehr schillernd. Aber, wie oben im Historiografie-Kapitel und in den Aussagen über die ursprüngliche Bedeutung von „Kapital" dargelegt, haben Analytiker, konzentriert auf Kapital, immer wieder einzelne Elemente und Dimensionen von Gesellschaften, in denen Verfüger über Kapital eine Rolle spielten, beschrieben. Heute

221 Alte Wertbegriffe, die auf Grundformen von Eigentum, Kapital, Vermögen verweisen, sind auch Lateinisch *pecus* (Vieh) und *pecunia* (Tausch von Vieh gegen andere Produkte, später Geld).

222 Sombart, Werner, Der moderne Kapitalismus. Historisch-systematische Darstellung des gesamteuropäischen Wirtschaftslebens von seinen Anfängen bis zur Gegenwart, 1916 (heute: dtv, München ³1987 (3 Bde. in 6)). Heinrich Friedländer, der für die Second Slavery auf Kuba das Konzept „Kapitalismus" benutzt (seit 1790), sagt dass es schade ist, dass Thorsten (Thorstein)Veblen und Werner Sombart sich nicht mit der Masse von Material beschäftigen konnten,die die Rolle der Negreros Alfonso, Aldama, Zulueta und Arrieta zeigt, wie sie sich als „haute finance" mit den herrschenden politischen Kräften ihrer Zeit verbandelten und wie sie *técnica comercial* in einem Ambiente „patriarcal y aún señorial" perfektionierten; siehe: Friedlaender, H. E., „Introducción", in: Historia Económica de Cuba, La Habana: Jesús Montero, 1944 (Biblioteca de Historia, Filosofía y Sociología, Vol. XIV), S. 13–16, hier S. 14 (siehe auch: Veblen, Thorstein, The Theory of the Leisure Class (1899), www.gutenberg.org/files/833/833-h/833-h.htm (letzter Zugriff 5. 2. 2018).

hat sich die Politische Ökonomie, die Wirtschaftswissenschaft heißt, mehr denn je der Geisterkunde verschrieben.[223] Die Debatte, ob Sklaverei Kapitalismus ist, hält schon lange an (siehe das Kapitel „Zentrale Themen und Theorien sowie Forschungsfelder“, oben). Auf jeden Fall waren und sind Versklavte Kapital der Versklaver (aber oft auch, als ihr individueller Körper, für die Versklavten selbst). Kapital ist nicht gleich Geld. Menschliche Körper als Kapital sowie Währung und erst dann als „Ware“ (Tausch), Kommodität, Arbeitskraft, Produktiv- und Reproduktionskräfte, Energieressource und Dienstleistungserbringer aber zugleich auch als Subjekt mit Handlungskraft (*agency*) zu verstehen, ist meine eigene Idee, lose angelehnt an den Bourdieuschen Kapitalbegriff.[224] Die Idee resultiert aus Forschungen, vor allem Feldforschungen zu Sklavinnen, Sklaven, Sklavenhaltern, Sklavenhändlern und ihrem Hilfspersonal seit ca. 1993. Im Jahr 2008 auf der Santiago-Insel der Kapverden kam mir zum ersten Mal die Idee, das Ganze als „Menschenkapitalismus“ zu bezeichnen und menschliche Körper als produktives Kapital und Währung, auch als Biokapital, zu fassen. Das Konzept des Biokapitals versucht den individuellen „Wert“ des Körpers für das Leben jedes Menschen zu erfassen und die Kontrolle über den Körper eines anderen Menschen oder mehrerer anderer Menschen bzw. Teile ihrer Körper als fundamentales Gewalt-Verhältnis jedes Typs von Sklaverei. Letzteres war besonders deutlich in allen Formen von Opfersklaverei, wo Blut, Köpfe und Herzen oft eine besondere Rolle spielten. Es ist aber auch in heutigen Formen der Sklaverei deutlich, etwa beim Organhandel oder beim gewaltsamen Halten versklavter Menschen und dem Abzapfen von Blut.

Kapital im allgemeineren wirtschaftlichen Sinne hat mit Wert zu tun und Wert beruht auf Arbeit (oder – wie wir heute sehen können – auf Spekulation). Es kann durch Tausch und Austausch (auch von Menschen) vergrößert werden beziehungsweise das „nackte Kapital“, das in allen Orten der Slaving-Routen (vor allem auf der Mittelpassage) direkt zu beobachten war, wurde und wird unter Kredit-, Finanz- und Bankgeschäften marginalisiert (im Sinne von „da“, aber im Kredit- und Schuldsystem nicht mehr sichtbar oder gar fühlbar).[225] Joe Lockard hat festgestellt, dass angesichts der realen Behandlung des menschlichen Kapitals und – das ist wichtig – der Sichtbarkeit (Visualisierung) dieser Grausamkeiten vor allem auf Sklavenmärkten Kopfschmerz und Schwindel aufkommen konnte: „Nausea was a fear reaction to the spectacle of humanity – of self – as naked capital.“[226] Bei

223 Vogl, „Zeit des Kapitals“, in: Vogl, Das Gespenst des Kapitals, S. 53–82.

224 Bourdieu, Pierre, „Ökonomisches Kapital – kulturelles Kapital – soziales Kapital“, in: Kreckel, Reinhard (ed.), Soziale Ungleichheiten, Göttingen: Schwartz, 1983 (Soziale Welt, Sonderband 2), S. 183–198, http://unirot.blogsport.de/images/bourdieukapital.pdf (letzter Zugriff 5. 2. 2018).

225 Sicherlich wegen der Bedeutung des „Austausches“ von Menschen für den Kapitalismus hat Jürgen Osterhammel eines seiner Kapitel „Migration und Kapitalismus“ genannt, siehe: Osterhammel, Die Verwandlung der Welt. Eine Geschichte des 19. Jahrhunderts, München: Beck, 2009, S. 235–249.

226 Lockard, Joe, „Spectacle and Slavery“, in: Lockard, Watching Slavery. Witness Texts and Travel Reports, New York [u. a.]: Peter Lang, 2008, S. XXVIII–XXXIII, hier S. XXXI.

den großen Krediteuren, Kaufleuten oder Ausrüstern der Sklavenschiffe (Reeder/ *armadores*) in den europäischen Enklaven des Sklaverei-Atlantiks kamen höchsten noch manchmal Schwindel (*vertigo*) und Kopfschmerz angesichts der Profite oder Verluste auf. Deshalb gelang es auch bis heute, eine systematische Debatte um Kreditwesen, menschliches Kapital und Bankgeld zu verhindern. Auch dies mag, wie Joseph Vogl schreibt, an der „notorischen Verspätung ökonomischen Systemwissens gegenüber manifesten Geschäftspraktiken“[227] des Menschenhandels und der „Investition“ menschlicher Körper in Kolonien oder ihres „Wechsel(n)s“ von einer Plantage zur anderen liegen, sicherlich aber daran, dass „der Handel mit Kredit, Vermögenswerten, Profitaussichten und also mit Zeit, [sich] nicht mehr direkt in elementare Tausch- und Ausgleichsverhältnisse rückübersetzen lässt“.[228] James Walvin sagt über Sklavenschiffe, die atlantische Überfahrt und das Schicksal derer in den Schiffbäuchen: „The slave ships were, at once, instruments of excruciating torment for millions of Africans and the cause and occasion of profit and pleasure to the European backers [auch die Konsumenten – M. Z.]. The agonies of the slaves were forgotten, overlooked (out of sight and therefore out of mind) by those Europeans who came to depend on, and enjoy the produce created by, the sweat of imported Africans“.[229]

Sklaven waren immer ein Kapital sui generis. Ganz anders als Tiere, Land, Wasser, Territorien, Maschinen, Status, Gold/Geld, Salz, Zucker, Öl, Textilien, Gewürze oder Herkunft und religiöse Macht. Menschenraub, Sklavenhandel und Sklavereien waren institutionalisierte Prozesse, die in bestimmten Wirtschaften über mehrere Kontinente, in den gigantischen Räumen des Atlantik, des Indik und der Ränder des Pazifiks das menschliche Kapital durch Gewalt sowie Infrastrukturen und *material culture* der Gewalt verfügbar hielten. Erst der weite globale Blick enthüllt, dass die Begründung und Sicherung von Werten sowie Landesausbau meist (im letzteren Falle oft) mit menschlichen Körpern begann. Im Falle von Kolonien immer. Kapital sowie Status vermehrten sich mit jedem Geraubten, Verschleppten und Versklavten; es kam zu Synergieeffekten, grade auch mit der Entwicklung neuer Technologien. Erfolgreiche Razzienkrieger-Anführer fügten die kräftigen und geschickten Körper verschleppter, geraubter und kriegsgefangener Jungen und junger Männer ihren Trupps hinzu. Damit vermehrten sie sowohl ihren Status wie auch den Wert ihres Eigentums (und Kapitals) an menschlichen Körpern. Die in aufwändigen Ritualen auf sie eingeschworenen jungen Männer blieben Sklaven. Erst wenn die „Treue“ erwiesen war, bekamen die Sklaven als neue Razzienkrieger Zugang zur *material culture* der Gewalt (Waffen). Razzienkrieger-Anführer vermehrten auch ihr politisches Kapital durch die Macht von mehr Kämpfern. Für sie gilt,

---

227 Vogl, „Zeit des Kapitals“, in: Vogl, Das Gespenst des Kapitals, S. 53–82, hier S. 62.

228 Ebd.

229 Walvin, „Slavery, commerce and the slave ships“, in: Walvin, Britain's Slave Empire, S. 21–34, hier S. 32.

was Robert Bartlett über Europa 950–1350 sagt: „In diesen Gesellschaften war erfolgreiche Räuberei mit Statusgewinn verbunden".[230] Alle Wikinger-, Waräger-, Normannen- und Dänenzüge beruhten auf diesem Prinzip. Damit konnten Razzienkrieger-Anführer ertragreichere Menschenjagdgebiete dominieren oder Widerstand gegen Versklavungs-Razzien niederhalten. Auf den langen kontinentalen Landwegen nach Norden oder Osten in Afrika, im frühmittelalterlichen Europa oder in den Amerikas konnte das menschliche Kapital – auf eigenen Füßen (oder als Ruderer bzw. Träger) – zum Transport gezwungen werden. Oft waren Träger in Ermangelung von Last-, Zug- oder Reittieren, Schiffen oder Karren schlicht Sklaven.[231] Kapital, zugleich eine kommodifizierte „Ware", das auf eigenen Füßen lief und die Arbeiten zu seiner Versorgung und Erhaltung (Nahrungszubereitung) betrieb! Versklavte stellten auch „Wechsel" dar. Dieses Kapital brachte auch dadurch sozusagen synergetischen Gewinn hervor, dass es als Statuskapital neue Menschen fangen oder bewachen, weil es als „Ware" auch andere Waren sowie die notwendigen Lebensmittel transportieren konnte und sich selbst in Gebiete mit hoher Nachfrage und hohem Tauschwert (oder als Bezahlung von Schulden) bewegte, d. h., als „Wechsel". In längeren Transportpausen konnten Sklavinnen Kinder gebären und Sklaven als Arbeiter, Wächter oder gar Truppen, die andere Menschen versklavten, eingesetzt oder gegen andere Waren, wie Nahrungsmittel, Gold, Elfenbein, Salz, etc. getauscht werden.

Kapital menschlicher Körper erbrachte im Tausch, bei Siedlung/Urbarmachung, wie oben am mittelalterlichen Beispiel Osteuropas und am Beispiel der iberischen Kolonisation Amerikas dargelegt, bei der Arbeit und bei der Reproduktion so viele Profite, dass die genannten gigantischen Menschen-Transportsysteme bald Teile der entwickelsten Kredit-, Handels- und Akkumulations- und Technologienetzwerke bildeten. Neben vielen anderen Unterschieden zwischen islamischer und atlantisch-christlicher Sklaverei, war die Kreditierung der europäischen Sklavenhandelsflotte in einer dynamischen Meeres- und Hafenwirtschaft sui generis sicherlich das Spezifikum des atlantischen Slavings unter Kontrolle christlicher Staaten. In diesen Staaten spielten Landadel sowie Kaufleute und Sklavenhändler eine wichtige, wahrscheinlich sogar welthistorisch einmalige Rolle, potenziert durch staatlich garantierte Finanzwirtschaften mit Banken (seit dem 17. Jahrhundert), Metallgeld, Geld auf Papier und Zinseszins sowie Nichtwirksamkeit der Luxusverbote in Hafenmetropolen; im 15./16. Jahrhundert in Italien und Oberdeutschland; im 17. Jahrhundert vor allem mit den Revolutionen in den Niederlanden und England.

---

230 Bartlett, „Der Wandel an der Peripherie", in: Bartlett, Die Geburt Europas aus dem Geist der Gewalt, S. 554–564, hier S. 563.

231 Adam, Hildegard, Das Zollwesen im Fränkischen Reich und das spätkarolingische Wirtschaftsleben. Ein Überblick über Zoll, Handel und Verkehr im 9. Jahrhundert, Stutgart: Steiner, 1996 (= Vierteljahresschrift für Sozial- und Wirtschaftsgeschichte (VSWG), Beiheft 126), S. 169 ff.

Verbindungen, Konnektionen und Transportsysteme

Forschungen zum „sozialen Leben der Dinge“ und *Commodity*-Forschungen sind post-postkoloniale Themen, die vor allem auf Arjun Appadurai, seine *scapes* und die Theorien zur kulturell-materiellen Globalisierung zurückgehen.[232] Beides, soziale Genealogien der Dinge und Zirkulation von *commodities* sind an Transportmittel und neue Technologien gebunden bzw. können dort sehr konzentriert erforscht werden, zumal versklavte Menschen auch *commodities* darstellten, die zugleich oft die Transporte bewerkstelligten. Oder es entstand ein ganzes soziales Übergangsfeld zwischen Versklavern und Versklavten (allgemein: Atlantikkreolen, Schiffsmannschaften oder auch atlantische Juden). Kapitäne, Steuerleute, Schiffsoffiziere, Mannschaften und Schiffsärzte kontrollierten sowohl die Schiffe sowie mit ihnen auch die Konnektionen und Verbindungen zwischen den Amerikas und Afrika sowie zwischen Afrika und den Amerikas ebenso wie die zwischen den europäischen Häfen und den Sklavenhandelslinien (und ihren Extrempunkten, die oft in Flussmündungssystemen lagen). Auf dem Atlantik blieben Hochsee-Schifffahrt (auch die Übergangs-Hochseeschifffahrt der Wikinger mit ihren Kriegereliten und -gefolgschaften),[233] der mit ihnen verbundene Wissenskomplex und ihre andauernde Mobilitäts- und Modernisierungsdynamik über fast die gesamte Neuzeit ein Monopol der Küstenportale Europas und seiner Kolonien (bzw. deren Nachfolgern) in den Amerikas. Auf den globalen Sklaverei- und Sklavenhandelslinien waren Europäer und Eurokreolen (unter die ich, wie bereits gesagt, auch US-Amerikaner fasse) deswegen so mächtig und konnten eigenständige Institutionen des atlantischen Kapitalismus begründen (bzw. auch aus dem Mittelmeerraum übernehmen), weil sie die atlantische Verbindungen (Konnektionen und Passagen) zwischen den beiden kontinentalen Landmassen Afrika und Amerika kontrollierten.[234] Sie stritten sich zwar untereinander um diese Kontrolle, aber gaben sie insgesamt nie aus der Hand. Im Laufe der Neuzeit bildete sich kein vollständig eigenständiger Schiffstyp für den Transport menschlicher Körper in den Konnektionen zwischen Afrika und den Amerikas heraus. Aber relativ kleine und schnelle Schiffe (zwischen 50 und 400 Tonnen), seit dem 18. Jahrhundert mit Kupferblech am Schiffsrumpf, waren Hauptelemente der Mobilität sowie der materiellen Verkehrs- und Gewaltinfrastrukturen des atlantischen Menschenkapitalismus unter europäischer und neoeuropäischer Kontrolle. Im vor allem von „Portugiesen“ und „Spaniern“ kontrol-

232 Appadurai, Arjun (ed.), The Social Life of Things. Commodities in Cultural Perspective, Cambridge: Cambridge University Press, 1986; Boivin, Nicole, Material Cultures, Material Minds. The Impact of Things on Human Thought, Society, and Evolution, New York: Cambridge University Press, 2008.

233 Ellmers, „Die Wikinger und ihre Schiffe“, S. 93–113.

234 Wenzlhuemer, Roland, „The ship, the media, and the world: conceptualizing connections in global history“, in: Journal of Global History Vol. 11:2 (July 2016), S. 163–186.

lierten *Hidden Atlantic* des 19. Jahrhunderts dominierte der Schiffstyp der *goleta* (Schoner); seit den 1840er Jahren kamen auch massiv Dampfer zum Einsatz.[235] Für den Kuli-Transport, der in den Bedingungen für die transportierten Menschen aus China, Indien und Niederländisch Indien denen atlantischer Sklaventransporte ähnelte – nur weit länger dauerte –, wurden moderne Fregatten (*clippers*), oft eben auch schon Schiffe mit Dampfmaschinen, benutzt (500–1000 Tonnen). Zu wichtigen Stationen im System des Indik-Atlantik-Systems wurden Kapstadt und sogar das wenig erwähnte Sankt Helena.[236]

Auch wenn Sektoren des Menschenhandelsatlantiks und Kolonien umkämpft waren und als Teile von Imperien auch Meso-Sphären bildeten, gab es einen europäisch-amerikanisch dominierten Makro-Raum, den Sklavenhandelsatlantik sowie den *Hidden Atlantic* des 19. Jahrhunderts. Schon seit den 1830ern/1840ern verbanden Transporte von Versklavten aus Ostafrika zusammen mit Kulis und Auswanderern sdie beiden Hemisphären. Ab 1880 bildeten sie das Gros der Transportierten; Convict-Transporte gingen schon seit den 1780ern weit über den Atlantik hinaus.

Um die Braudelsche Formel Mittelmeer (mit Schwarzem Meer) – Atlantik aufzubrechen, bringe ich hier das Exempel des Mittelmeertransportes von Versklavten, Verschleppten und Geraubten. Es folgt dem Muster, welches, vielleicht abgesehen von genuesischen Schiffen im 13. und 14. Jahrhundert, für Sklaventransporte dieses Raumes gilt. Es ist wichtig auf dieses Transportmuster hinzuweisen, weil sich im westlichen Mittelmeer, Genua und in der *mar pequeña* im 14. und 15. Jahrhundert der Übergang zur atlantischen Sklaverei vollzieht, d. h., auch diese Anfänge folgten eher dem Mittelmeermuster des Transports. Ich will hier zeigen, vor allem basierend auf Charles Verlinden und Michel Balard, dass die Mittelmeertransporte von Versklavten im globalen Vergleich eher an den Indischen Ozean und an den Kapitäns- und Mannschaftshandel erinnern, als an die großen Cargos von Versklavten der späteren *middle passage* des atlantischen Ozeans (seit ca. 1560).

---

235 Rodrigo y Alharilla, „Navieras y navieros catalanes en los primeros tiempos del vapor 1830–1870", in: Transportes, Servicios y Telecomunicaciones No. 13 (diciembre 2007), S. 62–92; Garrido; Lalouf; Thomas, „Veleros y vapores, velocidad y engaño. Análisis socio-técnico de las transformaciones en la navegación marítima en el proceso de abolición del comercio atlántico de esclavos (siglo XIX)", S. 32–54.

236 Dow, George Francis, Slave ships and slaving, with an introduction by Capt. Ernest H. Pentecost, Salem, Mass.: Marine Research Society, 1927; Boudriot, Jean, Le navire négrier au XVIII siècle, Paris: Centre de Documentation Historique de la Marine, 1987; Boudriot, „Le navire négrier au XVIIIe siècle", in: Daget (ed.), De la traite à l'esclavage, Bd. II, S. 159–168; Lacroix, Louis, Les derniers négriers. Derniers voyages de Bois d'ébène, de coolies et Merles du Pacifique. Préface de Henri Bureau, armateur, Paris: Amiot-Dumont 1952; Villiers, Patrick, Traite des Noirs et navires négriers au XVIIIe siècle, Grénoble: Éditions des 4 Seigneurs, 1982; Rediker, „The Evolution of the Slave Ship", S. 41–72; siehe auch: Pérez de la Riva, „El viaje a Cuba de los culiés chinos", in: Deschamps Chapeaux, Pedro; Pérez de la Riva, Contribución al la historia de la gente sin historia, La Habana: Editorial de Ciencias Sociales, 1974, S. 191–213.

Große Mengen Versklavter auf Schiffen waren nicht die Norm. Kaufverträge, schreibt Michel Balard, zeigen, dass es sich beim Import von Sklaven aus dem Osten meist um kleinere Gruppen, manchmal auch nur um 1–2 Versklavte handelte.[237] Charles Verlinden hat die Reise einer Galeere von Tana nach Venedig 1363 rekonstruiert. In Tana verkauften ein Jude, ein Grieche (Byzantiner) und Tataren vor Abfahrt des Schiffes im September Sklaven an die venezianischen Kaufleute. Am 18. Oktober 1363 erreicht die Galeere Modon (heute Methoni, Peloponnes). Der Bordschreiber Niccolò Bono (Notar) hält den Verkauf eines Sklaven fest, gefolgt von weiteren Einzelverkäufen im Oktober an den Haltestellen des Schiffes. Einer der Verkäufer ist ein Ruderer der Galeere. Es ist, als ob einige Seeleute ihre Ersparnisse einsetzen zum Erwerb von einem oder zwei Sklaven aus dem Osten, in der Hoffnung, sie mit Gewinn in Venedig oder auf der Durchreise zu verkaufen.[238] Die in Venedig dokumentierten Verkäufe bestätigen: unter den Verkäufern von Cirkassier-Sklaven (Tscherkessen) finden sich zwei Schiffsmeister (Kapitäne/Schiffseigner), drei Seeleute sind unter den Anbietern von Tataren-Sklaven, zwei Schiffsmeister und ein Matrose unter den Verkäufern von Russen-Sklaven.[239] Ähnliche Muster gelten für Barcelona, wo am Ende des vierzehnten Jahrhunderts sieben Schiffsmeister, Besitzer von großen Transportseglern, Barken oder kleineren Segelschiffen, und ein Schiffsschreiber als Verkäufer von Sklaven aus dem Osten fungierten.[240] Balard hält auch fest, dass alle Typen von Schiffen am Transport von Versklavten teilnahmen: „nefs, barques, linhs, brigantins et caravelles .... [ebenso wie bei Sklavenrazzien und Transporten zwischen Nordafrika und Granada – M. Z.] galères, galiotes, baleiniers, barques, linhs et caravelles".[241]

In den Praktiken des Transports liegt die enge Verbindung der *material culture* zwischen Sklavereien/Slaving-Systemen, Technologien und anderen Formen von Zwangsarbeit auf Basis von Sklaverei (so wie ich hier in diesem Buch die Perspektive auf Zwangsarbeiten aus Richtung der Sklaverei konzipiere). Die Realitäten der Schiffe und ihrer Gewaltinfrastrukturen, die sowohl verschleppte Indios, Menschen aus Afrika, europäische Verbannte, Kulis oder Bewohner pazifischer Inseln transportierten oder von Walfänger-Schiffen bzw. Auswandererschiffen, sind in ihrer

---

237 Balard, „Le transport des esclaves dans le monde méditerranéen médiéval", in: Amitai, Cluse (eds.), Slavery and the Slave Trade in the Eastern Mediterranean, S. 256–272 (ich zitiere, wie gesagt, mit freundlicher Genehmigung der Herausgeber aus dem Manuskript – die Seiten können sich noch ändern).

238 Verlinden, L'esclavage dans l'Europe médiévale, Bd. II: Italie, Colonies italiennes du Levant, Levant latin, Empire bysantin), S. 568 f.

239 Ebd., S. 595, 608f und S. 628; siehe auch: Fynn-Paul, „Tartars in Spain: Renaissance Slavery in the Catalan city of Manresa, c. 1408", in: Journal of Medieval History Vol. 34 (2008), S. 348–359.

240 Ferrer i Mallol, „Esclaus i lliberts orientals a Barcelona", in: Ferrer i Mallol; Mutgé i Vives (eds.), De l'esclavitud a la llibertat, S. 167–212, hier S. 194.

241 Balard, „Le transport des esclaves dans le monde méditerranéen médiéval", S. 256–272, hier S. 270.

Materialität so ähnlich bzw. quasi gleich, dass sie für alle, egal ob juristische Sklaven, Zwangsarbeiter, Coolies, Verbannte oder gewaltsam Ausgewanderte, „socially and commercially comparable to slavery“[242] waren. Die Autoren des Artikels über Convict-Labor fahren fort: „Indeed some slaving practices can be viewed as a form of transportation, especially judicial slavery where the condemned (and on occasion their relatives) became the property of the state. This was a common route into bondage in West Africa“.[243]

Das Konzept „Transport“ war im 19. Jahrhundert so bedeutend, dass es sogar Schiffe mit dem Namen *Transport* (auch Slaver) gab.[244] Frankreich hatte in der zweiten Hälfte des 18. Jahrhunderts eine Führungsrolle im atlantischen Sklavenhandel übernommen.[245] Von Nantes aus, dem wichtigsten französischen Sklavenhafen im 18. und frühen 19. Jahrhundert,[246] beteiligten sich überdurchschnittlich viele Kapitäne, die zugleich Freimaurer (und damit potentiell Revolutionäre) waren, am atlantischen Menschenhandel. Bei den 3342 maritimen Sklavenexpeditionen Frankreichs kamen Namen für Schiffe (die immer auch etwas über die Denkweise sowie Mentalitäten der Zeit aussagen) vor wie *l'Africain* oder *l'Phénix*; rund 20 % der Schiffe trugen weibliche Namen (wie *la Nymphe, la Jolie, Marie, Marie-Anne*, etc.), 10 % aristokratische Namen (wie *Duc d'Orléans* oder *Princesse d'Angole* oder *Prince Noir*) und rund 9 % Namen von Heiligen. Heiligennamen wurden mehr und mehr unmodern vor der französischen Revolution. Immer mehr Namen aus der Sprache von Aufklärung, Fortschritt, Modernität und sogar Revolution ersetzten sie (wie *La Vertu*, la *Nouvelle société, l'Égalité, Jean-Jaques, Patriote* oder *L'Industrie, Les Coeurs Unis, l'Union*). *L'Union* (33 Schiffe) und *l'Amitié* (28 Schiffe) waren die Einzelnamen, die am meisten vorkamen.[247]

Auch in die Kontinente hinein (oder heraus, je nach Perspektive) prägten Sklavenhandel und Menschenjagd bzw. bestimmte Formen der Sklaverei die Transport-

242 Anderson; Maxwell-Stewart, „Convict Labour and the Western Empires, 1415–1954“, in: Aldrich; McKenzie (eds.), The Routledge History of Western Empires, S. 102–117, hier S. 103.

243 Ebd.

244 Rupprecht, Anita, „'All We Have Done, We Have Done for Freedom': The *Creole* Slave-Ship Revolt (1841) and the Revolutionary Atlantic“, in: International Review of Social History 58 (2013), S. 15–34 (= Special Issue: Mutiny and Maritime Radicalism in the Age of Revolution: A Global Survey. Ed. Clare Anderson; Nyklas Frykman; Lex Heerma van Voss and Marcus Rediker).

245 Daudin, Guillaume, „The quality of slave trade investment in eighteenth century France“ (unter: https://www.ofce.sciences-po.fr/pdf/dtravail/WP2002-06.pdf (30. Juli 2018)).

246 Révauger; Saunier (eds), La Franc-maçonnerie dans les ports; siehe auch: Martin, L'ère des négriers; Masseaut, Jean-Marc, „La Franc-Maçonnerie dans la traite atlantique. Un paradox des Lumières“, paper presented to the symposium „La experience coloniale: Dynamiques des échanges dans les espaces Atlantiques à l'époque de l'esclavage“ (Nantes, 2005); Saunier, „Le Havre, port négrier: de la défense de l'esclavage à l'oubli“, S. 23–41.

247 Mettas, Répertoire des expéditions négrières françaises au XVIIIe siècle (Tome I: Nantes, ed. Daget, Serge ; Tome II: ports autres que Nantes, ed. Daget; Daget, Michèle), passim; Masseaut, „La Franc-Maçonnerie dans la traite atlantique. Un paradox des Lumières“, passim.

systeme und ihre Technologien. In Afrika fast immer in Form von Karawanen (siehe das nachfolgende Kapitel); sowohl über Meere (mit unterschiedlichsten Schiffstypen) und Flüsse (per Kanu oder andere Flussschiffsarten) als auch über Land; manchmal auch beides. Ähnliches gilt für die Massentransporte von Baumwolle, Stoffen, Metallen, Seide, Tee und anderen Produkten nach Kanton und an die Häfen der südchinesischen Küsten.[248] In Brasilien sowie vielen anderen Territorien mit Sklavereilandschaften im Innern prägten Versklavte alle Arten des Transport – in Städten wie Rio meist *escravos ao ganho*, d. h., Versklavte, die auf der Straße arbeiteten und ihren Herren eine fixe Summe ablieferten.[249] Maultierkarawanen mit berittenen Anführern (*tropeiros*), die auch Sklavenjäger, Scouts und Führer sein konnten, die Transportsysteme zwischen Hafenportalen und Plantagenplattformen sowie den Städten und Minen des Hinterlands (wie am Río Magdalena in Neu-Granada). Aber es gab auch Küstentransporte (etwa zwischen Rio de Janeiro und Santos) sowie Flusstransportsysteme mit langen und flachen Booten (*lanchas*, *patachos*, *piraguas*, *bongos*, *canoas*) und Kähnen; große Kanus wurden nicht nur von quasi-versklavten Ruderern mit Stechpaddeln oder langen Stangen vorangetrieben, sondern flussaufwärts auch von Ochsen gezogen: „canoas grandes, puxadas por seis bois, no rio Tietê".[250]

In und um Asien kam es zum Zusammenbruch der transkontinentalen „alten Seidenstraße" zugunsten stärker regional und überregional organisierter Handels- und Transportsysteme in deren Zentrum Persien lag.[251] Im Indik existierten bis weit in das 19. Jahrhundert hinein eigenständige Transport- und Sklaverei-/Bondage-Systeme. Alessandro Stanziani sagt über die *Indian Ocean World*: „no European supremacy until very late that is, the nineteenth century; no clear shift from slavery to wage labor but rather the coexistence of different forms of bondage, dependence, and servitude; capitalism as fully compatible with unfree labor".[252] Europäische Transportsysteme, die, um ein Beispiel zu geben, die hemisphärischen Distanzen von Batavia nach Kapstadt oder von Macao nach Moçambique in der *Indian Ocean*

---

248 Giersch, „Cotton, Copper, and Caravans: Trade and the Transformation of Southwest China" , S. 37–61; Dyke, „The Trading Environment", in: Dyke, Merchants of Canton and Macao, S. 7–29, hier S. 14–16.

249 Terra, Paulo Cruz, „Free and Unfree Labour and Ethnic Conflicts in the Brazilian Transport Industry: Rio de Janeiro in the Nineteenth Century", in: International Review 59 (2014), Special Issue (= Belluci, Stefano; Corrêa, Larissa Rosa; Deutsch, Jan-Georg; Joshi, Chitra (eds.), Labour in Transport: Histories from the Global South, c. 1750–1950), S. 113–132.

250 Silva, Danuzio Gil Bernardino da (org.); Komissarov; Becher, Hans, et al. (eds.), Os Diários de Langsdorff [online]. Translation Márcia Lyra Nascimento Egg and others, 2vols., Campinas: Associação Internacional de Estudos Langsdorff. Rio de Janeiro: Editora FIOCRUZ, 1997, t. II, S. 101.

251 Green, Nils, „Introduction. Writing, Travel & the Global History of Central Asia", in: Green (ed.), Writing Travel in Central Asian History, Bloomington and Indianapolis: Indiana University Press, 2013, S. 1–40.

252 Stanziani, „Introduction", in: Stanziani, Sailors, Slaves, and Immigrants. Bondage in the Indian Ocan World, 1750–1914, New York: Palgrave MacMillan, 2014, S. 1–11, hier S. 2.

World überwanden [*Karte 30[253]], gab es seit dem 16. Jahrhundert. Sie konnten die Dhaus, Dschunken und Prahus aber nirgends vollständig verdrängen – sogar bis Ende des 19. Jahrhunderts und danach nicht, auch nicht durch Dampfer (obwohl es zu einer massiven Modernisierung kam). Sozusagen unterhalb dieser transkontinentalen Linien-Systeme gab es vor allem lokalere Transportsysteme auf dem Roten Meer, an der ostafrikanischen Küste, den Küstengewässern Arabiens, den Küstengewässern und Inseln Chinas bis Japan und Manila, um Südostasien herum oder zwischen Moçambique und Madasgaskar auf Basis von *dhaus* und im Ostindik/Westpazifik auf Basis von Dschunken sowie *prahus* (*proa*).[254] Wir haben es eher mit Meso-Räumen und einer anderen Art von Mobilität als auf dem Atlantik zu tun.[255]

Sehr deutlich lässt sich die Verbindung zwischen lokalen Handelskapitalismus- und Sklavereiformen sowie unterschiedlichen Expansionen (hier: indischen und afrikanischen sowie verschiedener europäischer Expansionen) auch am Beispiel indischer Kaufleute und ihrer Transportmittel sowie ihres Baumwollstoff-, Sklaven- und Elfenbeinhandels in Ostafrika und in den nordwestlichen Regionen der *Indian Ocean World* ausmachen. Gebiete, Völker und Gruppen im Hinterland der zentralen und nördlichen Küsten Ostafrikas wurden davon erfasst. Grundkapital und Tauschwaren in Afrika waren Sklaven und Elfenbein. Die Menschen wurden in Gebiete des nordwestlichen Indischen Ozeans verschleppt, von der Swahili-Küste bis Kathiawar (Gujarat). Dort arbeiteten sie in einer Vielzahl von Aufgaben in sich schnell kommerzialisierenden regionalen Wirtschaften (u. a. Baumwollanbau). Dieser neue Sklavenhandel brach zwar mit den eher bescheidenen Quantitäten des traditionellen Sklavenhandels im nordwestlichen Indischen Ozean, aber wahrscheinlich weniger mit den Typen von Schiffen. Er intensivierte auch Razziensklavereien und Sklavenhandel (und verschärfte sicherlich auch Formen der Schuldsklaverei) auf dem ostafrikanischen Festland. Das Ausgangs-Kapital für diesen Sklavenhandel hatte seinen Ursprung oft in Indien (siehe unten). Baumwollstoffe und -textilien, zuerst aus Indien, dann mehr und mehr von Europäern übernommen oder in ihre Warenpaletten eingefügt (die es auf anderen Schiffstypen transportierten), bildeten ein von afrikanischen Eliten sehr geschätztes Prestigegut (üb-

---

253 Karte 30: „Indian Ocean World", aus: Harms; Freamon; Blight (eds.), Indian Ocean slavery in the age of abolition, Vorsatzblatt.

254 Campbell, „Madagaskar and Mozambique in the slave trade of the western Indian ocean, 1800–1861", in: Clarence-Smith (ed.), The Economics of the Indian Ocean Slave Trade, S. 166–193; Campbell, „Madagascar and the Slave Trade, 1810–1895", in: J.Afr.Hist. 22 (1981), S. 203–227.

255 Siehe zur Regionalität von Räumen und Transporten sowie zur übergreifenden Verbindung mit Kern Zentralasien und mongolisches Imperium: Cosmo, „Connecting Maritime and Continental History: The Black Sea and the Mongol Empire", S. 174–197; zu Schwierigkeiten von Dampfern auf einzelnen Flusssystemen: Dewey, Clive, Steamboats on the Indus: The Limits of Western Technological Superiority in South Asia, New Delhi: OUP, 2014.

rigens auch in Westafrika und auf den Inseln hergestellte Stoffe).[256] Ebenso war afrikanisches Elfenbein ein Prestigegut, wenn auch von geringerer Bedeutung, zuerst in Indien, dann anderswo. Vom Sambesi-Tal zu den Oberläufen des weißen und des blauen Nils wurden Menschen aus Ostafrika in ähnlichen Prozesse versklavt und auf dem Indischen Ozean zu Arbeitsorten transportiert, so etwa als Perlentaucher im Persischen Golf, als Zuckersklaven auf den Maskarenen, in der indischen Baumwollproduktion oder auf kubanischen Zuckerplantagen.[257]

Sie erinnern in Bezug auf die Vielfalt von Transportfahrzeugen, wie oben gesagt, eher an das mittelalterliche Ostmittelmeer / Schwarze Meer. Die Irunun- und Samal-Raider nutzen, wie die Piraten der Karibik (Großschiffe, mittlere Schiffe (Fleute, Schoner, Brigantinen, etc.) und Überfallboote), vier Typen von Wasserfahrzeugen: den *penjajab* (*gubang* oder *panco*, auch Balangingi *garay*) ein mittleres Schiff mit Segel und Ruderern (Hauptschiff der Sklavenjäger), den *kakap* oder *salisipan* (auch *vinta* oder *baroto*) sowie einen relativ kleinen Schiffstyp für Küsten- und Flussrazzien vom Typ *sampan* oder Kanu sowie den großen *lanong* oder *joanga*, einen schwer bewaffneten Iranun-Kreuzer. Ein Iranun-Wasserfahrzeug kam nie allein; wenn ein kleiner Kakap auftauchte, konnte man sicher sein, dass hinter einer der Inselchen oder in den Mangroven ein größeres Schiff verborgen war.[258] Slaving, Handel und Akkumulation der Iranun sowie Samal in Südostasien zeigen, dass Menschenkapitalismus auf regionaler Basis dem europäischen Kolonial-Slaving bis zur Durchsetzung der Dampf-Kanonenboote durchaus Konkurrenz machen konnte, oft auch noch danach.

Europäische, vor allem französische Sklavenschiffe, versorgten nach 1815 die Plantagen von Mauritius und Réunion auch mit Sklaven von Bali und der Nias-Insel (Pulau Nias); die französischen Plantagenkolonien übernahmen damit die Empfängerrolle von Batavia. Insgesamt wurden Versklavte und Verschleppte in Südostasien nach den formalen Abolitionen des Sklavenhandels durch die europäischen Kolonialmächte vor allem von kleinen chinesischen (*lorchas*, Dschunken) oder indonesischen Schiffen (*prahus*) transportiert, die nur wenige Sklaven an Bord hatten.[259]

256 Kriger, Colleen, „'Guinea Cloth': Production and Consumtion of Cotton Textiles in West Africa before and during the Atlantic Slave Trade", in: Riello, Giorgio; Parthasarathi, Prasannah (ed.), The Spinning World: A Global History of Cotton Textiles, 1200–1850, Oxford and New York: OUP, 2009, S. 105–126; Heijer, Henk den, „Africans in Euroean and Asean Clothes. Dutch Textile Trade in West Africa, 1600–1800", in: Hyden-Hanscho; Pieper; Stangl (eds.), Cultural Exchange and Consumption Patterns in the Age of Enlightenment. Europe and the Atlantic World, S. 117–130.

257 Ewald, Janet J., „The Nile Valley System and the Red Sea Slave Trade, 1820–1880", in: Slavery and Abolition Vol. 9 (1988), S. 71–92; Ewald, Soldiers, Traders, and Slaves: State Formation and Economic Transformation in the Greater Nile Valley, 1700–1885. Madison: University of Wisconsin Press, 1990; Ewald, „Crossers of the Sea: Slaves and Migrants in the Western Indian Ocean, c. 1800–1900", in: The American Historical Review Vol. 105 (2000), S. 69–91; Ewald, „African Slavery and the African Slave Trade: A Review Essay", in: The American Historical Review Vol. 97 (1992), S. 465–485.

258 Warren, „The Raiding Ships", in: Warren, Iranun and Balangingi, S. 238–308.

259 Reid, „The Decline of Slavery in Nineteenth-Century Indonesia", S. 64–82, hier S. 72.

Das multipotente Menschenkapital, von den Negreros (Sklavenhändlern, Sklavenschiffskapitänen) und ihren Helfern zur Kommodität in Faktoreien und auf Schiffen verwandelt, wurde auf dem Atlantik in „Rückfahrten" von Afrika nach Amerika transportiert. Die „Hinfahrten" sind weniger untersucht; die auf ihnen transportierten Waren, Schiffe und Kommoditäten stimulierten vormals periphere Wirtschaften und trieben die Akkumulation auf Basis menschlicher Körper in und aus Kolonialgebieten voran.[260] Ihre netzartige Hin- und Her-Mobilität schuf den Raum der Atlantisierung, in der die wirklich großen Profite und Kapitalien im Austausch und in der Anlage der menschlichen Körper generiert wurden.

In Afrika und im nordafrikanisch-arabischen Raum sowie auf den Landrouten Asiens erfüllten Karawanen sowie Netzwerk-Routen („Seidenstraßen"), sowohl auf Grundlage von Tieren wie manchmal auch von Flussschiffen/Kanus eine ähnliche Funktion in Transport und Austausch der menschlichen Körper, mit ähnlich hohen Gewinnen – obwohl Kaufleute-Kapital im Islam noch stärker diskriminiert wurde als im mittelalterlichen Christentum und Zinseszins immer noch verboten ist (aber nicht soziales Kapital und sehr niedriger Zins).[261]

Bestes Zeichen für die wachsende Bedeutung von überregionalem Menschenhandel und von schwarzen Sklaven in frühen Perioden der Globalisierung vor dem 15. Jahrhundert sind die Aufstände der Zanj-Sklaven (689–690, 694, 869–883), die im dritten Aufstand von 869 bis 883 die Herrschaft über den heutigen Südirak um Basra an sich rissen und das Schiitentum in Persien stärkten.[262] Seit dem 9. und 10. Jahrhundert auch kamen mehr und mehr schwarze Sklaven über das Tschad-Bassin (Bornu, Wayay) sowie Kanem und aus den südäthiopischen Bergländern über das Rote Meer nach Arabien, Persien und Indien.[263] Der Aufschwung des italienischen, speziell des genuesischen, katalanisch-balearischen (aragonesischen) sowie venezianischen Handels auf Menschen dynamisierte sich durch Andocken an die nordafrikanischen Endpunkte der Saharарouten, vor allem als sie mehr und mehr aus dem Osthandel des Schwarzen Meeres herausgedrängt wurden.[264] Über-

---

260 Zeuske (mit Laviña, Javier), „Failures of Atlantization: First Slaveries in Venezuela and Nueva Granada", S. 297–343; Zeuske, „Out of the Americas: Slade traders and the Hidden Atlantic in the nineteenth century", S. 103–135; Zeuske, „Mongos und Negreros: Atlantische Sklavenhändler im 19. Jahrhundert und der iberische Sklavenhandel 1808/1820–1873", S. 57–116.

261 Chatterjee; Guha, Sumit, „Slave-queen, waif-prince: Slavery and social capital in eighteeth century India", in: Indian Economic and Social History Review 36:2 (1999), S. 165–186.

262 Atlas des eclavages, S. 10; Popovic, Alexandre, The Revolt of African Slaves in Iraq in the 3rd/9th Century. Introduction by Henry Gates, Jr., Princeton: Markus Wiener Publishers, 1999; Rotman, „Forms of Slavery", S. 263–279.

263 Haour, Anne, „The Early Medieval Slave Trade of the Central Sahel: Archaeological and Historical Considerations", in: Proceedings of the British Academy 168 (2011), S. 61–78; Fernyhough, Timothy, „Slave and the slave trade in southern Ethiopia in the 19th century", in: Clarence-Smith (ed.), The Economics of the Indian Ocean Slave Trade, S. 102–130.

264 Heers, „Gênes et l'Afrique du Nord vers 1450: les voyages 'per costeriam'", in: Anuario de Estudios Medievales, Vol. 21, Barcelona (1991), S. 233–246; Soyer, „El comercio de los esclavos mu-

haupt dockten sich jüdische und christliche Kaufleute und Eliten seit dem 8. Jahrhundert, zum Teil schon eher, an die Zugangswege des Menschenhandels in die arabisch-islamischen Gebiete an. Die christlichen Kaufleute nutzten den Sklavenhandel auch, um die jüdische Konkurrenz zu diffamieren und sie seit dem 11. Jahrhundert aus dem Geschäft in Europa zu vertreiben.[265] Als Transporteure, Abnehmer von Kriegs- und Razziengefangenen sowie Kastrierer wandelten sie das Kapital menschlicher Körper (und eventuell Wein) in arabisches Silber, Gold, edle und andere Textilien, Waffen, Gewürze und Aromen, fortgeschrittene Technologie, Wissen und Kultur um.

Die europäische Expansion seit dem 14. Jahrhundert, die Conquista Amerikas und der Zusammenbruch der „alten" transkontinentalen Landwege durch Asien (Abschottung Ming-Chinas nach 1440) sowie der Aufschwung der maritimen Transporte hatten, wie bereits angedeutet, Auswirkungen auf Indien, Arabien sowie weitere Küstengebiete und -populationen des indischen Ozeans, allerdings werden sie heute eher in einer Perspektive der Kontinuität interpretiert.[266] Unter den Hindu-Kaufleuten und Menschenhandels-Finanziers des indischen Ozeans und seiner Randmeere besonders prominent waren die *baniya* (*bania*) aus Diu, Kathiawar und Gujarat, die *canarin* und die muslimischen *chulia* von der Koromandelküste, die sich auf den Handel mit indischen Baumwollstoffen (*calico*/*kalico*: buntbedruckte Kattune), anderen Textilien (Seide) und Luxusgütern wie Tropenhölzer, Porzellan, Tiere, Elfenbein und Sklaven sowie Kreditgeschäfte des Menschenhandels spezialisiert hatten. Um Geschäfte in Ostafrika zu dirigieren, hatten sich indische Kaufleute aus Damão, Diu und Gujara in Moçambique und seit dem 17. Jahrhundert sogar flussaufwärts am Sambesi niedergelassen. Hier lebten sie mit arabischen und portugiesischen Händlern zusammen und waren durch Einheiratung bald kaum mehr voneinander zu unterscheiden.[267] Aufgrund der maritimen Fahrtrouten und dem

---

sulmanes en el Portugal medieval: rutas y papel económico", in: Espacio, Tiempo y Forma, Serie III, H.a Medieval, t. 23 (2010), S. 265–275.

265 Zur Debatte um jüdischen Sklavenhandel siehe: Toch, „Wirtschaft und Verfolgung: die Bedeutung der Ökonomie für die Kreuzzugsprogrome des 11. und 12. Jahrhunderts. Mit einem Anhang zum Sklavenhandel der Juden", in: Haverkamp, Alfred (ed.), Juden und Christen zur Zeit der Kreuzzüge, Sigmaringen: Jan Thorbecke Verlag, 1999 (Vorträge und Forschungen Bd. XLVII), S. 253–285; Lotter, Friedrich, „Zur Stellung der Juden im Frankenreich der Merowinger und Karolinger", in: Aschkenas 10 (2000), S. 525–533; Lotter, „Sind christliche Quellen zur Erforschung der Geschichte der Juden im Frühmittelalter weitgehend unbrauchbar?", in: Historische Zeitschrift (HZ) 278:4 (2004), S. 311–327; Michael Toch hat die Kritik der Quellen (und ihrer Nutzung) systematisch dargelegt: Toch, „Was There a Jewish Slave Trade (or Commercial Monopoly) in the Early Middle Ages?", S. 421–444.

266 Conermann, Stephan, „South Asia and the Indian Ocean", S. 389–552.

267 Hourani, George F., Arab Seafaring in the Indian Ocean in Ancient and Medieval Times, revised and expanded by John Carswell, Princeton: Princeton University Press, 1979, S. 51–86; Subramanian, Lakhshmi, Medieval Seafarers, New Delhi: Roli Books, 1999. Zum Hintergrund von indischer Händler-Diaspora und ihrem Auftreten in Ostafrika siehe allgemein Mann, Geschichte Indiens vom 18. bis zum 21. Jahrhundert, Paderborn [etc.] 2005, S. 207–222; siehe auch: Machado, Pedro, „Cloths of Fashion: Indian Ocean Networks of Exchange and Cloth Zones of Contact in Africa and

afro-arabisch-südasiatischen Austausch von Gütern ist es nahe liegend, von einem großen, eher von Muslimen kontrollierten Dhau (Dhow)-Dreieckshandel im Indik zu sprechen, der die Mesoräume miteinander verband.[268] Hinduistische Keling- und Baniya-Kaufleute und Sklavenhändler hatten aber nicht nur permanente Handelsresidenzen in Afrika, sondern auch an allen Küsten der gigantischen Bucht von Bengalen, am Persischen Golf und am Roten Meer.[269] Im Lauf der Intensivierung des Menschenhandels im 19. Jahrhundert veränderten sich Sachkulturen (und damit Moden, Ästhetiken, Designs und Interieurs) sowie Wirtschafts- und Finanzstrukturen. Billigere englische und europäische Baumwolltextilien (*indiennes*) verdrängten das Baumwolltuchmonopol der Baniyas. Auch Kaufleutegruppen aus Katch und Gujarat (*bathias*) drängten auf die Märkte der Indian Ocean World, die Zugang zu Krediten in Bombay hatten.[270]

Vor allem die maritimen Handelsbeziehungen arabischer, persischer, indischer und malayischer Kaufleute und Sklavenhändler schufen Netze von Niederlassungen, die seit dem 15. Jahrhundert den gesamten geografischen Raum des Indischen Ozeans umspannten. Sie reichten in Afrika von Sofala, dem Exporthafen des Goldes vom Simbabwe-Plateau, über Delagoa, Quelimane, Moçambique, Kilwa, dem großen Handels- und Sklavenhafen mit Verbindung nach Sansibar und Madagaskar sowie Goa in Indien (wo fast alle Soldaten Sklaven aus Ostafrika waren), über Mombasa, Malindi und Mogadishu, dem politisch-kulturellen Zentrum am Horn der ostafrikanischen Küste, und den Häfen am Roten Meer sowie am Persischen Golf (siehe oben). In China reichten die Netze bis Quanzhou unter den Yuan und bis Guangzhou seit den Ming. Zunächst waren Sklavenhandel und Sklavenversorgung, wie gesagt, vor allem lokal und regional. Über die Jahrhunderte bildete sich in Ostafrika durch Einheiratung eine afrikanisch-persisch-arabische Gesellschaft mit indischen Akteuren, mit ihrem Küsten-Kreol, dem Swahili, heraus. Mit dem Eindringen von Europäern (Portugiesen, Niederländer und Briten sowie Franzosen) kam die bereits erwähnte überregionale, hemisphärische, transozeanische und glo-

---

India in the Eighteenth and Nineteenth Centuries“, in: Riello, Giorgio; Roy, Tirthakar (eds.), How India clothed the world: the world of South Asian textiles, 1500–1850, Leiden: Brill, 2009, S. 53–83.

268 Sakarai, Lawrence J., „Indian merchants in East Africa. Part I, The triangular trade and the slave economy“, in: Slavery and Abolition I:1 (1980), S. 292–338, Harms, „The Dhow Countries“, in: Harms; Freamon; Blight (eds.), Indian Ocean slavery in the age of abolition, S. 3–6.

269 Subramanian, Medieval Seafarers, passim; Sheriff, Dhow Cultures of the Indian Ocean, passim; Riello; Roy (eds.), How India clothed the world, passim.

270 Mann, „Sklavenhandel im Arabischen Meer, im östlichen und südlichen Afrika“, in: Mann, Sahibs, Sklaven und Soldaten, S. 124–149, hier S. 134. Indiennes waren europäische Kopien indischer Baumwollstoffe, Designs und Textilien; Guinées eine europäisch-afrikanische Kreolisierung der Baumwollstoffe für den westafrikanischen und karibischen Markt, siehe: Skeehan, Danielle C., „Caribbean Women, Creole Fashioning, and the Fabric of Black Atlantic Writing“, in: The Eighteenth Century Vol. 56:1 (Spring 2015), S. 105–123 (zu „Guinea Cloth“ = Guinées, d. h., zur Kreolisierung afrikanischer und englischer Textilien sowie Designs und Verwendung, siehe: „Guinea Cloth and the fabric of New World Slavery“, Ebd., S. 107–112).

bale Dimension in den maritimen Sklavenhandel; am besten vielleicht repräsentiert durch Sklaven- und Cafrehandel portugiesischer Kapitäne,[271] nicht nur nach Goa, sondern auch nach Sri Lanka, ins chinesische Macao und zu den Molukken.[272] Die Sache kann auch aus einer Perspektive des Eindringens von Europäern in makroregionale Beziehungen, etwa die zwischen Japan und Korea, gesehen werden.[273] Die Regionen vernetzten sich über See; die Menschenjagd- und Sklavenhandelsgrenzen, seit dem 17. Jahrhundert immer mehr von lokalen Gruppen getragen, verschoben sich immer tiefer in das Innere der Landmassen und Inseln. Ein gutes Beispiel sind auch die Bugis von Südwest-Sulawesi. Sie übernahmen seit dem 17. Jahrhundert Gewürz-, Textilien- und Menschenhandel von Javanesen und Malayen. Zugleich bildeten Bugis im 19. Jahrhundert die größte Einzelgruppe von Versklavten in Niederländisch-Indien und speziell in Batavia. Es gab auch Bugi-Sklaven am Kap der Guten Hoffnung.[274]

Beyond the Indian Ocean, ähnlich wie *beyond the Atlantic Ocean* in West- und Westzentralafrika, bildeten sich neue Sklavenjäger und -händlerkulturen und ethnische Prozesse dynamisierten sich, z. B. in Ostafrika oder in Südostasien. Menschenjäger auf Basis lokaler Sklavereitraditionen und Sklavenanlieferer, in Ostafrika zunächst für arabische Sklavenjäger und afro-arabische Händler, dann auch für Portugiesen, Inder und Franzosen, wurde das Volk der *maravi*, das eine höchst ergiebige und arbeitsintensive Landwirtschaft betrieb, weshalb sie auf überregionalen Handel angewiesen waren. Bei den *makua-lomwe* nahe des Nyassa-Sees (Malawi-See) fand eine geschlechtsspezifische Arbeitsteilung statt, bei der zum einen die Männer als Jäger und Sammler tätig waren, zum anderen die Frauen, die sich um den Ackerbau kümmerten. Daneben gab es die bereits genannten *yao*, die sowohl landwirtschaftlich als auch kommerziell tätig waren. Ohne eine geschlechtsspezifische Arbeitsteilung, bei der die Frauen die Nahrungsgrundlage bereitstellten und die Männer sich um Elefanten- und Sklavenjagd sowie Fernhandel kümmerten, hätten die Gesellschaften nicht funktioniert. Es war diese arbeitsteilige Organisation, die besonders die Yao in die Lage versetzten, an der seit dem 17. Jahrhundert beschleunigten Internationalisierung des Handels und der Menschenjagd zu partizipieren.[275] Die Yao, aber auch Maravi und Makua, konnten dabei die von

271 Mann, „Die Siddi von Janjira und Ostafrikaner in Goa und Sri Lanka“, in: Ebd., S. 82–86.

272 Allen, European Slave Trading in the Indian Ocean; Sánchez Pons, Jean-Noël, „Misión y Dimisión. Las Molucas en el siglo XVII entre jesuitas portugueses y españoles“, in: Coello de la Rosa; Burieza Sánchez; Moreno Martínez (eds.), Jesuitas e imperios de ultramar, siglos XVI–XX, S. 81–101.

273 Zöllner, „Menschenraub, Mission und Kulturtransfer“, S. 161–174.

274 Koolhof, Sirtjo; Ross, Robert, „Upas, September and the Bugis at the Cape of Good Hope. The Context of a Slave's Letter“, in: Archipel 70, Paris (2005), S. 281–308, www.persee.fr/web/revues/home/prescript/article/arch_0044-8613_2005_num_70_1_3982 (letzter Zugriff 6. 2. 2018); Sutherland, H., „Slavery and slave trade in South Sulawesi, 1660–1800“, S. 263–285.

275 Alpers, Ivory & Slaves in East Central Africa, Berkeley: University of California Press, 1975, S. 8–42.

den Portugiesen auf der Insel Moçambique angelegte Inselfaktorei nutzen. Die Portugiesen forcierten zunächst den Elfenbeinhandel des Hinterlandes nach Kilwa, aber auch den informellen Handel mit *cafres*. Prazos, afro-portugiesische War-Lords, und Kaufleute-Krieger brachten mit dem Luxusgut Elfenbein auch Kriegsgefangene mit an die Küste. Ein lukrativer Menschen- und Elfenbeinhandel entwickelte sich. Prazos waren zunächst Landstücke, die die portugiesische Krone am Zambesi an portugiesische Kaufleute und Transporteure vergeben hatte. Wegen der aktiven Sexual- und Heiratspolitik der Portugiesen „afrikanisierten" sich die Prazo-Familien und -gemeinschaften. Die Prazo-Halter kontrollierten große Territorien am Zambesi, auch mit Hilfe von Trägern und Razzien-Armee, die auch Prazos oder Prazeiros genannt wurden. Im 19. Jahrhundert erhoben die Prazos sogar eine direkte Steuer (*mussoco*) von den einheimischen Bauern – entweder in agrikulturellen Produkten oder in menschlichen Körpern (auch viele Kinder). D. h., Prazos am Zambesi hatten eine lange Tradition des Handels mit versklavten und verschleppten Menschen und sie setzen diese Tradition auch im 19. Jahrhundert (und sogar im 20. Jahrhundert) fort.[276]

Die Portugiesen hatten vor allem mit den Yao Allianzen geschlossen. Das veranlasste die Yao, vermehrt Sklavenraubzüge gegen Maravi und Makua zu unternehmen. Um 1740 war es den Franzosen gelungen, Kontakte zu den Makua zu knüpfen. Ein klassischer Kolonialkonflikt entstand. Im Tausch gegen Sklaven erhielten die Makua Gewehre und andere Waren von den Franzosen. Um ihre Dominanz im Handel zu wahren, legten die Portugiesen ihre Routen ganz ins Sambesi-Tal und nach Moçambique. Den Sklavenhandel für die Franzosen organisierten weitgehend die küstennahen Makua. Die landeinwärts lebenden Yao verlegten sich wegen ihrer Verbindungen ins Landesinnere zunächst mehr auf den Elfenbeinhandel, brachten aber auch weiterhin kriegsgefangene und geraubte Makua zu den Portugiesen. Die bereits mehrfach genannten Afro-portugiesischen Razzientrupps unter der Führung von *prazeiros*, die mit verschworenen Sklavensoldaten (*chikunda*) operierten, betrieben auch Sklaven- und Menschenhandel auf eigene Kosten.[277] Die Makua wurden aber zwischenzeitlich so überlegen, dass die Portugiesen ihnen 1749 den Krieg erklärten, der jahrzehntelang als Guerilla- und Razzienkonflikt geführt wurde, bei dem viele Kriegsgefangene anfielen.[278] Makuas wurden in Massen verschleppt, auch nach Brasilien und Kuba, wo sie eine *nación* bildeten.

Afrika blieb wegen der vielen Vorteile des Kapitals Mensch lange Zeit, diese grobe Verallgemeinerung sei hier gestattet, um meinen Ansatz zu verdeutlichen,

276 Newitt, „The Portuguese on the Zambesi: An Historical Interpretation of the Prazo System", in: Journal of African History Vol. 10:1 (1969), S. 67–85; Pitcher, M. Anne,

277 Stilwell, „Case Study: Slave Soldiers and the *Prazeiros*", S. 118–120.

278 Mann, „Sklavenhandel im Arabischen Meer, im östlichen und südlichen Afrika", in: Mann, Sahibs, Sklaven und Soldaten, S. 124–149, hier S. 133; Pikirayi, Innocent, „Palaces, Feiras and Prazos: An Historical Archaeological Perspective of African-Portuguese Contact in Northern Zimbabwe", in: African Archaeological Review 26:3 (2009), S. 163–185.

bis um 1650 Zentrum und bis um 1930 Protagonist der Akkumulation auf Basis von kriegsgefangenen menschlichen Körpern und anderweitig versklavten Menschen; Reste dieses Protagonismus existieren bis heute und wandeln sich manchmal unter Bedingungen der Globalisierung zu neuen Formen der Sklaverei (aus Perspektive des geregelten und „schönen" Kapitalismus in den Zentren des Nordens macht das den Eindruck von „Chaos").

Zuerst war der Kriegsgefangenen-, Fremden- oder Schuldnerstatus – aufsetzend auf der längeren Entwicklung noch unbenannter Kin-Sklavenstatus – lokal, aber weltweit. Dann kamen, zusammen mit Kriegen, Kreditwirtschaften und Expansion, „größere" Sklavereien sowie translokaler und transkultureller Handel mit versklavten Menschen in unterschiedlichsten lokalen Ausprägungen, Rechtsformen und Typen auf, meist verstärkt durch Imperien oder anderweitig expansive Gebilde im Gegensatz zu Gesellschaften, die sich in ihrer sozialen Entwicklung auf Kin-Plateaus befanden. Ohne Frauenraub, Razzien, Kriegsgefangenen-Sklaverei und ohne Kinderhandel kein Sklavenhandel. Aber ohne Menschen- und Sklavenhandel, der immer Handel mit kommodifizierten menschlichen Körpern war, der Sklavenverkäufer und Kaufleute notgedrungen in Gebiete mit anderen Wert-, Geschäfts- und Rechtsauffassungen brachte, auch kein Funktionieren von Sklavengesellschaften und keine Weiterentwicklung des Sklavenrechts oder, wie wir gesehen haben, neuer Technologien und Konnektionen.

Unfreie Arbeit, Zwang, Unterdrückung, Erniedrigung, Sklavenjagd, qualvoller Transport und Kommodifizierung im Rahmen historischer Transport- und Wertsysteme waren aber zu allen Zeiten und in allen Räumen Elemente von Sklaverei, egal welchen Typus' (zur Erlebnisdimension der Transporte durch Verschleppte/Versklavte siehe unten unter „Direkter Zwang, transkulturelle Diätregimes und Krankheiten").

Sklavenmärkte und Handelsnetze – menschliche Körper als Kapital, Ware und Währung

> Africans, as labor, capital, and currency, shaped the terms of integration over four hundred years.[279]

Nichts ist so sehr zum Symbol der Chattel-Sklaverei in „römischer" Tradition geworden wie der öffentliche Kauf und Verkauf individueller menschlicher Körper auf realen Sklavenmärkten, die ebenfalls eine Konstante der Sklavereien durch verschiedenen Zeiten und Kulturen seit dem Aufkommen entwickelter Kin-Sklavereien darstellten.

279 Drayton, Richard, „The Collaboration of Labor: Slaves, Empires, and Globalizations in the Atlantic World, ca. 1600–1850", in: Hopkins (ed.), Globalizations in World History, S. 99–115, hier S. 100.

Erstaunlicherweise gibt es trotz der Tatsache, dass Menschen als Kommoditäten verkauft wurden und das wichtigste produktive Kapital zur Erzeugung anderer Kommoditäten in den außereuropäischen Welten des Zuckers, des Kakaos oder der Baumwolle waren, nur wenig globalhistorische Analysen zu diesem Thema. Obwohl Bücher, Gemälde [*Bild 7: „Der Sklavenmarkt"][280] sowie Filme zum Thema einen anderen Eindruck erwecken, hat es eher selten und nur in wenigen Sklavereigesellschaften reale öffentliche Sklavenmärkte, wie die bereits erwähnte „Agora der Italiker" auf Delos, unter freiem Himmel gegeben.[281] Ich will das gerne noch einmal vertiefen: trotz der Ubiquität von Sklavenhandel und Sklavereien bleiben sie, bis auf Ausnahmen, schemenhaft, nicht nur in Bezug auf das archäologische Erbe. Es sei denn, man betreibt Archäologie der erwirtschafteten Kapitalien und ihrer äußerst wandlungsfähigen Formen (siehe das Kapital über Europa unten).

Aber einige Sklavenmärkte sind auf andere Art nachgewiesen, wie der Sklavenmarkt von Zabid im Jemen (um 1230) aus der Geographie des Edrisi (al-Idrīsī, um 1100 Ceuta bis 1166 Sizilien [*Bild 8: „Sklavenmarkt in Zabid"][282] oder mittelalterliche Sklavenmärkte in der vorderasiatischen Levante, generell in islamischen Gebieten sowie im östlichen Mittelmeer und im Schwarzmeergebiet, in Andalusien oder in den protestantischen Amerikas auf denen das nackte oder fast nackte Kapital in öffenlichen Spektakeln zur Schau gestellt wurde [*Bild 9: „Eine Sklavin mit zwei Kindern wird in Paramaribo öffentlich versteigert"].[283] Alexander von Humboldt beschreibt 1800 einen funktionierenden Sklavenmarkt in der venezolanischen Stadt Cumaná:

> Der große Platz ist zum Teil mit Bogengängen umgeben, über denen eine lange hölzerne Galerie hinläuft, wie man sie in allen heißen Ländern sieht. Hier wurden die Schwarzen verkauft, die von den afrikanischen Küsten herübergebracht werden. Die zum Verkauf ausgesetzten Sklaven waren junge Leute von fünfzehn bis zwanzig Jahren. Man gab ihnen jeden Morgen Kokosöl, um sich die Körper damit einzureiben und die Haut glänzend schwarz zu machen. Jeden Augenblick erscheinen Käufer und schätzten nach der Beschaffenheit der Zähne Alter und Gesundheitszustand der Sklaven; sie rissen ihnen den Mund gewaltsam auf, ganz wie es dem Pferdemarkt geschieht ... Man stöhnt auf bei dem Gedanken, daß es noch heutigen Tags auf den Antillen europäische Kolonisten gibt, die ihre Sklaven mit dem Glüheisen zeichnen, um sie wieder zu erkennen, wenn sie entlaufen.[284]

280 Boulanger, Gustave, „Le marché aux esclaves", vor 1882, unter: http://de.wikipedia.org/w/index.php?title=Datei:Boulanger_Gustave_Clarence_Rudolphe_The_Slave_Market.jpg&filetimestamp=20110206180555 (letzter Zugriff 6. 2. 2018).

281 Trümper, Graeco-Roman Slave Markets, passim.

282 Renault; Daget, Les traites négrières en Afrique, S. 46.

283 „Eine Sklavin mit zwei Kindern wird in Paramaribo öffentlich versteigert" (Plate XLIII), in: Benoit, Pierre Jacques, Voyage a Surinam: Description Des Possesions Nederlandaises Dans La Guyane. Cent dessins pris sur nature par l'auteur, Bruxelles: Société Des Beaux-Arts, 1839; siehe auch: Lockard, „Spectacle and Slavery", S. XXVIII–XXXIII; siehe auch: McInnis, Maurie D., Slaves Waiting for Sale: Abolitionist Art and the American Slave Trade, Chicago: University of Chicago Press, 2011.

284 Humboldt, „Fünftes Kapitel", in: Humboldt, Reise in die Äquinoktial-Gegenden des Neuen Kontinents, ed. Ette, 2 Bde., Frankfurt am Main und Leipzig: Insel Verlag, 1991, Bd. I, S. 257–290, hier S. 260 f.

So stellen wir uns einen Sklavenmarkt vor. Cumaná hatte sich um 1800 als *puerto negrero* konsolidiert, vor allem als Sklavenhafen für *negros de mala entrada*, d.h, für Sklaven aus dem karibischen Menschenschmuggel.[285] In Cumaná (und anderen ostvenezolanischen Häfen, wie Barcelona de Venezuela, aber auch in Cartagena, Rio, Bahia, New Orleans)[286] wurden die geschmuggelten Menschen gegen Maultiere, Häute, Talg, Salz, lebendes Vieh (Rinder und Ochsen) sowie Salzfleisch, Trockenfleisch und -fisch getauscht.[287]

In den meisten Gesellschaften kann aber nur im abstrakten Sinne von „Markt" gesprochen werden. Wenn es Orte bzw. Gebäude für den Verkauf gab, handelte es sich oft um Privathäuser (die manchmal speziell vorgerichtet waren), um Zoll- und Quarantänestationen oder, wie im Falle der Barracones im spanischen Amerika, um feste Gebäude unter Kontrolle des Staates, die auch für Militär, Quaratäne und Zollwesen benutzt wurden.

Die meisten visuellen Darstellungen von Sklavenmärkten stammen, was Wunder, aus Brasilien. Zumal einige der Maler/Zeichner, wie Hercule Florence, selbst Sklaven-Fazendas betrieben. Visuelles Wissen ist anderer Art als textuelles Wissen. Baron de Courcy, der auf einer Mexiko-Reise 1831–1833 auch durch Havanna und sein Umland kam, zeichnete auf Reisen sogar ein Negrero-Schiff, die *Negrito*, im Hafen von Havanna (siehe Titelbild Band 2). Obwohl Sklavenhandel seit 1820 „strikt" verboten war. Aber offensichtlich bildeten Sklavenschiffe und damit Menschenhandel ein solch offenes Geheimnis, dass ein Durchreisender das Bild festhalten konnte.[288]

Meist wurden Geschäfte mit menschlichen Körpern auf peripheren Plätzen an Toren [*Bilder 10: a) „Sklavenmarkt in Rio de Janeiro, 1824"; b) „Sklavenmarkt in Recife, Pernambuco, 1824"; c) „Marché d'esclaves à Mascate" (Oman)],[289] in Häu-

---

285 Zeuske, „Alexander von Humboldt, die Sklavereien in den Amerikas und das „Tagebuch Havanna 1804", in: edition humboldt digital, hg. v. Ottmar Ette. Berlin-Brandenburgische Akademie der Wissenschaften, Berlin. Version 1 vom 10. 05. 2017 (http://edition-humboldt.de/H0012105 (letzter Zugriff: 27. 11. 2017)).

286 Newson; Minchin, Susie, „Cargazones de negros en Cartagena de Indias en el siglo XVII: nutrición, salud y mortalidad", in: Calvo Stevenson, Haroldo; Meisel Roca, Adolfo (eds.), Cartagena de Indias en el siglo XVII, Cartagena: Banco de la República / Biblioteca Luis Ángel Arango, 2007, S. 210–229.

287 Brito Figueroa, „Venezuela colonial: las rebeliones de esclavos y la Revolución Francesa", in: Caravelle. Cahiers du monde hispanique et luso-brésilien no. 54 (1990), S. 263–289, hier S. 272.

288 Diener; Manthorne, Katherine, François Mathurin Adalbert, Barón de Courcy. Ilustraciones de un viaje, 1831–1833, México: Artes de México, 1998, S. 29 und S. 93; Guanche, Iconografía de africanos y descendientes en Cuba. Estudio, catálogo e imágenes, La Habana: Editorial de Ciencias Sociales, 2016.

289 Bilder a und b: Marcondes de (org.), A Travessia da Calunga Grande: três Séculos de Imagens sobre o Negro no Brasil (1637–1899), São Paulo: Impressa Official do estado de São Paulo e Editora da Universidade de São Paulo, 2000 (Série Uspiana Brasil 500 anos), S. 424; Augustus Earle (del.) e Edward Finden (sculp.), „Gate and slave market at Pernambuco. Vista do Portão do Conde Maurício em Pernambuco, com o Mercado de escravos, Recife 1824", in: Ebd., S. 425; Bild c: L'Illustration Vol. 14, Paris (1948), S. 137.

sern bestimmter Straßen, wie in Rio in der Valongo-Straße [*Bilder 11: a) „Sklaven-Verkaufsraum [Boutique] in der Val-Longo-Straße, Rio de Janeiro 1834–1839“; b) „Sklavenshop in Rio de Janeiro (1826)“],[290] Barracoons (Barracones, feste Sklavenbaracken [*Bild 12: „Sklavenmarkt, Rio de Janeiro, 1835“],[291] in abgesonderten Baracken (*barracones*), wie in Havanna oder Montevideo oder auf den Schiffen selbst abgewickelt, auch in den Häfen und Sklavenforts von Afrika. Patrick Manning und Olivier Grenouilleau haben Bedingungen für organisierten Sklavenhandel (*traite*) beschrieben.[292]

Der Transport von Menschen im Gefangenen- oder Sklavenstatus von einem Gebiet mit Überschuss an gefangenen Körpern („Versklavungsraum“ / *slaving zone*, Razzien-Grenzen, Interior) zu einem Gebiet mit Nachfrage nach Arbeitskräften und Ressourcen sowie Energie ist schon immer die Basis von relativ stetigen Gewinnen (manchmal auch von Überangeboten) gewesen. Bereits in den ersten Jahren der Entstehung des spanischen Kolonialreiches in Südamerika ließen sich mit Versklavten, zunächst „Indios“, dann auch Verschleppte aus Afrika, relativ hohe Gewinne machen, wobei „Afrikaner“ (*negros*) im frühen spanischen Amerika als Luxus galten. Die Spanier kolonisierten zunächst die großen Antillen und raubten an der Nordküste des heutigen Südamerika und auf anderen Inseln „yndios“, die sie nur dann versklaven durften, wenn diese als *caribes* (Kariben) galten. Um 1520 wurden für einen versklavten Indio in Santo Domingo 13 Pesos bezahlt.[293] Auf dem gleichen Markt wurden für einen versklavten Afrikaner im richtigen Alter 91 Pesos gezahlt.[294]

Ich spreche von stetigen Gewinnen aus Tausch- und Verkaufsoperationen zwischen (seltener in!) respektiven Wertsystemen von 5 bis 15 %, oft auch mehr. Neu-

---

290 Bild a: Debret, Jean Baptiste (del.) e Thierry Frères (lith.), „Boutique de la Rue du Val-Longo, 1834–1839“, in: Moura, Carlos Eugênio Marcondes de (org.), A Travessia da Calunga Grande: três Séculos de Imagens sobre o Negro no Brasil (1637–1899), São Paulo: Impressa Official do estado de São Paulo e Editora da Universidade de São Paulo, 2000 (Série Uspiana – Brasil 500 anos), S. 375; Bild b) C.C.M., „Slave shop at Rio, a Minas merchant bargaining, 1826“, in: Ebd., S. 433. Zu den Sklavenverkaufshäusern in Valongo (oder Val-Longo), siehe: Walsh, Robert, Notices of Brazil in 1828 and 1829, 2 Bde., London: Frederick Westley and A. H. Davis, 1830, Bd. II. S. 322–329.

291 Johann Moritz Rugendas „Marché aux Nègres“, in: Moura (org.), A Travessia da Calunga Grande, S. 433.

292 Manning (ed.), Slave Trades, 1500–1800, passim; Pétré-Grenouilleau, „Qu'est-ce que la traite?“, in: Pétré-Grenouilleau, Les traites négrières, S. 18–22 ; Stubbe, „Kindersklaven – Historische und bildliche Zeugnisse europäischer Brasilienreisender (1808–1888)“, S. 145–164; Onega, Elizabeth, „‘El caserío de los negros’: investigación arqueológica del contacto afro-americano“, in: Betancur, Arturo; Borucki, Alex; Frega, Ana. (comps.), Estudios sobre la cultura afro-rioplatense. Historia y presente; Montevideo: Universidad de la República, Departamento de Publicaciones de la Facultad de Humanidades y Ciencias de la Educación, 2004, S. 13–27.

293 Zitiert nach: Stone, Erin, „Slave Raiders versus Friars: Tierra Firme, 1513–1522“, in: The Americas Vol. 74:2 (April 2017), S. 139–170, hier S. 161.

294 Ebd., FN 82.

erdings ist für erfolgreiche Operationen auf der Mittelpassage des atlantischen Sklavenhandels von einer 50 %igen Wertverdopplung zwischen den Wertsystemen die Rede.[295] Allerdings meist nicht in Geld oder anderen Wert-Symbolen, sondern in menschlichen Körpern – als Währung. Noch im 18. Jahrhundert wurde die Steuer für europäische Sklavenschiffe in Afrika, etwa in *Cape Coast Castle*, „in Sklaven" und Masten berechnet: ein dreimastiges Schiffe hatte „21 Sklaven" zu bezahlen, eine Brigg oder ein Schoner (Schiffe mit zwei Masten), bezahlten „14 Sklaven" und Kutter oder Sloops (einmastig) bezahlten „7 Sklaven" – kurz gesagt, sieben Sklaven pro Mast.[296] In einer Korrespondenz zweier Gouverneure des portugiesischen Afrika 1839 geht es um den Kauf einer Insel in Guiné (heute Guinea-Bissau); der Gouverneur von Bissau schreibt: „tive a satifacção de participar a V.E.a a compra que por sua ordem fiz do Ilheo do Rey [eine Insel], que tinha custado o valor de oito escravos, e mais dous da minha conta; ora o valor dos oito escravos (unica maneira que os Gentios alli tem de contar), importou em quatro centos e quarentos mil reis fortes [Ich habe die Befriedigung, Eurer Exzellenz den auf ihren Befehl gemachten Kauf des Inselchens des Königs mitzuteilen, der den Wert von acht Sklaven gekostet hat, dazu zwei von meinem Konto; zur Zeit der Wert von acht Sklaven (die einzige Weise, die die Eingeborenen dort haben, um zu zählen), macht vier hundert und vierzig tausend Reis aus]".[297] Sicher, in der Formulierung „unica maneira que os Gentios" steckt der zivilisatorische Hochmut des europäischen 19. Jahrhunderts; Fakt ist aber, dass Sklaven als Währung und Wertsymbol dienten.[298]

Auch die immer wieder als „Währung" im afrikanischen Sklavenhandel dargestellten lokalen „Währungen",[299] wie *panos* (Baumwoll-Tuche) von den Kapverden in Guinea (vor allem von Santiago und Fogo), *manillas* (ring- oder kreuzförmige Kupferstücke oder Bronzeringe), oft profaner Schnaps, Salz, Perlen, Goldstaub, Glasperlen, Goldmünzen oder unterschiedliche Arten von Muscheln in anderen

---

295 Smallwood, Stephanie E., Saltwater Slavery: A Middle Passage from Africa to American Diaspora, Cambridge: Harvard University Press, 2007.

296 St Clair, William, „Buying", in: St Clair, The Grand Slave Emporium. Cape Code Castle and the British Slave Trade, London: Profile Books, 2007, S. 204–219, hier S. 204.

297 Originalkopie eines Schreibens von Honorio Pereira Baretto, Tenente Coronel Governador da Guiné Portugueza an Joaquim Pereira Marinho, Brigadeiro e Governdor Geral desta Provincia, Villa da Praia, maio vinte e trez, 1839, in: AHU Lisboa, Secretaria de Estado da Marinha e Ultramar, Direcção Geral do Ultramar, ACL-Semu-DGU, Cx. 56, Cabo Verde 1839 (ohne Foliierung).

298 Liberato, Carlos F., „Money, Cloth-Currency, Monopoly, and Slave Trade in the Rivers of Guiné and the Cape Verde Islands, 1755–1777", in: Eagleton, Catherine; Fuller, Harcourt; Perkins, John (eds.), Money in Africa, London: The British Museum, 2009, S. 9–19.

299 Marx, „Währungen", in: Marx, Geschichte Afrikas, S. 31–32; zu unterschiedlichen Typen von *commodity money* in Westafrika (Cowries, Menschenkörper, Kupfer, Eisen, Stoffe, Gold, Münzen), siehe: Hogendorn; Gemery, Henry A., „Abolition and Its Impact on Monies Imported to West Africa", in: Eltis, David; Walvin, James (eds.), The Abolition of the Atlantic Slave Trade. Origins and Effects in Europe, Africa and the Americas, Madison; London: The University of Wisconsin Press, 1981, S. 99–115.

Gebieten (Kauri und Nzimbu), stellen sich aus atlantischer Gesamtperspektive sozusagen anders herum dar – die eigentliche allgemeine „Währungseinheit" waren menschliche Körper, dafür bekam man die lokalen Gegenwerte und lokale „Gelder" – manchmal, wenn sich eine zentralere Instanz durchgesetzt hatte, gemünztes Silber; im Nordatlantik oder in vormonarchischen Zeiten in Skandinavien auch Ringsilber („Armreifen"), oder Tücher einer bestimmten Größe. Etwa Ende des 17. Jahrhunderts galt das Verhältnis von einem Sklaven = 60 Panos in Guinea.[300] Panos sind handgewebte blau-bunte Baumwollstreifen, von denen 6 zusammengenähte ein Pano (Tuch) ergaben. Baumwollstoffe galten in dieser Zeit weltweit als Luxus, den sich etwa in Europa nur ganz Wenige leisten konnten. In Indien, Afrika und in Teilen Amerikas waren die gerade bei Hitze so angenehmen Baumwollstoffe Standard für Eliten (und nicht nur für diese).

Einer der wenigen Historiker, der diese Kapital- und Währungsfunktion menschlicher Körper (für Spanisch-Amerika) erkannt und dargestellt hat, natürlich historisch konkret, ist Jean-Pierre Tardieu, französischer Historiker auf Réunion, einer früheren Sklaveninsel par excellence, mit Spezialisierung Kolonialgeschichte Spanisch-Amerikas. Tardieu legt zunächst, wie oben bereits gezeigt, die mit generellen Statusdegradierungen zusammenhängenden Bewertungen von Sklaven unterschiedlicher Kategorien (Herkunftsregionen) und verschiedener Zuschreibungen in Bezug auf kulturelle Faktoren (*bozales/boçales*, *ladinos*, *rellolos*, *criollos*) dar. Dann beschreibt er die normalen Kauf- und Verkaufsoperationen von Sklaven vor allem für Handels-Enklaven (Hafenstädte, urbane Zentren) mit hoher (in diesem Falle spanisch-imperialer) Monetarisierung in Form des *peso de a ocho reales* oder von Edelmetall unterschiedlichen Formats, wie Silberbarren oder Goldketten bzw. anderen Tauschgütern (verschriftlicht in Notariatsprotokollen).[301] Dann sagt er: „El hecho de ser el esclavo *prima facie* un instrumento de trabajo le concede un valor comercial basado en su capacidad de producción y reproducción [Die Tatsache, dass der Sklave im ersten Hinblick [prima facie] ein Arbeitsinstrument ist, gibt ihm einen kommerziellen Wert, basierend auf seiner Kapazität von Produktion und Reproduktion]".[302] Wo kein liquides Geld ist, sagt Tardieu, und das war in fast allen Gebieten des Interior in den Amerika oder Afrika der Fall, transformiert sich der Sklave in Handels-Geld/Währung, Hypothekensicherung und produktives sowie spekulatives Kapital. Starb ein Versklavter, war das Kapital dahin. Verschiedenste Produkte und Dienstleistungen wurden, ganz profan, mit Sklaven bezahlt, wie im Falle eines gewissen Diego de Vera aus Alto Perú (heute Bolivien), der seinem

---

300 Carreira, Panaria caboverdiano guineense; Carreira, Cabo Verde: formação e extinção de una sociedade escravocrata; Carreira, O tráfico de escravos nos rios de Guiné e Ilhas de Cabo Verde (1810–1850) (Subsídios para o seu estudio), Lisboa: Junta de Investigações Científicas do Ultramar. Centro de Estudos de Antropologia Cultural, 1981 (= Estudos de Antropologia Cultural No. 14).
301 Tardieu, „El esclavo como valor en las Américas españolas", S. 59–71.
302 Ebd., S. 66.

Schwiegersohn Antonio Joseph de Correa eine geliehene Summe von 600 Peso nicht zurückzahlen konnte und ihm dafür 1792 die Sklaven María, *esclava conga* (aus dem Kongo oder Angola) im Alter von 18 Jahren übertrug.[303] Der Wert von Sklaven wurde, wie gesagt, auch für die Garantie von Hypotheken eingesetzt oder Sklaven wurden bei Schulden sequestriert.[304] In der Audiencia de Charcas und seinem Hinterland, dem kolonialen Ausgangsterritorium des heutigen Bolivien (damals: Alto Perú), gab es im 16. und 17. Jahrhundert viele schwarze Haussklavinnen und Sklaven.[305] Als Kapitalsicherung wurden Sklaven während der gesamten Zeit der Sklaverei eingesetzt. Allen Sklavenhaltern gefiel es, ihren Erben ein Kapital von stabilem oder höherem Wert zu hinterlassen (oder darauf zu spekulieren, dass der Wert der Sklaven anstieg – was mit zunehmendem Alter des individuellen Versklavten und der Gefahr von Erkrankung eben Spekulation war). Edelmetallgeld konnte im Wert schwanken oder war nicht vorhanden und Fonds waren sehr riskant, weil Spekulation extrem riskant war. Viele Erbschaften bestanden deshalb, neben Land und Häusern, aus Sklaven, die ein „sicheres Kapital“ darstellten und selbst in ihrer Primärfunktion als Arbeitsinstrument Mehrwert erwirtschafteten oder auch in der Reproduktion „Mehrwert“ schaffen konnten. Deshalb kam es oft zu schweren Auseinandersetzungen zwischen Erblassern und Erben um den Selbstfreikauf von Sklavinnen und Sklaven (*coartación*, *ahorro*), weil den Sklavenhaltern, oft auch Witwen mit 2–3 Sklaven, die sich damit Kapital und Rente sicherten, Arbeitskraft, Profitquelle, Kapital und Kapitalsicherung verloren gingen.[306] Wie im Kapitel über Sklavereien und Recht dargelegt, musste die spanische Krone deshalb das Amt des Armenanwalts (*síndico*) einführen, u. a., um dem Kronschatz Steuern und Mehrwertsteuern (*alcabala*, *alcabalita*) aus Sklavenverkäufen und -freikäufen zu sichern. Tardieu beschreibt die Kapitalfunktion von menschlichen Körpern für das Innere Spanisch-Amerikas, das zwar formal monetarisiert war, aber im Interior auf andere Werte zurückgreifen musste. Die Kapitalfunktion von Menschen trat noch deutlicher zwischen Wirtschaftskulturen mit unterschiedlichen Wertsystemen hervor (siehe unten). In Bezug auf die ganz große Zuckerexportindustrie Kubas macht Oscar Zanetti, der große kubanische Zuckerhistoriker, eine interessante Bemerkung zur Kapitalfunktion der Versklavten zum Zeitpunkt

303 Ebd., S. 67, zitiert nach: Portugal Ortiz, Max, La esclavitud negra en las épocas colonial y nacional de Bolivia, La Paz: Instituto Boliviano de Cultura, 1977, S. 109.

304 Tardieu, „El esclavo como valor en las Américas españolas“, S. 59–71, hier S. 67; siehe auch: Birocco, „Fermín de Pesoa, liberto“, S. 1–21.

305 Gutiérrez Brockington, Lolita, „Esclavos, sus descendientes y las muchas formas de resistencia“, in: Gutiérrez Brockington, Negros,, indios y españoles en los Andes orientales. Reivindicando el olvido de Mizque colonial 1550–1782, La Paz: Plural editors, 2009, S. 262–271; eine ganze Anzahl von schwarzen Sklaven wurde im Hinterland von Charcas als *vaqueros* (eine Art Cowboy) eingesetzt; einige übernahmen Vieh-Estancias, siehe: Gutiérrez Brockington, „El mundo de los vaqueros“, in: Ebd. S. 271–274.

306 Tardieu, „El esclavo como valor en las Américas españolas“, S. 59–71, hier S. 68 f.

der Abolition der Sklaverei in den 1880er Jahren: „Los hacendados se aferraban a sus esclavos no solo porque estos constituyesen una fuerza de trabajo segura y barata, sino porque también representaban un activo que podía realizarse con facilidad o manejarse como garantía de crédito [Die Hacendados klammerten sich nicht nur deshalb an ihre Sklaven, weil sie eine sichere und billige Arbeitskraft darstellten, sondern weil sie auch einen Vermögenswert darstellten, der leicht als Kreditgarantie gehandelt oder verwaltet werden konnte]“.[307]

Auch für Versklavte in den Barbareskenstaaten, hier Algier, gibt es Quellen, die Kapitalfunktion belegen: „Die Sklaven wurden also nicht nur zur Arbeit, sondern auch als Geldanlagen und Spekulationsobjekte verwendet“.[308]

Im Zuge der Atlantisierung Afrikas und der Herausbildung eines zusammengesetzten atlantischen Sklavereityps wurde das Kapital menschlicher Körper zum wichtigsten Geld/Währung, wie bereits mehrfach erwähnt (siehe oben Linda Heywood zu Sklaven aus dem Kongo als *commodity money* in Portugal). Afrikanische Märkte, auf denen afrikanische lokale Machthaber entscheiden, wer zu ihnen zugelassen wurde oder nicht, hat Pieter de Marees relativ zeitig beschrieben.[309] J. F. Fage hat generalisierend über afrikanische Märkte und Wertsysteme gesagt:

> Much local trade was done by direct exchange, but it was generally possible to relate almost any but the very smallest of transactions to some standard unit of value which was universally accepted within a given area, and which therefore constituted a currency for that area. These currencies included gold-dust, copper bracelets, iron rods and wires, and standard pieces of cloth, but the most widespread – and perhaps the most remarkable symptom of the commercial sophistication of pre-colonial West African society – were the shells of a species of cowrie, Cypraea moneta. The shells came from the Maldive Islands in the Indian Ocean. They were originally brought up the Red Sea to North Africa, and were then carried across the Sahara to the western Sudan, where cowries were established by about the thirteenth century. By about the end of the fifteenth century, cowries seem to have become current in Hausaland, and at the same time the Portuguese found them (or possibly a similar shell brought from Luanda Island in northern Angola – which would be almost as remarkable!) in use at Benin, close by the Niger delta. This discovery led the Portuguese to begin to import cowries into West Africa in bulk directly by sea from the Indian Ocean, and this practice was in due course followed by other European traders, with the result that the cowrie currency subsequently spread even more widely and rapidly (and ultimately was considerably depreciated).[310]

---

307 Zanetti Lecuona, Oscar, „Nacimiento de la industria moderna“, in: Zanetti Lecuona, Esplendor y decadencia del azúcar en las Antillas hispanas, La Habana: Editorial de Ciencias Sociales / Ruth Casa Editorial, 2012, S. 15–68, hier S. 43.

308 Rheinheimer, Martin, „Sklave in Algier“, in: Rheinheimer, Unter Sklaven und Piraten. Die abenteuerliche Geschichte des Amrumer Kapitäns Hark Nickelsen, Norddorf/Amrum: Verlag Jens Quedens, 2013, S. 15–32, hier S. 24

309 Marees, Pieter de, Description and Historical Account of the Gold Kingdom of Guinea (1602), ed. and trans. Albert van Dantzig and Adam Jones, London: British Academy, 1987 (Fontes Historiae Africanae, Series Varia, V), S. 62–65.

310 Fage, „African Societies and the Atlantic Slave Trade“, in: Past & Present No. 125 (Nov., 1989), S. 97–115, hier S. 105.

Was Fage nicht sagt, ist Gegenstand dieses Kapitels – der Hauptgegenwert für all die bei ihm genannten Wertindikatoren sind oftmals eben Menschen und ihre Körper gewesen. Ich erwähne „Körper“ ganz bewusst, weil es eben nicht um jeden Körper ging, sondern um einen von Ärzten und Kapitänen ganz bewusst ausgewählten, möglichst leistungsfähigen und gesunden Körper (siehe oben). Als Barbot zu den Efik nach Old Calabar kam, war er der Meinung, dass Sklaven „in erster Linie ein Zahlungsmittel unter diesen Afrikanern“[311] seinen – in Realität waren Sklavinnen natürlich auch landwirtschaftliche Arbeitskräfte, Schuldner, Menschen, die sich selbst verkauft hatten, verkaufte oder abgegebene Kinder sowie Kriegsgefangene. Aber die Städte der Efik waren im Grunde Kommunen und Häfen unter Kontrolle von Handelshäusern.[312] Und Fernão de Sousa schreibt über Angola: „A moeda que corre nesta cidade de Loanda é de diferentes calidades e preços, porque a melhor é peças de Índias, que são escravos que se embarcam pera Índias pelo valor de vinte e dous mil reis [Das Geld, das in der Stadt Luanda zirkuliert, ist von von unterschiedlichen Qualitäten und Preisen, weil das beste peças de Índias [piezas de Indias – siehe oben; M. Z.] ist, das sind Sklaven, die man nach Indien [Las Indias – das spanische Amerika; M. Z.] verschifft für den Wert von zweiundzwanzigtausend Reis [portugiesischer Real – M. Z.]“.[313] Roquinaldo Ferreira zitiert eine Quelle, die die Sklaven-Geldwirtschaft und den Sklavenhandel im Innern Angolas vor dem achtzehnten Jahrhundert beschreibt: „Both kings and sobas have a certain number of slaves spread over several villages, who they have inherited from their ancestors, and those numbers increase due to the wars and purchases. They use the offspring of these slaves as money and sell them in markets“.[314] Sklavenkinder als Geld/Währung. Ebenfalls für Afrika, konkret am Río Pongo, hat der Negrero Theodore Canot in der hässlichen Sprache des rassistischen Sklavenhändlers die Rolle von Menschen als „Währung“ und Wert (Kapital) beschrieben: „Überdies hat der finanzielle Instinkt von Afrika, anstatt Banknoten oder die edlen Metalle als Tauschmittel zu verwenden, festgesetzt, dass ein

311 Hair; Jones; Law (eds.), Barbot on Guinea, Bd. II, S. 549; siehe auch: Sparks, Die Prinzen von Calabar, S. 53.

312 Sparks, „‚Nichts als edle Gesinnung und ehrbarer Handel‘. Old Calabar und die Auswirkungen des Sklavenhandels auf die afrikanischen Gesellschaften“, in: Sparks, Die Prinzen von Calabar, S. 49–84.

313 Sousa (Fernão de), „O extenso relatório do governador a seus filhos“ (1625–1630), in: Heintze, Fontes para a história de Angola do século XVII (colectânea Fernão de Sousa, 1622–1635), Stuttgart, Steiner Verlag Wiesbaden, 2 vols. (I: 1985 ; II: 1988), Bd. I, S. 217–362, hier S. 310 (ich danke M. Lienhard für den Hinweis); siehe auch: Lienhard, „Milonga. The “Dialogue” between Portuguese and Africans in the Congo and Angola (Sixteenth and Seventeenth Centuries), in: Rheinberger-Phaf, Ineke; Oliveira Pinto, Tiago de (eds.), AfricAmericas. Itineraries, Dialogues and Sounds, Madrid: Iberoamericana/Frankfurt a. M., 2008, S. 91–123, hier S. 91.

314 Ferreira, „Debt and Enslavement“, in: Ferreira, Cross-Cultural Exchange in the Atlantic World, S. 66–71, hier S. 67 (nach: História da Residência dos Padres da Companhia de Jesus em Angola (May 1, 1594), in: Brásio, MMA, Lisboa: Agência Geral do Ultramar, 1935, Vol. II, S. 546–581).

menschliches Wesen, die persönliche Verkörperung von Arbeit, das Kostbarste auf dieser Erde ist. Der Mensch wird also zur eigentlichen Währung. Ein Sklave ist eine Promesse, welche diskontiert oder verpfändet werden kann; er ist ein Wechsel, welcher sich selbst an seinen Bestimmungsort bringt und körperlich eine Schuld bezahlt; er ist eine Steuer, die in eigener Person in die Schatzkammer des Häuptlings eingeht".[315] Canot hat auch in der deutlichen Sprache sowohl des Negreros, wie auch in der deutlichen Sprache, die im 19. Jahrhundert (auch von Ökonomen) noch zu diesem Thema geführt wurde, die Beziehungen des Kapitals menschlicher Körper zu anderen Formen des Kapitals festgehalten:

> England [sendet] bis heute unter dem St. Georgskreuz seine Musketen aus Birmingham, seine Kattunstoffe aus Manchester und sein Blei aus Liverpool nach bequem an der Küste [Afrikas] gelegenen Niederlassungen des „gesetzlichen" Handels [Menschenhandel galt als „ungesetzlicher", illegitimer, Handel – M. Z.], Waren, die dann in Sierra Leona, Acra und an der Goldküste in aller Ehre und Tugend gegen spanische [und kubanische – M. Z.] oder brasilianische Wechsel auf London eingetauscht werden. Aber welcher englische Kaufmann weiß nicht, auf welchem Handel diese Wechsel [= terminierte Schuldverschreibungen – M. Z.] beruhen und für wen diese [Waren] gekauft worden waren. Frankreich mit seiner „roten Mütze" und seiner Brüderlichkeit sendet Kattunstoffe aus Rouen [und der Schweiz – M. Z.], seinen Kognak aus Marseille, seine dünnen Seidenläppchen und anderen wertlosen blinkenden Kram [quelquechose] ... Ich wiederhole, daß die Versuchung, welche in diesen Dingen verborgen ist, der Grund ist, warum die afrikanischen Kriege, um Schwarze zu erbeuten, geführt werden und die schwarzen Menschen den wunderschönen Wechsel bilden.[316]

In ähnlicher, schon stark national-imperialistischer Sprache schreibt Heinrich von Maltzan 1873 in der Gartenlaube über Sklavenproduktion und Sklaven als Geld östlich des Tschadsees:

> Man berechnet nämlich daselbst alle Waaren nach ihrem Werthe in Sclaven, das heißt in sogenannten mittelguten Sclaven; denn es giebt auch geschätztere, welche so viel werth sind, als zwei mittelgute, und geringer geachtete, die man nur einem „halben" gleichschätzt. Der übliche Ausdruck lautet „Köpfe". Alles wird nach „Köpfen" berechnet. Natürlich ist dabei nur von

---

315 Conneau, „How the Free Black Becomes a Slave" [Chapter 19th], in: Conneau, A Slaver's Log Book, S. 104–106, hier S. 105 (Originalmanuskript: Captain Canot; or Twenty Years of an African Slaver being an Account of His Career and Adventures on the Coast, in the Interior, on Shipboard, and in the West Indies. Written out and Edited from the Captain's Journals, Memoranda and Conversations, by Brantz Mayer, New York: D. Appleton and Company; London: George Routledge and Co., M.DCCC.LIV [1854], siehe auch unter: Mayer, *Captain Canot*, chap. 15, p. 128, www.gutenberg.org/files/23034/23034-h/23034-h.htm (letzter Zugriff 6.2. 2018). Ich nutze hier die Version: Canot, „13. Kapitel. Unser Sklavenhandel wird verraten. Mein Freund Josef flüchtet. Englands und Frankreichs Interessen am Sklavenhandel", in: Canot, Abenteuer afrikanischer Sklavenhändler, S. 142–146, hier S. 145.

316 Ebd., S. 144 f. Im Original: Conneau, „How the Free Black Becomes a Slave" [Chapter 19th], in: Conneau, A Slaver's Log Book, S. 104–106, hier S. 105.

> Menschenköpfen die Rede; denn die Thierköpfe sind, wie wir gleich sehen werden, oft viel mehr werth.[317]

Gesellschaften mit Massensklaverei überzogen aus dem Grunde der Verstetigung von Profiten (Kapitalschöpfung und -akkumulation) – und nicht so sehr wegen phantastischer Profite, obwohl es die auch gegeben haben mag – ihr Umfeld mit Razziengrenzen und Handelsnetzen (*commodity lines*), deren Linien mehrere Wirtschaftskulturen durchschnitten und in denen spezialisierte Sklavenfänger und Sklavenkaufleute, oft im Tross von Heeren und Eroberern (römische und fränkische Heere, arabisch-islamische Armeen, Osmanen, Conquistadoren, etc.), agierten. Das galt auch schon für das Pharaonen-Reich, das Römische Imperium oder das Tributreich der Azteken.

Im atlantischen Sklavenhandel nach Spanisch-Amerika durch die Hintertür Hafen von Buenos Aires (1580 wieder gegründet) stieg der Wert eines Sklaven zwischen etwa 1600 und Ende des 17. Jahrhunderts von rund 200 Pesos für etwa 19-jährige Versklavte, die die Atlantikpassage überlebt hatten, auf um 450 Pesos an; besonders nach der Rebellion Portugals (1640).[318] Der Schmuggel aus Brasilien lief allerdings weiter. Beim Verkauf in den Interior (Lima, Charcas, Cuzco, Potosí, Chile u. a.) konnte es durchaus zu Wertsteigerungen der verkauften Körper um rund ein Viertel kommen.[319]

Und die Sklavenhändler? Einige habe ich oben präsentiert. Wo es Kriegsgefangene und verschleppte, geflohene oder geraubte Menschen gab und gibt, waren (und sind) auch Menschenhandelsprofiteure aller Art nicht weit – und seien es Höflinge, Schreiber oder Prokonsuln, aber auch Komödienschreiber oder grobschlächtige Angestellte und Faktoren eines Kaufmann-Wucherers, der sich am Menschenhandel bereichert.[320]

Leonard Schumacher verweist am Beispiel der Sklaven-„Produktionsregion" (*slaving zone*) Bithynien (Thraker, in der heutigen Türkei), wo „nahezu die gesamte männliche Bevölkerung versklavt"[321] war, auf Typen von Händlern, Kapitänen und Menschen, die vielleicht nicht alle direkt, *face-to-face*, mit Versklavten konfrontiert

317 Maltzan, Heinrich Freiherr von, „Menschenhandel in Afrika", in: Die Gartenlaube, Leipzig 1873, S. 519, https://de.wikisource.org/wiki/Seite:Die_Gartenlaube_%281873%29_519.JPG (letzter Zugriff 5. 2. 2018).

318 Rosal, „Forma y evolución de la trata de esclavos", in: Rosal, Africanos y afrodescendientes en Buenos Aires (siglos XVI–XVII), S. 20–105; Rosal, „Avalúo de productos", in: Rosal, Africanos y afrodescendientes en Buenos Aires (siglos XVI–XVII), S. 77–92.

319 Rosal, „Forma y evolución de la trata de esclavos", S. 20–105, hier S. 39; González Undurraga, Carolina, „La esclavitud en los registros judiciales y en las 'leyes de libertad'", in: Valenzuela Márquez, Jaime (ed.), América en Diásporas. Esclavitudes y migraciones forzadas en Chile y otras regiones americanas (siglos XVI–XIX), Santiago de Chile: Instituto de Historia UC-RC- RIL, 2017, S. 113–129.

320 Routes et marchés d'esclaves. 26e colloque du GIREA, Besançon, 27–29 septembre 2001, Paris: Presses Universitaires Franc-Comtoises, 2002.

321 Schumacher, „Sklavenmarkt und Sklavenverkauf", S. 44–65, hier S. 51.

waren, aber alle vom Menschenhandel profitierten: es waren römische Steuerpächter (*publicani*), Händler (*emporoi*), Schiffseigner bzw. Kapitäne (*naukleroi*) sowie italische Kaufleute (*negotiatores Italici*).[322] Die griechische Berufsbezeichnung für Sklavenhändler war, wie erwähnt, Somatemporos und die lateinischen Berufsbezeichnungen *mercator venalicius*, *cargo* oder *mango*. Ein Mango ist auf einem Kölner Grabstein abgebildet [*Bild 13: „Caius Aiacius, Sklavenhändler (*mango*; 30–40 u. Z.)"].[323]

Hauptursachen für Sklavereien waren fast überall Menschenhandelswirtschaften und/oder Kriegsgefangenschaft (inklusive Razzienkriege, Raubzüge und ganz profane Kindesentführung), Verwaisung, Verurteilung und Verkauf (beides oft nach Verschuldung oder als Pfand). Versklavungen in Kriegen waren eine sehr spezifische Situation. Ein gutes Beispiel für eine Massenversklavung im Krieg ist die Eroberung von Korinth 146 v. u. Z. Die Beute bestand vor allem aus Frauen und Kindern. Der römische Feldherr Lucius Mummius ließ sie nach Kriegsrecht an Ort und Stelle „unter dem Kranz (*sub corona*)" versteigern. Die Kinder und Frauen wurden wahrscheinlich von spezialisierten Sklavenhändlern, *mangones*, erworben, die das Heer in großer Zahl begleiteten.[324] Ähnliches dürfte mit den 150 000 Molossern aus Epirus passiert sein, die 167 v. u. Z. in der größten Massenversklavung versteigert worden waren und mit 40 000 Sarden zehn Jahre vorher.[325]

Kaufsklaverei, Verschleppung von Kindern und Frauen, Massenversklavungen nach Schlachten, Sklavenhändler, Sklavenmärkte und Sklavenjäger begleiten die Sklaverei im Römischen Reich massiv seit den Punischen und Makedonischen Kriegen, deren Ende auch den Beginn vom Ende der autochthonen keltischen Kultur bedeutete, wie Morpheus, der Schlaf, seinen Bruder Thanatos, den Tod, in der griechischen Mythologie. In Rom waren es eher Senatsbeauftragte und Feldherren, deren Beauftragte die Versteigerung von kriegsgefangenen Menschen organisierten – das eigentliche schmutzige Geschäft mit den Gefangenen machten dann Händler (*mangones*), auf die die Kriegeraristokratie zwar herabschaute, deren Dienstleistungen sie aber brauchte. Eine besonders interessante Darstellung eines solchen Mango, Sklavenhändler, in alltäglicher Banalität bietet Leonard Schumacher in seiner Geschichte der Sklaverei in der Antike. Der bullige Mann schwingt einen kräftigen Knüppel (à la Baseball-Keule) und führt zwei gefangene Menschen, die Römer hätten „Barbaren" gesagt, die mit Halseisen und Kette gefesselt sind. Wir sollten

322 Ebd., S. 51.

323 Grabdenkmal des Sklavenhändlers Caius Aiacius, FO: Köln, Bonner Str. 13a, 3040 n. Chr., CIL XIII 8348, unter: http://de.wikipedia.org/w/index.php?title=Datei:RGM_049_retouched.jpg&filetimestamp=20080202170821 (letzter Zugriff 6. 2. 2018).

324 Schumacher, „Sklavenmarkt und Sklavenverkauf", S. 50; siehe auch: Welwei, Sub corona vendere. Quellenkritische Studien zu Kriegsgefangenschaft und Sklaverei in Rom bis zum Ende des Hannibalkrieges, Stuttgart: Steiner, 2000.

325 Schumacher, „Quellen der antiken Sklaverei und Distribution", in: Ebd., S. 25–90, besonders S. 40.

trotz der Banalität und Individualisierung (in der Kunst) Reichtumsakkumulation und Sklavenhandel, etwa in den sozialen Typen des *andrapodokápeloi* (frühe Bezeichnung in Griechenland), Somatemporos, des Mango, des *lanista*, und den privaten Sklavenhandel en masse, etwa auf der Insel Delos (mit Blütezeit zwischen 146 und 88 v. u. Z.), auch für die Antike nicht unterschätzen.[326] Den Begriff *somata* hatten die homerischen Epen noch zur Bezeichnung von „unbeseeltem Leichnam" benutzt, später wurde ein Begriff für verkaufbare Körper, eben Sklaven, daraus.[327] Da grüßt Orlando Pattersons *social death*.

Interessant sind die Darlegungen Leonhard Schumachers über die Menschenhandels-Infrastrukturen („Sklavenmarkt") auf Delos. Die „Agora der Italiker" [*Bild 14: „Agora der Italiker"],[328] von Gebäuden und Mauern umringt, in der Nähe des Hafens, mit einer Badeanlage sowie zwei hermetischen und engen Zu- bzw. Abgängen, bildete einen fast idealtypischen Sklavenmarkt.[329] Römische Sklavenmärkte fanden sich in Syrakus, Brundisium, Capua, Puteoli und natürlich in Rom, wo sich in der Kaiserzeit spezialisierte Märkte für Menschen herausgebildet hatten. Der größte Sklavenmarkt (*venalicium*) Roms befand sich beim Dioskurentempel auf dem Forum Romanum (*ad Castoris*); es gab wohl auch einen Spezialmarkt für homosexuelle Käufer, wie es im mexikanischen Tenochtitlán einen Spezialmarkt für aztekische Opfersklaven (die entweder hochrangige Kriegsgefangene oder mehrfach verurteilt waren und hübsch sein und gut tanzen können mussten) gab.[330]

Frisch aus Übersee nach Rom importierten Sklaven wurden die Füße weiß gefärbt.[331] Die weiße Färbung der Füße (siehe Abb. 7) sollte die Neusklaven sozusagen als Andere und „Frischlinge", kennzeichnen, um sie von den hausgeborenen

---

326 Ebd., besonders S. 50–54; 58–65; siehe auch: Knapp, Robert, „Ein Dasein in Knechtschaft: Sklaverei", in: Knapp, Römer im Schatten der Geschichte, Gladiatoren, Prostituierte: Männer und Frauen im Römischen Reich, Suttgart: Klett-Cotta, 2012, S. 143–192.

327 Schumacher, „Sklavenmarkt und Sklavenverkauf", S. 44–65, hier S. 58 f.

328 Aus: Schumacher, „Sklavenmarkt und Sklavenverkauf", S. 44–65, hier S. 53.

329 Ebd., hier S. 51; siehe zur Relativierung einer eindeutigen Zuschreibung als Sklavenmarkt: Trümper, Monika, Graeco-Roman Slave Markets. Fact or Fiction?, Oxford: Oxbow Books 2009.

330 Durán, Diego, „Libro de los ritos y ceremonias en las fiestas de los dioses y celebración de ellas", in: Garibay, Antonio María (ed.), Historia de las Indias de Nueva España e Islas de la Tierra Firme, 2 Bde., México, 1967, Bd. I, S. 181–186; „‚Sklaven' im aztekischen Mexiko (vor 1519, nach Diego Durán)", in: Dokumente zur europäischen Expansion, 5 Bde., ed. Schmitt, Eberhard, München: Verlag C. H. Beck, 1986–1888 (Bde. I–IV); Wiesbaden: Harrassowitz, 2003 (Bd. V), Bd. I: Die mittelalterlichen Ursprünge der europäischen Expansion, ed. Schmitt, München: Verlag C. H. Beck, 1986, S. 345–351; Shadow, Robert D.; Rodríguez V., María J., „Historical Panorama of anthropological perspectives on aztec slavery", in: Dahlgren, Barbro; Soto de Abrechavaleta, María de los Dolores (eds.), Arqueología del norte y del occidente de México. Homenaje al Doctor J. Charles Kelley, México: Universidad Nacional Autónoma de México, 1995, S. 299–323, hier S. 300–302; Mendoza, Rubén G., „Aztec Militarism and Blood Sacrifice: The Archaelogy and Ideology of Ritual Violence", in: Chacon, Richard J.; Mendoza, Rubén G. (eds.), Latin American Indigenous Warfare and Ritual Violence, Tucson: The University of Arizona Press, 2007, S. 34–54; Smith, „Aztecs", S. 556–570.

331 Schumacher, „Sklavenmarkt und Sklavenverkauf", S. 44–65, hier S. 55.

Sklaven (*vernae*) und den zum Wiederverkauf stehenden Sklaven optisch zu unterscheiden. Frische Menschen-Importe waren in der Regel zunächst noch zu disziplinieren. Das bedeutet: an ihr Schicksal zu gewöhnen und gegebenenfalls auch auszubilden – ebenfalls eine Konstante systematischen Sklavenhandels und als Slaving Teil der Sklaverei als System. Szenen aus dem Alltagsleben kleinerer Städte Italiens und des römischen Imperiums zeigen Sklavenverkäufe auf offenen Märkten (die es sonst in der Geschichte der Sklavenhandels eher seltener gab, wie wir wissen), manchmal mit Schaugerüst (*catasta*) und Ausrufer sowie Kaufverträgen (deren Bedingungen durch die *edicta aedilium curulium de mancipiis vendudis* [Edikten der kurulischen Ädilen][332] festgelegt waren) – eine Konstante des Sklavenhandels als Alltagsgeschäft in zentralisierten Imperien, wie noch 1800 Jahre später. Wichtige weitere Zentren waren Amphipolis, Byzantion, Mytilene, Ephesos,[333] Milte, Side und Palmyra, später auch Aquileia.

Zentren des großen mediterranen Menschenhandels, neben den bereits erwähnten Chios, Delos und Ephesos und vielen kleinen, lokalen Sklavenmärkten, waren Marsilia, Handelszentren der Levante in Hispanien, Olbia (Borysthenes) an der Bug-Mündung und Tanais (Tana) an der Don-Mündung – von den Schwarzmeerstädten wurden Sklaven meist über Byzanz in den Mittelmeerraum verschleppt – sowie Alexandria für das Einzugsgebiet des Nils. Die Feldzüge Alexanders brachten so viele Kriegsgefangene, Verschleppte und Versklavte nach Griechenland, dass die Preise fielen.[334] Auch Athen, Heraklion (Kreta), Korinth, Aigina, Theodosia und Sidon (Syrien) waren Sklavenumschlagplätze. Überregionale Sklavenmärkte (*stataria*) der Kaiserzeit sind auch Thyatira in Kleinasien sowie in Zarai in Numidien (Nordafrika) nachgewiesen. Für den Bereich des Balkans (Illyrien) sowie Noricum und Germanien war, wie bereits erwähnt, Aquileia ein wichtiges Zentrum. Menschen, Vieh und Häute wurden gegen römischen Wein, Öl und Luxusgegenstände gehandelt.[335] Der Handel von Aquileia wurde nach Zerstörung von Venedig übernommen, alle anderen Handelsplätze blieben bis ins Mittelalter (seit dem 10. Jahrhundert auch Kairo), manche sogar bis in die Neuzeit, Menschenhandelszentren.

Die Debatte um die globalhistorische Einordnung der Wirtschaft Roms ist bekannt. Rom war ein großer Sklavenmarkt; der wichtigste im westlichen Mittelmeer.

---

332 Fischer, „Sklavenhandel", in: Handwörterbuch der antiken Sklaverei, http://oeaw.academia.edu/JosefFischer/Papers/460105/Sklavenhandel (letzter Zugriff 6.2.2018).

333 Fischer, „Zum Sklavenhandel im römischen Ephesos", in: Mauritsch, Peter; Ulf, Christoph (eds.), Kultur(en) – Formen des Alltäglichen der Antike Festschrift für Ingomar Weiler zum 75. Geburtstag, Graz: Grazer Universitätsverlag, 2013, S. 551–566; siehe auch: Fischer, „Der Schwarzmeerraum und der antike Sklavenhandel. Bemerkungen zu einigen ausgewählten Quellen", in: Frass, Monika; Graßl, Herbert; Nightingale, Georg (eds.), Akten des 15. Österreichischen Althistorikertages Salzburg, 20.–22. November 2014, Salzburg: Paracelsus Buchhandlung & Verlag, 2016 (Diomedes Sonderband), S. 53–71.

334 Fischer, „Sklavenhandel", in: Handwörterbuch der antiken Sklaverei, http://oeaw.academia.edu/JosefFischer/Papers/460105/Sklavenhandel (letzter Zugriff 6.2.2018).

335 Ebd., S. 60 f.

Ich will hier nur hinzufügen, dass es in Rom Sklaven als Kapital und Menschenhandel als Basis von Akkumulation gab. Das würde – in dieser groben Aussage im Sinne makrowirtschaftshistorischer Muster – Rom auf eine Ebene mit dem neuzeitlichen England bringen (Gruß an Edward Gibbon und Max Weber). Im römischen Reich gab es aber wenige Sklaven im großagrarischen Bereich (mit Ausnahmen, etwa in Süditalien und Sizilien nach den punischen Kriegen oder in Gallien nach der Eroberung) und keine im direkten Sklavenhandel Betätigten unter den höchsten Eliten (aber Profiteure). Grob gesprochen, konnten sich Kaufleuteeliten nicht gegenüber Krieger- und Priestereliten in der Kontrolle des Gesamtsystems durchsetzen (möglicherweise, weil noch keine Wirtschaftswissenschaften existierten). Im normalen Alltag sollten wir auch für die Zeit Roms bei Sklavenhandel nicht an Massen von Sklaven oder an amerikanische oder jamaikanische Plantagensklaven denken, sondern an die bereits erwähnte banale Alltäglichkeit des Reliefs der linken Schmalseite des Grabmals von Nickenich bei Andernach [*Bild 15: „Römischer privater Sklavenhändler (*mango*)"][336] – Menschenhandel war oft eher das kleine, schnelle und schmutzige Geschäft von Underdogs/Marginalisierten, manchmal, aber nicht immer, gemieden von den Eliten, in konkreten face-to-face-Situationen meist von Freigelassenen im Tross der Truppen betrieben. Das lag auch daran, dass nach archaischem Kriegsrecht dem Feldherrn „die Tötung des Besiegten und die Beute an ihm zusteht".[337] Entweder der Feldherr behielt die Besiegten als Kriegsgefangene und Sklaven, versteigerte sie, wie oben beschrieben „unter dem Kranz", oder er gab seinen Soldaten „einen oder zwei captivi zur freien Verfügung, oder er bzw. seine Soldaten veräußerten den Gefangenen an einen Sklavenhändler zum Weiterverkauf auf dem Sklavenmarkt".[338] Römische Generale, Beamte und Offiziere strichen allerdings das Prestige und die großen Gewinne ein und verwandelten sie in mehr Soldaten, Einfluss (Klientelschaften), Ruhm und Luxus – oder Sklaven. Interessant ist das Ritual der Bewahrung vor dem Tod durch Massaker an besiegten Feinden: „Der Kriegsgefangene wurde erst in dem Moment zum Sklaven, in welchem er vom offenen Feld in das Lager der [siegreichen] Feinde geführt und dadurch vor dem sicheren Tod bewahrt wurde".[339]

Sklaven in Rom selbst waren vor allem Haus- und Palastsklaven. Und es waren sehr viele Frauen und Kinder. Die Menge an Sklaven sagte etwas aus über den Status ihres Besitzers. Menschen- sowie Sklavenhandel im Sinne von profanem Tauschhandel (nicht Luxus- und Prestigegüter-„Schenkung") auf dem unteren Niveau des Kaufs, Transports und Verkaufs diente der schnellen Bereicherung, ga-

---

336 „Sklavenhändler mit Sklaven", aus: Schumacher, „Sklavenmarkt und Sklavenverkauf", S. 44–65, hier S. 63 ff.

337 Herrmann-Otto, „Ursprung, Charakter und Verbreitung der Sklaverei im republikanischen Rom", in: Hermann-Otto, Sklaverei und Freilassung, S. 111–125, bes. S. 111.

338 Ebd.

339 Ebd.

rantierte aber nur selten, trotz Reichtum, den Aufstieg in die Oberschicht oder gar in die militärische oder politische Elite.[340] Das gelang, dieser große komparatistische Sprung sei verziehen, Sklavenhändlern, Negreros, Piraten und Schmugglern erst im Venedig und im Genua sowie Pisa des 10/11. Jahrhunderts,[341] in den Niederlanden und im England des 17. Jahrhunderts, in den USA seit dem späten 18. Jahrhundert oder Spaniern auf Kuba im 19. Jahrhundert. In Spanien kamen Kaufleute zwar nie zur Macht, aber Negreros rückten in die höchste Elite auf, ähnlich wie Sklavenhalter im Kaisereich Brasilien im 19. Jahrhundert.

Schätzungen über Sklavenzahlen und Anteile Versklavter an einzelnen Gesellschaften sind fast immer (sehr) umstritten. Schätzungen besagen, dass im gesamten römischen Reich auf dem Höhepunkt seiner Macht in der frühen Kaiserzeit zwischen einer Million und 10 Millionen Sklaven lebten (ebenfalls Schätzungen: mit einem Anteil zwischen 15–40 % der Bevölkerung). Andrea Binsfeld nennt, basierend ebenfalls auf Walter Scheidel, für die frühe Kaiserzeit 1–1,5 Millionen oder 15–25 % der Bevölkerung in verschiedenen Bereichen der italischen Wirtschaft.[342]

Für das klassische Athen schwanken die Schätzungen zwischen 40 000 und 400 000.[343] Für sie alle gilt im Wesentlichen die Aussage von Elisabeth Hermann-Otto: „Wenn die Römer über ihre verschiedenen Sklavengruppen sprechen, gehen sie immer vom Begriff der *familia* aus. [...] Zur engeren *familia*, ... gehören: Vater, Mutter, Kinder und Enkel, die Mitglieder der Familie des Vaters, der agnatischen Familie. Über sie übt der Familienvater, *pater familias*, seine väterliche Gewalt, die *patria potestas*, aus. Zur engeren Familie gehören auch die Sklaven in Stadt und Land, die in Gewerbe, Handel, Dienstleistung etc., tätig sind. Über sie hat der Familienvater Herrengewalt (*dominica potestas*), d. h., auch die Gewalt über Leben und Tod der Sklaven, die *potestas vitae necisque*. Zur weiteren *familia* gehören alle Freigelassenen, die nach der Freilassung den Familiennamen, d. h., das *nomen gentile*, ihres Freilassers annehmen, und damit ihre familiäre Zugehörigkeit und ihre Herkunft deutlich machen, auch wenn sie nicht mehr im Hause ihres *patronus* wohnen“.[344]

---

340 D'Arms, John H.; Kopff, E. Christian (eds.), The seaborne commerce of ancient Rome: studies in archaeology and history, Rome: American Academy, 1980 (Memoirs of the American Academy in Rome; v. 36), S. 117–140.

341 Mitterauer, Michael, „Kaufleute an die Macht. Voraussetzungen des Protokolonialismus in den italienischen Seerepubliken am Beispiel Pisas“, in: Feldbauer, Peter; Liedl, Gottfried; Morrissey, John (eds.), Mediterraner Kolonialismus. Expansion und Kulturaustausch im Mittelalter, Essen: Magnus Verlag, 2005 (Expansion, Interaktion, Akkulturation; Bd. 8), S. 82–110.

342 Scheidel, „Quantifying the Sources of Slaves in the Early Roman Empire“, in: The Journal of Roman Studies Vol. 87 (1997), S. 156–169.

343 Binsfeld, „Sklaverei als Wirtschaftsform. Sklaven in der Antike – omnipräsent, aber auch rentabel?“, S. 262–279, hier S. 277 und 278 .

344 Herrmann-Otto, „Sklaven, Sklavinnen und Sklavenfamilien im städtischen Privathaushalt“, in: Herrmann-Otto, Sklaverei und Freilassung, S. 160–177.

In Bezug auf die Teilnahme Roms und von Römern am Sklavenhandel ist die Forschung extrem zerstritten und uneins.[345] Leonard Schumacher hält mit Moses I. Finley Sklavenhandel generell für eine Umverteilung schon vorhandener Sklaven und Kriegsgefangener; erst für die Zeitenwende und frühe Kaiserzeit spricht er von Importen aus dem Ausland (Kaufsklaven). Josef Fischer spricht davon, dass die hausgeborenen Sklaven kontinuierlich durch versklavte Kriegsgefangene und Kinder ersetzt wurden.[346] Das lag sicherlich auch daran, dass viele Kriegsgefangene durch Beauftragte des Militärs an Ort und Stelle versteigert wurden oder zwischen (See)-Räubern und Sklavenkäufern direkte Beziehungen existierten. Allerdings, sagt Elisabeth Hermann-Otto, „kamen die Römer ständig an den Randzonen ihres Einflussgebietes in Kontakt mit den griechischen, sizilischen und punischen Sklavenhändlern, deren Praktiken im Umgang mit erbeuteten Menschen und deren Vermarktung sie schnell erlernten und wovon sie selbst bereits früh profitierten. Schwierigkeiten stellten sich allerdings bezüglich der Geldwirtschaft ein".[347] Kurzer Exkurs in die Weltgeschichte von Kredit, Schuld, Geld/Währung und Kapital: die Schwierigkeiten mit der Geldwirtschaft und mit dem Kredit hielten nicht nur im atlantischen Raum bis zum Ende des drittens Plateaus im Sklavenhandel und in den Sklavereien an (nicht nur, weil Münzen zu schwer und unhandlich waren). Ein Grund ist, dass eben das physisch-biologische Kapital menschlicher Körper in all seinen Dimensionen eine der wichtigsten Voraussetzungen und Kreditgrundlagen der Sklavereiwirtschaft *und* der Geld-Finanzwirtschaft im Westen war (deshalb hatten Negrero-Schiffe aus den Amerikas, die nach Afrika fuhren, vor allem von Sklaven erzeugte Produkte, wie Tabak und Alkohol an Bord) und bei heutigen Sklavereien noch ist.

Zurück in die Antike. In der Kaiserzeit bis um 300, vor allem in der *pax Augusta*, war die Zahl der Sklaven nicht rückläufig. Eine Reihe größerer Kriege und niedergeschlagener Aufstände, wie die Eroberung Galliens, die Germanenkriege, die Eroberung Britanniens, Daker- und Partherkriege, Jüdischer Krieg, Bar-Kochba-Aufstand (obwohl große Gruppen von Besiegten wohl einfach verhungerten). Insgesamt aber besteht die Meinung, dass von außen weniger Sklaven als in Spätzeiten der Republik nach Rom kamen.[348]

---

345 Herrmann-Otto, „Ursprung, Charakter und Verbreitung der Sklaven im republikanischen Rom", in: Ebd., S. 111–125; Josef Fischer geht expressis verbis auf konkrete Verkaussituationen und -strukturen ein, siehe: Fischer, „Zum Sklavenhandel im römischen Ephesos", in: Mauritsch, Peter; Ulf, Christoph (eds.), Kultur(en) – Formen des Alltäglichen der Antike Festschrift für Ingomar Weiler zum 75. Geburtstag, Graz: Grazer Universitätsverlag, 2013, S. 551–566, vor allem S. 558, FN 25; siehe auch: Poccetti, Paolo, „Gr. στατάριον / Lat. statarium „Sklavenmarkt": Lehnwort oder Bedeutungsentlehnung", in: Glotta 63 (1985), S. 172–180.

346 Fischer, „Sklavenhandel", in: Handwörterbuch der antiken Sklaverei, http://oeaw.academia.edu/JosefFischer/Papers/460105/Sklavenhandel.

347 Hermann-Otto, „Ursprung, Charakter und Verbreitung der Sklaven im republikanischen Rom", S. 111–125, hier S. 119.

348 Schumacher, „Sklavenmarkt und Sklavenverkauf", S. 44–65; Elisabeth Herrmann-Otto gibt eine differenzierte Analyse, siehe: Hermann-Otto, „Ursprung, Charakter und Verbreitung der Skla-

Die meisten Sklaven des frühen Griechenlands waren Kriegsbeute sowie Motiv und Ergebnis der Kolonisation; die des klassischen Griechenlands waren auf Märkten des Mittelmeerhandels erworben worden. Die Masse der Sklaven im Rom der Kaiserzeit waren *vernae* (im Haus geboren). Aber es gab immer, wie erwähnt, spezialisierte Kriegsgefangenenaufkäufer (*mercator venelicius*) sowie Sklavenhändler (*mangones*) und Gladiatorenfachleute (*lanistae*), die auch Versklavte kauften und verkauften.

Insgesamt steht fest, dass sich im Gefolge imperialer Expansionen überall Märkte mit Menschen füllten. „Natürlich war dieser Aspekt des Auftretens einer Großmacht nichts Neues",[349] sagt Tom Holland in seinem Buch über die imperiale Expansion der vom Islam geeinten Araber und Berber. Die Eroberung des westgotischen Spaniens nach 711 hatte unter anderem zum Ergebnis, dass ca. 30 000 Kriegsgefangene, quasi auf einen Schlag, nach Syrien verschleppt wurden. Mit der arabisch-muslimischen Expansion füllten sich auch die großen Sklavenmärkte von Kufa und Basra in Persien (Sassaniden-Reich) sowie viele kleine Märkte. Auch andere Großreiche, Rom und Persien vor 700 und das Mongolenreich lange danach, haben sich so verhalten. Aber seit Rom hatte es in Westasien und an der Levante, Nordafrika und Westeuropa keine vergleichbare Verschiebung von Menschenmassen als Sklaven gegeben wie im Gefolge der arabischen Expansion.[350] Ähnliches wird man allerdings für die persische, die byzantinische (oströmische) im 6. Jahrhundert, die osmanische Expansion sagen können.[351] Das osmanische Reich war das letzte und größte islamische Imperium in der Weltgeschichte. Die Geschichte Nordafrikas, Ägyptens, des östlichen Mittelmeers und ganz Vorder- und Mittelasiens zwischen 1516/1517 und 1918 sind in gewisser Weise Kapitel der osmanischen Geschichte.[352] Sichtbare Sklaverei waren in den Hochzeiten des osmanischen Imperiums vor allem Sklavereien von Männern und Kriegsgefangenen als Wert/Währung, Kapital, Symbol sowie Soldaten, Bausklaven für imperiale Projekte und Architekturen sowie Leibwächter und Luxussklaven für die militarisierten Haushalte.[353] Eines der wichtigsten rituellen Geschenke unter osmanischen Eliten waren

verei im republikanischen Rom", S. 111–125, bes. S. 166 ff; Kehne, „Kollektive Zwangsumsiedlungen als Mittel der Außen- und Sicherheitspolitik bei Persern, Griechen, Römern, Karthagern, Sassaniden und Byzantinern – Prolegomena zu einer Typisierung völkerrechtlich relevanter Deportationsfälle", S. 229–243.

349 Holland, Tom, „Das Aufkommen der Sunna", in: Holland, Im Schatten des Schwertes. Mohammed und die Entstehung des arabischen Weltreiches, Stuttgart: Klett-Cotta, 2012, S. 394–413, hier S. 399.

350 Ebd.

351 Wiesehöfer, Josef, Das antike Persien. Von 550 v. Chr. bis 650 n. Chr., Düsseldorf: Albatros, 2005.

352 Toledano, „Understanding Enslavement as a Human Bond", S. 9–59, hier S. 9.

353 Zilfi, „Servants, Slaves, and the Domestic Order in the Ottoman Middle East", in: Hawwa, 2/1 (2004), S. 1–33.

Sklavenjungen. Obwohl Frauen und Mädchen, natürlich „Jungfrauen“, als Sklavinnen, vor allem beim ersten Verkauf sehr oft teurer als Männersklaven waren, kam es vor allem mit dem Niedergang des Imperiums seit dem späten 17. Jahrhundert zu einem stärkeren Anwachsen der Sklaverei von Frauen und Mädchen. Das galt sowohl für die Hochpreismärkte von Kairo und Instanbul. Vergewaltigung und sexuelle Ausbeutung, obwohl es die auch für Männer und Jungen gab, war die negative Haupterfahrung von weiblichen Sklaven.[354]

In Istanbul gab es einen großen Sklavenmarkt (*esir pazarı*). Er befand sich in der Nähe des alten byzantinischen Sklavenmarktes und zugleich in der Nähe des großen, überdachten Bazars (*kapalı çarşı*) und war nicht weit von Topkapı Palast und Hoher Pforte entfernt.[355] Mitte des 18. Jahrhunderts wurde unmittelbar neben dem Sklavenmarkt die Nur-i Osmaniye-Moschee erbaut.[356] Zwischen dem späten 15. und dem späten 17. Jahrhundert – Hochzeiten des osmanischen Imperialismus – bildeten weiterhin Frauen und Kinder sowie Kin-Sklaven wichtige Kontingente der osmanischen Sklavenpopulation, aber es wurden insgesamt mehr Männer-Sklaven aus einem größeren Panorama von Völkern und Gruppen auf die osmanischen Sklavenmärkte verschleppt. Afrikaner waren in größeren Mengen als Sklaven erwerbbar seit der Inkorporierung der arabischen Territorien Nordafrikas im frühen 16. Jahrhundert. Mit dem steigenden Druck der Osmanen auf die westlichen und nördlichen Grenzen kamen immer mehr slawische und balkanische Regionen in den Einzugsbereich von Sklavenrazzien (meist Nogaier, Kosaken oder Krim-Tataren, aber auch Kaukasus-Völker), die von den Osmanen gesponsert wurden. Aber auch Lösegeld-Razzienzüge auf Menschen als Kapital (*ransoming*) blieben bedeutende Sektoren des Sklavenfangs, der Märkte und der Sklavereien.

Sklavenmärkte gab es im osmanischen Bereich auf den Balkan (z. B. Sarajevo, Thessaloniki, auf Chios und Kreta). Der bereits erwähnte größte Markt, schreibt Marie-Janine Calic, befand sich in Istanbul, „gleich in der Nähe des Geflügelmarktes. Durch das hölzerne Haupttor betrat man einen Innenhof, der so dreckig und vermüllt war, dass er einem Europäer unmittelbar als Herd der Seuchenansteckung erkennbar war. Im Innern gab es Gebäude zur Unterbringung der Sklaven, ein Kaffeehaus und eine Moschee sowie Sitzgelegenheiten für Händler und Kaufinteressenten. Man fand auf diesem Markt weiße und schwarze Sklaven, Männer und Frauen, frisch importierte und welche aus zweiter oder dritter Hand, die man ersteigern oder auch nur anzahlen konnte. ... Händler [bewegten sich] mit ihren Sklavinnen im Schlepptau, die auf Laufstegen herumwandelten und den Preis ausrie-

354 Ebd., S. 191–198; siehe auch: İnalcık, Halil, „Servile labour in the Ottoman Empire“, in: Ascher, Abraham et al. (eds.), The mutual effects of the Islamic and Judeo-Christian worlds, the East European pattern, New York: Brooklyn College, 1979, S. 25–52.

355 Seng, Yvonne J., „A Liminal State. Slavery in 16th-Century Istanbul“, in: Marmon, Shaun E. (ed.), Slavery in the Islamic Middle East, Princeton: Markus Wiener, 1999, S. 25–42.

356 Zilfi, „Feminizing Slavery“, S. 189–215, hier S. 191.

fen. Die Ankäufer, auf Podesten sitzend, prüfen, fragen und bieten, wie es ihnen gefällt, bis die Frau schließlich verkauft und zurückgezogen wird. Andere, die Unbotmäßigen, Aufsässigen und Kriminellen, mussten in Ketten in dunklen, stinkenden Zellen ausharren. Frisch eingetroffene Afrikaner und Afrikanerinnen durften vor dem Ankauf zwei Tage lang im Haushalt gründlich untersucht, beobachtet und ausprobiert werden".[357]

Im späten Ming- und in Qing-China (ca. 1500–1911) waren Sklaven vor allem informelle Haussklaven und sehr oft Kinder. In ruralen Gebieten auch Jungen, meist aber Mädchen und Frauen in urbanen Gebieten. In der patrilinear-konfuzianischen Gesellschaft wurden für Frauen auf dem Heiratsmarkt immer Silber (oder andere Werte) bezahlt. Unter diesem „Körper-Preis" verbargen sich auch Sklavenkörper oder Konkubinenhandel. Die Verkäufer (oder Verkäuferinnen) waren fast immer Verwandte aus der unmittelbaren Nachbarschaft der Käufer. Allerdings gab es auch Kinderraub, Piraterie und generell Menschenraub auf Überlandwegen, Flussreisen oder Razzien in Grenzgebieten.[358]

Die welthistorische Liste der Menschenjäger/Sklavenhändler lässt sich komplettieren: Angelsachsen, Franken, Syrer, Juden (Radhaniten), Wikinger, Ros, Chasaren, Armenier, Venezianer, Genuesen und Slawen oder die eher nomadisierenden Awaren und Bulgaren; Mandigos, islamisierte Berber (Marokkaner, Algerier, Tunesier, Tripolitaner), vor allem arabische Sudanesen von Kordofan und Dar Fur (Bakara/Baggars), Tataren, Nogaier, Bugis von Sulawesi, Malayen, Soninke, Chinesen, Kaufmannsverbände aus Europa und Vili-Händler in Loango, Karawanenchefs und Ambakisten in Afrika oder Pochteca in Mexiko.

Mehrere Kontinente und nicht nur Küsten, Inseln oder Enklaven übergreifende Sklavenhandelsnetze in Eurasien schufen seit der Spätantike vor allem Juden und Armenier. Armenier hatten ein auf lokalen Vereinigungen und Händlergemeinschaften basierendes Kaufleutenetzwerk geschaffen, das von Manila über Neu-Julfa in Isfahan bis London reichte und in jeder wichtigen Handelsstadt zu finden war.[359] Marco Polos Geschichte ist ein Bericht über die bewunderten Handels-Netze in Asien, die auch Menschenhandelsnetze waren, am und um den Indik im Lichte des Frühkapitalismus oberitalischer Städte. Mehrere Ozeane und Meere übergrei-

357 Calic, „Piraten, Pest und andere globale Herausforderungen", in: Calic, Südosteuropa, S. 265–276, hier S. 272.

358 Watson, „Transactions in People: The Chinese Markets in Slaves, Servants, and Heirs", S. 223–250; Ransmeier, Johanna, „Body-Price. Ambiguities in the Sale of Women at the End of the Qing Dynasty", in: Campbell; Elbourne, Elizabeth (eds.), Sex, Power, and Slavery, Athens: Ohio University Press, 2014, S. 319–344.

359 Aghassinan, Michel; Kévonian, Kéram, „The Armenian merchant network: overall autonomy and local integration", in: Chaudhury, Sushil; Morineau, Michel (ed.), Merchants, Companies and Trade. Europe and Asia in the early modern era, Cambridge: CUP, 1999, 71–94; Mann, „Der Indische Ozean oder Indik", in: Mann, Sahibs, Sklaven und Soldaten, S. 24–34, hier S. 26.

fende Seefahrtsnetze gab es bis um 1500, vor den Portugiesen, nur im Osten (neben Arabern vor allem Chinesen, Armenier, Malaien und Inder).

Für Goa (Velha Goa), dem Zentrum des portugiesischen Indien (1510–1759 „Rom des Orients"), beschreiben Reisende den Sklavenmarkt in der Rua Direita. Kirche und Kirchenmänner waren im Sklavenhandel aktiv beteiligt. Van Linschoten, der Goa Ende des 16. Jahrhunderts besuchte, sah täglich Sklaven-Auktionen, wie sie auch in den USA im 19. Jahrhundert hätten stattfinden können. Auf den Auktionen wurden „viele Arten von [Captives] angeboten, beides Männer und Frauen, jung und alt". Begabungen, Fähigkeiten, Stärke und Gesundheit wurden vor Ort überprüft und die Verschleppten körperlichen Inspektionen von Kopf bis Fuß unterzogen. Linschoten hält auch fest, dass „diese Caffers [aus Moçambique, siehe *cafre*, oben] nach Indien gebracht und dort billig verkauft" würden.[360]

Auf Sansibar im frühen 19. Jahrhundert wurden die Sklaven früh auf den Markt getrieben. Sie wurden gewaschen, eingeölt, ihr Haar wurde mit gelbem Pulver bestreut und ihre Gesichter mit rot-weißen Streifen bemalt. Fast nackt, nur mit einem Lendentuch bekleidet, wurden Sklaven beiderlei Geschlechts in Reihen aufgestellt, an deren einem Ende sich die Sklavenhändler postierten und die übrigen Wachen dirigierten. Der Verkauf begann erst am Nachmittag. Die Reihen bewegten sich dann in einer makabren Prozession durch die Stadt. Der Sklavenhändler pries die Werte seiner „Ware" und den Preis in einer Art Rap an. Gab es Interesse von Käufern, wurde angehalten und die Inspektion der Körper begann: die Muskeln wurden abgetastet, das Gebiss und die Geschlechtsorgane näher analysiert [*Bilder 16: a) „Sklavenhändler und Sklaven – eine Straßenszene in Sansibar"; b) „Sklavenmarkt (an der westafrikanischen Küste)"].[361] Die Sklavenhändler wurden über „Mängel" der Sklaven (Schnarchen, Saufen, Widerspruch, Fluchtbereitschaft, Krankheiten, auf der Straße herumlungern, Verletzungen, Körpermutilationen, Tätowierungen) befragt. Junge Frauen und Mädchen oder halbwüchsige Jungen (vor allem bei Portugiesen und Brasilianern) erzielten oft höhere Preise als ausgewachsene, starke Männer.[362] In Kommentaren zu bildlichen Darstellungen über Sklavenkäufe in Afrika ist sogar von einem Ablecken des Kinns der Versklavten durch Käufer die Rede, um am Geschmack des Schweißes Aussagen über Alter, Gesundheit oder Krankheit zu gewinnen oder um die bei Portugiesen und Brasilianern so beliebten „bartlosen" Sklaven (Halbwüchsige zwischen 10 und 15 Jahren) von den nicht so teuren jungen Männer, die schon Bart hatten, zu unterscheiden (siehe Bild 16b).

---

360 Ali, „The Portuguese and the Slave Trade", S. 203–222, hier S. 207.

361 Bild a aus: The Graphic: An Illustrated Weekly Newspaper (London), vol. 7 (1873), S. 41; Bild b aus: Chambon, M. [Auguste], Le commerce de l'Amérique par Marseille, ou, Explication des lettres-patentes du roi, portant reglement pour le commerce qui se fait de Marseillle [sic] aux iles françoises de l'Amérique, données au mois de février 1719 : et des lettres-patentes du roi, pour la liberté du commerce à la côte de Guinée, données à Paris au mois de janvier 1716, 2 Bde., Avignon: 1764, Vol. 2, plate XI, gegenüber S. 400. Copyright: bpk / Staatsbibliothek zu Berlin / Dietmar Katz.

362 Beachey, The Slave Trade of Eastern Africa, S. 39 f.

Menschen als entehrte und kommodifzierte Körper (*somata*), Kapital, Kommodität sowie „Ware“ galten, wie bereits mehrfach gesagt, in und zwischen höchst unterschiedlichen Wirtschaftssystemen mit jeweils eigenen Wertvorstellungen und Wertäquivalenten auch als eine Art „Weltwährung“, die auch noch selbst Arbeit und Dienste leisten sowie Werte, Herrschaft und Status als Anführer, Soldat oder Erzeuger vieler Nachkommen schaffen konnte.

Menschen- und Sklavenhändler finden sich in der Weltgeschichte seit den Phöniziern vor allem in ozeanischen Handelsenklaven und vorzugsweise in den bereits genannten Offshore-Insel-Häfen und geschützten Städten, die durch (relativ) lückenlose Gewaltinfrastrukturen / *material culture* mit den „Produktions“-Regionen von Sklaven verbunden waren. Sie finden sich an den Rändern der Imperien, wie den Kriegsgrenzen des Dar-al-Islam im Süden (Sudan) und Norden, den „Sakaliba/ Slawengrenzen“, den Guayanas, den Grenzen der Inka- und Aztekenreiche, den Reconquistagrenzen (El Cid), Venedig, Genua, den Küsten des Schwarzen Meeres, überhaupt dem Mittelmeer zwischen islamischer Süd- und christlicher Nordküste, den Wikinger-Handelszentren Nord- und Osteuropas sowie der nordatlantischen Welt, in Enklaven (Oasen) Nord-, Ostafrikas seit der arabischen Expansion, auf Inseln und Enklaven im mediterranen Raum der Kreuzzüge/Ritterorden und der italischen/iberischen Expansion unter Beteiligung von Ritterorden sowie, vermischt mit bereits existierenden Lokalformen, im atlantischen Raum, West- und Zentralafrika sowie auf dem Indik seit Beginn der europäischen Kolonialexpansion. Überall dort wurde auch Handel mit Menschenkörpern betrieben.

Ein sehr anschauliches, aber wenig bekanntes Beispiel ist die Meeres- und Insel-Grenzzone zwischen christlich-spanischen Kolonial-Philippinen, Borneo, Sulawesi (Celebes) und islamischer Sulu-Zone, mit ihren Bugi- und Iranun-Sklavenrazzien auf Basis älterer Lokalformen von Sklaverei und Menschenraub.[363] Im Malayisch-Indonesischen Archipel hatten Bugis, Niederländer und kreolisierte *burgher* Batavias, später auch Iranun die Sklavenverschleppung von „Portugiesen“ übernommen. Ende des 18. Jahrhunderts übernahmen chinesische Händler den Sklavenhandel.[364]

Auf afrikanischer Seite der Atlantisierung war es immer eine Kombination weltlicher Kriegseliten unter der Führung von „Königen“, geistigen Anführern (Priester), „Kaufleuten des Landes“ und kleinen Traders und Agenten, die zugleich oft Menschenjäger, Schiffsmannschaften und eine Art Soldaten (See und Land) sowie Vermittler waren – hier wird in den bereits genannten Bezeichnungen das frühe Erbe der Iberer/Portugiesen besonders deutlich: Panyarrs, Cabessaires, Krus, Rimadoors, Caboceers, Tangomãos, Baquianos, Pombeiros, Quimbares, Grumetes, Ser-

363 Warren, Iranun and Balangingi, passim.

364 Mann, „Sklavenhandel in Südostasien“, in: Mann, Sahibs, Sklaven und Soldaten, S. 154–160, hier S. 156.

tanejos.[365] Außer „Krus“ (von *crew* eines Transportkanus oder Langbootes) alles Worte, die auf portugiesische Sklavenjäger-, Sklaventransporteurs- und Sklavenbewacherbezeichnungen zurückgehen.

Oft lag die Kontrolle der Sklavenanlieferungen aus dem Hinterland, Vermarktung und Verkauf an europäische und kreolische Negreros bei lokalen Herrschern (die ihn Mitgliedern ihrer Familie oder speziellen Kaufleuten überließen); vermittelt wurden die Geschäfte, wie gesagt, durch Tangomãos, Pombeiros, Quimbares, Remadores, Grumetes, „Portugiesen“ und Atlantikkreolen. Die wichtigsten europäischen Negreros des späten 16. / frühen 17. Jahrhunderts waren niederländische, flämische und deutsche Kaufleute sowie vor allem portugiesische Sepharden und einige weitere iberische Sepharden, Neuchristen (vor allem auch als Kaufleute in Luanda) und Altchristen (darunter auch einige Italiener). Paradigmatische Lebensgeschichten sind die von Marten Papenbroeck aus einer niederdeutschen Familie in Antwerpen, die im Portugal-, Guinea- und Brasilienhandel (Zucker und Sklaven, etc.) engagiert war und die von Diogo da Silva, einem Sepharden aus Amsterdam, engagiert im Brasilien-, Portugal-, Baltik- und Westafrikahandel.[366] Im 19. Jahrhundert, der Hochzeit des illegalen Menschen- und Sklavenschmuggels, waren die wichtigsten Unternehmertypen auf europäischer und kreolischer Seite Reeder (*armador*, Finanzier des Schiffes und Ausrüster), der Konsignatar (*consignatario*) der Ladung, ihr Hauptgarant, oft zusammen mit dem Kapitän (*capitán*). Wichtige Exekutoren neben den Kapitänen, meist in direktem Kontakt mit den Versklavten und oft auch selbst auf den Schiffen, waren der Supercargo auf den Schiffen sowie der Faktor (*factor*) an den Sklavenhandelsplätzen und -häfen Afrikas. Faktoren waren professionelle Manager und Broker vor Ort. Einer der wichtigsten atlantischen Sklavenhändler, Mongo Pedro Blanco, bevorzugte es, in einer Person *armador*, *consignatario* und *factor* in Afrika zu sein; er setzte dann Cargos, Unterfaktoren und Kapitäne ein, wie Théodore Canot (auch: Théophile Conneau). Der aus dem französischen Baskenland stammende Pedro Forcade, mit Hauptsitz in Havanna, kontrollierte auch eine *factoría* am Kongo.[367] Joaquín Gómez, einer der großen kubanischen Negreros, war nur Konsignatar und war damit auf andere Investoren sowie

365 Ribeiro da Silva, „Shaping Colonial Societies“, S. 139–160, hier vor allem S. 154.

366 Roitman, The Same but Different? Inter-cultural Trade and the Sephardim, 1595–1640; Ribeiro da Silva, „Doing Business with Western Africa: Private Investors, Agency and Commercial Networks“, in: Ebd., S. 271–324.

367 ANC La Habana, TC, leg. 8, no. 7 (1845): „Abaroa Santiago de“. Santiago de Abaroa, contra Pedro Forcade, en cobro de los sueldos que devengó en el Bergantín Portuguez „Vigilante“; siehe auch: Chaviano Pérez, Lizbeth J., „Trata ilegal en el sur de Cuba. El caso del guairo Luisa, 1854“, in: Rodrigo y Alharilla; Chaviano Pérez (eds.), Negreros y esclavos. Barcelona y la esclavitud atlántica (siglos XVI–XIX), Barcelona: Icaria editorial, 2017, S. 213–241, hier. 224; zu den spanischen *factorías* und den Faktoren in Westafrika im 19. Jahrhundert siehe: Nerín, Gustau, „La Factoria“, in: Nerín, Traficants d'ànimes. Els negrers espanyols a l'Àfrica, Barcelona: Raval Edicions SLU, Pòrtic, 2015, S. 38–47.

Lieferanten und angestelltes Personal angewiesen (*armadores*, *factores* und *capitanes* sowie natürlich westafrikanische Handelspartner und Vermittler); er hielt brieflich mit seinen Faktoren und Kapitänen Kontakt. Kapitäne bildeten die quantitativ größte Gruppe, die zugleich im direkten Kontakt mit den Versklavten und andererseits mit den Mongos, Faktoren und Sklavenhändlern (Großkaufleuten) standen. Ich habe ihre Sonderrolle bereits mehrfach erwähnt. Sie betrieben fast immer auch Menschenhandel auf eigene Rechnung. Ramón Ferrer (1797–1839), der 1839 bei einer Rebellion getötete *capitán* des Sklavenschiffes *Amistad*, war sicherlich ein paradigmatischer Repräsentant dieser Gruppe, der zugleich eine Kontinuität zwischen Handel, Slaving und Schmuggel zwischen Mittelmeer, Karibik und Atlantik verkörperte.[368]

An den afrikanischen Küsten, vor allem im westlichen Guinea „from the Gambia to Cape Palmas",[369] aber im Grunde vom heutigen Guinea-Bissau bis Äquatorialguinea hießen alle Sklavenhändler Faktoren sowie generell Negreros oder Mongos: „Nominally the country was in Portuguese hands; one of the titles of the King of Portugal was Lord of Guinea. In crumbling castles such as Ambriz and Saint Paul de Loanda a show of government was maintained by the Portuguese proconsuls. But the power lay in the dealers, or 'factors'".[370] Die *slave-dealers* in Westafrika bildeten eine kosmopolitische Gruppe, wie aus nachfolgendem Text hervorgeht: „DaSouza. Known to the coast as Cha-Cha, was a Brazilian mulatto [[371]]. Madame Ferreira, who perhaps did not trade directly in slaves, but maintained herself handsomely by provisioning those who did, was Portuguese".[372] Henry Brotherton war Engländer, Charles Slocum, der Sklavenschiffe mit seinen Langbooten belieferte, war Yankee. Der bereits erwähnte Pedro Blanco Fernández de Trava, *el mongo de Gallinas*, war ein Spanier aus Málaga, der auf Kuba lebte, wenn er nicht wegen Liebeskummer nach Afrika flüchtete und mit Chacha Expeditionen bis Abomay organisierte, Thomas Jourdain Franzose, Blas Covado Mexikaner, ein gewisser N. P. Biering Däne und „the cynical Theodore Canot, known to the trade as Mongo Gunpowder („mongo" is the Mandingo word for „king") claimed to be an Italian".[373] Auch in der Bucht von Benin fanden sich Negreros, die zweifellos zugleich

---

368 García Martínez; Zeuske, La sublevación de los cautivos de la goleta *Amistad*: Ramón Ferrer y las redes de contrabando en el mundo Atlántico y en Cuba, La Habana: Ediciones UNIÓN, 2013.

369 Howe, George L. „The Slave Trade", in: Howe, Mount Hope. A New England Chronicle, New York: The Viking Press, 1959, S. 97–133, hier S. 117.

370 Ebd., S. 115 f.

371 Ross, David, „The First Chacha of Whydah: Francisco Felix de Souza", in: Obu 2 (1969), S. 19–28; Law, „A carreira de Francisco Felix de Souza na Africa ocidental (1800–1849)", in: Topoi: Revista da Historia, Universidade Federal de Rio de Janeiro, 2 (2001), S. 9–39; Law, „Yoruba Liberated Slaves Who Returned to West Africa", in: Falola; Childs (eds.), The Yoruba diaspora in the Atlantic world, S. 349–365.

372 Howe, „The Slave Trade", S. 97–133, S. 116.

373 Ebd. Nach heutigen sprachwissenschaftlichen Forschungen handelt es sich um das Mande-Wort *mogõ* (= Person, Mensch, im Sinne von „big man"), siehe: Kastenholz, Raimund, Sprachge-

Atlantikkreolen waren. In Afrika trafen diese Negreros europäischer oder amerikanischer Herkunft auf Negreros afrikanischer Herkunft.

In Afrika existierten sehr unterschiedliche Formen des Sklavenhandels. Ein paradigmatisches Beispiel für transkontinentalen Sklavenhandel großen Stils und seine Akteure bietet, wie oben schon analysiert, Angola im 19. Jahrhundert. Bestimmte Gebiete des heutigen Angola, vor allem im Korridor zwischen Luanda und dem Lunda-„Commonwealth" stellen vielleicht die weltweit am tiefsten und nachhaltigsten durch Slavenhandel im Zusammenhang mit Zwangsarbeit sowie explosionsartiger Dynamisierung von Kin-Sklavereien zu „großen" Sklavereien geprägten Sklaverei-Landschaften der Welt und der Globalgeschichte dar, vergleichbar vielleicht nur mit den Hinterländern der Flussmündungen und Limane des Schwarzen Meers von der Donau über Bug/Dnepr, Don und die Krim bis zum Kuban.

In Angola war die Abhängigkeit der atlantischen Sklavenhändler-Kapitäne von afrikanischen, aber auch von den in Städten oder Festungen angesiedelten „weißen" Händlern, sehr vielen afrikanischen Zwischenhändlern (*quimbares*) und Sklavenjägern (*pombeiros, pumbeiros*) aus dem Hinterland (*sertões*; *sertanejos*) sowie den großen Kaufleuten der Küste und ihren Agenten (vor allem Luanda, Benguela, Ambriz, Cabinda), aber auch aus kleineren Orten (wie *ambaquistas* aus Ambaca und *quimbares*) sehr deutlich. Zwischen *litoral* (Küste) und *interior* (Hinterland), bildeten sich, wie oben gesehen haben, riesige Trägerkarawanen-Handelsnetze heraus.[374] Karawanen (oft mit mehr als 1000 Menschen pro Karawane, oft auch 2000 oder 3000) mit Sklaven, Elfenbein, Textilien und anderen Waren sicherten die Verbindungen.[375] In der Großregion Bié im Zentrum auf dem Hochland des heutigen Angolas bildete sich ein neuer Schwerpunkt der Sklavenbeschaffung (*mercado de compra*) heraus. Die Einzugsgebiete des Menschenhandels reichten bis Lunda als dem wichigsten Beschaffungsgebiet sowie bis Lovale und an die Zuflüsse des Cuango. Die meist itineranten Sklavenhändler waren Schwarze und Mestizen, aber auch „Weiße" („Portugiesen"), oft Deserteure, Geflohene oder Abenteurer aus Portugal, den Azoren, Brasilien, aber auch Menschen aus anderen Gegenden Angolas, wie Pungo-Andongo, Ambaca oder Caconda. „Em geral por estas paragems dão o nome de brancos a todas aquelas pessoas que vestem calças sem excepção de côr e menos de condição [Im Allgemeinen wurde in jenen Gegenden [Hinterland von Angola – M. Z.] der Name Weiße an alle jene Personen gegeben, die Schuhe trugen, ohne Ansehen der Farbe oder gar der Kondition]".[376] Die itineranten Sklavenhändler, im

schichte im West-Mande. Methoden und Rekonstruktionen, Köln: Köppe, 1996 (Mande Languages and Linguistics / Langues et Linguistique Mandé, 2), S. 196.

374 Lovejoy, „War-Lords of West-Central Africa", in: Lovejoy, Transformations of Slavery, S. 76–80.

375 Vansina, „Long-Distance Trade Routes in Central Africa", in: Journal of African History 3 (1962), S. 375–390.

376 Santos, „Trajectória do Comércio do Bié", in: Santos, Nos caminos de África. Serventeia e posse (Angola-Século XIX), Lisboa: Ministério da Ciência e da Tecnologia. Instituto de Investigação Científica Tropical. Centro de Estudos de Histórica e Cartografia Antiga, 1998, S. 59–176, hier S. 62.

Kongo-Angola-Gebiet meist *pumbeiros* genannt, aber auch *quissongos*, *quilambas*, *guenzes*, *funantes* oder *funidores*, waren meist schwarze oder mulattische Männer, „na maioria eles próprios escravos [in der Mehrzahl sie selbst Sklaven]".[377] Die riesigen Handelsnetze, die Kaufleute sowie Handwerker, Karawanen bildeten „a chave do comércio central [Schlüssel des Haupthandels]", im luso-afrikanischen Hinterland und an den Grenzen zu anderen politischen Entitäten und verband diese – über die Küstenhandelsstädte – mit den atlantischen Handelsnetzen. Die Träger waren Sklaven, hatten aber große Mobilität und Eigenverantwortung. Alle zwölf Träger, die der Chef der vierjährigen Lunda-Expedition, Henrique Dias de Carvalho (1884–1888), anheuert hatte, waren im Kindesalter als Sklaven nach Luanda verschleppt worden.[378] Darunter befand sich ein hochgeschätzter Musiker, Adolpho, der sich auf der Reise in eine Frau aus dem Harem des *caungula* (*kaungul*) von Mataba verliebte.[379]

Einer der wichtigsten Sklavenhändler in der Gruppe der Sertanejos war der 1838 zum Comandante der Region ernannte Major Francisco José Coimbra, ein *mestiço* (Mestize), aus Caconda stammend, reich, hochgewachsen und kräftig. Der bei Heintze erwähnte „Júlio José Francisco Coimbra" war Großvater des oben erwähnten Karawanenkaufmanns und Sklavenhändlers Paulo Coimbra. Coimbras Großvater war „Major der Hilfstruppen und ‚portugiesische[r]' Chef von Bié ... [er wurde] in zeitgenössischen schriftlichen Quellen als Francisco José Coimbra bezeichnet".[380] Coimbra nutzte aus alter Tradition den Titel eines *capitão-mor* (obwohl es den seit 1813 in der Region offiziell nicht mehr gab). Trotz Titel und Reichtum musste sich Major Coimbra immer mit den lokalen Autoritäten und den Sobas (Provinzfürsten) gut stellen und Allianzpolitik betreiben. In einer Liste von 100 „súbditos portugueses [portugiesischen Untertanen]" in dieser Region waren 54 „negros", 40 „mestiços" und nur 6 „brancos"; 52 stammten aus Bié selbst, 16 aus Ambaca, 11 aus Golungo Alta, 7 aus Luanda, Portugal und Madeira (6), Pungo-Andongo (5) sowie Caconda (3). Aber selbst die „Weißen" lebten „ao desemparo, vestidos à moda gentílica, sujetos a serem vendidos, como têm sido a maior parte d'elles pelo gentio [im Chaos, gekleidet nach Stammesmode, vor der Gefahr verkauft zu werden, wie ihr großer Teil durch die Eingeborenen [schon verkauft] worden war]". Ein anderer Sklavenhändler aus Bié war zum Beispiel Manuel Monteiro da Fonseca, aus der Stadt Ambaca stammend, und ziemlich reich. Fonseca konnte sehr gut schreiben. Er war ein *ambaquista* (Ambakist). Als er, zusammen

377 Ferreira, „*Pumbeiro* Trade", in: Ferreira, Cross-Cultural Exchange in the Atlantic World, S. 58–63 sowie: Ferreira, „Impacts of *Pumbeiro* Trade", in: Ebd., S. 63–66; Caldeira, „Do interior para a costa", S. 99–103, hier S. 100.

378 Heintze, „Carvalhos Träger aus Luanda", in: Afrikanische Pioniere, S. 87–94, hier S. 87 (nach: Carvalho, Henrique Augusto Dias de, Descripção da Viagem à Mussumba do Muatiânvua, 4 Bde., Lissabon: Imprensa Nacional, 1890–1894 (unter: https://archive.org (letzter Zugriff 6. 2. 2018)).

379 Heintze, „Carvalhos Träger aus Luanda", S. 87–89, S. 291.

380 Heintze, „Paulo Coimbra, genannt Mussili, und sein Vorfahren", in: Ebd., S. 137–151, hier S. 137.

mit anderen 1847 dem Handel ein neues Territorium erschließen half, schrieb er ein Reisetagebuch. Ambakisten waren Angehörige „der um die portugiesische Festung Ambaca herum seit dem 17. Jahrhundert entstandenen lusoafrikanischen Mischkultur, die im angolanischen Handel und besonders auch im innerafrikanischen Fernhandel eine entscheidende Rolle gespielt hat".[381] [*Karte 31[382]] Ambakisten, aber auch Sertanejos wie Francisco José Coimbra oder Fonseca bildeten eine einzigartige transkulturelle Gruppe des Slavings. Im Grunde Atlantikkreolen an Land. Oft waren sie im „Zweitberuf" Handwerker, häufig Schneider oder auch Übersetzer, außerdem Kenner der lokalen sowie der europäischen Landwirtschaft. Sie stellten oft Kleidung europäischen Schnitts, aber aus afrikanischen Textilien und Farben, her. Es war Tradition bei den Ambakisten, lesen und schreiben zu können und die Bibel zu predigen (und all dies auch weiter zu vermitteln). Da Pferde in Angola kaum überlebten, gibt es Bilder von Ambakisten, die Rinder (Reitstiere) reiten.[383]

Ambakisten, Quimbares, *aviados* (abhängige Händler) und Sertanejos standen in Verbindung mit Handelshäusern der angolanischen Küsten und deren Agenten (um 1850 zum Beispiel 33 Handelshäuser in Luanda) von *armadores* (Schiffsausrüstern) und Wucherern. „Wucherer" mussten diese Kaufleute deshalb sein, weil sie oft das volle Risiko der Karawanen sowie des Handels trugen. Sie schlugen mindestens 100 % auf die Preise, für die die atlantischen Waren in Luanda zu haben waren, auf (eine der bereits oben erwähnten Wertverdopplungen). Die Kaufleute gaben die Waren, auch Schnaps und Geld, weiter an abhängige Händler (*aviados*), die mit Karawanen oder kleineren Gruppen ins Interior zogen. Die Mehrheit der Händler-Armadores von Luanda oder Benguela waren aber selbst Kommissionäre der Kapitäne der Sklavenschiffe, die ihnen *fazendas* auf Kredit überließen. Fazenda war in diesem Zusammenhang nicht die Bezeichnung für eine Sklavenplantage (wie in Brasilien), sondern die generische Bezeichnung für *factura* (Liste von Waren zu bestimmten Werten) und Kapital in Form von Geld, Tabak (vor allem schwarzer Tabak aus Bahia), Schnaps (*cachaça* oder *geribita* aus Rio) oder Edelmetallen. Zu den Waren der Fazendas zählten in Angola vor allem: Baumwollstoffe (*zuartes*), *chitas* (bedruckte Baumwollstoffe), *pintados* (gefärbte Baumwollstoffe), *lenços* (Leinenstoffe), *riscado*, unverarbeitete Baumwolle, *baetas* (Samt), *aguardente* (Schnaps), *missangas surtidas*, falsche oder echte Korallen, *campainhas e outras miudezas* [Kleineisenwaren (Glöckchen), Quincallerie], *armas lazarinas e reunas* [alte Steinschloss-Vorderlader, erst aus Braga und dann in Belgien hergestellt, nach und nach durch englische Hinterladergewehre abgelöst] sowie Pulver und Salz. Das Grundkapital für Ambakisten und afrikanische Kaufleute sowie wichtigster, vor allem in den komplizierten Handelsnetzen flexibelster und gesuchter

381 Heintze, „Die Bezerra-Familie", in: Ebd., S. 56–77, hier S. 56.
382 Karte 31: „Angola c. 1830", aus: Vansina, „Ambaca Society and the Slave Trade, c. 1760–1845", S. 1–27, hier S. 3.
383 Heintze, „Schwarze ‚Weiße': die Ambakisten", in: Heintze, Afrikanische Pioniere, S. 155–274.

Gegenwert dieser Waren stellten Sklaven dar – „das ‚Ausgangskapital' bildeten Sklaven".[384] Dann kam Elfenbein, mit der Tendenz, dass Elfenbein in der zweiten Hälfte des 19. Jahrhunderts auf den Außenmärkten nach und nach wichtiger wurde. Ambakisten, Quimbares und Sertanejos spielten dabei oft Armadores von Benguela gegen die von Luanda aus (oder umgedreht). Im Interior, im Lunda-Reich hiess die Fazenda *imbolanza*. Imbolanza kommt von portugiesisch *importância*, was hier Bedeutung oder Betrag bezeichnetet. Nach Heintze „Gesamtheit der Waren, die ein Händler aus dem Westen dem Mwant Yav bei Ankunft in Mussumba auf Kredit aushändigte, um dafür einheimische Waren [und Sklaven – M. Z.] einzuhandeln".[385]

Im Innern Zentralafrikas, etwa bei der Organisation von Karawanen in die Ovimbundu-Territorien, nach Lovale und Lunda, oder bei den Ambakisten, spielten Sklaven auch die Rolle einer „Zwischen-Produktes" und zugleich die Rolle von Kapital, Kreditgrundlage sowie Währung beim Austausch von europäischen oder amerikanischen Waren gegen Elfenbein. Fast alles konnte „in Sklaven" bezahlt werden, auch Strafen vor Gericht. Zudem gilt der Satz von Beatrix Heintze über Angola: „Sklaven bildeten das Hauptmittel zum Aufstieg".[386] Sklavenhandel spielte auch im späten 19. Jahrhundert in den „kommerziellen Unternehmungen noch eine wesentliche Rolle"[387] – etwa bei denen von Lourenço Bezerra aus der weit verzweigten Sklavenhändlerfamilie Bezerra.

Paulo Coimbra und seine Vorfahren stiegen als Sklavenhändler auf, indem sie nach und nach immer größere Karawanen organisierten. Sie beteiligten sich erst an kleinen Inlandskarawanen, wie sie Beatrix Heintze beschreibt: „Zunächst handelte es sich nur um kleine Inlandkarawanen von dreißig bis fünfzig Männern, die Honig, Wachs und Baumharz nach Benguela und Catumbela brachten und dort gegen Stoffballen, Pulver, Vorderladegewehre, Tabak, Zuckerrohrschnaps und Salz eintauschten. Bei ihrer Ankunft nach etwa sechs oder sieben Tagen Reise wurden sie vom betreffenden Handelshaus des Weißen mit Schnaps und Tuch beschenkt. Nach Abschluß ihrer Geschäfte hatte der Karawanenchef Anspruch auf ein Pferd, einen Esel oder eine Hängematte. Jeder, der vier oder fünf Warenlasten gebracht hatte, erhielt einen Anzug mit Zwillich und Schuhwerk. Die Rückreise dauerte etwa zwanzig bis fünfundzwanzig Tage. Unterwegs mußte man stets vor Raubüberfällen auf der Hut sein. Nach der Ankunft in ihren Dörfern im Chiaka-Gebiet wurden die angeheuerten Träger mit vier Tüchern gestreiften Tuchs und einer Flasche Zuckerrohrschnaps im Gesamtwert von 6000 réis entlohnt".[388]

384 Ebd., S. 170.

385 Heintze, Ebd., S. 291.

386 Heintze, „Hundert Jahre danach: Historische Rekonstruktionen und Deutungen", S. 35–53, hier S. 40; siehe auch: Heintze, „Die Karawanen", in: Ebd., S. 175–198; Heintze, „Waren und Wege", in: Heintze, Afrikanische Pioniere, Ebd., S. 199–232.

387 Heintze, „Die Bezerra-Familie", in: Ebd., S. 56–77, hier S. 57.

388 Heintze, „Paulo Coimbra, genannt Mussili, und sein Vorfahren", in: Ebd., S. 137–151, hier S. 141–142.

Die nächste Stufe war eine große Karawane des Vaters von Paulo Coimbra, Francisco José Coimbra Viana:

> Die Karawane, die von reichen Unternehmern (ofumbelo) organisiert wurde, umfaßte hundert bis hundertfünfzig Träger, die – je nach Auftraggeber – in Gruppen unterschiedlicher Größe zusammengeschlossen waren. Der Träger konnte nicht nur einen Gehilfen, sondern auch Frauen – oft noch halbwüchsige Mädchen – mitnehmen, die ihr Essen und die Schlafmatte trugen und, wenn sie dazu bereit waren, die Freundin des Trägers waren, den sie begleiteten. Jeder Träger war für seine Last (bei Kautschuk etwa 30–35 kg) verantwortlich. Wenn er eine Frau aus seinem Dorf mitgenommen hatte, durfte diese sich nur mit seinem Einverständnis mit einem anderen zusammentun. Die Gruppen blieben für die Dauer der Reise bestehen und lösten sich erst nach der Rückkehr in die Heimat wieder auf. Jeder Träger erhielt ein Tuch und eine Flasche Schnaps bei seiner Anwerbung und, sozusagen als Verpflegungsgeld, noch weitere zwei Tücher, Perlen und fünfzehn Kilo Salz. Bei der Abreise nahm man für eine knappe Woche das Essen mit. Es gab mehrere Wegführer oder „Sekretäre“ (quessongo) und den übergeordneten verantwortlichen Karawanenchef (hando), der nicht der reichste unter den mitreisenden Unternehmern zu sein brauchte und beispielsweise selber nur etwa zwanzig oder dreißig Träger besitzen konnte. Er mußte aber den Weg kennen, mit den Gesetzen und Sitten der lokalen Bevölkerung in den durchquerten Gebieten und mit dem Zielort vertraut sein. Meist war er selber früher als Träger gegangen und hatte so das Kapital für seine jetzige Position, für die er aber von niemandem bezahlt wurde, erworben. Unterwegs händigten ihm die Gruppen die Waren aus, die er den Häuptlingen bei der Durchreise im Namen der Karawane als Geschenke, Wege- und Flußpassagenzoll zu zahlen hatte. Geschenke, die er von diesen erhielt, wurden an alle verteilt. Die (oder der) *quessongo*, die nur einfache Träger waren, aber einige Vergünstigungen genossen, mußten ebenfalls den Weg und die unterwegs herrschenden Bräuche kennen. Sie warben die Träger an und kümmerten sich auf der Reise um alle internen Angelegenheiten der Karawane. Sie trugen auch die Schutz- und Zaubermittel und waren für die Ausführung der entsprechenden Zeremonien verantwortlich. Jede große Karawane war auch von einem Wahrsager mit Wahrsagekorb (*ongombo*) begleitet. Sie gingen an der Spitze des Zuges, während am Schluß die mit Vorderladern bewaffneten Unternehmer und als letzter der *hando* ging. Auf Kranke wartete man nur einen Tag. Wurden sie in dieser Zeit nicht wieder reisefähig, ließ man sie im fremden Dorf zurück“.[389]

Über den Umgang mit Verschleppten und Versklavten heißt es: „Auf dem Rückweg kettete man die erwachsenen Sklaven zu viert oder zu fünft aneinander und bewachte sie sorgfältig. Während man auf dem Hinweg nur etwa vier Stunden marschierte, war man auf dem Rückweg, um die Sklaven zu ermüden, sechs Stunden unterwegs. Deshalb brauchte man für die Rückreise weniger Zeit, meistens nur dreißig Tage. Sklaven, die nicht gehen konnten, wurden die Köpfe abgeschlagen, um die übrigen abzuschrecken, irgendwelche Leiden nur vorzutäuschen. Auch bei Fluchtversuchen machte man in der Regel kurzen Prozeß und erschoß die oder den Flüchtende(n). Nach der Heimkehr wurde erst einmal gefeiert, bevor die Karawane dann zwei bis drei Monate später an die Küste ging“.[390] Schönberg-Lotholz ist

---

389 Ebd., S. 142–143. Cameron in Heintze (nach: Cameron, Verney Lovett, Quer durch Afrika, 2 Bde., Leipzig: Brockhaus, 1877).

390 Ebd.

aufgrund ihrer Berechnungen zu dem Schluss gekommen, daß „der Unternehmer an einer Karawane einen Verdienst von rund 75 % gehabt hat“[391] und dass der Karawanenhandel auch für den einfachen Träger ein einträgliches Geschäft gewesen sei.

Onkel Coimbra, genannt Kwarumba, so schreibt Beatrix Heintze, „ging mit 52 Sklavinnen, die zu je siebzehn oder achtzehn zusammengekoppelt waren“ – wahrscheinlich mit Holzjochen oder langen Stangen.[392] Die gesamte Karawane bestand aus mehreren Gruppen, die ca. 1500 Verschleppte mit sich führten: „Die einen hatten ein Kind in den Armen, andere waren hoch schwanger, und alle trugen schwere Lasten des weggeschleppten Raubes. Ihre wunden Füße, die Striemen und Narben am ganzen Leibe legten Zeugnis ab, welche erbarmungslos grausame Behandlung diese unglücklichen Wesen in der Hand des Unmenschen, der sich ihr Eigenthümer nannte, zu erdulden hatten. [...] Um diese zweiundfünfzig Frauen zu erbeuten, waren mindestens zehn Dörfer zerstört worden, jedes mit ein- bis zweihundert, zusammen also mit gegen fünfzehnhundert Einwohnern.“[393]

Cameron hatte Mitleid mit den Versklavten; er berichtet: „[...] die Bejammernswerthen waren übermüdet, halb verhungert und bedeckt mit eiternden Wundmalen, die theils von der Reibung ihrer Traglasten, theils von den empfangenen Schlägen und Peitschenhieben herrührten; auch schnitten häufig die Stricke, mit denen sie zusammengekoppelt waren, in ihr Fleisch. Einmal sah ich unter ihnen eine Frau, die noch ihr todtes Kind weitertrug, das in ihren Armen Hungers gestorben war.“[394] Cameron berichtet weiter über die Razzienökonomie der Sklaven-Karawanen, wie Heintze zusammenfasst: „Sie wurden unablässig vorwärtsgetrieben und hatten auch bei Ankunft am Lagerplatz keine Ruhe. Sie mußten dann Wasser holen, kochen, Hütten bauen und Brennholz für ihre Herren sammeln, und da sie zu mehreren aneinandergebunden waren, mußte jede Tätigkeit und jede Bewegung der einen immer auch von den anderen mitgemacht werden“.[395]

Wie in allen Razzienwirtschaften waren die riesigen Karawanen der Schrecken der Bevölkerung in den durchquerten Gebieten, deshalb wurden die Regionen oft als Landschaften des Todes beschrieben:

> Wo sie einen schwachen Trupp Eingeborener trafen, fielen sie über dieselben her und nahmen ihnen alles, was sie trugen, obgleich dies zum größten Theil in für Kasongo bestimmten Tribut

---

391 Schönberg-Lothholz, Ingeborg, „Die Karawanenreisen der Tjiaka um 1900“, in: *Estudos Etnográficos I* (Memórias e Trabalhos do Instituto de Investigação Científica de Angola 2) (1960), S. 109–128 (mit 2 Karten), in: Heintze, „Paulo Coimbra, genannt Mussili, und sein Vorfahren“, in: Ebd., S. 137–151, hier S. 144.

392 Cameron in Heintze, Ebd., S. 145 (nach: Cameron, Verney Lovett, Quer durch Afrika, 2 Bde., Leipzig: Brockhaus, 1877, Bd. II, S. 83–84, 91–92, 97–98, 113–114, 117, 119–120).

393 Cameron in Heintze, Ebd., S. 147 (nach Cameron, Quer durch Afrika, II, S. 117–118).

394 Cameron in Heintze, Ebd., S. 148 (nach Cameron, Quer durch Afrika, II, S. 144).

395 Heintze, Ebd., S. 148 (nach Cameron, Quer durch Afrika, II, S. 126–127).

> an Mais und getrockneten Fischen bestand. Jedes Fruchtfeld verwüsteten sie ärger als ein Heuschreckenschwarm, indem sie nach Abwerfung ihrer Traglasten, die Erdnuß- und Kartoffelstauden mit den Wurzeln ausrissen und das unreife Korn rein aus boshaftem Übermuth daniedertraten. In den Dörfern, wo wir lagerten, hieben sie Bananenbäume um und von Ölpalmen die Äste ab, um ihre Hütten zu bauen, so den unglücklichen Einwohnern unersetzlichen Schaden zufügend. [...] Ihr System, auf Kosten des durchreisten Landes zu leben, hatte natürlich zur Folge, daß wir in den offenen Dörfern weder Frauen und Kinder, noch Ziegen, Schweine und Federvieh vorfanden. Es blieben nur einige wenige Männer zurück, die ihre Hütten gegen die Durchzügler zu schützen hofften, doch ohne daß ihre Anwesenheit die Ausplünderung hindern konnte.[396]

„Unterwegs begegneten ihnen andere Karawanen", schreibt Beatrix Heintze, „so unweit der Quelle des Lulua eine kleine Luvale-Schar, die auf der Suche nach Elfenbein und Wachs war, dann, schon in der Nähe des Cassai, eine Bié-Karawane, die Wachs einkaufen wollte und erzählte, daß der weiße Händler João Baptista Ferreira, der während Alves' Abwesenheit am Sambesi gewesen war, jetzt in Bié eine Karawane zu Casongos Luba, dessen Machtbereich sich zwischen den Flüssen Luembe und Lualaba erstrecke, ausrüstete. Später stießen sie auf weitere Leute aus Bié, die Wachs einsammelten, und noch auf zwei große Sklavenhandelskarawanen Silva Portos, die jeweils unter der Leitung eines bzw. zweier seiner Sklaven standen und ebenfalls Katanga als Ziel angaben".[397]

Die beschriebenen Zustände lassen Aussagen darüber zu, wie sich Razzienwirtschaften auf die von ihnen erfassten Landschaften auswirkten. Theoretisch gesprochen, sind das die konkreten, empirischen Situationen, die Wirtschaftstheoretiker „Subjugation unter das Kapital" und Sklavereihistoriker *slaving zones* nennen. Menschen wurden als multipotentes Kapital verschleppt, ohne dass Kapitalismus schon die Herrschaftsform war.

Über konkrete „freie" Märkte ist bei den Beschreibungen des Karawanenhandels kaum oder nicht die Rede. Das zeigt, dass Eliten lange Zeit, wahrscheinlich die meiste Zeit der Weltgeschichte, Anschaffung und Handel mit Sklaven lieber strikt kontrollierten – schon wegen der hohen Profite.

396 Heintze, Ebd., S. 148 (nach Cameron, Quer durch Afrika, II, S. 126–127).

397 Heintze, Ebd. (nach Cameron, Quer durch Afrika, II, S. 139, 151, 158–159, 161, 165–166, 169, 189–190).

Michael Zeuske
Handbuch Geschichte der Sklaverei

Michael Zeuske

Handbuch Geschichte der Sklaverei

Eine Globalgeschichte von den Anfängen bis zur Gegenwart

2., überarbeitete und erweiterte Auflage

Band 2

DE GRUYTER
OLDENBOURG

ISBN: 978-3-11-073509-3
e-ISBN (PDF): 978-3-11-056163-0
e-ISBN (EPUB): 978-3-11-055902-6

Library of Congress Cataloging-in-Publication Data
Names: Zeuske, Michael, author
Title: Handbuch Geschichte der Sklaverei : eine Globalgeschichte von den Anfangen bis zur Gegenwart / Michael Zeuske. Description: Zweite Ausgabe. | Berlin ; Boston : Walter de Gruyter GmbH, [2018]. | Series: De Gruyter Reference | Includes bibliographical references.
Identifiers: LCCN 2018017265| ISBN 9783110558845 (print) | ISBN 9783110559026 (e-book (epub) | ISBN 9783110561630 (e-book (pdf)
Subjects: LCSH: Slavery--History. | Slavery--Cross-cultural studies. | Antislavery movements--History.
Classification: LCC HT861 .Z48 2018 | DDC 306.3/6209--dc23 LC record available at https://lccn.loc.gov/2018017265

Bibliografische Information der Deutschen Nationalbibliothek
Die Deutsche Nationalbibliothek verzeichnet diese Publikation in der Deutschen Nationalbibliografie; detaillierte bibliografische Daten sind im Internet über http://dnb.dnb.de abrufbar.

Dieser Band ist text- und seitenidentisch mit der 2019 erschienenen gebundenen Ausgabe.
Bildnachweis Umschlag: „Le Negrito à l'ancre. Dans le port de port de la havanne" (1832). Aquarell; Maler: François Mathurin Adalbert, Baron de Courcy (Geburtsdatum unbekannt).
Satz: Meta Systems Publishing & Printservices GmbH, Wustermark
Druck und Bindung: CPI books GmbH, Leck

MIX
Papier aus verantwortungsvollen Quellen
FSC® C083411

www.degruyter.com

Es gibt kein Imperium ohne Sklaven.

Slavery was „universall in the beginnings of society".
(Adam Smith)

Ohne Zweifel ist die Sklaverei das größte aller Übel, welche die Menschheit gepeinigt haben.
(Alexander Humboldt)

Wenn Sklaverei bedeutet, dass eine (Rechts-)Person das legale Eigentumsrecht über eine andere Person ausübt (*legal ownership*) dann gibt es heute keine Sklaverei mehr, zumindest nicht in Gesellschaften mit geschriebenem Recht".
(Jean Allain)

Der Diskurs über Sklavenarbeit wird in allen Zeitperioden nicht von den Sklaven, sondern von den Herren bestimmt. Die Vorstellung der Sklaven über ihre Arbeit weicht davon völlig ab.
(Gerd Spittler)

Y siempre el mar.
(George Lamming)

Das Interesse kennt den Selbstverzicht nicht.
(Joseph Vogl)

Das Sklavengeschäft finanzierte Entdeckungsfahrten.
(Richard Konetzke)

Dazu gehörten auch die Sklaven (*bogbol*).
(Karénina Kollmar-Paulenz)

el pais es negrero.
(Dionisio Alcalá Galiano über Kuba, 1858)

the slave is always in some sense an „other" to those who dominate the society.
(Ruth M. Karras)[1]

1 Die Eingangszitate stammen aus: Vorlesungen von Adam Smith in Glasgow (1760er Jahre), siehe: Smith, Adam, Lectures on Jurisprudence, ed. R. L. Meek, D. D. Raphael, and P. G. Stein (Oxford: Clarendon Press, 1978), Bd. III, S. 117; nach: Surwillo, Lisa, „Introduction. Blanco White and Monsters of Coloniality", in: Surwillo, Lisa, Monsters by Trade. Slave Traffickers in Modern Spanish Literature and Culture, Stanford: Stanford University Press, 2014, S. 1–30, hier S. 11; Spittler, Gerd, „Arbeit zur Sprache bringen der ethnographische Zugang", in: Vienna Working Papers in Ethnography, No. 1 (2014)/ Wiener Arbeitspapiere zur Ethnographie, Nr. 1 (2014), S. 1–31, hier S. 24, http://www.ethnologie.uni-bayreuth.de/de/team/Emeriti/Spittler_Gerd/Alle_Publikationen/2014_Arbeit_zur_Sprache_bringen.pdf (letzter Zugriff 19. Juli 2018); Humboldt, Alexander von, Cuba-Werk, Beck, Hanno; Grün, Wolf-Dieter [et al.] (Hrsg.), Darmstadt: Wissenschaftliche Buchgesellschaft, 1992 (Alexander von Humboldt Studienausgabe. Sieben Bände), Bd. III, S. 154; Allain, Jean, „The Definition of Slavery in International Law", in: Howard Law Journal 52 (2008–2009), S. 239–275; Lamming, George, The Pleasures of Exile, Ann Arbor: The University of Michigan Press, 1960; Vogl. Joseph, „Idylle des Marktes I", in: Vogl, Das Gespenst des Kapitals, Zürich: diaphanes, 2010/2011 (4. Auflage), S. 31–52, hier S. 36; Konetzke, Richard, „Die Indianersklaverei", in: Konetzke, Süd- und Mittelamerika I. Die Indianerkulturen Altamerikas und die spanisch-portugiesische Kolonialherrschaft, Frankfurt am Main: Fischer 1965 (Fischer-Weltgeschichte, Bd. 22), S. 165–172, hier S. 166; Kollmar-Paulenz, Karénina, Die Mongolen. Von Dschingis Khan bis heute, München: Beck, 2011, S. 17; Karras, Ruth Mazo, „The Identity of the Slave in Skandinavia", in: Karras, Slavery and Society in Medieval Scandinavia, New Haven/London: Yale University Press, 1988 (Yale Historical Publications; 135), S. 40–68, hier S. 40.

Vorwort zur deutschen Erstauflage 2013

In meiner Leipziger Universitätszeit (1976–1993), die ab 1980 im Wesentlichen Forschungen zur Vergleichenden Revolutionsgeschichte der Neuzeit, speziell der *Independencia* (Unabhängigkeitsrevolution der Kolonien gegen Spanien, 1810–1830) unter Simón Bolívar sowie der Weltgeschichte der Neuzeit 1500–1917 gewidmet war, also im weitesten Sinne Eliteforschung, bin ich durch die Vorlesungen von Clarence J. Munford (University of Guelph, Kanada) auf das Thema Sklaverei und Sklavenhandel in der Neuzeit aufmerksam geworden. 1993, mit meinem Wechsel an die Universität zu Köln, begannen Matthias Röhrig Assunção (heute University of Essex) und ich von der Deutschen Forschungsgemeinschaft (DFG) finanzierte mikrohistorische Feldforschungen zum Thema Postemanzipation und ehemalige Sklaven in Brasilien, Venezuela und Kuba. Dabei ging es für mich vor allem um die in Notariatsprotokollen, Testamenten sowie Armee- und Wahllisten dokumentierten individuellen Schicksale ehemaliger Sklavinnen und Sklaven in Gesellschaften nach der Aufhebung (Abolition, Emanzipation) des jeweiligen Sklavereisystems. Ich arbeitete auf Kuba über viele Jahre zusammen mit Rebecca J. Scott (University of Michigan) und Orlando García Martínez (damals Direktor des Provinzarchivs von Cienfuegos, heute UNEAC Cienfuegos). Angeregte Debatten gab es mit Gabino de la Rosa, Reinaldo Funes, Gloria García, Olga Portuondo, María del Carmen Barcia und Marial Iglesias sowie mit Kollegen in den USA (Marcus Rediker, Ada Ferrer, Alejandro de la Fuente, Jean M. Hébrard (EHESS Paris), Christopher Schmidt-Nowara (†), Matt D. Childs, David Geggus, John K. Thornton, Martha S. Jones, Jane G. Landers, Laurent Dubois, Benjamin N. Lawrance), Senegal (Ibrahima Thioub), Kolumbien (Alfonso Múnera, Adriana Maya), Brasilien (Matthias Röhrig Assução (Essex), Flavio Gomes), Chile/Brasilien (Pablo Diener), Frankreich (Alessandro Stanziani, Frédérique Langue, Alejandro E. Gómez) sowie Spanien und Portugal (Javier Laviña, Juan Andreo (†), Juan Marchena, Martín Rodrigo, José Luis Belmonte, José Antonio Piqueras, Consuelo Naranjo, Josep M. Fradera, Gerhard Seibert, Arlindo Manuel Caldeira, José Andrés-Gallego, Aurelia Martín Casares). Seitdem verfüge ich neben exzellenten Netzwerken über sehr große Datenbanken (von 1995–2018 habe ich viele tausende Notariatsprotokolle und Testamente sowie Namenslisten ausgewertet), in denen Lebensgeschichten und Grunddaten von Menschen verzeichnet sind, die in die Sklaverei verschleppt worden waren oder in ihr geboren wurden – also Versklavte waren. In der zweiten Hälfte des 19. Jahrhunderts wurden sie von Sklaven zu ehemaligen Sklaven sowie, meist verbunden mit erheblichen Konflikten, zu Bürgern in Gesellschaften, die noch von Strukturen, Arbeitsverhältnissen, Statusdegradierungen und Denkweisen der Sklaverei geprägt waren.

Ich hatte vor, eine Geschichte der Versklavten auf Kuba zu schreiben – im Fokus der Globalgeschichte versklavter Menschen –, einem Territorium das bis um 1886 die dynamischste und am höchsten entwickelte „große“ Sklaverei der atlanti-

https://doi.org/10.1515/9783110561630-203

schen Weltgeschichte, wahrscheinlich sogar der Welt überhaupt war (nicht die quantitativ größte!). Flankierend entstand ein zweiter Band, der mit einer Geschichte des Sklavenhandels nach Kuba die dezentrale Entwicklung dessen, was man normalerweise mit dem Konzept der „Nation" erfasst, darstellt (die Publikation beider Manuskripte steht noch aus). Und die Geschichte von Versklavten ist immer noch eine „Nicht-Geschichte".[2]

Irgendwann um 2003 stellte ich allerdings fest, dass meine mikrohistorischen Forschungen immer kleinteiliger wurden und ich mich immer weiter von der Welt- und Globalgeschichte entfernte, die ich in Leipzig gelernt hatte. Ich nahm mir eine Weltgeschichte der Sklaverei vor und machte mich munter ans Schreiben. Ich stellte mir das Ziel, eine wirkliche Weltgeschichte der versklavten Menschen, der Sklavereien und der Sklavenhandelssysteme zu schreiben, nicht nur eine Geschichte der „großen" Sklavereien in der Karibik, im „Westen",[3] der mehr und mehr zum „Norden" wird, oder in den Amerikas mit einigen Rückgriffen nach Afrika (weil die Sklaven in den Amerikas aus verschiedenen Teilen Afrikas stammten und über Europa oder durch die Mittelpassage des europäischen Sklavenhandels nach Brasilien, Kuba, Jamaika oder in die USA verschleppt worden waren). Und ich wollte auch keine Geschichte über den „Norden" (d. h. heute in der Globalgeschichte vor allem Westeuropa inkl. Deutschland, Nordamerika (vor allem USA) und China), sondern wirklich über alle globalen Weltregionen schreiben. Nicht Nord-Süd oder Süd-Süd, sondern umfassend im Sinne von Nord-Süd-Ost-West, weniger im Sinne von Beziehungen, vielmehr räumlich gruppiert in Hemisphären (atlantische Hemisphäre / indisch-pazifisch-ostasiatische Hemisphäre).[4]

Also organisierte ich die Geschichte der Sklaverei nach Kontinenten und auf den Kontinenten chronologisch, nach großen Epochen (Vorgeschichte, Antike, Mit-

---

2 Zeuske, Michael, „Die Nicht-Geschichte von Versklavten als Archiv-Geschichte von „Stimmen" und Körpern", in: Jahrbuch für Europäische Überseegeschichte 16 (2016), S. 65–114.

3 Der so genannte „Westen" setzt als Eigenverständnis der Latinität mit der europäischen Expansion zwischen 1100 und 1450–1500 ein und hat nach der Meta-Geografie sieben Großversionen bis in das 20. Jahrhundert, siehe: Lewis, Martin W.; Wigen, Kären, The Myth of Continents: A Critique of Metageography, Berkeley: University of California Press, 1997, S. 50 (in seiner Version 3 (etwa 1700) umfasst er alle europäischen Sklavenhandelsmächte und ihre Hinterländer, ebd.); siehe auch: Grataloup, Christian, L'invention des continents: comment l'Europe a découpé le monde, Paris: Larousse, 2009; in noch weiterer Perspektive, mit einer m. E. problematischen direkten „Nord"-Linie zwischen „Fruchtbarem Halbmond" und „Westen" sowie „Osten" (China), siehe: Morris, Ian, Wer regiert die Welt? Warum Zivilisationen herrschen oder beherrscht werden. Aus dem Englischen von Klaus Binder, Waltraud Götting und Andreas Simon dos Santos, Frankfurt/New York: Campus Verlag, 2012; siehe auch: Varouxakis, Georgios, „The Godfather of 'Occidentality': Auguste Comte and the Idea of 'the West'", in: Modern Intellectual History (doi:10.1017/S1479244317000415), S. 1–31 (online: https://www.academia.edu/34887807/ (letzter Zugriff 8. Jan. 2018)).

4 Grandner, Margarete; Sonderegger, Arno (eds.), Nord-Süd-Ost-West-Beziehungen. Eine Einführung in die Globalgeschichte, Wien: madelbaum *verlag*, 2015 (Gesellschaft-Entwicklung-Politik (GEP); Bd. 16).

telalter, Neuzeit, etc., die es allerdings so nur in Europa gibt). Das Ergebnis war großartig – ein Manuskript von rund 1100 Seiten, vielen Parallelentwicklungen und ca. 3000 Fussnoten. Es war in dieser Form unpublizierbar, zumal ich noch nicht einmal alle Sklavereien in der Welt behandelt hatte, vor allem nicht die land- oder seegebundenen Menschenhandelstypen oder die „kleinen" Sklavereien in der Geschichte Asiens, Europas, Afrikas und der Amerikas sowie in der heutigen Welt. Mir wurde auch immer deutlicher, wie extrem konstruiert und in der Hegemonialgeschichte Europas verankert das spatiale Makroordnungskriterium „Kontinent" für eine lange Welt- und Globalgeschichte der Sklaverei ist, die es bis mindestens um 1600 mit lokalen Gesellschaften sowie mit der Materialität großer Räume zu tun hat (grade wenn es Imperien waren), die eigene, auch eigene räumliche Ordnungskriterien und Chronologien hatten (heute vielleicht noch am deutlichsten an der „islamischen Zeitrechung"). Ich entsann mich des Konzepts großer Räume, wie es Alexander Humboldt am Beispiel der „Steppen und Wüsten" exerziert hatte – wollte es aber eben auf Meeres- und Ozeanräume beziehen (da ist auch das Kriterium der Materialität am deutlichsten nachvollziehbar), unter anderem auch, weil Inseln und Schiffe/Boote in der Weltgeschichte des Sklavenhandels sowie der Sklavereien wichtige Rollen spielen.[5] Noch ehe ich den Begriff überhaupt kannte, schlugen gleichsam schon die Riesenwellen der „Transozeanität"[6] über mir zusammen (was unter anderem zeigt, dass auch das Raum-Konzept der „Ozeane" von Europa geprägt ist[7]).

Dann erschien das Buch von Kevin Bales über heutige Sklavereien (2004), später auch das Buch von Lakshmidar Mishra über heutige Sklaverei aus Perspektive einer Sklavereigesellschaft par excellence (Human Bondage, 2011[8]). Mir wurde endgültig bewusst, dass Sklaverei als historisches Phänomen auch eine Realität unserer Tage ist, selbst wenn Ersatzworte wie *human bondage* dafür verwendet werden:

5 Humboldt, Alexander von, „Über Wüsten und Steppen", in: Humboldt, Ansichten der Natur, mit wissenschaftlichen Erläuterungen und sechs Farbtafeln nach Skizzen des Autors, Frankfurt am Main: Eichborn Verlag, 2004 (Die Andere Bibliothek, hrsg. von Hans Magnus Enzensberger), S. 13–168 (davon Haupttext S. 15–37 und „Erläuterungen und Zusätze", S. 37–168, insgesamt 131 Fußnoten, d. h., Paratexte, Links und Hyperlinks; geschrieben 1805–1806; Reprint der dritten Auflage von 1849).

6 Müller, Gesine; Ueckmann, Natascha, „Einleitung: Kreolisierung als weltweites Kulturmodell?", in: Müller; Ueckmann (eds.), Kreolisierung revisited. Debatten um eine weltweites Kulturkonzept, Bielefeld: transcript, 2013, S. 7–42, vor allem S. 22–30: „Nach der Kreolität: Für eine neue Transozeanität?"; siehe auch: Reinhard, Wolfgang, „Seas and Oceans", in: Reinhard (ed.), Empires and Encounters: 1350–1750, Cambridge; London: The Belknap Press of Harvard University Press, 2015 (Iriya, Akita; Osterhammel (eds.), A History of the World), S. 31–34.

7 Miller, Peter M. (ed.), The Sea: Thalassography and Historiography, Ann Arbor: University of Michigan Press, 2013; Elvert, Jürgen, Europa, das Meer und die Welt: Eine maritime Geschichte der Neuzeit, München: Deutsche Verlags-Anstalt, 2018.

8 Mishra, Lakshmidhar, Human Bondage: Tracing its Roots in India, London: Sage Publications, 2011.

Eine Realität auch ohne Rechtsdefinition und meist ohne praktische legale Sichtbarkeit, nicht nur eine sprachliche und diskursive Konstruktion (aber das auch), ein Anklagewort oder eine Interpretation als Antwort auf die normative Konstruktion von „Freiheit".[9] Und ich las Alencastros und Thorntons bahnbrechende Bücher über Afrika und die atlantische Welt bzw. Brasilien in Afrika (Angola-Brasilien). Ich kam auch in Debatten oder zumindest Kontakt mit Kollegen, die sich bereits lange mit den Problemen einer Globalgeschichte und anderen Problemen der Geschichte der Sklaverei in vielen Teilen der Welt auseinandersetzten (wie Dale W. Tomich, Rafael de Bivar Marquese, Marcel van der Linden, Robin Blackburn, Joseph C. Miller, João José Reis, Luiz Felipe de Alencastro, Jean-Pierre Tardieu, Beatriz G. Mamigonian, Emma Christopher, Alessandro Stanziani, Manuel Barcia, David Eltis, William G. Clarence-Smith, Randy Sparks, Ehud R. Toledano, David Wheat, Gwyn Campbell), ebenso mit Romanisten (Martin Lienhard, der vor allem „Stimmen" von Subalternen erforscht hat) sowie Ottmar Ette und Gesine Müller mit den Konzepten der Transarealität und -insularität sowie globaler Geschichte des mobilen Wissens (auch und gerade visuellen Wissens, hier auch der erwähnte Pablo Diener aus Cuiabá sowie Ana Lucia Araujo), mit Linguisten (Matthias Perl, Armin Schwegler, Arthur Abraham), Anthropologen (Sidney Mintz (†), Richard Price, Stefan Palmié, Beatrix Heintze), Archäologen (Joachim Henning, Detlef Gronenborn) und Historikern sowie Historikerinnen (Norbert Finzsch, Christoph Marx, Michael Mann, Adam Jones, Reinhard Wendt, Klaus-Peter Matschke, Ulrike Schmieder, Matthias Middell, Katja und Claus Füllberg-Stolberg, Christine Hatzky, Hans-Heinrich Nolte, Christian Cwik, Verena Muth, Klaus Weber, Karsten Voss (†), Nikolaus Böttcher, Mark Häberlein, Marc Buggeln, Walter Ameling, Christian Lübke, Matthias Hardt, Stephan Conermann, Ulrike Freitag, Undine Ott, Bruce L. Mouser, Sue Thomas, Michael McCormick; mit letzterem habe ich nicht debattiert oder korrespondiert, kenne aber sein bahnbrechendes Werk über das Karolinger-Reich als Sklavenhandelsimperium sehr gut, gleiches gilt für das Werk von James Walvin), die zu mittelalterlichen Sklavereien oder zu Sklavereien in Afrika, im Indischen Ozean und in den Amerikas arbeiteten. Auch zu Kollegen aus Trier (vor allem Elisabeth Herrmann-Otto und Heinz Heinen (†)) und Mainz (Leonard Schumacher) sowie Bonn (Winfried Schmitz, Stephan Conermann, Bonn Center for Dependency and Slavery Studies), die zu neuen Perspektiven antiker sowie vormoderner Sklavereien (Antike, Mameluken) forschen, ergaben sich gute Kontakte.

Ein neues, weit gefasstes Konzept des Sklaven und ein wirklich globalhistorisches Narrativ wurden notwendig. Ausgangspunkt musste die Realität heutiger Sklavereien sein und das wichtigste räumliche Organisationsprinzip nicht Kontinente, sondern Meere unter dem theoretischen Dach eines Trans-Konzeptes (ich

9 Zu einer historisch-diskursiven Konstruktion der „Freiheit" aller Nicht-Versklavten siehe: Vlassopoulos, Kostas, „What Do We Really Know about Athenian Society?", in: Annales HSS Vol 71:3 (2016), S. 659–681.

bevorzuge Transkulturation). Ich musste mir auch eine historisch-anthropologische Grundchronologie (ca. 10 000 v. u. Z.–heute) sowie eine Grundtypologie („Plateaus") erarbeiten, die es ermöglichten, statt der unflexiblen Definition **einer** Sklaverei (hinter der meist Vorstellungen von der „römischen" Sklaverei oder der Sklaverei im Süden der USA stehen; oft auch nur die Idee „Sklaverei = Eigentum" im Sinne des „römischen" Rechts der Neuzeit) Sklavereien in einem sinnvollen Narrativ durchzukonjugieren. Damit sollte es möglich sein, die unterschiedlichsten Sklavereien und Menschenhandelssysteme weltweit, auf dem ganzen Globus, zu analysieren und darzustellen. Die Welt außerhalb (*beyond*) Europas bestand, mit wenigen Ausnahmen (in den Amerikas) bis in das 19. Jahrundert aus Meeren.[10] Die wichtigste Perspektive sollte nicht mehr die der Institution Sklaverei sein (die implizit meist die Sichtweise und die Diskurse von Sklavenbesitzern und Sklaverei-Gesellschaften reproduziert), sondern eine Globalgeschichte aus Sicht ihrer wichtigsten Akteure – und das waren Sklavinnen und Sklaven auf der einen sowie die direkten Versklaver (Menschenjäger, Sklavenhändler, Hilfspersonal und Sklavenhalter) auf der anderen Seite. Das war mein zentraler Anspruch, um die bisher fast allen Strukturalismen (u. a. auch fast allen Arten von Marxismen) inhärente Reaktivität historischer Menschen zu überwinden (was nicht ganz einfach ist, da harte Strukturen, Landeigentum/Rechtssysteme, Ausbeutung und Herrschaft dazu tendieren, kreative Aktivität von Menschen zu kontrollieren und einzuschränken).

Nominalistische Historiker geben nicht gerne zu, dass sie über vorsichtige Interpretationen des Inhaltlichen ihrer Quellen hinausgehen (und somit etwas mit dem Postmodernismus und Poststrukturalismus Hayden Whites zu tun haben). Ich betone nochmals: die Spannung zwischen mikrohistorischer dezentraler Perspektive der Quellen und interpretativem globalistisch-zentralisierenden Narrativ der Text-Konstruktion ist extrem wichtig. Welt- und Globalgeschichte[11] mit – wenn möglich – individuellen, transkulturellen Körpern im Zentrum. Das führt notgedrungen zu einer fast extremen Verdichtung von ohnehin schon als *big history* angesehener Geschichte der Imperien, Wirtschaftssystemen, Epochen, Nationen, Religionen, Räume (Ozeane und Meere, Flusssysteme und Küsten; Kontinente und Territorien) sowie der Ökumenen/Kulturen sowie Transportstrukturen und -systeme. „Nation" als Analyseraster verschwindet fast ganz – außer in der Historiografie.

10 Sachsenmaier, Dominic, „Recent Trends in European History: The World beyond Europe and Alternative Historical Spaces", in: Journal of Modern European History 7, Nr. 1 (2009), S. 5–25.

11 Zu den transkulturellen Schwierigkeiten der Konstruktion des neuen Metanarrativs, siehe: Douki, Caroline; Minard, Philippe, „Histoire globale, histoires connectées: un changement d'échelle historiographique? Introduction", in: Revue d'histoire moderne et contemporaine n° 54–4 (2007), S. 7–21, www.cairn.info/revue-d-histoire-moderne-et-contemporaine-2007-5-page-7.htm (letzter Zugriff 8. Jan. 2018)); siehe auch: Ismard, Paulin, „Écrire l'histoire de l'esclavage: Entre approche globale et perspective comparatiste", in: Annales HSS Vol. 72:1 (Mars 2017), S. 9–43.

Ergebnis ist das vorliegende Buch, eine Globalgeschichte mit mikrohistorischen, translokalen und transkulturellen Ansätzen sowie einem zugrunde liegenden theoretischen Konzept von menschlichen Körpern als Kapital in nicht-nationalen Räumen (bzw. in nationalen Räumen, die auch und gerade durch verschleppte Menschen *from the margins* konstruiert worden sind). Es ist sozusagen eine „kurze" Synthese der Weltgeschichte der Sklaverei, an der ich seit ca. 2003 gearbeitet hatte.[12] Grundlage sind eher anthropologische Feldforschungen, grade auch als Historiker, *und* Arbeiten in großen und kleinen Archiven sowie Nationalbibliotheken dieser Welt (Madrid, London, Lissabon, Havanna, Washington, New Orleans, Paris, Berlin, Caracas, Den Haag, Bogotá, Cartagena, Dakar, Berlin/Leipzig), auch und gerade in sehr vielen kleinen Archiven vor allem auf Kuba (hier vor allem Provinzarchive, in denen Notariatsprotokolle und Testamente aufbewahrt werden) sowie in den USA, in Venezuela, Kolumbien, Spanien, Kapverden, São Tomé und Deutschland.

In vorliegender Globalgeschichte bilden archivalische Quellen zwar den Hintergrund, tauchen aber nicht systematisch im Quellenverzeichnis auf. Welt- und Globalgeschichte lässt sich in dieser Breite nur auf Grundlage publizierter Literatur erzählen. Systematische Auflistungen aller Archivalien finden sich in meinen mikrohistorischen Spezialarbeiten (wie zum Beispiel der Geschichte der Sklavinnen und Sklaven auf Kuba, der Geschichte der atlantischen Sklavenhändler[13] und der Geschichte der Atlantisierung Kubas/Sklavenhandel, die 2019 erscheinen oder in der Quellensammlung „Hidden Atlantic"[14]). Schlicht gesagt, konnte ich nicht die ganze Tiefe der mikrohistorischen Quellen, die meine Basis bilden, hier auflisten (es wären ca. 300 Seiten mehr); im Narrativ habe ich mich auf Autoren gestützt, die ich kenne oder aus deren Quellen hervorgeht, dass sie mit „harten" Quellen arbeiten bzw. ihre Konzepte sowie Perspektiven darauf stützen. Feldforschung als Grundlage bedeutet für mich aber mehr als Archive mit staatlichem oder wirtschaftlichem Schriftgut. Wichtig sind mir immer auch andere Formen der Memoria und des Wissens, z. B. Erinnerungen von Sklaven oder von Nachkommen ehemaliger Sklaven, prozessuale Grundstrukturen (wie Translokalität oder Transkulturation), visuelles Wissens auf Bildern, Skizzen, Fotografien und Filmen oder Gerichtsfälle, heutige Kulturformen in ihrer Historizität, Wege-, Landschafts- und Küstenanalyse („Weltanschauung *on the spot*"; mobiles Wissen) sowie das Sammeln und Auswerten von Literatur vor Ort („graue Literatur").

12 Eine „ganz kurze" Synthese von ca. 250 Seiten wurde mir erst auf Basis vorliegenden Buches möglich; siehe: Zeuske, Sklaverei. Eine Menschheitsgeschichte von der Steinzeit bis heute, Stuttgart: Reclam, 2018.

13 Zeuske, Sklavenhändler, Negreros und Atlantikkreolen. Eine Weltgeschichte des Sklavenhandels im atlantischen Raum, Berlin/Boston: De Gruyter Oldenbourg, 2015.

14 Siehe: Zeuske, „The Hidden Atlantic / El Atlántico oculto" (Octubre/October 2017), https://www.academia.edu/35009046/ (letzter Zugriff 27. Nov. 2017).

Ich danke Prof. Dr. em. Wolfgang Reinhard und Prof. Dr. em. Hans-Heinrich Nolte für kritische Lektüre des Manuskripts und hilfreiche Bemerkungen sowie Frau MA Gina Cantarero für Copyediting und technische Bearbeitung.

Mein Dank gilt auch der Deutschen Forschungsgemeinschaft (DFG). Ich hatte zwar nie ein Projekt direkt zum Thema Globalgeschichte der Sklaverei. Aber fast alle Projekte, in denen ich von der DFG unterstützt worden bin (ZE 302/2–2 „Das Erbe Afroamerikas. Regionale Gesellschaften und politische Kultur in Brasilien, Kuba und Venezuela (1880–1930)" (1994–1997; ZE 302/15–1), „Atlantischer Sklavenhandel als Schmuggel: Ramón Ferrer und die „Amistad", 1830–1840" („Amistad I" - 2007–2011; ZE 302/18–1) und „*Out of the Americas*: Sklavenhändler und *Hidden Atlantic* im 19. Jahrhundert" („Amistad II" - 2011–2014; ZE 302/18–1), hatten mit Sklaverei und Sklavenhandel zu tun. Sie haben mir erlaubt, Material zu sammeln, intensive Feldforschungen zu den Landschaften der Sklaverei sowie des Sklavenhandels zu betreiben und in Archiven der atlantischen Welt zu forschen.

Geschrieben 2008–2013 (mit einigen leichten Änderungen 2014–2018)

Vorwort zur zweiten Ausgabe 2019

Geschichte der Sklavereien und ihrer Akteure (Versklavte, Sklavenjäger-, Sklavenhalter/Sklavenhändler und ihr jeweiliges Hilfspersonal) ist Globalgeschichte, besser gesagt, Geschichte der Menschheit. Vorliegende Globalgeschichte ist auch ein Narrativ – sie beschäftigt sich aber weniger mit Narrativen, ist also kein Konzept-Narrativ. Vorliegende Global- und Weltgeschichte beschäftigt sich mit realen Sklavereien in Zeit und Raum; möglichst ohne Binarität zu einer normativ gesetzten „Freiheit“ (mit Ausnahme der kritischen Analyse der Abolitionsdiskurse). Analyse von Narrativen oder, wenn man so will, Worten, „Namen“ und Konzepten von Sklavereien spielt nicht nur in Bezug auf „westliche“ Abolitionsdiskurse und in Bezug auf Benennungen von Sklavereien und von ihr beeinflusste Abhängigkeiten eine wichtige Rolle.

Sklavereien und ihre sozialen Akteure waren und sind global und globalisierend.[15] Diese Globalisierung und Globalität kommt nicht als Segnung daher oder als Heilsversprechen, sondern als ernüchternde Realität – und das weltweit, d. h., lokal, regiohemisphärisch, global und eben globalisierend. Das wird sicherlich vor allem in Bezug auf *African agency*[16] und in der Einbeziehung anderer Räume als der der atlantischen Hemisphäre deutlich.

Die Spannung zwischen mikrogeschichtlichen Ansätzen und Globalität ist mir sehr wichtig. Das ist mir nach Publikation der ersten Auflage dieses Buches (2013) vor allem in China 2015 deutlich geworden. Ich war Ende 2015 als Fellow an der *BeiDa* Universität (Peking University). In Peking und Macao habe ich zu Fragen der Sklaverei-Geschichte Chinas sowie Ostasiens geforscht.

Sklaverei-Historiker und -Historikerinnen, die ich nach Publikation der ersten Auflage 2013 kennengelernt habe und deren Arbeiten vorliegende Neuauflage beeinflusst haben, sind vor allem Stephan Conermann (Universität Bonn), Juliane Schiel (Universität Zürich), Christian de Vito (Universität Bonn) und Reuven Amitai (The Hebrew University of Jerusalem) sowie Ehud R. Toledano (Tel Aviv University).

An der Universität Bonn haben sich seit Ende 2015/Anfang 2016 wichtige neue Entwicklungen ergeben, die zur Gründung des *Bonn Center for Dependency and Slavery Studies* (2017; Exzellenz-Cluster 2018) führten.[17] Der neue Impuls des Bonn

15 Pargas, Damian A., „Slavery as a Global and Globalizing Phenomenon. An Editorial Note“, in: Journal of Global Slavery 1 (2016), S. 1–4.

16 Keese, Alexander, „Das subsaharische Afrika als globalgeschichtlicher Raum“, in: Grandner, Margarete; Sonderegger, Arno (eds.), Nord-Süd-Ost-West-Beziehungen. Eine Einführung in die Globalgeschichte, Wien: madelbaum *verlag*, 2015 (Gesellschaft-Entwicklung-Politik (GEP); Bd. 16), S. 93–120.

17 Conermann, Stephan, „Sklaverei(en) in außereuropäischen vormodernen Gesellschaften – ein paar Vorüberlegungen“, in: Dhau. Jahrbuch für außereuropäische Geschichte 2 (2017), S. 9–24; siehe auch: https://www.dependency.uni-bonn.de/en (letzter Zugriff 18. September 2017).

https://doi.org/10.1515/9783110561630-204

Centers, zusammengefasst in einem Projekt mit dem Titel *Beyond Slavery and Freedom*, kommt aus dem Ansatz, „vormoderne" Sklavereien zu erforschen, die nicht oder bisher nur marginal im Rahmen des Feldes der *Atlantic slavery* bzw. der Globalgeschichte von Sklaverei und Arbeit analysiert worden sind. „Vormoderne" ist dabei durchaus im Sinne historiografischer Konvenienz der Zeitleiste vorwiegend europäisch-amerikanischer Geschichtsphilosophie zu verstehen. Viel wichtiger aber ist die räumliche Dimension in ihrer jeweils eigenen Zeitlichkeit, Sprache und ihren eigenen kulturellen Codes. Es handelt sich um alle Gesellschaften, die nicht oder nur marginal im Banne der Binarität von „Sklaverei und Freiheit" stehen – „Freiheit" verstanden als wichtigste Selbstdarstellungs-Kategorie des „Westens". In den Debatten um diese Sklavereien wurde plötzlich deutlich, dass es sich um Sklavereien im Grunde „ohne Abolition und ohne Freiheit" im westlichen Sinne handelt – entweder weil es „Abolition" in unserem heutigen Sinne noch nicht gab (alles vor ca. 1760–1840) oder – und das ist globalhistorisch viel wichtiger – weil Sklavereien als solche für fast alle Gesellschaften der Geschichte nicht deshalb wichtig waren, weil sie aufgehoben wurden, sondern weil sie als solche existierten und weil sie viel stärker als im „Westen" in unterschiedliche Grade von Abhängigkeit (*dependency*) eingefügt waren und diese Abhängigkeiten zugleich Stabilität und Dynamik, aber Statik dieser Gesellschaften (oder Gruppen) prägten.[18]

Der neue Umfang des Buches in der zweiten Auflage ist vor allem der schnell anwachsenden Bibliographie der beiden Felder Geschichte der Sklaverei / des Sklavenhandels sowie Globalgeschichte geschuldet. Inhaltlich neu sind vor allem die Partien, die sich damit beschäftigen, was Abolitions-Diskurse mit der Weiterexistenz von Sklavereien zu tun haben („no end after the end").[19] Neu sind auch die Partien über Sklavereien in der östlichen Hemisphäre und in China. Zu den Sklavereien in China, Macao sowie im südchinesischen Meer/Pazifik bis Manila/Acapulco und zu den Debatten um den Status der Versklavten verdanke ich den Kontakten mit Claude Chevaleyre (EHESS Paris, Centre de Recherches Historiques / IISH Amsterdam), Sucheta Mazumdar (Duke University), Harriet Zurndorfer (Universiteit Leiden), Hans F. Heese (Stellenbosch University) sowie George B. Souza (University of Texas, San Antonio) sehr viel.

Globalgeschichte kann heute nicht mehr ohne die Geschichte Chinas dargestellt werden. Ebenso wenig ohne Afrika, Persien/Iran, Osmanen/Türkei und

18 Begonnen wurde dieser *dependency-turn* im Feld der Südost-Asien-Studien; siehe: Condominas, Georges (ed.), Formes extrêmes de dépendance: contributions à l'étude de l'esclavage en Asie du Sud-Est, Paris: Editions de l'École des Hautes Études en Sciences Sociales, 1998; siehe auch: Eltis, David; Engerman, Stanley L., „Dependence, Servility and Coerced Labor in Time and Space", in: Eltis; Engerman (eds.), The Cambridge World History of Slavery, Vol. 3: AD 1420–AD 1804, Cambridge [etc.]: Cambridge University Press, 2011, S. 1–21.

19 Brahm, Felix; Rosenhaft, Eva, „Differential Chronologies: Abolition, Anti-slavery and Colonialism", in: Brahm; Rosenhaft (eds.), Slavery Hinterland. Transatlantic Slavery and Continental Europe, 1680–1850, Woodbridge: The Boydel Press, 2016, S. 19–23.

Russland oder die Philippinen, Niederländisch-Indien (Indonesien) und die Sulu-Zone, und auch ohne die *Indian Ocean World* und ohne Australien sowie die pazifische Welt nicht. Fokussieren wir uns auf China, wird das schön deutlich an einem kleinen Artikel der China- und Indienspezialistin Sucheta Mazumdar: „China und der globale Atlantik“ am Beispiel der Sklaverei-Ressource Zucker, eingebettet in Forschungsfelder, die zunächst slavereiunverdächtig erscheinen (*food, commodities*).[20]

Diese westliche Version der Zucker/Sklaverei-Globalgeschichte ist – in extremer Vereinfachung – die folgende: Frühe Zuckerproduktion entstand in Indien. Das weltgeschichtliche Narrativ der Zuckerwanderung in den „Westen“ und der Produktion im atlantischen „Westen“ kam von Edmund von Lippmann. Es lautet in seiner zentralen Aussage: „Westwanderung des Zuckers“.[21] Zucker wanderte aber im Gegensatz zu westlichen Narrativ erst mal nicht nach Westen, sondern von Indien nach Norden und Osten. Im Osten verbreitete sich Zucker mit dem Buddhismus (oder umgedreht). Zuckerproduktion hatte auch in den Gebieten des heutigen Chinas mit Versklavten zu tun, vor allem in großen Klöstern und auf den Gütern von Eliten, aber eine systemische Plantagen-Sklaverei-Gesellschaft mit Versklavten einer bestimmten Produktion (Zucker) und eines bestimmten Habitus' (Zuckersklaven), die übers Meer verschleppt wurden, entstand nicht. In den lateinischen Westen kam der Zucker über islamische Kulturen. Er verbreitete sich von *Outremer* (den Kreuzfahrergebieten) an den Nordküsten und verschiedenen Inseln des Mittelmeeres unter christlichem Vorzeichen und an den Südküsten des Mittelmeeres unter islamischem Vorzeichen, im Wesentlichen ohne Latifundien und Massen von Sklaven sondern meist durch Bauern. [22] Erst als die europäische Expansion in den Atlantikraum einsetzte, entstanden zunächst auf kleinen Inseln – Kanaren, Kapver-

---

20 Mazumdar, Sucheta, „China and the Global Atlantic: Sugar from the Age of Columbus to Pepsi-Coke and Ethanol“, in: Food and Foodways Vol. 16:2 (2008) (Special Issue on Sidney Mintz, Sweetness and Power), S. 135–147; siehe auch für die atlantische Weltseite: Moore, Jason W., „Sugar and the Expansion of the Early-Modern World Economy: Commodity Frontiers, Ecological Transformation, and Industrialization“, in: Review: A Journal of the Fernand Braudel Center, Binghamton University XXIII:3 (2000), S. 409–433; Tomich, „Commodity Frontiers, Spatial Economy and Technological Innovation in the Caribbean Sugar Industry, 1783–1878“, in: Leonard, Adrian; Pretel, David (eds.), The Caribbean and the Atlantic World Economy. Circuits of trade, money and knowledge, 1650–1914, London: Palgrave Macmillan, 2015 (Cambridge Imperial and Post-Colonial Studies Series), S. 184–216.

21 Lippmann, Edmund Oskar von, Geschichte des Zuckers, seiner Darstellung und Verwendung, seit den ältesten Zeiten bis zum Beginne der Rübenzuckerfabrikation. Ein Beitrag zur Kulturgeschichte. Leipzig: Verlag Hesse, 1890 [2. Auflage: Berlin: Verlag Julius Springer, 1929; Neudruck der Ausgabe von 1929 mit Ergänzungen und Nachträgen, Niederwalluf bei Wiesbaden: Verlag M. Sändig, 1970].

22 Ouerfelli, Mohamed, „La production du sucre en Méditerranée médiévale. Peut-on parler d'un système esclavagiste?“, in: Rives Méditerranéennes Vol. 53 (2016), S. 41–61 (= L'économie de l'esclavage en Méditerranée médiévale et moderne; coord. Armenteros Martínez; Ouerfelli).

den, Madeira, vor allem aber São Tomé,[23] große Antillen – große, private Landstücke „ohne Bauern“ (gemeint sind nichtversklavte Bauern im zeitgenössischen Verständnis). Ab ca. 1650 Plantagen genannt (mit einer agrikulturellen Industrie-Technologie, einer Mühle,[24] im Zentrum). Sie wurden mit Verschleppten aus Afrika bewirtschaftet, die in der Tradition der Mittelmeer-Sklaverei „Sklaven“ genannt wurden; schnell bürgerte sich auch *negro* als generischer Sammelbegriff ein. Die wirtschaftlich-kulturelle Grundeinheit der Plantage verband sich mit der Dynamik entstehender globaler Arbeitsmärkte, des weiträumigen Handels / Konsums und Transports und mit den Dynamiken des Wissens, der Hafenstädte und der Hochseeschifffahrt sowie der technischen und technologischen Dynamik, die Europäer (wegen der langen Unterlegenheit gegen asiatische und islamische Kulturen) auf der Basis von Wirklichkeitsphilosophie entwickelt hatten (Nominalismus). In der Tradition des „römischen“ Rechts entstand die Institution der atlantisch-afrikanischen Sklaverei (*Atlantic slavery*), die sich seit der Conquista Amerikas in der „Neuen Welt“ vor allem auf Inseln und an Flussmündungsgebieten verbreitete, meist in Synergie mit Hafenstädten, die als Sklavenmärkte, Dienstleistungszentren und natürlich auch als Wohn- und Wissenszentren fungierten, oft auch verbunden mit Bergbau-Sklavereigebieten und flankiert von Rinder/Pferde-Expansionssphären (*frontiers*).[25] Erst ab um 1800, nach der ersten erfolgreichen Sklavenrevolution in einer karibischen Insel-Plantagenkolonie (Saint-Domingue/Haiti) und in enger Synergie mit der industriellen Revolution in Europa (eiserne Dampfmaschinen im Gegensatz zu den lange Zeit vor allem hölzernen Maschinen wie Mühlen und Schiffe der atlantischen Sklaverei), stießen Zucker-Sklavereiplantagen und andere Formen von großen Sklaverei-Plantagen (Baumwolle, Kakao, Kaffee, Indigo, Tabak, Sisal, zeitweilig Kautschuk) in das Innere größerer Inseln (Kuba, Java, Sumatra, Madagaskar) und in die kontinentalen Räume der Amerikas (Süden der USA, Brasilien, Guayanas) sowie Südostasiens, Ostafrikas und Indiens vor. Der Westen entwickelte von 1794 bis 1888 eine Massensklaverei-Moderne, Afrika und der Osten jedoch nicht. Im Osten, in der *Indian Ocean World* und darüber hinaus, kam es zwar punktuell zu Plantagenrevolutionen in Teilen Afrikas, vor allem in Ostafrika, auf den Inseln

23 Fábregas García, Adela, „Del cultivo de la caña al establecimiento de las plantaciones“, in: Região Autónoma da Madeira (ed.), História e tecnologia do açúcar, Funchal: Centro de Estudos de História do Atlântico, 2000, S. 59–85; siehe auch: Fábregas García, „Azúcar e italianos en el reino nazarí de Granada. Del éxito comercial a la intervención económica / Sugar and Italians in the Nasrid Kingdom of Granada. From commercial success to economic intervention“, in: Cuadernos del CEMYR 22, Universidad de la Laguna (2014), S. 133–153.

24 Moscoso, Francisco, Orígenes y cultura del la caña de azúcar. De Nueva Guinea a las islas del Atlántico, Puerto Rico: Publicaciones Gaviota, 2017.

25 Sluyter, Andrew, Black Ranching Frontiers: African Cattle Herders of the Atlantic World, 1500–1900, New Haven: Yale University Press, 2012; Sluyter, „African Arrivals and Transformations“, in: Colten, Craig E.; Buckley, Geoffrey L. (eds.), North American Odyssey. Historical Geographies for the Twenty-first Century, Lanham/Plymouth: Rowman & Littlefield, 2014, S. 49–66.

des indischen Ozeans und in Niederländisch-Indien (Indonesien), Südostasien und in den Tee-Anbaugebieten Indiens, teils auf lokalen Grundlagen, teils als europäische Transkulturation innerhalb Asiens. Aber es entstanden nur regional indigene Massensklaverei-Plantagen-Modernen, im Gegensatz zum „Westen" (kontinentale Sklavereien in den Amerikas). Wichtiger blieb die so genannte „Haus"-Sklaverei, über große Migrationen verbunden mit der Welt. Auch in der östlichen Hemisphäre entstand, sozusagen über und mit diesen indigenen Sklavereien, eine „Kriegskapitalismus-Moderne" (Sven Beckert[26]) unter europäischer Hegemonie, die lokale Sklavereien, *coolitude*, Bondage-Sklavereien, maritime Sklavereien, Plantagensklaverei und andere Typen von Zwangsarbeit/Abhängigkeit mit freier Arbeit kombinierte – eine Art *Second Slavery* der weltwirtschaftlichen Globalisierung (am deutlichsten vielleicht erkennbar in individuellen *life histories*). Auch lokale und regionale Sklavereien unter lokalen Eliten, durch die „Weltwirtschaft" des 19. Jahrhunderts in die Globalisierung eingebunden, entstanden, durchaus auch mit eigenständigen Sklaverei-Modernen.

Aber auch im Westen blieben, trotz oder gerade wegen der Abolitionsdiskurse, Sklavenarbeit und „Sklaven"-Status sowie verschiedenste Formen starker Abhängigkeiten an der Tagesordnung. Die Persistenz von Zucker-Plantagen-Strukturen (Latifundien) im Westen zeigt sich vielleicht am deutlichsten im kommunistischen Kuba und im kapitalistischen Brasilien. Erst als die große Zuckerproduktion auf Kuba, auf riesigen Gütern unter Staatskontrolle, 2002 zusammenbrach, erklärte Regierungschef Fidel Castro, dass „Zucker niemals nach Kuba zurückkehren werde", weil Zucker und Plantagen „zu den Zeiten der Sklaverei" gehörten.[27] In Brasilien wird Zuckerrohr weiterhin angebaut, sowohl in extrem technisierten Großplantagen, wie auch in traditionellen Plantagen mit Ernte per Haumesser. Auch auf Kuba gibt es mittlerweilen moderne Plantagen mit maschineller Ernte.

Angesichts dieser Zucker-/Sklaverei-Geschichte (Zucker steht hier für Leit-Ressource bzw. Neudeutsch: *commodity*)[28] liegt es nahe, an einen neuen Materialismus des sozialen Lebens der Produkte/Dinge und der historischen Akteure „ohne Stimme" zu glauben. M. E. ist das besser als eines der „Post"-Konzepte, denn wir

---

26 Beckert, Sven, „Einleitung", in: Beckert, King Cotton: Eine Geschichte des globalen Kapitalismus, München: Beck, 2014, S. 7–18

27 Martínez-Fernández, Luis, „Sugar and Revolution. Cuba 1952–2002", in: Font, Mauricio A.; Tinajero, Araceli (eds.), Handbook on Cuban History, Literature, and the Arts: New Perspectives on Historical and Contemporary Social Change, New York: Routledge, 2014, S. 53–64, hier S. 64.

28 Curry-Machado, Jonathan, „Global Commodity", in: Curry-Machado, Cuban Sugar Industry. Transnational Networks and Engineering Migrants in Mid-Nineteenth Century Cuba, New York: Palgrave Macmillan, 2011, S. 2–5; Wendt, Reinhard, „Zucker – zentrales Leitprodukt der Europäischen Expansion", in: Zeitschrift für Agrargeschichte und Agrarsoziologie Vol. 61 (2013), S. 43–58; zum globalen Ansatz siehe: Follett, Richard; Beckert, Sven; Coclanis, Peter A.; Hahn, Barbara, Plantation Kingdom: The American South and Its Global Commodities, Baltimore: Johns Hopkins University Press, 2016 (The Marcus Cunliffe Lecture Series).

stehen nicht mehr am Ende von Geschichte, sondern mitten drin und vor neuer Geschichte, in einer Art neuer Prähistorie.

Mein Hauptansatz in diesem Buch sind Versklavte als Akteure von Sklavereien geblieben. Ich habe Sklaverei in dieser Neuauflage allerdings, noch konzentrierter als in der ersten Auflage, als „universelles“ Konzept und als Oberbegriff für andere Formen von Zwangsarbeit sowie der so genannten Servilität und *bondage* u. a. benutzt.

Einmal, weil das Wort, der „Name“ der Institution, aus liberaler und marxistischer Tradition wirklich weltweit und global bekannt ist.

Zweitens, weil die semantische, man muss fast sagen, Inflation des Begriffs durch den Neo-Abolitionismus seit ca. 2000 das Konzept auch in den heutigen Medien fest verankert hat. Das gilt auch für das Wort Sklave. Es ist seit dem Frühmittelalter und der Hedschra zwischen Okzident, Norden (Wikinger/Rus) und Orient entstanden – also schon in seiner Entstehung ziemlich translokal und global. In seiner Fassung als etymologischer Verwandter von *esclavo/escravo/slave/esclave* war und ist es globalisierend.

Drittens, weil das die positive Konsequenz hat, die wirklich nachgerade unheimliche Vielfalt historischer und heutiger Sklavereien und die noch viel umfangreicheren *life histories* versklavter Menschen innerhalb und außerhalb der Tradition des „römischen“ Rechts zu erforschen. Ich wiederhole das: die Unbekannten der Geschichte von weltweiten Sklavereien sind ihre Hauptakteure – die Versklavten.[29]

Nochmals Dank an die Deutsche Forschungsgemeinschaft (DFG). Ein neues DFG-Projekt erlaubt es mir, zur Geschichte der Sklaverei zu forschen („Der Mediziner und Sklavenhändler Dr. Daniel Botefeur. Der Übergang zum illegalen Sklavenhandel auf dem Atlantik sowie in den Amerikas und der Menschenhandel in Westafrika. Mikrogeschichten des Wissens" (ZE 302/22-1) (2017–2020)). Dank auch an das Internationale Geisteswissenschaftliche Kolleg „Arbeit und Lebenslauf in globalgeschichtlicher Perspektive“ (re:work / Humboldt-Universität Berlin), an dem ich 2018 Fellow sein durfte.

Sevilla/Leipzig/Köln/Bonn/Siena/La Habana, Mai 2016 bis März 2019

29 Zeuske, „Die Nicht-Geschichte von Versklavten als Archiv-Geschichte von „Stimmen“ und Körpern“, S. 65–114.

Inhalt

Band 2

Band 1

Für Ingrid. Por todo (26. Dezember 1972)

Transkulturationen, Wissen und Widerstand

Cabeza kongo cruzó la má / Cruzó mi nganga / Cruzó la má[1]

Meere, Flüsse und Transkulturation

Sklaven- und Menschenhandel war zugleich Transkulturation. Die eben beschriebenen angolanischen Menschenhändler, Ambakisten und Übersetzer, aber auch Frauen und Geliebte, waren oft die wichtigsten Informanten der so genannten „europäischen Forscher" (im Kongo-/Angola-Gebiet und im Interior Westzentralafrikas meist Portugiesen, Engländer, Deutsche und Belgier), die natürlich auch Agenten (und Akteure) des jeweiligen Kolonialismus waren. Oft auch Akteure im Sklavenhandel, zumindest im informellen Sklavenhandel, denn Versklavte waren bei den Hilfs- und Trägertrupps meist dabei. Das heißt, das Wissen von Menschenhändlern, ich sage das mal etwas hart, ging in die gefeierten Schriften dieser Forscher ein und wurde zu „Kolonial"-Wissenschaft.[2]

Transkulturation kann in der Mikrodimension, im Leben einzelner Sklavenhändler oder Versklavter zwischen verschiedenen Kulturen[3] oder als zunächst „Fremdes" in Sklavengesellschaften analysiert werden, aber auch in der Makrodimension, in Prozessen, an denen Versklaver und Versklavte beteiligt sind, und in kulturellen Räumen, die durch Versklaver und Versklavte geschaffen wurden. Der atlantische Ozean ist wahrscheinlich mehr durch Sklavenhandel als durch die „Entdecker" oder kosmopolitische Reisende geschaffen worden, u. a. deshalb, weil fast alle „Entdecker" Kapitäne und meist auch Sklavenhändler (zumindestens im Pacotille-Handel) waren und weil das Personal des Sklavenhandels die Mehrheit der Atlantikkreolen stellte. Menschen- und Sklavenhandel war nicht nur auf Überlandwegen, Steppen, Wüsten und Flüssen zu finden, sondern vor allem auf Meeren und Inseln (oder Mündungsgebieten von Flüssen). Auch unser Bild von Afrika ist durch das Wissen von „afrikanischen Pionieren" geprägt, d. h., die Transkulturation funktionierte, wie bereits mehrfach gesagt, auch über Meere und Küsten hinaus *beyond the Atlantic* (was einen großen Streitpunkt der Kreolisierungsdebatten darstellt) – meist entlang von Flussrouten.

Zunächst will ich mich aber den Meeren zuwenden. In der Weltgeschichte des Menschen-/Sklavenhandels (*slaving*) und der globalen Entwicklung von Kin-

1 Ritueller Gesang in der Palo-Monte-Religion Kubas, der besagt, dass der Kopf des Sklaven aus dem Kongo das Meer überquert habe (in einem Sklavenschiff) und mit ihm die Geister.

2 Heintze, Afrikanische Pioniere, passim.

3 Für Nordamerika siehe z. B.: Trenk, Marin, Weiße Indianer. Grenzgänger zwischen den Kulturen in Nordamerika, Wismar: Persimplex, 2009.

https://doi.org/10.1515/9783110561630-010

Sklavereien zu Typen „großer“ Sklavereien kam es aus atlantischer Perspektive zu drei globalen seegestützten Transkulturations- und Kreolisierungsprozessen im Zusammenhang mit Mobilität, Fernhandel, Verkehrssystemen und Transport verschleppter Menschen zwischen „Sklavenproduktionsgebieten“ (*slaving zones*) und Sklavereiterritorien.[4] Dabei entstanden sehr dynamische globale *spaces of transculturation and creolization* und Transportsysteme, genaugenommen Ozeanitäten. Sehr zeitig (über das Rote Meer und über die Südspitze Afrikas seit 1488) bildete sich auch eine Art *Transozeanität* zwischen Atlantik und Indik: erstens die Mediterranisierung seit 2500 v. u. Z. In einer ersten intensiven Phase des Austauschs und der Transkulturation verbreiteten *Sailors of Two Oceans* (Mittelmeer und näherer Atlantik) Metalltechniken, Zinn, Bronze, Kultur, Waren und Menschen – die bereits mehrfach erwähnten Phönizier.[5] Keltische Sklaven kamen von den britannischen Inseln, Irland und den Küstenzonen Iberiens sowie des heutigen Frankreichs in das Mittelmeergebiet. Intensive Menschenhandelsepochen im Mittelmeer lagen dann vor allem zwischen 600 v. u. Z. und 600 u. Z. Versklavte wurden aus den Küstenzonen vor allem des Ostmittelmeeres und der Ägäis sowie angrenzender Meere (Schwarzes Meer, Rotes Meer und Persischer Golf mit Zugängen zum Indischen Ozean)[6] nach Ägypten sowie in Zentren der antiken Welt und Imperien, vor allem über Delos, nach Griechenland, Rom, Italien und Sizilien verschleppt. Nach einem Niedergang der Meeresrouten (nicht des Landsklavenhandels) zwischen 600 und 800 vor allem im Westen, kam es zu einem Neuaufschwung des mediterranen Menschenhandels, der zwischen 800 und 1100 von jüdischen und arabischen Kaufleuten und Sklavenhändlern getragen wurde, dann kamen seit dem 12./13. Jahrhundert normannische, italische und katalanische (aragonesische) und andere christlich-mediterrane Akteure ins Spiel; bis 1830 spielte Slaving eine wichtige Rolle (im Westen) und 1920 (im Osten). Christliche Kaufleute partizipierten vor allem

4 Von Spekulationen über Sklaven-„Handel“ und Expansion der „Seevölker“ ab ca. 1200 v. u. Z. (innerhalb einer klimatische bedingten „destruction of the world of the Bronze Age“ (um 1250–1100), die in Bezug auf die frühen Reiche bzw. Staaten folgendermaßen beschrieben wird: „The ‘Crisis Years’ in the eastern Mediterranean encompassed the fall of the palatial system in the Aegean Basin, the Hittite empire in Anatolia, the maritime copper power-house of Alashiya (Cyprus) and prospering trade centres such as Ugarit on the coast of Syria and the decline of Egypt, which included the withdrawal from its province in Canaan“, siehe: Langgut, Dafna; Finkelstein, Israel; Litt, Thomas, „Climate and the Late Bronze Collapse: New Evidence from the Southern Levant“, in: TEL AVIV Vol. 40 (2013), S. 149–175, hier S. 150), sehe ich hier ab, nicht etwa, weil diese Expansion nicht mit Versklavung und Menschenhandel zu tun gehabt haben könnte (ganz im Gegenteil), sondern weil die Quellen eben zu einem Konzept wie „Handel“ zu spärlich sind; siehe: Cline, 1177 BC. The Year Civilization Collapsed.

5 Cunliffe, „Sailors on the Two Oceans: 1200–200 BC“, in: Cunliffe, Facing the Ocean. The Atlantic and its Peoples 8000 BC–AD 1500, New York: Oxford University Press, 2001, S. 261–310.

6 Power, Timothy, The Red Sea from Byzantium to the Caliphate, AD 500–1000, Cairo: The American University in Cairo, 2012; Müller; Ueckmann (eds.), Einleitung: Kreolisierung als weltweites Kulturmodell?, S. 7–42, vor allem S. 22–30.

zwischen 1100 sowie 1470; Genua, Pisa, Amalfi sowie Neapel, Palermo, Florenz und Venedig schon seit dem 10. Jahrhundert.[7] Dann übernahmen Osmanen, Tataren und islamische Städte/Territorien das Gros des Menschenhandels, ohne dass christliche Territorien, vor allem in Bezug auf Galeerenzwangsarbeit, völlig ausgeschieden wären.[8]

Ozeanische Dimensionen durchquerten an Land zunächst die großen Kamelkarawanen Nordafrikas. Viel früher, und wie im Mittelmeer basierend auf älteren lokalen Land- und See-Netzwerken (wobei Landwege und Karawanen / Flußtransporte in und zwischen den Agrarimperien Asiens mit ihren komplizierten Grenzräumen lange bevorzugt wurden), kam es zur Herausbildung von größeren regionalen Händlerkulturen am und auf dem Indischen Ozean [*Karte 32].[9] Die Route über Bagdad und den Persischen Golf–Indien–Ferner Osten war zentraler Teil der ältesten Verbindung zwischen China, Westasien und dem Mittelmeer.[10] In der Welt des Indischen Ozeans und der Arabischen Meere gab es zwar massiven Sklavenhandel, aber, wie oben gesagt, keine so kompakte Konzentration der Transkulturation wie auf dem Atlantik und kein so scharf konturiertes Sklavenhandelssystem wie die Middle Passage auf dem Atlantik.[11] Menschen wurden im Wesentlichen als „Luxus"-Güter „mit"-transportiert (als Waren etwa der Karimi-Kaufleute werden, wie gesagt, im Grunde Luxuswaren, Blei und Menschen genannt – wie auf einem solchen Schiff wie das von Ward beschriebene Wrack).[12] Lokale Zentren, wir könnten sie auch als Portale oder *hubs* bezeichnen, waren Moçambique, Swahili-Küste (eigentlich eine Dopplung, da *sāhil* im Arabischen Küste oder Grenze bedeutet) zwischen dem Norden des heutigen Moçambique und dem Süden des heutigen Somalia, das oben bereits als Makroregion beschriebene Horn von Afrika, Madagaskar, Rotes Meer (vor allem Aden, Massawa, Suakin, Jidda), Oman, Sokotra, Arabisches Meer (Golf), Malabar-Küste, verschiedene Inseln (wie etwa Komoren und Malediven – Produktion von Kauri-Muschelgeld), aber auch die Entrepôt-Staaten Südostasiens, wo der Fernhandel zwischen Indien und China wegen der Windverhältnisse

7 Fábregas García (ed.), Navegación y puertos en época medieval y moderna, passim.

8 Bono, Piraten und Korsaren im Mittelmeer, passim.

9 Karte 32: „Makro-, Meso- und Mikro-Regionen im Indik", aus: Mann, „Der Indische Ozean oder Indik: Verdichtung eines Wirtschafts- Handels- und Kulturraumes", in: Mann, Sahibs, Sklaven und Soldaten, S. 24–34, Karte S. 35.

10 Manning, „At the limits. Long distance trade in the time of Alexander the Great and the Hellenistic kings", S. 5–14; Abu-Lughod, „Sindbad's Way: Baghdad and the Persian Gulf", S. 185–211; Cosmo, „Connecting Maritime and Continental History: The Black Sea and the Mongol Empire", S. 174–197, vor allem S. 187–189.

11 In der wichtigsten neueren Kulturgeschichte des Raumes, die den afro-asiatischen Seeraum von China aus konstruiert, spielt Sklavenhandel eine sehr marginale Rolle, Sklavereien überhaupt keine, siehe: Ptak, Roderich, „Der Seeraum", in: Ptak, Die maritime Seidenstrasse, S. 28–53.

12 Ward, Cheryl, „Luxury wares in the Red Sea: The Sadana Island shipwreck", in: Lunde, Paul; Porter, Alexandra (eds.), Trade and Travel in the Red Sea Region. Proceedings of the Red Sea Project I (BAR International Series 1269), 2004, S. 165–171.

gezwungen waren, längere Pausen einzulegen und auch Sklavenhandel betrieben wurde. Durch die Straße von Malacca (Melaka) liefen die Seehandels-Verbindungen zwischen Indien und China (entstanden 1.–6. Jahrhundert u. Z.). Sklavenhandel fand auch im malayisch-indonesischen Südostasien statt, getragen vor allem von lokalen Händlern, Arabern, Indern, Chinesen und Malayen sowie Seenomaden.[13] Seit um 1800 intensivierten sich auch die Netzwerke islamischer Kaufleute (vor allem Hadramis)[14] im Golf von Persien, Ostafrika sowie im Indischen Ozean bis nach Südostasien und indischer Kaufleute in Ostafrika und im Indischen Ozean.

Es ist nicht ganz deutlich, ob auf genuesischen und venezianischen Schiffen seit dem 13. und 14. Jahrhundert Verschleppte in Massen transportiert wurden. Massentransporte von Menschen über Meere gab es, wenn überhaupt, mit einigen Vorläufern im 16. Jahrhundert (Portugiesen) 17. Jahrhundert (Niederländer, mit dem Hub Kap-Südafrika),[15] und 18. Jahrhundert (Franzosen, Engländer), vor allem im 19. Jahrhundert – konzentriert erst im Massentransport von Kulis (oder *coolies*; *indenture* oder *indentured labour* – bzw. *neoslavery* – hier waren Briten auf der Basis von Deportationen nach Australien, New South Wales, Tasmanien und den Norfolk-Islands führend, bald gefolgt von den Franzosen in Melanesien). Vergleichbare Massentransporte von und mit versklavten Menschen über Land in Karawanen gab es vor allem in Nordafrika und zwischen Küsten und Interior Zentralafrikas. Gwyn Campbell ist trotzdem der Meinung, dass die kumulative Anzahl der am und über den Indischen Ozean verschleppten Sklavinnen und Sklaven „weit" über den 12,5 Millionen liegt, die über den Atlantischen Ozean transportiert wurden.[16] Es gab, in der Forschung mehr und mehr nach dem Vorbild atlantischer Transkulturationen analysiert, auch in Südostasien *beyond the Indian Ocean* wichtige interne Razziensklavereien und Massenumsiedlungen versklavter Menschen, wie etwa von Handwerkern und Ramayana-Tänzern zwischen Burma und Thailand.[17]

---

13 Freitag, Ulrike, „Islamische Netzwerke im Indischen Ozean", in: Rothermund, Dietmar; Weigelin-Schwiedrzik, Susanne (eds.), Der Indische Ozean. Das afro-asiatische Mittelmeer als Kultur- und Wirtschaftsraum, Wien: Verein für Geschichte und Sozialkunde & Promedia Verlag, 2004 (Edition Weltregionen, Band 9), S. 61–82; Ptak, „Zwischen Tang-Reich und Kalifat", in: Ptak, Die maritime Seidenstrasse, S. 109–147; Mann, „Der Indische Ozean oder Indik: Verdichtung eines Wirtschafts- Handels- und Kulturraumes", in: Mann, Sahibs, Sklaven und Soldaten, S. 24–34. Zu den Seenomaden, die zugleich Sklavenjäger waren, siehe: „Les Moken et les Bajau", in: Atlas des esclavages, S. 9.

14 Freitag, Ulrike; Clarence-Smith (eds.), Hadhrami Traders, Scholars and Statesmen in the Indian Ocean, 1750s–1960s, Leiden: Brill, 1997; Abushouk, Ahmed Ibrahim; Ibrahim, Hassan Ahmed (eds.), The Hadhrami Diaspora in Southeast Asia: Identity Maintenance or Assimilation?, Leiden: Brill, 2009.

15 Marx, Christoph, „Die Entstehung einer Sklavereigesellschaft", in: Marx, Südafrika. Geschichte und Gegenwart, Stuttgart: Kohlhammer, 2012, S. 36–42.

16 Campbell, „Slavery in the Indian Ocean World", S. 52–63, hier S. 57.

17 Sobal, Mechal, „All Americans Are Part African", in: Archer, Leonie J. (ed.), Slavery and Other Forms of Unfree Labour, New York: Routledge, 1988, S. 176–187; Beemer, „Southeast Asian Slavery and Slave-Gathering Warfare as a Vector for Culture Transmission: the case of Burma and Thailand", S. 481–506; Trakulhun, „Formen institutioneller Unfreiheit in Siam. Historische Semantik und gesellschaftliche Praxis (16.–19. Jahrhundert)", S. 163–183.

Wikinger schufen seit dem 9. Jahrhundert, wie in Ansätzen ihre angelsächsischen Vorgänger vom 5.–8. Jahrhundert, gestützt auf Nord-, Ostsee, Nordatlantik, Ärmelkanal und Irische See sowie osteuropäischen Flüssen einen Sklavenhandels- und Kreolisierungsraum. Er verband den Nordatlantik bis Grönland sowie nordamerikanische Küstengebiete und die Nebenmeere des Atlantiks im Norden Europas über die russischen Flüsse mit Schwarzem Meer, Mittelmeer, Wolga und Kaspischem Meer sowie Asien und Nordafrika.[18] Im Westen entstanden die irischen Wikingerstädte um die Sklavenhandelshochburg Dublin, der Danelag in Nordostengland, die Wikinger-Kolonien in Schottland (mit ihrem eigentümlichen Silber-Ringgeld („Armreifen")) und die Kolonie Island, auf der viele keltische Sklavinnen und Sklaven angesiedelt wurden oder nach dort entflohen. Im Osten dominierte zwischen 850 und 1000 auf Basis slawischer Ethnogenese eher eine arabisch-islamisch geprägte Transkulturation im Mittelmeer einerseits sowie zwischen Vorder- und Zentralasien, Nordafrika, Ost- und Nordeuropa (vor allem im Baltikum).[19]

Westeuropa am Atlantik stellte bis um 800, mit Ausnahme der islamischen Gebiete auf der iberischen Halbinsel, eine sehr marginale Peripherie dar. Erst im 12. Jahrhundert kam es zu einem Entwicklungssprung. Zwischen 1160 und 1450 entstand durch die Hanse ein etwas kleinflächigerer Transkulturations- und Kreolisierungsprozess an und um Ost- und Nordsee, verbunden mit Ostexpansionen und Reichsbildungen.[20] Seit ca. 1300, etwa parallel zum Aufstieg der Osmanen im Osten, verlagerte sich das Zentrum Europas an den Atlantik (*mar pequeña*).[21] Ansetzend vor

---

18 Zu Weltbild, Verfassung, Wirtschaft und Handel in der Welt des Nordens (Zentrum Nordsee; mit starkem Zug zur Ostsee und Wollin sowie Usedom) im 10. und 11. Jahrhundert, siehe: Adam von Bremen: Bischofsgeschichte der Hamburger Kirche, ed. Trillmich, Werner, in: Quellen des 9. und 11. Jahrhunderts zur Geschichte der Hamburgischen Kirche und des Reiches, bearb. von Werner Trillmich und Rudolf Buchner, Darmstadt: Wissenschaftliche Buchgesellschaft [6]1990 (FSGA 11), S. 137–499; siehe auch: Schubert, Ernst, „Die erste Entdeckung Amerikas und ihr Chronist: Adam von Bremen" in: Schnurmann, Claudia; Lehmann, Hartmut (eds.), Atlantic understandings: essays on European and American history in honor of Hermann Wellenreuther, Münster: LIT Verlag, 2006 (Atlantic Cultural Studies; Vol. 1), S. 15–41; siehe im Überblick: Findeisen, Jörg-Peter, Vinland – Die Entdeckungsfahrten der Wikinger von Island nach Grönland und Amerika. Erik der Rote, Bjarni Herjulfsson, Leif Eriksson und Thorfinn Karlsefni, Kiel: Verlag Ludwig 2011. Zum Unterschied bei Versklavungen zwischen Angelsachsen und Wikingern, siehe: Strickland, „Slaughter, slavery or ransom: the impact of the Conquest on conduct in warfare", S. 41–59.

19 Adamczyk, „Friesen, Wikinger, Araber. Die Ostseewelt zwischen Dorestad und Samarkand", in: Komlosy; Nolte; Sooman (eds.), Ostsee 700–2000, S. 32–48; Adamczyk, Silber und Macht, passim; Jahnke, Carsten, „The Sea: Challenge and Stimulus in the Middle Ages", in: European Review Vol. 22:1 (February 2014), S. 64–71.

20 Bartlett, „Die deutschen Handelsverbindungen", in: Bartlett, Die Geburt Europas aus dem Geist der Gewalt, S. 358–366; Strzelczyk, Jerzy, „Ritterorden und Hanse. Mission und Expansion", in: Komlosy; Nolte; Sooman (eds.), Ostsee 700–2000, S. 49–60; Jahnke, Die Hanse, Stuttgart: Reclam 2014.

21 Steinberg, Philip E., The Social Construction of the Ocean, Cambridge: Cambridge University Press, 2001.

allem an Schifffahrtstraditionen des Nordens (Holk, friesische Kogge, Hecksteuerruder) und ihre Verschmelzung mit mediterranen Traditionen (Segeltechniken, Kraweelbauweise, Navigation, Kartografie, zunächst vor allem auf arabischer Wissensbasis) entstanden, zunächst im Versuch der Kontrolle der Mar Pequeña (zwischen Portugal und Marokko) sowie überhaupt Nordafrikas von Westen (Marokko) nach Osten (Tunis) bis Ende des 16. Jahrhunderts, Ansätze der Atlantisierung zwischen Westeuropa, Afrika und Amerika (1493). Eine rapide Entwicklung des kartografischen Weltbildes fand statt – vor allem bei Europäern und Osmanen.[22] Symptomatisch verkörperten Schiffe des Karavellen-Typs die neue, atlantische technologische Transkulturation, die Erfahrungen und Traditionen aus allen Europa umgebenden Meeren aufnahm.[23] Austausch, Verkehrssysteme, Schiffe, Hafen- und Schiffswesen, Kartografie, technologische Innovationen, Konnektionen, neue Essgewohnheiten sowie Edelmetall- und Geldknappheit standen dabei in erstaunlich engem Zusammenhang. Seit 1450, Beginn der Hoch-Zeit des afrikanisch-atlantischen Menschenhandels (1450–1650: „Iberisch-afrikanischer Atlantik"), kam es um den aus Mittelmeer, Nordatlantik, Nord- und Ostsee transkulturierten Orientierungs-, Wissens- und Hochseeschiffskomplex zur Herausbildung einer „Asymmetrie im Weltmaßstab", die in unserem Zusammenhang, vor allem seit 1700, in einer europäischen Flotte und einem Verkehrssystem maritimer Mobilität bestand, die Menschen als konzentrierte Massenware (*commodity*) transportierten – wie bereits erwähnt, insgesamt rund 35 000–40 000 Fahrten zwischen Europa, Afrika und Amerika (speziell zwischen 1650 und 1870) und all das meist auf Kredit.[24] Eine besondere Rolle in der Globalgeschichte des Sklaven-/Menschenhandels und der transkulturierten Sklavereien stellte das „Amerikanische Mittelmeer", die Karibik oder besser beide Karibiken (das eigentliche karibische Meer und der Golf von Mexiko) dar, ein Nebenmeer des Atlantik in hydrostruktureller Hinsicht, aber sicherlich, vielleicht neben Sulu-See, Schwarzem und Rotem Meer, die kompakteste Hauptlandschaft der Sklavereien sowie des Slaving (*slaving zone*), später der „großen" Sklavereien und der Transkulturationen weltweit. In der Karibik fielen nicht

22 Casale, Giancarlo, „The Ottoman "Discovery" of the Indian Ocean in the Sixteenth Century", in: Bentley, Jerry H.; Bridenthal, Renate; Wigen, Karen (eds.), Seascapes. Maritime Histories, Littoral Cultures, and Transoceanic Exchanges, Honolulu: University of Hawai Press, 2007, S. 87–104; Billig, Susanne, „Europäische Entdeckungsreisen mit arabischen Karten", in: Billig, Die Karte des Piri Re'is. Das vergessene Wissen der Araber und die Entdeckung Amerikas, München: Beck, 2017, S. 228–248.

23 Pinl, Harald, „Schifffahrt und Fischerei ‚binnen und buten' der Ostsee", in: Komlosy; Nolte; Sooman (eds.), Ostsee 700–2000, S. 110–131.

24 Braudel, Fernand, „Umwälzenden Neuerungen und Rückständigkeit im Bereich der Technik", in: Braudel, Sozialgeschichte der 15.–18. Jahrhunderts, 3 Bde., München: Kindler Verlag GmBH, 1990, Bd. I., S. 417–474. Siehe auch: Malanima, Paolo, „Innovationen im Austausch", in: Malanima, Europäische Wirtschaftsgeschichte 10.–19. Jahrhundert, Wien, Köln, Weimar: Böhlau, 2010, S. 233–236.

nur alle Menschenhandelslinien, alle Slaving-Prozesse und alle kolonialen Versklavungsräume unter Kontrolle europäischer Mächte auf relativ gut dominierbaren Inseln zusammen, in der Karibik bildete sich auch, mehr, deutlicher und intensiver als an und auf anderen Meeren der Sklaverei eine cirkum-karibische Kultur der Cimarrones (geflohene Sklaven).[25] Und in der Karibik bildeten sich zwischen 1700 (Barbados, Jamaika und Saint-Domingue) und 1886 (Kuba, Puerto Rico, Guyana, Suriname) die zeitweilig wichtigsten „großen" Sklavereien auf Basis von Plantagen heraus (*Second Slavery*), überdeckt zwischen 1830 und 1865/88 von den kontinentalen Sklavereien des South (USA) und Brasiliens. Vor diesem Hintergrund können die Inseln des ozeanischen Imperiums der Sklaverei (Kanaren, Kapverden, São Tomé / Príncipe sowie Barbados, Jamaika und Saint-Domingue) als erste Territorien einer fast vollständigen Kommodifizierung und damit des Kapitalismus bezeichnet werden.

Expansionen, Massenmobilität und Imperienbildungen sind Grundvoraussetzungen großer Sklavereien und der Transformation existierender Kin-Sklavereien in größere Formationen der Unfreiheit, extremen Abhängigkeit und Zwangsarbeit. In diesem makrogeschichtlichen Zusammenhang ist es sinnvoll, die Welt in eine atlantische Hälfte der Meeresimperien und eine östliche Hälfte der Land- und Agrarimperien zu teilen (das Habsburgerreich seit 1650 ist in diesem Zusammenhang ein östliches Agrarimperium). Das saharische und subsaharische Afrika, südlich der nordafrikanischen Reiche (von Ägypten bis Marokko) hatte auch Imperien, die aber eine eigenständige Form von Landimperien mit Mangel an Menschen und Bauern darstellten. Das mag einerseits die Bedeutung von Menschen als „Eigentum" in Afrika unterstreichen, wie die unterschiedliche Bedeutung (und Visibilität) von Sklavereien in der Osthälfte und in der Westhälfte der Welt seit ca. 1450 (spätestens seit dem Ausscheiden Chinas als Seemacht im Indik). Und das kann auch die unterschiedlichen Raum-Strukturen in Osten und Westen erklären. Im Osten war die Landmasse Asiens enorm und der Indik als Strukturraum war von gleicher Bedeutung wie die Landmasse. Deshalb kam hier, in den Landreichen Afrikas, Kamelkarawanen und Trägerkarawanen auch höhere Bedeutung als Instrumenten der Mobilität und des Fernhandels zu. Das 19. Jahrhundert wurde gar, wie oben unter Transport beschrieben, zum Jahrhundert der ganz großen Karawanen in Westzentralafrika, dem wichtigsten Sklavenversorgungsgebiet des atlantischen Menschenhandels.[26] Im Westen wurde der Atlantik seit 1500 das räumliche Zentrum jeglicher Geschichte (und er beeinflusste sogar die Geschichte Asiens entscheidend).[27]

25 Landers, „Cimarrón Ethnicity and Cultural Adaptation in the Spanish Domains of the Circum-Caribbean, 1503–1763", S. 30–54.

26 Heintze, „Os Luso-Africanos no Interior de Angola", S. 259–307, hier 273.

27 Siehe etwa: Yang, Bin, „Horses, Silver, and Cowries. Yunnan in a Global Perspective", in: Journal of World History 15 (2004), S. 281–322.

In allen globalen Meereskulturen waren aber nicht nur ethnisch-lokal definierte Akteure am Werk, sondern Menschen, die translokalen Meereshandel und speziell Menschenhandel betrieben sowie im Grunde auf und vom Meer lebten. Diese Meereskreolen des Atlantiks, vor allem und auch die versklavten Menschen unter ihnen, waren zwangsläufig translokal und transkulturell sowie real-kosmopolitisch. Sie schufen wirklich neue globale Kulturen. Die Träger dieser Kultur am und auf dem Atlantik waren, wie mehrfach gesagt, Atlantikkreolen. Die wichtigsten transkulturellen und kreolischen Kulturen im Osten, vor allem auf dem Indik, waren sektoral. Sie fanden sich auf der kreolischen Insel Mauritius (nicht nur wegen der Versklavten aus unterschiedlichen Kulturen, sondern auch wegen der wechselnden Kolonialmächte),[28] an der Swahili-Küste Ostafrikas und ihrem Hinterland (zum Teil als Deutsch-Ostafrika Kolonie des deutschen Reiches 1884–1914),[29] paradigmatisch symbolisiert in der Herausbildung der Kreolsprache *ki-Swahili* (Bantu/ Arabisch und viele Lehnwörter aus dem Persischen, indischen Sprachen, Portugiesisch, Französisch, Englisch sowie wenigen deutschen Worten), in Batavia und Niederländisch-Indien sowie in der niederländisch-britischen Sklavereigesellschaft am Kap, die nicht nur ein Schmelztiegel verschiedenster Sklavereien und Sklavenhandelsformen war und eine eigenständige Kreolsprache (Afrikaans) konstituierte, sondern auch Massen von Kulis aus Indien einbezog und ein Schnittpunkt des transozeanischen Menschen-, Sklaven- und Kulihandels (über Macao) aus Canton und aus Indien in die Amerikas war.[30] Eine strukturelle Gemeinsamkeit zwischen beiden globalen Transkulturationsräumen Atlantik und Indik bestand darin, dass es sich auf Basis lokaler Sklavereien bis ca. 1800 um überregionale und transozeanische Imperien der Inseln und inselartigen Küstenpunkte und um lokale Kreolisierungen handelte (wie um Goa, in malayischen Gebieten, Südafrika oder in Flussstaaten in Festlands-Südostasien).[31] Am tiefsten griffen die Slavingprozesse in Afrika über die Grenzen der Ozeane und Inseln hinaus ins Innere der Kontinente, großen Inseln und Subkontinente (*beyond the ocean*) hinein, deutlich etwa an den Einzugsgebieten des Kongo, des Niger, des Senegal (und vieler weiterer Flüsse; nicht umsonst nannten die Portugiesen das südliche Senegambien „tausend Flüs-

28 Vaughan, Creating the Creole Island, passim.

29 Deutsch, Emancipation without abolition in German East Africa, passim.

30 Shell, Robert C.-H., „The tower of Babel: The slave trade and creolization at the Cape, 1652–1834", in: Eldredge, Elizabeth A.; Morton, Fred (eds.), Slavery in South Africa: Captive Labor on the Dutch Frontier, Boulder: Westview Press / Pietermaritzburg, University of Natal Press, RSA, 1994 (African modernization and development), S. 11–39; Mann, „Sklavengesellschaft am südafrikanisch-holländischen Kap, 1653–1828", S. 44–53; Ward, Kerry "'Tavern of the Seas'? The Cape of Good Hope as an oceanic crossroads during the seventeenth and eighteenth centuries", in: Bentley, Jerry; Wigen, Karen; Bridenthal, Renate (eds.), Seascapes: Maritime Histories, Littoral Cultures and Transoceanic Exchanges, Honolulu: University of Hawai'i Press, 2007, S. 137–152.

31 Halikowski-Smith, Stefan, Creolization and Diaspora in the Portuguese Indies. The Social World of Ayutthaya, 1640–1720, Leiden: Brill, 2011.

se"), des Sambesi und der Swahili-Küste, im Korridor Kilwas und Sansibars bis zum Malawi-See und über den Tanganjika-See hinaus in den Ostkongo und bis zur Atlantikküste. Allerdings, wie mehrfach gesagt, mit Europäern und Amerikanern bis um 1880 nur in Küstenenklaven. Wie in den Amerikas wurden im 19. Jahrhundert Slaving-Prozesse so intensiv und die Enklaven des seegestützten Menschenhandels dynamisierten sich derart, dass „Second Slaveries" entstanden (Massensklavereien, meist auf Basis von Plantagen-Ressourcenproduktion (siehe oben unter „kleine" und „große" Sklavereien)).[32] Eine Spur der globalen Bedeutung von Insel-Plattformen, Hafenenklaven und überregionalem Sklavenhandel findet sich noch heute, wenn wir uns verdeutlichen, dass wichtige Sprachen im Grunde Kreolsprachen und Linguae francae des Sklavenhandels waren und dass wichtige Städte, die mit Sklavenhandel sowie Finanzierung von Sklavereien zu tun hatten, wie oben analysiert, auf kleineren Inseln liegen (oder lagen) – beste Beispiele sind Cartagena, Luanda, Sansibar, Venedig, Moçambique-Stadt, und New York.[33]

Nur globalhistorischer Vollständigkeit halber seien auch die von Tainos/Kariben im amerikanischen Mittelmeer, der Karibik (um 0–700–1500), und die von Lapita-Leuten (aus Taiwan, um 3000 v. u. Z.) sowie Polynesiern (ursprünglich aus Papua-Neuguinea; um 1500 v. u. Z. – um 1000) getragenen Expansions- und Kreolisierungsbewegungen erwähnt. Auch in diesen See-Expansionen gab es versklavte Menschen (Kin-Sklavereien) und lokalen Menschenhandel (sowie Menschenopfer), aber im Gegensatz zu den anderen seegestützten globalhistorischen Austauschprozessen keinen großflächigen Menschenhandel vor dem Eindringen von Europäern, Walfängern und Neoeuropäern im 19. Jahrhundert, sondern wahrscheinlich nur Kin-Formen der Sklaverei und rituelle Geschenke von Menschen. Die eigenständige Expansion in der Karibik und ihre Transkulturationen wurden partiell abgebrochen beziehungsweise umgelenkt (siehe „schwarze" Kariben und *garifuna*), von Europäern übernommen und flossen, wie die mediterrane und nordatlantische Transkulturation, in die Atlantisierung ein – sozusagen eine transkulturierte, vieldimensionale Transkulturation. Die karibische Transkulturation *beyond the Atlantic* wurde aber weiter von Kariben vorangetragen – auch und gerade in der Menschenjagd in den Wasserwäldern der Guayanas.

---

32 Für den amerikanischen Bereich: Tomich & Zeuske (eds.), The Second Slavery: Mass Slavery, World-Economy, and Comparative Microhistories, 2 Bde., Binghamton: Binghamton University, 2009 (= special issue; Review: A Journal of the Fernand Braudel Center, Binghamton University XXXI, no. 2 & 3, 2008).

33 Shorto, Russell, New York – Insel in der Mitte der Welt. Wie die Stadt der Städte entstand, Hamburg: Rowohlt, 2004 (auch wenn Sklaverei und Sklavenhandel in dem Buch marginalisiert werden).

Transkulturation als Kreolisierung und kreolische Räume des Slaving

Alle Expansionen waren zugleich Transkulturationen und Kreolisierungen sowie Kosmopolitisierungen, aber eben nicht so sehr „von oben", wie es sich Conquistadoren und Eroberer wünschten, sondern eher „von unten" und relativ dezentral. Es war sicherlich nicht alles sprachliche Kreolisierung und Kreolsprachen, das hat Pier M. Larson gezeigt. Verschleppte kommunizierten eben nicht nur in Kreolsprachen. Aber Transkulturationen machten alle Menschen, Landschaften, Räume, Territorien, Gesellschaften und Kulturen in den Prozessen des Slavings durch, auch wenn Sklavinnen und Sklaven in der Sklaverei durchaus noch ihre ancestralen Sprachen gesprochen haben mögen, wie der berühmte *habla bozal* (eine immer noch umstrittene „Sprache der Bozales") auf Kuba. Paradigmatisch lässt sich das am Beispiel des Atlantiks und der Atlantisierung der Amerikas darstellen.[34]

Die Atlantisierung des Menschen- und Sklavenhandels zwischen 1300 und 1900 hatte, zugleich verbunden mit allen möglichen Globalisierungsprozessen (neue Pflanzen, Tiere, Mikroben, Viren, Nahrungs- und Konsummittel, Ernährungskulturen und Diäten, Krankheiten, Heilmittel/Arzneien etc.),[35] schon wegen der schieren Menge an Menschen sowie vor allem der Reproduktion (Sexualität) sowie Mobilität der Akteure des Slavings, Auswirkungen auf die Kultur dieses gigantischen Raumes. Er wurde zu einem „kreolischen Raum"[36] und Raum des Kosmopolitismus. Der kreolische Raum des Atlantiks *and beyond* hat seine Anfänge und Grundlagen in Afrika und, vermittelt über Afrika, in den Amerikas und Europa. Und er wurde am meisten durch Sklaven- und Menschenhändler verändert, transkulturiert, vor allem durch das Personal des Menschenhandels, neue Gender-Konstellationen (Männer in Expansion und Frauen lokaler Gesellschaften – „imperiale Sexualität" sowie das, was Gilberto Freyre für die Portugiesen als *miscibilidade* („Mischbarkeit") umschrieben hat)[37] und Atlantikkreolen; nicht so sehr durch Verschleppte/Versklavte, aber durch sie auch. Trotz des augenscheinlichen Unfugs, der in heutigen Cultural Studies oft über diesen Raum geschrieben wird, ist der

34 Nach den Büchern: Bosma; Raben, Being „Dutch" in the Indies; Larson, Pier M., Ocean of Letters. Language and Creolization in an Indian Ocean Diaspora, Cambridge: CUP, 2009 (Critical Perspectives on Empire) wäre es auch möglich, Kreolisierungs- und Transkulturationsprozesse im Indischen Ozean in Umrissen zu beschreiben. Allerdings liegen Sprachen und Kosmologien des Indiks außerhalb meiner Sachkenntnis.

35 Ortmayr, Norbert, „Kulturpflanzen: Transfers und Ausbreitungsprozesse im 18. Jahrhundert", in: Grandner; Komlosy (eds.), Vom Weltgeist beseelt, S. 73–99; Carney; Rosomoff, In the Shadow of Slavery, passim.

36 Bartens, Der kreolische Raum, passim.

37 Braga-Pinto, Cesar, „Sugar Daddy: Gilberto Freyre y el amor entre blancos y negros", in: Cuadernos de Literatura Vol. XXI, no. 42 (Julio-Dic. 2017), S. 79–95.

Atlantik als kreolischer Raum sehr gut unter dem Motto „The Atlantic as Drum"[38] zu fassen. Der Atlantik war das schlagende Herz der Neuzeit und der von Europa aus definierten Modernität. Es ist ein gigantischer transatlantischer und transkultureller, aber vorwiegend „farbiger" Kulturraum, konstruiert über akkumulationsgetriebene translokale Hin- und Herbewegungen sowie Netze, Akteure und Diasporas des Sklaven-/Menschenhandels, nicht mehr nur durch Amerika und die dortige, von den „weißen" Texten der kreolischen Eliten Amerikas konstruierte Kreolität (siehe unten).

Das betrifft auch das Konzept *„criollo"* selbst. Es stammt möglicherweise aus der Bantusprache *ki-Kongo* (die im Klang dem Kastilischen ähnelt, aber keinen „R"-Laut kennt) – im Kikongo bedeutet *nkuulolo* = Outsider und *kuulolo* = ausgeschlossen.[39] Die Theorie dazu ist, dass Afrikaner selbstverständlich eigene Worte und Konzepte für Tangomaõs, Grumetes, Lançados und Atlantikkreolen sowie fremde Cativos und Versklavte hatten. Diese Neuinterpretationen des Wortes *„criollo"* (*nkuulolo*, *crioulo*, *creole*, kreolisch) zeigen, wie oben bereits erwähnt, Afrika als globales Zentrum der Geschichte der Sklavereien und des globalen Sklavenhandels im Mittelalter und vor allem in der Neuzeit. Sie zeigen Afrika auch als Ursprung eines gigantischen Kreolisierungs- und Transkulturationsprozesses. Das hat Konsequenzen. Vor allem für die verborgenen Wechselwirkungen, Repräsentationen, Verwissenschaftlichungen und Ikonisierungen atlantischer Sinngebungsprozesse. Ihre Grundlagen finden sich in den *slave spaces* der tropischen Menschenhandelsinseln in der Nähe der westafrikanischen Küsten. Sozusagen im Schnelldurchlauf erfolgte eine afrikanisch-atlantische Kreolisierung, fassbar in den Mikrounterschieden der Kreolsprachen auf den Sklaveninseln im Golf von Guinea (São-Tomense = *Lungwa Santome* (auch *crioulo dos forros* oder einfach *forro*); Angolar = *Lunga Ngola*; Principense = *Lung'ie*; Anobonense = *Fa d'Ambu*)[40] oder auch in der Sprache *Krio*, mit erheblicher Bedeutung für eine neue Stufe der transatlantischen Vernetzungen im 19. Jahrhundert etwa seit 1808 in Freetown (Sierra Leone) unter den Recaptives-Creoles (meist von englischen Kriegsschiffen aus iberischen Sklavenschiffen befreite Menschen, die bei englischen Forts/Städten oder in Liberia angesiedelt wurden). Deren Mehrheit wurde seit 1830 zu „Aku" (wohl nach einer Begrüßung unter den Völkern und Stadtbevölkerungen (Oyo, Egbado, Ijebu, Ijesha, Ekiti, Ondo)) und in Sierra Leone

38 Niaah, Sonjah Stanley, „Beyond the Slave Ship: Theorizing the Limbo Imagination and Black Atlantic Performance Geographies", in: Comparativ. Zeitschrift für Globalgeschichte und vergleichende Gesellschaftsforschung 21, Heft 5 (2011), S. 11–30.

39 Warner-Lewis, Maureen, „Posited Kikoongo Origins of some Portuguese and Spanish Words from the Slave Era", in: América Negra 13 (1997), S. 83–95.

40 Hagemeijer, Tjerk, „As ilhas de Babel: a crioulização no Golfo da Guiné", in: Camões No. 6 (Julho/Septembro 1999), S. 74–88; Caldeira, „Uma ilha quase desconhecida. Notas para a história de Ano Bom", in: Studia Africana 17, Barcelona (octubre 2006), S. 99–109.

zu Krio.[41] Heute würde man den Begriff „Yoruba"[42] auf sie anwenden (bzw. *saro* in der Krio-Sprache); auf Kuba konnten „Yoruba" (ab ca. 1930) „Lucumiés"[43] und in Brasilien „Nagô" sein (siehe unten unter „Namen der Sklaverei"). In der Realgeschichte der Stadtstaaten und Gesellschaften des heutigen Nigeria, in der Diaspora, etwa auf Kuba, in Spanisch-Amerika oder Brasilien sowie in der etymologischen und historischen Konstruktion sind die drei Konzepte allerdings nicht identisch. Lucumiés auf Kuba und in Spanisch-Amerika konnten Menschen aus ganz unterschiedlichen Orten sein (die möglicherweise schon im 16. und 17. Jahrhundert verschleppt worden waren), als Menschen, die sich unter dem Einfluss protestantischer Missionare seit Mitte des 19. Jahrhunderts in Sierra Leone oder im heutigen südlichen Nigeria als Yoruba bezeichneten.[44] Erst in der Diaspora und im Sklavenhandel, aber hier weniger unter den Verschleppten, sondern vor allem unter dem Einfluss des hin- und herreisenden Personals / der Atlantikkreolen entstanden unterschiedliche Gruppen- und Identitätsbezeichnungen: Aku in Sierra Leone, Lucumí auf Kuba sowie Spanisch-Amerika (Neu-Granada) und eben Nagô in Brasilien (vor allem Bahia).[45] Insgesamt wird man wegen der Bedeutung von Initiations-/Taufritualen für alle diese Gruppen die Formel von Brandon nutzen können: „Lucumí not by birth, but by initiation".[46]

In den Amerikas hat man versucht, die neuen Kolonialgesellschaften, die aus Menschenhandel, Transkulturationen, Terror, Gewalt und Widerstand erwachsen waren, mit verschiedensten Konzepten zu erfassen – neben Sklavengesellschaften auch „mulattische Gesellschaften" oder „kreolische Gesellschaften". Die beste begriffliche Fassung des allgemeinen Modus der Kreolisierung ist das bereits zwischen 1900 und 1940 entstandene Konzept der *transculturación* von Fernando Ortiz.[47]

41 Cole, Gibril R., The Krio of West Africa. Islam, Culture, Creolization, and Colonialism in Nineteenth Century, Ohio University Press, 2013.

42 Zu Sprache und Kultur siehe: Abraham, Roy Clive, Dictionary of Modern Yoruba, London: University of London Press, 1958; zur Identitätskonstruktion siehe auch: Peel, John D. Y., Religious encounter and the making of the Yoruba, Bloomington: Indiana University Press, 2000.

43 Reid, Michele, „Origins of the Yoruba in Cuba: Lucumí, Yoruba, Spain and the Slave Trade", in: Falola; Childs (eds.), The Yoruba diaspora in the Atlantic world, S. 112–125.

44 Rauhut, „Yoruba und Lucumí im transatlantischen Sklavenhandel", S. 60–63.

45 Law, „Ethnicity and the Slave Trade: "Lucumi" and "Nago" as Ethnonyms in West Africa", in: History in Africa 24 (1997), S. 205–219.

46 Zitiert nach: Rauhut, Santería und ihre Globalisierung in Kuba, S. 68.

47 Ortiz, Fernando, Los negros brujos (apuntes para un estudio de etnología criminal). Carta prólogo del Dr. C. Lombroso, Madrid: Librería de Fernando Fe, 1906; Ortiz, Hampa afro-cubana: Los negros esclavos. Estudio sociológico y de derecho público, La Habana: Revista Bimestre Cubana, 1916 [Los negros esclavos, La Habana: Ed. de Ciencias Sociales, 1975]; Ortiz, „El fenómeno social de la transculturación y su importancia en Cuba", in: Revista Bimestre Cubana, La Habana Vol. XLVI (Julio-Dic. 1940), S. 273–278; Coronil, „Transculturation and the Politics of Theory. Countering the Center, Cuban Counterpoint", S. IX–LVI.

Transkulturation und Kreolisierungen bestimmten auch die Dynamik eines Atlantiks als Zentrum einer Kette von Städten, Hubs und Portalen, in dem Afrika wiederum eine extrem wichtige Rolle spielte, auch und gerade für Geschichte, Religion, Literatur und Performanzen, also Kultur.[48] Allerdings ist das ursprüngliche Ortiz'sche Konzept von einer fundamentalen historischen (Eliten-)Fehlperspektive geprägt. Da nur Eliten, die meist auch aus der Sklavenhaltertradition kamen, schrieben und Wissenschaft betreiben konnten, vermittelt das Transkulturations-Konzept in der Ortiz'schen Version den Eindruck, die „weißen" Eliten, die zugleich glaubten, für die ganze Gesellschaft zu sprechen, sollten die kulturellen Eigenheiten der schwarzen „Unterschichten" doch bitte auch anerkennen und honorieren. Ein Blick auf die Demographie zeigt schnell das Gegenteil. Bei 6–8 Millionen von Menschen aus Afrika, die bis 1830 in die Amerikas verschleppt worden waren (gegen 2–3 Millionen Europäer, die relativ „freiwillig" gekommen waren), waren die Amerikas in jeder Hinsicht eine dezentrale und fundamentale Schöpfung von „Afro"-Amerikanern. Es gibt hierzu verschiedene Zahlenangaben, zum Beispiel auch, dass bis 1820 mehr als dreimal so viel Afrikaner (8,4 Millionen) gegen 2,4 Millionen Europäer zur demographischen *Africanization of the Americas* geführt hätten, mit einer Vielzahl regionaler Kulturen)[49] – vor allem kulturell, aber kaum diskursiv. Zugleich wird verständlich, warum viele Schwarze in den Amerikas diesen „Afro"-Vorsatz empört zurückweisen: „Nein, wir sind die eigentlichen Amerikaner (Kubaner, Brasilianer, Kolumbianer, etc.)!".

Schon die Zeitgenossen der neuzeitlichen Sklaverei im Atlantikraum mussten sich mit dem Problem auseinandersetzen, dass an der Spitze dieser Gesellschaften immer sehr kleine Gruppen von „weißen" Kolonialeliten standen, wie Spanier, Portugiesen, Engländer, Franzosen, Niederländer, die sich selbst meist nicht nach „Nation", sondern nach *natio*, das heißt, nach ihrer europäischen lokalen Herkunft benannten, formal mehr oder weniger strikte Endogamie betrieben (am wenigsten wohl in Brasilien und in den portugiesischen Kolonien – siehe *miscibilidade*, oben) und sich strikt als „Weiße" definierten. Sie benutzten Kreolisierung und Mestizisierung zu Beginn trotzdem (oder gerade) als pure Überlebenschance (etwa Zeugung von Nachkommen mit Indias und Sklavinnen oder der Gewöhnung an lokale Er-

48 Roach, „Circum-Atlantic Memory", S. 4–7.

49 Die 8,4:2,4 Millionen stammen aus: Eltis, „Free and Coerced Transatlantic Migrations: Some Comparisons", in: American Historical Review 88 (1983), S. 251–280; siehe auch: Eltis (ed.), Coerced and Free Migrations: A Global Perspective, Stanford: Stanford University Press, 2002; Postma, Johannes M., The Atlantic Slave Trade, Westport: Greenwood Press, 2003; McKeown, „Global Migration 1846–1940", S. 155–190; „Africanization of the Americas" stammt aus: Bailey, „The Other Side of Slavery: Black Labor, Cotton, and Textile Industrialization in Great Britain and the United States", S. 35–50, hier S. 38; siehe auch: Knight, Frederick C., Working the Diaspora – The Impact of African Labor on the Anglo-American World 1650–1850, New York/London: New York University Press, 2010; Offen, Karl, „Environment, Space, and Place: Cultural Geographies of Colonial Afro-Latin America", in: Fuente; Andrews (eds.), Afro-Latin American Studies: An Introduction, New York: Cambridge University Press, 2018, S. 486–533.

nährungskulturen sowie Heilungsarten) und dann als Herrschaftsmittel, um die zugrunde liegenden Sklavereien, Sklavenhandel, dezentrale Kulturen und Zwangsarbeiten zu verbergen, unter anderem auch durch Tabuisierung von Sex mit Sklavinnen und ehemaligen Sklavinnen, endogame Heiratskonzepte usw., aber auch durch systemische Diskurse, die das „Barbarische", „Unreine" und „Unzivilisierte" den Unterworfenen und Versklavten zusprachen und ihre Herkunft zur (äußeren) Statusdegradierung nutzten.

In Wirklichkeit sammelten sich an der Basis und in der Mitte der Kolonialgesellschaften, je länger die Kolonie existierte und koloniale Diskurse entwickelt wurden, Menschen in allen möglichen konkreten Abhängigkeiten, Identitäten, „Farb"-Stufen, oft ehemalige Sklavinnen und Sklaven, meist als Pardos, Zambos, „Halbblut" oder Mulatten bezeichnet. In den USA wurden auch ehemalige Sklaven mehr und mehr als *negroes* bezeichnet. Vorläufer dieses modernen Rassismus finden sich auf Kuba (schriftlich formuliert) eher als in den USA: „todos son negros" [alle – auch die farbigen Nachkommen von schwarzen Sklaven – sind Neger] von Francisco de Arango y Parreño, 1792.[50] Die „negros" von Arango wiesen vor allem eines auf – sie hatten irgendwo einen schwarzen Sklaven oder eine schwarze Sklavin als Vorfahren.

Ganz unten in den Hierarchien der Sklavengesellschaften befanden sich zuletzt eingeführte Sklaven, die, je länger dieses koloniale Herrschaftssystem intakt war, immer deutlicher aufgrund ihrer Herkunft „Africa" als „Schwarze" (und „Wilde" – *bozales*) rassistisch markiert und in „römischer" Tradition bestialisiert wurden. Bei den Bozales war die äußere Statusdegradierung am stärksten. Dazu kamen, als Zwischenschicht zwischen Sklaven und Freien, die Sklavinnen und Sklaven, die begannen, sich auf Raten frei zu kaufen (*coartación*) sowie die eben freigelassenen oder freigekauften ehemaligen Sklaven – die *ingenuos* und *libertos*, die je nach Integrations- oder Exklusionsgrad auch als „Sklaven ohne Herrn" angesehen werden können. Sie blieben in den untersten sozialen Rängen und konnten beim kleinsten Vergehen wieder versklavt werden. Flavio Gomes hat am Beispiel des neben Luanda wichtigsten Portals des Sklavereiatlantiks, Rio de Janeiro, gezeigt, dass die Identitäten und Selbtszuordnungen zu „afrikanischen Naciones" schon in Afrika, aber vor allem seit dem Beginn der individuellen Versklavung, Wandlungs- sowie Re- und Umdefinierungsprozessen unterlagen.[51] Auch für die zuletzt (seit ca. 1808/10–1850) eingetroffenen zwischen 600 000 und 800 000 Sklavinnen und Sklaven in Rio bestand die Möglichkeit der Wahl ihrer Identitäten – es gibt keine Essentialitäten, auch und gerade in der Kultur nicht (und die „Afro"-Identitäten

50 Arango, „Discurso sobre la Agricultura de la Habana y medios de fomentarla" (1792), in: Obras, Bd. I, S. 114–162, hier S. 150.

51 Gomes, Flavio, „Africanos, "naciones" y cofradías en Río de Janeiro, siglos XVIII y XIX", in: Boletín Americanista, Año LXI:2, no. 63 (2011), S. 167–188; für Guinea-Bissau und Peru siehe: O'Toole, Rachel Sarah, „From the Rivers of Guinea to the Valleys of Peru: Becoming a Bran Diaspora within Spanish Slavery", in: Social Text 92, 25:3 (Fall 2007), S. 19–36.

waren eher Schöpfungen von Wissenschaftlern und Intellektuellen wie Nina Rodriguez und Fernando Ortiz). Transkulturationen haben kein Ende (auch in der Diaspora und in den eurokreolischen Nationen nicht).

Die Exklusion in den USA war wegen der zeitigen antikolonialen Revolution und der „Kleinheit" der ursprünglichen Staatsgründung der „Dreizehn Kolonien" an der atlantischen Peripherie und wegen des Ausschlusses der Sklaven und Indianer (sowie anderer „Farbiger") besonders intensiv und potenzierte sich im Süden. Dort gab es viele „weiße" Immigranten, die jede Arbeit außerhalb der Plantagen annahmen, sich aber im Gegensatz zu spanischen, französischen oder portugiesischen Amerikanern nie als Kreolen definierten. „Kreolen" in den USA waren neben den *creoles* von New Orleans vor allem schwarze Atlantikkreolen.[52] Überall in den Amerikas waren es diese Massen an bäuerlichen und meist farbigen Menschen, die den liberalen Fahnenworten Freiheit, Gleichheit, Bürger und Republik sowie Menschenrechten eine tiefe Verankerung im Kampf gegen Sklaverei, Sklavenhandel und ihre Folgen verschafften, auch die Elitekonzepte der Nation und eines nicht-monarchischen Staates (Republik) wurden (und werden) durch sie neu und anders definiert.

Für eine historisch-kulturelle Analyse kolonialer Sklavengesellschaften und des atlantischen Sklavenhandels von Afrika nach Amerika sowie überhaupt des atlantischen Raums (cum grano salis auch für den Indik) ist das Konzept der Kreolität und der *kreolischen* Gesellschaften sehr nützlich, wenn, wie oben gesagt, in welthistorischem Sinne vorausgesetzt wird, dass die ursprüngliche „erste" Kreolisierung schon zwischen 1440 und 1550 in Afrika zwischen Europäern und Afrikanerinnen einsetzte (und in Ostafrika bereits seit 800 zwischen Arabern und Afrikanerinnen) und parallel zur Übernahme des afrikanischen „Menschen-als-Kapital"-Konzepts durch die Iberer und während des atlantischen Sklaven-/Menschenhandels 1460–1878 immer wieder aufgefrischt und dynamisiert wurde.

Die ersten Menschen der atlantischen Transkulturation und Kreolität waren Söhne iberischer Männer, die sich nicht an die königlichen Monopole halten wollten, und afrikanischer Frauen, die mit dem Hintergedanken „wer weiß wozu dieser eigenartig und kränklich aussehende Bursche noch nützlich sein kann" zur Heirat oder einfach zum Zusammenleben mit Lançados bereit waren oder von ihren Familien dazu bewegt wurden. Das Sagen hatten die Familien der Frauen. Sexualität wurde zu einer dynamischen Grundvoraussetzung der atlantischen Transkulturation (erst in Westafrika, dann auch im atlantischen und karibischen Amerika sowie Brasilien) sowie imperialer Expansionen. Jedenfalls waren in Gestalt der Lançados um 1480 die ersten Atlantikkreolen da; in den zeitgenössischen portugiesischen Quellen werden sie wegen ihrer Qualitäten als Monopolbrecher, Schmuggler und Organisatoren des Menschenhandels nach afrikanischen Traditionen als Vorreiter (das bedeutet *lançado*) bezeichnet. Durch die verborgenen Aktivitäten der Atlantik-

52 Landers, Atlantic Creoles in the Age of Revolutions.

kreolen, die Mitnahme des Wortes und den massiven Sklaven- und Menschenhandel seit 1500 zwischen Afrika und Amerika erweiterte sich das Kreolitätskonzept nach Amerika (wo seitens der nichtschwarzen Bevölkerung die afrikanischen Grundlagen immer stärker marginalisiert und verschwiegen wurden), kursierte aber auch auf dem Atlantik sowie in Afrika, solange Menschen exportiert wurden, weiter (für den Indik ist es erst mit dem Kreolitätsboom in den Kultur- und Sprachwissenschaften seit den 1990er Jahren eingeführt worden). Durchaus auch als eigenständige Lebensform (Piraterie, Bukaniere und Flibustier), gegen die die europäischen Monarchien nur mit immer schärferen Monopolen vorgehen konnten oder sie im staatlichen Korsarentum sogar nutzen mussten. Europäern gelang es zunächst nur auf den Experimentalinseln, vor allem auf den bereits mehrfach genannten Kapverden und São Tomé (sowie Luanda), Atlantikkreolen und Menschenhandel in gewisser Weise unter Kontrolle zu bekommen und von dort aus in Verbindung mit den kontinentalen Hinterländern, Märkten (Ressourcen- und Konsumtionsmärkte) in Afrika zu treten. Von diesen Basen aus begannen auch die Auseinandersetzungen und Kooperationen (transimperiale Netzwerke, vor allem Sepharden sowie cross-kulturelle Interaktionen) bei der Süd-Süd-Überquerung des Atlantiks.[53]

Bei näherem Hinsehen aber wird deutlich, dass Atlantikkreolen sehr schnell Kreolisierung und Transkulturationen eigener Art neben den europäischen Kapitänen, Geschäftsleuten und Agenten sowie Netzwerken des atlantischen Handels[54] betrieben, indem sie sich etwa als „Portugiesen“ bezeichneten oder als *burghers* niederländischer Kolonialstädte. Die Folge waren Kreolsprachen (auch Afrikaans), Gewöhnung an neue Klimata, Sexualität, Ess- und Lebensgewohnheiten sowie Arbeits- und Körpertechniken, Religionen (Rituale und Performanzen (= Tanz/Musik)), Kleidungsstile und Medizin/Heilkünste, um nur die wichtigsten zu nennen. Atlantikkreolen, die afrikanische sowie europäische Elemente und Formen transkulturiert hatten, stellten oft das bereits mehrfach genannte Personal des atlantischen Slavings (Ruderer, Matrosen, Lotsen, Übersetzer, Informanten, Heiler, Musiker, Köche, Wachpersonal, Schiffsjungen (*grumetes*, *mozos*/*moços*)).[55] Allerdings müssen auch einige von ihnen versklavt worden sein (siehe das Kapitel über Hidden Atlantics unten).

53 Heywood; Thornton, Central Africans, Atlantic Creoles, and the Foundations of the Americas, 1585–1660, Cambridge: CUP, 2007; Ribeiro da Silva, „Sailing in African Waters: Coastal Areas and Hinterland“, in: Ribeiro da Silva, Dutch and Portuguese in Western Africa, S. 169–211; Ribeiro da Silva, „Struggling for the Atlantic: The Intercontinental Trade“, in: Ebd., S. 213–270; Dutch and Portuguese in Western Africa, passim.

54 Ribeiro da Silva, „Doing Business with Western Africa: Private Investors, Agency and Commercial Networks“, in: Ebd., S. 271–324.

55 Gómez, „The Circulation of Bodily Knowledge in the Seventeenth-century Black Spanish Caribbean“, S. 383–402; Aranzadi, Isabela de, „A Drum's Trans-Atlantic Journey from Africa to the Americas and Back after the end of Slavery: Annobonese and Fernandino musical cultures“, in: African Sociological Review Vol. 14:1 (2010), S. 20–47.

Noch im 17. Jahrhundert waren sich Chronisten im iberischen Amerika jedenfalls einig, dass *criollo* eine „Sache der Neger" sei.[56] Wie wer auf der Straße bezeichnet wurde, ist eine andere Sache.[57] Die ursprünglich afrikanisch-iberische Kreolisierung spaltete sich jedenfalls auf in eine mehr oder weniger sichtbare „weiße" Kreolisierung und eine verborgene „schwarze" Kreolisierung. Diese „weiße" Kreolisierung ist die, die die meisten von uns kennen. Nach diesem Konzept sind Kreolen in Amerika geborene Söhne von spanischen oder portugiesischen Eltern. Zu dieser ex-post-Perzeption schreibt José Andrés-Gallego: „En realidad, nadie solía apellidarlos [die Amerikaspanier – M. Z.] de ese modo (*criollos*); eran – los de los Reinos de Indias – españoles, sin más. Criollo era un barbarismo incorporado plenamente en la lengua hispana, pero con el significado de „nacido en los Reinos de Indias" y, en consecuencia, más usado para denominar a los descendientes de negros africanos [In Wirklichkeit, niemand nannte sie [die Amerikaspanier – M. Z.] gewöhnlich so (*Kreolen*), sie waren – die aus den Reinos de Indias – schlicht Spanier. Kreole war ein Barbarismus, völlig integriert in die hispanische Sprache, aber mit der Bedeutung „geboren in den Reinos de Indias" und, in der Konsequenz, mehr benutzt, um die Nachkommen afrikanischer Negros zu benennen]".[58] Es gab reale, aber verborgene „schwarze", „schwarz-indianische" (*zambos*, *llaneros*), „weiß-indianische" (*métis*) und „schwarz-weiß-indianische" (*pardos*) sowie atlantische Kreolisierungen (Atlantikkreolen, Lançados, Tangomãos). In vielen spanischsprachigen Gebieten wurden Kinder schwarzer Sklavinnen als *criollitos* bezeichnet.

All diese Prozesse gehören zum spannenden und dynamischen Vorgang der Transkulturation. Im Kern geht es neben den Atlantikkreolen bei dem Thema Transkulturation & Sklavereien/Menschenhandel einerseits darum, wie große Mengen versklavter Menschen in Sklavengesellschaften trotz extremster Machtasymmetrien

56 So Garcilaso de la Vega. „Inka" Garcilaso de la Vega (1528–1619) hatte zum Wort *criollo* eine dezidierte Meinung „*lo inventaron los negros*" (die Neger haben ihn – den Begriff Kreole – erfunden; Comentarios Reales, Lissabon 1609, Buch IX, Kapitel XXXI: „Nombres nuevos para nombrar diversas generaciones"). Damals gab es den modernen Rassismus nicht, der Begriff war genealogisch gemeint. Afrikaner als Sklaven, darunter viele schon kreolisierte Afrikaner, wurden von „Portugiesen", meist im Schmuggel, nach Lima gebracht. So wurde das Wort *crioulo* (*criollo* – Kreole) mit dem frühen atlantischen Sklavenhandel von Afrika nach Amerika gebracht und ging auch wieder zurück, sehr oft. Es wurde zu einem atlantischen Allerweltsbegriff für etwas sehr Besonderes: die transkulturelle Mischung zwischen Afrika und Amerika, vermittelt und verstärkt durch den riesigen Resonanzraum des Atlantik.

57 Graubart, Karen, „The Creolization of the New World: Local Forms of Identification in Urban Colonial Peru, 1560–1640", in: Hispanic American Historical Review 89:3 (2009), S. 471–499.

58 Andrés-Gallego, „Sobre el Bicentenario de algo que sucedió entre España y la China con el centro en América", in: Straka, Tomás; Sánchez Andrés, Agustín; Zeuske (eds.), Las independencias de Iberoamérica, Caracas: Fundación Polar; UCAB; KAS, Universidad Miochacana de San Nicolás de Hidalgo, 2011, S. 19–68, hier S. 23; siehe auch: Amussen, Susan D.; Poska, Allyson M., „Restoring Miranda: gender and the limits of European patriarchy in the early modern Atlantic world", in: Journal of Global History Vol. 7:3 (Nov. 2012), S. 342–363.

aktiv Gemeinschaften bilden und die Kultur der Sklavenhalter sowie der jeweiligen Gesellschaft sozusagen „von unten" durchwuchern können. Gramsci grüßt. Konkrete Phänomene sind neben Kreolsprachen, Sexualität, kreolischen Familien sowie „kreolischen Inseln" (wie Kapverden, São Tomé oder Mauritius) die Transkulturationen von Religionen vor dem Hintergrund des atlantischen Raumes. Das betrifft vor allem die afroamerikanischen und kreolischen Religionen, wie Santería, Vudú, Palo Monte, Abakuá, María Lionza (Venezuela), Candomblé (Bahia), Spiritismus oder Xangô (Recife) und viele andere Transzendierungen des Todes im Leben sowie des Weiterlebens von Toten (vor dem Hintergrund der vielen toten Versklavten). Das führte zu einem nahezu barrierelosen, direkten Umgang mit Toten (und Ahnen) in den Sklavenreligionen, die als individuelle Wesen dem Kapitalsystem der Körper und der symbolischen Gewalt der Versklaver und ihrer Religion entgegengestellt wurden und die Sklavereien sowie die Sklavereigesellschaften von unten durchwucherten auch und gerade in der materiellen Kultur (u. a. Siedlungsweisen, Gärten, Viehhaltung, Konsum).[59] Mit Trommeln als Medium.

Auch die Kulturen der *métis* in Nordamerika sowie die Llanero-, Comanchen-, Seminolen-, Cimarrón- und Maroonkulturen in der Karibik und in Südamerika beruhten auf Transkulturationen (oft „von unten" und gegen die Kolonisatoren, aber zugleich in engen Grenz-, Widerstands- und Konfliktsituationen). Damit eröffnet sich eine weitere Dimension von Transkulturation, die von den Kulturen des Hidden Atlantic, Hinterland-, Sklaverei- und Widerstandskulturen über Populärkulturen bis in heutige Musikkulturen hineinreicht. Die Trommelbeats fast aller heutigen Musiken haben, von etwas langweiligen mongolisch-türkisch-europäischen Militärmarschmusiken mit Marschtrommeln und Schellenbäumen mit Yakschwänzen abgesehen, atlantikkreolische Wurzeln – eben „the Atlantic as Drum". Oder die neuen Ernährungskulturen, die sich auf Manioc, Yams und die andere „Sklavenpflanze" Mais gründeten (und damit auf Arbeit in Subsistenzkulturen, die auch von Sklaven, vor allem von Frauen, ausgeübt wurden). Das markiert die dritte und vierte Dimension von Transkulturation (und Transformation), die im Grunde das Thema vorliegenden Buches prägen: die Transkulturation und Transsubstantion von Kapital menschlicher Körper in andere Werte, die nach vielen Wandlungen

---

59 Brandon, George, Santeria from Africa to the New World. The Dead Sell Memories, Bloomington: Indiana University Press, 1993; Young, Jason R., „Minkisi, Conjure Bags, and the African Atlantic Religious Complex", in: Young, Rituals of Resistance. African Atlantic Religion in Kongo and the Lowcountry South in the Era of Slavery, Baton Rouge: Louisiana State University Press, 2007, S. 105–145; Palmié, „Introduction: on Predications of Africanity", in: Palmié (ed.), Africas of the Americas: beyond the search for origins in the study of Afro-Atlantic religions, Leiden: Brill, 2008, S. 1–37; Fernández Olmos; Paravisini-Olmos, „Espiritismo. Creole Spiritism in Cuba, Puerto Rico, and the United States", in: Fernández Olmos; Paravisini-Olmos, Creole Religions of the Caribbean, S. 171–210; Miller, Ivor L., Voice of the Leopard: African Secret Societies and Cuba, Jackson: University Press of Mississippi, 2009 (Caribbean Studies Series); Brown, The Reaper's Garden, passim; Offen, „Environment, Space, and Place: Cultural Geographies of Colonial Afro-Latin America", S. 486–533.

und Transformationen (auch räumlicher Natur) an ihren jeweiligen Orten dann als „anständig“ gelten und frei von Blut, Gestank, Gewalt, Vergewaltigung, Mord, Hunger, Durst, Schmerz und Trauma. Und schließlich die Transkulturation von Expansion, Gewalt, Sklavereien und Kolonialismus in Wissenschaft und exotischer Kunst sowie Kultur. Besonders gute Beispiele für Transkulturationen von Visualisierung, Wissen und Kunst auf Basis von Sklavereien und Expansionen bieten sich – natürlich in erster Linie im mikrohistorischen Bereich der *life histories* – im Umfeld der niederländischen Expansion (wegen des besonderen Stellenwertes der Malerei): ich verweise nur auf die Lebensgeschichten von Zacharias Wagner (auch „Wagener“ oder „Wagenaer“, 1614 Dresden – 1668 Amsterdam) oder von Sibylla Merian (1647 Frankfurt am Main – 1717 Amsterdam) oder auch die fast unbekannten Maler Dirk Valkenburg (1675 Amsterdam – 1721 Amsterdam) mit seinen Sklaven- und Plantagengemälden, aber auch der Brite Isaac Mendes Belisario (Kingston, Jamaika 1795 – London 1849) oder Stiche des Wallonen Pierre Jacques Benoit (1782–1854).[60] Alles Karrieren, die ohne Expansionen, Kolonien, Migrationen, Transkulturationen und ohne Sklavereien oder Sklavenhandel nicht stattgefunden hätten. Aber nicht nur das, die Life Histories haben eine direkte Verbindung zu neuen Phasen der Kunst und Kultur, die noch heute unser Wissen über Sklavereien und Plantagenwirtschaften „von gestern“ lenken und prägen.

Rassismus und Wissenschaft sowie Visualisierung gegen Transkulturation

Sklavenhalter und Sklavenhalterinnen schützten sich mit Milizen (oft aus Versklavten oder ehemaligen Versklavten),[61] manchmal mit Sklavensoldaten oder -leib-

---

60 Davis, Natalie Z., Metamorphosen. Das Leben der Maria Sibylla Merian. (Women on the Margins), Berlin: Wagenbach Verlag, 2003. Siehe auch: http://gdz.sub.uni-goettingen.de/dms/load/toc/?PPN=PPN477830714 (letzter Zugriff 7. 2. 2018); Schmidt-Linsenhoff, „Flos Pavonis und das wissenschaftliche Bild. Maria Sibylla Merian in Surinam“, in: Schmidt-Linsenhoff, Ästhetik der Differenz. Postkoloniale Perspektiven vom 16. bis 21. Jahrhundert, 2 Bde., Marburg: Jonas, ^{2}2014 (Bd.I: Texte; Bd. II: Abbildungen), Bd. I, S. 135–157. Zu Valkenburg siehe: http://en.wikipedia.org/wiki/File:Dirk_Valkenburg_-_Plantage_in_Suriname.jpg (letzter Zugriff 7. 2. 2018) sowie: Daum, Albert Eckhouts ‚gemalte Kolonie‘, S. 53 („Sklaven auf einer Plantage in Suriname“, 1706–1708, Kopenhagen Statens Museum for Kunst); Isaac Mendes Belisario, Art & Emancipation in Jamaica, National Gallery of Jamaica, March 2nd–April 12th, Kingston: The National Galleryof Jamaica, 2008; Benoit, Pierre Jacques, Voyage a Surinam: Description des Possesions Néerlandaises dans La Guyane. Cent dessins pris sur nature par l'auteur, Bruxelles: Société Des Beaux-Arts, 1839. Zum kulturtheoretischen Problem siehe: Dalleo, Raphael, Caribbean Literature and the Public Sphere: From the Plantation to the Postcolonial, Charlottesville: University of Virginia Press, 2011; siehe auch: Fracchia, „Constructing the Black Slave in Spanish Golden Age Painting“, S. 179–195; Fracchia, „The Urban Slave in Spain and New Spain“, S. 195–216.

61 Siehe zum Beispiel für Chile und cum grano salis für ganz Spanisch-Amerika: Contreras Cruces, „Ser leales y parecer “decentes”. Milicias de castas e inserción social de los afrodescendientes, Chile 1675–1760“, in: Revista Tiempo Histórico Año 8, no. 14 (enero-junio 2017), S. 129–155.

wächtern, Terror, Ansiedlung unter Kontrolle und gezielter Gewalt gegen direkten Sklavenwiderstand. Zu ihrem Schutz nutzten sie auch Organisation und Kenntnisse, Wissen (*knowledge*), oft von Subalternen übernommen, sowie Technologien. Gegen die dezentrale Transkulturation vieler von außen in Sklavereigesellschaften Gekommenen (Verschleppte) setzten sie ideologische Dauerfixierung auf die Kultur Europas. Mit endogenen Heiratssystemen (die oft sogar bis zu Verwandtenheiraten führten), dem Verbot von Ehen zwischen versklavenden Herren und (oft) versklavten Frauen, mit der Hauptvariante „weiße" Herren und „schwarze" Geliebte, sowie bereits genannten Formen der Kontrolle von Kin-Sklavereien schützten sie das Familien-Erbe. Das hielt die Kreolisierung nicht auf, aber versklavte Kinder und farbige Nachkommen von der Erbfolge fern. Die Herren ließen die Transkulturation nur auf bestimmten Sektoren zu, wie Musik, Wettkämpfen (Boxen, Capoeira, etc., allgemein „Sport"), beim Tanz (Performanz), Karneval oder in der Küche; im gesamten riesigen Territorium, wo es Sklavensoldaten als Dauerinstitution gab, im Militär. Ihr wichtigstes Mittel gegen Transkulturation und Kreolisierung war die endogam-rassistische Formierung ausgesuchter Elite-Gruppen und -familien, die Macht, Akkumulation, Wissen, Verkehr und Herrschaft/Eigentum kontrollierten. Das diskursive Hauptmittel dazu waren Bestialisierung, Herkunftsdifferenzierung und Statusminderungen, Sexualisierung, Rassismus und nationale Ethnisierung.[62]

In den Amerikas und in den von Europäern kontrollierten Handelssystemen des Atlantiks übten diese Elitegruppen (zum Beispiel: „weiß", „angelsächsisch", „protestantisch" oder allgemein „christlich" bzw. „zivilisiert"; aber ähnlich funktionierten auch die Mantuanos von Caracas oder die Oligarchie von Havanna und Salvador de Bahia, etc., nur, dass sie katholisch waren) Rassismus praktisch aus. Als ab ca. 1770 europäische „Geistes"-Eliten, Philosophen, Publizisten, Ärzte und Literaten, die meist von Amerika, dem Atlantik oder Afrika keinerlei Ahnung hatten, auch noch einen positivistisch-wissenschaftlichen Rassismus als europäisches Ordnungssystem (bzw. generell Systematisierungen von Wissen) kreierten, kam das den Sklavenhaltereliten wie gerufen.

Macht wird durch Diskurse, Rituale, Mythen, Performanzen und Symbole sowie symbolische Gewalt hergestellt. Der Machtdiskurs von „weiß" und „schwarz" (und „farbig") war neben der wirtschaftlichen Effizienz und der Herrschaftsform das wichtigste Neue an der neuzeitlichen „großen" Sklaverei in der atlantischen Welt auf der schon alten Basis der realen und symbolischen Gewalt, der „Unreinheit", der Statusminderungen sowie der Barbaren- und Bestialisierungsdiskurse. Araber und Berber der westlichen Sahara (heutiges Marokko und Mauretanien), in Europa meist als Mauren bezeichnet, nannten und nennen sich selbst *bidān* („Wei-

62 Hill, Ruth, „Primeval Whiteness: White Supremacies, (Latin) American History, and the Transamerican Challenge to Critical Race Studies", in: Emerson, Michael; Levander, Caroline; Pinn, Anthony (eds.), Teaching and Studying the Americas: Engaging Cultural Influences from Colonialism to the Present, New York: Palgrave Macmillan, 2010, S. 109–138.

ße"). Mit diesem chromatischen Konstrukt setzten sie sich gegen diejenigen ab, die sie am liebsten versklavten – die „schwarzen" Bewohner des *sūdān*. Die „Schwarzen" südlich des Senegal galten den „weißen" Arabern sogar als „Sklaven par excellence".[63] Die Theorien, etwa Ibn Battutas oder Ibn Khalduns, der schon lange vor Montesquieu u. a. auf Klimatheorien setzte, gingen ebenfalls von der Überlegenheit der Araber aus und nutzten oft auch jüdische Theorieversatzstücke (Nachkommen Hams).[64] Der Chromatismus vor allem arabischer Versklaver lief etwa parallel zu den westlichen rassistischen Diskursen, wurde aber nicht zum systematischen und systemisch-theoretischen Rassismus; einfach deshalb, weil keine massive philosophische Systematik / Theorie der Überlegenheit à la Kant, Hegel und Gobineau wie in Europa entstand, die durch die Exklusion von „Anderen" (bzw. ihrer hierarchischen Einordnung in ein „Zivilisations"-Modell) verschärft wurde.[65] Und es gab keinen Sozial-Darwinismus bzw. keine positivistische Debatte um Überlebenskampf und Biologie des Menschen.

Arabischer und berberischer Rassismus beruhte nicht auf gigantischer Seeexpansion, Atlantisierung sowie (seltener auf) Massensklavereien und Plantagen, sondern mehrheitlich auf Razzien-, Palast- und Haussklaverei sowie Konkubinage, d. h., entwickelteren Formen von Kin-Sklavereien. Die Herrschaftsdiskurse der Chromatisierung wurden in Europa, hier vor allem, und Nordamerika zwischen 1770 und 1945 zu „Rassentheorien" systematisiert, die dann bis 1945 als Wissenschaft galten (mit vielen Spuren bis heute). Seit dieser Zeit wirkt der Diskurs „systemisch". Die Diskurse stellten nach der offenen körperlichen Gewalt avant la parole und avant la lettre (Peitsche, Strafen), der beredten Gewalt der Traditionen und der präsemiotischen Gewalt der Strukturen (Beschneidung der Mobilität, Überarbeitung), des Hungers und der Zwangsdiäten sowie der Kontrolle der Sexualität, aber auch der „Macht des Rechts" in „römischer" Tradition und des Rechtes der Macht, das wichtigste Herrschaftsmittel in der atlantischen Sklaverei dar. Dazu kam die positivistische Macht der Wissenschaft.

Zunächst lagen, wie bereits mehrfach erwähnt, atlantische Plantagengesellschaften und von Europäern/Amerikanern kontrollierte Sklavereienklaven bis 1800 im Wesentlichen auf Inseln, an sumpfigen Flussmündungen (meist mit den entsprechenden Krankheiten wie Malaria und Geldfieber) und inselartigen Küstenräumen sowie in Hafenstädten-Enklaven (*off-shore*). Seit 1820 begannen große

63 Oßwald, „Rassismus und Sklaverei als Rechtsproblem in Nord- und Westafrika", S. 253–277.

64 El Hamel, „The Interplay between Slavery and Race and Color Prejudice", in: El Hamel, Black Morocco, S. 60–105.

65 Braude, Benjamin, „How Racism Arose in Europe and Why It Did Not in the Near East", in: Berg, Manfred; Wendt (eds.), Racism in the Modern World, S. 41–64; Kaps, Klemens, „Zwischen Emanzipation und Exklusion: Fortschrittsdenken und die Wahrnehmung kultureller Differenz in der europäischen Aufklärung", in: Ertl, Thomas; Komlosy, Andrea; Puhle, Hans-Jürgen (eds.), Europa als Weltregion. Zentrum, Modell oder Provinz? Wien: new academic press, 2014 (= Edition Weltregionen, Bd. 23), S. 66–79.

atlantische Sklavereisysteme, deren Razzien-„Produktionszonen" in Afrika schon existierten (*slaving zones*), sich in das Innere der kontinentalen Amerikas (vor allem Süden der USA und Süden Brasiliens; Suriname) und der großen Inseln (Kuba, der Westen und Norden von Puerto Rico, aber auch Madagascar und Sumatra) hineinzuarbeiten. Das hatte Konsequenzen, nicht nur auf Sklaven und Sklavereien, sondern im Zusammenhang mit europäischen Wissenschafts- und Memorierungssystemen (Schrift, Kartographie, Dokumentalität[66]) auf alle Austausch- und Wissens- und Innovationsprozesse (vor allem Medizin und Biologie sowie Kunst).

Ich will nur noch einige Beispiele bringen, die normalerweise nicht sofort mit Sklaverei in Verbindung gebracht werden. Es handelt sich vor allem um die höchste und edelste Art menschlicher Beschäftigungen – Wissenschaft. Zumindest wurde Wissenschaft im viktorianischen Zeitalter des 19. Jahrhunderts und im Positivismus so verstanden. Um epidemische Krankheiten unter der Verschleppten zu kontrollieren, kam es zu einem massiven Aufschwung der Medizin; um Massensklavereien zu legitimieren und die Versklavten besser kontrollieren zu können, erhielten Geschichtsschreibung, Ethnographie und Anthropologie sowie Nautik und Vorformen der Biometrik starke Impulse. Um die Produktion und den Transport zu verbessern, wurden neue Technologien sehr schnell angewandt. Und die mobilen Wissenschaftler, Literaten/Journalisten und Künstler Europas und Nordamerikas grenzten in ihren Texten die eigene Welt der Subalternen (wozu Sklavinnen und Sklaven gehörten) meist aus, vor allem dann, wenn diese in den Kolonien als Unterworfene und Versklavte einen niedrigen Status hatten. Visualisierung aber ist ambivalenter. Künstler, auch Literaten, begannen vor allem nach 1800, die Welt neu zu visualisieren. Dazu nahmen sie wenigsten die Körper der Versklvaten, die meist als Subjekte in den Texten eine Leerstelle bildeten, zumindest in ihre Bilder und Skizzen sowie literarische Texte auf (siehe Debret, Rugendas, Mialhe oder Laplante).[67]

In der Massensklaverei der kompaktesten, „modernsten", am meisten technologisierten und reichsten der erwähnten Second Slaveries, der *Cuba grande* im Westen der Insel Kuba, gab es (relativ) die meisten Ärzte der Welt. Die Mehrzahl praktizierte in der Zuckersklaverei und verdiente Geld als Plantagen-, Hafen- oder Schiffsärzte. Ihre Beschreibungen von Sklavenkrankheiten, von menschlichen Körpern und ihre Versuche mit diesen Körpern (Menschenversuche) waren ein für sie unschätzbares Feld des „Praktizierens" am lebenden Objekt; ihre Publikationen fanden Wege direkt in die Akademien und wissenschaftlichen Institutionen.[68]

66 Ferraris, Maurizio, „Was ist der neue Realismus", in: Gabriel, Markus (ed.), Der neue Realismus, Berlin: Suhrkamp, 2014, S. 52–75, hier vor allem „Dokumentalität", S. 70–75.

67 Fracchia, „Constructing the Black Slave in Spanish Golden Age Painting", S. 179–195; Fracchia, „The Urban Slave in Spain and New Spain", S. 195–216.

68 Zeuske, „Doktoren und Sklaven. Sklavereiboom und Medizin als „kreolische Wissenschaft" auf Kuba", in: Saeculum Vol 65:1 (2015), S. 177–205.

Insgesamt war das Regime der Sklaverei und auch des atlantischen Sklavenhandels darauf angelegt, Leben und Arbeitskraft sowie – wenn irgend möglich – die Reproduktionsfähigkeiten der Sklaven zu erhalten – auch durch ausreichende Ernährung und eine, wenn auch oft sehr rüde medizinische Versorgung.[69] Das bedeutet, Wissenschaft und Erfahrung waren darauf ausgerichtet, menschliche Körper als Arbeitskraft und Kapital zu erhalten. Zugleich sollte Wissenschaft Widerstand von Sklaven, Flucht und aktive Transkulturation verhindern. Transkulturation war nur unter Kontrolle der „weißen" Eliten erlaubt. So war Wissen schon damals, „kein Mittel der Emanzipation, sondern ein Instrument der Macht".[70] Das galt auch und gerade für Städte als Zentren von Massensklavereigebieten, wie Havanna: „La Habana could be identified as arguably one of the most important centers of scientific discussion in Spanish America. It had an extremely close relationship with European institutions of knowledge and new ideas reached this city extremely fast".[71] Havanna und Kuba wiesen, wie gesagt, weltweit die größte Medizinerdichte per Capita auf. Havanna stellte eine „colonial medical metropolis"[72] dar. Grundlage dieser Ärztedichte waren Angst vor Seuchen, ausgelöst von den frisch in die Amerikas Verschleppten, Krankheiten der Sklaven und medizinische Versorgung der Schiffsmannschaften, der Garnisonen, aber vor allem der Plantagensklaven sowie allgemein der Versuch der reichen Besitzer, ihr Menschenkapital zu erhalten. Die Ärzte waren zunächst meist Spanier und Ausländer, aber im Laufe des 19. Jahrhunderts auch mehr und mehr kubanische Kreolen aus Familien mit Sklaven, die an der Universität von Havanna studiert hatten. Sie bildeten eine „protonationalist leadership cadre", eine Art kubanischer Wissenschafts-Avantgarde, die auch in den antinationalen Kämpfen und danach eine wichtige Rolle spielte (bis heute!).[73] Grundlage der Entstehung dieser Trägergruppe positiver Wissenschaft (auch Pharmazeuten, Sanitäter und Apotheker gehörten dazu) war, ich unterstreiche das nochmals, Sklaverei und „Praktizieren" an Sklavenkörpern. Steven

69 Higman, „Plantagensklaverei in Nord-Amerika und der Karibik", in: Zeitschrift für Weltgeschichte. Interdisziplinäre Perspektiven (ZfW) Jg. 3, Heft 2 (Herbst 2002), S. 9–23, besonders S. 11 f.; Beldarraín Chaple, Enrique, „Medicina y esclavitud", in: Beldarraín Chaple, Los médicos y los inicios de la antropología en Cuba, La Habana: Fundación Fernando Ortiz, 2006 (La Fuente Viva; 28), S. 13–65; zu Jamaika und zur Historiographie im anglo-karibischen Bereich siehe: Thornton, Amanda, „Coerced Care: Thomas Thistlewood's Account of Medical Practice on Enslaved Populations in Colonial Jamaica", in: Slavery and Abolition 32:4 (2011), S. 535–559.

70 Ferraris, „Was ist der neue Realismus", S. 52–75, hier S. 54.

71 Novoa, Adriana, „José Martí and Evolution: An Analysis on Nation and Race", in: Hoeg, Jerry; Larsen, Kevin S. (eds.), Interdisciplinary Essays on Darwinism in Hispanic Literature and Film: The Intersection of Science and the Humanities, Lewiston: Lampeter/Mellon, 2009, S. 169–205, hier S. 180.

72 Palmer, „Beginnings of Cuban Bacteriology: Juan Santos Fernández, Medical Research, and the Search for Scientific Sovereignty", in: Hispanic American Historical Review (HAHR) 91:3 (2011), S. 445–468, hier S. 447.

73 Ebd., S. 448.

Palmer hält, im Grunde Richard Sheridans[74] Forschungen zur britischen Karibik im 18. Jahrhundert fortsetzend, sehr deutlich fest:

> Doctors were a crucial part of the social relation of production in this slave system [der Second Slavery – M. Z.]. They tried to preserve its laboring bodies and organize sanitary practices on plantations with increasingly large complements of slaves. At the same time, physicians and surgeons found clinical material in this great mass of subordinated and stressed bodies. They conduced surgical, therapeutic, and medical trials on them, and published the results in medical periodicals in Havana and beyond. Slave sickness and health were raw material for the productions of a professional and academic universe [...] practioners were aware of, though in terms peculiar to the era – that lay beneath Havana's nineteenth-century medical brilliance: medicine was an integral part of the slave based sugar production process itself.[75]

Die „weiße" Bevölkerung der Karibik, vor allem Neuangekommene der Städte, oder die Mannschaften der Sklavenschiffe starben oft in noch größeren Raten als die Versklavten an Gelbfieber, Pocken und Malaria oder schlechter Ernährung beziehungsweise schlechtem Wasser sowie seit den 1830ern auch an Cholera (in Brasilien seit ca. 1849).[76] Das ist, wie aus dem oben über Experimente mit Sklavenkörpern Gesagten hervorgeht, kein Argument à la „Sklaven hatten es besser", sondern der Ausweis dafür, dass Herren und Adminstratoren ihre Sklaven zu Behandlungen und Impfungen zwingen konnten und die Doktoren sowie Chirurgen sie dabei auch

---

74 Sheridan, Richard B., Doctors and Slaves: A Medical and Demographic History of the British West Indies 1680–1834, Cambridge: Cambridge University Press, 1985; siehe auch: Bronfman, Alejandra, „'En Plena Libertad y Democracia': *Negros Brujos* and the Social Question, 1904–1919", in: Hispanic American Historical Review (HAHR), 82:3 (August 2002), S. 549–587; Bronfman, „On Swelling: Slavery, Social Science, and Medicine in the Nineteenth Century", in: Paton, Diana; Forde, Maarit (eds), Obeah and Other Powers: The Politics of Caribbean Religion and Healing, Duke University Press, 2012, S. 103–120.

75 Palmer, „From the Plantation to the Academy. Slavery and Production of Cuban Medicine in the Nineteenth Century", in: Wright, David; De Barros, Juanita; Palmer, Steven (eds.), Health and Medicine in the Circum-Caribbean, 1800–1968. New York: Routledge 2009 (Routledge Studies in the Social History of Medicine), S. 53–75, hier S. 54.

76 Kiple, Kenneth F., The Caribbean Slave. A Biological History, Cambridge: Cambridge University Press, 1984; Kiple; Higgins, Brain T., „Yellow Fever and the Africanization of the Caribbean", in: Verano, John W.; Ubelaker, Douglas H. (eds.), Disease and Demography in the Americas, Washington and London: Smithsonian Institution Press, 1992, S. 237–248; McNeill, J. R., „Atlantic Empires and Caribbean Ecology", in: McNeill, Mosquito Empires. Ecology and War in the Geater Caribbean, 1620–1914, Cambridge [etc.]: CUP, 2010, S. 15–62; Watts, Sheldon, „Yellow fever immunities in West Africa and the Americas in the age of slavery and beyond: a reappraisal", in: Journal of Social History Vol.34:4 (2001), S. 955–967, sowie: Kiple, Kenneth, „Response to Sheldon Watts: yellow fever immunities in West Africa and the Americas in the age of slavery and beyond: a reappraisal", in: Journal of Social History Vol.34:4 (2001), S. 969–974. Zu Brasilien siehe: Kosama, Kaori et al., „Slave mortality during the cholera epidemic in Rio de Janeiro (1855–1856): a preliminary analysis", in: História, Ciências, Saúde – Manguinhos, Rio de Janeiro Vol. 19, Suppl. (dez. 2012) (online: http://www.scielo.br/hcsm (03. Januar 2015)); siehe auch: Rodrigues, „Saúde e artes de curar", in: Rodrigues, Jaime, De costa a costa: escravos, marinheiros e intermediários de tráfico negreiro de Angola ao Rio de Janeiro, São Paulo: Companhia das Letras, 2005, S. 252–296.

als Versuchsobjekte benutzten. Freie Menschen, die nicht wie Sklaven zur Pockenimpfung, zu medizinischen Maßnahmen oder Diäten gezwungen werden konnten (wogegen es eine Reihe von Rebellionen gab), starben manchmal öfter als Sklaven an diesen Krankheiten. Allerdings wurden auch Krankheiten durch die Art und Weise der Behandlung oder Impfung übertragen, was zunächst an Sklaven getestet wurde.

Julián de Zulueta, der „moderne" Sklavenschmuggler und Kaufmann-Kapitalist, verfügte, dass auf jedem seiner fünf Ingenios in Kuba ein ausgebildeter Mediziner angestellt sein sollte. 1877 betrugen die Kosten für Medizin und Ärzte auf seinen Ingenios die recht hohe Summe von 1689,65 Pesos.[77] Zwischen 1866 und 1870 finanzierte er dem französischen Arzt und Mediziner Henri Dumont das Feldstudium der Sklavenkrankheiten auf seinen Ingenios *Álava*, *Habana*, *Vizcaya* und *España* (Dumont arbeitete auch auf dem Ingenio *Toledo* in Marianao bei Havanna; *La Paz* und *Dolores* bei Matanzas; *La Granja*, *San Agustín* und *Conteo* bei Cárdenas; *Los Atrevidos* bei Colón; *La Rudée* in Coliseo). Das Ergebnis seiner Feldstudien stellt die *Antropología y patología comparadas de los negros esclavos* [Vergleichende Anthropologie und Pathologie der Negersklaven] dar; eine extrem wertvolle Quelle für die Geschichte der Sklaven und die Visualisierung anthropologischer (damals: extrem rassistischer) Theorien. Dumont beschrieb nicht nur Colera Morbus, Gelbfieber, Elephantiasis sowie Tripanosomiasis (amerikanische Schlafkrankheit) und benutzte die Fotografie, um seine Ergebnisse zu dokumentieren, sondern führte auch die Ursachen einiger Krankheiten auf Erschöpfung wegen Überarbeitung, Schlafmangel sowie unzureichende Ernährung zurück: „sie vergessen alle Bedürfnisse ihrer Person und die ihrer Familien, um sich [wegen extremer Müdigkeit] auf dem Erdboden und bei voller Sonne dem tiefsten Schlaf hinzugeben".[78] Der

77 Marrero Cruz, „Traficante de esclavos y chinos", in: Marrero Cruz, Julián de Zulutea y Amondo, S. 46–79, hier S. 59.

78 Hier zitiert nach: Ortiz, Los negros esclavos, S. 74; siehe: Dumont, Henri, Investigaciones generales sobre las enfermedades de la raza que no padecen de fiebre amarilla y estudio preliminar sobre la enfermedad de los ingenios de Azúcar, o Hinchazón de los negros y chinos, Cárdenas, 1865.; Dumont, „Antropología y Patología comparadas de los hombres de color africanos que viven en la Isla de Cuba", in: Revista Bimestre de Cuba Vols. X y XI, La Habana, 1915–1916, S. 161–420 (No. X) y 15–90 (No. XI); Dumont, Antropología y patología comparada de los negros esclavos (Traducción por el Prof. L. Castellanos), Habana: Calle L, 1922 (Colección Cubana de Libros y Documentos Inéditos o Raros, dirigida por Fernando Ortiz; Vol. 2) [geschrieben 1875/76]; siehe auch: García González, Armando; Naranjo Orovio, Consuelo, „Antropología, "raza" y población en Cuba en el último cuarto del siglo XIX", in: Revista de Indias LV:1 (1998), S. 267–289; Pávez Ojeda, Jorge, „El retrato de los «negros brujos»: Los archivos visuales de la antropología afrocubana (1900–1920)", in: Aisthesis [online], 2009, n. 46, S. 83–110, http://dx.doi.org/10.4067/S0718-71812009000200005 (letzter Zugriff 7. 2. 2018); La Rosa Corzo, „Henry Dumont y la imagen antropológica del esclavo africano en Cuba", in: Historia y memoria: sociedad, cultura y vida cotidiana en Cuba, 1878–1917. Prólogo: Amador, José; Epílogo: Coronil, Fernando, La Habana: Centro de Investigación y Desarrollo de la Cultura Cubana Juan Marinello / Latin American and Caribbean Studies Program of the University of Michigan, 2003, S. 175–182.

wissenschaftliche Durchbruch der Anwendung bildgebender Methoden in der medizinischen Forschung wurde später für die Verfolgung flüchtiger Sklaven, zur Entwicklung der Kriminalistik und einer rassialisierten Biometrik ausgenutzt.

Was Anthropologie, Ethnografie, Nautik und Historiografie betrifft: die modernste Sklaverei des 19. Jahrhunderts brachte auch, bereits in der Quasi-Ethnografie der Menschenhändler-Charakteristiken (*naciones*) angelegt, Anfänge, Institutionalisierungen und Modernisierungen dieser Wissenschaften hervor. Mit dem schlichten Ziel, Kapitäne, Offiziere und technisches Personal für „spanische" Sklavenschiffe auszubilden, wurde vom *Real Consulado*, der Standesorganisation der Hacendados (Plantagen- und Sklavenbesitzer) sowie großen Kaufleuten (auch Negreros), 1812 in Regla bei Havanna eine *Escuela de Náutica* (Nautikschule) gegründet. Wie oben erwähnt, entstand auch eine Sklaverei-Literatur, darunter Anselmo Súarez y Romeros Roman „Francisco, el ingenio, o las delicias del campo" (1838), Cirilo Villaverdes „Cecilia Valdés" (1839/82), die Autobiographie des ehemaligen Sklaven Juan Francisco Manzano (1840), Gertrudis Gômez de Avellanedas „Sab" (1841), Antonio Zambranas „El negro Francisco" (1875) bis hin zu Miguel Barnets „Cimarrôn" (1966). Und nicht umsonst sind drei der wichtigsten Werke globaler Sklaverei- und Sklavenhistoriografie auf Kuba entstanden: Sacos „Historia de la Esclavitud" (1875–1877/78), Fernando Ortiz' „Los negros brujos" (1906) und Manuel Moreno Fraginals „El Ingenio" (1964–1972). Die Langzeitwirkung dieser Werke der Geschichtsschreibung kann daran gemessen werden, dass sie als Ausgangswerke neuer Nationalhistoriografien der Sklavereiforschung bis heute wichtig sind (siehe oben). Und die Bilder der Künstler, so rassistisch sie auch in ihren Texten gewesen sein mögen, gingen meist in die visuelle Memoria bestimmter Regionen, Städte und sogar Nationen ein.

Sklaven und ihre Nachkommen machten, etwa in den Sklaven- und Agrar-Gesellschaften der „großen" Sklavereien in den Amerikas, einen großen Teil der Bewohner eines bestimmten Territoriums aus [*Karten 33[79]]. In Summe prägten sie, von unten her, die Formierung und Entwicklung der Kolonialgesellschaften, der Nationen und der Gesellschaften bis heute. Schon der Anfang war ganz fundamental – es waren Sklavinnen und Sklaven, die das Land, den Boden der meisten Kolonien urbar machten und die ersten Städte anlegten.

Widerstand

Ganz fundamental haben sich Sklavenwiderstand und die Angst davor auf die Formierung der Plantagen-Gesellschaften Amerikas in allen „großen" Sklavereien aus-

79 Karten 33: Afro-Latein-Amerika: Karte a) 1800 und Karte b) 1900; aus: Andrews, George Reid, Afro-Latin America, 1800–2000, New York: Oxford University Press, 2004, S. XII und XIII (Spanisch: Afro-Latinoamérica 1800–2000, Madrid/Frankfurt am Main: Iberoamericana/Vervuert, 2007).

gewirkt, während Sklavenhalter und Menschen in kleinen Sklavereien und Gesellschaften mit Haussklavereien zwar ebenfalls mit der Angst lebten, aber eher mit dem Phänomen der Transkulturation zu tun hatten. Haussklaverei ist die wohl am weitesten verbreitete Sklavereiform weltweit gewesen. Deshalb müssen wir weltweit davon ausgehen, dass die meisten Sklavinnen und Sklaven keinen direkten Widerstand geleistet haben, sondern versuchten, unter Versklavungs-Bedingungen zu leben und sie irgendwie – manchmal auch durch Flucht – erträglicher zu gestalten.

Es gab Sklavenwiderstand. Verschleppte und Sklaven nutzten ihr Wissen, ihre Kenntnisse und Erfahrungen, um ihre Vulnerabilität und Isolation zu überwinden, auch durch Bindung an ihre Versklaver und deren Agenten (z. B. Aufseher). Sie setzten auch Eigensinn ein, um Zugehörigkeit zu kreiiren, zu gestalten und zu bewahren (nicht nur zu Menschen und Gruppen, auch zu Orten). Aktiven Widerstand zu leisten war schwer und im Grunde nur möglich, wenn Gruppen von Versklavten längere Zeit zusammen waren. Gewalt, Taumata und Angst gingen Hand in Hand in der Geschichte der Sklaverei.[80] Genau wie Gewalt gegen versklavte Menschen hat die Angst vor ihrem Widerstand Sklavengesellschaften und Menschenhandelszentren geprägt. Seit den Kriegen in Afrika ab 1560 und seit der haitianischen Revolution erforschten Versklaver und Schreiber mehr oder weniger systematisch das Wissen von Versklavten. Seit der Versklavung von Männern hatten alle Sklavenhalter mit Widerstand, Rebellionen, Aufständen, Verschwörungen sowie regelrechten Kriegen und Revolutionen zu tun. In einigen Imperien übernahmen Elitesklaven und Söhne von Elitesklavinnen bald die Herrschaft (Mameluken in Syrien – Ägypten seit dem 13. Jahrhundert und Sultanat von Delhi). Auch Flucht war immer ubiquitär und gegenwärtig. In allen Grenzgebieten, speziell in Viehhaltungs- und Jagdgebieten sowie Rinder-Grenzen (Prärien, Llanos, Pampas und andere flache Tiefländer mit Hirtensklaven)[81] und an allen Küsten und kleineren Meeren gab es eigenständige Lebensformen sowie Flucht- und Widerstandskulturen, oft markierten sie die Übergänge zu Piraterie, Räubereien, Schmuggel, Razzienkriegführung, Menschenjagd und funktionierten auch als Schutz gegen später Geflohene und als Fänger neuer Sklaven. In den Sklavengebieten Mittel- und Süditaliens oder Siziliens, etwa nach den Punischen Kriegen, klagte jedermann über „Räubereien" und Piraterie. An den Grenzen des Römischen Reiches mussten gegen Pikten, Kelten und Germanen mit ihren Razzien und Überfällen gigantische Grenzanlagen gebaut werden. An den Rändern großer Menschenjagdgebiete, wie im Süden der Sahara, in den Gebieten der Kreuzzüge, auf dem Balkan, in der Karibik, an den Rändern der Amazonía, am Orinoco und den Gebieten des heutigen Süd-Brasiliens, im Innern Angolas bis hin zum Sambesi-Korridor, am Senegal, im Süden Ägyptens (wie im gesamten historischen Sudan), im Korridor von Kilwa bis zum Malawi- und Tan-

80 Zeuske, „Slaving: Traumata und Erinnerungen der Verschleppung", S. 55–115.

81 Vor allem Hirtensklaven konnten sich der Aufsicht entziehen und regelrechte Räuberbanden bilden (133).

ganjika-See bis zum atlantischen Ozean oder am Nordufer des Schwarzen Meeres (und in der Romania) entstanden Razzienkriegs-Männergesellschaften, die sowohl auf die Abwehr anderer Razzienkrieger, wie auch auf Raub und auf Menschenjagd spezialisiert waren. Alle Jihads seit dem 18. Jahrhundert in Nordafrika waren auch Reaktionen auf Expansionen und Menschenraub. Die Sklavenamerikas waren an Grenzen und unwirtlichen Landschaften überzogen von *quilombos, palenques, mocambos/mucambos, rochelas* sowie anderen Siedlungen (Urbanisierungen) von geflohenen Sklaven, den *cimarrones* (*marrons, marrons*).[82] Eine paradigmatische Narration einer solchen Autonomieform ist die über Palmares (um 1600–1695), den langlebigsten Mocambo/Quilombo in den Amerikas.[83] Cimarronaje als Kreolisierung und „andere" Dimension der Transkulturierung unter geflohenen Sklaven gilt mittlerweile als karibische Lebensform.[84] Es war auch eine Lebensform im Indischen Ozean.[85]

Besonders in Krisen- und Umbruchsituationen oder wenn sehr viele kriegsgefangene Männer in ruralen Produktionszonen zusammengedrängt wurden, kam es zu massivem Widerstand, wie zum Beispiel zu den *bella servilia*, den Sklavenkriegen Roms 136–71 v. u. Z.[86] oder dem langwierigen Krieg im Mündungsgebiet von Euphrat und Tigris im 9. Jahrhundert (Aufstand der Zanj-Sklaven; 869 bis 883)[87] oder bei der einzigen erfolgreichen Sklavenrevolution der Weltgeschichte auf Saint-Domingue/Haiti 1791–1803).[88] Bei all diesen Konflikten verbanden sich Massen von ruralen Sklaven, Räubern, Cimarrones, geflohene Sklaven, arme Freie und urbane Sklaven zu gigantischen Aufständen, *bella servilia* und eben Revolutionen. Mittlerweile werden nicht mehr nur die großen Kriege und Rebellionen untersucht,

---

82 Thompson, Flight to Freedom, passim.

83 Orser Jr., Charles E., „The archaeology of the African diaspora", in: Annual Review of Anthropology 27 (1998), S. 63–82; Gomes, Flávio dos Santos, Palmares: escravidão e liberdade no Atlântico sul, São Paulo: Contexto, 2014; Viotti, Ana Carolina, „Revisitar Palmares: histórias de um mocambo do Brasil colonial", in: TRASHUMANTE | Revista Americana de Historia Social 10 (2017) (= Tráfico de esclavos y esclavitud en las Américas. Siglos XVI–XIX; eds. Borucki, Alex; Pérez Morales, Edgar), S. 78–99.

84 Landers, „Cimarrón Ethnicity and Cultural Adaptation in the Spanish Domains of the Circum-Caribbean, 1503–1763", S. 30–54.

85 Alpers, „The idea of *marronage*: Reflections on literature and politics in Reunion", in: Slavery and Abolition 25, 2 (2004), S. 18–29; Alpers, „Flight to freedom: Escape from slavery among bonded Africans in the Indian Ocean world, c. 1750–1962", in: Campbell (ed.), The Structure of Slavery in Indian Ocean, S. 51–68.

86 Hermann-Otto, „Sklavenaufstände und Krise der römischen Republik", in: Hermann-Otto, Sklaverei und Freilassung in der griechisch-römischen Welt, S. 125–144.

87 Atlas des eclavages, S. 10; Popovic, Alexandre, The Revolt of African Slaves in Iraq in the 3rd/9th Century. Introduction by Henry Gates, Jr., Princeton: Markus Wiener Publishers, 1999.

88 Geggus, (ed.), The Impact of the Haitian Revolution in the Atlantic World, Columbia: University of South Carolina Press, 2001; Dubois, Avengers of the New World. The Story of the Haitian Revolution, Cambridge; London: The Belknap Press of Harvard University Press, 2004; Popkin, Facing Racial Revolution, passim.

sondern auch der massive Widerstand gegen Razzien und Versklavungen in Afrika (oft waren eigene Sklavenrazzien der beste Schutz gegen fremde Sklavenjagden),[89] in den Amerikas[90] sowie die vielen Schiffsrebellionen auf den Meeren, Flüssen und an Küsten.[91] Dazu gehörte ebenso der alltägliche „kleine" Widerstand, die Verweigerungen, aber auch die Anpassungen, Übernahmen und Durchwucherungen der Versklavergesellschaften von unten in karibischen, amerikanischen[92] oder afrikanischen Gesellschaften, vor allem aber in islamischen, indischen und türkischen Gesellschaften die mit ihren Sklavensoldaten und Herrscherkindern von versklavten Müttern eine Erfolgsgeschichte par excellence waren.

Humboldt beschreibt ein solches Gebiet der Flucht, des Widerstandes, der Razzien, der Ressourcen (Tortugaeier und -fett, Holz, Sklaven) und der Missionare am Oberlauf des Orinoko im heutigen Venezuela, inclusive der Rindergrenze (hier vor allem den Teil, in den diese noch nicht gekommen war): „Stromaufwärts haben wir von der letzten Kuh in Carichana gehört".[93]

---

89 Diouf, Sylviane A., Fighting the Slave Trade: West African Strategies, Athens: Ohio State University, 2003.

90 Laviña; Ruiz-Peinado, José Luis, Resistencias esclavas en las Américas, Aranjuez (Madrid): Doce Calles, 2006; Finch, Aisha K., Rethinking Slave Rebellion in Cuba. La Escalera and the Insurgencies of 1841–1844, Chapel Hill: The University of North Carolina Press, 2015.

91 Taylor, If We Must Die; Eltis; Engerman, „Shipboard Revolts and Abolition", in: Drescher; Emmer (eds.), Who Abolished Slavery?, S. 145–155.

92 Mullin, Michael, Africa in America: Slave Acculturation and Resistance in the American South and British Caribbean, 1736–1831, Urbana: University of Illinois Press, 1992.

93 Humboldt, „Von San Fernando auf dem Apure, Orinoco, Atabapo, Río Negro, Casiquiare, Orinoco nach Esmeralda" (30. 3.–23. 5. 1800), in: Reise durch Venezuela, S. 236–310.

Hidden Atlantics: Menschenhandelskulturen zwischen Amerika und Afrika

Un buque [entró] en el Puerto con la bandera portuguesa, el cual al pasar el Morro fué señalado como procedente de su ultimo Puerto con una bandera encarnada, que significa venido de la Costa de Africa [Ein Schiff kam in den Hafen mit der portugiesischen Flagge, das, als es am Morro vorüberfuhr, wegen seines Ausgangshafens mit einer roten Fahne signalisiert wurde, was bedeutet, dass es von der Küste Afrikas gekommen war].[1]

Atlantik und Atlantikkreolen

Die Argumentation mancher Wirtschaftswissenschaftler in Bezug auf Portugal als der größten Sklavenhandelsnation seit 1450 und der relativen Armut des kleinen Staates an der europäischen Peripherie im 19.–21. Jahrhundert ist in dieser Direktheit falsch. „After being one of the richest countries in Europe in the seventeenth century“, sagen die Autoren eines Beitrages über Kinderarbeit, „by the beginning of the twentieth century Portugal had become one of the poorest“.[2] Portugal ohne seine „drei Imperien“, erstens den *Estado da India* sowie sein Indik-Seereich von Sofala bis Macao im 16./17. Jahrhundert, zweitens seine „Kolonien“ in Brasilien (bis 1822/25) sowie drittens África, d. h., Angola, Moçambique, Guinea-Bissau sowie die Inseln (Madeira, Kapverden, São Tomé), verbunden durch den Südatlantik, war gar nichts. Portugiesische Eliten des Zentrums haben durch die zwangsweise offenere Sexualpolitik des Imperiums (*miscibilidade*) schnell Konkurrenz aber auch quasi autonome Siedler im eigenen Gebiet bekommen („Portugiesen“ aus Brasilien, Kapverden, Angola, São Tomé und Príncipe, Macao, etc.). Und sie haben die „Vorteile“ der massiven Profite aus dem Sklaven- und Menschenhandel lange beibehalten. In der Perspektive von Sklavenhändlern, Sklavenhaltern und ihren Staaten war Portugal Weltmacht und gesamteuropäisches Handelszentrum, mindestens bis zum Verlust Brasiliens.[3] Das atlantische Land war im 19. Jahrhundert noch, dank einer kosmopolitischen und konservativen Handelsbourgeoisie, die wichtigste Sklaven- und Menschenhandelsmacht (vor allem in Portugal, aber auch in Brasilien, Senegambien, an der Gold- und Sklavenküste sowie Angola und Moçambique) sowie bis 1974 die letzte europäische Kolonialmacht (seit 1450). Die eigentliche Formel lautet: Portugal ist ohne den Sklaven- und Menschenhandel und ohne Sklavereien in West-

1 AHN Madrid, Estado, Trata de negros, leg. 8024/30, no. 29, J. Kennedy Havana, July 7, 1838 (copy and translation).

2 Goulart; Bedi, „A History of Child Labour in Portugal“, S. 257–278, hier S. 258.

3 Araujo, „La correspondance du Roi Adandozan avec la couronne portugaise: petite histoire d'une grande amitié“, S. 129–151.

https://doi.org/10.1515/9783110561630-011

afrika (15. Jahrhundert), ohne den Iberischen Atlantik und den Estado da Índia (16./17. Jahrhundert), ohne Südatlantik („O Império Ultramarino“, seit ca. 1660) sowie Afrika (Guinea, Goldküste, Angola/Moçambique, seit 1560) sowie ohne sein *Shadow-Empire* der Lusitanie nichts (ich halte trotzdem Portugal für ein extrem schönes Land mit freundlichen Menschen). Das Imperium stützte sich über Jahrhunderte auf Kapitalakkumulation, Sexualpolitik, Reproduktion und Energie aus menschlichen Körpern in Razzien-, Menschenhandels-, Sklaverei-, Schutzgelderpressungs- und Kolonialsystemen. Die Profite aus dem transozeanischen Verkehrssystem mit Slaving kamen der Krone, Kaufleuten, Städten, Institutionen (Klöstern, Banken, Universitäten) sowie einer geadelten Elite und einer Kaufleute- sowie Kapitänsgruppe zu Gute. Sie prägten das, was heute in der neuen Imperialgeschichte und in vielen Geschichten des Atlantiks als „Iberischer Atlantik“ gefasst wird. Aber es war mehr: „Portugiesische“ Atlantikkreolen, Menschen- und Sklavenhändler sowie Kapitäne und Mannschaften prägten – von Brasilien aus – den iberischen Südatlantik und seit Beginn des 19. Jahrhunderts einen *Hidden Atlantic* des Slaving und der Menschentransporte noch bis in das 20. Jahrhundert. In Bezug auf Kultur und Sprache ist Portugal, wie gesagt, heute noch Teil eines gigantischen informellen Shadow-Empire (nicht zuletzt deshalb singen portugiesische und brasilianische Künstler zusammen), eben der früheren Welten des Slavings im Indik und Atlantik. Die Frage ist nur – wo sind Profite und Kapitale heute?

Am Beginn der neuzeitlichen Globalisierung waren es vor allem Iberer, Genuesen und Venezianer, die den Atlantik als neuen Raum konstituierten, in dem die atlantische Sklaverei und der atlantische Menschenhandel, vornehmlich aus afrikanischen Grundelementen, entstand.[4] Die portugiesische Krone versuchte diesen ersten „Iberischen Atlantik“ unter ihrer Kontrolle und der Kontrolle privilegierter Adliger, Kapitäne und Kaufleute zu monopolisieren. Deshalb spricht man für diese frühe Phase iberischer Beteiligung am Menschenhandel auch von Kronkapitalismus.[5]

Im Grunde folgt die Einteilung der Sektionen des neuzeitlichen Sklavenhandels nach „Nationen“ dem frühen Dispositiv Portugals und Kastiliens sowie der Tatsache, dass die Schiffe „nationale“ Flaggen als Hoheitssymbole des jeweiligen Staates tragen mussten und somit in den (europäischen oder amerikanischen) Ausgangshäfen der staatlichen Rechts- und Tributhoheit (Zölle, Steuern, Abgaben) sowie der bereits erwähnten Kontrolle der Europäer beziehungsweise Neoeuropäer über die Hochseeschiffe unterworfen waren.[6] So einfach und linear bleibt die Geschichte des Menschen- und Sklavenhandels aber nicht, vor allem wenn auch ak-

---

4 Rodger, Nicholas A. M., „Atlantic Seafaring“, in: Canny; Morgan (eds.), The Oxford Handbook of the Atlantic World. 1450–1850, Oxford: Oxford University Press 2011, S. 71–86.

5 De Almeida Mendes, „Les réseaux de la traite ibérique dans l'Atlantique nord. Aux origines de la traite atlantique (1440–1640)“, in: Annales. Histoire, Sciences sociales, n°4 (juillet–août 2008), S. 739–768.

6 Siehe: www.slavevoyages.org.

teurszentrierte *microstoria* des atlantischen Raumes à la Carlo Ginzburg, Giovanni Levi, Jacques Revel zum Einsatz kommt (zu den quantitativen Dimensionen siehe weiter unten). Besonders wichtig sind zwei Phasen des atlantischen Slaving: 1440–1570 und 1808/20–1880.

Die Übernahme afrikanischer Elemente und Praktiken des Umgangs mit dem Kapital menschlicher Körper sowie die Herausbildung von Akteuren des europäischen und atlantischen Kapitalismus auf dem frühen und translokalen „Iberischen Atlantik" (der eigentlich iberisch-afrikanischer Atlantik heißen müsste wegen der vielen Atlantikkreolen)[7] fand seine Fortsetzung vor allem im „Britischen Atlantik", im „Angloamerikanischen Atlantik" und im „Französischen Atlantik" (bis 1804)[8] – alles Segmente einer gigantischen „Sklavenarbeiterzone", wie John Darwin zu Recht sagt, auf deren Basis die peripheren nordwesteuropäischen Länder eine globale Hegemonie erlangten. Der spanische Atlantik war in den Meereskarawanen der Flotas und Galeones sowie Asientos anderer Mächte repräsentiert.[9] Als Sklavenhandelsatlantik wurde dieser „spanische Atlantik" zwischen 1620 und 1790 nicht wahrgenommen; es war offiziell der „Silberatlantik".[10] Auch nach der Abolition des Sklavenhandels durch Großbritannien (1808) existierte der „Iberisch-afrikanische Atlantik" weiter – als Hidden Atlantic des Sklaven-/Menschenschmuggels in Allianzen zwischen „spanischen", „portugiesischen" und „amerikanischen" Menschenschmugglern bis weit in das 19. Jahrhundert (1880).[11] Seit der Abolition des Sklavenhandels nach Brasilien (formal 1831 und 1851; real 1852/55) blieben die Atlantisierung Kubas und ein spanischer *Hidden Atlantic* übrig. Allerdings immer noch mit einer Dominanz iberischer Sklavenhändler, hier vor allem portugiesisch-brasilianischer Netzwerke auf Kuba und in Hafenstädten der USA.

---

7 Green, The Rise of the Trans-Atlantic Slave Trade in Western Africa, 1300–1589, passim; Fuente (with the collaboration of García del Pino, César; Iglesias Delgado, Bernardo), Havana and the Atlantic in the Sixteenth Century, Chapel Hill: University of North Carolina Press, 2008; Crespi, Liliana M., „Contrabando de esclavos en el puerto de Buenos Aires durante el siglo XVII. Complicidad de los funcionarios reales", in: Desmemoria. Revista de Historia nº 26 (2000), S. 115–133; Studer, Elena F. S. de, La trata de esclavos en el Río de la Plata durante el siglo XVIII, Buenos Aires: Libros de Hispanoamérica, [2]1984; Zeuske, Sklavenhändler, Negreros und Atlantikkreolen, passim.

8 Belaubre, Christophe, Dym, Jordana; Savage, John (eds.), Napoleon's Atlantic: The Impact of Napoleonic Empire in the Atlantic World, Leiden: Brill, 2010 (= The Atlantic World. Europe, Africa and the Americas, 1500–1830; Vol. 20).

9 Martínez Shaw; Oliva Melgar (eds.), El sistema atlántico español (siglos XVII–XIX); Ribeiro da Silva, Filipa, Dutch and Portuguese in Western Africa. Empire, passim; O'Malley, Gregory, „A for Asiento", in: O'Malley, The Intercontinental Slave Trade of British America, 1619–1807, Chapel Hill: The University of North Carolina Press, 2014, S. 219–263.

10 Stein, Barbara; Stein, Stanley, Silver, Trade, and War; Spain and America in the Making of Early Modern Europe, Baltimore: Johns Hopkins University Press, 2000; Stein; Stein, Apogee of Empire; Spain and New Spain in the Age of Charles III, 1759–1789, Baltimore: Johns Hopkins University Press, 2003.

11 Greene; Morgan (eds.), Atlantic History; Rodrigues, De costa a costa, passim.

Dabei handelte es sich im Wesentlichen um einen *Hidden Atlantic* des Kinderschmuggels.[12] Dieser *Hidden Atlantic* stellte sozusagen die Nachtseite des bisher in der Wirtschaftsgeschichte präferierten Kosmopolitismus von Kaufleuten und Kaufleutenetzwerken dar bzw. bestimmter Gruppen (wie Sepharden und in gewisser Weise auch, wie oben gesagt, des mobilen Wissens von Reisenden und Künstlern).[13] Zugleich zeigt er „kosmopolitische", d. h., translokale und transkulturelle Unterschichten bei der Arbeit. Die Unterschichten des Atlantiks und der Kolonien, auch die des Sklavenhandels, zeigten oft eine erstaunliche religiöse Toleranz und religiösen Universalismus und, wie oben im Kapitel über Transport dargelegt, revolutionäre, freimaurerische und aufgeklärte Denkmuster.[14] Der Kosmopolitismus „von unten" wird auch deutlich, wenn wir die berühmten *guerras pretas* (schwarze Truppen) im portugiesischen Imperium ins Auge fassen: die Soldaten waren oft geflohene Sklaven und schwarze Anführer wurden sogar geadelt.[15]

In diesem Kapitel soll es, neben den mehr oder weniger bekannten Verdächtigen des Menschenhandels wie Reeder, Investoren, Sklaven-Kaufleute sowie Kapitäne, die auf der Tagseite ihrer Existenz durchaus unter die Kosmopoliten fallen, um die Frage gehen, ob es eigenständige Kulturen von Menschen- und Sklavenhandelsräumen gegeben hat, wie etwa eine Kultur des globalisierten Atlantiks während der Zeit des Sklaven- und Menschenhandels zwischen Afrika und Amerika (1500–1880); also eine Kultur der Atlantisierung. Die Frage ist auch, ob das zweifellos im Allgemeinen vorhandene Personal des Sklavenhandels auch individuell, als Akteur, erkennbar und benennbar ist.

Unter der Lupe qualitativer Mikrogeschichte erscheinen neben den Kapitänen der Sklavenschiffe, die entweder selbst Sklavenhändler oder eng mit der Familie des kapitalgebenden Sklavenhändlers und Schiffausrüsters liiert waren, fast sofort drei Mischkategorien.

---

12 Arnalte, Los últimos esclavos de Cuba. Los niños de la goleta Batans, Madrid: Alianza Editorial, 2001.

13 Mauro, Fréderic, „Merchant Communities, 1350–1750", in: Tracy, James D. (ed.), The Rise of Merchant Empires, 2 Bde., Cambridge: Cambridge University Press, 1990 (Bd. I: Long-Distance Trade in the Early Modern World, 1350–1750; Bd. II: The Political Economy of Merchant Empires. State Power and World Trade, 1350–1750), Bd. I, S. 255–285; Crespo Solana (ed.), Comunidades transnacionales. Colonias de mercaderes extranjeros en la Europa atlántica, Madrid: Doce Calles, 2010; Lachenicht, Susanne, „Sephardi Jews: Cosmopolitans in the Atlantic World?" in: Lachenicht; Heinsohn, Kirsten (eds.), Diaspora Identities. Exile, Nationalism and Cosmopolitanism in Past and Present, Frankfurt/Main; Chicago: Campus, 2009, S. 31–51.

Schulte Beerbühl, Margrit, „Introduction", in: Gestrich, Andreas; Schulte Beerbühl (eds.), Cosmopolitan Networks in Commerce and Society 1660–1914, London: German Historical Institute, 2011 (German Historical Institute London Bulletin Supplement No. 2), S. 1–16.

14 Schwartz, All Can Be Saved: Religious Tolerance and Salvation in the Iberian Atlantic World, New York and London: Yale University Press, 2008; siehe besonders das Kapitel: Schwartz, „Brazil: Salvation in a Slave Society", in: Ebd., S. 177–206.

15 Mattos, Hebe, „'Black Troops' and Hierarchies of Color in the Portuguese Atlantic World: The Case of Henrique Dias and His Black Regiment", in: Luso-Brazilian Review Vol. 45:1 (2008), S. 6–29.

Einmal die der bereits erwähnten „Seeleute". Hier drückt schon der allgemeine Begriff aus, dass sie eher dem Meer als irgendeiner „Nation" verpflichtet waren, auch wenn individuell die lokale „Herkunft" für sie sehr wichtig war.

Die zweite Mischkategorie des Slaving sind professionelle Sklavenjäger in Großregionen vor allem rings um den Süd- und Zentralatlantik. Sie sind bereits behandelt worden (mit der Kontrolle der Hochsee-Schiffe hatten sie, wie gesagt, selten etwas zun tun).

Die dritte Mischkategorie, Atlantikkreolen, ist noch wichtiger und bedarf, nachdem sie mehrfach erwähnt worden ist, einer eingehenderen Analyse und Darstellung. Ihre Analyse bietet eine Sozial- und Kulturgeschichte des Kontakts (zunächst Afrika–Europa), des Sklaverei-Atlantiks und damit der Kultur des „dritten Raumes" zwischen Amerika und Afrika, in dem die Transkulturation des afrikanischen und europäischen Menschenkapitalismus über die Zeit (1450–1880) stattfand. Der Beginn der Geschichte ist nicht nur zeitlich und räumlich zu fixieren, sondern auch im Verhältnis zwischen Frauen und Männern. Atlantikkreolen waren, vereinfacht gesagt, Bewohner des Atlantiks und seiner Küsten überall dort, wo Küstenvölker auf Träger der iberischen und europäischen Expansion trafen. Ganz essentialistisch gesagt waren Männer aus Europa, im Wesentlichen aus Portugal und den Küstengesellschaften des Mittelmeeres (Iberer), und Frauen aus jeweils lokalen Gesellschaften Pioniere und Akteure der frühen Kreolisierung. Es war dann nicht schwer für Männer anderer Kolonialmächte, diesem Pfad zu folgen (ich weiß nicht, ob dafür ein „Modell" bemüht werden muss). Spezialisten der *material culture* des Kontakts schreiben: „Gender relations are not often considered as part of the contact archaeology, but there is no more evident contact than between males and females".[16] Am Beginn der atlantischen Geschichte (1400–1570) waren, entgegen den meisten Darstellungen in Geschichten der Sexualität, afrikanische Frauen, die Mütter aller Atlantikkreolen in Westafrika, sicherlich mächtiger als ihre iberischen Väter (*lançados*). Erst mit dem ersten außereuropäischen Großreich, das Iberer (de facto mit Unterstützung vieler indianischer Krieger)[17] erobern konnten (1521: Tenochtítlan), kamen Mythen über Frauentypen auf, die sich den Europäern freiwillig unterwarfen.[18] Die Aussage von Robert Garfield über die Sexualpolitik

---

16 Funari, Pedro Paulo A.; Domínguez, Lourdes, „Archaeology of contact in Cuba, a reassessment", in: Funari; Senatore, María Ximena (eds.), Archaelogy of Culture Contact and Colonialism in Spanish and Portuguese America, Cham [etc.]: Springer, 2015, S. 133–140, hier S. 135.

17 Matthew, Laura; Oudijk, Michel (eds.), Indian Conquistadores: Indigenous Allies in the Conquest of Mesoamerica, Norman: University of Oklahoma Press, 2007; Restall, Matthew, „The New Conquest History", in: History Compass 10:2 (2012), S. 151–160.

18 Ray, Carina, „Interracial Sex and the Making of Empire", in: Quayson, Ato; Daswani, Girish (eds.), A Companion to Diaspora and Transnationalism, Blackwell Publishing, 2013, S. 190–211 (https://www.academia.edu/5983866/Interracial_Sex_and_the_Making_of_Empire (10. Feb. 2014) (Perspektive der britischen Imperialismus); Scully, Pamela, „Malintzin, Pocahontas, and Krotoa: Indigenous Women and Myth Models of the Atlantic World", in: Journal of Colonialism and Colonial History 6:3 (2005), online: Project Muse, http://muse.jhu.edu (letzter Zugriff 7. 2. 2018).

der portugiesischen Krone drückt es gut aus: „The Portuguese did not oppose intermarriage; in fact, it was actively encouraged“.[19] Das ist eine Umschreibung der bereits mehrfach genannten *miscibilidade* der Portugiesen.

Eliten der Küstenvölker hielten möglicherweise besonders in Afrika zunächst nicht viel von den blassen, kränklich aussehenden Neulingen. Das galt insbesondere für aristokratische Kapitäne. Matrosen waren ja eher sonnenverbrannt. Aber die Afrikaner vor allem der bis dahin marginalen Küsten erkannten schnell die Potenzen, die sich für ihren Handel und Transport mit den großen Schiffen (und den Waffen der Europäer, richtig genutzt) ergaben. Also gestatteten sie iberischen Geschäftemachern (aus Sicht der Krone: Monopolbrecher – *lançados* und *tangomãos*) in die Familien ihrer Untergebenen einzuheiraten oder mit Frauen lokaler Gemeinschaften zusammenzuleben. Im Grunde waren die Nachkommen dieser Verbindungen Handels- und Kulturbroker im Auftrag der afrikanischen Eliten oder Privatunternehmer, die Handel an den Küsten des Atlantiks betrieben. Dieser Handel, ich wiederhole es, galt aus Sicht der königlichen Monopole der iberischen Staaten als Schmuggel (*corso*, *contrabando*,[20] illegaler *rescate*). Die ursprüngliche Gruppe von Atlantikkreolen im subsaharischen Afrika mag zwischen 1493 und 1570 zusammen mit ihren afrikanischen Verwandten auch versucht haben, den Direkthandel zwischen Afrika und Amerika (ohne Zwischenstation in den iberischen Königreichen) unter ihre Kontrolle zu bringen. Das hätte bedeutet, dass afrikanische Eliten und ihre Verbündeten nicht nur das interne Slaving bis zu den Küsten, sondern in der Folge auch den atlantischen Menschenhandel und die Atlantisierung an der Spitze dominiert hätten. Afrikanische Atlantikkreolen verbündeten sich sicherlich auch mit europäischen Piraten- und Korsarenkapitänen sowie, fast noch wichtiger, mit sephardischen Juden und Neuchristen (*a nação*). Manchmal aber verbündeten sie sich auch nicht, wie John Hawkins 1567 schmerzhaft erfahren musste. Eine Razzia, die er gegen eine „afrikanische Siedlung“ am Rio Cacheu anführte, wurde von „über hundert“ *lançados* zurückgeschlagen.[21]

Damit kommen, neben den Quantitäten (Anzahl der lançados), auch Sozialisierungen und Religion(en) als Transkulturationsdimension ins Spiel, was wiederum auf den riesigen atlantischen Hintergrund der sogenannten „afro-amerikanischen“ Religionen („Sklavenreligionen“) sowie christlich-jüdische Transkulturationen des

---

19 Garfield, „Public Christians, Secret Jews: Religion and Political Conflict on Sao Tome Island in the Sixteenth and Seventeenth Centuries“, S. 645–654, hier S. 646.

20 Klooster, „Inter-Imperial Smuggling in the Americas, 1600–1800“, S. 141–180.

21 Brooks, George E., Landlords and Strangers: Ecology, Society, and Trade in West Africa, 1000–1630, Boulder: Westview Press, 1993, S. 137; Lingna Nafafé, José, Colonial Encounters: Issues of Culture, Hybridity and Creolisation, Portuguese Mercantile Settlers in West Africa, Frankfurt am Main: Peter Lang, 2007; zu Cacheu siehe auch: Lopes, Carlos (ed.), Mansas, escravos, grumetes e gentio: Cacheu na encruzilhada de civilações, Bissau: Instituto Nacional de Estudos e Pesquisa, 1993.

Atlantiks verweist.[22] Auch an der Goldküste gab es Atlantikkreolen, wie Fälle aus Elmina (19. Jahrhundert) zeigen.[23]

Je länger die Atlantisierung andauerte, desto mehr Gruppen von Atlantikkreolen fanden sich auch unter den Seeleuten und dem Personal europäischer Schiffe. Auf den Kapverden und auf São Tomé war es den Iberern gelungen, wie wir gesehen haben, Elemente der atlantischen Transkulturation und eine Reihe von Atlantikkreolen unter ihre Oberkontrolle zu bekommen bzw. zu halten und Atlantikkreolen bei sich zu verdingen. Meist hatten diese Atlantikreolen die spezielle Profession des Übersetzers sowohl von Sprachen, wie auch von Gebräuchen, Geschäften und Wirtschaftsmentalitäten – sie waren im allgemeinsten Sinne Kulturbroker und Broker des atlantischen Wandels – ganz deutlich auf Schiffen und Inseln (Imperium der Inseln oder *Atlantic Oceania*), nur punktuell und temporär in den großen kontinentalen Räumen.[24] Da sie von Afrika nach Amerika und zurück nach Afrika segelten, führen sie die Kartenskizzen ad absurdum, die in amerikanistisch-atlantischer Perspektive, gebunden an Kapital-, Waren- und Sklavenströme, immer nur dicke schwarze Pfeile von Afrika nach Amerika ausweisen. Itinerare von Atlantikkreolen als Bewohner des Slaving-Atlantiks müssten ein Hin und Her vor allem zwischen Amerika und Afrika, Afrika und Amerika, aber auch Afrika–Europa zeigen. Atlantikkreolen waren in der Breite die eigentlichen Akteure des Sklaverei-Atlantiks (1450–1880), vor allem wichtig in der ersten Phase des noch stark afrikanisch geprägten Menschenkapitalismus (1450–1650) sowie wieder in der letzten Phase des Menschenhandelsatlantiks 1820–1880, den ich als Hidden Atlantic bezeichne. Nimmt man Mobilität und Transkulturalität als Kriterien heutiger Globalität, waren diese Menschen die Begründer der Moderne, die damals eine atlantische Moderne war. Und Atlantikkreolinnen sowie Atlantikkreolen – auch amerikanische Versklavte („Indigenous servants and slaves")[25] waren „just as much a part of the mobile early modern Atlantic world economy as Spaniards".[26]

22 Garfield, „Public Christians, Secret Jews: Religion and Political Conflict on Sao Tome Island in the Sixteenth and Seventeenth Centuries", S. 645–654; Schorsch, Jews and Blacks in the Early Modern World, Cambridge [etc.]: Cambridge University Press, 2004; Schorsch, Swimming the Christian Atlantic, passim; Cwik, „Atlantische Netzwerke: Neuchristen und Juden als Lançados und Tangomaos", in: Schmieder; Nolte (eds.), Atlantik, S. 66–85.

23 Yarak, Larry A., „West African Coastal Slavery in the Nineteenth Century: The Case of Euro-African Slaveowners of Elmina", in: Ethnohistory 36 (1989), S. 44–60.

24 Cwik, „Neuchristen und Sepharden als cultural broker im karibischen Raum (1500–1700)", in: Zeitschrift für Weltgeschichte. Interdisziplinäre Perspektiven Jg. 8, Heft 2 (Herbst 2007), S. 153–175; Seibert, „Creolization and Creole Communities in the Portuguese Atlantic: São Tomé, Cape Verde, the Rivers of Guinea and Central Africa in Comparison", S. 29–51; zum Konzept des *Atlantic Oceania* siehe: Gillis, „Islands in the Making of an Atlantic Oceania, 1500–1800", S. 21–37.

25 Deusen, „The Intimacies of Bondage: Female Indigenous Servants and Their Spanish Masters, 1492–1555", in: Journal of Women's History Vol. 24:1 (2012), S. 13–43, hier S. 14.

26 Ebd.

Es waren aber nicht nur Nachkommen von Portugiesen und Afrikanerinnen, die die neue atlantische Kultur prägten. Westafrikaner südlich der Senegal-Mündung hatten keine hochseegängigen großen Schiffe, weil die Küsten Westafrikas im Grunde keine großen Schiffe erlauben. Die Brandungen sind enorm, die Küsten extrem flach sowie untief. Die Mündungsarme der Flüsse waren durch Sandbarren versperrt; unter diesen Bedingungen sind Kanus und Ruderboote ideale Küstengewässer- und Flussfahrzeuge. An den Küsten konnten europäische Schiffe, auch mit ihren Kanonen, keine Hegemonie über afrikanische Kanus und ihre Mannschaften erlangen. Deshalb mussten die iberischen Kapitäne mit Küstenbevölkerungen, die per Kanu die Verbindungen zu den Küsten hielten, Allianzen schließen. Das betraf vor allem die Ruderer und Kanubesatzungen der Kru (iberisch: *grumetes*), die im Laufe der Zeit eine Art neues Küstenvolk bildeten (was neben dem Beispiel der Sklavenjägerbevölkerungen des Sulu-Archipels ein gutes Beispiel für den Zusammenhang zwischen Menschenhandel, Sklaverei und Ethnisierung/Ethnogenese bildet).

Somit fuhren auch Schwarze auf den europäischen Schiffen über den Atlantik als Seeleute, Übersetzer und Lotsen, manchmal auch als Köche, Heiler und Musiker auf Schiffen der Iberer und anderer „Seefahrernationen". Sie bildeten ein großes Segment der Atlantikkreolen. In den Quellen erscheinen sie meist am Rande unter unterschiedlichsten allgemeinen Bezeichnungen (Neuchristen, „Portugiesen", Judeoconversos, Afroiberians). Sie kamen nach Amerika auch als Diener von Entdeckern, Conquistadoren und Kapitänen oder „schwarze" Conquistadoren sowie eben als Lançados, Tangomãos und Baquianos, aber auch als Walfänger und Abwracker/Fischer (Küstenräuber) oder allgemein als Atlantikkreolen. Mit diesen transatlantischen Kulturbrokern und -grenzgängern setzte in gewissem Sinne die lokale Vernetzung der Ränder, dann die translokale Durchdringung und schließlich – in Konkurrenz mit imperialen und anderen Interessen – die reale Konstruktion des atlantischen Raumes ein. Sogar als Piraten in der frühen Karibik erscheinen Tangomãos/*tangomangos*, wie es der Titel eines Buches von Carlos Deive über frühe Piraterie zum Ausdruck bringt.[27]

Damit wird deutlich, dass es eine weitere große Gruppe der Atlantikkreolen gibt – amerikanische Atlantikkreolen. In gewissem Sinne war auch der „erste Conquistador", Vasco Núñez de Balboa, ein Lançado. Nicht nur in Afrika, sondern

27 Deive, Carlos E., Tangomangos: contrabando y piratería en Santo Domingo, 1522–1606, Santo Domingo: Fundación Cultural Dominicana, 1996; siehe auch: Wheat, „A Spanish Caribbean Captivity Narrative: Four African Sailors Escape Puritan Slavers, 1635", in: McKnight; Garofalo (eds.), Afro-Latino Voices, S. 195–213; Wheat, „Nharas and Morenas Horras: A Luso-African Model for the Social History of the Spanish Caribbean, c.1570–1640", in: The Journal of Early Modern History Vol. 14:1–2 (2010), S. 119–150; Wheat, „Mediterranean Slavery, New World Transformations: Galley Slaves in the Spanish Caribbean, 1578–1635", in: Slavery & Abolition Vol. 31:3 (2010), S. 327–342; Wheat, „Garcia Mendes Castelo Branco, fidalgo de Angola y mercader de esclavos en Veracruz y el Caribe a principios del siglo XVII", S. 85–107.

auch in den Amerikas kam es mehr als häufig vor, dass Monopolbrecher sich gegen die von den Monarchen vergebenen Privilegien für hohe Adlige zur Wehr setzten und Allianzen mit den lokalen Eliten schlossen oder sogar in diese einheirateten. Da sich aber in Amerika die Europäer aus unterschiedlichen Gründen und ganz im Gegensatz zu Afrika als dominierende Gruppe nach ca. dreißig Jahren durchsetzten (ausgehend von der Karibik über Mexiko, Teile Nordamerikas, Peru, Neu-Granada (bis ca. 1550) sowie Río de la Plata, Mittelamerika und weitere Randgebiete (bis 1580)), ist diese Transkulturation ex post ganz anders bewertet worden. In Südamerika wurden die in die lokalen Eliten einheiratenden portugiesischen Schmuggler und Sklavenhändler nicht Lançados oder Tangomãos (Tangomaus, auch Tangomangos) genannt, sondern avancierten schnell zu einem Teil der lokalen Eliten, der kreolischen-iberischen Oligarchien (selbst dann, wenn sie aus Familien von portugiesischen Neuchristen stammten, hier wird die Transkulturierung und Hybridität nur noch deutlicher). Sie vagabundieren aber auch als schmuggelnde „Portugiesen" durch die Texte der Kolonialgeschichte und der Inquisition.[28]

In der ab ca. 1520 einsetzenden Kolonialgeschichte großer Räume verschoben sich die sozialen Grundelemente der Kreolisierung. Es gab wenig europäische Frauen und die Kastilier begannen Kinder mit – oft versklavten – Frauen lokaler Völker der Unterworfenen oder mit Sklavinnen (aber auch mit freien farbigen Frauen) zu zeugen. Die Machtverhältnisse waren im Allgemeinen viel klarer als bei den Beziehungen iberischer Männer mit afrikanischen Frauen in Westafrika (vor 1880). Das hatte Folgen für die Kreolisierungen in den Amerikas und anderswo *beyond the Atlantic*, wirkte aber im Laufe der Jahrhunderte auch auf die Antlantikkreolen insgesamt zurück.

Im 19. Jahrhundert waren schwarze und farbige Atlantikkreolen soweit marginalisiert, dass sie in geschriebenen Quellen oft nur erkennbar und visibel werden, wenn es zu Konflikten zwischen Großmächten kam, wie im Falle der *Mixed Commissions* (*tribunales mixtos*) zur Verfolgung des Sklavenhandels. In den Berichten der britischen Richter der Mixed Commission von Havanna erscheint folgender Bericht:

> H. M. Sloop 'Arachne', Commander James Burney Esq., being on her way home from Vera Cruz to England fell into with the Spanish Polacra Schooner 'Joven Reyna' about 30 leagues to the Westward of the Havana and at a short distance from the coast. Commander Burney having found on board 254 African negroes brought her into this Port on the Evening after the capture when the Prize was immediately placed under Quarantine ... 254 negroes remaining alive at the period of detention [...] these negroes were taken on board in the River Congo in February last. The owner of the 'Joven Reyna' is said to be a D.n Buenaventura Martorell the father of the Master. There was a Brazilian negro taken on board on the coast of Africa as interpreter, at a fixed Salary. This man claimed his liberty of the captors at the moment of detention, and

28 Fuente (with the collaboration of García del Pino; Iglesias Delgado), Havana and the Atlantic, passim.

> the British Prize officer, who remained for eight days in quarantine with the crew and slaves having every reason to believe the man's statement to be correct delivered him up to the Captain General [of Cuba] as a prisoner along with the crew. Although these black Interpreters are in fact no others than the persons employed by the slave traders on the coast of Africa to procure them their negroes, and consequently little deserving of protection the Mixed Court thought it right to call the Captains Generals attention to this man's case.[29]

Farbige und schwarze Atlantikkreolen, in vielen zeitgenössischen Texten oft auch einfach „Portugiesen" genannt, waren aber auch spätestens seit etwa 1460 wie Schatten bei den Menschenhandels- und Sklaverei-Geschäften immer präsent. Ihre Spuren werden in den Amerikas seit etwa 1520 immer stärker vom Triumphalismus der Conquista-Narrationes (Mexiko, Peru) überdeckt oder fielen dem fast generellen Schweigen sowie der gezielten Marginalisierung zum Opfer, die Sklavenhandel sowie Kapitalakkumulation wie eine Omertà umgibt. Es sei denn, schriftkundige Atlantikkreolen wurden versklavt, es kam zu Großmachtkonflikten oder die generelle Mündlichkeit der Herrschafts- und Geschäftstechnik wurde von innen her infrage gestellt beziehungsweise, wie später bei Olaudah Equiano, instrumentalisiert. Olaudah Equiano gibt an, im Innern des heutigen Nigeria als Kind versklavt worden zu sein, dann mehrfach verkauft und zur Küste transportiert und an europäische Sklavenhändler verkauft. Er befuhr mit unterschiedlichen Herren die Welten des Atlantiks und kaufte sich frei. Er war selbst Sklavenhändler. Später wurde er Abolitionist und publizierte seine Autobiographie, die zu einem Publikumsrenner wurde. Heute ist er, wie fast alle Atlantikkreolen, umstritten, weil Dokumente gefunden wurden, die besagen, dass er schon als Sklave in Nordamerika geboren worden sei.[30] Es sind immer sehr hybride Aussagen, die ehemalige Sklavenhändler und Atlantikkreolen zu Papier brachten – Olaudah Equiano etwa wollte mit seinem Pseudonym „Gustavus Vassa" wohl auch die Ermordung der Menschen einer ganzen Sklavenschifffracht 1783 durch Ertränken in Erinnerung halten.[31]

Wenn Sklaven die größte unfreie Gruppe von Arbeitskräften waren, die diese atlantische Ökonomie am Laufen hielten, so waren Seeleute und Matrosen sowie eine Reihe von Atlantikkreolen die größte und wichtigste Gruppe von formal „freien" Lohnarbeitern in der translokalen Meeres-Marktwirtschaft (Ende des 18. Jahrhunderts allein in den an den Atlantik grenzenden Ländern Europas 300 000–

29 The National Archive (TNA), Kew Gardens, UK, Foreign Office (FO) 313/13: Entry book (No. 11 of 3d March of 1834 to No. 61 of 11 August of 1835), S. 155–156, Schreiben (Originalkopie) Nr. 34/1835 von W. S. Mackay an Duke of Wellington aus Havanna vom 11. April 1835, hier S. 156.

30 Carretta, Vincent, Equiano the African: Biography of a Self-Made Man, Athens: University of Georgia Press, 2005.

31 Curtin (ed.), Africa Remembered: Narratives by West Africans from the Era of the Slave Trade, Madison & London: University of Wisconsin Press, 1967; Equiano, Olaudah, The Interesting Narrative of the Life of Olaudah Equiano, or Gustavus Vassa, The African, Written by Himself (Authoritative Text), ed. by Sollors, Werner, New York, London: W. W. Norton Company, 2001 (A Norton Critical Edition).

400 000 Männer – viele auch aus den Hinterländern an den Atlantik gekommen).[32] Seeleute waren auch die meisten Piraten, Schmuggler, Sklavenfänger, Walfänger, Flibustier und Korsaren, die im Zusammenhang der atlantischen Ökonomie immer mitgedacht werden müssen. Sklavenschiffe hatten oft transkulturelle Mannschaften, darunter neben den freien Atlantikkreolen auch eine Reihe von formal versklavten Seeleuten oder ehemaligen Sklaven.[33] Über Sklaven oder Matrosen sowie Sklaven *und* Matrosen als Akteure wurde zu dieser Zeit keine Geschichte geschrieben; über Matrosen höchstens als Kanonenfutter für die Weltstellung der britischen Marine. Auch über Sklavenjäger (Baquianos, Grumetes, Pombeiros, Quimbares, Prazeiros, Panyarrs, Rimadoors, Bandeirantes, Karawanen-Kaufleute), Lançados, Tangomãos, Grenzgänger und gefangene Afrikaner und Afrikanerinnen sowie ihre Kinder gab es viele (mündliche) Geschichten, aber kaum Geschichte. Die Unterschichten des Atlantiks waren sicherlich der Gewalt der Eliten ausgeliefert, zugleich waren grade die Kapitäne von ihnen abhängig. Transkulturelle, transethnische und transatlantische Solidarität der Unterschichten wäre zwar zu erwarten, aber gerade mit Blick auf Seeleute, Köche, Übersetzer und Atlantikkreolen auf Deck sowie Sklaven (und eventuell Atlantikkreolen) unter Deck oder in Bezug auf die Heiler[34] (Babalaos, Tatas Ngangas, etc.) noch nicht sicher belegt; zumal die „Black ritual specialists called Mohanes, Babalawo, Baganga, Marabaous, Jambacosse, Bexerins or Mandingas“[35] eine wichtige Rolle in der Atlantisierung/Transkulturierung nicht von „ganz unten“, sondern durchaus in wichtigen Positionen, spielten.

Wer waren die ersten Atlantikkreolen? In Afrika, vor allem in Senegambien, etablierten sich, wie wir wissen, zwischen iberischen Kronen, Kaufleute-Kapitänen und Funktionären sowie afrikanischen Eliten fast von Anfang an Gruppen spezialisierter Sklavenhändler und Zwischenhändler. Sie wurden als *Lançados* bezeichnet und waren informelle „Vorreiter“, Brecher der von iberischen Monarchen verkündeten Monopole (zum Beispiel auf Sklaven- oder Goldhandel). Sie lebten an den Höfen afrikanischer Chefs, wo sie nach und nach eigene Machtpositionen erlangten. Sie bildeten bald Gruppen und Netzwerke spezialisierter Sklavenhändler und Zwischenhändler, die oft unter der Gruppenbezeichnung Tangomãos gefasst wurden.[36]

32 Frykman, Niklas, „Seamen on Late Eighteen-Century European Warships“, in: International Review of Social History 54 (2009), S. 67–93; für den südatlantischen Menschenhandel siehe: Rodrigues, De costa a costa: escravos, passim.

33 Rodrigues, „As tripulações do tráfico negreiro“, in: Ebd., S. 159–184.

34 Schiebinger, Londa, Secret Cures of Slaves: People, Plants, and Medicine in the Eighteenth-Century Atlantic World, Stanford: Stanford University Press, 2017.

35 Gómez, „The Circulation of Bodily Knowledge in the Seventeenth-century Black Spanish Caribbean“, S. 383–402, hier S. 402.

36 Ivana Elbl weist frühe Lançados vor allem für die Region der „Guinea rivers“ (rios de Guiné), die Banhun-Staaten von São Domingo, Buguendo und Sierra Leona nach, siehe: Elbl, Ivana, The Portuguese Trade with West Africa, 1440–1521, Ottawa: National Library of Canada/Bibliothèque nationale du Canada, 1986 (microfiches), S. 595; zum frühen Transatlantikhandel mit Sklaven, siehe: Cortés Alonso, „La trata de esclavos durante los primeros descubrimientos (1489–1516)“, S. 23–

Tangomãos oder Tangomaus waren in traditionellem Verständnis Europäer und Mulatten, die sich um die Vermittlung der Anker- und Handelsrechte – *costumes* – für portugiesische Schiffe bei afrikanischen Chefs bemühten und oft selbst Handel betrieben; auch *tanganhão* oder die korrumpierte Ableitung vom arabischen Wort *targama* = Übersetzer kommt vor.[37] Aus der Sicht der frühen portugiesischen Quellen waren Lançados Portugiesen, die sich ohne Kontrolle durch Funktionäre der Krone in die unbekannte Wildnis der Atlantikränder – *beyond the Atlantic* – vorwagten, um Handel und Raub (*resgate*) auf eigene Gefahr zu betreiben; eine *tangomã* war die (afrikanische) Frau, die einen Lançado begleitete. Luis de Molina schreibt am Anfang des 17. Jahrhunderts allerdings auch, dass Tangomãos Negerinnen zum Konkubinat zwängen.[38] Später scheint sich der Begriff Tangomão auf die oben beschriebenen Nachkommen von Portugiesen und Afrikanerinnen bezogen zu haben.[39]

Das Wort hatte sich seit Ende des 15. Jahrhunderts für Nachkommen von Lançados eingebürgert, die afrikanische Lebensweisen und Bekleidungsregeln annahmen, wahrscheinlich auch mehr, wie afrikanische Formen der Religion und Körperkennzeichnungen. Tangomãos waren vor allem mit Biafada-Sapi-Kaufleuten verbunden. Das Wort *tangomaas* bezeichnete in Temne/Sapi die priesterliche Lineage, die die Simo-Schreine und den lukrativen Kola-Handel von Serra Leoa (Sierra Leone)[40] kontrollierten. Besonders wichtig ist der Hinweis, dass es den Simo-Priester um die Integration portugiesischen Transportraumes ging – d. h., Portugiesen wurden von Afrikanern benutzt.[41] Abenteurer, Sträflinge, desertierte Soldaten/Matrosen oder deportierte (jüdische) Neuchristen und Söhne von Portugiesen und

50; siehe auch: Wheat, „The First Great Waves: African Provenance Zones for the Transatlantic Slave Trade to Cartagena de Indias, 1570–1640", S. 1–22.

37 Siehe: „Alvará sobre a fazenda dos Tangomãos (15-7-1565)", in: Brásio, António (ed.), Monumenta Missionaria Africana. África Ocidental (1469–1599). Suplemento aos séculos XV e XVIS, Vol. IV, Lisboa: Agêcia Geral do Ultramar, MCMLIV (1954), S. 255; siehe auch: Mattoso, Ser escravo no Brasil, São Paulo: editora brasiliense, 2003, S. 39.

38 Molina, Luis de, De iustitia et iure tomi sex, 3 Bde., Mainz; Antwerpen: Ioannem Keerbergium, 1615, Bd. I, S. 32–36.

39 Sandoval, „De la esclavitud de estos negros de Guinea y demas puertos hablando en general", in: Sandoval, Un tratado sobre la esclavitud, S. 142–149, hier S. 146; siehe auch: „Mittelsmänner im Westafrikahandel: Lançados auf inoffiziellen Handelswegen (1592)", in: Dokumente, Bd. V: Das Leben in den Kolonien, S. 209–212 (Dok. 23), nach: Silveira, Luis (ed.), Edição Breve dos Rios de Guiné feito pelo Capitão André Álvarez d'Almada [1592], Lisboa: 1946, S. 15–18; Carreira, „Lançados ou Tangomaos, Cristão-novos. Fidalgos", in: Carreira, Cabo Verde (2000), S. 55–78; zu den Tangomães siehe: Amaro Monteiro, Fernando; Vázquez Rocha, Teresa, A Guiné do século XVII ao século XIX. O testemunho dos manuscritos, Lisboa: Préfacio, 2004, S. 10.

40 Abaka, Edmund, 'Kola is God's Gift': Agricultural Production, Export Initiatives and Kola Industry in Asante and the Gold Coast, c. 1820–1950, Oxford: OUP, 2005.

41 Brooks, „Lançados, Tangomaos, Luso-Africans, and Grumetes", in: Brooks, Eurafricans in Western Africa: Commerce, Social Status, Gender, and Religious Observance from the Sixteenth to the Eighteenth Century, Oxford: James Currey, 2003, S. 49–54, hier S. 50.

afrikanischen Frauen – die Tangomãos waren oft wie die Einheimischen gekleidet, hatten oft die jeweiligen Ziernarben sowie Tätowierungen und kannten unterschiedliche Kulturen. Ihr Erscheinungsbild hing oft davon ab, ob sie in matrilinearen oder patrilinearen Gesellschaften lebten. Viele der illegal Gelandeten, aber später auch viele Kaufleute, Priester oder Kronfunktionäre taten sich, wie oben gesagt, mit Frauen aus den lokalen afrikanischen Gesellschaften zusammen. Einige heirateten sogar nach lokalen Regeln.

Lançados und Tangomãos müssen jedenfalls als Cabeças/Caboceers und Baquianos – ein iberischer Begriff, der zunächst für Kenner einer Region im Großraum Westafrika entstand und in der Karibik ab 1495 für „alter Hase“ und Sklavenhändler steht – die Vorväter der Atlantikkreolen Ira Berlins gewesen sein. Berlin hat diesen Begriff vor allem auf die ersten Sklaven in Nordamerika angewendet.[42] Tangomãos waren vor allem in Senegambien, im Gebiet der „rios de Guiné“ zu finden. Speziell über das Vermittlungszentrum zwischen afrikanischem und atlantischem Sklavenhandel Cacheu im heutigen Guinea-Bissau schreibt Alonso de Sandoval: „die portugiesischen Siedler (*vezinos*), die dort siedeln, die sie Tangomaos nennen“.[43] Auf São Tomé nannten sich die Nachkommen von Tangomãos bald nicht mehr so, sondern *filhos da terra* (Söhne des Landes) und Portugiesen. Es kam sogar zu schweren Auseinandersetzungen um schwarze *filhos da terra* in hohen Kirchenämtern.[44]

Die ersten Lançados waren Europäer, viele von ihnen sicherlich Neu-Christen (oder Sepharden), einige Seeleute sowie möglicherweise auch einige Sklaven und ehemalige Sklaven, keine afrikanischen Atlantikkreolen.[45] Aber ihre Kinder wurden oft afrikanische Atlantikkreolen; oft auch Angehörige ihrer erweiterten afrikanischen Familien oder – auf den Experimentalinseln Filhos da Terra und „Portugiesen“ (wie sie in Amerika „Spanier“ wurden). Es konnte aber auch passieren, dass Kinder afrikanischer Atlantikkreolen im oben erwähnten florierenden Kabinenboy-/Schiffsjungen-Handel aber auch schnell zu *grumetes/gurmetu* (Crioulo) und *grumettas* (Englisch), im Sinne von Schiffsjungen und abhängige Quasi-Sklaven, degradiert wurden.

Selbstverständlich gab es auch meereserfahrene afrikanische Küstenbevölkerungen, wie etwa die der Bijagos-Inseln (Bissagos), der Los-Insel, der Bubis von

---

42 Berlin, „From Creole to African: Atlantic Creoles and the Origins of African-American Society in Mainland North America“, S. 251–288; siehe auch: Boulègue, Les Luso-africains de Sénégambie: XVIe–XIXe siècles, Lisboa: Ministério da Educação, Instituto de Investigação Científica Tropical; [Paris]: Université de Paris I, Centre de recherches africaines, 1989.

43 Sandoval, „De la esclavitud de estos negros de Guinea y demas puertos hablando en general“, in: Sandoval, Un tratado sobre la esclavitud, S. 142–149, hier S. 146.

44 Harms, „Inseln im Atlantik“, in: Harms, Das Sklavenschiff, S. 343–371, hier S. 663 ff.

45 Santos, Maria Emília Madeira, „Os primeiros lançados na Costa da Guiné: aventureiros e comerciantes“, in: Albuquerque, Luís de (ed.), Portugal no Mundo, 6 Bde., Lisboa: Alfa, 1989, Bd. II, S. 125–136.

Bioko (Fernando Po), der Benda von Corisco oder der Fischer-Bevölkerung der Luanda-Insel (Axilunda) und anderer Regionen der Küste des heutigen Angola und ihre afrikanischen Familien.[46] An den Küsten Ostafrikas war die afrikanische Dimension der Seegeschichte (des Indischen Ozeans und des Roten Meeres) noch stärker – bei Arabern ohnehin, aber auch bei allen anderen Küstenbevölkerungen, vor allem denen, die Suaheli sprachen.[47]

In matrilinearen Gesellschaften kam ein fremder Mann für gewöhnlich durch Heirat schneller in vollen Rechtsstatus, hatte aber als Mann generell weniger zu bestimmen. Viele Tangomãos lebten lieber in den afrikanischen Gesellschaften ihrer Mütter. Ihre Nachkommenschaft organisierte den Handel zwischen Afrikanern und Portugiesen ebenso wie die ersten Mestizen- und Atlantikkreolengenerationen auf La Española seit 1493 zwischen Indios und Europäern, die Paulistas (*bandeirantes*), viele *métis* in Nordamerika oder die Gründer von Caracas in Venezuela.[48] Viele von ihnen waren die ersten Menschen (auch) europäischer Herkunft, die daran gewöhnt waren, dauerhaft in den Tropen (*tropicalité*) zu leben.[49] Daraus ergibt sich die durchaus spannende Frage nach der Reichweite dessen, was wir „atlantische Welt" nennen. Klagen über unbotmäßige Küstenbevölkerungen von Subsistenzfischern, Abwrackern, Walfängern oder Strandräubern, die in Verbindung zu Piraten/Korsaren standen, sind Legion. Westafrika mit seinem Menschenkapitalismus und dem regen Handel war auf jeden Fall zu dieser Zeit ein Zentrum der atlantischen Welt des Menschenhandels. Dehnten Atlantikkreolen und Sklavenjäger/Baquianos diese atlantische Welt bis tief in das Innere der Kontinente aus? Oder lebten sie nur zeitweise in atlantischen Welten und zeitweise eben *beyond the Atlantic*, in den lokalen Welten ihrer Mütter und Frauen, den kontinentalen Weiten Afrikas und Amerikas, die nur durch Flusswelten unter einheimischer Kontrolle (oder durch Karawanen) lose mit dem Atlantik verbunden waren, wie viele Spezialisten etwa der Geschichte der *Native Americans* (Indianervölker Nordamerikas, die mit Meer und Atlantik nicht viel zu tun haben) mit einigem Recht annehmen? Das Phänomen der „kulturellen Vermittler", die engstens mit Sklaverei und Sklavenhandel als Akteure und/oder Opfer verbunden waren, lässt sich translokal im ganzen Atlantikraum beobachten. Offensichtlich gab es auch Pazifikkreolen und, wie gesagt, sicherlich auch Kreolen auf dem Indischen Ozean.

---

46 Santana Pérez, „Encuentros y transformaciones en la construcción histórica de las Antillas y las Islas Canarias. Siglos XV–XVII", in: Anuario de Estudios Atlánticos 53 (2006), S. 57–98; Santana Pérez, „El África Atlántica: la construcción de la historia atlántica desde la aportación africana", in: Vegueta. Anuario de la Facultad de Geografía e Historia, 14, Las Palmas de Gran Canaria (2014), S. 11–25.

47 Ebd.

48 Zur Kategorie des „mestizo" siehe: Rappaport, Joanne, The Disappearing Mestizo: Configuring Difference in the Colonial New Kingdom of Granada, Durham: Duke University Press, 2014.

49 Iliffe, John, Geschichte Afrikas. Aus dem Englischen von Gabriele Gockel und Rita Seuß, München: Verlag C. H. Beck, 2000, S. 48 f.

Im historisch-soziologischen Sinne kontrollierten Menschen wie Tangomãos, Baquianos, Cabessaires, Caboceers, Prazeiros, Quimbari, Pumbeiros, Panyarrs, Rimadoors, Kulturvermittler und allgemein Atlantikkreolen die Sprachen, Landschaften, Lebensstile, Kunstgegenstände, Performanzen, Rituale und Handelsusancen mindestens zweier oder mehrerer lokaler Kulturen, die an den atlantischen Küsten aufeinandertrafen (besonders deutlich in Angola; siehe oben). Ähnliche Vorgänge finden sich auf amerikanischer Seite. Gruppen von *cultural brokers* entstanden, die in einer für offizielle Quellen nichtsichtbaren Kultur des verborgenen Atlantik (Hidden Atlantic), des Raub- und Menschenhandels lebten.

Es gibt sehr viele Probleme in Bezug auf Sklaverei, Sklaven- und Menschenhandel, Transkulturation und Kreolen sowie Atlantikkreolen und -kreolinnen in einer Globalgeschichte der Sklaverei, ich will hier vier Hauptprobleme nennen: Gab es auch Frauen unter den Atlantikkreolen? Der Begriff der Tangomãe und die Bedeutung afrikanischer und indianischer Frauen in der Frühzeit des Sklaven-Atlantik (in Amerika relativ kurz; in Afrika länger) weisen darauf hin; später gibt es Berichte über afrikanische Frauen als Sklavenhändlerinnen, die berühmt-berüchtigten *signares* (von Portugiesich *senhoras* (Herrinnen)) und *nharas* (und über Sklavinnen, selbstverständlich!).[50]

Waren Atlantikkreolen eher Versklaver oder Versklavte? Sie waren beides und die Grenzen waren, gerade wegen des Widerstands sowie wegen der von Tannenbaum so geschätzten Manumission sowie der *coartación*, dem erlaubten und vom Gesetz geförderten Selbstfreikauf von Sklaven, im iberischen Bereich der Amerika, fließend und recht breit (räumlich waren es vor allem Küsten/Strände, Schiffe sowie Häfen/Hubs). Naras, Signares und *morenas horras* spiegeln das Spektrum schwarzer und farbiger Frauen und ihrer Kinder in der großen Gruppe der Atlantikkreolen. Als Geliebte oder zeitweilige Ehefrauen (nach portugiesischem Muster in Westafrika) gab es sie bis ins 17. Jahrhundert auch in der Karibik.[51] Die fundamentale Rolle der Köche auf den Sklavenschiffen ist bisher fast nicht aufgearbeitet. Auch nicht die Bedeutung der „Sklavenküchen" für die Transkulturation von Diäten, Esskulturen und Nahrungsmittelproduktion sowie die des Tabakrauchens, des Drogen-Konsums (z. B. Kola-Nüsse)[52] und Rum-Trinkens (und der Mixgetränke) als

---

50 Brooks, „The Signares of Saint-Louis and Gorée: Women Entrepreneurs in Eighteenth-Century, Senegal", in: Hafkin, Nancy J.; Bay (eds.), Women in Africa: Studies in Social and Economic Change, Stanford, CA: Stanford University Press, 1976, S. 19–44; Brooks, „A Nhara of the Guinea-Bissau Region: Mãe Aurélia Correia" in: Robertson; Klein (eds.), Women and Slavery in Africa, S. 295–313.

51 Wheat, „Nharas and Morenas Horras: A Luso-African Model for the Social History of the Spanish Caribbean, c. 1570–1640", S. 119–150.

52 Abaka, ‚Kola is God's Gift', passim; für Neu-Granada (heute Kolumbien), siehe: Soulodre-La France, Renée; Lovejoy, „Intercambios transatlanticos. Sociedad esclavista e inquisición en la Cartagena del siglo XVII", in: Mosquera, Claudia; Pardo, Mauricio; Hoffmann, Odile (eds.), Afrodescendientes en las Américas. Trayectorias Sociales e Identitarias. 150 años de la Abolición de la Esclavitud en Colombia, Bogotá: Universidad Nacional de Colombia. Instituto Colombiano de Antro-

der ersten globalen Konsumlaster, die zuerst von Seeleuten, Atlantikkreolen und Sklaven praktiziert wurden, und deren Einfluss auf die biologisch-historische Entwicklung großer Menschengruppen in der Globalgeschichte zu erforschen bleibt. Aus historischer Sicht mag man argumentieren, dass die Masse der Atlantikkreolen zu denen gehörten, die zumindest zeitweilig im Dunkel der Omertà des Sklavenfangs, -handels und -schmuggels, inklusive Vermittlung, operierten, wie aus fast allen individuellen „atlantischen" Biographien (*freedom narratives* – Paul Lovejoy) deutlich wird. Olaudah Equiano, Mohammed Baquaqua, Ibrahim Abd al-Rahman, Rufino José Maria, die „Prinzen von Calabar"; alle waren sowohl versklavt, betrieben aber vor oder nach ihrer Versklavung auch Sklavenhandel; in gewisser Weise gilt das auch für die Afrika-Rückkehrer aus Brasilien und Kuba oder für Sierra Leone, wo die Briten befreite Sklaven ansiedelten, wie Francisco Felix de Souza (der vorher kein Sklave war), Domingo José Martins, Joaquim d'Almeida und Francisco José de Medeiros.[53] Die Biographien von Menschen, die in der Sklaverei geboren worden waren, wie etwa Mary Prince, Juan Francisco Manzano oder Esteban Montejo (dieser besonders) sowie die Zeugnisse von Versklavten aus Nueva Granada (Kolumbien), zeigen, dass sie keine solchen Mobilitäten hatten.[54] Obwohl man bei Mary Prince auch von einer Karibikkreolin und sogar einer Atlantikkreolin (Reisen nach Großbritannien) sprechen könnte.[55] Dann gibt es noch die Biographien von

---

pología e Historia (ICANH); Institute de Recherche pour le Développement (IRD); Instituto Latinoamericano de Servicios Legales Administrativos (ILSA), 2002, S. 195–211.

53 Cugoano, Quobna, Thoughts and Sentiments on the Evil of Slavery and Commerce oft he Human Species, London: Dawsons Pall Mall, 1969; Domingues da Silva, Daniel, „Ayuba Suleiman Diallo and Slavery in the Atlantic World" (July 2007), in: http://www.slavevoyages.org/assessment/essays# (unter „Vignettes" – 03. August 2018); Walvin, „Who was the real Olaudah Equiano?", in: Walvin, Britain's Slave Empire, Gloucestershire: Tempus Publishing Ltd., 2000, S. 99–106; Sparks, Randy J., The Two Princes of Calabar: An Eighteenth-Century Atlantic Odyssey, Cambridge: Harvard University Press, 2004; Alford, Terry, Prince among Slaves, New York; London: Harcourt Brace Jovanovich, 1977; The Biography of Mahommad Gardo Baquaqua. His Passage from Slavery to Freedom in Africa and America, ed. Law; Lovejoy, Princeton: Marcus Wiener Publishers, 2001; Lovejoy, „Identidade e a miragem da etnicidade A jornada de Mahommah Gardo Baquaqua para as Américas", in: Afro-Ásia núm. 27 (2002), S. 9–39; Silva, Francisco Félix de Souza; Murphy, Laura, „The Curse of Constant Remembrance: The Belated Trauma of the Slave Trade in Ayi Kwei Armah's Fragments", in: Studies in the Novel Vol. 40: 1, 2 (2008), S. 52–71; Lovejoy, „'Freedom Narratives' of Transatlantic Slavery", in: Slavery & Abolition Vol. 32:1 (March 2011), S. 91–107; Baquaqua, Mahommah G., Biografia de Mahommah Gardo Baquaqua. Furtado, Lucciani (trad. e org.), São Paulo: Uirapuru, 2017.

54 Jiménez Meneses; Pérez Morales (Transcripción y Estudio Preliminar), Voces de la esclavitud y libertad, passim.

55 Prince, Mary, The History of Mary Prince, a West Indian Slave. Related by Herself. With a Supplement by the Editor. To Which Is Added, the Narrative of Asa-Asa, a Captured African, London: F. Westley and A. H. Davis, 1831 (siehe heutige Ausgaben: Ferguson, Moira (ed.), The History of Mary Prince, a West Indian Slave, Related by Herself, Ann Arbor: University of Michigan Press, 1997; Salih (ed.), The History of Mary Prince; Franco, José Luciano (ed.), Autobiografía, cartas y versos de Juan Francisco Manzano, La Habana: Municipio de la Habana, 1937; Barnet, Biografía de

Verschleppten/Versklavten, die in der Sklaverei starben – in Afrika (wie *History of a Slave*)[56] oder eben, wie Mohammed Baquaqua aus Afrika in die Amerikas gerieten (wie Omar ibn Said).[57]

Ob das auch für karibische Atlantikkreolen und Anhänger des Haitianismus gilt, wie José Caridad González, „Chef der negros loangos" von Coro und Anführer der Rebellion in der *Serranía de Coro* 1795 oder für den ehemaligen Sklaven und berühmten Heiler Kwasi oder Quacy in Surinam bleibt zu erforschen.[58] José Caridad entsprach jedenfalls ganz dem Bild des Atlantikkreolen: er stammte aus Curaçao (Curaçao war ein regionales atlantisch-karibisches Zentrum des Schmuggels und der Kreolisierung),[59] sprach mehrere Sprachen, lebte in der dynamischen Stadt Coro, konnte lesen und schreiben und hatte eine Reise über See nach Haiti gemacht. Jane Landers hat an verschiedenen regionalen Sklavereigesellschaften und Problemfeldern auf Basis individueller Biographien in der Zeit der „atlantischen Revolutionen" (1760–1850) gezeigt, dass Sklaven und Sklavinnen das Potential des Atlantikkreolentums nutzten und oftmals in den Auseinandersetzungen persönliche Freiheit und soziale Mobilität errangen. Auch waren sie oft entscheidend dafür, dass sich der Sieg der einen oder der anderen Seite zuneigte. Es gab

---

un cimarrón. La Habana: Instituto de Etnología y Folklore, 1966; siehe auch: Aljoe, Nicole, „Caribbean Slave Narratives: Creole in Form and Genre", in: Anthurium. A Caribbean Studies Journal Vol. 2:1 (2004), S. 1–14; Baumgartner, Barbara, „The Body as Evidence: Resistance, Collaboration, and Appropriation in 'The History of Mary Prince'", in: Callaloo Vol. 24:1 (Winter, 2001), S. 253–275; Ghorbal, Karim, „La instrumentalización del yo esclavo: los espejos conceptuales de Juan Francisco Manzano", in: Leonardo, Richard (ed.), Palabra de negro. 9 asedios a la literatura afrolatinoamericana, Lima, Universidad Nacional Federico Villareal, Editorial Universitaria, 2015, S. 19–40.

56 Johnston, Harry Hamilton, The History of a Slave, ed. and introduced by Lovejoy, Paul E., Princeton: Markus Wiener, 2012 (Original London: Kegan Paul, Trench, & Co., 1889).

57 Jameson, John Franklin, „Autobiography of Omar ibn Said, Slave in North Carolina, 1831 [autobiographischer Essay]", in: The American Historical Review 30, No. 4. (July 1925), S. 787–795, http://docsouth.unc.edu/nc/omarsaid/omarsaid.html (letzter Zugriff 8. 2. 2018); siehe auch: Alryyes, Ala (ed. and transl.), A Muslim American Slave: The Life of Omar Ibn Said, Madison: University of Wisconsin Press, 2011; Austin, Allan D., African Muslims in Antebellum America: A Sourcebook, New York: Garland Publishers, 1984; Parramore, Thomas C., „Muslim Slave Aristocrats in North Carolina", in: North Carolina Historical Review Vol. 77, Issue 2 (April 2000), S. 127–150; Sa'id, Mohammad Ali, The Autobiography of Nicholas Said; A Native of Bornou, Eastern Soudan, Central Africa, Memphis: Shotwell & Co., 1873, www.docsouth.unc.edu/neh/said/said.html (letzter Zugriff 8. 2. 2018), zusammenfassend: Sanz, Vicent; Zeuske, Michael, „Microhistoria de esclavos y esclavas", in: Sanz; Zeuske (eds.), Millars. Espai i Història Vol. XLII/1 (2017) (= número monográfico dedicado a 'Microhistoria de esclavas y esclavos'), S. 9–21 (http://repositori.uji.es/xmlui/bitstream/handle/10234/168225/Sanz_Zeuske.pdf?sequence=1 (letzter Zugriff: 16. 07. 2017)).

58 Parrish, Susan Scott, „Introduction", in: Parrish, American Curiosity. Cultures of Natural History in the Colonial British Atlantic World, Chapel Hill: The University of North Carolina Press, 2006, S. 1–23.

59 Aizpurúa, „Esclavitud, navegación y fugas de esclavos en el Curazao del siglo XVIII", S. 81–94; Rupert, Creolization and Contraband: Curaçao in the Early Modern Atlantic World, Athens: University of Georgia Press, 2012.

also eine Reihe von Atlantikkreolen unter den Versklavten.[60] Selbst dann, wenn es relativ wenige gewesen sein mögen, waren sie sehr aktiv und auf eine bestimmte Art und Weise einflussreich, im Bereich Konsum und Diät (etwa als Köche auf Sklavenschiffen),[61] aber auch in den Bereichen, die heute als Musik, religiöse Kulte/Heilung (für die bestimmte Nahrungsmittel, Pflanzen und Öle wichtig waren) und Widerstandsrituale, Performanz, Körperlichkeit (Tanz, „Sport") sowie Mode (sie bevorzugten bestimmte Stoffe, Textilien, Schnitte und Farben oder Genuss- und Nahrungsmittel sowie Drogen) und Sprachen (*soft skills*) definiert werden – also Sinnstiftung, Kultur, Gesundheit, Diät und Ästhetik. Die Entwicklung atlantischer Ästhetiken, Philosophien, Rituale und atlantischer Sprachen der verborgenen Transkulturalität aus unterschiedlichsten Elementen, vor allem afrikanischen, aber auch europäischen und amerikanischen, wiederum hatte bedeutende Rückwirkungen auf solch harte ökonomische Bereiche wie Textilproduktion und -exporte (das verband etwa Schlesien, Sachsen oder die Westschweiz, innerkontinentale Regionen par excellence, die Leinenstoffe oder andere Stoffe produzierten, mit dem atlantischen Raum und den Sklavereien in den Amerikas),[62] Zucker-, Tabak- und Rumkonsum, oder „weiche" Faktoren, wie bildliche Darstellung (sowie viele andere Bereiche), die wiederum die europäische Ästhetik beeinflussten und europäischen Konsum mit Auswirkungen auf Medizin und Gesundheit. Globale Sklavereigeschichte, in deren Zentrum sich unter anderem die „großen" Sklavereien im Zucker, der Baumwolle, Gewürzen oder im Tabak befinden, kann auch als eine unendliche Geschichte von Zahnkrankheiten, Diabetes oder Krebs auf Seiten der Konsumenten beschrieben werden.[63] Oder als Geschichte der Drogen Alkohol und Tabak. Schnaps und Tabak waren aber immer auch Haupttauschartikel im Menschenhandel.

Über afrikanische und europäische Elemente in der Textilienverwendung auf Körpern von Versklavten oder Atlantikkreolen existieren wenigstens Quellen; nicht zuletzt visuelle Quellen (wie unter anderem in den Bildern von Galque, Eckhout, Valkenburg, Rugendas, Debret oder Landaluze); gerade Albert Eckhout aus Groningen (1610–1665) ist zum Maler der Atlantikkreolen in Brasilien geworden (um 1640)

60 Landers, „African Choices in the Revolutionary South", in: Landers, Atlantic Creoles in the Age of Revolutions, S. 15–54.

61 Reis; Gomes, Flávio dos Santos; Carvalho, Marcus J. M. de, „África e Brasil entre margens: aventuras e desaventuras do africano Rufino José Maria", in: Estudos Afro-Asiáticos, Ano 26,2 Rio de Janeiro (2004), S. 257–302.

62 White, Shane; White, Graham, „Slave Clothing and African American Culture in the Eighteenth and Nineteenth Centuries", in: Past & Present, 148 (August 1995), S. 149–186; Weber, „Linen, Silver, Slaves, and Coffee: A Spatial Approach to Central Europe's Entanglements with the Atlantic Economy", in: Culture & History Digital Journal 4:2 (2015), doi: http://dx.doi.org/10.3989/chdj.2015.020 (letzter Zugriff 8. 2. 2018).

63 Austen, Ralph A.; Smith, Woodruff D., „Private Tooth Decay as Public Economic Virtue: The Slave Triangle, Consumerism, and European Industrialization", in: Inikori; Engerman (eds.), The Atlantic Slave Trade, S. 183–203.

[*Bilder 17: a) „Atlantikkreole (mit Akan-Zeremonialschwert)"; b) „Molher Negra" (schwarze Frau, mit Sklavenbrandzeichen eines stilisierten „M" mit Krone darüber für Johann Moritz von Nassau-Siegen].[64] Noch wichtiger für die Visualisierung anderer Formen der Kreolisierung ist das in Mitteleuropa quasi unbekannte Gemälde des Malers Adrian Sánchez Galque aus Quito von 1599 mit dem Titel „Los mulatos de Esmeraldas" (heute im *Museo de América* in Madrid).[65] Ebenso wie der Schwarze von Eckhout sind auch die *zambos* von Galque im Grunde nicht übereinstimmend mit den heute vorherrschenden Vorstellungen von Sklaverei- und Sklavenhandel. Das liegt nicht so sehr an den oft von heutigen Kulturwissenschaftlerinnen und Kunsthistorikern bemühten Erklärungen, sondern daran, dass die Marginalisierung des Hidden Atlantic eben nicht überall und immer funktionierte. An vielen Stellen durchbrachen Atlantikkreolen, Cimarrones und andere Kreolen überhaupt die von Kolonisatoren, Kapitänen und Conquistadoren kontrollierten Stufen von Marginalisierung, Transkulturation und Verschleierung.

Wichtige Gebiete sind Performanz des Tanzes, der Trance und der Trommeln. Bei karibischer, kubanischer oder brasilianischer Musik erwartet man das, aber es spielt auch bei zunächst als „weiß" geltenden Tanz- und Musikkulturen eine höchst wichtige Rolle (französische Schiffe etwa führten, wie erwähnt, oft Akkordeonspieler mit). Nicht nur, weil Sklaven und Sklavinnen auf den Schiffen zu mutilierten Tänzen à la *Slave Ship Dance* (Gedicht von Heinrich Heine) gezwungen wurden, aus denen alle karibischen oder „lateinamerikanischen" Tänze (aber auch Reggae oder Limbo) hervorgingen, sondern vor allem, weil Tanz in Afrika eine der höchsten Künste war und ist.[66] Ich erwähne nur die transkulturierten Tänze Tango und Milonga. „Tango" war im iberischen Atlantik und Amerika zunächst die Bezeichnung für „unzüchtige Bewegung" von Sklaven und für den Ort, wo ihre wilden „Tänze" zu sehen waren; oft Hafenviertel, Sklavenmärkte und Prostituiertenbereiche. Milonga ist heute ein besonders verführerischer Tango in Text und Musik. In der Tradition Westzentralafrikas war Milonga eine afrikanisch-angolanische

64 Bild a: Albert Eckhout aus Groningen (1610–1665): „Afro-brasiliansk mand. Signeret 1641" (Titel nicht zeitgenössisch); mit freundlicher Genehmigung von The National Museum of Denmark, Kopenhagen, Ethographic Collections (Albert Eckhout painting N 38A7); Bild b: Wagner, Zacharias, Thierbuch (ca. 1634–1638, Brasilien); Kupferstichkabinett, Dresden, Blatt 98).

65 http://ceres.mcu.es/(10. Februar 2012) (imagen 00069); siehe: Büschges, Christian, „Eine schwarze Conquista. Ethnische Konflikte, Kontakte und Vermischung in Esmeraldas (Ekuador) im 16. Jahrhundert", in: Domnick, Heinz-Jürgen; Müller, Jürgen; Prien, Hans-Jürgen (eds.), Interethnische Beziehungen in der Geschichte Lateinamerikas, Frankfurt am Main: Vervuert, 1999 (ACTA COLONIENSIA. Estudios Ibéricos y Latinoamericanos, eds. Prien, Hans-Jürgen; Zeuske, vol. 3), S. 47–56; Tardieu, „Los 'mulatos' de Esmeraldas (s. XVI) ¿Tiranos o defensores de los indios?", in: Laviña; Orobitg, Gemma (coords.), Resistencia y territorialidad. Culturas indígenas y afroamericanas, Barcelona: Universitat de Barcelona, 2008, S. 135–163.

66 Fabre, Geneviève, „The Slave Ship Dance", in: Diedrich, Maria; Gates Jr., Henry Louis, Pedersen, Carl (eds.), Black Imagination of the Middle Passage, Oxford: Oxford University Press, 1999, S. 33–46.

Rhetorik, eine „verführerische Rede-Performanz" – im Original in Angola „Rechtshändel, Strafsache, Prozeß"[67] (sicherlich bezogen auf die Reden vor Gericht (*storytelling in courtroom*), die sich über die Zwischenstationen São Tomé oder die Kapverden auf dem Atlantik verbreitete und nach Amerika gelangte; ohne den rhythmischen „Sound" der Trommeln aus der Tiefe atlantisch-oraler Geschichte ist globale Weltkultur heute nicht mehr vorstellbar. Alles Folgen des atlantischen Sklaven- und Menschenhandels sowie der Transkulturationen. Das ist wirklich „the Atlantic as Drum"!

Mit den Auseinandersetzungen im 17. Jahrhundert wurden translokale, atlantische Potenzen, Ressourcen, Kapitalien, Handelsnetze und -kulturen immer stärker durch die entsprechenden Kronen oder Eliten „nationalisiert" und kanalisiert und, soweit möglich, unter die Kontrolle von Monopolen sowie bestimmten Städten (sowie dort angesiedelten Banken und „Währungen" (nationalen Geldsystemen)) gebracht. Auf dieser Basis kam es dann im 18. Jahrhundert zu Entmonopolisierungen und Freihandel. Erfahrene Negreiros aus Bahia, Recife und später Rio de Janeiro blieben mit ihrer „portugiesischen" oder „brasilianischen" Identität und Sprache, ebenso wie afrikanische Atlantikkreolen, oft auch Nachkommen nach Afrika zurückgekehrter ehemaliger Sklaven oder sogar als Sklaven im Sklavenhandel wichtige atlantikkreolische Vermittler des Geschäfts – auch in Westafrika und an der Sklavenküste (etwa in Ouidah/Whydah, Porto Novo, Little Popo oder Oni/Lagos).[68] Als „Spitze eines historischen Eisberges" kann ein Beispiel aus späterer Zeit gelten. Da es sich auf die alte Kulturtechnik des Übersetzens bezieht, sollte es auch vorher schon ein verbreitetes Geschäft gewesen sein, zumal der afrikanische Übersetzer in der Mitnahme seines Sohnes Erziehungsprinzipien deutlich werden lässt, die sich schon vorher herausgebildet haben müssen. 1828 war eine spanische Brigg mit dem Namen *Guerrero* mit 121 „Africans" an den Florida Keys schiffbrüchig geworden. In dem Brief des Marshalls Waters Smith aus dem Marshal Office des Eastern Districts von Florida in St. Augustine vom 16. Juli 1828 an Samuel Southard, Secretary of the Navy in Washington, wird folgendes ausgeführt:

> I beg ... to state this situation of one of these Africans named Lewis, and his son ... of about twelve years of age. This man is a son of an African residing on that part of the coast resorted to by slave vessels; he speaks French and Spanish very well, and can make himself understood in English; he has been over Havana in a slave vessel as Interpreter, and was hired in the same situation by the master of the Brig Guerrero at thirty dollars per month. This information is obtained from Lewis, and also from the captain of the slave brig: he took his son with him on board of the Brig; they were not a part of the slave cargo. Lewis is desirous of going to Havana to receive the wages due him; from whence he states that he can get a passage to Africa. [...] Lewis is a smart, intelligent negro, but ... is dissatisfied at being retained here, and

67 Heintze, „Glossar der im Text verwendeten afrikanischen und luso-afrikanischen Begriffe", in: Heintze, Afrikanische Pioniere, S. 290–295, hier S. 292.

68 Strickrodt, Afro-European Trade in the Atlantic World: The Western Slave Coast, c. 1550–1885, Woodbridge and Rochester: James Currey, 2015 (Western Africa Series).

having great influence over the other Negroes, is constantly exciting [them] in a way that gives me much trouble" [Ich bitte darum, die Situation eines dieser Afrikaner, genannt Lewis, und seines Sohnes, der ca. 12 Jahre alt ist, zu klären. Dieser Mann ist Sohn eines Afrikaners, der an diesem Teil der Küste [Afrikas] residiert, die von Sklavenschiffen bedient wird; er spricht sehr gut Französisch und Spanisch und kann sich in Englisch verständlich machen; er ist nach Havanna gekommen als Übersetzer und wurde als solcher vom Besitzer der Brigg Guerrero für 30 Dollar per Monat angeheuert. Diese Information habe ich von Lewis bekommen und auch vom Kapitän der Sklavenbrigg: er hat seinen Sohn mit sich an Bord der Brigg; sie waren nicht Teil der Sklavenladung. Lewis ist scharf darauf, nach Havanna zu gehen um seine ausstehenden Löhne in Empfang zu nehmen; von dort aus, so sagt er, kann er eine Passage nach Afrika bekommen. Lewis ist ein smarter, intelligenter Neger, ist aber unzufrieden damit, hier zurückgehalten zu werden, und weil er großen Einfluss über die anderen Neger hat, stachelt sie andauernd in einer Weise auf, die mir viel Ärger macht]. [69]

Es gab Hunderte, wahrscheinlich sogar Tausende solcher Übersetzer. Der Verweis auf die Biographie von Lewis ist eine Minimalantwort auf die Frage, ob Atlantikkreolen eher Versklaver oder Versklavte gewesen sind. Es gibt Quellen über eine Reihe von Versklavern unter den Atlantikkreolen; wenn die Masse Versklavte gewesen sind, haben sie – neben vielem anderen bereits erwähntem – auch eine wichtige Rolle als Konsumenten und Kulturvermittler „von unten" gespielt. Ich erwähne noch einmal die absolut fundamentale Rolle von Köchen/Heilern, Musikern und Übersetzern auf Sklavenschiffen, so wurde die Rebellion auf dem Sklavenschiff Amistad durch Gespräche zwischen versklavtem Koch und Sklaven ausgelöst.

Es ist aber auch eine andere Antwort möglich: Atlantikkreolen lebten in einer Welt, in der Versklavung und Sklavenhandel normal waren und oft von Glück, guten beziehungsweise bösen Göttern oder einfach richtigen oder falschen Allianzen abhingen. Das würde bedeuten, dass Sklavenhandel und Sklaverei tiefverwurzelt in der atlantischen Welt, ihren Landschaften und im Denken der Menschen gewesen sind. Erst Mitte des 18. Jahrhunderts und seit den atlantischen Revolutionen, besonders seit der Sklavenrevolution von Saint-Domingue/Haiti (1791–1803), entstanden in Amerika und Europa sowie Afrika (dort waren sie oft mit islamischen Rebellionen verbunden), Denkalternativen zu Menschenjagd und Sklavereien – mit Gegengewalt erkämpfte Freiheit für ehemalige Sklaven ohne die Institution Sklaverei und ohne fremden Kolonialismus.[70]

Atlantische Identitäten waren vor allem eines – sehr fluid. Und damit sind wir beim vierten Problemskreis. Waren die im Wesentlichen sephardischen Gruppen in den Enklaven rund um den Atlantik und im Mittelmeer (und an anderen Meeren) auch Atlantikkreolen und wenn wie weit hat sich ihr Konzept der *nação* (Portuguese Nation – *a Nação*) auf die Nationsbildungen von unten und die christlich-

---

69 Washington, National Archives, RG 45, M124, Roll 115, f. 79 (mit freundlicher Genehmigung von Gail Swanson, die das Dokument gefunden, transkribiert und mir freundlicherweise zur Verfügung gestellt hat).

70 Garraway (ed.), Tree of liberty: cultural legacies of the Haitian Revolution, passim.

afrikanischen Religionsentwicklungen ausgewirkt? Alle anderen Problemkreise, die die Atlantikkreolen betreffen, mit Ausnahme vielleicht der Frauenfrage (die bei Atlantikkreolen einfach offensichtlicher ist), betreffen auch die sephardischen Atlantik-„Portugiesen".[71]

Und, da Geschichtswissenschaft im Zeitalter des Postkolonialismus neben der notwendigen Empirie auch und vor allem reflexiv ist und sein sollte, müssen die Prozesse der diskursiven und medialen Zentralisierung Europas (des „Nordens") und der Marginalisierung Afrikas (des „Südens") neu überdacht werden, auch und gerade im Diskurs der Sklavereiforschungen. In diesem Zusammenhang sind interessante Prozesse im Gange, mit der Zentralität des Atlantiks auch die Zentralität Afrikas zurückzugewinnen – manche davon zweifellos übertrieben. Viele dieser Prozesse, die Amerikanisten „von hinten", vom zeitlichen und strukturellen „Ende" der transatlantischen Passagen zurückverfolgen, haben ihre Anfänge eben in einem Afrika oder sogar mehreren Afrikas „ohne den Namen Afrika". Spätestens seit 1550, massiv seit 1800, wirkten aber Menschen, Atlantikkreolen, die auch Amerika und die Sklavereien dort kannten, auf diese „Anfänge" in Afrika zurück.

Slaving und Atlantisierung

Die Kontrolle über den Atlantik gewannen die Europäer zwischen 1400 und 1850, besonders zwischen 1495 und 1650, mit Hilfe verschiedener Gruppen von Atlantikkreolen (die manchmal auch zu Piraten mutierten), zum Teil auch gegen sie.[72] Die Europäer behielten die Kontrolle, indem sie die Hochseeschiffe, die Kapitäne und Offizierskorps sowie Flotten streng reglementierten und kontrollierten – Gruß an Alfred Mahan. Am Beginn dieser Hegemonie europäischer Eliten in Bezug auf atlantischen Sklavenhandel standen die Verträge zwischen den Welsern und der spanischen Krone über das Monopol der Sklavenversorgung, die berüchtigten „4000 Neger", die sich in fast allen Texten der frühen Kolonialzeit finden lassen. Damit versuchten die europäischen Kronen Portugals und Spaniens, afrikanische Eliten, Genuesen, Florentiner und Venezianer sowie Atlantikkreolen und Lançados aus der lukrativen direkten Akkumulation von Menschenkapital zurückzudrängen (die Italiener sollten nur finanzieren). Europäische Eliten sicherten damit auch Grundlagen für die Hegemonie Europas über die Welt; eine Hegemonie, die etwa in Bezug auf Afrika, China oder Indien oft nur hauchdünn oder lokal gar nicht da war; die jeweiligen Eliten dominierten nur unterschiedliche Räume. Europäer hat-

71 Israel, Jonathan, „Jews and Crypto-Jews in the Atlantic World System", in: Kagan, Richard L.; Morgan (eds.), Atlantic Diasporas: Jews, Conversos, and Crypto-Jews in the Age of Mercantilism, 1500–1800, Baltimore: Johns Hopkins University Press, 2009, S. 3–17 und passim; Roitman, The Same but Different? Inter-cultural Trade and the Sephardim, 1595–1640, passim.

72 Rodger, „Atlantic Seafaring", S. 71–86.

ten ab ca. 1850 effizientere Militärtechnologie und -organisation oder die Europäer machten geschickte Allianzpolitik.

Wichtig in unserem Zusammenhang ist, dass Europäer und Atlantikkreolen sowie Amerikaner in den fast fünf Jahrhunderten zwischen 1400 und 1890 ein atlantisches System unter ihrer – nie vollständigen – Kontrolle hielten, das bis um 1800 und als Schmuggel auch noch bis 1880 auf Menschenjagd, Sklavenhandel, Akkumulation von Humankapital auf und am dem Atlantik und einer Synthese verschiedener Sklavereien/Zwangsarbeiten beruhte.

Zentrum dieses Systems des Slavings und Menschenkapitalismus zwischen 1450 und 1650 war Afrika, ich wiederhole das, nicht Europa. Nach den Kriegen um den Kongo (1560–1670), dem Umfeld des „Dreißigjährigen Krieges", dem Cromwellschen Commonwealth und den „Handelskriegen" zwischen England und Holland, dominierte Nordwesteuropa zwischen 1660 und 1804, zugleich Epoche der großen Seeschlachten, den atlantischen Sklavenhandel und die amerikanischen Kolonialsklavereien. Afrika und Afrikaner (als Sklavenjäger, -händler, -halter sowie Zulieferer und Verschleppte sowie Hilfspersonal der Sklaverei) – die starke Verallgemeinerung sei mir verziehen – waren immer noch zentral.[73] Amerika wurde zwischen 1650 und 1890 zum Zentrum eines rural-urbanen Kapitalismus der „großen" Sklavereien (*Second Slavery*) mit Wurzeln auf Barbados, Jamaika, Suriname und Saint-Domingue. Diese Second Slaveries brachen zusammen oder gerieten in Krise, wenn sie von ihren afrikanischen Quellen und der Atlantisierung getrennt wurden (einige durch den internen Sklavenhandel mit Menschen aus Afrika und ihren Nachkommen sowie den Menschenschmuggel nicht sofort). All dies bildete welt- und globalhistorisch einen wichtigen Teil der afrikanischen Slavings (siehe das Kapitel „Numbers Games"), vor allem deswegen, weil sich der atlantische Menschenkapitalismus mit anderen Formen des dynamischen Kapitalismus (Handwerk, Handel / freie Konkurrenz, Institutionen, Bankenwesen, Geld und Finanzwirtschaft, Fabriksystem und industrielle Revolution)[74] verband. Afrika blieb Zentrum des Slavings und des Menschenkapitalismus bis mindestens 1900, in vielen Gebieten weit länger. In einigen Gebieten gingen und gehen traditionelle Sklavereien und Menschenhandelsformen ziemlich nahtlos in heutige Sklavereien über.

---

73 Für die „Sklavenküste" hat das sehr gut untersucht: Strickrodt, Afro-European Trade in the Atlantic World: The Western Slave Coast.

74 Bailey, „The Other Side of Slavery: Black Labor, Cotton, and Textile Industrialization in Great Britain and the United States", S. 35–50; sehr viele neoliberale Kritiken an der relativ direkten Verbindung zwischen Sklaverei, Sklavenhandel und Industrialisierung gehen zurück auf den Artikel von Stanley Engerman, „The Slave Trade and British Capital Formation in the Eighteenth Century", in: Business History Review 46 (1972), S. 430–443. Engerman legt allerdings in diesem kritisch die möglichen Verzerrungen durch theoretische Annahmen der neo-klassischen Lehre dar; siehe auch: Eltis; Lewis; Sokoloff, Human capital and institutions: a long run view, New York: Cambridge University Press, 2009 sowie die vielen Arbeiten zum Thema Sklaverei = Kapitalismus (oben).

Bis 1570 hatten die Portugiesen im atlantischen Raum nur punktuelle Ressourcen-Produktionsfelder (Inseln) und keine Edelmetallgebiete oder Bergwerke besetzen/erobern können. Edelmetalle und Bergbaugebiete waren im Grunde bis um 1700 (Minas Gerais) dem Bergbau-Imperium der Habsburger in den Kernzonen des andinen Spanisch-Amerika vorbehalten (mit Goldproduktionsgebieten in Tiefländern vor allem des heutigen Kolumbien und Ekuador). Die Portugiesen kontrollierten nicht die Goldminen der Akan im heutigen Ghana, nicht die Kupferminen im Kongo, auch mit den Goldminen in Monomotapa/Moçambique gab es Schwierigkeiten, in Angola fanden sie nicht die erwarteten Silberminen. Portugiesen kontrollierten aber Depotinseln des Menschenhandels und „Sklaven-Produktionsgebiete" in Westafrika beziehungsweise schufen sie in Allianzen mit afrikanischen Eliten (Kriege um den Kongo / Ndongo-Angola 1560–1660). Das im Boom der ersten Globalisierungswelle überdehnte Portugal brauchte die Allianz mit dem philippinischen Spanien (1580–1640), um Menschen gegen Silber zu tauschen. Im iberischen Imperium in Amerika endete um 1570 die engere Conquista. Die Silberbergwerke in Oberperu (Bolivien), Peru und Neu-Spanien wurden seit dem 16. Jahrhundert ausgebeutet (in den hohen Lagen ohne afrikanische Sklaven oder nur anfangs auch mit afrikanischen Sklaven, das Silber diente als Tauschmittel) – ohne Silber und menschliche Körper keine Weltwirtschaft. Portugiesen und ihre Alliierten dominierten nach 1660 mit Ausnahme Angolas/Moçambiques „nur" den Zwischenhandel, von dem der Sklavenhandel ein sehr großer Teil war; Dreh- und Angelpunkte des Handels für die Portugiesen waren zunächst Gold und Gewürze. Ostafrika, der Indische Ozean und im gewissen Sinne auch der Pazifik waren beim Auftauchen der Europäer schon längst durch arabische, tamilische, chinesische und malayische Handelsnetzwerke verbunden. Im Asienhandel vor allem war „harte" Bezahlung gefragt: Gold im Handel mit dem Osmanischen Imperium, Silber in China, Messing, Silber und Bronze in Afrika, Kupfer in Indien und dazu das immer wichtigere Eisen aus Skandinavien und der Biskaya.[75] Auch in Europa stieg im siebzehnten Jahrhundert der Kupferbedarf (Geschütze, Vellón-Münzen) an. Ohne diese „harte" Zahlung (oder Kredite darauf) waren viele Waren nicht zu erwerben, die wiederum auch für den Menschenhandel an den Küsten Afrikas benötigt wurden. Vor allem Ming-China, in gewissem Sinne „Indien" und das osmanische Imperium, partiell das schiitische Persien der Safawiden und das Mogul-Reich, die wichtigsten Reiche der anderen Hälfte des Globus, waren andere Attraktions-Zentren dieser Globalität. Sie empfingen Mais, Tabak, Kartoffeln und Erdnüsse aus Amerika, aber auch Silber; Neu-Spanien und China, direkt verbunden über die so genannte Manila-Galeone, standen bis 1820 in einer Silbersymbiose. Persien isolierte sich nach der Expansion Timur-Lenks nach Westen (Osmanen), Nordosten (Usbeken, Turkmenen) und Südosten (Delhi). Das Osmanische Reich versuchte, in das

75 Evans; Rydén, "'Voyage Iron': An Atlantic Slave Trade Currency, its European Origins, and West African Impact", S. 41–70.

Mittelmeer hinein zu expandieren und über den Donauraum nach Mitteleuropa vorzustoßen; über die Krim in die Ukraine. Russland blieb bis um 1700 in seinen inneren Problemen und dem Aufbrechen der tatarischen, polnischen und schwedischen Sperrriegel im Süden, Westen und Norden verhaftet und im „Windschatten" der westlichen Globalisierung; frei war der Weg für die russische Expansion nach Sibir und Alaska, später auch in die Ukraine sowie zum Kaukasus und in die Steppen. Das Reich des Nordens begann seine eigene Globalisierung. Periphere und dann auch halbperiphere Gebiete waren Mittel-, Ost- und Nordeuropa, Nordamerika, der Südkegel Südamerikas und die pazifischen Territorien Amerikas mit Ausnahme des peruanischen Callao und des mexikanischen Acapulco sowie Panamá bis ca. 1750.

Peripherie und Zentrum sind abhängig von der Perspektive, die in ihren Diskursen den Mustern der entstehenden hegemonischen Kultur des westlichen Industrie-Kapitalismus folgte. Im Zentrum einer Globalgeschichte der Sklaverei steht, vor allem seit um 700, Afrika. Der gigantische Meereskontinent Polynesien und Australien rückte erst nach 1790 in das Interesse von Europäern, Abenteurern, Sklavenjägern, Sträflingen, Walfischern und Amerikanern sowie Pazifikkreolen, die mit Walprodukten (Öl, Ambra und Walknochen) Ressourcen für die industrielle Revolution und den Biedermeier-Kapitalismus lieferten. Walfang fand auch im Atlantik statt; eines seiner wichtigsten Zentren war New Bedford in den USA.

An der anderen großen Peripherie auf der Nordhalbkugel wurde erst 1812–1814 der Sperrriegel der indianischen Kulturen endgültig zerstört. Damit wurde der Weg nach Westen und Süden für die USA frei. Damit wurde auch der Weg frei für die *Verwandlung der Welt* im 19. Jahrhundert.[76] Die Diskurse, die diese Verwandlung in der Welt in die Welt setzte, sprachen von Überlegenheit der Nordwesteuropäer und der weißen Rasse und von der Unmodernität der Sklavenarbeit.

In Wirklichkeit war alles sehr modern – für den jeweiligen Zeithorizont, versteht sich. Der New South der USA konnte, nachdem die Experimentalphase der „zweiten Sklaverei" auf Kuba die Insel auf den ersten Platz der Weltzuckerproduktion katapultiert hatte, seit 1840 zum neuen Zentrum der Sklaverei in den Amerikas werden, weil die Baumwollproduktion[77] mit Sklaven nun per Eisenbahn und Dampfschiffen in die Fläche expandierte und mit neuen Maschinen und Technologien nicht geerntet, aber schneller verarbeitet und transportiert werden konnte.

In der Frühzeit dieser atlantisch-globalen Wirtschaftskultur hatte keine der Antilleninseln das Goldversprechen, das sich Kolumbus und seine Vor- sowie Nachfolger einbildeten und einredeten, gehalten. Gold in den Mengen, wie es die Iberer wünschten, gab es auch in Afrika für sie nicht. Dafür aber ein anderes Kapital: Menschen, die gegen alles andere getauscht werden, aber auch arbeiten oder Kinder gebären konnten. Der afrikanische Menschenkapitalismus war also das

76 Osterhammel, Die Verwandlung der Welt, passim.

77 Beckert, King Cotton, passim.

wichtige *primum mobile* der atlantischen und in gewisser Weise sogar der globalen Wirtschaft. Diese fundamentale Tatsache, die nicht besonders ehrenhaft für die Europäer ist, wurde überlagert durch die großen Conquistas der Hochflächen Amerikas ab 1520 und die Plünderungen der frühen Entrada- und Razzienwirtschaften; aus Gold wurde bald Silber, aus Indiosklaven wurden schwarze Sklaven, die im bereits funktionierenden Slaving aus Afrika nach Amerika gebracht wurden, indem die Sklavenhandelslinien von Nord-Süd-Richtung in Ost-West-Richtung über den Ozean ausgedehnt wurden. So recht sprang der Edelmetallmotor der Weltwirtschaft, auf den seitdem in Hunderten von Arbeiten Bezug genommen worden ist, wirklich erst an mit dem massiven atlantischen Sklavenhandel (ab ca. 1570) sowie dem Auffinden der Silberlagerstätten in Peru und Mexiko (Mitte 16. Jahrhundert) sowie dem Gold von Neugranada seit etwa 1580 und Brasiliens um 1700. Das davorliegende und parallel schon funktionierende afrikanisch-atlantische Primum Mobile des Menschenkapitalismus, die Atlantic Slavery, angetrieben von Wind und Meeresströmungen, inklusive der Induktionsleistungen verschleppter Afrikaner in der Edelmetallproduktion in der Karibik wurde und wird gerne mit Schweigen übergangen.[78]

Die Hauptprodukte dieser kolonialen Wirtschaftsmaschinerie zur Erhaltung von Imperien und atlantischem Wirtschaftssystem, zugleich wichtigstes Kapital und Arbeitskraft waren menschliche Körper, Silber und Gold, nicht Manufaktur- oder Handelswaren. Aber europäische Manufakturprodukte spielten auch eine wichtige Rolle bei der Aufrechterhaltung der großen hispano-amerikanischen Kolonialmaschine, die sich manchmal ächzend um die Zentren des Silberbergbaus bewegte und neben der „Sklavenproduktion" zum anderen großen Motor der atlantischen Wirtschaft und globaler Wirtschaftsnetze wurde. Die afrikanischen Sklaven waren in der Perspektive der Globalgeschichte sogar Basis und Auslöser dieses Prozesses – und, wie gesagt, sein wichtigstes primäres Kapital/Währung sowie seine wichtigsten Produzenten und Dienstleister (selbstverständlich auf der Basis bäuerlicher Subsistenzproduktion vor allem von Nahrungsmitteln).

In Peru und Las Charcas (Alto Perú / Hochperu, heute etwa Bolivien) etwa war der schnell wachsende Bedarf an urbanen und ruralen Sklaven in Potosí, in Küstengegenden und einigen Tälern, wie etwa dem von Cochabamba, evident, die von Spaniern vorrangig besiedelt wurden. Zusammen mit Lima und El Callao bildeten die Silberzentren Hochperus Endpunkte eines der längsten Handelswege (neudeutsch: *commodity lines*) der atlantischen Sklaverei überhaupt.[79]

Darüber schob sich seit Mitte des 17. Jahrhunderts das auf dem Austausch Sklaven–Manufakturwaren bestehende „zweite atlantische System" der Nordwesteuropäer (Normands, Bretonen, Gascogner, Niederländer, Engländer, Schotten, Dänen,

78 Sued Badillo, Jalil, „From Tainos to Africans in the Caribbean. Labor, Migration, and Resistance", in: Palmié; Scarano (eds.), The Caribbean, S. 97–113.

79 Bowser, The African Slave in Colonial Peru, passim.

Waliser und andere Atlantikfranzosen sowie ein paar Schweizer und Deutsch). Dieses Austauschmodell basierte zunächst in gewissem Sinne auf der Übernahme italischer und portugiesischer Netze und Expertise (Raumwissen, Sprachen, Übersetzer, Lançados, Schiffslinien, Atlantikkreolen), zuerst in Allianzen, seit 1568 in zunehmend kriegerischen Konflikten (empirisch in Bezug auf Portugal-Niederlande in Afrika und in Bezug auf Privatinvestitionen in den Sklavenhandel herausgearbeitet von Filipa Ribeiro da Silva).[80] Räumlich gesehen, war Sklaverei ein Mittel, tropische und subtropische Peripherien in produzierende rurale Boom-Landschaften sowie Zentren der Zucker-, Baumwoll-, Kaffee-, Indigo-, Reis-, Vieh- und Reisproduktion mit dynamischen urbanen Hafenökonomien zu verwandeln, was auch die Spanier seit 1750 zu begreifen begannen.

Zwischen 1550 und 1650 übernahmen zunächst die niederländischen Städte Antwerpen und Amsterdam, parallel beziehungsweise zunächst in Kooperation mit Lissabon (Porto)-Sevilla-Cartagena-Lima-Veracruz-Mexiko-Havanna, und später, nach den englisch-niederländischen Handelskriegen und dem „Drei-Mal-Dreißigjährigen-Krieg" im Südatlantik (1560–1660 – Kongo/Angola/Pernambuco), Südostengland mit Zentrum London und Amsterdam sowie die französische Atlantikküste (Bretagne, Normandie, Nantes, Bordeaux, Rouen, La Rochelle) die Rolle von Portalen und Hubs. Globales Zentrum der Fernhandels-, Sklaverei- und Kapitalnetze wurden Amsterdam und dann London (sowie Liverpool). Nur hier wurden die globalen Netzwerke einigermaßen systematisiert und institutionalisiert; die Briten brachten auch mehr und mehr Ressourcen-Ausgangsregionen unter informelle oder formelle Kontrolle. Das gilt auch für die Zeit nach Abolition von Sklavenhandel und Sklaverei im Britischen Empire (1808–1838). Die Westküstenhäfen Großbritanniens spezialisierten sich (Glasgow/Tabak, Liverpool/Sklaven und Bristol/Zucker/Sklaven).[81] Die wichtigsten Ressourcengebiete – bei Immanuel Wallerstein „Peripherien" (oder „Halbperipherien") – waren immer das spanische Kernamerika, vor allem Peru und Neu-Spanien mit seinen Silberminen, das Gold Neu-Granadas, Brasilien (seit etwa 1700 mit Gold), die atlantische Karibik und von Anfang an Westafrika mit den Schwerpunkten Gambia-Senegal, Guinea-, Gold- und Sklavenküste, Kongo-Angola-Loango sowie die atlantischen See- und Hafenwirtschaften. Der Zentralraum zwischen ihnen war, wie wir gesehen haben, der Atlantik. Die Dominanz von Hafenstädten-Portalen, wie London, war eher eine Frage der strategischen Lenkung der Atlantisierung und des nomadisierenden Kapitals, das aus der Gewalt gegenüber menschlichen Körpern resultierte. Eine ähnliche Domi-

80 Ribeiro da Silva, Dutch and Portuguese in Western Africa, passim; sowie: Ribeiro da Silva, „Crossing Empires: Portuguese, Sephardic, and Dutch Business Networks in the Atlantic Slave Trade, 1580–1674", in: The Americas Vol. 68:1 (July 2011), S. 7–32.

81 Richardson, The Bristol slave traders: A collective portrait; Richardson (ed.), Bristol, Africa, and the Eighteenth-Century Slave Trade to America; Devine (ed.), Recovering Scotland's Slavery Past; Evans, Slave Wales.

nanz im Bereich des Kolonialhandels, allerdings seit 1700 in Europa nur als Juniorpartner Englands (und mit der Formierung als Staat in imperialen Dimensionen, die USA[82] und später Brasilien), hatten portugiesische Häfen und die Niederlande auf Basis des Indiks, von Kapstadt bis Java, vor allem in und um Batavia sowie Kapstadt. Die bis zur amerikanischen Küstenfassade Brasiliens im Süden und bis Maryland im Norden verlängerte Karibik als Anbaugebiet tropischer Exportgüter war die Region intensivster Sklavereien sowie Menschenhandels und Sammelstelle des spanisch-amerikanischen Silbers. Die pausenlosen Kriege europäischer Imperialmächte in und um die Karibik, Piraterie und Schmuggel sind das Zeichen dieser Zentralität, die zur *Second Slavery* führte. Die Häfen Cartagena, Portobello/Panama, Havanna und Veracruz bildeten die Eingangs- sowie Ausgangstüren des iberischen Amerikas in den Atlantik.[83] In diesem makrostrukturellen Sinne waren die Flusssysteme des Río de la Plata, des Paraná und des Magdalena in Neu-Granada Wasser-Wege in das Innere des Kontinents und nach Silberamerika. Entlang der Netze der imperialen Infrastrukturen und in den Städten, beginnend mit den Hafen-Enklaven, fanden (und finden) sich Sklavenhäfen, starke Sklaven-Populationen und eigenständige afroamerikanische Kulturen.[84] Ein gutes Beispiel ist das weniger bekannte Veracruz.[85] Die Beschreibung der Reise von Alexander von Humboldt durch Neu-Granada ist nicht das Narrativ über eine Fläche, sondern das eines Weges und seiner Stationen (Städte) auf diesem Weg in das traditionell wichtigste Ressourcenzentrum Peru und zurück über Neu-Spanien. Die Reiseroute ist bevölkert von Sklaven und ihren Nachkommen. Humboldts Reiseberichte zeigen aber auch die Verschiebung des Silberproduktionszentrums von Südamerika nach Mexiko. In der strategischen Orientierung seiner Reise wird schon das verstärkte Interesse am Pazifik deutlich. Und sein eigenartiges Schweigen über Kuba während der Reise selbst (mit Ausnahme des Tagebuchs von 1804)[86] und die Publikation eine seiner großen amerikanischen Essays (über Mexiko, Venezuela und Kuba) im *Essai Politique sur l'Ile de Cuba* lässt die fortdauernde Bedeutung der Plantagen-

---

82 Gould, Eliga H., „Lines of Plunder or Crucible of Modernity. The Legal Geography of the English-Speaking Atlantic, 1660–1825", in: Bentley; Bridenthal; Wigen (eds.), Seascapes, S. 105–120.

83 Knight, Franklin W.; Liss, Peggy K. (eds.), Atlantic Port Cities: Economy, culture and society in the Atlantic World, 1650–1850, Knoxville: The University of Tennessee Press, 1991; O'Flanagan. Patrick, Port Cities of Atlantic Iberia, c. 1500–1900, Aldershot: Ashgate Publishing, 2008.

84 Wheat, „Global Transit Points and Travel in the Iberian Maritime World, 1580–1640", S. 253–274.

85 Carroll, Patrick James, Blacks in Colonial Veracruz: Race, Ethnicity, and Regional Development, Austin: University of Texas Press, 1991; Naveda Chávez-Hita, Adriana, „La esclavitud negra en Veracruz", in: Grafenstein Gareis, Johanna von; Muñoz Mata, Laure (eds.), El Caribe: región, frontera y relaciones internacionales, México: Editorial Mora, 2000, S. 11–96; García de León, Antonio, „La Real Compañía de Inglaterra y el tráfico de esclavos en el Veracruz del siglo XVIII, 1713–1748", in: Cáceres Gómez, Rina (ed.), Rutas de la Esclavitud en África y América Latina, San José, Costa Rica: Editorial de la Universidad de Costa Rica, 2001, S. 115–141.

86 Zeuske, „Alexander von Humboldt, die Sklavereien in den Amerikas und das ‚Tagebuch Havanna 1804'", (http://avhr.bbaw.de/reisetagebuecher/text.xql?id=zeuske (letzter Zugriff: 4. 12. 2016)).

inseln mit Massensklaverei im karibischen Atlantik erkennen – trotz des Zusammenbruchs von Saint-Domingue und des sich abzeichnenden Niedergangs von Jamaika.

Der Kern einer Definition der Sklaverei wird immer die Tatsache bleiben, dass Sklaverei mit Gewalt aus menschlichen Körpern herausgepresste produktive Arbeit ist, vor allem schwere Routinearbeiten in der Landwirtschaft, im Bergbau, in Infrastrukturen und beim Bau. Und dass Menschen an einem Ort fixiert werden und/ oder an einen anderen Ort (oft nach Tausch oder Kauf ihres Körpers zu einem bestimmten Wert/Preis) verschleppt werden können. Dazu kamen buchstäblich alle Arbeiten im Haus, im Umfeld der Häuser (Abfall) und beim Transport. Zur Sklaverei gehörten auch mit Gewalt oder Abrichtung erzwungene Dienste in Prostitution, Militär, Sicherheit, Bildung, Küche, Theater, Gesundheit, Musik – ich meine natürlich nicht die heutige Bereiche oder Berufe – sowie eine ebenfalls kulturell geprägte „Unehre". Und es gehört dazu, dass Sklaverei als extremste Form von Abhängigkeit Abhängigkeitssysteme begründet und erhält (z. B. Imperien). Das sind notwendige, aber keine hinreichenden Bedingungen. Eine weitere Bedingung ist Akkumulation von Kapital und Profit aus und in der Menschenjagd, im Sklavenhandel und -transport sowie die generelle Kapitalfunktion der Sklavenkörper. Wichtigste Grundlagen aller Sklavereitypen, vielleicht sollte man von Wurzeln sprechen, waren überall Kinformen der Sklaverei. Potenziert wurde die Entfaltung von Sklavereien zu Typen durch Razzien, Kriege und Expansionen. Wenn stärker historisch-strukturelle und wirtschaftliche Aspekte bestimmter Epochen und voll ausgebildeter Typen in den Blick kommen, ist Sklaverei und die Drohung mit Versklavung seit Sumer eine systemische Institution extremen Zwangs und extremer Abhängigkeit. Das bedeutet, dass sich institutionalisierte Sklaverei, wenn man so will, soziologisch, in Gesellschaftssystemen mit hohem Arbeitsaufkommen in Landwirtschaft und Infrastrukturen / *material culture* mit übermächtigen Krieger-Eliten und Kaufleute-/Pflanzeroligarchien und deren Status-Vorstellungen sowie durch Kriege, Eroberungen oder Epidemien geschwächten Bauerngemeinschaften findet – paradigmatisch im Verhältnis von Kapitänen, Conquistadoren, Siedlern und Kaufleuten auf der einen und Taínos auf La Española 1493–1530 auf der anderen Seite. Schon um 1550 gab kein Volk der Taínos mehr.

Das Christentum des „Abendlandes" (der Begriff existiert erst seit dem 16. Jahrhundert) schien, wie wir mehrfach gesehen haben, bis in das 15. Jahrhundert eine defensive, im Vergleich mit großen Imperien und Kulturen der Araber, China, Mongolen, Türken eine relativ zurückgebliebene Regionalkultur, deren expansive Dynamiken erst im 16. Jahrhundert in Amerika dauerhaft deutlich wurden. Kreuzzüge, Reconquistas und Ostexpansionen des „fränkischen" Westens waren aber keine Ausnahmen. Seit dem 15. Jahrhundert entwickelte sich massenhafter Sklavenhandel nicht mehr an den Rändern der mongolisch dominierten „Welt des 13. Jahrhunderts", die spätestens kurz nach 1400 mit dem Tode Timurs zerfiel. Wichtiger wurden seit 1460 Sklavenhandel und Sklaverei im atlantischen Raum auf Basis der Versklavung von Menschen, die potentiell „Brüder (oder Schwestern) in Christo“ der Herren waren. Mehr noch: in der langen Perspektive wurden Nichtopferung (wie bei den Azteken; gleiches unterstellte man auch den „Wilden“ Afrikas) und Aufnahme in die Glaubensgemeinschaft der Christen zur Rettung des Seelenheils zu den beiden stärksten positiven Legitimierungsargumenten für die Versklavung von Nichteuropäern.

Vor allem in West- und Nordafrika, im Sudan und in Ostafrika waren alle Sklavereiformen und sehr dynamische Sklavereitypen im 15. Jahrhundert, als die europäische atlantische Expansion, Kolonialisierung und Globalisierung einsetzte, schon „da“. Auf diesen Voraussetzungen, ohne sie im Einzelnen zu kennen oder zu benennen, setzte vor allem seit dem 17. Jahrhundert ein christlich-europäisches Theoriegebilde des „Schwarzseins“ auf. Die Nützlichkeit für europäische „weiße“ Sklavenhändler (aber auch für „weiße“ Matrosen) war deutlich. Sie konnten sich klar, schriftlich und diskursiv von den in Realität an den Küsten außerhalb von befestigten Enklaven und Schiffen oft überlegenen Afrikanern und Atlantikkreolen abgrenzen.

Begründet wurde diese Theorie mit visuellen und physiognomischen Merkmalen. Diese entstehende Theorie des „Schwarzseins“, wir würden heute „Ideologie des Rassismus“ sagen, war zunächst ein Nebenaspekt der europäischen Expansion iberisch-mittelmeerischer Akteure und ihrer Ideen. Haupttriebkräfte dieser Expansion waren Neugier, Unterlegenheit, Abenteuer, Ruhm, Angst, Wissensakkumulation, Chancennutzung auf einem „freien“ Ozean sowie wirtschaftliche Triebkräfte (Gold, Gewürze, Holz, Textilien, Farbstoffe, Ressourcen, Handel; Menschenhandel und Sklaverei waren für Europäer zunächst zweitrangig) und der Kampf gegen einen mächtigen Konkurrenten, den Islam in Europa, im Nahen Osten und in Nordafrika (die Konflikte untereinander nicht zu vergessen).

Mobilität, Diäten, Terror und translokale Infrastrukturen der Gewalt

Die größten Sklavenhändler waren keine Westler[1]

Räume, Infrastrukturen und Gewalt

Zunächst war, wie wir gesehen haben, Menschenkapitalismus eher eine afrikanische Wirtschafts- und Herrschaftsform, auf der Basis von Verkehrssystemen und *material culture*, die von Kamelkarawanen sowie Reitern im Norden und von Kanus, Barracoons sowie Karawanen zu Fuß (oder auf Rindern) in den subsaharischen Gebieten geprägt waren. Zwischen Afrika als „Produktions"-Region (*slaving zone*) von Cativos/Captives sowie Verurteilten/Verschleppten und den Amerikas als „Nachfrage"-Region entstand der Atlantik – ein realgeschichtlich und per Karten konstruierter dritter Raum. In ihm war der atlantische Sklavenstatus der Verschleppten und Cativos durch die kontrollierte Mobilität der Netze von Infrastrukturen mit ihrer *material culture* der Gewalt sowie schriftliche Eigentumsnotate (Schiffs-Listen, Notariatsprotokolle, Testamente, Tauf-Listen) sozusagen hinein konstruiert. Der mittelalterliche Menschenhandel quer durch Europa und der arabisch-islamische Menschenhandel zeichneten sich eher durch eine Kombination von Landrouten (Karawanen) und Seerouten aus, wobei sicherlich meist Landrouten und Fußmärsche der Versklavten sowie Kamele/Pferde (Sklavenhändler) im islamischen Bereich und Maultiere oder Karren mit Ochsen oder Maultieren in Europa überwogen; wichtigste Gegenstände der materiellen Kultur der Versklavung waren Stricke, Hand- und Fußfesseln, manchmal auch schon elaborierte metallene Ketten und Peitschen/Knüppel sowie Waffen und Zugang/Kontrolle fester Räume (Zugang zu Unterdecks von Schiffen; zum Rasten/Übernachten/Verkaufen) auf Seiten der Versklaver/Bewacher.

Was zeichnete die neue Sklaverei des Atlantiks, Brasiliens und der Karibik gegenüber anderen Sklavereitypen in der Weltgeschichte aus? Unter dem Gesichtspunkt der Verkehrsmittel war Slaving, wie gesagt, zwischen Afrika und Amerika auf dem Atlantik zunächst extreme Mobilität sowie Transport menschlicher Körper auf Schiffen von Afrika nach Amerika. Und Zirkulationen natürlich, deren materielle Basis Schiffe darstellten. Europäische Schiffe waren, wie oben bereits analysiert,

1 Bairoch, Paul, Mythes et paradoxes de l'histoire économique, Paris: La Découverte, 1994, S. 203. Bairoch bezieht sich hier auf Kaufleute, trotzdem bleibt sein Begriff des „Westlers" fraglich – oder waren Atlantikkreolen und afrikanische Sklavenhändler, deren menschliches Kapital in Amerika „angelegt" wurde, etwa keine „Westler" (vielleicht „Ostler")?

https://doi.org/10.1515/9783110561630-012

zwischen 1300 und 1920 Zentrum des europäischen Technologie- und Wissenskomplexes par excellence.[2] Im 19. Jahrhundert wurden Segelschiffe durch Eisenbahnen, Dampfschiffe und andere mobile Maschinen ergänzt sowie nach und nach abgelöst. Betrachtet man die wichtigsten Institutionen des seegestützten Slavings zwischen 1400, 1700 und 1900, wird schnell deutlich, dass es sich beim atlantischen Slaving zwischen 1600 und 1880 um ein konzentriertes und zugleich strukturell sowie technologisch und finanztechnisch dynamischeres Mobilitätssystem mit komplexeren Verkehrsmitteln sowie Orientierungsmethoden als im Falle anderer Slaving-Systeme handelte. Arabisch-islamische Slavingsysteme in Europa, Nordafrika, Arabien, der Swahili-Küste, Westasien, dem Osmanischen Reich, dem Balkan, Zentralasien, Indien, Indonesien, dem Mittelmeer sowie Indik, Schwarzem und Rotem Meer waren zwar insgesamt noch großflächiger, aber zugleich in regionalen Blöcken partialisiert, hatten also eher die erwähnten Meso-Dimensionen und zwischen 1750 und 1870 nur regional (Sansibar, Sokoto) eine ähnliche Dynamik sowie Mobilität wie das westliche Slaving. Mit „Maschinen" sind sie eher selten verbunden gewesen. Transportsysteme und Verkehrsmittel waren hochspezialisiert (Dhaus, malayische Wasserfahrzeuge, Dschunken), aber ebenfalls lokal partialisiert und nicht so eng mit den Transport-, Wissens- und Industrierevolutionen verbunden, wie die Wasserfahrzeuge des Nordens (Europa und Kolonien bzw. ehemalige Kolonien sowie Nordamerika).

Deutlich wird auch, dass es sich bis etwa 1650 um ein von Afrikanern über die Kontrolle der Zulieferung von menschlichen Körpern völlig dominiertes System handelte; auch nach 1650 ging auf dem von europäischen Schiffen beherrschten Atlantik, trotz ihrer zeitgenössischen Modernität, „ohne Afrika" gar nichts, zugleich wurden afrikanische Zulieferer immer abhängiger von der atlantischen Nachfrage. Im atlantischen Raum machte der Kapitalismus auf menschliche Körper die Mittelpassage zur Grund- und Startlinie der Epochen kapitalistischer Entwicklungen erst Südwesteuropas (und Italiens), dann Nordwesteuropas, und schließlich der USA und aller Gebiete, die im 19. Jahrhundert noch eng mit Menschenschmuggel, Kolonialismus und *Second Slaveries* verbunden waren (Brasilien, Kuba, Puerto Rico, bestimmte Teile Frankreichs, Belgien, Katalonien, Baskenland). Das Mittelstück des Ozeans war eine Art riesiger Motor des ganzen Systems der atlantischen Sklaverei und diese war Zentrum und Basis des Kapitalismus bis um 1870 (selbst in Großbritannien noch, vor allem über Ressourcen, Absatzmärkte, Versicherungen und Kredit). Erst um diese Zeit kam der Kapitalismus der Schwerindustrie in anderen Gebieten zum Durchbruch – allerdings wurde das auch nach 1808/1820 weiterlaufende Slaving, das sich nun mit den Ergebnissen der industriellen Revolution selbst dynamisierte, wie oben dargelegt, noch stärker marginalisiert und verschwiegen als schon in der Phase 1650–1800.

2 Unger (ed.), Shipping and Economic Groth 1350–1850, Leiden: Brill, 2011.

Auch Gewalt wurde marginalisiert. Offener Terror, symbolische und reale Gewalt sowie die Kontrolle größerer Quantitäten von Versklavten waren um 1650 dauerhaft und massiv institutionalisiert. Sie galten als „nützlich" im Sinne einer Wirtschaftsform, die Zehntausende in Lohn und Arbeit brachte (wenn auch manchmal in elender Höhe und unter scharfen Gewaltformen, wie bei Matrosen der Sklavenschiffe). Um den Begriff „Gewalt" nicht zu allgemein zu verwenden: das gesamte System des Slaving war auch eine Kette gezielter und bewusster Morde (siehe unten).

Unterschiedliche Sklavereien, Hafenwirtschaften und Plantagenwirtschaften waren in der Form von Enklaven und Portalen an die transozeanische Kernstruktur des Hin und Her-Schiffsverkehrs angebunden; es handelte sich an der Basis nicht nur um eine transkulturelle, sondern auch um eine translokale Moderne sowie um, ich wiederhole das, die Zentralität des Atlantiks zwischen den Afrikas und den Amerikas (Atlantisierung).

Der atlantische Sklavenhandel der Neuzeit verband per Schiff mehrere Großräume, Reiche, Ökumenen, Ebenen und regionale Wirtschaftskulturen mit jeweils eigenen Wert- und Transportsystemen. In Afrika, im Bereich der Tsetse-Fliege und der Schlafkrankheit waren die Transporte durch Fußmärsche sowie Razzienkriege zu Fuß oder per Kanu gekennzeichnet. Auf den Meeren wurden ganze Weltkriege, beginnend mit den Kriegen zwischen Kastilien und Portugal sowie dem „Drei-Mal-Dreißigjährigen Krieg"[3] im Südatlantik um das Kongoreich ca. 1561–1665, mit Landtruppen, aber vor allem mit immer mehr Schiffen, um das Recht geführt, das gigantische spanische Imperium in Amerika mit Sklaven aus Afrika zu beliefern (gefolgt durch den Spanischen Erbfolgekrieg, Asiento-Krieg, Siebenjähriger Krieg, etc.). In der Karibik der Plantagen herrschten, wie wir bereits wissen, zwischen 1520 und 1898 fast immer Krieg oder irreguläre Konflikte (Korsaren, Piraten, Bukaniere, Flibustier). Gab es keine Kriege, trieben Piraten und Korsaren, die mit ihren schnellen Schiffen auch auf Sklavenrazzien gingen, ihr Unwesen. Auf allen Seiten, nicht nur im geschönten englischen Nationalmythos des Francis Drake & Co.

In diesem Sinne waren der iberische Atlantik, wie auch der französische, niederländische und vor allem der britische Atlantik der Versuch einer Systematisierung der Slaving-Kapitalakkumulationsmaschinen sowie des Transportsystems unter Kontrolle eines Imperiums sowie privilegierter Kaufleutegruppen bestimmter Städte und ihrer Schiffs- und Finanzwirtschaften (besonders gut nachgewiesen für Antwerpen, Amsterdam, Nantes, Middelburg, Liverpool, London und New York).[4] Anders ausgedrückt, ging es um die Kanalisierung der Atlantisierung durch mächtige urbane Zentren und Reeder-, Kaufleute- und Bänkergruppen, die durch Staa-

3 Caldeira, „O reino do Congo: apogeu e decadência", in: Caldeira, Escravos e Traficantes no Império Português, S. 79–91.

4 Rawley, London, Metropolis of the Slave Trade, passim; Morgan et als. (eds.), The British Transatlantic Slave Trade, 4 Bde., London: Pickering and Chatto, 2003.

ten gefördert und unterstützt wurden, so dass nomadisierendes Geld- und Tauschwertkapital zeitweilig seinen unsteten Charakter bezähmte und an Orten verweilte, die günstige Sicherungs- und Verwertungsbedingungen aufwiesen. Wichtigstes Mittel dieser Kanalisierung und Kontrolle waren urbane Emporien/Schnittpunkte oder Portale selbst (oft auf Inseln, wie oben dargelegt), Mobilitäts- und Finanzierungssysteme sowie Schiffe. Die unendlichen Kriege in der Karibik waren Versuche, die Vorherrschaft einer Macht zu beenden oder zu schwächen.

Das Vorherrschen von Menschen als Kapital fand sich nicht nur in Afrika, sondern mehr und mehr auch in der atlantischen Wirtschaftskultur („Menschenkapitalismus"), die zunehmend von Europäern und Amerikanern dominiert wurde. Ich nenne diese Kultur des Atlantiks, parallel zu den Begriffen „Industriekapitalismus", „Handelskapitalismus" oder „Finanzkapitalismus" „atlantischer Menschenkapitalismus der Körper" (man könnte sogar, was ich an dieser Stelle noch nicht tun will, mit der Kategorie „früher Körperkapitalismus" oder Biokapitalismus operieren). Mit dieser Erweiterung des engen Kapitalbegriffes und des Kapitalismusbegriffes, der halb Karl Marx und halb Pierre Bourdieu geschuldet ist (siehe oben: „Nochmals Körperkapital"), überwinden wir auch die „Anomalie", die Marx der Sklaverei und dem Sklavenhandel innerhalb der Entwicklung des europäischen Kapitalismus' als globales System zugeschrieben hatte. Als Einziges ist davon eingetreten, dass es möglicherweise zu einer relativen Verringerung des Anteils von Versklavten an der Weltarbeiterklasse[5] – aber auch das ist nicht ganz sicher, da wir die Zahlen heutiger Versklavter nicht wirklich kennen. Marx und viele Marxisten nach ihm gingen (und gehen) von einem richtigen, aber sehr essentialistisch auf entwickeltes Geldkapital fixierten Kapitalbegriff aus, im Grunde immer von der jeweils stärksten Währung, unter der Hand vom stärksten Geld und von einer „reinen" kapitalistischen Industrie-Warenproduktion. Die ersten rüden Kapitalformen aber waren überall menschliche Körper oder Vieh bzw. Land, mit der Potenz mehr zu produzieren als gesät wurde (oder vorher da war – Köpfe von Vieh zum Beispiel). Der gigantische außereuropäische Kolonialbereich musste bei diesem essentialistischen Kapitalbegriff, eigentlich vor allem wegen des Fehlens von „Geld", immer als eine irgendwie noch „feudalistische" Anomalie stehen bleiben, weil er nur von außen und informell dem essentialistischen Kapital des Industriekapitalismus unterworfen oder mit ihm kombiniert werden konnte. So genannte „Außer"-

5 Linden, Workers of the World. Essays toward a Global Labor History, Leiden: Brill, 2008 (= Studies in global social history. Bd. 1) (Deutsch: Linden, Workers of the World. Eine Globalgeschichte der Arbeit. Aus dem Englischen von Hoyer, Bettina; Jack, Tim; Landsberger, Sebastian, Frankfurt am Main/New York: Campus 2017 (Globalgeschichte; Bd. 23, ed. Conrad, Sebastian; Eckert; Pernau, Margrit); siehe auch: Zeuske, „Versklavte und Sklavereien in Spanisch-Amerika. Gedanken zur „Weltarbeiterklasse" in globaler Perspektive", in: JahrBuch für Forschungen zur Geschichte der Arbeiterbewegung (2014/I), S. 5–36; Zeuske, „Karl Marx, Sklaverei, Formationstheorie, ursprüngliche Akkumulation und Global South", in: Wemheuer, Felix (ed.), Marx und der globale Süden, Köln: PapyRossa Verlag, 2016, S. 96–144.

europäische Gebiete sowie die Meere, die ja die Welt waren und sind, und Kolonien waren aber schon viel weiter. Sie hatten ihre eigenen Kapitalien – vor allem versklavte Menschen und Tiere in Plantagengebieten (speziell Rinder/Ochsen, Maultiere, Esel, Schweine und Hühner). Mit diesem erweiterten Kapitalbegriff überwinden wir realhistorisch die Unfähigkeit von Kapitalismustheoretikern, die Funktion von Sklaverei und Kolonialismus außerhalb Europas in ihre Denksysteme einzubeziehen (wenn sie es denn wollen und können) und beides miteinander zu verbinden.[6] Der Menschenkapitalismus des transatlantischen Slavings auf der gedachten globalen Basislinie Afrika-Atlantik-Amerika (AAA) im Großraum Atlantik (und zurück) war die Voraussetzung für alle anderen Kapitalismen an den Rändern des Atlantiks (Großbritannien, USA, Europa, Afrika, etc. und punktuell auch am Indik). Hier zeigt sich eben auch, dass die Kontrolle über Menschen und über sie als multivalentes Kapital (Produktion, Tausch, Energie, Transport, Reproduktion, Militär, Luxus, Status) eine, aber nicht die einzige, Voraussetzung für die Entwicklung von mehr oder weniger Kapitalismus ist. Das betraf auch Kontrolle über Tiere. Das Tierthema kann ich hier nur anreißen (auch in Bezug auf die vielzitierte *agency*), es bedarf weiterer Forschungen;[7] auf jedem Sklavenschiff gab es Tiere; Sklavinnen und Sklaven schufteten zusammen mit Tieren und auch die Kombination oder die Ersetzung von Tieren durch Menschen / Menschen durch Tiere (je nach Sklavenpreisen) spielte eine Rolle – in Bezug auf Maultiere oder Ochsen (bzw. sogar Pläne, Sklaven durch Pferde zu ersetzen) im karibischen Plantagenbereich und auf den Maskarenen liegt das auf der Hand, ist aber sehr wenig untersucht.

Jedenfalls gaben afrikanische Eliten gegen Luxus- und Konsumgüter, Tabak, Textilien, Alkohol, Metalle, Prestigewaffen, religiösen Klimbim oder Edelmetallkapital einen Großteil ihres wichtigsten Kapitals ab, eben Menschen (die sie auch als Währung nutzten). Weil sie nur punktuell exportintensive Formen von Menschenkapitalismus betrieben (aber ansonsten auch von „ihren“ Menschen abhingen) und seit ca. 1880 mit Akteuren der nunmehr extrem expansiven, weiterentwickelten Kapitalismen Europas und Amerikas, die bereits im Modus des Finanz- und Industriekapitalismus liefen, in Konkurrenz gerieten oder sogar kolonial von ihnen beherrscht wurden, entwickelte sich in Afrika nur wenig „anderer“ Kapitalismus.

---

6 Für sehr gelungene Verbindungen siehe: Kocka, Jürgen; Linden (eds.), Capitalism. The Reemergence of a Historical Concept, London: Bloomsbury, 2016 sowie: Kocka, „Plantagenwirtschaft und Sklaverei“, in: Kocka, Geschichte des Kapitalismus, München: Beck, 2017 (3. Auflage), S. 55–59; siehe auch das Kapitel: Kocka, „Agrarkapitalismus, Bergbau und Protoindustrialisierung“, in: Ebd., S. 59–69 (das auch auf den außereuropäischen Bereich des Sklavereikapitalismus angewendet werden kann).

7 Methodisch siehe: Jacoby, Karl, „Slaves By Nature? Domestic Animals and Human Slaves“, in: Slavery & Abolition Vol. 15:1 (April 1994), S. 89–99 sowie: Schiel; Schürch; Steinbrecher, „Von Sklaven, Pferden und Hunden. Trialog über den Nutzen aktueller Agency-Debatten für die Sozialgeschichte“, S. 17–48.

Atlantisches Slaving (*Atlantic slavery*) war ein kompliziertes globalisiertes Wirtschaftssystem mit höchster translokaler Mobilität und sehr vielen Akteuren. Ich finde für dieses System, vor allem im 19. Jahrhundert, den Begriff des *Hidden Atlantic* angemessen – in dreifacher Bedeutung: alle „Atlantike" (islamischer, portugiesischer, sephardischer, britischer (siehe oben), angloamerikanischer, französischer, niederländischer, iberisch-afrikanischer, irischer, schwedischer, dänischer, etc.; roter, schwarzer, grüner bzw. mittlerweile sogar „karibischer Atlantik", „brasilianischer Atlantik", „Guayana/Orinoko-Atlantik" oder „nordamerikanischer Atlantik") wurden in europäischen sowie amerikanischen Zentren wegen des Sklavenhandels, der Gewalt und der wenig christlichen Transkulturalität marginalisiert und das 19. Jahrhundert wurde in den Abolitionsdiskursen als „Jahrhundert der Freiheit und Aufhebung des Sklavenhandels" thematisiert.

Ich will etwas zur Konstruktion von „Atlantiken" sagen. Mein Favorit zur grassierenden Unsitte, nationale, transregionale oder andere „Atlantike" zu konzipieren, sind die kritischen Bemerkungen von Gerd Oostindie und Jessica Roitman zum *Dutch Atlantic*: „it makes little sense to think of one integrated, much less one uniform, "Dutch Atlantic." Even ascertaining what territories constituted the "Dutch Atlantic" is difficult in the extreme". Dann schreiben die Autoren:

> The roughest of outlines of the Dutch involvement in the Atlantic would run something like this: an ambitious start around 1600, coinciding with the triumphant phase of the Dutch revolt against the Habsburg monarchy and the rise of the Republic as the commercial center of Europe; the founding of the first Dutch West India Company (WIC), explorations, conquests both in the Americas and Africa, crowned by a significant role in the spread of the plantation complex, including African slavery, to the Caribbean. Next came a phase of geographical contraction starting in the mid-seventeenth century, which, by 1680, resulted in a modest, though enduring, Dutch Atlantic "empire" of a few scattered islands in the Caribbean (St. Eustatius, Curaçao, Aruba, Bonaire, Saba, St. Maarten [shared with France]), some territories on the "Wild Coast" of Northeastern South America (Suriname, Essequibo, Berbice, Demerara), and the trading outpost of Elmina located on the West Coast of Africa. For the purposes of this book, this is the "Dutch Atlantic." This choice, limiting though it may be, is based on the inter-twined rationales of chronology and methodological delineations. In terms of chronology, Dutch Atlantic history could be divided as follows. The first period extended from 1600 through the 1670s, started with scattered explorations but only got underway seriously with the establishment of the first wic and the colonization, in this order, of New Netherland, Brazil, the Antilles and finally the Guianas. This "Dutch moment in Atlantic history" was a period of military ambitions, framed in the wider context of the Dutch Revolt against the Spanish and the ensuing short-lived Dutch hegemonic role. The second phase covers almost the entire period discussed in this book, starting circa 1680 and ending a bit more than a century later. This was a century of economic growth but also of shifts in centers of gravity within the Dutch orbit. The Fourth Anglo-Dutch War (1780–1784) sealed the fate not only of the Dutch Republic, but equally of its Atlantic possessions, which would never again regain their previous significance. This marks the beginning of the third phase in Dutch Atlantic history, a phase of growing insignificance.[8]

8 Oostindie; Roitman, Jessica V., „What is the 'Dutch Atlantic'"?, in: Oostindie; Roitman (eds.), Dutch Atlantic Connections, 1680–1800. Linking Empires, Bridging Borders, Leiden/Boston: Brill,

Und Jorge Cañizares-Esguerra sagt zu dem von Oostindie/Roitman kritisierten Modell eines imperial aufgeblasenen National-Atlantiks: „The national Atlantics model has similarly painted an incomplete picture of the role of Africans in the early modern world. Up to four fifths of all immigrants to the New World prior to 1800 were forced migrants from Africa. For much of its history, this trade was dominated by Luso-Brazilian slavers working with African polities such as Dahomey and the Kingdom of Kongo.“[9]

2014, S. 2–10; siehe auch: Marzagalli, Silvia, „The French Atlantic", in: Itinerario Vol. XXIII:2 (1999), S. 70–83; Vries; Woude, The First Modern Economy; Miller, „O Atlântico Escravista. Açúcar, Escravos e Engenhos", in: Afro-Asia 19–20 (1997), S. 9–36; Degn, Christian, Die Schimmelmanns im atlantischen Dreieckshandel. Gewinn und Gewissen, Neumünster: Wachholtz, 1974 (^{3}2000); Pritchard, James, In Search of Empire: The French in the Americas 1670–1730, Cambridge: CUP, 2004; Vries, „The Dutch Atlantic Economies", in: Coclanis, The Atlantic Economy during the Seventeenth and Eighteenth Centuries: Organization, Operation, Practice, and Personnel, Columbia: University of South Carolina Press, 2005, S. 1–29; Martínez Shaw; Oliva Melgar, José María (eds.), El sistema atlántico español (siglos XVII–XIX), Madrid: Marcial Pons Historia, 2005; Alencastro, „Le versant brésilien de l'Atlantique-Sud: 1550–1850", in: Annales: Histoire, Sciences Sociales 61:2 (2006), S. 339–382; Degn, „Schwarze Fracht – Dokumentation und Interpretation", in: Heinzelmann, Eva et als. (eds.), Der dänische Gesamtstaat – ein unterschätztes Weltreich?, Kiel: Verlag Ludwig, 2006, S. 37–50; Miller, Christopher L., The French Atlantic Triangle. Literature and Culture of the Slave Trade, Durham & London: Duke University Press, 2008; Weber, Deutsche Kaufleute im Atlantikhandel 1680–1830; Turgeon, Laurier, „Codfish, Consumption, and Colonization: The Creation of the French Atlantic World During the Sixteenth Century", in: Williams, Caroline A. (ed.), Bridging the Early Modern Atlantic World. People, Products, and Practices on the Move, Surrey/Burlington: Ashgate, 2009, S. 33–56; Lloyd, David; O'Neill, Peter (eds), The Black and Green Atlantic: Cross – Currents of the African and Irish Diasporas, Basingstoke: Palgrave Macmillan, 2009; Pérez Tostado, Igor; García-Hernán, Enrique, Irlanda y el Atlântico Ibérico: Movilidad, participación e intercambio cultural (1580–1823), Madrid: Albatros Ediciones, 2012 (Elite-Männer); Ferreira, „Rebalancing Atlantic History", in: Ferreira, Cross-Cultural Exchange in the Atlantic World, S. 242–248; De Almeida Mendes, „Les Portugais et le premier Atlantique (XVe–XVIe siècles)", in: Nef, Annliese (sous la dir. de) avec la coll. de Coulon, Damien; Picard, Christophe; Valérian, Dominique, Les Territoires de la Méditerranée XIe–XVIe siècle, Presses Universitaires de Rennes, 2013, S. 137–157; Cañizares-Esguerra; Breen, Benjamin, „Hybrid Atlantics: Future Directions for the History of the Atlantic World", in: History Compass 11/8 (2013), S. 597–609; Obenaus, Andreas, Islamische Perspektiven der Atlantikexpansion: Der islamische Atlantikraum des mittelalterlichen Abendlandes, 2 Halbbde., Wien/Berlin: Turia & Kant, 2013 (Mittelmeerstudien; 3) (1. Halbbd.: Der islamische Atlantikraum des mittelalterlichen Abendlandes; 2. Halbbd.: Islamische und christliche Atlantikerkundung im Mittelalter); Weaver, Jace, The Red Atlantic: American Indigenes and the Making of the Modern World, 1000–1927, Chapel Hill: University of North Carolina Press, 2014; siehe im Zuge der Wissensgeschichte auch die Konzipierung eines „Plantation Atlantic": Newman, A New World of Labor: The Development of Plantation Slavery in the British Atlantic; Hopkin, Daniel, „Julius von Rohr, an Enlightenment Scientist of the Plantation Atlantic", in: Brahm; Rosenhaft (eds.), Slavery Hinterland, S. 133–160; Klooster, Wim, The Dutch Moment: War, Trade, and Settlement in the Seventeenth-Century Atlantic World, Ithaca: Cornell University Press, 2016; Wimmler, The Sun King's Atlantic: Drugs, Demons and Dyestuffs in the Atlantic World, 1640–1730, Leiden: Brill, 2017.

9 Cañizares-Esguerra; Breen, „Hybrid Atlantics: Future Directions for the History of the Atlantic World", S. 597–609; Cañizares-Esguerra; Childs; Sidbury (eds.), The Black Urban Atlantic in the Age

Es war, wie gesagt, in Realität immer ein afrikanisch-iberischer Atlantik, auf dem im Wesentlichen Versklavte und Atlantikkreolen (die meisten davon auch aus Afrika) sowie Seeleute unterwegs waren.[10] Auch das 19. Jahrhundert war noch ein Jahrhundert massiven kosmopolitischen Menschenschmuggels auf dem Atlantik, sozusagen das Kernjahrhundert des Hidden Atlantic. Aber da insgesamt vom Slaving als Basis des Kapitalismus in den inneren kontinentalen Territorien Europas wenig bekannt war und es mehr Mythen als Kenntnisse gab, gilt der Begriff Hidden Atlantic cum grano salis immer auch schon für die Zeit vom 15. bis zum 18. Jahrhundert. Es kommt allerdings noch eine Dimension „von unten" hinzu, die das Konzept des Hidden Atlantic nicht obsolet macht, sondern sehr gut ergänzt. Im Ansatz der Microstoria kommt man dieser Dimension am besten auf die Spur, wenn Unterschichten- und Sklavenrebellionen nicht nur an Land, sondern auch *at sea* untersucht werden. Es gab nicht nur auf der *Amistad* eine Schiffsrebellion, sondern sehr viele weitere. So auf der Brigg *Antelope* (auch: *Fénix* und *Columbia*, 1820), einem „spanischen" Negrero-Schiff (aus Kuba), der Brigantine *Solicito* oder der Brigg *Creole* (1841)[11] – sie waren Einzelrebellionen einer ganzen Woge von Rebellionen auf dem revolutionären Atlantik, eines gigantischen Raumes, der die territorialen Revolutions-Prozesse (Amerikanische Revolution 1776–1783, Französische Revolution 1789–1795, haitianische Revolution 1791–1803, Jihads in Afrika seit 1803, spanisch-amerikanische Revolutionen 1810–1830, Juni-Revolution in Frankreich 1830 und europäische Revolution 1848–1851) miteinander verband. Das geschah im Wesentlichen durch Sklavenaufstände und Schiffsrebellionen „von unten". Der so genannte *Age of Revolutions* 1760–1850 hatte gigantische, bisher kaum reflektierte, maritime, ozeanische Dimensionen – *rebellions at sea*: Träger waren Schiffsmannschaften, Atlantikkreolen und Verschleppte sowie Hafenarbeiter.[12] Und dieser

---

of the Slave Trade; siehe auch: Bassi, Ernesto, „Beyond Compartmentalized Atlantics: A Case for Embracing the Atlantic from Spanish American Shores", in: History Compass 12/9 (2014), S. 704–716; Zeuske, „*Atlantic Slavery* und Wirtschaftskultur in welt- und globalhistorischer Perspektive", in: Geschichte in Wissenschaft und Unterricht 5/6 (2015), S. 280–301; Zeuske, „Versklavte, Sklavereien und Menschenhandel auf dem afrikanisch-iberischen Atlantik", in: Zeuske, Sklavenhändler, Negreros und Atlantikkreolen, S. 296–364.

10 Zeuske, „Atlantikkreolen, Leben auf und am Atlantik sowie *beyond the Atlantic*", in: Zeuske, Sklavenhändler, Negreros und Atlantikkreolen, S. 172–239.

11 Noonan, John T., The Antelope: The Ordeal of the Recaptured Africans in the Administration of James Monroe and John Quincy Adams, Berkeley: University of California, 1977; Rupprecht, „'All We Have Done, We Have Done for Freedom': The *Creole* Slave-Ship Revolt (1841) and the Revolutionary Atlantic", S. 15–34; zur *Solicito* siehe: Bericht des Kapitäns Juan Villas y Aprisa, capitan, maestre y primer piloto, an Comandante Militar de Marina in Havanna, La Habana (ohne Datum (wahrsch. Dezember 1820)), in: ANC, TC, leg. 240, no. 14 (1820). Hernandez (Gaspar). „Varios de la Tripulacion del Bergantin Negrero "Solicito" contra D.n Gaspar Hernandez su armador sobre soldadas", f. 15r–18v.

12 Armitage, David; Subrahmanyam, Sanjay (eds.), The Age of Revolutions in Global Context, c. 1760–1840, Basingstoke: Palgrave Macmillan, 2009; Frykman; Anderson; van Voss, Rediker, „Mutiny and Maritime Radicalism in the Age of Revolution. An Introduction", in: International Review

Prozess war nicht überall mit Revolutionen, sondern auch mit der Bildung von Imperien, verbunden, wie es die Geschichte des portugiesisch-brasilianischen Südatlantiks und der portugiesischen Imperien zeigt.[13]

Die Analyse atlantischer Slaving-Prozesse, Rebellionen und Revolutionen als struktur- und prozessgewordene Gewalt zeigt zunächst ungewohnte Zentralitäten – erst Afrika, dann auch der Atlantik und die Amerikas, sozusagen das bereits erwähnte Triple A des Menschenkapitalismus (AAA), nicht einzelne nationale Monarchien oder europäische Territorien (Land). See trennt – See verbindet aber auch. Das erfordert ein neues historisches Denken jenseits traditioneller Räume, Rechtssysteme und Nationalhistoriografien, eben Globalgeschichte, die vom Atlantik (oder Indik) aus gedacht wird.[14] Ozeane stellten nicht nur, wie in Bezug auf den Atlantik gerade dargelegt, eine Art riesiger Motoren-Räume, sondern auch, wie im Kapitel über Kreolisierung dargelegt, Transkulturations- und Passageräume dar. Die wichtigsten Akteure aller Breiten waren Kreolen (und Versklavte), im Falle des Atlantik Atlantikkreolen; die Spitzen des Passage-Sklavenkapitalismus dominierten „weiße" Investoren, Kaufleute und Kapitäne, die sich national definierten, aber oft kosmopolitisch agierten und von aggressiven Imperien geschützt wurden. Auf dem Hidden Atlantic entstandenen durch Übernahme, Transkulturation und Verlängerung bzw. Verlagerung afrikanischen Slavings zwischen 1450 und 1650 die Infrastrukturen, in denen Sklaven, Kommerzialisierung, Finanzoperationen, Produktivität, Wertaustausch, Management, Marketing, Arbeit, Energienutzung, Kontrolle und Recycling durch wie auch immer legitimierte Gewalt und Werte (Gewinnstreben) zusammengehalten und organisiert wurden. Das Problem für die expandierenden Europäer war – sie kontrollierten die Strukturen nicht vollständig und auch nur einen Bruchteil der Kapitalfunktionen des Menschenhandels (zunächst meist nur einige Tauschoperationen). Die Geschäfte waren extrem riskant. Neben Geschäftsrisiken, die transatlantische Unternehmen immer mit sich brachten, hingen sie im Wesentlichen von Verwandten, Glück, Krankheiten, Ernährung, Wetter und erfolgreichen Bestechungen ab.[15] Das änderte sich erst nach 1650, als weniger große, sondern eher sehr dynamische nordwesteuropäische Staaten und Monarchien sowie tonangebende Kaufleutegruppen (vor allem Niederlande, England und französische Atlantikküste) in ihnen versuchten, Organisation und Kontrolle über den Atlantik an sich zu ziehen.

---

of Social History 58 (2013), S. 1–14 (= Special Issue: Mutiny and Maritime Radicalism in the Age of Revolution); McDonnell, „Rethinking the Age of Revolution", S. 301–314.

13 Paquette, Gabriel, Imperial Portugal in the Age of Atlantic Revolutions: The Luso-Brazilian World, c. 1770–1850, Cambridge: CUP, 2013; Paquette, Gabriel, „Portugal and the Luso-Atlantic World in the Age of Revolutions", in: História Vol.32: 1, São Paulo (jan/jun 2013), S. 175–189.

14 Es gibt Ansätze der Transnationalität; sie sind aber fast immer aus der Perspektive einer Nationalhistoriografie geschrieben, siehe: Marquese, Feitores do corpo, missionários da mente; Horne, The Deepest South; Elvert, Europa, das Meer und die Welt.

15 Newson; Minchin, From Capture to Sale, passim.

Dabei hatte das Christentum eine wichtige Bedeutung, vor allem vorangetrieben durch die Internationale der Jesuiten (und anderer Orden).[16] Diese handelten in gewisser Weise wirklich „inklusiv". Sklaverei von „Schwarzen" aus Afrika, von *moros* weltweit oder von Menschen aus Ost- oder Südostasien galt in christlicher Sicht als etwas „Gutes" für Sklavinnen und Sklaven in den Amerikas und anderswo. Einmal, weil sie aus dem Bereich der „barbarischen Menschenfresser und Despoten im dunklen Afrika" (oder anderen Weltgegenden) in den christlichen, „humanen" Bereich des Rechts kamen. Zweitens, weil sie auch, sozusagen als „kostenlose Dreingabe" die „richtige Religion" bekamen und deshalb ihr Seelenheil gesichert war.

Die Infrastrukturen des Slaving und der Mobilität waren auf Basis portugiesischer Vorleistungen und niederländischer Erfahrungen relativ schnell sehr effizient organisiert. Die effiziente Organisation von Gewaltinstitutionen gilt für alle Sklavereigesellschaften, man denke nur an die Infrastrukturen des Capitols in Rom oder Organisation der großen Opferzeremonien im alten Mexiko. Besonders aber gilt das Kriterium der effizienten Organisation, verbunden mit harter Arbeit und Auswahlprozessen für bestimmte Tätigkeiten sowie Ansätzen von geschlossenen Kreisläufen, für die „große" atlantische Sklaverei und ihre Schiffstransportsysteme zwischen Afrika und Amerika im Zeitraum von 1700 bis 1880 und für Sklaverei-Plantagen.

Institutionen des *Slaving* und Plantagen

Die paradigmatischen Institutionen (Strukturen) des Slaving waren kleine, hochprofessionelle Razzien-Armeen, regelrechte Sklavensiedlungen vor allem in vielen Regionen Afrikas (Senegambia, Kongo, Angola, Moçambique), Transportkarawanen, Sklavenforts und -häfen an den Küsten Afrikas, Küstentransport, Sklavenschiffe, Sklavenhäfen in Amerika sowie Sklavenplantagen – im englischsprachigen Bereich *plantation* (oder *estate*), in Brasilien *engenho* oder *fazenda*, im spanischen Amerika und Kuba *hacienda* oder *ingenio* (auch *finca*), im französischen Bereich *habitation*. Die wichtigsten Institutionen, nicht nur die von Europäern kontrollierten Zwangsinstitutionen (Schiffe, Häfen/Barracoons/Märkte und Plantagen), konnten sich auf Urbanität stützen und brachten sie voran: Städte, oft mit Häfen sowohl auf afrikanischer wie auch auf amerikanischer Seite sowie stark urbanisierte rurale

16 Meier, Johannes, Bis an die Ränder der Welt: Wege des Katholizismus im Zeitalter der Reformation und des Barock, Münster: Aschendorff Verlag, 2018; allein der Jesuiten-Orden besaß um 1767 in Spanisch-Amerika 17 653 Versklavte und in Brasilien 5686 Versklavte, meist aus Afrika, aber auch einen Teil „indios"; siehe: Alden, Dauril, The making of an enterprise: The Society of Jesus in Portugal, its empire and beyond, 1540–1750, Stanford: Stanford University Press, 1996, S. 524.

Sklavereilandschaften (Sklaven- und Hafenplätze in Afrika, Plantagenzonen mit kleineren Dienstleistungs- und Wohnorten der Hilfskräfte in den Amerikas).[17]

Die am weitesten entwickelte, sozusagen paradigmatisch welthistorische Sklaven-Plantage (*ingenio*) fand sich in der *Cuba grande* des 19. Jahrhunderts. Vieles war aus Jamaika oder Saint-Domingue übernommen worden.[18] Für Ingenios im technologisch am weitesten entwickelten Kuba liegt mit dem Text/Bild-Band des Arztes, Sklaven- und Plantagenbesitzers Justo G. Cantero von 1857 ein schönes Beispiel vor, wie sich für die Herren Ästhetik, Effizienz, Wissenskulturen und Modernität in der Sklavenplantage miteinander verbanden. Die Bilder zeigen auch, wieweit die Idee des Kreislaufes schon im 19. Jahrhundert in Sklavenwirtschaften gediehen war (Bilder: Innen- und Außenansichten des Ingenio *Flor de Cuba* (Blume von Kuba)) [*Bilder 18: a) „Innen – und b) Außenansichten des Ingenio *Flor de Cuba* (Blume von Kuba)"].[19] Auf den Bildern sieht man perfekte und „schöne" Produktionsstrukturen, Häuser und Innensichten von Produktionsanlagen, ganz so wie die Besitzer es sich wünschten, und kleine, fast zwergenhafte Sklavinnen und Sklaven. In Realität war das Verhältnis umgedreht – Sklaven und lebendige Arbeit waren der größte und wichtigste Faktor jeder „großen" Sklaverei als Wirtschaftstypus.

Ingenios (*plantations, habitations*), wie auf den Bildern von Cantero/Laplante dargestellt (oder ähnlich), waren die paradigmatische wirtschaftlich-soziale Basis der Sklavenhalter (*amos de esclavos*) in amerikanischen Plantagengesellschaften. Ohne Ingenio keine Mitgliedschaft in der sozialen Gruppe der Landeigentümer (*hacendados/senhores de engenho*); es gab selbstverständlich auch *comerciantes*, die sich über den Kauf von Land und „Anlage" von menschlichem Kapital in die Klasse der *hacendados* und *senhores* einreihten. Eigentümer (*proprietario/proprietário*) einer Plantage (*ingenio/engenho*) zu sein, charakterisiert am Besten, was Zeitgenossen unter Reichtum, Macht, Status/Prestige und Elite verstanden.[20]

Die Vorstellung von idealen, großen Plantagen prägt das Bild der Sklavereigesellschaften Brasilien oder der Karibik. Die meisten Ingenios, Engenhos oder Plantations/Habitations aber waren relativ klein, meist mit einem Besatz von 20/30–60 Sklaven, selten wurden die von Zeitgenossen genannten 100 Sklaven auf ca. 100 Hektar Land erreicht. Große Plantagen von 100–150 oder mehr Sklaven waren eine Ausnahme selbst auf Saint-Domingue. Diese Größenordnungen gehören eher in die Zeit der Zweiten Sklaverei und selbst dann wurden sie nur in wenigen Ingenios der *Cuba grande* und in Südbrasilien erreicht.[21] Ingenios waren in sich

---

17 Zeuske, „Europäischer Sklavenhandel global – Plantagen und Sklavereimoderne weltweit", S. 270–295.

18 Higman, Plantation Jamaica, 1750–1850: Capital and Control in a Colonial Economy, Kingston, Jamaica/Barbados/Trinidad and Tobago: UWI Press, 2005.

19 García Mora, José Luis; Santamaría García (eds.), Los Ingenios, S. 242 (außen), 247 (innen).

20 Faria, Sheila de Castro, „Engenho", in: Vainfas, Ronaldo (dir.), Dicionário do Brasil Colonial (1500–1808), Rio de Janeiro: Editora Objetiva, 2000, S. 199–202.

21 Schwartz, Segredos internos: engenhos e escravos na sociedade colonial, São Paulo: Companhia das Letras, 1985.

geschlossene Welten, vor allem dann, wenn der entsprechende Besitzer/Eigentümer (*amo*) einen geschlossenen Zaun und Wächter bezahlen konnte, was vor 1880 nicht oft vorkam. Das Verhältnis von Zuckerrohrfeld sowie Wald und Weide lag zu Beginn idealerweise bei 40:60, so dass sich der Ingenio lange Zeit selbst mit Holz (Baumaterial, Brennholz) versorgen konnte und das notwendige Zug- und Schlachtvieh auf der Plantage gehalten werden konnte. Plantagen lagen meist an einem Fluss oder größeren Bach; sie verfügten auch über eigene Straßen und Wege; seit etwa 1840 oft über eine eigene kleine Betriebseisenbahnen (Ingenio Ácana mit Kleineisenbahn im Vordergrund) [*Bild 19: „*Ingenio Ácana* (mit Eisenbahn im Vordergrund und großem Barracón in der Bildmitte halbrechts)"].[22]

In den Öfen der Zuckersiedereien wurden Unmengen von Holz für die Heizung verbraucht, so dass Plantagenregionen bald in eine Brennstoffkrise gerieten; eigentlich bildeten sie bis zum 20. Jahrhundert permanente Grenzregionen zu Waldgebieten.[23] Partielle Abhilfe schufen die genannten geschlossenen Kreisläufe: nicht mehr jeder Ofen wurde extra beheizt, sondern mehrere in einem Zug. Statt Holz setzten die Betreiber bald das ausgepresste und getrocknete Zuckerrohrstroh ein (*bagasse*). Die Reste der Zuckersiedung (*cachaza*) wurden an Schweine verfüttert. Hungernde Sklaven saugten Zuckerrohr aus oder aßen reinen Zucker beziehungsweise Melasse (Sirup).

Die Zuckerrohrfelder selbst waren in Karrees unterteilt, mit Schutzstreifen feuchterer Bäume und Pflanzen dazwischen (Mais, Bananenpflanzen, Ananas, Orangenbäume) – ein probates Mittel auch gegen Brandstiftung. In der Mitte der Plantage, von den Zuckerrohrfeldern (*cañaverales*) getrennt durch Streifen von Palmen, Orangen- und Zitronenbäumen, lag der *batey*, eine Art Zentralzone mit Herrenhaus, Zuckerrohrmühle, Siede- und Trockenhäusern für die Zuckerproduktion, Glockenturm (Zeitmanagement), Handwerksinstallationen, Ställen, aber auch einer Krankenstation sowie einem *criollero* (eine Art „Kindergarten" für Sklavenkinder), in Sichtweite auch der Sklaven-Barracón (*barracoon*). Der gefängnisartige Barracón (große, festungsartige Baracke mit Wohneinheiten) auf den großen Ingenios reicher Besitzer, der sich in Kuba seit 1830 durchsetzte, war eine Installation, auf die die Herren besonders stolz waren [*Bild 20: „*Ingenio San Rafael* (mit Sklavenfriedhof untere Bildmitte, links und Barracón Bildmitte ganz rechts)"].[24] In diesem Gebäude, zugleich eine Gewaltinfrastruktur par excellence, waren afrikanische Erfahrungen und Institutionen (Sklavenbarracoons) nach Amerika transkulturiert worden. Auf Kuba verschmolzen Plantage und Barracoon (im niederländi-

22 García Mora, José Luis; Santamaría García (eds.), Los Ingenios, S. 284.

23 Tomich; Funes Monzote, „Naturaleza, tecnologia y esclavitud en Cuba: Frontera azucarera y Revolución industrial, 1815–1870", in: Piqueras (ed.), Trabajo libre y trabajo coactivo, S. 75–117; Tomich; Funes Monzote, „Fronteira Açucareira e Revolução Industrial em Cuba, 1815–1870", in: Cunha, Olivia Maria Gomes da (ed.), Outras Ilhas: espaços, temporalidades e transformações em Cuba, Rio de Janeiro: Aeroplano/FAPERJ, 2010, S. 65–117.

24 García Mora, José Luis; Santamaría García (eds.), Los Ingenios, S. 266.

schen Südafrika gab es Barracoons ohne Plantagen). In den großen Barracones gab es für jede Sklavin und jeden Sklaven, aber auch für Sklavenfamilien einen festen, trockenen Raum, manchmal mit einem kleinen vergitterten Fenster nach außen. Außen war der Barracón im Grunde eine hohe und quadratische oder rechteckige Mauer mit einem nach innen schrägen Dach darauf und einer Art Turmaufbau über dem einzigen, mit einem hohen Tor versehenen Zugang. Die Türen der Sklavenzimmer (*chiqueros*) führten auf den Innenhof, wo sich Brunnen, Latrinen und eine große Gemeinschaftsküche befanden. Der Barracón wurde abends wie ein Gefängnis abgeschlossen. Im größten Zimmer neben dem Eingang wohnte ein *capataz* oder *contramayoral* (schwarzer Unteraufseher) und in einem der Räume waren oft Sklavenjagdhunde untergebracht.

Unweit der Barracones fanden sich die Sklavengärten (*conucos*), die ältere und verheiratete Sklaven bei Wohlverhalten von den Herren und Administratoren bekamen. Auf den Plantagen entstanden Sklavenwirtschaften innerhalb der Herrenwirtschaft, in denen vor allem Sklavinnen Schweine und Hühner hielten sowie Gemüse, Früchte und Arzneipflanzen (auch für religiöse Rituale) anbauten. Diese Wirtschaften prägten lokale und regionale Märkte. Damit senkten die Herren zugleich Kosten für die Versorgung der Sklaven, auf die die Plantagen vor allem in Form von Reis, Mais, Yuca sowie *tasajo* (getrocknetes Rinderfleisch) und *bacalao* (getrockneter Kabeljau/Dorsch (*cod/morue*)) immer auch angewiesen waren.

Insgesamt waren die Lebensbedingungen unter den Bedingungen der Zuckerproduktion in den Tropen, auch wegen der Krankheiten, schlecht. Keine Sklavenpopulation auf Kuba oder in Brasilien konnte sich selbst reproduzieren, trotz der Tatsache, dass es viele Ärzte (siehe oben) gab.

Sklaven konnten zu *boyeros* (Ochsenkarrenführer), Handwerkern oder Vorarbeitern (*contramayorales*, *capataces*) innerhalb der Plantagenhierarchie aufsteigen; Sklavinnen zu Bediensteten im Haus (und zu Geliebten der oberen Plantagenhierarchie). In der Mitte des Bateys befand sich immer eine Art Turm mit einer Glocke, als eine Mischung zwischen Kapelle und Stechuhr (Befehle und Tageseinteilung wurden durch Glockenschläge übermittelt). Die Sklaven- und Plantagenbesitzer (*hacendados*) hatten sich auch in zwei Fragen, die die Kirche betrafen, gegenüber den Dienern Gottes durchgesetzt. Kapellan auf den Plantagen wurden meist einer ihrer zweiten oder dritten Söhne und die Plantagen waren seit Beginn des 19. Jahrhunderts aus der normalen kirchlichen Territorialorganisation herausgelöst und hatten deshalb eigene Friedhöfe. Auch in Bezug auf die Körper der Sklavinnen und Sklaven also geschlossene Kreisläufe – war ihr Körper erst einmal auf der Plantage und dort per Taufbuch, Kaufvertrag und Plantagenliste in die schriftliche Administration der Sklaverei sozusagen „hineingeschrieben", wurden ihre Körper im Todesfall auch auf der Plantage der Ewigkeit übergeben. Kein Wunder, dass die Sklaven auf den Plantagen ihre eigenen Sklavenreligionen entwickelten (Santería, Palo Monte, Vudú, Candomblé, etc.), deren Zentren die Innenhöfe der Barracones bei Nacht und die Friedhöfe darstellten. Plantagen als relativ geschlossene Welten und Transkulturationsräume waren für viele Versklavte Endpunkte der Gewaltinfrastrukturen des atlantischen Slaving, auf denen sie begraben wurden. Die Plantagen in Amerika waren voll von Gräbern fremder Menschen; bestimmte Gebiete vor allem Westafrikas waren dagegen Regionen mit leeren Gräbern.

Die Ausgangspunkte der Gewaltinfrastrukturen, die die Prozesse des Slaving wie Klammern, Pfeiler und Schaltkästen zusammen hielten, lagen in Afrika, natürlich aus Sicht der Versklavten und der afrikanischen Sklavenjäger und Menschenhändler; die mobilen Elemente des Transports (Schiffe) kamen aus Europa oder den Amerikas hinzu.[25] Bis zu den Sklavenforts und -häfen sowie Baracoons an den Küsten oder Flussufern Afrikas [*Bild 21: „Slave Barracoon, Sierra Leone, ca. 1840s"][26] wurden verschleppte Menschen in Karawanen oder Kanukonvoys unter afrikanischer oder arabischer Leitung zu den Küsten getrieben, manchmal auch über Stationen innerafrikanischen Menschenhandels von kleinen Sklavengruppen oder einzelnen Individuen. Neben den Chefs großer Sklavenkarawanen, die meist im Auftrag von Königen operierten, gab es, wie oben dargelegt, aber auch Privatkaufleute und kleine Sklavenräuber, Grumetes, Pombeiros, Quimbares oder Panyarrs, die nur zwei–drei Menschen zur Küste brachten.

Slaving, Erinnerungen und Traumata

Die Traumata der Verschleppung führten schon in Afrika dazu, dass viele der Versklavten wie lebende Tote in den Barracoons und Sklavenforts der Küstenenklaven ankamen. Im Gebiete der Goldküste und des heutigen Ghana hat sich für die physisch und psychisch Traumatisierten ein Begriff gebildet – *donkor*. Das Wort bezeichnete einen dummen, tumben Menschen, der mit leerem Blick wie ein Zombie einhergeht. Im Kongo-Gebiet bildete sich sogar ein Psycho- und Heilerkult heraus (Lemba-Kult), der aber vor allem für Sklavenjäger und -händler zuständig war, die mit den Geistern der von ihnen Versklavten nicht mehr fertig wurden (siehe das Kapitel „Namen der Sklaverei").

Manchmal schon vor, meist aber im Umfeld der befestigten Handelsenklaven der afrikanischen Küsten [*Karte 34[27]], besser bekannt als Sklavenforts (Faktoreien) und -häfen (Festungen im Wesentlichen an der Goldküste), operierten Atlantikkreolen, wie gesagt, als Kulturbroker zwischen europäischen Sklavenaufkäufern (Kapitäne, Faktoren, Konsignatare und ihre Vertreter) und afrikanischen Anbietern. Wie oben

25 Sehr treffend ist die Perspektive des Sklavenschiffes innerhalb dieser Makrostrukturen auf dem frühen iberischen Atlantik dargestellt in: Newson; Minchin, From Capture to Sale, passim.

26 The Illustrated London News (April 14, 1849), vol. 14, S. 237.

27 Karte 34: „The major slave-trading regions of [West-] Africa", aus: Walvin, Atlas of Slavery, S. 69 (Map 40).

dargestellt, nenne ich die Gesamtgruppe Atlantikkreolen. In den afrikanischen Sklavenforts fanden sich auch Muster der Gewalt-Strukturen (*barracoons*) der Plantagen.

Männer und Frauen/Kinder wurden in Afrika strikt voneinander getrennt. Die Aufseher wählten (meist) aus Zehner-Gruppen der Verschleppten Sprecher, die einige Privilegien erhielt. Dann folgten, wie bereits erwähnt, ebenso intensive wie entwürdigende Castings auf Alter, Aussehen und Krankheiten. Sklavenkäufer und Schiffsärzte (Chirurgen) wollten keine kranken, missgebildeten oder „hässlichen" Sklaven. Die Inspektion endete mit der Brandmarkung mit dem Zeichen des neuen Eigentümers (*carimbo* oder *calimbo*). Das war das Symbol, dass der jeweilige Körper nun getauft (bei katholischen Versklavern), vor allem aber Kapital und Besitz im Sinne westlichen geschriebenen Rechts war. Ein Problem für die afrikanischen Gesellschaften waren nicht zuletzt die von den Europäern zurückgewiesenen Sklavinnen und Sklaven. Das Schicksal der Verschleppten, die nach den Castings in die Liste des Kapitäns eingeschrieben wurden, war die transatlantische Passage und meist lebenslange Sklaverei. Was aber geschah, wenn sie nicht durch das Casting kamen, wenn sie nicht an die atlantischen Negreros verkauft wurden? Über die Castings und die verkauften Verschleppten existieren schreckliche Bilder. Aber das Schicksal der namenlosen Anderen, der Nichtverkauften, war möglicherweise noch schrecklicher. Diese Captives wurden meist von ihren Bewachern getötet. Ähnliches galt für todkranke Verschleppte, die nach der Mittel-Passage in amerikanischen Häfen starben. Deren Schicksale mag man sich gar nicht vorstellen. Allerdings lässt sich mit Allem ein Geschäft machen; die Geschäftsidee etwa von Tomás Terry auf der anderen Seit des Atlantiks, einem der großen Negreros auf Kuba zwischen 1850 und 1880, war es, todkranke Verschleppte von den Schiffen billig zu kaufen, sie aufzupäppeln und dann teuer zu verkaufen.[28]

Der *surgeon* (Schiffschirurg) Alexander Falconbridge hat die Castings, die er in den 1780er Jahren sah, genau beschrieben: „if they are afflicted with any infirmity, or are deformed, or have bad eyes or teeth; if they are lame, or weak in the joints, or distorted in the back, or of a slender make, or are narrow in the chest; in short, if they have been, or are afflicted in any manner, so as to render them incapable of much labour ... they are rejected".[29] Die den Europäern angebotenen Verschleppten wurden „minutely inspect[ed]".

---

28 Siehe die Ausgrabungen des *Cemitério dos Pretos Novos* (Friedhof der neu angekommenen Schwarzen) in Rio: Philipps, Tom, „Rio's Cemetery of New Blacks sheds light on horrors of slave trade. Tooth analysis shows Africans taken from wide area ranging from Sudan in the north-east to Mozambique in the south", in: The Guardian, Tuesday 20 December 2011, www.guardian.co.uk/world/2011/dec/20/rio-cemetery-of-the-new-blacks-brazil (letzter Zugriff 8. 2. 2018).

29 Falconbridge, Alexander, An account of the slave trade on the coast of Africa. By Alexander Falconbridge, late surgeon in the African trade, London: Printed by J. Philipps, 1788 (New York: AMS Press, 1973 reprint), S. 17.

Afrikanische Vermittler waren vor allem wichtig, um nach dem Casting, im wirklich traumatischsten Moment des Slavings, der gewaltsamen Verfrachtung auf die europäischen Schiffe – viele Afrikaner aus dem Interior glaubten, sie kämen in die Gewalt von Totengeistern oder Kannibalen – die Ordnung aufrechterhalten zu können. Allerdings setzten schon auf diesen frühen Abschnitten der Wege in die Sklaverei die Formierung neuer Sozialbeziehungen unter den Verschleppten ein, die sich immer mit den Ritualen der Versklaver auseinandersetzten und sie (auch in neuen Performanzen) für sich zu nutzen versuchten.[30] Im Moment der Verschiffung kam auch der Wechsel zwischen den Formen afrikanischer Sklaverei, in denen immer noch – ich sage das bewusst in dieser Dopplung – gewohnte Gewohnheitsrechte galten, und der Markierung sowie der Herstellung formal-kapitalistischer geschriebener Eigentumsrechte über die Körper der Verschleppten. Das Medium waren Brandzeichen und Schrift. Alle zu verladenden Sklavinnen und Sklaven wurden vollständig geschoren und entkleidet. Ein besonders entehrendes Ritual.

Auf den Schiffen erreichten Gewalt, Schrecken, Krankheiten und Hunger sowie vor allem Durst neue Höhepunkte. Die eher altbacken klingenden Begriffe „Transport" und „Verkehr", aber auch der Grundmodus von Globalisierung, Mobilität, deckten ein schreckliches Gewaltregime, das auch bewussten Mord (wie im Falle der *Zong*, als aus „Versicherungsgründen" 1781 mehr als 130 Verschleppte über Bord geworfen wurden)[31] sowie gezielte Vergewaltigungen einschloss (die von den Unterdecks der Männer getrennten Unterdecks für Frauen und Kinder lagen meist achterdecks unter den Kabinen der Offiziere und ihre Ausgänge führten durch die Aufbauten, in denen sich die Kabinen der Offiziere befanden).[32]

Trotz oder gerade deswegen war alles logisch im Sinne einer effizienten Infrastruktur der Gewalt organisiert – sozusagen eine Meisterleistung an Verkehrsorganisation, Mobilität einerseits (Negreros) und Mobilitätskontrolle (Versklavte) anderserseits, Transportoptimierung, Kommodifizierung und Kapitalsicherung. Überhaupt wurden im atlantischen Slaving viele Grundtechniken des modernen Kapitalismus und seiner Finanzierungsinstitutionen angewandt und optimiert, wie Management, Sicherheitssysteme (ähnlich der Sicherheitszonen im Flugverkehr), Finanzierung und Versicherung, Investment, schriftliche Organisation, Ressourcennutzung und Verwaltung, dosierte, funktionale und symbolische Anwendung

30 Norman Jr., „The Process of Cultural Change among Cuban Bozales during the 19th Century", S. 177–207.

31 Walvin, The Zong. A Massacre, the Law and the End of Slavery, New Haven and London: Yale University Press, 2011; Krikler, Jeremy, „A Chain of Murder in the Slave Trade: A Wider Context of the *Zong* Massacre", in: International Review of Social History Vol. 57:3 (Dec. 2012), S. 393–415; Covey, Eric, „Manqueron", in: Falola, Toyin; Warnock, Amanda (eds.), Encyclopedia of the Middle Passage, Westport; London: Greenwood Press, 2007 (Greenwood Milestones in African American History), S. 270–271.

32 Zeuske, „Slaving: Traumata und Erinnerungen der Verschleppung", S. 55–115;

von Gewalt, Tag- und Nachtarbeit; Frauenarbeit, Typisierung von Schiffen und Schiffsteilen, Einsatz geschulter Ärzte für Castings (Beladung und Entladung menschlicher Körper auf Sklavenschiffen, Kontrolle während der Passage) sowie medizinische Massenuntersuchungen und -behandlungen, Ernährungsregimes und Hygiene, Körper- und Biokontrolle und vieles mehr, wie die Verbreitung von chromatischen und Blut-Ideologien. Männer und Frauen waren in unterschiedlichen, meist extrem engen Laderäumen untergebracht, in die in den afrikanischen Häfen Extra-Zwischengalerien eingezogen worden waren; Kinder durften sich meist frei bewegen. Theodore Canot bestätigt, dass für je zehn Sklaven einer als Aufseher angestellt wurde, meist diejenigen, die diese Funktion schon in den Barracones der Sklavenküsten ausgeübt hatten. Die versklavten Aufseher bekamen eine Peitsche sowie etwas besseres Essen und Kleidung. Auch wurde in vielen Mannschaften ein geistig zurückgebliebener Sklave oder ehemaliger Sklave gehalten, der bei Bedarf das Essen unter Deck ausgab (*dispenseiro*). Als besonders perfekt in all diesen Techniken des Slaving werden immer wieder „Portugiesen" geschildert.

Obwohl regelmäßig gereinigt (oft mit starkem Essig), stanken Sklavenschiffe wegen der Toten, der fehlenden Lüftung, der Durchfälle, Wunden und Exkremente sowie der Dichtpackung von schwitzenden Menschen mit ihren Ausdünstungen bestialisch. Auf dem Oberdeck waren Mannschaftsbereich und „Sicherheits"-Bereich der Sklaven auf britischen Schiffen oft durch eine starke Holzwand (*barricado*) getrennt, hinter der sich bei Aufständen und Rebellionen die Mannschaften zur Niederschlagung verschanzten [*Bild 22: „Sklavenhandelsschiff mit Barricado"].[33]

Matrosen und Walfängerbesatzungen (Walfänger betrieben oft auch Menschenschmuggel) wurden nicht viel besser behandelt als Sklaven. Sie standen ebenfalls unter Gewalt der Knute des Kapitäns und seines Befehlsrechtes auf Leben und Tod. Oft waren sie mit Gewalt durch Presskommandos, eine Art organisierter Razzien-Trupps, auf die Schiffe gezwungen worden, wie Sklaven. Aber nach der Fahrt konnten sie abheuern und waren wieder „frei". Desertierten sie vor den Schrecken des Slavings, wurde, etwa in niederländischen Mannschaftslisten, das Wort „weggelopen" eingetragen und oft ein stilisierter Galgen daneben gezeichnet. Gewalt gegen Matrosen wurde benutzt, um sie zu noch grausamerem Terror gegen die Sklaven zu nötigen. Auch unter den Sklaven selbst kam es zu Konflikten, Kämpfen und Verletzungen, vor allem um Wasser, Essen und wegen der Enge des Raumes. Die Verschleppten entwickelten bereits erwähnte fiktive Verwandschaftsformen und Initiierungsrituale, ausgedrückt und bekräftigt in Performanzen und Ritualpraktiken dagegen. Sklaven und Sklavinnen wurden an Bord auch zu verschiedensten Arbeiten gezwungen (Essenzubereitung, Reinigung, Pumpen).

33 Taylor, If we must Die, S. 75.

Direkter Zwang, transkulturelle Diätregimes und Krankheiten

Sklavenschiffe waren eine Art mobiler Gewaltmaschine, zugleich mobile Gefängnisse und ein Mikrokosmos der Transkulturation und Kreolisierung. Offiziere, Mannschaften, Personal und Hilfskräfte waren routiniert in der Handhabung der schiffgewordenen Gewaltstrukturen und -routinen. Direkte Gewalt gegen die Körper der Verschleppten wurde meist von Matrosen, Personal oder Hilfskräften ausgeübt; oft gab es – vor allem im 19. Jahrhundert – Extrafunktionen unter der Schiffsbesatzung, wie Wächter (*guardian*) oder Bestrafer/Exekutor (*condestable* – auf spanisch-amerikanischen Schiffen). Schiffchirurgen und Heiler kontrollierten die Gewalt und behandelten ihre Folgen. Das Mittel der direkten Gewalt war meist die Peitsche oder symbolische Tötungen, wie sie in vielen Berichten und Journalen erwähnt werden. Zum offenen Waffeneinsatz und zur Tötungsgewalt kam es bei Rebellionen. Wie aus Berichten von Kaperungen von Sklavenschiffen durch die Britische Marine hervorgeht – die wegen des Beutestatus der gekaperten Schiffe mit Vorsicht zu lesen sind –, gab es oft Vergewaltigungen von versklavten Frauen und Kindern durch die Besatzungen von Sklavenschiffen. Auch Essen wurde als Zwangsmittel eingesetzt, nicht zuletzt deshalb hatte fast jedes Sklavenschiff die erwähnten Essensverteiler (*dispenseros*).[34]

Aus den Schiffsjournalen der *Middelburgsche Commercie Compagnie* (MCC), die in Middelburg aufbewahrt werden, geht der Verlauf von Sklavenfahrten zwischen den Niederlanden, Westafrika und (meist) Surinam oder Curaçao hervor.[35] Sie erlauben auch Aussagen über ein fundamentales, aber ebenso marginalisiertes Element des Atlantiks als Akkumulationsmaschine sowie Kultur- und Transkulturationsraum: die Ernährung (Diät, *food*) der Versklavten und Mannschaften, die, wie wir wissen, mindestens in der nachgewiesenen Größenordnung von 35 000–40 000 Fahrten (allein für das 18. Jahrhundert 17 000) stattfanden. Eine kaum beachtete globale Massenproduktion, in deren Zentrum Leben und Transport auf dem Atlantik standen. Stanley Alpern hat die gigantische transkulturelle Dimension in Bezug auf neue Nahrungsmittelpflanzen für die Frühzeit der iberischen Expansion angedeutet: „The Portuguese first had to feed their pioneers, those who settled (often involuntarily) on such previously uninhabited phelagic islands as Sao Tiago in the Cape Verdes or São Tomé, or who set up fortified shop on the mainland, notably along the Gold Coast. They also had to resupply ships' crews. Soon they had to feed the slaves brought from the African mainland to work the island plantations or, to be transshipped to Iberia. Finally, and most importantly, they had to feed the slaves dispatched to the New World. In solving these problems, they ... [were] importing at least seventy new crops. Some plants came from the Mediterra-

34 Newson; Minchin, From Capture to Sale, passim.

35 Lüden, Catharina, „Sklavenfahrt“, in: Lüden, Sklavenfahrt mit Seeleuten aus Schleswig-Holstein, Hamburg und Lübeck im 18. Jahrhundert, Heide: Westholsteinische Verlagsanstalt Boyens & Co., 1983, S. 25–27.

nean region, some from Asia (or the East African littorals), some from the New World".[36]

Aus Europa und Nordamerika stammten in dieser atlantischen Massenproduktion vor allem Nahrungs- und Genussmittel für Offiziere und Mannschaften (Zwieback, Bier, Weine (Madeira,[37] Kanaren,[38] Bordeaux[39]), hochprozentige Alkohole (nordamerikanischer Rum, Brandy, Genever/Gin, Aquavit), Salzfleisch (Schinken und Pökelfleisch), Salz- und Trockenfisch (Hering, Trockenfisch/Kabeljau (*codfish, bakkeljaw, morue, bacalao*; meist bei Neufundland gefangen),[40] Käse und Tabak).

Mittlerweilen gibt es eine Abkehr von der These, die wichtigsten Nahrungsmittel seien nach Afrika importiert worden. Dem war nicht so – was die Dimensionen

---

36 Alpern, Stanley, „The European Introduction of Crops into West Africa in Pre-colonial times", in: History in Africa 19 (1992), S. 13–43, hier S. 13 f.

37 Hancock, Oceans of Wine: Madeira and the Emergence of American Trade and Taste, passim.

38 Lobo Cabrera, „El comercio del vino entre Gran Canaria, Europa y Africa", in: Anuario de Estudios Atlánticos 38, Madrid-Las Palmas (1992), S. 253–279

39 Hubert, François, „Burdeos en el siglo XVIII. El comercio atlántico y la esclavitud", in: Gutiérrez Usillos, Andrés et al (coords.), Laberintos de libertad. Entre la esclavitud del pasado y las nuevas formasde esclavitud del presente, México D.F.: Ministerio de Educación, Cultura y Deporte, 2012, S. 25–33.

40 Zu den Dimensionen, zur Verbreitung in Europa und zur europäisch-atlantischen Transkulturalität, siehe: Huxley, Selma, „The Basques: filling a gap in our history between Jacques Cartier and Champlain", in: Canadian Geographical Journal Vol. 96:1 (1978), S. 8–19; Huxley, „Los Vascos y las pesquerías transatlánticas (1517–1713)", in: Huxley (ed.), Itsasoa. Los vascos en el marco atlántico norte. Siglos XVI y XVII, 3 vols., San Sebastián: Etor, 1987, Vol. . III, S. 26–210; Teixeira, Carlos; Da Rosa, Victor M. P. (eds.), The Portuguese in Canada: diasporic challenges and adjustment, Toronto; Buffalo; London: University of Toronto Press, 2009; Turgeon, Laurier, „Pêches basques du Labourd en Atlantique nord (XVI–XVIII siècle): ports, routes et trafics", in: Itsas Memoria: Revista de Estudios Marítimos del País Vasco nº 3 (2000), S. 163–178; Turgeon, „French Fishers, Fur Traders, and Amerindians during the Sixteenth Century: History and Archaeology", in: William & Mary Quarterly Vol. 55:4 (1998), S. 585–610; Turgeon, „Bordeaux and the Newfoundland Trade during the Sixteenth Century", in: International Journal of Maritime History Vol. IX, nº 2, 1997, S. 1–28; Abreu-Ferreira, Darlene, „Terra Nova through the Iberian Looking Glass: The Portuguese-Newfoundland Cod Fishery in the Sixteenth Century", in: Canadian Historical Review Vol. 79:1 (1998), S. 100–115; Abreu-Ferreira, „The Portuguese in Newfoundland: Documentary Evidence Examined", in: Portuguese Studies Review Vol. 4:2 (1995–1996), S. 11–33; Turgeon, „Codfish, Consumption, and Colonization: The Creation of the French Atlantic World During the Sixteenth Century", S. 33–56, vor allem S. 36 ff. ; sowie: Chavarría Múgica, Fernando, „Velas, cañones y pescado: notas para una investigación sobre el dominio de los caladeros de Terranova en el contexto de la expansión atlántica europea del siglo XVI", in: García Hurtado, Manuel-Reyes; González Lopo, Domingo L.; Martínez Rodríguez, Enrique (eds.), El mar en los siglos modernos: Actas de la X Reunión Científica de la Fundación Española de Historia Moderna, 2 vols., Santiago de Compostela: Xunta de Galicia-Universidad de Santiago–Universidad de La Coruña–FEHM, 2009, Vol. 1, S. 115–126; zu *cod* als Basis des nordamerikanisch-atlantischen (speziell auf die Nord-Süd-Richtung des Handels zwischen Nordamerika und der Karibik als Basis auch des Melasse-, Rum- und Sklavenhandels): Magra, Christopher P., The Fisherman's Cause: Atlantic Commerce and Maritime Dimensions of the American Revolution, New York, Cambridge University Press, 2009; Bolster, The Mortal Sea: Fishing the Atlantic in the Age of Sail, Cambridge: Harvard University Press, 2012.

der afrikanisch geprägten Kreolisierung nochmals vergrößert und den Charakter Afrikas als Zentrum des Menschenkapitalismus sowie die weltgeschichtliche Bedeutung des *African Atlantic* unterstreicht. Nicht nur in Bezug auf Menschen, auch in Bezug auf Nahrungsmittel (oft transkulturierte) und Tiere waren Afrika und die Sklavengärten der afrikanischen Diaspora in den Amerikas von sehr großer Bedeutung. Auch Alkohole hatten eine lange Tradition in Afrika. Die wichtigsten Nahrungsmittel aus Afrika waren afrikanischer „roter" Reis (*oryza glaberrima* [*Karte 35[41]]. Wahrscheinlich wurden durch den Sklavenhandel auch asiatischer „weißer" Reis und „weißer" Reis aus Lowcountry South Carolina und Georgia in Senegambien eingeführt)[42] gefolgt von Yams. Einer der wissenschaftlichen Name für Yams (*dioscorea cayenensis*) ist irreführend. Yams stammt aus Afrika, nicht aus Cayenne, wurde aber, wie auch Reis, dort und in allen anderen tropischen und subtropischen Sklavereigebieten, bald angebaut. Dioscorea cayenensis ist in Wirklichkeit afrikanischer gelber Yams. Die langen Yams-Wurzeln können unter tropischen Bedingungen bis zu 6 Monaten gelagert werden. Im karibischen Spanisch heißt Yams *ñame*; auf Portugiesisch *inhame da Guiné* nach dem Wort *nyambi* in verschiedenen westafrikanischen Sprachen. Seit die Atlantisierung auch das Mündungsgebiet von Calabar- und Cross-River erfasst hatte (Ende des 17. Jahrhunderts) und sich Clanchefs und Handelshäuser der Efik am äußeren Sklavenhandel beteiligten, wirkten sie im Innern als Investeure und Arbeitgeber. Die Sklavenhändlerkultur der Aro-Krieger-Kaufleute im Hinterland der Calabar-Küste (Bight of Biafra) konstituierte sich nachgerade auf Basis von Yams (*ji*) und Kolanüssen (*oji*).[43] Es wurden immer mehr Plantagen angelegt, auf denen vor allem Yams angebaut wurde. Englische Slaver-Kapitäne veranschlagten ca. 50 000 bis 100 000 Stück Yamswurzel für die Ernährung von ca. 500 Verschleppten auf der Mittelpassage.[44] Auch

41 Karte 35: „Areas of documented and suspected presence of Oryza glaberrima in the Americas", aus: Carney, „African Rice and the Atlantic World", in: Carney, Black Rice: The African Origins of Rice Cultivation in the Americas, Cambridge: Harvard University Press, 2001, S. 69–106, S. 155.

42 Carney, „Out of Africa: Rice Culture and African Continuities", in: Carney, Black Rice, S. 69–106 sowie: Carney, „African Rice and the Atlantic World", in: Ebd., S. 142–159; siehe auch: Linares, Olga, Power, prayer and production: the Jola of Casamance, Senegal, Cambridge: Cambridge University Press, 1992, sowie: Hawthorne, „From 'Black Rice' to 'Brown': Rethinking the History of Risiculture in the Seventeenth and Eighteemth Century Atlantic", in: American Historical Review 115:1 (Feb. 2010), S. 151–163; Mouser, Bruce L.; Nuijen, Edwin; Okry, Florent; Richards, Paul, „Commodity and Anti-commodity: Linked Histories of Slavery, Emancipation and Red and White Rice at Sierra Leone" (Commodities of Empire Working Paper No. 19, ISSN: 1756–0098), unter: https://commoditiesofempire.org.uk/publications/working-papers/working-paper-19/ (02. August 2018); Morrison, Kathleen; Hauser, Mark W., „Risky business: rice and inter-colonial dependencies in the Indian and Atlantic Oceans", in: Atlantic Studies Vol. 12:3 (2015), S. 371–392; Bray, Francesca; Coclanis, Peter A.; Fields-Black, Edda L.; Schäfer, Dagmar (eds.), Rice. Global Networks and New Histories, New York: Cambridge University Press, 2015.

43 Nwokeji, „Preface", S. XIII–XXI, hier S. XV.

44 Sparks, „‚Nichts als edle Gesinnung und ehrbarer Handel'. Old Calabar und die Auswirkungen des Sklavenhandels auf die afrikanischen Gesellschaften", S. 49–84, hier S. 72; Sparks, „‚Nichts als

afrikanische Erdnüsse (Bambara groundnut / *gobogobo* oder Angola-Bohnen und Sesam (Congo: *gangila*) hatten für die Versorgung der Verschleppten Bedeutung (*nguba* im Kongo – *goober* in den USA).[45] Andere afrikanische Züchtungen, vor allem für aride und schlechte Böden, wie Sorghum und Hirse, spielten nicht so sehr auf den Schiffen oder in den feuchten Subtropen und Tropen wichtige Rollen, sondern in den semiariden karibischen Sklaverei- und Schmuggelinseln wie Barbados, Curaçao, Antigua, Bahamas und Anguila oder an der Küste zwischen Westvenezuela und Ostkolumbien; auch und gerade in den Sklavengärten (*conucos*). Die wichtigsten Nahrungs- und Genussmittel des atlantischen Sklavenhandels aus Amerika waren Mais, neben Zuckerrohr die transatlantische „Sklavenpflanze" par excellence, und im Südatlantik Maniokmehl (*yuca*, *farinha*, *mandioca*, *manioc*, *kassava*/*cassava*),[46] Boniato (Süßkartoffel) sowie amerikanische und afrikanische Erdnüsse (*maní*, im Kongo auch *nguba* und *mpinda*) und Tabake (vor allem die schweren schwarzen Sorten), d. h., Nahrungs- und Genussmittel, die im Laufe des Austausches breitflächig „kreolisiert" worden waren.[47] Rum war das geistige Getränk der Karibik und des atlantischen Sklavenhandels (in Europa zunächst als Matrosengesöff und als Punsch gehandelt).[48] Von Afrika ausgehende Kreolisierungen gab es auch auf dem Indik.[49] Um das Tierthema noch einmal anzureißen: wichtig waren Frischfleisch (anfangs oft auch Schildkröten – *tortugas*, deshalb gibt es in der Karibik so viele Inseln mit dem Namen Tortuga; oft auch Walfleisch, möglicherweise auch Meerschweinchen – engl. *guinea pig*), aber auch lebendes Vieh, vor allem Rinder der Fula (Poule) aus Senegambien oder aus Angola, Schweine, Hühner (Guineahuhn) und wolllose afrikanische Schafe, die auf den Reisen als

---

edle Gesinnung und ehrbarer Handel'. Old Calabar und die Auswirkungen des Sklavenhandels auf die afrikanischen Gesellschaften", in: Sparks, Die Prinzen von Calabar. Eine atlantische Odyssee, Berlin: Rogner & Bernhard bei Zweitausendundeins, 2004, S. 49–84.

45 Carney; Rosomoff, „Guinea's Plants and European Empire", in: Carney; Rosomoff, In the Shadow of Slavery, S. 139–154.

46 Jones, William O., „Manioc: An Example of Innovation in African Economies", in: Economic Development and Cultural Change 5:2 (1957), S. 97–117; O'Connor, Kaori, „Beyond 'Exotic Groceries': Tapioca-Cassava, a Hidden Commodity of Empire" (2009) (Working Paper No. 10), unter: https://commoditiesofempire.org.uk/publications/working-papers/working-paper-10/ (02. August 2018); Rodrigues, „'De farinha, bendito seja deus, estamos por agora muito bem': uma história da mandioca em perspectiva atlântica/ 'Of flour, blessed be God, now we are very well': A History of manioc in Atlantic perspective", S. 69–95.

47 Alpern, „The European Introduction of Crops into West Africa in Pre-colonial times", S. 13–43; Alpern, „Exotic Plants of Western Africa: Where They Came from and When", in: History in Africa 35 (2008), S. 63–102.

48 Smith, Frederick H., „Ancestors and Alcohol in Africa and in the Caribbean", in: Smith, Caribbean Rum: A Social and Economic History, Gainesville: University Press of Florida, 2005, S. 95–117.

49 Blench, Roger M., „The movement of cultivated plants between Africa and India in prehistory", in: Neumann, Katharina; Butler, Ann & Kahlhaber, Stefanie (eds.), Food, fuel and fields: progress in African Archaeobotany, Köln: Heinrich-Barth-Institut, 2003, S. 273–292.

Frischfleischreserve dienten.[50] Viele dieser Tiere wurden schon sehr zeitig auch auf den westafrikanischen Inseln (Kanaren, Kapverden, São Tomé) gehalten. Wie Otto Friedrich von der Gröben 1682 festhält, wurde auf São Tomé Vieh an Sklavenschiffe verkauft; von der Gröben hält auch die Bedeutung der Inseln São Tomé, Príncipe und Annobom für die Versorgung der Schiffe fest: „Die Naturellen des Landes [São Tomé –M. Z.] sind meist gantz schwartz-braune Leute/ erhalten sich/ sowohl Vornehme/ als [auch] Arme von ihren Plantagen/ welche sie alle mit Sclaven bearbeiten lassen/ darinnen bauen allerhand Landes-Früchte/ als Bananas (so sie an statt des Brodtes auf dem Feuer braten/ weil sie kein Korn bauen) Baccovas, Cocos, und nebst anderen Früchten mehr/ viel Zucker. Imgleichen nehren sie sich von der Viehzucht/ als Ochsen [Rinder – M. Z.]/ Ziegen/ Schweinen und Hünern/ so sie denen ankommenden Schiffen verkauffen".[51] Man wird sich also an afrikanisches Vieh gewöhnen müssen, das (auch) lebend die Amerikas erreichte und dort die Hinterland- und Frontierkulturen der Rindergrenzen beeinflusste.[52]

Noch wichtiger waren die bereits genannten Guinea-Hühner. Rinder, Hühner, Schafe, Schweine sowie Dromedare und andere Tiere gelangten zusammen mit afrikanischen Grasssorten („Guinea-Grass")[53] und Sklaven, die die Tiere halten und kontrollieren konnten, in die Amerikas. Auch Futter für Tiere, wie das eben erwähnte Guinea-Grass oder Akee-Früchte (*Blighia sapida*), gelangten nach Amerika (möglicherweise auch der berüchtigte *marabú*-Strauch). Die Tiere eroberten in gewisser Weise als Grenzertiere vor allem die tropischen Flachländer sowie Inseln. Sie formten die Landschaften der großen Flachländer der Amerikas (Llanos, Pampas und Prärien) in Imperien der Rinder und Pferde (Maultiere und -esel nicht zu vergessen) sowie Grenz- und Hinterländer der Plantagen- und Bergbauzonen um.

---

50 Blench, „The history of Pigs in Africa", in: Blench, Roger M. & MacDonald, Kevin C. (eds.), The Origin and Development of African Livestock. Archaelogy, genetics, linguistics, and ethnography, London: University College Press, 2000, S. 355–367.

51 Groeben, Otto Friedrich von der, Orientalische Reise-Beschreibung des Brandenburgischen Adelichen Pilgers Otto Friedrich von der Gröben: Nebst der Brandenburgischen Schifffahrt nach Guinea, und der Verrichtung zu Morea, neu ed. und mit einer Einleitung versehen Ulrich van der Heyden, Hildesheim; Zürich; New York: Olms, 2013. Die eigentliche „Reise nach Guinea" findet sich: Gröben, „Guineische Reise=Beschreibung/ Nebst einem Anhange der Expedition in Morea", Marienwerder: Gedruckt durch Simon Reinigern, 1694, in: Ibid., S. II–IV, S. 1–134, Illustrationen und Anhänge (im Buch eigenständige Paginierung)); Gröben, „Das X. Capitel, Von den dreyen Inseln. S. Thomä/ Isle de Prince, und Annoboam, nebst meiner Zurück=Reise ins Vater=Land", in: Ebd., S. 98–100, hier S. 99.

52 Sluyter, Black Ranching Frontiers; Sluyter, „African Arrivals and Transformations", in: Colten, Craig E.; Buckley, Geoffrey L. (eds.), North American Odyssey. Historical Geographies for the Twenty-first Century, Lanham/Plymouth: Rowman & Littlefield, 2014, S. 49–66.

53 Guinea-Grass gelangte in der Karibik in einer Art sekundärer Übertragung etwa von Jamaika nach Kuba, nachgewiesenermassen zu Zeiten des Generalkapitäns Someruelos, siehe: Vázquez Cienfuegos, Sigfrido, „Iniciativas de Muro y Salazar", in: Vázquez Cienfuegos, Tan difíciles tiempos para Cuba. El gobierno del Marqués de Someruelos (1799–1812), Sevilla: Universidad de Sevilla, 2008, S. 186–190.

Insofern ist vor allem der Pastoralbereich der tropischen amerikanischen Küstenplattformen sowie Pampa- und Llanohinterländer eher transkulturiert im Sinne von afrikanisiert worden (was auch für die religiös konnotierte Botanik und Medizin gilt).[54] Mit dem Sklavenhandel gelangten im Gegenzug auch Pferde aus Brasilien nach Angola.[55]

Weitere Lebens- und Nahrungsmittel aus Afrika waren neben anderen Fleischsorten (Nilpferd, Elefant, eventuell auch „Busch-Fleisch"), Palmöl und andere Öle (auch Lampen- und Medizinalöle), Medizinalpflanzen, Gewürze, Bananen und andere Früchte (Zitronen), Salz, Kolanüsse (und ihre Schalen (*obi*)), Kokosnüsse, frisches Wasser (ganz wichtig; inklusive Geschmacksverbesserern und Stimulantien mit verdauungsanregenden und schmerzstillender Wirkung (Kolanüsse-gebundenes Koffein und Theobromin)).[56]

Stationsinseln der Atlantisierung, wie São Tomé, spezialisierten sich nach dem Zuckerboom gegen 1570 auf Nahrungsmittel, Tiere, Bananen, Früchte, Gemüse (Zwiebeln!) und Wasser zur Versorgung der Sklavenschiffe. Als die ersten amerikanischen Plantagensysteme, vor allem die in der Karibik und in Brasilien, etabliert waren, erhielt sich das atlantische Slavingsystem zwischen den Amerikas und Afrika sozusagen auf der Subsistenzebene selbst und wurde zur Grundlage der ersten „world food economies".[57] Allerdings darf man „Subsistenz" nicht falsch verstehen – auf dem Atlantik wächst ja nichts (von Fischen und Meerestieren sowie

54 Carney; Rosomoff, „African Animals and Grasses in the New World Tropics", in: Ebd., S. 155–176; Voeks, Robert A., „Candomblé Ethnobotany. African Medicinal Plant Classification in Brazil", in: Minnis, Paul E. (ed.), Ethnobotany: a reader, Norman: University of Oklahoma Press, 2000, S. 148–171.

55 Ferreira, „The Supply and Deployment of Horses in Angolan Warfare (17th and 18th Centuries)", in: Heintze; Oppen (eds.), Angola on the Move, S. 41–52.

56 Carney; Rosomoff, „African Food and the Atlantic Crossing", in: Ebd., S. 65–79; Abaka, ‚Kola is God's Gift': Agricultural Production, Export Initiatives and Kola Industry, passim; Walker, Timothy D., „Remedies from the Carreira da Índia: Asian Influences on Portuguese Medicine during the Age of Enlightenment", in: Portuguese Studies Review Vol. 9:1–2 (2001), S. 170–193; Walker, „The Early Modern Globalization of Indian Medicine: Portuguese Dissemination of Drugs and Healing Techniques from South Asia on Four Continents, 1670–1830", in: Portuguese Literary & Cultural Studies no. 17/18 (2010), S. 77–97; Cook, Harold J.; Walker, Timothy D., „Circulation of Medicine in the Early Modern Atlantic World", in: Social History of Medicine (2013), S. 1–15; Walker, „The Medicines Trade in the Portuguese Atlantic World: Acquisition and Dissemination of Healing Knowledge from Brazil (c. 1580–1800)", in: Social History of Medicine 26 (2013): 403–431; Walker, „Global Cross-Cultural Dissemination of Indigenous Medical Practices Through the Portuguese Colonial System: Evidence from Sixteenth to Eighteenth-Century Ethno-Botanical Manuscripts", in: Wendt, Helge (ed.), The Globalization of Knowledge in the Iberian Colonial World, Berlin: Edition Open Access, 2016, S. 161–192; Gänger, Stefanie, „World Trade in Medicinal Plants from Spanish America, 1717–1815" in: Medical History Vol. 59:1 (January 2015), S. 44–62.

57 Mintz, „Plantation and the Rise of a World Food Economy: Some Preliminary Ideas", in: Review Vol. XXXIV:1 / 2 (2011), S. 3–14 (= Rethinking the Plantation: Histories, Anthropologies, and Archaeologies, ed. Tomich; Gomes; Gomes da Cunha, Olivia).

Algen abgesehen). Die Subsistenzproduktion war sozusagen Beiprodukt des Austausches von Menschen sowie der Exportproduktionen sowohl von Menschen wie auch von Plantagenprodukten. Und aus Subsistenz wurde schnell Marktproduktion – für den gigantischen Atlantik und für lokale Märkte. Es gab sogar Marktbeziehungen auf den Plantagen – Eigentümer oder Aufseher kauften den Sklavinnen Hühner oder Schweine ab. Zucker sowie seine Beiprodukte (und deren Folgeprodukte wie Rum, Geribita, Caçaza und Aguardiente), Tabake und Kaffee, aber auch andere Produkte von Plantagen (wie Limetten, Zwiebeln und Bananen), gingen sowohl als Waren des Sklavenhandels wie auch des Konsums auf den Schiffen und in den Häfen in das System der Mittelpassage ein und über diese Systeme hinaus (*beyond*) in die Lebensweisen der Sklavereien und der Gesellschaften, die auf ihnen gründeten. Das ist übrigens einer der breiten globalgeschichtlichen Hintergründe der „Coca-Cola-Story", die meist übersehen wird. Die braune Brühe entstand nicht nur in einem ehemaligen Zentrum der Sklaverei im Süden der USA und nicht nur aus Kokain und Zucker, sondern viel mehr noch aus der Gewöhnung an Wasser mit Kola-Nuss in den Fässern von Sklavenschiffen.[58] Erst vom Sklavenhandel und vom Schiffstransport griff Kola auf die andere Bevölkerung der Hafen- und Sklavereistädte über.

Wasser war das wirklich große Problem. Sowohl in Bezug auf Quantität wie auch Qualität. Schiffskapitäne rechneten im Normalfall pro Versklavtem mit zwei Mahlzeiten täglich bei einer Dauer zwischen zwei und sechs Wochen. Die Mahlzeiten wurden oft von versklavten Frauen auf den Schiffen zubereitet, die den Schiffsköchen zuarbeiteten. Für 10 Verschleppte wurde ca. eine Tonne Nahrungsmittel geladen. Aus dem Logbuch der *Diligent* 1731 geht hervor, dass pro Captive mit einem 60-Gallonen-Fass (eine Gallone = rund 4,5 Liter) für eine Reise von 80 Tagen und mindestens dreiviertel Liter (drei *quarts*) Wasser pro Sklave und Tag gerechnet wurde. Viele Kapitäne waren allerdings wegen der Dysenterie-Erkrankungen der Meinung, den Captives möglichst wenig Wasser geben zu sollen.[59] Eine zusätzliche Tortur. Zur Erhaltung der Qualität des Wassers dienten die bereits erwähnten Kola-Nüsse, die dem Wasser als Mehl beigegeben wurden. Oder es wurden billiger Rum oder andere Branntweine zugemischt. Diese anderen Getränke, wie Rum oder Wein, waren auch ein Problem, aber eher in dem Sinne, dass Offiziere und Matrosen Alkoholiker wurden.

Das Essen, ähnlich im Gesamtprozess des Slaving von Afrika bis Amerika (Reis, Mais-, Yams- oder Yucabrei, wenig Pökelfleisch oder -fisch, gekochte Bananen, etwas Gewürzbrühe sowie Wasser, Fett, billiger Fusel und billiger schwarzer Tabak)

---

58 Exler, Andrea, Coca-Cola: vom selbstgebrauten Aufputschmittel zur amerikanischen Ikone, Hamburg: Europäische Verlagsanstalt, 2006.

59 Carney; Rosomoff, „African Food and the Atlantic Crossing", in: Ebd., S. 65–79, hier S. 69.

war immer knapp seit der Gefangennahme in Afrika. Die Diäten in Afrika, in Brasilien und in der Karibik ähnelten sich.[60]

Das bedeutet aber auch, dass Versklavte, Verschleppte und andere Unterschichten Konsumenten waren, von denen gerade im atlantischen Zusammenhang ganze Industrien abhingen (wie *salt cod* (*bacalao*), *morue*, Pökel- und Trockenfleisch (Schwein/Rind – *tasajo*/*charqui*), Rumproduktion oder Leinenstoffe (Mitteleuropa und speziell Schlesien)).[61] Otto Friedrich von der Gröben beschreibt die Versorgung europäischer Schiffe mit gesalzenen und ungesalzenen Heringen vor der niederländischen Küste (eingetauscht gegen Branntwein und Speck). Über Getränke sagt Gröben, nachdem einige seiner Leute am Beginn der Reise nach rund 20 Tagen gestorben waren: „Den dritten Tag darauf hat unser Volck angefangen Wasser zu trincken/ welches etlichen/ so des Gestancks ungewohnt/ sehr frembde vorgekommen; hat also in sechs und zwantzig Tagen nach unserer Ausreise das Bier Ab = und das Wasser seinen Anzug gehalten".[62]

Welche Gerichte gab es?[63] Essentialistisch gesagt – immer Brei, mal dicker, mal dünner, mal mit mehr, mal mit weniger Protein-Beilagen. „Immer dünner" kann auch bedeuten: mehr wie eine Suppe. So etwa *gruel* für Versklavte in der britischen Karibik im 17. Jahrhundert und sicherlich auch noch später. Heute steht das Wort *gruel* für ein wässriges undefinierbares Etwas (eine undefinierte Suppe oder ein wässriger Brei). „Breakfast for the blacks and the Irish slaves were gruel. Gruel was made from coconut milk, mustard greens, and then smashed into a pulp with raw grain added. Each slave was issued a small coconut, [or a] hallowed bowl ... The mush was more or less 'drunk' by the slaves."[64] Atoles (*Reglamento de esclavos* 1842) – sind ebenfalls etwas Dickflüssiges, ein dickflüssiges Getränk (heute auch: *batidos*). *Calalú*/*callaloo* war ein dicker Brei (original) aus gekochten jungen Taro-Blätter und Stängel (deshalb kräftig grün; Taro: *Colocasia esculenta*; auch Malanga oder Tannia (*Xanthosoma sagittifolium* sowie zwei weitere Arten), mit Taro nahe verwandt, kann wie Taro für Calalú verwendet werden), meist auch mit Okra. Calalú war oft mit Kokosmilch eingedickt und mit Salzfleisch, Schinken, Krebsfleisch oder auf Kuba heute auch Geflügelfleischstücken versetzt.[65] Eine Sze-

60 Rodrigues, „'De farinha, bendito seja deus, estamos por agora muito bem': uma história da mandioca em perspectiva atlântica/ 'Of flour, blessed be God, now we are very well': A History of manioc in Atlantic perspective", S. 69–95.

61 White; White, „Slave Clothing and African American Culture in the Eighteenth and Nineteenth Centuries", S. 149–186; Weber, „Linen, Silver, Slaves, and Coffee: A Spatial Approach to Central Europe's Entanglements with the Atlantic Economy".

62 Gröben, „Das I. Capitel, Beschreibung meiner Abreise/ von Berlin [über Hamburg] biß an den Tropicum Cancri", in: Gröben, Guineische Reise=Beschreibung, S. 1–10, hier S. 5–6.

63 Kelleher, Lawrence R., To Shed a Tear: A Story of Irish Slavery in the British West Indies, Lincoln: Writers Club Press, 2001 (iUniverse.com), S. 72.

64 Ebd., S. 72 f.

65 Higman, „Callaloo", in: Higman, Jamaican Food: History, Biology, Culture, Kingston, Jamaica/ Barbados/Trinidad and Tobago: UWI Press, 2008, S. 100–109.

ne, wie Gerichte, d. h., dicker Brei oder Suppe, auf Transporten von Versklavten gekocht wurden, findet sich bei Rugendas (für Brasilien) [*Bild 23: „Neger[-sklaven] auf Rast in einer Ranch, mit Sklavenhandels-Treibern, Rio de Janeiro, 1822“[66]. Alles, wie gesagt, eine Art Brei – das gilt auch für die vielen Arten von *angú* (Brasilien) und *fufu* (Atlantik/Karibik) – alles aus gekochten und zerstoßenem Mais, Yams oder Yuca (Manioc/Farinha), aber auch – so vorhanden – aus Taro, Malanga, Süßkartoffeln oder Kartoffeln.[67]

Der Schiffsarzt John Atkins beschreibt Brei und Gewalt: „The common, cheapest, and most commodious Diet, is with Vegetables, Horse-Beans, Rice, Indian Corn, and Farine [...] This Food is accounted more salutary to Slaves, and nearer to their accustomed way of Feeding than salt Flesh. One or other is boiled on board at constant times, twice a day, into a Dab-a-Dab (sometimes with Meat in it) and have an Overseer with a Cat-of-nine tails, to force it upon those that are sullen and refuse“.[68]

Die *Mixed Commission* zur Verfolgung des Sklavenhandels in Sierra Leone erarbeitete Anweisungen über die Diät der von den Sklavenschiffen befreiten Sklaven (*liberated Africans*): „Slaves landed and placed in charge of the Liberated African Department at Freetown, whilst they are waiting adjudication ... are to be rationed in the manner ... for the sum of three halfpence daily ... for each Slave 7/8th pint of rice, and 1/6th ball of Fofoo [auf Kuba *funche* – M. Z.], or 2/5. lb Yams, and 2/5th of a ball of Fofoo, 1/3rd gill of Palm Oil, 1/3rd lb of fresh Beef [ca. 160 Gramm – M. Z.], with a suitable quantity of Salt and Country Peppers“.[69] Der massive Reiskonsum vor allem des Sklavenhandels trug unter anderem zum Aufschwung der Reislandwirtschaft in Westafrika und zum Boom der *tide-water*-Plantagengebiete im Lowcountry von South Carolina und Georgia bei, denn dort wurde bald Reis für Sklaven nicht nur konsumiert, sondern vor allem für die Ernährung der meisten Sklaven in Nordamerika und in der Karibik angebaut.[70]

---

66 Von Johann Moritz Rugendas, aus: Diener; Costa, Rugendas e o Brasil, S. 235, „Tropeiro“ (Sklavenhandelskarawanen-Treiber) wird heute auch als „Viehtreiber“ oder „Viehhändler“ übersetzt.

67 Mintz, „Die Zusammensetzung der Speise in frühen Agrargesellschaften. Versuch einer Konzeptualisierung“, in: Schäffner, Martin (ed.), Brot, Brei und was dazu gehört: Über sozialen Sinn und physiologischen Wert der Nahrung, Zürich: Chronos Verlag, 1992 (= Schweizerische Zeitschrift für Geschichte = Revue suisse d'histoire = Rivista storica svizzera, Bd. 44:2 (1994)), S. 13–28.

68 Atkins, A Voyage to Guinea, Brazil and the West Indies, (reprinted, London: Frank Cass, 1970), S. 171.

69 TNA, FO 315 (Archives of Sierra Leone Slave Trade Commission (1819–1868))/27: Minute Books/ Spanish (1828–1836), S. 464 f., Freetown, Sierra Leone, 7th November 1835.

70 Chaplin, An Anxious Pursuit. Agricultural Innovation & Modernity in the Lower South, 1730–1815, Chapel Hill & London: Institute of Early American History and Culture; University of North Carolina Press, 1993; Dusinberre, William, Them Dark Days: Slavery in the American Rice Swamps, Oxford: Oxford University Press, 1996; Carney, Black Rice: The African Origins of Rice Cultivation in the Americas, Cambridge: Harvard University Press, 2001.

Menschen aus Afrika waren die Zusammensetzung der Diät der Sklavenschiffe und der Sklaverei in gewissem Sinne gewohnt. Schlimme Folgen für die versklavten Menschen hatten allerdings oft der unstillbare Durst, aber vor allem Infektionen, Krankheiten und die Fehler der Besatzungen der Sklavenschiffe in der Nahrungsmitnahme und bei der oft sehr rüden Behandlung von Krankheiten und Mangelerscheinungen. Besonders der Mangel an Flüssigkeit war, wie erwähnt, fatal. Krankheiten wie Durchfallerkrankungen (Dysenterie), Tetanus, Skorbut, Kinder-Beri-Beri, Epidemien wie Pocken und Cholera sowie fehlende Proteinnahrung und Vitaminmangel (vor allem A (fehlt bei Reis), C und D) führten zu Tod, Erblinden (bzw. teilweise Erblindung) oder anderen dauerhaften Krankheiten. In der Karibik und in den Tropen Südamerikas starben rund 50 % aller Sklavenkinder vor dem Erreichen des 5. Lebensjahres; in den Tropen oft in noch höheren Prozentsätzen. Auch deshalb war die natürliche Reproduktion der karibischen Sklavenpopulationen (im Gegensatz zu der in Nordamerika) unmöglich. Die Art und Weise der Behandlung und Heilung von Sklavenkrankheiten war, wie die Diätregeln, Teil des systemischen Wissens der Sklavereigesellschaften. Es wurde zwischen den „nationalen" Sklavereien durch Übersetzungen von Handbüchern und durch Ärzte sowie Heiler vermittelt.[71] Die schwedische Reisende Frederika Bremer schreibt bei ihrem Besuch auf dem Ingenio *St. Amelia* bei Matanzas (15. März 1851): Die Sklaven „werden hier nicht mit Reis genährt, sondern hauptsächlich mit einer Art von Wurzel, genannt Malanga, welche sie lieben sollen, die aber mir nicht schmackhaft erscheint. Sie ist gelb und kartoffelähnlich, hat aber einen faden, etwas bitteren Geschmack. Jeder Sklave bekommt zum Mittagessen eine Portion solcher gekochter Wurzeln und verzehrt sie mit seinem gesalzenen Fleisch [eventuell Pökelfleisch, wahrscheinlich aber *tasajo*]. Zum Frühstück bekommen sie gekochten Mais, welchen sie zerstoßen und mit wilden Tomatos, Platanenfrüchten oder Gemüsen vermischen. Denn sie haben auf einem Strich der Pflanzung einiges Ackerland, wo sie säen und ernten dürfen. Jede Familie hat auch hier ein Schwein, das sie jährlich schlachten oder verkaufen darf".[72]

Der hohe Zucker-, Kohlenhydrat- und Fettanteil der alltäglichen Kost, die Monotonie von Trockenfleisch (*tasajo*) oder Trockenfisch (*bacalao*), das Fehlen bestimmter Mineralien und Vitamine auf den Plantagen führten zu einer auf Dauer ungesunden Ernährung. Das erklärt wiederum die extrem vielen Geschwürerkrankungen, Augenleiden, Zahnkrankheiten, sowie Gichterkrankungen (wegen der Masse an rotem Fleisch und Innereien sowie Salz und hochprozentigem Rum) unter Sklaven.[73] Vor allem die Sklaven, die im Batey oder direkt im Feld arbeiteten,

---

71 Moreno Fraginals, „Hipócrates negrero", in: Moreno Fraginals, El Ingenio, II, S. 75–82; Zeuske, „Doktoren und Sklaven. Sklavereiboom und Medizin als „kreolische Wissenschaft" auf Kuba", S. 177–205.

72 Bremer, Durch Nordamerika und Kuba, S. 264.

73 Kiple, The Caribbean Slave, passim; Kiple; Kiple, Virginia H., „Deficiency Diseases in the Caribbean", in: Shepherd; MacDonald Beckles (eds.), Caribbean slavery in the Atlantic world,

ernährten sich zusätzlich von Zuckerrohrsaft und Zucker. Auf dem Feld kauten oder lutschten die Sklaven frisches Zuckerrohr. Im Batey nahmen die Sklaven *guarapo* (frischer Zuckerrohrsaft), frisch kristallisierten Zucker, *raspadura* (harte Zuckerbrocken) oder *miel* (Zuckersirup, Melasse) zu sich.[74]

Sklaven und Sklavinnen waren, was Quantität, Kohlehydrate, Proteine und Ballaststoffe angeht, im Zeitraum der atlantischen Sklaverei im generellen Durchschnitt (nicht auf jedem Schiff!) möglicherweise besser ernährt als andere Bauernbevölkerungen weltweit.[75] Auf den Schiffen der *Atlantic Slavery* muss die Frage, wie oben angedeutet, vielmehr lauten: „mussten Versklavte Durst leiden?" Die generelle Antwort ist: ja, aber auch nicht auf jedem Schiff. Ein grundlegendes Problem bei der Frage „mussten Sklaven Hunger leiden?", findet sich in der organisatorischen Modernität der Massensklaverei in der industriellen Zuckerproduktion. Die Geldverleiher (*refaccionistas*) gaben nicht nur Geld im Allgemeinen. Sie übernahmen, wie die großen Schiffausrüster auch, oft für eine Festsumme auch die Ernährung der Sklaven während der Molienda; agierten also wie moderne Caterer und Spekulanten, die auf Lebensmittel setzen. Klagen über schlechte und unzureichende Ernährung auf den großen Ingenios betreffen immer wieder Refaccionistas, die offensichtlich mehr Gewinne herausschlagen wollten und für das gleiche Geld wenig oder schlechte Nahrungsmittel lieferten.[76] Am deutlichsten werden die Möglichkeiten zum Unterschleif in Bezug auf Nahrung in den Bestimmungen des *Real Consulado* von 1819 (wegen der Ungenauigkeit der Formulierungen): „Tanto para los negros fugitivos como los esclavos del Consulado se pondran pondran [sic] dos calderas diarios para q.e coman á las horas de costumbre, con la carne, viandas, y menesteres q.e se considere necesaria á unos hombres de trabajo, y por q.e el repartir á cada uno su racion cosida ademas de ser molesto causa en esta clase de gentes desasones sobre la mas ó menos porcion, se dividiran en cuadrillas de seis para comer en platos de madera, q.e al efecto se entregarán al Cosinero, y guardiero quienes deberan ciudar del aseo [Sowohl den geflohenen [und wieder eingefangenen – M. Z.] Schwarzen als auch den Sklaven des Konsulats werden zwei Kessel

S. 785–794; García Rodríguez, „El costo de la esclavitud: alimentos, ropas, salud y espiritualidad", in: García Rodríguez, Entre Haciendas y Plantaciones, S. 260–276.

74 García Rodríguez, „La fuerza de trabajo en los ingenios cubanos", S. 119–136, hier S. 126; die Folgen von Guarapogenuss auf ungeübte Mägen beschreibt Joseph J. Dimock, in: Pérez Jr., Louis A. (ed.), Impressions of Cuba in the Nineteenth Century. The Travel Diary of Joseph J. Dimock, Wilmington: Scholarly Resources Inc., 1998, S. 34.

75 Dobado-González; García-Montero, „Neither So Low nor So Short: Wages and Heights in Bourbon Spanish America from an International Comparative Perspective", S. 291–321 (die Perspektive dieses Artikels ist Bergbau; urbanes Spanisch-Amerika und meist *tierras altas* (Bergzonen), aber die Schlussfolgerungen in Bezug auf Unterschichtenernährung gelten wohl auch für Sklaven).

76 AHPM, Fondo Esclavos (Bozales), leg. 23, No. 58: „Borrador de comunicación al Gobernador de Matanzas sobre queja de D. José M.a López de Villavivencio contra el refaccionista de su ingenio San Claudio por falta de alimentos para la dotación", 26 de febrero de 1851.

täglich vorgesetzt, damit sie zu gewohnten Zeiten essen, mit dem Fleisch, Yuca [oder Kochbananen] und Beilagen [Gemüse, Gewürze, etc.], die man für notwendig für Männer der Arbeit hält, und weil es nicht nur störend ist, jedem einzelnen seine zubereitete Ration zu verteilen, sondern auch weil es bei dieser Klasse von Leuten [d.膘h., Versklavte] zusätzlich Streit wegen der unterschiedlich großen Portionen verursacht, wird man sie in Gruppen von sechs [Menschen] teilen, um von Holztellern zu essen, die an den Koch geliefert werden, und an den Wächter, die über Sauberkeit wachen sollen]".[77]

Noch schlimmer als purer Hunger selbst waren verdorbene Lebensmittel. Tasajo und Bacalao kamen unter den Bedingungen der Tropen, des langen Schiffstransportes und der Unmöglichkeit der Kühlung immer mit einem schmierigen Überzug auf den Ingenios an – was bekanntlich bei Rindfleisch nicht völlig negativ ist.

Drohender Hunger, Durst, Überarbeitung, Schlafmangel, Traumata, Stress und allgemeine Ängste bewirkten auch, dass die Menschen auf den Sklavenschiffen und in der Sklaverei bei jeder Mahlzeit möglichst viel aßen, weil sie fürchteten, schon den nächsten Tag nichts mehr zu bekommen. Darum wundern sich viele Menschen noch heute über „arbeitende Menschen mit Wampen" – ein dicker Bauch war auch in Europa und Nordamerika noch bis 1970 ein Zeichen für höheren Status. Die Androhung von Hunger und bestimmte Diäten (wobei oft auch experimentiert wurde) waren Mittel, um die Eingliederung in das Regime der Sklavenschiffe sowie der Sklaverei im Allgemeinen zu erzwingen. Humboldt schreibt dazu: „Sklaven auf Schiffen, die sie bringen, am ärgsten durch Diätätsregeln gequält ... Jeder Capitain quält nach seiner eigenen Diätätstheorie".[78] Aufgezwungene Diätregeln gegen Cholera auf dem Cafetal Salvador führten die Sklaven 1833 (siehe unten) zum Aufstand und 1839 zur Rebellion auf dem Schooner *La Amistad*.[79]

Moreno Fraginals findet die Sklavenernährung „ausgesprochen reich" und „breit".[80] Auch Francisco Pérez Guzmán hat für Sklaven im Festungsbau geurteilt, dass sie – zumindest den überlieferten Texten nach – ausreichende Mengen und Kalorien bekommen hätten. Gabino de La Rosa hat kürzlich allerdings auf den Unterschied zwischen Berichten von Plantagenbesitzern oder staatlichen Beamten

---

77 BNC, CC, C. M. Bachiller, No. 677a: „Disposiciones sobre negros relativas al trabajo, atención médica, vestuario, etc.", Real Consulado, Habana, enero 16, 1819 (7 Blatt), f. 3v.

78 Humboldt, Vorabend, S. 256.

79 Zur weltweiten Epidemie siehe: Mann, „Kolonialismus in Zeiten der Cholera. Zum Streit zwischen Robert Koch, Max Pettenkofer und James Cuningham über die Ursachen der epidemischen Krankheit", in: Engel, Ulf; Middell, Matthias (eds.), Bruchzonen der Globalisierung, Leipzig: Leipziger Universitätsverlag, 2005 (= Comparativ. Leipziger Beiträge zur Universalgeschichte und vergleichenden Gesellschaftsforschung, 15. Jg., Heft 5/6), S. 80–106.

80 Moreno Fraginals, El Ingenio, La Habana: Editorial de Ciencias Sociales, 1986, S. 59; Pérez de la Riva, La isla de Cuba en el siglo XIX vista por los extranjeros, La Habana: Editorial de Ciencias Sociales, 1981, S. 176; Pérez Guzmán, La Habana, clave de un imperio, La Habana: Editorial de Ciencias Sociales, 1997, S. 120.

über Sklavennahrung und Urteilen von zeitgenössischen Beobachtern (wie zum Beispiel Dumont, Bremer, Madden) sowie archäologischen Befunden in Bezug auf Nahrung von Cimarrones festgestellt, dass es nicht richtig sei, nur Urteile über die Ernährung auf Basis von Herrschaftsdokumenten zu fällen.[81]

Auf den Ingenios gab es meist kein Frühstück (Fredrika Bremer beschreibt eine „zweites Frühstück" gegen 11.00). Die durchschnittliche Ration der zwei oder drei täglichen Mahlzeiten auf den kubanischen Ingenios, sofern der Import nicht unterbrochen war, bestand aus etwas mehr als 200 Gramm Trockenfleisch, Tasajo oder Tampique (nach Tampico in Nordmexiko, einem Verschiffungshafen für Tasajo, auch aus Manatí-Fleisch), oder Stockfisch, Cod/Bacalao (bis 1818 meist teurer), dazu kamen große Mengen *funche* (in einigen Gegenden Afrikas *fufu* oder *fofoo, foufou* beziehungsweise *fúnji* (Kimbundu)), zunächst eine Art dünnes Püree aus Yuca oder Yams, das aber auch aus Boniato, Kochbananen oder Maismehlbrei (*harina*) beziehungsweise als eine Art dicker Reissuppe mit Gewürzen, Gemüse sowie Fleisch oder Fisch (ähnlich *gumbo* im heutigen Louisiana) zubereitet sein konnte, Reis sowie *viandas* (Yuca, gebratene Bananen). Funche hielt auch Einzug in den Speiseplan der Herren, weil es sich leicht zubereiten ließ und relativ gut haltbar war – und weil die Köche oft Sklaven oder ehemalige Sklaven waren.[82] Tasajo und Cod/Bacalao waren wichtige Eiweißlieferanten. Dort, wo heute Cod oder Bacalao zur „lokalen" Ernährungstradition gehören, waren meist – Portugal war auch hier Pionier – bis in das 19. Jahrhundert translokale Sklavereigesellschaften (in den Wikingergebieten, ebenfalls Sklavereigesellschaften, war Stockfisch ebenfalls lokale Tradition). Joseph J. Dimock beschreibt im Februar 1859 ein, heute würde man sagen „zweites Frühstück" auf dem Ingenio *Recreo* in der Nähe von Cárdenas: „we generally have fresh or salt fish [Bacalao – M. Z.], tesajo or jerked beef [Tasajo – M. Z.], plantains, yuca, sweet potatoes, funche and rice, (which is cooked no where else as here) and then yam or corn cakes, coffee and cigarettos".[83] Sklaven bekamen im Grunde nur dieses „zweite Frühstück": „The two principal dishes for the negro are funché, or hominy, and plantains".[84]

Auf Kuba, Curaçao und in Brasilien machten einige Sklavenhändler, wie etwa der erwähnte Tomás Terry in Cienfuegos, ein Geschäft daraus, die halb verhungerten Sklaven erst einmal aufzupäppeln, um sie zu höheren Preisen verkaufen zu können. Essen, Nahrung, Diät (auch um Krankheiten vorzubeugen), waren immer

81 La Rosa Corzo, „Subsistence of Cimarrones: An Archaeological Study", in: Curet, L. Antonio; Dawdy, Shannon Lee; La Rosa Corzo, Gabino (eds.), Dialogues in Cuban Archaeology, Tuscaloosa: The University of Alabama Press, 2005, S. 163–180.

82 Núñéz González, Niurka; González Noriega, Estrella, „Comidas y bebidas de la población rural", in: Esteva (ed.), Cultura popular tradicional cubana, S. 91–101.

83 Pérez Jr. (ed.), Impressions of Cuba in the Nineteenth Century. The Travel Diary of Joseph J. Dimock, S. 35.

84 Ebd., S. 97.

Druckmittel, um Wohlverhalten der Captives und Sklaven zu erzwingen; manche Sklaven verweigerten die Nahrungsaufnahme und mussten zwangsernährt werden.

Die Prozesse des Slaving auf der Transport-Linie Afrika–Atlantik-Amerika hatten, wie bereits gesagt, ein Gewalt-Skelett, das aus den Institutionen routinierter Razzienkrieg, Menschenfang und -verschleppung, Transporte (Fußkarawanen mit manchmal berittenen Razzienkriegern oder Chefs (Kamel, Pferd, Rinder), Kanus – oft auf Gold-, Elfenbein, Salz- oder Kolahandelsrouten), Ernährungszubereitung, Barracoon, Sklavenhafen, Sklavenschiffe und Sklavenplantagen mit ihren Baracken (*barracones*/*barracões*; in Loango auch *quibangos*) sowie der strukturellen Gewalt von Hunger und Durst bestand, die auf jeden einzelnen Körper wirkte. Diese Makrostrukturen des Terrors überzogen den gesamten Atlantik, zwischen Afrika und Amerika, gehalten von befestigten Baracken und Handelsenklaven (Forts, Faktoreien), Kaufleute- und Handelsnetzwerken sowie ihren für den Terror zuständigen Angestellten. Es handelte sich nicht um *eine* Stadt, sondern um urbane Elemente einer Menschenjagd-, Menschentransport- und Kommodifizierungs- sowie Ernährungs-Industrie. Viele Sklavenforts, Handelsplätze, Häfen und Bateyes wurden zu Ausgangspunkten von Städten.

Auf allen Negrero-Schiffen gab es immer große Mengen von eisernen Fuß- und Handfesseln sowie Wand- und Fußbodenbügel, durch die Ketten liefen. Das waren sozusagen die kleineren Hauptelemente der strukturellen Gewalt (und wichtige Identifikationskriterien für Inspektoren in der Zeit nach Illegalisierung des Sklavenhandels 1808/20, zusammen mit Planken für Zwischendecks und großen Wassertanks).

Wenn es zu Aufständen auf den Schiffen kam, wurde auch aktive und direkte Gewalt gegen Körper und Leben ausgeübt. Mittlerweile sind zwischen 400 und 600 Aufstände und Rebellionen auf Sklavenschiffen bekannt.[85] Einer der Aufstände brach auf dem Schiff *De Vliegende Faam* 1756 aus, auf dem auch zwei Hamburger Dienst versahen. Bei Klein-Poppo (Little Popo) im heutigen Togo töteten die Aufständischen diejenigen, die direkten Kontakt mit ihnen hatten: den Schiffsarzt, den Koch und den Schmied sowie Matrosen. Die Mannschaft verschanzte sich und antwortete mit Musketenfeuer. Versklavte nutzen die Gelegenheit und sprangen über Bord. Nach der Niederschlagung (und nur in dem Falle, aber auch nicht immer, wurden Berichte über Sklavenschiffrebellionen verfasst) fehlten 22 Verschleppte und 16 waren schwer verletzt.[86]

Logbücher der MMC zeigen neben der typischen Missachtung protestantischer Slaver für Religion und Identität der Verschleppten auch viele konkrete Todesursa-

85 Taylor, If We Must Die; Anselin, Alain, Le Refus de l'esclavitude: Résistances Africaines a la Traite Négrière, Paris: Editions Duboiris, 2009; Eltis, David; Engerman, Stanley L., „Shipboard Revolts and Abolition", in: Drescher, Seymour; Emmer, Pieter C. (eds.), Who Abolished Slavery? Slave Revolts and Abolitionism. A debate with João Pedro Marques, New York/Oxford: Berghahn Books, 2010 (European Expansion & Global Interaction; Vol. 8), S. 145–155.

86 Lüden, „Sklavenfahrt", in: Lüden, Sklavenfahrt, S. 25–27.

chen, wie zum Beispiel die „Liste der gestorbenen Sklaven aus der Ladung des Schiffes Brandenburg, geführt vom Kapitän Alexandre Gerritzen, vom 10. August 1791 bis 15. September 1792“: meist Dysenterie (Ruhr) und Skorbut („hydrops et scorbut“), Hysterie („collera“, „hectica“), Herzversagen („effectus pectoris“), alle möglichen Arten von Fieber (Malaria, Gelbfieber), Pocken, Cholera oder einfach ertrunken („verdroncken“), letzteres möglicherweise beim Versuch zu fliehen.[87] Die „Liste der toten Sklaven nebst Krankheiten, welche sie gehabt haben“ der Sklaven-Schnau *De Eenigheyd* zwischen Angola und Suriname 1766–1767 zeigt 57 Todesfälle, davon 19 wegen Skorbut, wegen Ruhr 17, 8 wegen Pocken sowie 4 wegen Skorbut und Ruhr; ein Mädchen starb aus heiterem Himmel „gesund und sehr schnell“.[88] Kurzer Sprung auf die globalhistorische Ebene: fast alle wichtigen Epidemien und großen Krankheiten (Pest, Pocken, Lepra, Cholera, Gelbfieber und Malaria, etc.) hingen mit großen Verkehrssystemen, Transport und Slaving zusammen.[89]

Hauptmerkmale der Middle Passage waren Durst, Terror, Hunger, Gewalt, Epidemien, Krankheiten, Traumata und Sterblichkeit sowie gegenseitige Verletzungen, Selbstmorde, aber auch Rebellionen, Slave Ship Dances, Drogen, Kampfsport (Vorformen von Capoeira, Boxen, etc.) und neue Sozialformen – all dies spielte sowohl für die Versklavten und Verschleppten eine Rolle, aber auch für die Mannschaften.[90] Auch die Hundezucht wurde vorangebracht. José Luciano Franco erwähnt scharfe Hunde auf brasilianischen Sklavenschiffen, die nachts die Ladeklappen und Ausgänge der Laderäume, in die die Verschleppten eingepfercht waren, bewachten. Zudem spielten Sklaven-Hunde, vor allem Mastiffs, eine wichtige Rolle bei der Jagd auf geflohene Sklaven.[91]

Am Ende der Sklavenschiff-Reise, wenn die amerikanischen Häfen in Sicht waren, wurden meist die Wasserfässer frei gegeben und die Kapitäne verteilten Stoff- und Kleidungsstücke, mit denen Sklavinnen und Sklaven eine Art karnevaleske Maskerade aufführten. Besonders niedliche Sklavenkinder und hübsche Sklavinnen nahmen sich Kapitäne und Offiziere als Privatsklaven.[92]

Manchmal, wie im Falle der bereits erwähnten *Zong* (und anderer Sklavenschiffe) vor Jamaika, ließen Kapitäne kranke Sklaven über Bord werfen. Beim Einklagen der Versicherungsprämie wurde angebracht, dass das zum Schutze der an-

---

87 Ebd., S. 116.

88 Ebd., S. 117.

89 Zu Krankheiten in Bahia, Brasilien, siehe: Barreto, Maria Renilda Nery; Pimenta, Tania Salgado, „A Saúde dos Escravos na Bahia Oitocentista através do Hospital da Misericórdia“, in: Revista Territórios & Fronteiras Vol. 6:2, Cuiabá (jul.–dez., 2013), S. 75–90.

90 Taylor, If we must Die, S. 23–39, hier S. 32.

91 Franco, „Comercio clandestino de esclavos en el siglo XIX“, in: Franco, Ensayos históricos, S. 103–124, hier S. 113; siehe auch: Franco, „Los mongos de la costa de África“, in: Franco, Comercio clandestino de esclavos [1996], S. 178–202.

92 Howe, „The Slave Trade“, S. 97–133, hier S. 121.

deren Sklaven und der Besatzung geschehen sei. Oft wurden versklavte Captives gleich vom Schiff weg verkauft, wie im Falle der bereits genannten Schnau *De Eenigheyd*, der die restlichen 44 Menschen aus Angola in Paramaribo am 15. Juni 1767 zur Auktion brachte. Ein Auszug zeigt die Preise sowie die Preisunterschiede zwischen gesunden Versklavten und denen mit Gebrechen oder denen, die „unbesehen" (ohne Casting) verkauft wurden:

1 Negerin, gesund	1 [laufende Nr.]	150.– [Gulden]
1 Neger, gesund	2	340.–
1 Negerin, dito und schwanger	7	290.–
1 Junge	8	200.–
1 Mädchen	9	200.–
1 Neger, unbesehen	10	115.–
1 Neger mit einem Auge	24	180.–
1 Negerin, gesund mit 1 Skrofel	25	270.–
1 Negerin mit Ringelwurm	35	355.–[93]

In kubanischen Sklavenhäfen und in anderen Häfen Amerikas kamen die Sklaven meist zunächst in die bereits genannten großen Barracones der Häfen; in Havanna handelte es sich um große Barracken aus festen Holzstämmen, manche hatten auch gemauerte Wände mit Palisadenzäunen. Dort wurden sie gehalten, bis sich Käufer fanden. Die ersten, die die Körper der Verschleppten kontrollierten, waren Soldaten, die auf die Schiffe geschickt wurden, um die Quarantäne durchzusetzen, sowie Hafenärzte. Es handelte sich meist um auf Seuchenbekämpfung und Pockenimpfung spezialisierte Militär-, Hafen- und Sklavenärzte in offizieller Funktion. Sie stellten, wenn die Verschleppten gesund erschienen, sowie geimpft und wiedergeimpft waren (und die Impfpocken aufgegangen waren), *certificados* (medizinische Zertifikate) aus, die die *negros* zum Verkauf frei gaben.[94]

In Rio gab es *Sclavenmagazine*; zum Verkauf wurden die Verschleppten in gemieteten und hergerichteten Häusern der Vallongo-Straße (auch Val Longo) ausgestellt.[95] Standardsatz spanischer Verkaufsdokumente, eine Art Werbespruch des Sklavenhandels, lautete: „calidad de bozal, alma en boca, huesos en costal, á uso

93 „Auktion, abgehalten auf Wunsch des Kapitäns Willem de Molder, der das mit Sklaven aus Angola kommende Schiff De Eenigheyd führte. Verkauf unter normalen Bedingungen, Paramaribo den 15. Juni 1767", in: Lüden, Sklavenfahrt, S. 126 f.

94 „Certificado" von Dr. Márcos Sanchez Rubio, médico y cirujano, in: ANC, Tribunal de Comercio (TC), leg. 291, no. 6 (1817). Negros: „Dilig.s obradas sobre la entrada en este Puerto de la Goleta Portuguesa titulada la Maria con cargamento de negros", f. 18r.

95 Gaspari, Chr.; Hassel, G.; Cannabich, J. G. Fr.; GutsMuths, J. C. F.; Ukert, Fr. A., „Das Kaiserthum Brasilien", in: Gaspari; Hassel; Cannabich; GutsMuths; Ukert, Vollständiges Handbuch der neuesten Erdbeschreibung, 19. Bdf., Weimar: Verlag des Geographischen Instituts, 1827, S. 393–1202, hier S. 560.

de feria“ [Bozal-Qualität, Seele im Munde, ein Sack Knochen, zum Marktgebrauch]. Bozal war ein Begriff, der einen direkt aus Afrika gekommenen „Neger“ bezeichnete.

Erst wenn die Sklavinnen und Sklaven – und hier schließt sich der Kreislauf im atlantischen Transportsystem und seinen Infrastrukturen der Gewalt – oft nach kräftezehrenden Fuß-Märschen in unwegsamen Küstengebieten (nur Halbtote wurden auf Karren transportiert) auf den Sklavenplantagen ankamen, wurden sie von den Pfarrern (manchmal nochmals) getauft und es wurden ihnen Gevatter oder Gevatterinnen aus der Gruppe der älteren Sklaven zugewiesen. Sie fanden also – so schaurig das klingt – eine Art neue Heimat, bildeten Initiierungs-Gemeinschaften, oft mit den Schiffsgenossen (*carabelas*) sowie Gevattern (Paten), und bekamen nicht ausreichend, aber regelmäßig und mehr zu essen und vor allem zu trinken (wenn sie keinen Widerstand leisteten) als in den Sklavenforts, auf den Schiffen oder in den Barracones der Sklavenhäfen.

Bei den hier (oben) geschilderten Gewaltinfrastrukturen ist der Ausgangspunkt die afrikanische Angebotsseite. Es ist auch eine Skizze der Gewaltinfrastrukturen von Seiten der Nachfrage aus den Amerikas möglich, wie Anne Bailey es macht: „(1) demand on plantations in the New World; (2) setup and organization in European ports; (3) setup and manning of slave forts and fortifications along the cost of Africa [Bailey behandelt die Old Slave Coast im heutigen Ghana (Eweland)]; (4) the Middle Passage journeys from the coast of Africa; (5) landing in the New World, including sales and auctions; and (6) industrialization of slave-made products in factories“.[96] Nicht erscheint hier der Transport an den Küsten und über die Flüsse der Amerikas bzw. über Landrouten an die Orte des Verkaufs (Sklavenmärkte) und der Sklavereien.[97]

Afrikanisten teilen oft die oben von mir dargelegte Sicht auf die Infrastrukturen der Mobilisierung (des „Reisens“) und des Transports der Verschleppten von Afrika in die Amerikas (meist allerdings ohne die Hinfahrt von den Amerikas nach Afrika zu thematisieren).[98]

Plantagen hatten im 19. Jahrhundert einen Lebenszyklus von ca. 40–60 Jahren. Schwere Konflikte zwischen Gewaltpersonal (vor allem Verwalter (*administradores*) *mayorales* und *capataces*), Eigentümerfamilien (*hacendados*) und Sklavengemein-

96 Bailey, „From the Middle Passage to Middle Quarters, Jamaica. The Transformation of a Personal Journey“, S. 1–24, hier S. 23; Bailey, „European and American Agency in the Atlantic Slave Trade on the Old Slave Coast“, in: Ebd., S. 107–142.

97 Diese Perspektive ist am konkreten Beispiel analysiert bei: Newson; Minchin, From Capture to Sale, passim.

98 Tondut-Sène, Mame-Kouna, „The Travel and Transport of Slaves“, in: Diène, Doudou (ed.), From Chains to Bonds. The Slave Trade Revisited, New York: UNESCO / Berghahn Books, 2001, S. 15–21; siehe auch: Zeuske, „In den Amerikas. Sklavenmärkte und Sklavenhändler – Profiteure, Großkaufleute, Schiffsausrüster und Negreros“, in: Zeuske, Sklavenhändler, Negreros und Atlantikkreolen, S. 240–269.

schaft einer Plantage (*dotación*) traten auf, wenn eine Plantage / ein Ingenio nach dem Leben eines Besitzers verkauft werden sollte oder ein solcher Besitzer (*amo*) wegen hoher Schulden bankrott ging. Plantagengesellschaften ohne ständigen Sklavennachschub, sei es durch internen Sklavenhandel (wie in den USA), sei es durch eine Mischung von großem innerem und äußerem Sklavenhandel (Brasilien) oder atlantischem Sklavenschmuggel in Kombination mit „kleineren" internen Sklavenhandelsnetzen (Atlantisierung: Kuba) nicht überleben. Wie oben im Kapitel über „große" Sklavereien dargelegt, existierten etwa zwei Dutzend formierte Plantagengesellschaften in den Amerikas (mit vielleicht rund 100 000–150 000 Sklavenhaltern und Plantagenbesitzern in allen Amerikas um 1850), atlantisierte Plantagengesellschaften mit Zugang zum afrikanischen Atlantik des Sklavenhandels und nicht-atlantisierte ohne diesen (direkten) Zugang. Amerikanische Plantagengesellschaften, deren lokale Eliten sich keinen Zugang zum Atlantik und zu Afrika (Atlantisierung) sichern konnten, kamen trotz Versuchen gar nicht erst in Gang oder brachen meist schon zwischen 1800 und 1830 zusammen (einige schon vorher; wie z. B. im französischen Louisiana oder Mosquitia), viele in den Wirren der kontinentalen Unabhängigkeitskriege gegen Spanien (1810–1830).[99] Aber auch die erfolgreich atlantisierten Plantagen- und Sklavengesellschaften sowie die Formen der „großen" Sklaverei und des Slaving wurden in den Amerikas von 1863 bis 1888 (Suriname (1863/73), USA (1865), Puerto Rico (1873), Kuba (1880/86, Brasilien (1888)) aufgehoben, meist im Zusammenhang mit Kriegen und Revolutionen. Essen, Diäten und Lebensweisen blieben ähnlich; manchmal verschlechterten sie sich auch (wie auch medizinische Betreuung).

Aus Perspektive einer Globalgeschichte der Sklaverei muss noch gesagt werden, dass wir nur für den atlantischen Bereich und für die amerikanischen Sklavereien, d. h., dem dritten Sklaverei-Plateau, – ähnlich wie im Falle der quantitativen Dimension (siehe unten) – recht gute, um nicht zu sagen relativ dichte, Informationen haben.

99 Cuño, „Los nuevos estados nacionales y los debates en torno a la abolición de la esclavitud en América Latina: 1815–1860", S. 147–163.

Zahlen und Menschen: „numbers games“?

> L’esclavage en terre d’islam reste un sujet à la fois obscur et hypersensible, dont la seule mention est souvent ressentie comme le signe d’intentions hostiles[1]

AAA: Afrika-Atlantik-Amerika – globale Zentren von Sklavereien und Sklavenhandel 1440–1870

Die wichtigste neuere Erkenntnis in Bezug auf Zahlen des Menschen- und Sklavenhandels ist, dass die Masse der Versklavten in der langen Welt- und Globalgeschichte der Sklavereien seit 10 000 v. u. Z. junge Frauen und Mädchen gewesen sind, die unter Kontrolle von Haltern kamen sowie in patrilineare und hierarchische Haushalte, meist private, aber auch herrschaftliche Paläste und Tempel, integriert wurden.[2] Größere Gruppen konnten zunächst nur durch Kollektivformen der Sklaverei kontrolliert werden (meist verbunden mit der Sicherung und Ausbeutung von Territorien/Grenzen) und trugen dazu bei, „Ethnien“ (größere Gruppen gleicher Sprache/Kultur) zu bilden. Fast alle Versuche, nur Männer in Sklavereien zu halten, endeten in Revolten oder Fluchten (Ausnahme sind die *Atlantic Slavery* von vor allem männlichen Verschleppten aus Afrika in den Amerikas, viele Militärsklavereien und heutige Formen der „Arbeit wie Sklaven“, siehe unten). Insofern decken sich die meisten heutigen Formen von Sklaven- und Menschenhandel mit ihren frühen Vorläufern in der Weltgeschichte.[3]

Eine schon etwas ältere Erkenntnis ist, dass englische Kapitäne, Kaufleute, Schiffsausrüster und Investoren sowie Kapitalanleger zunächst mittels „servant trades“[4] in den atlantischen Menschenhandel einstiegen, auch um die „‘surplus’ population“[5] Englands zu beseitigen; Karl Marx winkt von Ferne mit dem 24. Kapitel des *Kapitals* (1. Band). Langfristig, aber relativ konzentriert von 1650 bis 1807, haben Engländer/Briten (Nordamerikaner sowie Schotten und Waliser)[6] in der

---

1 Lewis, Bernhard, Race et esclavage au Proche-Orient, Paris: Gallimard, 1993, S. 9.

2 Zeuske, „Versklavte weltweit in Zahlen“, in: Zeuske, Sklaverei. Eine Menschheitsgeschichte, S. 172–211.

3 Was die Höhe nachweisbarer Preise für Versklavte vom „archaischen Zeitalter“ („Archaic“) bis zur „New World“ in Braudelscher Perspektive betrifft, wechseln sich diese ab (höhere Preise für Männer galten im Mittelmeerraum seit späten hellenistischen Zeiten bis zum Frühmittelalter; dann erst wieder in der „New World“-Sklaverei); siehe: „Figure 10: Price Ratio of Unskilled Male Slaves to Female Slaves“, in: Harper, „Slave Prices in Late Antiquity (and in the Very Long Term)“, S. 206–238, hier S. 236.

4 Swingen, Abigail L., Competing Visions of Empire. Labor, Slavery, and the Origins of the British Atlantic Empire, New Haven and London: Yale University Press, 2015, S. 7.

5 Ebd.

6 Devine (ed.), Recovering Scotland’s Slavery Past, passim; Evans,, Slave Wales, passim.

https://doi.org/10.1515/9783110561630-013

Neuzeit zwar nicht die absolut, aber sicherlich in dieser kurzen Zeitspanne, relativ die meisten Menschen in Afrika gekauft oder eingetauscht (2,6–2,8 Mio) und über den Atlantik in die ziemlich kleinen englischen Kolonialterritorien der Amerikas verschleppt, mit einem absoluten Höhepunkt in den Jahren 1781 bis 1800. Frankreichs Höhepunkt in der Verschleppung von Menschen in die Karibik (und auf die Maskarenen) lag in den Jahren 1763–1791. Am Ende dieser Zeit proklamierte zunächst die französische Nationalversammlung unter den Jakobinern (1794), fast gezwungenermaßen, ein Sklavereiverbot (1802 durch Napoleon per Dekret wieder abgeschafft, sozusagen die Abolition der Abolition). Vor 1808 nahm das britische Parlament, das heute vorwiegend mit dem *Slave Trade Act* (Verbot des Sklavenhandels auf britischen Schiffen; März 1807) identifiziert wird, Pro-Sklaverei und Pro-Sklavenhandels-Gesetze an. Lehrmeister der Engländer/Briten (und der Niederländer) bis etwa 1670 – in einer Art Slaving-Shadow-Empire auch noch danach – waren „Portugiesen“, besser gesagt, Iberer. Der Sklavenhandelsprotagonist „Portugal/Brasilien“ in TSTD2 verantwortet mindestens 5,8 Millionen nach Amerika Verschleppte.[7] Selbst wenn man Brasilien (seit 1822/25 unabhängig) mit (niedrig) geschätzten 2 Millionen aus dieser Zahl heraus rechnet, bleiben immer noch mehr durch „Portugiesen“ aus Afrika verschleppte Menschen, als die rund 3,2 Millionen der Briten und US-Amerikaner (siehe weiter unten).[8] Portugiesen/Brasilianer und Briten (im Verständnis des späten 17. und des 18. Jahrhunderts bis 1783) waren die Schlimmsten („Brasilianer“, darunter sehr viele „Portugiesen“ auch danach). Das unterstreicht auch eine qualitative Aussage von Pere Labat: „C’est cette facilité que les Anglois ont d’avoir des Negres, que fait qu’ils les ménagent fort peu, & qu’ils les traitent presque aussi durement que les Portugais [Es ist die Mühelosigkeit [durch den umfangreichen atlantischen Menschenhandel – M. Z.], mit der sie die Neger haben, die sie wenig schonen und ebenso rüde behandeln lässt, wie es die Portugiesen tun]“.[9] Das hat natürlich auch etwas mit der geringen Bevölkerungszahl des (europäischen) Portugals zu tun – die Portugiesen hatten die größten

---

7 Silva, Daniel B. Domingues da, „Brasil e Portugal no comércio atlântico de escravos: um balanco histórico e estátístico“, in: Guedes, Roberto (ed.), Brasileiros e Portugueses, Rio de Janeiro: Mauad X, 2013, S. 49–66.

8 Eine gute kurze Synthese des portugiesischen atlantischen Sklavenhandels bis 1700 findet sich in: Sweet, James H., „The Slave Trade in the Portuguese Colonial World, 1441–1700“, in: Sweet, Recreating Africa: Culture, Kingship, and Religion in the African-Portuguese World, 1441–1770, Chapel Hill: University of North Carolina Press, 2003, S. 15–22.

9 Labat, Jean-Baptiste, Noveau Voyage aux Isles d’Amérique, 6 Bde., Paris: Guillaume Cavelier, 1722, Bd. V, S. 41, hier zitiert nach: http://gallica.bnf.fr/ark:/12148/bpt6k1028176/f48.image.r=.langFR (letzter Zugriff 12. 2. 2018). Im Grunde handelt es sich um eine Tannenbaum-Aussage „vor Tannenbaum“, die im Wesentlichen für das 17. Jahrhundert zutrifft. Es geht es um den Umfang des transatlantischen Sklavenhandels der Briten und die „Billigkeit“ von Sklaven auf Jamaika. Franzosen und Spanier, die „katholischen“ Mächte waren immer auf englischen, niederländischen und dänischen Sklavenhandel, entweder direkt oder als Schmuggel (oder mittels eigener Korsarenüberfälle auf britische Kolonien) angewiesen und waren abhängig vom Import von Versklavten. Deshalb mussten sie „ihre“ Sklaven besser behandeln und besser ausbilden.

Schwierigkeiten, ihre über den Globus verstreuten Kolonien zu besiedeln und mussten von Anfang an auf sehr flexible Formen der Peuplierung setzen (siehe *miscibilidade*, oben).

Brandenburg-Preußens Sklavenhandel von Afrika in die Karibik ist mit zunächst rund 10 000, dann mit etwa 30 000 Verschleppten geschätzt worden. Mittlerweile haben neue Forschungen ziemlich konkrete Zahlen ergeben: 124 Fahrten brandenburgisch-preußischer sowie niederländischer Schiffe; 23 583 „eingekaufte" Versklavte sowie 19 240 Menschen, die in knapp 30 Jahren (!) in die Karibik verkauft bzw. angeliefert wurden. Keiner davon soll nach Europa gegangen sein (was in Bezug auf Schiffsjungen und potentielle „Hofmohren" nicht stimmen kann).[10]

Zur historischen und heutigen Bedeutung der Quantitäten von Sklaverei und Menschen/Sklavenhandel[11] will ich auf die Debatte in den Niederlanden verweisen. Sie hängt mit der Debatte um die „ursprüngliche" Akkumulation, mit den Debatten um die Williams-These und mit der Debatte um Profite aus Sklaverei und Sklavenhandel zusammen. Besonders die sehr renommierten niederländischen Historiker Pieter Emmer und Johannes Postma[12] haben seit den 1970er Jahren immer wieder darauf hingewiesen, dass der niederländische Anteil am Sklavenhandel relativ klein und die in ihm generierten Profite relativ niedrig gewesen seien. Nur ca. 4,5 % der rund 12 Millionen Verschleppten (zwischen 1600 und 1800 ca. 433 000)[13] kämen auf das Konto der Niederlande. In den Augen der Nachkommen von niederländischen Sklavinnen und Sklaven, von denen vor allem aus Surinam ca. 500 000 in den heutigen Niederlanden leben, waren das genau 4,5 % zu viel. Und die Öffnungsfunktion der Niederländer für nordwesteuropäische Sklavenhandelsmächte, wie England und das nördliche Atlantik-Frankreich, ist nicht zu übersehen.[14] Aber es ist nicht nur das. Es ist eine regelrechte Crux für Historiker.[15] Für solche existentiellen historischen Fragen sind sie, wie bei allem in ihrer Arbeit,

10 Jones, „Brandenburg-Prussia and the Atlantic Slave Trade", S. 283–298; Heyden, Ulrich van der, „Der große Kurfürst als Sklavenhändler", in: Heyden, Rote Adler an der Küste Afrikas. Die brandenburg-preußische Kolonie Großfriedrichsburg in Westafrika, Berlin: Selignow Verlag, 2001, S. 44–61; Stamm, „Anhang I: Handelsfahrten und Sklaventransporte unter kurbrandenburgischer und preußischer Flagge 1680–1718", in: Stamm, Das koloniale Experiment, S. 398–401, hier S. 401; Heyden, „Der Mohr hat seine Schuldigkeit getan. Der sträfliche Umgang mit der Geschichte in der deutschen Hauptstadt", in: Jahrbuch des Landesarchivs Berlin (2014), S. 247–266.

11 Siehe: Zeuske, „Versklavte weltweit in Zahlen", in: Zeuske, Sklaverei. Eine Menschheitsgeschichte, S. 172–211.

12 Siehe vor allem: Postma, The Dutch in the Atlantic Slave Trade, passim.

13 Vos; Eltis; Richardson, „The Dutch in the Atlantic World: New Perspectives from the Slave Trade with Particular Reference to the African Origins of the Traffic", S. 228–249, hier S. 234.

14 Ribeiro da Silva, Dutch and Portuguese in Western Africa, passim; siehe die Debatte dazu: Rossum, Matthias van; Fatah-Black, Karwan, „Wat is winst? De economische impact van de Nederlandse trans-Atlantische slavenhandel", in: Tijdschrift voor Sociale en Economische Geschiedenis Vol. 9, Nr. 1 (2012), S. 3–29.

15 Zur Debatte siehe: Sens, „The "Veil" in Post-Slavery Society. New Challenges for Historians: The case of Surinam, 1808–2008", S. 46–54.

auf Quellen, möglichst harte Zahlen in offiziellen Quellen, angewiesen (die es aber im vorstatistischen Zeitalter, vor allem für Afrika, nicht gibt). Die gibt es auch in Schrift-Gesellschaften nur partiell (oder anders), auch wegen der zeitgenössischen Verschleierung und wegen des Schweigens, nicht oder nur sehr unvollkommen (siehe oben zu den Methoden der Kapitäne sowie zum Problem des *veil*). Und zweitens, und das sage ich allen Historikern, die in Sklaverei- und Sklavenhandelsgeschichte nur mit formalen Zahlen und formaler Memoria (staatliche Archivquellen) arbeiten, ist die Lösung des Problems in der Konzeptualisierung von menschlichen Körpern als Kapital in unterschiedlichen Kulturkontexten in einem breiten und multivalenten Sinne zu suchen, deren Wert (oder Sklaven als *commodity money* bzw. *money without king* oder *money without state*) sich nur sehr schwer in Geld (*fiat money* – staatlich garantiertes Geld) oder anderen formalen Quantitäten nach heutiger Vorstellung darstellen lässt. Der Schlüssel ist die historische Konzeptualisierung von Körpern als Kapital und Währung, wie ich das in vorliegendem Buch mache. Ich wiederhole es gerne: Ohne „Anlage“ des Kapitals menschlicher Körper, ohne Schmuggel und ohne die Multivalenz dieses menschlichen Kapitals keine großflächigen Expansionen, kein neuzeitlicher Kolonialismus und kein Kapitalismus. Das lässt sich in Geld ausgedrückten Gewinnen nur sehr unvollkommen darstellen. Und der Nachweis in den Rechnungsbüchern privater Banken und Firmen ist schier unmöglich.

Die Zahlen über den atlantischen Ozean transportierter Menschen und die Rhythmen des Sklavenhandels stimmen, wie wir gesehen haben, ziemlich genau mit den Zyklen der Entwicklung des atlantischen Kapitalismus vor dem globalen Hintergrund im Wesentlichen noch agrarischer Wirtschaften überein. Die Mobilität des Slaving dynamisierte die eher statischen Gesellschaften – auch die Europas – oder anders ausgedrückt: vor dem *cash flow* war der Flow menschlicher Körper als Basis für Ströme anderer Kommoditäten und Kapitalien. Oder noch besser: die den Sklavenhandels-Akteuren bekannte, aber bewusst verschleierte Grundlage aller Flows waren der Flow menschlicher Körper und der Flow der Transportmittel und Kredite, um ihn zu gewährleisten. Eingebettet in Gewalt-Infrastrukturen. Das garantierte den Flow der Edelmetalle, vor allem des Silbers und der Finanzen in den Zentren des atlantischen Sklavenhandels. Dieser Handels-Kapitalismus realer *commodities* (und Informationen sowie Wissen) mit Kern menschliche Körper gab einer ganzen Epoche der Wirtschaftsgeschichte seinen Namen – Merkantilismus. Den offiziellen Darstellungen des Merkantilismus (Handelskapitalismus), die Sklaverei und vor allem Menschenhandel sowie Kapital menschlicher Körper kaum oder nicht oder nur unter „ferner liefen“ erwähnen, fügen wir, sozusagen als Unterfutter, die bereits globalisierten Dimensionen eines Kapitalismus der menschlichen Körper (*corporeal capitalism*) und einer extremen Zwangs-Mobilität sowie eines „anderen“ Kosmopolitismus hinzu. Speziell diese Dimension des entstehenden Kapitalismus vernetzte rund um Afrika zwischen 1500 und 1900, die angrenzenden Meere und Ozeane, europäische, amerikanische und arabische sowie einige asiatische Zentren, Menschenjagdgebiete, Ressourcenproduktionsgebiete (Sklaveninseln als Plattformen, Plantagenzonen, *Second Slavery*) sowie vorrückende Grenzen durch ein Geflecht aus Scharmützeln, Rindern, Latifundien/Plantagen, neuen Massennahrungsmittelkulturen (z. B. Reis, Mais, Manioc/Yuca/Tapioca, Yams), Farbstoffe (Indigo, Koschenille, Farbhölzer), Medizinalpflanzen/Drogen (Alkohol, Tabak, Kola) und Menschenrazzien, aber auch Krankheiten/Epidemien und den Mitteln dagegen.[16]

Aber im Kern ist es noch mehr – Geschichte des *Slavings* ist Welt- und Globalgeschichte und sogar Menschheitsgeschichte – „von ganz unten".[17] Eine relativ neue Erkenntnis für Nichtafrikanisten ist, dass Afrika massiv seit ca. 500 ein Zentrum von Sklavereien, Sklavenhandel und landgestützten sowie ozeanischen Menschenexporten war (*as-saby*).[18] Eine neue Qualität erreichten Razziensklavereien und Menschenhandel mit der Expansion arabisch-berberischer Gruppen und des Islam seit dem 7. Jahrhundert. Hauptgebiete waren in Bezug auf das Mittelmeer und arabisch-nordafrikanische Territorien das Umfeld des Tschad-Sees sowie Kanem-Bornu (mit Karawanenverbindungen zur Mittelmeerküste), zweitens die Territorien der Reiche Ghana, Mali und Songhay[19] im Norden und Arabien im Westen sowie im Süden (aus Perspektive Arabiens) und Osten das arabisch beeinflusste Zandj bis hinunter nach Kilwa. Alles auf Basis interner Sklavereien und internen Sklavenhandels – deren Umfang wir nicht kennen.[20] Pilgerrouten nach Mekka wurden auch Routen der Menschenjagd und der Versklavung von Kindern, des Betrugs an Pilgern und des Sklavenhandels; reiche Pilger wurden von ihren Sklaven begleitet.[21] So gibt

---

16 Drayton, „The Collaboration of Labor: Slaves, Empires, and Globalizations in the Atlantic World, ca. 1600–1850", S. 99–115; Schiebinger, Secret Cures of Slaves; Gänger, „World Trade in Medicinal Plants from Spanish America, 1717–1815", S. 44–62.

17 Epple, Angelika, „New Global History and the challenge of Subaltern Studies. Plea for a Global History from Below", in: The Journal of Localitology, 3 (2010) S. 161–179; Zeuske, Sklaverei. Eine Menschheitsgeschichte, passim.

18 Siehe den Überblick zum Zusammenhang islamische Expansion in Nordafrika und christliche Atlantikexpansion: Diouf, „African Muslims, Christian Europeans, and the Atlantic Slave Trade", in: Diouf, Servants of Allah: African Muslims Enslaved in the Americas, New York/London: New York University Press, 1998, S. 4–48; siehe auch: El Hamel, „The Arab Conquest and Black Africans", in: El Hamel, Black Morocco, S. 113–132.

19 Gronenborn, „Kanem-Bornu: a brief summary of the history and archaeology of an empire in the central *bilad al-sudan*", S. 101–130; Schiel, „Slave trade, medieval era", in: Ness, Immanuel (ed.), The Encyclopedia of Global Human Migration, Bd. 5, New York: Wiley-Blackwell, 2013, S. 2761–2769.

20 Larson, Pier M., „African Slave Trades in Global Perspective", in: Reid, Richard; Parker, John (eds.), The Oxford Handbook of Modern African History, Oxford: Oxford University Press, 2013, S. 56–76 ; Larson, „Slaving in Africa", in: Miller, (ed.), The Princeton Companion to Atlantic History, Princeton: Princeton University Press, 2015, S. 425–429; zu Sklavennarrativen, siehe: Larson, „Horrid Journeying: Narratives of Enslavement and the Global African Diaspora", in: Journal of World History Vol. 19:4 (December 2008), S. 431–464.

21 Lovejoy, „Mohammed Ali Nicholas Sa'id: From enslavement to American Civil War Veteran", in: Sanz; Zeuske (eds.), *Millars. Espai i Història*, XLII:1 (2017), S. 219–232.

es viele Beispiele von Versklavten und Verschleppten auf den Pilgerrouten nach Mekka.[22]

Joseph C. Miller hat folgende Chronologie vorgeschlagen, die den großen Vorteil hat, eben die kommunitär orientierten Gesellschaften Afrikas in die zentralen Prozesse der Welt- und Globalgeschichte (die bisher im Wesentlichen europäischen und neo-europäischen Gesellschaften vorbehalten waren) einzubeziehen:

Erstens eine Phase von 20 000 vor unserer Zeitrechnung, wo es in erster Linie in Gemeinschaften mit einem gemeinsamen Ethos (*communal ethos*) darum ging, auf tiefgreifende Änderungen zu reagieren und die Gemeinschaftsentwicklung durch ritualisierte Integration von *captives* (*captives of community*), sicherlich im Wesentlichen Frauen und Kinder, zu erhalten.[23]

Zweitens eine historische Phase von ca. 2000 vor unserer Zeitrechnung bis um 500 (wie in Europa), wo es darum ging, größere Gruppen (*communities*) mit gemeinsamer Geschichte, Sprache und gemeinsamen Regeln (*ethnicity*) zu erhalten und auszubauen, auch und gerade durch Integration vieler Sklavinnen und Kinder.[24]

Eine dritte Phase sah von etwa 500 bis 1600 zum Teil massive Versklavungen in ansteigenden Konflikten um Ressourcen, Gebiete und Menschen, zwischen größeren Komposit-Gemeinschaften („Staaten"), die eher konföderativ strukturiert waren und durch Älteste regiert wurden, aber in Krisenzeiten auch schon die Figur eines einzelnen Machthabers (*war leader*, Prophet, *king*) bzw. einer Elite oder Elitenfamilien kannte.

Afrikaner entwickelten im „afrikanischen Mittelalter" Handelsnetzwerke im Sudan und in der Saharazone, in den großen Flussgebieten und in den Grasländern des Kontinents. Eliten nutzten loyales Personal, oft schon männliche Sklaven (oder Jungen, die als Sklaven militärisch erzogen wurden), die auf Verteidigung, Status und Transport spezialisiert waren, um sich gegen andere Eliten durch zu setzen. Und sie bedienten sich der „contacts with specialized and well capitalized merchants from the fully commercialized and individuated Islamic economic sectors of the mediterraneam basin and the Indian Ocean".[25]

Die vierte Phase ist schließlich die des *Atlantic slaving* (drittes Sklaverei-Plateau).[26] In all diesen Phasen galt, das hält Miller insistierend fest: „All the more

22 Hutson, „Enslavement and Manumission in Saudi Arabia, 1926–38", in: Critique: Critical Middle Eastern Studies Vol. 11:1 (Spring 2002), S. 49–70; Hutson, Alaine S., „'His Original Name Is ...' – REMAPping the Slave Experience in Saudi Arabia", in: Damir-Geilsdorf; Lindner; Müller; Tappe; Zeuske (eds.), Bonded Labour: Global and Comparative Perspectives, S. 133–161.

23 Miller, „Slaving in Historical Africa: Early timest to ca. 2000 BCE", in: Miller, The Problem of Slavery as History, S. 90–96.

24 Miller, „Change as Collective Continuity: Defining annd Maintaining Ethnicity, ca. 2000 BCE–500 CE", in: Ebd., S. 96–100.

25 Miller, „Kings as Marginal: Slaving as a Strategy of Composite Political Integration, ca. 500–1600 CE", in: Ebd., S. 100–109, hier S. 100–103.

26 Miller, „Atlantic Credit and the Corruption of the Communal Ethos, 1600–1900", in: Ebd., S. 109–115.

so because in Africa wealth was people, and people were power"[27] – d. h. Menschen waren das wichtigste Kapital.

Ich führe hier keine Ursprungsdebatte, aber in globalhistorischer Perspektive war Afrika neben Europa zwischen 300 und 1100, neben dem Schwarzmeergebiet, dem Balkan, Indien sowie Südostasien und den Amerikas der weiteren Conquista (1493–1870) sicherlich weltgeschichtlich das wichtigste Zentrum der Kapitalisierung menschlicher Körper, zwischen 1600 und 1870 das wichtigste, in Bezug auf den Atlantik ohnehin, aber auch und grade in Bezug auf Exporte nach Arabien, Vorderasien und Indien, abgelöst von Asien als Quelle von globalen Kontraktsklavereien seit ca. 1840.[28]

In Afrika selbst existierten viele Sklavereien: „Unbeknownst to most, more slaves were probably kept within Africa than were ever exported", schreiben die Autoren einer neuen Studie über die „Bitter Legacy" der Sklaverei in der Geschichte Afrikas.[29] Dazu kommt, wie Jennifer Morgan richtig schreibt: „Most slaves in Africa were, in fact, women [und Kinder – M. Z.]; a testament to women's importance as labourers".[30] Völlig unklar ist, wann die Zentralstellung Afrikas begann, vor allem in Bezug auf andere Menschenhandels-Großregionen der Welt, auf den Export von Sklaven aus Afrika und in Bezug auf interne Sklavereien und interne Sklavenhandelssysteme (in Afrika!). Das ist *African agency.*[31]

Am Beginn des dritten Sklaverei-Plateaus, zwischen 1450 und 1521, wurden insgesamt rund 156 000 verschleppte Menschen unter Kontrolle der Portugiesen transportiert (nach Afrika, vor allem nach El Mina, Madeira, Ribeira Grande und São Tomé sowie nach Lissabon und Lagos).[32] Dazu gehörten auch, als Beispiel, die ca. 3000 Cativos als Sklaven, die 1552 für das kleine Madeira ausgewiesen sind, immerhin 15 % der Bevölkerung der Insel. 1598 waren es noch ganze 6 % (1150 Sklavinnen und Sklaven), weil die Zuckerwirtschaft durch Weinbau abgelöst worden war und die Plantagenwirtschaft auf São Tomé und an den Küsten Brasiliens boomte; dieser Konkurrenz war auch schon die frühe Zuckerwirtschaft Santo

27 Miller, „Slaving in Historical Africa: Early timest o ca. 2000 BCE", S. 90–96, hier S. 91.

28 Manning, Slavery and African Life, passim; siehe auch: Akyeampong, Emmanuel; Bates, Robert H.; Nunn, Nathan; Robinson, James A. (eds.), Africa's Development in Historical Perspective, Cambridge: CUP, 2014.

29 Bellagamba, Alice; Greene, Sandra E.; Klein, Martin A., with the Collaboration of Brown, Carolin (eds.), „Introduction. When the Past Shadows the Present: The Legacy in Africa of Slavery and the Slave Trade", in: Bellagamba; Greene; Klein with Collaboration of Brown, Carolin (eds.), The Bitter Legcy. African Slavery. Past and Present, Princeton, Markus Wiener, 2013, S. 1–27, hier S. 2.

30 Morgan, Jennifer L., „Women and Slavery in the Transatlantic Slave Trade", in: Tibbles, Anthony (ed.), Transatlantic Slavery. Against Human Dignity, Liverpool: National Museums Liverpool, 2005, S. 60–69, hier S. 61.

31 Keese, „Das subsaharische Afrika als globalgeschichtlicher Raum", in: Grandner; Sonderegger (eds.), Nord-Süd-Ost-West-Beziehungen, S. 93–120, vor allem S. 103–106: „Sklavenreservoire: West- und Westzentralafrika im atlantischen System in der europäischen Frühen Neuzeit".

32 Elbl, „The Volume of the Early Atlantic Slave Trade, 1450–1521", S. 31–75, hier S. 72; De Almeida Mendes, „Les Portugais et le premier Atlantique (XVe–XVIe siècles)", S. 137–157.

Domingos in der Karibik zum Opfer gefallen.[33] Mitte des 16. Jahrhunderts hatten die Kapverden, vor allem Fogo und Santiago (Ribeira Grande) eine Bevölkerung von ca. 13 400 Menschen; 11 700 davon, fast 90 %, waren Versklavte und von den Küsten Guineas Verschleppte, die zum Verkauf bestimmt waren: Die „island was like a gigantic holding pen“.[34]

In der Welt außerhalb Afrikas begannen Menschen aus Afrika zwischen 1650 und 1750 das größte Kontingent weltweiter Sklavenpopulation zu stellen. Das Momentum des Umschlags lag im Versuch der Niederlande, im heutigen Brasilien Fuß zu fassen (1630–1650: Pernambuco, zeitweilig auch São Tomé, Luanda und Bahia[35]). Seitdem begann der generische Name *negro* dem Begriff „Sklave“ (oder *siervo* bzw. *cativo*) Konkurrenz zu machen. Bis 1500 stammte die Mehrzahl der weltweiten Sklaven (außerhalb Afrikas und eventuell Indiens sowie Persiens/Zentralasiens) aus den Schwarzmeergebieten und dem Kaukasus sowie, ich betone dieses Wort, eventuell, mit der Mogulexpansion und den Konflikten zwischen Muslimen und Hindus (und anderen Gruppen) sowie dem portugiesischen, englischen, französischen und niederländischen Sklavenhandel, aus Indien. Gwyn Campbell, der, wie wir oben gesehen haben, sagt, dass der Meerestransport von Sklaven in der Welt des Indischen Ozeans größer war als der in atlantischen Welt, sagt auch, dass der größte Sklavenhandel in Asien *beyond the Indian Ocean*, über Land, stattfand. Die rund 550 000 Menschen, die aus Ostafrika zwischen 1624 und ca. 1860 in die Amerikas verschleppt wurden, werden mit zur atlantischen Sklaverei gerechnet.[36] Schätzungen besagen, dass es 1841 in Indien 8–9 Millionen Sklaven gab. Sklaven stellten 20–30 % der Bevölkerung vieler Länder und Territorien rund um den Indischen Ozean dar; in einigen Gebieten wie Ostafrika und Indonesien sogar um die 50 % – es waren wirkliche Sklavereigesellschaften.

Möglicherweise ist die Masse der Sklaven in der Welt des Indischen Ozeans, trotz der eben genannten Mengen, unter formalem Sklavenhandel gar nicht zu erfassen. Die Mehrheit der servilen Bevölkerung in Südasien war lokaler Herkunft oder kam aus benachbarten Regionen der Menschenhändler und Sklavenhalter, weil es dort nicht so viel kostete, sie zu versklaven oder zu rauben und weniger Transportkosten und -schwierigkeiten anfielen. Fernhandel übers Meer mit größeren Mengen von Sklaven betrieben eher Europäer. In der östlichen Welt des Indischen Ozeans, in China und anderen zentralisierten Staaten, kamen Verschleppte und Versklavte meist aus „Berg-Völkern“ oder lokalen Küsten- und Meeresgesellschaften sowie Expansionsgebieten.[37]

---

33 Hancock, „Mix“, S. 10–15, hier S. 11.

34 Reséndez, „The Trafficker and his Network“, in: Reséndez, The Other Slavery, S. 76–99, hier S. 78.

35 Ratelband, Klaas, Os holandeses no Brasil e na costa Africana: Angola, Kongo e São Tomé, 1600–1650, Lisboa: Vega, 2003.

36 Hooper, Jane; Eltis, „The Indian Ocean in Transatlantic Slavery“, in: Slavery & Abolition: A Journal of Slave and Post-Slave Studies Vol. 34:3 (2013), S. 353–375.

37 Campbell, „Slavery in the Indian Ocean World“, S. 52–63.

Bis 1600 waren die meisten Sklaven (außerhalb Afrikas und eventuell Indiens/Persiens/Zentralasiens) „Indios" gewesen, versklavte Indigene der Amerikas. Der Umschlag begann zwischen 1550 und 1640 mit den Portugiesen in den Enklaven des späteren Brasiliens sowie 1600 und 1650, mit der Expansion der Niederländer. Etwa 1700 „Africans and persons of African descent had become the majority of the world's slave population"[38] – wie gesagt und ich wiederhole es wegen der Wichtigkeit für meinen Ansatz nochmals, außerhalb Osteuropas/Krim, Afrikas und Indiens/Zentralasiens. Um 1700, mit der Herausbildung des engeren Privatunternehmertums in Westeuropa, überstiegen Sklaven in den Exporten Westafrikas auch andere Waren und Kommoditäten (Gold, Gewürze und Elfenbein).[39]

Es gab vier große Slavingformationen und Menschenhandelskorridore, die von Afrika ausgingen. Die Sklaven-„Produktion", die Razzien und der Transport bis zur Übergabe an andere Menschenhändler waren, wie mehrfach gesagt, von arabischen, berberischen oder afrikanischen Eliten und ihren oft kreolisierten Hilfskräften kontrolliert. Auf der Basis interner Sklavereien und internem Menschenhandel waren die wichtigsten Routen in andere, außerafrikanische oder nordafrikanische Sklavereien der atlantische, der transsaharische, der Rote-Meer-Handel sowie der ostafrikanische Sklaven- und Menschenhandel. Noch gröber unterteilt werden können die Slaving-Systeme Afrikas in drei: Afrika-Slaving (im subsaharischen Afrika, in Nordafrika und Arabien), West-Slaving, und Ost-Slaving, wie es auf den Karten von Patrick Manning zu sehen ist [*Karte 36[40]].

Am besten erforscht ist, wie gesagt, der atlantische Sklavenhandel in seiner quantitativen Dimension (TSDN2), weniger in seinen afrikanisch-atlantisch-amerikanischen Netzwerken und Strukturen oder in den Bezug auf die Rolle des Hin und Her sowie der Kultur der Atlantisierung (Atlantikreolen), der Transkulturation und Kreolisierung.

Am wenigsten quantitativ belegt sind der interne Handel Afrikas[41] und der Menschenhandel von Afrika nach Norden, über die Sahara, der so genannte transsaharische Sklavenhandel (alle auf Basis interner Sklavereien in Afrika). Auch keine genauen Zahlen, aber Schätzungen, haben wir über den Menschenhandel nach

38 Manning, „The Rise of Slave Trade to 1700", in: Manning, Slavery and African Life, S. 27–32.

39 Eltis, „The Relative Importance of Slaves and Commodities in the Atlantic Trade of Seventeenth-Century Africa", in: The Journal of African History 35:2 (1994), S. 237–249.

40 Karte 36: „Grobe Richtungen der afrikanischen Sklavenexporte", aus: Manning, Patrick, „The Slave Trade: The Formal Demography of a Global System", in: Inikori; Engerman (eds.), The Atlantic Slave Trade. Effects, 1992, S. 117–141, hier S. 119.

41 Renault; Daget, Les traites négrières en Afrique, passim; Baer, Gabriel, „Slavery in Nineteenth Century Egypt" in: JAfrH, Vol. 8:3 (1967), S. 417–441; Lovejoy, „Plantations in the Economy of the Sokoto Caliphate", S. 341–368; Lovejoy, „The Characteristics of Plantations in the Nineteenth-Century Sokoto Caliphate (Islamic West Africa)", S. 1267–1292; Cooper, From Slaves to Squatters: Plantation Labor and Agriculture in Zanzibar and Coastal Kenya, 1890–1925, New Haven: Yale University Press, 1980; Cooper, Plantation Slavery on the East Coast of Africa, Portsmouth: Heinemann, 1997.

Osten in den Indischen Ozean sowie die Übergangsregion zwischen beiden – der Sklavenhandel in den Häfen des Roten Meeres (vor allem Massawa und Jidda). Um nicht allzu viele Ziffern aufzuführen, seien die wichtigsten globalen Zahlen der Deportation von Menschen aus Afrika hier genannt.

Der Sklavenhandel von Afrika über den Atlantik nach den Amerikas im Westen, der so genannte Westhandel, ist, wie mehrfach gesagt, am besten in Zahlen dokumentiert. Er bestand, rund gerechnet, zu 75 % aus Männern und zu etwa 25 % aus Frauen (allerdings mit starken regionalen und sektoralen Unterschieden, z. B. viel mehr Frauen in Haussklaverei und im Kaffee). Zwischen 1741 und 1810, in der engeren Aufstiegsphase dessen, was wir Kapitalismus in England nennen, wurden jährlich rund 61 000 Sklaven von afrikanischen Häfen in die verschiedenen Amerikas transportiert. Meist auf britischen oder französischen sowie iberischen Schiffen. Nach Schätzungen betrugen die Ausgaben nur für die Reise und den Transport pro Sklave rund 20 £. Das bedeutete, dass jährlich die gigantische Summe von rund 1 220 000 £ an Krediten allein dafür aufgebracht werden mussten, dass Sklaventransporte zwischen Afrika und Amerika überhaupt stattfinden konnten. Da lohnte es, Banknoten als staatliche Schuldverschreibung einzuführen.

Ich kann es nicht oft genug wiederholen – die wichtigste Basis dieses transatlatischen Systems mit Grundlagen jeweils im Innern der Kontinente lag in Afrika. Und in Afrika waren Frauen als Versklavte aus drei Gründen wichtiger als Männer: „In fact, women troughout African society have always done much more labor than men".[42] Deshalb erzielten versklavte Frauen in Afrika höhere Preise als Männer (was sich an den Anfangspunkten und -strecken des transatlantischen Sklavenhandels in Afrika auf die Ratio zwischen Männern und Frauen im Gesamtsystem der *Atlantic slavery* auswirkte; siehe oben: 75 % zu 25 %). Martin A. Klein hat aber noch zwei weitere Erklärungen: „they [versklavte Frauen – M. Z.] were easier to incorporate into the society, particularly if they were part of the household and had children".[43] Und weiter: „their sexuality was in some sense the cement of the society. Women were a considerable majority of those enslaved and of those being traded at any time".[44]

Das Gesamtvolumen dieses atlantischen „West"-Sklavenhandels zwischen Gebieten Westafrikas und amerikanischen Häfen ist in Umrissen nach etwa fünfzig Jahren intensiver Forschungen klar. 1969 hat Philip Curtin für die großen Zeiträume der Geschichte des Atlantik-Sklavenhandels von Afrika nach Amerika grobe Zahlen vorgelegt, die bis heute verfeinert wurden, aber in der Tendenz gelten sie noch heute: rund 11–12 Millionen Afrikaner, wie gesagt mehrheitlich Männer und Jungen (im Gegensatz zur allgemeinen Tendenz der Sklaverei in den Weltgeschich-

42 Klein, „Sexuality and Slavery in the Western Sudan", in: Campbell; Elbourne (eds.), Sex, Power, and Slavery, S. 61–82, hier S. 65.

43 Ebd.

44 Ebd.

te), die nach Amerika verschleppt wurden, zwischen 1501 und 1868 (ich meine dagegen, dass der Menschenschmuggel bis 1880 andauerte), mit Höhepunkt im „Jahrhundert der Aufklärung" – dem 18. Jahrhundert und als formal verbotener Menschenhandel (Hidden Atlantic seit 1808/1820/1831) – und im „Jahrhundert der europäischen Zivilisation", dem 19. Jahrhundert. Zwischen 9,4 und 12 Millionen kamen lebend in Amerika an.

Nach neueren Berechnungen von David Eltis und auf Grundlage von TSTD2 waren es 12,5 aus Afrika verschleppte und 10,7 überlebende, in die Amerikas importierte Sklavinnen und Sklaven (Versklavte);[45] die Differenz markiert nur einen Teil der Zahl der Toten des Atlantiks (der westafrikanisch-iberisch-portugiesische „Vorspann" 1450–1521 ist in Tabelle 4 nicht erfasst (156 000 Verschleppte laut Ivana Elbl[46])).

Trotz TSTD2 muss man sagen: „The scale of the transatlantic slave trade can only be estimated rather than calculated precisely";[47] TSTD2 „covers about 80 per cent of all transatlantic voyages"[48] (TSTD2: 33 367 Abfahrten von Afrika und 33 048 Ankünfte in den Amerikas). Es wird auch immer Arbeiten geben, die die Zahlen korrigieren, wie den 2015 publizierten Artikel über die Korrektur des spanischen (iberischen) Sklavenhandels.[49] In diesem Artikel ist vor allem die Zahl der bisher gültigen rund 1 Million Verschleppten nach Spanisch-Amerika ergänzt worden auf 1,51 Mio (frühe und mehr iberische Sklavenhandelsfahrten direkt von Afrika nach Spanisch-Amerika und Schmuggel zum Río de la Plata sowie in die spanische Karibik, Venezuela und Neu-Granada) und der „intra-American" Schmuggel zwischen spanisch-amerikanischen sowie niederländischen, britischen, französischen und portugiesischen Gebieten ist von den Zahlen für die Nationen abgezogen worden und kommt auf rund 0,57 Mio. D. h., wir habe es mit gesamt auf 2,07 Mio Verschleppten nach Spanisch-Amerika zu tun, mehr als in die britische Karibik (die Zahl ist auf rund 2,05 Mio korrigiert worden, dazu kommen aber für die Briten als Sklavenhandelsnation noch die ca. 300 000–450 000 Verschleppte in die spätere USA); großes Total der „lebend in die Amerikas" gelangten Verschleppten ist 1 070 700 (10,7 Mio).[50]

---

45 Eltis, „O significado da investigação sobre os africanos escapados de navios negreiros no século XIX", in: Historia: Questões & Debates, Curitiba, no. 52 (jan./jul. 2010), S. 13–39, hier S. 13.

46 Elbl, „The Volume of the Early Atlantic Slave Trade, 1450–1521", S. 31–75, hier S. 72; zu den Toten der gesamten transkontinentalen und transatlantischen Infrastruktur der *Atlantic slavery* sagt James Walvin: „Millions of Africans did not survive that maritime journey, while others died within Africa, en route to the coast. They were victims of kidnappings and of internal warfare, much of it prompted by the demand for slave on the coast itself"; siehe: Walvin, „Slavery, commerce and the slave ships", S. 21–34, hier S. 31.

47 Morgan, Kenneth, „The Flows of Slave Trade", in: Morgan, A Short History of Transatlantic Slavery, London/New York: I. B. Tauris, 2016, S. 7–30, hier S. 7.

48 Ebd.

49 Borucki; Eltis; Wheat, „Atlantic History and the Slave Trade to Spanish America", S. 433–461.

50 Ebd., Tabelle S. 440.

Tab. 4: Die Tabelle stammt aus TSTD2, siehe: www.slavevoyages.org/assessment/estimates (03. 12. 2011).

	Spanien/Kuba	Portugal/ Brasilien	Großbritannien	Niederlande	USA	Frankreich	Dänemark/ balt. Staaten	Summe
1501–1525	6363	7000	0	0	0	0	0	**13 363**
1526–1550	25 375	25 387	0	0	0	0	0	**50 763**
1551–1575	28 167	31 089	1685	0	0	66	0	**61 007**
1576–1600	60 056	90 715	237	1365	0	0	0	**152 373**
1601–1625	83 496	267 519	0	1829	0	0	0	**352 843**
1626–1650	44 313	201 609	33 695	31 729	824	1827	1053	**315 050**
1651–1675	12 601	244 793	122 367	100 526	0	7125	653	**488 064**
1676–1700	5860	297 272	272 200	85 847	3327	29 484	25 685	**719 674**
1701–1725	0	474 447	410 597	73 816	3277	120 939	5833	**1 088 909**
1726–1750	0	536 696	554 042	83 095	34 004	259 095	4793	**1 471 725**
1751–1775	4239	528 693	832 047	132 330	84 580	325 918	17 508	**1 925 314**
1776–1800	6415	673 167	748 612	40 773	67 443	433 061	39 199	**2 008 670**
1801–1825	168 087	1 160 601	283 959	2669	109 545	135 815	16 316	**1 876 992**
1826–1850	400 728	1 299 969	0	357	1850	68 074	0	**1 770 979**
1851–1866	215 824	9309	0	0	476	0	0	**225 609**
Totals	**1 061 524**	**5 848 265**	**3 259 440**	**554 336**	**305 326**	**1 381 404**	**111 041**	**12 521 336**

Im Kern geht es bei der Korrektur um die Rolle der nichtspanischen Karibik mit ihren unsinkbaren Sklavenhandels-Plattformen Curaçao sowie später Jamaika / französische Inseln im Schmuggel von Versklavten aus Afrika in Gebiete des spanischen Kolonialreiches über Inseln der großen Antillen und an den langen Küsten der *Tierra Firme* des nördlichen Südamerika (im 17. und 18. Jahrhunderts vor allem das spätere Venezuela). Die Karibik als Ganzes, der *gran Caribe*, war das Empfänger-Gebiet mit den meisten aus Afrika Verschleppten, die dort zu Sklaven wurden.[51] Spanisch-Amerika war der früheste und späteste Empfänger von Versklavten aus Afrika (direkt oder über andere Kolonialgebiete (auch Schmuggel)) und Spanisch-Amerika war nach Brasilien das Gebiet mit den zweithöchsten Zahlen von importierten Menschen aus Afrika,[52] die wegen der unterschiedlichen Transporteure aus den unterschiedlichen Großregionen Afrikas auch die bunteste Mixtur darstellten – kein Wunder, dass das Konzept der Transkulturation auf Kuba entstand. Ohne genaue Zahlen, aber mit schlagenden Beispielen aus den Quellen und unter Betonung der Bedeutung Puerto Ricos, das in der globalgeschichtlichen Kolonialstrategie Madrids zu einer neuen unsinkbaren Sklavenhandelsplattform in der Karibik entwickelt wurde (gegen Jamaika). All das hat bereits Altmeister José Luciano Franco Ferrán in seinem Buch über den Sklavenhandel (Erstauflage 1980) klar dargelegt.[53]

Zusammenfassend zu den Sklavenexporten aus Afrika im 19. Jahrhundert: zwischen den Jahren 1811 und 1878 sind durchschnittlich rund 31 000 Sklaven jedes Jahr nach Nord-, Zentral- und Südamerika verschleppt worden [*Karte 37[54]]. Wegen der Langwierigkeit der Debatte um die Zahlen wurden solche Bewertungen wie *numbers games*, Grobübersetzung „Fliegenbeinzählerei“, geprägt.

Im Einzelnen gerieten etwa 40 % der Verschleppten über die Küste Angolas, vor allem über Luanda, Benguela, Cabinda und Ambriz, den drei angolanischen Slaving-Landschaften nördliches Angola, Luanda und Benguela, in den atlantischen Raum (im 19. Jahrhundert zwischen 1830 und 1880 nochmals ca. 1,3 Millionen).[55] Beatrix Heintze weist, basierend auf oralen Quellen des späten 19. Jahrhunderts,

51 Morgan, „Slave Cultures. Systems of Domination and Forms of Resistance“, in: Palmié; Scarano (eds.), The Caribbean, S. 245–260.

52 Schneider, Elena, „African Slavery and Spanish Empire“, in: Journal of Early American History Vol. 5:1 (2015), S. 3–29.

53 Franco, „La era de los negreros“, in: Franco, Comercio clandestino de esclavos [1980], S. 24–88; Franco, „La era de los negreros“, in: Franco, Comercio clandestino de esclavos [1996], S. 14–60.

54 Karte 37: „Osmanischer Sklavenhandel“, aus: Toledano, „Ottoman Concepts of Slavery in the Period of Reform, 1830s–1880s“, in: Klein (ed.), Breaking the chains: slavery, bondage, and emancipation in modern Africa and Asia, Madison: University of Wisconsin Press, 1993, S. 37–63, hier S. 38.

55 Ferreira, „The suppression of the slave trade and slave departures from Angola, 1830s–1860s“, in: Historia Unisinos 15:1 (Jan.–Abril 2011), S. 3–13, hier S. 4; zu den Bevölkerungszahlen Angolas siehe: Domingues, „The Early Population Charts of Portuguese Angola, 1776–1830: A Preliminary Assessment“, in: Anais de História de Além-Mar Vol. 16 (2015), S. 107–124.

darauf hin, dass aus dem Lunda-Reich im Hinterland Angolas (zentralisiertes Reich frühes 17. bis spätes 19. Jahrhundert unter einem Muata Jamwo; Residenz: Mussumba; oberster Gott: *nzambi*/Ahnenkulte) „einst ein Drittel aller nach Luanda und Benguela gebrachten Sklaven"[56] stammte. In Sklavenrazzien und Handel (Salz-Sklaven, Salz, Textilien, Elfenbein, Kautschuk, Perlen, Rinder, Waffen, Schnaps) expandierte das Lunda-Reich nach Osten und Süden; es reichte in seiner größten Ausdehnung vom Tanganjika-See bis fast zum atlantischen Ozean.

Die Verschleppung aus – vorwiegend – Angola und seinen Hinterländern wurde nach formeller Aufhebung der Sklaverei durch die Portugiesen (1878) in Afrika und an seinen Küsten fortgesetzt: ca. 97 000 Kontraktsklaven (*serviciais*) kamen in die Kakao-Produktion nach São Tomé und Príncipe.[57] Der bisherige Sklavenkauf wurde in der Kontraktideologie umfunktioniert in „Freikauf" (der im Grunde aber als Transaktion nicht vom Sklavenkauf unterschieden war) – die Schulden dafür hatten die *serviciais* mit ihrer Arbeit abzuzahlen.

Aus Moçambique kamen ca. 5 %; eine ziemlich große Zahl dieser Menschen war schon lusitanisiert, was die Transkulturation im iberischen Menschenhandel, in Brasilien, aber auch auf Kuba erleichterte. Dort bildeten sie die *nación conga* (*congos*); manchmal auch *mozambiques* oder auch *naciones macúas*. Im *Palo Monte*, der transkulturierten Congo-Religion auf Kuba ist Nzambi noch heute der Name Gottes. *Mambí* (die Bezeichnung für die kubanischen Unabhängigkeitskämpfer aus dem Oriente) eine Ableitung von Nzambi (*mbi*-mambí). Die andere Hälfte der Verschleppten kam vom Golf von Guinea und in diesem, von Süd nach Nord, 13 % vom Golf von Biafra östlich der Nigermündung, die Mehrheit aus der Ethnie der Igbo, die in Hispanoamerika und auf Kuba als *carabalíes* bekannt wurden.[58] Über den Golf von Benin kamen 20 % – fast alles „Yoruba" (sagen Sozialwissenschaftler heute nach langen Prozessen der christlich geprägten Yorubaisierung); in Ibero-Amerika, wie gesagt, vor allem als *lucumiés* und *nagos* bekannt (ebenfalls mit langen und komplizierten Prozessen der Lukumisierung und Nagoisierung im Hintergrund).[59] Ghana, Togo und Elfenbeinküste steuerten 13 % bei, in der Mehrheit *ewé* und *asante* (*ashante*/*ararâ*) und andere Menschen, die Akan sprachen, auch als *minas* in Brasilien und Kuba bekannt. Der Rest bestand zu 5–7 % aus *mandingas*, *mende* (*cossoo*), *bran* (*bambara*) und *jolof* (*wólof*) aus den Verschiffungsregionen und -plätzen zwischen

56 Heintze, „Waren und Wege", in: Heintze, Afrikanische Pioniere, S. 199–232, hier S. 201.

57 Miers, „From Slavery to New Forms of Exploitation", in: Miers, Slavery in the Twentieth Century, S. 47–57; Raphael, „Krieg, Diktatur und imperiale Erschließung. Arbeitszwang und Zwangsarbeit 1880 bis 1960", S. 258–280; Eckert (ed.), Europe, Slave Trade and Colonial Forced Labour, München: Beck, 2009 (= Journal of Modern European History 7:1 (2009)).

58 Moya, „Migración africana y formación social en las Américas, 1500–2000", in: Revista de Indias Vol. LXXII, núm. 255 (mayo–agosto 2012), S. 321–348, hier S. 322 f.

59 Lovejoy, „The Yoruba Factor in the Trans-Atlantic Slave Trade", in: Falola; Childs (eds.), The Yoruba diaspora in the Atlantic world, S. 40–55.

Cabo Palmas in Liberia und der Senegalmündung (Senegambien).[60] Die Amistad-Captives, wären sie auf Kuba geblieben als Sklaven, hätten sich möglicherweise Cabildos der *nación mandinga* angeschlossen.

Die klassische Faustformel prozentual-regionaler Verteilung der Verschleppten aus Afrika in den Amerikas lautet 38,4 % Brasilien, 26,3 % britische Karibik, 12,1 % französische Karibik (vor allem Barbados, Jamaika und Saint-Domingue) und 5,7 % in die niederländische und dänische Karibik. Jeweils 9,2 % auf die spanischen Antillen (8,7 % Kuba; 0,2 % Puerto Rico; 0,2 % Santo Domingo) sowie 4,3 % in das kontinentale Hispano-Amerika und der Rest (4,0 %) in die britischen Kolonien Nordamerikas/USA.[61] Um 1810 nahmen Rio und andere Häfen (Brasilien) sowie La Habana und andere Häfen (Kuba) zusammen ca. 58 % des atlantischen Sklavenhandels auf (Kuba 19 %; Brasilien 39 %). 1830 gingen 43 % nach Kuba und 44 % nach Brasilien (zwischen den beiden Verboten des atlantischen Sklavenhandels nach Brasilien 1831 und 1850 allein rund 750 000);[62] 1850 war das Verhältnis 92 % (Kuba) und 4 % (Brasilien) und 1860–1880 100 % (Kuba), 0 % Brasilien.[63] Zwischen 1850 und um 1870 war zwischen Kuba, Häfen der USA, Brasilien (vor allem Bahia) und westafrikanischen Verschiffungsplätzen (São Tomé, Príncipe,

60 Moya, „Migración africana y formación social en las Américas, 1500–2000", S. 321–348, hier S. 322 f.; siehe auch: O'Toole, „From the Rivers of Guinea to the Valleys of Peru: Becoming a Bran Diaspora within Spanish Slavery", S. 19–36.

61 Moya, „Migración africana y formación social en las Américas, 1500–2000", S. 321–348, hier S. 324.

62 Chalhoub, „The Politics of Ambiguity: Conditional Manumission, Labor Contracts, and Slave Emancipation in Brazil (1850s–1888)", S. 161–191, hier S. 167.

63 Moya, „Migración africana y formación social en las Américas, 1500–2000", S. 321–348, hier S. 329. Dale Graden hat für die relativ schnelle Beendigung des brasilianischen atlantischen Sklavenschmuggels nach 1851 folgenden Gründe benannt: erstens stellten die Briten 1852 die Kontrolle der brasilianischen Küsten ein und überließen brasilianischen Kräften die Vigilanz; diese verzeichneten die illegalen Anlandungen nicht oder anders. Wichtiger aber waren massive Sklavenrebellionen seit den 1840er Jahren und epidemische Krankheiten (Cholera 1830–1833, 1855, Gelbfieber), die die Gefahr der Destabilisierung des Kaiserreiches mit sich brachten. Zudem wurde Polizei und Sklavenjagdkräfte massiv ausgebaut, die auch eine gewisse Kontrolle der Küsten sicherten; siehe: Graden, „An Act 'Even of Public Security': Slave Resistance, Social Tensions, and the End of the International Slave Trade to Brazil, 1835–1856", in: The Hispanic American Historical Review, Vol. 76:2 (1996), S. 249–282, vor allem S. 277–282; zur Rolle des Staates und einzelner Politiker, siehe: Parron, Tâmis, El Youssef, Alain; Estefanes, Bruno, „Vale expandido: contrabando negreiro e a construção de uma dinâmica política nacional no Império do Brasil", in: Almanack n.7, Guarulhos 1º semestre (Maio/2014), S. 137–159. <http://www.scielo.br/scielo.php?script=sci_arttext&pid=S2236-46332014000100137&lng=en&nrm=iso&tlng=pt> (03. August 2018). Und es kam zu extremen politischen und sozialen Problemen, u. a. zusammenhängend mit dem Status von Kindern von Sklavinnen und weitverbreiteter konditionaler Manumission (statuliberi), siehe: Chalhoub, „The Politics of Ambiguity: Conditional Manumission, Labor Contracts, and Slave Emancipation in Brazil (1850s–1888)", S. 161–191.

Kongo/Angola) sowie Moçambique eine Art letzter Viereckshandel mit verschleppten Menschen auf dem Atlantik und in der Karibik entstanden.[64]

Im klassischen Kanon der quantitativ orientierten Sklavereigeschichtsschreibung brachten die Portugiesen im 16. Jahrhundert ca. 100 000 Versklavte aus Afrika nach Brasilien; 600 000 im 17. Jahrhundert, 1,3 Mio im 18. Jahrhundert und 1,6 Millionen im 19. Jahrhundert (bis in die 1850er Jahre) – das sind alles Minimalzahlen.[65]

Die allgemeinen Angaben sagen zwar viel über den atlantischen Sklavenhandel in seiner Makrodimension, aber kaum etwas über die konkreten Dynamiken der Geschichte. Im 17. Jahrhundert etwa wurde Salvador de Bahia – auch wegen der iberisch-portugiesisch-niederländischen Konflikte zur Welthauptstadt des Zuckers. Allein im 17. Jahrhundert (1625–1700) kamen deshalb, sozusagen gezogen durch die Gewinnmargen der Leit-Ressource Zucker, knapp 200 000 Verschleppte aus Afrika nur nach Bahia: zwischen 1625 und 1650 mehr als 80 000 und im letzten Viertel des Jahrhunderts etwa 117 000 (und das betrifft nur die mehr oder weniger offiziellen Zahlen).[66]

Die Bezeichnungen „Brasilien“ oder „französische Karibik“ sind allerdings sehr unscharf. Ich würde heute sagen: im 19. Jahrhundert waren es für Brasilien mindesten 2–2,5 Millionen illegal Verschleppte. Im Verhältnis etwa zur Größe dieser Territorien, also relativ, waren Sklavenhandel und Sklaverei am intensivsten und kompaktesten auf den französischen Karibikinseln, Jamaika und Barbados sowie in den kleinen niederländischen Kolonien (Curaçao, Suriname/Guayanas); Französisch-Amerika im 18. Jahrhundert war in dieser Hinsicht das Sklavenamerika der Kommodifizierung par excellence. Auf den kleinen Inseln und der Inselhälfte Saint-Domingue/Haiti gab es relativ die meisten Sklaven. Deswegen brach in der Musterkolonie Saint-Domingue auch die größte Sklavenrevolution der Weltgeschichte aus (1791–1803); cum grano salis aus demographischen Gründen.

Da Sklaven-Schmuggel nicht exakt quantifiziert werden kann, wird es immer wieder andere Zahlen geben, die sich aber alle in diesen Dimensionen bewegen;

---

64 Marques, „Um último triângulo notório: contrabandistas portugueses, senhores cubanos e portos norte-americanos na fase final do tráfico transatlântico de escravos, 1850–1867“, in: Afro-Ásia Vol. 53 (2016), S. 45–83.

65 Curtin, The rise and fall of the plantation complex. Essays in Atlantic history, New York [etc.]: Cambridge University Press 1990 (2. Ed.: 1998); Petersen-Gotthardt, Susanne; Schleich, Thomas, „Entstehung und Ausbreitung der Plantagenwirtschaft in Amerika und Westindien“, in: Dokumente zur Geschichte der europäischen Expansion, Bd. IV: Wirtschaft und Handel der Kolonialreiche, eds. Emmer, Piet C. et als., München: Verlag C. H. Beck, 1988, S. 495–512, hier S. 496.

66 Krause, Thiago, „Compadrio e escravidão na Bahia seiscentista“, in: Afro-Ásia Vol. 50 (2014), S. 199–228, hier S. 220; zum Schmuggel siehe: Ferreira, „‘A arte de furtar’: redes de comércio ilegal no mercado ultramarino português (c. 1690–c. 1750)“ in: Fragoso, João; Gouvêa, Maria de Fátima (orgs.), Na trama das redes: política e negócios no império português, séculos XVI–XVIII, Rio de Janeiro: Civilização Brasileira, 2010, S. 203–241.

generell wird für den Schmuggel eine Größe von 25–35 % über den offiziellen Zahlen angenommen. Wie bereits mehrfach erwähnt, ist Amerika in diesem Sinne mehr das Ergebnis der Arbeit von versklavten Menschen aus Afrika als das von Siedlern aus Europa – mindestens bis 1830/40. Bis zu dieser Zeit waren, wie oben gesagt, 6–8 Millionen Afrikanerinnen und Afrikaner nach Amerika verschleppt worden.

Selbst für Spanisch-Amerika, das vor allem in konservativ-hispanistischer sowie katholischer Perzeption immer deutlich von „Versklavernationen" wie Großbritannien und Portugal unterschieden worden ist, waren schon die traditionellen Zahlen für die einzelnen Kolonialterritorien erstaunlich hoch: Mexiko 200 000–300 000 (vor allem im 16. und 17. Jahrhundert, zwei Drittel Männer; von 1570–1700 war die Sklaverei von Menschen aus Afrika und aus Asien, auf Basis der Sklaverei von Indigenen, zentral),[67] Kuba nur im 19. Jahrhundert 780 000 (wahrscheinlich viel mehr, bis über eine Million),[68] Puerto Rico 77 000, Santo Domingo (Dominikanische Republik)[69] 30 000, Zentralamerika 21 000, Ekuador, Panama und Kolumbien 200 000, Venezuela 121 000, Peru 95 000 (Lima war, wie gesagt, Mitte des 17. Jahrhunderts eine „schwarze" Stadt),[70] Bolivien (allein in der Audiencia de Charcas um 1650 etwa 30 000 *africanos*)[71] und Río de la Plata (heute Argentinien, Paraguay[72] und Uruguay) 100 000 sowie Chile 6000. Es bleibt aber noch viel zu

---

67 Hernández Cuevas, Marco Polo, The Africanization of Mexico From the Sixteenth Century Onward: A Review of the Evidence, Lewiston: Mellen, 2010, S. 170; Seijas; Sierra Silva, Pablo Miguel, „The Persistence of the slave market in seventeenth-century Central Mexico", in: Slavery & Abolition (2016), https://www.academia.edu/20363450 (letzter Zugriff 12. 2. 2018).

68 Juan Pérez de la Riva kommt auf 1 310 000 (1,3 Mio) nach Kuba Verschleppte für die gesamte Zeit zwischen 1525 und 1873, siehe: Pérez de la Riva, „La tasa de mortalidad esclava", in: Pérez de la Riva, El monto de la inmigración forzada en el siglo XIX, La Habana: Ed. de Ciencias Sociales, 1974, S. 35–40, hier S. 40, siehe auch die Revision der Zahlen für die ersten 20 Jahre des 19. Jahrhunderts: Barcia, „Sugar, Slavery and Bourgeoisie: The Emergence of the Cuban Sugar Industry", in: Bosma, Ulbe; Giusti-Cordero, Juan; Knight, G. Rogers (eds.), Sugarlandia Revisited. Sugar and Colonialism in Asia and the Americas, 1800 to 1940, New York; Oxford: Berghahn Books, 2007, S. 145–157.

69 Escolano Jiménez, Luis Alfonso, „La cuestión esclavista y su influencia en el proceso histórico dominicano desde finales del siglo XVIII", in: Revista Alandar UCSD Vol. XII, Año XIV, no. 21 (enero-junio 2016), S. 31–43, https://www.academia.edu/27724405 (letzter Zugriff 12. 2. 2018); Carrera Montero, Fernando, Las complejas relaciones de España con La Española: El Caribe hispano frente a Santo Domingo y Saint Domingue 1789–1803, Santo Domingo: Fundación García Arévalo, 2004.

70 Graubart, „Los lazos que unen. Dueñas negras de esclavos negros, Lima, ss. XVI–XVII", in: Nueva corónica 2 (Julio, 2013), S. 625–640.

71 Piqueras, Ricardo, „Afrobolivia. Historia de un olvido", in: Dalla Corte, Gabriela; García Jordan, Pilar; Laviña; G. Luna, Lola; Piqueras; Ruiz-Peinado Alonso, José Luis; Tous, Meritxell, Poder Local Poder Global en América Latina, Barcelona: Publicacions i Edicions de la Universitat de Barcelona, 2008, S. 113–121.

72 Zu Paraguay, das eine der am längsten anhaltenden Sklavereigeschichten Lateinamerikas hat, siehe: Williams, John Hoyt, „Black Labor and State Ranches: The Tabapí Experience in Paraguay", in: The Journal of Negro History 62:4 (1977), S. 378–389; Telesca, Ignacio, „Afrodescendientes:

erforschen. Der bereits erwähnte Sklavereihistoriker Alex Borucki sagt über die Minimalzahlen der TSTD2: „while the Voyages Database shows only 11,500 enslaved Africans arriving in Venezuela directly from Africa, I estimate that 101,000 captives were disembarked there, mostly from other colonies".[73] Auch der Sklavenhandel und die Sklavereien Nikaraguas und der Karibikküste von Honduras und Nikaragua ist revidiert worden; allerdings sind hier die Zahlen des frühen Indio-Sklavenhandels nach Panamá und Peru nach unten korrigiert worden.[74]

Für die drei Territorien mit den ganz großen Sklavereien der *Second Slavery* des 19. Jahrhunderts sind die Zahlen schlicht beeindruckend: Vor dem Verbot des Sklavenhandels 1808 waren nur zwischen 300 000–450 000 Sklavinnen und Sklaven in die britischen Kolonien, die die frühen USA bildeten, verschleppt worden, nur ca. 4 % des gesamten transatlantischen Sklavenhandels.[75] Das war für die kleinen und marginalen nordatlantischen Kolonien immer noch sehr viel. Der historische Geograph Andrew Sluyter schlüsselt die Gesamtzahl grob auf: „389,000 or so enslaved Africans who survived the infamous Middle Passage to disembark in North American ports, approximately 15,000 came in the seventeenth century, nearly 296,000 over the eighteenth, and another 78,000 in the nineteenth, mainly before U. S. and British acts of 1807 rendered the transatlantic slave trade illegal [...]. The vast majority, about 211,000, disembarked in Charleston and Savannah, destined for rice and cotton plantations [...]. Another some 129,000 went to the ports of Chesapeake Bay, with many sold to tobacco planters. Northern ports such as NewYork and Boston received another nearly twenty-seven thousand. And gulf ports, principally New Orleans and Biloxi, disembarked about twenty-two thousand, who mainly ended up on sugar and cotton plantations".[76]

Zum Vergleich: die im Vergleich zu den heutigen USA „kleine" Insel Kuba (damals waren sie von der Fläche etwa gleich groß) führte allein in der Periode des „freien" Sklavenhandels 1790 bis 1820 ca. 300 000 Sklaven und Sklavinnen ein (zwischen 1820 und 1880 nochmals zwischen 700 000 und einer Million); die USA, wie gesagt, bis 1808 rund 400 000. Nach Brasilien gelangten zwischen 1580 und 1850 4,8 Millionen Versklavte aus Afrika; in der ersten Hälfte des 19. Jahrhunderts bis in die 1850er Jahre allein mehr als 2 Millionen.[77]

---

esclavos y libres", in: Telesca, Historia del Paraguay, Asunción: Taurus, 2010, S. 337–356; Telesca, „Esclavitud en Paraguay: las estancias jesuíticas", in: Pineau, Marisa (ed.), La ruta del esclavo en el Río de la Plata. Aportes para el diálogo intercultural, Buenos Aires: EDUNTREF, 2011, S. 153–172.

73 Borucki, „Trans-imperial History in the Making of the Slave Trade to Venezuela, 1526–1811", S. 29–54, hier S. 29.

74 Ahlert, La Pestilencia más horrible, passim.

75 Menard, Migrants, Servants, and Slaves, passim.

76 Sluyter, „African Arrivals and Transformations", S. 49–66, hier S. 49.

77 Chalhoub, „The Politics of Ambiguity: Conditional Manumission, Labor Contracts, and Slave Emancipation in Brazil (1850s–1888)", S. 161–191, hier S. 166.

Für die Zeit zwischen 1500 und 1640 geht David Wheat, wie erwähnt, mittlerweile so weit, Afrikaner und Afrikanerinnen als „Surrogat-Kolonisatoren“ zu bezeichnen – einfach wegen der Tatsache, dass es den iberischen Kronen nicht gelang, genügend arbeitende bäuerliche Unterschichten und urbane Siedler überhaupt aus Europa wegzulassen.[78] Zwischen 1630 und 1700 kam jeder fünfte „Siedler“ (und Siedlerinnen) aus Afrika; zwischen 1700 und 1780 sogar jeder vierte.[79] Der nationale Zensus der USA von 1860 wies aber fast 4 Millionen Sklaven aus – zehn Mal mehr als bis 1808 eingeführt worden waren [*Karten 38[80]]! Allerdings hat der Schmuggel von bereits „saisonierten“, an die schwere Plantagenarbeit gewöhnten, Sklaven aus Kuba in die USA in einer Anzahl zwischen 0 Versklavten und 786 500 Versklavten[81] nach 1808 eventuell die „inneren“ Zahlen in den USA doch erheblich vergrößert [*Karte 39[82]] (zu den Schätzungen siehe oben im Historiografie-Kapitel „Zentrale Themen und Theorien sowie Forschungsfelder“). Der Kontrast zwischen den Überlebenschancen von Sklavenpopulationen in den USA einerseits und in Brasilien sowie Kuba andererseits war erheblich.[83] Vor dem Ende des offiziellen Sklavenhandels in den 1850er Jahren waren, wie oben schon einmal in den Minimalzahlen angedeutet, um rund vier Millionen Sklaven nach Brasilien verschleppt worden, ca. 40 % des gesamten Atlantik-Handels. 1823 lebten in Brasilien ca. 3,96 Millionen Menschen, 2,81 Freie und 1,15 Millionen Sklaven.[84] 1850 waren es ca. 2,5 Mio Sklaven, 1872 1,5 Mio (bei 9,93 Millionen Einwohnern, davon 4,2 Millionen freie Farbige), 1875 waren es nach einem ministerialen Zensus noch 1,42 Mio (eventuell sogar 1,54 Mio, davon nur rund 35 000 Freigelassene auf Grund des Gesetzes über den „freien Bauch“ von 1871)[85] und 1887 ca. 0,7 Millionen Skla-

78 Wheat, Atlantic Africa and the Spanish Caribbean, 1570–1640, passim; besonders die Kapitel über Frauen aus Afrika in der Karibik (vorwiegend in Städten): „Nharas and Morenas Horras“, S. 142–180; schwarze Bauern (vorwiegend rural und im Umfeld der Städte): „Black Peasants“, S. 181–215; sowie schwarze männliche Bevölkerung (vorwiegend der Hafenstädte): „Becoming ‘Latin’“, S. 216–252 – alles verbunden auch mit der Frage nach der Transkulturation von Wissen.

79 Byrd, Alexander X., Captives and Voyagers: Black Migrants across the Eighteenth-Century British Atlantic World, Baton Rouge, LA: Louisiana State University, 2008.

80 Karten 38: *Second Slavery* in den Amerikas; a) „Sklavengebiete USA South“, aus: Dal Lago, American Slavery, Atlantic Slavery, and Beyond, S. 66; b) „Kaffeegebiet im Paraiba-Tal, Brasilien“, aus: Ebd., S. 67; c) „Cuba grande“, aus: Watts, David, The West Indies: Patterns of Development, Culture and Environmental Change since 1492, Cambridge: Cambridge University Press, 1987, S. 305.

81 Kiple, Kenneth F., „The Case against a Nineteenth-Century Cuba-Florida Slave Trade“, in: Florida Historical Quarterly 49:4 (April 1971), S. 346–355; Obadele-Starks, „Introduction“, S. 3–14.

82 Karte 39: „Havanna als Verteiler“, aus: Obadele-Starks, „Introduction“, in: Obadele-Starks, Freebooters and Smugglers. The Slave Trade in the United States after 1808, Lafayetteville: The University of Arkansas Press, 2007, S. 3–14, hier S. 9 f.

83 Tadman, „The Demographic Coast of Sugar: Debates on Slave Societies and Natural Increase in the Americas“, S. 1534–1575.

84 Mattoso, Katia M. de Queirós, To Be a Slave in Brazil, 1550–1888, New Brunswick: Rutgers University Press, 1986, S. 50.

85 Badaró Mattos, Marcelo, Escravizados e livres: experiências comuns na formação da classe trabalhadora carioca (1850–1910), Rio de Janeiro: Bom Texto, 2008.

ven.[86] In Bezug auf die USA hat Dale T. Graden unter den Labels „Schiffbau“ und „Transport“ auf die Tatsache hingewiesen, dass der Schmuggel von Verschleppten aus Afrika nach Kuba und Brasilien als Offshore-Business galt. Schmuggel war formell verboten. Aber, da keine Sklaven, zumindest formell nicht, in die USA kamen, sondern Zucker, Melasse oder Kaffee als finales Ergebnis des Menschenschmuggels, wurde der Kapitänsschmuggel stillschweigend toleriert. Schätzungen besagen, dass zwischen 1810 und 1860 ca. 800 bis 1000 in den USA gebaute Schiffe in den illegalen Transport von Verschleppten nach Kuba und Brasilien beteiligt waren, die ca. eine Million Verschleppte nach den Amerikas brachten.[87]

Für Kuba werden vor dem – nicht ganz unumstrittenen – „Ende“ des Sklavenschmuggels (offiziell 1867), wie gesagt, rund 786 500 importierte Sklaven geschätzt (Minimum), doppelt so viele wie in den USA und rund 9 % des gesamten atlantischen Handels (und karibischen Schmuggels). Der Zensus Kubas von 1862 weist 370 000 Sklaven auf der Insel aus und 1877 gab es noch rund 200 000 Sklaven. Auch wenn die endgültigen Abolitionen unterschiedlich lagen (USA: 1865, Kuba: 1886 und Brasilien: 1888) – nur die USA hatten zum Ende der Sklaverei viel mehr Sklaven als importiert worden waren, egal, ob man den Schmuggel mitzählt oder nicht. Insgesamt kamen, ich wiederhole das gerne auch noch öfter, „roughly three Africans ... for every European between 1500 and 1800“[88] (es gibt auch 4:1-Schätzungen) – Amerika ist das größte „Afrika“ außerhalb Afrikas.

Wie bereits mehrfach betont, war Afrika die Quelle der absolut größten Zahl versklavter und über weite Entfernungen verschleppter Menschen in der Weltgeschichte. Afrika war im 19. Jahrhundert (und möglicherweise auch schon vorher) auch der Ort der meisten Sklavinnen sowie Sklaven und der unterschiedlichsten Sklavereien. Der Markt in Afrika war mindesten genau so groß wie der transatlantische Markt; hier löst sich auch das „Rätsel“, warum viele verschleppte Frauen in Afrika blieben: sie erzielten als Konkubinen und Feldsklavinnen höhere Preise – ein komparativer Vorteil für afrikanische Sklavenhändler. Afrika war, wie gesagt, im 19. Jahrhundert und möglicherweise auch schon vorher auch der Ort der meisten Sklavinnen sowie Sklaven und der unterschiedlichsten Sklavereien. Darunter auch erhebliche Zahlen von Versklavten und Verschleppten („weiße Sklaven“), die Opfer moriskisch-jüdisch-marrokanischer (vor allem Salé seit Beginn des 17. Jahrhunderts),[89] algerischer, tripolitanischer und tunesischer Piraten, Sklavenjäger und Korsaren wurden. Und die Sklaven bzw. die „captivité de longue durée“ in

86 Schmieder, „Brasilien“, in: Schmieder, Geschlecht und Ethnizität in Lateinamerika, S. 116–127, hier S. 126 f.

87 Graden, „U. S. Involvement in the Transatlantic Slave Trade to Cuba and Brazil“, S. 12–39, hier S. 39.

88 Thornton, „The African Background“, in: Thornton, A Cultural History of the Atlantic World, S. 60–99, hier S. 61.

89 García-Arenal, „Conexiones entre los judíos marroquíes y la comunidad de Amsterdam“, S. 173–205.

den Großmachtkonflikten zwischen der spanischen Monarchie und dem Imperium der Osmanen (mit extrem vielen lokalen Razzien); wahrscheinlich in einer noch kaum erforschten transkulturellen Welt (etwa auch der sogenannten „weißen Sklaverei“ des 19. und 20. Jahrhunderts).[90] Roberts C. Davis, kommt, wie bereits gesagt, zwischen 1500 und 1800 auf mehr als eine Million Menschen. Er sagt auch, dass im zweiten Drittel des 17. Jahrhunderts, als Briten begannen, atlantischen Sklavenhandel zu betreiben und auf ca. 1000 Verschleppte aus Afrika pro Jahr (in die Karibik) kamen, eventuell schon mehr britische Seeleute, Fischer, Kaufleute und Razzienopfer in nordafrikanischen Städten als Sklaven gehalten wurden.[91] Die muslimischen Versklavten, Razzienopfer und Verschleppten in Europa bzw. in christlichen Gebieten sind dabei nicht berücksichtigt; sie kommen erst in neueren Forschungen vor. Das Kriterium religiöser Ausrichtung der Versklavten/Verschleppten passt vielleicht am besten hierher, vor allem vor dem Hintergrund des Konfliktgebietes Mittelmeer.[92]

Die frühen Verschleppungen aus Afrika betrafen bis um 1620 vor allem Westafrika, in dem der Islam sich ausbreitete; Ostafrika ganz massiv seit Ende des 18. Jahrhunderts. Insgesamt, so besagt eine Schätzung, sollen 2,25–3 Millionen Muslime in die Amerikas verschleppt worden sein (die ins christliche Europa verschleppten Muslime sind Gegenstand neuerer Forschung in Europa). Im 18. und 19. Jahrhundert vor allem nach Brasilien, Trinidad und Kuba.[93]

Je nachdem, wie man Leibeigenschaft, Kontraktarbeit und Schuldknechtschaft interpretiert, wurde Afrika vielleicht nur übertroffen von Indien und von Russland vor der Bauernbefreiung (22 Millionen leibeigene Bauern). Paul Lovejoy sagt zu dieser *Second Slavery* in Afrika vor dem Hintergrund aller anderen Sklavereien: „there

90 Tarruell, Cecilia, „La captivité chrétienne de longue durée en Méditerranée (fin XVIe–début XVIIe siècle)“, in: Cahiers de la Méditerrranée 87 (2013), S. 91–103 (= Captifs et captivités en Méditerranée à l'époque moderne); Tarruell, „Entre Chrétienté et Islam: parcours des serviteurs des galères de la Monarchie hispanique (fin XVIe–début XVIIe siècles)“, in: Hespéris-Tamuda 50 (2015), S. 43–65; zur „weißen Sklaverei“ siehe: Fuhrmann, Malte, „Western Perversions' at the Threshold of Felicity: The European Prostitutes of Galata-Pera (1870–1915)“, in: History and Anthropology Vol. 21:2 (2010), S. 159–172.

91 Davis, Robert C., „How Many Slaves?“, in: Davis, Christian Slaves, Muslim Masters. White Slavery in the Mediterranean, the Barbary Coast, and Italy, 1500–1800, London: Palgrave Macmillan, 2003, S. 2–26; siehe auch: Matar, Nabil I., „British Captives in Salé (1721). A Case Study“, in: Hanß; Schiel (eds.), Mediterranean Slavery Revisited (500–1800), S. 515–540.

92 Barrio Gonzalo, Esclavos y cautivos: conflictos entre la Cristiandad y el Islam; Tarruell, „Memorias de cautivos, 1574–1609“, in: Jané, Oscar; Miralles, Eulàlia, Fernández, Ignasi (eds.), Memòria Personal. Una altra manera de llegir la història, Barcelona: Bellaterra, 2013, S. 83–97; Tarruell, „Prisoners of War, Captives, or Slaves? The Christian Prisoners of Tunis and La Goleta in 1574“, in: De Vito; Gerritsen (eds.), Micro-Spatial Histories of Global Labour, London: Palgrave, 2018, S. 95–122.

93 Diouf, „African Muslims, Christian Europeans, and the Atlantic Slave Trade“, S. 4–48, hier vor allem S. 46–48; Frey, „Remembered Pasts. African Atlantic religions“, S. 153–186, hier S. 158 f.; Barcia, „West African Islam in colonial Cuba“, in: Slavery and Abolition Vol. 35:1 (2014), S. 292–305.

were certainly more slaves in Africa in the nineteenth century than there were in the Americas at any time“.[94] Die Mengen von Sklavinnen und Sklaven in Afrika bildeten die quantitative Grundlage des afrikanischen Menschenkapitalismus, aber speziell, in der Optimierung von Handelsoperationen, Transport und Produktivität sowie Kapitalakkumulation, auch des atlantisch-amerikanischen Menschenkapitalismus. Für den Raum des Indiks zeichnet sich eine Revision des traditionellen Geschichtsbildes ab: es gab auch dort traditionellen Menschenkapitalismus und *Second Slaveries* im 19. Jahrhundert.[95]

In nackten Zahlen wird der weltgeschichtliche Protagonismus Afrikas in Bezug auf Slaving am deutlichsten. Schon in den Jahrhunderten von 750 und 1500 waren etwa 10 000 Afrikaner jährlich versklavt worden. Die Gesamtsumme für die Zeit vor dem Westhandel über den Atlantik wird zwischen 5 und 10 Millionen Menschen geschätzt.[96] Zwischen 1500 und 1880 kamen noch viel mehr dazu (siehe oben). Erstaunlich sind immer wieder die mikrohistorischen Kontrapunkte zu den großen Zahlen für Kontinente und Jahrhunderte. Die Experimentalinseln der atlantischen Sklaverei, Kapverden sowie São Tome und Príncipe waren auch quantitativ, eben wegen ihrer Rolle in Transkulturation und Kreolisierung zwischen Afrika, dem Atlantik und den Amerikas (und zurück), absolute Sklavereiinseln. Noch zu Beginn des 17. Jahrhunderts, auf São Tomé lebten ca. 100 000 Menschen, darunter nur ca. 3000 Portugiesen, repräsentierten Sklaven mehr als 80 % der Bevölkerung, während Europäer und Farbige zwischen 5 und 10 % ausmachten und ehemalige Sklaven (meist Soldaten) weitere 5 %.[97] Die Insel hatte im späten 16. Jahrhundert 200 Zuckermühlen.

Insgesamt kommen die Spezialisten für das Thema „aus Afrika Verschleppte“ zu einem Kompromiss von insgesamt ca. 10–11 Millionen für die Überlebenden des atlantischen Westhandels (1450–1878) und ca. 17 Millionen für den Osthandel des Indischen Ozeans, der Sahara-Karawanen und des Roten Meeres (650 bis Anfang des 20. Jahrhunderts).[98] Es gibt für den Osthandel auch andere Zahlen: Silviane A. Diouf erwähnt Schätzungen von „about seven millions“ (7.–20. Jahrhundert) für den Sahara- und Osthandel Afrikas; Rudolph T. Ware, basierend auf Paul E. Lovejoy, kommt auf 11,75 Millionen 650–1910/30).[99]

94 Lovejoy, „Foreword“, S. 7–8, hier S. 7.

95 Mann, Sahibs, Sklaven und Soldaten, passim.

96 Marks, Robert B., „Slaverei“, in: Marks, Die Ursprünge der modernen Welt. Eine globale Weltgeschichte. Aus dem Amerikanischen von Michael Sommer und Diana Sommer-Theohari, Stuttgart: Theiss, 2006, S. 70–71.

97 Ribeiro da Silva, „Sending People: Labor Migration and Forced Labor“, in: Ribeiro da Silva, Dutch and Portuguese in Western Africa, S. 97–137, hier S. 123 f.

98 Pétré-Grenouilleau, „Traites internes“, in: Pétré-Grenouilleau, Les traites négrières, S. 185–186.

99 Diouf, „Introduction“, in: Diouf, Fighting the Slave Trade, S. IX–XXVII, hier S. IX; Ware III, Rudolph T., „Slavery in Islamic Africa, 1400–1800“, in: Eltis; Engerman (eds.), The Cambridge World History of Slavery, Vol. 3, S. 47–80, hier S. 51.

Grob nach Handelsrichtungen geordnet setzte sich, wenn wir die 17 Millionen des nichtatlantischen Handels gelten lassen, der Menschenexport unter Kontrolle meist muslimischer Sklavenhändler zusammen aus bis 9 Millionen verschleppter Sklavinnen und Sklaven (Olivier Grenouilleau spricht von 9 262 000 Menschen) des Transsahara-Handels, aus rund 4 Millionen des Rote-Meer-Handels sowie aus rund 4 Millionen des Handels der Swahili-Küste in die arabischen (jemenitischen) Gebiete rund um das Rote Meer, den Persischen Golf (Siraf, Ubulla, Kish, Basra und Hormuz) und den Indischen Ozean, einige auch darüber hinaus.[100]

Ost- und Westhandel genau zu trennen, ist allerdings schwierig. Allein für den Aufschwung des Menschenhandels mit Maravi/Macúa- und Yao-Sklaven im 19. Jahrhundert verweist Edward Alpers für die kurze Zeitspanne von 1818 bis 1830 auf 68 063 Menschen, mit einem Höhepunkt 1821 (12 272; davon allein 2941 nach Rio de Janeiro) – weil Moçambique im 19. Jahrhundert vor allem nach Brasilien, Kuba und Madagaskar exportierte.[101] Auf Madagaskar formierte sich im 19. Jahrhundert mit Hunderttausenden von Sklavinnen und Sklaven eine Sklavengesellschaft im expansiven Merina-Reich; aus Ostafrika wurden bis 1895 rund 400 000 Sklaven auf die Insel verschleppt.[102]

Im Oyo-Reich und in Dahomey existierten ausgeprägte Sklavereigesellschaften. Schwerpunkte des atlantischen Menschenexports speziell von Oyo lagen vor allem im 18. Jahrhundert. Als das Oyo-Reich (Yoruba) in der ersten Hälfte des 19. Jahrhunderts zusammenbrach, schnellten die Sklavenexporte wieder hoch, auch wegen der Jihads, die zur Bildung der Futa-Reiche und des Sokoto-Kalifats führten. Diese wiederum führten zur Intensivierung von Razzien-Sklavereien, Sklavenhandel und Sklavereien. Um 1900 gab es in den Jihad-Staaten ein Total von 2 839 000–4 337 000 Sklaven (zwischen 25–50 % der Bevölkerung; davon Haut-Sénégal-Niger

---

100 Austen, Ralph, African Economic History: Internal Developments and External Depency, London; Portsmouth: John Currey and Heinemann, 1987, S. 275; Manning, Slavery and African Life, passim; Ewald, „Slavery in Africa and the Slave Trades from Africa“, S. 465–485; Renault, „Essai de synthèse sur la traite transsaharienne et orientale des eclaves en Afrique“, in: La Dernière Traite, Paris: Karthala, 1994, S. 23–44; Miers, „The Maritime Slave Trade“, in: Miers, Slavery in the twentieth century, S. 183–188; Nunn, „The Long-Term Effects of Africa's Slave Trades“, S. 139–176; Jayasuriya, Shihan de Silva; Angenot, Jean-Pierre (eds.), Uncovering the History of Africans in Asia, Leiden /Boston: Brill, 2008.

101 Alpers, „The Growth and Impact of the Slave Trade after 1810“, in: Alpers, Ivory & Slaves in East Central Africa, S. 209–263; Capela, José, O tráfico de escravos nos portos de Moçambique: 1733–1904, Porto: Ed. Afrontamento, 2002 (Colecção as armas e os varões; 15); Alpers, „'Moçambiques' in Brazil: Another Dimension of the African Diaspora in the Atlantic World“, in: Curto; Soulodre-La France (eds.) Africa and the Americas: interconnections during the slave trade, S. 42–68, Mann, „Die Sklavengesellschaft im Merina-Reich auf Madagaskar, 1770–1897“, in: Mann, Sahibs, Sklaven und Soldaten, S. 73–76; zu Macúa siehe auch:

Feraudy Espino, Heriberto, „La palabra macúa“, in: Feraudy Espino, Macúa, La Habana: Editorial de Ciencias Sociales, 2007, S. 12–13.

102 Mann, „Die Sklavengesellschaft im Merina-Reich auf Madagaskar, 1770–1897“, in: Mann, Sahibs, Sklaven und Soldaten, S. 73–76.

(822 000 = 21 % der Bevölkerung), Guinée (687 000 = 51 % der Bevölkerung), Sénégal (330 000 = 31 % der Bevölkerung) und Sokoto-Kalifat (1 000 000–2 500 000 = 25–50 % der Bevölkerung).[103]

Insgesamt, für alle vier großen Menschenhandelskorridore, handelte es sich maximal möglicherweise um rund 28 Millionen Menschen zwischen dem 7. und dem frühen 20. Jahrhundert, die aus Afrika deportiert wurden.

Im 19. Jahrhundert wuchsen, auch und gerade wegen des Sklavenhandels und der Ausweitung interner Sklavereien, die unterschiedlichen Handelsnetze in Afrika zusammen beziehungsweise überlappten sich (besonders deutlich im Sudan und in Zentral- und Ostafrika). Für die Zeit seit 1920/30 bis heute sind nur Schätzungen möglich. Nathan Nunn hat eine Auflistung der Minima für alle heutigen afrikanischen Staaten erarbeitet. Seine Listen beruhen auf einer Kombination von „ethnischer Herkunft" der Sklaven und „Total Slave Exports between 1400 and 1900 by Country". Die Kombination ist sehr formal, aber deshalb wichtig, weil nicht alle aus Afrika Verschleppten aus dem Hafen des heutigen Landes kamen, in dem sie als „exportiert" gezählt wurden (vor allem in europäischen Quellen). Die Ergebnisse von Nathan Nunn bestätigen, dass die meisten Verschleppten aus Angola kamen (rund 3,6 Millionen), dann folgen Ghana (rund 1,6 Millionen), Nigeria (rund 1,4 Millionen), die Demokratische Republik Kongo (rund 760 000) und Benin (rund 456 000). Aus diesen Gebieten kamen die meisten im atlantischen Handel Verschleppten, historisch-räumlich gesprochen: Sklavenküste (Benin und Nigeria), Westzentralafrika (Angola, Kongo/Zaire und Loango) sowie die Goldküste (Ghana). Aus Südafrika und Namibia gab es nach Nunn „virtually no slaves" (im Export). Es kam aber auch zu Paradoxien, dass benachbarte Gebiete ganz viele und fast überhaupt keine Sklaven exportierten (wie Togo = wenig Sklaven / Goldküste = sehr viel oder Gabun = wenig / Kongo sehr viel). Das heutige Mali belieferte einerseits westafrikanische Sklavenhäfen für den atlantischen Handel (vor allem Senegambia) mit rund 332 000 Sklavinnen und Sklaven. Den transsaharischen Sklavenhandel, u. a. nach Marokko und Ägypten, belieferte es dagegen mit rund 510 000 Sklaven. Äthiopien (zusammen rund 1,5 Millionen) und Sudan (zusammen rund 863 000) exportierten vor allem Sklaven in den transsaharischen Handel, den Nil-Handel und den Rote-Meer-Handel; Moçambique (atlantisch: 382 000 / ostafrikanisch: 243 000) etwas mehr in den transatlantischen Handel und auch relativ viel, aber etwas weniger, in den ostafrikanischen Sklavenhandel.[104]

---

103 Zahlen nach: Klein, Slavery and Colonial Rule in French West Africa, Cambridge: CUP, 1998, S. 252–256; Lovejoy; Hogendorn, Slow Death for Slavery: The Course of Abolition in Northern Nigeria, 1897–1936, Cambridge: CUP, 1993, S. 1, S. 305 FN.

104 Nunn, „The Long-Term Effects of Africa's Slave Trades", S. 139–176; zu Namibia siehe aber: Gewald, Jan-Bart, „Untapped Sources: Slave Exports from Southern and Central Namibia up to c. 1850", in: Hamilton, Carolyn (ed.), The Mfecane Aftermath: Reconstructive Debates in Southern African History, Johannesburg: Transaction, 1995, S. 417–435 sowie zum Norden Namibias: Gustafs-

Mit dem Aufschwung von Plantagen auf den französischen Maskarenen und auf Réunion sowie der Nachfrage nach Sklaven am Kap entstand aus dem Osthandel auch ein afrikanischer Südhandel von Sklaven. Für das 19. Jahrhundert werden rund 500 000 für den Menschenhandel nach Madagaskar (siehe oben), zu Inseln des Indischen Ozeans (Komoren, Seychellen, Maskarenen, Malediven) und für südafrikanische Kapgebiete geschätzt.[105]

Über den Umfang des internen Sklavenfangs und -handels in Afrika selbst und über die Zahlen von lokalen Sklavinnen sowie Sklaven wissen wir kaum etwas Quantitatives, nur, wie oben gesagt, dass es sich um recht große Zahlen handeln muss (etwa im Norden des heutigen Nigeria im 19. Jahrhundert (Fulbe-Sultanat Sokoto [*Karte 40[106]], wo es, wie gesagt, um 1900 sicher über eine Million Sklaven und eventuell sogar mehr als 2,5 Millionen Sklavinnen und Sklaven gab).[107]

Insgesamt mögen in den zwölfhundert Jahren innerem Sahara-Sklavenhandel (7.–20. Jahrhundert) aus Sudan und schwarzafrikanischen Gebieten rund 4–6 Millionen Menschen, die in Afrika (meist Nordafrika) blieben, verschleppt worden sein. Die Totenzahlen beim Transport durch die Wüsten mögen sogar höher gewesen sein als die des atlantischen Sklavenhandels (1440–1878).

Die Masse der Opfer dieses gigantischen Sahara-Sklavenhandels waren Schwarze aus Gebieten der südlichen Sahara und südlich der Sahara (Sahel, Ghana, Guinea, Kanem-Bornu, Dar Fur, Kordofan, Waday, Sennar und überhaupt Sudan sowie des gesamten Hinterländer von Äthiopien/Somalia (Oromo), Sansibar, Kilwa und Moçambique). Für den portugiesischen Kafr-Handel nach Goa gehen Schätzungen davon aus, dass bis in die Mitte des 18. Jahrhunderts pro Jahr durchschnittlich 500 Sklaven aus Ostafrika nach Goa verschifft wurden. Für die Jahre zwischen 1787 und 1834 liegen genauere Zahlen für den Sklaventransport von Moçambique in die indischen Niederlassungen der Portugiesen in Damão und Diu vor, die durch Schätzungen nach Goa ergänzt wurden. Die Angaben schwanken zwischen vier und knapp vierhundert Sklaven pro Jahr.[108]

Für das 19. Jahrhundert besagen Schätzungen, dass auf Sklavenmärkten entlang des Arabischen Meeres bis nach Persien um eine Million Sklavinnen und Skla-

son, Kalle, „The Trade in Slaves in Ovamboland, ca. 1850–1910", in: African Economic History No. 33 (2005), S. 31–68.

105 Mann, „Sklavenhandel im Arabischen Meer, im östlichen und südlichen Afrika", in: Mann, Sahibs, Sklaven und Soldaten, S. 124–149.

106 Karte 40: „Sokoto-Reich" aus: Dal Lago, American Slavery, Atlantic Slavery, and Beyond, S. 68.

107 Lovejoy; Hogendorn, Slow Death for Slavery, S. XIII; Inikori, „Slavs or Serfs? A Comparative Study of Slavery and Serfdom in Europe and Africa", S. 49–75, hier S. 49 f.

108 Bauss, Rudy, „The Portuguese slave trade from Mozambique to Portuguese India and Macau and comments on Timor, 1750–1850", in: Camoes Centre Quarterly 6–7 (1997), S. 21–26. Siehe auch: Souza, Teotonio R. de, „French slave-trade in Portuguese Goa (1773–1791)", in: Souza (ed.), Essays in Goan History, New Delhi: Concept Publication Co., 1989, S. 119–132.

ven aus Ostafrika verkauft worden sind.[109] Auch im nördlichen und östlichen Afrika selbst nahmen Sklavenhandel und Sklavenarbeit im 19. Jahrhundert zu, nachdem auf Madagaskar und im Zentral-Zandj (Ostafrika) vom Imam von Oman und vom Sultan von Sansibar Imperien gegründet worden waren, die auf Slaving und Plantagenwirtschaft basierten. Auf Sansibar und Pemba entstanden effiziente agrarkapitalistische Plantagen mit Massensklaverei, d. h., Secoand Slavery (wobei die Rolle von Technologie noch debattiert wird).[110]

Im Innern Schwarzafrikas südlich der Sahara selbst sind auch Menschen verschleppt, verkauft, verurteilt und versklavt worden. Grenouilleau nimmt auf Basis der Schätzungen von Patrick Manning, Martin A. Klein und François Renault an, dass es sich für die Zeit vor 1850 um rund 9 Millionen Menschen gehandelt hat, die im inneren Handel in Afrika versklavt worden sind, und insgesamt bis 1950 um 14 Millionen Menschen. Die Tendenz zum Verbleib der Sklaven in Afrika war nach 1850 (in einigen Gebieten schon früher) wegen der Abolition des europäischen Sklavenhandels und der Verfolgung des Schmuggels stark ansteigend. Afrikanische sowie afrikanisch-muslimische und arabische Sklavenjagd-Grenzen weiteten sich bis nach Zentralafrika aus. Sklaven wurden für lokale Versklaver und Sklavenhalter preiswerter. Einerseits wurde der Menschenschmuggel aus Afrika zwischen 1800 und 1880 auf dem *Hidden Atlantic* [*Karte 41[111]] massiv gesteigert (wie oben dargelegt: Kuba und Brasilien; seit ca. 1850 fast nur noch Kuba), andererseits fiel Afrika als Quelle versklavter Arbeitskräfte für Amerika mehr und mehr aus. Deshalb fielen die Preise in Afrika. Afrika wurde nun auch zunehmend direktes Opfer des europäischen Imperialismus und afrikanische Eliten sowie Kolonialherren beuteten Sklaven in Afrika aus.

Es gibt weitere Schätzungen über Sklaven im vorkolonialen und kolonialen Afrika. Vor der Mitte des 17. Jahrhunderts etwa blieben die meisten Sklaven West-Zentralafrikas im Königreich Kongo. Als Bürgerkriege seit 1665 die zentrale Autorität im Kongo-Reich zerstört hatten, schnellten die Exportzahlen von Congo-Sklaven wieder auf die Höhe von 70 000 Verschleppten pro Jahr in der ersten Dekade des 18. Jahrhunderts. Bis 1780 pegelten sich die Zahlen auf ca. 50 000 pro Jahr ein, um danach noch einmal auf rund 62 000 Sklaven pro Jahr anzusteigen. Zwischen 1826

---

109 Mann, „Globalgeschichte des 19. Jahrhunderts. Einleitende Überlegungen", in: Mann (ed.), Die Welt im 19. Jahrhundert, Wien: Mandelbaum Verlag, 2009 (Globalgeschichte der Welt 1000–2000, ed. Feldbauer, Peter et als., Bd. VI), S. 11–33, hier S. 18 (nach: Murray, Slavery in the Arab World, S. 52; Segal, Ronald, Islam's Black Slaves: The Other Diaspora, New York: Farrar, Strauss and Giroux, 2001, S. 55–57); siehe auch: Mann, „Sklavenhandel im Arabischen Meer, im östlichen und südlichen Afrika", S. 124–149, hier S. 124.

110 Sheriff, Slaves, Spices & Ivory in Zanzibar. The Integration of an East African Commercial Empire into the World Economy, 1770–1872, London: James Currey, 1987.

111 Karte 41: „Regions Involved in the Transatlantic Slave Trade after 1820", aus: Eltis, David; Walvin, James (eds.), The Abolition of the Atlantic Slave Trade. Origins and Effects in Europe, Africa and the Americas, Madison; London: The University of Wisconsin Press, 1981, S. 178.

und 1850 blieb ca. ein Drittel der Gefangenen in Afrika; von rund 5 Millionen rund 1,6 Millionen.[112]

Nach 1850 war die Nachfrage in Afrika und Madagaskar sowie anderen Inseln schon so hoch, dass sie das Volumen des West- und Ostsklavenhandels in die Räume des Atlantik und des Indik überschritt. Den Eliten der sich selbst als „christliche Zivilisation" definierenden Gesellschaften Westeuropas und Nordamerikas war der Slaving-Protagonismus afrikanischer Eliten allerdings ein Dorn im Auge. Am lautesten beschwerten sich Briten. Afrika wurde Opfer des europäischen Imperialismus – Legitimationen dafür wurden aus dem afrikanischen Slaving gezogen. Grundlage aber waren Ressourcen und Profite des so genannten *legitimate trade*. Auf Basis ungleicher Verträge, christlicher Mission und Anti-Sklavenhandelspolitik breitete sich europäischer Kolonialismus direkt in Afrika aus und nutzte den inneren Sklavenhandel sowie die Sklaven und Sklavinnen afrikanischer Sklavereiformen nun intensiver vor Ort (auch und gerade in den deutschen Kolonien). Afrikanischen Eliten blieb ein Teil der Profite und auch das meist nur bei Wohlverhalten. Die alten Perzeptionen Schwarzafrikas, mehr oder weniger seit 1650 im atlantischen Raum außerhalb Afrikas virulent, verstärkten sich nochmals. Afrika wurde nun endgültig als das unzivilisierte, barbarische, kannibalistische „Andere" der Modernität des victorianischen, wilhelminischen und rooseveltschen Westens konstruiert. Zugleich entwickelten sich, vor allem seit 1800 atlantikkreolische, afrikanische sowie afroamerikanische *countercultures of modernity.*

Wie in Portugal oder im imperialen Spanien (mit den Ausnahmen Kuba sowie vor allem Katalonien im 19. Jahrhundert) kam es auch in Afrika nicht zur Transformation traditioneller Formen der Kommodifizierung, des Menschenkapitalismus und der Akkumulation in neue Formen des Kapitalismus. Auch deshalb nicht, weil Arbeit „kostenlos" schien und industrielle „Luxus"-Güter von Kaufleuten aus England oder anderen sich industrialisierenden Gesellschaften Europas gegen Produkte von Sklavenarbeit (meist Rohstoffe) geliefert wurden. Damit war ein genereller Trend angelegt, der im 20. Jahrhundert gleichsam natürlich zu wieder stärkerer Ausplünderung, Unsicherheit und Versklavung führte und damit auch zu mehr Auswanderung von Afrikanern nach Europa.

Insgesamt kam es in Afrika bereits im 19. und frühen 20. Jahrhundert zu einem massiven Aufschwung von Sklaverei und sklavereiähnlicher Kontraktarbeit, im Exportsektor vor allem in Liberia, auf São Tomé (*serviciais* im Kakao) und in Ghana (Kakao). Auch die Nachfrage nach Kontrakt-Sklaven aus der Karibik und aus dem brasilianisch-venezolanisch-kolumbianischen Amazonien wuchs; oft auch weil afrikanische Küstenbevölkerungen und Seeleute, die die europäischen Schiffe mit Sklaven versorgt oder direkt als Matrosen gedient hatten, nun selbst auf Plantagen arbeiteten.[113]

112 Pétré-Grenouilleau, Les traites négrières, S. 165 (Tabelle), S. 185 f.

113 Grant, Kevin, A Civilised Savagery: Britain and the New Slaveries in Africa, 1884–1926, New York and London: Routledge, 2005; Sundiata, Ibrahim, Black Scandal: America and the Liberian Labor

Rhythmen und Regionen des Slavings in Afrika, wie auch die vorrangigen Sektoren des Einsatzes der Sklavinnen und Sklaven sind allerdings umstritten. Oft wird recht entschuldigend darauf hingewiesen, dass es sich um „Haussklaverei" oder freiwilligen und „equilibrierten" Austausch gehandelt habe oder noch handele.[114] Haussklaverei war und ist aber keinesfalls „besser" oder „sanfter" als andere Formen der Sklaverei – oftmals wegen ihrer Dauer und der Nähe zwischen Haltern und Versklavten über mehrere Generationen sogar weit entehrender und identitätszerstörender.

Um zu wissen, wieviele Menschen heute in Afrika versklavt sind, brauchen wir zuerst und vor allem das Wissen darum, dass es unterschiedliche und sehr spezifische Sklavereien und Abhängigkeitsformen gab und gibt, die unseren Vorstellungen in „römischer" Tradition kaum gleichen, ebenso wie Übergangsformen, und dass diese eine Geschichte haben. Insgesamt wird man zur quantitativen Geschichte in Bezug auf Afrika über die Auswirkungen des atlantischen Sklavenhandels mit Adam Jones sagen müssen: die Quellen, vor allem die quantitativen, sind sehr ungenau, zweitens existiert die Schwierigkeit, den Sklavenhandel von anderen Zweigen des Handels zu trennen und drittens die Gefahr pauschaler und oft auch ideologischer Urteile über Afrika.[115]

Andere Räume und Zeiten – andere Zahlen

Was wissen wir über andere Zahlen?[116] Wie oben bereits gesagt, soll es im römischen Reich auf dem Höhepunkt seiner Macht in der frühen Kaiserzeit zwischen einer Million und 10 Millionen Sklaven gegeben haben.[117] Für das klassische Athen schwanken die Schätzungen zwischen 40 000 und 400 000 Versklavten, bei 21 000 „freien" Athenern und 10 000 Metöken (309/8 v. Chr.).[118]

Crisis, 1929–1936, Philadelphia: Institute for the Study of Human Issues, 1980; Sundiata, Brothers and Strangers, Black Zion, Black Slavery: 1914–1940, Durham and London: Duke University Press, 2003; Stanfield, Michael E., Red Rubber, Bleeding Trees: Violence, Slavery, and Empire in Northwest Amazonia, 1850–1933, Albuquerque: University of New Mexico Press, 1998; Wood, Donald, „Kru Migration to the West Indies", in: Journal of Caribbean Studies 2, no. 2–3 (1981), S. 266–282; Chappell, David A., „Kru and Kanaka: Participation by Africans and Pacific Island Sailors in Euroamerican Maritime Frontiers", in: International Journal of Maritime History 6:2 (1994), S. 83–114.

114 Bénot, Yves, La Modernité de l'esclavage. Essai sur la servitude au cœur du capitalisme, Paris: La Découverte, 2003, S. 36, 38.

115 Jones, „Dominanz des Sklavenhandels 1650–1800", in: Jones, Afrika bis 1850, S. 219–235, hier S. 235.

116 Ich folge hier: Zeuske, „Versklavte weltweit in Zahlen", S. 172–211.

117 Scheidel, „Quantifying the Sources of Slaves in the Early Roman Empire", S. 156–169.

118 Binsfeld, „Sklaverei als Wirtschaftsform. Sklaven in der Antike – omnipräsent, aber auch rentabel?", S. 262–279, hier S. 277 (auf Basis der Arbeiten Walter Scheidels).

Grundsätzlich scheint „die moderne Forschung" Sklavenzahlen immer „tendenziell nach unten" zu „korrigieren".[119]

Im angelsächsischen England des 11. Jahrhunderts, nach der Eroberung durch die Normannen, lebten noch ca. 25 000 Sklaven, die vor allem in der Landwirtschaft arbeiteten.[120] Byzantiner und dann Genuesen (1204) gründeten mit Maurocastro (Moncastro/Akkerman) an der Dnestrmündung und Licostomo an der Donaumündung Handelsniederlassungen, in denen Menschenhandel der „neuen" Mittelmeersklaverei betrieben wurde. Genua war, wie gesagt, vor allem im 13. Jahrhundert, ein Zentrum des Sklavenhandels im Ostmittelmeer; die Stadt selbst war voller Haussklaven.[121] Über die Versklavten in der Stadt schreibt André Luis Miatello in eher idyllisierenden Worten: „os cativos em Gênova não iam para o campo e tudo indica que a exploração de seu trabalho era, de fato, controlada e limitada [...] as famílias em Gênova não dispunham de grande quantidade de escravos, destacando-se as famílias mais abastadas, tendo geralmente um ou dois cativos, e aquelas muito ricas, com quatro ou cinco [die cativos [Sklaven] in Genua gingen nicht aufs Land und alles deutet darauf hin, dass die Ausbeutung ihrer Arbeit tatsächlich kontrolliert und begrenzt war [...] die Familien in Genua hatten keine große Anzahl von Sklaven, besonders die wohlhabenderen Familien in der Regel ein oder zwei Gefangene, und die sehr reichen Familien vier oder fünf]".[122]

Die Genuesen unterhielten Konsuln in den Sklavenhandelsstädten des Schwarzmeergebietes. Wie alle Handelsenklaven am Schwarzen Meer, dem *Lago Maggiore* der Genuesen, wurden Sudak (Soldaia), Kaffa (auch Caffa – das antike Theodosia, heute Feodossija), Olbia (Borysthenes), Maurocastro und Licostomo, Jalta, Varna, Sevastopol, Tana, Kabardi (und viele andere Plätze) vom *Offizium Gazariae* in Genua [*Karte 42[123]] verwaltet – hier überlebt der ethnische Begriff Chasaren.[124]

---

119 Ebd. Das gilt übrigens nicht nur für antike Sklavereien; es ist auch eine Standardformulierung der quantifizierenden Sklavereiforschung zur atlantischen und karibischen Sklaverei.

120 Nagel, „Recht und Praxis der Sklaverei in England, Massachussetts und South Carolina", S. 635–700, hier S. 635.

121 Balard, Michel, „Remarques sur les esclaves à Gênes dans la seconde moitié du XIIIe siècle", in: Mélanges d'Archéologie et d'Histoire, Vol. 80 (1968), S. 627–680; Epstein, Genoa and the Genoese, 958–1528, Chapel Hill and London: The University of North Carolina Press, 1996; Miatello, André Luis Pereira, „Servo e servidão, escravo e escravidão nas cidades comunais italianas da Baixa Idade Média: estudo de caso na Chronica civitatis Ianuensis de Iacopo de Varagine", in: Paiva; Fernández Chaves; Pérez García (orgs.), De que estamos falando?, S. 155–178.

122 Ebd., S. 176.

123 Karte 42: „Genuesische Handelsstädte und Sklavenhandelshäfen am Schwarzen Meer, 13.–15. Jahrhundert", aus: Skirda, „La traite par Gênes, XIIIe–XVe siécles", in: Skirda, La traite des Slaves, S. 162–169, hier S. 164.

124 Golden (eds.), The World of the Khazars: New Perspectives: Selected Papers from the Jerusalem 1999 International Khazar Colloquium, Leiden: Brill, 2007 (Handbook of Oriental Studies, Section 8 Uralic & Central Asian Studies, vol. 17); Stello, „Die Entwicklung Caffas", in: Stello, Grenzerfahrung. Interaktion und Kooperation, S. 43–54 sowie, ebenfalls mit niedrigeren Schätzungen als frühere Autoren: Stello, „Wirtschaft und Handel unter genuesischer Aufsicht: Der Sklavenhandel", in: Ebd., S. 155–206.

Für das 13. / frühe 14. Jahrhundert hält Johannes Preisler-Kappeller in einem Artikel über die Handelsempore Täbriz (zwischen Schwarzem Meer, Anatolien, Aserbaidshan und Kaspi-Meer; Hauptstadt Hülegüs) fest, dass es um die 200 000 „griechische" Sklaven im Reiche der Il-Khane (1256–1353) gegeben haben soll: „A more problematic aspect of Tabriz' significance as trading point (at least from the point of view of Christian missionaries) is highlighted in the treatise De modo sarracenos extirpandi (from ca. 1317), which claimed that Tauricium Persidis served as entrepot for Greek slaves captured by Turkish pirates and that more than 200.000 of these slaves were living in Persia".[125]

Aus Kaffa (Caffa), der genuesischen Kolonial- und Handelsenklave (1266–1475), bereits Menschenhandelszentrum der Skythen und Griechen, des Bosporanischen Reiches, der Chasaren und der Waräger, sollen als größter Handelsposten ca. 1500 Sklaven pro Jahr ins mamelukische Ägypten sowie nach Italien und Spanien exportiert worden sein.[126] In der nächsten, von Tataren, Kosaken und Osmanen geprägten Phase der Sklavenjagd und des Menschenhandels an den nördlichen Küsten des Schwarzen Meeres, wurden zwischen Ende des 15. Jahrhundert und 1760 nach Alexandre Skirda ca. 2 bis 2,5 Millionen Russen, Ukrainer, Moldawier, Galizier und Polen verschleppt.[127] Der Aufstieg der Krim als Sklavenhandels-Empore war quasi ein Nebenprodukt der Eroberung Konstantinopels (1453) und des Zerfalls der Goldenen Horde: „the Crimean khanate's meteoric ascension as commodity source, trafficker, middleman and profiteer in the Black Sea and Mediterranean slave trade was largely accidental ... After 1453 the Genoese monopoly of Black Sea slave trade fell apart".[128] „The Crimean Khanate and its Slave Market" spielten „a pivotal role in supplying the unending market for Slavic chattel for the economic, military and administrative desiderata of Crimea itself, the Ottoman Empire, the Arabian Peninsula, the North African Islamic tributary states and the northern Italian city-states. Venice in particular".[129]

---

125 Adam, Guillaume, „De modo sarracenos extirpandi", in: Académie des Inscriptions et Belles-Lettres (ed.), Recueil des historiens des croisades, 5 Bde., Paris: Imprimerie Nationale, 1841–1906, Documents Arméniens, 2 Tbde., II, S. 542–543; Preisler-Kapeller, Johannes, „Civitas Thauris. The significance of Tabrīz in the spatial frameworks of Christian merchants and ecclesiastics in the 13th and 14th century", in: Pfeiffer (ed.), Politics, Patronage and the Transmission of Knowledge in 13th–15th Century Tabriz, Leiden/New York/Köln: Brill, 2013 (Brill Companions to the Byzantine World), S. 251–299, hier S. 258.

126 Bartlett, „Die italienischen Handelsverbindungen", in: Bartlett, Die Geburt Europas aus dem Geist der Gewalt, S. 345–358, hier S. 355; zum Kontext und zu genaueren Schätzungen siehe: Stello, „Die Entwicklung Caffas", S. 43–54.

127 Skirda, „La traite orientale des Slaves, VIIIe–XVIIIe siècles", in: Skirda, La traite des Slaves, S. 137–220, hier vor allem S. 170–175; Stello, Annika, „La traite d'esclaves en mer noire (premiére moitié de XVe siècle)", in: Guillén; Trabelsi (dir.), Les esclavages en Mediterranée, S. 171–180; Witzenrath, Cossacks and the Russian Empire 1598–1725, passim.

128 Brown, „Russian Serfdom's Demise und Russia's Conquest of the Crimean Khanate and the Northern Black Sea Littoral: Was There a Link?", S. 335–366, hier S. 344.

129 Ebd., S. 341.

Leichte berittene Krieger und Sklavenhändler beschafften die „Ware" durch Razzien und Grenzkriege. 1619 verwüstete eine tatarische Razzia Galizien bis Lublin. 100 000 Menschen wurden verschleppt.[130] Razzienkriege bildeten die Grundlage von Wirtschaft, Gesellschaft und Kultur der Krim-Tataren und Nogaier; es gab 1516, 1537, 1559, 1575, 1576, 1579, 1589, 1593, 1616, 1640, 1666, 1667, 1681 und 1688 große Menschenjagd- und Plünderungszüge durch die Ukraine bis weit hinein nach Polen, Wolhynien und Podolien (manche Autoren sprechen von Millionen von Verschleppten).[131] Auch im 18. Jahrhundert fanden große und kleine Razzien statt (die letzte 1769). Krimtataren und Nogaier hatten sich der Oberherrschaft der Osmanen unterworfen. Das bot einen sicheren Absatz der Verschleppten, „lesquel leur servent en quelque sorte de monnaie d'échange [die ihnen als eine Art Handels-Geld dienten]".[132] Josef Fischer fasst das aus einer tiefen historischen Perspektive schön zusammen: „Nach der Vertreibung der italienischen Händler [Ende 15. Jahrhundert – M. Z.] lag der Sklavenhandel im Schwarzmeerraum insbesondere in den Händen der Krimtataren, deren wichtigste Einnahmequelle er darstellte. Vom 15. bis ins 18. Jh. wurden von diesen im Rahmen von Raubzügen („Ernte der Steppe" genannt) Millionen von Russen, Ukrainern, Rumänen (Walachen, Moldauer, *roma*), Polen, Georgiern, Armeniern, Bulgaren und Tscherkessen gefangenen genommen und als Sklaven in das Osmanische Reich und den Nahen Osten weiterverkauft".[133] Die Mehrzahl der Verschleppten wurde im osmanischen Reich in Haushalten, in Harems und im städtischen Gewerbe eingesetzt: „In Istanbul sollen Sklaven und Freigelassene in der Mitte des 16. Jahrhunderts rund ein Fünftel der Stadtbevölkerung ausgemacht haben, in Bursa möglicherweise die Hälfte".[134] Es gibt allerdings nicht wirklich Gesamtzahlen über die Opfer der Razzien, auch der Razzien anderer predatorischer Stämme/Völker nicht. Und es gibt auch keine Gesamtzahlen über russische Razzien und russischen Sklavenhandel (z. B. auf und

---

130 Skirda, „La traite orientale des Slaves, VIIIe–XVIIIe siècles", S. 137–220, hier S. 172.

131 Fisher, Alan W., „Muscovy and the Black Sea Slave Trade", in: Canadian-American Slavic Studies, 6:4 (1972), S. 575–594; Matsuki, Eizo, „The Crimean Tatars and their Russian-Captive Slaves. An Aspect of Muscovite-Crimean Relations in the 16th and 17th Centuries", S. 171–182, hier S. 173f (online: https://hermes-ir.lib.hit-u.ac.jp/rs/bitstream/10086/14906/1/chichukai0001801710.pdf (03. August 2018)); Kizilov, Mikhail, „Slave Trade in the Early Modern Crimea From the Perspective of Christian, Muslim, and Jewish Sources", in: Journal of Early Modern History Vol 11 (2007), S. 1–31.

132 Skirda, „La traite orientale des Slaves, VIIIe–XVIIIe siècles", S. 137–220, hier S. 172; siehe auch: Kolodziejcyk, Dariusz, „Slave hunting and slave redemption as a business enterprise", in: Oriente Moderno Vol. 86:1 (2006), S. 149–160.

133 Fischer, „Der Schwarzmeerraum und der antike Sklavenhandel. Bemerkungen zu einigen ausgewählten Quellen", in: Frass, Monika; Graßl, Herbert; Nightingale, Georg (eds.), Akten des 15. Österreichischen Althistorikertages Salzburg, 20.–22. November 2014, Salzburg: Paracelsus Buchhandlung & Verlag, 2016 (Diomedes Sonderband), S. 53–71, hier S. 68, Anm. 77.

134 Krämer, „Freiheit und Unfreiheit", S. 124–134, hier S. 130, hier S. 131; siehe auch: Seng, „Fugitives and Factotums. Slaves in Early Sixteenth-Century Istanbul", in: Journal of the Economic and Social History of the Orient Vol. 39:2 (1996), S. 136–169.

an der Wolga, aber auch an anderen Grenzflüssen, im Norden (Karelien, Finnland), in Sibirien, am und im Kaukasus, an den Grenzen zu Rumänien (wo um 1830 noch 200 000 Roma versklavte waren), etc.).[135] In Bezug auf die innere Sklaverei (*kholopstvo*) in Russland hält Alessandro Stanziani (auf Basis von Richard Hellie) für die Zahlen von *kholopy* (oder *cholopy*) um 1725 fest, dass diese „around 10 per cent of Russian population"[136] ausgemacht hätten, verweist aber zugleich darauf, dass die Zahlen vorher geschwankt hätten (1678 in den zentralen Provinzen zwischen 3,7 und 4 %).[137]

Das russische Reich sicherte seine Südgrenzen zunehmend durch Verhaulinien ab (*cherta* oder *zaseka*); mit Ansiedlungen von Musketier-Milizen (Strelitzen) und Freibauern (Kosaken).[138] Eine dieser Linien war die zwischen 1635 und 1653 angelegte „Belgorod fortified line" zwischen Oka und Wolga.[139] Trotzdem blieben Sklaven-Razzien ein ziemliches Problem (nicht nur) für Russland:[140] „The insecurity and instability of life on the steppe caused many of the Muscovite peasants to migrate to the more inhospitable climes of Siberia rather than to the south where it was blessed with fertile black soil. As a result this contributed to the slow development of this area. It was not until 1687 that Muscovy decided to give a final blow to the Tatars and remove their damaging raids from the area. This task, however, was to take almost a century. Only Catharine II succeeded to find a final solution to the problem by annexing the Crimean Peninsula in 1783. After that year this area developed to became known eventually as the "granary" of Eastern Europe".[141] Die Sklavenrazzien (mit dem Raub *aus* Russland) waren ein Problem, das zu Massen von internen russischen Versklavten hinzukam; für die Zeit 1680–1800 gibt es Schätzungen, die von 1,8 Millionen verschleppter Bauern aus dem Russischen Reich sprechen (siehe zweites Plateau sowie Tabelle über Versklavte aus Europa weiter unten).[142] Es handelt sich um wirklich große Zahlen. Insgesamt geht Richard

---

135 Brown, „Russian Serfdom's Demise und Russia's Conquest of the Crimean Khanate and the Northern Black Sea Littoral: Was There a Link?", S. 335–366; Calic, „Auf dem Wege zum Nationalstaat 1830 bis 1878", in: Calic, Südosteuropa, S. 276–341, hier S. 292.

136 Stanziani, „Slavery and Bondage in Central Asia and Rusia: Fourteenth-Nineteenth Century", in: Witzenrath (ed.), Eurasian Slavery, Ransom and Abolition in World History, S. 81–104, hier S. 103.

137 Ebd.

138 Matsuki, „The Crimean Tatars and their Russian-Captive Slaves. An Aspect of Muscovite-Crimean Relations in the 16th and 17th Centuries", S. 171–182, hier S. 181.

139 Hellie, „Russia 1600–1725: The Background", in: Hellie, The Economy and Material Culture of Russia 1600–1725, Chicago and London: The University of Chicago Press, 1999, S. 1–11, hier S. 4

140 Matsuki, „The Crimean Tatars and their Russian-Captive Slaves. An Aspect of Muscovite-Crimean Relations in the 16th and 17th Centuries", S. 171–182, hier S. 173 f.

141 Ebd., hier S. 182.

142 Richardson, „Involuntary Migration in the Early Modern World, 1500–1800", in: Eltis; Engerman (eds.), The Cambridge World History of Slavery, Vol.3, S. 563–593, hier S. 570; Davis, „How Many Slaves?", S. 2–26.

Hellie, wie oben erwähnt, von rund 10 % direkten Sklaven (*cholopy*) im frühneuzeitlichen Russland aus – bei einer Bevölkerung von ca. 15 Millionen Menschen in Russland insgesamt (1719).[143] Das war die zweitgrößte Gruppe der russischen Bevölkerung nach den mehrheitlich leibeigenen Bauern, die ich hier als kollektiv Versklavte bezeichne.[144]

Der europäische Sklavenhandel im frühen Mittelalter kann nicht geschätzt werden. Wenn für das 10. Jahrhundert rund 24 000 Saqaliba-Sklaven allein für Córdoba angenommen werden, muss es sich ebenfalls um Tausende, wenn nicht Zehntausende gehandelt haben.[145] Auf Sizilien gab es vor 1500 wahrscheinlich 50 000 Sklaven, in der zweiten Hälfte des 16. Jahrhunderts waren es 12 000 Sklaven. Die meisten waren Afrikaner aus dem Saharahandel. Sie kamen, wie oben gesagt, vor allem aus der Gegend des Tschadsees (Kanem-Bornu, Waday, auch aus DarFur). Sie waren über die Oasen Kufra und Jalo verschleppt worden, wie oben dargestellt, nach Tunis oder Tripolis, das zwischen 1510 und 1551 unter christlicher Herrschaft gestanden hatte.

Für Genua gibt die *gabella slavorum* (eine Haussklavensteuer) darüber Auskunft, dass es um 1380 3000–5000 Sklaven, vor allem Haussklavinnen gab.[146] In Neapel existierten um die Mitte des 16. Jahrhunderts (geschätzt) 20 000 Sklaven; hundert Jahre später sollen es noch rund 10 000 gewesen sein. Das wären 4–5 % der Bevölkerung, d. h., es handelt sich um eine Gesellschaft mit Sklaven, keine Sklavengesellschaft, aber immerhin. Auch in Genua kann man in dieser Zeit von 3–4 % Sklaven ausgehen. Muslimische Sklaven arbeiteten vor allem in ländlichen Gegenden, wie Kalabrien, Apulien, Kampanien oder Sardinien. Insgesamt soll es im 16. Jahrhundert rund 60 000 Sklaven in Italien gegeben haben.[147]

Portugal, vor allem Lissabon (und Sevilla in Andalusien), waren Zentren des Mittelmeer-Sklavenhandels sowie vor allem des atlantischen Sklavenhandels – und damit die Grundlinie der Atlantisierung.[148] Finanzen und Kredite sowie Sklavenhändler kamen oft aus Italien via Sevilla in die Hauptstadt Portugals. Für Portugal in der Neuzeit gibt es sehr unterschiedliche Schätzungen; zwischen 300 000

---

143 Vor Ende des 19. Jahrhunderts gibt es für Russland nur Schätzungen der Steuerzahler (sog. „Seelen"-Revisionen); zu den Schätzungen siehe: Nolte, Der Aufstieg Russlands zur europäischen Großmacht, Stuttgart: Klett, 1981, S. 108–110.

144 Hellie, „Number of Slaves", in: Hellie, Slavery in Russia 1450–1725, S. 679–689, hier S. 689.

145 Lombard, Monnaie et histoire d'Alexandre à Mahomet, Paris: Mouton u. École des Hautes Études en Sciences Sociales, 2001, S. 202–203.

146 Cluse, „Femmes en esclavage: quelques remarques sur l'Italie du Nord (XIVe–XVe siècles)", unter: http://med-slavery.uni-trier.de/minev/MedSlavery/publications/Femmes.pdf/view (letzter Zugriff 12. 2. 2018), S. 1–16, hier S. 3.

147 Zu Venedig siehe: Christ, „Differentiated Legality: Venetian Slave Trade in Alexandria".

148 Alencastro, „Lisboa, capital negreira do Ocidente", in: Alencastro, O Trato dos Viventes, S. 77–116; Fonseca, Jorge, „Black Africans in Portugal during Cleynaerts's Visit (1533–1538)", in: Earle, Thomas; Lowe, Kate (eds.), Black Africans in Renaissance Europe, Cambridge: Cambridge University Press, 2005, S. 113–121.

und 500 000 sowie rund 730 000 (nach Portugal Verschleppte und dort Geborene), davon Mitte 17. bis Anfang des 18. Jahrhundert ca. 22 500 für Lissabon (15 % von rund 150 000 Einwohnern).[149]

Neuere Forschungen und Schätzungen zeigen für die gesamte iberische Halbinsel und die westafrikanischen Inseln für die Neuzeit rund 2 Millionen Versklavte.[150] Für Spanien sagt Youval Rotman: „Scholars estimate that the number of slaves in the early modern South Iberian peninsula was between 5 % to 20 % of the urban population, that is, a total of two million“.[151] Konservativere Schätzungen kommen in dieser Zeit auf die Zahl von rund 100 000 Sklaven, die meisten in Andalusien, einer traditionellen urbanen Garten-Sklavenkultur mit Latifundien. Für Ende des 16. Jahrhunderts schätzt Manuel Fernández Álvarez – sehr konservativ – ca. 50 000 afrikanische Sklaven für ganz Spanien; ebenso konservativ wie Cortés López (57582 = 0,73 % der Bevölkerung).[152] Sklavinnen und Sklaven gab es auf der ganzen Iberischen Halbinsel im 16. Jahrhundert; ganz besonders viele immer seit den Zeiten des al-Andalus noch, wie gesagt, in Andalusien (Sevilla, Málaga, Granada und Almería), auf den Balearen, den kanarischen Inseln, Katalonien (Barcelona), im Königreich Murcia und in Valencia, aber auch in der Extremadura und in Kastilien sowie im Baskenland.[153] Seit dem 14. Jahrhundert waren Valencia und die Balearen Zentren des Mittelmeer- und Nordafrika-Sklavenhandels (relativ gesehen vor allem Ibiza), dann Sevilla, Barcelona sowie Cádiz. Mitte der 1560er Jahre gab es in der Diözese Sevilla ca. 14 500 Sklaven, etwa 7 % der Stadtbevölkerung.[154] Im Süden Spaniens trafen sich Sklaven aus dem atlantischen Handel aus Westafrika südlich des Senegal, Sklaven aus den Amerikas, Sklaven aus dem Maghreb und von der atlantischen Küste Marokkos und Sklaven aus dem Mittelmeer und von den Balkanen sowie aus europäischen Kriegen: „Negroafricanos procedentes de Angola, Cabo Verde, el Congo, Portugal o Brasil; turcos originarios de Bosnia, Dal-

---

149 Caldeira, „Podemos avançar números totais?“, in: Caldeira, Escravos em Portugal, S. 134–140.

150 Stella, Histoires d'esclaves dans la péninsule ibérique, S. 79.

151 Ebd.; Vincent, „L'esclavage moderne en Péninsule Ibérique“, in: D. L. González Lopo and R.J. López (eds.), Balance de la historiografía modernista 1973–2001. Actes del VI coloquio de metodología aplicada. Homenaje al profesor Antonio Eiras Roel, Santiago de Compostela: Xunta de Galicia, 2003, S. 445–452; Rotman, „Forms of Slavery“, S. 263–279, hier S. 272.

152 Fernández Álvarez, Manuel, La sociedad española en el Siglo de Oro, Madrid: Editoria Nacional, 1983, S. 153, 156 ff.; Cortés López, José Luis, La esclavitud negra en la España peninsular del siglo XVI, Salamanca: Ediciones Universidad de Salamanca, 1989 (Acta Salmanticensia. Estudios históricos y geográficos, 60), S. 203.

153 Cortés Alonso, La esclavitud en Valencia durante el reinado de los reyes católicos, passim; siehe auch: Birr, „Rebellische Väter, versklavte Kinder: Der Aufstand der Morisken von Granada (1568–1570) in der juristisch-theologischen Diskussion der Schule von Salamanca“, S. 283–317, hier S. 295.

154 Zit. nach: Blackburn, The Making of New World Slavery, S. 113; zu Überblick (Zahlen in Spanien und im Mittelmeergebiet) siehe: Morgado García, Arturo, „El mercado de esclavos en el Cádiz de la Edad Moderna (1650–1750)“, in: TIEMPOS MODERNOS 18:1 (2009), S. 1–25 (unter: www.tiemposmodernos.org/tm3/index.php/tm/article/viewFile/146/197 (25. März 2014)).

macia, Morea o Constantinopla; berberiscos nacidos en Orán, Salé, o Argel".[155] Höhepunkte bildeten imperiale Konflikte (etwa der um Marokko 15.–17. Jahrhundert). Nach Cádiz etwa strömten im Umfeld des Konfliktes zwischen Habsburgern und Osmanen im Umfeld der türkischen Belagerung von Wien (1683) und dem Frieden von Karlowitz (1699) zwischen 1670 und 1710 etwa mehr als 500 Verschleppte vom Balkan, meist Frauen (oft orthodoxen Glaubens sicherlich) über italienische Städte nach Cádiz. Dort wurden diese Verschleppten als *esclavos turcos* bezeichnet.[156]

Als die Sadier von Marokko im Impuls des Sieges von Alquacer Quibir (Ksar al-Kabir 1578) in den Süden expandierten und das Songhay-Reich besiegten (1598), sollen 10 000 männliche und 10 000 weibliche Versklavte nach Marokko verschleppt worden sein. Hundert Jahre später, um 1705, gab es in Marokko zwischen 230 000 und 240 000 schwarze Versklavte, Männer, Frauen und Kinder. Andere Versklavte sind in dieser Zahl nicht erfasst.[157] Sultan Al-Mansur gab die eine Hälfte der Sklaven aus der Beute von 1598 an die Flotte (die er nach christlichem Vorbild ausbauen lassen wollte) und die andere an die Armee. Die Sklaven durften versklavte Frauen heiraten.[158] Die Armee, seit dem späten 17. Jahrhundert eine überwiegend „schwarze Armee", spielte (wie in Ägypten) eine wichtige Rolle, vor allem bis zum Ende des 18. Jahrhunderts.[159]

Die meisten Sklaven im Mittelmeer sind Ruder- und Galeerensklaven aus den Bagnos der Mittelmeerstädte gewesen.[160] Auch für den deutschsprachigen Raum liegen geschätzte Zahlen über Sklaven „ohne Institution Sklaverei" vor, meist kriegsgefangene Türken oder „Geschenke" aus Afrika (oft Kinder aus dem Kapitänshandel): vor allem für Wien, aber auch München, Leipzig, Graz; die Mode der „Türkensklaven" und „Hofmohren" verbreitete sich vor allem im 17. Jahrhundert in Berlin, Köln, Braunschweig oder Hannover; auch Anton Wilhelm Amo war zunächst ein Sklaven-Junge als Geschenk an einen Fürsten.[161]

---

155 Morgado García, „Guerra y esclavitud en el Cádiz de la modernidad", S. 55–74, hier S. 57.

156 Morgado García, „Esclavos turcos en el Cádiz de la edad moderna", in: Anales de la Historia Antigua, Medieval y Moderna Vol. 46, Buenos Aires (2013), www.academia.edu/12892624/ESCLAVOS_TURCOS_EN_EL_CADIZ_DE_LA_EDAD_MODERNA_2013 (letzter Zugriff 12. 2. 2018).

157 El Hamel, „The Black Army's Functions and the Role of Women", in: El Hamel, Black Morocco, S. 185–208, hier S. 188.

158 El Hamel, „The Trans-Saharan Diaspora", in: Ebd, S. 109–154, hier S. 136–140.

159 El Hamel, „The Political History of the Black Army. Between Privilege and Marginality", in: Ebd., S. 209–240.

160 Scheidel, „Galley slaves", S. 355–356.

161 Häberlein, Mark, „‚Mohren', ständische Gesellschaft und atlantische Welt. Minderheiten und Kulturkontakte in der frühen Neuzeit", in: Schnurmann, Claudia; Lehmann, Hartmut (eds.), Atlantic understandings: essays on European and American history in honor of Hermann Wellenreuther, Münster: LIT Verlag, 2006 (Atlantic Cultural Studies; Vol. 1), S. 77–102; Bono, „Sklaven im deutschsprachigen Raum", in: Bono, Piraten und Korsaren im Mittelmeer, S. 255–256; Schmidt-Linsenhoff, „Mit Mohrenpage", in: Schmidt-Linsenhoff, Ästhetik der Differenz, Bd. I, S. 249–266; Ette, Anton Wilhelm Amo – Philosophieren ohne festen Wohnsitz. Eine Philosophie der Aufklärung zwischen Europa und Afrika, Berlin: Kulturverlag Kadmos 2014.

In England soll es Ende des 18. Jahrhunderts ca. 10 000 Schwarze gegeben haben; viele von ihnen Seeleute oder Sklaven, oft mit ihren Herrn aus Kolonialgebieten gekommen.[162] Auch in Frankreich gab es im 18. Jahrhundert zwar formell „keine Sklaven“, aber die hohe Zahl an farbigen Menschen lässt eher das Gegenteil vermuten.[163]

Eine neuere Schätzung für die frühe europäische Neuzeit (1500–1800) ist in der folgenden Tabelle wiedergegeben.

Tab. 5: Nach: Richardson, „Involuntary Migration in the Early Modern World, 1500–1800“, S. 563–593, hier S. 570; siehe auch: Hess, The Forgotten Frontier, passim; siehe auch: Davis, „How Many Slaves?“, in: Davis, Christian Slaves, Muslim Masters, besonders S. 23–26; sowie: Davis, „Counting European Slaves on the Barbary Coast“, in: Past and Present, 172 (2001), S. 87–124.

Versklavte	1500–1580	1580–1680	1680–1800
Geraubte und versklavte Europäer an der „Barbarenküste“	270 000	850 000	175 000
Über die Krim und das Schwarze Meer Verschleppte (10 000/Jahr)	800 000	1 000 000	600 000
Zwangsmigrationen versklavter Bauern im Moskauer-Reich	–	–	1 800 000
Summen	1 070 000	1 850 000	2 575 000 (Gesamt: 5 495 000)

Insgesamt handelt es sich um fünfeinhalb Millionen verschleppte und versklavte Europäerinnen und Europäer – man möge mir die grobe Vereinfachung entschuldigen, sie ist natürlich historisch ebenso schief wie „Afrikaner“. Einige Einzelschicksale solcher Verschleppter und Versklavter sind bekannt, auch von Mittelklasse-Frauen, wie das von Elizabeth Marsh (1735–1785), die auf einer Reise nach Menorca von Korsaren aus dem heutigen Marokko versklavt wurde.[164]

162 Fryer, Peter, Staying Power. Black people in Britain since 1504, London: Pluto 1986, S. 203. Zum Problem von Dienern/Sklaven bzw. „Diener als Sklaven“, siehe: Steedman, Carolyn, Labours Lost: Domestic Service and the Making of Modern England, Cambridge: CUP, 2009; Fisher, Michael „Bound for Britain: Changing conditions of Servitude, 1600–1857“, in: Chatterjee, Indrani; Eaton, Richard M. (eds.), Slavery and South Asian History, Bloomington and Indianapolis: Indiana University Press, 2006, S. 187–209; Hoerder, „Historical Perspectives on Domestic and Worker's Migrations: A Global Approach“, S. 91–111.

163 Peabody, „There are No Slaves in France“, passim; Noel, Erick, Etre noir en France au XVIIIe siécle, Paris: Tallandier, 2006.

164 Colley, Linda, The Ordeal of Elizabeth Marsh: How a Remarkable Woman Crossed Seas and Empires to Become Part of World History, London: HarperCollins Publishers, 2008; siehe auch: Ressel, „Hamburger Sklavenhändler als Sklaven in Westafrika“, in: Zeitschrift des Vereins für Hamburgische Geschichte Bd. 96 (2011), S. 33–69.

Zwischen 1400 und 1900 gab es direkt in Europa auch etwa 2 Millionen Sklaven (sozusagen „ohne Sklaverei", da viele europäische Staaten in ihren Rechtsordnungen, wie oben gesagt, „Sklaverei" für ihren Geltungsbereich in Europa nicht definierten oder vor allem seit dem 18. Jahrhundert verboten (*free soil*-Prinzip)) – die meisten waren Nichteuropäer und Nichtchristen, oft Gefangene der Türkenkriege, Kinder aus Afrika oder der Seeräuber-/Korsaren-Razzien im Mittelmeer sowie mehr und mehr Status-Sklavinnen und -Sklaven aus der Karibik, die ihre Herren oder Herrinnen mit nach Europa nahmen.

Zum Vergleich: In den Kolonialgebieten der Amerikas gab es bis um 1700 rund 4 Millionen „Indian Slaves".[165]

In christlichen Gebieten Europas fanden sich die meisten Sklavinnen und Sklaven in Italien, Südfrankreich (Galeeren) und Spanien. Im globalhistorischen Zusammenhang handelt es sich aber auch um das Phänomen der *white servitude* („weiße" Sklaverei), die im Wesentlichen aus zeitweiliger Sklaverei (Freigekaufte aus Sklavereien bei den so genannten „Barbaresken")[166] und lebenslanger kollektiver Sklaverei mit Erb- und Leibeigenen-Status bestand. Der welthistorische Raum der „weißen" Sklaverei umfasste vor allem Europa, den Mittleren Osten und Nordafrika sowie seit dem 16./17. Jahrhundert die Amerikas, konzentriert im südlichen und östlichen Mittelmeergebiet sowie in Osteuropa/Russland mit einem Apogäum im 17. Jahrhundert. Bis zum Ende des 17. Jahrhunderts mag es, wie bereits angedeutet, mehr „weiße" Sklaven in den Sklavereigesellschaften des islamischen Nordafrika und Mittelasien, mehr versklavte Indios in den Amerikas sowie mehr leibeigene Bauern im christlichen Russland gegeben haben, als Menschen aus Afrika in der Neuen Welt (siehe oben). Im subsaharischen Afrika dagegen, mit einigen ganz wenigen Ausnahmen und mit der Ausnahme von Menschen, die auch europäische Vorfahren (wie „Portugiesen", Lançados/Atlantikkreolen) hatten, gab es kaum „weiße" Sklaven (von dem berühmt-berüchtigten Briten Bulfinch Lambe, Sklave König Agajas von Dahomey sowie einigen weniger bekannten Beispielen abgesehen).[167] Durand zitiert einen gewissen De Lagaille, der 1785 auf einer der Bissau-Inseln einen ehemaligen französischen Matrosen getroffen hatte, der seit 28 Jahren Sklave war, nachdem die Mannschaft seines Schiffes getötet und das Schiff abgebrannt worden war.[168]

165 „Appendix 1: Indian Slaves in the Americas, 1492–1900 (in Thousands)", in: Reséndez, The Other Slavery, S. 324.

166 Zur Gattung der Versklavten-/Gefangenen-Memorias, siehe: Tarruell, Cecilia, „Memorias de cautivos, 1574–1609", in: Jané, Oscar; Miralles, Eulàlia; Fernández, Ignasi (eds.), Memòria Personal. Una altra manera de llegir la història, Barcelona: Bellaterra, 2013, S. 83–97; siehe auch: Colley, The Ordeal of Elizabeth Marsh, passim; Colley, Captives: Britain, Empire and the World 1600–1850, New York: Pantheon, 2002.

167 Clarence-Smith; Eltis, „White Servitude", in: Ebd., S. 132–159, hier S. 132–133; zu Bulfinch Lambe siehe: Harms, Das Sklavenschiff, S. 224–240.

168 Durand, Jean-Baptiste, Voyage au Sénégal fait dans les années 1785 et 1786, 2 Bde., Paris: Dentu, 1807, Bd. I, S. 191.

Andere quantitative Komplexe des Sklavenhandels und der Sklavereien in der Weltgeschichte sind weniger gut untersucht. Ebenso wie die Sklavereien Osteuropas sind die Sklavereien Nordeuropas allgemein kaum bekannt. Der frühe „weiße" Sklavenhandel der Angelsachsen, Wikinger/Waräger/Normannen, Ros, Sachsen, Franken und Slawen im Frühmittelalter und der während der karolingischen, deutschen, dänischen und polnischen Ostexpansion und -siedlung kann wahrscheinlich nicht einmal geschätzt werden. Im Grunde werden nur klare Unterschiede in den Annahmen über verschleppte Menschen pro Jahr deutlich: 7000 pro Jahr in Höhepunkten der Wikinger-Sklavenhandels gegen 250 000 in der frühen Kaiserzeit in Rom.[169] Der bereits mehrfach erwähnte massive Schwarzmeer-Sklavenhandel zwischen Mongolen/Tataren vor allem der Goldenen Horde und Byzantinern („Griechen"), Genuesen sowie Venezianern, Armeniern, Türken und Mameluken „von den Mongolen zu den Mameluken" (im 13. und 14. Jahrhundert) nach dem Prinzip – ich verkürze stark – Jungen und junge Männer zu Mameluken, Frauen nach Italien (einige Männer gingen auch in die Landwirtschaft Mallorcas, Ibizas, der Algarve, Andalusiens sowie Kataloniens und Valencias) ist ebenfalls kaum bekannt. Er muss gigantisch gewesen sein.

Der osmanische und ägyptische Sklavenhandel ist nur in Umrissen beziehungsweise groben Schätzungen bekannt, lässt aber, wie oben bereits im Kapitel über Sklavenhändler dargelegt, Schreckliches erahnen. John Darwin verweist auf „jährlich 8.000 bis 9.000 muslimische Konvertiten"[170] aus christlichen Familien des Balkans oder Anatoliens für die „Sklavenarmee" der Janitscharen (ehe diese zu einer „Erbkaste" wurden).[171] Ehud R. Toledano schreibt über das Totalvolumen der Menschenverschleppung aus Afrika zwischen dem 15. und frühen 20. Jahrhundert: Von der Suaheli-Küste ins Osmanische Reich, den Mittleren Osten und Indien 313 000; über das Rote Meer und den Golf von Aden 492 000, davon ins osmanische Ägypten 362 000 und über die Sahararouten ins osmanische Nordafrika (Algerien, Tunesien und Lybien) 350 000. Eine grobe Schätzung (abzüglich der Menschen, die nach Indien verschleppt wurden) käme für den Menschenhandel in das Osmanische Imperium auf mehr als 1,3 Millionen Menschen. Das bedeutet im 19. Jahrhundert ca. 16 000–18 000 Menschen pro Jahr; im 18. Jahrhundert mögen die Zahlen etwas niedriger gewesen sein. Die Strukturen waren die gleichen.[172] Wenn wir uns auf das dritte Viertel des 19. Jahrhunderts konzentrieren und annehmen, dass der Sklavenhandel in das Osmanische Reich in dieser Zeit seinen Höhepunkt hatte (und sich mit Zahlen von Exporten aus Afrika überschnitt), dann ergeben sich folgende „very tentative conclusions": die Exporte von Sahara-Sklaven aus Tripolis

169 Patterson, Slavery and Social Death, S. 157 und S. 152.
170 Darwin, „Das islamische Gegengewicht", in: Darwin, Der imperiale Traum, S. 78–91, hier S. 82.
171 Ebd., S. 78–91, hier S. 82 f.
172 Toledano, „Enslavement in the Ottoman Empire in the Early Modern Period", in: Eltis; Engerman (eds.), The Cambridge World History of Slavery, Vol. 3, S. 25–46, hier S. 26.

bewegten sich auf einem Niveau von rund 2000 Sklaven per Jahr; Importe in die osmanischen Häfen des Roten Meeres und den Persischen Golf betrugen ca. 7000 Sklaven/Jahr, 4000–5000 davon gingen nach Hijaz sowie Jemen und der Rest in Häfen des Persischen Golfes. Exporte aus Ägypten und seinen Slaving-Einzugsgebieten (siehe oben) könnten rund 1000–2000 Sklaven per Jahr ausgemacht haben. Der tscherkessisch-kaukasisch („circassische“, georgische, ossetische (u. a.) „weiße“) Sklavenhandel hat wohl wegen Flucht und Migration von Muslimen und Jesiden aufgrund der Expansion Russlands in den 1850er und 1860er Jahren nochmals rund 1000–2000 Sklaven (vor allem Frauen und Mädchen) betragen. Insgesamt macht das Volumen des Osmanischen Sklavenhandels in der Zeit um 1850 bis 1875, exklusive des internen ägyptischen Sklavenhandels, zwischen 11 000 und 13 000 Sklavinnen und Sklaven per annum aus. Der Sklavenhandel nach Ägypten machte in den 1850er Jahren weniger als 5000 Sklaven/Jahr aus und stieg in den 1860er Jahren zeitweilig auf 25 000 Verschleppte pro Jahr. Kaukasische und georgische Sklaven und Sklavinnen wurden via Trapezunt, Istanbul und Izmir (oder Trapezunt-Sivas-Antiochia) auch, wie oben dargelegt, nach Ägypten geschickt.[173] In Kairo gab es um 1850 ca. 10 000–15000 Sklavinnen und Sklaven in Haus- und Dienstsklaverei bei einer Gesamteinwohnerzahl von ca. 275 000 – die meisten Haussklavinnen waren schwarze Frauen oder Mädchen.[174] Für ganz Ägypten selbst gibt es für keinen Zeitpunkt des 19. Jahrhunderts exakte Zahlen (und vorher auch nicht), nur relativ gute Schätzungen. Wie wir oben gesehen haben, hielt der Sklavenhandel aus dem Südwesten, dem Süden und über das Rote Meer über das 19. Jahrhunderts bis in das erste Viertel des 20. Jahrhunderts an. Über Sklaven im heutigen Sudan, wo Sklaverei immer noch existiert, sind Zahlen schwer zu bekommen.

In Amerika wissen wir über die Zahlen des aztekischen Handels mit Luxus- und Opfersklaven nur sehr wenig. Einer der schlimmsten Sklavenjäger im Pánuco, im Nordosten des Aztekenreiches, war Nuño de Guzmán, der mehr als 4000 Indios – trotz Verbotes – verschleppte. Bischof Juan de Zumárraga schätzt, dass in den ersten Jahren Neu-Spaniens (bis 1529) rund 9000–10 000 gebrandmarkte Sklaven auf die großen karibischen Inseln (wie Kuba und La Española) im Austausch mit Vieh verschleppt worden sind.[175] Allein aus dem frühen Nikaragua (vor den Spaniern das am dichtesten besiedelte Gebiet Altamerikas) sollen von Conquistadoren und Sklavenfängern rund 450 000 Indios, fast eine halbe Million Menschen (wie viele Zahlen in der amerikanischen Geschichte sicherlich übertrieben), nur in der

173 Toledano, „The Volume of the Slave Trade to the Ottoman Empire“, in: The Ottoman slave trade and its suppression, 1840–1890, Princeton: Princeton University, 1982, S. 81–90, hier speziell S. 90; Toledano, „Ottoman Concepts of Slavery in the Period of Reform, 1830s–1880s“, S. 37–63.

174 Toledano, „Shemsigül: A Circassian Slave in Mid-Nineteenth-Century Cairo“, S. 59–74, hier S. 61 und 65.

175 Reséndez, „Pánuco Slaves“, in: Reséndez, The Other Slavery, S. 81–87.

kurzen Zeit zwischen 1527 und 1536 nach Panamá (und dann oft nach Peru) verschleppt worden sein, selbst ein Zehntel dieser Zahl wären sehr viel. Was für das frühe Guatemala und Nikaragua (sowie Honduras und Costa Rica) gilt, galt auch für Yucatán. Bei der Eroberung Guatamalas duch Pedro de Alvarado (1523/24) geschah Ähnliches. Um 1540 fielen hier gealterte und enttäuschte, aber sehr abgehärtete Conquistadoren in das Gebiet ein. Enttäuscht deswegen, weil um 1540 klar wurde, dass alle großen indianischen Königreiche mit erheblichen Edelmetallbeuten erobert waren. Die 400–500 Mann bildeten eine Razzienkriegstruppe, die vor allem ein Ziel hatten: die „enslavement and export of native population".[176] Wie überall in der atlantischen Welt, wenn die gesuchten Edelmetalle nicht zu bekommen waren: menschliche Körper dienten als Kapital. Als die Indios wegen des Sklavenfangs und der eingeschleppten Epidemien ausstarben, kam es zur „Konversion der Produktion". Sklavenschiffe und -boote der pazifischen Küste Guatemalas wurden nun zum Transport des hochwertigen Kakaos von Izalco nach Mexiko benutzt. Etwas Ähnliches geschah mit der Kakaoflotille, die den hochwertigen *criollo*-Kakao aus den Tälern der venezolanischen Küsten nach Veracruz brachten. Die benachbarten Regionen Essequibo, Suriname, Berbice und Demerara (das historische Guyana oder Guiana) wurden beizeiten in das niederländische Sklavenhandelssystem integriert, aber immer – außer Suriname – recht stiefmütterlich behandelt.[177]

Anders als die „hegemonischen" Sklavereien von Afrikanern in der Welt ergibt der neue Blick auf „andere" Sklavereien absolut erstaunliche Zahlen. Bis um 1900 gab es in den Gebieten des spanischen Amerika und in den Gebieten, die später von den USA (und Kanada) kontrolliert wurden, zwischen rund 2,5 und knapp 5 Millionen „Indian Slaves".[178]

Die atlantische Mosquitoküste (Costa Rica, Nikaragua, Honduras), d. h., die karibischen Gebiete des südlicheren Mittelamerikas können als klassischer Fall für Sklavereien in Territorien von Völkern gelten, die sich mit und nach Conquista und im Widerstand gegen die Kolonisierung durch Spanier unter Einfluss anderer Kolonialmächte (vor allem England über Jamaika) sowie Piraten/Kosaren entwickelten. Die Zahlen reichen hier von einigen Dutzend Sklaven der „neuen" indigenen Mosquitoküstenvölker im 16. Jahrhundert bis zu 1200–2000 schwarzen Sklaven sowie 4000–6000 indigenen Sklaven im 18./19. Jahrhundert. Es gab auch verschleppte Frauen und versklavte Indigene, die die Mosquitía-Völker aus dem

176 Clendinnen, Inga, „The Conquest of Yucatán", in: Hanke, Lewis; Rausch, Jane M. (eds.), Peoples and Issues in Latin American History. The Colonial Experience, Princeton: Markus Wiener, 2000, S. 127–132, hier S. 127.

177 Oostindie, „'British Capital, Industry, and Perseverance' versus Dutch 'Old School'? The Dutch Atlantic and the Takeover of Berbice, Demerara and Essequibo, 1750–1815", in: BMGN / Low Countries Historical Review 127 (2012), S. 28–55.

178 „Appendix 1: Indian Slaves in the Americas, 1492–1900 (in Thousands)", in: Reséndez, The Other Slavery, S. 324.

spanisch kolonisierten Raum raubten. Im 17. Jahrhundert soll es in Zentralamerika zwischen 20 000 und 30 000 Sklavinnen und Sklaven gegeben haben.[179]

Wie in anderen Gebieten Amerikas an den Grenzen unterschiedlicher Einflüsse konnten sich Plantagenwirtschaften kaum entwickeln, auch weil ihre fixen Installationen gute Ziele für Angriffe der jeweils Anderen boten. Direkte, aber ambulante Extraktionswirtschaften, wie das Fällen von Mahagoni-/Ceiba-Bäumen und Farbhölzern waren in diesen Regionen erfolgreicher.[180] Zahlen liegen für das britische Settlement an der *Bay of Honduras* (heute Belize) vor. Belize Bay war „an ambiguous British 'settlement' with theoretical Spanish sovereignity".[181] Bei den Bayman-Sklaven handelte es sich relativ gesehen, um eine ziemlich kleine Gruppe von Sklaven, die faktisch „frei" und bewaffnet mit Äxten und Macheten im Dschungel lebten. Das Territorium ähnelte dem Surinams, allerdings ohne Plantagen an Küsten und Flussläufen. Spezialisierte Anführer, Jäger (*huntsmen*) genannt, suchten auf weitgreifenden Expeditionen das Territorium nach den wertvollen Mahagony-Bäumen ab. Sie konnten ihre „Schätze" ihrem Herrn melden, aber auch die Information an Konkurrenten verkaufen. Das gab den Sklaven (ähnlich wie Goldsuchern, Viehhacienda-Sklaven an den Rindergrenzen im heutigen Kolumbien/Venezuela und Goldgräbertrupps im kolumbianischen Chocó oder Tauchersklaven an der Nordküste Südamerikas) große Verhandlungsmacht. Um 1740 gab an der Honduras-Bay 3000 Sklaven und 500 Siedler (unter ihnen viele Free Men of Colour).[182]

Neben São Tomé 1500–1560 und vielleicht noch Saint-Domingue 1770–1790 kann Barbados 1660–1720 als *die* Sklaveninsel der neuzeitlichen Geschichte gelten (ich sehe mal von Lontor / heute Banda Besar in der Banda-See ab). Bereits um 1670 gab es auf der kleinen Karibikinsel unter englischer Kontrolle 50 000 Einwohner, davon ca. 30 000 Sklaven aus Afrika (die die indianischen Sklaven und *indentured servants* aus Europa schnell ersetzt hatten). 1680 kontrollierten die reichsten 175 weißen Pflanzer (etwa 0,3 % der Bevölkerung!), die reichsten Männer des englischen Amerika, 53 % des Grundbesitzes und 54 % aller Sklaven.[183] Atlantisch-karibischer Kapitalismus war zunächst Kapitalismus menschlicher Körper.

---

179 Lowell, W. George; Lutz, Christopher H., „Conquest and Population: Maya Demography in Historical Perspective", in: Latin American Research Review [LARR] Vol. 29:2 (1994), S. 133–140;

Lowell; Lutz, „Perfil etnodemográfico de la Audiencia de Guatemala", in: Revista de Indias Vol. LXIII, núm. 227 (2003), S. 157–174; Lohse, Africans into Creoles: Slavery, Ethnicity, and Identity in Colonial Costa Rica, Albuquerque: University of New Mexico Press, 2014.

180 Ahlert, „Die Sklaverei an der Mosquitoküste", in: Ahlert, La Pestilencia más horrible, S. 431–472.

181 Campbell, Marvis C., „Aftermath of the Battle of St George's Cay: Slavery in the Timber Industry", in: Campbell, Becoming Belize. A History of an Outpost of Empire Searching for Identity, 1528–1823, Jamaica/Barbados/Trinidad and Tobago: UWI Press, 2011, S. 283–314, hier 283.

182 Ebd., S. 285–290; siehe auch: Santos Delgado, Adriana, „Haciendas, esclavos y economía. Valledupar entre 1810 y 1850", in: VV.AA (eds.), Colombia y el Caribe / XIII Congreso de Colombianistas, Barranquilla: Ediciones Uninorte, 2005, S. 61–70.

183 Handler, Jerome S.; Lange, Frederick; Riordan, Robert V., Plantation slavery in Barbados. An archeological and historical Investigation, Cambridge: Harvard University Press, 1978, S. 16–29, hier S. 17.

Für den indianischen Sklavenhandel im Süden und Südosten der heutigen USA (1670–1715) liegen recht genaue Schätzungen vor (maximal etwa 50 000). Die Zahlen der Zwangsmigration in das britische Nordamerika sind oben bereits erwähnt worden (siehe oben unter „Große Sklavereien“ – 1607–1775: 310 000 schwarze und farbige Sklaven, 54 500 Sträflinge aus England, Wales, Irland und Schottland sowie ca. 200 000 britische, niederländische, deutsche und französische *indentured servants*).[184] Über den internen Sklavenhandel in den USA sowie in den Amerikas, vor allem nach der Abolition des atlantischen Sklavenhandels (1808) wissen wir mittlerweile viel mehr als noch im 20. Jahrhundert; es handelt sich zwischen 1790 und 1860 um mehr als eine Million (1,2 Millionen)[185] zum Teil mehrfache Käufe und Verkäufe von Sklaven, ehe die oftmals zur Spekulation gekauften und verkauften Menschen auf den Plantagen der Baumwoll- und Zuckergebiete des South ankamen. All das sind für die Zeiten vor um 1850 gigantische Zahlen.

Die größten Zahlen kommen für China zusammen.[186] Wenn man annimmt, dass „mean people amounted to approximately 1 % of the Ming population. This would induce a total of mean people contained between 700,000 and 2 million around 1600, among which, probably, a great majority were bondservants“.[187] Nimmt man weiter für Ming-China um 1600 eine Gesamtbevölkerung zwischen 66 und 230 Millionen Menschen[188] an, dann sprechen wir über quantitative Dimensionen zwischen 700 000 und 2 Millionen Menschen als „verdorbenes Volk“ und etwa ebensoviele Sklaven („bondservants“).[189] Für die Bevölkerung des riesigen China werden in Bezug auf Sklaven meist Zahlen um die 1 %-Marke genannt. Das ergibt bei Schätzungen zwischen 60 und 230 Millionen Menschen in China um 1600 schon erhebliche Zahlen für die Gruppe der Versklavten (zu den Zahlen siehe „Sklaven und ‚Bondservants‘“ unten). Es ist aber bei weitem nicht das ganze Problem, ich wiederhole das. Auch wenn Sklaverei keine systematische Struktur war und als legale Institution in ihrer wirklichen Breite relativ diffus ist, wirken sich viele Versklavte und Verkaufte auf eine Gesellschaft aus. James Watson sagt in dem bereits zitierten Artikel über Sklavenmärkte in China bis 1949 auch: „nearly every

184 De Vito; Lichtenstein, „Writing a Global History of Convict Labour“, S. 285–325 hier S. 298; Burnside; Robotham, Spirits of the Passage, passim.

185 Tadman, „The Reputation of the Slave Trader in Southern History and the Social Memory of the South“, S. 247–271, hier S. 248; Johnson, „Introduction: A Person with a Price“, S. 1–18.

186 Zeuske, „Versklavte und Sklavereien in der Geschichte Chinas aus global-historischer Sicht. Perspektiven und Probleme“, S. 25–51.

187 Chevaleyre, „Acting as Master and Bondservant: Considerations on Status, Identities, and the Nature of Bond-servitude in Late Ming China“, S. 237–272, hier S. 270 (nach: Ping-ti Ho (Ho Ping-ti, The Ladder of Success in Imperial China: aspects of social mobility, 1368–1911, New York: Science Editions, 1964, S. 19).

188 Brook, The Troubled Empire: China in the Yuan and Ming Dynasties, S. 42–45.

189 Chevaleyre, „Acting as Master and Bondservant: Considerations on Status, Identities, and the Nature of Bond-servitude in Late Ming China“, S. 237–272, hier S. 270.

peasant household was directly or indirectly affected by the sale of people".[190] Das bedeutet vor allem, dass viele aus der Riesenmasse von armen Bauernfamilien eines oder mehrere Kinder bzw. Familienmitglieder verkaufen mussten. Das relativiert die geringe Größe der „1 %-Zahl" – weit nach oben.

Sklaven machten insgesamt etwa 30 % der Bevölkerung Koreas aus; im Süden sogar ca. 50 %.[191] Für die südasiatische, südostasiatische Sklavereien und für die Sklavereien in Japan gibt es selten Zahlen.

Michael Mann listet für die Elitesoldaten der versklavten Siddi und Habshi im Deccan im 17. Jahrhundert Zahlen zwischen 10 000 bis 60 000 Mann auf. Für Sri Lanka (Ceylon) spricht er in portugiesischen Zeiten (16./17. Jh.) von rund 19 000 Soldaten, meist afrikanische Sklaven; die sich selbst als *kavisika* (*cafres*) und *abisi* (Abessinier) definierten. Die Niederländer sollen im 17. Jahrhundert 4000 *caffers* (eine Übernahme des Wortes Kafr/Cafre) nach Ceylon verschleppt haben und die Briten (seit 1796) kauften 800 Cafre-Soldaten von den Portugiesen in Goa. Sie bildeten das *3rd Ceylon Regiment*. Noch heute bezeichnen die Worte *kaffrinha* oder *cafferina* eine kreolische, transkulturierte Musikform auf Sri Lanka – Karibik im Indik![192] Die erwähnten Cherumar-Sklaven in der Landwirtschaft Malabars machten zu Beginn des 19. Jahrhunderts 15 % der lokalen Bevölkerung aus (ca. 100 000 Menschen) und Mitte des 19. Jahrhunderts ca. 190 000; 1836 gab es, unter Einschluss anderer Sklavereiformen 16 „Sklavenkasten" (*jati*); 1843 noch 13.[193] In Assam war Sklaverei tief verwurzelt. Schätzungen um 1830 sprechen von bis 27 000 Sklaven.[194] In Nepal war Sklaverei ebenfalls fest etabliert. Mitte des 18. Jahrhunderts handelte es sich um 20 000–30 000 Menschen, ca. 1 % der Bevölkerung, die vorwiegend in Haushalten arbeiteten. Die meisten Sklaven waren von ihren Eltern verpfändete oder wegen Hunger weggebene Kinder, wie oben gesagt, fast immer Mädchen. Bengalen als Provinz des Mogul-Imperiums hatte den Ruf eines Zentrums der Eunuchen-Produktion für ganz Indien. Es handelte sich vor allem um aus Abessinien-Äthiopien (*habash* = Abessinien) verschleppte Jungen (*habshi*), aber auch *cafres* oder *caffares* aus dem portugiesischen Sklavenhandel.[195] Die meisten anderen Sklaven stammten aus dem bergigen Arakan, Küsten- und Grenzgebiet von Pegu (Burma), wo portugiesische Lançados sich mit oder ohne Erlaubnis des Königs ansiedelten und

190 Watson, „Transactions in People, the Chinese Market in Slaves, Servants, and Heirs", S. 223–250, hier S. 223.

191 Perdue, „Korea", in: Reinhard, Wolfgang (ed.), Empires and encounters, S. 178–193, hier S. 183.

192 Mann, „Die Siddi von Janjira und Ostafrikaner in Goa und Sri Lanka", in: Mann, Sahibs, Sklaven und Soldaten, S. 82–86.

193 Mann, „Die Cherumar in Malabar", in: Ebd., S. 89–93.

194 Sinha, „For the Drink of the Nation: Drink, Labour, and Plantation Capitalism in the Colonial Tea Gardens of Assam in the Late Nineteenth and Early Twentieth Century", S. 295–317.

195 Pescatello, „The African Presence in Portuguese India", S. 142–165.

Menschenhandel betrieben. Der erste bengalische Sultan hielt schon im 15. Jahrhundert eine Prätorianergarde von 8000 Sklavensoldaten.[196]

In Oberburma, östlich von Assam, einer gebirgigen, schwer zugänglichen Gegend in der auch das „Dreieck“ zwischen China und Britisch-Indien lag, erhoben die Briten 1920 einen Zensus, der 3–5 % der Bevölkerung als Sklaven auswies, in einem Tal (Hukawang) sogar bis zu 30 % der Bevölkerung.[197] Im bereits erwähnten Batavia waren 1673 ca. die Hälfte der Stadtbevölkerung Sklaven. In Batavia (1699: 57 %), Malakka (1681: 40 %), Makassar (1676: 66,5 %) und Ambon (1694: 52 %) herrschten quasi-karibische Verhältnisse. Aber es waren nicht die karibischen 9:1-Verhältnisse (Sklaven:Sklavenhalter und freie Bevölkerung) von Barbados im 17. Jahrhundert oder von Saint-Domingue oder Jamaika im 18. Jahrhundert, sondern eher kubanisch-karibische Verhältnisse des 19. Jahrhunderts, zumal auch eine breite chinesische Bevölkerungsgruppe aus Händlern und Arbeitern in Batavia und anderen Städten lebte. 1812 gab es in Batavia noch immer 14 239 Sklaven bei einer Gesamtbevölkerung von 47 083 Personen, was eine Rate von ca. 30 % bedeutet. Über 40 % der Sklaven waren Bugi aus Sulawesi, 20 % aus Bali und rund 15 % von den Kleinen Sunda-Inseln, 8 % kamen aus Indien oder Madagaskar; der Rest war in Batavia geboren.[198]

Ausgehend vom 1652 als Versorgungsstation von den Niederländern an der Bucht beim Tafelberg gegründeten Kapstadt entwickelte sich eine der härtesten lokalen Sklavereigesellschaften der Weltgeschichte. Im Umland des Kaps ließen sich schnell Niederländer sowie Sachsen als Bauern, Viehhalter und Winzer (zunächst vor allem Hugenotten) nieder. Die Nomaden-, Viehzüchter- und Jäger-Völker der Khoikhoi, San und Xhosa, die nicht nur sehr mobil, sondern auch sehr kriegerisch waren, ließen sich kaum versklaven. Die ersten Sklaven kamen 1654 aus Guinea, Mina und Angola nach Kapstadt. Nach Konflikten mit der niederländischen Westindien-Kompagnie (WIC) kamen vor allem VOC-Sklaven aus Bengalen und von der indischen Koromandelküste, viele von ihnen „Portugiesen“. Im späten 17. Jahrhundert folgten ihnen Verschleppte von den Sklavenmärkten Makassars und Batavias. Im Grunde handelte es sich um korporative Staatssklaven für schwere Schanzarbeiten, Hausbau und Infrastrukturenbau, die in speziellen *logies* oder *loods* (eine Art gemauerter Barracoon) untergebracht wurden.[199] Um 1690 gab es 350 private Sklaven. Im Zensus von 1795 wurden 16 839 Sklaven gezählt. Fast alle Arbeiten, vor allem die schwersten und dreckigsten, wurden von Sklaven ausgeführt; auch die ungeliebte Tätigkeit von Bütteln, Wachen und Schutztruppen, d. h.

196 Mann, „Sklaverei in Assam, Maharashra, Rajputana, Bengalen, Awadh und Nepal“, in: Ebd., S. 93–101.

197 Mann, „Sklaverei in Birma, Siam und auf der Malayischen Halbinsel“, in: Ebd., S. 105–110.

198 Mann, „Sklaverei im Malayisch-Indonesischen Archipel“, in: Ebd., S. 110–122.

199 Schoeman, „The world of the slaves: the Slave Lodge“, in: Schoeman, Early Slavery at the Cape of Good Hope, S. 127–194.

Sklavensoldaten (*caffers*). Unter den Sklaven bildete sich eine Hierarchie heraus. Den Sklaven aus Makassar und Ostafrika wurden die untersten Ränge und die unehrenhaftesten Arbeiten zugewiesen. Die niederländisch-norddeutschen Bauern hielten sich Haussklaven und -sklavinnen auf ihren Gutshöfen. Zwischen 1697 und 1834 lebten immer um die 25 000 Sklaven in Südafrika; in den letzten Jahren vor der Abolition stieg ihre Zahl auf 37 000, davon ca. nur 30 % Frauen. Michael Mann gibt Schätzungen an, die besagen, dass bis 1813 ca. 65 000 Sklaven nach Südafrika verschleppt worden waren. In den letzten Jahren stiegen die Zahlen kreolischer, in Südafrika geborener Sklaven rapide an, die oft aus Beziehungen zwischen Freien, Sklavenvorarbeitern (*onderbaasen*, *mandoors*) und Sklavinnen stammten.[200]

Andere Formen der Unfreiheit, wie Indenture, Sträflings-, Galeeren- und Zwangsarbeit, haben die Sklaverei immer wie ein Schatten begleitet. Seit dem Ende der „großen" Sklaverei in „römischer" Tradition im Westen zwischen 1830 und 1860 entstanden aus traditioneller Straf- und Kontraktarbeit sowie der Suche nach billiger und liquider Arbeit neue Formen von Sklaverei (Übergang zum vierten Sklaverei-Plateau). Versklavt und in neuen Formen des Sklavenhandels (sowie neuen Diskursen) an andere Orte verschleppt wurden nun weltweit in der so genannten Kontraktarbeit oder Kuli-Sklaverei neue Gruppen von Menschen aus Kolonien und Halbkolonien sowie pazifischen Inseln. Andere Formen der neuen Sklaverei waren die „weiße" Sklaverei vor allem von Frauen und Kindern (die bald, wie oben gesagt, zum globalen *trafficking* umdefiniert wurde), wie auch die Versklavung von Melanesiern auf Copra-, Baumwoll- und Zuckerplantagen im westlichen Pazifikraum, entweder auf den Inseln selbst (wie im Zucker auf Fidschi),[201] aber auch im peruanischen Guanoabbau und in der guatemaltekischen Kaffeewirtschaft. Über die Versklavung von Melanesiern liegen ziemlich genaue Zahlen vor: insgesamt wurden mehr als 100 000 Menschen verschleppt, nach British Queensland in Australien 62 500, nach Französisch Neu-Kaledonien 15 000, nach Tahiti 2500, in Bezug auf die Größe der Inselgruppe sehr viel in das deutsche Samoa (12 500), nach Hawai 2500 sowie nach Peru 3600 (darunter Rapanui von der Osterinsel) und Guatemala 1100[202] [*Karte 43[203]].

Sklavereien und Sklavenhandel sind aber mehr als Zahlen. Es sind auch die spezifische Kapitalisierung und Kommodifizierung menschlicher Körper durch Austausch, Kauf und Verkauf, Verpfändung, Beleihung, Status, Militärmacht oder

---

200 Mann, „Sklavengesellschaft am südafrikanisch-holländischen Kap", in: Mann, Sahibs, Sklaven und Soldaten, S. 44–53.

201 Mückler, Fidschi. Das Ende eines Südseeparadieses, Wien: Promedia, 2001.

202 Munro, Doug, „The Origins of Labourers in the South Pacific: Commentary and Statistics", in: Moore; Leckie, Jacqueline; Munro (eds.), Labour in the South Pacific, Townsville: James Cook University, 1990, S. XXXIX–LI; Brown, „'A Most Irregular Traffic'. The Oceanic Passages of the Melanesian Labor Trade", S. 184–203, hier S. 185.

203 Karte 43: „Hauptrouten der Kanaka-Arbeiter im Pazifischen Ozean", aus: Christopher; Pybus; Rediker (eds.), Many Middle Passages, S. 237–243, hier S. 242.

gar „Unterhaltung“, wie Opfer bei den Mexica, Gladiatoren-Munera und -spiele. Insofern zeigen die vielen Zahlen, von welchen Dimensionen wir ausgehen müssen bei der Bewertung der Akkumulation von Kapitalien aus und mit menschlichen Körpern.

Europa – Territorium der Sklavereien, der Zwangsmigrationen und der Profiteure des außereuropäischen Menschenhandels

Der Schweinehirt Eumaios, Lieblingssklave des Odysseus[1]

Man versteht besser, warum fast alle Historiker und Kommentatoren sich über dieses Phänomen ausschweigen: Es fällt ihnen schwer, anzuerkennen, dass die wirtschaftliche Wiedergeburt des Okzidents zwischen dem 8. und 11. Jahrhundert über den Handel mit menschlichen Wesen verwirklicht wurde![2]

Quellen, Marginalisierung und Verschweigen – die *silent reality* der Sklaverei in der Welt- und Globalgeschichte

Wenn „kleine Sklavereien", Kin-Sklavereien und „große" Sklavereien sowie Afrika, Amerika, der Atlantik und der Indik im weltgeschichtlichen Fokus einer neuen, globalen Geschichte der Sklavereien und des Menschen-/Sklavenhandels stehen, was ist dann mit Europa? Aurelia Martín Casares hat für „maurische Sklaven" in Spanien die sehr treffende Formulierung gefunden: „enslavement of sub-Saharan and Arab populations has remained a silent reality in the history of Spain and Europe".[3] Diese Marginalisierung als bewusste und gezielte Vertuschung und Verheimlichung hat es überall in Europa gegeben – siehe etwa die Themen Sklaverei im Alten Reich oder Sklaverei im europäischen Mittelalter oder Sklaverei und Leibeigenschaft.[4]

Seit dem Zweiten Weltkrieg präsentiert sich das westliche Europa als Hort der Demokratie und der Freiheit. Ähnliche paradigmatische Umwertungen der Geschichte fanden im 7., 12., 16. und im 18. Jahrhundert statt. Sklaverei und Menschenhandel hat es, nach der letzten dieser Umwertungen im Nachhall der Aboliti-

1 Zitiert nach: Finley, Moses I., „Herren und Sklaven", in: Finley, Die antike Wirtschaft, München: Deutscher Taschenbuch Verlag, 1977, S. 65–108, hier S. 65. Siehe auch: Schmidt, Martin, „Die Welt des Eumaios", in: Luther, Andreas (ed.), Geschichte und Fiktion in der homerischen Odyssee, München: Beck, 2006 (= Zetemata; Bd. 125), S. 117–138.

2 Skirda, La traite des Slaves, S. 112.

3 Martín Casares, „Women's Bodies and Slavery in 16th Century Spain: The Sale of Juana, a Sick Slave", in: L'Homme. Europäische Zeitschrift für Feministische Geschichtswissenschaft Vol. 23:2 (2012) (= Geschlechtergeschichte global), S. 107–110, hier S. 104.

4 Hernæs; Iversen (eds.), Slavery across Time and Space; Brahm; Rosenhaft (eds.), Slavery Hinterland; Hanß; Schiel (eds.), Mediterranean Slavery Revisited; Herlihy, Opera Muliebria; Stuard, „Ancillary Evidence for the Decline of Medieval Slavery", S. 3–28; Mallinckrodt, „There Are No Slaves in Prussia?", S. 109–131.

https://doi.org/10.1515/9783110561630-014

onsdiskurse seit ca. 1800 (ich übertreibe etwas), nur im Altertum, in außereuropäischen Gebieten und an den Peripherien gegeben. Meist ist die Nationalgeschichte der europäischen Territorien, wie im Falle der Entschädigungsempfänger unter der britischen Oberschicht, auf bestimmte Art „rein"-gewaschen worden – auch eine Art von Marginalisierung – oder wird durch abolitionistische Diskurse à la „wieder und wieder und wieder Wilberforce" übertönt oder, um es genau zu sagen – aktiv durch Textmassen überdeckt und marginalisiert.[5]

Realgeschichtlich war Europa, vor allem West- und Nordosteuropa, vor allem zwischen dem 6. und 16. Jahrhundert eine der vielen Peripherien der Weltgeschichte; von Osteuropa gar nicht zu sprechen. Allerdings eine sich immer mehr atlantisierende globale Peripherie mit einer großen Razzien- und Opfersklavereiwirtschaft – der der Wikinger sowie vielen lokalen Sklavereien. Und der generelle historische Trend ist, dass Europa von einem Liefer- und Exportterritorium menschlicher Körper (im Westen – mit Ausnahmen – bis um 1100 (was im Wesentlichen für formalen Sklavenhandel und die Sklaverei von Männern in den Hauptproduktionszweigen in Nordwest- und Mitteleuropa zutrifft;[6] im Osten weit länger) zu einem Importterritorium für Sklaven (1100–1800) und zum Profiteur von Sklavenhandel und Sklavereien außerhalb Europas unter europäischer Kontrolle auf den Meeren, vielen Inseln und in Amerika wurde. In den südlichen Peripherien des Mittelmeers und in Osteuropa blieb Europa auch unfreiwilliger Exporteur verschleppter und versklavter Menschen. Immer aber blieb Europa Ort von Sklavereien – bis heute. Trotz des Trends der Auslagerung von direkter Gewalt in die Kolonialgebiete, existierte in Europa bis ins 19. Jahrhundert eine Vielzahl lokaler Sklavereien und es gab Gebiete, in denen bis in das 19. Jahrhundert[7] und sogar bis in das 20. Jahrhundert (vor allem, wenn Gulag und Lager eingerechnet werden) Menschen in Massen verschleppt und versklavt wurden. Auf das Problem der zwischen Außereuropa/Kolonialgebieten und Europa in historischen Wellen alternierenden Militarisierung (vor allem an Rändern der Steppe bzw. im Einzugsgebiet von Expansionen von Steppenkriegern und Wikingern) sowie der direkten Massengewalt in Bezug auf menschliche Körper aus kommunitären Bauerngesellschaften will ich hier nur verweisen. In Bezug auf Europa zitiere ich hier für die Zeit zwischen dem 11. und dem 16. Jahrhundert Stimmen über das mittelalterliche Portugal und Venedig. „En particular, mantengo que existen tres fases bastante distintas en que el papel de Portugal en el comercio de los esclavos alternó entre ser un reino exportador de esclavos y convertirse en país importador de esclavos [Insbesondere behaupte ich, dass es

5 Tomkins, Stephen Michael, The Clapham Sect: How Wilberforce's circle changed Britain, Oxford: Lion Hudson, 2010; Bulach; Schiel (eds.), Europas Sklaven; Hall; Draper; McClelland, „Introduction", in: Hall; Draper; McClelland et al. (eds.), Legacies of British Slave-ownership, S. 1–33.

6 Miller, „The Historical Contexts of Slavery in Europe", S. 1–57.

7 Bono, „Schiavi in Europa nell'età moderna. Varietà di forme e di aspetti", in: Cavaciocchi (a cura di), Schiavitù e servaggio nell'economia europea. Secc. XI–XVIII, S. 309–335.

drei ganz unterschiedliche Phasen gibt, in denen sich die Rolle Portugals im Sklavenhandel von einem sklavenexportierenden Königreich zu einem sklavenimportierenden Land wandelte]“, schreibt François Soyer.[8] In Spanien war Sklaverei ubiquitär, weitverbreitet und von der Gesellschaft sowie den wichtigsten Institutionen akzeptiert. Nochmals Aurelia Martín Casares:

> A partir del siglo XVI convivían en España esclavos y esclavas de diferentes orígenes: negroafricanos procedentes de la trata subsahariana, árabes y bereberes apresados por los españoles en las costas del Magreb, moriscos del reino de Granada, hindúes traídos de Goa por los portugueses y algún que otro turco, filipino o amerindio. Los esclavos se vendían en las plazas públicas de las ciudades españolas, los comerciantes solían ser „mercaderes de bestias y esclavos“. Se trataba de un fenómeno completamente aceptado por la iglesia, los pensadores de la época y por el pueblo [Vom 16. Jahrhundert an lebten in Spanien Sklaven und Sklavinnen unterschiedlicher Herkunft zusammen: Schwarzafrikaner aus dem subsaharischen Sklavenhandel, Araber und Berber, die von Spaniern an den Küsten des Maghreb gefangengenommen worden waren, Morisken aus dem Königreich Granada, Hindus, die von Portugiesen aus Goa gebracht worden waren und dieser oder jener Türke, Filipino oder Amerindio. Die Sklaven verkaufte man auf öffentlichen Plätzen der spanischen Städte, die Kaufleute waren „mercaderes [eine soziale Kategorie unterhalb der großen Kaufleute – M. Z.] von Vieh und Sklaven“. Es handelte sich um ein von der Kirche, den Denkern der Zeit und dem Volk komplett akzeptiertes Phänomen].[9]

Für das 18. und 19. Jahrhundert zitiere ich hier, sozusagen mit Vergnügen (soweit man dieses Wort bei diesem Thema benutzen kann), die neue große Gegenperspektive Peer Vries' zum Verhältnis zwischen Großbritannien und China. Vries sagt zu England: „that even there a *surprinsingly large* part of labour was unfree“.[10] Peer Vries zeigt dann: „how important *un*-free was *in* and *for* Great Britain, that 'cradle of capitalism' and the world's first industrial nation“[11] und fährt fort: „on a global scale, un-free labour definitely was the rule, not the exception“.[12] Dann kommt das bekannte Zitat von Arthur Young über die 4 % „Freie“ in der Weltbevölkerung und 96 % Sklaven, *serfs, indentured servants* sowie Vasallen (die durch Pressgangs der Royal Navy quasi-versklavten Matrosen erwähnt Young hier gar nicht).[13] In globaler Perspektive, sagt Vries: „there are good reasons to assume that the importance of un-free labour increased rather than decreased over the entire modern period. Overall, however, it is striking how important un-free labour was in 'Enlightened'

---

8 Soyer, „El comercio de los esclavos musulmanes en el Portugal medieval: rutas y papel económico“, S. 265–275, hier S. 266; siehe auch: Schiel, „Mord von zarter Hand. Der Giftmordvorwurf im Venedig des 15. Jahrhunderts“, in: Hanß; Schiel (eds.), Mediterranean Slavery Revisited, S. 201–228.

9 Martín Casares; M'bachu, „Memorias de un tratante de Liverpool sobre el comerico esclavista entre Canarias y el África Occidenal Subshariana a finales del siglo XVIII“, S. 1–10.

10 Vries, „Some comments on mercantilism and labour in Great Britain“, in: Vries, State, Economy and the Great Divergence, S. 333–339, hier S. 333.

11 Ebd.

12 Ebd.

13 Young, Political essays concerning the present state of the British Empire, S. 20–21.

Europe and even in Britain in the eighteenth century".[14] Und im 19. Jahrhundert, füge ich hinzu. Dann nennt Peer Vries all die vielen Tausende gepressten Matrosen, „Kriegsarbeiter" und *convicts*. „And then of course, as the full opposite of free labour, there is slavery. There also were some people in Great Britain that one might call 'slaves'". Für Vries fallen viele indische Seeleute darunter, die vor allem seit dem frühen 17. Jahrhundert mit der Royal Navy nach Großbritannien kamen – „many others were simply given to Britons to serve in their families. In the eighteenth century their condition became quite similar to that of chattel slaves in Africa."[15] Als einen Hinweis auf den (großen) Umfang des Problems zitiert Peer Vries Michael Fisher: „Michael Fisher estimates that around 10,000 servants/slaves were shipped back to India between 1800 and 1813 on the expense of the East India Company".[16]

Der massive atlantische Menschenhandel 1450–1880 (*Atlantic Slavery*), dessen Schauplatz nicht direkt Europa, aber Makro-Gewaltinfrastrukturen mit dem Kern Atlantik (AAA – siehe oben) unter europäischer Kontrolle bis um 1830 war, wurde und wird marginalisiert – in dem Sinne, dass zwar Kapitalschöpfung, -sicherung und -akkumulation dort ihre wichtigste Basis hatte, aber in den verschiedenen Anrainergesellschaften darüber bewusst geschwiegen wurde und wird nach dem Muster „die heutigen Geschichten der europäischen Nationen (ohne Kolonien und Atlantik) haben mit Sklaverei und vor allem mit Sklavenhandel nichts zu tun". Und wenn doch, dann oft nur in fernen Vorzeiten oder durch böse Besetzer (Römer, Wikinger/Normannen, Mongolen, Muslime). Ich sage, zusammen mit einer Reihe von Historikern und Archäologen: die keltischen und germanischen, gotischen/fränkischen sowie skandinavischen und baltischen Gebiete Europas, die heute West-, Nord- und Mitteleuropa bilden, waren schon „vor dem Atlantik" Territorien lokaler, zum Teil auch überregionaler, Sklavereien aller Typen, Formen, Namen und Rechtsregeln. Unter griechischem, römischem, germanischem, wikingisch-normannischem, arabischem und osmanischem Einfluss (ich nenne nur die wichtigsten) wurden und waren sie auch Gebiete der Menschenjagd und des großen Sklavenhandels. Europäer wurden massiv versklavt, durch andere Europäer, durch Römer und *gentes*, durch Wikinger, durch die sogenannten Barbaresken Nordafrikas (die ihrerseits in Europa versklavt wurden), über die Krim und die nördlichen Küsten des Schwarzen Meeres oder auf dem Balkan durch alle umliegenden Imperien, durch Expansionen sowie Razzien oder durch Kaufleute und lokale Eliten. Und christliche Eliten versklavten – in Europa – andersgläubige Kriegsgefangene und marginalisierte Gruppen.[17] Ein eher ungewöhnlicher Beweis

14 Vries, „Some comments on mercantilism and labour in Great Britain", S. 333–339, hier S. 333.

15 Ebd., S. 338.

16 Ebd., S. 339; siehe auch: Fisher, „Bound for Britain: Changing conditions of Servitude, 1600–1857", S. 187–209.

17 Priesching, „Sklaverei und europäische Identität – eine verdrängte Geschichte", in: Priesching, Sklaverei in der Neuzeit, S. 8–14.

für Afrikas Rolle als Zentrum der Sklaven-„Produktion" liegt in der Tatsache, dass in den Hoch-Zeiten des atlantischen Sklaven- und Menschenhandels nur wenige Europäer im subsaharischen Afrika versklavt worden sind. Das lag nicht etwa an ihrer „Überlegenheit", sondern eher am Gegenteil: Europäer starben zu schnell, sie verfügten nicht über eigene soziale Basisstrukturen (Familien mit europäischen Frauen und Kindern) und sie waren Junior-Partner von afrikanischen Eliten, die vom atlantischen Handel profitierten.[18]

Europa war durch seine Geomorphologie, seine Böden und die Formen der Energienutzung sowie der Verkehrsmittel (Karren und viele Wasserfahrzeuge) und Verkehrsnetze (Meere, Flüsse, Wege und Straßen) ein Gebiet mit hoher Dynamik.[19] Aber nicht nur das, wegen der relativ geringen Größe als Kontinent wuchsen um Europa drei der oben genannten ozeanischen Transkulturationen und ihre maritimen Sklavereien (Wikinger/Nordatlantik – inkl. Nordsee, Baltikum und die größten Flüsse Osteuropas und Russlands; „koloniales" Mittelmeer und „neuer" Atlantik seit dem späten Mittelalter), am besten symbolisiert in den atlantischen Hochseeschiffen seit der Karavelle. Zwischen 1500 und 1800 verfünffachte sich der Transportraum europäischer Schiffe.[20] Durch die Quasi-Neuerfindung des atlantischen Slavings erfuhren die „kleinen Unterschiede" Europas in Bezug auf andere Weltregionen und die europäische Dynamik der Lückenwirtschaften nochmals eine exponentielle Beschleunigung – etwa in der Institutionalisierung des Geld- und Finanzsektors. Ohne Sklaven-/Menschenhandel sowie Sklavereien kein Europa. In der Neuzeit war Europa vor allem in seinen westlichen Teilen die Heimat der Profiteure des atlantischen Sklavenhandels.[21]

Heute tauchen in einer Wirtschaftsgeschichte Europas Sklaven gar nicht mehr auf, sondern nur in einem Hauptkapitel „Energie", im Unterkapitel über „Tierkraft" und dort im Unterpunkt „Maschinen und Sklaven".[22] Sicherlich kann man aus ressourcen- und verkehrshistorischer und technologischer Sicht die Bedeutung der Arbeits-Zäumung von Pferden und Ochsen (in Europa im 10. und 11. Jahrhundert mehr oder weniger abgeschlossen) als wichtig ansehen und deshalb auch spezifische Änderungen in europäischer bäuerlicher Arbeit (zu der formale Sklavereien auch West- und Mitteleuropa, wie gesagt, mindestens bis 1100 gehörten, informelle Sklavereien von Frauen und Kindern weit länger) konstatieren. Aber ohne die Po-

---

18 Eltis; Engerman, „Dependence, Servility, and Coerced Labor in Time and Space", in: Eltis; Engerman (eds.), The Cambridge World History of Slavery, Bd. 3, S. 1–21.

19 Jones, The European Miracle, passim.

20 Unger, „The Tonnage of Europe's Merchant Fleets, 1300–1800", S. 247–261; Borutta, Manuel; Gekas, Sakis, „A Colonial Sea: the Mediterranean, 1798–1956", in: European Review of History – Revue européenne d'histoire Vol. 19:1 (Feb. 2012), S. 1–13.

21 Acemoglu; Johnson; Robinson, „The Rise of Europe: Atlantic Trade, Institutional Change, and Economic Growth", S. 546–579.

22 Malanima, „Maschinen und Sklaven", in: Malanima, Europäische Wirtschaftsgeschichte, S. 89–90.

tenzen, die sich aus dem dynamischsten, am meisten technisierten und verwissenschaftlichten Verkehrssektor, dem Schiffswesen (inkl. Schiffbau, -finanzierung und -versicherung) sowie dem Wissenskomplex „Schiff" und dem atlantischen Slaving ergaben (und das Überseegeschäft war nunmal sehr lange ein Sklavensektor par excellence), wäre es nicht zum Entwicklungsvorsprung gegenüber anderen Großterritorien der Welt gekommen. Wenn Menschen und Tiere für Dynamik sorgen, dann müssten Indonesien und Südostasien seit ca. 1800 das Entwicklungszentrum der Welt sein. Dort potenzierten sich Sklavereien und Tiere (vor allem die) in erheblich höheren Anzahlen als in Europa. Es waren aber gerade die formal (verfassungsrechtlich) am wenigsten „unfreien" Länder Nordwesteuropas, die im 17. und 18. Jahrhundert auch die meisten Pferde einsetzten (England und Niederlande), die zur gleichen Zeit durch Schiffswesen, Menschenhandel und Kolonialsklavereien am meisten atlantisiert wurden. Im Kern ist hier das spanische Modell der Nationalgeschichtsschreibung am Werk – eine Post-1950er-Neuerfindung der jeweiligen europäischen Nation ohne Kolonien, Imperium und Sklavereien in der Neuzeit und Verdrängung aller Schlechtigkeiten in die (heutigen) National-Staaten Lateinamerikas oder in die Philippinen (oder Territorien Afrikas bzw. andere ehemalige Kolonialgebiete), (fast) ohne zu erwähnen, dass sie Kolonien eines europäischen Landes waren. Bis 1945/1960 existierte eine andere globalgeschichtliche Perspektive (die des „guten" Imperiums). Ich möchte das auch nochmals durch eine Analyse der Stellung Portugals in Europa und in der Welt verdeutlichen. In der Perspektive des sich industrialisierenden Biedermaier-Europas seit ca. 1860 ist Portugal extrem marginal und randständig. In der Perspektive von Sklavenhandels- und Sklaverei-Eliten war Portugal bis um 1825 (und danach noch in Afrika) eine Weltmacht.[23] Und in Macao war Portugal das auch noch – bis 1999.

Der historische Raum, der heute als Europa vor allem in seinen östlichen Teilen stark umstritten ist (weil seine Grenzen nicht definiert sind), stellt eigentlich ein stark gegliedertes Anhängsel der gigantischen Landmasse, die Kartographen seit dem 17. Jahrhundert „Kontinent Asien" nannten, dar. Europa ist ein Paradebeispiel dafür, wie periphere und lokale Sklavereien in äußerlich recht ärmlichen, aber im Kern dynamischen Bauern-, Adels- und Handwerkerkulturen in transkulturellen Auseinandersetzungen mit entwickelteren Kulturen zentral werden können. Allerdings nur dann, wenn sie expansiv und gewalttätig werden sowie eine außerordentliche und intensive Kreativität entwickeln (vor allem durch auf das Ehepaar zugeschnittene Verwandtschafts- und Familiensysteme sowie die Zentralstellung von Land („Lehen") im 11. Jahrhundert und durch die damit strukturell verankerte

23 Araujo, „La correspondance du Roi Adandozan avec la couronne portugaise: petite histoire d'une grande amitié", in: Saupin, Guy (ed.), Africains et Européens dans le monde atlantique XVe–XIXe siècle, Rennes: Presses Universitaires de Rennes, 2014, S. 129–151.

„Besitz"-Entwicklung einerseits und Expansionsdynamik andererseits).[24] In Europa haben alle Typen von Sklavereien, von der Kin-Sklaverei über viele Arten von kleinen und großen Sklavereien sowie Deportation/Zwangsmigrationen, Zwangsansiedlungen und Zwangsarbeit bestanden, sogar als „Leibeigenschaft" spezifische Formen der Abhängigkeit (*serfdom*, *servitude*), die Bauern zu bestimmten Zeiten mehr Autonomie erlaubte und sich diskursiv über das Christentum sehr stark vom Modell der „römischen" Sklaverei absetzte. Bestimmte Regionen Europas, ich wiederhole das, waren über Jahrhunderte Sklavenjagd- und -handelsgebiete (*slaving zones*), ähnlich wie Westafrika zwischen 700 und 1930: für Kelten, für Germanen, für den Menschenhandel der Griechen und Römer, für römische Feldherren, für Karolinger, Wikinger, Radhaniten, leichtbewaffnete slawische, litauische und baltisch-estnische Krieger, Ottonen, italische Bänker und Wucherer, Armenier und Araber sowie für Türken und christliche Ritter der hochmittelalterlichen Expansionen Lateineuropas seit dem 11. Jahrhundert und ihrer Gegner (siehe auch oben „Wege und Räume sowie Gewaltinfrastrukturen").

Der Raum des heutigen „Europa" bestand noch bis Ende des Mittelalters (um 1400) aus mehreren größeren Teilen: das „lateinische" (römisch-katholische) Europa, die lateinische Christenheit, von Portugal und Gibraltar bis zur Grenze russischer Fürstentümer unter Einschluss Polen-Litauens, des Deutschen Ordens (sowie Schwertbrüder und Kreuzritter des Deutschen Ordens, die zusammen mit Dänen, Schweden und Polen bis ca. 1360 die letzten oft nicht-christlichen Küstenvölker (Rujanen (Ranen), Pommern, Pruzzen, Masowier, Liven, Esten, Kuren, Semgaller) unterwarfen),[25] Böhmens, Mährens, Ungarns, Serbiens, der Küstenstaaten der dalmatischen Küste, der Walachei und Bulgariens sowie skandinavischer Gebiete im Norden seit ca. 1100, mit islamischen Enklaven in Spanien, von denen bis 1492 nur Granada übrig war[26] (und in die sich von Südosten das osmanische Imperium, Vasallenstaaten und Bosnien hineinschoben). Im lateinischen Europa muss wahrscheinlich Nordeuropa, d. h., vor allem Dänemark, Skandinavien und Island sowie der Danelag (und ein paar weitere Einflussgebiete) etwas abgesetzt werden, weil

---

24 Bartlett, „Die adlige Diaspora", in: Bartlett, Die Geburt Europas aus dem Geist der Gewal, S. 51–114 und passim; Jussen, Bernhard, „Wer falsch spricht, denkt falsch. Warum Antike, Mittelalter und Neuzeit in die Wissenschaftsgeschichte gehören", in: Steinmetz, Matthias (ed.), Spekulative Theorien, Kontroversen, Paradigmenwechsel, Berlin: Berlin-Brandenburgische Akademie der Wissenschaften, 2017 (Debatte 17), S. 38–52.

25 Jeder Historiker wird vor allzu großen Verallgemeinerungen zurückschrecken; allerdings kann ich mir in spatial-historischer Hinsicht die Bemerkungen nicht verkneifen, wie sehr das Schicksal slawischer und baltischer Küstenvölker den Schicksalen afrikanischer oder nordamerikanischer Küstenvölker (seit ca. 1600) ähnelt, die Opfer von Expansionen, Imperien und Monarchien wurden, die den Kriegsgefangenen- und Sklavenhandel sowie -transport aus dem Innern kontrollierten (Afrika) oder seegestützten europäischen Kolonialexpansionen (Amerika) unterlagen.

26 Siehe die Pionierstudie zu islamischen Minderheiten vor allem in Spanien, Süditalien, Ungarn und in den Kreuzfahrerstaaten: Catlos, Brian, Muslims of Medieval Latin Christendom, ca. 1050–1614, Cambridge: CUP, 2014.

sich dort bis zum Ende der Wikingerzeit (um 800–um 1050) eine eigenständige Sklavereigesellschaft gebildet hatte.

Zweitens das „römische" (oströmische) Imperium mit Zentrum Byzanz, dem „byzantinischen Original römischer Kaiserherrschaft",[27] welches später das „griechische" (orthodoxe) Europa, die orthodoxe Christenheit, wurde, von 1453 bis 1830 unter Kontrolle der osmanischen Türken, vom Peloponnes bis zum Pruth.

Drittens das „neue", das „östliche" Europa. Dieses Europa war nach Christian Lübke nicht von der römisch-lateinischen Kultur erfasst worden bzw. durch spätantike sowie frühmittelalterliche Wanderungsbewegungen und mittelalterlichen Landesausbau in seinen westlichen Gebieten extrem verändert worden. Zunächst bildeten Polen, Böhmen sowie die Kiewer Rus seit dem 10. Jahrhundert christliche Kernmächte.[28] Dann kam das östliche Europa unter nicht-christliche Kontrolle der Mongolen (1238–1480). Im Norden reichte dieses östliche Europa bis Finnland sowie von den baltischen Gebieten bis zum Ural, an die Wolga und bis zum Schwarzen Meer, wo es sich mit dem griechischen Europa überlappte. Dort befand sich über Jahrtausende einer der wichtigsten Slavinggrenzen Eurasiens.[29] Es war auch, wie wir wissen, eine Region der Razzien und der Sklavenverschleppung und des Sklavenhandels. Die Masse der Versklavten, die außerhalb der Versklavungsgebiete Sakaliba genannt wurden, kamen aus diesem Überlappungsgebiet. Das „alte griechische" Europa stand bis 1250 unter Dominanz von Byzanz, hatte aber vielfältige Invasionen, Migrationen sowie Versklavungskriegszüge hinnehmen müssen, wie Hunnen, Slawen, Awaren, Perser, Araber, Chasaren, Wikinger (Normannen, Waräger, Rus/Ros), Bulgaren und Ungarn. Byzanz bildete bis etwa 1200 ein Bollwerk gegen Hunnen, Alanen, Chasaren, Ros, Perser, Araber, Slawen, Bulgaren, Kumanen und Osmanen. Erst die Handels- und Profitinteressen Venedigs, u. a. am Menschenhandel zwischen Schwarzen Meer, Ägypten, Nordafrika und dem südlichen Europa, und die osmanische Expansion brachten dieses Bollwerk zum Einsturz.

---

27 Hardt, „Fernhandel und Subsistenzwirtschaft. Überlegungen zur Wirtschaftsgeschichte der frühen Westslawen", S. 741–763, hier S. 741.

28 Lind, „Darkness in the East? Scandinavian scholars on the question of Eastern influence in Scandinavia during the Viking Age and Early Middle Ages", in: Bjerg, Line; Lind; Sindbæk, Søren (eds.), From Goths to Varagians. Communication and Cultural Exchange between the Baltic and the Black Sea, Aarhus: Aarhus University Press, 2012, S. 341–367; zu den unterschiedlichen Interpretationen der Geschichte der Rus siehe: Raffensperger, Christian, „The Place of Rus' in Medieval Europe", in: History Compass 12/11 (2014), S. 853–865; Androshchuk, Fedir, „What does material evidence tell us about contacts between Byzantium and the Viking world c. 800–1000?", in: Androshchuk; Shepard, Jonathan; White, Monica (eds.), Byzantium and the Viking World. Acta Universitatis Upsaliensis, Uppsala: Uppsala Universitet, 2015 (Studia Byzantina Upsaliensia; 16), S. 91–116.

29 Lübke, Fremde im östlichen Europa, S. 5; Lübke, Das östliche Europa, München: Siedler Verlag, 2004.

Durch die Wikinger war Europa auch im Norden groß geworden. Die Sklavenhandelswege durch ganz Europa und die Bedeutung früher Städte als Verteilerzentren und Umschlagplätze habe ich oben dargelegt (siehe: „Wege und Räume sowie Gewaltinfrastrukturen“, oben). Die Kombination zwischen Nordeuropa und Osteuropa hatte sich zwischen dem 9. und dem 13. Jahrhundert am Weg „ot varjag do grek“[30] in einem weiten Bogen zwischen Nordeuropa und Byzanz herausgebildet, verbunden mit baltischen, slawischen, arabisch-persischen, wolgabulgarischen, chasarischen, kumanischen und tatarischen Gebieten. Traditioneller ausgedrückt, handelte es sich neben den oben genannten beiden Gruppen und Territorien der Rus um die breite östliche Grenze Polens, um Litauen, Halitsch, Galizien, die Walachei, Moldawien. Litauen und in gewisser Weise in seinem Schlepptau Polen (13.–15. Jahrhundert) war ein eher heidnisches und multireligiöses Zwischenimperium (Großfürstentum; die Großfürsten waren mit einer Ausnahme in England lange Zeit die einzigen nichtchristlichen Fürsten Europas) leicht bewaffneter Razzienkrieger. Ein besonders spannendes Übergangsgebiet zwischen Kiewer Rus, Polen, Litauen sowie südlicheren Gebieten war Halitsch-Wolhynien. Über die Flüsse Pruth und Dnestr war das Fürstentum mit den Sklavenmärkten des Schwarzen Meeres verbunden. Die Sozialverhältnisse sind nicht anders gewesen als in anderen Teilfürstentümern der Kiever Rus (bis auf ein stärkeres Hervortreten der Bojaren gegenüber der Fürstenmacht seit dem späteren 12./13. Jahrhundert).[31]

Südlich und östlich von Kiew und Halitsch-Wolhynien handelte es sich um die expandierenden Bulgaren, Kumanen und Ungarn, die ebenfalls Versklavte und Verschleppte ans Schwarze Meer lieferten, aber auch Unterworfene in kollektiven Sklavereien ansiedelten. Im Namen der Ukraine symbolisierte sich der Grenz-Charakter des „neuen“ Europa nach der Mongoleninvasion. Es reichte bis zur Moldau, bis zum Kiewer Reich sowie bis nach Moskau-Russland, das zwischen 1240 und 1475/1500 abhängig von Mongolen und Tataren der Goldenen Horde war.

Das engere „lateinische“ Europa war vom 8. bis zum 10. Jahrhundert aus der Krise der fränkischen Monarchie aufgrund slawisch-awarischer, arabischer, ungarischer und wikingischer Angriffe neu entstanden. Basis war, wie oben dargelegt, Sklaven- und Kriegsgefangenenjagd und -handel vor allem auf Nichtchristen, die es im Wesentlichen in slawischen Gebieten im späteren „neuen“ Europa und im Ostmittelmeer gab.[32]

---

30 Franz, Norbert, „Die ersten Juden in Osteuropa und die Ostslaven“, in: Kotowski, Elke-Vera; Schoeps, Julius H.; Wallenborn, Hiltrud (eds.), Handbuch zur Geschichte der Juden in Europa, 2 Bde., Darmstadt: Wissenschaftliche Buchgesellschaft, 2012, Bd. I: Länder und Regionen, S. 167–172, hier S. 169.

31 Informationen von Christian Lübke; siehe: Lübke, Fremde im östlichen Europa, S. 48–51 und Lübke, „Fremde als Sklaven?“, in: Ebd., S. 113–123.

32 Bartlett, „Die Expansion der lateinische Christenheit“, S. 17–50; Lübke, „Kriegsgefangene im mittelalterlichen Osteuropa. Ein Beitrag zur Frage der Ansiedlung slawischer Gefangener im Wendland in vergleichender Sicht“, S. 77–89.

Dazu ist ein weiterer Rückgriff, diesmal auf die Zeit zwischen dem 6. und 10. Jahrhundert nötig. Auf Basis neuerer Forschungen und Perspektiven wird deutlich, dass Slawen nicht nur passive Opfer und Namengeber (Sakaliba) wurden, sondern slawische Eliten, Krieger-Druschinen und Herrscher waren aktiv an Versklavungs- und Fernhandelsdynamiken beteiligt. „Seit der zweiten Hälfte des 6. Jahrhunderts", schreibt Matthias Hardt, „wurde Ostmitteleuropa slawisch".[33] Das Austausch-Grundmuster war Edelmetall gegen menschliche Körper. Aber nicht nur allgemein, sondern Edelmetall konkret in der Form von Gewichtsgeldwährung (Münzen oder Hacksilber, die mit Feinwaagen gemessen wurden).[34] Die Bedeutung dieser Währung kann heute noch an den wikinger- und slawenzeitlichen Hortfunden Nord- und Osteuropas ermessen werden. Sie bestehen aus Edelmetallschmuck, Reifen, Silberbarren und Münzen verschiedenster Monetarsysteme, ganz oder zerhackt, deren überwiegender Teil orientalischer Herkunft ist. Die vergrabenen oder versteckten Horte werden von Archäologen und Historikern als eine Art Bank, als zwischenzeitlich nicht genutztes Kapital interpretiert. Es handelt sich meist um kufisches Silber, um bisher etwa 250 000 Dirhams aus Bagdad, Taschkent, Samarkand und Buchara. Ostmitteleuropa schien sich sogar auf dem Weg in die arabisch-persisch-islamische Kultur zu befinden (siehe oben).[35] Das Silber zeugt von den Austausch- und Handelsbeziehungen der slawischen Welt zwischen Ostsee, Newa, Schwarzem Meer und Adria im Mittelalter bis ca. 1150. Den slawischen Eliten und Fürstentümern diente das Edelmetall der Statusrepräsentation und zur Visualisierung von Herrschaft und Macht sowie der Bezahlung von Kriegern.[36] Was gaben die slawischen Eliten für das Silber aus den weiträumigen Handelsbeziehungen – außer vor allem Pelze und Felle (nicht nur Marder, sondern auch fast alle anderen Arten von Pelzen, Fellen und Häuten, u. a. auch Eisbärenfelle), aber auch Honig, Wachs und Holz? Es war der „Handel mit menschlicher Ware", an dem slawische Eliten bzw. Eliten in slawischen Gebieten aktiv und protagonistisch teilnahmen, z. B. der fränkische Sklavenhändler Samo,[37] der um das Jahr 630 einen slawischen Aufstand gegen die Awaren anführte und nach dem Erfolg zum König avancierte

33 Hardt, „Fernhandel und Subsistenzwirtschaft. Überlegungen zur Wirtschaftsgeschichte der frühen Westslawen", S. 741–763, hier S. 741.

34 Steuer, Heiko, „Gewichtsgeldwirtschaften im frühgeschichtlichen Europa", in: Untersuchungen zu Handel und Verkehr der vor- und frühgeschichtlichen Zeit in Mittel- und Nordeuropa, Teil 4: Der Handel der Karolinger- und Wikingerzeit, Göttingen: Vandenhoeck & Ruprecht, 1987 (Abhandlungen der Akademie der Wissenschaften in Göttingen, Philologisch-historische Klasse, Dritte Folge 156), S. 405–527.

35 Hardt, „Fernhandel und Subsistenzwirtschaft. Überlegungen zur Wirtschaftsgeschichte der frühen Westslawen", S. 741–763, hier S. 742–744.

36 Brather, Sebastian, „Frühmittelalter Dirham-Schatzfunde in Europa. Probleme ihrer wirtschaftsgeschichtlichen Interpretation aus archäologischer Perspektive", in: Zeitschrift für Archäologie des Mittelalters 23–24 (1995–96), S. 73–153.

37 Pohl, Walter, „Samo", in: Pohl, Die Awaren. Ein Steppenvolk in Mitteleuropa 567–822 n. Chr., München: Beck, 2002 (Reihe „Frühe Völker"), S. 256–261.

oder Bolesław Chrobry (erster König Polens).[38] Die Verschleppten waren oft (noch) keine Christen. Auch die Empfänger waren oft keine Christen, etwa im Emirat/Kalifat Córdoba, in Nordafrika, in Syrien oder Bagdad, wohin die Sakaliba, wie oben ausgeführt, meist über Verdun, der Sklaven- und Eunuchenstadt im Karolingerreich, Marseille oder Venedig verkauft wurden.[39] Die christlichen Monarchen des Franken- und Sachsenreiches oder des Mährerreiches konnten also nichts gegen diesen Menschenhandel haben (Bischöfe schon, denn denen wurden potentielle Christen geraubt), zumal, wie Matthias Hardt festhält und wie in den Zollordnungen von Raffelstetten und Walenstatt (im churrätischen Reichsurbar) deutlich wird, der Sklaven- und Menschenhandel große Silbermengen in die Schatzkammern brachten. Es waren vor allem Mädchen und junge Frauen, wie oben schon erwähnt, die die höchsten Preise erzielten auf den europäischen Sklavenmärkten und für die die höchsten Zölle zu bezahlen waren.[40] Sebastian Brather hat Richtpreise ermittelt: ein Sklave ohne Krankheiten und Verletzungen sowie mit bestimmten körperlichen Qualitäten kostete mit 300 Gramm Hacksilber etwa so viel wie ein Pferd (und war somit im Vergleich zu anderen Werten – siehe oben – recht billig, was auf ein Überangebot schließen lässt); ein Schwert oder ein Ochse waren für 125 Gramm Silber zu haben, eine Kuh für 100 Gramm.[41] Das ist aber nicht das eigentliche Problem im Rahmen vorliegender Arbeit. Betrachten wir das Verhältnis Silber – menschliche Körper von seiten letzterer, können genauso gut menschliche Körper, Gefangene, Versklavte, Sakaliba das allgemeinere Tausch-Äquivalent gewesen sein und das Silber, wie die Hortfunde zeigen, eher die Kapitalsicherung.

Die Krieger der Polen- und Mährerfürsten, aber auch die leichtbewaffneten Plünderer- und Razzienkrieger der slawischen und baltischen Stämme, raubten jedenfalls viele Gefangene. Bolesław Chrobry etwa wird während der Kriege gegen Heinrich II. und im Dauerkonflikt mit der Kiewer Rus viele Menschen erbeutet haben. In Quellen werden Gefangenenzüge mit Hunderten und Tausenden von Menschen erwähnt.[42] So erstaunen die Zahlen von neunhundert durch die Apostel Kyrill und Methodius aus der Gewalt von Mährerfürsten befreiten Sklaven denn

38 Hardt, „Fernhandel und Subsistenzwirtschaft. Überlegungen zur Wirtschaftsgeschichte der frühen Westslawen", S. 741–763, hier S. 746.

39 Hoffmann, Hartmut, „Kirche und Sklaverei im frühen Mittelalter", in: Deutsches Archiv für Erforschung des Mittelalters 42 (1986), S. 1–24; siehe auch: Riché, „Der Sklavenhandel", S. 140–141.

40 Koller, „Die Raffelstetter Zollordnung und die mährischen Zentren", S. 282–295; Hardt, „Fernhandel und Subsistenzwirtschaft. Überlegungen zur Wirtschaftsgeschichte der frühen Westslawen", S. 741–763, hier S. 747.

41 Brather, Archäologie der westlichen Slawen. Siedlung, Wirtschaft und Gesellschaft im früh- und mittelalterlichen Ostmitteleuropa, Berlin/New York: De Gruyter, 2001 (Ergänzungsband zum Reallexikon der Germanischen Altertumskunde 30), S. 236.

42 Hardt, „Erfurt im Frühmittelalter. Überlegungen zu Topographie, Handel und Verkehr eines karolingerzeitlichen Zentrums anlässlich der 1200sten Wiederkehr seiner Erwähnung im Diedenhofener Kapitular Karls des Großen im Jahr 805", S. 9–39, hier S. 33 f.

auch nicht wirklich.[43] Frühe staatliche Territorialkomplexe entstanden um die oben mehrfach genannten Menschenhandelswege, die eventuell sogar einen transkontinentalen Transithandel (Kernroute im 8./9. Jahrhundert: Verdun-Prag-Krakow-Kiew-Schwarzes Meer und/oder Bolgar) aus wolgabulgarischen Gebieten durch Ost- und Ostmitteleuropa bildeten, auf jeden Fall aber Fernverkehrsverbindungen durch ganz Europa, auf denen vor allem menschliche Körper und Tierhäute mit Haaren (Pelze) gegen Silber und Luxuswaren sowie Waffen getauscht wurden, die den Eliten der neuen Territorien Status und Macht brachten. Burgwälle und Fürstenburgen waren dabei mit Sicherheit „auch Etappenstationen im Sklavenhandel“.[44] Die Fürsten ließen auch Dienstsiedlungen anlegen, in denen zunächst versklavte Kriegsgefangene angesiedelt wurden. Dazu wurden auch Personenverbände (ganze Dorf- und Siedlungsgemeinschaften) aus großer Entfernung zwangsumgesiedelt, d. h., in kollektiver Sklaverei gehalten.[45]

Slawische und baltische Menschenjäger mit ihren Kin-Sklavereien außerhalb der Herrschaften Polens sowie Bömens und Mährens, d.h, den fürstlichen Territorialkomplexen, wurden unterworfen oder schlossen sich entweder den überlegenen Franken, Sachsen, Dänen oder Wikingern und Rus an, bildeten eigene expansive Reiche (wie Litauen) oder wurden als Gruppe vernichtet und als Einzelmenschen versklavt.[46] Das „lateinische“ Europa hatte sich mit seinem Modell der lateinischen Christenheit, Lehnssystem und christlichen *nationes* unter Königen sozusagen selbst erfunden (im Westen Europas meist auf Basis provinzialrömischer Strukturen) und viele der Angreifer (wie Normannen oder Ungarn) integriert. Bis zum 11. Jahrhundert war das spätere Neueuropa zwischen Ostseeraum und osteuropäischer Tiefebene mit den Grenzen am Ural und Jaik, wie gesagt, wirtschaftlich, kulturell und sozial eher mit dem Kalifat von Bagdad einerseits und dem Wikinger-Nordatlantik andererseits verbunden. Die Grobformel des Austausches lautete auch hier: Gewürze, Aromen, Luxustextilien und Silber aus dem islamischen Bereich gegen Sakaliba-Sklaven und andere verschleppte Menschen (Iren, Briten, Schotten, Sachsen, Slawen, Traels), Wachs, Roheisen und Pelze sowie warägische Krieger aus dem zukünftigen „neuen“ Europa. Es bestand durchaus die Möglichkeit, dass sich dieses spätere Neueuropa islamisierte. Das ganze östliche Europa hätte auch unter mongolische Herrschaft fallen können (1241 – Sieg der Mongolen in der Schlacht bei Liegnitz in Schlesien) – wenn Batu-Khan nicht zum Kuriltai abgezogen wäre. Durch den Niedergang des Samanidenreiches (und die plötzliche Verschlechterung arabischen Silbers) sowie die Lernprozesse des lateinischen Westens stieg

43 Hardt, „Fernhandel und Subsistenzwirtschaft. Überlegungen zur Wirtschaftsgeschichte der frühen Westslawen“, S. 741–763, hier S. 748.

44 Ebd., S. 748.

45 Ebd., S. 754 f.

46 Zum Gesamtraum Osteuropa siehe: Ott, „Europas Sklavinnen und Sklaven im Mittelalter. Eine Spurensuche im Osten des Kontinents“, S. 31–53.

allerdings im 11.–14. Jahrhundert die Kreativität des um 1100 noch recht mickrigen „Abendlandes“ im Sinne von „lateinisches“ Europa mit Kern *Francia, Germania, Italia, Hispania, Anglia* sowie *Scandinavia.*

Um es etwas salopp auszudrücken: wegen der unerklärlichen Überlegenheit von Mächten und Völkern mit Massen überlegener Reiterkrieger (Hunnen, Ungarn, Araber, Mongolen, Türken) und anderen Religionen verlegten sich die Lateiner auf Hermeneutik, Übersetzung und empirische Philosophie („Universalismus“). Zum transkulturellen Kern Lateineuropas avancierte die „europäische Banane“[47] von Mittel- und Norditalien, Burgund, Alpenübergänge in der heutigen Schweiz, über die Rhein- und Loireschiene und die Niederlande bis zum Raum London.

Die Eliten des „neuen“ Europa ließen Adelskrieger und Mission zu oder erbaten sie, um die stabilisierenden Faktoren des Christentums zu nutzen, aber weiterhin Razziensklaverei zu betreiben und weiterhin Gewinne aus Menschenhandel zu ziehen. Und sie führten Kriege, um an mehr Gefangene und Geraubte zu kommen. Zwischen die sich bildenden Machtblöcke der christlichen Monarchien (vor allem Frankenreich, Dänen, Polen, Rus und Ungarn) sowie Wikingerexpansion, die auch auf Sklaven- und Menschenhandel basierten, gerieten im Wesentlichen die oben erwähnten Küstenvölker der Westslawen, Esten und Balten – die Bauernsklaven Europas.

Peripherie der Weltgeschichte: Europa als „Afrika“ islamischer Territorien und Razziengrenze der Christenheit

Festzuhalten bleibt: definiert haben sich sowohl das „lateinische“ wie auch das „neue“ Europa in Bezug zum arabisch-islamischen „Morgenland“, Nordafrika und Spanien – nicht zuletzt durch den Fernhandel männlicher Kriegsgefangener, Frauen und Kinder aus Mittel- und Osteuropa als Sklaven und Sklavinnen. Um 900 herum war das Territorium der westlichen Christen (zu denen die Wikinger noch nicht so recht zählten), aus dem ein Großteil der Sakaliba/Slawen-Sklaven kam, von Bagdad aus gesehen „nicht mehr als eine Ansammlung verwirrter Sekten und belangloser Monarchien in einer unattraktiven Umgebung“.[48] Der vielleicht größte Geschichtsphilosoph Ibn Khaldun (oder: Chaldun – 1332–1406) wollte noch zu Beginn des 15. Jahrhunderts „nichts über den christlichen Westen“[49] der „Franken“

47 Nolte, „Das Zentrum“, S. 165–172; zu einem transkulturellen Ansatz der Geschichte Europas, siehe: Schmale, Wolfgang, „A Transcultural History of Europe – Perspectives from the History of Migration“, in: Europäische Geschichte Online (EGO), hg. vom Institut für Europäische Geschichte (IEG), Mainz European History Online (EGO), published by the Institute of European History (IEG), Mainz 2010-12-03, www.ieg-ego.eu/schmalew-2010a-en URN: urn:nbn:de:0159-20101011119 (letzter Zugriff 12. 2. 2018).

48 Fletcher, „Epilog“, in: Fletcher, Ein Elephant für Karl den Großen, S. 169–172, hier S. 170.

49 Fletcher, „Sichtung des Koran“, in: Ebd., S. 141–166, hier S. 164.

wissen (tatsächlich hatte das Interesse schon während der Kreuzzüge – trotz berechtigter Überlegenheitsgefühle – zugenommen).[50]

In globalhistorischer Perspektive zeichneten sich Sklavereien im so genannten Lateinischen Westen, d. h., an Land, zwischen 600 und 1100 eben dadurch aus, dass es meist „kleine" Sklavereien waren, meist in Städten und größeren ruralen Wirtschaftskomplexen und meist schwer definierbar im Sinne einer „absence of a borderline between free und unfree".[51] Youval Rotman sagt auch: „Slavery in the early medieval west seems to have been dependent on hereditary status, rather than on the importation of slaves".[52] Das „Ende der Sklaverei" in Westeuropa am Ende des 11. Jahrhunderts ist ein wichtiger Topos der europazentrierten Geschichtsschreibung. Ian Mortimer schreibt dazu, dass um 1100 Sklaverei aus England, Frankreich, Mittelitalien und Katalonien verschwunden gewesen sei (was im Wesentlichen, ich wiederhole das, für großen Sklavenhandel von Männern gilt). Sklavenhandel erwähnt er gar nicht (denn das würde für Südfrankreich, Italien, Portugal, Andalusien und Katalonien sowie Balearen nicht stimmen). In Osteuropa und in keltischen Ländern – Mortimer meint vor allem Schottland und Irland – habe Sklaverei weiter bestanden.[53] Ich füge hinzu: in Nordeuropa, Osteuropa, Südeuropa, Südwesteuropa (iberische Halbinsel) und auf dem Balkan auch. In Nordeuropa und in den anderen Großterritorien gab es auch nach 1000 Sklavenhandel.[54] Handel und Transport im Westen, ich meine vor allem auch Fernhandel mit Versklavten zwischen 1200 und 1450, speziell als Bari, Amalfi und Venedig sowie Genua die „commercial hegemony of Byzantium" gebrochen hatten und mehr und mehr Verbindungen mit Häfen im Schwarzen Meer (vor allem Krim), mit den Küsten des Balkans, am Randatlantik (Iberien) sowie mit der Nordsee, den britischen Inseln und mit dem Baltikum zustande kamen, entscheidend zur Herausbildung des Frühkapitalismus beigetragen.[55]

Deshalb ist die Diskussion um das Aufkommen und die Bedeutung des Wortes Sakaliba (*saqāliba*) so wichtig, denn im Grunde geht es um die Wurzeln eines transkulturellen Konzeptes einer „neuen", „großen" Fernhandelssklaverei, das sich, was die damaligen Sklavenhändler noch nicht wussten, ab 1440 auch auf dem Atlantik ausbreiten sollte. Der Begriff „Ausbreitung" erweckt dabei den Ein-

50 Thorau, „‚Die fremden Franken' – al-faranǧ al-ġurabā. Kreuzfahrer und Kreuzzüge aus arabischer Sicht", in: Wieczoreck; Fansa; Meller (eds.), Saladin und die Kreuzfahrer, S. 115–125.

51 Rotman, „Forms of Slavery", S. 263–279, hier S. 269.

52 Ebd.

53 Mortimer, Ian, „Das Ende der Sklaverei", in: Mortimer, Zeiten der Erkenntnis. Wie uns die großen historischen Veränderungen bis heute prägen, München/Berlin/Zürich: Piper, 2015, S. 37–41.

54 Arnoux, Mathieu, „Effacement ou abolition? Réflexion sur la disparition de l'esclavage dans l'Europe non méditerranéenne (XIe–XIVe siècles)", in: Hanß; Schiel (eds.), Mediterranean Slavery Revisited (500–1800), S. 49–74; Ott, „Europas Sklavinnen und Sklaven im Mittelalter. Eine Spurensuche im Osten des Kontinents", S. 31–53.

55 Rotman, „Forms of Slavery", S. 263–279, hier, S. 271 f.

druck der Kontinuität. Es war aber wohl eher eine Diskontinuität (eventuell wegen der Pestepidemie und dem „Hundertjährigen" Krieg): An den Grenzen der Expansionen, die um 1400 in die atlantische Expansion übergingen, knüpften europäische Kapitäne und Händler an lokale Formen von Sklavereien und Sklavenhandel in Afrika und in den Amerikas an.

Die Beziehungen zwischen Juden und Christen hatten sich im 12. Jahrhundert drastisch verschlechtert, die Menschenhandelsnetzwerke der Radhaniten wurden zerschlagen. Italische und katalanische Kaufherren übernahmen den profitablen Menschenhandel. Während der Kreuzzüge (ca. 1100–1300–1492 (Einnahme Granadas)) wurden private Sklavereien im christlichen Europa, vor allem im Heiligen Land, an den Mittelmeerküsten und bestimmten Teilen der Ostsee, quasi neu erfunden;[56] speziell als Seeräuber-, Razzien-, Kinder- und Galeerensklaverei sowie Haussklaverei (sowie punktuell agrarische Sklaverei), aber auch in Rechtstheorie und „römischer" Tradition. Zwischen Baltikum (Litauen und andere Küstenvölker des östlichen Baltikums zwischen 1200 und 1360 christianisiert) und Schwarzem Meer praktizierten Kriegereliten, oft Tataren oder Kosaken, lokale Sklavereien sowie Kriegsgefangenen- und Razziensklaverei.

Nach einer Übergangszeit vom 6. bis zum 11. Jahrhundert und der Razziensklavereizeit par excellence der Wikinger hatte sich zwischen 1200 und 1400 eine „neue" kommerzialisierte Fernhandels-Sklaverei im Mittelmeerraum durchgesetzt, die Anne Hadjinicolaou-Marava schon 1950 *esclavage méditerranéen* genannt hat.[57] Henri Bresc hat für das mediterrane Europa für die erste Hälfte des 13. Jahrhunderts, konkret in Bezug auf die aragonesisch-katalanische Eroberung von Menorca (einer Menschenhandelsinsel par excellence, deren muslimische Gesamtbevölkerung bei der christlichen Eroberung 1287 versklavt worden war)[58] vom Beginn einer *révolution esclavagiste* gesprochen, in die man getrost alle Zentren des italischen Frühkapitalismus mit ihren Legitimierungsfunktionen für die Geschichte Europas einbeziehen kann.[59] Und Salvatore Bono wird nicht müde, die mediterrane Sklaverei als differentes Forschungsfeld zu konzeptualisieren, mit den Besonderheiten

---

56 Gillingham, „Crusading Warfare, Chivalry, and the Enslavement of Women and Children", S. 133–151; Gillingham, „A Strategy of Total War? Henry of Livonia and the Conquest of Estonia, 1208–1227", S. 186–214.

57 Hadjinicolaou-Marava, Anne, Recherches sur la vie des esclaves dans le monde byzantin, Athen 1950; siehe auch: Rotman, Les esclaves et l'esclavage. De la Méditerranée antique à la Méditerranée médiévale, VIe–XIe siècles, Paris: Les Belles Lettres, 2004.

58 Fletcher, „Handel, Koexistenz und kultureller Austausch", in: Fletcher, Ein Elephant für Karl den Großen, S. 109–132, hier S. 122.

59 Bresc, „L'Esclave dans le monde méditerranéen des XIVe et XVe siècles: problèmes politiques, religieux et moraux", in: XIII Congrés d'Història de la Corona d'Aragò (Palma de Mallorca, 27 setembre–1 octubre 1987), 4 Bde. [vol. 4: Ponències], Palma de Mallorca: Institut d'Estudis Baleàrics, 1990, S. 89–102; siehe auch: Guillén; Trabelsi (dir.), Les esclavages en Mediterranée, passim.

Reziprozität und Reversibilität (was natürlich etwas hat, aber auch für andere Regionen der Welt außerhalb der *Atlantic slavery* eine Rolle spielen dürfte).[60]

Mit den Kreuzzügen im Nahen Osten zwischen 1095 und 1290, der Mongolenexpansion (und der Reaktion der Mameluken) sowie den iberischen und normannischen Reconquistas lockerte sich der Druck der Araber und islamisierten Berber auf das südliche und südwestliche Lateineuropa. Der Staufenkaiser Friedrich II. (1194–1250) versuchte im Normannenstaat auf Sizilien entwickelte arabische Staatsorganisation fortzusetzen und in anderen Gebieten zu imitieren. Deutschland war eigentlich nur eine übergroße Peripherie dieses transkulturellen Reiches mit Zentrum Sizilien/Mittelmeer. Friedrich verfügte über eine dunkelhäutige Leibgarde und Eunuchen zur Bewachung der „sarazenischen Frauen und Mädchen", wie islamische Potentaten. Ihm zu Ehren wurde *Mauritius niger*, der schwarze Ritterheilige, am Magdeburger Dom aufgestellt, vielleicht wirklich als Zeichen, dass die Deutschen die Slawenexpansion nicht nur als Zug nach Osten, sondern als Teil eines globalen Geschehens betrachten sollten.

Im Kern des westlichen Lateineuropa und in Wellen bis ins 19. Jahrhundert anhaltend, definierten Eliten und Bauern Landeigentum, bäuerliche Arbeit sowie Migration neu und verdrängten Sklavereien alter Typen und Formen (Kin-Sklaverei, Sklaverei der Sachsen, Wikinger-Sklaverei, Razziensklavereien, lokale Sklavereien in Irland, Schottland und auf den britischen Inseln, Ostelbien sowie Sklaverei in „römischer" Tradition) an die Grenzen der Expansion Lateineuropas (u. a. Kreuzfahrerkolonien). Herumziehende Kriegerbündnisse (Razzienkrieg) gab es zwar weiterhin (z. B. in Irland, Litauen oder Pommern), aber sie wurden mit der Stabilisierung auf der Basis von Landbesitz (Lehen), neue Militärtechniken, neue Familienformen und patrilinearen Rechten, zusammengefasst in den Monarchien und Staaten des Hochmittelalters mehr und mehr in die Peripherien verdrängt oder expandierten nach Osten oder ihre Ergebnisse waren als informelle Frauen- und Kindersklavereien nicht mehr so sichtbar. Zur Neuaufnahme des massiven Fernhandels mit versklavten Kriegsgefangenen „vor der Atlantisierung" kam es vor allem an diesen Grenzen Europas; im Mittelalter, wie erwähnt, entlang den Linien „von den Mongolen zu den Mameluken" (Kaukasusgebiete, „chasarische Küste", Tana, Kaffa, Soldeia, Byzanz/Instanbul, Trapezunt (Trabizond),[61] Kreta, Zypern, Alexandria, Kairo; oder Landrouten über Trapezunt – Sivas (Sebaste), Täbris, Armenien – Mesopotamien – östliches Syrien – Edessa – Aleppo – Ägypten), aber auch im Westmittelmeer, an der Endpunkten der Sahara-Routen, an den Grenzen zwischen Normannen, Franken und Kelten, auf dem Balkan sowie im Baltikum der europäischen Ostexpansion und in Finnland.

60 Bono, „Schiavi europei, ottomano-magrhrebini, neri e altri nel mondo mediterraneo. Un confronto (XVI–XIX secolo)", in: Hanß; Schiel (eds.), Mediterranean Slavery Revisited (500–1800), S. 445–471.

61 Karpov, L'impero di Trepisonda, passim.

Amalfi, Venedig, Genua, Neapel, Bari oder Palermo, wie überhaupt das Königreich beider Sizilien, waren im Mittelalter und zu Beginn der Neuzeit die größten europäischen Sklavereiorte; zusammen mit al-Andalus, Barcelona,[62] Marseille, Ragusa/Dubrovnik und den Balearen stellten sie wichtige Sklavenhandelszentren dar. Palermo war im 15. Jahrhundert eine der größten Städte des Mittelmeerraumes mit vielen Sklaven. Ragusa/Dubrovnik etwa war das Scharnier zwischen Balkanhandel und Welthandel; Sklavenhandel mit Menschen vor allem aus Bosnien, der Levante, dem Schwarzmeergebiet sowie Afrika spielte dabei eine wichtige Rolle.[63] Thessaloniki (Saloniki) spielte, auch mit seinem Sklavenhandel, u. a. von Nordafrikanern, die wohl wichtigste Rolle für die Verbindung Europa–Balkan–Osmanisches Imperium.[64] In Venedig und auf Kreta gab es ebenfalls viele Sklaven, die insgesamt eine hohe Bedeutung für das mittelalterliche Norditalien hatten, die weit über die beliebte Arithmetik der Sklavenzahlen hinausgeht, wie vor allem Sally McKee gezeigt hat.[65] Im 15. Jahrhundert lebten auf Sizilien 50 000 Sklaven, vor allem afrikanische Sklaven aus dem Sudan, aus der Gegend um den Tschadsee (Kanem-Bornu). Sie waren vor allem über Tripolis (1510–1551 unter christlicher Herrschaft) nach Europa verschleppt worden. In der zweiten Hälfte des 16. Jahrhunderts gab es noch 10 000 Sklaven auf Sizilien. Galeerensklaverei florierte überall im Mittelmeerraum.[66] Im Ganzen, sagt Salvatore Bono, können wir von 60 000 Sklaven in ganz Italien im 16. Jahrhundert ausgehen; im Süden, auf Sizilien und Sardinien mehr als im Norden. Massierungen von Sklaven kamen vor allen in den großen Hafenstädten vor, wie Livorno, Palermo, Neapel (Mitte 16. Jahrhundert 20000) und Genua. Im neuzeitlichen Livorno war der größte italienische Sklavenmarkt mit den größten Gebäuden (*bagnos*) zur Haltung Versklavter, Verschleppter sowie Strafgefangener.[67] Ein weiterer sehr großer Sklavenmarkt war Genua; aber es gab im Grunde in allen Hafenstädten der christlichen Flotten Sklavenmärkte (Neapel, Palermo, Citavecchia, Cagliari, Messina, Trapani, Bari u. v. a. m.). Auch

62 Armenteros Martínez, Iván, „Un caso de reestructuración de redes comerciales: el mercado de esclavos de Barcelona entre 1472 y 1516", unter: http://digital.csic.es/bitstream/10261/32550/1/Armenteros_09_1.pdf (letzter Zugriff 13. 2. 2018). XI Congrés d'Història de Barcelona. La ciutat en xarxa, Institut Municipal d'Història, Barcelona, 2009; siehe auch http://w110.bcn.cat/ArxiuHistoric/Continguts/Documents/Fitxers/XI%20CONGRES_armentec.pdf (letzter Zugriff 13. 2. 2018); Armenteros Martínez, Cataluña en la era de las navegaciones. La participación catalana en la primera economía atlántica (c. 1470–1540), Barcelona: Milenio, 2012.

63 Calic, „Mittelalterliche Weltwirtschaften 1450–1800", in: Calic, Südosteuropa, S. 57–69, hier S. 63; siehe auch: Calic, „Ragusa (Dubrovnik) 1776", in: Ebd., S. 200–213.

64 Calic, „Thessaloniki (Saloniki) 1821", in: Ebd., S. 239–251.

65 McKee, „Inherited Status and Slavery in Late Medieval Italy and Venetian Crete", in: Past & Present Vol. 182:1 (2004), S. 31–53; McKee, „Domestic Slavery in Renaissance Italy", in: Slavery & Abolition 29:3 (2008), S. 305–326.

66 Priesching, „Sklaverei in der frühen Neuzeit (16.–18. Jahrhundert). 1. Europa", in: Priesching, Sklaverei in der Neuzeit, S. 24–52, hier vor allem S. 25–33.

67 Priesching, „Sklavengefängnisse (Bagnos)", in: Ebd., S. 35–36.

in Städten des Hinterlandes gab es Märkte vor allem für Haussklavinnen und -sklaven. Auch an den Landrouten des Sklavenhandels – der wichtigste war der von Dalmatien nach Venedig – fanden sich Märkte für die menschliche Ware.[68]

Auf der Iberischen Halbinsel war strategisch seit 1209/1212 – Schlacht von Las Navas de Tolosa, Eroberung von Valencia und Menorca (1233–1253) als „erster europäischer Kolonie“ und Plünderung des Sklavenhafens Almería (1147) – die militärische Überlegenheit der christlichen Königreiche gesichert. Die Christen konnten die wichtigsten Papierproduktionszentren unter ihre Kontrolle bringen. 1244 hatte König Jaume I. (Jaime) von Aragón die Stadt Jativa an der Levante mit den damals größten Papiermühlen Europas erobert.[69] 1344 besetzten die Kastilier Algeciras.

Im neuzeitlichen Spanien existierten, wie bereits erwähnt, noch im 16. Jahrhundert rund 100 000 Sklaven im „römischen“ Sinne; allein in Sevilla gab es 14 670 Sklavinnen und Sklaven bei 439 000 Einwohnern (1565), aber auch viele in Valencia, Madrid, Barcelona und in den ländlichen Gebieten Málagas (vor allem mudejarische Bauern).[70] In Cádiz gab es, wie wir gesehen haben, bis Ende des 18. Jahrhunderts einen florierenden Sklavenmarkt (und massiven Menschenschmuggel auf dem Hidden Atlantic des 19. Jahrhunderts).[71] Ein mikrohistorischer Blick macht sich immer gut. Die Besitzer von Sklaven waren Männer wie Giles Amian, savoyardischer Kaufmann in Cádiz und Konsul der Niederlande. Er besaß zwischen 1680 und 1692 sechs Sklaven, alle als *negros* eingeschrieben. Oder Martín Iñigo de Armendáriz, Generalzahlmeister der Flotte, Eigentümer von 14 Sklaven, die zwischen 1653 und 1686 getauft wurden: sechs Erwachsene (2 Männer, 4 Frauen) und acht Neugeborene. Der Kapitän Alonso Barroso besaß ein Dutzend Sklaven, die zwischen 1669 und 1681 getauft wurden, acht davon Neugeborene von Sklavenmüttern und vier Erwachsene.[72] Gegen Ende des 18. Jahrhunderts werden die Sklaven in Cádiz weniger; aber sie verschwinden nicht völlig. „1773 con un total de 22 esclavos (de un total de 33 citados en dicho padrón), normalmente negros o mulatos, y de procedencia desconocida en su mayor parte, aunque alguno procedía de Angola, el Congo, Orleáns (¿Nueva Orleáns?), Cartagena de Indias y La Habana

68 Priesching, „Europäische Sklavenmärkte“, in: Ebd., S. 33–35; Muhaj, „Skllavëria ndër shqiptarë gjatë Mesjetës [Slavery among the Albanians during the Middle Ages]“, S. 61–81.

69 Torró, Josep, „Jérusalem ou Valence: la première colonie d’Occident“, in: Annales. Histoire, Sciences Sociales 55e Année, No. 5 (Sept.–Oct. 2000), S. 983–1008.

70 Bono, „Bevölkerungsanteil der Sklaven in den europäischen Mittelmeerländern“, in: Bono, Piraten und Korsaren im Mittelmeer, S. 252–255; zum Arbeitsmarkt für Sklavinnen und Sklaven (mit Versklavten, die meist aus den spanischen Kolonien, vor allem Kuba, stammten) in Madrid, siehe: Sarasúa, Carmen, „Los servientes esclavos: Las transformaciones de las relaciones coloniales de trabajo en la ciudad“, in: Sarasúa, Criados, nodrizas y amos. El servicio doméstico en la formación del mercado de trabajo madrileño, 1758–1868, Madrid: Siglo XXI editores, 1994, S. 115–138.

71 Morgado García, „El mercado de esclavos en el Cádiz de la Edad Moderna (1650–1750)“, S. 1–25; Parilla Ortiz, Pedro, La esclavitud en Cádiz durante el siglo XVIII, Cádiz: Diputación, 2001.

72 Morgado García, „El apogeo (1650–1700)“, in: Morgado García, Una metropolí esclavista, S. 133–144, hier S. 139.

[1773 mit einem Total von 22 Sklaven (mit einem Total von 33 Gezählten in besagter Liste), normalerweise Neger oder Mulatten und in ihrem großen unbekannter Herkunft, auch wenn einige aus Angola, aus dem Kongo, ais Orléans (New Orleans?), Cartagena de Indias und Havanna].“[73]

Nach dem Aufstand der Morisken in der *Guerra de Granada* oder *Guerra de las Alpujarras* (1568–1570), einem der grausamsten Kriege des 16. Jahrhunderts in Europa, wurden sogar bereits getaufte Neu-Christen deportiert (und zu Quasi-Haussklaven (*criados*) gemacht – um die 80 000), in allen Formen der Razzien- und Kriegsgefangenensklaverei (*cabalgadas*, *monterías*) versklavt und in regulärem Sklavenhandel vor allem in Granada verkauft. Zunächst wurden kriegführende Männer direkt versklavt. Sie kamen in der Regel auf die Galeeren. Bald kam es auch zu Razzien- und Beutezügen gegen die Siedlungen der Morisken in den Bergen und zur Versklavung der Zivilbevölkerung. Parallel und nach der *Guerra de Granada* wurden so viele Kinder, Babies und Frauen versklavt, dass die Preise zusammenbrachen (25–30 000).[74]

Portugal ganz im Westen Europas schloss um 1250 seine Reconquista der europäischen Gebiete ab – bis zu den Südküsten der Algarves, wo Nordafrika sozusagen in Sichtweite liegt. Unter den Burgundern und Kreuzrittern sowie unter den Avis gab es immer Sklavenhandel, Razzien und Sklaven (vor allem Moros, Morisken sowie Mudejares), mit einem Höhepunkt nach der Reconquista Lissabons und des Südens im 13. Jahrhundert.[75]

Im Norden und Südosten waren Ungarn und Wikinger zurückgedrängt und hatten eigene christliche Königreiche gegründet. Sizilien war, wie bereits gesagt, eine Insel des mittelalterlichen Fortschritts – und der Sklaverei. Auch in der Normandie, in England und in Süditalien und Sizilien existierten normannische Staatsgebilde. Sie waren in die christlich-lateinische Ökumene integriert worden.

Die Mongolen zogen sich ins südliche Osteuropa und nach Asien zurück. Die Tataren wurden durch die Expansion des moskowitischen Russlands unter Iwan IV. (Kasan 1552 und Astrachan (das alte Itil) sowie Sibir (1582) nach Osten und Süden (Krim) abgedrängt.

Es blieben aber Sklaven in Europa. Eines der zentralen Imperien Eurasiens (400–1200), Byzanz, wies viele Sklaven und Sklavereiformen auf (auch nach

---

73 Morgado García, „Decadencia pero no desaparición: el siglo XVIII“, in: Ebd., S. 144–151, hier S. 150.

74 Cabrillana, Nicolás, „Esclavos moriscos en la Almería del siglo XVI“, in: Al-Andalus 40 (1975), S. 53–128; Martín Casares, „Esclavitud y mentalidad: la población esclava de Granada a lo largo del siglo XVI“, in: Chronica Nueva 25 (1998), S. 337–348; Birr, „Rebellische Väter, versklavte Kinder: Der Aufstand der Morisken von Granada (1568–1570) in der juristisch-theologischen Diskussion der Schule von Salamanca“, S. 283–317, hier S. 292 f.

75 Soyer, „El comercio de los esclavos musulmanes en el Portugal medieval: rutas y papel económico“, S. 265–275.

1250).[76] Günter Prinzing hebt hervor, dass in der 1100-jährigen Geschichte von Byzanz „die aus der Spätantike ererbte Sklaverei niemals abgeschafft, wohl aber in manchen Punkten modifiziert worden" sei.[77] Rechtshistorische Forschungen zu Sklavinnen und Sklaven – auch wenn es oft wegen „der ambivalenten Terminologie" unklar bleibe, ob Quellen von Sklaven oder (freien) Bediensteten sprächen – seien recht fortgeschritten. Was die sozialgeschichtlichen Aspekte und die konkreten Umstände des Lebens von Sklavinnen und Sklaven betrifft, gäbe es noch erheblichen Forschungsbedarf. Quantifizierende Angaben seien kaum möglich, relativ sicher sei aber, dass sich ab ca. 1025 das mengenmäßige Verhältnis zwischen Haussklaven und Sklaven in anderen Bereichen zugunsten der ersteren verschoben habe. Man nehme an, dass das auch für die Nachfolgereiche nach 1204 und das Paläologen-Reich (1261–1453/60) gelte.[78]

Nach den „Sklavenjagden der Deutschen im 10. Jahrhundert, der Polen im 11., der Schotten im 12. [Jahrhundert]"[79] waren Pruzzen, Esten, Semgaller, Liven und Litauer (u. v. a. m.) im 12. und 13. Jahrhundert die leicht bewaffneten Razzien-Sklavenjäger par excellence im nordöstlichen Mitteleuropa. Zwischen Lübeck im Westen und Riga im Osten bildeten sich mit Deutschen sowie Dänen und Schweden besiedelte Enklaven, die Eroberungen und Landnahmen mit der Verbreitung des Christentums legitimierten. Kriegsgefangene Slawen wurden von deutschen Eroberern und Razzienkriegern im 12. Jahrhundert in Dörfern angesiedelt, etwa im Wendland.[80] Im Osten hatten sich mit Polen, der Rus und bald auch Litauen slawisch/baltisch-christliche Reiche gebildet. Polen und Litauen (Ende des 14. Jahrhunderts endgültig christlich) expandierten nach Osten gegen die baltischen Völker und gegen die Gebiete der Rus, wo wegen der mongolischen Eroberung ein Machtvakuum entstanden war (1362 Eroberung von Kiew). Pruzzen, Esten, Liven, Letten und andere baltische Völker „ohne Staat" verweigerten das Christentum und bekämpften die Expansion der christlichen Deutschen sowie der Ritterorden. Die Pruzzen hatten eine Priesterkaste, zu deren Aufgaben u. a. es gehörte, Beerdigungen für Eliten abzuhalten und dabei alle Plünderungen, Sklavenjagden, Vergewaltigungen, Unflätigkeiten, Laster und Sünden (wie eine pruzzenfeindliche Quelle festhält) zu preisen, die der Tote in seinem Leben begangen hatte.[81] In der preußischen Chronik des Peter von Dusburg (auch: Duisburg; 2. Hälfte des 13. bis erste

76 Rotman, Byzantine Slavery and the Mediterranean World, passim.

77 Prinzing, „Hausbedienstete oder -sklaven in Byzanz zwischen tödlicher Repression und größter Hochschätzung. Ein Streiflicht anhand von vier konkreten Fällen", in: Hanß; Schiel (eds.), Mediterranean Slavery Revisited (500–1800), S. 187–199, hier S. 187.

78 Ebd., S. 188.

79 Bartlett, „Der Wandel an der Peripherie", in: Bartlett, Die Geburt Europas aus dem Geist der Gewalt, S. 554–564, hier S. 563.

80 Lübke, „Kriegsgefangene im mittelalterlichen Osteuropa. Ein Beitrag zur Frage der Ansiedlung slawischer Gefangener im Wendland in vergleichender Sicht", S. 77–89.

81 Bartlett, „Der Wandel an der Peripherie", S. 554–564, hier S. 560.

Hälfte des 14. Jahrhundert; *Chronicon Terrae Prussiae* von 1326 mit Ergänzungen bis 1330)[82] sind alle Ingredenzien für europäische Sklavenrazzien und erfolgreichen Sklavenhandel mit heidnischen Pruzzen, Samogiten, Jadwigern, Letten, Kuren, Lettgallen, Liven und anderen Litauern (sowie weitere baltische Stämme) genannt: Razzien-, Grenz- und Vernichtungskrieg nach dem Motto „Tod oder Taufe" (und Versklavung von Frauen und Kindern), „Verbrennen von Häusern, Raub des mobilen Eigentums, Gefangennahme der Frauen und Kinder [das besonders!] und Tötung der Männer". Besonders während und nach dem vierzehnjährigen Krieg der Pruzzen gegen die Ordensritter (1260–1283) kam es massiv zur Zerstörung des Stammeskultes sowie zur Umgestaltung der Sozialordnung, zu der auch Polygamie, Frauenkauf, Kriegsgefangenensklaverei und Raubehe gehörten.[83]

Über die Litauer sagt Werner Paravicini: „Im Unterschied zu den Pruzzen haben die Litauer eine politische und militärische Kraft entwickelt, die es ihnen nicht nur erlaubte, dem Deutschen Orden Widerstand zu leisten, sondern auch weit in die russische Welt hinaus auszudehnen, ja zum größten Konkurrenten Moskaus zu werden, ab ca. 1361/1362 Kiew und den Dnjepr zu beherrschen und zeitweilig das Schwarze Meer zu erreichen".[84] Die Gesellschaftsstruktur Litauens am Ende des 13. Jahrhunderts bestand aus feldbauenden Sklaven, meist Kriegsgefangenen, und einer noch freien, waffentragenden Bauernschicht. Es gab aber auch schon Berufskrieger, Edelleute mit eigenem Gefolge (*bajoren*) und Häuptlinge („Könige"). Das Großfürstentum war ein nichtchristliches Reich mit einer Art religiöser Toleranz. Litauer hielten Gefangene aus christlichen Reihen. Sie opferten vornehme Gefangene ihren Göttern, „indem sie sie in voller Rüstung zu Pferd sitzend verbrannten".[85] Meist werden in den Berichten nur die vornehmen Gefangenen und Opfer erwähnt. Mit den anderen Gefangenen sowie Frauen und Kindern kann durchaus Sklavenhandel betrieben worden sein. Oder sie wurden eben in der Landwirtschaft als Bauernsklaven (*drellen*) eingesetzt.[86] Die Zahlen der Gefangenen des Deutschen Ordens in Litauen waren beträchtlich. Paravicini weist nur für 1368–1378 jährlich 830 Litauer und Russen aus, die in Livland und Preußen geraubt wurden. Der Or-

---

82 Petri de Dusburg Chronica Terre Prussie / Peter von Dusburg, Chronik des Preußenlandes. Übersetzung und erläutert von Scholz, Klaus; Wojtecki, Dieter, Darmstadt: Wissenschaftliche Buchgesellschaft, 1984 (= Ausgewählte Quellen zur deutschen Geschichte des Mittelalters. Band 25).

83 Boockmann, Hartmut, Ostpreußen und Westpreußen, Berlin: Siedler, 2002; siehe auch (weil fokussiert auf Versklavungen eingehend): Gillingham, „Crusading Warfare, Chivalry, and the Enslavement of Women and Children", S. 133–151; Gillingham, „A Strategy of Total War? Henry of Livonia and the Conquest of Estonia, 1208–1227", S. 186–214.

84 Paravicini, Werner, „Der Gegner: Litauen im 14. Jahrhundert", in: Paravicini, Die Preussenreisen des europäischen Adels, 2 Teile, Sigmaringen: Jan Thorbecke Verlag, 1995 (Beihefte der Francia; Bd. 17/1 und 17/2), Bd. II, S. 46–52, hier S. 47.

85 Ebd., Bd. II, S. 114 f.

86 Taterka, „Zu Bauernsklaven bekehrt. 700 Jahre deutsche Kolonialgeschichte im Baltikum", S. 59–61.

den folgte warägischen, baltisch-nordeuropäischen sowie polnischen Bräuchen und versklavte Kriegsgefangene, setze sie als Arbeitskräfte ein oder verkaufte sie. Die vornehmen Gefangenen wurden zunehmend gegen christliche Gefangene oder Lösegeld ausgetauscht (*rescate*; Razziensklaverei). Ob die Gefangenen des Ordens als Sklaven zu bezeichnen sind, stellt Paravicini angesichts der Arbeiten über Sklaverei und Sklavenhandel im Mittelmeerraum, beim Johanniterorden auf Rhodos sowie den *traels/thralls/drells* in Skandinavien und der Sklaven im Baltikum zur Diskussion. Immerhin hatten Gefangene zum Teil den Tauschwert von ein bis zwei Rindern oder zwei bis vier einfachen Pferden – neben ihrem Gebrauchswert als Arbeitskraft. Es handelte sich also um erhebliche Werte, zumal einzelne Gefangenenverzeichnisse Zahlen von Hunderten, manchmal Tausenden ausweisen. Informationen über sklavenähnliche Lebenswege existieren vor allem über gefangene Litauer in Westeuropa sowie über viele Finnen, Esten, Russen und Balten in Nordeuropa. Der Brauch europäischer Adliger, kriegsgefangene Kinder zu verschleppen, im osmanischen Bereich in der so genannten „Versammlung" institutionalisiert (*devşirme*), ähnelte dem der gezielten Anforderung von kriegsgefangenen Mauren (Mohren) an den Reconquistagrenzen Iberiens.[87] Weil Litauer aber eben „Weiße" (und Heiden) waren, nahm diese baltische Razziensklaverei wegen fehlender Exotik nie das gleiche Ausmaß wie in Spanien an oder fand nicht die gleiche Aufmerksamkeit wie Sklaven aus Afrika im Süden der iberischen Halbinsel oder Italiens.

Die so genannten *drellen*, „Knechte", die die einheimische Bevölkerung in Livland wie in Preußen auf ihren Höfen beschäftigten, waren in der Mehrzahl versklavte Kriegsgefangene. Litauische Adlige siedelten Kriegsgefangene ab Mitte des 14. Jahrhundert auf Gütern an.[88] Drell klingt wie das Thrall (*thræl* oder *thrall*) der Wikinger. Das waren Sklaven der Wikinger. Allerdings weiß man über diese unterbäuerliche Schicht zu wenig, als dass genaue Zahlen angegeben werden könnten. In der idealen Sozialordnung des Rígsmál (niedergeschrieben im 14. Jahrhundert in Island) steht der *thrall* (oder *Þræl*) jedenfalls unter dem *karl* (Bauer) und dem *jarl* (Anführer) sowie dem *konungr* (König).[89]

Kriegsgefangene aus den Kriegen und Razzien der Ostexpansion sind offensichtlich nicht mehr, wie noch im 9.–11. Jahrhundert, en masse über weite Strecken in das mittlere oder westliche Europa verkauft worden, sondern eher in kleinen

87 Fletcher, „Sichtung des Koran", in: Fletcher, Ein Elefant für Karl den Großen, S. 141–166, hier S. 149.

88 Nikzentaitis, Alvydas, „Prisoners of War in Lithuania and the Teutonic Order State 1238–1409", in: Czaja, Roman (ed.), Der Deutsche Orden in der Zeit der Kalmarer Union, 1397–1521, Torún: Nowak, Zenon Hubert, 1999 (Ordines militares; 10), S. 193–208; Lübke, „Kriegsgefangene im mittelalterlichen Osteuropa. Ein Beitrag zur Frage der Ansiedlung slawischer Gefangener im Wendland in vergleichender Sicht", S. 77–89.

89 Karras, „The Identity of the Slave in Skandinavia", S. 40–68; Böldl, Klaus, „Die mythische Begründung der Gesellschaftsordnung in der RígsÞula", in: Böldl, Götter und Mythen des Nordens. Ein Handbuch, München: Beck, 2013, S. 113–114.

Gruppen oder einzeln. Nachrichten über Verschleppung oder Handel mit Menschen im Rahmen der Hanse sind deshalb nur äußerst selten. Denkbar wäre aber ein massenhafter Verkauf einerseits über die Piraten und Seeräuber der Ost- und Nordsee (Gotland) oder andererseits über das piastische Polen, Halitsch (Galizien), Litauen und Podolien sowie Lwow, Dnepr, Dnestr, die Walachei oder Moldau und Maurocastro in das Khanat der Goldenen Horde und von dort weiter an Wirtschaften mit starker Sklavennachfrage.

Sklavenraub, Sklavenhandel und Razzienkonflikte gab es wohl auch zwischen Polen-Litauen, Halitsch-Wolhynien und Mongolen-Khanaten in der Renaissance durch Kasimir den Großen. Nicht umsonst nannte man in Polen das Schwarze Meer *mare leoninum* (das Meer von Lwów); das heutige westukrainische Ľviv hat Zugang zum Unterlauf des Dnestr und zum Pruth, zum Fürstentum Moldau und zum Fürstentum Walachei und von dort zu den erwähnten Schwarzmeerhäfen.

Die deutsche, dänische, schwedische und polnische Ostexpansion lief im Baltikum und im heutigen Nordostpolen bis in das 14. Jahrhundert. Die Christianisierung des Nord- und Ostseeraumes wurde in dieser Zeit weitgehend abgeschlossen. Sklavenhandel gab es aber weiter, neben Halitsch in der kumanischen Walachei oder im Vielvölkerreich der Ungarn durch aus dem zerstörten Chasarenreich stammende Juden, die zugleich die Verbindung über die genannten Schwarzmeerhäfen nach Byzanz (sowie Konstinopel oder Trapezunt) und in die osmanischen Gebiete hielten. Seit dem 12. Jahrhundert unterhielten jüdische Familien, die in Grenzregionen, zum Beispiel in den Städten des Maghreb lebten, auch Handelskontakte über Alexandria und Kairo in das Rote Meer und weiter bis in das Arabische Meer. Alteingesessene jüdische Kaufleute im indischen Kozikhode (Calicut) organisierten wiederum, wie bereits gesagt, den Handel in den indischen Küstengewässern bis zum Persischen Golf und ins Landesinnere.[90]

Nach der Schlacht bei Tannenberg 1410 dürfte die offene Versklavung von kriegsgefangenen Männern jedenfalls in Preußen, wie auch vorher schon in Livland, weitgehend aufgehört haben.[91] Die Litauer waren Christen geworden; um 1400 war ganz Europa, das damals ebenso umstrittene Ostgrenzen hatte wie heute, mit Ausnahme jüdischer Glaubensgemeinschaften, versklavter Tsigani und marginalisierter Roma- und Sintigruppen sowie des islamischen Nasridenreiches in Granada, christlich. Die Russen waren (wieder) zu stark, als dass man sie als klassische Sklaven in großer Zahl hätte rauben können, ohne den Widerspruch der russischen Mächte und schließlich Moskaus herauszufordern. Das galt allerdings nicht für die ukrainischen Gebiete und schon gar nicht für heute russische Kaukasusregionen, wo Krimtataren, wie oben analysiert, bis zum Ende des 18. Jahrhun-

90 Ghosh, Amitav, „The slave of MS.H.6", in: Chatterjee, Partha; Pandey, Gyanendra (eds.), Subaltern Studies, vol. VII, Delhi (1992), S. 159–220.

91 Nikzentaitis, „Prisoners of War in Lithuania and the Teutonic Order State 1238–1409", S. 193–208.

derts Razziensklaverei und allgemein Menschenhandel betrieben. Ähnliches gilt, z. T. später, für sibirische und asiatische Kriegs- und Expansiongebiete. Russland begann, wie gesagt, seine Süd- und Ostgrenzen durch Verhaue sowie Übernahme der tatarischen Institution des leichtberittenen Militärbauern – Kazak/Kosak – gegen Sklavenrazzien zu schützen. Zunächst kämpften Kosaken aber zu Fuss oder als eine Mischung zwischen Razzientrupps und Marineinfanterie zu Kahn / von Flüssen aus; selbst Polen-Litauen übernahm die Institution der Kosaken (und Ulanen). Kosaken selbst waren für Feind (manchmal auch Freund) eminente Razzien-Sklavenjäger.

Der Fernhandel mit europäischen Kriegsgefangenen (Slawen = Sklaven) und die Razziensklavereien entfernten sich von den engeren Entstehungsgrundlagen des Begriffs Sakaliba (Ost- und Südosteuropa zwischen Balkan und Kaukasus) und verschob sich in und um Europa in die Gebiete der Kreuzzüge, der kriegerischen Grenzen der *pax mongolica*, an die Reconquista-Grenzen, an das Schwarze Meer (Romania, Ukraine) und den Kaukasus, auf den Balkan, das Rote und Arabische Meer, den persischen Golf (wie überhaupt den Indik), Südindien und in den afrikanischen Bilād al-Sūdān. An beiden Ufern des Mittelmeeres kam es, auch und vor allem durch die Transkulturationen der Kreuzzüge (inklusive der Reconquistas), zu einer „Erneuerung" von großer Sklaverei als Menschenhandel. Andererseits wurde, wie erwähnt, die nach „römischem" Recht definierte Männer-Sklaverei in den monarchischen Kernterritorien Europas (Frankenreich, Ottonenreich, Norditalien/Rom, England, Skandinavien) zurückgedrängt. Andere, weit lokalere, aber in diesem Rahmen auch dynamischere Abhängigkeitsformen entstanden – immer im Windschatten von Zwangstypen und -formen der Arbeit auch die so genannte „freie Arbeit" (deren volle Ausprägung noch bis in das 20. Jahrhundert andauerte und deren „Rückbau" wir gerade vor Augen haben).

Neuer Menschenfernhandel und Entstehung des Frühkapitalismus

Der „neue" europäische Fernhandel von Sklaven im Mittelmeer ist bereits mehrfach erwähnt worden.[92] Mit Arabern, Mongolen, Ägyptern (Mameluken) und vor allem Türken-Osmanen konnten sich Venezianer, Genuesen (oder gar Sklavenhändler aus Bari und Amalfi) oder Katalanen im sogenannten „Hochmittelalter" zwischen 1100 und 1400 allerdings bei weitem nicht messen. Allerdings hatten Genuesen und Venezianer in Europa und am Mittelmeer, vor allem an seinem Nordrand von der iberischen Halbinsel bis Zypern und von dort bis zur Donmündung und zum Kuban, zwischen der Mitte des 13. Jahrhunderts bis etwa 1470 ein Quasi-

92 Rotman, „Forms of Slavery", S. 263–279.

monopol des Transports und des Menschenfernhandels in christliche Gebiete und Inseln des Mittelmeers. Und sie hatten Zugang zu dem westlichen Nordafrika (Marokko/Maghreb) mit seinen Verbindungen zu den afrikanischen Gold- und Sklavenreichen. Genua konzentrierte sich auf Transport und Handel (Sklavenhandel) mit den Kreuzfahrergebieten und mit den Mongolen/Mameluken; zu Drehscheiben oder Hubs wurden Chios, Zypern und Kreta.[93] Im Gefolge der iberischen Expansion in Nordafrika gelangten sie aber auch nach Marokko, u. a. an die Atlantikküste. Dort gab es, um diesen Exkurs hier einzufügen, eine Entwicklung, den Atlantik von Nordwestafrika zu kontrollieren, an der sich nicht nur Iberer und Italiener, sondern auch Engländer, Franzosen und Flamen beteiligten (bis ca. 1578).

In den pontischen Sklavenhandelsenklaven Kaffa und Tana verkehrten Ägypter, Griechen (Byzantiner), Mongolen, Chasaren, Ros, Ragusaner, Genuesen, Venezianer (zusammen: Lateiner) sowie Juden, sicherlich auch eine Reihe von Katalanen und möglicherweise sogar Franken als Sklavenhändler.[94] Venezianer hatten seit dem Beginn des 13. Jahrhunderts eher den Handel, auch den Menschenhandel, der byzantinischen Gebiete mit den Mameluken übernommen, vor allem über Kreta (eine mittelalterliche Kolonie) sowie Zypern, und trafen nicht nur im Schwarzen Meer, wo sie neben Soldeia (Ibn Battuta zählte Soldeia zu einem der größten Häfen der Welt[95]) auch Trapezunt dominierten, auf ihre genuesischen Konkurrenten. Aber es waren eben nicht nur Lateiner, sondern auch Byzantiner/Griechen. Klaus-Peter Matschke hat gezeigt, dass es zusammen mit dem neuen Großfernhandel mit Sklaven auch zu einem neuen Aufschwung für den byzantinischen Handel kam, vor allem getragen von Provinzkaufleuten, die bis zu den Kumanen und Tataren vorstießen.[96]

---

93 Arbel, Benjamin, „Slave Trade and Slave Labor in Frankish Cyprus“, in: Studies in Medieval and Renaissance History 14 (1993), S. 149–190.

94 Balard, La Romanie génoise, passim; Matschke, Klaus-Peter, „Einzelnes, Besonderes, Allgemeines in der Geschichte des späten Byzanz. Versuch einer Gesamtbilanz“, in: Matschke, Die Schlacht bei Ankara und das Schicksal von Byzanz. Studien zur spätbyzantinischen Geschichte zwischen 1402 und 1422, Weimar: Hermann Böhlaus Nachfolger, 1981, S. 238–273; Ashtor, Elijahu, Levant trade in the later middle Ages, Princeton: Princeton University Press, 1983; Balard, La mer Noire et la Romanie génoise (13e–15e siècles), London: Variorum Reprints, 1989; Strässle, Paul Meinrad, Der internationale Schwarzmeerhandel und Konstantinopel 1261–1484 im Spiegel der sowjetischen Forschung, Frankfurt am Main [etc.]: Peter Lang, 1990; Ascherson, Neal, Black Sea: the Birthplace of Civilisation and Barbarism, London: Vintage, 1995 (Deutsch: Schwarzes Meer, Berlin: Berliner Verlag, 1996); Feldbauer, Peter; Morrissey, John, „Italiens Kolonialexpansion. Östlicher Mittelmeerraum und die Küsten des Schwarzen Meeres“, in: Feldbauer; Liedl; Morrissey (eds.), Von der mediterranen zur atlantischen Macht. Geschichte der europäischen Expansion bis in die frühe Neuzeit (Querschnitte, Bd. 2), Wien: Turia Kant, 1999; S. 54–67; Karpov, Sergei P., La navigazione veneziana nel Mar Nero XIII–VX sec., Ravenna: Edizioni del Girasole, 2000 (Girasole documenti).

95 Battuta, Ibn, A través del Islam, Madrid: Alianza, 2006.

96 Matschke, „Auf der Suche nach Byzanz in der Welt des *Codex Cumanicus*“, in: Schmieder, Felicitas; Schreiner, Peter (eds.), Il Codice Cumanico e il suo modo. Atti del Colloquio Internazionale Venezia, 6–7 dicembre 2002, Roma: Edizioni di Storia e Letteratura, 2005, S. 337–348.

Das „primär venezianische“ Tana am Asowschen Meer war eine Zapfstelle für den Handel, vor allem den großen Menschenhandel, mit den Mongolen der Goldenen Horde. Die mongolischen Heere speisten vor allem bei ihren Kriegszügen gegen konkurrierende Steppenvölker (wie Petschenegen, Kiptschaken/Kumanen/Polowezer, andere Turk-Völker, Ungarn, eventuell auch Chasaren, aber auch Russen) zwischen 1230 und 1450 Unmengen von Kriegsgefangenen in die Adern des Nord-Süd-Sklavenhandels ein. Klaus-Peter Matschke analysiert den „Hintergrund permanenter Sklavenzufuhr aus dem Schwarzmeerraum in die Militärgarden des kriegerischen Staates am Unterlauf des Nils“.[97] Tana und Kaffa waren zwischen Venezianern und Genuesen hart umkämpfte Schnittstellen dieses Handels und Sklavenhandels sowie Transports an Endpunkten der nördlichen Seidenstraßen, die immer auch Sklaven- und Menschenhandelsstraßen waren.[98] Nach dem Fall des Lateinischen Kaiserreiches hatten die Genuesen als Transporteure vor allem von Kiptschaken-/Kumanensklaven (die zwischen 1050 und 1230 die Steppen zwischen Donau und Westsibirien sowie Kasachstan beherrscht hatten) die Nase vorn.[99] Byzantiner/Griechen schlossen sich ihnen an – auch vermittelt über die genuesische Handelsenklave Pera; bis um 1400 kamen im Wesenlichen Tartarinnen nach Italien und andere christliche Bereiche (u. a. nach Spanien) und im 15. Jahrhundert Menschen aus den südrussischen Steppengebieten.

Zwischen Il-Khanat und Goldener Horde sowie China und Korea im Osten des mongolischen Reiches fanden meist über Sarai an der Wolga im 13. und 14. Jahrhundert weitere intensive Transkulturationen statt: „Daneben florierte der Sklavenhandel“[100] schreibt Karénina Kollmar-Paulenz; ich würde sagen: nicht „daneben“, sondern als Teil des Austausches sowie der Transkulturation zwischen den Extremen Eurasiens. Genuesen, Venezianer sowie byzantinische Kaufleute und orthodoxe Kleriker mussten sich türkische oder persische Sprachkenntnisse und *linguae francae* aneignen – auch eine Art von Kreolisierung und Transkulturation.[101]

Ich will gerne ein Fenster vom Spätmittelalter in die Neuzeit öffnen: Nach 1500 kam es zum Zusammenbruch der transkontinentalen Verbindungen der „alten Seidenstraße“ zwischen China und dem Mittelmeerraum sowie Europa. Dagegen konsolidierte sich die neue „maritime Seidenstraße“, die auch „alte“ Anfänge hatte.[102] Etwa zeitgleich konsolidierte sich der oft dem Islam oder Buddhismus folgende regionale und überregionale Austausch zwischen Westasien, Zentralasien, Indien

---

97 Ebd., S. 341.

98 Wendt, Vom Kolonialismus zur Globalisierung, S. 22.

99 Ehrenkreutz, „Strategic Implications of Slave Trade between Genoa and Mamluk Egypt in the Second Half of the Thirteenth Century“, 1981, S. 335–345; Golden, „The Shaping of the Cuman-Qïpčaqs and Their World“, S. 303–33, hier S. 331.

100 Kollmar-Paulenz, „Das mongolische Jahrhundert“, in: Kollmar-Paulenz, Die Mongolen, S. 60–74, hier S. 60.

101 Matschke, „Auf der Suche nach Byzanz in der Welt des *Codex Cumanicus*“, S. 337–348, hier S. 343–344.

102 Ptak, „Der Seeraum“, in: Ptak, Die maritime Seidenstrasse, S. 28–53.

und Westchina, real oft in der Verkehrssprache Persisch (*farsi*), u. a. mit Kriegspferden und Menschen (Sklavenhandel). Die Aussage von Nils Green gilt nicht nur für Reisende: „Not least among the challenges they faced as Christian „infidels" was the risk of being sold into slavery, that most influential but least documented motor of mobility across Central Asia that continued into the late nineteenth century".[103]

Zurück in das Mittelalter. In der von Klaus-Peter Matschke analysierten Präsenz „byzantinischer Wirtschaftskräfte im Schwarzmeerraum" und im Sklavenfernhandel werden aber auch strukturelle Nachteile für Byzantiner sichtbar, die der beginnende Frühkapitalismus (der Ägypter und Lateiner) umso deutlicher werden lässt. Matschke listet an Defiziten auf: mangelhafte Logistik, institutionelle Defizite, fehlende politische Unterstützung, keine regelmäßigen Schiffskonvois (d. h., Transportraum, wie Venezianer und Genuesen). Besonders deutlich wird das „Fehlen von Frühkapitalismus" im Finanzsektor – etwa am extrem rudimentären bargeldlosen Zahlungsverkehr bei den Byzantinern, über den mamelukische und oberitalienische Konkurrenten (schon) verfügten und den sie zu einem funktionierenden Kreditsystem ausbauten. Byzantinischen Kaufleuten fehlte auch die Basis eigener gewerblicher Exportprodukte, wie Zucker und Textilien (Ägypten) und Textilien, Getreide und Öl (Italien). Soft-Skills neuer Formen des Wissens und kaufmännischer Rechnungsführung, die sich auf die „doppelte Buchführung des Luca Pacioli und alla veneziana zu bewegt",[104] gab es bei den Griechen nicht oder auch nur rudimentär. Kaufmännische Notizbücher, die sich zu Standardhandbüchern für die Ausbildung junger Kaufleute entwickelten, werden bei Byzantinern vermisst, auch Sprachführer gab es nicht. Und schließlich fehlt insgesamt, trotz später Reaktionen auf die Vorherrschaft der Lateiner-Kaufleute, der konzentrierte politische Wille, Kaufleute-Kapitalisten (und Sklavenhändler) zu unterstützen, „wie das besonders bei Genua und Venedig der Fall ist und im *Officium Gazariae* und anderen organisatorischen Schaltstellen zum Ausdruck kommt".[105]

Mit Kreuzzügen und Mongolensturm, im „langen" 13. Jahrhundert vor der großen Pest (um 1350), definierte Europa sich jedenfalls neu und gewann aus den Konflikten mit anderen Kulturen und Räumen eine neue Art von empirischer Wahrnehmung, die durch neue Handelsusancen sowie Wertsysteme (arabische Ziffern, Geld, Schriftlichkeit, Rechnungslegung, Banken), Empirie (Sammlung von Informationen über Andere), Wissen und Wissenschaften, Musik, Kultur (Tischsitten), Medizin, Gewaltmanagement und Religiosität verstärkt wurden. Mit dem Nomina-

103 Green, Nils, „Introduction. Writing, Travel & the Global History of Central Asia", in: Green (ed.), Writing Travel in Central Asian History, Bloomington and Indianapolis: Indiana University Press, 2013, S. 1–40, hier S. 13; zu Sklavenhandel und Sklavereien in Zentralasien siehe: Hopkins, „Race, Sex and Slavery: 'Forced Labour' in Central Asia and Afghanistan in the Early 19th Century", S. 629–671.

104 Matschke, „Auf der Suche nach Byzanz in der Welt des *Codex Cumanicus*", S. 337–348, hier S. 344–345.

105 Ebd., S. 345.

lismus entstand – sehr verkürzt formuliert – aus Angst vor den Mongolen eine der wichtigsten Philosophien überhaupt, mit Wurzeln in der klassischen, islamischen und jüdischen Philosophie, die empirische Wirklichkeitswahrnehmung und philosophischen Materialismus erlaubte und den Weg frei machte für Arbeits- und Wissensrevolutionen im Westen. Sklaven-, Menschen- und Kinderhandel waren immer inbegriffen.

Besonders deutlich wird die Marginalisierung des massiven europäischen Menschenhandels, noch vor dem *long black veil* der Atlantisierung, im Zusammenhang mit der Entwicklung der genuesisch-italischen und venezianischen Handelsenklaven auf der Krim, speziell Kaffa. Kaffa erlangte globalhistorische Berühmtheit nicht nur als Sklavenhafen, sondern vor allem als Ausgangspunkt einer der wichtigsten Pandemien der Menschheitsgeschichte vor dem frühen 20. Jahrhundert. Großer Menschenhandel und große Epidemien, die sich auf den Sklavenhandelswegen ausbreiten – welch Apokalypse! Als mongolische Truppen unter Janibeg 1341 sowie 1345/46 Kaffa belagerten, ging von der Stadt die zweite große Pestepidemie (1347–1351) des Mittelalters aus. Im Grunde zeigen die Herde und Linien der Ausbreitung der Krankheit (der berüchtigte „Ring" um Europa) die Schifffahrtsverbindungen des genuesisch-venezianischen Sklavenhandels sowie die Fortsätze im iberischen Handel und im England- und Hansehandel. Grob geschätzt starben 25 Millionen Menschen in Europa und Asien. Ein Unglück kommt aber selten allein. Bis um 1300 war es in Europa wärmer als in den Jahrhunderten zuvor und danach gewesen. Landwirtschaft und Viehhaltung expandierten; es kam zu Rodungen und Migrationen und die Bevölkerung stieg an. Zu Beginn des 14. Jahrhunderts setzt eine so genannte kleine Eiszeit ein. Die Landwirtschaft kontrahierte im nördlichen Europa und Wüstungen entstanden. Von 1316 bis 1318 erlebte Europa die größte Hungersnot des Mittelalters. 1342 kam es europaweit zu großen Überschwemmungen. Dann folgen 1348–1351, 1358/59 und einige Jahre später die Pest-Epidemien, die vor allem die urbane Bevölkerung und die der großen Hafenstädte trafen, seltener Großvieh und rurale Bevölkerungen. Die Bevölkerungszahlen sanken drastisch, gleichzeitig verringerten sich die Anbauflächen und der Bedarf an Nahrungsmitteln. Unter den neuen klimatischen Bedingungen florierten Landwirtschaft und Spezialkulturen (wie Zucker) der Mittelmeeranrainer prinzipiell gut. Arbeitskräfte waren rar. Sklavinnen und Sklaven wurden stärker nachgefragt. Der Fernhandel, auch mit Menschen, boomte. Der Sklavereiaufschwung war nicht nur ein Aufschwung der Haussklaverei, sondern eben des Fernhandels mit Männern und Eunuchen. In Mittel,- Nord- und Nordwesteuropa kam es dagegen zu handwerklichen Spezialisierungen in den Städten, die im Zunftsystem aber streng geregelt waren. Also im Innern keine Sklaven (von Ausnahmen abgesehen; bei Frauen und Kindern wird noch debattiert) mit definiertem Status in der Landwirtschaft. In Osteuropa dagegen verschärft sich mit den großen Gütern der Adligen und dem Erstarken Russlands ebenfalls die Tendenz zu Leibeigenschaft und Sklaverei.[106]

---

106 Ich danke Kay Peter Jankrift für Informationen zur Pestepidemie und zum Klimawandel im 14. Jahrhundert.

Europa erreichte erst zu Beginn des 16. Jahrhunderts wieder die Vor-1348-Bevölkerungsdichte. Nach 1350 wurde Arbeit in Europa teuer. Mit direkter und simpler traditioneller Versklavung war das gigantische Problem nicht oder nicht mehr zu lösen; auch wenn im Süden, Westen (mit wieder zunehmender Bedeutung der Sklaverei), aber vor allem im Osten mit der sogenannten zweiten Leibeigenschaft Versuche gemacht wurden. Die Folgen der Pestpandemie waren im Mittleren Osten und Südeuropa von der spanischen Levante über das Königreich beider Sizilien bis Konstantinopel einerseits sowie Westeuropa (Frankreich, England, Kaledonien, das Heilige Römische Reich sowie Polen) unterschiedlich. Um die Folgen in Bezug auf Sklaverei grob zu schildern: in Nord- und Nordwesteuropa nahmen direkte Sklaverei, Leibeigenschaft und Hörigkeit ab und „Freiheiten“ zu, in Teilen Mitteleuropas, Süd-, Südwest- und Osteuropa nahmen Hörigkeiten, Sklaverei und Leibeigenschaft zu, die sich zwar diskursiv von der „römischen“ Sklaverei absetzten, aber im Grunde lokale Formen von Sklaverei darstellten. In Südwesteuropa (Iberische Halbinsel) und Südosteuropa (Griechenland und Inseln) nahm beides, zum Teil auf extreme Weise zu: Sklaverei und andere Formen der extremen Abhängigkeit (auf der iberischen Halbinsel von Norden nach Süden). Da es aber überall bäuerliche Wirtschaften und christliche Herrschaft gab (mit Ausnahme von Granada bis 1492), kam die Sklaverei-Lücke auf den Kanaren und auf São Tomé als Experimentierfelder der neuen, sozusagen „ausgelagerten“ Massensklaverei in der tropischen Landwirtschaft wie gerufen.

Die Verteuerung der Ware Arbeitskraft nach dem durch asiatische Reiterkrieger und Flöhe sowie Ratten verbreiteten Schwarzen Tod Mitte des 14. Jahrhunderts verstärkte nicht nur die europäische Tradition des langanhaltenden technologischen Wandels und der unkontrollierten Geburten. Europa hatte Millionen von Menschen eingebüßt; aber ausgerechnet zwischen 1450 und 1600 breitete sich, zusammen mit der vielgelobten Renaissance, auch ein neuer christlicher Fundamentalismus und eine Ausrottung der weit verbreiteten Kenntnisse der Geburtenkontrolle aus – im Zeichen des Hexenwahns. Europa litt bald unter einem *youth bulge*, vor allem junge Männer aus nachkommensstarken Familien des niederen Adels, etwa der *secundones* in Spanien, sahen keine Zukunftsperspektiven.

Europäischer Wandel war in einer Tendenz und zunächst sehr punktuell darauf gerichtet, lebendige Arbeit durch verbesserte Techniken, Organisation, Informationssammlung, Ausbildung, Schriftlichkeit/Visualisierung und Technologie sowie Formen der unfreien Arbeit durch etwas „freiere“ Arbeit zu ersetzen. Das gelang punktuell, aber nicht überall. Verstärkt wurde die Technologietendenz durch häufige Kriege und die Furcht vor der Überlegenheit asiatischer Großheere wie die der Mongolen und Osmanen. Landbevölkerung wanderte verstärkt in die Städte ab. Es gab aber auch eine andere Tendenz. Außerhalb der christlichen Kernräume griffen Eliten, dort wo es möglich war, immer gerne auf Zwangsarbeit, auf durch „Gewalt erzwungene Arbeit“, von Kriegsgefangenen, Sträflingen und Sklaven sowie Razziensklavereien und Sklavenhandel zurück. Kriege und Konflikte spielten (und spielen) für Sklaverei und Zwangsarbeit immer eine mindestens so wichtige Rolle wie Technologie sowie islamische und normannische Traditionen. Christoph Cluse hat die Verbreitung der „neuen Sklaverei" in Europa (westliches Mittelmeergebiet) skizziert:

> Weite Gebiete, in denen Sklavenarbeit auch auf dem Lande anzutreffen war, finden sich um Valencia, in Sizilien, auf den Balearen und in Süditalien. Nur diese Länder gründeten einen signifikanten Teil ihrer Wirtschaft, vor allem der Landwirtschaft, auf Sklavenarbeit. Überall sonst breitete sich die Praxis von den großen Hafenstädten her aus – Barcelona, Valencia, Genua, Venedig, Marseille, Sevilla, Lissabon. Vor allem in Italien herrscht dabei der Typus der Sklaverei von Frauen in Haus und Familie vor. Bezüglich der Auswirkungen auf das Hinterland gibt es in Italien ein Ost-West-Gefälle: Um Venedig ist es stärker einbezogen als um Genua, wo es ein fast ausschließlich urbanes Phänomen blieb: in den *faubourgs* entlang der ligurischen Küste waren allerdings ebenfalls Sklaven anzutreffen. In Venedig reichte die Praxis aber bis in die alpinen Gebiete. Ähnliches galt für die Provence: Marseille war der Hauptmarkt für Sklaven und auch der einzige. Einen Sonderfall und zugleich den nördlichsten Vorposten der Praxis an der Rhône stellt die Stadt Avignon dar. Abgesehen von den urbanen Verhältnissen sind die Fürstenhöfe von einer gewissen Bedeutung.[107]

Portugal, Kastilien und Katalonien hatten, wie oben gesagt, auch eine starke Tradition des Menschenraubs und Sklavenhandels.[108]

Dabei entstand jedenfalls im „neuen" Europa und im „griechischen" Europa, an den östlichen sowie südöstlichen Grenzen des christlichen Europa, eine neue Sklaverei aus Fernhandel mit Slawen-Sklaven, die auch Chasaren, Türken, Tataren, Mongolen, Berber oder Kumanen, Kiptschaken, Polowezer sein konnten. Dadurch veränderte sich auch das „lateinische" Europa vor allem in den Gebieten, die für die frühe atlantische Expansion von Bedeutung sein sollten. Menschenhandels-Faktoreien, neue Zahlen und doppelte Buchführung entstanden und der Rückgriff auf „römische" Rechtstraditionen schuf neue Normen. In diese florierenden Handelswelten der in den Orient drängenden Europäer schob sich im 14. und 15. Jahrhundert im Osten, nicht wie eine Sperrfront, sondern als eine neue, komplizierte Grenze imperialer Ausdehnung, die osmanische Westexpansion.

Der Renaissancediskurs des europäischen „Fortschritts" überlagert Übernahmen aus den Kontakt- sowie Überlagerungszonen zum Islam (in seinen politischen und gesellschaftlich sehr unterschiedlichen Ausprägungen, z. B. Kalifate oder Osmanen), zum atlantischen Afrika und an den unklaren Peripherien Europas, vor allem am Mittelmeer und an den Ost-, Süd-, Südwest- und Südostgrenzen des Abendlandes. Dort wo mit großen Gruppen von Kriegsgefangenen und Menschen-

107 Cluse, „Sklaverei im Mittelalter – der Mittelmeerraum", S. 1–18, hier S. 6; siehe auch: Fontenay, „Pour une géographie de l' esclavage méditerranéen aux temps modernes", in: Cahiers de la Méditerranée 65 (2002), S. 17–52 (= L'esclavage en Méditerranée à l'époque moderne), http://journals.openedition.org/cdlm/42 (letzter Zugriff 13. 2. 2018).

108 Soyer, „El comercio de los esclavos musulmanes en el Portugal medieval: rutas y papel económico", S. 265–275.

tributen zu rechnen war, wie in der Mongolenexpansion und in expansiven islamischen Reichen (Osmanen) gab es immer Kriegsgefangene, Razzien, Menschenhandel, Sklaven und Sklaverei. Kriegsgefangene und Sträflinge waren oft das, was in der Soziologie heute als „*single young men*" bezeichnet wird, gewalt- und fluchtbereite, meist junge, Männer. Sie waren keineswegs immer bereit, das über sie hereingebrochene Schicksal der Sklaverei zu akzeptieren. Die institutionalisierte, administrierte und rechtlich abgesicherte Sklaverei vor allem von Kindern und Frauen bot eine profitable Alternative; die islamische und osmanische Militärsklaverei oder die byzantinische und chinesische Eunuchensklaverei aus eben diesen Gründen einen Aufstiegskanal für männliche Sklaven. Harem, Konkubinat und verschiedenste Formen der Kindersklaverei stellten mögliche Formen des Aufstiegs für Frauen bestimmter Ethnien im Osmanischen Reich dar, das auch in Europa Fuß gefasst hatte. Im osmanischen Reich wurden alle vorhandenen Formen der Sklaverei zu neuen Formen der Sklaverei zusammengefasst: islamische Palast- und Haussklaverei, bestehend aus Razzien- und Militärsklavereien, Haremssklaverei mit Eunuchen, rurale Sklaverei, punktuell auch Massensklaverei, die nie sehr ausgeprägt war, und massive urbane Sklaverei, die vor allem Haussklaverei von Frauen und Kindern (zweites Sklaverei-Plateau) war.

Im spätmittelalterlichen Europa gab es lokale Schwerpunkte des Slaving, wie es Charles Verlinden, Michel Balard oder Jacques Heers für Genua, Venedig und Aragón sowie weitere Städte vor allem Süditaliens und des Balkans, die Mittelmeerfassade Frankreichs, die Levante Spaniens oder Sizilien, keltische Gebiete und die meisten Inseln des Mittelmeeres sowie die Krim im Schwarzen Meer gezeigt haben.

Die Hauptlinien des „großen" Sklavenhandels verliefen im 13.–15. Jahrhundert nicht mehr, wie noch bis etwa 1100, von Ost nach West (oder umgekehrt), sondern am Rande der mongolischen Expansion von Norden über Wolga, Krim und Kaukasusküsten, Schwarzmeerküsten der heutigen Türken (Trapezunt/Trabizon) sowie Armenien[109] und Konstantinopel nach Süden (Schwarzes Meer – Ägypten). West- und Südeuropa war, wie mehrfach erwähnt, nur Juniorpartner, mit relativer Ausnahme vor allem von Genuesen, Venezianern und Katalanen, die zwar auch Juniorpartner waren, aber das Gros der Transporte durchführten.

Trotz der Tatsache, dass die Masse der mongolischen Kriegsgefangenen nicht nach Europa verkauft wurden und die größten Sklavenhändler nicht von Europäern gestellt wurden, gibt es insgesamt viele ehemalige oder zeitweilige Zentren des Sklavenhandels in Europa, denen man die Gewinne aus dem einträglichen Men-

109 Zur Stellung Armeniens zwischen „West" (Rom bzw. Byzanz) und „Ost" (Iran), siehe: Preiser-Kapeller, „Vom Bosporus zum Ararat. Aspekte der Wirkung und Wahrnehmung des Byzantinischen Reiches in Armenien im 4. bis 19. Jh.", in: Gastgeber, Christian; Daim, Falko (eds.), Byzantium as Bridge between West and East, Wien: Verlag der Österreichischen Akademie der Wissenschaften, 2015, S. 179–210 http://oeaw.academia.edu/JohannesPreiserKapeller (letzter Zugriff 13. 2. 2018).

schenhandel auch heute noch ansieht: Magdeburg, Verdun, Venedig, Genua, Florenz, Valencia, Marseille, Arles, Narbonne, Almería, Lisboa, Barcelona, Städte auf den Balearen und Sevilla (sowie später: Antwerpen, Amsterdam, London, New York, und Liverpool), auch wenn eine Reihe dieser Städte in späteren Zeiten überbaut worden sind. Ihre urbanen und religiösen Zentren wurden nicht zuletzt mit Gewinnen des Menschen- und Sklavenhandels angelegt. Das gilt auch für kleinere Städte wie die Plünderer-Kaufleutestädte Amalfi und Pisa oder Ragusa/Dubrovnik, die im Mittelalter auch Sklavenhandelszentren gewesen waren, aber bald der genuesischen, florentinischen oder venezianischen Konkurrenz erlagen. Das christliche Ragusa unterstellte sich gar wegen der Bedrohung durch Venedig den Osmanen (zeitweilig auch der ungarischen Krone und hatte Verträge mit der spanischen Krone).

Das im Sklavenhandel akkumulierte Kapital wurde – nicht nur in den in der Gesamtliste genannten Städten – oft in Kirchen, Schätzen, Infrastrukturen, Kunst und Stadtsilhouetten angelegt. Einige der großen Städte um 1400 (und danach) gelangten eben deshalb auf die Spitzenplätze im Ranking der Zivilisationen, weil sie ihre Position und Dynamik durch Sklavenhandel und urbane Sklaverei erlangt hatten. Um die Sklavenstädte-Rangliste zu vervollständigen: Ähnliches gilt in Ostafrika für Malindi, Mombasa, Sansibar und Kilwa. Oder später in Südamerika für Cartagena de Indias und La Habana sowie Rio und Bahia. Ein Gewinn für die Tourismusindustrie, die hier in gewissem Sinne wie ein Leichenfledderer agiert, da sie historisch gewordene – und mit Sklavenhandelsgewinnen bezahlte – Silhouetten, Landschaften und Images verkauft. Eine ansonsten nicht sehr gnädige Geschichte hat einige dieser Städte auf einem gewissen Stand unverwechselbarer Authentizität (heute: Patrimonium) sozusagen „eingefroren" – vor allem weil Profite aus dem Sklavenhandel und manchmal aus der Sklaverei irgendwann einmal ausblieben und die Stadtbewohner dann zu arm waren, wenigsten die Ruinen abzutragen. Für uns in gewissem Sinne am wichtigsten in diesem Kapitel sind Venedig und Genua, weil die anderen ihre Rollen erst später spielten oder schnell ausgeschaltet wurden. Genua noch mehr als Venedig, weil letzteres neben dem frühen Boom des „fränkischen" sowie dalmatinischen Sklavenhandels lange Zeit eben auch andere Geschäfte monopolisierte (wie Salz und Öl). Genua war wegen seiner Juniorrolle in den großen Geschäften und wegen seiner geographischen Lage vordergründig immer der große Bankier (nur übertroffen von Florenz), aber auch immer in das schmutzige Geschäft des Sklavenhandels verwickelt. Grundlage der Finanzakkumulation war das Kapital menschlicher Körper.

Die wichtigsten Handelsportale waren, meist bis weit über das 15. Jahrhundert hinaus, allerdings Byzanz/Konstantinopel, Kairo, Tripolis und Fez (über Sidjilmassa mit dem Gold-, Salz- und Sklavenhandel des Mali-Reiches verbunden),[110] Samar-

110 Juliver Casagualda, Manuel, El Sáhara. Tierras, pueblos y culturas, Valencia: Ed. Universidad de Valencia, 2003.

kand und Bagdad. Die Liste der weltgrößten Städte dieser Zeit wurde durch Nanking sowie weitere chinesische Städte und Vijayanagar in Südindien angeführt. Diese „Alte Welt" mit der Vorherrschaft Chinas und Indiens sowie dem Weltsystem des 13. Jahrhunderts wurde erst durch Pest, Schießpulver und Karavellensegel[111] sowie massive Sklaverei zwischen Alter und Neuer Welt nicht etwa aus den Angeln gehoben, sondern zeitweilig erst wirklich seit dem 19. Jahrhundert auf die Plätze verwiesen (was angesichts etwa der indischen Sklavereien und des Sklavenhandels auf dem Subkontinent hart umstritten ist).

Im Mittelmeer selbst galten die Bewohner der Inseln (Balearen, Korsika, Sardinien, Sizilien, Malta, Zypern, Kreta) als gefürchtete Sklavenhändler und Piraten. Nach der christlichen Wiedereroberung Mallorcas und der Balearen bildete sich ein zweites Zentrum spätmittelalterlichen christlichen Sklavenhandels heraus – gestützt auf die arabische Tradition der spanischen Levante, wo sich die Saqaliba-Taifas (vor allem Denia) festgesetzt hatten, und auf die spatiale Tradition der Insel- und Tierra-Firme-Struktur.

Bei den katalanischen Mallorquinern waren nach der Eroberung der Insel durch Christen (1229) die meisten Sklaven (zunächst *captius*/*cativos*, dann auch *esclaus*) zunächst Nachkommen der Saqaliba, Araber oder Berber. Danach waren es in Korsaren- oder Piratenakten beziehungsweise Razzien Gekidnappte oder bei *mercaderes* (Kaufleuten) des Mittelmeerraumes Gekaufte.[112]

Christliche Katalanen, Portugiesen, Provenzalen, Ragusaner, Genuesen und Venezianer drängten bald auch aus dem Mittelmeer heraus. So berichtet Ibn Chaldun in der zweiten Hälfte des 14. Jahrhunderts über „Franken", das heißt meist Katalanen, die Gefangene von den Kanarischen Inseln (*guanchen*) an der Küste Marokkos verkauften. Diese neuen Sklaven lernten dort Arabisch – so kamen Nachrichten über die Kanaren nach Europa und die Inseln wurden zu einem Ziel von noch mehr Razzienkriegern und Sklavenhändlern. Die Inseln waren aber wahrscheinlich schon Ziel von Muslimen aus Lissabon gewesen; sie waren um 1336 von Lanzarote „wiederentdeckt" worden. Umgekehrt berichtet Fernández-Armesto, dass es vor allem auf Fuerteventura und Lanzarote eine starke Ansiedlung aus

111 Zum konkreten „Lateiner"-Segel, wahrscheinlich im 2. Jahrhundert im Roten Meer entwickelt, siehe: Whitewright, Julian, „Sailing with the Mu'allim: The technical practice of sailing in the Medieval Red Sea", in: D. Agius; J. Cooper A. Trakadas; C. Zazarro (eds.), Navigated Spaces, Connected Places. Proceedings of the Fifth International Conference on the People of the Red Sea, Exeter 2010 (Oxford: BAR International Series 2346), S. 147–156.

112 Soto y Company, Ricard, „La conquista de Mallorca y la creación de un mercado de esclavos", in: Guillén; Trabelsi (dir.), Les esclavages en Méditerranée. Espaces et dynamiques économiques, Madrid: 2012, S. 63–76; zu den konkreten Verbindungen Versklavungsräume (südrussische Steppe, Goldene Horde, südlicher Kaukasus), Schwarzes Meer, Konstantinopel, Venedig – Mallorca, siehe: Schiel, „Zwischen Panoramablick und Nahaufnahme. Wie viel Mikroanalyse braucht die Globalgeschichte?", S. 119–140; Ferrer Abárzuza, „L'aparició d'esclau", in: Ferrer Abárzuza, Captius i senyors de captius a Eivissa, S. 24–35.

marokkanisch-islamischen Gebieten gab, entweder als Sklaven oder als Seeleute.[113] Damit ist die enge Verbindung zur oben analysierten atlantischen „zusammengesetzten" Sklaverei hergestellt.

Venezianische Händler – vom Typ Marco Polo – verkauften auch christliche Sklaven. Nach den Geschäften mit Kriegsgefangenen der Mongolen und der Kreuzfahrer stammten im späten 14. und im 15. Jahrhundert mehr und mehr Sklaven aus Nordafrika, darunter viele schwarze Sklaven aus den Oasen der Sahara, dem Sudan oder aus Guinea, die vorher fast nur von sudanesischen, ägyptischen, arabischen, türkischen oder berberischen Sklavenhändlern verschleppt worden waren. Genuesen, Portugiesen und Katalanen erschlossen dem iberisch-italischen Sklavenhandel das Westmittelmeer sowie die Mar Pequeña. 1354 gibt es das Dokument eines katalanischen Mercader von Mallorca, namens Guillem sa Roca, der eine Sklavin namens Maimona von „schwarzer Rasse" und muslimischen Glaubens in Barcelona verkauft. Maimona scheint ein beliebter Name für schwarze Sklavinnen gewesen zu sein. Aus einem Notariatsprotokoll geht hervor, dass schon am 18. Oktober 1186 ein Guglielmo Pelliccerio einem Guglielmo de Bellobruno eine „saracenam nigram nomine Maimonam" (schwarze Sarazenin genannt Maimona) in Genua verkauft hatte (für 6 Pfund).[114] Die christlichen Sklavenhändler verkauften auch Türken, Albaner, Tataren, orthodoxe Griechen, Bulgaren, Russen, Sarden oder allgemein Slaven (*esclaus*). In einem genuesischen Notariatsprotokoll vom 4. August 1393 ist von einer „sclava vocata Luca de progenie Tartarorum" (Sklavin genannt Luca von tatarischer Geburt)[115] die Rede. Wenn diese Sklaven freigelassen wurden oder sich freikauften, wurde ihrem Namen oft die „sklavische" Herkunftsbezeichnungen wie

---

113 Fernández-Armesto, „The Settlers: Castilians and Others", in: Fernández-Armesto, The Canaries after Conquest: The Making of a Colonial Society in the Early Sixteenth Century, Oxford: Clarendon Press, 1982, S. 33–47; Lobo Cabrera, Manuel, „Esclavos indios en Canarias: Precedentes", in: Revista de Indias Vol. XLIII, No. 172 (1983), S. 515–532: Lobo Cabrera, La esclavitud en las Canarias orientales en el siglo XVI: Negros, Moros, y Moriscos, prólogo Antonio de Bethencourt Massieu, Santa Cruz de Tenerife: Ediciones del Excmo. Cabildo Insular de Gran Canaria, 1982; Lobo Cabrera, „Esclavos negros a Indias a través de Gran Canaria", in: RI Vol. XLV, No. 175 (1985), S. 28–50; „Al-Idrīsīs Beschreibung einer Entdeckungsfahrt auf dem Atlantik (vor 1147)", in: Dokumente, Bd. I, S. 37–40; „Die Fahrt des Niccoloso da Recco zu den Kanarischen Inseln (1341)", in: Ebd., S. 47–53. Sowie: „Die Suche des Katalanen Jacme Ferrer nach dem Goldfluß an der westafrikanischen Küste", in: Ebd., S. 53–56; Sebald, Peter, „Waren im 15. Jahrhundert die Portugiesen tatsächlich die ersten Europäer in Westafrika? (Eine deutschsprachige Quelle zu einem umstrittenen Problem afrikanischer Geschichte)", in: Asien. Afrika. Lateinamerika, Heft 6, Bd. 8 (1980), S. 1061–1074.

114 Die Auszüge aus den Notariatsprotokollen finden sich unter den von Christoph Cluse bearbeiteten Dokumenten: http://med-slavery.uni-trier.de:9080/minev/MedSlavery/sources/selected-documents-from-genoese-archives/11861018.pdf (4. Mai 2012).

115 Unter: http://med-slavery.uni-trier.de:9080/minev/MedSlavery/sources/selected-documents-from-genoese-archives/13930804.pdf (4. Mai 2012); siehe auch: Fynn-Paul, „Tartars in Spain: Renaissance Slavery in the Catalan city of Manresa, c. 1408", S. 348–359.

„grec" (Grieche), „ros" (Russe), „sard" (Sarde) oder „negre" (Schwarzer, Neger) beigefügt, die sich auch nach und nach zu Familiennamen entwickelten.[116]

Genuesen, Pisaner, Venezianer, Ragusaner, Provenzalen und Aragonesen-Katalanen sowie Portugiesen betrieben Sklavenhandel großen Stils – im Vergleich mit anderen Europäern. Im Grunde aber übernahmen Kaufleute aus den südeuropäischen und italischen Kommunen viel von den Arabern, Berbern, Mongolen, Tataren, Byzantinern, Türken und Ägyptern. So verkauften sie etwa 10 000 Sklaven aus christlichen Gebieten jährlich im späten 13. und frühen 14. Jahrhundert.[117] Oberitalische Kaufleute nutzten in ihrer Zentralposition die Erfahrungen nicht nur für die Übernahmen der neuen Mathematik eines Leonardo Fibonacci (ca. 1180 bis nach 1241)[118] – auch in diesem sehr unvermuteten Sinne stehen Menschenhandel und eine „Königin der Wissenschaften" in einem engen Zusammenhang –, sondern entwickelten in der gigantischen Akkumulation aus Menschenhandel neue Modelle, Formen, Geschäftsmodelle, Regeln und Schemata des Bank-Kapitalismus (indische Zahlen, Banken, doppelte Buchführung, Wechsel; seit dem 14. Jahrhundert auch die mechanische Räder-Uhr) sowie Organisationsformen des bewaffneten Handels, gerade auch des Sklavenhandels, wie Insel-und Tierra-Firme-Paradigma (die Faktoreien – befestigte Handelsenklaven – wurden vor allem auf Inseln vor den Küsten großer Festlandsterritorien angelegt) und den *fondaco* (Faktorei), die dann seit 1450 im atlantischen Raum zur Anwendung kamen.

Ein breiter Streifen vom Baltikum über die Balkane und die Hinterländer der Donau, des Dnestr, des Bug, des Dnepr und des Don über das heutige Südrussland und die Ukraine bis hin zum Kuban, Terek und Kaukasus waren sozusagen das „Afrika" des europäischen Mittelalters sowie Kleinasiens und muslimischer Territorien; einige Gebiete auch noch in der Neuzeit bis weit in das 19. Jahrhundert.[119] Und die Sklavereien der großen Karibikinseln (Kuba, Puerto Rico, Santo Domingo / Haiti und Jamaika) hatten ihre Vorläufer auf der Krim, an der heutigen kroatischen Küste, auf Kreta, Sardinien, den Balearen, Sizilien, Zypern, Kreta und Chios.

Die letzten europäischen Seelenverkäufer „slawischer" Sklaven, die Genuesen, waren nach 1453/1480 im Schwarzen Meer, aber auch im Ostmittelmeer, aus dem Geschäft. Nicht nur wegen der Pest oder mamelukischer und tatarischer Angriffe, sondern vor allem wegen der Osmanen und der Krimtataren. Diese verkauften die

---

116 Gran Enciclopèdia de Mallorca, 19 Bde., Palma de Mallorca: Promallorca Edicions, S.A., 1988–1991, Bd. V (1989), S. 16–17.

117 Klein, African Slavery in Latin America and the Caribbean, New York; Oxford: Oxford University Press, 1986, S. 9 f; Haour, Anne, „The Early Medieval Slave Trade of the Central Sahel: Archaeological and Historical Considerations", S. 61–78.

118 Der Vater war Schreiber (Notar) der Pisaner Kaufleuteschaft, u. a. im heutigen Algerien (Bougie); Fibonacci arbeitete in Sklavenhandelszentren wie Ägypten, Syrien, Griechenland, Sizilien und Südfrankreich sowie dem lateinischen Byzanz, siehe: Morelli, Marcello; Tangheroni, Marco (eds.), Leonardo Fibonacci: il tempo, le opere, l'eredita scientific, Pisa: Pacini, 1994.

119 Barrett, At the Edge of Empire; Davies, Brian, Warfare, State and Society, passim.

Sklaven dann unter der Bezeichnung „Kaukasier" (oder „Georgier" und „Georgierinnen") weiter – oft orthodoxe Christen, manchmal wirklich Georgier und Armenier. Im weiteren mediterranen Raum an den Nordküsten Afrikas und im „Westen", dem Maghreb, versorgten berberische Korsaren Häuser und Paläste sowie Schiffe mit europäischen Sklaven.

Die Ragusaner etwa blieben auch im Geschäft, weil sie sich, wie gesagt, den Osmanen unterstellten. Sie nutzen die Grenz- und Razzienökonomien des Balkans; Sklaven kamen vor allem aus Bosnien, Albanien, Hercegovina und Serbien (viele davon „andere" Christen oder Angehörige der Kirche von Bosnien, aber auch Muslime beziehungsweise Menschen, die aus Hunger oder wegen Schulden verkauft wurden). In Ragusa/Dubrovnik gab es viele Haussklaven und Haussklavinnen (aber auch viele Diener und Dienerinnen) sowie viel Sklavenhandel, aber kaum Sklaven in großer Landwirtschaft.[120]

Von der Peripherie zur Atlantisierung: Inseln, neue afrikanisch-iberische Sklavereien und Atlantik

Ein enger Zusammenhang existierte in Europa und den angrenzenden Meeren immer zwischen Raubzügen der antiken und frühfeudalen Zeit sowie Wikingerrazzien, imperialer Expansion, Piratentum, Razzien und Menschenjagd/Sklavenhandel. Phönizier bildeten die erste Kultur von „Handelsherren" und waren zugleich sprichwörtliche Razzien-Piraten, Kinderfänger, Sklavenjäger und Menschenhändler seit der frühen Antike. Griechen als „Wikinger der Bronzezeit" standen ihnen nicht viel nach, sprachen aber schlecht über die „Anderen".[121] Auf allen Inseln und an allen Küsten des Mittelmeeres gab es Korsarentum, Razzien und Menschenhandel. Zwischen dem 13. und dem 14. Jahrhundert hatten europäische Kaufleute und Städte von der Beteiligung am großen Sklavenhandel des Ostens und von den Zugängen nach Nordafrika profitiert, vor allem auch am Pferde- und Sklavenhandel an der Atlantikküste Marokkos, wie Ceuta, Tanger, Arzila und Azemmour, den die Iberer mit Senegambien verbanden (zuerst über Arguim).[122] Pferde und Sklaven

120 Budak, „Slavery in Renaissance Croatia. Reality and Fiction", in: Hanß; Schiel (eds.), Mediterranean Slavery Revisited (500–1800), S. 75–96; zum Haus-Dienst, siehe: Martín Casares, „Domestic Service and Legislation in Spain", in: Fauve-Chamoux, Antoinette (ed.), Domestic service and the formation of European Identity. Understanding the globalization of domestic work 16th to 20th centuries, Bern: Peter Lang, 2004, S. 189–209. Die Autorin hebt vor allem die „distance between law and social practice" hervor und dass es sich bei Hauspersonal meist um „deprived women" gehandelt habe; siehe auch: Muhaj, „Skllavëria ndër shqiptarë gjatë Mesjetës [Slavery among the Albanians during the Middle Ages]", S. 61–81.

121 Ameling, „Phönizische Piraten", in: Ameling, Karthago, S. 121–127.

122 El Hamel, „The Trans-Saharan Diaspora", S. 109–154, hier S. 136–140; Tanger war zeitweilig unter englischer Kontrolle (1661–1684), siehe: Aylmer, Gerald E., „Slavery under Charles II. The Mediterranean and Tangier", in: English Historical Review CXIV / 456 (1999), S. 378–388.

aus dem Maghreb/Marokko tauchten bald auch in Timbuktu, Gao und Bornu im Songhay-Reich auf.[123] Auch hier – wie in Westafrika zwischen Senegal und Cuanza – waren die Iberer im übergreifenden Sinne Vermittler und Transporteure. Am anderen Ende des Mittelmeergebietes (*and beyond*) verloren die italischen Menschenhändler mit der siegreichen osmanischen Expansion, besonders seit der Einnahme Konstantinopels, die Kontrolle über das Schwarze Meer. Genuesen etablierten auf Zypern einen neuen Kolonialismus, der sich bis in die harten Strukturen der Landkontrolle (Bodenkontrolle, d. h., Landeigentum) auswirkte und etablierten erste Formen von Zuckersklavereien.[124] Genuesen und Florentiner sowie einige Venezianer beteiligten sich mehr und mehr am westmediterranen und atlantischen Korsarentum, Razzien, Menschenhandel und wurden Finanziers der „Entdeckung" des atlantischen Inselreiches und Amerikas. Die berberischen Korsaren und Piraten im Mittelmeer waren extrem stark und unterstellten sich oft den Osmanen, die auch massiv Seeexpansion im Mittelmeer betrieben. Die Europäer mussten in der Tendenz ihr Heil auf dem Atlantik suchen, die Barbaresken bekämpfen oder sich mit Osmanen arragieren. Auch auf dem Atlantik spielten europäische, aber auch lokale Seeräuber und Korsaren bald eine wichtige Rolle. „Korsar" hängt mit *corso* (Lauf, Umlauf, von *cursus*, auch Kurs) zusammen. Bohn führt „Corsair" auf eine „Bezeichnung für die arabischen Piraten des Mittelmeeres" zurück.[125] In Havanna um 1600 war *corsario* die Bezeichnung für einen (durchaus) von den lokalen Siedlern erwünschten nichtmonopolistischen Händler – d. h., Schmuggler (auch Menschenschmuggel), oft „Portugiesen" – was durchaus auch sephardische Neuchristen (getaufte Juden), Hugenotten und Atlantikkreolen sein konnten.

Seitdem die nordafrikanischen Küsten mit dem Ende der Kontrolle durch West- oder Ostrom sowie arabisch-islamischer Reichsbildungen und dem Ende der christlichen Reconquista zu Grenzen des Islam geworden waren, hatten sich für Jahrhunderte islamisierte Araber, Mameluken, Berber (durchaus zeitweilig auch von den Inseln, wie Balearen, Sizilien oder Korsika) als Razzienkaufleute, Korsaren, Sklavenhändler und Piraten etabliert, seit dem 15./16. Jahrhundert auch als lose Vasallen des Osmanischen Reiches. In den Berberstädten, die nach und nach unter osmanische Vorherrschaft gerieten (Algier, Bougie, Bona, Tunis, Mahdia sowie Tripolis) entwickelte sich schnell ein Sklavereityp aus Kin-Sklavereien, Seeräuber-/Razziensklaverei, Korsarentum und islamischen Sklavereiformen. Ähnliches geschah auf dem Balken und in Griechenland. Algier erhielt unter dem Dey („Onkel") seit Ende des 17. Jahrhunderts eine quasi-republikanische Ordnung. In Nordafrika

123 El Hamel, „The Trans-Saharan Diaspora", S. 109–154, hier S. 139.

124 Greenfield, „Cyprus and the beginnings of modern sugar cane plantations and plantation slavery", S. 23–42; siehe auch: Fábregas García, „Azúcar e italianos en el reino nazarí de Granada. Del éxito comercial a la intervención económica / Sugar and Italians in the Nasrid Kingdom of Granada. From commercial success to economic intervention", S. 133–153.

125 Bohn, Die Piraten, München: Verlag C. H. Beck, 2003, S. 16.

entstanden Grundlagen einer der großen neuzeitlichen Sklavereien – die Piraterie-/Razziensklaverei, verbunden mit dem Fernhandel auf Gold, Salz sowie schwarze Sklaven aus dem Saharahandel.[126]

Unter osmanischer Oberherrschaft war Algier im 16. und 17. Jahrhundert der größte Umschlagplatz für Sklaven schwarzafrikanischer und europäischer Herkunft im westlichen Nordafrika; Salé und andere atlantische Häfen an der marokkanischen Küste standen nicht viel nach. Salé war im 15.–17. Jahrhundert fast eine republikanische Enklave von aus Spanien migrierten Morisken und Sepharden (*megorashim*). Die Atlantikstadt wurde im 17. Jahrhundert „un importante centro de venta y rescate de cautivos, negocio casi prioritariamente en manos de la numerosa población judía, ... de origen hispánica ... Era también constante el comercio con Amsterdam [ein wichtiges Zentrum für den Verkauf und die Auslösung von Gefangenen, das Geschäft lag fast vollständig in den Händen einer großen jüdischen Bevölkerung, ... von hispanischen Ursprung ... Der Handel mit Amsterdam war auch konstant]“.[127]

Allein zwischen 1520 und 1660 sollen hier über 400 000 auf Raubzügen gefangene Christen, die meist aus südeuropäischen Regionen stammten, verkauft worden sein (Robert C. Davis kommt für die Zeit zwischen 1530 und 1780, ähnlich wie im Kapitel über Zahlen erwähnt, auf 1,25 Millionen).[128] Auf den Sklavenmärkten von Algier, Marokko, Kairo oder Tripolis standen Soldaten und Matrosen aus europäischen Unterschichten neben geraubten Kindern aus dem subsaharischen Westafrika, Eunuchen aus Indien und verschleppten jungen Frauen aus Ostafrika.[129]

Aber auch die iberische Halbinsel und Südeuropa sowie sogar die Schweiz, das deutsche Habsburgerreich und andere Gegenden Mitteleuropas waren in die Korsaren/Seeraub- und Sklavenhandelswirtschaften einbezogen, wie das Buch von Salvatore Bono deutlich macht. Die Zahl der Rudersklaven, der Sklaven in der kleinen Landwirtschaft und der urbanen Sklaven wurden immer wieder durch Korsarenüberfälle aufgefüllt – sie ging, wie oben dargelegt, in die Zehn- und Hundertausende. Man muss, wie für die Karibik, dem amerikanischen „Mittelmeer“, für das europäische Mittelmeer auch von Korsarenkriegen sprechen. Die Razzienüberfälle europäischer Korsaren auf muslimische Küsten nahmen seit dem 18. Jahrhundert kontinuierlich ab und der Handel sowie die Lösegeldwirtschaft zu.[130] Die sogenannten Barbaresken Nordafrikas überfielen bis um 1830, trotz mehrfacher massi-

126 Prange, Sebastian, „'Trust in God, but tie your camel first.' The Economic Organization of the TransSaharan Slave Trade between the Fourteenth and Nineteenth Centuries“, in: Journal of Global History Vol. 1:2 (July 2006), S. 219–239.

127 García-Arenal, „Conexiones entre los judíos marroquíes y la comunidad de Amsterdam“, S. 173–205.

128 Davis, Christian Slaves, Muslim Masters, S. 2–26.

129 Gürkan, „The centre and the frontier: Ottoman cooperation with the North African corsairs in the sixteenth century“, S. 125–163.

130 Ressel, „Conflicts between Early Modern European States about Rescuing own Subjects from Barbary-Captivity“, in: Scandinavian Journal of History 36:1 (2011), S. 1–22.

ver europäischer, amerikanischer oder französischer Militäraktionen, europäische Mittelmeerküsten.[131] Nicht von ungefähr waren Sklaverei und Seeräuberei Hauptthemen des Wiener Kongresses 1814/15.

Auch wegen der starken Konkurrenz aus Osten und Süden wandten sich genuesische Kapitäne und Kaufleute schon zeitig nach Westen, vor allem nach Kastilien, Portugal und zum mediterranen Atlantik und dann zum afrikanischen Atlantik. Der neue Fernhandel und Transport mussten finanziert werden. Und wenn es mit Schulden war. Kapital und Güter können Gewinn und Profit bringen, aber auch verloren gehen. In den meisten Geschichten des Kapitalismus ist das seine Geburtsstunde. Neben Kapitänen, Lançados, Atlantikkreolen und Sepharden erkannten als erste die Wucherer-Kaufleute des Finanzzentrums Florenz sowie Genuesen und Venezianer vor allem auf der iberischen Halbinsel die Potenzen der Verbindung zwischen Menschen als Kapital, Ware und Arbeitskraft sowie Expansion, Fernhandel, Transport per Schiff, neuer Mathematik, neuen Techniken und neuem Weltbild mit der „Software" Karten. Räumlich gesprochen, sie entdeckten durch die Konkurrenz der Atlantikkreolen die Bedeutung der Dominanz des Transports (Monopole) auf dem Atlantik und die Bedeutung menschlicher Körper als physisch-biologisches Kapital. Nach 400 Jahren Erfahrungen im Mittelmeer-Menschenhandel sowie 100 Jahren westafrikanischer Erfahrungen (1400–1500) kamen neben oberitalischen Finanziers auch bald flämische, niederländische und vor allem oberdeutsche Kaufleute und Wucherer-Bankiers ins Geschäft, wie etwa Erasmus Schetz und seine Nachkommen sowie die Fugger und Welser aus Oberdeutschland.[132]

Die ersten wirklich großen Macher der neuzeitlichen Geschichte, die Transport und Handel mit menschlichen Körpern auf dem Atlantik betrieben, waren aber keine Bankiers und ihre Faktoren, sondern, wie oben gesagt, Kapitäne, Lançados und Atlantikkreolen. Sofort nach ihnen kamen Abgesandte (Faktoren und Kapitäne) der Geldwechsler, Bänker und Kaufleute aus dem Italien der Renaissance, vor allem aus Genua, Venedig (u. a. Alvise Cadamosto, ein venezianischer Sklavenhändler)[133] und Florenz. Die Bänker und Großkaufleute hatten eher selten direkten Kontakt mit verschleppten Menschen und Sklaven, sondern schickten ihre Faktoren, Lobbyisten und Kapitäne, die sich wiederum auf das Personal des Men-

131 Bono, „Kaperwirtschaft, Seehandel und Sklaverei", S. 227–278.

132 Thornton; Heywood, „Privateering, Colonial Expansion, and the African Presence in Early Anglo-Dutch Settlements", in: Heywood; Thornton, Central Africans, Atlantic Creoles, S. 5–48; Everaert, John G., „Una 'Pesadilla Dulce': Problemas de Gestión y de Rendimiento de un Ingenio Flamenco en el Brasil (ca. 1548–1615)", in: Centro de Estudos de História do Atlântico (ed.), O Açúcar Antes e Depois de Colombo Seminário Internacional de História do Açúcar, Funchal: Secretaria Regional de Educação e Cultura; Centro de Estudos de História do Atlântico, 2009 (CD-Rom), S. 127–133; Weber, „Mitteleuropa und der transatlantische Sklavenhandel: eine lange Geschichte", in: Bulach; Schiel (eds.), Europas Sklaven, S. 7–30.

133 Ankenbauer, Norbert (ed.), Paesi novamente retrovati – Newe unbekanthe landte. Eine digitale Edition früher Entdeckerberichte. Wolfenbüttel: Editiones Electronicae Guelferbytanae 2017 [work in progress], http://diglib.hab.de/edoc/ed000145/start.htm (letzter Zugriff 23. 03. 2018).

schenhandels verließen und sich Erfahrungen der Atlantikkreolen aneigneten oder Allianzen mit ihnen eingingen. Und sie versuchten, nach dem damaligen Grundverständnis von Wirtschaft, Ehre (Status) und Handel, Privilegien und Monopole der Kronen für ihre Unternehmen zu sichern. Einer dieser Geschäftemacher, kosmopolitischen Weltbürger und indirekter atlantischer Sklavenhändler war Bartolommeo Marchionni aus Florenz. Die Familie hatte Sklavenhandelserfahrungen im Schwarzmeerhandel (Kaffa). Marchionni war auch Bänker der portugiesischen Krone während der frühen atlantischen Expansion. Schon in den 1480er Jahren besaß Marchionni Zuckerrohrfelder auf Madeira, die noch recht bescheiden ausfielen. Der Florentiner Bänker in Lissabon finanzierte die portugiesische Expedition nach Äthiopien 1487. In den 1490er Jahren dominierte Marchionni, zusammen Agenten der Medici, den Brüdern Berardi, einer davon Partner von Kolumbus, sowie den Brüdern Simon und Donato de Bernardo Nicolini, alle aus dem Bankenzentrum Florenz, auch den Sklavenhandel Sevillas, Valencias und Südspaniens. Dort wurden kriegsgefangene Muslime oder Kanarier und Schwarze aus Nordafrika, aber auch Griechen, Russen, Sarden, Slawen vom Balkan und Tataren als Sklaven gehandelt.[134]

Einer der ersten bekannten Kapitäne des ganzen Atlantiks war Christoph Kolumbus, der seine ersten Erfahrungen zur See im Ostmittelmeer gemacht hatte. Wie ich mehrfach an der Figur des Kapitäns gezeigt habe, war Kolumbus ein Sklavenhandelskapitän. Seine Finanziers, vor allem Florentiner, sind bekannt. Allerdings war Kolumbus nicht sehr erfolgreich. Die spanische Königin untersagte schon 1495 das Geschäft mit dem Verkauf von Indios als Sklaven nach Europa. Wie die anderen Anführer der iberischen Expansion war auch Kolumbus nur ein Kapitän und musste stets nach Geldgebern suchen. Also musste er sich mit solch unerfreulichen Sachen wie Krediten, Leihe, Pfand, Gegenwert (Hypothek) und Rückzahlung beschäftigen. Der Florentiner Juanoto (Giannotto) Berardi jedenfalls schloss mit Kolumbus, dessen Freund er war, schon 1492 einen Vertrag über die Ausrüstung von Kolumbus' Expeditionen und über Sklavenhandel von der neu entdeckten Insel La Hispaniola.[135] Im Bericht über seine zweite Reise beschreibt

134 De Almeida Mendes, „Les réseaux de la traite ibérique dans l'Atlantique nord. Aux origines de la traite atlantique (1440–1640)“, S. 739–768; siehe auch: Alessandrini, Nunziatella, „Vida, história e negócios dos Italianos no Portugal dos Filipes“, in: Cardim, Pedro; Freire Costa, Leonor; Soares da Cunha, Mafalda (orgs.), Portugal na Monarquia Hispânica. Dinâmicas de integração e conflito, Lisboa: Cham, 2013, S. 105–132.

135 Varela, Consuelo, „Una firma comercial: la sociedad entre Cristóbal Colón y J. Berardi“, in: Varela, Colón y los florentinos, Madrid: Alianza Editorial, 1988, S. 49–57; Arcila Farias, Eduardo, Economía colonial de Venezuela, México: Fondo de Cultura Económica, 1946 (Colección Tierra Firme; 24), S. 41; Ezquerra Abadia, Ramón, „Los primeros contactos entre Colón y Vespucio“, in: RI Vol. XXXVI, Nos. 143–144 (1976), S. 19–47; Varela, Consuelo, Colón y los florentinos, Madrid: Alianza Editorial, 1988, S. 44–68; Varela, „Una compañía comercial“, in: Varela, Cristóbal Colón. Retrato de un hombre, Madrid: Alianza Editorial, 1992, S. 126–129; Mira Caballos, „El proyecto esclavista de Cristóbal Colón“, in: Mira Caballos, Indios y mestizos americanos en la España del siglo XVI, prólogo de Domínguez Ortiz, Antonio, Frankfurt am Main/Madrid: Vervuert-Iberoamericana, 2000,

Kolumbus eine Razzienökonomie auf junge Menschen (eine Spezialität der Portugiesen): „Ich sorgte dafür, einen Übersetzer zu haben [*lengua*: Zunge/Übersetzer – ein meist junger Mensch, der geraubt worden war, ähnlich den Cafres, Moços und Grumetes in Afrika – M. Z.] und ich erfuhr, dass alle diese Inseln [die kleinen Antillen] von *Caníbales* waren und bevölkert von den Leuten, die die anderen essen [...] Was die Insel Mateninó [betrifft], von der alle Frauen sind, hatte ich keinen Ort noch Zeit, wegen meiner großen Eile [Kuba als östlichsten Teil Indiens zu erkunden], sie ist östlicher als Domenica [Dominica]; ich hatte Nachrichten von ihr, aber ich lasse die Fahrt dorthin für diesen Sommer, mit Ruderbooten. Als ich alle die Inseln der *Canibales* und die benachbarten befuhr, nahm ich sie ein und verbrannte die Häuser und Kanus. Sehe Eure Hoheit, ob sie gefangen genommen [*captivar* – d. h., versklavt] werden sollen, ich glaube, dass man danach von ihnen und den Frauen jedes Jahr unendlich viele haben kann“.[136] Das war Razziensklaverei. 1494 schlug er den Katholischen Königen einen Tausch vor: Rinder und andere Lebensmittel sowie Werkzeuge, um eine neue Siedlung auf der Insel Hispaniola (La Isabela)[137] zu gründen, gegen „Sklaven von diesen Kannibalen“.[138] Krud wirtschaftlich ausgedrückt: Sklaverei und Razzien auf Menschen zur kurzfristigen Ausrüstung der Expansion und zugleich zur Deckung der Kosten (und Schulden). Menschen als Kapital sowie Währung und Kapitänssklavenhandel. Kolumbus hielt zunächst Indios für bessere „Diener“ (Sklaven) als Sklaven von Guinea oder Cabo Verde.[139] Im Februar 1495 waren infolge der kriegerischen Konflikte 1500 Tainos, Männer, Frauen und Kinder, in der Nähe von *La Isabela* gefangen genommen worden; 500–550 ließ Kolumbus auf die Karavellen als Sklaven verschleppen. Er hatte schon 1494 „viele“ nach Spanien geschickt.[140]

S. 46–48; Mira Caballos, Nicolás de Ovando y los orígenes del sistema colonial español, 1502–1509, Santo Domingo, República Dominicana: Patronato de la Ciudad Colonial de Santo Domingo, Centro de Altos Estudios Humanisticos y del Idioma Español, 2000.

136 Colón, Cristóbal, Textos y documentos completos, Edición de Varela, Consuelo, Nuevas cartas: Edición de Gil, Juan, Madrid: Alianza Editorial, 1992, S. 235–254, hier S. 250.

137 Deagan; Cruxent, José María, Archaelogy at La Isabela. America's First European Town, New Haven: Yale University Press, 2002.

138 Colón, „Memorial que para los Reyes Católicos dio el Almirante Don Cristobal Colón en la ciudad de Isabela, a 30 de Enero de 1494 a Antonio Torres“ (30. Januar 1494), in: Ebd., S. 254–268, hier vor allem S. 260 f., Antonio Torres war übrigens ein Mitglied der weitverzweigten Velázquez-Familie, aus der auch Diego Velázquez, Conquistador und später erster Gouverneur von Kuba, stammte, siehe: Gould, Alice B., Nueva lista documentada de los tripulantes de Colón en 1492, Madrid: Real Academia de la Historia, 1984.

139 Colón, Textos y documentos completos, S. 407 f. Siehe auch: Tardieu, „Cristóbal Colón y Africa“, in: Tardieu, De l'Afrique aux Amériques Espagnoles (XVe–XIXe siècles). Utopies et réalités de l'esclavage, Paris: L'Harmattan; Université de la Réunion, 2002, S. 27–40.

140 „Brief von Michele de Cuneo an Gerolamo Annari, geschrieben in Savona zwischen dem 15. und 28. Oktober 1495“, in: Columbus, Christoph, Dokumente seines Lebens und seiner Reisen. Auf Grundlage der Ausgabe von Jacob, Ernst Gerhard (1956) erweitert, neu herausgegeben und eingeleitet von Berger, Friedemann, 2 Bde., Leipzig: Sammlung Dietrich, 1991, S. 82–105, hier S. 102 f. Siehe auch: Mira Caballos, Indios y mestizos americanos en la España del siglo XVI, prólogo de Domín-

Damit entstanden, neben den punktuellen Anfängen auf den westafrikanischen Inseln, die dynamischen Kerne eines neuen globalen Arbeitsmarktes – in einer Karibik, die immer stärker atlantisiert wurde (siehe: „Atlantisierung“ und „Imperium der Inseln“).

Wucherer-Bankiers und Sklaven

Die in die Geschäfte des Kolumbus und vieler weiterer Kapitäne verwickelten Berardis sowie die Nicolinis waren Agenten von Lorenzo di Pierfranco de' Medici von Cafaggiolo, dem Chef der jüngeren (und mächtigeren) Linie der Medicis. Marchionni selbst bekam vom portugiesischen König Bürgerrecht in Lissabon – eine seltene Ehre für Ausländer. Er bekam auch mehrere Sklavenhandelsmonopollizenzen. Marchionni schickte ein Schiff mit Da Gamas Expedition 1498 nach Indien und Marchionni war es, der die Expedition Cabrals zum Teil finanzierte, die 1500 – eher zufällig – auf die Küste des heutigen Brasilien traf. Einer der Nicolinis war nach 1495 der größte Importeur von Sklaven nach Andalusien.[141] 1500 schlug Marchionni dem portugiesischen König vor, den Florentiner Amerigo Vespucci auf eine Fahrt zu den Küsten der Neuen Welt zu senden. Die weltgeschichtlichen Folgen waren großartig – seit 1507 wurde die neue Landmasse nach Vespucci in Humanistenkreisen „Americae“ genannt; in Kastilien weiterhin *Las Indias*.[142]

Marchionnis Firma schickte auch Kapitäne nach Benin und ließ sie dort Monopolhandel mit Sklaven treiben. Der Florentiner verschleppte die Sklaven nicht etwa nur nach Portugal, Spanien oder Madeira, sondern lieferte sie vor allem auch nach El Mina, wo afrikanische Abnehmer die besten Preise für Sklaven zahlten.[143] In seiner Heimatstadt Florenz verkaufte Marchionni ebenfalls schwarze Sklaven.[144]

Von Ende des 15. Jahrhunderts bis ca. 1550 gab es den transatlantischen Sklavenhandel der Linie AAA (Afrika-Atlanti-Amerika) noch nicht – er entstand erst. Was es gab, waren Spekulationen mit Sklavenhandelspapieren, Kron- und Frühkapitalismus[145] sowie verschiedene transatlantische Sklavenhandelsströme und -routen:

---

guez Ortiz, Antonio, Frankfurt am Main/Madrid: Vervuert-Iberoamericana, 2000, S. 46–48 und S. 141–143 (Apéndice I: „Envío de indios a Castilla, 1492–1550“).

141 Varela, „Una firma comercial: la sociedad entre Cristóbal Colón y J. Berardi“, S. 56.

142 Lehmann, Martin, Die *Cosmographiae Introductio* Matthias Ringmanns und die Weltkarte Martin Waldseemüllers aus dem Jahre 1507. Ein Meilenstein frühneuzeitlicher Kartographie, München: Martin Meidenbauer, 2010.

143 Thomas, „Introduction“, in: Thomas, The Slave Trade, S. 9–15, hier S. 10 f.

144 Thomas, „I Herded Them As If They Had Been Cattle“, in: Ebd., S. 68–86, hier S. 84 f.

145 Nicht umsonst entstand der Kapitalismus für Jacques Heers im späten Mittelalter (hier vor allem in seiner landbasierten Version als Wucherer und Geldverleiher sowie -wechsler in Frankreich, Italien und in den Niederlanden): Heers, La naissance du capitalisme au moyen age. Changeurs, usuriers et grands financiers. Paris: Perrins, 2012.

zwischen Handelsplätzen Afrikas (oft durch iberische Schiffe); zwischen diesen Handelsplätzen und den westafrikanischen Inselgruppen, die nach und nach vor allem von den Portugiesen dominiert wurden, aber auch von den Kastiliern (Kanaren); zwischen Handelsplätzen in Westafrika, den Inseln und vor allem Hafenstädten der Algarve und Andalusiens (mit Zentren in Lissabon und Sevilla); zwischen den Inseln der Karibik (vor allem La Hispaniola; Kuba und Puerto Rico) und den südiberischen Hafenstädten, zwischen Inseln der Karibik und westafrikanischen Inseln.

Auch oberdeutsche Bankiers und Handelshäuser stiegen sehr zeitig in diese spekulativen atlantischen Sklavenhandelsgeschäfte ein; die Fugger eher über Portugal, die Welser über Kastilien. Die Welser erwarben bereits 1508 eine der größten Ländereien auf Teneriffa und bald Zuckeringenios mit Mühle auf La Palma.[146] Auch auf Madeira und auf europäischen Zuckermärkten waren die Welser und ihre Faktoren sehr aktiv. Fast seit Beginn finden wir die Welser auch auf der Insel Hispaniola (heute Haiti / Dominikanische Republik); sie vollzogen im Grunde den ersten Versuch einer Monopolkontrolle der Atlantisierung zwischen den westafrikanischen und den karibischen Zuckerenklaven des „Imperiums der Inseln“, indem sie sich 1528 ein faktisches Monopol auf den Cativo- und Sklavenhandel zwischen Afrika und Amerika sicherten; die berüchtigten „4000 Neger“, die, wie oben gesagt, durch alle Arbeiten der frühen Kolonial- und Sklavereigeschichte geistern. Die Fugger nahmen vor allem durch Metallhandel (Kupfer, Messing) am atlantischen Austausch auf Basis menschlicher Körper teil und investierten seit ca. 1530 auch an der Küste Brasiliens.[147]

Vor allem, weil das Erst- oder Ausgangskapital Mensch/Körper selbst Werte schuf und auch in andere Kapitalformen umgewandelt werden konnte, standen frühe Bänker-Wechsler, Wucherer sowie Kaufleute, Kapitäne, Faktoren und Sklaven- sowie Zuckerhandel in engstem Zusammenhang. Die iberischen Kronen, die befürchteten, dass ausländische Bänker, Kapitäne oder Monopolbrecher und Atlantikkreolen das große Geschäft mit den menschlichen Körpern machen und damit auch die Dominanz über den Atlantik zwischen Afrika und der „Neuen Welt“ erlangen würden, zogen das Geschäft an sich. Sklavenhandel wurde zu einem Kronmonopol. Anrechtsscheine auf so und so viele Sklaven wurden als Lizenzen (*licencias*) vor allem an Höflinge vergeben. Diese Lizenzen wurden gerne von Bänkern und Wechslern aufgekauft und es wurde rücksichtslos mit ihnen spekuliert.[148]

---

146 Weber, „Deutschland, der atlantische Sklavenhandel und die Plantagenwirtschaft der Neuen Welt“, S. 37–67, hier S. 41.

147 Schwartz, „A Commonwealth within Itself. The Early Brazilian Sugar Industry, 1550–1670“, in: Schwartz (ed.), Tropical Babylons: Sugar and the Making of the Atlantic World, 1450–1680, Chapel Hill: University of North Carolina Press, 2004, S. 158–200; Weber, „Mitteleuropa und der transatlantische Sklavenhandel: eine lange Geschichte“, S. 7–30.

148 Vila Vilar, „Comienzos de la trata de esclavos en el Caribe“, in: Palabras de la Ceiba, n.º 3, Sevilla (1999), S. 29–52.

Zwischen 1510 und 1599 sind 119 377 Lizenzen nachgewiesen.[149] Der spanische Historiker Rafael M. Pérez García aus Sevilla schätzt den Schmuggel von Versklavten zwischen 10 % bis hin zum Doppelten der offiziellen Zahlen.[150]

Florenz, das Bankenzentrum, war früher Finanzierungs- und Informations-Schnittpunkt des großen Sklavenhandels des Schwarzmeers, des Mittelmeeres und des entstehenden Atlantiks. Die Stadt als Zentrum des entstehenden Bankenwesens hatte enge Bindungen in den atlantischen Westen, vor allem nach Lissabon und Sevilla. Vielleicht war es auch diese Verbindung zwischen Massensklavenhandel, finanzieller („kapitalistischer"), wissenschaftlicher und technischer sowie technologischer Dynamik (dazu kam noch die „Maschine" Hochseeschiff), die im Sinne von interessengeleiteter Selbstorganisation dazu führte, dass die Zukunft neuer Stufen des Kapitalismus und der wirklich großen Player unter den Großkaufleuten und Bänkern nicht mehr nur Afrika, sondern zunehmend im Atlantik und in den Amerikas sowie in denjenigen europäischen Zentren lag, die diese Dynamik mittels des Kapitals menschlicher Körper kanalisieren konnten. Manche Geldgeber, Großkaufleute und Wucherer verspekulierten sich dabei auch, wie die Welser in Südamerika. In den 1520er Jahren wurden riesige Goldfunde an der *Tierra Firme* erwartet. Erst später zeigte sich, dass es an der *Tierra Firme* (im Wesentlichen heutiges Venezuela und Teile des heutigen Kolumbiens) nur wenig Gold gab. Hätte es nicht Profite aus lokaler Menschenverschleppung, Plünderung von Gräbern und Sklavenhandel gegeben, wäre die Welserzeit im spanischen Kolonialbereich (1528–1556) schon eher zu Ende gewesen.[151] So aber hatten sie als Kaufleute und Bänker der kastilisch-spanischen Krone zeitweilig eine Monopolstellung im atlantischen Sklavenhandel. Die Fugger machten Geschäfte, indem sie auf den Warenbedarf des portugiesischen und andalusischen Cativo-Handels in Afrika und, in den 1520er Jahren, von Afrika nach Amerika, eingingen.

Auch Genuesen und Kaufleute aus Burgos (*burgaleses*) waren, wie erwähnt, gut im Geschäft.[152] Zwischen 1515 und 1530 kam es, ebenfalls in Erwartung größerer Goldmengen in der Karibik (die es auf den Inseln als Waschgold zeitweilig gab, an der *Tierra Firme* nicht) einen starken wirtschaftlichen Aufschwung in Ostkuba mit Zentrum Santiago de Cuba. Dabei kamen in Santiago wesentliche Elemente eines frühen Hotspots der Akkumulation Gold gegen Humankapital zusammen: Faktoren

---

149 Pérez García, „Metodología para el análisis y cuantificación de la trata de esclavos hacia la América Española en el siglo XVI", S. 823–840, hier S. 830.

150 Ebd., S. 839.

151 Simmer, Götz, Gold und Sklaven: Die Provinz Venezuela während der Welser-Verwaltung (1528–1556), Berlin: Wissenschaft und Technik Verlag, 2000.

152 García Montón, Alejandro, „Implicaciones del mundo (trans)atlántico entre la aristocracia genovesa. Algunas consideraciones en torno a la segunda mitad del siglo XVII", in: Bravo Lozano, Cristina; Quirós Rosado, Roberto (eds.), En tierra de confluencias. Italia y la Monarquía de España. Siglos XVI–XVII, Valencia: Albatros Ediciones, 2013, S. 143–155.

der Bankhäuser Grimaldi und Centurione (Juan de Herver; Melchor Centurión)[153] sowie der Welser, Goldfunde auf Kuba, Santiago mit einer geschätzten zeitweiligen Bevölkerung von tausend Menschen als Zentrum der Expansion gegen Süden (Tierra Firme) und Westen (Mexiko) und Zentrum des Indiosklavenhandels. Es gab auch erste größere Sklavenanlieferungen aus Afrika. In Santiago sollte eine *Casa de Concentración* gegründet werden. Fast sofort brach der Kampf um die Kontrolle des Akkumulationsportals zwischen Bänkern, Krone, Kapitänen, Atlantikkreolen (unter ihnen auch Sepharden), Sevillaner Judeoconversos und Korsaren sowie Piraten aus.[154] Die allgemeine Form des Geschäftes, das die konkreten Kapitäne und Mannschaften auf dem Atlantik betrieben, ist nicht mit den unschuldigen Wort „Handel" oder „Transport" zu beschreiben. Es handelte sich bei allen um Großkaufleute (die zugleich den Schmuggel deckten), „Handelskorsaren", Atlantikkreolen und Sklavenschiffskapitäne (d. h., eigentlich Anführer von Razzien-Mannschaften).[155] Krone, Kirche und mit ihnen verbündete Monopolnehmer unter den Kaufleute-Wucherern griffen recht schnell zu rabiaten Mitteln, um die Monopole durchzusetzen. Es sind mindestens zwei Männer bekannt, die als *judaizante* und *criptojudío* verbrannt wurden (Juan Muñoz 1518 und Alonso de Escalante 1520).[156]

Das bereits erwähnte monopolistische Menschenhandels-Geschäft der Welser zeigt paradigmatisch, wie Wucherer-Bänker der frühen Neuzeit vorgingen. Die Welser waren um 1520 die wichtigsten Geldleiher Kaiser Karls V. Das Geschäft ergab sich unter anderem aus der „Negersklavenlizenz" des mächtigen Höflings Laurent de Gorrevod (am 20. Januar 1519 von Gorrevod unterschrieben). 4000 afrikanische Cativos, nach kastilischem Recht Sklaven, sollten ohne Registerzwang in Sevilla gebühren- und zollfrei eingeführt und von dort nach Amerika verkauft werden dürfen.[157] Neue Forschungen zur iberischen Seite zeigen, dass die beiden *tratas* (portu-

153 Pulido Bueno, Ildefonso, La familia genovesa Centurión (mercaderes, diplomáticos y hombres de armas), al servicio de España, 1380–1680, Huelva: Artes Gráficas Andaluzas, 2004.

154 Otte, Enrique, „Das genuesische Unternehmertum und Amerika unter den Katholischen Königen", in: Otte, Von Bankiers und Kaufleuten, S. 235–283. Zu den Genuesen und zu Santiago de Cuba, siehe: García del Pino, César, „El financiamiento genovés de la conquista de Cuba", in: García del Pino, Vikingos, españoles, franceses y holandeses en América, Morelia, Mich.: Universidad Michoacana de San Nicolás de Hidalgo; Instituto de Investigaciones Históricas, 1994 (Alborada Latinoamericana; 5), S. 57–78; García del Pino, Corsarios, piratas y Santiago de Cuba, La Habana: Editorial de Ciencias Sociales, 2009, S. 1–14; Pérez García, „Las ciudades de Sevilla y Toledo en la conexión de las redes económicas judeoconversas entre Castilla y América a mediados del siglo XVI", S. 539–552, https://www.academia.edu/16288325 (letzter Zugriff 13. 2. 2018); Fernández Chaves; Pérez García, „La élite mercantil judeoconversa andaluza y la articulación de la trata negrera hacia las Indias de Castilla, ca. 1518–1560", in: Hispania Vol. LXXVI, no. 253 (mayo-agosto de 2016), S. 385–414.

155 Kempe, Michael, „Piraten als Gestalter des Völkerrechts? Ein Blick in frühneuzeitliche Friedens- und Waffenstillstandsverträge", unter: www.ieg-mainz.de (letzter Zugriff 13. 2. 2018); siehe auch: Muldoon, James, „Christendom. The Americas, and World Order", in: Pietschmann (ed.), Atlantic History. History of the Atlantic System 1580–1830, Göttingen 2002, S. 65–82.

156 García del Pino, Corsarios, piratas y Santiago de Cuba, S. 11 f.

157 Simmer, Götz, Gold und Sklaven, S. 199–233.

giesischer und kastilischer atlantischer Sklavenhandel) mit ihren monopolistischen Ansprüchen: Portugals (Monopol Guiné/Westafrika) und Kastilien/Spaniens (Karibik und sich erweiterndes Kolonialreich in Mittel- und Südamerika – *Las Indias de Castilla*) sich behinderten. Die Spekulation blühte zwar, aber der Handel mit lebenden menschlichen Körpern kam 1519–1526 fast zum Erliegen. Er kam u. a. deswegen fast zum Erligen, weil die Versklavten auf dem Weg zum direkten Abnehmer (der sie als Sklavenarbeiter einsetzte) entweder nach Sevilla – wenn Portugiesen nach Las Indias wollten, oder nach Lissabon – wenn Kastilier nach Westafrika wollten, gebracht werden mussten. Wegen der Kontrolle des Monopols durch die jeweilige Krone. Das sollte sich mit dem Eintritt von *judeoconversos* (und Atlantikkreolen) in das atlantische Geschäft und die direkte Verbindung zwischen Westafrika und der Karibik / Las Indias ändern.[158]

Viele Versklavte aus Afrika mögen aber auch schon vorher direkt im Schmuggel in die Karibik gelangt sein. Der Beginn des offiziellen und direkten Transatlantikhandels[159] menschlicher Körper von Afrika nach Amerika zwischen 1519 und 1526 hängt zusammen mit dem Druck der Siedler in der Karibik und dem Zug der Nachfrage nach Arbeitskräften aus Las Indias, wo schon auf La Española und Kuba Gold gefunden worden war. Besonders seit 1521/1522 zirkulierten die Beuten aus der Conquista Mexikos. Vorher waren die Beuten nicht so massiv, aber auch vorhanden. Eventuell hängt die Etablierung des direkten Atlantiksklavenhandels auch mit den Schwierigkeiten der Iberer in Westafrika angesichts afrikanischer *terms of trade* und wachsenden Drucks der Atlantikkreolen zusammen. Der Wandel vollzog sich wahrscheinlich während der Abwicklung der Sklavenhandelslizenz des Laurent de Gorrevod sowie im Rahmen weiterer Lizenzen.[160] Das gigantische und hochkomplizierte Geschäft mit den „4000 Negern" jedenfalls wurde erst durch ein spanisch-genuesisches Konsortium (die Sevillaner Sklaven-Handelsgesellschaft „Gaspar Centurione, Adam de Vivaldi, Domingo de Forne & Co." und schließlich von den Welsern sowie ihren Faktoren Hyronimus Seyler und Heinrich Ehinger abgewickelt.[161] 1534–1538 war das Geschäft im Wesentlichen abgeschlossen. Über

---

158 Fernández Chaves; Pérez García, „La élite mercantil judeoconversa andaluza y la articulación de la trata negrera hacia las Indias de Castilla, ca. 1518–1560", S. 385–414.

159 De Almeida Mendes, „Les réseaux de la traite ibérique dans l'Atlantique nord. Aux origines de la traite atlantique (1440–1640)", S. 739–768.

160 Scelle, La traite négrière aux Indes de Castille, Bd. I, S. 757 f. (Document No. 4); Otte (ed.), „Los Alemanes. Asiento sobre los IIII mil esclavos (negros)", in: Cédulas reales relativas a Venezuela, compilación y estudio preliminar por Otte, Caracas: Fundación John Boulton: La Fundación Eugenio Mendoza, 1963, S. 241 f. (Dokument Nr. 145).

161 Siehe das Unterkapitel: Otte, „Der Negersklavenhandel der Deutschen", in: Otte, „Die Welser in Santo Domingo", in: Otte, Von Bankiers und Kaufleuten, S. 117–159, hier S. 132–142; Otte, „Die Negersklavenlizenz des Laurent de Gorrevod. Kastilisch-genuesische Wirtschafts- und Finanzinteressen bei der Einführung der Negersklaverei in Amerika", S. 199–233, besonders S. 221–230; „Die Welser-Geschäfte in Venezuela: der Asiento aus dem Jahr 1528", in: Dokumente, Bd. IV: Wirtschaft und Handel der Kolonialreiche, S. 41–47.

den konkreten Gewinn wissen wir (noch) nichts. Aber es muss Profit gegeben haben, denn die Geschäfte wurden nicht nur fortgesetzt, sondern ausgeweitet. Unklar ist, wann und in welchem Umfang es zu weiteren direkten und massiven Verschiffungen von Westafrika nach Santo Domingo, der weiteren Karibik und Mexiko ohne Umweg über Sevilla oder Lissabon gekommen ist. Denkbar ist, dass es mehr direkte und offizielle Fahrten gab; inoffizielle Schmuggelfahrten sowieso. Auf jeden Fall ist eines sehr klar: auf Grund der Lizenznehmerpraktiken (Spekulation) stieg der Preis für schwarze Sklaven[162] in Amerika an. Auch die amerikanische Nachfrage zog an, vor allem wegen der Krise der Goldproduktion 1514–1519, dem Ansteigen der Zuckerpreise und der demographischen Katastrophe.[163]

Der Kaufmann und Geldwechsler Juan de la Barrera begann einen ersten Großhandel auf dem mediterranen Atlantik: Zentrum war Sevilla. Barrera gründete Faktoreien in Neu-Spanien, Cartagena de Indias, Peru, Honduras und Kuba; Barrera trieb Sklavenhandel auf der Route Sevilla–Kapverden (Ribeira Grande)–Veracruz–Havanna–Sevilla.[164] Auf der langen Reise zwischen den Sklaveninseln vor der afrikanischen Küste, neben Ribeira Grande auf Santiago auch São Tome, oder den Forts Arguim oder El Mina und den brasilianischen Igaraçu, Olinda, Natal und Recife (dem ersten Hafen auf amerikanischer Seite; Pernambuco) oder gar São Vicente, Cartagena und Veracruz begann die „atlantische Konstruktion", die Atlantisierung translokaler Küstenplätze, die seit 1520 immer wieder mühsam unter Kontrolle einer Krone gebracht beziehungsweise gehalten werden musste – so entstanden die Siedlungspunkte der einzelnen Capitanias (*donatário*-System) an der Küste des Landes Brasil (bis dahin bekannt vor allem wegen des Reichtums an Farbholz). Als Schmuggel und die Gefahr der Festsetzung von „Räubern", Lançados, Sepharden und Atlantikkreolen zu groß wurde, begann die Krone die Verwaltung in Bahia zu zentralisieren (1549).[165] Erste Versuche in der Anlage menschlichen Kapitals im Zuckeranbau in den neuen, vom Atlantik aus erschlossenen Territorien, finden sich in der Geschichte europäischer Handelshäuser, sicherlich mit Vorläufern unter Kapitänen, die diese Route entweder in formalem Auftrag oder als Schmuggler (Atlan-

---

162 Otte, „Der Negersklavenhandel der Deutschen", in: Otte, „Die Welser in Santo Domingo", S. 117–159, hier S. 132–142, besonders S. 138.

163 Otte, „Die Negersklavenlizenz des Laurent de Gorrevod. Kastilisch-genuesische Wirtschafts- und Finanzinteressen bei der Einführung der Negersklaverei in Amerika", S. 199–233, besonders S. 229 f.; Everaert, „Una "Pesadilla Dulce": Problemas de Gestión y de Rendimiento de un Ingenio Flamenco en el Brasil (ca. 1548–1615)", S. 127–133.

164 Thomas, The Slave Trade, S. 102; Green, „Fear and Atlantic history. Some observations derived from Cape Verde Islands and the African Atlantic", S. 25–42, hier S. 29; Pérez García, „Las ciudades de Sevilla y Toledo en la conexión de las redes económicas judeoconversas entre Castilla y América a mediados del siglo XVI", passim.

165 Ebd., siehe auch: Ventura, Maria da Graça Mateus, Negreiros Portugueses na Rota das Indias de Castela (1541–1555), Lisboa: Edições Colibri, 1999; Brooks, Eurafricans in Western Africa: Commerce, Social Status, Gender, and Religious Observance from the Sixteenth to the Eighteenth Century, Oxford: James Currey, 2003.

tikkreolen) schon längere Zeit bedienten. Agenten der Kaufleute Fugger, Erasmus Schetz (São Vicente) sowie Sebald Lins aus Ulm und die Familie Hölscher investierten in Zuckerplantagen und Sklavenhandel, wobei die Körper der Versklavten auch immer Kapital darstellten.[166] Das galt für den iberischen Bereich und die Versuche, etwa der Briten, dazu Zugang zu erlangen, auch noch im späten 17. Jahrhundert.[167] Menschen als Kapital, Massensklaverei und Akkumulation von Kapitalien in Form von Macht, Herrschaft und Status gab es auch in Afrika. Plantagen aber mit neuen Technologien unter europäischer Kontrolle und direktem Einfluss europäischer Kaufleute und Bänker verhinderten die afrikanischen Eliten (in Afrika). Auf dem Atlantik entstand der erste globale Arbeitsmarkt.[168]

Die atlantischen Handelsnetze mit den neuen Insel-Stützpunkten funktionierten in Afrika nur, wenn Portugiesen/Europäer die afrikanische Nachfrage und Konsumgelüste befriedigten und die europäisch-afrikanischen Handelsenklaven (Forts) einigermaßen regelmäßig belieferten. Trotz einer Reihe von tiefgreifenden Wandlungen in Struktur, Quantität und Qualität des Sklavenexports in den Atlantik mussten alle Europäer bis um 1850 dabei immer wieder das Gleiche unter komplizierten lokalen Umständen tun: eine Art *subordinate symbiosis* mit afrikanischen Eliten eingehen.[169] Erst nachdem der atlantische Sklavenhandel im 19. Jahrhundert mehr und mehr zum Schmuggel wurde, siedelten sich einige Sklavenhändler, Faktoren sowie Emancipados (*recaptives*), vor allem von Engländern von den Sklavenschiffen befreite Gefangene, und zurückgekehrte Sklaven in bestimmten Gebieten Afrikas, konzentriert in *Guinea* (heutiges Sierra Leona und Liberia) sowie Onim (heute Lagos), aber auch in Angola (im Zusammenhang nicht mit englischem, sondern portugiesisch-brasilianischem Sklavenhandel), fest an. Im zweiten Drittel des 19. Jahrhunderts setzte dann die neue koloniale Expansion europäischer Staaten ein. Insgesamt bleibt festzuhalten: zwischen 1460 und 1880 existierten welthistorisch weit reichende Allianzen zwischen afrikanischen und europäischen Eliten, bei denen die letzteren in Afrika meist die Juniorrolle einnahmen und zum Teil extrem hohe Zölle, Steuern, Abgaben und „Geschenke" entrichten mussten.

---

166 Weber, „Deutschland, der atlantische Sklavenhandel und die Plantagenwirtschaft der Neuen Welt", S. 37–67, hier S. 42 f.

167 Vega Franco, Marisa, El tráfico de esclavos entre España y América (Asientos Grillo y Lomelín, 1663–1674), Sevilla: Escuela de Estudios Hispano-Americanos, 1984; (behandelt eher die in Europa durch direkt Quellen nachweisbare Oberfläche der Familiengeschichte:) García Montón, Alejandro, „Trayectorias individuales durante la quiebra del sistema hispano-genovés: Domingo Grillo (1617–1687)", in: Herrero Sánchez, Manuel; Ben Yessef Garfia, Yasmina Rocío; Bitossi, Carlo; Puncuh, Dino (coords.), Génova y la Monarquía Hispánica (1528–1713), Genova: Società Ligure di Storia Patria, MMXI [2011], S. 367–384.

168 Marquese, „As desventuras de um conceito: capitalismo histórico e historiografia sobre a escravidao brasileira", S. 223–253.

169 Northrup, „Commerce and Culture", in: Northrup, Africa's Discovery of Europe. 1450–1850, Oxford, New York: Oxford University Press, 2002, S. 50–76, hier S. 54, 66. Siehe auch: MacGaffey, „Dialogues of the Deaf: Europeans on the Atlantic Coast of Africa", S. 249–267.

Am Beginn der iberischen Atlantikexpansion füllten Kapitäne und Schiffsmannschaften, getreu den Erfahrungen des mediterranen Menschenraubs, ihre Kassen mit dem Verkauf von Verschleppten vor allem von den kanarischen Inseln (Guanchen) auf, die sie in Razzien- und Strafaktionen gefangen genommen hatten. Das Gleiche versuchten sie 1440–1550 auch an den Küsten des heutigen Marokko und Mauretanien (*berbería*)[170] und in Senegambien. Am Senegal und am Gambia trafen sie sofort auf härtesten Widerstand. Die Küstenvölker Senegambiens verfügten über schnelle Kriegskanus und treffsichere Giftpfeile. Die wendigen Kanus waren in den komplizierten Küstengewässern und Flussmündungen den Hochseeschiffen der Portugiesen mit ihren schwerfälligen Bombarden überlegen. Ähnliches geschah in vielen anderen Flussmündungsregionen, wie zum Beispiel im historischen Benin an der Nigermündung oder am Kongo. An viele afrikanische Küsten kamen die Portugiesen und nach ihnen viele andere Europäer gar nicht heran: sie waren zu flach und wiesen eine zu starke Brandung auf oder es gab nicht eine Küste, sondern zunächst komplizierte Sandbarren und viele Küsten mit Lagunen dazwischen. Ab 1460 verlegten sich die Portugiesen auf Allianzen mit afrikanischen Eliten und auf Beteiligung an Kriegen als Söldner (meist unter afrikanischer Führung). Sie begründeten damit, ich wiederhole das, eine weltgeschichtlich weitreichende Allianz von Europäern mit afrikanischen Eliten. Beute und Belohnung der Portugiesen und ihrer atlantikkreolischen Nachkommen bestanden oft in Kriegsgefangenen, Cativos, nach europäischer Definition und Benennung „Sklaven", die sie entweder gleich an andere afrikanische Eliten weiterverkauften oder auf die einzigen sicher von Iberern kontrollierten Inseln brachten: zunächst nach Madeira (wo Sklaven die berühmten Levadas gruben), seit 1455 nach Santiago (Ribeira Grande) in der Kapverden-Gruppe, einige sicherlich auf die Kanaren, sowie seit 1485, vor allem aber seit 1510, nach São Tomé, ab 1560 mehr und mehr auch auf die Zollinsel Luanda an der Küste des heutigen Angola. Aus europäischer Sicht dominierten die Portugiesen zwischen 1460 und 1580 diesen neuen Großhandel mit Menschen und Körpern, oft mit Kapital von Genuesen oder anderen Norditalienern. Wirklich dominierten sie den im Wortsinne atlantischen, also meerbasierten Sklavenhandel aber erst, nachdem sie die Cativos von afrikanischen Eliten bekommen hatten, die Sklaven auf ihren Schiffen waren und die Schiffe die Küstengewässer oder Flussmündungen Westafrikas verlassen hatten. Ribeira grande, wo Cativos schnell zur „main trading commodity" geworden waren, „quickly became the most prominent slave trading centre in the Portuguese commercial system".[171] Im Grunde kann man mit Marcus Rediker sagen, dass die Europäer den Sklavenhandel auf dem Zwischenstück „Atlantik" zwischen Afrika und Amerika nur unter Kontrolle

---

170 Cortés López, „Las cabalgadas y el canje moro-negro", in: Cortés López, La esclavitud negra en la España peninsular del siglo XVI, S. 157–160.

171 Elbl, „The Volume of the Early Atlantic Slave Trade, 1450–1521", in: Journal of African History 38 (1997), S. 31–75, hier S. 50.

bekamen, weil sie schwimmende Festungen hatten, Schiffe genannt, die zugleich kanonenbewehrte Gefängnisse sowie Gewaltinstitutionen par excellence waren.[172]

Auf Dauer sowie im Großen und Ganzen entwickelte sich keine afrikanische Kontrolle über Hochseeschiffe und atlantische Hochseeschifffahrt. Es gab aber vor 1880 mit wenigen relativen Ausnahmen (u. a. Luanda, Cacheu, Saint-Louis, Albreda, Gorée, Bissau, Kapstadt) aber auch keine wirkliche europäische Dominanz an den Küsten und auf Afrikas Flüssen und Lagunen. In Westafrika hatten afrikanische Eliten oder Nachkommen von Afrikanerinnen und Portugiesen das Sagen, auch wenn die jeweiligen Allianzen ständig und auch sehr lokal neu justiert werden mussten. Es gab sehr viele und komplizierte Konkurrenzen und Querallianzen. Die Portugiesen mit ihren Schiffen fungierten zunächst im Wesentlichen als Transporteure für afrikanische Eliten. Einige Kapitäne mögen seit 1500 auch Afrikaner als versklavte Matrosen auf ihren Schiffen nach Amerika eingesetzt haben. Iberische, vor allem portugiesische Kapitäne, verschleppten auch einige Zehntausend Sklaven in den Süden der iberischen Halbinsel. Aus Sicht der meisten Gruppen afrikanischer Eliten und in *longue durée* waren die Portugiesen allerdings zunächst nur ein paar mehr Sklavenhändler unter vielen. Europa war aus Sicht Afrikas Peripherie.

Die quantitativen Dimensionen des frühen afrikanisch-europäischen Handels sind ernüchternd. Insgesamt fanden sich nach den Forschungen von Ivana Elbl rund 3000 Portugiesen im frühen subsaharischen Westafrikahandel (etwa 1450–1520); 2000 davon Siedler auf den Inseln der Kapverden (rund 500) und São Tomé (1000, inklusive „Afro-Portugiesen“, *moços judeus* („jüdische Kinder“) und deren Nachkommen).[173] Das Personal der Krone zählte rund 500 Männer (davon allein 400 Matrosen) sowie zwei bis drei Dutzend Funktionäre der Faktoreien (Faktoren, Schreiber, Hilfskräfte). Der Rest waren Lançados und Sklaven, die in dieser Rechnung nicht berücksichtigt sind.[174]

Der Name „Sklave“ sowie unterschiedliche Erfahrungen des Fernhandels mit menschlichen Körpern waren schon in der Expansion in den neuen und „leeren“ Ozean präsent, als diese punktuell um 1300 eingesetzt hatte. In Westafrika und seit 1520 zwischen Westafrika und Amerika aber lernten Iberer und Italiener eine neue Realität von Sklavereien, ein neues Wertsystem mit Menschen als wichtigstem Kapital sowie neue Quantitäten des transkulturellen Menschenhandels und der Sklavereien kennen. Diese neuen Realitäten der Akkumulation von Menschen-

---

172 Rediker, „The Evolution of the Slave Ship“, in: Rediker, The Slave Ship, S. 41–72.

173 Arlindo Caldeira hält die Zahl von 2000 jüdischen Kindern, die nach São Tomé verbannt worden sein sollen, für zu hoch, siehe: Caldeira, „Aprender os Trópicos: Plantações e trabalho escravo na ilha de São Tomé“, S. 25–54, hier S. 28, FN 6.; zum Hintergrund siehe: Soyer, „King João II of Portugal “O Príncipe Perfeito” and the Jews (1481–1495)“, in: Sefarad (Sef) Vol. 69:1 (enero-junio 2009), S. 75–99.

174 Elbl, The Portuguese Trade with West Africa, S. 659 f.

kapital dürften die entstehende atlantische Sklaverei und die Atlantisierung der Amerikas mehr geprägt haben, als die mittelmeerischen und trans-europäischen mittelalterlichen Elemente (abgesehen vom generischen Namen sowie Organisations- und Rechtsformen), deren Kontinuität in der traditionellen Historiografie immer wieder betont worden sind. Die Zentralität des großen Fernhandels mit Kriegsgefangenen und die Akkumulation von Menschenkapital in Afrika – größer als jemals um diese Zeit in europäischen Gebieten, mit Ausnahme vielleicht der pontischen Steppen im Norden des Schwarzen Meeres – sollten deshalb immer im Hinterkopf der Leserinnen und Leser präsent sein.

All dies gehört aber nicht nur in die Vorgeschichte des modernen Europa, wie es sich um 1400 herauszubilden begann, sondern auch und gerade in die Vorgeschichte der westlichen Sklaverei und des Kapitalismus im Becken des Atlantiks.[175] Mit diesen „Vorleistungen", deren Konsequenzen bis in das 19. Jahrhundert und zum Teil bis heute zu spüren sind, waren um 1400 die wichtigsten Bedingungen geschaffen, damit das äußerste Südwesteuropa, das Reich am „Hafen der Gallier" (Portugal), zum Sprungbrett für die Expansion in den atlantischen Raum hinein werden konnte. Nur der Boden, das Land (die „Sklaverei-Lücke") für wirkliche Massensklaverei gab es noch nicht oder nur sehr wenige. Bauern, westeuropäische demographische Trends (sowie ihre Folgen) und die Traditionen der bäuerlichen Arbeit waren in Westeuropa zu stark. Selbst im Zucker war massive Sklavenarbeit, das heißt, mehr als 20 Sklaven bei einem Besitzer und auf einem Gut, im Mittelmeergebiet unüblich, ebenso wie in der ersten Etappe der iberischen Inselexpansion Madeira, Kanaren, Azoren seit ca. 1450 bis nach São Tomé um 1500.

Unter den Geldgebern, Kartographen, Kapitänen und Sklavenhändlern wie Kolumbus fanden sich auffällig viele Genuesen mit Erfahrungen im Handel mit menschlichen Körpern und viele Florentiner mit Erfahrungen im Geld- und Akkumulationsgeschäft. Trotz der Kredit-Vorherrschaft des italischen Handelskapitals brach die große Zeit (1400–1580) eines kleinen Königreiches am „Ende der Welt" an – Portugal. Ein aus der Sicht Afrikas und Eurasiens marginales Königreich am stürmischen Ende der Welt (finis terrae) des europäischen Mittelalters wurde durch den Vorstoß in neue Räume – man könnte es auch Ausbruch in den menschenleeren und unbenannten Atlantik nennen – zur zentralen Region der neuen transozeanischen Globalisierungsvorstöße. Auch hier spielten, wie mehrfach dargelegt, Sklavenhandel als Kommodifizierung und Teil der ursprünglichen Akkumulation sowie Sklaverei bei der Kapitalschöpfung eine wichtige Rolle. Aus der direkten Perspektive Europas wird auch deutlich, was es in diesem Zusammenhang bedeutete „von Afrika zu lernen". Die Iberer lernten, neben den immer existierenden kleineren Sklavereien im Westen der iberischen Halbinsel (vor allem im Süden) und dem Fernhandel zwischen Asien und Afrika, an den neuen Küsten neue Formen und

175 Steiner, „Wohlstand dank Sklaverei? Die Bedeutung der atlantischen Sklavereiökonomie in der gegenwärtigen Historiographie", S. 245–261.

Typen des „großen“ Menschenhandels in Nord- und Westafrika kennen und betrieben zunächst, vor allem auf den kanarischen Inseln, massiv Razziensklaverei. Als die Kontrolle über die Kapverden und São Tomé einigermaßen sicher war, versuchten sie sich in afrikanische Kreisläufe einzuschalten. Damit schließt sich der Kreis, in dessen Zentrum Afrika steht. Europäische, zunächst vor allem iberische Sklavenhändler, Monarchien, Schmuggler (oft in komplizierten Konkurrenzen/Symbiosen mit Piraten/Korsaren und Atlantikkreolen) und Sklavenhalter schufen auf diesen Grundlagen im 16. Jahrhundert eine „large scale trans-oceanic agricultural slavery“[176] mit einer atlantischen Menschenhandelsakkumulationsmaschine sowie sklavereibasierten Exportwirtschaften von Luxusgütern und Drogen (Zucker, Rum, Kakao, Tabak, später auch Kaffee und Indigo sowie Baumwolle), gestützt auf Schiffe und befestigte Handelsenklaven (Faktoreien). Das unterschied das von Europäern dominierte Slaving als Gesamtsystem, zusammen mit Rassismus als Theorie (seit 1780), von allen anderen großen Sklavereien, vor allem von der islamischen Sklaverei, die im Wesentlichen urbane Haus- und Palastsklaverei mit Razzienökonomien und Menschenhandel war.

Europa, seine Sklavereien und seine Sklavenhändler

Europa war, wie gesagt, immer auch Sklavereiterritorium und nie eine *slavery-free zone*.[177] Europa war auch die Heimat der Eliten von Händlern, Geldverleihern/Wucherern sowie Bänkern, die wirklich den mit Hochseeschiffen betriebenen Transport menschlicher Körper der *trata*, *middle passage* oder *traite* auf dem Atlantik dominierten. Es waren fast immer Europäer sowie „weiße Amerikaner“ aus den britischen Kolonien in Nordamerika/USA (ab 1783) oder im 19. Jahrhundert, hier auch auf Indik, Pazifik und Chinesischem Meer, „Portugiesen“, „Niederländer“, „Spanier“ (aus Kuba) und Kreolen aus der Karibik oder „Portugiesen“ aus Brasilien (die meisten fanden sich in Recife/Pernambuco – in Portugal geborene Negreiros in Brasilien).[178] Unter den Großkaufleuten, Reedern und Investoren des atlantischen Sklavenhandels gab es keine „Farbigen“. Unter den Menschenjägern schon. Auch unter den Kapitänen der niederländischen, anglo-amerikanischen und französischen sowie dänischen Sklavenschiffe gab es keinen „Schwarzen“. In britischen Quellen wird nur ein Captain namens John Tittle genannt, der zugleich als „*mulatto*“ bezeichnet wird. Tittle machte zwischen 1765 und 1774 sechs Sklavenfahrten

176 Braude, „How Racism Arose in Europe and Why It Did Not in the Near East“, S. 41–64, hier 59 f.

177 Priesching, „Sklaverei und europäische Identität – eine verdrängte Geschichte“, S. 8–14.

178 Siehe: Albuquerque, Débora de Souza L.; Versiani, Flávio Rabelo; Vergolino, José Raimundo Oliveira, „Financiamento e Organização do Tráfico de Escravos para Pernambuco no Século XIX“, unter: http://www.anpec.org.br/revista/aprovados/Escravos.pdf (letzter Zugriff 13. 2. 2018).

von Liverpool nach Sierra Leone und von dort in die britische Karibik und Savannah (Georgia).[179] Alle Fahrten waren erfolgreich. Tittle brachte die Mehrzahl der Verschleppten lebend nach Amerika und verkaufte sie dort. Thomas Boulton erwähnt den Kapitän und seine afrikanische Ehefrau in dem gereimten Bericht *The Voyage, a Poem in Seven Parts* (Boston, 1773).[180] Tittle dürfte die Ausnahme gewesen sein, die die Regel bestätigt. Aber es gab eine Reihe farbiger Amerikaner und (oft) Söhne europäischer Väter als Faktoren in Afrika.

Die kleine europäische Randmonarchie England verfuhr zunächst wie andere Monarchien – formal wurde Sklavenhandel als königliches Monopol organisiert. Erst als die Expansion nach Afrika in der Allianz mit Portugal gescheitert war und die Kolonialexpansion nach Irland weiterlief und in Nordamerika sowie in der Karibik begann, kam es zum Aufschwung auch des Handels mit afrikanischen Captives. Sehr verkürzt gesagt brachte die englische Revolution, inklusive Glorious Revolution (1640–1688), das Argument der „Freiheit“ auf das Tapet: nicht etwa „Freiheit“ der Sklaven, sondern die *liberty of the britons*, sich am Menschenhandel zu bereichern. England wurde zum atlantischen Hotspot von Kapitalisten, d. h., vor allem Männern, die sich mit Kapitalbeschaffung auskannten und bereit waren, für die Kapitalakkumulation Risiken einzugehen. Die entstehende Handels- und Seemacht England und seit dem 18. Jahrhundert Großbritannien unterstützte sie dabei.[181]

Nach der Regel von Joe Miller waren Marginalisierte im Menschen- und Sklavenhandel besonders erfolgreich: gute Beispiele für Reichtum und Hegemonie im atlantischen Sklavenhandel waren Kaufleute wie der 1690 aus Hamburg nach London migrierte und 1714 in den Adelsstand erhobene Sir Peter Meyer, ein aus Dremmen bei Jülich stammender Peter Paggen, der in größerem Stil mit Sklaven handelte oder Johann Abraham Korten aus Elberfeld. Auch Friedrich Romberg aus Iserlohn ist ein gutes Beispiel. Romberg gründete 1783 die *Compagnie Romberg, Bapst und Co.* in Bourdeaux. Die Profite aus dem Sklaven- und Menschenhandel waren so hoch, dass die Firma, unter großer Beteiligung von Johann Jakob Bethmann (später von Bethmann), 1790 etwa zwanzig Plantagen besaß.[182] Sir Peter Meyer besaß Plantagen und Sklaven auf Barbados und Antigua sowie Anteile an einer Londoner Zuckersiederei.[183] In den Kreis atlantischer Sklavereiunternehmer aus Europa gehörte auch der Kriegsgewinnler und Spekulant Heinrich Carl Schimmelmann (13. Juli 1724 Demmin (Pommern); † 16. Februar 1782 in Kopenhagen,

---

179 Siehe: www.slavevoyages.org (letzter Zugriff 13. 2. 2018), voyages no. 91076 (1765); 91303 (1766); 91422 (1768); 91495 (1770); 91559 (1770); 91816 (1774).

180 Zitiert nach: Rediker, „Jailer“, in: Rediker, The Slave Ship, S. 212–217, hier S. 215.

181 Pettigrew, Freedom's Debt. The Royal African Company and the Politics of the Atlantic Slave Trade, 1672–1752, passim.

182 Wiecker, Nils; Pecheco Díaz, Argelia, „La colonización alemana en las Antillas“, in: Crespo Solana; González-Ripoll (coords.), Historia de las Antillas no hispanas, S. 327–351.

183 Schulte Beerbühl, Deutsche Kaufleute in London, S. 111 f., 134–139, 342–344.

begraben in Wandsbek) sowie sein Sohn, der sächsische Kaufmann Ernst Heinrich Schimmelmann (4. Dezember 1747 in Dresden; † 9. Februar 1831 in Kopenhagen; 1784–1814 Finanzminister Dänemarks). Die Geschichte der Schimmelmanns ist eine der gar nicht so seltenen mitteleuropäischen Ausnahmen im Sinne der direkten Beteiligung am atlantischen Sklavenhandel, die die Regel bestätigt. Schimmelmann kam gar nicht erst auf die Idee, an einem „Geschlossene(n) Handelsstaat" (Johann Gottlieb Fichte, 1800) teilzunehmen. Für an englischen, arabischen oder portugiesischen Sklavenhandel gewöhnte Leser ist es erstaunlich, dass auch Sachsen große atlantische Negreros sein konnten. Natürlich operierten auch viele in England oder Dänemark geborene Unternehmer im Sklavenhandel. Aber es fällt doch auf, dass viele europäische Immigranten in dem anrüchigen Geschäft schnell zu Reichtum und Standing kamen. Der kometenhafte Aufstieg der Schimmelmanns vom Kaufmann, Kriegslieferanten und -spekulanten zum Sklavenhändler und Plantagenbesitzer zeigt die Potenzen der Symbiose zwischen atlantischem Markt auf menschliche Körper, protestantischer Rationalität und Zweckorientiertheit, Risikobereitschaft, betriebswirtschaftlichem Geschick und königlich-staatlichen Privilegien (Monopolen).[184] Ein ähnlich ungewöhnliches Beispiel des Aufstiegs vom Matrosen aus Norwegen über afrikanisch-westindischen Sklavenhandel zum großen Kaufmann mit globaler Lebenswelt und dem Flair des Eliten-Kosmopolitismus lässt die *life history* von Peter Dahl erkennen.[185] Die prominentesten deutschen Immigranten und Sklavenhändler in England waren die um 1720 in London angekommenen Baring Brothers (bis zum Konkurs 1995 eines der bedeutendsten Bankhäuser der City).[186] Neben den Barings firmierten auch andere Bankgründer unter der Sklavenhändlern Londons: Alexander und David Barclay. Die Barclays wurden zwar, wie viele Quäker, zu Gegnern des Sklavenhandels, aber der Grundstock ihres Vermögens war gelegt (ähnlich wie bei Clarks (Schuhe) und Cadbury (Schokolade)). Die Nachfahren des Gründers Francis Baring wurden zu mächtigen Lobbyisten gegen die Abschaffung des Sklavenhandels und der Sklaverei; sie verhinderten ein Verbot britischer Investitionen in nicht-britischen Sklavenhandel (zum Beispiel in den brasilianischen Sklavenhandel) und waren lange Zeit unter den größten Exporteuren von Sklaven-Zucker aus Kuba. Agent und Partner der Barings auf Kuba war die Firma *George Knight & Co*. Die Teilhaber der Firma waren wahrschein-

---

184 Degn, Die Schimmelmanns im atlantischen Dreieckshandel; Degn, „Schwarze Fracht – Dokumentation und Interpretation", S. 37–50.

185 Eliassen, Finn-Einar, „Peter Dahl (1747–1789) in the Oldenburg Empire: The Life, Career and Interests of a Norwegian Shipmaster and Merchant in the 1770s and 1780s", in: Heinzelmann et als. (eds.), Der dänische Gesamtstaat, S. 51–72.

186 Austin, Peter E., Baring Brothers and the Birth of Modern Finance, London: Pickering & Chatto 2007; Roldán de Montaud, „Baring Brothers and the Cuban Plantation Economy, 1815–1870", in: Leonard, Adrian; Pretel, David (eds.), The Caribbean and the Atlantic World Economy. Circuits of trade, money and knowledge, 1650–1914, London: Palgrave Macmillan, 2015 (Cambridge Imperial and Post-Colonial Studies Series), S. 239–262.

lich am Menschenschmuggel, aber auf jeden Fall an der Ausbeutung kubanischer Zuckersklaven massiv beteiligt. Die 1818 gegründete und bald führende Londoner Bank *J. Henry Schroder & Co* war „wohl" nie direkt, wie Klaus Weber schreibt, am Sklavenhandel oder an Plantagensklaverei beteiligt. Aber die Firma war auf Zuckerhandel spezialisiert, zählte zu den Verteidigern der Sklaverei; auf Kuba saßen, als Havanna Welthauptstadt der Zuckersklaverei war, 53 ihrer sehr guten Geschäftskunden.[187]

Bordeaux war bis zur Revolution auf Saint-Domingue 1791 der wichtigste Umschlag- und Reexportplatz zur Versorgung des kontinentalen Europa mit Rohzucker und San-Domingo-Kaffee. Für die Stadt, neben Nantes eines der Zentren des atlantischen Sklavenhandels, sind für das 18. Jahrhundert 411 Fahrten von Sklavenschiffen nach Afrika belegt. Bei 27 dieser Schiffe sind in Bordeaux etablierte deutsche und deutsch-schweizerische Reeder ausgewiesen.[188] Unter diesen Reedern fanden sich u. a. die aus Bremen stammenden Dravemanns, der Hamburger Overmann sowie sein Sozius Meyer sowie der Schweizer Johann Rudolph Wirtz.

Es ist gar nicht mehr so sehr umstritten, inwieweit der atlantische Sklavenhandel die Industrialisierung Europas und die Entwicklung seines Finanzsystems begünstigt hat. Ich denke, dass sich das Bild immer stärker fügt. Da sind einerseits die Kolonialwaren und Zucker, die in Europa immer stärker nachgefragt wurden.[189] Andererseits ist da der Sklavenhandel, ein Unternehmen mit einer gigantischen Gruppe von Konsumenten, die unübersehbare Mengen von Nahrungsmitteln (Bacalao/Cod/Morue), Getränken (Rum), Drogen (z. B. Tabak), Medizin, Textilien (Leinen 17.–18. Jahrhundert) sowie Manufakturwaren benötigt. Menschenhandel und Plantagenwirtschaft waren jedenfalls die kapitalintensivsten Branchen der atlantischen Ökonomie.[190] Bei den in diesen Branchen engagierten deutschen und deutsch-schweizerischen Seehändlern sind die vielen Verbindungen zum und die Überschneidungen mit dem Finanzsektor besonders auffällig.[191] Klaus Weber vermutet eine Verbindung: „Zu dem Aufstieg der beiden bis heute existierenden Banken der Bethmanns und Metzlers hatten die Verbindungen zum kolonialen Großhandel si-

187 Weber, „Deutschland, der atlantische Sklavenhandel und die Plantagenwirtschaft der Neuen Welt", S. 37–67, hier S. 44–46; Weber, „Mitteleuropa und der transatlantische Sklavenhandel: eine lange Geschichte", S. 7–30.

188 Weber, „Deutschland, der atlantische Sklavenhandel und die Plantagenwirtschaft der Neuen Welt", S. 37–67, hier S. 48–51.

189 Kriedte, Peter, „Vom Großhändler zum Detaillisten. Der Handel mit ‚Kolonialwaren' im 17. und 18. Jahrhundert", in: Jahrbuch für Wirtschaftsgeschichte 1 (1994), S. 11–36; siehe auch das Beispiel einer deutschen Residenzstadt: Hochmuth, Christian, Globale Güter – lokale Aneignung. Kaffee, Tee, Schokolade und Tabak im frühneuzeitlichen Dresden, Konstanz: UVK Verlagsgesellschaft, 2008.

190 Siehe die Übersicht bei: Klein, Atlantic Slave Trade, S. 99–102.

191 David, Thomas; Etemad, Bouda; Schaufelbuehl, Janick Marina, Schwarze Geschäfte. Die Beteiligung von Schweizern an Sklaverei und Sklavenhandel im 18. und 19. Jahrhundert. Aus dem Französischen von Birgit Althaler, Zürich: Limmatverlag, 2005.

cher beigetragen".[192] Friedrich Metzler, 1746 in Bordeaux geboren, übernahm ab 1770 die Leitung des Frankfurter Bankhauses. Er war der „erste Bankier im heutigen Sinne des Wortes".[193] Klaus Weber schreibt weiter: „um 1800 dürfte Simon Moritz von Bethmann der reichste Bankier in Deutschland gewesen sein".[194] Metzler war stärker nach Preußen orientiert. Simon Moritz Bethmann (1768–1826), verheiratet seit 1810 mit Louise Friederike Boode, die in Guayana geborene Tochter des Plantagenbesitzers und Großkaufmanns Jakob Heinrich Bode, stand auch in Verbindung mit dem Kopenhagener Handelshaus Schimmelmann. Er war stärker nach Habsburg und Wien orientiert und wurde 1808 in Wien geadelt – er wurde *von* Bethmann. Grundlage war nicht nur der formale Fall der Zinsbegrenzungen („Die Moderne siegt im 18. Jahrhundert, sobald das Zinsverbot fällt"),[195] sondern bis mindestens 1880 die Verbindung zur atlantischen Wirtschaft mit Sklaverei, Sklavenhandel und Plantagensektor (*Atlantic Slavery*), danach zu den imperialistischen Kolonien mit neuen und alten Sklavereien. In Bezug auf die USA, etwa Moses Taylor und die *Citibank* in New York ist der Zusammenhang Zuckerhandel, Sklavereien und Menschenschmuggel auf dem *hidden Atlantic*, der oben schon einmal in Bezug auf Zuckerhandel, Sklaverei und Sklavenhandel in der frühen Neuzeit erwähnt worden ist, immer noch sehr deutlich.[196]

Im Grunde sind diese Akteure reale Beispiele für die Gewinner-Typen (auch wenn Firmen Bankrott gingen) des von Europäern kontrollierten Atlantik: neben

---

192 Weber, „Verbindungen zwischen Proto-Industrien, Plantagen und Absatzmärkten", in: Weber, Deutsche Kaufleute im Atlantikhandel 1680–1830, S. 275–286, hier S. 286; zum breiteren Hintergrund; siehe: Häberlein, „„Mohren', ständische Gesellschaft und atlantische Welt. Minderheiten und Kulturkontakte in der frühen Neuzeit", S. 77–102.

193 Achtenberg, Erich, „Friedrich Metzler aus Bordeaux", in: Zeitschrift für das gesamte Kreditwesen: Pflichtblatt der Frankfurter Wertpapierbörse Vol. 13:12 (1960), S. 543–546, hier S. 545; zu Kaufleuten-Wucherern-Bankiers in Deutschland, siehe: Ullmann, Hans-Peter, „Nobilitierte Bankiers in Deutschland 1770–1850", in: Fehrenbach, Elisabeth unter Mitarbeit von Müller Luckner, Elisabeth (ed.), Adel und Bürgertum in Deutschland 1770–1848, München: Oldenbourg, 1994 (= Schriften des Historischen Kollegs, Kolloquien, Bd. 31), S. 83–94.

194 Weber, „Verbindungen zwischen Proto-Industrien, Plantagen und Absatzmärkten", S. 275–286, hier S. 286.

195 Nolte, Weltgeschichte. Imperien, Religionen und Systeme, 15.–19. Jahrhundert, S. 25; zu den historischen Realitäten der Zinsbegrenzung in Europa siehe: Geiger, Wolfgang, „Mythos Zinsverbot und Wuchervorwurf. Das Vorurteil als Erklärung der Geschichte", in: Geiger, Zwischen Urteil und Vorurteil: jüdische und deutsche Geschichte in der kollektiven Erinnerung, Franfurt am Main: Humanities Online, 2012, S. 89–103.

196 Ely, Roland T., Cuando reinaba su majestad el azúcar. Estudio histórico-sociológico de una tragedia latinoamericana: el monocultivo en Cuba, Buenos Aires: Ed. Sudamericana, 1963 (Neuauflage: La Habana: IMAGEN CONTEMPORÁNEA, 2001); Rodrigo y Alharilla, „De la esclavitud al cosmopolitismo: Tomás Terry Adán y su familia", in: Laviña; Piqueras, Ricardo; Mondejar, Cristina (eds.): Afroamérica, espacios e identidades, Barcelona: Icaria editorial, 2013, S. 93–119; zu Moses Taylor, der Citibank und den Beziehungen der Banker von New York zu Sklaverei, Zuckerhandel und illegalem Sklavenhandel, siehe: Varella, „A expensas de la esclavitud. La marca también de Moses Taylor & Co", S. 393–412.

Staaten und Königen waren es im Wesentlichen kosmopolitische Großreeder, Großkaufleute (oft auch Versicherer), Zuckerhändler und Transportunternehmer, die oft auch zu Finanziers und Bänkern wurden – und Kapitäne.[197] Und das Ganze gilt auch noch für das 19. Jahrhundert, als allerdings *on the spot*, auf See, amerikanische Kapitäne/Negreros und Faktoren stärker ins Geschäft kamen.

Europa exportierte aber auch Sklavenhändler. Europäer partizipierten am Boom des Menschenhandels, als das britische und französische Sklavenhandels-Monopol in den napoleonischen Kriegen zusammenbrach. Ein gutes Beispiel ist der Hannoveraner Daniel Botefeur, der mit den neuen Möglichkeiten des Freihandels mit Sklaven für das Spanische Imperium und speziell Kuba ein gigantisches Vermögen machte. 1821 starb in Charleston, Carolina, Hauptschnittpunkt des Sklavenhandels der USA, „Doctor Daniel Botefer late of Havana in the Island of Cuba",[198] „natural de Hannover en Alemania [herkömmlich aus Hannover in Deutschland]".[199] Botefeur gehörte zur frühen Gruppe von „spanischen" Kapitänen (ähnlich wie Pedro Blanco), die zwischen 1810 und 1820 als Faktoren in Westafrika, vor allem in Senegambien und Gallinas, das transatlantische Geschäft von Briten und Amerikanern lernten und übernahmen. Botefeur gründete ein wichtiges Handelshaus in Havanna und war an einem zweiten *commercial house* in Matanzas beteiligt, zusammen mit dem Nordamerikaner John S. Latting. Wichtiger noch war, dass Botefeur hunderte Sklaven besaß, die als Haussklaven und als Arbeitskräfte auf seinen zwei Kaffee-Plantagen (*cafetales*)[200] schufteten. Der Menschenhändler hatte sein wichtigsten Kapital, menschliche Körper, produktiv angelegt. Zudem nannte Botefeur ein Latifundium an einem Küstenabschnitt bei Matanzas sein Eigen, an dem geschmuggelte Sklaven angelandet werden konnten. Daniel Botefeur war mit Doña María del Sacramento Romay y Navarrete verheiratet und wohnte mit ihr und fünf Kindern in einem Wohnhaus in Havanna. Doña María ging nach Botefeurs Tod wieder zu ihrer Familie zurück, einer der großen kreolischen Adelsfamilien. Laut Inventar war das Wohnhaus in Havanna voller edler und teurer Caoba- und Zedernholzmöbel, teurem Porzellan und Kristall sowie Tischzeug und Küchengerät.[201]

---

197 Pieken, Gorch, „Fürsten, Menschenhändler und Piraten im transatlantischen Handel Brandenburg-Preußens 1682–1721", in: Hofbauer, Martin (ed.), Piraterie in der Geschichte, Potsdam: Zentrum für Militärgeschichte und Sozialwissenschaften der Bundeswehr, 2013, S. 39–62.

198 „Autos. Testamentaria del Dr. Dn. Daniel Botefeur", in: ANC, Escribanía de Luis Blanco, leg 405, no. 4, f. 5r: Totenschein (englisch), Charleston, 22th day of June A:D: 1821, John M. Davis, Notary Public.

199 Originalkopie des Testaments, Matanzas, 9. Juni 1821, in: Ebd., f. 9r–11v, hier f. 9r.

200 Allgemein zur Plantagenform *cafetal* siehe: Zeuske, „Kaffee statt Zucker: Die globale *commodity* Kaffee und die Sklaverei auf Kuba (ca. 1790–1870)", in: SAECULUM. Jahrbuch für Universalgeschichte 67. Jahrgang (2017), 2. Halbband, S. 275–303.

201 „Inventario", La Habana, Marzo 7 de 1822, in: ANC, Escribanía de Luis Blanco, leg 405, no. 4, f. 17r–20v.

Nehmen wir die Sklavenlieferungen für Spanisch-Amerika und die spanische Karibik (Kuba, Puerto Rico) als Ausgangspunkt, so waren nach italischen, niederländischen sowie oberdeutschen Bankiers und Machern der Monopolgesellschaften im 17. Jahrhundert britische Slaver und Kapitäne im 18. Jahrhundert weltweit die wichtigsten Lieferanten; mit einer kurzen Krisenphase 1776 bis 1783 wegen des atlantischen Krieges um die USA. Vorher, von etwa 1526 bis 1640 waren es „Portugiesen" und italienische, niederländische sowie oberdeutsche Kreditgeber gewesen (erkennbar in den *registros* in Spanien und Häfen unter spanischer Kontrolle, aber vor allem in den *avenças* im portugiesischen Bereich).[202] In dieser Zeit waren ca. 600 000 Menschen nach Amerika verschleppt worden, 60 % davon nach Spanisch-Amerika.[203] Ein gutes Beispiel geben auch die Niederlande und Portugal, die faktisch zwischen 1590 und 1640 den atlantischen Handel, auch und gerade mit Menschen (sowie Zucker, Häuten und Tabak, auch Kakao), dominierten. Das wichtigste Geschäft in Europa war für reiche Niederländer die Versicherung der Schiffe und ihrer Ladungen. Nur wenige Kaufleute hatten dafür genug Kapital. In Amsterdam betraf das vor allem Jan Jansz Smits, Claes Andriaesz, Albert Schuijt, Barent Sweets und Jan de Clerck, aber auch weniger aktive, wie ein Salomon Voerknecht aus einer Gruppe von neun Kaufleuten. Jan Jansz Smits begann seine Aktivitäten 1612. Er versicherte, meist zusammen mit anderen Kaufleuten, Schiffe, die nach Westafrika (Kapverden, Guinea und Angola) sowie Brasilien, die Karibik, Portugal und Spanien fuhren. Viele versicherte Schiffe, Ladungen und Rückladungen gehörten portugiesischen Sepharden, die entweder in Portugal oder der niederländischen Republik lebten. Meist ging es bei den Ladungen um Zucker und/oder afrikanische Sklaven (was sich aber oft nicht direkt in den Notariatsprotokollen nachweisen lässt). Sephardim und Neu-Christen, schreibt Eli Faber, hatten bei der niederländischen und englischen Expansion in den Slaving-Atlantik und in die Sklaverei-Karibik (Curaçao, Nevis) wichtige Funktionen: „their contributions to the sugar industry were ... significant, when it came to providing capital, exporting sugar, and advancing credit for slaves. As creditors ..., they dominated the slave trade" (auch wenn die frühen Monopolgesellschaften für den Sklavenhandel formell unter anderer Kontrolle standen und Juden oder Neu-Christen eine minimale direkte Beteiligung am britischen Sklavenhandel hatten).[204] Zwischen 1621 und

---

202 Eagle, Marc, „Chasing the Avença: An Investigation of Illicit Slave Trading in Santo Domingo at the End of the Portuguese Asiento Period", in: Slavery & Abolition, http://dx.doi.org/10.1080/0144039X.2013.780458 (letzter Zugriff 13. 2. 2018).

203 Newson; Minchin, „Introduction", in: Newson; Minchin, From Capture to Sale, S. 1–17, hier S. 1.

204 Faber, Eli, „England's Jewish Merchants and the Slave Trade", in: Faber, Jews, Slaves, and the Slave Trade: Setting the Record Straight, New York and London: New York University Press, 1998, S. 11–43, hier S. 17 f.; Zacek, Natalie, „'A People So Subtle': Sephardic Jewish Pioneers of the English West Indies", in: Williams (ed.), Bridging the Early Modern Atlantic World, S. 97–112; Ribeiro da Silva, „Between Iberia, the Dutch Republic and Western Africa: Portuguese Sephardic long- and short-term mobility in the seventeenth century", in: Jewish Culture and History (2015), http://

1637 hatte die WIC (niederländische Westindien-Compagnie) das strikte Monopol über Atlantik- und Sklavenhandel. Nachdem das WIC-Monopol wieder gelockert wurde, kann es zu neuen notariellen Verträgen, oft in einer Kombination zwischen Kredit und Versicherung (*bottomries*). In den 1650ern und 1660ern war Jan de Velde besonders aktiv, der zum Beispiel die Schiffe versicherte, die von Henrico Matias, einem wichtigen deutschen Kaufmann in Amsterdam beladen und ausgerüstet wurden. 1657 versicherte er die Ladung des Schiffes *St. Pieter* von der Guinea-Küste zum Río de la Plata und zurück nach Amsterdam. Insgesamt, und diese Indirektheit (oder nicht Nachweisbarkeit) gilt fast immer für den Zusammenhang zwischen Sklavenhandel und Finanzwesen, war die Beteiligung niederländischer Finanziers am Sklavenhandel oft nicht direkt, sondern lief vor allem über die Versicherung durch sephardische Juden („Portugiesen"). Die portugiesischen Sephardim in Amsterdam agierten auch als Vermittler für Kredite und Versicherungen für Kaufleute und Sklavenhändler-Gruppen in Portugal und seinen Kolonien. João Soeiro zum Beispiel, *contratador* des königlichen Kapverden und Guinea-Monopols zwischen 1608 und 1614, machte von den Kontakten seines Faktors zu Amsterdamer Sephardim (Gaspar Fernandes, Gaspar Nunes, Duarte Fernandes, Pedro Rodrigues da Veiga, Diogo da Silva und Diogo Dias Querido) Gebrauch und ließ Schiffe in Amsterdam beladen und versichern, die es dann auch oft wegen der hohen Abgaben vermieden, in Ribeira Grande oder Lissabon zu ankern und direkt vom Senegal nach den Niederlanden segelten. Auch Kaufleute aus Porto, Viana do Castelo und Vila do Conde hatten Partner unter den Sephardim in Amsterdam. So war Francisco Gomes Pinto aus Viana do Castelo Partner von Diogo Nunes Belmonte, sephardischer Kaufmann in Amsterdam, der afrikanische Verschleppte auf der Route Angola–Karibik (Cartagena)–Sevilla transportieren ließ und Zucker zwischen Amsterdam–Viana–Brasilien–Amsterdam.

In Summe, im 17. Jahrhundert waren niederländisch-sephardische Kaufleute Versicherer nicht nur von Schiffen und Cargos des niederländischen Atlantiks, sondern auch des Iberischen Atlantiks.[205] Und oft waren sie – in den Quellen erkennbar – im Zuckerhandel beschäftigt.

Zwischen 1640 und 1713 traten vor allem Niederländer und Franzosen als Sklavenhändler und -schmuggler in Erscheinung; nach dem Ende des Spanischen Erbfolgekrieges erhielt Großbritannien den Asiento für Spanisch-Amerika (bis 1739) und die Niederländer wurden zu Sklavenschmugglern in der Karibik und im Spanischen Amerika. Dann setzen sich spanisch-kreolische Monopolkompanien und einzelne *asentistas* (Monopolauftragnehmer) sowie kleinere Kaufleute-Kompanien aus „Spaniern" durch. 1789 proklamierte die spanische Krone den „Freihandel" mit

dx.doi.org/10.1080/1462169X.2015.1032011; academia.edu (letzter Zugriff 13. 2. 2018); siehe auch: Friedman, Jews and the American Slave Trade.

205 Ribeiro da Silva, „Doing Business with Western Africa: Private Investors, Agency, and Commercial Networks", S. 270–324, hier vor allem S. 273–279.

Sklaven aus Afrika, der allerdings noch bis um 1810 von Briten, Schmugglern und Amerikanern dominiert war. Nach 1860 konstituierten sich Transportunternehmen, Bodenspekulanten und Banker-Kaufleute in Spanien (vor allem Santander, Barcelona). Ihre Basis war Sklaverei, vor allem in der Exportproduktion, und illegaler Menschenhandel. Bei einigen, wie den Brüdern López (einer wurde geadelt – Marqués de Comillas), sind Menschenhandelsgeschäfte sogar nachweisbar – wenn auch nur schattenhaft.[206] Einige blieben auf Kuba, wie die irisch-venezolanische Familie Terry.[207]

Europäische Eliten, Institutionen, Geldgeber, Staaten und Städte waren aber nicht nur Kontrolleure, Finanziers und Gewinner des transatlantischen Sklavenhandels. Sie und ihre Nachkommen konstituierten sich auch als neoeuropäisch-kreolische Eliten in Übersee. Damit kontrollierten europäische und neoeuropäische Eliten neben dem Menschen-/Sklavenhandel und Sklavereien in Südeuropa und partiell auf dem Mittelmeer, Sklavereien und Sklavenhandel in den sich herausbildenden „europäischen" Kolonialreichen, in den Amerikas, speziell in der Karibik sowie, beginnend mit den Portugiesen, auch auf dem Indischen Ozean, an den Küsten Ostafrikas sowie in der malayischen und indonesischen Inselwelt (hier ab etwa 1600 vor allem Niederländer), den Philippinen und in Indien.

Lokale Sklavereien in einem Kontinent „ohne Sklaverei"

Wie in Afrika, Asien und Amerika gab es auch in Europa, wie mehrfach erwähnt, selbst spezifische lokale Sklavereitypen sowie unterschiedliche Entwicklungsplateaus von Sklavereien; nicht nur in grauer Vorzeit, sondern in der Neuzeit, als die europäische Expansion andere Regionen dieser Welt kolonial unterwarf und neue Typen der atlantischen Sklaverei und des intensiven Fernsklaven-/Kulihandels dominierte. Den Theoretikern der Aufklärung war durchaus noch klar – auch und gerade im Kulturvergleich mit den „Despotien" Asiens –, dass Europa auf dem Atlantik und in seinen Kolonien die härteren Sklavereien verantwortete, auch wenn nur in Westeuropa im 19. Jahrhundert (rechtlich definierte) Sklaverei keine Lebenssituation eines nennenswerten Teils der Bevölkerung"[208] mehr war und die

---

206 Bru, Francisco, La verdadera vida de Antonio López y López por su cuñado Francisco Bru, Barcelona: Tipografía de Leodegario Obradors, 1885; siehe: Rodrigo y Alharilla, Martín, Los Marqueses de Comillas 1817–1925. Antonio y Claudio López, Madrid: LID Editorial Empresarial, S.L., 2000; Rodrigo y Alharilla, Indians a Catalunya: capitals cubans en l'economia catalana, Barcelona: Fundación Noguera, 2007; Rodrigo y Alharilla, „Una saga de banqueros: la familia Vidal-Quadras", in: Historia Social no. 64 (2009), S. 99–119.

207 Rodrigo y Alharilla, „De la esclavitud al cosmopolitismo: Tomás Terry Adán y su familia", S. 93–119.

208 Osterhammel, „Sklaven", in: Osterhammel, Die Entzauberung Asiens. Europa und die asiatischen Reiche im 18. Jahrhundert, München: Beck, 1998, S. 322–325, hier S. 322; zur spezifischen, sozusagen lokal-tiefen Bedeutung der ca. 380 Menschen, die als „Mohren" oder „Neger" (Mohren =

atlantisch-amerikanischen Sklavereien in den europäischen Diskursen bewusst marginalisiert oder positiv als Christianisierung und Zivilisierung darstellt wurden. Oder Sklaverei, Sklavenhandel und ihre Folgen (auch und gerade nach den Abolitionen – siehe oben) wurden bewusst verschwiegen.

Es kommt allerdings darauf an, was man unter Sklaverei verstehen will. Die realen Arten von Arbeit (extrem harte, gefährliche Arbeit mit massiver Routine, schlecht angesehene Arbeit, Fixierung am Arbeitsort, schmutzige Arbeit mit Blut, Abfall, Exkrementen, *menial works*, körperliche Dienste, die mit Tod oder Sex zu tun haben, etc.) geben einen ersten Hinweis auf „Sklavenarbeit“. Reale Sklaverei kann in der schrankenlosen Ausweitung der Arbeitszeit gemessen werden, d. h. auch in vertraglich geregeltem – was legalistischen Wissenschaftler nicht als Sklaverei gilt – Verkauf der Arbeitskraft für immer (bis der Arbeiter stirbt) und der informellen/verdeckten Ausweitung der täglichen, wöchentlichen, jährlichen Arbeitszeit.[209]

Europa ist trotzdem bis in die 1860er Jahre auch immer ein Kontinent der direkten und mehr oder weniger offenen Sklaverei geblieben (und heute der verdeckten). In Bezug auf das lateinische Europa, vor allem an seinen Süd- und Osträndern, und in Bezug auf das byzantinische Europa ist das klar. Im germanisch-barbarischen Frühmittelalter bis hin zu den Zeiten der Karolinger und Ottonen kam es im Zentrum Europas einerseits zu einer Verschärfung der Sklaverei und des Kriegsgefangenenhandels sowie zu Vernetzungen mit lokalen Sklavereiformen und Razziensklavereien. Die Ostränder der Francia, genauer, die Germania und Slavia (mit Balkan) sowie Südrussland, wurden, wie wir gesehen haben, zum „Afrika“ des Islams. Die oft zitierten Sakaliba markierten zunächst eine geografisch-regionale Herkunft von versklavten Menschen aus dem Osten Europas und vom Balkan.[210]

Andererseits kam es durch Kontakte, Transfers und Rückwirkungen zu langsamem Wandel innerhalb europäischer Stämme, Stammesreiche und Imperien in Richtung neuer polykultureller Formen der Unfreiheit mit sektoralen neuen Typen von *Eigenschaft* (Leib-Eigenschaft), die in der Tendenz und im Gegensatz zum „römischen“ Eigentum an Menschen zunächst für (fast) alle abhängigen bäuerlichen Menschen mehr lokale Freiheiten und Sicherheit bedeuteten. Hier lohnt sich aber trotzdem die Debatte unter weltgeschichtlichen Perspektiven, ob Leib-Eigenschaft nicht ein europäischer Typus von Sklaverei war – sozusagen Sklaverei und

---

Mauren ist ein weiterer Begriff) definiert wurden, siehe: Kuhlmann-Smirnov, „Anhang: Tabelle – ‚Mohren‘ im deutschen Raum, um 1600 bis ca. 1800“, in: Kuhlmann-Smirnov, Schwarze Europäer im Alten Reich, S. 285–373; Mallinckroth, „Verhandelte (Un-)Freiheit Sklaverei, Leibeigenschaft und innereuropäischer Wissenstransfer am Ausgang des 18. Jahrhunderts“, S. 347–380.

209 Tomba, Marx's Temporalities, passim.

210 Henning, „Gefangenenfesseln im slawischen Siedlungsraum und der europäische Sklavenhandel im 6. bis 12. Jahrhundert. Archäologisches zum Bedeutungswandel ‚sklābos-sakāliba-sclavus‘“, S. 403–426; Ott, „Europas Sklavinnen und Sklaven im Mittelalter. Eine Spurensuche im Osten des Kontinents“, S. 31–53.

Kolonat in „römischer" Tradition, die auf freie Bauern-Krieger angewandt wurden, deren Status sich nach und nach anpasste.

Europa blieb aber auch, wie bereits angedeutet, ein Kontinent der direkten Eigentums-Sklaverei in „römischer" Tradition. Auf dreierlei Weise. Erstens ist, wie eben gesagt, noch nicht klar, inwieweit Leibeigenschaft unter weltgeschichtlicher Perspektive und weitgefasster Definition ein Sklavereityp unter anderen globalen Sklavereien sein kann[211] und zweitens gab es „Sklaven ohne Sklaverei" (oft Schwarze, die so genannten „Kammermohren", „Tscherkessinen" oder christianisierte Osmanen)[212] und drittens entstanden „neue", neuzeitliche Sklavereien, meist „kleinere" Sklavereien von Kindern und Frauen oder von Fremden.

Leibeigenschaft als Sklaverei habe ich bereits in verschiedenen Dimensionen diskutiert. Deshalb will ich nur auf Punkt zwei und drei eingehen. Über versklavte oder ehemals versklavte Schwarze in Europa gibt es nicht viele, aber einige doch sehr gute Bücher. Sie betreffen oft intellektuelle und religiöse Eliten, auch Militärs (z. B.: Leo Africanus, Juan Latino, Abraham Petrov Hannibal (Gannibal),[213] Großvater Puschkins, Francis Williams, Anton Wilhelm Amo, Ignatius Fortuna, Frederic Petersen Svane, Christian Jakob Protten, Philip Quaque, Emily Ruethe (Sayidda Salme)) nach dem Muster der ersten Darstellung dieses Themas von Abbé Grégoire (1750–1831).[214] „Europa und Sklaverei" sowie *Blacks in Europe* – das sind trotz dieser abolitionistischen Anstrengungen, die Anpassungsleistungen schwarzer Eliten in Europa als Werbung für ihre Sache zu nutzen, bislang eher „Leerstellen" in der Kontinuitätskonstruktion der vor allem auf den Atlantik und die Amerikas fixierten

---

211 Das diskutiert: Bischoff, Jeannine, „Sklaverei auf dem Dach der Welt? Zur Anwendbarkeit des Begriffes auf tibetische Bauern und Viehzüchter", in: Dhau. Jahrbuch für außereuropäische Geschichte 2 (2017), S. 121–141.

212 Northrup, „Enslaved Africans in Europe", in: Northrup, Africa's Discovery of Europe, S. 6–10; Kuhlmann-Smirnov, Anne, Schwarze Europäer im Alten Reich, passim; siehe auch: Quakatz, Manja, „‚Conversion Turci'. Konvertierte und zwangsgetaufte Osmanen. Religiöse und kulturelle Grenzgänger im Alten Reich (1683–1710)", in: Spannenberger, Norbert; Varga, Szabolcs in Zusammenarbeit mit Pech, Robert (eds.), Ein Raum im Wandel. Die osmanisch-habsburgische Grenzregion vom 16. bis 18. Jahrhundert, Stuttgart: Franz Steiner, 2014, S. 215–231.

213 Barnes, Hugh, Der Mohr des Zaren. Eine Spurensuche, München: Knaus, 2007.

214 Parker, Grant, „Appendix 2: African intellectuals in 18th-century Europe", in: The Agony of Asar. A Thesis on Slavery by a Former Slave, Jacobus Elisa Johannes Capitein, 1717–1747. Translated with commentary by Parker, Grant, Princeton: Markus Wiener Publishers, 2001, S. 136–152. Siehe auch: Debrunner, Hans Werner, Presence and Prestige: Africans in Europe: A History of Africans in Europe before 1918, Basel: Basler Afrika Bibliographien, 1979; Martin, „Die schwarzen Raben Allahs", in: Martin, Schwarze Teufel, edle Mohren, S. 15–18; Blakely, „European Dimensions of the African Diaspora: the definition of Black Racial Identity", in: Crossing Boundaries: Comparative History of Black People in Diaspora, S. 87–104. Zu Juan Latino, Ex-Kindersklave aus „Guinea" sowie reicher Kaufmann und Honoratior der Sklaverei- und Sklavenhandelsstadt Cádiz, siehe: Morgado García, „Vidas reinventadas: la condición esclava en el Cádiz de la Modernidad", in: Bulletin for Spanish and Portuguese Historical Studies Vol. 36:1 (2011), S. 70–95 (online: http://digitalcommons.asphs.net/bsphs/vol36/iss1/4 (30. September 2014)); Ette, Anton Wilhelm Amo.

Sklavereigeschichte und in den Konstruktionen europäischer Identität geblieben, trotz der fulminanten Arbeiten von Sir Moses Finley oder Charles Verlinden.[215] Beim Blick auf die einzelnen Leben und Lebensleistungen wird deutlich, dass ich diesen Menschen im Rahmen der Gruppe nicht ganz gerecht werden kann. Etwa dem Leben und der Lebensleistung von Anton Wilhelm Amo in Bezug auf das, was wir heute „transkulturelle Philosophie“ nennen würden. Das hat immer etwas Einmaliges. Und nicht von ungefähr studierte und lehrte Amo in den protestantischen Reform-Universitäten Helmstedt, Halle und Wittenberg (sowie Jena). Sein Aufstieg fand in einem der damals modernsten deutschen Fürstentümer (Braunschweig-Wolfenbüttel) statt. Im Rahmen einer noch zu schreibenden Geschichte der globalen Philosophie müsste der versklavte Junge aus Guinea, der mit „Amo“ immerhin einen afrikanischen Namen oder einen Teil davon bewahrte, eine Sonderstellung einnehmen, die – ich sage es gern und weiß, dass es eine Provokation grade für deutsche Philosophiehistoriker ist – über Kant oder Hegel hinaus weist (weil er sich eben bezeichnenderweise mit dem Körper-Seele-Problem und der Rechtsstellung von Schwarzen im christlichen Europa beschäftigte).[216]

Zurück zum Sklavenhandel Europas und zu den großen Gruppen von Menschen. Das hellenistische Europa, Kern Griechenland und Balkan, war eine Kernzone des griechischen und römischen Sklavereityps sowie eine Handels- und Übergangszone zu anderen Sklavereien (Thraker, Awaren, Bulgaren, Slawen). Über die Küsten des Schwarzen Meeres, die Krim sowie vor allem das Chasarenreich, ebenfalls Gebiete intensiver Sklavereien und intensiven Sklavenhandels, existierte die Verbindung zum großen Menschen-Razziengebiet der heutigen Weißrusslands sowie des Steppengürtels der Ukraine und des Kaukasusgebietes bis hin nach Transoxanien sowie in die mongolischen Gebiete und China. Zunächst von Skythen, Alanen, Awaren, Petschenegen und Chasaren dominiert, brachen in strategischer Nord-Süd-Ausrichtung operierende warägische Kaufleute-Razzienkrieger unter Führung der Rurikiden mit der Eroberung von Sarkel 965 sowie der chasarischen Hauptstadt 986 ein. Bis um 1260 blieb Cherson byzantinischer Stützpunkt auf der Krim.[217] Seit dem 13. Jahrhundert kam es zum Mongolensturm einerseits (1240 Eroberung von Kiew) und zu litauischen Expansionen sowie zur Formierung von rumänischen Fürstentümern. Die ukrainischen Steppen, die Krim und die Schwarzmeerküsten waren Ausgangslandschaften der Menschenhandelsroute „von den Mongolen zu den Mameluken“, sie unterlagen, wie wir gesehen haben, der

215 Earle, Thomas F.; Lowe, Kate J.P. (eds.), Black Africans in Renaissance Europe, Cambridge, Cambridge University Press, 2005; Kuhlmann-Smirnov, Schwarze Europäer im Alten Reich, passim; Priesching, „Sklaverei und europäische Identität – eine verdrängte Geschichte“ S. 8–14.

216 Brentjes, Anton Wilhelm Amo. Der schwarze Philosoph in Halle, Leipzig: Koehler & Amelang 1976; Ette, Anton Wilhelm Amo.

217 Brüggemann, „Vom Geld- zum Tauschhandel. Die byzantinische Krim zwischen Urbanität und Nomadismus (10.–13. Jh.)“, S. 78–87.

osmanischen Expansion, die die Krimtataren als Razzienkrieger deckten und blieben bis in das 19. Jahrhundert Sklaverei- und Menschenhandelsgebiete.

Als sich erste jüdische Gemeinden im ostfränkischen Reich angesiedelt hatten, gewährte Kaiser Heinrich IV. den Juden von Speyer und Worms umfangreiche Privilegien, u. a., „durften ihre Sklaven nicht durch Taufe dem Dienst entfremdet werden".[218] Bereits seit dem 13. und 14. Jahrhundert wuchsen auch die Kontingente schwarzer Sklaven im christlichen Mittelmeergebiet an. Seit dem 15. und 16. Jahrhundert noch schneller, da die Verbindungen zu den Gebieten des Schwarzen Meeres und des Balkans durch die Osmanen unterbrochen waren und immer mehr Schwarze aus Afrika nach Europa einströmten.[219] Nicht von ungefähr malte Albrecht Dürer 1521 das Bild von Katharina, der Sklavin des Konsuls von Portugal in Antwerpen [*Bild 24: „Katharina"].[220] Mittlerweile wird wieder darauf verwiesen, dass es in Bordeaux im 18. Jahrhundert 3000 Haussklaven gab, in London (1764) gar 20000.

Es gab wirkliche Sklaven und „andere" Sklavereien mitten im neuzeitlichen Europa. Wie oben bereits kurz erwähnt, wurden in rumänischen Fürstentümern Walachei und Moldau *tigani* (Zigeuner) vom 14. Jahrhundert bis 1860 in Massen formell versklavt. Es handelte sich Mitte des 19. Jahrhunderts noch um hunderttausende Menschen. Insgesamt etwa 7 % der Bevölkerung. Die nach „Zelten" (*salasche*) quantifizierten Sklaven waren entweder Eigentum der Fürsten (Staatssklaven), von Klöstern oder von Privatleuten. *Salasch* stammt aus dem Türkischen, der Familien oder Zeltgemeinschaften bezeichnet (Slawisch = *tscheljadi*). Sklaverei in Rumänien existierte in zwei Hauptformen, die die Spannbreite der Sklavereien sehr treffend demonstrieren. *Atsigani*, *Tigani* oder *Tsigan* (*roma*) wurden in nomadische (*lajaschi*) und fest siedelnde (*vatraschi*) Sklavengruppen unterteilt. Einmal als auf den Gütern der Eliten und Klöster angesiedelte Bauern und Gesinde sowie zum Zweiten als nomadische Bärenführer, Goldwäscher, Jäger, Schmiede („Kesselflicker"), Schnitzer-Trödler (Löffel-, Besen- und Kammmacher) sowie Musiker.[221] Marie-Janine Calic schreibt dazu: „Die „Zigeuner" – Synonym für „Sklaven" – hatten sich seit ihrer Ansiedlung im 14. Jahrhundert im Besitz des Fürsten, der Bojaren oder der Kirche befunden, die sie verkaufen, verschenken, verpfänden oder vererben

---

218 Battenberg, Friedrich, „Das Heilige Römische Reich bis 1648", in: Kotowski; Schoeps; Wallenborn (eds.), Handbuch zur Geschichte der Juden in Europa, Bd. I, S. 15–46, hier S. 17.

219 Northrup, „Enslaved Africans in Europe", S. 6–10; siehe auch: Haour, „The Early Medieval Slave Trade of the Central Sahel: Archaeological and Historical Considerations", S. 61–78.

220 Von Albrecht Dürer 1521: Northrup, David, „Enslaved Africans in Europe", in: Northrup, Africa's Discovery of Europe. 1450–1850, Oxford, New York: Oxford University Press, 2002, S. 7.

221 Achim, The Roma in Romanian History, passim; Achim, „The Gypsies in the Romanian Principalities: The Emancipation Laws, 1831–1856", in: Historical Yearbook, I (2004), S. 109–120; Hancock, Ian, The Pariah Syndrome. An Account of Gypsy Slavery and Persecution, Ann Arbor, Michigan: Karoma Publishers, 1987; Hancock, We are the Romani People. Ame sam e Rromane džene, Hatfield: University of Hertfordshire Press, 2002.

durften. [...] Ihr Status war im Gegensatz zu dem der Leibeigenen nicht an Grund und Boden gebunden, sondern an die Person des Eigentümers. Noch bis zur Mitte des 19. Jahrhunderts arbeiteten sie als Hilfskräfte in der Landwirtschaft und im Wald [*menial works*, wie in vielen Bauerngesellschaften – M. Z.], als Leineweber, Gesinde, Goldwäscher, Bärenführer, Holzschnitzer, Schmiede und Steinmetze. Nur eine Minderheit war sesshaft, viele zogen herum. Die meisten kampierten im Sommer in Zelten und im Winter in unterirdischen Unterständen in den Wäldern [höre das Lied „Lustig ist das Zigeunerleben" – M. Z.]. Die Bojaren behandelten sie wie Vieh, ließen sie zur Strafe auspeitschen oder befestigten ihnen einen Stachelkranz aus Eisen um den Hals, wenn sie versuchten zu entlaufen.[222]

Die Institutionen der *tigani*-Sklaverei werden mit zwei Theorien erklärt: einmal seien die Roma-Gruppen als Sklaven der Tartaren (Mongolen) im 13./14. Jahrhundert unter die Kontrolle von rumänischen und ungarischen Eliten gelangt. Die andere These besagt, dass die Roma-Gruppen schon im Byzantischen Imperium Sklaven gewesen seien. Die walachischen und moldauischen Grenz-Kiegereliten hätten sie in diesem Status kollektiv unter ihre Kontrolle gebracht.[223] Wie tiefgehend der Paria-Status der Versklavten („äußere" Statusminderung auf Basis eines Fremdenstatus) war und wie weit er in der europäischen sowie atlantischen Geschichte (bis heute) reicht, zeigt sich am Rassismus gegenüber heutigen „Zigeunern" (Roma und Sinti).

In bestimmten Regionen gab es lokale Formen von Unfreiheit, die starke Züge von staatlich organisierter Kin-Sklaverei von Kindern aufweisen – bis in das 20. Jahrhundert. So zum Beispiel die so genannten *Verdingkinder* in der Schweiz, in Norditalien und in vielen Teilen Oberdeutschlands (*Schwabenkinder*). Vor allem in ländlichen Kantonen wurden Findelkinder, Waisen, Scheidungskinder, arme und illegitime Kinder (zum Teil auch alte Menschen) sowie Kinder von Jenigen und Roma auf regelrechten Märkten mit politischer und organisatorischer Unterstützung des Staates an Bauern oder Handwerker (zum Beispiel zum Kaminfegen) versteigert.[224] Kinder aus den armen Regionen der Schweiz (Tirol, Vorarlberg, Graubünden) wanderten jährlich zu den Kindermärkten Oberschwabens.[225] Ähnliche Praktiken, die an die in China erinnern, kamen auch in anderen Territorien Europas vor (z. B. Kinderhandel in Europa – auch im Deutschen Reich).[226] Dabei be-

222 Calic, „Auf dem Wege zum Nationalstaat 1830 bis 1878", in: Calic, Südosteuropa, S. 276–341, hier S. 292.

223 Achim, The Roma in Romanian History, passim; Achim, „The Gypsies in the Romanian Principalities: The Emancipation Laws, 1831–1856", in: Historical Yearbook, I (2004), S. 109–120.

224 Wohlwend, Lotti; Honegger, Arthur, Gestohlene Seelen. Verdingkinder in der Schweiz, Frauenfeld: Huber, 2006.

225 Uhlig, Otto, Die Schwabenkinder aus Tirol und Vorarlberg, Innsbruck: Universitätsverlag Wagner, [4]2003 (Tiroler Wirtschaftsstudien 34).

226 Siegenthaler, Edith, „Frauen- und Kinderhandel als sozialpolitisches Thema?: Antworten aus dem Völkerbund und die Rezeption in der Schweiz", in: Traverse: Zeitschrift für Geschichte / Revue d'histoire 20 (2013), S. 44–56.

steht eine der Schwierigkeiten darin, dass es noch bis um 1980 in bäuerlichen Gesellschaften auch Europas üblich war, dass Kinder ab ca. 7–8 Jahren in den Wirtschaften mit arbeiteten. Im ländlichen Bereich arbeiteten vor allem Mädchen und Frauen als Gesinde und Dienerschaft.[227] Kritiker des erweiterten Sklaven-Begriffs werden sagen, dass seien Formen der Unfreiheit oder Zwangsarbeit/Servitude – genau: aber eben, wie bereits mehrfach gesagt, aus Perspektive unterschiedlichster Sklavereien gesehen!

Wie ebenfalls bereits oben gesagt, gab es in den großen Städten des Südens in Italien und auf der iberischen Halbinsel, Sevilla, Córdoba, Granada, Cádiz, Valencia und Barcelona (Osten) sehr viele Sklaven; auch auf den kanarischen Inseln, die, wie ein Blick auf die Euroscheine zeigt, zu Europa gehören. In Spaniens Hauptstadt Madrid waren es, wie in vielen Metropolen kolonialer Imperien, vor allem Domestiken (*siervos*/Diener), weil eben so der Status der Eliten betont wurde und weil mit dem Sieg des tertiären Sektors in der spanischen Wirtschaft gutes Dienstpersonal teuer war. In Sevilla existierte noch im 18. Jahrhundert ein florierender Sklavenmarkt.[228] Auf der Iberischen Halbinsel und im südlichen Italien, wie oben in Zahlen verdeutlicht, lebten und arbeiteten um 1650 sehr viele Sklaven. Italien hat bis weit in die Neuzeit eine ungebrochene Tradition lokaler Sklavereien (neben den bereits genannten Zentren etwa in Bologna, Livorno oder Malta (meist Opfer der Johanniter-Ritter)).[229] In der Provence gab es viele Berber-Sklaven.[230]

Zwischen Sklaven und Dienern sowie Lehrlingen existierte ein schwer durchschaubares Übergangsfeld. Diener arbeiteten in den Städten Europas oft direkt als Sklaven. Sklaverei und Hausdienste sowie bestimmte Handwerke bildeten bis weit in das 19. Jahrhundert aber auch einen Übergangssektor in dem sich viele ehemalige Sklaven fanden. Das betraf auch andere große Gruppen im Übergang zur so genannten „Lohn“-Arbeit – etwa Leicht-Matrosen (Heuer), Lehrlinge und Fuß-Soldaten (Sold). Beides stellte sozusagen „Sklaverei auf Zeit“ dar und stand unter Gewalt der Peitsche oder des Ladestocks.

---

227 Wittle (ed.), Servants in Rural Europe 1400–1900, passim

228 Santos Carlota, María del Rosario, „El mercado de esclavos en la Sevilla de la primera mitad del siglo XVIII“, in: Moreno, Isidoro, La antigua hermandad de los negros de Sevilla. Etnicidad, poder y sociedad en 600 años, Sevilla: Universidad de Sevilla/Consejería de Cultura de la Junta de Andalucía, 1997, S. 501–509; Sarasúa, Carmen, Criados, nodrizas y amos. El servicio doméstico en la formación del mercado de trabajo madrileño, 1758–1868, Madrid: Siglo XXI editores, 1994.

229 Mathiez, J., „Trafic et prix de l'homme en Mediterranee aux XVIIe et XVIIIe siécles“, in: Annales E.S.C. 2 (1954), S. 157–164 ; Sarti, Raffaella, „Bolognesi schiavi dei turchi e schiavi turchi a Bologna tra Cinque e Settecento: alteritá etnico-religiosa e riduzione in schiavitù“, in: Quaderni Storici 36:2 (2001), S. 438–473; Brogini, Anne, „Une activité sous contrôle: l'esclavage à Malte à l'époque moderne“, in: Cahiers de la Méditerranée Vol. 87 (2013), S. 49–61; McKee, Sally, „Domestic Slavery in Renaissance Italy“, in: Slavery & Abolition 29:3 (2008), S. 305–326.

230 Fontenay, „Pour une géographie de l'esclavage méditerranéen aux temps modernes“, S. 17–52. https://journals.openedition.org/cdlm/42 (05. August 2018)); siehe auch: Guillén; Trabelsi (dir.), Les esclavages en Mediterranée.

Besonders im Umfeld der russisch-türkischen Kriege um die Krim und das Nordufer des Schwarzen Meeres am Ende des 18. Jahrhunderts, verbunden mit der russischen Expansion gegen den Kaukasus, verbreitete sich in Europa die Mode, Tscherkessinnen und „orientalische" Mädchen als Sklavinnen und Dienstpersonal zu kaufen und den Konsum von Luxusgütern (Zucker, Kaffee, Tabak, Kakao, Tee, weitere Drogen) zu inszenieren [*Bild 25: „La Sultane" (angeblich Madame Pompadour darstellend)].[231] Fürst Potemkin verschenkte ein Sklavenmädchen an Graf Ségur. Kaiser Joseph II. ließ ein Tscherkessenmädchen kaufen. König Stanislaus August von Polen erhielt regelmäßig Lieferungen von Sklavinnen. Und der schottische Jakobit Graf Marschall Keith, der mit Friedrich dem Großen befreundet war, reiste – wie Hermann von Pückler-Muskau (oben) – mit einem Sklavenmädchen durch Europa.[232] Statt der zeitgenössischen Modebezeichnung „Tscherkessinnen" („Cirkassierinnen") ist es besser, von Verschleppten aus der Kaukasus-Region zu sprechen, denn es waren oft auch verkaufte Kinder christlicher Georgier unter dem Versklavten (siehe oben und unten unter „Tausend Name der Sklaverei").

Aber nicht nur in Europa profitierten Europäer von Sklaverei und Menschenhandel oder frönten dem elitären Exotismus von Kolonialwaren, Sklaverei und Konkubinat. Schweizer sowie oberdeutsche Textilfirmen beteiligten sich am lukrativen Sklavenhandel und profitierten auch durch direkte Produktion mit Sklaven oder den Verkauf ihrer Produkte sowie Finanzdienstleistungen in den Plantagenregionen und in Afrika.[233] Neben den üblichen Verdächtigen aus den großen Sklavenhandelsnationen beteiligten sich auch ostfranzösische, schweizer und deutsche Kaufleute über Warenlieferungen, Transport, Bankgeschäfte, gelegentlichen Sklavenschmuggelfahrten oder Finanzierung am Sklavenhandel und Sklavereien in den Amerikas. Einige hatten auch Plantagen.[234]

Das Entscheidende für die protagonistische Position Europas ist, dass erst das atlantische Transportsystem der Schiffe, das Finanz- und Bankensystem, Hafen- und Meereswirtschaften, bestimmte regionale Textilwirtschaften (Schlesien, Westfalen-Osnabrück/Bielefeld, Westschweiz, etc.) sowie das Staatsschuldensystem auf

231 Von Jacques Firmin Beauvarlet, um 1755. Bibliothèque nationale de France (BnF).

232 Montefiore, Simon Sebag, „Die Amazonen", in: Montefiore, Katharina die Grosse und Fürst Potemkin. Eine kaiserliche Affäre, Frankfurt am Main: S. Fischer Verlag, 2009, S. 544–561; siehe auch: Mallinckrodt, Rebekka von, „Verhandelte (Un)Freiheit Sklaverei, Leibeigenschaft und innereuropäischer Wissenstransfer am Ausgang des 18. Jahrhunderts", in: Geschichte und Gesellschaft Vol. 43 (2017), S. 347–380.

233 David; Etemad; Schaufelbuehl, Schwarze Geschäfte, passim.

234 Weber, „Deutschland, der atlantische Sklavenhandel und die Plantagenwirtschaft der Neuen Welt", S. 37–67; Ressel, „Hamburger Sklavenhändler als Sklaven in Westafrika", S. 33–69; Brahm, „Handel und Sklaverei am ‚Tor zu Ostafrika'. Hamburger Kaufleute auf Sansibar, 1844–1890", in: Bake, Rita (ed.), Hamburg – Sansibar. Sansibar – Hamburg. Hamburgs Verbindungen zu Ostafrika seit Mitte des 19. Jahrhunderts, Hamburg: Landeszentrale für Politische Bildung, 2009, S. 45–67; Zeuske, „Kaffee statt Zucker: Kaffee und Sklaverei auf Kuba (ca. 1790–1870)", S. 275–303.

Kolonial- und Zuckerhandel beruht hatten und diese wiederum auf Slaving und Menschenhandel. Staats-Flotten wurden zur Verteidigung der Menschen-Handelslinien und Sklaven-Plantagenkolonien eingesetzt. Atlantische Sklaverei in beiden Hauptformen – Sklavenplantagen in den Amerikas (besonders Jamaika und Barbados) sowie Sklavenhandel zwischen Afrika und den Amerikas plus seine Anhängsel in Europa (Produktionszentren, Kreditgeber, Staatsschulden, Häfen, Schiffbau, etc.) – „was the most profitable enterprise known to British commerce".[235] Ab 1808 erfand sich eines der wichtigsten Atlantikanrainer-Territorien all dieser mit Slaving engstens zusammenhängenden Aktivitäten und Institutionen, Großbritannien, im Umfeld der Aufklärung und der Französischen Revolution, Sklavereidebatten sowie radikaler sowie konservativer Reaktionen darauf („alte Freiheiten" Englands) als Hort der Freiheit und Menschenrechte neu. 1807/1808, nach den Toten und Verlusten im Kampf gegen die Sklavenrevolution auf Haiti (mehr als im Krieg um die Unabhängigkeit der USA), vollzog Großbritannien den Sprung vom Sklavenhandelsstaat formell zu einem Staat ohne (erlaubten) Sklavenhandel. Dazu kamen drei mächtige Symbol- und Diskurs-/Visualisierungebenen, die alle mit der Potentialität von realer Revolution in der extrem hierarchisierten britischen Gesellschaft zu tun hatten (Haiti/Sklavenrevolution; Französische Revolution / Zusammenbruch des alten Europa und Gefahr für Großbritannien). Einmal der „war of ideas" in gedruckter Form zwischen britischen Radikalen und Konservativen in einem Moment höchster Gefahr in den Auseinandersetzungen zwischen Großbritannien und Frankreich (Gefahr der Intervention – ein englisches Trauma); zweitens die Tatsache der Autorepräsentation von *Africans* in Form von Poemen, Autobiographien (z. B. Olaudah Equiano), Augenzeugenberichten und polemischen Pamphleten in der meinungsfreudigen britischen Medienlandschaft und drittens die Interaktionen zwischen oralem Wissen (Matrosen, Kapitäne, Schiffsärzte, Faktoren), Text- und Visualisierungswissen (z. B. Thomas Gainsborough, J. M. William Turner und William Blake).[236] Das gab in der Krisensituation der Ausschlag, nicht so sehr die „christlichen Werte". Die offene und rechtlich fixierte Sklaverei (oder nichtfixierte reale Sklavereisituationen) wurde zunächst in den europäischen Kernmonarchien der Kolonialreiche indirekt, direkt oder quasi verboten – protagonistisch waren hier ebenfalls Rechtskonflikte und Abolitionsdebatten in Großbritannien seit 1772 (u. a. mit der Feststellung, dass das Parlament kein Gesetz erlassen habe, dass Sklaverei in England legalisiert hätte).[237] Ähnliches gab es in Frankreich, den Niederlanden, Dänemark, Spanien, Portugal und in italienischen Gebieten. Dort

---

235 Carey, Brycchan; Salih, Sara, „Introduction", in: Carey; Salih; Ellis (eds.), Discourses of Slavery and Abolition: Writing in Britain and Its Colonies, 1660–1838, London: Palgrave, 2004, S. 1–9, hier S. 1–2.

236 Ebd., S. 2–3.

237 Nagel, „Recht und Praxis der Sklaverei in England, Massachussetts und South Carolina", S. 635–700, hier S. 638.

herrschten, wie oben analysiert, zum Teil schon lange vor 1772, implizite und manchmal auch explizite Rechtsordnungen, die besagten, dass Sklaven im Einklang mit den jeweiligen Rechtsdiskursen (religiös oder säkular) auf dem europäischen Boden der jeweiligen Monarchie frei waren (*free soil*).

Nach 1808/1820 wurde der Sklavenhandelsatlantik, wie mehrfach gesagt, zum *hidden Atlantic* des Menschenschmuggels.[238] Atlantisches Slaving und amerikanische Sklavereitypen liefen weiter – versorgt vor allem von Sklavenhändlern aus den Amerikas, Spaniens und Portugals. Britische Firmen sowie Banken machten weiterhin hohe Gewinne mit der indirekten Ausbeutung von Sklavenarbeit in den Amerikas und direkter in Afrika, mit Sklavenhandel und Menschenschmuggel in der Karibik (vor allem von Jamaika nach Kuba und von den „alten“ Karibikkolonien nach Trinidad und Demerara),[239] mit wenigen formellen, aber sehr viel informellen Sklavereien in China, direkten Sklavereien und Sklavenhandel in Indien, die nicht so genannt wurden, sowie dem „legitimen“ Handel und Investments mit und in Sklavereiboomzonen auf Kuba, im Süden der USA oder in Brasilien. All diese globalen Aktivitäten wurden sozusagen zugedeckt einerseits vom Diskurs der „freien“ bürgerlichen Gesellschaft (= Kapitalismus) in Europa (vor allem Großbritannien) sowie vom Diskurs der „freien Arbeit“ (Adam Smith), Vertragsdenken, Liberalismus, Utilitarismus, sozialer Frage, „Communismus“ und Arbeitergeschichte, aus der der Marxismus und andere Denkströmungen erwuchsen. Andererseits wurden sie auch durch abolitionistische Aktivitäten, wie den Einsatz der britischen Geschwader gegen den direkten Sklavenschmuggel auf dem Atlantik sowie durch die Textebenen der Diplomatie, der Verträge und Reden über Abolition verdeckt. Diese Perspektive ist aber zu wenig global in Zeiten der Globalisierung und zu sehr auf Europa beschränkt. Sklaverei und atlantischer Sklavenhandel sind in Bezug auf Technologie, Technik, Memorierungssysteme, Wissenschaften, Kapital und Führungspersonal lange von Europa dominiert worden (1650–1800, auf Kuba als der Paradesklaverei des 19. Jahrhunderts sogar bis 1886). Zwischen 1815 und 1860 übernahm Großbritannien die Vorherrschaft im „freien“ Welthandel und profitierte weiterhin von Sklaverei und Sklavenhandel, indirekter in der atlantischen Hemisphäre, direkter in der östlichen Hemisphäre, in Indien und später in den afrikanischen Kolonien.

Zwar wogt seit den englischen Kolonialtheoretikern, Adam Smith, Karl Marx und Eric Williams die Debatte „Um Blutzucker und die Finanzierung der britischen Industrialisierung“ und „ursprüngliche Akkumulation“ (Kapitalbildung – *previous*

---

238 Zeuske, „Out of the Americas: Slave traders and the Hidden Atlantic in the nineteenth century“, S. 103–135.

239 Beckles, „‘An Unfeeling Traffick’: The Intercolonial Movement of Slaves in the British Caribbean, 1807–1833“, in: Johnson (ed.), The Chattel Principle, S. 256–274; Drescher, „The Fragmentation of Atlantic Slavery and the British Intercolonial Slave Trade“, in: Ebd., S. 234–255.

accumulation). Die Debatte gehört sozusagen zur historiographischen Folklore.[240] Auch deswegen, weil die Konzentration auf England dazu geführt hat die Einhegungen (*enclosures*) zum global gültigen Typus zu proklamieren (auch Karl Polanyi). Dabei ist übersehen worden, dass der globale Prozess der „Gefangennahme von Arbeitskräften", d. h., nicht die Einhegung des Landes, sondern die Verschleppung der Arbeitskräfte, und Herausbildung eines atlantischen Systems, an dessen einem Endpunkt (den Kolonien in den Amerikas) die Inwertsetzung von Land eben durch die „Anlage" dieser geraubten und von ihren Produktionsmitteln getrennten Arbeiter und Arbeiterinnen in Sklavereitypen und deren realen Mobilitätsbeschränkungen der Versklavten (z. B. auf „eingehegten" Plantagen) bestand. Karl Polanyi muss es geahnt haben – deshalb seine späten Arbeiten über Dahomey und Afrika.[241] Eric Williams Verdienst bleibt es, ich wiederhole das gerne, die Marxsche Fehlperspektive, dass Sklaverei im Kapitalismus „Anomalie"[242] sei oder

---

240 Marx, „Die sogenannte ursprüngliche Akkumulation", in: Marx, Das Kapital, Bd. I, S. 741–791; Williams, Eric, Capitalism & Slavery. New Introduction by Colin A. Palmer, Chapel Hill & London: The University of North Carolina Press, 1994 [1944], siehe: Crouzet, François (ed.), Capital Formation in the Industrial Revolution, London: Methuen and Co. Ltd., 1972. Die beste Zusammenfassung der klassischen Debatte, neben den Originalen bei Marx und Williams, über die „ursprüngliche Akkumulation" findet sich, wie oben bereits gesagt (ich wiederhole es wegen der Bedeutung an dieser Stelle), bei Blackburn, „Slavery and Accumulation", S. 369–580, speziell die Debatte um ursprüngliche Akkumulation (Sklavenhandel, Sklaverei) und Industrialisierung Englands auch in: Solow, „Capitalism and Slavery in the Exceedingly Long Run", S. 51–78; Blackburn, „New World Slavery, Primitive Accumulation and British Industrialization", in: Ebd., S. 509–580. Die Argumente zur Bedeutung der Sklaverei-Akkumulation für die Amerikas findet sich bei: Postma, The Atlantic Slave Trade, S. 52–54; siehe auch: Eltis, David; Lewis, Frank; Sokoloff, Kenneth (eds.), Slavery in the development of the Americas, Cambridge: Cambridge University Press, 2004.

241 Marx, „Die sogenannte ursprüngliche Akkumulation", S. 741–791; Williams, Capitalism & Slavery [1994], siehe: Crouzet, François (ed.), Capital Formation in the Industrial Revolution, London: Methuen and Co. Ltd., 1972. Die beste Zusammenfassung der klassischen Debatte, neben den Originalen bei Marx und Williams, über die „ursprüngliche Akkumulation" findet sich bei Blackburn, „Slavery and Accumulation", in Blackburn, The Making of New World Slavery, S. 369–580, speziell die Debatte um ursprüngliche Akkumulation (Sklavenhandel, Sklaverei) und Industrialisierung Englands auch in: Solow, „Capitalism and Slavery in the Exceedingly Long Run", S. 51–78; Blackburn, „New World Slavery, Primitive Accumulation and British Industrialization", in: Ebd., S. 509–580. Die Argumente zur Bedeutung der Sklaverei-Akkumulation für die Amerikas finden sich bei: Postma, The Atlantic Slave Trade, S. 52–54; siehe auch: Eltis, David; Lewis, Frank; Sokoloff, Kenneth (eds.), Slavery in the development of the Americas, Cambridge: Cambridge University Press, 2004; Eltis; Engerman, „The Importance of Slavery and the Slave Trade to Industrializing Britain", in: Journal of Economic History 60 (2000), S. 123–144; Morgan, Slavery, Atlantic Trade and the British Economy, passim.

242 Aber Karl Marx war lernfähig – siehe die Aussagen im Arbeitstags-Kapitel im *Kapital* zu den „zivilen Schrecken der Überarbeitung" (in der bürgerlichen „zivilen" Gesellschaft Großbritanniens) und zum damit zusammenhängenden „barbarischen Schrecken" direkter Gewalt in den Arbeitsbeziehungen weltweit (Sklaverei, Serfdom, etc.): Marx, „Der Arbeitstag", in: Marx, Das Kapital, Bd. I, S. 245–320, hier S. 250 sowie zu Arbeits-„Zwitterformen" der Unterordnung unter das Kapital in Form von Sklavereien, Coolitude, bonded labour, etc., die im Hintergrund der „modernen Indus-

sich „in den niedrigren Formen der Sklavenarbeit, Fronarbeit, usw." bewege, richtig gestellt zu haben. Aber das „Resteuropa" des 18. und 19. Jahrhunderts blieb, mit einigen Ausnahmen für Katalonien und die französische Atlantikküste sowie vielleicht noch Hamburg, von den realen Erscheinungsformen der sich globalisierenden „bürgerlichen" Gesellschaft, die diese Debatte reflektierte, ausgenommen, denn dort herrschte bis um 1870 Biedermeier-Kapitalismus (*juste milieu*). Aus globalhistorischer Sicht drückt sich die relative Marginalität Europas vielleicht am besten im Verhältnis zur größten Volkswirtschaft der damaligen Welt aus (China): „Die anderen europäischen Handelsnationen [neben Großbritannien] spielten [nach 1807] auf Jahrzehnte keine bedeutende Rolle (mehr) auf dem chinesischen Markt".[243] Übrigens vorher schon gar nicht. Doppelte Standards herrschten. Schon seit dem 18. Jahrhundert breitete sich immer mehr Luxus-Konsum in den Zentralgebieten der europäischen Imperien aus – was sich im 19. Jahrhundert seit ca. 1815 enorm erhöhte und die Mittelklassen (deshalb Biedermeier-Kapitalismus / *romantic capitalism*)[244] sowie zum Teil auch schon die Arbeiterschaft erreichte – und immer mehr Gewalt und Expansion in „Übersee".

Für außereuropäische und vor allem viele amerikanische Gebiete greift Sven Beckerts Begriff des *Kriegskapitalismus* sehr gut: „Der Kriegskapitalismus gedieh nicht in den Fabriken [des Industriekapitalismus – M. Z.], sondern auf Feldern; er war nicht mechanisiert, sondern flächen- und arbeitsintensiv, da er auf der gewalt-

trie" reproduziert würden (was für heutige Formen der „kreativen Arbeit" mit ihrer Überarbeitung erst recht gilt), siehe: Marx, „Die Produktion des absoluten und relativen Mehrwerts", in: Das Kapital, Bd. I, S. 531–541, hier S. 533; siehe auch: Tomba, „Appendix. Layered Historiography. Re-Reading the So-Called Primitive Accumulation", in: Tomba, Marx's Temporalities, S. 159–186. Man könnte sich darauf einigen, dass Marx nach vorn die Zeit zu kurz gesehen hat (was normal ist für Sterbliche) und dass er die Agency, auch die von Transkulturation ausgehende Agency in den „Zwitterformen" sowie die Zentralität von Sklaverei im globalen Maßstab unterschätzt oder nicht gesehen hat, was auch mit dem *state of the art* des Wissens seiner Zeit und mit der Marginalisierung von Sklaverei und Sklavenhandel zu tun hatte; siehe auch: Zeuske, „Karl Marx, Formationstheorie, ursprüngliche Akkumulation, Sklavereien und Global South – eine globalhistorische Skizze", in: Zeuske, „Karl Marx, Formationstheorie, ursprüngliche Akkumulation, Sklavereien und Global South – eine globalhistorische Skizze", in: Wemheuer, Felix (ed.), Marx und der globale Süden, Köln: PapyRossa Verlag, 2016, S. 96–144. Deshalb hat Frantz Fanon geschrieben, dass „die ... Analysen [von Marx] immer etwas gedehnt werden [müssen], wenn man sich mit dem kolonialen Bereich befasst", siehe: Frantz Fanon, Die Verdammten dieser Erde (Reinbek 1969), S. 31; siehe auch: Müller, Frank; Baquero-Melo, Jairo; Rauchecker, Markus; Segura, Ramiro, Rethinking Enclosures from a Latin American Perspective. The Role of Territoriality and Coloniality, Berlin: desiguALdades.net, 2015 (Working Paper No. 90, 2015), http://www.desigualdades.net/Resources/Working_Paper/WP-90-Mueller-et-al-online.pdf (letzter Zugriff 13. 2. 2018).

243 Denzel, Markus A., „Die Wirtschaftsbeziehungen zwischen China und Europa: Seehandel und Zahlungsverkehr von 1702 bis 1914", in: Jahrbuch für Europäische Überseegeschichte 14 (2014), S. 101–152, hier S. 124.

244 Hyden-Hanscho; Pieper; Stangl (eds.), Cultural Exchange and Consumption Patterns in the Age of Enlightenment. Europe and the Atlantic World.

samen Enteignung von Land und Arbeitern [Bauern/Landarbeiter –M. Z.] in Afrika, Asien und den Amerikas beruhte. Diese Enteignungen brachten großen Wohlstand und neue Erkenntnisse mit sich, was wiederum den Reichtum, die Institutionen und Staaten Europas stärkte – alles zentrale Voraussetzungen für Europas herausragende wirtschaftliche Entwicklung im 19. Jahrhundert. Viele Historiker haben diesen Impuls als Merkantilismus bezeichnet, aber „Kriegskapitalismus" trifft die Rohheit und Gewalt dieses Prozesses wie auch seine enge Verbindung zur imperialen Expansion Europas wesentlich besser [...] Wenn wir an Kapitalismus denken, dann denken wir an Lohnarbeiter – aber diese erste Phase des Kapitalismus basierte im Wesentlichen nicht auf freier Arbeit, sondern auf Sklaverei".[245]

Das hat sich zwar von der Informationslage und von der historischen Perspektive her geändert, nicht aber von der makrostrukturellen Lage. Ich gehe mal nur auf die historische Informationslage ein und überlasse es Leserinnen und Lesern, Schlüsse in Bezug auf das heutige Europa zu ziehen. Wir wissen heute, dass in den so genannten Metropolen „Freiheits- und Friedens-Diskurse" gesprochen und geschrieben wurden, während in ziemlicher Entfernung, oftmals aber auch in der Nähe, in Häfen und Hafenvierteln, auf den Meeren und in den Kolonien massiver Handel mit Menschen getrieben wurde und Sklaven ausgebeutet wurden. Auch diese Profite und Gewinne gingen zu einem großen Teil nach Europa, vor allem an Textilfirmen, Handels- und Bankhäuser, wo, wie an Höfen des Aufklärungszeitalters, auch schwarze „Diener" oder tscherkessische Mädchen den Kakao oder Kaffee servierten.

Erst als die Globalisierung verstärkt auch Nachkommen ehemaliger Sklaven aus den Amerikas, Menschen aus ehemaligen Kolonien, Menschenhandel, Kindersklaverei und viele unterschiedliche Formen neuer informeller und „moderner" Sklavereien nach Europa brachte, wurde die Aufmerksamkeit auch wieder für „Sklaven ohne Sklaverei" und ihre Nachkommen sowie endogene Sklavereiformen in Europa selbst geweckt.

Bis weit in das 20. Jahrhundert war Europa auch ein Kontinent der Lager (KZ und Gulag – auch wenn die meist im nichteuropäischen Teil der Sowjetunion lagen) mit härtesten Formen der Zwangsarbeit, die ebenfalls als Sklavereityp diskutiert werden (fünftes Sklaverei-Plateau).[246] Hier war vor allem Überarbeitung die Norm der Arbeit: „Gewaltsames zu Tod arbeiten ist hier die offizielle Form der Überarbeit".[247]

245 Beckert, „Einleitung", in: Beckert, King Cotton, S. 7–18, hier S. 12–14.

246 Drescher, „Reversion in Europe", in: Drescher, Abolition. A History of Slavery and Antislavery, S. 425–455.

247 Marx, „Der Arbeitstag", in: Marx, Das Kapital, Bd. I, S. 245–320, hier S. 250.

Tausend Namen der Sklaverei

> Scholars are shying away from the ugly implications which the word “slave” usually carries.[1]

> The word slavery is dangerous to use[2]

Worte: Sakaliba-Slawen-Sklaven

Eine Globalgeschichte der Sklavereien wird sehr kompliziert, sobald die kulturelle Magie der Worte, Konzepte, Semantiken und Sprachen oder gar Literaturen ins Spiel kommt; das gilt auch für Raumkonzepte. Ich zitiere Gudrun Krämer: „Es gibt keine Unschuld der Begriffe, gerade der geographischen nicht“.[3] Es gibt auch keine Unschuld der Namen oder „der Sprache“. Sprachkonstruktionen geschehen über Worte, Sätze und Namen/Benennungen – aber eben meist mit Macht, politischer, aber auch wirtschaftlicher, kultureller und religiöser Macht *avant la lettre*.[4] Oder durch Eliten, die sich andere Eliten zum Vorbild nehmen. Aber es sind nicht nur Worte oder Namen an sich oder Benennungen von versklavten Menschen und Sklavereien (sowie der Räume, aus denen sie kommen), die ich im folgenden Kapitel Revue passieren lassen will. Ich will zugleich zeigen, dass die vielen unterschiedlichen Namen und Semantiken auch unterschiedliche Realitäten von globaler Sklaverei, eigentlich müsste ich Sklavereien sagen, zum Ausdruck bringen. Sie zeigen, dass es sich – trotz der unterschiedlichen Codierungen – um ein universelles Phänomen im Rahmen lokaler Abhängigkeiten, manchmal auch nur Opportunitäten, und spezifischer Prozesse sowie Hierarchien handelt. Die „Namen“ der Sklavereien verweisen auch auf unterschiedliche Rechte, millionenfache kulturelle Kodierungen unterschiedlichster Status und Sklavereien sowie auf unterschiedliche Rituale und Performanzen. Insofern sind sie wahrscheinlich langlebiger als Rechte. Das ist nur scheinbar ein kulturrelativistischer Schlenker. Die Grundlagen aller Sklavereien sind Gewalt über Körper sowie Statusdegradierungen. Sprache ist immer wahr. Selbst Unwahrheiten sagen etwas aus über reale Verhältnisse – wenn man es he-

---

1 Inikori, „Slavs or Serfs? A Comparative Study of Slavery and Serfdom in Europe and Africa“, S. 49–75, hier S. 50 (Zitat von Cooper, „The Problem of Slavery in African Studies“, in: J. Afr. H. XX:1 (1979), S. 103–125).

2 Feierman, Steven, „A Century of Ironies in East Africa (c. 1780–1890)“, in: Curtin et al. (eds.), African History. From Earliest Times to Independence, London: Longman 1995, S. 368.

3 Krämer, Geschichte Palästinas: von der osmanischen Eroberung bis zur Gründung des Staates Israel, München: Beck, 2002, S. 11.

4 Zimmermann, Klaus, „Missionarslinguistik in kolonialen Kontexten: Ein historischer Überblick“, in: Stolz, Thomas; Warnke, Ingo H.; Schmidt-Brücken, Daniel (eds.), Sprache und Kolonialismus: eine interdisziplinäre Einführung zu Sprache und Kommunikation in kolonialen Kontexten, Berlin/ Boston: Walter de Gruyter, 2016, S. 169–191.

https://doi.org/10.1515/9783110561630-015

rausfindet. Am deutlichsten haben Steven Feierman und Jan-Georg Deutsch gesagt, dass für die Untersuchung empirischer, lokaler Kin-Sklavereien, Gewaltrituale, Statusdefinitionen, Kinship-Idiome und afrikanischer Sklavereitypen auch lokale Kosmologien, Konzepte, Kontextanalysen, Namen und Bezeichnungen (Worte) verwendet werden sollten. Damit wird jeder Historiker der *microstoria* sofort einverstanden sein.[5]

Das Problem dabei ist aber mindestens ein Doppeltes: erstens kommen alle westlichen Wissenschaftler aus einer Welt der Worte und universalhistorischer Tradition von Makrobegriffen, deren inneres Modell prototypischer oder „hegemonischer" Sklaverei sich am Beispiel der „römischen" oder der nordamerikanischen Unfreiheit entwickelt hat. Nordamerikanische Plantagensklaverei und römische urbane Sklaverei waren in Realität in ihren Grundelementen höchst ungleich; die römische Sklaverei zudem der arabisch-islamischen *urbanen* Sklaverei viel näher als den amerikanischen *ruralen* und *großen* Plantagensklavereien. Aber wir werden das Bild von *der* Sklaverei in der Mixtur römischer und nordamerikanischer Versatzstücke nicht ganz verdrängen können und müssen, wie ich hoffe gezeigt zu haben, mit der Spannung von Einheit und Vielfalt der Welt- und Globalgeschichte leben. Zweitens reflektiert Wissensproduktion immer Machtverhältnisse. Macht ist vielen Staaten heute global ausgerichtet; dem Wirtschaftssystem des „westlichen" Kapitalismus ist Kosmopolitismus/Globalismus in die Wiege gelegt worden (auch wenn er sich seit 2017 wieder nationalistisch-imperial gibt). Das muss mit kritischen Narrativen auch transparent gemacht werden. Drittens benutzen Eliten, wo auch immer auf diesem Globus, wenn sie „ihre" lokalen Formen von Sklavereien an protagonistische globale Ökonomien und Netzwerke andocken, den Verweis auf die Diversität und Besonderheit ihrer Identitäten und ihrer „lokalen Traditionen" (und deren Namen, d. h., die Benennungen der jeweiligen Sklaverei), die ihrer Meinung nach völlig unterschieden sind von der „römischen" Sklaverei – am deutlichsten ist das in der von der indischen Geschichte ausgehenden Subalternitäts-Debatte geworden. Und drittens: oft können in nichtschriftlichen Gesellschaften Sklavereien nur an der Sprache (manchmal auch an archäologischen Funden) fest gemacht werden.[6]

Die Spannung zwischen „Sklaverei" und „Sklavereien", die in ihren Originalnamen benannt werden, soll im folgenden beleuchtet werden – im Sinne eines reflektiven Verhältnisses heutiger Komparatistik, die erst einmal Sprache, Perzeption und Begriffe dekonstruiert, die in den Texten der Imperien, der Versklaver/

5 Harneit-Sievers, Axel (ed.), Afrikanische Geschichte und Weltgeschichte: Regionale und universale Themen in Forschung und Lehre, Berlin: Das Arabische Buch, 2000 (Zentrum Moderner Orient; Arbeitshefte Nr. 17).

6 Schoenbrun, David, „Violence, Marginality, Scorn, and Honour: Language Evidence of Slavery to the 18th century", in: Médard; Doyle (eds.), Slavery in the Great Lakes Region of East Africa, S. 38–75.

Sklavenhändler/Sklavenhalter oder Kolonialismen gesetzt worden sind, um Konstrukteure und Konstruktionsbedingungen zu verdeutlichen und damit neue Zugänge zur vergangenen Realität ermöglicht.

Das Wort „Sklave", wie wir es im atlantischen Raum heute benutzen, ist verbunden mit Historie und semantischem Feld des Wortes „Sakaliba (saqāliba) / Slawe" und wahrscheinlich arabischen oder bessischen Ursprungs; Bessisch ist eine Vorform des Albanischen.[7] Matthias Hardt hat, basierend auf Maurice Lombard, eine andere Theorie: „Sklawenen" ist die gentile Eigenbezeichnung der Westslawen und wurde eventuell (füge ich hinzu) an den expansiven Osträndern des Karolinger-/Ottonen-Imperiums übernommen, um verschleppte Kriegsgefangene und Razzienopfer zu benennen.[8]

Auf jeden Fall ist „Sklave" eines der einflussreichsten globalen Worte. Die Derivate von „Slawe-Sklave" existieren in Westasien/Europa und Amerika und überall dort, wo Europäer und ihre Sprachen, aber vor allem die direkte europäische Kolonialexpansion, eine wichtige Rolle spielten und spielen – und das war bis in die 1960er Jahre (Angola 1974) fast überall der Fall. Und seitdem spielt die Universalisierung des Wissens, der Universitäten und der Aufstieg neuer Kapitalismen eine wichtige Rolle.

Das Wort „Sakaliba" (oder Saqāliba) verdient eine intensive Analyse. Zwei Lautfolgen, Worte, skizzieren die Wurzel des Wortes im Arabischen, dass sich wie Griechen und Germanisch sprechende Völker den Wortstamm sklav-/slav- (oder slaaf) ausborgten, um ihn zu einem generischen Namen vorzugweise hellhäutiger Sklaven zu machen: *saqāliba*; *Slave* oder *Slawe*.

Charles Verlinden hat einst, 1942, gezeigt, dass das Wort „Sklave" als neuer Begriff für kriegsgefangene Menschen anderer Religion (da sich die Monotheisten des Judentums, des Islams und des Christentums mit dem Versklavungsgebot in „römischer" Art für Menschen der gleichen Religion durchsetzten (theoretisch!)) in Deutschland im 10. Jahrhundert aufkam. Als *sclavus* oder *sklábos* (*sklavos*) bezeich-

---

7 Schramm, „Venedi, Antes, Sclaveni, Sclavi. Frühe Sammelbezeichnungen für slawische Stämme und ihr geschichtlicher Hintergrund", in: Jahrbücher für Geschichte Osteuropas 43 (1995), H. 2, S. 161–200; Meouak, Mohamed, Saqāliba, eunuques et esclaves à la conquête du pouvoir. Géographie et histoire des élites politiques 'marginales' dans l'Espagne umayyade, Helsinki: Academia Scientiarium Fennica, 2004 (Soumalaisen Tiedeakatemian toimituksia: Humaniora, 331); Skirda, La traite des Slaves, passim. Zu den bei Schramm erwähnten Antes (an der Grenze zwischen Wald und Steppe nordöstlich des Schwarzen Meeres zwischen Dniester und Dnepr), siehe den heutigen Stand der Forschung: Curta, Florian, The Making of the Slavs: History and Archaeology of the Lower Danube Region c. 500–700, Cambridge: Cambridge University Press, 2001, passim sowie: Szmoniewski, Bartek, „The Antes: Eastern 'Brothers' of the Sclavenes", in: Curta (ed.), Neglected Barbarians, Turnhout: Brepols, 2010 (Studies in the Early Middle Ages 32), S. 53–82.

8 Hardt, „Erfurt im Frühmittelalter. Überlegungen zu Topographie, Handel und Verkehr eines karolingerzeitlichen Zentrums anlässlich der 1200sten Wiederkehr seiner Erwähnung im Diedenhofener Kapitular Karls des Großen im Jahr 805", S. 9–39, hier S. 31.

nete es kriegsgefangene und auf Menschenmärkten verkaufte „Slawen".[9] Didier Bondue spricht sogar von der Verwendung des Wortes *sclavos* zu Zeiten Konrads I. (918).[10] In arabischer Sprache kam im muslimischen Spanien das Wort *siklabī* (Plural: *al-saqāliba*) auf für aus dem Balkan oder Osteuropa oder aus dem östlichen christlichen Raum meist auf dem Landweg über das ostfränkische Reich und das Frankenreich nach al-Andalus oder für auf dem Seeweg übers Mittelmeer verschleppte Menschen – meist aus slawischen oder sächsischen Gebieten. David Ayalon hat argumentiert, dass es sich für eine generische Benennung aller Nordeuropäer im arabisch-muslimischen Bereich des frühen 9. bis zum frühen 11. Jahrhundert handelt.[11] Es galt auch für über das Schwarze Meer nach Bagdad (und Byzanz) verschleppte „Slawen". Wo die historische Heimat des Wortes *saqāliba* lag, wissen wir nicht ganz genau. Aber die Slawen-These (von der Wolga bis zum Balkan) ist die bislang beste. Ibn Fadlan nennt in seinem berühmten Reisebericht den Herrscher der Wolgabulgaren, wohin er 921 vom Kalifen geschickt wurde: „*malik al-Saqālibah*" – König der Saqaliba (womit er offensichtlich nicht nur Sklaven, sondern eben auch Slawen meinte).[12] Im Grunde umschrieb er damit aber die Tatsache, dass turkstämmige Eroberergruppen sich zu Herrschern über slawische Dorfgemeinschaften der Wolgaregion gemacht hatten, deren Gemeine häufig in Razzien und Raids von Menschenjägern über ein sehr weiträumiges, kompliziertes und relativ instabiles Transportsystem (meist mit Karawanen) verschleppt wurden.[13] Seitens der Rus, Waräger, Bulgaren, Chasaren, Khorasanis und Sogdier nach Osten und Süden; seitens der Rus, Waräger, Sachsen, Polen, Mährer, Böhmen und Franken nach Westen.[14] Die Menschen der Slavia galten aber auch als Sklavenreservoir sowohl für Franken und Sachsen, aber auch für Turkstämme, Mongolen und Araber,

---

9 Verlinden, „L'origine de sclavus-esclave", S. 37–128; siehe auch: Aebisher, Paul, „Les premiers pas du mot *sclavus = esclave*" in: Archivum Romanicum 20 (1936), S. 484–490; Arnoux, „Effacement ou abolition? Réflexion sur la disparition de l'esclavage dans l'Europe non méditerranéenne (XIe–XIVe siècles)", S. 49–74.

10 Bondue, Didier, De servus à sclavus. La fin de l'esclavage antique (371–918), Paris: Presses de l'Université Paris-Sorbonnen, 2011, S. 25.

11 Ayalon, Eunuchs, Caliphs and Sultans: A Study in Power Relationships, Jerusalem: Magnes Press, Hebrew University, 1999, S. 349–352.

12 Togan, Ibn Fadlans Reisebericht (Rihlat Ibn Fadlān); siehe auch: Ghaybah, Haydar Muhammad (ed.), ʿIbn Fadlān, Risālat Ibn Fadlān: Mabʿūth al-Khalīfa al-ʿAbbāsī al-Muqtadir ilá bilād al-Saqālibah, Beirut: al-Sharikah al-ʿĀlamiyah lil-Kitāb, 1994 (translated: Frye, Richard N., Ibn Fadlan's Journey to Russia: A Tenth-Century Traveler from Baghdad to the Volga River, Princeton: Markus Wiener, 2005).

13 Anders Winroth bestätigt den Bericht Ibn Fadlans als ziemlich glaubwürdig, siehe: Winroth, „Schiffe, Boote und Fähren in die Nachwelt", in: Winroth, Die Wikinger, S. 99–134, hier vor allem S. 130–133.

14 Jankowiak, „Two systems of trade in the Western Slavic lands in the 10th century", S. 137–148; Jankowiak, „What Does the Slave Trade in the Saqaliba Tell Us about Early Islamic Slavery", in: International Journal of Middle Eastern Studies Vol. 49:1 (2017), S. 169–172.

wie auch für Venezianer und Waräger der Kiever Rus. Aus dem Singular der Worte saqāliba, *siklabī* (das phonetisch ein nasal ausgeprochenes „sklab" ist), ist leicht der Klang unseres Wortes „Sklave" herauszuhören.[15]

Undine Ott verweist darauf, dass arabische Autoren neben *saqaliba* auch noch viele andere Worte für Sklaven und Sklavinnen benutzten. Sie sagt auch: „Arabische und persische Werke des 9. und 10. Jahrhunderts sprechen von Sklaverei unter den Rus, Slawen, Wolgabulgaren und Khazaren, und auch im Kaukasus scheint Sklaverei verbreitet gewesen zu sein. Die Quellen machen deutlich, dass Sklavinnen und Sklaven in diesen Gesellschaften als Besitz der Sklavenhalter galten und einen anderen Status hatten als Freie. Die Sklavenhalter zählten, was kaum überrascht, häufig zu den politischen und wirtschaftlichen Eliten; in den arabischen Quellen finden dabei dezidiert nur Männer Erwähnung. Die Versklavten waren oft Frauen oder Kinder. Besondere Aufmerksamkeit schenkten muslimische Autoren dem Brauch der Rus, Sklavinnen mit ihren verstorbenen Herren zu verbrennen."[16] Undine Ott erwähnt auch, dass Sklaven und Diener der Rus nicht bestattet würden, wenn sie infolge von Krankheit stürben.[17] Gleiches hebt Thorir Hraundal, wie bereits gesagt, für die Behandlung von Kranken und Sklaven hervor.[18]

Alfred Haverkamp hat, auf Helga Köpstein fußend, die „griechisch-byzantinische" Erfindung des Wortes *σκλάβος* (*sklâbos*) um 1136 behauptet. Der Sklâbos-Begriff entstand wohl erst später als das Wort Sakaliba. Rein chronologisch und lautlich gesehen, ging dem Sklav-/Slav-Wortstamm und dem saqāliba-Wort nach Gottfried Schramm seit etwa 550 das Wort *šklâ* (mit einem Nasalvokal, wie bei „blanc" im Französischen, im Auslaut) aus dem Bessischen, „das sich im Albanischen fortsetzt" voraus. Im 6. Jahrhundert hatten plündernde Gefolgschaften, trotz der Verteidigungsanstrengungen unter Justinian I. an der Donau, Thessalonike, Dyrrhachion und sogar Konstantinopel erreicht.[19] Die Krieger wurden mit einem Gemeinschaftsbegriff bezeichnet, der nach Slav, Sklav, Sklavenen u. a. klang. Er wurde bald auch in Beziehung zu anderen lokalen Gemeinschaftsnamen (wie Venedi, Antes, Awarer) gesetzt.[20] Die leicht bewaffneten Krieger galten als gute Fußkämpfer, die in komplizierten Wald- und Sumpfgebieten als Speermänner, Axt-

---

15 Siehe die Sammlung von Referenzen zu Saqaliba in islamischen Quellen: Mishin, Dmitrii Evegen'evich, Sakaliba (slaviane) v islamskom mire v rannee srednevekov'e [Sakaliba (Slavs) in the Islamic world in the early Middle Ages], Moskva: Institut vostokovedeniya RAN / Isdatel'stvo „Kraft+", 2002.

16 Togan, Ibn Fadlans Reisebericht (Rihlat Ibn Fadlān), S. 38, § 86; S. 34 f., § 76.

17 Ott, „Europas Sklavinnen und Sklaven im Mittelalter. Eine Spurensuche im Osten des Kontinents", S. 31–53, hier S. 43.

18 Hraundal, „New Perspectives on Eastern Vikings/Rus in Arabic Sources", S. 65–97, hier S. 88.

19 Kazanski, Michel, „Les influences steppiques dans l'équipement militaire et équestre des Slaves (Ve-VIIe siècles)", in: Cosma, Călin (dir.), Warriors, weapons, and harness from the 5th–10th centuries in the Carpathian Basin, Cluj-Napoca: Mega, 2015, S. 45–56.

20 Curta, The Making of the Slavs.

kämpfer und Bogenschützen operieren konnten. Gefangene Krieger wurden geopfert oder versklavt. Also ist auch Šklâ, das klanglich den Wörtern *sklau*, *esclau* (Katalanisch),[21] *slave* (Englisch), *slaaf* oder *slave* (auch *lijfeigen* – Niederländisch) und *esclavo* oder *escravo* sowie Sklave etc. ähnelt; ein Wort zur Bezeichnung von versklavten Bergbewohnern und natürlich von kriegsgefangenen und versklavten Slawen, das dem Wort Sklábos vorangeht. Eine Reihe von Forschern hält Kriegsgefangene und Versklavte aus Ost- und Südosteuropa bzw. vor allem den Wikinger-Sklavenhandel mit ihnen für die wichtigste Verbindung zwischen West- und Osteuropa (wie es Peter Frankopan auf den Punkt bringt).[22]

Als nächster Nachweis im Übergang vom 8. zum 9. Jh. erscheint die iberisch-arabische Bedeutung *siklabī* (*saqāliba*). Diese Sakaliba sind, wie erwähnt, auch zu Beginn des 10. Jahrhundert in Ibn Fadlans Reisebericht für Wolgabulgarien (Bolgar) und skandinavische Rus (von denen allerdings nicht bekannt ist, inwieweit sie noch als „skandinavisch" gelten können) nachgewiesen. Die frühen Bulgaren rekrutierten sich zu einem beträchtlichen Teil aus einer (wolgatürkischen) Bulgaren-Slawen-Allianz und verkauften Slawen und andere Gefangene als Sklaven.[23] Unter den Abbasiden kamen verschiedenste Bedeutungen für Sakaliba vor, unter anderem für übergelaufene Slawen-Krieger oder für Leibgarden von Langobarden aus Italien im afrikanischen Wilayat (Provinz) Ifriqiya. Für die Zeit vor 1136 schreibt Gottfried Schramm: „Es sollte ... erneut untersucht werden, unter welchen Umständen – fassbar zuerst in einem Beleg aus Bari 1088 – das Ethnonym *Sclavus* seine jüngere, soziale Bedeutung „Sklave" annahm. Ich möchte vermuten, dass ital. *schiavo* in die Spur von arab. *saqlab* [*siklabī* – M. Z.] eingeschwenkt ist, das – wie bislang vor allem für Spanien seit dem 9. Jahrhundert nachgewiesen – seinen ursprünglichen Bezug verlor und zur Bezeichnung sozialer Unfreiheit [und nicht vorrangig Eunuchen – M. Z.] umfunktioniert wurde. Wenn die Normannen 1061–1091 Sizilien eroberten, dann brachte das einen Teil der islamisch beherrschten und geordneten Welt wieder in christliche Hände. Ich möchte eine Prüfung anregen, ob dieser Vorgang nicht den Schlüssel für jene neue Bedeutung von *schiavo* liefert, die bislang nie überzeugend belegt werden konnte".[24]

Der Wirtschaftshistoriker Michael McCormick, der das Karolinger-Reich als eine gigantische Sklavenzulieferökonomie für islamische Gebiete untersucht hat, hält *sclavus* für eine Erfindung der *Carolingian language of slavery*. Die Kahane-Brüder und nach ihnen eine Reihe von Historikern hatten schon früher versucht

---

21 Ferrer Abárzuza, „L'aparició d'esclau", S. 24–35.

22 Frankopan, „Was Ost und West verbindet – der lange Weg der Sklaven", S. 176–202.

23 Androshchuk, „What does material evidence tell us about contacts between Byzantium and the Viking world c. 800–1000?", S. 91–116; Hraundal, „New Perspectives on Eastern Vikings/Rus in Arabic Sources", S. 65–97.

24 Schramm, „Venedi, Antes, Sclaveni, Sclavi. Frühe Sammelbezeichnungen für slawische Stämme und ihr geschichtlicher Hintergrund", S. 161–200, hier S. 198 f.

nachzuweisen, dass das Wort von den Balkanen kam, von wo Süd-Slawen sowohl in das Karolinger-Reich, wie auch nach Byzanz, über adriatische Handelsenklaven (Zara, Ragusa/Dubrovnik, Dyrrhachium), die oft wie afrikanische Sklavenhandelsstädte auf Inseln oder in Lagunen situiert waren, nach Norditalien (vor allem Venedig, Genua) und über Mittelsmänner via Kreta auch in den islamischen Osten (vor allem über Antiochia oder Al-Farama bzw. Al-Fustāt/Kairo) verschleppt wurden.[25] In Genua allerdings blieben die traditionellen „Namen" der Sklaverei auch in der Sklaverei-Hochzeit des 13. Jahrhunderts erhalten („condição do cativo vem grafada com termos como servus/famulus/ancilla, cujo sentido aparece sempre circunscrito ao ambiente familiar e à autoridade paterna";[26] die „escravidão [blieb] ao controle do pater familias [„[die] Gefangenschaftsbedingung wird schriftlich festgehalten mit Begriffen wie servus/famulus/ancilla, deren Bedeutung immer umschrieben erscheint vom familiären Umfeld und von der väterlichen Autorität"; die „Sklaverei [blieb] unter Kontrolle des pater familias"").

Der Archäologe Joachim Henning hat zusammen mit Michael McCormick diesen Ansatz weiter verfolgt und in Bezug auf Handelswege in Europa Spuren von Gewaltinfrastrukturen nachwiesen.[27] Der Leipziger Historiker Matthias Hardt fasst die mitteleuropäisch-frühmittelalterliche Perspektive auf Sklawenen-Sklaven-Sakaliba zusammen; ich bringe ein längeres Zitat, weil sowohl die Benennung wie auch die Materialität in Form von Menschen, Gewaltinfrastrukturen und Waren exzellent erfasst sind:

> Nicht nur der Bedeutungswandel der gentilen Eigenbezeichnung der Sklawenen zum in ganz Europa und dem Mittelmeerraum ebenso wie in der arabischen Welt (Sakaliba) gebräuchlichen Begriff für unfreie Personen, Sklaven nämlich [...], zeigt, daß der Handel mit Menschen im frühen und hohen Mittelalter eine nahezu unendlich sprudelnde Quelle von Einkünften war [...]. Bereits ganz am Beginn der Beziehungen der slawischen Welt mit dem Westen steht die Aktivität jenes fränkischen Händlers namens Samo, der um das Jahr 630 einen slawischen Aufstand gegen die Awaren anführte und nach dessen Erfolg zum König erhoben wurde. Möglicherweise war Samo eine jener Personen, die erstmals den Transfer slawischer Gefangener durch das Frankenreich in den Mittelmeerraum organisierten. Etwa einhundert Jahre später, um 740, traf der Abt Sturm auf der Suche nach einem geeigneten Platz für die Errichtung des Klosters Fulda am gleichnamigen Fluß auf eine Gruppe von Slawen, die in Begleitung eines „Dolmetschers" wohl auf dem Weg nach Westen war, auf genau jener Straße, die von Erfurt in das Mittelrheingebiet führte [...] und weiter nach Verdun, einer Stadt, die trotz der häufigen Einschränkungen der Kapitularien und Konzilien [...] durch Sklavenhandel reich wurde. Denn

25 Kahane, „Notes on the Linguistic History of Sclavus", S. 345–360; Epstein, „The Language of Slavery", in: Epstein, Speaking of Slavery, S. 16–61, hier S. 18.

26 Miatello, „Servo e servidão, escravo e escravidão nas cidades comunais italianas da Baixa Idade Média: estudo de caso na Chronica civitatis Ianuensis de Iacopo de Varagine", S. 155–178, hier S. 155 und 178.

27 Henning, „Gefangenenfesseln im slawischen Siedlungsraum und der europäische Sklavenhandel im 6. bis 12. Jahrhundert. Archäologisches zum Bedeutungswandel ‚sklābos-sakāliba-sclavus'", S. 403–426.

> es waren keine Christen, die verkauft wurden, und auch die arabischen Empfänger im Emirat von Cordoba nicht, und ebenfalls nicht die oft jüdischen Händler, die diese Transfers organisierten [...]. Kein Grund also für die Könige der Franken, gegen diesen Handel vorzugehen, der, wie die ebenfalls dem 9. bzw. frühesten 10. Jahrhundert zugehörigen Zollordnungen von Raffelstetten [...] und Walenstatt [...] zeigen, große Silbermengen auch in deren Schätze spülte [...]. Charles Verlinden hat die Wege der Sklavenkarawanen und die Schicksale der häufig zu Eunuchen verschnittenen Männer nachgezeichnet, an denen in den arabischen Ländern ein so großes Interesse bestand, weil man aus ihnen ganze Armeen und Palastgarden zusammenstellte [...]. Heinrich Koller hat darauf hingewiesen, daß es junge Mädchen waren, für die auf den Märkten der Mährer die höchsten Preise erzielt und an den Zollstellen die höchsten Abgaben zu zahlen waren [...]. Nicht nur das spanische Cordoba, sondern über die Vermittlung Venedigs der ganze östliche Mittelmeerraum, über das ostmitteleuropäische Flußsystem auch das Schwarzmeergebiet, das Zweistromland und Mittelasien waren Ziele von Sklavenhändlern und versklavten Menschen aus den slawischen Gebieten [...]. Möglicherweise gab es sogar einen kontinentalen Transithandel aus dem wolgabulgarischen Gebiet durch Ostmitteleuropa ins moslemische Spanien [...]. Liest man unter diesem Aspekt hochmittelalterliche Historiographie, so wird verständlich, was aus den immer wieder erwähnten Hunderten und Tausenden Gefangenen wurde, die die slawischen Fürsten in den Kriegen gegen die Nachbarn erbeuteten. Kyrill und Methodios, den Aposteln Mährens, gelang es zum Beispiel um das Jahr 867, die Befreiung von neunhundert Sklaven aus der Gewalt der Mährerfürsten Rastislav und Kosel zu erreichen [...]. Eine ganze Anzahl von eisernen Fesseln wurde von Joachim Henning mit dem Sklavenhandel in Verbindung gebracht [...], obwohl auch an hölzerne Instrumente zu diesem Zweck gedacht werden muß [...] [und Hanf- und Lederfesseln – M. Z.]. Es kann nicht ausgeschlossen werden, daß Burgwälle und Fürstenburgen an den Verkehrsrouten immer wieder auch als Etappenstationen im Sklavenhandel benutzt worden sind. Entlang der Fernverkehrsorte entwickelten sich bald sogenannte Burgstädte, die aus noch nicht von Mauern umschlossenen Agglomerationen verschiedener Händlersiedlungen mit zugehörigen kultisch-religiösen Einrichtungen bestanden, die sich um die Fürstenburgen scharten".[28]

In der Antike und in Konstantinopel waren andere Namen für Sklaverei-Verhältnisse gang und gäbe. Den nachgerade unheimlichen Reichtum an Bezeichnungen für Sklavinnen und Sklaven in Byzanz analysiert Youval Rotman; ich zitierte nur die meist benutzten Namen „griechischer" Sklaven: *andrapodon* (Sklave im Allgemeinen, versklavter Gefangener), *doulos/doulē* (Sklave im Allgemeinen, Untertan, Beherrschter), *therapaina* (weiblicher Sklave, Sklavin, Dienerin), *oiketēs/oiketis* (Sklave des Hauses oder der Familie), *oiketikon prosōpon/oiketikon sōma* (Körper oder Gesichter von Sklaven, oft im Plural gebraucht), *paidiskē/paidiskos* (kleines Mädchen/kleiner Junge, versklavte Kinder), *pais* (Kind, Junge, Sklave, Diener), *psukharion* (Seele, Sklave).[29] Ein Sprung um tausend Jahre zurück zeigt, dass schon im ptolemäischen Ägypten *παΐς* (*pais*) und *παιδίσκη* (*paidiskē*) sowie andere Worte der Unfreiheit Bezeichnungen für Sklaven waren.[30]

---

28 Hardt, „Zwischen Bardowick und Erfurt – Handel und Verkehr an den nördlichen Grenzkontrollorten des Diedenhofener Kapitulars Karls des Großen von 805", S. 71–82, hier S. 74–75.

29 Rotman, „The Language of Slavery", in: Rotman, Byzantine Slavery and the Mediterranean World, S. 82–93.

30 Heinen, „Zur Terminologie der Sklaverei im ptolemäischen Ägypten: ΠΑΙΣ und ΠΑΙΔΙΣΚΗ in den Papyri und der Septuaginta", in: Atti del XVII Congresso Internazionale di Papirologia". Estratto, Bd. III, Napoli: Centro Internazionale per lo Studio dei Papiri Ercolanesi, 1984, S. 1287–1295.

Ein Schwerpunkt des Einsatzes von zunächst versklavten Militär- und Verwaltungseliten war das Kalifat von Córdoba und seit dem 10./11. Jahrhundert die Küsten- und Inselstädte der spanischen Levante (wie Almería, Denia und die Balearen). Zu den Herrschern des Piratenstaates Denia sagt Travis Bruce: „Denia's rulers, Mujāhid and especially ʿAlī, would have been particularly sensitive to this [Sklavenhandel – MZ], allowing for their pragmatic approach to interreligious relations. Mujāhid was himself a Siqlabī, a Slav of non-Arab extraction, possibly Sard or Italian".[31]

Im am stärksten von der Nachgeschichte Roms und seiner Sprache beeinflussten Italien sowie auf der Iberischen Halbinsel blieben das lateinische *servus* (Span.: *siervo*/Port.: *servo*) bzw. die Bezeichnung *cautivo*/*cativo* (Gefangener) noch lange, bis weit in das 13. Jahrhundert, der vorherrschende Begriff für einen männlichen Sklaven, auch in lokalen Varianten wie *catiu* in mallorquinischen Katalanisch.[32] In Bari, wo wie gesagt Sklaven und Sklavinnen über die Adria aus dem Balkangebiet hin verschleppt wurden, taucht das Wort *sclava* allerdings schon 1088 auf.[33] In Gebieten vor allem Westeuropas vollzogen sich zwischen dem 8. und 13. Jahrhundert verschiedene Wandlungsprozesse, in Folge derer *servus* nicht mehr Sklave nach „römischem" Sachenrecht, sondern einen Leibeigenen (*serf*, Knecht) bezeichnete – sozusagen ein angesiedelter Sklave innerhalb einer Dorfgemeinschaft, der zwar noch mit dem alten Wort bezeichnet wird, aber nicht mehr individuell verkaufbar sein soll. Inwieweit das (nur) diskursiv war und der Sklavereicharakter der Arbeit sowie des Status erhalten blieb, ist nicht klar.[34]

Im ligurischen Genua erscheint in Notariatsprotokollen bereits 1201 die Formulierung *Marien sclavam suam*. *Sclavi* oder *sclavae* war, so Alfred Haverkamp, ursprünglich eine ethnisch-geographische Herkunftsbezeichnung für verschleppte Menschen aus Slawengebieten.[35] Haverkamp verweist aber auch auf weiter existierende beziehungsweise sich entwickelnde andere Namen für Sklaven: „spätestens seit den achtziger Jahren des 12. Jahrhunderts [(ca. 1180) ist] der Begriff *sardus* bzw. *sarda*, der zunächst nur auf die Herkunft dieser Person aus Sardinien hinwies, zu einem Synonym von *servus* bzw. *ancilla* im Sinne von Sklave bzw. Sklavin geworden".[36] Deutliche Benennungen für Sklaven aus islamischen Gebieten bzw. gene-

---

31 Bruce, „The taifa of Denia and the Jewish networks of the medieval Mediterranean: a study of the Cairo Geniza and other documents", S. 1–20, hier S. S. 15.

32 „Überwachungsordnung für Sklaven auf der Insel Mallorca (1406)", in: Dokumente zur europäischen Expansion, 5 Bde., ed. Schmitt, Eberhard, München: Verlag C. H. Beck, 1986–1888 (Bde. I–IV); Wiesbaden: Harrassowitz, 2003 (Bd. V), Bd. I, S. 185–189.

33 Schramm, „Venedi, Antes, Sclaveni, Sclavi. Frühe Sammelbezeichnungen für slawische Stämme und ihr geschichtlicher Hintergrund", S. 161–200, hier S. 198 f.; Muhaj, „Skllavëria ndër shqiptarë gjatë Mesjetës [Slavery among the Albanians during the Middle Ages]", S. 61–81.

34 Irsigler, „Wann wird aus *servus* = Sklave *servus* = Knecht?", S. 60–74.

35 Haverkamp, „Zur Sklaverei in Genua während des 12. Jahrhunderts", S. 1–52, hier S. 6.

36 Ebd., S. 7.

rell Nordafrika oder dem islamischen Spanien stellten auch die Quellenbegriffe *sarracenus* bzw. *sarracena* dar.[37] Generell bezeichneten aber die Begriffe *servi* und *ancillae* in den Quellen immer noch den Sklavenstatus und unterscheiden sich in Genua deutlich von Kategorien wie *servientes* bzw. *serviciales* oder auch *servitores*, unter denen sich zwar ehemalige Sklaven befinden konnten, die aber meist rechtsfähige Diener waren.[38] In anderen nördlichen Gebieten Italiens erscheint die Bezeichnung *sclavus* und die Dialektform *schiavo* erst um 1300, am Beginn des 14. Jahrhunderts.[39]

Wie dem auch sei, zu dieser Zeit verstand man im Mittelmeergebiet unter „Sclavus" einen von weit her gebrachten Unfreien aus einem anderen, meist als „heidnisch" definierten Volk, der oder die in Razzien oder Kriegszügen im Gebiet nördlich oder östlich des Schwarzen Meeres oder im Hinterland der Dalmatinischen Küste, dem heutigen Balkan (meist eingetauschte, geraubte und verschleppte Kinder), gefangen worden war.[40] Deshalb wurden in italischen Quellen des späten Mittelalters die vermehrt auftretenden „schwarzen" Sklaven aus Nordafrika manchmal als „schwarze Slawen"[41] bezeichnet. Auch Bezeichnungen wie *sclavam a[n]cillam* [42] kamen im 13. Jahrhundert vor. Eigentlich eine Dopplung. Beide Worte bedeuten das Gleiche, nur bezeichnet *ancilla* die weibliche Form des römischen Sklaven (von *cilleo* – bewegen). Hier zeigt sich aber die begriffliche Verschiebung hin zu „Slawe-Sklave" aus dem Fernhandel für eine Haussklavin in Zeiten, in denen im christlichen Westen Sklaven immer mehr zum Luxus wurden. Das ist sogar noch in heutigen europäischen Sprachen nachweisbar: *ancillary* hat in heutigem Englisch die Bedeutung von „nebensächlich" oder „zusätzlich". Es geht aber eindeutig auf *ancilla* (Haussklavin) zurück. Es handelt sich um eine Mischung aus Slawe als Sklave und dem römischen Begriff für Sklavin, die sich für die Herrschaft zu bewegen hatte. Der ursprüngliche generische „Name" des westlichen Sklaven des Mittelalters und der Neuzeit ist Slawe.[43]

Deshalb erscheint, wie wir wissen, im 14. Jahrhundert das Wort *schiavo* in italischen Städten im juristischen Sinne als generischer Sklave, das heißt von weit her gebrachter Kriegsgefangener ohne Schutz und Anhang, der zum Privateigentum im

37 Ebd.

38 Ebd., S. 8 f.

39 Epstein, „The Language of Slavery", S. 16–61, hier S. 18 f.

40 Budak, „Slavery in Late Medieval Dalmatia / Croatia: Labour, Legal Status, Integration", S. 745–760; Muhaj, „Skllavëria ndër shqiptarë gjatë Mesjetës [Slavery among the Albanians during the Middle Ages]", S. 61–81.

41 Verlinden, „L'origine de sclavus-esclave", S. 37–128.

42 Verkaufsdokument aus Genua, 11. Mai 1248, für eine Sklavin aus Malta namens Maimona, in: Medieval Trade in the Mediterranean World. Illustrative Documents. Translated with Introduction and Notes by Lopez, Robert S.; Raymond, Irving W. With a foreword and bibliography by Olivia Remie Constable, New York: Columbia University Press, [3]2001, S. 116.

43 Epstein, Speaking of Slavery, passim; Skirda, La traite des Slaves, passim.

römischen Sinne (Habe/Dauerbesitz einer Person, Kapital, verkaufbar) im lateinisch-christlichen Kulturkreis wird. Der Begriff diente auch zur Karikierung eben der Schutzlosigkeit neuer Sklaven und Sklavinnen in der vorherrschenden urbanen Haussklaverei. Joseph C. Miller hat die Verbreitung des Begriffs als eine *negative collective awareness of the slave* bezeichnet. Einen Anteil an der Lächerlichmachung durch die Negativ-Bezeichnung Sakaliba hatten wohl die legitimen Erstfrauen im islamisch-arabischen Bereich, die Erbe und Standing ihrer Kinder als Nachkommen einer respektablen Lineage (auch in weiblicher Linie) gegen die illegitimen Kinder von Sklavinnen einforderten. Der Sklaven-Begriff blieb bis um 1650 ethnisch, weil eben Menschen aus Osteuropa, dem südrussischen Raum, dem südlichen Kaukasus und dem Balkan, der Slavia, quantitativ die Mehrheit der von weit her gebrachten Menschen stellte und das konstruierte Ethnos „Slawe/Sklave" weit genug entfernt war, um nicht andere Gruppen im eigenen Bereich zu beleidigen. Das Wort verbreitete sich zunächst in den Sprachen des islamischen Bereiches sowie im christlichen Balkan/Mittelmeergebiet und dann auch in den Sprachen Europas. Erst seit 1500 begann er sich über Atlantik und portugiesische Expansion in die östliche Hemisphäre auch zu globalisieren. Mehr noch, das ursprünglich bessisch-arabisch-transeuropäische Wortfeld beherrscht, wie gesagt, alle wichtigen Sklavereien des Westens, des Atlantiks und der Amerikas. Heute hat es weltweite Verbreitung, nicht zuletzt als Feld zur Herstellung von Differenz zu anderen Formen von Sklaverei „ohne den Namen Sklaverei".

Der Begriff *Sakaliba–Slawe–Sklave (şchiau, slave, esclavo, esclave, slaaf, sclau, schiavo*, etc.) hatte seinen Ursprung auf jeden Fall entweder im Zusammenprall zwischen byzantinischer und slawischer Welt, fränkischer, kumanischer, bulgarischer und islamischer Welt sowie zwischen islamisch und slawisch/warägischer Welt. Das Wort wuchs im Mittelalter seit dem 7. bis zum 10. Jahrhundert zu einem Fachwort für translokale Mobilisierung/Globalisierung von Menschen durch Sklavenhandel und gewaltsame Verschleppung. Seitdem bildet es die historische Matrix eines europäisch-islamischen Lexikons der Unfreiheit (und vereinigt in der Begriffstranskulturation die beiden faktisch größten hegemonischen Sklavereien vom 7. bis in das 19. Jahrhundert). Der reale Handel mit kriegsgefangenen Slawen führte über weite Strecken, entweder vom Osten Europas mit seinen turk-mongolischen Grenzgebieten quer durch alle entstehenden christlichen Monarchien bis nach al-Andalus (oft gar bis Marokko), vom Balkan ins Mittelmeer nach Mallorca/Andalus oder vom Osten Europas über die Ostsee und das Schwarze Meer oder die Kaspisee bis Bagdad und Chorasan-Choresmien sowie Transoxanien. Der Handel mit verschleppten Slawen dauerte, welthistorisch gesehen, weit über ein Jahrtausend (600–1900). Und fast ebenso lange gab es die Institution der Militärsklaverei des Kalifats (Mameluken, ca. 810–1870).[44] Der Sohn eines Mamluken, Mahmud von

44 Amitai, „The Mamlūk Institution, or One Thousand Years of Military Slavery in the Islamic World", S. 40–78.

Ghazni (971–1030, Gründer des Ghaznaviden-Reiches, 975–1187) wurde auch der erste Herrscher in der Tradition der Sklaven-Sultane. Deborah Tor sagt über Mahmud: „son of a Sāmānid mamluk military commander ... for the first time in the area between the Mediterranean and India, we see the son of a Turkic slave not merely contenting himself with controlling the ruling dynasty, but with replacing it".[45]

Das Wortfeld „Sklave" hat in seiner historischen Entfaltung, Territorialität und in der historischen Realität unfreier/erzwungener Arbeit sowie Militärsklaverei, die es bezeichnete, im Mittelalter für den Mittel- und Schwarzmeerraum, Europa, Nordafrika und Kleinasien sowie das Abbasidenreich und seine Nachfolgereiche gegolten. Im antiken Rom hat das Wort *sclavus* nicht existiert; auch für Ostrom/Byzanz hatte es als *sklabós* Bedeutung erst nach 900. In Mitteleuropa war das Wort wohl seit dem 10. Jahrhundert im Gebrauch. Besonders dankbar für den neuen Spezialbegriff, mit den oben genannten Einschränkungen, waren nicht so sehr die Sklavenhalter, sondern die translokalen Handelseliten Italiens und Südwesteuropas. Von dort oder vom Balkan – möglicherweise zunächst über Mittelmeerinseln wie Kreta, Zypern und Byzanz – war das Wort zunächst an die Küsten des West-Mittelmeeres, Nordafrikas, Westafrikas und Ostafrikas gesprungen, 800–600 Jahre später in die Amerikas sowie in den ganzen Atlantikraum, sporadisch auch in den Raum des Indischen Ozeans und der pazifischen Meere. Für die Sklavenfanggebiete von *Sakaliba-Slawen-Sklaven* hat das Wort nicht die lokalen Formen der Unfreiheit bezeichnet, sondern war möglicherweise eine ethnische Selbstbezeichnung. Fern von diesem Sklaven-„Produktions"-Gebiet wurde das Wort zum Marker einer äußeren Statusminderung. Auch als die Portugiesen auf ihren Schiffen oder später die weltweit expandierenden Spanier, Briten, Franzosen, Dänen und Deutschen sowie US-Amerikaner es mit nach Afrika oder in arabische Gebiete brachten, war es längst ein importiertes Fremdwort, dann ein Fachwort für Menschenhändler. Die Sklaven der Europäer sowie Neo-Europäer arbeiteten und lebten unter anderen Konditionen als die „Sklaven" Arabiens, Mauretaniens, der Türkei, Indiens, Chinas, Monomotapas in Südafrika, des Sulu-Archipels, Balis oder des Yorubalandes im heutigen Nigeria, die zwar auch unfrei waren, aber anders hießen und anderen Gesetzen unterlagen. Gewalt und Statusminderungen erlitten sie alle.

Sklavenhändler hatten immer auch Sondernamen für Versklavte bestimmter Typen und Einsatzgebiete (Arbeiten) – oft Bezeichnungen für Alterskohorten (Kinder, junge Frauen, junge Männer). So etwa *balaban* im 15. Jahrhundert als Bezeichnung nicht nur venezianischer Sklavenhändler für „junge und robuste Männer für den physischen Arbeitseinsatz".[46]

45 Tor, „The Islamization of Central Asia in the Sāmānid era and the reshaping of the Muslim world", S. 279–299, hier S. 297.

46 Schiel, „Zwischen Panoramablick und Nahaufnahme. Wie viel Mikroanalyse braucht die Globalgeschichte?", S. 119–140, hier S. 130.

In keiner anderen Großregion mit der gemeinsamen Erfahrung „Sklaverei" aber ist ein derartig, sagen wir, zentralisierter Begriff für Sklaven entstanden, nicht in arabischen, afrikanischen, osmanischen, indischen, russisch-ostslawischen, persischen, malayischen oder chinesischen Gebieten, wo es überall ziemlich trennscharfe Begriff und „Namen" für sehr konkrete Sklavereien sowie lokale Versklavungssituationen und Statusdegradierungen gab und gibt. Für einige Anthropologen und Ethnologen, die dem Kulturrelativismus frönen, gibt es „Sklaverei" im eigentlichen Sinne deshalb erst mit der Verwendung des generischen, allgemeinen Namens „Sklave" sowie des von der jeweiligen Kultur definierten Rechtsverhältnisses – und der realgeschichtlichen Bedingungen, die zur Formierung und Verfestigung dieses hegemonischen Konzepts auf Basis realer Gewaltverhältnisse führten. Meist hilft man sich dann mit der Wortfolge „im engeren Sinne".

Erst im 17. Jahrhundert – nach einer komplizierten Entstehungsgeschichte zwischen 600 und 1650 und im Zusammenhang mit einer diskursiven Marginalisierung Afrikas und der Atlantisierung setzte sich im Laufe des siebzehnten Jahrhunderts in der Perzeption vor allem Westeuropas – in fast allen modernen westeuropäischen Sprachen das Wort „Sklave" durch. Meist schon mit dem Zusatz „schwarz" (*negro/ preto*). Escravo, Esclavo, Slave, Slaaf/Slaven, Esclave, Sklave wurde seit 1650 zu einem Fachbegriff zur Beschreibung eines quasi an einem exotischen Nicht-Ort geraubten „schwarzen" Körpers, der legales Eigentum eines Menschen war und dem systemischen Gewaltregime der atlantischen Sklaverei unterlag, dessen Hauptkapital es zugleich darstellte. Nach dieser Auffassung, die nur eine anders formulierte Version hier bereits dargelegter Perspektiven über hegemonische Sklaverei ist, existiert erst seit ca. 1650 Sklaverei oder, wenn man den sozialgeschichtlichen Strukturbegriff vorzieht, Plantagensklaverei mit Massen versklavter Menschen und transatlantischem Sklavenhandel („Atlantisierung") sowie „Produktion von Sklaven" in Afrika, deren Grundlage menschliche Körper als Haupttausch-„Gegenstand" (oft auch als aristokratisches „Geschenk"), Energieressource, Weltgeld und wichtigstes wirtschaftliches, aber auch soziales Kapital waren. Diese spezifische Sklaverei gilt als eine absolute Institution, gebunden an die Institution des Eigentums im „römischen" Sinne (zumindest sobald die Versklavten auf den Atlantikschiffen und in den Amerikas waren), deren Status über die Mütter vererbt und durch „Schwarzsein" visualisiert wurde. Diese Visualisierung führte zwischen 1650 und 1900 dazu, auch *negro* in unterschiedlichsten Sprachvarianten als generellen und ewigen Sklaven zu verstehen. Stillschweigend darunter liegend und vor allem für die Sklaven selbst von Bedeutung war, dass diese absolut gemeinte Sklaverei, nach Orlando Patterson der *social death*, das Recht auf Gewalt sowie manchmal sogar das Tötungsrecht der Herren einschloss. Wenden wir den Begriff auf die Räume des Slaving zwischen dem Innern Afrikas über den Atlantik nach Amerika an (AAA), schloss diese absolut konfigurierte Sklaverei auch Passage ein; einmal ganz direkt die schreckliche Atlantikpassage, aber auch die Passage der Versklavten aus anderen (etwa afrikanischen) Typen von Sklavereien sowie kulturelle Passagen der Versklavten (mit eigenen Initiationsritualen) in Afrika zu Sklaven in den Amerikas, wie sie im Kapitel über Transkulturation und Kreolisierung dargestellt worden sind.[47] Dieser auch vorhandenen Passagefunktion der atlantischen Sklaverei, die von den Versklavten auch für sich genutzt werden konnte, wirkte allerdings die Absolutheit des Mutterrechts in „römischer" Tradition (das Kind einer Sklavin ist Sklave) sowie die Kasten-Einsperrung von Menschengruppen, wie der Klassenbildung des entstehenden Rassismus (*negro*), entgegen.

Juristisch legitimes Tötungsrecht wiederum war im iberischen Bereich nicht voll wirksam, weil es in der Theorie durch den Kodex der *Siete Partidas* und kanonisches Recht gebremst war. Trotzdem verstärkten Brutalität und Gewalt die Furcht vor der Absolutheit der „römischen" Institution, vor allem in der Realität der ruralen Massensklavereien des 19. Jahrhunderts, auch im iberischen Bereich. Diese Absolutheit der Gewalt der Herren war vor allem im anglo-amerikanischen und im niederländischen Bereich wirksam, auf Barbados, Jamaika, in Surinam und in South Carolina oder Virginia, weil dort die wenigen „Weißen" ihrerseits die vielen Schwarzen fürchteten und weil die religiöse Konstruktion der „Anderen" im Protestantismus in gewissem Sinne relativ voraussetzungslos nur aus dem Text des Alten Testaments geschah.

Hier macht auch die bereits erwähnte ältere Differenzierung von zwei Hauptformen der Sklaverei Sinn: einmal Haussklaverei, auch urbane Sklaverei, patrilineare Sklaverei oder *small-scale slavery*, in der sich viele Elemente der patrilinearen Sklaverei und der Kin-Sklaverei mit Integration von weiblichen Fremden, Kindern, Konkubinage und Ausbeutung sexueller Dienste von Sklavinnen finden lassen. Zum anderen rurale Sklaverei, auch Massensklaverei von Männern auf Basis von Razzien und „Kaufsklaverei" (Fernhandel mit Versklavten, Akkumulation, Atlantisierung), Wirtschaftssklaverei oder *large-scale slavery*. „Große" Massensklaverei in Gesellschaften, die als Sklaven- oder Sklavereigesellschaften bezeichnet werden, hat es nach diesem Differenzierungsmuster neben dem klassischen athenischen Griechenland und Rom sowie in der Karibik im 18. und 19. Jahrhundert nur in Ansätzen im Mesopotamien des 9. Jahrhunderts, bei den Ottomanischen Türken, bei den Kwakiutl-Indianern des amerikanischen Nordwestens und bei einigen Völkern des subsaharischen Afrika, wie in Senegambien, im Sulu-Archipel, Batavia, Südafrika, Teilen Indiens oder im Kongoreich und vor allem im 19. Jahrhundert im Sokoto-Reich gegeben. Dieser Ansatz scheint mir auch eine Basis für die Differenzierung zwischen „islamischer" Sklaverei (im Wesentlichen urbane Haus- und Palastsklaverei) sowie „christlicher" Sklaverei der Neuzeit (im Wesentlichen rurale Wirtschaftssklaverei und Haussklavereien) zu bieten.

---

47 Norman Jr., „The Process of Cultural Change among Cuban Bozales during the 19th Century", S. 177–207.

Globale Sklaven – von Sakaliba zu Negro

Rurale Sklaven in der Makrostruktur der atlantischen Sklavereien wurden mehr und mehr geraubte und verschleppte Menschen aus dem subsaharischen Afrika. Sie gerieten mit Hilfe afrikanischer Sklavenjäger und atlantikkreolischer Vermittler in die Fänge des europäischen und amerikanischen Handelskapitals, der Negreros und ihres Angestelltenheeres der Kapitäne, Matrosen, Schiffsärzte, Köche, Übersetzer, Heiler, Verwalter, Techniker, Plantagenwächter, Vorarbeiter (*mayorales*, *capataces*) und Faktoren-Menschenhändler. Wie bereits erwähnt, wurden die am deutlichsten sichtbaren – visiblen und phänotypischen – äußeren Merkmale dieser Menschen, die dunklere oder „schwarze" Hautfarbe und eine Reihe sekundärer Merkmale sowie ihre räumliche Herkunft (*naturalidad*, *nación*) dazu benutzt, ihren Status zu degradieren und sie als Markierte in die jeweilige Sklaverei-Gesellschaft segregiert zu integrieren. Die generellen Merkmale entwickelten sich mehr und mehr zum Marker und zum generischen Zeichen des Sklavenstatus in Amerika und in der westlichen Welt; auch in östlichen Gesellschaften wurde die Figur des „Schwarzen" mit der portugiesischen Expansion über zwei Ozeane zum Synonym globaler Sklaverei. Um 1850 war das Wort „Neger" (*negroe*, *negro*, *preto*) dabei, den Begriff Sklave als generisches Wort für alle denkbaren Sklaven von Europäern und Amerikanern abzulösen. Rassismus hat allerdings mit Sklaverei bis um 1650 wenig zu tun, wohl aber die bereits lange ausgebildete Tendenz zur Exotisierung, äußeren Statusdegradierung (mit Nutzung von Status-Stammesmarkierungen aus afrikanischen Gesellschaften als Marker für niedrigen Status in den Amerikas) und/oder Bestialisierung Versklavter. In einigen Gebieten vervielfachten auch Unreinheitsdiskurse den Status der Unehre von Versklavten. Rassismus, der heute die globale Exklusionsideologie par excellence bildet, ist eher eine Folge oder ein „Erbe" von Sklavereidiskursen in der gigantischen Zeitspanne zwischen 3000 vor unserer Zeitrechnung und 1850. Erkennen wir nur diese Sklaverei, deren Grundkonzept das Wort „Sklave" als *negro* umreißt, als Sklaverei an, hat es in der Globalgeschichte keine weiteren Sklavereien gegeben.

In Afrika, wo Marker, Name oder Statusdegradierung nach Hautfarbe keinen Sinn haben (es sei denn, „Weiße" wurden versklavt), wurde eher mit Sakralisierung (Gott hat die Versklavung gewollt) oder Naturalisierung (Sklavenstatus liegt im Blut – Sklaven haben „Sklavenblut") gearbeitet. Im heutigen Nigeria und der davon ausgehenden Diaspora spiegelt die historische Konstruktion der Yoruba-Kultur, des Volksnamens „Yoruba", im Großen und Ganzen die Geschichte eines Sklaverei- und Sklavenhandelsimperiums in einem Umfeld der Konkurrenz um Kontrolle des Menschenhandels, um Sklavenhandelsprofite in Westafrika sowie die Einbindung in die Großräume der *Atlantic slavery* (und der Maßnahmen dagegen im 19. Jahrhundert) wider. Es geht im Kern um das Oyo-Reich sowie Dahomey und Benin. Das Oyo-Reich erreichte aufgrund einer straff organisierten Armee (vor allem Offizierkorps und Kavallerie – im Grunde wie Preußen Ende des 18. Jahrhunderts) Vorteile gegenüber Konkurrenten wie Dahomey. Der massive Menschenhandel vor allem mit Verschleppten, Kriegsgefangenen und Geraubten aus dem Norden trug dort bei zur Verbreitung des Islam als Widerstandsreligion. Im 18. Jahrhundert und vor allem mit dem Sokoto-Kalifat seit Beginn des 19. Jahrhunderts kam es zu Bürgerkriegen mit Jihad-Ideologien, die sich zunächst als wirkliche Revolutionen gegen alte Regimes und gegen die Praktiken des Sklavenhandels richteten.[48] Dazu kamen Probleme an den komplizierten Küsten (keine Marineinfanterie) und wegen der Abolition des britischen Atlantikhandels ab 1808. Die Blockade der Briten vor den Küsten verschärfte die Probleme. 1820–1836 brach das Oyo-Imperium zusammen.[49] Die Diaspora der Oyos und anderer Menschen aus Stadtstaaten des heutigen südlichen Nigeria (Egbado, Ijebu, Ijesha, Ekiti, Ondo – lucumiés, egbados, akus, nagos; später Yoruba) breitete sich nicht nur in Westafrika (neben dem heutigen Nigeria vor allem Togo und Benin) aus, sondern auch in Nordafrika (vor allem in Tunis) und unter den *recaptives/emancipados* in Sierra Leone und Liberia. Darüber hinaus in Brasilien (vor allem in und um Bahia), Kuba (Havanna/Matanzas), Großbritannien, USA in der größeren Karibik.[50] Ein kreolischer Sohn von Recaptives, die in Sierra Leone gelandet waren, Samuel Johnson, wurde anglikanischer Pfarrer und ging nach Nigeria zurück.[51] Dort schrieb er – besorgt über einen drohenden Identitätsverlust der Oyo-Leute wegen des Zusammenbruchs um 1830 – eine *History of the Yoruba*,[52] die schließlich 1921 aus dem Nachlass von seinem Bruder publiziert wurde. Das heißt, sehr verkürzt gesagt in unserem Zusammenhang von Namen: der Gesamtname eines Volkes, das sich bis ins 20. Jahrhundert eher als Reich aus Städten und aus lokalen Clans/Familien definierte, entsteht aus Versklavung/Verschleppungssituation und aus Angst der Befreiten/Rückkehrer vor Verlust der Empire-Identität – ganz klar eine der vielen transkulturellen Kreolisierungen der Sklavereigeschichte!

Um auch die Dimension individueller Namen (sozusagen als Mikrobenennung) in der atlantischen Sklaverei zu zeigen: Was die individuellen Namen von Sklaven betrifft, so sind von den Sklavinnen und Sklaven, die über den Atlantik transportiert wurden, nur wenige der Verschleppten auf iberischen oder französischen

48 Lovejoy, Jihad in West Africa during the Age of Revolutions, Athens: Ohio University Press, 2016.

49 Law, The Oyo Empire, c. 1600–c. 1836, passim; zu den Jihads als Revolutionen; siehe: Lovejoy, „Jihad na África Ocidental durante a „Era das Revoluções“: em direção a um diálogo com Eric Hobsbawm e Eugene Genovese“, in: Topoi. Revista de História Vol. 15, n. 28 (jan./jun. 2014), S. 22–67, http://www.scielo.br/pdf/topoi/v15n28/1518-3319-topoi-15-28-00022.pdf (letzter Zugriff 14. 2. 2018).

50 Falola; Childs (eds.), The Yoruba diaspora in the Atlantic world, passim.

51 Falola, Pioneer, patriot and patriarch: Samuel Johnson and the Yoruba people, Madison: University of Wisconsin-Madison, 1993.

52 Johnson, Samuel, The History of the Yorubas: From the Earliest Times to the Beginnings of British Protectorate [1921], Cambridge: CUP, 2010.

(„katholischen") Schiffe mit individuellen Sklaven-Namen aufgelistet worden. Mit einem *nom écrit* (geschriebener Name) des individuellen eigenen Namens aus seinem Herkunftsgebiet („afrikanischer Name") schon gar nicht (mit Ausnahme der meist durch britische Kriegsschiffe von Sklavenschiffen befreiten Recaptives/ Emancipados ab ca. 1815). Nummern auf den Ladelisten und generische Bezeichnungen für die kommodifizierten Körper, wie Mann, Frau, Junge oder Mädchen, bildeten im Wesentlichen die „Sprache" des atlantisch-christlichen Sklavereikapitalismus in Bezug auf Namen von Individuen, wie wir oben am Beispiel der Listen niederländischer Schiffe gesehen haben. Die Sklaven wurden nicht nur ihrer Freiheit und Mobilität, sondern auch ihrer Individualität beraubt. Sie waren für die Negreros nur noch Körperkapital. In den amerikanischen Plantagengebieten bekamen die Verschleppten dann neue Namen aus dem Fonds der Bibel (vor allem iberischer Bereich) oder auch Spottnamen (wie Hector – vor allem im anglophonen Bereich). Erst seit 1820 – Großbritannien hatte mit Spanien einen Vertrag zur Beendigung des Sklavenhandels geschlossen – wurden nach der Aufbringung von Sklavenschiffen Namenslisten der auf Schiffen gefundenen Verschleppten mit ihrem geschriebenen afrikanischen Namen, dem so genannten „christlichen Namen", und der Herkunftsregion angefertigt – so wie ihn die Verschleppten oder die Übersetzer den Listenschreibern nannten bzw. diese nach Vorkenntnis im internen Sklavenhandel Afrikas zu kennen glaubten. Bei den so genannten „befreiten Afrikanern" (Brasilien: *africanos livres*; Kuba: *emancipados*; UK/USA: *recaptives*) handelte es sich um illegal geschmuggelte Menschen, die auf Kuba und in Brasilien sowie anderen amerikanischen und afrikanischen Gebieten in eine Art Staatssklaverei gerieten.[53] Sklaven und Sklavinnen selbst haben in ihren (meist) nichtschriftlichen Erinnerungen ihre afrikanischen Namen und die Namen ihrer Vorfahren bewahrt. Das war besonders wichtig für die Widerstandsreligionen der Sklaven, die wiederum die dynamischen Kerne der atlantischen Transkulturation bildeten.[54]

In den meisten anderen Sklavereien, zumal in der Frühzeit, wissen wir über individuelle Namen kaum etwas. Im Indischen Ozean etwa gab es – mit Ausnahme der Maskarenen (Mauritius und Réunion) sowie eventuell Madagaskars – vor dem späten 18. Jahrhundert und dem Eindringen westlicher Vorstellungen auch keine allgemeingültigen Namen der Institution und der Figur der ihr unterworfenen Menschen. Aber es gab in diesem Großraum möglicherweise die größten Sklavenhandelszahlen der Weltgeschichte überhaupt, vor allem zwischen dem 12. und 17. Jahrhundert, mit den Wellen islamisch-afghanisch-persischer sowie moghuli-

53 Noonan, John T., The Antelope: The Ordeal of the Recaptured Africans in the Administration of James Monroe and John Quincy Adams, Berkeley: University of California, 1977; Eltis, „O significado da investigação sobre os africanos escapados de navios negreiros no século XIX", S. 13–39; Johnson, „White Lies: Human Property and Domestic Slavery aboard the Slave Ship Creole", in: Atlantic Studies 5:2 (Aug 2008), S. 237–263; Fett, Recaptured Africans.

54 Zeuske, „The Names of Slavery and Beyond: the Atlantic, the Americas and Cuba", S. 51–80.

scher Expansionen gegen Al-Hind und der extremen Verbreitung lokaler Pfand-, Schuld- und Kindersklaverei. Einzelne Elemente und Aspekte des Unreinheits-, Bestialisierungs- und Rassendenkens wurden in den dreitausend Jahren zwischen 1500 v. u. Z. und 1500 auch im indisch-südasiatischen, im arabisch-islamischen Bereich seit 650 entwickelt. In Nordindien entstanden schon relativ zeitig soziale Gliederungssysteme (*varna* = Farbe / *jati* = Geburt) auf Basis von Zivilisierungs-/ Unzivilisierungsdistinktionen sowie Clan- und Gruppenzugehörigkeit, Geburt, Tätigkeit und Reinheitsgeboten sowie einer Trennung zwischen Eroberern und Eroberten (*aryas*/*adivasi*). Darauf beruht der Arier-Mythos (*arya*). Ein Diskurs, der seit dem ersten Jahrtausend vor unserer Zeitrechnung über die Höhen und Tiefen der indischen Geschichte in seiner generellen Hierarchisierungs- und Ordnungsfunktion, allerdings mit sehr unterschiedlichen Geltungsräumen aufrechterhalten werden konnte. Buddhismus in seinen Ursprüngen war eine Anti-Kasten-Lehre. Durch „Brahmanisierung" und orientalistische Traditionspflege unter britischer Kolonialherrschaft sowie durch Brahmanen selbst wurde das Kastendenken verfestigt und auch auf Süd- und Nordindien ausgedehnt.

Meist wird diese traditionelle Hierarchisierung einer mythischen Invasion der berittenen Indo-Aryas mit Ochsenkarren und Streitwagen aus dem heutigen Südrussland/Kasachstan (nördlich des Kaukasus und östlich des Kaspischen Meeres), Iran, Belutschistan und Afghanistan gleichgesetzt. Diese älteren Formen der ritualisierten Gruppenhierarchisierung durch Eroberer/Eroberte, „Reinheit/Unreinheit", Geburt, vererbten Beruf sowie Endogamie wurden seit der islamischen und europäischen Expansion durch neue Formen der Sklaverei und Kasten- sowie Sklavereidiskurse überlagert.

Am anderen Extrem entstand in den letzten vorchristlichen Jahrhunderten im Mittelmeerraum auf der Basis älterer griechischer Ideen ein Tier- und Barbarenstatus, der seit dem 13. Jahrhundert durch einen Heiden- und Barbarenstatus von Versklavten ergänzt und nicht zuletzt von Las Casas unter Einschluss amerikanischer Erfahrungen weiterentwickelt wurde. Auf einer doppelten Grundlage. In der griechisch-römischen und christlichen Tradition hatte es wohl einen kulturellen Bestialisierungs- und Barbarenstatus, aber keine grundsätzliche Inferiorität afrikanischer „schwarzer" Menschen gegeben. Wahrscheinlich auf Basis des arabischen oder berberischen Konzepts von *ras* (Kopf, Haupt, genealogischer Urvater einer bestimmten Abstammungslinie) entstand in Imperien und Staaten das genealogische Konzept der *race*, das sich seit etwa 1650 als soziales und kulturelles Unterscheidungsmerkmal zur äußeren Statusdegradierung in den Sprachen westlicher Kolonialisten ausbreitete. Wenn es im vorgestellten sozialen Kontinuum von oben nach unten (bei den „Oberschichten", Edlen, Eliten) Race gab, musste es sie auch unten, bei den Unterschichten und Versklavten, geben. Nicht in Form einer „edlen Herkunft" (ein Problem literarischer Sklavereidarstellungen von Aphra Behn bis Gertrudis Gómez de Avellaneda), sondern eben als eine in die Geschichte verlängerte sklavische Existenz einer „schlechten" Herkunft aus einem Volk, das versklavt werden konnte und einer unterlegenen Race angehörte (oder „schlechtes Blut“ hatte), weil es besiegt und versklavt worden war. Es war aber mehr: Sklaverei beruhte diskursiv auf doppelter Ungleichheit – der inneren in der Sklavereigesellschaft (als Quasi-Nichtstatus) und der äußeren der Herkunft aus einem „Sklavenproduktions“-Territorium oder aus einem Volk, das versklavt werden konnte.[55]

Sklaverei selbst und der äußere Status der Versklavten wurde durch Versklaveeliten mehr und mehr als genealogisches Faktum, oft sogar schon mit „Blut“ verbunden, verstanden. Nach einer Inkubationszeit von mehreren hundert Jahren wurde das Konzept dann biologisch, im Sinne einer „angeborenen“ Farbe oder „Sklaven-Blut“ (heute würde „Sklaven-Gen“ gesagt) angewandt und durch „orientalistische“ Interpretationen der Geschichte anderer Kulturen verstärkt. Dazu kam am Ende des 15. Jahrhunderts, mit der so genannten „Entdeckung“ Amerikas, also am Beginn der westlichen Neuzeit, eine von Kolumbus selbst geschaffene Schreckensikone des barbarischen Menschenfressers (Kannibale).[56] Mit ihr konnte die Versklavung der fremden „Anderen“, der Barbaren, Nichtchristen, Nichteuropäer, Heiden, Indios und Schwarzen bestens legitimiert werden.

Grundelemente dessen, was seit etwa 1750 als „Race“ bezeichnet wurde, schwangen präsemiotisch und präsystemisch bei Versklavungssituationen also immer mit. Grundsätzlich ist es aber sehr nützlich, das soziale und diskursive Universum der Sklaverei von der Ideologie des Rassismus, seinen Repräsentationen und Praktiken zu trennen – auch wenn das manchmal nicht leichtfällt, da *negro* (und Entsprechungen in anderen Sprachen) in der westlichen Hemisphäre, wie oben gesagt, zum neuen Begriff für Sklaven an sich wurde. In den Gesellschaften Afrikas ist eine Differenzierung nach Hautfarbe sinnlos. Aber Sklavereiideologie und -diskurse existieren trotzdem. Oft bis heute. Ohne den Visualisierungsmarker der Hautfarbe bieten sich, wie gesagt, zwei ideologisierte Diskurskomplexe an: Sakralisierung und Naturalisierung. Sakralisierung bedeutet im Kern „von Gott“ oder anderen höheren Wesen gewollt (oder vom „Schicksal“ bestimmt); Naturalisation bedeutet im Kern, dass die „Sklavennatur“ Besiegten „im Blut“ liegt und sich oft in äußeren Merkmalen (Chromatisierung, Haarfarbe, Kopf- und Gesichtsformen, Lippen, Nase, Mund, Augen, Ohren, Körperbau). Das Blut von Menschen, die versklavt sind, ist in dieser Ideologie (bis heute) – „Sklavenblut“. Wenn das keine in sich geschlossene Begründungschleife ist! In Afrika, wo Statusdegradierung nach Hautfarbe keinen Sinn hat, wurde, wie gesagt, eher mit Sakralisierung (Gott hat die Versklavung gewollt) oder Naturalisierung (Sklavenstatus liegt im Blut – Sklaven haben „Sklavenblut“) gearbeitet.

Die Vielfalt von Benennungen (Namen) und regionalen Traditionen allerdings markieren eine der größten Schwierigkeiten, „Sklaverei“, ähnlich wie im atlantischen Westen auch für die russisch-sibirischen Weltregionen, Afrika, den Amerikas

---

55 James, „Perceptions from an African Slaving Frontier“, S. 130–141.

56 Zeuske, „Conquista und Sklaverei“, in: Zeuske, Schwarze Karibik, S. 43–68.

außerhalb der Kolonialterritorien oder die persisch-indisch-chinesisch-malayisch-pazifische Osthälfte der Weltgeschichte zu definieren. Deshalb ist es auch in diesem Zusammenhang nützlicher, von Sklavereien zu sprechen. Denn auch im Westen gab und gibt es Umschreibungen dieses an und für sich so klaren systemischen Namens „Sklave“ (und der Institution Sklaverei). So etwa das bereits mehrfach debattierte Konzept des „Leibeigenen“. Hinter der Konstruktion der Textfigur verbergen sich die Konstrukteure. Die Namens-, Begriffs- und Perzeptionsgeschichte spiegelt die Realgeschichte wieder – allerdings nicht eben linear.

Wie wir gesehen haben, ist „*sakaliba*/*sclavi*/Sklaven“ ein Begriff, in dessen Entstehung sich Transfers zwischen slawischer Westexpansion, Judentum, Christentum und Islam sowie „Heiden“, auch im kulturellen Sinne von Barbaren, die zu kultivieren sind, reflektiert. Die ursprünglichen Begriffe der hebräischen Bibel (*ʿeved*) und das arabische *ʿabd* (auch „Sohn“, ähnlich dem karibischen *poito*) waren auch Worte zur Kennzeichnung einer religiösen Unterwerfung unter einen symbolischen Herrn, einen „Vater“ (Gott) als Sinnbild des realen *pater familias.* Moses war kein „Knecht Gottes“, sondern in Wirklichkeit ein „Sklave Gottes“, ähnlich wie Gottschalk ein „Sklave Gottes“ ist und wie die *naboría* der Taínos oder der Papst als *servus servorum dei* bezeichnet werden – auch und gerade, weil die problematische Tötungs- und Strafgewalt nur bei einem in komplizierten Ritualen erwählten Abgesandten einer „höheren Gewalt“ ausgeübt werden durfte.

Sklave als Slawe oder Slawe als Sklave entstand im frühen Mittelalter als ein solcher transkultureller Begriff in der Konfrontation des expansiven Islams und des materiell weit weniger entwickelten Christentums – nicht aber so sehr gegeneinander, wie man zuerst gehalten ist anzunehmen (aber auch), sondern, zusammen mit dem anderen Monotheismus (Judentum), vor allem in unegaler Konfrontation mit Menschen außerhalb dieser drei Buch-Kulturen – mit „Anderen“ außerhalb expandierender Imperien. Diese „Anderen“ lebten hinter der von den Nachfolgern des römischen sowie persischen Reiches definierten Kulturgrenze, die um 1000 einerseits von Hamburg in Sachsen über die Elblinie, Karpaten, Hinterland der dalmatinischen Küste (Balkan) bis zum Schwarzen Meer und zum Kaukasus verlief. Dort waren „unreine“ Fremde übrigens schon lange in der chinesischen Vorstellungswelt präsent, die außerhalb des Reiches der Mitte ebenfalls überall Barbaren sah – unter anderem die „westlichen Barbaren“, das heißt Europäer, vor allem Portugiesen und Engländer, aber auch einige Niederländer.

Besonders auf dem Balkan und in den pontischen Steppen an den Nordufern des Schwarzen Meeres und des Kaspischen Meeres bis zu den Waldrändern des Südural befanden sich die „Afrikas“ des Mittelalters, unter anderem deshalb, weil der Süd- und Ostrand des Herrschaftsgebietes der russischen Fürstentümer seit dem 10. Jahrhundert zu einer Razzienkriegs-Überlappungszone zwischen Reiter-Nomaden und Einzugsgebieten byzantinischer („griechischer“) Sklavenhäfen geworden war. Slawen, die Sklaven des 6.–9. Jahrhunderts, hatten sich zum Volk transformiert. Seit dem 16. Jahrhundert und der Eroberung von Kazan und Astrachan spielten Konflikte der Russen mit Baschkiren, Nogaiern, Kalmyken, Krimtataren und den verschiedenen Kosakengruppen in den Steppen eine wichtige Rolle, später auch mit Kirgisen, Mongolen und Turkmenen. In deren Ethnisierungsprozessen spielten Razzien- und Clansklaverei immer eine große Rolle (und in diesem Zusammenhang die jeweiligen Namen für Sklaven). Andererseits spielte die wechselnde Grenzlinie zwischen Islam sowie orthodoxem und lateinischem Christentum über und am Mittelmeer sowie die globale Verlagerung der Transportwege eine wichtige Rolle.

Im Kern beruhten die Bauernkulturen im Abend- und Morgenland auf der Fixierung lokaler Bauern durch hierarchisierte Krieger-, Kaufleute- und Priestereliten. Das führte dazu, dass sie im Bereich ihrer arabischen und fränkischen Kerne keine Sklavereigesellschaften im „römischen" Sinne waren; die arabische als Nomadenkultur aber noch eher eine potentielle Gesellschaft von Sklavenjägern, da der Islam die Versklavung von Mitgliedern der eigenen Gemeinschaft nicht ausschloss, aber behinderte. Die Stämme der Franken waren unter römischem Einfluss zunächst auch Sklavenjäger und -händler. Es waren die Expansionen und die wechselseitigen Konflikte zwischen „Römern", „Franken" (und vielen anderen barbarischen Völkern) sowie später „Mauren" und potentiellen Opfern der Verschleppung von Europa nach Asien und Afrika, die die Sklaverei von Slawen aus unterschiedlichen Anfängen und Resten römischer, arabischer oder keltischer Traditionen sich entwickeln ließ und am Leben hielt. Die wirklich starke Nachfrage ging seit dem 8. Jahrhundert, wie wir wissen, von den arabisch-islamischen Gebieten (vor allem von al-Andalus im heutigen Spanien) aus. Dazu kam seit dem 9./10. Jahrhundert die Expansion der Wikinger – Razzien-Sklavenjäger/Händler par excellence. Sakaliba waren jedenfalls versklavte „Slawen" im Dienste der Fatimiden von *Ifrîqiya* (Afrika) oder versklavte Bulgaren und Ros im persisch-islamischen Bagdad. Vorwiegend Militärsklaven, rebellierten sie im frühen 5. islamischen Jahrhundert (11. christliches Jahrhundert) und bildeten sogar militärisch gesicherte Siedlungen (*qaryat al-saqâliba*) an der Grenze zwischen dem heutigen Algerien und Marokko.

Das zwischen „Abendland" und „Morgenland" transkulturierte Mittelalter und die jeweiligen Expansionen im Zeichen von Halbmond und Kreuz zwischen 650 und 1400 vermachten der Institution, wie wir oben gesehen haben, den neuen Namen für einen der Hauptakteure von Sklaverei, eben den „Sklaven". Das Geschäft mit slawischen Kriegsgefangenen (es werden auch etliche Sachsen und Franken darunter gewesen sein) an den Ost- und Südostgrenzen der fränkischen Karolinger- und Ottonenreiche (760–936–1002) sowie Westgrenzen und Südostgrenzen des Polenreiches (Mieszko I. und Bolesław Chrobry, 960–1025) war meist so erfolgreich, dass es, wenn kein großer, offiziell erklärter Krieg stattfand, als kommerziell-militärisches Stoßtruppunternehmen in der Form von Razzien weitergeführt wurde, wie in der Ostexpansion der christlichen Ritterorden im Baltikum, im Heiligen Land und in der Ostexpansion Dänemarks, des Reiches, Schwedens und Polens im 12., 13. und 14. Jahrhundert.[57] Aus Slawen wurden Sklaven und umgedreht; aus Balten und Finnen/Esten auch. Aber Slawen hielten auch Sklaven. Esten und Balten auch. Denn es existierten immer auch sehr lokale Formen von Sklaverei. Die „Namen" beider Sklavereitypen, die äußere und die innere, wurden etwa in skandinavischen Gebieten (Dänemark, Schweden) in legalen Texten nicht groß unterschieden.[58]

Die intensiven Razzien gab es 800 Jahre lang; im Schwarzmeer- und Kaukasusgebiet noch länger.[59] Die Razzia (*raid*) – Erkundung und Geschäft, Überfall, Streben nach Lösegeld (*rescate, ransoming*) für hochrangige Gefangene, und Raub von Menschen zur Versklavung – begleitete auch diese Geschichte des Handels, der Expansion und der Imperien. Christliche Orden (Trinitarier, Mercedarier) spezialisierten sich seit dem 13. Jahrhundert auf den Loskauf von versklavten gefangenen Christen.[60] Zwischen Nomadenvölkern, aber auch am und auf dem Mittelmeer, in der Karibik oder in den Küstenmeeren Südostasiens und des Westpazifiks waren Sklaverei, Piraterie und Razzien Alltagsgeschäft, aber auch anderswo, etwa am Schwarzen Meer, in Nordafrika, in zentral- und vorderasiatischen Einzugsgebieten von Turkvölkern, am Baltikum, am Roten Meer, am Südrand der Sahara und an den Rändern des Indik.

Razzien waren, wie wir mehrfach gesehen haben, ein altes Geschäft und wurden in der atlantischen Expansion als Rescate fortgesetzt, auch als der Handel im Atlantik die „römische" Rechtsform und überhaupt die Formalisierung durch Schriftlichkeit (Notare) auf italischer Wurzel annahmen. Die großen Juggernaut-Gewalt-Institutionen der Neuzeit aber, wie etwa Flotten und Heere, behielten die nunmehr formalisierte Razziengefangennahme von Unterschichtenrekruten und -matrosen bei; aber das ist schon zu weit in die Zukunft vorausgedacht.

Während der Normannenzüge, der Ungarn- oder Schotteneinfälle sowie der großen Slawenkriege und -aufstände gegen die Ostexpansion des ostfränkischen Ottonenreiches stellten Razzien-Sklavereien auch in West- und Mitteleuropa ein gutes Geschäft dar, mit Zentren etwa in Irland (Dublin), Südschottland, Winchester, London, Ribe, Haithabu, Dorestad, Wolin (Jumne), Birka, Usedom und Reric sowie Prag, Regensburg, Verdun, Mainz oder Magdeburg sowie Hamburg; ich vermute auch in der Frühzeit der Hanse auch mit gefangenen Pruzzen, Esten und Litauern, alles noch ohne schriftliche Form, sondern mit Handschlag, Tausch oder *cash*.

57 Gillingham, „A Strategy of Total War? Henry of Livonia and the Conquest of Estonia, 1208–1227", S. 186–214.

58 Karras, „Slavery and Freedom", in: Karras, Slavery and Society in Medieval Scandinavia, S. 122–163.

59 Skirda, La traite des Slaves, passim; Stello, „La traite d'esclaves en mer noire (premiére moitié de XVe siècle)", S. 171–180.

60 Abulafia, „Kaufleute, Söldner, Missionare 1220–1300", in: Abulafia, Das Mittelmeer, S. 436–460, hier S. 451.

Andere Namen für andere Sklavereien und andere Versklavte

> Instead of SLAVES, let the Negroes be called ASSISTANT-PLANTERS; and we shall not then hear such violent outcries against the slave trade by pious divines, tender-hearted poetesses, and short-sighted politicians.[61]

Schon vor oder neben dem Aufkommen des Wortes „Sklave" gab es natürlich Sklavereien. Sie hießen anders. Ebenso wie es parallel zu den großen Plantagen- und Neue-Welt-Sklavereien und nach den Abolitionen der Sklaverei im atlantischen „Westen" noch Sklaven gibt.

Im pharaonischen Ägypten, im Neuen Reich (1550–1070) wurde Sklaven mit dem Wort *hem* bezeichnet.[62] Worte, Namen und Bezeichnungen sowie Konzepte, die für „Sklaven mit anderem Namen" benutzt wurden, gab es auch schon in mykenischer Zeit, auch wenn wir über den Rechtsstatus nicht genau Bescheid wissen: „do-e-ro" und „do-e-ra" entsprechen als Sklaven-Namen dem griechischen *doulos* beziehungsweise *doule* (weibliche Form).[63] Sklaverei war um 600 v. u. Z. verbreitet, wie der Einsatz von kriegsgefangenen Sklaven, übrigens vor allem als Hirten wie bei den frühen Römern, bei den Skythen Herodots zeigt.[64] Wir wissen nicht, wie die Skythen ihre Sklaven nannten (Herodot nennt sie *δούλους* – Sklave), aber wir wissen, dass ein Merkmal einer großen Gruppe von Nomadenwirtschafts-Sklaven die Blindheit gewesen sein soll – sie wurden geblendet, um nicht auf den Pferden der Skythen fliehen zu können. Eine Mutilation Versklavter. Als die Skythen-Krieger 28 Jahre auf Kriegszügen blieben, sollen sich die Skythenfrauen blinde Sklaven als Partner genommen haben.[65] Thraker waren Fachleute im Kinder- und Frauenhandel. Verkauf eigener Kinder ist überhaupt in Griechenland nach Elisabeth Herrmann-Otto zu „allen Zeiten praktiziert worden".[66] David Lewis hat für das klassische Athen nachgewiesen, dass Sklavinnen und Sklaven nach Herkunftsgebieten (zugleich eine äußere Statusdegradierung und sicherlich auch eine Vorform der Kommodifizierungs-Bezeichnungen – im atlantischen Slaving (*naciones*)) – benannt wurden. Gruppen-Sklaven-„Namen" waren: *thratta* (weibliche Form von

---

61 The Gentleman's Magazine, vol. 59, January–June, April 1789; zit. nach: Petrie, Hazel, Outcasts of the Gods: The Struggle Over Slavery in Māori New Zealand, Auckland: Auckland University Press, 2015, S. 325.

62 Bussmann, „Kriege und Zwangsarbeit im pharaonischen Ägypten", S. 58–72.

63 Schumacher, „Sklavenmarkt und Sklavenverkauf", in: Schumacher, Sklaverei in der Antike, S. 44–65, hier S. 45; zu Quellen- und Interpretationsproblemen siehe: Fischer, „Freie und unfreie Arbeit in der mykenischen Textilproduktion", in: Kabadayi; Reichardt, Unfreie Arbeit. Ökonomische und kulturgeschichtliche Perspektiven, S. 3–37.

64 Herodot, Neun Bücher zur Geschichte, S. 321–405, hier vor allem 321 ff.

65 Ebd. sowie: Taylor, „Believing the ancients: quantitative and qualitative dimensions of slavery and the slave trade in later prehistoric Eurasia", S. 27–43, hier S. 35.

66 Hermann-Otto, „Die Ursprünge: von der mykenischen Palastwirtschaft zu den homerischen Fürstenhöfen", in: Hermann-Otto, Sklaverei und Freilassung, S. 51–60, hier. S. 58 f.

Thraker; zugleich Synonym für Sklave an sich sowie regionaler Herkunftsverweis und äußere Statusdegradierung), aber auch *manes* (Bezeichnung einer Ethnie in Phrygien – wurde für Sklaven aus Phrygien, Karien und Paphlagonien benutzt), *syros* (aus Syrien), aber auch *tibeios* als Standardname für Sklaven von der Südküste des Schwarzen Meeres, aus Lydien oder Syrien.[67]

Und schließlich zeichnet sich die antike Sklaverei in Griechenland (speziell in Athen als einer Art „Muster-Stadtstaat") durch eine Vielzahl von konkreten Versklavungssituationen mit einer Vielzahl von „Namen" aus (siehe oben) und auch durch Funktionsdimensionen der Sklaverei – so waren Eliten und Vollbürger des „demokratischen" Athens auf die naheliegende Idee gekommen (die sie auch verwirklichten), das Wort „Staatsdiener" wörtlich zu nehmen und Sklaven als Spezialisten für Verwaltung und Sicherheit (Polizei) einzusetzen (*dēmosioi* als Eigentum des Stadtstaates).[68] Paulin Ismard sagt zu den versklavten Amtsträgern (siehe etwa auch *ambactus* bei den Kelten):

> In Pericles's Athens, as in the small cities of Asia Minor at the end of the Hellenistic period, many responsibilities that were essential to how cities functioned did not fall within the magistrates' jurisdiction and as such were excluded from the political sphere. Most of the men who exercised these duties were not citizens but slaves. To refer to these men the Greeks used the term dēmosios, which covered two inextricable elements, namely a function (working for the city) and a personal condition (that of slave). These public slaves, whose legal status should not be reduced to that of private slaves, carried out precisely the functions of civic administration that were beyond the regular rotation of magistratures, and, in this sense, embodied the only form of "bureaucracy" the polis had ever known.[69]

Und die Athener waren nach den Reformen Solons zu einer generischen Bezeichnung aller „Nicht-Sklaven" gelangt, die alle Freien, auch Frauen, Kinder und Fremde (sofern sie keine Versklavten waren) einschloss.[70]

Wie oben angedeutet, wurden schon im mykenischen Griechenland (18./17.–12. Jh. v. u. Z.) generische Sklavenbezeichnungen (*doero*, *doera*) mit Herrennamen verbunden, meist ein Zeichen für die Entstehung privater Sklaverei. *Teojo doero/doera* waren Gottessklaven, etwa in Tempeln des Poseidon, der Artemis oder der Hera (korporativer/institutioneller Besitz).[71] Im antiken Griechenland, aber auch im ptolemäischen Ägypten, existierten, wie an verschiedenen Stellen bereits erwähnt, Bezeichnungen für generische private Sklaven wie *douloi* oder *andropoda*, aber es

---

67 Lewis, „Near Eastern Slaves in Classical Attica and the Slave Trade with Persian Territories", S. 91–113, vor allem S. 99f; siehe auch: Fischer, „Der Schwarzmeerraum und der antike Sklavenhandel. Bemerkungen zu einigen ausgewählten Quellen", S. 53–71; Lewis, Greek Slave Systems.

68 Ismard, La démocratie contre les experts, passim; Ismard, Democracy's Slaves, passim.

69 Ismard, „The Single Body of the City Public Slaves and the Question of the Greek State", S. 505–532, hier S. 509.

70 Vlassopoulos, „What Do We Really Know About Athenian Society?", S. 659–681.

71 Hermann-Otto, „Die Ursprünge: von der mykenischen Palastwirtschaft zu den homerischen Fürstenhöfen", S. 51–60.

wurden sehr viele Einzelbezeichnungen für Sklaventypen und Versklavungssituationen verwendet. *Servitudo, servitus* oder *servus* und *ancilla* konnte wie die griechische Entsprechung *douleia, doulos* und *doule* eine Vielzahl von konkreten Bedeutungen haben: Abhängigkeit in sozialer und ökonomischer Hinsicht, politische Unfreiheit, Kaufsklaverei, Knechtschaft und Sklaverei im engeren Sinne – was in Deutschland noch im 17. Jahrhundert wahrgenommen und in Bezug auf Leibeigenschaft debattiert wurde.

Griechen-, Kelten- und Germanenanführer hatten verschworene Abhängige (*therâpontes, ambacti* bzw. *comites*) in ihren Kriegsgefolgen, die mit ihnen aßen und für sie starben – und natürlich für sie arbeiteten oder auch Verwaltungs- und Polizeifunktionen (Amt) ausübten. Daneben dient das keltische Wort *ambactus* zur Kennzeichnung eines Unfreien (Sklaven) neben Freien und Adligen.[72] Nach Caesar genossen in Gallien nur Druiden und Adel (*equites*) Status und Ansehen. Das gemeine Volk (*plebes*) habe fast die Stellung von Sklaven gehabt. Die weite Verbreitung von Sklaverei bestätigt auch Diodor. Händler vom Mittelmeer hätten als Preis für eine Amphore Wein oft einen Sklaven bekommen.[73]

Die alte hebräische Benennung für Sklaven war *ʿeved* (männlich) und *shifha* (weiblich).[74]

In Rom war die Bezeichnung für Sklaven und Sklavinnen, wie gesagt, relativ klar: vor allem *servus* und *ancilla* (*puella*), nach Dauer der Versklavung (*veterana*), aber auch *puer, famulus, mancipium* oder *res mancipi* – die reale Bedeutung ergab sich nur aus dem Kontext; Sklaverei hieß im alten Rom *servitudo*. Die Etymologie von *servitus* ist unklar, geht vielleicht über das Etruskische auf indoeuropäisch *sóru* (Beute) zurück. Elisabeth Herrmann-Otto sagt in ihrem exzellenten Studienbuch über antike Sklavereien, dass in der Antike allgemein anerkannt war, dass *servus* (Sklave) von *servare* (bewahren) komme. In seiner indogermanischen Wurzel stamme das Wort-Konzept von *ser* (Acht haben auf). Im 7. Jahrhundert v. u. Z. wurde in Rom begonnen, zunehmend Sklaven als Hirten (*servi*) aus dem mittelmeerischen Handel zu kaufen.[75] Hirten haben bekanntlich ziemliche Autonomie und Mobilität. Schärfer und klarer als privater Sklave definiert wurde der Begriff *servus* als Sklave im urbanen Bereich in den Zwölf-Tafel-Gesetzen (um 450 v. u. Z.).[76]

Die Stellung von römischen Sklaven war, sagen wir um 200, klar definiert, aber noch nicht zentral kodifiziert. Sklaven waren – manchmal an der Kopfbedeckung,

---

72 Peschel, „Archäologisches zur Frage der Unfreiheit bei den Kelten während der vorrömischen Eisenzeit", S. 370–417.

73 Maier, Bernhard, „Arbeitsteiligkeit und soziale Schichtung", in: Maier, Geschichte und Kultur der Kelten, S. 142–143, hier S. 143.

74 Toch, „Was There a Jewish Slave Trade (or Commercial Monopoly) in the Early Middle Ages?", S. 421–444, hier S. 433.

75 Hermann-Otto, „Ursprung, Charakter und Verbreitung der Sklaverei im republikanischen Rom", S. 111–125, besonders S. 112.

76 Ebd.

der Phrygiermütze oder den Füßen – in den allermeisten Fällen für alle anderen klar als solche erkennbar; der Status eines sozusagen beamteten Staats- oder Kaisersklaven war an der (guten) Kleidung ersichtlich. Was das Wort zur Bezeichnung eines Sklaven (*servus*) genau bedeutete, ist aber trotzdem nur aus dem „Kontext des Einzelzeugnisses“[77] abzulesen.

Im Altsächsischen hießen Unfreie *liten*; im Althochdeutschen hieß „unfreier Knecht“, der auch Sklave sein konnte, *skalk* (Schalk, von Gotisch *skalks*, siehe auch den Aufstieg der Worte *Seneschall* oder *Marschall* – letzteres wörtlich „Pferdesklave“) am Beginn der Wortgeschichte oft ein Trosssklave, wie auch schon im römischen Heer. Nicht von ungefähr erhielt ein Obodritenfürst im 11. Jahrhundert den christlichen Namen *Gottschalk* – Knecht oder Sklave des (neuen) christlichen Gottes. Im Altenglischen zur Zeit der Auseinandersetzungen zwischen Dänen/Norwegern und Sachsen hießen Sklaven *theow*, *æht* oder *thræll.*[78] In Nordeuropa, in Schweden, Dänemark und Norwegen, wurden Unfreie meist als „Knechte/Sklaven“ bezeichnet. Im Dänemark der Wikingerzeit bestand sogar die Mehrheit der Bevölkerung aus *thralls* oder *trælle* (Knechte/Sklaven) bzw. weiblichen Versklavten/Dienerinnen (*ambátt*). Trelleborg (= Sklavenburg) war ein Handelsplatz für Sklaven/Gefangene. Knecht konnte im dänischen Reiche jede und jeder werden, schreibt Robert Bohn, „durch Schuld oder Kauf oder durch Gefangennahme. Für bestimmte Vergehen war die Strafe die Knechtschaft. Auch die Kinder eines in Knechtschaft lebenden Paares wurden Knechte. Die meisten Menschen, die sich in Knechtschaft befanden, hatten einen Status, den man heute eher als Sklaverei bezeichnen würde“.[79] Für Skandinavien sind *thralls* (Sklaven) bis in das 13. Jahrhundert belegt, nicht nur in der Landwirtschaft.[80] In Schweden wurde diese Sklaverei als legitimes Rechtsverhältnis erst 1335 durch königliches Dekret formell abgeschafft (allerdings blieb die Frage Versklavter von außen, d. h., Karelier, Finnen, Russen, offen).[81]

---

77 Leonhard Schumacher sagt allerdings, dass „Kleidung als Indiz für persönliche Unfreiheit“ nicht herangezogen werden kann, siehe: Schumacher, „Typologie der Unfreiheit“, in: Schumacher, Sklaverei in der Antike, S. 65–90, hier S. 90, S. 65. Zur Vorgeschichte siehe: Rix, Helmut, Die Termini der Unfreiheit in den Sprachen Alt-Italiens, Stuttgart: Steiner, 1994 (Forschungen zur antiken Sklaverei; 25).

78 Pelteret, Slavery in Early Medieval England, from the Reign of Alfred until the 12th Century, Woodbridge/Rocherster: The Boydell Press, 1995 (Studies in Anglo-Saxon History, 7); Wyatt, David, Slaves and Warriors in Medieval Britain and Ireland 800–1200, Leiden: Brill, 2009 (The Northern World, 45).

79 Bohn, „Gesellschaft und Wirtschaft im Mittelalter“, S. 12–20.

80 Karras, „The Identity of the Slave in Skandinavia“, S. 40–68; Seaver, Kirsten A., „Thralls and Queens. Slavery in the medieval Norse Atlantic“, in: Campbell; Miers; Miller (eds.), Women and Slavery, Bd. I, S. 147–168.

81 Zu den Schwierigkeiten, das Ende der Sklavereien in Island, Norwegen, Dänemark und Schweden zu datieren, zu den Gründen und zu den Ursachen, dass es in Skandinavien, im Gegensatz zu Nord-, Mittel- und Osteuropa kaum zu Leibeigenschaftsverhältnissen kam, siehe: Karras, „Slavery and Freedom“, S. 122–163 (vor allem „Dating the End of Slavery“, S. 134–140).

Das Wörterbuch der Sklaven- und Knechtschaftsbezeichnungen ist riesig. Auch in frühneuzeitlichen Texten ist lange von „Knechten" die Rede. „Knechte" können auch individuell eingeschworene Diener sein, etwa „Knappen" mit siebenjähriger Dienstzeit (wie später *bond servants*), das heißt junge Ritter, Diener und viele Andere mehr. Der Begriff umfasst später den lutherischen Kompromiss des „freien Gottesmenschen / Knecht Gottes" mit den realen Ausbeutungsformen seiner Zeit (Luther übersetzte „Sklave" mit „Knecht");[82] auch Hegel benutzte diese Figur noch in seiner berühmten Dialektik von Herr und Knecht in der „Phänomenologie des Geistes".[83] Wir betreiben aber hier keine Erscheinungsgeschichte des Geistes, sondern eine Namenskunde realer Sklavereien. Im England des späten 17. Jahrhunderts verhärteten sich die Rechtstheoretiker (wie Hobbes, klar, und Locke) gegenüber der Sklaverei. Menschen- und Sklavenhandel sowie Sklavereien, die in der Realität für englische Slaver prächtig gediehen, wurden immer deutlicher als durch das Naturrecht gegeben und gerechtfertigt dargestellt. Kein Wunder, dass ein Historiker zur Auffassung gelangt, die Haltung zum Slaving sei am Ende des 17. Jahrhunderts „eher totalitärer und radikaler als humaner"[84] gewesen. Geschah doch genau zu dieser Zeit der Übergang zum eher privat organisierten Sklavenhandel zwischen Afrikanern und Europäern. Besonders in London wurden Sklaven meist *servants* genannt, also eigentlich Diener. Und Haussklaven führten auch die Tätigkeiten von Dienern (und vice versa) aus. Die Besitzer nutzen diese Begriffsverwirrung aus, denn es bestand allgemein eine tiefe Abneigung gegen die Tatsache, dass es im „freien" England Sklaven geben könne. Ähnliches galt für die „gallische Freiheit" des europäischen Frankreichs wie auch für die europäischen Teile Portugals, Spaniens oder Dänemarks. Sklaven trugen oft eiserne Halsbänder, was sie klar von Dienern unterschied. Ähnliches geschah im Neo-Europa des amerikanischen South im 19. Jahrhundert. Für die Sklavenhalter, die sich natürlich nicht als solche, sondern als *planters* oder *farmers* bezeichneten, waren „Sklaven" *negroes*, *servants*, „my people" oder Teil „meiner weißen und schwarzen Familie".[85]

Im späten Rom und im frühen Mittelalter Galliens oder Germaniens, aber auch Italiens, bedeutete „servus" einen unfreien Bauern, eine Person mit minimalen Rechten und meist erblich als eine Vorform der Leibeigenschaft oder Hörigkeit (kollektive Unfreiheit) an das Land gebunden, das er und seine Familie, oft eigentlich als angesiedelte Pächter (*colonus*), bearbeiteten. Aber für die Periode zwischen 400

82 Kessler, Rainer, „Knechtschaft".

83 Hegel, Georg Wilhelm Friedrich, Phänomenologie des Geistes, neu herausgegeben von Wessels, Hans-Friedrich und Clairmont, Heinrich, mit einer Einleitung von Bonsiepen, Wolfgang, Hamburg: Felix Meiner Verlag, 1988 (Philosophische Bibliothek; Bd. 414), S. 132–136, hier S. 112–116.

84 Franke, Sklaverei und Unfreiheit im Naturrecht des 17. Jahrhunderts, S. 320; siehe auch: Amussen, Caribbean Exchanges: Slavery and the Transformation of English Society, 1640–1700, Chapel Hill: The University of North Carolina Press, 2007.

85 Tadman, „The Reputation of the Slave Trader in Southern History and the Social Memory of the South", S. 247–271, hier S. 254.

und 800, in manchen Fällen sogar bis in das 13. Jahrhundert, konnte *servus* beide Situationen, sowohl die des verkaufbaren individuellen Sklaven, wie auch des abhängigen, unverheirateten, immobilisierten Bauern in einer Art kollektiver Sklaverei bezeichnen. In vielen Formen kollektiver Sklaverei/Zwangsarbeit tritt der Moment der Fixierung an ein gegebenes Territorium und sogar an ein ganz bestimmtes Stück Land besonders hervor. Spätestens 800 Jahre später hatte sich in Westeuropa, im Karolingerreich (*Lex Salica* – die aus der Zeit vor der Eroberung Galliens stammt)[86] eine Bedeutungsverschiebung und Vervielfältigung des Begriffes ergeben. Es gab nun Servi und Ancillae in den Palastwirtschaften Karls des Großen, auch *servi regis*, die als „Hofsklaven" und „leibeigene Knechte" definiert wurden. Sicherlich spielt hier das von Leonhard Schumacher genannte Problem eine Rolle, für die „Normalität der Institution" die Sklaven eines kaiserlichen Haushalts lieber weniger als Beispiel heranzuziehen. Juristisch, kommerziell und diskursiv konnten Servi aber immer noch *mancipia* (dem Vieh gleichgestellt) sein. Reinhard Schneider schreibt dazu: „Am ärgsten war [im Frankenreich 4./5. bis Ende des 9. Jahrhunderts – M. Z.] das Los jener Unfreien, die förmlich als Massenzubehör bezeichnet werden; sie sind die Manzipien der Pertinenzformeln fränkischer Urkunden. Vermutlich wird für diese unfreie Unterschichtengruppe, die meistens am Hofe eines anderen Unfreien als minderes Gesinde arbeitete, der Begriff „Sklave" verwendbar bleiben, auch wenn ihn die frühmittelalterliche Sozialgeschichtsforschung im Allgemeinen meidet. Von Sklaven muss aber unbedingt geredet werden bei schollenungebundenen und nichthofhörigen Manzipien, die für Geld oder Naturalien kauf- und verkaufbar waren".[87] Diese Manzipien hatten Relevanz neben den Sklaven des Fernhandels, den Slawen, Sachsen, Rus/Ros und Sakaliba. Hörigkeit, Abhängigkeit, Leibeigenschaft, Unfreiheit gegenüber dem oder den nächsten Herrn beziehungsweise mehreren Herren und Schollengebundenheit werden meist als eine Art Schutz vor „römischer" Sklaverei als Individuum sowie direkte Eigentumsrechte eines einzelnen Eigentümers oder Besiegers dargestellt. Christoph Schmidt argumentiert historisch und sagt, dass sich „Leibeigenschaft" nach Auflösung der Sklaverei (und in Auseinandersetzung mit dem Phänomen der „römischen" *servitus*) in Europa herausgebildet habe; ich meine, dass vielleicht der welthistorische Hauptunterschied zur römischen und zur atlantischen Sklaverei darin besteht, dass es im Prozess der Herausbildung der Leibeigenschaft im Ostseeraum nicht zur massenhaften Herauslösung von Individuen aus ihren bäuerlichen Gemeinschaften kam (wie in fast allen großen Bauernimperien). Vor allem schwarze Sklaven, die aus Afrika verschleppt wurden, erlitten diese fundamentale Zerstö-

---

86 Ubl, Karl, Sinnstiftungen eines Rechtsbuchs. Die Lex Salica im Frankenreich, Ostfildern: Thorbecke, 2017 (Reihe: Quellen und Forschungen zum Recht im Mittelalter, Band 9); zu weiteren *leges* (Baiuvariorum, Alamannorum, Suavorum, etc.), siehe: http://www.leges.uni-koeln.de/ (letzter Zugriff 04.01.2018)

87 Schneider, Reinhard, Das Frankenreich, München: R. Oldenbourg Verlag, [4]2001, S. 80.

rung ihrer Sozialbeziehungen (mit dem Versuch, auch ihre Persönlichkeiten zu zerstören); allerdings bildeten sie in Amerika sehr schnell eigene Gemeinschaften (*naciones*) – das ist im Kern der Ansatz für Kreolisierung, in der unterschiedlichste „afrikanische“ Elemente zur Realität neuer Gemeinschaften zusammen geführt wurden (Diaspora).

Im Frankenreich gab es den Servus als „Fronknecht“ und die Ancilla als „Fronmagd“, vor allem wenn sie unverheiratet waren (*servi non casati*; die Erlaubnis zur Heirat erteilte nur der Herr oder die Herrin), die im Gegensatz zu anderen Dienstleuten die umfänglichste Arbeit auf den Gütern des jeweiligen Herren zu leisten hatten. Ein Unterschied zu römischen Sklaven und arabisch-islamischen Sakaliba ist sehr deutlich. Die Servi und Ancillae des westeuropäischen Mittelalters waren lokale Haus- und Hofsklaven, meist ohne äußere Statusdegradierungen (von den Habita abgesehen), meist mit etwas Land, wenn sie verheiratet waren oder wurden. Sie wurden nicht oder sehr selten über weite Strecken verkauft, manchmal aber zwischen Herrschaften ausgetauscht, verschenkt oder vererbt (oder suchten sich einen neuen Herrn, der ihnen mehr Freiheiten zusagte). Ihr Real-Status war extrem vielfältig. Sie unterlagen der direkten körperlichen Gewalt eines Herrn *avant la lettre*, aber auch fast allen Dimensionen struktureller Gewalt (siehe Sklaverei-Infrastrukturen oben) sowie vielfältigen Aushandlungsprozessen, an denen die Betroffenen, je nach Kontext, auch selbst beteiligt waren; die Unfreien „vergaßen“ ihren Servus-Status aktiv und progressiv, je länger sie bei einem Herren waren, sie flohen in Städte oder versuchten, konkrete Verbesserungen („Freiheiten“) für ihre Nachkommen herauszuholen. Eindeutig waren eigentlich nicht einmal die juristischen Figuren, da sie meist in Konflikten zwischen Herren, seltener zwischen Herren und Unfreien, entstanden. Die Worte in den mittelalterlichen Quellen sind oft Bezeichnungsentscheidungen der Schreiber, deren Sinn sich nach Ludolf Kuchenbuch oft erst aus den verwandten Verben oder Adjektiven (wie *proprius*) ermitteln lässt. Angesichts der Analyse solcher Quellen aus historischen Übergangssituationen muss man sich fragen, warum bestimmte terminologische Entscheidungen fallen und welche Worte werden nicht benutzt. So kommt man von den vermeintlichen Klarheiten der Rechtsgeschichte weg und zu den Unklarheiten der sozioökonomischen und juristischen Praktiken der mittelalterlichen Realgeschichte – und die besteht oft eben aus Aushandlungssituationen, aber eben auch aus anderen Arbeits- und Wirtschaftskonstellationen als in Rom.[88] Dienst, auch Sklavenarbeit, und Herrschaft waren nicht so sehr singuläre Konstellationen als Bündel von Restriktionen

88 Kuchenbuch, Ludolf unter Mitarbeit von Hanemann, Stefan; Teubner-Schoebel, Sabina, Trede, Juliana, Grundherrschaft im frühen Mittelalter, Idstein: Schulz-Kirchner, 1991 (Historisches Seminar, Neue Folge; Bd. 1); Kuchenbuch in Zusammenarbeit mit Michael, Bernd (eds.), Feudalismus – Materialien zur Theorie und Geschichte, Frankfurt am Main: Ullstein, 1977; Kuchenbuch; Kleine, Uta (eds.), Textus im Mittelalter: Komponenten und Situationen des Wortgebrauchs im schriftsemantischen Feld, Göttingen: Vandenhoeck & Ruprecht, 2005 (Studien zur Germania Sacra; 216).

und Privilegien, die in den verschiedensten individuellen Kombinationen existierten. Unter diesen Kombinationen handelte es sich vor allem um verschiedene Grade einer eingeschränkten Mobilität, die Kontrolle des eigenen Körpers und derer der eigenen Nachkommen, des eigenen Namens, die eigene Arbeit sowie das Recht, eigene Waffen zu tragen, Zugang zu Gerichten, legitimierte Habe (Eigentum), das Recht zu heiraten oder zu erben (oder beides), Gewalt über die eigene Frau (für männliche Versklavte) und eigenen Kinder (auf die ein Sklave oder eine Sklavin in Amerika theoretisch kein Recht hatte), Status und Ehre.

Diese Differenzierungen durch Kulturisierung sind wichtig, wenn wir eines immer bedenken: strukturelle sowie individualisierte und formalisierte Gewalt, auch als konkrete Gewalt gegen Körper. Symbol aller Sklavereien ist die Peitsche, nicht das Rechtsbuch oder die Urkunde. Aus letzteren kann der legale Status abgeleitet werden. Es gab unfreie Funktionsträger (Verwalter, Bewacher) von Königsgütern, Klöstern (und später auch Adligen), wie die *adalschalks* im Bayern des 8. Jahrhunderts oder Ministeriale (*marhskalk*) in Altsachsen im 9. bis 11. Jahrhundert;[89] eine Variante findet sich in den berittenen Unfreien im westlichen England der gleichen Zeit (*radcnights*, *geneats*) und natürlich in den islamisch-osmanischen Kul-Sklaven, Bannermännern in Qing-China oder in faktisch beamteten Sklaven kaiserlicher Haushalte in Rom.

In spätantik-frühbarbarischer Zeit, etwa im frühen Frankenreich, gab Wer-Gelt Auskunft über Rang und Wert einer Person. Sklaven und Unfreie hatten einen niedrigen Wert. Aber gefangene Krieger hatten hohen Rang, Wert und Preis. Als Gefangene einer Razzienkriegswirtschaft standen sie, solange ihr Gegenwert (in was auch immer) ausgehandelt wurde, im Range von Geiseln. Geiseln waren immer in gewisser Weise unfrei, gehörten aber meist der Herrschaft des Territoriums an, das sie einer anderen politischen Macht stellen musste. Die Gefahr zum Sklaven oder getötet zu werden, gab es bei größeren politischen Katastrophen oder wenn die Auslösesumme nicht gezahlt wurde.

In Irland etwa, in Spätantike und frühem Mittelalter ein Refugium keltischer Kultur (mit Expansion nach Schottland), kommen Worte für Sklaven und Sklavinnen in Texten oft vor und auch in der Realität spielten Sklavinnen und Sklaven als Kriegsgefangene, Schuldner, Opfer von Sklavenjägern (wie der Heilige Patrick) und sogar als Wort für Währungseinheiten (*culum*/*cumal* = Sklavin und Währungseinheit)[90] eine höchst bedeutende Rolle. Unterhalb einer Herrenschicht, der auch „Könige“ angehörten, gab es unterschiedliche Grade von Unfreiheit, die bis zu völlig rechtlosen Sklaven (*mug*) reichte. Die Bedeutung der Sklaverei geht auch daraus hervor, dass, wie erwähnt, das Wort für Sklaven (*cumal*) in Rechtstexten als Wert-

---

89 Zur Entwicklung im Reich siehe: Zotz, „Die Formierung der Ministerialität“, S. 3–50; Keupp, Dienst und Verdienst, passim.

90 Birkhan, Helmut, Kelten. Versuch einer Gesamtdarstellung ihrer Kultur, Wien: VÖAW, 1997, S. 989.

einheit zur Berechnung eines Kaufpreises oder einer Geldstrafe herangezogen wurde.[91]

In den nordischen Gebieten, vor allem Dänemark, Schweden, am Nordweg (Norwegen), auf Irland sowie einer Reihe von Insel des Nordatlantiks, der Nord- und Ostsee hießen Sklaven, wie bereits mehrfach gesagt *trælle*, die weibliche Form war *ambátt* (gilt für alle skandinavischen Sprachen; *ambátt* = Sklavin, aber auch formal freie Dienerin; siehe auch Keltisch: *ambaxtos* – männlicher „Amtmann"/Elitesklave; Lat.: *ambactus;* Deutsch: Amt).[92] Das heute für seine frühen Formen der „Demokatie" hochgelobte Island war eine Kolonisierung männlicher Wikinger-Bauern/Krieger und versklavter, meist keltischer Frauen aus Schottland und Irland sowie anderen Inseln (wo es nochmals eigenständige Namen für Sklaven gab, so etwa *frillur* (sing. *frilla*) für Sklavinnen/Konkubinen in Island). „The slaves", sagt Jesse Byock, „many of them were probably of Celtic stock".[93] „Owning a lot of slaves in Iceland a sign of wealth and power; owning slaves [oder formal freie Hausdienerinnen – M. Z.] as sexual partners asserted a specifically masculine power".[94]

Im Skandinavien der Wikingerzeit, wie am Beispiel des am schärfsten hierarchisierten Dänemark bereits gezeigt, lautete das Wort zu Bezeichnung von Sklaven *thrall* oder *træl* (*thralle/trælle* = *drellen*). Auch im Baltikum des 14. Jahrhunderts, etwa bei den Litauern, aber auch bei den Ritterorden sind Razzienwirtschaft und Sklaverei, wie wir gesehen haben, nicht unbekannt gewesen. Der eingedeutschte Name des generischen Sklaven im Baltikum lautete *drellen* und beweist den starken skandinavischen Einfluss. Ruth M. Karras sagt zum skandinavischen *thrall*: „since all the sources make thralls slaves, we must conclude that they were so by the time".[95]

In modernem Finnisch heißt Sklave *orja*; der gleiche Name für Sklave wird in vielen anderen Baltisch-Finnischen Sprachen in einem großen Territorium bis hin nach Estland und in das Baltikum sowie Nordwest-Russland benutzt.[96]

In der samischen Sprache ist ein Name für Sklave *shlavva*. Die Bezeichnung stellt eine relativ rezente Übernahme aus dem Schwedischen dar.[97] Die karelische

---

91 Maier, „Gesellschaft", S. 249–250, hier S. 250.

92 Ich danke Ruth M. Karras für die Erklärung des Begriffs *ambátt*.

93 Byock, Jesse L., „The Social Effects of Concubinage", in: Byock, Viking Age Iceland, London/New York: Penguin Books, 2001, S. 132–134, hier S. 132.

94 Karras, „Servitude and Sexuality in Medieval Iceland" in: Pálsson, Gísli (ed.), From Sagas to Society: Comparative Approaches to Early Iceland, Enfield Lock: Hisarlik Press, 1992, S. 289–304, hier S. 293.

95 Karras, „The Identity of the Slave in Skandinavia", S. 40–68, hier S. 41.

96 Korpela, Jukka, „'... And They Took Countless Captives': Finnic Captives and the East European Slave Trade during the Middle Ages", in: Witzenrath (ed.), Eurasian Slavery, Ransom and Abolition in World History, S. 171–190.

97 Ebd.

Sprache (Ostfinnland/Russland) benennt Diener mit dem Wort *holoppa*, das dort eine Übernahme des russischen Wortes *holop* (auch: *cholop* oder *kholop*) ist, „meaning a slave".[98] Jukka Korpela hält fest: „The fact that Finnic languages do not use the single European term 'slave' also references the multiple forms [of] slavery ... in this region".[99]

Peter Blickle hat die vielfältigen Formen, Benennungen und juristischen Definitionen von Leibeigenschaft in Mitteleuropa untersucht. Die Juristen des Barock waren in Deutschland vor allem auf eine eifrige Abgrenzung des „Leibeigenen"-Begriffs vom Begriff des „römischen" Sklaven fixiert. In weltgeschichtlicher Perspektive stellt sich die kontrafaktische Frage: was wäre im Europa der „zweiten Reihe" des *slavery hinterland*[100] (aus atlantischer Perspektive: die Hinterländer der so genannten Seemächte des Atlantiks, in denen Sklaverei und Menschenhandel von Afrikanern nicht, wie bei den Seemächten, massiv war) mit dem Status der „Leibeigenen" geworden, wenn es nicht die Akkumulationsmöglichkeiten des Atlantischen Raumes („Atlantisierung") und den langanhaltenden Nachfragesog niederländischer, französischer und englischer Städte gegeben hätte, der seine Kraft wiederum aus der atlantischen Akkumulationsmaschine gewann? Wie weiter unten ausgeführt, hatten niederländische Kapitäne und Sklavenbesitzer oder Juristen seit dem 17. Jahrhundert keinerlei Schwierigkeiten, *slave*, *slaf* und *lijfeigen* in Kapstadt oder Batavia synonym zu benutzen. Die beiden möglichen Hauptantworten auf die oben gestellte kontrafaktische Frage, was im nichtatlantischen Mitteleuropa passiert wäre, sind: weniger Kriege und/oder noch schärfere Ausbeutungsformen sowie weniger Differenzierungen (wie etwa in der Wirkung „übergeordneter Raumstrukturen" auf Niedersachsen, Westfalen und Teile Schleswig-Holsteins).[101] In einigen Gebieten Norddeutschlands, des Wendlands, Nordostdeutschlands und überhaupt des Ostseeraumes hatten Lokalvarianten der Leibeigenschaft, wie ich bereits ausführlich diskutiert habe, die Grenze zur kollektiven Sklaverei (nicht in der Benennung, aber in der Realität) überschritten, zu einem euroasiatischen Typus der Sklaverei/Leibeigenschaft, ohne breite Trennung der Unfreien vom Land oder als Neuansiedlung von Kriegsgefangenen in gering besiedelten Gebieten.[102]

---

98 Ebd., S. 184.

99 Ebd.

100 Brahm; Rosenhaft (eds.), Slavery Hinterland, passim.

101 Blickle, Von der Leibeigenschaft zu den Menschenrechten. Eine Geschichte der Freiheit in Deutschland, München: Beck, 2005; Obal, Udo, „Zwischen Freiheit und Zwang? Arbeit und Gesellschaft im frühneuzeitlichen Nordwestdeutschland", in: Zeitschrift für Weltgeschichte, Jg. 7:1 (Frühjahr 2006), S. 57–76; Obal, „Transithandel und Globalisierung. Chancen kurhannoverscher Wirtschaftspolitik im Zeitalter der Personalunion", in: Barmeyer, Heide (ed.), Hannover und die englische Thronfolge, Bielefeld: Verlag für Regionalgeschichte, 2005, S. 33–35.

102 Nikzentaitis, „Prisoners of War in Lithuania and the Teutonic Order State 1238–1409", S. 193–208; Taterka, „Zu Bauernsklaven bekehrt. 700 Jahre deutsche Kolonialgeschichte im Baltikum", S. 59–61; Lübke, „Kriegsgefangene im mittelalterlichen Osteuropa. Ein Beitrag zur Frage der Ansiedlung slawischer Gefangener im Wendland in vergleichender Sicht", S. 77–89.

Die griechisch-römische Überlieferung zur Geschichte der Parther und des Partherreiches nennt Personen, die vom großgrundbesitzenden Adel abhängig waren, *pelatai* – nach Josef Wiesehöfer „autochthone parthische Bevölkerung, die zu bestimmten Abgaben und Dienstleistungen" verpflichtet war.[103] Bei den ebenfalls genannten *servi/douloi* handelte es sich um noch stärker Abhängige, „vielleicht ... schollengebundene ‚Hörige'",[104] die dem parthischen Adel bei der Übernahme von Landgütern in der Eroberung zugefallen waren. Männer beider Gruppen begleiteten die freien Krieger auf Militärzügen.[105]

Auch im Osmanenreich, das seit dem 15. Jahrhundert das Schwarze Meer, das Rote Meer, den persischen Golf und das östliche Mittelmeer sowie deren Flaschenhälse, die Meerengen, kontrollierte, gab es Chattel-Sklaverei. Ein *kul* war am Beginn seiner Laufbahn Chattel und konnte zur Elite werden (und als solcher rechtlich und vor allem dem internen Status nach sozusagen nicht mehr „Sklave" sein, obwohl er gebunden (*bonded*) blieb): Armeeführer, Admirale der Flotten, Gouverneure von Provinzen, Staatsschatzverwalter und Steuerbürokratie – alles Kul-Sklaven und Amtsexekutoren.[106] Daneben gab es viele konkrete Benennungen, wie *köle – kölelik, kul – kulluk*. Im neuzeitlichen Marokko wurden (meist schwarze) Militärsklaven als große Gruppe, vor allem seit der Herrschaftskrise Mitte des 17. Jahrhunderts, auf den Sultan eingeschworen und ihr Status neu verhandelt. Sie wurden als Militärkaste mit dem Begriff *wisfan* (Sing.: *wasif*), d. h., schlicht „Diener", in offiziellen Dokumenten bezeichnet.[107] Das westliche Konzept des Sklaven kennt keine spezifischen Ausdrücke für das Phänomen der Militärsklaven und Staatssklaven eines Herrschers, obwohl Ministeriale (die am Beginn der Entwicklung der Institution durchaus Sklaven sein konnten) und Rekruten in Europa durchaus als Quasi-Sklaven fungierten und auch verkauft wurden oder in der kolonialen Karibik, in Indien und Südafrika Sklaven als Soldaten eingesetzt wurden (Rekruten). *Köle* und *cariye* gewannen im Osmanischen Bereich Verbreitung mit der immer stärkeren Ausweitung des Kaufs und Verkaufs weiblicher und männlicher Sklaven, wie wir im Kapitel über Sklavenmärkte und Imperium gesehen haben. Ein persischer *ghulām* (Plural: *ghilmān*) ist ein meist junger männlicher Sklave, iranisch auch *gholamasad*, ein unfreier Leibwächter oder „junger Bursche", wie *rapaz* (oder *moço* und *cafre* (*caffer/caffir*)) im Portugiesischen, mit vom Herrn übertragener Befehlsgewalt im Haus- oder Stadtbereich, quasi der Sicherheitsdienst. Ghulam als Sklave erscheint auch im Hadith.[108]

---

103 Wiesehöfer, „‚Vasallenkönige', Satrapen, Händler und Soldaten", in: Wiesehöfer, Das frühe Persien. Geschichte eines antiken Weltreichs, München: Beck, 2002, S. 99–101, hier S. 99.

104 Ebd., S. 100.

105 Ebd.

106 Burbank; Cooper, „Esclavos de sultán", in: Burbank; Cooper, Imperios, S. 192–195.

107 El Hamel, „'Racializing' Slavery. The Controversy of Mawlay Isma'il's Project", in: El Hamel, Black Morocco, S. 155–184, hier S. 184.

108 El Hamel, „What Does the Hadith Say about Slavery?", S. 36–42, hier S. 40.

Worte und Benennungen für gebundene Personen zeichnen auch die unterschiedlichen Statusgrade Versklavter in unterschiedlichen Kulturräumen nach, ebenso wie das unterschiedliche Verhältnis von Schutz und Zwang in der Bindung. „Cirkassische" Sklaven, die vor allem während der russischen Kaukasus-Expansion in großen Gruppen in das Osmanische Reich kamen, wurden in ihren Ausgangsregionen (in Adygé-Cirkassisch) *pshitl* genannt, was eine Art Leibeigenschaft und kollektive Bindung an das Land bedeutete. So wurden sie von Russen auch behandelt. Im osmanischen Recht bekamen sie den Status von „Sklaven" (*köle*) zugeschrieben. In Wirklichkeit, schreibt Ehud Toledano, waren *pshitl* „client-protégés" (Arabisch: *tabi'*) der „landlord-patrons" (Adygé-Cirkassisch: *pshi*; osmanisches Türkisch: *bey*). Dieser Status war erblich. Kinder von einem freien und einem gebundenen Elternteil waren selbst Sklaven.[109] Versklavte aus Tscherkessien waren zweifellos die größte Gruppe von Versklavten aus der Kaukasus-Region; aber auch diese bestanden aus mehreren Gruppen, wie Adygé (größte Gruppe), Shapsu oder Abchasen. Georgier und Georgierinnen, sowohl christliche wie auch muslimische Versklavte (*laz* im osmanischen Reich) bildeten eine aparte Gruppe von Sklaven und Sklavinnen.[110]

Im Arabischen heißen Sklaven *abd* (auch: *abiid* oder *abdi*) oder *asir*/*esir* – *esaret* (von *asir* = festhalten); Türkisch *esir* – *üserâ*. Ein Sklave kann auch als *raqīq* bezeichnet werden. Es wichtig festzuhalten, dass das weit verbreitete Wort für Sklave – *abd* (Wurzel) unterschiedliche Bedeutungen und Bedeutungszusammenhänge hat, wie oben im Kapitel über Recht bereits dargelegt. Im Plural werden die Bedeutungen deutlicher. Ein Plural von *abd*, nämlich *ibad*, meint Gläubige, aber der Plural *abid* meint Sklaven; *ubudiyya* heißt Sklaverei, aber *ibada* bedeutet Anbetung.[111] Das Wort *āmah* bezeichnet eine Sklavin. In allen islamischen Rechtstexten ist *abd* das am meisten für Sklave verwendete Konzept. Wie auch im Kapitel über Sklaverei und Recht gesagt, wurden zwei Arten von Sklaven unterschieden: *abd mamluka* (Kaufsklaven; eigentl. *m-l-k* „zu besitzen")[112] und *abd kinn* (im Haushalt geborene Sklaven). Wie oben bereits gesagt, waren ausgebildete Mameluken-Soldaten, die ihre Treue zum Befehlshaber bewiesen hatten, keine Sklaven mehr, sondern Freigelassene.

Das für islamische Gebiete extrem wichtige Mamelukensystem beruhte im Grunde zunächst auf Kauf-Eigentumssklaven (*abd mamluka*), Kinder-Raub sowie Menschentributen Unterworfener („Versammlung"). Mamluk oder Mameluk wurde zur Figur des Sklavensoldaten, die in einem Gewalt-, Klientel- sowie Treue- und

109 Toledano, „Understanding Enslavement as a Human Bond", in: Toledano, As if silent and absent, S. 9–59, hier S. 12

110 Ebd., S. 9–59.

111 El Hamel, „What Exactly Does the Qur'an Say about Slavery?", in: El Hamel, Black Morocco, S. 20–22, hier S. 21.

112 Northrup, „Military Slavery in the Islamic and Mamluk Context", S. 115–131, hier S. 121.

Schwurverhältnis zu einem militärischen, charismatischen Anführer steht, der ihn versorgen muss. Mameluken wurden, ich betone das gerne nochmal, nach Ende der Ausbildung – wenn nach den damaligen Normen ihre unbedingte „Treue" nachgewiesen war – freigelassen. Janitscharen, ebenfalls in der Tradition der türkischen Militärsklaverei, trugen wegen dieses Klientelverhältnisses (in dem sie versorgt wurden) einen Löffel bei sich. „Weiße" Elitesklaven aus Turkvölkern im islamisch-arabischen Militär-Administrationsbereich hießen Mameluken (von Arabisch, wie oben gesagt, *mamlūk* „in Besitz befindlich",[113] vor allem in Syrien-Ägypten). Es gab auch „schwarze" Mameluken; aber im 13. Jahrhundert bezeichnete der Sklaven-„Name" *mamlūk* (es gab viele weitere Bezeichnungen für Sklavinnen und Sklaven im Arabischen) einen militärischen Sklaven, normalerweise „weiß" und zunächst oft Türke/Kiptschake, später auch Cirkassier (Tscherkesse).[114] Die formalisierte, sozusagen als Laufbahn organisierte, Militärsklaverei wird manchmal gewürdigt als „größte Errungenschaft der islamischen Geschichte auf militärischem Gebiet".[115] Militärisch ausgebildete Leibwächter, „junge Männer" mit Zugang zum persönlichen Bereich fatimidischer Herrscher, hießen *fata/fatâ* (*fatayat/fityân* – wörtlich Bursche/Junge); das Wort *hadim* (*huddam*) bezeichnete Diener oder Offiziere (Sklaven) und der bereits im marokkanischen Zusammenhang erwähnte *wasif* (*wusafâ'*) ist wohl eine Reaktion auf erste schwarze Sklaven in der frühen Expansionsphase des Islams, etwa in Transoxanien. Ausgebildete Elitesklavinnen der Abbasiden hiessen *jawâri* (gebildete Sklavinnen an Höfen) und *qiyyân* (Gesangssklavinnen).[116] Die Militärsklaverei der Mameluken entwickelte sich aus einer Institution gegenseitiger Treue (Patron–Klient = mawālī-System) im Nordosten Persiens im Umfeld der Revolution der Abbasiden gegen die Umayaden, das sozusagen mit marginalen Kriegern (Iraner, Türken, Transoxanier) aufgefüllt und durch zeitweiligen harten Sklaven-Status der Auszubildenden (*riqq*) gefestigt wurde.[117] Mameluken waren Leibtruppen von Herrschern; sie konnten als Leibwächter fungieren. *Ghulām* (Leibwächter) war auch der Begriff für Kinder/Jungen aus turkomongolischen Stämmen, die in Samarkand und anderen sogdischen Städten als Leibwächter (Pagen) und Soldaten ausgebildet und in die Zentren Persiens ver-

---

113 Crone, Slaves on horses; Smith, „Nomads on Ponies vs. Slaves on Horses", S. 54–62; Pipes, Slave Soldiers and Islam; Hoffmann, Gerhard, „Der mamlukisch-osmanische Militärsklave. Zu Modifikationen einer historischen Konstante", S. 191–209; Amitai, „The Mamlūk Institution, or One Thousand Years of Military Slavery in the Islamic World", S. 40–78.

114 Northrup, „Military Slavery in the Islamic and Mamluk Context", S. 115–131, hier S. 121.

115 Hoffmann, „Der mamlukisch-osmanische Militärsklave. Zu Modifikationen einer historischen Konstante", S. 191–209, hier S. 191.

116 Cheikh-Moussa, Abdallah, „Figures de l'esclave chanteuse à l'époque 'abbâside", in: Bresc (ed.), Figures de l'esclave au Moyen-Âge et dans le moderne, Paris : L' Harmattan, 1996, S. 31–76.

117 Amitai, „The Mamlūk Institution, or One Thousand Years of Military Slavery in the Islamic World", S. 40–78.

kauft wurden.[118] Im Neupersischen gibt es folgende Begriffe für Versklavte: *qolam*, *asir* (Übernahmen aus dem Arabischen), *bardeh, bandeh, banda, kaniz, zar, kharid.* Bardeh bedeutet gefangen. Im ersten persischen Großreich, unter der Herrschaft der Achämeniden (spätes 6. Jahrhundert v. u. Z. bis um 320 v. u. Z.) wurden Vasallen „bardeh" genannt. Bandeh kommt auch aus dem Pahlavi (ursprünglich *bandak* oder *bandag*), es bedeutet Diener, der Gehorsame, Angepasste, Unterwürfige (von *bandi* = gebunden; symbolisiert im *banda* = („Vasallen"-)Gürtel). Lothar Willms interpretiert das achämenidische *bandaka* als Status, der einen unfreien Status mit besonderer Nähe zum Herrscher beschreibt.[119] Für die Griechen der Perserkriege waren diese Männer „Sklaven des Großkönigs".[120] Willms sagt, dass der Status zur zentralistischen Konstruktion der Herrschaft des Großkönigs diente und dazu, jeden Treuebruch als Verbrechen der Illoyalität schwer zu bestrafen. Im Mitteliranischen bedeutet *bandag* „treuer Diener". Während der Sassanidenzeit wurde *bandag*, aber auch die Worte *tan* (Körper) und *anšahrīg* („Ausländer") für Sklaven verwendet.[121] Auch unter den nachfolgenden Seleukiden (320–63 v. u. Z.) muss es Sklaven gegeben haben.[122] *Kaniz* (Pahlavi, ursprünglich *kanicak*), bedeutet junges Mädchen, Jungfrau; eine Bezeichnung nur für weibliche Sklaven. *Zar kharid*: *zar* bedeutet Gold, *kharid* (von *kharidan*) kaufen, also das mit Gold Gekaufte.[123]

Für *dāsa*, den generellen Begriff für Sklaven breiteten sich in Indien unter muslimisch-persischem Einfluss auch die Bezeichnungen *ghulām* oder auch *banda* für Sklaven aus. Auch *muli* (Tochter), *batik* oder *kunbini* für Sklavinnen waren im Schwange.[124] Im indischen Rajputana hießen zu Konkubinen aufgestiegene Sklavinnen *khavasin*; ältere Khavasin konnten zu *badaran* (Aufseherinnen) der Frauengemächer (*zenana*) aufsteigen.[125]

Jesuiten in Indien zeichneten in einem Wörterbuch von 1679 auf: *„payal – rapaz, menino, aliquando escrauo* (Junge, Bursche, manchmal Sklave). Ein Sklave war also oft ein junger Mann, ein Kind oder Bursche (*moço*). Zu etwa der gleichen Zeit wurden Sklaven in Tamil mit den Begriffen *„pizukkaiyan* – Escrauo (Sklave)" und *„pizukkacci* – Escraua (Sklavin)" benannt. Das leitet sich von *pizukkai* ab, was

---

118 La Vaissière, „The Commerce Economy in Transoxania", in: La Vaissière, Sogdian Traders, S. 299–306, hier vor allem S. 303–305.

119 Willms, Lothar, „Die Konstruktion von Subordination oder: Status und Tätigkeit des *ba^{n}daka* in der achämenidischen Reichsidologie", in: Kabadayi; Reichardt, Unfreie Arbeit. Ökonomische und kulturgeschichtliche Perspektiven, S. 38–63.

120 Ebd., S. 43.

121 Ebd., S. 57.

122 Stolper, Matthew W., „Registration and Taxation of Slave Sales in Achaemenid Babylonia", in: Zeitschrift für Assyriologie 79 (1989), S. 80–101.

123 Ich danke Frau Dr. Shahnaz R. Nadjmabadi vom Institut für Historische Ethnologie der Johann Wolfgang Goethe-Universität, Frankfurt am Main.

124 Mann, „Sklaverei in Südasien", in: Mann, Sahibs, Sklaven und Soldaten, S. 76–101, hier S. 94.

125 Ebd., S. 96.

übersetzt etwa Ziegen- oder Rattendreck, also unterster Status, bedeutet.[126] In Indien gab es wie in vielen Gesellschaften kein Wort für „freier Arbeiter" oder „freier Bauer". Und eben das Wort *dāsa*, normalerweise als „Sklave" glossiert, bezieht sich in brahmanischer Tradition auf „nichtaryanische" Völker (auch *adivasi* oder *dalit*, den konstruierten „Ur-Drawiden" – im Gegensatz zu den Arya-Eroberern), deren Unterwerfung unter die selbst definierten oder von Brahmanen konstruierten „Arier" ein kulturell codierter Typ der Sklaverei war. Die unter *governor-general* Warren Hastings 1774 herausgegebene *Declaration of the Provincial Council in Patna* identifizierte zwei Worte als „Namen der Sklaverei": *moolzadeh* und *kahaar*. Moolzadeh wurden als Muslims definiert, die nach militärischen Eroberungen als Kriegsgefangene versklavt worden waren; Kahaar wurden definiert als Hindus, die im Besitz ihrer Herren waren. Schnell stellte sich jedoch heraus, dass die Hindu-Kahaar heiraten und auf ihre eigene Rechnung arbeiten durften, ganz so „als ob keine Sklaverei (*bondage*) existieren würde".[127]

Die Niederländer stiegen mit einer Neuerung in die globale Expansion ein (massiv seit ca. 1595 im Osten und etwas eher mit Erkundungsfahrten in das heutige Venezuela) – die VOC (*Vereenigde Oostindische Compagnie*, siehe oben) führte seit 1602 eine impersonale, institutionelle Sklaverei eines korporativen Herren in Gestalt einer Handelsgesellschaft ein (es grüßt die oben genannte Tempelsklaverei). Daneben gab es zunächst recht wenige Haussklaven von Niederländern im Dienste der Kompanie, meist Frauen und Kinder; also eher im Status der Kin-Sklaverei. Die frühen niederländischen Rechtstexte nutzten die Worte *slaven* und *lijfeigenen* für Versklavte. Karel Schoeman schreibt dazu: „*slaven* and *lijfeigenen* ... were those most commonly in use at the time: they were in fact synonymous, although *lijfeigene* may also be translated as 'bondman'".[128] Das ist auch ein interessanter Beitrag zur deutschen und allgemeinen Debatte um Sklaverei/Leibeigenschaft (private/kollektive Sklavereien).

Malayische Rechtstexte tendierten dazu, den aus dem Arabischen stammenden Namen für Sklaven (*abdi*) statt des malayischen Wortes für Sklave (*hamba*) zu verwenden. Als in Süd-Sulawesi einige eifrige Islamkonvertiten auch alle Sklaven befreien wollten, die Muslime waren, kam es zu Unruhen. Man einigte sich unter dem Druck der Orthodoxie darauf, als „wirkliche" Sklaven (*true slaves*) im Wesentlichen *abdi* aus nicht-islamischen Gesellschaften von Bergvölkern oder Inseln wie Nias, Bali, Sumba oder Flores zu sehen.[129]

---

126 Ich danke Jan Frisch für den Hinweis: Antaõ de Proença's Tamil – Portuguese Dictionary; A.D. 1679, prepared for publication by Xavier S. Thaui Nayagam, University of Malaya, Kuala: Department of Indian Studies, 1966.

127 Prakash, „Terms of Servitude: The Colonial Discourse on Slavery and Bondage in India", in: Klein (ed.), Breaking the Chains, S. 131–149, hier S. 133.

128 Schoeman, „Beginnings", S. 11–49, hier S. 20.

129 Reid, „The Decline of Slavery in Nineteenth-Century Indonesia", S. 64–82, hier S. 70.

Für Sri Lanka wird seit den Bemühungen, lokale Formen der Sklaverei ohne Überstülpen des „römischen" Konzepts zu analysieren, klar von lokalen Sklavereien vor und neben portugiesischer oder niederländischer Sklaverei gesprochen. Die lokalen Termini *dāsa*, *vahal* und *vaharala* waren Bezeichnungen für spezifische Gruppen von versklavten Menschen. Sie wurden gekauft und verkauft, als *chattel*-Sklaven verschenkt (auch an weit entfernte neue Besitzer) oder waren wie Leibeigene an das Land gebunden (*bond-slaves*). Auch die Quellen der Sklaverei waren die gleichen wie in anderen sklavenhaltenden Gesellschaften (Kriegsgefangene, Kaufsklaven, Schuldsklaven, Selbstverkauf in die Sklaverei, Selbstversklavung aus Hunger, Verurteilte und Kinder von Sklavinnen, die den Status der Mutter erbten, meist aus Nachbarregionen).[130] In Indonesien bestanden vielfältige lokale Sklavereien mit eigenen Benennungen in der Spannbreite zwischen *chattel-slaves* (Eigentumssklaven) und *bond-slaves* sowie Opfern von Razzien zum Menschenfang bis mindestens 1910, wahrscheinlich sogar bis in die 1940er Jahre.[131] Die beste Beschreibung für die Spannbreite von Sklavereien zwischen Eigentumssklavereien (volle Verfügung über einen menschlichen Körper, einschließlich manchmal bis zur Tötung reichendes Strafrecht) und Bond-Sklavereien (ein menschlicher Körper ist durch eine Schuld o.ä. an einen Besitzer gebunden; zunächst bessere Stellung als Eigentumssklaven; durch Machtasymetrien meist aber schnelle Verschlechterung des Sklaven-Status) für das islamische Sulu-Sultanat hat James Warren gefunden – er nennt auch die lokalen Namen für die unterschiedlichen Sklavereitypen: „In this context, slavery must be understood to imply several possible statuses of 'acquired persons' who were sometimes forcefully transferred from one society to another. Taosug [die Mehrheitsethnie des Sulu-Sultanats – M. Z.] drew a distinction between chattel-slaves ([Eigentumssklaven] *banyaga*, *bisaya*, *ipun* or *ammas*) and bond-slaves (*kiapangdilihan*). *Banyaga* were either the victims or the offspring of victims of slave raids; *Kiapangdilihan* were commoner Taosug whose servility was the direct result of personal debt. Between these two categories of slave there was a continuum of status and privilege in which social position was determined by factors often independent of their servile status".[132] Das gilt, cum grano salis, auch für andere Regionen Südostasiens, der Philippinen und Indonesiens. Razzienraub sowie Menschenfang (*capture*) waren die Hauptquellen der Versklavung im Sulu-

130 Wijesekara, N., „Slavery in Sri Lanka", in: Journal of Sri Lanka Branch of the Royal Asiatic Society 18 (1974), S. 1–22; Wickramasinghe, Chandima, „Redemption of Slaves in Ancient Sri Lanka", in: Kleijwegt, Marc (ed.), The Faces of Freedom: The Manumission and Emancipation of Slaves in Old World and New World Slavery, Leiden and Boston, MA: Brill Academic Publishers, 2006, S. 117–135, hier vor allem S. 118 f.

131 Boomgard, Peter, „Human Capital, Slavery and Low Rates of Economic and Population Growth in Indonesia", in: Campbell (ed.), The Structure of Slavery in Indian Ocean Africa and Asia, S. 83–96.

132 Warren, „The Structure of Slavery in the Sulu Zone in the Late Eighteenth and Nineteeth Centuries", S. 111–128, hier S. 112.

Sultanat, „but debt and fine obligations among the Taosug themselves provided a significant number of bond-slaves".[133]

Auf der Malayischen Halbinsel unterlagen vor allem *orang-asli* massiver Menschenjagd. Das waren Bergbewohner, die seit Jahrhunderten als vorgeblich „Unzivilisierte" Statusdegradierungen ausgesetzt waren. Die Razzien waren in manchen Gebieten so intensiv, dass sie fast zur Ausrottung der Bevölkerung geführt hatten. Außer Hausdienern und Konkubinen lebten die meisten Sklaven in speziellen Sklaven-Quartieren.[134]

In China mit seinen vielfältigen Sklavereiformen hießen Sklaven *nu*; das gleiche Zeichen galt für „Frau" und „Kind" (*nu*); heute *nuli*. Nach konfuzianischer Ordnungsvorstellung gliederte sich die Gesellschaft unter dem Kaiser in Literati verschiedener Ränge, Bauern, Handwerker und Kaufleute. Die Begriffe *nubi* (*nuli*) oder *sishu* (Sklave) gibt es seit über 2000 Jahren in chinesischen Quellen.[135] Allerdings halten die meisten westlichen Sinologen das Konzept der *chattel slavery* (Menschen als bewegliches und verkäufliches Ding, ihre Körper als Eigentum, als *mancipia*), obwohl es einige Bedeutung in der Hanperiode (206 v. u. Z. bis 220) und der Tangperiode (618–906) gehabt haben mag, für die chinesische Kultur nie für zentral, zumindest, wie oben dargelegt, in Bezug auf formale Sklaverei als systemische Struktur. Interessant sind die Übereinstimmungen zwischen Aufschwung in der Tangperiode und in der ersten europäischen Ökonomie des fränkischen Karolingerreiches 700–900. In Japan gab es im 7.–10. Jahrhundert verkaufbare Sklaven (*nuhi*; die Ähnlichkeiten zu China sind nicht zu übersehen). *Nu* (oder *yacco*) bezeichnete einen männlichen Sklaven; *hi* (oder *menoyakko*) eine Sklavin; in Korea *nobi*.[136] Der Anteil von Sklaven erreichte in Korea den von Sklavereigesellschaften (30 % und mehr). Die Sklaven konnten auf Märkten gekauft sowie verkauft werden und durften normalerweise keine eigenen Familien gründen (siehe das Kapitel über Kin-Sklavereien oben). Ihr Status war erblich und wurde vom Status der Mutter bestimmt. Wie in Japan waren sie zugleich Outcasts, die „unreine" Arbeiten machten (wie Tiere schlachten, Färberei, mit Leichen umgehen).[137]

Wie oben bereits gesagt, ist die gebräuchlichste Schiftzeichenabfolge zusammengesetzt aus den Zeichen für „Hand + Frau" (奴), also eigentlich geraubte Frau oder arbeitende Frau. Es wurde auf den Knocheninschriften und in der ältesten Literatur schon ziemlich zeitig auch für Menschen beiderlei Geschlechts benutzt,

133 Ebd., S. 113.

134 Mann, „Sklaverei in Südostasien", S. 101–122, hier S. 109 f.

135 Schottenhammer, „Slaves and Forms of Slavery in Late Imperial China (Seventeenth to Early Twentieth Centuries)", S. 143–154; Zeuske, „Versklavte und Sklavereien in der Geschichte Chinas aus global-historischer Sicht. Perspektiven und Probleme", S. 25–51.

136 Kim, „Nobi: A Korean System of Slavery", S. 155–168.

137 Perdue, „Korea", in: Reinhard, Wolfgang (ed.), Empires and encounters, S. 178–193, hier S. 183.

die Sklavenstatus hatten.[138] Das mag in unserem Zusammenhang globaler Sklaverei-Plateaus bedeuten, dass der allgemeine Begriff für „Sklave" sich aus einem Zeichen für die Realität weiblicher Sklaven „ohne Institution Sklaverei" entwickelt hat (siehe oben). Mit der weiteren Durchsetzung patrilinearer Verhältnisse kamen auch Zeichen von „Gefangennehmen" für „Frau" auf und etymologisch verwandte (und gleichlautende) Zeichen für „weibliches Kind/Mädchen" (*nu* – 奴) und „Sklave" (*nu* – 奴). Und die Zeichen 奴 stehen auch für *enslave*, d. h., versklaven. Das dürften fast paradigmatische Formeln der Kin-Sklaverei sein. In Summe: Sklaven hießen seit prä-imperialen Zeiten *nu*, Sklavinnen *bi*; heute meist allgemein *nuli* (奴隸). Auch *sishu* kommt vor.[139]

Das generelle Problem des Wortes, des Begriffs „Sklave" in China und Asien insgesamt ist eher ein kulturelles – das Wort kann, je nach Kontext auch „Schuldner" (meist *pu* oder *nupu* – siehe unten), „abhängig" oder „Sujekt/Unterworfen" bedeuten.[140] In Dokumenten wird auf Menschen, die mit diesem Namen genannt wurden, Bezug genommen als „halb Mensch, halb Ding".[141] Einmal versklavt, durften Versklavte (meist) kein Eigentum besitzen und sie erhielten für ihre Arbeit keine Bezahlung. Sie sollten niemals eigene Entscheidungen darüber treffen, wann, was und wo sie arbeiteten. Sie wohnten in Höfen (*compounds*) zusammen mit ihren Aufsehern. Sie durften keine legalen Ehen führen und legitime Kinder haben. Ihre illegitimen Kinder gehörten ihrem Herrn.[142]

Das Vokabular der Sklaverei ist außerordentlich differenziert. In China gab und gibt es weit mehr „Sklaverei- und Sklavennamen" als im antiken Griechenland, wo ebenfalls für fast alle konkreten Sklaverei-Situationen konkrete Benennungen (Worte, „Namen", Konzepte) existierten.

Ältere „Namen" für Sklaven im „traditionellen China" sind *k'o-nü*, *kuan-hu*, *pu-ch'ü* und *tsa-hu* (oder *kenü – housemaids*).[143] Für Tang- und Sung-Zeiten bezeichnet sie T'ung-tsu Ch'ü als „government male and female Slaves" (*kuan-hu und tsa-hu*),[144] „male slaves owned by private families" (*pu-ch'ü*)[145] und „semi-slave[s]" (*kuan-hu* und *pu-ch'ü*).[146] *K'o-nü* (*kenü*) waren Töchter von *pu-ch'ü*, d. h., weibliche

138 Erkes, Das Problem der Sklaverei, S. 11–13.

139 Schottenhammer, „Slaves and Forms of Slavery in Late Imperial China (Seventeenth to Early Twentieth Centuries)", S. 143–154, hier S. 143.

140 Ebd.

141 Crossley, „Slavery in Early Modern China", S. 186–213, hier S. 191.

142 Ebd.; siehe auch: Zeuske, „Andere globale Räume – andere Sklavereien. Fallbeispiel China", in: Zeuske, Sklaverei. Eine Menschheitsgeschichte, S. 154–171.

143 Schottenhammer, „Slaves and Forms of Slavery in Late Imperial China (Seventeenth to Early Twentieth Centuries)", S. 143–154, hier S. 144.

144 Ch'ü, „Class Endogamy", in: Ch'ü, Law and Society in Traditional China, S. 154–161, hier S. 159, FN 193.

145 Ebd., FN 197.

146 Ch'ü, „Common People and Slaves", in: Ch'ü, Law and Society in Traditional China, S. 186–188.

Sklaven. *Pei* konnten sie sein, wenn sie teilweise „freigelassen" waren.[147] Der Status von *kuan-hu, tsa-hu* sowie *pu-ch'ü* und *k'o-nü* war in sich differenziert und etwas höher als der gewöhnlicher Staats-Sklavinnen und -Sklaven.[148] Die „normalen" (Staats- und Privat-) Sklaven waren zu Tang-Zeiten im Rechtscode klar als Eigentum ausgewiesen, während *buqu* (*buqi* – siehe oben im historischen Abriss) und *kenü* einen etwas höheren Status hatten, nicht unter Eigentum gelistet waren, aber von einem *master* zum anderen *master* „transferiert" werden durften.[149]

Eine interessante Kategorie bildeten *ke*, im Grunde geflüchtete und entwurzelte Menschen in bestimmten Kriegs- und Konfliktphasen (vor allem seit den Zeiten der östlichen Han bis zur Song-Zeit). Ke waren fast immer *liang* (gutes Volk / *commoners*). Der Staat bemühte sich, sie im Zensus zu registrieren. Allerdings hatten sie in dem Gebiet, in das sie geflüchtet waren, kein Land und gerieten deshalb in den Ankunftsregionen in rigide Abhängigkeitsbeziehungen, die lokal differieren konnten. Sie wurden von den lokalen Autoritäten oft in einer Familie von Landbesitzern registriert.[150] Meist hatten sie, wie gesagt, persönlich sehr strikte Abhängigkeitsbeziehungen zu einem *master*: „During the Jin and Southern Dynasties they could be granted to someone by the emperor and they could be sold and transferred in a certain number. After the Sui, the state law forbade patronage of *ke* but in the Song the custom of selling of land with *ke* on it still survived".[151] Ma fährt fort: „The master not only enslaved the ke but also his wife and descendants. Even the marriage of the widow and children of the ke needed the permission from the master and the payment of a fee".[152] *Ke* wurden von ihren Herren mit Saatgut, Pflug, Ochsen und einer Hütte ausgestattet und bearbeiteten zugewiesene Landstücke des Meisters. Sie mussten dafür neben den Arbeitsrenten auch Produktrente, meist in Form von *metayage*, leisten. Die *Ke* hatten kein Recht, ihre Herren zu verlassen: „They were important labourers in the Song village".[153] Sie blieben formal, nach staatlichen Gesetzen allerdings *liang*. Es gab mehrfach Versuche, das Abzugsrecht gesetzlich zu regeln. Keyao Ma bezeichnet Ke „at least in some regions ... [als] serfs".[154] Das löst das Problem der informellen Versklavung allerdings nicht.

Nach konfuzianischer Ordnungsvorstellung gliederte sich die „gute" Gesellschaft unter dem Kaiser wie gesagt, in Beamte verschiedener Ränge, Bauern, Hand-

147 Ch'ü, „Class Endogamy", in: Ch'ü, Law and Society in Traditional China, S. 154–161, hier S. 159, FN 198.
148 Ebd., S. 159.
149 Schottenhammer, „Slaves and Forms of Slavery in Late Imperial China (Seventeenth to Early Twentieth Centuries)", S. 143–154, hier S. 143 f.
150 Ma, „The Feudal Peasant Class and the Development of Feudal Society", in: Ma, Asian and European Feudalism, S. 7–18, hier S. 14.
151 Ebd.
152 Ebd.
153 Ebd.
154 Ebd.

werker und Kaufleute. Grundsätzlich galt für die Gesellschaft bis zum Beginn des 20. Jahrhunderts: „Officials, commoners, and the “mean” people ... constituted three major social classes in traditional China“.[155] Versklavte waren in rechtlicher Hinsicht Verbrecher, Deserteure oder Angehörige der Kaste der „Ehrlosen“ (*jian*). Jian waren „a group of persons, mainly slave, who were considered by society as “mean” people“.[156] Versklavte unter verschiedenen Namen und anderen legalen Mustern konnten aber auch aus der Kaste der „Ehrbaren“ stammen, vor allem aus verarmten oder verschuldeten Bauernfamilien oder aus Familien, die Mädchen oder Frauen verkauften. Oder als verurteilte Kriminelle. Die Begriffe *nubi* (Sklavin, *maidservants*) oder *sishu* bzw. *shipu* (Sklave) gibt es, wie gesagt, seit über 2000 Jahren in chinesischen Quellen.[157]

Weitere Gruppen-Bezeichnungen sind *jianu* (家奴), nach Chevaleyre „household-slaves“.[158] Das Zeichen verweist darauf, dass sie formal nur aus der genannten Großgruppe der *jian* (*mean people*/„Verdorbene“[159] – *jianmin* 贱民) stammen sollten; nach dem Qing Code (Gesetzbuch) war die Versklavung und der Kauf von Menschen aus der Kaste der „ehrenhaften Menschen“ verboten (was nicht heißt, dass sie nicht de facto auch versklavt worden sind).[160] Wie oben bereits erwähnt, wird die sehr große Gruppe der Sklavenmädchen als „slave girls (*binu* oder *binü* bzw. einfach *bi*) sowie, wie gesagt, mit anderen „Namen“ benannt. Deren beste

155 Ch'ü, „III. Social Classes“, in: Ch'ü, Law and Society in Traditional China, S. 128–169, hier S. 128.

156 Ch'ü, „Common People and Slaves“, in: Ch'ü, Law and Society in Traditional China, S. 186–188.

157 Schottenhammer, „Slaves and Forms of Slavery in Late Imperial China (Seventeenth to Early Twentieth Centuries)“, S. 143–154.

158 Chevaleyre, „Acting as Master and Bondservant: Considerations on Status, Identities, and the Nature of Bond-servitude in Late Ming China“, S. 237–272, hier S. 327.

159 Zur Entwicklung der Kategorien in der Qing-Zeit, siehe: Ransmeier, „Body-Price. Ambiguities in the Sale of Women at the End of the Qing Dynasty“, S. 319–344, hier S. 324; siehe auch: Hanson, Anders, Chinese Outcasts (zu den „Verdorbenen“ zählten zur Qing-Zeit: Sklaven, bond servants (d. h., alle, die jemanden bedienten wie Köche, Diener, Servierpersonal), Prostituierte, Musiker, Schauspieler sowie *yamen runners* (Exekutoren/Läufer eines traditionellen Bürokraten oder Mandarins)); „ehrenhaftes Volk“ (*liangmin*) stammte aus Bauernfamilien, Familien von Schriftgelehrten, Handwerkerfamilien oder Kaufleutefamilien, Ebd., S. 1); zur Änderung der Kategorien und der Statusvererbung, siehe: Sommer, Matthew, Sex, Love and Society in Late Imperial China, Stanford: Stanford University Press, 2000.

160 „The legal statutes of the Qing dynasty forbade the sale of honorable commoners (liangmin ...) as slaves, whether male or female“, siehe: Ransmeier, „Body-Price. Ambiguities in the Sale of Women at the End of the Qing Dynasty“, S. 319–344, hier S. 324. Zum Qing Code siehe: Xue Yunsheng, Duli cunyi [Doubts upon reading the substatutes], punctuated and edited by Huang Tsing-chia, 5 Bde. [1905], reprinted: Tapei: Chinese Materials and Research Aids Service Center, 1970; zu den Grenzen der „Herrschaft des Gesetzes“ (ein legalistischer Diskurs), siehe: Turner, Karen G.; Feinerman, James V.; Guy, R. Kent (eds.), The Limits of the Rule of Law in China, Seattle and London: University of Washington Press, 2000.

und unauffälligste Visualisierung sind vielleicht die Mädchenfiguren, die immer an den Seiten der daoistischen Götter-Richter in den „Abteilungen" des Dong Yue Miao in Peking stehen. Ich wiederhole das – *binu* oder *binü* sind Bezeichnungen für „women and girls who had been purchased or inherited by more affluent households".[161]

In seiner Tiefenstudie zum Mancheng-county in Zentralchina sagt William T. Rowe: „The vocabulary of agrarian servitude ... allows some ambiguity regarding the exact status of many individual farm workers. The ubiquitous term pu (servant or slave), though always disparaging almost certainly refers in some usages to persons who enjoy relative legal freedom as well as to those who did not [siehe unten zu „Shipu und nupu" – M. Z.]. The term dianpu is yet more vexing, combining as it does the elements of (free) „tenant" and „servant." Tongpu, combining elements of „child" and „servant," when used of adults, would seem clearly to emphasize the aspect of personal dependency on the master. The terms nupu (slave) and shipu (hereditary servant) seem still more ambiguous about the unfree status of the person whom they describe; moreover, they appear with such frequency in local sources as to suggest that the simple unqualified pu is, in the majority of toft hees, used as a shorthand version of one of these".[162]

Eunuchen, die oft, aber nicht immer aus Kriegsgefangenen oder Sklaven rekrutiert wurden, heißen *tài jiān* (太監 – Eunuchen der Qing-Zeit).[163] Mandschu-Bannermänner, eine Art Militärkaste mit speziellen Rechten (wie Mameluken), konnten durch ihre Anführer „Sklave" gerufen werden (*nucai* 奴才); auch hohe Banner-Offiziere bezeichneten sich vor dem Kaiser rituell als *nucai*. Damit sollte vor allem auf die „Treue bis zum Tode" (und eventuell auch danach) in Elite-Sklaverei-ähnlichen Krieger-Schwurgemeinschaften verwiesen werden. Globalhistorische Pendants der Kriegerelite-Sklavereien sind keltische Kriegerschwurverbände (Galater), Mameluken, arabisch-persische *ghilmān* oder Leibgarden der Mongolen (*nökör* oder *noker*[164]). Wirkliche Sklaven im Qing-Bannersystem wurden mit den chinesischen Worten *qixia jianu* (旗下家奴) oder *nupu* (奴仆) bezeichnet.[165]

161 Ransmeier, „Body-Price. Ambiguities in the Sale of Women at the End of the Qing Dynasty", S. 319–344, hier S. 320.

162 Rowe, William T., „In the Tiger's Mouth", in: Rowe, Crimson Rain. Seven Centuries of Violence in a Chinese County, Stanford: Stanford University Press, 2007, S. 109–135; siehe auch: Elvin, Mark, The Pattern of Chinese Past, Stanford: Stanford University Press, 1973, Kapitel 5 und 15; siehe ebenfalls: Sudō Yoshiyuki, Chūgoku tochi seido shi kenkyū (Studies in the history of Chinese landtenure systems), Tokyo: University of Tokyo Press, 1954.

163 Zu weiteren Bezeichnungen von Eunuchen siehe: Yu Huaqin, 中国宦官制度史 [A Institutional History of Chinese Eunuchs], Shanghai: Shanghai People's Press. 2006, S. 9 f.

164 Biran, „The Mongol transformation: From the Steppe to Eurasian Empire", in: Arnason, Johan P.; Wittrock, Björn (eds.), Eurasian Transformations Tenth to Thirteenth Centuries: Crystallizations, Divergences, Renaissances, Leiden and Boston: Brill, 2004 (Medieval Encounters 10:1–3), S. 338–361.

165 Hu, Xiangyu, The Juridical System of the Qing Dynasty in Beijing (1644–1900), PhD dissertation, Graduate School, University of Minnesota, 2011, S. 26f https://conservancy.umn.edu/bitstream/

In Kambodscha seit der Angkor-Periode gab es, ähnlich wie in Korea, mehrere Klassen von Sklaven, zum Beispiel *neac-ngear* (Erbsklaven), die wiederum in unterschiedlichen Unterbezeichnungen auf unterschiedliche Aspekte der Versklavung verweisen: *pol* (von *bal*=Krieger) und *kamloh* (jung, stark, energisch). Die Bezeichnung für Tempelsklaven war *khñom vrah* oder *pol préas*. Schuldsklaven nannte man *prey ngèer* – im Gegensatz zu freien Menschen (*prey chea*). Staatssklaven trugen generell den Namen *pol*. In Siam/Thailand war das allgemeine Konzept des Sklaven *that* (zum Beispiel *that luang* – Königssklaven). Aber auch „Freie", theoretisch „Nichtsklaven" (*phrai*) aus bäuerlichen Unterschichten, unterlagen vielfältigsten und dichten Abhängigkeitsformen und -praktiken.[166] Sklaven (besonders geflohene Sklaven), Abhängigen und Soldaten wurden zur Kontrolle Status-Tätowierungen am Handgelenk beigebracht.[167] In Laos und Siam war das grundlegende Konzept für Sklave *kha*: „The term *kha* in Lao and Thai language refers both to the category of slaves/serfs and to non-Tai people in general [was allgemein auf eine kollektive Verschleppungs- und Peuplierungs-Sklaverei verweist – M. Z.] ... the term *kha* (*sa* in other upland Tai languages) / signifies relations of unfree labour – but is also used to refer to the highland people beyond the confines of lowland polities".[168] Real verfielen oft Menschen aus Berggebieten der Versklavung. Oft wurden ganze bäuerliche Bevölkerungsgruppen massenhaft und unter Anwendung von Gewalt bzw. nach Kriegen umgesiedelt und neu angesiedelt. In Siam existierte, wie gesagt, der Begriff *that* (aspiriertes t) als Wort für eine spezifische Kategorie von Sklaven (z. B. Kriegssklaven = *that chaleui*).[169] Auch in Südostasien wurde Reichtum in Men-

---

handle/11299/107941/Hu_umn_0130E_11938.pdf?sequence=1 (letzter Zugriff 14. 2. 2018)); Militärsklaven der Qing waren meist Deportierte (Depotation als Strafe: *fa-ch'ien*); die Strafe sah oft lebenslangen Dienst als Sklave in einem Madschu-Militärlager in der nördlichen Mandschurei oder im westlichen Xiankiang vor, siehe: Weggel, Oskar, Chinesische Rechtsgeschichte, Leiden/Köln: Brill, 1980, S. 134.

166 Trakulhun, „Formen institutioneller Unfreiheit in Siam. Historische Semantik und gesellschaftliche Praxis (16.–19. Jahrhundert)", S. 163–183.

167 Ebd., S. 171.

168 Tappe, „Variants of Bonded Labour in Precolonial and Colonial Southeast Asia", S. 103–131 (siehe darin: „The Kha Concept", S. 109–111), hier S. 109 f.

169 Ich danke Oliver Tappe (Global South Studies Center; Universität zu Köln) für Hinweise, Erläuterungen und bibliographische Hinweise; siehe: Cruikshank, „Slavery in nineteenth Century Siam", S. 316–333; Beemer, „Southeast Asian Slavery and Slave-Gathering Warfare as a Vector for Culture Transmission: the case of Burma and Thailand", S. 481–506; Bowie, „Slavery in nineteenth century northern Thailand: archival anecdotes and village voices", in: Durrenberger (ed.), State power and culture in Thailand, S. 100–138; Roy, „Under duress: Lao war captives at Bangkok in the nineteenth century", S. 43–65; Grabowsky, Volker, „Note on Kep Phak Sai Sa Kep Kha Sai Müang", in: Aséanie 8 (2001), S. 67–71; Derks, „Bonded Labour in Southeast Asia: Introduction", S. 839–852; Tappe, „Variants of Bonded Labour in Precolonial and Colonial Southeast Asia", S. 103–131 (siehe darin: „The Kha Concept", S. 109–111).

schen und „Reisfeldern" gemessen, unabhängig davon, welche Sklavereiformen dafür die Grundlage bildeten.[170]

Im historischen Vietnam exisierten freie Personen (*dân-dinh*) sowie Benennungen für unterschiedliche Sklavereien: Sklaven allgemein (*nô-ty*), öffentliche Sklaven (*quan nô-ty*) und Sklaven, die schwerste Arbeiten ausführen mussten (*khao-dinh*).

Auf Inseln des heutigen Indonesien waren Sklaverei und *bondage* (Arbeit ohne materielle Gegenleistung für einen Herrn) so verbreitet, dass sie sich in den Sprachen der Region an zentraler und zugleich sehr intimer Stelle wiederfinden. In Malay und Javanesisch ist das jeweilige Wort für „Sklave" auch das jeweilige Pronomen erster Person (Singular): *saya* auf Malayisch oder *kawula* auf Javanesisch. Die meisten Sklaven auf Java waren Bugis. Auf Sulawesi wurden Sklaven vor allem nach ihrer Herkunftsregion benannt – es waren *torajan* (Bergbewohner).[171] Auf Sumba, der „Sandelholz-Insel" des 16. und 17. Jahrhunderts, gab es Kriegsgefangene, *ata mema*, die als „ursprüngliche" Sklaven angesehen wurden, und gekaufte Sklaven, *ata pa kahi*. Die Insel war für ihre Menschenexporte im 18. und 19. Jahrhundert bekannt. Vor allem im Ostteil der Insel existierten Erbsklaven (40–80 % der Bevölkerung), die als soziales Kapital der Lokalfürsten (*rajas*) angesehen wurden. Frauensklaven (*kodi*) wurden nach ritueller Präsentation in Form von Geschenken bei Hochzeiten und Beerdigungen weitergereicht. Frauen als Brautgeschenke galten als „Frau ohne Familie" (siehe oben zu Kin-Sklavereien). Erbsklaven und -sklavinnen waren bis in das späte 20. Jahrhundert anzutreffen, jetzt von den Haltern oft *jadi keluarga kecil* („arme Verwandte") genannt.[172]

In der anderen Welthälfte, auf den Antillen zur Zeit des Kolumbus hießen Unfreie *naborías* und im nordöstlichen Südamerika *poitos* (auch *makos*, *macos*, *macus* oder *itotos*) – Poito bedeutete zugleich so etwas wie „Schwiegersohn", was die Kinformen der Abhängigkeit beim Wechsel der Gruppe oder beim Ersatz getöteter Krieger deutlich macht. Eigentlich handelte es sich um Abhängige eines Kaziken (Kin-Übergangsstatus!) in einer Art kultischer Sohn-Vater-Beziehung.[173] Makos, Makus oder Macos war die Bezeichnung der Kariben-Razzienkrieger für versklavbare Gruppen (wie Slawe für Waräger-Ros oder fränkische Razzienkrieger).

Im Inkareich bezeichnete das Wort *yanacona* einen individuellen Tributleistenden der Inka, der den Schutz seiner Gemeinde verloren hatte (auch einzelne Kriegsgefangene). Einige Forscher meinen, es sei eine Übergangsform zum Privatsklaven hoher Inkas; ähnlich wie sich im Pharaonen- und Hethiterreich aus korporativen

170 Ward, „Slavery in Southeast Asia, 1420–1804", S. 163–185.

171 Bigalke, Terance, „Dynamics of the Torajan slave trade in South Sulawesi", in: Reid (ed.), Slavery, Bondage, and Dependency in Southeast Asia, S. 341–363; Bigalke, Tana Toraja, passim.

172 Mann, „Sklaverei in Südostasien", S. 101–122, hier S. 115 f.

173 Deive, Carlos E., „Etnías, desarraigo y transculturación", in: Anales del Caribe. Centro de Estudios del Caribe 19–20 (1999–2000), S. 221–238.

Sklavenstatus individuelle/private Sklavenstatus herausgebildet haben. Unter den Inkas existierten kollektive Zwangsarbeitssysteme, die im Zusammenhang mit An- und Umsiedlung besiegter Völker standen. In der Kolonialzeit entstand daraus die kollektive Zwangsarbeit *mita*, vor allem die Mita von Potosí im Silberbergbau (die auch als „voluntary unfree labour" interpretiert wird und eigentlich ein *mita-minga*-System war), wo auch Yanaconas arbeiteteten.[174]

Bei den Mexica oder Azteken hießen Sklaven *tlaco'tli* oder *tlacotin* (oder: *tlacohtli*, Pl. *tlatlacohtin*); es existierte auch ein Fernhandel von spezialisierten Fernhändlern (*tlacanecuilo* = Menschenhändler und *tlacanecuiloliztli* = „trato o mercaderia de esclauos" (= Handel oder Sklaven als Handelsgut)) mit ausgesuchten Opfersklaven, die wohl meist aus adligen Einzelgefangenen und vor allem aus größeren Kontingenten von Kriegsgefangenen stammten.[175] Antje Gunsenheimer analysiert unter Bezug auf Fray Alonso de Molina und Jerome Offner[176] weitere semantische Differenzierungen. Bei den „Namen" von Sklavereien im Mexica-Tributimperium wird zunächst sehr deutlich, dass es, wie in vielen Sklaverei-/Bauern-Gesellschaften, kaum möglich ist, die semantische Valenz der Worte und „Namen" für die reale Vielfalt von Versklavungssituationen klar zu bestimmen: „A serious problem with descriptions of slavery in the sources is the lack of distinctions made among the conditions of slavery that pertained to the various types of slaves: those who had sold themselves into slavery, those who had been sold into slavery, those who had been enslaved for punishment for a crime, and those who became collared slaves".[177] Zweitens wird deutlich, dass wohl die größte Versklavungsdimension, wie ebenfalls in vielen Bauerngesellschaften ohne „römisches" Eigentumsrecht (und der juristisch-semantischen Scharfzeichnung durch *einen* „Namen"), die, sagen wir, „normale" Sklaverei eher ein – sicherlich mündliches – Kontraktverhältnis war. So war es auch in Indien vor den muslimischen Eroberungen (und parallel dazu), China, auf den Philippinen, im frühen Judentum, d. h., es ging eher um Schulden und zeitweilige Sklaverei im Rahmen von Kin-Verhältnissen. Aber es existierten auch härtere Sklavereiformen. Allgemein hießen Versklavte

174 Gil Montero, Raquel, „Free and Unfree Labour in the Colonial Andes in the Sixteenth and Seventeenth Centuries", in: International Review of Social History 56 (2011) (Special Issue 19: The Joy and Pain of Work: Global Attitudes and Valuations, 1500–1650, Hofmeester, Karin; Moll-Murata, Christine (eds.)), S. 297–318; Escobar Ohmstede, „Instituciones y trabajo indígena en la América española", S. 27–53.

175 Gunsenheimer, Antje, „Doña Marinas Schwestern und Brüder. Sklaverei in der aztekischen Gesellschaft", in: Dhau. Jahrbuch für außereuropäische Geschichte 2 (2017), S. 53–81, hier S. 73 FN 45.

176 Molina, Fray Alonso de, Vocabulario en Lengua Castellana y Mexicana y Mexicana y Castellana [1571], México D.F.: Editorial Porrúa, 1977; Offner, Jerome A., Law and Politics in Aztec Texcoco, Cambridge: CUP, 1983; siehe auch: Vyšný, Peter, „Grundprobleme der Erforschung des aztekischen Rechts", in: Societas et Jurisprudentia Vol.3:3 (2015), S. 71–103.

177 Offner, Law and Politics in Aztec Texcoco, S. 141. Hier zitiert nach Gunsenheimer, „Doña Marinas Schwestern und Brüder. Sklaverei in der aztekischen Gesellschaft", S. 53–81, hier S. 73.

tlacohtli (Pl. *tlatlacohtin* = „Sklave" bzw. „Sklaven").[178] Zudem gab es Versklavte „mit der Markierung des Geschlechts *tlacohtli cihuatl* („die Sklavin") und *tlacohtli oquichtli* („der Sklave")".[179] Antje Gunseheimer fährt fort: „Vom Nomen *tlacohtli* leitet sich das Verb *tlacohti* („dienen, ein Sklave sein") ab. Zahlreiche weitere Begriffe stammen von diesem Begriff ab, wie *tlacoyotl*, von Molina als Dienstbarkeit und Sklaverei übersetzt. ... Betrachtet man die spanischen Chroniken, wird tatsächlich mehrheitlich einfach von „esclavos" gesprochen, während die aztekischen Quellen unterschiedliche Termini benutzen. So ist ein weiterer Begriff *cococauh* („der Sklave von jemanden sein"), was im Zusammenhang mit dem Begriff *cococahua* („Herr über eine Hacienda sein") steht und sich möglicherweise auf die Landarbeiter auf den Gütern des Adels bezieht. Interessant sind ebenfalls die Begriffe *manamaca* und *maytoa* mit der Bedeutung „sich selbst als Arbeiter verleihen oder den eigenen Sklaven an eine andere Person vermieten", denn sie deuten auf den zu Beginn erwähnten temporären Kontraktstatus der verliehenen Arbeitskraft hin. Weitere Begriffe sind: *cihuatlacopotli* (Sklavin, Dienerin) oder auch *tlacotiamictli* mit der Bedeutung „ein zum Verkauf stehender Sklave bzw. das Geschäft des Sklavenhandels" mit dem Verweis auf „Tod" (*mic-tli*)".[180]

Wie gesagt, die Mexica/Azteken wie auch die Mayas kannten Sklaven und Opfersklaverei.[181] Bei den Chontales (ein Náhuatl-Wort ähnlich dem griechischen Barbaren-Begriff; auch Name eines Departements im heutigen Nikaragua) Mittelamerikas, die Kriegsgefangenensklaverei, Strafsklaverei und unterschiedliche Schuldsklavereien betrieben (wie alle anderen Völker auch), wurden Arbeitssklaven *meya uinicon* (= Arbeitende) genannt. Sklaven und Sklavinnen als Arbeitende wurden meist in der Landwirtschaft, aber auch und gerade als Träger (Náhuatl: *tamemes*) eingesetzt. Die Funktion von Körpern als Kapital wurde vor allem im strukturellen Konflikt zwischen Kriegern (die Sklaven für ihren Ruhm beschafften) und Priestern (Opfersklaven und Opferungen als symbolisches Kapital) deutlich. Hochrangige Gefangene und Anführer wurden oft geopfert (und in kannibalistischen Ritualen verspeist; Priester hatten meist Anspruch auf das Herz). Priester bekamen, je nach Macht, mehr oder weniger Kriegsgefangene aus den Beuten zugesprochen; sie konnten auch andere Versklavte zur Opferung bestimmen.[182] Im nördlichen Neu-Spanien (heute Mexiko und New Mexico (USA) wurden Versklavte aus unterschiedlichen Indio-Völkern *genízaros* (wörtlich: Janitscharen) genannt. Sie waren Sklaven in spanischen Haushalten oder auf *ranchos* (landwirtschaftliche Betriebe) mit

178 Ebd.

179 Ebd.

180 Ebd., S. 73–74. Ich habe die Namen kursiv gesetzt.

181 Rivera Dorado, Miguel, Los mayas, una sociedad oriental, Madrid: Editorial de la Universidad Complutense, 1982; Lohse, John C.; Valdez, Fred, Ancient Maya Commoners, Austin: The University of Texas Press, 2010.

182 Ahlert, „Präkoloniale Sklaverei", in: Ahlert, La Pestilencia más horrible, S. 69–81.

christlichen Taufnamen und Nachnamen ihrer Herren; die Nachkommen hießen oft *coyotes*. Spanische Gouverneure siedelten *genízaros* und ihre Familien vor allem seit dem 18. Jahrhundert in Pufferzonen an, um Angriffe der Navajo, Ute, Comanche, Apache und Kiowa auf das nördliche Neu-Spanien abzufangen (Hauptsiedlungen: Santa Cruz, Santa Fe und Albuquerque).[183]

Die Cherokee, das Appalachen-Bergvolk im Südwesten Nordamerikas, hatten einen recht klaren Begriff von „Sklaven". Diese hießen *atsi nahsa'it*, ein Terminus, der nicht nur auf Gefangene und Sklaven angewandt wurde, sondern auf jedwedes belebte Wesen, das unter der Verfügungsgewalt eines vollberechtigten Mitglieds eines Clans der Cherokee oder des Stammes stand. Bei den Iroquoian- und Algonquianvölkern des amerikanischen Nordostens wurden Kriegsgefangene furchtbaren Torturen unterworfen, durch Verletzungen und Benennungen markiert (und, sofern kriegsfähige Männer, oft rituellem Mord ausgesetzt). Bei den Mohawk und Onondaga bedeutete das Wort *enaskwa* Kriegsgefangener und Haustier. Das extrem pejorative Wort *awahkân* bezeichnete bei Sprechern des westlichen Algonquian wie Ottawas, Ojibwas und Crees Kriegsgefangene und „Tiere, die gefangen gehalten werden". Der Jesuit Louis Nicolas benutzte den Begriff *aouakan*, in der Bedeutung von „Sklave oder Kriegsgefangener", als eines der acht Hauptwörter, um die Indianer das Christentum zu lehren. Es wurde unter anderem angewandt, um die Schwäche des Teufels vor Gott zu illustrieren.[184]

Im sudanischen und subsaharischen Afrika existierten, wie gesagt, Mosaike von Sklavereien, Namen von Sklaven und Typen des Slaving. Bei den Wolof im heutigen Senegal und cum grano salis allen Völkern der Region existierten zwei Grundformen von Sklaverei: Haussklaverei, die von lokalem Recht und lokalem Status bestimmt war. Haussklaven konnten heiraten und selbst Sklaven halten, diese Sklaven von Sklaven hielten manchmal auch Sklaven. Sie lebten in der Nähe ihrer Herren und Besitzer, aber in einem Extraquartier der Siedlung. Sklaven-Quartiere hießen *ngallo*. Das Wort kommt von *gallo* (in Hallpulaar (*poulard*): *galuu* – eigentlich ein aus dem Manding stammendes Wort), das etwa die Bedeutung hat „verladen", einen „Transport unterstützen" oder „Gegenstück zu einem Gewicht oder einer Schuld" zu sein. Marktsklaven, deren Status in Senegambien im Grunde der von „römischen" Sklaven (privat) war, wurden an Europäer oder ins Ausland verkauft. Sie hießen *ja wu jaam* oder *daral u jamm* – *ja* ist ein Wort für Markt, *daral* bedeutete Viehmarkt, *jaam* bezeichnet den Typus von auf dem Markt gekauften Sklaven.[185] Wie die Benennung im Einzelnen auch war, immer wurde in der Sklave-

183 Gonzales, Moises, „The Genizaro Land Grant Settlements of New Mexico", in: Journal of the Southwest Vol. 56:4 (2014), S. 583–602.

184 Rushforth, Brett, „'A Little Flesh We Offer You': The Origins of Indian Slavery in New France", in: WMQ Vol. LX:4 (October 2003), S. 777–808, hier vor allem S. 783.

185 Ich danke Ibrahima Thioub für die Informationen, siehe: Diouf, Mamadou, „Le problème des castes dans la société wolof", in: Revue Sénégalaise d'Histoire, Nr. 1 (Ancienne Série) 2, 1 (1981), S. 25–37; Thioub, „Regard critique sur les lectures africaines de l'esclavage et de la traite atlantique", S. 271–292.

reiideologie der Wolof und anderer Völker Westafrikas der Sklavenstatus, sobald ein Mensch in diesen abgerutscht war, ein „Bluts"-Status: „Sklave-Sein" wurde biologisch mit dem Satz „Der Mensch hat eben Sklavenblut" begründet, er war in mütterlicher Linie vererbbar und sollte theoretisch für alle Ewigkeit als solcher gelten.[186] Noch heute kann jeder und jede in ruralen Gebieten Senegals sagen, wer von Sklaven abstammt und wer von Freien sowie Versklavern/Sklavenhaltern.

An der Goldküste waren die Ashante seit etwa 1680 das dominierende Volk. In der Ashante-Gesellschaft gab es *nnonkofo*, unfreie Kriegsgefangene mit dem persönlichen Rechtsstatus etwa von Minderjährigen.[187] Dazu kam eine Vielzahl konkreter Sklaven-Situationen, u. a. *donkor* für aus dem Hinterland verschleppte Menschen, die sich wegen der Traumatisierung besonders „blöde" und „stumpfsinnig" aufführten. Mir kommt bei Donkor in welthistorischer Komparatistik sofort der generische Name *Simos* für Skythensklaven im antiken Griechenland in den Sinn. Als Sklaven galten die Freiheit der Steppen gewohnten Skythen den Griechen als *simoi* („stumpfsinnig").[188]

Auf dem Gebiet des heutigen Ghana (historisch etwa: Goldküste) gab es fünf Sklavereisituationen und -status: Diener, Schuldner, Sklave, Kriegsgefangener und Sklave als Kapitalstrafe. In Akan, Ewe, Ga und Dagbani, den vier heute vorherrschenden Sprachen, sind die Worte für Diener/in (Akan: *akoa*; Ewe: *subövi/suböla*; Ga: *abaawa* (weiblich), *tsulö* (männlich); Dagbani: *tumo/bilchin*); Schuldner (Akan: *awowa*; Ewe: *awubame*; Ga: *awoba*; Dagbani: *talima pabu*); Sklave (Akan: *donko*, Ewe: *kluvi*; Ga: *nyön*; Dagbani: *dabli*); Kriegsgefangener (Akan: *dommum*; Ewe: *avalélea*; Ga: *gboklefonyo*; Dagbani: *tuhugbaaii*) und Versklavung als Kapitalstrafe (Akan: *akyere*; Ewe: *kluvisi wotso kufiana*; Ga: *nyön ni abaa gbe le*; Dagbani: *dabli kuba*).[189]

Das Wort *ẹrú* für „Sklave" bezog sich im Oyo-Reich der Yoruba auf eine Vielfalt von Abhängigkeiten, Status und Situationen ohne scharfe Grenzen und geringem Institutionalisierungsgrad. Daneben gab es noch eine relativ deutlich abgesetzte Schuldsklaverei, Zeitsklaverei und Markt-/Kaufsklaven, die an die Europäer und ihre Mittelsmänner verkauft oder vertauscht wurden. Bei den Soninke, gefürchtete Sklavenjäger, hießen Sklaven *kaccinto*, ein Wort für Personen, die mit Stricken ge-

---

186 Sievers, Barbara, „Königsmacht und Sklaven der Krone: Sklavenhandel und Staatenbildung in Kayor", in: Bley, Helmut [et al.] (eds.), Sklaverei in Afrika: afrikanische Gesellschaften im Zusammenhang von europäischer und interner Sklaverei und Sklavenhandel, Pfaffenweiler: Centaurus-Verlagsgesellschaft, 1991 (Bibliothek der historischen Forschung; 2), S. 81–101, hier S. 89.

187 McCaskie, Tom C., State and Society in pre-colonial Asante, New York: Cambridge University Press, 1995; Zips, Das Stachelschwein erinnert sich, S. 136–138; siehe auch: Shumway, Rebecca, The Fante and the Transatlantic Slave Trade, Rochester: University of Rochester Press, 2011.

188 Schumacher, „Sklavenmarkt und Sklavenverkauf", S. 44–65, hier S. 47.

189 Perbi, Akosua Adoma, „General Perceptions of Slavery: Their Relevance to the Ghanain Situation", in: Perbi, A History of Indigenous Slavery in Ghana: From the Fifteenth to the Nineteenth Century, Ghana: Sub-Saharan Publishers, 2004, S. 1–12, hier vor allem S. 3.

fesselt waren, das heißt, Kriegs- oder Razziengefangene. Der Oberbegriff für Sklaven war *komo*, wobei differenziert wurde nach Anzahl von Generationen, die Menschen als Sklaven bei einem Herrn waren und nach dem Rang des Sklavenhalters.

Zur Sklaverei und zur Benennung von Versklavten im Fulbe-Sultanat von Yola im Osten des heutigen Nigeria am Oberlauf des River Benue schreibt Catherine VerEecke:

> The significance of slavery among the Fulbe and the position of their slaves is suggested by Adamawa Fulfulde concepts, particularly the verbs *jeyugo* and marugo, and the noun *jawmu*. *Jeyugo* means „to own“, or „to have“, and from it derives one of several terms for „slave“, *jeyado* (pl. *jeyabe*). The act of ownership is, however, most often conveyed through the verb, *marugo*, which means „to possess“, or „to have“. *Maral* is its noun form, referring to „possessions, riches“, and slaves (*jeyabe*) are discussed by Fulbe as *maral*. *Marugo* or *jeyugo* („to own“) may also connote the notion of „rights over persons“, as for instance a husband under Islamic religion and Fulbe custom has rights over his wives. Yet another term for slave is *marado* („someone owned“), and the terms *maccudo* (pl. *maccube*) and *kordo* (pl. *horbe*) distinguish, respectively, male and female slaves. *O mari maccube* is thus the most appropriate way of saying, „He owned slaves“, with slaves being among the possessions of their master (*jawmiiko*). Deriving from the same root as *jawmiiko* is the term *jawmu*, which refers to an owner or a head, and also one presiding over Fulbe social units, such as the house-hold (*saare*), in which case it is used as *jawmu saare* („household head“). During the nineteenth century, slaves constituted perhaps the most important possessions of many Fulbe, as an aid in their economic ventures and as a source of prestige. But as we will see, slaves became increasingly enmeshed in Fulbe society, without fully escaping their marginal slave status and identity.[190]

Letzteres bedeutet, dass Sklaverei erst um 1930 aufgehoben wurde – Sklavenstatus von formal „freien“ Personen aber bis heute existiert.

Im historischen Kongo-Imperium hieß die niedrigste Sklaverei-Kondition *mbika*, ein Wort, das in einem christlichen Katechismus für „Sklaven des Teufels“ benutzt wird. Ein anderer Terminus war *mwai*, mit dem sowohl Sklave als auch Gefangener bezeichnet wurde, auch *nleke* (Kind) kam als Bezeichnung für Sklaven vor.

Robert Harms hat dargelegt, dass neu eingetroffene Sklaven in einem Bobangi-Dorf entweder *montambu* (Kaufsklave) oder *montangi* (*captive*) genannt wurden, je nach Situation. Kaufsklaven wurden normalerweise in die Gesellschaft früher oder später integriert; Kriegsgefangene wurden in der Regel soweit wie möglich vom Ort der Versklavung verkauft. Der neue Eigentümer schützte den oder die Sklavin gegen Andere (wie es mit dem Schutz des Versklavten gegen den neuen Herrn aussah, ist eine andere Frage). Im Unterschied zu Freien konnten Versklavte auf Grund einer Laune oder in Totenfolge ermordet werden, weil sie nicht den Schutz einer Familie oder eines Clans genossen.[191]

---

190 VerEecke, „The Slave Experience in Adamawa: Past and Present Perspectives from Yola (Nigeria)“, S. 23–53, hier S. 29.

191 Harms, River of Wealth, River of Sorrow, S. 148–153.

Wyatt MacGaffey hat gezeigt, dass es keine kulturellen Essentialitäten gab und es davon abhing, ob Menschen in den hochkommerzialisierten Küstenregionen (Loango, Luanda, Ambriz, Kongo-Mündung, etc.) oder im Hinterland (Interior) versklavt wurden. Für interne Sklavereien existierte im Kongo eine ganze Reihe von „Terms for Slaves", unter anderem das Wort *nziumbu* für Muschelgeld (Kapital und Reichtum), das auch für einen assimilierten Sklaven verwendet wurde.[192] Eine konkrete Form von menschlichen Körpern als Kapital und Geld/Währung. Im Königreich Ndongo (Angola) wurden zwei Kategorien von Sklaven unterschieden, *mubika* und *kijuku* (*ijuku*). Mubika waren Kriegsgefangene, die fast immer in den transatlantischen Menschenhandel gingen. Kijuku durften normalerweise nicht in die atlantische Sklaverei verkauft werden und genossen einen höheren Status (siehe aber oben zur Änderung des Status von Kin-Sklavereien und Schuldsklaven). Kijuku leisteten den regierenden Eliten politische, soziale und militärische Unterstützung. Sie gehörten oft zur Gruppe der Elitesklaven und lebten in speziellen Siedlungen. Zum Teil waren sie so mächtig, dass sie am Auswahlprozess der Könige teilnahmen; im Hinterland von Benguela konnten Menschen aus dieser Sklaven-„Klasse" sogar König werden. Flucht und Widerstand waren allgegenwärtig in Luanda, Angola, Ambaca, Benguela und im Kongo. Oft schlossen sich geflohene Sklaven Armeen an, die gegen andere Könige oder gegen die Portugiesen sowie ihre afrikanischen Allierten kämpften (wie die Ndongo-Armee von Königin Njinga).[193] Königin Njinga von Matamba (oder Nzinga – 1583–1663, christlicher Name Ana de Souza), leistete mit ihren Alliierten Widerstand gegen Portugiesen und verbündete sich mit Holländern, die 1641–1648 Luanda besetzt hatten. Njinga konnte sich nur halten, weil sie in Matamba die wichtigsten Sklaventransportrouten und Zugänge zu Razziengebieten kontrollierte (in den 1640ern wurden jährlich 12 000–13 000 *cativos* zur Küste verschleppt).[194] Razzientrupps schlossen sich auch Anführern an, die Kin-Strukturen missachteten. Grundsätzlich galt der Satz Jan Vansinas „a person without a lineage was a slave, a person with one was free". Die Frage ist – welche „Freiheit"? Kijuku-Sklaven wurden als „klassifikatorische Kinder" behandelt.[195]

Ein wichtiger Überbegriff für Verschleppte, Gefangene und Sklaven in Westafrika von Gambia bis Benin mit Wurzel im heutigen Ghana war das bereits erwähnte Wort *donkor* oder *odonkor* (in Akan auch *donko* oder *odonko*). Es stellte eine generi-

192 MacGaffey, Wyatt, „Indigenous Slavery and the Atlantic Trade: Kongo Texts", in: Beswick, Stephanie; Spaulding, Jay (eds.), African Systems of Slavery, Trenton; Asmara: Africa World Press, Inc, 2010, S. 173–201, hier S. 197.

193 Ferreira, „Slaving and Resistance to Slaving in West Central Africa", in: Eltis; Engerman (eds.), The Cambridge World History of Slavery, Vol. 3, S. 111–131; siehe auch: Heywood, Njinga of Angola. Africa's warrior queen, Cambridge [u. a.]: Harvard University Press, 2017.

194 Miller, „Njinga of Matamba in a New Perspective", in: Journal of African History 16:2 (1975), S. 201–216.

195 Vansina, „Ambaca Society and the Slave Trade, c. 1760–1845", S. 1–27, hier S. 6; Ferreira, „Slaving and Resistance to Slaving in West Central Africa", S. 111–131, hier S. 112–113.

sche Bezeichnung für dumme, kriegsgefangene Menschen aus dem Hinterland dar. Dieser eigenartige Begriff, dessen Etymologie auf die Worte Liebe (*odo*) und „geh nicht" (*nti nka*) zurückgeht, drückte seit dem Entstehen der afrikanischen Sklavenhandelsreiche im 17. Jahrhundert am deutlichsten Scham und Unehre des Sklavenstatus sowie eine konkrete äußere Statusdegradierung aus. Daneben gab es, wie wir gesehen haben, andere Worte für verschiedene Grade und Dimensionen der Sklaverei: *akoa* – Subjekt, Diener, Sklave; *awowa* – Schuldsklave; *akyere* – zur Sklaverei für ein Verbrechen Verurteilter; *dommum* – Kriegsgefangener.[196]

Der Begriff Donkor wurde von europäischen Sklavenhändlern für den internen Gebrauch in Afrika übernommen, verdrängte aber nie die europäischen Worte „Sklave" oder „Negro" an den afrikanischen Küsten, auf dem Atlantik oder in den Amerikas. Schon im 15. Jahrhundert begannen europäische Sklaven-Händler die geschockten und traumatisierten Opfer des Sklavenfangs als psychisch abwesend und von Geburt und „Natur" aus sklavisch zu beschreiben. Schuld ist Aristoteles. Die Europäer oder Amerikaner nannten die von ihnen gekauften oder eingetauschten Sklaven, wenn sie aus dem Innern angeliefert wurden, *donkor* oder *dunco*. Nach dreihundert Jahren waren die Geschichten von den dummen, sklavischen Donkors so oft erzählt und vorgeführt worden (afrikanisches Drama), dass sie als Wahrheit akzeptiert wurden: „they soon forgot all about their own country" (Zurara)[197] – die Geraubten und Traumatisierten Donkors wurden zu „negroes" (oder sogar „niggers"), „slaves" und „bozales", blieben aber zugleich zu einem guten Teil immer Donkors – lebende Tote, eine Art Zombie – Bezeichnungen für einen absolut unehrenhaften Status und nur eine ganz grobe Bezeichnung für eine Herkunft aus dem Interior. Die Bezeichnung sozial Tote stimmt nur dann in gewisser Weise, wenn es, wie es oft geschah, aber kaum in Krankenberichten überliefert ist, zu schweren psychischen oder gar psychotischen Störungen kam (aber selbst das ist umstritten, da die Gemeinschaften der Versklavten „Verrückte" nicht absonderten und diese meist mit arbeiteten). Es handelt sich Gewissermaßen um eine Variante von Pattersons *social death*. Donkor (bei Captain John Adams „dunco")[198] war eine Bezeichnung in Ashante, dem mächtigen Inlandsstaat, der den Sklavenhandel zur Goldküste und nach Mina kontrollierte. Donkor ist in etwa mit der Bezeichnung Barbar in Griechenland oder Rom gleichzusetzen; in Griechenland, wie erwähnt, noch spezieller mit dem bereits erwähnten Sklavennamen für Skythen, Simos. Auch Lydia (Frau aus Lydien), Ursula (kleine Bärin) und Barbara (Barbarin) waren einst Sklavinnennamen.

---

196 Hartman, Saidiya, „Lose Your Mother", in: Hartman, Lose Your Mother. A Journey along the Atlantic Slave Route, New York: Farrar, Straus and Giroux, 2007, S. 154–172, zur Etymologie siehe: Hartman, „Come, Go Back, Child", in: Ebd., S. 84–100, hier S. 86 f.

197 Zurara, Gomes Eanes de, Chronicle of the Discovery and Conquest of Guinea, ed. and trans. Beazley, Charles Raymond; Prestage, Edgar, 2 Bde., London: Hakluyt Society, 1896–99, Bd. I, S. 85.

198 Adams, Captain John, Sketches Taken during Ten Voyages to Africa between the Years 1786 and 1800, 1822 s.l. (reprint: New York: Johnson Reprint Corp., 1970), S. 9.

Noch genauer war *donkor/ dunco* ein Wort für „dumme Menschen, Tölpel“, wie *macu* im nördlichen Südamerika, *pani* im östlichen Nordamerika, „stumpfsinnige“ Skythensklaven oder die frühe Bedeutung von *sakaliba* im mittelalterlichen Europa, mit dem quasi eine ethnische Herkunftsbezeichnung für versklavbare Menschen geschaffen worden war und es ihnen nachträglich als „Dummheit“ (oder Schicksal) zugeschrieben wurde, in die Sklaverei geraten zu sein. Der Überbegriff Donkor wurde von den Ashante auf alle Menschen aus dem Interior Afrikas außer Angehörige der eigenen Gruppe angewandt. Donkor bedeutete auch ignoranter Bursche (*greenhorn*). In der Literatur finden sich unterschiedliche Meinungen über die Opfer des Sklavenfangs: John Adams hielt „the Dunco“, was seiner Meinung nach in Fante „stupider Bursche“ bedeutete, für das passivste Volk nördlich des Äquators. Ludwig Roemer dagegen, Sklavenhändler im dänischen Fort Christiansborg, beschreibt Donkors als wilder und „more savage“ als andere Sklaven: „man kann sie kaum als Menschen bezeichnen“.[199] Roemer berichtet auch, dass sich unter den Donkors das Gerücht hielte, die Europäer hätten sie gekauft, um sie wie Schweine fett zu füttern und dann zu fressen. Das zeigt, dass Namen mehr waren als Schall und Rauch, sondern ihre generelle Bedeutung tief in Sprachen, Psyche und Glaubenssysteme ganzer Gesellschaften hineinreichte. Die Versuche, den Gefangenen ihre Erinnerung und ihre Individualität zu nehmen, wie sie in den Benennungen zu Tage treten, waren auch Versuche, Rebellionen und Rache zu verhindern. Die Angst vor Rache der Donkors griff so sehr nach den afrikanischen Versklavern, dass sie Trauma-Behandlung und psychische Kulte erfanden – nicht etwa für die Sklaven, sondern für Menschenjäger und Sklavenhändler, vor allem, als für sie im 18. Jahrhundert in den Regionen intensiven Sklavenfangs und Sklavenhandels die Konsequenzen der jahrhundertelangen Plünderungen und des Menschenraubs deutlich wurden. Auch die herrschenden afrikanischen Sklavenhändler, Eliten und Könige erfassten die demographischen und politischen Auswirkungen des Sklavenraubs und bekamen die sozialen Konflikte zu spüren. Bestimmte Gebiete vor allem Westafrikas wurden zu einem „Land der Gräber ohne Körper“.[200] Die Versklaver und Verkäufer fürchteten die Rache der Armen, Unterdrückten, Verschleppten sowie Versklavten, der Donkors und der Geister der vielen Sklaven, die übers Meer verkauft worden waren. Am Río Pongo und in Ghana, aber auch in vielen anderen Sklavenjäger-Gesellschaften Westafrikas wurde versucht, die Versklavten mit Hilfe religiöser Rituale, oft auch mit zeremoniellen Bädern und Drogen (etwa eine Pflanze, die in Haussa *manta uwa* heißt: „Vergiss die Mutter“) ihrer Erinnerung an ihre Familie, Götter und Lineage zu berauben. In Senegambien bauten Diola-Sklavenjäger ihren Opfern Altäre (Schreine) mit hölzernen Figuren

199 Roemer, Ludwig Ferdinand, A Reliable Account of the Coast of Guinea (1760), ed. and trans. Winsnes, Selena Axelrod, Oxford: British Academy and the Museums, 2001 (Fontes Historiae Africanae, Vol. 3), S. 28, 182.

200 Hartman, „Markets and Martyrs“, S. 49–75, hier S. 70.

(*hudjenk*), die mit Palmwein und dem Blut geopferter Tiere eingeweiht wurden – um die Raiders zu schützen und ihre Opfer symbolisch zu besänftigen. Die Priester dieser Schreine mussten mindestens einen Sklaven mit eigenen Händen gefangen haben. Jeder Schrein wurde nach dem ersten Sklaven benannt, den der jeweilige Priester gefangen hatte. So überlebte der Name des oder der Sklavin im Namen des Schreins, dem die jeweilige Familie ihren Reichtum verdankte und wurde auch in Ritualen und Liedern erwähnt. Die Diola-Sklavenhändler waren sich darüber im Klaren, dass sie ihren Reichtum und ihr Ausgangskapital ihren Gefangenen verdankten und fügten einen Namen von Verschleppten in ihre religiöse Memoria ein.[201] Auch bei den Temne in Sierra Leone sollen orale Erinnerungen und Rituale das Gedächtnis an den atlantischen Sklavenhandel aufrechterhalten.[202] Bei den Ewe der Sklavenküste wurden die *spirits* der Donkor in das Pantheon des Voudou aufgenommen.[203] Im Kongo bildete sich unter Sklavenjägern eine Vereinigung mit dem Namen „Lemba" (etwa: beruhigen), um sich mit Ritualen, Medizin und Psychopraktiken zu beruhigen um an ihrem Reichtum nicht zu verzweifeln: Mitglieder waren die Elite – Sklavenhalter, Heiler, big men, chiefs, Richter und andere Einflussreiche.

In Bezug auf Gruppenbezeichnungen von Gefangene/Verschleppten, die aus einem Sklavereigebiet (hier: in Afrika) in einen kulturell anders konnotierten Bereich (hier: Atlantik und Amerikas) verkauft oder vertauscht wurden, gibt es auch andere Geschichten. Eine ist die der so genannten *gangás*, die zugleich den Hintergrund der Amistad-Story bildet. Für die Sklavenbenennung „Ganga" oder „Gangá", die auf Kuba und in anderen Gebieten der Karibik benutzt wurde, um sich auf Menschen zu beziehen, die aus dem Hinterland der Sklavenhäfen von Gallinas und Sherbro Island im südlichen Sierra Leone verschleppt worden waren, gibt es noch keine vollständige Analyse. Fest steht bislang, dass „Ganga" kein ethnischer Terminus (Ethnonym) und auch keine Orts- oder Stadtbezeichnung (Toponym) ist und dass das Wort in Afrika weder historische noch heutige Bedeutung hat. Arthur Abraham, der weltweit führende Mende-Spezialist, sagt, dass „ganga" (Verb) und „kanga" (Nomen) widerständig und rebellisch bedeutet. Das würde einerseits gut zu einer von Verschleppten selbst konstruierten Benennung, die irgendwann einmal (ich schätze im 17. Jahrhundert) bei den Sklavenhändlern und Agenten der Küste Afrikas, in den Sklavenhäfen und Barracones entstand, andererseits in die allgemeine Mentalität der Versklaver gegenüber potentiell auch muslimischen Cap-

201 Baum, Robert M., Shrines of the Slave Trade: Diola Religion and Society in Precolonial Senegambia, Oxford: OUP, 1999.

202 Shaw, Memories of the Slave Trade, Ritual and the Historical Imagination in Sierra Leone, Chicago and London: University of Chicago Press, 2002.

203 Étou, Komlo, „Traite négrière et esclavage en pays éwé (Ghana-Togo): les territoires des Anlo et des Bè-Togo aux XVIIIe et XIXe siècles", in: Godo Godo. Revue d'Histoire, d'Arts et d'Archéologie africains n° 21, Abidjan (2011), S. 54–71.

tives aus dem Hinterland Senegambiens, vor allem Sierra Leones, entsprechen (siehe oben zu Jolofes).[204] Ähnliches gilt für die Bezeichnung *macúa* für „wilde Sumpf- und Hinterlandmenschen" an den Küsten Moçambiques und auf der Insel Moçambique.[205]

An der Swahili-Küste und ihrem Hinterland in Ostafrika war *suria* die Bezeichnung für eine Sklavin (Plur. *sarari*), die ihrem Eigentümer ein Kind geboren und für sich einen sozialen Aufstiegskanal eröffnet hatte. Um 1890 war ein Drittel bis drei Viertel der Bevölkerung Ostafrikas versklavt. Meist handelt es sich um Frauen und Mädchen, da die Männer durch die Menschenrazzien getötet worden oder geflohen waren. Es gab auch viele Mädchen und Frauen aus Indien.[206] Frauen wurden oft auch als Sklavinnen verpfändet. Sie arbeiteten in Haushalt sowie gelegentlich auf Feldern, waren im Straßenverkauf tätig. Im Gegensatz zu „freien" muslimischen Frauen durften sie das Haus verlassen. Sklavinnen leisteten, wie gesagt, Dienste als Sexpartnerin (Konkubine).[207] Ein englischer Beobachter hielt fest: „most white residents [in Zanzibar] keep Abyssinian or Galla concubines".[208] Wenn sie Kinder geboren hatten, durften Sarari nicht weiter verkauft (sie wurden zu *umm al-walad* – Mutter des Kindes), aber einem anderen Mann als Ehefrau überlassen werden.[209] In ki-Swahili wurde ein Sklave allgemein *mtumwa* genannt, was „der, der uns geschickt wurde" bedeutet (ein Euphemismus selbstverständlich). Aber auch die unverblümten Begriffe *metaka* (Beute), *washambala* (ländliche Person, Bauerntrottel), *washenzi* (Barbar, Unzivilisierter) oder *mjinga* (Dummkopf) kamen vor.[210] Letztere Worte ähneln schon sehr dem Donkor des nördlichen Westafrikas oder dem Bozal der spanischen Karibik.

In einem anderen Grenzgebiet arabisch-islamischer Territorien, auf der iberischen Halbinsel, wurden seit den Prozessen der Reconquista (ca. 800–1492) islami-

---

204 „'Ganga' (verb) and 'kanga' (noun) in the Mende language means to refuse, resist, disobey. You can cite this [as] a personal communication from me of this date" (persönliche Mail von Arthur Abraham vom 25. April 2014), siehe auch: Abraham, Arthur, An Introduction to the Precolonial History of the Mende of Sierra Leone, Lewiston: Edwin Mellen Press, 2003.

205 Feraudy Espino, „La palabra macúa", in: Feraudy Espino, Macúa, S. 12–13.

206 Sheriff, „*Suria*: Concubine or Secondary Wife? The Case of Zanzibar in the Nineteenth Century", S. 99–120, hier S. 101.

207 Croucher, Sarah K., „'A Concubine Is Still a Slave': Sexual Relations and Omani Colonial Identities in Nineteenth-Century East Africa", in: Voss, Barbara L.; Casella, Eleanor Conlin (eds.), The Archaeology of Colonialism: Intimate Encounters and Sexual Effects, Cambridge/New York [u. a.]: CUP, 2012, S. 67–84.

208 Nach: Burton, Richard F., Zansibar, City, Island & Coast, Bde., London: Tinsley, 1872, Bd. I, S. 330; hier zitiert nach: Sheriff, „*Suria*: Concubine or Secondary Wife? The Case of Zanzibar in the Nineteenth Century", S. 99–120, hier S. 102.

209 Ebd., S. 99–120; siehe auch: Sheriff, Slaves, Spices & Ivory in Zanzibar, London: Currey, 1987.

210 Mann, „Die Sklavengesellschaft auf Sansibar, 1820–1883 und die Sklaverei in Deutsch-Ostafrika 1884–1914", in: Mann, Sahibs, Sklaven und Soldaten, S. 67–73, hier besonders S. 69. Siehe auch: Deutsch, „Prices for female slaves and changes in their life cycle. Evidence from German East Africa", in: Campbell; Miers; Miller (eds.), Women and Slavery, Bd. I, S. 129–145.

sche Kriegsgegner, aber auch Kriegsgefangene und Razzienopfer, die als Sklaven im christlichen Bereich dienten, meist als *moros* (Mauren) bezeichnet; auf den Philippinen wurde *moro* auch zur Bezeichnung von muslimischen Sklavenjägern der Südinseln und des Sulu-Archipels. Viele andere Sprachen haben dieses Wort übernommen, zum Beispiel im deutschen Sprachbereich als Maure oder Mohr (oft sogar christlich positiv überformt als Hl. Mauritius oder St. Moritz).[211] Vor allem im Mittelmeerraum hießen Mauren auch Sarazenen.

Spätestens mit der portugiesischen transozeanischen Expansion, die seit 1515 erstmals Atlantik, Indik und Randgebiete des Pazifik dauerhaft verband, kam es wieder zu einer Parallelisierung vom *imperio*, Sklaverei und „Namen" der Versklavten (*escravo*, *cafre*). Die Grundtypen lokaler Sklaven aus Afrika mit ihren jeweiligen Namen wurden unter den Übernamen *escravo/escrava*, *negro/preto* (Mann) oder *cafre* (eher Junge) und dem Eintritt in neue Räume (Indik) sowie neue Wirtschafts- und Rechtssysteme zu einem neuen Sklaventypus und zu einer globalen Sklaven-Figur in östlichen und westlichen Gesellschaften.[212] Im Osten waren reale schwarze Sklaven, ihre Erscheinung und ihr Name eher exotisch, aber durchaus auch vorhanden, im atlantischen Westen trauriges Massenschicksal eines rassistisch markierten atlantischen Sklavenstatus. Insofern wurde *negro*, je länger die atlantisch-afrikanische Sklaverei sich entfaltete, wie gesagt zu einem generischen Wort, das im Grunde für „Sklave" überhaupt stand und in Kommunikationen globaler Dimension als solches benutzt wurde.[213]

Afrikanische Sklavenhändler und Eliten waren nicht ganz schuldlos an der Verbreitung des globalen Wortes *negro* (oder *preto*, ein Wort das in Brasilien noch heute meist pejorativ für Schwarze benutzt wird). Der Nürnberger Goldschmied Michael Hemmersam, als Soldat der Ostindischen Compagnie zwischen 1637 und 1645 für einige Jahre im Dienst in El Mina im heutigen Ghana (damals als „Guinea" bezeichnet), schreibt über eine Art linguistischer Protestumkehr unter den Afrikanern, die vom Sklavenhandel in El Mina lebten: „Die Mohren wollen sich von ihren Leibeigenen unterscheiden und sich nicht Mohren heissen lassen, sondern negro oder Pretto, welches so viel als schwartze [sic] Leut [sic] heisset. Dann Mohr, sagen sie, wäre so viel als ein Leibeigener oder Catyff [*cativo* = Gefangener – M. Z.], und zwar ein solcher Sclav [sic], der nicht bei Sinnen oder Verstand ist."[214]

---

211 Kuhlmann-Smirnov, „‚Mohr': Annäherung an einen Quellenbegriff", in: Kuhlmann-Smirnov, Schwarze Europäer im Alten Reich, S. 80–83.

212 Costa Pinheiro, Cláudio, „Words of Conquest. Portuguese Colonial Experiences and the Conquest of Epistemological Territories", in: Indian Historical Review Vol. XXXVI (2009), S. 37–53.

213 Fernández Chaves, „Producción, definición y exportación de categorías conceptuales en Andalucía. La definición de 'negros', 'moros', 'mulatos' esclavos y libertos", in: Paiva; Fernández Chaves; Pérez García (orgs.), De que estamos falando?, S. 39–56.

214 Hemmersam, Michael, Guineische und West-Indianische Reissbeschreibung / de an. 1639. biss 1645. Von Ambsterdam nach St. Joris de Mina, ein castell / in Africa / und nach Brasilien in America / von Michael Hemmersam / burgern in Nürnberg / in desselben lebzeiten / selbsten zusammen getragen. Anjetzo aber mit kupffern gezieret / samt einer vorrede / delineation dess gantzen

Auch andere westeuropäische Kolonialimperien trugen die atlantisch-afrikanische Sklaverei mit Akteuren, die Sklaven, *negroes*, *negers*, *nègres* oder Negros und Neger hießen, in unterschiedlichste Gebiete des Globus. Dort gab es lokale Sklavereitypen und -formen. Die wurden aber mit anderen Worten bezeichnet und die Menschen in den lokalen Sklavereisituationen sahen auch anders aus.

Alle Völker und Sprachen kannten weiterhin eigene Bezeichnungen für „ihren" Sklavenraub und -handel, für „ihr" Slaving, für „ihre" Sklaven und „ihre" Sklaverei; nicht von ungefähr ist der koloniale Begriff „Sklave" (beziehungsweise Englisch *slave*) in der Historiografie Afrikas und afrikanischer Völker sowie Indiens besonders umstritten.

Das Bild, die „Gestalt" des Sklaven, ist außerhalb des engeren historischen Feldes von „Sklave" meist nicht so klar konturiert wie im Geltungsbereich der europäisch-atlantischen Metahistorie von „Freiheit", „Eigentum" und „Sklaverei" seit 1650–1850. Auf diesen Punkt, der natürlich weit über ein *issue of language* hinausgeht, den „Namen" der Sklaverei, heben Vergleiche der Sklaverei in der westlichen und in der östlichen Hemisphäre besonders ab. Es gab afrikanische Sklavereigesellschaften, wo „Sklaven" ähnlich klar erkennbar waren und ähnliche Schicksale hatten wie in Rom oder im neuzeitlichen Jamaika – etwa im 15. Jahrhundert in Senegambien, im bereits oft erwähnten Sokoto oder später auf der Sklaven- und Nelkeninsel Sansibar. Das Sokoto-Kalifat des 19. Jahrhunderts galten nach Aufhebung der Sklaverei in den Amerikas (Abolition in Brasilien 1888), wie bereits erwähnt, als die „letzte große Sklavenhaltergesellschaft der Welt".[215]

Zu Ibiza, einer kleinen Insel mit Landwirtschaft, Weinbau und Salzproduktion sowie einem Handels-, Razzien- und Korsarenzentrum (Eivissa/Ibiza) sagt Antoni Ferrer: „The question of the vocabulary used to describe captives is far from a minor one. No difference can be inferred in the status of the individuals termed as "captives" and those referred to as "slaves" from the second half of the sixteenth century. Other denominations are also frequent, as explained above: "Moor," "Saracen," "Greek," "Tartar," "Negro," etc. The progressive introduction of "slave" is no more than a linguistic process with the successful adoption of a barbarism, and not the terminological reflection of the existence of two different statuses (captives and slaves) among the prisoners".[216]

Sind all das „Namen" unterschiedlicher Sklavereitypen und -formen im Lexikon universalhistorischer Unfreiheit unter Einschluss von „römischer" Sklaverei in den Konstellationen bestimmter Modalitäten oder sind es „nur" verschiedene

---

wercks / und nützlichen register vermehret / durch Christoff Ludwig Dietherrn, Nürnberg, Paul Fürsten's successors und Christoff Gerhard [1663], S. 51.

215 Iliffe, Geschichte Afrikas, S. 227; Thornton, „Slavery and African Social Structure", in: Thornton, Africa and the Africans, S. 72–97.

216 Ferrer Abárzuza, „Captives or Slaves and Masters in Eivissa (Ibiza), 1235–1600", in: Medieval Encounters Vol. 22 (2016), S. 565–593, hier S. 593.

semantische Stufen (*degrees*) von Unfreiheit – oder alles dies, eben in lokaler historischer Entwicklung in globaler Breite, zu der ja auch immer die Worte sowie Rechts-Konstellationen und Umstände, zum Beispiel Wirtschaftsweisen und Produktivkräfte sowie *material culture* gehören?!

Reale Sklavereien, wie auch immer sie genannt werden, haben mit Gewalt, Dienstleistung/Arbeit und Kapitalisierung/Kommodifizierung von Körpern zu tun. Vor dem 19. Jahrhundert ist es noch fast jeder Elite schwergefallen ihren „edlen" Status mit profaner „Arbeit" zu verbinden. Energie entstand durch Arbeit von Körpern (Menschen und Tiere; manchmal auch durch Wind und Wasser). Und Kinder mussten in bäuerlichen Wirtschaften noch in Europa bis etwa 1980 mitarbeiten. Die Ableitung des Wortes „Arbeit" von germanischen *arbējō* („bin verwaistes und daher aus Not zu harter Arbeit gezwungenes Kind") und indoeuropäisch *orbh* (verwaist, Waise; auf dieser Wurzel auch „Erbe" und „arm"), aus dem im Altslawischen *rabъ* (Knecht, Diener, Sklave) und *rabóta* (*работа* = Arbeit/Tätigkeit eines Knechtes; *robot* = Fronarbeit) wurde, zeigt im linguistischen Nachhall die Bandbreite der Bezeichnungen historischer Verhältnisse extremer Unfreiheit, Sklavereien und durch Gewalt erzwungener Arbeit vor allem von Kindern und Mädchen im ost- und mitteleuropäischen Raum. Und es spiegelt den Grundsatz des „römischen" Rechts wider, dass Findelkinder und Waisen dem „Finder" (wer auch immer das im Konkreten war) gehörten, der sie als sein Eigentum auch verkaufen durfte.

Im Russischen hat es die Ableitung „Sklave" von „Slawe" nicht gegeben, auch nicht unter dem Einfluss der marxistischen Theorie – Sklave heißt russisch *rabъ* (Slawe *slavjanin*); polnisch heisst Sklave *niewolnik* (Unfreier); rumänisch *rob*.[217] Unter den *rob* in Moldavien oder in der Walachei fanden sich zeitweilig auch viele Tataren (auch Mongolen und Osmanen). *Otrok* ist ein „Knabe" – ein versklavter Junge, ein Knecht; später auch *cholp'* (russisch: *cholop* oder *kholop* (*xolopъ*)).[218] In Jaroslavs Pravda kommen die Begriffe *čel'adinъ* und *xolopъ* vor.[219] Der erste Begriff, *čel'adinъ*, wird definiert als „sowohl eigentliche Eigentums-Sklaven als auch halbfreie, gedungene oder abhängige Person".[220] *Xolopъ* wird definiert als „ein regelrechter Sklave oder Fronknecht".[221] Auch in der „Pravda der Jaroslav-Söhne" kommen nur *xolopъ* (Sklave) und *roba* (Sklavin) vor.[222] Versklavte aus nicht-russischen Gebieten, die nicht-christlich und nicht-orthodox waren, d. h., vor allem Gefangene, Verschleppte und Razzienopfer aus türkischen und tatarischen sowie einer Vielzahl von sibirischen Völkern hießen in Rußland *iasyry* (oder: *polonianiki*).[223]

217 Schmidt, Soziale Terminologie in russischen Texten des frühen Mittelalters, passim.

218 Ebd.; sowie: Lübke, „Kriegsgefangene im mittelalterlichen Osteuropa. Ein Beitrag zur Frage der Ansiedlung slawischer Gefangener im Wendland in vergleichender Sicht", S. 77–89, hier S. 83.

219 Schmidt, „Die Terminologie in ‚Jaroslavs Pravda, P I'", S. 351–358, hier S. 357 f.

220 Ebd., S. 357.

221 Ebd.

222 Schmidt, „Die Terminologie in der ‚Pravda der Jaroslav-Söhne'", P II", in: Ebd., S. 359–378, hier S. 378.

223 Nolte, „Iasyry: Non-Orthodox Slaves in Pre-Petrine Russia", S. 247–266.

Versklavte Roma in Moldau und in der Walachei und sicherlich auch andere Verschleppte wurden zunächst, ähnlich dem slawischen Begriff (*cholop* oder *xolopъ*), *holop* genannt (15. Jahrhundert); seit dem 17. Jahrhundert *roabă* (*rob*).[224]

Historisch waren *Rus*/*Ros* (*rūs*, *rūsīya*, *rhos*) der Kiewer Zeit sowohl Sklavenhändler wie aber auch Sklaven, die aus Kriegszügen im Lande, von Wolga-Kaspi-Wikingern, von benachbarten Razzientrupps der köktürkischen Wolgabulgaren oder Chasaren nach Byzanz, an die Samaniden, nach Persien, ins Tang-China oder ins islamische Mesopotamien verkauft wurden. Bei den Mongolen war das Wort für Sklave/Diener *bo'ol* oder *bogbol*. Es gab Zeiten, da Sakaliba, Bo'ol und Ros in einem riesigen Raum vom Altai bis Nordchina und von der Wolga bis nach Portugal und von Skandinavien bis zur Sahara Bezeichnungen für weit hergebrachte Sklaven waren.

Das soll aber nicht den Eindruck erwecken, in slawischen Territorien hätte es keine Sklaven gegeben. Nein, es gab auch slawische Verschleppte/Sklaven und slawische Sklavenjäger (wie Masowier und Pruzzen). In Russland seit Beginn der Ostexpansion im 16. Jahrhundert hießen Kriegsgefangene nicht Ros oder Sakaliba, sondern, wie gesagt, *jasyry*. Das Wort Jasyr übernahm einfach den Begriff vieler Turksprachen für Gefangener und Sklave. Solange sich ein Jazyr nicht taufen ließ, konnte man ihn wirklich wie eine Sache behandeln. Im Grunde handelte es sich um verkaufbare, weil nichtchristliche (muslimische oder „heidnische") Sklaven, die vor allem mit der gigantischen Ostexpansion der Russen (bis nach Alaska und Nordwestamerika) wichtig wurden, hier auch und vor allem als Frauenhandel. Oder sie stammten aus Kosakenrazzien in Persien und in osmanischen oder tatarisch-mongolischen Gebieten. Für die „wilden Ehen" zwischen russischen Kosaken und indigenen Frauen existiert der Begriff *amanat*. Daneben gibt es noch den Begriff *kalym* (Brautpreis), der ebenfalls aus dem Tatarischen stammt. Beide Worte sind von Russen, aber auch von indigenen (größtenteils turkischen) Völkern Sibiriens übernommen worden. Auf jeden Fall gab es den Sklavenhandel mit Frauen und den Frauenkauf schon in vorrussischer Zeit. Er war unter der indigenen Bevölkerung Sibiriens sowie Zentralasiens weit verbreitet. Amanat gab es schon zur Zeit der Tatarenkhanate, so im westsibirischen Khanat, aber auch bei den Wolga-Tataren. Ob die Russen mit dem Frauenraub und -handel erst bei der Eroberung Sibiriens in Berührung gekommen sind, oder ob der Frauenhandel bereits zur Zeit der Tatarenherrschaft über das moskovitische Russland existierte, kann die Spezialistin aufgrund der Quellenlage nicht sagen.

Die Christianisierung Russlands brachte das Verbot des privaten Verkaufs von Christen durch Christen und öffnete einen Riss im alten Zentralgebiet des Slaving zwischen Südural und Schwarzem Meer. Osteuropa und das südliche Russland

224 Mircea, Ion Radu, „Termenii rob, şerbşi holop in documentele slave si române", in: Ionescu, Vasile (ed.), Robia ţiganilor în Ţările Române: Moldova; rromii din România – studii şi documente istorice, Bucureşti: Aven Amentza, 2000, S. 61–74.

blieben aber bis in das 18. Jahrhundert Herkunftsort von Sklaven, welche von Kosaken, Polen, Litauern, Mongolen der Goldenen Horde, Kiptschaken, Tataren der Khanate Kasan, Astrakhan und Sibir sowie von den Krim-Tataren und Nogaiern für die Welten im Süden gefangen wurden. Sibirien und die transbaikalischen russischen Kolonialgebiete im Osten blieben auch in Bezug auf Formen der Sklaverei eine eigene Welt.

In Russland, vor allem um Nowgorod und Moskau bildeten sich zwischen dem 16. und dem 18. Jahrhundert mehrere Formen der Sklaverei heraus: erstens die Sklaverei fremder Menschen, vor allem Menschen in Grenzzonen, die nichtrussischen und nichtchristlichen Gemeinschaften angehörten (zum Beispiel *jazyry*, aber auch Finnen, Samen und viele andere Völker des Nordens), zweitens eine Art Haussklaverei, der *kholopstvo*, und drittens im 18. und 19. Jahrhundert ziemlich extreme Formen bäuerlicher Leibeigenschaft („zweite Leibeigenschaft"), die ich eher als spezifische Sklaverei interpretiere. Der Status eines Kholopen war mit einer schriftlichen Abmachung, einem Verkaufs- oder Verpflichtungsdokument verbunden (*krepost'*). Die Merkmale eines Kholopen – prozessfähig, zum Eid auch gegen ihren Herrn zugelassen, nicht vererbbar und vom Kirchenrecht geschützt – galten cum grano salis und natürlich nur theoretisch, das heißt, es gab Gesetze und königliche Anordnungen, in Bezug auf das Kirchenrecht auch für schwarze Sklaven im spanisch-amerikanischen und portugiesisch-amerikanischen Bereich. Gewohnheitsrechtlich wurden Sklaven auch bei Rechts-Prozessen befragt. Sklaven in den Amerikas wurden zwar vererbt, jedoch ergaben sich gerade hier in der Realität oft schwere Konflikte. Sklavinnen sowie Sklaven machten mehr und mehr vom positiven Recht Gebrauch. Noch ähnlicher wird das Bild, wenn man die afrikanischen Vorgeschichten der im amerikanischen Bereich als Bozales bezeichneten „neuen" Sklaven einbezieht. In Afrika galt eine ähnliche Vielzahl von rechtlichen Konditionen, Vielfalten von „Eigenschaften", denen eine oder ein Versklavter unterlag, Verschuldung (für die auch Kinder versklavt wurden), unterschiedliche Dauer des Sklavenstatus, Abmachungen (in Russland, wie oben gesagt, schriftlich: *krepost'*). Bei Russlands Kholopen handelte es sich, wie in vielen Teilen Afrikas, Europas (Mittelalter und 17. Jahrhundert: *indentured service* im Britischen Imperium und *engagement* in Frankreich und Kolonien), Indiens und Südostasien um einen differenzierten Typus der Herausbildung von prä-industrieller Sklaverei beziehungsweise um einen Übergangsstatus der Sklaverei im Haus- und Gartenbereich. Bezeichnenderweise fand sich die Masse der Kholopy vor allem im Umfeld der Handelsstadt Nowgorod. Allerdings kam es auch in Russland, wie in Staaten Hindu-Indiens, im spanischen Imperium und in China, zu einer zentralstaatlichen Tendenz der Einschränkung der Erblichkeit sowie der gewaltsamen Verlängerung des Kholopstvo-Status. Russische Bauern unterlagen seit dem 16. Jahrhundert in Russland – wie auch vor allem in Mecklenburg und Böhmen, im Prozess der Herausbildung der Gutherrschaft – vielfältigen Beschränkungen ihrer Mobilität. Diese Beschränkungen bäuerlicher Freiheit hätten sich – kontrafaktisch gedacht – durchaus zu einem eigenständigen Sklavereityp entwickeln können. Aber in Russland hob Peter I. den Status auf (1725) und im Westen kam es zunächst zur Aufklärung und seit 1776/1789 zum Zyklus der „demokratischen Revolutionen“ und ihrer Folgewirkungen (Kriege) auf den russischen Staat (und damit das Recht und die Rechtsprozeduren). Trotzdem hob Katarina II. die kollektive Leibeigenschafts-Sklaverei nicht auf (ganz im Gegenteil). Russische Bauern blieben bis 1861 Leibeigene (Jasyry-Sklaven in den Expansions- und Grenzgebieten des Kaukasus und der Steppen gab es weiterhin).[225]

Die Bevölkerung der mongolischen Khanate der Goldenen Horde und der Großen Horde gerieten nach der russischen Eroberung nicht in den Stand von Sklaven, sondern in den Stand von tributpflichtigen *Jazak*-Bauern (bis 1718–1724), im Grunde „Staatsbauern“ und konnten bis ins 18. Jahrhundert sogar ihre animistischen und islamischen Religionen beibehalten.

Der allgemeinslawische Name für Bauern – *smřd* – hat in Russland schon in Kiewer Zeit oft abhängige, durch die Dorfgemeinden noch geschützte Bauern bezeichnet und wurde in manchen Gebieten der deutschen Ostexpansion, etwa bei den Sorben, zum Namen für hörige Bauern: *Smurden*. In bestimmten Gebieten des heutigen Deutschland zwischen Oder und Elbe, hießen Slawen seit dem späten 11. Jahrhundert Wenden (und noch später Sorben). Diese Slawen waren hier nie direkte Sklaven, sondern *Smurden*, was entweder von „Gestank“ oder von Lettisch *merdelis* = Hungerleider herrühren kann. Für die Wenden unter fränkischem, dänischem, sächsischem und deutschem sowie polnischem Einfluss gilt in Bezug auf Abhängigkeitsformen sicherlich die Bemerkung Robert Bartletts: „Doch wissen wir so gut wie nichts über das innere Leben der Wenden nach der Zerstörung ihres offiziellen Kultes“.[226]

Auch in katholischen Gebieten wird bis heute oft von *siervos* (Dienern) oder *cautivos* (Gefangenen) statt „Sklaven“ gesprochen. Das ist nicht nur dem schlechten Gewissen von – meist – weißen Intellektuellen in ehemaligen Sklavereigesellschaften im iberischen Bereich geschuldet, die unter Umständen vermuten, dass einer ihrer Großväter vielleicht zum Unterdrückungspersonal ehemaliger Plantagen gehörte oder selbst Sklaven besaß und möglicherweise sogar selbst Sklavenhandel betrieb. Es ist auch nicht nur Euphemismus oder Verschleierung, indem man die etwas angestaubten römischen Begriffe für Sklaven (*servus*, *ancilla*, *famulus*) statt der eigentlich richtigen modernen Worte „Sklave, Sklavin“ (*esclavo*, *esclava*) oder *negro* (*bozal*) verwendet. Vielmehr will man auch hier auf die Vielfalt der konkreten Versklavungssituationen in ihren kulturellen Kontexten verweisen und auf die Tatsache, dass die „Sklaverei“ auch und gerade in den urbane Boomwirt-

225 Kurtynova-D'Herlugnan [Derlugian], The Tzar's Abolitionists, passim; Clarence-Smith, „Slavery in Early Modern Russia“, S. 119–142.

226 Bartlett, „Die Expansion der lateinische Christenheit“, in: Bartlett, Die Geburt Europas aus dem Geist der Gewalt, S. 17–50, hier S. 37.

schaften der atlantischen Häfen der „Neuen Welt“ oder in Europa trotz juristischer Definition eine fast unbegrenzte Vielfalt von Kin-, Übergangs- und Abhängigkeitsformen sowie Dienstleistungen umschrieb, die auch auf Druck der Sklavinnen und Sklaven nach und nach juristisch fixiert wurden – wie Preisfestlegungen und -kontrollen in Bezug auf den Selbstfreikauf. Nur im Konfliktfall griffen die Parteien auf juristische Formeln und strenge „römische“ Definitionen zurück. Ansonsten war Schreiben über Sklaven und Sklaverei eine Angelegenheit der Herren, die auch untereinander über ihre Sklaven redeten – und das auch noch aufschrieben. Auf der iberischen Halbinsel war in den christlichen Gebieten das Wort *siervo* verbreiteter als *esclavo*. Die *Real Orden declarando libres los esclavos* von 1836 hält in Spanien die interessengeleitete Konfusion der Benennung klar fest: sie sei erlassen worden „um die Unannehmlichkeiten, die aus der Anwesenheit von *siervos* [wörtlich: persönliche Diener, gemeint waren schwarze Sklaven aus Kuba oder Puerto Rico – M. Z.] herrühren“. „In Spain” erklärten Aurelia Martín Casares und Margarita García Barranco dazu, „there is a confusion of terms in medieval legislation between siervo (‘serf’) and esclavo (‘slave’), which, together with the lack of more extensive rulings in the Modern Age, has made for confusion in the actual definitions of slavery and servitude. In the reference manuals to the history of Spanish law most commonly used (*Nueva enciclopedia jurídica española* [1910] and *Nueva enciclopedia jurídica* [1956]), reference is made to the idea of slave, exchanging it with that of serf. And even in dictionaries (for example, Sebastián de Covarrubias, *Tesoro de la lengua castellana o espanñola* [1611]), they are interchangeable terms, a serf being defined as a slave and a slave as a serf or captive“.[227] *Esclavo* oder *negro* setzte sich erst seit dem 16. Jahrhundert vor allem für Sklaven aus Afrika in den „überseeischen Königreichen“ Spaniens durch. Das Wort mit der langen Genealogie wurde nicht abgelöst, aber überlagert durch den neuen atlantisch-amerikanischen (chromatischen) Generalbegriff für atlantische Sklaven: *negro*. Wer von *negro* sprach, dem war es auch lange Zeit egal, ob er *esclavo* oder *siervo* meinte. Im lokalen Rahmen spielten auch kulturell noch stärker statusdegradierende Benennungen eine Rolle, wie Bozal auf Kuba.

Viele „Namen“ für viele Sklavereien, sozusagen kreuz und quer durch die Weltgeschichte. In der heutigen Globalgeschichte werden Sklaven auch nicht mehr „Sklaven“ genannt, sondern firmierten unter den unterschiedlichsten Bezeichnungen. Und es gibt noch ein wirklich vertracktes Problem heutiger Globalgeschichte, das ich in vorliegendem Buch durchgespielt habe: ob eine „Sklaverei“ in der eine der Hauptfiguren, nämlich der „Sklave“/die „Sklavin“ nicht Sklave (oder mit einem vergleichbar definierten generischen Namen des Lexikons der Unfreiheit) genannt wird, überhaupt „richtige“ Sklaverei ist. Verschärfend kommt hinzu, dass bei Unfreien außerhalb der historischen westlichen Schrift-Kultur der Status weder ver-

227 Martín Casares; García Barranco, „Legislation on Free Soil in Nineteenth-Century Spain: The Case of the Slave Rufino and Its Consequences“, S. 461–476, hier S. 464 und FN 15, S. 474.

tragsrechtlich so scharf fixiert ist, noch überall in einem erzwungenen Mutterrecht prolongiert wurde nach der Regel „Sklavenbauch gebiert Sklaven“. Es bildete sich zwar eine Institution heraus, in der Bauern sich, ihre Arbeitskraft und Körper sowie oft auch ihre Kinder wegen Schulden verkauften, aber es entstand keine historisch-systemische und klar unterscheidende Rechtsform mit einem einzigen Namen des Sklaven wie im Westen im „römischen“ Recht (und auch im angloamerikanischen Fallrecht). Ist eine *mui tsai* in Südchina (früher Kanton/Guangdong und Hong Kong),[228] eine „kleine jüngere Schwester“, sind indische *dasas*, *devadasis* (Sklaven und Tempelsklavinnen), „mein Sohn“ im Mittleren Osten und indische Schuldknechte Sklaven, seit frühester Kindheit durch Arbeit Integrierte oder nur unterste, religiös als „unrein“ betrachtete Gruppen von Unterschichten und Unterdrückten (*dalits*/*adivasi*) einer spezifischen, einmaligen Kultur; ist eine exorbitant gekleidete Haremsdame oder eine Odaliske (*odalik*) beziehungsweise eine japanische *geisha* – auch wenn sie in einer völlig anderen Kultur lebte – eine Sklavin oder nicht, selbst wenn sie oft im Luxus lebten? Und die Kinder, die heute vor allem aus Rumänien, Haiti und vielen bitterarmen Gebieten Afrikas an reiche Amerikanerinnen zur Adoption verkauft werden?

Diesen, sagen wir „semantischen Zweifeln“ am „richtigen“ Sklavenstatus stehen allerdings viele zeitgenössische Aussagen entgegen. Texte und Welt haben ein enges Verhältnis. Warum trafen sich der preußische Adlige Humboldt und der Patrizier der Welthauptstadt des Zuckers im 19. Jahrhundert, Havanna, Francisco de Arango y Parreño, in ihrer Einschätzung über die Vergleichbarkeit der Sklaverei auf Kuba und der Leibeigenschaft in Mecklenburg? Warum nahm die deutsche Kolonialverwaltung in Deutsch-Ostafrika keinen Anstoß daran, das Wort „Hörigkeit“ zur „Beschreibung der Sklavereiverhältnisse in Ostafrika zu verwenden und diesen [Begriff Hörigkeit] sogar gesetzlich zu fixieren“?[229] Was hat das Dasein eines heutigen Elite-Fußballers oder Models mit Sklavereiformen wie Elitesklaverei und Kontraktsklaverei, zu tun? Hat es Sklaverei in Form einer theoretisch absolut definierten Abhängigkeit, in vertraglicher Rechtsform die besagt, dass Mensch Eigentum eines Menschen, einer Korporation oder einer Institution (einer juristischen Person) sein darf, der/die über den Körper des Sklaven verfügt und mit Gewalt Arbeit und Leistung erzwingt, umgeben und durchdrungen von immer deutlicheren rassistischen Worten und Denkkategorien (und faktisch in die Dynamik von Aushandlungsprozessen eingebettet), nur im atlantischen Westen zwischen 1650

---

228 Lim, Janet, Sold for Silver: An Autobiography of a Girl Sold Into Slavery in Southeast Asia, Singapore: Monsoon Books, 2005 [Original: Cleveland and New York: World Publishing Company, 1958; Deutsch: Als Sklavin verkauft: Ein Lebensroman, Zsolnay, 1959], Chander, Harish, „Janet Lim (ca. 1921–)“, in: Huang, Guiyou, Asian American Autobiographers: A Bio-bibliographical Critical Sourcebook, Westport: Greenwood Press, 2001, S. 209–211; A. C. W. Lee, K. T. So, „Child slavery in Hong Kong: case report and historical review“, in: Hong Kong Medical Journal Vol. 12 (6. Dezember 2006), S. 463–466 letzter Zugriff 15. 2. 2018 www.hkmj.org/system/files/hkm0612p463.pdf.
229 Deutsch, „Sklaverei als historischer Prozeß“, S. 53–74, hier S. 70.

und 1888 gegeben, fußend auf wieder erfundener „römischer" Wurzel und mit einer Reihe von Übernahmen aus anderen Sklaverei- und Zwangsarbeitssystemen? Oder existieren neben diesem Typ Sklaverei weltweit Übergänge, „Sonderformen" und andere Typen, die aber eben auch Sklavereien sind und unter einen welt- und globalgeschichtlichen Begriff von Sklavereien subsumiert werden sollten? Oder wenigstens von der Sklaverei her analysiert werden sollte? Brauchen wir eine neue, eine Definition von Sklavereien nach den Regeln einer globalen Weltkultur? Die Frage ist auch, ob die moderne Inklusions-/Exklusions- sowie Unterdrückungsideologie par excellence, der Rassismus, immer die Option der Versklavung und Erniedrigung als Drohung unausgesprochen mit nennt (etwa im Wort *negro*) – so unwahrscheinlich das in modernen westlichen Gesellschaften auf den ersten Blick auch erscheinen mag; auf den zweiten und dritten Blick wird die Erniedrigung von Populationen ehemaliger Sklaven und ihrer Nachkommen umso deutlicher.

Geschichte schafft nicht nur Gewissheiten. Geschichte schafft notwendige Relativierungen und neue Komplexitäten: kaum ein römischer Bürger, sagen wir um 100 oder 300 unserer Zeitrechnung, hat seine Gegenwart nicht für die unvergängliche Krönung der Imperien gehalten. Keiner konnte sich vorstellen, dass das Imperium Romanum einmal untergehen würde. Das antike Rom entwickelte sich über tausend Jahre. Die intensive Existenz konzentrierter „großer" hegemonischer Sklaverei währte etwa so lange, wie Fernand Braudel die mittlere Dimension der longue durée definiert hat: ca. 400 Jahre.

Großer Sprung, aber durchaus im Rahmen des Themas Relativierung: der „Westen" in unserem heutigen Verständnis existiert vielleicht seit 70 Jahren (das sind historisch gerade mal zwei Generationen); der Begriff „Globalisierung" (*mondialisation*) existiert seit 1992 oder, wenn man unter Globalisierung auch den Kampf um die Vorherrschaft im 20. Jahrhundert und die Weltwirtschaft vorher einbezieht, maximal seit 1880 – also runde 140 Jahre.

Und die Geschichte der vielfältigen Namen der Sklaverei zeigt uns, wenn wir uns an die Fremdartigkeit der vielen Worte gewöhnt haben, noch mehr. Keine Sklaverei in ihrer Entstehung war oder ist die Emanation einer Religion, einer Rechtsordnung, Sprache oder Ideologie. Menschenjagd, Kauf und Verkauf menschlicher Körper, Sklavenhandel und Sklavereien sind aus recht alltäglichen und banalen Interessen und historischen Situationen entstanden, die aus Gewalt, Expansionen/Krieg und Unterdrückung, repressiven Sozialordnungen, Interessenlagen, Abhängigkeitshierarchien, aus dem Widerspruch von arm und reich und aus Machtasymmetrien – und erst dann aus spezifischen Rechtssystemen erklärt werden können. Religionen, Ideologien und Semantiken (oder Medienformate) können Sklaverei befördern oder behindern, aber aus ihnen heraus entsteht keine Sklaverei (auch wenn man das bei mancher Körper-Casting-Sendung heute vermuten mag). Rassismus war nicht vor der atlantischen Sklaverei „da" oder hat diese Sklaverei geschaffen. Die „römische" Tradition der Bestialisierung dagegen war „da", hat die atlantische Sklaverei aber auch nicht geschaffen, sondern ihre Voraussetzungen beeinflusst. Ein rassistisches Weltbild kann als eine rückwärtsgewandte *self-fulfilling prophecy* funktionieren – auch für die Opfer des Rassismus.

Bei Kenntnis all dieser Zusammenhänge zwischen Geschichte als vergangener Zukunft und Gegenwart als zukünftiger Geschichte möchte man schon daran zweifeln, dass der Satz „die Geschichte lehrt das Leben" („LUX VERITATIS, VITA MEMORIÆ, MAGISTRA VITÆ") à la longue nicht mehr stimmen soll. Zumindest in der Medienwelt und für eine bestimmte Art von neoliberaler Globalisierung scheint Geschichte verfügbar. Über sie wird, ohne dass sich die Verfüger mit ehrenwerten Theorien aufhalten würden, täglich mehr verfügt. Geschichte fungiert in diesem Format als eine Art Bilder- und Zitatenmuseum gegenwärtiger Ideologien und Kosmologien – natürlich völlig „unideologisch". Reale Geschichte ist aber tatsächlich geschehen und wir kommen nicht völlig aus ihr heraus, bei aller Predigt, dass Zukunft „offen" sei. Sie ist es, aber nur im Rahmen von Tendenzen, Strukturen, Emotionen (wie Furcht) und unter Anerkennung der Tatsache, dass sie immer auch „vor Ort" geschieht und in Strukturen und Kulturen verankert ist. Historisch denkende Menschen, die immer noch in der Realgeschichte stehen, sollten Geschichtsschreibung als eine Art historischer Falsifizierung verstehen – im Sinne von „wir wissen zwar nicht ganz genau, was richtig ist, aber was falsch war (und ist), wissen wir in etwa und wollen es nicht vergessen". Aber möglicherweise wissen wir auch bald wieder, was richtig ist – eben aus gemeinsam erlebter gegenwärtiger Globalgeschichte? Vor allem da sich die bunten Rauchfeuer „postmoderner" Kulturalisierungen mittlerweile verziehen, in denen Unmengen kleiner Differenzen konstruiert worden sind und jeden Tag aufgebauscht werden, um Medien zu verkaufen, neue (und alte) Herrschaft zu legitimieren und globale Gemeinsamkeiten von Sklaven, Exkludierten und Unterdrückten gar nicht erst entstehen zu lassen oder zu untergraben. Das sage ich trotz der Tatsache, dass über Geldfonds vieles verschleiert worden ist und weiterhin verschleiert wird. Sicherlich verdienen auch einige gute Bürger, die den coolen Geschichtenerzählern bei ihren Fernseh-Erzählungen über Voudou-Economics: „und nun die Börse" (eine Beleidigung für den Voudou) auf den bunten Fernsehbildern mit den laufenden Balken über Aktienwerte mehr zusehen als zuhören, an heutigen Sklavereien (natürlich nur, wenn sie Geld in dubiose Fonds gegeben haben). Aber es ist möglich, etwa Kapitalbildung aus menschlichen Körpern sowie Sklavenhandel zu verbieten und Sklaverei zu begrenzen, auch durch Anwendung politischer Vernunft, wie Altmeister David Brion Davis daran gezeigt hat, dass er den Amistad-Fall von 1839–1840 (zu einer Zeit, da die neue Sklaverei des Südens in den USA einen nachgerade tobenden Boom erlebte) als Warte benutzt hat, um von dort aus die Geschichte der Sklaverei in der Neuen Welt zu analysieren.

Konklusion, aber kein Ende: Sklavereien und Menschenhandel „nach der Sklaverei“ und „moderne Sklaverei“ – Sklavereien im Quadrat?

> En el mundo ha habido siempre esclavos y los habrá[1]

> Moderne SklavInnen sind billig geworden[2]

> Complete abolition is no more possible than perfected human liberation[3]

> Aber Menschenhandel heute ist nicht anderes als Sklavenhandel in moderner Form.[4]

> Silence on slavery, however, need not imply its nonexistence.[5]

Alte und neue Sklavereien im 19. und 20. Jahrhundert

Vor dem Hintergrund einer Weltgeschichte der Sklavereien sind heutige Formen von Sklaverei und Menschenhandel in einer globalisierten Welt gut darstellbar – wie immer in der Geschichte allerdings sehr selten in „eigener Stimme“ der Versklavten.[6] Damit ist auch Welt- und Globalgeschichte aus einer neuen Perspektive darstellbar – der von Sklavereien und von Versklavten.

Bevor ich zu den Formen von Sklaverei in den letzten Jahren komme – also im wirklichen „Heute“ (eine für Historiker schwierige Kategorie) – einige Aussagen zur „Sklavereiformen mit und ohne (legale) Sklaverei“ zu dem mache, was in den meis-

1 Arango y Parreño, Francisco, „Voto particular de varios consejeros de Indias sobre la abolición del tráfico de negros. Redactado por el cubano Francisco de Arango y Parreño, 15 de febrero de 1816“, in: Arango y Parreño, Francisco, Obras de D. Francisco de Arango y Parreño, 2 Bde., La Habana: Publicaciones de la Dirección de Cultura del Ministerio de Educación, 1952 (Obras I), Bd. II, S. 274–281, hier S. 279.

2 Rust, Winfried, „‚Man wirft ihn einfach weg‘. Sklaverei ist verboten, geächtet und dennoch weit verbreitet“, in: Informationszentrum 3. Welt (iz3w) No. 294 (Juli/Aug. 2006) (iz3w Dossier: Geächtet und doch verbreitet Zwangsarbeit und Sklaverei heute), S. 4–7, hier S. 5.

3 Kitliński, Tomek; Lockard, Joe, „Sex Slavery and Queer Resistance in Eastern Europe“, in: Ferens, Dominika; Basiuk, Tomasz; Sikora, Tomasz (eds.), Out Here. Local and International Perspectives in Queer Studies, Newcastle: Cambridge Scholars Press, 2006, S. 127–143, hier S. 139.

4 Jürgs, Michael, Sklavenmarkt Europa. Das Milliardengeschäft mit der Ware Mensch, München: C. Bertelsmann/Random House, 2014 (Taschenbuchausgabe: München: Randomhouse, 2016, S. 36).

5 Karras, „Dating the End of Slavery“, S. 134–140, hier S. 137.

6 Murphy, Laura T., Survivors of Slavery: Modern-Day Slave Narratives, New York/Chichester: Columbia University Press, 2014; Zeuske, „Die Nicht-Geschichte von Versklavten als Archiv-Geschichte von ‚Stimmen‘ und ‚Körpern‘“, S. 65–114.

https://doi.org/10.1515/9783110561630-016

ten Geschichten der „westlichen“ Sklaverei als das „Ende der Sklaverei“ bezeichnet wird: um 1840 erfolgte das formale Ende des legalen transatlantischen Sklavenhandels (und der Sklaverei in den atlantischen, karibischen und westafrikanischen Gebieten Großbritanniens) und 1865–1888 jenes der atlantischen Sklaverei zwischen Afrika und Amerika (siehe oben). Erstaunlicherweise wird in den meisten Sklavereidarstellungen dieses „Ende“ stillschweigend als „Ende der Sklaverei“ in der ganzen Welt angenommen. Einige Sklavereien sind durch wirkliche Revolutionen beendet worden, wie durch die Revolutionen auf Haiti 1791–1803 und den Bürgerkrieg der USA. Die antikolonialen Revolutionen Spanisch-Amerikas inklusive Kubas (1868–1898) haben eine reformerische Richtung zur formalen Abschaffung gewiesen; alles andere im „Westen“ waren formale Abolitionen gegen den Willen der jeweiligen Sklaverei-Eliten, oft unter Druck Großbritanniens (siehe: „Neuzeitliche Sklavereien und Abolitionsdiskurse: Kein Ende nach dem Ende“, oben). Diese Eliten fürchteten um die Stabilität ihrer imperialen Kolonien und um ihre Profite sowie – oft noch wichtiger – um ihr in versklavten Körpern angelegtes Kapital.

Die in der Gesamtsumme reformerische formale Abolition der atlantischen Sklaverei und ihrer jeweiligen nationalen Dimensionen fanden in der atlantischen Hemisphäre sowie einigen Territorien in Ostafrika statt sowie in punktuellen Enklaven im Raum des indischen Ozeans (meist Inseln und Handelsemporen, in denen Europäer eine Rolle spielten – mit einer gewissen Sonderrolle von Niederländisch-Indien, Australien und den Philippinen). Das gilt nicht für Nordafrika, nicht für das Innere des subsaharischen Afrikas, nicht für die meisten Gebiete Asiens und nicht für den Raum des Indischen Ozeans. Sklavereien gingen weiter. Ich liste als erstes grob die Gebiete auf, bei denen es sich um authochtone Sklavereien unter nichtwestlichen Eliten handelte:

Relativ direkt in Afrika, im arabischen Raum, bei den Osmanen, Persern, Chinesen, in Südostasien und vielen anderen Regionen, im Wesentlichen in Territorien im Umfeld des Indischen Ozeans sowie pazifischer Randmeere.[7] Oft entwickelten und modernisierten sich einige dieser lokalen oder regionalen Sklavereien auf Basis von Ressourcenproduktion und Anbindung an Weltwirtschaft und Weltmarkt (die von Europäern dominiert wurden).

Ausgehend von den oben genannten Gebieten, in denen Europäer sowie einige Amerikaner bereits eine Rolle spielten, entstanden zweitens, oft in Kooperation mit lokalen Eliten, neue Abhängigkeits-, Misch- und Sklavereiformen sowie massive Schuldsklavereien, oft verbunden mit der massiven Kolonialexpansion europäischer Staaten nach Afrika und Asien und dem Ausbau der so genannten „Weltwirtschaft“ (heute würden wir Globalisierung sagen). Dazu kamen nach und nach (vor allem nach 1880) staatlich ausgebaute Massen-Zwangsarbeitssysteme in kolonia-

7 Einige davon mehr oder weniger deutlich beeinflusst von westlichen, vor allem britischen Abolitionsdiskursen, siehe: Cottias; Rossignol (coords.), Distant Ripples of the British Abolitionist Wave, passim.

len Gebieten. In vielen Gebieten gaben aber auch lokale Sklaverei-Eliten den Ton an und bestimmten die *terms of trade*, an die sich Europäer und Amerikaner anzupassen hatten.

Drittens entwickelten sich Massenmigrationen vor allem von Menschen aus Indien, China und anderen Gebieten der östlichen Hemisphäre, die man als Transport- und Kontrakt-Sklavereien bezeichnen sollte.[8]

Viertens: All das war begleitet von der Weiterexistenz bzw. sogar (in europäischen Kolonien) dem informellen Ausbau einer Sklavereiform, die welthistorisch sehr alt ist (Kin- bzw. Haussklaverei; Dienstleistungssklaverei – zweites Sklaverei-Plateau).

Diese globalen Sklavereiformen „nach der Abolition“ waren nicht mehr an das „römische“ Recht gebunden und werden kaum jemals in europa- und amerikazentrierten Arbeiten in den Blick genommen. Die legalen „Befugnisse“, d. h., das Recht zur wirklichen Ausübung von Gewalt und das Recht zum Kauf und zur Weitergabe (Testamente) menschlicher Körper, die sich aus dem „römischen“ Eigentumsrecht ergaben, waren durch staatliche Proklamation (Abolition) abgeschafft. Das klare Bild, das wir von „hegemonischen“ Sklavereien haben, wird durch die Vielfalt der Sklavereiformen und Mischungen von Sklavereiplateaus unscharf. Zwischen 1865–1888 und der so genannten „modernen“ Sklaverei, die für das „Heute“ seit etwa 2000 intensiv thematisiert wird, existiert ein *slavery gap*, eine Wahrnehmungs-Lücke von rund 120–150 Jahren.[9]

Ebenfalls auffällig in globaler Makroperspektive ist das per Abolitionsgesetzen dekretierte formale Verschwinden des konzentrierten Ozean-Sklavenhandels auf dem Atlantik einerseits und seine *reale* Weiterexistenz in Gestalt des Menschenschmuggels auf dem „verborgenen Atlantik“ (*hidden Atlantic*) andererseits und die Übergänge in informelle Arbeitssysteme (mit „Sklavenarbeit“ und Konditionen sowie Status, die denen von Sklaverei gleichen)[10] und Sklavereien. Das geschah vor allem in Kolonien und in Expansionsgebieten von Imperien.

---

8 Zeuske, „Coolies – Asiáticos and Chinos: Global Dimensions of Second Slavery“, S. 35–57.

9 Zu allgemeineren Überlegungen in Bezug auf die Verbindung von historischen Sklavereidimensionen und heutiger Arbeit, siehe: Chaignot, Nicolas, La servitude volontaire aujourd'hui. Esclavages et modernité, Paris: Presses Universitaires de France, 2012; sowie: Bellucci, Stefano, „Crisis of Capitalism, Crisis of Labour [Review Essay]“, in: International Review of Social History 60:1 (2015), S. 97–109; siehe auch: Hilgendorf, Eric; Marschelke, Jan-Christoph; Sekora, Karin (eds.), Slavery as a Global and Regional Phenomenon, Heidelberg: Universitätsverlag Winter GmbH, 2015 (Anglistische Forschungen); zu einer welt- und globalhistorischen Gesamtperspektive: Zeuske, „Globale Sklavereien: Geschichte und Gegenwart“, in: Aus Politik und Zeitgeschichte 65. Jg., Nr. 50–51 (7. Dezember 2015), S. 7–17; Zeuske, Sklaverei. Eine Menschheitsgeschichte, passim.

10 Scott; Barbosa; Haddad, „How Does the Law Put a Historical Analogy to Work?: Defining the Imposition of "A Condition Analogous to that of a Slave" in Modern Brazil“, in: Duke Journal of Constitutional Law & Public Policy, Vol. 13:1 (2017) https://scholarship.law.duke.edu/cgi/viewcontent.cgi?article=1134&context=djclpp (06. August 2018); siehe auch: Harnoncourt, Julia, Unfreie Arbeit. Trabalho escravo in der brasilianischen Landwirtschaft, Wien: Promedia, 2018 (edition kritische forschung).

Noch wichtiger war die wahrhaft welthistorische Verschiebung der nunmehr gemischten Sklavenhandels-, Zwangsmigrations- und Sklavereiaktivitäten auf (neue) Kolonien in Afrika, auf die östliche Hemisphäre mit Kern *Indian Ocean World*, Ost- und Südostasien sowie Randmeere des Pazifiks und des Pazifiks (*Oceania*) selbst. Um es zu wiederholen und zu verdeutlichen: Dort waren Sklavereien nicht nach Kriterien des „römischen" Rechts definiert, mit Ausnahme von europäischen Enklaven (wie Macau, Solor, Flores und einzelne Stützpunkte der Portugiesen in Indien). Sklavereien hießen nicht „Sklaverei",[11] sondern waren unter einer Vielzahl lokaler Namen und Abhängigkeits-Codes bekannt – zu Lande, zu Wasser und in den Übergängen zwischen beiden Räumen, d. h., Hafenstädten, Inseln und Handelsemporien. Unter den Akteuren des Weltmarktes setzte sich für viele Menschen, die unter Sklaverei-Bedingungen rekrutiert und transportiert wurden und Sklaven-Arbeiten verrichten mussten, nach und nach vor allem die Bezeichnung Kulis (*coolies*)[12] durch. Das hatte den Vorteil, den legalistischen Aspekt eines Kontraktes und eine Vorauszahlung an die potentiell Versklavten in den Vordergrund zu bringen (eigentlich eine chinesische Erfindung). Unter Einfluss der Debatten um Sklaverei und Zwangsarbeit vor allem im 20. Jahrhundert nach der Revolution in Russland entstanden dann die das verbotene oder umstrittene Wort „Sklaverei" ersetzenden Großbezeichnungen *bondage*, *servitude*, Servilität und Zwangsarbeit.[13]

Dieses erste wirklich globale, weil beide Hemisphären erfassende Plateau der Sklaverei (viertes Plateau, siehe oben) umfasste auch sehr lokale Sklavereien in ganz spezifischen Abhängigkeitssystemen, war aber vor allem durch Transporte wirklich globalen Ausmaßes charakterisiert. In der östlichen Hemisphäre lagen die Ausgangsterritorien (und oft auch Einsatzgebiete). Dazu kamen globale Formen weiträumiger Schmuggelsysteme der *Second Slavery*, die ebenfalls östliche und westliche Hemisphäre erfassten – wie Sklavenschmuggel aus Moçambique und anderen Territorien Ostafrikas. Dieses neue globale Plateau von Sklavereien besteht aus der Übergangszeit (1808–1888) „modern"-atlantischer Sklavereien, die erstens zu Grundlagen von Gesellschaften vor allem in den Amerikas werden und strenggenommen nur durch den Bürgerkrieg in den USA abgebrochen wurden (1865–1888; inklusive Surinam 1863, Kuba 1886 und Brasilien 1888). Und sie werden zweitens zur Grundlage der „Verdichtungen" europäisch dominierter Weltwirtschaft seit ca. 1840–1860, gefolgt aber auch von Verdichtungen oder Intensivierungen anderer Sklaverei-Wirtschaften und Kulturen (wie der islamischen).[14] Die „neuen" Sklave-

11 Major, „'To Call a Slave a Slave': Recovering Indian Slavery", S. 18–38.

12 Daniel, E. Valentine, „The Coolie", in: Cultural Anthropology Vol. 23:2 (2008), S. 254–278.

13 Ich folge hier: Zeuske, Sklaverei. Eine Menschheitsgeschichte von der Steinzeit bis heute, passim.

14 Mann, Michael, „Der Indische Ozean oder Indik: Verdichtung eines Wirtschafts- Handels- und Kulturraumes", in: Mann, Sahibs, Sklaven und Soldaten. Geschichte des Menschenhandels rund um den Indischen Ozean, Darmstadt: Verlag Philipp von Zabern, 2011, S. 24–34; Wendt, „Die ‚Verdichtung' des europäischen Weltsystems", in: Wendt, Vom Kolonialismus zur Globalisierung, S. 259–269; Hopper, Matthew, „The Globalization of Dried Fruit: Transformations in the Eastern

reien und kollektiven Zwangsarbeitssysteme stabilisierten imperiale Kolonien und Imperien überhaupt. Ohne Sklavereien und Abhängigkeiten keine imperiale Stabilität. Es ist in dieser Phase nicht nur alles „europäisch dominiert" – im vierten Plateau entstehen auch weltweit endogene Ansätze von Sklaverei und Kapitalismus sowie fast unendliche Kombinationen davon.[15] Am bekanntesten in der östlichen Hemisphäre sind die Sklavenproduktion von Nelken auf Sansibar und Pemba sowie der massive Sklavenhandel der Omanis zwischen Ostafrika, Arabien, Persien und Indien.[16] In der östlichen Hemisphäre mit Kern *Indian Ocean World* sowie Südostasien, Borneo, Indonesien, den Philippinen, China und Ozeanien entstehen diese globalen *Second Slaveries* aus den durch europäische Kolonialmächte und neoeuropäische Mächte (USA, Australien), Siedler/Kaufleute/Kapitäne sowie lokale und translokale Eliten vermittelten Weiterentwicklungen lokaler Sklavereiformen (wie indische Kaufleute in Ostafrika oder Sklavenjäger und -halter der Sulusee). Das betrifft in Bezug auf weiterlaufende Sklavereien vor allem die östliche Hemisphäre und das subsaharische Ostafrika sowie Indien, wo Versklavte in lokalen Nahsklavereien, größeren Sklavenhandelssystemen und mit *bond*-Sklaven operierende Transportsysteme[17] vorkamen, die durch indigene und lokale Eliten kontrolliert wurden. Meist zeichneten sie sich – oft auch unter europäischer Oberkontrolle – durch gänzliches Fehlen von Abolition aus. Sie wurden auch und vor allem (aber nicht nur) unter dem Einfluss der Expansion der kapitalistischen Weltwirtschaft zu „modernen" und zusammengesetzten Sklavereien. Damit bieten sie sich an, unter ein globales Konzept der *Second Slavery* gefasst zu werden. Unter dem Einfluss der im „Westen" und auf globaler Ebene gesprochenen, geschriebenen und gedruckten Abolitionsdiskurse werden diese letzteren Formen aber meist auch nicht mehr „Sklaverei" genannt, sondern verbleiben im Schweigen der „legalen Illegalität" nach dem Muster des *hidden Atlantic*. In diesem vierten Plateau werden große Wirtschaftssklavereien im imperialen Modus durch neue Technologien des Transports sowie der Kommunikation wirklich global, d. h., sie umfassen im Gegensatz zur *Atlantic slavery* mit Kernen in der weiteren Karibik (*greater Caribbean*),

---

Arabian Economy, 1860s–1920s", in: Gelvin, James L.; Green, Nile (eds.), Global Muslims in the Age of Steam and Print, Berkeley: University of California Press, 2013, S. 153–181.

15 Varma, Nitin, Coolies of Capitalism. Assam Tea and the Making of Coolie Labour, Berlin/Boston: DeGruyter, 2016 (Work in Global and Historical Perspective 2).

16 Cooper, Frederic, From Slaves to Squatters: Plantation Labor and Agriculture in Zanzibar and Coastal Kenya, 1890–1925, New Haven: Yale University Press, 1980; Cooper, Plantation Slavery on the East Coast of Africa, Portsmouth: Heinemann, 1997; Hopper, Matthew S., Slaves of One Master: Globalization and Slavery in Arabia in the Age of Empire, New Haven and London: Yale University Press, 2015.

17 Ahuja, Ravi, „Networks of Subordination–Networks of the Subordinated. The Case of South Asian Maritime Labour under British Imperialism (c. 1890–1947)", in: Fischer-Tiné, Harald; Tambe, Ashwini (eds.), Spaces of Disorder. The Limits of British Colonial Control in South Asia and the Indian Ocean, London: Routledge, 2008, S. 13–48.

den USA und Brasilien sowie einer Reihe von Handelsemporien und -plätzen auch die östliche Hemisphäre mit Zentrum Indischer Ozean sowie mehr und mehr das Zentrum zwischen beiden – Afrika, Arabische Halbinsel sowie Golf-Region. Große Flusssysteme verbleiben oft unter Kontrolle eigenständiger Transporttechnologien; ähnliches gilt für Karawanensysteme.

Es sind insgesamt moderne Sklavereien: aber nur ein Teil, vorwiegend diejenigen der Amerikas und der Karibik werden bisher als *Second Slaveries* konzeptualisiert. Die anderen firmierten, oft unter der fortwährenden Diskussion und Performanz von Abolitionsdiskursen, als *bonded labor* oder lokale Sklavereien – bei mir: *bond slaveries*.[18] Mit diesem hier vertretenen intersektionalen Neuansatz können auch *bonded labor*, *servitude*, *forced labor* und *coolie-/indenture*-Systeme, *blackbirding* (Transport und Handel mit Menschen aus Polynesien nach Australien und in europäische Kolonien im Pazifik, nach Mittelamerika und Peru u. a. durch Kapitäne aus den USA)[19] sowie *trafficking* und die so genannte „weiße Sklaverei"[20] unter den Oberbegriff der Sklavereien gefasst werden, speziell im eigentlichen Globalisierungszeitraum der westlichen Moderne 1840–1975. Und es können auch Kombinationen mit lokalen Sklavereien sowie authochtone Formen von Sklaverei erfasst werden – die allerdings, wie bereits oft betont, eigenständige Sinngebungen innerhalb von Abhängigkeitssystemen, Chronologien und eben Namen/Semantiken aufweisen. Dass sie in einer Genealogie des Zwanges, der Gewalt, der Statusminderungen und der schieren Ausbeutung stehen (und der miserablen Löhne),[21] aber auch der gegenseitigen, meist asymmetrischen Abhängigkeiten, dürfte offensichtlich sein. Inwieweit spezifische lokale Sklavereien unter globalen und makro-

18 Das heißt, es gab nicht wirklich einen *decline of slavery*, siehe: Reid, „The Decline of Slavery in Nineteenth-Century Indonesia", in: Reid (ed.), Slavery, Bondage, and Dependency in Southeast Asia, S. 64–82.

19 Maude, Henry Evans, Slavers in Paradise. The Peruvian Labour Trade in Polynesia, 1862–1864. Stanford: Stanford University Press; Suva: Institute of Pacific Studies / The University of the South Pacific; Canberra: The Australian National University Press, 1981; Docker, Edward W., The Blackbirders. A Brutal Story of the Kanaka Slave-Trade, London: Angus & Robertson, 1981; Moore, Clive, Kanaka: A History of Melanesian Mackay, Port Moresby: Institute of Papua New Guinea Studies and the University of Papua New Guinea, 1985; Munro, Doug, „The Origins of Labourers in the South Pacific: Commentary and Statistics", in: Moore; Leckie, Jacqueline; Munro (eds.), Labour in the South Pacific, Townsville: James Cook University, 1990, S. XXXIX–LI; Horne, Gerald, The White Pacific: U. S. Imperialism and Black Slavery in the South Seas after the Civil War, Honolulu: University of Hawai'i Press, 2007; Brown, Laurence, „'A Most Irregular Traffic'. The Oceanic Passages of the Melanesian Labor Trade", in: Christopher; Pybus; Rediker (eds.), Many Middle Passages, S. 184–203.

20 Hepke, Sabrina, „Amerikas schönste Geliebte": Prostitution und Frauenhandel in Havanna (1850–1925), Stuttgart: Heinz 2009 (Historamericana; 20); Fuhrmann, Malte, „Western Perversions' at the Threshold of Felicity: The European Prostitutes of Galata-Pera (1870–1915)", in: History and Anthropology Vol. 21:2 (2010), S. 159–172.

21 Twaddle, Michael (ed.), The Wages of Slavery: From Chattel Slavery to Wage Labour in Africa, the Caribbean, and England, London/New York: Frank Cass, 1993.

regionalen Einflüssen entstanden und zur Weiterentwicklung von Städten, vor allem von Stadtzentren, und Hafenstädten beitrugen, wie etwa die in Südostasien verbreiteten Kriege, die zur Massenverschleppung von Kriegsgefangenen als Sklaven und ihrer Ansiedlung in neuen Städten und Zonen führten, bleibt zu untersuchen.[22]

Das neue globale Plateau der Sklavereien „nach der Abolition" besteht aus Abolitionsdiskursen und -anstrengungen, aus *Second Slaveries* mit quasi geduldetem illegalem Menschenhandel im Modus der *Atlantic slavery* (Sklavenschmuggel auf dem *hidden Atlantic*) sowie aus globalen *Second slaveries*, die in Afrika, in Asien und in der *Indian Ocean World* sowie Ozeanien als *bonded labor* in die Geschichte eingegangen sind. Man kann also sagen, dass dieses Plateau (das erst nach 1888 wirklich klar vom vierten Plateau abgesetzt werden kann) hervorging erstens aus dem Kampf (manchmal direkt, meist als Diskurs) um die Abolition und der Weiterentwicklung von modernen Sklaverei-Gesellschaften des „Westens", zweitens aus der Weiterexistenz und Entwicklung von lokalen sowie neuen Sklavereiformen im Innern Afrikas, im und am Indischen Ozean, in Arabien und in der Golf-Region, im und am Pazifik (Oceania) sowie in ganz Asien (speziell China, Südostasien und Indonesien).[23] All dies oft mit eigenen Formen von Globalisierung, bei denen Dynamik auf Stabilisierungsversuche durch – damals als „alt" wahrgenommene – Imperien traf. Drittens aus der Transkulturation vor allem von lokalen Sklaverei- und Sklavenhandelsformen Sibiriens, Kaukasusgebiete, Mittelasiens, Südostasiens, Ostafrikas und der Ozeangebiete der östlichen Hemisphäre zu *new slaveries*.[24] Dazu kommen viertens die Probleme der Weiterexistenz von Sklavenarbeit und Sklavenstatus' „ohne Sklaverei" (als Rechtsform) im Westen.

Um kurz auf die ersten Manifestationen von Sklavenarbeit „ohne Sklaverei" in westlichen Globalisierungen einzugehen – sie finden sich beschämenderweiseso

22 Tagliacozzo, Eric, „An Urban Ocean: Notes on the Historical Evolution of Coastal Cities in Greater Southeast Asia", in: Journal of Urban History Vol. 33:6 (September 2007), S. 911–932; Beemer, Bryce, „Southeast Asian Slavery and Slave-Gathering Warfare as a Vector for Culture Transmission: the case of Burma and Thailand", in: Historian Vol. 71:3 (Fall 2009), S. 481–506; Beemer, „Bangkok, Creole City: War Slaves, Refugees, and the Transformation of Culture in Urban Southeast Asia", in: Literature Compass 13/5 (2016), S. 266–276.

23 Allen, „Slaves, Convicts, Abolitionism and the Global Origins of the Post-Emancipation Indentured Labor System", in: Slavery & Abolition Vol. 35:2 (2014), S. 328–348.

24 Tinker, Hugh, A New System of Slavery: The Export of Indian Labour Overseas, 1830–1920, London: OUP, 1974 (2nd ed., London: Hansib, 1993); Seibert, Julia, „More Continuity than Change? New Forms of Unfree Labor in the Belgian Congo, 1908–1930", in: Linden (ed.), Humanitarian Intervention and Changing Labor Relations. The Long-Term Consequences of the Abolition of the Slave Trade, Leiden/Boston: Brill, 2011 (Studies in Global History, Vol. 7), S. 369–386; Houben, Vincent; Lindblad, J. Thomas (eds.), Coolie Labour in Colonial Indonesia. A Study of Labour Relations in the Outer Islands, C. 1900–1940, Wiesbaden: Harrassowitz, 1999; Houben; Seibert, „(Un)freedom. Colonial Labour Relations in Belgian Congo and the Dutch East Indies Compared", in: Frankema, Ewout; Buelens, Frans (eds.), Colonial Exploitation and Economic Development. The Belgian Congo and the Netherlands Indies Compared, London; New York: Routledge, 2013, S. 178–192.

wohl im *code rural* (*règlement de culture*) von Toussaint Louverture (Oktober 1800) als auch danach im fortgesetzten Versuche haitianischer Eliten (und davor der französischen Kommissare Sonthonax und Polverel), rurale „Sklavenarbeits"-Ordnungen „ohne Sklaverei" durchzusetzen.[25] Der Versuch, ehemalige Sklaven wieder zu Sklavenarbeiten zu zwingen, kostete den Revolutionsführer Toussaint Stellung und Leben.[26] Selbstverständlich existieren auch Sklavenarbeitsformen „ohne Sklaverei", die aktiv von ehemals Versklavten getragen wurden, wie etwa die Arbeitsgangs von ehemaligen Sklaven in Häfen oder die zwischen ruraler und urbaner Arbeit sowie Dienstleistungen und Produktion eines gefragten Energieträgers angesiedelte Herstellung von Holzkohle (etwa in Puerto Rico oder Brasilien).[27]

Ich will hier all diese Sklaverei- und *bonded labor*-Formen unter dem Begriff globale *Second Slaveries* (erstmals) zusammenfassen. Diese Zusammenfassung aller Dimensionen von Zwangsarbeit (*forced labor*) ist möglich, weil es zur beschleunigten Herausbildung des Kapitalismus als globales Phänomen kam – manchmal auch nur schlicht als bürgerliche Gesellschaft, Weltmarkt oder Weltwirtschaft bezeichnet. Aber es war natürlich mehr, auch wenn volle kapitalistische Eigentumsbeziehungen noch nicht überall griffen (das tun sie z. T. bis heute nicht). Die globalhistorische Zäsur ist der Sieg Großbritanniens im ersten Opiumkrieg um 1840 (1839–1842).[28] Dieser Sieg verdeckt meist, dass es auch lokale Ansätze von Kapitalismus und Sklaverei oder Sklaverei als Kapitalismus gab (was mir in Bezug auf heutige Globalgeschichte eine sehr wichtige Aussage zu sein scheint, die weiter ausgearbeitet werden muss). Kapitalismus wird seit dieser Zeit – entgegen seiner normativen Selbstdarstellung – geprägt durch massive und lokal differenzierte Kombinationen von Gewalt („Kriegskapitalismus" – Sven Beckert),[29] unterschiedlichste Formen freier und versklavter Arbeit sowie dem Kontinuum einer Vielzahl von lokalen sowie globalen Sklavereien/Zwangsarbeiten mit den entsprechenden Transportsystemen. Darüber wölbt sich – global, aber nicht in jedem Falle in den

25 Nachdem der französische Kommissar Polverel schon 1794 versucht hatte, eine Arbeitspflicht auf den Plantagen durchzusetzen; siehe: „Regulation Respecting Field Labor", in: Supplement to the Royal Gazette Vol. VII, no. 47 (Nov. 15–22, 1800), S. 9–10; siehe auch: Wright, Elizur (ed.), The Quarterly Anti-Slavery Magazine, Bände 1–2 (1836), Bd. I, S. 133–143; Tyson, George F. (ed.), Toussaint L'Ouverture, New York: Prentice Hall, 1973, S. 52–56.

26 Geggus, „Toussaint's Labor Decret (Supplement to the Royal Gazette, 1800)", in: Geggus (ed., transl., with introd.), The Haitian Revolution. A Documentary History, Indianapolis/Cambridge: Hackett, 2014, S. 153, siehe auch: Helg, Aline, „La résistence des "noveaux libres" aux règlements du travail", in: Helg, Aline, Plus jamais esclaves!: De l'insoumission à la révolte, le grand récit d'une émancipation (1492–1838), Paris: La Découverte, 2016, S. 205–209 sowie: Helg, „Les bandes marronnes, fers de lance de la victoire contre les tropes napoléoniennes", in: Ebd., S. 209–211.

27 Giusti Cordero, Juan, „Trabajo y vida el el mangle: "madera negra" y carbón en Pinoñes (Loíza), Puerto Rico (1880–1950)", in: Caribbean Studies Vol. 43:1 (enero-junio, 2015), S. 3–71.

28 Marks, Robert, „Opium and Global Capitalism", in: Marks, The Origins of Modern World. A Global and Ecological Narrative, Lanham [etc.]: Rowman & Littlefield, 2002, S. 127–128.

29 Beckert, „Einleitung", S. 7–18, hier S. 12f

einzelnen Territorien – ein ganzer Diskurskosmos moralisierender und normativer Zivilisations-, Abolitions- und Freiheitsdiskurse. Real handelt es sich immer um Abhängigkeitssysteme.

Das vierte Plateau hat drei Gesichter – Abolitionen sowie moderne und „neue" Sklavereien mit Wurzeln in der *Atlantic slavery* (im Westen) sowie „alte" Sklavereien mit lokalen Wurzeln (in Afrika und in der östlichen Hemisphäre, aber auch in den Amerikas), z. T. mit eigenen Formen der Globalisierung, basierend auf den genannten Formen lokaler Sklavereien/Zwangsarbeiten sowie Produkten (wie etwa Datteln und Trockenfrüchte sowie Kautschuk).[30] Das dritte Gesicht ist die Entwicklung globaler und lokaler Formen von Kapitalismus – wie eine Maske des Szechuan-Theaters (gleiches Modell (Akkumulation) – mit unterschiedlichen Farben und Grimassen (lokale Kontexte und Namen)). In globaler Hinsicht wird besonders deutlich, dass nicht nur die Anfänge des Kapitalismus im Sinne von Kapitalakkumulation, sondern auch die sozialen Anfänge des Kapitalismus in Bezug auf Arbeitende im 19. und 20. Jahrhundert noch unfrei waren, d. h., in globaler Hinsicht waren Massen von Arbeitskräften Sklaven oder in prekären Status zwischen Sklaverei und anderen Formen von Zwangsarbeit.[31] Das wird in den Kombinationsformen von Arbeit, wie gesagt, auch und gerade an den miserablen Löhnen deutlich; die ehemaligen Halter und neuen „Arbeitgeber" befreiten sich damit vom (theoretischen) Zwang der Vollversorgung der direkt Versklavten (Kleidung, Nahrung, Unterkunft, ev. medizinische Versorgung).[32] Freie, halbfreie und unfreie Arbeitsformen (im dritten Plateau noch räumlich und zeitlich begrenzt – wie in den USA und in der Karibik)[33] wurden seit 1830 mehr und mehr kombiniert. Die Hauptform von Sklaverei im vierten Plateau werden ab ca. 1880, wie bereits erwähnt, Bondagesklavereien (*bond-slavery* – ich wähle bewusst diese Dopplung), *coolie/indentured labor*, *serviciais*, massive kollektive Verschleppungs- und Gewaltregimes (Südostasien) / Sklavereien in Kolonien (*corvée*, *prestation*).

Die beste Beschreibung für die Spannbreite von Sklavereien zwischen Eigentumssklavereien (volle „private" Verfügung/Befugnis über einen menschlichen Körper, einschließlich aller Arten von Übertragung im räumlichen (Verkauf, Verschenkung) sowie zeitlichen (Vererbung) Sinne und manchmal bis zur Tötung rei-

---

30 Hopper, „The Globalization of Dried Fruit: Transformations in the Eastern Arabian Economy, 1860s–1920s" S. 153–181.

31 Rockman, Seth, „The Unfree Origins of American Capitalism", in: Cathy Matson (ed.), The Economy of Early America: Historical Perspectives and New Directions, University Park: Pennsylvania State University Press, 2006, S. 335–361; Marquese; Salles (eds.), Escravidão e Capitalismo Histórico no Século XIX, passim.

32 Twaddle (ed.), The Wages of Slavery, passim.

33 Tomlins, Christopher, „Reconsidering Indenture Servitude. European Migrations and the Early American Labor Force, 1600–1775", in: Labor History 42 (2001), S. 5–43; Menard, Russel R., Migrants, Servants, and Slaves: Unfree Labor in Colonial British America, Aldershot: Ashgate, 2001.

chendes Strafrecht) und Bond-Sklavereien (ein menschlicher Körper ist durch ein Schuld/Abhängigkeit o.ä. an einen Besitzer gebunden; zunächst bessere Stellung als Eigentumssklaven; durch Machtasymetrien meist aber schnelle Verschlechterung des Sklaven-Status) gibt James Warren (siehe oben).[34] Warren kann auch sehr gut die Entwicklung des Sulu-Sultanats zu einem predatorischen Razziensklaverei-Staat auf Basis von Traditionen des Menschenfangs sowie älterer Handelsverbindungen zwischen Sulu und Fujian-Amoy-Teehandelsnetzwerken nachweisen. Das Sultanat brachte sich mit seinem Kapital menschlicher Körper (vor allem) in die neue Sino-Britische Weltwirtschaft zwischen Britisch-Indien, Südostasien und China ein.

Ich gehe etwas höher in der Verallgemeinerung: Die Entwicklung solch zunächst eher marginaler predatorischer Territorien und Eliten war (und ist) charakteristisch für die Weltgeschichte der Sklaverei, wie wir dank Joseph Miller wissen, kannte aber auch, wie im Falle des intensiveren Ausgreifens des Weltmarktes in die östliche Hemisphäre unter Beteiligung von Europäern seit um 1840, Perioden hoher Dynamik. „It was powerful economic forces",[35] schreibt Warren weiter, „that pushed the Taosug aristocracy to acquire increasing numbers of slaves. In order to trade, it was necessary for the Taosug to have something to give in exchange and the only way to obtain commodities was to secure more slaves by means of long-distance maritime raiding".[36] Die Insel Jolo wurde zu einem Entrepot für menschliche Körper, die in den Welthandel des südchinesischen Meeres und Indonesiens eingespeist wurden. Die nordöstliche Küste ebenso wie die tropischen Wälder an der Ostküste Borneos sowie Mindanaos südliche Plateaus stellten die Einflusszonen Sulus dar. Aus ihnen kamen Austauschgüter, wie Trepang, Wachs, Kampfer, Perlen, Schwalbennester. Der Güterhandel wurde kombiniert mit den oben genannten Razzienzügen sowie Menschenhandel. Nach Sulu kamen im Gegenzug, neben Menschen, Salz, Textilien, Seide, Porzellan, Eisen, Manufakturgüter, Schießpulver, Musketen und weitere Waffen sowie Opium.[37] Menschliche Körper bildeten das Grundkapital. Sicherlich gab es auch Elitesklaven und -sklavinnen im Sulu-Sultanat (vor allem Leibwächter und Elitetruppen sowie Frauen in Harems). Aber die Masse waren Eigentums- und Schuldsklaven unter Verfügung von Herrscherfamilie, Privatpersonen und Clans.

Im vierten Plateau setzten auch die ganz großen Migrationen der Weltgeschichte (nach der atlantischen Zwangsmigration 1520–1873) ein – größer selbst als die genannten und bis dahin größten Zwangsmigrationen durch Sklavenhandel auf

---

34 Warren, „The Structure of Slavery in the Sulu Zone in the Late Eighteenth and Nineteeth Centuries", S. 111–128, hier S. 112.
35 Ebd., S. 112.
36 Ebd.
37 Ebd., S. 111.

dem Atlantik.[38] Versklavte, vor allem *bond-slaves* und *coolies* in Zwangsmigrationen zählen in relativ geringen Zeiträumen in Bezug auf die Welt- und Globalgeschichte nach vielen Millionen – was nicht zuletzt auf die *agency* der Unterprivilegierten verweist, die sich zu bestimmten zeitlichen oder räumlichen Sequenzen dieser Migration (bei der Flucht aus bisherigen Gebieten, am Beginn, bei Vertragsabschluß, nach der Ankunft in den neuen Territorien, etc.) eine Verbesserung ihrer Situation erhofften. Die Epoche der engeren Globalisierung mit ihren technischen, technologischen und infrastrukturellen Beschleunigungen und transkulturellen Mobilitäten setzte voll ein.

Ich komme gleich auf Kompliziertheit und Komplexität der globalen Geschichte „nach der Abolition". Zunächst das Offenkundige. Zwischen 1794 und 1888 kommt es „im Westen" mit Zentrum Großbritannien und Auswirkungen auch auf die Amerika und Teile Westafrikas zur Abolition der „großen" und legalen atlantischen Sklaverei. Das ist bis heute tief in der öffentlichen Wahrnehmung von Sklaverei verankert – in der Auffassung: „nach der Abolition der Sklaverei in dem und dem nationalen Territorium war halt Sklaverei überhaupt zu Ende". Das wird – ich schreibe in Mitteleuropa – wie gesagt, stillschweigend meist auf „die ganze Welt" hochgerechnet. Dass dahinter auch noch meist ein strikt auf die jeweilige Nation fokussiertes Geschichtsbild steht, verstärkt die Illusion der endgültigen Abolition noch. Nicht zuletzt auf den Abolitions-Diskursen Großbritanniens beruht die normative Freiheitsperzeption heutiger Gesellschaften des „Westens". Im Grunde sollten wir in Bezug auf das vierte Plateau weniger von Abolition als vielmehr von einer Deformalisierung der Sklavereien und ihren Kombinationen innerhalb sich weiter entwickelnder Abhängigkeitssysteme sprechen (siehe unten).

Es blieben aber offene Sklavereien auch im Westen (wie *Indian slavery* in den Amerikas), neuer Kolonialismus wie zunächst das Vordringen der Franzosen in Nord- und Westafrika und der nachfolgende imperiale Wettlauf, Kombinationen von Arbeitsformen mit Sklavereien, viele „kleine"/lokale Sklavereien sowie Razzien- und Sklavenhandelssysteme intakt und entwickelten sich weiter (u. a. in meist ganz lokalem Rahmen der Job des Agenten (Faktors; *jobber*) / Arbeitskräftevermittlers). Das vierte Plateau beinhaltet ebenso die Endphase der amerikanischen *Second Slaveries* als legale Systeme sowie alle Sklavereien „nach dem Ende der Sklaverei". Das immer wieder behauptete „Ende" der Sklaverei wird in gewissem Sinne durch das globale vierte Plateau ad absurdum geführt.

Die Abolition setzte sich – in diesem allgemeinen Sinne, wie ich sie hier darstelle – in Diskursen, Texten, Bildern, Erklärungen, Diplomatie sowie Ideologie

38 McKeown, „Global Migration 1846–1940", S. 155–190; McKeown, „Chinese Emigration in Global Context, 1850–1940", in: Journal of Global History 5 (2010), S. 95–124; Mazumdar, „Localities of the Global: Asian Migrations between Slavery and Citizenship", in: International Review of Social History 52 (2007), S. 124–134; McKeown, „The Social Life of Chinese Labor", in: Tagliacozzo, Eric; Chang, Wen-chin (eds.), Chinese Circulations: Capital, Commodities, and Networks in Southeast Asia. With a foreword by Wang Gungwu, Durham and London: Duke University Press, 2011, S. 62–83.

und in Gesprächen über „Zivilisation“ durch. Sie setzte sich in Bezug auf den atlantischen Sklavenhandel in der Realität nicht bzw. erst spät durch im Menschenhandel der Sklavereigesellschaften Brasiliens (bis ca. 1851) und Kubas (bis ca. 1870/80),[39] Suriname (bis um 1863) sowie Puerto Rico (bis ca. 1860) und der französischen Kolonien in der Karibik (Martinique, Guadeloupe und Cayenne; bis 1848). Dazu kommen noch die massiven internen Sklavenhandelssysteme der USA, in denen vor allem in den 1850ern auch immer mal wieder die Neu-Öffnung des atlantischen Sklavenhandels debattiert (und im Schmuggel vollzogen) wurde sowie Brasiliens. Kuba und Puerto Rico sowie die Philippinen waren noch spanische Kolonien. Brasilien, seit 1825 formal unabhängig von Portugal, hatte noch extrem starke Sklavenhandelsbindungen nach West- und Zentralafrika, vor allem Angola (Luanda, Benguela), die Gold- und Sklavenküste sowie Senegambien. Da ich Abolition ausführlich behandelt habe (siehe oben), nur diese Eckpunkte. Wichtiger ist die Frage – was passiert in Bezug auf die Weiterexistenz von Sklavereien, Sklavenarbeit und Sklavenhandelssystemen sowie allgemein Zwangsarbeit?

Die Abolition „der Sklaverei“ greift auch nicht in Bezug auf marginalisierte Sklavereien in den Expansionsgebieten der Nationalstaaten in den Amerikas. Dort gab es nach groben Schätzungen zwischen 1851 und 1900 noch 40 000–90 000 *Indian slaves* in Nordamerika (ohne Mexiko), 70 000–1 500 000 in Mexiko und Zentralamerika, 20 000–70 000 im Greater Caribbean, 100 000–180 000 in Südamerika (ohne Braslien) sowie 70 000–150 000 in Brasilien; insgesamt geschätzte 300 000–640 000 Versklavte, oft Frauen und Kinder.[40] Nach Guadeloupe zum Beispiel, einer kleinen Insel mit viel Sklaverei, kamen direkt nach der formellen Aufhebung der Sklaverei zwischen 1854 und 1889 42 000 Inder (vor allem aus den französischen Enklaven in Indien (wie Pondicherry).[41]

In Afrika und in der östlichen Hemisphäre blieben Sklavereien noch lange nach 1886/1888 erhalten; in vielen Gebieten – wie bereits gesagt – mindestens bis zum Zweiten Weltkrieg. Aus der Kombination von Abolitionsdiskursen („Ausrottung des Sklavenhandels”) in Kombination mit dem Glauben an europäische „überlegene“ Zivilisation (Kern: christliche Religionen; Wissenschaft, u. a. Geographie sowie Rassen-„Wissenschaften“ und Technik/Technologien sowie allgemein „westliche“ Lebensweisen), und Kontraktideologie (durch Verträge verschriftliche Erwerbung von Territorien, wie etwa Stanley im Kongo) ergaben sich Kombinationen von „neuem“ Kolonialismus und „neuen“ kollektiven Sklavereien. Es gab so-

39 Franco, „Auge y decadencia de la trata africana“, in: Franco, Comercio clandestino de esclavos, La Habana: Editorial de Ciencias Sociales, 1980, S. 320–390, hier S. 389.

40 „Appendix 1: Indian Slaves in the Americas, 1492–1900 (in Thousands)“, in: Reséndez, The Other Slavery, S. 324.

41 Schnakenbourg, Christian, L’immigration indienne en Guadeloupe (1848–1923): Coolies, planteurs et administration coloniale, Aix-en-Provence: Université de Provence, 2005, www.manioc.org/recherch/T14002 (letzter Zugriff 16. 2. 2018).

gar einen Aufschwung dieser „neuen“ Sklavereien und massivster Gewalt unter dem Deckmantel oder *long black veil* von Abolitionsreden, Zivilisations- und Kontraktideologie sowie Ideologie der „freien“ Arbeit und der Erziehungsfunktion des Staates. Ganz deutlich wird das im Kongo der zweiten Hälfte des 19. Jahrhunderts, d. h., dem belgischen „Frei“-Staat Französisch-Kongo und Portugiesisch-Kongo (Cabinda).

Der riesige Kongo, d. h., West-Zentralafrika, war seit der Schlacht von Ambuila/Mbwila (1665) durch Zerfall der Staatlichkeit geprägt; seit Mitte des 19. Jahrhunderts ermöglichten Dampfschiffe, Chinin und moderne Waffen sowie Kartografie und Expeditionen, die nach Art von Sklavenkarawanen organisiert waren und immer im Sklavenhandel erfahrene Führer hatten, die Erforschung. Seit der Berliner Kongo-Konferenz übernahm der belgische König Leopold II. den Kongo als „Privatimperium“[42] und -kolonie (bis 1908, dann bis 1960 Kolonie Belgiens). Unterhalb seines Machtraumes, der, wie gesagt, diskursiv und dem Wortlaut der Reden sowie dem Text der Gesetze nach von Abolition geprägt war, hatten halbstaatlich organisierte private Gesellschaften Anrechte auf Ressourcenausbeutung (vor allem Kautschuk, Elfenbein, Holz, Kakao). Die Antisklavereirhetorik richtete sich vor allem gegen arabisch-afrikanische Sklavenhändler ganz besonders im Osten des Landes, wo die Karawanen über Ujiji, das Tanganjika-See-Gebiet nach Kilwa und Sansibar gingen. Ein notorischer Menschenhändler und Sklavenhalter Ostafrikas war Hamed bin Muhammed el Mujerbi (um 1835–1905), besser bekannt als Tippu Tip, der Menschenjagdrazzien und Karawanen von den Küstenorten Bagamoyo oder Kilwa über den Zentralort des Elfenbein- und Sklavenhandels Ujiji im heutigen westlichen Tansania bis in den Ostkongo organisierte.[43] Tippu Tip beherrschte im Ostkongo ein Gebiet, das halb so groß wie Europa war. Südlich davon kontrollierte Msiri, ebenfalls ein Sklavenhändler von der Ostküste, das alte Königreich Lunda (südöstlich von Katanga). Nicht nur Henry Morton Stanley auf seiner Zentralafrika-Expedition 1874–1877 zwischen Ostküste (Bagamoyo) und Kongomündung (Boma) im Westen, auch der Missionar Alfred J. Swann traf westlich des Tanganjika-Sees auf Tippu Tips Sklavenkarawanen, die sich Richtung Bagamoyo und Sansibar bewegte. Die Verschleppten Tippu Tips hatten schon einen Marsch von 1000 Meilen aus dem Raum des oberen Kongo hinter sich und vor ihnen lagen noch 250 Meilen schwerster Fußmärsche. Die Männer waren entweder mit Nackenringen und Ketten in langen Reihen gefesselt oder jeweils zu zweit in 1,80 Meter langen, schweren Holzgabeljochen. Frauen trugen Neugeborene oder Kleinkinder. Die Mannschaften Tippu Tips trieben die Versklavten mit Nilpferdlederpeitschen voran. Hermann von Wissmann, kaiserlich-deutscher Major, traf 1886/87 eine Razzientruppe Tippu Tips bei seiner zweiten Reise vom Kongo zum Sambesi.[44]

---

42 Osterhammel, „Privatimperien“, in: Osterhammel, Die Verwandlung der Welt, S. 637–639.

43 Beachey, R. W., The Slave Trade of Eastern Africa, London: Rex Collins, 1976, S. 54.

44 Mann, „Sklavenhandel im Arabischen Meer, im östlichen und südlichen Afrika“, in: Mann, Sahibs, Sklaven und Soldaten, S. 124–149; Heintze, Beatrix, „Waren und Wege“, in: Heintze, Afrika-

In der Autobiographie Disasi Makulos aus dem Urwalddorf Bandio am Unterlauf des Kongo haben wir das Zeugnis eines der Versklavten (Makulo gehörte zu den Kindern, die von Stanley freigekauft wurden).[45] Tippu Tip soll auf zahlreichen Plantagen auch etwa 10 000 Sklaven ausgebeutet haben.

Gegen diese „alte" Sklaverei und gegen diesen „alten" und „unzivilisierten" Sklavenhandel richteten sich die Diskurse und Aktivitäten der neuen Kolonialherren. Aber auch sie betrieben Sklaverei – informelle und kollektive Sklaverei unter massivster Gewalt sowie profane Haussklaverei, oft mit Kindern oder Konkubinen.[46] Diese „neue" Sklaverei der Menschen im belgischen Kongo kann ebenfalls sehr gut mit den Elementen der Sklaverei-Definition (siehe oben) erfasst werden. Ähnliches gilt für die *prestation* genannte kollektive Zwangsarbeit (oft im Eisenbahnbau) in Französisch-Westafrika. Gewalt in Form von Razzien, Entradas sowie extremstem Zwang auf lokale Bevölkerungen stand an erster Stelle. Die „Befugnis"-Dimension des Eigentumsrechts (siehe fünftes Plateau) war mit der Abolition des „Rechts auf Sklaven" weggefallen, aber die beiden Statusminderungsdimensionen waren durch die extreme Ausbreitung staatlicher Gewalt sowie des europäischen Zivilisations-, Wissenschafts- und Rassendiskurses eher noch schärfer als zu Zeiten der Sklavereien des dritten Plateaus und trafen auch in den Amerikas´„ohne Sklavereien" weiterhin ehemalige Sklaven und ihre Nachkommen. Und was die Arbeitszeit und die Arten von Arbeit betraf (im Kongo etwa Kautschuksaft sammeln) – es galt immer noch das Gleiche wie zur Zeit der legalen Sklaverei bzw. die Arbeitszeiten wurden sogar noch ausgedehnt und die Bestrafungen bei Nichterfüllung von Ablieferungsnormen waren weit massiver und härter als bei Sklaven, die Privateigentum waren. Die Eigentumsfunktion (*legal ownership*) hätte für die strikt *stakeholder*-orientierten Gesellschaften nur höhere Kosten und mehr Kontrolle bedeutet. Insofern glichen die „neuen" Massensklavereien des Kongo zugleich älteren Razzien-Sklavereien in der weiteren Karibik und modernen „Wegwerf"-Sklavereien – „funktioniert" der einer dieser Sklaverei unterworfene Mensch nicht mehr oder erfüllt er die Vorgaben an Arbeitsleistung und -zeit nicht, wird er (oder sie) zerstört, entweder ganz oder partiell (massenhaftes Abhacken von Händen).[47] Im Kongo, sagt Jürgen Osterhammel, „der auf der Berliner Afrikakonferenz von 1884/85 dem

---

nische Pioniere. Trägerkarawanen im westlichen Zentralafrika (ca. 1850–1890), Frankfurt am Main: Verlag Otto Lehmbeck, 2002, S. 199–232, hier S. 223–225.

45 Makulo, Akambu, La vie de Disasi Makulo: ancien esclave de Tippo Tip et catéchiste de Grenfell, par son fils Makulo Akambu, Kinshasa: Éditions Saint Paul Afrique, 1983.

46 Cooper, „Conditions Analogous to Slavery: Imperialism and Free Labor Ideology", in: Cooper; Holt; Scott (eds.), Beyond Slavery, S. 107–150.

47 Hochschild, Adam, Schatten über dem Kongo. Die Geschichte eines der großen, fast vergessenen Menschheitsverbrechen, Stuttgart: Klett-Cotta, 2012 (9. Auflage, 1. Aufl. 2000); Ewans, Martin: European atrocity, African catastrophe – Leopold II, the Congo Free State and its aftermath, London/New York: Routledge, 2002; Van Reybrouck, David, Kongo. Eine Geschichte, Berlin: Suhrkamp, 2012.

belgischen König Leopold II. als eine Art von Privatkolonie zugesprochen worden war, herrschten die schlimmsten Zustände. Hier führte ein außergewöhnlich brutales Kolonialregiment, das jegliche Fürsorge für die Einheimischen unterließ und sie als reine Ausbeutungsobjekte behandelte, zwischen 1876 und 1920 möglicherweise zur Halbierung der Bevölkerungszahl".[48] Afrika wurde nicht nur ein Kontinent der „leeren" Gräber (wegen der vielen in den Atlantik-, Indik- oder Sahararaum Verschleppten) und seit um 1880 ein Kontinent der Massengräber (wegen der Invasionsschocks des imperialistischen Kolonialismus, besonders die so genannten „Kongo-Gräuel"), sondern auch ein Tierfriedhof (besonders für Elefanten wegen des Elfenbeins für Messergriffe, Schmuck, Billardbälle, Klaviertasten und Schnitzereien).[49]

Inwieweit war Abolition als „Freiheit" Realität oder besser: was bewirkten die Diskurse und Proklamationen in Bezug auf die Hauptpunkte der Definition von Sklaverei? Erst einmal sollten wir uns ins Gedächtnis rufen, dass, obwohl ich oben den Beginn des vierten Plateaus mit um 1800–1840 angesetzt habe, Sklavereien der atlantisch-amerikanischen Welt bis 1886/88 als *Second Slaveries* und eigenständige moderne Gesellschaften einfach „da" waren und Massen von Gütern produzierten, die die Welt sozusagen am Laufen hielten (speziell Zucker, Kaffee und Tabak in Brasilien und auf Kuba sowie Baumwolle weltweit, aber auch Öle und Fette). Das bedeutet, dass die Nachfrage nach schwerer ruraler Routine-Arbeit und Dienstleitungen – eben schwerer Sklavenarbeit – eher noch anstieg. Und das weltweit.

Die Welt wandelte sich grundlegend zwischen 1800 und 1914.[50] Und wir sollten uns ins Gedächtnis rufen, dass während der napoleonischen Kriege Großbritannien in der Lage war, durch Militärexpansion große Teile Indiens zu erobern – noch unter dem Deckmantel der *East India Company*. Außerhalb der Amerikas und Sibiriens unterhielten um diese Zeit europäische Mächte, Handelsgesellschaften und Kaufleute zwar 500–600 Handels-, Verwaltungs- und Militärstützpunkte (die meisten auf Inseln oder Halbinseln); der einzige europäische Stützpunkt in China, Macau, lag auf Inseln im Perlflussdelta und hatte selbst zu besten Zeit um 1600 nur einige Hundert europäische Einwohner (meist Männer). Um 1800 gab es nur vier größere Städte mit jeweils mehr als 2000 Europäern (wie gesagt, außerhalb der Amerikas und Sibiriens): das portugiesische Goa, das spanische Manila auf Luzón, das niederländische Batavia (heute Jakarta) sowie das um 1800 (noch) niederländische Kapstadt.[51]

---

48 Osterhammel, „Mikrobenschock und Gewaltexzesse", in: Osterhammel, Die Verwandlung der Welt, S. 194–197, hier S. 196.

49 Osterhammel, „Großwildjagd", in: Osterhammel, Die Verwandlung der Welt, S. 551–556, hier S. 555.

50 Zusammenfassend: Osterhammel, Die Verwandlung der Welt, passim.

51 Schmitt, Eberhard, „Globalisierung der Erde? Gedanken über die europäische Expansion und ihre Folgen", in: Denzel, Markus A. (ed.), Vom Welthandel des 18. Jahrhunderts zur Globalisierung des 21. Jahrhunderts. Leipziger Überseetagung 2005, Stuttgart: Franz Steiner 2009 (Beiträge zur Europäischen Überseegeschichte; Band 92), S. 15–24, hier S. 19 f.

Um 1800 befanden sich auch Europa und Russland in einer Art Weltkrieg, den napoleonischen Kriegen, zu denen auch eine ferne, aber in Bezug auf Sklaverei und Abolition globale Revolution (Haiti) gehörte. Die Kolonialimperien europäischer Mächte in den Amerikas waren zusammengebrochen (Frankreich, Großbritannien – Ausnahme Karibik) oder befanden sich kurz vor dem Ende (Spanien, Portugal); die Niederlande[52] und Dänemark schlichen sich noch bis um 1870 hin, mit Resten bis heute. Das „zweite Imperium" Portugals (Brasilien-Angola) brach auch zusammen; Portugal startete nach dem Verlust Brasiliens sein „drittes Imperium" in Afrika und einigen Emporien-Kolonien in der östlichen Hemisphäre (1825–1999). Frankreich seinerseits startete, nachdem es die Unabhängigkeit Haitis um 1825 anerkannt hatte (mit einer „Entschädigung" von 150 Millionen Goldfranc) ebenfalls ein neues Imperium – mit der Eroberung Algeriens (ab 1830), der „lateinischen" Expansion in Westafrika seit um 1850, zeitweilig zusammen mit Spanien und Österreich in Mexiko (1862–1867) sowie ebenfalls zeitweilig zusammen mit Spanien in Südostasien (1858–1883 Protektorate Annam, Cochinchina und Tonkin sowie Khmer-Gebiete zu Französisch-Indochina, offiziell *Union Indochinoise*, seit 1893 auch mit Laos). Französisch-Indochina umfasste Vietnam, Laos und Kambodscha (damals, ebenso wie Birma, verschiedene Königreiche). Thailand (bis 1939 Siam) blieb semi-unabhängig. Der Mekong wurde 1893 zur Grenze, die laotische Siedlungsgebiete durchschnitt. Die Mehrheit fand sich auf der Thai-Seite. Bangkoks Umsiedlungs- und Deportationspolitik[53] in den Dekaden zuvor basierte vor allem auf Kriegsdeportationen bzw. *slave raids*. Allgemein gingen Kriege zwischen den birmanischen, siamesischen, laotischen, etc. Königreichen in der Regel mit Massendeportationen und Zwangsansiedlung einher (statt territorialer Ausweitung). Viele der als „Sklaven" bezeichneten Zwangsumgesiedelten (z. B. Laoten in Bangkok nach 1829) lebten entweder als Privatsklaven des Königs/Adels (durchaus auch als privilegierte Sklaven, z. B. als Goldschmiede) sowie als Leibeigene oder abhängige Bauern (mit wenigen Unterschieden zur einheimischen Bauernschaft; Tendenz Assimilation).[54] Französische Coolie-Arbeit begann im Sinne von *corvée* mit Beginn der Kolonisierung der Küstenregionen ab den 1860/70ern, Vertrags-Coolies in Plantagen/Minen wurden dann von den 1890ern bis in die 1950er eingesetzt, wobei lokale Sklaverei-/Bondageformen immer eine wichtige Rolle spielten. Im Grunde handelte es sich um Zunahme des Phänomens der *debt-slavery* seit dem

52 Emmer, Pieter C., „The Abolition of the Abolished: The Illegal Dutch Slave Trade and the Mixed Courts", in: Eltis, David; Walvin, James (eds.), The Abolition of the Atlantic Slave Trade. Origins and Effects in Europe, Africa and the Americas, Madison; London: The University of Wisconsin Press, 1981, S. 177–192.

53 Beemer, „Southeast Asian Slavery and Slave-Gathering Warfare as a Vector for Culture Transmission: the case of Burma and Thailand", S. 481–506.

54 Ich danke Oliver Tappe für Hinweise; siehe: Turton, Andrew, „Thai Institutions of Slavery", in: Condominas (ed.), Formes extrêmes de dépendance, S. 411–457, siehe auch: Derks, „Bonded Labour in Southeast Asia: Introduction", S. 839–852.

19. Jahrhundert; bisweilen gingen Bauern sogar freiwillig in diese Schuldsklaverei, um Steuern oder kollektive Zwangsarbeiten (*corvée*) zu umgehen. Das war eine Option für Gemeinfreie. Eine Rückkehr war theoretisch möglich; letztlich aber wurden Bauern zum Besitz des Herrn, der auch Gewalt über ihr Leben hatte. Besitz von Sklaven war ein Zeichen von Status. Keine Arbeitsform war exklusiv (Kombination von Arbeitsformen, wie oben gesagt); parallel gab es diverse Formen (temporärer) Lohnarbeit – solche Arbeiter wurden dann von Briten und Franzosen als *coolies* bezeichnet.

Das 1830 entstandene Belgien (vorher habsburgische Niederlande seit Maximilian I.) kam erst in den 1880er Jahren in Afrika zum Zuge (siehe oben zum Kongo), ähnlich wie das Deutsche Reich und Italien. Auch Norwegen war beteiligt.[55]

Was aber passierte in West- und Südwesteuropa – d. h., im atlantischen Europa und seinen mitteleuropäischen Hinterländern, das so sehr an „Kolonialwaren" und Versklavte, die diese produzierten, gewöhnt war? Nach den napoleonischen Kriegen und unter Eindruck des endgültigen Verlustes der großen Kolonialgebiete in den Amerikas (USA 1783; Spanisch-Amerika 1825; Brasilien 1825) kam es in Europa zu einer stark erhöhten Nachfrage nach kolonialen „Luxusgütern" und Ressourcen (Kaffee, Zucker, Tabak/Zigarren, Tee, Kakao, Baumwolle, Seidenstoffe sowie ab 1870 Kautschuk, Öle, Farbstoffe, Drogen/Medizinalpflanzen[56] und Gewürze; dazu noch Porzellan, Seide und Lackwaren, ab Beginn des 20. Jahrhunderts auch Rum, Bananen und weitere sogenannte Kolonialwaren). Zugleich bestand in Europa die Gefahr weiterer Revolutionen. Die Eliten der antinapoleonischen Siegermächte versuchten darum einen Deal nach dem Motto: „Ihr macht keine Revolutionen und wir geben euch den Konsum von Kolonial-Luxus" – und all das in kleinen Palästen mit Kaffee, Zuckerbäckerei und Schokolade, den Kaffeehäusern Europas (und einiger Kolonialgebiete). Brüssel etwa wurde zur Welthauptstadt der Schokolade. Von 1815 (eigentlich erst 1817, weil das Jahr 1816 wegen des Tambora-Ausbruchs ein teures Jahr „ohne Sommer" war)[57] bis in die 1860er Jahre, ehe die Industrialisierung wirklich bis nach Mitteleuropa hineingriff, lebte Europa im Biedermeierkapitalismus weit über seine Verhältnisse; selbst die arbeitsintensive Heimarbeit bei der Herstellung von Produkten, die wegen der niedrigen Preise lange weltmarktfähig waren (Leinen), konsumierte von Sklaven hergestellte Kolonialwaren (wie

55 Kjerland, Kirsten Alsaker; Bertelsen, Björn Enge (eds.), Navigation Colonial Orders: Norwegian entrepreneurship in Africa and Oceania, New York/Oxford: Berghan Books, 2015.

56 Brewer; Porter (eds.), Consumption and the World of Goods; Kwass, „The Globalization of European Consumption", S. 15–40; McDonald, Michelle Craig, „Consumption in the Transatlantic World", in: Trentman, Frank (ed.), Oxford Handbook of the History of Consumption, Oxford: OUP, 2012, S. 111–126; Gänger, Stefanie, „World Trade in Medicinal Plants from Spanish America, 1717–1815" in: Medical History Vol. 59:1 (January 2015), S. 44–62; Cosner, The Golden Leaf, passim.

57 Oppenheimer, Clive, „Climatic, environmental and human consequences of the largest known historic eruption: Tambora volcano (Indonesia) 1815", in: Progress in Physical Geography Vol. 27:2 (2003), S. 230–259.

Kaffee oder Tee mit Zucker und Tabak – oft auch Surrogate). Das „Frühstück" mit heißem Wasser, Tee, Kaffee oder Surrogaten und Zucker, später auch Kakaopulver, war eine Erfindung der sich industrialisierenden Gesellschaften in der Biedermeierzeit.[58]

China gar war nur mit Krieg zum Import von Waren zu zwingen, die Europäer kontrollierten – nachdem sie in Indien die regionale Textilproduktion zerstörten und durch Opium oder Tee ersetzten. Selbst unter dem Druck der „Zivilisationsdebatte" nahmen viele Sklavenhalter auch im Westen weiterhin an, die Wirtschaftssklaverei und Herrschaftsbasis ihrer Modernen auch ohne atlantischen Sklavenhandel (USA) oder sogar mit aktiver Politik gegen den atlantischen Sklavenhandel aufrechterhalten zu können (Brasilien, Spanien/Kuba, Suriname, französische Karibik). Die Zeitgenossen unter den Sklavenhaltern, die oft auch die ersten Ideologen des entstehenden Nationalismus waren, nahmen ebenfalls an, dass der Sklavenhandel aus Afrika über den Atlantik beendet werden könnte, ohne dass die Sklaverei wegfallen müsste – das ist der Gedanke (und die Realität) einer „Moderne mit Sklaverei" auf Basis der *Second Slavery.* José Antonio Saco y López Cisneros, der Autor einer der ersten Weltgeschichte der Sklaverei und selbst Herr von Haussklaven, schrieb dazu:

> Todos saben que, en punto á esclavos, hay *dos* especies de *abolicion*: una del *tráfico* con la costa de Africa, y otra de la misma *esclavitud*. Aunque ambas tienen relación entre sí, jamás deben confundirse, y bien puede la primera tratarse, y aún lo que es más, realizarse, con absoluta independencia de la segunda [Jeder weiß, dass es in Bezug auf Sklaven zwei Arten von Abschaffung [Abolition] gibt: Eine des Sklavenhandels mit der Küste von Afrika und eine andere eben der Sklaverei. Obwohl beide miteinander verbunden sind, sollten sie nie verwechselt werden, und auch kann man über die erste verhandeln, und, was noch mehr ist, kann sie realisiert werden, [das] ist völlig unabhängig von der zweiten].[59]

Und dann ruft Saco noch aus – man hört ihn faktisch beim Lesen des Textes: "*no se trata de EMANCIPAR LOS ESCLAVOS, SINO SÓLO DE ABOLIR EL CONTRABANDO AFRICANO* [es handelt sich nicht um die Emanzipation der Sklaven, sondern nur darum, den afrikanischen Schmuggel aufzuheben]".[60]

---

58 Blackburn, Robin, „De la invención del desayuno a la importancia de la ropa interior", in: Piqueras (coord.), Esclavitud y capitalismo histórico en el siglo XIX. Brasil, Cuba y Estados Unidos, Santiago de Cuba: Casa del Caribe, 2016, S. 48–54.

59 Saco,„Análisis por Don José Antonio Saco de una obra sobre el Brasil, intitulada, Notices of Brazil in 1828 and 1829 by Rev. R. Walsh author of a journey from Constantinople, etc ", in: Saco, Obras, Vol. II, La Habana: Imagen Contemporánea, 2001, S. 28–77, http://bdigital.bnjm.cu/secciones/literatura/autores/63/obras/JAS1.pdf (letzter Zugriff 16. 2. 2018); Zitate: Saco,„La supresión del tráfico de esclavos africanos en la isla de Cuba, examinada con relación a su agricultura y a su seguridad ", in: Saco, Obras Vol. II, S. 78–137, hier S. 79, http://bdigital.bnjm.cu/secciones/literatura/autores/63/obras/JAS1.pdf.

60 Ebd., S. 106 (Großbuchstaben im Original).

Eine weitere wichtige Dimension des zusammen mit den Abolitionsdiskursen neu entstehenden Sklaverei-Plateaus bestand darin, dass auch dort, wo formale Abolition griff und die Diskurse wenigstens formal ernst genommen wurden (vor allem in britischen Gebieten und in Gebieten unter britischem Einfluss), schnell Ersatz gesucht wurde, der dem sich durchsetzenden formal-legalistischen Vertragsdenken entsprach (*coolitude, bondage, emancipated slaves / emancipados / serviciais*). Oft waren die Übergänge fließend (*blurred*), aber für die Öffentlichkeit schlecht erkennbar, da es sich um einzelne formal frei gelassene Sklaven (*emancipados / emancipated slaves*) oder verurteilte ehemalige Sklaven nach der formalen Abolition handelte, die weiter Sklavenarbeiten machten (auch in Sklavenhandels- und Sklavereistädten wie Luanda/Angola).[61] Diese „freien" Sklaven (frei nur laut Text eines Papieres) wurden fast immer an expandierende Kolonialgrenzen zur Urbarmachung von Territorien geschickt oder dienten als Kolonialsoldaten in Tropen-Kriegen werden, in *frontier*-Zonen oft beides.

Die beste Formulierung für die Lage dieser „freien" Sklaven vor dem Hintergrund des dominierenden Freiheits- und Abolitionsdiskurses hat Inés Roldán de Montaud gefunden: „an den verschwommenen Grenzen der Freiheit".[62] Manchmal, so im Innern Angolas, wurde nur der bisherige Kaufakt von Versklavten in „Freikauf" umbenannt und die gleichen Sklavenhändler sowie Schreiber organisierten den Weitertransport nach São Tomé oder in andere Gebiete, in denen Kolonialressourcen produziert wurden (im Falle São Tomés vor allem Kakao).[63] So auch im Falle der USA seit ca. 1877, wo im legalen *convict leasing*, d. h., der „Verleihung" Strafgefangener, die meist schwarze Männer und Jugendliche waren, gegen Zahlung einer Gebühr an Privatpersonen oder Unternehmen unter Zwang Sklavenarbeit geleistet werden musste.[64] In Gebieten, wo es keine formalen Abolitionen gab, weil die lokalen Sklavereien als etwas „Anderes" und als Traditionen definiert oder gar nicht erwähnt wurden, und Sklaverei vom Typus *Atlantic slavery* nicht existierte, geschah eigentlich das Gleiche – nur die Menschen, die Sklavenarbeit verrichteten und wie Sklaven behandelt wurden, hießen anders. Am Beginn ihrer Zwangsarbeits-Biografie hatten sie eine der Ursachen für Versklavung durchlebt (Verurteilung, Raub, Schulden, falsche Versprechen) und Verträge abgeschlossen.[65]

---

61 Coghe, Samuël, „The Problem of Freedom in a Mid Nineteenth-Century Atlantic Slave Society: The Liberated Africans of the Anglo-Portuguese Mixed Commission in Luanda (1844–1870)", in: Slavery & Abolition: A Journal of Slave and Post-Slave Studies Vol. 33:3 (2012), S. 479–500, hier S. 480.

62 Roldán de Montaud, Inés, „On the Blurred Boundaries of Freedom: Liberated Africans in Cuba, 1817–1870", in: Tomich (ed. and introd.), New Frontiers of Slavery, Albany: State University of New York Press, 2015, S. 127–155.

63 Higgs, Catherine, Chocolate Islands: cocoa, slavery and Colonial Africa, Athens: Ohio University Press, 2012.

64 Blackmon, Slavery by Another Name.

65 Breman, Jan, Taming the Coolie Beast: Plantation Society and the Colonial Order in Southeast Asia, Delhi: Oxford University Press, 1989; Houben; Lindblad (eds.), Coolie Labour in Colonial Indonesia; Slocomb, Margaret, Colons and Coolies: The Development of Cambodia's Rubber Planta-

All das kompliziert das vierte Plateau. Deshalb entstanden komplexe neue Sklavereisysteme, die nicht mehr so hießen und bei denen bis heute umstritten ist, ob es Sklavereien waren, auch weil sie mit anderen Formen der Arbeit kombiniert wurden (deren Status zugleich gesenkt wurde). Sven Beckert legt es mit einfachen und eleganten Worten dar: „Damit das Bündnis zwischen Sklaverei und Industrie Erfolg haben konnte, galt es zunächst, den Rhythmus der maschinellen Produktion und des Industriekapitalismus auf die globale Landwirtschaft zu übertragen".[66] Nun, besonders in der Zuckerproduktion und auf den Inseln und an den Küsten der Karibik war das im Grunde, ausgehend von Experimentalinseln wie Barbados und Inselteilen wie Saint-Domingue, vor allem auf Kuba im 19. Jahrhundert hervorragend gelungen. Und das karibische Modell wurde in den Indischen Ozean und nach Indonesien (dort in den Zonen unter niederländischer Dominanz vom Abolitionsdiskurs stark beeinflusst)[67] exportiert. Dort verband es sich mit bereits existierenden Formen der Unfreiheit. Beckert hält aber noch etwas Wichtiges fest (speziell in Bezug auf Baumwolle, die im Zentrum seines Interesses steht; ich verallgemeinere das etwas). Er sagt, dass global agierende Kaufleute aus Europa und den USA, oft durch zum Teil lokale Mittelmänner, „die Logik des Industriekapitalismus" an die ruralen Produzenten, viele von ihnen noch unter Sklavereiverhältnissen arbeitend, brachten und dabei „zum ersten Mal in der Weltgeschichte das ganze Spektrum von Arbeitsformen [nutzten]".[68] Sie taten das auch und grade, um näher an die meist landwirtschaftlichen Produktionszonen heranzukommen und die lokalen Vermittlereliten einzubinden bzw. bei Gelegenheit und militärischer Überlegenheit auszuschließen. Das scheint mir fundamental für das vierte Sklaverei-Plateau in dem auch das so genannte Eisenbahn- und Dampfmaschinenzeitalter der neuen Energietechnik und neuen Kommunikationen angesiedelt ist. Kaufleute und ihre Faktoren brachten Arbeitskräfte, egal ob Sklaven, Kulis oder Verschuldete, an Punkte, wo Arbeitskräfte für die Produktion von Erzeugnissen, die die Kaufleute kommerzialisierten, gebraucht wurden. Oder sie ließen sie bringen – oft von Sklavenhändler-Kapitänen und ihren Seeleuten und Hilfskräften oder von lokalen Agenten/Arbeitskräftebeschaffern. Es war ein Kennzeichen des sich globalisierenden Kapitalismus nach der Krise von 1844–1848: „Sklaven bauten Baumwolle [und weitere Ressourcen – M. Z.] an, Lohnarbeiter stellten Garn her, Sklaven und Lohn-

tions, Bangkok: White Lotus Press, 2007; Klein, Jean-François, „Esclavages, engagismes et coolies, histoire des sociétés coloniales au travail (1850–1950)", in: Klein, Jean-François; Laux, Claire (eds.) Sociétés impériales en situations coloniales. Afrique, Asie, Antilles (années 1850- années 1950), Paris: Ellipses, 2012, S. 163–182.

66 Beckert, „Die Bildung globaler Netzwerke", in: Beckert, King Cotton, S. 197–229, hier S. 202.

67 Boomgard, Peter, „Human Capital, Slavery and Low Rates of Economic and Population Growth in Indonesia", in: Campbell (ed.), The Structure of Slavery, S. 83–96; siehe auch: Breman, Jan, Mobilizing Labour for the Global Coffee Market. Profits from an Unfree Work Regime in Colonial Java, Amsterdam: Amsterdam University Press, 2015.

68 Beckert, „Die Bildung globaler Netzwerke", S. 197–229, hier S. 202.

arbeiter entkörnten die Baumwolle, pressten sie zu Ballen und verluden diese [der Transport fand oft mit Hilfe von Kulis in Form gigantischer Karawanen statt[69] – M. Z.]. So halfen sie Europa, seine Ressourcenknappheit zu überwinden".[70] Um den europäischen Mittelklassen das zu versüßen, bekamen sie Schweizer Zuckerbäckerei und Belgische Schokolade. Die Männer durften sich, baumwollgewandet und mit dem modischen Baumwolltuch in der Tasche, zigarrenrauchend in Kaffeehäusern vergnügen. Ohne Kaffeehäuser, wie oben bereits gesagt, keine Kunst oder Philosophie in Europa.

Europäische Kaufleute konnten bei der Industrialisierung der Landwirtschaft und der Technisierung des Transports sowie der Kombination von Arbeitsformen vor allem an die Nahsklaverei-Erfahrungen in der östlichen Hemisphäre, an das dortige System von informellen Sklavereien sowie Arbeitsformen anknüpfen oder Massenmigrationen organisieren lassen (oft in Kombination).[71] Das galt auch, wie oben bereits angedeutet, für die Transportsysteme selbst und für die meisten einzelnen Fahrten regionaler Schiffstypen. Alessandro Stanziani sagt über die Indian Ocean World: „no European supremacy until very late that is, the nineteenth century; no clear shift from slavery to wage labor but rather the coexistence of different forms of bondage, dependence, and servitude; capitalism as fully compatible with unfree labor".[72] Unter dem Einfluss florierender Wissenschaften (europäische Universitäten bzw. Universitäten im europäischen Kolonialbereich), vor allem der sogannten Völkerkunde, Rechts-, Sprach-, Rassen- und Kolonialwissenschaften (oft in Museen präsentiert)[73] wurde daraus, kräftig gemischt mit globalen Abolitions- und Zivilisationsdiskursen, eine neue Form der Sklaverei erfunden – *Bondage.*

Bondage war neben der Übergangsform der *Second Slavery* die Hauptform von Sklaverei/Zwangsarbeit des vierten Sklaverei-Plateaus. „Bondage" oder sicher noch besser *bond-slavery* ist, ich will das mal etwas salopp sagen, eine lokale, sozusagen gemischte, Sklavereiform in Zeiten dynamischer Globalisierung und

---

69 Dyke, Paul A. van, „The Trading Environment", in: Dyke, Merchants of Canton and Macao: politics and strategies in eighteenth-century Chinese trade, Hong Kong: Hong Kong University Press, 2011, S. 7–29, hier S. 14–16.

70 Beckert, „Die Bildung globaler Netzwerke", S. 197–229, hier S. 202.

71 Am deutlichsten ist das formal „sklavenfreie" Agieren und das Ausnutzen unterschiedlichster Arbeitsformen bei Firmen, die mit einheimischen Zulieferern und Mittelsmännern sowie Transporteuren zusammenarbeiten und allen Anschein von Sklaverei bei diesen belässt und nichts über Sklaverei und Zwang in ihren Quellen erfasst, siehe zum Beispiel: Dejung, Christof, Die Fäden des globalen Marktes. Eine Sozial- und Kulturgeschichte des Welthandels am Beispiel der Handelsfirma Gebrüder Volkart 1851–1999, Köln: Böhlau, 2013; siehe auch: Castro Gomes, Ângela Maria de, „Labor Analogous to Slavery. The Construction of a Problem", in: Translating the Americas Vol. 1 (2013), S. 119–140 (online: https://quod.lib.umich.edu/cgi/p/pod/dod-idx/labor-analogous-to-slavery-the-construction-of-a-problem.pdf?c=lacs;idno=12338892.0001.005;format=pdf (02. Aug. 2018).

72 Stanziani, „Introduction", in: Stanziani, Sailors, Slaves, and Immigrants, S. 1–11, hier S. 2.

73 Habermas; Mallinckrodt; Przyrembel (eds.), Von Käfern, Märkten und Menschen: Kolonialismus und Wissen in der Moderne, passim.

neuer technischer Möglichkeiten der Mobilität – direkter innerhalb der Expansion imperialer Kolonialmächte und des kapitalistischen Weltmarktes, indirekter in Territorien/Imperien/Herrschaften, die als „nichtwestlich" qualifiziert werden. Durch Massenmigration wird Bondage, oft in intersektionalen Konstellationen, zu einer globalen Sklavereiform. Am Beginn dieser Hauptsklavereiform des vierten Plateaus steht meist lokale Verschuldung. Durch Massenmigration wird Bondage, oft in intersektionalen Konstellationen, zu einer globalen Sklavereiform. Am individuellen Beginn dieser Hauptsklavereiform des vierten Plateaus steht meist lokale Verschuldung/Versklavung. Es gibt bei den individuellen Anfängen der jeweiligen kontraktlich vereinbarten Bond-Slavery einen entscheidenden Unterschied zur, sagen wir, „normalen" atlantischen Sklaverei des dritten Plateaus. Das ist nach einer Übergangszeit von ca. 20–30 Jahren, eine Art Vorauszahlung (ähnlich der Heuer-Vorauszahlung von Matrosen) in Bezug vor allem auf koloniale Ressourcenproduktions-Zonen, die gute Arbeiter brauchen für Arbeiten, die Sklaven-Arbeiten waren und blieben.[74] Das ist aber nur auf den ersten Blick ein größerer Unterschied. Eigentlich ähnelte die „Vorauszahlung" für die Plantagenbesitzer den Kaufpreis für Sklaven, wie er im dritten Plateau der atlantischen Sklaverei gezahlt werden musste und wurde. Der wirkliche Unterschied lag darin, dass die Vorauszahlung an die Familien und Verwandten der Kontraktsklaven ging. Diese selbst arbeiteten und lebten wie Sklaven, wenn sie einmal auf der Plantage waren.[75]

Bond-Sklaven wurden deshalb oft nicht mit dem gleichen Wort wie Eigentums-Sklaven benannt, sondern haben eben lokale Namen. *Bond-slaves* sind in lokale kulturell-legale Rituale und Statusformen eingebunden. In ihnen kommt die durchaus kulturell und legal codierte Verfügungs- und Eigentumsrelation zum Ausdruck. Manchmal ist *Bond-slavery* sogar mit der, ich sage mal „Bewegungs-Dimension" der Eigentumsverfügbarkeit verbunden, in diesem Falle der Verschleppung von Menschen in weit entfernte Gebiete; oft, wie ganz deutlich in China, existieren die Lokalformen auch innerhalb einer expandierenden imperialen Rechtskultur. Die lokalen Bondageformen waren in ihrer jeweiligen Geschichte fast immer Sklavereien, die im Anfang zum ersten und vor allem zum zweiten Sklaverei-Plateau gehörten, aber unter den neuen Handels-, Transport-, Arbeits-, und Informationsbedingungen der entstehenden Weltwirtschaft des 19. Jahrhunderts zu einem neuen Plateau, hier in unserer Systematik zum vierten Sklaverei-Plateau, zusammengesetzt wurden.[76] Meist stammen die Versklavten dieses Plateaus aus Gebieten alter Sklavereien bzw. aus Gebieten, in denen der Status der unmittelbaren Produzenten auf das Niveau von Sklaven sank unter dem Einfluss der globalen Kaufleute-Netz-

74 Martino, „Dash-peonage: the contradictions of debt bondage in the colonial plantations of Fernando Pó", in: Africa Vol. 87:1 (2017), S. 53–78.

75 Ebd.

76 Siehe: Zeuske, „Viertes Sklavereiplateau – Abolitionsdiskurse, Bond-Sklavereien und *Second Slaveries*", in: Zeuske, Sklaverei. Eine Menschheitsgeschichte von der Steinzeit bis heute, S. 96–119.

werke und ihrer Mittelmänner – etwa für arabische Einflussgebiete in Nord- und Ostafrika.[77] Sehr deutlich lässt sich die Verbindung zwischen lokalen Handelskapitalismus- und Sklavereiformen sowie unterschiedlichen Expansionen (hier: indischen und afrikanischen sowie verschiedener europäischer Expansionen) auch am Beispiel indischer Kaufleute und ihres Baumwollstoff- und Elfenbeinhandels in Ostafrika und in den nordwestlichen Regionen der *Indian Ocean World* ausmachen. Gebiete, Völker und Gruppen im Hinterland der zentralen und nördlichen Küsten Ostafrikas wurden davon erfasst. Grundkapital und Tauschwaren in Afrika waren Sklaven und Elfenbein. Die Menschen wurden in Gebiete des nordwestlichen Indischen Ozeans verschleppt, von der Swahili-Küste bis Kathiawar (Gujarat). Dort arbeiteten sie in einer Vielzahl von Aufgaben in sich schnell kommerzialisierenden regionalen Wirtschaften (u. a. Baumwollanbau). Dieser neue Sklavenhandel brach mit den eher bescheidenen Quantitäten des traditionellen Sklavenhandels im nordwestlichen Indischen Ozean. Er intensivierte auch Razziensklavereien und Sklavenhandel (und verschärfte sicherlich auch Formen der Schuldsklaverei) auf dem ostafrikanischen Festland. Das Ausgangs-Kapital für diesen Sklavenhandel hatte seinen Ursprung oft in Indien. Baumwollstoffe und -textilien, zuerst aus Indien, dann mehr und mehr von Europäern übernommen oder in ihre Warenpaletten eingefügt, bildeten ein von afrikanischen Eliten sehr geschätztes Prestigegut. Ebenso war afrikanisches Elfenbein ein Prestigegut, wenn auch mit weniger Schlagkraft, zuerst in Indien, dann anderswo. Vom Sambesi-Tal zu den Oberläufen des weißen und des blauen Niles wurden Menschen aus Ostafrika in ähnliche Prozesse versklavt und auf dem Indischen Ozean zu Arbeitsorten transportiert, so etwa als Perlentaucher im Persischen Golf, als Zuckersklaven auf den Maskarenen, in der indischen Baumwollproduktion oder auf kubanischen Zuckerplantagen.[78]

Am Besten ist es für Indien erforscht worden, dass und warum Versklavte in lokalen Sklavereien oft nicht Sklaven genannt wurden.[79] In Großbritannien standen Begriffe wie *black servants* statt (real) *slave* schon im 18. Jahrhundert hoch im Kurs. Ähnlich wie im imperialen Spanien *siervo* statt *esclavo*. Aber auch für Sklavereien in China und Südostasien sowie Indonesien ist mit dem Begriff „Bondage" und vor allem „bond-servants" ein ähnlicher Verschleierungs-Begriff sehr wichtig.[80] Oder in

77 Hopper, Matthew S., Slaves of One Master: Globalization and Slavery in Arabia in the Age of Empire, New Haven: Yale University Press, 2015.

78 Ewald, Janet J., „The Nile Valley System and the Red Sea Slave Trade, 1820–1880", in: Slavery and Abolition Vol. 9 (1988), S. 71–92; Ewald, Soldiers, Traders, and Slaves: State Formation and Economic Transformation in the Greater Nile Valley, 1700–1885. Madison: University of Wisconsin Press, 1990; Ewald, „Crossers of the Sea: Slaves and Migrants in the Western Indian Ocean, c. 1800–1900", in: The American Historical Review Vol. 105 (2000), S. 69–91; Ewald, „African Slavery and the African Slave Trade: A Review Essay", in: The American Historical Review Vol. 97 (1992), S. 465–485.

79 Major, „'To Call a Slave a Slave': Recovering Indian Slavery", S. 18–38.

80 Zeuske, „Versklavte und Sklavereien in der Geschichte Chinas aus global-historischer Sicht. Perspektiven und Probleme", S. 25–51.

Ländern Europas, in denen mehr oder weniger das *free-soil*-Prinzip behauptet wurde, es aber „Sklaven (und Sklavinnen) ohne Sklaverei" gab.[81] Das gilt aber nicht nur für die lokalen Sklavereien zur Zeit der rasanten Ausbreitung des kapitalistischen Weltmarktes unter britischer Führung seit ca. 1840, sondern auch für frühere Träger dieses Globalisierungsprozesses, wie Akteure der *Indian Ocean World* sowie etwa „Portugiesen" und Spanier. Portugiesen steht hier in Anführungsstrichen, weil Portugal wegen seiner extrem geringen Bevölkerung zur Erhaltung des Imperiums auf stillschweigende Duldung von zwischenmenschlicher Transkulturation (auch „Mestizisierung" genannt, der dazugehörige Eros/Sex sowie die Reproduktion als „Produktion von Menschen" werden meist nicht mitgenannt) angewiesen war, d. h., ganz profan gesagt – auf welchen Wegen auch immer – Allianzen (formal „Heirat") mit lokalen Frauen einzugehen.[82] Spanien hat diese Mestizisierung, als deutlich wurde, dass die Kinder von kastilischen Männern und indigenen Frauen in die Priesterämter der spanischen Indien drängten, um 1570 formal unterbunden (aber natürlich nicht unterdrücken können). Besonders Portugiesen waren in der östlichen Hemisphäre Pioniere und später auch weltweit aktiv (Moçambique, Goa, Diu, Macau (zeitweilig Nagasaki), 1570–1645 auch Manila, Java, Timor, zeitweilig Formosa/Taiwan, etc.).[83] Vor allem deshalb, weil die Männer oft indigene Frauen „nach dem Brauch des Landes" heirateten und ihre Kinder als „Portugiesen" in die Taufbücher schreiben ließen. Das taten Niederländer in der malaiischen Welt zwischen Sumatra und den Philippinen auch, vor allem wegen der starken Stellung malaischer Frauen im Handel.[84] Elternlose Kinder wurden oft versklavt oder gerieten in Sklavereiverhältnisse.

Am Beispiel Portugals lässt sich sehr schön die Beibehaltung von realen Sklavereien zeigen, die unter Druck der moralischen Abolitionsdiskurse aus Großbritannien, vermischt mit Zivilisationsdiskursen und Kontraktschriftlichkeit, andere Namen bekamen.

Im portugiesischen „dritten Imperium"[85] (seit 1825: Kern Afrika (Guinea, Kapverden, São Tomé / Príncipe, Angola und Moçambique, aber auch Teile Indiens,

---

81 Sadji, Uta, „‚Unverbesserlich ausschweifende' oder ‚brauchbare Subjekte'? Mohren als ‚befreite' Sklaven im Deutschland des 18. Jahrhunderts", in: Komparatistische Hefte 2 (1980), S. 42–52; Mallinckrodt, „There Are No Slaves in Prussia?", S. 109–131.

82 Horta, José da Silva, „Ser 'Português' em terras de Africanos: vicissitudes da construção identitária na 'Guiné do Cabo Verde' (sécs. XVI–XVII)", in: Fernandes, Hermenegildo; Henriques, Isabel Castro; Horta; Matos, Sérgio Campos (eds.), Nação e Identidades – Portugal, os Portugueses e os Outros, Lisboa: Centro de História / Caleidoscópio, 2009, S. 261–273.

83 Conermann, „South Asia and the Indian Ocean", in: Reinhard (ed.), Empires and encounters: 1350–1750, S. 389–552 (das spanische Manila war für die Portugiesen von Macau und für den China-Handel sehr wichtig; Taiwan war zeitweilig das iberische Formosa).

84 Nolte, „Geschlechterrollen", in: Nolte, Weltgeschichte, S. 247–250.

85 Clarence-Smith, William Gervase, The third Portuguese empire, 1825–1975. A study in economic imperialism, Manchester & Dover: Manchester University Press, 1985.

Macau und Inseln Indonesiens/Ost-Timor) gingen reale Sklavereien munter weiter. In der östlichen Hemisphäre und in Afrika waren Abolitionen nur formell. Die „Portugiesen“ (*moradores*) machten einfach weiter. Traditionelle Frauen-, Kinder- und Schuldsklavereien, wie wir wissen Hauptelemente früherer Sklaverei-Plateaus, wurden noch stärker als in britischen Gebieten zu „lokalen Traditionen“ oder zu *bonded labor* erklärt bzw. sie verblieben, z. T. bis heute in informellen indigen Sklaverei- und Sklavenhandelssystemen (in Afrika);[86] Millionen von Kulis aus Indien, Indonesien und China bekamen zwischen 1840 und 1940 formelle Verträge, wurden aber auf Inseln oder in Gebiete verschleppt, auf die sie gar nicht wollten. In China waren Kulis oft nicht mal informelle Sklaven (in China: *gugongren*), sie wurden zu Kulis erst nach dem Transport in Kolonialgebiete. Dort wurden sie meist schlimmer als Privat-Sklaven behandelt. Sie machten die gleiche Arbeit wie Sklaven und wurden lange Zeit auch wie Sklaven aus Razziengebieten oder aus lokalen indigenen Sklavereisystemen rekrutiert (wie in Angola auch) und behandelt.[87] Das so genannte „Mauritius-Experiment“ im November 1834 gilt gemeinhin als „the advent of the modern system of migrant contract labor“[88] – die ich ebenfalls „neue“ Sklaverei, d. h., globale *Second slaveries* oder *bond-slavery* nenne.

Die Methode bestand darin, Menschen einen Kontrakt unterzeichnen zu lassen – auf welche Art und unter welchen Umständen auch immer – um ihnen im Folgenden die Kontrolle über ihr Leben zu entziehen. Die Praxis begann nach den genannten Versuchen auf Haiti (französische Kommissare und Toussaint) schon 1806 mit 192 chinesischen Kulis auf der Insel Trinidad in der Karibik.[89] Die Ankunft von 75 privat in Indien rekrutierten Kontraktarbeitern auf den Zuckerplantagen von Mauritius galt für die *Indian Ocean World* als „crucial test case“[90] für Kolonial-

86 Cooper, „Conditions Analogous to Slavery: Imperialism and Free Labor Ideology“, S. 107–150; Eckert, „Der langsame Tod der Sklaverei. Unfreie Arbeit und Kolonialismus in Afrika im späten 19. und im 20. Jahrhundert“, in: Hermann-Otto, Elisabeth, Sklaverei und Zwangsarbeit zwischen Akzeptanz und Widerstand, Hildesheim: Olms, 2011, S. 309–324; Seibert „More Continuity than Change? New Forms of Unfree Labor in the Belgian Congo“, S. 369–386; Forclaz, Amalia Ribi, Humanitarian Imperialism: The Politics of Anti-Slavery Activism, 1880–1940. Oxford: Oxford University Press 2014.

87 Allen, „Slave Trading, Abolitionism, and “New Systems of Slavery” in the Nineteenth-Century Indian Ocean World“, S. 183–199, hier S. 184; Allen, European Slave Trading in the Indian Ocean, 1500–1850, Athens: Ohio University Press, 2014.

88 Allen, „Slave Trading, Abolitionism, and “New Systems of Slavery” in the Nineteenth-Century Indian Ocean World“, S. 183–199, hier S. 184.

89 Higman, Barry W., „The Chinese in Trinidad, 1806–1838“, in: Caribbean Studies Vol. 12:3 (1972), S. 21–44; Hu-DeHart, Evelyn, „La Trata Amarilla. The “Yellow Trade” and the Middle Passage, 1847–1884“, in: Christopher; Pybus; Rediker (eds.), Many Middle Passages, S. 166–183, hier S. 167; siehe auch Look Lai, Walton, The Chinese in the West Indies 1806–1995: A Documentary History; Mona, Jamaica: The Press University of the West Indies, 1998.

90 Allen, „Slave Trading, Abolitionism, and “New Systems of Slavery” in the Nineteenth-Century Indian Ocean World“, S. 183–199, hier. 184; siehe auch: Allen, „Slaves, Convicts, Abolitionism and

beamte, Kaufleute, Vermittler, Kapitäne und Plantagenbesitzer nach der formellen Abolition der Sklaverei im britischen Bereich 1834. Weltweit sollten im vierten Plateau globalhistorischer Sklavereien 2 Millionen Afrikaner, Chinesen, Japaner, Javanesen, Melanesier sowie weitere nichteuropäische Menschen folgen. Sie wurden auf Plantagen und andere Betriebsformen (Bergbau, Infrastruktur) oder Häusern in der Karibik, im Indischen Ozean, auf westafrikanischen Inseln, Ost- und Südafrika, Süd- und Südost-Asien, Südindien, Australien, im zentralen und südlichen Pazifik (Oceania) sowie in Zentral- und Südamerika transportiert.[91] Der Transport glich dem des Sklavenhandels auf dem Atlantik, dauerte aber oft länger. Die Arbeits- und Lebensbedingungen waren die der Sklaverei – Sklaventransport und Sklavenarbeit halt. Um nur eine Aussage eines der chinesischen Sklaven-Kulis auf Kuba zu zitieren:

> We were all naked when we were inspected by buyers. We never saw people being humiliated in such a terrible way. We were sold to sugar plantations and treated worse than dogs and oxen. Foreign overseers rode on horses, with cowhide whips and guns in their hands. Regardless of our speed or quality, they lashed us from a distance; they hit us with clubs within reach. Some of us had bones broken and some spat blood right away. People with cracked head and broken legs still had to work instead of being sent into a ward. Countless people died of injury within eight years.[92]

In die gleiche Richtung, aber eher sozialgeschichtlich-strukturell, argumentiert ein indischer Kollege, der auch die „Freiheits-Diskurse" (*narratives*) der „westlichen" Abolition einbezieht: „As a labouring subject, stabilized, nominally unlike apprenticeship and indenture contracts, by coercive mechanisms of indefinite duration that were produced and configured during the very decades of "slave emancipation" and the emergence of a free- standing working class, the "coolie" serves also to interrupt narratives of progress from slavery to free labour".[93]

---

the Global Origins of the Post-Emancipation Indentured Labor System", in: Slavery & Abolition Vol. 35:2 (2014), S. 328–348.

91 Graves, Adrian, „Colonialism, Indentured Labour Migration in the West Pacific, 1840–1915", in: Emmer, Pieter C. (ed.), Colonialism und Migration: Indentured Labour before and after Slavery, Dordrecht: M. Nijhoff, 1986, S. 237–259; Breman, Jan; Valentine, Daniel E., „Conclusion: The Making of a Coolie", in: Bernstein, Henry; Brass, Tom; Valentine (eds.), Plantations, Peasants and Proletarians in Colonial Asia, London: Frank Cass, 1992, S. 268–301; Christopher; Pybus; Rediker (eds.), Many Middle Passages, passim; Aso, Michitake, „Plantations: Economies, societies, and environments, 1850–1950", https://www.academia.edu/1834380/Plantations_Economies_societies_and_en vironments_1850–1950 (letzter Zugriff 16. 2. 2018); Aso, „Profits or people? Rubber Plantations and Everyday Technology in Rural Indochina", in: Modern Asian Studies Vol 46:1 (2012), S. 19–45; Breman, Mobilizing Labour for the Global Coffee Market. Profits from an Unfree Work Regime in Colonial Java, Amsterdam: Amsterdam University Press, 2015.

92 Zit. nach: Yun, Lisa, The Coolie Speaks. Chinese Indentured Laborers and African Slaves in Cuba. Philadelphia: Temple University Press 2008, S. 120.

93 Balachandran, Gopalan, „Making Coolies, (Un)making Workers: "Globalizing" Labour in the Late-19th and Early-20th Centuries", in: Journal of Historical Sociology Vol. 24:3 (2011), S. 266–296, hier S. 289.

Eine besonders krasse Diskrepanz zwischen Abolitionsdiskursen, die die Geschichte der Sklavereien 1888 enden lassen, und der Realität stellen die Philippinen dar: dort gab es indigene Sklavereien des ersten und zweiten Plateaus, die in faktisch vor allem als Schuld- und Kindersklaverei im Grunde bis heute reichen, d. h., sie kannten auch kein Ende nach dem Ende.

Seit 1565 kolonisierte Spanien die wichtigsten Inseln (1571 Gründung von Manila auf Luzón).[94] Es kam nicht zur demografischen Katastrophe wie in den Amerikas. Im Zuge der Debatte um die Sklaverei der „yndios", eine 1500 durch Isabella von Kastilien proklamierte Verwaltungskategorie von Kolonialuntertanen, die auch für die Filipinos galt, wurde „Indio-Sklaverei" 1574 von Philipp II. verboten. All das war mit Christianisierung verbunden, die als spirituelle „Befreiung" galt. Damit gab es formaljuristisch im Kolonialbereich der Spanier auf den Philippinen keine Sklaverei mehr; aber andere Formen der Organisation von kollektiven Zwangsarbeiten, Abhängigkeit, bäuerlicher Verschuldung und traditioneller Klientelabhängigkeiten (*bondage*). Auf den Philippinen gab es kaum europäische Zuwanderung und – von den Orden abgesehen – auch keinen größeren europäischen Grundbesitz; Plantagenwirtschaft mit formaler Sklavenarbeit war nicht unbekannt, aber eher selten. Unter strukturellem und formaljuristischem Blickwinkel gab es Sklavereien nur unter *moros*. Moros oder „Mauren" waren islamisierte Ethnien der südlichen Inseln sowie der südöstlich angrenzenden Sulu-Zone, die auch massive Razzien-Sklavereien betrieben. Die Inseln der zentralen Philippinen waren häufig Ziel von Moro-Attacken. Meist wurden Bewohner der Küstenregionen verschleppt und versklavt. Mächtige Kirchen mit wuchtigen Wehrtürmen zeugen von dieser Zeit.[95]

Unter der Hand existierten indigene Kin- und Kinder-Sklavereien einfach weiter, deren Opfer von Eliten, auch spanischen Haushalten, Kirchen und Klöstern, auch und gerade in Haussklaverei benutzt wurden. Fast alle Kolonialeliten sowie Klöster und Missionare kamen mit Versklavten, oft aus anderen Weltteilen (z. B. schwarze Sklaven aus den spanischen Bereichen Amerikas) auf die Philippinen. Die vielleicht massivste Sklaverei hatte ihren Ursprung in informell geduldeten, oft sogar unter dem Deckmantel der Christianisierung geförderten Razzien-Sklavereien auf Kinder, meist Jungen, aus Ostafrika (*cafres*) sowie Frauen und Kindern aus allen asiatischen Gebieten und von allen Küsten, die von iberischen, meist portugiesischen Kapitänen, Faktoren, Kaufleuten und Missionaren zwischen Ostafrika und Manila (mit einer besonderen Rolle Macaos in Südchina) verschleppt wurden. Aus diesen portugiesisch-spanischen Razzien- und Menschenhandelsnetzwerken speiste sich auch der Sklaven-, Waren- (Seide und weiter chinesische Produkte) und Silberaustausch über die Manila-Galeone zwischen Manila (Ostasien) und Aca-

94 Crewe, Ryan D., „Connecting the Indies: The Hispano-Asian Pacific World in the Early Global History", in: Estudos Históricos Vol. 30 (janeiro-abril 2017), S. 17–34.

95 Alles nach: Zeuske, Sklaverei. Eine Menschheitsgeschichte von der Steinzeit bis heute, passim.

pulco (Neu-Spanien/Mexiko, Mittel- und Südamerika). Chinesisch-philippinische *mestizos* (Nachkommen von – meist – chinesischen Männern und Filipina-Frauen) erwarben seit der Mitte des 18. Jahrhunderts bedeutendere Ländereien in Manila. Dort lebten auch die schon aus vorkolonialer Zeit tradierten Patron-Klient-Abhängigkeitsverhältnisse weiter. Ähnliches kannten wohl auch die Ordensgüter um Manila.[96]

Trotz dieser vielfältigen Sklaverei- und Sklavenhandelsaktivitäten gab es seitens Spaniens keine Abolition der Sklaverei auf den Philippinen; die legalistische Fiktion der bereits erfolgten Aufhebung der Sklaverei 1574–1678 innerhalb der spanischen Kolonie war, im Grunde bis heute, wirksam.[97]

Um es in Bezug auf Sklavereien zusammenzufassen und um nicht immer Diskurse (Abolitionen) mit einzubeziehen: im vierten Plateau kommt es in Bezug auf die *Second Slaveries* zu einer Verhärtung und Entwicklung der privaten Sklaverei mit allen Aspekten der oben erwähnten Definition von Sklaverei (Gewalt, legale Befugnis zur Gewalt, Statusminderungen sowie Kontrolle des Körpers und der Arbeitskraft auf „ewig" mittels des Mutterrechts). Diese *Second Slaveries* der Amerikas werden schon mit anderen Formen der Arbeit kombiniert, was dazu führt, dass der Status freier Arbeiter und Handwerker sinkt. Von England ausgehend und verbunden mit der Expansion des Weltmarktes ist die Tendenz der Deformalisierung der „privaten" Eigentums-Sklaverei zu konstatieren – in Bezug auf die oben genannte Definition und ihre Dimensionen fällt die legale Scharfzeichnung als privates Eigentum weg und es fällt die Kontrolle des Eigentümers und die direkte Vigilanz des Aufsehers – Mayorales wurden Manager – nicht in Bezug auf die Arbeitszeit, aber über das gesamte Leben und die Nachkommen von Versklavten weg (was es Arbeitgebern erleichtert, die Leute wieder los zu werden). Alles andere bleibt – die Anwendung oder Ausnutzung von Gewalt bei der Rekrutierung und bei der Arbeit, die Länge und Schwere des Arbeitstages, die Statusminderungen und die Art der Arbeit („Sklavenarbeit"). Kontrakte und Ideologie der freien Arbeit sowie Zivilisationsdiskurse und Rassismus kommen hinzu. Diese flexible Art von deformalisierter Sklaverei erlaubt es vor allem den Briten, aber auch anderen Kolonialmächten besser, sie mit anderen Formen von Arbeiten sowie lokalen Sklavereien bzw. kollektiven Sklavereien und Schuldsklavereien weltweit und speziell in der östlichen Hemisphäre und in Afrika zu kombinieren. Die Entwicklung der harten Formen der Eigentums-Sklaverei wird in den Amerikas durch Kriege und Revolutionen abgebrochen. Erst nach 1865–1880 schwenkten die amerikanischen Eliten auf die neuen globalen Formen der Moderne ein und nutzten Abolitionsdiskurse – am erfolg-

96 Ich danke Reinhard Wendt für die Informationen.

97 Fradera, Filipinas, la colonia más peculiar. La hacienda pública en la definición de la política colonial (1762–1868), Madrid: CSIC, 1999; Fradera, „El horror racial al vacio de la exclusión", in: Fradera, La nación imperial (Ensayo Histórico) 1750–1918, 2 Bde., Madrid: edhasa, 2015, Bd. II, S. 1107–1129.

reichsten die USA, allerdings erst nach dem ersten modernen Massenkrieg der Weltgeschichte und weitgehend unter Beibehaltung informeller oder verdeckter Formen der *other slavery.*

Es ist bei genauerem Hinsehen (und Analyse) erstaunlich, wie sehr einige Formen heutiger „neuer" Sklavereien älteren Sklavereistufen, wie dem Kindersklavenhandel der Portugiesen, der sich im 19. Jahrhundert mehr und mehr auch in den großen Sklavereien durchsetzte und sich unterhalb aller Abolitionsdiskurse bis ins Heute hineinzieht, dem Status von „Sklavinnen ohne Institution Sklaverei" und „kleinen" Kin-Sklavereien oder dem eher in der Weltgeschichte weit verbreiteten Phänomen der „Selbst-Versklavung"[98] entsprechen. Das wird schon sehr deutlich am so genannten *White Slave Traffic*, der im späten 19. Jahrhundert als Sammelbezeichnung konservativer Reaktionen auf abolitionistische Diskurse aufkam und den Handel mit „weißen", europäischen, oft armen jüdischen Frauen in Lateinamerika meinte. Nach entsprechenen internationalen Vereinbarungen zur Unterdrückung wurde schnell deutlich, dass es sich um Frauen, Mädchen oder Jungen „jeder Nationalität" handelte. Und dass sich dieser Handel (*trafficking*) besonders in Asien und in pazifischen Gebieten ausbreitete: Frauen und ältere Mädchen kamen meist direkt in Bordelle; exklusivere *singing girls* gingen an Restaurants oder Clubs und ältere Jungen wurden zu Dieben oder Zuhältern abgerichtet. Kleine Mädchen wurden in Südchina (Honk Kong, Kanton) als *mui tsai* bezeichnet. Es sind unbezahlte Dienerinnen in Familien, oft „Sklaven-Mädchen" genannt (es gab bereits 1929 eine intensive Debatte dazu), während kleine Jungen oder Kleinkinder von chinesischen Familien adoptiert wurden.[99] Mädchen aus marginalen oder ethischen Gruppen in den Haushalten gutgestellter Familien ist eine Institution auch in vielen Gegenden Lateinamerikas. Insofern ist die Debatte um Sklavereien und Neosklavereien sowie Sklavenhandels- und Trafficking-Systeme in Ostasien, Südostasien und im westlichen Pazifik (bis nach Peru) eine wichtige Verbindung zwischen „alten" Sklavereien des Afrika-Atlantik-Amerika-Raumes sowie „neuen"

---

98 Rio, „Self-sale and voluntary entry into unfreedom, 300–1100", S. 661–685; Davidson, „New Slavery, Old Binaries: Human Trafficking and the Borders of 'Freedom'", S. 244–261; Davidson, „Troubling freedom: migration, debt, and modern slavery", S. 1–20.

99 Watson, Rubie S., „Wives, Concubines, and Maids: Servitude and Kinship in the Hong Kong Region, 1900–1940", in Watson, Rubie S. Ebrey, Patricia B. (eds.), Marriage and Inequality in Chinese Society, Berkeley: University of California Press, 1991, S. 231–255; Martínez, Julia, „La Traite des Jaunes. Trafficking in Women and Children across the China Sea", in: Christopher; Pybus; Rediker (eds.), Many Middle Passages, S. 204–221, hier S. 205; Lim, Janet, Sold for Silver: An Autobiography of a Girl Sold Into Slavery in Southeast Asia, Singapore: Monsoon Books, 2005 [Original: Cleveland and New York: World Publishing Company, 1958; Deutsch: Als Sklavin verkauft: Ein Lebensroman, Zsolnay, 1959], Chander, Harish, „Janet Lim (ca. 1921–)", in: Huang, Guiyou, Asian American Autobiographers: A Bio-bibliographical Critical Sourcebook, Westport: Greenwood Press, 2001, S. 209–211; A. C. W. Lee, K. T. So, „Child slavery in Hong Kong: case report and historical review", in: Hong Kong Medical Journal Vol. 12 (6. Dezember 2006), S. 463–466, www.hkmj.org/system/files/hkm0612p463.pdf (letzter Zugriff 16. 2. 2018).

Sklavereien der Globalgeschichte. Letztere setzten zwar auf älteren Traditionen auf, expandierten aber massiv mit Abolitionen und Zusammenbruch der Sklaverei im Westen (vor allem USA um 1860–1865).[100] Das verbindende und konstitutive Grundelement sind moderne, genauer in historischer Perspektive gesagt, sich modernisierende Infrastrukturen (ich nutze hier mal den Passiv, obwohl wir alle wissen, dass nach 1870 ein massive und brutale „Modernisierung“ nach außen durch diktatorische oder autokratische Eliten weltweit einsetze – oft mit europäischem oder amerikanischem Kapital (Lenins Imperialismus)), Gewalt gegen Körper und weitere Gewaltstrukturen, die bis in lokale Kin-Netze hinein reichen.[101]

Bis weit in das 19. Jahrhundert hat es im Westen eine „Sklaverei-Moderne“ gegeben (Imperium Brasilien; Modellkolonie Kuba/Spanien; Süden der USA mit Anspruch, ein eigenständiger Staat zu werden). In Afrika, Vorderasien, Indien und anderen Gebieten um den Indischen Ozean herum existierten koloniale Sklaverei-Modernen, gemischt mit den oben genannten Sklaverei-Formen, bis weit in das 20. Jahrhundert. Auch der Sklavereicharakter der Arbeit, auf den ich oben in Bezug auf Kontraktformen der Sklaverei hingewiesen habe, ist noch heute weit verbreitet, oft temporär und mit Schulden verbunden. Eventuell ist, wie oben bereits mehrfach gesagt, die asisatische Perspektive noch viel eindrucksvoller (im negativen Sinne) als die atlantische Perspektive: „In the wake of globalization, it may have become the world's largest illegal business, eclipsing narcotics, arms, and looted antiquities“.[102] Nach UN-Schätzungen sind in den Jahrzehnten vor 2010 ca. 30 Millionen Menschen aus Asien vor allem in Sweatshops und in Bordelle verschleppt worden. Selbst wenn ein Teil davon auf konsensualer Prostitution beruhen sollte sowie Menschen sich zur „freiwillig“ zur Migration entschlossen und die wenigsten der Verschleppten formalrechtlich Sklaven waren – die Transportbedingungen und die gewaltsame Behandlung entsprechen den übelsten Zeiten des massiven historischen Sklavenhandels.[103] Michael Jürgs hat Recht, wenn er schreibt: „Wesentliches [das halte ich ich eher für „Formales“ – M. Z.] jedoch unterscheidet den damaligen vom heutigen Handel mit der Ware Mensch. Die modernen Sklavenhändler werden als Verbrecher gejagt und nicht als ehrbare Kaufleute bewundert“.[104] Zumindest im Westen geschieht das nicht – nach 200 Jahren Abolitionsdiskursen. Allerdings tarnen sich viele als ehrbare Geschäftsleute. Besonders massiv und bedrohlich wird die Gefahr der de facto Versklavung in ehemals abgelegenen Hinterländern, die

---

100 Brown, „'A Most Irregular Traffic'. The Oceanic Passages of the Melanesian Labor Trade“, S. 184–203.

101 Kole, Subir K., „People in Bondage: Modern Slavery in the Economics of South Asia – Prevalence and Estimates“, in: Reserach and Practice in Social Sciences Vol. 2:2 (Feb. 2007), S. 75–97 (untersucht moderne Sklavereiformen in Indien, Pakistan, Nepal, Bangladesh).

102 Fiskesjö, „Slavery as the commodification of people: Wa 'slaves' and their Chinese 'sisters'“, S. 3–18, hier S. 3.

103 Ebd.

104 Jürgs, Sklavenmarkt Europa, S. 37.

als neue Zonen, Territorien, Gebiete (oft auch als konstruierte „Peripherien") der globalen oder regionalen Kapitalakkumulation erschlossen werden wie heute Osteuropa, das Innere Lateinamerikas und Afrikas oder die Gebiete zwischen China und Südostasien, inklusive Burmas (Myanmar). Mit der Produktion und Kommodifizierung lokaler Ressourcen, viele von globaler Bedeutung für Konsum und Kleidung (Kaffee, Holz, Öle, Drogen, Farben, Gummi, Tee, Gewürze, Bananen, Baumwolle, Leder, Felle), werden dort auch Menschen kommodifiziert oder, wie Magnus Fiskesjö schreibt:

> In the process, local people, like commodities, are also integrated into regional and global labor markets. Like labor migrants elsewhere, including impoverished Chinese, they become vulnerable to abduction into outright slavery, or have their children kidnapped for sale. Also striking is the exodus of young women from ethnic-minority peripheries either willingly traded or abducted to marry ... men in areas where female infanticide and female out-migration is creating a serious shortage of wives.

Dieses anthropologisch-historisch Muster spatialisierter Kapitalakkumulation gilt in seiner Systematik (nicht so sehr in den detaillierten historischen Verläufen und Sinngebungen) auch für Osteuropa (besonders Ukraine und umliegende Territorien) – wenn wir die Besonderheiten Chinas (auch für Indien und andere asiatische Territorien gültig) des „female infaticide" weglassen.[105] Es gilt cum grano salis sogar für konstruierte Peripherien des sich globalisierenden Deutschlands (wie Schlesien oder das heute so genannte MacPom). Die anderen Räume drohender sowie realer Versklavung und Selbst-Versklavung (Arbeitszeit, Verfügbarkeit) sind die urban-globalen Räume („Mega-Städte").

Mobilität der Sklavenjäger und -händler sowie kontrollierte Mobilität der Versklavten haben die globale Moderne begründet. Aus heutiger Sicht „alte" Sklavereien endeten globalgeschichtlich mit der formalen Aufhebung der Sklaverei in Oman (1970; China 1910);[106] real existieren sie weiter. Hauptunterschiede zwischen alten und neuen Sklavereien liegen in der (heute fehlenden) Rechtsform, in der Quantität der Versklavten (weltweit, wie gesagt, in neuen ruralen Regionen, die als „Peripherien" konstruiert werden, sowie massiert in Städten und bestimmten Regionen und Gesellschaften), in den Preisen, in Marginalisierung/Verschleierungen durch Medien, Agenten und vagabundierendes Kapital, das sich heute physischer Kapitalformen schämt und sie verbirgt (sie sind aber noch da),[107] in den gigantischen Massen von elektronischem Geld, in den Infrastrukturen (ich rechne Technologien hier zu Infrastrukturen), Migrationen und neuen Massenmobilitäten

---

105 Harvey, David, „The geography of capitalist accumulation: a reconstruction of Marxian theory" [1975], in: Harvey, Spaces of Capital: Towards a Critical Geography, Edinburgh: Edinburgh University Press / London: Routledge, 2001, S. 237–266; Harvey, The Limits to Capital, London: Verso, ^{2}1999.

106 Cottias; Rossignol (coords.), Distant Ripples of the British Abolitionist Wave, passim.

107 Vogl, Das Gespenst des Kapitals, passim; Martín Casares, „Historia y actualidad de la esclavitud: claves para reflexionar", S. 13–24.

(Tourismus als eine Art friedlicher Expansion, weltweite Militäraktionen, Megastädte, Manager- und Jetset-Globalisierung) sowie in Medien- und Kulturstrategien der Marginalisierung und des Schweigens. Und natürlich konkrete heutige Menschen – sowohl Versklaver wie Opfer der Versklavung und des Menschenhandels.[108] Hauptunterschiede zu den „großen" Sklavereien, die im „Westen" bis um 1888 per Abolitionsgesetzen aufgehoben worden sind, scheinen mir auch die Demokratisierung der Nachfrage (Dienstleistungen und Prostitution sind erschwinglich geworden) und der feste Wunsch der meisten heutigen Sklavinnen und Sklaven zu Mobilität und Migration. Paradoxerweise entspricht auch dies weit älteren Formen von Sklavereien „ohne Institutionalisierung" und Kin-Sklavereien, in denen Frauen und Kinder Schutz und Nahrung sowie Unterstützung bei Versklavern suchten. Unter den neuen Bedingungen von translokalen Terrorattacken und Kriegen gegen den Terror kommt es zum Wiederaufschwung traditioneller „kleiner" Sklavereien bzw. dazu, dass Medien traditionelle Kin-Sklavereien, etwa in islamischen Gesellschaften, wie die „Knabenliebe" oder Kinder-„Weggabe" in Europa, überhaupt zur Kenntnis nehmen. Die Ukraine, Balkanländer, das ganze östliche Europa, Brasilien, afrikanische Staaten sowie Südostasien und große Metropolen, Militärbasen oder besetzte Territorien gehören immer noch zu den wichtigsten Orten sowohl der Anwerbung wie auch der Nachfrage.[109] Neu sind auch Dienstleistungszentren für den wirklich großen Massentourismus. Eine heutige Definition von Sklaverei müsste mehr noch als die klassische Definition die Gewalt über Körper und Statusminderungen in den Vordergrund stellten, auf die „autonome Kontrolle" des Körpers für jeden Menschen bzw. seine gewaltsame Verweigerung, oft durch ganze Gesellschaften, abheben. Etwa so: „Slavery, defined as permanent legal, social or economic inability to achieve autonomous control of one's body or make independent decisions, exists as a constantly re-invented mode of dominance".[110] Wichtig ist es, die Verbindung zur „alten" Geschichte der Sklavereien und des Menschenhandels wiederherzustellen, d. h., das in den Medien überall noch anzutreffende neoliberale „Ende der Geschichte" zu beenden und die binären Modelle der Kategorien von „Freiheit" und „Sklaverei" hinter uns zu lassen, die mit dem gebetsmühlenartigen Hinweis auf die „großen" Abolitionen immer wieder reproduziert werden.

Im klassischen Marxismus war „Sklaverei" eine eher archaische Produktionsweise, die „die Antike" (weniger den Feudalismus), aber ganz massiv auch präindustrielle agrarische Gesellschaften definierte. Im historiografischen Nachhall

---

108 San Miguel, Claudia, „Enslavement", in: Rodriguez, Slavery in the modern world: a history of a political, social, and economic oppression, 2 Bde., Santa Barbara: ABC-Clio, 2011, Bd. I, S. 34–46.
109 Maihold, „Die Opfer", in: Maihold, Der Mensch als Ware, S. 13–15; Maihold, „Strukturen des Handels und die organisierte Kriminalität", in: Ebd., S. 11–12.
110 Kitliński; Lockard, „Sex Slavery and Queer Resistance in Eastern Europe", S. 127–143, hier S. 139.

dieses Marxismus, dem Muster der oben dargestellten „hegemonischen" Sklavereien, galt, cum grano salis, diese Denkweise auch noch nach dem Zusammenbruch des staatlichen Marxismus in Europa und Russland. Und so gilt die folgende Aussage für den Hintergrund unserer heutigen Medienkulturen im Grunde weiter: „Remnant slaveries ar marginal to history under industrialized modes of production".[111] Das gilt auch für den liberalen Kapitalismus, dessen historisches Credo ähnlich wie das des staatlichen Marxismus ist: „there can be no slave revolts because there are no slaves left, that 'slavery' is an antiquated concept or at least a hidden criminal enterprise subject to prosecution".[112] Marxismus, ich sage das hier so extrem essentialistisch (obwohl ich es nicht leiden kann), der nach 1830 aus einem frühen revolutionären Liberalismus hervorgegangen ist, stellte entrechtete und ausgebeutete Unterklassen oder „die Arbeiterklasse" als Subjekt in das Zentrum seines Geschichtsdenkens. Selbst wenn es mit dem Aufstand (der Revolution) dieser Klassen historisch so nie geklappt hat, ist der Nachhall noch heute bei einer Reihe von großen Parteien und Massenorganisationen zu hören, die in diesem Namen sprechen. Es sind aber diese großen Gruppen von Menschen, die oft auch leicht gegen sexuell und körperlich Versklavte (Prostituierte, Queers, Homosexuelle) und sogar – horribile dictu – gegen wirkliche Gleichheit von Frauen mobilisiert werden können und heuzutage etwa im östlichen Europa auch wirklich mobilisiert werden. Auch staatlicher Marxismus – z. B. Kuba und Vietnam – duldet sexuelle Kommodifizierung von meist weiblichen Körpern via Sex-Tourismus stillschweigend. Viele der Frauen nutzen die Möglichkeiten, ihre Körper als Kapital auszubeuten. Beide, liberaler Kapitalismus und staatlicher Marxismus haben Marginalisierung von Sklavereien betrieben und betreiben es noch und verbreiten zugleich als Teil dieser Marginalisierungsstrategien den falschen Glauben, Sklavereien seien „unmodern" und es gäbe sie nicht mehr.[113] Im Gegensatz dazu muss man den unkommoden Gedanken zulassen, dass Sklavereien auch heute höchst „modern" sind und dass heutige Versklavte Akteure und Akteurinnen sind.[114]

Der westliche Kapitalismus hat die „hegemonischen" Privat-Sklavereien (drittes Sklaverei-Plateau) formal abgeschafft, die Sklavereien nicht – auch wenn seine Ideologen ihn permanent mit dem Freiheits-Halo der angloamerikanischen Abolition umkränzen. Der „neue" Kapitalismus des atlantischen Westens ruht auf der Basis des Kapitalismus menschlicher Körper, der durch die Ideologen des „freien Marktes" seit Ende des 18. Jahrhunderts marginalisiert wurde, und der heutige globale Kapitalismus führt sogar (wieder) zum Aufschwung von Sklavereien, indem er auf die immer existente, weiter vorhandene und sich wieder ausbreitende Basis

111 Ebd., S. 138.
112 Ebd., S. 139.
113 Ebd. S. 139 f.
114 Davidson, Modern Slavery: The Margins of Freedom, Houndmills, Basingstoke, Hampshire: Palgrave Macmillan, 2015.

des Kapitals menschlicher Körper zurückgreift. Dabei handelt es sich im Wesentlichen um zwei Großdimensionen von Sklaverei: einmal „alte“ Sklaverei-Plateaus unter lokalen Namen (siehe oben unter „Tausend Namen ...“) und zweitens um informelle Sklavereien „ohne den Namen Sklaverei“, aber mit Arbeit „wie in der Sklaverei“, auch in Kerngebieten der Amerikas und Europas.

Im Grunde kam es im Westen überall zu schwersten Konflikten um die Abolition, nicht nur des Sklavenhandels, sondern auch der Sklavereien. Aber nicht nur das. Als Sklavenhandel und Sklaverei als *legal ownership* formal abgeschafft waren, konnten sie einfach weiter existieren – weil sich ein Staat nicht durchsetzen wollte oder konnte, weil es in den Kolonien zu Mischformen zwischen Sklavereien und Zwangsarbeiten kam oder weil der Staat durch Sklavenhalter und Menschenhändler kontrolliert war. Oft eben auch durch ehemalige Sklavenhalter und Sklavenhändler (wie im viktorianischen Großbritannien). Einige der wichtigsten Bänker des 19. Jahrhunderts, wie die deutschstämmigen Barings in der Londoner City, verteidigten Sklavenhandel und Sklaverei bis über die reale Abolition hinaus und verdienten auch gut daran.[115] Aber selbst wenn die direkte Kontrolle und ihre Rechtsform, das Eigentum über menschliche Körper, abgeschafft werden konnten, blieb immer noch – meist als lang haftendes soziales Stigma – die andere Seite von Sklaverei als System, d. h., die Statusminderung (innere, äußere, spatiale, religiöse, chromatische, biologische, etc.).

In den USA fand, wie gesagt, im Umfeld der Abolition der erste moderne Massenkrieg statt. Auf Kuba wurden 30 Jahre lang schmutzige Kolonialkriege geführt, auch um die Frage der Abolition sowie der Integration der ehemaligen Sklaven (1868–1898). Viele Briten wurden – nach der Abolition des Sklavenhandels auf britischen Schiffen (1808) und der Abolition der Sklaverei im britischen Empire (atlantische Hemisphäre 1834–1838) – zu den wichtigen Profiteuren der brasilianischen und der kubanischen Sklaverei (und des Menschenschmuggels) sowie der Kontrakt-Sklaverei von Kulis aus Indien und China.[116] Der sich ausbreitende westliche Industrie-Kapitalismus hat die ganz offene und nackte Sklaverei in Kolonial- und Ressourcenterritorien (im gesamten Kolonialbereich zwischen 1880 und 1960) sowie in so genannte „Schwellenländer“ abgedrängt. Im 20. Jahrhundert hielt man Sklaverei, wie oben erwähnt, für ein Problem „zurückgebliebener Gesellschaften“, vor allem in Arabien, im Aden-Protektorat, in den Scheichtums des persischen Golfes und – weitverbreitet – in Afrika, vor allem in Niger, Mali, Mauretanien und

115 Weber, „Deutschland, der atlantische Sklavenhandel und die Plantagenwirtschaft der Neuen Welt“, S. 37–67; Coquery-Vidrovitch, Catherine, „Histoire, mémoire et politique: débats actuels sur la traite des esclaves et le colonialisme“, in: Journal of Modern European History 7, Nr. 1 (2009), S. 109–139; Roldán de Montaud, „Baring Brothers and the Cuban Plantation Economy, 1815–1870“, S. 239–262.

116 Mckeown, „Global Migration 1846–1940“, S. 155–190; Sherwood, After Abolition: Britain and the Slave Trade since 1807, passim; Christopher; Pybus; Rediker (eds.), Many Middle Passages, passim.

Sudan/Südsudan sowie in Ostafrika, Eritrea, Äthiopien, aber auch in Teilen von Assam und Burma; ganz legal war Sklaverei noch in Thailand (Siam) und Nepal, aber in Resten auch in Korea; Sklavenhandel gab es noch im und am Roten Meer, in Teilen Indiens, in Belutschistan, in Südost-Asien und sogar in China (grade in den kommunistischen Ländern wie China oder Vietnam führte allerdings der Kampf gegen den „Feudalismus" zum Rückgang traditioneller ruraler Sklavereien, kollektiver Sklaverei oder Haussklavereien).[117] De facto hatten einige dieser Gesellschaften und Kulturen eigenständige Wege der Globalisierung eingeschlagen bzw. nie verlassen.[118] In diesen Gebieten sind Sklavereien auch heute noch nachweisbar (auch wenn es oft Schwierigkeiten mit der Definition gibt). Aber seit Ende des 20. Jahrhunderts nicht nur dort, sondern auch, wie immer, in den großen globalisierten Megastädten, den Tourismuszentren und in den dynamischsten Landwirtschafts-Kulturen. Aber wie der Menschenhandel auf dem *Hidden Atlantic* des 19. Jahrhunderts und die verschiedenen Formen erzwungener Arbeit in den Kolonialgebieten, zum Beispiel im Kongo oder in Australien, wurden und werden diese Formen des Menschenhandels, Slaving und der unterschiedlichsten Sklavereien bewusst und gezielt diskursiv marginalisiert – nicht zuletzt durch die ahistorischen Freiheits-Diskurse des Wirtschafts-Neoliberalismus. Die Marginalisierungsstrategien funktionieren auch heute bestens.

Kollektive Staats-Sklaverei (Beginn um 1900)?

Gab es ein globalgeschichtlich relevantes Sklaverei-Plateau im 20. Jahrhundert? Mittlerweile gibt eine Reihe von Arbeiten, die die Massivität von staatlichen Sklavereien/Zwangsarbeiten als „Sklavereien nach der Sklaverei" bezeichnen bzw. von Sklavereien oder Sklavenarbeit trotz fortschreitender Illegalisierung privater Sklavereien (*legal ownership*) sprechen.[119]

---

117 Miers, „Slavery and Abolition in the 20th Century", in: Rodriguez, Slavery in the modern world, Bd. I, S. 3–16; zu Mauretanien siehe: Cotton, Samuel, Silent Terror: A Journey Into Contemporary African Slavery, New York: Harlem River Press, 1998.

118 Siehe z. B.: Hopper, Matthew S., „The Globalization of Dried Fruit: Transformations in the Eastern Arabian Economy, 1860s–1920s", in: Gelvin, James L.; Green, Nile (eds.), Global Muslims in the Age of Steam and Print, Berkeley: University of California Press, 2013, S. 153–181; Hopper, Slaves of One Master: Globalization and Slavery in Arabia in the Age of Empire, New Haven and London: Yale University Press, 2015.

119 Miers, Slavery in the twentieth century: the evolution of a global problem, passim; Raphael, „Krieg, Diktatur und imperiale Erschließung. Arbeitszwang und Zwangsarbeit 1880 bis 1960", S. 258–280; Spoerer, Mark, Zwangsarbeit unterm Hakenkreuz. Ausländische Zivilarbeiter, Kriegsgefangene und Häftlinge im Deutschen Reich und im deutsch besetzten Europa 1939–1945, Stuttgart/München: Deutsche Verlags-Anstalt, 2001; Buggeln, Das System der KZ-Außenlager. Krieg, Sklavenarbeit und Massengewalt, Bonn: Friedrich-Ebert-Stiftung, 2012 (Gesprächskreis Geschichte; Heft 95); Buggeln, „Unfreie Arbeit im Nationalsozialismus. Begrifflichkeiten und Vergleichsaspekte zu den Arbeitsbedingungen im Deutschen Reich und in den besetzten Gebieten", in: Buggeln;

Marc Buggeln hebt zu Recht hervor, dass fast alle bisherigen Arbeiten zur Frage, ob KZ- oder GULag-Häftlinge bzw. Zwangsarbeiter in den von der Wehrmacht besetzten Gebieten Sklaven waren, die historischen Dimensionen von Sklaverei mit dem Argument der Exotisierung der alten hegemonischen Plantagen-Sklavereien und oft auch mit bis heute anhaltenden Viktimisierungsprozessen verweigern. Die vielleicht beste Beschreibung dieses Plateaus der Sklaverei in der Weltgeschichte findet sich in der Formulierung „von der privaten Sklaverei zur Staats-Sklaverei und zurück" (Marc Buggeln).[120]

Es scheint mir legitim, ein fünftes Sklaverei-Plateau zu definieren. Es hat zwei Ausgangspunkte: einmal den Ansatz der Statusminderungen, hier vor allem der Dehumanisierung von „Anderen".[121] Zweitens den Kontext von Gesellschaften, die Gewalt in den Arbeitsbeziehungen sowohl in staatlichen Straf- und Erziehungssystemen wie auch (aus europäischer und neo-europäischer Sicht) im „Nicht-Westen" oder in Frontiergebieten der Expansion (u. a. USA, Argentinien, Australien) für legitim hielten, was im 20. Jahrhundert besonders für die „alten" Kolonial- und Sklavenhandelsmächte Großbritannien, Frankreich und Portugal sowie Spanien galt.[122]

Der erste Ansatzpunkt galt für Nazi-Deutschland besonders, aber in gewissem Sinne auch für die Sowjetunion (in der es kolonial dominierte Gebiete gab). Dazu kommen lange Linien von staatlichen Kollektiv-Sklavereien in der Weltgeschichte, die besonders mit Kriegen, Zwangsumsiedlungen und Kontrolle über Gebiete mit kollektiv versklavten Menschen zu tun hatten, wie wir sie schon im ersten Sklaverei-Plateau kennengelernt haben, im Gegensatz zur Rechtskonstruktion eines „privaten" Herr-Sklave-Verhältnisses.[123]

Es ist auch eine Systematisierung aller Sklavereiformen möglich: die zwischen rechtlich konstruierter „privater" Eigentumssklaverei und kollektiver (Staats-)

Wildt, Michael (eds.), Arbeit im Nationalsozialismus, München 2014, S. 231–252; Buggeln, Slave Labour in Nazi Concentration Camps, Oxford: Oxford University Press, 2014; Mendiola, Fernando, „The Role of Unfree Labour in Capitalist Development: Spain and its Empire, Nineteenth to the Twenty-First Centuries", in: IRSH 61 (2016), Special Issue 24 (= Hofmeester; Kessler, Gijs; Moll-Murata, Christine (eds.), Conquerors, Employers and Arbiters: States and Shifts in Labour Relations, 1500–2000), S. 187–211; Zeuske, Sklaverei. Eine Menschheitsgeschichte.

120 Buggeln, „Were KZ-Prisoners Slaves? Possibilities and Limits of Comparisons and Global-Historic Approaches", S. 101–129; Buggeln, „Slavery and the Camp Systems in the 19th and 20th Century: From Private to State Slavery and Back Again", in: New Literary Oberserver 142 (2016), S. 266–291 (Englisch in: Eurozine, www.eurozine.com/from-private-to-state-slavery-and-back-again/ (letzter Zugriff 16. 2. 2018).

121 Hund, „Racist King Kong Fantasies. From Shakespeare's Monster to Stalin's Ape-Man [on the conjunction of sexism, racism and dehumanization/simianization in historical perspective]", S. 43–73.

122 Keese, Alexander, „Searching for the reluctant hands: obsession, ambivalence, and the practice of organizing involuntary labour in colonial Cuanza-Sul and Malange districts, Angola, 1926–1945", in: Journal of Imperial and Commonwealth History Vol. 41:2 (2013), S. 238–258.

123 Lingen, Kerstin von; Gestwa, Klaus (eds.), Zwangsarbeit als Kriegsressource in Europa und Asien, Paderborn: Schöningh, 2014.

Sklaverei (auch wenn die legale Befugnis in vielen Sklaverei-Systemen bei einer meist männlichen Person mit *patriae potestas* lag und liegt).

Außerhalb der „Neuen Welt", d. h. der Amerikas, gab es jedenfalls zwischen den 1880er Jahren und 1920/40 mit konkurrierenden imperialistischen Kolonialexpansionen verbundene Prozesse gewaltsamer Unterdrückung von „großem" Sklavenhandel sowie Sklavereien bzw. oktroyierter Emanzipation „ohne Abolition",[124] die aber zugleich durch neue Formen von Hegemonialmacht (Imperialismus/Kolonien) sowie staatlicher kollektiver Sklavereien/Zwangsarbeiten (wie erwähnt, im Kongo-Freistaat unter Kontrolle des belgischen Königs und des Parlaments, in Portugiesisch Afrika oder in Französisch-Westafrika) konterkariert wurden.[125] Dabei kam es zu drei miteinander verzahnten Aktivitäten: Erstens wurden die Worte „Sklaven" und „Sklaverei" aus allen formellen/offiziellen Texten gestrichen und oftmals durch lokale Begriffe (in den Texten erscheinen dann oft „lokale Traditionen" oder „Rituale")[126] oder Benennungen staatlicher Arbeitsprogramme ersetzt. Hierbei handelt es sich oft große Infrastrukturprojekte sowie Ressourcenproduktion bzw. -sammlung (Zucker, Kaffee, Kakao, Tee, Baumwolle, Tabak, Gewürze/ Nelken, Farben, Guano, Gummi/Kautschuk, Kokos/Kopra, etc., Ölfrüchte – überall etablierten sich meist Systeme der „Sklavereien nach der Sklaverei", oft in Kombination mit anderen Arbeitssystemen und unter Kontraktdiskursen mit direkter Führung bzw. Arbeitskräftevermittlung durch lokale Vermittler/Eliten.[127] Zweitens

---

124 Deutsch, Jan-Georg, „Sklaverei als historischer Prozeß", in: Deutsch; Wirz, Albert (eds.): Geschichte in Afrika. Einführung in Probleme und Debatten, Berlin: Verlag Das Arabische Buch, 1997, S. 53–74. Deutsch, Emancipation without Abolition in German East Africa, c. 1884–1914, Oxford: OUP, 2006.

125 Drescher, „Abolitions in the Old World, 1880s–1920s", in: Drescher, Abolition, S. 371–411, siehe auch: Zimmermann, Susan, „The Long-Term Trajectory of Anti-Slavery in International Politics: From the Expansion of the European International System to Unequal International Development", in: Linden (ed.), Humanitarian Intervention and Changing Labor Relations, S. 435–497; Linden, „Unanticipated Consequences of 'Humanitarian Intervention': The British Campaign to Abolish the Slave Trade, 1807–1900", S. 281–298.

126 Misra, „Colonial officers and gentlemen: The British Empire and the globalization of 'tradition'", S. 135–161; Cooper, „Conditions Analogous to Slavery: Imperialism and Free Labor Ideology", S. 107–150; Eckert, „Der langsame Tod der Sklaverei. Unfreie Arbeit und Kolonialismus in Afrika im späten 19. und im 20. Jahrhundert", S. 309–324.

127 Neben der schon für die meisten Ressourcen (*commodities*) zitierten Literatur siehe für Indien und Südostasien sowie Afrika: Ramasamy, „Labour Control and Labour Resistance in the Plantations of Colonial Malaya", in: Journal of Peasant Studies Vol. 19:3/4 (1992), S. 87–105; Sen, Samita, „Commercial Recruiting and Informal Intermediation: Debate Over the Sandari Systems in Assam Tea Plantations, 1860–1900", in: Modern Asian Studies Vol. 44:1 (2010), S. 3–28; Mohapatra, Prabhu P., „Eurocentrism, Forced Labour, and Global Migration: A Critical Assessment", in: International Review of Social History Vol. 52:1 (2007), S. 110–115; Cooper, „Conditions Analogous to Slavery: Imperialism and Free Labor Ideology", S. 107–150; Eckert, „Der langsame Tod der Sklaverei. Unfreie Arbeit und Kolonialismus in Afrika im späten 19. und im 20. Jahrhundert", S. 309–324; Martino, Enrique, „PANYA. Economies of Deception and the Discontinuities of Indentured Labour Recruitment and the Slave Trade, Nigeria and Fernando Pó, 1890s–1940s", in: African Economic History

wurden, ausgehend von den Beschlüssen der Sklaverei-Konferenz in Brüssel 1889–1890, die „procedures against the institution of slavery itself to the discretion of each imperial power“[128] überlassen. Haussklavereien als traditionelle Formen von Kinder- und Frauenarbeit wurden ebenso diskret ausgespart und bestenfalls zu Traditionen erklärt, d. h., es kam zum „Weiterbestehen der Haussklaverei“.[129] Kombiniert mit Formen des Konkubinats. Und schließlich nutzten die imperialistischen Mächte indigene Sklavereien und einflussreiche Sklavenhändler als Pools bzw. Zulieferer der von ihnen organisierten massiven Arbeits-Rekrutierungen; auch Schulcamps und Militärdienst wurden als Arten von Staatssklaverei organisiert. All das unter dem Namen staatlicher Programme.

Die Kampagne europäischer Länder um Verurteilung der weltweiten (legalen) Sklaverei im Rahmen der damals bereits 150-jährigen Abolitionsbemühungen feierte 1926 mit der Ratifikation des Sklavereiabkommens im Völkerbund einen großen Erfolg. Der Völkerbund wurde dominiert von den Siegermächten des ersten Weltkrieges, vor allem Großbritannien und Frankreich – ehemalige Sklavenhandelsmächte und zu dieser Zeit Kolonialmächte mit „überseeischen“ Kolonien, die auf „Zwangsarbeit“ beruhten; die USA gehörten nie dazu, Deutschland nur spät und zeitweilig, ebenso wie die UdSSR.

Sklaverei wurde, wie wir gesehen haben, nach dem Völkerbund (1926) definiert als „the status or condition of a person over whom any or all of the powers attaching to the right of ownership are exercised“.[130] Marc Buggeln schreibt dazu: „Sklaverei wurde dabei jedoch vor allem als privates Besitzverhältnis definiert, während Formen der (kollektiven) Staatssklaverei ausgeklammert blieben, auch weil viele Großmächte in ihren Kolonien noch umfassende staatliche Zwangsarbeitssysteme unterhielten und diese vorerst für notwendig erachteten“.[131] Am besten gelingt Verschleierung immer noch durch offizielle Differenzkonstruktion, Diskurse und Sprachregelungen: deshalb das massive Aufkommen des Begriffs Zwangsarbeit, der immer noch den Beiklang staatlich-legaler Erziehungsarbeit hat. Buggeln sagt auch mit Verweis auf die Arbeiten von Robert Steinfeld, dass in der nationalen Rechtsprechung, u. a. in den USA und Großbritannien, ökonomischer Zwang nicht

---

Vol. 44 (2016), S. 91–129; Varma, Nitin, Coolies of Capitalism. Assam Tea and the Making of Coolie Labour, Berlin/Boston: DeGruyter, 2016 (Work in Global and Historical Perspective 2).

128 Drescher, „Abolitions in the Old World, 1880s–1920s“, in: Drescher, Abolition, S. 371–411, hier S. 397.

129 Reinhard, „XIX Kolonialherrschaft in Afrika“, in: Reinhard, Die Unterwerfung der Welt, S. 977–1043, hier S. 988, siehe auch: Reinhard, „Afrika und der Imperialismus“, in: Ebd., S. 901–975 (*siehe auch die Karten: „Afrika 1878“ und „Afrika 1902“, in: Ebd., S. 926 und S. 966).

130 Archer, Léonie (ed.), Slavery and Other Forms of Unfree Labour, London: Routledge, 1988, S. 21 f.

131 Buggeln, „Unfreie Arbeit im Nationalsozialismus. Begrifflichkeiten und Vergleichsaspekte zu den Arbeitsbedingungen im Deutschen Reich und in den besetzten Gebieten“, S. 231–252, hier S. 234.

als Aufhebung der Freiwilligkeit zur Arbeit gewertet wird, sondern nur außerökonomischer Zwang.[132] Diese „Freiwilligkeit" ist in Gegenden dieser Welt, in denen es keine geregelte Arbeits- und Arbeitslosenpolitik gibt, wie mit Abstufungen in den Zentren des „Norden" (sprich im Wesentlichen in der EU, West- und Nordeuropa, Schweiz und Nordamerika), ein Mythos.[133]

Die Definition des Völkerbundes sagt in erster Linie etwas über rechtlich legitimierte Gewalt (euphemistisch „Befugnis" genannt – im Englischen wird der Zusammenhang deutlicher, da ist „Befugnis" *power* oder *empowerment*), nämlich darüber, – ich wiederhole das – dass Versklavte eben zu solchen werden oder wieder werden (und es bleiben) nicht durch Rechtsakte, sondern dadurch, dass Gewalt *avant la lettre* ausgeübt wird und dass diese Gewaltereignisse vor oder außerhalb des Geschriebenen legalisiert werden durch „die mit dem Eigentumsrecht verbundenen Befugnisse oder einzelne davon".[134]

Um die Massen von Arbeit unter Gewalt und Zwang, die seit dem vierten Plateau miteinander kombiniert wurden, nicht mehr mit dem Begriff „Sklaverei" bezeichnen zu müssen und dem Zivilisationsdiskurs des Abolitionismus Genüge zu tun, kam, wie bereits erwähnt, in der ersten Hälfte des 20. Jahrhunderts immer mehr der Begriff „Zwangsarbeit" auf. Der Begriff diffundierte auch immer mehr in die internationale Rechts-Debatte. Seit späten 1920er Jahren wurde mit diesem Begriff in der *International Labour Organization* (ILO) die Ächtung der Zwangsarbeit zunehmend stärker propagiert. 1930 verabschiedete die ILO die *Forced Labor Convention.* In der deutschen Übersetzung hat das Abkommen den Titel „Übereinkommen über Zwangs- und Pflichtarbeit".[135] Suzanne Miers sagt dazu völlig unironisch: „Henceforth, forced labor was theoretically distinguished from slavery and clear standards had been set for its use. Enforcement was another matter".[136]

Die Schwierigkeiten, staatliche Rechtssysteme und legitimierte Zwangsarbeit von den Folgen der Sklaverei bzw. von ihren fundamentalen Dimensionen (wie Statusminderung) zu trennen, zeigten sich nicht nur in Brasilien oder in Kolonialgebieten, sondern auch in den USA. Nach der sogenannten *Reconstruction Era*

---

132 Ebd.; sowie: Steinfeld, Robert J., Coercion, contract, and free labor in the nineteenth century, Cambridge: Cambridge University Press, 2001.

133 Mann, „Die Mär von der freien Lohnarbeit. Menschenhandel und erzwungene Arbeit in der Neuzeit. Ein einleitender Essay", in: Comparativ 13:4 (2003), S. 7–22; ich folge hier: Zeuske, „Ein fünftes Sklavereiplateua (Beginn etwa um 1900)?", in: Zeuske, Sklaverei. Eine Menschheitsgeschichte, S. 120–140.

134 Brewer; Staves, Susan (eds.), Early Modern Conceptions of Property, Berkeley: University of California Press, 1996.

135 Buggeln, „Unfreie Arbeit im Nationalsozialismus. Begrifflichkeiten und Vergleichsaspekte zu den Arbeitsbedingungen im Deutschen Reich und in den besetzten Gebieten", S. 231–252, hier S. 234.

136 Miers, „The International Labor Organization and the Forced Labor Convention", in: Miers, Slavery in the twentieth century, S. 134–151, hier S. 148.

(1863–1877) war klar, dass es im Süden der USA nicht zu neuen Landeigentumsverhältnissen kommen würde. 1876 wurden auf dieser Basis die ersten Gesetze zur Rassentrennung erlassen, die, vor allen seit ihrer Bestätigung durch den Supreme Court 1896 zu einem staatlichen System der Rassentrennung, kulturell ritualisierte Statusdegradierung (u. a. Minstrel-Shows; Jim Crow) sowie extremer Gewalt (u. a. tausenden von Lynchmorden) gegenüber ehemaligen Sklavinnen und Sklaven sowie Schwarzen allgemein führten (formal bis 1964).[137] Bezogen auf die Definition von Sklaverei (siehe oben) gab es zwar formale Abolition, aber die Statusdegradierungen wurden sogar im Vergleich zur offenen, legalen Sklaverei exzessiv verschärft. Die ehemaligen Sklavinnen und Sklaven sollten durch Gewalt, Terror und Rassismus sowie ökonomischen Zwang[138] in De-facto-Sklavereisituationen und Sklavereiarbeit gehalten werden; ähnliches gilt für die Apartheid in Südafrika.

Seit dem Ersten Weltkrieg und der russischen Revolution 1917 entwickelten sich, ausgehend von Staaten des Westens, die ihre Kolonialreiche erhalten wollten, neue kollektive Sklavereien, die, wie oben dargelegt, in unserem Zusammenhang wohl am besten mit dem Begriff kollektive Staats-Sklavereien erfasst werden können. Dazu kamen staatliche Eugenik- sowie in einigen Staaten Euthanasieprogramme, die durchaus als Opfersklavereien interpretiert werden können.

Intellektuelle und Wissens-Schaffer lieferten oft die entsprechenden Begründungen der Statusminderung, so mit der Konstruktion von armen Männern als „Weiße" (und Teile einer überlegen gedachten Gemeinschaft), komplizierten, extrem rassistischen Tier- (Affen)-Mensch-Fantasien und realen Menschenversuchen.[139]

Strafeinrichtungen, die Sträflinge durch Arbeit und Erziehung wieder zu „normalen" Mitgliedern der jeweiligen Gesellschaften machen sollten, galten nicht als Sklaverei, sondern als staatliche Institutionen, die einen „universally permitted legal pathway of penal labor"[140] darstellte. Zu diesem Strafkomplex und zur seiner Entwicklung hin zu einer Institution, die den Gefangenen/Versklavten Arbeit und Dienste abforderte, sagt Marc Buggeln:

> It was the two great political opponents of liberal democracy – National Socialism (or, in a more general sense, fascism) and Stalinism (or, in a more general sense, communism) – that reverted back to various forms of unfree labour on a wide scale from the 1930s onwards. As the main types of camp systems introduced by the leading countries representing these political

---

137 Foner, Eric, Reconstruction: America's Unfinished Revolution, 1863–1877, New York: Harper Collins, 2002; Prior, David, „After the Revolution: An Alternative Future for Atlantic History", in: History Compass Vol. 12:3 (March 2014), S. 300–309.

138 LeFlouria, Talitha L., Chained in Silence: Black Women and Convict Labor in the New South, Chapel Hill: University of North Carolina Press, 2015.

139 Hund, „Racist King Kong Fantasies. From Shakespeare's Monster to Stalin's Ape-Man [on the conjunction of sexism, racism and dehumanization/simianization in historical perspective]", in: Racism Analysis | Yearbook 6 (2015/16) (= Simianization. Apes, Gender, Class, and Race, ed. by Hund; Mills, Charles W.; Sebastiani, Silvia).

140 Drescher, „The Soviet Gulag", in: Drescher, Abolition, S. 416–425, hier S. 416.

> movements, Nazi concentration camps and Stalinist gulags occupy a particularly prominent and notorious position that is deeply engraved in the collective memory of mankind. Both internment camps began as a system of punishing political opponents, without much emphasis on exploiting their labour. But as time passed, the labour deployment of prisoners in both camp complexes increasingly gained in importance.[141]

Die Definitionsmacht über den Status in diesem sich entwickelndem System kollektiver Sklaverei lag beim Staat und beim juristischen System: „Forced labor was meant to be punitive".[142] Im Grunde handelte es sich Staatssklaverei und Kin-Sklaverei großen Ausmaßes, die im Falle der Sowjetunion vom „Palast" Kreml beherrscht und von den Staats- und Parteibürokratien durchgesetzt wurde. Bereits Anfang 1931 wurde im britischen Oberhaus das Wiedererscheinen von *slave labor* in den sibirischen Holzgebieten der UdSSR debattiert.[143]

Die große Zeit der nichtprivaten/staatlichen Lagersklavereien im Norden und in Europa kam. Die „Kolonien" des „Archipels Gulag" schreibt Seymour Drescher, offerierten der sowjetischen Staatsbürokratie die Vorzüge fast geschlossener Kerker-Inseln, eben GULags. Sie funktionierten theoretisch ebenso abgeschlossen wie die kleinen karibischen Inseln konzentrierter Wirtschaftssklavereien à la *Atlantic slavery* im 17. und 18. Jahrhundert (vor allem Barbados, aber auch Jamaika, Saint-Domingue, Martinique, Guadeloupe, St. Thomas, u. a. m.). Die abgeschiedenen Lager sicherten die Isolation der Gefangenen in riesigen Gebieten, in denen Flucht mit höchsten Risiken verbunden waren. Die Kosten waren relativ gering und die Raten der „ursprünglichen" Akkumulation vor allem in Bezug auf große Infrastrukturprojekte und Ressourcenproduktion (wie Holz, Erz oder Kohle) relativ hoch. Im Grunde war die kollektive Sträflings-Sklaverei ein Beiprodukt eines sowieso laufenden Staats-Programms legaler Aktivitäten.[144] Es gab weitere Unterschiede zur Rechtsfiktion der „privaten" Sklaverei, die in der Konstruktion „ein Herr – ein Sklave" des Sklavereiabkommens in der Tradition des „römischen" Rechts zum Ausdruck kommt.[145] Kein Individuum der UdSSR durfte oder konnte Sträflinge als Sklaven halten. Ebensowenig wie Individualbesitz an Sträflings-Sklaven waren Kin-Dimensionen der Sklaverei wie Konkubinat oder Zweitfrauen möglich. Es gab formal keine Sträflings-Sklaven von Geburt an (sicherlich ebenfalls mit einigen Ausnahmen) und keine Vererbung des Status (aber Sippenhaftung).[146]

---

141 Buggeln, „Slavery and the Camp Systems in the 19th and 20th Century: From Private to State Slavery and Back Again", http://www.eurozine.com/from-private-to-state-slavery-and-back-again/ (letzter Zugriff 16. 2. 2018).

142 Drescher, „The Soviet Gulag", S. 416–425, hier S. 417.

143 Ebd., S. 146.

144 Ebd., S. 149.

145 Blackburn, „Slavery – its Special Feature and Social Role", in: Archer (ed.), Slavery and Other Forms of Unfree Labour, S. 262–279. Blackburn bestreitet zu Recht den rein „privaten" Charakter von Sklaverei.

146 Drescher, „The Soviet Gulag", Drescher, Abolition, S. 416–425, hier S. 148 f.

Mit Ulrich Herbert gesagt, konnten die Nazis, als sie die großen Zwangsarbeitssysteme um 1939 in Gang setzten, auf folgende historische Erfahrungen mit unfreier Arbeit zurückgreifen (sicherlich nicht bei allen im Detail): Kontinuitäten von Sklaverei/Zwangsarbeiten in vorindustriellen Regionen der Welt; lagerartige Gewaltinfrastrukturen, Ausbeutung von Einwohnern europäischer Kolonien als Arbeitssklaven; Zwangsarbeiterrekrutierungen im Ersten Weltkrieg; Zwangsarbeitssystem der Sowjetunion.[147]

Beide Systeme, GULag und KZ, begannen als „forced labour or convict labour".[148] Keines der beiden Systeme „was initially designed to enslave individuals and both types of camps developed in this direction over the course of time. Indeed, both systems were originally intended as a place of banishment to exclude individuals from society and, to a certain extent, to re-educate the enemies and opponents of each state".[149] Die Zahlen der Zwangsarbeiter/Versklavten unter Kontrolle des nationalsozialistischen Deutschlands (besonders 1938–1945) sind schier gigantisch.[150] Ich kann hier die Debatte über Opfer nicht nachzeichnen und nur einige Zahlen anführen, um die quantitativen Dimensionen zu verdeutlichen. Außerhalb des Deutschen Reiches in den deutsch beherrschten/besetzten Gebieten Europas sollen nach Schätzungen etwa 36 Millionen Menschen unfreie Arbeit leisten, davon allein 22 Mio Sowjetbürger in besetzten Gebieten und im Grunde alle Juden von 14–60 Jahren.[151] Zu den Orten der Zwangsarbeit/Sklaverei sagt Marc Buggeln: „Neben den auch im Reich bekannten Konzentrations-und Arbeitserziehungslagern, gab es auch Sklavenarbeit in den Ghettos und in den Lagern mit zivilen jüdischen Zwangsarbeitern, z. B. der Organisation Schmelt. Zudem existierte eine Vielzahl von Lagern für sowjetische Kriegsgefangene, in denen die Situation oft noch schlechter als im Reichsgebiet war. Die Situation in diesen Lagern und

147 Herbert, Ulrich, „Zwangsarbeit im 20. Jahrhundert. Begriffe, Entwicklung, Definitionen", in: Pohl, Dieter; Sebta, Tanja (eds.), Zwangsarbeit in Hitlers Europa. Besatzung, Arbeit, Folgen. Berlin: Metropol Verlag, 2013, S. 23–36, hier S. 27–30; siehe auch: Heinemann, „Ökonomie der Ungleichheit. Unfreie Arbeit und Rassenideologie in der ethnischen Neuordnung Europas, 1939–1945", S. 302–322, hier vor allem S. 305–308.

148 Buggeln, „Slavery and the Camp Systems in the 19th and 20th Century: From Private to State Slavery and Back Again", www.eurozine.com/from-private-to-state-slavery-and-back-again/ (letzter Zugriff 16. 2. 2018); siehe auch: De Vito; Lichtenstein (eds.), Global Convict Labour.

149 Buggeln, „Slavery and the Camp Systems in the 19th and 20th Century: From Private to State Slavery and Back Again".

150 Herbert, Fremdarbeiter. Politik und Praxis des „Ausländer-Einsatzes" in der Kriegswirtschaft des Dritten Reiches, Bonn: Dietz 1999 (Erstaufl. 1985); Herbert (ed.), Europa und der „Reichseinsatz". Ausländische Zivilarbeiter, Kriegsgefangene und KZ-Häftlinge in Deutschland 1938–1945, Essen: Klartext 1991; Spoerer, Zwangsarbeit unterm Hakenkreuz. Ausländische Zivilarbeiter, Kriegsgefangene und Häftlinge im Deutschen Reich und im deutsch besetzten Europa 1939–1945; Buggeln, Das System der KZ-Außenlager; Buggeln, Slave Labour in Nazi Concentration Camps, passim.

151 Roth, Karl Heinz; Abraham, Jan-Peter, Reemtsma auf der Krim. Tabakproduktion und Zwangsarbeit unter der deutschen Besatzungsherrschaft 1941–1944, Hamburg: Nautilus, 2011, S. 455.

Ghettos dürfte in den meisten Fällen mit Sklavenarbeit bei hoher Sterblichkeit treffend charakterisiert sein".[152]

Spoerer/Fleischhacker geben folgende Zahlen im nationalsozialistischen Deutschland an: „Die Gesamtzahl der im Laufe des Zweiten Weltkriegs nach Deutschland verbrachten ausländischen Zivilarbeiter/innen, Kriegsgefangenen und Häftlinge liegt bei etwa 13,5 Millionen Menschen, von denen nur 10 bis höchstens 20 % als Freiwillige anzusehen sind". Auch Seymour Drescher verweist auf diese Zahl: „between 1939 and 1944, approximately 13,5 million foreigners worked in Germany, 12 millions of them involuntarily".[153] Dabei sind viele inländische Häftlinge noch nicht erfasst. Es handelt sich also um Zahlen in der Dimension von knapp 50 Millionen Menschen; darunter auch viele Frauen. Marc Buggeln macht den Vorschlag, Sklaverei der Zwangsarbeit unterzuordnen. Er schlägt unter Einbeziehung der Gesamtzahlen vor: „in Bezug auf das 20. Jahrhundert, Sklaverei als eine Unterform der Zwangsarbeit zu fassen".[154] Dabei will Buggeln unter „Sklaven" fassen: in Deutschland Zivilarbeiter – Italiener (ab September 1943), Polen, Sowjetbürger sowie unter Kriegsgefangenen – ebenfalls Italiener seit September 1943.[155] Für die von Spoerer/Fleischhacker aus der angloamerikanischen Literatur eingeführte Kategorie *less-than-slaves* (schlechter als Sklaven),[156] schlägt Marc Buggeln, sehr ähnlich der Debatte in Brasilien (für die Zeit nach der formalen Abolition 1888), vor: „Sklavenarbeit mit hoher Sterblichkeitsrate".[157] Das waren in der Kategorie der Kriegsgefangenen vor allem Polen (jüdisch) sowie Sowjetbürger; in der Kategorie der Häftlinge vor allem Häftlinge aller Lager und die so genannten „Arbeitsjuden".[158]

Bei der zentralen Auswahl von durch die SS entliehenen KZ-Häftlingen ging es nach Spoerer „wie auf antiken oder mittelalterlichen Sklavenmärkten zu: Die Häftlinge, Männer wie Frauen, standen nackt vor den Industrievertretern, die sich

152 Buggeln, „Unfreie Arbeit im Nationalsozialismus. Begrifflichkeiten und Vergleichsaspekte zu den Arbeitsbedingungen im Deutschen Reich und in den besetzten Gebieten", S. 231–252, hier S. 247 f.

153 Drescher, „Germany's Racial Slavery", in: Drescher, Abolition, S. 426–449, hier S. 430; nach: Spoerer, Mark; Fleischhacker, Jochen, „Forced Laborers in Nazi Germany: Categories, Numbers, and Survivors", in: Journal of Interdisciplinary History Vol. 33:2. (Autumn, 2002), S. 169–204, hier S. 201.

154 Buggeln, „Unfreie Arbeit im Nationalsozialismus. Begrifflichkeiten und Vergleichsaspekte zu den Arbeitsbedingungen im Deutschen Reich und in den besetzten Gebieten", S. 231–252, hier S. 236.

155 Ebd., S. 241: Tab. 1: Die Hauptgruppen ausländischer Arbeiter im Deutschen Reich 1939–1945

156 Spoerer; Fleischhacker, „Forced Laborers in Nazi Germany: Categories, Numbers, and Survivors", S. 169–204, hier vor allem S. 176.

157 Buggeln, „Unfreie Arbeit im Nationalsozialismus. Begrifflichkeiten und Vergleichsaspekte zu den Arbeitsbedingungen im Deutschen Reich und in den besetzten Gebieten", S. 231–252, hier S. 243.

158 Ebd.

das Gebiss zeigen ließen".[159] Wirkliche Sklavereibedingungen wie Auswahl, Transport, Ernährungssituation oder auch Statusdegradierung, lassen sich unterhalb der Diskursebene, ob der Begriff anzuwenden ist oder nicht, oft in solchen konkreten Situationen, wie hier eben das *casting*, ermessen. Mark Spoerer sagt zum Vergleich zwischen der SS als „the inmates slaveholder"[160] und „the typical slaveholder" (hegemonischer Sklavereien – M. Z.), dass der „typical slaveholder ... an economic interest in the lives of his slaves"[161] gehabt hätte. Auch höhere SS-Autoritäten hätten den „economic value of the inmates"[162] gepriesen. Aber diejenigen, die den Häftlingen direkt, d. h., face-to-face, gegenüberstanden, die „SS camp guards", behandelten die Häftlings-Sklaven so schlecht, nämlich als Nicht-Menschen oder „Tiere" dass der Begriff Sklaverei hier euphemistisch sei. Die Häftlings-Sklaven seien von den Männern und Frauen der Lager-Wachen in Erschöpfung und Tod getrieben worden; nach Spoerer waren: „Soviet and Jewish Polish POWs [Prisoners of War] ... less-than-slave laborers".[163] In Bezug auf den „typical slaveholder", die „Halter", „Herren" und „Herrinnen", die *amos* und *amas* sowie *masters*, mag das gelten, sicherlich speziell für die vielen absenten großen Sklavenhalter der französischen und britischen Karibik. *Atlantic slavery*, von der Plantagen und Häuser einen terrestrischen Teil bildeten, war aber immer mit Sklaven-„Produktion" und atlantischem Sklaventransport verbunden, bei denen aus Überlegenheits- und Sicherheitsroutine Versklavte in den Tod getrieben wurden. Und die Manager- und Verwaltersklaverei derjenigen, die face-to-face zu den Versklavten hohe Erträge sowie Gewinnen/Profite erlangen sollten und zugleich ihre Überlegenheit des Status beweisen wollten (und das mussten sie im System faktisch zwangsläufig immer wieder), führte ebenfalls zu „in den Tod treiben" oder einfach totprügeln (das ist auch eine der sehr realistischen Dimensionen des Films „Twelfe Years a Slave").

Damit wären wir beim Vergleich und beim Begriff Sklaverei für das Sklaverei-Plateau des 20. Jahrhunderts. Drescher zieht einen Vergleich zur *ancient Rome slavery*, mit seinen immer weiteren militärischen Expansionen (bis um 200): „This process offered both abundant opportunities for the enslavement of defeated enemies and for profitability hiring them out. The same combination of enslavability and profitability reemerged full-blown in the heart of twentieth century Europe".[164] Obwohl die Römer auch territoriale und ethnische Statusdegradierungen sowie bestimmte Arten kollektiver Vernichtungssklavereien (als Folge unterschiedlicher *damnationes* ohne die Möglichkeit der Freiheit, am deutlichsten in Bergwerken,

---

159 Spoerer, „Zwangsarbeit im Dritten Reich", S. 1–31, hier S. 21, www.wollheim-memorial.de/files/993/original/pdf_Mark_Spoerer_Zwangsarbeit_im_Dritten_Reich.pdf (letzter Zugriff 16. 2. 2018).

160 Spoerer; Fleischhacker, „Forced Laborers in Nazi Germany: Categories, Numbers, and Survivors", S. 169–204, hier vor allem S. 176.

161 Ebd.

162 Ebd.

163 Ebd.

164 Drescher, „Germany's Racial Slavery", in: Drescher, Abolition, S. 426–449, hier S. 430.

damnatio ad bestias, etc.) kannten, sollte klar sein, dass der Vergleich in Bezug auf Versklavung und Profitabilität greift, nicht aber in Bezug auf den Zusammenhang dieser beiden Kriterien zur eindeutig ideologisch definierten extrem rassistischen Politik und vor allem Besatzungspolitik Deutschlands. Marc Buggeln drückt das folgendermaßen aus: „Die Besatzungspolitik war maßgeblich durch die Rangstufe bestimmt, die der jeweiligen einheimischen Bevölkerung im rassistischen Weltbild der Nationalsozialisten zugeordnet wurde. Folgt man der ganz groben geographischen Einteilung so konnten sich die Nordeuropäer die Hoffnung auf die beste Behandlung machen, gefolgt von den Westeuropäern. Deutlich schlechter stellte sich schon der Ausblick für Südosteuropäer dar, während die Osteuropäer weit unten in der rassistischen Hierarchie der Nationalsozialisten rangierten".[165] Seymour Drescher ist sich schon darüber klar, dass den Nazis ihre eigenen extremen, auf äußere Körperkriterien abhebenden Rassen-„Merkmale", d. h., die ins Extrem getriebene äußere Statusdegradierung, ein Schnippchen schlugen, wenn deutsche Soldaten und Bürokraten aus der Sowjetunion „many blond, blue-eyed Ukrainians"[166] sowie Russinnen und Russen als Hausdiener oder Hausmädchen mit brachten, d. h., Haussklavinnen und -sklaven, die allerdings seit 1942 nicht in den Häusern der Dienstherren oder -herrinnen leben sollten.[167] Drescher vergleicht aber immer wieder diese Sklavereiformen mehr mit den „complexities of Old World rather than New World slavery".[168] Sehr deutlich zieht er auch den Vergleich zu den massiven Razziensklavereien des vormodernen Sklaverei-Plateaus, die in weiten Teilen Europas bis in das 12. Jahrhundert üblich waren, in Osteuropa und dem Balkan bis in das 19. Jahrhundert und in Afrika bis weit in das 20. Jahrhundert (in einigen Teilen bis heute – siehe Sudan): „there are significant analogies between the Nazi institution of forced labor and the classic slave systems. The first lies in the recruitment and distribution processes [...] A German official described the raids in the East as employing „the whole bag of tricks" previously used by Arab slave hunters in Africa".[169]

Seymour Drescher sieht aber auch fundamentale Unterschiede, die mit den allgemeinen Entstehungstheorien von Sklaverei zu tun haben: „There was one fundamental difference between the earlier Atlantic and Nazi Germany's system of coerced labor recruitment. European rulers developing the Atlantic slave system viewed much of the tropical and subtropical lowland Americas as land rich and underpopulated. Europeans developing the New Order in Nazi Europe viewed much of the land eastward of Germany as both over- and ill-populated".[170] Und

165 Buggeln, „Unfreie Arbeit im Nationalsozialismus. Begrifflichkeiten und Vergleichsaspekte zu den Arbeitsbedingungen im Deutschen Reich und in den besetzten Gebieten, S. 231–252, hier S. 244.
166 Drescher, „Germany's Racial Slavery", in: Drescher, Abolition, S. 426–449, hier S. 433.
167 Ebd.
168 Ebd.
169 Ebd., S. 433f und 435.
170 Ebd., S. 436.

Ian Morris sagt: „Hitler posaunte seinen Plan, die Westflanke Deutschlands durch die Besiegung der Seereiche [und Kolonialreiche – M. Z.] zu sichern und dann die osteuropäischen Slawen und Juden durch arische Bauern zu ersetzen ... seine Vision eines um Deutschalnd zentrierten subkontinentalen Reiches [war] unumwunden völkermörderisch".[171] Osteuropa hatte in den Augen der Nazis eine „Falsch-Bevölkerung". Um sie durch arische Bauern ersetzen, kam es basierend auf der zum Extrem getriebenen Kombination von Statusdegradierungen (Rassismus) sowie Deportationen zu zwei bzw. drei Genoziden. Die ersten beiden Genozide trafen Menschen, deren Vertreter und Vertreterinnen unter den Zwangsarbeitern der Nazis (in Deutschland und in den besetzten Gebieten) in Begriffen von Michael Spoehrer und Marc Buggeln als Sklaven sowie „less-than-slaves" bezeichnet werden: „the expulsion and subsequent destruction of European Jewry and upwards of 30 millions Slavs".[172] Als dritter Genozid dazugerechnet werden müssen die systematischen Statusdegradierungen und Morde an Roma, Sinti sowie Jenischen.[173] Das bedeutet – es gibt genozidale Sklaverei und ein technokratisches *slaving* als Teil genozidaler Strategien.

In Konzentrationslagern der Nazis und GULags oder großen Gefängniskomplexen wurden im 20. Jahrhundert, vor allem zwischen 1920 und 1975 (in bestimmten Regionen bis heute), Millionen Menschen zu Sklavenarbeiten gezwungen oder vernichtet – auch wenn Menschen dabei kaum individuell gekauft und verkauft wurden und der Status nicht vererbbar war (aber Letzteres ist angesichts der Ausgrenzung ganzer religiös-ethnischer, politisch oder politisch-wirtschaftlich definierter Gruppen umstritten).[174]

Drescher verweist auch auf weitere Formen von Sklaverei und Zwangsarbeit weltweit im Umfeld des 2. Weltkrieges: In Asien und auf Inseln der pazifischen Ozeans zwang das expansive Japan Millionen von Koreanern, Chinesen, Vietnamesen und anderen „Ausländern" (aus japanischer Sicht) „into labor service for indefinite periods of times".[175] Vor allem betraf das in sexualisierter Gewalt die Zwangsprostitution von Frauen als so genannte „comfort women";[176] die Zahlen für vor allem zur Sex-Sklaverei gezwungenen Frauen, zu rund 80 % Koreanerinnen, bewegen sich zwischen 80 000 und 200 000. Drescher führt dazu aus: „In occupied

171 Morris, „Die Weltkriege", in: Morris, Wer regiert die Welt?, S. 507–517, hier S. 513.

172 Drescher, „Germany's Racial Slavery", S. 426–449, hier S. 437.

173 Unabhängige Expertenkommission Schweiz – Zweiter Weltkrieg (ed.), Roma, Sinti und Jenische. Schweizerische Zigeunerpolitik zur Zeit des Nationalsozialismus. Beiheft zum Bericht: Die Schweiz und die Flüchtlinge zur Zeit des Nationalsozialismus. Verfasst von Thomas Huonker und Regula Ludi, unter Mitarbeit von Bernhard Schär, Bern 2000, www.thata.ch/romasintijenische.pdf (letzter Zugriff 16. 2. 2018).

174 Miers, Slavery in the twentieth century; Drescher, „The Soviet Gulag", Drescher, Abolition, S. 416–425.

175 Drescher, „Asia and Africa", in: Drescher, Abolition, S. 450–455, hier S. 450.

176 Fuhrmann, Malte, „Western Perversions' at the Threshold of Felicity: The European Prostitutes of Galata-Pera (1870–1915)", in: History and Anthropology Vol. 21:2 (2010), S. 159–172.

zones designated as hostile, women between the ages of 15 to 18 years were usually detained in military compounds for periods up to six months. Their condition most closely approached slave-like status …".[177] Japan nutzte auch Zwangsarbeiter, vor allem aus China, Korean, Burma, Thailand und Indonesien, geschätzt rund 21 Millionen (2 Drittel davon Chinesen), in Japan und in den von Japan besetzten Gebieten: etwa zum Eisenbahnbau in Burma und Java.[178]

Die USA hatten um 1940 wegen der großen Depression vor dem Krieg einen Arbeitskräfteüberschuss. In den kriegführenden Staaten Deutschland, Japan und die UdSSR herrschte schon extreme Nachfrage nach Arbeitskräften. Das betraf auch das britische Imperium: „Africa became a reservoir for both military and civil mobilization on a large scale". Dabei spielte eine wichtige Rolle, dass *forced labor* in den Kolonien durch das jeweilige lokale Gewohnheitsrecht abgedeckt war und weithin praktiziert wurde. Die sich von Ostafrika ausbreitenden neuen Praktiken der Konskription ziviler Arbeit für die Kriegsproduktion privater Unternehmen (oft auch im Mutterland) war etwas Neues.[179] In den Kolonialterritorien anderer Mächte, wie Italien, Frankreich, Portugal, Belgien und Spanien, war koloniale Zwangsarbeit noch verbreiteter als im britischen Bereich. Nach dem Kollaps der III. Republik in Frankreich trieb das Vichy-Regime Zwangsarbeitssysteme in Westafrika (mit Haupthafen Dakar) in ungeahnte Höhen.[180] In der Zeit nach dem II. Weltkrieg wurden Kolonien, Arbeitskräfte und Sklavenarbeiten noch wichtiger für die angestrebte globale und europäische Bedeutung Frankreichs als „weltweit wichtigster Zivilisation" (Selbstverständnis französischer Eliten). Ebenso wie Frankreich litt Großbritannien nach dem II. Weltkrieg an Machteinbußen als *global player* – beide brauchten ihre Kolonialimperien sehr.[181] Dagegen stellten sich die Sowjetunion und das um 1949 entstandene realsozialistische Lager sowie Nationalstaaten Lateinamerikas als Anführer aller Unterdrückten dar. Die Gefangenen und Verschleppten der GULags waren für die Sowjets natürlich keine Versklavten. Vor allem die Briten versuchten ebenso, Sklaverei, die in den von ihnen abhängigen Golf-Staaten und anderen arabischen Gebieten bis in die 1970er Jahre existierte, immer mehr als Zwangsarbeit debattieren zu lassen oder möglichst ganz aus der Debatte zu lassen.[182] In den ölproduzierenden Gebieten, wie zunächst Irak, dann Kuweit, Abu Dhabi und Qatar bestand die Hauptsorge der Briten darin, dass Sklaven in der Ölproduktion eingesetzt würden (wie für Abu Dhabi nachgewiesen).[183] Die Haupt-

177 Ebd.; siehe auch: Tavaka, Yuki, Japans Comfort Women: Sexual Slavery and Prostitution during World War II and the U. S. Occupation, London: Routledge, 2002.

178 Drescher, „Asia and Africa", in: Drescher, Abolition, S. 450–455, hier S. 451.

179 Ebd.

180 Ebd., S. 452.

181 Ebd., S. 453.

182 Miers, „Slavery, Forced Labor, and the Cold War", in: Miers, Slavery in the twentieth century, S. 320–323; Miers, „The End of Slavery in Arabia and the Persian Gulf 1950–1970", in: Miers, Slavery in the twentieth century, S. 339–357.

183 Ebd., hier S. 342.

sorge der Briten war, „to prevent oil riches from fuelling the slave trade".[184] Wie Sklavenhandel unter anderem Namen („Heirat"/Betrug) funktionierte, zeigt ein Konflikt aus 1950er Jahren zwischen Saudis, Oman und Abud Dhabi; Großbritannien im Hintergrund. „Slavery", sagt Suzanne Miers, „as usual, was a pawn in a bigger game".[185] Der Konflikt, wie viele andere vor ihm, zerriss für einen Moment den *long black veil*, der über Sklavereien lag und liegt, und zeigte, dass es lokale Sklaverei sowie Sklavenhandel gab und eben grade Menschenhandel ablief: „most [slaves] were now bought from villagers, often using trickery. An agent would pay a high bride price to get the bride's parents to agree to his taking her to another part of the country. They would live there for a while until he sold her to Saudi traders and told her parents that she had been divorced for „immoral ways." The slaves, almost all female, were sent on to Al Hasa or Riyad".[186]

Es gibt auch heute noch Lager – in China heißt das Lagersystem *laogao* (auch: *lào găi* – „Reform durch Arbeit" – durch ordentliche Gerichte Verurteilte) und *laojiao*. Die Abschaffung von *laojiao* („Umerziehung durch Arbeit" – Lagerhaft als administrative Strafe ohne Gerichtsurteil bis zu 3 Jahren) wurde 2016 angekündigt. Es ist wohl aber noch nicht umgesetzt worden.[187] China hat, wie oben bereits erwähnt, eine sehr lange Tradition in systemischen Statusminderungen, man muss fast von präexistierenden Kasten sprechen. Auch die Tradition der Verurteilung zu Sklavenarbeiten und der „Sklaven-Strafen" ist sehr alt.[188]

Noch direkter ist die Verbindung von expliziter Sklaverei-Tradition und heutigen Sklavereien in Nord-Korea. In Korea, einem prädatorischen Staat (bzw. Staaten) am Rande der chinesischen Imperien mit kriegerischen Eliten, die, wie die japanischen, unter massivem Einfluss Chinas standen, war die Masse der Bevölkerung versklavt. Im historischen Korea (bzw. in den Staaten auf seinem Territorium) hießen Sklaven *nobi*.[189] Sklaven machten insgesamt etwa 30 % der Bevölkerung Koreas aus; im Süden sogar ca. 50 %.[190] Sie konnten gekauft sowie verkauft werden und durften normalerweise keine eigenen Familien gründen.

---

184 Ebd.; siehe auch: Hutson, „Enslavement and Manumission in Saudi Arabia, 1926–38", S. 49–70.

185 Miers, „Slavery and the Buraimi Conflict", in: Ebd., S. 342–345, hier S. 343.

186 Ebd.

187 Domenach, Jean-Luc, Der vergessene Archipel. Gefängnisse und Lager in der Volksrepublik China, Hamburg: Hamburger Edition, 1995; Levy, Katja, „Laojiao abolished, arbitrariness retained: stability maintenance in an academic debate in the PRC", in: Berliner China-Hefte (Münster) Vol 45 (2015), S. 91–114.

188 Mühlhahn, Klaus, Criminal Justice in China. A History, Cambridge: Harvard University Press, 2009; Simon, Karla W., Civil Society in China: The Legal Framework from Ancient Times to the „New Reform Era", Oxford/New York: Oxford University Press, 2013.

189 Seth, Michael J., „Slaves and Outcasts", in: Seth, A History of Korea. From the Antiquity to the Present, Lanham/Boulder [etc.]: Rowman & Littlefield, 2011, S. 167–171.

190 Perdue, Peter, „Korea", in: Reinhard, Wolfgang (ed.), Empires and encounters: 1350–1750, Cambridge; London: The Belknap Press of Harvard University Press, 2015 (Iriya, Akita; Osterhammel, Jürgen (eds.), A History of the World), S. 178–193, hier S. 183.

Das Gefängnissystem mit den weltweit meisten Gefangenen ist heute das der USA. Die meisten einsitzenden sind junge schwarze Männer (ca. die Hälfte wegen Gewaltverbrechen, etwa ein Drittel wegen Drogendelikten). Es gibt eine ziemlich harte Debatte, ob es sich dabei seit den 1990er Jahren um die Wiederaufnahme oder eine Fortschreibung des Jim-Crow-Systems handelt – das quasi die „Sklavenexistenz ohne Sklaverei" in den USA nach der Abolition verschärfte. In dieser Debatte ist eines der Argumente die Klassen-Differenzierung der farbigen und schwarzen Bevölkerung der USA, ein anderes die Eingrenzung von *violence* (Gewalt). James Forman schreibt dazu: „In the five decades since African Americans won their civil rights, hundreds of thousands have lost their liberty. Blacks now make up a larger portion of the prison population than they did at the time of Brown v. Board of Education, and their lifetime risk of incarceration has doubled. As the United States has become the world's largest jailer and its prison population has exploded, black men have been particularly affected. Today, black men are imprisoned at 6.5 times the rate of white men".[191] Orlando Patterson, der Soziologe mit einem berühmten Werk zur Sklaverei hat ein ziemlich klares Urteil: *rituals of blood* in der Tradition der Sklaverei.[192]

In unerreichter Prägnanz hat Frank Tannenbaum die Wirkungen der Sklaverei auf die Gesamtkultur von Gesellschaften beschrieben, die er als *slave societies* klassifizierte. Nach Tannenbaum habe Sklaverei „die Form des Staates verändert, die Natur des Eigentums, das Rechtssystem, die Organisation der Arbeit, die Rolle der Kirche ebenso wie ihren Charakter, den Begriff der Gerechtigkeit, der Ethik, der Wahrnehmung von Recht und Unrecht. Sklaverei beeinflusste die Architektur, die Kleidung, die Zubereitung von Essen, die Politik, die Literatur, die Moral der gesamten Gruppe – Weiße und Schwarze, Männer und Frauen, Alte und Junge. Nichts entflieht" so endet Tannenbaum, dem Einfluss von Sklaven und Sklaverei (sowie Sklavenhandel), „nichts und niemand".[193]

Und heute? Von 1960 bis um 2000 war Sklaverei in der jeweiligen Gegenwart, überdeckt von Utopien, Fortschritts- und Befreiungsdiskursen sowie Politiken und Diskursen des Endes der Kolonialreiche, des Kalten Krieges bzw. des „Endes der Geschichte" und der so genannten „Postmoderne", kein allgemeines Thema; wohl aber, im „Westen" verbunden vor allem mit der Emanzipation der Afro-Amerikaner und schwarzen Briten, ein Hauptproblem in der Geschichte der USA und Großbritanniens. Formale Sklaverei im Sinne des „römischen" Rechts (als privates

191 Forman, Jr., James, „Racial Critiques of Mass Incarceration: Beyond the New Jim Crow", in: New York University Law Review Vol. 87 (2012), S. 101–146, hier S. 102.

192 Patterson, Orlando, Slavery and Social Death; viele Einzelaspekte zu den harten Traditions-Strukturen: Patterson, Rituals of Blood, passim; Alexander, Michelle, The New Jim Crow. Mass Incarceration in the Age of Colorblindness, New York: The New Press, 2010.

193 Tannenbaum, Frank, Slave and Citizen: The Negro in the Americas, New York: Alfred A. Knopf, 1946 (Reprint: Boston: Beacon Press, 1992), S. 117.

Eigentumsrecht Bestandteil aller so genannten „Bürgerlichen Gesetzbücher" oder Civil Codes) gibt es weltweit heute, wie schon mehrfach gesagt, nicht mehr; ginge es wirklich nach der Formel der *legal ownership* zu, gäbe es auch keine Sklavereien mehr. Wie wir gesehen haben, ist es in Bezug auf Staatssklavereien und andere Sklavereiformen nicht so einfach. Forscher wie Kevin Bales oder Suzanne Miers sowie viele andere Forscherinnen und Forscher, vor allem Soziologen, gehen ganz sicher davon aus, dass es heute Sklavinnen und Sklaven sowie De-facto-Sklavereien, verbunden durch Menschenhandel (*trafficking*), in der Realität gibt – selbst wenn sie sehr kritisch zum sogenannten *new abolitionism* und zu den Predigern der *modern slavery* stehen. „Heute" bedeutet für Historiker, grob angeschlagen, innerhalb der letzten dreißig Jahre.[194]

Dabei schien in den 1970er Jahren Sklaverei aus der Welt zu verschwinden. Um 1975 galten die direkten Formen der Eigentumssklaverei und des offenen Handels mit Menschen als abgeschafft. Die Welt unterteilte sich seit der Entkolonialisierung der 1950–1960er Jahre politisch-wirtschaftlich in drei große Räume: „Erste" und „Zweite Welt" sowie die große Gruppe der Nichtpaktgebundenen – die so genannte „Dritte Welt", meist ehemalige Kolonien oder sogenannte „Halb-Kolonien" (wie China und Persien). „Unterentwicklung" war das große Thema der sozialhistorisch orientierten Geschichtswissenschaft – und trotz bemerkenswerter Publikationen über den Zusammenhang zwischen Sklaverei und Kapitalismus (für den deutschen Sprachraum siehe die Arbeit von Albert Wirz)[195] wäre niemand auf die Idee gekommen, eine Geschichte der Sklaverei auf die Zeit der formalen Abolition in den Amerikas (1865–1888) auszuweiten. Das heißt, das vierte, fünfte Plateau und das Plateau zur „modernen" Sklaverei hatten noch keinen Platz in Geschichte und Sozialwissenschaften.

In den Ländern der „Dritten Welt" kam es nach den Höhenflügen des Antikolonialismus und ersten Versuchen, eigene Wirtschaften aufzubauen, in den 1960–1970er Jahren zu massiven politischen Konflikten vor allem in Bezug auf Ressourcen (auf die ich hier nicht näher eingehen kann). Kriege, Bürgerkriege, Revolutionen, Interventionen, Staatszusammenbrüche und informelle Sklavereien waren die Folge, ebenso wie Migrationen, zum Teil als Flucht, zum anderen als Mobilisierung von billigen Arbeitskräften für Wirtschaften in der Krise, aber auch boomende Wirtschaften (meist im so genannten „Norden"). All diese Prozesse, vor allem die mit Migrationen und globalen Finanzkrisen verbundenen, haben sich seit 1990 (Auflösung der „Zweiten Welt"), 2003 (Irakkrieg), 2008 (Finanzkrise) sowie seit Ende 2010 der „Arabische Frühling" ausbrach, verschärft. Aktuell betreiben der sogenannte „Islamische Staat" und seine Ableger in Afrika massive Razziensklaverei sowie Formen der Opfersklaverei, die Versklavung von Frauen und Mädchen –

---

194 Davidson, Modern Slavery: The Margins of Freedom, passim.

195 Wirz, Albert, Sklaverei und kapitalistisches Weltsystem, Frankfurt am Main: Suhrkamp, 1984 (Neue Historische Bibliothek, ed. Wehler, Hans-Ulrich).

die wichtigsten Elemente des historisch ursprünglichen Plateaus der Sklavereigeschichte verbunden mit den dunklen Seiten technologischer Moderne und heutiger Machtsysteme.

Moderne Sklaverei

Historiker sollten sich immer auch fragen: was ist aus meiner „alten Geschichte" heute geworden, wo ist die Gegenwart der Geschichte? Kann es eine vorgeblich „archaische" Ausbeutung wie Sklaverei heute noch geben? Wie wir sehen, ist der Zusammenhang, wenn die oben analysierte Sklaverei-Lücke zwischen 1888 und 2000, das globale vierte Plateau und die kollektiven Sklavereien des 20. Jahrhunderts einbezogen werden (fünftes Plateau), gar nicht so weit hergeholt. Sklaverei ist mehr als eine historische Reminiszenz, mehr als eine Metapher für politische Unterdrückung oder schlecht bezahlte Arbeit. Sklavereien – bis heute – müssen historisiert werden; es xistieren aber auch Konstanten. Sklavereien in der Vielfalt der oben vorgestellten Namens-Panoramen und Plateaus sind real, wahr, wirklich – gerade heute.[196]

Die Nachfrage nach billiger Arbeit und schlecht bezahlter Dienstleistungen steigt überall, selbst in Deutschland. Obwohl meist das Gegenteil in den Vordergrund gestellt wird. Die neuen Sklavereien treffen, wie meist in der weltgeschichtlichen Entwicklung seit mindestens 12 000 Jahren, vor allem Kinder und Frauen, meist junge Frauen, aber in schweren und schmutzigen Zwangsarbeiten auch erstaunlich viele Männer. Aber die leben nicht mehr 2000 v. u. Z. oder im Jahr 1688, sondern in einer extrem vernetzten Welt mit globalem Handel und Migration, gigantischen Kapitalien einerseits, extremem Arbeits- und Dienstleistungs- und Sexhunger andererseits, schnellen Kommunikationen, Massenmobilität (deren wichtigste Vorläufer, ich betone das, in der Mobilität direkter Versklaver und Schleuser sowie der durch Gewaltstrukturen kontrollierten Mobilität der Verschleppten liegt), Internet und globalen Netzwerken (aller Dimensionen). Und zugleich immer höheren Abschottungen wirtschaftlich prosperierender Gesellschaften und Staaten. Deshalb müssen die neuen „alten" Sklavereien aus ihren heutigen Bedingungen erklärt werden. Diese bestehen vor allem in der kapitalistischen Umstrukturierung Europas, der ehemaligen Sowjetunion (und den unklaren Verhältnissen an ihren Grenzen und zwischen „Westen" und Russland sowie der Ukraine und überhaupt im östlichen Europa), in der boomenden wirtschaftlichen Entwicklung Chinas (und den Unterschieden zu weiten traditionellen Gebieten im Innern), der Türkei, Indiens sowie großer Länder Lateinamerikas („Schwellenländer"), im

196 Murphy, Laura T., Metaphor and the Slave Trade in West African Literature, Athens: Ohio University Press, 2012; Davidson, Modern Slavery: The Margins of Freedom, passim; ich folge hier: Zeuske, „Und heute?", in: Zeuske, Sklaverei. Eine Menschheitsgeschichte, S. 131–140.

Niedergang der Hegemonie der USA (und den Kriegen der Supermacht, vor allem im *war on terror*), in der widersprüchlichen Entwicklung der islamischen Gebiete, in der extremen Instabilität afrikanischer Gebiete (vor allem im Kongo, einem alten Sklavereigebiet aller Plateaus – „afrikanischer Weltkrieg“) sowie im Aufstieg des pazifischen Wirtschafts- und Kulturraumes mit seinen eigenen Krisenzyklen. Heutige Formen der Sklaverei sind „klassische“ oder „traditionelle“ Sklavereien und Diskrimierung, die auf „Herkunft“ rekurriert („äußere Statusminderung“, siehe oben), Zwangsarbeit und Schuldsklaverei (oft von Kindern), Zwangsprostitution oder sexuelle Dienstleistung, Haussklavereien, Zwangsarbeit für den Staat und Kriegssklavereien („Razziensklaverei“).[197]

In Gesellschaften, die durch Ideologien und Sollens-Philosophien sowie Mainstream-Medien abgerichtet werden, wird gar nicht mehr der Versuch gemacht, Realität abzubilden. Sie sind aoft auf Werte normativer Abolitionsnarrative fixiert. Alle Sklaverei-Formen sowie die traditionellen Sklavereien sind heute verbunden durch Flucht/Migration und Mobilität. Und die ist, oft von denen, die irgendwo auf dem Weg oder am Ziel versklavt werden, zumindest temporal toleriert; sie gehen manchmal sehr hohe Verschuldung ein, um in Gebiete ihrer Wahl migrieren zu können.

Mit wenigen Worten – Ursachen heutiger Sklavereien liegen in der immer noch zunehmenden globalen Mobilität/Migrationen, aber auch in der zunehmend gewaltsameren Expansion des globalen Kapitalismus und den Allianzen, die an seinen Grenzen geschlossen werden beziehungsweise den Kriegen, die zu seiner Expansion geführt werden. Aber auch in Territorien traditioneller Sklavereien – vor allem in den Ländern des Balkans, der Ukraine und des Kaukasusgebietes sowie im historischen Sudan – von Mauretanien über Mali, Burkina Faso (Obervolta), Elfenbeinküste, Niger, Tschad, Sudan und Äthiopien, bis hin nach Nigeria, in den Süden Ghanas, aber auch Eritrea, Somalia.

All das führt zu teuflischen Mixturen. Unter diesen Umständen können alte Elemente von Kin-Gesellschaften und Sklavereien (Menschen als einziges Kapital: Kinder-„Weggabe“ / Adoption (auch wegen Hunger), Fixierung auf männlichen Nachwuchs, Brautpreis, Prostitution, „Knaben-Spiele“ (Baccha Baazi),[198] Verschuldung, translokale Menschenhandelsnetze in lokaler Verankerung, Razzienraub), gemischt mit Hochmodernem (Information, Internet und Handys, Mobilität, Netzwerke, Kriegstechnologie und -organisation), sich in bestimmten Gegenden so formieren, dass moderne Sklaven-„Produktions“-Gebiete und neue Sklavenrouten entstehen oder alte Massenschuldsklaverei-Territorien zu Produktionshinterlän-

---

197 Quirk, Joel, „Modern Slavery“, in: Heuman; Burnard (eds.), The Routledge History of Slavery, S. 331–346, hier S. 338.

198 Böge, Friederike, „Die Tanzknaben vom Hindukusch“, in: Frankfurter Allgemeine Zeitung, 23. Mai 2011, www.faz.net/aktuell/politik/ausland/missbrauch-in-afghanistan-die-tanzknaben-vom-hindukusch-1635406.html (letzter Zugriff 16. 2. 2018).

dern für globale Produktion und Nachfrage werden. Oder Sklaverei von Kindern, die wie schon vor tausenden Jahren „weg gegeben" werden; entweder wegen der Armut der Mütter, weil Druck auf sie ausgeübt wird oder weil sie kapitalisiert werden – meist eine Mischung von allen Elementen.[199] Dabei werden auch im „alten" Paradox[200] – Frauen und Kinder als Versklavte/Verschleppte im ersten Sklavereiplateau – schnell Formen und Orte der „neuen" Sklavereien deutlich – Kevin Bales behandelt die regionalen Schwerpunkte: Thailand, Mauretanien, Brasilien, Pakistan und Indien sowie die großen Metropolen des Westens; auch Europa, vor allem Ost- Südost- und Südeuropa.[201] Siddharth Kara untersucht, sicherlich etwas unbedarft, „Produktionsgebiete" und „Absatzgebiete" heutiger Sklavinnen und Sklaven der Prostitution-Wirtschaften (Indien und Nepal (*kamalari*),[202] Italien und Westeuropa, das östliche Europa (vor allem Bulgarien und Rumänien), Moldau/Ukraine (Transnistrien) und die ehemalige Sowjetunion (mit einem starken Tourismus von Männern aus der Türkei), Albanien und die Balkane, Thailand und die „Subregion des Mekong"). Lydia Cacho analysiert ähnliche Muster für Mexiko und Südamerika.[203] Michael Jürgs analysiert den „Sklavenmarkt Europa" und legt den Kampf von Polizisten, Ermittlern, Staatsanwälten sowie Verfolgungsorganen gegen Menschenhandel, organisierte Schleusungskriminalität, Prostitutionsunternehmer, Menschenhändler und Organverkäufer dar. Jürgs bringt viele interessante und gut recherchierte Hintergründe (wie das auf Vertrauen und gesprochenem Wort beruhende Hawala-Finanzsystem der Hawaladare mit Zentrum Dubai), Zusammenhänge und Beispiele, u. a. eines von kriminellen Fluchtorganisatoren und Schleusern unter Deckung einer Religion (Jesiden).[204]

Obwohl, wie bereits angemerkt, journalistische Recherchen auch repetitiv sind und oft vor allem auf Spektakuläres zielen, zeigen sie doch das Gigantische des Phänomens: Schleusungskriminalität (oft mit Einverständnis der Geschleusten), Frauenhandel, profane Kinderarbeit und Sex-Sklavereien sind nur die Spitzen des Eisberges heutiger Sklavereien und heutigen Menschenhandels, der fast immer mit Schleusern beginnt. Armut, Arbeitslosigkeit, Hoffnungslosigkeit, Konflikte und Kriege führen dazu, dass sich Menschen in die Gewalt von Kriminellen begeben.

---

199 Kalnoky, Boris; Moutzouri, Dimitra, „Schlimmes Schicksal von ‚Europas Geisterkindern'", in: Die Welt. So., 27. Oktober 2013, www.welt.de/vermischtes/article121251802/Schlimmes-Schicksal-von-Europas-Geisterkindern.html (letzter Zugriff 16. 2. 2018).

200 Bales; Sarich, Jody, „Afterwords. The Paradox of Women, Children, and Slavery", in: Lawrance; Roberts, Richard L. (eds.), Trafficking in Slavery's Wake. Law and the Experience of Women and Children in Africa, Athens: Ohio University Press, 2012, S. 241–253.

201 Bales, Die neue Sklaverei, passim.

202 Krahe, Dialika, „Der Sklavenaufstand", in: Der Spiegel. Nr. 10, 5. März 2011, www.spiegel.de/spiegel/print/d-77299736.html letzter Zugriff 16. 2. 2018).

203 Bales, Die neue Sklaverei, passim; Kara, Tráfico sexual, passim; Cacho, Sklaverei, passim.

204 Jürgs, Michael, Sklavenmarkt Europa. Das Milliardengeschäft mit der Ware Mensch, München: C. Bertelsmann / Random House, 2014.

Zweck vorliegenden Handbuches war es, lange historische Linien sowie welt- und globalhistorische Elemente der Sklaverei, unterschiedlich konfigurierte Kin-Sklavereien, Sklavereientwicklungsstufen sowie -typen der Weltgeschichte und Erfahrungen von Menschen in unterschiedlichsten Sklavereien auf Basis des Konzepts „menschliche Körper als Kapital" aufzuzeigen sowie traditionelle Sklaverei-Bilder zu dekonstruieren. Ich wollte auch konzeptionelle Fixierungen des Begriffs Sklaverei auf Grundlage einer Analyse unterschiedlicher historischer Sklavereien in Räumen der Welt- und Globalgeschichte flexibilisieren. Damit soll der Blick freier werden auf globalhistorische Realitäten heutiger Sklavereien. Einerseits durch *mapping* und Analyse unterschiedlicher Sklavereien (Strukturen) zu unterschiedlichen Zeiten und in unterschiedlichen Räumen (Plateaus) sowie der Analyse von Prozessen (*slaving*) sowie Akteuren (*agency*), die zur Formierung der Strukturen und eben Sklaverei-Plateaus führen. Das Beharren auf Strukturen ist in der heutigen Kulturgeschichte nicht mehr üblich. Ich halte es aber für notwendig. Nur so können Unterschiede zwischen den Typen wirklich und konzentriert deutlich werden. Von der mikrogeschichtlichen Seite der Akteure und ihres Erlebens her sind diese Makrodifferenzen nicht in dieser Fokussierung zu verdeutlichen. Andererseits sollten durch Integration der Erlebens- und Perzeptionsseite der Sklavinnen und Sklaven sowie ihrer Nachkommen die sozialen Dynamiken und Transkulturationen, die von den Erfahrungen, dem Wissen sowie den Aktionen der Sklaven als Akteure in unterschiedlichsten Gegenden der Welt ausgingen und immer noch ausgehen, deutlich werden. Massiver Sklavenhandel und unterschiedlichste Typen von Sklavereien existieren bis heute. Der reale Kapitalismus, der in den Zentren vieler Metropolen weltweit sein „schönes" Gesicht der Warenästhetik, Mode, des guten Essens, der Werbung und der Shopping-Malls zeigte (heute zeigt er immer neue Gesichter der Krise), hat immer noch „hässliche" und gewalttätige Grundlagen im Menschenkapitalismus des Slaving. So ist das östliche Europa, seit dem 6. Jahrhundert Zentrum von Sklavereien und Slaving (die Model- und Körper-Castings markieren eine symbolische Übergangssituation), auch heute voll von Armen und Arbeitslosen, „disposable people", Neo-Sklaven, wem es literarisch gefällt, voll von Turgenews *lishnye ludi*.[205] Die neuen Staaten nach Krieg, Holocaust und Kommunismus haben nicht etwa multikulturelle Gesellschaften wieder aufgebaut und verhalten sich integrativ, sondern investieren in mythische Identitäten und in einen jeweiligen monolithischen „nationalen Geist". Sie agieren, auch und gerade, wo sie zur EU tendieren, rassistisch gegen Fremde und eigene „Andere" (wie Roma oder Russen).[206] Oder gegen Prostituierte und sexuell „Andere". Im späten 19. und frühen 20. Jahrhundert war das Wort *polaca* (Polin) in Lateinamerika gleichbedeutend mit Prostituierter und Sex-Sklavin (oft waren es in Realität ost-

205 Kitliński; Lockard, „Sex Slavery and Queer Resistance in Eastern Europe", S. 127–143, hier S. 127.

206 Ebd.

europäische jüdische Frauen). Heute ist das östliche Europa ein „sexual playground of the West“:[207] Kosovo (Truppen, Polizisten und Zivile aus Westeuropa sind veranwortlich für das schnelle Anwachsen der Prostitution), Polen, Tschechien und die Ukraine werden durch „sexual trafficking, prostitution und sex industry“ ausgebeutet. Je weiter östlich, desto billiger werden die Körper. Das reiche Finnland hat seine estnischen Sklavinnen sowie Sklaven und Estland wird zu einer Art finnischer Neo-Kolonie. Polen sind die Herren von ukrainischen Prostitutions-Sklaven.[208]

Leser mögen glauben, die beschriebenen Zustände wären Zufall oder „Unfälle“ der weltweiten Migration oder „Schuld von Ausländern“ – sind sie aber nicht. Es ist auch nicht alles Trafficking. Die verschiedenen Muster des Menschenfangs oder der Menschenanlockung, der Schleusung, des Transports und Sklavenhandels zur Versorgung heutiger Sklavereien sind nur mit einem sehr flexibilisierten Begriff des *slaving* auf welt- und globalgeschichtlicher Grundlage zu erkennen, der trotzdem den realen Kern des Konzepts – extremer Zwang, Überarbeitung, Unterdrückung, Statusminderung (oft immer noch Rasse), oft sogar der „Wille zu dienen“ / „servitude to western capital“,[209] schwere Arbeit, Ausbeutung, sexuelle Unterordnung, Kapitalisierung menschlicher Körper, körperliche Gewalt und Unehre – im Fokus behält. Die immer wieder bemühten legalen Formen sind wichtig. Aber es sind Formen.

Durch Beschreibung von Kin-Sklavereien sollen die Perspektiven noch weiter geöffnet werden auf eine extreme Vielfalt von Sklavereitypen und Übergangsformen im Bereich von Arbeit und körperlichen Dienstleistungen in der Welt- und Globalgeschichte auf allen Kontinenten, Meeren, Ozeanen und Inseln seit ca. 10 000 vor unserer Zeitrechung bis in das 21. Jahrhundert – bis zum heutigen Tag und auch außerhalb von hegemonistischen Zentren des Spätkapitalismus oder hinter (*beyond*) den Grenzen seines des direkten Einflusses. Sklavereien, besonders Kin-Sklavereien, ich wiederhole das, sind manchmal sehr kleine, lokale oder regionale Institutionen, eingebettet in Verwandtschaftsbeziehungen (auch fiktive) – aber es gab und gibt sie weltweit. Etwa die Jungen, die an Fischer des Volta-Stausees verkauft werden. Ein anderes Beispiel, das ca. 5000 Mädchen und Frauen betrifft, ist die Quasi-Tempelsklaverei der *trokosi* (auch: *vudusi*, *woryokwe*) in Ghana (auch in Togo und Benin): „Beim Volk der Ewe im Südosten Ghanas schicken Familien, die für einen Frevel büßen wollen [oder Schutz erbitten – M. Z.] eine Frau oder ein Mädchen zu den Hütern von Kultstätten, für die sie gewöhnlich lebenslang sexuelle und häusliche Dienste erbringen müssen“.[210] In traditionellen Gesellschaften,

207 Ebd., S. 133.
208 Ebd., S. 134.
209 Ebd., S. 128.
210 http://www.ilo.org/wcmsp5/groups/public/---ed_norm/---declaration/documents/publication/wcms_088431.pdf (06. August 2018); Zeuske, „Und heute?“, in: Zeuske, Sklaverei, S. 131–140, siehe auch: Kraśniewski, Mariusz, „Tradition in the Shade of Globalization: Ritual Bondage in Ghana“, in: Archiv orientální. Journal of African and Asian Studies Issue 77/2 (2009), S. 123–142.

wie etwa der in Futa Toro im Senegal, existieren „passive" Sklaven und Sklavinnen (*maccube*, meist Poulards); oft einfach deshalb, weil es Menschen sind, die von Müttern geboren werden, die zur traditionellen Sklavenkaste gehören. Und in Mauretanien und in Teilen Malis ist Sklaverei „nach der Sklaverei" sozusagen das Normalste der Welt.

Andererseits sind Imperien oder große translokale (globale) Wirtschaftssysteme deshalb so mächtig, weil es ihnen gelingt, verschiedene Kin-Sklavereien sowie andere Sklavereitypen und -formen zu neuen Sklavereitypen zusammenzuführen oder an kapitalistischen Wirtschaften unter anderen Namen anzudocken. Manchmal bilden neue Prototypen von Sklavereien, wie das neuzeitliche atlantische Slaving, auch die Basis ganzer sozioökonomischer Systeme, wie der atlantische Menschenkapitalismus, im Grunde eine gemeinsame Erfindung iberischer und afrikanischer Eliten, die von europäischen Kaufleuten, Ideologen und Staaten/Institutionen zwischen 1650 und 1850 perfektioniert wurde.

Durch diesen weiten globalen Blick auf breitere Sklavereien-Realitäten mit vielfältigsten lokalen Typen, Formen und Benennungen sowie der Basis- und Scharnierfunktion von Gewalt bei der Verkoppelung lokaler, regionaler und globaler Sklavereitypen wird einerseits die traditionelle Bindung des heute vorherrschenden Sklaverei-Konzepts an ein protagonistisches Zentrum westlicher Geschichtskosmologie, wie „antike Sklaverei", vor allem griechische und römische Sklaverei – die ich hier versuche als eine Weiterentwicklung aus spezifischen lokalen Kin-Sklavereien unter imperialen Bedingungen zu interpretieren, aus der sich ein Prototyp formierte – sowie an die US-amerikanische und karibische Plantagensklaverei gelöst, und auch für Lokal- und Übergangsformen der Sklaverei in Afrika, Eurasien und in der östlichen Hemisphäre anwendbar.

Aus der neuen Konzeptualisierung und den Evidenzen vielfältiger Sklavereitypen ergeben sich Zugänge zu einem der drängendsten Probleme der gegenwärtigen Globalgeschichte: die Subsumierung von Sklavereien zusammen mit Übergangsformen (Kin-Sklavereien, *contemporary forms of slavery*: *slavery and slave trade*, *trafficking in persons*, Sex-Handel, *debt bondage*, *forced labor* und „other forms of contemporary slavery", Rekrutierung von Kindersoldaten – nach der Kategorienbildung der *Working Group on Contemporary Forms of Slavery*, 1988) und unfreien Zwangsarbeitsverhältnissen (*sweat shops*, *indentured labour*, Prostitution, Sträflings- und Militärzwang, ausgeflaggte Schiffe, „Arbeit analog zur Sklaverei"), unter dem heutigen globalen Finanz-Kapitalismus. Im wirtschaftlichen Sinne ist das Ganze zunächst weitgehend unabhängig davon, wie die Gruppen, die als Arbeits- und Dienstleistungskräfte integriert werden, kulturell verfasst sind oder wie sie von den sie beherrschenden Eliten genannt werden. Kurz gesagt, es besteht, gerade in Krisenzeiten, die Gefahr, dass vagabundierendes Geldkapital und Menschenkapitalismus sich wieder deutlicher als bisher verbinden und die Gesetzgebung angepasst wird.

Sklavereiboom des 21. Jahrhunderts?

In dieser Perspektive wird deutlich, dass Sklavereien und Menschenhandel wirklich im 21. Jahrhundert weltweit boomen. Es handelt sich heute um Generationen von eigentlich illegal Versklavten, für die jährlich Gewinne von mindestens 31 Milliarden Dollar geschätzt bzw. mit derer Arbeit, Dienstleistungen und Körpern diese Summen erwirtschaftet werden.

Die durchschnittlichen Preise für Sklavinnen und Sklaven (wenn sie, d. h., sowohl die Preise wie auch die Anzahl der Versklavten, überhaupt zu ermitteln sind und Sklaven beziehungsweise ihre Körper oder Körperteile nicht selbst als allgemeines Äquivalent und Kapital gelten) lagen in den letzten 3000 Jahren zwischen 20 000 und 80 000 (in heutigen Dollars).[211] Heutige Sklaven sind schon für ein Hundertstel dieser Summen oder noch viele weniger zu beschaffen.[212] Benjamin Skinner zeigt, dass er in Port-au-Prince ein zehnjähriges Mädchen für 50 Dollar hätte erwerben können und in Bukarest eine junge Frau gegen einen Gebrauchtwagen, ein gesundes und hübsches Kind für 20 000 Dollar.[213] Michael Jürgs belegt ähnliche Zahlen.

Im Grunde schlage ich in vorliegendem Buch vor, die Funktion von Sklavereien heute nicht mehr nur auf die „Ressource Land", wie Nieboer, lebenslange Sklaverei oder „Rasse" (wie im 19. Jahrhundert), sondern eher auf Dienstleistungen, Mobilität, körperliche Arbeit und Gewalt und damit auf menschliche Körper als multivalentes Kapital („Menschenkapitalismus" / *corporeal capitalism*) und auf heutige Formen der Kapitalakkumulation an sich zu beziehen – sozusagen als Sklaverei im Quadrat.

Heutige globale Sklavereien konzentrieren sich oft auch nur auf eine Lebensetappe der Opfer (meist Kindheit oder Jugend), einzelne Orte oder Zeiten (z. B. Teiletappen von Migration) oder einzelne Teile menschlicher Körper (Biokapitalismus) – Deleuze grüßt. Heutige Sklavinnen und Sklaven werden meist von Landsleuten, oft auch Frauen, zunächst geschleust und dann gezwungen, Arbeiten zu verrichten oder Sex und Dienstleistungen während der Migration oder/und in der Emigration zu erbringen. Auch weit hässlichere Formen des Biokapitalismus (Organ- und Körperteilhandel, Blut, medizinische Versuche, Leihmütter, etc.) müssen bedacht werden. Körperliche Arbeit, informelle Arbeit und Dienstleistungen sowie

---

211 Zeuske, „Was kosten menschliche Körper", in: Zeuske, Sklaverei. Eine Menschheitsgeschichte, S. 141–153.

212 Napoleoni, Loretta, „Die Herausforderung der modernen Sklaverei", in: Napoleoni, Die Zuhälter der Globalisierung. Über Oligarchien, Hedge-Fonds, 'Ndragheta, Drogenkartelle und andere parasitäre Systeme. Aus dem Englischen von Heike Schlatterer und Ursel Schäfer, München: Riemann Verlag, 2008, S. 172–175; Zeuske, „Was kosten menschliche Körper?", S. 141–154.

213 Skinner, Benjamin, Menschenhandel. Sklaverei im 21. Jahrhundert, Bergisch-Gladbach: Gustav Lübbe Verlag, 2008, S. 13; Skinner, „A world enslaved", in: Foreign Policy Nr. 165 (2008), S. 62–67; Skinner, „The Fight to end Global Slavery", in: World Policy Journal Vol 36:2, (2009), S. 33–41.

Nachfrage nach Körpern und Organen sind in allen kapitalistischen Gesellschaften mehr als genug vorhanden. Die formale, gesetzlich geregelte und nach Sozialnormen („Würde") bezahlte Arbeit wird unter den Pressionen der Finanzkapitalismus (und der „Sparzwänge") heute immer mehr zur „geschlossenen" Ressource.

Die Epoche der Durchsetzung der „freien" Lohnarbeit zeigt bei aller Diskussion um die „Grade der Freiheit", erstens, dass das westliche Narrativ von immer mehr „Freiheit" deutlich fraglicher wird, aber auch, dass rechtlich fixierte Sklaverei kein Schicksal ist. Trotz durchlaufender stillschweigender Tolerierung von lokalen Sklavereien im weltweiten wirtschaftlichen System des Kapitalismus. Anders definierte und benannte Sklavereien hat es, „angedockt" an die Wirtschaften des Westens, aber in Räumen ohne demokratische Kontrolle (*beyond the Atlantic*, „Räume begrenzter Staatlichkeit", Kolonien/Neokolonien) weiterhin gegeben. Die Ächtung der rechtlich fixierten Sklaverei in den Zentren des Westens zwischen 1794 und 1990 fand auch statt, weil es sonst noch mehr Revolutionen und Kriege in „Bruchzonen" der Globalisierung, Interventionen, Staatszusammenbrüche mit und ohne offene Bürgerkriege, Katastrophen- und Kriegskapitalismus, verschärfte globale Migrationen und illegale Schwarzmarktgeschäfte (mit Korruption) gegeben hätte. Nach 1990 kam es zu einem Neuaufschwung diffuser archaischer Ausbeutungsformen, vor allem durch Niedergang bisheriger Zentren, aber auch durch Expansionen, Militäreinsätze sowie Allianzen zwischen Finanzkapital, transnationalen Firmen, Leihfirmen, mafiösen Gruppen und Diktaturen, die billige und entehrte Arbeit mit Gewalt, Kartellbeziehungen und Medienmacht absichern.

Allerdings sollte moderne Sklaverei von der Binarität und der liberalen Konstruktion der totalen Entgegensetzung von „Freiheit" und „Sklaverei" befreit werden (Kritik an den Abolitionsrhetoriken, siehe oben).[214] Diese diskursive Binarität wird durch das häufige Rekurrieren auf den Kampf gegen Sklavenhandel und Sklaverei im liberalen Großbritannien im 18. und 19. Jahrhundert sowie die „großen" Abolitionsgesetze immer wieder diskursiv und medial rekonstruiert und bekräftigt. Moderne Sklaverei, vor allem mit um sich greifender Armut, Prekarität und Instabilität, auch mit erzwungener und/oder gewollter Mobilität sowie Akteurschaft der Versklavten oder derjenigen verbunden, die Schulden aufnehmen, um, oft unter Hilfe von professionellen Schleusern und Schmugglern, in Gebiete mit funktionierenden Wirtschaften, hoher Nachfrage nach sklavereiähnlicher Arbeit und zugleich mit hohen Schranken gegen „Einwanderung" zu gelangen. Die Arbeiter in den *kafala*-Systemen der Golf-Staaten kommen weiterhin; auch wenn der Bürge/Sponsor (*kafil*) sie als Quasi-Sklaven behandelt, ausbeutet und ihnen die Papiere wegnimmt.[215] Auch Kinder, die sich im Rahmen von Familienstrategien prostituie-

214 Davidson, Modern Slavery: The Margins of Freedom.

215 Gardner, Andrew, „Engulfed: Indian Guest Workers, Bahraini Citizens and the Structural Violence of the Kafala System", in: De Genova, Nicholas; Peutz, Nathalie (eds.), The Deportation Regime: Sovereignty, Space, and Freedom of Movement, Durham: Duke University Press, 2010, S. 305–349; Damir-Geilsdorf; Lindner; Müller; Tappe; Zeuske (eds.), Bonded Labour: Global and Comparative Perspectives (18th–21st Century).

ren, können Akteure ihres Lebens sein.[216] Julia Davidson hebt zu Recht einen der Hauptunterschiede zwischen der *Atlantic Slavery* des 15.–19. Jahrhunderts und dem heutigen Trafficking hervor – die Versklavten des dritten Sklavereiplateaus wollten nicht nach Amerika; heutige Migranten wollen in ihre Zielländer.[217] Heutige Sklavereien müssen aber vor allem mit den ersten beiden Sklaverei-Plateaus der Weltgeschichte verglichen werden. Die Frage ist trotzdem: Warum nehmen Menschen, Frauen, Männer, oft auch Kinder und Halbwüchsige, zeitweilig (Jobs für bestimmte Zeit) oder sektoral im Sinne von Orten oder Räumen (Meere, z. B. Mittelmeer oder extreme Landwege, z. B. zwischen Afghanistan und der EU-Grenze) oder punktuell (sweat shops, Puffs, Farmen, Küchen) Sklaverei „freiwillig“, d. h., zu Beginn zwar oft strukturell, aber nicht direkt persönlich-körperlich gezwungen, auf sich? Sicherlich auch, weil seit Beginn der Geschichte „kleine“ Sklavereien („ohne Institution“; Kin-Sklavereien) auch als Passagen zu Sicherheit sowie Schutz in Abhängigkeitssystemen dienten und dienen oder gar Verbesserung und Aufstieg erhofft werden. Wäre dem nicht so, wären die „freiwilligen“ (oft sogar bezahlten) Fahrten auf Booten über das Mittelmeer, auf denen es schlimmer zugeht als auf den meisten Negreroschiffen der atlantischen Sklaverei, nicht erklärbar. Wir kennen allerdings die Dunkelzonen direkter Gewalt gegenüber Migranten nicht – etwa beim Verkauf als Arbeitskräfte in Libyen.

Es gibt, bis auf die oben genannte Arbeit von Suzanne Miers und neuerdings Seymour Drescher, keine Geschichte der Antisklavereibewegung im 20. Jahrhundert (unter Einbeziehung der weiterlaufenden Bedeutung von Sklavereien). Als Beispiel möge auch gelten, dass für die großen Aufsteiger im gegenwärtigen globalisierten Kapitalismus (Mexiko, Brasilien, Indien, Indonesien und China) oder in den Welten der Baumwolle Formen der Sklaverei und paradigmatische Übergangsformen nachgewiesen sind – und in den großen Städten und bestimmten Regionen des Westens auch, von Staaten wie Sudan, Ghana und anderen Ländern der Sahelzone, dem traditionellen Sudan früherer Sklavenhändler oder der bereits genannten Ukraine und Rumänien (Moldawien), ganz abgesehen. Sklaverei als globales Phänomen wird außerhalb spezialisierter Sklavereiforschung, Soziologie und meist diskursivem Anti-Sklaverei-Aktivismus in der heutigen Geschichts- und Sozialwissenschaft, wenn überhaupt, vor allem in Analysen zur Geschichte der Arbeit und Werken der Christentumsgeschichte thematisiert.

216 Montgomery, Heather, Modern Babylon? Prostituting Children in Thailand. New York: Berghahn Press, 2001; Davidson, Children in the Global Sex Trade, Malden: Polity Press, 2005.

217 Davidson, „On broken chains and missing links: Tackling the ‘demand side of trafficking’?“, in: Dragiewicz, Molly (ed.), Global Human Trafficking: Critical Issues and Contexts, London: Routledge, 2015 (Global Issues in Crime and Justice), S. 153–165; Davidson, „Troubling freedom: migration, debt, and modern slavery“, in: Migration Studies (2013), S. 1–20.

In keinem der gelegentlichen Zeitungsberichte über die Schatten der Schattenwirtschaft fehlt das Argument „sie gehörte fast zur Familie“[218] – wichtig ist das „fast“ –, ein Standardargument der Kin- und Haussklaverei, das schon Francisco de Arango y Parreño benutzte, wenn er die „Sanftheit“ (*suavidad*) der iberisch-katholischen Sklaverei betonen wollte. Oder es kommen portionsweise Meldungen sowie Bilder, etwa die, dass Massen von Kindern der „3. oder 4. Welt“ (heute eher *Global South*) keine Geburtsurkunde haben, was sie zu idealen Objekten heutiger Sklaverei prädestiniert. Nur selten lassen sich die Feuilletons großer Zeitungen zu ganzseitigen Artikeln hinreißen, wie die Süddeutsche Zeitung zu Silvester/Neujahr 2006/2007 unter dem Titel „Der Sog des Geldes. Nach Schätzungen der UN werden derzeit 12,3 Millionen Menschen in Sklaverei gehalten“.[219] Die Zahl ist eine Untertreibung (siehe „Zahlen und Menschen“, oben).

In absoluten Zahlen gibt es mit der Schätzung von 27–270 Millionen Menschen im Status der Sklaverei „ohne Institution“ heute die meisten Versklavten in der Welt- und Globalgeschichte. In relativen Zahlen sind es angesichts von sieben Milliarden Menschen Weltbevölkerung sicherlich weniger als um 1850.

Um den Kreis zu schließen: Sklaverei heute ist in ihrem Wesen weltweit wirklich mit allen Formen von Gewalt, Mobilität und Manipulation erzwungene Arbeit mit ihren wirtschaftspolitischen, sozialen, rechtlichen, politischen und psychosozialen Folgen – einerseits ganz transkulturell, translokal oder transnational, was die Herkunft der neuen Sklaven betrifft und ihr Erleben, ihre Perzeption und die täglichen Gewaltbeziehungen aber lokal und historisch in älteren Typen und Formen von Sklavereien verwurzelt – andererseits eben global lokal, Neudeutsch *glokal*. Die so genannten Länder des „Westens“ bleiben aber nicht frei von den Rückwirkungen dieser neuen Sklavereien – so ist das viel beklagte „Verschwinden der Arbeit“ auch ein Ergebnis der neuen Sklavereien. Heutige Sklavereien bilden vielfältigste neue Typen, Formen, Arten und kulturelle Ausprägungen von mit Gewalt erzwungener Arbeit. Sie können unter den neuen Formen und Elementen der Globalisierung (Migrationen, demographische Explosion, Kommunikation, Verslumung der Megastädte, Fehlen einer sinnvollen Nahrungs- und Agrarpolitik, Billigproduktion und Konkurrenz, Anlagesuche „freien“ Kapitals) auf völlig neue Weise organisiert werden – nochmals: ganz lokal, aber höchst dynamisch in einer globalen Welt. Auch kollektive Sklavereiformen existieren unter unseren Augen: die großen Gefängnisarbeitskomplexe, wie in den USA, Russland oder Lager in China und anderen asiatischen Staaten (über die Gefängniskomplexe anderer Staaten wissen wir nicht viel).

---

218 Riebsamen, Hans, „Deutschlands Schattenpersonal. Ohne die Illegalen bliebe manche Wohnung ungeputzt. Alle sind zufrieden“, in: Frankfurter Allgemeine Sonntagszeitung [FAS], 19. November 2006, Nr. 46, S. 8.

219 Süddeutsche Zeitung Nr. 300, 30./31. 12. 2006/1. 1. 2007, S. 2 (ich danke Klaus Koschorke, München, für Hinweis und Kopie).

Sollten Sklavereien in Gestalt des (heute im Westen) schattenhaften Menschenkapitalismus wirklich ewig sein? Bei José Antonio Saco, dem großen Universalhistoriker, der diese Worte vor etwa 150 Jahren aus anderen Interessen als ich heute niederschrieb, heißt es: „¿Existió jamás algún pueblo donde ésta no penetrase bajo alguna de las formas que reviste? ¿Hay por ventura en los fastos de la humanidad algún período, por corto que sea, en que haya desaparecido de la tierra? [Hat jemals ein Volk existiert, wo diese [die Sklaverei] nicht in irgendeiner Form, die sie annimmt, eindringt? Gibt es zufällig in den Chroniken der Menschheit irgendeine Zeit, so kurz sie auch sei, in der sie von der Erde verschwunden wäre?]."[220] Um Saco die Stimme eines ehemals Versklavten entgegenzustellen, die auch nicht viel optimistischer ist, zitiere ich Frederick Douglass: „Slavery has been fruitful in giving itself names. It has been called "the peculiar institution," "the social system," and the "impediment," as it was called by the General conference of the Methodist Episcopal Church. It has been called by a great many names, and it will call itself by yet another name; and you and I and all of us had better wait and see what new form this old monster will assume, in what new skin this old snake will come forth".[221]

Zwischen 1950 und 1990 hätte fast jeder im Westen oder besser im atlantischen „Norden" (USA und Europa) die Behauptungen, dass Sklavereien sich als bisher „ewig" erwiesen haben, energisch zurückgewiesen. Heute hat sich auch diese Sicherheit verflüchtigt.

Mai 2014. In dieser Form begonnen im August 2005 in Cartagena de la Indias (Kolumbien), früher das Sklavenhandelszentrum der Amerikas (2. Auflage beendet Oktober 2018).

P. S. Mai 2013: Die Zahl der Opfer steigt – es gibt immer mehr „Moderne Sklaven",[222] nicht nur in Europa, sondern vor allem auch in Brasilien („Sklaverei 2013"[223] – zum 125. Jahrestag der so genannten „Abolition der Sklaverei" (1888)).

P. S. Oktober 2013: Die offiziell verbreiteten Zahlen steigen weiter: 880 000 „Sklavenarbeiter" in der Europäischen Union und rund 30 Millionen weltweit![224]

---

220 Saco, „Introducción – Egipto – Etiopía – Hebreos – Fenicios", S. 29–76, hier S. 29.

221 Frederick Douglass, Speech to the American Anti-Slavery Society, May 1865, www.harperhighschool.org/ourpages/auto/2010/2/16/43984325/doc_ch12_5.pdf (letzter Zugriff 16. 2. 2018). Foner, Philip S. (ed.), The Life and Writings of Frederick Douglass, 5 volumes. New York: International Publishers, 1950–1955 (Supplementary volume, 1975), Vol. IV (1955), S. 166–169, hier S. 169, www.harperhighschool.org/ourpages/auto/2010/2/16/43984325/doc_ch12_5.pdf (letzter Zugriff 16. 2. 2018).

222 „Moderne Sklaven", in: Süddeutsche Zeitung, Vol. 69, Nr. 87, Mo., 15. April 2013, S. 7.

223 Burghardt, Peter, „Sklaverei 2013", in: Süddeutsche Zeitung, Vol. 69, Nr. 111, Mi., 15. Mai 2013, S. 1.

224 „EU-Bericht: In Europa leben 880 000 Sklavenarbeiter", in: Spiegel Online Wirtschaft, www.spiegel.de/wirtschaft/unternehmen/fast-eine-million-sklavenarbeiter-leben-in-der-eu-a-927563.html (letzter Zugriff 16. 2. 2018); „Studie in 162 Ländern: 30 Millionen Menschen leben weltweit in Sklaverei", in: SpiegelOnline Wirtschaft, (http://www.spiegel.de/wirtschaft/soziales/walk-free-foundation-30-millionen-menschen-leben-in-sklaverei-a-928275.html (letzter Zugriff 16. 2. 2018).

P. S. Mai 2014: Die Zahlen steigen nicht weiter (zumindest in offiziellen Berichten), aber sie konsolidieren sich auf hohem Niveau: Weltweit leisten ca. rund 21 Millionen Menschen, laut einem ILO-Bericht 2014, Zwangsarbeit, die Profite betragen ca. 150 Milliarden Dollar (110 Milliarden Euro). Etwa 2/3 Drittel dieser Profite werden durch Zwangsprostitution oder andere erzwungene Dienste von Frauen und Kindern erwirtschaftet. „34 Milliarden Dollar werden laut ILO im Bauwesen, in Fabriken, dem Bergbau und bei deren Zulieferern mit Zwangsarbeit erwirtschaftet. Neun Milliarden Dollar entfielen auf die Land- und Forstwirtschaft sowie die Fischerei; acht Milliarden Dollar auf private Haushalte".[225]

P. S. Dezember 2014: Die Zahlen steigen doch weiter: „Der neueste Bericht der „Walk Free Foundation" schätzt die Zahl der Menschen, die moderner Sklaverei ausgesetzt sind, auf 35,8 Millionen, von denen 61 Prozent auf nur fünf Länder entfallen – Indien (von Zwangsarbeit bis Zwangsprostitution), China (unter anderem wegen Zwangsarbeit und Kinderhandel), Pakistan (Zwangsarbeit für Schuldner), Usbekistan (Baumwollplantagen) und Russland (von Menschenhandel bis Zwangsarbeit). Auch in westeuropäischen Ländern gibt es Schätzungen von jeweils einigen Tausenden von modernen Sklaven, zum Beispiel Zwangsprostitution [eine Untertreibung – siehe „P. S. Oktober 2013" – M. Z.]".[226]

P. S. März 2016: Geschichte darf auch wieder lehren – wozu in Deutschland, ähnlich wie im Falle der neuen Imperien-Versteher, meist britische Historiker bemüht werden – Ian Mortimer macht in seinem Buch über „Zeiten der Erkenntnis" eine Fußnote, die die Zahl von 30 Millionen Versklavten in der heutigen Welt (2013) aufnimmt und listet zehn Länder mit den meisten Versklavten auf: Indien (mit fast 14 Millionen), China, Pakistan, Nigeria, Äthiopien, Russland, Thailand, Kongo, Myanmar und Bangladesh.[227] Und all das, obwohl das entsprechende Kapitel in seinem Buch (Ian Mortimer ist Mittelalter-Historiker mit der wohl zur Zeit besten Performance in *public history*) „Das Ende der Sklaverei"[228] heißt. Er meint „Europa" um 1100.[229]

Wir befinden uns im Jahr 2018. Es gibt immer noch Millionen von Versklavten auf der Welt. ILO, Walk Free Foundation und International Organization for Migration subsumieren vor allem *forced labour* und *forced marriage* unter *modern slavery* und kommen weltweit auf rund 40 Millionen Menschen (24,9 Millionen arbeiten gegen ihren Willen in Fabriken, auf Baustellen, Farmen und auf Schiffen; 15,4 Mil-

225 Spiegel-Online, „ILO-Bericht – Milliardenprofite aus Zwangsarbeit und sexueller Ausbeutung", www.t-online.de/wirtschaft/jobs/id_69506002/ilo-bericht-21-millionen-menschen-leisten-zwangsarbeit.html (letzter Zugriff 16. 2. 2018).

226 Piller, Tobias, „Ein Milliardär kämpft gegen moderne Sklaverei", in: FAZ, Nr. 281, Mittwoch, 3. Dezember 2014, S. 22.

227 Mortimer, „Zeiten der Erkenntnis", S. 422, FN 10.

228 Mortimer, „Das Ende der Sklaverei", in: Ebd., S. 37–41.

229 Zeuske, „Kein Ende nach dem Ende – Diskurse und Realitäten der globalen Sklaverei seit 1800", in: Zeuske, Sklaverei. Eine Menschheitsgeschichte, S. 212–244.

lionen sind Opfer von Menschenhandel oder wurden zwangsverheiratet); moderne Sklaverei steht in engem Zusammenhang zu Flucht und Migration. Rund drei Viertel aller Opfer sind weiblich und ein Viertel minderjährig.[230]

Ganz zum Schluss – ich frage mich angesichts der extremen Intensivierung der Arbeit heutzutage und angesichts der immer weitergehenden „Selbstoptimierung" manchmal, ob das nicht „freiwillige Sklaverei"[231] ist?

---

230 ILO / Walk Free Foundation / in partnership with International Organization for Migration (IOM) (eds.), Global Estimates of Modern Slavery. Forced Labour and Forced Marriage, www.ilo.org/wcmsp5/groups/public/---dgreports/---dcomm/documents/publication/wcms_575479.pdf (letzter Zugriff 16. 2. 2018)).

231 Chaignot, Nicolas, La servitude volontaire aujourd'hui. Esclavages et modernité, Paris: Presses Universitaires de France, 2012.

Abbildungen

Abb. 1: *Ingenio Trinidad (a) Vista Hermosa* (Santíssima Trinidad), Matanzas.

Abb. 2: Zählung schwarzer Kriegsgefangener in der XVIII. Dynastie (Ägypten, 16. Jh. v. u. Z.).

Abb. 3: Devşirme [= Versammlung, „Knabenlese"]; die Gruppe der in rot gekleideten Jungen, die versklavt werden sollen, findet sich in der unteren rechten Mitte des Bildes.

https://doi.org/10.1515/9783110561630-017

2.e Div. Pl. 15.

CAPITAO DO MATTO.

Abb. 4: Capitão do Mato (Sklavenjäger in Brasilien).

Abb. 5: Iranun Seerazzienkrieger (Sulu-See), 19. Jahrhundert.

Abb. 6: Bischof Adalbert befreit Christensklaven / Jüdische Sklavenhändler.

Abb. 7: Der Sklavenmarkt.

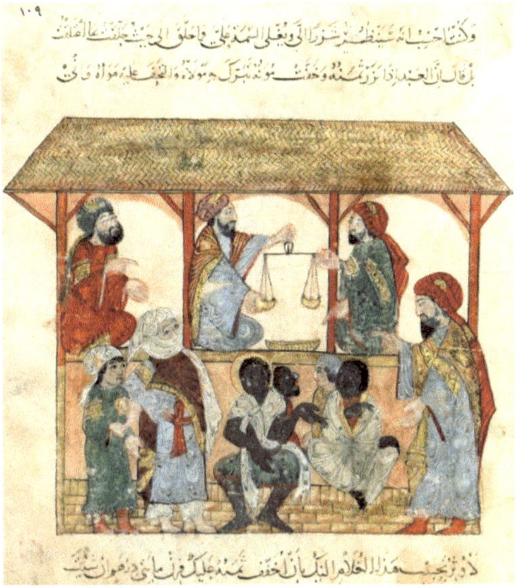

Abb. 8: Sklavenmarkt in Zabid, Jemen, um 1230.

Abb. 9: Eine Sklavin mit zwei Kindern wird in Paramaribo öffentlich versteigert, 1. Hälfte 19. Jahrhundert.

Abb. 10a: Sklavenmarkt in Rio de Janeiro, 1824 (die Aufseher – ein Weißer und ein Schwarzer – sind an den Gerten zu erkennen).

Abb. 10b: Sklavenmarkt in Recife, 1824.

Abb. 10c: Sklavenmarkt in Mascat, Oman.

Abb. 11a: Sklavenverkaufsraum [Boutique] in der Val-Longo-Straße, Rio de Janeiro (1834–1839).

Abb. 11b: Sklavenshop in Rio de Janeiro (1826).

Abb. 12: Sklavenmarkt, Rio de Janeiro, 1835.

Abb. 13: Caius Aiacius, Sklavenhändler (*mango*), 30–40 u. Z.

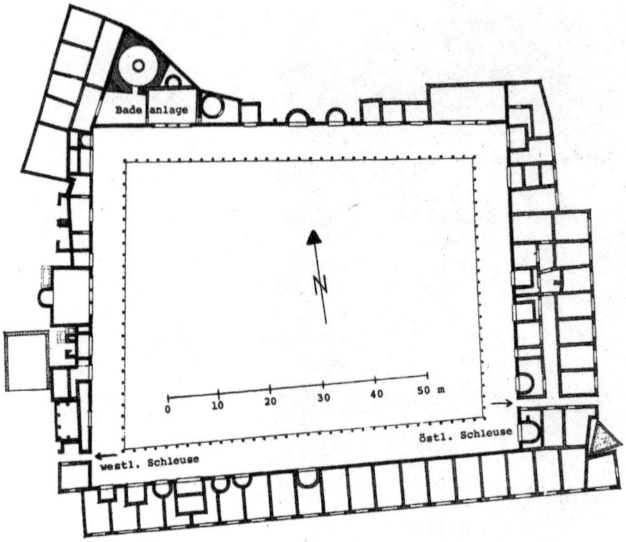

Abb. 14: Agora der Italiker.

Abb. 15: Römischer privater Sklavenhändler (*mango*).

Abb. 16a: Sklavenhändler und Sklaven – eine Straßenszene in Sansibar.

Abb. 16b: Sklavenmarkt (an der westafrikanischen Küste).

Abb. 17a: Atlantikkreole.

Abb. 17b: Molher Negra (schwarze Frau; mit Brandzeichen).

Abb. 18a: Ingenio Flor de Cuba (innen).

Abb. 18b: Ingenio Flor de Cuba (außen).

Abb. 19: Ingenio Acana, Matanzas.

Abb. 20: Ingenio San Rafael.

SLAVE BARRACOON.

Abb. 21: Sklaven-Barracoon, Sierra Leone, Gallinas, c. 1840.

"Insurrection on board a slave ship." Crew members are shown here in a defensive position on the poop deck behind a barricado.
From William Fox, *A Brief History of the Wesleyan Missions on the Coast of Africa* (London, 1851), 116. By permission of the British Library.

Abb. 22: Rebellion auf einem Sklavenschiff (mit Barricado).

Abb. 23: Neger[-sklaven] auf einer Ranch mit Sklavenhandelskarawanen-Treibern, Rio de Janeiro 1822.

Abb. 24: „Katharina".

Abb. 25: „La Sultane" (angeblich Madame Pompadour darstellend).

Karten

Karte 1: Interner Sklavenhandel USA.

https://doi.org/10.1515/9783110561630-018

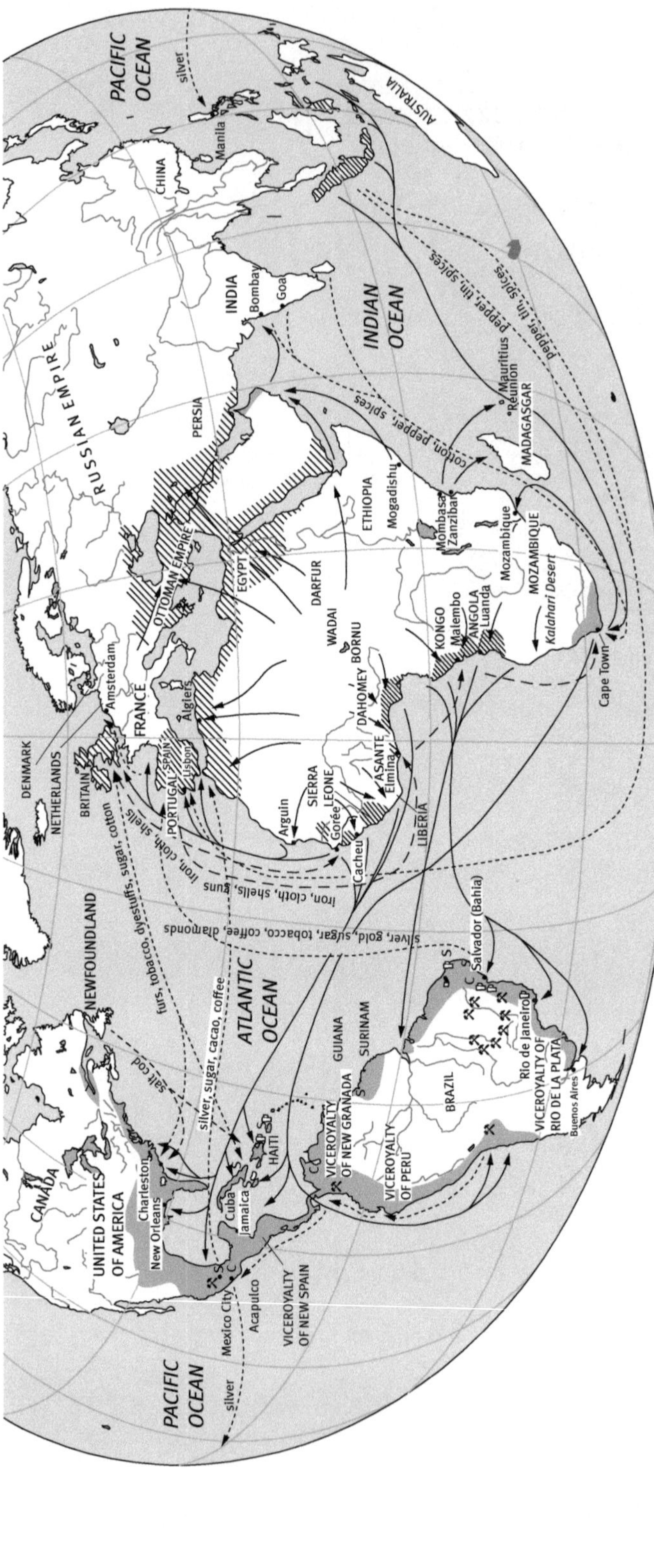

Karte 2: Weltsklavenhandel um 1800.

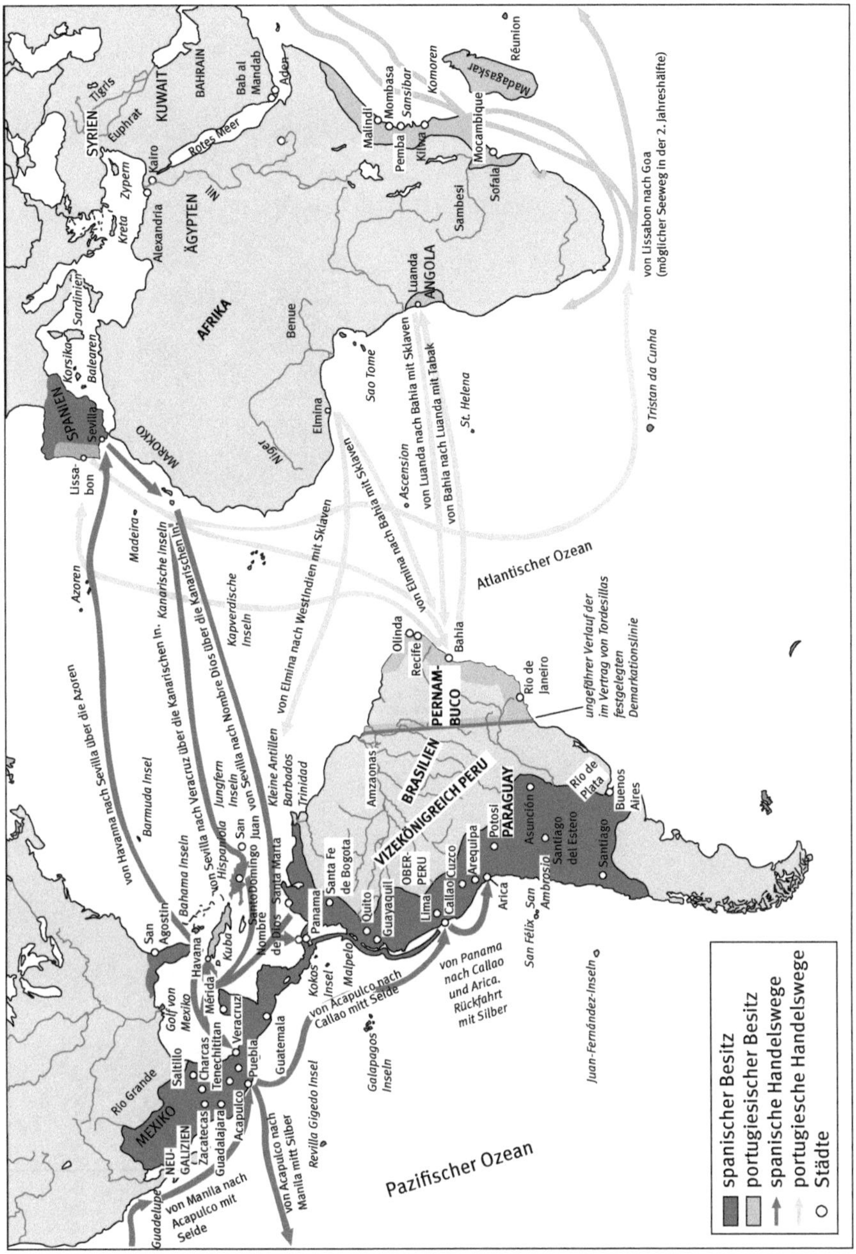

Karte 3: Spanischer und Portugiesischer Atlantik.

Karte 4: Ausrüster-Regionen des atlantischen Sklavenhandels, 1501–1867.

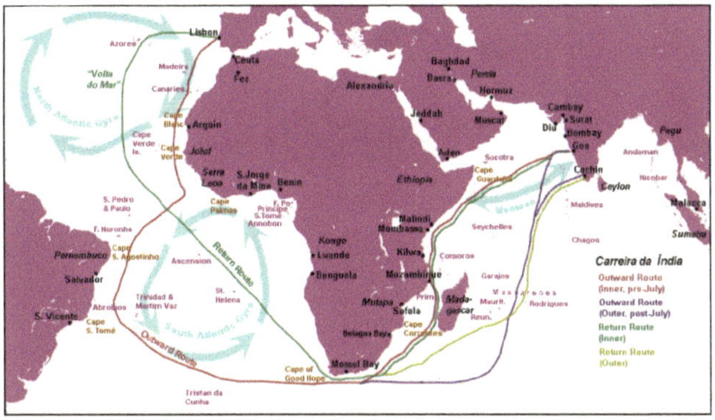

Karte 5: Die portugiesische *Carreira da Índia*.

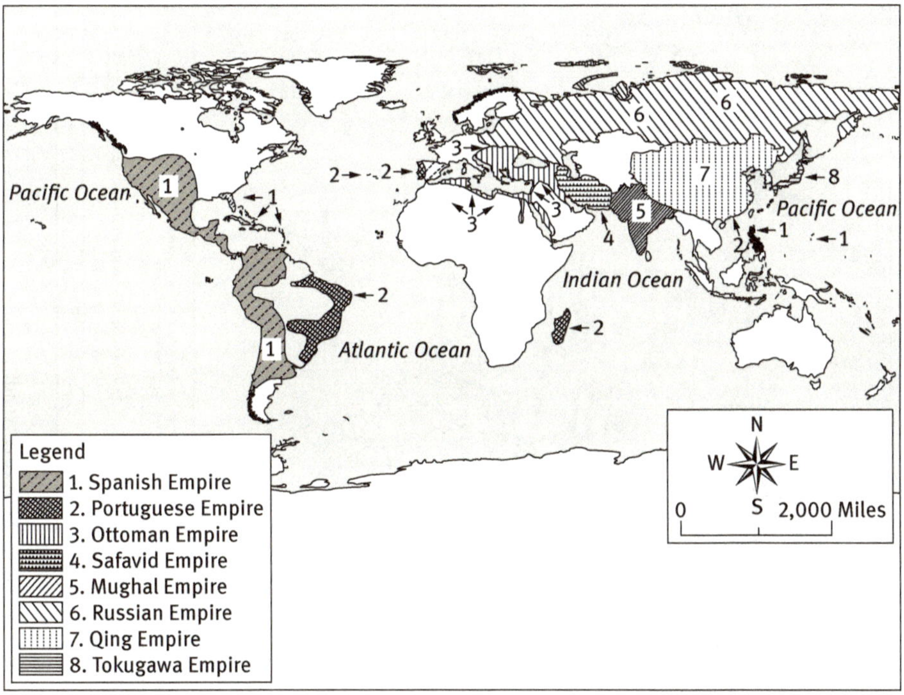

Karte 6a: Imperien der frühen Neuzeit.

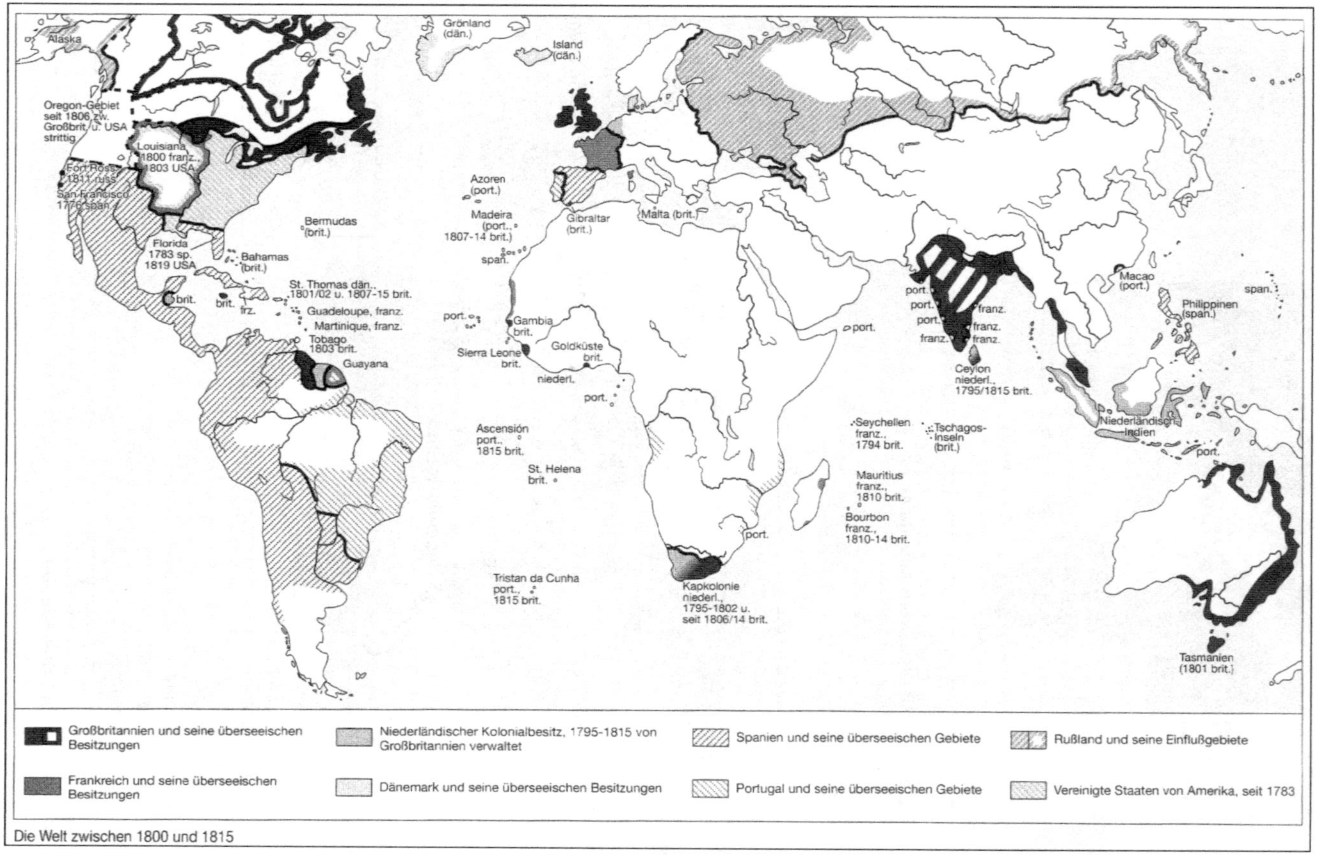

Karte 6b: Kolonialreiche 1800–1815 Wendt.

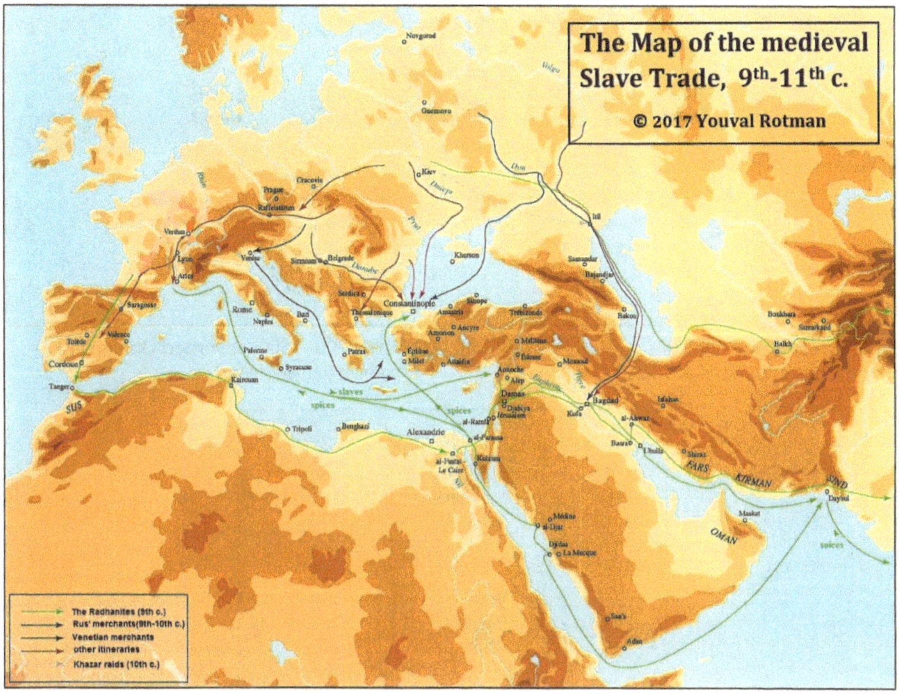

Karte 7: Mittelalterlicher Sklavenhandel mit Zentrum Konstantinopel, 9.–11. Jahrhundert.

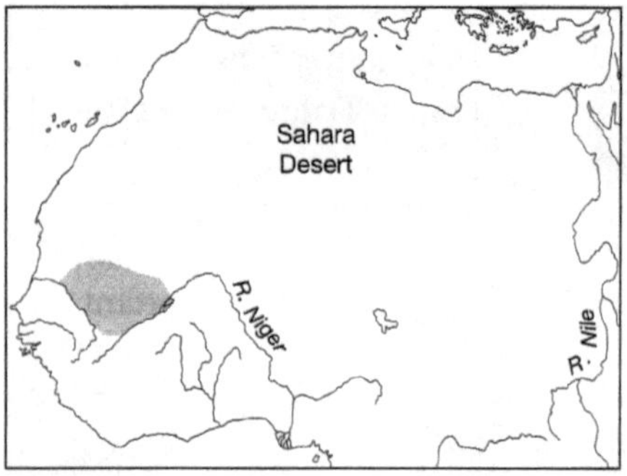

(a) Ghana (AD 700–1200)

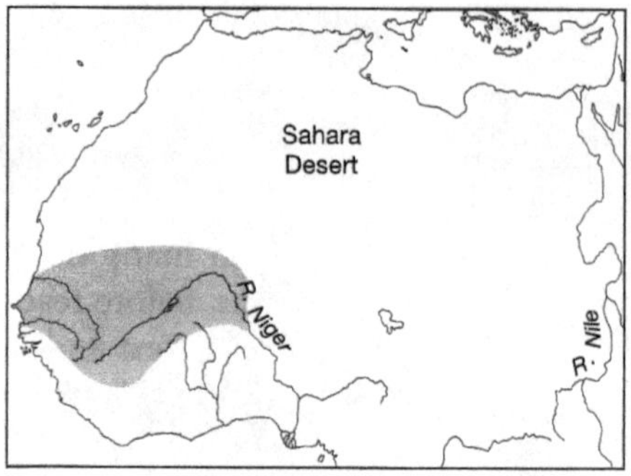

(b) Mali (1200–1500) absorbed Ghana and extended it westward

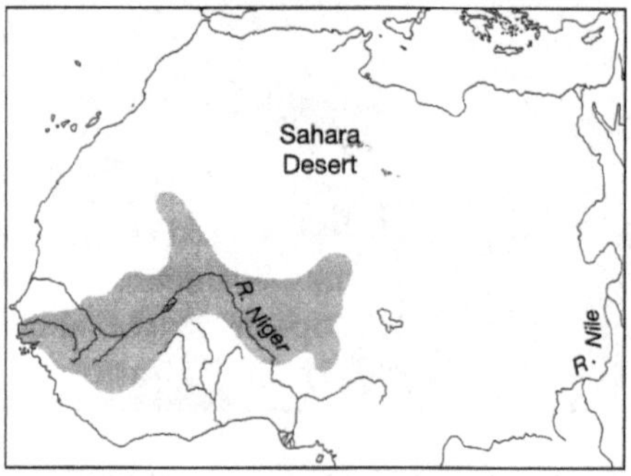

(c) Songhai (1350–1600) slowly usurped the territory of Mali

Karte 8a: Afrikanische Reiche am Niger.

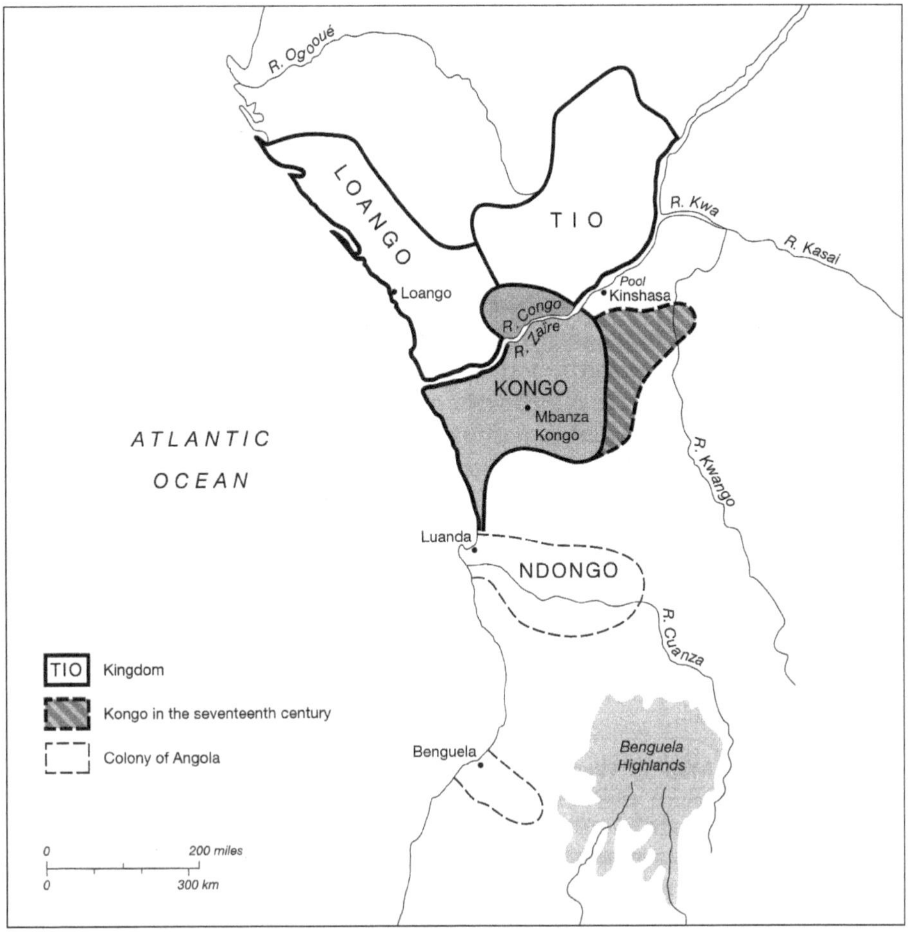

Karte 8b: Kongo Angola (Ndongo) und Loango sowie andere Königreiche in West-Zentralafrika im 17. Jahrhundert.

Karte 8c: Sklaven-/Goldhandel unter der Almoraviden.

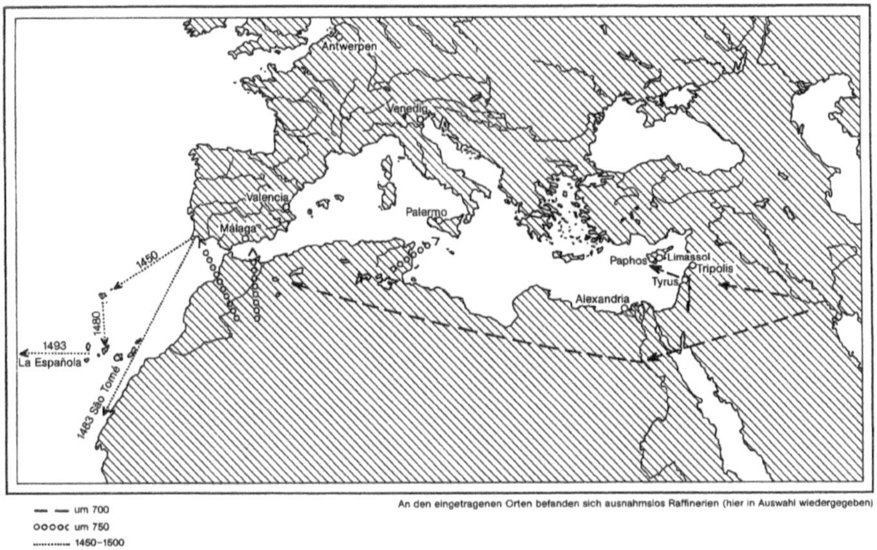

Karte 9: Westwanderung Zucker 700–1450.

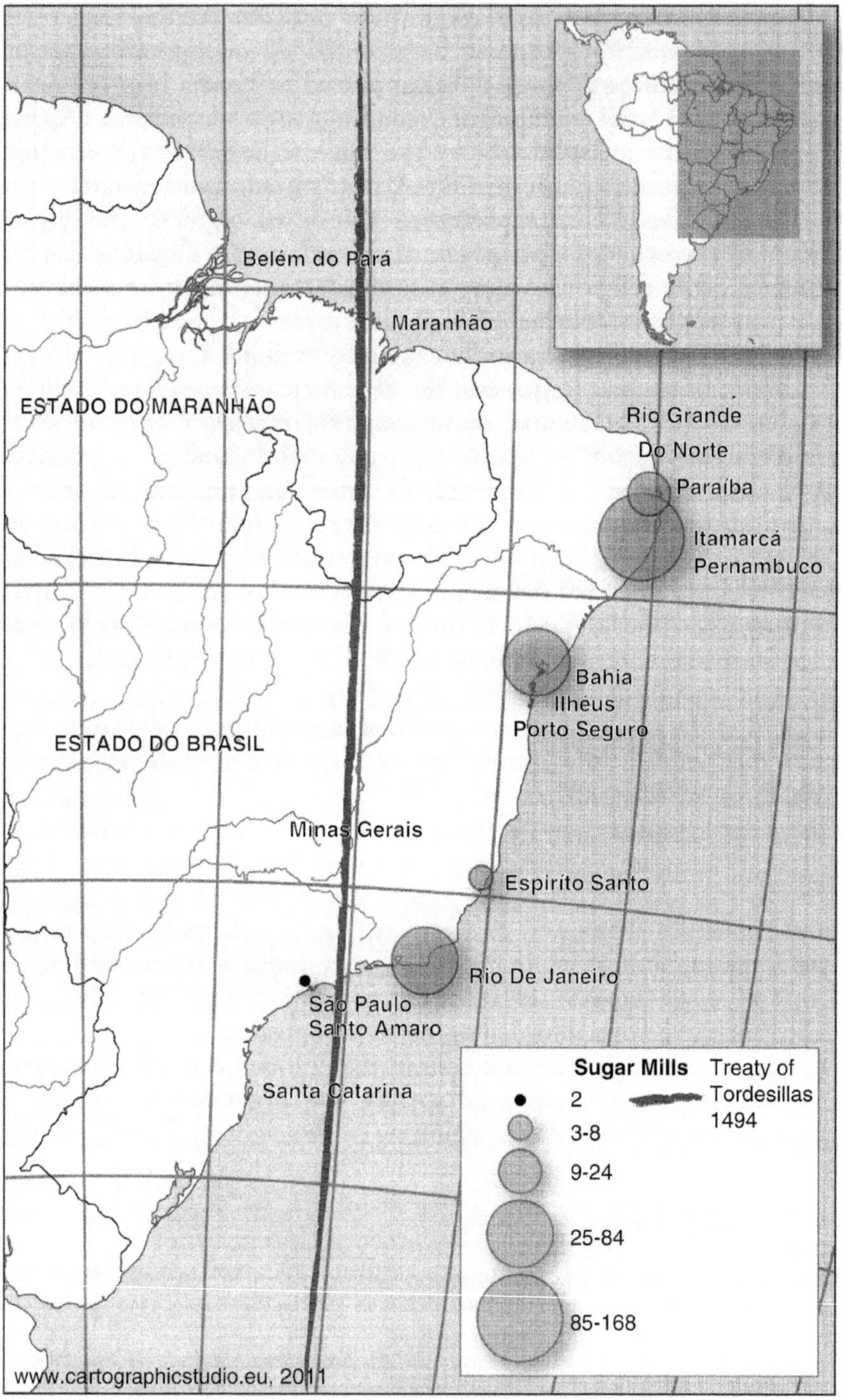

Karte 10: Zuckermühlen (*engenhos*) an der brasilianischen Küste 1500–1650.

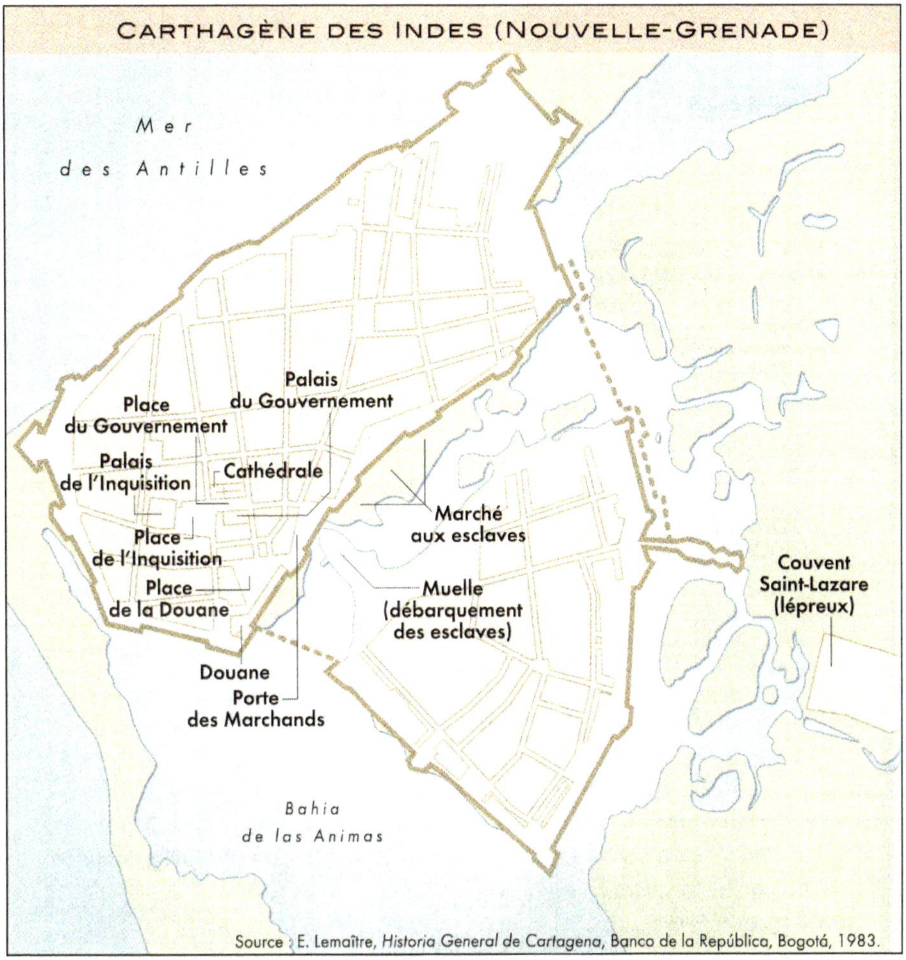

Karte 11: Cartagena de Indias (heutiges Kolumbien) mit Sklavenmarkt.

Karte 12: Das „Imperium der Sklaven“ Spanisch-Amerika (sowie Philippinen).

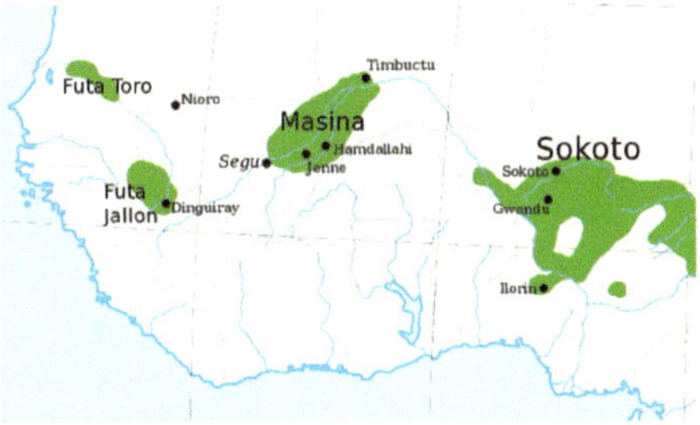

Karte 13: Futa-Staaten in der Sahel-Zone im 19. Jahrhundert.

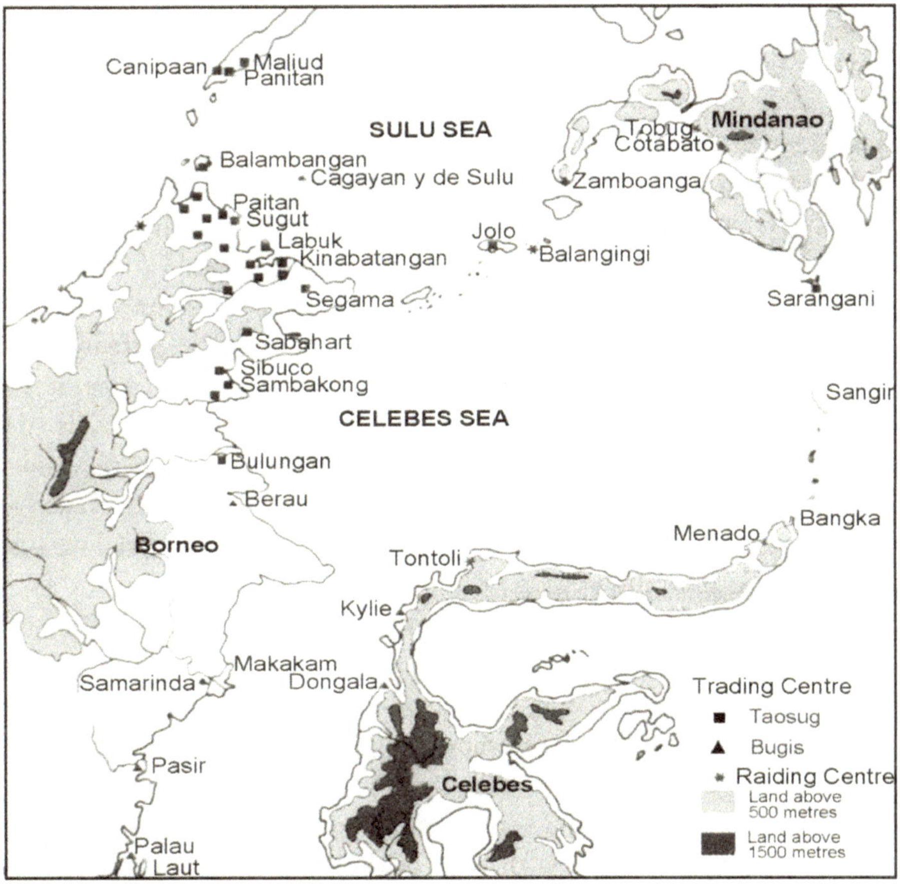

Karte 14: Zulu- und Celebes-See zur Zeit der Iranun und Sama im 19. Jh.

Karte 15: Routen der Sklavenzüge in Südost-Asien.

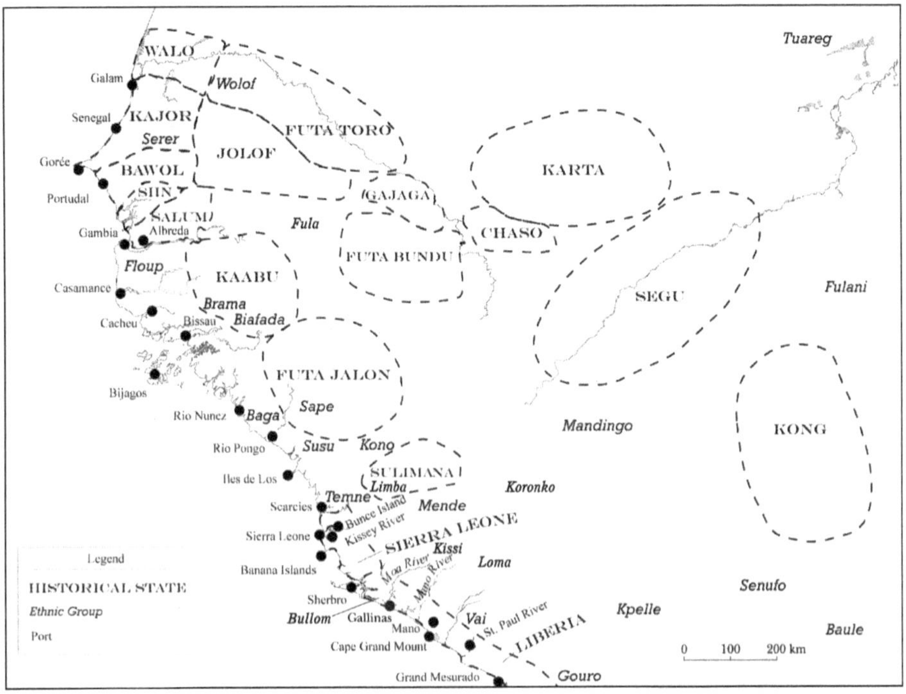

Karte 16: Ethnische Gruppen in Upper-Guinea (Senegambien bis heutiges Liberia), 17. Jh.

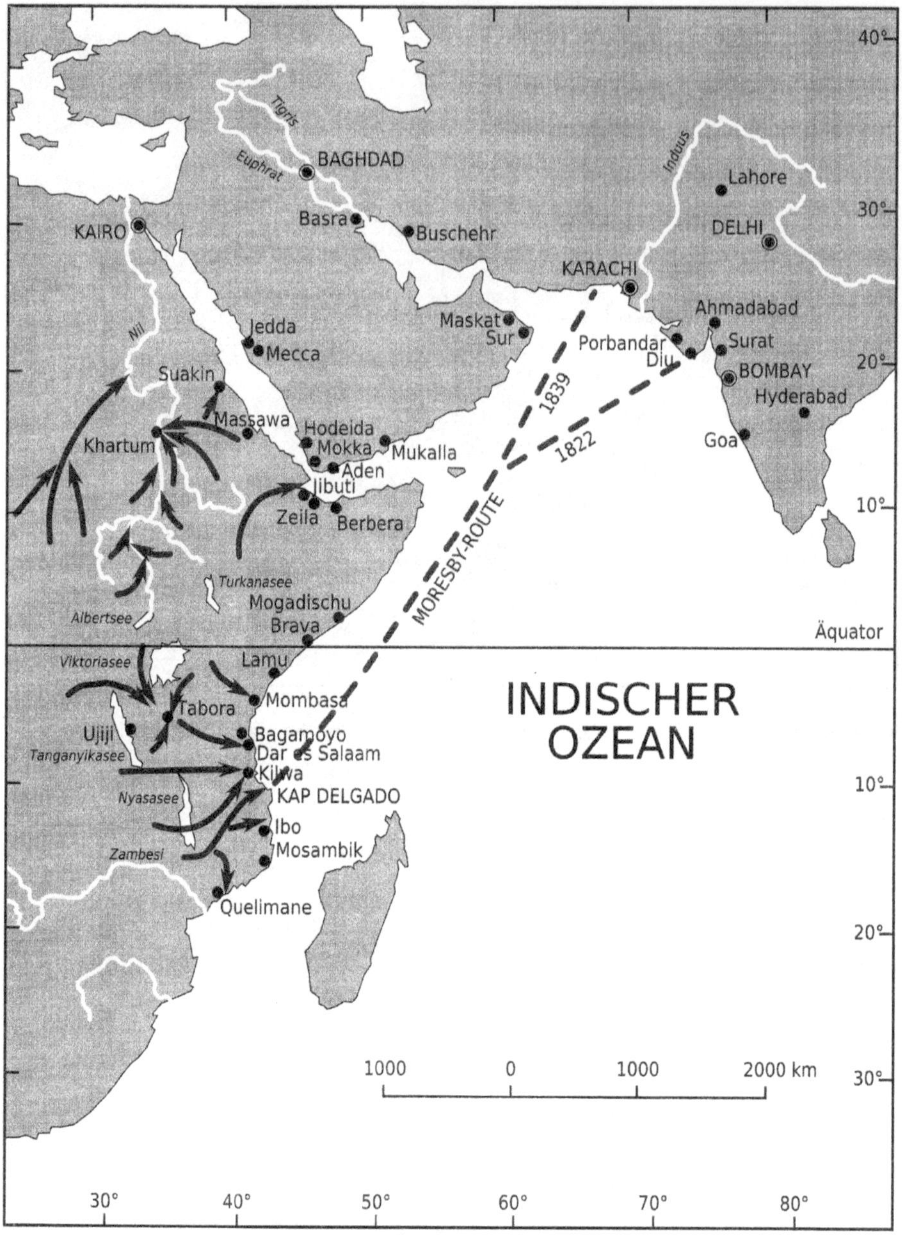

Karte 17: Routen der ostafrikanischen Sklavenkarawanen und die Kontrolllinien nach dem britisch-omanischen Verträgen von 1822 und 1839.

Karte 18: Türkisch-Ägyptischer Sudan im 19. Jh. (bis 1914).

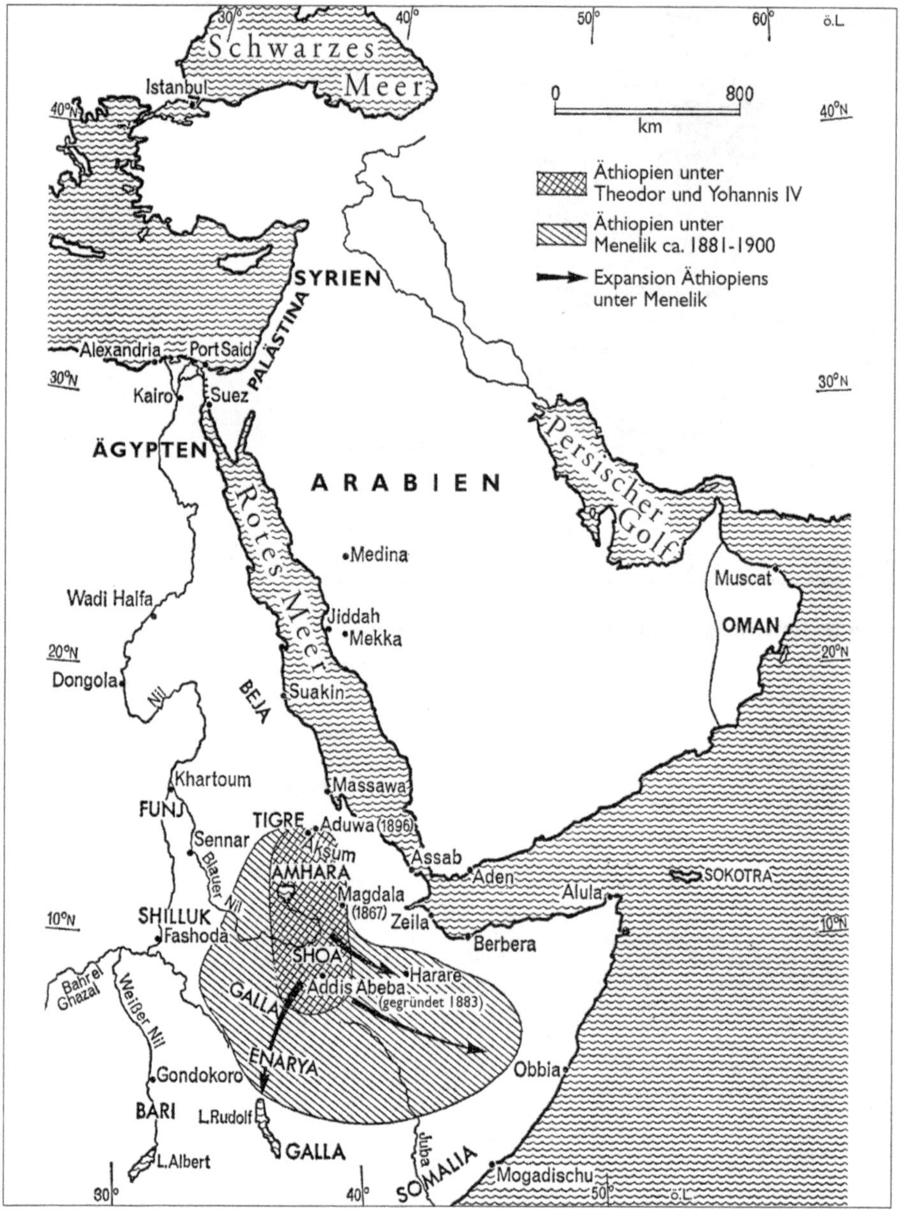

Karte 19: Äthiopien 19. Jh.

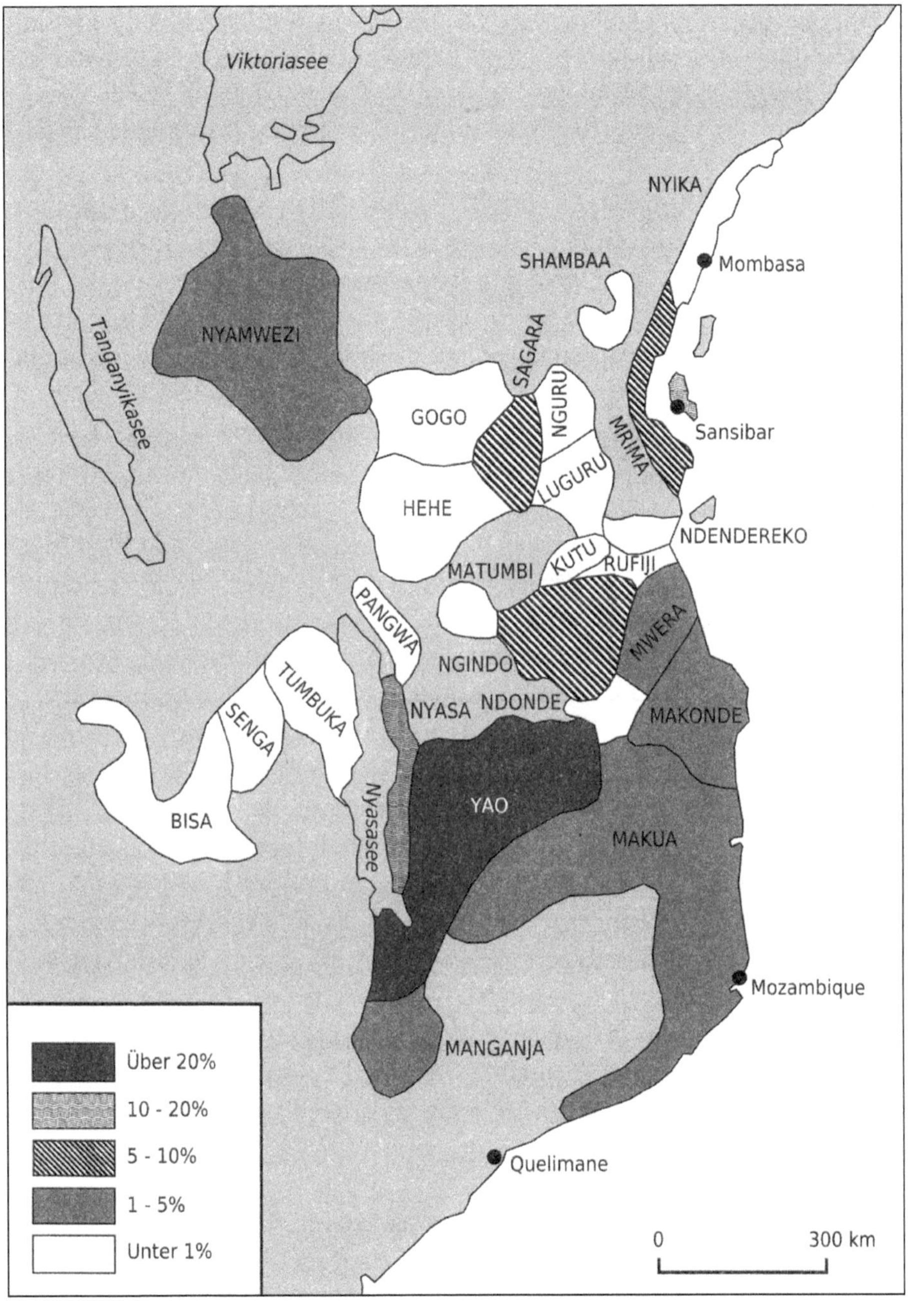

Karte 20: Herkunftsregionen der Sklaven aus dem zentralen Ostafrika.

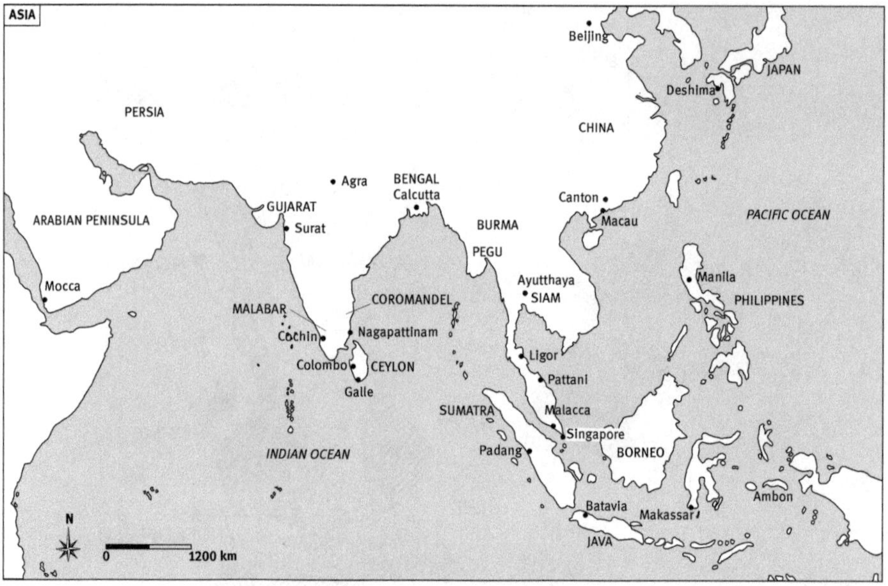

Karte 21: VOC-Orte am Indik und in Asien.

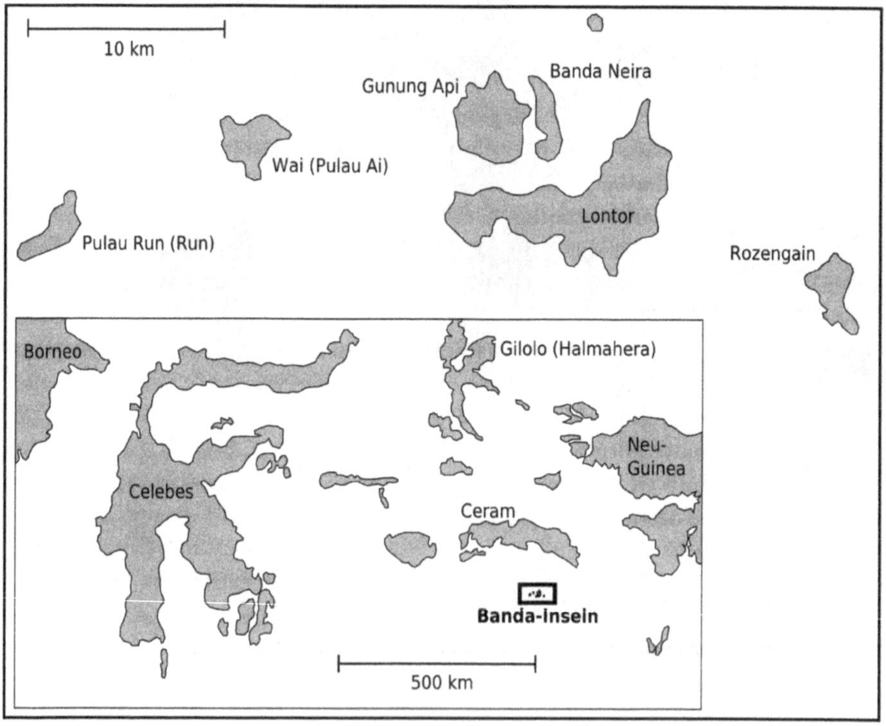

Karte 22: Gruppe der Banda-Inseln.

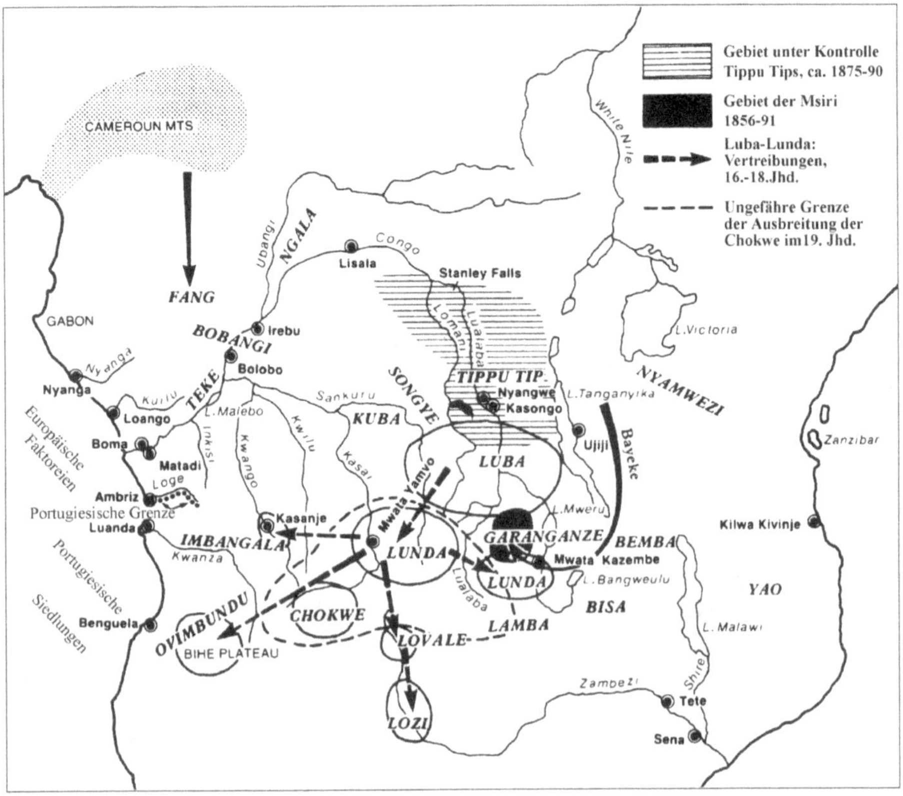

Karte 23: Ost- und Zentralafrika 19. Jh.

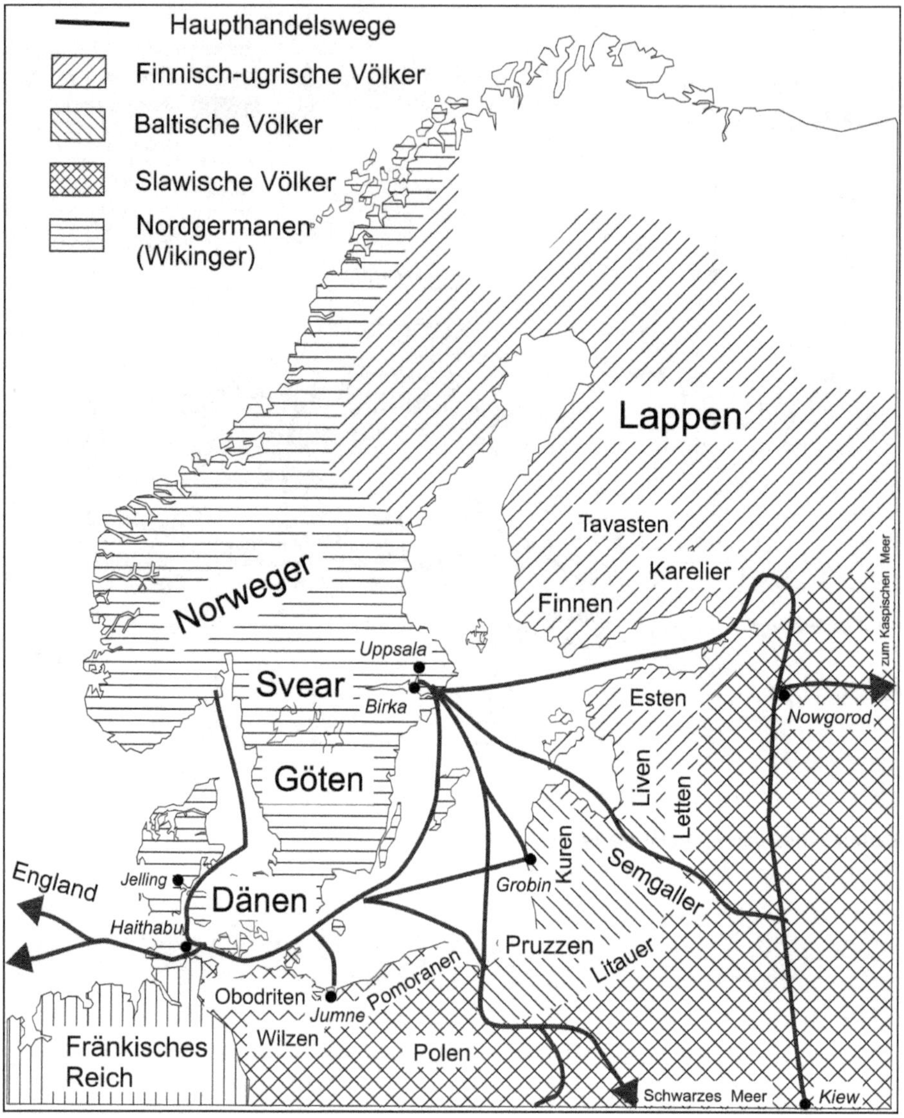

Karte 24: Handel und Einflussgebiete der Wikinger um 900.

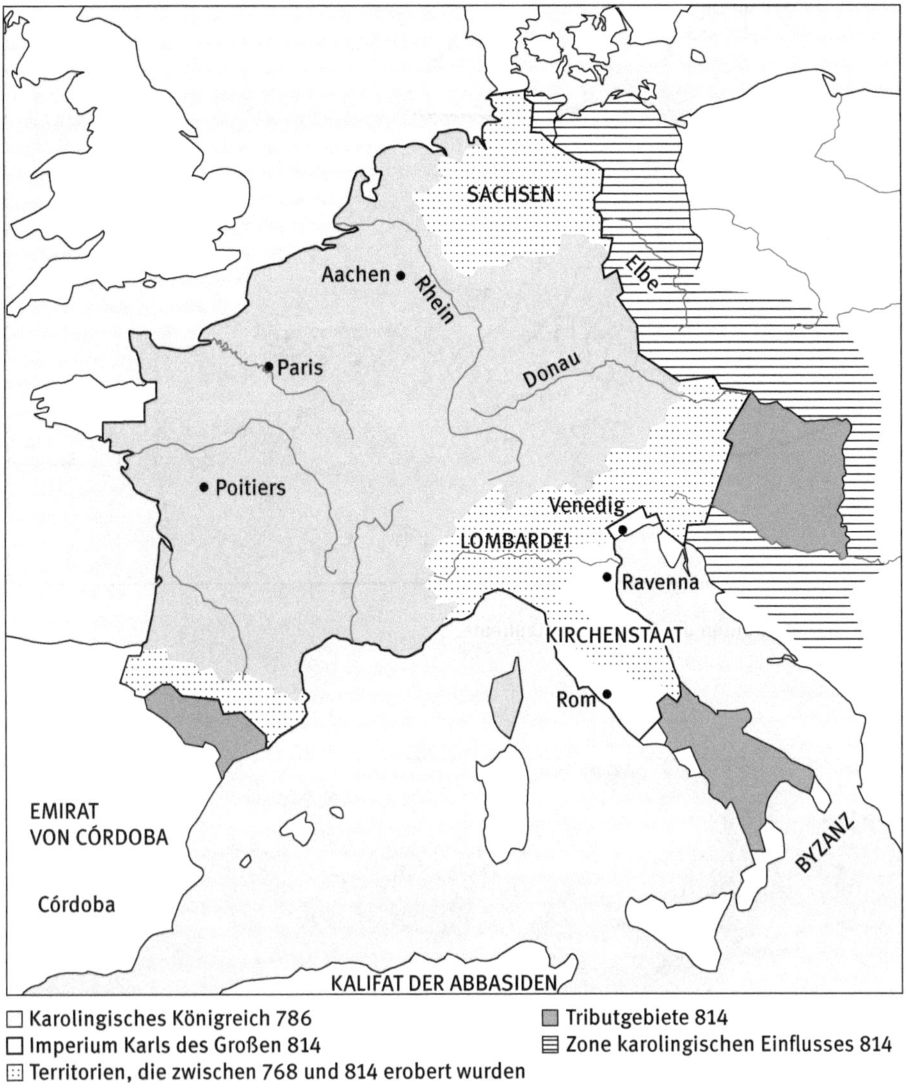

Karte 25a: Karolinger Imperium um 815.

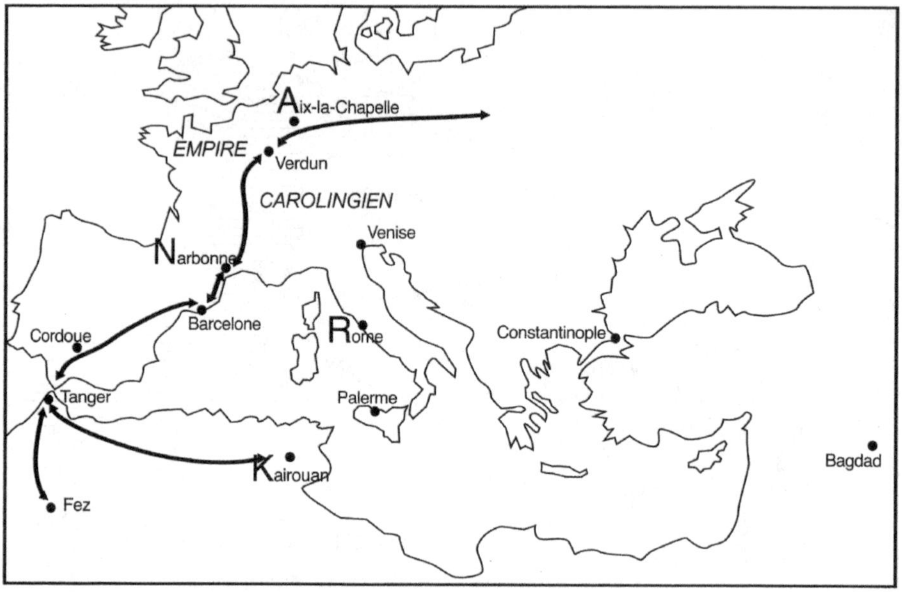

Karte 25b: Westrouten der Radhaniten-Kaufleute.

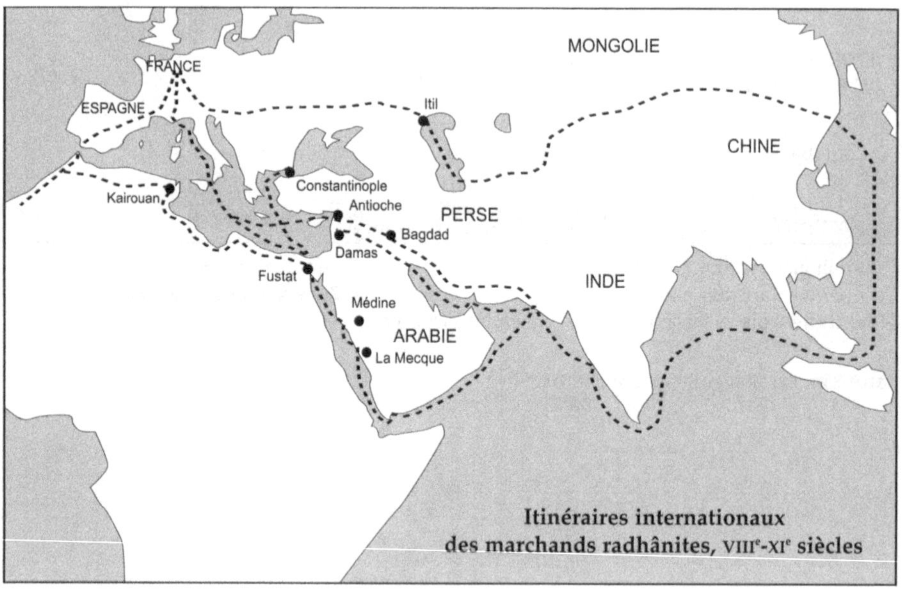

Karte 25c: Eurasische Routen Radhaniten.

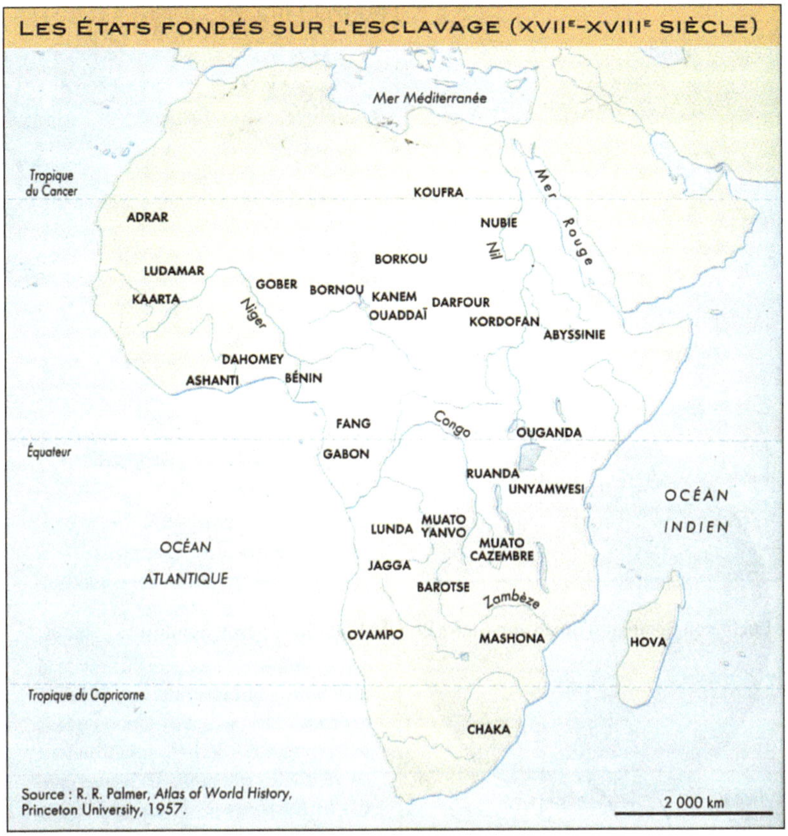

Karte 26: Staatengründungen auf Basis von Sklavenhandel und Sklaverei in Afrika (17.–18.Jh.).

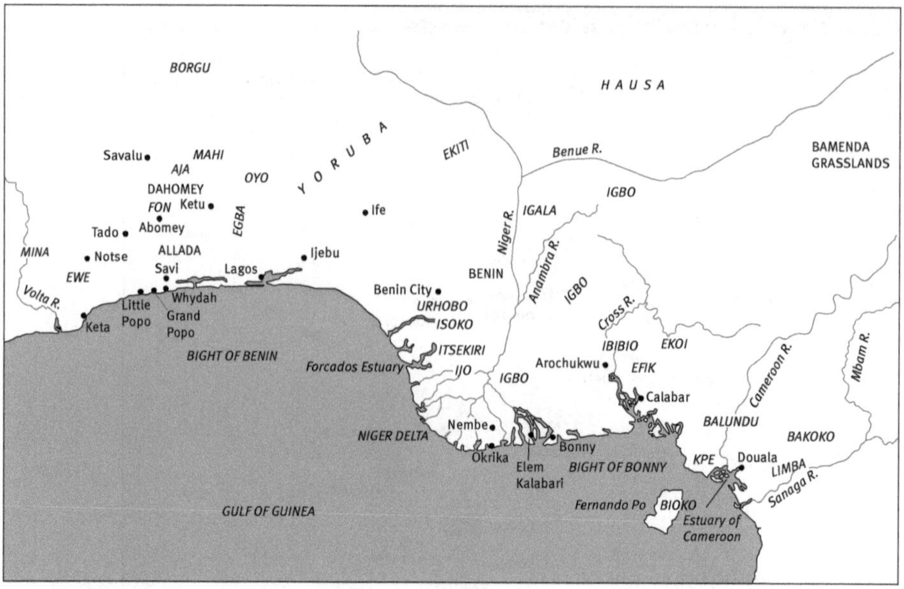

Karte 27a: Die Bucht von Benin und Bucht von Biafra und ihr Hinterland sowie Bonny und Calabar.

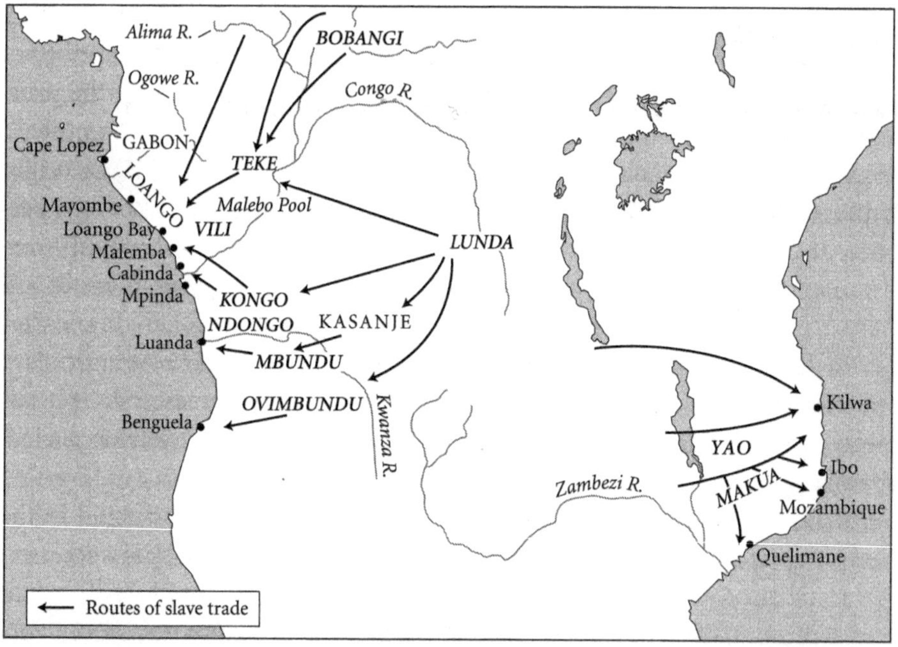

Karte 27b: Routen des Menschenhandels in Zentralafrika.

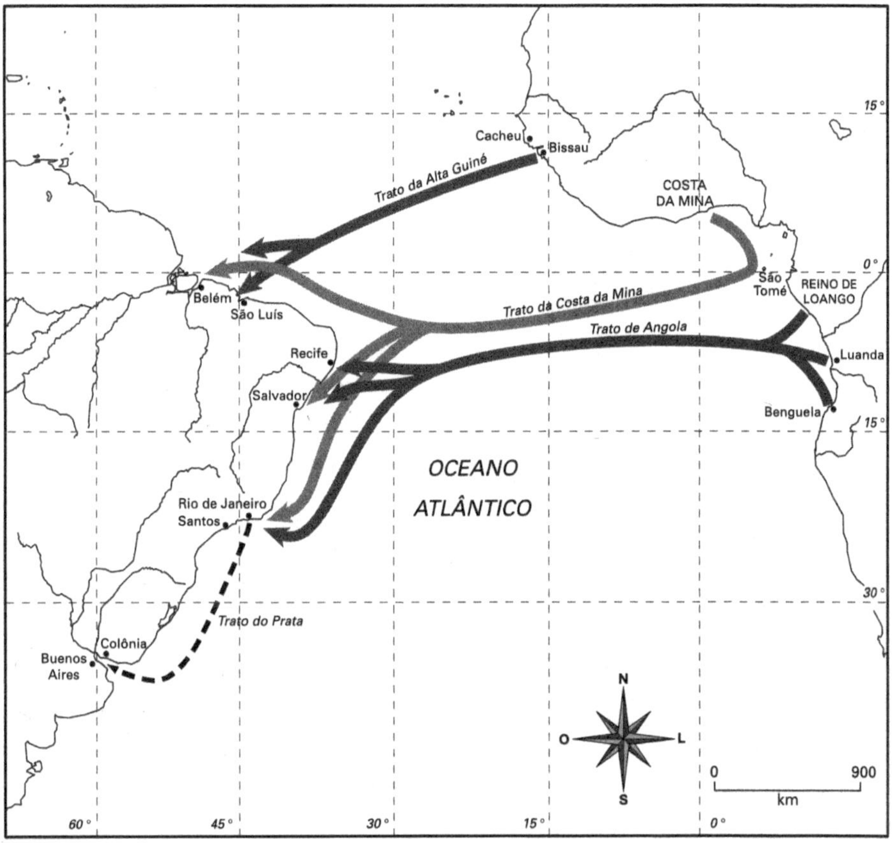

Karte 28: Portugiesischer und brasilianischer Sklavenhandel mit Westafrika.

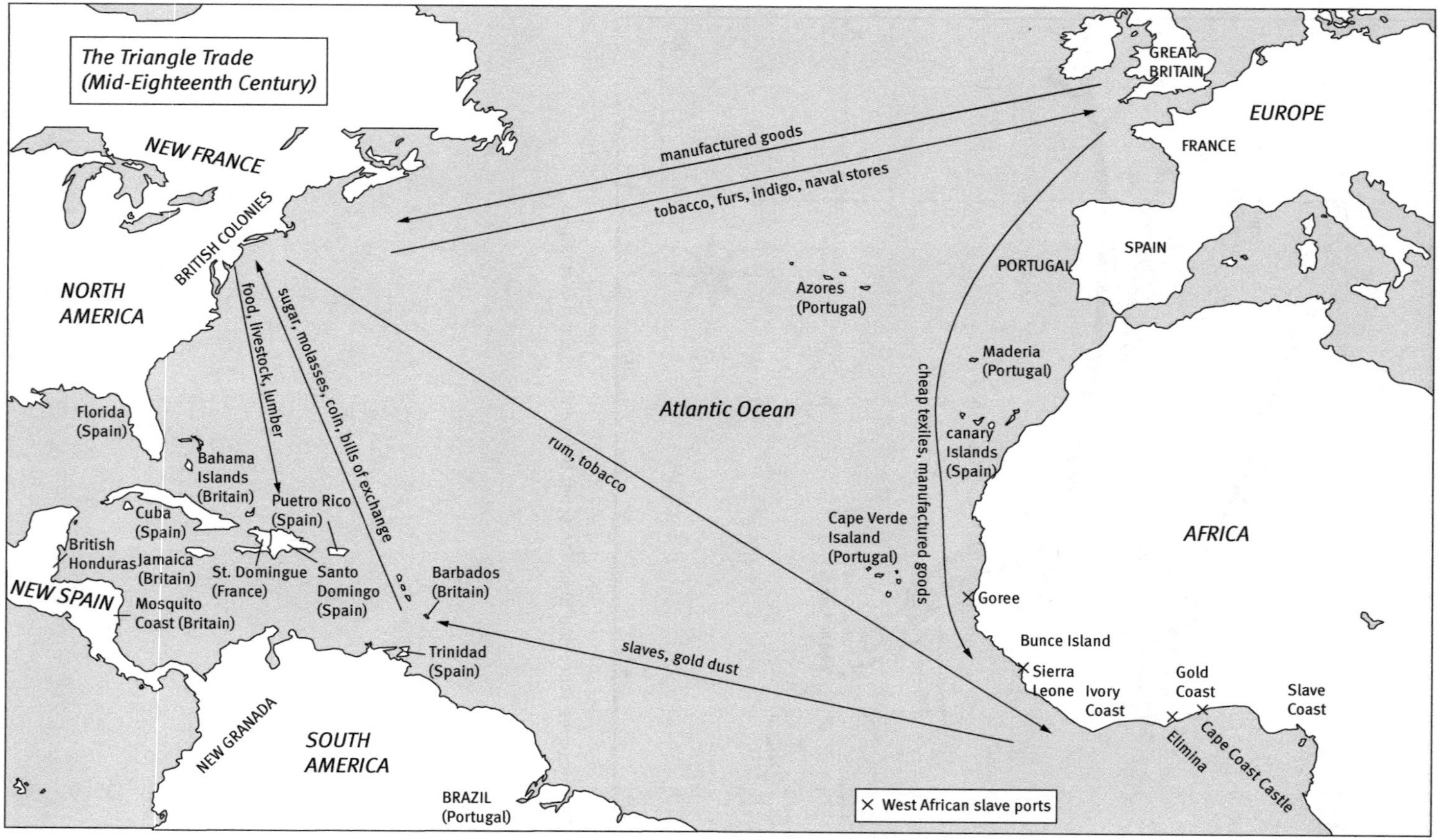

Karte 29: Der so genannte Dreieckshandel (Europa, Westfarika, britische Karibik und englisches Nordamerika), Mitte 18. Jh.

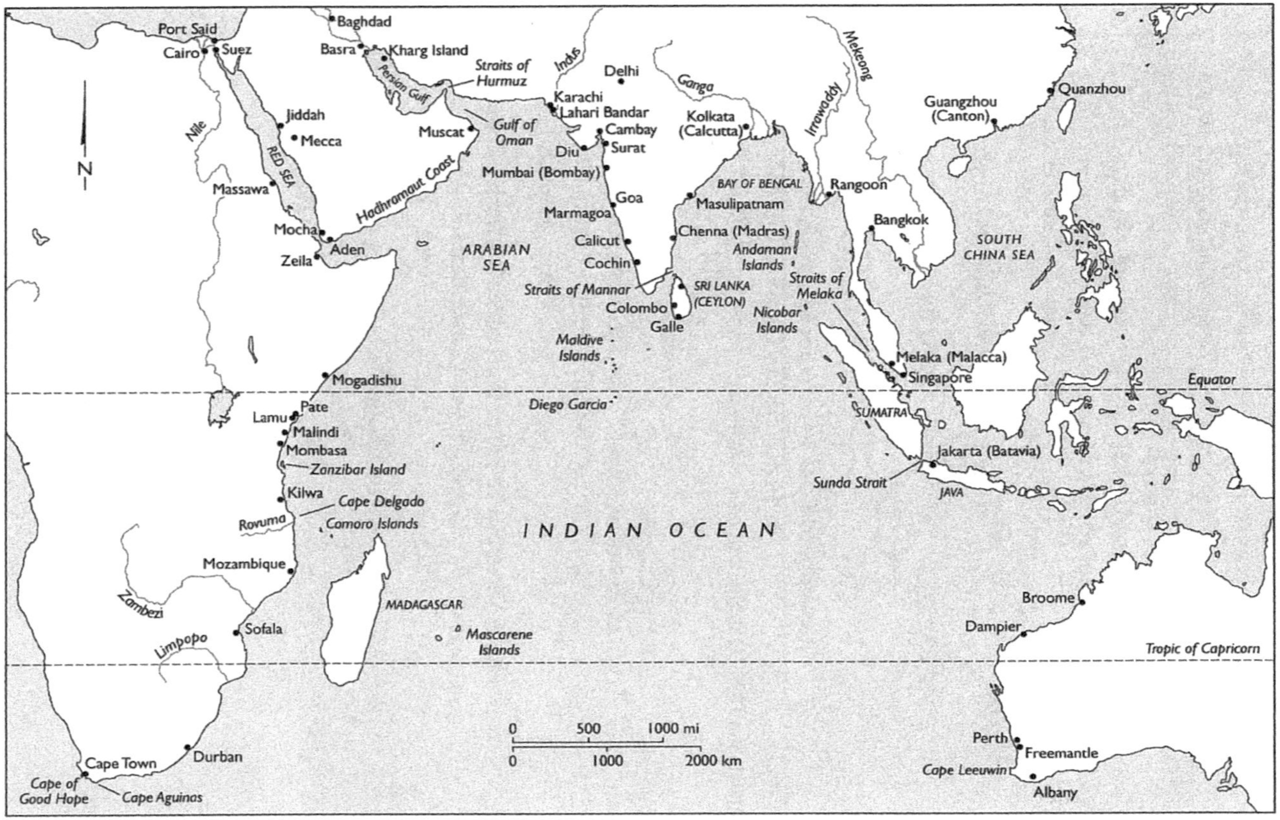

Karte 30: Indian Ocean World.

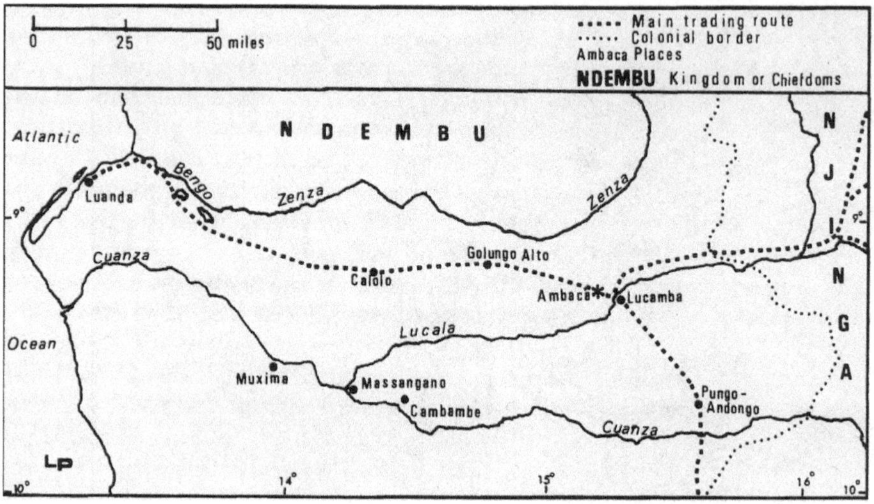

Karte 31: Angola um 1830 (zentrale Position von Ambaca).

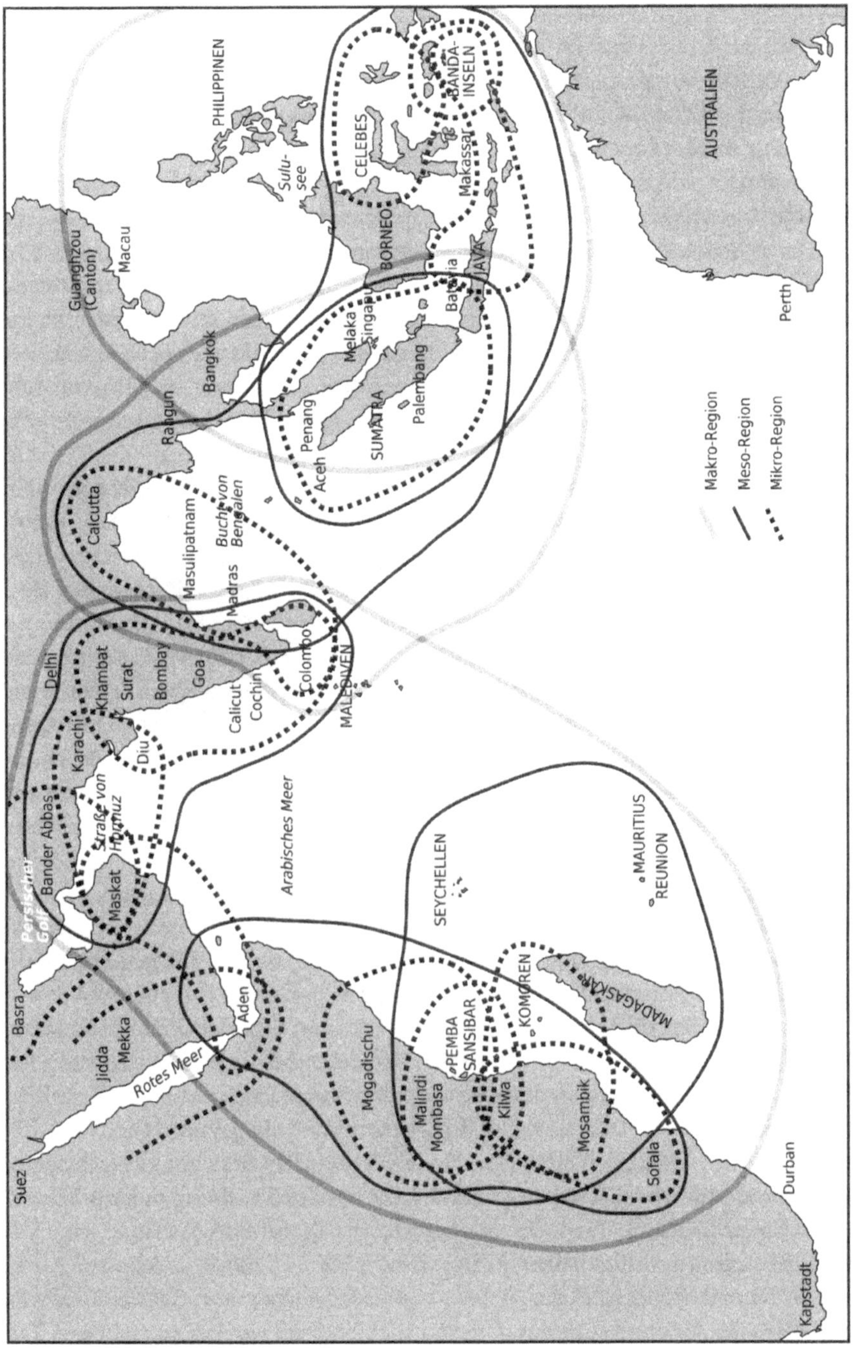

Karte 32: Makro-, Meso- und Mikro-Regionen im Indik.

Karte 33a: Afro-Latein-Amerika um 1800.

Karte 33b: Afro-Latein-Amerika um 1900.

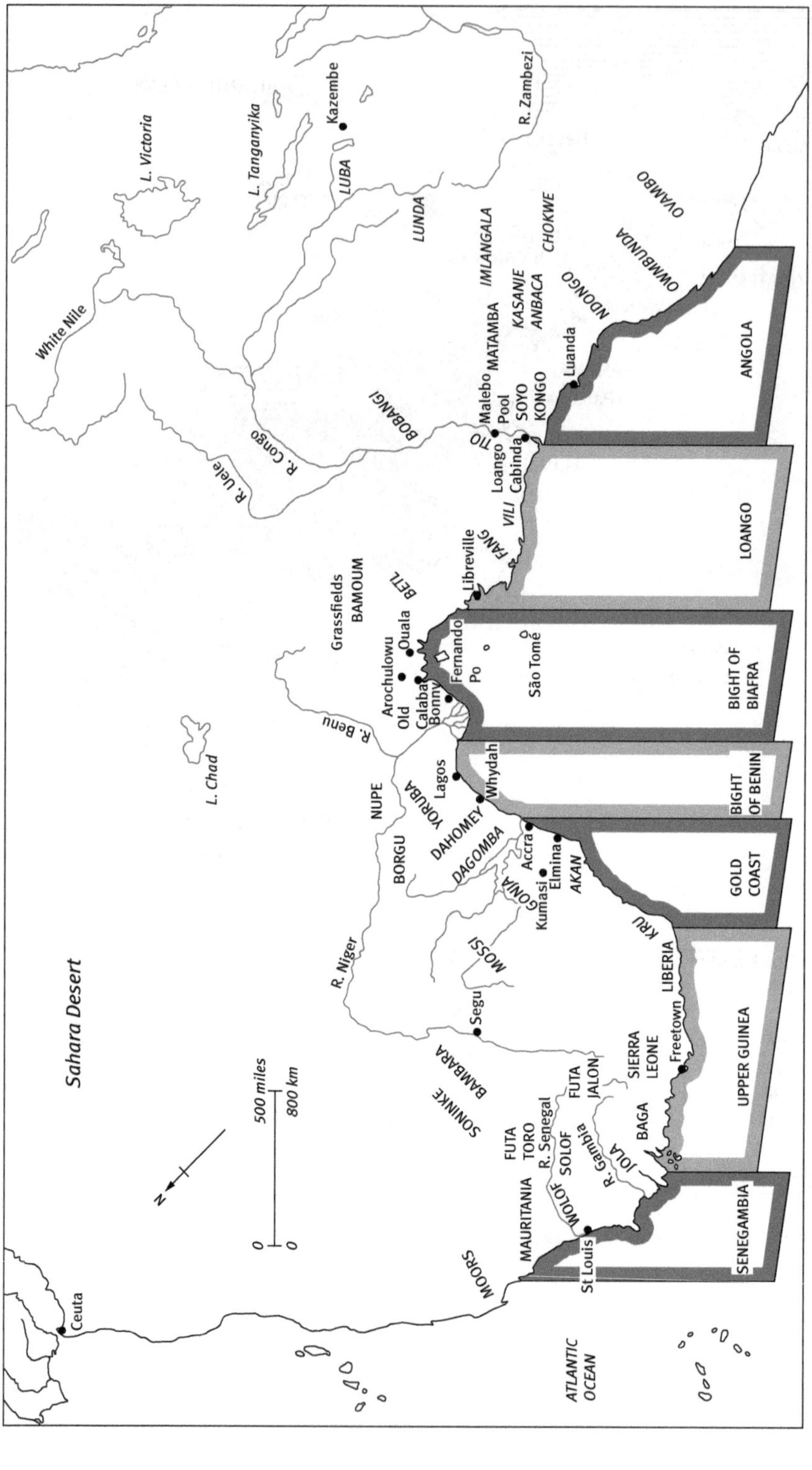

Karte 34: Sklavenhandel-Makroregionen Westafrikas.

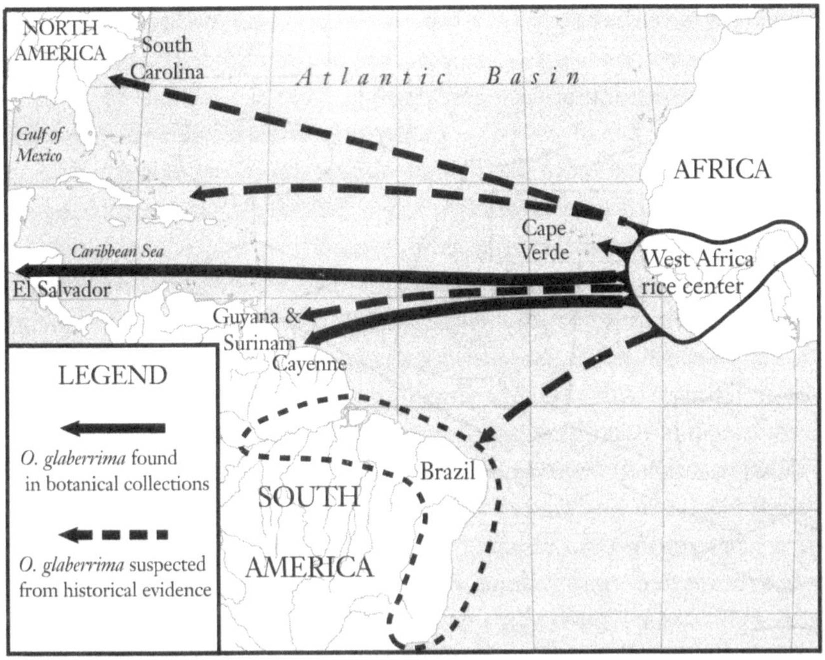

Karte 35: Areas of documented and suspected presence of Oryza glaberrima in the Americas. Gebiete von dokumentiertem und vermutetem Vorkommen von afrikanischem „roten" Reis (Oryza glaberrima) in den Amerikas

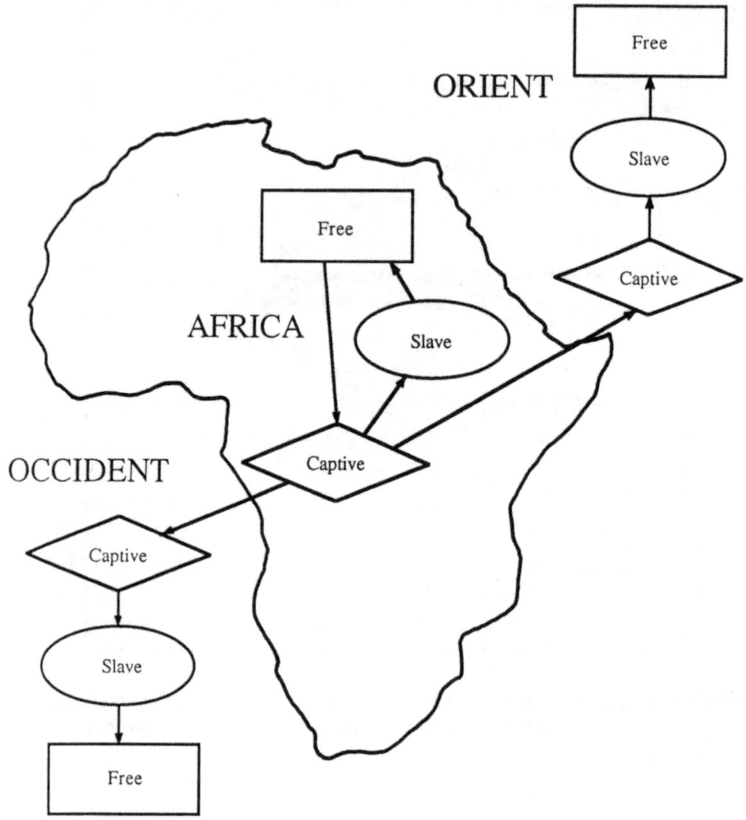

Karte 36: Grobe Richtungen afrikanischer Sklavenexporte.

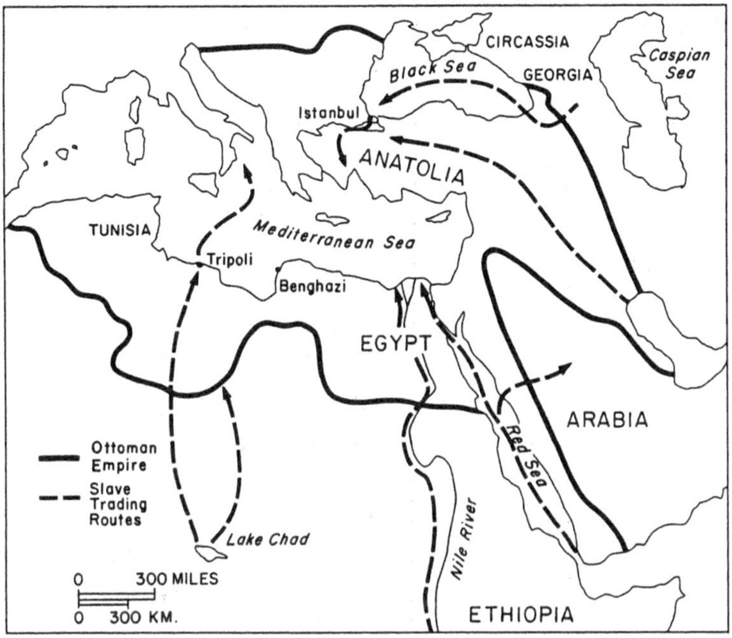

Karte 37: Osmanischer Sklavenhandel.

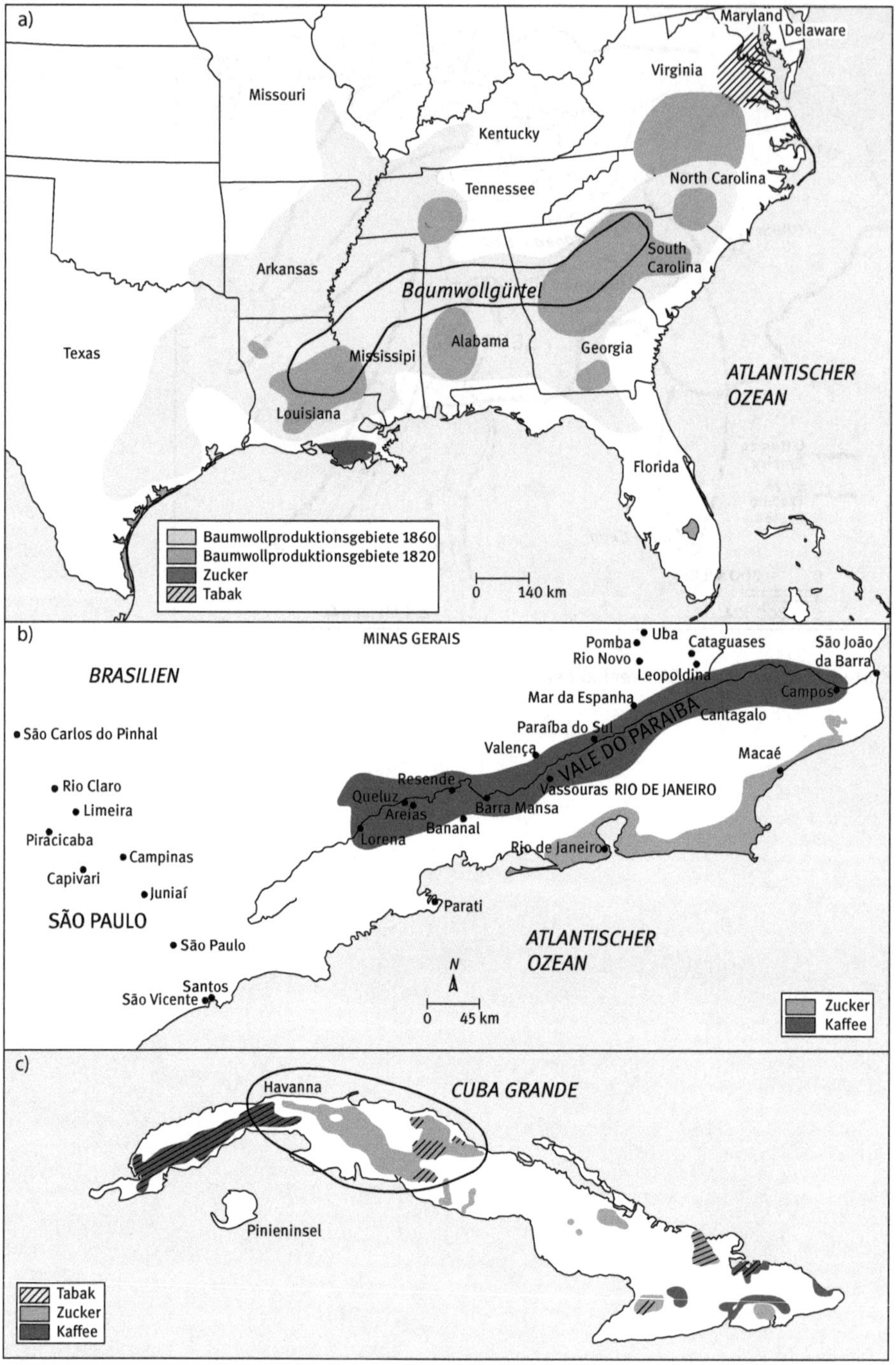

Karten 38: Second Slavery in den Amerikas. a) South USA; b) Vale do Paraíba in Südbrasilien; c) Cuba grande in West- und Zentralkuba

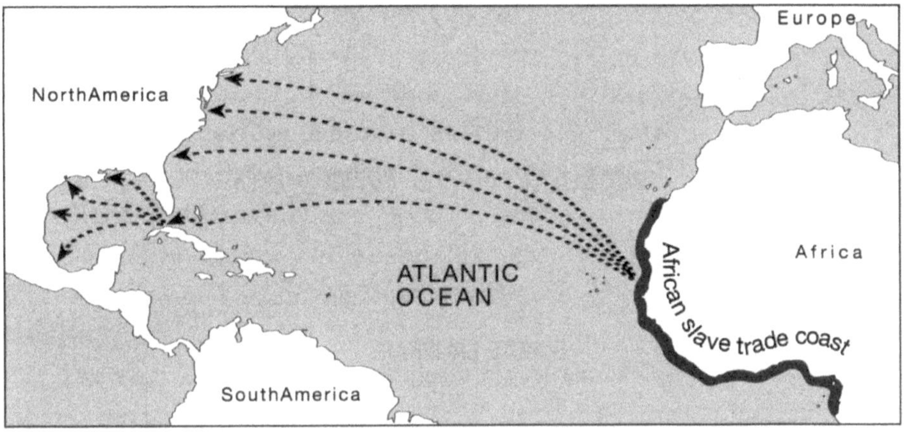

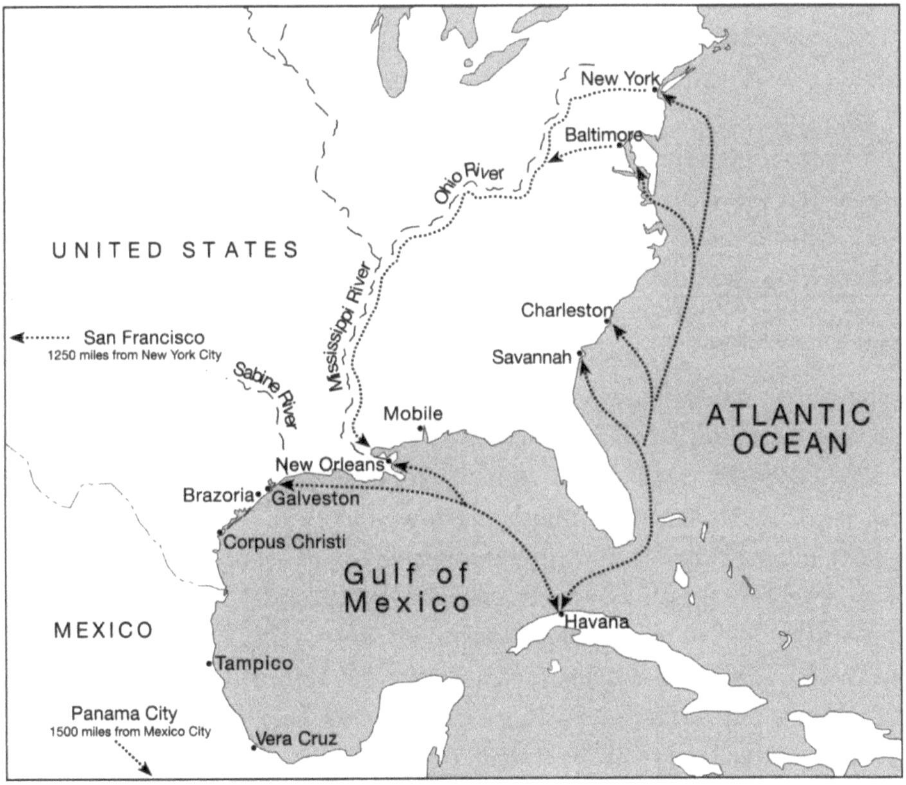

Karte 39: Havanna als Verteilerzentrum für Versklavte aus Afrika im Golf von Mexiko (oben) und für die USA (unten).

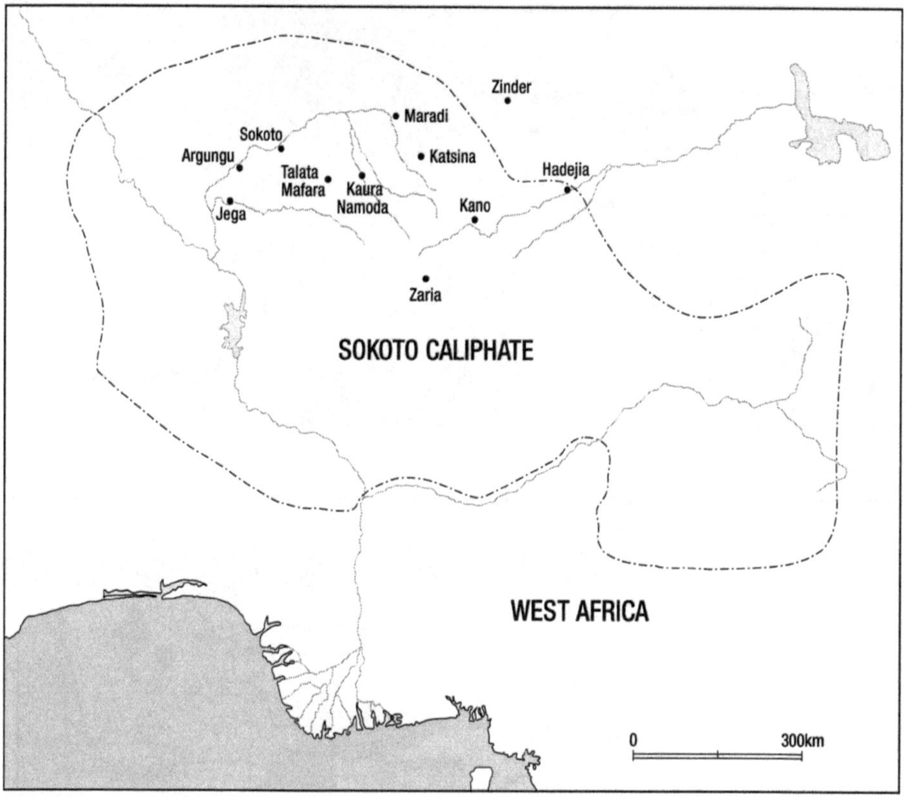

Karte 40: Sokoto-Reich.

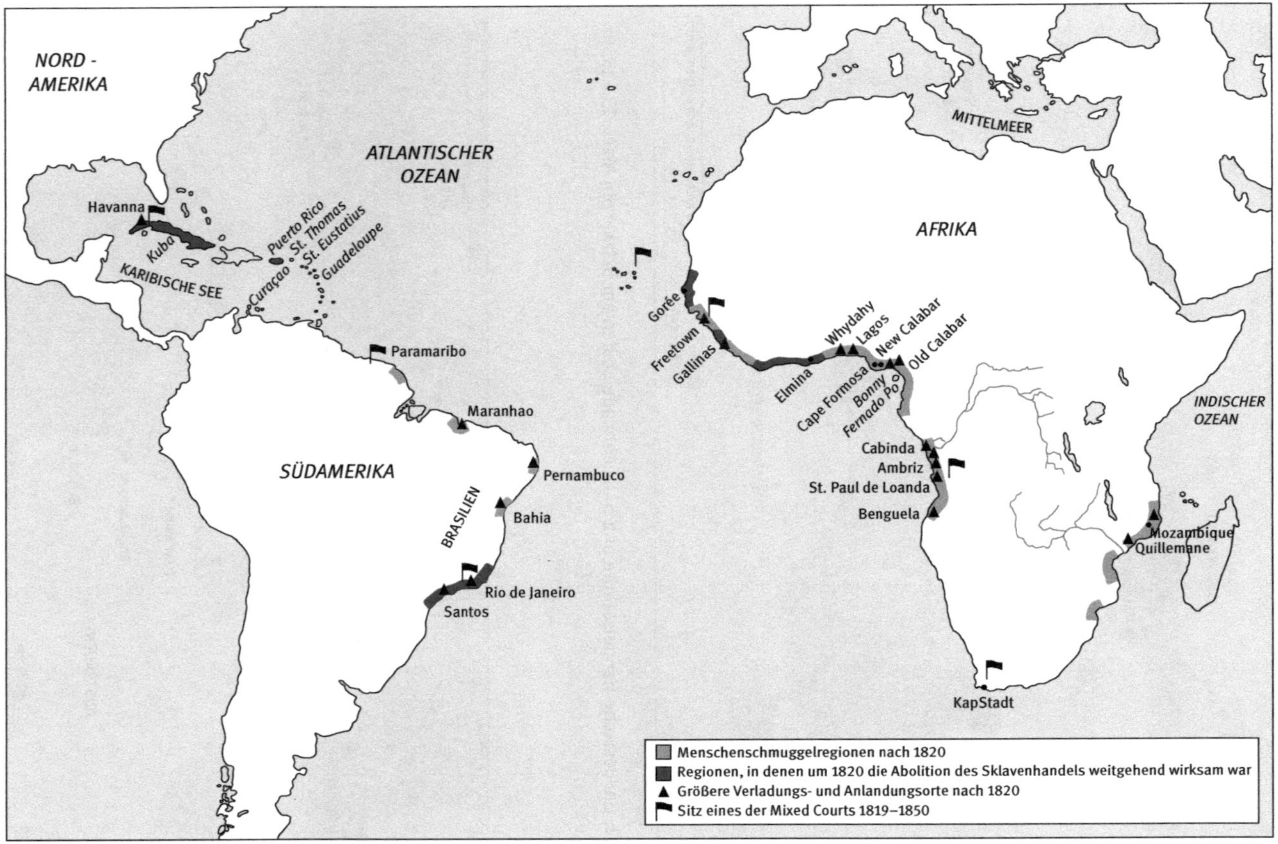

Karte 41: Regionen des Hidden Atlantic (mit wichtigsten Exportregionen und Faktoreien in Westafrika sowie Importregionen und -häfen in Amerika), 1808/1820–1880.

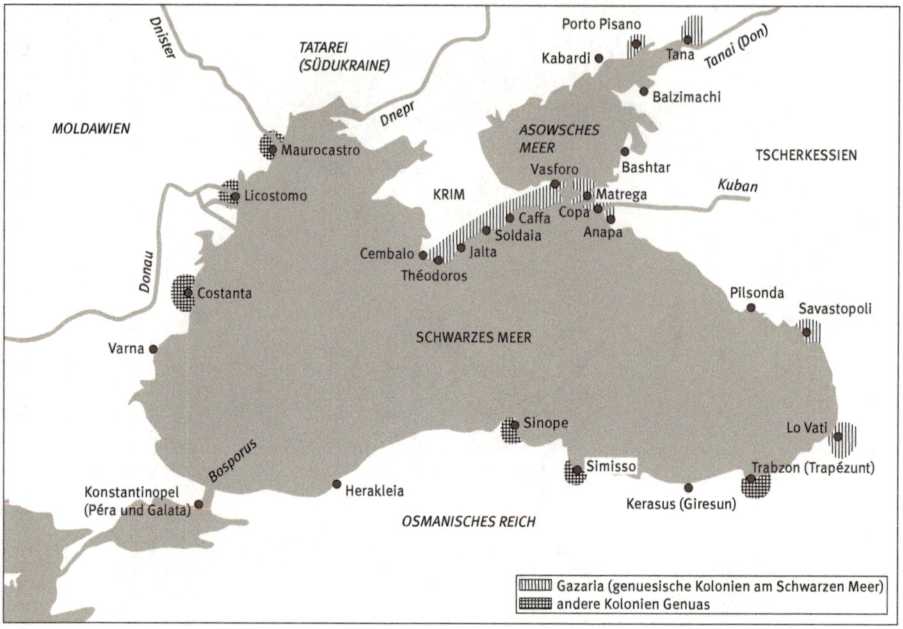

Karte 42: Genuesische Handelsstädte und Sklavenhandelshäfen am Schwarzen Meer, 13.–15. Jh.

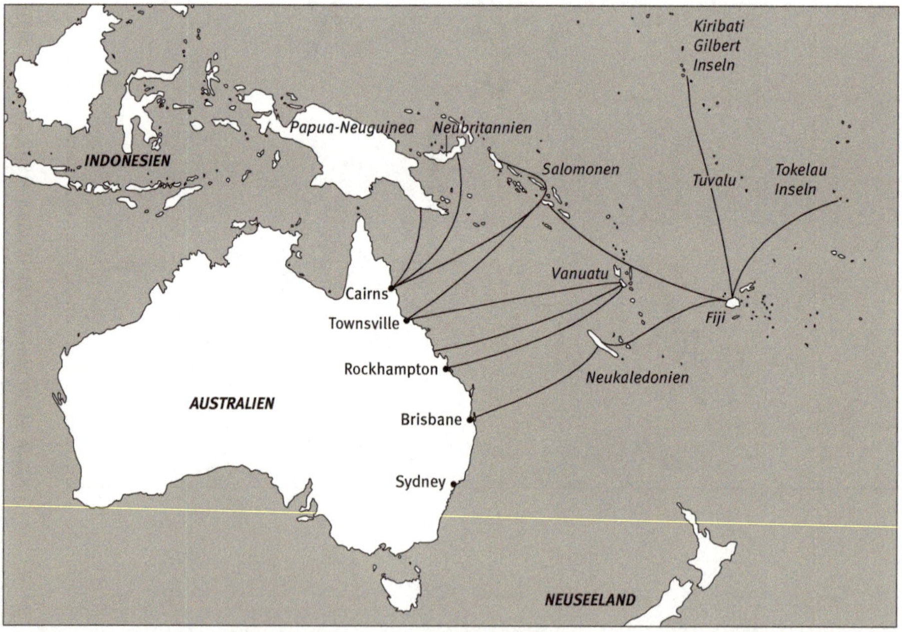

Karte 43: Hauptrouten Kanaka-Arbeiter im Pazifischen Ozean.

Quellen- und Literaturverzeichnis

Quellen, Dokumente und Literatur mit Quellenstatus (vor allem Reiseberichte und Memoiren sowie Narratives)

„34. Primer proyecto cubano de abolición de la esclavitud [1821]“, in: Pichardo, Hortensia (ed.), Documentos para la historia de Cuba, 5 vols. in 4 Bden., La Habana: Editorial de Ciencias Sociales 1973, Bd. I, S. 267–275, hier S. 269–275 „Memorias que demuestra la necesidad de extinguir la esclavitud de los negros en la Isla de Cuba, atendiendo á los intereses de sus propietarios, por el Presbítero don Félix Varela, Diputado á Cortes“.

Academia das Cienças de Lisboa, MS Vermelho 396, Rafael Castello de Vide, „Viagem e Missão no Congo de Fr. Rafael de Castelo de Vide (1780–1788)“, Transkription: Carreira, Arlindo (2007) unter: http://www.arlindo-correia.com/161007.html (02 Dez. 2013; Paginierung des Originals)).

Adam, Guillaume, „De modo sarracenos extirpandi“, in: Académie des Inscriptions et Belles-Lettres (ed.), Recueil des historiens des croisades, 5 Bde., Paris: Imprimerie Nationale, 1841–1906, Documents Arméniens, 2 Tbde., II, S. 542–543.

Adam von Bremen, Hamburgische Kirchengeschichte. Geschichte der Erzbischöfe von Hamburg. Übersetzt von J. C. M. Laurent und W. Wattenbach, Heine, Alexander (ed.), Essen und Stuttgart: Phaidon Verlag, 1986 (Historiker des deutschen Altertums).

Adam von Bremen: Bischofsgeschichte der Hamburger Kirche, ed. Werner Trillmich, in: Quellen des 9. und 11. Jahrhunderts zur Geschichte der Hamburgischen Kirche und des Reiches, bearb. von Werner Trillmich und Rudolf Buchner, Darmstadt: Wissenschaftliche Buchgesellschaft [6]1990 (FSGA 11), S. 137–499.

Affaire de la Vigilante, batiment négrier de Nantes, Paris: Imprimerie de Crapelet, 1823 (online: http://gallica.bnf.fr/ark:/12148/bpt6k57199834/f13.image (10. Juli 2015)).

Affleck, Thomas, The Cotton Plantation Record and Account Book, New-Orleans: B. M. Norman, 1854.

Aguilera y Velasco, Alberto, Colección de códigos y leyes de España, Madrid: Imprenta L. Labajos, 1865.

Akambu, Makulo, La vie de Disasi Makulo: ancien esclave de Tippo Tip et catéchiste de Grenfell, par son fils Makulo Akambu, Kinshasa: Éditions Saint Paul Afrique, 1983.

Alryyes, Ala (ed. and transl.), A Muslim American Slave: The Life of Omar Ibn Said, Madison: University of Wisconsin Press, 2011.

„Alvará sobre a fazenda dos Tangomãos (15-7-1565)“, in: Brásio, António (ed.), Monumenta Missionaria Africana. África Ocidental (1469–1599). Suplemento aos séculos XV e XVIS, Vol. IV, Lisboa: Agêcia Geral do Ultramar, MCMLIV (1954), S. 255.

„Al-Idrīsīs Beschreibung einer Entdeckungsfahrt auf dem Atlantik (vor 1147)“, in: Dokumente zur Geschichte der europäischen Expansion, ed. Schmitt, Eberhard, 5 Bde., München: Verlag C. H. Beck, 1986–1888 (Bde. I–IV); ed. Schmitt; Beck, Thomas, Wiesbaden: Harrassowitz, 2003 (Bd. V), Bd. I: Die mittelalterlichen Ursprünge der europäischen Expansion, ed. Schmitt, Eberhard, München: Beck, 1986, S. 37–40.

Almada, André Alvares de, Tratado breve dos Rios de Guiné do Cabo-Verde: desde o Rio do Sanagá até aos baixos de Sant' Anna [1594], Porto: Typographia Commercial Portuense 1841 (http://books.google.com/books?id=nssNAAAAQAAJ&oe=UTF-8) (12. Juni 2013).

„An Act for the Abolition of the Slave Trade 47° Georgii III, Session 1, Cap. XXXVI“, in: Linden (ed.), Humanitarian Intervention and Changing Labor Relations. The Long-Term Consequences

https://doi.org/10.1515/9783110561630-019

of the Abolition of the Slave Trade, Leiden/ Boston: Brill, 2011 (Studies in Global History, Vol. 7), S. 46–54.

„An Ex-Slavetraders Account of the Enslavement Process in Africa and the Illegal Traffic to Brazil (1848–1849)“, in: Conrad, Children of God's Fire: a documentary history of black slavery in Brazil, University Park: Pennsylvania State University Press, 1994, S. 28–37.

Apuntes sobre la cuestión de la reforma política y de la introducción de africanos en las islas de Cuba y Puerto Rico, Madrid: Establecimiento Tipográfico de T. Fortanet, 1866.

Arango y Parreño, Francisco, „Comisión de Arango en Santo Domingo“, in: Arango y Parreño, Obras. Ensayo introductorio, compilación y notas García Rodríguez, 2 Bde., La Habana: Imagen Contemporánea, 2005, Bd. I, S. 337–366.

Archenholtz, Johann-Wilhelm von, „Originalnachrichten vom Negerhandel“, in: Neue Literatur und Völkerkunde, ein periodisches Werk, No. VII, Dessau (Juli 1788), S. 520–531 (nach: A. Falconbridge).

Archivo Histórico Nacional (ANC), Madrid, Estado, Trata de Negros (legajo) Leg. 8052/1, no. 1: Schreiben von Geronimo Valdés, Cap.gral an Primer Secretario de Estado, Habana, 3 de Noviembre de 1841 (ohne Foliierung).

Archivo Nacional de Cuba, La Habana (ANC), Escribanía de Marina, leg. 39, no. 385 (1839): Ferrer, Ramón. „Intestado de D. Ramon Ferrer“.

Archivo Nacional de Cuba, La Habana (ANC), Intestado de la morena Belén Álvarez, Escribanía de Gobierno, (legajo) leg. 864, (expediente) exp. 9.

Archivo Nacional de Cuba , La Habana (ANC), Tribunal de Comercio (TC), leg. 8, no. 7 (1845): „Abaroa Santiago de“. Santiago de Abaroa, contra Pedro Forcade, en cobro de los sueldos que devengó en el Bergantín Portuguez „Vigilante“.

Archivo Histórico Provincial de Santa Cruz de Tenerife (ed.), Esclavos, Santa Cruz de Tenerife: Gobierno de Canarias. Consejería de Educación, Cultura y Deportes. Dirección General del Libro, Archivos y Bibliotecas, 2006 (Documentos para la Historia de Canarias; Bd. VIII).

Arellano, Jorge Eduardo (ed.), Nicaragua en los cronistas de Indias: Oviedo, Bd. 2, Managua: Banco de América, 1975 (serie cronistas).

Arndt, Johann Gottfried (ed. u. transl.), Lettland, Heinrich von, Der Liefländischen Chronik Erster Theil: Von Liefland unter seinen ersten Bischöfen, welcher die alte Geschichte der Russen, Deutschen, Schweden, Dänen, Esthen, Liven, Letten, Litthauer, Curen und Semgallen erleutert: Oder die Origines Livionae Sacrae et Civilis, Halle: Gebauer, 1747 (Digitalisat und Volltext im Deutschen Textarchiv).

Arndt (ed. u. transl.), Lettland, Heinrich von, Der Liefländischen Chronik Andrer Theil: Von Liefland unter seinen Herren Meistern, welche die alte Geschichte des Ordens und der benachbarten Völker erleutert: Sowol mit Zuziehung der gedruckten und ungedruckten Schriftsteller als fürnemlich aus einer zalreichen Menge alter Documente im Original, beglaubten Copeien und andern Abschriften zusammen getragen [...], Halle: Gebauer, 1753 (Digitalisat und Volltext im Deutschen Textarchiv).

Armas y Céspedes, Francisco de, La esclavitud en Cuba, Madrid: Establecimiento Tipográfico de T. Fortanet, 1866.

Arthy, Elliot, Introductory Observations in Favor of the African Slave Trade, Liverpool: T. Milner, 1804.

Atkins, John, A Voyage to Guinea, Brazil and the West Indies in His Majesty's Ships, the 'Swallow' and 'Weymouth', London: C. Ward and R. Chandler, 1735, (reprinted, London: Frank Cass, 1970).

Aubrey, T., The Sea Surgeon, Or the Guinea Man's Vade Mecum. In which is Laid Down, the Method of Curing Such Diseases as Usually Happen Abroad, Especially on the Coast of Guinea; with the Best Way of Treating Negroes, Both in Health and Sickness. Written for the Use of Young Sea Surgeons, London: John Clarke, 1729.

„Auktion, abgehalten auf Wunsch des Kapitäns Willem de Molder, der das mit Sklaven aus Angola kommende Schiff De Eenigheyd führte. Verkauf unter normalen Bedingungen, Paramaribo den 15. Juni 1767“, in: Lüden, Catharina, Sklavenfahrt mit Seeleuten aus Schleswig-Holstein, Hamburg und Lübeck im 18. Jahrhundert, Heide: Westholsteinische Verlagsanstalt Boyens & Co., 1983, S. 126–129.

L'autobiographie de Hamed ben Mohammed el-Murjebi Tippo Tip (ca. 1840–1905). Traduite et annotee par Bontinck, François, avec la collaboration de Koen Janssen, Bruxelles: Academie royale des sciences d'outre-mer, 1974.

„Autos. Testamentaria del Dr. Dn. Daniel Botefeur“, in: Archivo Nacional de Cuba, La Habana (ANC), Escribanía de Luis Blanco, leg 405, no. 4, 1821–1822.

Austin, Allan D., African Muslims in Antebellum America: A Sourcebook, New York: Garland Publishers, 1984.

Baikie, William B., Narrative of an Exploring Voyage up the Rivers Kwóra and Bínue (Commonly Known as Niger and Tsádda) in 1854, London: John Murray, 1856 (Reprint: Frank Cass and Co. Ltd., 1966, siehe auch: www.books.google.com/books (27. April 2011)).

Baquaqua, Mahommah G., Biografia de Mahommah Gardo Baquaqua. Furtado, Lucciani (trad. e org.), São Paulo: Uirapuru, 2017.

Baranowski, Günter, Die Russkaja Pravda – ein mittelalterliches Rechtsdenkmal, Frankfurt a. M. [etc.]: Peter Lang, Europäischer Verlag der Wissenschaften, 2005 (= Rechtshistorische Reihe, 321) (siehe: Schorkowitz, Dittmar , „Günter Baranowski , Die Russkaja Pravda – ein mittelalterliches Rechtsdenkmal. Peter Lang, Europäischer Verlag der Wissenschaften Frankfurt a. M. [usw.] 2005. = Rechtshistorische Reihe, 321. ISBN: 3–631–52390–4“, in: Jahrbücher für Geschichte Osteuropas. Neue Folge 57:2 (2009), S. 262–263 (unter: http://www.dokumente.ios-regensburg.de/JGO/Rez/Schorkowitz_Baranowski_Russkaja_Pravda.html (11. Januar 2014)).

Barber, John W. (comp.), A History of the Amistad Captives: Being a Circumstantial Account of the Capture of the Spanish Schooner Amistad, by the Africans on Board; Their Voyage, and Capture Near Long Island, New York; with Biographical Sketches of Each of the Surviving Africans. Also, an Account of the Trials Had on Their Case, Before the District and Circuit Courts of the United States, for the District of Connecticut, New Haven, CT: Published by E.L. & J. W. Barber, 1840 (Reprint: Special Journal Reprint of the Journal of the New Haven Colony Historical Society Vol. 36:2 (Spring 1990)).

Barbot on Guinea. The Writings of Jean Barbot on West Africa 1678–1712, 2 Bde., Hair, Paul E.H.; Jones, Adam; Law, Robin (eds.), London: Hakluyt Society, 1992.

Barth, Heinrich, Reisen und Entdeckungen in Nord- und Centralafrika in den Jahren 1848 bis 1855, 5 Bde., Gotha: J. Perthes, 1859, S. 297 f. (Nachdruck Saarbrücken 2005, 5 Bde.; Kurzfassung: Barth, Im Sattel durch Nord- und Zentralafrika. 1849–1855, Stuttgart: Thienemann, 2003).

Bastian, Adolf, Die deutsche Expedition an der Loango-Küste, 2 Bde., Jena: Costenoble, 1874/1875 (Bd.I: http://gallica.bnf.fr/ark:/12148/bpt6k1044117/f5.image (09. Dezember 2011); Bd. II: http://www.archive.org/stream/diedeutscheexped02bastpage/n3/mode/2up (09. Dezember 2011).

Batrell, Ricardo, A Black Soldier's Story: The Narrative of Ricardo Batrell and the Cuban War of Independence, ed. and transl. by Sanders, Mark, Minnesota: University of Minnesota Press, 2012.

Beckmann, Johann, Vorbereitung zur Waarenkunde, oder zur Kenntniß der vornehmsten ausländischen Waaren, 2 Bde., Göttingen: Vandenhöck und Ruprecht, 1794 (online: www.google.books) (siehe auch: Beckmann, Johann, Vorbereitung zur Waarenkunde, oder zur Kenntniß der vornehmsten ausländischen Waaren. Mit einem Nachwort zur Repr.-Ausg. von Günter Grundke, 2 Bde., Leipzig: Zentralantiquariat der DDR, 1978).

Benoit, Pierre Jacques, Voyage a Surinam: Description des Possesions Néerlandaises dans La Guyane. Cent dessins pris sur nature par l'auteur, Bruxelles: Société Des Beaux-Arts, 1839.

Bericht des Kapitäns Juan Villas y Aprisa, capitan, maestre y primer piloto, an Comandante Militar de Marina in Havanna, La Habana (ohne Datum (wahrsch. Dezember 1820)), in: Archivo Nacional de Cuba (ANC), TC, leg. 240, no. 14 (1820). Hernandez (Gaspar). „Varios de la Tripulacion del Bergantin Negrero "Solicito" contra D.n Gaspar Hernandez su armador sobre soldadas", f. 15r–18v.

Bethrell, Leslie, „Appendix. Estimates of Slaves Imported into Brazil, 1831–1855", in: Bethell, The Abolition of the Brazilian Slave Trade, Cambridge [etc.]: CUP, 1970, S. 387–395.

Bibb, Henry, Narrative of the Life and Adventures of Henry Bibb, an American Slave. Written by Himself, New York: The author, 1849.

Blake, John W. (ed. and transl.), Europeans in West Africa. 1450–1560: Documents to Illustrate the Nature and Scope of Portuguese Enterprise in West Africa, the Abortive Attempt of Castilians to Create an Empire There, and the Early English Voyages in Barbary and Guinea, London: Hakluyt Society, 1942.

Blake, William O., The history of slavery and the slave trade, ancient and modern. The forms of slavery that prevailed in ancient nations, particularly in Greece and Rome. The African slave trade and the political history of slavery in the United States, Columbus, Ohio: H. Miller, 1857.

Blassingame, John W. (ed.), Slave Testimony: Two Centuries of Letters, Speeches, Interviews, and Autobiographies. Baton Rouge: Louisiana State University Press, 1977.

Blumenbach, Johann Friedrich, „Von den Negern. Einige naturhistorische Bemerkungen bey Gelegenheit einer Schweizerreise", in: Magazin für das Neueste aus Physik und Naturgeschichte (Gotha) IV, 3 (1787), S. 9–11.

Bolívar, Simón, „Discurso de Angostura" [Eröffnungsrede des Kongresses von Angostura], 15. Februar 1819 [deutsche Übersetzung], in: König, Hans-Joachim (ed.), Simón Bolívar. Reden und Schriften zu Politik, Wirtschaft und Gesellschaft. Mit einem Vorwort von Belisario Betancourt; Hamburg: Institut für Iberoamerika-Kunde, 1884, S. 47–59.

Bosman, Willem, Nauwkeurige beschryving van de Guinese Goud-Tand- en Slave-Kust ... Met fijne kopere plaaten vercierd, Utrecht, by Anthony Schouten, 1704 (das von mir benutzte Exemplar der Lilly Library in Bloominton, Indiana stammt aus der C. R. Boxer Collection).

Bowen, Thomas Jefferson, Adventures and Missionary Labors in Several Countries in the Interior of Africa from 1849 to 1856, Charleston: Southern Baptist Publication Society, 1857 (online: https://archive.org/details/centralafricaadv00bowe_0 (19. Februar 2016)).

Branagan, Thomas, The Penitential Tyrant; or, Slave Trader Reformed: a Pathetic Poem in Four Cantos, New York: Samuel Wood, 1807.

Bréard, Charles (ed.), Journal du corsaire Jean Doublet de Honfleur, lieutenant du frégate sous Louis XIV, Paris: Librairie Académique Didier, Perrin et Cie., 1887.

Bremer, Fredrika, Durch Nordamerika und Kuba: Reisetagebücher in Briefen 1849–1851, ed. Detlef Brennecke, Stuttgart [u. a.]: Edition Erdmann, 2001.

„Brief von Michele de Cuneo an Gerolamo Annari, geschrieben in Savona zwischen dem 15. und 28. Oktober 1495", in: Columbus, Christoph, Dokumente seines Lebens und seiner Reisen. Auf Grundlage der Ausgabe von Jacob, Ernst Gerhard (1956) erweitert, neu herausgegeben und eingeleitet von Berger, Friedemann, 2 Bde., Leipzig: Sammlung Dietrich, 1991, S. 82–105.

„British and European Acts of Parliament and international treaties regarding slavery", in: Sherwood, Marika, after Abolition: Britain and the Slave Trade since 1807, London: I. B. Tauris, 2007, S. 178–185.

Bru, Francisco, La verdadera vida de Antonio López y López por su cuñado Francisco Bru, Barcelona: Tipografía de Leodegario Obradors, 1885.

Burns, Robert I.; Scott, Samuel P. (ed./transl..), [Alfonso X el Sabio], Las Siete Partidas, 5 Bde., Philadelphia: University of Pennsylavania Press [1931], 2001/2015.

Burton, Richard F., Zansibar, City, Island & Coast, 2 Bde., London: Tinsley, 1872.

Cadornega, António de Oliveira, Historia geral das guerras angolanas [1680]/ História geral angolana, 3 Bde., ed. Delgado, Jose Matias, Lisboa: Agência-Geral do Ultramar, 1972.

Caldeira, Carlos José, Apontamentos d'uma viagem de Lisboa à China e da China a Lisboa, 2 Bde., Lisboa: Typ. de G. M. Martins, 1852.

Callejas, José María, Historia de Santiago de Cuba; compuesta y redactada en vista de los manuscritos originales e inéditos de 1823, y precedida de un prólogo por Fernando Ortiz, La Habana: Imprenta La Universal, 1911.

Cameron, Verney Lovett, Quer durch Afrika, 2 Bde., Leipzig: Brockhaus, 1877.

Cano, Bienvenido, El libro de los síndicos de ayuntamiento y de las juntas protectoras de libertos. Recopilación cronológica de las disposiciones legales a que deben sujetarse los actos de unos y otras por Bienvenido Cano y Federico de Zalba, Habana, Impr. del Gobierno y Capitanía General por S.M., 1875.

Canot, Theodore, Sklaven für Havanna. Der Lebensbericht des Sklavenhändlers Theodore Canot 1826–1839, Pleticha, Hans (ed.), Stuttgart/Wien: Edition Erdmann/Thienemann, 1988 (Alte abenteuerliche Reiseberichte) (das ist die heute am weitesten verbreitete gekürzte Ausgabe, siehe auch: Canot, Kapitän, Abenteuer afrikanischer Sklavenhändler, Wiesbaden: Fourier Verlag GmbH, 2003 (Nachdruck der Auflage OB Gent von 1931 ohne Kürzungen), S. 317–324; Originalmanuskript nach Bearbeitung von Brantz Mayer: Mayer, Brantz (ed.), Captain Canot; or Twenty Years of an African Slaver being an Account of His Career and Adventures on the Coast, in the Interior, on Shipboard, and in the West Indies. Written out and Edited from the Captain's Journals, Memoranda and Conversations, by Brantz Mayer, New York: D. Appleton and Company; London: George Routledge and Co., M.DCCC.LIV [1854] (unter: www.gutenberg.org/files/23034/23034-h/23034-h.htm (10. Oktober 2010)); Reprint: New York: Arno, 1968 sowie Originalmanuskript vor der Bearbeitung von Mayer: Conneau, Theophilus, A Slaver's Log Book, or 20 Years Residence in Africa. The Original 1853 Manuscript by Captain Theophilus Conneau, Englewood Cliffs: Prentice Hall, 1976).

Canot, „Pedro Blanco von Gallinas", in: Canot, Sklaven für Havanna, Stuttgart/Wien: Edition Erdmann/Thienemann, 1988, S. 278–286.

„Captain Denman's Trial, Slave Factories, Gallinas, 1840–1848", in: The National Archives, Kew Gardens, England Admiralty (ADM) 7/605.

„Captain George Howland's Voyage to West Africa, 1816–1817", in: Bennett, Norman; Brooks, JR., George E., New England Merchants in Africa. A History through Documents 1802 to 1865, Boston: Boston University Press, 1965 (African Research Studies; Number 7), S. 80–96.

Carnes, J. A., Journal of a Voyage from Boston to the West Coast of Africa, Boston: J. P. Jewett, 1852 (reprinted, New York: Johnson Reprint, 1970).

Carvalho, Henrique Augusto Dias de, Descripção da Viagem à Mussumba do Muatiânvua, 4 Bde., Lissabon: Imprensa Nacional, 1890–1894 (unter: https://archive.org (07. Juni 2014)).

Casas, Fray Bartolomé de las, Obras Completas, 14 Bde., Madrid: Alianza Editorial S.A., 1994.

Casas, „Viaje de pacificación y poblamiento de Cuba por Diego Velázquez; y descripción de la isla y sus gentes", in: Casas, Obras Completas, Bd. 5: Historia de las Indias, S. 1841–1894.

Casas, „Se refiere el viaje de Cortés. Llega a la villa de Sant Cristobal de la Habana y lo que allí ocurrió. Llega a la isla de Cozumel y lo que pasó en ella", in: Casas, Obras Completas, Bd. 5: Historia de las Indias, S. 2257–2261.

Casas, „Sobre el descubrimiento y las intervenciones de los cristianos en Canarias y África, preludio de lo que ocurrirá en Las Indias Occidentales", in: Casas, Obras Completas, Bd. 3, Teil II, S. 429–493.

Casas, „Apologetica Historia Sumaria III", in: Casas, Obras Completas, Bd. 8, S. 1155–1157.

Casas, „Memorial de Remedios para las Indias" (1518), in: Casas, Obras Completas, Bd. 13, S. 49–53.

Casas, Obra indigenista, Alcina Franch, José (ed.), Madrid: Alianza Editorial, 1985 (El libro del bolsillo).

Casas, „Tratado sobre la materia de los indios que se han hecho esclavos", in: Casas, Obra indigenista, S. 281–350.

Castellanos, Israel, La delincuencia feminina en Cuba. Estadísticas judiciales, penitenciarias y clínicas, gráficas cirminológicas, 3 Vols, La Habana: Imprenta Ojeda, 1929.

Castellanos, Joan de, Elegías de varones ilustres de Indias. Prólogo de Don Miguel Antonio Caro, 4 Bde., Bogotá: Biblioteca de la Presidencia de la República de Colombia; Editorial ABC, 1955.

Castellanos, Juan de, Elegías de Varones Ilustres de Indias. Introducción y notas de Pardo, Isaac J., Caracas: Academia Nacional de la Historia, 1962 (Fuentes para la Historia Colonial de Venezuela ; Biblioteca de la Academia Nacional de la Historia ; 57).

Castelnau, Francis de, Renseignements sur l'Afrique centrale et sur une nation d'hommes à queue qui s'y trouverait d'aprés le rapport des nègres du Soudan, esclaves a Bahia, Paris: P. Bertrand, 1851.

Cavazzi de Montecculo, Giovanni Antonio, Istorica descrizione de' tre' regni Congo, Matamba e Angola situati nell' Etiopia inferiore occidentale e delli missioni apostoliche esercitateui de religiosi Capuccini ..., Bologna, per G. Monti, 1687 (Cavazzi, João António, Descrição histórica dos três reinos do Congo, Matamba e Angola; trad., notas e índices pelo Pe. Graciano Maria de Leguzzano; introd. bibliográfica por F. Leite de Faria, 2 Vols., Lisboa: Junta de Investigação do Ultramar, 1965) (siehe auch: Thornton, John K., „Cavazzi, Missione Evangelica"/ Übersetzung der „Araldi-Manuskripte" und Erschließung (online: http://www.bu.edu/afam/faculty/john-thornton/cavazzi-missione-evangelica-2/ (22. Dezember 2014)).

Cedulario Cubano. Los Orígenes de la Colonización, I (1493–1512), por José María Chacón y Calvo (= Colección de documentos para la Historia de Ibero-América, 18 Bde., Madrid: Edición R. Altamira, 1927–1986, Bd. VI, Madrid: Compañía Iberoamericana de Publicaciones, S.A., s.d.).

Cedularios de la Monarquía Española de Margarita, Nueva Andalucia y Caracas (1553–1604), 2 Bde., comp. y estudio preliminar por Otte, Enrique, Bd. I: Cedulario de Margarita (1553–1604), Caracas: Edición de la Fundación John Boulton; Fundación Eugenio Mendoza y Fundación Shell, 1967.

Centón epistolario de Domingo del Monte, ed. Mesa Rodríguez, Manuel I., 7 Bde., La Habana: Impr. "El Siglo XX", 1927–1957.

Chambon, M. [Auguste], Le commerce de l'Amérique par Marseille, ou, Explication des lettres-patentes du roi, portant reglement pour le commerce qui se fait de Marseille(!) aux iles françoises de l'Amérique, données au mois de février 1719: et des lettres-patentes du roi, pour la liberté du commerce à la côte de Guinée, données à Paris au mois de janvier 1716, 2 Bde., Avignon: 1764

Charault, J.R., Coup-d'oeil sur Saint-Domingue; observations sur la caractère des nègres et sur la fièvre jaune ; moyens de recouver cette colonie, et de se préserver des maladies qui y règnent, Paris: C. L. F. Panckoucke, 1814.

Chateausalins, Bernardo H., El vademecum de los hacendados cubanos, o guía práctica para curar la mayor parte de las enfermedades; obra adecuada a la zona tórrida y muy útil para aliviar los males de los esclavos, Nueva York: Impreso por G. F. Bunce, 1831.

„Circulares impresas del Gobierno Superior Civil de la Isla de Cuba", in: Tardieu, „Morir o dominar". En torno al reglamento de esclavos en Cuba (1841–1866), Madrid: Iberoamericana; Frankfurt am Main: Vervuert Verlag, 2003 (Acta Coloniensia. Estudios Ibéricos y Latinoamericanos, eds. Hans Jürgen Prien y Michael Zeuske, VII), S. 272–277.

Clarkson, Thomas, Letters on the Slave-trade, and the State of the Natives in Those Parts of Africa, which are Contiguous to Fort St. Louis and Goree: Written at Paris in December 1789, and January 1790, London: James Phillips, 1791.

Coggeshall, George, Voyages to various parts of the world: made between the years 1800 and 1831; selected from his ms. journal of eighty voyages, New York: D. Appleton & Company, 1853 (2nd edition) (online: http://babel.hathitrust.org (22. Juli 2015)).

Collins, Robert O. (ed.), Documents from the African Past, Princeton: Markus Wiener, 2001.

Colón, Cristóbal, „Memorial que para los Reyes Católicos dio el Almirante Don Cristobal Colón en la ciudad de Isabela, a 30 de Enero de 1494 a Antonio Torres" (30. Januar 1494), in: Mira Caballos, Nicolás de Ovando y los orígenes del sistema colonial español,1502–1509, Santo Domingo, República Dominicana: Patronato de la Ciudad Colonial de Santo Domingo, Centro de Altos Estudios Humanisticos y del Idioma Español, 2000, S. 254–268.

Colón, Textos y documentos completos, Edición de Varela, Consuelo, Nuevas cartas: Edición de Gil, Juan, Madrid: Alianza Editorial, 1992.

Colón, Hernando, Historia del almirante Don Cristóbal Colón, Madrid: Imprenta Tomas Minuesa, 1892 (online: Bd. I: http://www.cervantesvirtual.com/obra/historia-del-almirante-don-cristobal-colon-primer-volumen--0/; Bd. II: http://www.cervantesvirtual.com/obra/historia-del-almirante-don-cristobal-colon-segundo-volumen--0/ (17. Dez. 2017)) (Originaldruck: Madrid: s.n., 1749).

Columbus, Christoph, Dokumente seines Lebens und seiner Reisen. Auf Grundlage der Ausgabe von Jacob, Ernst Gerhard (1956) erweitert, neu herausgegeben und eingeleitet von Berger, Friedemann, 2 Bde., Leipzig: Sammlung Dietrich, 1991.

Convention Between her Majesty and the Republick of Hayti for the More Effectual Suppression of the Slave Trade, signed at Port-au-Price, December 23, 1839, Printed in London, 1841 by T. B. Harrison, siehe: www.haiti.uhhp.com/historical_docs/slave_trade_document.html (20. Februar 2007).

Correspondencia reservada del Capitán General don Miguel Tacón con el Gobierno de Madrid; 1834–1836. Introducción, notas y bibliografía por Pérez de la Riva, Juan, La Habana: Consejo Nacional de Cultura; Biblioteca Nacional José Martí. Departamento de Colección Cubana, 1963.

Corry, Joseph, Observations upon the Windward Coast of Africa ..., London: Printed for G. and W. Nicol, 1807 (unter: http://www.gutenberg.org/files/12539/12539.txt (14. Oktober 2012)).

Cortesão, Armando; Mota, Avelino Teixera da (eds.), Portugaliae monumenta cartographica, 6 Bde., Lisboa: (Comissão das) Comemorações do V Centenário da Morte do Infante D. Henrique, 1960 [–1962] (2. Auflage 1987).

Cosmas von Prag, Die Chronik Böhmens. In Anlehnung an die Übertragung von Georg Grandaur neu übersetzt und eingeleitet von Franz Huf, Heine, Alexander (ed.), 2 Bde., Essen und Stuttgart: Phaidon Verlag, 1987 (Historiker des deutschen Altertums).

Cuba y la emancipación de sus esclavos. Por Durama de Ochoa [seud.: Machado y Gómez, Eduardo (Kuba 1836–1877)], Leipzig: F. A. Brockhaus, 1864 (Übersetzung ins Deutsche: E. Butze).

Cunat, Charles, Histoire de Robert Surcouf, capitaine de corsaire: publiée d'après des documents authentiques, Rennes: La Découvrance, 1994 (1re éd. 1842).

Curtin, Philip C. (ed.), Africa Remembered: Narratives by West Africans from the Era of the Slave Trade, Madison & London: University of Wisconsin Press, 1967.

Dana, Richard H., To Cuba and back, a vacation voyage, Boston: Ticknor, 1859.

Dapper, Olfert, Naukeurige beschrijvinge der Afrikaensche gewesten van Egypten, Barbaryen, Lybien, Biledulgerid, Negroslant, Guinea, Ethiopien, Abyssinie: Vertoont In de Benamingen, Grenspalen, Revieren, Steden, Gewassen, Dieren, Zeeden, Drachten, Talen, Rijkdommen, Godsdiensten en Heerschappyen. Mit Lantkaerten en afbeeldingen van Steden, Drachten, &c. na't Leven getekent, en in Kooper gesneden. Getrokken uyt verscheyde hedendaegse Lantbeschrijvers en geschriften van bereiste Ondersoekers dier Landen. Door Dr. O. Dapper, t'Amsterdam: By Jacob van Meurs, op de Keysers-gracht, in de Stadt Meurs, Anno M. DC.

LXXVI. [1676]. Deutsch: Dapper, O., Dr., Umbständliche und Eigentliche Beschreibung von Africa, Amsterdam: Jacob von Meurs, 1670 (Reprint: New York: Johnson Reprint Corp., 1967), S. 424 (unter: books.google.de/books).

Dau, José María, Ingenios sin esclavos, La Habana: Imprenta de José María Palmer, 1837.

Denham, Major; Clapperton, Cpt.; Oudney, Doctor, Narrative of travels and discoveries in Northern and Central Africa in the years 1822, 1823, and 1824, London: John Murray, 1826.

„Der Handel von Indien nach Indien: François Valentyn beschreibt das innerasiatische Handelsnetz der VOC (1725)", in: Dokumente, Bd. IV: Wirtschaft und Handel der Kolonialreiche, eds. Emmer, Piet C. et al., München: Verlag C. H. Beck, 1988, S. 276–287.

„Die Fahrt des Niccoloso da Recco zu den Kanarischen Inseln (1341)", in: Verlinden, Charles; Schmitt, Eberhard et al. (ed.), Die mittelalterlichen Urspünge der europäischen Expanion, München: Beck, 1986 (Dokumente, Bd. I), S. 47–53.

Die Nestorchronik: die altrussische Chronik, zugeschrieben dem Mönch des Kiever Höhlenklosters Nestor, in der Redaktion des Abtes Sil'vestr aus dem Jahre 1116, rekonstruiert nach den Handschriften Lavrent'evskaja, Radzivilovskaja, Akademiceskaja, Troickaja, Ipat'evskaja und Chlebnikovskaja, Autor: Nestor <Kiovensis>; Müller, Ludolf (ed.), München: Fink, 2001 (unter: http://digi20.digitale-sammlungen.de/de/fs1/object/display/bsb00043511_00001.html. (11. Juni 2014)).

„Die Suche des Katalanen Jacme Ferrer nach dem Goldfluß an der westafrikanischen Küste", in: Dokumente zur Geschichte der europäischen Expansion, ed. Schmitt, Eberhard, 5 Bde., München: Verlag C.H. Beck, 1986–1888 (Bde. I–IV); ed. Schmitt; Beck, Thomas, Wiesbaden: Harrassowitz, 2003 (Bd. V), Bd. I, S. 53–56.

Documentos para el estudio de los esclavos negros en Venezuela. Selección y estudio preliminar de Troconis de Veracochea, Ermila, Caracas: Academia Nacional de la Historia, ^{2}1987 (Fuentes para la Historia Colonial de Venezuela ; Biblioteca de la Academia Nacional de la Historia, Vol. 103).

Documentos para la historia de Cuba, 5 Vols. in 4 Bden., Pichardo, Hortensia (ed.), La Habana: Editorial de Ciencias Sociales 1973.

Donelha, Andre, Descricão da Serra Leoa e dos rios de Guine do Cabo Verde; edicão do texto portugues, introducão, notas e apendices por Avelino Teixeira da Mota ; notas por Paul E. H. Hair ; traducão francesa por Leon Bourbon, Lisboa: Junta de investigacões cientificas do Ultramar, 1977.

Donnan, Elizabeth (ed.), Documents Illustrative of the Slave Trade to America, 4 Bde., Washington, D.C.: Carnegie Institute, 1930–1935 (Reprint: Octagon Books, 1969).

Douglass, Frederick, Narrative of the Life of Frederick Douglass, An American Slave. Written by Himself, Boston: American Anti-slavery Society, 1845.

Douglass, Frederick, Narrative of the Life of Frederick Douglass, an American Slave, Written by Himself [1845], ed. by David W. Blight, Boston: Bedford Books, 1993.

Drake, Richard, Revelations of a Slave Smuggler. Being the autobiography of Capt. Rich'd Drake, an African trader for fifty years-from 1807 to 1857. With a preface by his executor, Rev. Henry Byrd West, New York: R. M. DeWitt, 1860 (online siehe: Drake, Philip, Revelations of a slave smuggler: being the autobiography of Capt. Rich`d Drake, Electronic Text Center, University of Virginia Library http://etext.lib.virginia.edu/toc/modeng/public/DraSmug.html (Zugriff: 27. März 2010)).

Drew, Benjamin, A North-Side View of Slavery. The Refugee: or, The Narratives of Fugitive Slaves in Canada. Related by Themselves. With an Account of the History and Condition of the Colored Population of Upper Canada, Boston: J. P. Jewett, 1856.

Dubler, César E. (ed. u. übers.), Abū Ḥāmid el Granadino y su relación de viaje por tierras eurasiáticas, Madrid: Maestre, 1953 (Franz. Übersetzung und Neuausgabe: Ducène, Jean-Charles (trad.; annot.), De Grenade à Bagdad. La relation de voyage d'Abû Hâmid al-Gharnâtî

(1080–1168) ou Al-mu'rib 'an ba'd 'adjâ'ib al-Maghrib (Exposition claire de quelques merveilles de l'Occident), Paris-Budapest-Kinshasa-Turin-Ouagadougou: L'Harmattan, 2006 (Histoire et Perspectives Méditerranéennes; 8).

Dumont, Henri, Investigaciones generales sobre las enfermedades de la raza que no padecen de fiebre amarilla y estudio preliminar sobre la enfermedad de los ingenios de Azúcar, o Hinchazón de los negros y chinos, Cárdenas, 1865.

Dumont, „Antropología y Patología comparadas de los hombres de color africanos que viven en la Isla de Cuba", in: Revista Bimestre de Cuba Vols. X y XI, La Habana, 1915–1916, S. 161–420 (No. X) y 15–90 (No. XI).

Dumont, Antropología y patología comparada de los negros esclavos (Traducción por el Prof. L. Castellanos), Habana: Calle L, 1922 (Colección Cubana de Libros y Documentos Inéditos o Raros, dirigida por Fernando Ortiz; Vol. 2) [geschrieben 1875/76].

Duncan, John, Travels in West Africa, in 1845 & 1846, comprising a journey from Whydah, through the kingdom of Dahomey, to Adofoodia, in the interior, 2 vols., London: R. Bentley, 1847 (online: https://archive.org/details/travelsinwestern01dunc; https://archive.org/stream/travelsinwestern02dunc (19. Februar 2016)).

Durand, Jean-Baptiste, Voyage au Sénégal fait dans les années 1785 et 1786, 2 Bde., Paris: Dentu, 1807.

Du Tertre, Jean Baptiste, Histoire générale des Antilles habitées par les François, 4 Bde., Paris: chez Thomas Iolly, 1667–1671.

Duke, Antera, The Diary of Antera Duke, an 18th-Century African Slave Trader, ed. Behrendt, Stephen D.; Latham, A.J.H.; Northrup, David, New York/ Oxford: OUP, 2010.

Eakin, Sue (ed.), Solomon Northup's Twelve Years a Slave and Plantation Life in the Antebellum South, Lafayette: Center for Louisiana Studies; University of Louisiana at Lafayette, 2007 (Original: Twelve Years a Slave. Narrative of Solomon Northup, a Citizen of New York, Kidnapped in Washington City in 1841 and Rescued in 1853, From a Cottom Plantation Near the Read River, in Louisiana, Auburn: Derby and Miller; Buffalo: Derby, Orton and Mulligan; Cincinnati: Henry W. Derby, 1853).

Eakin (comp.), „Notes to the Original Narrative", in: Eakin (ed.), Solomon Northup's Twelve Years a Slave, Lafayette: Center for Louisiana Studies; University of Louisiana at Lafayette, 2007, S. 391–518.

Edo y Llop, Enrique, Memoria Histórica de la Villa de Cienfuegos y su jurisdicción, Cienfuegos: Imprenta El Telegráfo, 1861.

Edwards, Bryan, The history, civil and commercial, of the British colonies in the West Indies, 3 Bde., London: Printed for John Stockdale, 1793–1801.

Ein Hamburger auf Kuba. Briefe und Notizen des Kaufmanns Alfred Beneke 1842–1844, ausgewählt und erläutert von Hauschild-Thießen, Renate, Hamburg; Gesellschaft der Bücherfreunde zu Hamburg, 1971.

„Enclosure No. 20", Sierra Leona, December 31, 1842, in: Parliamentary Papers, London 1844, Class A, p. 22 (unter: House of Commons Parliamentary Papers Online (24. August 2012)).

Equiano, Olaudah, Merkwürdige Lebensgeschichte des Sklaven Olaudah Equiano, von ihm selbst veröffentlicht im Jahre 1789, Edwards, Paul (ed.), Frankfurt am Main: Insel-Verlag, 1990.

Equiano, Olaudah, The Interesting Narrative of the Life of Olaudah Equiano, or Gustavus Vassa, The African, Written by Himself (Authoritative Text), ed. by Sollors, Werner, New York, London: W. W. Norton Company, 2001 (A Norton Critical Edition).

„Estado general que manifiesta los esclabos [sic] asi de labor como domesticos que tienen los hacendados de que se compone esta Jurisdic.on con espresion de fincas por Quartones segun esta dividido, como asi mismolos q.e hay en la Dominica agregados à esta", Callajos 15 de Mayo de 1823, Juan Ant.o de Echebarria, in: ANC, Gobierno Superior Civil (GSC), leg. 875, no. 29551, Junio 1821–Oct. 1823: Diputación Provincial de La Habana. Expediente sobre arbitrios del Pueblo de Cayayabos, f. 50r–f. 50v (Doppelblatt, gefaltet).

Estrada, R.B., „Geografía. Relación de un viaje a las islas de Cabo Verde y Río Pongo“ (Habana, c. 1834 oder 1835), in: Biblioteca Nacional de Cuba, La Habana (BNC), Colección Cubana (CC), Colección de Manuscritos (C.M.) Bachiller: No. 417.

Ette, Ottmar (ed.), Humboldt, Reise in die Äquinoktial-Gegenden des Neuen Kontinents. Mit Anmerkungen zum Text, einem Nachwort und zahlreichen zeitgenössischen Abbildungen sowie einem farbigen Bildteil; Frankfurt am Main und Leipzig: Insel Verlag, 1991.

Ette (ed.), Alexander von Humboldt, Kritische Untersuchung zur historischen Entwicklung der geographischen Kenntnisse von der Neuen Welt, 2. Bde., Frankfurt am Main und Leipzig: Insel, 2009.

Ette (ed, trad. u. komm.), Alexander von Humboldt. Das Buch der Begegnungen. Menschen – Kulturen – Geschichten aus den amerikanischen Reisetagebüchern, München: Manesse, 2018.

„Expediente de la Real resolución sobre terrenos realengos y baldíos, comunicada por el Ministerio de Hacienda de Indias a la Intendencia de Ejército de esta isla de Cuba, 1819“, in: Balboa, De los dominios del rey al imperio de la propiedad privada. Estructura y tenencia de la tierra en Cuba (siglos XVI–XIX), Madrid: CSIC, 2013 (Colección América nº 21), S. 178–180 (La Real Cédula de 1819), Anexo, S. 347–349 (Original in: in: ANC, Realengos, Leg. 98, nº 6).

Falconbridge, Alexander, An account of the slave trade on the coast of Africa. By Alexander Falconbridge, late surgeon in the African trade, London: Printed by J. Philipps, 1788 (New York: AMS Press, 1973 Reprint).

Fernandes, Valentim, Description de la Côte d'Afrique de Ceuta au Sénégal, trans. P. de Cenival and Th. Monod, Paris: Larose, 1938.

Fernández de Oviedo y Valdés, Gonzalo, Historia General y Natural de las Indias, 5 Bde., edición y estudio preliminar de Pérez de la Tudela Bueso, Juan, Madrid 1959 (Biblioteca de Autores españoles desde la formación del lenguaje hasta nuestros días).

Fernández de Oviedo y Valdés, Gonzalo; Pérez-Valle, Eduardo (ed.), Nicaragua en los cronistas de Indias: Oviedo, Bde. 3–5, Managua: Banco de América/ Fondo de Promoción Cultural, 1975–1976 (serie cronistas).

Fernández Madrid, José, „Sobre la disentería en general y en particular sobre la de los barracones por el doctor José Fernández Madrid. La Habana 1817“, in: Fernández Madrid, José, Obras Completas. Reimpresas y publicadas en su centenario por la Gobernación del Departamento de Bolívar, Bogotá F. Pontón, 1889, S. 415–441.

Ferrario, Giulio, Costume antico e moderno, 14 tomes in 17 vols., Milan: de l'imprimerie de l'Editeur, 1816/17–1827.

Geggus, David P., „Toussaint's Labor Decret (Supplement to the Royal Gazette [Jamaica], 15 Nov. 1800)“, in: Geggus (ed., transl., with introd.), The Haitian Revolution. A Documentary History, Indianapolis/ Cambridge: Hackett, 2014, S. 153–154.

Girod-Chantrans, Justin, Voyage d'un Suisse dans différentes colonies d'Amérique pendant la derniere guerre, avec une table d'observations météorologiques faites à Saint-Domingue, A. Neuchatel: Impr. de la Société typographique, 1785.

Gøbel, Erik, „The Danish Edict of 16th March 1792 to Abolish the Slave Trade“, in: Parmentier, Jan; Spanoghe, Sander (eds.), Orbis in Orbem: Liber Amicorum John Everaert, Gent: Academia Press, 2001, S. 251–263.

Goeje, Michael Jan de (ed.), Ibn Hawqal, Abu L-Qasim, Kitāb surat al-ard, Leiden: Brill 1873 (Bibliotheca Geographorum Arabicorum; 3) (Franz. Übersetzung: transl. Kramers, J.H.; rev. Weit, G., Configuration de la terre, Paris-Beirut: Maisonneuve, 1964).

Goeje (ed.), Ibn Khurradhbih, Book of Routes and of Kingdoms, Leiden: Brill, 1886 (Bibliotheca Geographorum Arabicorum; 6).

Goeje (ed.), Ibn Rustah, Kitāb al-A'lāk an-Nafīsa, Leiden: Brill, 1892 (Bibliotheca Geographorum Arabicorum; 7).

Goetz, Leopold Karl, Das russische Recht, Bde. 1–4, Stuttgart: Verlag Ferdinand Enke, 1910–1913.
Grandpré, Louis Marie Joseph Ohier de [auch: Degrandpré], Voyage á la côte occidentale d'Afrique fait dans les années 1786 et 1787, 2 vols., Paris: DENTU Imprimieur-Libraire, 1801 (www.books.google.de/books).
Groeben, Otto Friedrich von der, Orientalische Reise-Beschreibung des Brandenburgischen Adelichen Pilgers Otto Friedrich von der Gröben: Nebst der Brandenburgischen Schifffahrt nach Guinea, und der Verrichtung zu Morea, neu ed. und mit einer Einleitung versehen Heyden, Ulrich van der, Hildesheim; Zürich; New York: Olms, 2013 (die eigentliche „Reise nach Guinea" findet sich: Gröben, „Guineische Reise=Beschreibung/ Nebst einem Anhange der Expedition in Morea", Marienwerder: Gedruckt durch Simon Reinigern, 1694, in: Ibid., S. II–IV, S. 1–134, Illustrationen und Anhänge (im Buch eigenständige Paginierung)).
Guanche, Jesús, „Denominaciones étnicas de africanos en Cuba, según fuentes de los siglos XVI al XXI", in: Guanche [Pérez], Jesús, Africanía y etnicidad en Cuba (Los componentes étnicos africanos y sus multiples denominaciones), La Habana: Editorial de Ciencias Sociales, 2009, S. 199–227 (Anexo 1).
Haxthausen, August von, Transcaucasia: Sketches of the Nations and Races between the Black Sea and the Caspian, London: Chapman and Hall, 1854.
Heijer, Henk den (ed.), Naar de koning van Dahomey. Het journaal van de gezantschapsreis van Jacobus Elet naar het West-Afrikaanse koninkrijk Dahomey in 1733, Zutphen: Walburg Pers, 2000.
Heijer (ed.), Expeditie naar de Goudkust: het journaal van Jan Dircksz Lam over de Nederlandse aanval op Elmina, 1625–1626, Zutphen: Walburg Pers, 2006.
Heintze, Beatrix, Fontes para a história de Angola no século XVII, 2 Bde., Wiesbaden: Steiner, 1985/1988 (Bd. I: Memórias, relações e outros manuscritos da Colectânea Documental de Fernão de Sousa (1622–1635) (Studien zur Kulturkunde, Bd. 75); Bd. II: Cartas e documentos oficiais da Colectânea Documental de Fernão de Sousa (1624–1635) (Studien zur Kulturkunde, Bd. 88)).
Heintze; Jones, Adam (eds.), European Sources for Sub-Saharan Africa before 1900: Use and Abuse, Stuttgart: Steiner 1987 (= Paideuma 33).
Heintze, Angola nos Séculos XVI e XVII, Luanda: Kilombelombe, 2007.
Helmold, Chronik der Slaven. Übersetzt von J. C. M. Laurent und W. Wattenbach, Heine, Alexander (ed.), Kettwig: Phaidon Verlag, ²1990 (Historiker des deutschen Altertums).
Helps, Sir Arthur, The conquerors of the New world and their bondsmen; being a narrative of the principal events which led to Negro slavery in the West Indies and America ..., 2 vols., London: W. Pickering, 1848–1852.
Hemmersam, Michael, Guineische und West-Indianische Reissbeschreibung / de an. 1639. biss 1645. Von Ambsterdam nach St. Joris de Mina, ein castell / in Africa / und nach Brasilien in America / von Michael Hemmersam / burgern in Nürnberg / in desselben lebzeiten / selbsten zusammen getragen. Anjetzo aber mit kupffern gezieret / samt einer vorrede / delineation dess gantzen wercks / und nützlichen register vermehret / durch Christoff Ludwig Dietherrn, Nürnberg, Paul Fürsteńs successors und Christoff Gerhard [1663].
Herodot, Neun Bücher zur Geschichte. Mit einer Einleitung von Hoffmann, Lars, Wiesbaden: Marixverlag, 2007.
Holman, James, Travels in Madeira, Sierra Leone, Teneriffe, St. Jago, Cape Coast, Fernando Po, Princes Island, Etc, Etc, London: Routledge, 1840.
Holzmann, Robert (ed.), Die Chronik des Bischofs Thietmar von Merseburg und ihre Korveier Übertragung, Hannover 1935 (Nachdruck 1984) (MGH SS 14).
Howard, Thomas (ed.), Black Voyage: Eyewitness Accounts of the Atlantic Slave Trade, Boston: Little, Brown and Company, 1971.
Humboldt, Alexander von, „Über Wüsten und Steppen", in: Humboldt, Ansichten der Natur, mit wissenschaftlichen Erläuterungen und sechs Farbtafeln nach Skizzen des Autors, Frankfurt

am Main: Eichborn Verlag, 2004 (Die Andere Bibliothek, hrsg. von Hans Magnus Enzensberger), S. 13–168.

Humboldt, Essai politique sur l'Île de Cuba, avec une carte et un supplément qui renferme des considérations sur la population, la richesse territoriale et le commerce de l'Archipel des Antilles et de Colombia. 2 vols., Paris: Librairie Gide et fils, 1826 (Humboldt, Cuba-Werk. Hrsg. u. komm. von Hanno Beck in Verbindung mit W.-D. Grün et al. Darmstadt: Wissenschaftliche Buchgesellschaft, 1992 (Alexander von Humboldt Studienausgabe. Sieben Bände).

Humboldt, „Isle de Cube. Antilles en general" [Tagebuch Havanna 1804], in: Biblioteka Jagiellońska, Kraków, Oddział Rękopisów, Al. v. Humboldt Nachlaß 3/1, Blatt 127–149.

Humboldt, „Rückblick auf die Reise von San Carlos del Río Negro bis Esmeralda. Von Esmeralda auf dem Orinoco über Angostura und Nueva Barcelona nach Cumaná" (7. 5.–26. 8. 1800), in: Reise durch Venezuela. Auswahl aus den amerikanischen Reisetagebüchern. Hrsg. u. eingel. v. Margot Faak. Berlin: Akademie Verlag 2000 (Beiträge zur Alexander-von-Humboldt-Forschung, Bd. 12).

Humboldt, Lateinamerika am Vorabend der Unabhängigkeitsrevolution. Eine Anthologie von Impressionen undUrteilen aus den Reisetagebüchern zusammengestellt und erläutert durch Margot Faak. Mit einer einleitenden Studie von Manfred Kossok, Berlin: Akademie-Verlag, 1982 (Beiträge zur Alexander-von-Humboldt-Forschung, Bd. 5) (Vorabend).

Humboldt, „Sklaven", Cumaná, Herbst 1800, in: Humboldt, Vorabend, S. 244–247 (Dok. 164).

Humboldt, „Sklaven", Cumaná, Herbst 1800, in: Humboldt, Vorabend, S. 256–257 (Dok. 172).

Humboldt, Reise auf dem Río Magdalena, durch die Anden und durch Mexico, aus den Reisetagebüchern zusgest. u. erl. v. Margot Faak, 2 Bde., Berlin: Akademie Verlag, 1986/ 1990.

Humboldt, Reise in die Äquinoktial-Gegenden des Neuen Kontinents, Ottmar Ette (ed.), 2 Bde., Frankfurt am Main/Leipzig: Insel Verlag 1991 (2. Auflage 1999).

Humboldt, „Fünftes Kapitel", in: Humboldt, Reise in die Äquinoktial-Gegenden des Neuen Kontinents, Bd. I, S. 257–290.

Hüne, Albert, Vollständige historisch-philosophische Darstellung aller Veränderungen des Negersclavenhandels von dessen Ursprunge an bis zu seiner gänzlichen Aufhebung, 2 vols., Göttingen: J. F. Roewer, 1820.

Hurlbut, William H., Pictures of Cuba, London: Longman, 1855.

Instruktionen für eine Sklavenfahrt von Liverpool nach Bonny und Havanna, 1803–1804 (mit der Anweisung, vor allem Männer in einem Alter bis max. 24 Jahre zu erwerben), in: Thomas, Hugh, The Slave Trade. The History of the Atlantic Slave Trade: 1440–1870, London and Basingstoke: Picador, 1997, S. 810–811.

Ibd-Khordadhbeh, „Itinéraire des marchands juifs, dits Radanites", in: Ibd-Khordadhbeh, Le livre des routes et des Provinces. Traduction française: C. Barbier de Meynard (Original 847, wahrsch. Bagdad; Original der Übersetzung: Journal Asiatique (Janvier–Février 1865), unter: http://remacle.org/bloodwolf/arabe/khordadheh/routes.htm (21. Januar 2012).

„Informação ácerca dos quesitos [sic; richtig: quisitos] pedídos pelo Deputado Thomas Ribeiro, com relação ao modo como se cumprem as leis sobre a abolição da escravatura", in: Arquivo Histórico Ultramarino Lisboa, No. 893, Cód. 1E, Fundo: SEMU, Secção: DGU, UI tipo: mç, Datas: 1877: Abolição da Escravatura, GEO: STP (ohne Foliierung).

„Interrogatorio cerrado", in: ANC, Escribanía de Daumy, leg. 370, no. 1 (1818): Daniel Botefeur, contra su esclavo Roberto sobre hurto, La Habana, 26 de febrero de 1818, f. 7r–9r.

Irving, James, „Journal of James Irving's Shipwreck and Enslavement, May 1789-October 1790", in: Schwarz, Suzanne (ed.), Slave Captain: The Career of James Irving in the Liverpool Slave Trade, Liverpool: Liverpool University Press, ^{2}2008, S. 125–148 (sowie Irving II, James „Short Account", in: Ebd., S. 149–151).

„'It Was the Same as Pigs in a Sty': A Young African's Account of Life on a Slave Ship (1849)", in: Conrad, Robert E., Children of God's Fire: a documentary history of black slavery in Brazil, University Park: Pennsylvania State University Press, 1994, S. 37–39 (Original: Report from the Select Committee of the House of Lords, Appointed to Consider the Best Means which Great Britain Can Adopt for the Final Extinction of African Slave Trade. Session 1849, London: 1849, S. 162–163).

„Interrogatorio cerrado de José Martorell y Peña", La Habana, 19. Mai 1840, in: ANC, Escribanía de Marina, leg. 39, no. 385 (1839): „Ferrer, Ramón. Intestado de D. Ramon Ferrer", f. 86v–87v.

„Interrogatorio cerrado de D.a Juana Gonzalez, en la morada de D. Juana Gonzalez, La Habana, Regla, 4. Juni 1840", in: ANC, Escribanía de Marina, leg. 39, no. 385 (1839): „Ferrer, Ramón. Intestado de D. Ramon Ferrer", f. 93r–95v.

Jacob, Georg, Arabische Berichte von Gesandten an germanische Fürstenhöfe aus dem 9. und 10. Jahrhundert, Berlin-Leipzig: Walter de Gruyter, 1927 (Quellen zur deutschen Volkskunde I), S. 11–18 (Bericht von Ibrahim Ibn Yaqub über die slawischen Länder, S. 11–18).

Jacobs, Harriet A.; Child, Lydia Maria Francis (ed.), Incidents in the Life of a Slave Girl. Written by Herself, Boston: Published for the Author, 1861.

Jacobs, Harriet A. (AKA Brent, Linda), Incidents in the Life of a Slave Girl, Rockville: Arc Manor, 2008 (siehe auch: http://xroads.virginia.edu/~HYPER/JACOBS/hjhome.htm (08. Mai 2013)).

Jameson, John Franklin, „Autobiography of Omar ibn Said, Slave in North Carolina, 1831 [autobiographischer Essay]", in: The American Historical Review 30, No. 4. (July 1925), S. 787–795 (Electronic Edition; online: http://docsouth.unc.edu/nc/omarsaid/omarsaid.html (17. Nov. 2014)).

Jara, Álvaro; Mellafe, Rolando, Fuentes para el estudio de la Colonia. Protocolos de los escribanos de Santiago. Primeros fragmentos, 1559 y 1564–1566, 2 Bde., Santiago de Chile: DIBAM – Centro de Investigación Diego Barros Arana. Ediciones de la Dirección de Bibliotecas, Archivos y Museos, 1996 (Bd. I: Legajo 1, 1559, Legajo 2, 1564–1565; Bd. II, Legajo 2, 1565–1566).

John Pitkin Norton, Papers, Diaries, Volume III: Eintrag Donnerstag, 18. März 1841, Box No. 3, Folder 18MS 367, Manuscript and Archives, Sterling Memorial Library, Yale University.

Jones, Thomas H., The experience of Rev. Thomas H. Jones, who was a slave for forty-three years, Boston: A. T. Bliss & Co., 1857 (Written by a friend, as related him by Brother Jones) (online: https://archive.org/stream/20456875.4809.emory.edu/20456875_4809#page/n5/mode/2up (02. Februar 2015)).

Johnson, Thomas L., Twenty-eight years a slave or, the story of my life in three continents, Bournemouth/London: W. Mate & Sons / Christian Workers' Depot, 1909 (online: https://archive.org/details/twentyeightyears00johnrich (02. Februar 2015)).

Johnson, Samuel, The History of the Yorubas: From the Earliest Times to the Beginnings of British Protectorate [1921], Cambridge: CUP, 2010.

Johnston, Harry Hamilton, The river Congo: from its mouth to Bólóbó; with a general description of the natural history and anthropology of its western basin, London, S. Low, Marston, Searle & Rivington, 1884.

Johnston, Der Kongo: Reise von seiner Mündung bis Bolobo: nebst einer Schilderung der Klimatischen, Naturgeschichtlichen und Ethnographischen Verhältnisse des westlichen Kongogebietes. Aus dem Englischen, von W. von Freeden, Leipzig: Brockhaus, 1884.

Johnston, The History of a Slave, ed. and introduced by Lovejoy, Paul E., Princeton: Markus Wiener, 2012 (Original London: Kegan Paul, Trench, & Co., 1889).

Jones, Adam, German Sources for West African History, Wiesbaden: Franz Steiner, 1983 (Studien zur Kulturkunde 66).

Jones, Brandenburg Sources for West African History 1680–1700, Stuttgart: Franz Steiner Verlag, 1985 (Studien zur Kulturkunde 77).

Jones, Zur Quellenproblematik der Geschichte Westafrikas, Stuttgart: Steiner, 1990.
Jones; Sebald, Peter, An African Family Archive: The Lawsons of Little Popo / Aneho (Togo) 1841–1938, Oxford: Oxford University Press, 2005 (British Academy Fontes Historiae Africanae, New Series 7).
Juan, Jorge; Ulloa, Antonio de, Noticias Secretas de América, 2 vols., Bogotá: Biblioteca Banco Popular, 1983 (Edición Facsimilar [von 1826]).
Justesen, Ole (ed.), Danish Sources for the History of Ghana 1657–1754, 2 Bde., (Vol. I: 1657–1735/Vol. II: 1735–1754), Copenhagen: Det Kongelige Danske Videnskabernes Selskab / The Royal Danish Academy of Sciences and Letters, 2005.
Kant, Immanuel, „Von den verschiedenen Racen der Menschen“, in: Kant, Schiften zur Anthropologie, Geschichtsphilosophie, Politik und Pädagogik 1 (Werkausgabe, 12 Bde., ed. Weischedel, Wilhelm), Frankfurt am Main: Suhrkamp, 1977, Band XI, S. 9–30.
Kant, „Bestimmung des Begriffs einer Menschenrace“, in: Ebd., S. 63–82.
Kolumbus, Christoph, Schiffstagebuch. Aus dem Spanischen von Roland Erb, Leipzig: Reclam Verlag, 2001.
Kolumbus, Der erste Brief aus der Neuen Welt. Lateinisch/Deutsch. Mit dem spanischen Text des Erstdrucks im Anhang. Übersetzt, kommentiert und herausgegeben von Wallisch, Robert, Stuttgart: Philipp Reclam jun., 2000.
Konetzke, Richard, Colección de Documentos para la Historia de la Formación Social de Hispanoamérica, 1493–1810, 3 vols. in 5 Bden., Madrid: Consejo Superior de Investigaciones Científicas, 1958–1962.
Kutzinski, Vera M.; Ette, Ottmar (eds.), Humboldt, Alexander von, Political Essay on the Island of Cuba. A Critical Edition, Chicago/London: The University of Chicago Press, 2011.
La Loubère. S. de, Du Royaume de Siam, 2 Bde., Paris: Jean Baptiste Coignard, 1691.
Labat, Jean-Baptiste, Nouveau Voyage aux Isles d'Amérique, 6 Bde., Paris: Guillaume Cavelier, 1722.
Lachatañaré, Rómulo, Oh, mio Yemayá!!, Manzanillo: Editorial „El Arte“, 1938.
Lacroix, Louis, Les derniers négriers. Derniers voyages de Bois d'ébène, de coolies et Merles du Pacifique. Préface de Henri Bureau, armateur, Paris: Amiot-Dumont 1952.
Landa, Antonio de, El administrador del ingenio, La Habana: Imprenta La Fortuna, 1866.
Las Siete Partidas, Madrid: Lex Nova, 1989; siehe auch online: http://bdh.bne.es/bnesearch/detalle/bdh0000005119 (16. April 2016). Gesetzestext.
Las siete partidas del rey D. Alfonso el Sabio, glossadas por el Sr. D. Gregorio Lopez del Consejo Real de las Indias, Valencia: Imprenta de Benito Monfort, 1797. Gesetzestext.
Las siete partidas del Don rey Alfonso el Sabio, contejadas con varios códices antiguos por la Real Academia de la Historia, Bde. 4–7, Madrid: Atlas, 1971. Gesetzestext.
Lech, Klaus, „Al-ʻUmarī's Bericht über die Reiche der Mongolen in seinem Werk Masālik al-absār fī mamālik al-amsār“, in: Asiatische Forschungen 22, Wiesbaden (1968), S. 69–70, S. 72–73 (Übersetzung ins Deutsche, S. 137–138, S. 140–141), unter: http://med-slavery.uni-trier.de:9080/minev/MedSlavery/sources (4. Mai 2012).
Lehmann, Herman with Hunter, J. Marvin, Nine Years among the Indians, Austin: Boeckmann-Jones, 1927 (Nachdruck: 4. Auflage, University of New Mexico Press, Albuquerque 1998).
Levtzion, Nehemia; Hopkins, John F. P. (eds. and trans.), Corpus of Early Arabic Sources for West Africa, Princeton: Markus Wiener, 2000 (Cambridge University Press 1981).
Levtzion; Spaulding, Jay (eds.), Medieval West Africa: Views from Arab Scholars and Merchants, Princeton: Markus Wiener, 2003.
Lewis, Catherine M.; Lewis, J. Richard (eds.), Women and Slavery in America: A Documentary History, Fayetteville: University of Arkansas Press, 2011.
Livingstone, David, Missionsreisen und Forschungen in Südafrika, 2 Bde., Leipzig: Verlag Hermann Costenoble, 1858.

Livingstone, David und Charles, Neue Missionsreisen in Süd=Afrika im Auftrage der englischen Regierung. Forschungen am Zambesi und seinen Nebenflüssen nebst Entdeckung der Seen Shirwa und Nyassa in den Jahren 1858 bis 1864, 2 Bde., Jena und Leipzig: Hermann Costenoble, 1866.

Loguen, Jermain Wesley, The Rev. J. W. Loguen, as a Slave and as a Freeman: A Narrative of Real Life, Syracuse, NY: J.G.K Truair and Co., 1859.

Lunde, Paul; Stone Caroline E.M. (trads.), Ibn Fadlān and the Land of Darkness. Arab Travellers in the Far North, London: Penguin, 2012.

Marees, Pieter de, Description and Historical Account of the Gold Kingdom of Guinea (1602), ed. and trans. Albert van Dantzig and Adam Jones, London: British Academy, 1987 (Fontes Historiae Africanae, Series Varia, V), S. 62–65.

Marx, Karl, Grundrisse der Kritik der politischen Ökonomie (Rohentwurf) 1857–1858, Berlin: Dietz, 1974.

Marx, „Der Arbeitstag", in: Marx, Das Kapital. Kritik der politischen Ökonomie, in: Marx-Engels-Werke (MEW), Bd. XXIII [Das Kapital, Bd. I], Berlin 1977, S. 245–320.

Marx, „Die Produktion des absoluten und relativen Mehrwerts", in: Das Kapital, Bd. I, S. 531–541.

Marx, „Die sogenannte ursprüngliche Akkumulation", in: Das Kapital, Bd. I, S. 741–791.

Massé, Etienne-Michel, L'Isle de Cuba et La Havane, Paris: Lebègue et Aubin, 1825.

McCrank, Lawrence (ed.), Discovery in the Archives of Spain and Portugal. Quincentenary Essays, 1492–1992, New York [etc.]: Haworth Press, 1993 (= Primary sources & original works, volume 2, numbers 1/2 and 3/4 (1993)).

McLachlan, Peter, Travels into the Baga and Soosoo Countries in 1821, ed. by Mouser, Bruce L.; Sarro, Ramon, Leipzig: Institut für Afrikanistik, 1999 (= University of Leipzig Papers on Africa (UPLA); History and Culture Series, No. 2 1999).

Medieval Trade in the Mediterranean World. Ilustrative Documents. Translated by Lopez, Robert S.; Raymond, Irving. With a new Foreword & Bibliography by Constable, Olivia R., New York: Columbia University Press, 2001 (1. Auflage 1954).

Medina Pérez, Óscar; Zambrano Valencia, Juan David; Angulo Cubides, Manuel Iván; López Medina, Laura Isabel (eds.), Palacio de la Vega, José, Diario de viaje entre los indios y negros de la Provincia de Cartagena de Indias en el nuevo Reino de Granada, 1787–1788, Barranquilla: Ediciones Gobernación del Atlántico, 1994.

Meiners, Christoph, Ueber die Natur der afrikanischen Neger (und die davon abhängige Befreyung, oder Einschränkung der Schwarzen) [1790], ed. Schäfer, Frank. Mit einem Nachwort von Frank Schäfer, Hannover: Wehrhahn, 2000 (3. Auflage), unter: http://www.ub.uni-bielefeld.de/cgi-bin/navtif.cgi?pfad=/diglib/aufkl/goettihistorimaga/015901&seite=00000377.TIF&scale=8 (07. Dez. 2013).

Mendes, Luiz Antônio de Oliveira; Memória a respeito dos escravos e tráfico da escravatura entre a Costa d'Africa e o Brazil. Apresentado à Real Academia das Ciências de Lisboa, em 1793, fixação do texto e prefácio de José Capela, Porto: Publicações Escorpião, 1977.

Mercado, Tomás de (Fray), Suma de Tratos y Contratos (edición a cargo de Nicolás Sánchez Albornoz), 2 Bde., Madrid, Instituto de Estudios Fiscales, Ministerio de Hacienda, 1977 [1a. ed. 1569; 2a. ed. corregida y aumentada, 1571].

„Mittelsmänner im Westafrikahandel: Lançados auf inoffiziellen Handelswegen (1592)", in: Dokumente zur europäischen Expansion, 5 Bde., ed. Schmitt, Eberhard, München: Verlag C. H. Beck, 1986–1988 (Bde. I–IV); Wiesbaden: Harrassowitz, 2003 (Bd. V); Bd. V: Schmitt; Beck, Thomas (eds.), Das Leben in den Kolonien, S. 209–212 (Dok. 23).

„Moçambique" (Auszüge, Orginalkopien aus anderen Berichten, die in den Jahreszahlen rückläufig angeordnet worden sind (1880–1860; Folienzählung 1–7)), Off.o N.o 115 de 26 de maio e teleg. de 13 e 18 de maio [1880], in: AHU Lisboa, No. 2761, Cód. 2G, Fundo: SEMU, Secçião: DGU, UI tipo: cx, Datas: 1840–1888: Tráfico de escravatura, GEO: ULT. Archivdokument.

Mojarrieta, José Serapio, Esposición sobre origen, utilidad prerogativas, derechos y deberes de los síndicos procuradores generales de los pueblos, Puerto Príncipe: Imprenta del Gobierno, s. a.[1830].

Molina, Fray Alonso de, Vocabulario en Lengua Castellana y Mexicana y Mexicana y Castellana [1571], México D.F.: Editorial Porrúa, 1977.

Molina, Luis de, De iustitia et iure tomi sex, 3 Bde., Mainz; Antwerpen: Ioannem Keerbergium, 1615.

Mollien, Gaspard, Travels in the Interior of Africa to the Sources of the Senegal and Gambia Performed by Command of the French Government of the Year 1818, London: Henry Colburn, 1820 (ed. by Bowdich, T.E., London: Frank Cass, 1967).

Montesquieu, Baron de, De l'esprit des loix, Genf: Anonym, 1748 (deutsch: Montesquieu, Vom Geist der Gesetze, I und II (ed. u. transl.) Ernst Forsthoff, Tübingen: Laupp 1951 (UTB 1710); Montesquieu, Charles-Louis de Secondat, Baron de la Brède et de, Vom Geist der Gesetze, Auswahl, Übersetzung und Einleitung von Kurt Weigand, Stuttgart: Reclam, 1993).

Moraes, Evaristo de, A campanha abolicionista (1879–1888), Brasília: Ed. UNB, 1986 (2. Auflage; Original 1924).

Moreau de Saint-Méry, Médéric Louis-Élie: Loix et constitutions des colonies françoises de l'Amérique sous le Vent, 2 Bd. (Bd. 1:1550–1703, Bd. 2:1704–1721), Paris 1784.

Moreau de Saint-Méry, Déscription topographique, physique, civile, politique et historique de la partie française de l'isle Saint-Domingue [1797], ed. Taillemite, Étienne et Maurel, Blanche, 3 Vols., Paris: Société de l'Histoire des Colonies Françaises et Libraire Larose, 1958.

Mouser, Bruce L. (ed.), Guinea journals: Journeys into Sierra Leone during the Sierra Leone phase, 1800–1821, Washington: University Press of America, 1979

Nabuco, Joaquim, Minha formação, Brasília: Ed. UNB, 1981 (Original 1900).

Nachtigal, Gustav, Sahărâ und Sûdân. Ergebnisse sechsjähriger Reisen in Afrika, Teile 1–3, Graz: Akademische Druck- und Verlagsanstalt, 1967 [Nachdruck] (Original: 1. Theil. 1.–3. Buch. Tripolis, Fezzân, Tibesti und Bornû, Berlin: Weidmannsche Buchhandlung (Hans Reimer)/ Wiegandt, Hempel & Parey (Paul Parey), 1879; 2. Theil. 4.–6. Buch. Borkû, Kânem, Bornû und Bagirmi, Berlin: Weidmannsche Buchhandlung. Verlagshandlung Paul Parey, 1881; 3. Theil. 7.–8. Buch. Wadâï und Dâr-Fôr. Herausgegeben von E. Groddeck, Leipzig: F. A. Brockhaus, 1889).

Nettelbeck, Joachim, Ein Mann. Des Seefahrers und aufrechten Bürgers Joachim Nettelbeck wundersame Lebensgeschichte von ihm selbst erzählt, Ebenhausen bei München: Wilhelm Langewiesche=Brandt, 1910 (unter: http://www.gutenberg.org/files/23333/23333-h/23333-h.htm (24. Oktober 2012)).

Norris, Robert, Memoirs of the reigns of Bossa Ahádee, King of Dahomy, an inland country of Guiney, to which are added the author's journey to Abomey, the capital, and a short account of the Afrcian slave trade, London: Printed for W. Lowndes, 1789 [Reprint 1968].

O'Kelly, James J., La Tierra del Mambí, pról. F. Ortiz, La Habana: Ed. de Ciencias Sociales, 1990.

Oehler-Klein, Sigrid (ed.), Samuel Thomas Soemmering, Über die körperliche Verschiedenheit des Negers vom Europäer (1785), Stuttgart/Jena/Lübeck/Ulm: G. Fischer, 1998.

Oldendorp, Christian Georg Andreas, Historie der karibischen Inseln Sanct Thomas, Sanct Crux und Sanct Jan, insbesondere der dasigen Neger und der evangelischen Brüder unter denselben. Kommentierte Edition des Originalmanuskripts, 4 Vol. in einem Band, Meier, Gudrun; Palmié, Stephan, Stein, Peter und Ulbricht, Horst (eds.), Berlin: Verlag für Wissenschaft und Bildung, 2000.

Ordenações Afonsinas, 3 vols., Lisboa: Fundação Calouste Gulbenkian, 1984. Gesetzestext.

Ordenações Manuelinas, 5 vols., Lisboa: Fundação Calouste Gulbenkian, 1984. Gesetzestext.

Originalkopie eines Schreibens von Honorio Pereira Baretto, Tenente Coronel Governador da Guiné Portugueza an Joaquim Pereira Marinho, Brigadeiro e Governdor Geral desta Provincia,

Villa da Praia, maio vinte e trez, 1839, in: AHU Lisboa, Secretaria de Estado da Marinha e Ultramar, Direcção Geral do Ultramar, ACL-SEMU-DGU, Cx. 56, Cabo Verde 1839 (ohne Foliierung).

Owen, Nicholas, Journal of a Slave-Dealer: A View of Some Remarkable Axcedents in the Life of Nics. Owen on the Coast of Africa and America from the Year 1757, ed. Martin, Eveline, Boston: Houghton Mifflin, 1930. [sic: „Axcedents"]

Park, Mungo, „Chapter XIX", in: Park, Travels in the Interior Districts of Africa Performed under the Direction and Patronage of the African Association, in the Years 1795, 1796, and 1797, London: Printed by W. Bulmer and Company, 1800 (4th edition), S. 227–238.

Pechuël-Loesche, Eduard, „Handel und Producte der Loangoküste", in: Geographische Nachrichten für Welthandel und Volkswirthschaft 1 (1879), S. 273–336.

Petri de Dusburg, Chronica Terre Prussie / Peter von Dusburg, Chronik des Preußenlandes. Übersetzung und erläutert von Scholz, Klaus; Wojtecki, Dieter, Darmstadt: Wissenschaftliche Buchgesellschaft, 1984 (= Ausgewählte Quellen zur deutschen Geschichte des Mittelalters; Bd. 25).

Philalethes, Demoticus, „Hunting the Maroons with Dogs in Cuba", in: Philalethes, Yankee Travels Through the Island of Cuba, New York: D. Appleton and Co., 1856, S. 38–42 (Nachdruck: Price, Richard (ed., with a new preface), Maroon Societies: Rebel Slave Communities in the Americas, Boston: The Johns Hopkins University Press, 1996, S. 60–63 (1. Auflage: New York: Anchor Books, 1973).

Pinto de Azeredo, Jose, Ensaios sobre algumas enfermidades d'Angola, Lisboa: Na Regia Officina Typografica, 1799 (unter: https://archive.org/stream/ensaiossobrealgu00azer#page/n3/mode/2up (29. Mai 2014)).

Piso, Willem, De Indiae utriusque Re Naturali et Medica, Dommershausen-Sprockhövel: Verlag Dr. Eike Pies, 2008 (Faksimile-Edition entsprechend der Erstausgabe Amsterdam 1658 mit Beiträgen von Michael Herkenhoff, Eike Pies und Hans Schadewaldt).

Prince, Mary, The History of Mary Prince, a West Indian Slave. Related by Herself. With a Supplement by the Editor. To Which Is Added, the Narrative of Asa-Asa, a Captured African, London: F. Westley and A. H. Davis, 1831 (siehe heutige Ausgaben: Ferguson, Moira (ed.), The History of Mary Prince, a West Indian Slave, Related by Herself, Ann Arbor: University of Michigan Press, 1997; Salih, Sarah (ed.), The History of Mary Prince. A West Indian Slave [1831], Harmondsworth: Penguin, 2000).

„Propuestas de José Miguel Guridi y Alcocer para la abolición del tráfico de esclavos", in: Chust Calero, Manuel (introd. y selección), América en las Cortes de Cádiz, Madrid/Aranjuez: Fundación Mapfre/ Doce Calles, 2010, S. 105–106 [Doc. XI].

„Propuestas de Agustín Argüelles y José Mejía Lequerica para la abolición de la tortura y del tráfico de esclavos", in: Chust Calero, Manuel (introd. y selección), América en las Cortes de Cádiz, S. 107–113 [Doc. XII].

„R. C. Ratificando la libertad de los esclavos fugitivos procedentes de otros dominios extranjeros", in: Lucena Salmoral, Regulación de la esclavitud negra en las colonias de América Española (1503–1886): Documentos para su estudio, Madrid/Murcia: Universidad de Alcalá/Universidad de Murcia, 2005 (Monografías Humanidades 06), S. 248–251 (1789; Dok. 304).

Ragatz, Lowell Joseph, A checklist of House of Commons sessional papers relating to the British West Indies and to the West Indian slave trade and slavery 1763–1834, London: Bryan Edwards Press, 1923.

Rankin, F. Harrison, The White Man's Grave: A Visit to Sierra Leone in 1834, 2 Bde., London: Richard Bentley, 1836 (books.google.de/books (10. Mai 2012)).

Ravenstein, Ernest George (ed.), The Strange Adventures of Andrew Battel of Leigh in Angola and Adjoining Regions, London: Hakluyt Society, 1905, vol. 6., S. 367–406 (online:

www.archive.org/details/strangeadventur00knivgoog (17. Juni 2017); auch: www.gutenberg.org/ebooks/41282).

„Real Orden aboliendo la práctica de marcar a los negros esclavos en rostro o espalda [el Carimbo]“, San Lorenzo, 4 de noviembre de 1784, in: Lucena Salmoral, Manuel, Regulación de la esclavitud negra en las colonias de América Española (1503–1886): Documentos para su estudio, Madrid/Murcia: Universidad de Alcalá/Universidad de Murcia, 2005 (Monografías Humanidades 06), S. 240 (Dok. 297).

„Regulation Respecting Field Labor“, in: Supplement to the Royal Gazette Vol. VII, no. 47, London (Nov. 15–22, 1800), S. 9–10.

Rainsford, Marcus, An historical account of the black empire of Hayti: comprehending a view of the principal transactions in the revolution of Saint Domingo; with its ancient and modern state. By Marcus Rainsford ..., London: Albion Press Printed: Published by James Cundee, 1805.

Relaciones Geográficas de Venezuela. Recopilación, estudio preliminar y notas de Arrellano Moreno, Antonio, Caracas: Academia Nacional de la Historia, 1964 (Biblioteca de la Academia Nacional de la Historia; 70).

Ritter, Carl, „Herr C. Ritter: Mittheilungen über einige westafricanische Stämme in Cuba, gesammelt von Hesse“, in: Monatsberichte über die Verhandlungen der Gesellschaft für Erdkunde zu Berlin 14. Jg., 10. Bd. (Mai 1852–1853), S. 12–17.

Robinson, Samuel, A Sailor Boy's Experiences aboard a Slave Ship in the Beginning of the Present Century, Hamilton: William Naismith, 1867 (reprinted, Wigtown, Scotland: G. C. Book Publishers, 1996) (www.google.books.de).

Rodrigues, Nina, Os africanos no Brasil, São Paulo: Companhia Editora Nacional, [4]1976 (Original: Rodrigues, Nina, Os Africanos no Brasil. Revisão e prefacio de Homero Pires, São Paulo: Companhia Editora Nacional, 1932).

Römer, Ludwig Ferdinand, Die Handlung verschiedener Völker auf der Küsten Guinea und in Westindien, Kopenhagen: Rothen, 1758.

Römer, Nachrichten von der Küste Guinea. Mit einer Vorrede v. D. Erich Pontoppidan, aus dem Dänischen übersetzt, Kopenhagen/Leipzig: Pelt, 1769.

Römer, Le Golfe de Guinée, 1700–1750. Récits de marchand d'esclaves sur la côte ouest africaine, Paris: L'Harmattan, 2000.

Roemer, Ludwig Ferdinand, A Reliable Account of the Coast of Guinea (1760), ed. and trans. Winsnes, Selena Axelrod, Oxford: British Academy and the Museums, 2001 (Fontes Historiae Africanae, Vol. 3).

Routes et marchés d'esclaves. 26e colloque du GIREA, Besançon, 27–29 septembre 2001, Paris: Presses Universitaires Franc-Comtoises, 2002.

Rüppell, Eduard, Reisen in Nubien, Kordofan, und dem Peträischen Arabien, vorzüglich in geographisch-statistischer Hinsicht, Frankfurt am Main: F. Wilmans, 1829.

Ryder, Alan F. C., „An Early Portuguese Trading Voyage to the Forcados River“, in: Journal of the Historical Society of Nigeria (JHSN) 1:4 (1959), S. 294–321.

Sack, Albert von, A Narrative of a Voyage to Surinam; of a Residence There During 1805, 1806, 1807; and of the Author's Return to Europe by the Way of North America, London: G. and W. Nicol, 1810.

Saco, José Antonio, La supresión del tráfico de esclavos africanos en la isla de Cuba, examinada con relación a su agricultura y su seguridad, Paris: Imprimérie Panckoucke, 1845.

Saco, L'Esclavage à Cuba et la révolution d'Espagne, Paris: F. Dentu, 1869.

Saco, Historia de la esclavitud desde los tiempos más remotos hasta nuestros días, 3 Bde., París: Tip. Lahure, 1875–1877.

Saco, Historia de la esclavitud de la raza africana en el Nuevo Mundo y en especial en los países américo – hispanos, tomo 1, Barcelona: Imprenta de Jaime Jepús, 1879.

Saco, Historia de la esclavitud de la raza africana en el Nuevo Mundo y en especial en los países Americo-Hispanos, 4 Bde., La Habana: Imprenta de A. Álvarez 1893.

Saco, Historia de la esclavitud de los indios en el nuevo mundo seguida de la historia de los repartimientos y encomiendas. Introducción de Fernando Ortiz, 2 Bde., La Habana: Cultural S.A., 1932 (Colección de Libros Cubanos, dir. Fernando Ortiz, Vols. XXVIII–XXIX).

Saco, Historia de la esclavitud de la raza africana en el Nuevo Mundo y en especial en los países Americo-Hispanos. Prólogo Fernando Ortiz, 4 Bde., La Habana: Cultural S.A., 1938 (Colección de Libros Cubanos, dir. Fernando Ortiz, Vols. XXXVII–XL).

Saco, Acerca de la Esclavitud y su Historia, La Habana, Editorial Ciencias Sociales, 1982.

Saco, Obras, ensayo introductorio, compilación y notas: Torres-Cuevas, Eduardo, La Habana: IMAGEN CONTEMPORÁNEA, 2001 (Biblioteca de Clásicos Cubanos).

Saco, „Análisis por Don José Antonio Saco de una obra sobre el Brasil, intitulada, Notices of Brazil in 1828 and 1829 by Rev. R. Walsh author of a journey from Constantinople, etc“, in: Saco, Obras, Vol. II, La Habana: Imagen Contemporánea, 2001, S. 28–77 (online: http://bdigital.bnjm.cu/secciones/literatura/autores/63/obras/JAS1.pdf (30. Jan. 2016)).

Saco, „La supresión del tráfico de esclavos africanos en la isla de Cuba, examinada con relación a su agricultura y a su seguridad“, in: Saco, Obras Vol. II, La Habana: Imagen Contemporánea, 2001, S. 78–137.

Saco, „Contestación al segundo artículo en que el autor de la Carta publicada en Cuba combate de nuevo las razones que don José Antonio Saco expuso en su Memoria sobre caminos, contra el arbitrio propuesto por el señor Salazar“, in: Saco, Obras, Bd. I, S. 249–263.

Saco, „Memoria sobre la Vagancia en la Isla de Cuba“, in: Saco, Obras, Bd. I, S. 264–306.

Saco, „Montes o bosques en la isla de Cuba“, in: Saco, Obras, Vol. I, S. 155–158.

Saco, Historia de la Esclavitud (Volúmen I), Ensayo introductorio, compilación y notas Torres-Cuevas, La Habana: IMAGEN CONTEMPORÁNEA, 2002 (Biblioteca de Clásicos Cubanos).

Saco, Historia de la Esclavitud (Volúmen I–VI), Ensayo introductorio, compilación y notas Torres-Cuevas, La Habana: IMAGEN CONTEMPORÁNEA, 2002–2006 (Biblioteca de Clásicos Cubanos), in: CD "Orígenes del pensamiento cubano. Biblioteca digital de clásicos cubanos, vol. II, La Habana: 2007.

Sagra, Ramón de la, „Ejemplo de pubertad estraordinaria en una niña de la raza negra“, in: Anales de ciencias, agricultura, comercio y artes, núm 2º. – Agosto de 1827, S. 51–54.

Sa'id, Mohammad Ali, The Autobiography of Nicholas Said; A Native of Bornou, Eastern Soudan, Central Africa, Memphis: Shotwell & Co., 1873 (online: www.docsouth.unc.edu/neh/said/said.html (04. April 2017)).

Sandoval, Alonso de, „De la esclavitud de estos negros de Guinea y demas puertos hablando en general“, in: Sandoval, Un tratado sobre la esclavitud; introducción, transcripción y traducción de Vila Vilar, Enriqueta, Madrid: Alianza Editorial, 1987 (Alianza Universidad), S. 142–149.

Sandoval, Treatise on Slavery: Selections from the Instauranda Aethiopum Salute, Germeten, Nicole von (ed., transl. and introd.), Indianapolis: Hackett, 2008.

Scelle, Georges, La traite négrière aux Indes de Castille: Contrats et traités d'assiento, 2 Bde., Paris: Librairie de la Societé du Recueil J.-B. Sirey & du Journal du Palais, 1905–06.

Schweinfurth, Georg, Im Herzen von Afrika. Reisen und Entdeckungen im centralen Aequatorial-Afrika währen der Jahre 1868 bis 1871, 2 Bde., Leipzig/London: F. A. Brockhaus/Sampson Low, Marston, Low, and Searle, 1874 (http://www.archive.org/stream/imherzenvonafri01schwgoog#page/n11/mode/2up (12. Oktober 2013)).

Schweinfurth, „Fünftes Kapitel [„Einzug in die grosse Seriba Ghattas' und Empfang“]“, in: Schweinfurth, Im Herzen von Afrika. Reisen und Entdeckungen im zentralen Äquatorial-Afrika während der Jahre 1868–1871. Ein Beitrag zur Entdeckungsgeschichte von Afrika, Leipzig: F. A. Brockhaus, 1918 (3. Auflage), S. 90–112.

Silva, Danuzio Gil Bernardino da (org.); Komissarov; Becher, Hans, et al. (eds.), *Os Diários de Langsdorff* [online]. Translation Márcia Lyra Nascimento Egg and others, 2 vols., Campinas/ Rio de Janeiro: Associação Internacional de Estudos Langsdorff/Editora FIOCRUZ, 1997 (unter: http://books.scielo.org (01 Juni 2014)).

Silveira, Luis (ed.), Edição Breve dos Rios de Guiné feito pelo Capitão André Álvarez d'Almada [1592], Lisboa: 1946 (online: D'Almada, Andre Alvarez, Tratado Breve dos Rios de Guiné do Cabo-Verde desde o Rio Sanagá até aos Rios de Sant'Anna [1594], Porto: Diogo Köpke, 1841, unter: https://archive.org/details/tratadobrevedos00kpgoog (21. Januar 2015)).

Sloane, Hans, A Voyage to the Islands of Madera, Barbados, Nieves, S. Christophers and Jamaica, with the Natural History of the ...Last of those Islands, 2 vols., London, 1707–1725.

Smith, Adam, in: Lewis, Michael (ed.; introd.), The Real Price of Everything. Rediscovering the Six Classics of Economics, New York/London: Sterling, 2007, S. 22–652.

Snelgrave, Captain William, A New Account of Some Parts of Guinea and the Slave Trade, London: 1734 (Reprint: London: Frank Cass & Co, 1971).

Staden, Warhafftig Historia und Beschreibung einer Landtschafft der Wilden, ed. Klüpfel, Karl, Stuttgart: Bibliothek des Litterarischen Vereins in Stuttgart, 1859 (N. Federmanns und H. Stadens Reisen in Südamerika, 1529 bis 1555), S. 87–197.

Stanfield, James Field, Observations on a Guinea voyage. In a series of letters addressed to the Rev. Thomas Clarkson. By James Field Stanfield. Late a Mariner in the African Slave Trade, London: James Phillips, 1788.

Stangl, Werner, Zwischen Authentizität und Fiktion. Die private Korrespondenz spanischer Emigranten aus Amerika, 1492–1824, Wien/Köln/Weimar: Böhlau, 2012 (Lateinamerikanische Forschungen 41).

Stanley, Henry Morton, Durch den dunkeln Welttheil oder die Quellen des Nils, Reisen um die grossen Seen des aequatorialen Afrika und den Livingstone-Fluss abwärts nach dem atlantischen Ocean. Aus dem Englischen von C. Böttger, 2 Bde., Leipzig: F. A. Brockhaus, 1878.

Swann, Albert J., Fighting the Slave Hunters in Central Africa. The Overthrow of Tip-pu-tib, Rumbaliza, London: Frank Cass, 1969 (1. Edition: London, 1910).

Tams, Georg, „Loanda oder Angola", in: Tams, Die portugiesischen Besitzungen in Süd=West= Afrika: Ein Reisebericht. Mit einem Vorworte von Professor Dr. Carl Ritter, Berlin: Kittler, 1845, S. 85–164; unter: www.books.google.de/books (12. November 2010).

Ternant, Victor de, Les colonies portugaises, Paris: Société des études coloniales et maritimes, 1890 (unter: gallica.bnf.fr/ark:/12148/bpt6k201047p/f1.image (1. August 2014)).

„Testimonios. Una visita al mercado de *colonos* chinos en la Habana de 1859", in: Marrero, Leví, Cuba: economía y sociedad, 15 Bde., Madrid: Editorial Playor, S.A., 1972–1992 (im Folg.: Marrero, Cuba), Bd. XIII, S. 172 (nach: Dana, Richard H., To Cuba and back, a vacation voyage, Boston: Ticknor, 1859, S. 211f).

Thornton, Heywood, Linda, „The Treason of Dom Pedro Nkanga a Mvembe against Dom Diogo, King of Kongo, 1550", in: McKnight, Kathryn Joy; Garofalo, Leo (eds.), Afro-Latino Voices: Narratives from the Early Modern Ibero-Atlantic World, 1550–1812, Indianapolis/Cambridge: Hackett, 2009, S. 2–29.

Togan, Ahmed Zeki Validi, Ibn Fadlans Reisebericht (Rihlat Ibn Fadlān), Leipzig: Deutsche Morgenländische Gesellschaft, 1939 (Abhandlungen für die Kunde des Morgenlandes, Bd. XXIV, 3) (Neudruck: Nendeln/ Liechtenstein 1966).

Torres-Cuevas, Eduardo; Reyes, Eusebio, Esclavitud y sociedad. Notas y documentos para la esclavitud negra en Cuba, La Habana: Ed. de Ciencias Sociales, 1986.

Tudor, Henry, Narrative of a Tour in North America, Comprising Mexico, the Mines of Real del Monte, the United States, and the British Colonies with an Excursion to the Island of Cuba, 2 Vols., London: James Duncan, 1834 (www. books.google.de/books).

„Un boucanier“, in: Exquemelin, Alexandre O., Histoire des aventuriers flibustiers qui se sont signalés dans les Indes. Contenant ce qu'ils y ont fait de remarquable... Par Alexandre Olivier Oexmelin, 4 Bde., Trevoux: Par la Compagnie, 1775, Bd. I, gegenüber von S. 84 [Volume I. Pl. dépl. en reg. p. 84: un boucanier.][Cote: Réserve A 200 037] (online: gallica.bnf.fr/ark:/12148/btv1b2300722k/f2.item (15. September 2015)).

Unter kurbrandenburgischer Flagge: deutsche Kolonial-Erfahrungen von 200 Jahren. Nach dem Tagebuche des Chirurgen Johann Peter Oettinger; unter Mitwirkung des kaiserlichen Vize-Admirals z. D von Henk herausgegeben von Hauptmann a. D. Paul Oettinger, Berlin: R. Eisenschmidt, 1886.

„Überwachungsordnung für Sklaven auf der Insel Mallorca (1406)“, in: Dokumente zur europäischen Expansion, Bd. I, S. 185–189.

Valdés, Geronimo, „Bando de Gobernación y Policia de la Isla de Cuba/Reglamento de esclavos“, in: Pichardo, Hortensia (ed.), Documentos para la historia de Cuba, 5 vols. in 4 Bden., La Habana: Editorial de Ciencias Sociales 1973, Bd. I, S. 316–326 (nur Reglamento).

Valle Hernández, Antonio, „Nota sobre introducción de negros bozales en la isla de Cuba y el estado y actual distribución de las gentes de color, libres y esclavos en ella“, La Habana, 20 de Julio de 1811, in: Biblioteca Nacional de Cuba (BNC), La Habana, Mss. 14613.

Verger, Pierre, „Cent-Douze lettres de Alfaiate“, in: Verger et al., Les Afro-Americains, Dakar: Institut français d'Afrique noire, 1952, S. 53–99.

Viagens de um piloto português do século XVI à costa de África e a São Tomé. Introdução, tradução e notas de Arlindo Manuel Caldeira, Lisboa: Comissão Nacional para as Comemorações dos Descobrimentos Portugueses, 2000.

Vieira, Padre Antônio, Obras escolhidas, 15 Bde., Lisboa: Sá de Costa, 1951–1954.

Vila Vilar, Enriqueta (comp.), Afroamérica: Textos Históricos, Serie II, Vol. 7: Temáticas para la historia de Iberoamérica, Madrid: Fundación Histórica Tavera, Mapfre Mutualidad, Banco Nacional de España, Digibis, 1999 (Colección Clásicos Tavera; CD-Rom).

Villault de Bellefond, Nicolas, Relation des costes d'Afrique, appelles Guinee, Paris: Chez Denys Thierry, 1669 (unter: http://books.google.de/books (26. Mai 2014)).

Villeneuve, René Claude de, L'Afrique, ou histoire, moeurs, usages et coutumes des africains: Le Sénégal, 4 Bde., Paris: Nepveu, 1814 (online: https://archive.org/stream/lafriqueouhisto00villgoog#page/n237/mode/2up (08. Februar 2015)).

Virey, J. J. [Julien-Joseph], „Ueber die Goura- oder Gouru-Nuss, auch Kola genannt, ein geschätztes Kaumittel der Neger“, in: Annalen der Pharmacie Vol. 5 (1833), S. 317–319.

Wadström, Carl Bernhard, An essay on colonization, particularly applied to the western coast of Africa, with some free thoughts on cultivation and commerce; also brief descriptions of the colonies already formed, or attempted, in Africa, including those of Sierra Leona and Bulama, London: Printed for the author by Darton and Harvey, 1794–1795.

Wafer, Lionel, A New Voyage and Description of the Isthmus of America. Reprinted from the original edition of 1699, ed. by Winship, George Parker, Cleveland: The Burroughs Brothers Company, 1903.

Wallon, Henri Alexandre, Histoire de l'esclavage dans l'antiquité, 3 Bde [Paris: 1847], Paris: Hachette et cie, 1879 [Ndr. Paris 1988] (online: https://archive.org/details/histoiredelescl12goog (08. März 2016)).

Walsh, Robert, Notices of Brazil in 1828 and 1829, 2 Bde., London: Frederick Westley and A. H. Davis, 1830 (http://archive.org/details/noticesofbrazili01wals) (http://archive.org/details/noticesofbrazili02wals).

Walsh, Robert, „'A Horrid Traffic': Life on a Slave Ship“, in: Hanke, Lewis; Rausch, Jane M. (eds.), Peoples and Issues in Latin American History, 2 Bde., Princeton: Markus Wiener, 2000 (Vol. I: The Colonial Experience; Vol. II: From Independence to the Present), Bd. II, S. 136–143 (Lit. S. 392).

Ward, Samuel R., Autobiography of a Fugitive Negro: His Anti-Slavery Labours in the United States, Canada,&England, London: John Snow, 1855; repr. New York: Arno Press, 1968.

Washington, National Archives, RG 45, M124, Roll 115, f. 79 (mit freundlicher Genehmigung von Gail Swanson, die das Dokument gefunden, transkribiert und mir freundlicherweise zur Verfügung gestellt hat; siehe auch: Swanson, Gail, Slave Ship Guerrero. The Wrecking of a Spanish Slaver off the coast of Key Largo, Florida with 561 Africans imprisoned in the hold while being pursued by the British warship HBM Nimble in 1827, West Conshohocken: Infinity, 2005).

Weld, Theodore D. (ed.), American Slavery As It Is: Testimony of a Thousand Witnesses, New York: American Anti-Slavery Society, 1829.

Wissmann, Hermann von, Unter deutscher Flagge quer durch Afrika von West nach Ost, Berlin: Walther und Apolant. Nach der siebenten Auflage des großen Werkes vom Verfasser selbst bearbeitete kleinere Ausgabe. Berlin: Walther & Apolants Verlagsbuchhandlung, 1892.

Wright, Elizur (ed.), The Quarterly Anti-Slavery Magazine, Bände 1–2 (1836), Bd. I, S. 133–143 (online: books.google.com (19. März 2016)).

Young, Arthur, Political essays concerning the present state of the British Empire: Particularly respecting: I. Natural advantages and disadvantages, II. Constitution, III. Agriculture, IV. Manufactures, V. The colonies, and VI. Commerce, London: Printed for W. Strahan and T. Cadell 1772 (6. Ausgabe), S. 20–21.

Young, Travels during the years 1787, 1788, & 1789: undertaken more particularly with a view of ascertaining the cultivation, wealth, resources, and national prosperity of the Kingdom of France, London: printed by J. Rackham; for W. Richardson, 1792 (online: https://archive.org/details/travelsduringye03youngoog (22. September 2014)).

Young, Voyages en France: 1787 1788 1789; traduction, introduction et notes de Henri See, 3 Bde., Paris: A. Colin, 1976.

Atlanten und Webseiten

Alfonso X. El Sabio, Las Siete Partidas. Biblioteca Virtual (online: www.biblioteca.org.at/libros/130949.pdf (21. Deptember 2013)).

„Alvará determinando que os pretos que forem trazidos da América, África e Ásia, passado o tempo que menciona, sejam considerados livres logo que cheguem aos portos deste reino, sem outra formalidade mais que passarem-lhes nas respectivas alfândegas, a competente certidão de terem nelas entrado“, 1761-09-19. Portugal, Torre do Tombo, Leis e ordenações, Leis, mç. 6, n.º 40 (online: http://antt.dgarq.gov.pt/exposicoes-virtuais/eventos-em-documentos/abolicao-do-trafico-de-escravos/ (29. April 2012)).

Ankenbauer, Norbert (ed.), Paesi novamente retrovati – Newe unbekanthe landte. Eine digitale Edition früher Entdeckerberichte. Wolfenbüttel: Editiones Electronicae Guelferbytanae 2017 [work in progress], http://diglib.hab.de/edoc/ed000145/start.htm (23. März 2018).

Atlas des esclavages. Traites, sociétés coloniales, abolitions de l'Antiquité à nos jours, Dorigny, Marcel; Gainot, Bernard (eds.), Paris: Éditions Autrement (Collection Atlas/Mémoires), 2006.

Atlas etnográfico de Cuba. Cultura popular tradicional/Ethnographic Atlas of Cuba. Traditional Popular Culture, Centro de Antropología; Centro de Investigación y desarrollo de la cultura cubana „Juan Marinello“; Centro de informática y sistemas aplicados a la cultura (eds.), La Habana o.J. [2002] (CD-Rom).

„Biographies: The Atlantic Slaves Data Network“ (online: www.slavebiographies.org (24. April 2015)).

Blaeu, Joan, Atlas Maior of 1665. Introduction and Texts by/Einführung und Texte von/Introduction et textes de Peter van der Krogt. Based on the copy in the/nach dem Original aus der/D'après l'original de la Österreichische Nationalbibliothek, Vienna. With a selection of original Texts/Mit einer Auswahl der Originaltexte von/Avec une sélection de textes originaux de Joan Blaeu. Directed and produced by Benedikt Taschen, Köln [etc.]: Taschen (Classics by Taschen), s. a. [2005].

Bonn Center for Dependency and Slavery Studies (online: https://www.dependency.uni-bonn.de/en (18. September 2017)).

Born in Slavery: Slave Narratives from the Federal Writers' Project, 1936–1938 („Slave Narratives Collection". American Memory; online: http://memory.loc.gov/ammem/snhtml/snhome.html (18. Januar 2016)).

„Code Noir" (1685), unter: Trésor de la langue française au Québec (unter: http://www.tlfq.ulaval.ca/axl/amsudant/guyanefr1685.htm (16. August 2014)).

„Database of Slave Arrivals in Europe by the Atlantic Ocean 1425–1785", in: www.eurescl.eu (15. Juli 2015).

„Database Slavers operating from Mozambique", in: www.eurescl.eu (15. Juli 2015).

Eltis, David; Richardson, David, Atlas of the Transatlantic Slave Trade. Foreword by Davis, David Brion; Afterword by Blight, David W., New Haven and London: Yale University Press 2010.

„EU-Bericht: In Europa leben 880 000 Sklavenarbeiter", in: SpiegelOnline Wirtschaft (online: www.spiegel.de/wirtschaft/unternehmen/fast-eine-million-sklavenarbeiter-leben-in-der-eu-a-927563.html (24. Oktober 2013)).

Fondo Negros y Esclavos (Archivo General de la Nación (AGN), Bogotá, Kolumbien) (online: http://www.archivogeneral.gov.co/consulte/negros-y-esclavos (08. Mai 2017)).

Gliech, Oliver, „Les colons de Saint-Domingue (1789). Noms des Propriétaires" (online: www.domingino.de/stdomin/index_colons_a_z.html (21. März 2017)).

ILO/ Walk Free Foundation/ in partnership with International Organization for Migration (IOM) (eds.), Global Estimates of Modern Slavery. Forced Labour and Forced Marriage (online: www.ilo.org/wcmsp5/groups/public/---dgreports/---dcomm/documents/publication/wcms_575479.pdf (19. September 2017)).

Hall, „Afro-Louisiana History and Genealogy" (Databases) (online: www.ibiblio.org/laslave (17. Juli 2015).

Instituto do Arquivo Histórico Nacional. Arquivos sobre o tráfico de escravos (unter: http://infogestnet.dyndns.info/ahn/ARCNUM.HTM (18. Dez. 2013)).

Kalnoky, Boris; Moutzouri, Dimitra, „Schlimmes Schicksal von ‚Europas Geisterkindern'", in: Die Welt. So., 27. Oktober 2013 (unter: www.welt.de/vermischtes/article121251802/Schlimmes-Schicksal-von-Europas-Geisterkindern.html (27. Oktober 2013)).

Kaven, Carsten, „Von der ersten Siedlung bis zur mittelalterlichen Stadt – Die Entstehung Hamburgs im Kontext übergreifender historischer Prozesse", in: Verein für Geschichte des Weltsystems e.V. (www.vgws.org). Discussion Paper 002, S. 1–44, hier S. 8 (online: http://www.vgws.org/files/vgws_dp_002.pdf (07. Oktober 2014)).

Kessler, Rainer, „Knechtschaft", in: www.wibilex.de (unter: http://www.bibelwissenschaft.de/nc/wibilex/das-bibellexikon/details/quelle/WIBI/referenz/23712/cache/a686d33700e39992a53a2bc9056fd0bb/ (01. Februar 2013)).

Kockelmann, Holger, „Uschebti", in: www.wibilex.de (unter: http://www.bibelwissenschaft.de/wibilex/das-bibellexikon/lexikon/sachwort/anzeigen/details/uschebti/ch/8d8b32a39ffa052a2cc3bd8a3e049ce7 (10. Dezember 2016); http://www.bibelwissenschaft.de/stichwort/33951/ (10. Dez. 2016)).

La trata de esclavos en Cuba a través de documentos relevantes de su Archivo Nacional, La Habana: CITMATEL; Archivo Nacional de Cuba, 2004 (CD-ROM).

Lux, Rüdiger, „Josef/Josefsgeschichte", in: www.bibelwissenschaft.de/stichwort/22800/ (27. Dezember 2014).

Marques, A.H., de Oliveira; Dias, João José, Atlas Histórico de Portugal e Do Ultramar Português, Lisboa: Centro de Estudos Históricos, 2003.

Maltzan, Heinrich Freiherr von, „Menschenhandel in Afrika“, in: Die Gartenlaube, Leipzig 1873, S. 519 (online: https://de.wikisource.org/wiki/Seite:Die_Gartenlaube_%281873%29_519.JPG (01. Oktober 2015)).

Medieval Mediterranean Slavery (unter: www.med-slavery.uni-trier.de:9080/minev/MedSlavery/sources (02. Feb. 2014)).

Morales Padrón, Francisco, Atlas Histórico Cultural de América. Prólogo de Antonio Rumeu de Armes. Dibujos de Ignacio Tovar, 2 Bde., Las Palmas de Gran Canaria: Gobierno de Canarias, 1988.

Niane, Djibril Tamsir (dir.), Tradition orale et archives de la traite négrière, UNESCO 2001 (online: http://unesdoc.unesco.org/images/0012/001237/123750 f.pdf#search=%27TRAITE%20NEGRIERE%27 (Aug. 16, 2014)).

Ordenações Manuelinas (1512) (online: www.ci.uc.pt/ihti/proj/manuelinas// (29. April 2012)).

Ordenações Filipinas (auch: Codigo Philippino); 1595/1603; online: http://books.google.com.br/ebooks/reader?id=56dCAAAAIAAJ&hl=pt-BR&printsec=frontcover&output=reader (29. April 2012)).

Parliamentary Papers, London (unter: House of Commons Parliamentary Papers Online (24. August 2012))

Royal Navy and the Slave Trade (online: www.royalnavy.mod.uk/About-the-Royal-Navy/Organisation/Life-in-the-Royal-Navy/History/Battles/Royal-Navy-and-the-Slave-Trade (02. Feb. 2014)).

Ruiz, Ernesto, „Bibliografía acerca la esclavitud en Cuba“ (online: http://www.archivocubano.org/esclavitud3.html (12. September 2014)).

Sachsenspiegel-Glossen (https://www.saw-leipzig.de/de/projekte/monumenta-germaniae-historica-sachsenspiegelglossen (01. September 2017)).

„Slave Manumission in the Atlantic World (Topical Guide)“ (online unter: https://networks.h-net.org/node/11465/discussions/114608/slave-manumission-atlantic-world-topical-guide (07. März 2016)).

Slavery and anti-slavery in the Atlantic world. A joint virtual issue of The American Historical Review and Past & Present (online: http://www.oxfordjournals.org/en/our-journals/arts-and-humanities/slavery-and-anti-slavery-in-the-atlantic-world.html (06. März 2016)).

„Sklaverei. Maximal ausgebeutet“, https://www.boeckler.de/pdf/atlas_der_arbeit_2018.pdf (S. 52–53; letzter Zugriff: 18. 05. 2018).

Testart, Alain, „Slave that are not slaves, yet really are“ (extended Summary in English of: Testart, L'Esclave, la Dette et le Pouvoir: Études de Sociologie Comparative, Paris: Errance, 2001 online: http://www.alaintestart.com/UK/documents/engslaves2011.pdf (08. Dezember 2014)).

Walk Free Foundation (ed.), Global Slavery Index 2014 (online: http://d1p5uxokz2c0lz.cloudfront.net/wp-content/uploads/2014/11/Global_Slavery_Index_2014_final_lowres.pdf (26. Jan. 2016), S. 1–81.

Walvin, James, Atlas of Slavery, London [etc.]: Pearson/Longman, 2006.

„Studie in 162 Ländern: 30 Millionen Menschen leben weltweit in Sklaverei“, in: SpiegelOnline Wirtschaft, unter: (www.spiegel.de/wirtschaft/soziales/walk-free-foundation-30-millionen-menschen-leben-in-sklaverei-a-928275.html (24. Oktober 2013)).

www.acrosscan.com/slavery-canada/slavery-in-canada.htm

www.africandiasporamaps.com

www.docsouth.unc.edu/neh/chron.html (North American Slave Narratives)

www.domesdaybook.co.uk

www.edukavital.blogspot.de/2014/03/esclavitud-en-venezuela.html

www.firstblacks.org/spn/summaries/fb-the-archival-sources/

www.globalslaveryindex.org

www.leges.uni-koeln.de
www.slavebiographies.org
www.slaveryimages.org
www.slaverypictures.org
www.slavevoyages.org

Literatur

Enzyklopädien, Lexika und Handbücher sowie Anthologien

Abraham, Roy Clive, Dictionary of Modern Yoruba, London: University of London Press, 1958.
Appiah, Kwame Anthony; Gates Jr., Henry Louis (eds.), Africana. The Encyclopedia of the African and African American Experience, New York: Basic Civitas Books, 1999.
Drescher, Seymour; Engerman, Stanley L. (eds.), A Historical Guide to World Slavery, New York/ Oxford: Oxford University Press, 1998.
Barthel, Günter; Stock, Kristina, Lexikon arabische Welt. Kultur, Lebensweise, Wirtschaft, Politik und Natur im Nahen Osten und Nordafrika, Wiesbaden: Dr. Ludwig Reichert Verlag, 1994.
Bade, Klaus J.; Emmer, Pieter C. et al. (eds.): Enzyklopädie Migration in Europa vom 17. Jahrhundert bis zur Gegenwart, Paderborn [u. a.]; München: Ferdinand Schöningh; Wilhelm Fink, 2007.
Canny, Nicholas; Morgan, Philip (eds.), The Oxford Handbook of the Atlantic World. 1450–1850, Oxford: Oxford University Press 2011.
Engerman; Drescher; Paquette, Robert (eds.), Slavery, New York: Oxford University Press, 2001 (Oxford Readers).
Fassbender, Bardo; Peters, Anne; Peter, Susanne; Högger, Daniel (eds.), The Oxford Handbook of the History of International Law, Oxford: OUP, 2012 (Oxford Handbooks in Law).
Heuman, Gad; Walvin, James, The slavery reader, New York: Routledge, 2003.
Heuman; Burnard, Trevor (eds.), The Routledge History of Slavery, London and New York, Routledge, 2011.
Heuman; Burnard (eds.) Slavery. Critical concepts in historical studies, 4 Bde., Abingdon: Routledge, 2013.
Hofmeester, Karin; Linden, Marcel van der (eds.), Handbook Global History of Work, Boston/ Berlin: De Gruyter Oldenbourg, 2017.
Joly, Fábio Duarte, „Slavery", in: Pollmann, Karla (ed.), The Oxford Guide to the Historical Reception of Augustine, Oxford: Oxford University Press, 2013, S. 1262–1265.
Faria, Sheila de Castro, „Engenho", in: Vainfas, Ronaldo (dir.), Dicionário do Brasil Colonial (1500–1808), Rio de Janeiro: Editora Objetiva, 2000, S. 199–202.
Falola, Toyin; Warnock, Amanda (eds.), Encyclopedia of the Middle Passage, Westport; London: Greenwood Press, 2007 (Greenwood Milestones in African American History).
Finkelman, Paul; Miller, Joseph C. (eds.), Macmillan Encyclopaedia of World Slavery, 2 Bde., New York: Macmillan Reference; Simon & Schuster, Macmillan, 1998.
Gran Enciclopèdia de Mallorca, 19 Bde., Palma de Mallorca: Promallorca Edicions, S.A., 1988–1991.
Handwörterbuch der antiken Sklaverei (HAS). Im Auftrag der Akademie der Wissenschaften und der Literatur, Mainz, Heinen Heinz u. a. (eds.). Redaktion Deissler, Johannes, CD-ROM-Lieferung I–II, Stuttgart: Franz Steiner, 2006 ff.
Hinks, Peter; McKivigan, John (eds.), Encyclopedia of Antislavery and Abolition, 2 vols., Westport: Greenwood Press, 2007.
Katz-Hyman, Martha B.; Rice, Kym S (eds.), World of a Slave: encyclopedia of the material life of slaves in the United States, 2 Bde., Sta. Barbara: Greenwood/ ABC-CLIO, 2011.
Klein, Martin A., The A to Z of Slavery and Abolition, Lanham: Scarecrow Press, 2002.
Lexikon des Mittelalters, 9 Bde. (u. Registerband), München und Zürich: Artemis & Winkler Verlag, 1977–1993 (Bde. I–VI,); München: LexMA-Verlag, 1995–1998 (Bde. VII–IX).
Moya, José C. (ed.), The Oxford Handbook of Latin American History, Oxford: Oxford University Press, 2010.

https://doi.org/10.1515/9783110561630-020

Nichols, Deborah L.; Rodríguez-Alegría, Enrique (eds.), The Oxford Handbook of the Aztecs, Oxford: Oxford University Press, 2017.
Paquette, Robert L.; Smith, Mark M. (eds.), The Oxford Handbook of Slavery in the Americas, Oxford: Oxford University Press 2010.
Rachet, Guy, „Sklaverei", in: Rachet, Lexikon des Alten Ägypten. Übersetzt und überarbeitet von Heyne, Alice, Berlin: Artemis & Winkler, 2013, S. 336.
Race, Ethnicity, and Genetics Working Group, „The Use of Racial, Ethnic, and Ancestral Categories in Human Genetics Research", in: American Journal of Human Genetics Vol. 77:4 (Oct. 2005), S. 519–532 (online: 2005 Aug 29. doi: 10.1086/491747 (22. Oktober 2015)).
Rodriguez, Junius (ed.), The Historical Encyclopedia of World Slavery, 2 Bde., Santa Barbara: ABC-CLIO, 1997.
Rodriguez, Chronology of World Slavery, Santa Barbara: ABC-CLIO, 1999.
Rodriguez, Slavery in the modern world: a history of a political, social, and economic oppression, 2 Bde., Santa Barbara: ABC-Clio, 2011.
Schottenhammer, Angela, „Ostasien", in: Handwörterbuch der antiken Sklaverei. Im Auftrag der Akademie der Wissenschaften und der Literatur, Mainz, Heinen Heinz u. a. (eds.). Redaktion Deissler, Johannes, CD-ROM-Lieferung I–II, Stuttgart: Franz Steiner, s. v.
Triana y Antorveza, Humberto, Léxico documentado para la historia del negro en América (siglos XV–XIX), 9 Bde., Bogotá: Instituto Caro y Cuervo, 2001–2008.

Global- und Weltgeschichte der Sklaverei und des Sklavenhandels; Definitionen

Acemoglu, Daron; Johnson, Simon; Robinson, James, „The Rise of Europe: Atlantic Trade, Institutional Change, and Economic Growth", in: American Economic Review Vol. 95:3 (2005), S. 546–579.
Adas, Michael (ed.), Islamic and European Expansion: The Forging of a Global Order, Philadelphia: Temple University Press, 1993.
Adelman, Jeremy, „The Slave Hinterlands of South America", in: Adelman, Sovereignty and Revolution in the Iberian Atlantic, Princeton and Oxford: Princeton University Press, 2006, S. 58–64.
Adshead, Samuel Adrian M., Salt and Civilization, London and Basingstoke: Palgrave Macmillan, 1992.
Aitken, Robbie; Rosenhaft, Eve, Black Germany. The Making and Unmaking of a Diaspora Community, 1884–1960, Cambridge: CUP, 2013.
Albala, Ken, Beans: A History, New York: Berg, 2007.
Alcock, Susan E.; D'Altroy, Terence N.; Morrison, Kathleen D.; Sinopoli, Carla M. (eds.), Empires: Perspectives from Archaeology and History, Cambridge: CUP, 2001.
Albuquerque, Débora de Souza L.; Versiani, Flávio Rabelo; Vergolino, José Raimundo Oliveira, „Financiamento e Organização do Tráfico de Escravos para Pernambuco no Século XIX", unter: http://www.anpec.org.br/revista/aprovados/Escravos.pdf (20. Mai 2013).
Alencastro, Luiz Felipe de, O Trato dos Viventes. Formacão do Brasil no Atlantico Sul, seculos 16. e 17., São Paulo: Companhia das Letras, 2000.
Alinge, Curt, Mongolische Gesetze. Darstellung des geschriebenen mongolischen Rechts (Privatrecht, Strafrecht u. Prozeß), Leipzig: Verlag Theodor Weicher, 1934.
Allain, Jean, „The Definition of Slavery in International Law", in: Howard Law Journal 52 (2008–2009), S. 239–275.
Allain (ed.), The Legal Understanding of Slavery: From the Historical to the Contemporary, Oxford: OUP, 2012.

Allen, Robert C., „Economic Structure and Agricultural Productivity in Europe, 1300–1800“, in: European Review of Economic History Vol. 4:1 (2000), S. 1–26.
Allen; Murphy, Tommy E.; Schneider, Eric B., „The Colonial Origins of the Divergence in the Americas: A Labor Market Approach“, in: Journal of Economic History 72:4 (2012), S. 863–894.
Almeida, Joselyn M., Reimagining the Transatlantic, 1780–1890, Aldershot: Ashgate, 2011.
Álvarez, Luis Alonso, „Comercio exterior y formación de capital financiero. El tráfico de negros hispano-cubano, 1821–1868“, in: Anuario de Estudios Americanos 51 (1994), S. 75–92.
Amelang, James S., „Writing Chains. Slave Autobiography from the Mediterranean to the Atlantic“, in: Hanß, Stefan; Schiel, Juliane (eds.), Mediterranean Slavery Revisited (500–1800). Neue Perspektiven auf mediterrane Sklaverei (500–1800), Zürich: Chronos Verlag, 2014, S. 541–556.
Amitai-Preiss, Reuven, Mongols and Mamluks: The Mamluk-Ilkhanid War, 1260–1281, Cambridge: Cambridge University Press, 1998.
Amussen, Susan D.; Poska, Allyson M., „Restoring Miranda: gender and the limits of European patriarchy in the early modern Atlantic world“, in: Journal of Global History Vol. 7:3 (Nov. 2012), S. 342–363.
Anderson, Clare, Subaltern Lives: Biographies of Colonialism in the Indian Ocean World, 1790–1920, New York: Cambridge University Press, 2012 (Critical Perspectives on Empire).
Anderson; Maxwell-Stewart, Hamish, „Convict Labour and the Western Empires, 1415–1954“, in: Aldrich, Robert; McKenzie, Kirsten (eds.), The Routledge History of Western Empires, London and New York, Routledge, 2014, S. 102–117.
Andrade Arruda, José Jobson de, „Colonies as Mercantile Investments: The Luso-Brazilian Empire, 1500–1808“, in: Tracy (ed.), The Rise of Merchant Empires, 2 Bde., Cambridge: Cambridge University Press, 1990 (Bd. I: Long Distance Trade in the Early Modern World, 1350–1750; Bd. II: The Political Economy of Merchant Empires. State Power and World Trade, 1350–1750); Bd. II, S. 360–420.
Angeles, Luis, „Institutions, Property Rights, and Economic Development in Historical Perspective“, in: Kyklos Vol. 64:2 (2011), S. 157–177.
Angeles, „On the causes of the African Slave Trade“, in: Kyklos Vol. 66:1 (Feb. 2013), S. 1–26 (online: https://www.gla.ac.uk/media/media_248866_en.pdf (01. Juni 2018)).
Anievas, Alexander; Nisancioglu, Kerem, How the West Came to Rule: The Geopolitical Origins of Capitalism, London: Pluto Press, 2015.
Annequin, Jacques; Geny, Évelyne; Smadja, Élisabeth (eds.), Le Travail: Recherches historiques, Besançon: Presses Universitaires Franc-Comtoises, 1999.
Anthony, David W., The Horse, the Wheel, and Language: How Bronze-Age Riders from the Eurasian Steppes Shaped the Modern World, Princeton: Princeton University Press, 2010.
Appadurai, Arjun (ed.), The Social Life of Things. Commodities in Cultural Perspective, Cambridge: Cambridge University Press, 1986.
Appadurai, Modernity at Large. Cultural Dimensions of Globalization, Minneapolis: University of Minnesota Press, 2005.
Aranzadi, Isabela de, „Presencia de la sociedad abakuá en Fernando Poo a finales del siglo XIX. Deportados ñañígos cubanos en la prensa española“, in: Batey. Revista Cubana de Antropología Sociocultural Vol. 5, Núm. 5 (2013), S. 38–58.
Aranzadi, „A Drum's Trans-Atlantic Journey from Africa to the Americas and Back after the end of Slavery: Annobonese and Fernandino musical cultures“, in: African Sociological Review Vol. 14:1 (2010), S. 20–47.
Araujo, Ana Lucia (ed.), Paths of the Atlantic Slave Trade. Interactions, Identities, and Images, Amherst: Cambria Press, 2011.
Archer, Léonie (ed.), Slavery and Other Forms of Unfree Labour, London: Routledge, 1988.

Arlacchi, Pino, Mafiose Ethik und der Geist des Kapitalismus. Die unternehmerische Mafia, Frankfurt/Main: Cooperative Verlag, 1989.

Arlacchi, Ware Mensch: Der Skandal des modernen Sklavenhandels, München/Zürich: Piper, 2000.

Armit, Ian; Knüsel, Chris; Robb, John; Schulting, Rick, „Warfare and Violence in Prehistoric Europe: An Introduction", in: Journal of Conflict Archaeology Vol. 2:1 (Oct. 2006), S. 1–11.

Armitage, David, „Three Concepts of Atlantic History", in: Armitage and Braddick, Michael J. (eds.), The British Atlantic World, 1500–1800, New York: Palgrave MacMillan, 2002, S. 11–27.

Armitage; Subrahmanyam, Sanjay (eds.), The Age of Revolutions in Global Context, London and Basingstoke: Palgrave Macmillan/ UNESCO Publishing, 2010.

Arrighi, Giovanni, „Capitalism and the Modern World-System: Rethinking the Nondebates of the 1970s", in: Review Vol. XXI:1 (1998), S. 113–129.

Asbridge, Thomas, „Die Schlacht von Ain Dschalut", in: Asbridge, Die Kreuzzüge. Aus dem Englischen von Held, Susanne, Stuttgart: Klett-Cotta, ^{3}2015, S. 660–665.

Assmann, Jan, „Die ägyptische Fron", in: Assmann, Exodus. Die Revolution der Alten Welt, München: Beck, ^{3}2015, S. 123–138.

Atkins, Peter; Simmons, Ian Gordon; Roberts, Brian K., People, Land and Time, London: Hodder Arnold, 1998.

Austen, Ralph A.; Smith, Woodruff D., „Private Tooth Decay as Public Economic Virtue: The Slave Triangle, Consumerism, and European Industrialization", in: Inikori, Joseph E.; Engerman (eds.), The Atlantic Slave Trade. Effects on Economies, Societies, and Peoples in Africa, the Americas, and Europe, Durham and London: Duke University Press, 1992, S. 183–203.

Baak, Paul, „About Enslaved Ex-slaves, Uncaptured Contract Coolies and Unfreed Freedmen: Some Notes about 'Free' and 'Unfree' Labour in the Context of Plantation Development in Southwest India, Early Sixteenth Century–Mid 1990s", in: Modern Asian Studies 33:1 (1999), S. 121–157.

Bach, Olaf, Die Erfindung der Globalisierung: Entstehung und Wandel eines zeitgeschichtlichen Grundbegriffs, Frankfurt and New York: Campus Verlag, 2013.

Bahamonde Magro, Angel; Cayuela Fernández, José G., Hacer las Américas. Las élites coloniales españolas en el siglo XIX, Madrid: Alianza Editorial, 1992.

Baker, Heather D., „Slavery and Personhood in the Neo-Assyrian Empire", in: Bodel, John; Scheidel, Walter (eds), On Human Bondage. After Slavery and Social Death, Malden, Oxford & Chichester: Wiley-Blackwell, 2017, S. 15–30.

Bales, Kevin, Die neue Sklaverei. Aus dem Englischen von Inge Leipold, München: Verlag Antje Kunstmann, 2001.

Bales; Robbins, Peter, „No One Shall Be Held in Slavery or Servitude: A critical analysis of international slavery conventions", in: Human Rights Review Vol. 2:2 (2001), S. 18–45.

Bales; Cornell, Becky, Moderne Sklaverei, Hildesheim: Gerstenberg Verlag, 2008.

Bales; Sarich, Jody, „Afterwords. The Paradox of Women, Children, and Slavery", in: Lawrance; Roberts, Richard L. (eds.), Trafficking in Slavery's Wake. Law and the Experience of Women and Children in Africa, Athens: Ohio University Press, 2012, S. 241–253.

Banaji, Jairus, Theory as History. Essays on Modes of Production and Exploitation, Leiden: Brill, 2010.

Banaji, „The Fictions of Free Labour: Contract, Coercion, and So-Called Unfree Labour", in: Historical Materialism Vol. 11:3 (2003), S.69–95.

Bandar, Brenna, „Possession, Occupation and Registration: Recombinant Ownership in the Settler Colony", in: Settler Colonial Studies (2015) (unter: http://dx.doi.org/10.1080/2201473X.2015.102436 (01. Mai 2015)).

Bankoff, Greg; Swart, Sandra; with Boomgaard, Peter; Clarence-Smith, William Gervase; Bernice de Jong, Boers and Pombejra, Dhiravat no, Breeds of Empire: The Invention of the Horse in

Southeast Asia and Southern Africa 1500–1950, Copenhagen: Nordic Institute of Asian Studies Press, 2007.

Barcia, Manuel, „Sugar, Slavery and Bourgeoisie: The Emergence of the Cuban Sugar Industry", in: Bosma, Ulbe; Giusti-Cordero, Juan; Knight, G. Rogers (eds.), Sugarlandia Revisited. Sugar and Colonialism in Asia and the Americas, 1800 to 1940, New York/Oxford: Berghahn Books, 2007, S. 145–157.

Barragán, Rossana; Mayer, David, „Latin America and the Caribbean", in: Hofmeester; Linden (eds.), Handbook Global History of Work, S. 95–121.

Barrett, Ward, „World Bullion Flows, 1450–1800", in: Tracy, James D. (ed.), The Rise of Merchant Empires, 2 Bde., Cambridge: Cambridge University Press, 1990 (Bd. I: Long Distance Trade in the Early Modern World, 1350–1750; Bd. II: The Political Economy of Merchant Empires. State Power and World Trade, 1350–1750); Bd. I, S. 224–254.

Barros, Amâdio Jorge Morais, „O negócio atlântico: as redes comerciais portugueses e as novas geografias do trato internacional (séculos XVI–XVII)", in: Revista da Fac. de Letras HISTÓRIA, Porto, III Série, vol. 8 (2007), S. 29–47

Bartens, Angela, Der kreolische Raum: Geschichte und Gegenwart, Helsinki: Suomalainen tiedeakatemia, 1996 (Annales Academiae scientiarum Fennicae. Series B; 281).

Bateman, Fiona; Pilkington, Lionel (eds.), Studies in Settler Colonialism. Politics, Identity andCulture, Basingstoke: Palgrave Macmillan 2011.

Baucom, Ian, „'Madam Death! Madame Death!': Credit, Insurance, and the Atlantic Cycle of Capital Accumulation", in: Baucom, Specters of the Atlantic. Finance Capital, Slavery, and the Philosophy of History, Durham and London: Duke University Press, 2005, S. 80–112.

Baugh, Daniel A., The Global Seven Years War 1754–1763: Britain and France in a Great Power Contest, New York: Routledge, 2011.

Bayly, Christopher A., „Bauern und Herren", in: Bayly, Die Geburt der modernen Welt. Eine Globalgeschichte 1780–1914, Frankfurt am Main/New York: Campus, 2006, S. 43–46.

Bayly, „‚Archaische' und ‚moderne' Globalisierung in Eurasien und Afrika, ca. 1750–1850", in: Conrad, Sebastian; Eckert; Freitag (eds.), Globalgeschichte. Theorie, Ansätze, Themen, Frankfurt am Main: Campus, 2007, S. 81–108.

Bechtold, Brigitte; Graves, Donna Cooper (eds.), Killing Infants: Studies in the Worldwide Practice of Infanticide, Lampeter: Edwin Mellen, 2006.

Beckert, Sven, The Empire of Cotton, London: Macmillan, 2004 (Deutsch: Beckert, Sven, King Cotton: Eine Geschichte des globalen Kapitalismus, München: Beck, 2014).

Beckert; Rockman, Seth (eds.), Slavery's Capitalism: A New History of American Economic Development, Philadelphia: University of Pennsylvania Press, 2016.

Bellagamba, Alice; Greene, Sandra E.; Klein, Martin A., „Introduction. When the Past Shadows the Present: The Legacy in Africa of Slavery and the Slave Trade", in: Bellagamba; Greene; Klein with collaboration of Brown, Carolin (eds.), The Bitter Legacy. African Slavery. Past and Present, Princeton, Markus Wiener, 2013, S. 1–27.

Bredenbeck, Kirsten, „Schuften für die Handelsbilanz: Moderne Sklaverei in Brasilien", in: Informationszentrum 3. Welt (iz3w) No. 294 (Juli/Aug. 2006) (iz3w Dossier: Geächtet und doch verbreitet Zwangsarbeit und Sklaverei heute), S. 22–24.

Behringer, Wolfgang, A Cultural History of Climate. Translated by Patrick Camiller, Malden: Polity, 2010 (= Kulturgeschichte des Klimas, Bonn: bpb, 2007).

Bellagamba; Greene; Klein (eds.), African Voices on Slavery and the Slave Trade, Cambridge [etc.]: CUP, 2013.

Belich, James, Replenishing the Earth. The Settler Revolution and the Rise of the Anglo-World, 1783–1939, Oxford: Oxford University Press 2009.

Ben-Dor Evian, Shirley, „'They were thr on land, others at sea...'. The Etymology of the Egyptian Term for 'Sea-Peoples'", in: Semitica 57 (2015), S. 57–75.

Bénot, Yves, La Modernité de l'esclavage. Essai sur la servitude au cœur du capitalisme, Paris: La Découverte, 2003.

Bentley, Jerry H.; Bridenthal, Renate; Wigen, Karen (eds.), Seascapes. Maritime Histories, Littoral Cultures, and Transoceanic Exchanges, Honolulu: University of Hawai'i Press, 2007.

Benton, Lauren, „Law in Diaspora: The Legal Regime of the Atlantic World", in: Benton, Law and Colonial Cultures. Legal Regimes in World History, 1400–1900, Cambridge: Cambridge University Press, 2002 (Studies in Comparative World History), S. 31–79.

Benton, A Search for Sovereignity. Law and Geography in European Empires, 1400–1900, New York: CUP, 2010.

Benton; Ross, Richard J. (eds.), Legal pluralism and empires: 1500–1850, New York: New York University Press, 2013.

Bellucci, Stefano, „Crisis of Capitalism, Crisis of Labour [Review Essay]", in: International Review of Social History 60:1 (2015), S. 97–109.

Bergdolt, Klaus, „Der Ursprung der Pest", in: Bergdolt, Der Schwarze Tod in Europa. Die Große Pest und das Ende des Mittelalters, München: Beck, ^{4}2017, S. 33–35.

Bergdolt, „Die Pest in Osteuropa", in: Bergdolt, Der Schwarze Tod in Europa, S. 35–38.

Berlin, Ira, „From Creole to African: Atlantic Creoles and the Origins of African-American Society in Mainland North America", in: The William and Mary Quarterly, Third Series (WMQ) Vol. LIII, No. 2 (April 1996), S. 251–288 (wieder abgedruckt in: Dubois, Laurent; Scott, Julius S. (eds.), Origins of the Black Atlantic, New York: Routledge, 2010 (Rewriting histories), S. 116–158).

Bernand, Carmen; Stella, Alessandro (coord.), D'esclaves à soldats. Miliciens et soldats d'origine servile XIIIe–XXIe siècles, Paris: L'Harmattan, 2006.

Bernardini, Paolo; Fiering, Norman (eds.), The Jews and the Expansion of Europe to the West, 1400–1800, New York: Berghahn Books, 2001.

Bertrand, Romain, „Histoire globale, histoires connectées: un 'tournant historiographique'?", in: Caillé, A.; Dufoix S. (dir.), Le „tournant global" des sciences sociales, Paris: La Découverte, 2013, S. 44–66.

Bhandar, Brenna, Colonial Lives of Property. Law, Land, and Racial Regimes of Ownership, Durham and London: Duke University Press, 2018 (Global and Insurgent Legalities).

Bickers, Robert (ed.), Settlers and Expatriates. Britons over the Seas, Oxford: Oxford University Press 2010.

Biehl, João, Good, Byron; Kleinman, Arthur (eds.), Subjectivity: Ethnographic Investigations, Berkeley: University of California Press, 2007.

Billig, Susanne, Die Karte des Piri Re'is. Das vergessene Wissen der Araber und die Entdeckung Amerikas, München: Beck, 2017.

Binsfeld, Andrea, „Antike Sklaverei: Rückblick und Ausblick. Neue Beiträge zur Forschungsgeschichte und zur Erschließung der archäologischen Zeugnisse", in: Heinen (ed.), Antike Sklaverei: Rückblick und Ausblick. Neue Beiträge zur Forschungsgeschichte und zur Erschließung archäologischer Zeugnisse. Redaktion: Andrea Binsfeld, Stuttgart: Steiner, 2010 (Forschungen zur antiken Sklaverei Bd. 38), S. 161–177.

Black, Jeremy (ed.), The Atlantic Slave Trade, 4 Bde., Aldershot: Ashgate, 2006.

Blackburn, Robin, The Overthrow of Colonial Slavery 1776–1848, London: Verso, 1988.

Blackburn, The Making of New World Slavery. From the Baroque to the Modern 1492–1800, London/New York, Verso, 1997.

Blackburn, „Slavery and Accumulation", in: Blackburn, The Making of New World Slavery, S. 369–580.

Blackburn, „New World Slavery, Primitive Accumulation and British Industrialization", in: Blackburn, The Making of New World Slavery, S. 509–580.

Blackburn, „La esclavitud, los propietarios extranjeros de bonos del tesoro y el derrocamiento de la primera república española", in: Piqueras, Jose Antonio (comp.), Azúcar y esclavitud en el

final del trabajo forzado. Homenaje a M. Moreno Fraginals, México etc.: Fondo de Cultura Económica, 2002, S. 331–363.
Blackburn, The American Crucible: Slavery, Emancipation and Human Rights, London/New York: Verso, 2011.
Blackburn, „¿Por qué „Segunda Esclavitud"?", in: Piqueras (coord.), Esclavitud y capitalismo histórico en el siglo XIX. Brasil, Cuba y Estados Unidos, Santiago de Cuba: Casa del Caribe, 2016, S. 25–64.
Blackburn, „De la invención del desayuno a la importancia de la ropa interior", in: Piqueras (coord.), Esclavitud y capitalismo histórico en el siglo XIX, S. 48–54.
Blänsdorf, Jürgen, Das Thema Sklaverei in den Werken Ciceros, Stuttgart: Franz Steiner Verlag, 2016 (Forschungen zur antiken Sklaverei 42).
Blake, John W., „English Trade with the Portuguese Empire in West Africa 1581–1629" [1940], in: Black, Jeremy (ed.), The Atlantic Slave Trade, 4 Bde., Aldershot: Ashgate, 2006, Bd. I: Origins–1600, S. 331–358.
Blakely, Allison, Russia and the Negro: Blacks in Russian History and Thought, Washington, DC: Howard University Press, 1986.
Blakely, Blacks in the Dutch World: The Evolution of Racial Imagery in a Modern Society, Bloomington: Indiana University Press, 1993.
Blacker, Sarah, „Corporeal Capital: Theorizing the Division of Body Parts under Global Capitalism" (published: October 2, 2009; unter: http://www.politicsandculture.org/2009/10/02/sarah-blacker-corporeal-capital-theorizing-the-division-of-body-parts-under-global-capitalism/ (01. Juli 2014)).
Bleichmar, Daniel; De Vos, Paula; Huffine, Kristin; Sheehan, Kevin (eds.), Science in the Spanish and Portuguese Empires, 1500–1800, Stanford: Stanford University Press, 2009.
Bloch, Marc, „Comment et pourquoi finit l'esclavage antique?", in: Annales E.S.C. 2 (1947), S. 30–44 und S. 161–170.
Boatcă, Manuela, „Coloniality of Labor in the Global Periphery Latin America and Eastern Europe in the World-System", in: REVIEW Vol. XXXVI:3/4 (2013), S. 287–314.
Boatcă, „Second Slavery versus Second Serfdom: Local Labor Regimes of Global Age", in: Saïd Amir, Arjomand, Social Theory and Regional Studies in the Global Age, Albany: State University of New York, 2014, S. 361–387.
Boatcă, „The Centrality of Race to Inequality across the World-System", in: Journal of World-System Research Vol. 23:2 (2017) S. 465–473.
Bodel; Scheidel (eds), On Human Bondage. After Slavery and Social Death, Malden, Oxford & Chichester: Wiley-Blackwell, 2017.
Boivin, Nicole, Material Cultures, Material Minds. The Impact of Things on Human Thought, Society, and Evolution, New York: Cambridge University Press, 2008.
Bok, Francis, Escape from Slavery, New York: St. Martin's Griffin, 2003.
Bolster, Jeffrey W., The Mortal Sea: Fishing the Atlantic in the Age of Sail, Cambridge: Harvard University Press, 2012.
Bondue, Didier, De servus à sclavus. La fin de l'esclavage antique (371–918), Paris: Presses de l'Université Paris-Sorbonne, 2011.
Bono, Salvatore, Piraten und Korsaren im Mittelmeer. Seekrieg, Handel und Sklaverei vom 16. bis 19. Jahrhundert, Stuttgart: Klett-Cotta, 2009.
Borschberg, Peter (ed.), Iberians in the Singapore-Melaka Area and Adjacent Regions, 16th–18th Century, Wiesbaden: Harrassowitz, 2004 (South China and Maritime Asia Series 14).
Borutta, Manuel; Gekas, Sakis, „A Colonial Sea: the Mediterranean, 1798–1956", in: European Review of History – Revue européenne d'histoire Vol. 19:1 (Feb. 2012), S. 1–13.
Bosch, Jr., Gerald R., „Eric Williams and the Moral Rhetoric of Dependency Theory", in: Callaloo 20 (1998), S. 817–827.

Bourdieu, Pierre, Les règles de l'art: genèse et structure du champ littéraire, Paris Seuil, 1992.
Bourguet, Marie-Noëlle; Licoppe, Christian; Sibum, H. Otto (eds.), Instruments, Travel and Science: Itineraries of Precision from the Seventeenth to the Twentieth Century, London: Routledge, 2002.
Brandes, Stanley, „Maize as a Culinary Mystery", in: Ethnology 31:4 (1992), S.331–336.
Brandon, George, Santeria from Africa to the New World. The Dead Sell Memories, Bloomington: Indiana University Press, 1993.
Boxer, Charles R., The Portuguese seaborn empire, New York: Knopf, 1969.
Brantz, Dorothee; Mauch, Christof (eds.), Tierische Geschichten. Die Beziehung von Menschen und Tier in der Kultur der Moderne, Paderborn [etc.]: Schöningh, 2010.
Brass, Tom, „Some observations on unfree labour, capitalist restructuring, and deproletarianization", in: Brass; Linden, Marcel van der; Lucassen, Jan, Free and Unfree Labour, Amsterdam: International Institute for Social History, 1993, S. 31–50.
Brass, Labour Regime Change in the Twenty-First Century – Unfreedom, Capitalism and Primitive Accumulation, Leiden: Brill, 2011.
Braude, Benjamin, „How Racism Arose in Europe and Why It Did Not in the Near East", in: Berg, Manfred; Wendt, Simon (eds.), Racism in the Modern World. Historical Perspectives on Cultural Transfer and Adaption, New York/Oxford: Berghahn Books, 2011, S. 41–64.
Breman, Jan; Daniel, E. Valentine, „Conclusion: The Making of a Coolie", in: Journal of Peasant Studies 19:3/4 (1992), S. 268–295.
Brentjes, Burchard, Anton Wilhelm Amo. Der schwarze Philosoph in Halle, Leipzig: Koehler & Amelang, 1976.
Brentjes, Die Ahnen Dschingis-Chans. Eurasien und das Werden Europas, Berlin: Deutscher Verlag der Wissenschaften, 1988.
Brentjes, Die Mauren. Der Islam in Nordafrika und Spanien (642–1800), Leipzig: Koehler & Amelang, 1989.
Brewer, John; Porter, Roy (eds.), Consumption and the World of Goods, New York and London: Routledge, 1993.
Brockey, Liam Matthews (ed.), Portuguese Colonial Cities in the Early Modern World, Aldershot: Ashgate, 2009.
Broeck, Sabine, „Lessons for A-Disciplinarity: Some Notes On What Happens To An Americanist When She Takes Slavery Seriously", in: Gohrisch, Jana; Grünkemeier, Ellen (eds.), Postcolonial Studies Across the Disciplines, Amsterdam/New York: Rodopi, 2013, S. 349–358.
Brown, Christopher, Leslie; Morgan, Philipp D. (eds.), Arming Slaves from Classical Times to Modern Age, New Haven & London: Yale University Press, 2006.
Brown, Matthew; Paquette, Gabriel, „Introduction: Between the Age of Revolutions and the Age of Empire", in: Brown; Paquette (eds.), Connections after Colonialism. Europe and Latin America in the 1820s, Tuscaloosa: The University of Alabama Press, 2013, S. 1–28.
Brown, Vincent, The Reaper's Garden: Death and Power in the World of Atlantic Slavery, Cambridge: Harvard University Press, 2008.
Brown, „Social Death and Political Life in the Study of Slavery", in: American Historical Review Vol. 114:3 (2009), S. 1231–1249.
Bruce, Travis, „The Politics of Violence and Trade: Denia and Pisa in the Eleventh Century", in: Journal of Medieval History Vol. 32 (2006), S. 139–141.
Bruce, „Piracy as Statecraft: The Mediterranean Policies of the Fifth/Eleventh-Century Taifa of Denia", in: Al Masaq: Islam and the Medieval Mediterranean Vol. 22:3 (2010), S. 235–248.
Bruce, La taifa de Denia et la Méditerranée au XIe siècle, Toulouse: FRAMESPA, 2013.
Bruce, „The taifa of Denia and the Jewish networks of the medieval Mediterranean: a study of the Cairo Geniza and other documents", in: Journal of Medieval Iberian Studies Vol. 9 (2017), S. 1–20.

Buggeln, Marc, „Were KZ-Prisoners Slaves? Possibilities and Limits of Comparisons and Global-Historic Approaches“, in: International Review of Social History 53:1 (2008), S. 101–129.
Buggeln, Das System der KZ-Außenlager. Krieg, Sklavenarbeit und Massengewalt, Bonn: Friedrich Ebert Stiftung, 2012 (Gesprächskreis Geschichte; Heft 95).
Buggeln, „Unfreie Arbeit im Nationalsozialismus. Begrifflichkeiten und Vergleichsaspekte zu den Arbeitsbedingungen im Deutschen Reich und in den besetzten Gebieten“, in: Buggeln; Wildt, Michael (eds.), Arbeit im Nationalsozialismus, München 2014, S. 231–252.
Buggeln, Slave Labour in Nazi Concentration Camps, Oxford: Oxford University Press, 2014.
Buggeln, „Slavery and the Camp Systems in the 19th and 20th Century: From Private to State Slavery and Back Again“, in: New Literary Oberserver 142 (2016), S. 266–291 (Englisch in: Eurozine – online: http://www.eurozine.com/from-private-to-state-slavery-and-back-again/ (30. Okt. 2017)).
Burton, Gera C., Ambivalence and the Postcolonial Subject. The Strategic Alliance of Juan Francisco Manzano and Richard Robert Madden, New York [etc.]: Peter Lang, 2004.
Burton, „Liberty's Call: Richard Robert Madden's Voice in the Anti-Slavery Movement“, in: Irish Migration Studies in Latin America 5:3 (November 2007), S. 199–206 (unter: www.irlandeses.org/imsla0711.htm) (acceded 8 October 2011).
Bush, Michael L. (ed.), Serfdom & Slavery. Studies in Legal Bondage, Essex: Addison Wesley Longman, 1996.
Bush, Servitude in modern times, Cambridge: Politiy Press, 2000.
Bussmann, Richard, „Kriege und Zwangsarbeit im pharaonischen Ägypten“, in: Lingen, Kerstin von; Gestwa, Klaus (eds.), Zwangsarbeit als Kriegsressource in Europa und Asien, Paderborn: Schöningh, 2014, S. 58–72.
Byron, John, Slavery Metaphors in Early Judaism and Pauline Christianity: A Traditio-Historical and Exegetical Examination, Tübingen: Mohr Siebeck, 2003.
Cabrera, Lydia, Cuentos negros de Cuba. Prólogo de Fernando Ortiz, La Habana, Imprenta La Verónica, 1940.
Cabrera, El monte: igbo finda, ewe orisha, vititinfinda (Notas sobre las religiones, la magia, las supersticiones y el folklore de los negros criollos y del pueblo de Cuba), La Habana, Ediciones C.R., 1954.
Cabrera, Anagó: vocabulario lucumí (El yoruba que se habla en Cuba). Prólogo de Roger Bastide, La Habana: Ediciones C.R., 1957 (Colección del Chicherekú).
Cabrera, La sociedad secreta Abakuá, narrada por viejos adeptos, La Habana: Ediciones C.R., 1958.
Cabrera, Otán Iyebiyé: las piedras preciosas, Miami, Ediciones Universal, 1970.
Cabrera, Yemayá y Ochún: Kariocha, Iyalorichas y Olorichas, Madrid: Ediciones C.R., 1974.
Cabrera, La Regla Kimbisa del Santo Cristo del Buen Viaje, Miami: Peninsular Printing Inc., 1977 (Colección del Chicherekú en el exilio).
Cabrera, Reglas de Congo: Palo Monte Mayombe, Miami: Peninsular Printing Inc., 1979 (Colección del Chicherekú en el exilio).
Cabrera, Anaforuana: ritual y símbolos de la iniciación en la sociedad secreta Abakuá, Madrid: Ediciones C.R., 1975.
Cabrera, La lengua sagrada de los ñáñigos, Miami: Ediciones Universal, 1988.
Cabrera, Lydia, El Monte, La Habana: Ed. de Letras Cubanas, 1993 (Erstausgabe 1954), 1971.
Cabrera, Vocabulario congo. El bantú que se habla en Cuba, Miami: Colección de Chichereku, 1984.
Cabrera, La medicina popular de Cuba: médicos de antaño, curanderos, santeros y paleros de hogaño, Miami: Ultra Graphics, 1984.
Calic, Marie-Janine, „Weltreiche und Weltwirtschaften 1450–1800“, in: Calic, Südosteuropa. Weltgeschichte einer Region, München: Beck, 2016, S. 83–151.

Calic, „Piraten, Pest und andere globale Herausforderungen“, in: Calic, Südosteuropa, S. 265–276.
Cameron, Catherine M., „Captives in Prehistory: Agents of Social Change“, in: Cameron (ed.), Invisible Citizens: Captives and Their Consequences, Salt Lake City: University of Utah Press, 2008, S. 1–24.
Cameron, „How People Moved among Ancient Societies: Broadening the View“, in: American Anthropologist Vol. 115 (2013), S. 218–231.
Cameron, „Captive Taking in Global Perspective“, in: Cameron, Captives: How Stolen People Changed the World, Lincoln; London: University of Nebraska Press, 2016, S. 19–42.
Campbell, Gwyn (ed.), The Structure of Slavery in Indian Ocean Africa and Asia, London; Portland: Frank Cass, 2004 (Studies in Slave and Post-Slave Societies and Cultures; Series Editor: Gad Heuman).
Campbell; Miers, Suzanne; Miller, Joseph C. (eds.), Women and Slavery, 2 Bde., Athens: Ohio University Press, 2007–2008.
Campbell; Miers; Miller (eds.), Children in Slavery through the Ages, Athens: Ohio University Press, 2009.
Campbell; Miers; Miller (eds.), Child Slaves in the Modern World, Athens: Ohio University Press, 2011.
Campbell; Stanziani, Alessandro (eds.), Debt and Slavery in the Mediterranean and Atlantic Worlds, London and Vermont: Pickering & Chatto, 2013.
Campbell; Stanziani (eds.), Bonded Labour and Debt in the Indian Ocean World, London and Vermont: Pickering & Chatto, 2013.
Campbell; Elbourne, Elizabeth (eds.), Sex, Power, and Slavery, Athens: Ohio University Press, 2014.
Cañizares Esguerra, Jorge, „Iberian Colonial Science“, in: Isis 96 (2005), S. 64–70.
Cañizares Esguerra; Seemann, Erik R. (eds.), The Atlantic in Global History, 1500–2000, New York: Prentice-Hall, 2006.
Cañizares Esguerra; Childs, Matt D.; Sidbury, James (eds.), The Black Urban Atlantic in the Age of the Slave Trade, Philadelphia: University of Pennsylvania Press, 2013.
Cañizares Esguerra; Breen, Benjamin, „Hybrid Atlantics: Future Directions for the History of the Atlantic World“, in: History Compass 11/8 (2013), S. 597–609.
Carey, Brycchan; Salih, Sara; Ellis, Markman (eds.), Discourses of Slavery and Abolition: Writing in Britain and Its Colonies, 1660–1838, London: Palgrave, 2004.
Carlà, Filippo; Gori, Maja (eds.), Gift Giving and the ‚Embedded‘ Economy in the Ancient World, Heidelberg: Universitätsverlag Winter 2014 (= Akademiekonferenzen 17).
Carmagnani, Marcello, Le isole del lusso. Prodotti esotici, nuovo consume e cultura economica europea, 1650–1800, Milano: UTET Libreria, 2010.
Carney, Judith A., „Out of Africa: Rice Culture and African Continuities“, in: Carney, The African Origins of Rice Cultivation in the Americas, Cambridge: Harvard University Press, 2001, S. 69–106.
Carney, „African Rice and the Atlantic World“, in: Carney, Black Rice, S. 142–159.
Carney; Rosomoff, Richard N., In the Shadow of Slavery. Africa’s Botanical Legacy in the Atlantic World, Berkeley [etc.]: University of California Press, 2009.
Carney; Rosomoff, „African Food and the Atlantic Crossing“, in: Carney; Rosomoff, In the Shadow of Slavery, S. 65–79.
Carney; Rosomoff, „African Animals and Grasses in the New World Tropics“, in: Carney; Rosomoff, In the Shadow of Slavery, S. 155–176.
Carstensen, Lisa, „Sklavenarbeit: Marginal oder modern? Eine kritische Analyse der Diskurse zu Zwangsarbeit und Menschenhandel in Brasilien“, in: Burchardt, Hans-Jürgen; Peters, Stefan; Weinmann, Nico (eds.): Arbeit in globaler Perspektive. Facetten informeller Beschäftigung, Frankfurt am Main/New York: Campus, 2013, S. 217–238.

Casale, Giancarlo, „The Ottoman "Discovery" of the Indian Ocean in the Sixteenth Century", in: Bentley; Bridenthal; Wigen, Seascapes, S. 87–104.

Castañeda y Granados, Daniel H., La supervivencia del derecho español en Hispanoamérica durante la época independiente, México: UNAM, 1998.

Castaño, Javier, „The Peninsula as a Borderless Space: Towards a Mobility 'Turn' in the Study of Fifteenth-Century Iberian Jewries", in: Buc, Philippe; Keil, Martha; Tolan (eds.), Jews and Christians in Medieval Europe: The Historiographical Legacy of Bernhard Blumenkranz, Turnhout: Brepols Publishers, 2015 (Religion and Law in Medieval Christian and Muslim Societies; 7), S. 315–332.

Chaignot, Nicolas, La servitude volontaire aujourd'hui. Esclavages et modernité, Paris: Presses Universitaires de France, 2012.

Chaunu, Pierre e Huguette, Séville et l'Atlantique, 1504–1650, 8 vols. in 12, Paris: SEVPEN, 1955–1960.

Cheah, Pheng, „The Material World of Comparison", in: Felski, Rita; Friedman, Susan Stanford (eds.), Comparison: Theories, Approaches, Uses, Baltimore: The Johns Hopkins University Press, 2013, S. 168–190.

Chebel, Malek, L'esclavage en terre d'islam. Un tabou bien gardé, Paris: Fayard, 2007.

Chiusi, Tiziana J.; Filip-Fröschl, Johanna; Rainer, J. Michael; Harke, Jan Dirk (eds.), Corpus der römischen Rechtsquellen zur antiken Sklaverei (CRRS) Teil 3.2.: Die Rechtspositionen am Sklaven. Ansprüche aus Delikten am Sklaven, Stuttgart: Franz Steiner Verlag, 2013 (Forschungen zur antiken Sklaverei – Beihefte, Band 3.3.2).

Cho, Jane J., Asians in Latin America: A Partially Annotated Bibliography of Select Countries and People, Stanford: Center for Latin American Studies, Stanford University Press, 2000.

Chu, Clara M., „Asians in Latin America: A Selected Bibliography, 1990–2002", in: Amerasia Journal 28:2 (2002), S. 235–245 (unter: http://libres.uncg.edu/ir/uncg/f/C_Chu_Asians_2002.pdf (14. Januar 2014)).

Chust Calero, Manuel (introd. y selección), América en las Cortes de Cádiz, Madrid/Aranjuez: Fundación Mapfre/ Doce Calles, 2010.

Clarence-Smith, William Gervase (ed.), The Economics of the Indian Ocean Slave Trade in the Nineteenth Century, London: Frank Cass, 1977.

Clarence-Smith, The third Portuguese empire, 1825–1975. A study in economic imperialism, Manchester & Dover: Manchester University Press, 1985.

Clarence-Smith; Topik, Steven (eds.), The global coffee economy in Africa, Asia and Latin America, 1500–1989, Cambridge: Cambridge University Press, 2003.

Clarence-Smith, Islam and the Abolition of Slavery, London: Hurst & Company, 2006.

Clarence-Smith, „The nature of slavery in Islam", in: Clarence-Smith, Islam and the Abolition of Slavery, S. 2–6.

Clarence-Smith, Slaves, Peasants and Capitalists in Southern Angola 1840–1926, Cambridge: CUP, 2007.

Clarence-Smith, „Cocoa Plantations and Coerced Labor in the Gulf of Guinea, 1870–1914", in: Klein, Breaking the chains: slavery, bondage, and emancipation in modern Africa and Asia, Madison: University of Wisconsin Press, 1993, 150–170.

Clarence-Smith; Eltis, David, „White Servitude", in: Eltis; Engerman (eds.), The Cambridge World History of Slavery, Vol. 3: AD 1420-AD 1804, Cambridge [etc.]: Cambridge University Press, 2011, S. 132–159.

Clarence-Smith, „Islamic abolitionism in the western Indian Ocean from c. 1800", in: Harms, Robert; Freamon, Bernard K.; Blight, David W., (eds.), Indian Ocean slavery in the age of abolition, New Haven: Yale University Press, 2013, S. 81–97.

Clarence-Smith, „Slavery in Early Modern Russia", in: Hanß, Stefan; Schiel, Juliane (eds.), Mediterranean Slavery Revisited (500–1800). Neue Perspektiven auf mediterrane Sklaverei (500–1800), Zürich: Chronos Verlag, 2014, S. 119–142.

Clarence-Smith, „Chocolate consumption from the sixteenth century to the great chocolate boom", in: Squicciarini, Mara P.; Swinnen, Johan (eds.), The Economics of Chocolate, Oxford: Oxford University Press, 2016, S. 43–70.

Clark, Darlene Hine; McLeod, Jacqueline (eds.), Crossing Boundaries. Comparative History of Black People in Diaspora, Bloomington & Indianapolis: Indiana University Press, 1999.

Clarke, Kamari Maxine; Thomas, Deborah A., „Introduction: Globalization and the Transformations of Race", in: Clarke; Thomas (eds.), Globalization and Race, Durham: Duke University Press, 2006, S. 1–36.

Cline, Eric H., 1177 B.C: The Year Civilization Collapsed, Princeton/Woodstock: Princeton University Press, 2014 (Turning Points in Ancient History) (Deutsch: 1177 v. Chr. Der erste Untergang der Zivilisation, Darmstadt: Theiss Verlag, 2015).

Coates, Timothy J., Convicts and Orphans: Forced and State Sponsored Colonizers in the Portuguese Empire, 1550–1755, Standford: Stanford University Press, 2001.

Coates, Convict Labor in the Portuguese Empire, 1740–1932. Redefining the Empire with Forced Labor and New Imperialism, Leiden: Brill, 2014 (European Expansion and Indigenous Response, Vol. 13).

Coclanis, Peter A., „Drang Nach Osten: Bernard Baylin, the World-Island, and the Idea of Atlantic History", in: Journal of World History 13:1 (Spring 2002), S. 169–182.

Coclanis, „Atlantic World or Atlantic/World?", in: The William & Mary Quarterly (WMQ), Third Series Vol. 63:4 (Oct. 2006), S. 725–742 (unter: www.jstor.org/stable/4491578 (28. Oktober 2012)).

Coello de la Rosa, Alexandre; Burieza Sánchez, Javier; Moreno Martínez, Doris (eds.), Jesuitas e imperios de ultramar, siglos XVI–XX, Madrid: Sílex, 2012.

Cohen, Mark R., Jewish Self-Government in Medieval Egypt: the Origins of the Office of Head of the Jews, ca. 1065–1126, Princeton: Princeton University Press, 1980.

Conermann, Stephan, „Sklaverei(en) in außereuropäischen vormodernen Gesellschaften – ein paar Vorüberlegungen", in: Dhau. Jahrbuch für außereuropäische Geschichte 2 (2017), S. 9–24.

Conrad, Sebastian, „Kulis, nach Preußen? Mobilität, chinesische Arbeiter und das Deutsche Kaiserreich 1890–1914", in: Comparativ 13:4 (2003), S. 80–95.

Conrad; Eckert; Freitag, Ulrike (eds.), Globalgeschichte. Theorie, Ansätze, Themen, Frankfurt am Main: Campus, 2007.

Conrad, „Enlightenment in Global History: A Historiographical Critique", in: American Historical Review Vol. 117 (2012), S. 999–1027.

Cook, Harold J.; Walker, Timothy D., „Circulation of Medicine in the Early Modern Atlantic World", in: Social History of Medicine (2013), S. 1–15.

Cooper, Frederick; Holt, Thomas C.; Scott, Rebecca J., Beyond Slavery: Explorations of Race, Labor and Citizenship in Post-Emancipation Societies, Chapel Hill: The University of North Carolina Press, 2000.

Cooper, „Conditions Analogous to Slavery: Imperialism and Free Labor Ideology", in: Cooper; Holt; Tom C.; Scott (eds.), Beyond Slavery, S. 107–150.

Cooper, „Empire Multiplied: A Review Essay", in: Comparative Studies in Society and History 46:2 (April 2004), S. 247–272.

Coquery-Vidrovitch, Catherine, „Histoire, mémoire et politique: débats actuels sur la traite des esclaves et le colonialisme", in: Journal of Modern European History 7, Nr. 1 (2009), S. 109–139.

Coronil, Fernando, „Jenseits des Okzidentalismus. Unterwegs zu nichtimperialen geohistorischen Kategorien", in: Conrad, Sebastian; Shalini, Randeria (eds.), Jenseits des Eurozentrismus. Postkoloniale Perspektiven in den Geschichts- und Kulturwissenschaften, Frankfurt/Main: Campus-Verlag, 2002, S. 177–218.

Costa Pinheiro, Cláudio, „Words of Conquest. Portuguese Colonial Experiences and the Conquest of Epistemological Territories“, in: Indian Historical Review Vol. XXXVI (2009), S. 37–53.

Cottias, Myriam; Stella, Alessandro; Vincent, Bernard (eds.), Esclavage et dépendances serviles, Paris: L'Harmattan, 2006.

Cotton, Samuel, Silent Terror: A Journey Into Contemporary African Slavery, New York: Harlem River Press, 1998.

Cottrol, Robert J., The Long, Lingering Shadow: Slavery, Race, and Law in the American Hemisphere, Athens: University of Georgia Press, 2013.

Coughtry, Jay, The Notorious Triangle: Rhode Island and the African Slave Trade, 1700–1807, Philadelphia: Temple University Press, 1981.

Crosby, Alfred, The Columbian Exchange: Biological and Cultural Consequences of 1492, Westport: Praeger Publishers, 2003 (1. Auflage 1972).

Crouzet, François (ed.), Capital Formation in the Industrial Revolution, London: Methuen and Co. Ltd., 1972.

Csabai, Zoltán (ed.), Studies in Economic and Social History of the Ancient Near East in Memory of Péter Vargyas, Budapest: L'Harmattan, 2014.

Cunliffe, Barry, „Sailors on the Two Oceans: 1200–200 BC“, in: Cunliffe, Facing the Ocean. The Atlantic and its Peoples 8000 BC–AD 1500, New York: Oxford University Press, 2001, S. 261–310.

Cunliffe, 10000 Jahre. Geburt und Geschichte Eurasien. Aus dem Englischen von Beitscher, Gina, Darmstadt: WGB; Konrad Theiss Verlag, 2016.

Curtin, Philip D. (ed.), Africa Remembered. Narratives by West Africans from the Era of the Slave Trade, Madison: The University of Wisconsin Press, 1967.

Curtin, „Ayuba Suleiman Diallo of Bondu“, in: Curtin (ed.), Africa Remembered, S. 17–59.

Curtin, „Joseph Wright of the Egba“, in: Curtin (ed.), Africa Remembered, S. 317–333.

Curtin, The Atlantic Slave Trade. A Census, Madison: The University of Wisconsin Press, 1969.

Curtin, The rise and fall of the plantation complex. Essays in Atlantic history, New York [etc.]: Cambridge University Press 1990 (2. Ed.: 1998).

Curtin, „The Lure of Bambuk Gold“, in: The Journal of African History Vol. 14:4 (1973), S. 623–631.

Cwik, Christian, „Neuchristen und Sepharden als cultural broker im karibischen Raum (1500–1700)“, in: Zeitschrift für Weltgeschichte. Interdisziplinäre Perspektiven Jg. 8, Heft 2 (Herbst 2007), S. 153–175.

Cwik, „Atlantische Netzwerke: Neuchristen und Juden als Lançados und Tangomaos“, in: Schmieder, Ulrike / Nolte, Hans-Heinrich (eds.), Atlantik. Sozial- und Kulturgeschichte in der Neuzeit, Wien: Promedia, 2010 (Edition Weltregionen), S. 66–85.

Daget, Serge (éd.), De la traite à l'esclavage, Ve au XIXème siècle: Actes du Colloque International sur la Traite des Noirs (Nantes 1985), 2 Bde., Nantes/Paris: Université de Nantes/Société Française d'Histoire d'Outre-mer and Centre de Recherche sur l'Histoire du Monde Atlantique: 1988.

Daget, La traite des noirs. Bastilles négrières et velléités abolitionnistes, Paris: Editions Ouest-France, 1990.

Daget, La répression de la traite des Noirs au XIXe siècle. L'action des croisières sur les côtes occidentales de l'Afrique (1817–1830), Paris: Karthala, 1997.

Dakhlia, Jocelyne, Lingua franca. Histoire d'une langue métisse en Méditerranée, Arles: Actes sud, 2006 (franco/sabir).

Dal Lago, Enrico; Katsari, Constantina (eds.), Slave Systems. Ancient and Modern, Cambridge [etc.]: Cambridge University Press, 2008.

Dal Lago, American Slavery, Atlantic Slavery, and Beyond. The U. S. „Peculiar Institution“ in International Perspective, Boulder; London: Paradigm Publishers, 2012.

Dalleo, Raphael, Caribbean Literature and the Public Sphere: From the Plantation to the Postcolonial, Charlottesville: University of Virginia Press, 2011.

Darwin, John, Der imperiale Traum. Globalgeschichte grosser Reiche 1400–2000, Frankfurt a. M.: Campus, 2010.

Daudin, Guillaume, „The quality of slave trade investment in eighteenth century France" (unter: www.academia.edu/950785/The_quality_of_slave_trade_investment_in_eighteenth_century_France (09. Juni2014)).

Daut, Marlene, Baron de Vastey and the Origins of Black Atlantic Humanism, Basingstoke: Palgrave Macmillan, 2017.

Davidson, Julia O'Donnell, Children in the Global Sex Trade, Malden: Polity Press, 2005.

Davidson, „New Slavery, Old Binaries: Human Trafficking and the Borders of 'Freedom'", in: Global Networks 10/2 (2010), S. 244–261.

Davidson, „Troubling freedom: migration, debt, and modern slavery", in: Migration Studies (2013), S. 1–20.

Davidson, „On broken chains and missing links: Tackling the 'demand side of trafficking'?", in: Dragiewicz, Molly (ed.), Global Human Trafficking: Critical Issues and Contexts, London: Routledge, 2015 (Global Issues in Crime and Justice), S. 153–165.

Davidson, „The making of modern slavery: Whose interests are served by the new abolitionism?", in: British Academy Review 24 (Summer 2014), S. 28–31, hier S. 28 (online: https://www.academia.edu/8113085/The_making_of_modern_slavery_Whose_interests_are_served_by_the_new_abolitionism_British_Academy_Review_Issue_24_Summer_2014 (30. August 2014)).

Davidson, Modern Slavery: The Margins of Freedom, Houndmills, Basingstoke, Hampshire: Palgrave Macmillan, 2015.

Davies, Wendy, „On servile status in the early middle ages" in: Bush (ed.), Serfdom & Slavery, S. 225–246.

De Figuerôa-Rêgo, João, „Os Homens da Nação e o Trato Tabaqueiro. Notas sobre Redes e Mobilidade Geográfica no Contexto Europeo e Colonial Moderno", in: Anais de História de Além-Mar, No. XIV, Lisboa (2013), S. 177–199.

De Vito, Christian G.; Lichtenstein, Alex, „Writing a Global History of Convict Labour", in: IRSH 58 (2013), S. 285–325.

De Vito, „New Perspectives on Global Labour History, Introduction", in: Workers of the World Vol. I:3 (May 2013), S. 7–31.

De Vito; Lichtenstein (eds.), Global Convict Labour, Leiden: Brill, 2015.

Del Sánchez, Fabio; Pilar López Uribe, María; Fazio, Antonella, „Land Conflicts, Property Rights, and the Rise of the Export Economy in Colombia, 1850–1925", in: The Journal of Economic History Vol. 70:2 (2010), S.378–399.

Delacampagne, Christian, Die Geschichte der Sklaverei. Aus dem Französischen von Ursula Vones-Liebenstein, Düsseldorf und Zürich: Artemis & Winkler Verlag, 2004.

Delburgo, James; Dew, Nicholas (eds.), Science and Empire in the Atlantic World, New York/London: Routledge, 2008.

Delgado Ribas, „'Menos se perdió en Cuba'. La dimensión asiática del 98", in: Illes i imperis: Estudios de historia de las sociedades en el mundo colonial y post-colonial Nº. 2 (1999), S. 49–64.

Delmas, Adrien; Penn, Nigel (eds.), Written Culture in a Colonial Context. Africa and the Americas, 1500–1900, Leiden/Boston: Brill, 2012.

Derks, Annuska, „Bonded Labour in Southeast Asia: Introduction", in: Asian Journal of Social Science 38 (2010), S. 839–852.

Dettenhofer, Maria H., „Eunuchs, Women, and Imperial Courts", in: Scheidel (ed.), Rome and China, S. 83–99.

Deusen, Nancy E. van, Global Indios: The Indigenous Struggle for Justice in Sixteenth-Century Spain, Durham: Duke University Press, 2015.

Diène, Doudou (ed.), From Chains to Bonds. The Slave Trade Revisited, New York: UNESCO and Berghahn Books, 2001.

Dickson, P. G. M., The Financial Revolution in England. A Study in the Development of Public Credit, 1688–1756, London: Macmillan, 1967.

Diouf, Sylviane A., „African Muslims, Christian Europeans, and the Atlantic Slave Trade", in: Diouf, Servants of Allah: African Muslims Enslaved in the Americas, New York/London: New York University Press, 1998, S. 4–48.

Disney, Anthony R., A History of Portugal and the Portuguese Empire, 2 Bde., Cambridge: Cambridge University Press, 2009.

Dittelbach, Thomas, „Seldschuken und Normannen. Transmediterrane Perspektiven", in: Asutay-Effenberger, Neslihan; Daim, Falko (ed.), Der Doppeladler. Byzanz und die Seldschuken in Anatolien vom späten 11. bis zum 13. Jahrhundert, Mainz: Verlag des Römisch-Germanischen Zentralmuseums 2014 (Byzanz zwischen Orient und Okzident, 1. Veröffentlichungen des Leibniz-WissenschaftsCampus Mainz), S. 111–127.

Dobado-González, Rafael; García-Montero, Héctor, „Neither So Low nor So Short: Wages and Heights in Bourbon Spanish America from an International Comparative Perspective", in: Journal of Latin American Studies 46:2 (May 2014), S. 291–321.

Donoghue, John; Jennings, Evelyn P. (eds.), Building the Atlantic Empires: Unfree Labor and Imperial States in the Political Economy of Capitalism, ca. 1500–1914, Leiden: Brill, 2015.

Dore, Andrea, Sitiados. Os cercos às fortalezas portuguesas na Índia (1498–1622), São Paulo: Alameda, 2010.

Douki, Caroline; Minard, Philippe, „Histoire globale, histoires connectées: un changement d'échelle historiographique? Introduction", in: Revue d'histoire moderne et contemporaine n° 54–4bis (2007), S. 7–21 (online: http://www.cairn.info/revue-d-histoire-moderne-et-contemporaine-2007-5-page-7.htm (03. Oktober 2014)).

Draper, Nicholas, The Price of Emancipation: Slave-Ownership, Compensation and British Society at the End of Slavery, Cambridge: Cambridge University Press, 2010.

Drayton, Richard, „The Collaboration of Labor: Slaves, Empires, and Globalizations in the Atlantic World, ca. 1600–1850", in: Hopkins, Antony G. (ed.), Globalizations in World History, New York: W. W. Norton, 2002, S. 99–115.

Drescher, „Jews and New Christians in the Atlantic Slave Trade", in: Bernardini; Fiering (eds.), The Jews and the Expansion of Europe to the West, S. 439–470.

Drescher, „A Perennial Institution", in: Drescher, Abolition. A History of Slavery and Antislavery, Cambridge: Cambridge University Press, 2009, S. 3–25.

Drescher, „British Emancipation", in: Drescher, Abolition, S. 245–266.

Drexhage, Hans-Joachim; Konen, Heinrich; Ruffing, Kai, Die Wirtschaft des Römischen Reiches (1.–3. Jahrhundert). Eine Einführung, Berlin: Akademie Verlag 2002 (Studienbücher Geschichte und Kultur der Alten Welt).

Eckert, Andreas (ed.), Global Histories of Work, Berlin/Boston: De Gruyter Oldenbourg, 2016 (Work in Global and Historical Perspective 1).

Ehard, Jean, Lumières et Esclavage. L'esclavage colonial et l'opinion publique en France au XVIIIe siècle, Paris/Bruxelles: André Versaille éditeur, 2008.

Ekman, Ernst, „Sweden, The Slave Trade and Slavery, 1784–1847", in: Revue française d'histoire d'outre-mer Vol. LXII, no 226–227, 1er & 2e tri. (1975), S. 221–231.

Elkins, Stanley M., Slavery: A Problem in American Institutional and Intellectual Life, Chicago: University of Chicago Press, 1959.

Eltis, David, „Nutritional Trends in Africa and the Americas: Heights of Afrcians, 1819–1839", in: Journal of Interdisciplinary History Vol. 12 (1982), S. 453–475.

Eltis, „The Volume and Structure of the Atlantic Slave Trade: A Reassessment", in: WMQ, Third Series, 58 (2001), S. 17–46.

Eltis; Lewis, Frank; Sokoloff, Kenneth (eds.), Slavery in the development of the Americas, Cambridge: Cambridge University Press, 2004.

Eltis; Morgan Philip; Richardson, David, „Agency and Diaspora in Atlantic History: Reassessing the African Contribution to Rice Cultivation in the Americas", in: American Historical Review Vol. 112 (Dec. 2007), S. 1329–1358.

Eltis, The Rise of African Slavery in the Americas, Cambridge: Cambridge University Press, 2000.

Eltis, „A Brief Overview of the Trans-Atlantic Slave Trade" (2007), in: www.slavevoyages.org/tast/assessment/essays-intro-01.faces (21. November 2009).

Eltis; Lewis; Sokoloff, Human capital and institutions: a long run view, New York: Cambridge University Press, 2009.

Eltis; Engerman, „Shipboard Revolts and Abolition", in: Drescher; Emmer, Pieter C. (eds.), Who Abolished Slavery? Slave Revolts and Abolitionism. A debate with João Pedro Marques, New York/Oxford: Berghahn Books, 2010 (European Expansion & Global Interaction; Vol. 8), S. 145–155.

Eltis; Engerman (eds.), The Cambridge World History of Slavery, Vol. 3: AD 1420–AD 1804, Cambridge [etc.]: Cambridge University Press, 2011.

Eltis; Engerman, „Dependence, Servility, and Coerced Labor in Time and Space", in: Eltis; Engerman (eds.), The Cambridge World History of Slavery, Bd. 3, S. 1–21.

Elvert, Jürgen, Europa, das Meer und die Welt: Eine maritime Geschichte der Neuzeit, München: Deutsch Verlags Anstalt, 2018.

Emmer, Pieter C. (ed.), Colonialism and Migration: Indentured Labour before and after Slavery, Dordrecht: M. Nijhoff, 1986 (Comparative Studies in Overseas History).

Emmer, „The Dutch and the Making of the Second Atlantic System", in: Emmer, The Dutch in the Atlantic Economy, 1580–1880. Trade, Slavery and Emancipation, Aldershot; Brookfield USA; Singapore; Sydney: Ashgate Variorum, 1998, S. 11–32.

Emmer, „Participer ou non? La traite transatlantique, l'exemple ibérique et les scrupules du peuple néerlandais", in: Emmer, Les Pays-Bas et la traite des Noirs, Paris: Karthala, 2005, S. 9–37.

Emmer; Pétré-Grenouilleau, Olivier; Roitman, Jessica V. (eds.), A Deus ex Machina Revisited: Atlantic Colonial Trade and European Economic Development, Leiden: Brill, 2006 (The Atlantic World; 8).

Engel, Alexander, Farben der Globalisierung: Die Entstehung moderner Märkte für Farbstoffe 1500–1900, Frankfurt am Main/New York: Campus Verlag, 2009 (Globalgeschichte; Bd. 5).

Engerman, Stanley L., „Slavery, serfdom and other forms of coerced labour: similarities and differences", in: Bush (ed.), Serfdom & Slavery, S. 18–41.

Engerman (ed.), Terms of labor: slavery, serfdom, and free labor, Stanford: Stanford University Press, 1999.

Engerman, Stanley L., „Slavery in World Perspective", in: Engerman, Slavery, Emancipation & Freedom. Comparative Perspectives, Baton Rouge: Louisiana State University Press, 2007, S. 1–36.

Epple, Angelika, „New Global History and the challenge of Subaltern Studies. Plea for a Global History from Below", in: The Journal of Localitology, 3 (2010) S. 161–179.

Epple, „Lokalität und die Dimensionen des Globalen. Eine Frage der Relationen", in: Historische Anthropologie 21. Jg., H. 1 (2013), S. 4–25.

Epstein, Steven A., Genoa and the Genoese, 958–1528, Chapel Hill and London: The University of North Carolina Press, 1996.

Epstein, Speaking of Slavery. Color, Ethnicity, and Human Bondage in Italy, Ithaca: Cornell University Press, 2001.

Ertl, Thomas (ed.), Erzwungene Exile, Frankfurt am Main/New York: Campus, 2017.

Estrada, Fernando, „The path of coffee. A brief economic history of coffee", in: Credencial Historia Vol. 261, No. IV (2001), S. 1–16.

Ette, Ottmar, Alexander von Humboldt und die Globalisierung. Das Mobile des Wissens, Frankfurt am Main/Leipzig: Insel Verlag, 2009.
Ette, TransArea. Eine literarische Globalisierungsgeschichte, Berlin/Boston: De Gruyter, 2012.
Ette, Anton Wilhelm Amo – Philosophieren ohne festen Wohnsitz. Eine Philosophie der Aufklärung zwischen Europa und Afrika, Berlin: Kulturverlag Kadmos 2014.
Exenberger, Andreas; Nussbaumer, Josef (eds.), Von Menschenhandel und Menschenpreisen. Wert und Bewertung von Menschen im Spiegel der Zeit, Innsbruck: innsbruck university press, 2007.
Exler, Andrea, Coca-Cola: vom selbstgebrauten Aufputschmittel zur amerikanischen Ikone, Hamburg: Europäische Verlagsanstalt, 2006.
Fall, Babarcar; Phaf-Rheinberger, Ineke; Eckert (eds.), Travail et culture dans un monde globalisé. De l'Afrique à l'Amérique latine/Work and Culture in a Global World. From Africa to Latin America, Paris and Berlin: Karthala, 2015, S. 145–158.
Feierman, Steven, „A Century of Ironies in East Africa (c. 1780–1890)", in: Curtin (eds.), African History. From Earliest Times to Independence, London: Longman 1995, S. 368.
Feingold, David A., „Human Traffiking", in: Foreign Policy 150 (Sep/Oct. 2005), S. 26–32 (www.bayswan.org/traffick/Hum_Trafficking_Feingold.pdf (23. Dezember 2011)).
Ferguson, Niall, Der Westen und der Rest der Welt. Geschichte vom Wettstreit der Kulturen, Berlin: Prophyläen, 2011.
Ferraris, Maurizio, „Was ist der neue Realismus", in: Gabriel, Markus (ed.), Der neue Realismus, Berlin: Suhrkamp, 2014, S. 52–75.
Ferrer, Ada, „Haiti, Free Soil, and Antislavery in the Revolutionary Atlantic", in: The American Historical Review Vol. 117:1 (Feb. 2012), S. 40–66.
Feustel, Gotthard, „Griechische Knabenlust und römische Eskapaden", in: Feustel, Die Geschichte der Homosexualität, Düsseldorf: Albatros, 2003, S. 11–28.
Findeisen, Jörg-Peter, Vinland – Die Entdeckungsfahrten der Wikinger von Island nach Grönland und Amerika. Erik der Rote, Bjarni Herjulfsson, Leif Eriksson und Thorfinn Karlsefni, Kiel: Verlag Ludwig 2011.
Findlay, Ronald; O'Rourke, Kevin, Power and Plenty: Trade, War and the World Economy in the Second Millenium, Princeton: Princeton University Press, 2007.
Finley, Moses J., „Slavery", in: Encyclopedia of the Social Sciences, Bd. 14, New York: Macmillan Co. and Free Press, 1968, S. 307–313.
Fisch, Jörg, Tödliche Rituale: die indische Witwenverbrennung und andere Formen der Totenfolge, Frankfurt am Main/New York: Campus, 1998.
Fleming, James R.; Janković, Vladimir, „Revisiting Klima", in: Osiris 26.1 (2011), S. 1–15.
Flemming, Gregory N., At the Point of a Cutlass: The Pirate Capture, Bold Escape, and Lonely Exile of Philip Ashton, Lebanon: Foredge, 2014.
Flynn, Dennis O.; Giráldez, Arturo, „China and the Spanish Empire", in: Revista de Historia Economica – Journal of Iberian and Latin American Economic History Vol. 14:2 (September 1996), S. 309–338.
Flynn; Giráldez, „Cycles of Silver. Global Economic Unity through the Mid-Eighteenth Century", in: Journal of World History Vol. 13:2 (2002), S. 391–427.
Flynn; Giraldo; Glahn, Richard von (eds.), Global Connections and Monetary History, 1470–1800, London: Ashgate, 2003.
Flynn; Giráldez, „Born Again: Globalization's Sixteenth Century Origins (Asian/Global versus European Dynamics)", in: Pacific Economic Review 13:3 (August 2008), S. 359–387.
Ford, Lisa, Settler Sovereignty. Jurisdiction and Indigenous People in America and Australia, 1788–1836, Cambridge: Harvard University Press 2010.
Forret, Jeff; Sears, Christine E. (eds.), New Directions in Slavery Studies: Commodification, Community, and Comparison, Baton Rouge: Louisiana State University Press, 2015.

Fox-Genovese, Elizabeth; Genovese, Eugene D., Fruits of merchant capital: slavery and bourgeois property in the rise and expansion of capitalism, New York: Oxford University Press, 1983.
Fox-Genovese, Within the Plantation Household: Black and White Women of the Old South, Chapel Hill: University of North Carolina Press, 1988.
Fox-Genovese; Genovese, The Mind of the Master Class. History and Faith in the Southern Slaveholders' Worldview, Cambridge/New York/Melbourne: CUP, 2005.
Fradera, Josep María, Gobernar colonias, Barcelona: Ediciones Península, 1999.
Fradera, „Opio y negocio, o las desaventuras de un español en China", in: Fradera, Gobernar colonias, S. 129–152.
Fradera, La nación imperial (Ensayo Histórico) 1750–1918, 2 Bde., Madrid: edhasa, 2015.
Frankopan, Peter, „Was Ost und West verbindet – der lange Weg der Sklaven", in: Frankopan, Licht aus dem Osten. Eine neue Geschichte der Welt. Aus dem Englischen von Bayer, Michael und Juraschitz, Norbert, Berlin: Rowohlt, 2016, S. 176–202.
Frey, Sylvia R., „Remembered Pasts. African Atlantic religions", in: Heuman; Burnard (eds.), The Routledge History of Slavery, London and New York, Routledge, 2011, S. 153–186.
Fried, Johannes; Rader, Olaf B., „Die Wikinger und ihre Schiffe", in: Fried; Rader, Die Welt des Mittelalters. Erinnerungsorte eines Jahrtausends, München: Beck, 2011, S. 167–179.
Füllberg-Stolberg, Claus, „Transatlantischer Sklavenhandel und Sklaverei in den Amerikas", in: Schmieder, Ulrike; Nolte, Hans-Heinrich (eds.), Atlantik. Sozial- und Kulturgeschichte in der Neuzeit, Wien: Promedia, 2010 (Edition Weltregionen), S. 86–115.
Fukuyama, Francis, Origins of the Political Order. From Prehuman Times to the French Revolution, London: Profile Books, 2011.
Fynn-Paul, Jeffrey; Pargas (eds.), Slaving Zones. Cultural Identities, Ideologies, and Institutions in the Evolution of Global Slavery, Leiden/Boston: Brill, 2018 (Studies in Global Slavery 4).
Gabaccia, Donna R.; Hoerder, Dirk; Mettele, Gisela (eds.), Connecting Seas and Connected Ocean Rims. Indian, Atlantic, and Pacific Oceans and China Seas Migration from the 1830s to the 1930s, Leiden: Brill, 2011 (Studies in Global Social History; Bd. 8).
Gallagher, Daphne, „American plants in Sub-Saharan Africa: a review of the archaeological evidence", in: Azania: Archaeological Research in Africa Vol. 51:1 (= Emerging Trends in African Archaeology) (2016), S. 24–61.
Gänger, Stefanie, „World Trade in Medicinal Plants from Spanish America, 1717–1815" in: Medical History Vol. 59:1 (January 2015), S. 44–62.
Gann, Marjorie; Willen, Janet, Five Thousand Years of Slavery, Toronto: Tundra, 2011.
García González, Armando; Naranjo Orovio, Consuelo, „Antropología, "raza" y población en Cuba en el último cuarto del siglo XIX", in: Revista de Indias LV:1 (1998), S. 267–289.
Geggus, David P., „The Caribbean in the Age of Revolution", in: Armitage, David; Subramanyam, Sanjay (eds.), The Age of Revolutions in Global Context, c. 1760–1840, New York: Palgrave Macmillan, 2010, S. 83–100.
Gehler, Michael; Rollinger, Robert Gehler, Michael; Rollinger, Robert unter Mitwirkung von Fick, Sabine und Pittl, Simone (eds.), Imperien und Reiche in der Weltgeschichte. Epochenübergreifende und globalhistorische Vergleiche, 2 Bde., Wiesbaden: Harrassowitz Verlag, 2014, (Bd. I: Imperien des Altertums, mittelalterliche und frühneuzeitliche Imperien; Bd. II: Neuzeitliche Imperien, zeitgeschichtliche Imperien, Imperien in Theorie, Geist, Wissenschaft, Recht und Architektur, Wahrnehmung und Vermittlung).
Genovese, Eugene D., The Political Economy of Slavery: Studies in the Economy and Society of the Slave South, Middletown: Wesleyan University Press, 1989 (erste Auflage New York, 1965).
Genovese, „Materialism and Idealism in the History of Negro Slavery in the Americas", in: Slavery in the New World: A Reader in Comparative Perspective, eds. Laura Foner, Laura; Genovese, Englewood Cliffs, N.J.: Prentice-Hall, 1969, S. 238–255.
Genovese, Roll, Jordan, Roll: The World the Slaves Made, New York: Pantheon Books 1974.

Genovese, From Rebellion to Revolution: Afro-American Slave Revolts in the Making of the Modern World, Baton Rouge and London: Louisiana State University Press, 1979.
Genovese, „Slavery in the Legal History of the South and the Nation", in: The Journal of Southern History 59 (1981), S. 969–998.
Gerber, Jane (ed.), The Jews in the Caribbean, London: Littman Library of Jewish Civilization, 2013.
Gestrich, Andreas, „The Abolition Act and the Development of Abolitionist Movements in 19th Century Europe", in: Linden (ed.), Humanitarian Intervention and Changing Labor Relations. The Long-Term Consequences of the Abolition of the Slave Trade, Leiden/Boston: Brill, 2011 (Studies in Global History, Vol. 7), S. 245–262.
Ghaybah, Haydar Muhammad (ed.), ʿIbn Fadlān, Risālat Ibn Fadlān: Mabʻūth al-Khalīfa al-ʻAbbāsī al-Muqtadir ilá bilād al-Saqālibah, Beirut: al-Sharikah al-ʻĀlamiyah lil-Kitāb, 1994 (translated: Frye, Richard N., Ibn Fadlan's Journey to Russia: A Tenth-Century Traveler from Baghdad to the Volga River, Princeton: Markus Wiener, 2005).
Gikandi, Simon, Slavery and the Culture of Taste, Princeton: Princeton University Press, 2011.
Giles, Kevin, „The Biblical Argument for Slavery: Can the Bible Mislead? A Case Study in Hermeneutics", in: The Evangelical Quarterly Vol. 66:1 (Jan.–Mar. 1994), S. 3–17.
Gillis, John R., „Islands in the Making of an Atlantic Oceania, 1500–1800", in: Bentley; Bridenthal; Wigen (eds.), Seascapes, S. 21–37.
Gillis, „Taking History Offshore: Atlantic Islands in European Minds, 1400–1800", in: Edmond, Rod; Smith, Vanessa (eds.), Islands in History and Representation, London: Routledge, 2003, S. 19–31.
Gillner, Matthias, „Entwicklungen und Defizite der Menschenrechte", in: Jahrbuch für Christliche Sozialwissenschaften 39 (1998), S. 143–160.
Gilroy, Paul, The Black Atlantic. Modernity and Double Consciousness, London: Verso 1993.
Giovannetti, Jorge L.; Cowling, Camillia, „Hard Work with the *Mare Magnum* of the Past: Nineteenth-Century Cuban History and the Miscelánea de Expedientes Collection", in: Cuban Studies Vol. 39 (2008), S. 60–84.
Giráldez, The age of trade: Manila galleons and the dawn of the global economy, Lanham: Rowman & Littlefield, 2015.
Girard, Philippe R., „The Haitian Revolution, History's New Frontier. State of the Scholarship and Archival Sources", in: Slavery & Abolition 34/3 (2013), S. 485–507.
Girard, Toussaint Louverture. A Revolutionary Life, New York: Basic Books, 2016.
Glancy, Jennifer A., Slavery in Early Christianity, Oxford: OUP, 2002.
Görlich, Ernst Joseph, Herrenrecht und Sklavenpeitsche: Eine Geschichte der Sklaverei und Leibeigenschaft von den ältesten Zeiten bis zur Gegenwart, Wien: Fackel-Verlag, 1971.
Goitein, Schelomo D., A Mediterranean society; the Jewish communities of the Arab world as portrayed in the documents of the Cairo Geniza, 6. Bde., Berkeley, University of California Press, 1967–1993 (Vol. I (1967): Economic Foundations; Vol. II (1971): The Community; Vol. III (1978): The Family; Vol. IV (1983): Daily Life; Vol. V (1988): The Individual; Vol. VI (1993): Cumulative Indices).
Goitein, Shelomo D.; Friedman, Mordechai A., India Traders of Middle Ages, Leiden: Brill, 2008
Gómez, Alejandro E., „L'histoire sous le scanner. Les historiens des émotions et les études atlantiques face à la révolution des sciences cognitives", in: Capdevila, Luc; Langue, Frédérique (dir.), Le passé des émotions. Mémoires sensibles et histoire à vif, Amérique latine et Espagne contemporaines, Rennes: Presses universitaires de Rennes, 2014 (coll. „Des Amériques"), S. 1–13 (online: https://www.academia.edu/8132125/L_histoire_sous_le_scanner._Les_historiens_des_%C3%A9motions_et_les_%C3%A9tudes_atlantiques_face_%C3%A0_la_r%C3%A9volution_des_sciences_cognitives (12. Dezember 2014)).
González-Ruibal, Alfredo, „Past the Last Outpost: Punic Merchants in the Atlantic Ocean (5th–1st centuries BC)", in: Journal of Mediterranean Archaeology Vol. 19:1 (2006), S. 121–150.

González-Ruibal; Ruiz Gálvez, Marisa, „House Societies in the Ancient Mediterranean (2000–500 BC)“, in: Journal of World Prehistory 29:4 (2016), S. 383–437.

Gould, Eliga H., „Lines of Plunder or Crucible of Modernity. The Legal Geography of the English-Speaking Atlantic, 1660–1825", in: Bentley, Jerry H.; Bridenthal, Renate; Wigen, Karen (eds.), Seascapes. Maritime Histories, Littoral Cultures, and Transoceanic Exchanges, Honolulu: University of Hawai'i Press, 2007, S. 105–120.

Gould, „Entangled Histories, Entangled Worlds: The English-Speaking Atlantic as a Spanish Periphery“, in: American Historical Review 112, no. 3 (2007), S. 764–786.

Graeber, David, Schulden. Die ersten 5000 Jahre, Stuttgart: Klett-Cotta, ^{3}2012.

Grandner, Margarete; Komlosy, Andrea (eds.), Vom Weltgeist beseelt. Globalgeschichte 1700–1815, Wien, Promedia, 2004 (Edition Weltregionen, Bd. 7).

Grandner; Sonderegger, Arno (eds.), Nord-Süd-Ost-West-Beziehungen. Eine Einführung in die Globalgeschichte, Wien: madelbaum *verlag*, 2015 (Gesellschaft-Entwicklung-Politik (GEP); Bd. 16).

Granier, Hubert, Histoire des marins français, 1789–1815: les prémices de la République, Nantes: Marines éditions, 1998.

Grataloup, Christian, L'invention des continents: comment l'Europe a découpé le monde, Paris: Larousse, 2009.

Gravatt, Patricia, L'Eglise et l'esclavage, Paris: L'Harmattan, 2003.

Green, Miranda A., Menschenopfer. Ritualmord von der Eisenzeit bis zum Ende der Antike, Essen: Magnus Verlag, 2003.

Green-Pedersen, Svend E., „The Scope and Structure of the Danish Negro Slave Trade“, in: Scandinavian Economic History Review 19, no. 2 (1971), S. 149–197.

Green-Pedersen, „The History of the Danish Negro Slave Trade 1733–1807“, in: Revue Française d'Histoire d'Outre-Mer 62 (1975), S. 196–220.

Green-Pedersen, „Colonial Trade under the Danish Flag: A Case Study of the Danish Slave Trade to Cuba 1790–1807“, in: Scandinavian Journal of History 5 (1980), S. 93–120.

Grenouilleau, Olivier, Qu'est-ce que l'esclavage? Une histoire globale, Paris: Gallimard, 2014 (früher: Pétré-Grenouilleau).

Grieb, Volker; Todt, Sabine (eds.), Piraterie von der Antike bis zur Gegenwart, Stuttgart: Franz Steiner Verlag, 2012.

Grosfoguel, Ramón, „World-System Analysis and Postcolonial Studies: A Call for Dialogue from the 'Coloniality of Power' Approach“, in: Krishnaswamy, Revathi; Hawley, John C. (eds.), The Postcolonial and the Global. Minneapolis: University of Minnesota Press, 2008, S. 94–104.

Grosfoguel, „Die Dekolonisation polit-ökonomischer und postkolonialer Strukturen“, in: Boatcă; Spohn, Willfried (eds.), Globale, multiple und postkoloniale Modernen. Theoretische und vergleichende Perspektiven, München: Rainer Hampp Verlag, 2010, S. 309–338.

Gruzinski, Serge, L'aigle et le dragon. Démesure européenne et mondialisation au XVI siècle, Paris: Fayard, 2012.

Guige, Bruno, Les raisons de l'esclavage, Paris: L'Harmattan, 2001.

Gundlach, Rolf, Die Zwangsumsiedlung auswärtiger Bevölkerung als Mittel ägyptischer Politik des Mittleren Reiches, Stuttgart: Steiner, 1994.

Guthke, Karl S., „Die Entdeckung der Welt um 1800: Die Geburt der globalen Bildung aus dem Geist der Geographie und Ethnologie“, in: Guthke, Die Erfindung der Welt. Globalität und Grenzen in der Kulturgeschichte der Literatur, Tübingen: Narr Francke Attempto, 2005, S. 9–82.

Guyonvarch, Christian J.; Le Roux, Françoise, Los Druidas, Madrid: Abada Editores, 2009.

Haehnel, Birgit/Ulz, Melanie (eds.), Slavery in Art and Literature. Approaches to Trauma, Memory and Visuality, Berlin: Frank & Timme, 2010.

Haider, Peter W., „Menschenhandel zwischen dem ägyptischen Hof und der minoisch-mykenischen Welt?“, in: Ägypten und Levante. Internationale Zeitschrift für ägyptische Archäologie und deren Nachbargebiete VI (1996), S. 137–156.

Hall, Catherine; Pick, Daniel, „Thinking About Denial", in: History Workshop Journal Volume 84:1 (October 2017), S. 1–23.

Haller, Max; Eder, Anja, „Establishment of Ethnical Based Systems of Domination and Exploitation I: Slavery", in: Haller in collaboration with Eder, Ethnic Stratification and Economic Inequality Around the World. The End of Exploitation and Exclusion?, Farnham/Surrey: Ashgate 2015, S. 142–162.

Hansen, Svend, „The Iconography of Inequality", in: Hansen; Müller (eds.), Rebellion and Inequality in Archaeology, Bonn: Habelt, 2017, S. 114–133.

Harding, Andrew J., „Legal Traditions in Southeast Asia", in: Wright, James D., (ed.), International Encyclopedia of the Social and Behavioural Sciences, Oxford: Elsevier, 2015, S. 812–217.

Harneit-Sievers, Axel (ed.), Afrikanische Geschichte und Weltgeschichte: Regionale und universale Themen in Forschung und Lehre, Berlin: Das Arabische Buch, 2000 (Zentrum Moderner Orient; Arbeitshefte Nr. 17).

Harris, John, „Circuits of wealth, circuits of sorrow: financing the ilegal transatlantic slave trade in the age of suppression, 1850–1866", in: Journal of Global History no. 11 (2016), S. 409–429.

Harvey, David, „The geography of capitalist accumulation: a reconstruction of Marxian theory" [1975], in: Harvey, Spaces of Capital: Towards a Critical Geography, Edinburgh/London: Edinburgh University Press/Routledge, 2001, S. 237–266.

Harvey, The Limits to Capital, London: Verso, 1999 (2. Auflage).

Hartman, Saidiya, „Lose Your Mother", in: Hartman, Lose Your Mother. A Journey along the Atlantic Slave Route, New York: Farrar, Straus and Giroux, 2007, S. 154–172.

Hartman, Scenes of Subjection.Terror, Slavery and Self-Making in 19th Century America, Oxford: OUP, 1997.

Haustein, Heinz-Dieter, Weltchronik des Messens. Universalgeschichte von Maß und Zahl, Geld und Gewicht, Berlin/New York: Gruyter, 2001.

Heck, Gene W., Charlemagne, Muhammad, and the Arab Roots of Capitalism, Berlin: De Gruyter, 2006.

Heers, Jacques, Les négriers en terres d'islam. La première traite des Noirs VIIe–XVIe siècle, Paris: Perrin, 2003.

Heinen, Heinz, „Zur Terminologie der Sklaverei im ptolemäischen Ägypten: ΠΑΙΣ und ΠΑΙΔΙΣΚΗ in den Papyri und der Septuaginta", in: Atti del XVII Congresso Internazionale di Papirologia". Estratto, Bd. III, Napoli: Centro Internazionale per lo Studio dei Papiri Ercolanesi, 1984, S. 1287–1295.

Heinen, „Sklaverei im nördlichen Schwarzmeerraum: zum Stand der Forschung", in: Bellen, Heinz; Heinen (eds.), Fünfzig Jahre Forschungen zur antiken Sklaverei an der Mainzer Akademie 1950–2000. Miscellanea zum Jubiläum, Stuttgart: Franz Steiner Verlag, 2001, S. 487–503.

Heinen (ed.), Menschenraub, Menschenhandel und Sklaverei in antiker und moderner Perspektive. Ergebnisse des Mitarbeitertreffens des Akademievorhabens *Forschungen zur antiken Sklaverei* (Mainz, 10. Oktober 2006). Stuttgart: Steiner, 2008 (Forschungen zur antiken Sklaverei 37).

Heinen, „Aufstieg und Niedergang der sowjetischen Sklavereiforschung. Eine Studie zur Verbindung von Politik und Wissenschaft", in: Heinen (ed.), Antike Sklaverei: Rückblick und Ausblick. Neue Beiträge zur Forschungsgeschichte und zur Erschließung archäologischer Zeugnisse. Redaktion: Andrea Binsfeld, Stuttgart: Steiner, 2010 (Forschungen zur antiken Sklaverei Bd. 38), S. 95–138.

Heinen (ed.), Kindersklaven – Sklavenkinder. Schicksale zwischen Zuneigung und Ausbeutung in der Antike und im interkulturellen Vergleich. Beiträge zur Tagung des Akademievorhabens *Forschungen zur antiken Sklaverei* (Mainz, 14. Oktober 2008). Red. Deißler, Johannes, Stuttgart: Steiner, 2011 (Forschungen zur antiken Sklaverei 39).

Heinz, Wolfgang S. „Von der Sklaverei zum Menschenhandel“, in: Herrmann-Otto, Elisabeth (ed.), Unfreie Arbeits- und Lebensverhältnisse von der Antike bis zur Gegenwart. Eine Einführung, Hildesheim [etc.]: Georg Olms Verlag, 2005, S. 298–314.

Helfrich, Klaus, Menschenopfer und Tötungsrituale im Kult der Maya, Berlin: Gebr. Mann Verlag, 1973.

Heller, Henry, „Bodin on Slavery and Primitive Accumulation“, in: The Sixteenth Century Journal Vol. 25:1 (Spring, 1994), S. 53–65.

Hering Torres, Max S., „Judenhass, Konversion und genealogisches Denken in Spanien“, in: Historische Anthropologie 15:1 (2007), S. 42–64;

Hering Torres; Martínez, María Elena; Nirenberg, David (eds.), Race and Blood in the Iberian World; Münster, Berlin [etc.]: Lit, 2012.

Herr, Richard, „The Nature of Rural History“, in: Herr (ed.), Themes in Rural History of the Western World, Ames: Iowa State University Press, 1993 (The Henry A. Wallace Series on Agricultural History and Rural Studies), S. 3–44.

Herrmann-Otto, Elisabeth, „Henri Wallon: Die Rezeption der antiken Sklaverei und ihre Bedeutung für die Menschenrechte“, in: Schmitz, Winfried (ed.), Antike Sklaverei zwischen Verdammung und Beschönigung. Kolloquium zur Rezeption antiker Sklaverei vom 17. bis 20. Jahrhundert, Stuttgart: Franz Steiner Verlag, 2016 (Forschungen zur antiken Sklaverei; Bd. 40), S. 79–101.

Herzog, Tamar, „Nombres y apellidos: ¿cómo se llamaban las personas en Castilla e Hispanoamérica durante la época moderna?“, in: Jahrbuch für Geschichte Lateinamerikas 44 (2007), S. 1–36.

Herzog, „How Did Early-Modern Slaves in Spain Disappear? The Antecedents“, in: Republics of Letters: a Journal for the Study of Knowledge, Politics and the Arts Vol. 3:1 (2012), S. 1–7 (online: www.academia.edu/29181173 (25. Juni 2017)).

Herzog, „Colonial Law and “Native Customs”. Indigenous Land Rights in Colonial Spanish America“, in: The Americas 69:3 (January 2013), S. 303–321.

Herzog, „Merchants and Citizens: On the Making and Un-making of Merchants in Early Modern Spain and Spanish America“, in: Journal of European Economic History Vol. 52 (2014), S. 137–163.

Heugner, Norbert, Die moderne Sklaverei in den westlichen Demokratien, Neckenmarkt; Wien; München: novum, 2008.

Higman, Barry W., „The Chinese in Trinidad, 1806–1838“, in: Caribbean Studies Vol. 12:3 (1972), S. 21–44.

Higman, „The Making of the Sugar Revolution“, in: Thompson, Alvin O. (ed.), In the Shadow of the Plantation. Caribbean History and Legacy, Kingston: Ian Randle Publishers, 2002, S. 40–71.

Higman, Plantation Jamaica, 1750–1850: Capital and Control in a Colonial Economy, Kingston, Jamaica/Barbados/Trinidad and Tobago: UWI Press, 2005.

Higman, Jamaican Food: History, Biology, Culture, Kingston, Jamaica/Barbados/Trinidad and Tobago: UWI Press, 2008.

Higman, Proslavery Priest. The Atlantic World of John Lindsay, 1729–1788, Jamaica/Barbados/Trinidad and Tobago: UWI Press, 2011.

Hilgendorf, Eric; Marschelke, Jan-Christoph; Sekora, Karin (eds.), Slavery as a Global and Regional Phenomenon, Heidelberg: Universitätsverlag Winter GmbH, 2015 (Anglistische Forschungen; Bd. 449).

Hill, Ruth, „Primeval Whiteness: White Supremacies, (Latin) American History, and the Transamerican Challenge to Critical Race Studies“, in: Emerson, Michael; Levander, Caroline; Pinn, Anthony (eds.), Teaching and Studying the Americas: Engaging Cultural Influences from Colonialism to the Present, New York: Palgrave Macmillan, 2010, S. 109–138.

Hirschfelder, Gunther; Ploeger, Angelika et al. (eds.), Purer Genuss? Wasser als Getränk, Ware und Kulturgut, Frankfurt a. M./New York: Campus, 2009.

Hirschfelder; Lahoda, Karin, „Wenn Menschen Tiere essen. Bemerkungen zu Geschichte, Struktur und Kultur der Mensch-Tier-Beziehungen und des Fleischkonsums“, in: Buchner-Fuhs, Jutta; Rose, Lotte (eds.), Tierische Sozialarbeit. Ein Lesebuch für die Profession zum Leben und Arbeiten mit Tieren, Wiesbaden: Springer VS, 2012, S. 147–166.

Hochmuth, Christian, Globale Güter – lokale Aneignung. Kaffee, Tee, Schokolade und Tabak im frühneuzeitlichen Dresden, Konstanz: UVK Verlagsgesellschaft, 2008.

Hock, Klaus, „Jihad-Mahaidismus-Sklaverei. Eine islamische Tradition der Gewalt im Zentralsudan?“, in: Heyden, Ulrich van der; Becker, Jürgen (eds.), Mission und Gewalt, Stuttgart: Steiner: 2000 (Missionsgeschichtliches Archiv; 6), S. 67–77.

Hock; Mackenthun, Gesa (eds.), Entangled Knowledge. Scientific Discourses and Cultural Difference, Münster: Waxmann, 2012.

Hodkinson, Stephen; Geary, Dick, „Introduction. Slaves and Religions in Graeco-Roman Antiquity and Modern Brazil“, in: Hodkinson; Geary (eds.), Slaves and Religions in Graeco-Roman Antiquity and Modern Brazil, Cambridge: Cambridge Scholars Publishing, 2012, S. 1–31.

Hölkeskamp, Karl-Joachim, „Homer in the World of Odysseus. Old Problems and New Perspectives in Recent Research“, in: Ordia Prima. Revista de Estudios Clásicos 1 (2002), S. 115–120.

Hoerder, Dirk, Cultures in contact: world migrations in the second millennium, Durham: Duke University Press, 2002 (Comparative and international working-class history).

Hoerder, „Migrationen und Zugehörigkeiten“, in: Rosenberg, Emily S. (ed.), 1870–1945. Weltmärkte und Weltkriege, München: Beck, 2012 (Geschichte der Welt, eds. Iriye, Akira; Osterhammel, Jürgen), S. 433–588.

Hoerder, „Migration Research in Global Perspective: Recent Developments“, in: Sozialgeschichte Online Heft 9 (2012), S. 63–84.

Hoerder, „The weak and the powerful: a longue-durée and comprehensive perspective on diasporas“, in: Diasporas 23–24 (2014), S. 30–49 (Diasporas [En ligne], 23–24 | 2014, mis en ligne le 01 juin 2015, consulté le 28 mai 2017. URL: http://diasporas.revues.org/298; DOI: 10.4000/diasporas.298).

Hoerder, „Historical Perspectives on Domestic and Worker‘s Migrations: A Global Approach“, in: Hoerder; van Nederveen Meerkerk, Elise; Neusinger, Silke, (eds.), Towards a Global History of Domestic and Caregiving Workers, Leiden/Boston: Brill, 2015, S. 91–111.

Hörmann, Raphael; Mackenthun (eds.), Human Bondage in the Cultural Contact Zone. Transdisciplinary Perspectives on Slavery and its Discourses, Münster u. a.: Waxmann, 2010 (Cultural Encounters and the Discourses of Scholarship 2).

Hoffmann, Hartmut, „Kirche und Sklaverei im frühen Mittelalter“, in: Deutsches Archiv für Erforschung des Mittelalters 42 (1986), S. 1–24.

Hofmeester, Karin; Lucassen, Jan, Ribeiro da Silva, „No Global Labor History without Africa: Reciprocal Comparison and Beyond“, in: History in Africa 41 (2014), S. 1–28.

Hofmeister, Ulrich, „Zentralasien: Vom Zentrum der Seidenstraße zum Hinterhof der Großmächte – und zurück?“, in: Grandner; Sonderegger (eds.), Nord-Süd-Ost-West-Beziehungen, S. 121–147.

Hopper, Matthew S., „The Globalization of Dried Fruit: Transformations in the Eastern Arabian Economy, 1860s–1920s“, in: Gelvin, James L.; Green, Nile (eds.), Global Muslims in the Age of Steam and Print, Berkeley: University of California Press, 2013, S.153–181.

Horn, Christian, „Auf Messers Schneide – Gedanken zum Einfluss vorgeschichtlicher Gefechte auf soziale und technologische Veränderung und Stabilität“, in: Mitteilungen der Anthropologischen Gesellschaft in Wien (MAGW) Band 143 (2013), S. 73–96.

Howard-Hassman, Rhoda, „Reparations for the Slave Trade: Rhetoric, Law, History and Political Realities“, in: Canadian Journal of African Studies/Revue Canadienne des Etudes Africannes Vol. 41:3 (2007), S. 427–454.

Huber, Magnus, Ghanaian Pidgin English in its West African context: a sociohistorical and structural analysis, Amsterdam [u. a.]: Benjamins, 1999.

Hund, Wulf D. (ed.), Entfremdete Körper. Rassismus als Leichenschändung, Bielefeld: transcript Verlag, 2009 (Postcolonial Studies).
Hund, „'It must come from Europe'. The Racisms of Immanuel Kant", in: Hund; Koller, Christian; Zimmermann, Moshe (eds.), Racisms Made in Germany, Münster/ Berlin [et. al.]: Lit, 2011, S. 69–98.
Hund, „Racist King Kong Fantasies. From Shakespeare's Monster to Stalin's Ape-Man [on the conjunction of sexism, racism and dehumanization/simianization in historical perspective]", in: Racism Analysis | Yearbook 6 (2015/16) (= Simianization. Apes, Gender, Class, and Race, ed. by Hund; Mills, Charles W.; Sebastiani, Silvia), S. 43–73.
Hunwick, John; Powell, Eve T. (eds.), The African Diaspora in the Mediterrean Lands of Islam, Princeton: Markus Wiener, 2002.
Hurston, Zora N., Barracoon. The Story of the Last Slave, ed. with an intr. By Plant, Deborah G., London: HarperCollins Publishers, 2018.
Husemann, Dirk, Als der Mensch den Krieg erfand. Eine Spurensuche, Ostfildern: Jan Thorbecke Verlag, 2005.
Ibn Battuta, A través del Islam, Madrid: Alianza, 2006.
Iglesias García, Fe, „Cuba, la abolición de la esclavitud y el 'canal de la inmigración jornalera' (1880–1895)", in: Piqueras (comp.), Azúcar y esclavitud en el final del trabajo forzado. Homenaje a M. Moreno Fraginals, México etc.: Fondo de Cultura Económica, 2002, S. 93–111.
Ilcan, Suzan; Rygiel, Kim, „'Resiliency Humanitarianism': Responsibilizing Refugees through Humanitarian Emergency Governance in the Camp", in: International Political Sociology 9 (2015), S. 333–351.
Inikori, Joseph E. (ed.), Forced Migration: The Impact of the Export Slave Trade on African Societies, London/New York: Hutchinson; Africana, 1982.
Inikori, The Chaining of a Continent: Export Demand for Captives and the History of Africa South of the Sahara, 1450–1870, Kingston: Institute of Social and Economic Research, University of the West Indies, 1992.
Inikori, Africans and the Industrial Revolution in England: A Study in International Trade and Economic Development, Cambridge: CUP, 2002.
Ismard, Paulin, „Écrire l'histoire de l'esclavage: Entre approche globale et perspective comparatiste", in: Annales HSS Vol. 72:1 (March 2017), S. 9–43.
Israel, Jonathan L., „The Jews of Curaçao, New Amsterdam and the Guayanas: A Caribbean and trans-atlantic network (1648–1740)", in: Israel, Diasporas within a diaspora: Jews, Crypto-Jews and the World Maritime Empires (1540–1740), Leiden/Boston/Köln: Brill, 2002, S. 511–532.
Israel, „Jews and Crypto-Jews in the Atlantic World System", in: Kagan, Richard L.; Morgan (eds.), Atlantic Diasporas: Jews, Conversos, and Crypto-Jews in the Age of Mercantilism, 1500–1800, Baltimore: Johns Hopkins University Press, 2009, S. 3–17.
James, Cyril L.R., The Black Jacobins: Toussaint L'Ouverture and the San Domingo Revolution, London: Vintage, 1938 (deutsch: Die schwarzen Jakobiner. Toussaint und die San-Domingo-Revolution, Berlin (Ost): Verlag Neues Leben, 1984).
Jané, Oscar; Miralles, Eulàlia; Fernández, Ignasi (eds.), Memòria Personal. Una altra manera de llegir la història, Barcelona: Bellaterra, 2013.
Janssens, Paul; Yun, Bartolomé (eds.), European Aristocracies and Colonial Elites. Patrimonial Management Strategies and Economic Development, 15th–18th Centuries, Aldershot: Ashgate, 2005.
Jayasuriya, Shihan de Silva; Pankhurst, Richard (eds.), The African Diaspora in the Indian Ocean, Trenton: Africa World Press, 2003.
Jerónimo, Miguel Bandeira; Pinto, António Costa (eds.), The Ends of European Colonial Empires. Cases and Comparisons, Basingstoke/New York: Palgrave Macmillan, 2015 (Cambridge Imperial & Post-Colonial Studies).

Jones, Eric L., The European Miracle: Environments, Economies and Geopolitics in the History of Europe and Asia, Cambridge: CUP, 1981.

Jones, William O., „Manioc: An Example of Innovation in African Economies", in: Economic Development and Cultural Change 5:2 (1957), S. 97–117.

Jussen, Bernhard, „Wer falsch spricht, denkt falsch. Warum Antike, Mittelalter und Neuzeit in die Wissenschaftsgeschichte gehören", in: Steinmetz, Matthias (ed.), Spekulative Theorien, Kontroversen, Paradigmenwechsel, Berlin: Berlin-Brandenburgische Akademie der Wissenschaften, 2017 (Debatte 17), S. 38–52.

Kagan, Richard L.; Morgan (eds.), Atlantic Diasporas: Jews, Conversos, and Crypto-Jews in the Age of Mercantilism, 1500–1800, Baltimore: Johns Hopkins University Press, 2009.

Kale, Madhavi, Fragments of Empire: Capital, Slavery and Indian Indentured Labor in the British Caribbean, Philadelphia: University of Pennsylvania Press, 1990.

Kaller-Dietrich, Martina, „Globalgeschichte des Essens im Südatlantik", in: Schmieder; Nolte (eds.), Atlantik, S. 48–65.

Kastenholz, Raimund, Sprachgeschichte im West-Mande. Methoden und Rekonstruktionen, Köln: Köppe, 1996 (Mande Languages and Linguistics/Langues et Linguistique Mandé, 2).

Kaysel, Paul, Die Gesetzgebung der Kulturstaaten zur Unterdrückung des afrikanischen Sklavenhandels, Breslau: Schletter, 1905 (Repr.: Frankfurt am Main: Keip; Tokyo: Yushodo, 1977).

Katsari, Constantina; Dal Lago, Enrico, „World Slavery and Comparative Slavery: Diachronic Approaches", in: Katsari; Dal Lago (eds.), From Captivity to Freedom: Themes in Ancient and Modern Slavery. Leicester: School of Archaeology and Ancient History, 2008 (Monograph Series 15), S. 1–15.

Kahane, Henry und Renée, „Notes on the Linguistic History of Sclavus", in: Studi in onore di Ettore Lo Gatto e Giovanni Maver, Firenze: Sansoni, 1962, S. 345–360.

Kaiser, Wolfgang (ed.), Le commerce des captifs. Les intermédiaires dans l'échange et le rachat des prisonniers en mediterranée, XVe–XVIIIe siècle, Roma: École Française de Rome, 2008.

Kathirithamby-Wells, Jayamalar, „Restraints on the Development of Merchant Capitalism in Southeast Asia before c. 1800", in: Reid, Anthony (ed.), Southeast Asia in the Early Modern Era. Trade, Power, and Belief, Ithaca: Cornell University, 1993, S. 123–148.

Kehne, Peter, „Kollektive Zwangsumsiedlungen als Mittel der Außen- und Sicherheitspolitik bei Persern, Griechen, Römern, Karthagern, Sassaniden und Byzantinern – Prolegomena zu einer Typisierung völkerrechtlich relevanter Deportationsfälle", in: Olshausen, Eckart; Sonnabend, Holger (eds.), „Troianer sind wir gewesen" – Migrationen in der antiken Welt, Stuttgart: Steiner, 2006 (Geographica Historica 21), S. 229–243.

Keiser, Thorsten, „Between Status and Contract? Coercion in Contractual Labour Relationships in Germany from the 16th to the 20th century", in: Rechtsgeschichte / Legal History 21 (2013), S. 32–47.

Kienlin, Tobias L.; Zimmermann, Andreas (eds.), Beyond Elites. Alternatives to Hierarchical Systems in Modelling Social Formations, Teil 1, Bonn: Habelt, 2012 (Universitätsforschungen zur prähistorischen Archäologie; Bd. 215).

Kerber, Linda K., „The Stateless as the Citizen's Other: A View from the United States", in: The American Historical Review Vol. 112 (February 2007), S. 1–34.

Klein; Bernhard; Mackenthun, „Einleitung: Das Meer als kulturelle Kontaktzone", in: Klein; Mackenthun (eds.), Das Meer als kulturelle Kontaktzone: Räume, Reisende, Repräsentationen, Konstanz: UVK, Januar 2003, S. 1–16.

Klein; Mackenthun (eds.), Sea Changes. Historicizing the Ocean, London: Routledge, 2004.

Klein, Herbert S., The Atlantic Slave Trade, Cambridge: Cambridge University Press, 1999.

Klein, „The End of the Slave Trade", in: Klein, The Atlantic Slave Trade, S. 183–206.

Klein, Martin A., Breaking the Chains: Slavery, bondage, and emancipation in modern Africa and Asia, Madison: University of Wisconsin Press, 1993.

Kleinschmidt, Harald, „Early Forms of Colonialism and Trans-Atlantic Slave Trade", in: Kleinschmidt, People on Move. Attitudes toward and Perception of Migration in Medieval and Modern Europe, Westport: Praeger, 2003, S. 150–159.

Kleinschmidt, Ruling the Waves. Emperor Maximilian I, the Search for Islands and the Transformation of the European World Perspective, Houten: Hes & De Graaf Publishers, 2008.

Kleinschmidt, „Die ungleichen völkerrechtlichen Verträge des 19. Jahrhunderts und der europäische Kolonialismus", in: Zeitschrift für Weltgeschichte. Interdisziplinäre Perspektiven Jg. 13, H. 1 (Frühjahr 2012), S. 113–160.

Klimscha, Florian, „Wassernutzung und Innovation in komplexen Jäger-Sammler-Gesellschaften des Mesolithikums", in: Klimscha, Eichmann, Ricardo; Schuler, Christof; Fahlbusch, Henning (eds.), Wasserwirtschaftliche Innovationen im archäologischen Kontext. Von den prähistorischen Anfängen bis zu den Metropolen der Antike, Rahden/Westf.: Leidorf 2012 (Menschen – Kulturen – Traditionen. Studien aus den Forschungsclusterndes Deutschen Archäologischen Institut, Bd. 5), S. 37–56.

Klinger, Jörg, „Aspekte der hethitischen Kultur", in: Klinger, Die Hethiter, München: Beck, 2007, S. 62–94.

Knight, Frederick C., Working the Diaspora – The Impact of African Labor on the Anglo-American World 1650–1850, New York/ London: New York University Press, 2010.

Knörr, Jacqueline, „Towards Conceptualizing Creolization and Creoleness", in: Max Planck Institute for Social Anthropology Working Papers, Working Paper No. 100, Halle/S.: Max-Planck-Gesellschaft, 2008, S. 1–17.

Kocka, Jürgen; Linden, Marcel van der (eds.), Capitalism. The Reemergence of a Historical Concept, London: Bloomsbury, 2016.

Kocka, „Plantagenwirtschaft und Sklaverei", in: Kocka, Geschichte des Kapitalismus, München: Beck, 2017 (3. Auflage), S. 55–59.

Kolb, Ann; Speidel, Michael, „Imperial Rome and China: Communication and Information Transmission", in: Elizalde, María Dolores; Jianlang, Wang (eds.), China's Development from a Global Perspective, Newcastle upon Tyne: Cambridge Scholar Publishing, 2017, S. 28–56.

Kole, Subir K., „People in Bondage: Modern Slavery in the Economics of South Asia – Prevalence and Estimates", in: Research and Practice in Social Sciences Vol. 2:2 (Feb. 2007), S. 75–97.

Komlos, John; Baten, Joerg (eds.), The Biological Standard of Living in Comparative Perspective, Stuttgart: Steiner, 1998.

Komlosy, Andrea, „Textile Produktionsketten. Arbeitsverhältnisse und Standortkombinationen in der globalen Textilerzeugung 1700–2000", in: Zeitschrift für Weltgeschichte. Interdisziplinäre Perspektiven, Jg. 9, Heft 1 (Frühjahr 2008), S. 77–101.

Komlosy, „Lokalisierung von Globalgeschichte", in: Komlosy, Globalgeschichte. Methoden und Theorien, Wien/Köln/Weimar: Böhlau (UTB 3564), S. 165–247.

Kowalski, Tadeusz (ed. u übers.), Relacja Ibrāhīma ibn Ja'kūba z podróży do krajów słowiańskich w przekazie al-Bekrīego, Krakau: Polska Akademia Umiejętności, 1946 (Monumenta Poloniae Historica, N. S., Bd. 1).

Krader, Lawrence, The Ethnological Notebooks of Karl Marx, Assen: Van Gorcum, 1972.

Krader, Ethnologie und Anthropologie bei Marx, München: Hanser, 1973 (Hanser Anthropologie).

Krader, The Asiatic Mode of Production. Sources, Development and Critique in the Writings of Karl Marx, Assen: Van Gorcum, 1975.

Krader (ed.), Karl Marx, die ethnologischen Exzerpthefte. Übers. von Angelika Schweikhart, Frankfurt a. M.: Suhrkamp, 1976 (edition suhrkamp, Nr. 800).

Krecher, Joachim, „/ur/ ‚Mann', /eme/ ‚Frau' und die sumerische Herkunft des Wortes urdu(-d) ‚Sklave'", in: Welt des Orients 18 (1987), S. 7–19.

Kriger, Colleen E., „Mapping the History of Cotton Textile Production in Precolonial West Africa", in: African Economic History Vol. 33 (2005), S. 87–116.

Kriger, Cloth in West African History, Lanham: Rowman, 2006.
Kriger, „The Importance of Mande Textiles in the African Side of the Atlantic Trade, ca. 1680–1710“, in: Mande Studies Vol. 11 (2011), S. 1–21.
Kristiansen, Kristian; Larsson, Thomas B., The Rise of Bronze Age Society: Travels, Transmissions and Transformations, Oxford: Cambridge University Press, 2005.
Kristiansen, „Bronze Age Dialectics: Ritual Economies and the Consolidation of Social Divisions“, in: Kienlin; Zimmermann, Andreas (eds.), Beyond Elites, S. 381–392.
Kristiansen; Earle, Timothy, „Neolithic versus Bronze Age Social Formations: A Political Economy Approach“, in: Kristiansen, Šmejda, Ladislav; Turek, Jan (eds.), Paradigm Found. Archaeological Theory. Present, Past And Future. Essays in Honour of Evžen Neustupný, Oxford: Oxbow Books, 2015, S. 234–247.
Kristiansen; Lindkvist, Thomas; Myrdal, Janken (eds.), Trade and Civilisation. Economic Networks and Cultural Ties, from Prehistory to the Early Modern Era, New York: Cambridge University Press, 2018.
Kramer, Johannes, „Pidgin- und Kreolsprachen auf spanischer Basis“, in: Born, Joachim; Folger, Robert; Laferl, Christopher; Pöll, Bernhard (eds.), Handbuch Spanisch. Sprache, Literatur, Kultur, Geschichte in Spanien und Hispanoamerika. Für Studium, Lehre, Praxis, Berlin: Erich Schmidt Verlag, 2012, S. 131–137.
Kuchenbuch, Ludolf unter Mitarbeit von Hanemann, Stefan; Teubner-Schoebel, Sabina, Trede, Juliana, Grundherrschaft im frühen Mittelalter, Idstein: Schulz-Kirchner, 1991 (Historisches Seminar, Neue Folge; Bd. 1); Kuchenbuch in Zusammenarbeit mit Michael, Bernd (eds.), Feudalismus – Materialien zur Theorie und Geschichte, Frankfurt am Main: Ullstein, 1977.
Kuchenbuch; Sokoll, Thomas, „Vom Brauch-Werk zum Tauschwert: Überlegungen zur Arbeit im vorindustriellen Europa“, in: König, Helmut; Greiff, Bodo von; Schauer, Helmut (eds.), Sozialphilosophie der industriellen Arbeit, Opladen: Westdeutscher Verlag 1990 (= Leviathan, Sonderheft 11), S. 26–50.
Kuchenbuch; Kleine, Uta (eds.), Textus im Mittelalter: Komponenten und Situationen des Wortgebrauchs im schriftsemantischen Feld, Göttingen: Vandenhoeck & Ruprecht, 2005 (Studien zur Germania Sacra; 216).
Kuchenbuch, „Meine zehn Zürcher Gebote für künftige Forschungen zur Sklaverei“, in: Hanß, Stefan; Schiel, Juliane (eds.), Mediterranean Slavery Revisited (500–1800). Neue Perspektiven auf mediterrane Sklaverei (500–1800), Zürich: Chronos Verlag, 2014, S. 559–560.
Kurtynowa-D'Herlugnan, Liubov, The Tsar's Abolitionists: The Russian Struggle against the Slave Trade in the Caucasus and its Suppression, Leiden: Brill, 2010.
Kwass, Michael, „The Globalization of European Consumption“, in: Kwass, Contraband. Louis Mandrin and the Making of a Global Underground, Cambridge: Harvard University Press, 2014, S. 15–40.
Lagerlof, Nils-Petter, „Slavery and Other Property Rights“, in: Review of Economic Studies Vol. 76 (2009), S. 319–342.
Lake, Marilyn; Reynolds, Henry, Drawing the Global Colour Line: White Men's Countries and the International Challenge of Racial Equality, Cambridge: Cambridge University Press, 2008 (Critical Perspectives on Empire Series).
Lane, Paul J.; MacDonald, Kevin C. (eds.), Slavery in Africa: Archaeology and Memory, Oxford/New York: OUP, 2011 (Proceedings of the British Academy, 168).
Lang, Michael, „Globalization and Its History“, in: The Journal of Modern History 78:4 (2006), S. 899–931.
Langgut, Dafna; Finkelstein, Israel; Litt, Thomas, „Climate and the Late Bronze Collapse: New Evidence from the Southern Levant“, in: TEL AVIV Vol. 40 (2013), S. 149–175.
Lane; MacDonald, „Slavery, Social Revolutions and Enduring Memories“, in: Lane; MacDonald (eds.), Slavery in Africa: Archaeology and Memory, S. 1–23.

Lenski, Noel, „Violence and the Roman Slave", in: Riess, Werner; Fagan, Garrett G. (ed.), The Topography of Violence in the Greco-Roman World, Ann Arbor: University of Michigan Press, 2016, S. 275–298.

Leonard, Adrian; Pretel, David (eds.), The Caribbean and the Atlantic World Economy. Circuits of trade, money and knowledge, 1650–1914, London: Palgrave Macmillan, 2015 (Cambridge Imperial and Post-Colonial Studies Series).

Leonhard, Jörn; Steinmetz, Willibald (eds.) Semantiken von Arbeit: Diachrone und vergleichende Perspektiven. Köln/Weimar/Wien: Böhlau, 2016.

Lepe-Carrión, Patricio, „No somos negros", in: Nómadas. Revista Crítica de Ciencias Sociales y Jurídicas Vol. 28:4 (2010), S. 101–111.

Lévi-Strauss, Claude, Traurige Tropen, Leipzig: Verlag Philipp Reclam jun., 1988.

Lewis, David, „Orlando Patterson, property and ancient slavery: the definitional problem revisited", in: Bodel; Scheidel (eds.), On Human Bondage: After Slavery and Social Death, S. 31–54.

Lewis, Martin W.; Wigen, Kären, The Myth of Continents: A Critique of Metageography, Berkeley: University of California Press, 1997.

Leys Stepan, Nancy, „The Hour of Eugenics". Race, Gender, and Nation in Latin America, Ithaca and London: Cornell University, 1991.

Lieten, Kristoffel; Nederveen Meerkerk, Elisa van (eds.), Child Labour's Global Past 1650–2000, Bern [etc.]: Peter Lang, 2011.

Linden, Marcel van der, Transnational Labour History. Explorations, Aldershot: Ashgate, 2003 (Studies in Labour History).

Linden, „Labour History: The Old, the New and the Global", in: African Studies 66:2/3 (Aug-December 2007), S. 169–180.

Linden, „Eine einfache und dennoch schwer zu beantwortende Frage: Warum gab (und gibt) es Sklaverei im Kapitalismus?", in: Kabadayi, M. Erdem; Reichardt, Tobias, Unfreie Arbeit. Ökonomische und kulturgeschichtliche Perspektiven, Hildesheim/Zürich/New York 2007 (Sklaverei – Knechtschaft – Zwangsarbeit 3), S. 260–279.

Linden, Workers of the World. Essays toward a Global Labor History, Leiden: Brill, 2008 (= Studies in global social history. Bd. 1) (Deutsch: Linden, Workers of the World. Eine Globalgeschichte der Arbeit. Aus dem Englischen von Hoyer, Bettina; Jack, Tim; Landsberger, Sebastian, Frankfurt am Main/ New York: Campus 2017 (Globalgeschichte; Bd. 23, ed. Conrad, Sebastian; Eckert, Andreas; Pernau, Margrit).

Linden; Roth, Karl Heinz unter Mitarbeit von Henninger, Max (eds.), Über Marx hinaus. Arbeitsgeschichte und Arbeitsbegriff in der Konfrontation in den globalen Arbeitsverhältnisse des 21. Jahrhunderts, Berlin; Hamburg: Assoziation A, 2009.

Linden, „Unanticipated Consequences of 'Humanitarian Intervention': The British Campaign to Abolish the Slave Trade, 1807–1900", in: Theory and Society Vol. 39:3–4 (May 2010), S. 281–298 (online: http://socialhistory.org/sites/default/files/docs/publications/theory_and_society.pdf#overlay-context=en/staff/marcel-van-der-linden (28. März 2016)).

Linden (ed.), Humanitarian Intervention and Changing Labor Relations. The Long-Term Consequences of the Abolition of the Slave Trade, Leiden/Boston: Brill, 2011 (Studies in Global History, Vol. 7).

Linden, „Zur Logik einer Nicht-Entscheidung. Der Wiener Kongress und der Sklavenhandel", in: Just, Thomas; Maderthaner, Wolfgang; Maimann, Helene (eds.), Der Wiener Kongress. Die Erfindung Europas, Wien: Carl Gerold's Sohn Verlagsbuchhandlung, 2014, S. 354–373.

Lindsay, Lisa A., „Overview of the Atlantic Slave Trade", in: Lindsay, Captives as Commodities: The Transatlantic Slave Trade, New York: Prentice Hall, 2007, S. 4–9.

Lindsay, „Why Did Africans Sell Slaves?", in: Lindsay, Captives as Commodities, S. 54–83.

Lombard, Maurice, Blütezeit des Islam. Eine Wirtschafts- und Kulturgeschichte 8.–11. Jahrhundert, Frankfurt a. M.: Fischer Taschenbuchverlag, 1992.

Lopes Filho, João, „Tráfico clandestino“, in: Lopes Filho, Cabo Verde. Abolição da escravatura. Subsidios para o estudo, Praia: Spleen Edições, 2006, S. 45–75.
Loprieno, Antonio, „Slaves“, in: Donadoni, Sergio (ed.), The Egyptians, Chicago: University of Chicago Press, 1997, S. 185–217.
Lottum, Jelle van; Lucassen, Jan, „Six Cross-Sections of the Dutch Maritime Labour Market: A Preliminary Reconstruction and its Implications (1610–1850)“, in: Gorski, Richard (ed.), Maritime Labour in the Northern Hemisphere c. 1750–1950, Amsterdam: Aksant, 2007, S. 13–42.
Lovejoy, Paul E., „The Volume of the Atlantic Slave Trade: A Synthesis“, in: Journal of African History 23 (1982), S. 473–501.
Lovejoy, „The Children of Slavery – The Transatlantic phase“, in: Slavery & Abolition 27:2 (Aug. 2006), S. 197–217.
Lovejoy; Bowser, Benjamin P. (eds.), The Transatlantic Slave Trade and Slavery: New Directions in Teaching and Learning, Trenton: Africa World Press, Inc., 2012 (Harriet Tubman Series on the African Diaspora).
Lovejoy, „Jihad na África Ocidental durante a “Era das Revoluções”: em direção a um diálogo com Eric Hobsbawm e Eugene Genovese“, in: Topoi. Revista de História Vol. 15, n. 28 (jan./jun. 2014), S. 22–67.
Lucassen, Jan, „Free and Unfree Labour before the Twentieth Century: A Brief Overview“, in: Brass; Linden; Lucassen, Free and Unfree Labour, S. 7–18.
Lucassen; Unger, Richard, „Labour Productivity in Ocean Shipping, 1450–1875“, in: International Journal of Maritime History (New Foundland) Vol. XII:2 (2000), S. 127–141.
Lucassen (ed.), Wages and Currency. Global Comparisons from Antiquity to the Twentieth Century, Bern: Peter Lang, 2007.
Lucassen; Lucassen, Leo (eds.), Globalizing Migration History: The Eurasian Experience (16th–21th Centuries), Leiden/Boston: Brill, 2014 (Studies in Global Migration History).
Lübke, Christian, Fremde im östlichen Europa. Von Gesellschaften ohne Staat zu verstaatlichten Gesellschaften (9.–11. Jahrhundert), Köln/Weimar/Wien: Böhlau 2001 (= Ostmitteleuropa in Vergangenheit und Gegenwart; Bd. 23).
Lübke, „Before Colonization. Christendom at the Slav Frontier and Pagan Resistance“, in: Ingrao, Charles; Szabo, Franz A.j. (eds.), The Germans and the East, West Lafayette: Purdue University Press, 2008, S. 17–26.
Lüden, Catharina, „Sklavenfahrt“, in: Lüden, Sklavenfahrt mit Seeleuten aus Schleswig-Holstein, Hamburg und Lübeck im 18. Jahrhundert, Heide: Westholsteinische Verlagsanstalt Boyens & Co., 1983, S. 25–27.
Luna-Fabritius, Adriana, „Modernidad y drogas desde una perspectiva histórica“, in: Revista Mexicana de Ciencias Políticas y Sociales Vol. 60, no. 225 (2015), S. 21–43.
Machado, Pedro, „Cloths of Fashion: Indian Ocean Networks of Exchange and Cloth Zones of Contact in Africa and India in the Eighteenth and Nineteenth Centuries“, in: Riello, Giorgio; Roy, Tirthakar (eds.), How India clothed the world: the world of South Asian textiles, 1500–1850, Leiden: Brill, 2009, S. 53–83.
Machuca, Paulina, „The arrival of American Plants in the Philippines: ecological colonialism in the sixteenth-to-eighteenth centuries“, in: Anais de História de Além-Mar Vol. 14 (2014), S. 231–260.
Mallory, James P., „Indo-European Warfare“, in: Journal of Conflict Archaeology Vol. 2:1 (Oct. 2006), S. 77–98.
Małowist, Marian, „Kaffa: The Genoese Colony in the Crimea and the Eastern Question (1453–1475)“, in: Batou, Jean; Szlajfer, Henryk (ed.), Western Europe, Eastern Europe and World Development, 13th–18th Centuries. Collection of Essays of Marian Małowist, Leiden: Brill, 2010, S. 101–132.

Mandle, Jay, „The Plantation Economy: An Essay in Definition", in: Science and Society 36 (1972), S. 49–62.

Mann, Michael, „Die Mär von der freien Lohnarbeit. Menschenhandel und erzwungene Arbeit in der Neuzeit. Ein einleitender Essay", in: Menschenhandel und unfreie Arbeit, ed. Mann, Leipzig: Leipziger Universitätsverlag, 2003 (= Comparativ. Leipziger Beiträge zur Universalgeschichte und vergleichenden Gesellschaftsforschung, Jg. 13, H. 4), S. 7–22.

Mann, „Globalgeschichte des 19. Jahrhunderts. Einleitende Überlegungen", in: Mann (ed.), Die Welt im 19. Jahrhundert, Wien: Mandelbaum Verlag, 2009 (Globalgeschichte der Welt 1000–2000, ed. Feldbauer, Peter et als., Bd. VI), S. 11–33.

Manning, Joe, „At the limits. Long distance trade in the time of Alexander the Great and the Hellenistic kings", in: Mair, Victor H.; Hickman, Jane (eds.), Reconfiguring the Silk Road: New Research on East-West Exchange in Antiquity. Foreword by Colin Renfrew, Philadelphia: University of Philadelphia Press, 2014, S. 5–14.

Manning, Patrick, „The Political Economy of Slavery in Africa", in: Manning, Slavery and African Life. Occidental, Oriental and African Slave Trades, Cambridge: Cambridge University Press, 1990 (African Studies Series; 67) (8. Nachdruck 2004), S. 8–26.

Manning, „The World and Africa", in: Manning, Slavery and African Life, S. 168–176.

Manning (ed.), Slave Trades, 1500–1800. Globalisation of Forced Labour, Aldershot: Ashgate, 1996.

Manning, Patrick, „Introduction", in: Manning (ed.), Slave Trades, 1500–1800. Globalisation of Forced Labour, Aldershot: Ashgate, 1996, S. XV–XXXIV.

Manning, Migration in Modern World History, 1500–2000, Belmont, CA: Wadsworth, 2000.

Marek, Christian, „Die Lyder und das Lyderreich (7./6. Jh. v. Chr.)", in: Marek unter Mitarbeit von Frei, Peter, Geschichte Kleinasiens in der Antike, München: Beck, 2010, S. 152–160.

Marek, „Landbesitz, Familien, Frauen, Kinder, Zöglinge, Sklaven", in: Marek unter Mitarbeit von Frei, Geschichte Kleinasiens in der Antike, S. 561–592.

Marinovič, L.P. [et al.], Die Sklaverei in den östlichen Provinzen des römischen Reiches im 1.–3. Jahrhundert. Übersetzung von Jaroslav Kriz unter Mitwirkung von Günter Prinzing und Elisabeth Herrmann-Otto, Stuttgart: Steiner, 1992.

Marks, Robert B., „Slaverei", in: Marks, Die Ursprünge der modernen Welt. Eine globale Weltgeschichte. Aus dem Amerikanischen von Michael Sommer und Diana Sommer-Theohari, Stuttgart: Theiss, 2006, S. 70–71.

Martin, Bonnie, „Slavery's Invisible Engine: Mortgaging Human Property", in: Journal of Southern History 76 (November 2010), S. 817–866.

Martín Casares, Aurelia, „Historia y actualidad de la esclavitud: claves para reflexionar", in: Gutiérrez Usillos, Andrés et al. (coords.), Laberintos de libertad. Entre la esclavitud del pasado y las nuevas formas de esclavitud del presente, Madrid: Ministerio de Educación, Cultura y Deporte, 2012, S. 13–24.

Martinez, Jenny S., „Antislavery Courts and the Dawn of International Human Rights Law", in: The Yale Law Journal 117:550 (2008), S. 555–641.

Martinez, The slave trade and the origins of international human rights law, Oxford [u. a.]: Oxford Univ. Press, 2012.

Martínez Shaw, Carlos; Oliva Melgar, José María (eds.), El sistema atlántico español (siglos XVII–XIX), Madrid: Marcial Pons Historia, 2005.

Martínez Shaw; Martínez Torres, José Antonio (dirs.), España y Portugal en el mundo: 1581–1668, Madrid: Polifemo, 2014.

Martínez Shaw; Alfonso Mola, Marina, „The Philippine Islands: a vital crossroads during the first globalization period", in: Culture & History Digital Journal Vol. 3:1 (2014): e004 (online: http://dx.doi.org/10.3989/chdj.2014.004 (29. August 2017)).

Mattoso, Katia M. de Queirós, To Be a Slave in Brazil, 1550–1888, New Brunswick: Rutgers University Press, 1986.

Mattoso, Esclavages. Histoire d'une diversité. De l'Océan Indien à l'Atlantique Sud, Paris: L'Harmattan, 1997.

Mattoso, Ser escravo no Brasil, São Paulo: editora brasiliense, 2003.

Mauro, Fréderic, „Merchant Communities, 1350–1750", in: Tracy, James D. (ed.), The Rise of Merchant Empires, 2 Bde., Cambridge: Cambridge University Press, 1990 (Bd. I: Long-Distance Trade in the Early Modern World, 1350–1750; Bd. II: The Political Economy of Merchant Empires. State Power and World Trade, 1350–1750), Bd. I, S. 255–285.

May, Timothy, The Mongol Conquests in World History, London: Reaktion Books, 2011.

Mayer, David, „Revolutionen: Welten auf den Kopf gestellt", in: Sieder, Reinhard; Langthaler, Ernst (eds.), Globalgeschichte 1800–2010, Wien/Köln/Weimar: Böhlau, 2010, S. 529–554.

McDonald, Michelle Craig, „Consumption in the Transatlantic World", in: Trentman, Frank (ed.), Oxford Handbook of the History of Consumption, Oxford: OUP, 2012, S. 111–126.

McGhee, Fred L., „Maritime Archaeology and the African Diaspora", in: Falola, Toyin; Ogundiran, Akin (eds.), The Archaeology of Atlantic Africa and the African Diaspora, Bloomington: Indiana University Press, 2007, S. 384–394.

McIntosh, Gregory C., The Piri Reis Map of 1513, Athens and London: The University of Georgia Press, 2000.

McKeown, Adam, „Global Migration 1846–1940", in: Journal of World History 15:2 (2004), S. 155–190.

McKeown, „Chinese Emigration in Global Context, 1850–1940", in: Journal of Global History 5 (2010), S. 95–124.

McKnight, Kathryn Joy; Garofalo, Leo J. (eds.), Afro-Latino Voices: narratives from the early modern Ibero-Atlantic world, 1550–1812, Indianapolis/Cambridge: Hackett Publishing, 2009.

McMichael, Philip, „Slavery in capitalism. The rise and demise of the U. S. ante-bellum cotton culture", in: Theory and Society 20:3 (Jun., 1991) (= Special Issue on Slavery in the New World), S. 321–349.

McNeill, John R., The Atlantic Empires of France and Spain: Louisbourg and Havana, 1700–1763, Chapel Hill: UNC Press, 1985.

McNeill, „Atlantic Empires and Caribbean Ecology", in: McNeill, Mosquito Empires. Ecology and War in the Geater Caribbean, 1620–1914, Cambridge [etc.]: CUP, 2010, S. 15–62.

Meier, Johannes, Bis an die Ränder der Welt: Wege des Katholizismus im Zeitalter der Reformation und des Barock, Münster: Aschendorff Verlag, 2018.

Meillassoux, Claude, Anthropologie de l'esclavage, Paris: Presses Universitaires de France, 1988 (Meillassoux, Anthropologie der Sklaverei. Aus dem Französischen von Eva Moldenhauer, Frankfurt am Main: Campus Verlag; Paris: Éditions de la Maison des Sciences de L'Homme, 1989 (Theorie und Gesellschaft, eds. Honneth, Axel; Joas, Hans; Offe, Claus, Bd. 9)).

Meillassoux, The Anthropology of Slavery, Chicago: University of Chicago Press, 1991.

Meillassoux, „Female Slavery", in: Robertson, Claire C.; Klein, Martin A. (eds.), Women and Slavery in Africa, Madison: University of Madison Press, 1976, S. 49–66.

Meinig, Donald W., Shaping of America: A Geographical Perspective on 500 Years of History, 3 Bde., New Haven: Yale U Press, 1987, 1993, 2004.

Mendelsohn, Isaac, „Slavery in the Old Testament", in: The Interpreter's Dictionary of the Bible: An Illustrated Encyclopedia Vol. 4, New York: Abingdon Press, 1962, S. 383–391.

Messner, Angelika, „Towards a History of the Corporeal Dimensions of Emotions: The Case of Pain", in: Asiatische Studien/Études Asiatiques Vol. LXVI:4 (2013), S. 943–972.

Middell, Matthias; Naumann, Katja, „Global History and the Spatial Turn: From the Impact of Area Studies to the Study of Critical Junctures of Globalization", in: Journal of Global History 5 (2010), S. 149–170.

Miers, Suzanne, „The British Indian Model of Emancipation", in: Miers, Slavery in the twentieth century: the evolution of a global problem, Lanham, MA: Altamira Press, 2003, S. 30–31.

Miers, „Slavery and Abolition in the 20th Century“, in: Rodriguez, Slavery in the modern world, Bd. I, S. 3–16.

Miles, Robert, Capitalism and Unfree Labour. Anomaly or Necessity, London: Tavistock, 1987.

Miller, Joseph C., „Slaving as historical process: examples from the ancient Mediterranean and the modern Atlantic“, in: Dal Lago, Enrico; Katsari, Constantina (eds.), Slave Systems. Ancient and Modern, Cambridge [etc.]: Cambridge University Press, 2008, S. 70–102.

Miller, The Problem of Slavery as History. A Global Approach, New Haven: Yale University Press, 2012.

Miller, „Ahistorical Africas: Racial Lethargy and Antiracial Legacies“, in: Miller, The Problem of Slavery as History, S. 76–81.

Miller, Peter M. (ed.), The Sea: Thalassography and Historiography, Ann Arbor: University of Michigan Press, 2013.

Minchin, Susie, From Capture to Sale. The Portuguese slave trade to Spanish America in the early seventeenth century, Leiden: Brill, 2007 (The Atlantic World 12).

Minnis, Paul E. (ed.), Ethnobotany: a reader, Norman: University of Oklahoma Press, 2000.

Mintz, Sidney W., Worker in the Cane. A Puerto Rican Life History, New Haven: Yale University Press, 1960.

Mintz, „Slavery and Emergent Capitalisms“, in: Slavery in the New World: A Reader in Comparative Perspective, eds. Laura Foner, Laura; Genovese, Englewood Cliffs, N.J.: Prentice-Hall, 1969, S. 23–37.

Mintz, „Die Zusammensetzung der Speise in frühen Agrargesellschaften. Versuch einer Konzeptualisierung“, in: Schäffner, Martin (ed.), Brot, Brei und was dazu gehört: Über sozialen Sinn und physiologischen Wert der Nahrung, Zürich: Chronos Verlag, 1992 (= Schweizerische Zeitschrift für Geschichte = Revue suisse d'histoire = Rivista storica svizzera, Bd. 44:2 (1994)), S. 13–28.

Mintz, „Food, Culture and Energie“, in: Nützenadel, Alexander; Trentmann (eds.), Food and Globalization, Oxford: Berg, 2008, S. 21–35.

Mintz, „Plantation and the Rise of a World Food Economy: Some Preliminary Ideas“, in: Review Vol. XXXIV, no. 1/2 (2011), S. 3–14 (= Rethinking the Plantation: Histories, Anthropologies, and Archaeologies, ed. Tomich; Gomes, Flávio dos Santos; Gomes da Cunha, Olivia).

Mishra, Lakshmidhar, Human Bondage: Tracing its Roots in India, London: Sage Publications, 2011.

Misra, Maria, „Colonial officers and gentlemen: The British Empire and the globalization of 'tradition'“, in: Journal of Global History 3 (2008), S. 135–161.

Moitt, Bernard (ed.), Sugar, slavery and society: perspectives on the Caribbean, India, the Mascarenes and the United States, Gainesville [etc.]: University Press of Florida, 2004.

Molander, Per, „Die Archäologie der Ungleichheit“, in: Molander, Die Anatomie der Ungleichheit. Woher sie kommt und wie wir sie beherrschen können. Aus dem Schwedischen von Scherzer, Jörg, Frankfurt am Main: Westend Verlag, 2017, S. 31–63.

Montgomery, Heather, Modern Babylon? Prostituting Children in Thailand. New York: Berghahn Press, 2001.

Moore, Jason W., „Sugar and the Expansion of the Early-Modern World Economy: Commodity Frontiers, Ecological Transformation, and Industrialization“, in: Review XXIII:3 (2000), S. 409–433.

Morgan, Kenneth, A Short History of Transatlantic Slavery, London/New York: I. B. Tauris, 2016.

Morineau, Michael, Incroyables gazettes et fabuleux métaux. Les retours des trésors américains d'après les gazettes hollandaises (XVIe–XVIIIe siècles), Paris/Cambridge: Cambridge University Press/Éditions de la Maison des Sciences de l'Homme, 1985.

Morris, Ian; Scheidel, The dynamics of ancient empires: state power from Assyria to Byzantium, New York: Oxford University Press, 2009.

Morris, „Der Westen geht in Führung“, in: Morris, Wer regiert die Welt? Warum Zivilisationen herrschen oder beherrscht werden. Aus dem Englischen von Klaus Binder, Waltraud Götting und Andreas Simon dos Santos, Frankfurt/New York: Campus Verlag, 2012, S. 88–140.

Morrison, Kathleen; Hauser, Mark W., „Risky business: rice and inter-colonial dependencies in the Indian and Atlantic Oceans“, in: Atlantic Studies Vol. 12:3 (2015), S. 371–392.

Moscoso, Francisco, Orígenes y cultura del la caña de azúcar. De Nueva Guinea a las islas del Atlántico, Puerto Rico: Publicaciones Gaviota, 2017.

Moya, José C., „Migración africana y formación social en las Américas, 1500–2000“, in: Revista de Indias Vol. LXXII, núm. 255 (mayo–agosto 2012), S. 321–348.

Mückler, Hermann, Kolonialismus in Ozeanien, Wien: Facultas, 2012 (Kulturgeschichte Ozeaniens, Bd. 3).

Müller, Frank; Baquero-Melo, Jairo; Rauchecker, Markus; Segura, Ramiro, Rethinking Enclosures from a Latin American Perspective. The Role of Territoriality and Coloniality, Berlin: desiguALdades.net, 2015 (Working Paper No. 90, 2015) (online: http://www.desigualdades.net/Resources/Working_Paper/WP-90-Mueller-et-al-online.pdf (15. April 2015)).

Munford, Clarence J., The Black ordeal of slavery and slave trading in the French West Indies, 1625–1715, 3 Bde., Lewiston; Lampeter: E. Mellen Press, 1991 (Vol. I: Slave trading in Africa; Vol. II: The Middle passage and the plantation economy; Vol. III: Culture, terror and resistance) (Caribbean Studies; Vol. 3).

Murphy, Laura T., Survivors of Slavery: Modern-Day Slave Narratives; New York/Chichester: Columbia University Press, 2014.

Müller, Gesine; Ueckmann, Natascha (eds.), Kreolisierung revisited. Debatten um eine weltweites Kulturkonzept, Bielefeld: transcript, 2013.

Müller, Hans, Die Kunst des Sklavenkaufs: Nach arabischen, persischen und türkischen Ratgebern vom 10. bis zum 19. Jahrhundert, Freiburg i. Br.: Schwarz, 1980 (Islamkundliche Untersuchungen 57).

Musgrave, Toby; Musgrave, Will, An Empire of Plants: People and Plants that Changed the World, London: Casell, 2000.

Nagel, Dominik, „Recht und Praxis der Sklaverei in England, Massachussetts und South Carolina“, in: Nagel, No Part of the Mother Country, but Distinct Dominions. Rechtstransfer, Staatsbildung und Governance in England, Massachussetts und South Carolina, 1630–1769, Münster [etc.]: LIT Verlag, 2013 (Studien zu Geschichte, Politik und Gesellschaft Nordamerikas 33), S. 635–700.

Nagy, Agnès A.; Prescendi, Francesca (ed.), Sacrifices humains: dossiers, discours, comparaisons. Actes du colloque tenu à l'Université de Genève, 19–20 mai 2011, Turnhout: Brepols, 2013 (Bibliothèque de l'École des Hautes Études – Sciences religieuses 160).

Naranjo Orovio, Consuelo; García González, Armando, Racismo e Inmigración en Cuba en el siglo XIX, Madrid (Arajuez): Doce Calles, 1996.

Ndlovu-Gatsheni, Sabelo J., Coloniality of Power in Postcolonial Africa. Myths of Decolonization, Dakar: CODESRIA, 2013.

Neal, Larry, „How it All Began: The Monetary and Financial Architecture of Europe during the First Global Capital Markets, 1648–1815“, in: Financial History Review 7:2 (2000), S. 117–140.

Newman, Simon P., A New World of Labor: The Development of Plantation Slavery in the British Atlantic, Philadelphia: University of Pennsylvania Press, 2013.

Niaah, Sonjah Stanley, „Beyond the Slave Ship: Theorizing the Limbo Imagination and Black Atlantic Performance Geographies“, in: Comparativ. Zeitschrift für Globalgeschichte und vergleichende Gesellschaftsforschung 21, Heft 5 (2011), S. 11–30.

Nielsen, Axel E.; Walker, William H. (eds.), Warfare in cultural context: practice, agency, and the archaeology of violence, Tucson: University of Arizona Press, 2009.

Nimtz, August, „The Eurocentric Marx and Engels and Other Related Myths“, in: Bartolovich, Crystal; Lazarus, Neil (eds.): Marxism, Modernity, and Postcolonial Studies, Cambridge: Cambridge University Press, 2002, S. 65–80.
Nolte, Hans-Heinrich, Der Aufstieg Russlands zur europäischen Großmacht, Stuttgart: Klett, 1981.
Nolte, Weltgeschichte. Imperien, Religionen und Systeme, 15.–19. Jahrhundert, Wien/Köln/Weimar: Böhlau Verlag, 2005.
Nolte, „Das Petrinische Imperium (bis 1855)“, in: Nolte; Schalhorn, Bernhard; Bonwetsch, Bernd (eds.), Quellen zur Geschichte Russlands, Stuttgart: Reclam 2014 (Universal-Bibliothek, Nr. 19269), S. 116–202.
Nongbri, Brent, Before Religion. A History of a Modern Concept, New Haven and London: Yale University Press, 2013.
Northrup, David, Indentured Labor in the Age of Imperialism, 1834–1922. Cambridge: CUP, 1995.
Novás Calvo, Lino, El Negrero. Biografía novelada de Pedro Blanco Fernández de Trava. Prólogo de Abilio Estévez, Barcelona: Tusquets Editores, 1999.
Novoa, Adriana, „José Martí and Evolution: An Analysis on Nation and Race“, in: Hoeg, Jerry; Larsen, Kevin S. (eds.), Interdisciplinary Essays on Darwinism in Hispanic Literature and Film: The Intersection of Science and the Humanities, Lewiston: Lampeter/Mellon, 2009, S. 169–205.
Nowicki, Krzysztof, Defensible Sites in Crete c. 1200–800 B.C. (LM IIIB/IIIC Through Early Geometric), Liège: Université de Liège, Histoire de l'art et archéologie de la Grèce antique, 2000.
Nunn, Nathan; Qian, Nancy, „The Columbian Exchange: A History of Disease, Food and Ideas“, in: Journal of Economic Perspectives Vol. 24:2 (2010), S. 163–188.
O'Connor, Kaori, „Beyond 'Exotic Groceries': Tapioca-Cassava, a Hidden Commodity of Empire“ (2009) (Working Paper No.10), unter: http://www.open.ac.uk/Arts/ferguson-centre/commodities-of-empire/working-papers/index.htm (5. Mai 2012).
Obenaus, Andreas, Islamische Perspektiven der Atlantikexpansion: Der islamische Atlantikraum des mittelalterlichen Abendlandes, 2 Halbbde., Wien/Berlin: Turia & Kant, 2013 (Mittelmeerstudien; 3: 1. Halbbd.: Der islamische Atlantikraum des mittelalterlichen Abendlandes; 2. Halbbd.: Islamische und christliche Atlantikerkundung im Mittelalter).
Oehler-Klein, „Einleitung“, in: Oehler-Klein (ed.), Samuel Thomas Soemmering, S. 11–142.
Offen, Karl; Dym, Jordana (eds.), Mapping Latin America: A Cartographic Reader, Chicago: University of Chicago Press, 2011.
„Of Pirates, Empire, and Terror: An Interview with Lauren Benton and Dan Edelstein“, in: Humanity 2,1 (2011), S. 75–84; unter: http://www.humanityjournal.org/humanity-volume-2-issue-1/pirates-empire-and-terror-interview-lauren-benton-and-dan-edelstein (12. Dez. 2013).
Oldfield, John R., Transatlantic Abolitionism in the Age of Revolution: An International History of Anti-Slavery, c.1787–1820, Cambridge and New York: CUP, 2013.
Olney, James, „'I Was Born': Slave Narratives. Their Status as Autobiography, and as Literature“, in: Callaloo Vol. 20 (Winter 1984), S. 46–73.
Oostindie, Gert (ed.), Fifty Years Later. Antislavery, Capitalism and Modernity in the Dutch Orbit, Leiden/Pittsburgh: KITLV Press/University of Pittsburgh Press, 1996.
Oostindie (ed.), Facing Up to the Past. Perspectives on the Conmemoration of Slavery from Africa, the Americas and Europe, Kingston: Ian Randle Publishers / Prince Claus Fund Library, 2001.
Oostindie (ed.), Dutch Colonialism, Migration and Cultural Heritage. Leiden: KITLV Press 2008.
Oostindie; Roitman, Jessica Vance, „Repositioning the Dutch in the Atlantic, 1680–1800“, in: Itinerario 36:2 (August 2012), S. 129–160.
Opitz-Belakhal, Claudia, „Natürliche Freiheit – gottgewollte Ordnung“, in: Opitz-Belakhal, Das Universum des Jean Bodin: Staatsbildung, Macht und Geschlecht im 16. Jahrhundert, Frankfurt am Main/New York: Campus, 2006, S. 85–106.

O'Rourke, Kevin H.; Williamson, Jeffrey G., Globalization and History: The Evolution of a Nineteenth-Century Atlantic Economy, Cambridge: The MIT Press, 2001.
Osterhammel, Jürgen, Die Entzauberung Asiens. Europa und die asiatischen Reiche im 18. Jahrhundert, München: Beck, 1998.
Osterhammel, Geschichtswissenschaft jenseits des Nationalstaates. Studien zu Beziehungsgeschichte und Zivilisationsvergleich, Göttingen: Vandenhoeck & Ruprecht, 2000.
Osterhammel, Sklaverei und die Zivilisation des Westens, München: Carl Friedrich von Siemens Stiftung, 2000.
Osterhammel; Petersson, Niels P., Geschichte der Globalisierung. Dimensionen, Prozesse, Epochen, München: Verlag C. H. Beck, 2003 (Wissen, 2320).
Osterhammel, „Welten des Kolonialismus im Zeitalter der Aufklärung“, in: Lüsebrink (ed.), Das Europa der Aufklärung und die außereuropäische koloniale Welt, Göttingen: Wallstein Verlag, 2006, S. 19–36.
Osterhammel, Die Verwandlung der Welt. Eine Geschichte des 19. Jahrhunderts, München: Beck, 2009.
Ouerfelli, Mohamed, „La production du sucre en Méditerranée médiévale. Peut-on parler d'un système esclavagiste?“, in: Rives Méditerranéennes Vol. 53 (2016), S. 41–61 (= L'économie de l'esclavage en Méditerranée médiévale et moderne; coord. Armenteros Martínez; Ouerfelli).
Owensby, Brian P., „Slavery, Citizenship and the State in Classical Antiquity and the Modern Americas“, in: European Review of History: Revue européenne d'histoire Vol. 16:3 (2009) (= Slavery, Citizenship and the State in Classical Antiquity and the Modern Americas), S. 365–382.
Pagenstecher, Cord, „'We were treated like slaves' Remembering forced labor for Nazi Germany“, in: Hörmann; Mackenthun (eds.), Human Bondage in the Cultural Contact Zone, S. 275–291.
Paisley, Fiona; Reid, Kirsty (eds.), Critical Perspectives on Colonialism: Writing the Empire from Below, London: Routledge, 2014.
Palmer, Bryan D., „'Mind Forg'd Manacles' and recent Pathways to 'New' Labor History“, in: IRSH Vol. 62:2 (August 2017), S. 279–303.
Pargas, Damian A., „Slavery as a Global and Globalizing Phenomenon. An Editorial Note“, in: Journal of Global Slavery 1 (2016), S. 1–4.
Parker, John; Rathbone, Richard, „Die Afrikaner: Vielfalt und Einheit“, in: Parker; Rathbone, Geschichte Afrikas. Aus dem Englischen von Jessica Burkhardt, Köln: Anaconda, 2010, S. 38–67.
Parrish, Susan Scott, American Curiosity. Cultures of Natural History in the Colonial British Atlantic World, Chapel Hill: The University of North Carolina Press, 2006.
Parzinger, Hermann, Die Skythen, München: Beck, 2007.
Parzinger, „Gesellschaftsordnung“, in: Parzinger, Die Skythen, S. 88–95.
Parzinger, „Reiternomadentum“, in: Parzinger, Die frühen Völker Eurasiens. Vom Neolithikum bis zum Mittelalter, München: Beck, 2006 (Historische Bibliothek der Gerda Henkel Stiftung), S. 862–869.
Patrick, Peter L., „Pidgins, Creoles and linguistic variation“, in: Kouwenberg, Silvia; Singler, John V. (eds.), The Handbook of Pidgins and Creoles, Oxford: Blackwell, 2008, S. 461–487.
Patterson, Orlando, „The Structural Origins of Slavery: A Critique of the Nieboer-Domar Hypothesis from a Comparative Perspective“, in: Annals of the New York Academy of Sciences Vol. 292 (1977), S. 12–34.
Patterson, Slavery and Social Death. A Comparative Study, Cambridge: Harvard University Press, 1982.
Patterson, „Feasts of Blood: 'Race', Religion, and Human Sacrifice in the Postbellum South“, in: Patterson, Rituals of Blood: Consequences of Slavery in Two American Centuries, Washington: Basic CivitasBooks/Counterpoint, 1998, S. 169–232.

Patterson, „Trafficking, Gender and Slavery: Past and Present“, in Allain (ed.), The Legal Understanding of Slavery: From the Historical to the Contemporary, Oxford: OUP, 2012, S. 322–359.

Paul, Jürgen, „Archival Practices in the Muslim World prior to 1500“, in: Bausi, Alessandro et al (eds.), Manuscripts and Archives. Comparative Views on Record-Keeping, Berlin: De Gruyter, 2018, S. 339–360.

Paz Sánchez, Manuel de; Hernández González, Manuel, La esclavitud blanca. Contribución a la historia del inmigrante canario en América, Tenerife: Siglo XIX, 1992.

Paz Sánchez, „América en el corazón“, in: Paz Sánchez, Manuel, La ciudad. Una historia ilustrada de Santa Cruz de la Palma, Santa Cruz de la Palma: Ayuntamiento de Santa Cruz de la Palma; Centro de la Cultura Popular Canaria, 2003, S. 223–241.

Peabody, Sue, „Microhistory, Biography, Fiction“, in: Transatlantica [en ligne] 2 (2012), mis en ligne le 25 mai 2013, consulté la 19 mai 2015. URL: http//transatlantica.revues.org/6184.

Pérez de la Riva, Juan, „La tasa de mortalidad esclava“, in: Pérez de la Riva, El monto de la inmigración forzada en el siglo XIX, La Habana: Ed. de Ciencias Sociales, 1974, S. 35–40.

Perl, Matthias; Schwegler, Armin (eds.), América negra: panorámica actual de los estudios lingüísticos sobre variedades hispanas, portuguesas y criollas, Madrid: Iberoamericana; Frankfurt: Vervuert, 1997.

Phillips, Carla Rahn, „The Organization of Oceanic Empires: The Iberian World in the Habsburg Period“ in: Bentley; Bridenthal; Wigen (eds.), Seascapes, S. 71–86.

Philipps, Tom, „Rio's Cemetery of New Blacks sheds light on horrors of slave trade. Tooth analysis shows Africans taken from wide area ranging from Sudan in the north-east to Mozambique in the south“, in: The Guardian, Tuesday 20 December 2011 (unter: www.guardian.co.uk/world/2011/dec/20/rio-cemetery-of-the-new-blacks-brazil (08. Februar 2012)).

Pies, Eike, Willem Piso (1611–1678). Begründer der Tropenmedizin und Leibarzt des Grafen und späteren Fürsten Johann Moritz von Nassau-Siegen in Brasilien und den Niederlanden, Dommershausen-Sprockhövel: Verlag Dr. Eike Pies, 2004.

Pietschmann, Horst (ed.), Atlantic History. History of the Atlantic System 1580–1830. – Papers presented at an International Conference, held 28 August–1 September, 1999, in Hamburg, organized by the Department of History, Hamburg/Göttingen: Vandenhoeck & Rupprecht, 2002.

Pimentel, Juan, „The Iberian Vision: Science and Empire in the Framework of a Universal Monarchy, 1500–1800“, in: Osiris, Vol. 15, 2nd Series (2000), S. 17–30 (= Nature and Empire: Science and the Colonial Enterprise). Published by: The University of Chicago Press on behalf of The History of Science Society Stable URL: http://www.jstor.org/stable/301938 (25. Februar 2014).

Pinkner, Steven, „Mord aus Aberglauben: Menschenopfer, Hexerei und Blutbeschuldigung“, in: Pinkner, Gewalt. Eine neue Geschichte der Menschheit, Frankfurt am Main: Fischer, 2011, S. 211–219.

Pinkner, „Sklaverei“, in: Pinkner, Gewalt, S. 238–245.

Pomeranz, Kenneth; Topik, The World That Trade Created: Society, Culture, and the World Economy, 1400 to the Present, Armonk: M. E. Sharpe, ^{2}2006.

Popko, Lutz; Quenouille, Nadine; Rücker, Michaela (eds.), Von Sklaven, Pächtern und Politiker. Beiträge zum Alltag in Ägypten, Griechenland und Rom, Berlin/Boston: De Gruyter, 2012 (Archiv für Papyrusforschung; Beiheft 33).

Pradella, Lucia, „Hegel, Imperialism, and Universal History“, in: Science & Society Vol. 78:4 (October 2014), S. 426–453.

Prange, Sebastian, „'Trust in God, but tie your camel first.' The Economic Organization of the TransSaharan Slave Trade between the Fourteenth and Nineteenth Centuries“, in: Journal of Global History Vol. 1:2 (July 2006), S. 219–239.

Prange, Sebastian, „Scholars and the Sea: A Historiography of the Indian Ocean", in: History Compass 6/5 (2008), S. 1382–1393.
Pratt, Mary Louise, „Arts of the Contact Zone", in: Profession (1991), S. 33–40 (http://writing.colostate.edu/files/classes/6500/File_EC147617-ADE5-3D9C-C89FF0384AECA15B.pdf (03. Mai 2014)).
Pratt, Imperial Eyes: Travel Writing and Transculturation, London: Routledge, 1992 (2nd ed.: Taylor & Francis, 2007).
Pestel, Friedemann, „The Impossible *Ancien Régime colonial*: Postcolonial Haiti and the Perils of the French Restoration", in: Journal of Modern European History 15:2 (2017), S. 261–279.
Price, Richard, „The Concept of Creolization", in: Eltis; Engerman (eds.), The Cambridge World History of Slavery, Vol. 3, S. 513–537.
Priesching, Nicole; Steinke, Daniel, „Menschen als Ware: Sklaverei in der Frühen Neuzeit im Mittelmeerraum", in: Exenberger, Andreas; Nussbaumer, Josef (eds.), Von Menschenhandel und Menschenpreisen. Wert und Bewertung von Menschen im Spiegel der Zeit, Innsbruck: innsbruck university press, 2007, S. 41–55.
Priesching, „Die Verurteilung der Sklaverei unter Gregor XVI. im Jahr 1839. Ein Traditionsbruch?", in: Saeculum (2008/1), S. 143–162.
Pritchard, James, In Search of Empire: The French in the Americas 1670–1730, Cambridge: CUP, 2004.
Ptak, Roderich, „Der Seeraum", in: Ptak, Die maritime Seidenstrasse. Küstenräume, Seefahrt und Handel in vorkolonialer Zeit, München: Beck, 2007, S. 28–53.
Ptak, „Zwischen Tang-Reich und Kalifat", in: Ptak, Die maritime Seidenstrasse, S. 109–147.
Pybus, Cassandra, Epic Journeys of Freedom: Runaway Slaves of the American Revolution and Their Global Quest for Liberty, Boston: Beacon Press, 2006.
Quensel-von Kalben, Lucas, „Zur Interaktion von Wildbeutern und Bauern: ethnographische Beispiele und Möglichkeiten ihrer archäologischen Identifikation", in: Ethnographisch-Archäologische Zeitschrift 35 (1994), S. 341–352.
Quirk, Joel, „Modern Slavery", in: Heuman; Burnard (eds.), The Routledge History of Slavery, S. 331–346.
Rahbeck Schmidt, Knud, Soziale Terminologie in russischen Texten des frühen Mittelalters (bis zum Jahre 1240). Aus dem Dänischen übersetzt von Wilhelm Krämer, Kopenhagen: Munksgaard, 1964.
Rainer, J. Michael, Das Römische Recht in Europa, Wien: Manz Verlag, 2012.
Ray, Carina, „Interracial Sex and the Making of Empire", in: Quayson, Ato; Daswani, Girish (eds.), A Companion to Diaspora and Transnationalism, Malden [etc.]: Blackwell Publishing, 2013, S. 190–211 (https://www.academia.edu/5983866/Interracial_Sex_and_the_Making_of_Empire (10. Feb. 2014)).
Raphael, Lutz, „Krieg, Diktatur und imperiale Erschließung. Arbeitszwang und Zwangsarbeit 1880 bis 1960", in: Herrmann-Otto (ed.), Unfreie Arbeits- und Lebensverhältnisse von der Antike bis zur Gegenwart. Eine Einführung, Hildesheim [etc.]: Georg Olms Verlag, 2005, S. 258–280.
Rawley, James A., London, Metropolis of the Slave Trade. Foreword by David Eltis, Columbia: University of Missouri Press, 2003.
Reinhard, Wolfgang, Geschichte der europäischen Expansion, 4 Bde., Stuttgart: Kohlhammer 1983–1990 (überarbeitete Neuauflage: Reinhard, Die Unterwerfung der Welt. Globalgeschichte der europäischen Expansion, 1415–2015, München: Beck, 2016).
Reinhard, „Frühneuzeitliche Negersklaverei und ihre Bedeutung für Wirtschaft und Gesellschaft", in: Geschichte in Wissenschaft und Unterricht 37 (1986), S. 660–672.
Reinhard, Parasit oder Partner?: Europäische Wirtschaft und neue Welt 1500–1800, Münster, Hamburg [u. a.]: LIT, 1998.

Reinhard, unter Mitarbeit von Müller-Luckner, Elisabeth (eds.), Verstaatlichung der Welt?: europäische Staatsmodelle und aussereuropäische Machtprozesse, München: Oldenbourg, 1999 (Schriften des Historischen Kollegs. Kolloquien; 47).

Reinhard, „Francisco de Vitoria und die Schule von Salamanca“, in: Fenske, Hans; Mertens, Dieter; Reinhard; Rosen, Klaus, Geschichte der politischen Ideen. Von der Antike bis zur Gegenwart, Frankfurt am Main: Fischer Taschenbuch Verlag, 2004, S. 282–285.

Reinhard, „Atlantischer Austausch“, in: Zeitschrift für Weltgeschichte. Interdisziplinäre Perspektiven (ZfW), Jg. 5/2 (Herbst 2004), S. 66–78.

Reinhard, Kleine Geschichte des Kolonialismus, Stuttgart: Kröner, ^{2}2008.

Reinhard (ed.), Empires and encounters: 1350–1750, Cambridge; London: The Belknap Press of Harvard University Press, 2015 (Iriya, Akita; Osterhammel, Jürgen (eds.), A History of the World).

Reséndez, Andrés, The Other Slavery: The Uncovered Story of Indian Enslavement in America, Boston: Houghton Mifflin Harcourt, 2016.

Reséndez, „The Trafficker and his Network“, in: Reséndez, The Other Slavery, S. 76–99.

Reséndez, „An Empire of Slaves“, in: Reséndez, The Other Slavery, S. 131–135.

Richards, John F., The Unending Frontier: An Environmental History of the Early Modern World, Berkeley: University of California Press, 2003.

Richardson, David, „Involuntary Migration in the Early Modern World, 1500–1800“, in: Eltis; Engerman (eds.), The Cambridge World History of Slavery, Vol. 3, S. 563–593.

Riekenberg, Michael, „Auf dem Holzweg? Über Johan Galtungs Begriff der ‚strukturellen Gewalt‘“, in: Zeithistorische Forschungen/Studies in Contemporary History, Online-Ausgabe, 5 (2008) H. 1, URL: http://www.zeithistorische-forschungen.de/16126041-Riekenberg-1-2008 (28. November 2012).

Riekenberg (ed.), Zur Gewaltsoziologie von Georges Bataille, Leipzig: Leipziger Universitätsverlag, 2012.

Riello, Giorgio; Parthasarathi, Prasannah (ed.), The Spinning World: A Global History of Cotton Textiles, 1200–1850, Oxford and New York: OUP, 2009.

Riello, Giorgio; Parthasarathi, Prasannah, „The Indian Ocean in the Long Eighteenth Century“, in: Eighteenth-Century Studies Vol. 48:1 (2014), S. 1–19.

Conermann, „South Asia and the Indian Ocean“, in: Reinhard (ed.), Empires and encounters: 1350–1750, S. 389–552.

Roach, Joseph, Cities of the Dead: Circum-Atlantic Performance, New York: Columbia University Press, 1996.

Roberts, Callum, The Unnatural History of the Sea, Washington, DC: Island Press, 2007.

Roberts, Justin, Slavery and the Enlightenment in the British Atlantic, 1750–1807, Cambridge: Cambridge University Press, 2013.

Rockel, Stephen, „Decentering Exploration in East Africa“, in: Kennedy, Dane (ed.), Reinterpreting Exploration: The West in the World, New York: Oxford University Press, 2014, S. 172–194.

Rockman, Seth, „The Unfree Origins of American Capitalism“, in: Cathy Matson (ed.), The Economy of Early America: Historical Perspectives and New Directions, University Park: Pennsylvania State University Press, 2006, S. 335–361.

Rockman, Scraping By: Wage Labor, Slavery, and Survival in Early Baltimore, Baltimore: Johns Hopkins University Press, 2009.

Rockman, „The Future of Civil War Era Studies: Slavery and Capitalism“, in: The Journal of Civil War Era 2 (March 2012): online supplement (unter: http://journalofthecivilwarera.com/forum-the-future-of-civil-war-era-studies/the-future-of-civil-war-era-studies-slavery-and-capitalism/ (18. März 2014)).

Rodrigo y Alharilla, Martín, Los Marqueses de Comillas 1817–1925. Antonio y Claudio López, Madrid: LID Editorial Empresarial, S.L., 2000.

Rodrigues, Jaime, De costa a costa: escravos, marinheiros e intermediários de tráfico negreiro de Angola ao Rio de Janeiro, São Paulo: Companhia das Letras, 2005.
Rodrigues, „O fim do tráfico transatlântico de escravos para o Brasil: paradigmas em questão", in: Grinberg, Keila; Salles, Ricardo (eds.), O Brasil Imperial 1831–1870, 2 Bde., Rio de Janeiro: Civilização Brasileira, 2009, Vol. 2, S. 299–338.
Rönicke, Mandy, Die Multikausalität moderner Sklaverei: ein theoretischer und empirischer Diskurs anhand ausgewählter Fallbeispiele, Hamburg: Kovač, 2013 (Schriftenreihe Chemnitzer Schriften zur europäischen und internationalen Politik; Bd. 4).
Rohe, Martin, Das islamische Recht: Geschichte und Gegenwart, 3. überarbeitete und erweiterte Auflage, München: Beck, 2011.
Rohe, Das islamische Recht. Eine Einführung, München: Beck, 2013.
Roitman, Jessica V., The Same but Different? Inter-cultural Trade and the Sephardim, 1595–1640, Leiden: Brill (Series in Jewish Studies), 2011.
Roper, Louis H.; Van Ruymbeke, Bertrand (eds.), Constructing Early Modern Empires: Proprietary Ventures in the Atlantic World, 1500–1750, Leiden: Brill, 2007 (The Atlantic World; vol. 11).
Roseveare, Henry, The Financial Revolution 1660–1750, New York: Routledge, 2013 (Original: Longman 1991).
Roth, Karl Heinz; Linden, „Karl Marx und das Problem der Sklavenarbeit", in: Linden; Roth unter Mitarbeit von Henninger, Max (eds.), Über Marx hinaus. Arbeitsgeschichte und Arbeitsbegriff in der Konfrontation in den globalen Arbeitsverhältnisse des 21. Jahrhunderts, Berlin; Hamburg: Assoziation A, 2009, S. 581–586.
Roth; Lewis, Ben (eds.), On the Road to Global Labour History. A Festschrift for Marcel van der Linden, Leiden/Boston: Brill, 2018.
Roth, Rainer, Sklaverei als Menschenrecht. Über die bürgerlichen Revolutionen in England, den USA und Frankreich, Frankfurt am Main: DVS, 2017 (2. Auflage).
Roth, Ralf, „Die Eisenbahnen – formten sie wirklich ein *world wide web*?", in: Zeitschrift für Weltgeschichte Jg. 12:2 (Herbst 2011), S.77–106.
Rotman, Youval, Les esclaves et l'esclavage. De la Méditerranée antique à la Méditerranée médiévale, VIe–XIe siècles, Paris: Les Belles Lettres, 2004 (Engl.: Rotman, Byzantine Slavery and the Mediterranean World, Cambridge and London: Harvard University Press, 2009).
Rotman, „The Slave Trade: The New Commercial Map of the Medieval World", in: Rotman, Byzantine Slavery, S. 57–81 (Karte S. 60–61).
Rotman, „Captif ou esclave? La compétition pour le marché d'esclaves en Méditerrané médiévale", in: Guillén, Fabienne P.; Trabelski, Salah (dir.), Les esclavages en Mediterranée. Espaces et dynamiques économiques (Moyen Âge et Temps Modernes), Madrid: Casa de Velázquez, 2012, S. 25–46.
Rotman, „Forms of Slavery", in: Horden, Peregrine; Kinoshita, Sharon (ed.), A Companion to Mediterranean History, Malden/Oxford: Wiley Blackwell 2014 (Blackwell Companions to Ancient History), S. 263–279.
Rotman, „Byzantium and the International Slave Trade in the Central Middle Ages", in: Necipoglu, Sevgi; Magdalino, Paul (eds.), Trade in Byzantium: Papers from the Third International Sevgi Gönül Byzantine Studies Symposium, Istanbul: Koç University Publications, 2016, S. 129–142.
Rotman, „Human trafficking in the central Middle Ages: map and data" (online: www.academia.edu/31646676/Human_trafficking_in_the_central_Middle_Ages_map_and_data (11. Nov. 2017)).
Rotman, „The Agency of Children and Child Labour, Today and in Byzantium", in: IMAGO TEMPORIS. MEDIUM AEVUM XI (2017), S. 135–157.
Rubiés, Joan-Pau, „Were Early Modern Europeans Racist?", in: Morris-Reich, Amos; Rupnow, Dirk (eds.), Ideas of ‚Race' in the History of the Humanities, Cham: Palgrave Macmillan, 2017 (Palgrave Critical Studies of Antisemitism and Racism), S. 33–87.

Ruffing, Kai; Drexhage, Hans-Joachim, „Antike Sklavenpreise“, in: Mauritsch, Peter; Petermandl, Werner; Rollinger, Rolf; Ulf, Christoph (eds.), Antike Lebenswelten; Konstanz, Wandel, Wirkungsmacht: Festschrift für Ingomar Weiler zum 70. Geburtstag, Wiesbaden: Harrassowitz, 2008 (Philippika. Marburger altertumskundliche Abhandlungen 25), S. 321–351.

Ruffing, „XI. Die Wirtschaft im republikanischen Rom“, in: Ruffing, Wirtschaft in der griechich-römischen Antike, Darmstadt: WBG, 2012, S. 85–99, hier S. 94.

Ruffing, „Die Wirtschaft des Imperium Romanum“, in: Ruffing, Wirtschaft in der griechich-römischen Antike, S. 100–126.

Rupprecht, Anita, „'A Very Uncommon Case': Representations of the Zong and the British Campaign to Abolish the Slave Trade“, in: The Journal of Legal History 28:3 (December, 2007), S. 1–18.

Rupprecht, „'All We Have Done, We Have Done for Freedom': The *Creole* Slave-Ship Revolt (1841) and the Revolutionary Atlantic“, in: International Review of Social History 58 (2013), S. 15–34 (= Special Issue: Mutiny and Maritime Radicalism in the Age of Revolution: A Global Survey. Ed. Clare Anderson; Nyklas Frykman; Lex Heerma van Voss and Marcus Rediker).

Rüther, Kirsten, „Christentum im Spannungsfeld atlantischer Bezüge. Versuche der Annäherung“, in: Schmieder; Nolte (eds.), Atlantik, S. 138–153.

Rusert, Britt, „New World: The Impact of Digitization on the Study of Slavery“, in: American Literary History Vol. 29:2 (2017), S. 267–286 (online: https://www.academia.edu/33349255 (26. Juni 2017)).

Rust, Winfried, „‚Man wirft ihn einfach weg‘. Sklaverei ist verboten, geächtet und dennoch weit verbreitet“, in: Informationszentrum 3. Welt (iz3w) No. 294 (Juli/Aug. 2006) (iz3w Dossier: Geächtet und doch verbreitet Zwangsarbeit und Sklaverei heute), S. 4–7, hier S. 5.

Sachs, Aaron, „The Ultimate 'Other': post-Colonialism and Alexander von Humboldt's Ecological Relationship with Nature“, in: History and Theory 42:4 (December 2003), S. 111–135.

Sachsenmaier, Dominic, „World History as Ecumenical History?“, in: Journal of World History 18:4 (2007), S. 465–489.

Sachsenmaier, „Recent Trends in European History: The World beyond Europe and Alternative Historical Spaces“, in: Journal of Modern European History 7, Nr. 1 (2009), S. 5–25.

Sage, Jesse; Kasten, Liora (eds.), Enslaved: True Stories of Modern Day Slavery, New York: Palgrave Macmillan, 2006.

Saïd Amir, Arjomand, Social Theory and Regional Studies in the Global Age, Albany: State University of New York, 2014.

San Miguel, Claudia, „Enslavement“, in: Rodriguez, Slavery in the modern world: a history of a political, social, and economic oppression, 2 Bde., Santa Barbara: ABC-Clio, 2011, Bd. I, S. 34–46.

Sanday, Peggy Reeves, Divine Hunger: Cannibalism as a Cultural System, Cambridge: Cambridge University Press, 1995 (Original 1986).

Santo, José Manuel, „Historia global, historia mundial. Algunos aspectos de la formación histórica de un mundo globalizado“, in: Revista de Estudios. Universidad de Costa Rica, no. 16 (2002), S. 13–24.

Sanz, Vicent; Zeuske, „Microhistoria de esclavos y esclavas“, in Sanz; Zeuske (eds.), Millars. Espai i Història Vol. XLII/1 (2017) (= número monográfico dedicado a 'Microhistoria de esclavas y esclavos'), S. 9–21.

Satia, Priya, Empire of Guns: The Violent Making of the Industrial Revolution, New York: Penguin Press, 2018.

Saupin, Guy (ed.), Africains et Européens dans le monde atlantique XVe–XIXe siècle, Rennes: Presses Universitaires de Rennes, 2014.

Scammell, Geoffrey V., The world emcompassed: the first European maritime empires c. 800–1650, London: Methuen, 1987 (First edition: Berkeley: University of California Press, 1981).

Schachner, Andreas, „Handwerker und Produktion“, in: Schachner, Hattuscha. Auf der Suche nach dem sagenhaften Großreich der Hethiter, München: Beck, 2011, S. 251–284.

Schaik, Carel van: Michael, Kai, „Schutz vor Gewalt", in: Schaik; Michel, Das Tagebuch der Menschheit. Was die Bibel über Evolution verrät, Reinbek bei Hamburg: Rowohlt, 2016, S. 172–176

Schaffer, Simon, „Golden means: assay instruments and the geography of precision in the Guinea trade", in: Bourguet, Marie-Noëlle; Licoppe, Christian; Sibum, H. Otto (eds.), Instruments, Travel and Science: Itineraries of Precision from the Seventeenth to the Twentieth Century, London: Routledge, 2002, S. 20–50.

Schaub, Jean-Frédéric, „Violence in the Atlantic: Sixteenth and Seventeenth Centuries", in: Canny, Nicholas; Morgan (eds.), The Oxford Handbook of the Atlantic World: 1450–1850, Oxford; New York: OUP, 2011, S. 113–129.

Scheidel, „Quantifying the Sources of Slaves in the Early Roman Empire", in: The Journal of Roman Studies Vol. 87 (1997), S. 156–169.

Scheidel, „Galley slaves", in: Finkelmann, Paul; Miller, Joseph C. (eds.), Macmillan Encyclopaedia of World Slavery, 2 Bde., New York: Macmillan Reference; Simon & Schuster, Macmillan, 1998, Bd. I, S. 355–356.

Scheidel (ed.), Rome and China: comparative perspectives on ancient world empires, New York: Oxford University Press, 2009.

Scheidel, „The comparative economics of slavery in Greco-Roman world", in: Dal Lago, Enrico; Katsari, Constantina (eds.), Slave Systems. Ancient and Modern, Cambridge [etc.]: Cambridge University Press, 2008, S. 105–126.

Scheidel, „Slavery and forced labor in early China and the Roman world", in: Princeton/Stanford Working Papers in Classics, April 2013 (online: https://www.academia.edu/3166641/Slavery_and_forced_labor_in_early_China_and_the_Roman_world (19. August 2014)).

Scheidel, The great leveler: violence and the history of inequality from the Stone Age to the twenty-first century, Princeton and Oxford: Princeton University Press, 2017 (Princeton Economic History of the Western World).

Scheper-Hughes, Nancy, „The global traffic in human organs", in: Current Anthropology 41:2 (2000), S. 191–224.

Scheper-Hughes, „Bodies for sale – whole or in parts", in: Scheper-Hughes; Wacquant, Loïc (eds.), Commodifying bodies, London: Sage Publications, 2002, S. 1–8.

Schiel, Juliane, „Slave trade, medieval era", in: Ness, Immanuel (ed.), The Encyclopedia of Global Human Migration, Bd. 5, New York: Wiley-Blackwell, 2013, S. 2761–2769.

Schiel; Schürch, Isabelle; Steinbrecher, Aline, „Von Sklaven, Pferden und Hunden. Trialog über den Nutzen aktueller Agency-Debatten für die Sozialgeschichte", in: Schweizerisches Jahrbuch für Wirtschafts- und Sozialgeschichte 32 (2017), S. 17–48.

Shields, Robert, Places on the Margin: Alternative Geographies of Modernity, London: Routledge, 1991.

Schlosser, Hans, „Die infamierende Strafe der Galeere", in: Kroeschell, Karl (ed.): Festschrift für Hans Thieme zu seinem 80. Geburtstag, Sigmaringen: Thorbecke Jan Verlag, 1986, S. 253–263.

Schmidt, Klaus, „Zwischen Bedeutung und Deutung – Annäherungen an Bilder und Welt der Steinzeit", in: Schmidt, Sie bauten die ersten Tempel. Das rätselhafte Heiligtum der Steinzeitjäger. Die archäologische Entdeckung am Göbekli Tepe, München: Beck, 2006, S. 191–226.

Schmitt, Eberhard, „Globalisierung der Erde? Gedanken über die europäische Expansion und ihre Folgen", in: Denzel, Markus A. (ed.), Vom Welthandel des 18. Jahrhunderts zur Globalisierung des 21. Jahrhunderts. Leipziger Überseetagung 2005, Stuttgart: Franz Steiner 2009 (Beiträge zur Europäischen Überseegeschichte; Band 92), S. 15–24.

Schnakenbourg, Christian, L'immigration indienne en Guadeloupe (1848–1923): Coolies, planteurs et administration coloniale, Aix-en-Provence: Université de Provence, 2005 (online: www.manioc.org/recherch/T14002 (29. März 2017)).

Schneider, Rolf, „Sklaverei" in: Schneider, Alltag im Mittelalter. Das Leben in Deutschland vor 1000 Jahren, München: Bassermann Verlag, 2006, S. 30–31.

Steinmetz, George, „Bourdieu, Historicity, and Historical Sociology", in: Cultural Sociology Vol. 5:1 (2011), S. 45–66;

Steinmetz, „Comparative History and its Critics: A Genealogy and a Possible Solution", in: Duara, Prasenjit; Murthy, Viren; Sartori, Andrew (eds.), A Companion to Global Historical Thought, Malden/Oxford: Wiley Blackwell, 2014, S. 412–436.

Schürmann, Felix, „Ungeahnte Wege: Mobilitätserfahrungen des befreiten Sklaven. Timbo Samuel Samson im südliche Afrika des 19. Jahrhunderts", in: Historische Anthropologie. Kultur. Gesellschaft. Alltag Jg. 17, Heft 1 (2009), S. 75–91.

Schürmann, Der graue Unterstrom. Walfänger und Küstengesellschaften an den tiefen Stränden Afrikas (1770–1920), Frankfurt am Main: Campus 2017 (Reihe „Globalgeschichte"; Bd. 25).

Schulte Beerbühl, Margrit, „Introduction", in: Gestrich, Andreas; Schulte Beerbühl (eds.), Cosmopolitan Networks in Commerce and Society 1660–1914, London: German Historical Institute, 2011 (German Historical Institute London Bulletin Supplement No. 2), S. 1–16.

Schulte Beerbühl; Weber, „From Westphalia to the Caribbean: Networks of German Textile Merchants", in: Gestrich, Andreas; Schulte Beerbühl (eds.), Cosmopolitan Networks in Commerce and Society 1660–1914, S. 53–98.

Schulting, Rick; Fibinger, Linda (eds.), Sticks, Stones, and Broken Bones: Neolithic Violence in a European Perspective, Oxford: OUP, 2012.

Schwartz, Stuart B. (ed.), Implicit Understandings: Observing, Reporting, and Reflecting on the Encounters between Europeans and Other Peoples in the Early Modern Era, New York: Cambridge University Press, 1994.

Schwartz, All Can Be Saved: Religious Tolerance and Salvation in the Iberian Atlantic World, New York and London: Yale University Press, 2008.

Schwartz, „Brazil: Salvation in a Slave Society", in: Schwartz, All Can Be Saved, S. 177–206.

Schwarcz, Lilia Moritz, The Spectacle of the Races: Scientists, Institutions, and the Race Questions in Brazil, 1870–1930. Translated by Leland Guyer, New York: Hill and Wang, 1999 (Original: O espetáculo das raças: Cientistas, instituições e questão racial no Brasil, 1870–1930, Brazil: Companhia das Letras, 1993).

Schwegler, „Bozal Spanish: Captivating new evidence from a contemporary source (Afro-Cuban “Palo Monte”)", in: Thornburg, Linda (ed.), Studies in Contact Linguistics, New York [etc.]: Peter Lang, , S. 71–101.

Schwegler; Fuentes, Jesús, Lengua y ritos del Palo Monte Mayombe: dioses cubanos y sus fuentes africanas. Frankfurt/Madrid: Vervuert Verlag/Iberoamericana, 2005.

Scott, Rebecca J., „Small-Scale Dynamics of Large-Scale Processes", in: American Historical Review Vol. 105:2 (2000), S. 472–479.

Scott, „Slavery and the Law in Atlantic Perspective: Jurisdiction, Jurisprudence, and Justice", in: Law & History Review 29, no. 4 (2011), S. 915–924.

Scott, „Under Color of Law: Siliadin v. France and the Dynamics of Enslavement in Historical Perspective", in: Allain, Jean (ed.), The Legal Understanding of Slavery: From the Historical to the Contemporary, Oxford: OUP, 2012, S. 152–164.

Scott, „O Trabalho Escravo Contemporâneo e os Usos da História", in: Mundos do Trabalho 5, Florianópolis, Brazil (2013), S. 129–137.

Scott; Barbosa, Leonardo Augusto de Andrade; Haddad, Carlos Henrique Borlido, „How Does the Law Put a Historical Analogy to Work?: Defining the Imposition of “A Condition Analogous to that of a Slave” in Modern Brazil", in: Duke Journal of Constitutional Law & Public Policy, Vol. 13:1 (2017)/ U of Michigan Public Law Research Paper No. 568 (online: https://papers.ssrn.com/sol3/papers.cfm?abstract_id=3058191 (10. Nov. 2017); https://www.academia.edu/34960763/).

Scully, Pamela, „Malintzin, Pocahontas, and Krotoa: Indigenous Women and Myth Models of the Atlantic World", in: Journal of Colonialism and Colonial History 6:3 (2005) (online: Project Muse; unter: http://muse.jhu.edu (23. Mai 2014)).

Sears, „'In Algiers, the City of Bondage': Urban Slavery in Comparative Context", in: Forret; Sears (eds.), New Directions in Slavery Studies, S. 201–218.

Segre, Roberto, „Architecture and City in the Caribbean: The Reinvention of Paradise", in: Tzonis, Alexander; Lefaivre, Liane; Stagno, Bruno (eds.), Tropical Architecture. Critical Regionalism in the Age of Globalization, London: Wiley-Academy. 2001, S. 113–153.

Sens, Angelie, „The "Veil" in Post-Slavery Society. New Challenges for Historians: The case of Surinam, 1808–2008", in: Linden (ed.), Humanitarian Intervention and Changing Labor Relations. The Long-Term Consequences of the Abolition of the Slave Trade, Leiden/Boston: Brill, 2011, S. 46–54.

Shaw, Thurstan, „Early Smoking Pipes: In Africa, Europe, and America", in: Journal of the Royal Anthropological Institute of Great Britain and Ireland 90 (1960), S. 272–305.

Sherwood, Marika, „Britain, the slave trade and slavery, 1808–1843", in: Race and Class Vol. 46:2 (2004), S. 54–77.

Shilliam, Robbie, „Forget English Freedom, Remember Atlantic Slavery: Common Law, Commercial Law, and the Significance of Slavery for Classical Political Economy", in: New Political Economy 17:5 (2012), S. 591–609.

Sieferle, Rolf Peter (ed.), Transportgeschichte. Der Europäische Sonderweg, Bd. 1, Berlin: Lit Verlag, 2008.

Silva, Alberto da Costa e, Francisco Félix de Souza. Mercador de escravos, Rio de Janeiro: Editora Nova Fronteira/Ed. Uerj, [3]2004.

Silva, Nuno Vassalo; Gauvin, Alexander Bailey; Massing, Jean Michel, Ivories in the portugese empire / Marfins no império português, Lisboa: Scribe, 2013.

Skinner, Benjamin E., Menschenhandel. Sklaverei im 21. Jahrhundert, Bergisch-Gladbach: Gustav Lübbe Verlag, 2008.

Skinner, „A world enslaved", in: Foreign Policy Nr. 165 (2008), S. 62–67.

Skinner, „The Fight to end Global Slavery", in: World Policy Journal Vol. 36:2, (2009), S. 33–41.

Sklar, Kathryn K.; Stewart, James B. (eds.), Women's Rights and Transatlantic Antislavery in the Era of Emancipation, New Haven: Yale University Press, 2007.

Smith, David Livingstone, Less Than Human: Why We Demean, Enslave, and Exterminate Others, New York: St. Martin's Press, 2011.

Schmieder, Felicitas, „Nomaden zwischen Asien, Europa und dem Mittleren Osten", in: Fried, Johannes; Hehl, Ernst-Dieter (eds.), Weltgeschichte in 6 Bänden, Darmstadt: WBG, 2010 (Bd. 3: Weltdeutung und Weltreligionen 600–1500), S.179–202.

Sobal, Mechal, „All Americans Are Part African", in: Archer (ed.), Slavery and Other Forms of Unfree Labour, S. 176–187.

Solow, Barbara L., „Caribbean Slavery and British Growth: The Eric Williams Hypothesis", in: Journal of Developmental Economics 17 (1985), S. 99–115.

Solow; Engerman, Stanley L. (eds.), British Capitalism and Caribbean Slavery. The Legacy of Eric Williams, Cambridge: Cambridge University Press, 1987.

Solow, „Capitalism and Slavery in the Exceedingly Long Run", in: Solow; Engerman (eds.), British Capitalism and Caribbean Slavery, S. 51–78.

Solow (ed.), Slavery and the Rise of the Atlantic System, Cambridge: CUP, 1991.

Sondhaus, Lawrence, „Ruling the Waves: The British Navy, 1815–1902", in: Sondhaus, Navies in Modern World History, London: Reaction Books, 2004 (Reaction Books – Globalities), S. 9–48.

Sousa, Lúcio de, The Jewish Diaspora and the Perez Family Case in China, Japan, the Philippines, and the Americas (16th Century). Translation: Levi, Joseph Abraham, Macau: Fundação Macau, 2015.

Souza, George Bryan, „Early Global Encounters with Beauty: The Pacific and Indo-Atlantic Exchanges between Asia and America“, in: Review-literature and Arts of The Americas Vol. 39:1 (2006), S. 13–29.

Spittler, Gerd, „Anthropologie/Ethnologie der Sklaverei“, in: Heinen, Heinz (ed.), Handwörterbuch der antiken Sklaverei (HAS). Stuttgart: Franz Steiner, 2012.

Spittler, Anthropologie der Arbeit, Wiesbaden: Springer, 2016.

Spivak, Gayatri Chakravorty, „Can the Subaltern Speak?“, in: Nelson, Cary; Grossberg, Lawrence (eds.), Marxism and the Interpretation of Culture, Chicago: University of Illinois Press, 1988, S. 271–313.

Spores, John C., Running amok: an historical inquiry, Athens: Ohio University Center for International Studies, 1988.

Stamm, Volker, „Schriftquellen zur westafrikanischen Geschichte“, in: Historische Zeitschrift 298:2 (April 2014), S. 326–348.

Stanziani, Alessandro, „Serfs, slaves, or wage earners? The legal status of labour in Russia from a comparative perspective, from the sixteenth to the nineteenth century“, in: Journal of Global History Vol. 3, 2 (July 2008), S. 183–202.

Stanziani (ed.), La contrainte au travail en Asie et en Europe, XVIIe–XXe siècles, Paris: éditions de la MSH, 2010.

Stanziani (ed.), Labour, Coercion, and Economic Growth in Eurasia, 17th–20th Centuries, Leiden: Brill, 2012 (Studies in Global Social History; Vol. 11).

Stanziani, Bondage. Labor and Rights from the Sixteenth Century to the Early Twentieth Centuries, New York/Oxford: Berghahn Books, 2013.

Stanziani, „Slavery and Bondage in Central Asia and Rusia: Fourteenth-Nineteenth Century“, in: Witzenrath, Christoph (ed.), Eurasian Slavery, Ransom and Abolition in World History, 1200–1860, Aldershot: Ashgate, 2015, S. 81–104.

Steckel, Richard H.; Rose, Jerome C. (eds.), The Backbone of History: Health and Nutrition in the Western Hemisphere, Cambridge: CUP, 2002.

Steedman, Carolyn, „Prologue: The servant's dream“, in: Steedman, Labours Lost: Domestic Service and the Making of Modern England, Cambridge: CUP, 2009, S. 1–9.

Stein, Barbara; Stein, Stanley, Silver, Trade, and War; Spain and America in the Making of Early Modern Europe, Baltimore: Johns Hopkins University Press, 2000.

Stein; Stein, Apogee of Empire; Spain and New Spain in the Age of Charles III, 1759–1789, Baltimore: Johns Hopkins University Press, 2003.

Steinberg, Philip E., The Social Construction of the Ocean, Cambridge: Cambridge University Press, 2001.

Steiner, Benjamin, „Wohlstand dank Sklaverei? Die Bedeutung der atlantischen Sklavereiökonomie in der gegenwärtigen Historiographie“, in: Geschichte in Wissenschaft und Unterricht H. 5/6 (2015), S. 245–261.

Steinfeld, Robert J., Coercion, contract, and free labor in the nineteenth century, Cambridge: Cambridge University Press, 2001.

Stolz, Thomas; Warnke, Ingo H.; Schmidt-Brücken, Daniel (eds.), Sprache und Kolonialismus: eine interdisziplinäre Einführung zu Sprache und Kommunikation in kolonialen Kontexten, Berlin/ Boston: Walter de Gruyter, 2016.

Strauss, Barry, „Krieg um Helena“, in: Strauss, Der Trojanische Krieg. Mythos und Wahrheit. Aus dem Englischen übersetzt von Karin Schuler, Stuttgart: Theiss, 2008, S. 22–36.

Strauss, „Ein Heer in Schwierigkeiten“, in: Strauss, Der Trojanische Krieg, S. 97–109.

Strum, Daniel T., The Sugar Trade. Brazil, Portugal, and the Netherlands, 1595–1630, Stanford: Stanford University Press, 2013.

Studnicki-Gizbert, Daviken, A Nation Upon the Ocean Sea: Portugal's Atlantic Diaspora and the Crisis of the Spanish Empire, 1492–1640, New York: Oxford University Press, 2007.

Subrahmanyam, Sanjay, „Holding the World in Balance: The Connected Histories of the Iberian Overseas Empires, 1500–1640“, in: The American Historical Review 112:5 (2007), S. 1359–1385.

Tannenbaum, Frank, Slave and Citizen: The Negro in the Americas, New York: Alfred A. Knopf, 1946 (Reprint: Boston: Beacon Press, 1992).

Taussig, Charles W., Rum, romance & rebellion. Drawings by Philip Kappel, New York: Minton, Balch, 1928.

Termorhuizen, Thio, „Indentured Labour in the Dutch Colonial Empire 1800–1940“, in: Oostindie (ed.), Dutch Colonialism, Migration and Cultural Heritage, S. 261–314.

Testart, Alain, L'Esclave, la Dette et le Pouvoir: Études de Sociologie Comparative, Paris: Errance, 2001.

Testart; Jacobs, Amy, „The Extent and Significance of Debt Slavery“, in: Revue Française de Sociologie (2002, suppl.), S. 173–204 (online: http://www.persee.fr/web/revues/home/prescript/article/rfsoc_0035-2969_2002_sup_43_1_5570 (03. Januar 2015)).

Thornton, Africa and the Africans in the Making of the Atlantic World, 1400–1880, Cambridge: Cambridge University Press, 1998 (Studies in Comparative World History).

Thornton, „Cannibals, Witches and Slave Traders in the Atlantic World“, in: WMQ Vol. LX:3 (April 2003), S. 273–293.

Thornton, „Firearms, Diplomacy, and Conquest in Angola“, in: Lee, Wayne (ed.), Empires and Indigenes: Intercultural Alliance, Imperial Expansion, and Warfare in the Early Modern World, New York: New York University, 2011, S. 167–191.

Thornton, A Cultural History of the Atlantic World, 1350–1820, Cambridge: Cambridge University Press, 2012.

Thurston, Robert; Morris, Jonathan; Steiman, Shawn (eds.), Coffee: A Guide to the Bean, the Beverage, and the Industry, Boulder [etc.]: Rowman and Littlefield, 2013.

Tilly, Charles, Coercion, Capital, and European States, A.D. 990–1992, Cambridge: Blackwell, 1995.

Tinker, Hugh, A New System of Slavery: The Export of Indian Labour Overseas, 1830–1920, London: OUP, 1974 (2nd ed., London: Hansib, 1993).

Tise, Larry, Proslavery: A History of the Defense of Slavery in America, 1701–1840, Athens: The University of Georgia Press, 1987.

Todd, Emmanuel, Traurige Moderne. Eine Geschichte der Menschheit von der Steinzeit bis zum Homo americanus. Aus dem Französischen von Damson, Werner u. Heinemann, Enrico, München: Beck, 2018 (Franz.: Où en sommes-nous? Une esquisse de l'histoire humaine, Paris: Éditions du Seuil, 2017).

Tomba, Massimiliano, „Appendix. Layered Historiography. Re-Reading the So-Called Primitive Accumulation“, in: Tomba, Marx's Temporalities, Leiden/Boston: Brill, 2013 (Historical Materialism Book Series 44), S. 159–186.

Tomich, Dale W. „The 'Second Slavery': Bonded Labor and the Transformations of the Nineteenth-century World Economy“, in: Ramírez, Francisco O. (ed.), Rethinking the Nineteenth Century: Contradictions and Movement, New York: Greenwood Press, 1988, S. 103–117.

Tomich, „The Wealth of the Empire: Francisco de Arango y Parreño, Political Economy, and the Second Slavery in Cuba“, in: Comparative Studies in Society and History. An International Quarterly, Vol. 45:1 (2003), S. 4–28.

Tomich, Through the Prism of Slavery. Labor, Capital, and World Economy, Boulder [etc.]: Rowman & Littlefield Publishers, Inc. 2004.

Tomich & Zeuske (eds.), The Second Slavery: Mass Slavery, World-Economy, and Comparative Microhistories, 2 Bde., Binghamton: Binghamton University, 2009 (= special issue; Review: A Journal of the Fernand Braudel Center, Binghamton University XXXI, no. 2 & 3, 2008).

Tomich; Marquese, „O Vale de Paraíba escravista e a formação do mercado mundial do café no século XIX“, in: Grinberg, Keila; Salles, Ricardo (eds.), O Brasil Império (1808–1889), Rio de Janeiro: Civilização Brasileira, 2009, Vol. II, S. 341–383.

Tomich, „Rethinking the plantation: concepts and histories“, in: Review (Fernand Braudel Center), 2011, S. 15–39.

Tomich, „The Order of Historical Time: The Longue Duree and Micro-History“, in: Lee, Richard (ed.), The Longue Duree and World-Systems Analysis, Albany: State University of New York Press, 2012, S. 9–33.

Tomich, „Commodity Frontiers, Spatial Economy and Technological Innovation in the Caribbean Sugar Industry, 1783–1878“, in: Leonard, Adrian; Pretel, David (eds.), The Caribbean and the Atlantic World Economy. Circuits of trade, money and knowledge, 1650–1914, London: Palgrave Macmillan, 2015 (Cambridge Imperial and Post-Colonial Studies Series), S. 184–216.

Tomich (ed. and introd.), New Frontiers of Slavery, New York: SUNY Press, 2016.

Tondut-Sène, Mame-Kouna, „The Travel and Transport of Slaves“, in: Diène, Doudou (ed.), From Chains to Bonds. The Slave Trade Revisited, New York: UNESCO/ Berghahn Books, 2001, S. 15–21.

Topik; Marichal, Carlos; Frank, Zephyr (eds.), From Silver to Cocaine: Latin American Commodity Chains and the Building of the World Economy, 1500–2000, Durham: Duke University Press, 2006.

Tornero Tinajero, Pablo, „Contratas y compañías (1743–1789)“, in: Tornero Tinajero, Crecimiento Económico y Transformaciones Sociales. Esclavos, Hacendados y Comerciantes en la Cuba Colonial (1760–1840), Madrid: Centro de Publicaciones del Ministerio de Trabajo y Seguridad Social, 1996, S. 34–44.

Tracy, (ed.), The Rise of Merchant Empires, 2 Bde., Cambridge: Cambridge University Press, 1990 (Bd. I: Long-Distance Trade in the Early Modern World, 1350–1750; Bd. II: The Political Economy of Merchant Empires. State Power and World Trade, 1350–1750).

Trentmann, Frank, Empire of Things, How We Became a World of Consumers, from the Fifteenth Century to the Twenty-first, London [etc.]: Penguin Random House, 2016.

Trentmann, „Dispossession and Repossession“, in: Trentmann, Empire of Things, S. 122–136.

Trivellato, Francesca; Halevi, Leor; Antunes, Cátia (eds.), Religion and Trade: Cross-Cultural Exchanges in World History, 1000–1900, New York: OUP, 2014.

Trocki, Carl A., Opium and Empire: Chinese Society in Colonial Singapore 1800–1910, Ithaca: Cornell University Press, 1990.

Trocki, Opium, Empire and the Global Political Economy. A Study of the Asian Opium Trade, 1750–1950, London-New York: Routledge, 1999.

Trotha, Trutz von, „Was war Kolonialismus? Zu Soziologie und Geschichte des Kolonialismus und der Kolonialherrschaft“, in: Saeculum. Jahrbuch für Universalgeschichte, 55.Jg., 1. Halbbd. (2004), S. 49–95.

Trotha, Trutz von; Rösel, Jakob (eds.), On Cruelty = Sur la cruauté = Über Grausamkeit, Köln: Rüdiger Köppe Verlag, 2011 (Siegener Beiträge zur Soziologie; Bd. 11).

Trouillot, Michel-Rolph, „An Unthinkable History: The Haitian Revolution as a Non-Event“, in: Trouillot, Silencing the Past: Power and the Production of History, Boston: Beacon Press, 1995, S. 70–107.

Trouillot, „Culture on the Edges: Creolization in the Plantation Context“, in: Plantation Society in the Americas Vol. 1:1 (Spring 1998), S. 8–28.

Tsuchiya, Akiko; Acree, William G. (eds.), Empire's End. Transnational Connections in the Hispanic World, Nashville: Vanderbilt University Press, 2016.

Twaddle, Michael (ed.), The Wages of Slavery: From Chattel Slavery to Wage Labour in Africa, the Caribbean, and England, London/New York: Frank Cass, 1993.

Valdés Acosta, Gema, Los remanentes de las lenguas bantúes en Cuba, La Habana: Fundación Fernando Ortiz, 2002 (La Fuente Viva 23).

Valladares, Rafael, „Por toda la Tierra“, España y Portugal: globalización y ruptura (1580–1700), Lisboa: CHAM, 2016.
Van Young, Eric, „Conclusion: Was There an Age of Revolution in Spanish America?“, in: Uribe-Uran, Victor (ed.), State and Society in Spanish America during the Age of Revolution, Wilmington: Scholarly Resources, 2001, S. 219–246.
Varouxakis, Georgios, „The Godfather of 'Occidentality': Auguste Comte and the Idea of 'the West'“, in: Modern Intellectual History (doi:10.1017/S1479244317000415), S. 1–31 (online: https://www.academia.edu/34887807/ (26. Nov. 2017)).
Veblen, Thorstein, The Theory of the Leisure Class (1899) (online: http://www.gutenberg.org/files/833/833-h/833-h.htm (28. November 2014)) (Deutsch: Veblen, Theorie der feinen Leute. Eine ökonomische Untersuchung der Institutionen, Frankfurt am Main: Fischer Verlag, 1997).
Veit, Ulrich, „‚Gesellschaft‘ und ‚Herrschaft‘: Gleichheit und Ungleichheit in frühen Gesellschaften“, in: Eggert, Manfred K.; Veit (eds.) unter Mitarbeit von Augstein, Melanie, Theorie in der Archäologie: Zur jüngeren Diskussion in Deutschland, Münster: Waxmann, 2013, S. 191–228.
Veracini, Lorenzo, Settler Colonialism. A Theoretical Overview, Basingstoke: Palgrave Macmillan 2010.
Verlinden, Charles, „L'origine de sclavus-esclave", in: Bulletin Ducagne: Archivum Latinitatis Medii Aevi, 17 (1942), S. 37–128.
Verlinden, Les origines de la civilisation atlantique. De la Renaissance à l'Age des Lumières, Neuchâtel/Paris: Éditions de la Baconnière/Albin Michel, 1966.
Verlinden, „Medieval Slavery in Europe and Colonial Slavery in America“, in: Verlinden, The Beginnings of Modern Colonization: Eleven Essays with an Introduction, Ithaca, N.Y.: Cornell University Press, 1970, S. 33–51.
Vlassopoulos, Kostas, „Does Slavery Have a History? The Consequences of a Global Approach“, in: Journal of Global Slavery Vol.1:1 (2016), S. 5–27.
Vlassopoulos, „Finley's slavery“, in: Jew, Daniel; Osborne, Robin, Scott, Michael (eds.), M. I. Finley: An Ancient Historian and his Impact, Cambridge: Cambridge University Press, 2016 (Cambridge Classical Studies), S. 76–99.
Voeks, Robert A., „Candomblé Ethnobotany. African Medicinal Plant Classification in Brazil“, in: Minnis, Paul E. (ed.), Ethnobotany: a reader, Norman: University of Oklahoma Press, 2000, S. 148–171.
Vogl, Joseph, „Area Panic. Politische Einbildungskraft und die Frühgeschichte des Amok“, in: Behrens, Rudolf; Steigerwald, Jörn (eds.), Die Macht und das Imaginäre, Würzburg: Königshausen & Neumann, 2005, S. 179–199.
Vogl, Das Gespenst des Kapitals, Zürich: diaphanes, 2010/2011 (4. Auflage).
Vries, Jan de; Woude, Ad van der, The First Modern Economy: Success, Failure and Perseverance of Dutch Economy, 1500–1815, Cambridge: CUP, 1997.
Vries, „The Dutch Atlantic Economies“, in: Coclanis, Peter A., The Atlantic Economy during the Seventeenth and Eighteenth Centuries: Organization, Operation, Practice, and Personnel, Columbia: University of South Carolina Press, 2005, S. 1–29.
Vries, The Industrious Revolution. Consumer Behavior and the Household Economy, 1650 to the Present, Cambridge: Cambridge University Press, 2008.
Vries, „The Limits of Globalization in the Early Modern World“, in: The Economic History Review 63:3 (August 2010), S. 710–733.
Vries, Peer, State, Economy and the Great Divergence. Great Britain and China, 1680s–1850s, London [etc.]: Bloomsbury, 2015.
Wade, Peter, „Blackness, Indigeneity, Multiculturalism and Genomics in Brazil, Colombia and Mexico“, in: Journal of Latin American Studies 45 (2013), S. 205–233.
Wätjen, Hermann, „Zur Geschichte des Tauschhandels an der Goldküste um die Mitte des 17. Jahrhunderts“, in: Hofmeister, Adolf (ed.), Forschungen und Versuche zur Geschichte des

Mittelalters und der Neuzeit. Festschrift für Dietrich Schäfer, Jena: Verlag Gustav Fischer, 1915, S. 527–563.

Wallerstein, Immanuel, The Modern World-System: Capitalist Agriculture and the Origins of the European World-Economy in the Sixteenth Century, New York: Academic Press, Inc., 1974.

Wallerstein, The Modern World-System II: Mercantilism and the Consolidation of the European World-Economy, 1600–1750, New York: Academic Press, Inc., 1980.

Wallerstein, The Modern World-System III: The Second Era of Great Expansion of the Capitalist World-Economy, 1730s–1840s, New York: Academic Press, Inc., 1989.

Wallerstein, The Modern World-System IV: Centrist Liberalism Triumphant, 1789–1914, Berkeley [etc.]: University of California Press, 2011.

Wallerstein, „The Incorporation of the Indian Subcontinent in the Capitalist World-Economy“, in: Chandra, Satish (ed.), The Indian Ocean: Explorations in History, Commerce and Politics, New Delhi: Sage, 1987, S. 222–252.

Wagner-Hasel, Beate, „Hundert Jahre Gelehrtenstreit über den Charakter der antiken Wirtschaft. Zur Aktualität von Karl Büchers Wirtschaftsanthropologie“, in: Historische Anthropologie 17:2 (2009), S. 178–201.

Walker, Timothy D., „Remedies from the Carreira da Índia: Asian Influences on Portuguese Medicine during the Age of Enlightenment“, in: Portuguese Studies Review Vol. 9:1–2 (2001), S. 170–193.

Walker, „The Early Modern Globalization of Indian Medicine: Portuguese Dissemination of Drugs and Healing Techniques from South Asia on Four Continents, 1670–1830“, in: Portuguese Literary & Cultural Studies no. 17/18 (2010), S. 77–97.

Walker, „The Medicines Trade in the Portuguese Atlantic World: Acquisition and Dissemination of Healing Knowledge from Brazil (c. 1580–1800)“, in: Social History of Medicine 26 (2013): 403–431.

Walker, „Global Cross-Cultural Dissemination of Indigenous Medical Practices Through the Portuguese Colonial System: Evidence from Sixteenth to Eighteenth-Century Ethno-Botanical Manuscripts“, in: Wendt, Helge (ed.), The Globalization of Knowledge in the Iberian Colonial World, Berlin: Edition Open Access, 2016, S. 161–192.

Walter, Uwe, „Kalender, Fasten und Annalen. Die Ordnung der Erinnerung“, in: Stein-Hölkeskamp; Hölkeskamp (eds.), Erinnerungsorte der Antike. Die römische Welt, München: Beck, 2006, S. 40–58.

Walvin, James, A Short History of Slavery, London: Penguin Books, 2007.

Walvin, „Why Did the British Abolish the Slave Trade? Econocide Revisited“, in: Slavery & Abolition. A Journal of Slave and Post-Slave Studies 32:4 (2011), S. 583–588.

Walvin, Crossings. Africa, the Americas and the Atlantic Slave Trade, London: Reaktion Books, 2013.

Ward, J. R., „The Profitability of Sugar Planting in the British West Indies, 1650–1834“, in: Economic History Review 31:2 (1978), S. 197–213.

Warner-Lewis, Maureen, „Posited Kikoongo Origins of some Portuguese and Spanish Words from the Slave Era“, in: América Negra 13 (1997), S. 83–95.

Watts, David, The West Indies: Patterns of Development, Culture and Environmental Change since 1492, Cambridge: Cambridge University Press, 1987.

Weber, Klaus, „Deutschland, der atlantische Sklavenhandel und die Plantagenwirtschaft der Neuen Welt“, in: Journal of Modern European History 7, Nr. 1 (2009), S. 37–67.

Weber, „Von der Plantage zum ‚working prison‘. Ein kurzer Überblick zur Historiographie der Sklaverei“, in: Graf, Friedrich Wilhelm; Hanke, Edith; Picht, Barbara (eds.), Geschichte intellektuell. Theoriegeschichtliche Perspektiven, Tübingen: Mohr Siebeck, 2015, S. 335–355.

Weigelin-Schwierdzik, „Ostasien als Region: Die zwischenstaatlichen Beziehungen in Ostasien (1800–1989)“, in: Grandner; Sonderegger (eds.), Nord-Süd-Ost-West-Beziehungen, S. 148–183.

Weiss, Holger, „Danskar och svenskar i den atlantiska slavhandeln 1650–1850“ [Les Danois et les Suédois dans la traite négrière transatlantique 1650–1850], in: Müller, Leos; Rydén, Göran; Weiss, Holger (eds.), Global historia från periferin. Norden 1600–1850, Lund, Studentlitteratur, 2009, S. 39–74.
Welie, Rik van, „Patterns of slave trading and slavery in the Dutch colonial world, 1596–1863“, in: Oostindie (ed.), Dutch Colonialism, Migration and Cultural Heritage, S. 155–259.
Wennerlind, Carl, Casualities of credit: the English financial revolution, Harvard: Harvard University Press, 2011.
Wenzlhuemer, Roland, „The ship, the media, and the world: conceptualizing connections in global history“, in: Journal of Global History Vol. 11:2 (July 2016), S. 163–186.
Wigen, Kären, The Myth of Continents: A Critique of Metageography, Berkeley: University of California Press, 1997.
Wigen, „Oceans in History: Introduction“, in: American Historical Review Vol. 111:3 (2006), S. 717–721.
Wilcke, Claus, „Der Kodex Urnamma (CU): Versuch einer Rekonstruktion“, in: Abusch, Tzvi (ed.), Riches hidden in secret places: ancient Near Eastern studies in memory of Thorkild Jacobson, Winona Lake: Eisenbrauns, 2002, S. 291–333.
Williams, Eric, Capitalism and Slavery, London: André Deutsch: 1964 [Orig. 1944].
Williams, Eric, Capitalism & Slavery. New Introduction by Colin A. Palmer, Chapel Hill & London: The University of North Carolina Press, 1994.
Williamson, Samuel H.; Cain, Louis P., „MeasuringSlavery in $2009“, unter: http://www.measuringworth.com/slavery.php (01. Juli 2012).
Wilson, Edward O., „Stammessysteme als grundlegendes menschliches Merkmal“, in: Wilson, Die soziale Eroberung der Erde. Eine biologische Geschichte des Menschen. Aus dem Englischen von Elsbeth Ranke, München: Beck, 2013, S. 75–80.
Wilson, „Krieg als angeborenes Übel der Menschheit“, in: Wilson, Die soziale Eroberung der Erde. Eine biologische Geschichte des Menschen, S. 81–98.
Winkelman, Michael, „Shamanism in Cross-Cultural Perspective“, in: International Journal of Transpersonal Studies 31:2 (2013), S. 47–62.
Winks, Robin W. (ed.), Slavery: A Comparative Perspective. Readings on Slavery from Ancient Times to the Present, New York: New York University Press, 1972.
Wirz, Albert, „Transatlantischer Sklavenhandel, Industrielle Revolution und die Unterentwicklung Afrikas“, in: Geschichte und Gesellschaft, 8 (1982), S. 518–557.
Wirz, Sklaverei und kapitalistisches Weltsystem, Frankfurt am Main: Suhrkamp, 1984 (Neue Historische Bibliothek, ed. Wehler, Hans-Ulrich).
Witzenrath, Christoph (ed.), Eurasian Slavery, Ransom and Abolition in World History, 1200–1860, Aldershot: Ashgate, 2015.
Wolf, Eric R.; Mintz, „Haciendas y plantaciones en Mesoamérica y Las Antillas“, in: Florescano, Enrique (coord.), Haciendas, latifundio y plantaciones en América Latina, México: Siglo XXI, 1975, S. 532–572.
Wolf, Europe and the People without History, Los Angeles/Berkeley: University of California Press, 1982.
Wolters, Willem G., „How Were Labourers Paid in the Philippine Islands During the Nineteenth Century?“, in: Lucassen (ed.), Wages and Currency. Global Comparisons from Antiquity to the Twentieth Century, Bern: Peter Lang, 2007, S. 139–167.
Xavier, Ângela Barreto, „Languages of Difference in the Early Modern Portuguese Empire. The Spread of 'caste' in the Indian World“, in: Anuario Colombiano de Historia Social y de la Cultura Vol. 43:2 (jul.–dic. 2016), S. 89–119.
Yacou, Alain, Journaux de bord et de traite de Joseph Crassous de Médeuil: De la Rochelle à la côte de Guinée et aux Antilles (1773–1776), Paris: Karthala, 2002.

Yáñez, César, „Los negocios ultramarinos de una burguesía cosmopolita. Los catalanes en las primeras fases de la globalización, 1750–1914“, in: Revista de Indias Vol. LXVI, núm. 238 (2006), S. 679–710.

Yazdani, Kaveh, India, Modernity and the Great Divergence: Mysore and Gujarat (17th to 19th C.), Leiden: Brill, 2017.

Yeager, Timothy J., „Encomienda or Slavery? The Spanish Crown's Choice of Labor Organization in Sixteenth-Century Spanish America", in: The Journal of Economic History Vol. 55:4 (Dec. 1995), S. 842–859.

Young, Elliott, „Chinese Coolies, Universal Rights and the Limits of Liberalism in an Age of Empire“, in: Past and Present 227:1 (2015), S. 121–149.

Yun, Lisa, The Coolie Speaks. Chinese Indentured Laborers and African Slaves in Cuba, Philadelphia: Temple University Press, 2008.

Yun, „Chasing Freedom: 'It Is Like a Circle without Any End'“, in: Yun, The Coolie Speaks, S. 111–137.

Yun; Laremont, René, „Chinese Coolies and African Slaves in Cuba, 1847–74“, in: Journal of Asian American Studies (JAAS) Vol. 4:2 (June 2001), S. 99–122.

Zanetti Lecuona, Oscar; García Álvarez, Alejandro, Caminos para el azúcar, La Habana: Ed. de Ciencias Sociales, 1987.

Zanetti Lecuona; García Álvarez, Sugar and Railroads. A Cuban History; 1837–1959, Chapel Hill & London: The University of North Carolina Press, 1998.

Zanetti Lecuona, „Nacimiento de la industria moderna“, in: Zanetti Lecuona, Esplendor y decadencia del azúcar en las Antillas hispanas, La Habana: Editorial de Ciencias Sociales/ Ruth Casa Editorial, 2012, S. 15–68.

Zeuske, Michael, „‚Geschichtsschreiber von Amerika‘: Alexander von Humboldt, Kuba und die Humboldteanisierung Lateinamerikas“, in: Zeuske (ed.), Humboldt in Amerika, Leipzig: Leipziger Universitätsverlag, 2001 (= COMPARATIV. Leipziger Beiträge zur Universalgeschichte und zur vergleichenden Gesellschaftsforschung, 11. Jg., Heft 2), S. 30–83.

Zeuske, Sklavereien, Emanzipationen und atlantische Weltgeschichte. Essays über Mikrogeschichten, Sklaven, Globalisierungen und Rassismus, Leipzig: Leipziger Universitätsverlag 2002 (Arbeitsberichte des Instituts für Kultur und Universalgeschichte Leipzig e.V., Bd. 6).

Zeuske, „Sklaven und Globalisierungen.Umrisse einer Geschichte der atlantischen Sklaverei in globaler Perspektive“, in: Sklaverei zwischen Afrika und Amerika, ed. Zeuske, Michael, Leipzig: Leipziger Universitätsverlag, 2003 (= COMPARATIV. Leipziger Beiträge zur Universalgeschichte und zur vergleichenden Gesellschaftsforschung, 13. Jg., Heft 2), S. 7–25.

Zeuske (mit Dale Tomich) „The Second Slavery: Mass Slavery, World Economy and Comparative Microhistories“, in: Review: A Journal of the Fernand Braudel Center, Binghamton University XXXI, no. 3 (2008), S. 91–100 (= special issue edited by Dale Tomich & Michael Zeuske, eds., The Second Slavery: Mass Slavery, World-Economy, and Comparative Microhistories, Part I).

Zeuske, „Historiography and Research Problems of Slavery and the Slave Trade in a Global-Historical Perspective“, in: International Review of Social History (IRSH) Vol. 57:1 (April 2012), S. 87–111.

Zeuske, „The Second Slavery: Modernity, mobility, and identity of captives in Nineteenth-Century Cuba and the Atlantic World“, in: Laviña, Javier; Zeuske (eds.), The Second Slavery. Mass Slaveries and Modernity in the Americas and in the Atlantic Basin, Berlin; Muenster; New York: LIT Verlag, 2014 (Sklaverei und Postemanzipation/ Slavery and Postemancipation/ Esclavitud y postemancipación; Vol. 6), S. 113–142.

Zeuske, „*Atlantic Slavery* und Wirtschaftskultur in welt- und globalhistorischer Perspektive“, in: Geschichte in Wissenschaft und Unterricht 5/6 (2015), S. 280–301.

Zeuske, Sklavenhändler, Negreros und Atlantikkreolen. Eine Weltgeschichte des Sklavenhandels im atlantischen Raum, Berlin/Boston: De Gruyter Oldenbourg, 2015.
Zeuske, „Globale Sklavereien: Geschichte und Gegenwart", in: Aus Politik und Zeitgeschichte 65. Jg., Nr. 50–51 (7. Dezember 2015), S. 7–17.
Zeuske, „Karl Marx, Formationstheorie, ursprüngliche Akkumulation, Sklavereien und Global South – eine globalhistorische Skizze", in: Wemheuer, Felix (ed.), Marx und der globale Süden, Köln: PapyRossa Verlag, 2016, S. 96–144.
Zeuske, „Cosmopolites of the Hidden Atlantic: the "Africans" Daniel Botefeur and his Personal Slave Robin Botefeur in Cuba/Cosmopolitas del Atlántico esclavista: los "africanos" Daniel Botefeur y su esclavos de confianza Robin Botefeur in Cuba", in: Almanack [online] no. 12 (2016), S. 129–155 (http://dx.doi.org/10.1590/2236-463320161208 (16. Mai 2016)).
Zeuske, „Die Nicht-Geschichte von Versklavten als Archiv-Geschichte von „Stimmen" und „Körpern"", in: Jahrbuch für Europäische Überseegeschichte 16 (2016), S. 65–114.
Ziegler, Béatrice, „Sklaven und Moderne – eine unerträgliche, aber nicht unverträgliche Kombination", in: Scheuzger, Stephan/ Fleer, Peter (eds.), Die Moderne in Lateinamerika. Zentren und Peripherien des Wandels. Hans-Werner Tobler zum 65. Geburtstag, Frankfurt am Main: Vervuert, 2009, S. 139–157.
Zilfi, Madeline C., „Servants, Slaves, and the Domestic Order in the Ottoman Middle East", in: Hawwa 2/1 (2004), S. 1–33.
Zilfi, Women and Slavery in the Late Ottoman Empire. The Design of Difference, New York [u. a.]: Cambridge University Press, 2010.
Zimmermann, Klaus, „Missionarslinguistik in kolonialen Kontexten: Ein historischer Überblick", in: Stolz, Thomas; Warnke, Ingo H.; Schmidt-Brücken, Daniel (eds.), Sprache und Kolonialismus: eine interdisziplinäre Einführung zu Sprache und Kommunikation in kolonialen Kontexten, Berlin/Boston: Walter de Gruyter, 2016, S. 169–191.
Zimmermann, Susan, „The Long-Term Trajectory of Anti-Slavery in International Politics: From the Expansion of the European International System to Unequal International Development", in: Linden (ed.), Humanitarian Intervention and Changing Labor Relations. The Long-Term Consequences of the Abolition of the Slave Trade, Leiden/Boston: Brill, 2011 (Studies in Global History, Vol. 7), S. 435–497.
Žižek, Slavoj, „Einleitung: Causa locuta, Roma finita", in: Žižek, Auf verlorenem Posten, Frankfurt am Main: Suhrkamp, 2009, S. 25–30.

Afrika und Atlantik

Abaka, Edmund, ‚Kola is God's Gift': Agricultural Production, Export Initiatives and Kola Industry in Asante and the Gold Coast, c. 1820–1950, Oxford: OUP, 2005.
Abir, Mordechai, „The Ethiopian Slave Trade and its Relations to the Islamic World", in: Willis, John Ralph (ed.), Slaves and Slavery in Muslim Africa, 2 Bde., London/Totowa: Frank Cass, 1985 (Bd.I: Islam and the Ideology of Slavery; Bd. II: The Servile Estate), Bd. II, S. 123–136.
Abraham, Arthur, An Introduction to the Precolonial History of the Mende of Sierra Leone, Lewiston: Edwin Mellen Press, 2003.
Akyeampong, Emmanuel; Bates, Robert H.; Nunn, Nathan; Robinson, James A. (eds.), Africa's Development in Historical Perspective, Cambridge: CUP, 2014.
Aladrén, Gabriel, „Uma bicoca na costa da África: a política espanhola para o tráfico de escravos, o Reglamento de Comercio Libre e as fronteiras ibéricas na América do Sul (1776–1778)", in: Revista de Indias Vol. LXXVII, núm. 270 (2017), S. 585–615.
Albuquerque, Luís de, „A Colonização de São Tomé e Príncipe: os Capitães do Século XV", in: Albuquerque (ed.), Portugal no Mundo, 6 Bde., Lisboa: Alfa, 1989, Bd. I, S. 171–197.

Albuquerque; Madeira Santos, Maria Emilia (coords.), Historia Geral de Cabo Verde, 2 Vols., Lisboa-Praia: IICT/INAC, 1991–1995 (Vol. I: 1460–1560; Vol. II: 1560–1640).

Albuquerque; Madeira Santos (eds.), História geral de Cabo Verde: corpo documental, 2 Vols., Lisboa: Instituto de investigação científica tropical, 1990–1991.

Alexandre, Valentim, „O Império Africano (séculos XIX–XX) – As linhas gerais", in: Alexandre (ed.), O Império Africano – Séculos XIX e XX, Lisboa: Edições Colibri, 2000, S. 11–28.

Alpern, Stanley, „The European Introduction of Crops into West Africa in Pre-colonial times", in: History in Africa 19 (1992), S. 13–43.

Alpern, „Exotic Plants of Western Africa: Where They Came from and When", in: History in Africa 35 (2008), S. 63–102.

Alpers, Edward A., „The Growth and Impact of the Slave Trade after 1810", in: Alpers, Ivory & Slaves in East Central Africa, Berkeley: University of California Press, 1975, S. 209–263 (S. 213: Exporte aus Moçambique 1818–1830).

Alpers, „'Moçambiques' in Brazil: Another Dimension of the African Diaspora in the Alantic World", in: Curto, José C.; Soulodre-La France, Renée (eds.) Africa and the Americas: interconnections during the slave trade, Trenton: Africa World Press, 2005, S. 42–68.

Amaral, Ilídio do, O Consulado de Paulo Dias de Novais: Angola no último quartel do século xvi e primeiro do século xvii, Lisboa: Instituto de Investigação Científica Tropical, 2000.

Amaro Monteiro, Fernando; Vázquez Rocha, Teresa, A Guiné do século XVII ao século XIX. O testemunho dos manuscritos, Lisboa: Préfacio, 2004.

Ameling, Walter, Karthago. Studien zu Militär, Staat und Gesellschaft, München: Beck 1993 (Vertigia; Bd. 45).

Anderson, Richard; Borucki, Alex; Domingues da Silva, Daniel; Eltis; Lachance, Paul; Misevich; Ojo, Olatunji, „Reports on Slavery Research: Using African Names to Identify the Origins of Captives in the Transatlantic Slave Trade: Crowd-Sourcing and the Registers of Liberated Africans, 1808–1862", in: History in Africa Vol. 40 (2013), S. 165–191.

Ajayi, J. F. Ade (ed.), General History of Africa (VI: Africa in the Nineteenth Century until the 1880s), Berkeley: James Curry/UNESCO, 1998.

Akinjogbin, I. A., Dahomey and its neighbours, 1708–1818, Cambridge: CUP, 1967.

Araujo, Ana Lucia, „Dahomey, Portugal and Bahia: King Adandozan and the Atlantic Slave Trade", in: Slavery & Abolition: A Journal of Slave and Post-Slave Studies Vol. 33:1 (2012), S. 1–19.

Araujo, „La correspondance du Roi Adandozan avec la couronne portugaise: petite histoire d'une grande amitié", in: Saupin, Guy (ed.), Africains et Européens dans le monde atlantique XVe–XIXe siècle, Rennes: Presses Universitaires de Rennes, 2014, S. 129–151.

Argenti, Nicholas; Röschenthaler, Ute, „Introduction: Between Cameroon and Cuba: Youth, Slave Trades and Translocal Memoryscapes", in: Social Anthropology 14:1 (2006), S. 33–47.

Austen, Ralph A., „The Trans-Saharan Slave Trade: A Tentative Census", in: Gemery, Henry A.; Hogendorn, Jan S. (eds.), The Uncommon Market: Essays in the Economic History of the Atlantic Slave Trade, New York, Academic Press, 1979, S. 23–76.

Austen, African Economic History: Internal Developments and External Depency, London; Portsmouth: John Currey and Heinemann, 1987.

Austen, „Marginalization, Stagnation and Growth: The Trans-Saharan Caravan Trade in the Era of European Maritime Expansion, 1500–1900", in: Tracy (ed.), The Rise of Merchant Empires, Bd. I, S. 311–349.

Austen, „The Mediterranean Slave Trade Out of Africa: A Tentative Census", in: Slavery & Abolition 13 (1992), S. 214–248.

Austen; Derrick, Jonathan, Middlemen of the Cameroons Rivers: The Duala and their Hinterland, c.1600–c.1960, London: Cambridge University Press, 1999 (African Studies; Bd. 96).

Austen, Trans-Saharan Africa in World History, New York/Oxford: Oxford University Press, 2010.

Austin, Gareth, Labour, Land and Capital in Ghana: From Slavery to Free Labour in Asante, 1807–1956, Rochester: University of Rochester Press, 2005 (Rochester Studies in African History and the Diaspora).

Austin; Baten, Joerg & Van Leeuwen, Bas, „The biological standard of living in early nineteenth-century West Africa: new anthropometric evidence for northern Ghana and Burkina Faso", in: Economic History Review 65:4 (2012), S. 1280–1302.

Aylmer, Gerald E., „Slavery under Charles II. The Mediterranean and Tangier", in: English Historical Review CXIV/456 (1999), S. 378–388.

Ayorinde, Christine, „Regla de Ocha-Ifá and the Construction of Cuban Identity", in: Lovejoy (ed.), Identity in the Shadow of Slavery, S. 72–85.

Bailey, Anne C., African voices of the Atlantic slave trade: beyond the silence and the shame, Boston: Beacon Press, 2006.

Bailey, „From the Middle Passage to Middle Quarters, Jamaica. The Transformation of a Personal Journey", in: Bailey, African voices of the Atlantic slave trade, S. 1–24;

Bailey, „European and American Agency in the Atlantic Slave Trade on the Old Slave Coast", in: Bailey, African voices of the Atlantic slave trade, S. 107–142.

Bal, Willy, „Portugais Pombeiro Commerçant Ambulant du 'Sertão'", in: Annali: Instituto Universitario Orientale, Sezione Roma 7:2 (1965), S. 123–161.

Balai, Leo W., Het slavenschip Leusden. Slavenschepen en de West-Indische Compagnie, 1720–1738, Zutphen: Walburg Pers, 2011.

Ballong-Wen-Mewuda, Joseph Bato'ora, São Jorge da Mina 1482–1637: la vie d'un comptoir portugais en Afrique occidentale, 2 Bde., Lisbonne/Paris: Fondation Calouste Gulbenkian, Centre culturel portugais/J. Touzot 1993.

Ballong-Wen-Mewuda, „Le Rôle de São Tomé dans l'Établissement et le Développement du Commerce Portugais dans le Golfe de Guinée aux XV et XVI Siècles", in: Actes du Coloque „La Découverte, Le Portugal et L'Europe" (Paris, 1988), Paris: FCG-CCP, 1990, S. 159–172.

Barrio Gonzalo, Maximiliano, Esclavos y cautivos: conflictos entre la Cristiandad y el Islam en el siglo XVIII, Valladolid: Junta de Castilla y León, 2006.

Baum, Robert M., Shrines of the Slave Trade: Diola Religion and Society in Precolonial Senegambia, Oxford: OUP, 1999.

Becker, Charles; Martin, Victor, „Kayor et Bayol. Royaumes sénégalaises et traite des esclaves au 18e siècle", in: Revue Française d'histoire d'outre-mer LXII, no. 226–227 (1975), S. 270–300.

Becker, La place de la Sénégambie et de Gorée dans la traite atlantique francaise du XVIIIe siècle; Dakar Avril 1997 (unter: http://horizon.documentation.ird.fr/exl-doc/pleins_textes/num-dakar-02/010013428.pdf (19. Juni 2014)).

Behrendt; Graham, Eric J., „African Merchants, Notables and the Slave Trade at Old Calabar, 1720: Evidence from the National Archives of Scotland", in: History in Africa 30 (2003), S. 37–61.

Behrendt, „Human Capital in the British Slave Trade", in: Richardson, David; Schwarz, Suzanne; Tibbles, Anthony (eds.), Liverpool and Transatlantic Slavery, Liverpool: Liverpool University Press, 2007, S. 66–97.

Belaubre, Christophe; Dym, Jordana; Savage, John (eds.), Napoleon's Atlantic: The Impact of Napoleonic Empire in the Atlantic World, Leiden: Brill, 2010 (= The Atlantic World. Europe, Africa and the Americas, 1500–1830; Vol. 20).

Bennett, Norman, Arab versus European: Diplomacy and War in Nineteenth-Century East Central Africa, New York: Africana Publishing, 1986.

Behal, Rana P.; Mah, Alice; Fall, Babacar (eds.), Rethinking Work. Global Historical and Sociological Perspectives, New Delhi: Tulika Books, 2011.

Berlin, The Making of African America. The Four Great Migrations, New York: Viking, 2010.

Berquist, Emily, „From Africa to the Ocean Sea: Atlantic slavery in the origins of the Spanish Empire", in: Atlantic Studies Vol. 15:1 (2018), S. 16–39.

Bialuschewski, Arne. „Black People under the Black Flag: Piracy and the Slave Trade on the West Coast of Africa, 1718–1723“, in: Slavery & Abolition Vol. 29:4 (2008), S. 461–475.

Birmingham, David, „Die Sklavenstadt Luanda aus deutscher Sicht“, in: Periplus. Jahrbuch für außereuropäische Geschichte, 20. Jg. (2010) (= Hatzky, Christine; Schmieder, Ulrike (eds.), Sklaverei und Postemanzipationsgesellschaften in Afrika und in der Karibik), S. 37–56.

Bley, Helmut [et al.] (eds.), Sklaverei in Afrika: afrikanische Gesellschaften im Zusammenhang von europäischer und interner Sklaverei und Sklavenhandel, Pfaffenweiler: Centaurus-Verlagsgesellschaft, 1991 (Bibliothek der historischen Forschung; 2).

Böeseken, Anna Jacoba, Slaves and Free Blacks at the Cape, 1658–1700, Cape Town: Tafelberg, 1997.

Bolster, „Putting the Ocean in Atlantic History: Maritime Communities and Marine Ecology in the Northwest Atlantic, 1500–1800“, in: The American Historical Review Vol. 113:1 (Feb., 2008), S. 19–47.

Bombe, Bosha, „Reclaiming Lost Identity. Redemption of Slave Descendants among the Ganta“, in: Epple, Susanne (ed.), Creating and Crossing Boundaries in Ethiopia: Dynamics of social categorization and differentiation, Münster: Lit: Münster, 2014 (Afrikanische Studien/African Studies; Bd. 53), S. 77–88.

Boubacar, Barry, La Sénégambie du XVe au XIXe Siècle. Traite Négrière. Islam et Conquête Colonial, Paris: L'Harmattan, 1988.

Boubacar, Senegambia and the Atlantic slave trade; transl. from the French by Ayi Kwei Armah, Cambridge [etc.]: Cambridge University Press, 1998 (African studies series 92).

Brauner, Christina, „Ein Schlüssel für zwei Truhen. Diplomatie als interkulturelle Praxis am Beispiel einer westafrikanischen Gesandtschaft nach Frankreich (1670/71)“, in: Historische Anthropologie 21,2 (2013), S. 199–226. (Überarbeitete engl. Fassung online verfügbar: Brauner, „To Be the Key for Two Coffers: A West African Embassy to France (1670/1)“, in: IFRA e-papers, 2013, URL: http://www.ifra-nigeria.org/IMG/pdf/Key-for-Two-_Coffers.pdf (28. September 2014)).

Brauner, „Beim ‚König' von Anomabo. Audienzen an der westafrikanischen Goldküste als Schauplatz afrikanischer Politik und europäischer Konkurrenz (1751/2)“, in: Burschel Peter; Vogel Christine (eds.), Die Audienz: Ritualisierter Kulturkontakt in der Frühen Neuzeit, Köln/Weimar/Wien: Böhlau, 2014, S. 269–310.

Brauner, Kompanien, Könige und caboceers. Interkulturelle Diplomatie an Gold- und Sklavenküste, 17.–18. Jahrhundert, Köln/Weimar/Wien: Böhlau, 2015.

Brett, Michael, „Ifrīqiya as a market for Saharan trade from the tenth to the twelfth century a.D.“, in: Journal of African History 10 (1969), S. 347–364.

Brooks, George E., „The Signares of Saint-Louis and Gorée: Women Entrepreneurs in Eighteenth-Century, Senegal“, in: Hafkin, Nancy J.; Bay (eds.), Women in Africa: Studies in Social and Economic Change, Stanford: Stanford University Press, 1976, S. 19–44;

Brooks, „A Nhara of the Guinea-Bissau Region: Mãe Aurélia Correia“ in: Robertson, Claire C.; Klein, Martin A. (eds.), Women and Slavery in Africa, Madison: University of Madison Press, 1976, S. 295–319.

Brooks, Landlords and Strangers: Ecology, Society, and Trade in West Africa, 1000–1630, Boulder: Westview Press, 1993.

Brooks, „Cacheu: A Papel and Luso-African Entrepôt at the Nexus of the Biafada-Sapi and Banyun-Bak Trade Networks“, in: Lopes, Carlos (ed.), Mansas, escravos, grumetes e gentio: Cacheu na encruzilhada de civilações, Bissau: Instituto Nacional de Estudos e Pesquisa, 1993, S. 175–195.

Brooks, „Lançados, Tangomaos, Luso-Africans, and Grumetes“, in: Brooks, Eurafricans in Western Africa, S. 49–54.

Brooks, „Cabo Verdean-Lançado Networks“, in: Brooks, Eurafricans in Western Africa, S. 59–63.

Brooks, „Cacheu: Luso-African Entrepôt at the Nexus of the Biafada-Sapi and Banyun-Bak trade Networks“, in: Brooks, Eurafricans in Western Africa, S. 69–78.

Brooks, „Cabo Verde: Gulag of the South Atlantic: Racism, Fishing Prohibitions, and Famines“, in: History in Africa, 33 (2006), S. 101–135.

Brown, Matthew, „The Life of Alexander Alexander and the Spanish Atlantic, 1799–1822“, in: Williams, Caroline A. (ed.), Bridging the Early Modern Atlantic World. People, Products, and Practices on the Move, Surrey/ Burlington: Ashgate, 2009, S. 203–222.

Burnham, Philip, „Raiders and Traders in Adamawa: Slavery as a Regional System“, in: Paideuma. Mitteilungen zur Kulturkunde 41 (1995), S. 153–176.

Bushnell, Amy Turner, „Indigenous America and the Limits of Atlantic World, 1493–1825“, in: Greene, Jack; Morgan (eds.), Atlantic History. A Critical Appraisal, Oxford: OUP, 2009, S. 191–221.

Büttner, Thea, Geschichte Afrikas: Von den Anfängen bis zur Gegenwart, Berlin: Akademie-Verlag, 1984 (Afrika vom Zusammenbruch des imperialistischen Kolonialsystems bis zur Gegenwart, Band 4).

Byrd, Alexander X., Captives and Voyagers: Black Migrants across the Eighteenth-Century British Atlantic World, Baton Rouge, LA: Louisiana State University, 2008.

Caldeira, Arlindo Manuel, „A escravatura africana vista da América: Alonso de Sandoval e o tráfico de escravos em Angola no inicio do século XVII“, in: Africana studia: revista internacional de estudos africanos 5 (2002), S. 47–74

Caldeira, „Rebelião e outras formas de resistência à escravatura na Ilha São Tomé (séculos XVI a XVIII)“, in: Africana Studia 7, Lisboa (2004), S. 101–136.

Caldeira, Relação do Descobrimento Da Ilha de São Tomé. Manuel Rosário Pinto, Lisboa: Universidade Nova de Lisboa. Centro de História de Além-Mar, 2006.

Caldeira, „Uma ilha quase desconhecida. Notas para a história de Ano Bom“, in: Studia Africana 17, Barcelona (octubre 2006), S. 99–109.

Caldeira, „Aprender os Trópicos: Plantações e Trabalho Escravo Na Ilha de São Tomé“, in: Vaz do Rego Machado, Margarida; Gregorio, Rute Dias; Silva, Susana Serpa (coords.), Para a história da escravatura insular nos séculos XV a XIX, Lisboa: CHAM, 2013, S. 25–54.

Caldeira, Escravos e Traficantes no Império Português: O Comércio Negreiro Português no Atlântico Durante Os Séculos XV a XX, Lisboa: Esfera dos Livros, 2013.

Camacho y Pérez Galdós, Guillermo, „El cultivo de la caña de azúcar y la industria azucarera en Gran Canaria (1510–1535)“, in: Anuario de Estudios Atlánticos No. 7, Las Palmas de Gran Canaria (1961), S. 11–70.

Candido, Mariana P., „Trans-Atlantic Links: The Benguela-Bahia Connection, 1700–1850“, in: Araujo (ed.), Paths of the Atlantic Slave Trade, S. 239–272.

Candido, „Trade, Slavery, and Migration in the Interior of Benguela. The Case of Caconda, 1830–1870“, in: Heintze, Beatrix; Oppen, Achim von (eds.), Angola on the Move. Transport Routes, Communications and History/Angola em Movimento. Vias de Transporte, Comunicação e Histórica, Frankfurt am Main: Verlag Otto Lembeck, 2008, S. 63–84.

Candido, „Different Slave Journeys: Enslaved African Seamen on Board of Portuguese Ships, c. 1760–1820s“, in: Slavery & Abolition Vol. 31:3 (September 2010), S. 395–409.

Candido, An African Slaving Port and the Atlantic World. Benguela and its Hinterland, New York: Cambridge University Press, 2013.

Candido, „South Atlantic Exchanges: The Role of Brazilian-Born Agents in Benguela, 1650–1850“, in: Luso-Brazilian Review 50:1 (2013), S. 53–82 (= Special Issue: Brazilian Slavery and Its Legacies, ed. Ana Lucia Araujo).

Candido, „Jagas e sobas no 'Reino de Benguela': vassalagem e criação de novas categorias políticas e sociais no contexto da expansão portuguesa na África durante os séculos XVI e XVII“, in: Ribeiro, Alexandre Vieira; Gebera, Alexsander Lemos de Almeida; Berthet, Marina (eds.), África. Histórias Conectadas, Niterói: PPGHISTÓRIA-UFF, 2014, S. 39–77.

Canney, Donald L., Africa Squadron: The U.S. Navy and the Slave Trade, 1842–1861, Washington: Potomac Books, 2006.

Capela, José, Escravatura: a empresa de saque; o abolicionismo (1810–1875), Porto: Afrontamento, 1974.

Capela, „Abolición y abolicionismo en Portugal y sus colonias“, in: Solano, Francisco; Guimerá, Agustín (eds.), Esclavitud y derechos humanos. La lucha por la libertad del negro en el siglo XIX, Madrid: Consejo Superior de Investigaciones Científicas, 1990, S. 577–603.

Capela, O escravismo colonial em Moçambique, Porto: Afrontamento, 1993 (Colecção as armas e os varões; 12).

Capela, O tráfico de Escravos nos Portos de Moçambique 1733–1904, Porto: Ed. Afrontamento, 2002 (Colecção as armas e os varões; 15).

Carreira, António, Panaria Cabo-Verdiano-Guineense: aspectos históricos e sócio-económicos, Lisboa: Junta de Investigacões do Ultramar, 1969 (2. Edition: Lisboa: Instituto Cabo-Verdeano do Livro, 1983).

Carreira, O tráfico portugûes de escravos na costa oriental africana nos começos do século XIX: Estudo de um caso, Lisboa: Junta de Investigação Científica do Ultramar, 1979.

Carreira, Notas sobre o Tráfico Português de Escravos, Lisboa: Universidad Nova de Lisboa, 1978 (2. Ed. 1983).

Carreira, Cabo Verde: formação e extinção de una sociedade escravocrata (1460–1878), Porto: Centro de Estudos da Guiné Portuguesa, 1972.

Carreira, O tráfico de escravos nos rios de Guiné e Ilhas de Cabo Verde (1810–1850) (Subsídios para o seu estudio), Lisboa: Junta de Investigações Científicas do Ultramar. Centro de Estudos de Antropologia Cultural, 1981 (= Estudos de Antropologia Cultural No. 14).

Carreira, „Lançados ou Tangomaos, Cristão-novos. Fidalgos“, in: Carreira, Cabo Verde: formação e extinção de una sociedade escravocrata (1460–1878), Praia: Instituto da Promoção Cultural, 2000 (3. Reedition), S. 55–78.

Carreira, „Os Portuguêses nos Rios de Guiné“ (1500–1900), Lisboa: Edição do autor, 1984.

Carvalho, Mariza de (org.), Rotas atlânticas da diáspora africana: entre a Baía do Benim e o Rio de Janeiro/Niteroí: EdUFF, 2007.

Castro Antolín, Mariano; La Calle, María Luisa, Origen de la colonización española en Guinea Ecuatorial (1777–1860), Valladolid: Universidad de Valladolid, 1992.

Castro; La Calle, La colonización española en Guinea Ecuatorial (1858–1900), Barcelona: Ceiba Ediciones, 2007.

Castryck, Geert; Strickrodt, Silke; Werthmann, Katja (eds.), Sources and Methods for African History and Culture: Essays in Honour of Adam Jones, Leipzig: Leipziger Universitätsverlag, 2016.

Caulker, Tcho Mbaimba, „British-African Treaty Making and the Construction of a British Colonial State in Sierra Leone“, in: Caulker, The African-British long eighteenth century: an analysis of African-British treaties, colonial economics, and anthropological discourse, Lanham: Lexington Books, 2009, S. 37–55.

Chappell, David A., „Kru and Kanaka: Participation by Africans and Pacific Island Sailors in Euroamerican Maritime Frontiers“, in: International Journal of Maritime History 6:2 (1994), S. 83–114.

Christopher, Emma, Slave Ship Sailors and Their Captive Cargoes, 1730–1807, Cambridge [etc.]: Cambridge University Press, 2006.

Christopher; Pybus, Cassandra; Rediker, Marcus (eds.), Many Middle Passages. Forced Migration and the Making of the Modern World, Berkeley [etc.]: University of California Press, 2007.

Clarence-Smith, „La traite portugaise et espagnole en Afrique au dix-neuvième siècle“, in: Daget, Serge (éd.), De la traite à l'esclavage, Ve au XIXème siècle: Actes du Colloque International sur la Traite des Noirs (Nantes 1985), 2 Bde., Nantes/Paris: Université de Nantes/Société

Française d'Histoire d'Outre-mer and Centre de Recherche sur l'Histoire du Monde Atlantique: 1988, S. 425–434.
Clarence-Smith, „Cocoa Plantations and Coerced Labor in the Gulf of Guinea, 1870–1914", in: Klein, Breaking the chains: slavery, bondage, and emancipation in modern Africa and Asia, Madison: University of Wisconsin Press, 1993, S. 150–170.
Clarence-Smith, „African and European Cocoa Producers on Fernando Póo, 1880s to 1910s", in: Journal of African History 35:2 (1994), S. 179–199.
Clarence-Smith, „Chocolate consumption from the sixteenth century to the great chocolate boom", in: Squicciarini, Mara P.; Swinnen, Johan (eds.), The Economics of Chocolate, Oxford: Oxford University Press, 2016, S. 43–70.
Coelho, Margarida et al., „Human Microevolution and the Atlantic Slave Trade. A Case Study from São Tomé", in: Current Anthropology Vol. 49:1 (Feb. 2008), S. 134–143.
Cohen, William B., The French Encounter with Africans. White Responses to Blacks, 1530–1880. Foreword by Le Sueur, James, Bloomington: Indiana University Press, 2003.
Cole, Gibril R., The Krio of West Africa. Islam, Culture, Creolization, and Colonialism in Nineteenth Century, Athens: Ohio University Press, 2013.
Collins, Robert O., „Slavery in the Sudan in History", in: Slavery & Abolition 20:3 (1999), S. 69–95.
Cooper, Frederic, „The Problem of Slavery in African Studies", in: J. Afr. H. XX:1 (1979), S. 103–125.
Cooper, From Slaves to Squatters: Plantation Labor and Agriculture in Zanzibar and Coastal Kenya, 1890–1925, New Haven: Yale University Press, 1980.
Cooper, Plantation Slavery on the East Coast of Africa, Portsmouth: Heinemann, 1997.
Cordell, Dennis D., „Warlords and Enslavement: A Sample of Slave Raiders from Eastern Ubangi-Shari, 1870–1920", in: Lovejoy (ed.), Africans in Bondage. Studies in Slavery and the Slave Trade, Madison; London: The University of Wisconsin Press, 1986, S. 335–361.
Correia, Arlindo, „Os Jagas de angola" (2009), unter: www.arlindo-correia.com/020309.html (28. April 2012).
Cortés Alonso, Vicenta, „La trata de esclavos durante los primeros descubrimientos (1489–1516)", in: Anuario de estudios atlánticos 9 (1963), S. 23–50.
Cottias, Myriam; Mattos, Hebe (dir.), Esclavage et subjectivités dans l'Atlantique luso-brésilien et français (XVIIe–XXe siècles), Marseille: OpenEdition Press, 2016.
Crespo Solana, Ana, „Las plantaciones del Caribe y el contexto atlántico holandés", in: Crepo Solana, Ana, América desde otra frontera. La Guayana Holandesa (Surinam): 1680–1795, Madrid: CSIC, 2006 (Colección América; 3), S. 25–37.
Crespo Solana, „Plantación y sociedad en Surinam", in: Crepo Solana, América desde otra frontera, S. 143–186.
Crespo Solana, „Surinam en el Atlántico: producción momercialización", in: América desde otra frontera, S. 187–218.
Crespo Solana, Mercaderes atlánticos: Redes del comercio flamenco y holandés entre Europa y el Caribe, Córdoba: Servicio de Publicaciones, Universidad de Córdoba, 2009.
Crespo Solana, „¿Construir otro Báltico? La intervención holandesa en los sistemas productivos caribeños en el siglo XVIII", in: Crespo Solana, Mercaderes atlánticos, S. 257–279.
Crespo Solana (ed.), Comunidades transnacionales. Colonias de mercaderes extranjeros en la Europa atlántica, Madrid: Doce Calles, 2010.
Croucher, Sarah K., „'A Concubine Is Still a Slave': Sexual Relations and Omani Colonial Identities in Nineteenth-Century East Africa", in: Voss, Barbara L.; Casella, Eleanor Conlin (eds.), The Archaeology of Colonialism: Intimate Encounters and Sexual Effects, Cambridge/New York [u. a.]: CUP, 2012, S. 67–84.
Curto, José C., „The Angolan Manuscript Collection of the Arquivo Histórico Ultramarino: Toward a Working Guide" in: History in Africa Vol. 15 (1988), S.163–189.
Curto; Lovejoy, Paul E. (eds.), Enslaving Connections. Changing Cultures of Africa and Brazil during the Era of Slavery, New York: Humanity Books, 2004.

Curto; Soulodre-La France (eds.) Africa and the Americas: interconnections during the slave trade, Trenton: Africa World Press, 2005.

Curto, José C., „Alcohol under the Context of the Atlantic Slave Trade“, in: Cahiers d'études africaines Vol. 51, no. 201 (2011), S. 51–85.

Cruz-Uribe, Eugene, „Slavery in Egypt during the Saite and Persian periods“, in: Revue Internationale des Droits de l'Antiquité 3rd ser., 29 (1982), S. 46–71.

Davis, Robert C., Christian Slaves, Muslim Masters. White Slavery in the Mediterranean, the Barbary Coast, and Italy, 1500–1800, London: Palgrave Macmillan, 2003.

Davis, „Counting European Slaves on the Barbary Coast“, in: Past and Present, 172 (2001), S. 87–124.

De Almeida Mendes, António, „Uma contribuição para a história da escravatura no Benim: o livro de armação do navio São João (1526)“, in: Studia Africana n° 5, Porto (2002), S. 27–47.

De Almeida Mendes, „Portugal E O Tráfico De Escravos na Primeira Metade Do Século XVI“, in: AFRICANA Studia No. 7 (2004), S. 13–30.

De Almeida Mendes, „Les réseaux de la traite ibérique dans l'Atlantique nord. Aux origines de la traite atlantique (1440–1640)“, in: Annales. Histoire, Sciences sociales, n° 4 (juillet–août 2008), S. 739–768.

De Almeida Mendes, „Child Slaves in the Early North Atlantic Trade (XV–XVI centuries)“, in: Campbell; Miers; Miller (eds.), Children in Slavery, S. 19–34.

De Almeida Mendes, „The Foundations of the System: A Reassessment of the Slave Trade to the Spanish Americas in the Sixteenth and Seventeeth Centuries“, in: Eltis; Richardson (eds.), Extending the Frontiers, S. 63–94.

De Almeida Mendes, „Les Portugais et le premier Atlantique (XVe–XVIe siècles)“, in: Nef, Annliese (sous la dir. de) avec la coll. de Coulon, Damien; Picard, Christophe; Valérian, Dominique, Les Territoires de la Méditerranée XIe–XVIe siècle, Rennes: Presses Universitaires de Rennes, 2013, S. 137–157.

De Castro, Mariano L.; De la Calle, Mª Luisa, Origen de la colonización española en Guinea Ecuatorial (1777–1860), Valladolid: Universidad de Valladolid, 1992.

De Castro; De la Calle, La colonización española en Guinea Ecuatorial, Vic: CEIBA, 2007.

DeCorse, Christopher, West Africa During the Atlantic Slave Trade. Archaeological Perspectives, London and New York: Leicester University Press, 2001.

DeCorse; Spiers, Sam, „A tale of two polities: socio-political transformation on the Gold Coast in the Atlantic World“, in: Australasian Historical Archaeology Vol. 27 (2009), S. 29–42.

Delcourt, André, La France et les établissements français au Sénégal, 1713–1769, Dakar: IFAN, 1952.

Deutsch, Jan-Georg, „Sklaverei als historischer Prozeß“, in: Deutsch; Wirz (eds.): Geschichte in Afrika. Einführung in Probleme und Debatten, Berlin: Verlag Das Arabische Buch, 1997, S. 53–74.

Deutsch, Emancipation without Abolition in German East Africa, c. 1884–1914, Oxford: OUP, 2006.

Deutsch, „Prices for female slaves and changes in their life cycle. Evidence from German East Africa“, in: Campbell; Miers; Miller (eds.), Women and Slavery, Bd. I, S. 129–145.

Diakité, Tidiane, La traite des Noirs et ses acteurs africaines du XVe au XIXe siècle, Paris: Éditions Berg international, 2008.

Díaz Matarranz, Juan José, De la trata de negros al cultivo del cacao. Evolución del modelo colonial español en Guinea Ecuatorial de 1778 a 1914; Barcelona: CEIBA, 2005.

Diène (ed.), From Chains to Bonds. The Slave Trade Revisited, New York: UNESCO/Berghahn Books, 2001.

Dike, Kenneth Onwuka; Ekejiuba, Felicia, The Aro of South-eastern Nigeria, 1650–1980, Ibadan: University Press, 1990.

Diouf, Mamadou, „Le problème des castes dans la société wolof“, in: Revue Sénégalaise d'Histoire, Nr. 1, (Ancienne Série) 2, 1 (1981), S. 25–37.

Diouf, Sylviane A., Fighting the Slave Trade: West African Strategies, Athens: Ohio State University, 2003.

Domingues [da Silva], Daniel B., „Ayuba Suleiman Diallo and Slavery in the Atlantic World" (July 2007), in: www.slavevoyages.org/tast/assessment/essays-solomon.faces (21. November 2009).

Diptee, Audra A., From Africa to Jamaica: The Making of an Atlantic Slave Society, 1776–1807, Gainesville: University Press of Florida, 2010.

Domingues da Silva, „The Atlantic Slave Trade from Angola: A Port-by-Port Estimate of Slaves Embarked, 1701–1867", in: International Journal of African Historical Studies 46:1 (2013), S. 105–122.

Domingues, „The Early Population Charts of Portuguese Angola, 1776–1830: A Preliminary Assessment", in: Anais de História de Além-Mar Vol. 16 (2015), S. 107–124.

Domingues, „The Kimbundu Diaspora to Brazil. Records from the Slave Ship Brilhante, 1838", in: African Diaspora Vol. 8:2 (2015), S. 200–219.

Domingues; Bukas-Yakabuul, Badi, „From beyond the Kwango – Tracing the Linguistic Origins of Slaves Leaving Angola, 1811–1848", in: Almanack no. 12 (2016), S. 34–43.

Domingues, „Winds and Sea Currents of the Atlantic Slave Trade", in: Misevich; Mann (eds.), The Rise and Demise of Slavery and the Slave Trade in the Atlantic World, Rochester: University of Rochester Press, 2016, S. 152–167.

Domingues, The Atlantic Slave Trade from West Central Africa 1780–1867, Cambridge: Cambridge University Press, 2017 (in portugiesischen Bibliografien als „Da Silva, Daniel B. Domingues" oder „Silva, Daniel B. Domingues da" gelistet).

Dubois, Laurent; Scott, Julius S. (eds.), Origins of the Black Atlantic, New York: Routledge, 2010 (Rewriting histories).

Duncan, Thomas B., Atlantic Islands: Madeira, the Azores and the Cape Verdes in Seventeenth-Century Commerce and Navigation, Chicago: University Press of Chicago, 1972.

Eckert, Andreas; Jones, Adam, „Historical Writing about Everyday Life" in: Journal of African Cultural Studies Vol. 15:1 (2002), S. 5–16.

Eckert, „Sklavenhandel und politische Fragmentierung. Afrika südlich der Sahara", in: Hausberger, Bernd (ed.), Die Welt im 17. Jahrhundert, Wien: Mandelbaum Verlag, 2008 (Globalgeschichte der Welt 1000–2000, ed. Feldbauer, Peter et als., Bd. IV), S. 165–184.

Eckert (ed.), Europe, Slave Trade and Colonial Forced Labour, München: Beck, 2009 (= Journal of Modern European History 7:1 (2009)).

Eckert, „Transatlantischer Sklavenhandel und Sklaverei in Westafrika", in: Eckert; Grau, Ingeborg; Sonderegger, Arno (eds.), Afrika 1500–1900: Geschichte und Gesellschaft, Wien: Promedia, 2010, S. 72–88.

Eckert, „Der langsame Tod der Sklaverei. Unfreie Arbeit und Kolonialismus in Afrika im späten 19. und im 20. Jahrhundert", in: Hermann-Otto, Elisabeth, Sklaverei und Zwangsarbeit zwischen Akzeptanz und Widerstand, Hildesheim: Olms, 2011, S. 309–324.

Eckert, „Abolitionist Rhetorics, Colonial Conquest, and the Slow Death of Slavery in Germany's African Empire", in: Linden (ed.), Humanitarian Intervention and Changing Labor Relations. The Long-Term Consequences of the Abolition of the Slave Trade, Leiden/Boston: Brill, 2011 (Studies in Global History, Vol. 7), S. 351–368.

Egerton, Douglas R.; Games, Alison; Landers, Jane G.; Lane, Kris; Wright, Donald, The Atlantic World: A History, 1400–1888, Wheeling: Harlan Davidson, 2007.

Ehret, Christopher, The Civilisations of Africa: A History to 1800, Charlottesville: University Press of Virginia, 2002.

El Hamel, Chouki, Black Morocco. A History of Slavery, Race, and Islam, Cambridge: Cambridge University Press 2014.

Elbl, „The Volume of the Early Atlantic Slave Trade, 1450–1521", in: Journal of African History 38 (1997), S. 31–75.

Eldredge, Elizabeth A.; Morton, Fred, Slavery in South Africa: Captive Labor on the Dutch Frontier, Boulder/Pietermaritzburg: Westview Press/University of Natal Press, RSA, 1994 (African modernization and development).

Eltis; Lovejoy; Richardson, „Slave Trading Ports: Toward an Atlantic-Wide Perspective, 1672–1832", in: Law; Strickrodt, Silke (eds.), Ports of the Slave Trade (Bights of Benin and Biafra), Stirling: Centre of Commonwealth Studies, University of Stirling, 1999, S. 12–34.

Eltis, „Atlantic History in Global Perspective", in: Itinerario 23:2 (1999), S. 141–161.

Eltis; Richardson; Behrendt, Stephen A. D., „Patterns in the Transatlantic Slave Trade, 1662–1867: New Indications of African Origins of Slaves Arriving in the Americas", in: Diedrich, Maria; Gates Jr.; Pedersen, Carl (eds.), Black Imagination of the Middle Passage, Oxford: Oxford University Press, 1999, S. 1–30.

Eltis; Lewis; Mylntyre, Kimberley, „Transport Coasts and the Slave Trade to the Caribbean", unter: http://qed.econ.queensu.ca/pub/faculty/lewis/slavepaper-032509.pdf (22. Juni 2014).

Eltis, „O significado da investigação sobre os africanos escapados de navios negreiros no século XIX", in: Historia: Questões & Debates, Curitiba, no. 52 (jan./jul. 2010), S. 13–39.

Emmanuelli, François-Xavier (ed.), Les Européens et les espaces océaniques au XVIIIe siècle, Paris: Société d'Histoire de la France d'Outre-Mer, 1996.

Emmer, Pieter C., „The Abolition of the Abolished: The Illegal Dutch Slave Trade and the Mixed Courts", in: Eltis; Walvin, James (eds.), The Abolition of the Atlantic Slave Trade. Origins and Effects in Europe, Africa and the Americas, Madison; London: The University of Wisconsin Press, 1981, S. 177–192.

Emmer, „European Expansion and Migration; the European Colonial Past and Intercontinental Migration, An Overview", in: Itinerario, vol. 14/1 (1990), S. 11–24.

Emmer, „The Dutch and the Making of the Second Atlantic System", in: Emmer, The Dutch in the Atlantic Economy, 1580–1880. Trade, Slavery and Emancipation, Aldershot; Brookfield USA; Singapore; Sydney: Ashgate Variorum, 1998, S. 11–32.

Emmer, The Dutch in the Atlantic Economy, 1580–1880. Trade, Slavery and Emancipation, Aldershot [etc.]: Ashgate, 1998.

Emmer, „Europäische Expansion und interkontinentale Migration", in: Überseegeschichte. Beiträge der jüngeren Forschung, Beck, Thomas; Gründer, Horst; Pietschmann; Ptak, Roderich (eds.), Stuttgart: Franz Steiner Verlag, 1999, S. 223–233.

Emmer; Carrera Damas, General History of the Caribbean, Bd. II: New Societies: The Caribbean in the long sixteenth Century, London and Basingstoke: UNESCO Publishing, 1999.

Emmer, „Die europäische Expansion und ihre Folgen im atlantischen Raum, 1500–1800", in: Jahrbuch für Europäische Überseegeschichte 2 (2002), S. 7–17.

Emmer, „In Search of a System: The Atlantic Economy, 1500–1800", in: Pietschmann (ed.), Atlantic History, S. 169–178.

Emmer, „The Dutch and the Slave Americas", in: Eltis; Lewis; Sokoloff (eds.), Slavery in the development of the Americas, S. 70–86.

Emmer, „Participer ou non? La traite transatlantique, l'exemple ibérique et les scrupules du peuple néerlandais", in: Emmer, Les Pays-Bas et la traite des Noirs. Traduit du néerlandais par Mireille Cohendy, Paris: Éditions Karthala, 2005, S. 9–37.

Emmer; Grenouilleau, Roitman, Jessica V. (eds.), A Deus ex Machina Revisited: Atlantic Colonial Trade and European Economic Development, Leiden: Brill, 2006 (The Atlantic World; 8).

Emmer, „The Dutch and the Atlantic Challenge, 1600–1800", in: Emmer; Grenouilleau; Roitman (eds.), A Deus ex Machina Revisited, S. 151–177.

Ennají, Mohammed, Serving the Master. Slavery and Society in Nineteeth-Century Morocco, New York: St. Martin's Press, 1998.

Eno, Omar A.; Eno, Mohamed A., „The African Diaspora within Africa and the Impact of Slavery and Stigma in the Islamic Society: A Case Study of Somalia", in: Journal of Somali Studies Vol. 1:2 (2014), S. 61–89.

Estácio, António; Havik, Philip J., „Recriar China na Guiné: os primeiros Chineses, os seus descendentes e a sua herança na Guiné Colonial“, in: Africana Studia 17 (2011), S. 211–235.

Esteves, Maria Luísa, Gonçalo de Gambôa de Aiala. Capitão-mor de Cacheu e o comércio negreiro espanhol: 1640/1650: Cacheu cidade antiga, Lisboa: Centro de Estudos de História e Cartografia Antiga, 1988.

Étou, Komla, „Les Bè-Togo dans l'historiographie de l'ancienne côte des Esclaves (XVIIe–XIXe siècle)“, in: Annales de l'Université de Lomé, Série Lettres et Sciences Humaines Tome XXIX–2, Lomé (2009), S. 95–103.

Etou, „Traite négrière et esclavage en pays éwé (Ghana-Togo): les territoires des Anlo et des Bè-Togo aux XVIIIe et XIXe siècles“, in: Godo Godo, Revue d'Histoire, d'Arts et d'Archéologie africains n° 21, Abidjan (2011), S. 54–71.

Everts, Natalie, „Social Outcomes of Trade Relations: Encounters Between Africans and Europeans in the Hubs of Slave Trade on the Guinea Coast“, in: Klooster, Wim (ed.), Migration, Trade, and Slavery in an Expanding World. Essays in Honor of Pieter Emmer, Leiden [etc.]: Brill, 2009, S. 141–165.

Ewald, Janet J., „The Nile Valley System and the Red Sea Slave Trade, 1820–1880“, in: Slavery & Abolition Vol. 9 (1988), S. 71–92.

Ewald, Soldiers, Traders, and Slaves: State Formation and Economic Transformation in the Greater Nile Valley, 1700–1885. Madison: University of Wisconsin Press, 1990.

Ewald, „Slavery in Africa and the Slave Trades from Africa“, in: American Historical Review Vol. 97 (April 1992), S. 465–485.

Ewald, „Crossers of the Sea: Slaves and Migrants in the Western Indian Ocean, c. 1800–1900“, in: The American Historical Review Vol. 105 (2000), S. 69–91.

Fabre, Geneviève, „The Slave Ship Dance“, in: Diedrich; Gates Jr.; Pedersen (eds.), Black Imagination of the Middle Passage, S. 33–46.

Fábregas García, „Del cultivo de la caña al establecimiento de las plantaciones“, in: Região Autónoma da Madeira (ed.), História e tecnologia do açúcar, Funchal: Centro de Estudos de História do Atlântico, 2000, S. 59–85.

Fage, J. D., „Slaves and Society in Western Africa, c. 1445–c. 1700“, in: Journal of African History Vol. 21:3 (1980), S. 289–310.

Fage, „African Societies and the Atlantic Slave Trade“, in: Past & Present No. 125 (Nov., 1989), S. 97–115.

Fall, Babacar, Le travail forcé en Afrique-Occidentale française, 1900–1946, Paris: Karthala, 1993.

Falola, Toyin, „The Yoruba Caravan System of the Nineteenth Century“, in: International Journal of African Historical Studies 24 (1991), S. 111–132

Falola, Pioneer, patriot and patriarch: Samuel Johnson and the Yoruba people, Madison: University of Wisconsin-Madison, 1993.

Falola; Lovejoy (eds.), Pawnship in Africa: Debt Bondage in Historical Perspective, Boulder: Lynne Rienner, 1994.

Falola; Childs (eds.), The Changing Worlds of Atlantic Africa: Essays in Honor of Robin Law, Durham: Carolina Academic Press, 2009.

Farrant, Leda, Tippu Tip and East African slave trade, New York: Hamilton, 1975.

Fauvelle, François-Xavier, Das Goldene Rhinozeros. Afrika im Mittelalter. Aus dem Französischen übersetzt von Schultz, Thomas, München: Beck, 2017.

Fenwick, Corisande, „From Africa to Ifrīqiya: Settlement and Society in Early Medieval North Africa (650–800)“, in: Al-Masāq Vol. 25:1 (2013), S. 9–33.

Fernyhough, Timothy, „Slave and the slave trade in southern Ethiopia in the 19th century“, in: Clarence-Smith (ed.), The Economics of the Indian Ocean Slave Trade in the Nineteenth Century, London: Frank Cass, 1977, S. 102–130.

Ferreira, Roquinaldo, „The Atlantic networks of the Benguela slave trade (1730–1800)“, in: Centro de Estudos Africanos da Universidade do Porto (coord.), Trabalho forçado africano. Experiências coloniais comparadas, Porto: Campo das Letras, 2006, S. 67–97.

Ferreira, „Atlantic Microhistories: Slaving, Mobility, and Personal Ties in the Black Atlantic World (Angola and Brazil)“, in: Naro, Nancy; Sansi, Roger; Treece, David (eds.), Cultures of the Lusophone Black Atlantic, New York: Palgrave Macmillan, 2007, S. 99–128.

Ferreira, „The Supply and Deployment of Horses in Angolan Warfare (17th and 18th Centuries)“, in: Heintze; Oppen, Achim von (eds.), Angola on the Move. Transport Routes, Communications and History/Angola em Movimento. Vias de Transporte, Comunicação e Histórica, Frankfurt am Main: Verlag Otto Lembeck, 2008, S. 41–52.

Ferreira, „Slaving and Resistance to Slaving in West Central Africa“, in: Eltis; Engerman (eds.), The Cambridge World History of Slavery, Vol. 3, S. 111–131.

Ferreira, „'A arte de furtar': redes de comércio ilegal no mercado ultramarino português (c. 1690–c. 1750)“ in: Fragoso, João; Gouvêa, Maria de Fátima (orgs.), Na trama das redes: política e negócios no império português, séculos XVI–XVIII, Rio de Janeiro: Civilização Brasileira, 2010, S. 203–241.

Ferreira, „The Suppression of the Slave Trade and Slave Departures from Angola, 1830s–1860s“, in: História Unisinos 15:1 (2011), S. 3–13.

Ferreira, „Rebalancing Atlantic History“, in: Ferreira, Cross-Cultural Exchange in the Atlantic World. Angola and Brazil during the Era of Slave Trade, Cambridge: CUP, 2012, S. 242–248.

Fields-Black, Edda, Deep roots: rice farmers in West Africa and the African diaspora, Bloomington: Indiana University Press, 2008.

Fisher, Allan G. B.; Fisher, Humphrey J., Slavery and Muslim Society in Africa: the institution in Saharan and Sudanic Africa and the trans-Saharan trade, London: Hurst, 1970.

Fisher, Humphrey J., Slavery in the History of Muslim Black Africa, London: Hurst & Company, 2001.

Fogleman, Aaron Spencer, Two Troubled Souls. An Eighteenth-Century Couple's Spiritual Journey in the Atlantic World, Chapel Hill: The University of North Carolina Press, 2014 (Published for the Omohundro Institute of Early American History and Culture).

Fomin, E. S. D., Trans-Slave Trade Routes and Traders of Africa with Focus on the Bight of Biafra 1600–1930, s.l. [print on demand], 2016.

Fomin, „Slave Trade Routes and Traders of Bimbia and Rio del rey in the Bight of Biafra“, in: Fomin, Trans-Slave Trade Routes and Traders of Africa, S. 138–162.

Fomin, „Slave Trade Routes and Traders of Douala in the Bight of Biafra“, in: Fomin, Trans-Slave Trade Routes and Traders of Africa, S. 164–189.

Freire, João (compil., análises e notas), Olhares europeus sobre Angola: ocupação do território, operações militares, conhecimentos dos povos, projectos de modernização (1883–1918): (antologia de textos de época), Lisboa: Comissão Cultural de Marinha/ Edições Culturais da Marinha, 2011.

Friedman, Ellen G., Spanish Captives in North Africa in the Early Modern Age, Wisconsin: University of Wisconsin Press, 1983.

Garcia, Carlos A., „A Ilha de São Tomé como centro experimental do comportamento do luso nos trópicos“, in: Studia No. 19, Lisboa (Dezembro 1966), S. 209–222.

García-Arenal, Mercedes, „Conexiones entre los judíos marroquíes y la comunidad de Amsterdam“, in: Madrid: Fundación Carlos de Amberes y Ministerio de Asuntos Exteriores, 2002, S. 173–205.

García Cantús, Dolores, Fernando Poo: una aventura colonial española en el África Occidental (1778–1900), Barcelona: Ceiba, 2006.

Garfield, Robert, A history of São Tomé Island 1470–1655. The Key to Guinea, San Francisco: Mellen Research University Press, 1992.

Garfield, „Public Christians, Secret Jews: Religion and Political Conflict on Sao Tome Island in the Sixteenth and Seventeenth Centuries“, in: The Sixteenth Century Journal. The Journal of Early Modern Studies Vol. 21:4 (Winter 1990), S. 645–654.

Geggus, David P., „Sex Ratio, Age and Ethnicity in the Atlantic Slave Trade: Data from French Shipping and Plantation Records“, in: Journal of African History 30 (1989), S. 23–44.

Gewald, Jan-Bart, „Untapped Sources: Slave Exports from Southern and Central Namibia up to c. 1850“, in: Hamilton, Carolyn (ed.), The Mfecane Aftermath: Reconstructive Debates in Southern African History, Johannesburg: Transaction, 1995, S. 417–435.

Gøbel, Erik, „Danish Trade to the West Indies and Guinea, 1671–1754“, in: The Scandinavian Economic History Review Vol. 31:1 (1983), S. 21–49.

Gomez, Michael A., Reversing Sail: A History of the African Diaspora, New York: Cambridge University Press, 2005.

Graham, James D., „The Slave Trade, Depopulation and Human Sacrifice in Benin History“, in: Cahiers d'études africaines Vol. 5, No. 18 (1965), S. 317–334.

Grant, Kevin, A Civilised Savagery: Britain and the New Slaveries in Africa, 1884–1926, New York and London: Routledge, 2005.

Gray, Richard, „The Papacy and the Atlantic Slave Trade: Lourenço da Silva, the Capuchins and the Decisions of the Holy Office“, in: Past and Present 115 (May 1987), S. 52–68 (wieder abgedruckt in: Dubois; Scott (eds.), Origins of the Black Atlantic, S. 101–115).

Green, Tobias, „Fear and Atlantic history. Some observations derived from Cape Verde Islands and the African Atlantic“, in: Atlantic Studies Vol. 3:1 (April 2006), S. 25–42.

Green, The Rise of the Trans-Atlantic Slave Trade in Western Africa, 1300–1589, Cambridge: Cambridge University Press, 2012.

Green, „Building Slavery in the Atlantic World: Atlantic Connections and the Changing Institution of Slavery in Cabo Verde, Fifteenth-Sixteenth Centuries“, in: Slavery & Abolition, 32:2 (2011), S. 227–245.

Green (ed.), Brokers of Change: Atlantic commerce and cultures in precolonial Western Africa, London: British Academy and Oxford University Press, 2012.

Green, „Os Cristãos-Novos e a Crioulização em Cabo Verde e nos Rios da Guiné, Séculos XVI–XVII“ (online: http://www2.iict.pt/?idc=102&idi=13327 (22. September 2017)).

Green, „Africa and the Price Revolution: Currency Imports and Socioeconomic Change in West And West-Central Africa During the 17th Century“, in: Journal of African History Vol. 57:1 (2016), S. 1–24.

Green, „Beyond an Imperial Atlantic: Trajectories of Africans From Upper Guinea and West-Central Africa in the Early Atlantic World“, in: Past and Present 230 (Feb 2016), S. 91–122.

Green, „Baculamento or Encomienda?“, in: Journal of Global Slavery Vol. 2:3 (2017), S. 310–336.

Greene, Sandra E., Gender, Ethnicity and Social Change on the Upper Slave Coast, Portsmout/London: Heinemann/James Currey, 1996.

Greene, West African Narratives of Slavery. Texts from Late Nineteenth- and Early Twentieth-Century Ghana, Bloomington: Indiana University Press, 2011.

Gregory, Chris, „Cowries and Conquest: Towards a Subalternate Quality Theory of Money“, in: Comparative Studies in Society and History Vol. 38:2 (Apr., 1996), S. 195–217.

Grinberg, Keila; Peabody, Susan, The Free Soil Principle in the Atlantic World, London: Routledge, 2014.

Gronenborn, „Kanem-Bornu: a brief summary of the history and archaeology of an empire in the central *bilad al-sudan*'“, in: DeCorse (ed.), Westafrica, S. 101–130.

Guasco, Michael, Slaves and Englishmen: Human Bondage in the Early Modern Atlantic, Philadelphia: University of Pennsylvania Press, 2014.

Gustafsson, Kalle, „The Trade in Slaves in Ovamboland, ca. 1850–1910“, in: African Economic History No. 33 (2005), S. 31–68.

Haenger, Peter, Sklaverei und Sklavenemanzipation an der Goldküste: ein Beitrag zum Verständnis von sozialen Abhängigkeitsbeziehungen in Westafrika, Basel: Helbing and Lichtehahn, 1997.

Hagemeijer, Tjerk, „As ilhas de Babel: a crioulização no Golfo da Guiné", in: Camões No. 6 (Julho/ Septembro 1999), S. 74–88.

Hair, Paul E. H., „The enslavement of Koelle's informants", in: J.Afr.Hist 6 (1965), S. 193–203.

Hair, „The Use of African Languages in Afro-European Contacts in Guinea, 1440–1560", in: Sierra Leone Language Review 5 (1966), S. 7–15.

Hair, „Protestants as Pirates, Slavers, and Proto-Missionars: Sierra Leone 1568 and 1582", in: Journal of Ecclesiastical History 21 (1970), S. 203–224.

Hair, „Some Minor Sources for Guinea, 1519–1559: Enciso and Alfonse/Fonteneau", in: History in Africa: a Journal of Method 3 (1976), S. 19–46.

Hair, „Black African Slaves at Valencia, 1482–1516: An Onomastic Inquiry", in: History in Africa. A Journal of Method 7 (1980), S. 119–139.

Hair, „The Periplus of Hanno in the History and Historiography of Black Africa", in: History in Africa: a Journal of Method 14 (1987), S. 43–66.

Hair, „Was Columbus' First Very Long Voyage a Voyage from Guinea?", in: History in Africa: a Journal of Method 22 (1995), S. 223–237.

Hair (ed.), Hawkins in Guinea 1567–1568, Leipzig: 2000 (= University of Leipzig Papers on Africa. History and Culture No. 5).

Hall, Trevor P. „Portuguese Archival Documentation of Europe's First Colony in the Tropics: The Cape Verde Islands, 1460–1530", in: McCrank, Lawrence (ed.), Discovery in the Archives of Spain and Portugal. Quincentenary Essays, 1492–1992, New York [etc.]: Haworth Press, 1993 (= Primary sources & original works, volume 2, numbers 1/2 and 3/4 (1993)), S. 375–398.

Halm, Heinz, Die Kalifen von Kairo. Die Fatimiden in Ägypten 973–1074, München: Beck, 2003.

Hamza, Ibrahim, „Slavery and Plantation Society at Dorayi in Kano Emirate", in: Lovejoy (ed.), Slavery on the Frontiers of Islam, Princeton: Markus Wiener Publishers, 2004.

Hancock, David J., „Slaving: Bance Island's 'General Rendevous'", in: Hancock, Citizens of the World. London merchants and the integration of the British Atlantic community, 1735–1785, Cambridge: Cambridge University Press, 1995, S. 174–220.

Hancock, „A Revolution in the Trade: Wine Distribution and the Development of the Infrastructure of the Atlantic Market, 1703–1807", in: McCusker; Morgan (eds.), The Early Modern Atlantic Economy, S. 105–153.

Hancock, „L'émergence d'une économie de réseau (1640–1815). Le vin de Madère", in: Annales 58 (May–June 2003), S. 649–673.

Hancock, Oceans of Wine: Madeira and the Emergence of American Trade and Taste, New Haven: Yale University Press, 2009.

Handler, Jerome S., „Survivors of the Middle Passage: Life Histories of Enslaved Africans in British America", in: Slavery & Abolition 23 (2002), S. 25–56.

Handler, „On the Transportation of Material Goods by Enslaved Africans During the Middle Passage: Preliminary Findings from Documentary Sources", in: www.diaspora.uiuc.edu/news1206/news12061.html (07. Dezember 2006).

Handler; Tuite, Michael L. Jr., „The Atlantic Slave Trade and Slave Life in the Americas: AVisual Record", in: www.slaveryimages.org (04. Januar 2010).

Handler, „Aspects of the Atlantic Slave Trade: Smoking Pipes, Tobacco, and the Middle Passage", in: www.diaspora.uiuc.edu/news0608/news0608.html#5 (09. Juli 2008).

Handler, „Diseases and medical disabilities of enslaved Barbadians from the seventeenth century to around 1838: part I [Enfermedades y discapacidades médicas de los barbadenses esclavizados, desde el siglo diecisiete hasta alrededor de 1838: (parte I)]", in: West Indian med. j. Vol. 57:6 (2008), S. 605–620 (online: <http://caribbean.scielo.org/scielo.php?script=sci_arttext&pid=S0043-31442008000600012&lng=en&nrm=iso> (17. Jan. 2016)).

Handler, „The Middle Passage and the Material Culture of Captive Africans“, in: Slavery & Abolition Vol. 30:1 (March 2009), S. 1–26.
Haour, Anne, „The Early Medieval Slave Trade of the Central Sahel: Archaeological and Historical Considerations“, in: Lane; MacDonald (eds.), Slavery in Africa: Archaeology and Memory, S. 61–78.
Haour, „The Early Medieval Slave Trade of the Central Sahel: Archaeological and Historical Considerations“, in: Proceedings of the British Academy 168 (2011), S. 61–78.
Harding, Leonhard, Geschichte Afrikas im 19. und 20. Jahrhundert, München: Oldenbourg, 1999 (Oldenbourg Grundriss der Geschichte, Bd. 27).
Harding, Das Königreich Benin. Geschichte – Kultur – Wirtschaft, München: Oldenbourg, 2010.
Harding, „Markt und Märkte“, in: Harding, Das Königreich Benin, S. 146–153.
Hardung, Christine, „Everyday life of slaves in Northern Dahomey: Using oral testimony“, in: Journal of African Cultural Studies Vol. 15:1, London (2002), S. 35–44 (= Jones, Adam (ed.), Everyday Life in Colonial Africa).
Harke, Jan Dirk, „Slavery in Classical Roman Law“, in: Hilgendorf, Eric; Marschelke, Jan-Christoph; Sekora, Karin (eds.), Slavery as a Global and Regional Phenomenon, Heidelberg: Universitätsverlag Winter GmbH, 2015 (Anglistische Forschungen; Bd. 449), S. 49–58.
Harms, Robert W., Competition and capitalism: the Bobangi role in Equatorial Africa's trade revolution, ca. 1750–1900, Madison: University of Wisconsin Press, 1978.
Harms, River of Wealth, River of Sorrow: The Central Zaire Bassin in the Era of the Slave and Ivory Trade, 1500–1851, New Haven: Yale University Press, 1981.
Harms, The Diligent. A Voyage through the Worlds of Slave Trade, New York: Basic Books, 2001 (deutsch: Harms, Das Sklavenschiff. Eine Reise in die Welt des Sklavenhandels, München: Goldmann, 2007).
Harms, „Early Globalization and the Slave Trade. Trips around the world were essential for sustaining slavery“, in: YaleGlobal Online, May 9, 2003 (unter: http://yaleglobal.yale.edu/content/early-globalization-and-slave-trade (21. Juli 2014)).
Harms, „Slavery in the Politically Decentralized Societies of Equatorial Africa“, in: Beswick, Stephanie; Spaulding, Jay (eds.), African Systems of Slavery, Trenton; Asmara: Africa World Press, Inc., 2010, 161–172.
Harris, Joseph E., The African presence in Asia; consequences of the East African slave trade, Evanston, Northwestern University Press, 1971.
Harries, Patrick, „Culture and Classification: A History of the Mozbieker Communitiy at the Cape“, in: Social Dynamics 26, Heft 2 (2000), S. 29–54.
Hastings, Adrian, The Church in Africa 1450–1950, Oxford: Clarendon Press, 1994.
Haustein, Jörg, „Strategic tangles: Slavery, colonial policy, and religion in German East Africa, 1885–1918“, in: Atlantic Studies Vol. 14:4 (2017), S. 497–518.
Havik, Philip J., „Women and trade in the Guinea Bissau region: the role of African and Luso-African women in the trade networks from the early 16th to the mid 19th century“, in: Studia No. 52 (1994), S. 83–120.
Havik, Silences and Soundbytes: the gendered dynamics of trade and brokerage in the pre-colonial Guinea Bissau region, Münster: LIT Verlag, 2004.
Havik; Newitt, Malyn D. D. (eds.), Creole Societies in the Portuguese Colonial Empire, Bristol: University of Bristol, 2007.
Havik, „Traders, Planters and Go-betweens: the Kriston in Portuguese Guinea“, in: Portuguese Studies Review 19:1–2 (2011), S. 197–226.
Hawthorne, Walter, „The Production of Slaves Where There Was No State: The Guinea-Bissau Region, 1450–1815“, in: Slavery & Abolition 29:2 (1999), S. 97–124.
Hawthorne, Planting rice and harvesting slaves. Transformations along the Guinea-Bissau coast, 1400–1900, Portsmouth: Heinemann, 2003.

Hawthorne, „'Being Now, as It Were, One Family': Shipmate Bonding on the Slave Vessel Emilia, in Rio de Janeiro and throughout the Atlantic world", in: Luso-Brazilian Review Vol. 45:1 (2008), S. 53–77.

Hawthorne, From Africa to Brazil. Culture, Identity, and an Atlantic Slave Trade, 1600–1830, Cambridge [etc.]: CUP, 2010.

Hawthorne, „Choosing slavery?: an African slave named Gorge and and his 'flights' from 'freedom' back to his master in Bahia in the early nineteenth century", in: Slavery & Abolition 31:3 (2010), S. 411–428.

Hawthorne, „From 'Black Rice' to 'Brown': Rethinking the History of Risiculture in the Seventeenth and Eighteemth Century Atlantic", in: American Historical Review 115:1 (Feb. 2010), S. 151–163.

Hazell, Alastair, The Last Slave Market. Dr John Kirk and the Struggle to End the East African Slave, London: Constable, 2012.

Heers, Les Barbaresques, Paris: Perrin, 2006.

Heese, Hans, Amsterdam tot Zeeland – Slawestand tot Middestand? 'n Stellenbosse slawegeskiednis, Stellenbosch: Sun Press, 2016.

Heijer, Henk den, „Africans in Euroean and Asian Clothes. Dutch Textile Trade in West Africa, 1600–1800", in: Hyden-Hanscho; Pieper; Stangl (eds.), Cultural Exchange and Consumption Patterns in the Age of Enlightenment. Europe and the Atlantic World, S. 117–130.

Heintze, „Das Ende des unabhängigen Staates Ndongo (Angola). Neue Chronologie und Reinterpretation (1617–1630)", in: Paideuma. Mitteilungen zur Kulturkunde 27 (1981), S. 197–273.

Heintze, „Die portugiesische Besiedlungs- und Wirtschaftspolitik in Angola, 1570–1607", in: Aufsätze zur portugiesischen Kulturgeschichte 17 (1981/82), S. 200–219.

Heintze, „Written Sources, Oral Traditions and Oral Traditions as Written Sources: The Steep and Thorny Way to Early Angolan History", in: Paideuma 33 (1987), S. 263–288.

Heintze, Studien zur Geschichte Angolas im 16. und 17. Jahrhundert. Ein Lesebuch, Köln: Rüdiger Köppe Verlag, 1996.

Heintze, „Non-verbale ethnographische Darstellungen aus Angola", in: Afrikaner schreiben zurück: Texte und Bilder afrikanischer Ethnographen, Behrend, Heike; Geider, Thomas (eds.), Köln: Rüdiger Köppe Verlag, 1998, S. 153–176.

Heintze, „Angola Under Portuguese Rule: How It All Began. Settlement and Economic Policy 1570–1607", in: Africæ Monumenta. A Apropriação da Escrita pelos Africanos. Edição, Introdução, Glossário e Textos por Ana Paula Tavares; Catarina Madeira Santos, Lisboa: Instituto de Investigação Científica Tropical, 2002, Vol.I: Arquivo Calculo Cacahenda, S. 535–561.

Heintze, Afrikanische Pioniere. Trägerkarawanen im westlichen Zentralafrika (ca. 1850–1890), Frankfurt am Main: Verlag Otto Lehmbeck, 2002.

Heintze, „Paulo Coimbra, genannt Mussili, und sein Vorfahren", in: Afrikanische Pioniere, S. 137–151.

Heintze, „Schwarze ‚Weiße': die Ambakisten", in: Heintze, Afrikanische Pioniere, S. 155–174.

Heintze, „Die Karawanen", in: Heintze, Afrikanische Pioniere, S. 175–198.

Heintze, „Waren und Wege", in: Heintze, Afrikanische Pioniere, S. 199–232.

Heintze, Ethnographische Aneignungen. Deutsche Forschungsreisende in Angola, Frankfurt: Lembeck 1999.

Heintze, „The Extraordinary Journey of the Jaga through the Centuries: Critical Approaches to Precolonial Angolan Historical Sources", in: History in Africa Vol. 34 (2007), S. 67–101.

Heintze; Oppen, Achim von (eds.), Angola on the Move. Transport Routes, Communications and History/Angola em Movimento. Vias de Transporte, Comunicação e Histórica, Frankfurt am Main: Verlag Otto Lembeck, 2008.

Heintze, „Os Luso-Africanos no Interior de Angola", in: Heintze, A África centro-occidental no século XIX (c. 1850–1890). Intercâmbio com o Mundo Exterior. Appropriação, Exploração e

Documentação. Tradução de Marina Santos, Luanda: Editorial Kilombelombe, 2013, S. 259–307.

Henige, David; Johnson, Marion, „Agaja and the Slave Trade: Another Look at the Evidence“, in: History in Africa 3 (1976), S. 57–67.

Henige, „John Kabes of Komenda: An Early African Entrepreneur and State Builder“, in: Journal of African History 18 (1977), S. 1–19.

Henriques, Isabel Castro, „Ser escravo en S. Tomé no século XVI: uma outra leitura de um mesmo quotidiano“, in: Revista Internacional de Estudos Africanos 6–7 (1987), S. 167–178.

Henriques, „Armas de fogo em Angola no século XIX: uma interpretação“, in: Santos, Maria Emília Madeira (org.), I reunião internacional de história de África: relação Europa-África no 3º quartel do séc. XIX, Lisboa: Instituto de Investigação Científica Tropical, 1989, S. 407–429.

Henriques, „O Ciclo do Açúcar em S. Tomé nos Séculos XV e XVI“, in: Albuquerque (ed.), Portugal no Mundo, Bd. I, S. 264–280.

Henriques, „L'invention sociale de São Tomé et Principe au XVIe siècle“, in: Devisse, Jean (ed.), Les assises du pouvoir. Temps médiévaux, territoires africains, Saint-Denis, 1994, S. 199–211.

Henriques, Percursos da modernidade em Angola: dinâmicas comerciais e transformações sociais no século XIX, pref. Jean Devisse, Lisboa: Instituto de Investigação Científica Tropical; Instituto da Cooperação Portuguesa, 1997.

Henriques, São Tomé e Príncipe: a invenção de uma sociedade, Lisboa: Vega, 2000 (Documenta historica, 26).

Henriques, Lugares de Memória da Escravatura e do Tráfico Negreiro – Angola, Cabo Verde, Guiné-Bissau, Moçambique, São Tomé e Príncipe, Lisboa: Comité Português do Projecto UNESCO A Rota do Escravo, 2013.

Hernández González, Manuel, „La esclavitud en Canarias y su emigración a América“, in: Archivo Histórico Provincial de Santa Cruz de Tenerife (ed.), Esclavos, Santa Cruz de Tenerife: Gobierno de Canarias. Consejería de Educación, Cultura y Deportes. Dirección General del Libro, Archivos y Bibliotecas, 2006 (Documentos para la Historia de Canarias; Bd. VIII), S. 27–39.

Heywood, Linda (ed.), Central Africans and Cultural Transformations in the American Diaspora, New York: Cambridge University Press: 2001.

Hesse, Gerhard, Die Jallaba und die Nuba Nordkordofans: Händler, Soziale Distinktion und Sudanisierung, Münster [etc.]: Lit, 2003 (Beiträge zur Afrikaforschung; Bd. 16).

Heywood; Thornton, Central Africans, Atlantic Creoles, and the Foundations of the Americas, 1585–1660, Cambridge: CUP, 2007.

Heywood, „Slavery and its transformation in the kingdom of Kongo: 1491–1800“, in: Journal of African History Vol. L:1 (2009), S. 1–22.

Heywood; Thornton, „'Canniball Negroes,' Atlantic Creoles, and the Identity of New England's Charter Generation“, in: African Diaspora Vol. 4:1 (2011), S. 76–94.

Heywood, Njinga of Angola. Africa's warrior queen, Cambridge [u. a.]: Harvard University Press, 2017.

Hicks, Mary E., „Financing the Luso-Atlantic Slave Trade, 1500–1840“, in: Journal of Global Slavery Vol. 2:3 (2017), S. 273–309.

Higgs, Catherine, Chocolate Islands: Cocoa, Slavery, and Colonial Africa, Athens: Ohio University Press, 2012.

Hiskett, Mervyn, The Sword of Truth: the Life and Times of the Shehu Usuman dan Fodio, New York/London: OUP, 1973 [2nd edition: Evanston: Northwest University Press, 1994].

Hiskett, „Enslavement, slavery and attitudes towards the legally enslavable in Hausa Islamic literature“, in: Willis (ed.), Slaves and Slavery in Muslim Africa, Bd. I, S. 106–124.

Holland, Tom, „Das Aufkommen der Sunna“, in: Holland, Im Schatten des Schwertes. Mohammed und die Entstehung des arabischen Weltreiches, Stuttgart: Klett-Cotta, 2012, S. 394–413.

Holsinger, Daniel, „Trade Routes in the Algerian Sahara in the 19th Century“, in: Revue de l'Occident musulman et de la Méditerranée 30:1 (1980), S. 57–70.

Horta, José da Silva, „Ser 'Português' em terras de Africanos: vicissitudes da construção identitária na 'Guiné do Cabo Verde' (sécs. XVI–XVII)“, in: Fernandes, Hermenegildo; Henriques, Isabel Castro; Horta; Matos, Sérgio Campos (eds.), Nação e Identidades – Portugal, os Portugueses e os Outros, Lisboa: Centro de História/ Caleidoscópio, 2009, S. 261–273.

Horta; Diaz, Eduardo Costa, „Sénégambie: un concept historique et socioculturel et un objet d'étude réévalués“, in: Mark, Peter; Horta (eds.), The Forgotten Diaspora. Jewish Communities in West Africa and the Making of the Atlantic World, Cambridge, Cambridge University Press, 2011, S. 9–19.

Horta, „Being both Free and Unfree. The case of selected Luso-Africans in sixteenth and seventeenth-century Western Africa: Sephardim in a Luso-African context“, in: Anais de História de Além-Mar Vol. 14 (2013), S. 225–247.

Horta, „Trânsito de africanos: circulação de pessoas, de saberes e experiências religiosas entre os rios de Guiné e o arquipélago de Cabo Verde (séculos XV–XVII)“, in: Anos 90 Vol. 21, no. 40, Porto Alegre (dez. 2014), S. 23–49.

Howard, Allen M., „Nineteenth-Century Coastal Slave Trading and the British Abolition Campaign in Sierra Leone“, in: Slavery & Abolition 27:1 (April 2006), S. 23–49.

Inikori; Engerman (eds.), The Atlantic Slave Trade. Effects on Economies, Societies, and peoples in Africa, the Americas, and Europe, Durham and London: Duke University Press, 1992.

Inikori, „Slavs or Serfs? A Comparative Study of Slavery and Serfdom in Europe and Africa“, in: Okpewho, Isidore; Davies; Carole Boyce; Mazrui, Ali A. (eds.), African Diaspora. African Origins and New World Identities, Bloomington and Indiana: Indiania University Press, 1999, S. 49–75.

Inikori, „Africa and the globalization process: Western Africa, 1450–1850“, in: Journal of Global History 2 (2007), S. 63–86.

Inikori, „Transatlantic Slavery and Economic Development in the Atlantic World: West Africa, 1450–1850“, in: Cambridge World History of Slavery, Vol. 3, S. 650–673.

Isaacman, Allan F., Mozambique: The Africanization of a European Institution: The Zambesi Prazos, 1750–1902, Madison: University of Wisconsin Press, 1972.

Iyob Ruth; Collins, Robert O. (eds.), Problems in African History: The Pre-Colonial Centuries, Princeton: Markus Wiener, 2014 (expanded edition).

James, Wendy, „Perceptions from an African Slaving Frontier“, in: Archer (ed.), Slavery and Other Forms of Unfree Labour, S. 130–141.

Jarvis, Michael J., In the Eye of All Trade: Bermuda, Bermudians, and the Maritime Atlantic World, 1680–1783, Chapel Hill: University of North Carolina Press, 2010.

Jerónimo, Miguel; Monteiro, José Pedro, „Das 'Dificultades de Levar Os Indígenas a Trabalhar': O 'sistema' de trabalho nativo no império colonial português“, in: Jerónimo (org.), O Império Colonial em Questão. Poderes, Saberes e Instituções, Lisboa: Edições 70, 2013, S. 159–196.

Jok, Jok Madut, War and Slavery in Sudan, Philadelphia: University of Pennsylvania Press, 2011.

Jones; Johnson, Douglas H., „Sudanese Military Slavery from the Eighteenth to the Twentieth Century“, in: Archer (ed.), Slavery and Other Forms of Unfree Labour, S. 142–156.

Johnson, Marion, „Slaves from the Windward Coast“, in: J.Afr.Hist. Vol. 21 (1980), S. 17–34.

Jones, „Theophile Conneau at Galinhas and New Sestos, 1836–1841: A comparison of the Sources“, in: History in Africa 8 (1981), S. 89–106.

Jones, From Slaves to Palm Kernels. A History of the Galinhas Country (West Africa) 1730–1890, Wiesbaden: Steiner Verlag, 1983 (Studien zur Kulturkunde; 68).

Jones, „Brandenburg-Prussia and the Atlantic Slave Trade“, in: Daget (éd.), De la traite à l'esclavage, Bd. I, S. 283–298.

Jones, „‚I am all the same as God.‘ Königliche Körper und Menschenopfer in drei westafrikanischen Staaten (18.–19. Jahrhundert)“, in: Erkens, Franz-Reiner (ed.), Die Sakralität von Herrschaft. Herrschaftslegitimierung im Wechsel der Zeiten und Räume (Berlin: Akademie Verlag 2002), S. 201–212.

Jones, „Integration und Exklusion: Eine westafrikanische Familie und die Weltwirtschaft, 1780–1900“, in: Denzel, Markus A. (ed.), Vom Welthandel des 18. Jahrhunderts zur Globalisierung des 21. Jahrhunderts. Leipziger Überseetagung 2005, Stuttgart: Franz Steiner 2009 (Beiträge zur Europäischen Überseegeschichte; Band 92), S. 67–73.

Jones, Afrika bis 1850, Frankfurt am Main: S. Fischer, 2016 (Neue Fischer Weltgeschichte; Bd. 19).

Juliver Casagualda, Manuel, El Sáhara. Tierras, pueblos y culturas, Valencia: Ed. Universidad de Valencia, 2003.

Keese, Alexander, „Who's King Tom? Being a 'Temne', 'Mandinka' or 'Susu' between Identity, Solidarity and Ethnic Shifts in Early Nineteenth-Century Sierra Leone“, in: Keese (dir./ed.), Ethnicity and the Long-Term Perspective: the African experience, Bern [etc.]: Peter Lang, 2010, S. 191–211.

Keese, „Early limits of local decolonisation: Forced Labour, Decolonisation and the 'Serviçal' Population in São Tomé and Príncipe from Colonial Abuses to Post-Colonial Disappointment, 1945–1976“, in: International Journal of African Historical Studies Vol. 44:3 (2011), S. 373–392.

Keese, „Searching for the reluctant hands: obsession, ambivalence, and the practice of organizing involuntary labour in colonial Cuanza-Sul and Malange districts, Angola, 1926–1945“, in: Journal of Imperial and Commonwealth History Vol. 41:2 (2013), S. 238–258.

Keese, „Das subsaharische Afrika als globalgeschichtlicher Raum“, in: Grandner; Sonderegger (eds.), Nord-Süd-Ost-West-Beziehungen, S. 93–120.

Kelly, Kenneth G., „Controlling Traders: Slave Coast Strategies at Savi and Ouidah“, in: Williams, Caroline A. (ed.), Bridging the Early Modern Atlantic World. People, Products, and Practices on the Move, Surrey/Burlington: Ashgate, 2009, S. 151–171.

Klein, Herbert, „The Middle Passage“, in: Klein, The Atlantic Slave Trade, Cambridge: Cambridge University Press, 1999, S. 130–160.

Klein, Martin A., „The Study of Slavery in Africa“, in: J.Afr.H. XIX:4 (1978), S. 599–609.

Klein; Roberts, Richard L., „The Banamba Slave Exodus of 1905 and the Decline of Slavery in the Western Sudan“, in: J.Afr.Hist., Vol. 21 (1980), S. 375–394.

Klein, „Studying the History of Those Who Would Rather Forget: Oral History and the Experience of Slavery“ in: History in Africa 16 (1989), S. 207–219.

Klein, „Introduction: Modern European Expansion and Traditional Servitude in Africa and Asia“, in: Klein (ed.), Breaking the Chains, S. 3–36.

Klein, „Slavery and Emancipation in French West Africa“, in: Klein (ed.), Breaking the Chains, S. 171–196.

Klein, „The Slave Trade and Decentralized Societies“, in: Journal of African History Vol. 42, No. 1 (2001), S. 49–65.

Klein, „Sex, Power, and Family Life in the Harem. A Comparative Study“, in: Campbell; Miers; Miller (eds.), Women and Slavery, Bd. I, S. 63–82.

Klein, „Slavery in Western Soudan“, in: Beswick, Stephanie; Spaulding, Jay (eds.), African Systems of Slavery, Trenton; Asmara: Africa World Press, Inc, 2010, S. 11–43.

Klein, „Sexuality and Slavery in the Western Sudan“, in: Campbell; Elbourne (eds.), Sex, Power, and Slavery, S. 61–82.

Klimenkowa, Alla, Sprachkontakt und lexikalische Innovation in der karibischen Kontaktzone: die Beispiele bozal, cimarrón und criollo, Hamburg: Buske, 2017 (Kreolische Bibliothek).

Knight, Franklin W., Slave Society in Cuba during the Nineteenth Century, Madison: University of Wisconsin Press, 1970.

Knight; Liss, Peggy K. (eds.), Atlantic Port Cities: Economy, culture and society in the Atlantic World, 1650–1850, Knoxville: The University of Tennessee Press, 1991.

Knörr, Jacqueline; Kohl, Christoph (eds.), The Upper Guinea Coast in Global Perspective, New York, Berghahn Books, 2016.

Kok, Gerhard de; Feinberg, Harvey M., „Captured on the Gold Coast. ‚Illegal' Enslavement, Freedom and the Pursuit of Justice in Dutch Courts, 1746–1750", in: Journal of Global Slavery Vol. 1:2–3 (2016), S. 274–295.

Koltermann, Till Philipp; Rebstock, Ulrich, „Die ältesten arabischen Briefe der Emire von Trārza (Mauretanien). Dokumente der maurischen Bündnispolitik mit Holland und England 1721–1782", in: Zeitschrift für Weltgeschichte 7 (2006), S. 75–108.

Kopytoff, Igor, „African Slavery as an Institution of Marginality", in: Miers, Suzanne; Kopytoff, Igor (eds.), Slavery in Africa. Historical and Anthropological Perspectives, Madison: University of Wisconsin Press, 1977, S. 3–81.

Kriger, „'Guinea Cloth': Production and Consumtion of Cotton Textiles in West Africa before and during the Atlantic Slave Trade", in: Riello, Giorgio; Parthasarathi, Prasannah (ed.), The Spinning World: A Global History of Cotton Textiles, 1200–1850, Oxford and New York: OUP, 2009, S. 105–126.

Krikler, Jeremy, „A Chain of Murder in the Slave Trade: A Wider Context of the *Zong* Massacre", in: International Review of Social History Vol. 57:3 (Dec. 2012), S. 393–415.

Kurt, Andrew, „The search for Prester John, a projected crusade and the eroding prestige of Ethiopian kings, c. 1200-c. 1540", in: Journal of Medieval History Vol. 39:3 (2013), S. 297–320.

Laband, John (ed.), Daily Lives of Civilians in Wartime Africa from Slavery Days to Rwandan Genocide, Westport and London/Pietermaritzburg, South Africa: Greenwood Press/University of KwaZulu-Natal Press, 2007.

La Rue, George Michael, „The Brief Life of 'Ali, the Orphan of Kordofan. The Egyptian Slave Trade in Sudan, 1820–35", in: Campbell; Miers; Miller (eds.), Children in Slavery, S. 71–87.

Laband, John, Zulu-Warriors. The Battle for the South African Frontier, New Haven and London: Yale University Press, 2014.

Lane, Paul J.; Johnson, Douglas, „The archaeology and history of slavery in South Sudan in the 19th century", in: Peacock, Andrew A.C. (ed.), The Frontiers of the Ottoman World, Oxford: Oxford University Press, 2009 (Proceedings of the British Academy 156), S. 509–537.

Lane; MacDonald, Kevin C. (eds.), Slavery in Africa: Archaeology and Memory, Oxford: Oxford University Press (Proceedings of the British Academy 168).

Larson, Pier M., „Horrid Journeying: Narratives of Enslavement and the Global African Diaspora", in: Journal of World History Vol. 19:4 (December 2008), S. 431–464.

Larson, „Slaving in Africa" in: Miller, (ed.), The Princeton Companion to Atlantic History, Princeton: Princeton University Press, 2015, S. 425–429.

Larson, „African Slave Trades in Global Perspective", in: Reid, Richard; Parker, John (eds.), The Oxford Handbook of Modern African History, Oxford: Oxford University Press, 2013, S. 56–76.

Law, Robin, The Oyo Empire, c. 1600–c. 1836: A West African Imperialism in the Era of the Atlantic Slave Trade, Oxford: Clarendon, 1977.

Law, „Jean Barbot as a Source for the Slave Coast of West Africa", in: History in Africa Vol. 9 (1982), S. 155–173.

Law, „Slave-Raiders and Middlemen, Monopolists and Free Traders: The Supply of Slaves for the Atlantic Trade in Dahomey, c. 1715–1850", in: J.Afr.Hist. 30 (1989), S. 45–68.

Law, „The Slave-Trader as Historian: Robert Norris and the History of Dahomey", in: History in Africa Vol. 16 (1989), S. 219–235.

Law, „Between the Sea and the Lagoons: The Interaction of Maritime and Inland Navigation on the Pre-Colonial Slave Coast“, in: Cahiers d'Études Africaines 29 (1989), S. 209–237.

Law, „Religion, trade and politics on the 'Slave Coast': Roman Catholic Missions in Alladah and Wydah in the seventeenth century“, in: Journal of Religion in Africa XX:1 (1991), S. 42–77.

Law, The Slave Coast of Westafrica, 1550–1750: The Impact of the Atlantic Slave Trade on an African Society, Oxford: Clarendon Press, 1991.

Law, „Ethnicity and the Slave Trade: "Lucumi" and "Nago" as Ethnonyms in West Africa“, in: History in Africa 24 (1997), S. 205–219.

Law, „The evolution of the Brazilian community in Ouidah“, in: Slavery & Abolition 22/1 (2001), S. 22–41.

Law, „A carreira de Francisco Felix de Souza na Africa ocidental (1800–1849)“, in: Topoi: Revista da Historia, Universidade Federal de Rio de Janeiro, 2 (2001), S. 9–39.

Law, „A comunidade brasileira de Uidá e os últimos anos do tráfico atlântico de escravos, 1850–66“, in: Afro-Ásia, No. 27, Bahia (2002), S. 41–77.

Law, „The Port of Ouidah in the Atlantic Community, 17th to 19th Centuries“, in: Pietschmann (ed.), Atlantic history: history of the Atlantic system 1580–1830, S. 349–364.

Law, Ouidah: the social history of a West African ‚slaving port', 1727–1892, Oxford: James Currey, 2004.

Law, „Francisco Felix de Souza in West Africa, 1820–1849“, unter: http://www.yorku.ca/nhp/jccurto/enslaving_connections/ch9.pdf (21. Oktober 2011).

Lawrance, Benjamin N., „'All we want is make us free' – The Voyage of La Amistad's Children through the Worlds of the Illegal Slave Trade“, in: Campbell; Miers; Miller (eds.), Child Slaves in the Modern World, Athens: Ohio University Press, 2011, S. 12–35.

Lawrance, „'Your Poor Boy No Father No Mother': 'Orphans,' Alienation, and the Perils of Atlantic Child Slave Biography“, in: Biography: An Interdisciplinary Quarterly 36:4 (Fall 2013), S. 672–703.

Lawrance, „La Amistad's 'Interpreter' Reinterpreted: James Kaweli Covey's Distressed Atlantic Childhood and the Production of Knowledge about Nineteenth-Century Sierra Leone“, in: Schwarz, Suzanne; Lovejoy (eds.), Slavery, Abolition and the Transition to Colonialism in Sierra Leone, Trenton: Africa World Press, 2014, S. 215–256.

Lawrance, „A Full Knowledge of the Subject of Slavery: The Amistad, Expert Testimony, and the Origins of Atlantic Studies“, in: Slavery & Abolition Vol. 36:2 (2015), S. 298–318 (DOI: 10.1080/0144039X.2014.947091 (29. August 2014)).

Lawrance, Amistad's Orphans: An Atlantic Story of Children, Slavery, and Smuggling, New Haven and London: Yale University Press, 2014.

Lawrance, „'Most Favourite Cargoes': African Child Enslavement in the Nineteenth Century“, in: Lawrance, Amistad's Orphans, S. 27–46.

Levtzion, Ancient Ghana and Mali, London: Methuen, 1973.

Liba, Moshé; Simms, Norman (eds.), Jewish Child Slaves in São Tomé. Papers, Essazs, Articles and Original Documents Related to the Julz 1995 Conference, Wellington: New Yealand Jewish Chronicle Publication, 2003.

Liedl, „Seefahrt im islamischen Westen“, in: Marboe, Alexander; Obenaus (eds.), Seefahrt und die frühe europäische Expansion, Wien: Mandelbaum, 2009, S. 61–92.

Liesegang, Gerhard, „A First Look at the Import and Export Trade of Mozambique, 1800–1914“, in: Liesegang, Gerhard; Pasch, H.; Jones, Adam (eds.), Figuring African Trade. Proceedings of the Symposium on the Quantification and Structure of the Import and Export and Long Distance Trade in Africa 1800–1913, Berlin: Dietrich Reimer Verlag, 1986 (Kölner Beiträge zur Afrikanistik, Bd. 11), S. 451–523.

Linares, Olga, Power, prayer and production: the Jola of Casamance, Senegal, Cambridge: Cambridge University Press, 1992.

Lindsay, Lisa A., Atlantic Bonds: A Nineteenth-Century Odyssey from America to Africa, Chapel Hill: University of North Carolina Press, 2017.
Linebaugh, Peter; Rediker, Marcus, The many-headed Hydra: sailors, slaves, commoners, and the hidden history of the revolutionary Atlantic, Boston/London: Beacon Press/Verso, 2000.
Lingna Nafafé, José, „Lançados, Culture and Identity: Prelude to Creole Societies on the Rivers of Guinea and Cape Verde", in: Havik; Newitt (eds.), Creole Societies in the Portuguese Colonial Empire, S. 65–91.
Lloyd, Christopher, The Navy and the Slave Trade: The Suppression of the African Slave Trade in the Nineteenth Century, London: Cass 1968 (Cass library of African studies, no. 4).
Lloyd, David; O'Neill, Peter (eds), The Black and Green Atlantic: Cross-Currents of the African and Irish Diasporas, Basingstoke: Palgrave Macmillan, 2009.
Lobban, Jr., Richard A., Cape Verde: Crioulo Colony to Independent Nation. Boulder: Westview Press, 1995.
Lobban, Jr., „Jews in Cape Verde and on the Guinea Coast" (unter: www1.umassd.edu/specialprograms/caboverde/jewslobban.html (19. Feb. 2013)).
Loimeier, Roman, „Die islamischen Revolutionen in Westafrika", in: Grau, Inge; Mährdel, Christian; Schicho, Walter (eds.), Afrika. Geschichte und Gesellschaft im 19. und 20. Jahrhundert, Wien: Promedia, 2000, S. 53–73.
Lopes, Carlos (ed.), Mansas, Escravos, Grumetes e Gentio: Cacheu na encruzilhada de Civilizações, Bissau, Guinea-Bissau: Instituto Nacional de Estudos e Pesquisa, 1993.
Lourenço, Isabel dos Santos; Keese, „Die blockierte Erinnerung: Portugals koloniales Gedächtnis und das Ausbleiben kritischer Diskurse, 1974–2010" [‚Blocked remembrance: Portugal's colonial memory and the absence of a critical discourse, 1974–2010'], in: Geschichte & Gesellschaft 37(2) (2011), S. 220–243.
Lovejoy, Henry B., „The Registers of Liberated Africans of the Havana Slave Trade Commission: Implementation and Policy, 1824–1841", in: Slavery & Abolition Vol. 37:1 (2016), S. 23–44.
Lovejoy, Paul E., „Plantations in the Economy of the Sokoto Caliphate", in: J.Afr.H., XIX:3 (1978), S. 341–368.
Lovejoy; Jan S. Hogendorn, „Slave Marketing in West Africa", in: Gemery, Henry A.; Hogendorn (eds.), The Uncommon Market: Essays in the Economic History of the Atlantic Slave Trade, New York, Academic Press, 1979, S. 213–235.
Lovejoy, „The Characteristics of Plantations in the Nineteenth-Century Sokoto Caliphate (Islamic West Africa)", in: AHR 84:5 (1979), S. 1267–1292.
Lovejoy, Caravans of Kola. The Hausa Kola Trade, 1700–1900, Zaria: Ahmadu Bello University Press, 1980.
Lovejoy (ed.), The Ideology of Slavery in Africa, London: Sage Publications, 1981.
Lovejoy, „Commercial Sectors in the Economy of the Nineteenth-Century Central Sudan: The Trans-Saharan Trade and the Desert-Side Salt", in: African Economic History, No. 13 (1984), S. 85–116.
Lovejoy (ed.), Africans in Bondage. Studies in Slavery and the Slave Trade, Madison; London: The University of Wisconsin Press, 1986.
Lovejoy, „Concubinage and the Status of Women slaves in Early Colonial Northern Nigeria", in: J.Afr.Hist. Vol. 29 (1988), S. 245–266.
Lovejoy, „The Impact of the Atlantic Slave Trade on Africa: A Review of the Literature", in: J.Afr.Hist. Vol. 30 (1989), S. 365–394.
Lovejoy, „Foreword", in: Meillassoux, The Anthropology of Slavery, Chicago: University of Chicago Press, 1991, S. 7–8.
Lovejoy, „Concubinage in the Sokoto Caliphate (1804–1903)", in: Slavery & Abolition 11 (1990), S. 159–189.
Lovejoy, „*Murgu*: The Wages of Slavery in the Sokoto Caliphate", in: Slavery & Abolition 13 (1992), S. 168–185.

Lovejoy, „The Central Sudan and the Atlantic Slave Trade“, in: Harms; Robert W.; Miller; Newbury, David C.; Wagner, Michelle D., Paths to the Past: African Historical Essays in Honor of Jan Vansina, Atlanta: African Studies Association Press, 1994, S. 345–370.

Lovejoy; Rogers, Nicholas (eds.), Unfree Labour in the Development of the Atlantic World, London: Frank Cass, 1994.

Lovejoy; Richardson, „Competing Markets for Male and Female Slaves: Prices in the Interior of West Africa, 1780–1850“, in: International Journal of African Historical Studies 28 (Spring 1995), S. 261–294.

Lovejoy; Richardson, „British Abolition and its Impact on Slave Prices at the Atlantic Coast of Africa, 1783–1850“, in: Journal of Economic History, LV:1 (1995), S. 98–119.

Lovejoy (with David Richardson), „Competing Markets for Male and Female Slaves: Slave Prices in the Interior of West Africa, 1780–1850“, in: International Journal of African Historical Studies, XXVIII:2 (1995), S. 261–294.

Lovejoy; Law, „The Changing Dimensions of African History: Reappropriating the Diaspora“, in: McGrath, Simon; Jedrej, Charles; King, Kenneth; Thompson, Jack (eds.), Rethinking African History, Edinburgh, Centre of African Studies, 1997, S. 181–200.

Lovejoy et. al., Routes et traces des esclaves, Paris: Gallimard, 1997.

Lovejoy, „Biography as Source Material: Towards a Biographical Archive of Enslaved Africans“ in: Law (ed.), Source Material for Studying the Slave Trade and the African Diaspora, Stirling: Centre of Commonwealth Studies, University of Stirling, 1997, S. 119–140.

Lovejoy; Richardson, „Trust Pawnship, and Atlantic History: The Institutional Foundations of the Old Calabar Slave Trade“, in: AHR 104:2 (1999), S. 333–355.

Lovejoy, „Cerner les identités au sein de la Diaspora africaines: L’Islam et l’esclavage aux Amériques“, in: Cahiers des Anneaux de la Mémoire 1, Nantes (1999), S. 249–277.

Lovejoy, „The Clapperton-Bello Exchange: the Sokoto Jihad and the Trans-Atlantic Slave Trade, 1804–1837“, in: Wise, Christopher (ed.), The Desert Shore: Literatures of the African Sahel, Boulder: Lynne Rienner, 2000, S. 201–228.

Lovejoy (ed.), Identity in the Shadow of Slavery, London; New York: Continuum, 2000 (The Black Atlantic).

Lovejoy, „Identifiying Enslaved Africans in the African Diaspora“, in: Lovejoy (ed.), Identity in the Shadow of Slavery, S. 1–29.

Lovejoy, Transformations in slavery: a history of slavery in Africa, Cambridge: Cambridge University Press, ^{3}2000 (African studies; 36).

Lovejoy (with Trotman, David V.), „Experiencias de vida y expectativas: Nociones africanas sobre la esclavitud y la realidad en América“ in: Cáceres Gómez, Rina (ed.), Rutas de la Esclavitud en África y América Latina, San José, Costa Rica: Editorial de la Universidad de Costa Rica, 2001, S. 379–404.

Lovejoy; Richardson, „Letters of the Old Calabar Slave Trade, 1760–1789“, in: Caretta, Vincent, Gould, Philip (eds.), Genius in Bondage: Literature of the Early Black Atlantic, Lexington: University Press of Kentucky, 2001, S. 89–115.

Lovejoy; Trotman, Trans-Atlantic dimensions of ethnicity in the African diaspora, London: Continuum, 2002 (The Black Atlantic).

Lovejoy, „Identidade e a miragem da etnicidade A jornada de Mahommah Gardo Baquaqua para as Américas“, in: Afro-Ásia núm. 27 (2002), S. 9–39.

Lovejoy; Paul; Trotman, David (eds.), Trans-Atlantic Dimensions of Ethnicity in the African Diaspora, London and New York: Continuum Press, 2003.

Lovejoy, „Transformaciones transatlánticas: origenes e identidades de los africanos en América“, in: Del Caribe 41, Santiago de Cuba (2003), S. 55–70.

Lovejoy (ed.), Slavery on the Frontiers of Islam, Princeton: Markus Wiener Publishers, 2004.

Lovejoy, „Slavery, the Bilād al-Sūdān, and the Frontiers of the African Diaspora“, in: Lovejoy (ed.), Slavery on the Frontiers of Islam, S. 1–29.

Lovejoy, „The Yoruba Factor in the Trans-Atlantic Slave Trade“, in: Falola, Toyin; Childs, Matt (eds.), The Yoruba diaspora in the Atlantic world, Bloomington: Indiana University Press, 2004 (Blacks in Diaspora), S. 40–55.

Lovejoy, „Kola nuts: the 'coffee' of the central Sudan“, in: Goodman, Jordan; Lovejoy; Sherratt, Andrew (eds.), Consuming Habits. Global and historical perspectives on how cultures define drugs, London and New York: Routledge, ^{2}2007, S. 98–120.

Lovejoy, „Patterns in regulation and collaboration in the slave trade of West Africa“, in: Leidschrift Vol. 22:1 (april 2007), S. 41–57.

Lovejoy, „Scarification and the Loss of History in the African Diaspora“, in: Apter, Andrew; Derby, Lauren (orgs.), Activating the Past Historical Memory in the Black Atlantic, Newcastle: Cambridge Scholarly Publishing, 2010, S. 99–138.

Lovejoy, „Olaudah Equiano or Gustavus Vassa – What's in a Name?“ in: Atlantic Studies Vol. 9:2 (2012), S. 165–184.

Lovejoy, Jihad in West Africa during the Age of Revolutions, Athens: Ohio University Press, 2016.

Lovejoy, „Mohammed Ali Nicholas Sa'id: From enslavement to American Civil War Veteran“, in: Sanz; Zeuske (eds.), Millars. Espai i Història, XLII:1 (2017) (= número monográfico dedicado a ‚Microhistoria de esclavas y esclavos'), S. 219–232.

MacGaffey, Wyatt, „Dialogues of the deaf: Europeans on the Atlantic coast of Africa“, in: Schwartz (ed.), Implicit Understandings: Observing, Reporting, and Reflecting on the Encounters between Europeans and Other Peoples in the Early Modern Era, New York: Cambridge University Press, 1994, S. 249–267.

MacGaffey, „Indigenous Slavery and the Atlantic Trade: Kongo Texts“, in: Beswick, Stephanie; Spaulding, Jay (eds.), African Systems of Slavery, Trenton; Asmara: Africa World Press, Inc, 2010, S. 173–201.

Machado, Pedro, „A forgotten corner of the Indian Ocean: Gujarati merchants, Portuguese India and the Mozambique slave-trade, c. 1730–1830“, in: Campbell (ed.), The Structure of Slavery in Indian Ocean Africa and Asia, S. 17–32.

Magra, Christopher P., The Fisherman's Cause: Atlantic Commerce and Maritime Dimensions of the American Revolution, New York, Cambridge University Press, 2009.

Mamigonian; Racine, Karen (eds.), The Human Tradition in the Black Atlantic 1500–2000, Lanham: Rowman & Littlefield, 2010.

Mann, Kristin, Slavery and the Birth of an African City: Lagos, 1790–1900, Bloomington: Indiana University Press, 2007.

Manning, Slavery, Colonialism and Economic Growth in Dahomey 1640–1969, Cambridge: CUP, 1982.

Manzo, Kate, „Modern Slavery, Global Capitalism & Deproletarianisation in West Africa“, in: Review of African Political Economy No. 106 (2005), S. 521–534.

Manzo, „Exploiting West Africa's children: trafficking, slavery and uneven development“, in: Area Vol. 37:4 (2005), S. 393–401.

Mark, Peter, ‚Portuguese' Style and Luso-African Identity: Precolonial Senegambia, Sixteenth-Nineteenth Centuries, Bloomington: Indiana University Press, 2002.

Mark; Horta, „Trade and Trading Networks in the Greater Senegambia: An Introductory Essay“, in: Mark; Horta (eds.), Trade, Traders and Cross-Cultural Relationships in Greater Senegambia (= Mande Studies 9 (2007)), S. 1–7.

Mark; Horta (eds.), The Forgotten Diaspora. Jewish Communities in West Africa and the Making of the Atlantic World, Cambridge: Cambridge University Press, 2011.

Mark; Horta, „Market Networks and Warfare. A Comparison of the Seventeenth-Century Blade Weapons Trade and the Nineteenth-Century Firearms Trade in Casamance“, in: Knörr, Jacqueline; Kohl, Christoph (eds.), The Upper Guinea Coast in Global Perspective, New York, Berghahn Books, 2016, S. 299–314.

Martínez Torres, José Antonio, „Un Mediterráneo de cautivos y renegados“, in: Martínez Torres, Prisioneros de los infieles. Vida y rescate de los cautivos cristianos en el Mediterráneo musúlman (siglos XVI–XVII), Barcelona: Edicions Bellaterra, 2004, S. 31–57.

Martino, Enrique, „PANYA. Economies of Deception and the Discontinuities of Indentured Labour Recruitment and the Slave Trade, Nigeria and Fernando Pó, 1890s–1940s“, in: African Economic History Vol. 44 (2016), S. 91–129.

Martino, „Dash-peonage: the contradictions of debt bondage in the colonial plantations of Fernando Pó“, in: Africa Vol. 87:1 (2017), S. 53–78.

Martino Martín, „Corrupción y contrabando: funcionarios españoles y traficantes nigerianos en la economía de Fernando Poo (1936–1968)“, in: AYER. Revista de Historia Contemporánea 109:1 (2018), S. 169–196

Marx, Christoph, „Umwälzungen am Wendekreis: Die Jihad-Reiche des Sudan“, in: Marx, Geschichte Afrikas. Von 1800 bis zur Gegenwart, Paderborn [etc.]: Ferdinand Schöningh, 2004, S. 60–74.

Masonen, Pekka, The Negroland Revisited. Discovery and Invention of the Sudanese Middle Ages, Helsinki: Academia Scientiarum Fennica, 2000.

Massing, Andreas, „Valentim Fernandes' Five Maps and the Early History and Geography of Sao Tomé“, in: History in Africa Vol. 36:1 (Jan. 2010), S. 367–386.

Matar, Nabil I., „British Captives in Salé (1721). A Case Study“, in: Hanß; Schiel (eds.), Mediterranean Slavery Revisited (500–1800), S. 515–540.

Matory, Lorand James, „El Nuevo Imperio Yoruba: Textos, Migración y el Auge Transatlántico de la Nación Lucumí“, in: Hernández Rodríguez, Rafael (ed.), Culturas encontradas: Cuba y los Estado Unidos, La Habana: Centro de Investigación y Desarrollo de la Cultura Cubana Juan Marinello / Centro de Estudios Latinoamericanos David Rockefeller Harvard University, 2001, S. 167–188.

Mattos, Hebe, „Black Troops and Hierarchies of Color in the Portuguese Atlantic World: The Case of Henrique Dias and His Black Regiment“, in: Luso-Brazilian Review 45:1 (2008), S. 6–29.

Maziane, Leïla, Salé et ses corsaires (1666–1727): Un port de course marocain au XVIIe siècle, Rouen: Publications de Universités de Rouen et du Havre, 2007.

McCusker, John J.; Morgan, Kenneth (eds.), The Early Modern Atlantic Economy, Cambridge: Cambridge University Press, 2000.

Médard, Henri; Doyle, Shane (eds.), Slavery in the Great Lakes Region of East Africa, Oxford/ Kampala/Nairobi/Athens: James Currey/Fountain Publishers/EAEP/Ohio University Press, 2007 (Eastern African Studies).

Medina, João; Castro Henriques, A rota dos escravos: Angola e a rede do comércio negreiro, Lisboa: Cegia, 1996.

Mercer, John, Die Haratin. Mauretaniens Sklaven, Göttingen: Gesellschaft für bedrohte Völker, 1982.

Metcalf, George, „A Microcosm of Why Africans Sold Slaves: Akan Consumption Patterns in the 1790s“, in: The Journal of African History 28, No. 3 (Jan. 1987), S. 377–394.

Meuwese, Mark, „Samuel Cohen (c. 1600–1642): Jewish Translator in Brazil, Curaçao, and Angola“, in: Racine; Mamigonian (eds.), The Human Tradition in the Atlantic World 1500–1850, Lanham: Rowman & Littlefield, 2010, S. 27–41.

Michels, Stefanie, „Schutzherrschaft revisited: Kolonialismus aus afrikanischer Perspektive“, in: Fahrmeir, Andreas; Imhausen, Annette (eds.), Die Vielfalt der normativen Ordnungen. Konflikte und Dynamik in historischer Perspektive, Frankfurt am Main/New York: Campus, 2013, S. 243–274.

Miers, Suzanne; Kopytoff, Igor (eds.), Slavery in Africa. Historical and Anthropological Perspectives, Madison: University of Wisconsin Press, 1977.

Miller, Christopher L., The French Atlantic Triangle. Literature and Culture of the Slave Trade, Durham & London: Duke University Press, 2008.

Miller, Ivor L., Voice of the Leopard: African Secret Societies and Cuba, Jackson: University Press of Mississippi, 2009 (Caribbean Studies Series).
Miller, Joseph C., „Njinga of Matamba in a New Perspective“, in: Journal of African History 16:2 (1975), S. 201–216.
Miller, Way of Death: Merchant Capitalism and the Angolan Slave Trade, 1730–1830, Madison: The University of Wisconsin Press, 1988.
Miller, „A marginal institution on the margin of the Atlantic system: The Portuguese southern Atlantic slave trade in the eighteenth century“, in: Solow (ed.), Slavery and the Rise of the Atlantic System, Cambridge: CUP, 1991, S. 120–150.
Miller, „O Atlântico Escravista. Açúcar, Escravos e Engenhos“, in: Afro-Asia 19–20 (1997), S. 9–36.
Miller, „Central Africa during the Era of the Slave Trade, c. 1490s–1850s“, in: Heywood (ed.), Central Africans and Cultural Transformations in the American Diaspora, New York: Cambridge University Press: 2001, S. 21–69.
Milton, Giles, Weißes Gold. Die außergewöhnliche Geschichte von Thomas Pellow und das Schicksal weißer Sklaven in Afrika, Stuttgart: Theiss, 2010.
Misevich, Philip, „The Origins of Slaves Leaving the Upper Guinea Coast in the Nineteenth Century“, in: Eltis; Richardson (eds.), Extending the Frontiers, S. 155–175.
Misevich; Mann, Kristin (eds.), The Rise and Demise of Slavery and the Slave Trade in the Atlantic World, Rochester: University of Rochester Press, 2016 (Rochester Studies in African History and the Diaspora; Vol. 71).
Monroe. J Cameron; Janzen, Anneke, „The Dahomean Feast: Royal Women, Private Politics,and Culinary Practices in Atlantic West Africa“ (online: https://www.academia.edu/ (21. August 2014)).
Moreira Bastos, Maria Isabel, Luanda, quotidiano e escravos no século XIX, Lisboa: [s.n.], 2003.
Morgan, Jennifer L., „Women and Slavery in the Transatlantic Slave Trade“, in: Tibbles, Anthony (ed.), Transatlantic Slavery. Against Human Dignity, Liverpool: National Museums Liverpool, 2005, S. 60–69.
Morgan, Kenneth et als. (eds.), The British Transatlantic Slave Trade, 4 Bde., London: Pickering and Chatto, 2003.
Morgan, Slavery and the British Empire: From Africa to America, Oxford: Oxford University Press, 2007.
Morgan, Cuatro siglos de esclavitud trasatlántica, Barcelona: Editorial Crítica, 2017.
Morgan, Philipp D., „Africa and the Atlantic, c. 1450 to. c. 1820“, in: Greene, Jack; Morgan (eds.), Atlantic History. A Critical Appraisal, Oxford: OUP, 2009, S. 223–248.
Morgan, Maritime Slavery (= Special Issue Slavery & Abolition Vol. 31:3 (2010)).
Morgan, „Introduction: Maritime Slavery“, in: Slavery & Abolition Vol. 31:3 (2010), S. 311–326.
Morton, Fred, „Slavery in the South African Interior During the 19th Century“, in: Oxford Research Encyclopedia of African History; Online Publication Date: Apr 2017 DOI: 10.1093/acrefore/9780190277734.013.77
Mott, Luiz, „Raizes históricas da homossexualidade no Atlântico lusófono negro“, in: Afro-Ásia no. 33 (2005), S. 9–33.
Mouser, Bruce L., Trade and Politics in the Nunez and Pongo Rivers, 1790–1865, Ph.D. dissertation, Indiana University, 1971 (online: http://www.tubmaninstitute.ca/sites/default/files/file/Mouser%20Dissertation.pdf (30. Jan. 2016)).
Mouser, „Trade, Coasters, and Conflict in the Rio Pongo from 1790 to 1808“, in: Journal of African History 14 (1973), S. 45–64.
Mouser, „Théophilus Conneau: The Saga of aTale“, in: History in Africa 6 (1979), S. 97–107.
Mouser, „Women Slavers of Guinea-Conacry“, in: Robertson; Klein (eds.), Women and Slavery in Africa, S. 321–333.
Mouser, „Baltimore's African Experiment, 1822–1827“, in: The Journal of Negro History Vol. 80:3 (Summer 1995), S. 113–130.

Mouser, „Iles de Los as Bulking Center in the Slave Trade, 1750–1800“, in: Revue Française d'histoire d'outre-mer 313 (1996), S. 77–90.
Mouser, „The Baltimore/Pongo Connection: American Entrepreneurship, Colonial Expansionism, or African Opportunism?“, in: The International Journal of African Historical Studies Vol. 33, No. 2 (2000), S. 313–333.
Mouser (ed.), A Slaving Voyage to Africa and Jamaica. The Log of the Sandown, 1793–1794, Bloomington and Indianapolis: Indiana University Press, 2002.
Mouser, „Continuing British Interest in Coastal Guinea-Conakry and Fuuta Jaloo Highlands (1750 to 1850)“, in: Cahiers d'Études africaines Vol. 43:4, no. 172 (2003), S. 761–790.
Mouser; Mouser, Nancy F., Case of Reverend Peter Hartwig, Slave Trader or Misunderstood Idealist, Madison: University of Wisconsin Press, 2003.
Mouser, „Forgotten Expedition into Guinea, West Africa, 1815–17: An editor's comments“, in: History in Africa Vol. 35 (2008), S. 481–489.
Mouser, „A History of Rio Pongo: Time for a New Appraisal“. In: History in Africa 37 (2010), S. 329–354.
Mouser, American Colony on the Rio Pongo: The War of 1812, Continuing Slave Trade, and Plans for a Settlement of African Americans, 1810–1830, Trenton: Africa World Press, 2013.
Mouser; Nuijen, Edwin; Okry, Florent; Richards, Paul, „Commodity and Anti-commodity: Linked Histories of Slavery, Emancipation and Red and White Rice at Sierra Leone“ (Commodities of Empire Working Paper No.19, ISSN: 1756–0098), unter: http://www.open.ac.uk/Arts/ferguson-centre/commodities-of-empire/working-papers/WP19.pdf (28. Juni 2012).
Mouser, „Towards a Definition of Transnational as a Family Construct: An Historical and Micro Perspective“, in: Knörr, Jacqueline; Kohl, Christoph (eds.), The Upper Guinea Coast in Global Perspective, New York, Berghahn Books, 2016, S. 21–39.
Murphy, Kathleen, „Collecting Slave Traders: James Petiver, Natural History, and the British Slave Trade“, in: William and Mary Quarterly Vol. 70:4 (2013), S. 637–670.
Mustakeem, Sowande', „Far Cry from a Fantasy Voyage: The Impact of the Middle Passage on Slave Societies across the Atlantic World“, in: ISLAS: Official Publication of the Afro-Cuban Alliance, Year 2, No. 8, (Fall 2007).
Mustakeem, „'I Never Have Such A Sickly Ship Before': Diet, Disease, and Mortality in 18th-Century Atlantic Slaving Voyages“, in: Journal of African American History 93 (Fall 2008), S. 474–496.
Mustakeem, „'Make Haste & Let Me See You With A Good Cargo of Negroes': Gender, Power, and the Centrality of Violence in the Eighteenth Century Atlantic Slave Trade“, in: Gordinier, Glenn (ed.), Gender, Race, Ethnicity, and Power in Maritime America. September 2006, Mystic: Mystic Seaport Museum, 2008, S. 3–21.
Mustakeem, Slavery at Sea: Terror, Sex, and Sickness in the Middle Passage, Urbana: University of Illinois Press, 2016.
Nerín, Gustau, Guinea Ecuatorial, historia en blanco y negro (hombres blancos y mujeres negras en Guinea Ecuatorial [1843–1968]), Barcelona: Ediciones Península, 1997.
Nerín, Traficants d'ànimes. Els negrers espanyols a l'Àfrica, Barcelona: Raval Edicions SLU, Pòrtic, 2015.
Nerín, „La Factoria“, in: Negrín, Traficants d'ànimes, S. 38–47.
Nerín, Corisco y el estuario del Muni (1470–1931). Del aislamiento a la globalización y de la globalización a la marginación. Prólogo de Valérie de Wulf, Paris: L'Harmattan, 2015.
Newitt, Malyn D. D., „The Portuguese on the Zambesi: An Historical Interpretation of the Prazo System“, in: Journal of African History Vol. 10:1 (1969), S. 67–85.
Newitt, A History of Mozambique, Bloomington: Indiana University Press, 1995.
Newitt, „Mozambique Island: The Rise and Decline of a Colonial Port City“, in: Brockey, Liam M. (ed.), Portuguese Colonial Cities in the Early Modern World, Burlington: Ashgate, 2008, S. 105–128.

Newitt (ed.), The Portuguese in West Africa, 1415–1670. A Documentary History, Cambridge: Cambridge University Press, 2010.

Newson, Linda; Minchin, Susie, From Capture to Sale. The Portuguese slave trade to Spanish America in the early seventeenth century, Leiden: Brill, 2007 (The Atlantic World; 12).

Ngou-Mve, Nicolás, El África bantú en la colonización de México, 1595–1640, Madrid: Agencia Española de Cooperación Internacional, Consejo Superior de Investigaciones Científicas, 1994.

Niane, Djibril Tamsir, „La guerre des Mulâtres (1860–1880). Un cas de résistance à la traite négrière au Rio Pongo", in: Rochmann, Marie-Christine (dir.), Esclavage et abolitions: mémoires et systèmes de représentation: actes du colloque internationale de l'université Paul Valéry, Montpellier III (13 au 15 novembre 1998), Paris: Éditions Karthala, 2000, S. 72–82.

Nolte; Schmieder, Ulrike (eds.), Atlantik. Sozial- und Kulturgeschichte in der Neuzeit, Wien: Promedia Verlag, 2010 (Edition Weltregionen; 20).

Nwokeji, G. Ugo; Eltis, „Characteristics of Captives Leaving the Cameroons for the Americas, 1822–37", in: Journal of African History 43 (2002), S. 191–210.

Nwokeji; Eltis, „The Roots of the African Diaspora: Methodological Considerations in the Analysis of Names in the Liberated African Registers of Sierra Leone and Havana", in: History in Africa 29 (2002). S. 368–373.

Nwokeji, The slave trade and culture in the Bight of Biafra: an African society in the Atlantic World, Cambridge [etc.], Cambridge University Press, 2010.

Nwokeji, „The Aro in the Atlantic Context", in: Nwokeji, The slave trade and culture in the Bight of Biafra, S. 22–52.

Obenaus, „Ursprung und Frühphase des atlantischen Sklavenhandels bis um 1600", in: Ertl, Thomas (ed.), Erzwungene Exile, Frankfurt am Main/New York: Campus, 2017, S. 197–220.

Ogundiran, Akinwumi; Saunders, Paula (eds.), Materialities of Ritual in the Black Atlantic, Bloomington: Indiana University Press, 2014 (Blacks in the Diaspora).

Olatunji, Ojo; Hunt, Nadine (eds.), Slavery in Africa and the Caribbean: A History of Enslavement and Identity since the 18th Century, London/New York: Tauris, 2012 (International Library of Colonial History).

Oostindie; Roitman, Jessica V., „What is the 'Dutch Atlantic'?", in: Oostindie; Roitman (eds.), Dutch Atlantic Connections, 1680–1800. Linkingh Empires, Bridging Borders, Leiden/Boston: Brill, 2014 ,S. 2–10.

Opfer-Klinger, Björn, „Der Mythos vom Priesterkönig Johannes", in: Geschichte in Wissenschaft und Unterricht (GWU) 65, H. 1/2, (2014), S. 83–91.

Opoku-Agyemang, Naana; Lovejoy; Trotman, David (eds.), Literary and Aesthetic Manifestations of Diaspora and History, Trenton [etc.]: Africa World Press, 2008.

Oßwald, Rainer, „Rassismus und Sklaverei als Rechtsproblem in Nord- und Westafrika", in: Jokisch, Benjamin; Rebstock, Ulrich; Conrad, Lawrence I (eds.), Fremde, Feinde und Kurisoses, Berlin: De Gruyter, 2009, S. 253–277.

Oßwald, Sklavenhandel und Sklavenleben zwischen Senegal und Atlas, Würzburg: Ergon-Verlag, 2017.

Page, Willie F., The Dutch Triangle: The Netherlands and the Atlantic Slave Trade, 1621–1664, New York: Garland Publishing, 1997.

Pankhurst, Richard, „The "Banyan" or Indian presence at Masawa, the Dahlak Islands and the Horn of Africa", in: Journal of Ethiopian Studies 12:1 (1974), S. 185–212.

Pankhurst, „The History of Bareya, Šanqella and other Ethiopian slaves from the borderlands of the Sudan", in: Sudan Notes and Records 58 (1977), S. 1–43.

Patterson, K. David, The Northern Gabon Coast to 1875, Oxford: Clarendon Press, 1975.

Paz-Sánchez, Manuel de, „Wheat of Portugal. The African adventure of maize“, in: Culture & History Digital Journal Vol. 2:2 (2013): e028 (online: http://dx.doi.org/10.3989/chdj.2013.028 (29. August 2017)).

Peabody, „Slavery, Freedom, and the Law in the Atlantic World, 1420–1807“, in: Eltis; Engerman (eds.), The Cambridge World History of Slavery, Vol. 3, S. 594–630.

Pearson, Andrew, Distant freedom: St Helena and the abolition of the slave trade, 1840–1872, Liverpool: Liverpool University Press, 2016.

Peel, John D. Y., Religious encounter and the making of the Yoruba, Bloomington: Indiana University Press, 2000.

Pélissier, René, História de Moçambique. Formação e Oposição 1854–1918, 2 Bde., Lisboa: Ed. Estampa, 1994.

Perbi, Akosua Adoma, „Merchants, middlemen and monarchs“, in: Kessel, Ineke van (ed.), Merchants, Missionaries, and Migrants: 300 Years of Dutch-Ghanaian Relations, Amsterdam: KIT Publishers, 2002, S. 33–41.

Perbi, „Slavery and the Slave Trade up to the 18th Century“, in: Perbi, History of Indigenous Slavery in Ghana: From the Fifteenth to the Nineteenth Century, Ghana: Sub-Saharan Publishers, 2004, S. 13–27.

Perbi, „Local Use of Slaves. From the 15th to the 19th Century“, in: Perbi, History of Indigenous Slavery in Ghana, S. 69–110.

Pérez de la Riva, Juan, „Notas sobre las monedas utilizadas en la costa de África durante el siglo XVIII“, in: Pérez de la Riva, El barracón y otros ensayos, La Habana: Ed. de Ciencias Sociales, 1975, S. 173–189.

Pérez-Mallaína, Pablo E., Spain's Men of the Sea: Daily Life on the Indies Fleets in the Sixteenth Century. Trans. Carla Rahn Phillips, Baltimore and London: The Johns Hopkins University Press, 1998.

Pesek, Michael, „Afrikanische Träger im Ersten Weltkrieg“, in: JahrBuch für Forschungen zur Geschichte der Arbeiterbewegung (2014/III), S. 27–53.

Peukert, Werner, Der atlantische Sklavenhandel von Dahomey 1740–1797. Wirtschaftsanthropologie und Sozialgeschichte, Wiesbaden: Franz Steiner Verlag, 1978.

Philippe, Caryl, The Atlantic Sound, New York: Knopf, 2000.

Picard, Christophe, L'Ocean Atlantique musulman de la conquête arabe à l'époque almohade, Paris: Maisonneuve et Larose – UNESCO, 1997.

Pietschmann, „Der atlantische Sklavenhandel bis zum Ausgang des 18. Jahrhunderts – Eine Problemskizze“, in: Historisches Jahrbuch, 107 Jg., Erster Halbbd., Freiburg-München (1987), S.122–133.

Pilosoff, Rory, „'Guns don't colonize people...': An essay review on the role and use of firearms in pre-colonial and colonial Africa“, in: Kronos. Journal of Cape History Vol. 36:1 (2010), S. 266–277.

Pinheiro, Luís da Cunha, „A produção açucareira em São Tomé ao longo de Quinhentos“, in: Roque, Ana Cristina; Seibert; Marques, Vítor Rosado (coords.), Actas do Colóquio Internacional São Tomé e Príncipe numa perspectiva interdisciplinar, diacrónica e sincrónica (2012), Lisboa: Instituto Universitário de Lisboa (ISCTE-IUL); Centro de Estudos Africanos (CEA-IUL); Instituto de Investigação Científica Tropical (IICT), S. 27–46.

Pipes, Daniel, Slave Soldiers and Islam. The Genesis of a Military System, New Haven and London: Yale University Press, 1981.

Polanyi, Karl, Dahomey and the slave trade: an analysis of an archaic economy, Seattle: University of Washington Press, 1968 (Monographs of the American Ethnological Society; 42).

Postma, The Dutch in the Atlantic Slave Trade 1600–1815, Cambridge: Cambridge University Press, 1990.

Postma, The Atlantic Slave Trade, Westport: Greenwood Press, 2003.

Postma; Enthoven (eds.), Riches from Atlantic Commerce. Dutch Transatlantic Trade and Shipping, 1585–1817, Leiden; Boston: Brill, 2003 (The Atlantic World. Europe, Africa and the Americas, 1500–1830, Klooster; Schmidt, Benjamnin, eds.; Vol. I).

Prunier, Gérard, Darfur. Der „uneindeutige" Genozid, Hamburg: Hamburger Edition, 2006.

Ransford, Oliver, The Slave Trade. The Story of the Transatlantic Slavery, London: Murray, 1971.

Rawley, James A., The Transatlantic Slave Trade: A History, New York/London: W. W. Norton & Company, 1981.

Rawley, „Captain Nathaniel Gordon, the only American executed for violating the Slave Trade Laws", in: Civil War History Vol. 39:3 (1993), S. 216–224.

Rawley; Behrendt, The Transatlantic Slave Trade: A History, Lincoln: University of Nebraska Press, 2005.

Rediker; Pybus; Christopher, „Introduction", in: Christopher; Pybus; Rediker (eds.), Many Middle Passages, S. 1–19.

Rediker, The Slave Ship. A Human History, New York: Viking, 2007.

Rediker, The Amistad Rebellion: An Atlantic Odyssey of Slavery and Freedom, New York: Viking, 2012.

Rediker, „The African Origins of the Amistad Rebellion, 1839", in: International Review of Social History 58 (2013), S. 15–34 (= Special Issue: Mutiny and Maritime Radicalism in the Age of Revolution: A Global Survey. Ed. Clare Anderson; Nyklas Frykman; Lex Heerma van Voss and Marcus Rediker).

Rediker, Outlaws of the Atlantic. Sailors, pirates, and motley crews in the age of sail, Boston: Beacon Press, 2014.

Reid, Richard, „Human Booty: some observations on the seizure of people in war, Buganda c. 1700–1890", in: Médard, Henri; Doyle, Shane (eds.), Slavery in the Great Lakes Region of East Africa, Oxford/Kampala/Nairobi/Athens: James Currey/Fountain Publishers/EAEP/Ohio University Press, 2007 (Eastern African Studies), S. 145–160.

Reinhardt, Steven G. (ed.), Currents in Transatlantic History: Encounters, Commodities, Identities, College Station: Texas: A & M University Press, 2017.

Renault, François, „La traite des esclaves en Libye au XVIIIe siècle", in: Journal of African History (1982), S. 163–181.

Renault; Daget, Les traites négrières en Afrique, Paris: Karthala, 1985.

Renault, La Traite des Noirs au Proche-Orient médiéval, VIIe–XIVe siècle, Paris: Geuthner, 1989.

Reis, João José; Gomes, Flávio dos Santos; Carvalho, Marcus J. M. de, O alufá Rufino. Tráfico, escravidão e liberdade no Atlântico negro (c. 1822–c. 1853), São Paulo: Companhia Das Letras, 2010.

Reyna, Stephen P., Wars Without End: The Political Economy of a Precolonial African State, Hanover: University Press of New England: 1990.

Ribeiro da Silva, Filipa, Dutch and Portuguese in Western Africa. Empires, Merchants and the Atlantic System, 1580–1674, Leiden: Brill, 2011.

Ribeiro da Silva, „Crossing Empires: Portuguese, Sephardic, and Dutch Business Networks in the Atlantic Slave Trade, 1580–1674", in: The Americas Vol. 68:1 (July 2011), S. 7–32.

Ribeiro da Silva, „Forms of Cooperation between Dutch-Flemish, Sephardim and Portuguese Private Merchants for the Western African Trade within the Formal Dutch and Iberian Atlantic Empires, 1590–1674", in: Portuguese Studies Vol. 28:2 (2012), S. 159–172.

Ribeiro da Silva, „African islands and the formation of the Dutch Atlantic economy: Arguin, Gorée, Cape Verde and São Tomé, 1590–1670", in: The International Journal of Maritime History Vol. 26:3 (2014), S. 549–567.

Ribeiro da Silva, „The Dutch and the consolidation of the seventeenth-century South Atlantic complex, c. 1630–1654", in: Portuguese Literary and Cultural Studies Vol. 27 (2014), S. 83–103.

Ribeiro da Silva, „Between Iberia, the Dutch Republic and Western Africa: Portuguese Sephardic long- and short-term mobility in the seventeenth century", in: Jewish Culture and History (2015), (online: http://dx.doi.org/10.1080/1462169X.2015.1032011; academia.edu (16. Juli 2015)).

Ribeiro da Silva, „The Slave Trade and the Development of the Atlantic Africa Port System, 1400s–1800s", in: The International Journal of Maritime History Vol. 29:1 (2017), S. 138–154.

Rice, Alan J., Radical Narratives of the Black Atlantic, New York: Continuum International Publishing Group, 2003.

Ries, Esther Mirjam, Von Sklavenhändlern zu Seelenfängern: Afrikanische Studenten in Großbritannien 1750–1830, PhDiss, Frankfurt am Main: Universitätsbibliothek Johann Christian Senckenberg, 2012 (online: http://publikationen.ub.uni-frankfurt.de/frontdoor/index/index/docld/25354 (08. Juni 2017)).

Roberts, Richard L., Warriors, Merchants and Slaves: The State and the Economy in the Middle Niger Valley, 1700–1914, Stanford: Stanford University Press, 1987.

Robertson, Claire C., „We must overcome. Genealogy and evolution of female slavery in West Africa", in: Journal of West African History Vol. 1:1 (2015), S. 52–92.

Rodger, Nicholas A. M., „Atlantic Seafaring", in: Canny; Morgan (eds.), The Oxford Handbook of the Atlantic World. 1450–1850, Oxford: Oxford University Press 2011, S. 71–86.

Rodrigues, Eugénia, „Alimentação, saúde e império. O físico-mor Luís Vicente de Simoni e a nutrição dos moçambicanos", in: Arquipélago. História (Ponta Delgada), 2ª sér., Vols. IX–X (2006), S. 621–660.

Rodrigues, „Escravatura feminina, economia doméstica e estatuto social nos prazos do Zambeze no século XVIII", in: Sarmento, Clara (ed.), Condição Feminina no Império Colonial Português, Porto: Edições Politema/ Fundação do Instituto Politécnico do Porto, 2008, S. 77–98.

Rodrigues; Rocha, Aurélio; Nascimento, Augusto, Ilha de Moçambique, Maputo: Alcance Editores, 2009.

Rodrigues, Jaime, De costa a costa: escravos, marinheiros e intermediarios do tráfico negreiro de Angola ao Rio de Janeiro, São Paulo: Companhia das Letras, 2005.

Rodrigues, „'De farinha, bendito seja deus, estamos por agora muito bem': uma história da mandioca em perspectiva atlântica / 'Of flour, blessed be God, now we are very well': A History of manioc in Atlantic perspective", in: Revista Brasileira de História. São Paulo Vol. 37, nº 75 (2017), S. 69–95.

Rodrigues, José Damião (coord.), O Atlântico Revolucionário: circulação de ideias e de elites no final do Antigo Regime, Ponta Delgada: CHAM, 2012.

Rossi, Benedetta (ed.), Reconfiguring Slavery: West African Trajectories, Liverpool: Liverpool University Press, 2009.

Rossi, „'Without History? Interrogating Slave Memories in Ader (Niger)'", in: Bellagamba; Greene; Klein (eds.), African Voices on Slavery and the Slave Trade, S. 536–554.

Rossi, „African Post-slavery: A History of the Future", in: International Journal of African Historical Studies Vol. 48:2 (2015), S. 303–324.

Rossi, „Dependence, Unfreedom, and Slavery in Africa: Toward an Integrated Analysis (Review Article)", in: Africa Vol. 86:3 (2016), S. 571–590.

Rossi, „Freedom Under Scrutiny", in: Journal of Global Slavery Vol. 2:1 (2017), S. 185–194.

Rucker, Walter C., Gold Coast Diasporas. Identity, Culture, and Power, Bloomington: Indiana University Press, 2015 (Blacks in the Diaspora).

Rumeu de Armas, Antonio, España en el África Atlántica, 2 Bde., Madrid: Instituto de Estudios Africanos, Consejo Superior de Investigaciones Científicas, 1956.

Sahillioğlu, Halil, „Slaves in the Social and Economic Life of Bursa in the Late 15th and Early 16th Centuries", in: Turcica XVII (1985), S. 43–112.

Santana Pérez, Germán, „Encuentros y transformaciones en la construcción histórica de las Antillas y las Islas Canarias. Siglos XV–XVII", in: Anuario de Estudios Atlánticos 53 (2006), S. 57–98.

Santana Pérez, „El África Atlántica: la construcción de la historia atlántica desde la aportación africana", in: Vegueta. Anuario de la Facultad de Geografía e Historia, 14, Las Palmas de Gran Canaria (2014), S. 11–25.

Santos, Maria Emília Madeira, „Os primeiros lançados na Costa da Guiné: aventureiros e comerciantes", in: Albuquerque, Luís de (ed.), Portugal no Mundo, 6 Bde., Lisboa: Alfa, 1989, Bd. II, S. 125–136.

Santos, „Trajectória do Comércio do Bié", in: Santos, Nos caminos de África. Serventeia e posse (Angola-Século XIX), Lisboa: Ministério da Ciência e da Tecnologia. Instituto de Investigação Científica Tropical. Centro de Estudos de Histórica e Cartografia Antiga, 1998, S. 59–176.

Santos, „Em Busca dos Sitíos do Poder na África Centro Ocidental. Homens e Caminos, Exércitos e Entradas (1483–1915)", in: Heintze; Oppen (eds.), Angola on the Move. Transport Routes, Communications and History/Angola em Movimento, S. 26–40.

Sarracino, Rodolfo, Los que volvieron a Africa, La Habana: Editorial de Ciencias Sociales, 1988.

Savage, Elizabeth (ed.), The Human Commodity. Perspectives on the Trans-Saharan Slave Trade, London: Frank Cass, 1992 (= Spezialnummer von Slavery & Abolition 13:1 (1992)).

Savage, „Berbers and Blacks: Ibadi Slave Traffic in Eighth-Century North Africa", in: Journal of African History Vol. 33:3 (1992), S. 351–368.

Schiebinger, Londa, Secret Cures of Slaves: People, Plants, and Medicine in the Eighteenth-Century Atlantic World, Stanford: Stanford University Press, 2017.

Schnakenbourg, Eric, „Sweden and the Atlantic: The Dynamism of Sweden's Colonial Projects in the Eighteenth Century", in: Naum, Magdalena; Nordin, Jona M. (eds.), Scandinavian Colonialism and the Rise of Modernity. Small Time Agents in a Global Arena, New York: Springer, 2013 (Contributions To Global Historical Archaeology, Vol. 37), S. 229–242.

Schnurmann, Claudia, Atlantische Welten. Engländer und Niederländer im amerikanisch-atlantischen Raum 1648–1713, Köln Weimar Wien: Böhlau, 1998 (Wirtschafts- und Sozialhistorische Studien, ed. Stuart Jenks, Michael North und Rolf Walter, Band 9).

Schoeman, Karel, Early Slavery at the Cape of Good Hope, 1652–1717, Pretoria: Protea Book House, 2007.

Schoeman, „The world of the slaves: the Slave Lodge", in: Schoeman, Early Slavery at the Cape of Good Hope, S. 127–194.

Schoeman, Portrait of a Slave Society. The Cape of Good Hope, 1717–1795, Pretoria: Protea Book House, 2012.

Schoenbrun, David, „Violence, Marginality, Scorn, and Honour: Language Evidence of Slavery to the 18th century", in: Médard; Doyle (eds.), Slavery in the Great Lakes Region of East Africa, S. 38–75.

Schorsch, Jonathan, Jews and Blacks in the Early Modern World, Cambridge [etc.]: Cambridge University Press, 2004.

Schorsch, Swimming the Christian Atlantic: Judeoconversos, Afroiberians and Amerindians in the Seventeenth Century, Leiden: Brill, 2009.

Searing, James F., West African slavery and Atlantic commerce. The Senegal River valley, 1700–1860, Cambridge: Cambridge University Press, 1993.

Sears, American Slaves and African Masters. Algiers and the Western Sahara, 1776–1820, New York: Palgrave Macmillan, 2012.

Segal, Ronald, The Black Diaspora, London; Boston: Faber and Faber, 1995.

Segal, Islam's Black Slaves: The Other Diaspora, New York: Farrar, Strauss and Giroux, 2001.

Seibert, Gerhard, Camaradas, Clientes e Compadres. Colonialismo, Socialismo e Democratização em São Tomé e Príncipe, Lisboa: Vega, 2001

Seibert, „Castaways, Authoctons or Maroons? The Debate on the Angolares of São Tomé Island", in: Havik; Newitt (eds.), Creole Societies in the Portuguese Colonial Empire, S. 105–126.

Seibert, „500 years of the manuscript of Valentim Fernandes, a Moravian book printer in Lisbon", in: Cieszynska, Beata Elsbieta (ed.), Iberian and Slavonic Cultures: Contact and Comparison, 2 Bde., Lisboa: CompaRes, 2007, Bd. I, S. 79–88.

Seibert, „São Tomé's Great Slave Revolt of 1595: Background, Consequences and Misperceptions of One of the Largest Slave Uprisings in Atlantic History", in: Portuguese Studies Review 18 (2011), S. 29–50.

Seibert, „Creolization and Creole Communities in the Portuguese Atlantic: São Tomé, Cape Verde, the Rivers of Guinea and Central Africa in Comparison", in: Proceedings of the British Academy 178 (2012), S. 29–51.

Seibert, „São Tomé & Príncipe. The first plantation economy in the tropics", in: Law; Schwarz, Susanne & Strickrodt (eds.), Commercial Agriculture & Slavery in Atlantic Africa, London: James Currey, 2013 (Western Africa Series), S. 54–78.

Seibert, „Crioulização em Cabo Verde e São Tomé e Príncipe: divergências históricas e identitárias", in: Afro-Ásia 49 (2014), S. 41–70.

Seibert, Julia, „More Continuity than Change? New Forms of Unfree Labor in the Belgian Congo, 1908–1930", in: Linden (ed.), Humanitarian Intervention and Changing Labor Relations. The Long-Term Consequences of the Abolition of the Slave Trade, Leiden/Boston: Brill, 2011 (Studies in Global History, Vol. 7), S. 369–386.

Seibert, In die globale Wirtschaft gezwungen. Arbeit und kolonialer Kapitalismus im Kongo (1885–1960), Frankfurt am Main: Campus Verlag, 2016.

Serna Vallejo, Margarita, „El océano Atlántico: de marca o espacio fronterizo a 'territorio' dividido y sujeto a distintas jurisdicciones", in: Truchuelo, Susana; Reitano, Emir (eds.), Las fronteras en el Mundo Atlántico (siglos XVI–XIX), La Plata: Universidad Nacional de La Plata, 2017 (Colección Hismundi), S. 27–70.

Sharafi, Mitra, „The Slave Ship Manuscripts of Captain Joseph B. Cook: A Narrative Reconstruction of the Brig Nancy's Voyage of 1793", in: Slavery & Abolition 24 (April 2003), S. 71–100.

Shaw, Rosalind, Memories of the Slave Trade. Ritual and the Historical Imagination in Sierra Leone, Chicago and London: University of Chicago Press, 2002.

Shaw, „The Atlanticizing of Sierra Leone", in: Shaw, Memories of the Slave Trade, S. 25–45.

Shell, Robert C.-H., Children of Bondage: A Social History of the Slave Society at the Cape of Good Hope, 1652–1838, Hanover/London: Wesleyan University Press, 1994.

Shell, „The tower of Babel: The slave trade and creolization at the Cape, 1652–1834", in: Eldredge, Elizabeth A.; Morton, Fred (eds.), Slavery in South Africa: Captive Labor on the Dutch Frontier, Boulder: Westview Press/ Pietermaritzburg, University of Natal Press, RSA, 1994 (African modernization and development), S. 11–39.

Shields, Francine, „Those Who Remained Behind: Women Slaves in Nineteenth-century Yorubaland", in: Lovejoy (ed.), Identity in the Shadow of Slavery, S. 183–201.

Shumway, Rebecca, The Fante and the Transatlantic Slave Trade, Rochester: University of Rochester Press, 2011.

Skeehan, Danielle C., „Caribbean Women, Creole Fashioning, and the Fabric of Black Atlantic Writing", in: The Eighteenth Century Vol. 56:1 (Spring 2015), S. 105–123.

Smallwood, Stephanie E., Saltwater Slavery: A Middle Passage from Africa to American Diaspora, Cambridge: Harvard University Press, 2007.

Smidt, Wolbert, „Slavery", in: Uhlig, Siegbert (ed.), Encyclopedia Aethiopica, 5 Bde., Wiesbaden: Harrassowitz, 2010, Bd. IV, S. 673–681.

Soares, Maria João, „Para uma compreensão dos lançados nos rios da Guiné, século XVI do século XVII", in: Studia No. 56/57 (2000), S. 147–222.

Soares, Mariza de Carvalho, „African Barbeiros in Brazilian Slave Ports", in: Cañizares Esguerra, Jorge; Childs, Matt D.; Sidbury, James (eds.), The Black Urban Atlantic in the Age of the Slave Trade, Philadelphia: University of Pennsylvania Press, 2013, S. 207–230.

Sobers Khan, Nur, „Slaves, Wealth and Fear: An Episode from Late Mamluk-Era Egypt", in: Oriens 37 (2009), S. 155–161.

Sobers Khan, Slaves without Shakles. Forced Labour and Manumission in the Galata Court Registers, 1560–1572, Berlin: Klaus Schwarz, 2014.

Soumonni, Elisée, „De l'interieur à la côte: des lacunes á combler dans l'étude de la traite négrière au Dahomey", in: Cahiers des Anneaux de la Mémoire 1 (1999), S. 207–217.

Soumonni, „Del interior a la costa: Lagunas a colmar en el estudio de la trata negrera en Dahomey", in: Soumonni, Dahomey y el mundo Atlántico, Amsterdam/Brazil: SEPHIS/Centro de Estudios Afro-Asiáticos/Universidade Candido Mendes, 2001, S. 51–62.

Sparks, Randy J., The Two Princes of Calabar: An Eighteenth-Century Atlantic Odyssey, Cambridge: Harvard University Press, 2004 (Deutsch: Sparks, Die Prinzen von Calabar. Eine atlantische Odyssee, Berlin: Rogner & Bernhard bei Zweitausendundeins, 2004).

Sparks, „‚Nichts als edle Gesinnung und ehrbarer Handel'. Old Calabar und die Auswirkungen des Sklavenhandels auf die afrikanischen Gesellschaften", in: Sparks, Die Prinzen von Calabar, S. 49–84.

Sparks, „The Process of Enslavement at Annamaboe", in: Sparks, Where the Negroes are Masters. An African Port in the Era of Slave Trade, Cambridge [u. a.]: Harvard University Press, 2014, S. 122–161.

Spaulding, Jay and Beswick, Stephanie (eds.), African Systems of Slavery, Trenton; Asmara: African World Press, 2010.

St Clair, William, The Grand Slave Emporium. Cape Code Castle and the British Slave Trade, London: Profile Books, 2007.

Steiner, Benjamin, Colberts Afrika. Eine Wissens- und Begegnungsgeschichte in Afrika im Zeitalter Ludwigs XIV., München: De Gruyter Oldenbourg, 2014.

Stevens-Arroyo, Anthony M., „The Inter-Atlantic Paradigm: The Failure of Spanish Medieval Colonization of the Canary and Caribbean Islands", in: Comparative Studies in Society and History Vol. 35:3 (Jul., 1993), S. 515–543.

Stevens-Arroyo, „The Contribution of Catholic Orthodoxy to Caribbean Syncretism: The Case of laVirgen de la Caridad del Cobre in Cuba", in: Archives de sciences sociales des religions (online: [En ligne], 117 | janvier – mars 2002, mis en ligne le 18 novembre 2005, consulté le 11 octobre 2012. URL: http://assr.revues.org/2477; DOI:10.4000/assr.2477 (17. Oktober 2016)).

Stilwell, Sean, „The Development of ‚Mamlūk' Slavery in the Sokoto Caliphate", in: Lovejoy, Paul E. (ed.), Slavery on the Frontiers of Islam, Princeton: Markus Wiener Publishers, 2004, S. 87–109.

Stilwell, Paradoxes of Power: The Kano „Mamluks" and Male Royal Slavery in the Sokoto Caliphate, 1804–1903, Portsmouth: Heinemann, 2004.

Stilwell, Slavery and Slaving in African History, New York: Cambridge University Press, 2014.

Stilwell, „Case Study: Slave Soldiers and the *Prazeiros*", in: Stilwell, Slavery and Slaving in African History, S. 118–120.

Stilwell, „The End of Slavery in Africa", in: Stilwell, Slavery and Slaving in African History, S. 176–214.

Strickrodt, „The Atlantic Slave Trade and a Very Small Place in Africa: Global Processes and Local Factors in the History of Little Popo, 1680s to 1860s", in: Schmieder, Ulrike; Füllberg-Stolberg, Katja; Zeuske, Michael (eds.), The End of Slavery in Africa and the Americas. A Comparative Approach, Münster-Hamburg-Berlin-Wien-London: LIT-Verlag, 2011 (= Sklaverei und Postemanzipation. Esclavitud y Postemancipación. Slavery and Postemancipation, Vol. 4), S. 15–26.

Strickrodt, Afro-European Trade in the Atlantic World: The Western Slave Coast, c. 1550–1885, Woodbridge and Rochester: James Currey, 2015 (Western Africa Series).
Sundiata, Ibrahim, Black Scandal: America and the Liberian Labor Crisis, 1929–1936, Philadelphia: Institute for the Study of Human Issues, 1980.
Sundiata, Brothers and Strangers, Black Zion, Black Slavery: 1914–1940, Durham and London: Duke University Press, 2003.
Sweet, James H., „The Slave Trade in the Portuguese Colonial World, 1441–1700", in: Sweet, Recreating Africa: Culture, Kingship, and Religion in the African-Portuguese World, 1441–1770, Chapel Hill: University of North Carolina Press, 2003, S. 15–22.
Sweet, Domingos Álvarez, African Healing, and the Intellectual History of the Atlantic World, Chapel Hill: University of North Carolina Press, 2011.
Sweet, „Mistaken Identities? Olaudah Equiano, Domingos Álvares, and the Methodological Challenges of Studying the African Diaspora", in: American Historical Review Vol. 114:2 (2009), S. 279–306.
Sweet, John W., „The Subject of the Slave Trade. Recent Currents in the Histories of the Atlantic, Great Britain, and Western Africa", in: Early American Studies 7:1 (Spring 2009), S. 1–45.
Sy, Yaya, „Les catégories 'escaves chez les Soninkés du Sahel", in: Yaya, Les légitimations de l'esclavage et la colonisation des Nègres, Paris: L'Harmattan, 2009, S. 185–192.
Talbi, Mohamed, „Law and Economy in Ifriqiya (Tunisia) in the Third Islamic Century: Agriculture and the Role of Slaves in the Country's Economy", in. Udovitch, Abraham L. (ed.), The Islamic Middle East, 700–1900: Studies in Economic and Social History, Princeton: The Darwin Press, 1981, S. 209–249.
Thioub, Ibrahima, „Regard critique sur les lectures africaines de l'esclavage et de la traite atlantique", in: Mandé, Issiaka; Stefanson, Blandine (eds.), Les Historiens africains et la Mondialisation, Paris: Karthala, 2005, S. 271–292.
Thornton, „'I am a Subject of the King of Congo': African Political Ideology and the Haitian Revolution", in: Journal of World History 4:2 (Fall 1993), S. 181–214.
Thornton, „The Role of Africans in the Atlantic Economy: Modern Africanist Historiography and the World System Paradigm", in: Colonial Latin American Historical Review 3 (1994), S. 125–140.
Thornton, Warfare in Atlantic Africa 1500–1800 (Warfare and History, ed. Jeremy Black), London: UCL Press, 1999.
Thornton, „Mbanza Kongo/São Salvador: Kongo's Holy City", in: Anderson, David; Rathbone, Richard (eds.), Africa's Urban Past, London and Portsmouth: James Currey and Heinemann, 2000, S. 67–84.
Thornton, „The Portuguese in Africa", in: Bethencourt; Curto, Diogo Ramada (eds), Portuguese Oceanic Expansion 1400–1800, Cambridge: Cambridge University Press, 2007, S. 138–160.
Toledano, Ehud R., „The Imperial Eunuchs of Istanbul: From Africa to the Heart of Islam", in: Middle Eastern Studies 20:3 (1984), S. 379–390.
Toledano, „Bringing the Slaves Back", in: Mirza-i, Benhaz; Montana, Ibrahim Musah; Lovejoy (eds.), Slavery, Islam and Diaspora, Trenton: Africa World Press, 2009, S. 7–20.
Toledano, „Shemsigül: A Circassian Slave in Mid-Nineteenth-Century Cairo", in: Burke, III, Edmund (ed.), Struggle and Survival in the Modern Middle East, Berkley & Los Angeles: University of California Press, 1993, S. 59–74.
Torrão, Maria Manuel Ferraz, „Mercadorias transaccionadas no 'circuito africano'", in: Santos, Maria Emilia Madeira; Torrão; Soares, Maria João (coord. e org.), História Concisa de Cabo Verde, Bd. I, Lisboa-Praia: IICT/ IIPC, 2007, S. 111–122.
Trout Powell, Eve M., Tell this in My Memory: Stories of Enslavement from Egypt, Sudan and the Ottoman Empire, Stanford: Stanford University Press, 2012.
Turgeon, Laurier, „Codfish, Consumption, and Colonization: The Creation of the French Atlantic World During the Sixteenth Century", in: Williams, Caroline A. (ed.), Bridging the Early

Modern Atlantic World. People, Products, and Practices on the Move, Surrey/Burlington: Ashgate, 2009, S. 33–56.
Twaddle, Michael, „Slaves and Peasants in Buganda“, in: Archer (ed.), Slavery and Other Forms of Unfree Labour, S. 118–129.
Tymowski, Michal, „African perceptions of Europeans in the early period of portuguese expeditions to West Africa“, in: Intinerario Vol. 39:2 (2015), S. 221–246.
Van Reybrouck, David, Kongo. Eine Geschichte, Berlin: Suhrkamp, 2012.
Vansina, Jan, „Long-Distance Trade Routes in Central Africa“, in: Journal of African History 3 (1962), S. 375–390.
Vansina, Kingdoms of the Savanna: A History of Central African States until European Occupation, Madison: The University of Wisconsin Press 1968 (2. Auflage: 1975).
Vansina, The children of Wood: a history of the Kuba peoples, Madison/Folkstone: The University of Wisconsin Press/Dawson, 1978.
Vansina, Oral Tradition as History, London: Currey [etc.], 1985.
Vansina, „Quilombos on São Tomé, or in search of original sources“, in: History in Africa 23 (1996), S. 453–459.
Vansina, „Histoire du manioc en Afrique centrale avant 1850“, in: Paideuma: Mitteilungen zur Kulturkunde 43, Frankfurt am Main (1997), S. 255–279.
Vansina, African history: from earliest times to independence, London [etc.]: Longman, 1998.
Vansina, „Ambaca Society and the Slave Trade, c. 1760–1845“, in: Journal of African History 46 (2005), S. 1–27.
Vaz do Rego Machado; Gregorio; Silva (coords.), Para a história da escravatura insular nos séculos XV a XIX, Lisboa: CHAM, 2013.
VerEecke, Catherine, „The Slave Experience in Adamawa: Past and Present Perspectives from Yola (Nigeria)“, in: Cahiers d'Études Africaines Vol. 34:1–3, Cahier 133/135 (1994), S. 23–53.
Vernet, Thomas, „Slave trade and slavery on the Swahili Coast (1500–1750)“, in: Mirza-i, Benhaz; Montana, Ibrahim Musah; Lovejoy (eds.), Slavery, Islam and Diaspora, Trenton: Africa World Press, 2009, S. 37–76.
Vieira, Alberto, Os Escravos no Arquipélago da Madeira. Séculos XV a XVII, Funchal: Região Autónoma da Madeira, 1991.
Vieira, „La isla de Madeira y el tráfico negrero en el siglo XVI“, in: Revista de Indias Vol. 55, No. 204 (1995), S. 333–356.
Vieira (ed.), História e meio-ambiente. O impacto da expansão europeia, Regiã Autónoma da Madeira: Centro de Estudos de História do Atlântico. Secretaria Regional do Turismo e cultura, 1999, S. 369–392.
Vieira, Canaviais, Açúcar e Aguardente na Madeira. Séculos XV a XX, Funchal: Centro de Estudos de História do Atlântico, 2004.
Vieira, „Sugar Islands. The Sugar Economy of Madeira and the Canaries, 1450–1650“, in: Schwartz (ed.), Tropical Babylons, S. 42–84
Vieira, „The Transatlantic Slave Trade to Bahia, 1582–1851“, in: Eltis; Richardson (eds.), Extending the Frontiers, S. 130–154
Vieira, „Canaviais e Açúcar no Espaço Insular Atlântico“, in: Centro de Estudos de História do Atlântico (ed.), O Açúcar Antes e Depois de Colombo Seminário Internacional de História do Açúcar, Funchal: Secretaria Regional de Educação e Cultura; Centro de Estudos de História do Atlântico, 2009 (CD-Rom), S. 14–40.
Volkoff, Oleg V., 1000 Jahre Kairo: die Geschichte einer verzaubernden Stadt, Mainz: Philipp von Zabern, 1984.
Vilaró i Güell, Miquel, „Las acciones del gobernador José de Barrasa en los litigios territoriales con Francia en Río Muni“, in: Documents d'Anàlisi Geogràfica Vol. 58:2 (2012), S. 265–284.
Viña Brito, Ana, „Canarias en el comercio atlántico de esclavos“, in: Archivo Histórico Provincial de Santa Cruz de Tenerife (ed.), Esclavos, Santa Cruz de Tenerife: Gobierno de Canarias.

Consejería de Educación, Cultura y Deportes. Dirección General del Libro, Archivos y Bibliotecas, 2006 (Documentos para la Historia de Canarias; Bd. VIII), S. 15–25.

Wahl, Jenny, „Slavery in the United States", in: http://eh.net/encyclopedia/article/wahl.slavery.us (01. Juli 2012).

Walker, James W. St. G., The Black Loyalists: The Search for a Promised Land in Nova Scotia and Sierra Leone, 1783–1870, New York: Africana / Dalhousie University Press, 1976.

Ward, William Ernest Frank, A History of Ghana, London: Allen & Unwin, [3]1966.

Walz, Terence; Cuno, Kenneth M. (ed.), Race and Slavery in the Middle East. Histories of Trans-Saharan Africans in Nineteenth-Century Egypt, Sudan, and the Ottoman Mediterranean, Cairo/New York: The American University in Cairo Press, 2010.

Ware III, Rudolph T., „Slavery in Islamic Africa, 1400–1800", in: Eltis; Engerman (eds.), The Cambridge World History of Slavery, Vol. 3, S. 47–80.

Warnier, Jean-Pierre, „Slave-Trading without Slave-Raiding in Cameroon", in: Paideuma. Mitteilungen zur Kulturkunde 41 (1995), S. 251–272.

Weaver, Jace, The Red Atlantic: American Indigenes and the Making of the Modern World, 1000–1927, Chapel Hill: University of North Carolina Press, 2014.

Weindl, Andrea, Wer kleidet die Welt? Globale Märkte und merkantile Kräfte in der europäischen Politik der frühen Neuzeit, Mainz: Verlag Philipp von Zabern, 2007 (Veröffentlichungen des Instituts für Europäische Geschichte Mainz, Abteilung für Universalgeschichte, Bd. 211; ed. Duchhardt, Heinz).

Wheat, David, „The Early Iberian Slave Trade to the Spanish Caribbean, 1500–1580", in: Borucki; Eltis, Wheat (eds.), From the Galleons to the Highlands: Slave Trade Routes in the Spanish Americas, Albuquerque: University of New Mexico Press (forthcoming).

Wiecker, Nils, „Einleitung", in: Wiecker, Der iberische Atlantikhandel. Schiffsverkehr zwischen Spanien, Portugal und Iberoamerika, 1700–1800, Stuttgart: Steiner (Beiträge zur Europäischen Überseegeschichte 99), S. 9–35.

Willis, John Ralph (ed.), Slaves and Slavery in Muslim Africa, 2 Bde., London: Frank Cass, 1985 (Bd.1: Islam and the Ideology of Slavery; Bd. 2 The Servile Estate).

Wills, Mary, The Royal Navy and the suppression of the Atlantic slave trade, c. 1807–1867: anti-slavery, empire and identity. Thesis submitted for the Degree of Doctor of Philosophy, University of Hull, 2012 (unter: https://hydra.hull.ac.uk/assets/hull:6885a/content (17. November 2013).

Wimmler, Jutta, Centralized African States in the Transatlantic Slave Trade: The Example of 18th Century Asante and Dahomey, Graz: Leykam 2012.

Wimmler, „Material Exchange as Cultural Exchange: The example of West African products in late 17th and early 18th century France", in: Hyden-Hanscho, Veronika; Pieper, Renate; Stangl, Werner (eds.), Cultural Exchange and Consumption Patterns in the Age of Enlightenment. Europe and the Atlantic World, Bochum: Verlag Dr. Dieter Winkler, 2013, S. 131–151.

Wimmler, The Sun King's Atlantic: Drugs, Demons and Dyestuffs in the Atlantic World, 1640–1730, Leiden: Brill, 2017.

Wolf, Kenneth B., „The "Moors" of West Africa and the Beginnings of the Portuguese Slave Trade", in: Journal of Medieval and Renaissance Studies, Vol. 24 (2003), S. 449–469.

Wood, Donald, „Kru Migration to the West Indies", in: Journal of Caribbean Studies 2, no. 2–3 (1981), S. 266–282.

Worden, Nigel, Slavery in Dutch South Africa, Cambridge: CUP, 1985.

Worden, „Indian Ocean slavery and its demise in the Cape Colony", in: Campbell (ed.), Abolition and its Aftermath in Indian Ocean Africa and Asia, S. 29–49.

Worden (ed.), Cape Town between East and West: Social Identities in a Dutch Colonial Town, Cape Town: Jacana, 2012.

Wright, Marcia, Strategies of slaves and women: Life histories from East/Central Africa, London: James Currey, 1993 (New York: Lilian Barber, 1993).

Yannielli, Joseph, „Cinqué the Slave Trader. Some new evidence on an old controversy“, in: Common-Place Vol. 10, no. 1 (October 2009) (unter: http://common-place.org/vol-10/no-01/yannielli/ (02. Juni 2012).
Yarak, Larry A., „West African Coastal Slavery in the Nineteenth Century: The Case of Euro-African Slaveowners of Elmina“, in: Ethnohistory 36 (1989), S. 44–60.
Yun-Casalilla, Bartolomé, „The History of Consumption of Early Modern Europe in a Trans-Atlantic Perspective. Some New Challenges in European Social History“, in: Hyden-Hanscho, Veronika; Pieper, Renate; Stangl, Werner (eds.), Cultural Exchange and Consumption Patterns in the Age of Enlightenment. Europe and the Atlantic World, Bochum: Verlag Dr. Dieter Winkler, 2013, S. 25–40.
Zacek, Natalie, „'A People So Subtle': Sephardic Jewish Pioneers of the English West Indies“, in: Williams, Caroline A. (ed.), Bridging the Early Modern Atlantic World. People, Products, and Practices on the Move, Surrey/Burlington: Ashgate, 2009, S. 97–112.
Zeuske, „Atlantik, Sklaven und Sklaverei – Elemente einer neuen Globalgeschichte“, in: Jahrbuch für Geschichte der Europäischen Expansion 6 (2006), S. 9–44.
Zeron, Carlos Alberto, „Les Jésuites et le commerce d'esclaves entre le Brésil et l'Angola à la fin du XVIe siècle“, in: Traverse: Zeitschrift für Geschichte = Revue d'historie 1 (1996), S. 34–50 (unter: http://www.ceveh.com.br/biblioteca/artigos/ca-f-a-jesuites.html#fnB18 (13. Dez. 2013)).
Zeuske, Sklaven und Sklaverei in den Welten des Atlantiks, 1400–1940. Umrisse, Anfänge, Akteure, Vergleichsfelder und Bibliografien, Münster/Hamburg/London: LIT Verlag, 2006 (Sklaverei und Postemanzipation, ed. Michael Zeuske, Bd. 1).
Zeuske, „Bibliographien“, in: Zeuske, Sklaven und Sklaverei in den Welten des Atlantiks, 1400–1940, S. 389–569.
Zeuske, „Comparing or interlinking? Economic comparisons of early nineteenth-century slave systems in the Americas in historical perspective“, in: Dal Lago, Enrico; Katsari, Constantina; (eds.), Slave Systems. Ancient and Modern, Cambridge [etc.]: Cambridge University Press, 2008, S. 148–183.
Zeuske, „Mongos und Negreros: Atlantische Sklavenhändler im 19. Jahrhundert und der iberische Sklavenhandel 1808/1820–1873“, in: Periplus. Jahrbuch für außereuropäische Geschichte, 20. Jg. (2010) (= Hatzky, Christine; Schmieder, Ulrike (eds.), Sklaverei und Postemanzipationsgesellschaften in Afrika und in der Karibik), S. 57–116.
Zeuske, „The Names of Slavery and Beyond: the Atlantic, the Americas and Cuba“, in: Schmieder, Ulrike; Füllberg-Stolberg, Katja; Zeuske, Michael (eds.), The End of Slavery in Africa and the Americas. A Comparative Approach, Münster-Hamburg-Berlin-Wien-London: LIT-Verlag, 2011 (= Sklaverei und Postemanzipation. Esclavitud y Postemancipación. Slavery and Postemancipation, Vol. 4), S. 51–80 (siehe: www.books.google.de/books).

Europa

Achim, Viorel, The Roma in Romanian History, Budapest: Central European University Press, 2004.
Achim, „The Gypsies in the Romanian Principalities: The Emancipation Laws, 1831–1856“, in: Historical Yearbook, I (2004), S. 109–120.
Adam, Hildegard, Das Zollwesen im Fränkischen Reich und das Spätkarolingische Wirtschaftsleben. Ein Überblick über Zoll, Handel und Verkehr im 9. Jahrhundert, Stutgart: Steiner 1996 (= Vierteljahresschrift für Sozial- und Wirtschaftsgeschichte (VSWG), Beiheft 126), S. 174–179.
Adamczyk, Dariusz, „Das Polen der Frühen Neuzeit im Weltsystem-Konzept oder die Grenzen eines Modells“, in: Zeitschrift für Weltgeschichte, Jg. 10:2 (Herbst 2009), S. 61–77.
Adamczyk, „Friesen, Wikinger, Araber. Die Ostseewelt zwischen Dorestad und Samarkand“, in: Komlosy, Andrea; Nolte, Hans-Heinrich; Sooman, Imbi (eds.), Ostsee 700–2000. Gesellschaft, Wirtschaft, Kultur, Wien: Promedia, 2007, S. 32–48.

Adamczyk, Silber und Macht. Fernhandel, Tribute und die piastische Herrschaftsbildung in nordosteuropäischer Perspektive (800–1100), Wiesbaden: Harrassowitz, 2014 (Quellen und Studien, Bd. 28).

Adiele, Pius Onyemechi, The Popes, the Catholic Church and the Transatlantic Enslavement of Black Africans 1418–1839 (Sklaverei. Knechtschaft. Zwangsarbeit, Bd. 16; Hermann-Otto, Elisabeth, ed.).

Aebisher, Paul, „Les premiers pas du mot *sclavus* = *esclave*" in: Archivum Romanicum 20 (1936), S. 484–490.

Alencastro, „Johann Moritz und der Sklavenhandel", in: Brunn, Gerhard; Neutsch, Cornelius (eds.), Sein Feld war die Welt. Johann Moritz von Nassau-Siegen (1604–1679). Von Siegen über die Niederlande nach Brasilien und Brandenburg, Münster [etc.]: Waxmann, 2008 (Studien zur Geschichte und Kultur Nordeuropas; Bd. 14), S. 123–144.

Ágoston, Gábor, „Defending and administering the frontier: The case of Ottoman Hungary", in: Woodhead, Christine (ed.), The Ottoman World, Milton Park, Abingdon, Oxon: Routledge, 2012, S. 220–236.

Alessandrini, Nunziatella, „Vida, história e negócios dos Italianos no Portugal dos Filipes", in: Cardim, Pedro; Freire Costa, Leonor; Soares da Cunha, Mafalda (orgs.), Portugal na Monarquia Hispânica. Dinâmicas de integração e conflito, Lisboa: Cham, 2013, S. 105–132.

Alessandrini; Mateus, Susana Bastos, „Italianos e cristãos-novos entre Lisboa e o império português em finais do século XVI: vínculos e parcerias comerciais / Italians and New Christians between Lisbon and the Portuguese Empire in the late 16th century: ties and commercial partnerships", in: Ammentu. Bollettino Storico e Archivistico del Mediterraneo e delle Americhe No. 7 (luglio-dicembre 2015), S. 29–48.

Alexandre, Valemtin, „Portugal e a abolição do tráfico de escravos (1834–1851)", in: Análise Social Vol. XXV:3 (1991) (2.º), S. 293–333 (unter: http://analisesocial.ics.ul.pt/documentos/1223038698G8jRF9au8Nl18MP8.pdf (29.April 2012).

Alonso Álvarez, Luis, „Comercio exterior y formación de capital financiero: El tráfico de negros hispano-cubanos, 1821–1868", in: Anuario de Estudios Americanos LI:2 (1994), S. 72–92.

Ameling, „Landwirtschaft und Sklaverei im klassischen Attika", in: Historische Zeitschrift 266 (1998), S. 281–315.

Amitai, Reuven; Cluse, Christoph (eds.), Slavery and the Slave Trade in the Eastern Mediterranean (c. 1000–1500 CE), Turnhout: Brepols, 2017 (Mediterranean Nexus 1100–1700 (MEDNEX 5)).

Amussen, Caribbean Exchanges: Slavery and the Transformation of English Society, 1640–1700, Chapel Hill: The University of North Carolina Press, 2007.

Angster, Julia, Erdbeeren und Piraten. Die Royal Navy und die Ordnung der Welt 1770–1860, Göttingen: Vandenhoeck & Ruprecht, 2012.

Andermann, Kurt; Johanek, Peter (eds.), Zwischen Nicht-Adel und Adel, Stuttgart: Thorbecke, 2001 (Vorträge und Forschungen; Bd. 53).

Andreau, Jean; Descat, Raymond, The Slave in Greece and Rome. Translated by Marion Leopold, Madison: University of Wisconsin Press, 2011.

Androshchuk, Fedir, „What does material evidence tell us about contacts between Byzantium and the Viking world c. 800–1000?", in: Androshchuk; Shepard, Jonathan; White, Monica (eds.), Byzantium and the Viking World. Acta Universitatis Upsaliensis, Uppsala: Uppsala Universitet, 2015 (Studia Byzantina Upsaliensia; 16), S. 91–116.

Anstey, Roger T., The Atlantic Slave Trade and British Abolition 1760–1810, London/Atlantic Highlands: Macmillan/Humanities Press, 1975 (Cambridge Commonwealth Series).

Arbel, Benjamin, „Slave Trade and Slave Labor in Frankish Cyprus", in: Studies in Medieval and Renaissance History 14 (1993), S. 149–190.

Armenteros Martínez, Iván, „Un caso de reestructuración de redes comerciales: el mercado de esclavos de Barcelona entre 1472 y 1516", unter: http://digital.csic.es/bitstream/10261/

32550/1/Armenteros_09_1.pdf (14. April 2013). XI Congrés d'Història de Barcelona. La ciutat en xarxa, Institut Municipal d'Història, Barcelona, 2009; siehe auch (http://w110.bcn.cat/ArxiuHistoric/Continguts/Documents/Fitxers/XI%20CONGRES_armentec.pdf) (26. Nov. 2013.

Armenteros Martínez, Cataluña en la era de las navegaciones. La participación catalana en la primera economía atlántica (c. 1470–1540), Barcelona: Milenio, 2012.

Armenteros Martínez, „Ritmos y dinámicas de un mercado de esclavos (1301–1516)", in: Guillén, Fabienne P.; Trabelski, Salah (dir.), Les esclavages en Mediterranée. Espaces et dynamiques économiques, Madrid: Casa de Velázquez, 2012, S. 101–118.

Arnoux, Mathieu, „Effacement ou abolition? Réflexion sur la disparition de l'esclavage dans l'Europe non méditerranéenne (XIe–XIVe siècles)", in: Hanß; Schiel (eds.), Mediterranean Slavery Revisited (500–1800), S. 49–74.

Ascherson, Neal, Black Sea: the Birthplace of Civilisation and Barbarism, London: Vintage, 1995 (Deutsch: Schwarzes Meer, Berlin: Berliner Verlag, 1996).

Ashtor, Elijahu, Levant trade in the later middle Ages, Princeton: Princeton University Press, 1983.

Baker, Alan, The Gladiators: The Secret History of Rome's Warrior Slaves, New York: St. Martin's Press, 2001.

Backman, Clifford R., The Worlds of Medieval Europe, New York: Oxford University Press, 2008.

Balard, Michel, „Remarques sur les esclaves à Gênes dans la 2e moitié du XIIIe siècle", in: Mélanges d'Archéologie et d'Histoire de l'Ecole française de Rome, Vol. LXXX (1968), S. 627–680.

Balard, La Romanie génoise: 12e siècle–début du 15e siècle, 2 Bde., Roma: École Française de Rome, 1978.

Balard, „Les Génois en Crimée aux XIIIe–XVe siècles", in: Archeio Pontou 35 (1979), S. 201–218.

Balard, La mer Noire et la Romanie génoise (13e–15e siècles), London: Variorum Reprints, 1989.

Balard, „Le transport des esclaves dans le monde méditerranéen médiéval", in: Amitai; Cluse, Christoph (eds.), Slavery and the Slave Trade in the Eastern Mediterranean (c. 1000–1500 CE), S. 256–272.

Banck, Claudia; Die Wikinger, Stuttgart: Theis, 2009.

Barnes, Hugh, Der Mohr des Zaren. Eine Spurensuche, München: Knaus, 2007.

Barrett, Thomas M., At the Edge of Empire. The Terek Cossacks and the North Caucasus Frontier, Boulder: Westview, 1999.

Bartlett, Robert, Die Geburt Europas aus dem Geist der Gewalt. Eroberung, Kolonisierung und kultureller Wandel von 950 bis 1350, München: Knaur, 1996.

Battenberg, Friedrich, „Das Heilige Römische Reich bis 1648", in: Kotowski, Elke-Vera; Schoeps, Julius H.; Wallenborn, Hiltrud (eds.), Handbuch zur Geschichte der Juden in Europa, 2 Bde., Darmstadt: Wissenschaftliche Buchgesellschaft, 2012, Bd. I: Länder und Regionen, S. 15–46.

Bethencourt, Francisco; Chaudhuri, Kirti (dirs.), História da Expansão Portuguesa, 5 Bde., Lisboa: Círculo de Leitores, 1998.

Bethencourt; Curto, Diogo Ramada (eds), Portuguese Oceanic Expansion 1400–1800, Cambridge: Cambridge University Press, 2007, S. 138–160.

Bethencourt, The Inquisition. A Global History, 1478–1834, Cambridge: Cambridge University Press, 2009.

Bethencourt, Francisco, Racisms: From the Crusades to the Twentieth Century, Princeton: Princeton University Press, 2013.

Bethencourt, „Iberian Atlantic: Ties, Networks, and Boundaries", in: Braun, Harald E.; Vollendorf, Lisa (eds.), Theorising the Iberian Atlantic, Leiden/Boston: Brill, 2013, S. 15–36.

Beuchot, Mauricio, „Tomás de Mercado y la cuestión de la esclavitud de los negros", in: Revista de Filosofía 75 (1992), S. 342–350.

Biermann, Felix; Henning, Joachim, „Orientalisches Silber in der Uckermark – der frühmittelalterliche Burgwall auf dem Werderberg von Potzlow", in: Heimatkalender Prenzlau 2013, Jg. 56 (Prenzlau 2012), S. 32–41.

Binsfeld, Andrea, „Arbeit – Status – Repräsentation: Sklaven und Freigelassene in Inschriften und Grabdenkmälern des Treverergebietes“, in: Trierer Zeitschrift. Archäologie und Kunst des Trierer Landes und seiner Nachbargebiete Jg. 69/70 (2006/07), S. 167–176.

Binsfeld, „Sklaverei als Wirtschaftsform. Sklaven in der Antike – omnipräsent, aber auch rentabel?“, in: Geschichte in Wissenschaft und Unterricht 66:5/6 (2015), S. 262–279.

Birkhan, Helmut, Kelten. Versuch einer Gesamtdarstellung ihrer Kultur, Wien: VÖAW, 1997.

Birr, Christiane, „Rebellische Väter, versklavte Kinder: Der Aufstand der Morisken von Granada (1568–1570) in der juristisch-theologischen Diskussion der Schule von Salamanca“, in: De Benedictis, Angela; Härter, Hans (eds.), Revolten und politische Verbrechen zwischen dem 12. und dem 19. Jahrhundert, Frankfurt am Main: Vittorio Klostermann, 2013 (Studien zur europäischen Rechtsgeschichte. Veröffentlichungen des Max-Plank-Instituts für europäische Rechtsgeschichte Frankfurt am Main, Band 285), S. 283–317.

Birr, „Sharing the plunder, pitying the men? Normative Regelungen der Sklaverei im britischen Kolonialreich. Das Beispiel Barbados“, in: Müßig, Ulrike (ed.), Ungerechtes Recht. Symposium zum 75.jährigen Geburtstag von Dietmar Willoweit, Tübingen: Mohr Siebeck, 2013, S. 115–145.

Blickle, Peter, Von der Leibeigenschaft zu den Menschenrechten. Eine Geschichte der Freiheit in Deutschland, München: Beck, 2005.

Blickle, Das Alte Europa. Vom Hochmittelalter bis zur Moderne, München: Beck, 2008.

Blumenthal, Debra, „‘La Casa dels Negres’. Black African Solidarity in Late Medieval Valencia“, in: Earle, Thomas F.; Lowe, Kate J.P. (eds.), Black Africans in Renaissance Europe, Cambridge, Cambridge University Press, 2005, S. 225–246.

Blumenthal, Enemies and Familiars: Slavery and Mastery in Fifteenth-Century Valencia, Ithaca: Cornell University Press, 2009.

Böldl, Klaus, „Die mythische Begründung der Gesellschaftsordnung in der RígsÞula“, in: Böldl, Götter und Mythen des Nordens. Ein Handbuch, München: Beck, 2013, S. 113–114.

Boni, Monica; Delort, Robert, „Des esclaves toscans, du milieu du XIVe au milieu du XVe siècle“, in: Mélanges de l’École française de Rome: Moyen Âge, CXII (2000), S. 1057–1077.

Bonnassie, Pierre, From Slavery to Feudalism in South-Western Europe, Cambridge: Cambridge University Press, 1991.

Bono, „Schiavi in Europa nell’età moderna. Varietà di forme e di aspetti“, in: Cavaciocchi, Simonetta (a cura di), Schiavitù e servaggio nell’economia europea. Secc. XI–XVIII = Serfdom and Slavery in the European Economy. 11th–18th Centuries: atti della „Quarantecinquesima settimana di studi“, 14–18 aprile 2013, Firenze: Firenze University Press, 2014, S. 309–335.

Bono, „Schiavi europei, ottomano-magrhrebini, neri e altri nel mondo mediterraneo. Un confronto (XVI–XIX secolo)“, in: Hanß; Schiel (eds.), Mediterranean Slavery Revisited (500–1800), S. 445–471.

Bono, Schiavi. Una storia mediterranea (XVI–XIX secolo), Bologna: Il Mulino, 2016.

Borgolte, Michael, Europa entdeckt seine Vielfalt 1050–1250, Stuttgart: Verlag Eugen Ulmer, 2002 (UTB 2298) (Handbuch der Geschichte Europas, ed. Peter Blickle, Bd. 3).

Borgolte, „Wachsen und Wandern der europäischen Judenheit“, in: Borgolte, Christen, Juden, Muselmanen. Die Erben der Antike und der Aufstieg des Abendlandes 300 bis 1400 n. Chr., München: Siedler Verlag, 2006 (Siedler Geschichte Europas), S. 67–84.

Basso, Enrico, „El sistema de puertos genoveses entre el mediterráneo y el mar negro“, in: Fábregas García, Adela (ed.), Navegación y puertos en época medieval y moderna, Granada: Ahulia, 2012, S. 103–161.

Blakely, „European Dimensions of the African Diaspora: the definition of Black Racial Identity“, in: Clark; McLeod (eds.), Crossing Boundaries. Comparative History of Black People in Diaspora, S. 87–104.

Botte, Roger; Stella, Alessandro (dirs.), Couleurs de l’esclavage sur les deux rives de la Méditerranée (Moyen Âge–XXe siècle), Paris: Éditions Karthala, 2012.

Boudriot, Jean, Le navire négrier au XVIII siècle, Paris: Centre de Documentation Historique de la Marine, 1987.

Boudriot, „Le navire négrier au XVIIIe siècle“, in: Daget (ed.), De la traite à l'esclavage, Bd. II, S. 159–168.

Brahm, Felix, „Handel und Sklaverei am ‚Tor zu Ostafrika‘. Hamburger Kaufleute auf Sansibar, 1844–1890“, in: Bake, Rita (ed.), Hamburg – Sansibar. Sansibar – Hamburg. Hamburgs Verbindungen zu Ostafrika seit Mitte des 19. Jahrhunderts, Hamburg: Landeszentrale für Politische Bildung, 2009, S. 45–67.

Brahm; Rosenhaft, Eva (eds.), Slavery Hinterland. Transatlantic Slavery and Continental Europe, 1680–1850, Woodbridge: The Boydel Press, 2016.

Brandon, Pepijn, „Dutch capitalism and slavery: new perspectives from American debates“, in: Tijdschrift voor Sociale en Economische Geschiedenis Vol. 12:4 (2015), S. 117–137.

Brandon, War, Capital, and the Dutch State (1588–1795), Leiden/Boston: Brill, 2015.

Brásio, António, Os Pretos em Portugal, Lisboa: AGC, 1944.

Brather, Sebastian, „Frühmittelalter Dirham-Schatzfunde in Europa. Probleme ihrer wirtschaftsgeschichtlichen Interpretation aus archäologischer Perspektive“, in: Zeitschrift für Archäologie des Mittelalters 23–24 (1995–96), S. 73–153.

Brather, Archäologie der westlichen Slawen. Siedlung, Wirtschaft und Gesellschaft im früh- und mittelalterlichen Ostmitteleuropa, Berlin/New York: De Gruyter, 2001 (Ergänzungsband zum Reallexikon der Germanischen Altertumskunde 30).

Bresc, Henri, Un monde méditerranéen. Économie et société en Sicile, 1300–1450, 2 Bde., Palermo-Roma: École française de Rome, 1986.

Bresc, „A – Le marché des esclaves“, in: Bresc, Un monde méditerranéen, Bd. I, S. 439–475.

Bresc, „L'Esclave dans le monde méditerranéen des XIVe et XVe siècles: problèmes politiques, religieux et moraux“, in: XIII Congrés d'Història de la Corona d'Aragò (Palma de Mallorca, 27 setembre–1 octubre 1987), 4 Bde. [vol. 4: Ponències], Palma de Mallorca: Institut d'Estudis Baleàrics, 1990, S. 89–102.

Bresc, Politique et Societe en Sicile, XIIe–XVe Siecles, London: Ashgate, 1991.

Bresc (ed.), Figures de l'esclave au Moyen-Age et dans le monde moderne, Paris: Editions L'Harmattan, 1996.

Bretone, Mario, Geschichte des Römischen Rechts. Von den Anfängen bis zu Justinian, München: Verlag C. H. Beck, 1999.

Brogini, Anne, „L'esclavage aun quotidien à Malte au XVIe siécle“, in: Cahiers de la Méditerranée 65 (2005) (unter: http://revel.unice.fr/cmedi/document.html?id=26 (25. März 2014)).

Brooks, George E., Eurafricans in Western Africa: Commerce, Social Status, Gender, and Religious Observance from the Sixteenth to the Eighteenth Century, Oxford: James Currey, 2003.

Brower, Daniel; Layton, Susan, „Liberation through Captivity: Nikolai Shipov's Adventures in the Imperial Borderlands“, in: Kritika: Explorations in Russian and Eurasian History Vol. 6:2 (spring 2005), S. 259–279.

Brown; Peter B., „Russian Serfdom's Demise und Russia's Conquest of the Crimean Khanate and the Northern Black Sea Littoral: Was There a Link?“, in: Witzenrath (ed.), Eurasian Sllavery, Ransom and Abolition in World History, S. 335–366.

Brüggemann, Thomas, „Die Staatswerdung Bulgariens zwischen Rom und Byzanz. Migration, Christianisierung und Ethnogenese auf der Balkanhalbinsel (6.–11. Jh. n. Chr.)“, in: Furtwängler, Andreas E. et al. (eds.), Pontos Euxeinos. Beiträge zur Archäologie und Geschichte des antiken Schwarzmeer- und Balkanraumes. Manfred Oppermann zum 65. Geburtstag, Langenweißbach: Beier & Beran, 2006, S. 461–472.

Brüggemann, „From Money-Trade to Barter. Economic Transformations in Byzantine Crimea (10th–13th Century)“, in: Wołoszyn, Marcin (ed.), Byzantine Coins in Central Europe Between the 5th and 10th Century. Proceedings from the Conference Organised by Polish Academy of Arts and Sciences and Institute of Archaeology University of Rzeszów under the Patronage of Union Académique International (Programme no. 57 Moravia Magna), Kraków, 23–26 IV 2007, Krakau: Polish Academy of Arts and Sciences, Institute of Archaeology University of Rzeszów, 2009 (Moravia Magna. Seria Polona; 3), S. 668–684.

Brüggemann, „Vom Geld- zum Tauschhandel. Die byzantinische Krim zwischen Urbanität und Nomadismus (10.–13. Jh.)", in: Gertel, Jörg; Calkins, Sandra (eds.), Nomaden in unserer Welt. Die Vorreiter der Globalisierung: Von Mobilität und Handel, Herrschaft und Widerstand, Bielefeld: Transcript, 2011, S. 78–87.

Budak, Neven, „Slavery in Late Medieval Dalmatia / Croatia: Labour, Legal Status, Integration", in: Mélanges de l'École française de Rome. Moyen Age 112:2 (2000), S. 745–760.

Budak, „Slavery in Renaissance Croatia. Reality and Fiction", in: Hanß; Schiel (eds.), Mediterranean Slavery Revisited (500–1800), S. 75–96.

Bulach, Doris; Schiel, Juliane (eds.), Europas Sklaven, Essen: Klartext Verlag, 2015 (= WerkstattGeschichte Vol. 66–67).

Bustos Rodríguez, Manuel, Los comerciantes de la carrera de Indias en el Cádiz del siglo XVIII, Cadiz: Universidad de Cádiz, 1995.

Buti, Gilbert, „Marseille, port négrier au XVIIIe siècle", in: Cahiers des Anneaux de la Mémoire N° 11 (2007), S. 163–180 (= Les ports et la traite négrière en France).

Byock, Jesse L., Viking Age Iceland, London/New York: Penguin Books, 2001.

Byock, „Slavery and the Rent of Land and Livestock", in: Viking Age Iceland, S. 268–271.

Cabrillana, Nicolás, „Esclavos moriscos en la Almería del siglo XVI", in: Al-Andalus 40 (1975), S. 53–128.

Caldeira, Escravos em Portugal. Das Origens ao Século XIX. Histórias de Vida de Homens, Mulheres e Crianças sob Cativeiro, Lisboa: A Esfera dos Livros, 2017.

Capelle, Torsten, Die Sachsen des frühen Mittelalters, Darmstadt: Wissenschaftliche Buchgesellschaft, 1998.

Catlos, Brian, Muslims of Medieval Latin Christendom, ca. 1050–1614, Cambridge: CUP, 2014.

Cavaciocchi, Simonetta (ed.), Schiavitù e servaggio nell'economia europea secc. XI–XVIII / Serfdom and Slavery in the European Economy 11th–18th Centuries, Firenze: Firenze University Press, 2014.

Chavarría Múgica, Fernando, „Velas, cañones y pescado: notas para una investigación sobre el dominio de los caladeros de Terranova en el contexto de la expansión atlántica europea del siglo XVI", in: García Hurtado, Manuel-Reyes; González Lopo, Domingo L.; Martínez Rodríguez, Enrique (eds.), El mar en los siglos modernos: Actas de la X Reunión Científica de la Fundación Española de Historia Moderna, 2 vols., Santiago de Compostela: Xunta de Galicia-Universidad de Santiago–Universidad de La Coruña–FEHM, 2009, Vol. 1, S. 115–126.

Chaviano, Lizbeth J.; Rodrigo y Alharilla (eds.), Negreros y esclavos. Barcelona y la esclavitud atlántica (siglos XVI–XIX), Barcelona: Icaria editorial, 2017.

Christ, Georg, „Differentiated Legality: Venetian Slave Trade in Alexandria", in: Amitai; Cluse, Christoph (eds.), Slavery and the Slave Trade in the Eastern Mediterranean (c. 1000–1500 CE), Turnhout: Brepols, 2016 (Mediterranean Nexus Series), S. 299–319.

Cluse, Christoph; Haverkamp, Alfred; Yuval Israel J. (eds.), Jüdische Gemeinden und ihr christlicher Kontext in kulturräumlich vergleichender Betrachtung (5.–18. Jahrhundert), Hannover: Hahn, 2002 (Forschungen zur Geschichte der Juden A 13).

Cluse, „Frauen in Sklaverei: Beobachtungen aus genuesischen Notariatsregistern des 14. und 15. Jahrhunderts", in: Hirschmann, Frank G.; Mentgen, Gerd (eds.), Campana pulsante convocati. Festschrift anläßlich der Emeritierung von Prof. Dr. Alfred Haverkamp, Trier: Kliomedia, 2005, S. 85–123.

Cluse, „Sklaverei im Mittelalter – der Mittelmeerraum", unter: http://med-slavery.uni-trier.de:9080/minev/MedSlavery/publications/Einfuhrung.pdf (4. Mai 2012), S. 1–18.

Cluse, „Femmes en esclavage: quelques remarques sur l'Italie du Nord (XIVe–XVe siècles)", unter: http://med-slavery.uni-trier.de:9080/minev/MedSlavery/publications/Femmes.pdf (4. Mai 2012), S. 1–16.

Cluse, „Zur Repräsentation von Sklaven und Sklavinnen in Statuten und Notariatsinstrumenten italienischer Städte um 1400", in: Bell, Peter; Suckow, Dirk; Wolf, Gerhard (eds.), Fremde in der Stadt. Ordnungen, Repräsentationen und soziale Praktiken (13.–15. Jahrhundert), Frankfurt am Main [u. a.]: Peter Lang, 2010, S. 383–410.

Cohen, Mark R., „Das christlich-römische ‚Judenrecht'", in: Cohen, Unter Kreuz und Halbmond. Die Juden im Mittelalter, München: Verlag C. H. Beck, 2005, S. 49–56.

Colley, Linda, Captives: Britain, Empire and the World 1600–1850, New York: Pantheon, 2002.

Colley, The Ordeal of Elizabeth Marsh: How a Remarkable Woman Crossed Seas and Empires to Become Part of World History, London: HarperCollins Publishers, 2007.

Collins, Roger, „Los saqaliba", in: Collins, Califas y reyes. España 796–1031. Traducción Tomás Fernández Aúz y Beatriz Eguibar, Barcelona: Crítica, 2013, S. 311–315.

Cortés Alonso, La esclavitud en Valencia durante el reinado de los reyes católicos (1479–1516), Valencia: Excilentísimo Ayuntamiento, 1964 (Publicaciones del Archivo Municpal de Valencia. Serie 3: Estudios monográficos, nueva etapa, 1).

Cortés Cortés, Fernando, Esclavos en la Extremadura meridional en el siglo VXII, Badajoz: Publicaciones de la Exma. Diputación de Badajoz, 1988.

Cortés López, José Luis, Los orígenes de la esclavitud negra en España, Madrid/Salamanca: Mundo Negro, 1986.

Cortés López, La esclavitud negra en la España peninsular del siglo XVI, Salamanca: Ediciones Universidad de Salamanca, 1989 (Acta Salmanticensia. Estudios históricos y geográficos, 60).

Cortés López, „Las cabalgadas y el canje moro-negro", in: Cortés López, La esclavitud negra en la España peninsular del siglo XVI, S. 157–160.

Cortés López, „Felipe II, III y IV, reyes de Angola y protectores del reino del Congo (1580–1640)", in: Studia historica. Historia moderna Nº 9 (1991), S. 223–246.

Cortés López, „1544–1550: el período más prolífico en la exportación de esclavos durante el siglo XVI: Análisis de un interesante documento extraído del Archivo de Simancas", in: Espacio, Tiempo y Forma, Series IV: Historia Moderna, VIII (1995), S. 63–86.

Cortés López, „Los esclavos y la Inquisición (Siglo XVI)", in: Studia historica. Historia moderna 20 (1999), S. 217–240.

Cunningham, John, „Divided Conquerors: The Rump Parliament, Cromwell's Army and Ireland", in: English Historical Review 129 (2014), S. 830–861.

Curta, Florian, The Making of the Slavs: History and Archaeology of the Lower Danube Region c. 500–700, Cambridge: Cambridge University Press, 2001.

Curtis, Isaac, „Masterless People: Maroons, Pirates, and Commoners", in: Palmié, Stefan; Scarano, Francisco A. (eds.), The Caribbean. A History of the Region and Its Peoples, Chicago and London: The University of Chicago Press, 2011, S. 149–162.

Daget, „L'abolition de la traite des noirs en France de 1814 à 1831", in: Cahiers d'études africaines 11 (1971), S. 22–30, 41.

Daget, Répertoire des Expéditions Négrières Françaises à la Traite Illégale (1814–1850), Nantes: Centre de recherche sur l'histoire du monde atlantique: Comite nantais d'études en sciences humaines, 1988.

Daus, Ronald, Die Erfindung des Kolonialismus, Wuppertal: Peter Hammer Verlag, 1983.

Dávid, Géza; Foder, Pál (eds.), Ransom Slavery along the Ottoman Borders. Early Fifteenth – Early Eighteenth Centuries, Leiden; Boston [etc.]: Brill, 2007.

David, Thomas; Etemad, Bouda; Schaufelbuehl, Janick Marina, Schwarze Geschäfte. Die Beteiligung von Schweizern an Sklaverei und Sklavenhandel im 18. und 19. Jahrhundert. Aus dem Französischen von Birgit Althaler, Zürich: Limmatverlag, 2005.

Davies, Brian, Warfare, State and Society on the Black Sea Steppe, 1500–1700, Abingdon: Routledge, 2007.
Davies, Norman, Im Herzen Europas. Geschichte Polens, München: Verlag C. H. Beck, 2000.
De Almeida Mendes, „Esclavage et race au Portugal: une expérience de longue durée", in: Cottias, Myriam; Mattos, Hebe (dir.), Esclavage et subjectivités dans l'Atlantique luso-brésilien et français (XVIIe–XXe siècles), Marseille: OpenEdition Press, 2016, S. 67–83.
Debrunner, Hans Werner, Presence and Prestige: Africans in Europe: A History of Africans in Europe before 1918, Basel: Basler Afrika Bibliographien, 1979.
Degn, Christian, Die Schimmelmanns im atlantischen Dreieckshandel. Gewinn und Gewissen, Neumünster: Wachholtz, 1974 (^{3}2000).
Degn, „Schwarze Fracht – Dokumentation und Interpretation", in: Heinzelmann, Eva et als. (eds.), Der dänische Gesamtstaat – ein unterschätztes Weltreich?, Kiel: Verlag Ludwig, 2006, S. 37–50.
Deveau, Jean-Michel, La traite rochelaise, Paris: Karthala, 1990.
Deveau, „Les chirurgiens négriers", in: Publications de l'université francophone d'été, 8 (1993), S. 51–63 (= Rochefort et la mer. La médicine navale au XVIIIe et XIXe siècle).
Devine, Tom M. (ed.), Recovering Scotland's Slavery Past: The Caribbean Connection, Edinburgh: Edinburgh University Press, 2015.
Devroey, Jean-Pierre, „Men and Women in Early Medieval Serfdom. The Ninth-Century North Frankish Evidence", in: Past & Present 166 (2000), S. 3–30.
Diptee, Audra A., „African Children in the British Slave Trade during the Late Eighteenth Century", in: Slavery & Abolition 27:2 (2006), S. 183–196.
Domar, Evsey, „The Causes of Slavery or Serfdom: A Hypothesis", in: Economic History Review 30:1 (March 1970), S. 18–32.
Donoso Anes, Rafael, „Algunos aspectos relacionados con el control administrativo y contable de la renta de los esclavos enviados a Hispanoamérica", in: Revista Española de Financiación y Contabilidad 30:110 (2001), S. 1093–1135.
Dopsch, Heinz, „Raffelstettener Zollordnung", in: Lexikon des Mittelalters, Bd. VII: Planudes bis Stadt, München 1995, S. 397.
Dorn, Franz, „Der Unfreiheitsdiskurs in deutschen Rechtsbüchern des Hoch- und Spätmittelalters", in: Herrmann-Otto, Elisabeth (ed.), Unfreie Arbeits- und Lebensverhältnisse von der Antike bis zur Gegenwart. Eine Einführung, Hildesheim [etc.]: Georg Olms Verlag, 2005, S. 167–205.
Drescher, „The Slaving Capital of the World: Liverpool and National Opinion in the Age of Abolition", in: Manning (ed.), Slave Trades, 1500–1800. Globalisation of Forced Labour, Aldershot: Ashgate, 1996, S. 334–349.
Duczko, Władyław, „Viking-Age Wolin (Wollin) in the Norse Context of the Southern Coast of the Baltic Sea", in: Scripta Islandica Vol. 65 (2014), S. 143–151.
Duffill, Mark, „The Africa Trade from the Ports of Scotland, 1706–66", in: Slavery & Abolition 25:3 (2004), S. 102–122.
Dunn, Marilyn, „Did the Anglo-Saxons ever practise human sacrifice?", in: Dunn, The Christianization of the Anglo-Saxons c. 597–c. 700. Discourses of Life, Death and Afterlife, London/ ew York: Continuum, 2009, S. 71–74.
Dunsch, Boris; Rüffing, Kai (eds.; unter Mitarbeit von Droß-Krüpe, Kerstin), Herodots Quellen – Die Quellen Herodots, Wiesbaden: Harrassowitz, 2014 (Classica et Orientalia; 6).
Dursteler, Eric R., „Slavery and Sexual Peril in the Early Modern Mediterranean", in: Hanß; Schiel (eds.), Mediterranean Slavery Revisited (500–1800), S. 473–493.
Eck, Werner, „Sklaven und Freigelassene von Römern in Iudaea und den angrenzenden Provinzen", in: Novum Testamentum 55 (2013), S. 1–21.
Edbury, Peter, The Kingdom of Cyprus and the Crusades: 1191–1374, Cambridge: Cambridge University Press, 1991.

Eggers, Martin, Das ‚Grossmährische Reich‘: Realität oder Fiktion? Eine Neuinterpretation der Quellen zur Geschichte des mittleren Donauraumes im 9. Jahrhundert, Stuttgart: Anton Hiersemann, 1995.

Eggers, „Samo – ‚Der erste König der Slawen‘. Eine kritische Forschungsübersicht“, in: Bohemia Bad 42 (2001), S. 62–83 (online: https://www.bohemia-online.de/index.php/bohemia/article/viewFile/1949/2967 (09. Dez. 2017)).

Ehrensvärd, Ulla; Kokkonen, Pellervo; Nurminen, Juha, Die Ostsee. 2000 Jahre Seefahrt, Handel und Kultur, Hamburg: National Geographic Deutschland, 2010.

Eich, Armin, Die politische Ökonomie des antiken Griechenland (6.–3. Jahrhundert v. Chr.), Köln/Weimar/Wien: Böhlau, 2006.

Elbl, Ivana, The Portuguese Trade with West Africa, 1440–1521, Ottawa: National Library of Canada / Bibliothèque nationale du Canada, 1986 (microfiches).

Ellmers, Detlev, „Die Wikinger und ihre Schiffe“, in: Grieb, Volker; Todt, Sabine unter Mitarbeit von Prühlen, Sünge (eds.), Piraterie von der Antike bis zur Gegenwart, Stuttgart: Franz Steiner Verlag, 2012, S. 93–113.

Eltis; Engerman, „The Importance of Slavery and the Slave Trade to Industrializing Britain“, in: Journal of Economic History Vol. 60 (2000), S. 123–144.

Engels, Johannes, Philipp II. und Alexander der Grosse, Darmstadt: Wissenschaftliche Buchgesellschaft, 2006.

Engels, Peter, „Der Reisebericht des Ibrāhīm ibn Ya'qūb (961/966)“, in: Euw, Anton von; Schreiner, Peter (eds.), Kaiserin Theophanu. Begegnung des Ostens und des Westens um die Wende des ersten Jahrtausends. Gedenkschrift des Kölner Schnütgen-Museums zum 1000. Todestag der Kaiserin, 2 Bde., Köln: Das Museum, 1991, Bd. I, S. 413–422.

Engerman, „The Slave Trade and British Capital Formation in the Eighteenth Century“, in: Business History Review 46 (1972), S. 430–443.

Ettel, Peter, „Frankish and Slavic Fortifications and Castles in Germany in the Time between the 7–10/11 Centuries“, in: Baker, John; Brookes, Stuart; Reynolds, Andrew (eds.), Landscapes of Defence in Early Medieval Europe, Turnhout: Brepols, 2013 (Studies in the Early Middle Ages, 28), S. 261–284.

Everaert, John G., De Franse Slavenhandel. Organisatie, conjuntuur en social milieu van den Driehoekshandel 1763–1793, Brussel: Koninglijke Academie voor Wetenschappen en Schone Kunsten van België, 1978.

Everaert, „Una 'Pesadilla Dulce': Problemas de Gestión y de Rendimiento de un Ingenio Flamenco en el Brasil (ca. 1548–1615)“, in: Centro de Estudos de História do Atlântico (ed.), O Açúcar Antes e Depois de Colombo Seminário Internacional de História do Açúcar, Funchal: Secretaria Regional de Educação e Cultura; Centro de Estudos de História do Atlântico, 2009 (CD-Rom), S. 127–133.

Faber, Eli, „England's Jewish Merchants and the Slave Trade“, in: Faber, Jews, Slaves, and the Slave Trade: Setting the Record Straight, New York and London: New York University Press, 1998, S. 11–43.

Fábregas García (ed.), Navegación y puertos en época medieval y moderna, Granada: Ahulia, 2012.

Fábregas García, „Azúcar e italianos en el reino nazarí de Granada. Del éxito comercial a la intervención económica / Sugar and Italians in the Nasrid Kingdom of Granada. From commercial success to economic intervention“, in: Cuadernos del CEMYR 22, Universidad de la Laguna (2014), S. 133–153.

Fähnrich, Heinz, Geschichte Georgiens, Leiden/Boston: Brill, 2010 (Handbuch der Orientalistik. Section 8. Central Asia).

Fässler, Hans, Reise in Schwarz-Weiß. Schweizer Ortstermine in Sachen Sklaverei, Zürich: Rotpunktverlag, 2005.

Fatah-Black, Karwan, „A Network to Encourage the Slave Trade? Paramaribo–Middelburg–Amsterdam, 1783–1793“, in: Cavaciocchi, Simonetta (a cura di), Schiavitù e servaggio nell'economia europea. Secc. XI–XVIII = Serfdom and Slavery in the European Economy. 11th–18th Centuries: atti della „Quarantecinquesima settimana di studi“, 14–18 aprile 2013, Firenze: Firenze University Press, 2014, S. 619–630.

Fehr, Hubert; Rummel, Philipp von, „Völkerwanderungen nach der Völkerwanderung“, in: Die Völkerwanderung, Stuttgart: Theis, 2011, S. 153–162.

Feldbauer, Peter; Morrissey, John, „Italiens Kolonialexpansion. Östlicher Mittelmeerraum und die Küsten des Schwarzen Meeres“, in: Feldbauer; Liedl, Peter; Morrissey (eds.), Von der mediterranen zur atlantischen Macht. Geschichte der europäischen Expansion bis in die frühe Neuzeit (Querschnitte, Bd. 2), Wien: Turia Kant, 1999; S. 157–173.

Feldbauer; Liedl; Morrissey (eds.), Mediterraner Kolonialismus. Expansion und Kulturaustausch im Mittelalter, Wien: Magnus Verlag, 2005 (Expansion. Interaktion. Akkulturation. Historische Skizzen zur Europäisierung Europas und der Welt).

Feldbauer, „Portugal in Asien“, unter: http://vgs.univie.ac.at (27. August 2012).

Fernández Álvarez, Manuel, La sociedad española en el Siglo de Oro, Madrid: Editoria Nacional, 1983.

Fernández-Armesto, Felipe, „The Settlers: Castilians and Others“, in: Fernández-Armesto, The Canaries after Conquest: The Making of a Colonial Society in the Early Sixteenth Century, Oxford: Clarendon Press, 1982, S. 33–47.

Fernandez-Armesto, Near a Thousand Tables: A History of Food, New York: Simon and Schuster, 2001.

Fernández-Armesto, „El negerengels: la peripecia de un idioma criollo“, in: Revista de Occidente 281 (Octubre 2004), S. 59–73.

Fernández-Armesto, „Vaulting: The Great Leap Forward of the 1490s“, in: Fernández-Armesto, Pathfinders. A Global History of Exploration, Oxford: Oxford University Press, 2006, S. 153–190.

Fernandez-Armesto, Our America. A Hispanic History of the United States, New York; London: W. W. Norton & Company, 2014.

Fernández Chaves, Manuel F.; Pérez García, Rafael M., „La redes de la trata negrera: mercaderes portugueses y tráfico de esclavos en Sevilla (c. 1560–1580)“, in: Martín Casares; García Barranco (coords.), La esclavitud negroafricana en la historia de España, Granada: Editorial Comares, 2010, S. 5–34.

Fernández Chaves; Pérez García, „La élite mercantil judeoconversa andaluza y la articulación de la trata negrera hacia las Indias de Castilla, ca. 1518–1560“, in: Hispania Vol. LXXVI, no. 253 (mayo-agosto de 2016), S. 385–414.

Fernández Chaves, „Producción, definición y exportación de categorías conceptuales en Andalucía. La definición de 'negros', 'moros', 'mulatos' esclavos y libertos“, in: Paiva; Fernández Chaves; Pérez García (orgs.), De que estamos falando?, S. 39–56.

Fernández Durán, Reyes, La corona española y el tráfico de negros. Del monopolio al libre comercio, Madrid: Ecobook-Editorial del Economista, 2011.

Ferrer Abárzuza, Antoni, Captius i senyors de captius a Eivissa. Una contribució al debat sobre l'*esclavitut* medieval (segles XIII–XVI), Valencia: Publicacions de la Universitat de València, 2015.

Ferrer Abárzuza, Antoni; Planells Ripoll, Joan; Vilàs Gil, Pere, „Ramón Ferrer, patrón de "La Amistad", y su origen en la isla de Eivissa (Ibiza, Baleares)“, in: *Caribbean Studies* Vol. 43:2 (2015), S. 211–240.

Ferrer Abárzuza, „Captives or Slaves and Masters in Eivissa (Ibiza), 1235–1600“, in: Medieval Encounters Vol. 22 (2016), S. 565–593.

Ferrer i Mallol, Maria Teresa; Mutgé i Vives, Josefina (eds.), De l'esclavitud a la llibertat. Esclaus i lliberts a l'edat mitjana. Actes del Col·loqui Internacional celebrat a Barcelona, del 27 al 29 de maig de 1999, Barcelona: Consell Superior d'Investigacions Científiques, Institució Milà i Fontanals, Departament d'Estudis Medievals, 2000 (Anuario de Estudios Medievales, Anejo 38).

Ferrer i Mallol, „Esclaus i lliberts orientals a Barcelona", in: Ferrer i Mallol; Mutgé i Vives (eds.), De l'esclavitud a la llibertat, S. 167–212.

Fertig, Georg, „Transatlantic Migration from the German Speaking Parts of Central Europe, 1600–1800: Proportions, Structures, and Explanations", in: Canny, Nicholas P. (ed.), Europeans on the Move. Studies on European Migration, 1500–1800, Oxford: OUP, 1994, S. 192–235.

Finley, „Herren und Sklaven", in: Finley, Die antike Wirtschaft, München: Deutscher Taschenbuch Verlag, 1977, S. 65–108.

Fischer, Josef, „Freie und unfreie Arbeit in der mykenischen Textilproduktion", in: Kabadayi; Reichardt, Unfreie Arbeit. Ökonomische und kulturgeschichtliche Perspektiven, S. 3–37.

Fischer, „Sklaverei und Menschenhandel im mykenischen Griechenland", in: Heinen (ed.), Menschenraub, Menschenhandel und Sklaverei in antiker und moderner Perspektive. Ergebnisse des Mitarbeitertreffens des Akademievorhabens *Forschungen zur antiken Sklaverei* (Mainz, 10. Oktober 2006). Stuttgart: Steiner, 2008 (Forschungen zur antiken Sklaverei 37), S. 45–84.

Fischer, „Sklavenhandel", in: Handwörterbuch der antiken Sklaverei (HAS). Im Auftrag der Akademie der Wissenschaften und der Literatur, Mainz, Heinen Heinz u. a. (eds.), CD-ROM-Lieferung I–II. Stuttgart: Franz Steiner 2008, s. v.; unter: http://oeaw.academia.edu/JosefFischer/Papers/460105/Sklavenhandel (27. Jan. 2012).

Fischer, Griechische Frühgeschichte bis 500 v. Chr., Darmstadt: WBG, 2010.

Fischer; Ulz, Melanie unter Mitarbeit von Simonis, Marcel (eds.), Unfreiheit und Sexualität von der Antike bis zur Gegenwart, Unfreiheit und Sexualität von der Antike bis zur Gegenwart, Hildesheim/Zürich, New York: Georg Olms Verlag, 2010.

Fischer, „Zum Sklavenhandel im römischen Ephesos", in: Mauritsch, Peter; Ulf, Christoph (eds.), Kultur(en) – Formen des Alltäglichen der Antike Festschrift für Ingomar Weiler zum 75. Geburtstag, Graz: Grazer Universitätsverlag, 2013, S. 551–566.

Fischer, „Der Schwarzmeerraum und der antike Sklavenhandel. Bemerkungen zu einigen ausgewählten Quellen", in: Frass, Monika; Graßl, Herbert; Nightingale, Georg (eds.), Akten des 15. Österreichischen Althistorikertages Salzburg, 20.–22. November 2014, Salzburg: Paracelsus Buchhandlung & Verlag, 2016 (Diomedes Sonderband), S. 53–71.

Fisher, Alan W., „Muscovy and the Black Sea Slave Trade", in: Canadian-American Slavic Studies, 6:4 (1972), S. 575–594.

Fiume, Giovanna, Schiavitù mediterranee. Corsari, rinnegati e santi di età moderna, Milano: Bruno Mondadori, 2009.

Fletcher, Richard, Ein Elephant für Karl den Großen. Christen und Muslime im Mittelalter, Darmstadt: Primus Verlag, 2005.

Fonseca, Jorge Manuel Rios da, Os escravos em Évora no século XVI, Évora: Câmara Municipal, 1997.

Fonseca, Escravos no sul de Portugal (Séculos XVI e XVII), Lisboa: Vulgata, 2002.

Fonseca, Escravos e senhores na Lisboa quinhentista, Lisboa: Colibri, 2010.

Fontaine, Janel M., „Early medieval slave-trading in the archaeological record: comparative methodologies", in: Early Medieval Europe 25 (2017), S. 466–488.

Fontenay, Michel, „Corsaires de la foi ou rentiers du sol? Les chevaliers de Malte dans le "corso" méditerranéen au XVIIe siècle", in: Revue d'histoire moderne et contemporaine 35 (1988), S. 361–384.

Fontenay, „Pour une géographie de l' esclavage méditerranéen aux temps modernes", in: Cahiers de la Méditerranée 65 (2005), S. 17–52 (= L'esclavage en Méditerranée à l'époque moderne) http://revel.unice.fr/cmedi/document.html?id=42 (25. März 2013)).

Fontenay, „Routes et modalités du commerce des esclaves dans la Méditerranée des Temps Modernes (XVIe, XVIIe et XVIIIe siècles)“, in: Revue Historique 108 (2006), S. 813–830.

Fontenay, „Esclaves et/ou captifs: préciser les concepts“, in: Weiss, Wolfgang (ed.), Le commerce des captifs. Les intermédiaires dans l'échange et le rachat des prisonniers en Méditerranée, XVe–XVIIe siècles, Rome: École française de Rome, 2008 (Collection de l'École française de Rome 406), S. 15–24.

Forte, Angelo; Oram, Richard; Pedersen, Frederik, Viking Empires, Cambridge [etc.]: Cambridge University Press, 2005.

Franco Silva, Alfonso, La esclavitud en Sevilla y su tierra a fines de la edad media, Sevilla: Deputación Provincial de Sevilla, 1979.

Franco Silva, „La esclavitud en Andalucía al término de la edad Media“, in: Cuadernos de Investigación Medieval no. 3 (1985), S. 1–56.

Franco Silva, La esclavitud en Andalucia 1450–1550, Granada: Universidad de Granada, 1992.

Franz, Norbert, „Die ersten Juden in Osteuropa und die Ostslaven“, in: Kotowski; Schoeps; Wallenborn (eds.), Handbuch zur Geschichte der Juden in Europa, Bd. I: Länder und Regionen, S. 167–172.

Fried, Johannes; Rader, Olaf B., Die Welt des Mittelalters. Erinnerungsorte eines Jahrtausends, München: Beck, 2011.

Froese, Wolfgang, „Der Wendenkreuzzug von 1147 und die Anfänge Lübecks“, in: Froese, Geschichte der Ostsee. Völker und Staaten am Baltischen Meer, Gernsbach: Casimir Katz Verlag, 2002, S. 109–111.

Frolík, Jan, „Prag und die Prager Burg im 10. Jahrhundert“, in: Henning (ed.), Europa im 10. Jahrhundert. Archäologie einer Aufbruchszeit, Mainz: Verlag Philipp von Zabern, 2002, S. 161–169.

Fryer, Peter, Staying Power. Black people in Britain since 1504, London: Pluto 1986.

Frykman, Niklas, „Seamen on Late Eighteen-Century European Warships“, in: International Review of Social History 54 (2009), S. 67–93 (deutsche Version: Frykman, “Seeleute auf europäischen Sklavenschiffen des späten 18. Jahrhunderts“, in: Linden; Roth unter Mitarbeit von Henninger (eds.), Über Marx hinaus, S. 55–84).

Fynn-Paul, „Tartars in Spain: Renaissance Slavery in the Catalan city of Manresa, c. 1408“, in: Journal of Medieval History Vol. 34 (2008), S. 348–359.

Fynn-Paul, „Empire, Monotheism and Slavery in the Greater Mediterranean Region from Antiquity to the Early Modern Era“, in: Past & Present 205 (2009), S. 3–40.

García Fitz, Francisco, „Captives in Mediaeval Spain: The Castilian-Leonese and Muslim Experience (XI–XIII Centuries)“, in: e-Strategica Vol. 1 (2017), S. 205–221.

García Fuentes, Lutgardo, „Licencias para la introducción de esclavos en Indias y envios desde Sevilla en el siglo XVI“, in: JBLA 19 (1982), S. 1–46.

García Montón, Alejandro, „Trayectorias individuales durante la quiebra del sistema hispano-genovés: Domingo Grillo (1617–1687)“, in: Herrero Sánchez, Manuel; Ben Yessef Garfia, Yasmina Rocío; Bitossi, Carlo; Puncuh, Dino (coords.), Génova y la Monarquía Hispánica (1528–1713), Genova: Società Ligure di Storia Patria, MMXI [2011], S. 367–384.

García Montón, „Implicaciones del mundo (trans)atlántico entre la aristocracia genovesa. Algunas consideraciones en torno a la segunda mitad del siglo XVII“, in: Bravo Lozano, Cristina; Quirós Rosado, Roberto (eds.), En tierra de confluencias. Italia y la Monarquía de España. Siglos XVI–XVII, Valencia: Albatros Ediciones, 2013, S. 143–155.

García Montón, „The cost of the Asiento. Private merchants, royal monopolies, and the making of the trans-atlantic slave trade in the Spanish empire“, in: Polónia, Amélia; Antunes, Cátia (eds.), Mechanisms of Global Empire Building, Porto: CITCEM/ Edições Afrontamento, 2017, S. 11–34.

Garrido, Álvaro, A epopeia do bacalhau / the codfish epic, Lisboa: Clube do Coleccionador dos Correios, 2011.

Garrido García, Carlos Javier, „La esclavitud en el reino de Granada y la rebelión de los moriscos. El caso de la diócesis de Guadix: el papel del estamento eclesiástico“, in: Miscelánea de estudios árabes y hebraicos. Sección Árabe-Islam Vol. 49 (2000), S. 45–88.

Martin, Gaston, L'ère des Négriers (1714–1774). Nantes au XVIIIe siècle, d'après des documents inédits, Paris 1931 (Paris: Karthala, 1993).

Gaul, Niels, „Eunuchs in the Late Byzantine Empire, c. 1250–1400“, in: Tougher, Shaun (ed.), Eunuchs in Antiquity and Beyond, London: Classical Press of Wales and Duckworth, 2002, S. 199–219.

Geary, Dick; Vlassopoulos, Kostas (eds.), Slavery, Citizenship and the State in Classical Antiquity and the Modern Americas (= Special issue of European Review of History: Revue Europeenne d'Histoire Vol. 16:3 (2009)).

Geiger, Wolfgang, „Mythos Zinsverbot und Wuchervorwurf. Das Vorurteil als Erklärung der Geschichte“, in: Geiger, Zwischen Urteil und Vorurteil: jüdische und deutsche Geschichte in der kollektiven Erinnerung, Franfurt am Main: Humanities Online, 2012, S. 89–103.

Gerber, Jane S., „Im Osten weilt mein Herz…“, in: Nicholas de Lange, Nicholas de (ed.), Illustrierte Geschichte des Judentums, Frankfurt a M. und New York: Campus, 2000, S. 161–221.

Gil, Moshe, „The Rādhānite Merchants and the Land of Rādhān“, in: Journal of the Economic and Social History of the Orient 17:3 (1974), S. 299–328.

Gillingham, John, „Crusading Warfare, Chivalry, and the Enslavement of Women and Children“, in: Halfond, Gregory (ed.), The Medieval Way of War. Studies in Medieval Military History in Honor of Bernard S. Bachrach, Aldershot: Ashgate: 2015, S. 133–151.

Gillingham, „A Strategy of Total War? Henry of Livonia and the Conquest of Estonia, 1208–1227“, in: Journal of Medieval Military History Vol. XV (2017) (= Strategies, ed. by Petersen, Leif; Rojas Gabriel, Manuel), S. 186–214.

Gimbutas, Marija, The Kurgan Culture and the Indo-Europeanization of Europe. Selected Articles From 1952 to 1993, Washington: Institute for the Study of Man, 1997.

Glancy, Jennifer A., Slavery in Early Christianity, New York: Oxford University Press, 2002.

Gøbel, Det danske slavehandelsforbud 1792. Studier og kilder til forhistorien, forordningen og følgerne, Odense: Syddansk Universitetsforlag, 2008.

Goicoetxea, Ángel, Los vascos y la trata de esclavos, Madrid: ediciones pastor, 2017.

Golden, Peter B., An Introduction to the History of the Turkic Peoples: Ethnogenesis and State-Formation in Medieval and Early Modern Eurasia and the Middle East, Wiesbaden: Otto Harrassowitz Verlag, 1992 (Turcologica, Bd. 9, ed. Lars Johanson).

Golden, „Terminology of Slavery and Servitude in Medieval Turkic“, in: DeWeese, Devin (ed.), Studies on Central Asian History in Honor of Yuri Bregel, Bloomington: Indiana University, Research Institute for Inner Studies, 2001, S. 27–56.

Golden; Ben-Shammai, Haggai; Róna-Tas, András (eds.), The World of the Khazars: New Perspectives: Selected Papers from the Jerusalem 1999 International Khazar Colloquium, Leiden: Brill, 2007 (Handbook of Oriental Studies, Section 8 Uralic & Central Asian Studies, vol. 17).

Golden, „al-Saqâliba“, unter: https://www.academia.edu/12226970/al-Saqâliba (24. Mai 2015).

González Arévalo, Raúl, La esclavitud en Málaga a fines de la Edad Media, Jaén: Universidad de Jaén, 2005.

González Arévalo, „Apuntes para una relación comercial velada: la República de Florencia y el Reino de Granada en la Baja edad Media“, in: Investigaciones de Historia Económica 8 (2012), S. 83–93.

González Arévalo, „Captifs et esclaves dans le Royaume de Grenade (XIIIe–XVIe siècles)“, in: Botte; Stella (dirs.), Couleurs de l'esclavage sur les deux rives de la Méditerranée, S. 105–111.

González Arévalo, „Ansias de libertad: fuga y esclavos fugitivos en el Reino de Granada a fines de la Edad Media“, in: Martín Casares, Esclavitudes hispánicas (siglos XV al XXI): horizontes socioculturales, Granada: Universidad de Granada, 2014, S. 105–131.

Goulart, Pedro; Bedi, Arjun S., „A History of Child Labour in Portugal“, in: Lieten, Kristoffel; Nederveen Meerkerk, Elisa van (eds.), Child Labour's Global Past 1650–2000, Bern [etc.]: Peter Lang, 2011 (International and Comparative Social History), S. 257–278.

Greene, Molly, Catholic Pirates and Greek Merchants. A Maritime History of the Mediterranean, Princeton: Princeton University Press, 2010.

Greenfield, Sidney M., „Cyprus and the beginnings of modern sugar cane plantations and plantation slavery“, in: Actas del II Segundo Seminario Internacional sobre la Caña de Azúcar. La caña de azúcar en el Mediterráneo, Granada: Diputación Provincial de Granada, 1991, S. 23–42.

Grey, Cam, „Contextualizing Colonatus: The Origo of the Late Roman Empire“, in: Journal of Roman Studies 97 (2007), S. 155–175.

Grieser, Heike, Sklaverei im spätantiken und frühmittelalterlichen Gallien (5.–7. Jh.). Das Zeugnis der christlichen Quellen, Stuttgart: Steiner, 1997 (Forschungen zur antiken Sklaverei; 28).

Gronenborn, Detlef, „Zum (möglichen) Nachweis von Sklaven/Unfreien in prähistorischen Gesellschaften Mitteleuropas“, in: Ethnologisch-Archäologische Zeitschrift 42:1 (2001), S. 1–42.

Gronenborn, „Der ‚Jäger/Krieger‘ aus Schwanfeld. Einige Aspekte der politisch-sozialen Geschichte des mitteleuropäischen Altneolithikums“, in: Eckert, Jörg; Eisenhauer, Ursula, Zimmermann, Andreas (eds.), Archäologische Perspektive. Analysen und Interpretationen im Wandel. Festschrift Jens Lüning, Rahden: Marie Leidorf, 2003, S. 35–48.

Gronenborn, „Letzte Jäger – erste Bauern (Thema: Die Anfänge des Neolithikums)“, in: Archäologie in Deutschland Vol. 3/2006 (2006), S. 18–23.

Gronenborn, „Transregional Culture Contacts and the Neolithization Process in Northern Central Europe“, in: Jordan, Peter; Zvelebil, Marek (eds.), Ceramics before Farming: The Dispersal of Pottery among Prehistoric Eurasian Hunter-Gatherers, Walnut Creek: Left Coast Press, 2009, S. 527–550.

Gronenborn, „Häuptlinge und Sklaven? Anfänge gesellschaftlicher Differenzierung“, in: Terberger, Thomas; Gronenborn (eds.), Vom Jäger und Sammler zum Bauern: Die Neolithische Revolution, Darmstadt: Theiss, 2014, S. 39–47.

Grottanelli, Cristiano, „Ideologie del Sacrificio Umano“, in: Verger, Stéphane (ed.), Rites et Espaces en Pays Celte et Méditerranéen. Etude comparée à partir du sanctuaire d'Acy-Romance, Roma: École française de Rome, 2000 (CEFRA; 276), S. 279–292.

Grünert, Heinz, „Zu den Anfängen und zur Rolle der Sklaverei und des Sklavenhandels im ur- und frühgeschichtlichen Europa“, in: Ethnographisch-Archäologische Zeitschrift 10 (1990), S. 501–115.

Guillén, Fabienne P.; Trabelski, Salah (eds.), Les esclavages en Méditerranée. Espace et dynamiques économiques, Madrid: Casa de Velázquez, 2012.

Guillet, Bertrand, La Marie-Séraphique navire négrier, Nantes: Musée d'Histoire de Nantes; éditions MeMO, 2009.

Haarmann, Harald, Die Indoeuropäer. Herkunft, Sprachen, Kulturen, München: Beck, 2010.

Haarmann, Weltgeschichte der Sprachen. Von der Frühzeit des Menschen bis zur Gegenwart, München: Beck, 2010.

Haarmann, Das Rätsel der Donauzivilisation. Die Entdeckung der ältesten Hochkultur Europa, München: Beck, 2011.

Haarmann, Auf den Spuren der Indoeuropäer: Von den neolithischen Steppennomaden bis zu den frühen Hochkulturen, München: Beck, 2016.

Habermas, Rebekka; Mallinckrodt, Rebekka von; Przyrembel, Alexandra (eds.), Von Käfern, Märkten und Menschen: Kolonialismus und Wissen in der Moderne, Göttingen: Vandenhoeck & Ruprecht, 2013.

Hall, Richard, World of the Vikings, New York: Thames & Hudson, 2007.

Hamel, Debra, Der Fall Neaira. Die wahre Geschichte einer Hetäre im antiken Griechenland, Darmstadt: Primus Verlag, 2004.

Hanna, Mark G., Pirate Nests and the Rise of the British Empire, 1570–1740, Chapel Hill: University of North Carolina Press, 2015.

Hardt, Matthias, „Erfurt im Frühmittelalter. Überlegungen zu Topographie, Handel und Verkehr eines karolingerzeitlichen Zentrums anlässlich der 1200sten Wiederkehr seiner Erwähnung im Diedenhofener Kapitular Karls des Großen im Jahr 805", in: Mitteilungen des Vereins für Geschichte und Altertumskunde von Erfurt 66, NF 13 (2005), S. 9–39.

Hardt, „Fernhandel und Subsistenzwirtschaft. Überlegungen zur Wirtschaftsgeschichte der frühen Westslawen", in: Nomen et Fraternitas. Festschrift für Dieter Geuenich zum 65. Geburtstag, hg. von Uwe Ludwig und Thomas Schilp, Berlin/New York: De Gruyter, 2008 (Ergänzungsbände zum Reallexikon der Germanischen Altertumskunde Bd. 62), S. 741–763.

Hardt, „Zwischen Bardowick und Erfurt – Handel und Verkehr an den nördlichen Grenzkontrollorten des Diedenhofener Kapitulars Karls des Großen von 805", in: Beier, Hans-Jürgen; Sachenbacher, Peter in Zusammenarbeit mit Schimpff, Volker (eds.) Auf dem Wege zur mittelalterlichen Stadt in Thüringen, Langenweissbach: Beier & Beran. Archäologische Fachliteratur 2014 (= Beiträge zur Frühgeschichte und zum Mittelalter Ostthüringens 5), S. 71–82.

Hardt, „III. Leipzig in der Zeit der Burgwarde", in: Bünz, Enno unter Mitwirkung von John, Uwe (ed.), Geschichte der Stadt L E I PZ I G, 2 Bde., Leipzig: Leipziger Universitätsverlag, 2015, Bd. 1: Von den Anfängen bis zur Reformation, S. 110–122, Anm. S. 801–804.

Hardt, „The Importance of the Slave Trade for the Slavic Princes of the Early and High Middle Ages", in: Loré, Vito; Bührer-Thierry, Geneviève; Le Jan, Régine (dirs.), Acquérir, prélever, contrôler: Les ressources en compétition (400–1100), Turnhout: Brepols, 2017, S. 81–93.

Harrill, Albert J., Slavery in the New Testament: Literary, Social, and Moral Dimensions, Minneapolis: Fortress Press, 2006.

Haverkamp, Alfred, „Zur Sklaverei in Genua während des 12. Jahrhunderts", in: Haverkamp, Verfassung, Kultur, Lebensform. Beiträge zur italienischen, deutschen und jüdischen Geschichte im europäischen Mittelalter. Dem Autor zur Vollendung des 60. Lebensjahres, Burgard, Friedhelm; Heit, Alfred, Matheus, Michael (eds.), Mainz: Verlag Philipp von Zabern, 1997, S. 1–52.

Haverkamp, „Die Erneuerung der Sklaverei im Mittelmeerraum während des hohen Mittelalters. Fremdheit, Herkunft und Funktion", in: Herrmann-Otto, Elisabeth (ed.), Unfreie und abhängige Landbevölkerung, Hildesheim; Zürich [etc.]: Georg Olms Verlag, 2008, S. 130–166.

Haverkamp (ed.) unter Mitarbeit von Bardelle, Thomas und Redaktion von Müller, Jörg R., Geschichte der Juden im Mittelalter von der Nordsee bis zu den Südalpen.Kommentiertes Kartenwerk, 3 Bde., Hannover: Hahn, 2002 (Forschungen zur Geschichte der Juden A 14).

Haverkamp, „Juden zwischen Romania und Germania: zur Kulturgeschichte Europas im Mittelalter", in: Bohlen, Reinhold (ed.), mit Beiträgen von Homolka, Walter, Begegnung mit dem Judentum, Trier: Paulinus, 2007, S. 39–68.

Hadjinicolaou-Marava, Anne, Recherches sur la vie des esclaves dans le monde byzantin, Athen: Athènes, 1950.

Häberlein, Mark; Burkhardt, Johannes (eds.), Die Welser. Neue Forschungen zur Geschichte und Kultur des oberdeutschen Handelshauses, Berlin: Akademie Verlag, 2002 (Colloquia Augustana, Bd. 16).

Häberlein, „‚Mohren', ständische Gesellschaft und atlantische Welt. Minderheiten und Kulturkontakte in der frühen Neuzeit", in: Schnurmann, Claudia; Lehmann, Hartmut (eds.), Atlantic understandings: essays on European and American history in honor of Hermann Wellenreuther, Münster: LIT Verlag, 2006 (Atlantic Cultural Studies; Vol. 1), S. 77–102.

Hancock, Ian, The Pariah Syndrome. An Account of Gypsy Slavery and Persecution, Ann Arbor, Michigan: Karoma Publishers, 1987.

Hancock, We are the Romani People. Ame sam e Rromane džene, Hatfield: University of Hertfordshire Press, 2002.

Harper, Kyle, Slavery in the late Roman World, AD 275–425, Cambridge: Cambridge University Press, 2011.

Harris, Edward M., „Did Solon Abolish Debt-Bondage?", in: Classical Quarterly 52 (2002), S. 415–430.

Hechberger, Werner, Adel, Ministerialität und Rittertum im Mittelalter, München: Oldenbourg, 2004 (= Enzyklopädie deutscher Geschichte 72) (2. Auflage 2010).

Heers, Génes au XVe siècle: Activité économique et problèmes sociaux, Paris, 1961.

Heers, Esclaves et domestiques au Moyen Âge dans le monde méditerranéen, Paris: Hachette, 1996.

Heers, „Aspectos de la trata italiana en Oriente", in: Heers, Esclavos y sirvientes en las sociedades mediterráneas durante la Edad Media, Valencia: Edicions Alfons el Magnànim, 1989, S. 81–89.

Heers, La naissance du capitalisme au moyen age. Changeurs, usuriers et grands financiers. Paris: Perrins, 2012.

Heleno, Manuel, Os Escravos em Portugal, Lisboa: AGC, 1933.

Hellie, Richard, Enserfment and military change in Muscovy, Chicago: University of Chicago Press, 1971.

Hellie, Slavery in Russia 1450–1725, Chicago: University of Chicago Press, 1982.

Hellie, „Russia 1600–1725: The Background", in: Hellie, The Economy and Material Culture of Russia 1600–1725, Chicago and London: The University of Chicago Press, 1999, S. 1–11.

Hellie, „Russian Slavery and Serfdom", in: Eltis; Engerman (eds.), The Cambridge World History of Slavery, Vol. 3, S. 275–295.

Henning, Joachim, „Gefangenenfesseln im slawischen Siedlungsraum und der europäische Sklavenhandel im 6. bis 12. Jahrhundert. Archäologisches zum Bedeutungswandel ‚sklābos-sakāliba-sclavus'", in: Germania 70 (1992), S. 403–426.

Henning (ed.), Europa im 10. Jahrhundert. Archäologie einer Aufbruchszeit, Mainz: Verlag Philipp von Zabern, 2002.

Henning, „Wandel eines Kontinents oder Wende der Geschichte? Das 10. Jahrhundert im Spiegel der Frühmittelalterarchäologie", in: Ebd., S. 11–17.

Henning, „Slavery or freedom? The causes of early medieval Europe's economic advancement", in: Early Medieval Europe 12:3 (2003), S. 269–277.

Henning, „Neue Burgen im Osten. Handlungsorte und Ereignisgeschichte der Polenzüge Heinrichs II. im archäologischen und dendrochronologischen Befund", in: Hubel, Achim; Schneidmüller, Bernd (eds.), Aufbruch ins zweite Jahrtausend. Innovationen und Kontinuität in der Mitte des Mittelalters, Jan Thorbecke Verlag, 2004, S. 151–181.

Henning, „Strong Rulers – Weak Economy? Rome, the Carolingians and the Archaeology of Slavery in the First Millennium AD", in: Davis, Jennifer; McCormick, Michael (eds.), The Long Morning of Medieval Europe. New Directions in Early Medieval Studies, Aldershot: Ashgate 2008, S. 33–53.

Henning, „Frühmittelalterliche Burgwälle an der mittleren Donau im ostmitteleuropäischen Kontext", in: Machaček, Jirí; Ungerman, Šimon (eds.), Frühgeschichtliche Zentralorte in Mitteleuropa, Bonn: Habelt 2011 (Studien zur Archäologie Europas 14), S. 259–288.

Henning, „Das Kastell ‚contra Magadaburg' von 806 AD und die karolingischen Kastelle an der Elbe-Saale-Grenze: Ausgrabungen auf dem Weinberg von Hohenwarthe", in: Archäologie in Sachsen-Anhalt, Sonderband 16 (2012), S. 133–144.

Hergemöller, Bernd-Ulrich, „Randgruppen der spätmittelalterlichen Gesellschaft. Wege und Ziele der Forschung", in: Hergemöller (ed.), Randgruppen der spätmittelalterlichen Gesellschaft. Neu bearbeitete Ausgabe, Warendorf: Fahlbusch Verlag, 2001, S. 1–57.

Herlihy, David, Opera Muliebria: Women and Work in Medieval Europe, Philadelphia: Temple University Press, 1990.

Hermann, Joachim, „Handelstransport und Warenstruktur der Ostsee-Ökonomie", in: Hermann, Joachim [et al.], Wikinger und Slawen. Zur Frühgeschichte der Ostseevölker, Berlin, Akademie Verlag 1982, S. 113–142.

Herrmann-Otto, Elisabeth (ed.), Unfreie Arbeits- und Lebensverhältnisse von der Antike bis zur Gegenwart. Eine Einführung, Hildesheim [etc.]: Georg Olms Verlag, 2005.

Herrmann-Otto, Elisabeth (ed.), Unfreie und abhängige Landbevölkerung, Hildesheim; Zürich [etc.]: Georg Olms Verlag, 2008.

Herrmann-Otto, Sklaverei und Freilassung in der griechisch-römischen Welt, Hildesheim; Zürich [etc.]: Georg Olms Verlag, 2009 (Studienbücher Antike; Bd. 15) (Zweite, überarbeitete und erweiterte Auflage 2017).

Herrmann-Otto, „Sonderformen der Unfreiheit", in: Hermann-Otto, Sklaverei und Freilassung (2009), S. 61–71.

Herrmann-Otto unter Mitarbeit von Simonis, Marcel und Trefz, Alexander (ed.), Sklaverei und Zwangsarbeit zwischen Akzeptanz und Widerstand, Hildesheim; Zürich; New York: Georg Olms Verlag, 2011 (Sklaverei. Knechtschaft. Zwangsarbeit, Bd. 8).

Herzog, Tamar. „How Did Early-Modern Slaves in Spain Disappear? The Antecedents", in: Republics of Letters: A Journal for the Study of Knowledge, Politics, and the Arts no. 3:1 (September 2012), S. 1–7 (online: http://rofl.stanford.edu/node/106 (10. Oktober 2017)).

Hess, Andrew C., The Forgotten Frontier. A History of the Sixteenth-Century Ibero-African Frontier, Chicago-London: The University of Chicago Press, 1978.

Heyden, Ulrich van der, „Der große Kurfürst als Sklavenhändler", in: Heyden, Rote Adler an der Küste Afrikas. Die brandenburg-preußische Kolonie Großfriedrichsburg in Westafrika, Berlin: Selignow Verlag, 2001, S. 44–61.

Heyden, „Der Mohr hat seine Schuldigkeit getan. Der sträfliche Umgang mit der Geschichte in der deutschen Hauptstadt", in: Jahrbuch des Landesarchivs Berlin (2014), S. 247–266.

Hezser, Catherine, „Slaves and Slavery in Rabbinic and Roman Law", in: Hezser (ed.), Rabbinic Law in Its Roman and Near Eastern Context, Tübingen: Mohr, 2003 (TSAJ 97).

Hezser, Jewish Slavery in Antiquity, Oxford: Oxford University Press, 2005.

Hoffmann, Hartmut, „Kirche und Sklaverei im frühen Mittelalter", in: Deutsches Archiv für Erforschung des Mittelalters 42 (1986), S. 1–24.

Hoffmann, Johannes, „Die östliche Adriaküste als Hauptnachschubbasis für den venezianischen Sklavenhandel bis zum Ausgang des 11. Jahrhunderts", in: Vierteljahresschrift für Sozial- und Wirtschaftsgeschichte 55 (1968), S. 165–181.

Holm, Poul, „The slave trade of Dublin, ninth to twelfth centuries", in: Peritia 5 (1986), S. 317–345.

Hubert, François, „Burdeos en el siglo XVIII. El comercio atlántico y la esclavitud", in: Gutiérrez Usillos et al. (coords.), Laberintos de libertad, S. 25–33.

Hüsgen, Jan, „General Buddhoe und Peter von Scholten. Erinnerungen an Sklavenemanzipation auf den U. S. Virgin Islands und in Dänemark", in: Schmieder; Zeuske (eds.), Erinnerungen an Sklaverei, Leipzig: Leipziger Universitätsverlag, 2012 (= Comparativ. Zeitschrift für Globalgeschichte und Vergleichende Gesellschaftsforschung 22, H. 2), S. 112–125.

Hüsgen, Mission und Sklaverei. Die Herrnhuter Brüdergemeinde und die Sklavenemanzipation in Britisch- und Dänisch-Westindien, Stuttgart: Steiner, 2016 (Missionsgeschichtliches Archiv; Bd. 25).

Illiescu, Octavian, „Nouvelles éditions d'actes notariés instrumentés au XIVe siècle dans les colonies Génoises des bourdes du Danube – Actes de Kilia et Licostomo", in: Revue des Études Sud-Est européens 15 (1977), S. 113–129.

Irsigler, Franz, „Wann wird aus *servus* = Sklave *servus* = Knecht?", in: Herrmann-Otto unter Mitarbeit von Simonis und Trefz (ed.), Sklaverei und Zwangsarbeit zwischen Akzeptanz und Widerstand, S. 60–74.

Ismard, Paulin, „The Single Body of the City Public Slaves and the Question of the Greek State", in: Annales HSS Vol. 69:3 (July–September 2014), S. 505–532.

Ismard, La démocratie contre les experts. Les esclaves publics en Grèce ancienne, Paris: Seuil, 2015.

Ismard, Democracy's Slaves: A Political History of Ancient Greece, Harvard University Press, 2017.

Iversen, Tore, Trelldommen: norsk slaveri i middelalderen, Bergen: Historisk Institutt, Universitetet i Bergen, 1997 (Skrifter/Historisk Institutt, Universitetet i Bergen; 1).

Jahnke, Carsten, Die Hanse, Stuttgart: Reclam 2014.

Jahnke, „The Sea: Challenge and Stimulus in the Middle Ages", in: European Review Vol. 22:1 (February 2014), S. 64–71.

Jankowiak, Marek, „Two systems of trade in the Western Slavic lands in the 10th century", in: Bogucki, Mateusz; Rębkowski, Marian (eds.), Economies, Monetisation and Society in the Western Slavic Lands 800–1200 AD, Szczecin: Institute of Archaeology and Ethnology Polish Academy of Sciences; Szczecin University, 2013, S. 137–148.

Jankowiak, „What Does the Slave Trade in the Saqaliba Tell Us about Early Islamic Slavery", in: International Journal of Middle Eastern Studies Vol. 49:1 (2017), S. 169–172.

Jennings, Judith. The Business of Abolishing the British Slave Trade, 1783–1807, London: Routledge, 1997.

Jennings, Lawrence C. „French Policy towards Trading with African and Brazilian Merchants, 1840–1853", in: The Journal of African History Vol. 17:4 (1976), S. 515–528.

Jenson, Deborah, Beyond the Slave Narrative. Politics, Sex, and Manuscripts in the Haitian Revolution, Liverpool: Liverpool University Press, 2011 (Liverpool Studies in International Slavery, 4).

Johanek, Peter, „Der fränkische Handel der Karolingerzeit im Spiegel der Schriftquellen", in: Düwel, Klaus; Jankuhn, Herbert; Timpe, Dieter; Siems, Harald (eds.), Der Handel der Karolinger- und Wikingerzeit. Bericht über die Kolloquien der Kommission für die Altertumskunde Mittel- und Nordeuropas in den Jahren 1980 bis 1983, Göttingen: Vandenhoeck & Ruprecht, 1987 (Abhandlungen der Akademie der Wissenschaften zu Göttingen; Bd. 156), S. 7–68.

Johansen, Hans Christian, „The Reality behind the Demographic Arguments to Abolish the Danish Slave Trade", in: Eltis; Walvin (eds.), The Abolition of the Atlantic Slave Trade, S. 221–230.

Johne, Klaus-Peter, Von der Kolonenwirtschaft zum Kolonat. Ein römisches Abhängigkeitsverhältnis im Spiegel der Forschung. Antrittsvorlesung 20. Oktober 1992. Berlin 1994 (Öffentliche Vorlesungen; 18) (28 S.; online: http://edoc.hu-berlin.de/humboldt-vl/johne-klaus-peter/PDF/Johne.pdf (24. April 2016)).

Jürgs, Michael, Sklavenmarkt Europa. Das Milliardengeschäft mit der Ware Mensch, München: C. Bertelsmann/Random House, 2014.

Juterczenka, Sünne, „'Chamber Moors' and Court Physicians. On the Convergence of Aesthetic Consumption and Racial Anthropology at 18th-Century Court in Germany", in: Hock, Klaus; teMackenthun (eds.), Entangled Knowledge. Scientific Discourses and Cultural Difference, Münster: Waxmann, 2012, S. 165–182.

Kaps, Klemens, „Zwischen Emanzipation und Exklusion: Fortschrittsdenken und die Wahrnehmung kultureller Differenz in der europäischen Aufklärung“, in: Ertl, Thomas; Komlosy, Andrea; Puhle, Hans-Jürgen (eds.), Europa als Weltregion. Zentrum, Modell oder Provinz? Wien: new academic press, 2014 (= Edition Weltregionen, Bd. 23), S. 66–79.

Karpov, Sergei P., La navigazione veneziana nel Mar Nero XIII–VX sec., Ravenna: Edizioni del Girasole, 2000 (Girasole documenti).

Karras, Ruth Mazo, Slavery and Society in Medieval Scandinavia, New Haven and London: Yale University Press, 1988 (Yale Historical Publications; 135).

Karras, „Servitude and Sexuality in Medieval Iceland“ in: Pálsson, Gísli (ed.), From Sagas to Society: Comparative Approaches to Early Iceland, Enfield Lock, Herts.: Hisarlik Press, 1992, S. 289–304.

Kaufmann, Matthias, „Slavery between Law, Morality, and Economy“, in: Kaufmann; Aichele, Alexander (eds.), Companion to Luis de Molina (1535–1600), Leiden: Brill, 2015 (Brill's Companions to Christian Tradition; 50), S. 183–225.

Kay, Philip, Rome's Economic Revolution, Oxford: Oxford University Press, 2014 (Oxford Studies on the Roman Economy).

Kazanski, Michel, „Les influences steppiques dans l'équipement militaire et équestre des Slaves (Ve–VIIe siècles)“, in: Cosma, Călin (dir.), Warriors, weapons, and harness from the 5th–10th centuries in the Carpathian Basin, Cluj-Napoca: Mega, 2015, S. 45–56.

Kelsey, Harry, Sir John Hawkins. Queen Elizabeth's Slave Trader, New Haven and London: Yale University Press, 2003.

Keupp, Jan Ulrich, Dienst und Verdienst. Die Ministerialen Friedrich Barbarossas und Heinrichs VI., Stuttgart: Hiersemann, 2002.

Kitliński, Tomek; Lockard, Joe, „Sex Slavery and Queer Resistance in Eastern Europe“, in: Ferens, Dominika; Basiuk, Tomasz; Sikora, Tomasz (eds.), Out Here. Local and International Perspectives in Queer Studies, Newcastle: Cambridge Scholars Press, 2006, S. 127–143.

Kittel, Ingeborg, „Mohren als Hofbedienstete und Soldaten im Herzogtum Braunschweig-Wolfenbüttel“, in: Braunschweigisches Jahrbuch 46 (1965), S. 78–103 (unter: http://digisrv-1.biblio.etc.tu-bs.de/dfg-files/00042513/Ha-116-46.pdf (21. Juni 2014)).

Kizilov, Mikhail, „Slave Trade in the Early Modern Crimea From the Perspective of Christian, Muslim, and Jewish Sources“, in: Journal of Early Modern History Vol. 11 (2007), S. 1–31.

Kleinschmidt, „Kaufleute und Kämpfer“, in: Kleinschmidt, Die Angelsachsen, München: Beck, 2011, S. 94–95.

Kloft, J., „Die Koblenzer Zollrolle“, in: Zeugnisse Rheinischer Geschichte. Urkunden, Akten und Bilder aus der Geschichte der Rheinlande, Neuss: Veröffentlichungen der Landesarchivverwaltung Rheinland-Pfalz, 1982, S. 178–180.

Klooster, Wim; Padula, Alfred (eds.), The Atlantic World: Essays on Slavery, Migration, and Imagination, Upper Saddle River: Prentice Hall, 2005.

Klooster, „The Geopolitical Impact of Dutch Brazil on the Western Hemisphere“, in: Groesen, Michiel van (ed.), The Legacy and Impact of Dutch Brazil, Cambridge: Cambridge University Press, 2014), S. 25–40.

Klooster, The Dutch Moment: War, Trade, and Settlement in the Seventeenth-Century Atlantic World, Ithaca: Cornell University Press, 2016.

Klooster; Oostindie, Realm between Empires: The Second Dutch Atlantic, 1680–1815, Ithaca: Cornell University Press / Leiden: Leiden University Press, 2018.

Klosa, Sven, Die Brandenburgische-Africanische Compagnie in Emden. Eine Handelscompagnie des ausgehenden 17. Jahrhunderts zwischen Protektionismus und unternehmerischer Freiheit, Frankfurt am Main [etc.]: Peter Lang Verlag, 2011.

Klose, Fabian, „‚To maintain the law of nature and of nations‘. Der Wiener Kongress und die Ursprünge humanitärer Intervention“, in: Geschichte in Wissenschaft und Unterricht, 65:3–4 (2014), S. 217–237.

Knapp, Robert, „Ein Dasein in Knechtschaft: Sklaverei“, in: Knapp, Römer im Schatten der Geschichte, Gladiatoren, Prostituierte: Männer und Frauen im Römischen Reich, Stuttgart: Klett-Cotta, 2012, S. 143–192.

Koller, Heinrich, „Die Raffelstetter Zollordnung und die mährischen Zentren“, in: Brachmann, Hansjürgen (ed.), Burg-Burgstadt-Stadt. Zur Genese mittelalterlicher nichtagrarischer Zentren in Ostmitteleuropa, Berlin: Akademie Verlag, 1995 (Forschungen zur Geschichte und Kultur des östlichen Mitteleuropa), S. 282–295.

Korpela, Jukka, „The Baltic Finnic People in the Medieval and Pre-modern Eastern European Slave Trade“ in: Russian History Vol. 41 (2014), S. 85–117.

Korpela, „‘... And They Took Countless Captives’: Finnic Captives and the East European Slave Trade during the Middle Ages“, in: Witzenrathm (ed.), Eurasian Slavery, Ransom and Abolition in World History, S. 171–190.

Krätke, Michael, „Kapitalismus – das Wort und seine Geschichte“, in: Fülberth, Georg; Krätke, Neun Fragen zum Kapitalismus, Berlin: Karl Dietz Verlag, 2007, S. 59–61.

Krause, Arnulf, Die Welt der Wikinger, Hamburg: Nikol, 2012.

Krause, Oliver, „Die niederländische Staats-Formierung in der Statthalterlosen Epoche (1650–1672) aus interkontinentales Perspektive“, in: Jahrbuch für Europäische Überseegeschichte 16 (2016), S. 29–64.

Kuckenburg, Martin, „Zahlungsmittel: Erz und Sklaven?“, in: Kuckenburg, Das Zeitalter der Keltenfürsten. Eine europäische Hochkultur, Stuttgart: Klett-Cotta, 2010, S. 160–163.

Kuhlmann-Smirnov, Anne, Schwarze Europäer im Alten Reich. Handel, Migration, Hof, Göttingen: Vandenhoeck & Ruprecht, 2013.

Kuhlmann-Smirnov, „‚Mohr‘: Annäherung an einen Quellenbegriff“, in: Kuhlmann-Smirnov, Schwarze Europäer im Alten Reich, S. 80–83.

Kuhlmann-Smirnov, „Hof und Handel im atlantischen Kontext“, in: Kuhlmann-Smirnov, Schwarze Europäer im Alten Reich, S. 60–68.

Kuhlmann-Smirnov, „Anhang: Tabelle – ‚Mohren‘ im deutschen Raum, um 1600 bis ca. 1800“, in: Kuhlmann-Smirnov, Schwarze Europäer im Alten Reich, S. 285–373.

Kuhn, Konrad; Ziegler, „Sklaverei als Verbrechen gegen die Menschlichkeit – Geschichtspolitik, Gedenken und Wissenschaft in Europa“, in: Comparativ. Zeitschrift für Globalgeschichte und Vergleichende Gesellschaftsforschung Vol. 19, H. 2/3 (2009), S. 186–210.

Kuhn; Ziegler, „Die Schweiz und die Sklaverei. Zum Spannungsfeld zwischen Geschichtspolitik und Wissenschaft“, in: traverse. Zeitschrift für Geschichte / Revue d’histoire Vol. 16:1 (2009), S.116–130.

Kurtynova-D’Herlugnan [Derlugian], Liubov, The Tzar’s Abolitionists. The Slave Trade in the Caucasus and Its Suppression, Leiden: Brill, 2010.

Lachenicht, Susanne, „Sephardi Jews: Cosmopolitans in the Atlantic World?“ in: Lachenicht; Heinsohn, Kirsten (eds.), Diaspora Identities. Exile, Nationalism and Cosmopolitanism in Past and Present, Frankfurt/Main; Chicago: Campus, 2009, S. 31–51.

Lahon, Didier, O Negro no Coração do Império – Uma Memória a Resgatar. Séc. XV–XIX, Lisboa, 1999. Lahon, „L’esclavage au Portugal: Utopie et Réalité“, in: Cahiers des Anneaux de la Mémoire 3, Nantes (2001), S. 147–175.

Landau, Peter, „Slavery and Semifreedom in the High Middle Ages – in the Perspective of the Church“, in: Hernæs, Per; Iversen, Tore (eds.), Slavery across Time and Space: Studies in Medieval Europe and Africa, Trondheim: Department of History, NTNU, 2002 (Trondheim Studies in History; 38), S. 97–104.

Lange, Hermann, Römisches Recht im Mittelalter, München: C. H. Beck 1997 (Bd. I: Die Glossatoren; Lange; Kriechbaum, Maximiliane, Römisches Recht im Mittelalter, München: C. H. Beck, 2007, Bd. II: Die Kommentatoren).

Legoy, Jean, „Le Havre et le transport des coolies au milieu du XIXe siècle“, in: Recueil de l’Association des Amis du Vieux Havre 39 (1982), S. 1–17.

Lehmann, Martin, Die *Cosmographiae Introductio* Matthias Ringmanns und die Weltkarte Martin Waldseemüllers aus dem Jahre 1507. Ein Meilenstein frühneuzeitlicher Kartographie, München: Martin Meidenbauer, 2010.

Lencek, Rado L., „The Terms Wende-Winde, Wendisch-Windisch in the Historiographic Tradition of the Slovene Lands", in: Slovene Studies Journal Vol. 12:1 (1990), S. 93–97.

Leppin, Hartmut, „Die Gesetzgebung Iustinians – der Kaiser und sein Recht", in: Stein-Hölkeskamp, Elke; Hölkeskamp, Karl-Joachim (eds.), Erinnerungsorte der Antike. Die römische Welt, München: Beck, 2006, S. 457–466.

Lewis, David, „Near Eastern Slaves in Classical Attica and the Slave Trade with Persian Territories", in: Classical Quarterly 61.1 (2011), S. 91–113.

Lincoln, Margarette, British Pirates and Society, 1680–1730, Farnham: Surrey Ashgate, 2014.

Lilie, Ralph-Johannes, Handel und Politik zwischen dem byzantinischen Reich und den italienischen Kommunen Venedig, Pisa und Genua in der Epoche der Komnenen und der Angeloi (1081–1204), Amsterdam: Hakkert, 1984.

Lind, John H., „Problems of Ethnicity in the Interpretation of Written Sources on Early Rus'", in: Juhani Nuorluoto (ed.), The Slavicization of the Russian North. Mechanisms and Chronology, Helsinki: Helsinki University Press, 2006 (Slavica Helsingiensia, 27), S. 246–258.

Lind, „Darkness in the East? Scandinavian scholars on the question of Eastern influence in Scandinavia during the Viking Age and Early Middle Ages", in: Bjerg, Line; Lind; Sindbæk, Søren (eds.), From Goths to Varagians. Communication and Cultural Exchange between the Baltic and the Black Sea, Aarhus: Aarhus University Press, 2012, S. 341–367.

Lobo Cabrera, Manuel, „Esclavos indios en Canarias: Precedentes", in: Revista de Indias Vol. XLIII, No. 172 (1983), S. 515–532.

Lobo Cabrera, La esclavitud en las Canarias orientales en el siglo XVI: Negros, Moros, y Moriscos, prólogo Antonio de Bethencourt Massieu, Santa Cruz de Tenerife: Ediciones del Excmo. Cabildo Insular de Gran Canaria, 1982.

Lobo Cabrera, „La esclavitud en la España moderna: su investigación en los últimos cincuenta años", in: Hispania 176 (1990), S. 1091–1104.

Lobo Cabrera, „El comercio del vino entre Gran Canaria, Europa y Africa", in: Anuario de Estudios Atlánticos 38, Madrid–Las Palmas (1992), S. 253–279.

Lobo Cabrera, „Esclavos negros a Indias a través de Gran Canaria", in: RI Vol. XLV, No. 175 (1985), S. 28–50.

Lohmeier, Dieter, Sklaven – Zucker – Rum. Dänemark und Schleswig-Holstein im atlantischen Dreieckshandel, Heide: Boyens, 1994 (= Schriften der Schleswig-Holsteinischen Landesbibliothek. Bd. 18).

Lombard, Monnaie et histoire d'Alexandre à Mahomet, Paris: Mouton / École des Hautes Études en Sciences Sociales, 2001 (Erstauflage 1971).

Lopes, Edmundo Correia, A Escravatura, subsídios para a sua história, Lisboa: Agência Geral das Colónias, 1944.

Lotter, Friedrich, „Zur Stellung der Juden im Frankenreich der Merowinger und Karolinger", in: Aschkenas 10 (2000), S. 525–533.

Lotter, „Sind christliche Quellen zur Erforschung der Geschichte der Juden im Frühmittelalter weitgehend unbrauchbar?", in: Historische Zeitschrift (HZ) 278:4 (2004), S. 311–327.

Lübke, Christian, „Kriegsgefangene im mittelalterlichen Osteuropa. Ein Beitrag zur Frage der Ansiedlung slawischer Gefangener im Wendland in vergleichender Sicht", in: Jürries, Wolfgang (ed.), Rundlinge und Slawen: Beiträge zur Rundlingsforschung: Begleitband zur Rundlingsausstellung im Rundlingsmuseum Wendlandhof Lübeln, Lüchow: Köhring, 2004 (Band 16 von Schriftenreihe des Heimatkundlichen Arbeitskreises Lüchow-Dannenberg; Band 6 von Veröffentlichungen des Rundlingsvereins, Veröffentlichungen des Rundlingsvereins), S. 77–89.

Lübke, Das östliche Europa, München: Siedler Verlag, 2004 (Die Deutschen und das europäische Mittelalter).
MacKay, John, „'And Hold the Bondman Still': Biogeography and Utopia in Slave and Serf Narratives", in: Biography Vol. 25:1 (Winter 2002), S. 110–129.
Maier, Bernhard, Geschichte und Kultur der Kelten, München: Beck, 2012.
Mallinckrodt, Rebekka von, „There Are No Slaves in Prussia?", in: Brahm; Rosenhaft, Eva (eds.), Slavery Hinterland. Transatlantic Slavery and Continental Europe, 1680–1850, Woodbridge: The Boydel Press, 2016, S. 109–131.
Mallinckroth, „Verhandelte (Un-)Freiheit Sklaverei, Leibeigenschaft und innereuropäischer Wissenstransfer am Ausgang des 18. Jahrhunderts", in: Geschichte und Gesellschaft 3 (2017), S. 347–380.
Maluquer de Motes, Jordi, „Burguesia catalana y l'esclavitud colonial. Modes de producció y pràctica política", Recerques, 3 (1974), S. 83–116.
Maluquer de Montes, „La burguesía catalana y la esclavitud en Cuba: política y producción", in: Revista de la Biblioteca Nacional José Martí Vol. XVIII,2 (Mayo–Agosto 1976), S. 11–82.
Maluquer de Motes, „Abolicionismo y resistencia a la abolición en la España del siglo XIX", in: AEA XLIII, Sevilla (1986), S. 311–331.
Maluquer de Motes, „La formación del mercado interior en condiciones coloniales: la inmigración y el comercio catalán en las Antillas españolas durante el siglo XIX", in: Estudios de Historia Social 44–47 (1988), S. 89–104.
Mancke, Elizabeth; Shammas, Carole (eds.), The creation of the British Atlantic world, Baltimore: Johns Hopkins University Press, 2005 (Anglo-America in the transatlantic world).
Marcocci, Giuseppe, „L'Italia nella prima età globale (ca. 1300–1700)", in: Storica 60, anno XX (2014), S. 7–50.
Marcocci, „Blackness and Heathenism. Color, Teology, and Race in the Portuguese World, c. 1450–1600", in: Anuario Colombiano de Historia Social y de la Cultura Vol. 43:2 (jul.–dic. 2016), S. 33–58.
Marques, João Pedro, Os Sons do Silêncio. O Portugal de Oitocentos e a Abolição do Tráfico de Escravos, Lisboa, Imprensa de Ciências Sociais, 1999 (engl.: The Sounds of Silence: Nineteenth-Century Portugal and the Abolition of the Slave Trade, New York: Berghahn Books, 2006).
Marques, „Arsénio Pompílio Pompeu de Carpo: um percurso negreiro no século XIX", in: Análise Social Vol. 36, no. 160 (2001), S. 609–638.
Marques, Portugal e a Escravatura dos Africanos, Lisboa: Imprensa de Ciências Sociais, 2004.
Marques, Revoltas Escravas. Mistificações e mal-entendidos, Lisboa: Guerra e Paz, 2006.
Martin, Peter, „Die schwarzen Raben Allahs", in: Martin, Schwarze Teufel, edle Mohren. Afrikaner in Geschichte und Bewusstsein der Deutschen, Hamburg: Hamburger Edition, 2001.
Martin, Zucker für die Welt. Die Anfänge der Sklaverei und der Fabrikgesellschaft in Amerika, ed. Obrich, Hubert, Berlin: Universitätsverlag der TU Berlin, 2012.
Martín Corrales, Eloy, „El corsarismo norteafricano y la flota catalana en la Carrera de Indias", in: Manuscrits 10 (1992), S. 375–393.
Martín Casares, Aurelia, „Esclavitud y mentalidad: la población esclava de Granada a lo largo del siglo XVI", in: Chronica Nueva 25 (1998), S. 337–348.
Martín Casares, „Domestic Service in Spain: Legislation, Gender and Social Practice", in: Fauve-Chamoux, Antoinette (ed.), Domestic Service and the Formation of European Identity: Understanding the Globalization of Domestic Work, 16th–21st Centuries, Bern: Peter Lang, 2004, S. 189–209.
Martín Casares; García Barranco, Margarita, „Legislation on Free Soil in Nineteenth-Century Spain: The Case of the Slave Rufino and Its Consequences", in: Slavery & Abolition Vol. 32:3 (Sept. 2011), S. 461–476.

Martín Casares; García Barranco (coords.), La esclavitud negroafricana en la historia de España, Granada: Editorial Comares, 2010.

Martín Casares, „Women's Bodies and Slavery in 16th Century Spain: The Sale of Juana, a Sick Slave", in: L'Homme. Europäische Zeitschrift für Feministische Geschichtswissenschaft 23:2 (2012), S. 107–110.

Martín Casares, „Evolution of the Origin of Slaves Sold in Spain from the Late Middle Ages till the 18th Century", in: Cavaciocchi (a cura di), Schiavitù e servaggio nell'economia europea, S. 409–430.

Martín Casares, „Historia y actualidad de la esclavitud: claves para reflexionar", in: Gutiérrez Usillos, Andrés et al. (coords.), Laberintos de libertad. Entre la esclavitud del pasado y las nuevas formasde esclavitud del presente, México D.F.: Ministerio de Educación, Cultura y Deporte, 2012, S. 13–24.

Martín Casares, „Magrebian Slaves in Spain. Human Trafficking and Insecurity in the Early Modern Western Mediterranean", in: Hanß; Schiel (eds.), Mediterranean Slavery Revisited (500–1800), S. 97–117.

Martín Casares, Esclavitudes hispánicas (siglos XV al XXI): horizontes socioculturales, Granada: Universidad de Granada, 2014.

Martín Casares (ed.), Esclavitud, mestizaje y abolicionismo en los mundos hispánicos, Granada: Universidad de Granada 2015.

Martín Casares; M'bachu, Oluwatoyin, „Memorias de un tratante de Liverpool sobre el comerico esclavista entre Canarias y el África Occidental Subsahariana a finales del siglo XVIII", in: XXI Coloquio de Historia Canario-Americana (2014), XXI–022, S. 1–10 (online: http://coloquioscanariasmerica.casadecolon.com/index.php/aea/article/view/9504 (24. April 2017)).

Martínez Carreras, José U., „El tráfico negrero por el Atlántico", in: Cuadernos del Instituto de Historia y Cultura Naval (1990) (= La España marítima del siglo XIX), S. 95–107.

Mathiez, J., „Trafic et prix de l'homme en Mediterranee aux XVIIe et XVIIIe siécles", in: Annales E.S.C. 2 (1954), S. 157–164.

Matschke, Klaus-Peter, „Einzelnes, Besonderes, Allgemeines in der Geschichte des späten Byzanz. Versuch einer Gesamtbilanz", in: Matschke, Die Schlacht bei Ankara und das Schicksal von Byzanz. Studien zur spätbyzantinischen Geschichte zwischen 1402 und 1422, Weimar: Hermann Böhlaus Nachfolger, 1981, S. 238–273.

Matschke, „Auf der Suche nach Byzanz in der Welt des *Codex Cumanicus*", in: Schmieder, Felicitas; Schreiner, Peter (eds.), Il Codice Cumanico e il suo modo. Atti del Colloquio Internazionale Venezia, 6–7 dicembre 2002, Roma: Edizioni di Storia e Letteratura, 2005, S. 337–348.

Matzuki, Eizo, „The Crimean Tatars and their Russian-Captive Slaves. An Aspect of Muscovite-Crimean Relations in the 16th and 17th Centuries", S. 171–182, hier S. 173f (online: http://www2.econ.hit-u.ac.jp/~areastd/mediterranean/mw/pdf/18/10.pdf (02. Mai 2016)).

McCarthy, Denis, Dublin Castle. At the heart of Irish History, Dublin: Stationary Office, 2004.

McCormick, Michael, Origins of the European Economy: Communication and Commerce, AD 300–900, Cambridge: Cambridge University Press, 2001.

McCormick, „European exports to Africa and Asia", in: McCormick, Origins of the European Economy, S. 729–777.

McCormick, „Europeans", in: McCormick, Origins of the European Economy, S. 733–759.

McCormick, „Geography of the European slave trade", in: McCormick, Origins of the European Economy, S. 759–777.

McCormick, „Slaves", in: McCormick, Origins of the European Economy, S. 244–254.

McCormick, „New Light on the "Dark Ages": How the Slave Trade fuelled the Carolingian Economy", in: Past and Present 177 (2002), S. 17–54.

McKee, Sally, „Inherited Status and Slavery in Late Medieval Italy and Venetian Crete“, in: Past & Present Vol. 182:1 (2004), S. 31–53. 1

McKee, „Domestic Slavery in Renaissance Italy“, in: Slavery & Abolition 29:3 (2008), S. 305–326.

McKee, „The Familiarity of Slaves in Medieval and Early Modern Households“, in: Hanß; Schiel (eds.), Mediterranean Slavery Revisited (500–1800), S. 501–514.

McWatters, Cheryl S.; Lemarchand, Yannick, „Accounting Representation and the Slave Trade: The Guide du Commerçe of Gaignat de l'Aulnais“, in: Accounting Historians Journal Vol. 33:2 (Dec. 2006), S. 1–37.

Melton, Edgar, „Manorialism and Rural Subjection in East Central Europe, 1500–1800“, in: Eltis; Engerman (eds.), The Cambridge World History of Slavery, Vol. 3, S. 297–322.

Mendiola, Fernando, „The Role of Unfree Labour in Capitalist Development: Spain and its Empire, Nineteenth to the Twenty-First Centuries“, in: IRSH 61 (2016), Special Issue 24 (= Hofmeester; Kessler, Gijs; Moll-Murata, Christine (eds.), Conquerors, Employers and Arbiters: States and Shifts in Labour Relations, 1500–2000), S. 187–211.

Mettas, Jean, Répertoire des expéditions négrières françaises au XVIIIe siècle, 2 Bde., Paris: SFHOM, 1975/84 (Tome I: Nantes, ed. Daget, Serge; Tome II: ports autres que Nantes, ed. Daget ; Daget, Michèle).

Meyer, Claus K., „Ein zweischeidiges Schwert: Ordnung auf Rittergut und Sklaven-Plantage“, in: Klußmann, Jan (ed.), Leibeigenschaft. Bäuerliche Unfreiheit in der frühen Neuzeit, Köln, Weimar, Wien: Böhlau Verlag, 2003, S. 241–272.

Meyer, Jean, Esclavos y negreros, Madrid: Aguilar Universal, 1989.

Meyer, „Quand un armateur négrier prend la plume“, in: Revue historique CCXCVI (1996), S. 167–177.

Meyer, L'armament nantais dans la deuxième moitié du XVIIIe siècle, Paris: EHESS, 1999.

Mignozzi, Marcello, „Schiave dai Balcani tra XI e XIII secolo“, in: Studi medievali Vol. 67 (2016), S. 129–160.

Miller, Joseph C., „The Historical Contexts of Slavery in Europe“, in: Hernæs, Per; Iversen, Tore (eds.), Slavery across Time and Space: Studies in Medieval Europe and Africa, Trondheim: Department of History, NTNU, 2002 (Trondheim Studies in History; 38), S.1–57.

Miller, William I, Bloodtaking and Peacemaking: Feud, Law, and Society in Saga Iceland, Chicago: The University of Chicago Press, 1990.

Millet, José, „Aspectos de la religiosidad popular angolana“, in: África: Revista de Centro de Estudios Africanos, 12–13:1 (1989/1990), S. 159–180.

Mira Caballos, Esteban, „Las licencias de esclavos negros a Hispanoamérica (1544–1550)“, in: Revista de Indias 54, no. 201 (1994), S. 273–297.

Mira Caballos, El indio antillano: repartimiento, encomienda y esclavitud (1492–1542), Sevilla: Muñoz Moya editor, 1997.

Mira Caballos, Indios y mestizos americanos en la España del siglo XVI, prólogo de Domínguez Ortiz, Antonio, Frankfurt am Main/Madrid: Vervuert-Iberoamericana, 2000, S. 46–48 und S. 141–143 (Apéndice I: „Envío de indios a Castilla, 1492–1550“).

Mira Caballos, „El proyecto esclavista de Cristóbal Colón“, in: Mira Caballos, Indios y mestizos americanos, S. 46–48.

Mira Caballos, Nicolás de Ovando y los orígenes del sistema colonial español,1502–1509, Santo Domingo, República Dominicana: Patronato de la Ciudad Colonial de Santo Domingo, Centro de Altos Estudios Humanisticos y del Idioma Español, 2000.

Mircea, Ion Radu, „Termenii rob, şerbşi holop in documentele slave si române“, in: Ionescu, Vasile (ed.), Robia ţiganilor în Ţările Române: Moldova; rromii din România – studii şi documente istorice, Bucureşti: Aven Amentza, 2000, S. 61–74.

Mirković, Miroslava, „Der Kolonat und die Freiheit“, in: Herrmann-Otto, Elisabeth (ed.), Unfreie und abhängige Landbevölkerung, Hildesheim; Zürich [etc.]: Georg Olms Verlag, 2008, S. 53–69.

Mishin, Dmitrii Evegen'evich, Sakaliba (slaviane) v islamskom mire v rannee srednevekov'e [Sakaliba (Slavs) in the Islamic world in the early Middle Ages], Moskva: Institut vostokovedeniya RAN / Isdatel'stvo „Kraft+“, 2002.

Mitterauer, Michael, „Kaufleute an die Macht. Voraussetzungen des Protokolonialismus in den italienischen Seerepubliken am Beispiel Pisas“, in: Feldbauer, Peter; Liedl, Gottfried; Morrissey, John (eds.), Mediterraner Kolonialismus. Expansion und Kulturaustausch im Mittelalter, Essen: Magnus Verlag, 2005 (Expansion, Interaktion, Akkulturation; Bd. 8), S. 82–110.

Mohr, Andreas, Das Wissen über die Anderen. Zur Darstellung fremder Völker in den fränkischen Quellen der Karolinger-Zeit, Münster [etc.]: Waxmann Verlag GmbH, 2005 (Studien und Texte zum Mittelalter und zur frühen Neuzeit; 7).

Montefiore, Simon Sebag, „Die Amazonen“, in: Montefiore, Katharina die Grosse und Fürst Potemkin. Eine kaiserliche Affäre, Frankfurt am Main: S. Fischer Verlag, 2009, S. 544–561.

Morelli, Marcello; Tangheroni, Marco (eds.), Leonardo Fibonacci: il tempo, le opere, l'eredita scientific, Pisa: Pacini, 1994.

Morgado García, Arturo, „El mercado de esclavos en el Cádiz de la Edad Moderna (1650–1750)“, in: TIEMPOS MODERNOS 18:1 (2009), S. 1–25 (unter: www.tiemposmodernos.org/tm3/index.php/tm/article/viewFile/146/197 (25. März 2014)).

Morgado García, „Guerra y esclavitud en el Cádiz de la modernidad“, in: Martín Casares; García Barranco, Margarita (coords.), La esclavitud negroafricana en la historia de España, Alborote: Editorial Comares, 2011, S. 55–74.

Morgado García, „Vidas reinventadas: la condición esclava en el Cádiz de la Modernidad“, in: Bulletin for Spanish and Portuguese Historical Studies Vol. 36:1 (2011), S. 70–95 (online: http://digitalcommons.asphs.net/bsphs/vol36/iss1/4 (30. September 2014)).

Morgado García, Una metropolí esclavista: el Cádiz de la modernidad, Granada: Editorial Universidad de Granada, 2013.

Morgado García, „Esclavos turcos en el Cádiz de la edad moderna“, in: Anales de la Historia Antigua, Medieval y Moderna Vol. 46, Buenos Aires (2013) (online: www.academia.edu/12892624/ESCLAVOS_TURCOS_EN_EL_CADIZ_DE_LA_EDAD_MODERNA_2013_ (12. Juni 2015)).

Morgan, Kenneth, Slavery and the British Empire. From Africa to America, Oxford: Oxford University Press, 2007.

Mortimer, Ian, „Das Ende der Sklaverei“, in: Mortimer, Zeiten der Erkenntnis. Wie uns die großen historischen Veränderungen bis heute prägen, München/Berlin/Zürich: Piper, 2015, S. 37–41.

Mosneron-Dupin, Joseph; Pétré-Grenouilleau, Moi, Joseph Mosneron, armateur négrier nantais, 1748–1833: portrait culturel d'une bourgeoisie négociante au siècle des Lumières, Rennes: Éditions Apogée, 1995.

Müller, Felix, „Beutegut, Opfergaben und Trophäen bei den antiken Kelten“, in: Birkhan, Helmut (ed.), Kelten-Einfälle an der Donau, Wien: Verlag der Österreichischen Akademie der Wissenschaften, 2007, S. 361–378.

Müller-Wille, Michael, Zwischen Starigard/Oldenburg und Novgorod. Beiträge zur Archäologie west- und ostslawischer Gebiete im frühen Mittelalter, Neumünster: Wachholtz, Neumünster 2011 (Studien zur Siedlungsgeschichte und Archäologie der Ostseegebiete. Bd. 10).

Muhaj, Ardian, „Skllavëria ndër shqiptarë gjatë Mesjetës [Slavery among the Albanians during the Middle Ages]“, in: Studime Historike, nos. 1–2, Tirana (2017), S. 61–81.

Nash Briggs, Daphne, „Servants at a rich man's feast: early Etruscan household slaves and their procurement“, in: Etruscan Studies. Journal of the Etruscan Foundation Vol. 9 (2002), S. 153–176.

Nehlsen, Hermann, „Die Sklaverei bei germanischen Stämmen der Völkerwanderungszeit. Faktoren der Entstehung und Überwindung unfreier Arbeit“, in: Scholler, Heinrich & Tellenbach, Silvia (eds.), Faktoren der Entstehung und Überwindung unfreier Arbeit in Europa und in den afrikanischen Kolonien, Münster: LIT Verlag, 2005, S. 31–55.

Newitt, A History of Portuguese Overseas Expansion, 1400–1668, London: Routledge, 2005.

Nikzentaitis, Alvydas, „Prisoners of War in Lithuania and the Teutonic Order State (1238–1409)", in: Czaja, Roman (ed.), Der Deutsche Orden in der Zeit der Kalmarer Union, 1397–1521, Torún: Nowak, Zenon Hubert, 1999 (Ordines militares; 10), S. 193–208.

Noel, Erick, Etre noir en France au XVIIIe siécle, Paris: Tallandier, 2006.

Nolte, Kleine Geschichte Russlands, Stuttgart: Philipp Reclam jun.,^{3}2003.

Nolte, „Die Eroberung des Baltikums durch deutsche Herren im 13. Jahrhundert in globalgeschichtlicher Perspektive", in: Anton, Florian; Luks, Leonid (eds.), Deutschland, Russland und das Baltikum. Beiträge zu einer Geschichte wechselvoller Beziehungen. Festschrift zum 85. Geburtstag von Peter Krupnikow, Köln, Weimar, Wien: Böhlau Verlag, 2005, S. 19–34.

Nolte, „Kholopen", in: Jaeger, Friedrich (ed.), Enzyklopädie der Neuzeit, Bde. 1–16, Stuttgart: Metzler, 2015–2012, Bd. 6, S. 116–117.

Nolte, „Livland", in: Komlosy, Andrea; Nolte; Sooman, Imbi (eds.), Ostsee 700–2000. Gesellschaft, Wirtschaft, Kultur, Wien: Promedia, 2007, S. 72–73.

Nolte, „Kaukasien", in: Hausberger, Bernd (ed.), Die Welt im 17. Jahrhundert, Wien: Mandelbaum Verlag, 2008 (Globalgeschichte. Die Welt 1000–2000), S. 81–82.

Nolte, „Russische Bauern zwischen Waldeinsamkeit, Kommune und Kapitalismus. Unterdrückung und Emanzipation", in: Gumblies, Florian; Weise, Anton (eds.), Unterdrückung und Emanzipation in der Weltgeschichte. Zum Ringen um Freiheit; Kaffee und Deutungshoheit, Hannover: Verlag Jens Bolm, 2014, S. 62–97.

Nolte, „Iasyry: Non-Orthodox Slaves in Pre-Petrine Russia", in: Witzenrath, Christoph (ed.), Eurasian Slavery, Ransom and Abolition in World History, 1200–1860, Aldershot: Ashgate, 2015, S. 247–266.

North, Michael, Genuss und Glück des Lebens. Kulturkonsum im Zeitalter der Aufklärung, Köln/Wien/Weimar: Böhlau, 2003.

North, „Ostseehandel. Drehscheibe der Weltwirtschaft in der frühen Neuzeit", in: Komlosy; Nolte; Sooman (eds.), Ostsee 700–2000, S. 132–147.

Northrup, David, „Enslaved Africans in Europe", in: Northrup, Africa's Discovery of Europe. 1450–1850, Oxford, New York: Oxford University Press, 2002, S. 6–10.

Obal, Udo, „Zwischen Freiheit und Zwang? Arbeit und Gesellschaft im frühneuzeitlichen Nordwestdeutschland", in: Zeitschrift für Weltgeschichte, Jg. 7:1 (Frühjahr 2006), S. 57–76.

Obal, „Transithandel und Globalisierung. Chancen kurhannoverscher Wirtschaftspolitik im Zeitalter der Personalunion", in: Barmeyer, Heide (ed.), Hannover und die englische Thronfolge, Bielefeld: Verlag für Regionalgeschichte, 2005, S. 33–35.

O'Flanagan. Patrick, Port Cities of Atlantic Iberia, c. 1500–1900, Aldershot: Ashgate Publishing, 2008.

Ó'Gráda, Cormac; Paping, Richard; Vanhaute, Eric, When the potato failed. Causes and effects of the 'last' European subsistence crisis, 1845–1850, Turnhout: Brepols Publishers, 2007 (CORN Publication Series 9).

Østhus, Hanne, „Servants in Rural Norway c. 1650–1800", in: Wittle, Jane (ed.), Servants in Rural Europe 1400–1900, Woodbridge: The Boydell Press, 2017, S. 113–130.

Ott, Undine, „Europas Sklavinnen und Sklaven im Mittelalter. Eine Spurensuche im Osten des Kontinents", in: Bulach, Doris; Schiel, Juliane (eds.), Europas Sklaven, Essen: Klartext Verlag, 2015 (= WerkstattGeschichte Vol. 66–67), S. 31–53.

Otte, Enrique; Ruiz-Berruecos, Conchita, „Los portugueses en la trata de esclavos negros de las postrimeras del siglo XVI", in: Moneda y Crédito 85, Madrid (1963), S. 3–40.

Otte (ed.), „Los Alemanes. Asiento sobre los IIII mil esclavos (negros)", in: Cédulas reales relativas a Venezuela, compilación y estudio preliminar por Otte, Caracas: Fundación John Boulton: La Fundación Eugenio Mendoza, 1963, S. 241–244 (Dokument Nr. 145).

Otte, „Los mercaderes vizcaínos Sancho Ortiz de Urrutia y Juan de Urrutia“, in: Boletín Histórico 6, Caracas (Septiembre de 1964), S. 5–32.
Otte, „Die Negersklavenlizenz des Laurent de Gorrevod. Kastilisch-genuesische Wirtschafts- und Finanzinteressen bei der Einführung der Negersklaverei in Amerika“, in: Spanische Forschungen der Görresgesellschaft 22. Bd., Münster (1965), S. 283–320.
Otte, „Die europäischen Siedler und die Probleme der Neuen Welt“, in: Jahrbuch für Geschichte von Staat, Wirtschaft und Gesellschaft Lateinamerika (JbLA) 6 (1969), S. 1–40.
Otte, „Los Jeronimos y el tráfico humano en el Caribe: una rectificación“, in: Anuario de Estudios Americanos (AEA) Vol. XXXII (1975), S. 187–204.
Otte, Las perlas del Caribe: Nueva Cádiz de Cubagua, Caracas: Fundación John Boulton, 1977.
Otte, Sevilla y sus mercaderes a fines de la Edad Media, Sevilla: Universidad de Sevilla / Fundación el Monte, 1996.
Otte, „Los mercaderes transatlánticos bajo Carlos V“, in: AEA Vol. XLVII (1990), S. 95–121.
Otte, Von Bankiers und Kaufleuten, Räten, Reedern und Piraten, Hintermännern und Strohmännern. Aufsätze zur atlantischen Expansion Spaniens, Vollmer, Günter; Pietschmann (eds.), Stuttgart: Franz Steiner Verlag, 2004 (Studien zur modernen Geschichte, Bd. 58).
Otte, „Die Expedition des Diego Ingenios zur Perleninsel 1528“, in: Otte, Von Bankiers und Kaufleuten, S. 33–116.
Otte, „Die Welser in Santo Domingo“, in: Otte, Von Bankiers und Kaufleuten, S. 117–159.
Otte, „Jakob und Hans Cromberger und Lazarus Nürnberger. Die Begründer des deutschen Amerikahandels“, in: Otte, Von Bankiers und Kaufleuten, S. 161–197.
Otte, „Die Negersklavenlizenz des Laurent de Gorrevod. Kastilisch-genuesische Wirtschafts- und Finanzinteressen bei der Einführung der Negersklaverei in Amerika“, in: Otte, Von Bankiers und Kaufleuten, S. 199–233.
Paravicini, Werner, „Edelleute, Hansen, Brügger Bürger. Die Finanzierung der westeuropäischen Preußenreisen im 14. Jahrhundert“, in: Hansische Geschichtsblätter 105 (1986) S. 5–20.
Paravicini, „Der Gegner: Litauen im 14. Jahrhundert“, in: Paravicini, Die Preussenreisen des europäischen Adels, 2 Teile, Sigmaringen: Jan Thorbecke Verlag, 1995 (Beihefte der Francia; Bd. 17/1 und 17/2), Bd. II, S. 46–52.
Park, Heung-Sik, „Die Stände der Lex Saxonum“, in: Concilium medii aevi 2 (1999), S. 197–210 (unter: http://cma.gbv.de/dr,cma,002,1999,a,11.pdf (20. Mai 2012)).
Parker, Grant, „Appendix 2: African intellectuals in 18th-century Europe“, in: The Agony of Asar. A Thesis on Slavery by a Former Slave, Jacobus Elisa Johannes Capitein, 1717–1747. Translated with commentary by Parker, Grant, Princeton: Markus Wiener Publishers, 2001, S. 136–152.
Parilla Ortiz, Pedro, La esclavitud en Cádiz durante el siglo XVIII, Cádiz: Diputación, 2001.
Peabody, Sue, „There are No Slaves in France“: The Political Culture of Race and Slavery in the Ancien Régime, Oxford, New York, Oxford: Oxford University Press, 1996.
Peabody; Stovall, Tyler (eds.), The Color of Liberty. Histories of Race in France, Durham and London: Duke University Press, 2003.
Pech, Robert (eds.), Ein Raum im Wandel. Die osmanisch-habsburgische Grenzregion vom 16. bis 18. Jahrhundert, Stuttgart: Franz Steiner, 2014, S. 215–231.
Pelteret, David Anthony Edgell, „Slave Raiding and Slave Trading in Early England“, in: Anglo-Saxon England 9 (1981), S. 99–114.
Pelteret, Slavery in early Mediaeval England: from the reign of Alfred until the twelfth century, Woodbridge/Rochester: The Boydell Press, 1995 (Studies in Anglo-Saxon History, 7).
Pérez García, Rafael M.; Fernández Chaves, Manuel F., „Sevilla y la trata negrera atlántica: envíos de esclavos desde Cabo Verde a la América española, 1569–1579“, in: Álvarez Santaló, Luis C. (coord.), Estudios de Historia Moderna en Homenaje al profesor Antonio García-Baquero, Sevilla: Universidad de Sevilla, 2009, S. 597–622.
Pérez García, „Metodología para el análisis y cuantificación de la trata de esclavos hacia la América Española en el siglo XVI“, in: Rey Castelao, Ofelia; Suárez Golán, Fernando (eds.),

Los vestidos de Clío. Métodos y tendencias recientes de la historiografía modernista española (1973–2013). VII Coloquio de Metodología Histórica Aplicada, Santiago de Compostela: Universidad de Santiago de Compostela, 2015, S. 823–840.

Pérez García, „Las ciudades de Sevilla y Toledo en la conexión de las redes económicas judeoconversas entre Castilla y América a mediados del siglo XVI“ in: Iglesias Rodríguez, Juan José; Pérez García; Fernández Chaves (coords.), Comercio y cultura en la Edad Moderna. Actas de la XIII reunión científica de la fundación de Historia Moderna, 3 vols., Universidad de Sevilla: 2015, T. II, S. 539–552 (online: https://www.academia.edu/16288325 (06. Oktober 2015)).

Pérez García, „El laboratorio ibérico de conceptos y prácticas sobre la esclavitud y los mestizajes: diversidad de experiencias, pueblos y cultura“, in: Paiva, Eduardo França; Fernández Chaves; Pérez García (orgs.), De que estamos falando? Antigos conceitos e modernos anacronismos – escravidão e mestiçagens, Rio de Janeiro: Garamond, 2016, S. 11–38 (online: https://www.academia.edu/28201450/De_que_estamos_falando_Antigos_conceitos_e_modernos_anacronismos_escravid%C3%A3o_e_mesti%C3%A7agens (26. Mai 2017)).

Periáñez Gómez, Rocío, „La investigación sobre la esclavitud en España en la edad moderna“, in: Norba. Revista de Historia Vol. 21 (2008), S. 275–282.

Periáñez Gómez, „La introducción de los negros por la frontera extremeña y su distribución posterior“, in: Martín Casares; García Barranco (coords.), La esclavitud negroafricana en la historia de España, S. 35–53.

Peschel, Karl, „Zur Frage der Sklaverei bei den Kelten während der vorrömischen Eisenzeit“, in: Ethnographisch-Archäologische Zeitschrift 12 (1971), S. 527–539.

Peschel, „Archäologisches zur Frage der Unfreiheit bei den Kelten während der vorrömischen Eisenzeit“, in: Ethnographisch-Archäologische Zeitschrift 31, 3/4 (1990), S. 370–417.

Petkov, Kiril, The Voices of Medieval Bulgaria, Seventh–Fifteenth Century. The Records of a Bygone Culture, Leiden/Boston: Brill, 2008.

Petráček, Tomáš, Power and Exploitation in the Czech Lands in the 10th–12th Centuries. A Central European Perspective, Leiden and Boston: Brill, 2017.

Pétré-Grenouilleau, Nantes au temps de la traite des Noirs, Paris: Hachette, 1998.

Pettigrew, William A., Freedom's Debt. The Royal African Company and the Politics of the Atlantic Slave Trade, 1672–1752, Chapel Hill: The University of North Carolina Press, 2014 (Published for the Omohundro Institute of Early American History and Culture).

Peucker, Paul, „Aus allen Nationen: Nichteuropäer in den deutschen Brüdergemeinden des 18. Jahrhunderts“, in: Unitas Fratrum 59–60 (2007), S. 1–35.

Phillips Jr., William D., La esclavitud desde la época romana hasta los inicios del comercio transatlántico, Madrid: Siglo Veintiuno de España Editores, S.A., 1989 (Englisch: Phillips, Slavery in Medieval and Early Modern Spain, Philadelphia: University of Pennsylvania Press, 2014).

Phillips Jr., „Continuity and change in Western slavery: ancient to modern times“, in: Bush (ed.), Serfdom & Slavery, S. 71–88.

Phillips Jr., „Sugar in Iberia“, in: Schwartz, Stuart B. (ed.), Tropical Babylons: Sugar and the Making of the Atlantic World, 1450–1680, Chapel Hill: University of North Carolina Press, 2004, S. 27–41.

Phillips, „Afrikanische Sklaven auf der iberischen Halbinsel in der frühen Neuzeit“, in: Bade, Klaus J.; Emmer, Pieter C. et al. (eds.): Enzyklopädie Migration in Europa vom 17. Jahrhundert bis zur Gegenwart, Paderborn [u. a.]; München: Ferdinand Schöningh; Wilhelm Fink, 2007, S. 364–366.

Phillips Jr., „Slavery in the Atlantic Islands and the Early Modern Atlantic World“, in: Eltis; Engerman (eds.), The Cambridge World History of Slavery, Vol. 3, S. 325–347 (besonders auch: „The Slave Voyage“, S. 335–337).

Pieken, Gorch, „Fürsten, Menschenhändler und Piraten im transatlantischen Handel Brandenburg-Preußens 1682–1721", in: Hofbauer, Martin (ed.), Piraterie in der Geschichte, Potsdam: Zentrum für Militärgeschichte und Sozialwissenschaften der Bundeswehr, 2013, S. 39–62.

Pinl, Harald, „Schifffahrt und Fischerei ‚binnen und buten' der Ostsee", in: Komlosy; Nolte; Sooman (eds.), Ostsee 700–2000, S. 110–131.

Poccetti, Paolo, „Gr. στατάριον / Lat. statarium „Sklavenmarkt": Lehnwort oder Bedeutungsentlehnung", in: Glotta 63 (1985), S. 172–180.

Poettering, Jorun, „Die Rolle des Christusordens in der portugiesischen Expansion unter Heinrich dem Seefahrer", in: Sacra Militia. Rivista di Storia degli Ordini Militari 3 (2002), S. 89–110.

Poettering, „Als die Säulen des Herakles umstürzten. Wissen, Wissenschaft und Herrschaft in der portugiesischen Expansion (15. und 16. Jahrhundert)", in: Saeculum Vol. 64:2 (2014), S. 257–288.

Poettering, Handel, Nation und Religion. Kaufleute zwischen Hamburg und Portugal im 17. Jahrhundert, Göttingen: Vandenhoeck & Ruprecht, 2013.

Poettering, „The Economic Activities of Hamburg's Portuguese Jews in the Early Seventeenth Century", in: Transversal. Zeitschrift für Jüdische Studien Vol. 14:2 (2013 [2014]), S. 11–22.

Pohl, Walter, „Samo", in: Pohl, Die Awaren. Ein Steppenvolk in Mitteleuropa 567–822 n. Chr., München: Beck, 2002 (Reihe „Frühe Völker"), S. 256–261.

Preiser-Kapeller, Johannes, „Vom Bosporus zum Ararat. Aspekte der Wirkung und Wahrnehmung des Byzantinischen Reiches in Armenien im 4. bis 19. Jh.", in: Gastgeber, Christian; Daim, Falko (eds.), Byzantium as Bridge between West and East, Wien: Verlag der Österreichischen Akademie der Wissenschaften, 2015, S. 179–210 (siehe: http://oeaw.academia.edu/JohannesPreiserKapeller (letzter Zugriff 13. 2. 2018)).

Preiser-Kapeller, „Civitas Thauris. The significance of Tabrīz in the spatial frameworks of Christian merchants and ecclesiastics in the 13th and 14th century", in: Pfeiffer (ed.), Politics, Patronage and the Transmission of Knowledge in 13th–15th Century Tabriz, Leiden–New York–Köln: Brill, 2013 (Brill Companions to the Byzantine World), S. 251–299.

Preiser-Kapeller, „Ein jüdisches Großreich. Religion und Mission im Reich der Chasaren" [A Jewish Empire: Religion and Mission in the Empire of the Khazars], Working Paper, Graz 2010. (siehe: http://www.academia.edu/699593 (letzter Zugriff: 20. 05. 2018)).

Priesching, Sklaverei in der Neuzeit, Darmstadt: WGB, 2014.

Priesching, „Sklaverei und europäische Identität – eine verdrängte Geschichte", in: Priesching, Sklaverei in der Neuzeit, S. 8–14.

Priesching; Grieser, Heike (eds.), Theologie und Sklaverei von der Antike bis in die frühe Neuzeit, Hildesheim/Zürich/New York: Olms, 2016 (Sklaverei, Knechtschaft, Zwangsarbeit. Untersuchungen zur Sozial-, Rechts- und Kulturgeschichte, ed. Herrmann-Otto; Bd. 14).

Priesching unter Mitarbeit von Krebs, Gabriel-Daniel, Sklaverei im Urteil der Jesuiten. Eine theoriegeschichtliche Spurensuche im Collegio Romano, Hildesheim/Zürich/New York: Georg Olms Verlag, 2017 (Reihe: Sklaverei – Knechtschaft – Zwangsarbeit, Bd. 15).

Prinzing, Günther, „Tana", in: Lexikon des Mittelalters, München: LexMA-Verlag, 1980 ff., Bd. 8 (1996), S. 453–454.

Prinzing, „Sklaverei/Byzanz", in: Der Neue Pauly, Stuttgart: Metzler, 2001, Bd. 11, Sp. 630–632.

Prinzing, „Hausbedienstete oder -sklaven in Byzanz zwischen tödlicher Repression und größter Hochschätzung. Ein Streiflicht anhand von vier konkreten Fällen", in: Hanß; Schiel (eds.), Mediterranean Slavery Revisited (500–1800), S. 187–199.

Pulido Bueno, Ildefonso, La familia genovesa Centurión (mercaderes, diplomáticos y hombres de armas), al servicio de España, 1380–1680, Huelva: Artes Gráficas Andaluzas, 2004.

Quakatz, Manja, „‚Conversion Turci'. Konvertierte und zwangsgetaufte Osmanen. Religiöse und kulturelle Grenzgänger im Alten Reich (1683–1710)", in: Spannenberger, Norbert; Varga, Szabolcs in Zusammenarbeit mit Pech, Robert (eds.), Ein Raum im Wandel. Die osmanisch-

habsburgische Grenzregion vom 16. bis 18. Jahrhundert, Stuttgart: Franz Steiner, 2014, S. 215–231.
Quenum, Alphonse, Les églises chrétiennes et la traite atlantique de XVe au XIXe siècle, Paris: Karthala, 1993.
Raffensperger, Christian, „The Place of Rus' in Medieval Europe", in: History Compass 12/11 (2014), S. 853–865.
Rahe, Paul, The Spartan Regime: Its Character, Origins, and Grand Strategy, New Haven: Yale University Press, 2016.
Ramin, Jacques; Veyne, Paul, „Droit romain et société: les hommes libres qui passent pour esclaves et l'esclavage volontaire", in: Historia 30:4 (1981), S. 472–497.
Raphael-Hernandez, Heike, „Deutsche Verwicklungen in den transatlantischen Sklavenhandel", in: Aus Politik und Zeitgeschichte (APuZ) 65. Jg., Nr. 50–51 (7. Dezember 2015), S. 35–40.
Régent, Frédéric, La France et ses esclaves: de la colonisation aux abolitions (1620–1848), Paris: Grasset, 2007.
Régent, „Les négociants, les colons, le roi et la traite négrière", in: Régent, La France et ses esclaves, S. 37–57.
Régent; Gonfier, Gilda; Maillard, Bruno, Libres et sans fers, paroles d'esclaves Français, Paris: Fayard, 2015 (collection Patrick Weil).
Reichert, Folker, „Inselwelten", in: Folkert, Das Bild der Welt im Mittelalter, Darmstadt: Primus, 2013, S. 103–106.
Ressel, Magnus, „Hamburger Sklavenhändler als Sklaven in Westafrika", in: Zeitschrift des Vereins für Hamburgische Geschichte Bd. 96 (2010), S. 33–69.
Ressel, „Conflicts between Early Modern European States about Rescuing own Subjects from Barbary-Captivity", in: Scandinavian Journal of History 36:1 (2011), S. 1–22.
Ressel, „Hamburg und die Niederelbe im atlantischen Sklavenhandel der Frühen Neuzeit", in: Bulach; Schiel (eds.), Europas Sklaven, S. 75–96.
Ressel, „Eine Rezeptionsskizze der atlantischen Sklaverei im frühneuzeitlichen protestantischen Deutschland", in: Priesching; Grieser, Heike (eds.), Theologie und Sklaverei von der Antike bis in die frühe Neuzeit, Hildesheim/Zürich: Olms Verlag, 2016, S. 165–205 (Sklaverei, Knechtschaft, Zwangsarbeit. Untersuchungen zur Sozial-, Rechts- und Kulturgeschichte, ed. Herrmann-Otto; Bd. 14).
Révauger, Marie-Cécile; Saunier, Éric (eds), La Franc-maçonnerie dans les ports, Bordeaux: Presses Universitaires Bordeaux, 2012.
Reynolds, Edward, Stand the storm: A history of the Atlantic slave trade, London and New York: Alison and Busby, 1985 (IR Dee, 1993).
Rheinheimer, Martin, Der fremde Sohn. Hark Olufs' Wiederkehr aus der Sklaverei, Neumünster: Wachholtz, 2001.
Rheinheimer, „Sklave in Algier", in: Rheinheimer, Unter Sklaven und Piraten. Die abenteuerliche Geschichte des Amrumer Kapitäns Hark Nickelsen, Norddorf/Amrum: Verlag Jens Quedens, 2013, S. 15–32.
Richardson, The Bristol slave traders: A collective portrait, Bristol: Bristol Branch of the Historical Association, 1985.
Richardson (ed.), Bristol, Africa, and the Eighteenth-Century Slave Trade to America, 4 vols., Bristol: Bristol Record Society, 1986–1996.
Richardson; Schwarz; Tibbles, Anthony J. (eds.), Liverpool and the Transatlantic Slavery, Liverpool: Liverpool University Press, 2007.
Riché, Pierre, „Der Sklavenhandel", in: Riché, Die Welt der Karolinger. Aus dem Französischen übersetzt von Dirlmeier, Cornelia und Ulf, Stuttgart: Reclam, 2016 (3. Auflage), S. 140–141.
Richter, Hedwig, „Jenseits der Dogmen: Die Herrnhuter als Untertanen, Staatsbürger und als Christen vom 18. bis ins 20. Jahrhundert", in: Jahrbuch des Vereins für Freikirchenforschung 24 (2015), S. 300–311.

Rinchon, Dieudonné, Pierre-Ignace-Liévin Van Alstein, capitaine négrier, Dakar: Institut français d'Afrique noire, 1964.

Riess, Werner; Fagan, Garrett G. (ed.), The Topography of Violence in the Greco-Roman World, Ann Arbor: University of Michigan Press, 2016.

Rio, Alice, Legal Practice and the Written Word in the Early Middle Ages: Frankish Formulae, c. 500–1000, Cambridge: CUP, 2009.

Rio, „Self-sale and voluntary entry into unfreedom, 300–1100", in: Journal of Social History 45:3 (2012), S. 661–685.

Rio, „Penal enslavement in the early middle ages", in: De Vito Christian G.; Lichtenstein, Alex, (eds.), Global Convict Labour, Leiden: Brill, 2015, S. 79–107.

Robb, John; Harris, Oliver J. T. (eds.), The Body in History: Europe from the Palaeolithic to the Future, New York: Cambridge University Press, 2013.

Rodrigo y Alharilla, „Víctimas y verdugos a la vez: los marineros españoles y la trata ilegal (1845–1866)", in: Drassana. Revista del Museu Marítim de Barcelona 25 (desembre 2017) (= Dossier: El tràfic atlàntic d'esclaus), S. 112–132.

Roman, Alain, Saint-Malo au temps des négriers, Paris: Karthala, 2001.

Roman, La saga des Surcouf. Mythes et réalites, Saint-Malo: Cristel, 2006.

Roman, Robert Surcouf et ses frères, Saint-Malo: Cristel, 2007.

Rossum, Matthias van; Fatah-Black, Karwan, „Wat is winst? De economische impact van de Nederlandse trans-Atlantische slavenhandel", in: Tijdschrift voor Sociale en Economische Geschiedenis Vol. 9, Nr. 1 (2012), S. 3–29.

Roussel, Claude-Youenn, Esclaves, café et belle-mère, de Brest à Saint-Domingue. L'amiral Le Dall de Tromelin. Une correspondance coloniale inédite 1769–1851, Paris: Éditions SPM / L'Harmattan, 2015.

Ruchhöft, Fred, Vom slawischen Stammesgebiet zur deutschen Vogtei. Die Entwicklung der Territorien in Ostholstein, Lauenburg, Mecklenburg und Vorpommern im Mittelalter, Rahden/Westf.: Leidorf, 2008 (= Archäologie und Geschichte im Ostseeraum. Bd. 4).

Russell-Wood, Anthony John R., The Portuguese Empire, 1415–1808. A World on the Move, Baltimore and London: The Johns Hopkins University Press, 1998.

Ryden, David Beck, West Indian Slavery and British Abolition, 1783–1807, Cambridge: Cambridge University Press, 2009.

Sadji, Uta, „‚Unverbesserlich ausschweifende' oder ‚brauchbare Subjekte'? Mohren als ‚befreite' Sklaven im Deutschland des 18. Jahrhunderts", in: Komparatistische Hefte 2 (1980), S. 42–52.

Santos Cabota, María del Rosario, „El mercado de esclavos en la Sevilla de la primera mitad del siglo XVIII", in: Moreno, Isidoro (ed.), La antigua hermandad de los negros de Sevilla. Etnicidad, poder y sociedad en 600 años, Sevilla: Universidad de Sevilla/Consejería de Cultura de la Junta de Andalucía, 1997, S. 501–509.

Sarasúa, Carmen, „Los servientes esclavos: Las transformaciones de las relaciones coloniales de trabajo en la ciudad", in: Sarasúa, Criados, nodrizas y amos. El servicio doméstico en la formación del mercado de trabajo madrileño, 1758–1868, Madrid: Siglo XXI editores, 1994, S. 115–138.

Sarti, Raffaella, „Bolognesi schiavi dei turchi e schiavi turchi a Bologna tra Cinque e Settecento: alteritá etnico-religiosa e riduzione in schiavitù", in: Quaderni Storici 36:2 (2001), S. 438–473.

Saugera, Éric, Bordeaux, port négrier: chronologie, économie, idéologie XVIIe–XIXe siècles, Paris: Karthala, 2002.

Saugera, La Bonne-Mère navire négrier nantais 1802–1815, Nantes: L'association des Anneaux de la Mémoire / Ville de Nantes, 2009.

Saunier, Éric, „Le Havre, port négrier: de la défense de l'esclavage à l'oubli", in: Cahiers des Anneaux de la Mémoire, n°11 (2007) (= Les ports et la traite négrière: France), S. 23–41.

Schär, Bernhard C., „Seide, Sklaven und Soziale Frage: Basel im imperialen Raum“, in: Schär, Tropenliebe: Schweizer Naturforscher und niderländischer Imperialismus in Südostasien um 1900, Frankfurt am Main/New York: Campus, 2015 (Gobalgeschichte, Bd. 20), S. 61–78.

Schaub, „The Case for a Broader Atlantic History“, in: Nuevo Mundo Mundos Nuevos [En línea], Coloquios, Puesto en línea el 27 junio 2012, consultado el 23 noviembre 2012. URL: http://nuevomundo.revues.org/63478; DOI: 10.4000/nuevomundo.63478.

Schiebinger, Londa; Swan, Claudia (eds.), Colonial Botany: Science, Commerce and Politics in the Early Modern World, Philadelphia: University of Pennsylvania Press, 2005.

Schiel, „Mord von zarter Hand. Der Giftmordvorwurf im Venedig des 15. Jahrhunderts“, in: Hanß; Schiel (eds.), Mediterranean Slavery Revisited, S. 201–228.

Schiel, „Slave-trade in the Middle Ages“, in: Ness, Immanuel (ed.), The Encyclopedia of Global Human Migration, Bd. 5, New York: Wiley-Blackwell, 2013, S. 2761–2769.

Schiel, „Zwischen Panoramablick und Nahaufnahme. Wie viel Mikroanalyse braucht die Globalgeschichte?“, in: Lohse, Tillmann; Scheller, Benjamin (eds.), Europa in der Welt des Mittelalters, Berlin/Boston: De Gruyter, 2014, S. 119–140.

Schiel, „Sklavenbasar am Rialto. Das spätmittelalterliche Sklavengeschäft zwischen Marktlogik und Gabentausch“, in: David, Thomas; Straumann, Tobias; Teuscher, Simom (eds.), Neue Beiträge zur Wirtschaftsgeschichte, Zürich: Chronos, 2015 (= Schweizerisches Jahrbuch für Wirtschafts- und Sozialgeschichte. Suisse d'histoire économique et sociale, 30), S. 179–197.

Schiel, „Mit zweierlei Maß: Der Adriaraum als Laboratorium spätmittelalterlicher Praktiken des Slaving“, in: Südost-Forschungen 73 (2016), S. 155–171.

Schipp, Oliver, Der weströmische Kolonat von Konstantin bis zu den Karolingern (332 bis 861), Hamburg: Kovač, 2009 (= Studien zur Geschichtsforschung des Altertums; Band 21).

Schmale, Wolfgang, „A Transcultural History of Europe – Perspectives from the History of Migration“, in: Europäische Geschichte Online (EGO), hg. vom Institut für Europäische Geschichte (IEG), Mainz European History Online (EGO), published by the Institute of European History (IEG), Mainz 2010-12-03. URL: http://www.ieg-ego.eu/schmalew-2010a-en URN: urn:nbn:de:0159-20101011119 [2013-04-22].

Schmidt, Christoph, Leibeigenschaft im Ostseeraum: Versuch einer Typologie, Köln, Weimar, Wien: Böhlau Verlag, 1997.

Schmidt, „Sozialer Wandel“, in: Schmidt, Leibeigenschaft im Ostseeraum, S. 117–127.

Schmidt, „Bäuerliche Freiheit gegen Schollenpflicht. Schweden und Polen als konträre Muster auf dem Weg in die Neuzeit“, in: Komlosy; Nolte; Sooman, Imbi (eds.), Ostsee 700–2000. Gesellschaft, Wirtschaft, Kultur, Wien: Promedia, 2007, S. 61–70.

Schmidt, Martin, „Die Welt des Eumaios“, in: Luther, Andreas (ed.), Geschichte und Fiktion in der homerischen Odyssee, München: Beck, 2006 (= Zetemata; Bd. 125), S. 117–138.

Schmitz, Winfried, „Sklavenfamilien im archaischen und klassischen Griechenland“, in: Heinen (ed.), Kindersklaven – Sklavenkinder, S. 63–102.

Schmitz, „Überlegungen zur Verbreitung der Sklaverei in der griechischen Landwirtschaft“, in: Mauritsch, Peter; Ulf, Christoph (eds.), Kultur(en) – Formen des Alltäglichen in der Antike. Festschrift für Ingomar Weiler zum 75. Geburtstag, 2 Bde., Graz: Grazer Universitätsverlag, 2013, Bd. II, S. 535–552.

Schmitz (ed.), Antike Sklaverei zwischen Verdammung und Beschönigung. Kolloquium zur Rezeption antiker Sklaverei vom 17. bis 20. Jahrhundert, Stuttgart: Franz Steiner Verlag, 2016 (Forschungen zur antiken Sklaverei; Bd. 40).

Schneider, Jürgen, „Die neuen Getränke: Schokolade, Kaffee und Tee (16.–18. Jahrhundert)“, in: Cavaciocchi, Simonetta (ed.), Prodotti e techniche d'oltremare nelle economie Europee secc. XIII–XVIII, Prato: Le Monnier, Istituto Internazionale di Storia Economica „F. Datini“, 1998, S. 541–590.

Schramm, Gottfried, „Venedi, Antes, Sclaveni, Sclavi. Frühe Sammelbezeichnungen für slawische Stämme und ihr geschichtlicher Hintergrund“, in: Jahrbücher für Geschichte Osteuropas 43 (1995), H. 2, S. 161–200.

Schramm, „Fernhandel und frühe Reichsbildung am Ostrand Europas. Zur historischen Einordnung der Kiever Rus“, in: Colberg, Katharina; Nolte, Hans-Heinrich; Obenaus, Herbert (eds.), Staat und Gesellschaft in Mittelalter und Früher Neuzeit. Gedenkschrift für Joachim Leuschner, Göttingen: Vandenhoeck & Ruprecht, 1983, S. 15–39.

Schröder, Iris, „Einleitung“, in: Schröder, Das Wissen von der ganzen Welt. Globale Geographien und räumliche Ordnungen Afrikas und Europas 1790–1870, Paderborn [etc.]: Ferdinand Schönigh, 2011, S. 7–25.

Schubert, Charlotte, Solon, Tübingen und Basel: A. Francke Verlag, 2012 (UTB Profile).

Schubert, Ernst, „Die erste Entdeckung Amerikas und ihr Chronist: Adam von Bremen“ in: Schnurmann; Lehmann (eds.), Atlantic understandings, S. 15–41.

Schubert, „Flüsse als Hauptstränge des mittelalterlichen Verkehrsnetzes“, in: Schubert, Alltag im Mittelalter. Natürliches Lebensumfeld und menschliches Miteinander, Darmstadt: Primus Verlag, 2012, S. 73–80

Schuller, Wolfgang, Das erste Europa 1000 v. Chr.–500 n. Chr., Stuttgart: Eugen Ulmer, 2004 (UTB 2497) (Handbuch der Geschichte Europas, ed. Peter Blickle, Bd. 1).

Schulte Beerbühl, Margrit, Deutsche Kaufleute in London. Welthandel und Einbürgerung (1660–1818), München: Oldenbourg 2006 (= Veröffentlichungen des Deutschen Historischen Instituts London; Bd. 61).

Schultz, Celia E., „The Romans and Ritual Murder“, in: Journal of the American Academy of Religion 78 (2010), S. 1–26.

Schwarz, Suzanne (eds.), Slave Captain: The Career of James Irving in the Liverpool Slave Trade, Liverpool: Liverpool University Press, ^{2}2008.

Seaver, Kirsten A., „Thralls and Queens. Slavery in the medieval Norse Atlantic“, in: Campbell; Miers; Miller (eds.), Women and Slavery, Bd. I, S. 147–168.

Sebald, Peter, „Waren im 15. Jahrhundert die Portugiesen tatsächlich die ersten Europäer in Westafrika? (Eine deutschsprachige Quelle zu einem umstrittenen Problem afrikanischer Geschichte)“, in: Asien. Afrika. Lateinamerika, Heft 6, Bd. 8 (1980), S. 1061–1074.

Seibt, Ferdinand (ed.), Transit Brügge-Novgorod: eine Straße durch die europäische Geschichte, Ausstellungskatalog, Bottrop/Essen: Pomp, 1997.

Sherwood, Marika, After Abolition: Britain and the Slave Trade since 1807, London: I. B. Tauris, 2007.

Sherwood, „Some of the treaties with other countries“, in: Sherwood, After Abolition, S. 16–17.

Sherwood, „Some slave traders on the West African coast and in Liverpool“ (Appendix 2), in: Sherwood, After Abolition, S. 186–196.

Siegenthaler, Edith, „Frauen- und Kinderhandel als sozialpolitisches Thema?: Antworten aus dem Völkerbund und die Rezeption in der Schweiz“, in: Traverse: Zeitschrift für Geschichte/Revue d'histoire 20 (2013), S. 44–56.

Signori, Gabriela, Das 13. Jahrhundert. Einführung in die Geschichte des spätmittelalterlichen Europas, Stuttgart: Kohlhammer, 2007.

Simek, Rudolf, Erde und Kosmos im Mittelalter. Das physische Weltbild vor Kolumbus, München: Beck 1992.

Simek, „Politische und soziale Organisation der Wikingerfahrten und des Leidang“, in: Simek, Die Schiffe der Wikinger, Stuttgart: Reclam, 2014, S. 88–92.

Simek, „Die Expansion der Wikinger in Europa“, in: Simek, Vinland! Wie die Wikinger Amerika entdeckten, München: Beck, 2016, S. 19–34.

Skirda, Alexandre, La traite des Slaves. L'esclavage des Blancs du VIIIe au XVIIIe siècle, Paris: Les Éditions de Paris, 2010.

Smith, Julia M. H., Europe after Rome. A New Cultural History 500–1000, New York; Oxford: Oxford University Press, 2005.

Smolarz, Elena, „Unterwegs wider Willen. Mobilität in den Schilderungen russischer Sklaven im Buchara des 18. und 19. Jahrhunderts", in: Internationales Asienforum Vol. 45:1–2 (2014), S. 85–111.

Soto y Company, Ricard, „La conquista de Mallorca y la creación de un mercado de esclavos", in: Guillén; Trabelski (dir.), Les esclavages en Méditerranée, S. 63–76.

Soyer, François, „Muslim Slaves and Freedmen in Medieval Portugal", in: Al-qantara. Revista de estudios árabes, 28, Fasc.2 (2007), S. 489–516.

Soyer, The Persecution of the Jews and Muslims of Portugal. King Manuel I and the End of Religious Tolerance, 1496–7, Leiden/Boston: Brill, 2007 (The Medieval Mediterranean. Peoples, Economies and Cultures, 400–1500; Vol. 69).

Soyer, „King João II of Portugal "O Príncipe Perfeito" and the Jews (1481–1495)", in: Sefarad (Sef) Vol. 69:1 (enero–junio 2009), S. 75–99.

Soyer, „El comercio de los esclavos musulmanes en el Portugal medieval: rutas y papel económico", in: Espacio, Tiempo y Forma, Serie III, H.a Medieval, t. 23 (2010), S. 265–275.

Soyer, „The Inquisition and the Repression of Erotic and Pornographic Imagery in Early Nineteenth-Century Madrid", in: History: The Journal of the Historical Association Vol. 103, Issue 354 (2018), S. 60–81.

Stamm, Malte, Das koloniale Experiment. Der Sklavenhandel Brandenburgs im transatlantischen Raum 1680–1718, Diss. Universität Düsseldorf, 2011 (online: d-nb.info/1036727564/34 (01. Juli 2016)).

Stamm, „Anhang I: Handelsfahrten und Sklaventransporte unter kurbrandenburgischer und preußischer Flagge 1680–1718", in: Stamm, Das koloniale Experiment, S. 398–401, hier S. 401 (online: d-nb.info/1036727564/34 (01. Juli 2016)).

Stein, Robert, „The Profitability of the Nantes Slave Trade, 1783–1792", in: The Journal of Economic History 35:4 (1975), S. 779–793.

Stein-Hölkeskamp, Elke, „Die Welten des Homer", in: Gehrke, Hans-Joachim; Schneider, Helmuth (eds.), Geschichte der Antike. Ein Studienbuch, Stuttgart/Weimar: J. B. Metzler [3]2010, S. 77–90.

Steiner, Benjamin, „Missverstandene Unterschiede. Wissen als Träger und Bedingung von Grenzordnungen am Beispiel des Verhältnisses zwischen Frankreich und Westafrika während der Frühen Neuzeit", in: Themenportal Europäische Geschichte (2013), URL: http://www.europa.clio-online.de/2013/Article=618 (22. August 2014).

Stella, Alessandro; Vincent, Bernard, „Europe marché aux esclaves", in: L'Histoire 202 (septembre 1996), S. 64–70.

Stella, „Travail et dépendances au Moyen Age: Une problématique", in: Annequin, Jacques; Geny, Évelyne; Smadja, Élisabeth (eds.), Le Travail: Recherches historiques, Besançon: Presses Universitaires Franc-Comtoises, 1999, S. 227–244.

Stella, Histoires d'esclaves dans la Péninsule Ibérique, Paris: Éditions de l'École des Hautes Études en Sciencies Sociales, 2000.

Stella, „La traite des enfants", in: Cahiers des Anneaux de la Mémoire 5, Nantes (2003), S. 197–206.

Stella, „Bibliographie choisie sur l'esclavage", in: Nuevo Mundo Mundos Nuevos, Número 3, Paris (2003), mis en ligne le 8 février 2005; 19. Juni 2006 (http://nuevomundo.revues.org/document492.html).

Stello, Annika, „Die Entwicklung Caffas", in: Stello, Grenzerfahrung. Interaktion und Kooperation im spätmittelalterlichen Schwarzmeerraum, Diss. Trier 2011 (online: http://ubt.opus.hbz-nrw.de/volltexte/2012/753/pdf/Stello_Diss.pdf (04. März 2016)), S. 43–54.

Stello, „Wirtschaft und Handel unter genuesischer Aufsicht: Der Sklavenhandel", in: Stello, Grenzerfahrung. Interaktion und Kooperation im spätmittelalterlichen Schwarzmeerraum, S. 155–206.

Stello, „La traite d'esclaves en mer noire (premiére moitié de XVe siècle)", in: Guillén, Fabienne P.; Trabelski, Salah (dir.), Les esclavages en Mediterranée. Espaces et dynamiques économiques, Madrid: Casa de Velázquez, 2012, S. 171–180.

Steuer, Heiko, „Gewichtsgeldwirtschaften im frühgeschichtlichen Europa", in: Untersuchungen zu Handel und Verkehr der vor- und frühgeschichtlichen Zeit in Mittel- und Nordeuropa, Teil 4: Der Handel der Karolinger- und Wikingerzeit, ed. Düwel, Klaus; Jankuhn, Herbert; Siems, Harald; Timpe, Dieter, Göttingen: Vandenhoeck & Ruprecht, 1987 (Abhandlungen der Akademie der Wissenschaften in Göttingen, Philologisch-historische Klasse, Dritte Folge 156), S. 405–527.

Stettler, Niklaus; Haenger, Peter; Labhardt, Robert, Baumwolle, Sklaven und Kredite. Die Basler Welthandelsfirma Christoph Burckhardt & Cie. in revolutionärer Zeit (1789–1815), Basel: Christoph Merian Verlag, 2004.

Strässle, Paul Meinard, Der internationale Schwarzmeerhandel und Konstantinopel 1261–1484 im Spiegel der sowjetischen Forschung, Frankfurt am Main [etc.]: Peter Lang, 1990.

Strickland, Matthew, „Slaughter, slavery or ransom: the impact of the Conquest on conduct in warfare", in: Hicks, Carola (ed.), England in the Eleventh Century: Proceedings of the 1990 Harlaxton Symposium, Stamford: Paul Watkins, 1992, S. 41–59.

Strzelczyk, Jerzy, „Ritterorden und Hanse. Mission und Expansion", in: Komlosy; Nolte; Sooman (eds.), Ostsee 700–2000, S. 49–60.

Stuard, Susan Mosher, „Ancillary Evidence for the Decline of Medieval Slavery", in: Past & Present Vol. 149:1 (spring 1995), S. 3–28.

Surwillo, Lisa, Monsters by Trade. Slave Traffickers in Modern Spanish Literature and Culture, Stanford: Stanford University Press, 2014.

Sust Fatjó, Xavier, „La captura de la goleta Matilde comandada pel capità vilassarenc Pere Mas Roig (a) "el Pigat". Any 1837", in: Singladures, n. 33 (2016), S. 9–34.

Sutt, Cameron, Slavery in Árpád-era Hungary in a Comparative Context, Leiden and Boston: Brill, 2015.

Swingen, Abigail L., Competing Visions of Empire. Labor, Slavery, and the Origins of the British Atlantic Empire, New Haven and London: Yale University Press, 2015.

Szmoniewski, Bartek, „The Antes: Eastern 'Brothers' of the Sclavenes", in: Curta (ed.), Neglected Barbarians, Turnhout: Brepols, 2010 (Studies in the Early Middle Ages 32), S. 53–82.

Tardieu, Jean-Pierre, „Cristóbal Colón y Africa", in: Tardieu, De l'Afrique aux Amériques Espagnoles (XVe–XIXe siècles). Utopies et réalités de l'esclavage, Paris: L'Harmattan ; Université de la Réunion, 2002, S. 27–40.

Tarruell, Cecilia, „Memorias de cautivos, 1574–1609", in: Jané, Oscar; Miralles, Eulàlia; Fernández, Ignasi (eds.), Memòria Personal. Una altra manera de llegir la història, Barcelona: Bellaterra, 2013, S. 83–97.

Tarruell, „La captivité chrétienne de longue durée en Méditerranée (fin XVIe–début XVIIe siècle)", in: Cahiers de la Méditerrranée 87 (2013), S. 91–103 (= Captifs et captivités en Méditerranée à l'époque moderne).

Tarruell, „Entre Chrétienté et Islam: parcours des serviteurs des galères de la Monarchie hispanique (fin XVIe–début XVIIe siècles)", in: Hespéris-Tamuda 50 (2015), S. 43–65.

Tarruell, „Prisoners of War, Captives, or Slaves? The Christian Prisoners of Tunis and La Goleta in 1574", in: De Vito; Gerritsen (eds.), Micro-Spatial Histories of Global Labour, London: Palgrave, 2018, S. 95–122.

Taterka, Thomas, „Zu Bauernsklaven bekehrt. 700 Jahre deutsche Kolonialgeschichte im Baltikum", in: Auf den Ruinen von Imperien. Geschichte und Gegenwart des Kolonialismus (= Edition Le Monde diplomatique No. 18 (2016)), S. 59–61.

Thornton; Heywood, Linda, „Privateering, Colonial Expansion, and the African Presence in Early Anglo-Dutch Settlements“, in: Heywood; Thornton, Central Africans, Atlantic Creoles, and the Foundations of the Americas, 1585–1660, Cambridge: CUP, 2007, S. 5–48.

Thum, Gregor, „Die polnischen Legionen in Saint-Domingue: Politik, Literatur und die Verflüchtigung des historischen Geschehens“, in: Blänkner, Reinhard (ed.), Heinrich von Kleists Novelle ‚Die Verlobung in St. Domingo‘. Literatur und Politik im globalen Kontext um 1800, Würzburg: Königshausen & Neumann, 2013, S. 161–185.

Tibbles, Anthony, „Ports of the Transatlantic slave trade“ (April 2000) (online: http://www.liverpoolmuseums.org.uk/ism/resources/slave_trade_ports.aspx (30. November 2014)).

Tibbles (ed.), Transatlantic Slavery. Against Human Dignity, Liverpool: National Museums Liverpool, 2005.

Tinhorão, José Ramos, Os Negros em Portugal. Uma Presença Silenciosa, Lisboa: Caminho, 1988.

Toasijé, Antumi, „Comerciantes mallorquines ante el esclavismo tardío“, in: BROCAR 36 (2012), S. 185–208.

Toch, Michael, „Wirtschaft und Verfolgung: die Bedeutung der Ökonomie für die Kreuzzugsprogrome des 11. und 12. Jahrhunderts. Mit einem Anhang zum Sklavenhandel der Juden“, in: Haverkamp, Alfred (ed.), Juden und Christen zur Zeit der Kreuzzüge, Sigmaringen: Jan Thorbecke Verlag, 1999 (Vorträge und Forschungen Bd. XLVII), S. 253–285.

Toch, „Was There a Jewish Slave Trade (or Commercial Monopoly) in the Early Middle Ages?“, in: Hanß; Schiel (eds.), Mediterranean Slavery Revisited (500–1800), S. 421–444.

Torró, Josep, „Jérusalem ou Valence: la première colonie d'Occident“, in: Annales. Histoire, Sciences Sociales 55e Année, No. 5 (Sept.–Oct. 2000), S. 983–1008.

Tracy, Larissa (ed.), Castration and Culture in the Middle Ages, Cambridge: D. S. Brewer, 2013.

Třeštík, Dušan, „Eine große Stadt der Slawen namens Prag“, in: Sommer, Petr (ed.), Boleslav II. Der tschechische Staat um das Jahr 1000, Praha: Filosofia, 2001 (Colloquia mediaevalia Pragensia 2), S. 93–138.

Trümper, Monika, Graeco-Roman Slave Markets. Fact or Fiction?, Oxford: Oxbow Books 2009.

Trust, Graham, John Moss of Otterspool (1782–1858). Railway Pioneer – Slave Owner – Banker, Central Milton Keynes: Authorhouse, 2010.

Ubl, Karl, Sinnstiftungen eines Rechtsbuchs. Die Lex Salica im Frankenreich, Ostfildern: Thorbecke, 2017 (Reihe: Quellen und Forschungen zum Recht im Mittelalter; Bd. 9).

Uhlig, Otto, Die Schwabenkinder aus Tirol und Vorarlberg, Innsbruck: Universitätsverlag Wagner, ^{4}2003 (Tiroler Wirtschaftsstudien 34).

Ullmann, Hans-Peter, „Nobilitierte Bankiers in Deutschland 1770–1850“, in: Fehrenbach, Elisabeth unter Mitarbeit von Müller Luckner, Elisabeth (ed.), Adel und Bürgertum in Deutschland 1770–1848, München: Oldenbourg, 1994 (= Schriften des Historischen Kollegs, Kolloquien, Bd. 31), S. 83–94.

Ullmann, Ingo, Die rechtliche Behandlung holsteinischer Leibeigener um die Mitte des 18. Jahrhunderts. Dargestellt unter besonderer Berücksichtigung der Schmoeler Leibeigenschaftsprozesse von 1738 bis 1743 sowie von 1767 bis 1777, Frankfurt am Main [u. a.]: Lang, 2007 (= Rechtshistorische Reihe; Band 346).

Unabhängige Expertenkommission Schweiz – Zweiter Weltkrieg (ed.), Roma, Sinti und Jenische. Schweizerische Zigeunerpolitik zur Zeit des Nationalsozialismus. Beiheft zum Bericht: Die Schweiz und die Flüchtlinge zur Zeit des Nationalsozialismus. Verfasst von Thomas Huonker und Regula Ludi, unter Mitarbeit von Bernhard Schär, Bern 2000 (online: http://www.thata.ch/romasintijenische.pdf (02. April 2017)).

Unger, Richard W., „The Tonnage of Europe's Merchant Fleets, 1300–1800“, in: American Neptune 52 (1992), S. 247–261.

Unger (ed.), Shipping and Economic Groth 1350–1850, Leiden: Brill, 2011.

Valante, Mary A., „Castrating Monks. Vikings, Slave Trade, and the Value of Eunuchs", in: Tracy, Larissa (ed.), Castration and Culture in the Middle Ages, Cambridge: D. S. Brewer, 2013, S. 174–187.

Van Cleve, George, „Somerset's Case and its Antecedents in Imperial Perspective" in: Law and History Review 24 (2006), S. 601–645.

Varela, Consuelo, „Una firma comercial: la sociedad entre Cristóbal Colón y J. Berardi", in: Varela, Colón y los florentinos, Madrid: Alianza Editorial, 1988, S. 49–57.

Varela, „Una compañía comercial", in: Varela, Cristóbal Colón. Retrato de un hombre, Madrid: Alianza Editorial, 1992, S. 126–129.

Vatin, Nicolas, „Une affaire interne: Le sort et la libération des personnes de condition libre illégalement retenues en esclavage sur le territoire ottoman", Turcica 33 (2001), S. 149–189.

Ventura, Maria da Graça Mateus, Negreiros Portugueses na Rota das Índias de Castela (1541–1555), Lisboa: Edições Colibri, 1999.

Vega Franco, Marisa, El tráfico de esclavos entre España y América (Asientos Grillo y Lomelín, 1663–1674), Sevilla: Escuela de Estudios Hispano-Americanos, 1984.

Verhulst, Adriaan, „The Decline of Slavery and the Economic Expansion of the Early Middle Ages", in: Past and Present 133 (1991), S. 195–203.

Verlinden, L'esclavage dans l'Europe médiévale, 2 Bde., Bruges: De Tempel, 1955; Gent: Rijksuniversiteit te Gent, 1977 (Bd. I: Péninsule Ibérique, France; II: Italie, Colonies italiennes du Levant, Levant latin, Empire bysantin).

Verlinden, Wo, wann und warum gab es einen Grosshandel mit Sklaven während des Mittelalters?, Köln: Selbstverl. des Forschungsinst. für Sozial- und Wirtschaftsgeschichte an der Universität zu Köln, 1970 (27 S.) (Kölner Vorträge zur Sozial- und Wirtschaftsgeschichte; 11), unter: http://www.digitalis.uni-koeln.de/Verlinden/verlinden_index.html (21. Juni 2014).

Vignols, Léon, „Une expédition négriere en 1821, d'après son livre de bord", in: Revue d'Histoire des Colonies françaises XVI (1928), S. 265–324.

Villiers, Patrick, Traite des Noirs et navires négriers au XVIIIe siècle, Grénoble: Éditions des 4 Seigneurs, 1982.

Vincent, Bernard, „Esclavage au Portugal: entre mer Méditerranée et océan Atlantique", in: Arquivos do Centro Cultural Calouste Gulbenkian 43 (2002), S. 61–70.

Vincent, „L'esclavage moderne en Péninsule Ibérique", in: González Lopo, Domingo L.; López López, Roberto Javier (eds.), Balance de la historiografía modernista 1973–2001. Actes del VI coloquio de metodología aplicada. Homenaje al profesor Antonio Eiras Roel, Santiago de Compostela: Xunta de Galicia, 2003, S. 445–452.

Vincent; Martín Casares, „Esclavage et domesticité dans l'Espagne moderne", in: Cottias; Stella; Vincent (coords.), Esclavage et dépendendances serviles, S. 127–139.

Vlassopoulos, Kostas, „Greek Slavery: from Domination to Property and Back Again", in: Journal of Hellenic Studies 131 (2011), S. 115–130.

Vlassopoulos, „What Do We Really Know about Athenian Society?", in: Annales HSS Vol. 71:3 (2016), S. 659–681.

Walter, Rolf, „Oberdeutsche Kaufleute und Genuesen in Sevilla und Cadiz (1525–1560)", in: Kellenbenz, Hermann; Walter, Oberdeutsche Kaufleute in Sevilla und Cadiz (1525–1560). Eine Edition von Notariatsakten aus den dortigen Archiven. Eingeleitet von Walter, Rolf, Stuttgart: Steiner, 2001 (Deutsche Handelsakten des Mittelaltes und der Neuzeit; Bd. 21), S. 11–64.

Watson, Alan, Roman Slave Law, Baltimore: Johns Hopkins University Press, 1987.

Weber, Klaus, Deutsche Kaufleute im Atlantikhandel 1680–1830. Unternehmen und Familien in Hamburg, Cádiz und Bordeaux, München: C. H. Beck, 2004.

Weber, „Linen, Silver, Slaves, and Coffee: A Spatial Approach to Central Europe's Entanglements with the Atlantic Economy", in: Culture & History Digital Journal 4:2 (2015) (online: e020. doi: http://dx.doi.org/10.3989/chdj.2015.020).

Weindl, Andrea, „The Slave Trade of Northern Germany from the Seventeenth to the Nineteenth Centuries“, in: Eltis; Richardson (eds.), Extending the Frontiers: Essays on the New Transatlantic Slave Trade Database. New Haven: Yale University Press, 2008, 250–271.

Weiss, Gillian, Captives and Corsairs. France and Slavery in the Early Modern Mediterranean, Stanford: Stanford University Press, 2011.

Welwei, Karl-Wilhelm, Sub corona vendere. Quellenkritische Studien zu Kriegsgefangenschaft und Sklaverei in Rom bis zum Ende des Hannibalkrieges, Stuttgart: Steiner, 2000.

Welwei, Sparta. Aufstieg und Fall einer antiken Großmacht, Stuttgart: Klett-Cotta, 2004.

Welwei, „Menschenraub und Deportationen in frühen Kulturen“, in: Heinen (ed.), Menschenraub, Menschenhandel und Sklaverei in antiker und moderner Perspektive, S. 21–44.

Welwei, „Ursprung, Verbreitung und Formen der Unfreiheit abhängiger Landbewohner im antiken Griechenland“, Herrmann-Otto (ed.), Unfreie und abhängige Landbevölkerung, Hildesheim; Zürich [etc.]: Georg Olms Verlag, 2008, S. 1–52.

Wendt, Reinhard, Vom Kolonialismus zur Globalisierung. Europa und die Welt seit 1500, Paderborn [etc.]: Ferdinand Schöningh, 2007; [2]2016 (UTB 2889).

Wendt, „Zucker – zentrales Leitprodukt der Europäischen Expansion“, in: Zeitschrift für Agrargeschichte und Agrarsoziologie Vol. 61 (2013), S. 43–58.

Wiedemann, Thomas, Greek and Roman Slavery, London; New York: Routledge, 1981.

Winkle, Stefan, „‚Firma Schimmelmann und Sohn‘. Der dänische Sklavenhandel“, in: Hamburger Ärzteblatt Heft 12 (2003), S. 530–537.

Winroth, Anders, Die Wikinger. Das Zeitalter des Nordens, Stuttgart: Klett-Cotta, 2016.

Winroth, „Schiffe, Boote und Fähren in die Nachwelt“, in: Winroth, Die Wikinger, S. 99–134.

Winroth, „Münzen, Seide, Heringe. Nordeuropäischer Handel in der Wikingerzeit“, in: Winroth, Die Wikinger, S. 135–176.

Witzenrath, Christoph, Cossacks and the Russian Empire 1598–1725. Manipulation, Rebellion, and Expansion into Siberia, London/New York: Routledge [2]2009.

Witzenrath, „The Conquest of Kazan‘ as a Place of Remembering the Liberation of Slaves in the Sixteenth- and Seventeenth-century Russia“, in: Witzenrath (ed.), Eurasian Sllavery, Ransom and Abolition in World History, S. 295–308

Wohlwend, Lotti; Honegger, Arthur, Gestohlene Seelen. Verdingkinder in der Schweiz, Frauenfeld: Huber, 2006.

Wright, Diana Gilliland, „Vade, sta, ambula. Freeing slaves in Fourteenth Century Crete“, in: Medieval Encounters 7/2 (2001), S. 197–237.

Wyatt, David, Slaves and Warriors in Medieval Britain and Ireland 800–1200, Leiden: Brill, 2009 (The Northern World, 45).

Zahedieh, Nuala, The Capital and the Colonies. London and the Atlantic Economy, 1660–1700, Cambridge: Cambridge University Press 2010.

Zahrt, Michael, „Spartacus – der peinliche Krieg gegen die Sklaven“, in: Stein-Hölkeskamp, Elke; Hölkeskamp (ed.), Erinnerungsorte der Antike. Die römische Welt, München: Beck, 2006, S. 219–232.

Ze Winters, Lisa, The Mulatta Concubine: Terror, Intimacy, Freedom and Desire in the Black Transatlantic, Athens: University of Georgia Press, 2016.

Ziemann, Daniel, Vom Wandervolk zur Großmacht. Die Entstehung Bulgariens im frühen Mittelalter (7.–9. Jh.), Köln/Weimar/Wien: Böhlau, 2007.

Zilfi, Madeline C., „Feminizing Slavery“, in: Zilfi, Women and Slavery in the Late Ottoman Empire, S. 189–215.

Zotz, Thomas, „Die Formierung der Ministerialität“, in: Weinfurter, Stefan (ed.), Die Salier und das Reich, Sigmaringen: Thorbecke, 1991, Bd. III (Gesellschaftlicher und ideengeschichtlicher Wandel im Reich der Salier), S. 3–50.

Amerikas

Abello Vives, Alberto (comp.), Un Caribe sin plantación. Memorias de la cátedra del Caribe colombiano. Primera versión virtual, San Andrés: Universidad Nacional de Colombia; Observatorio del Caribe Colombiano, 2006.

Acosta Saignes, Miguel, „La trata de esclavos en Venezuela", in: Revista de Historia II/6, Caracas (1961), S. 13–61.

Acosta Saignes, Vida de los esclavos negros en Venezuela, Valencia, Venezuela: Vadell Hermanos, ³1984 (erste Auflage: Caracas: Hespérides, 1967).

Acosta Saignes, „Introducción al estudio de los repositorios documentales sobre los africanos y sus descendientes en América", in: América indígena 29:3 (1969), S. 727–786.

Adderley, Marion, New negroes from Africa: slave trade abolition and free African settlement in the Nineteenth Century Caribbean, Bloomington: Indiana University Press, 2006.

Adelman, Jeremy (ed.), Colonial Legacies. The Problem of Persistence in Latin American History, New York and London: Routledge, 1999.

Adelman, „The Slave Hinterlands of South America", in: Adelman, Sovereignty and Revolution in the Iberian Atlantic, Princeton and Oxford: Princeton University Press, 2006, S. 58–64.

Agostini, Camilla (org.), Objetos da escravidão: abordagens sobre a cultura material da escravidão e seu legado, Rio de Janeiro: 7Letras, 2013.

Aguirre, Carlos, Breve historia de la esclavitud en el Perú. Una herida que no deja de sangrar, Lima: Fondo Editorial Congreso del Perú, 2005.

Aguirre Beltrán, Gonzalo, La población negra de México 1510–1810: Estudio etnohistórico, México, D.F.: Fondo de Cultura Económica, 1972 (¹1946).

Ahlert, Regine, „Präkoloniale Sklaverei", in: Ahlert, La Pestilencia más horrible ... Die Geschichte der indigenen und schwarzen Sklaverei in Nikaragua, Köln: Inaugural-Dissertation, 2014, S. 55–64.

Aimes, Hubert H. S., A History of Slavery in Cuba (1511 to 1868), New York: Putnam's Sons, 1907 [New York: Octagon, 1967].

Alcalá y Henke, Agustín, La esclavitud de los negros en la América española, Madrid: Imprenta de Juan Pelayo, 1919.

Altieri, Gerardo A. Carlo, „Derecho y Esclavitud en el Puerto Rico del siglo XIX", in: Inicio Vol. 6, núm. 7 (2009), S. 91–127 (unter: http://revistas.ucr.ac.cr/index.php/intercambio/article/view/3217 (23. März 2014)).

Altink, Henrice, „Forbidden Fruit. Pro-Slavery Attitudes towards Enslaved Women's Sexuality and Interracial Sex", in: The Journal of Caribbean History Vol. 39:2 (2005), S. 201–235.

Álvarez, Rolando; Guzmán, Marta, „El cafetal: Expansión y desarrollo", in: Álvarez; Guzmán, El cafetal. Cultura y sociedad, La Habana: Ed. de Ciencias Sociales, 2013, S. 33–43.

Álvarez Cuartero, Izaskun, „De españoles, yucatecos e indios: la venta de mayas a Cuba y la construcción imaginada de una nación", in: Revista de Pesquisa Histórica de la Universidade Federal de Pernambuco Vol. 30:1 (2012), S. 1–20.

Amodio, Emanuele, „Las calenturas criollas. Médicos y curanderos en Cumaná durante el siglo XVIII", in: Procesos históricos, 1 (2002), unter: http://www.saber.ula.ve/handle/123456789/23077 (06. Dez. 2013).

Anderson, David G., Savannah River Chiefdoms: Political Change in the Late Prehistoric Southeast, Tuscaloosa: University of Alabama Press, 1994.

Anderson, Fred, Crucible of War: The Seven Years' War and the Fate of Empire in British North America, 1754–1766, New York: Vintage, 2001.

Anderson, Jennifer L., „New England Merchants and the Circum-Caribbean Slave Trade", in: Araujo, Ana Lucia (ed.), Paths of the Slave Trade. Interactions, Identities, and Images, Amherst: Cambria Press, 2011, S. 21–48.

Anderson, Mahogany: The Costs of Luxury in Early America, Cambridge; London: Harvard University Press, 2012.
Anderson, Ralph V.; Gallman, Robert E., „Slaves as Fixed Capital: Slave Labor and Southern Economic Development", in: The Journal of American History Vol. 64:1 (1977), S. 24–46.
Andreo García, Juan; Guardia, Sara Beatriz (comp. y eds.), Historia de las mujeres en América latina, [Perú]: Centro de estudios; Murcia: Universidad de Murcia; Comunidad Autónoma de la Región de Murcia, 2002.
Andrés-Gallego, „Algunas consideraciones con otros territorios", in: Andrés-Gallego, La esclavitud en la América española, S. 241–289.
Andrés-Gallego, La esclavitud en la monarquía hispánica: un estudio comparativo (unter: http://www.larramendi.es/i18n/catalogo_imagenes/grupo.cmd?path=1000215 (09. Mai 2013)).
Andrés-Gallego, Derecho y justicia en España y la América prerrevolucionarias, Madrid: Fundación Mapfre Tavery y Funcación Ignacio Larramendi, 2005, S. 24–36. (http://www.joseandresgallego.com/docs/DerechoYJusticiaAmYEspPrerrevol.pdf (11. Mai 2013)).
Andreu Alonso, Guillermo, Los Ararás en Cuba. Florentina, la princesa dahomeyana, La Habana: Editorial de Ciencias Sociales, 1992.
Andrews, George Reid, Afro-Latin America, 1800–2000, New York: Oxford University Press, 2004 (Spanisch: Afro-Latinoamérica 1800–2000, Madrid/ Frankfurt am Main: Iberoamericana/ Vervuert, 2007).
Andrews, Afro-Latin America: Black Lives, 1600–2000, Cambridge: Harvard University Press, 2016 (The Nathan I. Huggins Lectures Series).
Andrews, Kenneth R., The Spanish Caribbean: Trade and Plunder, 1530–1630, New Haven: Yale University Press, 1978.
Andrews, William L., To Tell A Free Story: The First Century of Afro-American Autobiography, 1760–1865, Urbana and Chicago: University of Illinois Press, 1986.
Andrews; Gates, Jr. (eds.), Slave Narratives, New York: Library of America, 2000.
Appleby, John C., „English Settlements in the Lesser Antilles during War and Peace, 1603–1660", in: The Lesser Antilles in the Age of European Expansion, ed. by Paquette, Robert L., Engerman, Stanley, Gainesville: University Press of Florida, 1996.
Araujo, „Transnational Memory of Slave Merchants. Making the Perpetrators Visible in the Public Space", in: Araujo (ed.), Politics of Memory. Making Slavery Visible in the Public Space, New York: Routledge, 2012, S. 15–35.
Araujo, „Black Purgatory: Enslaved Women's Resistance in Nineteenth-Century Rio Grande do Sul, Brazil", in: Slavery & Abolition (online: http://dx.doi.org/10.1080/0144039X.2014.1001159 (25. Januar 2015)), S. 1–18.
Arens, Werner; Braun, Hans-Martin, „Cahokia und die Mississippi-Kultur", in: Arens; Braun, Die Indianer. Geschichte, Kultur, Religion, München: Beck, 2003, S. 16–17.
Armstrong, Tim, „Slavery, Insurance, and Sacrifice in the Black Atlantic", in: Klein, Bernhard; Mackenthun, Gesa (eds.), Sea Changes. Historicizing the Ocean, London: Routledge, 2004, S. 167–185.
Arnalte, Arturo, „El viaje de vuelta: Proyectos afroamericanos de regreso a África", in: Estudios africanos VIII, núms. 14–15 (1994), S. 171–184.
Arnalte, „Cónsules, comerciantes y negreros (españoles en Sierra Leona en el siglo XIX)", in: Estudios Africanos, Vol. X, Nos. 18–19, Madrid (1996), S. 65–79.
Arnalte, Los últimos esclavos de Cuba. Los niños de la goleta Batans, Madrid: Alianza Editorial, 2001.
Arnalte, Richard Burton, cónsul en Guinea española: Una visión europea de África en los albores de la colonización, Madrid: Agencia Española de Cooperación Internacional, 2005.
Arnalte, La diáspora africana. De la trata de negros a la esclavitud voluntaria, Sevilla: rd editores, 2006.

Arnalte, „Vidas de esclavos“, in: Arnalte, La diáspora africana, S. 63–81.
Arnalte, „Cónsules, comerciantes y negreros: Españoles en África en el siglo XIX“, in: Arnalte, La diaspora africana, S. 101–120.
Arnebeck, Bob, Slave Labor in the Capital: Building Washington's Iconic Federal Landmarks, London/Charleston: The History Press, 2014.
Arrom, José Juan, „Fray Ramón Pané, descubridor del hombre americano“, in: Revista de Estudios Hispánicos 19 (1992), S. 35–46.
Austen, Ralph A., „The Slave Trade as History and Memory: Confrontations of Slaving Voyage Documents and Communal Traditions“, in: The William and Mary Quarterly 58:1 (Jan. 2001), S. 229–244.
Ayala, César, American Sugar Kingdom. The Plantation Economy of the Spanish Caribbean 1898–1934, Chapel Hill and London: The University of North Carolina Press, 1999.
Azevedo, Elcienne, O direito dos escravos. Lutas jurídicas e abolicionismo na província de São Paulo, São Paulo: editora unicamp, 2015.
Badaró Mattos, Marcelo, Escravizados e livres: experiências comuns na formação da classe trabalhadora carioca (1850–1910), Rio de Janeiro: Bom Texto/Faperj, 2008.
Bailey, Ronald, „The Other Side of Slavery: Black Labor, Cotton, and Textile Industrialization in Great Britain and the United States“, in: Agricultural History 68:1 (Apr. 1994), S. 35–50.
Bakewell, Peter, A History of Latin America, Malden: Blackwell, 2004.
Bancroft, Frederic, Slave-Trading in the Old South, Baltimore: J. H. Furst Company, 1931 (Nachdruck: University of South Carolina Press, 1996; Vorwort Michael Tadman).
Banko, Catalina, „El papel de los comerciantes en el movimiento separatista venezolano“, in: Banko, El Capital Comercial en La Guaira y Caracas (1821–1848), Caracas: Academia Nacional de la Historia, 1990 (Biblioteca de la Academía Nacional de la Historia, 47), S. 65–69.
Banko, „Las haciendas azucareras en la Venezuela del siglo XIX“, in: Bolivarium. Anuario de Estudios Bolivarianos Año X,11 (2004), S. 145–167.
Banko, De trapiche a centrales azucareros en Venezuela. Siglos XIX y XX, Academia Nacional de la Historia, 2009 (libro breve, 244).
Baptist, Edward E., „'Cuffy', 'Fancy Maids', and 'One-Eyed Man'. Rape, Commodification, and Domestic Slave Trade in the United States“, in: American Historical Review 116:5 (2001), S. 1619–1650.
Baptist, Creating an Old South. Middle Florida's Frontier before the Civil War, Chapel Hill: University of North Carolina Press, 2002.
Baptist, The Half Has Never Been Told: Slavery and the Making of American Capitalism, New York: Basis Books, 2014.
Barcia Paz, Manuel, La rebelión de esclavos de 1825 en Guamacaro, Ciudad Habana: Universidad de la Habana 2000 (tutora: María del Carmen Barcia).
Barcia Paz, Con el látigo de la ira. Legislación, represión y control en la plantaciones cubanas 1790–1870, La Habana: Editorial de Ciencias Cubanas, 2000.
Barcia [Paz], „Un aspecto de las relaciones de dominación en la plantación esclavista cubana: Los contramayorales esclavos“, in: Boletín del Gabinete de Arqueología 1 no. 2 (2001), S. 88–93.
Barcia Paz, „Hechiceros, brujerias y juramentos. Una aproximación al papel de las creencias religiosas dentro de las conspiraciones y revueltas de esclavos en Cuba. 1790–1884“, in: Boletín del Archivo Nacional de Cuba, núms. 13–14, La Habana (2001–2002), S. 11–21.
Barcia, „Entre Amenazas y Quejas: un acercamiento al papel jugado por los diplomáticos ingleses durante la Conspiración de la Escalera, 1844“, in: Colonial Latin American Historical Review 10:1 (2001), S. 1–26.
Barcia, „The Kelsall Affair: A Black Bahamian Family's Odyssey in 1840s Cuba“, in: Johnson (ed.), The Chattel Principle: Internal Slave Trades in the Americas, 1808–1888, New Haven: Yale University Press, 2004, S. 275–290.

Barcia, „Revolts amongst Enslaved Africans in Nineteenth-Century Cuba: A New Look to an Old Problem“, in: The Journal of Caribbean History 39:2 (2005), S. 173–200.

Barcia, „Fighting with the Enemy's Weapons: The Usage of the Colonial Legal Framework by Nineteenth Cuban Slaves“, in: Atlantic Studies 3:2 (2006), S. 159–181.

Barcia, Seeds of Insurrection. Domination and Resistance on Western Cuban Plantations, 1808–1848, Baton Rouge: Louisiana State University Press, 2008.

Barcia, „The African Background of Cuban Slaves“, in: Barcia, Seeds of Insurrection, S. 13–24.

Barcia, The Great African Slave Revolt of 1825: Cuba and the Fight for Freedom in Matanzas, Baton Rouge: Louisiana State University Press, 2012.

Barcia, „An Islamic Atlantic revolution: Dan Fodio's Jihad and slave rebellion in Bahia and Cuba, 1804–1844“, in: Journal of African Diaspora, Archaeology, and Heritage Vol. 2:1 (2013), S. 6–18.

Barcia, „West African Islam in colonial Cuba“, in: Slavery & Abolition Vol. 35:1 (2014), S. 292–305.

Barcia, West African Warfare in Bahia and Cuba: Soldier Slaves in the Atlantic World, 1807–1844, Oxford: Oxford University Press, 2014.

Barcia, „'FULLY CAPABLE OF ANY INIQUITY': The Atlantic Human Trafficking Network of the Zangroniz Family“, in: The Americas Vol. 73:3 (July 2016), S. 303–324.

Barcia Zequeira, María del Carmen, Burguesía esclavista y abolición, La Habana: Ed. de Ciencias Sociales, 1987.

Barcia Zequeira, La otra familia. Parientes, redes y descendencia de los esclavos en Cuba, La Habana/Colombia: Casa de las Américas/Ministerio de Cultura, 2003 (Ensayo Histórico-Social).

Barcia Zequeira, Los ilustres apellidos: Negros en la Habana Colonial, La Habana: Publicaciones de la Oficina del Historiador de la Ciudad de la Habana/Ediciones Boloña (Colección Raíces), 2009.

Barcia Zequeira; Rodríguez Reyes, Andrés; Niebla Delgado, Milagros, Del cabildo de „nación“ a la casa de santo, La Habana: Fundación Fernando Ortiz, 2012.

Barquero, Jaime Incer (ed.), Piratas y aventureros en las costas de Nicaragua. Crónicas de fuentes originales, Managua: Fundación Vida, 2003.

Barragán, Rossana, „Potosí's Silver and the Global World of Trade (Sixteenth to Eighteenth Centuries)“, in: Roth, Karl-Heinz; Lewis, Ben (eds.), On the Road to Global Labour History. A Festschrift for Marcel van der Linden, Leiden/Boston: Brill, 2018, S. 61–92.

Barragan, Yesenia, „Death, Slavery, and Spiritual Justice on the Colombian Black Pacific (1837)“, in: Nuevo Mundo Mundos Nuevos [En ligne], Débats, mis en ligne le 11 juin 2015 (consulté le 29 juillet 2015). URL: http://nuevomundo.revues.org/68186; DOI: 10.4000/nuevomundo.68186.

Barreto, Maria Renilda Nery; Pimenta, Tania Salgado, „A Saúde dos Escravos na Bahia Oitocentista através do Hospital da Misericórdia“, in: Revista Territórios & Fronteiras Vol. 6:2, Cuiabá (jul.–dez., 2013), S. 75–90.

Bartl, Renate, „Native American Tribes and Their African Slaves“, in: Palmié, Stephan (ed.), Slave Cultures and the Cultures of Slavery, Knoxville: The University of Tennessee Press, ^{2}1997, S. 162–175.

Bassi, Ernesto, „Turning South before Swinging East: Geopolitics and Geopolitical Imagination in the Southwestern Caribbean after the American Revolution“, in: Itinerario Vol. 36 (2012), S. 107–132.

Bassi, „Beyond Compartmentalized Atlantics: A Case for Embracing the Atlantic from Spanish American Shores“, in: History Compass 12/9 (2014), S. 704–716.

Beckles, „'An Unfeeling Traffick': The Intercolonial Movement of Slaves in the British Caribbean, 1807–1833“, in: Johnson (ed.), The Chattel Principle: Internal Slave Trades in the Americas, 1808–1888, New Haven: Yale University Press, 2004, S. 256–274.

Behrend, Justin, Reconstructing Democracy: Grassroots Politics in the Deep South after the Civil War, Athens: University of Georgia Press, 2015.

Belmonte Postigo, José Luis, „Notas sobre el tráfico de esclavos en Santiago de Cuba“, in: Memorias. Revista Digital de Historia y Arqueología desde el Caribe Vol. 4, núm. 8 (noviembre de 2008), S. 1–18 (online: http://rcientificas.uninorte.edu.co/index.php/memorias/rt/printerFriendly/400/4769 (27. Jan. 2016)).

Belmonte Postigo, „'Brazos para el azúcar', esclavos para vender. Estrategías de comerzialización en la trata negrera en Santiago de Cuba, 1789–1794“, in: Revista de Indias Vol. LXX, núm. 249 (2010), S. 445–468.

Belmonte Postigo, Ser esclavo en Santiago de Cuba. Espacios de poder y negociación en un contexto de expansion y crisis 1780–1803, Madrid: Ediciones Doce Calles, 2011.

Belmonte Postigo, „Sobre prejuicios, dependencias e integración. El liberto en la sociedad colonial de Santiago de Cuba, 1780–1803“, in: Memorias. Revista Digital de Historia y Arqueología desde el Caribe 2,2, Barranquilla (2005), S. 1–18 (www.uninorte.edu.co/publicaciones/memorias (22. 1. 2006)).

Belmonte Postigo, „Con la plata ganada y su propio esfuerzo. Los mecanismos de manumisión en Santiago de Cuba, 1780–1803“, *EA* Virtual. Revista del Grupo de Estudios Afroamericanos, Universidad de Barcelona, no. 3 (año 2005), S. 1–33, unter: www.ub.es/afroamerica.

Belmonte Postigo, „De esclavos y hacendados. Inmigración, etnia y clases sociales en el Oriente de Cuba durante la revolución haitiana“, in: Lucía Provencio (ed.), Abarrotes. La construcción social de las identidades colectivas en América Latina, Murcia: Universidad de Murcia, S. 185–210.

Belmonte Postigo, „El impacto de la liberalización de la trata negrera en Santiago de Cuba, 1789–1794“, in: Tiempos de América, 14 (Castellón, 2007), S. 35–48.

Belmonte Postigo, „El color de los fusiles. Las milicias de pardos en Santiago de Cuba en los albores de la revolución haitiana“, in: Manuel Chust, Juan Marchena (eds.), Las armas de la nación. Independencia y ciudadanía en Hispanoamérica (1750–1850), Iberoamericana Vervuert, Madrid-Frankfurt, 2007, S. 37–52.

Belmonte Postigo, „'Intentan sacudir el yugo de la servidumbre': El Cimarronaje en el oriente cubano, 1790–1815“, in: Historia Caribe 12, Barranquilla (2007), S. 71–21.

Belmonte, „Temores a tambores. Formas de resistencia de los esclavos y miedos al contagio revolucionario haitiano. Contról, repression y negociación, 1780–1803“, in: Belmonte Postigo, Ser esclavo en Santiago de Cuba. Espacios de poder y negociación en un contexto de expansion y crisis 1780–1803, Madrid: Ediciones Doce Calles, 2011, S. 261–319.

Belmonte Postigo, „De cómo la costumbre articula derechos. Esclavos en Santo Domingo a fines del periodo colonial“, in: Laviña; Piqueras, Ricardo; Mondejar, Cristina (eds.), Afroamérica, espacios e identidades, Barcelona: Editorial Icaria, 2013, S. 65–92.

Belmonte Postigo, „Bajo el negro velo de la ilegalidad. Un análisis del mercado de esclavos dominicano 1746–1821“, in: Nuevo Mundo Mundos Nuevos ([En ligne/online], Débats, mis en ligne le 07 juillet 2016, consulté le 13 juillet 2016. URL: http://nuevomundo.revues.org/69478; DOI: 10.4000/nuevomundo.69478 (13. Juli 2016)).

Belmonte Postigo, „Tratando de gobernar lo ingobernable. Leyes y proyectos esclavistas en Santo Domingo durante la centuria ilustrada“, in: O'Phelan, Scarlett; Rodríguez, Margarita (coords.), El Ocaso del Antiguo Régimen en los Imperios Ibéricos, Lima: PUCP, Lima, 2017, S. 205–230.

Belrose, Maurice, Africa en el corazón de Venezuela, Maracaibo: Universidad del Zulia, 1988.

Bennett, Herman L., Africans in Colonial Mexico: Absolutism, Christianity, and Afro-Creole Consciousness, 1570–1640, Bloomington and Indianapolis: Indiana University Press, 2003.

Berbel, Márcia; Marquese, Rafael de Bivar; Parron, Tâmis, Escravidão e política. Brasil e Cuba, 1790–1850, São Paulo: Editora Hucitec, 2010 (englische Version: Berbel, Márcia Regina;

Marquese, Rafael de Bivar; Parron, Tâmis, Slavery and Politics: Brazil and Cuba, 1790–1850. Trans. Marques, Leonardo, Albuquerque: University of New Mexico Press, 2016).
Bernand, Carmen, Negros esclavos y libres en las ciudades hispanoamericanas, Madrid: Fundación Histórica Tavera, 2001.
Bergad, Laird W.; Iglesias García, Fe; Barcia, María del Carmen, „Introduction: Prices and the historiography of slavery“ in: Bergad; Iglesias García; Barcia, The Cuban Slave Market 1790–1880, New York [etc.]: Cambridge University Press, 1995, S. 1–14.
Bergad, „American Slave Markets during the 1850s: Slave Price Rises in the United States, Cuba, and Brazil in Comparative Perspective“, in: Eltis; Lewis, Frank; Sokoloff, Kenneth (eds.), Slavery in the development of the Americas, Cambridge: Cambridge University Press, 2004, S. 219–235.
Bergad, The Comparative Histories of Slavery in Brazil, Cuba, and the United States, Cambridge: Cambridge University Press, 2007.
Berlin, Ira; Morgan, Philip D., Cultivation and Culture: Labor and the Shaping of Slave Life in the Americas, Charlottesville: University Press of Virginia, 1993 (Carter G. Woodson Institute Series in Black Studies).
Berlin, Many Thousands Gone. The First Two Centuries of Slavery in North America, Cambridge, Mass.; London, England: The Belknap Press of Harvard University Press, 1998.
Berlin, Generations of Captivity. A History of African-American Slaves, Cambridge and London, England: The Belknap Press of Harvard University Press, 2003.
Besom, Thomas, Of Summits and Sacrifice: An Ethnohistoric Study of Inka Religious Practices. Texas: University of Texas Press, 2009.
Betancourt Estrada, Victor, El Bàbálawo: Médico tradicional, Caracas: Ediciones Orunmila, 2004.
Bettelheim, Judith, „The Tumba Francesa and Tajona of Santiago de Cuba“, in: Bettelheim (ed.), Cuban Festivals. A Century of Afro-Cuban Culture, Kingston: Ian Randle/ Princeton: Markus Wiener, 2001, S. 141–153.
Binder, Wolfgang (ed.), Slavery in the Americas, Erlangen: Königshausen & Neumann, 1993.
Birocco, Carlos M., „Fermín de Pesoa, liberto“, in: Apuntes. Estudios Histórico-Sociales de Buenos Aires (2014), S. 1–21.
Blanchard, Peter, Slavery & Abolition in Early Republican Peru, Wilmington: Scholarly Resources Inc., 1992.
Boelhower, William (ed.), New Orleans in the Atlantic: Between Land and Sea, London and New York: Routledge, 2010.
Böttcher, Nikolaus, Aufstieg und Fall eines atlantischen Handelsimperiums. Portugiesische Kaufleute und Sklavenhändler in Cartagena de Indias von 1580 bis zur Mitte des 17. Jahrhunderts, Frankfurt am Main: Vervuert Verlag, 1995 (Berliner Lateinamerika-Forschungen, Bd. 4).
Böttcher, „Negreros portugueses y la Inquisición: Cartagena de Indias, siglo XVIII“, in: Memoria. Revista del Archivo General de la Nación 9; Bogotá (2003), S. 38–55.
Böttcher, *A Ship laden with dollars* – Großbritanniens Handelsinteressen in Kuba (1762–1825). Frankfurt am Main/Madrid: Vervuert Verlag, 2007.
Böttcher; Hausberger, Bernd; Ibarra, Antonio (eds.), Networks and Global Business in the Iberian World, XVIth to XVIIIth centuries, Frankfurt am Main/Madrid: Vervuert, 2011.
Bolster, Black Jacks: African American Seamen in the Age of Sail, Boston and London: Harvard University Press, 1997.
Bontemps, Alex, The Punished Self: Surviving Slavery in the Colonial South, Ithaca: Cornell University Press, 2001.
Borucki, Alex, „El Estado Oriental participa del tráfico: los “colonos” africanos (1832–1842)“, in: Borucki, Abolicionismo y tráfico de esclavos en Montevideo tras la fundación republicana, 1829–1853, Montevideo: Biblioteca Nacional, 2009, S. 79–107 (unter: www.academia.edu/

992289/Abolicionismo_y_trafico_de_esclavos_en_Montevideo_tras_la_fundacion_republicana_1829-1853 (01. Mai 2014)).

Borucki, Abolicionismo y tráfico de esclavos en Montevideo tras la fundación republicana, 1829–1853, Montevideo: Biblioteca Nacional, 2009.

Borucki; Chagas, Karla; Stalla, Natalia, Esclavitud y trabajo. Un estudio sobre los afrodescendientes en la frontera uruguaya, 1835–1855, Montevideo: Pulmón, 2009.

Borucki, „The 'African Colonists' of Montevideo: New Light on the Illegal Slave Trade to Rio de Janeiro and the Rio de la Plata(1830–42)", in: Slavery & Abolition Vol. 30:3 (September 2009), S. 427–444.

Borucki, „Apuntes sobre el tráfico illegal de esclavos hacia Brazil y Uruguay: los "colonos" of Montevideo (1832–1842)", in: Historia: Questões & Debates, Curitiba, no. 52 (jan./jul. 2010), S. 119–148.

Borucki, „The Slave Trade to the Río de la Plata: Trans-imperial Networks and Atlantic Warfare, 1777–1812" in: Colonial Latin American Review 20:1 (2011), S. 81–107.

Borucki, „Trans-imperial History in the Making of the Slave Trade to Venezuela, 1526–1811", in: Itinerario 36:2 (2012), S. 29–54.

Borucki, „Shipmate Networks and Black Identities in the Marriage Files of Montevideo, 1768–1803", in: Hispanic American Historical Review 93:2 (May 2013), S. 205–238.

Borucki; Eltis; Wheat, David, „Atlantic History and the Slave Trade to Spanish America", in: The American Historical Review Vol. 120:2 (2015), S. 433–461.

Borucki, „Across imperial boundaries: Black social networks across the Iberian South Atlantic, 1760–1810", in: Atlantic Studies (2016), S. 1–26 (http://dx.doi.org/10.1080/14788810.2016.1233793; https://www.academia.edu/28679389/Across_imperial_boundaries_Black_social_networks_across_the_Iberian_South_Atlantic_1760_1810 (25. September 2016)).

Botelho, Tarcisio R., „Labour in Colonial Portuguese America, 1500–1700", in: IRSH 56 (2011) (Special Issue 19: The Joy and Pain of Work: Global Attitudes and Valuations, 1500–1650, Hofmeester, Karin; Moll-Murata, Christine (eds.)), S. 275–296.

Botkin, Benjamin A. (ed.), Lay My Burden Down: A Folk History of Slavery, Chicago: University of Chicago Press, 1945.

Bouvierer, Virginia M., „Alcance y límites de la historigrafía: la mujer y conquista de América", in: Andreo García, Juan; Guardia, Sara Beatriz (comp. y eds.), Historia de las mujeres en América latina, [Perú]: Centro de estudios; Murcia: Universidad de Murcia; Comunidad Autónoma de la Región de Murcia, 2002, S. 111–133.

Bowser, Frederick P., The African Slave in Colonial Peru, Stanford: Stanford University Press, 1972.

Braga-Pinto, Cesar, „Sugar Daddy: Gilberto Freyre y el amor entre blancos y negros", in: Cuadernos de Literatura Vol. XXI, no. 42 (Julio–Dic. 2017), S. 79–95.

Bragoni, Beatriz, „Esclavos, libertos y soldados. La cultura política plebeya en Cuyo durante la revolución", in: Fradkin, Raúl (comp.), ¿Y el pueblo dónde está? Contribuciones para una historia popular de la revolución de independencia en el Río de la Plata, Buenos Aires: Prometeo Libros, 2009.

Brazy, Martha Jane, An American Planter: Stephen Duncan of Antebellum Natchez and New York, Baton Rouge: Louisiana State University Press, 2006.

Bridikhina, Eugenia, „El tráfico de esclavos negros a La Paz en el siglo XVIII", in: Estudios Bolivianos Vol. 1 (1995), S. 183–190.

Bridikhina, „La vida urbana de los negros en La Paz en el siglo XVIII", in: Reunión Anual de Etnología 1994 / Serie Anales de la Reunión Anual de Etnología, La Paz (1995), S. 23–32.

Bridikhina, „Desafiando los límites del espacio colonial. La población negra en Potosí", in: Rodríguez Márquez, Rosario; Villena Alvarado, Marcelo (eds.), Espacio urbano andino:

escenario de reversiones y reinversiones del orden simbólico colonial, La Paz: Instituto de Estudios Bolivianos, Facultad de Humanidades y Ciencias de la Educación, 2007, S. 169–216.

Brito Figueroa, Federico, „Las rebeliones de esclavos en Venezuela colonial", in: Brito Figueroa, El problema tierra y esclavos en la historia de Venezuela, Caracas: Universidad Central de Venezuela, 1985, S. 205–250.

Brito Figueroa „Venezuela colonial: las rebeliones de esclavos y la Revolución Francesa", in: Caravelle. Cahiers du monde hispanique et luso-brésilien no. 54 (1990), S. 263–289.

Brooks, James F., Captive & Cousins: Slavery, Kinship, and Community in the Southwest Borderlands, Chapel Hill: University of North Carolina Press, 2002.

Brooks, James F. (ed.), Confounding the color line: the Indian-Black experience in North America, Lincoln: University of Nebraska Press, 2002.

Bronfman, Alejandra, „'En Plena Libertad y Democracia': *Negros Brujos* and the Social Question, 1904–1919", in: Hispanic American Historical Review (HAHR), 82:3 (August 2002), S. 549–587.

Bronfman, Measures of Equality: social science, citizenship and race in Cuba, 1902–1940, Chapel Hill: University of North Carolina Press, 2004.

Bronfman, „On Swelling: Slavery, Social Science, and Medicine in the Nineteenth Century", in: Paton, Diana; Forde, Maarit (eds.), Obeah and Other Powers: The Politics of Caribbean Religion and Healing, Durham: Duke University Press, 2012, S. 103–120.

Brown, Kendall W., A History of Mining in Latin America. From the Colonial Era to the Present, Albuquerque: University of New Mexico Press, 2012 (Diálogos).

Bryant, Sherwin K.; O'Toole, Rachel Sarah; Vinson III, Ben (eds.), Africans to Spanish America. Expanding the Diaspora, Bloomington: University of Illinois Press, 2012.

Bryant, Rivers of Gold, Lives of Bondage. Governing through Slavery in Colonial Quito, Chapel Hill: The University of North Carolina Press, 2013.

Buchanan, Thomas C., Black Life on the Mississippi: Slaves, Free Blacks, and the Western Steamboat World, Chapel Hill: University of North Carolina Press, 2004.

Buenrostro Rivera, Gerardo, „Black Seminoles. Una perspectiva etnohistórica", in: Afrodescendencia. Aproximaciones contemporáneas desde América Latina y el Caribe, México DF: Centro de Información de las Naciones Unidas para México, Cuba y República Dominicana, 2011, S. 94–101 (URL: http://www.cinu.mx/AFRODESCENDENCIA.pdf (26. Aug. 2015)).

Bulmer-Thomas, Victor, The Economic History of Caribbean since Napoleonic Wars, New York: CUP, 2012.

Burnard, Trevor, „Who Bought Slaves in Early America? Purchases of Slaves from the Royal African Company in Jamaica, 1674–1708", in: Slavery & Abolition 17:2 (1996), S. 68–92.

Burnard; Morgan, Kenneth, „The Dynamics of the Slave Market and Slave Purchasing Patterns in Jamaica, 1655–1788", in: William and Mary Quarterly Vol. LVIII (2001), S. 205–228.

Burnard, Mastery, Tyranny, and Desire: Thomas Thistlewood and His Slaves in the Anglo-Jamaican World, Chapel Hill: University of North Carolina Press, 2004.

Burnard, „Et in Arcadia ego: West Indian planters in glory, 1674–1784", in: Atlantic Studies. Global Currents Vol. 9:1 (2012), S. 19–40 (= Rethinking the Fall of the Planter Class).

Burnard; Follett, Richard, „Caribbean slavery, British anti-slavery and the cultural politics of venereal disease", in: Heuman; Burnard, Trevor (eds.) Slavery. Critical concepts in historical studies, 4 Bde., Abingdon: Routledge, 2013, Bd. II, S. 427–454.

Burnard, „Introduction", in: Burnard, Hearing Slave Speak, Georgetown: The Caribbean Press 2010 (Guyana Classics Series), S. IX–XXIV (online: http://caribbeanpress.org/wp-content/uploads/2013/01/Trevor-Burnard-Hearing-Slaves-Speak-Complete-Text.pdf (01. Juli 2017)).

Burnard, „The Planter Class", in: Heuman; Burnard (eds.), The Routledge History of Slavery, London and New York: Routledge, 2011, S. 187–203.

Burnard, Planters, Merchants, and Slaves: Plantation Societies in British America, 1650–1820, Chicago: University of Chicago Press, 2015.

Burnard; Garrigus, John D., The Plantation Machine: Atlantic Capitalism in French Saint-Domingue and British Jamaica, Philadelphia: University of Pennsylvania Press, 2016.

Burnside, Madeleine; Robotham, Rosemary, Spirits of the Passage: The Transatlantic Slave Trade in the Seventeenth Century, New York: Simon & Shuster, 1997.

Büschges, Christian, „Eine schwarze Conquista. Ethnische Konflikte, Kontakte und Vermischung in Esmeraldas (Ekuador) im 16. Jahrhundert", in: Domnick, Heinz-Jürgen ; Müller, Jürgen; Prien, Hans-Jürgen (eds.), Interethnische Beziehungen in der Geschichte Lateinamerikas, Frankfurt am Main: Vervuert, 1999 (ACTA COLONIENSIA. Estudios Ibéricos y Latinoamericanos, eds. Prien, Hans-Jürgen; Zeuske, vol. 3), S. 47–56.

Busto Duthurburu, José Antonio del, Breve historia de los negros del Perú, Lima: Fondo Editorial del Congreso del Perú, 2001.

Butler, Kim D., „Slavery in the Age of Emancipation: Victims and Rebels in Brazil's Late 19th-Century Domestic Trade", in: Journal of Black Studies Vol. 42, no. 6 (2011), S. 968–992.

Cabrera Salcedo, Lizette, De los bueyes al vapor. Caminos de la tecnología del azúcar en Puerto Rico y el Caribe, San Juan: La Editorial, Universidad de Puerto Rico, 2010.

Cáceres [Gómez], Rina, Negros, mulatos, esclavos y libertos en la Costa Rica del siglo XVII, México: Instituto Panamericano de Geografía e Historia, 2000.

Cáceres Gómez (ed.), Rutas de la Esclavitud en África y América Latina, San José, Costa Rica: Editorial de la Universidad de Costa Rica, 2001.

Calargé, Carla; Dalleo, Raphael; Duno-Gottberg, Luis; Headley, Clevis (eds.), Haiti and the Americas, Jackson: University Press of Mississippi, 2013.

Camacho, Antonieta, „Aportes para el studio de la formación de mano de obra en Venezuela: Esclavos y libres (1810–1865)", in: Universidad Central de Venezuela (ed.), Materiales para el estudio de la cuestión agraria en Venezuela (1810–1865), IV Vols., Caracas: UCV, 1979 (Vol. I: Mano de obra: Legislación y administración).

Campbell, Marvis C., „Aftermath of the Battle of St George's Cay: Slavery in the Timber Industry", in: Campbell, Becoming Belize. A History of an Outpost of Empire Searching for Identity, 1528–1823, Jamaica/Barbados/Trinidad and Tobago: UWI Press, 2011, S. 283–314.

Campbell, Randolph B., An Empire for Slavery. The Peculiar Institution in Texas, 1821–1865, Baton Rouge: Louisiana State University Press, ^{2}1991.

Carlson, Amanda B.; Poynor, Robin (eds.), Africa in Florida: Five Hundred Years Presence in the Sunshine State, Miami: The University Press of Florida, 2014.

Caro, Jorge Enrique Elías; Vidal Ortega, Antonino (eds.), Ciudades portuarias en la gran cuenca del Caribe. Visión histórica, Barraquilla: Ediciones Uninorte, 2010.

Carrera Damas, Germán, „Sobre el alcance y el significado de las políticas agrarias en Venezuela durante el siglo XIX", in: Jara, Álvaro (ed.), Tierras nuevas. Expansión territorial y ocupación del suelo en América (siglos XVI–XIX), México D.F.: El Colegio de México, 1969, S. 121–138.

Carrera Damas, „Huida y enfrentamiento", in: Moreno Fraginals, Manuel (comp.), África en América Latina, México, D.F./Madrid: siglo veintiuno editores, 1996, S. 34–53.

Carrera Montero, Fernando, Las complejas relaciones de España con La Española: El Caribe hispano frente a Santo Domingo y Saint Domingue 1789–1803, Santo Domingo: Fundación García Arévalo, 2004.

Carretta, Vincent, Equiano the African: Biography of a Self-Made Man, Athens: University of Georgia Press, 2005.

Carrington, Selwyn H. H., „Capitalism & Slavery and Caribbean Historiography: An Evaluation", in: The Journal of African American History Vol. 88:3 (Summer 2003), S. 304–312.

Carroll, Patrick James, Blacks in Colonial Veracruz: Race, Ethnicity, and Regional Development, Austin: University of Texas Press, 1991.

Carroll, „El debate académico sobre los significados sociales entre clase y raza en el México del siglo XVIII“, in: Velásquez, María E. (coord.), Debates históricos contemporáneos: africanos y afrodescendientes en México y Centroamérica, México D. F., Centro de Estudios Mexicanos y Centroamericanos/Instituto Nacional de Antropología e Historia/Institut de Recherche pour le Développement/Universidad Nacional Autónoma de México, 2011, S. 111–142.
Carson, Clayborne; Lapsansky-Werner, Emma J.; Nash, Gary B., African American Lives: The Struggle for Freedom, New York: Pearson/ Longman, 2005.
Castañeda Fuertes, Digna, „Demandas judiciales de las esclavas en el siglo XIX cubano“, in: Rubiera Castillo, Daisy; Martiatu Terry, Inés María (selecc.), Afrocubanas. Historia, pensamiento y prácticas culturales, La Habana: Editorial Ciencias Sociales, 2011, S. 17–29.
Castilla Palma, Norma A., „Mujeres negras y afromestizas en Nueva España“, in: Morant Deusa, Isabel (coord.), Historia de las mujeres en España y América Latina, 2 Bde., Madrid: Ed. Cátedra, 2005, Vol. II: El mundo moderno, S. 583–610.
Castillo Butters, Luis Jaime, „Taming the Moche“, in: Scherer, Andrew K.; Verano, John W. (eds.), Embattled Bodies, Embattled Places: War in Pre-Columbian Mesoamerica and the Andes, Cambridge: Harvard University Press, 2014, S. 257–282.
Castillo Hidalgo, Ricardo Ignacio, Asentamiento español y articulación interétnica en Cumaná (1560–1620), Caracas: Academia Nacional de la Historia, 2005 (BANH; 259).
Castillo Lara, Lucas Guillermo, „La candente disputa por la supremacia entre los negros criollos y los loangos o de Curazao“, in: Castillo Lara, Apuntes para la historia colonial de Barlovento, Caracas: Academia Nacional de la Historia, 1981 (Biblioteca de la Academia Nacional de la Historia; 151), S. 479–499.
Castillo Lara, „Rebeliones y guerra de colores en Barlovento“, in: Castillo Lara, Apuntes para la historia colonial de Barlovento, S. 595–665.
Castillo Mathieu, Nicolás del, Esclavos negros en Cartagena y sus aportes lexicos, Bogota: Instituto Caro y Cuervo, 1982.
Castro, Hebe Maria Mattos de, Escravidão e cidadania no Brasil monárquico, Rio de Janeiro: Jorge Zahar, 2000. (Coleção Passo a Passo).
Castro, „Beyond Masters and Slaves: Subsistence Agriculture as a Survival Strategy in Brazil During the Second Half of the Nineteenth Century“, in: Hispanic American Historical Review Vol. 68:3 (1988), S. 461–498
Castro, Das Cores do Silêncio. Os significados da liberdade no sudeste escravista – Brasil, Séc. XIX, Rio de Janeiro: Nova Fronteira, ^{2}1998.
Cauna, Jacques de (dir.), Dynamiques caribéennes. Pour une histoire des circulations dans l'espace atlantique (XVIIIe–XIXe siècles), Bordeaux: Presses Universitaires de Bordeaux, 2014 (Collection de la Maison des Pays Ibériques Série Amériques), S. 303–316.
Cauna, La société des plantations esclavagistes: Caraïbes francophone, anglophone, hispanophone: regards croisés, Paris: Indes savantes, 2013.
Cauna, Fleuriau, La Rochelle et l'esclavage: trente-cinq ans de mémoire et d'histoire, Paris: Les Indes savantes; [Saintes]: Le Croît Vif, 2017.
Cave, Scott, „Madalena: The Entangled History of One Indigenous Floridan Woman in the Atlantic World“, in: The Americas Vol. 74:2 (April 2017), S. 171–200.
Cayuela Fernández, José Gregorio, „Transferencias de capitales antillanos a Europa. Los patrimonios de Pedro Juan de Zulueta y Ceballos y de Pedro José de Zulueta y Madariaga (1823–1877)“, in: España y Cuba en el siglo XIX, Madrid: Ministerio de Trabajo y Cultura, 1988 (= Estudios de Historia Social 44–47 (Enero-Diciembre de 1988)), S. 191–211.
Ceruti, Maria Constanza, „Human Bodies as Objects of Dedication at Inca Mountain Shrines (north-western Argentina)“, in: World Archaeology Vol. 36:1 (March 2004), S. 103–122.
Cecelski, David S., The Waterman's Song: Slavery and Freedom in Maritime North Carolina, Chapel Hill: University of North Carolina Press, 2001.

Chacon, Richard J.; Mendoza, Rubén G. (eds.), Latin American Indigenous Warfare and Ritual Violence, Tucson: The University of Arizona Press, 2007.

Chalhoub, Sidney, „Slaves, freemen, and the politics of freedom in Brazil“, in: Slavery & Abolition 10/3 (1989), S. 64–84.

Chalhoub, Visões da liberdade: uma história das últimas décadas da escravidão na Corte, São Paulo: Companhia das Letras, 1990.

Chalhoub, Cidade febril: cortiços e epidemias na corte imperial, São Paulo, Brazil, Companhia das Letras, 1996.

Chalhoub [et al.] (orgs.), Artes e ofícios de curar no Brasil: capítulos de história social, Campinas (SP): Editora da UNICAMP, 2003 (Coleção Várias histórias; 15).

Chalhoub, „Illegal Enslavement and the Precariousness of Freedom in Nineteenth-Century Brazil“, in: Garrigus; Morris, Christopher (eds.), Assumed Identities: The Meanings of Race in the Atlantic World. Introduction by Knight, Franklin W., College Station: Texas A & M University Press, 2010, S. 88–115.

Chalhoub, „The Precariousness of Freedom in a Slave Society (Brazil in the Nineteenth Century)“, in: IRSH Vol. 56:3 (Dec. 2011), S. 405–439.

Chalhoub, A força da escravidão: ilegalidade e costume no Brasil oitocentista, São Paulo: Companhia das Letras, 2015.

Chamberlain, Henry, Vistas e costumes de cidade e arredores do Rio de Janeiro em 1819–1820, Rio de Janeiro: Livaria Kosmos, 1943.

Chambers, Douglas B., „Slave Trade Merchants of Spanish New Orleans, 1763–1803: Clarifying the Colonial Slave Trade to Louisiana in Atlantic Perspective“, in: Atlantic Studies 5:3 (2008), S. 335–346.

Chamosa, Oscar, „To Honor the Ashes of Their Forebears: The Rise and Crisis of African Nations in the Post-Independence State of Buenos Aires, 1820–1860“, in: The Americas Vol. 59:3 (2003), S. 347–378.

Chaplin, Joyce E., „Enslavement of Indians in Early America. Captivity Without the Narrative“, in: Mancke; Shammas (eds.), The creation of the British Atlantic world, S. 45–70.

Chapman, Peter, Bananas: How the United Fruit Company Shaped the World, Edinburgh: Canongate, 2007.

Chaves Maldonado, María Eugenia, „‘Nos, los esclavos de Medellín’. La polisemia de la libertad y las voces subalternas en la primera república antioqueña“, in: Nómadas 33 (2010), S. 43–55.

Chaves Maldonado (ed.), Los „otros“ de las independencias, los „otros“ de la nación. Participación de la población afrodescendiente e indígena en las independencias del Nuevo Reino de Granada, Chile y Haití, Medellín: Universidad Nacional de Colombia, 2015.

Chaviano Pérez, Lizbeth J., Trinidad. Una historia económica basada en el azúcar [1754–1848], Barcelona: Ediciones Bellaterra, 2014.

Chaviano Pérez, „Trata ilegal en el sur de Cuba. El caso del guairo Luisa, 1854“, in: Rodrigo y Alharilla; Chaviano Pérez (eds.), Negreros y esclavos. Barcelona y la esclavitud atlántica (siglos XVI–XIX), Barcelona: Icaria editorial, 2017, S. 213–241.

Childs, Matt, The Aponte Rebellion in Cuba and the Struggle Against Atlantic Slavery, Chapel Hill: The University of North Carolina Press, 2006.

Chust, Manuel; Frasquet, Ivana, Tiempos de revolución. Comprender las independencias iberoamericanas, Madrid: Fundación MAPFRE y Santillana Ediciones, 2013.

Clarence-Smith, „The Portuguese Contribution to the Cuban Slave Trade and Coolie Trade in the Nineteenth Century“, in: Slavery & Abolition 5 (1984), S. 24–33.

Clark-Pujara, Christy, Dark Work: The Business of Slavery in Rhode Island, New York: New York University Press, 2016 (Early American Places Series).

Clendinnen, Inga, „Victims“, in: Clendinnen, Aztecs: An Interpretation. Cambridge: Cambridge University Press, 1991, S. 87–109.

Clendinnen, „The Conquest of Yucatán“, in: Hanke, Lewis; Rausch, Jane M. (eds.), Peoples and Issues in Latin American History, 2 Bde., Princeton: Markus Wiener, 2000 (Vol. I: The Colonial Experience; Vol. II: From Independence to the Present), Bd. I, S. 127–132.

Cobo, Bernabe; Hamilton, Roland, Inca Religion and Customs, Austin: University of Texas Press, 2010.

Coghe, Samuël, „Apprenticeship and the Negotiation of Freedom. The Liberated Africans of the Anglo-Portuguese Mixed Commission In Luanda (1844–1870)“, in: Africana Studia 14 (2010), S. 255–273.

Coghe, „The Problem of Freedom in a Mid Nineteenth-Century Atlantic Slave Society: The Liberated Africans of the Anglo-Portuguese Mixed Commission in Luanda (1844–1870)“, in: Slavery & Abolition: A Journal of Slave and Post-Slave Studies Vol. 33:3 (2012), S. 479–500.

Collins, Jane-Marie, „Bearing the Burden of Bastardy: Infanticide, Child Murder, Race and Motherhood in Brazilian Slave Society“, in: Bechtold, Brigitte; Graves, Donna Cooper (eds.), Killing Infants: Studies in the Worldwide Practice of Infanticide, Lampeter: Edwin Mellen, 2006, S. 199–229.

Colmenares, Germán, Popayán: una sociedad esclavista 1680–1800, Bogotá: Tercer Mundo Editores, 1999 (Historia económica y social de Colombia; vol. III).

Conrad, Alfred H.; Meyer, John R., „The Economics of Slavery in the Ante Bellum South“, in: Journal of Political Economy 6 (1958), S. 95–130.

Conrad, Robert Edgar, Tumbeiros: o Tráfico Escravista para o Brasil, São Paulo: Editora Brasilense, 1985.

Conrad, World of sorrow: the African slave trade to Brazil, Baton Rouge: Louisiana State University Press, 1986.

Conrad, Children of God's Fire: a documentary history of black slavery in Brazil, University Park: Pennsylvania State University Press, 1994.

Contreras Cruces, Hugo, LA SOLDADESCA EN LA FRONTERA MAPUCHE DEL BIOBÍO DURANTE EL SIGLO XVII, 1600–1700. Tesis para optar al grado de Magíster en Historia con mención en Etnohistoria, Santiago de Chile, 2001, S. 12 (online: https://www.academia.edu/10812618/La_soldadesca_en_la_frontera_mapuche_del_Biob%C3%ADo_durante_el_siglo_XVII_1600-1700 (19. Februar 2015)).

Contreras Cruces, „Ser leales y parecer “decentes”. Milicias de castas e inserción social de los afrodescendientes, Chile 1675–1760“, in: Revista Tiempo Histórico Año 8, no. 14 (enero–junio 2017), S. 129–155.

Contreras Cruces, „La Guerra de Chile en el siglo XVII. Entre alzamientos generales y malocas esclavistas“, in: Desperta Ferro No. XI (mayo de 2017), S. 48–54 (= Especial: Los tercios (IV) América ss. XVI–XVII).

Cook, Karoline P., „Navigation Identities: The Case of A Morisco Slave in Seventeenth-Century New Spain“, in: The Americas Vol. 65:1 (2008), S. 63–79.

Cook, „Muslims and Chichimeca in New Spain: The Debates over Just War and Slavery“, in: Anuario de Estudios Americanos 70 (2013), S. 15–38.

Cook, Forbidden Passages: Muslims and Moriscos in Colonial Spanish America, Philadelphia: University of Pennsylvania Press, 2016.

Cook, „Muslims and Chichimeca in New Spain: The Debates over Just War and Slavery“, in: Anuario de Estudios Americanos Vol. 70:1 (2013), S. 15–38.

Corbitt, Duvon C., A Study of the Chinese in Cuba, 1847–1947, Wilmore: Asbury College, 1971.

Córdoba Ochoa, Luis Miguel, „Visiones imperiales desde la cárcel de Cartagena: el conocimiento geográfico y las redes del comercio ilícito“, in: Chicangana-Bayona, Yobenj Aucardo (ed.), Historia, Cultura y Sociedad Colonial. Siglos XVI–XVIII. Temas, Problemas y Perspectiva, Medellín: Editorial La Carreta, 2008, S. 363–391.

Córdoba Ochoa, „'Una grande máquina de agravios'. Los oficiales reales y el comercio ilícito de esclavos y de mercancías en Cartagena en las primeras décadas del siglo XVII“ in: Bonnet,

Diana (ed.), Una obra para la historia: homenaje a Germán Colmenares, Bogotá: Universidad del Rosario, 2015, S. 101–129.

Cortés Alonso, Esclavos y libertos en los mundos ibéricos: Obra completa de Vicenta Cortés Alonso, Madrid: Editorial Mundo Negro, 2011.

Cosner, Charlotte A., The Golden Leaf: How Tobacco Shaped Cuba and the Atlantic World, Nashville: Vanderbilt University Press, 2015.

Costa, Iraci del Nero da; Marcondes, Renato Leite, „A alimentação no cativeiro: uma coletânea sobre os regimes alimentares dos negros afro-brasileiros" (online: https://www.academia.edu/34975898/ (20. März 2018)).

Coughtry, Jay, The Notorious Triangle: Rhode Island and the African Slave Trade, 1700–1807, Philadelphia: Temple University Press, 1981.

Craton, Michael, Empire, Enslavement and Freedom in the Caribbean, Kingston/Oxford: Randle/Currey, 1997.

Crouch, Christian Ayne, Nobility Lost: French and Canadian Martial Cultures, Indians, and the End of New France, Ithaca: Cornell University Press, 2014.

Crespi, Liliana M., „Contrabando de esclavos en el puerto de Buenos Aires durante el siglo XVII. Complicidad de los funcionarios reales", in: Desmemoria. Revista de Historia nº 26 (2000), S. 115–133.

Crespi, „Comercio de esclavos en el Río de la Plata durante el siglo XVII", in: Cáceres Gómez (ed.), Rutas de la Esclavitud en África y América Latina, San José, Costa Rica: Editorial de la Universidad de Costa Rica, 2001, S. 101–114.

Crespi, „En busca de un enclave esclavista. La expedición colonizadora a las islas de Fernando Poo y Annobon, en el Golfo de Guinea (1778–1782)", in: Estudios Históricos/CDHRP, II:4 (2010), S. 1–34.

Crespo Rodas, Alberto, Esclavos negros en Bolivia, La Paz: Academia Nacional de Ciencias, 1977 (La Paz: Gum, 2009).

Crespo Solana, América desde otra frontera. La Guayana Holandesa (Surinam): 1680–1795, Madrid: CSIC, 2006 (Colección América; 3).

Crespo Solana; Klooster; „La República Holandesa y su posición en el contexto colonial americano después de 1713 / The Dutch Republic and its Status in the American Colonial Context after the Treaty of Utrecht", in: Anuario de Estudios Americanos Vol. 72:1 (enero–junio de 2015), S. 125–148.

Cromwell, Jesse, „More than Slaves and Sugar. Recent Historiography of the Trans-Imperial Caribbean and Its Sinew Populations", in: History Compass 12 (10) (2014), S. 770–783.

Curet, L. Antonio; Dawdy, Shannon Lee; La Rosa Corzo; Gabino (eds.), Dialogues in Cuban Archaeology, Tuscaloosa: The University of Alabama Press, 2005.

Curry-Machado, Jonathan, Cuban Sugar Industry. Transnational Networks and Engineering Migrants in Mid-Nineteenth Centrury Cuba, New York: Palgrave Macmillan, 2011.

Cussen, Celia, „El paso de los negros por la historia de Chile", in: Cuadernos de Historia 25 (marzo 2006), S. 45–58.

Cussen (ed.), Huellas de Africa en América: perspectivas para Chile, Santiago de Chile: Editorial Universitaria, 2009.

Cussen; Llorca-Jaña, Manuel Droller, Federico, „The dynamics and determinants of slave prices in an urban setting: Santiago de Chile, c. 1773–1822", in: Revista de Historia Económica / Journal of Iberian and Latin American Economic History (2016), S. 1–29.

Cussen, „The Economic and Cultural Aspects of Slavery in Colonial Santiago, Chile: A Reassessment", in: Fall, Babacar; Phaf-Rheinberger; Eckert (eds.), Travail et culture dans un monde globalisé. De l'Afrique à l'Amérique latine / Work and Culture in a Global World. From Africa to Latin America, Paris: Karthala, 2015, S. 145–158.

Cwik, „Curazao y Riohacha: dos puertos caribeños en el marco del contrabando judío (1650–1750)“, in: Caro; Vidal Ortega (eds.), Ciudades portuarias en la gran cuenca del Caribe. Visión histórica, Barraquilla: Ediciones Uninorte, 2010, S. 302–327.

Cwik, „Africanidad con repugnancia: los zambos y el problema de la identidad en el Caribe centroamericano [Reluctant Africanicity: Zambos and the Problem of Identity in the Central American Caribbean]“, in: Ariadna Tucma. Revista Latinoamericana [Ariadna Tucma Latin American Journal] 6 (March 2011–February 2012) (online: http://www.ariadnatucma.com.ar/?p=2312 (17. Dez. 2017)).

Cwik, „Sklaverei, Sklavenhandel und Abolition auf Curaçao“, in: Zeitschrift für Weltgeschichte. Interdisziplinäre Perspektiven J. 15:1 (Frühjahr 2014), S. 117–140.

Cwik; Laviña, Javier; Zeuske (eds.), Esclavitud, huida y resistencia en Cuba, Berlin: Wissenschaftlicher Verlag (WVB), 2013.

Cwik, „Africanization of Amerindian Tribes in the Greater Caribbean: Case Studies of the Wayuu and Miskito during the 17th and 18th Centuries“, in: Knight; Iyob, Ruth (eds.), Dimensions of African and Other Diasporas, Kingston: University of the West Indies Press, 2014, S. 83–104.

Czeguhn, Ignacio, „Sklavereigesetzgebung im Spanien der frühen Neuzeit sowie in den ersten Jahrzehnten der Kolonisierung Amerikas“, in: Müßig, Ulrike (ed.), Ungerechtes Recht. Symposium zum 75.jährigen Geburtstag von Dietmar Willoweit, Tübingen: Mohr Siebeck, 2013, S. 101–114.

Davis, Adrienne, „Don't let nobody bother yo' principle / the sexual economy of American slavery“, in: Harley, Sharon et al. (eds.), Sister Circle: Black Women and Work, New Brunswick: Rutgers University Press, 2002, S. 103–127.

Davis, Charles, The Cotton Kingdom in Alabama, Montgomery. Alabama State Department of archives and history, 1939.

Davis, David Brion, „The *Amistad* Test of Law and Justice“, in: Davis, Inhuman Bondage. The Rise and Fall of Slavery in the New World, New York: Oxford University Press, 2006, S. 12–26.

Davis, Natalie Zemon, „Judges, Masters, Diviners: Slaves' Experience of Criminal Justice in Colonial Suriname“, in: Law and History Review Vol. 29:4 (November 2011), S. 925–984.

Dayan, Joan, „Last Days of Saint-Domingue“, in: Dayan, Haiti, History and the Gods, Berkeley/Los Angeles/London: University of California Press, 1998, S. 143–186.

De Barros, Juanita; Diptee, Audra A.; Trotman, David V. (eds.), Beyond Fragmentation. Perspectives on Caribbean History. With a preface by Knight, Franklin, Princeton: Markus Wiener, 2006.

De Barros, Reproducing the British Caribbean: Sex, Gender, and Population Politics after Slavery, Chapel Hill: University of North Carolina Press, 2014.

Deagan, Kathleen; Cruxent, José María, Archaelogy at La Isabela. America's First European Town, New Haven: Yale University Press, 2002.

Deagan, „Eliciting Contraband through Archaeology: Illicit Trade in Eighteenth-Century St. Augustine“, in: Historical Archaeology 41:4 (2007), S. 98–116.

Deive, Carlos E., Tangomangos: contrabando y piratería en Santo Domingo, 1522–1606, Santo Domingo: Fundación Cultural Dominicana, 1996.

Deive, „Etnías, desarraigo y transculturación“, in: Anales del Caribe. Centro de Estudios del Caribe 19–20 (1999–2000), S. 221–238.

Delbourgo, James, „Slavery in the Cabinet of Curiosities: Hans Sloane's Atlantic World“, British Museum (2007) (unter: http://www.britishmuseum.org/pdf/delbourgo%20essay.pdf (26. November 2013)).

Delbourgo, „Sir Hans Sloane's Milk Chocolate and the Whole History of the Cacao“, in: Social Text 29 (2011): 71–101.

Delgado Ribas, Josep, „The Slave Trade in the Spanish Empire (1501–1808): The Shift from Periphery to Center“, in: Fradera; Schmidt-Nowara, Christopher, Slavery and Antislavery in Spain's Atlantic Empire, New York, NY [u. a.]: Berghahn Book 2013, S. 13–42.

Denis, Milagros, „The Problem of Slavery in the Puerto Rican Society“ [Review Essay], in: Centro Journal Vol. XXI:1, New York (2009), S. 236–245.

Dessens, Nathalie, „Au carrefour del'espace atlantique: la Nouvelle-Orleans au XIXe siècle“, in: Dubesset, Éric; Cauna; Révauger, Marie-Cécile, La société des plantations esclavagistes: Caraïbes francophone, anglophone, hispanophone: regards croisés, Paris: Indes savantes, 2013.

Deusen, „The Intimacies of Bondage: Female Indigenous Servants and Their Spanish Masters, 1492–1555“, in: Journal of Women's History Vol. 24:1 (2012), S. 13–43.

Deusen, „Coming to Castile with Cortés: Indigenous "Servitude" in the Sixteenth Century“, in: Ethnohistory 62:2 (2015), S. 285–308.

Deyle, Steven, „The Domestic Slave Trade in America. The Lifeblood of the Southern Slave System“, in: Johnson (ed.), The Chattel Principle: Internal Slave Trades in the Americas, 1808–1888, New Haven: Yale University Press, 2004, S. 91–116.

Deyle, Carry me Back: The Domestic Slave Trade in American Life, New York: Oxford University Press, 2005.

Dias Paes, Mariana A., „O tratamento jurídico dos escravos nas Ordenações Manuelinas e Filipinas“, in: Fonseca, Ricardo M.; Pereira, Luís F. Lopes; Furmann, Ivan (orgs.), V Congresso Brasileiro de História do Direito: as formas do direito, ordem, razão, decisão: experiências jurídicas antes e depois da modernidade, Curitiba: IBHD, 2013, S. 523–536.

Díaz, Alberto; Galdames, Luis; Ruz Rodrigo (comps.), ... y llegaron con cadenas ... Las poblaciones afrodescendientes en la historia de Arica y Tarapacá (siglos XVIII–XIX), Arica: Ediciones Universidad de Tarapacá, 2013.

Díaz Benítez, Ovidio C., „La realidad cubierta“, in: Díaz Benítez, Verdades ocultas de la esclavitud. El clamor de los cautivos, La Habana: Editorial de Ciencias Sociales, 2012, S. 34–35.

Díaz Díaz, Rafael Antonio, „Historiografía de la esclavitud negra en América Latina: temas y problemas generales“, in: América Negra No 8 (Diciembre 1994), S. 11–29.

Díaz Díaz, Esclavitud, región y ciudad: El sistema esclavista urbano-regional en Santafé de Bogotá, 1700–1750, Bogotá: Centro Editorial Javeriano, 2001.

Díaz Díaz, „Esclavos, amos y escribanos“, in: Cáceres Gómez (ed.), Rutas de la Esclavitud en África y América Latina, San José, Costa Rica: Editorial de la Universidad de Costa Rica, 2001, S. 451–466.

Díaz Hernández, Magdalena, „Esclavos y la imagen de la justicia paternalista del rey y del virrey en el Veracruz colonial“, in: Nuevo Mundo Mundos Nuevos (online: Aula virtual, puesto en línea el 12 junio 2015, consultado el 10 octubre 2015. URL: http://nuevomundo.revues.org/68121; DOI: 10.4000/nuevomundo.68121).

Díaz Hernández, „Esclavos/as, cimarrones, monarquía, poder local y negociación en Nueva España“, in: Mexican Studies/Estudios Mexicanos Vol. 33:2 (Summer, 2017), S. 296–319.

Díaz Soler, Luis, Historia de la esclavitud negra en Puerto Rico, Río Piedras: Editorial Universitaria, 1981 (erste Auflage 1953).

Dierksheide, Christa, Amelioration and empire: progress and slavery in the plantation Americas, Charlottesville: University of Virginia Press, 2014 (Jeffersonian America).

Diouf, Dreams of Africa in Alabama: The Slave Ship Clotilda and the Story of the last Africans Brought to America, New York: Oxford University Press, 2007.

Domingues; Eltis, „The Slave Trade to Pernambuco, 1561–1851“, in: Eltis; Richardson (eds.), Extending the Frontiers: Essays on the New Transatlantic Slave Trade Database, New Haven: Yale University Press, 2008, S. 95–129.

Domínguez, Lourdes S.; Funari, Pedro Pablo A., „Arqueología de los esclavos e indígenas en Brasil y Cuba“, in: Archivo Cubano (2008) (online: http://www.archivocubano.org/transcult/lourdes_funari.html (26 de agosto 2017)).

Donald, Leland, Aboriginal Slavery on the Northwest Coast of North America, Berkeley: University of California Press, 1997.
Dorsey, Joseph C., „Women without History: Slavery and the International Politics of Partibus Sequitur Ventrem in the Spanish Caribbean“, in: Journal of Caribbean History Vol. 28:2 (1994), S. 165–207.
Dorsey, Slave traffic in the age of abolition. Puerto Rico, West Africa, and the non-Hispanic Caribbean; 1815–1859, Gainesville: University Press of Florida, 2003.
Downey, Tom, Planting a Capitalist South. Masters, Merchants, and Manufacturers in the Southern Interior, 1790–1860, Baton Rouge: Louisiana State University Press, 2006.
Drescher, „The Fragmentation of Atlantic Slavery and the British Intercolonial Slave Trade“, in: Johnson (ed.), The Chattel Principle. Internal Slave Trades in the Americas. Foreword by David Brion Davis, New Haven & London: Yale University Press, 2004, S. 234–255.
Dubois, „An Atlantic Revolution“, in: French Historical Studies 32:4 (Fall 2009), S. 655–661.
Dusinberre, William, Them Dark Days: Slavery in the American Rice Swamps, Oxford: Oxford University Press, 1996.
Dyde, Brian, The Empty Sleeve: The Story of the West India Regiments of the British Army, Saint John's, Antigua. Hansib Publishing, 1997.
Eagle, Marc, „Chasing the Avença: An Investigation of Illicit Slave Trading in Santo Domingo at the End of the Portuguese Asiento Period“, in: Slavery & Abolition (unter: http://dx.doi.org/10.1080/0144039X.2013.780458 (23. April 2013)).
Echeverri, Marcela, Indian and Slave Royalists in the Age of Revolution: Reform, Revolution and Royalism in the Northern Andes, 1780–1825, New York: Cambridge University Press, 2016.
Eichmann, Flavio, „Weder Freiheit noch Gleichheit. Terror und Abolition auf Guadeloupe 1794–1801“, in: Mittelweg 36:4 (2015), S. 64–85.
Eichmann, „Die letzte Schlacht – Guadeloupe 1815: Koloniale Konflikte im Lichte von Napoleons Sklavenhandelsverbot“ in: Zeitschrift für Weltgeschichte Vol. 16:2 (2015), S. 93–112 (= Themenheft: Der Wiener Kongress und seine globale Dimension, Cwik; Zeuske (eds.)).
Eltis, „The Traffic in Slaves between the British West Indian Colonies, 1807–1833“, in: Economic History Review, 2nd series, 25 (1972), S. 55–64.
Eltis, „The Nineteenth-Century Transatlantic Slave Trade: An Annual Time Series of Imports into the Americas Broken Down by Region“, in: Hispanic American Historical Rewiev (HAHR), 67/1 (1987), S. 109–138.
Eltis, Economic growth and the ending of the Atlantic slave trade, Oxford [etc.]: Cambridge University Press, 1987.
Eltis, „Fluctuations in Mortality in the Last Half Century of the Transatlantic Slave Trade“, in: Social Science History 13 (1989), S. 315–340.
Eltis; Engerman, „Was the Slave Trade Dominated by Men?“, in: Journal of Interdisciplinary History 23, 2 (1992), S. 237–257.
Eltis, „Europeans and the Rise and Fall of African Slavery in the Americas: An Interpretation“, in: AHR 98 (December 1993), S. 1399–1423.
Eltis, „The Relative Importance of Slaves and Commodities in the Atlantic Slave Trade of Seventeenth-Century Africa“, in: J.Afr.Hist. 35:2 (1994), S. 237–249.
Eltis, „The volume and African origins of the British slave trade before 1714“, in: Cahiers d'études africaines 35, 2–3, nos. 136–139 (1995), S. 617–627.
Eltis, „The Slave Economies of the Caribbean: Structure, Performance, Evolution and Significance“, in: Knight, Franklin W. (ed.), General History of the Caribbean, Bd. III: The Slave Societies of the Caribbean, London and Basingstoke: UNESCO Publishing, 1997, S. 105–137.
Eltis; Richardson (eds.), Routes to Slavery. Direction, Ethnicity and Mortality in the Atlantic Slave Trade, London: Frank Cass, 1997.

Eltis; Richardson, „West Africa and the Transatlantic Slave Trade: New Evidence of Long-Run Trends“, in: Eltis; Richardson (eds.), Routes to Slavery, S. 16–35.

Eltis, The Rise of African Slavery in the Americas. The English in Comparative Perspective, New York: Cambridge University Press, 1999.

Eltis; Lovejoy, Paul E.; Richardson, „Slave-Trading Ports: Toward an Atlantic-Wide Perspective“, in: Law, Robin; Strickrodt, Silke (eds.), Ports of the Slave Trade (Bights of Benin and Biafra), Stirling: Centre of Commonwealth Studies, University of Stirling, 1999, S. 12–34.

Eltis; Behrendt, Stephen A. D.; Richardson; Klein, Herbert S., The Transatlantic Slave Trade: A Database on CD-ROM, Cambridge: Cambridge University Press, 1999 (2. Auflage 2008: www.slavevoyages.org).

Eltis, „Atlantic History in Global Perspective“, in: Itinerario 23:2 (1999), S. 141–161.

Eltis; Richardson; Behrendt, „Patterns in the Transatlantic Slave Trade, 1662–1867: New Indications of African Origins of Slaves Arriving in the Americas“, in: Diedrich, Maria; Gates Jr., Henry Louis, Pedersen, Carl (eds.), Black Imagination of the Middle Passage, Oxford: Oxford University Press, 1999, S. 21–32.

Eltis, The Rise of African Slavery in the Americas, Cambridge: Cambridge University Press, 2000.

Eltis, „The English Plantation Americas in Comparative Perspective“, in: Eltis, The Rise of African Slavery in the Americas, S. 193–223.

Eltis (ed.), Coerced and Free Migration: Global Perspectives, Stanford: Stanford University Press, 2002.

Eltis; Lewis, Frank; Sokoloff, Kenneth (eds.), Slavery in the development of the Americas, Cambridge: Cambridge University Press, 2004.

Eltis; Richardson, „Prices of African Slaves Newly Arrived in the Americas, 1673–1865: New Evidence on Long-Run Trends and Regional Differentials“, in: Eltis; Lewis; Sokoloff (eds.), Slavery in the development of the Americas, S. 181–218.

Eltis, „National Participation in the Transatlantic Slave Trade: New Evidence“, in: Curto; Soulodre-La France (eds.) Africa and the Americas: interconnections during the slave trade, S. 13–41.

Eltis; Richardson (eds.), Extending the Frontiers: Essays on the New Transatlantic Slave Trade Database, New Haven: Yale University Press, 2008.

Ely, Roland T., Cuando reinaba su majestad el azúcar. Estudio histórico-sociológico de una tragedia latinoamericana: el monocultivo en Cuba, Buenos Aires: Ed. Sudamericana, 1963 (Neuauflage: La Habana: IMAGEN CONTEMPORÁNEA, 2001)

Ely, „Los Lobo cubanos: mito y realidad de sus peregrinaciones por Europa y el mundo nuevo“, in: Debates Americanos, No. 2 Julio, La Habana (2006–2008), S. 47–72.

Engerman, Stanley L.; Genovese, Eugene D. (eds), Race and Slavery in the Western Hemishpere, Princeton: Princeton University Press, 1975.

Engerman, „Servants to Slaves to Servants: Contract Labour and European Expansion“, in: Emmer (ed.), Colonialism and Migration: Indentured Labour before and after Slavery, Dordrecht: M. Nijhoff, 1986, S. 263–294.

Engerman; Higman, „The Demographic Structure of the Caribbean Slave Societies in the Eighteenth and Nineteenth Centuries“, in: Knight, Franklin W. (ed.), General History of the Caribbean, Bd. III: The Slave Societies of the Caribbean, London and Basingstoke: UNESCO Publishing, 1997, S. 47–57.

Engerman, „A Population History of the Caribbean“, in: Haines, Michael R.; Steckel, Richard H. (eds.), A Population History of North America, Cambridge: Cambridge University Press, 2000, S. 483–528.

Entin, Gabriel; Gómez, Alejandro E.; Morelli, Federica; Thibaud, Clément, L'Atlantique révolutionnaire. Une perspective ibéro-américaine, Paris: Les Perséides, 2013.

Erskine, Noel Leo, Plantation Church: How African American Religion Was Born in Caribbean Slavery, Oxford: Oxford University Press, 2014.

Escobar Ohmstede, Antonio, „Instituciones y trabajo indígena en la América española", in: Revista Mundos do Trabalho Vol. 6, n. 12 (julho–dezembro de 2014), S. 27–53.
Escolano Jiménez, Luis Alfonso, „La cuestión esclavista y su influencia en el proceso histórico dominicano desde finales del siglo XVIII", in: Revista Alandar UCSD Vol. XII, Año XIV, no. 21 (enero–junio 2016), S. 31–43 (online: https://www.academia.edu/27724405 (16. Aug. 2016)).
Espada Lima, Henrique, „Sob o domínio da precariedade: escravidão e os significados da liberdade de trabalho no século XIX/ Under the domain of precariousness: slavehood and the meanings of work freedon in the XIXth Century", in: Topoi Vol. 6, no. 11 (July/Dec. 2005), S. 289–326.
Espada Lima, „Freedom, Precariousness, and the Law: Freed Persons Contracting out their Labour in Nineteenth-Century Brazil", in: IRSH 54 (2009), S. 391–416.
Evans, Chris, Slave Wales: The Welsh and Atlantic Slavery, 1660–1850, Cardiff: University of Wales Press, 2010.
Evans, „Brazilian Gold, Cuban Copper and the Final Frontier of British Anti-Slavery", Slavery & Abolition Vol. 34:1 (2013), S. 118–134.
Evans; Rydén, Göran, „'Voyage Iron': An Atlantic Slave Trade Currency, its European Origins, and West African Impact", in: Past & Present Vol. 239:1 (May 2018), S. 41–70.
Fagúndez, José Rafael, „*La carimba*. Sello del comercio de esclavos", in: El desafío de la historia, Año 1, No. 1, Caracas, s. a., S. 35–40.
Farias, Juliana Barreto et al., Cidades Negras: Africanos, crioulos e espaços urbanos no Brasil escravista do século XIX, São Paulo: Alameda, 2006.
Farrow, Anne; Lang, Joel; Frank, Jennifer, Complicity. How the North Promoted, Prolonged, and Profited from Slavery, New York: Ballantine Books, 2005.
Farrow; Lang; Frank, „A Connecticut Slave", in: Farrow; Lang; Frank, Complicity, S. 60–75.
Farrow; Lang; Frank, „Newport Rum, African Slaves", in: Farrow; Lang; Frank, Complicity, S. 95–120.
Fatah-Black, Karwan, White Lies and Black Markets. Evading Metropolitan Authority in Colonial Suriname, 1650–1800, Leiden: Brill, 2015.
Feest, Christian, „Im Schatten des Friedensbaumes: Aus der Welt der Irokesen", in: Kunst- und Ausstellungshalle der BRD GmbH (ed.), Auf den Spuren der Irokesen, Katalog, Berlin: Nicolai, 2013, S. 22–29.
Fehrenbacher, Don E., The Slaveholding Republic. An Account of the United States Government's Relations to Slavery, Oxford: OUP, 2001.
Feraudy Espino, Heriberto, Yoruba. Un acercamiento a nuestras raíces, La Habana: Editora Política, 1993.
Feraudy Espino, „La palabra macúa", in: Feraudy Espino, Macúa, La Habana: Editorial de Ciencias Sociales, 2007, S. 12–13.
Fernández Méndez, Eugenio, Las encomiendas y la esclavitud de los indios de Puerto Rico. 1508–1550, San Juan: Ediciones el Cemí, 1995.
Fernández Olmos, Margerite; Paravisini-Olmos, Lizabeth, Creole Religions of the Caribbean. An Introduction from Vodou and Santería to Obeah and Espiritismo, New York and London: New York University Press, 2003.
Fernández Prieto, Leida, „Islands of Knowledge: Science and Agriculture in the History of Latin America and the Caribbean", in: Isis Vol. 104:4 (December 2013), S. 788–797.
Ferraro, Marcelo, „As Práticas de Controle e Punição na Sociedade Escravista Cafeicultora do Brasil Oitocentista: Uma Análise à Luz do Pensamento de Michel Foucault", in: Epígrafe, São Paulo (2013), S. 7–42.
Fett, Sharla M., „Middle Passages and Forced Migrations: Liberated Africans in Nineteenth-Century US Camps and Ships", in: Slavery & Abolition Vol. 31:1 (March 2010), S. 75–98.
Fett, Recaptured Africans. Surviving Slave Ships, Detention, and Dislocation in the Final Years of the Slave Trade, Chapel Hill: The University of North Carolina Press, 2017.

Fick, Carolyn E., The making of Haiti: the Saint Domingue revolution from below, Knoxville: University of Tennessee Press, 1990.

Fick, „Dilemmas of Emancipation: From the Saint Domingue Insurrections of 1791 to the Emerging Haitian State“, in: History Workshop Journal 46 (1998), S. 1–15.

Fick, „The Saint-Domingue Slave Insurrection of 1791: A Socio-Political and Cultural Analysis“, in: Shepherd, Verene A.; Beckles, Hilary McD (eds.), Caribbean slavery in the Atlantic world. A student reader, Kingston/Oxford/Princeton: Ian Randle Publishers/James Currey Publishers/ Marcus Wiener Publishers, 2000, S. 961–982.

Fick, „Revolutionary Saint Domingue and the Emerging Atlantic“, in: Tomich & Zeuske (eds.), The Second Slavery: Mass Slavery, World-Economy, and Comparative Microhistories, 2 Bde., Binghamton: Binghamton University, 2009 (= special issue; Review: A Journal of the Fernand Braudel Center, Binghamton University XXXI, no. 2 & 3, 2008), no. I, S. 121–144.

Finkelman, Paul, „'Treason Against the Hopes of the World'. Thomas Jefferson and Slavery“, in: Finkelman, Slavery and the Founders. Race and Liberty in the Age of Jefferson, New York: M. E. Sharpe, Inc., 2001, S. 129–162.

Finkelman, Paul, „Regulating the African Slave Trade“, in: Civil War History Vol. 54:4 (2008), S. 379–405.

Finzsch, Norbert; Horton, James O.; Horton, Lois, Von Benin nach Baltimore. Die Geschichte der African Americans, Hamburg: Hamburger Edition, 1999.

Finzsch, „Siedlerimperialismus und Genozid in den Vereinigten Staaten und Australien“, in: Schnurmann; Lehmann (eds.), Atlantic Understandings, S. 271–285.

Finzsch, „'It is scarcely possible to conceive that human beings could be so hideous and loathsome': Dicourses of Genocide in Eigtheenth- and Nineteenth-Century America and Australia“, in: Moses, A. Dirk; Stone, Dan (ed.), Colonialism and Genocide, Abington: Routledge, 2007, S. 1–19.

Finzsch, „'[...] Extirpate or Remove that Vermine': Genocide, Biological Warfare, and Settler Imperialism in the Eighteenth and Early Nineteenth Century“, in: Journal of Genocide Research 10, no. 2 (2008), S. 215–232.

Finzsch, „If it looks like a duck, if it walks like a duck, if it quacks like a duck: Comment on 'Can There Be Genocide without the Intent to Commit Genocide?' by Gunter Lewy“, in: Journal of Genocide Research 10, no. 1 (2008), S. 119–126.

Finzsch, „'The aborigines ... were never annihilated, and still they are becoming extinct': Settler Imperialism and Genocide in Nineteenth-century America and Australia“, in: Moses (ed.), Empire, Colony, Genocide: Conquest, Occupation, and Subaltern Resistance in World History, New York: Berghahn Books, 2008, S. 253–270.

Finzsch, „The End of Slavery, the Role of the Freedmen's Bureau and the Introduction of Peonage“, in: Schmieder; Füllberg-Stolberg, Katja; Zeuske (eds.), The End of Slavery in Africa and the Americas, A Comparative Approach. Berlin: Lit 2011, S. 141–164.

Fischer, Sybille, Modernity Disavowed. Haiti and the Culture of Slavery in Age of Revolution, Durham: Duke University Press, 2004.

Fischer, „Bolívar in Haiti: Republicanism in the Revolutionary Atlantic“, in: Calargé, Carla; Dalleo, Raphael; Duno-Gottberg, Luis; Headley, Clevis (eds.), Haiti and the Americas, Jackson: University Press of Mississippi, 2013, S. 25–53.

Flanders, Ralph Betts, Plantation Slavery in Georgia, Chapel Hill: University of North Carolina Press, 1933.

Florentino, Manolo G., „Slave Trading and Slave Traders in Rio de Janeiro, 1790–1830“, in: Curto, José C; Lovejoy, Paul E. (eds.), Enslaving Connections. Changing Cultures of Africa and Brazil during the Era of Slavery, New York: Humanity Books, 2004, S. 57–79.

Florentino (org.), Tráfico, cativeiro e liberdade: Rio de Janeiro, séculos XVII–XIX, Rio de Janeiro: Civilização Brasileira, 2005.

Flores Guzmán, Ramiro A., „Asientos, compañías, rutas, mercados y clientes: Estructura del tráfico de esclavos a fines de la época colonial (1770–1801)“, in: O'Phelan, Scarlett (ed.), Etnicidad y Discriminación Racial en la Historia del Perú, 2 Bde., Lima: Instituto Riva-Agüero & World Bank, 2003, Bd. II (ed. Carrillo, Ana Cecilia), S. 11–42.

Fogel, Robert William; Engerman, Stanley, Time on the Cross: the Economics of American Negro Slavery, New York; London: W. W. Norton & Company, 1995 (1. Auflage 1974).

Fogel, Without Consent or Contract: The Rise and Fall of American Slavery, 4 Bde., New York: W. W. Norton, 1989.

Fogel, „American Slavery. A flexible, highly developed form of capitalism“, in: Harris, J. William (ed.), Society and Culture in the Slave South, London: Routledge, 1992, S. 77–99.

Fogel, The slavery debates, 1952–1990: a retrospective, Baton Rouge: Louisiana State University Press, 2003.

Follett, Richard, „Slavery and Plantation Capitalism in Louisiana's Sugar Country“, in: American Nineteenth Century History Vol. 1:3 (2000), S. 1–27.

Follett, The Sugar Masters: Planters and Slaves in Louisiana's Cane World 1820–1860, Baton Rouge: Louisiana State University Press, 2005.

Follett; Beckert; Coclanis; Hahn, Barbara, Plantation Kingdom: The American South and Its Global Commodities, Baltimore: Johns Hopkins University Press, 2016 (The Marcus Cunliffe Lecture Series).

Forret, Jeff, Slave against Slave: Plantation Violence in the Old South, Baton Rouge: Louisiana State University Press, 2015.

Fradera, Josep María, „La participació catalana en el tràfic d'esclaus“, in: Recerques 16 (1984), S. 119–139.

Fradera, Colonias para después de un imperio, Barcelona: edicions bellaterra, 2005

Fradera, „Cuba, Puerto Rico y Filipinas: del Imperio al sistema de tres colonias“, in: Fradera, Colonias para después de un imperio, S. 17–59.

Franco, José Luciano, „Piratas, corsarios, flibusteros y contrabandistas siglos XVIII y XIX“, in: Franco, Ensayos históricos, La Habana: Editorial de Ciencias Sociales, 1974, S. 45–92.

Franco, „Comercio clandestino de esclavos en el siglo XIX“, in: Ensayos históricos, La Habana: Editorial de Ciencias Sociales, 1974, S. 103–124.

Franco, „La era de los negreros“, in: Franco, Comercio clandestino de esclavos, La Habana: Editorial de Ciencias Sociales, 1980, S. 24–88.

Franco, „Auge y decadencia de la trata africana“, in: Franco, Comercio clandestino de esclavos ... [1980], S. 320–390.

Franco, „Los mongos de la costa de África“, in: Franco, Comercio clandestino de esclavos, La Habana: Editorial de Ciencias Sociales, ^{3}1996, S. 178–202.

Frank, Andrew K., Creeks and Southerners: Biculturalism on the Early American Frontier, Lincoln: University of Nebraska Press, 2005 (Indians of the Southeast Series).

Frank, Zephyr L., Dutra's World. Wealth and Family in Nineteenth-Century Rio de Janeiro, Albuquerque: University of New Mexico Press, 2004.

Franklin, Sarah L., Women and slavery in nineteenth century colonial Cuba, Rochester: University Rochester Press, 2012.

Frazier, E. Franklin, „The Negro Family in Bahia, Brazil“, in: American Sociological Review, Vol. 7 (1942), S. 465–78.

Freyre, Gilberto, Casa-Grande & Senzala, o.O. [Rio de Janeiro:], Schmidt-Editor, 1933 (51. Auflage: Casa-grande & senzala. Formação da família brasileira sob o regime da economia patriarcal. Aprensentação de Fernando Henrique Cardoso. Biobibliografia de Edson Nery da Fonseca. Notas bibliográficas revistas e índices por Gustavo Henrique Tuna, São Paulo: Global Editora, 2006).

Freyre, Herrenhaus und Sklavenhütte. Ein Bild der brasilianischen Gesellschaft. Köln und Berlin: Kiepenheuer & Witsch, 1965.

Friedemann, Nina S. de; Arocha, Jaime, De sol a sol: genesis, transformación y presencia de los negros en Colombia, Bogotá: Planeta, 1986.

Friedemann, La saga del negro: presencia africana en Colombia, Bogotá: Pontificia Universidad Javeriana, 1993.

Friedman, Saul R., Jews and the American slave trade, New Brunswick: Transaction Publishers, 1998.

Frost, Karolyn Smardz, I've got a home in glory land: a lost tale of the underground railroad, New York: Farrar, Straus and Giroux, 2007.

Füllberg-Stolberg, Claus, „Economic Adjustments and the Fight for Cultural Hegemony in the British and Danish West Indies after Slavery", in: Tomich, Dale & Zeuske (eds.), The Second Slavery: Mass Slavery, World-Economy, and Comparative Microhistories, 2 Bde., Binghamton: Binghamton University, 2009 (= special issue; Review: A Journal of the Fernand Braudel Center, Binghamton University XXXI, no. 2 & 3, 2008), Bd. 1, S. 145–168.

Fuente, Alejandro de la, „Esclavos africanos en La Habana: Zonas de procedencia y denominaciones étnicas, 1570–1699", in: Revista Española de Antropología Americana 20 (1990), S. 135–160.

Fuente, „Havana and the Fleet System: Trade and Growth in the Periphery of the Spanish Empire, 1550–1610", in: Colonial Latin American Review Vol. 5:1 (1996), S. 95–115 (coauthored with César G. del Pino and Bernardo Iglesias).

Fuente [García], „Sugar and Slavery in Early Colonial Cuba", in: Schwartz (ed.), Tropical Babylons: Sugar and the Making of the Atlantic World, 1450–1680, Chapel Hill: University of North Carolina Press, 2004, S. 115–157.

Fuente, „Slave Law and Claims-Making in Cuba: the Tannenbaum Debate Revisited", in: Law and History Review 22:2 (2004), S. 339–369 (www.press.ullinois.edu/journals/lhr/DLF22_2.pdf (28. Juni 2004)).

Fuente (coord.), Su „único derecho": los esclavos y la ley, Madrid: Fundación Mapfre| Tavera, 2004 (= Debate y perspectivas. Cuadernos de Historia y Ciencias Sociales, No. 4 (Diciembre 2004)).

Fuente, „La esclavitud, la ley, y la reclamación de derechos en Cuba: repensando el debate de Tannenbaum", in: Fuente (coord.), Su „único derecho": los esclavos y la ley, Madrid: Fundación Mapfre| Tavera, 2004 (= Debate y perspectivas. Cuadernos de Historia y Ciencias Sociales, No. 4 (Diciembre 2004)), S. 37–68.

Fuente, „Slaves and the Creation of Legal Rights in Cuba: Coartación and Papel", in: Hispanic American Historical Review Vol. 87:4 (November 2007), S. 659–692 (reprinted in: Fradera; Schmidt-Nowara, Christopher (eds.), Slavery and Antislavery in Spain's Atlantic Empire, New York: Berghahn, 2013, S. 101–134).

Fuente (with the collaboration of García del Pino, César; Iglesias Delgado, Bernardo), Havana and the Atlantic in the Sixteenth Century, Chapel Hill: University of North Carolina Press, 2008.

Fuentes Guerra; Schwegler, Lengua y ritos del Palo Monte Mayombe. Dioses cubanos y sus fuentes africanas, Madrid: Iberoamericana ; Frankfurt am Main: Vervuert, 2005.

Funari, Pedro Paulo A.; Domínguez, Lourdes, „Archaeology of contact in Cuba, a reassessment", in: Funari; Senatore, María Ximena (eds.), Archaelogy of Culture Contact and Colonialism in Spanish and Portuguese America, Cham [etc.]: Springer, 2015, S. 133–140.

Funes Monzote, Reinaldo, De bosque a sabana. Azúcar, deforestación y medio ambiente en Cuba: 1492–1926, México: siglo veintiuno editores, s. a., 2004.

Funes Monzote, De los bosques a los cañaverales. Una historia ambiental de Cuba 1492–1926, La Habana: Editorial Ciencias Sociales, 2008.

Funes Monzote, From Rainforest to Cane Field. A Cuban Environmental History since 1492, Chapel Hill: University of North Carolina Press, 2008.

Funes, „Paisajes de la nueva plantación esclavista azucarera en Cuba: la llanura de Colón", in: Piqueras (ed.), Plantación, espacios agrarios y esclavitud en la Cuba colonial, Castellón de la

Plana: Publicacions de la Universitat Jaume I / Casa de las Américas, 2017 (Col·lecció Amèrica, 36), S. 91–114.

Gaffield, Julia, „Haiti and Jamaica in the Remaking of the Early Nineteenth-Century Atlantic World“, in: William and Mary Quarterly Vol. 69:3 (2012), S. 583–615.

Gainot, Bernard, La Révolution des esclaves. Haïti, 1763–1803, Paris: Vendémiaire, 2017.

Galenson, David, Traders, Planters and Slaves: Market Behavior in Early America, Cambridge: Cambridge University Press, 2002 (erste Auflage 1986).

Galley, Alan, The Indian Slave Trade. The Rise of the English Empire in the American South, 1670–1717, New Haven and London: Yale University Press, 2002.

Galley, „Indian Slavery“, in: Paquette, Robert L.; Smith, Mark M., The Oxford Handbook of Slavery in the Americas, Oxford: Oxford University Press 2010, S. 312–335.

Garcia Balanya, Albert, „Antislavery before abolitionism: Networks and motives in early liberal Barcelona, 1833–1844“, in: Fradera; Schmidt-Nowara, Christopher (eds.), Slavery and Antislavery in Spain's Atlantic Empire, New York: Berghahn, 2013, S. 229–255.

García del Pino, César, El Libro de los Escribanos Cubanos de los Siglos XVI, XVII y XVIII, La Habana: Editorial de Ciencias Sociales, 1982.

García del Pino, Vikingos, españoles, franceses y holandeses en América, Morelia, Mich.: Universidad Michoacana de San Nicolás de Hidalgo; Instituto de Investigaciones Históricas, 1994 (Alborada Latinoamericana; 5).

García del Pino, Las Antiguas Milicias Criollas, La Habana: Centro de Información para la Defensa/MINFAR, 1998.

García López, José Ramón, „Los comerciantes-banqueros en el sistema bancario cubano, 1880–1910“, in: Naranjo Orovio, Consuelo; Puig-Samper Mulero, Miguel Ángel; Garcia Mora, Luis Miguel (coords.), La Nación Soñada: Cuba, Puerto Rico, y Filipinas ante el 1898. Actas del Congreso Internacional celebrado en Aranjuez de 24 al 28 de abril de 1995, Aranjuez (Madrid): Doce Calles 1996, S. 267–282.

García Martínez, Orlando, „Estudio de la económia cienfuegera desde la fundación de la colonia Fernandina de Jagua hasta mediados del siglo XIX“, in: Islas 55/56, Santa Clara (Sept. 1976–Abril 1977), S. 117–169.

García Martínez, Esclavitud y colonización en Cienfuegos 1819–1879, Cienfuegos: Ediciones Mecenas, 2008.

García Mora, Luis Miguel; Santamaría, Antonio, „Ingenios por centrales y esclavos por colonos. Mano de obra y cambio tecnológico en la industria azucara cubana, 1860–1877“, in: Piqueras (ed.), Azúcar y esclavitud en el final del trabajo forzado. Homenaje a Manuel Moreno Fraginals, Madrid: Fondo de Cultura Económica, 2002, S. 165–184.

García Rodríguez, Gloria, La esclavitud desde la esclavitud. La visión de los siervos, México: Centro de Investigación Científica „Ing. Jorge Y. Tamayo“, 1996.

García Rodríguez, Conspiraciones y revueltas. La actividad política de los negros en Cuba (1790–1845), Santiago de Cuba: Editorial Oriente, 2003.

García Rodríguez, Gloria, „Los negros y mulatos en la sociedad colonial“, in: Rensoli Medina, Rolando Julio (comp.), La historiografía en la Revolución cubana. Reflexiones a 50 años, La Habana: Editora Historia, 2010, S. 297–306.

García Rodríguez, Mercedes, „Ingenios habaneros del siglo XVIII“, in: Las raíces históricas del pueblo cubano, Consuelo Naranjo Orovio; Miguel Ángel Puig-Samper (eds.), Madrid: Arbor, 1991, S.113–138.

García Rodríguez, „El monto de la trata hacia Cuba en siglo XVIII“, in: Naranjo Orovio, Consuelo; Mallo Gutiérrez, Tomás (eds.), Cuba, la perla de la Antillas. Actas de la I Jornadas sobre „Cuba y su historia“, Madrid: Doce Calles (Aranjuez), 1994, S. 297–312.

García Rodríguez, „La Compañía del Mar del Sur y el Asiento de esclavos de Cuba“, in: Santiago 76, Santiago de Cuba (1993), S. 121–170.

García Rodríguez, Misticismo y capitales. La Compañía de Jesús en la economía habanera del siglo XVIII, La Habana: Ed. de Ciencias Sociales, 2000.

García Rodríguez, La aventura de fundar ingenios. La refacción azucarera en La Habana del siglo XVII, La Habana: Editorial de Ciencias Sociales, 2004.

García Rodríguez, Entre Haciendas y Plantaciones. Orígenes de la manufactura azucarera en La Habana, La Habana: Editorial de Ciencias Sociales, 2007.

Gareis, Iris, „La evangelización de la población indígena y afro, y las haciendas jesuitas de la América española: logros y desencuentros", in: Marzal, Manuel M.; Negro, Sandra (comps.), Esclavitud, economía y evangelización: las haciendas jesuitas en la América virreinal, Lima: Fondo Editorial Pontifícia Universidad Católica del Perú, 2005, S. 43–66.

Garraway, Doris L. (ed.), Tree of liberty: cultural legacies of the Haitian Revolution in the Atlantic world, Charlottesville and London: University of Virginia Press, 2008.

Garrido, Santiago; Lalouf, Alberto; Thomas, Hernán, „Veleros y vapores, velocidad y engaño. Análisis socio-técnico de las transformaciones en la navegación marítima en el proceso de abolición del comercio atlántico de esclavos (siglo XIX)", in: Historia Crítica núm. 44 (mayo-agosto 2011), S. 32–54.

Garrigus, Before Haiti. Race and Citizenship in French Saint-Domingue, New York: Palgrave Macmillan, 2011.

Gaspar, David Barry, Bondmen and Rebels: A Study of Master-Slave Relations in Antigua, Baltimore: The Johns Hopkins University Press, 1985.

Gaspar; Geggus, A Turbulent Time. The French Revolution and the Greater Caribbean, Bloomington and Indianapolis: Indiana University Press 1997.

Gautier, Arlette, „Genre et esclavage aux Antilles françaises, Bilan de l'historiographie", in: Hrodej, Philippe (ed.), L'esclavage et les plantations. De l'établissement de la servitude à son abolition. Hommage à Pierre Pluchon, Rennes: éditions des Presses Universitaires de Rennes, 2008, S. 161–184.

Gautier, Les Sœurs de solitude. Femmes et esclavage aux Antilles du XVIIe au XIXe siècle, Rennes: Presses universitaires de Rennes, 2011.

Ghachem, Malick W., The Old Regime and the Haitian Revolution, Cambridge: Cambridge University Press, 2012.

Ghorbal, Karim, Réformisme et esclavage à Cuba (1835–1845), Paris: Éditions Publibook Université, 2014.

Ghorbal, „La política llamada del "buen tratamiento": reformismo criollo y reacción esclavista en Cuba (1789–1845)", in: *Nuevo Mundo Mundos Nuevos* [Online], Debates, Online since 30 November 2009, connection on 12 November 2012. URL: http://nuevomundo.revues.org/57872; DOI: 10.4000/nuevomundo.57872.

Ghorbal, „Peligros, controles y silencios atlánticos: censura y esclavitud en Cuba", in: Dirāsāt Hispānicas. Revista Tunecina de Estudios Hispánicos N.º 2 (2015), S. 25–48 (online: http://dirasathispanicas.org/index.php/dirasathispanicas/article/view/27/html#_ftn47 (09 de Junio de 2016)).

Ghorbal, „La instrumentalización del yo esclavo: los espejos conceptuales de Juan Francisco Manzano", in: Leonardo, Richard (ed.), Palabra de negro. 9 asedios a la literatura afrolatinoamericana, Lima, Universidad Nacional Federico Villareal, Editorial Universitaria, 2015, S. 19–40.

Gil Montero, Raquel, „Free and Unfree Labour in the Colonial Andes in the Sixteenth and Seventeenth Centuries", in: International Review of Social History 56 (2011) (Special Issue 19: The Joy and Pain of Work: Global Attitudes and Valuations, 1500–1650, Hofmeester, Karin; Moll-Murata, Christine (eds.)), S. 297–318.

Giusti Cordero, Juan, „Trabajo y vida el el mangle: "madera negra" y carbón en Piñones (Loíza), Puerto Rico (1880–1950)", in: Caribbean Studies Vol. 43:1 (enero–junio, 2015), S. 3–71.

Gliech, „L'insurrection des esclaves de Saint-Domingueet l'effondrement du pouvoir blanc. Réflexions sur les causes sociales d'une 'révolution impensable' (1789–1792)", in: Gewecke, Frauke; Hoffmann, Léon-François; Fleischmann, Ulrich (eds.), Haïti 2004. Lumières et ténèbres, Frankfurt a. M.: Vervuert, 2008, S. 43–61.

Gliech, Saint-Domingue und die Französische Revolution. Das Ende der weißen Herrschaft in einer karibischen Plantagenwirtschaft, Köln/Weimar/Wien: Böhlau, 2011.

Gliech, „L'autodestruction de l'élite blanche de Saint-Domingue. Histoire d'un paradoxe 1789–1794", in: Revue de la Société Haïtienne d'Histoire, de Géographie et de Géologie, Port-au-Prince (2012), S. 77–92.

Girard, Philippe R., „Napoléon Bonaparte and the Emancipation Issue in Saint-Domingue, 1799–1804," in: French Historical Studies 32:4 (Fall 2009), S. 587–618.

Girard, „Black Talleyrand. Toussaint Louverture's Diplomacy, 1798–1802", in: William & Mary Quarterly 66 (2009), S. 87–124.

Gisler, Antoine, L'esclavage aux Antilles françaises: XVIIe–XVIIIe siècle, Paris: Karthala, 1981.

Glymph, Thavolia, Out of the House of Bondage. The Transformation of the Plantation Household, New York: CUP, 2008.

Golte, Jürgen, „Zur Bedeutung von Fernhandelsbeziehungen in der Geschichte der Anden", in: Böttcher, Nikolaus; Hausberger, Bernd (eds.), Dinero y negocios en la historia de América Latina. Geld und Geschäfte in der Geschichte Lateinamerikas. Veinte ensayos dedicados a Reinhard Liehr/Zwanzig Aufsätze, gewidmet Reinhard Liehr, Frankfurt am Main: Vervuert-Verlag, 2000, S. 19–38.

Gomes, Flávio dos Santos; Soares, Carlos Eugenio Líbano, „'Dizem as Quitandeiras...'. Ocupações urbanas e identidades étnicas em uma cidade escravista: Rio de Janeiro, século XIX", in: Acervo, Rio de Janeiro Vol. 15:2 (jul/dez 2002), S. 3–16.

Gomes, Experiências atlânticas. Ensaios e pesquisas sobre a escravidão o pós-emancipação no Brasil, Passo Fundo: UPF, 2003 (Coleção Malungo; 7).

Gomes, „Africanos, "naciones" y cofradías en Río de Janeiro, siglos XVIII y XIX", in: Boletín Americanista, Año LXI:2, no. 63 (2011), S. 167–188.

Gómez, Alejandro E., „¿Ciudadanos de color? El problema de la ciudadanía de los esclavos y gente de color durante las revoluciones franco-antillanas, 1788–1804", in: Bolivarium. Anuario de Estudios Bolivarianos XI:12 (2005), S. 117–157.

Gómez, „Haïti: entre la peur et le besoin. Royalistes et républicains vénézuéliens: relations et repères avec Saint-Domingue et les 'Îles du Vent', 1790–1830", in: Bonacci, Giulia et al. (sous la direction de), La Révolution haïtienne au-delà de ses frontières, Paris: Karthala, 2006, S. 141–163.

Gómez, Fidelidad bajo el viento: revolución y contrarrevolución en las Antillas Francesas en la experiencia de algunos oficiales franceses emigrados a tierra firme (1790–1795), México: siglo XXI editores, 2004.

Gómez, Le spectre de la Révolution noire: l'impact de la Révolution haïtienne dans le Monde atlantique, 1790–1886, Rennes: Presses Universitaires de Rennes, 2013.

Gómez, Pablo F., „The Circulation of Bodily Knowledge in the Seventeenth-century Black Spanish Caribbean", in: Social History of Medicine Vol. 26:3 (2013), S. 383–402.

Gómez, The Experiential Caribbean: Creating Knowledge and Healing in the Early Modern Atlantic, Chapel Hill: University of North Carolina Press, 2017.

González, Armando; Chirinos, Daniel, La presencia africana en los llanos (acercamiento al caso en la jurisdicción de la Villa de San Carlos de Austria), Caracas: Centro Simón Bolívar, 2008.

González [Undurraga], Carolina, „El abogado y el procurador de pobres: la representación de esclavos y esclavas a fines de la Colonia y principios de la República", in: SudHistoria, nº 5, julio–diciembre 2012 (unter: http://www.sudhistoria.cl/?page_id=2107 (23. März 2014)).

González Undurraga, „La esclavitud en los registros judiciales y en las 'leyes de libertad'", in: Valenzuela Márquez, Jaime (ed.), América en Diásporas. Esclavitudes y migraciones forzadas

en Chile y otras regiones americanas (siglos XVI–XIX), Santiago de Chile: Instituto de Historia UC-RC- RIL, 2017, S. 113–129.

Gonzales, Moises, „The Genizaro Land Grant Settlements of New Mexico“, in: Journal of the Southwest Vol. 56:4 (2014), S. 583–602.

González Mendoza, Juan R., „Puerto Rico's Creole Patriots and the Slave Trade after the Haitian Revolution“, in: Geggus (ed.), The Impact of the Haitian Revolution in the Atlantic World, Columbia: University of South Carolina Press, 2001, S. 58–71.

Gonzalez-Ripoll Navarro, María Dolores; Naranjo, Consuelo; Ferrer; Garcia, Gloria; Opatrný, Josef (eds.), El rumor de Haiti en Cuba. Temor, raza y rebeldia, 1789–1844, Madrid: Consejo Superior de Investigaciones Cientificas (CSIC), 2005.

Gordon-Reed, Annette, The Hemingses of Monticello: An American Family, New York: W. W. Norton & Co., 2008.

Govan, Thomas P., „Was Plantation Slavery Profitable?“, in: The Journal of Southern History Vol. 84 (1942), S. 513–535.

Graden, Dale T., „An Act 'Even of Public Security': Slave Resistance, Social Tensions, and the End of the International Slave Trade to Brazil, 1835–1856“, in: The Hispanic American Historical Review, Vol. 76:2 (1996), S. 249–282.

Graden, „U. S. Involvement in the Transatlantic Slave Trade to Cuba and Brazil“, in: Graden, Disease, Resistance, and Lies. The Demise of the Transatlantic Slave Trade to Brazil and Cuba, Baton Rouge: Louisiana State University Press, 2014, S. 12–39.

Graham, Sandra Lauderdale, Caetana Says No – Women's Stories from a Brazilian Slave Society, Cambridge: Cambridge University Press, 2002.

Grahn, Lance R., The Political Economy of Smuggling: Regional Informal Economies in Early Bourbon New Granada, Boulder: Westview Press, 1997.

Granberry, Julian; Vescelius, Gary S., Languages of the Pre-Columbian Antilles, Tuscaloosa: The University of Alabama Press, 2004.

Grandío Moráguez, Oscar, „The African Origins of Slaves Arriving in Cuba, 1789–1865“, in: Eltis; Richardson (eds.), Extending the Frontiers, S. 176–201.

Graubart, Karen B., With our labor and sweat: Indigenous women and the formation of colonial society, Peru 1550–1700, Stanford: Stanford University Press, 2007.

Graubart, „The Creolization of the New World: Local Forms of Identification in Urban Colonial Peru, 1560–1640“, in: Hispanic American Historical Review 89:3 (2009), S. 471–499.

Graubart, „Los lazos que unen. Dueñas negras de esclavos negros, Lima, ss. XVI–XVII“, in: Nueva corónica 2 (Julio, 2013), S. 625–640.

Graubart, „Bonds of Inheritance: Afro-Peruvian Women's Legacies in a Slave-Holding World“, in: Díaz, Mónica; Quispe-Agnoli, Rocio (ed.), Women's Negotiations and Textual Agency in Latin America, London/New York: Routledge, 2017, S. 130–150.

Grivno, Max, Gleanings of Freedom: Free and Slave Labor Along the Mason-Dixon Line, 1790–1860, Champaign: University of Illinois Press 2011.

Guanche [Pérez], Jesús, Componentes étnicos de la nación cubana, La Habana: 1996.

Guanche Pérez, „Contribución al estudio del poblamiento africano en Cuba“, in: África: Revista do Centro de Estudos Africanos 18–19/1, USP, São Paulo (1995–1996), S. 119–138.

Guanche [Pérez], Africanía y etnicidad en Cuba (Los componentes étnicos africanos y sus multiples denominaciones), La Habana: Editorial de Ciencias Sociales, 2009.

Gudmestad, Robert H., A Troublesome Commerce: The Transformation of the Interstate Slave Trade, Baton Rouge: Louisiana State University Press, 2004.

Gudmundson, Lowell; Wolfe, Justin (eds.), Blacks and Blackness in Central America. Between Race and Place, Durham/London: Duke University Press, 2010.

Guizelin, Gilberto da Silva, „A abolição do tráfico de escravos no Atlântico Sul: Portugal, o Brasil e a questão do contrabando de africanos“, in: Almanack. Guarulhos, n. 05 (1º semestre de

2013), S. 123–144 (online: http://www.scielo.br/pdf/alm/n5/2236-4633-alm-05-00123.pdf (14. Mai 2017)).

Gunsenheimer, Antje, „The Study of Human Sacrifice in Pre-Columbian Cultures: A Challenge for Ethnohistorical and Archaeological Research", in: Trotha, Trutz von; Rösel, Jakob (eds.), On Cruelty = Sur la cruauté = Über Grausamkeit, Köln: Rüdiger Köppe Verlag, 2011 (Siegener Beiträge zur Soziologie ; Bd. 11), S. 255–284.

Gunsenheimer, „Doña Marinas Schwestern und Brüder. Sklaverei in der aztekischen Gesellschaft", in: Dhau. Jahrbuch für außereuropäische Geschichte 2 (2017), S. 53–81.

Gutiérrez Brockington, Lolita, „Esclavos, sus descendientes y las muchas formas de resistencia", in: Gutiérrez Brockington, Negros, indios y españoles en los Andes orientales. Reivindicando el olvido de Mizque colonial 1550–1782, La Paz: Plural editors, 2009, S. 262–271.

Häberlein, Mark, „Kaiser Karl V., Spanien und die Neue Welt", in: Häberlein, Die Fugger. Geschichte einer Augsburger Familie (1367–1650), Stuttgart: Kohlhammer, 2006, S. 76–82.

Hajda, Yvonne P., „Slavery in the Greater Lower Columbia Region", in: Ethnohistory 52:3 (summer 2005), S. 563–588.

Hall, Douglas, In Miserable Slavery: Thomas Thistlewood in Jamaica, 1750–86, New York/London: Macmillan, 1999.

Hall, Gwendolyn Midlo, Social Control in Slave Plantation Societies. A Comparison of Saint Domingue and Cuba, Louisiana State University Press, Baton Rouge and London 1996[2] (erste Auflage 1971; Johns Hopkins Press).

Hall, Africans in Colonial Louisiana: The Development of Afro-Creole Culture in the Eighteenth Century, Baton Rouge: Louisiana State University Press, 1992.

Hall, Slavery and African Ethnicities in the Americas. Restoring the Links, Chapel Hill: The University of North Carolina Press, 2005.

Hall, Neville T. A., Slave Society in the Danish West Indies: St. Thomas, St. John and St. Croix, Jamaica: The University of West Indies Press 1992.

Handler, Jerome S.; Lange, Frederick; Riordan, Robert V., Plantation slavery in Barbados. An archeological and historical Investigation, Cambridge: Harvard University Press, 1978.

Handler, Jerome S., „Escaping Slavery in a Caribbean Plantation Society: Marronage in Barbados, 1650s–1830s", in: Nieuwe West-Indische Gids / New West Indian Guide 71 (1997), S. 183–225.

Handler, „Life Histories of Enslaved Africans in Barbados", in: Slavery & Abolition, 19:1 (1998), S. 129–141.

Handler, „Slave medicine and Obeah in Barbados, circa 1650 to 1834", in: New West Indian Guide / Nieuwe West-Indische Gids Vol. 74:1–2 (2000), S. 57–90.

Handler, „Survivors of the Middle Passage: Life Histories of Enslaved Africans in British America", in: Slavery & Abolition 23 (2002), S. 25–56.

Handler, „On the Transportation of Material Goods by Enslaved Africans during the Middle Passage: Preliminary Findings from Documentary Sources", in: www.diaspora.uiuc.edu/news1206/news1206–1.html (07. Dezember 2006).

Handler, „Aspects of the Atlantic Slave Trade: Smoking Pipes, Tobacco, and the Middle Passage", in: www.diaspora.uiuc.edu/news0608/news0608.html#5 (09. Juli 2008).

Handler, „Diseases and medical disabilities of enslaved Barbadians from the seventeenth century to around 1838: part I [Enfermedades y discapacidades médicas de los barbadenses esclavizados, desde el siglo diecisiete hasta alrededor de 1838: (parte I)]", in: West Indian Med. J. Vol. 57:6 (2008), S. 605–620 (online: <http://caribbean.scielo.org/scielo.php?script=sci_arttext&pid=S0043-31442008000600012&lng=en&nrm=iso> (17. Jan. 2016)).

Handler, „The Middle Passage and the Material Culture of Captive Africans", in: Slavery & Abolition Vol. 30:1 (March 2009), S. 1–26.

Handler; Tuite, Michael L. Jr., „The Atlantic Slave Trade and Slave Life in the Americas: AVisual Record", in: www.slaveryimages.org (04. Januar 2010).

Handler; Reilly, Matthew C., „Contesting "White Slavery" in the Caribbean. Enslaved Africans and European Indentured Servants in Seventeenth-Century Barbados", in: New West Indian Guide / Nieuwe West-Indische Gids Vol. 91:1–2 (2017), S. 30–55.

Harnoncourt, Julia, Unfreie Arbeit. Trabalho escravo in der brasilianischen Landwirtschaft, Wien: Promedia, 2018 (edition kritische forschung).

Hébrard, Jean (org.), Brésil; quatre siècles d'esclavage, Paris: Karthala, 2012.

Hébrard, „L'esclavage au Brésil: le débat historiographique et ses racines", in: Hébrard (ed.), Brésil: quatre siècles d'esclavage. Nouvelles questions, nouvelles recherches, Paris: Karthala & CIRESC, 2012, S. 7–61 (englische Übersetzung (Thomas Scott-Railton): http://quod.lib.umich.edu/l/lacs/12338892.0001.002/--slavery-in-brazil-brazilian-scholars-in-the-key-interpretive?rgn=main;view=fulltext (13. Dez. 2016)).

Helg, Aline, Our Rightful Share: The Afro-Cuban Struggle for Equality, 1886–1912, Chapel Hill: University of North Carolina Press, 1997.

Helg, „Esclavos y libres de color, negros y mulatos en la investigación y la historia de Colombia", in: Revista Iberoamericana Vol. LXV, núms. 188–189 (Julio–Diciembre 1999), S. 697–712.

Helg, „La résistence des "noveaux libres" aux règlements du travail", in: Helg, Plus jamais esclaves!: De l'insoumission à la révolte, le grand récit d'une émancipation (1492–1838), Paris: La Découverte, 2016, S. 205–209.

Helms, Mary, „Miskito Slaving and Culture Contact. Ethnicity and Opportunity in an Expanding Population", in: Journal of Anthropological Research 39 (1983), S. 179–197.

Hensel, Silke, „Latin American Perspectives on Migration in the Atlantic World", in: Gabaccia; Hoerder; Mettele (eds.), Connecting Seas and Connecting Ocean Rims, S. 281–301.

Hepke, Sabrina, „Amerikas schönste Geliebte": Prostitution und Frauenhandel in Havanna (1850–1925), Stuttgart: Heinz 2009 (Historamericana; 20).

Hernández Cuevas, Marco Polo, The Africanization of Mexico From the Sixteenth Century Onward: A Review of the Evidence, Lewiston: Mellen, 2010.

Hernández de Lara, Odlanyer; Rodríguez Tápanes, Boris; Arredondo Antúnez, Carlos, Esclavos y cimarrones en Cuba: arqueología histórica en la cueva El Grillete, Buenos Aires: Aspha, 2013.

Herskovits, Melville J., The Myth of Negro Past, New York: Harper, 1941 (Neuauflage: Boston: Beacon Press, 1990).

Hess, Andrew, The Forgotten Frontier: A History of the Sixteenth Century Ibero-African Frontier, Chicago: University of Chicago Press, 1978.

Hevia Lanier, Ohilda, „Reconstruyendo la historia de la exesclava Belén Álvarez", in: Rubiera Castillo, Daisy; Martiatu Terry, Inés María (selecc.), Afrocubanas. Historia, pensamiento y prácticas culturales, La Habana: Editorial Ciencias Sociales, 2011, S. 30–53.

Hevia Lanier, „Historias ocultas: Mujeres dueñas de esclavos en La Habana colonial (1800–1860)", in: Hevia Lanier; Rubiera Castillo (coords.), Emergiendo del silencio. Mujeres negras en la historia de Cuba, La Habana: Editorial de Ciencias Sociales, 2016, S. 3–55.

Higman, „Plantations and Typological Problems in Geography", in: Australian Geographer Vol. 21, nº 2, Sydney (1969), S. 192–203.

Hilliard, Kathleen M., Masters, Slaves, and Exchange: Power's Purchase in the Old South, Cambridge Studies on the American South, Cambridge: Cambridge University Press, 2013.

Hirth, Kenneth G., The Aztec economic world: merchants and markets in ancient Mesoamerica, New York: Cambridge University Press, 2016.

Hodes, Martha, Sex Across the Color Line: White Women and Black Men in the Nineteenth-Century American South, Trenton: Princeton University, 1991.

Horne, Gerald, The Deepest South. The United States, Brazil, and the African Slave Trade, New York and London: The New York University Press, 2007.

Horne, The White Pacific: U. S. Imperialism and Black Slavery in the South Seas after the Civil War, Honolulu: University of Hawaiʻi Press, 2007.

Horne, Negro Comrades of the Crown: African Americans and the British Empire Fight the U. S. Before Emancipation, New York: New York University Press, 2012.
Howard, Warren S., „The Illegal Slave Trade“, in: Howard, American Slavers and the Federal Law 1837–1862, Berkeley and Los Angeles: University of California Press, 1963, S. 1–27.
Howe, George L., „The Slave Trade“, in: Howe, Mount Hope. A New England Chronicle, New York: The Viking Press, 1959, S. 97–133.
Hoyos Körbel, Pedro Felipe, „Bolívar y la legislación esclavista“, in: Hoyo Körbel, Bolívar y las negritudes. Momentos históricos de una minoría étnica en la Gran Colombia, Bogotá: Hoyos Editores, 2007, S. 228–239 (Lit.: S. 383–394).
Hrodej, Philippe (ed.), L'esclavage et les plantations. De l'établissement de la servitude à son abolition. Hommage à Pierre Pluchon, Rennes: éditions des Presses Universitaires de Rennes, 2008.
Hu-DeHart, Evelyn, „Chinese Coolie Labour in Cuba in the Nineteenth Century: Free Labour or Neo-Slavery?“, in: Slavery & Abolition 14,1 (1993), S. 67–86.
Hu-DeHart, „Race Construction and Race Relations: Chinese and Blacks in Nineteenth-Century Cuba“, in: Rustomji-Kerns, Roshni (ed.), Encountres: People of Asian Descent in the Americas, Lanham: Rowman, 1999, S. 105–112.
Hu-DeHart, „*Huagong* and *Huashang*: The Chinese as Laborers and Merchants in Latin America and the Caribbean“, in: Amerasia Journal 28:2 (2002), 64–90.
Hu-DeHart, „Opium and Social Control: Coolies on the Plantations of Peru and Cuba“, in: Journal of Chinese Overseas 1:2 (2005), S. 169–183.
Hu-DeHart, „La Trata Amarilla. The "Yellow Trade" and the Middle Passage, 1847–1884“, in: Christopher; Pybus; Rediker (eds.), Many Middle Passages, S. 166–183.
Hu-DeHart, „Latin America in Asia-Pacific Perspective“, in: Parreñas, Rhacel Salazar; Siu, Lok C. D. (eds.), Asian Diasporas. New Formations, New Conceptions, Stanford: Stanford University Press, 2007, S. 29–61.
Hu-DeHart; López, Kathleen, „Asian Diasporas in Latin America and in the Caribbean: An Historical Overview“, in: Afro-Hispanic Review Vol. 27, no. 1 (Spring 2008), S. 9–21.
Huetz de Lemps, Alain, Histoire du rhum, Paris: Editions Desjonquères, 1997.
Hulme, Peter, Colonial Encounters. Europe and the Native Caribbean 1492–1797, London: Routledge, 1992.
Hunt, Nadine, „Scattered Memories: The Intra-Caribbean Slave Trade to Colonial Spanish America, 1700–1750“, in: Araujo; Candido; Lovejoy (eds.), Crossing Memories, S. 105–127.
Hunter, Tera W., Bound in Wedlock: Slave and Free Black Marriage in the Nineteenth Century, Cambridge: The Belknap Press of Harvard University Press, 2017.
Hyde, George E., The Pawnee Indians, Norman: The University of Oklahoma Press, 1974 (Original: 1951) (The Civilization of American Indian Series, vol. 128).
Iannini, Christopher P., Fatal Revolutions: Natural History, West Indian Slavery, and the Routes of American Literature. Chapel Hill: University of North Carolina Press / Omohundro Institute of Early American History and Culture, 2012.
Iglesias García, Fe, „Cuba, la abolición de la esclavitud y el 'canal de la inmigración jornalera' (1880–1895)“, in: Piqueras, José Antonio (comp.), Azúcar y esclavitud en el final del trabajo forzado. Homenaje a M. Moreno Fraginals, México etc.: Fondo de Cultura Económica, 2002, S.115–145.
Irigoin, Alejandro, „Gresham on Horseback: The Monetary Roots of Spanish American Political Fragmentation in the Nineteenth Century“, in: Economic History Review 62:3 (2009), S. 551–575.
Iznaga, Diana, La burguesía esclavista cubana, La Habana: Editorial de Ciencias Sociales, 1987.
Romero, Jaramillo, Dolcey, „El fantasma de la revolución haitiana: esclavitud y libertad en Cartagena de Indias 1812–1815“, in: Historia Caribe no. 8 (2003), S. 19–33.

Jennings, Evelyn Powell, „State Enslavement in Colonial Havana, 1763–1790“, in: Shepherd, Verene A. (ed.), Slavery without Sugar: Diversity in Caribbean Economy and Society Since the 17th Century, Gainesville: University Press of Florida, 2002, S. 152–182.
Jennings, „In the Eye of the Storm: The Spanish Colonial State and African Enslavement in Havana, 1763–90“, in: Historical Reflections/Réflexions historiques Vol. 20:1 (2003), S. 143–162.
Jennings, „War as the 'Forcing House of Change': State Slavery in Late-Eighteenth-Century Cuba“, in: William and Mary Quarterly Vol. 62:3 (2005), S. 411–440.
Jennison, Watson, Cultivating Race: The Expansion of Slavery in Georgia, 1750–1860, Lexington: University Press of Kentucky, 2012.
Jiménez G., Morella A., La esclavitud indígena en Venezuela (siglo XVI), Caracas: Academia Nacional de la Historia, 1986 (Fuentes para la Historia Colonial de Venezuela; Biblioteca de la Academia Nacional de la Historia, Vol. 185).
Jiménez Meneses, Orián; Pérez Morales, Edgardo, „Estudio preliminar: esclavitud, libertad y voces del pasado“, in: Jiménez Meneses; Pérez Morales (transcripción y estudio preliminar), Voces de la esclavitud y libertad. Documentos y testimonios de Colombia, 1701–1833, Popayán: Editorial Universidad Valle del Cauca, 2013, S. 13–33.
Jobs, Sebastian, „*An Act for the Better Ordering of Negroes and Slaves* (1712)“, in: Stieglitz, Olaf / Martschukat, Jürgen (eds.): race & sex: Eine Geschichte der Neuzeit. 49 Schlüsseltexte aus vier Jahrhunderten neu gelesen, Berlin: Neofelis Verlag 2016, S. 383–389.
Joda Esteve, Beatriz, „El comercio de esclavos a Cuba, 1790–1840: Una proporción femenina“, in: Anuario Colombiano de Historia Social y de la Cultura Vol. 41:2 (2014), S. 107–130.
Johnson, Howard, The Bahamas From Slavery to Servitude, 1783–1933, Gainesville: University Press of Florida, 1996.
Johnson, Sherry, „The Rise and Fall of Creole Participation in the Cuban Slave Trade, 1789–1796“, in: Cuban Studies 30 (1999), S. 52–75.
Johnson, Climate & Catastrophe in Cuba and the Atlantic World in the Age of Revolution, Chapel Hill: University of North Carolina Press, 2011.
Johnson, Walter, „Introduction: A Person with a Price“, in: Johnson, Soul by Soul. Life Inside the Antebellum Slave Market, Cambridge; London: Harvard University Press, 2000, S. 1–18.
Johnson, „Acts of Sale“, in: Johnson, Soul by Soul, S. 162–188.
Johnson, „On Agency“, in: Journal of Social History 37:1 (2003). S. 113–125.
Johnson (ed.), The Chattel Principle. Internal Slave Trades in the Americas. Foreword by David Brion Davis, New Haven & London: Yale University Press, 2004.
Johnson, „White Lies: Human property and domestic slavery aboard the slave ship Creole“, in: Atlantic Studies 5 (2008), S. 237–263.
Johnson, River of Dark Dreams: Slavery and Empire in the Cotton Kingdom, Cambridge: The Belknap Press of Harvard University Press, 2013.
Jones, Cecily, „White Women in British Caribbean Plantation Societies (Topical Guide)“, Monday, May 2, 2016 (online: https://networks.h-net.org/node/11465/discussions/123038/white-women-british-caribbean-plantation-societies-topical-guide (03. Mai 2016)).
Jones, Jacqueline, Labor of Love, Labor of Sorrow: Black Women, Work, and the Family from Slavery to the Present, New York: Basic Books, 1985.
Jordaan, Han, „The Curaçao Slave Market: From *Asiento* Trade to Free Trade, 1700–1730“, in: Postma, Johannes Menne; Enthoven, Victor (eds.), Riches from Atlantic Commerce. Dutch Transatlantic Trade and Shipping, 1585–1817, Leiden; Boston: Brill, 2003 (The Atlantic World. Europe, Africa and the Americas, 1500–1830, Klooster; Schmidt, Benjamin, eds.; Vol. I), S. 219–257.
Jordaan; Wilson, Victor, „The Eighteenth-Century Danish, Dutch and Swedish Free Ports in the Northeastern Caribbean: Continuity and Change“, in: Oostindie; Roitman (eds.), Dutch

Atlantic Connections, 1680–1800. Linkingh Empires, Bridging Borders, Leiden/Boston: Brill, 2014, S. 275–308.

Karp, Matthew, „The World the Slaveholders Craved. Proslavery Internationalism in the 1850s", in: Shankman, Andrew (ed.), The World of the Revolutionary American Republic. Land, Labor, and the Conflict for a Continent, New York/London: Routledge, 2014, S. 414–432.

Karp, This Vast Southern Empire: Slaveholders at the Helm of American Foreign Policy, Cambridge: Harvard University Press, 2016.

Karras, Alan L., „Transgressive Exchange. Circumventing Eighteenth-Century Atlantic Commercial Restrictions, or The Discount of Monte Christi", in: Bentley; Bridenthal; Wigen (eds.), Seascapes, S. 121–134.

Kassouf, Ana Lúcia; Justus dos Santos, Marcelo, „Child Labour in Brazil: More than 500 Years of National Shame", in: Lieten; Nederveen (eds.), Child Labour's Global Past, S, 417–433.

Katz, Friedrich, „Plantagenwirtschaft und Sklaverei. Der Sisalanbau auf der Halbinsel Yucatán bis 1910", in: Zeitschrift für Geschichtswissenschaft 7. Jg, No. 5 (1959), S. 1002–1027.

Kaye, Anthony, „Slaves, Emancipation, and the Powers of War: Views from the Natchez District of Mississippi", in: Cashin, Joan E. (ed.), The War Was You and Me: Civilians in the American Civil War, Princeton: Princeton University Press, 2002, S. 60–84.

Kaye, „The Second Slavery: Modernity in the Nineteenth-Century South and the Atlantic World", in: The Journal of Southern History Vol. LXXV:3 (Aug. 2009), S. 627–650.

Kaye, „The Second Slavery: Modernity in the Nineteenth-Century South and the Atlantic World", in: Laviña, Javier; Zeuske (eds.), The Second Slavery. Mass Slaveries and Modernity in the Americas and in the Atlantic Basin, Berlin; Muenster; New York: LIT Verlag, 2014 (Sklaverei und Postemanzipation/ Slavery and Postemancipation/ Esclavitud y postemancipación; Vol. 6), S. 174–202.

Kelley, Sean M., Los Brazos de Díos: A Plantation Society in the Texas Borderlands, 1821–1865, Baton Rouge: Louisiana State University Press, 2011.

Kemner, Jochen, „‚Farbige Aufsteiger' in der Sklavereigesellschaft. Recife und Santiago de Cuba (1850–1888)", in: Nitschack, Horst (ed.), Brasilien im amerikanischen Kontext. Vom Kaiserreich zur Republik: Kultur, Gesellschaft, Politik, Frankfurt am Main: TFM, 2005, S. 117–149.

Kemner, Dunkle Gestalten? Freie Farbige in Santiago de Cuba (1850–1886), Berlin: LIT-Verlag, 2010 (= Sklaverei und Postemanzipation, ed. Zeuske; Laviña, Javier, Tomich, Dale und Marquese, Rafael del Bivar; Bd. 5).

Kemner, „Trespassing frontiers – transgressing race? Traces of afro-descendants from St. Domingue in eastern Cuba after 1850", in: Kaltmeier, Olaf (ed.), Transnational Americas. Envisioning Inter-American Area Studies in Globalizing Processes, Trier: Wissenschaftlicher Verlag Trier, 2013 (= Inter-American Studies / Estudios Interamericanos: Vol. 7.), S. 55–72.

Kenline-Nyman, Brooke, „Manufacturing Social Class: Ceramic Entrepreneurs and Industrial Slavery in the Old Edgefield District", in: Journal of African Diaspora Archaeology and Heritage Vol. 6:2 (2017) (= The Stoneware Pottery Communities and Heritage of Edgefield, South Carolina (Part 1). Special Collection, Edited by Fennell, Christopher C.), S. 155–169.

King, James Ferguson, „The Colored Castes and American Representation in the Cortes of Cádiz", in: Hispanic American Historical Review 33:1 (February 1953), S. 33–64.

Kiple, Kenneth F., „The Case against a Nineteenth-Century Cuba-Florida Slave Trade", in: Florida Historical Quarterly 49:4 (April 1971), S. 346–355.

Kiple, The Caribbean Slave. A Biological History, Cambridge: Cambridge University Press, 1984.

Kiple; Higgins, Brain T., „Yellow Fever and the Africanization of the Caribbean", in: Verano, John W.; Ubelaker, Douglas H. (eds.), Disease and Demography in the Americas, Washington and London: Smithsonian Institution Press, 1992, S. 237–248.

Kiple; Kiple, Virginia H., „Deficiency Diseases in the Caribbean", in: Shepherd, Verene; MacDonald Beckles, Hilary (eds.), Caribbean slavery in the Atlantic world, Kingston/Oxford/

Princeton: Ian Randle Publishers/James Currey Publishers/Marcus Wiener Publishers, 2000, S. 785–794.

Kiple, „Response to Sheldon Watts: yellow fever immunities in West Africa and the Americas in the age of slavery and beyond: a reappraisal“, in: Journal of Social History Vol. 34:4 (2001), S. 969–974.

Klein, Herbert S., „North American competition and the characteristics of the African Slave Trade to Cuba, 1790–1794“, in: The William and Mary Quarterly, third series, XXVIII/1 (January 1971), S. 86–102.

Klein, „The Cuban slave trade in a period of transition, 1790–1843“, in: Societé Française d'Histoire d'Outremer LXII, nos. 226–227 (1975), S. 67–89.

Klein, African Slavery in Latin America and the Caribbean, New York; Oxford: Oxford University Press, 1986.

Klein, „The Slave Experience in the Caribbean: A Comparative View“, in: Vieira, Albert (ed.), Slaves With or Without Sugar, Funchal: Região Autónoma da Madeira, 1997, S. 143–182.

Klein, „El comercio atlántico de esclavos en el siglo XIX y el suministro de mano de obra a Cuba y Brasil“, in: Piqueras (comp.), Azúcar y esclavitud en el final del trabajo forzado, S. 37–49.

Klein; Luna, Francisco Vidal, Slavery in Brazil, Cambridge: Cambridge University Press, 2010.

Klein, „American Slavery in Recent Brazilian Scholarship, with Emphasis on Quantitative Socio-economic Studies“, in: Slavery & Abolition Vol. 30:1 (March 2009), S. 111–133 (Review Essay).

Klein, „The African American Experience in Comparative Perspective: The Current Question of the Debate“, in: Bryant, Sherwin K.; O'Toole, Rachel Sarah; Vinson III, Ben (eds.), Africans to Spanish America. Expanding the Diaspora, Bloomington: University of Indiana Press, 2012, S. 206–222.

Klein, „A experiência Afro-Americana em perspectiva comparada: A questão atual do debate sobre a escravidão nas Américas“, in: Afro-Ásia 45 (2012), S. 95–121.

Klooster; Oostindie, „El Caribe holandés en la época de la esclavitud“, in: Anuario de Estudios Americanos Tomo LI:2 (1994), S. 233–259.

Klooster, Illicit Riches: Dutch Trade in the Caribbean, 1648–1795, Leiden: KITLV Press, 1998.

Klooster, „Curaçao and the Caribbean Transit Trade“, in: Postma, Johannes; Enthoven, Victor (eds.), Riches from Atlantic Commerce: Dutch Transatlantic Trade and Shipping, 1585–1817, Leiden: KITLV, 2003, S. 203–218.

Klooster, „Inter-Imperial Smuggling in the Americas, 1600–1800“, in: Bailyn, Bernhard; Denault, Patricia L. (eds.), Soundings in Atlantic History: Latent Structures and Intellectual Currents, 1500–1825, Cambridge: Harvard University Press, 2009, S. 141–180.

Klooster; Oostindie, Gerd (eds.), Curaçao in the Age of Revolutions, 1795–1800, Leiden: KITLV Press, 2011 (Caribbean Series; 30)

Knight, Alan, „Dept Bondage in Latin America“, in: Archer (ed.), Slavery and Other Forms of Unfree Labour, S. 102–117.

Köstlbauer, Josef, „Ohne Gott, Gesetz und König – Wahrnehmung kolonialer Grenzräume im britischen und spanischen Nordamerika“, in: Breitenfellner, Helene; Crailsheim; Köstlbauer; Pfister, Eugen (eds.), Grenzen – kulturhistorische Annäherungen, Wien: Mandelbaum Verlag, 2016 (Expansion · Interaktion · Akkulturation. Globalhistorische Skizzen; Bd. 30), S. 71–88.

Koger, Larry, Black Slaveowners: Free Black Slave Masters in South Carolina, 1790–1860, Charleston: University of South Carolina Press, 1995.

Kolchin, Peter, Unfree Labor: American Slavery and Russian Serfdom, Cambridge & London, Harvard University Press, 1987.

Kolchin, American Slavery. 1619–1877, New York: Hill and Wang, 1993.

Kolchin, „L'approche comparée de l'étude de l'esclavage. Problèmes et perspectives“, in: Cottias; Stella; Vincent (eds.), Esclavage et dépendances serviles, S. 283–301.

Kolchin, „The South and the World“, in: The Journal of Southern History Vol. 75:3 (August 2009), S. 565–580.

Kosama, Kaori et al., „Slave mortality during the cholera epidemic in Rio de Janeiro (1855–1856): a preliminaryanalysis“, in: História, Ciências, Saúde – Manguinhos, Rio de Janeiro Vol. 19, Suppl. (dez. 2012) (online: http://www.scielo.br/hcsm (03. Januar 2015)).

Krause, Thiago, „Compadrio e escravidão na Bahia seiscentista“, in: Afro-Ásia Vol. 50 (2014), S. 199–228.

Kritzler, Edward, Jewish Pirates of the Caribbean, New York [etc.]: Doubleday, 2008.

Kuethe, Allan J., „Havana in the eighteenth century“, in: Knight, Franklin W.; Liss, Peggy K. (eds), Atlantic Port. Cities Economy, culture and society in the Atlantic world, 1650–1850, Knoxville: The University of Tennessee Press, 1991, S. 13–39.

Kulikoff, Allan, Tobacco and Slaves: The Development of Southern Cultures in the Chesapeake, 1680–1800, Chapel Hill: University of North Carolina Press, 1986.

Kurella, Doris, Kulturen und Bauwerke des Alten Peru, Stuttgart: Alfred Kröner Verlag, 2015.

Lamikiz, Xabier, Trade and Trust in the Eighteenth-Century Atlantic World. Spanish Merchants and Their Overseas Networks, Suffolk/Rochester: The Royal Historical Society/The Boydell Press, 2010.

Lane, Kris, „Captivity and Redemption: Aspects of Slave Life in Early Colonial Quito and Popayán“, in: TAm 57:2 (October 2000), S. 225–246.

Lane, „Unlucky Strike: Gold and Labor in Zaruma, Ecuador, 1699–1820“, in: Colonial Latin American Review Vol. 13:1 (June 2004), S. 65–84.

Lane, „Africans and Natives in the Mines of Spanish America“ in: Restall, Matthew, Beyond Black and Red: African-native Relations in Colonial Latin America, Albuquerque: University of New Mexico Press, 2005, S. 159–184.

Lane, Colour of Paradise: The Emerald in the Age of Gunpowder Empires, New Haven: Yale University Press, 2010.

Langue, Frédérique, „La culpa o la vida. El miedo al esclavo a finales del siglo XVIII venezolano“, in: Procesos Históricos: Revista de Historia y Ciencias Sociales No. 22, Mérida (jul.–dic. 2012), S. 19–41.

Langue, „La pardocracia o la trayectoria de una "clase peligrosa" en la Venezuela de los siglos XVIII y XIX“, in: El Taller de la Historia Vol. 5,5, Cartagena de Indias (2013), S. 105–123.

Lapeyre, Henri, „Le trafic négrier avec l'Amérique espagnole“, in: Maluquer de Motes, Jordi (ed.), Homenaje a Jaime Vicens Vives. Prefacio de J. Vilá Valenti, 2 Vols., Barcelona: Agustín Nuñez/ Universidad de Barcelona, 1965–1967, Bd. II, S. 285–306.

Lara, Oruna D., Space and History in the Caribbean, Princeton: Markus Wiener, 2006.

Laviana Cueto, María Luisa, „Investigación e integración: La ruta del cacao en América Latina“, in: Tierra Firme Vol. XXV, No. 100 (2007). S. 485–499.

Laviña, Javier (ed., introducción y epílogo), Doctrina para negros, Barcelona: Sendai Ed., 1989.

Laviña, „Tambores y cimarrones en el Caribe“, in: América Negra 9, Bogotá: Pontificia Universidad Javeriana (1995), S. 95–106.

Laviña, „Comunidades Afroamericanas. Identidad de resistencia“, in: Boletín Americanista 48, Barcelona (1998), S. 139–151.

Laviña, „Afroamerikanische Feste und Totenrituale“, in: Sklaverei zwischen Afrika und Amerika, ed. Zeuske, Leipzig: Leipziger Universitätsverlag, 2003 (Comparativ, 13. Jg., H. 2), S. 68–80.

Laviña, „Fiesta y ritual afroamericanos“, in: Verdú Maciá, Vicente; Martín Rodríguez, José Luis; Martínez Gómez, Mario; García, Juan Andreo et al. (eds.), Fiesta, juego, y ocio en la historia. XIV Jornadas de estudios históricos organizados por el Departamento de Historia Medieval, Moderna y Contemporanea, Salamanca: Ediciones Universidad de Salamanca, 2003, S. 237–252.

Laviña; Ruiz-Peinado, José Luis, Resistencias esclavas en las Américas, Aranjuez (Madrid): Doce Calles, 2006.

Laviña; Zeuske, „Failures of Atlantization: First Slaveries in Venezuela and Nueva Granada“, in: Review: A Journal of the Fernand Braudel Center, Binghamton University XXXI, no. 3 (2008),

S. 297–343 (= special issue edited by Dale Tomich & Michael Zeuske, eds., The Second Slavery: Mass Slavery, World-Economy, and Comparative Microhistories, Part II).

Laviña; Zeuske (eds.), The Second Slavery. Mass Slaveries and Modernity in the Americas and in the Atlantic Basin, Berlin; Muenster; New York: LIT Verlag, 2014 (Sklaverei und Postemanzipation/ Slavery and Postemancipation/ Esclavitud y postemancipación; Vol. 6).

Lavoie, Yolande; Fick, Carolyn; Mayer, Francine-M., „A Particular Study of Slavery in the Caribbean Island of Saint-Barthélémy: 1648–1846“, in: Caribbean Studies 28:2 (1995), S. 369–403.

Lenis Ballesteros, César Augusto, Una tierra de oro: minería y sociedad en el nordeste de Antioquia, siglos XVI–XX, Medellín: IDEA, 2007.

Lin, Rachel Chernos, „The Rhode Island Slave-Traders: Butchers, Bakers and Candlestick-Makers“, in: Slavery & Abolition 23:3 (2002), S. 21–38.

Littlefield, Daniel C., „Charleston and Internal Slave Redistribution“, in: The South Carolina Historical Magazine Vol. 87 (1986), S. 93–105.

Littlefield, „From Phillips to Genovese: The Historiography of American Slavery Before Time On The Cross“, in: Binder, Wolfgang (ed.), Slavery in the Americas, Erlangen: Königshausen & Neumann, 1993, S. 1–23.

Littlefield Jr., Daniel F., Africans and Seminoles, Westport: Greenwood Press, 1977.

Lockhart, James, „The Merchants of Early Spanish America“, in: Lockhart, Of Things of the Indies: Essays Old and New in Early Latin American History, Stanford: Stanford University Press, 2000, S. 158–182.

Lohse, John C.; Valdez, Fred, Ancient Maya Commoners, Austin: The University of Texas Press, 2010.

Lohse, K. Russell, Africans and their descendants in colonial Costa Rica, 1600–1750, Austin: The University of Texas, 2005.

Lohse, „Mexico and Central America“, in: Paquette, Robert; Smith (eds.), Oxford Handbook of Slavery in the Americas, Oxford: OUP, 2010, S. 46–67.

Lohse, „Cacao and Slavery in Matina, Costa Rica, 1650–1750“, in: Gudmundson; Wolfe (eds.), Blacks and Blackness in Central America, S. 57–91.

Lohse, Africans into Creoles: Slavery, Ethnicity, and Identity in Colonial Costa Rica, Albuquerque: University of New Mexico Press, 2014.

López Chávez, América Nicte-Ha, „La invisibilización de la población afrodescendiente durante la construcción del Estado Nación en México“, in: Revista de Ciencias Políticas y Relaciones Internacionales Vol. 3:1, Número 3 (2014), S. 54–74.

López Mesa, Enrique, „La trata negrera en el Puerto de La Habana a mediados del siglo XVIII“, in: Guimerá, Agustín; Monge, Fernando (Coords.), La Habana, puerto colonial (siglos XVIII–XIX), Madrid: Fundación Portuaria, 2000, S. 245–253.

López Mesa, Tabaco. Mito y esclavos. Apuntes cubanos de historia agraria, La Habana: Editorial de Ciencias Sociales, 2015.

López Mesa, Enrique, „¿Vega grande o plantación?“, in: Piqueras (ed.), Plantación, espacios agrarios y esclavitud en la Cuba colonial, Castellón de la Plana: Publicacions de la Universitat Jaume I / Casa de las Américas, 2017 (Col·lecció Amèrica, 36), S. 249–266.

López Valdés, Rafael L., Componentes africanos en el etnos cubano, La Habana: Ed. de Ciencias Sociales, 1985.

López Valdés, Africanos de Cuba, San Juan de Puerto Rico: Centro de Estudios Avanzados de Puerto Rico y el Caribe, ^{2}2004.

López Valdés, Pardos y morenos esclavos y libres en Cuba y sus instituciones en el Caribe Hispano, San Juan de Puerto Rico: Centro de Estudios Avanzados de Puerto Rico y el Caribe, 2007.

Lora H., Quisqueya, Transición de la esclavitud al trabajo libre en Santo Domingo: El caso de Higüey (1822–1827), Santo Domingo: Academias Dominicana de la Historia, 2012.

Lovejoy, Henry B., „Drums of Ṣàngó: Bàtá drums and the symbolic reestablishment of Ọyọ in colonial Cuba, c. 1817–1867“, in: Tishken, Joel; Falola, Toyin; Akinyemi, Akintunde (eds.), Ṣàngó in Africa and the African diaspora, Bloomington: Indiana University Press, 2009, S. 284–308.
Lovejoy, „The transculturation of Yoruba annual festivals: the Día de Reyes in Colonial Cuba in the nineteenth century“, in: Innes, Christopher; Rutherford, Annabel; Bogar, Brigitte (eds.), Carnival – theory and practice, Trenton: Africa World Press, 2013, S. 33–50.
Lowell, W. George; Lutz, Christopher H., „Conquest and Population: Maya Demography in Historical Perspective“, in: Latin American Research Review [LARR] Vol. 29:2 (1994), S. 133–140.
Lowell; Lutz, „Perfil etnodemográfico de la Audiencia de Guatemala“, in: Revista de Indias Vol. LXIII, núm. 227 (2003), S. 157–174.
Lucas de Grummond, Jane, Renato Beluche. Smuggler, Privateer and Patriot, 1780–1860, Baton Rouge and London: Louisiana State University Press, 1983.
Lucena Salmoral, Manuel, Sangre sobre piel negra. La esclavitud quiteña en el contexto del reformismo borbónico, Quito: Colección Mundo Afro, Centro Cultural Afroecuatoriano, Ediciones Abya-Yala, 1994.
Lucena Salmoral, „El original de la R.C. circular sobre la educación, trato y ocupaciones de los esclavos en todos los dominios de Indias e islas Filipinas“, in: Estudios de Historia Social y Económica de América, Nr. 13 (1995), Alcalá de Henares, S. 311–317.
Lucena Salmoral, „La esclavitud americana y las siete partidas de Alfonso X“, in: Indagación: Revista de Historia y Arte, no. 1 (1995), S. 33–44.
Lucena Salmoral, La esclavitud en la América española, Warszawa: Universidad de Varsovia, Centro de Estudios Latinoamericanos (CESLA), 2002.
Lucena Salmoral, Regulación de la esclavitud negra en las colonias de América Española (1503–1886): Documentos para su estudio, Madrid/Murcia: Universidad de Alcalá/Universidad de Murcia, 2005 (Monografías Humanidades 06).
Ludwig, Jörg, Amerikanische Kolonialwaren in Sachsen 1700–1850, Leipzig: Leipziger Universitätsverlag, 1994.
Luis, William (ed.), Voices from Under: Black Narrative in Latin America and the Caribbean, Westport: Greenwood Press, 1984.
Luis, Literary Bondage: Slavery in Cuban Narrative, Austin: University of Texas Press, 1990.
Luna, Francisco Vidal; Klein, Herbert S., „Slaves and Masters in Early Nineteenth-Century Brazil: São Paulo“, in: Journal of Interdisciplinary History Vol. XXI:4 (Spring 1991), S. 549–573.
Luna; Klein, „The Growth of Coffee in the Nineteenth Century“, in: Luna; Klein, Slavery and Economy of São Paulo 1750–1850, Stanford: Stanford University Press, 2003, S. 53–78.
Luzón, José Luis, „Chineros, diplomáticos y hacendados en la Habana colonial. Don Francisco Abella y Raldiris y su proyecto de inmigración libre a Cuba (1874)“, in: Boletín Americanista, Barcelona, año XXXI, no. 39–40 (1989–1990), S. 143–158.
Machado, Maria Helena P. T., „Slavery and Social Movements in Nineteenth-Century Brazil: Slave Strategies and Abolition in São Paulo“, in: Review: A Journal of the Fernand Braudel Center, Binghamton University XXXIV:1/2 (2011), S. 163–191.
Madriz B., José G., „Propiedad territorial agraria y mano de obra esclavizada en la jurisdicción de Coro: último tercio del siglo XVI–Siglo XVIII“, in: Revista Mañongo Vol. XVIII, nº 35 (julio–diciembre 2010), S. 81–113.
Maeseneer, Rita de, „En busca de la comida de los esclavos“, in: Maeseneer, Devorando a lo cubano. Una aproximación gastrocrítica a textos relacionados con el siglo XIX y el Período Especial, Madrid/Frankfurt am Main: Iberoamerican Vervuert, 2012, S. 123–154.
Majewski, John D., Modernizing a Slave Economy: The Economic Vision of the Confederate Nation, Chapel Hill: University of North Carolina Press, 2009.

Mallo, Silvia C.; Telesca, Ignacio (eds.), „Negros de la patria“: Los afrodescendientes en las luchas por la independencia en el antiguo Virreinato del Río de la Plata, Buenos Aires: Editorial SB Paradigma (Serie Historia Americana), 2010.

Marichal, Carlos, „The Spanish-American Silver Peso: Export Commodity and Global Money of the Ancien Regime, 1500–1800“, in: Topik; Marichal; Zephyr (eds.), From Silver to Cocaine: Latin American Commodity Chains and the Building of the World Economy, 1500–2000, Durham: Duke University Press, 2006 (American Encounters/Global Interactions Series), S. 25–52.

Marques, Leonardo, „A participação norte-americana no tráfico transatlântico de escravos para os Estados Unidos, Cuba e Brasil“, in: Historia: Questões & Debates, Curitiba, no. 52 (jan./jul. 2010), S. 91–117.

Marques, „Slave Trade in a New World. The Strategies of North American Slave Traders in the Age of Abolition“, in: Journal of the Early Republic 32 (Summer 2010), S. 233–260.

Marques, „The Contraband Slave Trade to Brazil and the Dynamics of US Participation, 1831–1856“, in: Journal of Latin American Studies (Aug. 2015), S. 1–26 (online: academia.edu).

Marques, The United States and the Transatlantic Slave Trade to the Americas, 1776–1867, New Haven: Yale University Press, 2016.

Marques, „Um último triângulo notório: contrabandistas portugueses, senhores cubanos e portos norte-americanos na fase final do tráfico transatlântico de escravos, 1850–1867“, in: Afro-Ásia Vol. 53 (2016), S. 45–83.

Marques, „O tráfico interestadual de escravos nos Estados Unidos em suas dimensões globais, 1808–1860“, in: Revista Tempo Vol. 23:2 (May/Aug. 2017), S. 340–352.

Marquese, Rafael de Bivar, Feitores do corpo, missionários da mente. Senhores, letrados e o controle dos escravos nas Américas, 1660–1860, São Paulo: Companhia Das Letras, 2004.

Marquese, „Moradia escrava na era do tráfico ilegal: senzalas rurais no Brasil e em Cuba, c. 1830–1860“, in: Anais do Museu Paulista. História e Cultura Materia Nova Série Vol. 13:2 (Jul.–Dez. 2005), S. 165–188.

Marquese, „African Diaspora, Slavery, and the Paraiba Valley Coffee Plantation Landscape: Nineteenth Century Brazil“, in: Review: A Journal of the Fernand Braudel Center, Binghamton University XXXI, no. 2 (2008) (= special issue edited by Dale Tomich & Michael Zeuske, eds., The Second Slavery: Mass Slavery, World-Economy, and Comparative Microhistories, Part I), S. 195–216.

Marquese, „A Ilustração luso-brasileira e a circulação dos saberes escravistas caribenhos: a montagem da cafeicultura brasileira em perspectiva comparada“, in: História, Ciências, Saúde – Manguinhos, Rio de Janeiro vol. 16:4 (out.–dez. 2009), S.855–880.

Marquese, „Espacio y poder en la caficultura esclavista de las Américas: el Vale do Paraíba en perspectiva comparada“, in: Piqueras, José Antonio (ed.), Trabajo libre y coactivo en sociedades de plantación, Madrid: Siglo XXI de España Editores, S.A., 2009, S. 215–251.

Marquese, „As desventuras de um conceito: capitalismo histórico e historiografia sobre a escravidão brasileira“, in: Revista da História, n. 169 (Julho/Dezembro 2013), S. 223–253.

Marquese; Salles, Ricardo (eds.), Escravidão e Capitalismo Histórico no Século XIX. Brasil, Cuba e Estados Unidos, Rio de Janeiro: Civilização Brasileira, 2015.

Marquese, „A Guerra Civil Dos Estados Unidos E A Crise da Escravidão No Brasil“, in: Afro-Ásia Vol. 51 (2015), S. 37–71.

Márquez Macías, Rosario; Candau Chacón, María Luisa, „Las otras mujeres de América: las esclavas negras en tiempos de la Colonia. Un estudio através de la correspondencia privada“, in: Valero, Silvia (coord.), Memorias del IV Congreso Internacional Negritud. Estudios afrolatinoamericanos, Cartagena: Editorial Negritud/ Universidad de Cartagena, 2014, S. 213–234.

Márquez Macías; Candau Chacón, „Las otras mujeres de América: las esclavas negras en tiempos de la Colonia. Un estudio através de la correspondencia privada“, in: Visitas al Patio 10 (2016), S. 75–92.

Marrero Cruz, Eduardo, „Traficante de esclavos y chinos“, in: Marrero Cruz, Julián de Zulutea y Amondo. Promotor del capitalismo en Cuba, La Habana: Ediciones Unión, 2006, S. 46–79.
Marrero Cruz, „La llanura de Colón, emporio azucarero del mundo en el siglo XIX“, in: Boletín. Archivo Nacional de la República de Cuba. Sistema Nacional de Archivos, Núm. 15 (2007), S. 21–33.
Martin, Gaston, Histoire de l'esclavage dans les colonies françaises, Brionne: Gérard Monfort, 1948 (erste Auflage 1931).
Martin, L'ère des négriers: Nantes au XVIIIe siècle, 1714–1774, Paris: Karthala, 1993.
Martin, Peter, Schwarze Teufel, edle Mohren. Afrikaner in Geschichte und Bewußtsein der Deutschen, Hamburg: Hamburger Edition, 2001.
Martínez-Fernández, „The Havana Anglo-Spanish Mixed Commission for the Suppression of the Slave Trade and Cuba's Emancipados“, in: Slavery & Abolition Vol. 16, No. 2 (Aug. 1995), S. 205–225.
Martínez-Fernández, Fighting Slavery in the Carribean: The Life and Times of a British Family in Nineteenth-Century Havana, London: Sharpe, 1998.
Martínez-Fernández, „Sugar and Revolution. Cuba 1952–2002“, in: Font, Mauricio A.; Tinajero, Araceli (eds.), Handbook on Cuban History, Literature, and the Arts: New Perspectives on Historical and Contemporary Social Change, New York: Routledge, 2014, S. 53–64.
Martínez Montiel, Luz María, Negros en América, Madrid: Editorial Mapfre, 1992.
Martínez Vergne, Teresita, Capitalism in Colonial Puerto Rico: Central San Vicente in the Late Nineteenth Century, Gainesville: University of Florida Press, 1992.
Marzagalli, Silvia, „The French Atlantic“, in: Itinerario Vol. XXIII:2 (1999), S. 70–83.
Marzagalli, „Atlantic Trade and Sephardim Merchants in eighteenth century France: the Case of Bordeaux“, in: Bernardini, Paolo; Fiering, Norman (eds.), The Jews and the Expansion of Europe to the West, 1400–1800, New York: Berghahn Books, 2001, S. 268–286.
Marzagalli, „Bordeaux et la traite négrière“, in: Cahiers des Anneaux de la Mémoire 11 (2007), S. 141–161.
Marzagalli, „The Continental System: a view from the sea“, in: Joor, Johan; Aaslestad, Katherine (eds.), Revisiting Napoleon's Continental System: Local, Regional, and European Experiences, Basingstoke: Palgrave, 2014, S. 83–97.
Marzal, Manuel M.; Negro, Sandra (comps.), Esclavitud, economía y evangelización: las haciendas jesuitas en la América virreinal, Lima: Fondo Editorial Pontifícia Universidad Católica del Perú, 2005
Masferrer León, Cristina V., Muleke, negritas y mulatillos. Niñez, familia y redes sociales de los esclavos de origen africano en la ciudad de México, siglo XVII, México: INAH, 2013.
Mason, Mathew, „Slavery Overshadowed: Congress Debates Prohibiting the Atlantic Slave Trade to the United States, 1806–1807“, in: Journal of the Early Republic Vol. 20 (2000), S. 59–81.
Mason, Slavery and Politics in the Early American Republic, Chapel Hill: The University of North Carolina Press, 2006.
Mateus Ventura, Maria da Graça, Portugueses no Peru ao Tempo da União Ibérica: Mobilidade, Cumplicidades e Vivências, Lisboa: Imprensa Nacional-Cada de Moeda, 2005.
Mathias, Carlos Leonardo; Ribeiro, Alexandre Vieira; Sampaio, António Carlos Jucá de; Guimarães (orgs.), Ramificações Ultramarinas. Sociedades Comerciais no Âmbito do Atlântico Luso, Rio de Janeiro: Mauad X/FAPERJ, 2017.
Matthew, Laura E.; Oudijk, Michel R. (eds.), Indian Conquistadors. Indigenous Allies in the Conquest of Mesoamerica, Norman: University of Oklahoma Press, 2007.
Mattos de Castro, Hebe Maria, Escravidão e cidadania no Brasil monárquico, Rio de Janeiro: Jorge Zahar, 2000. (Coleção Passo a Passo).
Mattos, Hebe, „Beyond Masters and Slaves: Subsistence Agriculture as a Survival Strategy in Brazil During the Second Half of the Nineteenth Century“, in: Hispanic American Historical Review Vol. 68:3 (1988), S. 461–498

Mattos, Das Cores do Silêncio. Os significados da liberdade no sudeste escravista – Brasil, Séc. XIX, Rio de Janeiro: Nova Fronteira, [2]1998.

Mattos, Escravidão e Cidadania no Brasil Monárquico, Rio de Janeiro: Jorge Zahar, 2000.

Mattoso, Ser escravo no Brasil, São Paulo: editora brasiliense, 2003.

May, Robert E., Slavery, Race, and Conquest in the Tropics: Lincoln, Douglas, and the Future of Latin America, New York: CUP, 2013.

McCarthy, Matthew, Privateering, Piracy, and British Policy in Spanish America, 1810–1830, Woodbridge, Suffolk: Boydell Press, 2013.

McDonald, „The Chance of the Moment: Coffee and the New West Indies Commodities Trade", in: William and Mary Quarterly, 3rd series, 62:3 (July 2005), S. 441–472.

McMillan, James, The Final Victims: The Demography, Atlantic Origins, Merchants and Nature of the Post-Revolutionary Foreign Slave Trade to North America, 1783–1810, Diss., Duke University, 1999.

Medina, Charles Beatty, „Caught Between Rivals: The Spanish-American Maroon Competition for Captive Indian Labor in the Region of Esmeraldas During the late Sixteenth and Early Seventeenth Century", in: The Americas Vol. 63:1 (2006), S. 113–136.

Meiklejohn, Norman, „Alonso de Sandoval, the First Advocate of Black Studies in America", in: Hanke; Rausch (eds.), Peoples and Issues in Latin American History, S. 202–209.

Meisel Roca, Adolfo, „Puertos vibrantes y sector rural vacío: el Caribe neogranadino a fines del período colonial", in: Meisel Roca, ¿Por qué perdió la costa Caribe el siglo XX?, Cartagena: Banco de la República, 2009; S. 113–131.

Mellafe, Rolando, Breve historia de la esclavitud negra en América Latina, México D. F.: Secretaría de Educación Pública, 1974.

Mellafe, Negro slavery in Latin America, Berkeley: University of California, 1975.

Menard, Russel R., Migrants, Servants, and Slaves: Unfree Labor in Colonial British America, Aldershot: Ashgate, 2001.

Mendoza, Rubén G., „Aztec Militarism and Blood Sacrifice: The Archaelogy and Ideology of Ritual Violence", in: Chacon, Richard J.; Mendoza, Rubén G. (eds.), Latin American Indigenous Warfare and Ritual Violence, Tucson: The University of Arizona Press, 2007, S. 34–54.

Menz, Maximiliano M., „As "Geometrias" do Tráfico: O Comércio Metropolitano e o Tráfico de Erscravos em Angola (1796–1807)", in: Revista de História, n. 166, São Paulo (jan./jun. 2012), S. 185–222.

Menz; Lopes, Gustavo A., „A população do Reino de Angola durante a era do tráfico de escravos: um exercício de estimativa e interpretação (c. 1700–1850)", in: rev. hist. (São Paulo) n. 177 (2018), S. 1–35.

Meriño Fuentes, María de los Ángeles; Perera Díaz, Aisnara, „La madre esclava y los sentidos de la libertad. Cuba 1870–1880", in: História Unisinos Vol. 12:1 (Janeiro/Abril 2008), S. 49–59.

Meriño Fuentes; Perera Díaz, Un Café para la microhistoria. Estructura de posesión de esclavos y ciclo de vida en la llanura habanera (1800–1886), La Habana: Editorial de Ciencias Sociales, 2008.

Meriño Fuentes; Perera Díaz, Para librarse de lazos, antes buena familia que buenos brazos. Apuntes sobre la manumisión en Cuba, La Habana, Santiago de Cuba: Editorial Oriente, 2009.

Meriño Fuentes; Perera Díaz, El universo de Hipólito criollo. Derecho, conflicto y libertad en el ingenio La Sonora. La Habana (1798–1836), Artemisa: Editorial Unicornio, 2011.

Meriño Fuentes; Perera Díaz, „El mercado de esclavos en la Habana durante 1795", in: Meriño Fuentes; Perera Díaz, Del tráfico a la libertad: el caso de los africanos de la fragata *Dos Hermanos* en Cuba (1795–1837), Santiago de Cuba: Editorial Oriente, 2014, S. 54–85.

Meriño Fuentes; Perera Díaz, Contrabando de bozales en Cuba: perseguir el tráfico y mantener la esclavitud (1845–1866), La Habana: Ediciones Montecallado, 2015.

Metcalf, Alida C., Go-betweens and the colonization of Brazil: 1500–1600, Austin: University of Texas Press, 2005.

Metcalf, „The *Entradas* of Bahia of the Sixteenth Century", in: The Americas (TAm) 61:3 (January 2005), S. 373–400.

Meuwese, Mark, „Subjects or Allies: The Contentious Status of the Tupi Indians in Dutch Brazil, 1625–1654", in: Williams, Caroline A. (ed.), Bridging the Early Modern Atlantic World. People, Products, and Practices on the Move, Surrey/Burlington: Ashgate, 2009, S. 113–130.

Mintz, Sidney W.; Wolf, Eric R., „An Analysis of Ritual Co-Parenthood (Compadrazgo)", in: Southwestern Journal of Anthropology 6, no. 4 (Winter 1950), S. 341–365.

Mintz, „Afro-Caribbeana: An Introduction", in: Mintz, Caribbean Transformations, Chicago: Aldine Publishers, 1974, S. 1–42.

Mintz, Worker in Cane. A Puerto Rican Life History. With a New Preface by the Author, New York; London: W. W. Norton & Company, 1974.

Mintz, Sweetness and Power: The Place of Sugar in Modern History, New York: Penguin Books, 1986.

Mintz, Die süße Macht. Kulturgeschichte des Zuckers, Frankfurt am Main; New York: Campus, 1986.

Mintz & Price, Richard, The Birth of African-American Culture. An Anthropological Perspective, Boston: Beacon Press, 1992.

Mintz, Tasting food, tasting freedom: excursions into eating, power, and the past, Boston: Beacon Press, 1996.

Mintz, Three Ancient Colonies. Caribbean Themes and Variations, Cambridge: Harvard University Press, 2010.

Moitt, Bernard, Women and Slavery in the French Antilles, 1635–1848, Indianapolis & Bloomington: Indiana University Press, 2001 (Blacks in the diaspora).

Molinari, Diego Luis, La trata de negros. Datos para su estudio en el Rio de la Plata, Buenos Aires: Universidad de Buenos Aires, 1944 (2. Aufl.).

Molinet, María Elena, Vestimenta tradicional de la Santería cubana, La Habana: Centro de investigación y desarrollo de la Cultura Juan Marinello, 2007.

Montesinos Sale, Maggie, The Slumbering Volcano: American Slave Ship Revolts and the Production of Rebellious Masculinity, Durham: Duke University Press, 1997.

Monsma, Karl, „Esclavos y trabajadores libres en las estancias del siglo XIX. Un estudio comparativo de Rio Grande do Sul y Buenos Aires", in: Reguera, Andrea; Marques Harres, Marluza (dirs.), DE LA REGIÓN A LA NACIÓN. Relaciones de Escala para una Historia Comparada Brasil-Argentina (s. xix y xx), Tandil: Universidad Nacional del Centro de la Provincia de Buenos Aires; Cesal, 2012, S. 83–119.

Monteiro, John M., „Labor Systems", in: Bulmer-Thomas, Victor; Coatsworth, John H.; Cortés, Roberto (eds.), Cambridge Economic History of Slavery Vol. 1, Cambridge: CUP, 2006, S. 395–422.

Morales Carrión, Arturo, Auge y decadencia de la trata negrera en Puerto Rico (1820–1860), San Juan: Centro de Estudios Avanzados de Puerto Rico y el Caribe and Instituto de Cultura Puertorriqueña, 1978.

Morena Molina, Agustín, „Aspectos administrativos de la abolición de la esclavitud en Venezuela", in: Tierra Firme Vol. XXII, 22, Nr. 85 (Enero–Marzo 2004), S. 33–59.

Moreno Fraginals, Manuel, El token azucarero cubano, La Habana: Museo Numismatico de Cuba, 1969 (^{2}1973).

Moreno Fraginals, El Ingenio. Complejo económico social cubano del azúcar, 3 Bde., La Habana: Editorial de Ciencias Sociales, 1978 (Nachdruck in einem Band: Moreno Fraginals, El Ingenio. Complejo económico social cubano del azúcar. Prefacio de Pedraza Moreno, Teresita. Prólogo de Fontana, Joseph, Barcelona: Crítica, 2001; Englisch: Moreno Fraginals, Manuel,

The Sugarmill: The Socioeconomic Complex of Sugar in Cuba, New York: Monthly Review Press, 1976).

Moreno Fraginals, „El mercado legal de brazos negros (1792–1820)", in: Moreno Fraginals, El Ingenio, Bd. I, S. 259–269.

Moreno Fraginals, „Africa in Cuba: A Quantitative Analysis of the African Population in the Island of Cuba", in: Rubin, Vera; Tuden, Arthur (eds.), Comparative Perspectives on Slavery in the New World Plantation Societies, New York: N. Y. Academy of Sciences, 1977, S. 189–191.

Moreno Fraginals, La historia como arma y otros estudios sobre esclavos, ingenios y plantaciones, pról. Josep Fontana, Barcelona: Grijalbo, 1983.

Moreno Fraginals, „Plantaciones en el Caribe: el caso de Cuba – Puerto Rico – Santo Domingo (1860–1940)", in: Moreno Fraginals, La historia como arma, S. 56–117.

Moreno Fraginals, „Manuel de Angola", in: Moreno Fraginals, La historia como arma, S. 172–178.

Moreno Fraginals; Klein, Herbert S.; Engerman, Stanley, „The Level and Structure of Slave Prices on Cuban Plantations in the Mid-Nineteenth Century: Some Comparative Perspectives", in: Hispanic American Historical Review (HAHR) 88:5 (1983), S. 201–218.

Moreno Fraginals; Moya Pons, Frank; Engerman (eds.), Between Slavery and Free Labor: The Spanish-Speaking Caribbean in the Nineteeth Century, Baltimore: The Johns Hopkins University Press, 1985.

Moreno Fraginals, „Peculiaridades de la esclavitud en Cuba", in: Islas 85, Santa Clara (Sept.–Dic. 1986), S. 3–12.

Moreno Fraginals; Moreno Masó, José J., Guerra, migración y muerte (El ejército español en Cuba como vía migratoria), Gijón: Ediciones Júcar, 1993.

Moreno Fraginals, Cuba/España. España/Cuba. Historia Común, Presentación José Fontana, Barcelona: Crítica, 1995.

Morgan, Jennifer L., Laboring Women: Reproduction and Gender in New World Slavery, Philadelphia: University of Pennsylvania Press, 2004.

Morgan, Philip D., „Rethinking Early American Slavery", in: Pestana, Carla G.; Salinger, Sharon V. (eds.), Inequality in Early America, Hanover and London: Dartmouth College; University Press of New England, 1999, S. 239–266.

Morrison, Karen Y., „Slave Mothers and White Fathers: Defining Family and Status in Late Colonial Cuba", in: Slavery & Abolition 31:1 (2010), S. 29–55.

Moya Pons, Frank, „Puerto Rico: The World's Second Largest Sugar Producer", in: Moya Pons, History of the Caribbean, Princeton: Markus Wiener, 2007, S. 235–236.

Muaze, Mariana; Salles (eds.), O Vale do Paraíba e o Império do Brasil nos Quadros da Segunda Escravidão, Rio de Janeiro: 7 Letras, 2015.

Múnera, Alfonso, „Balance historiográfico de la esclavitud en Colombia", in: Múnera, Fronteras imaginadas. La construcción de las razas y de la geografía en el siglo XIX colombiano, Bogotá: Editorial Planeta Colombiana S.A., 2005, S. 193–225.

Munford, „The "Pearl" of the Antilles is Born: Haiti and Black Slavery – The Early Years, 1629–1715", in: Jahrbuch für Geschichte von Staat, Wirtschaft und Gesellschaft Lateinamerikas (JbLA), 28 (1991), S. 1–19.

Munford; Zeuske, „Black Slavery, Class Struggle, Fear and Revolution in St. Domingue and Cuba, 1785–1795", in: The Journal of Negro History, Atlanta, Georgia, vol. LXXIII, Nos. 1–4 (Spring, Winter, Summer, Fall 1988), S. 12–32.

Murphy, Sharon Ann, „Securing Human Property. Slavery, Life Insurance, and Industrialization in the Upper South", in: Journal of the Early Republic 25:4 (2005), S. 615–652.

Murray, David, Odious Commerce: Britain, Spain and the Abolition of the Cuban Slave Trade, Cambridge: Cambridge University Press, 1980.

Murray, „Capitalism and Slavery in Cuba", in: Slavery & Abolition 17:3 (1996), S. 223–237.

Murray, „The Slave Trade, Slavery and Cuban Independence", in: Slavery & Abolition 20:3 (December, 1999), S. 106–126.

Naranjo Orovio, „La cuestión racial durante la transición al trabajo libre en Cuba (1860–1890)", in: Piqueras (comp.), Azúcar y esclavitud en el final del trabajo forzado, S. 308–330.
Nardi, Jean Baptiste, O fumo brasileiro no período colonial: lavoura, comércio e administração, São Paulo: Brasiliense, 1996.
Navarrete, María Cristina, Historia Social del negro en la colonia: Cartagena siglo XVII, Santiago de Cali: Universidad del Valle, 1995.
Navarrete, Génesis y desarrollo de la esclavitud en Colombia, siglos XVI y XVII, Santiago de Cali: Universidad del Valle, 2005.
Naveda Chávez-Hita, Adriana, „La esclavitud negra en Veracruz", in: Grafenstein Gareis, Johanna von; Muñoz Mata, Laure (eds.), El Caribe: región, frontera y relaciones internacionales, México: Editorial Mora, 2000, S. 11–96.
Naylor, Celia E., African Cherokees in Indian Territory: From Chattel to Citizens, Chapel Hill: University of North Carolina Press, 2008 (The John Hope Franklin Series in African American History and Culture).
Needell, Jeffrey D., „The Abolition of the Brazilian Slave Trade in 1850: Historiography, Slave Agency and Statesmanship", in: Journal of Latin American Studies, Vol. 33, No. 4 (2001), S. 681–711.
Needell, The party of order. The conservatives, the State, and slavery in Brazilian monarchy, 1831–1871, Stanford: Stanford University Press, 2006.
Negrón-Portillo, Mario; Mayo-Santana, Raúl, La esclavitud urbana en San Juan de Puerto Rico: Estudio del Registro de esclavos de 1872, 2 Bde., Río Piedras: Huracán, 1992.
Nelson, William E., The Americanization of the Common Law. The Impact of Legal Change on Massachusetts Society, 1760–1830, Cambridge: CUP, 1975 (Studies in Legal History).
Nesbitt, Nick, Caribbean Critique: Antillean Critical Theory from Toussaint to Glissant, Liverpool: Liverpool University Press, 2013 (Contemporary French and Francophone Cultures, 26).
Newson, Linda A., Indian Survival in Colonial Nicaragua, Norman: University of Oklahoma Press, 1987 (Civilization of the American Indian).
Newson, Aboriginal and Spanish Colonial Trinidad: A Study in Culture Contact, London and New York: Academic Press, 1976.
Newson; Minchin, Susie, „Slave mortality and African origins: A view from Cartagena, Colombia in the early seventeenth century", in: Slavery & Abolition Vol. 25 (2004), S. 18–43.
Newson; Minchin, „Cargazones de negros en Cartagena de Indias en el siglo XVII: nutrición, salud y mortalidad", in: Calvo Stevenson, Haroldo; Meisel Roca, Adolfo (eds.), Cartagena de Indias en el siglo XVII, Cartagena: Banco de la República/ Biblioteca Luis Ángel Arango, 2007, S. 210–229.
Newson; Minchin, „Diets, food supplies and the African slave trade in early seventeenth-century Spanish America", The Americas Vol. 63:4 (2007), S. 517–550.
Newson, „Bartering for Slaves on the Upper Guinea Coast in the Early Seventeenth Century" in: Green, Toby (ed.), Brokers of Change: Atlantic Commerce and Culture in Pre-Colonial Western Africa, London/Oxford: British Academy/Oxford University Press, 2012, S. 257–282.
Newson, „Africans and Luso-Africans in the Portuguese Slave Trade on the Upper Guinea Coast in the Early Seventeenth Century", in: Journal of African History 53:1 (2012), S. 1–24.
Newson, „The slave trading accounts of Manoel Batista Peres, 1613–1619: double-entry bookkeeping in cloth money", in: Accounting History Vol. 18:3 (2013), S. 343–365.
Newson, „La travesía final. El tráfico esclavista desde Cartagena de Indias al Perú a inicios del siglo XVII", in: Nueva corónica 2 (July 2013), S. 641–78.
Nichols, Deborah L.; Berdan, Frances F.; Smith, Michael E. (eds.), Rethinking the Aztec economy, Tucson: University of Arizona Press, 2017.
Nicholson, Bradlay, „Legal Borrowing and the Origins of Slave Law in the British Colonies", in: American Journal of Legal History 38:1 (1994), S. 50–70.

Nippel, Wilfried, „Aristoteles und die Indios: ‚Gerechter Krieg' und ‚Sklaven von Natur' in der spanischen Diskussion des 16. Jahrhunderts", in: Dipper, Christof; Vogt, Martin (eds.), Entdeckungen und frühe Kolonisation, Darmstadt: Technische Hochschule, 1993, S. 69–90.

Nistral-Moret, Benjamín, Esclavos, prófugos y cimarrones: Puerto Rico, 1770–1870, San Juan: Ed. Universidad de Puerto Rico, 1984.

Noonan, John T., The Antelope: The Ordeal of the Recaptured Africans in the Administration of James Monroe and John Quincy Adams, Berkeley: University of California, 1977.

O'Malley, Gregory E., Final Passages: The Intercontinental Slave Trade of British America, 1619–1807, Chapel Hill: The University of North Carolina Press (Published for the Omohundro Institute of Early American History and Culture, Williamsburg, Virginia), 2014.

O'Malley, „Slavery's Converging Ground: Charleston's Slave Trade as the Black Heart of the Lowcountry", in: The William and Mary Quarterly, 3rd ser. Vol. 74:2 (2017), S. 271–302.

O'Toole, Rachel Sarah, „From the Rivers of Guinea to the Valleys of Peru: Becoming a Bran Diaspora within Spanish Slavery", in: Social Text 92, 25:3 (Fall 2007), S. 19–36.

O'Toole, „Within Slavery: Marking Property and Making Men in Colonial Peru", in: Hünefeldt, Christine; Kokotovic, Misha (eds.), Power, Culture, and Violence in the Andes, Brighton: Sussex Academic Press, 2009, S. 29–49.

O'Toole, „To Be Free and Lucumí: Ana de la Calle and Making African Diaspora Identities in Colonial Peru", in: Bryant; O'Toole; Vinson III (eds.), Africans to Spanish America, S. 73–92.

O'Toole, „As Historical Subjects: The African Diaspora in Colonial Latin American History", in: History Compass 11/12 (December 2013), S. 1094–1110.

Oakes, James, The Ruling Race: A History of American Slaveholders, New York: Vintage Books, 1982 (New York and London: W. W. Norton & Company, 1998).

Obadele-Starks, Ernest, Freebooters and Smugglers. The Slave Trade in the United States after 1808, Lafayetteville: The University of Arkansas Press, 2007.

Oest, Eric Willem van der, „The Forgotten Colonies of Essequibo and Demerara, 1700–1814", in: Postma, Johannes Menne; Enthoven, Victor (eds.), Riches from Atlantic Commerce. Dutch Transatlantic Trade and Shipping, 1585–1817, Leiden; Boston: Brill, 2003 (The Atlantic World. Europe, Africa and the Americas, 1500–1830, Klooster, Wim; Schmidt, Benjamin, eds.; Vol. I), S. 323–361.

Offen, Karl, „Race and Place in colonial Mosquitia, 1600–1787" in: Gudmundson; Wolfe (eds.), Blacks and Blackness in Central America, S. 92–129.

Offen; Dym, Jordana (eds.), Mapping Latin America: A Cartographic Reader, Chicago: University of Chicago Press, 2011.

Offen, „Environment, Space, and Place: Cultural Geographies of Colonial Afro-Latin America", in: Fuente; Andrews (eds.), Afro-Latin American Studies: An Introduction, New York: Cambridge University Press, 2018, S. 486–533.

Offner, Jerome A., Law and Politics in Aztec Texcoco, Cambridge: CUP, 1983.

Olexer, Barbara J., The Enslavement of the American Indian in Colonial Times, Columbia: Joyous Publishing, 2005.

Olsen, Margaret M., „'Negros Horros' and 'Cimarrones' on the Legal Frontiers of the Caribbean: Accessing the African Voice in Colonial Spanish American Texts", in: Research in African Literatures Vol. 29:4 (1998), S. 52–72.

Olsen, „African Conversion as Jesuit Enterprise", in: Olsen, Slavery and Salvation in Colonial Cartagena de Indias, Gainesville [etc.]: University Press of Florida, 2004, S. 60–91.

Oostindie, Paradise overseas. The Dutch Caribbean; Colonialism and its Transatlantic Legacies, Oxford: Macmillan, 2005.

Oostindie, „Public memories of the Atlantic slave trade and slavery in contemporary Europe", in: European Review. Interdisciplinary Journal of the Humanities and Sciences of the Academia Europaea; The Academy of Europe 17 (2009), S. 611–626.

Oostindie; Klooster, Curaçao in the Age of Revolution, Leiden: KITLV Press, 2011.
Oostindie, „'British Capital, Industry, and Perseverance' versus Dutch 'Old School'? The Dutch Atlantic and the Takeover of Berbice, Demerara and Essequibo, 1750–1815", in: BMGN/Low Countries Historical Review 127 (2012), S. 28–55.
Oostindie, „Intellectual Wastelands? Scholarship in and for the Dutch West Indies up to ca. 1800", in: Boomgard, Peter, Empire and Science in the Making: Dutch Colonial Scholarship in Comparative Global Perspective, 1760–1830, London: Palgrave, 2013, S. 253–280.
Oostindie; Roitman (eds.), Dutch Atlantic Connections, 1680–1800. Linking Empires, Bridging Borders, Leiden/Boston: Brill, 2014.
Oropeza Keresey, Déborah, Los „indios chinos" en la Nueva España: la inmigración de la nao de China, 1565–1700, Diss., El Colegio de México, Ciudad de México, 2007.
Oropeza Keresey, „La esclavitud asiática en el virreinato de la Nueva España, 1565–1673", in: Historia Mexicana Vol. 61:1 (Julio–Septiembre 2011), S. 5–57.
Ortega, José Guadalupe, „Cuban Merchants, Slave Trade Knowledge, and the Atlantic World, 1790s–1820s", in: Colonial Latin American Historical Review Vol. 15:3 (2006), S. 225–251.
Ortega, Miguel Angel, La esclavitud en el contexto agropecuario colonial: siglo XVIII, Caracas: Editorial APICUM, 1992.
Ortiz, Fernando, Los negros brujos (apuntes para un estudio de etnología criminal). Carta prólogo del Dr. C. Lombroso, Madrid: Librería de Fernando Fe, 1906.
Ortiz, Hampa afro-cubana: Los negros esclavos. Estudio sociológico y de derecho público, La Habana: Revista Bimestre Cubana, 1916 [Los negros esclavos, La Habana: Ed. de Ciencias Sociales, 1976].
Ortiz, Contrapunteo cubano del tabaco y del azúcar (advertencia de sus contrastes agrarios, económicos, históricos y sociales, su etnografía y su transculturación), Introducción de Bronislaw Malinowski, La Habana: Jesús Montero, 1940 (Biblioteca de Historia, Filosofía y Sociología, v. 8).
Ortiz, „El fenómeno social de la transculturación y su importancia en Cuba", in: Revista Bimestre Cubana, La Habana Vol. XLVI (Julio–Dic. 1940), S. 273–278.
Ortiz, Los instrumentos de la música afrocubana, 5 Bde., La Habana: Publicaciones de la Dirección de cultura del Ministerio de educación; Cárdenas y Cia. Editores, 1952–1955.
Ortiz, Los bailes y el teatro de los negros en el folklore de Cuba, La Habana: Editorial de Ciencias Sociales 1981.
Ortiz, Nuevo Catauro de Cubanismos, La Habana: Editorial de Ciencias sociales 1985.
Ortiz, Tabak und Zucker. Ein kubanischer Disput, Frankfurt am Main: Insel Verlag, 1987.
Ortíz, Los negros curros, La Habana: Editorial de Ciencias Sociales, 1993.
Ortiz, Etnia y sociedad, La Habana: Editorial de Ciencias Sociales, 1993.
Ortiz, Etnia y sociedad, La Habana: Editorial de Ciencias Sociales, 1993.
Ortiz, Contrapunteo cubano del tabaco y del azúcar (Advertencia de sus contrastes agrarios, económicos, históricos y sociales, su etnografía y su transculturación). Edición de Santí, Enrico Mario, Madrid: Cátedra; Música Mundana Maqueda, 2002 (Letras Hispánicas).
Ortiz, Cuban Counterpoint. Tobacco and Sugar, Durham: Duke University Press, 1995.
Osagie, Iyunolo Folayan, „The Amistad Story in the American Context", in: Osagie, The Amistad Revolt. Memory, Slavery, and the Politics of Identity in the United States and Sierra Leone, Athens and London: University of Georgia Press, 2000, S. 4–23.
Onega, Elizabeth, „'El caserío de los negros': investigación arqueológica del contacto afro-americano", in: Betancur, Arturo; Borucki, Alex; Frega, Ana. (comps.), Estudios sobre la cultura afro-rioplatense. Historia y presente; Montevideo: Universidad de la República, Departamento de Publicaciones de la Facultad de Humanidades y Ciencias de la Educación, 2004, S. 13–27.
Otte, „Los Jeronimos y el tráfico humano en el Caribe: una rectificación", in: Anuario de Estudios Americanos (AEA) Vol. XXXII (1975), S. 187–204.

Otte, Las perlas del Caribe: Nueva Cádiz de Cubagua, Caracas: Fundación John Boulton, 1977.
Otte (ed.), Cartas privadas de emigrantes a Indias, 1540–1616, con la colaboración de Guadalupe Albi ; prólogo, Ramón Carande y Thovar, Sevilla: Consejería de Cultura, Junta de Andalucía; Escuela de Estudios Hispano Americanos de Sevilla, 1988 (México: Fondo de Cultura Económica, 1993, 1996).
Pagden, Anthony, „The theory of natural slavery", in: Pagden, The fall of natural man. The American Indian and the origins of comparative ethnology, Cambridge; London [u. a.]: Cambridge University Press, 1982, S. 27–56.
Paiva, Eduardo França; Fernández Chaves; Pérez García (orgs.), De que estamos falando? Antigos conceitos e modernos anacronismos – escravidão e mestiçagens, Rio de Janeiro: Garamond, 2016 (online: https://www.academia.edu/28201450/De_que_estamos_falando_Antigos_conceitos_e_modernos_anacronismos_escravid%C3 %A3o_e_mesti%C3 %A7agens (26. Mai 2017)).
Palmer, Colin A., Slaves of the White God, Blacks in Mexico 1570–1650, Cambridge: Cambridge University Press, 1976.
Palmer, Human Cargoes: The British Slave Trade to Spanish America, 1700–1739, Urbana: University of Illinois Press, 1981.
Palmer, „From Africa to the Americas: Ethnicity in the Early Black Communities of the Americas", in: Journal of World History 6 (1995), S. 223–236.
Palmer, „The slave trade, African slavers and the demography of the Caribbean to 1750", in: Knight (ed.), General History of the Caribbean, Bd. III, S. 9–44.
Palmer (ed.), The Worlds of Unfree Labour: From Indentured Servitude to Slavery, Brookfield, VT: Variorum, 1998.
Palmer, „Die Ware Mensch", in: National Geographic Deutschland (August 2002), S. 124–132.
Palmer, Eric Williams & Making of the Modern Caribbean, Chapel Hill: The University of North Carolina Press, 2006.
Palmer, Steven, „From the Plantation to the Academy. Slavery and Production of Cuban Medicine in the Nineteenth Century", in: Wright, David; De Barros, Juanita; Palmer, Steven (eds.), Health and Medicine in the Circum-Caribbean, 1800–1968. New York: Routledge 2009 (Routledge Studies in the Social History of Medicine), S. 53–75.
Palmer, „Beginnings of Cuban Bacteriology: Juan Santos Fernández, Medical Research, and the Search for Scientific Sovereignty", in: HAHR 91:3 (2011), S. 445–468.
Palmié, Stephan, Das Exil der Götter: Geschichte und Vorstellungswelt einer afrokubanischen Religion, Frankfurt am Main; Bern: Peter Lang, 1991.
Palmié, „Ethnogenetic Processes and Cultural Transfer in Afro-American Slave Populations", in: Binder, Wolfgang (ed.), Slavery in the Americas, Würzburg: Königshausen und Neumann, 1993, S. 337–363.
Palmié (ed.), Slave Cultures and the Cultures of Slavery, Knoxville: The University of Tennessee Press, 1997.
Palmié, „A Taste for Human Commodities. Experiencing the Atlantic System", in: Palmié (ed.), Slave Cultures and the Cultures of Slavery, S. 40–54.
Palmié, „Fernando Ortiz and the Cooking of History", in: Ibero-Amerikanisches Archiv. Zeitschrift für Sozialwissenschaften und Geschichte. Neue Folge, 24 (1998), Heft 3–4, S. 1–21.
Palmié, Wizards & Scientists. Explorations in Afro-Cuban Modernity & Tradition, Durham and London: Duke University Press, 2002.
Palmié, „Ackee and Saltfish vs. Amalá con Quimbombó?: Sidney Mintz' Contribution to the Historical Anthropology of African American Cultures", in: Journal de la Société des Américanistes Vol. 91:2 (2005), S. 89–122.
Palmié, „Santería Grand Slam: Afro-Cuban Religious Studies and the Study of Afro-Cuban Religion", in: New West Indian Guide Vol. 79 (2005), S. 281–300.

Palmié, „Ecué's Atlantic: An essay in methodology", in: Journal of Religion in Africa Vol. 37:2 (April 2007), S. 275–315.
Palmié, „Ekpe/Abakuá in Middle Passage: Time, Space, and Units of Analysis in African American Historical Anthropology", in: Apter, Andrew; Derby, Lauren (eds.), Activating the Past: Historical Memory in the Black Atlantic. London: Cambridge Scholars Press, 2010, S. 1–44.
Palmié, „Introduction: on Predications of Africanity", in: Palmié (ed.), Africas of the Americas: beyond the search for origins in the study of Afro-Atlantic religions, Leiden: Brill, 2008, S. 1–37.
Palmié, „Slavery, Historicism, and the Poverty of Memorialization", in: Radstone, Susannah; Schwartz, Bill (eds.), Memory: histories, theories, debates, New York: Fordham University Press, 2010, S. 363–375.
Palmié, Stefan; Scarano, Francisco A., „Introduction: Caribbean Counterpoints", in: Palmié; Scarano (eds.), The Caribbean. A History of the Region and Its Peoples, Chicago and London: The University of Chicago Press, 2011, S. 1–21.
Palacios Preciado, Jorge, La trata de negros por Cartagena de Indias (1650–1750), Tunja: Universidad pedagógica y tecnológica de Colombia, Fondo especial de publicaciones, 1973.
Penningroth, Dylan C., The Claims of Kinfolk: African American Property and Community in the Nineteenth-Century South, Chapel Hill: University of North Carolina Press, 2003.
Paquette, Gabriel, „After Brazil: Portuguese Debates on Empire, c. 1820–1850", in: Journal of Colonialism and Colonial History 11:2 (Fall 2010) (online: https://www.academia.edu/6717084/After_Brazil_Portuguese_Debates_on_Empire_c._1820-1850 (30. Dez. 2015)).
Paquette, „Colonies and Empire in the Political Thought of Hegel and Marx", in: Muthu, Sankar (ed.), Empire and Modern Political Thought, Cambridge: CUP, 2012, S. 292–323.
Paquette, Imperial Portugal in the Age of Atlantic Revolutions: The Luso-Brazilian World, c. 1770–1850, Cambridge: CUP, 2013.
Paquette, „Cádiz y las Fabulas de la Historiografia Occidental", in: Breña, Roberto (ed.), Cádiz a debate: actualidad, contexto y legado, México D.F.: El Colegio de México, 2014, S. 49–62.
Paquette, Robert L., Sugar Is Made With Blood. The Conspiracy of La Escalera and the Conflict between Empires over Slavery in Cuba, Middletown, CT: Wesleyan University Press, 1988.
Paquette, „Revolutionary Saint Domingue in the Making of Territorial Louisiana", in: Gaspar; Geggus, A Turbulent Time, Bloomington: Indiana University Press, 2003, S. 204–225.
Paquette; Dorsey, Joseph C., „The Escoto Papers and Cuban Slave Resistance", in: Slavery & Abolition Vol. 15:3 (December 1994), S. 88–95.
Paquette; Engerman (eds.), The Lesser Antilles in the Age of European Expansion, Gainesville: University Press of Florida, 1996.
Paquette; Ferleger, Lou (eds.), Slavery, Secession and Southern History, Richmond: University of Virginia Press, 2000.
Paravisini-Gebert, Lizabeth, „Oriental imprisonments: Habaneras as seen by nineteenth century women travel writers", in: Revista Mexicana del Caribe 5, Año III, Chetumal, Quintana Roo (1998), S. 142–157.
Parent Jr., Anthony S., Foul Means: The Formation of a Slave Society in Virginia, 1660–1740, Chapel Hill: North Carolina University Press, 2003.
Pares, Richard, War and Trade in the West Indies, 1739–1763, London/Edinburgh: Cass, 1963.
Pargas, Damian A., The Quarters and the Fields: Slave Families in the Non-Cotton South, Gainesville: University Press of Florida, 2010.
Pargas, „Disposing of Human Property: American Slave Families and Forced Separation in Comparative Perspective" in: Journal of Family History Vol. 34:3 (July 2009), S. 251–274.
Pargas, „The Gathering Storm: Slave Responses to the Threat of Interregional Migration in the Early Nineteenth Century" in: Journal of Early American History 2:3 (Fall 2012), S. 286–315.

Pargas, „In the Fields of a 'Strange Land': Enslaved Newcomers and the Adjustment to Cotton Cultivation in the Antebellum South" in: Slavery & Abolition Vol. 34:4 (Dec. 2013), S. 564–580.

Pargas, Slavery and Forced Migration in the Antebellum South, New York: Cambridge University Press, 2015.

Parker, Susan R., „Men without God or King: Rural Planters of East Florida, 1784–1790", in: Florida Historical Quarterly 69 (October 1990), S. 135–155.

Parramore, Thomas C., „Muslim Slave Aristocrats in North Carolina", in: North Carolina Historical Review Vol. 77, Issue 2 (April 2000), S. 127–150.

Parrish, Susan Scott, „African Magi, Slave Poisoners", in: Parrish, American Curiosity. Cultures of Natural History in the Colonial British Atlantic World, Chapel Hill: The University of North Carolina Press, 2006, S. 259–306.

Parron, Tâmis, El Youssef, Alain; Estefanes, Bruno, „Vale expandido: contrabando negreiro e a construção de uma dinâmica política nacional no Império do Brasil", in: Almanack n. 7, Guarulhos 1º semestre (Maio/2014), S. 137–159 (online: www.almanack.unifesp.br/index.php/almanack/article/view/1044 (Acesso em: 31 May. 2014)).

Parry, John H., „Peril by Sea", in: Parry, The Spanish Seaborne Empire, Berkeley/Los Angeles/Oxford: University of California Press, 1990, S. 251–271, vor allem S. 268 ff (erste Ausgabe 1966).

Parry, Tyler D., „White Southern Memories and the Legacy of "Slave Marriages" in the United States", in: Journal of Global Slavery Vol. 1:2–3 (2016), S. 296–324.

Pastor, Rodolfo, „Esclavitud e inestabilidad", in: Pastor, Historia mínima de Centroamérica, México D.F.: El Colegio de México, 2011, S. 80–85.

Paton, Diana, „Punishment, Crime, and the Bodies of Slaves in Eighteenth-Century Jamaica", in: Journal of Social History 34:4 (2001), S. 923–954.

Paton, „Witchcraft, Poison, Law and Atlantic Slavery", in: William and Mary Quarterly Vol. 69:2 (2012), S. 235–264.

Paton, The Cultural Politics of Obeah: Religion, Colonialism and Modernity in the Caribbean World, Cambridge: Cambridge University Press, 2015.

Paulus, Carl Lawrence, The Slaveholding Crisis: Fear of Insurrection and the Coming of the Civil War, Baton Rouge: Louisiana State University Press, 2017.

Pavy, David, „The Provenience of Colombian Negroes", in: Journal of Negro History Vol. 52:1 (January 1967), S. 35–80.

Paz, Adalberto, „Free and Unfree Labor in the Nineteenth-Century Brazialian Amazon", in: Internation Review of Social History 62 (2017), S. 23–43 (= Special Issue: Brazilian Labour History: New Perspectives in Global Context; ed. by Fontes, Paulo; Fortes, Alexandre; Mayer, David).

Perdue, Theda, Slavery and the Evolution of Cherokee Society, 1540–1866, Knoxville: University of Tennessee Press, 1979.

Pereda Valdés, Ildefonso, Negros esclavos y negros libres. Esquema de una sociedad esclavista y aporte del negro en nuestra formación nacional, Montevideo: Ministerio de Instrucción Pública, 1941.

Perera Díaz; Meriño Pérez, Nombrar las cosas. Aproximación a la onomástica de la familia negra en Cuba, Guantánamo: Editorial El Mar y la Montaña, 2006.

Perera Díaz; Meriño Pérez, „La importancia de tener un apellido", in: Perera Díaz; Meriño Pérez, Nombrar las cosas, S. 45–60.

Perera Díaz; Meriño Pérez, „Los apellidos de la libertad", in: Perera Díaz; Meriño Pérez, Nombrar las cosas, S. 61–69.

Pérez Jr., Louis A. (ed.), Impressions of Cuba in the Nineteenth Century. The Travel Diary of Joseph J. Dimock, Wilmington: Scholarly Resources Inc., 1998.

Pérez Jr., Winds of Change: Hurricanes and the Transformation of Nineteenth-Century Cuba. Chapel Hill: University of North Carolina Press, 2001.
Pérez de la Riva, Francisco, Origen y régimen de la propiedad territorial en Cuba, La Habana: Imprenta El Siglo XX, 1946.
Pérez de la Riva, „El bohio: Su origen y las influencias que modificaron su estructura primitiva“, in: Revista de Arquitectura 14, La Habana (1945), S. 247–257.
Pérez de la Riva, „El Negro y la Tierra, el Conuco y el Palenque“, in: Revista Bimestre Cubana 58, La Habana (1946), 2do semestre, S. 97–139.
Pérez de la Riva, „La habitación rural en Cuba“, in: Revista de Arqueología Etnología 7 (15–16), La Habana (1952), S. 295–392.
Pérez de la Riva, „Cuban Palenques“, in: Price (ed.), Maroon Societies, S. 49–59.
Pérez de la Riva, „Palenques cubanos“, in: Price, Richard (comp.), Sociedades cimarronas. Comunidades esclavas rebeldes en las Américas, México: Siglo Veintiuno XXI Editores, 1981 (Colección América nuestra ; 33: América colonizada), S. 55–63.
Pérez de la Riva, Juan, „El Conflicto con el Conde de Villanueva“, in: Correspondencia reservada del Capitán General don Miguel Tacón con el Gobierno de Madrid; 1834–1836. Introducción, notas y bibliografía por Pérez de la Riva, Juan, La Habana: Consejo Nacional de Cultura; Biblioteca Nacional José Martí. Departamento de Colección Cubana, 1963, S. 44–46.
Pérez de la Riva, „Duvergier de Hauranne: un joven francés visita el ingenio Las Cañas en 1865“, in: Revista de la Biblioteca Nacional José Martí, 56 (Octubre–Diciembre de 1965), S. 85–114.
Pérez de la Riva, „Antiguos esclavos cubanos que regresaron a Lagos“, in: Deschamps Chapeaux, Pérez de la Riva, Contribución al la historia de la gente sin historia, La Habana: Ed. de Ciencias Sociales, 1974, S. 163–190.
Pérez de la Riva, „El viaje a Cuba de los culiés chinos“, in: Chapeaux Deschamps; Pérez de la Riva, Contribución a la historia de gentes sin historia, La Habana: Ed. de Ciencias Sociales, 1974, S. 191–213.
Pérez de la Riva, „El tráfico de culiés chinos“, in: Chapeaux Deschamps; Pérez de la Riva, Contribución a la historia de gentes sin historia, S. 215–232.
Pérez de la Riva, „El chinito Pablo. Los primeros chinos que se liberaron“, in: Chapeaux Deschamps; Pérez de la Riva, Contribución a la historia de gentes sin historia, S. 233–249.
Pérez de la Riva, „1860, un diplomático inglés informa sobre la trata clandestina en Cuba“, in: Chapeaux Deschamps; Pérez de la Riva, Contribución al la historia de la gente sin historia, S. 251–273.
Pérez de la Riva, El monto de la inmigración forzada en el siglo XIX, La Habana: Ed. de Ciencias Sociales, 1974.
Pérez de la Riva, El barracón y otros ensayos, La Habana: Ed. de Ciencias Sociales, 1975.
Pérez de la Riva, „Una isla con dos historias“, in: Pérez de la Riva, El barracón y otros ensayos, 1975, S. 75–90.
Pérez de la Riva, „El área del archiépielago cubano y su historia“, in: Pérez del Riva, El Barracón y otros ensayos, S. 283–301.
Pérez de la Riva, Para la historia de las gentes sin historia, Barcelona: Editorial Ariel, 1975.
Pérez de la Riva, ¿Cuantos africanos fueron traídos a Cuba?, La Habana: Ed. de Ciencias Sociales, 1977.
Pérez de la Riva, El barracón. Esclavitud y capitalismo en Cuba, Barcelona: Editorial Crítica, 1978.
Pérez de la Riva, „Sobre la conquista del espacio cubano. Conversatorio“, in: Universidad de la Habana 207 (Enero–Marzo 1978), S. 11–32.
Pérez de la Riva; Zanetti, Oscar et als., La república neocolonial, 2 Bde, La Habana: Editorial de Ciencias Sociales, 1979.
Pérez González, Melba; Lassales Herrera, Delia, „Uniones consensuales en la dotación del ingenio-cafetal Angerona“, in: Revista Cubana de Ciencias Sociales 33–34 (2003), S. 142–

147, hier S. 142; der Padrón nach: „Estado general que manifiesta los esclabos [sic] asi de labor como domesticos que tienen los hacendados de que se compone esta Jurisdic.on con espresion de fincas por Quartones segun esta dividido, como asi mismolos q.e hay en la Dominica agregados à esta“, Callajos 15 de Mayo de 1823, Juan Ant.o de Echebarria, in: ANC, Gobierno Superior Civil (GSC), leg. 875, no. 29551, Junio 1821–Oct. 1823: Diputación Provincial de La Habana. Expediente sobre arbitrios del Pueblo de Cayayabos, f. 50r–f. 50v (Doppelblatt, gefaltet).

Pérez Morales, Edgardo, „Vida material, religiosidad y sociedad colonial. Espacios, objetos y prácticas de consumo en el Colegio Jesuita de la ciudad de Antioquia, 1726–1767“, in: Historia Crítica No. 38 (2009), S. 70–95.

Pérez Morales, El gran Diablo hecho barco. Corsarios, esclavos y revolución en Cartagena y el Gran Caribe, Bucaramanga: Universidad Industrial de Santander, 2012.

Pescatello, Ann M., The African in Latin America, New York: Knopf, 1975.

Peterson, Dawn, Indians in the Family: Adoption and the Politics of Antebellum Expansion, Cambridge: Harvard University Press, 2017.

Petersen-Gotthardt, Susanne; Schleich, Thomas, „Entstehung und Ausbreitung der Plantagenwirtschaft in Amerika und Westindien“, in: Dokumente zur Geschichte der europäischen Expansion, Bd. IV: Wirtschaft und Handel der Kolonialreiche, eds. Emmer, Piet C. et als., München: Verlag C. H. Beck, 1988, S. 495–512.

Petit Muñoz, Eugenio; Narancio, Edmundo, Traibel, José M., La condición jurídica, social, económica y política de los negros durante el coloniaje en la Banda Oriental, Montevideo: Facultad de Derecho y Ciencias Sociales, 1948.

Phillips, Ulrich B., „The Economic Cost of Slaveholding in the Cotton Belt“, in: Political Science Quarterly 20 (June 1905), S. 257–275.

Philipps, Plantation and Frontier, 1649–1863, 2 Bde., New York: Burt Franklin, 1910.

Phillips, „Slave Crime in Virginia“, in: American Historical Review 20 (January 1915), S. 336–340.

Phillips, Life and Labor in the Old South, Boston: Little, Brown, 1929.

Picó, Fernando, Ponce y los rostros rayados. Sociedad y esclavitud 1800–1830, San Juan, Puerto Rico: Ediciones Huracán, 2012.

Piqueras [Arenas], José Antonio; Sebastià Domingo, Enric, Agiotistas, negreros y partisanos. Dialéctica social en vísperas de la Revolución Gloriosa, Valencia: Edicions Alfons El Magnànim; Institució Valenciana d'Estudis i Investigació, 1991.

Piqueras Arenas, „Capitales en el azúcar. Los hacendados cubanos ante la rentabilidad económica y la oportunidad de inversión (1878–1895)“, in: Revista de Indias (RI) 212 (1998), S. 163–193.

Piqueras [Arenas], „El final de la esclavitud en el Caribe“, in: Piqueras (comp.), Azúcar y esclavitud en el final del trabajo forzado. Homenaje a M. Moreno Fraginals, México, etc.: Fondo de Cultura Económica, 2002, S. 11–33.

Piqueras [Arenas], „Ramón Power y la potestad de las autoridades electas“, in: Piqueras, Bicentenarios de Libertad. La fragua de la política en España y las Américas. Prólogo de Herbert S. Klein, Barcelona: Ediciones Península, 2010, S. 251–289.

Piqueras [Arenas], La esclavitud en las Españas. Un lazo transatlántico, Madrid: Catarata, 2011.

Piqueras [Arenas], „De estirpe regia a Rufián“, in: Piqueras, La esclavitud en las Españas, S. 112–118.

Piqueras, „Censos *lato sensu*. La abolición de la esclavitud y el número de esclavos en Cuba“, in: Revista de Indias Vol. LXXI, no. 251 (2011), S. 193–230.

Piqueras (ed.), Orden político y gobierno de esclavos. Cuba en la época de la segunda esclavitud y de su legado, Valencia: Centro Francisco Tomás y Valiente UNED Alzira; Fundación Instituto de Historia Social, 2016.

Piqueras (ed.), Plantación, espacios agrarios y esclavitud en la Cuba colonial, Castellón: Publicacions de la Universitat Jaume I/Casa de las Américas, 2017 (Col·lecció Amèrica, 36).

Piqueras, „La plantación esclavista en Cuba. Ensayo de conceptualización y Segunda Esclavitud", in: Piqueras (ed.), Plantación, espacios agrarios y esclavitud en la Cuba colonial, S. 23–55.
Piqueras, Ricardo, „Afrobolivia. Historia de un olvido", in: Dalla Corte, Gabriela; García Jordan, Pilar; Laviña; G. Luna, Lola; Piqueras; Ruiz-Peinado Alonso, José Luis; Tous, Meritxell, Poder Local Poder Global en América Latina, Barcelona: Publicacions i Edicions de la Universitat de Barcelona, 2008, S. 113–121.
Pita Pico, Roger, „La esclavitud de los sentimientos: vida familiar y afectiva de la población esclava en el nororiente del Nuevo Reino de Granada, 1720–1819", in: Revista de Indias Vol. 72, no 256 (2012), S. 651–685 (auch unter: http://revistadeindias.revistas.csic.es/index.php/revistadeindias/article/view/907 (01. Feb. 2013)).
Pita Pico, „El debate sobre la abolición del comercio internacional de esclavos durante la independencia y la temprana República en Colombia", in: Diálogos: Revista Electrónica de Historia Vol. 16:1 (enero–junio 2015), S. 241–267.
Pollak-Eltz, Angelina, „Algunas reflexiones acerca de la Iglesia y la esclavitud en la Venezuela colonial", in: Montalbán, 29 Caracas (1996), S. 97–109.
Pollak-Eltz, La esclavitud en Venezuela: un estudio histórico-cultural, Caracas: Universidad Católica Andrés Bello, 2002.
Pollak-Eltz, „Los últimos años de la esclavitud en Venezuela y su abolición en 1854", in: Tierra Firme Vol. XXII, 22, Nr. 85 (Enero–Marzo 2004), S. 7–15.
Ponce de León Atria, Macarena, „Vida de los esclavos en Chile, 1750–1800", Estudios Coloniales III, Universidad Andrés Bello, Santiago, 2004, S. 235–265.
Popkin, Jeremy D. (ed.), Facing Racial Revolution: Eyewitness accounts of the Haitian Insurrection, Chicago: University of Chicago Press, 2007.
Portugal Ortiz, Max, La esclavitud negra en las épocas colonial y nacional de Bolivia, La Paz: Instituto Boliviano de Cultura, 1977.
Portuondo Zúñiga, Olga, Nicolás Joseph de Ribera, La Habana: Editorial de Ciencias Sociales, 1986.
Portuondo Zúñiga, „La caficultura santiaguera y su ruina durante la Guerra de los 10 años", in: Nuestra América 1, Caracas (1992), S. 73–93.
Portuondo Zúñiga, „La inmigración negra de Saint-Domingue en la Jurisdiccón de Cuba, 1789–1809", in: Serna, Juan Manuel de la, El Caribe en la encrucijada de su historia, 1780–1840, México: UNAM-CCYDEL, 1993, S. 67–71.
Portuondo Zúñiga, La Vírgen de la Caridad del Cobre. Símbolo de Cubanía, Santiago de Cuba: Editorial Oriente, 1995.
Portuondo Zúñiga, Santiago de Cuba. Desde su fundación hasta la guerra de los diez años, Santiago de Cuba: Editorial Oriente, 1996.
Portuondo Zúñiga, „Marcos Maceo, el Santiaguero", in: Colectivo de Autores (ed.), Visión Multiple de Antonio Maceo, Santiago de Cuba: Editorial Oriente, 1998, S. 19–37.
Portuondo Zúñiga; Fernández Carcassés, Manuel, „Ascensio Asencio, un padrino común", in: Colectivo de Autores (ed.), Visión Multiple de Antonio Maceo, Santiago de Cuba: Editorial Oriente, 1998, S. 38–59.
Portuondo Zúñiga, „Cabildos negros Santiagueros", in: Del Caribe 32, Santiago de Cuba (2000), S. 78–85.
Portuondo Zúñiga, „Ascendencia paterna de Antonio Maceo", in: Del Caribe 35, Santiago de Cuba (2001), S. 88–94.
Portuondo Zúñiga, „Metalurgía y cultura bantúes en el oriente colonial cubano", in: Del Caribe 36, Santiago de Cuba (2002), S. 81–87.
Portuondo Zúñiga, Entre Esclavos y libres de Cuba colonial, Santiago de Cuba: Editorial Oriente 2003.
Post, Charles, The American Road to Capitalism, Chicago: Haymarket Books, 2011.

Prado, Fabricio, „The Fringes of Empires: Borderlands and Frontiers in Colonial Latin America", in: History Compass 10:4 (2012), S. 318–333.

Price, Jacob, „Economic function and the growth of American port towns in the eighteenth century", in: Perspectives in American History, Vol. VIII (1974), S. 123–186.

Price, „Summation: the American panorama of Atlantic port cities", in: Knight; Liss (eds), Atlantic Port Cities, S. 262–276.

Price, Richard, „The Miracle of Creolization", in: Yelvington, Kevin A. (ed.), Afro-Atlantic Dialogues. Anthropology in the Diaspora, Santa Fe; Oxford: School of American Research Press; James Currey, 2006, S. 115–147.

Quiñones, Tato, Asere núncue itiá. Ecobio enyene abacuá. Algunos documentos y apuntes para una historia de las hermandades abacuá de la ciudad de La Habana, La Habana: Editorial José Martí, 2016.

Quiroz, Enriqueta; Bonnett, Diana (coords.), Condiciones de vida y de trabajo en la América colonial. Legislación, prácticas laborales y sistemas salariales, Bogotá: Universidad de Los Andes, 2009.

Radell, David R., „The Indian slave trade and population of Nicaragua during the sixteenth century", in: Denevan, William M. (ed.), The native population of the Americas in 1492, Madison: University of Wisconsin Press, 1976, S. 67–76.

Ragas Rojas, José F., „Afroperuanos: Un acercamiento bibliográfico", in: O'Phelan, Scarlett (ed.), Etnicidad y Discriminación Racial en la Historia del Perú, 2 Bde., Lima: Instituto Riva-Agüero & World Bank, 2003, Bd. II (ed. Carrillo, Ana Cecilia), S. 190–226.

Rama, Carlos, Los Afro-uruguayos, Montevideo: El Siglo Ilustrado, 1967.

Ramírez Méndez, Luis Alberto, „Las haciendas en el sur del Lago de Maracaibo (siglos XVI–XVII)", in: Boletín de la Academia Nacional de la Historia, tomo XCII, no. 66, Caracas (2009), S. 121–164.

Ramírez Méndez, „Los esclavos negros en el sur del Lago de Maracaibo (siglos XVI–XVII)", in: Boletín de la Academia Nacional de la Historia, tomo XCIV, no. 373 (2011), S. 83–106.

Ramírez Méndez, La tierra prometida del sur del Lago de Maracaibo y la villa y puerto de San Antonio de Gibraltar (siglos XVI–XVII), 2 Bde., Caracas, Editorial el perro y la rana, 2011.

Ramírez Méndez, „Las haciendas cañeras en el sur del Lago de Maracaibo – Venezuela. (Siglos XVI–XVII)", in: Revista de Indias Vol. LXXIV, no. 260 (2014), S. 9–34.

Ramírez Méndez, „El cultivo del cacao venezolano a partir de Maruma", in: Historia Caribe Vol. X, N° 27 (Julio–Diciembre 2015), S. 69–101.

Ramírez Pérez, Jorge Freddy, „Haciendas cafetaleras en la región histórica de la Sierra del Rosario (1790–1850)", in: Piqueras (ed.), Plantación, espacios agrarios y esclavitud en la Cuba colonial, Castellón de la Plana: Publicacions de la Universitat Jaume I/Casa de las Américas, 2017 (Col·lecció Amèrica, 36), S. 139–161.

Ramos Guédez, José Marcial, El trabajo de esclavos negros en el valle de Caracas y zonas adyacentes en el siglo XVIII, Bogotá: s.n., 1988 (Original 1976).

Ramos Guédez, El negro en Venezuela: aporte bibliográfico, Caracas: Instituto Autónomo Biblioteca Nacional y Servicios de Bibliotecas; Gobierno del Estado Miranda, 1985.

Ramos Guédez, „José Rivas Pacheco, un negro de 124 años de edad: esclavo, soldado y peón", in: Ramos Guédez, Contribución a la historia de las culturas negras en Venezuela colonial, Caracas: Instituto Municipal de Publicaciones; Alcaldía de Caracas, 2001, S. 267–271.

Ramos Guédez, „Bibliografía afrovenezolana 1976–2001", in: Boletín de la Academia Nacional de la Historia, tomo LXXXVI, no. 342 (2003), S. 175–181.

Ramos Guédez, „150 años de la abolición de la esclavitud en Venezuela: de José Leonardo Chirinos a José Gregorio Monagas", in: Tierra Firme Vol. XXII, 22, Nr. 85 (Enero–Marzo 2004), S. 17–32.

Ramos-Mattei, Andrés, La hacienda azucarera: su surgimiento y crisis en Puerto Rico (siglo XIX), San Juan: CERP, 1981.

Ramos-Mattei (ed.), Azúcar y esclavitud, Río Piedras: UPR, 1982.
Ramos-Mattei, La sociedad del azúcar en Puerto Rico, San Juan: UPR, 1988.
Ramsdell, Charles William, The Natural Limits of Slavery Expansion, Dahlonega: Crown Rights Book Company, 1929.
Rappaport, Joanne, The Disappearing Mestizo: Configuring Difference in the Colonial New Kingdom of Granada, Durham: Duke University Press, 2014.
Rappleye, Charles, Sons of Providence: The Brown Brothers, the Slave Trade, and the American Revolution, New York: Simon & Schuster, 2006.
Rath, Richard Cullen, „African Music in Seventeenth-Century Jamaica: Cultural Transit and Transition“, in: William and Mary Quarterly 50 (1993), S. 700–726.
Rauhut, Claudia, „Yoruba und Lucumí im transatlantischen Sklavenhandel“, in: Rauhut, Santería und ihre Globalisierung in Kuba. Tradition und Innovation in einer afrokubanischen Religion, Würzburg: Ergon, 2012 (Religion in der Gesellschaft, hrsg.v. Koenig, Matthias; Krech, Volkhard , Laube, Martin; Pollack, Detlev et. al.; Bd. 33), S. 60–63.
Read, Ian, The Hierarchies of Slavery in Santos, Brazil, 1822–1888, Stanford: Stanford University Press, 2012.
Rediker, The Fearless Benjamin Lay. The Quaker Dwarf Who Became the First Revolutionary Abolitionist, Boston: Beacon Press, 2017.
Reid, Michele, „Origins of the Yoruba in Cuba: Lucumí, Yoruba, Spain and the Slave Trade“, in: Falola; Childs (eds.), The Yoruba diaspora in the Atlantic world, S. 112–125.
Reid-Vazquez, Michele, The Year of the Lash: Free People of Color in Cuba and the Nineteenth-century Atlantic World, Athens: University of Georgia Press, 2011.
Reinhard, Johan; Ceruti, Constanza, „Sacred Mountains, Ceremonial Sites, and Human Sacrifice Among the Incas“, in: Archaeoastronomy: The Journal of Astronomy in Culture Vol. 19 (June 2005), S. 1–43.
Reis, João José, „'The Revolution of the Ganhadores': Urban Labour, Ethnicity and the African Strike of 1857 in Bahia, Brazil“, in: Journal of Latin American Studies Vol. 29:2 (1997), S. 455–493.
Reis; Klein, „Slavery in Brazil“, in: Moya (ed.), The Oxford Handbook of Latin American History, New York: Oxford University Press, 2011, S. 181–211.
Reis; Azevedo, Elciene (eds.), Escravidão e suas sombras, Salvador: EDUFBa (Federal University of Bahia Press), 2012.
Reséndez, Andrés, The Other Slavery: The Uncovered Story of Indian Enslavement in America, Boston/New York: Houghton Mifflin Harcourt, 2016.
Restall, Matthew, „Black Conquistadors: Armed Africans in Early Spanish América“, in: The African Experience in Early Spanish America, TAm Vol. LVII:2, Washington (October 2000), S. 171–205.
Restall, „Invisible Warriors. The Myth of the White Conquistador“, in: Restall, Seven myths of the Spanish conquest, Oxford [etc.]: Oxford University Press, 2003, S. 44–63.
Restall, The Black Middle: Africans, Mayas, and Spaniards in Colonial Yucatan, Stanford: Stanford University Press, 2009.
Restall, „The New Conquest History“, in: History Compass 10:2 (2012), S. 151–160.
Reyes Garza, Juan Carlos: „Negros y afromestizos en Colima, siglos XVI–XIX“, in: Martínez Montiel, Luz María (ed.), Presencia africana en México. México: CONACULTA, 1994, S. 259–335.
Reyes Garza, La antigua provincia de Colima. Siglos XVI a XVIII, Colima: Universidad de Colima, 1995.
Ribeiro, Alexandre Vieira, „The Transatlantic Slave Trade to Bahia, 1582–1851“, in: Eltis; Richardson (eds.), Extending the Frontiers, S. 130–154.
Rinehart, Nicholas, „'I Talk More of the French': Creole Folklore and the Federal Writers' Project“, in: Callaloo Vol. 39:2 (2016), S. 439–456.

Rinehart, „The Man That Was a Thing: Reconsidering Human Commodification in Slavery“, in: Journal of Social History Vol. 50:1 (2016), S. 28–50.
Riol Fernández, Noelia, „La esclavitud del indígena en Tierra Firme (1499–1504)“, in: Escudero, Antonio Gutiérrez; Laviana, María Luisa (coords.), Estudios sobre América, siglos XVI–XX, Sevilla: Asociación Española de Americanistas, 2005, S. 529–548.
Rivera Dorado, Miguel, Los mayas, una sociedad oriental, Madrid: Editorial de la Universidad Complutense, 1982.
Rivers, Larry E., Rebels and Runaways: Slave Resistance in Nineteenth-Century Florida, Chicago: University of Illinois Press, 2012.
Rodrigo y Alharilla, „Los ingenios San Agustín y Lequeitio (Cienfuegos): un estudio de caso sobre la rentabilidad del negocio del azúcar en la transición de la esclavitud al trabajo asalariado (1870–1886)“, in: Piqueras (comp.), Azúcar y esclavitud en el final del trabajo forzado. Homenaje a M. Moreno Fraginals, México etc.: Fondo de Cultura Económica, 2002, S. 252–268.
Posada, Eduardo; Restrepo Canal, Carlos, La esclavitud en Colombia y leyes de manumisión, Bogotá: Imprenta Nacional, 1935.
Rodrigo y Alharilla, „Con un pie en Catalunya y otro en Cuba: la familia Samá, de Vilanova“, in: Estudis Històrics i Documents dels Arxius de Protocols, num. XVI (1998), S. 359–397.
Rodrigo y Alharilla, „Los Goytisolo. De hacendados en Cienfuegos a inversores en Barcelona“, in: Revista de Historia Industrial, núm. 23 (2003), S. 11–37.
Rodrigo y Alharilla, „Antonio López y Hermano, de Santiago de Cuba“, in: Rodrigo y Alharilla, Los Marqueses de Comillas 1817–1925, S. 18–25.
Rodrigo y Alharilla, Indians a Catalunya: capitals cubans en l'economia catalana, Barcelona: Fundación Noguera, 2007.
Rodrigo y Alharilla, „Navieras y navieros catalanes en los primeros tiempos del vapor 1830–1870“, in: Transportes, Servicios y Telecomunicaciones No. 13 (diciembre 2007), S. 62–92.
Rodrigo y Alharilla (mit Castañeda Peirón, Lluís), „Los Vidal Quadras: familia y negocios, 1833–1871“, in: Barcelona Quaderns d'Historia 11 (2004), S. 115–144 (unter: www.raco.cat/index.php/BCNQuadernsHistoria/article/view/105589/176968 (01. Juli 2010)).
Rodrigo y Alharilla, „Una saga de banqueros: la familia Vidal-Quadras“, in: Historia Social no. 64 (2009), S. 99–119.
Rodrigo y Alharilla, „Trasvase de capitales antillanos: azúcar y tranformación urbana en Barcelona en el siglo XIX“, in: Santamaría García, Antonio; Naranjo Orovio (eds.), Más allá del azúcar. Política, diversificación y prácticas económicas en Cuba, 1878–1930, Aranjuez (Madrid): Ediciones Doce Calles, 2009, S. 127–158.
Rodrigo y Alharilla, „De la esclavitud al cosmopolitismo: Tomás Terry Adán y su familia“, in: Laviña; Piqueras; Mondejar (eds.): Afroamérica, espacios e identidades, Barcelona: Icaria editorial, 2013, S. 93–119.
Rodrigo y Alharilla, „Spanish Merchants and the Slave Trade. From Legality to Illegality, 1814–1870“, in: Fradera; Schmidt-Nowara, Christopher (eds.), Slavery and Antislavery in Spain's Atlantic Empire, New York/Oxford: Berghahn, 2013, S. 176–199.
Rodrigo y Alharilla, „From Periphery to Centre: Transatlantic Capital Flow, 1830–1890“, in: Leonard, Adrian; Pretel, David (eds.), The Caribbean and the Atlantic World Economy. Circuits of trade, money and knowledge, 1650–1914, London: Palgrave Macmillan, 2015 (Cambridge Imperial and Post-Colonial Studies Series), S. 217–237.
Rodrigue, John C., Reconstruction in the Cane Fields: From Slavery to Free Labor in Louisiana's Sugar Parishes, 1862–1880, Baton Rouge: Louisiana State University Press, 2001.
Rodrigue, „Labor Militancy and Black Political Mobilization in the Louisiana Sugar Region, 1865–1868“, in: Journal of Southern History Vol. 67, no. 1 (February 2001). S. 115–142.
Rodríguez, José Ángel, „La planta viajera“, in: Rodríguez, La Historia de la Caña. Azúcares, aguardientes y rones en Venezuela, Caracas: Alfadil, 2005, S. 14–17.

Rodríguez, Al son del ron: Azúcares y rones de Venezuela y la cuenca del Caribe, Caracas: Ediciones B, 2009.

Rodríguez Piña, Javier, Guerra de castas: La venta de indios maya a Cuba, 1848–1861, México: Consejo Nacional para la Cultura y Artes, 1990.

Röhrig Assunção, Matthias, „L'adhésion populaire aux projets révolutionnaires dans les sociétés esclavagistes: le cas du Venezuela et du Brésil (1780–1840)", in: L'Amérique Latine face à la Révolution française, ed. Guerra, François-Xavier, Toulouse: Presses Universitaires Le Mirail, 1990 (= Caravelle. Cahiers du monde hispanique et luso-brésilien 54), S. 291–313.

Röhrig Assunção, Pflanzer, Sklaven und Kleinbauern in der brasilianischen Provinz Maranhão 1800–1850, Frankfurt am Main: Vervuert, 1993 (Berliner Lateinamerika-Forschungen; 2, 2).

Röhrig Assunção, „From Slave to Popular Culture: The Formation of Afro-Brazilian Art Forms in Nineteenth-Century Bahia and Rio de Janeiro": in: Iberoamericana. América Latina – España – Portugal. Ensayos sobre letras, historia y sociedad. Notas. Reseñas iberoamericanas, Año III (2003), No. 12, Nueva época (Diciembre de 2003), S. 159–176.

Röhrig Assunção, Capoeira. The History of an Afro-Brazilian Martial Art, London & New York: Routledge, 2005.

Röhrig Assunção, „Angola in Brazil. The Formation of Angoleiro Identity in Bahia", in: Araujo (ed.), African Heritage and Memory of Slavery in Brazil and the South Atlantic World, Amherst: Cambria Press, 2015, S. 109–148.

Roldán de Montaud, Inés, „Origen, evolución y supresión del grupo de negros 'emancipados' en Cuba 1817–1870", in: RI, XLII, nos. 169–170 (1982), S. 559–641.

Roldán de Montaud, „Organización municipal y conflicto en la villa de El Cobre (1827–1845)", in: Santiago 60 (1985), S. 121–145.

Roldán de Montaud, „El fracaso de las reformas en Cuba: La cuestión electoral (1869–1872)", in: Naranjo Orovio; Mallo Gutiérrez (eds.), Cuba la perla de las Antillas, S. 223–237.

Roldán de Montaud, „La hacienda cubana en el periodo de entreguerras (1878–1895)", in: Tedde, Pedro (ed.), Economía y colonias en España del 98, Madrid: Síntesis, Fundación Duques de Soria, 1999, S. 123–159

Roldán de Montaud, „Política y elecciones en Cuba durante la Restauración", in: Revista de Estudios Políticos 104 (Nueva Época) (Abril/Junio 1999), Madrid, S. 245–287.

Roldán de Montaud, La restauración en Cuba: el fracaso de un proceso reformista, Madrid: Consejo Superior de Investigaciones Científicas, Centro de Humanidades, Inst. de Historia, 2000 (Colección Tierra nueva e cielo nuevo; 40).

Roldán de Montaúd (ed.), Las Haciendas públicas en el Caribe hispano durante el siglo XIX, Madrid: Consejo Superior de Investigaciones Científicas, 2008.

Roldán de Montaud, „En los borrosos confines de la libertad: El caso de los negros emancipados en Cuba, 1817–1870", in: Revista de Indias Vol. LXXI, núm. 251 (2011), S. 159–192.

Roldán de Montaud, „Vázquez Queipo y el problema monetario cubano en la primera mitad del siglo XIX", unter: http://www.usc.es/estaticos/congresos/histec05/b1_roldan_de_montaud.pdf (31. Mai 2014).

Roldán de Montaud, „Baring Brothers and the Cuban Plantation Economy, 1815–1870", in: Leonard; Pretel (eds.), The Caribbean and the Atlantic World Economy, S. 239–262.

Roldán de Montaúd, „On the Blurred Boundaries of Freedom: Liberated Africans in Cuba, 1817–1870", in: Tomich (ed. and introd.), New Frontiers of Slavery, Albany: State University of New York Press, 2015, S. 127–155.

Romero, Fernando, Safari africano y compraventa de esclavos para el Perú (1412–1818), Lima: Instituto de Estudios Peruanos, Universidad San Cristóbal de Huamanga, 1994.

Romero, Mario, Sociedades negras en la Costa Pacífica del valle del Cauca durante los siglos XIX y XX, Cali: Gobernación del Valle, 2003.

Romero Jaramillo, Dolcey, Esclavitud en la Provincia de Santa Marta 1791–1851, Santa Marta: Instituto de Cultura y Turismo del Magdalena, 1997.

Rood, Daniel, „Bogs of Death: Slavery, the Brazilian Flour Trade, and the Mystery of the Vanishing Millpond in Antebellum Virginia", in: The Journal of American History Vol. 101:1 (June 2014), S. 19–43.

Rood, The Reinvention of Atlantic Slavery: Technology, Labor, Race, and Capitalism in the Greater Caribbean, New York/Oxford: OUP, 2017.

Rosa, Nielson Bezerra, As chaves da liberdade: confluências da escravidão no Recôncavo do Rio de Janeiro, Niterói: Editora da Universidade Federal Fluminense, 2008.

Rosal, Miguel Ángel, „Africanos esclavizados llegados al Plata durante el lapso tardocolonial", in: Afrodescendencia. Aproximaciones contemporáneas desde América Latina y el Caribe, México DF: Centro de Información de las Naciones Unidas para México, Cuba y República Dominicana, 2011, S. 4–10 (URL: http://www.cinu.mx/AFRODESCENDENCIA.pdf (26. Aug. 2015)).

Rosal, „Bibliografía Afroargentina" (letzte Aktualisierung: 5. Januar 2012), unter: http://www.revistaquilombo.com.ar/documentos/bibliografiaafroargentina.pdf (08. Januar 2012).

Rosal, „Carimba. Las marcas de los esclavos en el Buenos Aires colonial", in: Estudios Históricos Año V, no. 10 (Julio 2013), S. 1–25.

Rosal, Africanos y afrodescendientes en Buenos Aires (siglos XVI–XVII). Esbozo de un estudio sobre fuentes inéditas y publicadas del Archivo General de la Nación, Saarbrücken: Editorial Acádemica Española, 2016.

Rosal, „Forma y evolución de la trata de esclavos", in: Rosal, Africanos y afrodescendientes en Buenos Aires, S. 20–105.

Rosal, „Avalúo de productos", in: Rosal, Africanos y afrodescendientes en Buenos Aires (siglos XVI–XVII), S. 77–92.

Rosal, „Carimba. Las marcas de los esclavos", in: Rosal, Africanos y afrodescendientes en Buenos Aires, S. 107–144 (auf S. 120–144 sind bildliche Darstellungen von Brandzeichen zu finden).

Rothman, Adam, „The Domestication of the Slave Trade in the United States", in: Johnson (ed.), The Chattel Principle: Internal Slave Trades in the Americas, 1808–1888, New Haven: Yale University Press, 2004, S. 32–54.

Rothman, Slave Country: American Expansion and the Origins of the Deep South, Cambridge: Harvard University Press, 2005.

Roura Álvarez, Lisette; Angelbello Izquierdo, Silvia T., „¿Bohío o barracón?", in: Roura Álvarez; Angelbello Izquierdo, Vivienda esclava rural en Cuba: bohíos y barracones, Artemisa: Editorial Unicornio, 2012, S. 53–107.

Rueda Méndez, David, „Introducción a la historia de la esclavitud negra en la provincia de Tunja. Siglo XVIII", in: Nuevas Lecturas de Historia 6 (1989), S. 1–59.

Rueda Méndez, Esclavitud y Sociedad en la Provincia de Tunja, siglo XVIII, Tunja: Universidad Pedagógica y Tecnológica de Colombia, 1995.

Rupert, Linda M., Creolization and Contraband: Curaçao in the Early Modern Atlantic World, Athens: University of Georgia Press, 2012.

Rushforth, Brett, „'A Little Flesh We Offer You': The Origins of Indian Slavery in New France", in: WMQ Vol. LX:4 (October 2003), S. 777–808.

Rushforth, Bonds of Alliance: Indigenous and Atlantic Slaveries in New France, Chapel Hill: University of North Carolina Press for the Omohundro Institute of Early American History and Culture, 2012.

Salgado, Marta, Afrochilenos. Una historia oculta, Arica: Herco Editores, 2013.

Salvador, José Gonçalves, Cristãos-novos e o Comércio no Atlântico Meridional, São Paulo: Pioneira, 1978.

Salvador, Os Magnatas do Tráfico Negreiro, São Paulo: Pioneira, 1981

Salvucci, Linda K., „Atlantic Intersections: Early American Commerce and the Rise of the Spanish West Indies (Cuba)", in: Business History Review 79 (Winter 2005), S. 781–810.

Samudio A., Edda O., „La cotidianidad esclava en las haciendas del Colegio San Francisco Javier de Mérida", in: Procesos Históricos Nº 001, Año I, Mérida (enero 2002) (online: http://www.saber.ula.ve/bitstream/123456789/23078/1/articulo1-1.pdf (03. Nov. 2014)).
Santamaría García, Antonio; García Álvarez, Alejandro, „Azúcar en América", in: Revista de Indias Vol. LXV, núm. 233 (2005), S. 9–32.
Santamaría García, Antonio, „Las islas españolas del azúcar (1760–1898). Grandes debates en perspectiva comparada y caribeña", in: América Latina en la Historia Económica, núm. 35, México (2011), S. 147–176.
Santos Delgado, Adriana, „Haciendas, esclavos y economía. Valledupar entre 1810 y 1850", in: VV.AA (eds.), Colombia y el Caribe / XIII Congreso de Colombianistas, Barranquilla: Ediciones Uninorte, 2005, S. 61–70.
Santos Pérez, José Manuel; Souza, George F. Cabral de (eds.), El desafío holandés al dominio ibérico en Brasil en el siglo XVII, Salamanca: Universidad de Salamanca, 2006.
Sarmiento Ramírez, Ismael, „Vestido y calzado de la población cubana en el siglo XIX", in: Anales del Museo de América Nº. 8 (2000), S. 161–199.
Sarmiento Ramiréz, „Alimentación y relaciones sociales en la Cuba colonial", in: Anales del Museo de América 11 (2003), S. 197–226.
Sarmiento Ramírez, Cuba entre la opulencia y la pobreza. Población, economía y cultura material en los primeros 68 años del siglo XIX, Madrid: Aldaba Ediciones, 2004.
Sarmiento Ramírez, „Del 'funche' al 'ajiaco': la dieta que los amos imponen a los esclavos africanos en Cuba y la asimilación que éstos hacen de la cocina criolla", in: Anales del Museo de América 16 (2008), S. 127–154.
Sarmiento Ramírez, „L'alimentation des esclaves africaines et leurs descendants à Cuba: contribution à la formation d'une identité collective caribéenne", in: Dalmance, Michèle (coord.), La mer Caraïbes, espace de migrations, Bordeaux: Presses universitaires de Bordeaux, 2012 (Collection de la Maison des pays ibériques. Série Amérique), S. 261–288.
Saunt, Claudio, „'The English has now a Mind to make Slaves of them all'. Creeks, *Seminoles* and the Problem of Slavery", in: American Indian Quarterly 22 (1998), S. 157–180.
Saunt, A New Order of Things: Property, Power, and the Transformation of the Creek Indians, 1733–1816, New York [etc.]: Cambridge University Press, 1999.
Savitt, Todd, Medicine and Slavery: The Diseases and Health Care of Blacks in Antebellum Virginia, Champaign: University of Illinois Press, 1978.
Scarano, Francisco A., Haciendas y barracones: azúcar y esclavitud en Ponce, Puerto Rico, 1800–1850, Río Piedras: Ediciones Huracán, 1992.
Scarano, „Slavery and emancipation in Caribbean history", in: General History of the Caribbean, 6 Bde., vol. VI: Methology and Historiography of the Caribbean, ed. Higman, London and Oxford: UNESCO Publishing, 1999, S. 233–282.
Scarborough, William Kauffman, Masters of the Big House: Elite Slaveholders of the Mid-Nineteenth-Century South, Baton Rouge: Louisiana State University Press, 2003.
Schermerhorn, Calvin, „Capitalism's Captives: The Maritime United States Slave Trade, 1807–1850", in: Journal of Social History 47:4 (Summer, 2014), S. 897–921.
Schermerhorn, „Slave Trading in a Republic of Credit: Financial Architecture of the United States Slave Market, 1815–1840", in: Slavery & Abolition Vol. 36:4 (2015), S. 586–602.
Schermerhorn, The Business of Slavery and the Rise of American Capitalism, 1815–1860, New Haven: Yale University Press, 2015.
Schlez, Mariano Martín, „¿Esclavistas versus monopolistas? Las disputas en torno al tráfico de esclavos en el virreinanto rioplatense (1780–1810)", in: Boletín Americanista Vol. LXVI:1, n.º 72 (2016), S. 133–154.
Schmieder, Ulrike, Geschlecht und Ethnizität in Lateinamerika im Spiegel von Reiseberichten: Mexiko, Brasilien und Kuba 1780–1880, Stuttgart: Verlag Hans-Dieter Heinz Akademischer Verlag Stuttgart, 2003 (Historamericana, ed. König, Hans-Joachim und Rinke, Stefan; 15).

Schmieder, „Sklaverei und Sexualität im Kuba der Massensklaverei des 19. Jahrhunderts“, in: Fischer, Josef; Ulz, Melanie unter Mitarbeit von Simonis, Marcel (eds.), Unfreiheit und Sexualität von der Antike bis zur Gegenwart, Hildesheim/Zürich, New York: Georg Olms Verlag, 2010, S. 162–187.

Schmieder, „Eine Archäologie ‚subalternen‘ Sprechens: Afrokaribische Frauen und Männer reden über ihre persönlichen und gesellschaftlichen Ziele“, in: Zeitschrift für Weltgeschichte (ZWG), Interdisziplinäre Perspektiven, 15/1 (2014), S. 9–36.

Schmieder, „Sexual relations between the Enslaved and between Slaves and Non-slaves in Nineteenth Century Cuba“, in: Campbell; Elbourne (eds.), Sex, Power and Slavery, S. 227–252.

Schneider, Elena, „African Slavery and Spanish Empire“, in: Journal of Early American History Vol. 5:1 (2015), S. 3–29.

Schröter, Bernd, „Die Sklaven – Prozesse der Eingliederung und Konfrontation in einer Grenzgesellschaft“, in: Schröter, Die Entstehung einer Grenzregion. Wirtschaft, Gesellschaft und Politik im kolonialen Uruguay 1725–1811, Köln; Weimar; Wien: Böhlau Verlag, 1999, S. 178–213.

Schultz, Kara D., „The Kingdom of Angola is not Very Far From Here: The South Atlantic Slave Port of Buenos Aires, 1585–1640“, in: Slavery & Abolition Vol. 36:3 (2015), S. 424–444.

Schultz, „Interwoven“, in: Journal of Global Slavery Vol. 2:3 (2017), S. 248–272.

Schwartz, Stuart B., „Resistance and accomodation in eighteenth-century Brazil: the slaves’ view of slavery“, in: Hispanic American Historical Review (HAHR) 57 (1977), S. 69–81.

Schwartz, Sugar Plantations in the Formation of Brazilian Society. Bahia, 1550–1835, Cambridge, London, New York: Cambridge University Press, 1985.

Schwartz, „Spaniards, *Pardos*, and the Missing Mestizos: Identities and Racial Categories in the Early Hispanic Caribbean“, in: New West Indian Guide/Nieuwe West-Indische Gids 71, no. 1 & 2 (1997), S. 5–19.

Schwartz, „Black Latin America: Legacies of Slavery, Race, and African Culture“, in: Hispanic American Historical Review (HAHR) Vol. 82:3 (August 2002), S. 429–433.

Schwartz (ed.), Tropical Babylons: Sugar and the Making of the Atlantic World, 1450–1680, Chapel Hill: University of North Carolina Press, 2004.

Schwartz, „Brazilian Sugar Planters as Aristocratic Managers. 1550–1825“, in: Janssens, Paul; Yun, Bartolomé (eds.), European Aristocracies and Colonial Elites. Patrimonial Management Strategies and Economic Development, 15th–18th Centuries, Aldershot: Ashgate, 2005, S. 233–246.

Schwartz, „La necesidad no tiene patria: Azúcar, plata y esclavos en la rebelión portuguesa“, in: Martínez Shaw; Martínez Torres (dirs.), España y Portugal en el mundo: 1581–1668, S. 279–295.

Schwartz, Sea of Storms. A History of Hurricanes in the Greater Caribbean from Columbus to Katrina, Princeton: Princeton University Press, 2015.

Secreto, María Verónica, Negros em Buenos Aires, Rio de Janeiro: Mauad Editora, 2013.

Secreto, „Territorialidades fluidas: corsários franceses e tráfico negreiro no Rio da Prata (1796–1799). Tensões locais-tensões globais“, in: Topoi Vol. 17, n. 33 (jul./dez. 2016), S. 419–443.

Seijas, Tatiana; Sierra Silva, Pablo Miguel, „The Persistence of the slave market in seventeenth-century Central Mexico“, in: Slavery & Abolition Vol. 37:2 (2016), S. 307–333 (online: https://www.academia.edu/20363450 (27. Juni 2017)).

SenGupta, Gunja, „Subaltern Worlds in Antebellum New York“, in: SenGupta, From Slavery to Poverty: The Racial Origins of Welfare in New York, 1840–1918, New York and London: New York University Press, 2009, S. 29–68.

Sempat Assadourian, Carlos, El tráfico de esclavos en Córdoba. De Angola a Potosí, siglos XVI–XVII, Córdoba: Universidad Nacional de Córdoba, 1966 (= Cuaderno de Historia XXXVI).

Serna Herrera, Juan Manuel de la (coord.), Vicisitudes negro africanas en Iberoamérica. Experiencias de investigación, México: Universidad Nacional Autónoma de México, 2011.
Shadd, Adrienne L.; Cooper, Afua; Frost, The underground railroad: next stop, Toronto!, Toronto: Natural Heritage Books, 2002.
Shadow, Robert D.; Rodríguez V., María J., „Historical Panorama of anthropological perspectives on aztec slavery", in: Dahlgren, Barbro; Soto de Abrechavaleta, María de los Dolores (eds.), Arqueología del norte y del occidente de México. Homenaje al Doctor J. Charles Kelley, México: Universidad Nacional Autónoma de México, 1995, S. 299–323.
Shadow; Rodríguez-Shadow, „Aztec Slavery. A Historical Panorama of Anthropological Perspectives", in: Zoller, Rüdiger (ed.), Amerikaner wider Willen. Beiträge zur Sklaverei in Lateinamerika und ihren Folgen, Frankfurt am Main: Vervuert, 1994 (Lateinamerika-Studien, Bd. 32), S. 325–348.
Sharp, William Frederick, „The Profitability of Slavery in the Colombian Chocó, 1680–1810", in: The Hispanic American Historical Review Vol. 55:3 (1975), S. 468–495.
Sharp, Slavery on the Spanish Frontier: The Colombian Chocó, 1680–1810, Norman: University of Oklahoma Press, 1976.
Sheridan, Richard B., „The Guinea Surgeons on the Middle Passage: The Provision of Medical Services in the British Slave Trade", in: The International Journal of African Historical Studies Vol. 14:4 (1981), S. 601–625.
Sheridan, Doctors and Slaves: A Medical and Demographic History of the British West Indies 1680–1834, Cambridge: Cambridge University Press, 1985.
Sherman, William L., Forced Native Labor in Sixteenth-Central America, Lincoln/London: University of Nebraska Press, 1979.
Shorto, Russell, New York – Insel in der Mitte der Welt. Wie die Stadt der Städte entstand, Reinbek bei Hamburg: Rowohlt, 2004.
Silié, Rubén, Economía, Esclavitud y Población. Ensayo de interpretación histórica del Santo Domingo Español en el siglo XVIII, Santo Domingo: Editora Búho, 2009.
Silva, Daniel Barros Domingues da, „O Tráfico de São Tomé e Príncipe, 1799 a 1811: Para o Estudo de Rotas Negreiras Subsidiárias ao Comércio Transatlântico de Escravos", in: Estudos de História. Revista do programa de Pós-Graduação em História Vol. 9:2 (2002), S. 35–51.
Silva, „Brasil e Portugal no comércio atlântico de escravos: um balanco histórico e estátístico", in: Guedes, Roberto (ed.), Brasileiros e Portugueses, Rio de Janeiro: Mauad X, 2013, S. 49–66 (siehe auch: Domingues, Daniel).
Silva, Pablo Miguel Sierra, „Portuguese Encomenderos de Negros and the Slave Trade within Mexico, 1600–1675", in: Journal of Global Slavery Vol. 2:3 (2017), S. 221–247.
Silva, Pedro A. de Oliveira, História da Escravidão no Ceará. Das orígens à extinção, Fortaleza: Instituto histórico, 2002.
Silva Jr., Carlos, „Tráfico, escravidão e comércio em Salvador do século XVIII: a vida de Francisco Gonçalves Dantas (1699–1738)", in: Reis; Azevedo, Elciene (eds.), Escravidão e suas sombras, Salvador: EDUFBa (Federal University of Bahia Press), 2012, S. 143–185.
Silva Júnior, Waldomiro Lourenço da, Entre a escrita e a prática: direito e escravidão no Brasil e em Cuba, c. 1760–1871, São Paulo: Faculdade de Filosofia, Letras e Ciências Humanas, Universidade de São Paulo, 2015 (Tese de Doutorado em História Social (online: doi:10.11606/T.8.2015.tde-21102015-124324 (18. Dez. 2017)).
Silva Júnior, „Esclavitud y manumisiones: Brasil, Cuba y las transformaciones jurídicas en la Ilustración", in: Piqueras (ed.). Plantación, espacios agrarios y esclavitud en la Cuba colonial, S. 413–437.
Singleton, Teresa A., „Slavery and spatial dialectics on Cuban coffee plantations", in: World Archaeology Vol. 33:1 (2001), S. 98–114.
Singleton, „Nineteenth Century Built Landscape of Plantation Slavery in Comparative Perspective" in: Marshall, Lydia (ed.), The Archaeology of Slavery: Toward a Comparative Global

Framework, Carbondale: Center for Archaeological Investigations, University Press of Southern Illinois, 2014, S. 93–115.
Singleton, Slavery Behind The Wall: An Archaeology of a Cuban Coffee Plantation, University Press of Florida, Gainesville, 2015.
Sinha, Manisha, The Counterrevolution of Slavery: Politics and Ideology in Antebellum South Carolina, Chapel Hill: University of North Carolina Press, 2000.
Sinha, „Shipboard Rebellions“, in: Sinha, The Slave's Cause. A History of Abolition, New Haven: Yale University Press, 2016, S. 406–414.
Sioui, Georges E. P., „Ein Neuentwurf amerindianischer Geschichte: Die ‚huronisch-irokesischen Kriege'“, in: Kunst- und Ausstellungshalle der BRD GmbH (ed.), Auf den Spuren der Irokesen, Katalog, Berlin: Nicolai, 2013, S. 30–33.
Sluyter, Andrew, „The Hispanic Atlantic's Tasajo Trail“, in: Latin American Research Review (LARR) Vol. 45:1 (2010), S. 98–120.
Sluyter, Black Ranching Frontiers: African Cattle Herders of the Atlantic World, 1500–1900, New Haven: Yale University Press, 2012.
Sluyter, „African Arrivals and Transformations“, in: Colten, Craig E.; Buckley, Geoffrey L. (eds.), North American Odyssey. Historical Geographies for the Twenty-first Century, Lanham/ Plymouth: Rowman & Littlefield, 2014, S. 49–66.
Smith, Frederick H., Caribbean Rum: A Social and Economic History, Gainesville: University Press of Florida, 2005.
Smith, Gene Allen, The Slaves' Gamble: Choosing Sides in the War of 1812, New York: Palgrave Macmillan, 2013.
Smith, Mark M., „Time, Slavery and Plantation Capitalism in the Ante-bellum America South“, in: Past and Present 150 (1996), S. 142–168.
Smith, Michael E., „Aztecs“, in: Insoll, Timothy (ed.), Oxford Handbook of the Archaeology of Ritual and Religion, Oxford: OUP, 2011, S. 556–570.
Smolenski, John, „Hearing Voices: Microhistory, Dialogicality and the Recovery of Popular Culture on an Eighteenth-Century Virginia Plantation“, in: Slavery & Abolition Vol. 24:1 (April 2003), S. 1–23.
Snyder, Christina, „Conquered Enemies, Adopted Kin, and Owned people: The Creek Indians and Their Captives“, in: Journal of Southern History Vol. 73:2 (May, 2007), S. 255–288.
Snyder, Slavery in Indian Country: The Changing Face of Captivity in Early America, Cambridge/ London: Harvard University Press, 2010.
Soares, Luiz Carlos, „Os Escravos de Ganho no Rio de Janeiro do Século XIX“, in: Revista Brasileira do Historia Vol. 8, no. 16 (1988), S. 107–142.
Sofela, Babatunde, Emancipados: Slave Societies in Brazil and Cuba, Trenton: Africa World Press, 2011.
Sosa Rodríguez, Enrique, Los Ñáñigos, La Habana: Ediciones Casa de las Américas, 1982.
Sosa [Rodríguez], El Carabalí, La Habana: Editorial Letras Cubanas, 1984.
Sosa Rodríguez, Negreros, catalanes y gaditanos en la trata cubana 1827–1833, La Habana: Fundación Fernando Ortiz, 1998 (Colección La Fuente Viva; 6).
Soulodre-La France, Renée; Lovejoy, „Intercambios transatlanticos. sociedad esclavista e inquisición en la Cartagena del siglo XVII“, in: Mosquera, Claudia; Pardo, Mauricio; Hoffmann, Odile (eds.), Afrodescendientes en las Américas. Trayectorias Sociales e Identitarias. 150 años de la Abolición de la Esclavitud en Colombia, Bogotá: Universidad Nacional de Colombia. Instituto Colombiano de Antropología e Historia (ICANH); Institute de Recherche pour le Développement (IRD); Instituto Latinoamericano de Servicios Legales Administrativos (ILSA), 2002, S. 195–211.
Stampp, Kenneth M., The Peculiar Institution in the Ante-Bellum South, New York: Vintage, 1956.
Stanfield, Michael E., Red Rubber, Bleeding Trees: Violence, Slavery, and Empire in Northwest Amazonia, 1850–1933, Albuquerque: University of New Mexico Press, 1998.

Stark, David M., Slave Families and the Hato Economy in Puerto Rico, Gainesville: University Press of Florida, 2015.

Starna, William A.; Watkins, Ralph, „Northern Iroquois Slavery“, in: Ethnohistory 38 (1991), S. 34–57.

Steckel, „A Peculiar Population: The Nutrition, Health, and Mortality of American Slaves from Childhood to Maturity“, in: Journal of Economic History 46:3 (1986), S. 721–741.

Steckel, „A Dreadful Childhood: The Excess Mortality of American Slaves“, in: Social Science History Vol. 10:4 (Winter 1986), S. 427–465.

Stevenson, Brenda, Life in Black and White: Family and Community in the Slave South, New York: Oxford University Press, 1996.

Stewart, Watt, Chinese Bondage in Peru. A History of the Chinese Coolie in Peru, 1849–1874, Durham: Duke University Press, 1951.

Stone, Erin, „Slave Raiders versus Friars: Tierra Firme, 1513–1522“, in: The Americas Vol. 74:2 (April 2017), S. 139–170.

Strauss, Rafael A., „Aproximación a una demografía de la esclavitud negra en Venezuela, siglos XVI y XVII“, in: Tierra Firme Vol. XXII, 22, Nr. 85 (Enero–Marzo 2004), S. 75–105.

Stubbe, Hannes, „Kindersklaven – Historische und bildliche Zeugnisse europäischer Brasilienreisender (1808–1888)“, in: Grossegesse, Orlando; Koller, Erwin; Malheiro da Silva, Armando; Matos, Mário (orgs.), Portugal – Alemanha – Brasil. Actas do VI Encontro Lus-Alemão / 6. Deutsch-Portugiesisches Arbeitsgespräch, Vol. II, Braga: Universidade do Minho / Centro de Estudos Humanísticos, 2003, S. 145–164.

Studer, Elena F. S. de, La trata de esclavos en el Río de la Plata durante el siglo XVIII, Buenos Aires: Libros de Hispanoamérica, ²1984.

Suárez, Margarita, Desafíos trasatlánticos: mercaderes, banqueros y el estado en el Perú virreinal 1600–1700, Lima: Instituto Riva Agüero, IFEA, Fondo de Cultura Económica, 2001.

Sublette, Ned; Sublette, Constance, The American Slave Coast: A History of the Slave-Breeding Industry, Chicago: Lawrence Hill Books, 2016.

Sued-Badillo, Jalil; Cantos, Ángel López, Puerto Rico Negro, Río Piedras: Editorial Cultural, 1986.

Sued-Badillo, „From Tainos to Africans in the Caribbean. Labor, Migration, and Resistance“, in: Palmié; Scarano (eds.), The Caribbean, S. 97–113.

Sutch, Richard, „The Breeding of Slaves for Sale and the Westward Expansion of Slavery, 1850–1860“, in: Engerman; Genovese (eds), Race and Slavery in the Western Hemisphere: Quantitative Studies, Princeton: Princeton University Press, 1975, S. 173–210.

Sutter, Richard C.; Cortez, Rosa J., „The nature of Moche human sacrifice: a bioarchaeological perspective“, in: Current Anthropology Vol. 46 (2005), S. 521–549

Sydnor, Charles S., Slavery in Mississippi, Baton Rouge: Louisiana State University Press, 1933.

Tadman, Michael, Speculators and Slaves: Masters, Traders, and Slaves in the Old South, Madison: University of Madison Press, 1989.

Tadman, „The Demographic Coast of Sugar: Debates on Slave Societies and Natural Increase in the Americas“, in: American Historical Review Vol. 105, Number 5 (Dec. 2000), S. 1534–1575.

Tadman, „The Interregional Slave Trade in the History and the Myth-Making of the U. S. South“, in: Johnson (ed.), The Chattel Principle. Internal Slave Trades in the Americas. Foreword by David Brion Davis, New Haven & London: Yale University Press, 2004, S. 117–142.

Tadman, „The Reputation of the Slave Trader in Southern History and the Social Memory of the South“, in: American Nineteenth Century History Vol. 8:3 (September 2007), S. 247–271.

Takaki, Ronald T., A Pro-slavery Crusade: The Agitation to Reopen the African Slave Trade, New York: The Free Press, 1971.

Tardieu, Jean-Pierre, Le destin des noirs aux Indes de Castille. XVIe XVIIIe siècles, Paris: L'Harmattan, 1984.

Tardieu, „Los jesuitas y la 'lengua de Angola' en Peru (siglo XVII)“, in: RI, Vol. LIII, núm. 198 (1993), S. 627–637.

Tardieu, L'Eglise et les Noirs au Pérou (XVIème–XVIIème siècle), Paris: L'Harmattan, 1993.
Tardieu, „La embajada de Arda en Cartagena de Indias (1657) y la misión de los capuchinos (1658–1661). Del quid pro quo al fracaso", in: Africa Negra, No. 10, Bogotá (1995), S. 11–28.
Tardieu, Los negros y la Iglesia en el Perú. Siglos XVI–XVII, Quito: Ediciones Afroamérica/ Centro Cultural Afroecuatoriano, 1997.
Tardieu, „El esclavo como valor en las Américas españolas", in: Iberoamericana. América Latina – España – Portugal. Ensayos sobre letras, historia y sociedad, Vol. 7 (2001), S. 59–71.
Tardieu, De l'Afrique aux Amériques Espagnoles (XVe–XIXe siècles). Utopies et réalités de l'esclavage, Paris: L'Harmattan; Université de la Réunion, 2002.
Tardieu, „Un proyecto utópico de la Compañía de Guinea (1682)", in: Tardieu, De l'Afrique aux Amériques Espagnoles, S. 99–108.
Tardieu, „Un proyecto de liberalización de la trata de los negros hacia las Indias occidentales (1778)", in: Tardieu, De l'Afrique aux Amériques Espagnoles, S. 109–129.
Tardieu, „Morir o dominar". En torno al reglamento de esclavos en Cuba (1841–1866), Madrid: Iberoamericana; Frankfurt am Main: Vervuert Verlag, 2003 (Acta Coloniensia. Estudios Ibéricos y Latinoamericanos, eds. Hans Jürgen Prien y Michael Zeuske, VII).
Tardieu, „La esclavitud de los negros y el plan de Dios: la dialectica de los jesuitas del virreinato del Perú", in: Marzal, Manuel M.; Negro, Sandra (comps.), Esclavitud, economía y evangelización: las haciendas jesuitas en la América virreinal, Lima: Fondo Editorial Pontifícia Universidad Católica del Perú, 2005, S. 67–81.
Tardieu, „Los "mulatos" de Esmeraldas (s. XVI). ¿Tiranos o defensores de los indios?", in: Laviña; Orobitg, Gemma (coords.), Resistencia y territorialidad. Culturas indígenas y afroamericanas, Barcelona: Universitat de Barcelona. Departament d'Antropologia Cultural i Història d'America i d'Àfrica, 2008, S. 135–163.
Tardieu, Cimarrones de Panamá. La forja de una identidad afroamericana en el siglo XVI, Frankfurt/Main; Madrid: Vervuert, 2009.
Tavares, Luís Enrique Diaz, Comércio Proibido de Escravos, São Paulo: Ática, 1988.
Taylor, Rosser Howard, Slaveholding in North Carolina, Chapel Hill: University of North Carolina Press, 1926.
Telesca, Ignacio, „Afrodescendientes: esclavos y libres", in: Telesca, Historia del Paraguay, Asunción: Taurus, 2010, S. 337–356.
Telesca, „Esclavitud en Paraguay: las estancias jesuíticas", in: Pineau, Marisa (ed.), La ruta del esclavo en el Río de la Plata. Aportes para el diálogo intercultural, Buenos Aires: EDUNTREF, 2011, S. 153–172.
Terra, Paulo Cruz, „Free and Unfree Labour and Ethnic Conflicts in the Brazilian Transport Industry: Rio de Janeiro in the Nineteenth Century", in: International Review 59 (2014), Special Issue (= Belluci, Stefano; Corrêa, Larissa Rosa; Deutsch, Jan-Georg; Joshi, Chitra (eds.), Labour in Transport: Histories from the Global South, c. 1750–1950), S. 113–132.
Thibaud, Clément, „Après l'esclavage. ‚Colonisation nouvelle' et méridien impérial en Amérique hispanique (1780–1860)", in: Dorigny, Marcel; Gainot, Bernard (dirs.), La colonisation nouvelle (fin XVIIIe siècle–début XIXe siècle), Paris: Éditions SPM, 2018, S. 109–152.
Thomas, Hugh, „The Planters", in: Thomas, Cuba or the Pursuit of Freedom, London: Eyre & Spottiswoode, 1971, S. 136–155.
Thomas, „The Slave Merchants", in: Thomas, Cuba, S. 156–167.
Thomas, The Slave Trade. The History of the Atlantic Slave Trade: 1440–1870, London and Basingstoke: Picador, 1997.
Thomas, Sue, Telling West Indian Lives Life Narrative and the Reform of Plantation Slavery Cultures 1804–1834, London: Palgrave Macmillan, 2014.
Thompson, Edgar T., „The Plantation: Background and Definition", in: Thompson, Plantation societies, race relations, and the South: the regimentation of populations. Selected papers of Edgar T. Thompson, Durham: Duke University Press, 1975, S. 3–40.

Thornton, Amanda, „Coerced Care: Thomas Thistlewood's Account of Medical Practice on Enslaved Populations in Colonial Jamaica", in: Slavery & Abolition 32:4 (2011), S. 535–559.
Timmermann, Andreas, „Der Parlamentarier als ‚Held der Unabhängigkeit' – José Mejía Lequerica in den Cortes von Cádiz und in der Historiographie Ecuadors", in: Jahrbuch für Geschichte Lateinamerikas Vol. 50 (2013), S. 303–329.
Tomich, „The Wealth of the Empire: Fancisco de Arango y Parreño, Political Economy, and the Second Slavery in Cuba", in: Comparative Studies in Society and History, No. 1 (2003), S. 4–28.
Tomich; Funes Monzote, „Naturaleza, tecnologia y esclavitud en Cuba: Frontera azucarera y Revolución industrial, 1815–1870", in: Piqueras (ed.), Trabajo libre y trabajo coactivo en sociedades de plantación, Madrid: Siglo XXI de España, 2009, S. 75–117.
Tomich; Funes Monzote, „Fronteira Açucareira e Revolução Industrial em Cuba, 1815–1870", in: Cunha, Olivia Maria Gomes da (ed.), Outras Ilhas: espaços, temporalidades e transformações em Cuba, Rio de Janeiro: Aeroplano/FAPERJ, 2010, S. 65–117.
Tornero, Tinajero, „El protocolo anglo-español de 1817 y Cuba", in: Tornero Tinajero, Crecimiento Económico y Transformaciones Sociales. Esclavos, Hacendados y Comerciantes en la Cuba Colonial (1760–1840), Madrid: Centro de Publicaciones del Ministerio de Trabajo y Seguridad Social, 1996, S. 89–99.
Tomlins, Christopher, „Reconsidering Indenture Servitude. European Migrations and the Early American Labor Force, 1600–1775", in: Labor History 42 (2001), S. 5–43.
Torres Ramírez, Bibiano, La Compañía Gaditana de Negros, Sevilla: Escuela de Estudios Hispano-Americanos de Sevilla, 1973.
Tortora, Daniel J., Carolina in Crisis: Cherokees, Colonists, and Slaves in the American Southeast, 1756–1763, Chapel Hill: University of North Carolina Press, 2015.
Tovar Pinzón, Hermes, Convocatoria al poder del número, Santa Fe de Bogotá: Archivo General de la Nación, 1994.
Trenk, Marin, Weiße Indianer. Grenzgänger zwischen den Kulturen in Nordamerika, Wismar: Persimplex, 2009.
Trotman, David V. (ed.), Beyond Fragmentation. Perspectives on Caribbean History. With a preface by Knight, Franklin, Princeton: Markus Wiener, 2006.
Trotman, „Rompiendo el silencio sobre la Revolución Haitiana", in: Cuadernos Americanos núm. 126 (2008), S. 97–115.
Trudel, Marcel, L'esclavage au Canada français: Histoire et conditions de l'esclavage, Quebec: Presses Universitaires Laval, 1960.
Twinam, Ann, Purchasing Whiteness: Pardos, Mulattos, and the Quest for Social Mobility in the Spanish Indies, Stanford: Stanford University Press, 2015.
Tyson, George F. (ed.), Toussaint L'Ouverture, New York: Prentice Hall, 1973.
Urbina Carrasco, María Ximena, „Traslados de indigenas de los archipiélagos patagónicos occidentales a Chiloé en los siglos XVI, XVII y XVIII", in: Valenzuela Márquez, Jaime (ed.), América en Diásporas. Esclavitudes y migraciones forzadas en Chile y otras regiones americanas (siglos XVI–XIX), Santiago de Chile: Instituto de Historia UC-RC- RIL, 2017, S. 381–411.
Usner Jr., Daniel H., Indians, Settlers, and Slaves in a Frontier Exchange Economy: The Lower Mississippi Valley Before 1783, Chapel Hill and London: University of North Carolina Press, 1992.
Usner, Jr., Indian Work: Language and Livelihood in Native American History, Cambridge: Harvard University Press, 2009.
Valdés Bernal, Sergio, Lenguas africanas y el español de América, La Habana: Editorial de Ciencias Sociales, 2016 (Etnolingüistica).

Valenzuela Márquez, Jaime (ed.), América en Diásporas. Esclavitudes y migraciones forzadas en Chile y otras regiones americanas (siglos XVI–XIX), Santiago de Chile: Instituto de Historia UC-RC- RIL, 2017.

Van der Velden, Baastian D., „Juristische Aspekte der Sklaverei auf Curaçao. Probleme zwischen Handelsbrauch und römisch-holländischem Recht", in: Pázmány Law Review III (2015), S. 121–134.

Van Cleve, George, A Slaveholders' Union: Slavery, Politics, and the Constitution in the Early American Republic, Chicago: University of Chicago Press, 2010.

Val'terovich Grinev, Andrei, The Tlingit Indians in Russian America 1741–1867, Lincoln & London: University of Nebraska Press, 2005.

Varella Fernández, Claudia, „El canal administrativo de los conflictos entre esclavos y amos. Causas de manumisión decididas ante síndicos en Cuba", in: Revista de Indias 251 (2011), S. 109–136.

Varella, „The price of 'coartación' in the Hispanic Caribbean: How much freedom does the master owe to the slave", in: International Journal of Cuban Studies Vol. 4:2 (Summer 2012), S. 200–210.

Varella, „A expensas de la esclavitud. La marca también de Moses Taylor & Co", in: Piqueras (ed.), Plantación, espacios agrarios y esclavitud en la Cuba colonial, Castellón de la Plana: Publicacions de la Universitat Jaume I / Casa de las Américas, 2017 (Col·lecció Amèrica, 36), S. 393–412.

Vasconcellos, Colleen A., Slavery, Childhood, and Abolition in Jamaica, 1788–1838, Athens: University of Georgia Press, 2015.

Vázquez Cienfuegos, Sigfrido, „Iniciativas de Muro y Salazar", in: Vázquez Cienfuegos, Tan difíciles tiempos para Cuba. El gobierno del Marqués de Someruelos (1799–1812), Sevilla: Universidad de Sevilla, 2008, S. 186–190.

Vázquez Cienfuegos, La Junta de la Habana. Adaptación del pacto colonial en Cuba en vísperas de las independencias hispanoamericanas, Sevilla: CSIC; Universidad de Sevilla; Diputación de Sevilla, 2013.

Venegas [Delgado], Hernán, Trinidad de Cuba. Corsarios, azúcar y revolución en el Caribe, La Habana: Centro de Investigación y Desarrollo de la Cultura Cubana Juan Marinello, 2005.

Venegas Delgado; Valdés Dávila, Carlos, La ruta del horror. Prisioneros Indios del Noreste Novohispano llevados como esclavos a La Habana, Cuba (finales del siglo XVIII a principios del siglo XIX), México DF: Plaza y Valdés, 2013.

Vergara, Ana J., „La Libertad durante el ocaso de la esclavitud: peticiones de libertad de esclavos y las leyes de manumisión republicanas (1821–1854)", in: Anuario de Estudios Bolivarianos Año XIV, No. 15 (2008), S. 151–183.

Verger, Flux et reflux de la traite des nègres entre le golfe de Bénin et Bahia de Todos os Santos du XVIIe au XIXe siècle, Paris: Mouton, 1963.

Verger, Bahia and the West African Trade, 1549–1851, Nigeria: Published for the Institute of African Studies by Ibadan University Press, 1964.

Verger, Fluxo e refluxo do tráfico de escravos entre o golfo do Benin e a Bahia de Todos os Santos dos séculos XVII a XIX, São Paulo: Editora Corrupio, 1987.

Verger, Os Libertos: sete caminhos na liberdade de escravos da Bahia no século XIX, Salvador, Bahia: Corrupio Fundação Cultural, Estado da Bahia, 1992.

Viamonte P., Jesús Rafael, „La abolición de la esclavitud: aspectos financieros", in: Tierra Firme Vol. XXII, 22, Nr. 85 (Enero–Marzo 2004), S. 61–74.

Vidal, Carlos, „Un siglo de dominación sueca, 1785–1878", in: Crespo Solana, Ana; González-Ripoll, María Dolores (coords.), Historia de las Antillas no hispanas, Madrid: CSIC/Ediciones Doce Calles, 2011 (Hisoria de Las Antillas, vol. III, ed. Naranjo Orovio, Consuelo), S. 367–377.

Vidal, Cécile (ed.), Louisiana: Crossroads of the Atlantic World, Philadelphia: University of Pennsylvania Press, 2014.

Vidal Ortega, Cartagena de Indias y la region histórica del Caribe, 1580–1640, Sevilla: Escuela de Estudios Hispanoamericanos, 2002.
Vidal Ortega, „Fuentes para el estudio del Comercio directo (contrabando) en el puerto de Cartagena de Indias en el siglo XVI y XVII“, in: América Latina en la Historia Económica, núm. 25 (enero–junio de 2006), S. 157–166.
Vidal Ortega; Caro, „La desmemoria impuesta a los hombres que trajeron. Cartagena de Indias en el siglo XVII. Un depósito de esclavos“, in: Cuadernos de Historia 37, Universidad de Chile (Diciembre 2012), S. 7–31
Vila Vilar, Enriqueta, „Los asientos portugueses y el contrabando de negros“, in: AEA 30, Sevilla (1973), S. 227–609.
Vila Vilar, „La sublevación de Portugal y la trata de negros“, in: Ibero-Amerikanisches Archiv, Neue Folge, Jg. 2, Berlin (1976), S. 171–192.
Vila Vilar, Hispanoamérica y el comercio de esclavos. Los asientos portugueses, Sevilla: Escuela de Estudios Hispano-Americanos, 1977.
Vila Vilar, „La esclavitud en el Caribe, La Florida y Luisiana: algunos datos para su estudio“, in: Marchena Fernández, Juan (ed.), La influencia de España en el Caribe, la Florida y la Luisiana (1500–1800), Madrid: Instituto de Cooperación Iberoamericana, 1983, S. 109–128.
Vila Vilar, „Posibilidades y perspectivas para el estudio de la esclavitud en los fondos del Archivo General de Indias“, in: Archivo Hispalense LXVII, Sevilla (1985), S. 255–272.
Vila Vilar; Vila Vilar, Luisa, Los abolicionistas españoles. Siglo 19, Madrid: Ediciones de cultura hispánica, 1996.
Vila Vilar, „Comienzos de la trata de esclavos en el Caribe“, in: Palabras de la Ceiba, n.º 3, Sevilla (1999), S. 29–52.
Vila Vilar with Klooster, Wim, „Forced African Settlement. The Basis of Forced Settlement: Africa and its Trading Conditions“, in: Emmer; Carrera Damas, Germán, General History of the Caribbean, Bd. II, S. 159–179.
Vila Vilar, Aspectos sociales en América colonia: de extranjeros, contrabando y esclavos, Bogotá: Instituto Caro y Cuervo, Universidad de Bogotá „Jorge Tadeo Lozano“, 2001.
Vila Vilar, „La evangelización del esclavo negro y su integración en el mundo americano“, in: Ares Queija; Stella (coords.), Negros, mulatos, zambaigos, S. 189–206.
Vila Vilar, Enriqueta, „Crisis colonial y abolicionismo“, in: Balboa; Piqueras (eds.), La excepción americana, S. 239–252.
Vila Vilar, „Sevilla, Capital de Europa“, in: Boletín de la Real Academia Sevillana de Buenas Letras: Minervae Baeticae, Nº 37 (2009), S. 57–74.
Villa-Flores, Javier, „'To Lose One's Soul': Blasphemy and Slavery in New Spain, 1596–1669“, in: Hispanic American Historical Review 82:3 (2002), S. 435–468.
Vincent, Ted, „The Blacks Who Freed Mexico“, in: The Journal of Negro History Vol. LXXXIX, no. 3 (summer 1994), S. 257–276.
Voigt, Lisa, Writing Captivity in the Early Modern Atlantic. Circulation of Knowledge and Authority in the Iberian and English Imperial World, Chapel Hill: University of North Carolina Press, 2009.
Voelz, Peter M., Slave and Soldier: The Military Impact of Blacks in the Colonial Americas, New York: Garland, 1993.
Vyšný, Peter, „Grundprobleme der Erforschung des aztekischen Rechts“, in: Societas et Jurisprudentia Vol. 3:3 (2015), S. 71–103.
Wade, Richard C., Slavery in the Cities: The South 1820–1860, New York and London: OUP, 1964.
Walker, Daniel E., No More, No More. Slavery and Cultural Resistance in Havana and New Orleans, Minnesota: University of Minnesota Press, 2004.
Walvin, James, Britain's Slave Empire, Gloucestershire: Tempus Publishing Ltd., 2000.
Walvin, „Slavery, commerce and the slave ships“, in: Walvin, Britain's Slave Empire, S. 21–34.

Ward, John R., „The Profitability of Sugar Planting in the British West Indies, 1650–1834“, in: The Economic History Review Vol. 31:2 (1978), S. 197–213.

Wareing, John, Indentured Migration and the Servant Trade from London to America 1618–1718. ‚There is Great Want of Servants‘, Oxford: Oxford University Press 2017.

Warner-Lewis, Archibald Monteath: Igbo, Jamaican, Moravian, Kingston: University of the West Indies Press, 2007.

Wasserman, Martín L. E., „Esclavos desaparecidos. La invisibilización jurídica de los hombres y mujeres comercializados durante el temprano siglo XVII en Buenos Aires“, in: Guzmán, Florencia; Geler, Lea (coords.), Actas de las Segundas Jornadas de Estudios Afrolatinoamericanos del GEALA, Buenos Aires: Instituto Ravignani-UBA, 2011, S. 817–831.

Watson, Allan, Slave Law in the Americas, Athens and London: The University of Georgia Press, 1989.

Watts, Sheldon, „Yellow fever immunities in West Africa and the Americas in the age of slavery and beyond: a reappraisal“, in: Journal of Social History Vol. 34:4 (2001), S. 955–967.

Weaver, Brendan J. M., „Fruit of the Vine, Work of Human Hands“: An Archaeology and Ethnohistory of Slavery on the Jesuit Wine Haciendas of Nasca, Peru. PhD dissertation, Department of Anthropology, Vanderbilt University, 2015.

Weinstein, Barbara, The Color of Modernity: São Paulo and the Making of Race and Nation in Brazil, Durham: Duke University Press, 2015 (Radical Perspectives Series).

Welch, Pedro L., Slave society in the city: Bridgetown, Barbados, 1680–1834, Kingston: Ian Randle Publishers, 2003.

Weltfish, Gene, „The Captive Girl Sacrifice“, in: Weltfish, The Universe Lost: Pawnee Life and Culture, New York: Bison Books, 1977 (Original 1965 (unter: www.books.google.de)), S. 106–118.

Wheat, David, The Afro-Portuguese Maritime World and the foundations of Spanish Caribbean Society, 1570–1640, Diss. Vanderbilt University, 2009 (unter: http://etd.library.vanderbilt.edu/available/etd-05272009-181157/unrestricted/Wheat_Dissertation.pdf (25. Juli 2014)).

Wheat, „A Spanish Caribbean Captivity Narrative: Four African Sailors Escape Puritan Slavers, 1635“, in: McKnight; Garofalo (eds.), Afro-Latino Voices: Narratives from the Early Modern Ibero-Atlantic World, 1550–1812, Indianapolis: Hackett, 2009, S. 195–213.

Wheat, „Nharas and Morenas Horras: A Luso-African Model for the Social History of the Spanish Caribbean, c. 1570–1640“, in: The Journal of Early Modern History Vol. 14:1–2 (2010), S. 119–150.

Wheat, „Mediterranean Slavery, New World Transformations: Galley Slaves in the Spanish Caribbean, 1578–1635“, in: Slavery & Abolition Vol. 31:3 (2010), S. 327–342 (reprinted in Morgan (ed.), Maritime Slavery, London: Routledge, 2012).

Wheat, „The First Great Waves: African Provenance Zones for the Transatlantic Slave Trade to Cartagena de Indias, 1570–1640“, in: The Journal of African History Vol. 52:1 (2011), S. 1–22.

Wheat, „Garcia Mendes Castelo Branco, fidalgo de Angola y mercader de esclavos en Veracruz y el Caribe a principios del siglo XVII“, in: Velázquez, María Elisa (coord.), Debates históricos contemporáneos: africanos y afrodescendientes en México y Centroamérica, México, D.F.: INAH; CEMCA; UNAM-CIALC; IRD, 2011, S. 85–107 (unter: http://books.openedition.org/cemca/197#ftn3 (25. Juli 2014)).

Wheat; Wise, Carl, „African Laborers for a New Empire: Iberia, Slavery, and the Atlantic World“ (online: http://ldhi.library.cofc.edu/exhibits/show/african_laborers_for_a_new_emp (03. Mai 2016)).

Wheat, „Global Transit Points and Travel in the Iberian Maritime World, 1580–1640“, in: Mancall, Peter C.; Shammas, Carole (eds.), Governing the Sea in the Early Modern Era: Essays in Honor of Robert C. Ritchie, San Marino: Huntington Library, 2015, S. 253–274.

Wheat, Atlantic Africa and the Spanish Caribbean, 1570–1640, Chapel Hill: University of North Carolina Press, 2016 (Omohundro Institute of Early American History and Culture).
Wheelan, Joseph, Jefferson's War. America's First War on Terror 1801–1805, New York: Carroll & Graf, 2003.
White, Shane, Somewhat More Independent: The End of Slavery in New York City, 1770–1810, Athens: University of Georgia Press, 1991.
White; White, Graham, „Slave Clothing and African American Culture in the Eighteenth and Nineteenth Centuries", in: Past & Present, 148 (August 1995), S. 149–186.
White, Sophie, Wild Frenchmen and Frenchified Indians. Material Culture and Race in Colonial Louisiana, Philadelphia: University of Pennsylvania Press, 2014.
Whitehead, Neil L., Lords of Tiger Spirit. A History of the Caribs in Colonial Venezuela and Guayana 1498–1820, Dordrecht/Providence: Foris Publications, 1988.
Whitehead, „Carib ethnic soldiering in Venezuela, the Guianas, and the Antilles, 1492–1820", in: Ethnohistory 37 (1990), S. 357–385.
Whitehead, „Indigenous Slavery in South America, 1492–1820", in: Eltis; Engerman (eds.), The Cambridge World History of Slavery, Vol. 3, S. 248–271.
Whitehead, Of Cannibals and Kings: Primal Anthropology in the Americas, University Park: Pennsylvania State University Press, 2011.
Wilder, Craig S., Ebony and Ivy: Race, Slavery, and the Troubled History of America's Universities, New York, Bloomsbury, 2013.
Williams, Heather Andrea, American Slavery: A Very Short Introduction, Oxford: Oxford University Press, 2014 (Very Short Introductions Series).
Williams, James Homer, „An Atlantic Perspective on the Jewish Struggle for Rights and Opportunities in Brazil, New Netherland, and New York", in: Bernardini; Fiering (eds.), The Jews and the Expansion of Europe to the West, S. 369–393.
Williams, John Hoyt, „Black Labor and State Ranches: The Tabapí Experience in Paraguay", in: The Journal of Negro History 62:4 (1977), S. 378–389.
Wilson, Andrew (ed.), The Chinese in the Caribbean, Princeton: Markus Wiener Publishers, 2004.
Wilson, Charles Morrow, Empire in green and gold: The story of the American banana trade, Westport: Greenwood Press, 1968.
Wisnoski III, Alexander, „It is Unjust for the Law of Marriage to be broken by the Law of Slavery. Married slaves and their Masters in Early Colonial Lima", in: Slavery & Abolition. A Journal of Slave and Post-Slave Studies Vol. 35:2 (2014), S. 234–252.
Wiznitzer, Arnold, Jews in Colonial Brazil, New York: Columbia University Press, 1960.
Woods, Michael E., Bleeding Kansas: Slavery, Sectionalism, and Civil War on the Missouri-Kansas Border, New York: Routledge Press, 2016 (Critical Moments in American History Series).
Wolf, Eva Sheppard, Almost Free: A Story about Family and Race in Antebellum Virginia, Athens and London: University of Georgia Press, 2012.
Wolff, Inge, „Negersklaverei und Negerhandel in Hochperu. 1545–1640", in: Jahrbuch für Geschichte von Staat, Wirtschaft und Gesellschaft Lateinamerika Vol. 1 (1964), S. 157–186.
Wolff, Jennifer, „'Guerra justa' y Real Hacienda: una nueva aproximación a la esclavitud indígena en la isla de San Juan y la Española, 1509–1519", in: Op. Cit., núm. 22, San Juan de Puerto Rico (2013–2014), S. 215–257.
Wood, Betty, Slavery in Colonial America, 1619–1776, Lanham; Boulder [etc.]: Rowman & Littlefield Publishers Inc., 2005.
Wood, Laurie, „Across Oceans and Revolutions: Law and Slavery in French Saint-Domingue and Beyond", in: Law & Social Inquiry Vol. 39:3 (September, 2014), S. 758–782.
Wood, Marcus, „'All Right!': The Narrative of Henry Box Brown as a Test Case for the Racial Prescription of Rhetoric and Semiotics", in: American Antiquarian Society: A Journal of American History and Culture 107:1 (1998), S. 65–104.

Wright, Gavin, Slavery and American Economic Development, Baton Rouge: Louisiana State University Press, 2006.

Wright, Irene A., The Early History of Cuba, 1492–1586, New York: Macmillan, 1916.

Wright, „Rescates: With Special Reference to Cuba, 1599–1610", in: HAHR 3:3 (1920), S. 333–361.

Yépez Castillo, Aureo, „Los esclavos negros en Venezuela en la segunda década del siglo XIX", in: Boletín de la Academia Nacional de Historia (BANH), Nr. 249, Caracas (Enero–Marzo 1980), S. 113–141.

Zeuske, Schwarze Karibik. Sklaven, Sklavereikulturen und Emanzipation, Zürich: Rotpunktverlag, 2004.

Zeuske, „Sklaven und Kin-Sklavereien", in: Amerindian Research. Zeitschrift für indianische Kulturen von Alaska bis Feuerland Bd. 5/2 (2010), Nr. 16, S. 92–104.

Zeuske, „Unfreiheit abhängiger Landbevölkerung im atlantischen Raum und in den Amerikas, 15. bis 18. Jahrhundert – Prolegomena, Typologien der Anfänge, Bedingungen und lange Linien", in: Herrmann-Otto (ed.), Unfreie und abhängige Landbevölkerung, Hildesheim; Zürich [etc.]: Georg Olms Verlag, 2008, S. 71–157.

Zeuske; García Martínez, „*La Amistad* de Cuba. Ramón Ferrer, contrabando de esclavos, captividad y modernidad atlántica", in: Caribbean Studies Vol. 37, No. 1 (January–June 2009), S. 97–170.

Zeuske, „Alexander von Humboldt in Cuba, 1800/01 and 1804: traces of an enigma", in: Studies in Travel Writing Vol. 15, No. 4 (December 2011), S. 347–358.

Zeuske, „Sklaven und Tabak in der atlantischen Weltgeschichte", in: Historische Zeitschrift (HZ) Bd. 303:2 (Okt. 2016), S. 315–348 (online: https://www.degruyter.com/downloadpdf/j/hzhz.2016.303.issue-2/hzhz-2016-0379/hzhz-2016-0379.xml (26. Oktober 2016)).

Zeuske, „Alexander von Humboldt, die Sklavereien in den Amerikas und das ‚Tagebuch Havanna 1804'", (60 S.) (https://edition-humboldt.de/reisetagebuecher/text.xql?id=H0012105 (28. August 2018)).

Zeuske, „Karl Marx, Sklaverei, Formationstheorie, ursprüngliche Akkumulation und Global South", in: Wemheuer, Felix (ed.), Marx und der globale Süden, Köln: PapyRossa Verlag, 2016, S. 96–144.

Zeuske, „Cosmopolites of the Hidden Atlantic: the "Africans" Daniel Botefeur and his Personal Slave Robin Botefeur in Cuba / Cosmopolitas del Atlántico esclavista: los "africanos" Daniel Botefeur y su esclavos de confianza Robin Botefeur en Cuba", in: Almanack [online] no. 12 (2016), S. 129–155 (http://dx.doi.org/10.1590/2236-463320161208 (16. Mai 2016)).

Zeuske, „Sklavereien statt Sklaverei: Ein historisch-anthropologischer Essay", in: Burschel, Peter; Juterczenka, Sünne (eds.), Die europäische Expansion, Stuttgart: Steiner, 2016 (Basistexte Frühe Neuzeit; ed. Stollberg-Rillinger, Barbara; Bd. 3), S. 179–203.

Zeuske, „Francisco de Arango y Parreño: Representación (1811). Oder: Der ‚Adam Smith der Plantagensklaverei in den Amerikas' und das Verhältnis von ‚Rasse' und Klasse", in: Stieglitz, Olaf / Martschukat, Jürgen (eds.): race & sex: Eine Geschichte der Neuzeit. 49 Schlüsseltexte aus vier Jahrhunderten neu gelesen, Berlin: Neofelis Verlag 2016, S. 353–357.

Zeuske, „Kaffee statt Zucker: Die globale *commodity* Kaffee und die Sklaverei auf Kuba (ca. 1790–1870)", in: SAECULUM. Jahrbuch für Universalgeschichte 67. Jahrgang (2017), 2. Halbband, S. 275–303.

Zoller, Rüdiger (ed.), Amerikaner wider Willen. Beiträge zur Sklaverei in Lateinamerika und ihren Folgen, Frankfurt am Main: Vervuert, 1994 (Lateinamerika-Studien, Bd. 32).

Asien, Indischer Ozean, Pazifik

Abeyasekere, S., „Slaves in Batavia. Insights from a slave register", in: Reid (ed.), Slavery, Bondage, and Dependency in Southeast Asia, S. 286–314.

Abu-Lughod, Janet L., Before European Hegemony. The World System A. D. 1250–1350, Oxford: Oxford University Press, 1989.
Abu-Lughod, „Das Weltsystem im 13. Jahrhundert: Sackgasse oder Wegweiser?", in: Feldbauer; Liedl; Morrissey (eds.), Mediterraner Kolonialismus, S. 131–156.
Abushouk, Ahmed Ibrahim; Ibrahim, Hassan Ahmed (eds.), The Hadhrami Diaspora in Southeast Asia: Identity Maintenance or Assimilation?, Leiden: Brill, 2009.
Aghassinan, Michel; Kévonian, Kéram, „The Armenian merchant network: overall autonomy and local integration", in: Chaudhury, Sushil; Morineau, Michel (ed.), Merchants, Companies and Trade. Europe and Asia in the early modern era, Cambridge: CUP, 1999, 71–94.
Ahuja, Ravi, „Networks of Subordination–Networks of the Subordinated. The Case of South Asian Maritime Labour under British Imperialism (c. 1890–1947)", in: Fischer-Tiné, Harald; Tambe, Ashwini (eds.), Spaces of Disorder. The Limits of British Colonial Control in South Asia and the Indian Ocean, London: Routledge, 2008, S. 13–48.
Akasoy, Anna; Yoeli-Tlalim, Ronit, „Along the Musk Routes: Exchanges between Tibet and The Islamic World", in: Asian Medicine 3 (2007), S. 217–240 (unter: http://goldsmiths.academia.edu/RonitYoeliTlalim/Papers/679947/Along_The_Musk_Routes_Exchanges_Between_Tibet_and_The_Islamic_World (21. Januar 2012)).
Al-Ani, Ayad, „Orientalistische Wurzeln: Arabien als Teil der hellenistisch-römischen und christlichen Welt und aktuelle Auswirkungen", in: Zeitschrift für Weltgeschichte Jg. 12:2 (Herbst 2011), S. 213–237.
Ali, Shanti Sadiq, The African Dispersal in the Deccan. From medieval to modern times, Hyderabad: Orient Longman, 1995.
Ali, „The Portuguese and the Slave Trade", in: Ali, The African Dispersal, S. 203–222.
Allen, Richard B., Slaves, Freedmen, and Indentured Laborers in Colonial Mauritius, Cambridge: Cambridge University Press (African Studies), 1999.
Allen, „Creating a garden of sugar: land, labor, and capital, 1721–1936", in: Allen, Slaves, Freedmen and Indentured Laborers in Colonial Mauritius, S. 9–31.
Allen, „The Mascarene Slave-Trade and Labour Migration in the Indian Ocean during the Eighteenth and Nineteenth Centuries", in: Slavery & Abolition Vol. 24:2 (2003), S. 33–50.
Allen, „Slave Trading, Abolitionism, and "New Systems of Slavery" in the Nineteenth-Century Indian Ocean World", in: Harms, Robert; Freamon, Bernard K.; Blight, David W., (eds.), Indian Ocean slavery in the age of abolition, New Haven: Yale University Press, 2013, S. 183–199.
Allen, European Slave Trading in the Indian Ocean, 1500–1850, Athens: Ohio University Press, 2014.
Allen, „Slaves, Convicts, Abolitionism and the Global Origins of the Post-Emancipation Indentured Labor System", in: Slavery & Abolition Vol. 35:2 (2014), S. 328–348.
Amitai, Reuven; Biran, Michal (eds.), Turco-Mongol Nomads and Sedentary Societies, Leiden: Brill, 2005.
Amitai, „The Mamlūk Institution, or One Thousand Years of Military Slavery in the Islamic World", in: Brown, Christopher L.; Morgan (eds.), Arming Slaves, New Haven: Yale University Press, 2006, S. 40–78.
Amitai, „Diplomacy and the Slave Trade in the Eastern Mediterranean: A Re-examination of the Mamluk-Byzantine-Genoese Triangle in the Late Thirteenth Century in Light of the Existing Early Correspondence", in: Oriente Moderno. NS Vol. 87:2 (2008), S. 349–368.
Amitai, „Im Westen nichts Neues? Re-examining Hülegü's Offensive into the Jazīra and Northern Syria in Light of Recent Research", in: Krämer, Frank; Schmidt, Katharina; Singer, Julika (eds.), Historicizing the „Beyond". The Mongolian Invasion as a New Dimension of Violence?, Heidelberg: Springer, 2011, S. 83–96.
Amitai, „Dangerous Liaisons: Armenian-Mongol-Mamluk Relations (1260–1292)", in: Dédéyan, Gérard; Mutafian, Claude (eds.), La Méditerranée des Arméniens, XIIe–XVe siècle, Paris: Geuthner, 2014, S. 191–206.

Amitai, „The Mongols as Seen by the Arabic Sources: The View from across Asia", in: Tserendorj, Ts.; Khishigt, N. (eds.), Chinggis Khan and Globalization. Proceedings of International Conference „Chinggis Khan and Globalization", 14–15 November 2012, Ulaan Baatar, Mongolia: Ulaan Baatar: Mongolian Academy of Sciences, 2014, S. 125–131.

Amitai; Biran (eds.), Nomads as Agents of Cultural Change: The Mongols and Their Eurasian Predecessors, Honolulu: University of Hawai'i Press, 2015, S. 32–49.

Amitai, „The Early Mamlūks and the End of the Crusaders Presence in Syria (1205–1290)", in: Boas, Adrian J. (ed.), The Crusaders World, London/New York: Routledge, 2016, S. 324–345.

Andrade, Tonio, Lost Colony: The Untold Story of China's First Great Victory over the West, Princeton: Princeton University Press, 2011.

Aphornsuvan, Thanet, „Slavery and Modernity: Freedom in the Making of Modern Siam", in: Kelly; Reid, Anthony (eds.), Asian freedoms: the idea of freedom in East and Southeast Asia, Cambridge [etc.]: CUP, 1998, S. 161–186.

Arasaratnam, Sinnappah, Merchants, Companies and Commerce on the Coromandel Coast, 1650–1740, Delhi: Oxford University Press, 1986.

Arasaratnam, „Slave Trade in the Indian Ocean in the Seventeenth Century" in: Mathew, Kuzhippalli Skaria (ed.), Mariners, Merchants and Oceans: Studies in Maritime History, New Delhi: Manohar, 1995, S. 195–208.

Arcilla, José S., „Slavery, Flogging and Other Moral Cases in 17th Century Philippines", in: Philippine Studies Vol. 20:3 (1972), S. 399–416.

Arnold, David, „Sultane und Sklaven", in: Arnold, Südasien, Frankfurt am Main: S. Fischer, 2012 (Neue Fischer Weltgeschichte, Bd. 11; Fisch, Jörg; Nippel, Wilfried; Schwentker, Wolfgang), S. 205–233.

Aso, Michitake, „Plantations: Economies, societies, and environments, 1850–1950" (online: https://www.academia.edu/1834380/Plantations_Economies_societies_and_environments_1850-1950 (30. April 2016)).

Aso, „Profits or people? Rubber Plantations and Everyday Technology in Rural Indochina", in: Modern Asian Studies Vol. 46:1 (2012), S. 19–45.

Ayalon, David, L'esclavage du Mamelouk, Jerusalem: Israel Oriental Society, 1951 (= Oriental Notes and Studies, No. 1).

Ayalon, Outsiders in the lands of Islam: Mamluks, Mongols and Eunuchs, London: Variorum Reprints, 1988 (Collected Studies).

Ayalon, „The Harem: A Major Source of Islam's Military Might", in: Kedar, Benjamin Zeev; Werblowsky, R. J. Zwi (eds.), Sacred Space. Shrine, City, Land [Proceedings from the international conference in memory of Joshua Prawer held in Jerusalem, June 8–13, 1992], Jerusalem and London: Israel Academy of Sciences and Humanities, and Macmillan, 1998, S. 140–150.

Ayalon, Eunuchs, Caliphs and Sultans: A Study in Power Relationships, Jerusalem: Magnes Press, Hebrew University, 1999.

Barendse, Rene J., The Arabian Seas. The Indian Ocean of the Seventeenth Century, New York: M. E. Sharpe, 2002.

Barth, Fredrik, Sohar: Culture and Society in an Omani Town, Baltimore: Johns Hopkins University Press, 1983.

Baten, Jörg; Stegl, Mojgan; Eng, Pierre van der, „Long-Term Economic Growth and the Standard of Living in Indonesia", in: Working Papers in Economics & Econometics , Working Paper no. 15 (February 2010), S. 1–34; unter: https://ideas.repec.org/p/acb/cbeeco/2010-514.html (letzter Zugriff 15. 1. 2018).

Bauss, Rudy, „The Portuguese slave trade from Mozambique to Portuguese India and Macau and comments on Timor, 1750–1850", in: Camões Centre Quarterly 6–7 (1997), S. 21–26.

Beemer, Bryce, „Southeast Asian Slavery and Slave-Gathering Warfare as a Vector for Culture Transmission: the case of Burma and Thailand", in: Historian Vol. 71:3 (Fall 2009), S. 481–506.

Beemer, The Creole City in Southeast Asia: Slave Gathering Warfare and Culture Exchange in Burma, Thailand and Manipur, 1752–1885, Ph.D. dissertation, University of Hawai'i, 2013.

Beemer, „Bangkok, Creole City: War Slaves, Refugees, and the Transformation of Culture in Urban Southeast Asia", in: Literature Compass 13/5 (2016), S. 266–276.

Ben-Naeh, Yaron, „Blond, Tall, with Honey-Colored Eyes: Jewish Ownership of Slaves in the Ottoman Empire", in: Jewish History Vol. 20 (2006), S. 73–90.

Bigalke, Terance, „Dynamics of the Torajan slave trade in South Sulawesi", in: Reid, Anthony (ed.), Slavery, Bondage, and Dependency in Southeast Asia, St. Lucia; New York: University of Queensland Press, 1983, S. 341–363.

Bigalke, Tana Toraja: A Social History of an Indonesian People, Leiden: KITLV Press, 2005.

Biran, Michal, „The Mongol transformation: From the Steppe to Eurasian Empire", in: Arnason, Johan P.; Wittrock, Björn (eds.), Eurasian Transformations Tenth to Thirteenth Centuries: Crystallizations, Divergences, Renaissances, Leiden and Boston: Brill, 2004 (Medieval Encounters 10:1–3), S. 338–361.

Biran, „The Mongol Empire and the Inter-Civilizational Exchange", in: Kedar, Benjamin Z.; Wiesner-Hanks, Merry (eds.), The Cambridge World History, Cambridge: CUP, 2015 (Vol. V: Expanding Webs of Exchange and Conflict, 500 CE–1500 CE), S. 534–558.

Bischoff, Jeannine, „Sklaverei auf dem Dach der Welt? Zur Anwendbarkeit des Begriffes auf tibetische Bauern und Viehzüchter", in: Dhau. Jahrbuch für außereuropäische Geschichte 2 (2017), S. 121–141.

Blench, Roger M., „The history of Pigs in Africa", in: Blench, Roger M. & MacDonald, Kevin C. (eds.), The Origin and Development of African Livestock. Archaelogy, genetics, linguistics, and ethnography, London: University College Press, 2000, S. 355–367.

Blench, „The movement of cultivated plants between Africa and India in prehistory", in: Neumann, Katharina; Butler, Ann & Kahlhaber, Stefanie (eds.), Food, fuel and fields: progress in African Archaeobotany, Köln: Heinrich-Barth-Institut, 2003, S. 273–292.

Bok-Rae, Kim, „Nobi: A Korean System of Slavery", in: Slavery & Abolition Vol. 24:2 (2003), S. 155–168.

Bok-Rae, „The Third Gender. Palace Eunuchs", in: Campbell; Miers; Miller (eds.), Children in Slavery, S. 135–151.

Bok-Rae, „Debt Slaves in Old Korea", in: Campbell; Stanziani (eds.), Bonded Labour and Debt in the Indian Ocean World, S. 165–174.

Bonialian, Mariano, „Nuevos problemas sobre una vieja controversia: el flujo de plata entre América y China durante el siglo XVIII", in: Hausberger; Ibarra (comps.), Oro y plata en los inicios de la economía global: de las minas a la moneda, México: UNAM / El Colegio de México, 2014, S. 217–249.

Boomgard, Peter, „Human Capital, Slavery and Low Rates of Economic and Population Growth in Indonesia", in: Campbell, Gwyn (ed.), The Structure of Slavery in Indian Ocean Africa and Asia, London; Portland: Frank Cass, 2004 (Studies in Slave and Post-Slave Societies and Cultures; Series Editor: Gad Heuman), S. 83–96.

Bosma, Ulbe; Giusti-Cordero, Juan; Knight, G. Rogers (eds.), Sugarlandia Revisited. Sugar and Colonialism in Asia and the Americas, 1800 to 1940, New York; Oxford: Berghahn Books, 2007.

Bosma; Raben, Remco, Being „Dutch" in the Indies. A History of Creolisation and Empire, 1500–1920, Athens: Ohio University Press, 2008.

Bosma, „The discourse on free labour and the forced Cultivation System: the contradictory consequences of the abolition of slave trade for colonial Java 1811–1863", in: Linden, Marcel van der (ed.), Humanitarian Intervention and Changing Labor Relations. The Long-term Consequences of the Abolition of the Slave Trade, Leiden/Boston: Brill, 2011, S. 387–418.

Bosma; Curry-Machado, Jonathan, „Two Islands, One Commodity: Cuba, Java, and the Global Sugar Trade (1790–1930)“, in: New West India Guide 86:3–4 (2012), S. 237–262.

Bosma, „The Dutch Colonial Empire“, in: Gehler, Michael; Rollinger, Robert unter Mitwirkung von Fick, Sabine und Pittl, Simone (eds.), Imperien und Reiche in der Weltgeschichte. Epochenübergreifende und globalhistorische Vergleiche, 2 Bde., Wiesbaden: Harrassowitz Verlag, 2014, (Bd. I: Imperien des Altertums, mittelalterliche und frühneuzeitliche Imperien; Bd. II: Neuzeitliche Imperien, zeitgeschichtliche Imperien, Imperien in Theorie, Geist, Wissenschaft, Recht und Architektur, Wahrnehmung und Vermittlung. Unt. Mitarb. v. Sabine Fick u. Simone Pittl), Bd. II, S. 999–1026.

Brahm, Felix, „Translokale Beziehungen und ihre Repräsentation. Sansibar-Stadt im 19. und 20. Jahrhundert“, in: Historische Anthropologie Jg. 21 (2013), S. 67–84.

Breman, Jan; Valentine, Daniel E., „Conclusion: The Making of a Coolie“, in: Bernstein, Henry; Brass, Tom; Valentine (eds.), Plantations, Peasants and Proletarians in Colonial Asia, London: Frank Cass, 1992, S. 268–301.

Breman, Mobilizing Labour for the Global Coffee Market. Profits from an Unfree Work Regime in Colonial Java, Amsterdam: Amsterdam University Press, 2015.

Brook, Timothy, „The South China Sea World Economy“, in: Brook, The Troubled Empire: China in the Yuan and Ming Dynasties, Cambridge and London: Belknap Press of Harvard University Press, 2010 (History of Imperial China), S. 225–237.

Brown, Jonathan, „Slavery and Islam – Part 1: The Problem of Slavery“ (online: https://yaqeeninstitute.org/en/jonathan-brown/the-problem-of-slavery/ (21. Juli 2017)).

Brown, Laurence, „'A Most Irregular Traffic'. The Oceanic Passages of the Melanesian Labor Trade“, in: Christopher; Pybus; Rediker (eds.), Many Middle Passages, S. 184–203.

Bowie, Katherine A., „Slavery in nineteenth century northern Thailand: archival anecdotes and village voices“, in: Durrenberger, E. Paul (ed.), State power and culture in Thailand, New Haven: Yale University Press, 1996, S. 100–138.

Boxer, Charles R., The Great Ship from Amacon, Lisbon: Centro de Estudos Históricos Ultramarinos, 1959 (Macau: Instituto Cultural de Macau / Centro de Estudos Marítimos de Macau, 1988).

Boxer, „Moçambique island and the 'carreira da Índia'“ [1961], in: Boxer (ed.), From Lisboa to Goa 1500–1750: studies in Portuguese maritime expansion, London: Variorum reprints, 1984, S. 95–132.

Campbell, Gwyn, „Madagascar and the Slave Trade, 1810–1895“, in: J.Afr.Hist. 22 (1981), S. 203–227.

Campbell, „Madagaskar and Mozambique in the slave trade of the western Indian ocean, 1800–1861“, in: Clarence-Smith (ed.), The Economics of the Indian Ocean Slave Trade in the Nineteenth Century, S. 166–193.

Campbell (ed.), The Structure of Slavery in Indian Ocean Africa and Asia, London; Portland: Frank Cass, 2004 (Studies in Slave and Post-Slave Societies and Cultures; Series Editor: Gad Heuman).

Campbell, An Economic History of Imperial Madagascar, 1750–1895: The Rise and Fall of an Island Empire, Cambridge: Cambridge University Press, 2005 (African Studies Series).

Campbell, „The Role of Africa in the Emergence of the Indian Ocean World Global Economy“, in: Gupta, Pamila; Hofmeyr, Isabel; Pearson, Michael N. (eds.), Eyes Across the Water: Navigating the Indian Ocean, Pretoria: UNISA Press, 2010, S. 170–196.

Campbell, „Slavery in the Indian Ocean World“, in: Heuman; Burnard (eds.), The Routledge History of Slavery, S. 52–63.

Campbell (ed.), Africa and the Early Indian Ocean World Exchange to circa 1300, London: Palgrave Macmillan, 2016.

Campbell, Ian C., „Sandalwood and 'Blackbirding'", in: Campbell, A History of the Pacific Islands, Berkeley/Los Angeles: University of California Press, 1989, S. 101–115.

Capela; Medeiros, Eduardo, O tráfico de escravos de Moçambique para as ilhas do Índico, 1720–1902, Maputo: Núcleo Editorial da Universidade Eduardo Mondlane/Imprena Nacional de Moçambique, 1987.

Caswell, F. Matthew, The Slave Girls of Baghdad, London & New York: I. B. Tauris, 2011.

Chakravarti, Uma, „Of Dasas and Karmakaras: Servile Labour in Ancient India", in: Patnaik, Utsa; Dingwaney, Manjari (eds.), Chains of Servitude: Bondage and Slavery in India, Madras, India: Sangam Books: 1985, S. 35–69.

Chander, Harish, „Janet Lim (ca. 1921–)", in: Huang, Guiyou, Asian American Autobiographers: A Bio-bibliographical Critical Sourcebook, Westport: Greenwood Press, 2001, S. 209–211.

Chatterjee, Indrani, Gender, Slavery and Law in Colonial India, New Delhi: Oxford University Press, 1999.

Chatterjee, „Colouring Subalternity: Slaves, Concubines and Social Orphans in Early Colonial India", in: Subaltern Studies 10 (1999), S. 49–97.

Chatterjee; Guha, Sumit, „Slave-queen, waif-prince: Slavery and social capital in eighteeth century India", in: Indian Economic and Social History Review 36:2 (1999), S. 165–186.

Chatterjee; Eaton, Richard M. (eds.), Slavery and South Asian History, Bloomington and Indianapolis: Indiana University Press, 2006.

Cheikh-Moussa, Abdallah, „Figures de l'esclave chanteuse à l'époque 'abbâside'", in: Bresc (ed.), Figures de l'esclave au Moyen-Âge et dans le moderne, Paris: L' Harmattan, 1996, S. 31–76.

Cheng Wie-chung, War, Trade and Piracy in the China Seas 1622–1683, Leiden: Brill, 2013.

Chevaleyre, Claude, „Acting as Master and Bondservant: Considerations on Status, Identities, and the Nature of Bond-servitude in Late Ming China" in: Stanziani (ed.), Labour, Coercion, and Economic Growth in 17th–20th Centuries, Leiden: Brill, 2013, S. 237–272.

Chevaleyre, „Under Pressure and out of Respect for Human Dignity: the 1910 Chinese Abolition", in: Cottias, Myriam; Rossignol, Marie-Jeanne (coords.), Distant Ripples of the British Abolitionist Wave: Africa, Asia and the Americas, Trenton [etc.]: Africa World Press, 2017, S. 147–198.

Chevaleyre, „Asservir pour punir: la nature pénale du statut d'esclave dans la Chine des Ming (1386–1644)", in: Extrême-Orient, Extrême-Occident 41 (2017), S. 93–117.

Ciocîltan, Virgil, The Mongols and the Black Sea Trade in the Thirteenth and Fourteenth Centuries, Leiden: Brill, 2012 (East Central and Eastern Europe in the Middle Ages, 450–1450; Vol. 20).

Classen, Albrecht, „Life writing as a slave in Turkish hands: Georgius of Hungary's reflections about his existence in the Turkish world", in: Neohelicon 39 (2012), S. 55–72.

Clarence-Smith, „The Economics of the Indian Ocean and Red Sea Slave Trades in the 19th Century: An Overview", in: Slavery & Abolition. A Journal of Slave and Post-Slave Studies Volume 9:3 (1988), S. 1–20.

Condominas, Georges (ed.), Formes extrêmes de dépendance: contributions à l'étude de l'esclavage en Asie du Sud-Est, Paris: Editions de l'École des Hautes Études en Sciences Sociales, 1998.

Conermann, Die Beschreibung Indiens in der „Riḥla" des Ibn-Baṭṭūṭa: Aspekte einer herrschaftssoziologischen Einordnung des Delhi-Sultanates unter Muḥammad Ibn-Tuġluq, Berlin: Schwarz, 1993 (Islamkundliche Untersuchungen; 165).

Conermann, Mamlukica – Studies on the History and Society during the Mamluk Era/Studien zu Geschichte und Gesellschaft der Mamlukenzeit, Göttingen: V & R Unipress / Bonn Univ. Press, 2013 (= Mamluk Studies. Vol. 4).

Conermann, „South Asia and the Indian Ocean", in: Reinhard, Wolfgang (ed.), Empires and encounters: 1350–1750, Cambridge; London: The Belknap Press of Harvard University Press, 2015 (Iriya, Akita; Osterhammel, Jürgen (eds.), A History of the World), S. 389–552.

Cosmo, Nicola di, „Mongols and Merchants on the Black See Frontier in the Thirteenth and Fourteenth Centuries: Convergences and Conflicts“, in: Amitai; Biran (eds.), Turco-Mongol Nomads and Sedentary Societies, Leiden: Brill, 2005, S. 391–424, hier vor allem S. 396–398.

Cosmo, „Connecting Maritime and Continental History: The Black Sea and the Mongol Empire“, in: Miller, Peter M. (ed.), The Sea: Thalassography and Historiography, Ann Arbor: University of Michigan Press, 2013, S. 174–197.

Cosmo, „China-Steppe Relations in Historical Perspective“, in: Bemmann, Jan; Schmauder, Michael (eds.), Complexity of Interaction along the Eurasian Steppe Zone in the First Millenium CE, Bonn: Rheinische Friedrich-Wilhelms-Universität Bonn, 2015, S. 49–72.

Costa Oliveira e, João Paulo, „A route under pressure. Communication between Nagasaki and Macao (1597–1617)“, in: Bulletin of Portuguese – Japanese Studies núm. 1 (Decembro 2000), S. 75–95.

Coté, Joost, „Slaves, Coolies, and Garrison Whores. A Colonial Discourse of “Unfreedom” in the Dutch East Indies“, in: Campbell; Elbourne (eds.), Sex, Power, and Slavery, S. 561–582.

Crailsheim, Eberhard, „¿Fortalecer la cohesión interna? El ‘peligro moro’ en las Filipinas coloniales en la segunda mitad del siglo XVIII“, in: Elizalde, María Dolores; Huetz de Lemps, Xavier (eds.), Filipinas, siglo XIX. Coexistencia e interacción entre comunidades en el imperio español, Madrid: Polifemo 2017, S. 393–425.

Crossley, Pamela K., Orphan Warriors. Three Manchu Generations and the End of the Qing World, Princeton: Princeton University Press, 1990.

Crossley, „Slavery in Early Modern China“, in: Eltis; Engerman (eds.), The Cambridge World History of Slavery, Vol. 3, S. 186–213.

Croucher, Sarah K., „‘A Concubine Is Still a Slave’: Sexual Relations and Omani Colonial Identities in Nineteenth-Century East Africa“, in: Voss, Barbara L.; Casella, Eleanor Conlin (eds.), The Archaeology of Colonialism: Intimate Encounters and Sexual Effects, Cambridge/New York [u. a.]: CUP, 2012, S. 67–84.

Cruikshank, R. B., „Slavery in nineteenth Century Siam“, in: Journal of the Siam Society Vol. 63, Part 1 (1975), S. 316–333.

Ch’ü T’ung-tsu, Law and Society in Traditional China, Paris: Rainbow-Bridge Book Co., 1965 (Le Monde d’Outre-Mer passé et présent. Première Série. Études IV).

Darwin, John, After Tamerlane. The Rise & Fall of Global Empires 1400–2000, New York [etc.]: Penguin Books, 2007.

Delaye, Karine, „Slavery and Colonial Representations in Indochina from the Second Half of the Nineteenth to the Early Twentieth Century“, in: Slavery & Abolition Vol. 24:2 (2003), S. 129–142.

Deuchler, Martina, „Korea“, in: Drescher; Engerman (eds.), A Historical Guide to World Slavery, New York/Oxford: Oxford University Press, 1998, S. 385–389.

Docker, Edward W., The Blackbirders. A Brutal Story of the Kanaka Slave-Trade, London: Angus & Robertson, 1981.

Dyke, Paul A. van, Merchants of Canton and Macao: politics and strategies in eighteenth-century Chinese trade, Hong Kong: Hong Kong University Press, 2011.

Dyke, „The Trading Environment“, in: Dyke, Merchants of Canton and Macao, 2011, S. 7–29.

Eggert, Marion; Plassen, Jörg, Kleine Geschichte Koreas, München: Verlag C. H. Beck, 2005.

El-Cheikh, Nadia Maria, „Revisiting the Abbasid Harems“, in: Journal of Middle East Women’s Studies 1:3 (2005), S. 1–19.

Ehrenkreutz, Andrew S., „Strategic Implications of Slave Trade between Genoa and Mamluk Egypt in the Second Half of the Thirteenth Century“, in: Udovitch (ed.), The Islamic Middle East 700–1900, S. 335–345.

Ennaji, Mohammed, Le sujet et le mamelouk. Esclavage, pouvoir et religion dans le monde arabe, Paris: Mille et une nuits, 2007.

Erdem, Y. Hakan, Slavery in the Ottoman Empire and its Demise, 1800–1909, London: Macmillan Press Ltd, 1996.

Erkes, Eduard, Das Problem der Sklaverei in China, Berlin: Akademie-Verlag, 1952 (= Berichte über die Verhandlungen der sächsischen Akademie der Wissenschaften zu Leipzig, Philologisch-historische Klasse, Band 100, Heft 1), S. 1–30.

Ewald, „African Bondsmen, Freedmen, and the Maritime Proletariat of the Northwestern Indian Ocean World, c. 1500–1900“ in: Harms; Freamon; Blight (eds.), Indian Ocean slavery in the age of abolition, S. 200–222.

Faroqhi, Suraiya, „Quis Custodiet Custodes? Controlling Slave Identities and Slave Traders in Seventeenth and Eighteenth Century Istanbul“, in: Andor, Eszter; Toth, István Györgi (eds.), Frontiers of Faith, Budapest: Central European University / European Science Foundation, 2001, S. 119–134.

Faroqhi, „Manumission in 17th-Century Suburban Istanbul“, in: Hanß; Schiel (eds.), Mediterranean Slavery Revisited (500–1800), S. 381–401.

Faroqhi, „The Encounter with Genoa“, in: Reinhard, Wolfgang (ed.), Empires and encounters: 1350–1750, Cambridge; London: The Belknap Press of Harvard University Press, 2015 (Iriya, Akita; Osterhammel, Jürgen (eds.), A History of the World), S. 308–309.

Feeny, David, „The demise of corvée and slavery in Thailand, 1782–1913“, in: Klein, Martin A. (ed.), Breaking the Chains: Slavery, bondage, and emancipation in modern Africa and Asia, Madison: University of Wisconsin Press, 1993, S. 83–111.

Felber, Roland, „Die Reformen des Shang Yang und das Problem der Sklaverei in China“, in: Charlotte Welskopf, Elisabeth (ed.), Neue Beiträge zur Geschichte der Alten Welt, 2 Vols., Berlin: Akademie Verlag, 1964, Bd. I, S. 111–120.

Filliot, Jean-Michel, La traite des esclaves vers les Mascareignes au XVIIe siècle, Paris: O.R.S.T.O.M, 1974.

Fischer, Steven Roder, A History of Pacific Islands, New York: Palgrave Macmillan, 2013.

Fisher, Alan W., The Crimean Tatars, Stanford: University of Stanford Press, 1978.

Fisher, „The Sale of Slaves in the Ottoman Empire: Markets and State Taxes on Slave Sales. Some Preliminary Considerations“, in: Boğaziçi University Journal VI (1978), S. 149–174.

Fisher, „Chattel slavery in the Ottoman Empire“, in: Slavery & Abolition, I:1 (1980), S. 25–45.

Fisher, „Studies in Ottoman Slavery and Slave Trade, II. Manumission“, in: Journal of Turkish Studies 4 (1980), S. 49–56.

Fisher, Michael, „Bound for Britain: Changing conditions of Servitude, 1600–1857“, in: Chatterjee; Eaton (eds.), Slavery and South Asian history, S. 187–209.

Freitag, Ulrike; Clarence-Smith (eds.), Hadhrami Traders, Scholars and Statesmen in the Indian Ocean, 1750s–1960s, Leiden: Brill, 1997.

Freitag, „Islamische Netzwerke im Indischen Ozean“, in: Rothermund, Dietmar; Weigelin-Schwiedrzik (eds.), Der Indische Ozean. Das afro-asiatische Mittelmeer als Kultur- und Wirtschaftsraum, Wien: Verein für Geschichte und Sozialkunde & Promedia Verlag, 2004 (Edition Weltregionen, Band 9), S. 61–82.

Fuhrmann, Malte, „Western Perversions' at the Threshold of Felicity: The European Prostitutes of Galata-Pera (1870–1915)“, in: History and Anthropology Vol. 21:2 (2010), S. 159–172.

Gardner, Andrew, „Engulfed: Indian Guest Workers, Bahraini Citizens and the Structural Violence of the Kafala System“, in: De Genova, Nicholas; Peutz, Nathalie (eds.), The Deportation Regime: Sovereignty, Space, and Freedom of Movement, Durham: Duke University Press, 2010, S. 305–349.

Gerbeau, Hubert, „L'Océan Indien n'est pas l'Atlantique: La traite illégale à Bourbon au XIXe siècle“ in: Outre mers. Revue d'histoire Vol. 89, no. 336–337 (2002), S. 79–108.

Giersch, C. Patterson, „Cotton, Copper, and Caravans: Trade and the Transformation of Southwest China“, in: Tagliacozzo, Eric; Chang, Wen-chin (eds.), Chinese Circulations: Capital,

Commodities, and Networks in Southeast Asia. With a foreword by Wang Gungwu, Durham and London: Duke University Press, 2011, S. 37–61.
Gil, Jews in Islamic Countries in the Middle Ages, Leiden: Brill, 2004.
Glück, Ulrike, „Das Dian an Personen“, in: Glück, Das Dian. Ein traditionelles chinesisches Rechtsinstitut in Gegenwart und Vergangenheit, Berlin: Duncker & Humblot, 1999, S. 62–63.
Golden, Nomads and their Neighbours in the Russian Steppe. Turks, Khazars and Qipchaqs, Aldershot: Ashgate Publishing, 2003 (Variorum Collected Studies).
Golden, „Ethnogenesis in the Tribal Zone: The Shaping of the Türks“, in: Golden, Studies on the Peoples and Cultures of the Eurasian Steppes, ed. by Hribans, Cătălin, Bucureşti – Brăila: Editura Academiai Románe; Muzeul Brăilei Editura Istros, 2011, S. 17–63.
Golden, „War and Warfare in the Pre-Činggisid Western Steppes of Eurasia“, in: Golden, Studies on the Peoples and Cultures of the Eurasian Steppes, S. 65–133.
Golden, „The Shaping of the Cuman-Qïpčaqs and Their World“, in: Golden, Studies on the Peoples and Cultures of the Eurasian Steppes, S. 303–332.
Gommans, Jos, „Warhorse and post-nomadic empire in Asia, c. 1000–1800“, in: Journal of Global History 2 (2007), S. 1–21.
Gordon, Matthew, „Preliminary Remarks on Slaves and Slave Labor in the Third/Ninth Century 'Abbasid Empire“, in: Culbertson, Laura (ed.), Slaves and Households in the Near East, Chicago: Oriental Institute / University of Chicago, 2011, S. 71–84.
Grabowsky, Volker, „Note on Kep Phak Sai Sa Kep Kha Sai Müang“, in: Aséanie 8 (2001), S. 67–71.
Grant, Jr, Frederic Delano, „Sources of the Canton Guaranty System“, in: Grant Jr., The Chinese cornerstone of modern banking: the Canton guaranty system and the origins of bank deposit insurance 1780–1933, PhD dissertation, University of Leiden 2012, S. 15–46, hier S. 16 (online: https://openaccess.leidenuniv.nl/bitstream/handle/1887/20013/02.pdf?sequence=7 (30. November 2015)).
Graves, Adrian, „Colonialism, Indentured Labour Migration in the Western Pacific, 1840–1915“, in: Emmer (ed.), Colonialism and Migration: Indentured Labour before and after Slavery, Dordrecht: M. Nijhoff, 1986, S. 237–259.
Gürkan, Emrah Safa, „The centre and the frontier: Ottoman cooperation with the North African corsairs in the sixteenth century“, in: Turkish Historical Review 1/2 (2010), S. 125–163.
Guha, Sumit, „Slavery, society, and the state in western India“, in: Chatterjee; Eaton (eds.), Slavery and South Asian History, S. 162–186.
Hanna, Nelly, „Sources for the study of slave women and concubines in Ottoman Egypt“, in: Sonbol, Amira El-Azhary (ed.), Beyond the Exotic. Womens History in Islamic Societies, Syracuse: Syracuse University Press, 2005, S. 119–130.
Hansen, Valerie, Negotiating Daily Life in Traditional China: How Ordinary People Used Contracts, 600–1400, New Haven: Yale University Press, 1996.
Hansen, „The Effects of China's Population Increase“, in: Hansen, The Open Empire. A History of China to 1600, New York: W. W. Norton Company, 2000, S. 412–414.
Hägerdahl, Hans, „The Slaves of Timor: Life and Death on the Fringes of Early Colonial Society“, in: Itinerario 34 (2010), S. 19–44.
Hägerdahl, Lords of the land, lords of the sea. Conflict and adaption in early colonial Timor, 1600–1800, Leiden: KITLV Press, 2012.
Halikowski-Smith, Stefan, Creolization and Diaspora in the Portuguese Indies. The Social World of Ayutthaya, 1640–1720, Leiden: Brill, 2011.
Harms; Freamon, Bernard K., Blight, David (eds.), Indian Ocean Slavery in the Age of Abolition, New York: Yale University Press, 2013.
Hathaway, Jane, The Politics of Households in Ottoman Egypt: The Rise of the Qazdaglis, Cambridge: CUP, 1997.

Hathaway, Beshir Agha: Chief Eunuch of the Imperial Ottoman Harem, Oxford: Onewolrd Publications, 2006.

Hellyer, Robert, „The West, the East, and the insular middle: trading systems, demand, and labour in the integration of the Pacific, 1750–1875“, in: Journal of Global History Vol. 8:3 (November 2013), S. 391–413.

Hodong Kim, „The Unity of the Mongol Empire and Continental Exchanges over Eurasia“, in: Journal of Central Eurasian Studies Vol. 1 (Dec. 2009), S. 15–42.

Hoffmann, Gerhard, „Der mamlukisch-osmanische Militärsklave. Zu Modifikationen einer historischen Konstante“, in: Geschichte und Gesellschaft 29 (2003), S. 191–209.

Hooper, Jane; Eltis, „The Indian Ocean in Transatlantic Slavery“, in: Slavery & Abolition: A Journal of Slave and Post-Slave Studies Vol. 34:3 (2013), S. 353–375.

Hopper, Matthew S., Slaves of One Master: Globalization and Slavery in Arabia in the Age of Empire, New Haven and London: Yale University Press, 2015.

Horne, The White Pacific: U. S. Imperialism and Black Slavery in the South Seas after the Civil War, Honolulu: University of Hawai'i Press, 2007.

Houben, Vincent; Lindblad, J. Thomas (eds.), Coolie Labour in Colonial Indonesia. A Study of Labour Relations in the Outer Islands, C. 1900–1940, Wiesbaden: Harrassowitz, 1999.

Houben; Seibert, Julia, „(Un)freedom. Colonial Labour Relations in Belgian Congo and the Dutch East Indies Compared“, in: Frankema, Ewout; Buelens, Frans (eds.), Colonial Exploitation and Economic Development. The Belgian Congo and the Netherlands Indies Compared, London; New York: Routledge, 2013, S. 178–192.

Hu, Xiangyu, The Juridical System of the Qing Dynasty in Beijing (1644–1900), PhD dissertation, Graduate School, University of Minnesota, 2011, S. II (online: https://conservancy.umn.edu/bitstream/handle/11299/107941/Hu_umn_0130E_11938.pdf?sequence=1 (29. Oktober 2015)).

Hutson, Alaine S., „Enslavement and Manumission in Saudi Arabia, 1926–38“, in: Critique: Critical Middle Eastern Studies Vol. 11:1 (Spring 2002), S. 49–70.

Hutson, „'His Original Name Is ...' – REMAPping the Slave Experience in Saudi Arabia", in: Damir-Geilsdorf, Sabine; Lindner, Ulrike; Müller, Gesine; Tappe; Zeuske (eds.), Bonded Labour: Global and Comparative Perspectives (18th–21st Century), Bielefeld: transcript Verlag, 2016, S. 133–161.

İnalcık, Halil, „Capital Formation in the Ottoman Empire“, in: Journal of Ecnomic History Vol. 29:1 (1969), S. 97–114.

İnalcık, Halil, „Servile labour in the Ottoman Empire“, in: Ascher, Abraham et al. (eds.), The mutual effects of the Islamic and Judeo-Christian worlds, the East European pattern, New York: Brooklyn College, 1979, S. 25–52.

İnalcık with Quataert, Donald (eds.), An Economic and Social History of the Ottoman Empire, 1300–1914, Cambridge: CUP, 1994.

Ittersum, Martine Julia van, „Debating Natural Law in the Banda Islands: A Case Study in Anglo–Dutch Imperial Competition in the East Indies, 1609–1621“, in: History of European Ideas Vol. 42:4 (2016), S. 459–501, DOI: 10.1080/01916599.2015.1101216 (21. Nov. 2016)).

Jayasuriya, Shihan de Silva, The Portuguese in the East. The Cultural History of an Maritime Empire, London: Tauris, 2008.

Jayasuriya; Angenot, Jean-Pierre (eds.), Uncovering the History of Africans in Asia, Leiden/Boston: Brill, 2008.

Karl, Rebecca E.,„Slavery, Citizenship, and Gender in Late Qing China's Global Context“, in: Karl, Rebecca E.; Zarrow, Peter (eds.), Rethinking the 1898 Reform Period: Political and Cultural Change in Late Qing China, Cambridge & London: Harvard University Press, 2002, S. 212–244.

Karpov, Sergej P., L'impero di Trepisonda. Venezia, Genova e Roma, 1204–1461. Rapporti politici, diplomatici e commerciali. Traduzione di Eleonora Zambelli, Roma: Il Veltro, 1986.

Kennedy, Hugh, „The Harem", in: Kennedy, When Bagdhad Ruled the Muslim World. The Rise and Fall of Islam's Greatest Dynasty, Cambridge, MA: Da Capo Press, 2005, S. 160–199.

Khazanov, Anatoly, „Pastoral nomadic migrations and conquests", in: Kedar, Benjamin Z.; Wiesner-Hanks, Merry E. (eds.), The Cambridge World History, Cambridge: CUP, 2015 (Vol. V: Expanding Webs of Exchange and Conflict, 500 CE–1500 CE), S. 359–382.

Khazanov, „The Scythians and Their Neighbors", in: Amitai; Biran (eds.), Nomads as Agents of Cultural Change: The Mongols and Their Eurasian Predecessors, Honolulu: University of Hawaiʻi Press, 2015, S. 32–49.

Klein, Martin A. (ed.), Breaking the Chains: Slavery, bondage, and emancipation in modern Africa and Asia, Madison: University of Wisconsin Press, 1993.

Knaap, Gerrit J., „Slavery and the Dutch in Southeast Asia", in: Oostindie (ed.), Fifty Years Later, S. 193–206.

Knight, G. Robert, „Indenture, Grand Narratives and Fragmented Histories: The Dutch East Indies, c. 1880–1940", in: Linden (ed.), Humanitarian Intervention and Changing Labor Relations. The Long-Term Consequences of the Abolition of the Slave Trade, Leiden/Boston: Brill, 2011 (Studies in Global History, Vol. 7), S. 419–432.

Knight, Sugar, Steam and Steel: The Industrial Project in Colonial Java, 1830–1885, Adelaide: University of Adelaide Press, 2014.

Knödel, Susanne, Die matrilinearen Mosuo von Yongning. Eine quellenkritische Auswertung moderner chinesischer Ethnographien, Münster: LIT, 1995.

Kolodziejcyk, Dariusz, „Slave hunting and slave redemption as a business enterprise", in: Oriente Moderno Vol. 86:1 (2006), S. 149–160.

Konrad, Felix, „Der Harem", in: Konrad, Der Hof des Khediven von Ägypten. Herrscherhaushalt, Hofgesellschaft und Hofhaltung 1840–1880, Würzburg: Ergon-Verlag, 2008, S. 68–73.

Koolhof, Sirtjo; Ross, Robert, „Upas, September and the Bugis at the Cape of Good Hope. The Context of a Slave's Letter", in: Archipel 70, Paris (2005), S. 281–308 (unter: www.persee.fr/web/revues/home/prescript/article/arch_0044-8613_2005_num_70_1_3982 (13. Januar 2012)).

Kraan van den, Alfons, „Bali: Slavery and slave trade", in: Reid (ed.), Slavery, Bondage and Dependency in Southwest Asia, S. 315–340.

Krämer, Gudrun, Geschichte Palästinas: von der osmanischen Eroberung bis zur Gründung des Staates Israel, München: Beck, 2002.

Krämer, Der Vordere Orient und Nordafrika ab 1500, Frankfurt am Main: S. Fischer, 2016 (Neue Fischer Weltgeschichte, Bd. 9).

Krämer, „Fürstendiener und Pfortensklaven", in: Krämer, Der Vordere Orient und Nordafrika ab 1500, S. 81–90.

Krämer, „Freiheit und Unfreiheit", in: Krämer, Der Vordere Orient und Nordafrika ab 1500, S. 124–134.

Kumar, Dharma, „Colonialism, Bondage, and Caste in British India", in: Reid (ed.), Slavery, Bondage and Dependency in Southeast Asia, S. 112–130.

Kunt, I. Metin, „Ottoman White Eunuchs as Palace Officials and Statesman (1450–1600)", in: Hanß; Schiel (eds.), Mediterranean Slavery Revisited (500–1800), S. 325–336.

La Vaissière, Étienne de, „The Commerce Economy in Transoxania", in: La Vaissière, Sogdian Traders: A History. Translated by James Ward, Leiden: Brill, 2005, S. 299–306.

Larson, Pier M., Ocean of Letters. Language and Creolization in an Indian Ocean Diaspora, Cambridge: CUP, 2009 (Critical Perspectives on Empire).

Lee, A. C. W.; So, K. T., „Child slavery in Hong Kong: case report and historical review", in: Hong Kong Medical Journal Vol. 12 (6. Dezember 2006), S. 463–466 (online: http://www.hkmj.org/system/files/hkm0612p463.pdf (09. Januar 2016)).

Lekon, Christian, Time, Space and Globalization. Hadhramaut and the Indian Ocean Rim, 1863–1967, Gleichen: Musterschmidt, 2014 (Zur Kritik der Geschichtsschreibung Bd. 12).

Lewis, Bernard, Race and slavery in the Middle East: an historical enquiry, New York: Oxford University Press, 1990.
Leslie, Donald D., „The Earliest Traces of Jews in China“, in: Leslie, The Survival of the Chinese Jews. The Jewish Community of Kaifeng, Leiden: Brill, 1972, S. 5–17.
Lim, Janet, Sold for Silver: An Autobiography of a Girl Sold Into Slavery in Southeast Asia, Singapore: Monsoon Books, 2005 [Original: Cleveland and New York: World Publishing Company, 1958; Deutsch: Als Sklavin verkauft: Ein Lebensroman, Berlin; Wien: Zsolnay, 1959].
Lindsay, James, Daily Life in the Medieval Islamic World, Westport: Greenwood Publishing Group, 2005.
Loth, Vincent C., „Pioneers and Perkeniers: The Banda Islands in the 17. Century“, in: CAKALELE Vol. 6 (1995), S. 13–35 (online: (http://scholarspace.manoa.hawaii.edu/bitstream/handle/10125/4207/UHM.CSEAS.Cakalele.v6.Loth.pdf?sequence=1 (21. Nov. 2016)).
Ma, Keyao, „Is the City in Feudal Society a Capitalist Island?“, in: Ma, Asian and European Feudalism. Three Studies in Comparative History. Edited with an introduction by Littrup, Leif, Copenhagen: East Asian Institute/ University of Copenhagen, 1990 (East Asian Institute Occasional Papers, 7), S. 19–31.
Mabbett, I., „Some remarks on the present state of knowledge about slavery in Angkor“, in: Reid, Anthony (ed.), Slavery, Bondage, and Dependency in Southeast Asia, St. Lucia; New York: University of Queensland Press, 1983, S. 44–63.
Major, Andrea, „'To Call a Slave a Slave': Recovering Indian Slavery“, in: Major, Slavery, Abolition and Empire in India, 1772–1843, Liverpool: Liverpool University Press, 2012, S. 18–38.
Mann, „Empirische Eilande. Inseln als Laboratorien der europäischen Expansion“, in: Jahrbuch für Europäische Überseegeschichte 5 (2005), S. 27–53.
Mann, „Kolonialismus in Zeiten der Cholera. Zum Streit zwischen Robert Koch, Max Pettenkofer und James Cuningham über die Ursachen der epidemischen Krankheit“, in: Engel, Ulf; Middell (eds.), Bruchzonen der Globalisierung, Leipzig: Leipziger Universitätsverlag, 2005 (= Comparativ. Leipziger Beiträge zur Universalgeschichte und vergleichenden Gesellschaftsforschung, 15. Jg., Heft 5/6), S. 80–106.
Mann, Sklaverei und Sklavenhandel im Indik, 16. bis 20. Jahrhundert, Leipzig: Universität Leipzig, 2009 (Working Paper Series, No. 3), unter: http://www.uni-leipzig.de/ral/gchuman/documents/working_paper_series/RAL_WP_3_Mann_web.pdf (31. Oktober 2011).
Mann, Sahibs, Sklaven und Soldaten. Geschichte des Menschenhandels rund um den Indischen Ozean, Darmstadt: Verlag Philipp von Zabern, 2011.
Margariti, Roxane Eleni, „Thieves or Sultans? Dahlak and the Rulers and Merchants of Indian Ocean Port Cities, 11th–13th Centuries AD“, in: Blue, Lucy; Cooper, John; Thomas, Ross; Whitewright, Julian (eds.), Red Sea IV: Connected Hinterlands: The Fourth International conference on the Peoples of the Red Sea Region, Oxford, UK: Archaeopress, 2010, S. 155–163.
Margariti, „An Ocean of Islands: Islands, Insularity, and the Historiography of the Indian Ocean“, in: Miller, Peter N. (ed.), The Sea: Thalassography and Historiography, Ann Arbor: The University of Michigan Press, 2012, S. 198–229.
Marmon, Shaun E. (ed.), Slavery in the Islamic Middle East, Princeton: Markus Wiener, 1999.
Martínez, Julia, „La Traite des Jaunes. Trafficking in Women and Children across the China Sea“, in: Christopher; Pybus; Rediker (eds.), Many Middle Passages, S. 204–221.
Martínez, „Mapping the Trafficking of Women across Colonial Southeast Asia, 1600s–1930s“, in: Journal of Global Slavery Vol. 1:2–3 (2016), S. 224–247.
Mathew, Kuzhippalli Skaria (ed.), Mariners, Merchants and Oceans: Studies in Maritime History, New Delhi: Manohar, 1995.
Mathews, Nathaniel, „Slavery, Abolition and the Moral Horizon of Prophet Muhammad: A Response to Jonathan Brown“ (online: https://www.academia.edu/31739080/Slavery_

Abolition_and_the_Moral_Horizon_of_Prophet_Muhammad_A_Response_to_Jonathan_Brown (21. Juli 2017)), S. 1–25.

Mathieu, Christine, A History and Anthropological Study of the Ancient Kingdoms of the Sino-Tibetan Borderland – Naxi and Mosuo, Lewiston: Edwin Mellen, 2003.

Matsuda, Matt K., Pacific Worlds. A History of Seas, Peoples and Cultures, Cambridge: CUP, 2012.

Maxworthy, Christopher G., „British whalers, merchants and smugglers, contraband trade on the Pacific coast of South America 1783–1810", in: Derroteros de la Mar del Sur n° 15 (2007), S. 77–86.

Maude, Henry Evans, Slavers in Paradise. The Peruvian Labour Trade in Polynesia, 1862–1864. Stanford/Suva/Canberra: Stanford University Press / Institute of Pacific Studies; The University of the South Pacific / The Australian National University Press, 1981.

Mazor, Amir, The Rise and Fall of a Muslim Regiment. The Mansūriyya in the First Mamluk Sultanate 678/1270–741/1341, Göttingen: V & R unipress / Bonn University Press, 2015.

Mazumdar, Sucheta, Sugar and Society in China: Peasants, Technology and the World Market, Cambridge: Harvard University Press, 1998.

Mazumdar, „The Iberian Impact on the Trading World of Asia", in: Mazumdar, Sugar and Society in China, S. 75–78.

Mazumdar, „The Impact of New World Food Crops on the Diet and Economy of China and India, ca. 1600–1900", in: Grew, Raymond (ed.), Food in Global History, Boulder: Westview, 1999, S. 58–78.

Mazumdar, „Rights in people, rights in land: concepts of customary property in late imperial China", in: Extrême-Orient, Extrême-Occident Vol. 23, no. 23 (2001), S. 89–107.

Mazumdar, „Chinese and Indian Migration: A Prospectus for Comparative Research", in: Siu-lun, Wong (ed.), Chinese and Indian Diasporas: Comparative Perspectives, Hong Kong: Centre of Asian Studies / University of Hong Kong, 2004, S. 139–167.

Mazumdar, „Localities of the Global: Asian Migrations between Slavery and Citizenship", in: International Review of Social History 52 (2007), S. 124–134.

Mazumdar, „China and the Global Atlantic: Sugar from the Age of Columbus to Pepsi-Coke and Ethanol", in: Food and Foodways Vol. 16:2 (2008) (Special Issue on Sidney Mintz, Sweetness and Power), S. 135–147.

McDonald, Kevin P., Pirates, Merchants, Settlers, and Slaves: Colonial America and the Indo-Atlantic World, Berkeley: University of California Press, 2015.

McKeown, „The Social Life of Chinese Labor", in: Tagliacozzo, Eric; Chang, Wen-chin (eds.), Chinese Circulations: Capital, Commodities, and Networks in Southeast Asia. With a foreword by Wang Gungwu, Durham and London: Duke University Press, 2011, S. 62–83.

Meagher, Arnold J., The Coolie Trade: The Traffic in Chinese Laborers to Latin America 1847–1874, Philadelphia: Xlibris, 2008.

Medard, Henri; Derat, Marie-Laure; Vernet, Thomas; Ballarin, Marie Pierre (dir.), Traites et esclavages en Afrique orientale et dans l'océan Indien, Paris: Karthala – CIRESC, 2013.

Meinardus, Otto, „The Upper Egyptian Practice of the Making of Eunuchs in the XVIII. and XIX. Century [sic]", in: Zeitschrift für Ethnologie Vol. 94:1 (1969), S. 47–58.

Mejer, Marinus J., „Slavery at the End of the Ch'ing Dynasty", in: Cohen, Jerome Alan; Edwards, R. Randle; Chan Chen, Fu-Mei (eds.), Essays on China's Legal Tradition, Princeton: Princeton University Press, 1980.

Mendelson, Isaac, Slavery in the Ancient Near East: A Comparative Study of Slavery in Baylonia, Assyria, Syria, and Palestine, from the Middle of the Third Millenium to the End of the First Millenium, New York: OUP, 1949.

Meouak, Mohamed, Saqāliba, eunuques et esclaves à la conquête du pouvoir. Géographie et histoire des élites politiques 'marginales' dans l'Espagne umayyade, Helsinki: Academia Scientiarium Fennica, 2004 (Soumalaisen Tiedeakatemian toimituksia: Humaniora, 331).

Miller, Joseph C., „A Theme in Variations: A Historical Schema of Slaving in the Atlantic and Indian Ocean Regions“, in: Campbell , Gwyn (ed.), The Structure of Slavery in Indian Ocean Africa and Asia, London; Portland: Frank Cass, 2004 (Studies in Slave and Post-Slave Societies and Cultures; Series Editor: Gad Heuman), S. 169–196.

Miran, Jonathan, Red Sea citizens: Cosmopolitan society and cultural change in Massawa, Bloomington: Indiana University Press, 2009.

Miran, „From Bondage to Freedom on the Red Sea Coast: Manumitted Slaves in Egyptian Massawa, 1873–1885“, in: Slavery & Abolition Vol. 34:1 (2013), S. 135–157.

Mishra, „Historical Perspective“, in: Mishra, Human Bondage, S. 19–38.

Moitt (ed.), Sugar, slavery and society: perspectives on the Caribbean, India, the Mascarenes and the United States, Gainesville [etc.]: University Press of Florida, 2004.

Moll-Murata, „Tributary Labour Relations in China During the Ming-Qing Transition (Seventeenth to Eighteenth Centuries)“, in: International Review of Social History Vol. 61 (2016), Special Issue 24 (= Hofmeester; Kessler, Gijs; Moll-Murata, Christine (eds.), Conquerors, Employers and Arbiters: States and Shifts in Labour Relations, 1500–2000), S. 27–48.

Monet, Paul, Les Jauniers, Histoire Vraie, Paris: Gallimard, 1930.

Montalto de Jesus, Carlos Augusto, „XXIV“, in: Montalto de Jesus, Historic Macao, Hong Kong etc.: OUP, 1984, S. 399–412 (reprint 2. Ed. 1926).

Montgomery, James E., „Travelling Autopsies: Ibn Fadlan and the Bulghar“, in: Middle-Eastern Literatures Vol. 7:1 (2004), S. 3–32.

Montgomery, „Aḥmad Ibn Faḍlān: Mission to the Volga“, in: Kennedy, Philip F.; Toorawa, Shawkat M. (eds.), Two Arabic Travel Books: Abū Zayd al-Sīrāfī. Accounts of China and India. Ed. and tr. by Mackintosh-Smith, Tim; Aḥmad ibn Faḍlān. Mission to the Volga. Ed. and tr. by Montgomery, New York; London: New York University Press, 2014, S. 190–260.

Moore, Clive, Kanaka: A History of Melanesian Mackay, Port Moresby: Institute of Papua New Guinea Studies and the University of Papua New Guinea, 1985.

Moosvi, Shireen, „The World of Labour in Mughal India (c. 1500–1750)“, in: International Review of Social History 56 (2011) (Special Issue 19: The Joy and Pain of Work: Global Attitudes and Valuations, 1500–1650, Hofmeester, Karin; Moll-Murata, Christine (eds.)), S. 245–261.

Mückler, Fidschi, Das Ende eines Südseeparadieses, Wien: Promedia, 2001.

Mukherjee, Rila, „The struggle for the Bay: The life and times of Sandwip, an almost unknown Portuguese port in the Bay of Bengal in the sixteenth and seventeenth Centuries“, in: Revista da Faculdade de Letras. HISTÓRIA, Porto, III Série, vol. 9 (2008), S. 67–88 (unter: http://ler.letras.up.pt/uploads/ficheiros/6732.pdf (01. Mai 2013)).

Munro, Doug, „The Origins of Labourers in the South Pacific: Commentary and Statistics“, in: Moore; Leckie, Jacqueline; Munro (eds.), Labour in the South Pacific, Townsville: James Cook University, 1990, S. XXXIX–LI.

Murray, Gordon, Slavery in the Arab World, New York: New Amsterdam, 1989.

Nagel, Jürgen G., „Zwischen Kommerzialisierung und Autarkie – Sklavereisysteme des maritimen Südostasiens im Zeitalter der Ostindienkompanien“, in: Menschenhandel und unfreie Arbeit, ed. Mann, Leipzig: Leipziger Universitätsverlag 2003 (= COMPARATIV. Leipziger Beiträge zur Universalgeschichte und zur vergleichenden Gesellschaftsforschung, 13. Jg., H. 4), S. 42–60.

Nagel, Der Schlüssel zu den Molukken. Makassar und die Handelsstrukturen des Malaiischen Archipels im 17. und 18. Jahrhundert – eine exemplarische Studie, Hamburg: Kovač, 2003 (Schriften zur Sozial und Wirtschaftsgeschichte, Bd. 3).

Nelson, Thomas, „Slavery in Medieval Japan“, in: Monumenta Nipponica Vol. 59:4 (Winter 2004), S. 463–492.

Neumann, Hans, „Bemerkungen zur Freilassung von Sklaven im alten Mesopotamien gegen Ende des 3. Jahrtausends v. u. Z“, in: Altorientalische Forschungen Vol. 16:2 (1989), S. 220–233.

Ngoc Huy, Nguyen; Van Tai, Ta (eds.), The Le-Code: law in traditional Vietnam, Athens: Ohio University Press, 1987.

Niekerk, Carl, „Translating the Pacific: Georg Forster's 'A Voyage round the World' / 'Reise um die Welt' (1777–1780)“, in: Martin, Alison E.; Pickford, Susan (eds.), Travel Narratives in Translation, 1750–1830: Nationalism, Ideology, Gender, London: Routledge 2012, 110–132.
Nielson, Lisa, „Gender and the Politics of Music in the Early Islamic Courts“, in: Early Music History 31 (2012), S. 233–259.
Northrup, Linda S., „Military Slavery in the Islamic and Mamluk Context“, in: Kabadayi; Reichardt, Unfreie Arbeit. Ökonomische und kulturgeschichtliche Perspektiven, S. 115–131.
Nwulia, Moses D. E., The History of Slavery in Mauritius and the Seychelles, 1810–1875, Rutherford; London: Fairleigh Dickenson University Press; Associated University Presses, 1981.
Öhrnberg, Kaj, „Mariya al-Qibtiyya unveiled“, in: Studia orientalia. Finnish Oriental Society Vol. XI/14 (1984), S. 297–303.
Ozbaran, Salih, The Ottoman response to European Expansion. Studies on Ottoman-Portugese relations in the Indian Ocean and Ottoman administration in the Arab lands during the Sixteenth Century, Istanbul: The Isis Press, 1994 (Analecta Isisiana XII).
Patnaik, Utsa; Dingwaney, Manjari (eds.), Chains of servitude: bondage and slavery in India, Madras/Hyderabad, India: Sangam Books / Distributed by Orient Longman, 1985.
Payet, Jacques V., Histoire de l'esclavage à l'Île de Bourbon, Paris: L'Harmattan, 1990.
Peacock, Andrew C.S.; Tor, Deborah G. (eds.), Medieval Central Asia and the Persianate World: Iranian Tradition and Islamic Civilisation, London: I. B. Tauris, 2015 (British Institute of Persian Studies Series).
Pearson, Michael N., Port Cities and Intruders: The Swahili Coast, India, and Portugal in the Early Modern Era, Baltimore: The Johns Hopkins University Press, 1998.
Pearson, The Indian Ocean. London and New York: Routledge, 2003.
Peirce, Leslie, The Imperial Harem: Women and Sovereignty in the Ottoman Empire, Oxford: Oxford University Press, 1993.
People's University (comp.), Chung-kuo nu-li-chih ching-chi hsing-t'ai ti p'ein tuan t'an-t'ao [Preliminary explorations into the economic structure of the Chinese slave system], Peking: San-lien shu-hen, 1958.
Perdue, Peter C., „Central Asia“, in: Reinhard, Wolfgang (ed.), Empires and encounters: 1350–1750, Cambridge; London: The Belknap Press of Harvard University Press, 2015 (Iriya, Akita; Osterhammel, Jürgen (eds.), A History of the World), S. 134–149.
Perdue, „Korea“, in: Reinhard, Wolfgang (ed.), Empires and encounters, S. 178–193.
Perry, Craig, „Historicizing Slavery in the Medieval Islamic World“, in: International Journal of Middle East Studies Vol. 49 (2017), S. 133–138.
Perry, „Conversion as an aspect of master-slave relations in the medieval Egyptian Jewish Community“, in: Fox, Yaniv; Yisraeli, Yosi (eds.), Contesting Inter-Religious Conversion in the Medieval World, London and New York: Routledge, 2017, S. 135–159.
Pescatello, Ann M., „The African Presence in Portuguese India“, in: Manning (ed.), Slave Trades, 1500–1800, S. 142–165.
Peterson, Mark, „Slaves and Owners; or Servants and Masters? A Preliminary Examination of Slavery in Traditional Korea“, in: Transactions of the Royal Asian Society, Korea Branch no. 60 (1985), S. 31–41.
Petrie, Hazel, Outcasts of the Gods: The Struggle Over Slavery in Māori New Zealand, Auckland: Auckland University Press, 2015.
Petry, Carl F. (ed.), The Cambridge History of Egypt: Volume 1: Islamic Egypt, 640–1517, Cambridge: CUP 1998.
Philips, John Edward, „Some recent thinking on slavery in Islamic Africa and the Middle East“, in: Middle East Studies Association Bulletin 27 (1993), S. 157–162.
Pinto, Jeanette, Slavery in Portuguese India: 1510–1842, Bombay [etc.]: Himalaya Publishing Home, 1992.

Pipes, Daniel, Slave soldiers and Islam: the genesis of a military system, New Haven: Yale University Press, 1981.

Popovic, Alexandre, The Revolt of African Slaves in Iraq in the 3rd/9th Century. Introduction by Henry Gates, Jr., Princeton: Markus Wiener Publishers, 1999.

Power, Timothy, The Red Sea from Byzantium to the Caliphate, AD 500–1000, Cairo: The American University in Cairo, 2012.

Prakash, Gyan, Bonded histories: genealogies of labor servitude in colonial India, Cambridge; New York: Cambridge University Press, 1990 (Cambridge South Asian Studies; 44).

Prestholdt, Jeremy, „Portuguese Conceptual Categories and the 'Other' Encounter on the Swahili Coast", in: Journal of Asian and African Studies Vol. 36:4 (2001), S. 383–406.

Pulleyblank, Edwin G., „The Origins and Nature of Chattel Slavery in China", in: Journal of the Economic and Social History of the Orient 1, pt. 2 (April 1958), S. 185–220.

Rafael, Vicente L., Contracting Colonialism: translation and Christian conversion in Tagalog society under early Spanish rule, Durhamn and London: Duke University Press, 1993.

Raja Mohamad, J., Maritime History of the Coromandel Muslims: A Socio-Historical Study on the Tamil Muslims 1750–1900, Chennai: Director of Museums-Government Museum, 2004.

Ransmeier, Johanna, „Body-Price. Ambiguities in the Sale of Women at the End of the Qing Dynasty", in: Campbell; Elbourne (eds.), Sex, Power, and Slavery, S. 319–344.

Roa, Anupama, The Caste Question. Dalits and the Politics of Modern India, Berkeley: University of California Press, 2009.

Ray, Carina, „Interracial Sex and the Making of Empire", in: Quayson, Ato; Daswani, Girish (eds.), A Companion to Diaspora and Transnationalism, Oxford: Blackwell Publishing, 2013, S. 190–211 (https://www.academia.edu/5983866/Interracial_Sex_and_the_Making_of_Empire (10. Feb. 2014)).

Raymond, André, Cairo. Translated by Wood, Willard, Cambridge and London: Harvard University Press, 2000.

Reid (ed.), Slavery, Bondage, and Dependency in Southeast Asia, St. Lucia; New York: University of Queensland Press, 1983.

Reid, „The Decline of Slavery in Nineteenth-Century Indonesia", in: Reid (ed.), Slavery, Bondage and Dependency in Southeast Asia, S. 64–82.

Reid, „'Closed' and 'open' slave systems in pre-colonial Southeast Asia", in: Reid (ed.), Slavery, Bondage and Dependency in Southeast Asia, S. 156–182.

Reid, Southeast Asia in Age of Commerce, 2 Bde., New Haven: Yale University Press, 1993.

Ricks, Thomas M., „Slaves and slave traders in the Persian Gulf. 18th and 19th centuries: an assessment", in: Clarence-Smith (ed.), The Economics of the Indian Ocean Slave Trade in the Nineteenth Century, S. 60–70.

Robinson-Dunn, Diane, The Harem, Slavery and British Imperial Culture: Anglo-Muslim Relations in the Late Nineteenth Century, Manchester: Manchester University Press, 2006 (Studies in Imperialism Series).

Risso, Patricia, Oman and Muscat. An early modern history, New York: St. Martin's Press, 1986.

Robinson, David M., „Military Labor in China, ca. 1500", in: Zürcher, Erik-Jan (ed.), Fighting for a Living: A Comparative History of Military Labor in Europe and Asia, 1500–2000, Amsterdam: Amsterdam University Press, 2013, S. 43–80.

Rosa, Fernando, The Portuguese in the Creole Indian Ocean: Essays in Historical Cosmopolitism, Basingstoke/New York: Palgrave Macmillan, 2015.

Rotter, Ekkehard, Abendland und Sarazenen. Das okzidentale Araberbild und seine Entstehung im Frühmittelalter, Berlin, New York: Walter de Gruyter, 1986.

Rowe, William T., „Commerce", in: Rowe, China's Last Empire. The Great Qing, Cambridge; London: The Belknap Press of the Harvard University Press, 2009, S. 122–148.

Rowe, „In the Tiger's Mouth", in: Rowe, Crimson Rain. Seven Centuries of Violence in a Chinese County, Stanford: Stanford University Press, 2007, S. 109–135.

Roy, Edward van, „Under duress: Lao war captives at Bangkok in the nineteenth century“, in: Journal of the Siam Society 97 (2009), S. 43–65.

Ruiz Gutiérrez, Ana, „Esclavitud al margen de la ley: Sometimiento de los naturales y sangleyes en manila. Siglos XVI y XVII“. in: Martín Casares (ed.), Esclavitud, mestizaje y abolicionismo en los mundos hispánicos, Granada: Universidad de Granada 2015, S. 245–261.

Sales-Colín Kortajarena, „Aetas y Mozambiques: ¿Cristianización y sincretismo en Filipinas?, 1565–1650“, in: Martín Casares (ed.), Esclavitud, mestizaje y abolicionismo en los mundos hispánicos, Granada: Universidad de Granada 2015, S. 221–243.

Salman, Michael, The Embarrassment of Slavery: Controversies over Bondage and Nationalism in the American Colonial Philippines, Berkeley: University of California Press, 2001.

Salman, „Resisting slavery in the Philippines: ambivalent domestication and the reversibility of comparisons“, in: Slavery & Abolition 25 (2004), S. 30–47.

Sánchez Pons, Jean-Noël, „Misión y Dimisión. Las Molucas en el siglo XVII entre jesuitas portugueses y españoles“, in: Coello de la Rosa, Alexandre; Burieza Sánchez, Javier; Moreno Martínez, Doris (eds.), Jesuitas e imperios de ultramar, siglos XVI–XX, Madrid: Sílex, 2012, S. 81–101.

Sánchez, Jean-Noël, „Un projet colonial des Fugger (1530–1531)“, in: Source(s). Arts, Civilisation et Histoire de l'Europe No. 7, second semestre (2015), S. 18–37.

Sánchez, „Autour d'une source. De l'esclavage aux Philippines, XVIe–XVIIe siècles“, in: Source(s). Arts, Civilisation et Histoire de l'Europe No. 7, second semestre (2015), S. 95–172.

Scarr, Deryck, Seychelles since 1770. History of a slave and post-slave society, London: Hurst & Co., 2000.

Schacht, Joseph, An Introduction to Islamic Law, Oxford and New York: Oxford University Press, 1964.

Schneider, Irene, Kinderverkauf und Schuldknechtschaft. Untersuchungen zur frühen Phase des islamischen Rechts, Stuttgart: Steiner, 1999 (Abhandlungen für die Kunde des Morgenlandes 52,1).

Schottenhammer, Angela, „China: Ein Emporium der wirtschaftlichen Prosperität“ (China: An Emporium of Economic Prosperity), in: Edelmayer/Feldbauer (eds.), Weltgeschichte, 1450–1620. Ein langes 16. Jahrhundert? (Ringvorlesung zur Globalgeschichte an der Universität Wien). Globalgeschichte. Die Welt 1000–2000 Global History. The World 1000–2000). Wien: Promedia/Verein für Geschichte und Sozialkunde 2001, S. 179–197.

Schottenhammer (ed.), The Emporium of the World: Maritime Quanzhou, 1000–1400, Leiden/Boston/Köln: Brill, 2001 (Sinica Leidensia series, vol. 49).

Schottenhammer, „Slaves and Forms of Slavery in Late Imperial China (Seventeenth to Early Twentieth Centuries)“, in: Slavery & Abolition Vol. 24:2 (2003), S. 143–154.

Schottenhammer, „Slaves and Forms of Slavery in Late Imperial China (Seventeenth to Early Twentieth Centuries)“, in: Campbell (ed.), The Structure of Slavery in Indian Ocean Africa and Asia, S. 143–154.

Schottenhammer, „Japan – the tiny Dwarf? Sino-Japanese Relations from the Kangxi to the Early Qianlong Reigns“, in: Schottenhammer (ed.), The East Asian Mediterranean – Maritime Crossroads of Culture, Commerce, and Human Migration, Wiesbaden: Otto Harrassowitz, 2008 (East Asian Maritime History, 6), S. 331–388.

Schulze, Reinhard, „Die Niederlage des mongolischen Reiterheeres 'Ayn Dschalut, 3. September 1260“, in: Förster, Stig; Pöhlmann, Markus; Walther, Dierk (eds.), Schlachten der Weltgeschichte. Von Salamis bis Sinai, München: Deutschen Taschenbuch Verlag, 2004, S. 93–107.

Scott, William Henry, Slavery in the Spanish Philippines, Manila: De la Salle University Press, 1991.

Scully, Pamela, „Malintzin, Pocahontas, and Krotoa: Indigenous Women and Myth Models of the Atlantic World“, in: Journal of Colonialism and Colonial History 6:3 (2005) (online: Project Muse; unter: http://muse.jhu.edu (23. Mai 2014)).
Seijas, Tatiana, „The Portuguese Slave Trade to Spanish Manila: 1580–1640“, in: Itinerario: International Journal on the History of European Expansion and Global Interaction 32 (January 2008), S. 19–38.
Seijas, Asian slaves in colonial Mexico: From Chinos to Indians, New York: Cambridge University Press, 2014.
Seng, Yvonne J., „Fugitives and Factotums. Slaves in Early Sixteenth-Century Istanbul“, in: Journal of the Economic and Social History of the Orient Vol. 39:2 (1996), S. 136–169.
Seng, „A Liminal State. Slavery in 16th-Century Istanbul“, in: Marmon, Shaun E. (ed.), Slavery in the Islamic Middle East, Princeton: Markus Wiener, 1999, S. 25–42.
Sheriff, Abdul, Slaves, Spices & Ivory in Zanzibar. The Integration of an East African Commercial Empire into the World Economy, 1770–1872, London: Currey, 1987.
Sheriff, „The slave trade and its fallout in the Persian Gulf“, in: Campbell (ed.), Abolition and its Aftermath in Indian Ocean Africa and Asia, S. 103–119.
Sheriff, „The Twilight of Slavery in the Persian Gulf“, in: Zanzibar International Film Festival Journal [ZIFF] Vol. 2 (2005), S. 35–46.
Sheriff, Dhow Cultures of the Indian Ocean: Cosmopolitanism, Commerce and Islam, New York: Columbia University Press, 2010.
Sheriff, „*Suria*: Concubine or Secondary Wife? The Case of Zanzibar in the Nineteenth Century“, in: Campbell; Elbourne (eds.), Sex, Power, and Slavery, S. 99–120.
Silva, Beatriz Basto da, Emigração de Culés. Dossier Macau 1851–1894, Macau: Fundação Oriente, 1994.
Simon, Karla W., Civil Society in China: The Legal Framework from Ancient Times to the „New Reform Era“, Oxford/New York: Oxford University Press, 2013.
Sommer, Matthew, „The 1723 Edict“, in: Sommer, Sex, Love and Society in Late Imperial China, Stanford: Stanford University Press, 2000, S. 265–267.
Souza, George B., The Survival of Empire – Portuguese Trade and Society in China and the South China Sea 1630–1754, Cambridge: CUP, 1986 (Paperback 2004).
Souza, „Early Global Encounters with Beauty: The Pacific and Indo-Atlantic Exchanges between Asia and America“, in: Review-literature and Arts of the Americas Vol. 39:1 (2006), S. 13–29.
Souza, „Portuguese Country Traders in the Indian Ocean and the South China“, in: Souza, Portuguese, Dutch and Chinese in Maritime Asia, c. 1585–1800. Merchants, Commodities and Commerce, Farnham/Burlington: Ashgate, 2014, II, S. 117–128.
Souza, Teotonio R. de, „French slave-trade in Portuguese Goa (1773–1791)“, in: Souza (ed.), Essays in Goan History, New Delhi: Concept Publication Co., 1989, S. 119–132.
Stanziani, Sailors, Slaves, and Immigrants. Bondage in the Indian Ocean World, 1750–1914, New York: Palgrave MacMillan, 2014.
Stolper, Matthew W., „Registration and Taxation of Slave Sales in Achaemenid Babylonia“, in: Zeitschrift für Assyriologie 79 (1989), S. 80–101.
Streusand, Douglas E., Islamic Gunpowder Empire: Ottoman, Safavid, and Mughal, London: Westview Press, 2011.
Subramanian, Lakhshmi, Medieval Seafarers, New Delhi: Roll Books, 1999.
Subramaniam (ed.), Ports, Towns and Cities: A Historical Tour of the Indian Littoral, Mumbai: Marg Publications, 2008.
Sutherland, H., „Slavery and slave trade in South Sulawesi, 1660–1800“, in: Reid (ed.), Slavery, Bondage and Dependency in Southwest Asia, S. 263–285.
Swope, Kenneth M., The Military Collapse of China's Ming Dynasty, 1618–44, New York: Routledge, 2014.

Tagliacozzo, Eric, „An Urban Ocean: Notes on the Historical Evolution of Coastal Cities in Greater Southeast Asia“, in: Journal of Urban History Vol. 33:6 (September 2007), S. 911–932.

Tappe, Oliver, „Variants of Bonded Labour in Precolonial and Colonial Southeast Asia“, in: Damir-Geilsdorf, Sabine; Lindner, Ulrike; Müller, Gesine; Tappe, Oliver; Zeuske (eds.), Bonded Labour: Global and Comparative Perspectives (18th–21st Century), Bielefeld: transcript Verlag, 2016, S. 103–131 (siehe darin: „Patterns of Slavery and Servitude in Mainland Southeast Asia“, S. 105–109).

Thomas, Nicholas, Entangled Objects: Exchange, Material Culture, and Colonialism in the Pacific, Cambridge: Harvard University Press, 1991.

Thorau, Peter, „Sultan Baybars“, in: Wieczoreck, Alfried; Fansa, Mamoun; Meller, Harald (eds.), Saladin und die Kreuzfahrer. Begleitband zur Sonderausstellung „Saladin und die Kreuzfahrer“ im Landesmuseum für Vorgeschichte Halle/Saale, Mannheim: Reiss-Engelhorn-Museen; Mainz am Rhein: Verlag Philipp von Zabern, 2005, S. 171–173.

Thorau, „‚Die fremden Franken‘ – al- faranğ al-ġurabā. Kreuzfahrer und Kreuzzüge aus arabischer Sicht“, in: Wieczoreck; Fansa; Meller (eds.), Saladin und die Kreuzfahrer, S. 115–125.

Toledano, Ehud R., „Slave Dealers, Pregnancy, Abortion, and the World of Women: the Story of a Circassian Slave-girl in Mid-Nineteenth-Century Cairo“, in: Slavery & Abolition Vol. 2:1 (1981), S. 53–68.

Toledano, The Ottoman slave trade and its suppression, 1840–1890, Princeton: Princeton University, 1982.

Toledano, State and Society in Mid-Nineteenth-Century Egypt, Cambridge: Cambridge University Press, 1990.

Toledano, „Ottoman Concepts of Slavery in the Period of Reform, 1830s–1880s“, in: Klein (ed.), Breaking the chains, S. 37–63.

Toledano, Slavery and Abolition in the Ottoman Middle East, Seattle: University of Washington Press, 1998.

Toledano, As if silent and absent: bonds of enslavement in the Islamic Middle East, New Haven: Yale University Press, 2007.

Toledano, „An Empire of Many Households: The Case of Ottoman Enslavement“, in: Culbertson, Laura (ed.), Slaves and Households in the Near East, Chicago: The Oriental Institute, 2011, S. 85–97.

Toledano, „Enslavement in the Ottoman Empire in the Early Modern Period“, in: Eltis; Engerman (eds.), The Cambridge World History of Slavery, Vol. 3, S. 25–46.

Tor, Deborah G., „The Mamlūks in the Military of the Pre-Seljūq Persianate Dynasties“, in: Iran: Journal of the British Institute of Persian Studies 46 (2008), S. 213–225.

Tor, „The Islamization of Central Asia in the Sāmānid era and the reshaping of the Muslim world“, in: Bulletin of SOAS Vol. 72:2 (2009), S. 279–299.

Tor, „The Importance of Khurāsān and Transoxiana in the Classical Islamic World“, in: Peacock; Tor (eds.), Medieval Central Asia and the Persianate World, S. 1–12.

Toru, Miura; Philips, John Edward (eds.), Slave Elites in the Middle East and Africa. A Comparative Study, London/New York: Kegan Paul International, 2000 (Islamic Area Studies, Vol. 1).

Trakulhun, Sven, „Formen institutioneller Unfreiheit in Siam. Historische Semantik und gesellschaftliche Praxis (16.–19. Jahrhundert)“, in: Hanß; Schiel (eds.), Mediterranean Slavery Revisited (500–1800), S. 163–183.

Turton, Andrew, „Thai Institutions of Slavery“, in: Condominas, Georges (ed.), Formes extrêmes de dépendance: contributions à l'étude de l'esclavage en Asie du Sud-Est, Paris: Editions de l'École des Hautes Études en Sciences Sociales, 1998, S. 411–457.

Turton, „Violent Capture of People for Exchange on Karen–Tai borders in the 1830s“, in: Slavery & Abolition Vol. 24:2 (2003), S. 69–82.

Unruh, E. S., „The Landowning Slave: A Korean Phenomenon“, in: Korea Journal 16:4 (1976), S. 27–34.

Vaidik, Aparna, „Working an Island Colony. Convict Labour regimes in the Colonial Andamans, 1858–1921“, in: Linden; Mohapatra, Prabhu P. (eds.), Labour Matters. Towards Global Histories. Studies in Honour of Sabyasachi Bhattacharya, New Delhi: Tulika Books, 2009, S. 57–81.

Vankeerberghen, Griet, „A Sexual Order in the Making. Wives and Slaves in Early Imperial China“, in: Campbell; Elbourne (eds.), Sex, Power, and Slavery, S. 121–139.

Vaughan, Megan, Creating the Creole Island: Slavery in Eighteenth-Century Mauritius, Durham, NC: Duke University Press, 2005.

Veit, Veronica, „Von der Clanföderation zur Volksrepublik. Versuch der Analyse wirtschaftlicher und gesellschaftlicher Gegebenheiten eines Hirtenvolkes“, in: Weiers (ed.) unter Mitwirkung von Veit, Veronika u. Heissig, Walther, Die Mongolen. Beiträge zu ihrer Geschichte und Kultur, Darmstadt: Wissenschaftliche Buchgesellschaft, 1986, S. 155–180.

Villiers, John, „Makassar: the rise and fall of an East Indonesian maritime state, 1512–1669“, in: Kathirithamby-Wells; Villiers (eds.), The Southeast Asian port and politiy, Singapore: Singapore University Press, 1990, S. 143–159.

Vink, Markus, „'The World's Oldest Trade': Dutch Slavery and Slave Trade in the Indian Ocean in the Seventeenth Century“, in: Journal of World History Vol. 14, No. 2 (June 2003), S. 131–177.

Vink, „From port-city to world-system: Spatial constructs in Dutch Indian Ocean studies, 1500–1800“, in: Itinerario 28:2 (2004), S. 45–116.

Vink, „Freedom and slavery: The Dutch Republic, the VOC world, and the debate over the 'world's oldest trade'“, in: South African Historical Journal 59 (2007), S. 19–46.

Vink, „Indian Ocean studies and the 'new thalassology'“, in: Journal of Global History Vol. 2:1 (2007), S. 41–62.

Vries, Peer, „The Qing and foreign trade“, in: Vries, State, Economy and the Great Divergence. Great Britain and China, 1680s–1850s, London; New Delhi [etc.]: Bloomsbury, 2015, S. 351–359.

Waley-Cohen, Joanna, „Collective Responsibility in Qing Criminal Law“, in: Turner, Karen G.; Feinerman, James V.; Guy, R. Kent (eds.), The Limits of the Rule of Law in China, Seattle and London: University of Washington Press, 2000, S. 112–131.

Waley-Cohen, The Culture of War in China. Empire and Military in the Eighteenth Century, London: IB Tauris, 2006.

Walker, Timothy D., „Slaves or soldiers? African conscripts in Portuguese India, 1857–1860“, in: Chatterjee; Eaton (eds.), Slavery and South Asian History, S. 234–261.

Walz, Terence, The Trade between Egypt and Bilad as-Sudan 1700–1820, Cairo: IFAO, 1978.

Wang Ming-ke, „From the Qiang Barbarians to the Qiang Nationality: The Making of a New Chinese Boundary“, in: Wang, Shu-min Huang; Cheng-kuang Hsu (eds.), Imaging China: Regional Division and National Unity, Taipei: Institute of Ethnology, 2000, S. 43–80.

Ward, Cheryl, „Luxury wares in the Red Sea: The Sadana Island shipwreck“, in: Lunde, Paul; Porter, Alexandra (eds.), Trade and Travel in the Red Sea Region. Proceedings of the Red Sea Project I (BAR International Series 1269), 2004, S. 165–171.

Ward, Kerry, „'Tavern of the Seas?' The Cape of Good Hope as an oceanic crossroads during the seventeenth and eighteenth centuries“, in: Bentley, Jerry; Wigen, Karen; Bridenthal, Renate (eds.), Seascapes: Maritime Histories, Littoral Cultures and Transoceanic Exchanges, Honolulu: University of Hawai'i Press, 2007, S. 137–152.

Warren, James Francis, „Slave markets and exchange in the Malay world. The Sulu Sultanate, 1770–1878“, in: Journal of Southeast Asian Studies 8 (1977), S. 162–175.

Warren, „Who were the Balangingi Samal? Slave raiding and ethnogenesis in nineteenth-century Sulu“, in: Journal of Asian Studies 37 (1978), S. 477–490.

Warren, The Sulu Zone, 1768–1898: The Dynamics of External Trade, Slavery and Ethnicity in the Transformation of a Southeast Asian Maritime State, Singapore: Singapore University Press, 2007 (3. Auflage; Original 1981).

Warren, Ah Ku and Karayuki-san, Prostitution in Singapore, 1870–1940, Singapore: Oxford University Press, 1993,
Warren, Iranun and Balangingi: globalization, maritime raiding, and the birth of ethnicity, Singapore: Singapore University Press, National University of Singapore, 2002.
Warren, „The Structure of Slavery in the Sulu Zone in the Late Eighteenth and Nineteeth Centuries", in: Campbell (ed.), The Structure of Slavery in Indian Ocean Africa and Asia, S. 111–128.
Warren, „The Iranun and Balangingi Slaving Voyage: Middle Passages in the Sulu Zone", in: Christopher; Pybus; Rediker (eds.), Many Middle Passages, S. 52–71.
Watson, James L., „Chattel Slavery in Chinese Peasent Society: A Comparative Analysis", in: Ethnology 15:4 (October 1976), S. 361–375.
Watson (ed.), Asian and African Systems of Slavery, Oxford: Blackwell, 1980.
Watson, „Transactions in People: The Chinese Markets in Slaves, Servants, and Heirs", in: Watson (ed.), Asian and African Systems of Slavery, S. 223–250.
Weggel, Oskar, Chinesische Rechtsgeschichte, Leiden/Köln: Brill, 1980.
Weiers, Michael (ed.) unter Mitwirkung von Veit, Veronika u. Heissig, Walther, Die Mongolen. Beiträge zu ihrer Geschichte und Kultur, Darmstadt: Wissenschaftliche Buchgesellschaft, 1986.
Weiers, „Die Goldene Horde oder das Khanat Qyiptschaq", in: Weiers (ed.) unter Mitwirkung von Veit u. Heissig, Die Mongolen, S. 345–378.
Weiers, Geschichte der Mongolen, Stuttgart: W. Kohlhammer GmbH, 2004.
Whitewright, Julian, „Sailing with the Mu'allim: The technical practice of sailing in the Medieval Red Sea", in: D. Agius; J. Cooper A. Trakadas; C. Zazarro (eds.), Navigated Spaces, Connected Places. Proceedings of the Fifth International Conference on the People of the Red Sea, Exeter 2010 (Oxford: BAR International Series 2346), S. 147–156.
Wickramasinghe, Chandima, „Redemption of Slaves in Ancient Sri Lanka", in: Kleijwegt, Marc (ed.), The Faces of Freedom: The Manumission and Emancipation of Slaves in Old World and New World Slavery, Leiden and Boston: Brill, 2006 (The Atlantic World 7), S. 117–135.
Wiesehöfer, Josef, „‚Vasallenkönige', Satrapen, Händler und Soldaten", in: Wiesehöfer, Das frühe Persien. Geschichte eines antiken Weltreichs, München: Beck, 2002, S. 99–101.
Wiesehöfer, Das antike Persien. Von 550 v. Chr. bis 650 n. Chr., Düsseldorf: Albatros, 2005.
Wijesekara, N., „Slavery in Sri Lanka", in: Journal of Sri Lanka Branch of the Royal Asiatic Society 18 (1974), S. 1–22.
Wilbur, C. Martin, Slavery in China During the Former Han Dynasty, 206 BC–AD 25, Chicago: Chicago University Press, 1943 (reprint 1968).
Willms, Lothar, „Die Konstruktion von Subordination oder: Status und Tätigkeit des *ba^{n}daka* in der achämenidischen Reichsidologie", in: Kabadayi; Reichardt, Unfreie Arbeit. Ökonomische und kulturgeschichtliche Perspektiven, S. 38–63.
Winius, George, „The 'Shadow Empire' of Goa in the Bay of Bengal", in: Itinerario 7, no. 2 (1983), S. 83–101.
Wippich, Rolf-Harald, „‚... kein respectables Geschäft'. Oldenburg und der chinesische Kulihandel im 19. Jahrhundert", in: Oldenburger Jahrbuch, Band 104 (2004), S. 145–162.
Yang, Bin, „Horses, Silver, and Cowries. Yunnan in a Global Perspective", in: Journal of World History 15 (2004), S. 281–322.
Yan, „Frontier, Chinese Incorporation, and Global Perspective: The Case of Yunnan", in: Manning (ed.), World History. Global and Local Interactions, Princeton: Markus Wiener, 2005, S. 209–228.
Yilmaz, Gulay, „Becoming a Devşirme. The Training of Conscript Children in the Ottoman Empire", in: Campbell; Miers; Miller (eds.), Children in Slavery, S. 119–134.
Yu Huaqin, 中国宦官制度史 [Zhongguo huanguan zhidushi – A Institutional History of Chinese Eunuchs], Shanghai: Shanghai People's Press, 2006 (erste Auflage 1993).

Zdanowski, Jerzy, Speaking with Their Own Voices. The Stories of Slaves in the Persian Gulf in the 20th Century, Cambridge: CUP, 2014.

Zeuske, „Versklavte und Sklavereien in der Geschichte Chinas aus global-historischer Sicht. Perspektiven und Probleme", in: Dhau. Jahrbuch für außereuropäische Geschichte 2 (2017), S. 25–51.

Zilfi, Madeline, Women and Slavery in Late Ottoman Empire. The Design of Desire, Cambridge: Cambridge University Press, 2010.

Zöllner, Reinhard, „Menschenraub, Mission und Kulturtransfer", in: Zöllner, Geschichte der japanisch-koreanischen Beziehungen: Von den Anfängen bis zur Gegenwart, München: iuducium verlag, 2017, S. 161–174.

Zurndorfer, Harriet T., „Contracts, Property, and Litigation: Intermediation and Adjuction in the Huizou Region (Anhui) in Sixteenth-Century China", in: Ma, Debin; van Zanden, Jan L. (eds.), Law and Long-Term Economic Change. A Eurasian Perspective, Stanford: Stanford University Press, 2011, S. 91–114.

Zurndorfer, „Prostitutes and courtesans in Late Ming China (1550–1644)", in: International Review of Social History 56 (2011) (Special Issue 19: The Joy and Pain of Work: Global Attitudes and Valuations, 1500–1650, Hofmeester, Karin; Moll-Murata, Christine (eds.)), 197–216.

Zurndorfer, „Oceans of History, Seas of Change. Recent Revisionist Writing in Western Languages about China and East Asian Maritime History during the Period 1500–1630", in: International Journal of Asian Studies Vol. 13:1 (January 2016), S. 61–94.

Manumission, Abolitionen, Emanzipation, Postemanzipation

Afigbo, Adiele Eberechukwu E., The Abolition of the Slave Trade in Southeaster Nigeria 1885–1950, Rochester: University of Rochester Press, 2006.

Alonso, Angela, Flores, votos e balas: o movimento abolicionista brasileiro (1868–1888), São Paulo: Companhia das Letras, 2015.

Ashworth, John, „The Relationship between Capitalism and Humanitarianism", in: American Historical Review Vol. 92 (1987), S. 813–828.

Azevedo, Elciene, O direito dos escravos: lutas jurídicas e abolicionistas na Província de São Paulo na Segunda metade do século XIX, Campinas/São Paulo: Universidade Estadual de Campinas, 2003 (Tese – Doutorado em História, 2003).

Bader-Zaar, Birgitta, „Abolitionismus im transatlantischen Raum: Organisationen und Interaktionen der Bewegung zur Abschaffung der Sklaverei im späten 18. und 19. Jahrhundert", unter: http://www.ieg-ego.eu/de/threads/transnationale-bewegungen-und-organisationen/internationale-soziale-bewegungen/birgitta-bader-zaar-abolitionismus-im-transatlantischen-raum-abschaffung-der-sklavereiInsertNoteID_72 (30. Juni 2012).

Beckert, „Emancipation and Empire: Reconstructing of the Worldwide Web of Cotton Production in the Age of the American Civil War" in: American Historical Review Vol. 109:5 (Dec 2004), S. 1405–1438.

Bender (ed.), The Antislavery Debate: Capitalism and Abolitionism as a Problem in Historical Interpretation, Berkeley: University of California Press, 1992.

Bénot, Yves; Dorigny, Marcel (dir.), Rétablissement de l'esclavage dans les colonies françaises. Aux origines de Haïti, Paris: Maisonneuve et Larose, 2003.

Berlin, The Long Emancipation: The Demise of Slavery in the United States, Cambridge: Belknap Press of Harvard University Press, 2015.

Berquist, „Early Antislavery Sentiment in the Spanish Atlantic World, 1765–1817", in: Slavery & Abolition Vol. 31:2 (June 2010), S. 181–205.

Bethrell, Leslie, The Abolition of the Brazilian Slave Trade, Cambridge [etc.]: CUP, 1970.

Blackmon, Douglas A., Slavery by Another Name: The Re-Enslavement of Black Americans from the Civil War to World War II, New York: Doubleday, 2008 (London: Icon Books, 2012).
Blanchard, Peter, „Abolition and Anti-Slavery: Latin America“, in: Drescher, Seymour; Engerman,Stanley (eds.), A Historical Guide to World Slavery, Oxford/New York: OUP, 1998, S. 17–21.
Blanchard, „The Language of Liberation: Slave Voices in the Wars of Independence“, in: Hispanic American Historical Review (HAHR) Vol. 82:3 (August 2002), S. 499–523.
Blanchard, „The Slave Soldiers of Spanish South America: From Independence to Abolition“, in: Brown, Christopher Leslie; Morgan (eds.), Arming Slaves from Classical Times to Modern Age, New Haven & London: Yale University Press, 2006, S. 255–273.
Blanchard, Under the Flag of Freedom: Slave Soldiers and the Wars of Independence in Spanish South America, Pittsburgh: University of Pittsburgh Press, 2008.
Brahm, Felix; Rosenhaft, Eva, „Differential Chronologies: Abolition, Anti-slavery and Colonialism“, in: Brahm; Rosenhaft (eds.), Slavery Hinterland. Transatlantic Slavery and Continental Europe, 1680–1850, Woodbridge: The Boydel Press, 2016, S. 19–23.
Brana-Shute, Rosemary; Sparks, Randy (eds.), Paths to Freedom. Manumission in the Atlantic World, Columbia: University of South Carolina, 2009.
Brehony, Margaret, „Irish Free Labor and the Abolition of Slavery in Cuba, 1835 to 1844“, in: Eire-Ireland Vol. 47:1&2 (Spring/Summer 2012), S. 70–93.
Brown, Christopher Leslie, Moral Capital: Foundations of British Abolitionism, Chapel Hill: The University of North Carolina Press, 2006.
Brown, „Abolition of the Atlantic Slave Trade“, in: Heuman, Gad; Burnard, Trevor (eds.), The Routledge History of Slavery, London and New York, Routledge, 2011, S. 281–297.
Campbell (ed.), Abolition and Its Aftermath in Indian Ocean Africa and Asia, London; Portland: Frank Cass, 2005.
Castelnau-L'Estoile, Charlotte de, „Affranchis et descendants d'affranchis dans le monde atlantique (Europe, Afrique et Amériques) du XVe au XIXe siècle. Statuts juridiques, insertions sociales et identités culturelles“, in: Historie Missions Chrétiennes No. 1 (Septembre 2009), S. 165–168.
Chalhoub, Sidney, „The Politics of Ambiguity: Conditional Manumission, Labor Contracts, and Slave Emancipation in Brazil (1850s–1888)“, in: International Review of Social History Vol. 60:2 (August 2015), S. 161–191.
Chatterjee, „Abolition by Denial? Slavery in South Asia after 1843“, in: Campbell (ed.), Abolition and Its Aftermath in Indian Ocean Africa and Asia, London; Portland: Frank Cass, 2005, S. 150–168.
Clarence-Smith, „Islamic abolitionism in the western Indian Ocean from c. 1800“, in: Harms; Freamon; Blight (eds.), Indian Ocean slavery in the age of abolition, S. 81–97.
Clarence-Smith, „Timing and Comparisons“, in: Clarence-Smith, Islam and the Abolition of Slavery, S. 219–232.
Clementi, Hebe, La abolición de la esclavitud en América Latina, Buenos Aires: Ed. La Pléyade, 1974.
Cowling, Conceiving Freedom: Women of Colour, Gender and the Abolition of Slavery in Havana and Rio de Janeiro. Chapel Hill: University of North Carolina Press, 2013.
Cuño, Justo, „Los nuevos estados nacionales y los debates en torno a la abolición de la esclavitud en América Latina: 1815–1860“, in: Naranjo (ed.) Esclavitud y diferencia racial en el Caribe Hispano, Madrid/Aranjuez: Editorial Doce Calles, 2017, S. 147–163.
Daget, „British Repression of the Illegal French Slave Trade: Some Considerations“, in: Gemery; Hogendorn (eds.), The Uncommon Market, S. 419–442.
Daget, La Répression de la traite des Noirs au XIXe siècle. L'action des croisières françaises sur les côtes occidentales de l'Afrique, 1817–1850, Paris: Karthala, 1997.

Davis, „Reflections on Abolitionism and Ideological Hegemony", in: American Historical Review Vol. 92 (1987), S. 797–812.
De Vinatea, María Julia, „Las aboliciones de la esclavitud en Iberoamérica: el caso peruano (1812–1854)", in: Revista Historia de la Educación Latinoamericana Vol. 16, no. 23 (2014), S. 187–204.
Dorigny, Marcel (sous la dir. de), Esclavage, résistance, abolitions, Paris: èditions du C.T.H.S, 1999.
Drescher, „Brasilian Abolition in Comparative Perspective", in: Hispanic American Historical Review 68:3 (1988), S. 429–460.
Drescher, „The Long Goodbye: Dutch Capitalism and Antislavery in Comparative Perspective", in: Oostindie (ed.), Fifty Years Later, S. 25–66.
Drescher, „British Emancipation", in: Drescher, Abolition. A History of Slavery and Antislavery, Cambridge: Cambridge University Press, 2009, S. 245–266.
Drescher, „From Colonial Emancipation to Global Abolition", in: Drescher, Abolition. A History of Slavery and Antislavery, Cambridge: Cambridge University Press, 2009, S. 267–293.
Drescher; Emmer (eds.), Who Abolished Slavery? Slave Revolts and Abolitionism. A debate with João Pedro Marques, New York/Oxford: Berghahn Books, 2010 (European Expansion & Global Interaction; Vol. 8).
Dubois, Laurent, „The Road to 1848: Interpreting French Antislavery", in: Slavery & Abolition Vol. 22 (2001), S. 150–157.
Dubois, A Colony of Citizens. Revolution & Slave Emancipation in the French Caribbean, 1787–1804, Chapel Hill and London: The University of North Carolina Press, 2004.
Dunkley, Daive A., Agency of the Enslaved: Jamaica and the Culture of Freedom in the Atlantic World, Lanham: Lexington Books, 2013.
Ehrard, Jean, Lumières et Esclavage. L'esclavage et l'opinion publique en France au XVIIIe siècle, Bruxelles: André Versaille Éditeur, 2008.
Eltis; Walvin (eds.), The Abolition of the Atlantic Slave Trade, Madison: The University of Wisconsin Press, 1981.
Engerman, Stanley L., „Emancipations in Comparative Perspective. A Long and Wide View", in: Oostindie (ed.), Fifty Years Later, S. 223–241.
Engerman, „Slavery, serfdom and other forms of coerced labour: similarities and differences", in: Bush, Michael L. (ed.), Serfdom & Slavery. Studies in Legal Bondage, Essex: Addison Wesley Longman, 1996, S. 18–41.
Engerman; Steinfeld, Robert J., „Labor-Free or Coerced? A Historical Reassessment of Differences and Similarities", in: Brass, Tom; Linden, Marcel van der, Free and Unfree Labour. The Debate Continues, Bern/Berlin/Frankfurt a. M./New York/Paris: Peter Lang, 1997, S. 107–126.
Engerman (ed.), Terms of labor: slavery, serfdom, and free labor, Stanford: Stanford University Press, 1999.
Engerman, „Slavery in World Perspectives", in: Engerman, Slavery, Emancipation & Freedom. Comparative Perspectives, Baton Rouge: Louisiana State University Press, 2007, S. 1–36.
Farah, Megan Dean, „Aristocratic Abolitionists: Tsarist Russian Anti-slavery Campaigns", in: Mulligan, William; Bric, Maurice (eds.), A Global History of Anti-Slavery Politics in the Nineteenth Century, New York: Palgrave Macmillan, 2013, S. 97–116.
Fede, Andrew, Roadblocks to Freedom: Slavery and Manumission in the United States, New Orleans: Quid Pro Quo Books, 2011.
Feliú Cruz, Guillermo, La abolición de la esclavitud en Chile, Santiago de Chile: Universitaria, 1973.
Fergus, Claudius, „The Bicentennial Commemorations: The Dilemma of Abolitionism in the Shadow of the Haitian Revolution", in: Caribbean Quarterly Vol. 56:1/2 (March/June 2010), S. 139–158 (= Slavery, Memory and Meanings: The Caribbean and the Bicentennial of the Passing of the British Abolition of the Trans Atlantic Trade in Africans).

Ferreira, „Measuring Short- and Long-Term Impacts of Abolitionism in the South Atlantic, 1807–1860s", in: Richardson; Ribeiro da Silva (eds.), Networks and Trans-Cultural Exchange: Slave Trading in the South Atlantic, 1590–1867, Leiden/Boston: Brill Academic Publishers, 2014, S. 221–237.

Ferreira, „The Abolition of the Transatlantic Slave Trade", in: Miller (ed.) Princeton Companion to Atlantic History, Princeton: Princeton University Press, 2014, S. 423–425.

Fick, Carolyn F., „La révolution haïtienne dans l'Atlantique révolutionnaire: les enjeux contradictoires de la liberté, de la citoyenneté et de l'indépendance nationale", in: Midy, Franklin (ed.), Mémoire de révolution d'esclaves à Saint-Domingue: la traite négrière transatlantique, l'esclavage colonial, la Révolution de Saint-Domingue et les droits de l'homme, Montréal: Éd. du CIDIHCA, 2006, S. 145–177.

Fick, „The Haitian Revolution and the Limits of Liberty: Defining Citizenship in the Revolutionary Era", in: Social History Vol. 32 (2007), S. 394–414.

Fladeland, Betty, „Abolitionist Pressures on the Concert of Europe. 1814–1822", in: Journal of Modern History 38 (1966), S. 355–373.

Figueroa, Luis A., Sugar, Slavery, and Freedom in Nineteenth-Century Puerto Rico, Chapel Hill: University of North Carolina Press, 2005.

Follett, Foner, Eric; Johnson, Slavery's Ghost: The Problem of Freedom in the Age of Emancipation, Boston: The Johns Hopkins University Press, 2011.

Foner, Eric, Reconstruction: America's Unfinished Revolution, 1863–1877, New York: HarperCollins, 1989/2011.

Fradera, „Limitaciones históricas del abolicionismo catalán", in: Solano, Francisco; Guimerá, Agustín (eds.), Esclavitud y derechos humanos. La lucha por la libertad del negro en el siglo XIX, Madrid: Consejo Superior de Investigaciones Científicas, 1990, S. 125–133.

Fradera; Schmidt-Nowara, Christopher (eds.), Slavery and Antislavery in Spain's Atlantic Empire, New York/Oxford: Berghahn Books, 2010 (European Expansion & Global Interaction; Vol. 9).

Fradera, „Moments of a Postponed Abolition", in: Fradera; Schmidt-Nowara (eds.), Slavery and Antislavery in Spain's Atlantic Empire, S. 257–290.

Frank, Alison, „Children of the Desert and the Laws of the Sea: Austria, Great Britain, the Ottoman Empire, and the Mediterranean Slave Trade in the Nineteenth Century", in: The American Historical Review 117 (2012), S. 410–444.

García Martínez; Zeuske, „Notarios y esclavos en Cuba, siglo XIX", in: Fuente (coord.), Su „único derecho": los esclavos y la ley, Madrid: Fundación Mapfre | Tavera, 2004 (= Debate y perspectivas. Cuadernos de Historia y Ciencias Sociales, No. 4 (Diciembre 2004)), S. 127–170.

Grinberg, Keila, Liberata: A lei da ambigüidade. As ações de liberdade da Corte de Apelação do Rio de Janeiro no século XIX, Río de Janeiro: Centro Edelstein de Pesquisas Sociais, 2008 (erste Ausgabe: 1994).

Grinberg, „Freedom Suits and Civil Law in Brazil and the United States", in: Slavery & Abolition Vol. 22:3 (2001), S. 66–82.

Hochschild, Adam, Sprengt die Ketten. Der entscheidende Kampf um die Abschaffung der Sklaverei, Stuttgart: Klett-Cotta, 2007.

Gestrich, Andreas, „Die Antisklaverei-Bewegung im ausgehenden 18. und 19. Jahrhundert.. Forschungsstand und Forschungsperspektiven", in: Herrmann-Otto, Elisabeth (ed.), Unfreie Arbeits- und Lebensverhältnisse von der Antike bis zur Gegenwart. Eine Einführung, Hildesheim [etc.]: Georg Olms Verlag, 2005, S. 237–257.

Gestrich, „The Abolition Act and the Development of Abolitionist Movements in 19th Century Europe", in: Linden (ed.), Humanitarian Intervention and Changing Labor Relations. The Long-Term Consequences of the Abolition of the Slave Trade, Leiden/Boston: Brill, 2011 (Studies in Global History, Vol. 7), S. 245–262.

Ghorbal, Karim, Réformisme et esclavage à Cuba (1835–1845), Paris: Éditions Publibook Université, 2014.

Gøbel, Det danske slavehandelsforbud 1792. Studier og kilder til forhistorien, forordningen og følgerne, Odense: Syddansk Universitetsforlag, 2008.

Gøbel, The Danish Slave Trade and Its Abolition, Leiden/Boston: Brill, 2016 (Studies in Global Slavery).

García Martínez; Zeuske, „Notarios y esclavos en Cuba, siglo XIX", in: Fuente (coord.), Su „único derecho": los esclavos y la ley, Madrid: Fundación Mapfre | Tavera, 2004 (= Debate y perspectivas. Cuadernos de Historia y Ciencias Sociales, No. 4 (Diciembre 2004)), S. 127–170.

Grieshaber, Christian, „Forschungen zur antiken Sklaverei im Zeitalter der schottischen Aufklärung – Wurzeln des britischen Abolitionismus?", in: Herrmann-Otto (ed.) Sklaverei und Zwangsarbeit, Hildesheim/Zürich/New York: Olms-Verlag, 2010, S. 164–177.

Grieshaber, Frühe Abolitionisten? Die Rezeption der antiken Sklaverei zur Zeit der schottischen Aufklärung und deren Einfluss auf die britische Abolitionsbewegung (1750–1833), Hildesheim/Zürich/New York: Olms-Verlag, 2012.

Hallett, Nicole, „China and Antislavery", in: Hinks, Peter; McKivigan, John (eds.), Encyclopedia of Antislavery and Abolition, 2 vols., Westport: Greenwood Press, 2007, Bd. I, S. 154–156.

Hahn, Steven, The Political Worlds of Slavery and Freedom, Cambridge: Harvard University Press, 2009.

Harrill, Albert J., The Manumission of Slaves in Early Christianity, Tübingen: Mohr, 1995 (Hermeneutische Untersuchungen zur Theologie; 32).

Haskell, Thomas, „Capitalism and the Origins of the Humanitarian Sensibility", in: American Historical Review Vol. 90 (1985), S. 339–361, 547–566.

Haskell, „Convention and Hegemonic Interest in the Debate over Antislavery: A Reply to Davis and Ashworth", in: American Historical Review Vol. 92 (1987), S. 829–878.

Helg, Plus jamais esclaves!: De l'insoumission à la révolte, le grand récit d'une émancipation (1492–1838), Paris: La Découverte, 2016.

Hogendorn, Jan S.; Johnson, Marion, The Shell Money of the Slave Trade, Cambridge [etc.]: Cambridge University Press, 1986 (African Studies Series; 49) (paperback 2003).

Hogendorn; Johnson, „The cowrie in West Africa", in: Hogendorn; Johnson, The Shell Money of the Slave Trade, S. 15–19.

Hogendorn; Gemery, Henry A., „Abolition and Its Impact on Monies Imported to West Africa", in: Eltis; Walvin (eds.), The Abolition of the Atlantic Slave Trade, S. 99–115.

Holt, Thomas C., The Problem of Freedom: Race, Labor, and Politics in Jamaica and Britain, 1832–1938, Baltimore: The Johns Hopkins University Press, 1992.

Hünefeldt, Christine, Paying the Price of Freedom: Family and Labor among Lima's Slaves, 1800–1854, Berkeley and Los Angeles: University of California Press, 1994.

Jennings, Lawrence C., French Antislavery: The Movement for the Abolition of Slavery in France, 1802–1848, Cambridge: Cambridge University Press, 2000.

Kelly, David, „Freedom – a Eurasian Mosaic", in: Kelly; Reid, Anthony (eds.), Asian freedoms: the idea of freedom in East and Southeast Asia, Cambridge [etc.]: CUP, 1998, S. 1–17.

Kern, Holger Lutz, „Strategies of Legal Change: Great Britain, International Law, and the Abolition of the Transatlantic Slave Trade", in: Journal of the History of International Law Vol. 6 (2004), S. 233–258.

Kerr-Ritchie, Jeffrey R., Freedom's Seekers. Essays on Comparative Emancipation, Baton Rouge: Louisiana State University, 2013.

Kielstra, Paul Michael, The Politics of Slave Trade Suppression in Britain and France, 1814–1848, London: Macmillan Press, 2000.

King, James Ferguson, „The Latin-American Republics and the Suppression of the Slave Trade", in: Hispanic-American Historical Review Vol. 24:3 (August 1944), S. 387–411.

Kleijwegt, Marc (ed.), The Faces of Freedom: The Manumission and Emancipation of Slaves in Old World and New World Slavery, Leiden and Boston, MA: Brill Academic Publishers, 2006 (The Atlantic World 7).

Krieger, Martin, „Der dänische Sklavenhandel auf dem Indischen Ozean im 17. und 18. Jahrhundert“, in: Jahrbuch für Europäische Überseegeschichte 12 (2013), S. 9–30.

Linden, „Zur Logik einer Nicht-Entscheidung. Der Wiener Kongress und der Sklavenhandel“, in: Just, Thomas; Maderthaner, Wolfgang; Maimann, Helene (eds.), Der Wiener Kongress. Die Erfindung Europas, Wien: Carl Gerold's Sohn Verlagsbuchhandlung, 2014, S. 354–373.

Lombardi, John V., The Decline and Abolition of Negro Slavery in Venezuela, Westport: Greenwood Press, 1971.

Klein, Martin A., „Slavery, the International Slave Market and the Emancipation of Slaves in the Nineteenth Century“, in: Lovejoy; Rogers, Nicholas (eds.), Unfree Labour in the Development of the Atlantic World, London: Frank Cass, 1994, S. 197–220.

Koch, Rainer, „Liberalismus, Konservatismus und das Problem der Negersklaverei: Ein Beitrag zur Geschichte der politischen Denkens in Deutschland in der ersten Hälfte des 19. Jahrhunderts“, in: Historische Zeitschrift 222 (1976), S. 529–578.

Lovejoy; Hogendorn, Slow Death for Slavery: The Course of Abolition in Northern Nigeria, 1897–1936, Cambridge: CUP, 1993.

Lovejoy, „'Freedom Narratives' of Transatlantic Slavery“, in: Slavery & Abolition Vol. 32:1 (March 2011), S. 91–107.

Mamigonian, Africanos livres. A abolição do tráfico de escravos no Brasil, São Paulo: Companhia das Letras, 2017.

Martínez Heredia, Fernando; Scott, Rebecca J.; García Martínez, Espacios, silencios y los sentidos de la libertad: Cuba 1898–1912, La Habana: Ediciones Unión, ^{2}2003.

Mason, Matthew, „Keeping Up Appearances: The International Politics of Slave Trade Abolition in the Nineteenth-Century Atlantic World“, in: William and Mary Quarterly, 3rd Ser., LXVI (October 2009), S. 820–828.

McSheffrey, Gerald, „Slavery, Indentured Servitude, Legitimate Trade, and the Impact of Abolition in the Gold Coast, 1874–1910: A Reappraisal“, in: Journal of African History 24:3 (1983), S. 349–368.

McCormack, Noah Y., Japan's Outcaste Abolition. The Struggle for National Inclusion and the Making of the Modern State, Abingdon, Oxon/New York: Routledge, 2013.

Mejía Velásquez, Karen; Córdoba Ochoa, Luis Miguel, „La manumisión de esclavos por compra y gracia en la Provincia de Antioquia, 1780–1830“, in: HiSTOReLo. Revista de Historia Regional y Local Vol. 9, No. 17 (Enero–junio de 2017), S. 252–291.

Moulier-Boutang, Yann, De l'esclavage au salariat. Économie historique du salariat bridé, Paris: Presses Universitaires de France, 1998 (Actuel Marx Confrontation).

Mulligan, William; Bric, Maurice (eds.), A Global History of Anti-Slavery Politics in the Nineteeth Century, London: Palgrave Macmillan, 2013.

Murphy, Laura T., „The Curse of Constant Remembrance: The Belated Trauma of the Slave Trade in Ayi Kwei Armah's Fragments“, in: Studies in the Novel Vol. 40:1,2 (2008), S. 52–71.

Murphy, Metaphor and the Slave Trade in West African Literature, Athens: Ohio University Press, 2012.

Navarrete, San Basilio de Palenque. Memoria y Tradición, Santiago de Cali: Universidad del Valle, 2011.

Navarro Azcué, Concepción, La abolición de la esclavitud negra en la legislación española, Madrid: Cultura Hispánica, 1987.

Needell, Jeffrey D., „The Abolition of the Brazilian Slave Trade in 1850: Historiography, Slave Agency and Statemanship“, in: Journal of Latin American Studies 33:4 (2001), S. 681–712.

Nishida, Mieko, „Manumission and Ethnicity in Urban Slavery: Salvador, Brazil, 1808–1888“, in: HAHR Vol. 73:3 (1993), S. 361–392.

Nunes Mendonça, Joseli Maria, Entre a mão e os anéis: A Lei dos Sexagenários e os caminhos da abolicão no Brasil, Campinas: Editora da Unicamp, 1999.
Obregón, Liliana, „Críticas tempranas á la esclavización de los africanos", in: Mosquera; Pardo; Hoffmann (eds.), Afrodescendientes en las Américas, S. 423–452.
Palen, Marc-William, „Free-Trade Ideology and Transatlantic Abolitionism: a historiography", in: Journal of the History of Economic Thought Vol. 37:2 (June 2015), S. 291–304.
Paton, Diana, „Decency, Dependence, and the Lash: Gender and the British Debate over Slave Emancipation, 1830–1834", in: Slavery & Abolition 17:3 (1996), S. 162–184.
Peabody; Grinberg, Keila (eds.), Slavery, Freedom, and the Law in the Atlantic World: A Brief History with Documents, Boston and New York: Bedford St. Martin's Press, 2007.
Perera Díaz, Aisnara; Meriño Pérez, María de los Ángeles, „Tierra libre", in: Perera Díaz; Meriño Pérez, Estrategias de libertad. Un acercamiento a las acciones legales de los esclavos en Cuba (1762–1872), 2 Bde., La Habana: Editorial de Ciencias Sociales, 2015, Bd. II, S. 141–167.
Petley, Christer, Slaveholders in Jamaica: Colonial Society and Culture during the Era of Abolition, London: Pickering & Chatto, 2009.
Pétré-Grenouilleau (dir.), Abolir l'esclavage: Un réformisme à l'épreuve (France, Portugal, Suisse, XVIIIe–XIXe siècles), Rennes: Presses universitaires de Rennes, 2008.
Pires, Ana Flávia Cicchelli, „A Aboliçao do Comercio Atlântico de Escravos e os Africanos Livres no Brasil", in: Buffa, Diego; Becerra, María José (eds.)/Lechini, Gladys (comp.), Los estudios afroamericanos y africanos en América Latina. Herencia, presencia y visiones del otro, Córdoba/Buenos Aires: Ferreyra Editor; Centro de Estudios Avanzados: Programa de Estudios Africanos / Consejo Latinoamericano de Ciencias Sociales, 2008, S. 89–115.
Pita Pico, El reclutamiento de negros esclavos durante las guerras de Independencia de Colombia 1810–1825, Bogotá: Academia Colombiana de Historia, 2012.
Pita Pico, La manumisión de esclavos en el proceso de independencia de Colombia: realidades, promesas y desilusiones, Bogotá: Editorial Kimpres, 2014.
Popkin, Jeremy D. (ed.), Facing Racial Revolution: Eyewitness accounts of the Haitian Insurrection, Chicago: University of Chicago Press, 2007.
Popkin, You Are All Free. The Haitian Revolution and the Abolition of Slavery, New York: CUP, 2010.
Powell, Jim, Greatest Emancipations. How the West Abolished Slavery, New York/Basingstoke: Palgrave Macmillan, 2008.
Priesching, „Die Verurteilung der Sklaverei unter Gregor XVI. im Jahr 1839", in: Saeculum, Jg. 59:1 (2008), S. 143–162.
Putney, Martha, „The Slave Trade in French Diplomacy from 1814 to 1815", in: Journal of Negro History Vol. 60:3 (July 1975), S. 411–427.
Rashid, Ismael, „Escape, Revolt and Marronage in Eighteenth and Nineteenth Century Sierra Leone hinterland", in: Canadian Journal of African Studies 34 (2000), S. 656–683.
Rees, Siân, Sweet Water and Bitter: The Ships That Stopped the Slave Trade, Durham: University of New Hampshire Press, 2011.
Retzlaff, Carolin, „Wont the law give me my freedom". Sklaverei vor Gericht (1750–1800), Paderborn: Ferdinand Schöningh, 2014.
Révauger, Marie-Cécile, The Abolition of Slavery – The British Debate 1787–1840, Vanves/Paris: CNED/Presses universitaires de France, 2008.
Ribi Forclaz, Amalia, Humanitarian Imperialism. The Politics of Anti-Slavery Activism, 1880–1940, Oxford: OUP (Oxford Historical Monographs), 2015.
Rimner, Steffen, „Chinese abolitionism: the Chinese Education Mission in Connecticut, Cuba, and Peru", in Journal of Global History Vol. 11 (2016), S. 344–364.
Rodet, Marie, „Gender, Migration, and the End of Slavery in the Regions of Kayes, French Soudan", in: Bellagamba, Alice; Greene, Sandra E.; Klein (eds.), African Voices on Slavery and the Slave Trade, Cambridge [etc.]: CUP, 2013, S. 319–329.

Rodet, „Escaping Slavery and Building Diasporic Communities in French Soudan and Senegal, ca. 1880–1940", in: International Journal of African Historical Studies Vol. 48:2 (2015), S. 363–386.

Rodriguês, Jaime, O infame comércio: propostas e experiências no final do tráfico de africanos para o Brasil (1800–1850), Campinas: Editora da Unicamp, 2000 (Coleção varias historias, 6).

Rojas, Rafael, „La esclavitud liberal. Liberalismo y abolicionismo en el Caribe hispano", in: Secuencia no. 86 (may./ago. 2013), S. 29–52 (online: http://www.scielo.org.mx/scielo.php?script=sci_arttext&pid=S0186-03482013000200002&lng=es&nrm=iso (01. Juli 2017)).

Røge, Pernille, „Why the Danes got there first – a trans-imperial study of the abolition of the Danish slave trade in 1792", in: Slavery & Abolition Vol. 35:4 (2014), 576–592.

Rupert, Linda M., „Marronage, Manumission and Maritime trade in the Early Modern Caribbean", in: Slavery & Abolition, 30:3 (2009), S. 361–382.

Ryden, David Beck, West Indian Slavery and British Abolition, 1783–1807, Cambridge: Cambridge University Press, 2009.

Sachs, Honor, „'Freedom by Judgment': The Legal History of an Afro-Indian Family", in: Law and History Review Vol. 30:1 (2012), S. 173–203.

Sartorius, David, „'Long Live Spain! Death to Autonomy!'. Liberalism and Slave Emancipation", in: Sartorius, Ever Faithful. Race, Loyality, and the Ends of Empire in Spanish Cuba, Durham: Duke University Press, 2014, S. 158–186.

Scheuerer, Gerhard, „The Brandenburg Triangle", in: Backhaus, Jürgen (ed.), The Liberation of the Serfs: The Economics of Unfree Labor, New York: Springer Science and Business Media, 2012, S. 7–14.

Schloss, Rebecca H., Sweet Liberty: The Final Days of Slavery in Martinique, Philadelphia: University of Pennsylvania Press, 2009.

Schmidt-Nowara, Christopher, „National Economy and Atlantic Slavery: Protectionism and Resistance to Abolitionism in Spain and the Antilles, 1854–1874", in: HAHR Vol. 78:4 (1998), S. 603–629.

Schmidt-Nowara, Empire and Antislavery: Spain, Cuba, and Puerto Rico, 1833–1874, Pittsburgh: Pittsburgh University Press, 1999.

Schmidt-Nowara, „The End of Slavery and the End of Empire: Slave Emancipation in Cuba and Puerto Rico", in: Slavery & Abolition. A Journal of Slave and Post-Slave Studies Vol. 21:2 (August 2000), S. 188–207. (= Special Issue: After Slavery. Emancipation and its Discontents, ed. Temperley, Howard).

Schmidt-Nowara, „Empires against Emancipation: Spain, Brazil, and the Abolition of Slavery", in: Tomich & Zeuske (eds.), The Second Slavery, Bd. 1, S. 101–119.

Schmidt-Nowara, Slavery, Freedom, and Abolition in Latin America and the Atlantic World, Albuquerque: University of New Mexico Press, 2011.

Schmidt-Nowara, „Anti-Slavery in Spain and its Colonies, 1808–86", in: Mulligan, William; Bric, Maurice (eds.), A Global History of Anti-Slavery Politics in the Nineteenth Century, London: Palgrave Macmillan, 2013, S. 137–148.

Schmieder, Nach der Sklaverei. Martinique und Kuba im Vergleich, Münster [etc.]: LIT Verlag, 2014 (Sklaverei und Postemanzipation / Slavery and Postemancipation/Esclavitud y postemancipación; Vol. 7) (2. überarbeitete Auflage 2017).

Schweninger, Loren, „Freedom Suits, African American Women, and the Genealogy of Slavery", in: William and Mary Quarterly Vol. 71:1 (2014), S. 35–62.

Schüller, Karin, „Deutsche Abolitionisten in Göttingen und Halle: Die ersten Darstellungen des Sklavenhandels und der Antisklavereibewegung in der deutschen Historiographie des ausgehenden 18. und beginnenden 19. Jahrhunderts", in: Grunwald, Susanne;

Hammerschmidt, Claudia; Heinen, Valérie; Nilsson, Gunnar (eds.), Pasajes. Passages. Passagen. Homenaje a / Mélanges offerts à / Festschrift für Christian Wentzlaff-Eggebert, Sevilla: Universidad de Sevilla; Universidad de Cádiz; Universität zu Köln, 2004, S. 529–578.

Scott, Rebecca J., Slave Emancipation in Cuba. The Transition to Free Labor, 1860–1899, Princeton, N.Y.: Princeton University Press, 1985 (Reprint: Pittsburgh: The University of Pittsburgh Press, 2000).

Scott, „Reclamando la mula de Gregoria Quesada. El significado de la libertad en los valles del Arimao y del Caunao, Cienfuegos, Cuba", in: Illes i imperis: Estudios de historia de las sociedades en el mundo colonial y post-colonial, Nº. 2, Barcelona (1999), S. 89–110.

Scott; Zeuske, „Le 'droit d'avoir des droits'. Les revendications des ex-esclaves à Cuba (1872–1909)", in: Annales HSS, No. 3 (mai–juin 2004), S. 521–545.

Scott, Degrees of Freedom. Louisiana and Cuba after Slavery, Cambridge; London: The Belknap Press of Harvard University Press, 2005.

Scott, Grados de libertad. Cuba y Louisiana después de la esclavitud, La Habana: Editorial de Ciencias Sociales, 2006.

Scott; Hébrard, Jean-Michel, „One Woman, Three Revolutions: Rosalie of the Poulard Nation", in: Bender, Thomas; Dubois, Laurent; Rabinowitz, Thomas Richard (eds.), Revolution! The Atlantic World Reborn, London: Antique Collectors Club Ltd, 2011, S. 199–220.

Scott; Hébrard, Freedom Papers: An Atlantic Odyssey in the Age of Emancipation, Cambridge: Harvard University Press, 2012.

Scott, „O Trabalho Escravo Contemporâneo e os Usos da História (Contemporary Slavery and the Uses of History)", in: Mundos do Trabalho 5, no. 9 (2013), S. 129–137.

Scully, Pamela; Paton, Diana (eds.), Gender and Slave Emancipation in the Atlantic World, Durham: Duke University Press, 2005.

Sebastiani, Silvia, „Frontières de l'human. L'homme-singe dans le débat britannique sur l'esclavage (1770–1780)", in: Lilti, Antoine; Loriga, Sabina; Schaub (sour la dir. de), L'Experience Historiographique, Paris: École des Hautes Études en Sciences Sociales, 2016, S. 201–218.

Silva, Cristina Nogueira da; Grinberg, „Soil Free from Slaves: Slave Law in Late Eighteenth- and Early Nineteenth-Century Portugal", in: Slavery & Abolition Vol. 32:3 (2011), S. 431–446.

Silva, Luiz Geraldo, „Esperança da liberdade. Interpretações populares da abolição ilustrada (1773–1774)", in: Revista de História no. 144 (julho de 2001), S. 107–149.

Silva, Pedro Alberto de Oliveira, „Abolição no Ceará: o trabalho escravo e a abolição", in: Revista do Instituto do Ceará, Tomo Especial (1988), S. 139–162.

Silva, Susana S., „Do Abolicionismo as novas formas de Escravatura. Portugal e os Açores no século XIX", in: Machado; Gregorio; Silva (coords.), Para a história da escravatura insular nos séculos XV a XIX, S. 97–207.

Silverstein, Stephen, The Merchant of Havana: The Jew in the Cuban Abolitionist Archive, Nashville: Vanderbilt University Press, 2016.

Sinha, The Slave's Cause. A History of Abolition, New Haven: Yale University Press, 2016.

Sparks, Randy J., „Blind Justice: The United States's Failure to Curb the Illegal Slave Trade", in: Law and History Review Vol. 35:1 (February 2017), S. 53–79.

Stilwell, „The End of Slavery in Africa", in: Stilwell, Slavery and Slaving in African History, S. 176–214.

Schweninger, Loren, „Freedom Suits, African American Women, and the Genealogy of Slavery", in: William and Mary Quarterly Vol. 71:1 (2014), S. 35–62.

Tenorio Adame, Antonio, „La esclavitud en el discurso de José Miguel Guridi y Alcocer", in: López Sánchez, Eduardo Alejandro; Soberanes Fernández, José Luis (coords.), La constitución de Cádiz de 1812 y su impacto en el occidente novohispano, México: Universidad Nacional Autónoma de México, 2015, S. 401–422 (online: http://biblio.juridicas.unam.mx/libros/8/3961/26.pdf (15. April 2016)).

Tomich, „Econocide? From Abolition to Emancipation in the British and French Caribbean", in: Palmié, Stefan; Scarano, Francisco A. (eds.), The Caribbean. A History of the Region and Its Peoples, Chicago and London: The University of Chicago Press, 2011, S. 303–316.
Tomkins, Stephen Michael, The Clapham Sect: How Wilberforce's circle changed Britain, Oxford: Lion Hudson, 2010.
Tovar, Jorge; Tovar, Hermes, El oscuro camino de la libertad. Los esclavos en Colombia, 1821–1851, Bogotá: Universidad de los Andes, 2009.
Tucillo, Alessandro, „Antiesclavagisme sans colonies: Illuminismo et esclavage colonial", in: Dix-huitième siècle Vol. 45 (2013), S. 629–648.
Vergès, Françoise, Abolir l'esclavage. Une utopie coloniale, les ambiguïtés d'une politique humanitaire, Paris: Albin Michel, 2001.
Vlassopoulos, „Slavery, freedom and citizenship in classical Athens: beyond a legalistic approach", in: European Review of History: Revue européenne d'histoire Vol. 16:3 (2009) (= Slavery, Citizenship and the State in Classical Antiquity and the Modern Americas), S. 347–363.
Walker, Timothy D., „Abolishing the slave trade in Portuguese India: Documentary evidence of popular and official resistance to crown policy", in: Slavery & Abolition 25:2 (2004), S. 63–79.
Wanquet, Claude, La France et la première abolition de l'esclavage (1794–1802). Le cas des colonies orientales, île de France (Maurice) et la Réunion, Paris: Karthala, 1998.
Ward, Kerry, „Slavery in Southeast Asia, 1420–1804", in: Eltis; Engerman (eds.), The Cambridge World History of Slavery, Vol. 3, S. 163–185.
Williams, Daryle, „Cape Verde at the End of Atlantic Slavery", in: Slavery & Abolition Vol. 36:1 (January 2015), S. 160–179.
Wood, The Horrible Gift of Freedom: Atlantic Slavery and the Representations of Emancipation, Athens: Ohio University Press, 2010.
Woodside, Alexander, „Freedom and Élite Political Theory in Vietnam before the French", in: Kelly; Reid (eds.), Asian freedoms, S. 205–224.
Yannielli, „The Logic of the Antislavery Movement" (October 21, 2015; online: http://digitalhistories.yctl.org/category/digital-scholarship/ (06. Januar 2016)).
Zdanowski, Jerzy, Slavery and Manumission: British Policy in the Red Sea and the Persian Gulf in the First Half of the 20th Century, Ithaca: Ithaca Press, 2013.
Zeuske, „Kontinentale Emanzipationswege", in: Zeuske, Sklavereien, Emanzipationen und atlantische Weltgeschichte, S. 202–213.
Zeuske; Fintzsch, Norbert, „Was kommt nach der Emanzipation? Ein mikrohistorischer Vergleich Kuba-USA", in: Sklaverei zwischen Afrika und Amerika, ed. Zeuske, Leipzig: Leipziger Universitätsverlag, 2003 (COMPARATIV. Leipziger Beiträge zur Universalgeschichte und zur vergleichenden Gesellschaftsforschung, 13. Jg. (2003), Heft 2), S. 81–115.
Zeuske; Finzsch, „What Came after Emancipation? A Micro-Historical Comparison between Cuba and the United States", in: Linden, Marcel van der (ed.), Humanitarian Intervention and Changing Labor Relations. The Long-Term Consequences of the Abolition of the Slave Trade, Leiden/Boston: Brill, 2011 (Studies in Global History, Vol. 7), S. 285–318.

Widerstand, Flucht, Rebellionen, Cimarronaje, Maroons und Transkulturation

Acosta Saignes, „Life in a Venezuelan *Cumbe*", in: Price (ed., with a new preface), Maroon Societies: Rebel Slave Communities in the Americas, Boston: The Johns Hopkins University Press, 1996, S. 64–73.

Aizpurúa, Ramón, „Esclavitud, navegación y fugas de esclavos en el Curazao del siglo XVIII“, in: Dalla-Corte, Gabriela; García Jordan, Pilar; Laviña, Javier; Luna, Lola; Ricardo Piqueras, Ricardo; Ruiz-Peinado, José Luis, Tous, Meritxell (eds.), Poder local, poder global en América Latina, Barcelona: Publicacions i edicions de la Universidad de Barcelona, 2008, S. 81–94.

Alexander, Andrew, „Shipbord Slave Uprisings on the Malagasy Coast: The *Meermin* (1766) and *De Zon* (1775)“, in: Kronos. Journal of Cape History Vol. 33:1 (2007), S. 84–111. (http://content.ajarchive.org/cdm4/document.php?CISOROOT=/02590190&CISOPTR=611&REC=13).

Aljoe, Nicole, „Caribbean Slave Narratives: Creole in Form and Genre“, in: Anthurium. A Caribbean Studies Journal Vol. 2:1 (2004), S. 1–14.

Alpers; Campbell; Salman, Michael (eds.), Resisting Bondage in Indian Ocean Africa and Asia, London; New York: Routledge, 2007 (Routledge Studies in Slave and Post-Slave Societies and Cultures).

Anselin, Alain, Le refus de l'esclavitude: Résistances Africaines a la Traite Négrière, Paris: Editions Duboiris, 2009.

Azougarh, Abdeslam, Juan Francisco Manzano, esclavo poeta en la isla de Cuba, Valencia: Ediciones Episteme, 2000.

Baralt, Guillermo, Slave Revolts in Puerto Rico. Translated by Christine Ayorinde, Princeton: Markus Wiener Publishers, 2007.

Barnet, Miguel, Biografía de un cimarrón, La Habana: Instituto de Etnología y Folklore, 1966.

Barnet, Cimarrón, La Habana: Gente Nueva/Instituto Cubano del Libro, 1967.

Barnet, Der Cimarrón. Die Lebensgeschichte eines entflohenen Negersklaven aus Cuba, von ihm selbst erzählt. Nach Tonbandaufnahmen herausgegeben von Miguel Barnet. Aus dem Spanischen übersetzt von Baumgart, Hildegard. Mit einem Nachwort von Kübler, Jürgen, Berlin: Rütten & Loening 1970.

Barnet, Der Cimarrón. Die Lebensgeschichte eines entflohenen Negersklaven aus Cuba, von ihm selbst erzählt. Nach Tonbandaufnahmen herausgegeben von Miguel Barnet. Aus dem Spanischen übersetzt von Hildegard Baumgart. Mit einem Nachwort von Heinz Rudolf Sonntag und Alfredo Chacón, Frankfurt am Main: Suhrkamp-Verlag, 1970 (suhrkamp taschenbuch 3040) (Neueste Ausgabe: Mit einem neuen Vorwort des Autors zur vorliegenden Ausgabe. Aus dem Spanischen von Lisa Grüneisen, Frankfurt am Main: Suhrkamp, 1999).

Baumgartner, Barbara, „The Body as Evidence: Resistance, Collaboration, and Appropriation in 'The History of Mary Prince'“, in: Callaloo Vol. 24:1 (Winter, 2001), S. 253–275.

Behrendt; Eltis; Richardson, David, „The costs of coercion: African agency in the pre-modern Atlantic world“, in: Economic History Review LIV, 3 (2001), S. 454–476.

Bok, Francis, Escape from Slavery. New York: St. Martin's Griffin, 2003.

Branche, Jerome, „'Mulato entre negros (y blancos)': Writing, Race, the Antislavery Question, and Juan Francisco Manzano's Autobiografía“, in: Bulletin of Latin American Research 20:1 (2001), S. 63–87.

Campbell, Mavis Christine, Back to Africa. George Ross and the Maroons: from Nova Scotia to Sierra Leone, Trenton: Africa World Press, 1993.

Cwik; Laviña; Zeuske (eds.), Esclavitud, huida y resistencia en Cuba, Berlin: Wissenschaftlicher Verlag Berlin, 2013.

Diouf, Slavery's Exiles: The Story of the American Maroons, New York: New York University Press, 2014.

Dodson, Jualynne, with collaboration of Millet Batista, José, Sacred spaces and religious traditions in Oriente Cuba, Albuquerque: University of New Mexico Press, 2008.

Egerton, Douglas R.; Paquette, Robert L. (eds.), The Denmark Vesey Affair: A Documentary History, Gainesville: University Press of Florida, 2017.

Eltis; Engerman, „Shipboard Revolts and Abolition“, in: Drescher; Emmer (eds.), Who Abolished Slavery?, S. 145–155.

Ferrer, Ada, Insurgent Cuba. Race, Nation, and Revolution, 1868–1898, Chapel Hill & London: The University of North Carolina Press, 1999.

Ferrer, „La société esclavagiste cubaine et la révolution haïtienne“, in: Annales. Histoire, Sciences sociales, 58e année, n° 2 (mars–avril 2003), S. 333–356.

Ferrer, „Noticias de Haití en Cuba“, in: RI, Vol. LXIII, núm. 229 (2003), S. 675–693.

Ferrer, „Talk about Haiti: The Archive and the Atlantic's Haitian Revolution“, in: Garraway, Doris L. (ed.), Tree of liberty: cultural legacies of the Haitian Revolution in the Atlantic world, Charlottesville and London: University of Virginia Press, 2008, S. 21–40.

Ferrer, Freedom's Mirror. Cuba and Haiti in the Age of Revolution, New York: CUP, 2014.

Finch, Aisha K., Rethinking Slave Rebellion in Cuba. La Escalera and the Insurgencies of 1841–1844, Chapel Hill: The University of North Carolina Press, 2015.

Franco, José Luciano (ed.), Autobiografía, cartas y versos de Juan Francisco Manzano, La Habana: Municipio de la Habana, 1937.

García Martínez; Zeuske, La sublevación de los cautivos de la goleta *Amistad*: Ramón Ferrer y las redes de contrabando en el mundo Atlántico y en Cuba, La Habana: Ediciones UNIÓN, 2013.

García del Pino, El corso en Cuba. Siglo XVII. Causas y conscuencias, La Habana: Editorial de Ciencias Sociales, 2001.

García del Pino, Corsarios, piratas y Santiago de Cuba, La Habana: Editorial de Ciencias Sociales, 2009.

Geggus, David P., „Slavery, War, and Revolution in the Greater Caribbean, 1789–1815“, in: Gaspar; Geggus (eds.), A Turbulent Time, S. 1–50.

Geggus, „Une Famille de La Rochelle et ses plantations de Saint-Domingue“, in: Buisseret, David (ed.), France in the New World, East Lansing: Michigan State Unversity Press, 1998, S. 119–136.

Geggus, The Impact of the Haitian Revolution in the Atlantic World, Columbia: University of South Carolina Press, 2001.

Geggus, „The Influence of the Haitian Revolution on Blacks in Latin America and the Caribbean“, in: Naro, Nancy Priscilla (ed.), Blacks, Coloureds and National Identity in Nineteenth-Century Latin America, London: Institute of Latin American Studies, 2003, S. 38–59.

Geggus, „The Sounds and Echoes of Freedom: the Impact of the Haitian Revolution in Latin America“, in: Davis, Darién (ed.), Beyond Slavery: the Multifaceted Legacy of Africans in Latin America, Lanham: Rowman & Littlefield, 2006, S. 19–36.

Geggus; Fiering, Norman (eds.), The World of the Haitian Revolution, Bloomington and Indianapolis: Indiana University Press, 2009.

Geggus, „Slave Resistance and Emancipation: The Case of Saint-Domingue“, in: Drescher; Emmer (eds.), Who Abolished Slavery? Slave Revolts and Abolitionism. A debate with João Pedro Marques, New York/Oxford: Berghahn Books, 2010 (European Expansion & Global Interaction; Vol. 8), S. 112–119.

Geggus, „The Caribbean in the Age of Revolution“, in: Armitage, David; Subramanyam, Sanjay (eds.), The Age of Revolutions in Global Context, c. 1760–1840, New York: Palgrave Macmillan, 2010, S. 83–100.

Geggus, „Slave rebellion during the Age of Revolution“, in: Klooster; Oostindie (eds.), Curaçao in the Age of Revolution, 1795–1800, Leiden: KITLV, 2011, S. 23–56.

Girard, The Slaves who Defeated Napoléon: Toussaint Louverture and the Haitian War of Independence, 1801–1804, Tuscaloosa: University of Alabama Press, 2011.

Gomes, Flávio, Palmares. Escravidão e Liberdade no Atlâtico Sul, São Paulo: Contexto, 2005.

Gomes, „Atlântico e fugitivos em uma perspectiva hemisférica“, in: Gomes, Palmares, S. 13–28.

Grayson, Sandra M., „Black Women and American Slavery: Forms of Resistance“, in: Athey, Stephanie (ed.), Sharpened Edge: Women of Color, Resistance and Writing, Westport: Prager, 2003, S. 119–129.

Griffin, Patricia C., The Odyssey of an African Slave by Sitiki, Gainesville: University of Florida Press, 2015.
Heuman, Gad, „Slave Rebellions“, in: Heuman; Burnard (eds.), The Routledge History of Slavery, London and New York, Routledge, 2011, S. 220–233.
Hidalgo, Dennis R., Searching for an American Dream: the Runaway Free Blacks Who Left for Hayti, Tuscaloosa: University of Alabama Press, 2016.
Kars, Marjoleine, „Policing and Transgressing Borders: Soldiers, Slave Rebels, and the Early Modern Atlantic“, in: New West Indian Guide/Nieuwe West Indische Gids 83, 3/4 (December 2009), S. 191–218.
King, Johannes, „Guerilla Warfare: A Bush Negro View“, in: Price, Richard (ed.), Maroon Societies: Rebel Slave Communities in the Americas, New York: Anchor Books, 1973, S. 298–304.
Klooster; Oostindie (eds.), Curaçao in the Age of Revolution, 1795–1800, Leiden: KITLV, 2011.
La Rosa Corzo, Gabino, Runaway Slave Settlements in Cuba. Resistance and Repression. Translated by Mary Todd, Chapel Hill and London: The University of North Carolina Press, 2003.
La Rosa Corzo; González, Mirtha T., Cazadores de esclavos, La Habana: Fundación Fernando Ortiz, 2004.
La Rosa Corzo, „La Carimba o marca de fuego“, in: Del Caribe nº 44 (2004), S. 111–116, unter: www.cubaarqueologica.org/document/ahlarosa12.pdf (07. Dezember 2011).
La Rosa Corzo, Tatuados. Deformaciones étnicas de los cimarrones en Cuba, La Habana: Fundación Fernando Ortiz, 2011.
Landers, Jane G., „Gracia Real de Santa Teresa de Mose: A Free Black Town in Spanish Colonial Florida“, in: AHR Vol. 95 (February 1990), S. 9–30.
Landers, „Rebellion and Royalism in Spanish Florida: The French Revolution on Spain's Northern Colonial Frontier“, in: Gaspar; Geggus, A Turbulent Time, S. 163–170.
Landers, „Africans in the Spanish Colonies“, in: Historical Archaeology Vol. 31, No. 1 (1997), S. 84–91.
Landers, „Cimarrón Ethnicity and Cultural Adaptation in the Spanish Domains of the Circum-Caribbean, 1503–1763“, in: Lovejoy (ed.), Identity in the Shadow of Slavery, London; New York: Continuum, 2000, S. 30–54.
Landers (ed.), Colonial Plantations and the Economy in Florida, Gainesville: University of Florida Press, 2000.
Landers, „Conspiradores esclavizados en Colombia en el siglo XVII“, in: Afrodescendientes en las Américas: trayectorias sociales e identitarias: 150 años de la abolición de la esclavitud en Colombia, eds. Mosquera, Claudio; Pardo, Mauricio and Hoffman, Odile, Bogotá: Universidad Nacional de Colombia, 2002, S. 181–93.
Landers, „Maroon Women in Spanish America“, in: Gaspar, David Barry; Hine, Darlene C. (eds.), Beyond Bondage: Free Women of Color in the Slave Societies of the Americas, Bloomington: Indiana University Press, 2004, S. 3–18.
Landers, „Slave Resistance on the Southeastern Frontier: Fugitives, Maroons, and Banditti in the Age of Revolution“, in: Smith, Jon; Cohn, Deborah (eds.), Look Away! The U. S. South in New World Studies, Durham and London: Duke University Press, 2004, S. 80–93.
Landers; Robinson, Barry (eds.), Slaves, Subjects, and Subversives. Blacks in Colonial Latin America, Albuquerque: University of New Mexico Press, 2006.
Landers, „A Nation Divided? Blood Seminoles and Black Seminoles on the Florida Frontier“, in: Brown, Richmond F. (ed. and introd.), Coastal Encounters. The Transformation of the Gulf South in the Eighteenth Century, Lincoln and London: University of Nebraska Press, 2007, S. 99–116.
Landers, „Slavery in the Spanish Caribbean and the Failure of Abolition“, in: Review: A Journal of the Fernand Braudel Center, Binghamton University XXXI, no. 3 (2008) (= special issue edited

by Dale Tomich & Michael Zeuske, eds., The Second Slavery: Mass Slavery, World-Economy, and Comparative Microhistories, Part II), S. 343–371.

Landers, „Comunicación y movilidad de afrodescendientes en el Circuncaribe", in: Serna, Juan Manuel de la (coord.), Vicisitudes negro africanas en Iberoamérica. Experiencias de investigación, México: UNAM, 2011, S. 241–263.

Landers, Atlantic Creoles in the Age of Revolutions, Cambridge; London: Harvard University Press, 2010.

Landers, „Black Seminoles: A Nation Besieged", in: Landers, Atlantic Creoles in the Age of Revolutions, S. 175–203.

Landers; Gómez, Pablo; Polo Acuña, José; Campbell, Courtney J., „9. Researching the history of slavery in Colombia and Brazil through ecclesiastical and notarial archives", in: Kominko, Maja (ed.), From Dust to Digital. Ten Years of the Endangered Archives Programme, Cambridge: Open Book Publishers, 2015, S. 259–292 (http://dx.doi.org/10.11647/OBP.0052 (11. Juni 2015)).

Lavallé, Bernard, El cuestionamiento de la esclavitud en Quito colonial, Quito: Universidad Estatal de Bolívar, 1996 (Colección Todo es Historia. No. 8).

Laviña, Javier; Ruiz-Peinado, José Luis, Resistencias esclavas en las Américas, Aranjuez (Madrid): Doce Calles, 2006.

Laviña, „Cimarronaje y revueltas esclavas en el Caribe ibérico", in: Gutiérrez Usillos et al. (coords.), Laberintos de libertad, S. 180–194.

Lienhard, Martin, La voz y su huella. Escritura y conflicto étnico-social en América Latina 1492–1988, La Habana, Casa de las Américas, 1990 (Premio Casa de las Américas 1989).

Lienhard, O Mar e o Mato. Histórias da escravidão (Congo-Angola, Brasil, Caribe), Salvador da Bahia, UFBA-CEAO, 1998.

Lienhard, „A Rainha Nzinga de Angola e a sua prole americana: dois estudos", in: Anais de História de Além-Mar Vol. 1 (2000), S. 245–272.

Lienhard, „Afro-kubanische Oralität und ihre Darstellung in ethnologischen und literarischen Texten", in: Kuba heute. Politik Wirtschaft Kultur, hrsg. von Ette, Ottmar und Franzbach, Martin, Frankfurt am Main: Vervuert Verlag, 2001 (Bibliotheca Ibero-Americana, Bd. 75), S. 393–409.

Lienhard, Le discours des esclaves de l'Afrique à l'Amérique latine (Kongo, Angola, Brésil, Caraïbes). Traduit du portugais par Beatriz Lienhard-Fernández et l'auteur. Préface d'Emmanuel B. Dongala, Paris: L'Harmattan 2001 (Collection Recherches et Documents – Amériques latines).

Lienhard, „Milonga. Le 'dialogue' entre portugais et africains das les guerres du Kongo et de l'Angola", in: Lienhard, Le discours des esclaves, S. 67–103.

Lienhard, „Der Diskurs aufständischer Sklaven in Brasilien 1798–1838. Versuch einer ‚archäologischen' Annäherung", in: Sklaverei zwischen Afrika und Amerika, ed. Zeuske, Leipzig: Leipziger Universitätsverlag, 2003 (= COMPARATIV, 13. Jg., H. 2), S. 44–67.

Lienhard, „Bases ideológico-culturales de la rebeldía esclava: Caribe y Brasil, 1790–1840", in: Iberoamericana. América Latina – España – Portugal. Ensayos sobre letras, historia y sociedad. Notas. Reseñas iberoamericanas, Año III (2003), No. 12, Nueva época (Diciembre de 2003), S. 141–157.

Lienhard, Disidentes, rebeldes, insurgentes. Resistencia indígena y negra en América Latina. Ensayos de historia testimonial, Vervuert: Iberoamericana, 2008.

Lienhard, „Agrestes e irreligiosos. Los cimarrones negros del maniel de Neiva (Santo Domingo 1785–1794)", in: Lienhard, Disidentes, rebeldes, insurgentes, S. 83–111.

Lienhard, „Milonga. The "Dialogue" between Portuguese and Africans in the Congo and Angola (Sixteenth and Seventeenth Centuries)", in: Phaf-Rheinberger, Ineke; Oliveira Pinto, Tiago de (eds.), AfricAmericas. Itineraries, Dialogues and Sounds, Madrid/Frankfurt a. M.: Iberoamericana/Vervuert, 2008, S. 91–123.

Linden, „The Okanisi: A Surinamese Maroon Community, c. 1712–2010", in: International Review of Social History Vol. 60:3 (December 2015), S. 463–490.
Lingna Nafafé, Colonial Encounters: Issues of Culture, Hybridity and Creolisation, Portuguese Mercantile Settlers in West Africa, Frankfurt am Main: Peter Lang, 2007.
Lingna Nafafé, „Political Challenges of the African Voice: Autonomy, Commerce and Resistance in Pre-Colonial Western Africa", in: Green, Toby (ed.), Brokers of Change: Atlantic Commerce and Culture in Pre-Colonial Western Africa, London/Oxford: british Academy/Oxford University Press, 2012, S. 71–90.
Manzano, Juan Francisco, Autobiografía de un esclavo, introducción, notas y actualización del texto de Ivan A. Schulman, Madrid: Ediciones Guadarrama, S.A., Madrid 1975.
Maya Restrepo, Luz Adriana, Brujería y reconstrucción de identidades entre los africanos y sus descendientes en la Nueva Granada, siglo XVII, Bogotá: Ministerio de Cultura, 2005.
Mullin, Michael, Africa in America: Slave Acculturation and Resistance in the American South and British Caribbean, 1736–1831, Urbana: University of Illinois Press, 1992.
Mulvey, Patricia, „Black Brothers and Sisters: Membership in Black Brotherhoods of Colonial Brazil", in: Luso-Brazilian Review 17 (1980), S. 253–279.
Naro, Nancy Priscilla, „Antislavery and Abolitionism: Thinkers and Doers in Imperial Brazil", in: Naro (ed.), Blacks, Coloureds and National Identity in Nineteenth-Century Latin America, London: Institute of Latin American Studies, 2003 (Nineteenth-Century Latin American Series, General Editor Eduardo Posada-Carbó), S. 143–162.
Nascimento, Augusto, „Relações entre o Brasil e S. Tomé e Príncipe: Declínio e esquecimento", in: Região Autónoma da Madeira (ed.), As Ilhas e o Brasil, Funchal: Centro de Estudos de História do Atlântico, 2000, S. 375–400.
Navarrete, Cimarrones y Palenques en el Siglo XVII, Cali: Facultad de Humanidades, 2003.
Nishida, „From Ethnicity to Race and Gender: Transformations of Black Lay Sodalities in Salvador, Brazil", in: Journal of Social History 32, no. 2 (1998), S. 329–348.
Novinsky, Anita, Cristãos novos na Bahia, São Paulo: Ed. Perspectiva, 1972.
Özkoray, Hayri G., „Une 'culture de résistance'? Stratégies et moyens d'émancipation des esclaves dans l'Empire ottoman au XVIe siècle", in: Hanß; Schiel (eds.), Mediterranean Slavery Revisited (500–1800), S. 403–418.
Orser Jr., Charles E., „The archaeology of the African diaspora", in: Annual Review of Anthropology 27 (1998), S. 63–82.
Prados-Torreira, Teresa, Mambisas: Rebel Women in Nineteenth-Century Cuba, Gainesville: University Press of Florida, 2005.
Price, Richard (ed.), Maroon Societies: Rebel Slave Communities in the Americas, Baltimore: Johns Hopkins University Press, ^{2}1979 (Nachdruck: Price (ed., with a new preface), Maroon Societies: Rebel Slave Communities in the Americas, Boston: The Johns Hopkins University Press, 1996).
Price (comp.), Sociedades cimarronas. Comunidades esclavas rebeldes en las Américas, México: Siglo Veintiuno XXI Editores, 1981 (Colección América nuestra; 33: América colonizada).
Price, Alabi's world, Baltimore: Johns Hopkins University Press, 1990 (Johns Hopkins studies in Atlantic history and culture).
Price, „Maroons in Suriname and Guyane: How Many and Where", in: New West Indian Guide / Nieuwe West Indische Gids vol. 76, no. 1 & 2 (2002), S. 81–88.
Price; Price, Sally, „Introduction", in: Stedman, John Gabriel, Narrative of a Five Years Expedition against the Revolted Negroes of Surinam. Transcribed for the First Time from the Original 1790 Manuscript, edited and with an introduction and notes by Richard Price and Sally Price, Baltimore & London: The Johns Hopkins University Press, 1988, S. XIII–XCVII.
Price; Price, Stedman's Surinam. Life in an Eighteen-Century Slave Society, Boston: Johns Hopkins University Press, 1992.

Price, „The Miracle of Creolization: A Retrospective“, in: New West Indian Guide / Nieuwe West Indische Gids vol. 75:1 (2001), S. 35–64.

Price, „The Miracle of Creolization“, in: Yelvington, Kevin A. (ed.), Afro-Atlantic Dialogues. Anthropology in the Diaspora, Santa Fe; Oxford: School of American Research Press; James Currey, 2006, S. 115–147.

Strong, Pauline T., „Transforming Outsiders: Captivity, Adoption, and Slavery Reconsidered“, in: Deloria, Philipp J.; Salisbury, Neil (eds.), A Companion to American Indian History, Malden [etc.]: Blackwell Publishing, 2004, S. 339–356.

Rathbone, Richard, „Resistance to Enslavement in West Africa“, in: Manning (ed.), Slave Trades, 1500–1800. Globalisation of Forced Labour, Aldershot: Ashgate, 1996, S. 182–194.

Reis, Slave Rebellion in Brazil. The Muslim Uprising of 1835 in Bahia, Baltimore: Johns Hopkins University Press, 1993.

Reis; Gomes, Flávio dos Santos (eds.), Liberdade por um fio. História dos quilombos no Brasil, São Paulo, Companhia das Letras, 1996.

Reis; Silva, Eduardo, Negociação e conflito: a resistência negra no Brasil escravista, São Paulo, Companhia Das Letras, 1989.

Reis, „Candomblé in Nineteenth-Century Bahia: Priests, Followers, Clients“, in: Mann, Kristin; Bay, Edna G. (eds.), Rethinking the African Diaspora. The Making of A Black Atlantic World in the Bight of Benin and Brazil, London [u. a.]: Cass, 2001 (= Special Issue. Slavery & Abolition 22,1), S. 116–134.

Reis, Rebelião Escrava no Brasil: a História do Levante dos Malês (1835). Edição revista e ampliada, São Paulo: Companhia Das Letras, 2003.

Reis; Gomes; Carvalho, „África e Brasil entre margens: aventuras e desaventuras do africano Rufino José Maria“, in: Estudos Afro-Asiáticos, Ano 26,2 Rio de Janeiro (2004), S. 257–302.

Reis, „From slave to wealthy African freedman: The story of Manoel Joaquim Ricardo“, in: Lindsay, Lisa A.; Sweet, John W. (eds.), Biography and the black Atlantic, Philadelphia: University of Pennsylavania Press, 2014 (Early modern Americas), S. 131–145.

Rodriguez, Jr., Junius P., „Rebellion on the River Road: The Ideology and Influence of Louisiana's German Coast Slave Insurrection of 1811“, in: Harrold, Stanley; McKivigan, John R. (eds.), Antislavery Violence: Essays in Sectional, Racial, and Cultural Conflict, Knoxville: University of Tennessee Press, 1999, S. 65–88.

Ross, Robert, Cape of Torments: Slavery and Resistance in South Africa, London: Routledge and Kegan Paul, 1983.

Serna, Juan Manuel de la, „El imaginario de la libertad. La circulación de ideas entre los esclavos del Caribe“, in: Serna (coord.), Vicisitudes negro africanas en Iberoamérica. Experiencias de investigación, México: UNAM, 2011, S. 265–286.

Tardieu, Jean-Pierre, „Cimarrón-Maroon-Marron. Note épistémologique“, in: Outre-mers, 350–351 (2006), S. 237–247.

Tardieu, Resistencia de los negros en la Venezuela colonial. Representaciones y planteamientos semiológicos, Madrid/Frankfurt am Main: Iberoamericana/Vervuert, 2013.

Thompson, Alvin O. (ed.), In the Shadow of the Plantation. Caribbean History and Legacy, Kingston: Ian Randle Publishers, 2002.

Thompson, Flight to Freedom. African Runaways and Maroons in the Americas, Kingston: University of the West Indian Press, 2006.

Thornton, John K., „Les États de l'Angola et la formation de Palmares (Brésil)“, in: Annales. Histoire, Sciences sociales, 63e année, no. 4 (juillet–août 2008), S. 769–797.

Taylor, Eric Robert, If We Must Die. Shipboard Insurrections in the Era of the Atlantic Slave Trade, Baton Rouge: Louisiana State University Press, 2006.

Taylor, „The Case of the Amistad“, in: Taylor, If We Must Die, S. 151–156.

Viotti, Ana Carolina, „Revisitar Palmares: histórias de um mocambo do Brasil colonial“, in: TRASHUMANTE | Revista Americana de Historia Social 10 (2017) (= Tráfico de esclavos y

esclavitud en las Américas. Siglos XVI–XIX; eds. Borucki, Alex; Pérez Morales, Edgar), S. 78–99.
Weik, Terry, „The Archaeology of Maroon Societies in the Americas: Resistance, Cultural Continuity, and Transformation in the African Diaspora", in: Historical Archaeology Vol. 31:2 (1997), S. 81–92.
Williams, Lorna V., „A Cuban Slave Hunter's Journal: Francisco Estevez's ‚Diario del Rancheador' (1837–1842)", in: Afro-Hispanic Review Vol. 10:3 (1991), S. 62–66.
Woodward, C. Vann, „History from slave sources", in: Davis, Charles T.; Gates Jr., The Slaves's Narrative, Oxford-New York: Oxford University Press, 1985, S. 48–59.
Wisecup, Kelly; Jaudon, Toni Wall, „On knowing and not knowing about Obeah", in: Atlantic Studies: Global Currents Vol. 12:2 (2015), S. 129–143 (DOI: 10.1080/14788810.2015.1027852).
Yacou, Alain (ed.), Un esclave-poète à Cuba au temps du péril noir. Autobiographie de Juan Francisco Manzano (1797–1851), Paris: Karthala, 2004.
Zeuske, „The Cimarrón in the Archives: A Re-Reading of Miguel Barnet's Biography of Esteban Montejo", in: New West Indian Guide/Nieuwe West-Indische Gids, vol. 71, no. 3 & 4 (1997), S. 265–279.
Zeuske (ed.), Nach der Sklaverei. Grundprobleme amerikanischer Postemanzipationsgesellschaften, Leipzig: Leipziger Universitätsverlag, 1997 (= COMPARATIV. Leipziger Beiträge zur Universalgeschichte und zur vergleichenden Gesellschaftsforschung, 7. Jg., Heft 1 (1997)).
Zeuske, Die Geschichte der Amistad. Sklavenhandel und Menschenschmuggel auf dem Atlantik im 19. Jahrhundert, Stuttgart: Reclam, 2012.
Zeuske, „Rethinking the Case of the Schooner Amistad: Contraband and Complicity after 1808/1820", in: Slavery & Abolition: A Journal of Slave and Post-Slave Studies Vol. 35:1 (March 2014), S. 156–164.
Zeuske, „Versklavte und Sklavereien in Spanisch-Amerika. Gedanken zur „Weltarbeiterklasse" in globaler Perspektive", in: JahrBuch für Forschungen zur Geschichte der Arbeiterbewegung (2014/I), S. 5–36.
Zeuske, „The Second Slavery: Modernity, mobility, and identity of captives in Nineteenth-Century Cuba and the Atlantic World", in: Laviña; Zeuske (eds.), The Second Slavery, S. 113–142.
Zeuske, Amistad. A Hidden Network of Slavers and Merchants, Princeton: Markus Wiener, 2014.

Visualisierungen der Sklaverei, Ikonen, Spektakel und Inszenierungen sowie Memorialisierung

Aden, Dawn [et al.], Art in Latin America, New Haven and London: Yale University Press, 1989.
Aguet, Isabelle, A Pictorial History of the Slave Trade, Genève: Éditions Minerva, 1971.
Aguilar Ochoa, Arturo, „La influencia de los artistas viajeros en la litografía mexicana (1837–1849)", in: Anales del Instituto de Investigaciones Estéticas Vol. XXII, Nr. 076, UNAM (2000), S. 113–142.
Algranti, Leila Mezan, „Imagens sobre a mulher escrava no cotidiano do Rio de Janeiro (1808–1822)", in: Anais de História de Além-Mar Vol. II (2001), S. 181–198.
Alinder, Jasmine, „La retórica de la desigualdad: las fotografías de los esclavos del Brasil en el siglo XIX", in: Historia y memoria: sociedad, cultura y vida cotidiana en Cuba, 1878–1917. Prólogo: Amador, José; Epílogo: Coronil, Fernando, La Habana: Centro de Investigación y Desarrollo de la Cultura Cubana Juan Marinello / Latin American and Caribbean Studies Program of the University of Michigan, 2003, S. 161–174.
Álvarez Cuartero, Izaskún, „Gentes de color, gentes de placer y otras rarezas: una aproximación a su estudio en la pintura europea y americana de los siglos XVII y XVIII", in: En torno a las Antillas hispánicas. Ensayos en homenaje al profesor Paul Estrade, Puerto del Rosario:

Archivo Histórico Insular de Fuerteventura, Servicio de Publicaciones; Historia de las Antillas hispánicas, Universidad de Paris VIII, 2004 (= Tebeto. Anuario del archivo histórico insular de Fuerteventura (Islas Canarias); Anexo V), S. 459–472.

Araujo, Romantisme tropical: L'Aventure d'un peintre français au Brésil, Québec: Presses de l'Université Laval, 2008.

Araujo, „Les représentations de l'esclavage dans les gravures des relations Voyage pittoresque et historique au Brésil (1834) de Jean-Baptiste Debret (1768–1848) et Deux Années au Brésil (1862), de François-Auguste Biard (1799–1882)", in: Canadian Journal of Latin American and Caribbean Studies 59, no. 30 (2005), S. 161–183.

Araujo, „Culture visuelle et mémoire de l'esclavage: regards français sur les populations d'origine africaine dans le Brésil du XIXe siècle", in: Brésil(s) (online: 10 | 2016, mis en ligne le 30 novembre 2016, consulté le 22 décembre 2017. URL: http://journals.openedition.org/bresils/1972; DOI: 10.4000/bresils.1972).

Bann, Stephen, Printmakers, painters and photographers in nineteenth-century France, New Haven; London: Yale University Press, 2001.

Barringer, T.; Forrester, G.; Ruiz, B. M. (eds.), Art and Emancipation in Jamaica: Issac Mendes Belisario and His Worlds, New Haven and London: Yale University Press, 2007.

Baudy, Dorothea, „‚Kinderfresser'. Ein europäischer Topos zur Verunglimpfung des ‚Anderen'", in: Kerk, Annette et als [eds.), Kannibalismus und europäische Kultur, Tübingen: edition diskord, 1996 (= Forum Psychohistorie, Bd. 6, ed. Röckelein, Hedwig), S. 257–271.

Below, Irene; Bismarck, Beatrice von (eds.), Globalisierung/Hierarchisierung. Kulturelle Dominanzen in Kunst und Kunstgeschichte, Marburg: Jonas, 2005.

Bencard, Mogens, „Fürstliche Geschenke", in: Brunn; Neutsch (eds.), Sein Feld war die Welt. Johann Moritz von Nassau-Siegen (1604–1679), S. 159–175.

Blakely, Allison, Blacks in the Dutch World: The Evolution of Racial Imagery in a Modern Society, Bloomington: Indiana University Press, 1993.

Boime, Albert, The Art of Exclusion: Representing Blacks in the Nineteenth Century, London: Thames and Hudson, 1991.

Boogaart, Ernst van den, „Das Land der Zuckermühlen, für die niederländischen und europäischen ‚Curiosi' beschrieben und illustriert. Die Transformation des Bildes von Brasilien nach der Rückkehr Johann Moritz'", in: Brunn; Neutsch (eds.), Sein Feld war die Welt. Johann Moritz von Nassau-Siegen (1604–1679), S. 62–75.

Brienen, Rebecca P., Visions of Savage Paradise: Albert Eckhout, Court Painter in Colonial Dutch Brazil, 1637–1644, Amsterdam: Amsterdam University Press, 2006.

Brienen, Albert Eckhout, Visões do Paraíso Selvagem. Obra Completa. Tradução Julio Bandiera, São Paulo: Capivara, 2010.

Brienen, „Embodying race and pleasure: Dirk Valkenburg's Slave Dancer", in: Nederlands Kunsthistorisch Jaarboek 58 (2007–2008), S. 242–264.

Cantero, Justo G., Los Ingenios. Colección de vistas de los principales ingenios de azúcar de la isla de Cuba. Dibujos de Eduardo Laplante, La Habana: Litografía de Luis Marquier, 1857 (http://www.gutenberg.org/files/39312/39312-h/39312-h.htm (26. Februar 2013); Reedition: García Mora, José Luis; Santamaría García (eds.), Los Ingenios. Colección de vistas de los principales ingenios de azúcar de la Isla de Cuba. El texto redactado por Cantero, Justo G. Con las láminas dibujadas del natural y litografiadas por Eduardo Laplante, Madrid 2005).

Cantero, Los ingenios de Cuba, selección y textos de Marrero, Leví, Coral Gables: La Moderna Poesía, 1984.

Carneiro, Newton, Rugendas no Brasil, Rio de Janeiro: Kosmos, 1979.

Castellanos, Lázara, Víctor Patricio Landaluze, La Habana: Editorial Letras Cubanas, 1991.

Chamberlain, Henry, Vistas e costumes de cidade e arredores do Rio de Janeiro em 1819–1820, Rio de Janeiro: Livaria Kosmos, 1943.

Colección Museo Nacional de Bellas Artes de la Habana (ed.), Víctor Patricio de Landaluze [1830–1889], Bilbao: Museo de Bellas Artes de Bilbao, 1998.
Colección de artículos: Tipos y costumbres de la isla de Cuba por los mejores autores de este género / obra ilustrada por D. Víctor Patricio de Landaluze; fototipia Taveira ; con un prólogo de Antonio Bachiller y Morales, La Habana: Editorial Miguel de Villa, 1881.
Colección de artículos: Tipos y costumbres de la isla de Cuba por los mejores autores de este género/obra ilustrada por D. Víctor Patricio de Landaluze ; fototipia Taveira; con un prólogo de Antonio Bachiller y Morales, La Habana: Biblioteca Nacional de Cuba José Martí, 2009 (Raros y valiosos. Colección facsimilar; 1).
Corrêa do Lago, Pedro & Bia, Frans Post (1612–1680). Obra Completa, São Paulo: Capivara, ^{2}2009.
Costello, Leo, „Turner's The Slave Ship (1840): Towards a Dialectical History Painting", in: Carey; Salih; Ellis (eds.), Discourses of Slavery and Abolition. Britain and its Colonies, S. 209–222.
Cueto, Emilio, „Las láminas del Paseo Pintoresco por la Isla de Cuba", in: Revista de la Biblioteca Nacional José Martí, La Habana , Año 81, Vol. 33:2 (1990), S. 127–140.
Cueto, Mialhe's colonial Cuba: the prints that shaped the worlds view of Cuba, Miami, Fla.: Historical Association of Southern Florida, 1994 (Catalog of an exhibition held at the Historical Museum of Southern Florida, Oct. 6, 1994–January 30, 1995).
Daum, Denise, Albert Eckhouts ‚gemalte Kolonie'. Bild- und Wissensproduktion über Niederländisch-Brasilien, Marburg: Jonas Verlag, 2009.
Daum, „Eine Kolonie ohne Sklaven? Das Bildpaar der *Afrikaner*", in: Daum, Albert Eckhouts ‚gemalte Kolonie', S. 81–93.
Deans-Smith, Susan, „Creating the Colonial Subject: Casta Paintings, Collectors, and Critics in Eighteenth-Century Mexico and Spain", in: Colonial Latin American Review 14:2 (Dec. 2005), S. 169–204.
Debret, Jean-Baptiste, Voyage pittoresque et historique au Brésil, ou séjour d'un artiste français au Brésil, depuis 1816 jusqu'en 1831 inclusivement ... par, 3 Vols., Paris: Firmin Didot frères, 1834–1839.
Debret, Viagem Pitoresca e Histórica ao Brasil, São Paulo: Livraria Martins/EDUSP, 1972.
Debret, Viagem pitoresca e historica ao Brasil, 3 Bde., Belo Horizonte: Ed. Itatiaia e São Paulo; Editora da Universidade de São Paulo, 1989.
Dessau, Adalbert, „Die Anfänge des ästhetischen Denkens in Kuba 1830 bis 1859", in: Beiträge zur romanischen Philologie XXII (1983), S. 7–19.
„Die Mulatten aus Esmeraldas" (Francisco Arove und seine Söhne Pedro und Domingo, ehemalige Cimarrones; 1599), in: Gold und Macht. Spanien in der Neuen Welt, Wien: Künstlerhaus Gesellschaft m.b.H und Verlag Kremayr & Scheriau, 1986, S. 152.
Diener-Ojeda, Pablo, Rugendas 1802–1858, Augsburg: Wissner, 1997.
Diener; Manthorne, Katherine, François Mathurin Adalbert, Barón de Courcy. Ilustraciones de un viaje, 1831–1833, México: Artes de México, 1998.
Diener; Costa, Maria de Fátima, O Brasil de Rugendas, Belo Horizonte: Editora Itatiaia, 1998 (Coleção Imagens do Brasil, Vol. 1).
Diener; Costa, Rugendas e o Brasil, São Paulo: Capivara, 2012.
Dobrzeniecki, Tadeusz, Die Bronzetür von Gniezno, Warzawa: Pánstwowy Instytut Wydawniczy, 1954.
Dünne, Jörg, „Ortung und Zeichenordnung im Códice Valentim Fernandes: Die portugiesische Atlantikschifffahrt zwischen Raumkalkül und Raumsymbolisierung", in: Michalsky, Tanja; Schmieder, Felictas, Engel, Gisela (eds.), Aufsicht – Ansicht – Einsicht: Neue Perspektiven auf die Kartographie an der Schwelle zur Frühen Neuzeit, Berlin: trafo, 2009, S. 141–160.
Earle, Thomas F.; Lowe, Kate J. P. (eds.), Black Africans in Renaissance Europe, Cambridge, Cambridge University Press, 2005.

Ferdinand Bellermann en Venezuela: memoria del paisaje, 1842–1845: [diciembre 1991–febrero 1992], Caracas, Venezuela: Consejo Nacional de la Cultura: Embajada de la República Federal de Alemania en Venezuela, 1991.

Ferronha, António Luís, „A iconografia do encontro“, in: Ferronha (coord.), O Confronto do Olhar: o encontro dos povos na época das Navegações portuguesas, séculos XV e XVI: Portugal, África, Ásia, América, Lisboa: Ed. Caminho, 1991 (Colecção universitária), S. 289–306.

Finlay, Cheryl, „Erinnerung verpflichtet. Die Ikone des Sklavenschiffs des Black Atlantic“, in: Campt, Tina; Gilroy, Paul, Der Black Atlantic, Berlin: Haus der Kulturen der Welt, 2004, S. 248–263.

Fracchia, Carmen, „Constructing the Black Slave in Spanish Golden Age Painting“, in: Nichols, Tom (ed.), Others and Outcasts in Early Modern Europe: Picturing the Social Margins, Hampshire: Ashgate 2007, S. 179–195.

Fracchia, „The Urban Slave in Spain and New Spain“, in: McGrath, Elizabeth; Massing, Jean Michel (eds.), The Slave in European Art: From Renaissance Trophy to Abolitionist Emblem, London and Turin: The Warburg Institute and Nino Aragno Ed., 2012 (The Warburg Colloquia Series, Vol. 20), S. 195–216.

Frans Post: 1612–1680. Katalog zur Ausstellung „Frans Post – Paradiesische Landschaft“ vom 13. Mai bis 22. Juli 1990 in der Kunsthalle Basel und vom 28. Juli bis 16. September 1990 in der Kunsthalle Tübingen / Kunsthalle Basel, Kellein, Thomas; Frei, Urs-Beat (eds.), Basel: Kunsthalle; Tübingen: Kunsthalle, 1990.

Frith, Nicola; Hodgson, Kate (eds.), At the Limits of Memory: Legacies of Slavery in the Francophone World, Liverpool: Liverpool University Press, 2015 (Francophone Postcolonial Studies, New Series, Vol. 6).

Kaplan, Cora; Oldfield, John (eds.), Imagining Transatlantic Slavery, New York: Palgrave Macmillan, 2010.

García Ronda, Denia, „La Habana de Landaluze“, in: Colección Museo Nacional de Bellas Artes de la Habana (ed.), Víctor Patricio Landaluze [1830–1889], S. 33–47.

Godlewska, Ann Marie Claire, „Von der Vision der Aufklärung zur modernen Wissenschaft? Humboldts visuelles Denken“, in: Ette, Ottmar; Bernecker, Walther L. (eds.), Ansichten Amerikas. Neuere Studien zu Alexander von Humboldt, Frankfurt am Main: Vervuert 2001, S. 157–194.

Gómez, Le spectre de la Révolution noire: l'impact de la Révolution haïtienne dans le Monde atlantique, 1790–1886, Rennes: Presses Universitaires de Rennes, 2013.

Gómez, „Images de l'apocalypse des planteurs. Contribution à l'étude de l'iconographie des 'horreurs' de la Révolution haïtienne, 1784–1861“, in: L'Ordinaire des Amériques [En ligne], 215 | 2013, mis en ligne le 23 février 2014, consulté le 05 juin 2016 (URL: http://orda.revues.org/665).

Grantley, Darryl; Taunton, Nina (eds), The Body in Late Medieval and Early Modern Culture, Aldershot: Ashgate, 2000.

Gronenborn, Gold, Sklaven und Elfenbein / Gold, Slaves and Ivory. Mittelalterliche Reiche im Norden Nigerias / Medieval Empires in Northern Nigeria. Begleitbuch zur Ausstellung im Römisch-Germanischen Zentralmuseum (22. September 2011 bis 1. Januar 2012), Mainz: Römisch-Germanisches Zentralmuseum, 2011.

Guanche Pérez, „Iconografía de los Africanos y descendientes en Cuba“, in: Routes et marchés d'esclaves. 26e colloque du GIREA, Besançon, 27–29 septembre 2001, Paris: Presses Universitaires Franc-Comtoises, 2002, S. 187–208.

Guanche, Iconografía de africanos y descendientes en Cuba. Estudio, catálogo e imágenes, La Habana: Editorial de Ciencias Sociales, 2016.

Haehnel, Birgit; Ulz, Melanie (eds.), Slavery in Art and Literature. Approaches to Trauma, Memory and Visuality, Berlin: Frank & Timme, 2010.

Handler; Steiner, Annis, „Identifying Pictorial Images of Atlantic Slavery: Three Case Studies“, in: Slavery & Abolition Vol. 27:1 (2006), S. 51–71.

Harvey, Miles, Painter in a Savage Land. The Strange Saga of the First European Artist in North America, New York: Random House, 2008.

Hazard, Samuel, Cuba a pluma y lápiz, 3 Bde., La Habana, 1928 (Erstauflage: Cuba with Pen and Pencil, Hartford, 1871).

Helas, Philine, „Schwarz unter Weißen. Zur Repräsentation von Afrikanern in der italienischen Kunst des 15. Jahrhunderts“, in: Bell, Peter; Suckow, Dirk; Wolf, Gerhard (eds.), Fremde in der Stadt. Ordnung, Repräsentation und Praktiken (13.–15. Jahrhundert), Frankfurt am Main: Lang, 2010, S. 301–331.

Holl, Frank, „Ciencia y arte: Humboldt y los pintores Johann Moritz Rugendas y Ferdinand Bellermann“, in: Holl (ed.), Alejandro de Humboldt. Una nueva visión del mundo, México, D.F.: Universidad Nacional Autonóma de México, 2003, S. 157–168.

Honig, Elizabeth Alice, Painting and the Market in Early Modern Antwerp, New Haven: Yale University Press, 1998.

Honour, Hugh, Image of the Black in Western Art. From the American Revolution to the World War I. Bd. IV, 1: Slaves and Liberators, Cambridge: Harvard University Press, 1989 (weitere Bände siehe unter „Image of the Black in Western Art“).

Horta, José da Silva, „Primeiros olhares sobre o Africano do Sara Ocidental à Serra Leona (meados do século XV–inícios do século XVI)“, in: Ferronha (coord.), O Confronto do Olhar, S. 73–126.

Isaac Mendes Belisarion, Art & Emancipation in Jamaica, National Gallery of Jamaica, March 2nd–April 12th, Kingston: The National Gallery of Jamaica, 2008.

Juan, Adelaida de, Pintura y grabado coloniales cubanos. Contribución a su estudio, La Habana: Editorial Letras Cubanas, 1974.

Kaplan, Cora; Oldfield, John (eds.), Imagining Transatlantic Slavery, Basingstoke: Palgrave Macmillan, 2010.

Kellner, Douglas, „The Horrors of Slavery and Crisis of Humanity in Amistad and 12 Years a Slave“, in: Fotocinema: revista científica de cine y fotografía Nº. 8 (2014), S. 5–38.

King, Reyahn, „Ignatius Sancho and Portraits of the Black Elite“ in: King (ed.), Ignatius Sancho: An African Man of Letters, London: National Portrait Gallery, 1997, S. 15–43.

Krempel, León (ed.), Frans Post (1612–1680). Maler des verlorenen Paradieses, München: Michael Imhof Verlag, 2006.

Krempel, „Biographische und stilistische Notizen zu Frans Post“, in: Krempel (ed.), Frans Post (1612–1680). Maler des verlorenen Paradieses, München: Michael Imhof Verlag, 2006, S. 19–28.

La Rosa Corzo, „Henry Dumont y la imagen antropológica del esclavo africano en Cuba“, in: Historia y memoria: sociedad, cultura y vida cotidiana en Cuba, 1878–1917. Prólogo: Amador, José; Epílogo: Coronil, La Habana: Centro de Investigación y Desarrollo de la Cultura Cubana Juan Marinello / Latin American and Caribbean Studies Program of the University of Michigan, 2003, S. 175–182.

Kügelgen, Helga von; en colaboración con Schulze, Gabriele (ed.), Herencias indígenas, tradiciones europeas y la mirada europea = Indigenes Erbe, europäische Traditionen und der europäische Blick: actas del Coloquio de la Asociación Carl Justi y del Instituto Cervantes de Bremen, Bremen, del 6 al 9 de abril de 2000, Frankfurt am Main: Vervuert, 2002.

Landschafts- und Vegetationsbilder aus den Tropen Süd-Amerika's. Nach der Natur gezeichnet von Prof. F. Bellermann. Erläutert von Prof. Dr. H. Karsten, Berlin: R. Friedländer & Sohn, 1894.

Lapique Becali, Zoila, La memoria de las piedras, La Habana: Publicación de la Oficina del Historiador de la Ciudad de La Habana, 2002.

Lapique Becali, „La litografía de los franceses“, in: Lapique Becali, La memoria de las piedras, S. 57–77.

Li, Stephanie, „12 years a Slave as a Neo-Slave Narrative“, in: American Literary History Vol. 26:2 (2014), S. 326–331.

Lockard, Joe, „Spectacle and Slavery“, in: Lockard, Watching Slavery. Witness Texts and Travel Reports, New York [u. a.]: Peter Lang, 2008, S. XXVIII–XXXIII.

López Núñez, Olga, „Víctor Patricio Landaluze: Sus años en Cuba“, in: Colección Museo Nacional de Bellas Artes de la Habana (ed.), Víctor Patricio Landaluze [1830–1889], S. 9–31.

López Núñez, „Imágenes de Cuba colonial“, in: Grabados Coloniales de Cuba [Ausstellungskatalog], La Habana/Santander: Museo Nacional de Cuba; Museo de Bellas Artes, Ayuntamiento de Santander, 1998, S. 7–16.

Löschner, Renate, Deutsche Künstler in Lateinamerika – Maler und Naturforscher des 19. Jahrhunderts illustrieren einen Kontinent, Berlin: Dietrich Reimer Verlag, 1978.

Löschner, Johann Moritz Rugendas in Mexiko: ein Maler aus dem Umkreis von Alexander von Humboldt, Berlin: Ibero-Amerikanisches Institut zu Berlin/Preußischer Kulturbesitz, 1992.

Löschner, „Alexander von Humboldt als Initiator eines künstlerisch-wissenschaftlichen Amerikabildes“, in: Amerika 1492–1992. Neue Welten – Neue Wirklichkeiten, ed. Ibero-Amerikanisches Institut Preußischer Kulturbesitz und Museum für Völkerkunde, Staatliche Museen zu Berlin, Braunschweig: Westermann, 1992, 2 Bde., Band: Essays, S. 247–256.

Löschner [Ausstellung und Katalog], Bilder aus Brasilien im 19. Jahrhundert: im Blick von Alexander von Humboldt; Ausstellung des Ibero-Amerikanischen Instituts zu Berlin Preußischer Kulturbesitz; April – Mai 2001 Staatsbibliothek zu Berlin Preußischer Kulturbesitz; Oktober – Dezember 2001, Schloß Cappenberg; Januar – Februar 2001, Kreismuseum Neuwied: 2001.

Los cubanos pintados por sí mismos: colección de tipos cubanos; edición de lujo ilustrada por Landaluze, con grabados de José Robles, La Habana: Imprenta y Papelería de Barcina, 1852.

Lugo-Ortiz, Agnes; Rosenthal, Angela (eds.), Slave Portraiture in the Atlantic World, Cambridge and New York: Cambridge University Press, 2013.

Macaluso, Laura A., Art of the Amistad and The Portrait of Cinqué, Lanham: Rowman & Littlefield, 2016.

MacGregor, Neil, „Akan-Trommel“, in: MacGregor, Eine Geschichte der Welt in 100 Objekten, München: Beck, 2013, S. 643–647.

Marques, Sá de Bandeira e o fim da escravidão, Lisboa: Imprenta de Ciêcias Sociais, 2008.

Marquese, „Exílio escravista: Hercule Florence e as fronteiras do açucar e do café no Oeste paulista (1830–1879)“, in: Anais do Museu Paulista Vol. 24:2 (Aug. 2016), S. 13–53.

Martius, Carl Friedrich Philipp von et al., Flora Brasiliensis, enumeratio plantarum in Brasilia hactenus detectarum:quas suis aliorumque botanicorum studiis descriptas et methodo naturali digestas partim icone illustratas / ediderunt Carolus Fridericus Philippus de Martius et Augustus Guilielmus Eichler; iisque defunctis successor Ignatius Urban, 15 Bde., Monachii [München] et Lipsiae: Oldenbourg, 1840–1906 (Kurztitel: Flora Brasiliensis – brasilianisches Digitalisat: http://florabrasiliensis.cria.org.br/ (04. Mai 2014)).

Mayer, Leo Aryeh, Mamluk Costume: A Survey, Geneva: Albert Kundig, 1952.

McGrath, Elizabeth; Massing, Jean Michel (eds.), The Slave in European Art: From Renaissance Trophy to Abolitionist Emblem, London and Turin: The Warburg Institute and Nino Aragno Ed., 2012 (The Warburg Colloquia Series, Vol. 20).

McInnis, Maurie D., Slaves Waiting for Sale: Abolitionist Art and the American Slave Trade, Chicago: University of Chicago Press, 2011.

Mégevand, Sylvie, „Pierre-Toussaint-Frédéric Mialhe, un lithographe gascon à Cuba (1838–1854)“, in: Cahiers du Monde Hispanique et Luso-Bresilien. Caravelle 76–77, Toulouse (décembre 2001), S. 443–453.

Mégevand, „Los ingenios, de Cantero y Laplante: una obra de referencia de la sacarocracia cubana (1855–1857)“, in: Ludec, Nathalie (coord.), Prensa, impresos y territorios: obras de referencia y espacios regionales en el mundo hispánico contemporáneo, Rennes: Pilar, 2003, S. 11–22.

Méndez Rodríguez, Luis, „Visiones iconográficas de la esclavitud en España“, in: Martín Casares; García Barranco (coords.), La esclavitud negroafricana en la historia de España, S. 95–126.

Méndez Rodríguez, Esclavos en la pintura sevillana de los siglos de oro, Sevilla: Universidad de Sevilla, 2011.

Merkel, Dorothea, „Memories of Slavery – Trauma and Representation in European and African art and visual culture 17th–21st century“, unter: http://www.zeitenblicke.historicum.net/2003/01/merkel/index.html (15. Dezember 2005).

Mialhe, Frédéric, Album Pintoresco de la isla de Cuba, Berlin: B. Max und Co., 1853.

Miahle, Pierre Toussaint Frédéric (Federico), Album Pintoresco de la Isla de Cuba, Storch & Kramer, Berlin (Lithographen) (für), Havana: B. May y Ca., c. 1855.

Miahle, Album Pintoresco de la Isla de Cuba. Oilprinting Storch & Kramer (for) B. May y Ca., Berlin: ca 1855.

Mialhe; Marquier, Luis, Viage pintoresco alrededor de la Isla de Cuba dedicado al Señor Conde de Villanueva, o.O. u. J. [Habana: Litografía de Luis Marquier, 1848?].

Michalsky, Tanja, „Die kulturelle Eroberung der Fremde. Frans Posts Bilder der niederländischen Kolonie in Brasilien“, in: Brunn, Gerhard et. al (eds.), Johann Moritz von Nassau-Siegen (1604–1679), der Brasilianer. Aufbruch in Neue Welten, Siegen: Johann Moritz Gesellschaft, 2004, S. 100–109.

Michalsky, „Horizonterweiterung? Niederländische Landschaft in Brasilien“, in: Dürr, Renate; Engel, Gisela; Süsmann, Johannes (eds.), Expansionen in der Frühen Neuzeit, Berlin, 2005 (= Zeitschrift fur Historische Forschung, Beiheft 34), S. 357–384.

Michalsky; Schmieder, Felictas, Engel, Gisela (eds.), Aufsicht – Ansicht – Einsicht: Neue Perspektiven auf die Kartographie an der Schwelle zur Frühen Neuzeit, Berlin: trafo, 2009.

Michalsky, „Das Wissen der Kunst. Ein Plädoyer für den visuellen Diskurs in Landschaftsmalerei und Kartographie“, in: Gehring, Ulrike (ed.), Die Entdeckung der Ferne. Natur und Wissenschaft in der niederländischen Malerei des 17. Jahrhunderts, Paderborn: Fink, 2014, S. 17–39.

Mirzoeff, Nicholas, The Right to Look: A Counterhistory of Visuality, Durham: Duke University Press, 2011.

Moura, Carlos Eugênio Marcondes de (org.), A Travessia da Calunga Grande: três Séculos de Imagens sobre o Negro no Brasil (1637–1899), São Paulo: Impressa Official do estado de São Paulo e Editora da Universidade de São Paulo, 2000 (Série Uspiana – Brasil 500 anos).

„Nature, Science and the Picturesque“, in: Aden, Dawn [et al.], Art in Latin America, New Haven and London: Yale University Press, 1989, S. 63–99.

Patterson, „American Dionysus. Images of Afro-American Men at the Dawn of the Twenty-First Century“, in: Patterson, Rituals of Blood: Consequences of Slavery in Two American Centuries, Washington: Basic Civitas Books/Counterpoint, 1998, S. 233–282.

Pávez Ojeda, Jorge, „El retrato de los «negros brujos»: Los archivos visuales de la antropología afrocubana (1900–1920)“, in: Aisthesis [online]. 2009, n. 46 [citado 2013-12-14], S. 83–110 (unter: http://dx.doi.org/10.4067/S0718-71812009000200005 (13. Dez. 2013)).

Pávez Ojeda, „Lecturas de un códice afrocubano. Naturalismo, etiopismo y universalismo en el libro de José Antonio Aponte (La Habana, ca. 1760–1812)“, in: Historia Crítica 45, Bogotá (2011), S. 56–85.

Pávez Ojeda, „The painting of Black History. The Afro-Cuban Codex of José Antonio Aponte“, in: Delmas, Adrien; Penn, Nigel (eds.), Written Culture in Colonial Context. Africa and the Americas 1500–1900, Leiden: Brill, 2012, S. 283–316.

Pérez Cisneros, Guy, „Víctor Patricio de Landaluze y el grabado popular (Segunda mitad del siglo XIX)“, in: Pérez Cisneros, Características de la evolución de la pintura en Cuba, La Habana: Editorial Pueblo y Educación, 2000 (erste Auflage 1959), S. 57–61.

Phaf-Rheinberger, Ineke, „Von Sklavenhandel und christlichen Vorbehalten. Die Aktualität von Caspar Balaeus in Amerika und Afrika“, in: Brunn; Neutsch (eds.), Sein Feld war die Welt. Johann Moritz von Nassau-Siegen (1604–1679), S. 145–158.

Powell, Richard, „Cinque: Antislavery Portraiture and Patronage in Jacksonian America“, in: American Art Vol. 11, No. 3 (Fall 1997), S. 48–73.

Prussat, Margrit, Bilder der Sklaverei. Fotografien der afrikanischen Diaspora in Brasilien 1860–1920, Berlin: Dietrich Reimer Verlag, 2008.

Quilley, Geoff; Kriz, Kay Dian, „Introduction: visual culture and the Atlantic world, 1660–1830“, in: Quilley; Kriz (eds.), An Economy of Colour. Visual Culture and the Atlantic World, 1660–1830, Manchester: Manchester University Press, 2003, S. 1–12.

Ramos Cruz, Guillermina, Lam y Mendive. Arte Afrocubano, Barcelona: Red ediciones, 2010.

Richert, Gertrud, Johann Moritz Rugendas. Ein deutscher Maler des XIX. Jahrhunderts, Berlin: Rembrandt-Verlag, 1959.

Roeck, Bernd, Das historische Auge. Kunstwerke als Zeugen ihrer Zeit. Von der Renaissance zur Revolution, Göttingen: Vandenhoeck & Ruprecht, 2004.

Romay Guerra, Zulaica, Cepos de la memoria. Impronta de la esclavitud en el imaginario social cubano, Matanzas: Ediciones Matanzas, 2015.

Rugendas, Johann Moritz, Malerische Reise in Brasilien von Moritz Rugendas, Stuttgart: Daco-Verlag Bläse, 1986 (Faks.-Ausg. d. Orig.-Ausg.: Rugendas, Voyage pittoresque dans le Brésil, Paris: Engelmann & Cie., 1835).

Schjellerup, Inge, „Der Reiz exotischer Menschen im siebzehnten Jahrhundert – Albert Eckhouts Gemälde“, in: Brunn, Gerhard et. al (eds.), Johann Moritz von Nassau-Siegen (1604–1679), der Brasilianer. Aufbruch in Neue Welten, Siegen: Johann Moritz Gesellschaft, 2004, S. 90–99.

Schmidt, Benjamin, Inventing Exotism: Geography, Globalism, and Europe's Early Modern World, Philadelphia: University of Pennsylvania Press, 2015.

Schmidt-Linsenhoff, Viktoria, „Rhetorik der Hautfarben. Albert Eckhouts Brasilien-Bilder“, in: Burghartz, Susanna [u. a.] (eds.): Berichten, Erzählen, Beherrschen. Wahrnehmung und Repräsentation in der frühen Kolonialgeschichte Europas, Frankfurt am Main: Vittorio Klostermann, 2003, S. 285–314 (= Zeitsprünge. Forschungen zur frühen Neuzeit, Bd. 7, Heft 2,3).

Schmidt-Linsenhoff, „Sklavenmarkt in K. Zur Verkörperung verleugneter Erinnerung in der Malerei des Orientalismus“, in: Schmidt-Linsenhoff; Hölz, Karl; Uerlings (eds.), Weiße Blicke. Geschlechtermythen des Kolonialismus, Marburg: Jonas, 2004, S. 37–53.

Schmidt-Linsenhoff, „Flos Pavonis und das wissenschaftliche Bild. Maria Sibylla Merian in Surinam“, in: Schmidt-Linsenhoff, Ästhetik der Differenz. Postkoloniale Perspektiven vom 16. bis 21. Jahrhundert, 2 Bde., Marburg: Jonas, ^{2}2014 (Bd. I: Texte; Bd. II: Abbildungen), Bd. I, S. 135–157.

Schmidt-Linsenhoff, „Marie Guilhelmine Benoist, "Portrait d'une Négresse", 1800“, in: Schmidt-Linsenhoff, Ästhetik der Differenz, Bd. I, S. 158–181.

Schmidt-Linsenhoff, „Mit Mohrenpage“, in: Schmidt-Linsenhoff, Ästhetik der Differenz, Bd. I, S. 249–266.

Schmieder; Zeuske (eds.), Erinnerungen an Sklaverei, Leipzig: Leipziger Universitätsverlag, 2012 (= Comparativ. Zeitschrift für Globalgeschichte und Vergleichende Gesellschaftsforschung 22, H. 2).

Schulte-Wülwer, Ulrich, „Harro Harring in Brasilien“, in: Mitteilungen der Harro-Harring-Gesellschaft Heft 15/16, (1996/97), S. 40–55.

Slenes, Robert W., „As provações de um Abraão africano: a nascente nação brasileira na Viagem alegórica de Johann Moritz Rugendas“, in: Revista de História da Arte e Arqueologia 2 (1995/96), Centro de Pesquisa em História da Arte e Arqueologia, IFCH-UNICAMP, S. 271–294 (englische Version: Ebd., S. 519–535).

Slenes, „African Abrahams, Lucretias and Men of Sorrows: Allegory and Allusion in the Brazilian Anti-slavery Lithographs (1827–1835) of Johann Moritz Rugendas“, in: Wiedemann, Thomas; Gardner, Jane (eds.), Representing the Body of the Slave, London; Portland: Frank Cass, 2002 (= Special Issue: Slavery & Abolition. A Journal of Slave and Post Slave Studies 23:2 (August 2002)), S. 147–167.

Slenes, „Overdrawn from Life: Abolitionist Argument and Ethnographic Authority in the Brazilian 'Artistic Travels' of J. M. Rugendas, 1827–35“, in: Portuguese Studies 22 (2006), S. 55–80.

Smith, Pamela H.; Findlen, Paula (eds.), Merchants & Marvels: Commerce, Science and Art in Early Modern Europe, London/New York: Routledge, 2002.

Spix, Johann Baptiste von & Martius, Carl Friedrich Philipp von, Viagem pelo Brasil: 1817–1820, Belo Horizonte: Itatiaia, 1981.

Staatliche Museen zu Berlin (ed.), Ferdinand Bellermann: 1814–1889: ein Berliner Maler aus der Ära Alexander von Humboldts: [Ausstellung] Kupferstichkabinett und Nationalgalerie, Berlin, 13. August–25. Oktober 1987, Berlin (Ost): Staatliche Museen, 1987.

Stauffer, John, „12 years between life and death“, in: American Literary History Vol. 26:2 (2014), S. 317–325.

Stedman, John Gabriel, Narrative of a five years' expedition, against the Revolted Negroes of Surinam, in Guiana, on the Wild Coast of South America; from the year 1772, to 1777, elucidating the History of that Country, and describing its Productions. Viz. Quadrupedes, Birds, Fishes, Reptiles, Trees, Shrubs, Fruits, & Roots; with an account of the Indians of Guiana, & Negroes of Guinea. By Captn. J. G. Stedman, 2 Vols., London. Printed for J. Johnson, St. Paul's Church Yard & Th. Payne, Pall Mall, 1806 (second edition, corrected).

Stedman, Stedman's Nachrichten von Surinam und seiner Expedition gegen die rebellischen Neger in dieser Kolonie in den Jahren 1772–1777: ein Auszug aus dem englischen Original, Hamburg: bei Benjamin Gottlob Hoffmann, 1797 (Neuere Geschichte der See- und Landreisen; 8).

Stedman, Stedman's Reisen in Surinam / für die Jugend bearbeitet von M. Chr. Schulz. Neue Auflage ; mit V illuminirten Kupfertafeln, Berlin: Schüppel o.J. [1799].

Stedman, Narrative of a Five Years Expedition against the Revolted Negroes of Surinam. Transcribed for the First Time from the Original 1790 Manuscript, edited and with an introduction and notes by Price, Richard and Price, Sally, Baltimore & London: The Johns Hopkins University Press, 1988.

Stols, Eddy, „O açúcar na literatura e na pintura flamenga e holandesa (séculos XVI e XVII)“, in: Região Autónoma da Madeira (ed.), História do Açúcar. Rotas e Mercado, Funchal: Centro de Estudos do Atlântico, 2002, S. 221–235.

Sturm, Dietrich, Löschner, Renate; Rosa, Waltraud de la (eds.), Bellermann y el paisaje venezolano 1842/1845/ Bellermann und die venezolanische Landschaft 1842/1845: Caracas, Editorial Arte, 1977.

Teuscher, Andrea, Die Künstlerfamilie Rugendas 1666–1858. Werkverzeichnis zur Druckgraphik, Augsburg: Wißner, 1998.

Suckow, Dirk, „Adalberts Traum und Fellussos Besen. Zur (Un-)Sichtbarkeit von Sklaven im Bild (12.–16. Jhd.)“, in: Bell; Suckow; Wolf (eds.), Fremde in der Stadt, S. 355–382.

Teixeira, Dante Martins, „Nature in Frans Post's Paintings of the New World“, in: Krempel (ed.), Frans Post (1612–1680). Maler des verlorenen Paradieses, München: Michael Imhof Verlag, 2006, S. 45–52.

Texera Arnal, Yolanda, „Testigos de la historia: viajeros y naturalistas en Venezuela durante el siglo XIX“, in: AEA, LI-2, Sevilla (1994), S. 189–198.

Thompson, Robert Farris, Flash of the Spirit: African and Afro-American Art and Philosophy, New York: Random House, 1983.
Trachtenbuch des Christoph Weiditz [1529] (Digitalisat der Bibliothek des Germanischen Nationalmuseums Nürnberg, online: http://dlib.gnm.de/item/Hs22474/html (31. März 2016)).
Turner, E. Daymond Jr., „Forgotten Treasure from the Indies: The Illustrations and Drawings of Fernández de Oviedo", in: Huntington Library Quarterly 48 (1985), S. 1–46.
Ulz, Melanie, „Die schöne Wäscherin. Zum (Berufs-)Bild der *Blanchisseuse* im französischen Kolonialdiskurs um 1800", in: Kabadayi; Reichardt, Unfreie Arbeit. Ökonomische und kulturgeschichtliche Perspektiven, S. 280–301.
Venegas Fornias, Carlos, „El libro de los Ingenios", in: Malpica [Cuello], Antonio (ed.), Agua, trabajo y azúcar, Granada: Diputación Provincial de Granada, 1996 (= Actas Motril 1995), S. 87–99.
Vera, Ana, „La fotografía y el trabajo a principios del siglo XX", in: Historia y memoria, S. 183–203.
Víctor Patricio de Landaluze (1830–1889); Colección Museo Nacional de Bellas Artes de la Habana, Bilbao: Museo de Bellas Artes de Bilbao, 1998.
Vidales, Carlos; Anrup, Roland, „El Padre, la Espada y el Poder: la imagen de Bolívar en la historia y en la política", in: Monografías Vol. N° 9, Instituto de Estudios Latinoamericanos, Universidad de Estocolmo (1983), S. 35–73 (= Vidales (ed.), Simón Bolívar 1783–1983)).
Vlach, John Michael, The Planter's Prospect: Privilege and Power in Plantation Paintings, Chapel Hill: University of North Carolina Press, 2002.
Webster, Susan V., „Of Signatures and Status: Andrés Sánchez Gallque and Contemporary Painters in Early Colonial Quito", in: The Americas 70:4 (April 2014), S. 603–644.
Werner, Petra, Naturwahrheit und ästhetische Umsetzung. Alexander von Humboldt im Briefwechsel mit bildenden Künstlern, Berlin: Akademie, 2013 (Beiträge zur Alexander von Humboldt-Forschung, Bd. 38).
Wiedemann, Thomas; Gardner, Jane (eds.), Representing the Body of the Slave, London; Portland: Frank Cass, 2002 (= Special Issue: Slavery & Abolition. A Journal of Slave and Post Slave Studies 23:2 (August 2002)).
Wood, Marcus, Blind Memory. Visual Representations of Slavery in England and America 1780–1865, Manchester: Manchester University Press, 2000.
Wood, „The irrecoverable: representing the 'middle passage'", in: Wood, Blind Memory, S. 14–77.
Wood, Slavery, Empathy, and Pornography, Oxford: Oxford University Press, 2002.
Wood, „Celebrating the Middle Passage. Atlantic Slavery, Barbie and the Birth of the Sable Venus", in: Atlantic Studies Vol. 1:2 (2004), S. 123–144.
Wood, „John Gabriel Stedman, William Blake, Francesco Bartolozzi and empathetic pornography in the *Narrative of a Five Years Expedition against the Revolted Negroes of Surinam*", in: Quilley; Kriz (eds.), An Economy of Colour, S. 129–149.
Wood, Black Milk. Imagining Slavery in the Visual Cultures of Brazil and America, Oxford: OUP, 2013.
Zenha, Celeste, „O Brasil de Rugendas, nas edições populares ilustradas", in: Topoi. Revista de História 5, Rio de Janeiro (setembro de 2002), S. 134–160.
Zeuske, „Sklavenbilder: Visualisierungen, Texte und Vergleich im atlantischen Raum (19. Jahrhundert, Brasilien, Kuba und USA)", in: *zeitenblicke* 7, Nr. 2, [01.10. 2008], www.zeitenblicke.de/2008/2/zeuske
Zúñiga, Jean-Paul, „'Muchos negros, mulatos y otros colores'. Culture visuelle et savoir coloniaux au XVIIIe siècle", in: Annales HSS 68 (2013), S. 45–76.

Maße, Zahlen, Gewichte, Preise und Geld sowie Handelsusancen

Ahlert, „Sklavenpreise", in: Ahlert, La Pestilencia más horrible, S. 153–159.
Ahlert, „Preisentstehung und Preise", in: Ahlert, La Pestilencia más horrible, S. 276–292.

Allen, Robert C.; Bassino, Jean-Pascal; Ma, Debin; Moll-Murata, Christine, van Zanden, Jan L., „Wages, prices, and living standards in China, 1738–1925: in comparison with Europe, Japan, and India“, in: The Economic History Review Vol. 64 (February 2011) (Special Issue: Asia in the Great Divergence, Supplement S1), S. 8–38.

„Annex 2: Note on currency and tables of exchange rates, 1820–1974“ [Milreis (bis 1910) und Escudos zu Pound Sterling und Dollar], in: Clarence-Smith, William Gervase, The third Portuguese empire, 1825–1975. A study in economic imperialism, Manchester & Dover: Manchester University Press, 1985, S. 226–228.

Boxer, „Appedix: Currency, Weights and measures“, in: Boxer, The Great Ship from Amacon, Lisbon: Centro de Estudos Históricos Ultramarinos, 1959 (Macau: Instituto Cultural de Macau/ Centro de Estudos Marítimos de Macau, 1988), S. 335–342.

Florentino, „Slave Trading and Slave Traders in Rio de Janeiro, 1790–1830“, in: Curto; Lovejoy (eds.), Enslaving Connections, S. 57–79, hier S. 63 (Average Prices of Enslaved Africans in Luanda and Rio de Janeiro, 1810–1820).

Gaspari, Chr.; Hassel, G.; Cannabich, J. G. Fr.; GutsMuths, J.C.F.; Ukert, Fr. A., „Das Küstenland Guayana oder das dreiherrische Guyana“, in: Gaspari; Hassel; Cannabich; GutsMuths; Ukert, Vollständiges Handbuch der neuesten Erdbeschreibung, 19. Bd., Weimar: Verlag des Geographischen Instituts, 1827, S. 202–393 (darunter: „Münzen, Maaße und Gewichte“, in: Ebd., S. 319–320).

Gaspari; Hassel, G.; Cannabich, J. G. Fr.; GutsMuths; Ukert, „Das Kaiserthum Brasilien“, in: Gaspari; Hassel; Cannabich; GutsMuths; Ukert, Vollständiges Handbuch der neuesten Erdbeschreibung, 19. Bd., Weimar: Verlag des Geographischen Instituts, 1827, S. 393–1202 (darunter: „Maaße, Gewichte, Goldberechnung und Münzen“, S. 659–660).

Curtin, „Slave Prices in Senegambia“, in: Curtin, Economic change in precolonial Africa. Supplementary evidence, Madison: The University of Wisconsin Press, 1975, S. 45–53.

Curtin, „A note on weights and measures“, in: Curtin, Economic change in precolonial Africa, S. 57–60.

García Rodríguez, Mercedes, „Esclavitud = Riquezas. Trata negrera y precios de esclavos“, in: García Rodríguez, Entre Haciendas y Plantaciones. Orígenes de la manufactura azucarera en La Habana, La Habana: Editorial de Ciencias Sociales, 2007, S. 277–289.

Hall, Gwendolyn M., „Appendix: Prices of Slaves by Ethnicity and Gender in Louisiana, 1719–1820“, in: Hall, Slavery and African Ethnicities in the Americas, S. 173–179.

Harper, Kyle, „Slave Prices in Late Antiquity (and in the Very Long Term)“, in: Historia: Zeitschrift für alte Geschichte Vol. 59:2 (2010), S. 206–238.

Justesen, Ole, „Introduction“, in: Justesen (ed.), Danish Sources for the History of Ghana 1657–1754, 2 Bde., (Vol. I: 1657–1735/Vol. II: 1735–1754), Copenhagen: Det Kongelige Danske Videnskabernes Selskab/The Royal Danish Academy of Sciences and Letters, 2005, Vol. I, S. v-xxxviii.

Macle Cruz, Jorge, „El agrimensor público en el contexto decimonónico cubano. Mariano Carles y Casadevall o la construcción de un arquetipo“, in: Piqueras (ed.), Plantación, espacios agrarios y esclavitud en la Cuba colonial, S. 347–366.

McCusker, John J., „Les equivalents métriques des poids et measures du commerce colonial aux XVII et XVIII siècles“, in: Revue Française d'Histoire d'Outre-Mer 61:224 (1974), S. 349–365.

McCusker, Money and Exchange in Europe and America, 1600–1775: A Handbook, Chapel Hill: University of North Carolina Press, 1978.

Miller, Joseph C., „Slave prices in the Portuguese Southern Atlantic, 1600–1830“, in: Lovejoy (ed.), Africans in Bondage. Studies in Slavery and the Slave Trade, Madison; London: The University of Wisconsin Press, 1986, S. 43–78, hier S. 44: „The unit in which the Portuguese priced slaves in Brazil was usually the imperial currency of account, the real (plural réis), with amounts written as 300 réis, or $300, the "$" symbol of thousands: 3$000, three thousand réis, 30$000, thirty thousand réis, or 300$000, three hundred thousand réis“.

Morrisson, Cécile; Cheynet, Jean-Claude, „Prices and Wages in the Byzantine World", in: Laiou, Angeliki E. (ed.), The Economic History of Byzantium: From the Seventh through the Fifteenth Century, 3 Bde., Washington: Dumbarton Oaks Research Library and Collection, 2002, Bd. II, S. 815–878 (online: http://www.iisg.nl/hpw/byzantium.pdf (31. Dez. 2017)).

Müller, Karl Otto, Welthandelsbräuche (1480–1540), Stuttgart; Berlin: Deutsche Verlags-Anstalt, 1934 (Deutsche Handelsakten des Mittelalters und der Neuzeit, Bd. V).

Noback, Christian; Noback, Friedrich, Vollständiges Taschenbuch der Münz-, Maß- und Gewichtsverhältnisse, der Staatspapiere, des Wechsel-, Bankwesens und der Usancen aller Länder und Handelsplätze, 2 Bde., Leipzig: Brockhaus, 1851.

„Note on Weights and Currencies", in: Schwartz, Stuart B. (ed.), Tropical Babylons: Sugar and the Making of the Atlantic World, 1450–1680, Chapel Hill: University of North Carolina Press, 2004, S. VIII.

„Notes on methodology, Currencies, measures, and the Durch Republic", in: Postma, Johannes M.; Enthoven, Victor (eds.), Riches from Atlantic Commerce. Dutch Transatlantic Trade and Shipping, 1585–1817, Brill: Leiden; Boston, 2003 (The Atlantic World. Europe, Africa and the Americas, 1500–1830, Klooster, Wim; Schmidt, Benjamin, eds.; Vol. I), S. 461–467.

Riché, Pierre, „Der Sklavenhandel", in: Riché, Die Welt der Karolinger. Aus dem Französischen übersetzt von Dirlmeier, Cornelia und Ulf, Stuttgart: Reclam, 2016 (3. Auflage), S. 140–141.

Riché, „Preise als Voraussetzung des Warenverkehrs", in: Riché, Die Welt der Karolinger, S. 141–144.

Riché, „Die Maße", in: Riché, Die Welt der Karolinger, S. 144–145.

Riché, „Das Geld", in: Riché, Die Welt der Karolinger, S. 145–150.

Rodríguez, Gustavo, Las pesas y medadidas del mundo, La Habana: s.n., 1924.

Rosal, „Avalúo de productos", in: Rosal, Africanos y afrodescendientes en Buenos Aires (siglos XVI–XVII), S. 77–92.

Rotman, „Captif ou esclave? La compétition pour le marché d'esclaves en Méditerrané médiévale", in: Guillén; Trabelski (dir.), Les esclavages en Mediterranée, S. 25–46 (für die Sklavenmärkte und die Freikaufsummen in Bezug auf Kriegsgefangene sowie auf die Unterscheidung zwischen „Gebrauchswert" (vor allem für Versklavte) und „Tauschwert" (vor allem für Gefangene, die freigekauft wurden), speziell im östlichen Mittelmeer sowie in Byzanz und im Abbasidenkalifat; für Sklavenpreise siehe: „Tableau 1A. – Prix des esclaves dans les régions méditerranéennes aux IXe et XIe siècles", S. 32–35).

Schiebe, August, Kaufmännisches Handwörterbuch oder kurzgefaßte Erklärung der im Handel vorkommenden üblichsten Wörter und Ausdrücke, mit Angabe der französischen und englischen Terminologie. Zum Gebrauch für angehende Kaufleute und Geschäftsmänner bearbeitet, Leipzig: Friedrich Fleischer, 1833.

„Some Weights, Measures, and Coinage in Use in Seventeenth-Century Spain", in: Philipps, Carla Rahn, Six Galleons for the King of Spain. Imperial defense in the Early Seventeeth Century, Baltimore: The Johns Hopkins University Press, 1986, S. 228.

„Selected Prices of Slaves 1440–1870", in: Thomas, The Slave Trade, S. 807–809 (Appendix Four).

„Weights and Measures", in: Kutzinski, Vera M.; Ette, Ottmar (eds.), Humboldt, Alexander von, Political Essay on the Island of Cuba. A Critical Edition, Chicago/London: The University of Chicago Press, 2011, S. 325–327.

Wheat, „Appendix 1. Population Estimates", in: Wheat, Atlantic Africa and the Spanish Caribbean, 1570–1640, S. 267–281.

Venegas Fornias, „La vara cubana", in: Piqueras (ed.), Plantación, espacios agrarios y esclavitud en la Cuba colonial, S. 339–346.

Vollmer, Günter, „Über den Wechselkurs von Cacaobohnen und den Preis der Schokolade. Ein mexikanisches Problem", in: Böttcher, Nikolaus; Hausberger, Bernd (eds.), Dinero y negocios en la historia de América Latina. Geld und Geschäfte in der Geschichte Lateinamerikas.

Veinte ensayos dedicados a Reinhard Liehr/Zwanzig Aufsätze, gewidmet Reinhard Liehr, Frankfurt am Main: Vervuert-Verlag, 2000, S. 59–84.

Zeitungsquellen

Mackey, Robert, „Islamic State Propagandists Boast of Sexual Enslavement of Women and Girls", in: The New York Times Oct. 14, 2014 (online: http://www.nytimes.com/2014/10/15/world/middleeast/islamic-state-propagandists-admit-sexual-enslavement-of-yazidis.html (19. Januar 2016)).

„Zwölfjährige ehemalige Sklavin des Islamischen Staates (IS) berichtet" (online: http://www.igfm.de/themen/frauenrechte/ehemalige-sklavin-berichtet/ (19. Januar 2016)).

„IS hält im Irak 3.500 Menschen als Sklaven" (online: http://www.zeit.de/politik/ausland/2016-01/un-bericht-is-3500-sklaven-irak-jesiden (19. Januar 2016)).

Böge, Friederike, „Die Tanzknaben vom Hindukusch", in: Frankfurter Allgemeine Zeitung, 23. Mai 2011, unter: http://www.faz.net/aktuell/politik/ausland/missbrauch-in-afghanistan-die-tanzknaben-vom-hindukusch-1635406.html (02. Juli 2012).

Burghardt, Peter, „Sklaverei 2013", in: Süddeutsche Zeitung, Vol. 69, Nr. 111, Mi., 15. Mai 2013, S. 1.

„Der Sog des Geldes. Nach Schätzungen der UN werden derzeit 12,3 Millionen Menschen in Sklaverei gehalten", in: Süddeutsche Zeitung Nr. 300, 30./31. 12. 2006/1. 1. 2007, S. 2 (ich danke Klaus Koschorke, München, für Hinweis und Kopie).

„EU-Bericht: In Europa leben 880 000 Sklavenarbeiter", in: SpiegelOnline Wirtschaft, unter: (www.spiegel.de/wirtschaft/unternehmen/fast-eine-million-sklavenarbeiter-leben-in-der-eu-a-927563.html (24. Oktober 2013)).

Haupt, Friederike, „Ist es das, was Allah für uns vorgesehen hat?", in: Frankfurter Allgemeine Sonntagszeitung Nr. 47 (23. November 2014), S. 5.

Kalnoky, Boris; Moutzouri, Dimitra, „Schlimmes Schicksal von ‚Europas Geisterkindern'", in: Die Welt. So., 27. Oktober 2013 (unter: www.welt.de/vermischtes/article121251802/Schlimmes-Schicksal-von-Europas-Geisterkindern.html (27. Oktober 2013)).

Krahe, Dialika, „Der Sklavenaufstand", in: Der Spiegel. Nr. 10, 5. März 2011 (http://www.spiegel.de/spiegel/print/d-77299736.html (23. November 2013)).

Piller, Tobias, „Ein Milliardär kämpft gegen moderne Sklaverei", in: FAZ, Nr. 281 (Mittwoch, 3. Dezember 2014), S. 22.

Rühl, Bettina, „Ein Mensch für 730 Euro. Journalistische Recherchen dokumentieren, wie afrikanische Migranten in Libyen auf Sklavenauktionen verkauft werden", in: IPG Internationale Politik und Gesellschaft, 27. 11. 2017 (online: http://www.ipg-journal.de/regionen/afrika/artikel/detail/ein-mensch-fuer-730-euro-2447/ (30. November 2017)).

Spiegel-Online, „ILO-Bericht – Milliardenprofite aus Zwangsarbeit und sexueller Ausbeutung" (unter: http://www.t-online.de/wirtschaft/jobs/id_69506002/ilo-bericht-21-millionen-menschen-leisten-zwangsarbeit.html (20. Mai 2014)).

„Studie in 162 Ländern: 30 Millionen Menschen leben weltweit in Sklaverei", in: SpiegelOnline Wirtschaft, unter: (http://www.spiegel.de/wirtschaft/soziales/walk-free-foundation-30-millionen-menschen-leben-in-sklaverei-a-928275.html (24. Oktober 2013)).

Wade, Nicholas, „Is an Evolving Genome Shaping Human Nature?", in: The New York Times. International Weekly, Mo., March 27, 2006, S. 6 (Beilage der „Süddeutschen Zeitung").

Sachregister

*Sklavin, Sklaven, Sklaverei, Sklavereien und Sklavenhandel werden nicht als gesonderte Stichworte ausgewiesen.

https://doi.org/10.1515/9783110561630-021

Personenregister

https://doi.org/10.1515/9783110561630-022

Ortsregister

https://doi.org/10.1515/9783110561630-023